Diccionario abreviado español-japonés

簡約スペイン語辞典

三好準之助編

Jun-nosuke Miyoshi

東京 **大学書林** 発行

まえがき

　日本におけるスペイン語学習は，ここ10年ほどの間に数種類の辞典が出版され，それ以前に比べると格段に進めやすくなった．学習者はそれぞれの目標に合いそうな辞典を選ぶことができる．

　当然のことながら，辞典には出版の意図がある．それぞれの意図にそって見出し語や記述の方法などが決められるので，それが辞書の個性となり，特色となる．スペイン語の辞書も，いまでは何種類かの学習目標にこたえることができよう．

　数年前に大学書林から辞書を出そうというお誘いを受けた．初学者にも引きやすいコンパクトなもので，しかも現代の日常生活で目にするスペイン語出版物のほとんどが読めるように，ということであった．そのような意図で編集されたこの辞典は，以下のような特色を備えている．

1　　初級の学習者が引きやすいように工夫した．
　　　　発音表記は，わかりやすいように仮名を使った．
　　　　二色刷りにして，見出し語と発音表記を見やすくした．
　　　　調べたい語形がすぐ見出し語で探せるように工夫した．
　　　　語義は若い学習者にも読みやすいように記述した．
2　　中級や上級の学習者には訳読のための実用的な手引きにした．
　　　　語義は具体的に分類し，情報を補足して記述した．
　　　　スペイン語作文のために和西インデックスを充実させた．
3　　必要十分な情報をコンパクトに記載し，軽量化を図った．
　　　　一般的な新聞や文学作品ならほとんど読めるように工夫した．
　　　　現代語や新語にも対応できるようにした．

　なお，個人的な思い込みなどから，記述に不適切な箇所があるかもしれない．さらに検討を続けるとともに，ご利用くださる方々から忌憚のない御批正をいただいて，この辞書が一層よくなることを願っている．

2000年4月

　　　　　　　　　　　　　　　　　　　　　　　　　　　　　　　三好準之助

この辞典の使い方

1. 見出し語
1.1. 収録語
- a 見出し語数は約3万3千である．赤い文字で示されている．
- b 現代語を優先した．しかし初級・中級の学習者も接する可能性の大きな単語は，古くても加えるようにした．
- c 使用地域はスペインを中心にし，中南米で広く使われている単語も含めた．しかし使用される時代や地域の解説は省略した．
- d 個人名，人名，国名，都市名などの固有名詞，短縮形や略語，重要基本動詞の活用形，よく使われる -mente の派生副詞，示小語や示大語など，初級の学習者にとって重要なものは見出し語として含めるようにした．

1.2. 配列
- a 配列は，2語以上で構成される見出し語や略語も含め，すべてアルファベット順にした．
- b 語形が最も重要な検索の手掛かりであるから，語源の異なる品詞や意味も，同一の語形なら，その見出し語のなかに含めた．
- c 同一語形でもその語形変化などの異なる単語は，別の見出し語にし，同一語形の右肩に番号をつけた．右肩に ¹ の番号がある見出し語については，右肩に ² の番号のある見出し語の説明を参考にしてほしい．たとえば **a·bra·si·vo¹** については **a·bra·si·vo², va** の意味も参考にすること．

1.3. 収録語形
- a 音節の切れ目に・のマークを入れた．実際の表記には含まれていない．
- b 見出し語が性によって変化する場合，その変化する音節を後ろに示した．

    blan·co, ca [ブらンコ, カ]
    → 男性形 blanco, 女性形 blanca

    es·pa·ñol, ño·la [エスパニョる, ニョら]
    → 男性形 español, 女性形 española

- c 動詞の不規則活用形は不規則な部分を見出し語にし，個々の活用語尾のかわりに - の記号をつけた．たとえば

    abrac- 〖活〗 → abrazar 抱きしめる《〖活〗39 gozar》．

    では，abrac に何かの文字の加わった単語については abrazar の活用形を探せばいいのだが，その不規則な活用形は巻末の「4. 不規則動詞の活用表」の39番の gozar の活用を参考にしなさい，という意味であると理解してほしい．
- d 収録語形に関する注意事項は《 》のなかに注記した．

1.4. 解説のなかの見出し語
語義の説明のなかの用例に使われている見出し語はイタリック体で示した．

2. 発音
2.1. 発音の手掛かり
参考までに [ ] のなかに片仮名・平仮名で発音の手掛かりを示した．発音の仕方とその表記の方法は巻末の付録「2. 発音の解説」で説明されているが，とくに次のような仮名発音表記に注意してほしい．

子音の c, z と s の発音：たとえば ci, zi と si はそれぞれ [し] と [シ].

複文字の子音 ll の発音：たとえば lla は [じゃ].

弱い発音：小さな仮名で示す．たとえば単語末の発音の -dad は [·ダス], -et は [·エト], -oj は [·オホ] など．

子音の f と j, g の発音：たとえば fi と ji, gi はそれぞれ [ふぃ] と [ヒ].

子音の l と r と rr の発音：たとえば pelo は [ペろ], pero は [ペロ], perro は [ペーロ].

2.2. アクセント
アクセント（強勢）は音節にかかる．そこで，アクセントを帯びる音節は，それに対応する仮名を赤の太文字で示した．
es·pa·ñol, ño·la [エスパニョる, ニョら]

3. 語形変化
3.1. 動詞
a 不規則活用の動詞のためには，それと同じ不規則活用をする動詞のなかの代表的な動詞を選んで巻末に付録「**4. 不規則動詞の活用表**」を付けてあるが，その代表的な動詞とその番号を《活　》のなかに示した．たとえば
a·ba·ni·car [アバニカル] 他《活 73 sacar》
b 基本動詞の不規則活用形は，- をつけて見出し語にし，活の指示とともにその不定詞を→で示し，基本語義を加えた．また対応する不規則活用の型の番号を《活　》のなかに示した（上記「見出し語」の 1.3.c を参照のこと）．たとえば
huel- 活→ oler におう《活 55》．

3.2. 名詞
a 見出し語が複数形のときは，複 という指示を入れた．
b 単数形と複数形が同じときには《単複同形》という指示を入れた．
c 性別のある意味の名詞の場合，男女 は男性形と女性形が同じであることを示す．性の区別は冠詞などによって行う．たとえば pianista「ピアニスト」は 男女 であるが，男性形は el pianista, 女性形は la pianista のように示す．
d 性別のない意味の名詞の場合の 男女 は，その名詞が男性形ででも女性形ででも使われることを示している．
e 動物名で単一の性の場合，雌雄の区別は macho「雄」, hembra「雌」を加えて行う．たとえば cabra「ヤギ」は女性形であるが，雄は la cabra macho, 雌は la cabra hembra と表現する．

3.3. 形容詞
a 語尾が -o のものの見出し語は，慣例に従って -o, a で示した．それぞれ単数形の，男性形と女性形である．
b 男性形と女性形が同じであるとき，まぎらわしいものには《男女同形》という指示を入れた．

3.4. その他
注意するべきことを《　》のなかに示した．

4. 品詞
4.1. 品詞名
見出し語の品詞は以下の略語で示した．そして各ページの最下部に表示しておいた．
- 男 男性名詞　　自 自動詞　　副 副詞
- 女 女性名詞　　他 他動詞　　前 前置詞
- 固 固有名詞　　再 再帰動詞　　接 接続詞
- 代 代名詞　　形 形容詞　　間 間投詞
- 活 （不規則）動詞活用形

男女 が付いた見出し語は男性形と女性形が同じ名詞であることを示す．

4.2. ひとつの見出し語にふたつ以上の品詞が含まれるときには，行を改めて ― で示した．

4.3. 再帰動詞（代名動詞）
a 再帰動詞が含む代名詞は ·se で示した．
b 見出し語の動詞に再帰動詞の用法があれば，改行して ― で示した．

5. 解説の記号
　　　…, …, ～ 省略部分の指示．
　　　《　》 見出し語に関する解説・参考の情報．

iii

〈　〉	意味に関する枠や種類の指定.
（　）	意味・用法に関する補足の情報. 選択的な要素も示す.
＋	見出し語への接続指示. たとえば abatir·se 再（＋sobre...）は abatirse sobre... を指示する.
＝	同義語の指示.
→	参照・参考にするべき見出し語の指示.
━	同一の見出し語の別の品詞の指示.
[ ]	発音表示. 解説部分では別の言い方などを示す.
／	例文の指示（見出し語はイタリック体）.
‐	見出し語で，動詞の不規則活用形の不変化部分の指示.

参考文献

これまでに出版された関連辞書の多くを参照した. なかでも Ediciones SM 社の *Diccionario intermedio didáctico de español* (Madrid, 1994), Santillana 社の *Diccionario Salamanca de la lengua española* (Madrid, 1996), Biblograf 社の Universidad de Alcalá de Henares による *Diccionario para la enseñanza de la lengua española* (Barcelona, 1995)には多くのことを教えられた.

簡約スペイン語辞典

Diccionario abreviado
español-japonés

A a

A, a [ア] 囡 《アルファベットの第 1 文字》ア.
a [ア] 囡 〈文字 A, a の名〉ア.
a [ア] 前 《アクセントなし》《a+el → al》**1**〈場所〉…に, …で, …のところに／*a la puerta* ドアのところに.
2〈方向〉…へ, …に／*a la derecha* 右に, 右へ.
3〈到着地〉…に, …へ／*llegar a Madrid* マドリードにつく.
4〈距離〉…のところに／*a tres kilómetros de aquí* ここから 3 キロのところに.
5〈時〉…のときに, …に／*a los veinte años* 20 才のときに.
6〈基準〉…につき／*al día* 1 日に(つき).
7〈手段〉…でもって／*escribir a mano* 手書きにする.
8〈比較の基準〉…よりも／*preferir el café al té* お茶よりコーヒーのほうを好む.
9〈直接目的語の人間〉…を／*José conoce a María*. ホセはマリアを知っている.
10〈間接目的語〉…に, …から／*José escribe a María*. ホセはマリアに手紙を書く. *Se lo compré a la vendedora*. 私はその売り子からそれを買った.
11〈条件〉(+不定詞) …なら／*a decir la verdad* 本当のことを言えば.
12〈目的〉(+不定詞) …のために／*Vengo a buscarlo*. 私はそれを探しにきた.
13〈予定〉(+不定詞) …するべき／*temas a discutir* 討論するべきテーマ.
14〈命令〉(+不定詞) …しなさい／*A callar*. 黙りなさい.
al (+不定詞) …するときに／*al salir* 出かけるときに.
a la (+形容詞の女性単数形) …風に／*despedirse a la francesa* フランス風に別れる[黙って立ち去る].
a por... …を求めて.
a que (+直説法の動詞) きっと…だろう／*A que viene*. 彼はきっと来るだろう.
á·ba·co [アバコ] 男 そろばん[算盤].
a·bad [アバス] 男 (大)修道院長.
a·ba·de·jo [アバデホ] 男 〈魚〉タラ.
a·ba·de·sa [アバデサ] 囡 女子修道院長.
a·ba·dí·a [アバディア] 囡 **1** 大修道院. **2** (大)修道院長の職[地位].
a·ba·jo [アバホ] 副 **1** 下に, 下で, **2** 階下に, 下で. **3** …を下へ／*río abajo* 川をくだって.
los de abajo 下層階級の人々.
venirse abajo 崩壊する, だめになる.
a·ba·lan·zar [アバランサル] 他 …を釣り合いを保たせる.
— **abalanzarse** 再 (+a, contra, sobre...) **1** (…に) 飛びかかる. **2** (…に) 駆けこむ.
a·ba·lo·rio [アバロリオ] 男 ガラス玉, ビーズ玉.
a·ban·de·ra·do [アバンデラド] 男 旗手.
a·ban·de·rar [アバンデラル] 他 …を船籍登録する.
a·ban·do·na·do, da [アバンドナド, ダ] 《過去分詞》→ abandonar 放棄する.
— 形 **1** 見捨てられた. **2** いいかげんな.
a·ban·do·nar [アバンドナル] 他 **1** …を見捨てる. **2** …をやめる. **3** …を[から]離れる.
— 自 〈スポーツ〉放棄する, 棄権する.
— **abandonarse** 再 (+a, en... …に) 身をゆだねる.
a·ban·do·no [アバンドノ] 男 **1** 放棄, 放置. **2** なげやり.
— 活 → abandonar 放棄する.
a·ba·ni·car [アバニカル] 他 《活 73 sacar》…をあおぐ, …に風を送る.
— **abanicarse** (自分を)あおぐ.
a·ba·ni·co [アバニコ] 男 うちわ, 扇子.
abaniqu- 活 → abanicar あおぐ《活 73》.
a·ba·ni·que·o [アバニケオ] 男 **1** (うちわなどで)あおぐこと. **2** おおきな手振り.
a·ba·ra·ta·mien·to [アバラタミエント] 男 値下げ, 値引き.
a·ba·ra·tar [アバラタル] 他 …を値下げする.
— **abaratarse** 再 値段が下がる.
a·bar·ca [アバルカ] 囡 (ゴム, 革などの)サンダル.
a·bar·car [アバルカル] 他 《活 73 sacar》**1** …を抱きこむ, かかえこむ. **2** …を含む.
— **abarcarse** 再 **1** (人が)見渡せる. **2** (全景が)見られる.
abarqu- 活 → abarcar 抱きしめる《活 73》.
a·bar·qui·llar [アバルキじゃル] 他 …を反(ʳ)らせる.
— **abarquillarse** 再 **1** 反る. **2** 丸くなる.
a·ba·rro·ta·do, da [アバロタド, ダ] 《過去分詞》→ abarrotar 詰めこむ.
— 形 (+de... …で) 一杯の.
a·ba·rro·tar [アバロタル] 他 …に(+de... …を)詰めこむ.
— **abarrotarse** 再 (+de... …で)いっぱいになる.
a·bas·te·cer [アバステセル] 他 《活 4 agra-

活 は活用形 | 複 は複数形 | 男 は男性名詞 | 囡 は女性名詞 | 固 は固有名詞 | 代 は代名詞 | 自 は自動詞

a·bas·te·ci·mien·to [アバステシミエント] 男 供給, 補給.

a·bas·to [アバスト] 男 十分な調達.

a·ba·ti·ble [アバティブレ] 形 折り畳み式の.

a·ba·ti·do, da [アバティド, ダ]《過去分詞》→ abatir 倒す.
— 形 1 落胆した. 2 みじめな. 3 (商品などの)評価のさがった.

a·ba·ti·mien·to [アバティミエント] 男 落胆, 気落ち.

a·ba·tir [アバティル] 他 1 …を倒す. 2 …を降ろす. 3 …を撃ち落とす. 4 …を気落ちさせる.
— 自 (船が)航路からそれる.
— **abatirse** 再 1 (+sobre… …に)降りかかる, 襲いかかる. 2 がっかりする.

ab·di·ca·ción [アブディカシオン] 女 1 (王位などを)譲ること, 退位. 2 (権利などの)放棄.

ab·di·car [アブディカル] 他《活 73 sacar》1 (王位など)を譲る, 辞任する. 2 (権利など)を放棄する.
— 自 1 退位する. 2 (+de… …を)放棄する.

ab·do·men [アブドメン] 男〈解剖〉腹部, 腹.

ab·do·mi·nal [アブドミナる] 形〈解剖〉腹部の, 腹の.

ab·duc·ción [アブドゥクシオン] 女 1 (女性・子供などの)誘拐. 2〈医学〉(筋肉の)外転.

a·be·cé [アベセ] 男 1 アルファベット. 2 基礎, 初歩.

a·be·ce·da·rio [アベセダリオ] 男 1 アルファベット, 字母(表). 2 入門書.

a·be·dul [アベドゥる] 男〈植物〉カバノキ.

a·be·ja [アベハ] 女〈昆虫〉ミツバチ, ハチ／ abeja reina 女王蜂, abeja obrera 働き蜂.

a·be·ja·ru·co [アベハルコ] 男 1〈鳥〉ハチクイ. 2〈人〉うわさ好き.

a·be·jón [アベホン] 男 1〈昆虫〉(ミツバチの)雄バチ. 2 マルハナバチ.

a·be·jo·rro [アベホロ] 男 1〈昆虫〉マルハナバチ. 2 口うるさい人.

a·be·rra·ción [アベラシオン] 女 1 非常識, 逸脱. 3 (レンズの)収差. 4〈生物学〉奇形.

a·be·rran·te [アベランテ] 形 常軌を逸する.

a·be·rrar [アベらル] 自 常軌を逸する.

a·ber·tu·ra [アベルトゥラ] 女 1 割れ目, 開口部, 穴. 2 開くこと, 開けること. 3 率直さ. 4 (上着・スカートの)ベンツ, スリット.

a·be·to [アベト] 男〈樹木〉モミ.

a·bier·ta·men·te [アビエルタメンテ] 副 1 率直に. 2 公然と.

a·bier·to, ta [アビエルト, タ]《過去分詞》→ abrir 開く.
— 形 1 開いている, 開いた. 2 公開の. 3 隠しだてのない, 率直な. 4 (都市などの)無防備な. 5〈音声学〉開母音の.

a·bi·ga·rra·do, da [アビガラド, ダ] 形 1 ごてごてした色の. 2 まとまりのない.

a·bi·sal [アビサる] 形 = abismal.

a·bis·mal [アビスマる] 形 1 深淵(えん)の, 深い海の. 2 計り知れない.

a·bis·mar [アビスマル] 他 …を(+en… …に)突き落とす, 沈める.
— **abismarse** 再 (+en… …に)ふける.

a·bis·mo [アビスモ] 男 1 深淵(えん), 深い海. 2 断絶, 大きなへだたり. 3 計り知れないもの. 4 地獄.

ab·ju·rar [アブフラル] 他 (信仰や祖国)を放棄する.
— 自 (+de… …を)放棄する.

a·bla·ción [アブらシオン] 女 (土地の)風化(作用), 侵食.

a·blan·da·mien·to [アブらンダミエント] 男 1 軟化. 2 やわらぐこと.

a·blan·dar [アブらンダル] 他 …を柔らかくする, やわらげる.
— 自 (寒さや風が)やわらぐ.
— **ablandarse** 再 おだやかになる, やわらぐ.

a·bla·ti·vo [アブらティボ] 男〈文法〉奪格.

a·blu·ción [アブるシオン] 女〈宗教〉沐浴(もくよく), 洗浄式.

a·blu·sa·do, da [アブるサド, ダ]〈衣類〉ブラウス風の.

ab·ne·ga·ción [アブネガシオン] 女 1 献身, 自己犠牲. 2 自制(心).

ab·ne·ga·do, da [アブネガド, ダ]《過去分詞》→ abnegarse 献身する.
— 形 献身的な, 自分を犠牲にした.

ab·ne·gar·se [アブネガルセ] 再《活 53 negar》自分を犠牲にする, 献身する.

a·bo·ba·do, da [アボバド, ダ] 形 ぽかんとした, ばかみたいな.

a·bo·ca·do, da [アボカド, ダ]《過去分詞》→ abocar 口でくわえる.
— 形 1 (+a… …に)間近の. 2〈ワイン〉やや甘口の.

a·bo·car [アボカル] 他《活 73 sacar》1 …を口でくわえる. 2 …を(容器から容器へ)注ぎこむ. 3 …を近づける.
— 自 (船が港などに)近づく.
— **abocarse** 再 (+a… …に)近づく.

a·bo·chor·nar [アボチョルナル] 他 1 …を赤面させる. 2 …をのぼせさせる.
— **abochornarse** 再 (+de, por… …で)赤面する.

a·bo·ci·na·do, da [アボシナド, ダ]《過去分詞》→ abocinar ラッパ状にする.
— 形 ラッパ形の.

a·bo·ci·nar [アボシナル] 他 (管などの口)をラッパ状にする.
— 自 うつ伏せに倒れる.

a·bo·fe·te·ar [アボふェテアル] 他 …に平手打ちをくらわせる.

a·bo·ga·cí·a [アボガシア] 女 弁護士業.

a·bo·ga·do, da [アボガド, ダ] 《過去分詞》→ abogar 弁護する.
— 男女 1 弁護士, 弁護人. 2 仲裁者.

a·bo·gar [アボガル] 自 《活 47 llegar》(+ por... …のために) 弁護する.

a·bo·len·go [アボレンゴ] 男 1 家系, 家柄. 2 祖先. 3 世襲財産.

a·bo·li·ción [アボリシオン] 女 (法令などの) 廃止.

a·bo·li·cio·nis·mo [アボリシオニスモ] 男 (奴隷制などの) 廃止論.

a·bo·lir [アボリル] 他 《語尾に i がつく活用形だけを使用》(法律など) を廃止する.

a·bo·llar [アボジャル] 他 …を(たたいて)へこませる, でこぼこにする.

a·bom·ba·do, da [アボンバド, ダ] 《過去分詞》→ abombar 凸状にする.
— 形 1 凸状の, 凸面の. 2 当惑した.

a·bom·bar [アボンバル] 他 1 …を凸状にする. 2 …を呆然とさせる.
— abombarse 凸状になる.

a·bo·mi·na·ble [アボミナブれ] 形 1 いまわしい, 不快な. 2 恐ろしい.

a·bo·mi·na·ción [アボミナシオン] 女 1 (物事の)いまわしさ, 嫌悪. 2 そっとされるもの.

a·bo·mi·nar [アボミナル] 他 …をひどく嫌う.
— 自 (+de... …を)いみ嫌う, のろう.

a·bo·na·do, da [アボナド, ダ] 《過去分詞》→ abonar 支払う.
— 男 1 (電話などの) 加入者. 2 (コンサートなどの) 定期会員, 定期購読者.
— 形 1 支払い済みの. 2 保証のある. 3 施肥された.

a·bo·nar [アボナル] 他 1 …を支払う, (口座に)振り込む. 2 (人)のために(+a... …の購読を申し込む. 3 …を(畑などに)施肥する. 4 …を保証する.
— abonarse 再 1 (+a... …を) 購読する. 2 (+a... …の) 会員になる.

a·bo·na·ré [アボナれ] 男 約束手形, 借用証書.

a·bo·no¹ [アボノ] 男 1 予約申し込み. 2 予約金. 3 定期券. 4 回数券. 5 (月賦・水道・電気などの) 支払い金. 6 肥料, 施肥.
— 活 → abonar 支払う.

a·bor·da·ble [アボルダブれ] 形 1 (事柄が) 扱いやすい. 2 (人が) 気さくな. 3 (場所が) 近づきやすい. 4 (値段が) 手ごろな.

a·bor·da·je [アボルダヘ] 男 〈海戦〉接舷, 乗船.

a·bor·dar [アボルダル] 他 1 (困難なこと) に取り組む. 2 (敵の船) に接舷する, 乗り込む. 3 …に(話しかけようとして) 近づく.
— 自 (+a... …に) 入港する.

a·bo·ri·gen [アボリヘン] 形 《複 aborígenes》《男女同形》先住民の, 土着の.
— 男女 先住民, 土着民.

a·bo·rre·cer [アボれセル] 他 《活 4 agradecer》1 …を憎む, ひどく嫌う. 2 …をうんざりさせる.

— aborrecerse 再 うんざりする.

a·bo·rre·ci·mien·to [アボれしミエント] 男 1 憎しみ, 嫌悪. 2 いや気.

a·bo·rre·gar·se [アボれガルセ] 再 《活 47 llegar》(空が) 綿雲でおおわれる.

a·bor·tar [アボルタル] 自 1 流産する, (妊娠)中絶する. 2 (計画などが) 流れる, 失敗する.
— 他 …を(手術で)中絶させる.

a·bor·ti·vo¹ [アボルティボ] 男 堕胎薬.

a·bor·ti·vo², va [-, バ] 形 1 流産の. 2 中絶の. 3 早産の.
— 男 早産の胎児.

a·bor·to [アボルト] 男 1 流産, 堕胎. 2 (堕胎した)胎児. 3 失敗. 4 できそこない.
— 活 → abortar 流産する.

a·bo·tar·gar·se [アボタルガルセ] 再 《= abotagar·se》《活 47 llegar》(体が)むくむ, はれる.

a·bo·ti·na·do, da [アボティナド, ダ] 形 1 長靴形の. 2 (ズボンなどの) 先が細い.

a·bo·to·nar [アボトナル] 他 (服など)のボタンをかける.
— 自 (植物が) 芽を出す, つぼみをつける.
— abotonarse 再 (自分の服の)ボタンをかける.

a·bra [アブラ] 女 1 小さな入り江. 2 谷間. 3 (大地の)亀裂. 4 小道.
— 活 → abrir 開ける.

abrac- 活 → abrazar 抱きしめる 《活 39》.

a·bra·ca·da·bra [アブラカダブラ] 男 1 病気よけの呪文(じゅ). 2 おまじない.

A·bra·hán [アブラアン] 固 《男性の名》アブラアン.

a·bra·sa·dor, do·ra [アブラサドル, ドラ] 形 焼けるような, とても熱い.

a·bra·sar [アブラサル] 他 1 (食を)焼く, もやす, 焦がす. 2 …を赤熱させる. 3 (植物)を枯らす.
— 自 焼けるように熱い.
— abrasarse 再 1 もえる, 焼ける, 焦げる. 2 (+de, en, … で)…に焼けつく. 3 (+a... …に[で])身を焦がす.

a·bra·sión [アブラシオン] 女 1 すり減り, 摩耗. 2 (大地の)海食. 3 (皮膚の)すりむけ.

a·bra·si·vo¹ [アブラシボ] 男 研磨剤, みがき粉.

a·bra·si·vo², va [-, バ] 形 研磨用の/ papel *abrasivo* 紙やすり.

a·bra·za·de·ra [アブラサデラ] 女 1 留め金. 2 締め具.

a·bra·zar [アブラサル] 他 《活 39 gozar》1 …を抱きしめる. 2 …を含む. 3 …を囲む. 4 (考え方など)を受け入れる.
— abrazarse 再 1 抱きあう. 2 (+a, con… …に) 抱きつく.

a·bra·zo [アブラソ] 男 抱きしめること, 抱擁/〈私信の結び〉con un fuerte *abrazo* (de+発信人) それでは, また.
— 活 → abrazar 抱きしめる.

a·bre·bo·ca [アブレボカ] 男 アペリチフ, 食前酒.

a·bre·bo·te·llas [アブレボテジャス] 男 《単複同形》栓抜き.

活 は活用形　複 は複数形　男 は男性名詞　女 は女性名詞　固 は固有名詞　代 は代名詞　自 は自動詞

a·bre·car·tas [アブレカルタス] 男《単複同形》ペーパーナイフ.

a·bre·la·tas [アブレラタス] 男《単複同形》缶切り.

a·bre·va·de·ro [アブレバデロ] 男 (家畜の)水飲み場.

a·bre·var [アブレバル] 他 …に水を飲ませる.

a·bre·via·ción [アブレビアシオン] 女 1 短縮, 省略. 2 要約, 抜粋. 3 略語.

a·bre·via·da·men·te [アブレビアダメンテ] 副 要約して, 簡単にして.

a·bre·via·do, da [アブレビアド, ダ] 《過去分詞》→ abreviar 要約する.
— 形 1 省略された. 2 縮めた.

a·bre·viar [アブレビアル] 他 1 …を短縮する. 2 …を要約する.
— 自 急いで(+en+不定詞)…する.
— abreviarse 再 急ぐ.

a·bre·via·tu·ra [アブレビアトゥラ] 女 1 省略形, 略語. 2 要約.

a·bri·dor¹ [アブリドル] 男 1 栓抜き. 2 缶切り.

a·bri·dor², **do·ra** [—, ドラ] 形 1 開ける. 2 開くための.

a·bri·gar [アブリガル] 他《活 47 llegar》1 …を(+de+風や寒さ) (…から)守る. 2 (気持ちや考え)を持つ, いだく.
— 自 (衣類が)あたたかい.
— abrigarse 再 1 服を着こむ. 2 (+de+寒さや風) (…から)身を守る.

a·bri·go [アブリゴ] 男 1 オーバー, コート, 外套(がいとう). 2 防寒. 3 保護. 4 避難所.
al abrigo de… …に守られて.
de abrigo ひどい(人).
— 活 → abrigar

abrigu- 活 → abrigar 守る《活 47》.

a·bril [アブリル] 男 1 4月. 2 青春 / *el abril de la vida* 青年期. 3 (若い娘の)年齢 / *una muchacha de quince abriles* 15歳の娘.

a·bri·llan·ta·dor [アブリジャンタドル] 男 1 研磨器. 2 《商品》つや出し.

a·bri·llan·tar [アブリジャンタル] 他 (宝石など)をみがきあげる, 光らせる.

a·brir [アブリル] 他 1 …を開く, 開ける / *abrir el paraguas* 傘を広げる.
2 …を開始する.
3 …を切り開く, …の先頭に立つ.
4 …をそそる / *abrir las ganas de comer* 食欲を起こさせる.
— 自 開く.
— abrirse 再 1 (ひとりでに)開く, 割れる, 広がる.
2 (+a, hacia… …に)面する, 向いている.
3 (+a, con… …に)心を開く.
4 (天気が)晴れる.
a medio abrir 半開きの, 半開きで.

a·bro·char [アブロチャル] 他 1 (服など)のボタンを留める, ホックをかける, 留め金をかける, ひもを結ぶ. 2 …をつかみとる.
— abrocharse 再 (自分の服などの)ボタン(など)を留める / *abrocharse el cinturón de seguridad* 安全ベルトを締める.

ab·ro·ga·ción [アブロガシオン] 女 (法律の)廃止.

ab·ro·gar [アブロガル] 他《活 47 llegar》(法律)を廃止する.

a·bro·jo [アブロホ] 男 1 《植物》アザミ, ハマビシ. 2 岩礁.

a·bron·car [アブロンカル] 他《活 73 sacar》1 …をやじる. 2 …をしかりつける. 3 …に恥をかかせる.
— abroncarse 再 恥をかく.

abronqu- → abroncar やじる《活 73》.

a·bró·ta·no [アブロタノ] 男 《植物》ヨモギ.

a·bru·ma·dor, do·ra [アブルマドル, ドラ] 形 圧倒的な, うんざりさせるほどの.

a·bru·mar [アブルマル] 他 1 …を圧倒する. 2 …を(+con… …で)困らせる.
— abrumarse 再《主語なしの3人称単数形で使用》霧が立ちこめる, もやが濃くなる.

a·brup·to, ta [アブルプト, タ] 形 1 切り立った, 険しい. 2 唐突な.

abs·ce·so [アブスセソ] 男《病気》膿瘍(のうよう).

abs·ci·sa [アブスしサ] 女《数学》横座標, X軸.

ab·sen·tis·mo [アブセンティスモ] 男 1 不在地主制, 地主の長期不在. 2 (頻繁な)欠勤.

ab·si·dal [アブシダル] 形 アプスの.

áb·si·de [アブシデ] 男《教会》後陣, アプス.

ab·so·lu·ción [アブソルシオン] 女 1 無罪判決. 2 《宗教》罪の許し.

ab·so·lu·ta·men·te [アブソルタメンテ] 副 1 絶対に, まったく. 2 絶対的に.

ab·so·lu·tis·mo [アブソルティスモ] 男 絶対主義, 専制主義.

ab·so·lu·tis·ta [アブソルティスタ] 形 《男女同形》絶対主義の, 専制主義の.
— 男女 絶対主義者, 専制主義者.

ab·so·lu·to, ta [アブソルト, タ] 形 絶対の, 完全な, まったくの.
en absoluto 全然(…ない).

ab·sol·ver [アブソルベル] 他《活 50 mover》《過去分詞 absuelto》1 …を無罪とする. 2 …を(+de+義務など) (…から)解放する. 3 《宗教》…に(+de… …という)罪を許す.

ab·sor·ben·te [アブソルベンテ] 形 1 吸収力のある. 2 時間のかかる. 3 専横な.
— 男 吸収剤.

ab·sor·ber [アブソルベル] 他 1 …を吸収する, 吸いこむ. 2 (時間など)を消耗させる. 3 …を夢中にさせる.
— absorberse 再 (+en… …に)夢中になる.

ab·sor·bi·do, da [アブソルビド, ダ] 《過去分詞》→ absorber 吸収する.

ab·sor·ción

— 形 (+en... …に)夢中になった.

ab·sor·ción [アブソルｼｵﾝ] 女 1 吸収. 2 没頭, 熱中.

ab·sor·to, ta [アブソルﾄ, タ] 形 1 (+en... …に)夢中になった. 2 (+ante... …に)驚いた.

abs·te·mio, mia [アブステミオ, ミア] 形 禁酒の.
— 男 女 禁酒家.

abs·ten·ción [アブステンｼｵﾝ] 女 1 節制, 禁欲. 2 (投票などの)棄権.

abs·ten·cio·nis·mo [アブステンｼｵﾆｽﾓ] 男〈政治〉棄権主義.

abstendr- [アブステンドレ] → abstener-se ひかえる《活 80》.

abs·te·ner·se [アブステネルセ] 再《活 80 tener》(+de... …をひかえる, 節制する, やめる.

absteng-, abstien- → abstener-se ひかえる《活 80》.

abs·ti·nen·cia [アブスティネンｼｱ] 女 1 禁欲, 節制. 2〈宗教〉精進(しょうじん), 小斎(しょうさい).

abs·ti·nen·te [アブスティネンテ] 形 禁欲の, 精進(しょうじん)の.
— 男 女 禁欲する人, 精進している人.

abs·trac·ción [アブストラクｼｵﾝ] 女 1 抽象化, 捨象. 2 専念, 没頭.

abs·trac·to, ta [アブストラクﾄ, タ] 形 1 抽象的な, 観念的な. 2 抽象派の. 3 理論的な, 難解な.
en abstracto 抽象的に, 理論的に.

abs·tra·er [アブストラエル] 他《活 81 traer》…を抽象する, 抽出する.
— 自 (+de... …を)無視する.
— *abstraerse* 再 1 (+de... …を)無視する. 2 (+en... …に)熱中する.

abs·tra·í·do, da [アブストライﾄﾞ, ダ]《過去分詞》→ abstraer 抽象する.
— 形 (+en, por... …に)熱中した, 夢中になった.

abstraig- → abstraer 抽象する《活 81》.
abstraj- → abstraer 抽象する《活 81》.

abs·tru·so, sa [アブストルソ, サ] 形 1 難解な. 2 深く秘められた.

abstuv- → abstener-se ひかえる《活 80》.

ab·suel·to, ta [アブスエルﾄ, タ]《過去分詞》→ absolver 無罪とする.
— 形 無罪放免になった.

ab·sur·da·men·te [アブスルダメンテ] 副 ばかばかしく, おろかしくも.

ab·sur·do¹ [アブスルﾄﾞ] 男 ばかげたこと, 不条理.

ab·sur·do², da [—, ダ] 形 1 ばかげた, おろかしい. 2 不条理な.

a·bu·bi·lla [アブビジャ] 女〈鳥〉ヤツガシラ.

a·bu·che·ar [アブチェアル] 他 1 (足踏みや口笛で) …をやじる. 2 …に対して騒ぐ.

a·bu·che·o [アブチェオ] 男 やじ, 騒ぎ立て.

a·bue·la [アブエら] 女 1 おばあさん, 祖母. 2 老女.

¡Cuéntaselo a tu abuela! うそつけ!, ばかばかしい.
no tener [necesitar] abuela 自慢しすぎる.

a·bue·li·to, ta [アブエリﾄ, タ] 男 女 おじいちゃん, おばあちゃん.

a·bue·lo [アブエろ] 男 1 おじいさん, 祖父. 2 老人.

a·bue·los [アブエろス] 男複《→ abuelo》1 祖父母. 2 先祖. 3 老人たち.

a·bu·len·se [アブレンセ] 形 アビラ Ávila の.
— 男 女 アビラの人.

a·bu·lia [アブリア] 女 1 無気力. 2〈病気〉無意志.

a·bú·li·co, ca [アブリコ, カ] 形 無気力な, 活力のない.
— 男 女 無意志症患者.

a·bul·ta·do, da [アブルタﾄﾞ, ダ]《過去分詞》→ abultar する.
— 形 1 かさばった, ふくれた. 2 大げさな.

a·bul·ta·mien·to [アブルタミエント] 男 1 かさばり, 増大. 2 誇張.

a·bul·tar [アブルタル] 他 1 …をかさばらせる, 大きくする. 2 …を誇張する.
— 自 かさばる, ふくらむ.

a·bun·dan·cia [アブンダンｼｱ] 女 1 多量, 豊富. 2 裕福.
en abundancia ふんだんに, 裕福に.
nadar [vivir] en la abundancia 裕福に暮らす.

a·bun·dan·te [アブンダンテ] 形 1 豊富な, ありあまるほどの. 2 (+en... …の)多い.

a·bun·dan·te·men·te [アブンダンテメンテ] 副 ふんだんに, ありあまるほど.

a·bun·dar [アブンダル] 自 1 (物が)豊富にある. 2 (+en... …に)富む. 3 (+en... …に)賛同する.

a·bur [アブル] 間《挨拶》またね!, バイバイ!

a·bur·gue·sar·se [アブルゲサルセ] 再 ブルジョアになる, ブルジョア化する.

a·bu·rri·do, da [アブリﾄﾞ, ダ]《過去分詞》→ aburrir うんざりさせる.
— 形 1 退屈な, あきあきした. 2 (+de... …に)うんざりした.

a·bu·rri·mien·to [アブリミエント] 男 1 退屈. 2 うんざりさせる事.

a·bu·rrir [アブリル] 他 1 …を退屈させる. 2 …をうんざりさせる.
— *aburrirse* 再 (+con, de...) 1 (…に)退屈する. 2 (…が)いやになる.

a·bu·sa·do, da [アブサﾄﾞ, ダ]《過去分詞》→ abusar 乱用する.
— 形 抜け目のない.

a·bu·sar [アブサル] 自 (+de...) 1 (…を)乱用する, 悪用する. 2 (…を)使いすぎる. 3 (…を)虐待する.

a·bu·si·vo, va [アブシボ, バ] 形 法外な, 不当

活 は活用形 複 は複数形 男 は男性名詞 女 は女性名詞 固 は固有名詞 代 は代名詞 自 は自動詞

a·bu·so [アブソ] 男 1 乱用, 悪用. 2 使いすぎ. 3 虐待.
— 活 → abusar 悪用する.

a·bu·són, so·na [アブソン, ソナ] 形 自分勝手な, 厚かましい.
— 男女 自分勝手な人, 厚かましい人.

ab·yec·ción [アブイェクシオン] 女 下劣, 卑劣.

ab·yec·to, ta [アブイェクト, タ] 形 卑劣な, さもしい.

a.C. 《略語》 antes de Cristo 紀元前.

a/c 《略語》 al cuidado de...《宛て先》 …気付.

acá [アカ] 副 《近称の指示副詞. 場所を漠然と指す》 1 (話し手のいる)こちら, うちら, ここで, ここへ. 2 (話をしている)いま/de ayer *acá* 昨日から今まで.
acá y allá あちらこちらに.
de acá para allá あちらこちらへ.

a·ca·ba·do[1] [アカバド] 男 仕上げ, 仕上がり.

a·ca·ba·do[2]**, da** [—, ダ] 《過去分詞》 → acabar 終わる.
— 形 1 終った, 完成した. 2 使い古された, やつれた.

a·ca·bar [アカバル] 他 1 …を終える, 完成する, 仕上げる. 2 …を食べつくす, 飲みほす.
— 自 1 終わる.
2 (+副詞・形容詞) …となって終わる
3 (+de+不定詞) …したばかりである.
4 (否定文で) (+de+不定詞) …しかねている.
5 (+con...) …を手中に入れる, 殺す, 絶やす.
6 (+por+不定詞) ついに…することになる.
7 (+現在分詞) ついに…することになる.
— *acabarse* 再 1 終わる. 2 なくなる. 3 死ぬ.
¡Acabáramos!《感嘆文》 ようやくわかった！
Se acabó. これで終わりだ.

a·ca·bó·se [アカボセ] 男 《el+》 ひどい結果, 最悪の事態.

a·ca·cia [アカシア] 女 〈植物〉 アカシア.

a·ca·de·mia [アカデミア] 女 1 学会, アカデミー, 学士院/Real *Academia* Española スペイン王立アカデミー. 2 専門学校, 塾. 3 (文芸・芸術などの)協会.

a·ca·de·mi·cis·mo [アカデミシスモ] 男 → = academismo アカデミズム.

a·ca·dé·mi·co, ca [アカデミコ, カ] 形 1 学術的な, アカデミックな. 2 学校教育の. 3 大学の. 4 伝統的な. 5 専門学校の.
— 男女 アカデミー会員, 学士院会員.

a·ca·de·mis·mo [アカデミスモ] 男 1 アカデミズム. 2 伝統的形式主義.

a·ca·e·cer [アカエセル] 自 《活 4　agradecer》《3人称だけで使用》起きる, 起こる, 生じる.

a·ca·e·ci·mien·to [アカエシミエント] 男 事件, 出来事.

acaezc- 活 → acaecer 起こる 《活 4》.

a·ca·llar [アカジャル] 他 1 …を黙らせる, 静かにさせる. 2 …をやわらげる, なだめる.
— *acallarse* 再 静かになる, 黙る.

a·ca·lo·ra·da·men·te [アカロラダメンテ] 副 激しく, 熱心に, 熱っぽく.

a·ca·lo·ra·do, da [アカロラド, ダ] 《過去分詞》 → acalorar 熱する.
— 形 興奮した, 熱心な, 激しい.

a·ca·lo·ra·mien·to [アカロラミエント] 男 1 興奮, 激烈, 熱気. 2 焼けるような熱さ[暑さ].

a·ca·lo·rar [アカロラル] 他 1 …を熱する. 2 …を興奮させる. 3 …を怒らせる.
— *acalorarse* 再 1 熱くなる. 2 (+con, por...)に)興奮する, 熱中する.

a·cam·pa·da [アカンパダ] 女 1 野営, キャンピング. 2 野営地.

a·cam·pa·na·do, da [アカンパナド, ダ] 形 釣り鐘状の/falda *acampanada* フレアスカート.

a·cam·par [アカンパル] 他 …を野営させる, キャンプさせる.
— 自 野営する, キャンプする.
— *acamparse* 再 野営する, キャンプする.

a·ca·na·la·do, da [アカナラド, ダ] 《過去分詞》 → acanalar 溝をつける.
— 形 1 溝のある. 2 (水・流れなどが)狭い所を通る.

a·ca·na·lar [アカナラル] 他 …に溝をつける, 溝を掘る.

a·can·ti·la·do[1] [アカンティラド] 男 1 絶壁, 断崖. 2 急斜面.

a·can·ti·la·do[2]**, da** [—, ダ] 形 1 切り立った, 絶壁の. 2 急斜面の.

a·can·to [アカント] 男 1 〈植物〉 アカンサス. 2 〈建築〉 (柱頭の)アカンサス葉飾り.

a·can·to·nar [アカントナル] 他 (軍隊・兵)を宿営させる, 野営させる.

a·ca·pa·ra·dor, do·ra [アカパラドル, ドラ] 形 買い占める, 独占する.
— 男女 独占業者, 買い占め人.

a·ca·pa·ra·mien·to [アカパラミエント] 男 買い占め, 独占, ひとり占め.

a·ca·pa·rar [アカパラル] 他 …を独占する, 買い占める.

A·ca·pul·co [アカプルコ] 固 〈都市の名〉 (メキシコ太平洋岸の) アカプルコ.

a·ca·ra·co·la·do, da [アカラコラド, ダ] 形 らせん形の.

a·ca·ra·me·la·do, da [アカラメラド, ダ] 《過去分詞》 → acaramelar 甘くする.
— 形 カラメル状の, 甘い.

a·ca·ra·me·lar [アカラメラル] 他 1 …にカラメルをかける. 2 …を甘くする.
— *acaramelarse* 再 1 カラメル状になる. 2 (恋人同士が)いちゃつく.

a·ca·ri·ciar [アカリシアル] 他 1 …をなでる, 愛撫(ぶ)する. 2 (希望など)を抱く.

a·ca·rre·ar [アカレアル] 他 1 …を運ぶ, 運搬する. 2 (いやなこと)をもたらす, 引き起こす.

他 は他動詞　再 は再帰動詞　形 は形容詞　副 は副詞　前 は前置詞　接 は接続詞　間 は間投詞

a·ca·rre·o [アカレオ] 男 1 運搬. 2 運送費. 3 〈地質〉沖積.

a·car·to·nar·se [アカルトナルセ] 再 1 (ボール紙のように)固くなる. 2 (老年で)ひからびる.

a·ca·so [アカソ] 副 《+直説法・接続法. 接続法なら疑いが強い》おそらく, たぶん, もしかしたら.
— 男 偶然, 偶発事.
al acaso 成り行きまかせで.
por si acaso 万一のために.
si acaso (前の文を受けて)いずれにしても.

a·ca·ta·mien·to [アカタミエント] 男 1 尊敬. 2 尊重, 遵守(じゅん).

a·ca·tar [アカタル] 他 1 …をうやまう, 尊敬する. 2 …を守る, 尊重する.

a·ca·ta·rrar·se [アカタラルセ] 再 風邪をひく.

a·cau·da·la·do, da [アカウダラド, ダ] 《過去分詞》→ acaudalar 貯める.
— 形 金持ちの, 裕福な.

a·cau·da·lar [アカウダラル] 他 1 (お金)を貯める. 2 (財産など)を蓄積する.

a·cau·di·llar [アカウディじゃル] 他 …を指揮する, 指導する.

ac·ce·der [アクセデル] 自 (+a...) 1 (…に)同意する, 応じる. 2 (…に)到達する, 就任する.

ac·ce·si·ble [アクセシブレ] 形 1 (人が)親しみやすい, 気さくな. 2 近づきやすい, 手に入れやすい.

ac·ce·sión [アクセシオン] 女 1 承認, 同意. 2 即位.

ac·cé·sit [アクセシト] 男 《複》 accesits, accesis. 1 佳作(単複同形) 佳作, 努力賞.

ac·ce·so [アクセソ] 男 1 到達, 接近, 立ち入り. 2 入り口, 通路. 3 発作. 4 〈コンピューター〉アクセス. 5 性交.

ac·ce·so·rio, ria [アクセソリオ, リア] 形 付属の, 二次的な.

ac·ce·so·rios [アクセソリオス] 男複 《→ accesorio》付属品, アクセサリー.

ac·ci·den·ta·do, da [アクシデンタド, ダ] 《過去分詞》→ accidentar 事故を起こさせる.
— 形 1 (土地が)でこぼこした, 起伏の多い. 2 多難な, 波乱に富んだ. 3 事故にあった.
— 男女 事故の被害者.

ac·ci·den·tal [アクシデンタル] 形 1 思いがけない, 偶然の. 2 代わりの, 臨時の. 3 本質的でない, 一時的な.

ac·ci·den·tar [アクシデンタル] 他 …に事故を起こさせる.
— **accidentar·se** 再 事故にあう.

ac·ci·den·te [アクシデンテ] 男 1 事故, 災難. 2 偶然. 3 (土地の)起伏. 4 〈文法〉語尾変化. 5 発作, 失神. 6 〈音楽〉臨時記号. 7 〈哲学〉偶有性.
por accidente 1 思いがけず, 偶然に. 2 事故で.

ac·ción [アクシオン] 女 1 行動, 行為, 活動. 2 作用, 働き. 3 身ぶり, 演技. 4 (小説などの)筋, ストーリー. 5 戦闘, 交戦, アクション. 6 株式. 7 訴訟.
en acción de gracias 神への感謝のしるしに.
estar en acción 登場する.
estar en acción 活動中である.
poner en acción 実行する.

ac·cio·nar [アクシオナル] 他 …を動かす, 作動させる.
— 自 身ぶり手ぶりで話す.

ac·cio·na·ria·do [アクシオナリアド] 男 (集団としての)株主.

ac·cio·nis·ta [アクシオニスタ] 男 女 (ひとりの)株主.

a·ce·bo [アセボ] 男 〈植物〉セイヨウヒイラギ.

a·ce·chan·za [アセチャンサ] 女 《→ acecho》待ち伏せ.

a·ce·char [アセチャル] 他 1 …を待ち伏せる. 2 …を見張る.

a·ce·cho [アセチョ] 男 1 待ち伏せ. 2 〈行為〉見張り.
estar al [en] acecho 待ち伏せする, 見張る.

a·ce·de·ra [アセデラ] 女 〈植物〉スイバ.

a·cé·fa·lo, la [アセふァロ, ラ] 形 1 〈動物〉無頭の. 2 首領のいない, リーダー不在の.

a·cei·te [アセイテ] 男 1 油／*aceite de hígado de bacalao* 肝油, *aceite esencial* (植物の)精油. 2 オリーブ油 [= *aceite de oliva*]. 3 石油, オイル／*aceite de motor* エンジンオイル.
echar aceite al fuego 火に油をそそぐ, 扇動する.

a·cei·te·ra¹ [アセイテラ] 女 (食卓に置くオリーブ油の)油差し.

a·cei·te·ro, ra² [アセイテロ, —] 形 油の, オリーブ油の.
— 男女 油業者.

a·cei·to·so, sa [アセイトソ, サ] 形 1 油のような, 油性の. 2 脂ぎった.

a·cei·tu·na [アセイトゥナ] 女 〈実〉オリーブ.

a·cei·tu·na·do, da [アセイトゥナド, ダ] 形 オリーブ色の, 土気(つち)色の.

a·cei·tu·no [アセイトゥノ] 男 〈樹木〉オリーブ [= olivo].

a·ce·le·ra·ción [アセレラシオン] 女 1 加速, 加速度. 2 促進.

a·ce·le·ra·da·men·te [アセレラダメンテ] 副 急いで, 加速して.

a·ce·le·ra·do, da [アセレラド, ダ] 《過去分詞》→ acelerar 加速する.
— 形 急速な, 加速のついた.

a·ce·le·ra·dor¹ [アセレラドル] 男 アクセル, 加速装置.

a·ce·le·ra·dor², **dora** [—, ドラ] 形 1 加速の. 2 促進の.

a·ce·le·rar [アセレラル] 他 1 …を加速する. 2 …を促進する.
— 自 アクセルを踏む.
— **acelerar·se** 再 (+a+不定詞) 急いで…す

a·ce·le·rón [アセレロン] 男 急激な加速.

a·cel·ga [アセルガ] 女〘植物〙フダンソウ.

a·cé·mi·la [アセミラ] 女 1〘動物〙ラバ. 2 ばか者, 間抜け.

a·cen·to [アセント] 男 1 アクセント, 強勢. 2 アクセント符号. 3 (言葉の)なまり. 4 強調, 力点. 5 口調, 語調.

a·cen·tua·ción [アセントゥアシオン] 女 1 アクセントをつけること. 2 強調.

a·cen·tua·da·men·te [アセントゥアダメンテ] 副 目立って, きわ立って.

a·cen·tua·do, da [アセントゥアド, ダ]《過去分詞》→ acentuar アクセントをつける.
— 形 1 アクセントのついた, 強勢の置かれた. 2 きわ立った.

a·cen·tuar [アセントゥアル] 他《活 1 actuar》1 …にアクセントをつける, アクセント符号をつける. 2 …を強調する, きわ立たせる.
— acentuarse 再 きわ立つ, 強まる.

a·cep·ción [アセプシオン] 女 (語の)意味, 語義.

a·cep·ta·ble [アセプタブレ] 形 受け入れられる, まずまずの.

a·cep·ta·ble·men·te [アセプタブレメンテ] 副 満足できる程度に.

a·cep·ta·ción [アセプタシオン] 女 1 受け入れ, 受理, 受諾. 2 評判, 好評. 3 (手形などの)引き受け.

a·cep·tar [アセプタル] 他 1 …を受け入れる, 受け取る. 2 …を尊重する, 承認する. 3 (仕事・人・手形などを)引き受ける. 4 (+不定詞) …することを引き受ける.

a·ce·quia [アセキア] 女 1 用水路. 2 小川.

a·ce·ra [アセラ] 女 1 歩道. 2 家並 (なみ).
— 活 → acerar 鋼鉄にする.
ser de la acera de enfrente ホモ[同性愛者]である.

a·ce·ra·do, da [アセラド, ダ]《過去分詞》→ acerar 鋼鉄にする.
— 形 1 鋼 (はがね) の, 鋼のような. 2 丈夫な. 3 鋭い.

a·ce·rar [アセラル] 他 1 (鉄)を鋼鉄にする. 2 …を鋼鉄でおおう. 3 …を(精神的に)鍛える. 4 (道路)に歩道をつける.

a·cer·bo, ba [アセルボ, バ] 形 1 にがい, 渋い. 2 残酷な, 辛辣(しんらつ)な.

a·cer·ca [アセルカ] 副 (+de...) …に関して, …について.
— 活 → acercar 近づける.

a·cer·ca·mien·to [アセルカミエント] 男 1 接近. 2 和解.

a·cer·car [アセルカル] 他《活 73 sacar》1 …を(+a... …に)近づける. 2 …を(+a... …に)手渡す.
— acercarse 再 (+a...) 1 (…に)近づく. 2 (…に)立ち寄る.

a·ce·rí·a [アセリア] 女 製鉄所.

a·ce·ri·co [アセリコ] 男〘裁縫の〙針山, 針刺し.

a·ce·ro [アセロ] 男 1 鋼鉄, 鋼 (はがね). 2 刀剣.
acero fundido 鋳鋼.
acero inoxidable ステンレス(スティール).

a·ce·ro·la [アセロら] 女〘実〙アセロラ.

a·ce·ro·lo [アセロろ] 男〘低木〙アセロラ.

a·ce·ros [アセロス] 男複《→ acero》1 勇気, 決断力. 2 食欲.

acerqu- [アセルク] → acercar 近づける《活 73》.

a·cé·rri·mo, ma [アセリモ, マ] 形《絶対最上級語→ acre》決然とした, 強固な, 非常に強い.

a·cer·ta·da·men·te [アセルタダメンテ] 副 適切に, 的確に.

a·cer·ta·do, da [アセルタド, ダ]《過去分詞》→ acertar 当てる.
— 形 的中した, 的確な, 当を得た.

a·cer·tan·te [アセルタンテ] 形 当たりの.
— 男女 当選者.

a·cer·tar [アセルタル] 他《活 57 pensar》1 …に命中させる, …を当てる. 2 …を言い当てる, 探し当てる.
— 自 1 (+a, en... …に)命中する. 2 (+con …) …を探し当てる, 言い当てる. 3 (+al, con+不定詞)・(+現在分詞) …することで正しい選択をする. 4 (+a+不定詞) たまたま…になる.

a·cer·ti·jo [アセルティホ] 男 なぞなぞ, 判じ物.

a·cer·vo [アセルボ] 男 共有財産／*acervo cultural* 文化遺産, 文化財.

a·ce·ta·to [アセタト] 男 1〘繊維〙アセテート. 2〘化学〙酢酸塩.

a·cé·ti·co, ca [アセティコ, カ] 形〘化学〙酢酸の／*ácido acético* 酢酸.

a·ce·ti·le·no [アセティれノ] 男〘化学〙アセチレン.

a·ce·to·na [アセトナ] 女〘化学〙アセトン.

a·cha·car [アチャカル] 他《活 73 sacar》(罪)を(+a...) …のせいにする, …になすりつける.

a·cha·co·so, sa [アチャコソ, サ] 形 1 軽い持病のある, 病弱な. 2 欠陥のある.

a·cham·pa·ña·do, da [アチャンパニャド, ダ] 形〘飲み物〙シャンパン風の.

a·chan·tar [アチャンタル] 他 …をこわがらせる, おどす.
— achantarse 再 おじける, ひるむ.

a·cha·pa·rra·do, da [アチャパらド, ダ] 形 1 ずんぐりした. 2 (低木などが)盛りあがった.

a·cha·que [アチャケ] 男 1 軽い持病, 体の不調. 2 口実, 弁解. 3 妊娠, 月経. 4 欠陥, 欠点.

a·cha·ta·mien·to [アチャタミエント] 男 平らにすること, 平板化.

a·cha·tar [アチャタル] 他 …を平らにする.

a·chi·car [アチカル] 他《活 73 sacar》1 …を縮める, 小さくする. 2 (水)をかい出す. 3 …をおじけづかせる.
— achicarse 再 1 縮む, 小さくなる. 2 ひるむ, お

じけづく.

a·chi·cha·rrar [アチチャラル] 他 1 …を焦がす. 2 …を悩ませる.
— **achicharrar·se** 再 1 焦げる. 2 日焼けする.

a·chi·co·ria [アチコリア] 女 〖植物〗チコリー, キクニガナ.

a·chi·na·do, da [アチナド, ダ] 形 (目や顔つきが)東洋人のような.

a·chis·par [アチスパル] 他 …をほろ酔いにする.
— **achispar·se** 再 ほろ酔いになる.

a·chu·cha·do, da [アチュチャド, ダ] 《過去分詞》→ achuchar けしかける.
— 形 1 込みいった. 2 お金の乏しい.

a·chu·char [アチュチャル] 他 1 (犬など)をけしかける. 2 …を押しつぶす. 3 …を抱きしめる.

a·chu·chón [アチュチョン] 男 1 押しやり, ひと押し. 2 抱きしめること, 抱擁.

a·cia·go, ga [アシアゴ, ガ] 形 1 不吉な. 2 不運な.

a·ci·ca·la·do, da [アシカラド, ダ] 《過去分詞》→ acicalar 飾りたてる.
— 形 着飾った, おめかしした.

a·ci·ca·lar [アシカラル] 他 …を飾りたてる, 磨きあげる.
— **acicalar·se** 再 着飾る, おめかしする.

a·ci·ca·te [アシカテ] 男 1 拍車. 2 刺激物. 3 刺激.

a·ci·dez [アシデス] 女 1 酸っぱさ, 酸味. 2 酸性度. 3 胃酸過多症 [= *acidez* de estómago].

á·ci·do¹ [アシド] 男 〖化学〗酸.

á·ci·do², da [—, —] 形 1 酸っぱい. 2 酸性の. 3 〈言葉〉とげのある. 4 気難しい.

aciert- → acertar 当てる《活 57》.

a·cier·to [アシエルト] 男 1 当たり, 的中. 2 手ぎわのよさ. 3 正しい判断.
— 活 → acertar 当てる.
con acierto 適切に, 的確に.

a·ci·mut [アシムト] 男 〖天文学〗方位角.

a·cla·ma·ción [アクラマシオン] 女 喝采, 歓呼の声.
por aclamación (拍手による)賛成多数で.

a·cla·mar [アクラマル] 他 1 …を拍手で迎える. 2 …に歓声をあげる. 3 …を(歓声・拍手で)承認する.

a·cla·ra·ción [アクララシオン] 女 明らかにすること, 解明, 説明.

a·cla·ra·do [アクララド] 男 (洗濯の)すすぎ, 水洗い.

a·cla·rar [アクララル] 他 1 …を明らかにする, はっきりさせる, 説明する. 2 …を明るくする, 薄める, まばらにする. 3 (洗濯物)をすすぐ.
— 自 1 明らかになる. 2 《主語なしの3人称単数形で使用》空が晴れる, 夜が明ける.
— **aclarar·se** 再 1 明らかになる, 澄む. 2 考えを説明する. 3 《主語なしの3人称単数形で使用》空が晴れわたる, 夜が明ける.

a·cla·ra·to·rio, ria [アクララトリオ, リア] 形 説明的な, 明解な.

a·cli·ma·ta·ble [アクリマタブれ] 形 順応できる, 適応性のある.

a·cli·ma·ta·ción [アクリマタシオン] 女 慣れること, 順応, 適応.

a·cli·ma·tar [アクリマタル] 他 …を慣れさせる, 順応させる, 適応させる.
— **aclimatar·se** 再 (+a... …に)慣れる, 順応する, 適応する.

ac·mé [アクメ] 女 1 絶頂期. 2 (病気の)峠.

ac·né [アクネ] 女 にきび, 吹き出物.

a·co·bar·da·mien·to [アコバルダミエント] 男 おびえること, おじけ, ひるみ.

a·co·bar·dar [アコバルダル] 他 …をおびえさせる, ひるませる.
— **acobardar·se** 再 おじけづく, ひるむ.

a·co·da·do, da [アコダド, ダ] 《過去分詞》→ acodar L字型にする.
— 形 1 L字型の. 2 (+en... …に)肘(ひじ)をついた.

a·co·dar [アコダル] 他 1 …をL字型に折り曲げる. 2 〖農業〗…に取り木する.
— **acodar·se** 再 (+en, a... …に)肘(ひじ)をつく.

a·co·ge·dor, do·ra [アコヘドル, ドラ] 形 1 親切にもてなす, 友好的な. 2 居心地のよい.

a·co·ger [アコヘル] 他 《活 19 coger》1 …をもてなす, 歓迎する. 2 …を受け入れる, 承認する.
— **acoger·se** 再 (+a, en...) 1 (…に)避難する, 逃げこむ. 2 (…を)口実にする.

a·co·gi·da¹ [アコヒダ] 女 1 もてなし, 歓待. 2 評判. 3 受け入れ. 4 保護.

a·co·gi·do, da² [アコヒド, —] 《過去分詞》→ acoger もてなす.
— 形 1 歓迎された／bien *acogido, da* 温かく迎えられた[評判の良い], mal *acogido, da* 冷たく迎えられた[評判の悪い]. 2 保護された.
— 男 女 (施設の)収容者.

a·co·gi·mien·to [アコヒミエント] 男 1 受け入れ. 2 保護. 3 避難所. 4 収容施設.

a·co·go·tar [アコゴタル] 他 1 …を首筋を殴って殺す. 2 …のえり首をつかんで引き倒す. 3 …を屈服させる, 抑圧する.

a·co·jo·nar [アコホナル] 他 …をひるませる, 恐がらせる.
— **acojonar·se** 再 ひるむ.

a·col·char [アコルチャル] 他 1 (2枚の布)の間に詰め物を入れる. 2 …をキルティングにする.

a·có·li·to [アコリト] 男 1 〖宗教〗侍祭, 侍者. 2 手下, 取り巻き.

a·co·me·te·dor, do·ra [アコメテドル, ドラ] 形 1 積極的な, 意欲的な. 2 攻撃的な.

a·co·me·ter [アコメテル] 他 1 …に襲いかかる, …を攻める. 2 …を企てる. 3 (病気などが) …を不意に襲う.

a·co·me·ti·da [アコメティダ] 女 1 攻撃, 襲撃. 2 (主導管などへの)連結部.

活 は活用形 複 は複数形 男 は男性名詞 女 は女性名詞 固 は固有名詞 代 は代名詞 自 は自動詞

a·co·me·ti·mien·to [アコメティミエント] 男
《→＝acometida》攻撃.

a·co·mo·da·ción [アコモダシオン] 囡 1 適合,順応. 2 (住居の)快適さ. 3 (家具などの)配置.

a·co·mo·da·di·zo, za [アコモダティソ, サ] 形 従順な, 適応性の高い.

a·co·mo·da·do, da [アコモダド, ダ] 《過去分詞》→ acomodar 配置する.
— 形 1 好都合な. 2 裕福な. 3 快適な. 4 手ごろな値段の.

a·co·mo·da·dor, do·ra [アコモダドル, ドラ] 男 囡 (劇場・映画館などの)案内係.

a·co·mo·da·mien·to [アコモダミエント] 男 1 妥協, 和解. 2 好都合, 快適さ. 3 調整.

a·co·mo·dar [アコモダル] 他 1 …を (+en… …に) 配置する. 2 …を (+a… …に) 適合させる. 3 …を (+de… …の) 職に就かせる. 4 …を和解させる.
— 自 (+a+人) (…に) 都合がよい, 適している.
— **acomodarse** 再 1 (+a, con… …に) 順応する, 適合する. 2 (+en… …に) 落ち着く, 座る. 3 (+de… …の) 職に就く.

a·co·mo·da·ti·cio, cia [アコモダティシオ, シア] 形 節操のない, 八方美人な, 日和見(ひより)の.

a·co·mo·do [アコモド] 男 1 職, 働き口. 2 落ち着き場所. 3 好都合, 合意.
→ acomodar 配置する.

a·com·pa·ña·do, da [アコンパニャド, ダ] 《過去分詞》→ acompañar 付きそう.
— 形 1 (+de… …に) 付きそわれた. 2 人通りの多い.
— 男 囡 助手, 補佐役, アシスタント.

a·com·pa·ña·mien·to [アコンパニャミエント] 男 1 同伴. 2 (料理の) つけ合わせ. 3 (一団としての) 随員, 付きそい, 参列者, 伴奏者, エキストラ.

a·com·pa·ñan·te [アコンパニャンテ] 男 囡 (ひとりの) 同伴者, 随員, 参列者, 伴奏者.
— 形 同伴の, 付きその.

a·com·pa·ñar [アコンパニャル] 他 1 …に付きそう. 2 …に備わっている. 3 …を (+a… …に) 同封する, 付ける. 4 …を (+con… …で) 伴奏する. 5 …と (+en… …の) 気持を共にする / Le acompaño en el sentimiento. ご愁傷さまです, お悔やみ申しあげます.
— 自 …に付随する.
— **acompañarse** 再 1 (+de, con… …と) 連れだっている, 一緒に行く. 2 (+con… …に) 合わせて歌う, (…で) 伴奏する.

a·com·pa·sa·do, da [アコンパサド, ダ] 《過去分詞》→ acompasar 合わせる.
— 形 1 リズミカルな, 規則正しい. 2 ゆっくりとした, 単調な.

a·com·pa·sar [アコンパサル] 他 1 …を (+a… …に) 調子を合わせる. 2 …を釣り合わせる, 調整する.

a·com·ple·ja·do, da [アコンプレハド, ダ] 《過去分詞》→ acomplejar 劣等感を抱かせる.
— 形 1 (+por… …に) 劣等感を抱いた. 2 小心な.

a·com·ple·jar [アコンプレハル] 他 …に劣等感を抱かせる, コンプレックスを持たせる.
— **acomplejarse** 再 (+por… …に) 劣等感を持つ.

A·con·ca·gua [アコンカグア] 固 〈山の名〉(アルゼンチン北西部のアンデス山脈最高峰の) アコンカグア.

a·con·di·cio·na·do, da [アコンディシオナド, ダ] 《過去分詞》→ acondicionar 整備する.
— 形 調整してある, 条件にかなった / aire acondicionado 冷暖房.

a·con·di·cio·na·dor [アコンディシオナドル] 男 1 エアコン, 空気調整機. 2 整髪料, ヘアコンディショナー.

a·con·di·cio·na·mien·to [アコンディシオナミエント] 男 1 (空気などの) 調節. 2 整備, 下準備.

a·con·di·cio·nar [アコンディシオナル] 他 1 …の条件を整える. 2 …を整備する. 3 (空気など) を調節する.
— **acondicionarse** 再 1 条件が整う. 2 職に就く.

a·con·go·ja·do, da [アコンゴハド, ダ] 《過去分詞》→ acongojar 悲しませる.
— 形 (+por, de… …を) 悲しんでいる.

a·con·go·jar [アコンゴハル] 他 …を悲しませる, 悩ませる.
— **acongojarse** 再 (+por, de… …を) 悲しむ, (…に) 悩む.

a·con·se·ja·ble [アコンセハブレ] 形 勧められる, 妥当な.

a·con·se·ja·do, da [アコンセハド, ダ] 《過去分詞》→ aconsejar 勧める.
— 形 助言を得た / bien aconsejado, da 分別のある, 賢明な. mal aconsejado, da 無分別な, 浅はかな.

a·con·se·jar [アコンセハル] 他 (+que+接続法) (…することを) 助言する, 忠告する.
— **aconsejarse** 再 (+con, de… …に) 意見を聞く, 助言を求める.

a·con·te·cer [アコンテセル] 自 《活 4 agradecer》(事が) 起こる, 生じる.
— 男 出来事, 事件.

a·con·te·ci·mien·to [アコンテシミエント] 男 (重大な) 出来事, 大事件.

acontezc- 活 → acontecer 起こる《活 4》.

a·co·pio [アコピオ] 男 1 蓄積, かき集め. 2 大量, 多量.

a·co·pla·mien·to [アコプラミエント] 男 1 接合, 連結. 2 〈機械〉継ぎ手, カップリング.

a·co·plar [アコプラル] 他 1 …を接合する, 連結する. 2 (二頭の家畜) をくびきにつなぐ, 交尾させる.

a·co·qui·nar

— **acoplar·se** 再 1 (+a... …に)適合する、つながる。2 交尾する。
a·co·qui·nar [アコキナル] 他 …を怖がらせる、おびやかす。
— **acoquinar·se** 再 怖がる、おじけづく。
a·co·ra·za·do¹ [アコラサド] 男 戦艦。
a·co·ra·za·do², da [—, ダ]《過去分詞》→ acorazar 装甲する。
— 形 1 装甲された。2 動じない、無感動な。
a·co·ra·zar [アコラサル] 他《活 39 gozar》…を装甲する。
— **acorazar·se** 再 1 防備する。2 (+contra... …に)無感動になる。
a·co·ra·zo·na·do, da [アコラソナド, ダ] 形 ハート型の。
a·cor·char·se [アコルチャルセ] 再 1 (コルクのように)すかすかになる。2 (手足が)しびれる。
a·cor·da·do, da [アコルダド, ダ]《過去分詞》→ acordar 協定する。
— 形 1 分別のある。2 同意された/lo *acordado* 取り決め。
a·cor·dar [アコルダル] 他《活 22 contar》1 …を協定する、取り決める、決心する。2 …を(+con... …と)調和させる、一致させる。3 …を与える。
— 自 (+con... …と)調和する、一致する。
— **acordar·se** 再 1 (+de... …を)覚えている、思い出す。2 (+con... …と)合意する。
si mal no me acuerdo 私の記憶違いでなければ。
a·cor·de [アコルデ] 形 (+con... …と)一致した、調和した。
— 男〈音楽〉和音、コード。
a los acordes de... …の音楽に合わせて。
a·cor·de·ón [アコルデオン] 男 アコーデオン。
a·cor·de·o·nis·ta [アコルデオニスタ] 男女 アコーデオン奏者。
a·cor·do·nar [アコルドナル] 他 1 (特定地域に)非常線を張る。2 …のひもを結ぶ、…をひもでしばる。
a·co·rra·lar [アコラ゛ラル] 他 1 …を追い詰める、やりこめる。2 …をおびえさせる。3 (動物)を囲い場に追いこむ。
a·cor·ta·mien·to [アコルタミエント] 男 1 短縮、要約。
a·cor·tar [アコルタル] 他 …を短縮する、切り詰める。
— **acortar·se** 再 1 短くなる。2 気おくれする。
a·co·sar [アコサル] 他 1 …を責めたてる。2 …を追い回す。
a·co·so [アコソ] 男 執拗(しつよう)な追跡、迫害/*acoso sexual* 性的いやがらせ、セクハラ。
a·cos·tar [アコスタル] 他《活 22 contar》1 …を寝かしつける。2 …を横にする。3 (船)を岸につける。
— 自 (船が) (+a... …に)接岸する。

— **acostar·se** 再 1 寝る、ベッドにつく。2 横になる。
a·cos·tum·bra·do, da [アコストゥンブラド, ダ]《過去分詞》→ acostumbrar 慣らす。
— 形 1 習慣になった。2 (+a... …に)慣れた。
a·cos·tum·brar [アコストゥンブラル] 他 …を(+a... …に)慣れさせる、習慣づける。
— 自 (a+不定詞) (…する)習慣がある。
— **acostumbrar·se** 再 (+a... …に)慣れる、(…する)習慣になる。
a·co·ta·ción [アコタシオン] 女 1 書き込み、傍注。2 境界の画定。3〈演劇〉ト書き。
a·co·ta·mien·to [アコタミエント] 男 1 区画の線引き。2〈地図〉標高表示。
a·co·tar [アコタル] 他 1 …の境界を定める。2 …に注を書き込む。3 (地図)に標高を書き込む。
á·cra·ta [アクラタ] 形 反権力主義の、無政府主義の。
— 男女 反権力主義者、アナーキスト。
a·cre [アクレ] 形 1 鼻にツンとくる、舌を刺す。2 辛辣しい、辛辣な。
— 男〈面積の単位〉(約 4047 平方メートルの)エーカー。
a·cre·cen·ta·mien·to [アクレセンタミエント] 男 増加、増大。
a·cre·cen·tar [アクレセンタル] 他《活 57 pensar》…を増やす、増大させる。
— **acrecentar·se** 再 増える、増大する。
a·cre·cer [アクレセル] 他《活 4 agradecer》〈＝acrecentar〉…を増やす。
— **acrecer·se** 再 増える。
a·cre·di·ta·ción [アクレディタシオン] 女 (職業上の)身分証明書。
a·cre·di·ta·do, da [アクレディタド, ダ]《過去分詞》→ acreditar 信任する。
— 形 1 信用のある、評判のよい。2〈外交官〉信任状を与えられた。
a·cre·di·tar [アクレディタル] 他 1 …を信用する、信任する。2 …の評判を高める。3 (外交官など)に信任状を与える。4 …を貸方勘定に記入する。
— **acreditar·se** 再 1 (+como, de... …としての)信用を得る。2 評判が高まる。
a·cre·di·ta·ti·vo, va [アクレディタティボ, バ] 形 証明する、保証の。
a·cre·e·dor, do·ra [アクレエドル, ドラ] 男女 貸し主、債権者。
— 形 1 (+a... …に)値する、ふさわしい。2〈商業〉貸方の。
a·cri·bi·llar [アクリビジャル] 他 1 …を(武器などで)傷だらけにする、蜂の巣にする、穴だらけにする。
a·crí·li·co, ca [アクリリコ, カ] 形〈化学〉アクリルの。
a·cri·mo·nia [アクリモニア] 女 激しさ、厳しさ。
a·crio·llar·se [アクリオジャルセ] 再 (とくに中南米で)土地の生活に慣れる。

活 は活用形 複 は複数形 男 は男性名詞 女 は女性名詞 固 は固有名詞 代 は代名詞 自 は自動詞

a·cri·so·lar [アクリソラル] 他 1 (金属)をるつぼで精製する. 2 …を純化する.

a·cris·ta·la·do, da [アクリスタラド, ダ] 形 ガラスのはまった.

a·cri·tud [アクリトゥス] 女 〈→= acrimonia〉 激しさ.

a·cro·ba·cia [アクロバしア] 女 アクロバット, 曲芸, 軽業(のっ).

a·cró·ba·ta [アクロバタ] 男女 曲芸師, 軽業(のっ)師.

a·cro·bá·ti·co, ca [アクロバティコ, カ] 形 アクロバットの, 曲芸の, 軽業(のっ)の.

a·cro·fo·bia [アクロふォビア] 女 高所恐怖症.

a·cro·má·ti·co, ca [アクロマティコ, カ] 形 1〈光学〉色消しの. 2 無色の.

a·cró·ni·mo [アクロニモ] 男 〈頭文字を使う〉略語.

a·cró·po·lis [アクロポリス] 女 〈古代ギリシアの〉アクロポリス.

ac·ta [アクタ] 女 〈単数定冠詞は el〉1 記録, 議事録. 2 証書. 3 公式文書.

ac·ti·tud [アクティトゥス] 女 態度, 姿勢.
 en actitud de… …する様子で.

ac·ti·va·ción [アクティバしオン] 女 活性化, 促進.

ac·ti·var [アクティバル] 他 1 …を活発にする, 促進する. 2 …を活性化する. 3 (機械など)を操作する.
 — activar·se 再 1 活発になる. 2 活性化する.

ac·ti·vi·dad [アクティビダス] 女 1 活動, 働き. 2 活気, 活況. 3 活性.
 en actividad 活動中の, 活躍中の.

ac·ti·vis·ta [アクティビスタ] 形 《男女同形》 活動的な, 行動主義の.
 — 男女 活動家.

ac·ti·vo[1] [アクティボ] 男 〈商業〉資産.

ac·ti·vo[2]**, va** [ー, バ] 形 1 活動的な, 活発なの. 2 活性の 3〈文法〉能動態の.

ac·to [アクト] 男 1 行為, 行い. 2 儀式. 3〈演劇〉幕.
 en el acto すぐに, 即座に.

ac·tor[1] [アクトル] 男 1 男優, 俳優. 2 行為者.

ac·tor[2]**, tora** [ー, トラ] 形 原告の／*parte actora* 原告側.
 — 男女 原告.

ac·triz [アクトリす] 女 女優.

ac·tua·ción [アクトゥアしオン] 女 1 上演, 演技. 2 行為, 振る舞い. 3 (訴訟などの)手続き.

ac·tual [アクトゥアル] 形 今月の, 今日の, 現行の.
 — 男 今月／*el cinco del actual* 今月 5 日.

ac·tua·li·dad [アクトゥアリダス] 女 1 現代, 今日. 2 現代性. 3 時事問題.

ac·tua·li·za·ción [アクトゥアりさしオン] 女 1 現状に合わせること, 現代化. 2 現実化.

ac·tua·li·za·dor, do·ra [アクトゥアりさドル, ドラ] 形 現代化するような, 今日的にする.

ac·tua·li·zar [アクトゥアりサル] 他《活》39 go-zar》1 …を現代化する. 2 …を現実化する, 現実のものにする.

ac·tual·men·te [アクトゥアるメンテ] 副 現在, 今.

ac·tuar [アクトゥアル] 自《活》1)》1 役割を果たす, 行動する. 2 (薬などが)作用する. 3 演技する. 4 (+de… …の)役をする. 5 (+en… …の)試験を受ける.
 — 他 …を動かす, 活動させる.

a·cua·re·la [アクアれら] 女 水彩画法, 水彩画 [= pintura a la *acuarela*].

A·cua·rio [アクアリオ] 固 〈星座の名〉水瓶(す)座.

a·cua·rio [アクアリオ] 男 1 水族館. 2 (魚などの)水槽.

a·cua·ria 《男女同形》水瓶(す)座生まれの.
 — 男女〈人〉水瓶座生まれの.

a·cuar·te·la·mien·to [アクアルテらミエント] 男 1 (部隊の)宿営. 2 兵営待機. 3 宿営地.

a·cuar·te·lar [アクアルテらル] 他 1 (部隊)を兵営に待機させる, 宿営させる. 2 (土地)を区画に分ける.

a·cuá·ti·co, ca [アクアティコ, カ] 形 水の, 水生の／*vegetales acuáticos* 水生植物.

a·cua·tin·ta [アクアティンタ] 女 (版画の)アクアティント.

a·cua·ti·zar [アクアティサル] 自《活》39 go-zar》(水上飛行機が)着水する.

a·cu·chi·lla·do, da [アクチじゃド, ダ] 《過去分詞》→ acuchillar ナイフで刺す.
 — 形 1 ナイフで刺された. 2 スリットの入った.

a·cu·chi·llar [アクチじゃル] 他 1 …をナイフで刺す, 短刀で切りつける. 2 (衣類)にスリットを入れる. 3 (床板)を削る.

a·cu·cian·te [アクしアンテ] 形 急ぎの, 緊急の.

a·cu·ciar [アクしアル] 他《活》17 cambiar》1 …をせきたてる, 急がせる. 2 …を熱望する.

a·cu·dir [アクディル] 自 1 (+a… …へ)(求めに応じて)行く. 2 (+a… …を)助けに向かう. 3 (+a… …に)通う, よく行く. 4 (+a… …を)頼る, (…に)助けを求める.

a·cue·duc·to [アクエドゥクト] 男 水道, 水道橋, 地下水道.

acuerd- 活 → acordar 協定する《活》22》.

a·cuer·do [アクエルド] 男 1 協定, 取り決め. 2 (意見などの)一致, 合意. 3 折り合い, 調和. 4 正気, 意識.
 De acuerdo. 承知しました, オーケー, 了解.
 de acuerdo con… …に同意して, …に従って.
 de común acuerdo 合意によって.
 estar de acuerdo con… *en*〜 〜について…と意見が一致している.
 poner·se [quedar] de acuerdo 同意する.
 volver en [a] su acuerdo 正気に戻る, 意識を取り戻す.

acuest- 活 → acostar 寝かしつける《活》22》.

a·cu·llá [アクじゃ] 副 あちらで, あちらへ／*acá y*

他 は他動詞 再 は再帰動詞 形 は形容詞 副 は副詞 前 は前置詞 接 は接続詞 間 は間投詞

acullá あちらこちらで.

a·cul·tu·ra·ción [アクるトゥラしオン] 囡 文化受容, 異文化化.

a·cu·mu·la·ción [アクムらしオン] 囡 1 蓄積, 集積. 2 兼務, 兼任.

a·cu·mu·la·dor¹ [アクムらドル] 男〈電気〉バッテリー, 蓄電池.

a·cu·mu·la·dor², do·ra [—, ドラ] 形 蓄積する, 蓄積の.
— 男 囡 蓄積する人.

a·cu·mu·lar [アクムらル] 他 …を蓄積する, 集積する.
— **acumularse** 再 たまる, 蓄積する.

a·cu·mu·la·ti·vo, va [アクムらティボ, バ] 形 累積的な, 集積的な.

a·cu·nar [アクナル] 他 …を揺りかごであやす.

a·cu·ña·ción [アクニャシオン] 囡 (硬貨などの)鋳造, 刻印.

a·cu·ñar [アクニャル] 他 1 …にくさびを打ちこむ. 2 (硬貨やメダル)を鋳造する, 刻印する. 3 (新語などを)定着させる.

a·cuo·so, sa [アクオソ, サ] 形 1 水分の多い. 2 水の. 3 果汁の多い.

a·cu·pun·tu·ra [アクプントゥラ] 囡 鍼(はり)療法, 鍼治療.

a·cu·rru·car·se [アクるカルセ] 再〈活 73 sacar〉1 (寒さなどで)ちぢこまる. 2 うずくまる.

a·cu·sa·ción [アクせしオン] 囡 1 告訴, 起訴. 2 告訴状, 起訴状. 3 容疑.

a·cu·sa·do, da [アクサド, ダ] 《過去分詞》 → acusar 告発する.
— 形 1 際立った, 抜きんでた. 2 容疑を受けた.
— 男 囡 被告人, 容疑者.

a·cu·sa·dor, do·ra [アクサドル, ドラ] 形 非難する, とがめる.
— 男 囡 1 告訴人, 告発者. 2 非難する人.

a·cu·sar [アクサル] 他 1 …を(+de... …のかどで)告発する, 非難する. 2 …を見せる, 示す.
acusar recibo de... …の受領を通知する.
— **acusarse** 再 1 (+de... …の)罪を認める. 2 明らかになる, 判明する.

a·cu·sa·ti·vo [アクサティボ] 男〈文法〉対格, 直接目的格.

a·cu·se [アクセ] 男 受取り / *acuse* de recibo 受領通知, 受領書.
— 活 → acusar 告発する.

a·cu·són, so·na [アクソン, ソナ] 形 告げ口好きの.
— 男 囡〈人〉告げ口屋, 密告者.

a·cús·ti·ca¹ [アクスティカ] 囡 1 音響学. 2 音響効果.

a·cús·ti·co, ca² [アクスティコ, —] 形 1 聴覚の. 2 音響学の. 3 音響効果の.

a·da·gio [アダヒオ] 男 1 格言, 金言. 2〈音楽〉アダージョ, 緩徐調.

a·da·lid [アダリス] 男 指揮官, 指導者, 首領.

a·da·ma·do, da [アダマド, ダ] 形 1〈男性〉女性のような. 2〈女性〉上品ぶった.

A·dán [アダン] 固〈聖書〉アダム.
nuez de Adán のどぼとけ.

a·dán [アダン] 男〈聖書の Adán アダムから〉ぼろをまとった男, 不精者.

a·dap·ta·bi·li·dad [アダプタビりダス] 囡 1 適応性, 融通性. 2 改作の可能性.

a·dap·ta·ble [アダプタブれ] 形 1 適応可能な, 融通のきく. 2 改作可能な.

a·dap·ta·ción [アダプタしオン] 囡 1 適応, 順応. 2 改作, 翻案, 編曲.

a·dap·ta·dor¹ [アダプタドル] 男〈電気〉アダプター.

a·dap·ta·dor², do·ra [—, ドラ] 形 適合させる, 適応する, 順応する.
— 男 囡 改作者, 翻案者, 編曲者.

a·dap·tar [アダプタル] 他 1 …を(+a... …に)適合させる, 順応させる. 2 …を(+a... …に)取りつける. 3 …を改作する, 翻案する, 編曲する.
— **adaptarse** 再 (+a... …に)適合する, 順応する, 合う.

a·dar·ga [アダルガ] 囡 (卵型・ハート型の)革の盾.

a·de·cen·tar [アデセンタル] 他 …をきれいにする, 整頓する.
— **adecentarse** 再 身ぎれいにする, きちんとする.

a·de·cua·ción [アデクアしオン] 囡 (二者間の)適合, 順応.

a·de·cua·da·men·te [アデクアダメンテ] 副 1 適切に. 2 十分に, 相応に.

a·de·cua·do, da [アデクアド, ダ] 《過去分詞》 → adecuar 適合させる.
— 形 (+para, a...) 1 (…に)適切な, ふさわしい, 相応な. 2 (…に)十分な.

a·de·cuar [アデクアル] 他〈活 2〉 …を(+a... …に)適合させる, 順応させる.
— **adecuarse** 再 (+a... …に)適合する.

a·de·fe·sio [アデふェシオ] 男 1 滑稽で醜い人[物]. 2 珍妙な服. 3 ばかげたこと.

a. de (J.) C. [アンテス デ (ヘス)クリスト]《略語》antes de Cristo, antes de Jesucristo (西暦)紀元前.

A·de·la [アデら] 固〈女性の名〉アデラ.

a·de·lan·ta·do, da [アデらンタド, ダ]《過去分詞》→ adelantar 前進させる.
— 形 1 (時計が)進んでいる. 2 (程度が)進んだ / país *adelantado* 先進国. 3 早熟の, 優秀な. 4 (支払などが)前もっての.
por adelantado 前もって, 前払いで.

a·de·lan·ta·mien·to [アデらンタミエント] 男 1 (車の)追い越し. 2 進歩, 前進. 3 成長, 改良.

a·de·lan·tar [アデらンタル] 他 1 …を前進させる. 2 …を早める, 進ませる, 繰りあげる. 3 …を追い越す. 4 …を前払いする.
— 自 1 前進する. 2 (時計が)進む. 3 進歩する, 上

達する.
— **adelantar·se** 再 **1** 早まる. **2** (+a... …より) 先になる. **3** 前進する.

a·de·lan·te [アデランテ] 副 前へ, 先へ, 先で／ calle *adelante* 通りを先へ.
— 間 **1** どうぞ入って! **2** 続けてください. **3** 前進!
de… en adelante …以上は, …以後は.
en adelante 今後は, 将来は.
más adelante もっと先で, あとで.

a·de·lan·to [アデラント] 男 **1** 進行, 前進. **2** 時間の進むこと, 繰り上げ. **3** 前払い, 前渡し金.
— 活 → adelantar 前進させる.

a·del·fa [アデルふァ] 女 〈植物〉キョウチクトウ [夾竹桃].

adelgac- 活 → adelgazar やせさせる《活 39》.

a·del·ga·za·mien·to [アデルガサミエント] 男 やせること, 細くなること.

a·del·ga·zar [アデルガさル] 他 《活 39 gozar》 …を細くする, やせさせる.
— 自 やせる, 細くなる.
— **adelgazar·se** 再 やせる, 細くなる.

A·de·li·na [アデリナ] 固 〈女性の名〉(Adela の愛称の) アデリナ.

a·de·mán [アデマン] 男 **1** 態度, 身ぶり. **2** 表情.
hacer ademán de… …するそぶりをする.

a·de·ma·nes [アデマネス] 男複 《→ ademán》 行儀, 振る舞い.

a·de·más [アデマス] 副 そのうえ, さらに.
además de… …のほかに.

a·den·trar·se [アデントラルセ] 再 (+en...) **1** (…に) 深く入りこむ. **2** (…を) 探求する.

a·den·tro [アデントロ] 副 中で, 中に, 中へ.
— 間 さあ入って!
— 活 → adentrar·se 深く入りこむ.

a·den·tros [アデントロス] 男複 本心, 内心.

a·dep·to, ta [アデプト, タ] 形 (+a, de+党派など) (…に) 入会している, (…の) シンパの. **2** (+a... …に) 精通している.
— 男女 会員, 後援者, 支持者.

aderec- 活 → aderezar 調味する《活 39》.

a·de·re·zar [アデレさル] 他 《活 39 gozar》 **1** …を調味する. **2** …を飾りつける. **3** …を準備する.
— **aderezar·se** 再 身支度をととのえる.

a·de·re·zo [アデレそ] 男 **1** 調味. **2** 身仕度. **3** 装身具類.

a·deu·dar [アデウダル] 他 **1** …の借金がある. **2** …を借方に記入する.
— **adeudar·se** 再 借金をする.

ad·he·ren·cia [アデレンしア] 女 **1** 付着, 粘着. **2** 付着物. **3** 〈自動車〉走行安定性. **4** 加入, 加盟.

ad·he·ren·te [アデレンテ] 形 付着性の, 粘着性の.
— 男女 支持者, 信奉者.

ad·he·rir [アデリル] 他 《活 77 sentir》 …をくっつける, 貼る.
— 自 くっつく.
— **adherir·se** 再 (+a...) **1** (…に) くっつく. **2** (…に) 加入する. **3** (…に) 賛成する.

ad·he·sión [アデシオン] 女 **1** 付着, 粘着. **2** 加入, 加盟. **3** 支持, 信奉.

ad·he·si·vo[1] [アデシボ] 男 接着剤.

ad·he·si·vo[2], **va** [-, バ] 形 粘着性の.
cinta adhesiva 接着テープ.

adhier- 活 → adherir くっつける《活 77》.

adhir- 活 → adherir くっつける《活 77》.

ad hoc [アドク] 副 アドホックに, この問題のみについて, 特別に.

a·di·ción [アディしオン] 女 **1** 追加. **2** 追加物, 添加物. **3** 足し算.

a·di·cio·nal [アディしオナル] 形 追加の, 補足的な.

a·di·cio·nar [アディしオナル] 他 …を (+a... …に) つけ足す, 加算する.

a·dic·to, ta [アディクト, タ] 形 (+a...) **1** (…に) 傾倒している. **2** …に中毒の.
— 男女 **1** 中毒患者. **2** 支持者, 信奉者.

a·dies·tra·mien·to [アディエストラミエント] 男 訓練, 調教, トレーニング.

a·dies·trar [アディエストラル] 他 …を調教する, 訓練する.
— **adiestrar·se** 再 (+en... …を) 練習する.

a·di·ne·ra·do, da [アディネラド, ダ] 形 金持ちの, 裕福な.
— 男女 金持ち.

a·diós [アディオス] 間 **1** 〈別れの挨拶〉 さよなら, いってらっしゃい, いってきます. **2** 〈意外に悪いことの驚き〉 おや, おや.
— 男 別れのとき, 別れ.
decir adiós a… …にさよならを言う; …をあきらめる.

a·dio·si·to [アディオシト] 間 [= adiós] バイバイ, じゃあね.

a·di·po·so, sa [アディポソ, サ] 形 **1** 脂肪の. **2** 肥満の, 太りすぎた.

a·di·ta·men·to [アディタメント] 男 **1** 追加. **2** 付加物. **3** 〈言語学〉状況補語.

a·di·ti·vo, va [アディティボ, バ] 形 添加の, 付加的な.

a·di·vi·na·ción [アディビナしオン] 女 **1** 占い, 予言. **2** なぞ解き.

a·di·vi·nan·za [アディビナンさ] 女 **1** なぞなぞ. **2** 予言.

a·di·vi·nar [アディビナル] 他 **1** …を占う, 予言する. **2** …を言い当てる, 見抜く. **3** …をほのかに見る.

a·di·vi·na·to·rio, ria [アディビナトリオ, リア] 形 **1** 占いの. **2** 予見の.

a·di·vi·no, na [アディビノ, ナ] 男女 占い師, 予言者.

adj. 《略語》adjetivo 形容詞.

ad·je·ti·va·ción [アドヘティバしオン] 女 〈文

ad·je·ti·var

法〉形容詞化.
ad·je·ti·var [アデヘティバル] 他〈文法〉1 (名詞など)を形容詞にする. 2 …に形容詞をつける.
— **adjetivar-se** 再 (名詞などが)形容詞になる.
ad·je·ti·vo¹ [アデティボ] 男〈文法〉形容詞.
ad·je·ti·vo², va [—, バ] 形 1〈文法〉形容詞の. 2 付随的な.
ad·ju·di·ca·ción [アドフディカレオン] 女 競売, 入札, せり.
ad·ju·di·car [アドフディカル] 他《活 73 sacar》1 (賞など)を授与する. 2 …を落札させる.
— **adjudicar-se** 再 1 …を自分のものにする. 2 (勝利など)を獲得する.
ad·jun·tar [アドフンタル] 他 1 …を同封する. 2 …を同行させる.
ad·jun·to, ta [アドフント, タ] 形 同封した／Adjunta le enviamos la copia. 同封してその写しをお送りいたします. 2 補佐の／profesor adjunto (昔の)助教授.
— 活 → adjuntar 同封する.
ad·lá·te·re [アドラテレ] 男 1 側近. 2〈人〉取り巻き.
ad·mi·ní·cu·lo [アドミニクロ] 男 1 (ピン·釘などの)こまごまとしたもの. 2 付属品.
ad·mi·nis·tra·ción [アドミニストラレオン] 女 1 経営, 管理, 運営. 2 管理部門, 経営陣, 執行部. 3 行政, 統治. 4 行政機関, 官庁.
ad·mi·nis·tra·dor, do·ra [アドミニストラドル, ドラ] 男|女 1 行政官. 2 経営者, 理事, 管理人.
— 形 1 統治する. 2 運営する. 3 管理する.
ad·mi·nis·trar [アドミニストラル] 他 1 …を経営する, 管理する, 統治する. 2 (薬)を投与する. 3 …を施行する, 執行する, 適用する.
— **administrar-se** 再 (暮らし)をやりくりする.
ad·mi·nis·tra·ti·va·men·te [アドミニストラティバメンテ] 副 経営上, 管理の点で, 管理の面で.
ad·mi·nis·tra·ti·vo, va [アドミニストラティボ, バ] 形 経営(面)の, 行政上の, 管理面の.
— 男|女 事務職員, 事務官.
ad·mi·ra·ble [アドミラブれ] 形 見事な, すばらしい, 賞賛に値する.
ad·mi·ra·ble·men·te [アドミラブれメンテ] 副 見事に, すばらしく, 立派に.
ad·mi·ra·ción [アドミラレオン] 女 1 賞賛, 感嘆. 2 感嘆符[= signo de admiración ; ¡…!].
ad·mi·ra·dor, do·ra [アドミラドル, ドラ] 男|女 賞賛者, 崇拝者, ファン.
— 形 賞賛する, 崇拝する.
ad·mi·rar [アドミラル] 他 1 …を賞賛する, …に感心する, 感嘆する. 2 …を感心させる, 不思議がらせる, 驚かせる.
— **admirar-se** 再 (+de…) を)すばらしいと思う, 不思議に思う, (…)に驚く.

ad·mi·ra·ti·va·men·te [アドミラティバメンテ] 副 驚くほど, 見事に. 2 感嘆して.
ad·mi·ra·ti·vo, va [アドミラティボ, バ] 形 1 感嘆に値する, 見事な. 2 感嘆した, 驚いた.
ad·mi·si·ble [アドミシブれ] 形 受け入れられる, 許容される, 認められる.
ad·mi·sión [アドミシオン] 女 1 (入学, 入場, 入会の)許可／examen de admisión 入学試験. 2 採用, 合格. 3 容認. 4 入場料, 入会金.
ad·mi·tir [アドミティル] 他 1 …を(+en…に)入るのを認める. 2 …を受けいれる. 3 …を容認する.
— **admitir-se** 再 認められる.
ad·mo·ni·ción [アドモニレオン] 女 説諭, 叱責(しっせき), 非難.
ADN [アデエネ] 男《略語》Ácido desoxirribonucleico (遺伝子の本体のデオキシリボ核酸[= 英語 DNA].
a·do·bar [アドバル] 他 1 (肉や魚)を漬け汁に漬ける, マリネにする. 2 (皮)をなめす.
a·do·be [アドベ] 男 日干しれんが, アドベ.
a·do·bo [アドボ] 男 漬け汁, マリネのソース.
a·do·ce·na·do, da [アドセナド, ダ]《過去分詞》→ adocenar 1ダースずつに分ける.
— 形 平凡な, ありきたりの, ありふれた.
a·do·ce·nar [アドセナル] 他 …を1ダースずつに分ける.
— **adocenar-se** 再 平凡になる, ありきたりになる.
a·doc·tri·na·mien·to [アドクトリナミエント] 男 (思想などの)教化, 教育.
a·doc·tri·nar [アドクトリナル] 他 1 …に(+en… …について)教えこむ. 2 …を教化する.
a·do·le·cer [アドれセル] 自《活 4 agradecer》(+de…) 1 (…を)わずらう, (…の)病気である. 2 (…の)欠点がある.
a·do·les·cen·cia [アドれスセンレア] 女 思春期, 成長期.
a·do·les·cen·te [アドれスセンテ] 形 思春期の, 青春の, 成長期の.
A·dol·fo [アドるフォ] 固〈男性の名〉アドルフォ.
a·don·de [アドンデ] 副《場所の関係副詞, = a donde》…するところへ, …するところで.
a·dón·de [アドンデ] 副《場所の疑問副詞》どこへ, どこに／¿Adónde vas? どこへ行くの？
a·don·de·quie·ra [アドンデキエラ] 副《関係詞》(+que+接続 法)どこへ…しようとも／adondequiera que vayas 君がどこへ行こうとも.
a·do·nis [アドニス] 男《単複同形》(ギリシア神話の Adonis アドニスから) 美少年.
a·dop·ción [アドプレオン] 女 1 採用, 採択. 2 養子縁組. 3 帰化.
a·dop·ta·ble [アドプタブれ] 形 1 採用可能な. 2 養子になれる.
a·dop·tar [アドプタル] 他 1 …を採用する, 採択する. 2 …を養子にする. 3 (国籍など)を取得する.
a·dop·ti·vo, va [アドプティボ, バ] 形 1 養子関

活 は活用形 複 は複数形 男 は男性名詞 女 は女性名詞 固 は固有名詞 代 は代名詞 自 は自動詞

係の／hijo adoptivo 養子, padre adoptivo 養父. 2 選び取った／patria adoptiva 帰化した国.

a·do·quín [アドキン] 男 1 ⟨道路⟩ 敷石. 2 ばか, 間抜け.

a·do·qui·na·do[1] [アドキナド] 男 1 (敷石による)舗装, 舗装道路. 2 ⟨集合名詞⟩敷石.

a·do·qui·na·do[2], **da** [—, ダ] 形 (敷石で)舗装された.

a·do·qui·nar [アドキナル] 他 …を(敷石で)舗装する.

a·do·ra·ble [アドラブレ] 形 1 かわいい, 魅力的な. 2 崇拝すべき.

a·do·ra·ción [アドラシオン] 女 1 崇拝. 2 礼拝. 3 あこがれ, 熱愛.

a·do·ra·dor, do·ra [アドラドル, ドラ] 形 1 崇拝する. 2 熱愛する.
— 男 女 1 崇拝者. 2 熱愛する人, 求愛者.

a·do·rar [アドラル] 他 1 …をあがめる, 崇拝する, 礼拝する. 2 …を熱愛する.
— 自 祈る.

a·dor·me·cer [アドルメセル] 他 活 4 agradecer⟩ 1 …を眠くさせる, 眠らせる. 2 (痛みなど)をやわらげる.
— **adormecer·se** 再 1 うとうとする, 眠りこむ. 2 (手足が)しびれる.

a·dor·me·ci·mien·to [アドルメシミエント] 男 1 眠気, まどろみ. 2 しびれ, 麻痺(ひ).

a·dor·mi·de·ra [アドルミデラ] 女 ⟨植物⟩ ケシ.

a·dor·mi·lar·se [アドルミラルセ] 再 うとうとする[=adormitar·se].

a·dor·mi·tar·se [アドルミタルセ] 再 うとうとする, まどろむ, 居眠りする.

a·dor·nar [アドルナル] 他 1 …を(+con, de… …で)飾る. 2 …を気高くする.
— **adornar·se** 再 (+con… …で)身を飾る, めかしこむ.

a·dor·no [アドルノ] 男 1 飾り, 装飾. 2 装飾品.
— 活 → adornar 飾る.

a·do·sar [アドサル] 他 1 …を(+a… …に)もたせかける, 立てかける. 2 …を(+a… …に)くっつける.

adquier- 活 → adquirir 手に入れる⟨活 3⟩.

ad·qui·ri·do, da [アドキリド, ダ] ⟨過去分詞⟩ → adquirir 手に入れる.
— 形 1 手に入れた. 2 後天性の.

ad·qui·rir [アドキリル] 他 ⟨活 3⟩ 1 …を手に入れる, 獲得する. 2 …を購入する. 3 (習慣などを)身につける. 4 (病気)にかかる.

ad·qui·si·ción [アドキシシオン] 女 1 入手, 獲得, 購入. 2 取得物, 購入品. 3 掘出し物.

ad·qui·si·ti·vo, va [アドキシティボ, バ] 形 1 取得力のある. 2 買う力のある／poder adquisitivo 購買力.

a·dre·de [アドレデ] 副 わざと, 故意に.

a·dre·na·li·na [アドレナリナ] 女 ⟨生化学⟩ アドレナリン.

A·drián [アドリアン] 固 ⟨男性の名⟩ アドリアン.

A·dria·na [アドリアナ] 固 ⟨女性の名⟩ アドリアナ.

A·dria·no [アドリアノ] 固 ⟨男性の名⟩ アドリアノ.

a·driá·ti·co, ca [アドリアティコ, カ] 形 アドリア海 Mar Adriático の.

ads·cri·bir [アドスクリビル] 他 …を(+a… …に)割り当てる, 配属する.
— **adscribir·se** 再 (+a… …に)加入する.

ads·cri·to, ta [アドスクリト, タ] ⟨過去分詞⟩ → adscribir 割り当てる.
— 形 指定された, 配属された.

a·dua·na [アドゥアナ] 女 1 税関. 2 関税／sin aduana 免税で[の].

a·dua·ne·ro, ra [アドゥアネロ, ラ] 形 税関の.
— 男 女 税関職員, 税関吏.

a·du·cir [アドゥシル] 他 ⟨活 20 conducir⟩ (証拠・理由など)を提示する, 申し立てる.

a·due·ñar·se [アドゥエニャルセ] 再 1 (+de… …を)自分のものにする. 2 (+de… …の)心を奪う.

a·du·la·ción [アドゥラシオン] 女 お世辞, へつらい, 追従(ついしょう).

a·du·la·dor, do·ra [アドゥラドル, ドラ] 形 お世辞の, へつらいの.
— 男 女 ごますり, おべっか使い.

a·du·lar [アドゥラル] 他 …にへつらう, お世辞をいう.

a·dul·te·ra·ción [アドゥルテラシオン] 女 1 混ぜ物をすること. 2 偽造. 3 姦通(かんつう).

a·dul·te·rar [アドゥルテラル] 自 姦通(かんつう)する.
— 他 1 …に混ぜ物をする. 2 …を偽造する.

a·dul·te·rio [アドゥルテリオ] 男 1 姦通(かんつう), 不義, 不倫. 2 偽造.

a·dúl·te·ro, ra [アドゥルテロ, ラ] 形 姦通(かんつう)の, 不倫の.
— 男 女 姦通者, 不倫の男, 不倫の女.

a·dul·to, ta [アドゥルト, タ] 男 女 成人, 大人.
— 形 1 成人した, 大人の. 2 成熟した.

a·dus·to, ta [アドゥスト, タ] 形 1 (性質の)そっけない, 無愛想な. 2 (土地の)乾ききった, 不毛の.

aduzc- 活 → aducir 提示する⟨活 20⟩.

adv. ⟨略語⟩ adverbio 副詞.

ad·ve·ne·di·zo, za [アドベネディソ, サ] 形 1 成り上がりの, 成金の. 2 よそ者の, 流れ者の.
— 男 女 1 成り上がり者, 成金. 2 よそ者, 流れ者.

ad·ve·ni·mien·to [アドベニミエント] 男 1 到来, 出現. 2 即位.

ad·ven·ti·cio, cia [アドベンティシオ, シア] 形 偶発的な, 不慮の.

ad·ver·bial [アドベルビアル] 形 副詞の, 副詞的.

ad·ver·bia·li·zar [アドベルビアリサル] 他 …を副詞として使う, …を副詞化する.

ad·ver·bio [アドベルビオ] 男 ⟨文法⟩ 副詞.

ad·ver·sa·men·te [アドベルサメンテ] 副 不

運にも. 2 逆方向に.

ad·ver·sa·rio, ria [アドベルサリオ, リア] 形 1 敵の. 2 反対側の.
— 男女 敵, 敵対者, ライバル.

ad·ver·sa·ti·vo, va [アドベルサティボ, バ] 形 〈文法〉反意の, 逆接の.

ad·ver·si·dad [アドベルシダッ] 女 1 逆境, 不運, 不遇.

ad·ver·so, sa [アドベルソ, サ] 形 1 逆の, 反対側の. 2 対立する, 敵の. 3 不利な, 都合な.

ad·ver·ten·cia [アドベルテンシア] 女 1 忠告, 警告. 2 認知能力. 3 注意書き, 凡例 (はんれい).

ad·ver·ti·do, da [アドベルティド, ダ] 《過去分詞》 → advertir 知らせる.
— 形 1 抜かりのない, 老練な. 2 (+de... …に)気づいている, (…を)心得ている.

ad·ver·tir [アドベルティル] 他 活 77 sentir 1 (+que+接続法) …を忠告する, 警告する. 2 (+que+直説法) …を知らせる. 3 (+que+直説法) …に気づく.

ad·vien·to [アドビエント] 男 〈宗教〉待降節.

ad·vier·t- 活 → advertir 忠告する〈活 77〉.

ad·virt- 活 → advertir 忠告する〈活 77〉.

ad·vo·ca·ción [アドボカシオン] 女 (教会などにつけられた)聖母・守護聖人の名前.

ad·ya·cen·cia [アドヤセンシア] 女 (物理的に)近いこと, 隣接.

ad·ya·cen·te [アドヤセンテ] 形 (+a... …に)隣接する, (…の)付近の.

a·é·re·o, a [アエレオ, ア] 形 1 空気の, 大気の. 2 航空の/líneas *aéreas* 航空会社. 3 実体のない, 空想の.

a·e·ro·bic [アエロビク] 男 エアロビクス.

a·e·ro·bús [アエロブス] 男 〈航空〉エアバス.

a·e·ro·club [アエロクるブ] 男 飛行クラブ.

a·e·ro·di·ná·mi·ca¹ [アエロディナミカ] 女 航空力学, 空気力学.

a·e·ro·di·ná·mi·co, ca² [アエロディナミコ, —] 形 1 航空力学の, 空気力学の. 2 流線型の.

a·e·ró·dro·mo [アエロドロモ] 男 飛行場, 飛行場設備.

a·e·ro·fa·gia [アエロふァヒア] 女 〈病気〉呑気症 (どんきしょう).

a·e·ro·fo·to·gra·fí·a [アエロふォトグラふィア] 女 航空写真.

a·e·ró·gra·fo [アエログラふォ] 男 エアブラシ, 塗装用噴霧機.

a·e·ro·gra·ma [アエログラマ] 男 エアログラム, 航空書簡.

a·e·ro·lí·ne·a [アエロリネア] 女 航空会社[= aerolíneas].

a·e·ro·li·to [アエロリト] 男 〈地質学〉(石質)隕石 (いんせき).

a·e·ro·mo·de·lis·mo [アエロモデリスモ] 男 (趣味の)模型飛行機作り.

a·e·ro·mo·zo, za [アエロモそ, さ] 男女 (飛行機の)客室乗務員, フライト・アテンダント[スチュワード, スチュワーデス].

a·e·ro·nau·ta [アエロナウタ] 男女 〈航空機・飛行船などの〉操縦士, 乗務員.

a·e·ro·náu·ti·ca¹ [アエロナウティカ] 女 航空学, 飛行術.

a·e·ro·náu·ti·co, ca² [アエロナウティコ, —] 形 航空学の, 航空機の, 飛行術の.

a·e·ro·na·ve [アエロナベ] 女 飛行船, 飛行機/*aeronave* espacial 宇宙船.

a·e·ro·pla·no [アエロプラノ] 男 飛行機[= avión].

a·e·ro·puer·to [アエロプエルト] 男 空港, エアポート, 飛行場.

a·e·ro·sol [アエロソる] 男 1 エアゾール. 2 スプレー, 噴霧器.

a·e·ros·tá·ti·ca¹ [アエロスタティカ] 女 空気静力学, 気体静力学.

a·e·ros·tá·ti·co, ca² [アエロスタティコ, —] 形 1 空気静力学の. 2 軽気体の.

a·e·ros·ta·to [アエロスタト], **a·e·rós·ta·to** [アエロスタト] 男 (気球, 飛行船などの)軽気体.

a·e·ro·ví·a [アエロビア] 女 航空路.

a·fa·bi·li·dad [アふァビリダッ] 女 優しさ, 愛想のよさ, 親切.

a·fa·ble [アふァブれ] 形 1 (+con... …に)優しい. 2 愛想のいい, 親切な.

a·fa·ma·do, da [アふァマド, ダ] 形 評判の, 有名な.

a·fa·mar [アふァマル] 他 …を有名にする.
— **afamarse** 再 有名になる.

a·fán [アふァン] 男 1 熱意, 努力. 2 熱望.

a·fa·nes [アふァネス] 男複 心配, 気苦労.

a·fa·na·da·men·te [アふァナダメンテ] 副 1 熱心に. 2 苦しんで.

a·fa·na·do, da [アふァナド, ダ] 《過去分詞》 → afanar 困らせる.
— 形 努力家の, 熱心な.

a·fa·nar [アふァナル] 他 …を困らせる, 苦しめる.
— 自 (+en, por... …のために)励む.
— **afanarse** 再 (+en, por... …に)精を出す, 励む.

a·fa·no·sa·men·te [アふァノサメンテ] 副 1 熱心に. 2 苦しんで.

a·fa·no·so, sa [アふァノソ, サ] 形 1 骨の折れる. 2 勤勉な.

a·fa·sia [アふァシア] 女 〈病気〉失語症.

a·fe·ar [アふェアル] 他 1 …を醜くする. 2 …を非難する.
— **afearse** 再 醜くなる.

a·fec·ción [アふェクシオン] 女 1 病気, 疾患. 2 好み, 愛好.

a·fec·ta·ción [アふェクタシオン] 女 見せかけ, 気取り.

a·fec·ta·do, da [アふェクタド, ダ] 《過去分詞》 → afectar 害する.

活 は活用形　複 は複数形　男 は男性名詞　女 は女性名詞　固 は固有名詞　代 は代名詞　自 は自動詞

— 形 1 わざとらしい, 気取った, 見せかけの. 2 被害を受けた. 3 取り乱した. 4 (病気に)おかされた.

a·fec·tar [アフェクタル] 他 1 …を害する, …を悲しませる. 2 …の振りをする, 気取る. 3 …に影響を及ぼす, かかわる. 4 …を強く求める, 熱望する.
— 自 (+a…) 1 (…に)(悪い)影響を与える. 2 …にかかわる.
— **afectar·se** 再 (+por… …に)動揺する.

a·fec·tí·si·mo, ma [アフェクティシモ, マ] 形 《絶対最上級語 → afecto², ta》〈手紙〉 *Afectísimo amigo* 親愛なる友よ[拝啓], *suyo afectísimo* 敬具.

a·fec·ti·vi·dad [アフェクティビダス] 女 (心の)やさしさ, 感受性.

a·fec·ti·vo, va [アフェクティボ, バ] 形 1 心のやさしい, 感じやすい. 2 感情の, 情緒的な.

a·fec·to¹ [アフェクト] 男 感情, 情愛, 愛情.

a·fec·to², ta [アフェクト, タ] 形 1 (+a… …が)好きな. 2 (+a… …に)配属された, (…に)当てられた. 3 〈病気〉(+de… …に)かかった.

a·fec·tuo·sa·men·te [アフェクトゥオサメンテ] 副 愛情をこめて, 心やさしく.

a·fec·tuo·si·dad [アフェクトゥオシダス] 女 (心の)やさしさ, 思いやり, 愛情.

a·fec·tuo·so, sa [アフェクトゥオソ, サ] 形 愛情のこもった, 心やさしい.

a·fei·ta·do¹ [アフェイタド] 男 1 ひげそり. 2 (角(⻆)などを)そること.

a·fei·ta·do², da [—, ダ] 《過去分詞》 → afeitar とがらせる.
— 形 1 ひげをそった. 2 (角(⻆)の先などを)そった.

a·fei·ta·do·ra [アフェイタドラ] 女 シェーバー, 電気かみそり.

a·fei·tar [アフェイタル] 他 1 …のひげをそる, …をそる. 2 (牛の角(⻆))の先をそり落とす.
— **afeitar·se** 再 (自分の)ひげをそる.

a·fei·te [アフェイテ] 男 装飾品, 化粧品.
— 活 → afeitar ひげをそる.

a·fe·mi·na·do, da [アフェミナド, ダ] 《過去分詞》 → afeminar 女っぽくする.
— 形 女性のような, めめしい.

a·fe·mi·na·mien·to [アフェミナミエント] 男 めめしさ, 柔弱.

a·fe·mi·nar [アフェミナル] 他 …をめめしくする, 女っぽくする.
— **afeminar·se** 再 女性のようになる.

a·fe·rra·do, da [アフェラド, ダ] 《過去分詞》 → aferrar つかむ.
— 形 強情な, しがみついた.

a·fe·rrar [アフェラル] 他 1 …を(しっかり)つかむ. 2 (船)を係留する.

af·ga·no, na [アフガノ, ナ] 形 アフガニスタン *Afganistán* の.
— 男 女 アフガニスタン人.

a·fian·za·mien·to [アフィアンサミエント] 男 保証, 確立, 補強.

a·fian·zar [アフィアンサル] 他 《活 39 gozar》 …を補強する, 保証する, 確立する.
— **afianzar·se** 再 1 (自分が)確立する. 2 (+en… …に)自信を持つ.

a·fi·ción [アフィシオン] 女 1 (+a, por… …への)愛着, 好み. 2 趣味(集団としての)ファン, 愛好者.

a·fi·cio·na·do, da [アフィシオナド, ダ] 《過去分詞》 → aficionar 好きにさせる.
— 形 1 (+a… …が)好きな. 2 趣味の.
— 男 女 (+a… …の)(ひとりの)ファン, 愛好家.

a·fi·cio·nar [アフィシオナル] 他 …を好きにさせる.
— **aficionar·se** 再 (+a… …が)好きになる, (…に)熱中する.

a·fie·bra·do, da [アフィエブラド, ダ] 形 熱っぽい.

a·fi·ja·ción [アフィハシオン] 女〈文法〉(新語形成のための)接辞の付加.

a·fi·jo¹ [アフィホ] 男〈文法〉接辞 [→ prefijo 接頭辞, sufijo 接尾辞].

a·fi·jo², ja [—, ハ] 形〈文法〉接辞の.

a·fi·la·do, da [アフィラド, ダ] 《過去分詞》 → afilar とがらせる.
— 形 1 とがった. 2 ほっそりした.

a·fi·la·dor, do·ra [アフィラドル, ドラ] 形 研磨の.
— 男 女 研ぎ師.

a·fi·la·lá·pi·ces [アフィラらピセス] 男《単複同形》鉛筆削り.

a·fi·lar [アフィラル] 他 …をとがらせる, 細くする.
— **afilar·se** 再 やせる, 細くなる.

a·fi·lia·ción [アフィリアシオン] 女 (+a, en… …への)入会, 加入.

a·fi·lia·do, da [アフィリアド, ダ] 《過去分詞》 → afiliar 加入させる.
— 形 加入した, 会員となった.
— 男 女 加入者, 会員.

a·fi·liar [アフィリアル] 他《活 17 cambiar》 (誰か)を(+a… …に)加入させる, (…の)会員にする.
— **afiliar·se** 再 (+a… …の)会員になる, (…に)加入する.

a·fi·li·gra·na·do, da [アフィりグラナド, ダ] 形 繊細な, (金・銀の)線状細工の.

a·fín [アフィン] 形 1 隣接する. 2 類似の.

a·fi·na·dor, do·ra [アフィナドル, ドラ] 男 女 調律師.

a·fi·nar [アフィナル] 他 1 …を調律する. 2 …を仕上げる. 3 (…を)上品にする.
— 自 音を正確に合わせる.
— **afinar·se** 再 1 細くなる. 2 上品になる.

a·fin·car [アフィンカル] 他《活 73 sacar》 …を(…に)定住させる.
— **afincar·se** 再 (+en… …に)定住する.

a·fi·ni·dad [アフィニダス] 女 1 類似性. 2 姻戚

関係.

a·fir·ma·ción [アフィルマシオン] 囡 1 肯定, 言明, 断言. 2 固定, 確立.

a·fir·mar [アフィルマル] 他 1 …を肯定する, 断言する. 2 …をしっかり取りつける, 固定する.
— **afirmarse** 再 1 確信を深める. 2 しっかりと立つ, 安定する.

a·fir·ma·ti·va[1] [アフィルマティバ] 囡 肯定, 肯定的意見.

a·fir·ma·ti·va·men·te [アフィルマティバメンテ] 副 肯定的に, 断定するように.

a·fir·ma·ti·vo, va[2] [アフィルマティボ, −] 形 賛成の, 肯定的な, 断定的な.

a·flic·ción [アフリクシオン] 囡 苦悩, 悲嘆.

a·flic·ti·vo, va [アフリクティボ, バ] 形 苦悩の, 痛ましい.

a·fli·gi·do, da [アフリヒド, ダ]《過去分詞》→ afligir 苦しめる.
— 形 1 悲嘆にくれた, 悩んでいる. 2 (+de …に) 苦しんでいる.

a·fli·gir [アフリヒル] 他《活 27 dirigir》…を苦しめる, 困らせる.
— **afligirse** 再 深く悲しむ, 苦しむ.

aflij- → afligir 苦しめる《活 27》.

a·flo·jar [アフロハル] 他 1 …をゆるめる, 緩和する. 2 (お金など)をしぶしぶ渡す.
— 自 ゆるむ, だれる.
— **aflojarse** 再 1 ゆるむ, おとろえる. 2 (自分の何か)をゆるめる.

a·flo·rar [アフロラル] 自 1 (鉱物などが)露出する. 2 (見えなかったものが)表に出てくる.
— 他 (穀物)をふるいにかける.

a·fluen·cia [アフルエンシア] 囡 1 流入, 合流. 2 (人や物の)流れ. 3 雄弁.

a·fluen·te [アフルエンテ] 形 1 流入する, 合流する. 2 雄弁な.
— 男 (川の)支流.

a·fluir [アフルイル] 自《活 43 huir》(+a… …に)流れ込む, 合流する, 押し寄せる.

afluy- → afluir 流入する《活 43》.

a·flu·jo [アフルホ] 男 1 大量. 2 (物の)集中. 3 充血.

afmo., afma. [アフェクティシモ, マ]《略語》afectísimo, ma 親愛なる.

a·fo·ní·a [アフォニア] 囡《病気》失声症.

a·fó·ni·co, ca [アフォニコ, カ] 形《病気》失声症の. 2 声の出ない.

á·fo·no, na [アフォノ, ナ] 形 無音の, 無声の.

a·fo·ris·mo [アフォリスモ] 男 格言, 金言, 警句.

a·fo·ro [アフォロ] 男 1 (劇場などの)収容能力. 2 査定, 測定.

a·fo·rrar [アフォラル] 他 …を裏打ちする.

a·for·tu·na·da·men·te [アフォルトゥナダメンテ] 副 運よく, 幸いにも.

a·for·tu·na·do, da [アフォルトゥナド, ダ] 形 幸運な, めぐまれた.
— 男 囡 幸運な人, めぐまれた人.

a·fran·ce·sa·do, da [アフランセサド, ダ] 形 フランスびいきの, フランスかぶれの.
— 男 囡〈人〉親仏派, フランスびいき.

a·fran·ce·sar [アフランセサル] 他 …をフランス風にする.
— **afrancesarse** フランスびいきになる.

a·fren·ta [アフレンタ] 囡 侮辱, 辱辱, 不名誉.

a·fren·tar [アフレンタル] 他 …を侮辱する, 恥かしめる.

Á·fri·ca [アフリカ] 固 アフリカ.

a·fri·ca·da[1] [アフリカダ] 囡《音声学》破擦音.

a·fri·ca·do, da[2] [アフリカド, −] 形《音声学》(chを含む)の破擦音の.

a·fri·ca·no, na [アフリカノ, ナ] 形 アフリカの.
— 男 囡 アフリカ人.

a·fro·a·me·ri·ca·no, na [アフロアメリカノ, ナ] 形 アフリカ系アメリカの.
— 男 囡 アフリカ系アメリカ人.

a·fro·a·siá·ti·co, ca [アフロアシアティコ, カ] 形 アジア・アフリカの / *países afroasiáticos* AA 諸国.

a·fro·cu·ba·no, na [アフロクバノ, ナ] 形 アフリカ系キューバの.
— 男 囡 アフリカ系キューバ人.

a·fro·di·sí·a·co [アフロディシアコ] 男 性欲促進剤, 媚薬(びゃく).

a·fron·ta·mien·to [アフロンタミエント] 男 対面, 対立, 対決.

a·fron·tar [アフロンタル] 他 1 …に立ち向かう. 2 …を対決させる.

a·fue·ra [アフエラ] 副 そとで, そとに, そとへ.
— 間 出ていけ!

a·fue·ras [アフエラス] 囡複 郊外.

a·ga·char [アガチャル] 他 (身や頭を)ひくくする, かがめる.
— **agacharse** 再 かがむ.

a·ga·lla [アガジャ] 囡 1 (木の)虫こぶ. 2 (魚の)えら.

a·ga·llas [アガジャス] 囡複《→ agalla》勇気, 決断力.

á·ga·pe [アガペ] 男 1 (初期キリスト教徒の)愛餐(さん). 2 宴会, 会食.

a·ga·rra·da [アガラダ] 囡 言い争い, 取っ組みあい, けんか.

a·ga·rra·de·ras [アガラデラス] 囡複 コネ, つて, 縁故.

a·ga·rra·de·ro [アガラデロ] 男 1 取っ手, 柄. 2 コネ, 引き. 3 口実.

a·ga·rra·do, da [アガラド, ダ]《過去分詞》→ agarrar つかむ.
— 形 1 しみがついた. 2 けちな.

a·ga·rrar [アガラル] 他 1 …をしっかりつかむ. 2 …を手に入れる, つかまえる. 3 (病気)にかかる.
— 自 1 (植物などが)根づく. 2 (事が)うまく運ぶ.

《活》は活用形 《複》は複数形 《男》は男性名詞 《囡》は女性名詞 《固》は固有名詞 《代》は代名詞 《自》は自動詞

— **agarrar·se** 再 1 (+a, de... …に)つかまる, しがみつく. 2 (病気などが)取りつく. 3 つかみ合いのけんかをする.

a·ga·rrón [アガロン] 男 1 わしづかみにすること, つかみよせること. 2 つかみ合いのけんか.

a·ga·rro·ta·mien·to [アガロタミエント] 男 1 しめつけ, しめあげ. 2 (筋肉などの)硬化.

a·ga·rro·tar [アガロタル] 他 1 …をしっかりしばる. 2 (筋肉などを)硬直させる.

— **agarrotar·se** 再 1 硬直する, しびれる. 2 (機械の一部が)動かなくなる.

a·ga·sa·jar [アガサハル] 他 1 …をもてなす, 歓待する. 2 …に贈り物をする.

a·ga·sa·jo [アガサホ] 男 1 もてなし, 歓待. 2 贈り物.

á·ga·ta [アガタ] 女《単数定冠詞は el》〈鉱石〉めのう[瑪瑙].

a·ga·ve [アガベ] 男〈植物〉リュウゼツラン.

a·ga·vi·llar [アガビジャル] 他 1 (麦などを)束ねる. 2 (人)を集める, 一団にまとめる.

— **agavillar·se** 再 (人々が)一団となる.

a·ga·za·par·se [アガサパルセ] 再 かがむ, しゃがむ.

a·gen·cia [アヘンシア] 女 1 代理店, 取次店. 2 通信社. 3 代理業務.

— 活 → agenciar 仲介する.

a·gen·ciar [アヘンシアル] 他 …を仲介する, 世話する.

— **agenciar·se** 再 1 …を手に入れる. 2 (+para+不定詞)工夫して…する.

a·gen·da [アヘンダ] 女 1 (日付け入りの)手帳. 2 日程, 予定.

a·gen·te [アヘンテ] 男 女 1 代理人, 代理業者. 2 警官, 刑事, 捜査官. 3 スパイ, 密偵.

— 男 1 動因, 作用因. 2〈文法〉行為者.

— 形 1 行為者の. 2 作用するの.

a·gi·gan·tar [アヒガンタル] 他 …を大きくする, 巨大にする.

á·gil [アヒル] 形 1 すばしこい, 機敏な. 2 頭の回転の早い, 鋭敏な.

a·gi·li·dad [アヒリダス] 女 1 すばしこさ, 機敏さ. 2 鋭敏さ.

a·gi·li·za·ción [アヒリサシオン] 女 敏速な処理.

a·gi·li·zar [アヒリサル] 他《活 39 gozar》…を活発化する, 敏速にする.

á·gil·men·te [アヒルメンテ] 副 すばやく, 鋭敏に.

a·gi·ta·ción [アヒタシオン] 女 1 大揺れ, かくはん. 2 不安, 動揺. 3 (社会的)騒乱, ろうぜいし.

a·gi·ta·do, da [アヒタド, ダ] 過去分詞》agitar 揺り動かす.

— 形 1 騒々しい, 荒々しい. 2 興奮した, ろうぜいしい.

a·gi·ta·dor, do·ra [アヒタドル, ドラ] 形 揺り動かす, 扇動する.

— 男 女 扇動者.

a·gi·ta·na·do, da [アヒタナド, ダ] 《過去分詞》→ agitanar ジプシー風にする.

— 形 ジプシー風の, ジプシー姿の.

a·gi·ta·nar [アヒタナル] 他 …をジプシー風にする.

— **agitanar·se** 再 ジプシー風になる.

a·gi·tar [アヒタル] 他 1 …を揺り動かす. 2 …を扇動する. 3 …をかき混ぜる.

— **agitar·se** 再 1 揺れ動く, 動揺する. 2 心配する, ろうばいする.

a·glo·me·ra·ción [アグロメラシオン] 女 1 群集. 2 かたまり.

a·glo·me·ra·do [アグロメラド] 男 1 練炭(たん). 2〈建築〉ブロック, 人造建材, 合板.

a·glo·me·rar [アグロメラル] 他 …をかたまりにする, 寄せ集める.

— **aglomerar·se** 再 かたまりになる, 群がる.

a·glu·ti·na·ción [アグルティナシオン] 女 1 接着, 粘着. 2 (血球の)凝集. 3〈言語学〉膠着(こうちゃく).

a·glu·ti·nan·te [アグルティナンテ] 形 1 粘着力のある, 接着力のある. 2〈言語学〉膠着(こうちゃく)性の.

— 男 接着剤, (セメントなどの)接合剤.

a·glu·ti·nar [アグルティナル] 他 …を接合する, 膠着(こうちゃく)させる.

— **aglutinar·se** 接着する, 癒着(ゆちゃく)する.

ag·nos·ti·cis·mo [アグノスティシスモ] 男〈哲学〉不可知論.

ag·nós·ti·co, ca [アグノスティコ, カ] 形〈哲学〉不可知論の, 不可知論者の.

— 男 女 不可知論者.

a·go·bia·do, da [アゴビアド, ダ] 《過去分詞》→ agobiar 苦しめる.

— 形 1 疲れきった, 苦しんでいる. 2 猫背の, 前かがみの.

a·go·bian·te [アゴビアンテ] 形 耐えがたい, 手に負えない.

a·go·biar [アゴビアル] 他 1 …を苦しめる, 疲れさせる. 2 …を前かがみにさせる.

— **agobiar·se** 再 1 (+con, por... …で)苦しむ, 疲れきる. 2 前かがみになる.

a·go·bio [アゴビオ] 男 1 苦悩, 重荷. 2 悩みの種.

a·gol·pa·mien·to [アゴルパミエント] 男 集中, 殺到.

a·gol·par·se [アゴルパルセ] 再 1 (群集が)殺到する. 2 (つらいことなどが)一時に起こる.

a·go·ní·a [アゴニア] 女 1 (死にぎわの)苦痛, 断末魔. 2 苦悩. 3 悩みの種.

a·go·ní·as [アゴニアス] 女 男《単複同形》悲観的な人.

agonic- 活 → agonizar 死にかけている《活 39》.

a·gó·ni·co, ca [アゴニコ, カ] 形 臨終の, 死にかけている.

a·go·ni·zan·te [アゴニサンテ] 形 瀕死(ひんし)の, 臨終の.

他 は他動詞 再 は再帰動詞 形 は形容詞 副 は副詞 前 は前置詞 接 は接続詞 間 は間投詞

a·go·ni·zar [アゴニさル] 自《活 39 gozar》1 死にかけている. 2 消えかけている.

á·go·ra [アゴラ] 女《単数定冠詞は el》〈古代ギリシャ〉市民集会, 広場.

a·go·re·ro, ra [アゴレロ, ラ] 形 不吉な, 悪い前兆の.
— 男女 占い師, 予言者.

a·gos·tar [アゴスタル] 他 1 (夏の暑さが植物を)枯れさせる. 2 …を気落ちさせる, 老けさせる.
— **agostarse** [アゴスタルセ] 再 (植物が)枯れる, しおれる.

a·gos·to [アゴスト] 男 1 8月. 2 収穫期.

a·go·ta·do, da [アゴタド, ダ]《過去分詞》→ agotar 使いはたす.
— 形 1 疲れきった. 2 売り切れた. 3 絶版の.

a·go·ta·dor, do·ra [アゴタドル, ドラ] 形 1 疲れさせる. 2 使いつくす(ような).

a·go·ta·mien·to [アゴタミエント] 男 1 極端な疲れ. 2 枯渇(ζっ). 品切れ, 払底. 3 絶版.

a·go·tar [アゴタル] 他 1 …を使いつくす, 空にする. 2 …を疲れさせる.
— **agotarse** [アゴタルセ] 再 1 疲れはてる. 2 なくなる, 売り切れる. 3 (本が)絶版になる.

a·gra·cia·do, da [アグラシアド, ダ]《過去分詞》→ agraciar 魅力を与える.
— 形 1 愛らしい, 優美な. 2 幸運な, 当選した.
— 男女 (くじの)当選者.

a·gra·ciar [アグラシアル] 他 1 …を魅力的にする, 愛らしくする. 2 (人)に報いる.

a·gra·da·ble [アグラダブれ] 形 1 心地よい, 快適な. 2 (人)に感じのいい, 気立てのいい.

a·gra·da·ble·men·te [アグラダブれメンテ] 副 心地よく, 気持ちよく.

a·gra·dar [アグラダル] 自《間接目的語が意味上の主語》(+a… に)気に入る, (…を)満足させる. Este regalo *agrada* a todos. この贈り物は皆が気に入っている. Me *agrada* este regalo. 私はこの贈り物に満足している.

a·gra·de·cer [アグラデセル] 他《活 4》1 (+a… に) …を感謝する / Le *agradezco* a usted su oferta. あなたにそのお申し出を感謝いたします. 2 (心づかいなど)に報いる.
¡Se agradece! どうもありがとう.

a·gra·de·ci·do, da [アグラデシド, ダ]《過去分詞》→ agradecer 感謝する.
— 形 感謝している.

a·gra·de·ci·mien·to [アグラデシミエント] 男 感謝, 謝意.

agradezc- 活 → agradecer 感謝する《活 4》.

a·gra·do [アグラド] 男 1 楽しみ, 喜び. 2 好意的な扱い, 親切.

a·gran·da·mien·to [アグランダミエント] 男 拡大, 増大.

a·gran·dar [アグランダル] 他 1 …を大きくする, 多くする. 2 …を誇張する.
— **agrandarse** [アグランダルセ] 再 大きくなる, 増大する.

a·gra·rio, ria [アグラリオ, リア] 形 1 耕地の, 農地の. 2 農業の.

a·gra·va·mien·to [アグラバミエント] 男 深刻化, 重大化.

a·gra·van·te [アグラバンテ] 形 悪化させる, 深刻化させる.
— 男女 深刻化の原因.

a·gra·var [アグラバル] 他 …を深刻にする, 悪化させる, 重大にする.
— **agravarse** [アグラバルセ] 再 深刻になる, 重大になる.

a·gra·viar [アグラビアル] 他 …を侮辱する, …の気持ちを傷つける.
— **agraviarse** [アグラビアルセ] 再 (+por…)で感情を害する.

a·gra·vio [アグラビオ] 男 1 侮辱, 無礼. 2 損害. 3 (権利の)侵害.

a·gre·dir [アグレディル] 他《語尾に i がつく活用形だけを使用》…を攻撃する, 侵害する.

a·gre·ga·ción [アグレガシオン] 女 1 付加, 追加. 2 集合, 集成.

a·gre·ga·do, da [アグレガド, ダ]《過去分詞》→ agregar 付加する.
— 男女 1 大使館員. 2 (昔の)助教授. 3 集合体. 4 付加物.
— 形 付属の, 補佐の.

a·gre·gar [アグレガル] 他《活 47 llegar》1 …を(+a… に)付加する, 併合する. 2 …を配属する.
— **agregarse** [アグレガルセ] 再 加入する, 参加する.

a·gre·sión [アグレシオン] 女 侵略, 攻撃.

a·gre·si·vi·dad [アグレシビダス] 女 攻撃性, 積極性.

a·gre·si·vo, va [アグレシボ, バ] 形 攻撃的な, 積極的な.

a·gre·sor, so·ra [アグレソル, ソラ] 形 攻撃する, 侵略する.
— 男女 攻撃者, 侵略者.

a·gres·te [アグレステ] 形 1 荒地の. 2 粗野な. 3 野生の.

a·gria·do, da [アグリアド, ダ]《過去分詞》→ agriar 酸っぱくする.
— 形 1 酸っぱい. 2 気難しい.

a·gria·men·te [アグリアメンテ] 副 気難しそうに, 不愛想に.

a·griar [アグリアル] 他《活 17 cambiar, 34 enviar》1 …を酸っぱくする. 2 …をいらだたせる.
— **agriarse** [アグリアルセ] 再 酸っぱくなる, 気難しくなる.

a·grí·co·la [アグリコら] 形《男女同形》農業の, 農耕の.

a·gri·cul·tor, to·ra [アグリクルトル, トラ] 男女 農民, 農夫.

a·gri·cul·tu·ra [アグリクるトゥラ] 女 1 農業, 農事. 2 農芸, 農学.

a·gri·dul·ce [アグリドゥるセ] 形 1 甘酸っぱい. 2 親切で厳しい.

a·grie·tar [アグリエタル] 他 …にひびを入れる, 亀裂(ﾚﾂ)を入れる.
— **agrietar·se** 再 ひびが入る, 亀裂が生じる.

a·gri·men·sor, so·ra [アグリメンソル, ソラ] 男女 測量技師.

a·gri·men·su·ra [アグリメンスラ] 女 測量, 測量法.

a·grio, gria [アグリオ, グリア] 形 1 酸っぱい, 酸味のある. 2 気難しい, 無愛想な.

a·grios [アグリオス] 男複《→ agrio》柑橘(ｶﾝｷﾂ)類.

a·gri·sa·do, da [アグリサド, ダ] 形 灰色がかった, 灰色の.

a·gro [アグロ] 男 農地, 耕地.

a·gro·no·mí·a [アグロノミア] 女 農学.

a·gró·no·mo, ma [アグロノモ, マ] 男女 農学者.

a·gro·pe·cua·rio, ria [アグロペクアリオ, リア] 形 農業と牧畜の, 農牧の.

a·gru·pa·ción [アグルパシオン] 女 1 集まり, 集合, 集合体, 団体. 2 グループ分け, 組み分け.

a·gru·pa·mien·to [アグルパミエント] 男 集合, グループ化.

a·gru·par [アグルパル] 他 1 …を集める, まとめる. 2 …をグループ分けする.
— **agrupar·se** 再 1 集まる. 2 グループになる.

a·gua [アグア] 女《単数冠詞は el, un》1 水, 湯, (料理・果実などの) 汁. 2 (屋根の) 斜面.

agua de Colonia オーデコロン.
agua de Seltz 炭酸水.
agua dulce 淡水, 真水.
agua fuerte 希硝酸.
agua gorda 硬水.
agua mineral ミネラルウォータ.
bailar el agua a… …におべっかを使う.
echar·se al agua 思いきってする.
estar con el agua al cuello 動きがとれない状態だ.
estar hecho un agua 汗だくになっている.
hacer·se agua la boca a… (食物のことで) …の口につばがたまる.
ir·se al agua 駄目になる, 失敗する.
llevar el agua a su molino 自分の利益をはかる.
sin decir agua va 予告なしに, 突然に.
venir como agua de mayo 待ち望んでいたものとしてタイミングよく来る.

a·gua·ca·te [アグアカテ] 男〈木・実〉アボカド.

a·gua·ce·ro [アグアセロ] 男 どしゃ降り, にわか雨.

a·gua·chir·le [アグアチルれ] 男 安酒, まずい飲み物.

a·gua·dor, do·ra [アグアドル, ドラ] 男女 水運び人, 水売り.

a·gua·du·cho [アグアドゥチョ] 男 1 飲み物の屋台. 2 水の氾濫(ﾊﾝ).

a·gua·fies·tas [アグアふィエスタス] 男女《単複同形》(楽しい集まりで) 雰囲気をこわす人, 興をそぐ人.

a·gua·fuer·te [アグアふェルテ] 男女《美術》エッチング, 腐食銅版法.

a·gua·ma·nil [アグアマニる] 男 (洗面用の) 水差し, 洗面器.

a·gua·ma·nos [アグアマノス] 男《単複同形》手を洗う水, 水差し.

a·gua·ma·ri·na [アグアマリナ] 女〈鉱物〉アクアマリン, 藍玉(ｱｲ).

a·gua·nie·ve [アグアニエべ] 女〈気象〉みぞれ.

a·guan·ta·ble [アグアンタブれ] 形 我慢のできる, 耐えられる.

a·guan·tar [アグアンタル] 他 1 …を我慢する, …に耐える. 2 …を支える, 持ちこたえる. 3 (+時間) …待つ. 4〈闘牛〉(牛) を平然と迎え打つ.
— 自 我慢する, こらえる.
— **aguantar·se** 再 耐える, 我慢する, こらえる.

a·guan·te [アグアンテ] 男 我慢強さ, 忍耐.
— 一語 → aguantar de aguante.

a·guar [アグアル] 他《活 14 averiguar》1 …を水で薄める. 2 …を台無しにする, 水を差す.
— 自 1 水びたしになる. 2 台無しにする.
— **aguardar·se** 再 待つ, 待機する.

a·guar·dar [アグアルダル] 他 …を待つ, 待ちかまえる. 2 (待つ時間) を与える.
— 自 (+a que+接続法) (…するのを) 待つ.

a·guar·den·to·so, sa [アグアルデントソ, サ] 形 蒸留酒の, 焼酎(ﾁｭｳ)の.

a·guar·dien·te [アグアルディエンテ] 男 蒸留酒, 焼酎(ﾁｭｳ).

a·gua·rrás [アグアラス] 男 テレビン油.

a·guas [アグアス] 女複《→ agua》1 雨, 雨水. 2 便 / *aguas menores* 小便, *aguas mayores* 大便. 3 海, 海域. 4 涙, 唾液. 5 (宝石や布の) つや, 光沢. 6 航跡. 7 鉱泉.
aguas abajo 下流へ, 下流に.
aguas arriba 上流へ, 上流に.
aguas termales 温泉.
entre dos aguas どっちつかずの状態で.
volver las aguas por donde solían ir もと通りになる.

a·gu·da·men·te [アグダメンテ] 副 するどく, 機知に富んで.

a·gu·de·za [アグデさ] 女 1 (刃物の) 鋭利さ. 2 (感覚の) するどさ, 鋭敏, 機知.

a·gu·di·zar [アグディさル] 他《活 39 gozar》1 …をするどくする. 2 …を悪化させる.
— **agudizar·se** 再 1 するどくなる. 2 悪化する.

a·gu·do, da [アグド, ダ] 形 1 (刃物などが) するどい, よく切れる. 2 (痛みや感覚で) 刺すような. 3 機知に富んだ, 鋭敏な. 4 (声や音が) 高い. 5 (病気が) 急性の. 6〈文法〉最後の音節にアクセントのある.

Á·gue·da [アグダ] 固《女性の名》アグダ.

他 は他動詞 再 は再帰動詞 形 は形容詞 副 は副詞 前 は前置詞 接 は接続詞 間 は間投詞

a·güe·ro [アグエロ] 男 きざし, 前兆.
de mal agüero 縁起の悪い.

a·gue·rri·do, da [アゲリド, ダ] 形 〈兵士〉百戦練磨の, 熟練した.

a·gui·jón [アギホン] 男 1 (昆虫の)針. 2 (植物の)とげ. 3 (突き棒の)尖端(せんたん).

a·gui·jo·ne·ar [アギホネアル] 他 1 …を突く, 刺す. 2 …を刺激する.

á·gui·la [アギら] 女《単数冠詞は el, un》1 〈鳥〉ワシ[鷲]. 2〈人〉敏腕家, やり手.

a·gui·le·ño, ña [アギれニョ, ニャ] 形 1 かぎ鼻の. 2 ワシの.

a·gui·lu·cho [アギるチョ] 男 ワシのひな, 若ワシ.

a·gui·nal·do [アギナるド] 男 (クリスマスなどの)贈り物, 心付け.

a·gu·ja [アグハ] 女 1 針. 2 (時計などの)針. 3 ヘアピン. 4 (小型の)ミートパイ.
buscar una aguja en un pajar わら置き場で針を1本探す[=ほとんど不可能な企て].

a·gu·jas [アグハス] 女 複 (→ aguja) 1〈料理〉スペアリブ. 2〈鉄道〉ポイント, 転轍(てんてつ)機.

a·gu·je·re·ar [アグヘレアル] 他 (= agujerar) …に穴をあける.
— *agujerearse* 再 穴があく.

a·gu·je·ro [アグヘロ] 男 1 穴, 孔 / *agujero negro* 〈天文学〉ブラックホール. 2 針箱, 針入れ.

a·gu·je·tas [アグヘタス] 女 複 (運動のあとなどの)筋肉痛, こり.

a·gu·sa·nar·se [アグサナルセ] 再 虫に食われる, 虫がつく.

A·gus·tín [アグスティン] 固 〈男性の名〉アグスティン.

a·gus·ti·no, na [アグスティノ, ナ] 形 聖アウグスティヌス会の.
— 男 女 聖アウグスティヌス会修道士・修道女.

a·gu·zar [アグサル] 他 (活 39 gozar) 1 …をとがらす. 2 …を鋭くする.

ah [ア] 間 1 (感嘆や苦痛の感嘆詞)ああ!, ほう!, いた! 2 (聞き返すときの)え? か, なに?

a·he·rro·jar [アエろハル] 他 1 …を鎖につなぐ. 2 …を圧迫する.

a·he·rrum·brar·se [アエルンブラルセ] 再 さびつく.

a·hí [アイ] 副《中称の指示副詞》1 (話し手から少し離れた場所, 話し相手の場所に) そこに, そこへ. 2 (話のなかのある時を指して)その時.
de ahí que (+接続法) したがって …となる.
por ahí 1 そのあたり, そのへんで. 2 おおよそ.

a·hi·ja·do, da [アイハド, ダ] 《過去分詞》→ ahijar 養子にする.
— 男 女 1 養子, 養女. 2 名づけ子.

a·hi·jar [アイハル] 他 (活 6 aislar) 1 …を養子にする, 養女にする. 2 (動物が他の子)を育てる.

a·hin·car [アインカル] 他 (活 5) 1 …をせきたてる. 2 …を抱きとめる.
— *ahincarse* 再 1 急ぐ. 2 しがみつく.

a·hín·co [アインコ] 男 熱心さ, 執拗(しつよう)さ.
— 活 → ahincar せきたてる.

a·hí·to, ta [アイト, タ] 形 1 (+de… …で)満腹の, 一杯の. 2 (+de… …に)うんざりした.

a·ho·ga·de·ro [アオガデロ] 男 1 (絞首刑の)ロープ. 2 (家畜の首につなぐ)ひも.

a·ho·ga·di·lla [アオガディじゃ] 女 (ふざけて)人の頭を水に突っこむこと.

a·ho·ga·do, da [アオガド, ダ] 《過去分詞》→ ahogar 窒息する.
— 形 1 おぼれた, 溺死(できし)した. 2 息の詰まりそうな. 3 (+de… …で)動きのとれない.
— 男 女 1 溺死(できし)者. 2 窒息死者.

a·ho·gar [アオガル] 他 (活 47 llegar) 1 …を窒息させる, おぼれさせる. 2 …を絞め殺す. 3 …を苦しめる, 息苦しくさせる. 4 (気持ち)を抑える.
— *ahogarse* 再 1 おぼれる, 溺死(できし)する. 2 息苦しくなる.
ahogarse en poca agua [en un vaso de agua] 何でもないことに悩む.

a·ho·go [アオゴ] 男 1 呼吸困難, 息苦しさ. 2 不快, 苦悩, 困難.

ahogu- 活 → ahogar おぼれさせる《活 47》.

a·hon·da·mien·to [アオンダミエント] 男 1 掘り下げ. 2 究明.

a·hon·dar [アオンダル] 他 …を掘り下げる.
— 自 1 深くなる. 2 (+en… …に)深く入る.
— *ahondarse* 再 (+en… …に)深く入る.

a·ho·ra [アオラ] 副 1 いま, 現在, 今日(こんにち). 2 すぐに, 間もなく. 3 さっき, いましがた. 4 さて, 今度は. 5 (間投詞的に)さあ今だ!, ヨーイドン! 6 (名詞的に)現在, 今日.
ahora…, ahora… ときには…, またときには….
ahora bien 1 さて, ところで. 2 しかし.
ahora mismo いますぐ, ちょうどいま.
ahora que… 1 …いたいま. 2 しかし….
ahora sí que… いまこそ …だ.
de [desde] ahora en adelante 今後, 将来は.
hasta ahora 1 現在までのところ. 2〈挨拶〉ではまた.
por ahora さしあたって, いまのところ.

a·hor·ca·do, da [アオルカド, ダ] 《過去分詞》→ ahorcar 絞首刑にする.
— 男 女 絞首刑者.

a·hor·ca·mien·to [アオルカミエント] 男 絞首刑, 首つり.

a·hor·car [アオルカル] 他 (活 73 sacar) 1 …を絞首刑にする, 絞め殺す. 2 (学業など)を放棄する.
— *ahorcarse* 再 首吊り自殺する.

a·ho·ri·ta [アオリタ] 副 いますぐ, たったいま.

a·hor·qui·llar [アオルキじゃル] 他 1 (枝)を股木(またぎ)で支える. 2 …を二股にさせる.

a·ho·rra·dor, do·ra [アオらドル, ドラ] 形 倹約する, 節約する.

— 男女 1 倹約家. 2 貯蓄する人.

a·ho·rrar [アオラル] 他 1 (お金)を貯蓄する. 2 (出費)を節約する.
— 自 貯金する.
— **ahorrar·se** 再 1 倹約する, 節約する. 2 (いやなこと)を避ける.

a·ho·rra·ti·vo, va [アオラティボ, バ] 形 1 倹約するための. 2 つましい, けちな.

a·ho·rro [アオロ] 男 1 貯金, 貯蓄/caja de *ahorros* 貯蓄銀行. 2 倹約, 節約.

a·hue·ca·do, da [アウエカド, ダ] 《過去分詞》 → ahuecar くりぬく.
— 形 1 中空の, えぐれた. 2 (声が)くぐもった.

a·hue·car [アウエカル] 他 活 73 sacar 1 …をくりぬく, 中空にする. 2 …をふっくらさせる. 3 (声)をくぐもらせる.
— 自 (命令表現で)立ち去る／¡Ahueca! 出ていけ!
— **ahuecar·se** 再 1 うぬぼれる. 2 空洞になる. 3 ふっくらする.

a·hu·ma·do¹ [アウマド] 男 1 燻製(くんせい). 2 酒の酔い.

a·hu·ma·do², da [—, ダ] 《過去分詞》 → ahumar 燻製にする.
— 形 1 燻製(くんせい)の／salmón *ahumado* スモークサーモン. 2 (透明のものが)くすんだ色の. 3 ほろ酔いの.

a·hu·ma·dos [アウマドス] 男 複 〈→ ahumado²〉(おもに魚の)燻製(くんせい)食品.

a·hu·mar [アウマル] 他 活 11 aunar 1 …を燻製(くんせい)にする, いぶす. 2 …を煙で一杯にする. 3 …を煙で黒っぽくする.
— 自 (燃えているものが)煙を出す.
— **ahumar·se** 再 燻製(くんせい)の味になる.

a·hu·yen·tar [アウジェンタル] 他 1 …を追い払う. 2 (いやなこと)を払いのける.
— **ahuyentar·se** 再 逃げ去る.

AI [アイ] 女 《略語》 Amnistía Internacional アムネスティー・インターナショナル.

ai·ma·ra [アイマラ] 男女 《= aimará, aymara》(南米ティティカカ湖周辺に住む先住民の)アイマラ族, アイマラ族の人.
— 形 アイマラ族の, アイマラ語の.
— 男 アイマラ語.

ai·ra·da·men·te [アイラダメンテ] 副 かっとなって, 怒って.

ai·ra·do, da [アイラド, ダ] 《過去分詞》 → airar 怒らせる.
— 形 かっとなった, 怒った.

ai·rar [アイラル] 他 活 6 aislar …を怒らせる.
— **airar·se** 再 (+de, por… …で)腹を立てる, 怒る.

ai·re [アイレ] 男 1 空気, 外気／*aire* acondicionado エアコン, *aire* comprimido 圧縮空気. 2 風. 3 空中／disparar al *aire* 空に向けて

発射する. 4 様子, 外見, 雰囲気. 5 《音楽》 テンポ, 伴奏曲. 6 《医学》 発作／dar un *aire* a… …が発作を起こす. 7 (間投詞的に)出ていけ!
al aire むき出しで.
al aire libre 戸外で, 野外で.
coger·las en el aire 理解が早い.
de buen aire 喜んで.
de mal aire いやいや.
en el aire 1 未解決のままで, 宙に浮いた状態で. 2 放送中の(番組).
hablar al aire 無駄口をたたく.
hacer aire (3人称単数形で使用)風が吹く. 2 風を送る.
salir al aire (番組が)放送される.
tomar el aire 散歩に出る.
vivir del aire 1 食うや食わずの生活をする. 2 夢に生きる.

ai·re·ar [アイレアル] 他 1 …を風に当てる, 換気する. 2 …を公表する, 暴露する.
— **airear·se** 再 1 風邪を引く. 2 外気にふれる.

ai·res [アイレス] 男 複 〈→ aire〉 1 大気, 空／volar por los *aires* 空を飛ぶ. 2 気取り, 虚栄心. 3 (文芸・芸術の)新風.
cambiar de aires 転地する, 転地療養する.
dar·se aires de… …を気取る, うぬぼれる.
¿Qué aires le traen por aquí? どういう風の吹き回しで? (ここに来られたのは).

ai·ro·so, sa [アイロソ, サ] 形 1 さっそうとした, 見事な. 2 上首尾の, うまくいった. 3 よく風の吹く, 風通しのよい.

ais·la·cio·nis·mo [アイスラシオニスモ] 男 《政治》 孤立主義, 不干渉主義.

ais·la·cio·nis·ta [アイスラシオニスタ] 形 《男女同形》〈政治〉 孤立主義の, 不干渉主義の.
— 男女 〈政治〉 孤立主義者, 不干渉主義者.

ais·la·do, da [アイスラド, ダ] 《過去分詞》 → aislar 孤立させる.
— 形 1 孤立した, 離された. 2 〈電気〉 絶縁された.

ais·la·dor¹ [アイスラドル] 男 〈電気〉 絶縁体, 碍子(がいし).

ais·la·dor², do·ra [—, ドラ] 形 〈電気〉 絶縁の, 絶縁する.

ais·la·mien·to [アイスラミエント] 男 1 孤立, 孤独. 2 分離, 隔離. 3 〈電気〉 絶縁.

ais·lan·te [アイスランテ] 形 〈電気〉 絶縁用の／cinta *aislante* 絶縁テープ.
— 男 1 〈電気〉 絶縁体. 2 〈建築〉 断熱材, 防音材.

ais·lar [アイスラル] 他 活 6) 1 …を孤立させる, 隔離する. 2 〈電気〉 …を絶縁する.
— **aislar·se** 再 孤立する, 仲間から離れる.

a·já [アハ] 間 《= ajajá》(賛成・満足・驚きを表す)いいぞ!, いいね!, おやおや!

a·ja·do, da [アハド, ダ] 《過去分詞》 → ajar やつれさせる.
— 形 1 やつれた, しおれた. 2 台無しになった.

a·jar [アハル] 他 1 (人)をやつれさせる. 2 (花)をしおれさせる. 3 …を台無しにする.
— 男 ニンニク畑.
— **ajar·se** 再 1 やつれる, しおれる. 2 台無しになる.

a·je·dre·cis·ta [アヘドレシスタ] 男女 チェス愛好者, チェスの選手.

a·je·drez [アヘドレス] 男《複 ajedreces》1 チェス, 西洋将棋. 2 チェスの用具一式.

a·je·dre·za·do, da [アヘドレさド, ダ] 形 チェックの, 市松模様の.

a·jen·jo [アヘンホ] 男 1〈植物〉ニガヨモギ. 2〈酒〉アブサン.

a·je·no, na [アヘノ, ナ] 形 1 他人の, ひとの. 2 (+a… …に)縁のない, 無関係の. 3 (+a, de… …に)不案内な, 気づかない. 4 (+a… …に)ふさわしくない, 不適当な. 5 (+de… …の)ない.

a·je·te [アヘテ] 男 1 (まだ鱗茎(ﾘﾝｹｲ)のない)若いニンニク.

a·je·tre·a·do, da [アヘトレアド, ダ] 《過去分詞》→ ajetrearse へとへとになる.
— 形 せわしない, 動き回る.

a·je·tre·ar·se [アヘトレアルセ] 再 (仕事で動き回り)へとへとになる, くたくたになる.

a·je·tre·o [アヘトレオ] 男 1 雑踏, 人混み. 2 あわただしさ.

a·jí [アヒ] 男《複 ajíes》1 トウガラシ, チリ. 2 チリソース.
poner·se como un ají (恥ずかしさや怒りで)顔が真っ赤になる.

a·jia·co [アヒアコ] 男 チリソース, チリソース料理.

a·ji·llo [アヒじょ] 男 ニンニクソース, ニンニクソース料理.
gambas al ajillo エビのニンニクソース炒(ｲﾀ)め.

a·jo [アホ] 男 1 ニンニク. 2 下品な言葉.
ajo blanco ニンニクソース.
ajo y agua (副詞的に)仕方がない.
estar en el ajo 承知している, 一枚かんでいる.

a·jo·a·rrie·ro [アホアリエロ] 男 (タラの煮込み料理の)アホアリエロ.

a·jon·jo·lí [アホンホリ] 男〈草・種子〉ゴマ.

a·jor·ca [アホルカ] 女 1 腕輪, ブレスレット. 2 (飾りの)足輪.

a·juar [アフアル] 男 1 嫁入り道具. 2 家財道具.

a·jun·tar [アフンタル] 他 …を遊び仲間にする.
— **ajuntar·se** 再 1 遊び仲間になる. 2 同棲する.

a·jus·ta·do, da [アフスタド, ダ] 《過去分詞》→ ajustar 適合させる.
— 形 1 妥当な, 適当な.

a·jus·tar [アフスタル] 他 1 …を適合させる, うまく合わせる. 2 …を調節する, 調整する. 3 …を取り決める, 取りまとめる. 4〈商業〉…を清算する.
— 自 (+a… …に)ぴったり合う.
— **ajustar·se** 再 1 (+a… …に)ぴったり合う, 一致する. 2 (+en… …のことで)合意する.

a·jus·te [アフステ] 男 1 調整, 整合. 2 合意. 3 取り決め, 取りまとめ.

a·jus·ti·cia·mien·to [アフスティシアミエント] 男 処刑, 死刑執行.

a·jus·ti·ciar [アフスティシアル] 他 …を処刑する, 死刑にする.

al [アル]《前置詞 a+定冠詞 el》→ a.

a·la [アラ] 女《単数冠詞は el, un》1 (鳥や飛行機の)翼(ﾂﾊﾞｻ), 羽. 2 (建物の)翼(ﾖｸ), ひさし. 3 (帽子の)つば, ひさし. 4〈軍隊〉の側面部隊. 5 小鼻, 鼻翼. 6 (政党の)翼, 派／*ala derecha* 右翼. 7〈スポーツ〉ウィング.
ahuecar el ala 行ってしまう.
ala delta (三角翼の)ハングライダー.
(金額+) *del ala* 大枚
— 間《→=hala》がんばれ!, あのね, さて.

a·las [アラス] 女《複》(+a ala) 勇気, 大胆さ, 勇気.
caer·se las alas a… …が意気消沈する.
dar alas a… …に自由にやらせる.

A·lá [アラ] 固《回教・イスラム教の神》アラー.

a·la·ban·za [アラバンさ] 女 1 賞賛, 賛辞. 2 自慢.
en alabanza de… …をほめたたえて.

a·la·bar [アラバル] 他 …を賞賛する, ほめたたえる.
— **alabar·se** 再 (+de, por… …を)自慢する.

a·la·bar·da [アラバルダ] 女〈武器〉(昔の)矛槍(ﾎｺﾔﾘ).

a·la·bar·de·ro [アラバルデロ] 男 1 (昔の)矛槍(ﾎｺﾔﾘ)兵. 2 (劇場が雇った)さくら.

a·la·bas·tri·no, na [アラバストリノ, ナ] 形 1 雪花石膏の. 2 白くすべすべした.

a·la·bas·tro [アラバストロ] 男 雪花石膏(ｾｯｶｾｯｺｳ), アラバスター.

á·la·be [アラベ] 男 1 (風車や水車の)羽根.

a·la·be·ar [アラベアル] 他 …を曲げる, 反(ｿ)らせる.
— **alabear·se** 再 曲がる, 反(ｿ)る.

a·la·be·o [アラベオ] 男 ねじれ, 反(ｿ)り.

a·la·ce·na [アラセナ] 女 (作り付けの)食器戸棚, 食料戸棚.

a·la·crán [アラクラン] 男 1〈節足動物〉サソリ. 2〈人間〉陰口屋.

a·la·do, da [アラド, ダ] 形 1 翼(ﾂﾊﾞｻ)のある. 2 軽快な, 迅速な. 3〈植物〉翼状の.

a·la·mar [アラマル] 男〈服飾〉飾り房, 飾りボタン.

a·lam·bi·ca·do, da [アランビカド, ダ] 《過去分詞》→ alambicar 蒸留する.
— 形 1 入念な. 2 凝りすぎた.

a·lam·bi·car [アランビカル] 他《活 73 sacar》1 …を蒸留する. 2 …を深く分析する. 3 (表現方法などを)凝りすぎる.

a·lam·bi·que [アランビケ] 男 ランビキ, 蒸留器.

a·lam·bra·da [アランブラダ] 女 金網の柵, 鉄条網.

a·lam·bra·do [アランブラド] 男 1 金網. 2 鉄条網. 3〈電気〉配線, 架線.

活 は活用形　複 は複数形　男 は男性名詞　女 は女性名詞　固 は固有名詞　代 は代名詞　自 は自動詞

a·lam·brar [アランブラル] 他 （土地）を金網で囲う, 針金で囲う.

a·lam·bre [アランブレ] 男 針金, 電線.

a·lam·bre·ra [アランブレラ] 女 1（針金の）網戸. 2（炉などに使う）金網装置.

a·la·me·da [アラメダ] 女 1 ポプラ並木. 2 並木道. 3 ポプラ林.

á·la·mo [アラモ] 男 《植物》ポプラ.

a·la·no, na [アラノ, ナ] 形 《ゲルマン系民族の》アラン人.
— 形 アラン人の, アラン族の.

a·lar·de [アラルデ] 男 見栄, 見せつけ.

a·lar·de·ar [アラルデアル] 自 （+de …を）見せびらかす, 誇示する.

a·lar·ga·de·ra [アラルガデラ] 女 継ぎ足し装置.

a·lar·ga·do, da [アラルガド, ダ] 《過去分詞》 → alargar 長くする.
— 形 長く伸びた, 伸ばされた.

a·lar·ga·mien·to [アラルガミエント] 男 長めること, 延長, 伸長.

a·lar·gar [アラルガル] 他 《活 47 llegar》 1 …を長くする, 伸ばす. 2 …を延期する, 延長する. 3 …を拡張する, 拡大する. 4（離れているもの）を手渡してやる.
— **alargar·se** 再 1 長くなる, 伸びる. 2（+a, hasta… …まで）足を伸ばす, 出向く.

algu- 活 → alargar 長くする 《活 47》.

a·la·ri·do [アラリド] 男 叫び声, 歓声.

a·lar·ma [アラルマ] 女 1 警報. 2 警報装置. 3 驚き, 不安.
— 活 → alarmar 警戒させる.

a·lar·ma·do, da [アラルマド, ダ] 《過去分詞》 → alarmar 警戒させる.
— 形 おびえた, 警戒した.

a·lar·man·te [アラルマンテ] 形 警戒すべき, 危急の.

a·lar·mar [アラルマル] 他 1 …を警戒させる, …に急を知らせる. 2 …をおびえさせる.
— **alarmar·se** 再 おびえる, 不安になる.

a·lar·mis·ta [アラルミスタ] 形 《男女同形》《人》（何かにつけ）危険を知らせる.
— 男女 人騒がせな人.

Á·la·va [アラバ] 固 《県の名》（スペイン北部の）アラバ.

a·la·vés, ve·sa [アラベス, ベサ] 形 （県の）アラバ Álava の.
— 男女 アラバ人.

a·la·zán, za·na [アラさン, さナ] 形 《馬》栗毛の.

a·la·zor [アラそル] 男 《植物》ベニバナ.

al·ba[1] [アルバ] 女 《→ albo》《単数定冠詞は el》夜明け, あけぼの, 曙光（とう）.

al·ba·ce·a [アルバせア] 男女 遺言執行人.

Al·ba·ce·te [アルバせテ] 固 《県・県都の名》（スペイン南東部の）アルバセテ.

al·ba·ce·te·ño, ña [アルバせテニョ, ニャ] 形 アルバセテ Albacete の.
— 男女 アルバセテの人.

al·ba·ha·ca [アルバアカ] 女 《香草》バジル, メボウキ.

al·ba·nés, ne·sa [アルバネス, ネサ] 形 《国》アルバニア Albania の.
— 男女 アルバニア人.

al·ba·ñil [アルバニる] 男 《人》左官, れんが職人, 石工（じょくう）.

al·ba·ñi·le·rí·a [アルバニれリア] 女 1 《職》左官, れんが職. 2 左官工事, れんが積み.

al·ba·rán [アルバラン] 男 1 証文. 2（貨物の）受領証.

al·bar·da [アルバルダ] 女 （馬などにつける）荷鞍（にぐら）, 鞍.

al·ba·ri·co·que [アルバリコケ] 男 《果実》アンズ.

al·ba·ri·co·que·ro [アルバリコケロ] 男 《高木》アンズ.

al·ba·tros [アルバトロス] 男 《単複同形》《鳥》アホウドリ.

al·be·drí·o [アルベドリオ] 男 1 意志／libre albedrío 自由意志. 2 気ままさ.

al·ber·ca [アルベルカ] 女 1 貯水槽. 2 プール.

al·bér·chi·go [アルベルチゴ] 男 モモ（の一種）, アンズ（の一種）.

al·ber·gar [アルベルガル] 他 《活 47 llegar》 1 …を泊める, 宿泊させる. 2 …をかくまう, 避難させる. 3 （考えなど）を抱く.
— **albergar·se** 再 1 泊まる. 2 避難する.

al·ber·gue [アルベルゲ] 男 1 宿, 宿泊所, ロッジ. 2 避難所.
— 活 → albergar 泊める.

Al·ber·to [アルベルト] 固 《男性の名》アルベルト.

al·bi·nis·mo [アルビニスモ] 男 1 《医学》色素欠乏症, 白皮症. 2 《生物学》白化現象.

al·bi·no, na [アルビノ, ナ] 形 1 《医学》色素欠乏症の. 2 《生物学》白化した.
— 男女 《医学》白子, アルビーノ.

al·bo, ba[2] [アルボ, バ] 形 白い.

al·bón·di·ga [アルボンディガ] 女 ミートボール, 肉団子（だんご）.

al·bor [アルボル] 男 夜明けの光.

al·bo·res [アルボレス] 男複 《→ albor》 1 夜明け. 2 初期, 始まり.

al·bo·ra·da [アルボラダ] 女 1 夜明け, あけぼの. 2 夜明けの歌. 3 《軍事》起床ラッパ, 朝駆け.

al·bo·re·ar [アルボレアル] 自 《主語なしの3人称単数形で使用》夜が明ける.

al·bor·noz [アルボルノす] 男 《複 albornoces》《衣装》バスローブ, フード付きマント.

al·bo·ro·ta·do, da [アルボロタド, ダ] 《過去分詞》→ alborotar 騒ぐ.
— 形 1 騒がしい. 2 あわただしい.

他 は他動詞　再 は再帰動詞　形 は形容詞　副 は副詞　前 は前置詞　接 は接続詞　間 は間投詞

al·bo·ro·tar [アるボロタル] 自 騒ぐ.
— 他 1 …を不安にさせる, 動揺させる. 2 …をかき乱す.
— **alborotarse** 再 1 動揺する. 2 騒ぎ立てる. 3 (海が)波立つ.

al·bo·ro·to [アるボロト] 男 1 不安, 騒ぎ. 2 騒音, 騒ぎ声.

al·bo·ro·za·do, da [アるボロさド, ダ] 《過去分詞》→ alborozar 大喜びさせる.
— 形 大喜びした, 快活な.

al·bo·ro·zar [アるボロさル] 他 《活 39 gozar》…を大喜びさせる.
— **alborozarse** 再 大喜びする.

al·bo·ro·zo [アるボロそ] 男 大喜び, 歓喜.

al·bri·cias [アるブリしアス] 女複 祝儀(しゅうぎ), 祝いの言葉.
— 間 (相手を祝福して)おめでとう!

al·bu·fe·ra [アるブふェラ] 女 潟(かた), 潟湖(せきこ).

ál·bum [アるブン] 男 《複 álbumes》 1 (写真の)アルバム, 切手帳. 2 (レコードの)アルバム.

al·bu·men [アるブメン] 男 《植物》胚乳(はいにゅう).

al·bú·mi·na [アるブミナ] 女 (たん白質の)アルブミン.

al·bur [アるブル] 男 1 成り行きまかせ, 運まかせ. 2 〈魚〉ボラ.

al·ca·cho·fa [アるカチョふァ] 女 1 〈植物〉チョウセンアザミ, アーティチョーク. 2 (シャワーなどの)散水口.

al·ca·hue·te, ta [アるカウエテ, タ] 男 女 売春幹旋(あっせん)人, 不倫の仲介人.

al·cai·de [アるカイデ] 男 1 刑務所長. 2 (中世の)守備隊長.

Al·ca·lá de He·na·res [アるカらデエナレス] 固 〈都市の名〉(スペインのマドリード県の)アルカラ・デ・エナレス.

al·ca·la·í·no, na [アるカらイノ, ナ] 形 アルカラ・デ・エナレス Alcalá de Henares の.
— 男 女 アルカラ・デ・エナレスの人.

al·cal·de [アるカるデ] 男 1 市長, 町長, 村長. 2 (昔の)代官, 判官.

al·cal·de·sa [アるカるデサ] 女 1 (女性の)市長, 町長, 村長. 2 市長夫人, 町長と村長の妻.

al·cal·dí·a [アるカるディア] 女 1 市長職, 町長職, 村長職. 2 市役所, 町役場, 村役場.

ál·ca·li [アるカリ] 男 〈化学〉アルカリ.

al·ca·li·no, na [アるカリノ, ナ] 形 〈化学〉アルカリ性の.

al·ca·loi·de [アるカロイデ] 男 〈化学〉アルカロイド.

alcanc- → alcanzar 達する 《活 39》.

al·can·ce [アるカンせ] 男 1 手の届く範囲. 2 重要性, 重大な結果. 3 射程.
al alcance de… …の手の届く所に.
dar alcance a… …に届く, 追いつく.
fuera del alcance de… …の手の届かない所に.
— 活 → alcanzar 達する.

al·can·ces [アるカンせス] 男 《→ alcance》 1 見通し, 展望. 2 才能, 能力.
ir a los alcances de… …の手の届く所にいる[ある].

al·can·cí·a [アるカンしア] 女 1 (焼き物などの)貯金箱. 2 献金箱.

al·can·for [アるカンふォル] 男 樟脳(しょうのう).

al·can·fo·re·ro [アるカンふォレロ] 男 〈樹木〉クスノキ.

al·can·ta·ri·lla [アるカンタリじゃ] 女 1 下水溝, 下水道. 2 下水の吸水口.

al·can·ta·ri·lla·do [アるカンタリじゃド] 男 下水処理設備.

al·can·ta·ri·llar [アるカンタリじゃル] 他 …に下水道を敷設(ふせつ)する.

al·can·za·ble [アるカンさブれ] 形 1 達することの可能な. 2 手に入れやすい, 手の届く.

al·can·za·do, da [アるカンさド, ダ] 《過去分詞》→ alcanzar 達する.
— 形 1 達した. 2 不足している, 必要とされた.

al·can·zar [アるカンさル] 他 《活 39 gozar》 1 …に達する, 届く. 2 …に追いつく. 3 …を達成する, 手に入れる. 4 手を伸ばして …を取る. 5 …を理解する.
— 自 1 (+a, hasta… …に)届く, 達する. 2 (+para… …に)十分である.

al·ca·pa·rra [アるカパラ] 女 〈低木〉(つぼみが薬味などの)ケーパー.

al·ca·ra·ván [アるカラバン] 男 〈鳥〉イシチドリ.

al·ca·rria [アるカリア] 女 (不毛で平坦な)高地, 台地.

Al·ca·rria [アるカリア] 固 《La+》〈地方の名〉(スペイン中央部の)アルカリア.

al·ca·traz [アるカトらす] 男 《複 alcatraces》〈鳥〉シロカツオドリ.

al·cau·dón [アるカウドン] 男 〈鳥〉モズ.

al·ca·ya·ta [アるカヤタ] 女 (頭の曲がった)鉤釘(かぎくぎ).

al·ca·za·ba [アるカさバ] 女 (城郭都市のなかの)城.

al·cá·zar [アるカさル] 男 1 王宮. 2 城, 城塞(じょうさい).

al·ce [アるせ] 男 〈動物〉ヘラジカ.

arcé, arce(-) [アるせ] 活 → alzar 持ち上げる 《活 39》.

al·cis·ta [アるしスタ] 男女 (相場の)強気筋.
— 形 (相場が)強含みの, 上昇の.

al·co·ba [アるコバ] 女 1 寝室. 2 寝室用家具.

al·co·hol [アるコオる] 男 1 アルコール. 2 アルコール飲料.

al·co·hó·li·co, ca [アるコオリコ, カ] 形 1 アルコールを含む, アルコール性の. 2 アルコール中毒の.
— 男 女 アルコール中毒[依存症]の患者.

al·co·ho·lí·me·tro [アるコオリメトロ] 男 (飲

酒運転をチェックしたりする)アルコール度測定機.

al·co·ho·lis·mo [アルコオリスモ] 男 アルコール中毒[依存症].

al·co·ho·li·za·do, da [アルコオリサド, ダ] 形 アルコール中毒[依存症]の.
— 男女 アルコール中毒[依存症]患者.

al·co·ho·li·zar [アルコオリサル] 他《活 39 gozar》…をアルコール化する.
— alcoholizar·se 再 アルコール中毒[依存症]になる.

al·cor [アルコル] 男 丘, 岡.

Al·co·rán [アルコラン] 固 (イスラム教の聖典の)コーラン.

al·cor·no·que [アルコルノケ] 男 1〈高木〉コルクガシ. 2 馬鹿, とんま.

al·co·tán [アルコタン] 男〈鳥〉チゴハヤブサ.

al·cur·nia [アルクルニア] 女 家系, 血統, 血筋.

al·cuz·cuz [アルクスクス] 男〈料理〉クスクス.

al·da·ba [アルダバ] 女 1 (扉の)ノッカー. 2 かんぬき.

al·da·bo·na·zo [アルダボナソ] 男 1 ノッカーでの知らせ. 2 知らせ, 呼び声.

al·de·a [アルデア] 女 村, 集落.

al·de·a·no, na [アルデアノ, ナ] 形 1 村の, 村落の. 2 ひなびた, いなかの.
— 男女 1 村人. 2 いなか者.

a·le [アレ] 間 (元気づけるための)さあ!, いけいけ!

a·le·a·ción [アレアレオン] 女 合金.

a·le·ar [アレアル] 他 …を(+con…と)合金にする.
— 自 1 羽ばたく. 2 (子供の)腕をばたつかせる.

a·le·a·to·rio, ria [アレアトリオ, リア] 形 成り行きまかせの, 運まかせの.

a·lec·cio·na·dor, do·ra [アレクシオナドル, ドラ] 形 教訓的な, こらしめの.

a·lec·cio·na·mien·to [アレクシオナミエント] 男 教育, 訓育, しつけ.

a·lec·cio·nar [アレクシオナル] 他 …を教育する, 訓育する, しつける.

a·le·da·ño, ña [アレダニョ, ニャ] 形 (土地などが)隣接した.

a·le·da·ños [アレダニョス] 男複《→ aledaño》(村などに付属した)隣接地.

a·le·ga·ción [アレガシオン] 女 主張, 申し立て, 弁論.

a·le·gar [アレガル] 他《活 47 llegar》…を主張する, 申し立てる.

a·le·ga·to [アレガト] 男 1 陳述書. 2 論述. 3 口論.

a·le·go·rí·a [アレゴリア] 女 1 寓意(ぐう), アレゴリー. 2 寓話(ぐう).

a·le·gó·ri·co, ca [アレゴリコ, カ] 形 寓意(ぐう)の, 寓意(ぐう)的な.

a·le·grar [アレグラル] 他 1 …を喜ばせる. 2 …を陽気にする, 元気づける.
— alegrar·se 再 1 (+de, con, por…を)喜ぶ. 2 (+de que+接続法) (…であることを)うれしく思う. 3 (酒を飲んで)陽気になる.

a·le·gre [アレグレ] 形 1 陽気な, 快活な, 愉快な. 2 (色彩の)強烈な. 3 (酒で)一杯機嫌の. 4 軽率な, 無責任な.

a·le·gre·men·te [アレグレメンテ] 副 陽気に, 楽しく.

a·le·grí·a [アレグリア] 女 1 陽気, 快活さ. 2 大満足, 上機嫌. 3 無責任, 軽率さ.

a·le·gro [アレグロ] 副〈音楽〉アレグロで, 快速調で.
— 男〈音楽〉(調子の)アレグロ, アレグロの曲.
— 活 → alegrar 喜ばせる.

a·le·ja·do, da [アレハド, ダ] 《過去分詞》→ alejar 遠ざける.
— 形 (+de… …から)遠ざかった, 離れた, 遠い.

a·le·ja·mien·to [アレハミエント] 男 1 遠のくこと, へだたり. 2 不仲, 疎遠.

A·le·jan·dra [アレハンドラ] 固〈女性の名〉アレハンドラ.

a·le·jan·dri·no, na [アレハンドリノ, ナ] 形 1 アレクサンドリア市 Alejandría の. 2 アレキサンダー大王の. 3〈詩法〉アレクサンドル格の.

A·le·jan·dro [アレハンドロ] 固〈男性の名〉アレハンドロ.
Alejandro el Magno アレキサンダー大王.

a·le·jar [アレハル] 他 1 …を遠ざける. 2 …を追いやる.
— alejar·se 再 (+de… …から)遠ざかる, 離れる.

a·le·la·do, da [アレらド, ダ] 《過去分詞》→ alelar ぼんやりさせる.
— 形 ぼんやりした, とんまな.

a·le·lar [アレらル] 他 …をぼんやりさせる.
— alelar·se 再 ぼんやりする.

a·le·lí [アレリ] 男《= alhelí》〈多年草〉アラセイトウ.

a·le·lu·ya [アレルヤ] 間〈喜びの叫び声〉ばんざい!
— 男女〈聖歌〉ハレルヤ.

a·le·mán[1] [アレマン] 男 ドイツ語.

a·le·mán[2], **ma·na** [—, マナ] 形 ドイツの, ドイツ人の, ドイツ語の.
— 男女 ドイツ人.

A·le·ma·nia [アレマニア] 固〈国の名〉ドイツ.

a·len·ta·do, da [アレンタド, ダ] 《過去分詞》→ alentar 元気づける.
— 形 1 元気になった, 勇気づけられた. 2 病気回復期の.

a·len·ta·dor, do·ra [アレンタドル, ドラ] 形 元気づける, 希望を与える.

a·len·tar [アレンタル] 他《活 57 pensar》1 …を元気づける, 励ます.
— 自 呼吸をする.
— alentar·se 再 元気になる.

a·ler·ce [アレルセ] 男〈高木〉カラマツ.

a·ler·gia [アレルヒア] 囡〈医学〉アレルギー, 過敏症.

a·lér·gi·co, ca [アレルヒコ, カ] 形〈医学〉アレルギーの, アレルギー体質の.
— 男女〈医学〉過敏症の人, アレルギー患者.

a·le·ro [アレロ] 男 (建物の)軒(のき), ひさし.

a·le·rón [アレロン] 男 (飛行機の)フラップ, 補助翼.

a·ler·ta [アレルタ] 囡 警戒, 警戒状態, 警報.
— 副 警戒して.
— 間 警戒！
— 活 → alertar 警戒させる.

a·ler·tar [アレルタル] 他 1 …を警戒させる. 2 …に危険を知らせる.
— 自 警戒する.

a·le·ta [アレタ] 囡 1 (魚などの)ひれ. 2 (ダイバーの)足びれ. 3 小鼻, 鼻翼(びよく). 4 (車の)泥よけ, フェンダー.

a·le·tar·ga·mien·to [アレタルガミエント] 男 1 冬眠. 2 眠気, 居眠り.

a·le·tar·gar [アレタルガル] 他《活 47 llegar》1 (動物)を冬眠にさそう. 2 (人)を眠りにさそう.
— aletargarse 再 居眠りする, まどろむ.

a·le·te·ar [アレテアル] 自 1 (鳥が)はばたく. 2 (魚が)ひれを動かす. 3 (人が)腕を上下に動かす.

a·le·te·o [アレテオ] 男 1 はばたき. 2 ひれの運動.

a·le·vín [アレビン] 男 稚魚(ちぎょ).
— 男女〈スポーツ〉幼年組の選手.

a·le·vo·sí·a [アレボシア] 囡 (犯罪者の)予謀措置. 2 裏切りの行為.

a·le·vo·so, sa [アレボソ, サ] 形 1〈犯罪〉逃げ道の用意された. 2 裏切りの.

a·le·xia [アレクシア] 囡〈医学〉失読症.

al·fa [アルファ] 囡《単数定冠詞は el》(ギリシア文字 A, α の) アルファ.
el alfa y omega de …の始めと終り.

al·fa·bé·ti·ca·men·te [アルファベティカメンテ] 副 アルファベット順に.

al·fa·bé·ti·co, ca [アルファベティコ, カ] 形 アルファベットの, アルファベット順の.

al·fa·be·ti·za·ción [アルファベティさシオン] 囡 1 (成人への)識字教育. 2 アルファベット順の分類.

al·fa·be·ti·zar [アルファベティさル] 他《活 39 gozar》1 (成人)に読み書き教育をする. 2 …をアルファベット順に整理する.

al·fa·be·to [アルファベト] 男 1 アルファベット. 2 字体, 文字.

al·fa·jor [アルファホル] 男〈菓子〉(クリスマスに食べるアーモンドの)アルファホル.

al·fal·fa [アルファルファ] 囡〈牧草〉アルファルファ, ムラサキウマゴヤシ.

al·fan·je [アルファンヘ] 男 1 (イスラム世界の)新月刀. 2〈魚〉メカジキ.

al·fa·que [アルファケ] 男 (河口の)砂州(さす).

al·fa·quí [アルファキ] 男 (イスラム教の)法師士.

al·fa·re·rí·a [アルファれリア] 囡 1 陶器店, 窯元. 2 陶芸.

al·fa·re·ro, ra [アルファれロ, ラ] 男女 陶工, 陶器職人.

al·féi·zar [アルフェイさル] 男 窓台, 窓敷居.

al·fe·ñi·que [アルフェニケ] 男 1〈菓子〉(砂糖を固めた)アルフェニケ. 2 軟弱な人間.

al·fe·re·cí·a [アルフェれシア] 囡〈病気〉てんかん.

al·fé·rez [アルフェれす] 囡《複 alféreces》1 (陸軍・空軍の)少尉. 2 (昔の軍隊の)旗手.

al·fil [アルフィル] 男〈チェス〉ビショップ.

al·fi·ler [アルフィレル] 男 1 留めピン, 飾りピン. 2 ブローチ.

al·fi·le·ra·zo [アルフィれらそ] 男 留めピンでのひと刺し.

al·fi·le·te·ro [アルフィれテロ] 男 針山, 針箱, 針入れ.

al·fom·bra [アルフォンブラ] 囡 じゅうたん, カーペット.

al·fom·bra·do, da [アルフォンブラド, ダ] 《過去分詞》→ alfombrar じゅうたんを敷く.
— 形 じゅうたん敷きの.

al·fom·brar [アルフォンブラル] 他 …にじゅうたんを敷く.

al·fom·bri·lla [アルフォンブリじゃ] 囡 敷物, ドアマット.

al·fon·sí [アルフォンシ] 形 賢王アルフォンソ 10 世の.

al·fon·si·no, na [アルフォンシノ, ナ] 形《→= alfonsí》賢王アルフォンソの.

Al·fon·so [アルフォンソ] 固〈男性の名〉アルフォンソ／*Alfonso* X *el Sabio* (13 世紀のカスティリアの)賢王アルフォンソ 10 世.

al·for·fón [アルフォルフォン] 男〈作物〉ソバ.

al·for·jas [アルフォルハス] 囡複 鞍袋(くらぶくろ), 振り分け(荷物).

Al·fre·do [アルフれド] 固〈男性の名〉アルフレド.

al·ga [アルガ] 囡《単数定冠詞は el》〈植物〉海草, コンブ, ノリ.

al·ga·lia [アルガリア] 囡〈香料〉じゃこう.
— 男〈動物〉ジャコウネコ.

al·ga·ra·bí·a [アルガラビア] 囡 1 (話し声の)がやがや. 2 意味不明語. 3 アラビア語.

al·ga·ra·da [アルガラダ] 囡 (町中の)喧騒(けんそう), ざわめき.

al·ga·rro·ba [アルガろバ] 囡〈豆〉イナゴマメ.

al·ga·rro·bo [アルガろボ] 男〈木〉イナゴマメ.

al·ga·za·ra [アルガさラ] 囡 (歓喜の)叫び声.

ál·ge·bra [アルヘブラ] 囡《単数定冠詞は el》〈数学〉代数学.

al·ge·brai·co, ca [アルヘブライコ, カ] 形《= algébrico》〈数学〉代数学の, 代数の.

ál·gi·do, da [アルヒド, ダ] 形 1 とても寒い. 2 決定的瞬間の. 3 絶頂期の.

al·go [アルゴ] 代 《無変化の不定代名詞》 1 なにか, あるもの, あること.
2 (数量や程度の)すこし, いくらか／*Más vale algo que nada.* 少しでも無いよりまし.
3 大事なこと, 重要人物.
— 副 いくらか, 多少, すこし.
algo así como... (程度の)およそ ….
algo de... 少しの …, …のようなもの.
por algo 何かの理由で.
tener algo que ver con... …と少し関係がある.
tener un algo de... …らしいところがある.

al·go·dón [アルゴドン] 男 1 わた, 綿. 2 木綿(もめん), 綿布, 綿糸.
algodón dulce 綿菓子.
entre algodones (育児で)大切に.

al·go·do·ne·ro, ra [アルゴドネロ, ラ] 形 綿の.
— 男 女 綿花業者.

al·go·do·no·so, sa [アルゴドノソ, サ] 形 綿のような.

al·go·rit·mo [アルゴリトモ] 男 〈数学〉アルゴリズム.

al·gua·cil [アルグアシル] 男 (昔の)警吏, 捕吏, 執達吏.

al·gua·ci·li·llo [アルグアシリジョ] 男 〈闘牛〉騎馬先導役.

al·guien [アルギエン] 代 《無変化の不定代名詞》 1 だれか, ある人. 2 ひとかどの人物.

al·gún [アルグン] 形 《→ alguno》 どれかの, いくらかの.
algún que otro... いくつかの …, いくらかの ….
algún tanto すこし.

al·gu·no, na [アルグノ, ナ] 形 《不定形容詞》 ⇒ algunos, algunas. 男性単数名詞の前では algún) 1 どれかの, なにかの(+単数名詞).
2 いくつかの, 何人かの(+複数名詞).
3 いくらかの.
4 (否定表現で名詞の後ろに置かれて)まったく …ない／*sin duda alguna* なんの疑いもなく.
— 代 《語形変化する不定代名詞》 1 (複数の人たちのなかの)だれか, 何人か.
2 (複数の物のなかの)どれか, いくつか.
alguna que otra vez たまに, 2・3度.
alguna vez これまでに(1度は), たまに.
algunas veces ときどき.

al·ha·ja [アラハ] 女 1 宝石. 2 貴重品. 3 優秀な人物.

Al·ham·bra [アランブラ] 固 《la+》(スペイン南部のグラナダにある)アルハンブラ宮殿.

al·ha·ra·ca [アラゥカ] 女 大げさな表現.

al·he·lí [アれリ] 男 複 alhelíes 〈多年草〉アラセイトウ.

a·liá·ce·o, a [アリアセオ, ア] 形 ニンニクの, ニンニク臭い.

a·lia·do, da [アリアド, ダ] 《過去分詞》→ aliar 結びつける.
— 形 同盟している, 連合した.
— 男 女 同盟者, 提携者／*los Aliados*(かつての世界大戦での)連合国.

a·lian·za [アリアンさ] 女 1 結びつき. 2 同盟. 3 協定, 契約. 4 結婚指輪, 婚約指輪.

a·liar [アリアル] 他 〈活 34 enviar〉 …を(+con …)と結びつける.
— **aliarse** 再 同盟する, 提携する.

a·lias [アリアス] 副 またの名である／*Marcelo Ríos, alias "el Chino"* マルセリオリオス, 別名エルチノ.
— 男 《単複同形》 あだ名, 別名.

a·li·caí·do, da [アリカイド, ダ] 形 1 しょげ返った, 元気のない. 2 体の弱い. 3 〈鳥〉翼の垂れた.

A·li·can·te [アリカンテ] 固 〈県・県都の名〉(スペイン南東部の)アリカンテ.

a·li·can·ti·no, na [アリカンティノ, ナ] 形 アリカンテ Alicante の.
— 男 女 アリカンテの人.

a·li·ca·ta·do [アリカタド] 男 〈建築〉タイル張り.

a·li·ca·tar [アリカタル] 他 〈建築〉…にタイルを張る.

a·li·ca·tes [アリカテス] 男 複 ペンチ, やっとこ.

A·li·cia [アリしア] 固 〈女性の名〉アリシア.

a·li·cien·te [アリしエンテ] 男 1 魅力. 2 (行動のための)刺激剤.

a·lie·na·ción [アリエナしオン] 女 1 〈医学〉精神異常. 2 疎外(そがい).

a·lie·na·do, da [アリエナド, ダ] 《過去分詞》→ alienar 気を狂わせる.
— 形 1 〈医学〉精神異常の. 2 疎外(そがい)された.
— 男 女 〈医学〉精神異常者.

a·lie·nar [アリエナル] 他 1 …を発狂させる, …の気を狂わせる. 2 …を疎外(そがい)する.
— **alienarse** 再 気が狂う.

a·lie·ní·ge·na [アリエニヘナ] 形 《男女同形》地球外の, 宇宙の.
— 男 女 宇宙生物, 地球外生物.

alient- ⇒ alentar 元気づける 〈活 57〉.

a·lien·to [アリエント] 男 1 呼気, 息(いき). 2 呼吸. 3 活力, 気力, 元気.
— 活 ⇒ alentar 元気づける.

a·li·ga·tor [アリガトル] 男 〈動物〉アメリカワニ.

a·li·ge·ra·mien·to [アリヘラミエント] 男 軽減.

a·li·ge·rar [アリヘラル] 他 1 …を軽くする. 2 …を速める.
— 自 急ぐ.
— **aligerarse** 再 軽くなる.

a·li·jar [アリハル] 他 〈海運〉(船荷)を軽くする, 陸揚げする.
— 男 荒れ地.

a·li·jo [アリホ] 男 密輸品.

a·li·ma·ña [アリマニャ] 女 (家畜などに対する)害獣.

a·li·men·ta·ción [アリメンタシオン] 女 1 (一般的な)食料. 2 食料供給. 3 (エネルギー一般の)供給. 4 (特別な感情の)助長.

a·li·men·tar [アリメンタル] 他 1 …を養う，…に食料を与える. 2 (機械などに) (+de, con+[燃料やデータ]) (…を)供給する. 3 (特別な感情を)助長する.
— 自 栄養になる.
— **alimentar·se** 再 (+de, con… …を)食料にする，食べる.

a·li·men·ta·rio, ria [アリメンタリオ, リア] 形 食料の, 食品の.

a·li·men·ti·cio, cia [アリメンティシオ, シア] 形 栄養のある.

a·li·men·to [アリメント] 男 1 食料, 食物, 食物. 2 (精神的な)糧(*{かて}). 3 燃料.

a·li·mo·che [アリモチェ] 男 〈鳥〉エジプトハゲワシ.

a·li·món [アリモン] 《つぎの副詞句の一部》
al alimón ふたりで, いっしょに.

a·lin·dar [アリンダル] 自 1 (+con… …と)隣接する. 2 (ふたつのものが)隣接している.
— 他 …の境界を示す.

a·li·ne·a·ción [アリネアシオン] 女 1 (直線の形での)整列. 2 (スポーツチームの)ラインアップ. 3 (政治的・思想的な)連合, 同調.

a·li·ne·a·do, da [アリネアド, ダ] 《過去分詞》
→ alinear 並べる.
— 形 1 1列に並んだ. 2 同調した／*países no alineados* 非同盟諸国.

a·li·ne·a·mien·to [アリネアミエント] 男 整列 [= alineación].

a·li·ne·ar [アリネアル] 他 1 …を並べる, 1列に整列させる. 2 〈スポーツ〉…を選抜団に加える. 3 〈スポーツ〉(チーム)を結成する.
— **alinear·se** 再 1 1列に並ぶ. 2 (政治的・思想的に) (+con… …と)連合する, 同調する.

a·li·ñar [アリニャル] 他 1〈料理〉…を味付けする. 2 (+con… …で)飾る.

a·li·ño [アリニョ] 男 1〈料理〉味付け. 2 調味料. 3 めかし込み.

a·lio·li [アリオリ] 男 〈料理〉(ニンニク入りマヨネーズソースの)アリオリ.

a·li·rón [アリロン] 男 (サッカーの)声援.
— 間 (サッカーでの)ばんざい!

a·li·sar [アリサル] 他 1 …をなめらかにする. 2 (髪)を軽くとかす. 3 (衣類)に軽くアイロンをかける.
— **alisar·se** 再 1 なめらかになる. 2 (自分の)髪を(軽く)とかす.

a·li·sios [アリシオス] 形複 〈気象〉貿易風の／*vientos alisios* 貿易風.
— 男複 貿易風.

a·li·so [アリソ] 男 〈植物〉ハンノキ.

a·lis·ta·do, da [アリスタド, ダ] 《過去分詞》
→ alistar 名簿に登録する.
— 形 1〈兵〉名簿に登録された, 志願した. 2 縞(*{しま})模様の.
— 男 女 志願兵.

a·lis·ta·mien·to [アリスタミエント] 男 1 徴兵. 2 (集合的に)新兵.

a·lis·tar [アリスタル] 他 1 …を名簿に登録する. 2 …を兵籍に入れる.
— **alistar·se** 再 兵籍に入る, 入隊する.

a·li·te·ra·ción [アリテラシオン] 女〈修辞学〉頭韻法.

a·li·viar [アリビアル] 他 1 …を軽くする. 2 (痛みなど)をやわらげる. 3 …を速める.
— **aliviar·se** 再 病気が快方に向かう.

a·li·vio [アリビオ] 男 1 軽減, 緩和. 2 (病気の)快方.
de alivio ひどい, やっかいな.

al·ja·ma [アルハマ] 女 1 ユダヤ教寺院. 2 イスラム教寺院, モスク. 3 (ユダヤ教徒やイスラム教徒の)居住区.

al·ja·mí·a [アルハミア] 女〈文学〉(昔のアラビア文字で書かれたスペイン語の作品群の)アルハミア.

al·ji·be [アルヒベ] 男 1 天水だめ, 水槽. 2 液体運搬用タンク／*camión aljibe* タンクローリー. 3 タンカー.

al·jó·far [アルホふァル] 男 (集合的に)小粒の真珠.

a·llá [アじゃ] 副《遠称の指示副詞. 場所を漠然と指す》1 (遠い場所の)あそこに, あそこで, あそこへ. 2 昔, あのころ. 3 (+主格人称代名詞) (間投詞的に)勝手にしなさい／*Allá tú.* 勝手にしろ.
allá arriba 天国で.
Allá va. 1 おやまあ! 2 (物を投げて渡すときの)ほら!
el más allá 天国, あの世.
hacer·se (*para*) *allá* 場所をあける, つめる.
más allá de… …の向こうに, …以上に.
no (*ser*) *muy allá* まあまあの程度で(ある).
Vamos allá. さあ行きましょう.

a·lla·na·mien·to [アじゃナミエント] 男 1 (土地などを)平らにならすこと. 2 (障害物や困難の)除去, 克服. 3 家宅侵入.

a·lla·nar [アじゃナル] 他 1 …を平らにする. 2 …を取り除く. 3 …に家宅侵入する.
— **allanar·se** 再 1 平らになる, 平坦(*{へいたん})になる. 2 (+a… …に)妥協する, しぶしぶ同意する.

a·lle·ga·do, da [アじぇガド, ダ] 《過去分詞》
→ allegar 寄せ集める.
— 形 1 接近した, 近い. 2 寄せ集められた. 3 親戚(*{しんせき})の, 血縁の. 4 味方の, 側近の.
— 男 女 1 血縁者, 親族, 親戚(*{しんせき}). 2 味方, 支持者, 側近.

a·lle·gar [アじぇガル] 他 [活] 47 llegar) 1 …を寄せ集める. 2 …を(+a… …に)近づける.
— **allegar·se** 再 (+a…) 1 (…に)近寄る. 2 (…に)同調する.

a·llen·de [アじぇンデ] 前 …の向こうに, あちら側

a·llí [アじ] 副《遠称の指示副詞.場所を具体的にも指す》**1**（話し手から遠く離れた）あそこ,あそこで,あそへ.**2**（話のなかのある時を指して）あの時,その時.
allí donde… …するような所では.
aquí…, allí… 一方では…,他方では….

al·ma [アるマ] 囡《単数定冠詞は el》**1** 魂,霊魂.**2** 心,精神.**3** 活力,元気.**4**（パーティーなどの）盛り上げ役.**5** 住民,人.
alma de cántaro でくの坊.
alma de Dios 素朴で善意に満ちた人.
alma en pena ひとりぼっち（の人）,気の抜けた人.
alma mía 〈**1**〈愛情を込めた呼び掛け〉ねえ,あなた！,ねえ,君！**2**〈驚きの間投詞として〉おや,まあ！
arrancar a… el alma …をひどく悲しむ.
caer·se a… el alma a los pies …が落胆する,がっかりする.
como alma que lleva el diablo あわてふためいて,一目散に.
con toda el alma 心から,喜んで.
dar el alma a Dios 死ぬ.
… de mi alma 私の愛する….
en el alma 深く,心から.
estar con el alma en un hilo 不安でどきどきしている.
llegar a… al alma …を感動させる.
llevar a… en el alma …を深く愛する.
mi alma ねえ,君！〔= alma mía〕.
no poder con su alma ひどく疲れている.
no tener alma 心が冷たい.
partir a… el alma …を悲しませる.
sin alma 薄情な.
tocar a… en el alma …の心の琴線にふれる.
volver a… el alma al cuerpo ほっと一安心する.

al·ma·cén [アるマセン] 男《→複 almacenes》**1** 倉庫,保管所.**2** 卸売商店.

al·ma·ce·na·je [アるマセナヘ] 男 **1** 倉敷料,保管料.**2** 保管,貯蔵.

al·ma·ce·na·mien·to [アるマセナミエント] 男 **1** 保管,貯蔵.**2** 在庫（品）,ストック.

al·ma·ce·nar [アるマセナる] 他 **1** …を倉庫に入れる,保管する.**2** …を大量に集める.

al·ma·ce·nes [アるマセネス] 男複《→ almacén》デパート,百貨店〔= grandes almacenes〕.

al·ma·ce·nis·ta [アるマセニスタ] 男女 **1** 倉庫業者.**2** 卸売業者.

al·ma·dra·ba [アるマドラバ] 囡 **1** マグロ漁.**2**（マグロ漁の）定置網.

al·ma·dre·ñas [アるマドレニャス] 囡複 木靴.

al·ma ma·ter [アるマ マテル] 囡《ラテン語》**1** 母校.**2** 推進母体,立役者.

al·ma·na·que [アるマナケ] 男 **1** 暦（ミュヒ）,カレンダー.**2** 年鑑.

al·ma·za·ra [アるマサラ] 囡 **1**（オリーブの）搾油（ホォ）工場.**2** オリーブ油貯蔵所.

al·me·ja [アるメハ] 囡〈貝〉アサリ,ハマグリ,（その他の）二枚貝.

al·me·na [アるメナ] 囡〈建築〉（城の胸壁上端に据えられて銃眼を作っている）角柱.

al·men·dra [アるメンドラ] 囡 **1**〈実〉アーモンド.**2**（モモなどの）核果の種.

al·men·dra·do¹ [アるメンドラド] 男 アーモンドクッキー.

al·men·dra·do², da [—, ダ] 形 アーモンド形の.

al·men·dral [アるメンドラる] 男 アーモンド園,アーモンド林.

al·men·dro [アるメンドロ] 男〈木〉アーモンド.

al·men·dru·co [アるメンドルコ] 男 アーモンドの未熟な実.

Al·me·rí·a [アるメリア] 固〈県・県都の名〉（スペイン南部の）アルメリア.

al·me·rien·se [アるメリエンセ] 形 アルメリア Almería の.
— 男女 アルメリアの人.

al·mí·bar [アるミバる] 男 シロップ.

al·mi·ba·ra·do, da [アるミバラド, ダ]《過去分詞》→ almibarar シロップ漬けにする.
— 形〈人や話し方〉とても甘い.

al·mi·ba·rar [アるミバラる] 他 **1** …をシロップ漬けにする.**2**（言葉や態度）を甘くする.

al·mi·dón [アるミドン] 男 澱粉（ネム）,澱粉糊（の）.

al·mi·do·na·do, da [アるミドナド, ダ]《過去分詞》→ almidonar 糊をつける.
— 形 **1**〈衣類〉糊（の）のきいた.**2** めかし込んだ.

al·mi·do·nar [アるミドナる] 他（洗濯物など）に糊（の）をつける.

al·mi·nar [アるミナる] 男 ミナレット,イスラム教寺院の尖塔.

al·mi·ran·taz·go [アるミランタすご] 男 **1** 提督の地位.**2** 提督管轄区域.

al·mi·ran·te [アるミランテ] 男 提督,海軍大将,艦隊司令長官.

al·mi·rez [アるミれす] 男《複 almireces》〈料理〉金属製乳鉢.

al·miz·cle [アるミすクれ] 男（香料の）じゃこう.

al·mo·gá·var [アるモガバる] 男（中世の）奇襲戦士,遊撃隊員.

al·mo·ha·da [アるモアダ] 囡 **1** 枕（ホャ）,まくらカバー.**2**（椅子に置く）クッション.

al·mo·ha·des [アるモアデス] 男複（12 世紀にスペインに侵入した）ムワヒド朝の人々.

al·mo·ha·di·lla [アるモアディじゃ] 囡 **1**（椅子に置く）小型クッション.**2** 座布団.

al·mo·ha·di·lla·do, da [アるモアディじゃど, ダ] 形〈建築〉浮き上げ装飾を施した.

al·mo·ha·dón [アるモアドン] 男（椅子に置く）クッション.

al·mo·ne·da [アルモネダ] 女 1 競売, 大安売り. 2 競売店.

al·mo·rá·vi·des [アルモラビデス] 男複 (11世紀のスペインに侵入した) ムラビト朝の人々.

al·mo·rra·nas [アルモルラナス] 女複 痔核(じかく), いぼ痔.

al·mor·zar [アルモルサル] 自《活 38 forzar》(午前の) 軽食をとる, 昼食をとる.

al·mué·da·no [アルムエダノ] 男 (イスラム教の) 祈祷(きとう)時報係.

almuerz- → almorzar 昼食をとる《活 38》.

al·muer·zo [アルムエルソ] 男 1 (牛前の) 軽食, 昼食. 2 朝食.

— 活 → almorzar 昼食をとる.

a·ló [アロ] 間 (電話で) もしもし！

a·lo·ca·do, da [アロカド, ダ] 形 1 狂ったような. 2 軽率な, 無分別な.

a·lo·cu·ción [アロクシオン] 女 訓示, 訓話.

á·lo·e [アロエ] 男《= aloe》〈植物〉アロエ.

a·lo·ja·mien·to [アロハミエント] 男 1 宿泊. 2 宿(しゅく), 宿屋, 宿泊施設.

a·lo·jar [アロハル] 他 1 …を泊める, …に宿を提供する. 2 (物を) 入れる, 収納する.

— alojarse 再 (+en...) …に泊まる.

a·lón [アロン] 男〈料理〉(鳥の手羽の) 肉.

a·lon·dra [アロンドラ] 女〈鳥〉ヒバリ.

A·lon·so [アロンソ] 固〈男性の名・姓〉アロンソ.

a·lo·pa·tí·a [アロパティア] 女〈医学〉逆症療法.

a·lo·pe·cia [アロペシア] 女〈医学〉脱毛症.

a·lo·tro·pí·a [アロトロピア] 女〈化学〉同素体.

al·pa·ca [アルパカ] 女 1〈動物〉アルパカ. 2 アルパカの毛織物. 3 光沢(こうたく)のある綿布. 4〈金属〉洋銀.

al·par·ga·tas [アルパルガタス] 女複〈履き物〉(麻底の布靴の) アルパルガタ.

Al·pes [アルペス] 固複〈los+〉〈山脈の名〉(ヨーロッパの) アルプス.

al·pi·nis·mo [アルピニスモ] 男 1〈スポーツ〉登山. 2 アルプス登山.

al·pi·nis·ta [アルピニスタ] 男女 1 登山家. 2 アルプス登山家.

— 形〈スポーツ〉1 登山の. 2 アルプス登山の.

al·pi·no, na [アルピノ, ナ] 形 1 アルプスの. 2〈スポーツ〉アルプス登山の, 登山の. 3 (アルプスに似た) 高山の, 高山性の.

al·pis·te [アルピステ] 男 1〈多年草〉クサヨシ. 2 クサヨシの種子. 3 酒.

al·que·rí·a [アルケリア] 女 1 農事小屋. 2 (農事小屋が集まった) 農村.

al·qui·la·dor, do·ra [アルキラドル, ドラ] 男女 1 貸し手, 大家, 家主. 2 借り手, 店子(たなこ), 借家人.

al·qui·lar [アルキラル] 他 1 …を賃貸する, 貸す. 2 …を賃借りする, 借りる.

— alquilarse 再 貸される／Se alquila. (広告で) 貸します.

al·qui·ler [アルキレル] 男 1 賃貸. 2 賃借. 3 賃貸料, 家賃.

al·qui·mia [アルキミア] 女 (昔の) 錬金術.

al·qui·mis·ta [アルキミスタ] 男女 (昔の) 錬金術師.

al·qui·trán [アルキトラン] 男 (舗装などに使う) タール／alquitrán de hulla コールタール.

al·qui·tra·nar [アルキトラナル] 他 …にタールを塗る.

al·re·de·dor [アルレデドル] 副 (+de...) 1 …のあたりに, …のまわりに. 2 (+数量) 約….

— 男 周囲, 周辺.

al·re·de·do·res [アルレデドレス] 男複《→alrededor》郊外, 近郊, 周辺.

al·ta[1] [アルタ] 女《単数定冠詞は el》《→alto[2]》1 (公的団体・組織への) 入会, 加入. 2 入会証明書. 3 退院許可.

causar alta 1 入会する. 2 (軍隊へ) 入隊する.

dar de alta (医師に) 退院許可を与える.

dar·se de alta 入会する, 加入する.

al·tai·co, ca [アルタイコ, カ] 形 1 アルタイ山脈 los montes Altai の. 2 アルタイ語族の.

al·ta·men·te [アルタメンテ] 副 高く, 非常に.

Al·ta·mi·ra [アルタミラ] 固〈遺跡の名〉(スペイン北部の) アルタミラ.

al·ta·ne·rí·a [アルタネリア] 女 尊大, 横柄.

al·ta·ne·ro, ra [アルタネロ, ラ] 形 尊大な, 横柄な.

al·tar [アルタル] 男 祭壇, 供物(くもつ)台.

llevar a… al altar …と結婚する.

poner a… en un altar …を祭り上げる.

al·ta·voz [アルタボス] 男《複 altavoces》スピーカー, 拡声器.

al·te·ra·bi·li·dad [アルテラビリダス] 女 変わりやすさ.

al·te·ra·ble [アルテラブレ] 形 1 変わりやすい. 2 動揺しやすい.

al·te·ra·ción [アルテラシオン] 女 1 変化, 変更, 変質. 2 混乱, 動揺. 3 論争.

al·te·ra·do, da [アルテラド, ダ] 《過去分詞》→ alterar 変える.

— 形 1 変わった, 変質した. 2 動揺した, 混乱した.

al·te·rar [アルテラル] 他 1 …を変える, 変質させる. 2 …を動揺させる, 混乱させる.

— alterarse 再 1 変わる, 変質する. 2 動揺する, 乱れる.

al·ter·ca·do [アルテルカド] 男 激論, 論争.

al·ter·na·ción [アルテルナシオン] 女 交替, 交互.

al·ter·na·dor [アルテルナドル] 男 交流発電機.

al·ter·nan·cia [アルテルナンシア] 女 1 交替, 交互, 輪番. 2〈物理学〉交番. 3〈生物学〉世代

活 は活用形 複 は複数形 男 は男性名詞 女 は女性名詞 固 は固有名詞 代 は代名詞 自 は自動詞

交番.

al·ter·nan·te [アルテルナンテ] 形 交替の, 交互の.

al·ter·nar [アルテルナル] 自 (+con...) 1 …と交互に行う, 交互に起こる. 2 …と交際する, 付き合う.
— 他 …を交互に行う, 交替する.
— **alternarse** 再 (+en... …を)交替で行う.

al·ter·na·ti·va¹ [アルテルナティバ] 女 1 二者択一. 2 代案. 3 交替, 交互.

al·ter·na·ti·va·men·te [アルテルナティバメンテ] 副 交替で, 交互に.

al·ter·na·ti·vo, va² [アルテルナティボ, ー] 形 1 交替の, 交互の. 2 (+a...) …の代わりになる.

al·ter·ne [アルテルネ] 男 (社交上の形式的な)付き合い, 交際.

al·ter·no, na [アルテルノ, ナ] 形 1 交替の, 交互の. 2 〈植物学〉互生の. 3 ひとつ置きの.

al·te·za [アルテサ] 女 1 高さ. 2 崇高さ.

Al·te·za [アルテサ] 女 〈皇太子への称号の一部〉 Su Alteza Real 殿下.

al·ti·ba·jos [アルティバホス] 男複 1 急激な変化, 変動. 2 (地面の)起伏.

al·ti·llo [アルティジョ] 男 1 小山, 丘. 2 袋戸棚.

al·ti·lo·cuen·cia [アルティロクエンシア] 女 大げさ表現, 大言壮語.

al·ti·lo·cuen·te [アルティロクエンテ] 形 (表現の)大げさな, 大言壮語の.

al·tí·me·tro [アルティメトロ] 男 高度計.

al·ti·pla·ni·cie [アルティプラニシエ] 女 高原台地.

al·ti·pla·no [アルティプラノ] 男 高原台地 [= altiplanicie].

al·tí·si·mo, ma [アルティシモ, マ] 形 《絶対最上級形→ alto², ta²》 とても高い, 非常に高い.

Al·tí·si·mo [アルティシモ] 男 神.

al·ti·so·nan·te [アルティソナンテ] 形 (表現の)もったいぶった, 仰々しい.

al·ti·so·no, na [アルティソノ, ナ] 形 (表現の)もったいぶった [= altisonante].

al·ti·tud [アルティトゥス] 女 標高, 海抜.

al·ti·vez [アルティベス] 女 《= altiveza》 尊大さ, 横柄さ.

al·ti·vo, va [アルティボ, バ] 形 尊大な, 横柄な.

al·to¹ [アルト] 男 1 高さ. 2 小山, 丘. 3 停止, 小休止. 4 〈楽器〉 ビオラ.
— 副 1 上の方で, 高く. 2 大声で, 大きな音で.
— 間 止まれ!, やめろ!
alto de fuego 停戦.
de alto abajo 上から下へ.
en alto 高くに.
lo alto 1 頂上, 高み. 2 天, 天上.
pasar por alto 見逃がす, 大目に見る.
por todo lo alto 豪華に, 盛大に.

al·to², ta² 形 1 高い, 背の高い. 2 上位の, 上級の. 3 高貴な, 気高い. 4 広遠な. 5 (川の)上流の, 水源に近い. 6 水かさの増した(流れ). 7 大荒れの(海). 8 昔の／*la Alta Edad Media* 中世前期. 9 (時間の)遅い／*a altas horas de la noche* 夜ふけに, 深夜に. 10 〈音楽〉 アルトの, 高音の.

al·to·par·lan·te [アルトパルランテ] 男 スピーカー, 拡声器 [= altavoz].

al·tos [アルトス] 男複 (→ alto) (2階以上の建物の)階上部分.

al·to·za·no [アルトサノ] 男 1 高台, 塚. 2 丘, 小山.

al·tra·muz [アルトラムス] 男 《複 altramuces》 〈植物〉 ルピナス.

al·truis·mo [アルトルイスモ] 男 利他主義, 愛他主義.

al·truis·ta [アルトルイスタ] 形 《男女同形》 利他的な, 愛他主義の.
— 名 利他主義者, 愛他主義者.

al·tu·ra [アルトゥラ] 女 1 高さ, 高度, 身長. 2 高地, 高所. 3 海抜, 標高. 4 緯度. 5 高水準, 優秀さ. 6 〈音声学〉 音の高さ, ピッチ. 7 外洋, 遠洋／*pesca de altura* 遠洋漁業.
a la altura de... 1 …の高さに. 2 …の位置に.
estar a la altura de... …の能力がある.

al·tu·ras [アルトゥラス] 女複 《altura》 天国, 神の国.
a estas alturas 今ごろになって, 今ごろ.

a·lu·bia [アルビア] 女 〈植物〉 インゲンマメ.

a·lu·ci·na·ción [アルシナシオン] 女 1 幻覚, 幻覚症状. 2 眩惑(ﾝﾜｸ). 3 魅惑.

a·lu·ci·na·dor, do·ra [アルシナドル, ドラ] 形 1 幻覚を起こさせる. 2 眩惑(ﾝﾜｸ)させるような.

a·lu·ci·nan·te [アルシナンテ] 形 1 幻覚をさそうような. 2 魅惑的な.

a·lu·ci·nar [アルシナル] 他 1 …を惑わす, 混乱させる. 2 …に幻覚を起こさせる.
— **alucinarse** 幻覚をおぼえる, 錯覚する.

a·lu·ci·ne [アルシネ] 男 幻覚, 魅惑 [= alucinación].

a·lu·ci·nó·ge·no, na [アルシノヘノ, ナ] 形 幻覚をうながす.

a·lud [アルス] 男 1 雪崩(ﾅﾀﾞ). 2 土砂くずれ. 3 (物の)殺到.

a·lu·di·do, da [アルディド, ダ] 《過去分詞》→ aludir ほのめかす.
— 形 言及された.
darse por aludido 自分のことを言われていると思って構える.

a·lu·dir [アルディル] 自 (+a...) …をほのめかす, …に言及する.

a·lum·bra·do¹ [アルンブラド] 男 1 照明. 2 照明装置.

a·lum·bra·do², da [ー, ダ] 《過去分詞》→ alumbrar 照らす.
— 形 1 照明された. 2 灯をともされた.

a·lum·bra·mien·to [アルンブラミエント] 男 1

a·lum·brar

照明. 2 出産. 3 解明.
a·lum·brar [アルンブラル] 他 1 …を照らす,明るくする. 2 …を出産する,生む. 3 …を創出する.
— 自 1 光を出す. 2 出産する.
— **alumbrar·se** 再 ほろ酔いになる.
a·lum·bre [アルンブレ] 男 〈化学〉みょうばん [明礬].
— 活 → alumbrar 照らす.
a·lú·mi·na [アルミナ] 女 〈化学〉アルミナ,酸化アルミニウム.
a·lu·mi·nio [アルミニオ] 男 アルミニウム.
a·lu·mi·no·so, sa [アルミノソ, サ] 形 アルミナの,アルミナ質の.
a·lum·na·do [アルムナド] 男 (集合的に)生徒,学生.
a·lum·no, na [アルムノ, ナ] 男 女 1 生徒, (先生から見た)学生. 2 弟子,教え子.
a·lu·ni·za·je [アルニサヘ] 男 1 月面着陸. 2 (ショーウィンドウを割って入る)窃盗.
a·lu·ni·zar [アルニサル] 自 《活 39 gozar》月面着陸する.
a·lu·sión [アルシオン] 女 〈+a... …への〉言及,ほのめかし,暗示.
a·lu·si·vo, va [アルシボ, バ] 形 〈+a... …に〉言及する, (…を)ほのめかす,暗示する.
a·lu·vial [アルビアル] 形 1 沖積層の. 2 洪水の.
a·lu·vión [アルビオン] 男 1 〈地質〉沖積層. 2 洪水. 3 殺到する人や物.
Ál·va·ro [アルバロ] 固 〈男性の名〉アルバロ.
al·ve·o·lar [アルベオラル] 形 1 歯茎の. 2 〈音声学〉歯茎音の.
— 女 〈音声学〉(sなどの)歯茎音.
al·vé·o·lo [アルベオロ] 男 〔= alveolo〕歯茎.
al·za [アルサ] 女 〈単数定冠詞は el〉 1 上昇. 2 値上がり. 3 (靴に入れる)中敷き.
— 活 → alzar 持ち上げる.
en alza (価格や評価が)上昇中の.
al·za·cue·llo [アルサクエジョ] 男 (聖職者などの服の)カラー.
al·za·da¹ [アルサダ] 女 〈→ alzado²〉 1 (馬の)体高. 2 〈法廷〉上告, 控訴.
al·za·do¹ [アルサド] 男 〈建築〉立面図.
al·za·do², **da**² 〈過去分詞〉→ alzar 持ち上げる.
— 形 1 持ち上げられた. 2 計画倒産の. 3 〈価格〉請負い決めの. 4 反乱分子の.
— 男 女 反乱者.
al·za·mien·to [アルサミエント] 男 1 上昇. 2 (価格の)高騰. 3 反乱,決起.
al·za·pa·ño [アルサパニョ] 男 カーテンベルト.
al·zar [アルサル] 他 《活 39 gozar》 1 …を持ち上げる,上げる. 2 …を高くする. 3 …を建てる,設立する,立てる. 4 …を決起させる.
— **alzar·se** 再 1 立ち上がる. 2 そびえ立つ,建てられる. 3 決起する. 4 〈+con... …を持ち逃げする. 5 〈+con...〉…を獲得する,所有する.

a·ma [アマ] 女 〈単数定冠詞は el〉〈→ amo〉 1 主婦, 女主人. 2 家政婦. 3 乳母.
— 活 → amar 愛する.
a·ma·bi·li·dad [アマビリダス] 女 1 親切心, 親切な行為. 2 優しさ.
tener la amabilidad de (+不定詞) …してください.
a·ma·bi·lí·si·mo, ma [アマビリシモ, マ] 形 《絶対最上級形→ amable》とても親切な.
a·ma·ble [アマブレ] 形 1 親切な. 2 優しい/¿Sería usted tan *amable* de (+不定詞)? (丁寧な依頼)…してくださいませんか.
a·ma·ble·men·te [アマブレメンテ] 副 1 親切に. 2 優しく.
a·ma·do, da [アマド, ダ] 《過去分詞》→ amar 愛する.
— 形 1 愛された. 2 愛する,いとしい.
a·ma·dri·nar [アマドリナル] 他 1 …の代母になる. 2 (女性が) …のスポンサーになる.
a·ma·es·trar [アマエストラル] 他 (動物を)調教する.
a·ma·gar [アマガル] 他 《活 47 lleger》…を装う, …のふりをする.
— 自 1 起こりそうである/El ambiente *amaga* tormenta.この様子では嵐になりそうだ.
— **amagar·se** 再 身を隠す.
a·ma·go [アマゴ] 男 1 そぶり,気配. 2 きざし.
a·mai·nar [アマイナル] 自 1 弱まる, 衰える. 2 (やる気の)熱がさめる.
a·mal·ga·ma [アマルガマ] 女 1 〈化学〉アマルガム(合金). 2 (異質なものの)混合, 結合.
— 活 → amalgamar アマルガムにする.
a·mal·ga·mar [アマルガマル] 他 1 …を水銀と化合させる,アマルガムにする. 2 (異質なもの)を混ぜ合わす,いっしょにする.
A·ma·lia [アマリア] 固 〈女性の名〉アマリア.
a·ma·man·tar [アママンタル] 他 …に乳を飲ませる,授乳する.
a·man·ce·ba·mien·to [アマンセバミエント] 男 同棲(とうせい), 内縁関係.
a·man·ce·bar·se [アマンセバルセ] 再 同棲する.
A·man·cio [アマンシオ] 固 〈男性の名〉アマンシオ.
a·ma·ne·cer [アマネセル] 自 《活 4 agradecer》《主語なしの人称単数形で使用》 1 夜が明ける. 2 〈人が主語〉(どこかで,なんらかの状態で)夜明けを迎える.
— 男 夜明け.
a·ma·ne·ra·da·men·te [アマネラダメンテ] 副 気取って,わざとらしく.
a·ma·ne·ra·do, da [アマネラド, ダ] 《過去分詞》→ amanerar 型にはめる.
— 形 1 型にはまった,マンネリ化した. 2 気取った,わざとらしい.
a·ma·ne·ra·mien·to [アマネラミエント] 男 1 マンネリ,マンネリズム. 2 気取り. 3 (男性の)女性

的振る舞い.

a·ma·ne·rar [アマネラル] 他 …を型にはめる.
— **amanerar-se** 再 1 型にはまる, マンネリ化する. 2 気取る. 3 (男性が)女性的に振る舞う.

amanezc-活 → amanecer 夜が明ける《活 4》.

a·man·sar [アマンサル] 他 1 (動物)を飼いならす. 2 (痛みなど)を和らげる.
— **amansar-se** 再 1 (動物が)おとなしくなる. 2 (気性などが)穏やかになる.

a·man·te [アマンテ] 男 女 1 愛人. 2 恋人. 3 愛好家.
— 形 (+de... …を)愛好する, 愛する.

a·ma·nuen·se [アマヌエンセ] 男 女 口述筆記者, 書記.

a·ma·ña·do, da [アマニャド, ダ] 《過去分詞》→ amañar 偽造する.
— 形 1 偽造の, でっちあげの. 2 巧みな, 器用な.

a·ma·ñar [アマニャル] 他 …を偽造する, でっちあげる.
— **amañar-se** 再 (+para, con... …に)すぐに慣れる.

a·ma·ño [アマニョ] 男 1 策略. 2 器用さ, 巧みさ.

a·ma·po·la [アマポら] 女 〈植物〉ヒナゲシ, ケシ / rojo como una *amapola* ケシのように赤い.

a·mar [アマル] 他 …を愛する, …が好きである.

a·ma·ra·je [アマらへ] 男 (水上飛行機や宇宙船のカプセルの)着水.

a·ma·rar [アマラル] 自 (水上機などが)着水する.

a·mar·ga·do, da [アマルガド, ダ] 《過去分詞》→ amargar 苦しめる.
— 形 苦しめられた, 落ちこんだ.

a·mar·ga·men·te [アマルガメンテ] 副 つらそうに, いたましく.

a·mar·gar [アマルガル] 他 《活 47 llegar》 1 …を苦しめる, 不快にさせる. 2 …を苦(ॅ)くする.
— 自 苦(ॅ)い味がする.
— **amargar-se** 再 苦くなる, つらい思いをする.

a·mar·go, ga [アマルゴ, ガ] 形 1 苦(ॅ)い, 渋い. 2 不快な, つらい. 3 不快そうな. 4 無愛想な.
— 活 → amargar 苦しめる.

a·mar·gor [アマルゴル] 男 1 苦(ॅ)み. 2 不快.

a·mar·gu·ra [アマルグラ] 女 1 にがにがしさ, 不快. 2 悲しみ, 悲嘆. 3 苦(ॅ)み.

a·ma·ri·co·na·do [アマリコナド] 形 男 のみ. = amaricado》(男性が)女っぽい, 女性風の.

a·ma·ri·lis [アマリリス] 女 《単複同形》〈植物〉アマリリス.

a·ma·ri·lle·ar [アマリジェアル] 自 《= amarillar》黄色くなる, 黄色っぽくなる.

a·ma·ri·llen·to, ta [アマリジェント, タ] 形 黄色くなった, 黄色っぽい.

a·ma·ri·llo[1] [アマリじょ] 男 黄色.

a·ma·ri·llo, lla [—, じゃ] 形 1 黄色い. 2 黄色人種の. 3 血の気のない.

a·ma·rra·de·ro [アマラデロ] 男 (船の)係留杭, 係留環, 係留場.

a·ma·rrar [アマラル] 他 1 (船)を係留する, もやう. 2 …を(+a... …につなぐ), つなぎとめる.

a·ma·rras [アマラス] 女 複 1 もやい綱. 2 保護, 支援.

a·ma·rre [アマレ] 男 (船の)係留, もやい.
— 活 → amarrar 係留する.

a·mar·te·la·do, da [アマルテらド, ダ] 《過去分詞》→ amartelar ほれさせる.
— 形 ほれこんだ, ぞっこんの.

a·mar·te·lar [アマルテらル] 他 …をほれさせる.
— **amartelar-se** 再 ほれこむ, いちゃつく.

a·mar·ti·llar [アマルティじゃル] 他 1 (銃)の撃鉄を起こす. 2 …を確実にする.

a·ma·sa·mien·to [アマサミエント] 男 1 (パンなど)をこねること. 2 マッサージ.

a·ma·sar [アマサル] 他 1 …をこねる. 2 (お金など)をためこむ. 3 …をたくらむ.

a·ma·si·jo [アマシホ] 男 1 こねまわし. 2 パン生地(ॅ). 3 (異質なものの)ごた混ぜ.

a·ma·teur [アマトゥル] 形 アマチュアの, 素人の.
— 男 女 アマチュア, 素人.

a·ma·tis·ta [アマティスタ] 女 〈鉱物〉アメジスト, 紫水晶.

a·ma·to·rio, ria [アマトリオ, リア] 形 愛の, 恋愛の.

a·ma·za·co·ta·do, da [アマサコタド, ダ] 形 1 詰まりすぎた. 2 ごてごてした.

a·ma·zo·na [アマソナ] 女 1 女性騎手. 2 (ギリシア神話の)アマゾン, 女性戦士.

A·ma·zo·nas [アマソナス] 固 《el+》〈河の名〉(南米の)アマゾン.

a·ma·zó·ni·co, ca [アマソニコ, カ] 形 アマゾン河 Amazonas の.

am·ba·ges [アンバヘス] 男 複 回りくどい表現, 遠回しな言い方.

ám·bar [アンバル] 男 (飾り石にもなる石化樹脂の)琥珀(ॅॅ).

Am·be·res [アンベレス] 固 〈都市の名〉(ベルギーの海港都市の)アントワープ.

am·bi·ción [アンビシオン] 女 大望, 野心, 野望.

am·bi·cio·nar [アンビシオナル] 他 …を切望する, …に野心を抱く.

am·bi·cio·so, sa [アンビシオソ, サ] 形 1 野心的な. 2 …を熱望する.
— 男 女 望みの大きな人, 野心家.

am·bi·dex·tro, tra [アンビデストロ, トラ] 形 両手が利(ॅ)く, 両手利きの.
— 男 女 両手利(ॅ)きの人.

am·bien·ta·ción [アンビエンタシオン] 女 1 雰囲気作り, 雰囲気. 2 (雰囲気への)溶け込み. 3 (パーティーなどの)舞台設定.

am·bien·tal [アンビエンタル] 形 1 雰囲気の. 2 環境の, 大気の.

am·bien·tar [アンビエンタル] 他 1 (作品など)に

am·bien·te

雰囲気を盛りこむ. 2 (場所など)をそれらしくする.
— **ambientar·se** 再 (+a, en... の)雰囲気になじむ, (...に)順応する.

am·bien·te [アンビエンテ] 男 1 (良好な)雰囲気. 2 (囲りの)空気. 3 環境. 4 社会層.
— 形 1 周囲の. 2 環境の.
— 活 → ambientar 雰囲気を盛りこむ.

am·bi·gú [アンビグ] 男 1 軽食. 2 軽食堂.

am·bi·gua·men·te [アンビグアメンテ] 副 1 あいまいに. 2 不明瞭に.

am·bi·güe·dad [アンビグエダス] 女 1 あいまいさ, 多義性. 2 不確かさ, 不明瞭さ.

am·bi·guo, gua [アンビグオ, グア] 形 1 あいまいな, 意味の定まらない. 2 不明瞭な, 不確かな. 3 〈文法〉両性の, 両義性の.

ám·bi·to [アンビト] 男 1 区画, 領域. 2 境界内. 3 分野. 4 (活動などの)世界.

am·bi·va·len·cia [アンビバれンシア] 女 両義性, 両面性.

am·bi·va·len·te [アンビバれンテ] 形 両義的な, 両面性のある.

am·bos, bas [アンボス, バス] 形 両方の, 双方の, ふたりの.
— 代 複 両方(とも), 両者(とも).

am·bro·sí·a [アンブロシア] 女 〈ギリシア・ローマの神話の〉神々の食物.

Am·bro·sio [アンブロシオ] 固 〈男性の名〉アンブロシオ.

am·bu·lan·cia [アンブらンシア] 女 1 救急車. 2 (移動式の)救急病院, 野戦病院.

am·bu·lan·te [アンブらンテ] 形 移動式の, 巡回する / biblioteca *ambulante* 巡回図書館.

am·bu·la·to·rio[1] [アンブらトリオ] 男 診療所.

am·bu·la·to·rio[2]**, ria** [—, リア] 形 1 通院の, 外来の. 2 歩行用の.

a·me·ba [アメバ] 女 〈原生動物〉アメーバ.

a·me·dren·tar [アメドレンタる] 他 …を怖がらせる, 恐れさせる.
— **amedrentar·se** 再 (+de, por... を)怖がる, (…に)びくつく.

a·mén [アメン] 間 (キリスト教で祈りの終りに唱える)アーメン!
amén de... 1 …のほかに. 2 …を除けば.
decir amén a... …に賛成する.
en un decir amén たちどころに, またたく間に.

amenac- → amenazar 脅く〈活 39〉.

a·me·na·za [アメナさ] 女 脅(おど)し, 脅迫, 脅威.
— 活 → amenazar 脅く〈活 39〉.

a·me·na·za·dor, do·ra [アメナさドる, ドラ] 形 脅迫的な, 危険を予告する.

a·me·na·zar [アメナさる] 他 《活 39 gozar》
1 …を(+con, de... で)脅(おど)す, 脅迫する.
2 …の恐れがある / El cielo *amenaza* lluvia. この空では雨が降りそうだ.
— 自 《3人称で使用》 …しそうである / Este cielo *amenaza* tormenta. この空模様では嵐になりそうだ.

a·me·ni·dad [アメニダス] 女 1 面白さ, 楽しさ. 2 心地よさ, 快適さ.

a·me·ni·zar [アメニさる] 他 《活 39 gozar》 1 …を楽しくする. 2 …を快適にする.

a·me·no, na [アメノ, ナ] 形 1 楽しい, 面白い. 2 心地よい, 快適な.

a·me·no·rre·a [アメノレア] 女 〈医学〉無月経.

A·mé·ri·ca [アメリカ] 固 アメリカ / *América* Central 中央アメリカ, *América* del Norte 北アメリカ, *América* del Sur 南アメリカ, *América* Latina ラテンアメリカ, las *Américas* 複 南北両アメリカ大陸.

a·me·ri·ca·na[1] [アメリカナ] 女 〈→ americano〉(男性用)上着, ブレザー, ジャケット.

a·me·ri·ca·nis·mo [アメリカニスモ] 男 1 アメリカスペイン語, アメリカ固有語表現. 2 アメリカ的性, アメリカ気質, アメリカ主義. 3 アメリカ研究.

a·me·ri·ca·nis·ta [アメリカニスタ] 男 1 アメリカ研究者. 2 アメリカ主義者, 親米主義者.

a·me·ri·ca·ni·za·ción [アメリカニさしオン] 女 アメリカ化, 米国化.

a·me·ri·ca·ni·zar [アメリカニさる] 他 《活 39 gozar》 …をアメリカ風にする, 米国風にする.
— **americanizar·se** 再 アメリカ風になる.

a·me·ri·ca·no, na[2] [アメリカノ, —] 形 1 中南米の, ラテンアメリカの. 2 アメリカの, 米国の.
— 男 女 アメリカ人, 中南米人, 米国人.

a·me·rin·dio, dia [アメリンディオ, ディア] 形 アメリカ先住民の.
— 男 女 アメリカ先住民〔インデアン, インディオ〕.

a·me·ri·za·je [アメリさへ] 男 (飛行艇などの)着水.

a·me·ri·zar [アメリさる] 自 《活 39 gozar》(飛行艇などが)着水する.

a·me·tra·lla·dor, do·ra[1] [アメトラじゃドる, ドラ] 形 高速自動発射の / fusil *ametrallador* 自動小銃.

a·me·tra·lla·do·ra[2] 女 機関銃.

a·me·tra·llar [アメトラじゃる] 他 1 …を機関銃で撃つ. 2 …を質問攻めにする. 3 (写真機で)…を写しまくる.

a·mian·to [アミアント] 男 (石綿の)アミアンタス.

a·mi·ga[1] [アミガ] 女 〈→ amigo[2]〉1 女友達, ガールフレンド, 恋人. 2 愛人, 情婦.

a·mi·ga·ble [アミガブれ] 形 親しみのある, 友好的な.

a·mi·ga·ble·men·te [アミガブれメンテ] 副 親しみを込めて, 友好的に.

a·míg·da·la [アミグダら] 女 〈解剖学〉扁桃(へんとう)腺.

a·mig·da·li·tis [アミグダリティス] 女 〈医学〉扁桃(へんとう)腺炎.

a·mi·go[1] [アミゴ] 男 〈→ amiga[1]〉1 男友達, ボーイフレンド, 恋人. 2 愛人, 情夫.

a·mi·go², ga² [アミゴ, ガ] 形 1 友情のある. 2 親しい, 友好的な. 3 (+de...) …を愛好する, …を好む.
hacer·se amigo [*amiga*] *de*... …の友人になる.

a·mi·go·te, ta [アミゴテ, タ] 男女 仲間, 悪友.

a·mi·gue·te [アミゲテ] 男 1 知り合い. 2 仲間.

a·mi·gui·to, ta [アミギト, タ] 男女 ボーイフレンド, ガールフレンド, 恋人.

a·mi·la·na·mien·to [アミラナミエント] 男 1 おびえ, ひるみ. 2 落胆.

a·mi·la·nar [アミラナル] 他 1 …をおびえさす, ひるませる. 2 …を落胆させる.
— **amilanar·se** 再 (+por, ante...) 1 (…に) ひるむ. 2 (…で) 落胆する.

a·mi·na [アミナ] 女 〈化学〉 アミン.

a·mi·no·á·ci·do [アミノアシド] 男 〈化学〉 アミノ酸.

a·mi·no·ra·ción [アミノラレオン] 女 1 減少, 縮小. 2 緩和.

a·mi·no·rar [アミノラル] 他 1 …を減らす, 縮める. 2 …をゆるめる.

a·mis·tad [アミスタス] 女 1 友情, 友好. 2 親交, 交誼(ぎ).

a·mis·ta·des [アミスタデス] 女 《→ amistad》 1 友人たち. 2 (知り合いの) コネ.

a·mis·to·so, sa [アミストソ, サ] 形 1 友好的な, 友情の. 2 〈スポーツ〉 正式試合でない / *partido amistoso* 練習試合, 親善試合.

am·ne·sia [アムネシア] 女 〈医学〉 記憶喪失, 健忘症.

am·né·si·co, ca [アムネシコ, カ] 形 〈医学〉 記憶喪失の, 健忘症の.
— 男女 〈医学〉 記憶喪失患者, 健忘症患者.

am·nios [アムニオス] 男 〈単複同形〉 〈解剖学〉 羊膜.

am·nis·tí·a [アムニスティア] 女 恩赦(**)[特赦, 大赦など] / *Amnistía Internacional* アムネスティーインターナショナル [政治犯の国際的人権擁護団体].

am·nis·tiar [アムニスティアル] 他 [活 34 enviar] …に恩赦(**)を与える.

a·mo [アモ] 男 《→ ama》 1 主人. 2 親方.
— 活 → amar 愛する.

a·mo·do·rra·mien·to [アモドラミエント] 男 まどろみ, うたたね, 仮寝(**).

a·mo·do·rrar [アモドラル] 他 …を眠くさせる.
— **amodorrar·se** 再 うたたねする, まどろむ.

a·mo·hi·nar·se [アモイナルセ] 再 [活 7] いらいらする, むかつとする.

a·mo·lar [アモラル] 他 [活 22 contar] 1 …をしつこく困らせる, いつまでもいらいらさせる. 2 …を研ぐ, 磨く.

a·mol·dar [アモルダル] 他 …を (+a+目的や規則や型) …に) 合わせる, 適合させる.
— **amoldar·se** 再 (+a...) …に) 適合する.

a·mo·nes·ta·ción [アモネスタレオン] 女 1 訓告, 説論(**). 2 (教会での) 結婚公示.

a·mo·nes·tar [アモネスタル] 他 1 …に厳しく注意する, …を訓戒する. 2 (教会で) …の結婚を予告する.

a·mo·nia·cal [アモニアカル] 形 〈化学〉 アンモニアの.

a·mo·ní·a·co [アモニアコ] 男 [= amoniaco] 1 〈化学〉 アンモニア. 2 〈化学〉 アンモニアガス.

a·mo·nio [アモニオ] 男 〈化学〉 アンモニウム.

a·mon·ti·lla·do [アモンティジャド] 男 モンティジャ風シェリー酒 [→ montilla].

a·mon·to·na·mien·to [アモントナミエント] 男 1 山積み, 積み上げ. 2 寄せ集め.

a·mon·to·nar [アモントナル] 他 1 …を積み上げる. 2 …を寄せ集める.
— **amontonar·se** 再 1 山積みになる. 2 集まる, 群がる.

a·mor [アモル] 男 1 愛, 愛情. 2 恋, 恋愛, 恋心. 3 愛人, 恋人. 4 愛好, 愛着. 5 丹精, 丹念.
al amor de... …のそばで, そばに.
amor libre 自由恋愛.
amor mío 間 〈恋人への呼び掛け〉 ねえ!
amor platónico プラトニックラブ.
amor propio 自尊心.
en amor y compaña なかよく.
hacer el amor セックスする.
mi amor 間 〈恋人への呼び掛け〉 ねえ!
por amor al arte ただで, 無料で.
por amor de Dios 1 お願いですから! 2 (驚きなどで) 何ということか!

a·mo·ral [アモラル] 形 〈人〉 道徳観念に欠け た.

a·mo·ra·ta·do, da [アモラタド, ダ] 《過去分詞》 → amoratar·se 紫色になる.
— 形 紫色になった, 紫色の.

a·mo·ra·tar·se [アモラタルセ] 再 紫色になる, 青あざになる.

a·mor·ci·llo [アモルシジョ] 男 1 (絵画や彫刻のなかの) キューピッド. 2 キューピー人形.

a·mor·da·zar [アモルダサル] 他 [活 39 gozar] 1 …に猿ぐつわをかませる. 2 …をしゃべらないようにさせる, 黙らせる.

a·mo·res [アモレス] 男複 《→ amor》 1 恋愛関係, 情事, 肉体関係. 2 くどき, 愛撫.
de mil amores とても喜んで, 心から.

a·mor·fo, fa [アモルふぉ, ふぁ] 形 1 無定形の. 2 個性や特徴のない.

a·mo·rí·os [アモリオス] 男複 かりそめの恋, つかの間の情事.

a·mo·ro·so, sa [アモロソ, サ] 形 1 愛の, 恋の. 2 愛情のこもった. 3 穏やかな, 温和な.

a·mor·ta·jar [アモルタハル] 他 (死体) を屍衣(**)で包む.

a·mor·te·cer [アモルテセル] 他 [活 4 agradecer] …を弱める, ゆるめる, やわらげる.

a·mor·ti·gua·ción [アモルティグアレオン] 女 1 軽減, 緩和. 2 クッション.

a·mor·ti·gua·dor [アモルティグアドル] 男 緩衝装置, 防振装置, ダンパー.

a·mor·ti·gua·do·res [アモルティグアドレス] 男 複〈自動車などの〉サスペンション.

a·mor·ti·guar [アモルティグアル] 他《活 14 averiguar》…を弱める, ゆるめる, やわらげる.
— **amortiguar·se** 再 弱まる, やわらぐ.

a·mor·ti·za·ble [アモルティさブれ] 形〈商業〉償還できる, 返済可能.

a·mor·ti·za·ción [アモルティさしオン] 女〈商業〉償還, 返済, 減価償却.

a·mor·ti·zar [アモルティさル] 他《活 39 gozar》〈商業〉1 (負債・債務)を償還する, 返済する. 2 …を減価償却する. 3 (雇用や社員の数)を減らす.

a·mos·car·se [アモスカルセ] 再《活 73 sacar》(+por …に)腹を立てる.

a·mos·ta·zar [アモスタさル] 他《活 39 gozar》…を怒らせる.
— **amostazar·se** 再 腹を立てる.

a·mo·ti·nar [アモティナル] 他 …を扇動する, 反乱に駆りたてる.
— **amotinar·se** 再 反乱を起こす, 暴動を起こす.

a·mo·vi·ble [アモビブれ] 形 1 移動可能な, 取り外しのできる. 2 臨時任務の.

am·pa·rar [アンパラル] 他 …を保護する, 庇護(ひご)する.
— **amparar·se** 再 1 (+contra, de… …から)身を守る. 2 (+bajo, en… …に)避難する, 保護を求める.

am·pa·ro [アンパロ] 男 1 保護, 庇護(ひご), 援助. 2 保護物, 保護者. 3 避難場所.

Am·pa·ro [アンパロ] 固〈女性の名〉アンパロ.

am·pe·rí·me·tro [アンペリメトロ] 男 電流計, アンメーター.

am·pe·rio [アンペリオ] 男〈電気〉アンペア.

am·plia·ción [アンプりアしオン] 女 1 拡大, 拡張. 2 延長. 3〈写真〉引き伸ばし. 4 詳述.

am·plia·do·ra [アンプりアドラ] 女 1 拡大器. 2〈写真の〉引き伸ばし器.

am·plia·men·te [アンプりアメンテ] 副 十二分に. 2 広く, 広範に. 3 詳しく.

am·pliar [アンプりアル] 他 1 …を広げる, 拡大する. 2 …を延長する. 3〈写真〉引き伸ばす. 4 …を詳述する.

am·pli·fi·ca·ción [アンプりフィかしオン] 女 1 (音量などの)増幅. 2 拡大.

am·pli·fi·ca·dor[1] [アンプりフィかドル] 男〈電気〉アンプ, 増幅器.

am·pli·fi·ca·dor[2], **do·ra** [—, ドラ] 形 1 大きくする. 2〈電気〉増幅する.

am·pli·fi·car [アンプりフィかル] 他《活 73 sacar》1 …を大きくする. 2〈電気〉…を増幅する.

am·plio, plia [アンプりオ, プりア] 形 1 広大な, 広々とした. 2 (衣類などの)ゆったりした. 3 広範な, 広範囲の.

am·pli·tud [アンプりトゥス] 女 1 広さ, ゆったりさ. 2 (理解力などの)範囲, 程度, 広さ. 3〈物理〉振幅.

am·po·lla [アンポジャ] 女 1 (皮膚にできる)水ぶくれ. 2 (沸騰(ふっ)した湯にできる)あわ, 気泡. 3 (首の細い)ガラスびん. 4〈医学〉アンプル.

am·pu·lo·si·dad [アンプろシダス] 女〈言葉使いの〉飾りすぎ, わざとらしさ, もったいぶり.

am·pu·lo·so, sa [アンプろソ, サ] 形〈言葉使いの〉大げさな, わざとらしい, もったいぶった.

am·pu·ta·ción [アンプタしオン] 女 1〈医学〉切除手術, 切断手術. 2 削除, 削減.

am·pu·tar [アンプタル] 他 1〈医学〉(手術で)…を切除する, 切断する. 2 …を削る, 削減する.

a·mue·bla·do, da [アムエブらド, ダ] 過去分詞》→ amueblar 家具を備えつける.
— 形 家具つきの.

a·mue·blar [アムエブらル] 他 …に家具を備えつける.

a·mu·je·ra·do, da [アムへらド, ダ] 形 女のような, 女性風の.

a·mu·le·to [アムれト] 男 魔除け, お守り.

a·mu·ra·llar [アムラジャル] 他 …を壁で囲う, …に城壁を巡らせる.

A·na [アナ] 固〈女性の名〉アナ.

a·na·bo·lis·mo [アナボリスモ] 男〈生物学〉同化, 同化作用.

a·na·co·lu·to [アナコるト] 男〈文法〉破格構文.

a·na·con·da [アナコンダ] 女〈大蛇〉アナコンダ.

a·na·co·re·ta [アナコレタ] 男 女 隠修士.

a·na·cró·ni·co, ca [アナクロニコ, カ] 形 時代錯誤の, 時代遅れの.

a·na·cro·nis·mo [アナクロニスモ] 男 アナクロニズム, 時代錯誤, 時代遅れ.

á·na·de [アナデ] 男〈鳥〉カモ.

a·ná·fo·ra [アナふォラ] 女〈文法〉前方照応, アナフォラ.

a·na·fó·ri·co, ca [アナふォリコ, カ] 形〈文法〉前方照応の, アナフォラの.

a·na·gra·ma [アナグラマ] 男 字なぞ, 語句の綴(つづ)り換え「アグラム」.

a·nal [アナる] 形〈解剖学〉肛門の.

a·na·les [アナれス] 男 複 年代記, 年報, 紀要.

a·nal·fa·be·tis·mo [アナるふァベティスモ] 男 1〈状態〉文盲. 2 基礎教育の欠如.

a·nal·fa·be·to, ta [アナるふァベト, タ] 形 1 文盲の. 2 無教養の, 無学の.
— 男 女 1〈人〉文盲. 2 無学の人.

a·nal·gé·si·co, ca [アナるヘシコ, カ] 形〈医学〉無痛覚の, 鎮痛の.

analic- → analizar 分析する《活 39》.

a·ná·li·sis [アナりシス] 男《単複同形》1 分析. 2〈医学〉(分析による)検査, 試験／*análisis clínico* 臨床検査, 臨床試験. 3 分析的研究. 4〈数学〉解析.

活 は活用形 複 は複数形 男 は男性名詞 女 は女性名詞 固 は固有名詞 代 は代名詞 自 は自動詞

a·na·lis·ta [アナリスタ] 男 **1** 分析者, 検査技師. **2**（マスコミなどの）時事解説者, アナリスト. **3** 年代記作者.

a·na·lí·ti·co, ca [アナリティコ, カ] 形 分析の, 分析的な.

a·na·li·za·ble [アナリサブレ] 形 分析可能な.

a·na·li·zar [アナリサル] 他 活 39 gozar〉…を分析する, 分析検査する.

a·na·lo·gí·a [アナロヒア] 女 **1** 類似, 類似性. **2**〈言語学〉類推作用, アナロジー.

a·na·ló·gi·co, ca [アナロヒコ, カ] 形 **1** 類似の. **2**〈言語学〉類推の, 類推による. **3**〈情報科学〉アナログの.

a·ná·lo·go, ga [アナロゴ, ガ] 形（+a...に）類似した, 類似の.

a·na·nás [アナナス] 男〈単複同形〉《＝ananá》〈植物〉パイナップル.

a·na·quel [アナケル] 男 棚板, 棚.

a·na·ran·ja·do, da [アナランハド, ダ] 形 オレンジ色の, だいだい色の.

a·nar·quí·a [アナルキア] 女 **1** 無政府状態. **2** 無秩序.

a·nár·qui·co, ca [アナルキコ, カ] 形 **1** 無政府状態の. **2** 無秩序の.

a·nar·quis·mo [アナルキスモ] 男 無政府主義, アナーキズム.

a·nar·quis·ta [アナルキスタ] 形《男女同形》無政府主義の, アナーキズムの.
— 男 女 無政府主義者, アナーキスト.

a·na·te·ma [アナテマ] 男 **1**〈宗教〉破門. **2** のろい, 呪詛. **3**（道徳上の）非難.

a·na·to·mí·a [アナトミア] 女 **1**〈医学〉解剖学, 解剖. **2**（動植物の）組織, 構造.

a·na·tó·mi·co, ca [アナトミコ, カ] 形〈医学〉解剖学の, 解剖の.

a·na·to·mis·ta [アナトミスタ] 男 女〈医学〉解剖学者.

an·ca [アンカ] 女〈単数定冠詞は el〉**1**（馬などの）尻, 臀部. **2**（カエルなどの）股関節部（のひとつ）/*ancas de rana*〈料理〉カエルの足.

an·ces·tral [アンセストラル] 形 **1** 先祖の, 先祖伝来の. **2** 古来の.

an·ces·tros [アンセストロス] 男 複 先祖.

an·cho¹ [アンチョ] 男 幅, 横幅, 間口.

an·cho², cha [—, チャ] 形 **1** 広い, 広々とした. **2** ゆったりした, 大きめの. **3** 誇りやかな, 満足した.
a lo ancho **1** 幅いっぱいに. **2** 横方向に.
a sus anchas **1** くつろいで. **2** 思い通りに.
venir ancho a... …の手に負えない.

an·cho·a [アンチョア] 女〈料理〉（イワシに似た小魚の塩漬けの）アンチョビー.

an·chu·ra [アンチュラ] 女 **1** 幅, 横幅, 間口. **2**（幅の）サイズ, 寸法. **3**（空間的な）余裕.

an·cia·ni·dad [アンシアニダス] 女 老齢, 老年, 老年期.

an·cia·no, na [アンシアノ, ナ] 形 老齢の, 高齢の.
— 男 女 老人, 老婦人, お年寄り.

an·cla [アンクラ] 女〈単数定冠詞は el〉錨.

an·clar [アンクラル] 自（船が）投錨する, 停泊する.

án·co·ra [アンコラ] 女〈単数定冠詞は el〉錨.

an·da [アンダ] 間（驚き, 賞賛, 不快を表わし）あれ, まあ！すごい！なんだよう！
— 活 → andar 歩く.

an·da·das [アンダダス] 女複（獲物の）足跡.
volver a las andadas 昔の悪癖に戻る.

an·da·do, da [アンダド, ダ]《過去分詞》→ andar 歩く.
— 形 **1** 並の, 平凡な. **2** 使いこんだ, 着古した.

an·da·dor¹ [アンダドル] 男 歩行器.

an·da·dor², dora [—, ドラ] 形 **1** よく歩く, 早く歩く. **2** 外出好きな.
— 男 女 **1** 健脚家.〈人〉外出好き.

an·da·du·ra [アンダドゥラ] 女 **1** 進行, 歩行. **2**（馬などの）足並み.

án·da·le [アンダれ] 間《→ andar》（とくにメキシコで）**1** がんばれ！**2** さような ら！

an·da·lu·ces [アンダるセス] 形, 男 複 → andaluz アンダルシアの.

An·da·lu·cí·a [アンダるシア] 固〈地方・自治州の名〉（スペイン南部の）アンダルシア.

an·da·lu·cis·mo [アンダるシスモ] 男 **1** アンダルシア方言, アンダルシアなまり. **2** アンダルシアびいき.

an·da·luz, lu·za [アンダるす, るさ] 形《男 andaluces》アンダルシアの.
— 男 女 アンダルシア人.

an·da·lu·za·da [アンダるサダ] 女 ほら話, 大げさ表現.

an·da·mia·je [アンダミアヘ] 男（集合的に建築現場の）足場.

an·da·mio [アンダミオ] 男 **1**（建築現場のひとつひとつの）足場. **2**（祭りなどの）桟敷.

an·da·na·da [アンダナダ] 女 **1**〈闘牛場〉ひさし付き最上階席. **2**（軍艦の同一舷側砲の）一斉射撃.

an·dan·do [アンダンド] 間《→ andar》さあ行こう！, さあ急ごう！

an·dan·te [アンダンテ] 形（昔の）遍歴の／*caballero andante* 遍歴の騎士.
— 男〈音楽〉アンダンテ, アンダンテ曲.

an·dan·zas [アンダンサス] 女複 出来事, 冒険.

an·dar [アンダル] 自 活 8〉**1** 歩く. **2** 移動する. **3**（機械が）作動する, 動く. **4**（ある状態に）ある, いる. **5** 存在する. **6**（+en...）…に触れる, …をひっかき回す. **7**（時間が）過ぎる, 流れる. **8**（+現在分詞）…している.
— 他 …を歩き回る.
— **andar·se** 再 歩き回る.
— 男 **1** 歩行, 進行. **2** 歩き方, 歩調.

an·da·rie·go, ga

a más andar 1 せいぜい. 2 大急ぎで.
andar con... …と付き合う.
andar derecho まじめに行動する.
andar tras... …を追いかける.
a todo andar 大急ぎで.

an·da·rie·go, ga [アンダリエゴ, ガ] 形 1 歩くのが好きな. 2 旅行好きの.
— 男女 〈人〉散歩好き, 旅行好き.

an·da·rín, ri·na [アンダリン, リナ] 形 足まめな, 健脚の.
— 男女 足まめな人, 健脚家.

an·das [アンダス] 女複 1 (祭りの)みこし. 2 担架.
— 活 → andar 歩く.

an·dén [アンデン] 男 1 プラットホーム, (駅の)ホーム. 2 桟橋, 埠頭(ふとう).

An·des [アンデス] 固複 《los+》〈山脈の名〉(南米の)アンデス.

an·di·nis·ta [アンディニスタ] 男女 (アンデス山脈などの)登山家.

an·di·no, na [アンディノ, ナ] 形 アンデス山脈の/ *los Andes*.
— 男女 アンデスの人.

An·do·rra [アンドラ] 固 〈国の名〉(ピレネー山中の小国の)アンドラ.

an·do·rra·no, na [アンドラノ, ナ] 形 アンドラAndorraの.
— 男女 アンドラ人.

an·dra·jo [アンドラホ] 男 1 ぼろ, ぼろ切れ. 2 くず.

an·dra·jo·so, sa [アンドラホソ, サ] 形 1 ぼろの. 2〈人〉ぼろをまとった.

An·drés [アンドレス] 固 〈男性の名〉アンドレス.

an·dro·ce·o [アンドロセオ] 男 〈植物〉(集合的に)雄しべ.

an·dró·ge·no [アンドロヘノ] 男 〈生化学〉アンドロゲン, 男性ホルモン.

an·droi·de [アンドロイデ] 男 アンドロイド, 人造人間.

an·du·rria·les [アンドゥリアレス] 男複 街道をはずれた場所, 不便な所.

anduv- 活 → andar 歩く 《活 8》.

a·ne·a [アネア] 女 〈植物〉ガマ [= enea].

a·néc·do·ta [アネクドタ] 女 逸話, 秘話.

a·nec·do·ta·rio [アネクドタリオ] 男 逸話集.

a·nec·dó·ti·co, ca [アネクドティコ, カ] 形 逸話の, 逸話的な, 珍しい話の.

a·ne·ga·di·zo, za [アネガディソ, サ] 形 〈土地〉水位の起きやすい, 浸水しやすい.

a·ne·gar [アネガル] 他 《活 53 negar》 1 …を水浸しにする. 2 …をおぼれさせる.
— *anegarse* 再 1 水没する. 2 泣きに泣く.

a·ne·jar [アネハル] 他 1 …を付加する. 2 (領土など)を併合する.

a·ne·jo¹ [アネホ] 男 1 付録. 2 (学術雑誌などの)別冊. 3 付属物.

a·ne·jo², ja [—, ハ] 形 《+a... …に》付属する, 付随した.
— 活 → anejar 付加する.

a·ne·mia [アネミア] 女 〈医学〉貧血症.

a·né·mi·co, ca [アネミコ, カ] 形 〈医学〉貧血症の.
— 男女 貧血症患者.

a·ne·mó·me·tro [アネモメトロ] 男 風速計.

a·né·mo·na [アネモナ] 女 《= anémone》〈植物〉アネモネ.
anémona de mar 〈動物〉イソギンチャク.

a·nes·te·sia [アネステシア] 女 〈医学〉麻酔, 麻酔法 / *anestesia local* 局部麻酔, *anestesia general* 全身麻酔.
— 活 → anestesiar 麻酔をかける.

a·nes·te·siar [アネステシアル] 他 〈医学〉…に麻酔をかける.

a·nes·té·si·co¹ [アネステシコ] 男 〈医学〉麻酔薬.

a·nes·té·si·co², ca [—, カ] 形 〈医学〉麻酔の.

a·nes·te·sis·ta [アネステシスタ] 男女 〈医学〉麻酔専門医.

a·neu·ris·ma [アネウリスマ] 男 〈医学〉動脈瘤(りゅう).

a·ne·xar [アネクサル] 他 …を併合する.

a·ne·xión [アネクシオン] 女 併合.

a·ne·xio·nar [アネクシオナル] 他 …を併合する.

a·ne·xio·nis·mo [アネクシオニスモ] 男 〈政治学〉(領土の)併合主義, 併合論.

a·ne·xio·nis·ta [アネクシオニスタ] 形 《男女同形》〈政治学〉併合主義の, 併合論の.
— 男女 〈政治学〉併合主義者, 併合論者.

an·fe·ta·mi·na [アンふェタミナ] 女 〈医学〉アンフェタミン [覚醒アミン].

a·ne·xo¹ [アネクソ] 男 1 付属物. 2 別館. 3 付録, 別冊.

a·ne·xo², xa [—, クサ] 形 《+a... …に》添付された, 付随した.

an·fi·bio, bia [アンふィビオ, ビア] 形 1 水陸両用の. 2〈動物〉水陸両生の, 両生類の.

an·fi·bios [アンふィビオス] 男複 両生類.

an·fi·bo·lo·gí·a [アンふィボロヒア] 女 (文意の)あいまいさ.

an·fi·te·a·tro [アンふィテアトロ] 男 1 円形劇場. 2 (半円の)階段教室.

an·fi·trión, trio·na [アンふィトリオン, トリオナ] 男女 (招待客をもてなす)主人, 主人役.

án·fo·ra [アンふォラ] 女 《単数定冠詞は el》(古代ギリシアの両取っ手付き大型の壺(つぼ)の)アンフォラ.

an·ga·ri·llas [アンガリジャス] 女複 担架.

án·gel [アンへル] 男 1 天使. 2 天使のような人. 3 優しさ, 魅力.
ángel malo [*ángel caído*] 悪魔, 悪天使.
ángel de la guarda [*ángel custodio*] 守護天使.

Án·gel [アンヘる] 固 〈男性の名〉アンヘル.
Án·ge·la [アンヘら] 固 〈女性の名〉アンヘラ.
Án·ge·les [アンヘれス] 固 〈女性の名〉アンヘレス.
an·gé·li·ca [アンヘリカ] 女 〈多年草〉アンゼリカ.
An·gé·li·ca [アンヘリカ] 固 〈女性の名〉アンヘリカ.
an·ge·li·cal [アンヘリカる] 形 天使の, 天使のような.
an·gé·li·co, ca [アンヘリコ, カ] 形 天使の.
an·ge·li·to [アンヘリト] 男 〈天使のような〉幼児, 無邪気な人.
an·ge·lo·te [アンヘろテ] 男 1 天使の像. 2 太った幼児. 3 無邪気な人.
án·ge·lus [アンヘるス] 男 〈単複同形〉〈時を知らせる〉お告げの祈り, アンジェラス.
an·gi·na [アンヒナ] 女 〈医学〉アンギーナ.
an·gios·per·mas [アンヒオスペルマス] 女複 〈植物〉被子植物.
an·gli·ca·nis·mo [アングリカニスモ] 男 〈宗教〉英国国教会.
an·gli·ca·no, na [アングリカノ, ナ] 形 〈宗教〉英国国教会の.
— 男女 英国国教会信者.
an·gli·cis·mo [アングリスィスモ] 男 〈言語学〉(英語以外の言語のなかの)英語系要素, 英語語.
an·glo·fi·lia [アングろふぃリア] 女 イギリスびいき, 英国崇拝.
an·glo·fo·bia [アングろふォビア] 女 イギリス嫌い, 英国嫌い.
an·glo·fo·no, na [アングろふォノ, ナ] 形 英語を使う, 英語を話す.
— 男女 英語使用者.
an·glo·sa·jón, jo·na [アングろサホン, ホナ] 形 1 アングロサクソンの. 2 英国の.
— 男女 1 アングロサクソン人. 2 英国人. 3 英国織物.
an·go·ra [アンゴラ] 女 アンゴラ系の毛織物.
an·gos·to, ta [アンゴスト, タ] 形 狭い.
an·gos·tu·ra [アンゴストゥラ] 女 1 狭さ. 2 狭い道. 3 狭量, 偏狭.
an·gui·la [アンギら] 女 〈魚〉ウナギ.
an·gu·la [アングら] 女 〈魚〉シラスウナギ〔ウナギの稚魚〕.
an·gu·lar [アングらル] 形 角(%)の, 角度の, アングルの.
án·gu·lo [アングろ] 男 1 角(%), 角度. 2 角(%), 隅. 3 視点, 観点. 4 (カメラの)アングル.
  ángulo agudo 鋭角.
  ángulo obtuso 鈍角.
  ángulo recto 直角.
an·gu·lo·so, sa [アングろソ, サ] 形 角(%)ばった, 屈曲した.
an·gus·tia [アングスティア] 女 1 苦悩, 不安. 2 腹部の圧迫感.

an·gus·tia·do, da [アングスティアド, ダ] 《過去分詞》→ angustiar 苦しめる.
— 形 苦悩の, 不安の.
an·gus·tiar [アングスティアル] 他 《活 17 cambiar》…を苦しめる, 悩ませる.
— **angustiar·se** 苦悩する, 不安がる.
an·gus·tio·so, sa [アングスティオソ, サ] 形 1 苦悩させる, 苦しめる. 2 苦悩に満ちた, 苦しんでいる.
an·he·lan·te [アネらンテ] 形 1 あえいでいる, 息を切らせている. 2 (+por... …を)熱望している.
an·he·lar [アネらル] 他 …を熱望する, …にあこがれる.
— 自 息を切らす, あえぐ.
an·he·lo [アネろ] 男 熱望, あこがれ.
— 活 → anhelar 熱望する.
an·he·lo·so, sa [アネろソ, サ] 形 1 あえいでいる. 2 (+por... …を)熱望している.
an·hí·dri·do [アニドリド] 男 〈化学〉無水物.
a·ni·dar [アニダル] 自 1 巣を作る, 巣ごもる. 2 〈考えなどが〉 (+en... …に)宿る, 存在する.
— **anidar·se** 再 巣ごもる.
a·ni·li·na [アニリナ] 女 〈化学〉アニリン.
a·ni·lla [アニじゃ] 女 〈物をつるすためなどの〉金属リング, 環(%).
a·ni·llar [アニじゃル] 他 1 …を環(%)でとめる, 環で取りつける. 2 〈鳥〉に脚環(%)をつける.
a·ni·llas [アニじゃス] 女複 〈→ anilla〉〈体操競技装置〉つり輪.
a·ni·llo [アニじょ] 男 1 小型の金輪. 2 指輪, リング. 3 〈動物〉環形体節. 4 〈天文学〉(星のまわりの)環(%). 5 〈植物〉年輪.
— 活 → anillar 環(%)でとめる.
  caer·se a... los anillos …の体面を傷つける.
  como anillo al dedo おあつらえ向きに, 折よく, 都合よく.
á·ni·ma [アニマ] 女 《単数定冠詞は el》魂, 霊魂／*ánima en pena* 煉獄(%)の亡霊.
á·ni·mas [アニマス] 女複 〈→ ánima〉〈宗教〉1 晩鐘. 2 晩鐘の時刻〔日没時〕.
a·ni·ma·ción [アニマスィオン] 女 1 活気づけ, にぎわい. 2 (動きや言葉の)活気, いきい. 3 〈映画〉動画, アニメーション.
a·ni·ma·do, da [アニマド, ダ] 《過去分詞》→ animar 元気づける.
— 形 1 生命のある. 2 活気のある, 勢いのある. 3 愉快な, 楽しい, にぎわった. 4 〈映画〉動画の／*dibujos animados* 動画, アニメ.
a·ni·ma·dor, do·ra [アニマドル, ドラ] 形 活気を与える, 元気づける.
— 男女 (興行の)司会者, 芸人.
a·ni·mad·ver·sión [アニマドベルスィオン] 女 1 敵意, 反感. 2 非難.
a·ni·mal [アニマる] 男 1 動物. 2 野蛮な人, 乱暴者. 3 人でなし.
— 形 1 動物の. 2 動物的な, 野蛮な, 乱暴な.

a·ni·ma·la·da [アニマらダ] 女 1 へま. 2 乱暴. 3 たわごと.

a·ni·ma·le·jo [アニマれホ] 男 1 小動物. 2 虫けら.

a·ni·ma·lu·cho [アニマるチョ] 男 1 薄気味悪い動物. 2 虫けら.

a·ni·mar [アニマる] 他 1 …を活気づける, 元気づける. 2 …を(+a+不定詞) (…するように)励ます. 3 …を生きているかのように動かす.
— animarse 再 1 活気づく, 元気になる. 2 (+a+不定詞)…する気になる.

a·ní·mi·co, ca [アニミコ, カ] 形 感情面の, 情愛に関する.

a·ni·mis·mo [アニミスモ] 男〈宗教〉アニミスム, 精霊崇拝.

á·ni·mo [アニモ] 男 1 心, 魂. 2 勇気, 精力, 努力. 3 意志, 意図.
— 間 (落胆したときの) さぁ, がんばって!
estado de ánimo 気分.
hacerse el ánimo a… …する気になる.

a·ni·mo·si·dad [アニモシダス] 女 1 反感, 敵意. 2 勇気, 気力.

a·ni·mo·so, sa [アニモソ, サ] 形 1 活気のある. 2 勇気のある, 勇敢な.

a·ni·ña·do, da [アニニャド, ダ] 形 子供っぽい, 幼稚な.

a·ni·qui·la·ción [アニキらシオン] 女 絶滅.

a·ni·qui·la·mien·to [アニキらミエント] 男 1 絶滅, 全滅. 2 意気消沈.

a·ni·qui·lar [アニキらル] 他 1 …を絶滅させる, 全滅させる. 2 …をがっかりさせる.
— aniquilarse 再 1 絶滅する, 全滅する. 2 意気消沈する, がっかりする.

a·nís [アニス] 男 1〈植物〉アニス. 2 アニス酒. 3 アニス菓子.

a·ni·sa·do[1] [アニサド] 男 アニス酒.

a·ni·sa·do[2]**, da** [—, ダ] 形 アニスの香りの入った.

a·ni·se·te [アニセテ] 男 アニス酒.

Anita [アニタ] 固〈女性の名〉(Ana の愛称の)アニタ.

a·ni·ver·sa·rio[1] [アニベルサリオ] 男 記念日, 記念祭, 周年祭.

a·ni·ver·sa·rio[2]**, ria** [—, リア] 形 記念日の, 記念祭の, 周年の.

a·no [アノ] 男〈解剖〉肛門.

a·no·che [アノチェ] 副 昨晩, ゆうべ, 昨夜.

a·no·che·cer [アノチェセル] 自〈活 4 agradecer〉1〈主語なしの 3 人称単数形で使用〉夜になる, 日が暮れる. 2《全人称で使用》(人が) (+en… …で)夜を迎える.
— 男 日暮れ, 夕暮れ, たそがれ.
al anochecer 夕暮れに, 夕方に.

a·no·che·ci·do [アノチェしド] 副 夕暮れになって, 夜になってから.

anochezc- → anochecer 夜になる〈活〉

a·no·di·no[1] [アノディノ] 男〈医学〉鎮痛剤.

a·no·di·no[2]**, na** [—, ナ] 形 1 無意味な. 2 取るに足らない.〈医学〉鎮痛の, 痛み止めの.

á·no·do [アノド] 男〈物理学〉陽極.

a·no·fe·les [アノふェれス] 男〈単複同形〉〈昆虫〉(蚊の)ハマダラカ.

a·no·ma·lí·a [アノマリア] 女 変則, 異例.

a·nó·ma·lo, la [アノマロ, ら] 形 変則的な, 異例の.

a·no·na·da·ción [アノナダシオン] 女 1 全滅, 消滅. 2 驚き, 落胆.

a·no·na·da·do, da [アノナダド, ダ] 《過去分詞》→ anonadar がっかりさせる.
— 形 がっかりした, 呆然(ぼう)とした.

a·no·na·da·mien·to [アノナダミエント] 男 全滅[= anonadación].

a·no·na·dar [アノナダル] 他 1 …をがっかりさせる, びっくりさせる. 2 …を全滅させる, 消滅させる.
— anonadarse 再 1 がっかりする, 呆然(ぼう)となる. 2 全滅する, 消滅する.

a·no·ni·ma·to [アノニマト] 男 無名性, 匿名(とくめい)性.

a·nó·ni·mo[1] [アノニモ] 男 1 匿名(とくめい)の手紙. 2 著者不明の作品.

a·nó·ni·mo[2]**, ma** [—, マ] 形 1 匿名(とくめい)の. 2 著者不明の.

a·no·rak [アノラク] 男〈複 anoraks〉〈服飾〉アノラック.

a·no·re·xia [アノレクシア] 女〈医学〉食欲不振.

a·nor·mal [アノルマる] 形 異常な, 変則の.
— 男女 心身障害者.

a·nor·ma·li·dad [アノルマリダス] 女 異常, 異常性, 変則さ.

a·no·ta·ción [アノタシオン] 女 1 注釈, 注記. 2 メモ, メモ書き. 3〈スポーツ〉得点, スコア.

a·no·ta·dor[1] [アノタドル] 男〈スポーツ〉得点表, スコアカード.

a·no·ta·dor[2]**, do·ra** [—, ドラ] 形 書きとめる.
— 男女 1 記録係. 2 注釈者. 3〈スポーツ〉スコアラー.

a·no·tar [アノタル] 他 1 …を注記する, 書きとめる. 2 …を注釈する.
— 自〈スポーツ〉得点する, シュートする.
— anotarse 再 (勝利や失敗)を得る.

an·qui·lo·sa·mien·to [アンキろサミエント] 男 1〈医学〉(関節の)強直(きょうちょく). 2 鈍化, 停滞.

an·qui·lo·sar [アンキろサル] 他〈医学〉(関節)を強直(きょうちょく)させる.
— anquilosarse 再 (進行などが)鈍化する, 停滞する.

án·sar [アンサル] 男〈鳥〉ガン, ガチョウ.

An·sel·mo [アンセるモ] 固〈男性の名〉アンセルモ.

an·sia [アンシア] 囡《単数定冠詞は el》1 切望, 熱望. 2 苦悩, 憔悴(しょうすい).
— 活 → ansiar 切望する.

an·siar [アンシアル] 他《活 34 enviar》…を切望する, 熱望する.

an·sie·dad [アンシエダス] 囡 1 切望, 熱望. 2 不安, 心配.

an·sio·sa·men·te [アンシオサメンテ] 副 1 やきもきしながら. 2 切望して.

an·sio·so, sa [アンシオソ, サ] 形 1 切望する. 2 不安そうな. 3 欲の深い.

an·ta·gó·ni·co, ca [アンタゴニコ, カ] 形 敵対関係の, 対立する.

an·ta·go·nis·mo [アンタゴニスモ] 男 敵対関係, 対立.

an·ta·go·nis·ta [アンタゴニスタ] 男女 敵対者, 対立相手.
— 形《男女同形》対立する.

an·ta·ño [アンタニョ] 副 昔に, 以前.

an·ta·ñón, ño·na [アンタニョン, ニョナ] 形 非常に古い.

an·tár·ti·co, ca [アンタルティコ, カ] 形 南極の, 南極地方の.

An·tár·ti·da [アンタルティダ] 固《la+》南極大陸.

an·te [アンテ] 前《アクセントなし》1 …を前にして. 2 …の前に, …の面前で. 3 …と比べて.

an·te [アンテ] 男《動物》ヘラジカ.

an·te·a·no·che [アンテアノチェ] 副 おとといの晩, 一昨晩.

an·te·a·yer [アンテアイェル] 副 おととい, 一昨日.

an·te·bra·zo [アンテブラソ] 男 (肘(ひじ)から手首までの)前腕.

an·te·cá·ma·ra [アンテカマラ] 囡 1 (広間に続く)小部屋, 控えの間. 2 控え室.

an·te·ce·den·te [アンテセデンテ] 形 先行する, 以前の.
— 男 1 先例, 前例. 2《文法》(比較の)前項. 3《文法》(関係詞の)先行詞.

an·te·ce·den·tes [アンテセデンテス] 男複《→ antecedente》1 素性, 身元, 経歴. 2《医学》既往症.
estar en antecedentes これまでのいきさつを知っている.
poner a… en antecedentes これまでの経過を…に知らせる.

an·te·ce·der [アンテセデル] 自 (+a… …に)先行する, (…より)前に起こる.

an·te·ce·sor, so·ra [アンテセソル, ソラ] 男女 前任者, 先任者.

an·te·ce·so·res [アンテセソレス] 男複《→ antecesor》祖先, 先祖.

an·te·di·cho, cha [アンテディチョ, チャ] 形 上記の, 前述の.

an·te·di·lu·via·no, na [アンテディルビアノ, ナ] 形 1 太古の, 大昔の. 2 ノアの大洪水以前の.

an·te·la·ción [アンテラシオン] 囡 (時間的な)先行.
con antelación 前もって, あらかじめ.
con… días de antelación …日前に.

an·te·ma·no [アンテマノ] 《つぎの副詞句の一部》
de antemano 前もって, 事前に.

an·te·me·ri·dia·no, na [アンテメリディアノ, ナ] 形 午前の, 午前中の.

an·te·na [アンテナ] 囡 1 アンテナ. 2《節足動物》触角.

an·te·o·je·ra [アンテオヘラ] 囡 1 (馬に側面を見せないための)遮眼帯(しゃがんたい). 2 眼鏡ケース.

an·te·o·jos [アンテオホス] 男複 1 めがね, 眼鏡. 2 双眼鏡.

an·te·pa·sa·do, da [アンテパサド, ダ] 形 以前の, 過去の.

an·te·pa·sa·dos [アンテパサドス] 男複《→ antepasado》祖先, 先祖.

an·te·pe·cho [アンテペチョ] 男 1 手すり, 欄干(らんかん). 2《建築》(高い所に備える)胸壁.

an·te·pe·núl·ti·mo, ma [アンテペヌルティモ, マ] 形 終わりから3番目の.

an·te·po·ner [アンテポネル] 他《活 61 poner》1 …を(+a… …の)前に置く. 2 …を(+a… …に)優先させる, (…より)優先する.

an·te·po·si·ción [アンテポシシオン] 囡 1 前置. 2 重視, 優先.

an·te·pro·yec·to [アンテプロイェクト] 男 計画案, 草案, 青写真.

an·te·pues·to, ta [アンテプエスト, タ]《過去分詞》→ anteponer 前に置く.
— 形 1 前に置かれた. 2 優先[重視]された.

an·te·ra [アンテラ] 囡《植物》葯(やく).

an·te·rior [アンテリオル] 形 1 (+a… …の)前にある, 前の. 2 (+a… …より)以前の.

an·te·rio·ri·dad [アンテリオリダス] 囡 先行, 前であること.
con anterioridad 前もって.

an·te·rior·men·te [アンテリオルメンテ] 副 以前に, 先立って, あらかじめ.

an·tes [アンテス] 副 1 以前に, 以前は, 前に, 前は. 2 先に, 先行して. 3 (接続詞的に)むしろ.
antes bien むしろ, それどころか.
antes de… …の前に.
antes de anoche 一昨日の夜.
antes de ayer 一昨日.
antes de nada なによりもまず, とにかく.
antes (de) que(+接続法)…する前に.
antes que… …のほうがまし, …よりむしろ.
antes que nada なによりもまず.
antes que nadie 誰よりも早く.
cuanto antes できるだけ早く.
de antes 以前の, 昔の.
lo antes posible できるだけ早く.

an·te·sa·la [アンテサら] 囡 1 (医院などの) 待合室. 2 (事態などの) 直前の段階.
hacer antesala 待たされる, 順番を待つ.

an·tia·é·re·o, a [アンティアエレオ, ア] 形〈軍事〉対空の, 防空の／*cañón antiaéreo* 高射砲.

an·ti·bió·ti·co [アンティビオティコ] 男〈医学〉抗生物質.

an·ti·can·ce·ro·so, sa [アンティカンセろソ, サ] 形 抗癌(%)性の, 癌治療の.

an·ti·ci·clón [アンティシクろン] 男 高気圧.

an·ti·ci·pa·ción [アンティシパシオン] 囡 1 先行, 繰り上げ. 2 前払い, 前金.

an·ti·ci·pa·do, da [アンティシパド, ダ]《過去分詞》→ *anticipar* 繰り上げる.
— 形 前もっての, 期限前の.
por anticipado 前もって, あらかじめ.

an·ti·ci·par [アンティシパる] 他 1 …を早める, 繰り上げる. 2 …を前払いする, 早めに払う. 3 …を早めに教える, 事前に伝える.
— **anticiparse** 再 1 早まる, 早く起こる. 2 (+ a…) …より先になる, …に先んじる.

an·ti·ci·po [アンティシポ] 男 1 先行, 先に起こること. 2 前払い金.

an·ti·cle·ri·cal [アンティクれリカる] 形〈政治〉反教権的な.
— 〈政治〉反教権主義者.

an·ti·con·cep·ti·vo [アンティコンセプティボ] 男 避妊薬, 避妊具, 避妊法.

an·ti·con·ge·lan·te [アンティコンヘらンテ] 形 凍結を防ぐ, 不凍の.
— 男 不凍液, 凍結防止剤.

an·ti·cons·ti·tu·cio·nal [アンティコンスティトゥシオナる] 形〈政治〉憲法違反の, 違憲の.

an·ti·cris·to [アンティクりスト] 男〈宗教〉キリストの敵, 反キリスト.

an·ti·cua·do, da [アンティクアド, ダ]《過去分詞》→ *anticuar* されたる.
— 形 古くさくなった, 古風な, 時代遅れの.

an·ti·cua·rio, ria [アンティクアリオ, リア] 男囡 1 古美術品研究者. 2 古物商, 骨董(%)業者.

an·ti·cuar·se [アンティクアるセ] 再〈活 2 *adecuar*〉すたれる, 時代遅れになる, 古くて使われなくなる.

an·ti·cuer·po [アンティクエるポ] 男〈医学〉抗体, 免疫体.

an·tí·do·to [アンティドト] 男 1〈医学〉解毒剤. 2 対抗策.

an·ti·faz [アンティふァす] 男〈複 *antifaces*〉1 仮面, マスク. 2 (光をさえぎるための) 目隠し.

an·tí·fo·na [アンティふォナ] 囡〈宗教〉交唱聖歌.

an·ti·gás [アンティガス] 形〈単複同形, 男女同形〉毒ガス用の／*careta antigás* 防毒マスク.

an·tí·ge·no [アンティヘノ] 男〈医学〉抗原.

an·ti·gua·men·te [アンティグアメンテ] 副 かつて, かつては, 昔は.

an·ti·güe·dad [アンティグエダス] 囡 1 古さ. 2 勤続年数. 3 (ギリシア・ローマ時代を指す) 古代. 4 (単に大昔の) 古代.

an·ti·güe·da·des [アンティグエダデス] 囡複 1 古代遺跡. 2 古美術品, 骨董(%)品.

an·ti·guo, gua [アンティグオ, グア] 形 1 古い, 昔からの, 古くさい／*libros antiguos* 古本, *antiguo amigo* 旧友. 2 昔の, 古代の. 3 古参の, 古手の. 4 時代遅れの.
a la antigua 昔風に.
de antiguo 昔から.
desde muy antiguo 大昔から.
en lo antiguo 昔は.

an·ti·guos [アンティグオス] 男複〈→ *antiguo*〉古代人, 昔の人.

an·ti·hé·ro·e [アンティエロエ] 男 (小説などの) アンチヒーロー, 敵役(鶯).

an·ti·his·ta·mí·ni·co [アンティスタミニコ] 男〈医学〉抗ヒスタミン剤.

an·ti·lla·no, na [アンティじャノ, ナ] 形 アンティル諸島の *las Antillas* の.
— 男囡 アンティル諸島の人.

An·ti·llas [アンティじャス] 固〈*las*+〉〈列島の名〉(西インド諸島の) アンティル諸島.

an·tí·lo·pe [アンティろペ] 男〈動物〉レイヨウ, アンテロープ.

an·ti·mo·nio [アンティモニオ] 男〈化学〉アンチモン.

an·ti·nie·bla [アンティニエブら] 形《単複同形, 男女同形》霧用の／*faro antiniebla* (自動車などの) フォグランプ, 霧灯.

an·ti·o·xi·dan·te [アンティオクシダンテ] 形 さび止めの, 酸化防止の.
— 男 酸化防止剤.

an·ti·pa·pa [アンティパパ] 男 1 にせ教皇. 2 対立教皇.

an·ti·pa·rras [アンティパらス] 囡複 めがね.

an·ti·pa·tí·a [アンティパティア] 囡 (+a, *contra*, *hacia*, *para con*, *por*… …への) 反感, 嫌悪.

an·ti·pá·ti·co, ca [アンティパティコ, カ] 形 感じの悪い, 不快な, いやな.

an·ti·pi·ré·ti·co [アンティピれティコ] 男〈医学〉解熱剤.

an·tí·po·da [アンティポダ] 形《男女同形》1 正反対の. 2 (地球の) 対蹠(梵)地の.
— 男囡 対蹠地の住民.
— 男 1 正反対のもの. 2 (地球上の) 対蹠地.

an·ti·quí·si·mo, ma [アンティキシモ, マ] 形《絶対最上級形→ *antiguo*》大昔の, 非常に古い.

an·ti·rro·bo [アンティろボ] 男 (自動車などの) 盗難防止装置.

囲 は活用形　囡複 は複数形　男 は男性名詞　囡 は女性名詞　固 は固有名詞　代 は代名詞　自 は自動詞

an·ti·se·mi·tis·mo [アンティセミティスモ] 男 反ユダヤ主義, ユダヤ人排斥(はいせき)運動.

an·ti·sép·ti·co [アンティセプティコ] 男 1 防腐剤. 2 消毒薬.

an·ti·so·cial [アンティソシアル] 形 1 反社会的な. 2 非社交的な.

an·ti·te·rro·ris·ta [アンティテロリスタ] 形 反テロリズムの, テロ防止の.
— 男女 反テロリズム主義者.

an·tí·te·sis [アンティテシス] 女《単複同形》1 正反対, 対照. 2《修辞学》対照法.

an·ti·té·ti·co, ca [アンティテティコ, カ] 形 正反対の, 対照的な.

an·ti·tó·xi·co, ca [アンティトクシコ, カ] 形 〈医学〉抗毒性の.

an·ti·to·xi·na [アンティトクシナ] 女 〈医学〉抗毒素.

an·ti·tu·ber·cu·lo·so, sa [アンティトゥベルクロソ, サ] 〈医学〉1 結核予防の. 2 結核治療の.

an·to·ja·di·zo, za [アントハディソ, サ] 形 気まぐれな, 気の変わりやすい.

an·to·jar·se [アントハルセ] 再 1 …したい気が(+a… …に)起こる/Entonces se le antojó salir de paseo. そのとき彼は急に散歩に出たくなった.
2 …のような気が(+a… …に)する/Se me antoja que aquí pasa algo raro. 私にはここで何か妙なことが起きている気がする.

an·to·jo [アントホ] 男 1 気まぐれ, 思いつき. 2 新生児のあざ.
a su antojo 好き勝手に.

an·to·lo·gí·a [アントロヒア] 女 アンソロジー, 詞華集.
de antología 注目に価する, すばらしい.

an·to·ló·gi·co, ca [アントロヒコ, カ] 形 1 アンソロジーの, 詞華集の. 2 注目に価する.

An·to·nia [アントニア] 固 〈女性の名〉アントニア.

an·to·ni·mia [アントニミア] 女 〈言語学〉(ことばの間の)意味的対立, 反義性.

an·tó·ni·mo¹ [アントニモ] 男 〈言語学〉反対語, 反意語.

an·tó·ni·mo², ma [−. マ] 形 〈言語学〉反意の, 意味が反対の.

An·to·nio [アントニオ] 固 〈男性の名〉アントニオ.

an·to·no·ma·sia [アントノマシア] 女 〈修辞学〉換称.
por antonomasia すぐれて, とりわけ.

an·tor·cha [アントルチャ] 女 たいまつ[松明], トーチ.
recoger la antorcha (事業などを)継続する.

an·tra·ci·ta [アントラシタ] 女 〈鉱物〉無煙炭.

an·tro [アントロ] 男 1 汚れた公共施設. 2 ев しくない場所. 3 洞窟(どうくつ).

an·tro·po·cen·tris·mo [アントロポセントリスモ] 男 〈哲学〉人間中心主義.

an·tro·po·fa·gia [アントロポふァヒア] 女 人肉食の風習.

an·tro·pó·fa·go, ga [アントロポふァゴ, ガ] 形 人肉食の.
— 男女 食人種.

an·tro·poi·de [アントロポイデ] 形 類人猿の.
— 男 類人猿.

an·tro·po·lo·gí·a [アントロポロヒア] 女 人類学.

an·tro·po·ló·gi·co, ca [アントロポロヒコ, カ] 形 人類学の.

an·tro·pó·lo·go, ga [アントロポロゴ, ガ] 男 人類学者.

an·tro·po·me·trí·a [アントロポメトリア] 女 〈人類学〉人体測定, 人体測定法.

an·tro·po·mor·fis·mo [アントロポモルふィスモ] 男 神人同形論, 擬人観.

an·tro·po·mor·fo, fa [アントロポモルふォ, ふァ] 形 人間の形をした.

an·tro·pó·ni·mo [アントロポニモ] 男 個人名.

an·tro·po·pi·te·co [アントロポピテコ] 男 猿人.

a·nual [アヌアル] 形 1 毎年の, 例年の. 2 1年間の. 3年刊の.

a·nua·li·dad [アヌアリダス] 女 1 (支払いの)年額, 年会費, 年金. 2 例年の行事.

a·nual·men·te [アヌアルメンテ] 副 年々, 毎年.

a·nua·rio [アヌアリオ] 男 年鑑, 年報.

a·nu·da·do, da [アヌダド, ダ] 《過去分詞》→ anudar 結ぶ.
— 形 (+a… …に)結びつけられた, つながれた.

a·nu·dar [アヌダル] 他 1 …を結ぶ, …に結び目を作る. 2 …を再開する.
— *anudarse* 再 1 結び合わされる. 2 (+a… …に)からみつく. 3 (植物などが)成長が止まる.

a·nuen·cia [アヌエンシア] 女 承諾, 同意.

a·nuen·te [アヌエンテ] 形 承諾の, 同意の.

a·nu·la·ción [アヌラシオン] 女 取り消し, 破棄.

a·nu·lar [アヌラル] 他 1 …を取り消す, 無効にする. 2 (人)を無能にする, 軽い存在にする.
— *anularse* 再 無効になる, 力を失う.
— 形 輪の, 環状の, 指輪の.
— 男 薬指.

a·nun·cia·ción [アヌンシアシオン] 女 告示, 通知, 告知.

A·nun·cia·ción [アヌンシアシオン] 固 1 〈女性の名〉アヌンシアシオン. 2《la+》(聖母マリアへの)受胎告知.

a·nun·cian·te [アヌンシアンテ] 形 広告の.
— 男女 (マスコミの)スポンサー, 広告主.

a·nun·ciar [アヌンシアル] 他 《活 17 cambiar》1 …を伝える, 公表する. 2 …を宣伝する, 広告する. 3 …を予告する, 予報する.
— *anunciarse* 再 1 公表される. 2 予想される.

a·nun·cio [アヌンシオ] 男 1 告知, 公表, 通知. 2

他 は他動詞 再 は再帰動詞 形 は形容詞 副 は副詞 前 は前置詞 接 は接続詞 間 は間投詞

宣伝, 広告. 3 予告, きざし.
— 活 → anunciar 伝える.

an·ver·so [アンベルソ] 男 1（貨幣などの）表. 2（紙の）表.

an·zue·lo [アンスエロ] 男 1 釣り針. 2 擬似餌（ぎ）, おとり.
picar [*tragar*] *el anzuelo* わなにはまる, だまされる.

a·ña·di·do¹ [アニャディド] 男 1 加筆, 補足部分. 2 ヘアピース, かもじ.

a·ña·di·do², da [—, ダ] 《過去分詞》→ añadir 加える.
— 形 つけ加えられた, 追加の.

a·ña·di·du·ra [アニャディドゥラ] 女 1 追加, 付加. 2 おまけ, サービス.
por añadidura さらに, おまけに, チップとして.

a·ña·dir [アニャディル] 他 …を（+a… …に）付け加える, つけ加える.

a·ña·ga·za [アニャガサ] 女 1〈狩猟〉（鳥の）おとり. 2 策略, 狡智（ごう）.

a·ñe·jo, ja [アニェホ, ハ] 形 1（ワインなどが）熟成した. 2 1 年以上たった.

a·ñi·cos [アニコス] 男複 かけら, 細かい破片／*hacer añicos* …をこなごなにする.

a·ñil [アニる] 男 1〈植物〉アイ［藍］. 2 あい色.
— 形 あい色の.

a·ño [アニョ] 男 1 1 年, 年／*año* lunar 太陰年, *año* solar 太陽年. 2 年令. 3 年度／*año* académico 学年, *año* fiscal 会計年度.
estar de buen año 太って健康である.
¡Feliz Año Nuevo! 新年おめでとう！
pasar año（試験に受かって）進級する.
perder año 落第する.
un año con otro 何年もの間.

a·ño·ran·za [アニョランサ] 女 （+de, por…）…への郷愁, なつかしみ.

a·ño·rar [アニョラル] 他 …をなつかしむ.
— 自 なつかしく思う.

a·ños [アニョス] 男複 《→ año》年令, 長い年月.
a los pocos años 数年後に.
en los años que corren 近年, 最近.
entrado en años 年を取って.
hace años 何年か前に.

a·or·ta [アオルタ] 女《解剖》大動脈.

a·o·va·do, da [アオバド, ダ] 《過去分詞》 aovar 産卵する.
— 形 卵形の, 長円形の.

a·o·var [アオバル] 自（鳥などが）産卵する.

APA [アパ] 女《略語》Asociación de Padres de Alumnos 父兄会［= 英語 PTA］.

a·pa·bu·llar [アパブじゃル] 他 …をおびえさせる, 圧倒する.

a·pa·cen·tar [アパセンタル] 他《活 57 pensar》 1（家畜を）放牧する. 2 …を精神的に育てる, 教育する.

— **apacentar·se** 再（家畜が）草を食(は)む.

a·pa·che [アパチェ] 男 女（北米先住民の）アパッチ族.
— 形 アパッチ族の.

a·pa·ci·ble [アパしブれ] 形 1〈人〉温和な, おだやかな. 2〈天候〉おだやかな, 平穏な.

a·pa·ci·guar [アパしグアル] 他《活 14 averiguar》1 …をなだめる. 2 …をやわらげる.

— **apaciguar·se** 再 1（荒天気などが）おさまる. 2（痛みなどが）やわらぐ.

a·pa·dri·nar [アパドリナル] 他 1 …の教父となる. 2 …を後援する.

— **apadrinar·se** 再（+a… …に）保護を求める.

a·pa·ga·do, da [アパガド, ダ]《過去分詞》→ apagar 消す.
— 形 1 消えている. 2 活気のない. 3（色などが）くすんだ, 生気のない.

a·pa·ga·mien·to [アパガミエント] 男 消火, 消灯, 停電.

a·pa·gar [アパガル] 他《活 47 llegar》1 …を消す. 2（スイッチなど）を切る. 3（感情など）を鎮める, おさえる. 4（色など）を弱める, あせさせる.

— **apagar·se** 再 1（電気などが）消える. 2 おだやかに死ぬ.

¡Apaga y vámonos! うんざりだ！, おしまいだ！

a·pa·gón [アパゴン] 男 停電.

apagu- 活 → apagar 消す《47》.

a·pai·sa·do, da [アパイサド, ダ] 形 長方形の, 横長の.

a·pa·la·brar [アパらブラル] 他 …を口約束する, 言葉だけで決める.

a·pa·lan·car [アパらンカル] 他《活 73 sacar》 …をてこ［梃子］で動かす.

a·pa·le·a·mien·to [アパれアミエント] 男（何度もの）殴打, （棒などで）なぐること.

a·pa·le·ar [アパれアル] 他 …を（棒などで）たたく.

a·pan·dar [アパンダル] 他 …を（+a… …から）くすねる, ぬすむ.

a·pa·ña·do, da [アパニャド, ダ] 《過去分詞》→ apañar 修理する.
— 形 1 手際のいい, 上手な. 2 おあつらえ向きの.
estar apañado 1 取り違えている. 2 困っている.

a·pa·ñar [アパニャル] 他 1 …を修理する, 整える. 2 …をぬすむ, とりよる. 3 …を飾きたてる.

— **apañar·se** 再 手際よく処理する, うまくやる.
apañár·se·las 急場をしのぐ.

a·pa·ño [アパニョ] 男 1 修理. 2 その場しのぎ. 3 不倫の関係.

a·pa·ra·dor [アパラドル] 男 1 食器棚, サイドボード. 2 ショーケース, 陳列棚. 3 化粧だんす.

a·pa·rar [アパラル] 他 1（手などを差し出して）…を受け取る. 2（果物）の皮をむく.

a·pa·ra·to [アパラト] 男 1 装置, 器具. 2 特徴的な状況. 3（行政上の）機関, 機構. 4〈解剖〉器官／*aparato* digestivo 消化器官. 5 電話

活 は活用形　複 は複数形　男 は男性名詞　女 は女性名詞　固 は固有名詞　代 は代名詞　自 は自動詞

器／poner·se al *aparato* 電話に出る.

a·pa·ra·to·so, sa [アパラトソ, サ] 形 仰々しい, 派手な, 大げさな.

a·par·ca·co·ches [アパルカコチェス] 男女〈単複同形〉〈人〉(レストランなどが用意する, 客の車の)路上駐車係.

a·par·ca·mien·to [アパルカミエント] 男 1 駐車. 2 駐車場.

a·par·car [アパルカル] 他〈活 73 sacar〉1 (自動車)を駐車する. 2 (時機を待つために計画などを)中断する, 延期する.
— 自 駐車する.

a·par·ce·rí·a [アパルセリア] 女〈農業〉分益小作契約.

a·par·ce·ro, ra [アパルセロ, ラ] 男女〈農業〉小作人.

a·pa·re·a·mien·to [アパレアミエント] 男 (動物の)交配, 交尾.

a·pa·re·ar [アパレアル] 他 (繁殖のために動物)を交尾させる.

a·pa·re·cer [アパレセル] 自《活 4 agradecer》1 現れる, 出現する, 姿を見せる. 2 見つけ出される, 出てくる. 3 (出版物が)刊行される.
— aparecer·se 再 (+ante, a... …の前に)姿を見せる, 出現する.

a·pa·re·ci·do [アパレシド] 男 幽霊, 亡霊.

a·pa·re·ja·do, da [アパレハド, ダ] 《過去分詞》→ aparejar 準備する.
— 形 1 固有の, 切り離せない, 避けられない. 2 適切な, ぴったりの.

a·pa·re·ja·dor, do·ra [アパレハドル, ドラ] 男女 (建築)の現場技術者, 技術建築士.

a·pa·re·jar [アパレハル] 他 1 (必要なもの)を用意する, 準備する. 2 (馬など)に馬具を装着する. 3 (船)に索具類を装着する.
— aparejar·se 再 対(?)になる, ペアになる.

a·pa·re·jo [アパレホ] 男 1 (必要なものの)用意, 準備. 2 馬具. 3 (船の)索具類. 4〈建築〉(レンガなどの)積上げ工法.
— 活 → aparejar 用意する.

a·pa·ren·tar [アパレンタル] 他 1 …を装う, …の振りをする. 2 …歳ぐらいに見える／*Aparenta* treinta años. 彼は30歳ぐらいに見える.

a·pa·ren·te [アパレンテ] 形 1 見せかけの. 2 見えるはずの, 明らかな. 3 見栄(?)のよい.

a·pa·ren·te·men·te [アパレンテメンテ] 副 外見上は, 見た目には.

aparezc- 活 → aparecer 現れる《活 4》.

a·pa·ri·ción [アパリシオン] 女 1 姿を見せること, 出現. 2 出版, 刊行. 3 まぼろし, 幽霊.

a·pa·rien·cia [アパリエンシア] 女 1 外見, 見た目. 2 見せかけ, 体裁.

aparqu- 活 → aparcar 駐車する《活 73》.

a·par·ta·do[1] [アパルタド] 男 1〈郵便〉私書箱, 私書箱番号. 2 (文章の)段落, 条項.

a·par·ta·do[2], **da** [—, ダ] 《過去分詞》→ apartar 別にする.
— 形 1 離れた, 遠くの. 2 (+de... …から)引き離された, 別にされた, 別にされた.

a·par·ta·men·to [アパルタメント] 男 アパート, マンション.

a·par·ta·mien·to [アパルタミエント] 男 引き離し, 分離.

a·par·tar [アパルタル] 他 1 …を別にする. 2 …を (+de... …から)引き離す, そらす. 3 (+de... …から)取り除く, 取り去る.
— apartar·se 再 (+de... …から)離れる, 別になる, それる.

a·par·te [アパルテ] 副 1 別にして, 引き離して. 2 さらに, その上, ほかに. 3 (+de...) …のほかに, …を別にして. 4 (+de que...) …のことは別にして.
— 形 1 別の, 違いの目立つ. 2 内輪(?)の, 内輪(?)の.
— 男 1〈演劇〉わきぜりふ, 傍白(??). 2 内輪(?)話. 3〈文章〉改行.
— 活 → apartar 別にする.

a·part·ho·tel [アパルトテル] 男《= apartotel》(ホテル並サービスのあるマンションの)アパートホテル.

a·pa·sio·na·do, da [アパシオナド, ダ]《過去分詞》→ apasionar 興奮させる.
— 形 1 情熱的な, 熱烈な. 2 (+por... …に)熱中している, 夢中の, (…の)ファンの.
— 男女 支持者, ファン, 愛好家.

a·pa·sio·na·mien·to [アパシオナミエント] 男 1 興奮. 2 熱中, 熱烈な愛好.

a·pa·sio·nan·te [アパシオナンテ] 形 興奮させる, 熱中させる.

a·pa·sio·nar [アパシオナル] 他 …を興奮させる, 熱中させる.
— apasionar·se 再 (+con, por... …に)興奮する, 熱中する.

a·pa·tí·a [アパティア] 女 無気力, 無関心.

a·pá·ti·co, ca [アパティコ, カ] 形 1 無気力な. 2 (+a, en... …に)無関心な.

a·pá·tri·da [アパトリダ] 形〈男女同形〉無国籍の.
— 男女 無国籍者.

a·pe·a·de·ro [アペアデロ] 男 1 (電車の乗降専用の)停車場. 2 (乗馬用の)踏み台.

a·pe·ar [アペアル] 他 1 …を(+de+乗物) (…から)降ろす. 2 …に(+de+意見など) (…を)あきらめさせる. 3 …から(+de+職や地位) (…を)取りあげる.
— apear·se 再 1 (+de+乗物) (…から)降りる. 2 (+de+考え方など) (…を)あきらめる, 変える.

a·pe·chu·gar [アペチュガル] 自《活 47 llegar》(+con... …に)耐える, (…を)我慢する.

a·pe·dre·a·do, da [アペドレアド, ダ]《過去分詞》→ apedrear 石を投げる.
— 形 1 石をぶつけられた. 2 まだら模様の.

a·pe·dre·ar [アペドレアル] 他 1 …に石をなげる.

a·pe·ga·do, da

2 …を石打ちの刑にする.
— 自《主語なしの3人称単数形でのみ活用》ひょう[あられ]が降る.
— **apedrear·se** 再（作物が）ひょう[あられ]の害を受ける.

a·pe·ga·do, da [アペガド, ダ]《過去分詞》→ apegarse 執着する.
— 形（+a... …に）執着した, 愛着を抱いた.

a·pe·gar·se [アペガルセ] 再《活 47 llegar》（+a... …に）執着する, 愛着を抱く.

a·pe·go [アペゴ] 男（+a... …への）執着, 愛着.

a·pe·la·ción [アペラシオン] 女 1〈法律〉控訴, 上訴, 上告. 2 呼びかけ.

a·pe·lar [アペラル] 自 1〈法律〉(+contra, de... …に対して)控訴[上訴, 上告]する. 2 (+a+手段など)（…に）訴える.

a·pe·la·ti·vo¹ [アペラティボ] 男〈文法〉呼称, 呼び名, 通称, あだ名.

a·pe·la·ti·vo², va [-, バ] 形〈文法〉呼称の, 呼び名の, 通称の.

a·pe·lli·dar [アペリダル] 他 1 …を名前[名字]で呼ぶ. 2 …にあだ名をつける.
— **apellidar·se** 再 …という名字[あだ名]である.

a·pe·lli·do [アペリド] 男 1 名字, 姓. 2 呼び名, あだ名.

a·pel·ma·za·do, da [アペルマサド, ダ]《過去分詞》→ apelmazar 固める.
— 形 1 固まった, 固まりになった. 2〈文体〉こなれていない.

a·pel·ma·zar [アペルマサル] 他《活 39 gozar》…を固める, 密にする.
— **apelmazar·se** 再 固まる, 密になる.

a·pe·lo·to·nar [アペロトナル] 他 …を玉にする, 丸める.
— **apelotonar·se** 再 玉になる, 群がる.

a·pe·na·do, da [アペナド, ダ]《過去分詞》→ apenar 悲しませる.
— 形 悲しんでいる, 悲嘆にくれた.

a·pe·nar [アペナル] 他 …を悲しませる.
— **apenar·se** 再 1 深く悲しむ, 非嘆にくれる. 2 はにかむ.

a·pe·nas [アペナス] 副 1（否定文で）ほとんど…ない. 2 かろうじて, やっとのことで.
— 接 …するとすぐに.
apenas... cuando~ …するとすぐに~.
apenas si... ほとんど…ない, せいぜい…[= apenas].

a·pen·car [アペンカル] 自《活 73 sacar》(+con+いやなことなど)（…を）引き受ける. 2 (+con... …に)耐える.

a·pén·di·ce [アペンディセ] 男 1 付録, 補遺. 2〈解剖学〉付属体, 虫垂[盲腸].

a·pen·di·ci·tis [アペンディシティス] 女《単複同形》〈医学〉虫垂炎[盲腸炎].

a·per·ci·bi·mien·to [アペルシビミエント] 男 1 警告. 2 告知, 連絡.

a·per·ci·bir [アペルシビル] 他 1 …に(+de... …を)警告する. 2 …に(+de... …を)知らせる.
— **apercibir·se** 再 (+de... …に)気づく.

a·per·ga·mi·na·do, da [アペルガミナド, ダ]《過去分詞》→ apergaminarse かさかさになる.
— 形 1 ひからびた, かさかさの. 2 羊皮紙のような.

a·per·ga·mi·nar·se [アペルガミナルセ] 再 かさかさになる, ひからびる.

a·pe·rió·di·co, ca [アペリオディコ, カ] 形 不定期な, 非周期的な.

a·pe·ri·ti·vo¹ [アペリティボ] 男 1 食前酒, アペリチフ. 2（飲み物につく）つまみ.

a·pe·ri·ti·vo², va [-, バ] 形 食欲増進の.

a·pe·ros [アペロス] 男 複 農具類, 道具類.

a·pe·rre·ar [アペレアル] 他 …をへとへとにさせる, うんざりさせる.
— **aperrear·se** 再 あくせく働く.

a·per·so·na·do, da [アペルソナド, ダ] 形 (bien+)身なりの良い, (mal+)身なりの悪い.

a·per·tu·ra [アペルトゥラ] 女 1 開放, 開封. 2 開始, 開幕. 3 開設.

a·pe·sa·dum·bra·do, da [アペサドゥンブラド, ダ]《過去分詞》→ apesadumbrar 苦しめる, 悩ませる.
— 形 苦しみ悩む, 嘆き悲しんでいる.

a·pe·sa·dum·brar [アペサドゥンブラル] 他 …を苦しめる, 悩ませる.
— **apesadumbrar·se** 再 苦悩する, 嘆き悲しむ.

a·pes·ta·do, da [アペスタド, ダ]《過去分詞》→ apestar 病気を放つ.
— 形 1 ひどい匂いの. 2 ペストにかかった. 3 (+de...) …でいっぱいの, …がはびこった.

a·pes·tar [アペスタル] 自 1 悪臭を放つ. 2 (+de...) …であふれる.
— 他 1（人）にペストを感染させる. 2 …を(+de... …で)いっぱいにする. 3 …を(+con... …で)うんざりさせる.
— **apestar·se** 再 ペストに感染する, 伝染病にかかる.

a·pes·to·so, sa [アペストソ, サ] 形 1 ひどい悪臭の. 2 うんざりさせる, いらいらさせる.

a·pe·te·cer [アペテセル] 他《活 4 agradecer》1（人）にほしがられる, 食欲を感じさせる / No me *apetece* el helado. 私はアイスクリームはほしくない. 2（人）…する気を起こさせる.
— 他 …を欲する, 欲しく思う.

a·pe·te·ci·ble [アペテシブレ] 形 1 欲望を起こさせる. 2 望ましい.

a·pe·ten·cia [アペテンシア] 女 1 自然の欲望, 欲求. 2 食欲.

apetezc- 活 → apetecer ほしがらせる《活 4》.

a·pe·ti·to [アペティト] 男 1 食欲. 2 欲望, 欲求.

a·pe·ti·to·so, sa [アペティトソ, サ] 形 1 食欲をそそる, おいしそうな. 2 欲望をそそる, 魅力的な.

a·pia·dar [アピアダル] 他 (人)に哀れむ気持ちを起こさせる.

— apiadar-se 再 (+de... …を)哀れむ, 気の毒に思う.

a·pi·cal [アピカル] 形 1 先端の, 頂上の. 2《複合語ではápico-》〈音声学〉舌尖(ぜん)の.
— 女〈音声学〉舌尖(ぜん)音.

á·pi·ce [アピセ] 男 1 先端, 頂上. 2 (否定文で)少し／no tener ni un *ápice* de... 少しの…も持っていない.

a·pí·co·la [アピコラ] 形《男女同形》養蜂(ほう)の.

a·pi·cul·tor, to·ra [アピクルトル, トラ] 男女養蜂(ほう)家, 養蜂業者.

a·pi·cul·tu·ra [アピクルトゥラ] 女 養蜂(ほう), 養蜂業.

a·pi·lar [アピラル] 他 …を積み上げる.
— **apilar-se** 再 山積みになる.

a·pi·ña·mien·to [アピニャミエント] 男 1 詰めこみ. 2 殺到. 3 密集.

a·pi·ñar [アピニャル] 他 …を詰めこむ.
— **apiñar-se** 再 ぎっしり集まる, 殺到する.

a·pio [アピオ] 男〈野菜〉セロリ.

a·pi·so·na·do·ra [アピソナドラ] 女〈土木〉ロードローラー, 地ならし機.

a·pi·so·nar [アピソナル] 他 (道路など)をロードローラーで固める, ローラーでならす.

aplac- → aplazar 延期する《活 39》.

a·pla·ca·mien·to [アプラカミエント] 男 (怒りなどの)鎮静, 緩和.

a·pla·car [アプラカル] 他《活 73 sacar》…を静める, やわらげる.

a·pla·na·mien·to [アプラナミエント] 男 1 平らにすること, 平準化. 2 意気消沈, 気力減退.

a·pla·nar [アプラナル] 他 1 …を平らにする, ならす. 2 …を落胆させる, 気力をなくさせる.
— **aplanar-se** 再 気落ちする, 気力を失う.

a·plas·ta·mien·to [アプラスタミエント] 男 1 押しつぶすこと. 2 完全制圧.

a·plas·tan·te [アプラスタンテ] 形 圧倒的な.

a·plas·tar [アプラスタル] 他 1 …を押しつぶす. 2 …を圧倒的に負かす, 打ちのめす.

a·pla·ta·nar [アプラタナル] 他 (気候などが)…をげんなりさせる, やる気をなくさせる.
— **aplatanar-se** 再 やる気をなくす.

a·plau·dir [アプラウディル] 他 1 …に拍手喝采(かっさい)する. 2 …を称賛する, 称揚(しょうよう)する.

a·plau·so [アプラウソ] 男 1 拍手, 喝采(かっさい). 2 称賛, 称揚(しょうよう).
aplauso cerrado 万雷(ばんらい)の拍手.

a·pla·za·mien·to [アプラサミエント] 男 延期, 繰り延べ.

a·pla·zar [アプラサル] 他《活 39 gozar》1 …を延期する, 繰り延べる. 2 …を落第させる.

a·pli·ca·ble [アプリカブレ] 形 (+a... …に)適用できる, 応用できる.

a·pli·ca·ción [アプリカシオン] 女 1 適用, 応用. 2 実施, 実行. 3 勤勉, 専念. 4 飾りつけ.

a·pli·ca·do, da [アプリカド, ダ] 《過去分詞》→ aplicar 適用する.
— 形 1 熱心な, 勤勉な. 2〈研究分野〉応用の／lingüística *aplicada* 応用言語学.

a·pli·car [アプリカル] 他《活 73 sacar》1 …を (+a... …に)適用する, 応用する. 2 …を (+a... …に)装着する, 当てる.
— **aplicar-se** 再 1 (+en... …に)専念する, 励む. 2 …を自分に付ける.

apliqu- 活 → aplicar 適用する《活 73》.

a·pli·que [アプリケ] 男 1 壁掛け照明器具. 2 (舞台の)小道具. 3 (付け加えられた)飾り.

a·plo·mar [アプロマル] 他〈建築〉(垂直かどうかを確認するために壁など)を錘鉛(すいえん)で調べる.
— **aplomar-se** 再 冷静沈着になる, 自信を持つ.

a·plo·mo [アプロモ] 男 沈着, 冷静, 自信.

a·po·ca·do, da [アポカド, ダ] 《過去分詞》→ apocar 少なくする.
— 形 極度に臆病な, おじづいた.

A·po·ca·lip·sis [アポカリプシス] 固〈聖書〉(この世の終末を物語る)ヨハネ黙示録.

a·po·ca·lip·sis [アポカリプシス] 男《単複同形》この世の終り, 終末, 破局.

a·po·ca·líp·ti·co, ca [アポカリプティコ, カ] 形 1 ヨハネ黙示録の. 2 この世の終りの, 破局的な.

a·po·ca·mien·to [アポカミエント] 男 極度な臆病さ, おじけ.

a·po·car [アポカル] 他《活 73 sacar》1 …を少なくする. 2 …をおじけづかせる.
— **apocar-se** 再 おじけづく, 極度に臆病になる.

a·po·co·par [アポコパル] 他〈言語学〉…を語尾音脱落させる.

a·po·co·pe [アポコペ] 女〈言語学〉(santo → san などの)語尾音脱落現象.

a·pó·cri·fo, fa [アポクリふォ, ふァ] 形 1 偽作の. 2〈聖書〉外典の.

a·po·dar [アポダル] 他 …というあだ名を (+a... …に)つける.

a·po·de·ra·do, da [アポデラド, ダ] 《過去分詞》→ apoderar 権限所有者にする.
— 形 権限を得た, 委任を受けた.
— 男女 代理人, 支配人.

a·po·de·rar [アポデラル] 他 …を権限所有者にする, 代理人にする.
— **apoderar-se** 再 (+de... …を)自分のものにする, とりこにする.

a·po·do [アポド] 男 あだ名, ニックネーム.

a·pó·do·sis [アポドシス] 女《単複同形》(条件文の)帰結節.

a·po·ge·o [アポヘオ] 男 1 最高点, 絶頂. 2〈天文学〉遠地点.

a·po·li·lla·do, da [アポリじゃド, ダ] 《過去分詞》→ apolillar (虫が)食う.
— 形 1 虫食いの, 古臭い, 時代遅れの.

a·po·li·llar [アポリじゃル] 他 (シミなどの虫が)…を食う, …に穴をあける.

a·po·lí·ne·o, a

— **apolillarse** 再 1 虫食いになる. 2 古臭くなる, 時代遅れになる.

a·po·lí·ne·o, a [アポリネオ, ア] 形 1 アポロン Apolo の. 2 美青年の, 美男子の.

a·po·lí·ti·co, ca [アポリティコ, カ] 形 政治に無関心な, ノンポリの.

a·po·lo [アポロ] 男 《ギリシア神話の Apolo アポロンから》美青年, 美男子.

a·po·lo·gé·ti·co, ca [アポロヘティコ, カ] 形 1 弁明の, 弁護の. 2 護教の.

a·po·lo·gí·a [アポロヒア] 女 1 賛辞, 礼賛演説. 2 弁明書. 3 弁論.

a·po·lo·gis·ta [アポロヒスタ] 男 1 賞賛者, 支持者. 2 弁護者, 擁護者.

a·pó·lo·go [アポロゴ] 男 (無生物などが主人公の) 寓話 (ぐうわ).

a·po·ple·jí·a [アポプレヒア] 女 〈医学〉卒中, 溢血 (いっけつ) / *apoplejía cerebral* 脳卒中.

a·po·plé·ti·co, ca [アポプレティコ, カ] 形 〈医学〉卒中の, 卒中体質の.
— 男女 卒中患者.

a·po·qui·nar [アポキナル] 他 (代金など) をしぶしぶ支払う.

a·po·rre·a·do, da [アポレアド, ダ] 《過去分詞》→ aporrear ひどく殴り続ける.
— 形 1 殴られた. 2 みじめな, 貧しい.

a·po·rre·ar [アポレアル] 他 1 …をひどく殴り続ける. 2 …をうるさがらせる.

a·po·rre·o [アポレオ] 男 一連の激しい殴りつけ.

a·por·ta·ción [アポルタシオン] 女 1 寄与, 貢献. 2 出資, 出資金. 3 持参金.

a·por·tar [アポルタル] 他 1 …をもたらす, 提供する. 2 (分担金など) を出資する. 3 (結婚資金など) を持参する.
— 自 (船が) (+en… …に) 入港する.

a·por·te [アポルテ] 男 寄与, 寄付金, 分担金.

a·po·sen·tar [アポセンタル] 他 …を泊める, 宿泊させる.
— **aposentarse** 再 (+en… …に) 宿泊する.

a·po·sen·to [アポセント] 男 1 部屋. 2 一時的な宿泊.

a·po·si·ción [アポシシオン] 名 〈文法〉同格.

a·po·si·ti·vo, va [アポシティボ, バ] 形 〈文法〉同格の.

a·pó·si·to [アポシト] 男 〈医学〉(外傷用の) 医薬品, 手当て用具.

a·pos·ta [アポスタ] 副 わざと, 故意に.

a·pos·tar [アポスタル] 他 《活 22 contar》 1 (金) を (+a… …に) 賭 (か) ける. 2《規則活用》…を配置する.
— 自 賭けをする.
— **apostarse** 再 1 (金) を賭 (か) ける. 2《規則活用》持ち場につく.
apostárselas con (+人) *a*… (誰か) と…を競う.

a·pos·tas [アポスタス] 副 わざと [= aposta].

a·pos·ta·sí·a [アポスタシア] 女 〈宗教〉棄教, 背教, 転向.

a·pós·ta·ta [アポスタタ] 男 〈宗教〉棄教者, 背教者.

a·pos·ta·tar [アポスタタル] 自 〈宗教〉(+de… …の) 信仰をする.

a·pos·ti·lla [アポスティじゃ] 女 1 (文章につける) 注, 注記. 2 (国内の公的書類を対外的に証明する外務省の) アポスティール.

a·pos·ti·llar [アポスティじゃル] 他 (文章など) に注をつける.
— **apostillarse** 再 (傷などが) かさぶたになる.

a·pós·tol [アポストル] 男 1 (キリストの弟子である) 使徒. 2 (キリスト教の) 伝道者, 布教者. 3 (理論や信仰の) 主唱者, 唱道者.

a·pos·to·la·do [アポストラド] 男 1 〈宗教〉使徒の任務, 布教, 伝道. 2 (理論や信仰の) 情宣活動.

a·pos·tó·li·co, ca [アポストリコ, カ] 形 1 〈宗教〉使徒の. 2 〈宗教〉ローマ教皇の. 3 〈宗教〉使徒派の.

a·pós·tro·fe [アポストロふぇ] 男 1 〈修辞学〉頓呼 (とんこ) 法. 2 ののしり.

a·pós·tro·fo [アポストロふぉ] 男 〈文法〉アポストロフィ, 省略符号 ['].

a·pos·tu·ra [アポストゥラ] 女 (しぐさの) 優雅さ, 上品さ.

a·po·teg·ma [アポテグマ] 男 (特定の有名人のものとされる) 警句, 名言.

a·po·te·ma [アポテマ] 女 〈数学〉辺心距離.

a·po·te·ó·si·co, ca [アポテオシコ, カ] 形 熱狂的な, すさまじい, 華々しい.

a·po·te·o·sis [アポテオシス] 女 1 〈演劇〉フィナーレ, 大団円. 2 神格化, 崇拝.

a·po·yar [アポヤル] 他 1 …を (+en, sobre… …に) もたせかける, 立てかける. 2 (理論など) を (+con, en… …で) 立脚させる, (…に基づいて) 組み立てる. 3 (考え方や人) を支持する, 援助する.
— **apoyarse** 再 (+en… …に) 寄りかかる, 支えられる.

a·po·yo [アポヨ] 男 1 支え, 支えるもの. 2 (理論などの) 論拠, 根拠. 3 支援, 保護.
en apoyo de… …を支持して.
punto de apoyo 拠点, 基点.
venir en apoyo de… …を支持する.

a·pre·cia·ble [アプレシアブレ] 形 1 それとわかる, 感知できる. 2 かなりの, 相当な. 3 評価できる, 価値のある.

a·pre·cia·ción [アプレシアシオン] 女 1 評価. 2 感知, 知的な把握.

a·pre·ciar [アプレシアル] 他 1 …を評価する, 鑑賞する. 2 …を感知する, 知的に把握する.

a·pre·cia·ti·vo, va [アプレシアティボ, バ] 形 評価の, 査定の.

a·pre·cio [アプレシオ] 男 1 評価, 査定. 2 好感, 敬意.

活 は活用形　複 は複数形　男 は男性名詞　女 は女性名詞　固 は固有名詞　代 は代名詞　自 は自動詞

a·pre·hen·der [アプレエンデル] 他 1 …を逮捕する. 2 …を押収する. 3 …を理解する, 知識として吸収する.

a·pre·hen·sión [アプレエンシオン] 女 1 逮捕. 2 押収. 3 理解, 知識の吸収.

a·pre·mian·te [アプレミアンテ] 形 急ぎの, 急を要する.

a·pre·miar [アプレミアル] 他《活 17 cambiar》…をせきたてる, 急がせる.
— 自 急を要する.

a·pre·mio [アプレミオ] 男 1 督促(${}^{とく}_{そく}$), 催促. 2《法律》強制執行. 3《法律》追徴金.

a·pren·der [アプレンデル] 他 1 …を習得する, 習う. 2 …を覚える, 暗記する.
— 自 (+a+不定詞) …することを学ぶ.
— **aprenderse** 再 …を暗記する, 身につける.
aprender... de memoria …を暗記する.

a·pren·diz, di·za [アプレンディス, ディサ] 男 女《男複 aprendices》1〈人〉見習い, 弟子, 徒弟. 2 初心者, 実習生.

a·pren·di·za·je [アプレンディサヘ] 男 1 学習, 習得. 2 見習い期間, 年季(${}^{ねん}_{き}$).

a·pren·sión [アプレンシオン] 女 1 被害妄想. 2 (根拠のない) 不安, 変想.

a·pren·si·vo, va [アプレンシボ, バ] 形 心配性の, 被害妄想の.

a·pre·sar [アプレサル] 他 …をつかまえる, 押えこむ.

a·pres·tar [アプレスタル] 他 1 …を用意する, 準備する. 2 (織物に) 仕上げ糊(^{のり})をつける.
— **aprestarse** 再 (+a, para... …する) 用意をする.

a·pres·to [アプレスト] 男 1 用意, 支度(${}^{し}_{たく}$). 2 (織物の) 仕上げ加工, 糊(^{のり})づけ.

a·pre·su·ra·da·men·te [アプレスラダメンテ] 副 急いで, あたふたと.

a·pre·su·ra·do, da [アプレスラド, ダ]《過去分詞》→ apresurar 急がせる.
— 形 急いでいる, あわただしい.

a·pre·su·ra·mien·to [アプレスラミエント] 男 急ぐこと, あわてること.

a·pre·su·rar [アプレスラル] 他 …を急がせる, 速める.
— **apresurarse** 再 1 急ぐ. 2 (+a+不定詞) 急いで…する.

a·pre·ta·da·men·te [アプレタダメンテ] 副 1 きつく, しっかりと. 2 やっと, かろうじて.

a·pre·ta·do, da [アプレタド, ダ]《過去分詞》→ apretar 圧迫する.
— 形 1 窮屈な, きつい. 2 困難な, 危険な. 3 多忙な. 4 困窮した.

a·pre·tar [アプレタル] 他《活 57 pensar》1 …を圧迫する, 強く押す. 2 …を締めつける, 抱き締める. 3 …をせきたてる, 無理強いする.
— 自 1 厳しくなる, ひどくなる. 2 努力する, 頑張る. 3 (+a+不定詞) …し始める.

— **apretarse** 再 1 締まる 2 いっぱいになる.

a·pre·tón [アプレトン] 男 1 急な締めつけ. 2 ぎゅうぎゅう詰め. 3 急な便意.

a·pre·tu·jar [アプレトゥハル] 他 …を強く押しつける, 何度も押しつける.
— **apretujarse** 再 (人が) ぎゅうぎゅう詰めになる.

a·pre·tu·jón [アプレトゥホン] 男 (人の) ぎゅうぎゅう詰め.

a·pre·tu·ra [アプレトゥラ] 女 1 満員状態, ぎゅうぎゅう詰め. 2 (食料などの) 欠乏. 3 窮地, 難局.

apriet- 活 → apretar 圧迫する《活 57》.

a·prie·to [アプリエト] 男 難局, 窮地.
— 活 → apretar 圧迫する.
poner a... en aprieto …を窮地に立たせる.
salir del aprieto 窮地を脱する.

a·pri·sa [アプリサ] 副 急いで, 速く.

a·pris·co [アプリスコ] 男 (家畜を保護するための) 囲い場.

a·pri·sio·nar [アプリシオナル] 他 1 …をしばりつける, 押しつける. 2 …を拘束(${}^{こう}_{そく}$)する.

a·pro·ba·ción [アプロバシオン] 女 1 承認, 賛成. 2 合格, 及第.

a·pro·ba·do¹ [アプロバド] 男 (成績判定の) 可.

a·pro·ba·do², da [—, ダ]《過去分詞》→ aprobar 承認する.
— 形 1 承認された. 2 合格した.

a·pro·bar [アプロバル] 他《活 22 contar》1 …を承認する, …に賛成する. 2 …を合格させる. 3 (試験や科目) に合格する / *aprobar el examen* その試験に受かる.
— 自 (+en... …に) 合格する / *aprobar en el examen* その試験に受かる.

a·pro·pia·ción [アプロピアシオン] 女 1 取得. 2 私物化.

a·pro·pia·da·men·te [アプロピアダメンテ] 副 適切に, ふさわしく.

a·pro·pia·do, da [アプロピアド, ダ]《過去分詞》→ apropiar 適応させる.
— 形 (+para... …に) 適する, 適した, 適切な.

a·pro·piar [アプロピアル] 他《活 17 cambiar》…を (+a... …に) 適合させる, 合わせる.
— **apropiarse** 再 (+de...) …を自分のものにする, 着服する.

a·pro·ve·cha·ble [アプロベチャブれ] 形 利用可能な, 役立てることのできる.

a·pro·ve·cha·da·men·te [アプロベチャダメンテ] 副 ちゃっかりと, 抜けめなく.

a·pro·ve·cha·do, da [アプロベチャド, ダ]《過去分詞》→ aprovechar 利用する.
— 形 1 何でも利用する, 倹約家の. 2 勉強熱心な. 3 がめつい, 利己主義の.

a·pro·ve·cha·mien·to [アプロベチャミエント] 男 利用, 活用, 開発.

a·pro·ve·char [アプロベチャル] 他 …を利用する, 活用する.

a·pro·vi·sio·na·mien·to

— 自 1 (+a, para...) ...に役立つ, 有益である. 2 (+en=勉強など) ...で上達する, 進歩する.
— **aprovechar·se** 再 (+de...) ...をずるく利用する.
¡*Que aproveche!* (食事中の人への挨拶で)どうぞごゆっくり!

a·pro·vi·sio·na·mien·to [アプロビシオナミエント] 男 1 (食料品などの)供給, 補給. 2 供給品, 糧食.

a·pro·vi·sio·nar [アプロビシオナル] 他 ...に(+de...)を供給する, 補給する.

a·pro·xi·ma·ción [アプロクシマシオン] 女 1 接近, 歩み寄り. 2 (宝くじの)前後賞. 3〈数学〉近似, 近似値, 概算.

a·pro·xi·ma·da·men·te [アプロクシマダメンテ] 副 おおよそ, 約….

a·pro·xi·ma·do, da [アプロクシマド, ダ] 《過去分詞》→ aproximar 近づける.
— 形 おおよその, 近似の.

a·pro·xi·mar [アプロクシマル] 他 ...を(+a... ...に)近づける, 接近させる.
— **aproximar·se** 再 (+a... ...に)近づく, 接近する.

a·pro·xi·ma·ti·vo, va [アプロクシマティボ, バ] 形 おおよその, 近似の.

aprueb- 活 → aprobar 承認する《活 22》.

ap·ti·tud [アプティトゥス] 女 (+para... ...への)適性, 天分, 素質.

ap·to, ta [アプト, タ] 形 1 (+para... ...に)適した, ふさわしい. 2 (+para... ...について)有能な, 才能のある.

apuest- 活 → apostar 賭(か)ける《活 22》.

a·pues·ta[1] [アプエスタ] 女 1 賭(か)け. 2 賭け金, 賭けた物.

a·pues·to, ta[2] [アプエスト, —] 形 粋(いき)な, きっそうとした, 見栄(みば)えのする.
— 活 → apostar 賭(か)ける《活 22》.

a·pun·ta·do, da [アプンタド, ダ] 《過去分詞》→ apuntar ねらいをつける.
— 形 先の鋭い, とがった.

a·pun·ta·dor, do·ra [アプンタドル, ドラ] 男女〈演劇〉プロンプター.

a·pun·ta·lar [アプンタラル] 他 1 ...を支柱でささえる. 2 ...を支持する, ささえる.

a·pun·tar [アプンタル] 自 1 (+a...) ...にねらいを定める, 向きを定める. 2 姿を現わし始める／ *apuntar* el día 夜が明ける.
— 他 1 ...を(+en... ...に)書き留める, 記入する. 2 ...を指し示す, 教える. 3 (プロンプターとして俳優にせりふを)教えてやる. 4 ...をとがらせる. 5 ...を縫いつける.
— **apuntar·se** 再 1 (+en...) ...に参加する, 加わる. 2 ...を獲得する／ *apuntar·se* un tanto 点数をかせぐ.

a·pun·te [アプンテ] 男 1 メモ, 覚え書き. 2 素描, スケッチ. 3〈演劇〉プロンプター用の台本.
— 活 → apuntar ねらいを定める.

a·pun·tes [アプンテス] 男複 (学生が取る)ノート, 講義ノート.
— 活 → apuntar ねらいを定める.

a·pun·ti·llar [アプンティじゃル] 他〈闘牛〉(短剣で牛に)とどめを刺す.

a·pu·ña·lar [アプニャラル] 他 ...をナイフで刺す.

a·pu·ñar [アプニャル] 他 ...をつかむ, 握る.

a·pu·ra·da·men·te [アプラダメンテ] 副 1 大急ぎで, あわてふためいて. 2 貧乏して, こまって. 3 かろうじて, きっちりと.

a·pu·ra·do, da [アプラド, ダ] 《過去分詞》→ apurar 使いつくす.
— 形 1 大急ぎの, あわてている. 2 貧乏な, 金にこまっている. 3 きっちりした, 入念な.

a·pu·rar [アプラル] 他 1 ...を使いつくす, 最後まで利用する. 2 ...を急がせる, せきたてる. 3 ...を怒らせる, 悩ませる, 困らせる. 4 ...を調べつくす.
— 自 我慢できないほどひどい.
— **apurar·se** 再 1 (+por...) で悩む, 心配する. 2 急ぐ.

a·pu·ro [アプロ] 男 1 (貧乏などの)窮地, 苦境. 2 困惑, 気恥ずかしさ. 3 大急ぎ.

a·que·jar [アケハル] 他 (病気などが) ...を苦しめる, 悩ませる.

a·que·jo·so, sa [アケホソ, サ] 形 苦しんでいる, 悩んでいる.

a·quel[1] [アケる] 男 (女性としての)魅力.

a·quel[2] [アケる] 《遠称の指示形容詞男性単数形》〈複〉 aquellos ; 女性単数形 aquella, 女性複数形 aquellas) 1 (遠いところにある)あの. 2 (話のなかに出てきた)その, あの. 3 〈→ este〉(文中に出てきた 2 者のうちの)前者.

a·quél [アケる] 代 《遠称の指示代名詞男性単数形》〈複〉 aquéllos ; 女性単数形 aquélla, 女性複数形 (ただし, 代名詞であることがはっきりしていればアクセント記号の付かないときもある) 1 (話し手から遠いところの)あれ, あの人. 2 (話のなかに出てきた)それ, あれ, あの人, あの人. 3 〈→ éste〉(文中に出てきた 2 者のうちの)前者.

a·que·la·rre [アケラレ] 男 1 魔法使いの夜会. 2 どんちゃん騒ぎ, 乱痴気騒ぎ.

a·que·lla [アケじゃ] 形 《遠称の指示形容詞女性単数形》あの [→ aquel].

a·qué·lla [アケじゃ] 代 《遠称の指示代名詞女性単数形》あれ [→ aguél].

a·que·llas [アケじゃス] 形 《遠称の指示形容詞女性複数形》あの [→ aquel].

a·qué·llas [アケじゃス] 代 《遠称の指示代名詞女性複数形》あれ [→ aguél].

a·que·llo [アケじょ] 代 《遠称の指示代名詞中性形》あれ, あのこと.

a·que·llos [アケじょス] 形 《遠称の指示形容詞男性複数形》あの [→ aquel].

a·qué·llos [アケじょス] 代 《遠称の指示代名詞男性複数形》あれ [→ aquél].

a·quen·de [アケンデ] 前 …のこちら側で.
a·quí [アキ] 副 《近称の指示副詞. 場所を具体的に指す》1 (話し手のそばの)ここ,ここに,ここで,ここへ. 2 (話をしている)いま,現在. 3 (話のなかで)その時. 4 (文頭で人や物を指し)こちら/*Aquí el señor*... …氏です.
aquí... allí ～ こちらでは …あちらでは～.
aquí... aquí ～ …次第すぐに～だ.
aquí de... …の出番だ.
aquí y allá あちらこちらに.
de aquí a (+時間) 今から…たてば.
de aquí en adelante 今後, これからは.
de aquí para allá あちらこちらへ.
de aquí que (+接続法) このことから…である.
he aquí ～ …がある.
a·quies·cen·cia [アキエスセンレア] 女 同意, 承諾.
a·quie·tar [アキエタル] 他 1 (興奮など)を静める. 2 (痛みなど)を和らげる.
— *aquietarse* 再 静まる, おさまる.
a·qui·la·tar [アキらタル] 他 1 …をよく調べて評価する. 2 (宝石)をカラットで評価する.
a·qui·li·no, na [アキリノ, ナ] 形〈鳥〉ワシの, ワシのような.
a·ra [アラ] 女《単数定冠詞は el》1 祭壇. 2 (カトリックの)聖壇.
en aras de... …に敬意を表して, …のために.
— 語 → *arar* 耕す.
á·ra·be [アラベ] 形 アラビアの, アラブの.
— 男女 アラビア人.
— 男 アラビア語.
a·ra·bes·co [アラベスコ] 男 アラベスク様式, 唐草模様.
A·ra·bia [アラビア] 固《半島の名》アラビア/*Arabia Saudita*(王国の)サウジアラビア.
a·rá·bis·mo [アラビスモ] 男〈言語学〉アラビア語系要素.
a·ra·bis·ta [アラビスタ] 男女 アラビア語学者, アラビア語研究者.
a·rác·ni·dos [アラクニドス] 男複〈動物学〉クモ形類.
a·ra·da [アラダ] 女〈農業〉1 耕作. 2 耕地.
a·ra·do [アラド] 男 (農耕用の)すき〔犂・鋤〕.
a·ra·dor[1] [アラドル] 男〈動物〉ヒゼンダニ.
a·ra·dor[2], **do·ra** [―, ドラ] 形 耕作する.
— 男女 農夫, 農婦.
A·ra·gón [アラゴン] 固〈地方の名〉(スペイン北東部の)アラゴン.
a·ra·go·nés[1] [アラゴネス] 男 アラゴン方言.
a·ra·go·nés[2], **ne·sa** [―, ネサ] 形 アラゴン Aragón の, アラゴン地方の.
— 男女 アラゴン人.
a·ra·meo, a [アラメオ, ア] 形 (古代メソポタミアの)アラム Aram の, アラム語の, アラム人の.
a·ran·cel [アランセる] 男 関税, 関税率, 税率.

a·ran·ce·la·rio, ria [アランせらリオ, リア] 形 関税の, 税の.
a·rán·da·no [アランダノ] 男〈植物〉コケモモ, ブルーベリー.
a·ran·de·la [アランデら] 女 (金属ねじのボルトの)座金(ざがね), ワッシャー.
A·ran·juez [アランフエす] 固〈都市の名〉(スペイン中央部の)アランフエス.
a·ra·ña [アラニャ] 女 1〈昆虫〉クモ. 2 シャンデリア. 3 抜け目のない人.
a·ra·ñar [アラニャル] 他 1 …をひっかく. 2 …にひっかき傷をつける. 3 (お金など)をかき集める.
a·ra·ña·zo [アラニャそ] 男 ひっかき傷.
a·rar [アラル] 他 1 (農地)を耕す, すく. 2 (農地)にうね[畝]を作る.
arar en el mar むだなことをする.
a·rau·ca·no[1] [アラウカノ] 男 (チリの先住民の)アラウコ語.
a·rau·ca·no[2], **na** [―, ナ] 形 (チリの先住民の地)アラウコ *Arauco* の.
— 男女 アラウコ人.
ar·bi·tra·je [アルビトラヘ] 男〈法律〉仲裁, 調停. 2〈スポーツ〉(審判の)判定.
ar·bi·tral [アルビトラる] 形 1〈法律〉仲裁の, 調停の. 2〈スポーツ〉審判の.
ar·bi·trar [アルビトラル] 他 1 …を調停する, 仲裁する. 2〈スポーツ〉(審判として)…を判定する.
— *arbitrarse* 再 工夫する, やりくりする.
arbitrárselas どうにか方策を見つけてゆく.
ar·bi·tra·rie·dad [アルビトラリエダす] 女 1 専断, 専横. 2 恣意(しい)性.
ar·bi·tra·rio, ria [アルビトラリオ, リア] 形 1 独断的な, 専横な. 2 恣意(しい)の, 気ままな.
ar·bi·trio [アルビトリオ] 男 1 自由裁量, 任意. 2〈法律〉調停, 裁定.
ár·bi·tro, tra [アルビトロ, トラ] 男女 1〈スポーツ〉審判, レフェリー, アンパイア. 2 調停者, 仲裁者. 3〈人〉権威, 重鎮(じゅうちん).
ár·bol [アルボる] 男 1 木, 樹木, 高木. 2〈帆船〉帆柱. 3〈機械〉心棒, シャフト. 4 系統樹, 家系図/*árbol genealógico* 樹状家系図.
ar·bo·la·do[1] [アルボらド] 男 木の茂み, 木立.
ar·bo·la·do[2], **da** [―, ダ] 形 木の茂った, 林の.
ar·bo·le·da [アルボれダ] 女 木立, 林.
ar·bó·reo, a [アルボレオ, ア] 形 1 木の, 樹木の. 2 木のような.
ar·bo·ri·cul·tu·ra [アルボリクるトゥラ] 女 樹木栽培, 植林.
ar·bo·tan·te [アルボタンテ] 男〈建築〉飛び控え壁, 飛び梁(はり). 2 (カヌーなどの)舷外(げんがい)材.
ar·bus·to [アルブスト] 男 低木, 灌木(かんぼく).
ar·ca [アルカ] 女《単数定冠詞は el》1 大箱, ひつ〔櫃〕. 2 金庫.
arca cerrada 口の固い人.
arca de la Alianza [*del Testamento*] (聖

他 は他動詞　再 は再帰動詞　形 は形容詞　副 は副詞　前 は前置詞　接 は接続詞　間 は間投詞

書)の契約の箱.
arca de Noé (聖書の)ノアの箱舟.

ar·ca·bu·ce·ro [アルカブセロ] 男 (昔の)火縄銃兵.

ar·ca·buz [アルカブス] 男《複 arcabuces》(昔の)火縄銃.

ar·ca·da [アルカダ] 女 1 アーケード. 2〈建築〉(橋の)径間(ﾊﾞﾝ). 3 胃のむかつき.

ar·cai·co, ca [アルカイコ, カ] 形 1 古代の. 2 古風な, 古めかしい.

ar·ca·ís·mo [アルカイスモ] 男 1〈言語学〉古語. 2 古風, 擬古趣味.

ar·cai·zan·te [アルカイサンテ] 形 古風な, 擬古趣味の.

ar·cán·gel [アルカンヘル] 男〈宗教〉大天使.

ar·ca·no[1] [アルカノ] 男 秘密, 神秘.

ar·ca·no[2]**, na** [ー, ナ] 形 秘められた, 神秘の.

ar·ce [アルセ] 男〈植物〉カエデ.

ar·ce·dia·no [アルセディアノ] 男 (カトリックの)大助祭, 助祭長.

ar·cén [アルセン] 男 (道路の)ふち, 路肩(ﾛ ｶﾞﾀ).

ar·chi·dió·ce·sis [アルチディオセシス] 女 1〈カトリック〉大司教区. 2〈プロテスタント〉大監督区.

ar·chi·du·ca·do [アルチドゥカド] 男 大公国, 大公領.

ar·chi·du·que [アルチドゥケ] 男 (君主の称号の)大公.

ar·chi·du·que·sa [アルチドゥケサ] 女 大公妃.

ar·chi·pám·pa·no [アルチパンパノ] 男 (集合的に)お偉方, お歴々.

ar·chi·pié·la·go [アルチピエラゴ] 男 多島海, 群島, 諸島.

ar·chi·va·dor[1] [アルチバドル] 男 書類保管棚, ファイルキャビネット.

ar·chi·va·dor[2]**, do·ra** [ー, ドラ] 形 文書保管の, 書類保管用の.
— 男 女〈人〉書類保管係.

ar·chi·var [アルチバル] 他 1 (書類などを)保管する, 整理する. 2 (事件などを)処理ずみとして扱う, 等閑(ﾅｲ)視する.

ar·chi·ve·ro, ra [アルチベロ, ラ] 男 女〈人〉文書保管係.

ar·chi·vo [アルチボ] 男 1 業務用ファイル, 保管書類, 資料. 2 文書保管所, 資料室. 3〈人〉生き字引. 4 控えめな人.

ar·chi·vol·ta [アルチボルタ] 女〈建築〉アーキボルト[= arquivolta].

ar·ci·lla [アルしじゃ] 粘土, 陶土.

ar·ci·llo·so, sa [アルしじょソ, サ] 粘土状の, 粘土を含んだ.

ar·ci·pres·te [アルしプレステ] 男 (カトリックの)主席司祭.

ar·co [アルコ] 男 1〈建築〉アーチ, 迫持(ｾﾘ ﾓﾁ). 2 (武器や弦楽器の)弓. 3〈数学〉弧, 弧形. 4〈電気〉電弧, アーク. 5 (足の裏の)土踏まず.

arco de triunfo 凱旋(ｶﾞｲｾﾝ)門.
arco iris 虹(ﾆｼﾞ).
arco de San Martín 虹.

ar·cón [アルコン] 男 大箱, 大きなひつ[櫃].

ar·der [アルデル] 自 1 燃える, 焼ける. 2 燃えるように熱い. 3 (心が)(+en... …で)燃えたつ.
estar que arder とても熱い, 白熱している.
ir que arder (おもに2人称・3人称で)十分である. / *…y vas que ardes*. それで十分だよ.

ar·did [アルディス] 男 計略, 策略.

ar·dien·te [アルディエンテ] 形 1 燃えるような, 熱烈な. 2 燃えるような, 熱い.

ar·dien·te·men·te [アルディエンテメンテ] 副 燃えるように, 熱烈に.

ar·di·lla [アルディじゃ] 女 1〈動物〉リス. 2 機敏な人.

ar·dor [アルドル] 男 1 興奮, 熱情. 2 焼けるような感覚. 3 暑熱, 酷暑.
con ardor 熱心に.

ar·do·ro·so, sa [アルドロソ, サ] 形 1 熱烈な, 情熱的な. 2 燃える, 熱い.

ar·duo, dua [アルドゥオ, ドゥア] 形 至難の, とても骨の折れる.

á·re·a [アレア] 女〈単数定冠詞はel〉1 地域, 区域, 圏. 2 地方, 地帯. 3 領域, 分野. 4〈スポーツ〉エリア. 5〈面積の単位〉アール.
área de servicio (高速道路の)サービスエリア.

a·re·na [アレナ] 女 1 砂地, 砂浜. 2 競技場. 3 (ローマの)闘技場, アリーナ. 4 闘牛場.
arenas movedizas 流砂.
edificar sobre arena 砂上に楼閣を築く.
escribir en la arena 当てにならない決心をする.
estar en la arena 対決する.
poner arena 邪魔をする.
sembrar en arena 無駄な努力をする.

a·re·nal [アレナル] 男 1 砂原. 2 流砂地帯.

a·ren·ga [アレンガ] 女 大演説, 熱弁, 檄(ｹﾞｷ).

a·ren·gar [アレンガル] 自〈活 47 llegar〉熱弁をふるう, 檄(ｹﾞｷ)を飛ばす.

a·re·ni·llas [アレニじゃス] 女複〈医学〉(腎臓などの)結石.

a·re·nis·ca[1] [アレニスカ] 女〈鉱物〉砂岩.

a·re·nis·co, ca[2] [アレニスコ, ー] 形 砂のまじった, 砂質の.

a·re·no·so, sa [アレノソ, サ] 形 砂の, 砂状の, 砂を含んだ.

a·ren·que [アレンケ] 男〈魚〉ニシン.

a·re·pa [アレパ] 女 トウモロコシ・パン.

a·re·tes [アレテス] 男複 イヤリング, ピアス.

ar·ga·ma·sa [アルガマサ] 女〈建築〉モルタル, 漆喰(ｼｯｸｲ).

ar·ge·li·no, na [アルヘリノ, ナ] 形 (アフリカ北西部の国の)アルジェリア Argelia の.
— 男 アルジェリア人.

ar·gen·ta·do, da [アルヘンタド, ダ] 《過去分

ar·gen·tar [アルヘンタル] 他 …を銀で装飾する.
— 形 1 銀色の. 2 銀装飾で仕上げた.
Ar·gen·ti·na [アルヘンティナ] 固 《国の名》（南米の）アルゼンチン [= República Argentina].
ar·gen·ti·no, na [アルヘンティノ, ナ] 形 1 アルゼンチン Argentina の. 2（音色などが）澄んだ, よく響く. 3 銀の, 銀色の.
— 男女 アルゼンチン人.
ar·gen·to [アルヘント] 男 銀.
ar·go·lla [アルゴジャ] 女 1 金属の輪, たが. 2 束縛. 3 結婚指輪. 4 腕輪.
ar·got [アルゴト] 男《複 argots》（若者たちのような社会的集団の）隠語／argot juvenil 若者ことば.
ar·gu·cia [アルグシア] 女 屁(へ)理屈, 詭弁(き べん).
ar·güir [アルグイル] 他 《活 9》1 …を申し立てる, 論じる. 2 …を推論する. 3 …を非難する. 4 …を弁解する.
— 自 論じる, 反論する, 弁解する.
ar·gu·men·ta·ción [アルグメンタシオン] 女 1 議論, 論争. 2 論拠. 2 論拠.
ar·gu·men·tar [アルグメンタル] 自 論じる, 反論する.
— 他 1 …を推論する, 論証する. 2 …を主張する.
ar·gu·men·to [アルグメント] 男 1（小説などの）筋, 構想. 2 論拠, 論旨. 3 論証方法, 論法.
arguy- → argüir 申し立てる《活 9》.
a·ria[1] [アリア] 女《→ ario》《音楽》アリア.
a·ri·dez [アリデス] 女 1 乾燥. 2 味気なさ, 無味乾燥.
á·ri·do, da [アリド, ダ] 形 1 乾燥した. 2 味気ない, 退屈な.
A·ries [アリエス] 固《星座の名》牡牛(おうし)座.
A·ries [アリエス] 形《単複同形, 男女同形》牡羊(おひつじ)座生まれの.
— 男女《単複同形》〈人〉牡羊座生まれ.
a·rie·te [アリエテ] 男 1〈武器〉（昔の城壁などを破壊する）破城槌(つい). 2（サッカーの）センターフォワード.
a·rio, ria[2] [アリオ, —] 形（先史時代の）アーリア人の, アーリア語族の.
— 男女 アーリア人.
a·ris·co, ca [アリスコ, カ] 形〈人〉無愛想な, つっけんどんな, 扱いにくい.
a·ris·ta [アリスタ] 女 1（平面と平面が交わる線分の）稜(りょう). 2（麦などの実の）芒(のぎ).
a·ris·tas [アリスタス] 女複《→ arista》1 困難さ. 2 無愛想.
a·ris·to·cra·cia [アリストクラシア] 女 1（集合的な）貴族, 貴族階級. 2 特権階級, エリート集団. 3 貴族気分. 4（貴族的な）気品, 品位.
a·ris·tó·cra·ta [アリストクラタ] 男女 1（ひとりの）貴族. 2 エリート.

a·ris·to·crá·ti·co, ca [アリストクラティコ, カ] 形 貴族の, 貴族階級の, 貴族的な.
a·rit·mé·ti·ca[1] [アリトメティカ] 女 算数, 算術.
a·rit·mé·ti·ca, ca[2] [アリトメティコ, —] 形 算数の, 算術の.
— 男女 算術家.
ar·le·quín [アルれキン] 男 1（イタリア喜劇の）道化役. 2 おどけ者.
ar·ma [アルマ] 女《単数定冠詞は el》1 武器, 兵器. 2 防衛手段, 対抗手段. 3（特定武器の）部隊, 兵科／arma de artillería 砲兵隊.
— 活 → armar 武装する.
arma blanca 刀剣類.
arma de doble filo 諸刃(もろは)の剣(つるぎ).
arma de fuego 火器.
rendir el arma（武人が）神の前にひざまずく.
tocar al arma 呼集ラッパを吹く.
volver el arma contra... …に刃向かう.
ar·ma·da[1] [アルマダ] 女《→ armado》1 海軍. 2 艦隊／Armada Invencible（16世紀のスペインの）無敵艦隊.
ar·ma·dí·a [アルマディア] 女 いかだ[筏].
ar·ma·di·llo [アルマディジョ] 男《動物》（南米の）アルマジロ.
ar·ma·do, da[2] [アルマド, —] 《過去分詞》→ armar 武装する.
— 形 1 武装した. 2 補強された／hormigón armado 鉄筋コンクリート.
ar·ma·dor, do·ra [アルマドル, ドラ] 男女 1 船主, ふねぬし. 2 組み立て工.
ar·ma·du·ra [アルマドゥラ] 女 1 甲冑(かっちゅう). 2 骨組み, 枠組み. 3 骨格.
ar·ma·men·tis·ta [アルマメンティスタ] 形 1 兵器の, 武器の. 2 軍備拡張主義の.
— 男女 軍備拡張主義者.
ar·ma·men·to [アルマメント] 男 1 軍備, 戦備. 2（軍隊の）装備.
Ar·man·do [アルマンド] 固《男性の名》アルマンド.
ar·mar [アルマル] 他 1 …を (+con, de …で) 武装する, 武装させる. 2（家具など）を組み立てる. 3（テント）を張る. 4（騒ぎなど）を引き起こす. 5（わななど）を仕掛ける.
— armar·se 再 1 武装する, 軍備をととのえる. 2 (+con, de …) …を身につける, 装備する. 3（騒ぎなど）起こる.
armar·la 騒ぎを起こす.
ar·ma·rio [アルマリオ] 男 1 たんす, 衣装だんす. 2 戸棚. 3 食器棚, ロッカー.
ar·mas [アルマス] 女複《→ arma》1 軍隊, 軍, 部隊. 2 軍務, 軍職. 3 甲冑(かっちゅう). 4 紋章.
— 活 → armar 武装する.
¡A las armas!〈号令〉戦闘準備！
alzar·se en armas 武装蜂起(ほうき)する.
hacer sus primeras armas 初登場する.
llegar a las armas 交戦を始める.

ar·ma·tos·te

medir las armas 張り合う.
pasar a... por las armas …を銃殺する.
presentar armas 捧(ś)げ銃(ś)の敬礼をする.
rendir las armas 降伏する.
ser de armas tomar 1 果敢である. 2 性格がきつい.
sobre las armas 臨戦態勢で.
velar las armas (騎士になるために)武具の不寝番をする.

ar·ma·tos·te [アルマトステ] 男 1 大きくて役に立たないもの. 2 〈人〉うどの大木.

ar·ma·zón [アルマソン] 男複(ś) 骨組み, 枠組み.

ar·me·nio, nia [アルメニオ, ニア] 形 (カスピ海沿岸の国の)アルメニア Almenia の.
— 男女 アルメニア人.

ar·me·rí·a [アルメリア] 女 1 兵器博物館. 2 武器製造法. 3 銃砲店.

ar·mi·ño [アルミニョ] 男 1〈動物〉アーミン, オコジョ. 2 アーミンの毛皮.

ar·mis·ti·cio [アルミスティシオ] 男 休戦, 停戦.

ar·mo·ní·a [アルモニア] 女 1 調和, 和合, 協調. 2〈音楽〉ハーモニー, 和声, 和声学.

ar·mó·ni·ca[1] [アルモニカ] 女〈楽器〉ハーモニカ.

ar·mó·ni·co, ca[2] [アルモニコ, -] 形 1 調和した. 2〈音楽〉ハーモニーのある, 和音の.

ar·mo·nio [アルモニオ] 男〈楽器〉ハーモニューム, リードオルガン.

ar·mo·nio·so, sa [アルモニオソ, サ] 形 1 耳に快い, ひびきのよい. 2 調和した, 調和のとれた.

ar·mo·ni·zar [アルモニサル] 他 《活 39 go-zar》1 …を(+con... …と)調和させる, 協調させる. 2 …を釣り合わせる. 3〈音楽〉に和音をつける.
— 自 (+con... …と)調和する, 一致する.

ar·ne·ses [アルネセス] 男複 (集合的に) 馬具.

ár·ni·ca [アルニカ] 女〈単数定冠詞は el〉〈植物〉(キク科の)アルニカ.

a·ro [アロ] 男 1 金属の輪, 金輪. 2 イヤリング. 3 指輪.
— 活 → arar 耕す.

a·ro·ma [アロマ] 男 1 芳香, よい香り. 2 香料, 香木.

a·ro·má·ti·co, ca [アロマティコ, カ] 形 いい香りの, 芳香性の.

a·ro·ma·ti·zar [アロマティサル] 他 《活 39 go-zar》…に芳香をつける.

ar·pa [アルパ] 女〈単数定冠詞は el〉〈楽器〉ハープ, 竪琴(ś), アルパ.

ar·pe·gio [アルペヒオ] 男〈音楽〉(奏法の)アルペジョ.

ar·pí·a [アルピア] 女 1 悪女, 性悪女. 2 (ギリシア神話の怪物の)ハルピュイア.

ar·pi·lle·ra [アルピジェラ] 女〈布地〉粗製麻布, ズック.

ar·pis·ta [アルピスタ] 男女〈音楽〉ハープ奏者.

ar·pón [アルポン] 男 (魚を捕る)もり[銛], やす.

ar·que·a·do, da [アルケアド, ダ] 《過去分詞》→ arquear アーチ形にする.
— 形 アーチ形の, 弓形の.

ar·que·ar [アルケアル] 他 1 …をアーチ形にする, 弓なりにする. 2 (船舶)の積載量を計る. 3 (金額の金など)を勘定する.
— 自 むかつく, 吐き気がする.
— arquearse 再 アーチ形になる, 湾曲する.

ar·que·o [アルケオ] 男 1 (船舶の)トン数, 積載量. 2 現金の勘定.

ar·que·o·lo·gí·a [アルケオロヒア] 女 考古学.

ar·que·o·ló·gi·co, ca [アルケオロヒコ, カ] 形 考古学の.

ar·que·ó·lo·go, ga [アルケオロゴ, ガ] 男女 考古学者.

ar·que·ro[1] [アルケロ] 男 1 (昔の)弓兵, 射手.

ar·que·ro[2]**, ra** [—, ラ] 男女 1〈スポーツ〉アーチェリー競技者. 2〈スポーツ〉ゴールキーパー. 3 (樽(ś)の)たが職人.

ar·que·ta [アルケタ] 女 (上品な)小箱, 小型の櫃(ś).

ar·que·ti·po [アルケティポ] 男 1 典型. 2 原型. 3 理想像.

ar·qui·tec·to, ta [アルキテクト, タ] 男女 建築家, 建築技師.
arquitecto técnico 技術建築士.

ar·qui·tec·tó·ni·co, ca [アルキテクトニコ, カ] 形 建築上の, 建築技術の.

ar·qui·tec·tu·ra [アルキテクトゥラ] 女 1 建築, 建築学, 建築技術/*arquitectura* naval 造船学. 2 (集合的に)建造物. 3 構造, 構成.

ar·qui·tra·be [アルキトラベ] 男〈建築〉アーキトレーブ, 台輪(ś).

ar·qui·vol·ta [アルキボルタ] 女〈建築〉アーキボルト, 飾り迫縁(ś).

a·rra·bal [アラバル] 男 1 町外れ, 市外地区. 2 スラム街.

a·rra·ba·le·ro, ra [アラバレロ, ラ] 形 1 町外れの, 市外地区の. 2 貧民地区の.
— 男女 1 町外れの住民, スラム街の住民. 2 下品な人間, 礼儀知らず.

a·rra·ci·mar·se [アラシマルセ] 再 鈴なりになる, 密集する.

a·rrai·ga·da·men·te [アライガダメンテ] 副 深く根を下ろして, よくなじんで.

a·rrai·ga·do, da [アライガド, ダ] 《過去分詞》→ arraigar 根を張る.
— 形 1 深く根を下ろした, よくなじんだ. 2 影響力のある.

a·rrai·gar [アライガル] 自 《活 47 llegar》1 (植物が)深く根づく. 2 (習慣などが)しっかり身につく, 定着する.
— 他 根づかせる.
— arraigarse 再 (+en... …に)住みつく, 根を下ろす.

a·rrai·go [アライゴ] 男 1 根づき. 2 定着, 定住. 3 不動産.

a·rram·blar [アランブラル] 他 (洪水などが土砂でおおう).
— 自 (+con...) …を持ち去る.

a·rran·ca·cla·vos [アランカクラボス] 男《単複同形》くぎ[釘]抜き.

a·rran·ca·da¹ [アランカダ] 女 1 (人や動物の)急な出現, 突然の動き. 2 (自動車などの)発進, 始動.

a·rran·ca·do, da² [アランカド, ―] 《過去分詞》→ arrancar 引き抜く.
— 形 1 引き抜かれた, 根こそぎの. 2 破産した, 一文なしの.

a·rran·car [アランカル] 他《活 73 sacar》1 …を引き抜く, 根こそぎにする. 2 …を奪い取る, ひったくる. 3 …を強引に引き離す. 4 …を何とかして手に入れる. 5 (機械など)を始動させる, 発進させる.
— 自 1 (機械などが)始動する, 発進する. 2 出てゆく, 去る (+a+不定詞)…し始める. 3 (+de...)…に由来する, 根ざす. 4 (+a, contra...) …に突進する. 5 (アーチなどが) (+de...) …から湾曲を始める.
— **arrancar·se** 再 1 急に動きだす. 2 (+de...) 無理して…から離れる. 3 (+a+不定詞)急に…し始める.

arranqu- 活 → arrancar 引き抜く《活 73》.

a·rran·que [アランケ] 男 1 決断力, 決心. 2 (感情などの)突発, 衝動, 発作. 3 (自動車などの)始動, 発進. 4 (機械の)スターター, 始動機. 5 始まり, 起源, もと. 6 機知, ウィット. 7 引き抜き, ひったくり.

no servir ni para el arranque 何の役にも立たない.
punto de arranque 出発点, 起点.

a·rras [アラス] 女 複 1〈商業〉内金(なきん), 手付金. 2 (結婚式で花婿が花嫁に贈る 13 枚の硬貨で, 将来の協力を象徴する)アラス.

a·rra·sar [アラサル] 他 1 …を破壊する, 壊滅させる. 2 …をならす, 平らにする.
— 自 大成功する.
— **arrasar·se** 再《主語なしの 3 人称単数形で使用》空が晴れわたる. 2 (+en...) …でいっぱいになる.

a·rras·tra·da·men·te [アラストラダメンテ] 副 いやいや, やっとのことで.

a·rras·tra·do, da [アラストラド, ダ] 《過去分詞》→ arrastrar 引きずる.
— 形 みじめな, 困窮した.
— 男 自 悪党, ごろつき, ごろつき.

a·rras·trar [アラストラル] 他 1 …を引きずる, 引いてゆく. 2 …を引っぱってゆく. 3 …を納得させる, 従わせる. 4 …をもたらす, 結果が…になる.
— 自 (這)う, はって進む.
— **arrastrar·se** 再 1 はう. 2 卑下する.

a·rras·tre [アラストレ] 男 1 引きずること. 2〈闘牛〉(ラバによる死んだ牛の)搬出.
estar para el arrastre 疲れて役に立たない.
tener mucho arrastre 影響力が大きい.

a·rra·yán [アラヤン] 男〈植物〉ギンバイカ.

a·rre [アレ] 間 (馬などに)それ!, 急げ!

a·rrea [アレア] 間 (驚きの)うわっ!, まさか!

a·rre·a·da [アレアダ] 女〈行為〉家畜泥棒.

a·rre·ar [アレアル] 他 1 (馬など)を駆り立てる, 追い立てる. 2 (よその家畜など)を強奪する. 3 (馬など)を飾り立てる. 4 (げんこつなど)をくらわせる.
— 自 急ぐ, 急いで行く.

a·rre·ba·ñar [アレバニャル] 他 1 …をかき集める. 2 (食べ物)を平らげる.

a·rre·ba·ta·da·men·te [アレバタダメンテ] 副 急いで, あわてながら.

a·rre·ba·ta·do, da [アレバタド, ダ] 《過去分詞》→ arrebatar 奪い取る.
— 形 1 性急な, あわてた. 2 激怒した, 逆上した. 3 赤面している.

a·rre·ba·tar [アレバタル] 他 1 …を(+a...から)奪い取る, ひったくる. 2 …を魅了する, 夢中にさせる. 3 (暑さが作物)を枯らす.
— **arrebatar·se** 再 1 (怒りなどで)かっとする, 取り乱す. 2 (料理が強火のために)だめになる.

a·rre·ba·to [アレバト] 男 1 激怒, 激情. 2 忘我, 恍惚(こうこつ).
— 活 → arrebatar 奪い取る.

a·rre·bol [アレボル] 男 1 夕焼け色, 朝焼け色. 2 紅潮, 赤面.

a·rre·bo·lar [アレボラル] 他 1 …を赤く染める. 2 …を赤面させる.
— **arrebolar·se** 再 赤くなる.

a·rre·bu·jar [アレブハル] 他 1 (衣類など)を丸めこむ, 押しこむ. 2 …を包みこむ.
— **arrebujar·se** 再 身をむじる, くるまる.

a·rre·chu·cho [アレチュチョ] 男 軽い発作.

a·rre·ciar [アレシアル] 自 だんだん激しくなる, 徐々にひどくなる.
— **arreciar·se** 再 だんだん激しくなる.

a·rre·ci·fe [アレシフェ] 男 (海面すれすれの)暗礁, 岩礁.

a·rre·drar [アレドラル] 他 …をひるませる, おびえさせる.
— **arredrar·se** 再 (+ante, por...)で)ひるむ, おじけつく.

a·rre·gla·do, da [アレグラド, ダ] 《過去分詞》→ arreglar 整理する.
— 形 1 片づけられた, 整頓された. 2 身ぎれいな, こざっぱりした. 3 解決された, 処理された. 4 穏当な, 控えめの.

a·rre·glar [アレグラル] 他 1 …を整理する, きちんと片づける. 2 …を修理する, なおす. 3 …をこざっぱりさせる. 4 …を調整する, 調節する. 5〈料理〉…を調味する. 6〈音楽〉…を編曲する.
— **arreglar·se** 再 1 片づく, 解決する. 2 なおる.

a·rre·glis·ta

3 身支度(ﾐﾀﾞｸ)をする.
arreglar-se-las 何とかやっていく.
arreglar-se por las buenas 何とかうまく片づく.
¡Ya te arreglaré! 〔捨て台詞〕覚えていろ!

a·rre·glis·ta [アレグリスタ] 男女〈音楽〉編曲家, 編曲者.

a·rre·glo [アレグロ] 男 1 整理, 片づけ. 2 修理, 調整. 3 身だしなみ, 身支度(ﾐﾀﾞｸ). 4 合意, 協定. 5〈料理〉味付け. 6〈音楽〉編曲.
arreglo de cuentas 報復, 意趣返し.
arreglo floral 生け花.
arreglo personal 身だしなみ.
con arreglo a... …に応じて, 従って.
no tener arreglo 打つ手がない, 仕方がない.

a·rre·lla·nar [アレジャナル] 他 (土地など)をならす, 平らにする.
— *arrellanar-se* 再 (+en...) …にゆったりと座る.

a·rre·man·gar [アレマンガル] 他 1 (シャツなどの)袖(ｿﾃﾞ)をまくりあげる. 2 (ズボンなどの)裾(ｽｿ)をたくしあげる.
— *arremangar-se* 再 腕まくりする.

a·rre·me·ter [アレメテル] 他 …に襲いかかる.
— 自 (+contra...) …を攻撃する, …に襲いかかる.

a·rre·me·ti·da [アレメティダ] 女 急襲.

a·rre·mo·li·nar [アレモリナル] 他 (風などが)…を巻き上げる.
— *arremolinar-se* 再 1 (風や水が)渦巻く, 逆巻く. 2 ひしめきあう. 3 山積みになる.

a·rren·da·dor, do·ra [アレンダドル, ドラ] 男女 1 地主, 家主. 2 借地人, 借家人.

a·rren·da·jo [アレンダホ] 男〈鳥〉カケス.

a·rren·da·mien·to [アレンダミエント] 男 1 賃貸, 賃借. 2 賃貸契約. 3 賃貸料.

a·rren·dar [アレンダル] 他《活 57 pensar》(土地や家屋)を賃貸する, 賃借する.

a·rren·da·ta·rio, ria [アレンダタリオ, リア] 形 賃借の.
— 男女 借地人, 借家人.

a·rre·os [アレオス] 男複 1 (集合的に)馬具. 2 (集合的に)装飾品.

a·rre·pen·ti·do, da [アレペンティド, ダ]《過去分詞》→ arrepentir-se 後悔する.
— 形 (+de...) …を後悔している, 悔やんでいる.

a·rre·pen·ti·mien·to [アレペンティミエント] 男 後悔, 無念さ.

a·rre·pen·tir·se [アレペンティルセ] 再《活 77 sentir》(+de...) …を後悔する, 悔やむ, 無念に思う.

arrepient-, arrepint- 活 → arrepentir-se 後悔する《活 77》.

a·rres·tar [アレスタル] 他 …を逮捕する, 拘留する.
— *arrestar-se* 再 (+a+不定詞) 大胆にも…する.

a·rres·to [アレスト] 男 1 逮捕, 拘留. 2〈軍隊〉禁固.
— 活 → arrestar 逮捕する.

a·rres·tos [アレストス] 男複《→ arresto》大胆さ, 決断力, 勇気.

a·rria·nis·mo [アリアニスモ] 男〈宗教〉アリウス主義, アリウス派の教義.

a·rria·no, na [アリアノ, ナ] 形〈宗教〉アリウス派の.
— 男女 アリウス派の信者.

a·rriar [アリアル] 他《活 34 enviar》(帆や旗)を降ろす.

a·rria·te [アリアテ] 男 (公園の)細長い花壇.

a·rri·ba [アリバ] 副 1 上へ, 上に, 上階で. 2 (否定文で) (+de...) …より上は(ない). 3 (間投詞的に)万歳!, 起きなさい!
arriba y abajo あちこち.
boca arriba あおむけになって.
de abajo arriba 下から上へ.
de arriba 上から, 上部から, 神から.
de (+数量+) *arriba* …以上の.
de arriba abajo 1 始めから終りまで. 2 見下げた風に.
de... para arriba …から上は.
¡Manos arriba! 手を上げろ!
patas arriba あおむけになって.
que si arriba que si abajo あれやこれや.

a·rri·ba·da [アリバダ] 女 (船舶の)入港.

a·rri·bar [アリバル] 自 1 (船舶が) (+a... …に)入港する. 2 (+a... …に)到着する.

a·rri·bis·mo [アリビスモ] 男 出世主義.

a·rri·bis·ta [アリビスタ] 形《男女同形》野心のある, 出世欲のある.
— 男女 野心家, 出世主義者.

a·rri·bo [アリボ] 男 1 (船舶の)入港. 2 到着.

arriend- 活 → arrendar 賃貸する《活 57》.

a·rrien·do [アリエンド] 男 賃貸借.
— 活 arrendar 賃貸する.

a·rrie·ro [アリエロ] 男 馬方(ｳﾏｶﾀ), 馬子(ﾏｺ), ラバ引き.

a·rries·ga·do, da [アリエスガド, ダ]《過去分詞》→ arriesgar 危険にさらす.
— 形 1 危険な. 2 無謀な, 軽率な.

a·rries·gar [アリエスガル] 他《活 47 llegar》1 …を危険にさらす. 2 思い切って…する.
— *arriesgar-se* 再 危険をおかす.

a·rri·ma·do, da [アリマド, ダ]《過去分詞》→ arrimar 近づける.
— 形 1 実物そっくりな. 2 (+con...) …と愛人関係にある.

a·rri·mar [アリマル] 他 …を(+a... …に)近づける, (…の)そばに置く.
— *arrimar-se* 再 (+a... …に)近づく, 寄りかかる.
arrimar un golpe a... …を殴る.

活 は活用形 複 は複数形 男 は男性名詞 女 は女性名詞 固 は固有名詞 代 は代名詞 自 は自動詞

ar·te

arrimarse al sol que más calienta 強い方につく.
a·rri·mo [アリモ] 男 1 支え, 支持. 2 好み. 3 接近.
— 活 → arrimar 近づける.
al arrimo de... …に支持されて.
a·rrin·co·na·do, da [アリンコナド, ダ] 《過去分詞》→ arrinconar 追いこむ.
— 形 1 隅(ੁ)に追いやられた. 2 見すてられた.
a·rrin·co·nar [アリンコナル] 他 1 …を追いむ, 追いこむ. 2 …を見すてる, 無視する. 3 …をしまいこむ, 追いやる.
a·rris·car [アリスカル] 他 《活 73 sacar》…を危険にさらす.
— arriscarse 再 危険をおかす.
a·rrit·mia [アリトミア] 女 〈医学〉不整脈.
a·rro·ba [アロバ] 女 1〈重量の単位〉(11.5 キロ相当の)アロバ. 2〈容量の単位〉(ワインで約 16 リットル, 油で約 12.5 リットルの)アロバ.
por arrobas 大量に, ふんだんに.
a·rro·ba·mien·to [アロバミエント] 男 〈宗教〉法悦境. 2 恍惚(ミャ)状態, 有頂点.
a·rro·bar [アロバル] 他 …をうっとりさせる, 夢中にさせる.
— arrobarse 再 うっとりする.
a·rro·ce·ro, ra [アロセロ, ラ] 形〈穀物〉米の.
— 男 米の生産者, 稲作農民.
a·rro·di·llar [アロディジャル] 他 …をひざまずかせる.
— arrodillarse 再 ひざまずく.
a·rro·ga·ción [アロガシオン] 女〈法律〉養子縁組, 養子の入籍.
a·rro·gan·cia [アロガンシア] 女 1 横柄さ, 尊大. 2 勇気, 大胆さ, 豪放.
a·rro·gan·te [アロガンテ] 形 1 横柄な, 尊大な. 2 勇敢な, 大胆な.
a·rro·gar [アロガル] 他 《活 47 llegar》〈法律〉…を養子にする.
— arrogarse 再 …を自分のものにする.
a·rro·ja·di·zo, za [アロハディソ, サ] 形 投げられうる/*arma arrojadiza* 投石用具.
a·rro·ja·do, da [アロハド, ダ] 《過去分詞》→ arrojar 投げる.
— 形 果敢な, 勇敢な.
a·rro·jar [アロハル] 他 1 …を投げる, ほうる. 2 …を追放する, ほうり出す. 3 …を吐きだす, 放つ. 4 …をほうりこむ, 投げ入れる. 5 …を(結果として)はじき出す, 示す.
— arrojarse 再 1 (+a, en... に)飛びこむ, 身を投げる. 2 (+a, contra, sobre... に)飛びかかる, 突進する.
arrojarse a los pies de... (願い事のため)…の足下にひれ伏す.
a·rro·jo [アロホ] 男 決断, 勇気, 大胆さ.
a·rro·lla·dor, do·ra [アロジャドル, ドラ] 形 1 巻きつけるような. 2 決定的な, 圧倒的な. 3 破壊的な. 4 有無を言わさない.
a·rro·llar [アロジャル] 他 1 (自動車などが)…の上にのしかかる, …をひく. 2 …を制圧する, 圧倒する. 3 …を踏みにじる.
a·rro·par [アロパル] 他 1 …に衣服を着せる. 2 …を保護する, 助ける.
— aroparse 再 服を着る, 着こむ.
a·rro·pe [アロペ] 男〈料理〉(煮つめた)ブドウ果汁シロップ.
a·rros·trar [アロストラル] 他 …に立ち向かう, …と対決する.
— arrostrarse 再 (+con...) …に対抗する.
a·rro·yo [アロヨ] 男 1 小川. 2 流出, 流れ. 3 (道端の)下水溝, 側溝. 4 みじめな生活.
criar·se en el arroyo 貧しい育ちである.
echar a... al arroyo …を追い出す, 解雇する.
sacar a... del arroyo (浮浪児などを)引き取る.
a·rroz [アロス] 男 《複 arroces》1〈植物〉イネ[稲]. 2 米, ご飯/*arroz a la italiana*〈料理〉リゾット, *arroz blanco* ご飯.
a·rro·zal [アロさル] 男 稲田, 水田, たんぼ.
a·rru·ga [アルガ] 女 (皮膚や布の)しわ.
— 活 → arrugar しわくちゃにする.
a·rru·ga·mien·to [アルガミエント] 男 1 しわ, しわを作ること. 2 ひるみ, おじけ.
a·rru·gar [アルガル] 他 《活 47 llegar》1 …をしわくちゃにする. 2 (眉など)にしわを寄せる.
— arrugarse 再 (+ante... に)ひるむ, おじけづく.
a·rrui·nar [アルイナル] 他 1 …を破滅させる. 2 …を破壊する. 3 …を破産させる.
— arruinarse 再 破滅する. 2 破産する.
a·rru·llar [アルじゃル] 他 1 (子供)を歌って寝かしつける. 2 (音が)…をうっとりさせる. 3 …に甘い言葉をささやく. 4 (雄鳩などが雌)に鳴いて求愛する.
— 自 (鳩などが)クークーと鳴く.
a·rru·llo [アルじょ] 男 1 子守歌. 2 (求愛の)甘いささやき. 3 (鳩などの)鳴き声. 4 (せせらぎのような)耳に快い音.
a·rru·ma·cos [アルマコス] 男複 1 愛のささやき. 2 愛撫.
ar·se·nal [アルセナル] 男 1 武器庫, 兵器庫. 2 (情報)貯蔵庫, 宝庫.
ar·sé·ni·co [アルセニコ] 男〈化学〉砒素(ǒ).
ar·te [アルテ] 男《単数形は男性形, 複数形は女性形》1 芸術, 美術. 2 技能, 技術, 技巧. 3 巧みさ, 奸計(ॅ). 4 学術, 学芸/*artes liberales* (中世ヨーロッパの大学の)自由教養 7 科目[→ trivio, cuadrivio].
arte culinario 料理法.
artes decorativas 装飾芸術.
artes gráficas グラフィックアート.
artes marciales 武道.
artes plásticas 造形芸術.

他 は他動詞 再 は再帰動詞 形 は形容詞 副 は副詞 前 は前置詞 接 は接続詞 間 は間投詞

ar·te·fac·to

bellas artes（美術や音楽などを総合的に含んだ）芸術.
con malas artes 策略を使って.
...de arte mayor [menor] 9音節以上の[8音節以下の](詩行).
de buen arte うまく, きれいに.
de mal arte へたに, でたらめに.
no tener arte ni parte en... …に全然関係がない.
por amor al arte 趣味として, 無料で.
por arte de birlibirloque 摩訶(ま)不思議にも, 魔法のように.
por buenas o malas artes 手段を問わず.
séptimo arte 第7芸術[= 映画].
sin arte 味もなく, へたに.
sin arte ni tino でたらめに, おざなりに.

ar·te·fac·to [アルテふぁクト] 男 1 大仕掛け, (大型)装置. 2 ぽんこつ.
ar·te·jo [アルテホ] 男 1 指の関節. 2 (昆虫などの)体節.
ar·te·mi·sa [アルテミサ] 女 〈植物〉ヨモギ.
ar·te·ria [アルテリア] 女 1 〈解剖学〉動脈. 2 (交通や通信の)幹線, 動脈.
ar·te·rí·a [アルテリア] 女 1 ずる賢さ. 2 策略.
ar·te·rial [アルテリアる] 形 〈解剖学〉動脈の.
ar·te·rios·cle·ro·sis [アルテリオスクれロシス] 女 《単複同形》〈医学〉動脈硬化.
ar·te·ro, ra [アルテロ, ラ] 形 わる賢い, ずるい.
ar·te·sa [アルテサ] 女 1 (パン生地などをこねる)桶. 2 飼い葉桶.
ar·te·sa·nal [アルテサナる] 形 1 手工業の. 2 職人の.
ar·te·sa·ní·a [アルテサニア] 女 1 手工芸, 手工業. 2 手工芸品. 3 手仕事. 4 (工芸的)技能. 5 〈階級〉職人.
ar·te·sa·no, na [アルテサノ, ナ] 形 手工芸の.
—男女〈人〉職人, 手芸家, 手工業者.
ar·te·so·na·do [アルテソナド] 男 〈建築〉格(ご)天井.
ár·ti·co, ca [アルティコ, カ] 形 北極の, 北極地方の.
ar·ti·cu·la·ción [アルティクらシオン] 女 1 連結. 2 〈解剖学〉関節. 3 〈音声学〉調音, 発音.
ar·ti·cu·la·da·men·te [アルティクらダメンテ] 副 はっきりとした発音で.
ar·ti·cu·la·do¹ [アルティクらド] 男 1 〈法律〉(集合的に)条項. 2 〈動物学〉体節動物.
ar·ti·cu·la·do², da [—, ダ] 《過去分詞》→ articular 連結する.
—形 1 連結された. 2 〈言語学〉調音された, 明瞭な発音の, 分節的な. 3 〈音声学〉関節でつながった. 4 〈動物学〉関節のある.
ar·ti·cu·lar [アルティクらル] 他 1 …を連結する. 2 〈音声学〉調音する, 明瞭に発音する. 3 (関係事項などを)とりまとめて整理する.
—形 〈解剖学〉関節の.

ar·ti·cu·la·to·rio, ria [アルティクらトリオ, リア] 形 〈音声学〉調音の.
ar·ti·cu·lis·ta [アルティクリスタ] 男女 1 論説記者, コラムニスト. 2 寄稿者, 投稿者.
ar·tí·cu·lo [アルティクろ] 男 1 商品, 物品. 2 〈文法〉冠詞. 3 (新聞などの)記事, 論説, 論文. 4 (法律や規程の)条項, 箇条. 5 (辞書の)見出し語, 項目.
artículo definido [determinado] 〈文法〉定冠詞.
artículo de fondo 社説, 論説.
artículo indefinido [indeterminado] 〈文法〉不定冠詞.
como artículo de fe 絶対的な真理として.
hacer el artículo de... …を売りとし.
ar·tí·fi·ce [アルティふぃせ] 男女 1 考案者. 2 実行担当者. 3 張本人. 4 職人. 5 達人.
ar·ti·fi·cial [アルティふぃしアる] 形 1 人工の, 人造の. 2 模造の. 3 不自然な.
ar·ti·fi·cial·men·te [アルティふぃしアるメンテ] 副 1 人工的に. 2 わざとらしく.
ar·ti·fi·cie·ro [アルティふぃしエロ] 男 1 花火職人. 2 〈軍隊〉火薬専門の技術兵.
ar·ti·fi·cio [アルティふぃしオ] 男 1 仕掛け, 装置. 2 技巧, 不自然なまでの工夫. 3 ごまかし, 二枚舌.
ar·ti·fi·cio·so, sa [アルティふぃしオソ, サ] 形 1 まやかしの, 二枚舌を使う. 2 不自然な.
ar·ti·lle·rí·a [アルティじェリア] 女 1 砲術. 2 (集合的に)砲, 大砲. 3 砲兵隊. 4 努力, 手段.
ar·ti·lle·ro [アルティじェロ] 男 砲兵.
ar·ti·lu·gio [アルティるヒオ] 男 大仕掛け, 大げさな装置.
ar·ti·ma·ña [アルティマニャ] 女 策略, わな.
ar·tis·ta [アルティスタ] 男女 1 芸術家, 画家. 2 芸能人, タレント. 3 達人, 名人.
ar·tís·ti·ca·men·te [アルティスティカメンテ] 副 芸術的に, 美的に.
ar·tís·ti·co, ca [アルティスティコ, カ] 形 1 芸術の, 美術の. 2 芸術的な, 美的な.
ar·trí·ti·co, ca [アルトリティコ, カ] 形 〈医学〉関節炎の.
—男女〈医学〉関節炎患者.
ar·tri·tis [アルトリティス] 女 《単複同形》〈医学〉関節炎.
ar·tró·po·dos [アルトロポドス] 男複 〈動物学〉(分類の)節足動物.
ar·tro·sis [アルトロシス] 女 《単複同形》〈医学〉関節症.
ar·tú·ri·co, ca [アルトゥリコ, カ] 形 アーサー王の／*leyendas artúricas* アーサー王伝説.
Ar·tu·ro [アルトゥロ] 固 1 〈男子の名〉アルトゥロ. 2 (6世紀英国の伝説上の)アーサー王.
ar·zo·bis·pa·do [アルそビスパド] 男 〈宗教〉(カトリックの)大司教区, 大司教職.
ar·zo·bis·pal [アルそビスパる] 形 大司教職の.
ar·zo·bis·po [アルそビスポ] 男 〈宗教〉大司教.

活 は活用形 複 は複数形 男 は男性名詞 女 は女性名詞 固 は固有名詞 代 は代名詞 自 は自動詞

ar·zón [アルソン] 男 (鞍の骨組みの)鞍橋(くらぼね).

as [アス] 男 **1** (トランプの)エース, (さいころの)1の目. **2** 第一人者, エース.

a·sa [アサ] 女 《単数定冠詞は el》**1** (容器の)取っ手, 柄. **2** (植物の)樹液.
— 活 → asar 焼く.

a·sa·do¹ [アサド] 男 《料理》焼き肉, ステーキ, バーベキュー.

a·sa·do², da [—, ダ] 《過去分詞》→ asar 焼く.
— 形 《料理》焼いた, あぶった／pollo *asado* ローストチキン.

a·sa·dor [アサドル] 男 《料理》焼き肉器, 焼き串, バーベキューグリル.

a·sa·du·ras [アサドゥラス] 女複 (動物の)内臓, はらわた.

a·sa·e·te·ar [アサエテアル] 他 **1** …を矢で射止める. **2** …に矢を放つ. **3** …をしきりに悩ませる.

a·sa·la·ria·do, da [アサらリアド, ダ] 形 給与所得者の, サラリーマンの.
— 男女 給与所得者, サラリーマン.

a·sal·tan·te [アサるタンテ] 形 襲いかかる.
— 男女 襲撃者.

a·sal·tar [アサるタル] 他 **1** …を襲撃する, …に押し入る. **2** …に急に近づく. **3** (考えなどが)…に急に思い浮かぶ.

a·sal·to [アサると] 男 **1** 襲撃, 攻撃, 急襲. **2** 急接近. **3** (ボクシングなどの)ラウンド.
— 活 → asaltar 襲撃する.

a·sam·ble·a [アサンブれア] 女 **1** 集会, 会合, 会議／*asamblea* general 総会. **2** 議会／*Asamblea* Nacional 国会.

a·sam·ble·ís·ta [アサンブれイスタ] 男女 **1** 参会者, 出席者. **2** 議員.

a·sar [アサル] 他 **1** 《料理》(肉など)を焼く, あぶる. **2** …をしきりに悩ませる.
— asarse 再 (人が)とても暑い[熱い].

a·saz [アサす] 副 たいへん, とても, かなり.

as·cen·den·cia [アスセンデンれア] 女 **1** (集合的に)先祖, 祖先. **2** 家系, 血筋.

as·cen·den·te [アスセンデンテ] 形 上昇してゆく, のぼっていく.
— 男 《占星術》上昇点の星座, 星位.

as·cen·der [アスセンデル] 自 《活 58 perder》 **1** 上昇する, あがる, のぼる. **2** (+a+数値)…に達する. **3** (+a+地位)…に昇進する, 就任する.
— 他 (+a…, …に)昇進させる.

as·cen·dien·te [アスセンディエンテ] 形 上昇する, 上向きの.
— 男女 (ひとりひとりの)先祖, 祖先.
— 男 影響力, 感化力.

as·cen·sión [アスセンスィオン] 女 **1** 上昇, 高所に登ること. **2** (キリストの)昇天.

as·cen·so [アスセンソ] 男 **1** 上昇. **2** 昇進, 昇級.

as·cen·sor [アスセンソル] 男 エレベーター, リフト.

as·cen·so·ris·ta [アスセンソリスタ] 男女 《人》エレベーター係.

as·ce·ta [アスセタ] 男女 禁欲者, 苦行者.

as·cé·ti·co, ca [アスセティコ, カ] 形 禁欲的な, 苦行の.

as·ce·tis·mo [アスセティスモ] 男 禁欲, 禁欲主義, 苦行.

asciend- 活 → ascender 上昇する《活 58》.

as·co [アスコ] 男 **1** 嫌悪感, 不快感. **2** 吐き気, むかつき. **3** 出来そこない, くず.
dar asco a… …に吐き気を起こさせる.
hacer ascos a… …を毛嫌いする, 不当にけなす.
hecho un asco 心身共に最悪で, ひどく汚れて.
¡Qué asco! なんて, いやな!
ser un asco くずである.

as·cua [アスクア] 女 《単数定冠詞は el》真っ赤になった炭火[石炭], おき[燠].
¡Ascuas! 痛い!
arrimar el ascua a su sardina 自分だけ得をしようとする.
en [sobre] ascuas 不安な, びっくりした.
estar echando ascuas 激怒している.
tener ojos como ascuas 目を輝かせている.

a·se·a·do, da [アセアド, ダ] 《過去分詞》→ asear きれいにする.
— 形 きちんとなった, 清潔な.

a·se·ar [アセアル] 他 …をきれいにする, 整理整頓する.
— asearse 再 身ぎれいにする, 身づくろいする.

a·se·chan·za [アセチャンさ] 女 **1** わな. **2** 待ち伏せ.

a·se·char [アセチャル] 他 **1** …にわなを仕掛ける. **2** …を待ち伏せる.

a·se·diar [アセディアル] 他 **1** …を包囲する, 封鎖する. **2** …をしつこく悩ませる.

a·se·dio [アセディオ] 男 **1** 包囲, 封鎖. **2** わずらわしさ, うるささ.

a·se·gu·ra·do, da [アセグラド, ダ] 《過去分詞》→ asegurar 保証する.
— 形 **1** 確実な. **2** 保険に入っている.

a·se·gu·ra·dor, do·ra [アセグラドル, ドラ] 形 **1** 確保するための. **2** 保証する. **3** 保険の.
— 男女 **1** 保証人. **2** 保険業者.

a·se·gu·rar [アセグラル] 他 **1** …を保証する, 確言する. **2** …を確保する. **3** …をしっかり留める. **4** …に(+contra… …の)保険をかける.
— asegurarse 再 **1** (+de…)…を確かめる, 念を押す. **2** (+contra… …の)保険に入る.

a·se·me·jar [アセメハル] 他 …を(+a… …に)似せる, 似させる.
— asemejarse 再 (+a…)…に(+en… …の点で)似ている.

a·sen·so [アセンソ] 男 是認, 承認.

a·sen·ta·de·ras [アセンタデラス] 女複 おしり[尻], おけつ.

a·sen·ta·do, da [アセンタド, ダ] 《過去分詞》→ asentar 固定する.
— 形 **1** (+en…)…に位置している. **2** 固定して

いる. 3 分別のある, 賢明な.

a·sen·ta·mien·to [アセンタミエント] 男 1 固定, 設置. 2 定住, 定着. 3 定住地. 4 (胃などの) おさまり, 安定.

a·sen·tar [アセンタル] 他《活 57 pensar》1 …を固定する, 確保する. 2 …を平らにする, ならす. 3 …をおさめ, 静める. 4 (殴打など)を命中させる. 5 …を(+en+地位など) (…に)任命する.
— 自 安定する.
— **asentarse** 再 1 (+en…) …に定住する. 2 (ごみやちりが)沈殿する, おさまる.

a·sen·ti·mien·to [アセンティミエント] 男 承認, 承諾.

a·sen·tir [アセンティル] 自《活 77 sentir》(+a…) …に同意する, (…を)承認する.

a·se·o [アセオ] 男 1 清潔, 整頓. 2 お手洗い, 便所[= cuarto de aseo].

a·sep·sia [アセプシア] 女 1 無菌状態. 2 無菌法.

a·sép·ti·co, ca [アセプティコ, カ] 形 1 無菌の. 2 冷静な, 淡々とした.

a·se·qui·ble [アセキブレ] 形 1 入手可能な. 2 近づきやすい.

a·ser·ción [アセルシオン] 女 断言, 主張.

a·se·rra·de·ro [アセラデロ] 男 製材所.

a·se·rra·do, da [アセラド, ダ] 《過去分詞》 → aserrar のこぎりで引く.
— 形 のこぎり[鋸]の歯のような, 鋸歯(きょし)状の.

a·se·rrar [アセラル] 他《活 57 pensar》…をのこぎり[鋸]で切る.

a·ser·ti·vo, va [アセルティボ, バ] 形 1 断定的な, 肯定的な. 2〈文法〉断定文の.

a·ser·to [アセルト] 男 断言, 確信.

a·se·si·nar [アセシナル] 他 1 …を暗殺する, 殺害する. 2 …をひどく苦しめる.

a·se·si·na·to [アセシナト] 男 暗殺, 殺人.

a·se·si·no, na [アセシノ, ナ] 男 女 暗殺者, 殺人犯人.
— 形 1 暗殺の, 殺人の. 2 残忍な, 無気味な.

a·se·sor, so·ra [アセソル, ソラ] 男 女 顧問, コンサルタント.
— 形 顧問の, 助言役の.

a·se·so·ra·mien·to [アセソラミエント] 男 助言, 勧告.

a·se·so·rar [アセソラル] 他 …に忠告する, 助言する.
— **asesorarse** 再 (+con, de…) …の助言を受け入れる, …に助言を求める.

a·se·so·rí·a [アセソリア] 女 1 顧問の職[地位]. 2 顧問事務所.

a·ses·tar [アセスタル] 他 1 (げんこつなど)をくらわせる. 2 (視線など)を向ける.

a·se·ve·ra·ción [アセベラシオン] 女 断定, 肯定, 主張.

a·se·ve·rar [アセベラル] 他 …を断定する, 肯定する, 主張する.

a·se·ve·ra·ti·vo, va [アセベラティボ, バ] 形 断定的な, 肯定的な.

as·fal·ta·do [アスふァるタド] 男 アスファルト舗装.

as·fal·tar [アスふァるタル] 他 …をアスファルト舗装する.

as·fál·ti·co, ca [アスふァるティコ, カ] 形 アスファルトの.

as·fal·to [アスふァるト] 男 アスファルト.

as·fi·xia [アスふィクシア] 女 1〈医学〉窒息. 2 息苦しさ.

as·fi·xian·te [アスふィクシアンテ] 形 1 窒息させるような. 2 息の詰まりそうな.

as·fi·xiar [アスふィクシアル] 他《活 17 cambiar》…を窒息させる.
— **asfixiarse** 再 窒息する.

asg- 活 → asir つかむ《活 10》.

a·sí [アシ] 副 1 このように, このように. 2 (文脈で間投詞的に) (+接続法) …でありますように!
— 形 (名詞の後ろで)このような, そのような.
— 接 1 (結果を表わして)それゆえ, したがって. 2 (譲歩を表わして) (+接続法) …であるとしても.
— 活 → asir つかむ《活 10》.

así, así まあまあ, こんなもので.
...así como〜 …するやいなや…. 2 ちょうど 〜のように…. 3 〜を, そしてまた 〜も.
así… como〜 …も, また 〜も.
así como así 1 いずれにせよ. 2 軽々しく.
así de (+形容詞)それほど….
Así es. その通りです.
así es que… したがって ….
así mismo 同様に.
Así no más. まあ, そんなところです.
así o (*que*) *así* いずれにせよ.
así pues… それゆえに….
así que… それゆえ …. 2 …するとすぐ.
así… que〜 1 とても …なので 〜. 2 …であり, それで 〜.
¡Así sea! そうなりますように!
así y todo… それにもかかわらず ….
aun así… そうだとしても ….
(数量+) *o así* …か, それくらい.
por decirlo así… 言ってみれば ….
siendo así (*que*)… そういうことだから ….
y así… そしてそのうえ ….

A·sia [アシア] 固《大陸の名》アジア.

a·siá·ti·co, ca [アシアティコ, カ] 形 アジアの, アジア的な.
— 男 女 アジア人.

a·si·bi·lar [アシビらル] 他〈音声学〉…を擦音(きつおん)化する.

a·si·de·ro [アシデロ] 男 1 (精神的な)支え. 2 取っ手. 3 手掛かり, 口実.

a·si·dua·men·te [アシドゥアメンテ] 副 根気よく, 勤勉に.

a·si·dui·dad [アシドゥイダス] 女 1 根気のよさ,

活 は活用形 複 は複数形 男 は男性名詞 女 は女性名詞 固 は固有名詞 代 は代名詞 自 は自動詞

勤勉. 2 頻繁.
a·si·duo, dua [アシドゥオ, ドゥア] 形 1 根気のよい, 勤勉な. 2 頻繁な.
— 男 女 〈人〉常連, お得意.
asient- 活 1 → asentar 固定する《活 57》. 2 → asentir 同意する《活 77》.
a·sien·to [アシエント] 男 1 腰掛け, 椅子, 座席. 2 (建物などの)所在地, 場所. 3 (委員会などの構成員資格としての)席／tener un *asiento* en...…の構成員である. 4 (物の)台, 基盤. 5 記入, 記帳. 6 滞在, 定住. 7 安定性, 持続性.
— 活 → asentar 固定する《活 57》, asentir 同意する《活 77》.
asiento de pastos 〈植物〉エニシダ.
asiento reclinable リクライニングシート.
de asiento 1 固定して, 定住して. 2 分別のある.
hacer asiento 安定する, 住みつく.
no calentar el asiento 腰が落ち着かない, 根気がない.
pegar·se a... el asiento …が長居する, 居座る.
tomar asiento 1 座る. 2 定住する.
a·sig·na·ble [アシグナブレ] 形 割り当て可能な, 委託できる.
a·sig·na·ción [アシグナシオン] 女 1 割り当て, 配分. 2 (経費としての)手当, 給金.
a·sig·nar [アシグナル] 他 1 …を割り当てる, あてがう. 2 …を支給する.
a·sig·na·tu·ra [アシグナトゥラ] 女 (授業の)学科目, 教科.
a·si·la·do, da [アシラド, ダ] 男 女 (施設の)被収容者.
a·si·lo [アシロ] 男 1 収容施設, ホーム. 2 避難所. 3 保護, 庇護(ﾋﾟ).
asilo de ancianos 老人ホーム.
asilo de huérfanos 孤児院.
asilo político 亡命の受け入れ.
a·si·me·trí·a [アシメトリア] 女 非対称, 不均整.
a·si·mé·tri·co, ca [アシメトリコ, カ] 形 非対称的な, 均整のとれていない.
a·si·mi·la·ción [アシミラシオン] 女 同化, 同化作用, 同化力.
a·si·mi·lar [アシミラル] 他 1 (知識や食べ物)を消化吸収する. 2 …を(+a...)…に同化する, …と同等に扱う.
— **asimilar·se** (+a...)…に同化する, 似る.
a·si·mis·mo [アシミスモ] 副 1 …もまた, 同様に. 2 そのままに.
asint- 活 → asentir 同意する《活 77》.
a·sir [アシル] 他 《活 10》…をつかむ, つかまえる.
— **asir·se** (+a, de...)(倒れないように)…につかまる, しがみつく.
a·si·rio, ria [アシリオ, リア] 形 (古代オリエントの)アッシリア Asiria の.
— 男 女 アッシリア人.

a·sis·ten·cia [アシステンシア] 女 1 出席, 列席. 2 (集合的に)出席者, 参列者. 3 援助, 協力, 救護.
a·sis·ten·ta [アシステンタ] 女 〈人〉お手伝いさん, 家政婦, 女中(ｼﾞｮ).
a·sis·ten·te [アシステンテ] 男 女 1 出席者, 入場者. 2 助手, 補佐.
— 形 1 出席している. 2 補佐の.
— 男 〈軍隊〉当番兵.
asistente social (社会福祉の)ソーシャルワーカー.
a·sis·tir [アシスティル] 他 1 …を援助する, 補佐する, 助ける. 2 …を救護する, …の世話をする, …に付きそう. 3 (道理などが)…の側にある.
— 自 1 (+a...…に)出席する. 2 家事をこなす.
as·ma [アスマ] 女〈単数定冠詞は el〉〈医学〉喘息(ｾﾞﾝ).
as·má·ti·co, ca [アスマティコ, カ] 形〈医学〉喘息(ｾﾞﾝ)の.
as·nal [アスナル] 形 1 ロバの. 2 愚かな.
as·no [アスノ] 男 1〈動物〉ロバ. 2〈人〉ばか.
a·so·cia·ción [アソシアシオン] 女 1 連合, 結合. 2 協会, 組合, 学会. 3 (集合的に協会などの)会員.
a·so·cia·do, da [アソシアド, ダ] 《過去分詞》→ asociar 関連づける.
— 形 1 関連した, 加入した. 2 共同の. 3 非常勤の／profesor *asociado* 非常勤講師.
— 男 女 1 組合員, 会員. 2 同僚.
a·so·ciar [アソシアル] 他 《活 17 cambiar》 1 …を(+a, con...…と)関連づける, 連合させる. 2 …を(+a...…に)参加させる, 加入させる.
— **asociar·se** (+a, con...…と)結びつく, 連合する.
a·so·la·ción [アソラシオン] 女 破壊, 荒廃.
a·so·lar [アソラル] 他 《活 22 contar》 1 …を壊滅させる, 全壊させる. 2 (暑熱が作物等)を枯らす.
a·so·le·ar [アソレアル] 他 …を日光にさらす.
— **asolear·se** 再 1 日光浴をする. 2 日射病にかかる.
a·so·mar [アソマル] 他 …を(+a, por...…から)のぞかせる, 見せる.
— 自 姿を見せる, 出てくる.
— **asomar·se** 再 1 (+a, por...…から)顔をのぞかせる, 顔を出す. 2 (+a...…に)姿を見せる. 3 (+a...…を)ちらっとのぞく.
a·som·bra·do, da [アソンブラド, ダ] 《過去分詞》→ asombrar 驚かす.
— 形 驚いた, びっくりした.
a·som·brar [アソンブラル] 他 …を驚かす, びっくりさせる.
— **asombrar·se** 再 驚く, びっくりする.
a·som·bro [アソンブロ] 男 1 驚き, 感嘆. 2 驚くべき様子[程度].
— 活 → asombrar 驚かす.

a·som·bro·sa·men·te [アソンブロサメンテ] 副 目ざましく, 驚くほどに.

a·som·bro·so, sa [アソンブロソ, サ] 形 驚くべき, びっくりするほどの, 目ざましい.

a·so·mo [アソモ] 男 きざし, 兆候, 気配.

a·so·nan·cia [アソナンシア] 女 〈詩法〉(強勢母音と最後の母音を合わせる) 類音韻.

a·so·nan·te [アソナンテ] 形 〈詩法〉類音韻の.

as·pa [アスパ] 女 《単数定冠詞は el》1 (X字形の) 風車の羽根. 2 X字形のもの.

as·pa·vien·to [アスパビエント] 男 大げさな感情表現.

as·pec·to [アスペクト] 男 1 外観, 様相. 2 〈言語学〉(動作の) 相, アスペクト. 3 (問題などの) 局面, 見地, 見方.

ás·pe·ra·men·te [アスペラメンテ] 副 ぞんざいに, つっけんどんに.

as·pe·re·za [アスペレサ] 女 1 粗さ, ざらつき. 2 無愛想, つっけんどん. 3 (気候などの) 厳しさ, 苛酷(ごく)さ.

ás·pe·ro, ra [アスペロ, ラ] 形 1 ざらざらした, ざらっとした. 2 つっけんどんな, 無愛想な. 3 (気候などの) 厳しい, 苛酷(ごく)な.

as·per·sión [アスペルシオン] 女 1 (水などの) 散布, 散水. 2 (カトリックの) 灌水(かんすい).

as·per·sor [アスペルソル] 男 散水装置, スプリンクラー.

ás·pid [アスピス] 男 《= áspide》〈動物〉(エジプトなどの) 毒蛇.

as·pi·ra·ción [アスピラシオン] 女 1 吸入, 呼吸. 2 熱望, 野望. 3 〈音声学〉帯気, 気音.

as·pi·ra·dor, do·ra [アスピラドル, ドラ] 男 女 電気掃除機.
— 形 吸入式の.

as·pi·ran·te [アスピランテ] 形 1 吸引の. 2 〈音声学〉気音の.
— 男 女 1 (+a... …への) 応募者, 志願者. 2 (地位などを) 熱望する者.

as·pi·rar [アスピラル] 他 1 (気体を) 吸入する, 吸う. 2 (機械が) …を吸引する, 吸い上げる. 3 〈音声学〉…を気音で発音する.
— 自 1 呼吸する, 吸いこむ. 2 (+a... …を) 熱望する.

as·pi·ri·na [アスピリナ] 女 〈医薬〉アスピリン.

as·que·a·do, da [アスケアド, ダ] 《過去分詞》→ asquear むかつかせた.
— 形 (+de... …に) うんざりした.

as·que·ar [アスケアル] 他 …をむかつかせる, …に吐き気を催させる.
— asquear·se 再 (+de... …に) うんざりする, むかつく.

as·que·ro·si·dad [アスケロシダス] 女 1 気持ちの悪さ. 2 不潔.

as·que·ro·so, sa [アスケロソ, サ] 形 1 うんざりさせる, 吐き気を起こさせる. 2 きたならしい, むさ苦しい.

as·ta [アスタ] 女 《単数定冠詞は el》1 (動物の) 角(つの). 2 旗竿. 3 (槍(やり)などの) 柄(え).

as·ta·do[1] [アスタド] 男 (闘牛用の) 牛.

as·ta·do[2], **da** [—, ダ] 形 〈動物〉角のある.

as·te·nia [アステニア] 女 〈医学〉無力症.

as·té·ni·co, ca [アステニコ, カ] 形 〈医学〉無力症の.
— 男 女 〈医学〉無力症患者.

as·te·ris·co [アステリスコ] 男 〈正書法〉星印, アステリスク[*].

as·te·roi·de [アステロイデ] 形 〈天文学〉星状の.
— 男 〈天文学〉小惑星.

as·tig·má·ti·co, ca [アスティグマティコ, カ] 形 〈医学〉乱視の.
— 男 女 乱視の人.

as·tig·ma·tis·mo [アスティグマティスモ] 男 〈医学〉乱視.

as·ti·lla [アスティじゃ] 女 (木材などの) 破片, 木くず.

as·ti·lle·ro [アスティじぇロ] 男 造船所.

as·tra·cán [アストラカン] 男 〈衣料〉(羊の毛皮の) アストラカン.

as·trá·ga·lo [アストラガロ] 男 1 〈建築〉(柱頭飾りの) 玉縁(たまぶち). 2 〈解剖学〉(かかとの上にある) 距骨(きょこつ).

as·tral [アストラル] 形 天体の, 星の.

as·trin·gen·te [アストリンヘンテ] 形 〈医薬〉収斂(しゅうれん)性の.
— 男 〈医薬〉収斂剤, アストリンゼン.

as·trin·gir [アストリンヒル] 他 《活 27 dirigir》〈医学〉…を収斂(しゅうれん)させる, 収縮させる.

as·tro [アストロ] 男 1 天体, 星. 2 〈人〉スター, 花形, 人気者.

as·tro·fí·si·ca[1] [アストロふぃシカ] 女 天体物理学.

as·tro·fí·si·co, ca[2] [アストロふぃシコ, —] 形 天体物理学の.
— 男 女 天体物理学者.

as·tro·la·bio [アストロらビオ] 男 (昔の天体観測儀の) アストロラーベ.

as·tro·lo·gí·a [アストロろヒア] 女 占星術, 星占い.

as·tró·lo·go, ga [アストロろゴ, ガ] 男 女 占星術師, 星占い師.

as·tro·nau·ta [アストロナウタ] 男 女 宇宙飛行士.

as·tro·náu·ti·ca[1] [アストロナウティカ] 女 宇宙航法, 宇宙飛行学.

as·tro·náu·ti·co, ca[2] [アストロナウティコ, —] 形 宇宙飛行の.

as·tro·na·ve [アストロナベ] 女 宇宙船.

as·tro·no·mí·a [アストロノミア] 女 天文学.

as·tro·nó·mi·co, ca [アストロノミコ, カ] 形 1 天文学の. 2 (数量が) 天文学的な, 途方もない.

as·tró·no·mo, ma [アストロノモ, マ] 男女 天文学者.

as·tro·so, sa [アストロソ, サ] 形 みすぼらしい, きたならしい, ぼろぽろの.

as·tu·sia [アストゥシア] 女 1 ずる賢い, 抜けめなさ. 2 策略, 悪だくみ.

as·tu·ria·no, na [アストゥリアノ, ナ] 形 アストゥリアス Asturias の.
— 男女 アストゥリアスの人.

As·tu·rias [アストゥリアス] 固〈地方の名〉(スペイン北西部の)アストゥリアス.

as·tu·ta·men·te [アストゥタメンテ] 副 ずる賢く, 抜けめなく.

as·tu·to, ta [アストゥト, タ] 形 ずる賢い, わる賢い, 抜けめのない.

a·sue·to [アスエト] 男 短い休息, 短期休暇.

a·su·mir [アスミル] 他 1 …を認識する, 把握する. 2 (責任など)を引き受ける. 3 …を推定する, 仮定する.

a·sun·ción [アスンシオン] 女 1 引き受け, 就任. 2 (カトリックの)聖母被昇天.

A·sun·ción [アスンシオン] 固 1〈都市の名〉(パラグアイの首都の)アスンシオン. 2 (カトリックの)聖母被昇天の祝日.

a·sun·to [アスント] 男 1 問題, 事柄, 事態. 2 (小説などの)主題, 題材. 3 仕事, 業務. 4 秘めた情事, スキャンダル.
¡Asunto concluido! これでいい！, 一件落着！
El asunto es que… 実は…ということだ.
Eso es otro asunto. それは関係ないよ.
ir al asunto 事の核心に迫る.

a·sus·ta·di·zo, za [アススタディソ, サ] 形 すぐに驚く, 臆病な.

a·sus·ta·do, da [アススタド, ダ] 《過去分詞》→ asustar こわがらせる.
— 形 こわがっている, びっくりしている.

a·sus·tar [アススタル] 他 1 …をこわがらせる, おびやかす, びっくりさせる.
— **asustar·se** 再 (+con, de, por… …に)おびえる.

a·ta·bal [アタバル] 男〈楽器〉(片面の小太鼓の)アタバル.

a·ta·ca·do, da [アタカド, ダ] 《過去分詞》→ atacar 攻撃する.
— 形 1 おどおどした. 2 けちくさい.

a·ta·can·te [アタカンテ] 形 攻撃する.
— 男女 攻撃者, 攻撃側.

a·ta·car [アタカル] 他 《活 73 sacar》 1 …を攻撃する, 襲う. 2 …を非難する, …に反論する. 3 (病気などが)…を襲う, 悩ます. 4 …を傷める, そこなう. 5 …を演奏し始める. 6 (仕事などに)取り組む, アタックする.

a·ta·di·jo [アタディホ] 男 不細工な小包み.

a·ta·do [アタド] 男 束, 包み.

a·ta·du·ra [アタドゥラ] 女 1 縛(lば)るもの. 2 縛ること. 3 連合, つながり, 絆(きず).

a·ta·jar [アタハル] 自 近道をする.
— 他 1 …を先回りして捕える. 2 …をさえぎる, 阻止する. 3 (相手)の話をさえぎる.
— **atajar·se** 再 どぎまぎする.

a·ta·jo [アタホ] 男 1 近道, 近回り. 2 群れ, グループ.
— 活 → atajar 近道をする.
No hay atajo sin trabajo. 急がば回れ.
salir a… al atajo …に口出しする.
tirar por el atajo 一番楽な手を使う.

a·ta·la·ya [アタラヤ] 女 見張り台, 監視塔.
— 男〈人〉見張り, 監視兵.

a·ta·ñer [アタニェル] 自《活 79 tañer》《3人称のみで使用》(+a…) …にかかわる.
por [en] lo que atañe a… …に関しては.

ataqu- 活 → atacar 攻撃する (活 73).

a·ta·que [アタケ] 男 1 攻撃, 襲撃. 2 (病気などの)発作, 急な発病.
¡Al ataque! かかれ!

a·tar [アタル] 他 1 …をくくる, 縛(lば)る. 2 …を束縛する, 拘束する. 3 …を組む, 関連づける.
— **atar·se** 再 (自分に何か)を結びつける, (自分の何か)を結ぶ／*atar·se* los zapatos(自分の)靴のひもを結ぶ.
atar cabos 思いめぐらす.
atar corto a… …をきつく締めつける.
atar la lengua a… …を黙らせる.
atar las manos a… …の自由を封じる.
loco de atar 完全に気が狂っている.
ni atar ni desatar 何の手も打たない.

a·ta·ra·xia [アタラクシア] 女 (心の)平静, 平安.

a·ta·ra·za·na [アタラサナ] 女 造船所.

a·tar·de·cer [アタルデセル] 自《活 4 agradecer》《主語なしの3人称単数形で使用》日が暮れる, 夕暮れになる.
— 男 日暮れ, 夕暮れ, たそがれ[黄昏].

a·ta·rea·do, da [アタレアド, ダ] 《過去分詞》→ atarear 仕事を指示する.
— 形 多忙な, 忙しい.

a·ta·re·ar [アタレアル] 他 …に仕事を指示する.

a·tas·ca·de·ro [アタスカデロ] 男 ぬかるみ, 泥沼.

a·tas·ca·do, da [アタスカド, ダ] 《過去分詞》→ atascar ふさぐ.
— 形 ふさがった, 詰まった.

a·tas·car [アタスカル] 他《活 73 sacar》 1 …をふさぐ, 詰まらせる. 2 …を邪魔する, 妨げる.
— **atascar·se** 再 詰まる, つかえる.

a·tas·co [アタスコ] 男 1 交通渋滞. 2 つかえ, 障害.

a·ta·úd [アタウス] 男 ひつぎ, 棺(ひつぎ).

a·ta·viar [アタビアル] 他《活 34 enviar》…を (+con, de… …で)飾りたてる, 着飾らせる.
— **ataviar·se** 再 (+con, de… …で)着飾る.

a·tá·vi·co, ca [アタビコ, カ] 形 古風な.

a·ta·ví·os [アタビオス] 男複 1 衣装. 2 盛装.

a·te·ís·mo [アテイスモ] 男 無神論.

a·te·mo·ri·zar [アテモリサル] 他《活 39 gozar》…をおびえさせる, こわがらせる.
— atemorizar·se 再 (+de, por… …に)おびえる.

a·tem·pe·rar [アテンペラル] 他 …を和らげる, 静める.
— atemperar·se 再 和らぐ, 落ち着く.

A·te·nas [アテナス] 固《都市の名》(ギリシアの首都の)アテネ.

a·te·na·zar [アテナサル] 他《活 39 gozar》1 …を(やっとこなどで)強く締めつける. 2 (感情など)を麻痺(ひ)させる.

a·ten·ción [アテンシオン] 女 1 注意, 注目, 関心. 2 心づくし, 敬意.
A la atención de… (送付物で)…様宛て.
¡Atención! 1 (号令で)気をつけ!, 注意!, 用意!. 2 (放送で)お知らせします!.
en atención a… …を考慮して.
llamar la atención a… 1 …の注意を引く. 2 …を叱る, …に注意をうながす.
prestar atención a… …に注目する.

a·ten·cio·nes [アテンシオネス] 女複《→ atención》1 世話, 気配り, 親切. 2 用事, 仕事.
deshacerse en atenciones con [para]… …を親切にもてなす.
tener mil atenciones con [para]… …にこまごまと気を配る.

a·ten·der [アテンデル] 他《活 58 perder》1 …に注意を払う. 2 …をもてなす, 世話する, 担当する. 3 …に付きそう, 応対する. 4 (要望など)を受け入れる.
— 自 1 (+a, con… …に)注意を払う, 対応する. 2 (+a… …を)考慮する.
atender al teléfono 電話に出る.
atender por… (ペットが)…という名前である.
bien atendido 配慮が行き届いている.
mal atendido 対応が悪い.

A·te·ne·a [アテネア] 固《女神の名》(ギリシア神話の)アテナ, アテネ.

a·te·ne·ís·ta [アテネイスタ] 男女 学芸協会員.

a·te·ne·o [アテネオ] 男 学芸協会.

a·te·ner·se [アテネルセ] 再《活 80 tener》1 (+a+規則など) …を守る, …に従う. 2 (+a…) …を当てにする.

a·te·nien·se [アテニエンセ] 形 (都市の)アテネ Atenas の.
— 男女 アテネの人.

a·ten·ta¹ [アテンタ] 女《→ atento》(通信文で相手の手紙を指して)お手紙, 貴信.

a·ten·ta·do [アテンタド] 男 1 (+contra… …への)襲撃, テロ行為, 侵害.

a·ten·ta·men·te [アテンタメンテ] 副 1 礼儀正しく, 丁寧に. 2 注意深く.

Le saluda atentamente, (手紙の)敬具.

a·ten·tar [アテンタル] 自《活 57 pensar》1 (+contra… …を)襲撃する. 2 (+contra… …を)そこね, 害する.

a·ten·to, ta² [アテント, —] 形 1 (+a… …に)注意を払った, 神経を集中した. 2 丁寧な, 礼儀正しい. 3 (+con… …に)親切な.
— 活 → atentar 襲撃する.

a·te·nua·ción [アテヌアシオン] 女 1 緩和, 軽減. 2《修辞学》曲言法. 3《法律》情状酌量. 4《語用論》和らげ表現.

a·te·nuan·te [アテヌアンテ] 形 1 和らげる, 軽くする. 2《法律》情状酌量の／circunstancia *atenuante* 酌量すべき事由.
— 男《法律》軽減事由.

a·te·nuar [アテヌアル] 他《活 1 actuar》1 …を和らげる, 軽くする, 弱める. 2《法律》(罪など)を軽減する.
— atenuar·se 再 和らぐ, 弱まる.

a·te·o, a [アテオ, ア] 形 無神論の.
— 男女 無神論者.

a·ter·cio·pe·la·do, da [アテルシオペラド, ダ] 形 ビロードのような.

a·te·ri·do, da [アテリド, ダ] 形 こごえた, かじかんだ.

a·te·rrar [アテラル] 他 …をおびえさせる.
— aterrar·se 再 (+de, por… …に)おびえる.

aterric- 活 → aterrizar 着陸する《活 39》.

a·te·rri·za·je [アテリサヘ] 男 着陸, 着地.

a·te·rri·zar [アテリサル] 自《活 39 gozar》1 着陸する, 着地する. 2 不意に現れる.

a·te·rro·ri·zar [アテロリサル] 他《活 39 gozar》…を震えあがらせる, おびえさせる.
— aterrorizar·se 再 (+de, por… …に)震えあがる.

a·te·so·rar [アテソラル] 他 1 …を秘蔵する. 2 (資質など)を備えている.

a·tes·ta·do¹ [アテスタド] 男 調書, 供述書.

a·tes·ta·do², da [—, ダ] 《過去分詞》→ atestar いっぱいにした.
— 形 1 満員の. 2 (+de… …で)いっぱいの.

a·tes·tar [アテスタル] 他《活 57 pensar》1 …を(+de, con… …で)いっぱいにする. 2 …にたらふく食べさせる.
— atestar·se 再 (+de… …を)たらふく食べる.

a·tes·ti·guar [アテスティグアル] 他《活 14 averiguar》…を証明する, 証言する, 立証する.

a·te·za·do, da [アテサド, ダ] 形 1 日焼けした. 2 黒ずんだ.

a·ti·bo·rrar [アティボラル] 他 …を詰めこむ.
— atiborrar·se 再 (+de… …を)たらふく食べる.

á·ti·co¹ [アティコ] 男 (建物の)最上階, ペントハウス.

á·ti·co², ca [—, カ] 形 (古代ギリシアの地方の)アッティカ Ática の.

— 男女 アッティカ人.
atiend- → atender 注意を払う《活 58》.
a·ti·gra·do, da [アティグラド, ダ] 形 虎の毛皮のような,まだら模様の.
a·til·da·do, da [アティるダド, ダ] 《過去分詞》→ atildar 着飾らせる.
— 形 めかしこんだ, しゃれた.
a·til·dar [アティるダル] 他 1 …を着飾らせる.
— **atildarse** 再 めかしこむ, 着飾る.
a·ti·na·do, da [アティナド, ダ] 《過去分詞》→ atinar 的中する.
— 形 的確な, ふさわしい.
a·ti·nar [アティナル] 自 1 (+a, con...) …に的中する, …をうまく見付ける. 2 (+en...) …のことで正しい判断をする. 3 (+a+不定詞) うまく…する.
a·ti·pla·do, da [アティプらド, ダ] 《過去分詞》→ atiplar 高音域にする.
— 形 高音域の, 甲(ポ)高い.
a·ti·plar [アティプらル] 他 (声や楽器を)高音域にする.
— **atiplarse** 再 (声や楽器の音が)高くなる.
a·tis·bar [アティスバル] 他 1 …を偵察する. 2 …をかすかに目にする. 3 …をわずかに察知する.
— **atisbarse** 再 かすかに見える.
a·tis·bo [アティスボ] 男 きざし, 兆候.
a·ti·za [アティさ] 間 《驚きや不快感の》まあ!
a·ti·za·dor [アティさドル] 男 (暖炉などの)火かき棒.
a·ti·zar [アティさル] 他《活 39 gozar》1 (火)をかき立てる. 2 (感情など)をあおる. 3 (殴打(袋っ)など)を食らわす.
at·lan·te [アトらンテ] 男 〈建築〉男像柱.
at·lán·ti·co, ca [アトらンティコ, カ] 形 大西洋の/el Océano Atlántico 大西洋.
at·las [アトらス] 男《単複同形》1 地図帳. 2 図解書, 図版集. 3 〈解剖学〉(頭部を支える)第1頸椎.
at·le·ta [アトれタ] 男女 1 陸上競技選手, 運動選手. 2 体格のいい人.
at·lé·ti·co, ca [アトれティコ, カ] 形 1 陸上競技の, 運動競技の. 2 体格のいい.
at·le·tis·mo [アトれティスモ] 男 陸上競技, 運動競技.
at·mós·fe·ra [アトモスふェら] 女 1 大気, 大気圏. 2 雰囲気, 気分. 3〈計測単位〉気圧.
at·mos·fé·ri·co, ca [アトモスふェりコ, カ] 形 1 大気の. 2 気圧の.
a·to·le [アトれ] 男 1〈植物〉スパルト草. 2 トウモロコシ飲料.
a·to·lla·de·ro [アトじゃデロ] 男 窮地, 難局.
a·to·llar·se [アトじョルセ] 再 窮地に陥る.
a·to·lón [アトろン] 男 (さんごの)環礁(ポよ).
a·to·lon·dra·do, da [アトろンドラド, ダ] 《過去分詞》→ atolondrar 当惑させる.

— 形 当惑した, まごついた.
a·to·lon·dra·mien·to [アトろンドラミエント] 男 当惑, まごつき.
a·to·lon·drar [アトろンドラル] 他 …を当惑させる, まごつかせる.
— **atolondrarse** 再 当惑する, まごつく.
a·tó·mi·co, ca [アトミコ, カ] 形 1 原子の. 2 原子力の/energía atómica 原子力エネルギー.
a·to·mi·za·dor [アトミさドル] 男 噴霧器, スプレー.
a·to·mi·zar [アトミさル] 他《活 39 gozar》…を霧状にする.
á·to·mo [アトモ] 男 1〈物理学〉原子. 2 わずかな量.
a·to·ní·a [アトニア] 女〈医学〉弛緩(ﾞか)症, アトニー. 2 無気力, 脱力感.
a·tó·ni·to, ta [アトニト, タ] 形 (+con, de, por... に)びっくりした, 驚いた.
á·to·no, na [アトノ, ナ] 形〈音声学〉アクセントのかからない, 無強勢の, 弱勢の.
a·ton·ta·da·men·te [アトンタダメンテ] 副 ぼうっとして, ぼんやりと.
a·ton·ta·do, da [アトンタド, ダ] 《過去分詞》→ atontar ぼうっとさせる.
— 形 ぼうっとした, ぼんやりした.
a·ton·ta·mien·to [アトンタミエント] 男 ぼうっとすること, ぼんやりした様子.
a·ton·tar [アトンタル] 他 1 …をぼうっとさせる. 2 …をぼけさせる.
— **atontarse** 再 1 ぼうっとする. 2 ぼける.
a·ton·to·li·nar [アトントりナル] 他《= atontar》…をぼうっとさせる.
a·to·rar [アトらル] 他 …を詰まらせる, ふさぐ.
— **atorarse** 再 1 詰まる. 2 (話し方が)しどろもどろになる.
a·tor·men·tar [アトルメンタル] 他 1 …を拷問にかける. 2 …を苦しめる, 不快にさせる.
— **atormentarse** 再 1 苦しむ. 2 (+con, de, por... に)悩む.
a·tor·ni·lla·dor [アトルニじゃドル] 男 ねじ回し, ドライバー.
a·tor·ni·llar [アトルニじゃル] 他 1 …をねじこむ, ねじで留める. 2 (人)を締めつける.
a·to·si·ga·mien·to [アトシガミエント] 男 1 せきたて, 強要. 2 あせり.
a·to·si·gar [アトシガル] 他《活 47 llegar》1 …をせきたてる, 強いる. 2 …をあせらせる, 不安にさせる.
— **atosigarse** 再 あせる, 不安になる.
a·tra·ca·de·ro [アトらカデロ] 男 (小型船の)船着き場, 桟橋.
a·tra·ca·dor, do·ra [アトらカドル, ドラ] 男女〈人〉強盗.
a·tra·car [アトらカル] 他 1 …を強奪する. 2 (船)を接岸させる, 係留する. 3 …に(+de... …)たらふく食べさせる.
— 自 (船が)接岸する.

他 は他動詞 再 は再帰動詞 形 は形容詞 副 は副詞 前 は前置詞 接 は接続詞 間 は間投詞

a·trac·ción

— **atracar·se** 再 (+de... …を)たらふく食べる.

a·trac·ción [アトラクしオン] 囡 1〈物理学〉引力. 2 (引きつける力としての)魅力／*sentir atracción por*... …に引かれる. 3 引きつけるもの, 関心の的. 4 (遊園地などの)乗り物, 見せ物, アトラクション／*parque de atracciones* 遊園地.

a·trac·co [アトラコ] 男〈行為〉強盗, 強奪.
— **atracar·se** 活 → atracar 強奪する.

a·trac·cón [アトラコン] 男 食べすぎ, 飲みすぎ.

a·trac·ti·vo¹ [アトラクティボ] 男 (引きつける特質としての)魅力.

a·trac·ti·vo², va [―, バ] 形 引きつける力のある, 魅力的な.

a·tra·er [アトラエル] 他《活 81 traer》1 …を引きつける, 引き寄せる, 魅了する. 2 …に興味を起こさせる.
— **atraer·se** …を自分のほうに引き寄せる.

a·tra·gan·tar·se [アトラガンタルセ] 再 1 (+con...) 喉(%)が詰まる. 2 (+a...) …に嫌気を起こさせる, …を怒らせる.

atraig- 活 → atraer 引きつける《活 81》.

atraj- 活 → atraer 引きつける《活 81》.

a·tran·car [アトランカル] 他《活 73 sacar》1 …にかんぬき[錠]をかける, …を閉ざす, さえぎる.
— **atrancar·se** 再 1 (管などが)ふさがる, 詰まる. 2 (機械が)動かなくなる. 3 口ごもる, 言葉に詰まる.

a·tra·par [アトラパル] 他 1 …に追いつく. 2 …を捕える. 3 (病気などに)かかる.

a·tra·que [アトラケ] 男 1 (船の)接舷. 2 接舷作業.

a·trás [アトラス] 副 1 うしろへ, 後方へ／*dar un paso atrás* 一歩しりぞく. 2 うしろに, 後方に／*atrás de ti* 君のうしろに. 3 最後部[列]に. 4 奥に. 5 以前に, まえに／*tres semanas atrás* 3 週間前に.
cuenta atrás 秒読み, カウントダウン.
dejar atrás... 1 …を置き忘れる. 2 …を追い抜く.
echar·se para atrás 1 後退する. 2 引きさがる.
marcha atrás 後退, バック.
para atrás うしろへ, 後方へ.
quedar(se) atrás 遅れる.

a·tra·sa·do, da [アトラサド, ダ] 《過去分詞》→ atrasar 遅らせる.
— 形 遅れた, 遅れている, おそい.

a·tra·sar [アトラサル] 他 …を遅らせる, 延期する.
— 自 (時計が)遅れる.
— **atrasar·se** 再 遅れる, 遅刻する／*atrasar·se treinta minutos* 30 分遅刻する.

a·tra·so [アトラソ] 男 1 遅れ. 2 (発展の)後進性.
— 活 atrasar 遅らせる.
con atraso 遅れて／*con diez minutos de atraso* 10 分遅れて.

llevar [tener] un atraso de... …だけ遅れている.

a·tra·sos [アトラソス] 男《→ atraso》滞納金, 未払い金.

a·tra·ve·sa·do, da [アトラベサド, ダ]《過去分詞》→ atravesar 横断する.
— 形 1 横になっている. 2 横たわっている.

a·tra·ve·sar [アトラベサル] 他《活 57 pensar》1 …を横断する, 横切る. 2 …を貫通する, つらぬく. 3 …の時期に遭遇する. 4 …を差しかける.
— **atravesar·se** 再 1 (a...) …に不愉快な思いをさせる. 2 (+en...) …に割りこむ, 口出しする. 3 (+a...) …の前に立ちはだかる, 横たわる.

atravies- 活 → atravesar 横断する《活 57》.

a·tra·yen·te [アトライエンテ] 形 魅力的な.

a·tre·ver·se [アトレベルセ] 再 1 (+a+不定詞)思いきって…する, …する. 2 (+con...) …に立ち向かう, …と張り合う.

a·tre·vi·do, da [アトレビド, ダ] 《過去分詞》→ atrever·se 思いきって…する.
— 形 1 横柄な, あつかましい, 無礼な. 2 思いきった, 大胆な.

a·tre·vi·mien·to [アトレビミエント] 男 1 横柄, 無礼. 2 大胆, 無謀.

a·tre·zo [アトレソ] 男《= atrezzo [アトレツォ]》(舞台などの)小道具, 小道具類.

a·tri·bu·ción [アトリブしオン] 囡 1 付与. 2 帰属. 3 職権, 権限.

a·tri·buir [アトリブイル] 他《活 43 huir》1 …を(+a〜) 〜に帰属するとする, …を〜のせいにする, …を〜にあるとする／*Le atribuyen mal carácter*. 彼は性質が悪いと考えられている.
2 (権限など)を付与する.

a·tri·bu·lar [アトリブラル] 他 …を苦しめる, 悩ませる.
— **atribular·se** 再 (+con, de... …で)苦しむ, 悩む.

a·tri·bu·ti·vo, va [アトリブティボ, バ] 形〈文法〉属辞の／*complemento atributivo* 属辞補語.

a·tri·bu·to [アトリブト] 男 1 特性, 属性. 2 象徴, しるし. 3〈文法〉属辞, 属詞. 4〈文法〉(名詞を直接修飾する形容詞などの)限定語.

atribuy- 活 → atribuir せいにする《活 43》.

a·tril [アトリル] 男 書見台, 譜面台.

a·trin·che·rar·se [アトリンチェラルセ] 再 1 塹壕(_)に立てこもる. 2 (+en, tras... …で)身を守る, 自衛する.

a·trio [アトリオ] 男 1 中庭. 2 (寺院の)前庭, 玄関の広間.

a·tro·ces [アトロセス] 形複《→ atroz》残忍な.

a·tro·ci·dad [アトロしダ] 囡 1 残忍, 残虐. 2 異常な考え, 非常識. 3 でたらめ, たわごと. 4 罵詈(_).

活 は活用形 複 は複数形 男 は男性名詞 囡 は女性名詞 固 は固有名詞 代 は代名詞 自 は自動詞

una atrocidad （副詞的に）とても／*trabajar una atrocidad* よく働く.

a·tro·fia [アトロふィア] 女〈医学〉萎縮(いしゅく)症. 2 退化.

a·tro·fiar [アトロふィアル] 他《活 17 cambiar》〈医学〉…を萎縮(いしゅく)させる.
　— atrofiar·se 再 1〈医学〉萎縮する. 2 退化する.

a·tro·nar [アトロナル] 他《活 22 contar》（音が）…にとどろく.

a·tro·pe·lla·do, da [アトロペジャド, ダ] 《過去分詞》→ atropellar ひく.
　— 形 あわてている, せっかちな.

a·tro·pe·llar [アトロペジャル] 他 1（車が）…をひく[轢く], はねる. 2 …を押し倒す. 3 …を踏みつけにする, 侮辱する.
　— atropellar·se 再 あわてる.

a·tro·pe·llo [アトロペジョ] 男 1（車が）ひき[轢]くこと, はねること. 2 侮辱. 3 急ぐこと／*con atropello* 急いで.

a·troz [アトロす] 形《複 atroces》1 むごい, 冷酷な. 2 異常な程度の, 大変な. 3 最悪の, 最低の.

a·troz·men·te [アトロすメンテ] 副 ひどく, むごく.

atte. [アテンタメンテ]《略語》atentamente（手紙）の敬具.

atto., atta. [アテント, アテンタ]《略語》atento, atenta（手紙）で丁重な.

a·tuen·do [アトゥエンド] 男 服装, 衣装.

a·tu·far [アトゥふァル] 他（悪臭で）…を不快にさせる, いらだたせる.
　— 自 悪臭を放つ.
　— atufar·se 再 1（ガスなどで）気分が悪くなる. 2（+con, de, por... …に）腹を立てる.

a·tún [アトゥン] 男〈魚〉マグロ, ツナ.

a·tu·ne·ro, ra [アトゥネロ, ラ] 形 1〈魚〉マグロの. 2〈船〉マグロ漁の.

a·tur·di·do, da [アトゥルディド, ダ]《過去分詞》→ aturdir ぼうっとさせる.
　— 形 1 ぼうっとなった. 2 そそっかしい.

a·tur·di·mien·to [アトゥルディミエント] 男 1 呆然(ぼうぜん), 困惑. 2 軽率, 軽薄.

a·tur·dir [アトゥルディル] 他 1 …をぼうっとさせる. 2 …を困惑させる.

a·tu·ru·llar [アトゥルジャル] 他《= aturullar》…を当惑させる, まごつかせる.
　— aturullar·se 再 当惑する, まごつく.

a·tu·sar [アトゥサル] 他（髪など）をなでつける.
　— atusar·se 再 めかしこむ.

audaces [アウダセス] 形複《→ audaz》勇敢な.

au·da·cia [アウダれア] 女 勇敢さ, 大胆さ.

au·daz [アウダす] 形《複 audaces》勇敢な, 大胆な.

au·di·ble [アウディブれ] 形 聴き取れる.

au·di·ción [アウディれオン] 女 1 聴取, 聴き取り. 2 コンサート, リサイタル, 朗読会. 3（歌手などの）オーディション.

au·dien·cia [アウディエンれア] 女 1 謁見(えっけん), 引見. 2 聴聞会, 聴聞会場. 3 法廷, 裁判所. 4（集合的に）聴衆, 視聴者. 5〈政治〉（昔のスペインの）アウディエンシア, 聴訴院.

au·dí·fo·no [アウディふォノ] 男 1 補聴器. 2 イヤホーン. 3（電話の）受話器.

au·dio·me·trí·a [アウディオメトリア] 女 聴力検査.

au·dio·vi·sual [アウディオビスアる] 形 視聴覚の／*método audiovisual*〈教育〉視聴覚方式.

au·di·ti·vo, va [アウディティボ, バ] 形 1 聴覚の. 2 聴力の.

au·di·tor, to·ra [アウディトル, トラ] 男女 1 会計検査官. 2 監査役.

au·di·to·rí·a [アウディトリア] 女 1 会計検査. 2 会計検査官の職. 3 会計検査官事務所.

au·di·to·rio [アウディトリオ] 男 1（集合的に）聴衆, 観衆. 2 講堂, ホール.

au·ge [アウヘ] 男 絶頂, ブーム, 頂点.

au·gu·rar [アウグラル] 他 …を予言する.

au·gu·rio [アウグリオ] 男 前兆, きざし.

au·gus·to¹ [アウグスト] 男（サーカスでピエロの相手をする）道化師.

au·gus·to², ta [—, タ] 形 おごそかな, 荘厳な, 威厳ある.

au·la [アウら] 女《単数定冠詞は el》講義室, 教室／*aula magna* 大教室, 講堂.

au·llar [アウジャル] 自《活 11 aunar》1（犬やオオカミが）遠ぼえする. 2（風が）うなる.

au·lli·do [アウジド] 男 1〈動物の声〉遠ぼえ. 2 遠ぼえのような声[音].

au·men·tar [アウメンタル] 他 1（量）を増やす. 2（大きさ）を拡大する. 3（質）を高める. 4（力）を強める.
　— 自（+de, en... …が）増える, 大きくなる, 高まる, 強まる.

au·men·ta·ti·vo¹ [アウメンタティボ] 男〈文法〉示大辞, 指大辞, 増大辞.

au·men·ta·ti·vo², va [—, バ] 形〈文法〉示大の, 示大辞の.

au·men·to [アウメント] 男 1 増加. 2 増大, 拡大. 3 上昇.
　— 活 → aumentar 増やす.

aun [アウン] 副《アクセントなし》1 …でさえ, …でも／*Aun este niño lo sabe.* この子でさえそれを知っている. *aun* en invierno 冬でも.
2（+現在分詞）…にもかかわらず／*aun* siendo joven（彼は）若くはあるが.

aun así... たとえそうであっても….
aun cuando... 1（+直説法）…ではあるが. 2（+接続法）たとえ….
ni aun（+現在分詞）たとえ …でも（〜ない）.

a·ún

a·ún [アウン] 副 1 まだ, 今でも, 今なお. 2 (比較級語を修飾して) なお一層, さらに, もっと.

au·nar [アウナル] 他《活 11》(力など)をひとつにする, 合わせる, 統合する.

aun·que [アウンケ] 接《アクセントなし》1 (+直説法) …ではあるが, …とはいえ. 2 (+接続法) たとえ…だとしても.

a·ú·pa [アウパ] 間 さあさあ!, それ!, がんばれ!
…de aúpa 1 ひどい…, きつい…. 2 危険な…, 油断ならない….

au·par [アウパル] 他《活 11 aunar》1 (子供などを)抱き上げる. 2 (高い地位に人を)引き上げる.
— **auparse** 再 1 立ち上がる. 2 昇進する.

au·ra [アウラ] 女《単数定冠詞は el》1 霊気, オーラ. 2 微風. 3〔鳥〕ヒメコンドル.

Au·re·lia [アウレリア] 固〈女性の名〉アウレリア.

Au·re·lio [アウレリオ] 固〈男性の名〉アウレリオ.

áu·re·o, a [アウレオ, ア] 形 1 黄金の, 金(%)の. 2 金色の.

au·re·o·la [アウレおら] 女 1 (聖者像の頭上の)後光, 光輪. 2 栄光, 名声.

au·rí·cu·la [アウリクら] 女 1 (心臓の)心耳. 2〈解剖学〉耳介, 外耳.

au·ri·cu·lar [アウリクらル] 形 1 耳の, 聴覚の. 2 (心臓の)心耳の.
— 男 1 (電話の)受話器. 2 イヤホン. 3 小指.

au·ri·cu·la·res [アウリクらレス] 男 複《→ auricular》ヘッドホン.

au·ri·ga [アウリガ] 男 (古代ローマの競争馬車の)御者.

Au·ro·ra [アウロラ] 固 1〈女性の名〉アウロラ. 2 (ローマ神話の曙(%)の女神の)アウロラ.

au·ro·ra [アウロラ] 女 1 夜明けの光, あけぼの, 曙光(%). 2 オーロラ, 極光 [= aurora polar].

aus·cul·ta·ción [アウスクるタレオン] 女〈医学〉聴診.

aus·cul·tar [アウスクるタル] 他〈医学〉…を聴診する.

au·sen·cia [アウセンしア] 女 1 不在, 欠席. 2 不在期間. 3 欠如. 4 放心.
brillar por su ausencia ある[いる]べき所に[い]ない.
en ausencia de… …のないときに, 留守中に.
hacer malas ausencias de… …を陰でけなす.

au·sen·tar·se [アウセンタルセ] 再 1 (+de… …に)欠席する, 欠勤する. 2 (+de… …を)離れる.

au·sen·te [アウセンテ] 形 1 不在の, 欠席の, 欠勤の. 2 離れている.
— 男 女 1 欠席者. 2 不在者.
— 男 → ausentar-se 欠席する.

aus·pi·ciar [アウスピしアル] 他《活 17 cambiar》1 …を予言する, 占う. 2 …を後援する.

aus·pi·cios [アウスピしオス] 男 複 1 占い. 2 後援, 援助. 3 きざし, 前兆.

bajo los auspicios de… …の後援で.
con buenos auspicios さい先よく.

aus·te·ri·dad [アウステリダん] 女 1 きびしさ, 厳格. 2 質素, 簡素.

aus·te·ro, ra [アウステロ, ラ] 形 1 きびしい, 厳格な. 2 質素な, 簡素な.

aus·tral [アウストらる] 形 1 南極の. 2 南半球の. 3 南の.
— 男〈通貨単位〉(アルゼンチンの)アウストラル.

Aus·tra·lia [アウストらリア] 固〈大陸・国の名〉オーストラリア.

aus·tra·lia·no, na [アウストらリアノ, ナ] 形 オーストラリア Australia の.
— 男 女 オーストラリア人.

aus·tra·lo·pi·te·co [アウストらロピテコ] 男 (猿人の)オーストラロピテクス.

Aus·tria [アウストリア] 固〈国の名〉(ヨーロッパ中部の)オーストリア.

aus·trí·a·co, ca [アウストリアコ, カ] 形《= austriaco, ca》オーストリア Austria の.
— 男 女 オーストリア人.

au·tar·quí·a [アウタルキア] 女〈政治〉自給自足経済政策, 経済的自立.

au·tár·qui·co, ca [アウタルキコ, カ] 形〈政治〉自給自足の, 経済的自立の.

au·tén·ti·ca[1] [アウテンティカ] 女 1 証明書. 2 謄本(%).

au·ten·ti·ci·dad [アウテンティしダん] 女 1 真正, 本物であること. 2 信憑(%ょう)性.

au·tén·ti·co, ca[2] [アウテンティコ, —] 形 1 本物の, 真正の. 2〈法律〉認証された, 公認の.

au·ti·llo [アウティじょ] 男 1〔鳥〕モリフクロウ. 2 (昔の宗教裁判の)判決.

au·tis·mo [アウティスモ] 男〈病気〉自閉症.

au·tis·ta [アウティスタ] 形〈男女同形〉〈病気〉自閉症の.
— 男 女 自閉症患者.

au·to [アウト] 男 1〈法律〉宣告, 判決, 審判. 2〈文学〉小宗教劇, アウト. 3 自動車 [= automóvil].
auto de comparecencia 出頭命令.
auto de fe (昔の宗教裁判の)死刑宣告および処刑.
auto de prisión 逮捕令状.
auto de procesamiento 起訴状.

au·to·ad·he·si·vo, va [アウトアデシボ, バ] 形 押すだけで貼れる, 糊(%)付きの.

au·to·bio·gra·fí·a [アウトビオグラふィア] 女 自伝, 自叙伝.

au·to·bom·bo [アウトボンボ] 男 自慢, 自画自賛/ *darse autobombo* 自画自賛する.

au·to·bús [アウトブス] 男 1 バス, 路線バス [/ir en *autobús* バスで行く, tomar el *autobús* バスに乗る, parada de *autobús* バス停留所].
2 長距離バス / *autobús* de línea 長距離路線バス

活 は活用形 複 は複数形 男 は男性名詞 女 は女性名詞 固 は固有名詞 代 は代名詞 自 は自動詞

au·to·car [アウトカル] 男 長距離バス, 大型バス.

au·to·ca·rril [アウトカリる] 男 1〈鉄道〉気動車. 2 幹線道路, ハイウェイ.

au·to·ci·ne [アウトине] 男〈映画〉ドライブインシアター.

au·to·cla·ve [アウトくらべ] 男 1〈医療〉高圧消毒器. 2 (殺菌用の)オートクレーブ.

au·to·cra·cia [アウトクらシア] 女 独裁政治, 独裁制.

au·tó·cra·ta [アウトクらタ] 男女 独裁者, 専制君主.

au·to·crí·ti·ca [アウトクリティカ] 女 自己批判, 自己評価.

au·tóc·to·no, na [アウトクトノ, ナ] 形 土着の, 土地固有の, 先住民の, 自生の.
— 男女 先住民, 土着民.

au·to·de·ter·mi·na·ción [アウトデテルミナしオン] 女〈政治〉1 民族自決. 2 自決権.

au·to·di·dac·ta [アウトディダクタ] 形《男女同形》独学の, 独習の.
— 男女 独学者, 独習者.

au·tó·dro·mo [アウトドロモ] 男 (自動車レース用の)サーキット, 試走場.

au·to·es·cue·la [アウトエスクエら] 女 自動車学校, 教習所.

au·to·gi·ro [アウトヒロ] 男〈飛行機〉オートジャイロ.

au·tó·gra·fo¹ [アウトグらふォ] 男 1 (有名人の)サイン. 2 自筆原稿.

au·tó·gra·fo², **fa** [—, ふァ] 形 自筆の.

au·tó·ma·ta [アウトマタ] 女 1〈機械〉ロボット, 自動人形. 2〈人〉(他人の言いなりに動く)ロボット, あやつり人形.

au·to·má·ti·ca·men·te [アウトマティカメンテ] 副 自動的に, 無意識に.

au·to·má·ti·co¹ [アウトマティコ] 男〈服飾〉ホック, スナップ.

au·to·má·ti·co², ca [—, カ] 形 1 無意識の. 2 自動的な, 自動の. 3 必然的な.

au·to·ma·tis·mo [アウトマティスモ] 男 1 自動作用, 自動性. 2 無意識的行為.

au·to·ma·ti·za·ción [アウトマティさしオン] 女 1 オートメーション, オートメ化. 2 機械化.

au·to·ma·ti·zar [アウトマティさル] 他《活 39 gozar》1 …を自動化する, オートメ化する. 2 …を機械化する.

au·to·mo·tor¹ [アウトモトル] 男 1 気動車, 電気機関車. 2 自動車.

au·to·mo·tor², to·ra [—, トラ] 形 自動推進の.

au·to·mó·vil [アウトモビる] 形 自動の.
— 男 自動車.

au·to·mo·vi·lis·mo [アウトモビリスモ] 男 1 自動車運転, ドライブ. 2 カーレース.

au·to·mo·vi·lis·ta [アウトモビリスタ] 男女 自動車運転者, ドライバー.

au·to·mo·vi·lís·ti·co, ca [アウトモビリスティコ, カ] 形 1 自動車の. 2 ドライブの.

au·to·no·mí·a [アウトノミア] 女 1 自治, 自治権. 2 自治体, 自治州. 3 航続距離, 走行距離.

au·to·nó·mi·co, ca [アウトノミコ, カ] 形 自治の, 自治体の.

au·tó·no·mo, ma [アウトノモ, マ] 形 1 自治権のある. 2 自営業の.

au·to·pis·ta [アウトピスタ] 女 高速道路, ハイウェイ∥*autopista de peaje* 有料道路.

au·top·sia [アウトプシア] 女 死体解剖, 検死.

au·to·pull·man [アウトプるマン] 男 (観光用の)デラックスバス, 観光バス.

au·tor, to·ra [アウトル, トラ] 男女 1 著者, 作家, 製作者. 2 原因, 元凶. 3〈法律〉犯人.

au·to·rí·a [アウトリア] 女 原作者であること.

autoric- 活 → autorizar 認可の《活 39》.

au·to·ri·dad [アウトリダス] 女 1 権限, 権化. 2 官憲, 当局, 警察. 3〈力〉権威, 影響力. 4〈人〉権威, 大家. 5 典拠, 出典.

au·to·ri·ta·rio, ria [アウトリタリオ, リア] 形 権威主義的な, 権力による.

au·to·ri·ta·ris·mo [アウトリタリスモ] 男 1 権威主義. 2 横暴. 3 権力乱用.

au·to·ri·za·ción [アウトリさしオン] 女 認可, 許可.

au·to·ri·za·do, da [アウトリさド, ダ]《過去分詞》→ autorizar 認可の.
— 形 1 公認の. 2 権威ある.

au·to·ri·zar [アウトリさル] 他《活 39 gozar》1 …を認可する. 2 …を許可する. 3 …に権限を与える. 4 …を権威づける.

au·to·rre·tra·to [アウトレトラト] 男 自画像.

au·tos [アウトス] 男《複》《→ auto》訴訟行為, 訴訟記録.
día de autos 犯行日.
lugar de autos 犯行現場.

au·to·ser·vi·cio [アウトセルビしオ] 男 1 セルフサービス. 2 セルフサービスの店.

au·tos·top [アウトストプ] 男 ヒッチハイク.

au·tos·to·pis·ta [アウトストピスタ] 男女 ヒッチハイカー.

au·to·su·fi·cien·cia [アウトスふィしエンしア] 女 自給自足, 経済的自立.

au·to·su·fi·cien·te [アウトスふィしエンテ] 形 自給自足の, 経済的に自立した.

au·to·ví·a [アウトビア] 女 幹線道路, ハイウェイ.
— 男 気動車, ジーゼルカー.

au·xi·liar [アウクシリアる] 形 補助の, 補佐の.
— 男女 補助員, 助手.
— 男〈文法〉助動詞.
— 他《活 12》1 …を手伝う, 補佐する. 2 (キリスト教で司祭が)…の死を見取る.
auxiliar de vuelo 〈旅客機〉フライトアテンダン

ト, 客室係.
auxiliar técnico sanitario 救急救命士.
au·xi·lio [アウクシリオ] 男 救援, 救助.
 ¡*Auxilio*! (間投詞的に)助けて!
 auxilio en carretera ハイウェイサービス.
 auxilios espirituales (カトリックの)臨終の秘跡.
 en auxilio de... …を助けるために.
 primeros auxilios 応急手当.
a·val [アバル] 男 1 担保書類. 2 保証.
a·va·lan·cha [アバランチャ] 女 1 なだれ[雪崩]. 2 殺到.
a·va·lar [アバラル] 他 …を保証する.
avanc- 活 → avanzar 前進する《活 39》.
a·van·ce [アバンセ] 男 1 前進, 進歩, 発展. 2 前渡し金, 前払い. 3 (映画などの)予告編.
a·van·za·da¹ [アバンサダ] 女 1〈軍隊〉前哨(ぜんしょう)部隊. 2 前衛.
a·van·za·do, da² [アバンサド, -] 《過去分詞》 → avanzar 前進する.
 ― 形 1 進んだ, 進歩した. 2 進歩的な.
a·van·zar [アバンサル] 自《活 39 gozar》1 前進する, 進む. 2 (時間的に)終りに近づいている. 3 進歩する.
 ― 他 1 …を前進させる, おし進める. 2 (報道で)…を予告する. 3 (時間)を早める.
a·va·ri·cia [アバリシア] 女 強欲, 貪欲(どんよく).
a·va·ri·cio·so, sa [アバリシオソ, サ] 形 欲深な[= avaro, ra].
a·va·rien·to, ta [アバリエント, タ] 形 欲の深い[= avaro, ra].
a·va·ro, ra [アバロ, ラ] 形 欲深な, けちな.
 ― 男女〈人〉欲深, けち.
a·va·sa·llar [アバサジャル] 他 …を圧倒する, 制圧する.
 ― 自 威張りちらす, 横暴に振る舞う.
a·va·ta·res [アバタレス] 男複 変化, 浮き沈み.
Avda. [アベニダ]《略語》avenida 大通り.
a·ve [アベ] 女《単数定冠詞は el》鳥, 大型の鳥.
 ave de paso 渡り鳥.
 ave de rapiña 猛禽(もうきん).
 ave fría〈鳥〉タゲリ.
 ave pasajera 渡り鳥.
 ave rapaz 猛禽(もうきん).
AVE [アベ] 男《略語》(Tren de) Alta Velocidad Española スペイン高速鉄道.
a·ve·ci·lla [アベシジャ] 女 小鳥.
a·ve·ci·nar·se [アベシナルセ] 再 1 近づく. 2 (+en... …に)定住する.
a·ve·cin·dar [アベシンダル] 他 …を定住させる.
 ― avecindar·se 再 (+en... …に)定住する.
a·ve·frí·a [アベフリア] 女〈鳥〉タゲリ.
a·ve·jen·tar [アベヘンタル] 他 1 …を老(ふ)けさせる. 2 …を年より老けて見せる.
a·ve·lla·na [アベジャナ] 女〈実〉ハシバミ, ヘー

ゼルナッツ.
a·ve·lla·no [アベジャノ] 男〈樹木〉ハシバミ.
a·ve·ma·rí·a [アベマリア] 女《単数定冠詞は el》〈祈り〉〈カトリック〉アベマリア, 天使祝詞.
 ¡*Avemaría*! (間投詞的に)おや!, まあ!
 al avemaría 夕暮れに.
 en un avemaría あっという間に.
 saber... como el avemaría …を詳しく知っている.
a·ve·na [アベナ] 女〈植物〉(麦の)エンバク.
avendr- 活 → avenir 和解させる《活 85》.
a·ve·nen·cia [アベネンシア] 女 1 同意, 合意. 2 和解, 妥協.
aveng- 活 → avenir 和解させる《活 85》.
a·ve·ni·da¹ [アベニダ]《略語は Avda.》 1 大通り, 並木道. 2 (河川の)急な増水. 3 (人の)殺到.
a·ve·ni·do, da² [アベニド, -]《過去分詞》→ avenir 和解させる.
 ― 形 (bien [mal]+) (+con... …と)仲が良い[悪い].
a·ve·nir [アベニル] 他《活 85 venir》…を和解させる.
 ― avenir·se 再 1 (+con... …と)仲が良い, 協調する. 2 (+a... …に)同意する, 納得する.
a·ven·ta·ja·do, da [アベンタハド, ダ]《過去分詞》→ aventajar 上回る.
 ― 形 有利な, 抜きんでた.
a·ven·ta·jar [アベンタハル] 他 1 …を(+en... …で)上回る, リードする. 2 …を有利にする, 優先させる.
 ― aventajar·se 再 有利になる, 抜きんでる.
a·ven·tar [アベンタル] 他《活 57 pensar》1 (穀物)を吹き分ける. 2 …を風にさらす.
a·ven·tu·ra [アベントゥラ] 女 1 冒険, 異常な出来事. 2 危険な試み, 賭(か)け. 3 情事, つかの間の恋.
a·ven·tu·ra·do, da [アベントゥラド, ダ]《過去分詞》→ aventurar 危険にさらす.
 ― 形 危険な, 冒険的な, 無謀な.
a·ven·tu·rar [アベントゥラル] 他 1 …を危険にさらす, 賭(か)ける. 2 …を大胆に発言する.
 ― aventurar·se 再 危険をおかす.
a·ven·tu·re·ro, ra [アベントゥレロ, ラ] 男女 1 冒険家, 命知らず. 2 投機家, 山師(やまし).
a·ver·gon·za·do, da [アベルゴンサド, ダ]《過去分詞》→ avergonzar 恥をかかせる.
 ― 形 1 恥じている. 2 どぎまぎしている.
a·ver·gon·zar [アベルゴンサル] 他《活 13》…に恥をかかせる, …を赤面させる. 2 …をどぎまぎさせる.
 ― avergonzar·se 再 (+de, por... …を)恥ずかしく思う.
avergüen- 活 → avergonzar 恥をかかせる《活 13》.
a·ve·rí·a [アベリア] 女 1 故障, 破損. 2〈商業〉

a·yu·da

損傷, 海損.
a·ve·riar·se [アベリアルセ] 再 《活 34 enviar》 1 故障する, 破損する. 2 損傷する.
a·ve·ri·gua·ción [アベリグアレオン] 女 1 究明, 調査. 2 点検, 検査.
a·ve·ri·guar [アベリグアル] 他 《活 14》 1 …を究明する, 調査する. 2 …を点検する.
a·ver·no [アベルノ] 男 地獄, 冥府(めいふ).
a·ver·sión [アベルシオン] 女 嫌悪, 毛嫌い.
a·ves [アベス] 女複 《→ ave》〈分類〉鳥類.
a·ves·truz [アベストルス] 男 《複 avestruces》〈鳥〉ダチョウ.
a·ve·za·do, da [アベサド, ダ] 形 慣れた, 熟練の.
a·via·ción [アビアレオン] 女 1 空輸. 2 航空. 3 空軍.
a·via·dor, do·ra [アビアドル, ドラ] 男女 飛行士, 操縦士, パイロット.
a·viar [アビアル] 他 《活 34 enviar》1 …を片付ける, 整理する. 2 …を用意する, 準備する.
— **aviar·se** 再 準備をととのえる.
— 形 鳥の, 鳥類の.
a·ví·co·la [アビコら] 形 《男女同形》家禽(かきん)飼育の.
a·vi·cul·tor, to·ra [アビクルトル, トラ] 男女 家禽(かきん)飼育業者.
a·vi·cul·tu·ra [アビクルトゥラ] 女 家禽(かきん)飼育.
a·vi·dez [アビデス] 女 1 切望, 熱心さ. 2 強欲.
á·vi·do, da [アビド, ダ] 形 1 (+de…) …を切望する, …に熱心な. 2 強欲な.
avien- 活 → avenir 和解する《活 85》.
a·vie·so, sa [アビエソ, サ] 形 1 ひねくれた, 意地悪の. 2 ゆがんだ.
Á·vi·la [アビら] 固〈県・県都の名〉(スペイン中部の)アビラ.
a·vi·lés, le·sa [アビれス, れサ] 形 アビラ Ávila の.
— 男女 アビラの人.
avin- 活 → avenir 和解させる《活 85》.
a·vi·na·gra·do, da [アビナグラド, ダ] 《過去分詞》→ avinagrar 酸っぱくする.
— 形 1 不機嫌な. 2 酸っぱい.
a·vi·na·grar [アビナグラル] 他 1 …を不機嫌にする. 2 …を酸っぱくする.
— **avinagrar·se** 再 1 不機嫌になる. 2 酸っぱくなる.
a·vío [アビオ] 男 1 片付け, 整理. 2 用意, 準備. 3 弁当.
¡Al avío! さあさあ!, さあ仕事だ!
hacer avío 役立つ.
a·vión [アビオン] 男 1 飛行機/*ir en avión* 飛行機で行く, *enviar por avión* 航空便で送る. 2〈鳥〉イワツバメ.
a·vio·ne·ta [アビオネタ] 女 軽飛行機, 小型飛行機.

a·víos [アビオス] 男複《→ avío》(セットとしての)道具, 材料, 備品.
a·vi·sa·do, da [アビサド, ダ] 《過去分詞》→ avisar 知らせる.
— 形 1 知らされた. 2 抜けめのない, 用心深い.
a·vi·sar [アビサル] 他 1 …を(+a+人)…に知らせる. 2 (人)に(+de…)…のことを知らせる. 3 (人)に知らせる, 教える. 4 (知らせて)来てもらう/*avisar al médico* 医者に来てもらう. 5 (+que+接続法)…するように教える, 忠告する.
a·vi·so [アビソ] 男 1 知らせ, 通告. 2 きざし, 前兆. 3 忠告, 警告.
andar sobre aviso 警戒している.
conferencia telefónica con aviso〈電話〉指名通話.
estar sobre aviso de……を知らされている.
poner a… sobre aviso…に予告する.
a·vis·pa [アビスパ] 女〈昆虫〉スズメバチ.
a·vis·pa·do, da [アビスパド, ダ] 《過去分詞》→ avispar 利口にする.
— 形 賢明な, 利口な, 抜けめのない.
a·vis·par [アビスパル] 他 …を利口にする, …に知恵をつける.
a·vis·pe·ro [アビスペロ] 男 1 スズメバチの巣. 2 厄介ごと, ごたごた. 3 (人や物の)ハチの巣状態.
a·vis·tar [アビスタル] 他 …を遠くに見る.
a·vi·ta·mi·no·sis [アビタミノシス] 女《単複同形》〈医学〉ビタミン欠乏症.
a·vi·tua·llar [アビトゥアジャル] 他 (部隊などに)食糧を補給する.
a·vi·var [アビバル] 他 1 …を励ます, 生き生きさせる. 2 (火)をかき立てる.
a·vi·zor [アビソル] 《つぎの副詞句の一部》
ojo avizor 目を光らせて, 警戒して.
a·vu·tar·da [アブタルダ] 女〈鳥〉ノガン.
a·xial [アクシアル] 形 軸の.
a·xi·la [アクシら] 女 わき[腕]の下.
a·xio·ma [アクシオマ] 男 公理, 自明の理.
ay [アイ] 間 (痛み, 驚き, 悲しみなどの) 痛い!, おお!, ああ!
— 男 うめき, 嘆き.
¡Ay de…! (同情や苦悩を表わして) 哀れな…よ!
¡a·ya·yay! [アヤヤイ] 間《→ ay, その反復》(嘆きや泣き声の)ああ, ああ!
a·yer [アジェル] 副 1 きのう, 昨日. 2 以前, かつて.
— 男 過去, 昔.
antes de ayer 一昨日, おととい.
ayer noche [tarde] 昨夜[夕].
de ayer acá 1 近ごろ, 最近. 2 短期間に.
a·yes [アイェス] 男複《→ ay》1 嘆き, 嘆き声. 2 泣き声.
ay·ma·ra [アイマラ] 男女《= aymará, aimara》アイマラ族.
a·yo, ya [アヨ, ヤ] 女〈女の単数定冠詞は el〉(裕福な家の子弟の)養育係, 家庭教師.
a·yu·da [アユダ] 女 1 助け, 援助. 2 援助金. 3

他 は他動詞 再 は再帰動詞 形 は形容詞 副 は副詞 前 は前置詞 接 は接続詞 間 は間投詞

a・yu・dan・ta

浣腸(ちょう)液. 4 浣腸器.
— 活 → ayudar 助ける.

a・yu・dan・ta [アユダンタ] 女 (手仕事での女性の)助手, 見習い.

a・yu・dan・te [アユダンテ] 形 手伝いの.
— 男 助手, アシスタント.

a・yu・dar [アユダル] 他 1 …を手伝う. 2 …を(+con…)…で手動ける. 3 …を(+en…)…のことで手助けする. 4 …を(+a+不定詞)…することで手助けする. 5 …を援助する, 助ける.
— **ayudar・se** 再 1 助け合う. 2 (+con, de…)…の助けを借りる, …を利用する.

a・yu・nar [アユナル] 自 絶食する, 断食する.

a・yu・nas [アユナス] 〈つぎの副詞句の一部〉
en ayunas 1 何も食べないで. 2 何もわからずに.

a・yu・no [アユノ] 男 断食, 絶食.
— 活 → ayunar 絶食する.

a・yun・ta・mien・to [アユンタミエント] 男 1 市役所, 市庁舎. 2 市議会, 町会. 3 集会, 会合. 4 性交[= ayuntamiento carnal].

a・za・ba・che [アサバチェ] 男 〈鉱物〉(宝石になる)黒玉(ぎょく).

a・za・da [アサダ] 女 〈農業〉くわ[鍬].

a・za・dón [アサドン] 男 〈農業〉大ぐわ[鍬].

a・za・fa・ta [アサふァタ] 女 1 スチュワーデス. 2 女性接客係, コンパニオン. 3 (昔の)侍女, 女官.

a・za・fa・to [アサふァト] 男 〈旅客機〉スチュワード, パーサー.

a・za・frán [アサふラン] 男 〈植物〉(花柱が香料などになる)サフラン.

a・za・har [アサアル] 男 オレンジの花.

a・za・le・a [アサれア] 女 〈植物〉オランダツツジ, アザレア.

a・zar [アサル] 男 1 偶然, 運. 2 事故, 災難.
al azar 成り行きまかせに, 考えもせず.

a・za・rar [アサラル] 他 1 …を困惑させる. 2 …を赤面させる.

a・za・ro・so, sa [アサロソ, サ] 形 1 危険な, 冒険的な. 2 不確かな.

a・zi・mut [アレムト] 男 《= acimut》〈天文学〉方位角.

a・zo・gue [アソゲ] 男 〈化学〉水銀.

a・zor [アソル] 男 〈鳥〉オオタカ[大鷹].

a・zo・rar [アソラル] 他 1 …を不安にさせる, 困惑させる. 2 …をいらだたせる.

a・zo・tai・na [アソタイナ] 女 何回ものむち[鞭]打ち.

a・zo・tar [アソタル] 他 1 …をむち[鞭]で打つ. 2 …を襲う, 苦しめる. 3 (波や風が) …を叩きつける.

azotar el aire 無駄骨を折る.
azotar las calles 街をぶらつく.

a・zo・te [アソテ] 男 1 むち[鞭]. 2 むち打ち. 3 (罰の)尻たたき. 4 災難, 天災. 5 (風や波の)叩きつけ.

a・zo・te・a [アソテア] 女 (平らな)屋上, 平屋根.
estar mal de la azotea 頭がおかしい.

az・te・ca [アステカ] 形 (メキシコの)アステカ族の.
— 男 女 アステカ人.
— 男 アステカ語.

a・zú・car [アスカル] 男 女 《単数定冠詞は el, 複数形では男性形》1 砂糖. 2 糖分.
azúcar blanco [*blanca*] 白砂糖.
azúcar cande [*candi*] 氷砂糖.
azúcar glas [*glaseado, glaseada*] 粉砂糖.
azúcar moreno [*morena*] 黒砂糖.
terrón de azúcar 角砂糖.

a・zu・ca・ra・do, da [アスカラド, ダ] 《過去分詞》→ azucarar 砂糖を入れる.
— 形 1 砂糖の入った. 2 甘い.

a・zu・ca・rar [アスカラル] 他 1 …に砂糖を入れる. 2 …を甘くする.
— **azucarar・se** 再 甘くなる.

a・zu・ca・re・ra[1] [アスカレラ] 女 砂糖工場.

a・zu・ca・re・ro, ra[2] [アスカレロ, ー] 形 砂糖の.
— 男 女 (食卓の)砂糖入れ.

a・zu・ca・ri・llo [アスカリじョ] 男 角砂糖.

a・zu・ce・na [アスセナ] 女 〈植物〉シラユリ.

a・zu・fre [アスふレ] 男 〈化学〉いおう[硫黄].

a・zul [アすル] 形 青い, 空色の.
azul celeste 空色.
azul claro 淡青色.
azul marino ネービーブルー, 紺色.
azul oscuro ブルーブラック.
sangre azul 貴族の血.

a・zu・la・do, da [アすラド, ダ] 《過去分詞》→ azular 青くする.
— 形 青みを帯びた, 青っぽい.

a・zu・lar [アすラル] 他 …を青くする, 青く染める.

a・zu・le・ar [アすレアル] 自 青っぽくなる, 青みがかる.

a・zu・le・jo [アすれホ] 男 1 タイル, 絵タイル. 2 〈植物〉ヤグルマギク. 3 〈鳥〉ハチクイ.

a・zum・bre [アスンブレ] 男 女 〈液体の単位〉(約2リットルの)アスンブレ.

a・zu・zar [アすさル] 他 《活 39 gozar》(動物)を(+contra…)…にけしかける.

活 は活用形 複 は複数形 男 は男性名詞 女 は女性名詞 固 は固有名詞 代 は代名詞 自 は自動詞

B b

B, b [ベ] 囡《アルファベットの第2番の文字》べ.
ba･ba [ババ] 囡 1 よだれ, つば, 唾液. 2 (カタツムリなどの)粘液. 3 樹液.
　caer･se la baba a… …がうっとりする.
　mala baba 悪意.
ba･ba･za [ババサ] 囡〈陸生巻貝〉ナメクジ.
ba･be･ar [ババアル] 圓 1 よだれをたらす. 2 うっとりとする.
Ba･bel [バベル] 圐〈都市の名〉(古代バビロニアの)バベル/《聖書》Torre de *Babel* バベルの塔.
ba･bel [バベル] 男 1 大混乱, 無秩序.
ba･be･o [バベオ] 男 1 よだれを出すこと. 2 粘液を出すこと.
ba･be･ro [バベロ] 男 1 よだれ掛け. 2〈衣服〉上っ張り, スモック.
ba･bi [バビ] 男〈衣服〉(子供の)スモック.
ba･bie･ca [バビエカ] 男女 軟弱な人, 間抜け.
ba･bi･lo･nio, nia [バビロニオ, ニア] 形 (古代の王国の)バビロニア Babilonia の.
　― 男女 バビロニア人.
ba･ble [バブレ] 男〈言語学〉(スペインのアストリアス地方の方言の)バブレ語.
ba･bor [バボル] 男 (船の)左舷（ぎん）.
ba･bo･se･ar [バボセアル] 他 …をよだれで汚す.
ba･bo･so, sa [バボソ, サ] 形 1 粘液（えき）の多い. 2〈子供〉ませた.
　― 男女 唾液の多い人.
ba･bu･chas [バブチャス] 囡複〈履物〉(ムーア風の)つっかけ.
ba･ca [バカ] 囡 (車の屋根につける)ラック, 荷台.
ba･ca･la･da [バカラダ] 囡〈食料〉(魚の)干ダラ.
ba･ca･la･de･ro¹ [バカラデロ] 男 タラ漁船.
ba･ca･la･de･ro², ra [一, ラ] 形〈魚〉タラの.
ba･ca･la･o [バカラオ] 男〈魚〉タラ.
　cortar el bacalao 主導権を握る.
ba･ca･nal [バカナル] 形 1 乱痴気騒ぎの. 2 (古代ローマの酒神の)バッカス Baco の.
ba･ca･rá [バカラ] 男《= bacarrá》(トランプ遊びの)バカラ.
ba･che [バチェ] 男 1 (道路にできた)穴, くぼみ. 2〈気流〉エアポケット. 3 一時的な気落ち, 不調.
ba･chi･ller [バチリェル] 男女 1 (小学校と大学の間の)中等教育修了者. 2 (昔の)大学前期課程修了者.
ba･chi･lle･ra･to [バチリェラト] 男 1 (日本の中学・高校に相当する)中等教育課程. 2 中等教育課程修了資格.

ba･cí･a [バシア] 囡 1 (昔の床屋のひげそり用の)大皿. 2 (家畜の)餌（え）箱.
ba･ci･lo [バシロ] 男 (細菌の)バチルス.
ba･cín [バシン] 男 1 寝室用便器, しびん. 2 献金皿.
Ba･co [バコ] 圐〈神の名〉(古代ローマの酒神の)バッカス.
bac･te･ria [バクテリア] 囡 細菌, バクテリア.
bac･te･ria･no, na [バクテリアノ, ナ] 形 細菌の, バクテリアの.
bac･te･ri･ci･da [バクテリシダ] 形《男女同形》殺菌性の.
　― 男 殺菌剤.
bac･te･rio･lo･gí･a [バクテリオロヒア] 囡 細菌学.
bac･te･rio･ló･gi･co, ca [バクテリオロヒコ, カ] 形 1 細菌学の. 2 細菌の.
bac･te･rió･lo･go, ga [バクテリオロゴ, ガ] 男女 細菌学者.
bá･cu･lo [バクロ] 男 1 (長めの)杖（つえ）, ステッキ. 2 支え, 慰め.
ba･da･jo [バダホ] 男 (鐘や鈴の)舌.
Ba･da･joz [バダホス] 圐〈県・県都の名〉(スペイン南西部の)バダホス.
ba･da･na [バダナ] 囡 (裏打ち用の)なめし皮.
　zurrar la badana a… …を手荒く痛めつける.
ba･dén [バデン] 男 (路面の)排水溝.
ba･dil [バディル] 男《= badila 囡》(暖炉の)火かき棒.
bád･min･ton [バドミントン] 男《= badminton》〈スポーツ〉バドミントン.
ba･du･la･que [バドゥラケ] 男 間抜け, とんま.
　― 形 間抜けな.
ba･fle [バフレ] 男 スピーカーボックス, バッフル.
ba･ga･je [バガヘ] 男 1 (集合的な)手荷物. 2 (総体的な)知識.
ba･ga･te･la [バガテラ] 囡 1 くだらないこと. 2 がらくた.
ba･gre [バグレ] 男〈魚〉ナマズ.
ba･gue･tte [バゲテ] 囡 (ボカディジョにする)細身のフランスパン.
bah [バ] 圙 ふん!, ばかばかしい!
ba･hí･a [バイア] 囡 (海の)入り江, 湾.
bai･la･ble [バイラブレ] 形 ダンス用の.
bai･la･dor, do･ra [バイラドル, ドラ] 形 1 ダンスの好きな.
　― 男女 ダンサー, 舞踊家.

他 は他動詞　再 は再帰動詞　形 は形容詞　副 は副詞　前 は前置詞　接 は接続詞　間 は間投詞

bai·la·or, o·ra [バイらオル, オラ] 男女 フラメンコ・ダンサー.

bai·lar [バイらル] 自 1 踊る, ダンスをする. 2 (サイズ違いで)だぶつく. 3 ぐるぐる回る. 4 貧乏揺すりをする.
— 他 1 …を踊る. 2 (考え方など)をふらつかせる. 3 (こまが)軸を回す. 4 (数字や文字)を順番を間違えて書く.
bailar al son que tocan 人の言うことにすぐ同調する.
bailar con la más fea 損な役回りになる.
bailar el agua a... …にへつらう.
¡Otro que tal baila! 五十歩百歩だ!, 同じことだ!
¡Que me quiten lo bailado! 楽しんだ分だけ儲(もう)けもの!

bai·la·rín, ri·na[1] [バイらリン, リナ] 男女 ダンサー, 舞踊家.
— 形 踊る, ダンスをする, 踊りの.

bai·la·ri·na[2] 女 バレリーナ.

bai·le [バイれ] 男 1 踊り, ダンス, バレエ, 舞踊. 2 ダンスパーティー, 舞踏会. 3 (波などの)規則的な揺れ. 4 貧乏揺すり. 5 (考え方などの)揺れ, ふらつき. 6 (数字や文字の)順番の書き間違い.
— 活 → bailar dar
baile de candil 庶民の舞踏会.
baile de etiqueta 正装の舞踏会.
baile de salón 社交ダンス.
baile de San Vito 〈病気〉舞踏病.
baile folklórico フォークダンス.
baile regional 民俗舞踊.

bai·lón, lo·na [バイろン, ろナ] 形 踊り好きの.
— 男女 〈人〉踊り好き.

bai·lon·go [バイろンゴ] 男 庶民の踊り.

bai·lo·te·ar [バイろテアル] 自 1 めちゃくちゃな踊りをする. 2 踊りまくる.

bai·lo·te·o [バイろテオ] 男 むちゃくちゃな踊り.

ba·ja[1] [バハ] 女 〈→ bajo²〉退会, 退会, 休職, 辞職. 2 休職証明書. 3 〈軍事〉戦死. 4 (価格の)下落, 低落.
baja temporal (病気などによる)短期休職.
causar baja 退会する, 退職する.
dar baja (値打ちなどが)下落する.
dar de baja a... 1 …を退会[退職]扱いにする. 2 (医者が) …が病気であることを告げる. 3 …を戦死扱いにする.
dar·se de baja 退会する, 退職する.
ir de baja (評判などが)下がる.
ser baja 退会している, 退職している.

ba·já [バハ] 男 (昔のトルコの高官の)パシャ.

ba·ja·da [バハダ] 女 1 下降, 降下. 2 下り坂. 3 (土地の)勾配(こうばい).
bajada de aguas (集合的に)とい[樋].
bajada de bandera 〈タクシー〉メーターの始動.
bajada del telón 閉幕.
bajada de pantalones 屈辱的な譲歩.
ir de bajada 減少する.

ba·ja·mar [バハマル] 女 干潮, 引き潮.

ba·ja·men·te [バハメンテ] 副 卑劣に, 下劣に.

ba·jar [バハル] 自 1 下がる, 低下する, 沈む. 2 (+de... から)降りる / *bajar del tren* 列車から降りる. 3 (+de+数量) を下回る.
— 他 1 …を降ろす, 下げる. 2 …を低くする, 弱める.
— **bajar·se** 再 1 前かがみになる. 2 (+de... から)降りる.

ba·jel [バヘる] 男 船.

ba·je·ro, ra [バヘロ, ラ] 形 下の, 内側の.

ba·je·za [バヘさ] 女 1 卑劣な行為, 下劣な行為. 2 卑劣さ, 下劣さ.

ba·jí·o [バヒオ] 男 (海の)浅瀬, 砂州.

ba·ji·to[1] [バヒト] 副 小声で, 物静かに.

ba·ji·to, ta[2] [-, タ] 形 低い.

ba·jo[1] [バホ] 男 1 (建物の道路の高さにある)1階. 〈衣服〉すそ[裾], 折返し. 3 低音部楽器, その奏者. 4 〈歌手〉バス. 5 〈楽器〉コントラバス. 6 (海の)浅瀬, 砂州.
— 副 小声で, 静かな声で.
— 前 〈アクセントなし〉1 …の下で, 下を, 下に / *bajo la lluvia* 雨のなかを.
2 …のもとで, 支配下で / *bajo el reinado de...* …の治世に.
3 …以下で / *diez grados bajo cero* 零下10度.

ba·jo[2]**, ja**[2] 形 1 低い, 下の. 2 下に向いた. 3 低地の, 下流の. 4 (声などが)小さい, 少ない, 弱い. 5 下品な, 下劣な. 6 (金や銀が)品質の低い. 7 (時代の)後期の. 8 〈音楽〉低音の.
— 活 → bajar 下がる.
echando por bajo 低く見積って.
en voz baja 小声で.
por lo bajo 1 小声で, こっそりと. 2 最低に見積って.
temporada baja オフシーズン.

ba·jón [バホン] 男 1〈商業〉暴落. 2 急な下降.

ba·jo·rre·lie·ve [バホりエベ] 男 《= bajo relieve》〈彫刻〉浅い浮き彫り.

ba·la [バら] 女 1 銃弾, 砲弾, 弾丸. 2 (商品の)梱包(こんぽう).
— 男 ろくでなし, ごろつき.
— 活 → balar 鳴く.
bala perdida 1〈流れ弾. 2〈男女〉勝手気ままな人間.
bala rasa 男女 分別の足りない者[= bala-rrasa].
como una bala 弾丸のように速く.
tirar con bala 1 実弾射撃をする. 2 険(けん)のある言い方をする.

ba·la·da [バらダ] 女 1〈文学〉歌謡詩, バラッド. 2〈音楽〉譚(たん)詩曲, バラード.

ba·la·dí [バらディ] 形 〈複 baladíes, baladís〉

つまらない, ささいな.
ba·la·drón, dro·na [バラドロン, ドロナ] 男 女 〈人〉ほら吹き, から威張り屋.
ba·la·dro·na·da [バラドロナダ] 女 ほら, から威張り.
ba·la·dro·ne·ar [バラドロネアル] 自 ほらを吹く, から威張りする.
ba·la·lai·ca [バラライカ] 女 〈楽器〉バラライカ.
ba·lan·ce [バランセ] 男 1 決算, 収支勘定, 貸借対照表. 2 財産目録, 商品目録. 3 (事態の)総括, 比較検討. 4 (船などの)横揺れ.
ba·lan·ce·ar [バランセアル] 他 1 …を揺り動かす. 2 …の釣り合いを保つ.
— 自 ためらう, 動揺する.
— balancearse 横揺れする.
ba·lan·ce·o [バランセオ] 男 横揺れ.
— 活 → balancear 揺り動かす.
ba·lan·cín [バランシン] 男 1 (綱渡り芸の)バランス棒. 2 〈遊具〉シーソー. 3 揺り椅子. 4 (日よけ付きの)吊り椅子. 5 (カヌーなどの)舷外(げんがい)浮材.
ba·lan·dra [バランドラ] 女 (1本マストの小型帆船の)スループ.
ba·lan·dro [バランドロ] 男 (競技用帆船の)小型スループ.
bá·la·no [バラノ] 男 《=balano》〈解剖学〉(ペニスの)亀頭(きとう).
ba·lan·za [バランサ] 女 1 はかり[秤], 天秤(てんびん). 2 〈商業〉収支勘定[=balanza comercial].
balanza de cruz 天秤.
balanza de cuentas 〈商業〉勘定尻(じり).
balanza de pagos 〈経済〉国際収支.
balanza de Roverval 上皿天秤.
estar en la balanza 迷っている.
poner… en balanza 1 …を秤にかける. 2 …を比較検討する.
ba·lar [バラル] 自 (羊などが)鳴く.
ba·la·rra·sa [バララサ] 男 女 分別の足りない人. — 男 強い焼酎.
ba·las·to [バラスト] 男 砂利, バラス.
ba·laus·tra·da [バラウストラダ] 女 〈建築〉(手すり子のある)手すり, 欄干(らんかん).
ba·la·ús·tre [バラウストレ] 男 《=balaustre》(手すりなどの小柱の)手すり子.
ba·la·zo [バラソ] 男 弾丸の一撃, 命中弾.
bal·bo·a [バルボア] 男 〈通貨単位〉(パナマの)バルボア.
bal·bu·ce·ar [バルブセアル] 自 口ごもる, たどたどしく話す.
bal·bu·ce·o [バルブセオ] 男 口ごもり, たどたどしい話し方.
bal·bu·cien·te [バルブシエンテ] 形 (話し方が)たどたどしい, 口ごもる.
bal·bu·cir [バルブシル] 自 〈活 48 lucir〉〈語尾に i, e を含む活用形だけを使用〉口ごもる.
bal·cá·ni·co, ca [バルカニコ, カ] 形 バルカン諸国 Balcanes の.
— 男 女 バルカン半島の人.
bal·cón [バルコン] 男 1 〈建築〉バルコニー. 2 バルコニーの手すり. 3 展望台.
bal·co·na·da [バルコナダ] 女 〈建築〉(同一手すりの)一連のバルコニー.
bal·da [バルダ] 女 (家具の)棚(たな), 棚板.
bal·da·du·ra [バルダドゥラ] 女 身体障害.
bal·da·quín [バルダキン] 男 《=baldaquino》(寝台などの)飾り天蓋(てんがい).
bal·dar [バルダル] 他 …をへとへとに疲れさせる.
— baldarse 再 くたくたに疲れる.
bal·de [バルデ] 《つぎの副詞句の一部》
de balde 無料で, ただで.
en balde 無駄に, むなしく.
— 男 バケツ, 手桶(ておけ).
bal·dí·o¹ [バルディオ] 男 不毛の土地, 荒れ地.
bal·dí·o², a [—, ア] 形 1 無駄な, 無益な. 2 (土地が)不毛の.
bal·dón [バルドン] 男 汚点, 不名誉.
bal·do·sa [バルドサ] 女 (床などに張る)タイル, 板石.
bal·do·sín [バルドシン] 男 (壁面に張る)小型タイル.
bal·du·que [バルドゥケ] 男 (お役所的な)形式的手続き.
ba·le·ar [バレアル] 形 バレアレス諸島 Baleares の.
— 男 女 バレアレス諸島の人.
Ba·le·a·res [バレアレス] 固 《Islas+》〈島の名〉(地中海にあるスペイン領の)バレアレス諸島.
ba·li·do [バリド] 男 (羊などの)鳴き声.
ba·lín [バリン] 男 小型の銃弾, 散弾.
ba·lís·ti·ca¹ [バリスティカ] 女 弾道学.
ba·lís·ti·co, ca² [バリスティコ, —] 形 弾道の/misil *balístico* 弾道ミサイル.
ba·li·za [バリサ] 女 1 (海の)浮標, ビーコン. 2 (滑走路の)標識灯.
ba·lle·na [バジェナ] 女 1 〈動物〉クジラ[鯨]. 2 (昔の)コルセットの芯(しん).
ba·lle·na·to [バジェナト] 男 〈動物〉子クジラ.
ba·lle·ne·ro¹ [バジェネロ] 男 捕鯨船.
ba·lle·ne·ro², ra [—, ラ] 形 1 〈動物〉クジラの. 2 捕鯨の.
ba·lles·ta [バジェスタ] 女 1 (昔の)石弓. 2 (車両の)板ばね.
ba·lles·te·ro [バジェステロ] 男 (昔の)石弓兵.
ba·llet [バレ] 男 《複 ballets》1 バレエ. 2 バレエ団.
bal·ne·a·rio [バルネアリオ] 男 湯治(とうじ)場, 温泉.
ba·lom·pié [バロンピエ] 男 サッカー[=fútbol].
ba·lón [バロン] 男 1 (大型の)ボール, 玉. 2 気球, バルーン.

balón de oxígeno 1 酸素バッグ. 2 救いの手.
ba·lo·na·zo [バロナソ] 男 ボールによる一撃.
ba·lon·ces·to [バロンセスト] 男 〈スポーツ〉バスケットボール.
ba·lon·ma·no [バロンマノ] 男 〈スポーツ〉ハンドボール.
ba·lon·vo·le·a [バロンボれア] 男 〈スポーツ〉バレーボール.
ba·lo·ta [バロタ] 女 (昔の議会の)投票用小球.
bal·sa [バるサ] 女 いかだ, 渡し船.
balsa de aceite 1 静かな場所. 2 穏やかなもの.
bal·sá·mi·co, ca [バるサミコ, カ] 形 バルサムの, 芳香のある.
bál·sa·mo [バるサモ] 男 1 香油, バルサム. 2 心の慰め.
bal·se·ar [バるセアル] 他 …をいかだで渡る.
bál·ti·co, ca [バるティコ, カ] 形 バルト海 Mar Báltico の.
ba·luar·te [バるアルテ] 男 砦(とりで), 要塞(ようさい).
ba·lum·ba [バるンバ] 女 乱雑な集まり.
bam·ba [バンバ] 女 1 (キューバ系の民俗舞踊の)バンバ. 2 クリームパン.
bam·ba·li·na [バンバリナ] 女 (舞台上部の)飾り幕, 一文字(いちもんじ).
detrás de las bambalinas 舞台裏で.
bam·bo·le·ar·se [バンボれアルセ] 再 揺れる, ふらつく.
bam·bú [バンブ] 男 〈複 bambúes〉〈植物〉タケ〔竹〕.
ba·nal [バナる] 形 ありふれた, 平凡な.
ba·na·na [バナナ] 女 〈果実〉バナナ.
ba·na·nal [バナなる] 男 バナナ農園.
ba·na·ne·ro¹ [バナネロ] 男 〈木〉バナナ.
ba·na·ne·ro², ra [バナネロ, ら] 形 バナナの.
ba·na·no [バナノ] 男 〈木〉バナナ.
ba·nas·ta [バナスタ] 女 大型のかご.
ba·nas·to [バナスト] 男 かご.
ban·ca [バンカ] 女 1 銀行業, 銀行業界. 2 (トランプの)親. 3 (市場などの)物売り台. 4 腰掛け.
ban·cal [バンカる] 男 1 段々畑. 2 畝(うね)による区割り畑.
ban·ca·rio, ria [バンカリオ, リア] 形 銀行の, 銀行業の.
ban·ca·rro·ta [バンカろタ] 女 1 破産, 倒産. 2 破綻(はたん).
ban·co [バンコ] 男 1 銀行. 2 ベンチ, 長椅子. 3 作業台, 作業机. 4 (水中の)浅瀬. 5 魚群. 6〈医学〉(臓器などの)銀行. 7 地層, 鉱脈.
banco de datos (コンピューターの)データバンク.
banco de hielo 流氷群.
banco de ojos 〈医学〉アイバンク.
herrar [quitar] el banco 決断する.
ban·da [バンダ] 女 1 楽団, バンド. 2 (犯罪者の)徒党, 一味. 3 (動物の)群れ. 4 (肩から斜めに掛ける)飾り帯. 5 帯, ひも. 6〈スポーツ〉サイドライン, タッチライン. 7 (船の)舷側(げんそく). 8 派閥, 党派. 9 (変動範囲の)幅. 10 周波数帯, バンド.
banda de frecuencia 周波数帯.
banda sonora [de sonido] (映画の)サウンドトラック.
cerrarse a la banda [en banda] 強情を張る.
de banda a banda 一方から他方へ.
jugar a dos bandas 漁夫の利を占める.
ban·da·da [バンダダ] 女 1 (鳥・昆虫・魚などの)群れ. 2 騒々しい群集.
ban·da·zo [バンダソ] 男 1 激しい動き. 2 (方向などの)急な変化.
ban·de·ar·se [バンデアルセ] 再 1 うまくやりくりする. 2 難局を切り抜ける.
ban·de·ja [バンデハ] 女 1 盆(ぼん), トレイ. 2 (トレイ状の)引出し. 3 大皿.
ban·de·ra [バンデら] 女 1 旗, 国旗 [= bandera nacional]. 2 (商船の)船籍. 3〈軍隊〉大隊.
a banderas desplegadas 自由に, 何の障害もなく.
alzar la bandera 決起する.
arriar la bandera (海軍で)降伏する.
bandera blanca [de la paz] (降伏や休戦を求める)白旗.
de bandera すばらしい, 極上の.
estar hasta la bandera (場所が人で)いっぱい詰まっている.
jurar la bandera 国旗を前にして忠誠を誓う.
ban·de·rí·a [バンデリア] 女 党派, 徒党.
ban·de·ri·lla [バンデリリャ] 女 1〈闘牛〉(飾りのついた)銛(もり). 2 (小串に刺した)おつまみ.
ban·de·ri·lle·ar [バンデリジェアル] 他〈闘牛〉(牛に)銛(もり)を突き刺す.
ban·de·ri·lle·ro [バンデリジェろ] 男 〈闘牛士〉銛(もり)打ち士.
ban·de·rín [バンデリン] 男 (一般に三角型の)小旗, ペナント.
ban·de·ro·la [バンデろら] 女 (標識用の)小旗.
ban·di·da·je [バンディダヘ] 男 山賊行為, 盗賊稼業.
ban·di·do, da [バンディド, ダ] 男女 山賊, 盗賊, 悪党.
ban·do [バンド] 男 1 布告, 公布. 2 党派, 派閥. 3 (鳥・昆虫・魚などの)群れ.
ban·do·la [バンドら] 女 1〈楽器〉マンドリン. 2〈楽器〉(3弦の)バンドラ.
ban·do·le·ra [バンドれら] 女 1 (肩から斜めに掛ける)負い革. 2 女山賊, 女盗賊.
ban·do·le·ris·mo [バンドれリスモ] 男 山賊行為, 盗賊稼業.
ban·do·le·ro [バンドれロ] 男 (男の)山賊, 盗賊.
ban·do·li·na [バンドリナ] 女 〈楽器〉マンドリン.
ban·do·ne·ón [バンドネオン] 男 〈楽器〉(アコ

−デオンの一種のの)バンドネオン.

ban·du·rria [バンドゥリア] 囡〈楽器〉(大型マンドリンの)バンドゥリア.

ban·jo [バンジョ] 男〈楽器〉バンジョー.

ban·que·ro, ra [バンケロ, ラ] 男囡 銀行家, 銀行業者.

ban·que·ta [バンケタ] 囡 (背のない小さな)腰掛け, スツール.

ban·que·te [バンケテ] 男 1 宴会, 祝宴. 2 ごちそう, 豪勢な料理.

ban·qui·llo [バンキジョ] 男 1 (法廷の)被告席. 2〈スポーツ〉(控え選手たちの)ベンチ.

ba·ña·do, da [バニャド, ダ]《過去分詞》→ bañar 入浴させる.
— 形 1 (+de...) でびっしょりの. 2 (+por+海など)〈国〉…の沿岸の.

ba·ña·dor[1] [バニャドル] 男 水着, 水泳パンツ.

ba·ña·dor[2], **do·ra** [—, ドラ] 男囡 1 水泳客, 海水浴客. 2 水浴する人.

ba·ñar [バニャル] 他 1 …を入浴させる. 2 …を(+con, de, en…) …にひたす, …でぬらす. 3 (波岸など)を洗う. 4 …を(+con, de, …)…でおおう. 5 (光や風が) …にいっぱいに当たる.
— bañarse 再 1 入浴する. 2 水泳をする, およぐ.

ba·ñe·ra [バニェラ] 囡 浴槽.

ba·ñis·ta [バニスタ] 男囡 1 水泳客. 2 湯治(とうじ)客.

ba·ño [バニョ] 男 1 入浴, 水浴. 2 浴槽, 湯船. 3 浴室, 風呂場. 4 トイレ, 手洗い. 5 上塗り, メッキ. 6 薬浴槽. 7 薄っぺらな知識. 8 (モーロ人の)牢獄(ろうごく).
al baño (de) María 湯煎(ゆせん)で.
baño de cultura 薄っぺらな教養.
baño de sangre 大虐殺.
cuarto de baño 浴室.
dar un baño a… …に大勝する.
dar·se un baño 入浴する.
dar·se un baño de… …を勉強しなおす.
tomar un baño de sol 日光浴する.

ba·ños [バニョス] 男複〈→ baño〉湯治(とうじ)場, 温泉地.

ba·o·bab [バオバブ] 男〈巨木〉(アフリカ産の)バオバブ.

bap·tis·mo [バプティスモ] 男〈宗教〉洗礼主義, バプテスト派.

bap·tis·ta [バプティスタ] 形《男女同形》〈宗教〉バプテスト派の.
— 男囡 バプテスト派の信徒.

bap·tis·te·rio [バプティステリオ] 男 洗礼堂, 洗礼場.

ba·que·li·ta [バケリタ] 囡 (合成樹脂の)ベークライト.

ba·que·ta [バケタ] 囡 1 (太鼓の)ばち. 2 (銃身を掃除するための)槊杖(さくじょう).

ba·que·ta·zos [バケタソス]《つぎの副詞句の一部》

a baquetazos 軽蔑して, じゃけんに.

ba·que·te·ar [バケテアル] 他 …を虐待する, 苦しめる.

ba·que·te·o [バケテオ] 男 虐待.

bá·qui·co, ca [バキコ, カ] 形 1 (酒神)バッカスBacoの. 2 お祭り騒ぎの.

bar [バル] 男 1 (大衆的なスナックの)バル, 酒場. 2〈気圧の単位〉バール.

ba·ra·hún·da [バラウンダ] 囡《= baraúnda》喧噪(けんそう), 混乱, 騒音.

ba·ra·ja [バラハ] 囡 (一組のカードの)トランプ.
— 活 → barajar(トランプ)を切る.
jugar con dos barajas 二枚舌を使う.
romper la baraja 約束を無効にする.

ba·ra·jar [バラハル] 他 1 (トランプカード)を切る. 2 (名前や数値)を挙げる. 3 (いくつかの可能な例)を検討する. 4 (危険)を巧みに避ける.
— 自 (+con…) …といがみあう.

ba·ran·da [バランダ] 囡《= barandilla》手すり, 欄干(らんかん).

ba·ran·dal [バランダル] 男 1 (手すりの)架木(ほこぎ). 2 手すり, 欄干(らんかん).

ba·ra·te·ar [バラテアル] 自 安売りする.

ba·ra·ti·ja [バラティハ] 囡 安物, がらくた.

ba·ra·ti·llo [バラティジョ] 男 1 がらくた売り場. 2 のみの市.

ba·ra·to[1] [バラト] 男 安売り, バーゲンセール.
— 副 安値で, 安く.

ba·ra·to[2], **ta** [—, タ] 形 1 安い, 安価な. 2 安直な, すぐに手に入る.
dar de barato どうでもいい部分で譲る.
de barato 無利息で.

bar·ba [バルバ] 囡 1 ひげ[髭], あごひげ. 2 あご. 3 (鯨などの)ひげ. 4 (鳥の)肉垂(にくすい).
— 男〈演劇〉老(ふけ)け役.
barba cerrada 濃いひげ.
con toda la barba (職能などで)申し分のない.
dejar·se la barba ひげをたくわえる.
hacer la barba 1 ひげを剃る. 2 おべっかを使う.
mentir por la barba ぬけぬけとうそを言う.
por barba (男たちだけの分割で)一人あたり.
tener pelos en la barba 分別がある.

bar·ba·ca·na [バルバカナ] 囡 (城壁の)銃眼.

bar·ba·co·a [バルバコア] 囡 1 バーベキュー. 2 バーベキュー料理.

bar·ba·do, da [バルバド, ダ] 形 ひげのある, ひげの生えた.

Bár·ba·ra [バルバラ] 固〈女性の名〉バルバラ.

bar·ba·ri·dad [バルバリダッ] 囡 1 野蛮, 残虐, 残忍さ. 2 ばかなこと, でたらめ.
¡Qué barbaridad! 何てひどい!, すごい!
una barbaridad 1 大量. 2 副 とても多く.

bar·ba·rie [バルバリエ] 囡 1 未開な状態. 2 残虐行為.

bar·ba·ris·mo [バルバリスモ] 男 1〈言語学〉生(なま)の外来語. 2〈文法〉単語の不正用法.

他 は他動詞 再 は再帰動詞 形 は形容詞 副 は副詞 前 は前置詞 接 は接続詞 間 は間投詞

bar·ba·ri·zar [バルバリサル] 他 《活 39 gozar》(国語)を乱す.

bár·ba·ro¹ [バルバロ] 副 すばらしく, 最高に.
pasar·lo bárbaro とても楽しむ時.

bár·ba·ro², **ra** [—, ラ] 形 1 野蛮な, 残酷な. 2 教養のない, 下品な. 3 粗暴な. 4 すごい, 異常な. 5 大量の. 6 蛮族の.
— 男 女 野蛮人, 蛮族.
¡Qué bárbaro! わあっ, すごい!

bar·bas [バルバス] 女複 {→ barba} 1 (紙などの)ほつれ, ぎざぎざ. 2 (鳥の)羽枝(うし). 3 ひげ状のもの.
— 男 《単複同形》ひげ面(づら)の男.
en las barbas de… …の面前で.
en sus propias barbas 面と向かって.
subir·se a las barbas de… …をあなどる.

bar·be·char [バルベチャル] 他 (畑)を休ませる.
bar·be·cho [バルベチョ] 男 1 休耕. 2 休耕地.
bar·be·rí·a [バルベリア] 女 理髪店, 理容店, 床屋.
bar·be·ro, **ra** [バルベロ, ラ] 男 女 理髪師, 理容師.
bar·bi·lam·pi·ño, **ña** [バルビランピニョ, ニャ] 形 (大人の男性で)ひげの薄い, ひげのない.
bar·bi·lin·do [バルビリンド] 形 《男性形のみ》(男性が)きざな, 気取った.
bar·bi·lla [バルビジャ] 女 あご先.
bar·bi·tú·ri·co [バルビトゥリコ] 男 〈化学〉(睡眠薬の)バルビツール酸塩.
bar·bo [バルボ] 男 〈魚〉ニゴイ {似鯉}.
bar·bo·que·jo [バルボケホ] 男 〈帽子〉あごひも.
bar·bo·tar [バルボタル] 他 …を早口でぶつぶつ言う.
bar·bu·do, **da** [バルブド, ダ] 形 ひげの濃い, ひげもじゃの.
bar·bu·llar [バルブジャル] 自 早口でもごもご言う.
bar·ca [バルカ] 女 小船.
estar en la misma barca 同じ立場にいる.
bar·ca·da [バルカダ] 女 1 1 回の航行. 2 船一杯分の積み荷.
bar·ca·je [バルカヘ] 男 1 小船による運搬業務. 2 渡し賃, 船賃.
bar·ca·ro·la [バルカロラ] 女 (ゴンドラの船頭が歌う船歌の)バルカロラ.
bar·ca·za [バルカサ] 女 大型ボート, はしけ.
Bar·ce·lo·na [バルセロナ] 固 〈県・郡名の名〉(スペインの)バルセロナ.
bar·ce·lo·nés, **ne·sa** [バルセロネス, ネサ] 形 バルセロナ Barcelona の.
— 男 女 バルセロナの人.
bar·co [バルコ] 男 (一般的な)船, 大型船.
barco de vapor 蒸気船.
barco escuela 練習船.
en barco 船で, 船に乗って.
bar·da [バルダ] 女 (昔の)馬鎧(うまよろい).

bar·do [バルド] 男 (古代ケルトの)詩人, 楽人.
ba·re·mo [バレモ] 男 1 評価基準. 2 調整価格表.
bar·gue·ño [バルゲニョ] 男 (引き出しの多い飾り簞笥(だんす)の)バルゲニョ.
ba·ri·cen·tro [バリセントロ] 男 〈物理学〉重心.
ba·rio [バリオ] 男 〈化学〉バリウム.
ba·rí·to·no [バリトノ] 男 〈声楽〉1 バリトン. 2 バリトン歌手.
bar·lo·ven·to [バルロベント] 男 (海での)風上.
bar·man [バルマン] 男 《複 barmans》(酒場の)バーテン.
bar·niz [バルニス] 男 《複 barnices》1 (塗料の)ワニス, ニス. 2 うわべの知識. 3 マニキュア.
barniz del Japón 〈植物・塗料〉ウルシ.
bar·ni·za·do [バルニサド] 男 ニス仕上げ, ワニス塗り.
bar·ni·zar [バルニサル] 他 《活 39 gozar》…にワニス[ニス]を塗る.
ba·ro·mé·tri·co, **ca** [バロメトリコ, カ] 形 1 気圧の. 2 気圧計の.
ba·ró·me·tro [バロメトロ] 男 1 気圧計, 晴雨計. 2 (一般的な)指標, バロメーター.
ba·rón [バロン] 男 男爵.
ba·ro·ne·sa [バロネサ] 女 女男爵, 男爵夫人.
ba·ro·ní·a [バロニア] 女 男爵の位, 男爵領.
bar·que·ro, **ra** [バルケロ, ラ] 男 女 船頭, 渡し守.
bar·qui·lla [バルキジャ] 女 1 (気球の)ゴンドラ, つりかご. 2 〈飛行機〉(エンジンカバーの)ナセル. 3 川舟.
bar·qui·llo [バルキジョ] 男 アイスクリームコーン.
ba·rra [バラ] 女 1 棒 / *barra de chocolate* 棒チョコ. 2 棒状パン, バゲット. 3 (酒場などの)カウンター. 4 (書き文字に使われる記号の)縦線, 斜線, スラッシュ. 5 (河口などにできる)砂州. 6 小間.
— 活 → barrer 掃く.
barra americana (ホステスのいる)バー, クラブ.
barra (de equilibrio) 〈スポーツ〉平均台.
barra de labios リップスティック, 口紅.
barra (fija) 〈スポーツ〉1 鉄棒. 2 (壁に固定された練習用の)バー.
barra libre (酒類の支払い方法の)飲み放題.
(barras) paralelas 〈スポーツ〉平行棒.
sin reparar [parar·se] en barras 何の気兼ねもなく.
ba·rra·bás [バラバス] 男 悪漢, 悪人, ならず者.
ba·rra·ba·sa·da [バラバサダ] 女 1 悪質ないたずら, 悪ふざけ. 2 無礼な言動, 悪態.
ba·rra·ca [バラカ] 女 1 ほろ家, バラック. 2 小屋. 3 納屋.
barraca de feria (祭りなどの)仮設小屋.
ba·rra·cón [バラコン] 男 1 兵舎. 2 掛け小屋.
ba·rra·ga·na [バラガナ] 女 (昔の)妾(めかけ), 情婦.

活 は活用形 複 は複数形 男 は男性名詞 女 は女性名詞 固 は固有名詞 代 は代名詞 自 は自動詞

ba·rran·co [バランコ] 男 崖(がけ), 絶壁, 峡谷.
ba·rre·de·ro, ra [バレデロ, ラ] 形 (風などが)あたりのものを皆さらっていく.
ba·rre·na [バレナ] 女 1 きり(錐), ドリル.
entrar en barrena 〈飛行機〉きりもみ降下する.
ba·rre·nar [バレナル] 他 …にドリル[きり]で穴をあける.
ba·rren·de·ro, ra [バレンデロ, ラ] 男 女 道路掃除人, 清掃作業員.
ba·rre·no [バレノ] 男 1 発破(はっぱ)用の穴. 2 発破用爆薬. 3 削岩用ドリル.
ba·rre·ño [バレニョ] 男 たらい, 桶(おけ).
ba·rrer [バレル] 他 1 …を掃く, 掃除する. 2 …を一掃する, 残らず運び去る. 3 …を消す. 4 …を追い払う.
barrer con todo 一掃する, すべて持ってゆく.
barrer hacia [para] dentro 自分の都合のいいように振る舞う.
ba·rre·ra [バレラ] 女 1 障害, 壁. 2 遮断機. 3 柵. 4〈闘牛〉防壁. 5〈闘牛〉最前列席. 6〈スポーツ〉ディフェンスの壁. 7 陶土採掘場.
barrera del sonido 音速の壁.
barreras arancelarias 関税障壁.
no reconocer barreras 際限がない.
ver los toros desde la barrera 高みの見物をする.
ba·rre·ta [バレタ] 女 1 小さな棒. 2 棒状の菓子.
ba·rre·ti·na [バレティナ] 女 (スペインのカタルニア地方独特の縁無し帽子の)バレティナ.
ba·rria·da [バリアダ] 女 1 (都市の)地区, 区. 2 地区の一部.
ba·rri·ca [バリカ] 女 (ワイン用などの)樽(たる).
ba·rri·ca·da [バリカダ] 女 防柵, バリケード.
ba·rri·do [バリド] 男 1 床掃除. 2 一掃. 3 資料の網羅(もうら).
ba·rri·ga [バリガ] 女 1 腹. 2 腹わた. 3 太鼓腹. 4 (容器の)胴, 出っ張り.
ba·rri·gón, go·na [バリゴン, ゴナ] 形 (= barrigudo, da) 腹の出っ張った.
ba·rril [バリル] 男 1 樽(たる). 2〈容量単位〉(石油の)バレル.
comer del barril 粗食に耐える.
ser un barril de pólvora (火薬樽のように)危険物である.
ba·rri·le·te [バリレテ] 男 1 (ピストルの)弾倉. 2 小型の樽(たる).
ba·rri·llo [バリジョ] 男 にきび.
ba·rrio [バリオ] 男 地区, 区, 区域.
barrio bajo スラム, 貧民街.
barrio chino 売春街.
el otro barrio 死後の世界, あの世.
ba·rri·tar [バリタル] 自 〈ゾウやサイが〉鳴く.
ba·rri·zal [バリさル] 男 ぬかるみ.
ba·rro [バロ] 男 1 泥. 2 粘土, 粘土. 3 陶器. 土

器. 4 にきび.
— 活 → *barrer* 掃く.
ba·rro·co[1] [バロコ] 男 1〈芸術〉バロック様式. 2 バロック時代.
ba·rro·co[2], **ca** [—, カ] 形 バロックの, バロック様式の.
ba·rro·quis·mo [バロキスモ] 男〈芸術〉バロック調, バロック様式.
ba·rro·te [バロテ] 男 1 太い棒. 2 支柱, 柵.
ba·rrun·tar [バルンタル] 他 …を予感する, 予知する.
ba·rrun·to [バルント] 男 予知, 予感.
bar·to·la [バルトラ] 女〈つぎの副詞句の一部〉
a la bartola ぞんざいに, 気楽に.
Bar·to·lo·mé [バルトロメ] 固〈男性の名〉バルトロメ.
bár·tu·los [バルトゥロス] 男 複 (集合的に)道具, 用具.
ba·ru·llo [バルジョ] 男 騒々しさ, 混乱.
ba·sa [バサ] 女 (柱の)基部.
ba·sal·to [バサルト] 男〈鉱物〉玄武岩.
ba·sa·men·to [バサメント] 男 (柱の)台座.
ba·sar [バサル] 他 1 …の基礎を (+en…) …に置く.
— *basar·se* 再 (+en…) …に基づく.
bas·ca [バスカ] 女 (女性の)友だち仲間.
bas·cas [バスカス] 女 複 むかつき, 吐き気.
bas·co·so, sa [バスコソ, サ] 形 1 むかむかさせる. 2 きたならしい.
bás·cu·la [バスクラ] 女 台秤(だいばかり).
bas·cu·lar [バスクラル] 自 1 上下に動く. 2 (感情などが二者の間を)揺れ動く.
ba·se [バセ] 女 1 土台, 基盤, 基部. 2 基本, 基準, 根拠. 3 (政党などの)支持基盤. 4〈軍事〉基地. 5〈化学〉塩基. 6〈数学〉(対数の)底, 底辺. 7〈野球〉ベース. 8〈測量〉基線. 9 形 (形容詞的に) 基本となる …/*sueldo base* 基本給, *precio base* 基準価格.
a base de… …を基にして.
a base de bien 大量に, 十分に.
base de datos (コンピューターの)データベース.
caer por su base 根拠がない.
con base en… …にもとづいて.
sobre la base de… …を基にして, …によれば.
bá·si·ca·men·te [バシカメンテ] 副 基本的に, 本来的に.
bá·si·co, ca [バシコ, カ] 形 1 基本的な, 基礎の. 2 〈化学〉塩基性の.
ba·sí·li·ca [バシリカ] 女 1 (初期キリスト教の)バシリカ教会堂. 2 大聖堂, 大寺院.
Ba·si·lio [バシリオ] 固〈男性の名〉バシリオ.
ba·si·lis·co [バシリスコ] 男 1 (伝説上の怪物で, 蛇の胴体に鳥の脚の)バシリスク.
poner·se [estar] hecho un basilisco (人が)怒り狂う.
bas·ta[1] [バスタ] 女 (→ *basto*[2])〈服飾〉1 しつ

bas·tan·te

け縫い. 2 しつけ糸.
— 活 → bastar 十分である.
bas·tan·te [バスタンテ] 形 1 かなりの, 相当な. 2 十分な.
— 副 1 かなり, 相当に. 2 十分に.
lo bastante... para〜 〜には十分な….
bas·tar [バスタル] 自 1 十分である. 2《主語なしの3人称単数形で使用》(+de...) …はもう十分である. 3《主語なしの3人称単数形で使用》(+con...) …があれば十分である.
¡Basta! もうたくさんだ!
bastar y sobrar 十二分である.
bas·tar·dí·a [バスタルディア] 女 私生児という条件, 庶出(しょしゅつ).
bas·tar·di·lla [バスタルディじゃ] 女《活字》イタリック体.
bas·tar·do, da [バスタルド, ダ] 形 1 (実子で)私生の, 庶出(しょしゅつ)の. 2 下劣な, 卑しい.
— 男 女 私生児, 庶子(しょし).
bas·te·dad [バステダッ] 女 粗雑さ, 粗悪さ.
bas·ti·dor [バスティドル] 男 1 (織機などの)枠, フレーム. 2 (車両の)シャーシー, 車台. 3《演劇》書き割り.
entre bastidores 舞台裏で, ひそかに.
bas·ti·lla [バスティじゃ] 女《服飾》へり縫い, 返し縫い.
bas·tión [バスティオン] 男 要塞, 砦(とりで).
bas·to¹ [バスト] 男 (スペイン・トランプの札の)棍棒.
bas·to², ta² 形 1 粗雑な, 粗末な. 2 下品な, 粗野な.
bas·tón [バストン] 男 1 ステッキ, 杖(つえ). 2 指揮棒. 3 (スキーの)ストック.
bas·to·na·zo [バストナソ] 男 杖(つえ)の一撃.
bas·ton·ci·llo [バストンしじょ] 男 1 小さなステッキ, 杖. 2 (耳掃除などに使う)綿棒.
ba·su·ra [バスラ] 女 1 ごみ, くず. 2 がらくた, つまらないもの. 3《人》くず.
ba·su·re·ro [バスレロ] 男 1 ごみ箱. 2 ごみ捨て場.
ba·ta [バタ] 女 1 ガウン, 化粧着, 部屋着. 2 (医者などの)白衣.
ba·ta·ca·zo [バタカソ] 男 1 どすんと倒れること. 2 不意の大失敗.
dar·se un batacazo 1 どすんと落ちる. 2 大失敗する.
ba·ta·lla [バタじゃ] 女 1 戦闘, 会戦. 2 (多人数の)対決, 闘争. 3 (心の)葛藤(かっとう), 苦闘.
batalla campal 1 野戦, 決戦. 2 (多人数の)論争, 乱闘.
dar (la) batalla a... 1 …と対決する. 2 …をてこずらせる.
de batalla〈衣類〉ふだんの, 日常用の.
librar batalla 戦闘する.
quedar en el campo de batalla 戦死する.
ba·ta·lla·dor, do·ra [バタじゃドル, ドラ] 形 1 戦闘の. 2 好戦的な.
— 男 女 戦士, 闘士.
ba·ta·llar [バタじゃル] 自 1 (+con...) …と戦う. 2 (+con...) …を説得しようと奮闘する.
ba·ta·llón [バタじょン] 男 1《軍隊》大隊. 2 群衆.
ba·ta·ta [バタタ] 女《植物》サツマイモ.
ba·te [バテ] 男 (野球の)バット.
— 活 → batir 強くかき混ぜる.
ba·te·a [バテア] 女 1 箱舟. 2 盆(ぼん), トレイ.
— 活 → batear ボールをバットで打つ.
ba·te·a·dor, do·ra [バテアドル, ドラ] 男 女《野球》バッター.
ba·te·ar [バテアル] 自《野球》ボールをバットで打つ.
ba·tel [バテる] 男 小舟, ボート.
ba·te·le·ro, ra [バテレロ, ラ] 男 女 (小舟の)船頭.
ba·te·rí·a [バテリア] 女 1 打楽器類. 2 砲兵隊. 3 砲列. 4 (舞台の)フットライト. 5 (道具などの)一式. 6 電池, バッテリー.
— 男 女 打楽器奏者, ドラマー.
batería de cocina 台所用品一式.
batería eléctrica 蓄電池, バッテリー.
cargar la batería バッテリーを充電する.
en batería〈駐車形態〉斜め平行に.
ba·ti·bu·rri·llo [バティブリじょ] 男 ごちゃまぜ, 寄せ集め.
ba·ti·da¹ [バティダ] 女 1 捜索, 追跡. 2 獲物の狩り出し.
ba·ti·do¹ [バティド] 男 1 泡立てた卵. 2 ミルクセーキ.
ba·ti·do², da²《過去分詞》→ batir 強くかき混ぜる.
— 形 1 (クリームなどが)ホイップされた, 泡立てられた. 2 (路面などが)踏み固められた.
ba·ti·dor [バティドル] 男《料理》泡立て器.
ba·ti·do·ra [バティドラ] 女《料理》ミキサー.
ba·tien·te [バティエンテ] 男 1 (窓や戸の)扉板. 2 (海岸などの)波打ち際.
ba·tín [バティン] 男 (男性用の)ガウン, 部屋着.
ba·tir [バティル] 他 1 …を強くかき混ぜる, 攪拌(かくはん)する. 2 (記録)を越える. 3 (競争相手)を負かす. 4 (陽光や風)が…を打ちつける. 5 (場所)を捜索する, 調べる. 6 (羽など)をばたばたさせる. 7 …を打つ, たたく.
— **ba·tir·se** 再 (互いに)戦いあう.
ba·tra·cio, cia [バトラオ, アア] 形 両生類の.
ba·tra·cios [バトラオス] 男複《分類》《→ batracio》両生類.
ba·tu·rro, rra [バトゥロ, ラ] 形 (スペインの)アラゴンの田舎(いなか)の.
— 男 女 アラゴンの田舎者.
ba·tu·ta [バトゥタ] 女《音楽》指揮棒, タクト.
llevar la batuta 牛耳(ぎゅうじ)る, 指揮する.
ba·úl [バうる] 男 トランク.

活 は活用形　複 は複数形　男 は男性名詞　女 は女性名詞　固 は固有名詞　代 は代名詞　自 は自動詞

henchir el baúl たらふく食べる.
bautic- 活 → bautizar 洗礼を授ける《活 39》.
bau·tis·mal [バウティスマル] 形 〈宗教〉洗礼の.
bau·tis·mo [バウティスモ] 男 1〈宗教〉洗礼. 2〈宗教〉洗礼式.
bautismo de fuego (兵士の)初めての戦闘.
bau·ti·zar [バウティサル] 他《活 39 gozar》1〈宗教〉…に洗礼を授(ｻﾂ)ける. 2 …に命名する／*bautizar a*... *con el nombre de*～ …に～という名前をつける.
bau·ti·zo [バウティソ] 男 〈宗教〉洗礼式.
bau·xi·ta [バウクシタ] 女 〈鉱物〉ボーキサイト.
ba·ya¹ [バヤ] 女 〈植物〉漿果(ｼｮｳ).
ba·ye·ta [バジェタ] 女 ぞうきん.
ba·yo, ya² [バヨ, —] (馬が)鹿毛(ｶｹ)の.
ba·yo·ne·sa [バジョネサ] 女 〈菓子〉カボチャクリーム・パイ.
ba·yo·ne·ta [バジョネタ] 女 〈武器〉銃剣.
ba·za [バサ] 女 〈トランプ〉(セットの)勝ち札.
meter baza 無関係の話に割りこむ.
ba·zar [バサル] 男 1 雑貨店. 2 (中東の)市場, バザール.
ba·zo [バソ] 男 〈解剖学〉脾臓(ﾋｿﾞｳ).
ba·zo·fia [バソふぃア] 女 くだらないもの, くず.
ba·zu·ca [バスカ] 女 〈武器〉バズーカ砲.
be [ベ] 女 〈文字 B, b の名〉ベ.
be·a·ta¹ [ベアタ] 女 (カトリックの)平修女.
be·a·te·rí·a [ベアテリア] 女 篤信(ﾄｸｼﾝ)ぶり.
be·a·te·rio [ベアテリオ] 男 女子修道院.
be·a·ti·fi·ca·ción [ベアティふぃカしオン] 女 (カトリックの)授福, 列福.
be·a·ti·fi·car [ベアティふぃカル] 他《活 73 sacar》〈宗教〉(死者)を列福する.
be·a·tí·fi·co, ca [ベアティふぃコ, カ] 形 穏やかな, 平安な.
be·a·ti·tud [ベアティトゥス] 女 1 (カトリックの)至福. 2 平安, 幸福.
be·a·to¹ [ベアト] 男 (カトリックの)平修士.
be·a·to², ta² [ベアト, タ] 形 1 (カトリックで)至福を受けた. 2 信心深い.
— 男女 1 〈宗教〉至福を受けた人. 2 篤信(ﾄｸｼﾝ)家.
Be·a·triz [ベアトリす] 固 〈女性の名〉ベアトリス.
beba(-) 活 → beber 飲む.
be·bé [ベベ] 男 赤ん坊, 赤ちゃん.
be·be·de·ro¹ [ベベデロ] 男 1 (動物の)水飲み場. 2 容器の注ぎ口.
be·be·de·ro², ra [—, ラ] 形 飲用の.
be·be·di·zo [ベベディソ] 男 1 惚(ﾎ)れ薬. 2 毒入り飲み物. 3 水薬.
be·be·dor, do·ra [ベベドル, ドラ] 形 酒飲みの.
— 男女 〈人〉酒飲み.
be·ber [ベベル] 他 1 …を飲む. 2 (知識など)を吸収する. 3 (言葉)を一心に聞く, 熱心に読む.
— 自 1 酒を飲む. 2 (+*a, por*...) …に乾杯する.
— **beber·se** 再 飲みほす, 一気に飲む.
be·bi·ble [ベビブれ] 形 (まずくなくて)まあまあ飲める.
be·bi·da¹ [ベビダ] 女 1 飲み物. 2 飲酒の習慣.
be·bi·do, da² [ベビド, —] 〈過去分詞〉→ beber 飲む.
— 形 酔っ払った, 酔った.
be·ca [ベカ] 女 1 奨学金, 給費. 2 (学生の) V 字型襷章.
— 活 → becar 奨学金を与える.
be·ca·do, da [ベカド, ダ] 〈過去分詞〉→ becar 奨学金を与える.
— 形 給費を受けている.
— 男女 奨学生, 給費生.
be·car [ベカル] 他《活 73 sacar》…に奨学金を与える.
be·ca·rio, ria [ベカリオ, リア] 男女 奨学生, 給費生.
be·ce·rra·da [ベセラダ] 女 〈闘牛〉子牛の闘牛.
be·ce·rro¹ [ベセロ] 男 1 〈闘牛〉(2・3 才の)子牛. 2 子牛の革.
be·ce·rro², rra [—, ラ] 男女 (満 2 才あたりまでの)子牛.
be·cha·mel [ベチャメる] 女 〈料理〉(ホワイト・ルーの)ベシャメルソース.
be·cua·dro [ベクアドロ] 男 〈音楽〉本位(ﾎﾝｲ)記号, ナチュラル.
be·del, de·la [ベデる, デら] 男女 (学校などの)用務員, 守衛.
be·dui·no, na [ベドウイノ, ナ] 形 (アラビアの遊牧民の)ベドウィンの.
— 男女 〈人〉ベドウィン.
be·fa [ベふァ] 女 嘲笑(ﾁｮｳｼｮｳ), あざけり.
be·far [ベふァル] 他 …をあざける.
— 自 (馬が)唇をゆがめる.
be·fo [ベふォ] 男 1 (馬などの厚い)唇. 2 〈動物〉オナガザル.
be·go·nia [ベゴニア] 女 〈植物〉ベゴニア.
bei·con [ベイコン] 男 〈料理〉ベーコン.
bei·ge [ベイస] 形《=beis》ベージュ色の.
— 男 〈色彩〉ベージュ.
Bei·jing [ベイジン] 固 〈都市の名〉(中国の)北京, ペキン.
béis·bol [ベイスボる] 男 〈スポーツ〉野球.
be·ju·co [ベフコ] 男 〈植物〉カズラ, トウ.
bel·dad [ベるダス] 女 1 (女性の)美しさ. 2 絶世の美女.
be·lén [ベれン] 男 1 (キリスト生誕場面を人形飾りにした)ベレン. 2 厄介事, もめごと.
bel·fo [ベるふォ] 男 (馬などの厚い)唇.
bel·ga [ベるガ] 形 ベルギーの Bélgica の.
Bél·gi·ca [ベるヒカ] 固 〈国の名〉(ヨーロッパ北西部の)ベルギー.

他 は他動詞 再 は再帰動詞 形 は形容詞 副 は副詞 前 は前置詞 接 は接続詞 間 は間投詞

be·li·cis·mo [ベリシスモ] 男 好戦主義, 主戦論.
be·li·cis·ta [ベリシスタ] 形《男女同形》好戦主義の, 主戦論の.
— 男女 主戦論者.
bé·li·co, ca [ベリコ, カ] 形 戦争の.
be·li·co·si·dad [ベリコシダス] 女 1 好戦性. 2 攻撃性.
be·li·co·so, sa [ベリコソ, サ] 形 1 好戦的な. 2 攻撃的な.
be·li·ge·ran·cia [ベリヘランシア] 女 1 参戦. 2 交戦権.
be·li·ge·ran·te [ベリヘランテ] 形 交戦中の.
— 男 1 交戦国. 2 戦闘集団.
be·lio [ベリオ] 男《強さの単位》(音の)ベル.
be·lla·co, ca [ベリャコ, カ] 形 悪い, 無頼の.
— 男女 ごろつき, 悪党.
be·lla·que·rí·a [ベリャケリア] 女 悪党の言動, やくざな所業.
be·lle·za [ベリェさ] 女 1 美しさ, 美. 2 美人, 美女. 3 立派な人.
be·llí·si·mo, ma [ベジシモ, マ] 形《絶対最上級語》← bello, lla) とても美しい.
be·llo, lla [ベじょ, じゃ] 形 1 美しい. 2《人》立派な, 徳の高い.
be·llo·ta [ベじょタ] 女《実》ドングリ.
be·mol [ベモる] 形《音楽》半音下の.
— 男《音楽》変記号, フラット.
ben·ce·no [ベンセノ] 男《化学》ベンゼン.
ben·ci·na [ベンシナ] 女《化学》ベンジン.
ben·de·cir [ベンデシる] 他《活 62 predecir》《過去分詞は bendecido, bendito》1 (聖職者が十字を切って) …を祝福する, …のために神の加護を願う.
2 (人に)幸運を願う, 祝福する.
3 (神が人に)恵みを与える.
4 …をたたえる.
bendecir la mesa 食前のお祈りをする.
ben·di·ción [ベンディシオン] 女 1《宗教》祝福, 神の恵み, 天恵. 2《宗教》祝福. 3 祝福, 祝い.
bendig- 活 → bendecir 祝福する《活 62》.
bendij- 活 → bendecir 祝福する《活 62》.
ben·di·to, ta [ベンディト, タ]《過去分詞》→ bendecir 祝福する.
— 形 1 祝福された. 2 神聖な.
— 男女《人》善人.
be·ne·dic·ti·no, na [ベネディクティノ, ナ] 形《宗教》ベネディクト会の.
— 男女 ベネディクト会修道士[修道女].
Be·ne·dic·to [ベネディクト] 固《男性の名》ベネディクト.
be·ne·fac·tor, to·ra [ベネふぁクトル, トラ] 形 善行をほどこす, 恩恵を与える.
— 男女 1 慈善家. 2 恩人.
be·ne·fi·cen·cia [ベネふぃセンシア] 女 1 福祉, 福祉事業. 2 善行, 慈善.
be·ne·fi·ciar [ベネふぃシアる] 他《活 17 cambiar》(事物が) …を利する, …に恩恵を与える.
— **beneficiarse** 再 1 (+con, de…) で)利益を得る, 恩恵に浴する. 2 (+a…) …を(性的に)利用する.
be·ne·fi·cia·rio, ria [ベネふぃシアリオ, リア] 形《人》利益を受ける, 恩恵に浴する.
— 男女 受益者.
be·ne·fi·cio [ベネふぃシオ] 男 1 利益, もうけ. 2 恩恵, 善行.
be·ne·fi·cio·so, sa [ベネふぃシオソ, サ] 形 利益になる, もうかる.
be·né·fi·co, ca [ベネふぃコ, カ] 形 1 慈善の. 2 恩恵を与える.
Be·ne·mé·ri·ta [ベネメリタ] 女《la+》(スペインの)治安警備隊[= Guardia Civil].
be·ne·mé·ri·to, ta [ベネメリト, タ] 形 功績のある, 称賛に値する.
be·ne·plá·ci·to [ベネプらシト] 男 1 承認, 認可. 2 大満足.
be·né·vo·la·men·te [ベネボらメンテ] 副 優しく, 親切に.
be·ne·vo·len·cia [ベネボれンシア] 女 優しさ, 思いやり, 親切心.
be·né·vo·lo, la [ベネボろ, ら] 形 (+con…) …に優しい, 親切な.
ben·ga·la [ベンがら] 女 (彩色の)ベンガル花火.
be·nig·ni·dad [ベニグニダス] 女 1 (気候の)おだやかさ, 温和. 2 (病気の)軽症, 良性.
be·nig·no, na [ベニグノ, ナ] 形 1 (気候が)おだやかな, のどかな. 2 (病気が)軽い, 良性の.
Be·ni·to [ベニト] 固《男性の名》ベニト.
Ben·ja·mín [ベンハミン] 固《男性の名》ベンハミン.
ben·ja·mín, mi·na [ベンハミン, ミナ] 男女 1 (兄弟・姉妹の)末っ子. 2 (集団の)最年少者.
ben·zol [ベンそる] 男《化学》ベンゾール, ベンゼン.
be·o·do, da [ベオド, ダ] 形 酒に酔った, 酩酊(めいてい)の.
— 男女 酔っ払い, 酔客(すいきゃく).
ber·be·re·cho [ベルベレチョ] 男《貝》ザルガイ.
ber·be·ris·co, ca [ベルベリスコ, カ] 形 (北アフリカの)ベルベル人の.
— 男女 ベルベル人.
ber·bi·quí [ベルビキ] 男《工具》ハンドドリル.
be·ré·ber [ベレベル] 形《= bereber, berberisco》(北アフリカの)ベルベル人の.
— 男女 ベルベル人.
be·ren·je·na [ベレンヘナ] 女《野菜》ナス.
be·ren·je·nal [ベレンヘナる] 男 1 ナス畑. 2 難問, 厄介事.
meter·se en un berenjenal ごたごたに巻きこまれる.
ber·ga·mo·ta [ベルガモタ] 女 1《植物》セイヨウナシ. 2《植物》(ミカン科の)ベルガモット.
ber·gan·te, ta [ベルガンテ, タ] 男女 ならず者,

悪党, ろくでなし.
ber·gan·tín [ベルガンティン] 男《2本マストの小型帆船の》ブリガンティン.
be·ri·be·ri [ベリベリ] 男〈病気〉脚気(かっけ).
be·ri·lo [ベリロ] 男〈鉱物〉緑柱石.
Ber·lín [ベルリン] 固〈都市の名〉(ドイツの首都の)ベルリン.
ber·li·na [ベルリナ] 女 1 (昔の)四輪箱馬車. 2 (自動車の)セダン.
ber·li·nés, ne·sa [ベルリネス, ネサ] 形 ベルリン Berlín の.
— 男 女 ベルリンの人.
ber·me·jo, ja [ベルメホ, ハ] 形 1 赤い, 赤みがかった. 2 赤毛の.
ber·me·llón [ベルメジョン] 男 1 朱色. 2 辰砂(しんしゃ).
ber·mu·das [ベルムダス] 男 複 (パンツの)バミューダ.
Ber·na [ベルナ] 固〈都市の名〉(スイスの首都の)ベルン.
Ber·nar·da [ベルナルダ] 固〈女性の名〉ベルナルダ.
Ber·nar·do [ベルナルド] 固〈男性の名〉ベルナルド.
ber·nar·do, da [ベルナルド, ダ] 形〈宗教〉シトー会の.
— 男 女 シトー会修道士[修道女].
be·rre·ar [ベレアル] 自 1 (子牛などが)鳴く. 2 (子供が)泣き叫ぶ. 3 わめく. 4 調子はずれに歌う.
be·rren·do, da [ベレンド, ダ] 形 (白い牛で) (+en...) …色の斑点のある.
be·rri·do [ベリド] 男 1 (子牛や子豚の)鳴き声, 鳴き声. 2 金切り声, 叫び声. 3 調子はずれの歌.
be·rrin·che [ベリンチェ] 男 腹立ち, かんしゃく / coger [dar] un *berrinche* 腹を立てる.
be·rro [ベロ] 男〈植物〉クレソン.
be·rro·cal [ベロカル] 男 花崗(かこう)岩混じりの土地.
be·rrue·co [ベルエコ] 男 花崗岩の岩.
Ber·ta [ベルタ] 固〈女性の名〉ベルタ.
ber·za [ベルさ] 女〈野菜〉キャベツ.
ber·zo·tas [ベルそタス] 男〈単複同形, 男女同形〉《=berzas》間抜けな, とんまな.
— 男 女〈人〉間抜け, とんま.
be·sa·ma·nos [ベサマノス] 男《単複同形》1 (王侯の)謁見(えっけん). 2 (挨拶としての)手への接吻.
be·sa·mel [ベサメル] 女〈料理〉ベシャメルソース[=bechamel].
be·sa·na [ベサナ] 女 (農地の)畝(うね)上げ.
be·sar [ベサル] 他 1 …に接吻(せっぷん)する, キスをする. 2 …にぶつかる.
— besar·se 再 1 (互いに)キスをする. 2 (接吻のかわりに軽く頬[口]を合わせる)親しい挨拶をする. 3 (ふたつの物が)触れあう.
besar a... la mano …の手に接吻する.

be·si·to [ベシト] 男《=besico》軽いキス.
be·so [ベソ] 男 1 接吻(せっぷん), キス, 口づけ. 2 投げキス.
beso de Judas 見せかけの愛情.
Besos. (手紙の結語で)愛を込めて.
comer·se a besos a... …にキスの雨を降らせる.
tirar un beso a... …に投げキスをする.
Un beso. (別れるときの親しい挨拶で)じゃあね.
bes·tia [ベスティア] 女 1 (荷役用の)家畜. 2 獣.
— 男 1 粗暴な人間, 人でなし. 2 ばか者, 野卑な人間.
— 形《男女同形》1 粗暴な. 2 野卑な.
bestia negra [parda] (集団のなかの)嫌われ者.
mala bestia 悪人, 人でなし.
bes·tial [ベスティアる] 形 1 獣じみた, 暴虐(ぼうぎゃく)な. 2 ものすごい, 途方もない, 巨大な. 3《副詞的に》すばらしく.
bes·tia·li·dad [ベスティアリダ(ド)] 女 1 蛮行, 愚行. 2 たわごと, 暴言. 3 獣姦(じゅうかん).
una bestialidad 1 大量. 2《副詞的に》とても多く.
bes·tia·rio [ベスティアリオ] 男 (中世ヨーロッパの)動物寓話(ぐうわ).
best-sé·ller [ベセせれル] 男 ベストセラー.
be·su·cón, co·na [ベスコン, コナ] 形 キスの好きな.
— 男 女 キス好きの人.
be·su·go [ベスゴ] 男 1〈魚〉タイ. 2〈人〉間抜け, ばか.
be·su·que·ar [ベスケアル] 他 …にキスをしまくる.
be·su·que·o [ベスケオ] 男〈愛情表現〉キス攻め.
— 固 → besuquear されまくる.
be·ta [ベタ] 女〈文字の名〉(ギリシア語アルファベットの第2文字B, β の)ベータ.
Bé·ti·ca [ベティカ] 固〈地方の名〉(ローマ時代のスペイン南部の)ベティカ.
bé·ti·co, ca [ベティコ, カ] 形 ベティカ Bética の.
— 男 女 ベティカ人.
be·tún [ベトゥン] 男 1 靴クリーム, 靴墨. 2 瀝青(れきせい), チャン.
betún judaico アスファルト.
negro como el betún 真っ黒い.
quedar a la altura del betún 最下位になる.
be·zo [ベそ] 男 1 分厚い唇. 2 (傷のあとの)肉芽.
be·zu·do, da [ベすド, ダ] 形〈人〉唇の分厚い.
biat·lón [ビアトろン] 男〈スポーツ〉バイアスロン.
bi·be·rón [ビベロン] 男 1 哺乳瓶(びん). 2 (哺乳瓶の)ミルク.
Bi·blia [ビブリア] 女《la+》〈宗教〉聖書, 聖書.
bi·blia [ビブリア] 女 1〈宗教〉聖典. 2 (一般的な)バイブル.

他 は他動詞 再 は再帰動詞 形 は形容詞 副 は副詞 前 は前置詞 接 は接続詞 間 は間投詞

la biblia en verso 多くの事.
saber más que la biblia 何でもよく知っている事.

bí·bli·co, ca [ビブリコ, カ] 形 聖書の, 聖書のような.

bi·blió·fi·lo, la [ビブリオふぃろ, ら] 男女 愛書家, 蔵書家.

bi·blio·gra·fí·a [ビブリオグラふぃア] 女 1〈目録〉参考文献. 2図書目録. 3書誌学.

bi·blio·grá·fi·co, ca [ビブリオグラふぃこ, カ] 形 1参考文献の. 2図書目録の. 3書誌学の.

bi·blió·gra·fo, fa [ビブリオグラふぉ, ふぁ] 男女 1文献目録作成者. 2書誌学者.

bi·blio·ma·ní·a [ビブリオマニア] 女 愛書癖, 蔵書癖.

bi·blió·ma·no, na [ビブリオマノ, ナ] 男女〈人〉愛書狂, 蔵書狂.

bi·blio·te·ca [ビブリオテカ] 女 1図書館, 図書室. 2書斎. 3蔵書. 4本箱, 本棚, 書架. 5叢書(そうしょ), 双書.

bi·blio·te·ca·rio, ria [ビブリオテカリオ, リア] 男女 司書, (専門職的)図書館員.

bi·ca·me·ral [ビカメラる] 形〈政治〉二院制の.

bi·ca·me·ra·lis·mo [ビカメラリスモ] 男〈政治〉二院制.

bi·car·bo·na·to [ビカルボナト] 男〈化学〉重炭酸塩／*bicarbonato* sódico 重曹.

bi·cé·fa·lo, la [ビせふぁろ, ら] 形 双頭の.

bi·cen·te·na·rio [ビせンテナリオ] 男 200年記念日, 200年祭.

bí·ceps [ビせプス]男《単複同形》〈解剖学〉(腕の力こぶの)上腕二頭筋.

bi·cha [ビチャ] 女 1〈美術〉人面怪獣. 2(蛇を指す婉曲表現の)くちなわ, ながむし.

bi·cho [ビチョ] 形〈男女同形〉〈子供が〉いたずらな, やんちゃな.
— 男 1いたずらっ子. 2(一般的な)虫. 3家畜, 小動物. 4〈闘牛〉牛. 5たちの悪い人間.
bicho raro 変わり者, 変人.
(*todo*) *bicho viviente* (否定表現で)誰も(…ない).

bi·ci [ビし] 女 自転車[= bicicleta].

bi·ci·cle·ta [ビしクレタ] 女 自転車／en *bicicleta* 自転車に乗って, montar en *bicicleta* 自転車に乗る.

bi·co·ca [ビコカ] 女 掘出し物, もうけもの.

bi·co·lor [ビコルる] 形 二色の, ツートンカラーの.

bi·dé [ビデ] 男 (洗浄器の)ビデ.

bi·dón [ビドン] 男 1大型の缶. 2ドラム缶.

bie·la [ビエら] 女 1〈機械〉1連接棒. 2クランク.

biel·do [ビエるド] 女 (干し草をすくう)フォーク.

bien [ビエン] 副 1元気で, 健康で. 2うまく, 上手に. 3順調に, 都合よく. 4よろこんで. 5十分に, かなり. 6(形容詞・副詞の前で)とても, 非常に. 7(文頭で)まさに, 確かに. 8(間投詞的に)よろし

い !, はい!
— 男 1善, 善行. 2利益, 幸福. 3好都合. 4(成績)評価的.
— 形《単複同形, 男女同形》上流の, 良家の／los chicos *bien* 良家の子弟.
bien de... 多くの….
bien o mal 良かれ悪しかれ.
bien que mal 何とかして.
…de bien 正直な, 公正な(人).
en bien de... …の(利益の)ために.
¡Está bien! よろしい!, 結構です!
¡Estamos bien! 困ったねえ!
estar bien de... 1…を十分持っている. 2…で十分良い.
ir bien うまくいく, 好都合である.
más bien むしろ.
¡Muy bien! 1とてもよろしい! 2承知しました!
no bien... 接 …するやいなや.
(*o*) *bien*... (*o*) *bien*〜 接 …か, または〜.
para el bien de... …の(利益の)ために.
poner·se a bien... …と仲なおりする.
poner·se bien (健康が)回復する.
por bien 善意で.
pues bien さて, それでは.
¡Qué bien! それはいいね!
si bien... 接 たとえ …でも, …ではあるが.
tener a bien (+不定詞) 1〈敬語〉…してくださる. 2…が良いと考える.
tomar·se a bien... …を善意に解釈する.
Y bien, ひゃれと(+疑問以).

bie·nal [ビエナる] 形 1 2年間の. 2 2年ごとの, 2年に1度の.
— 女 1隔年開催の行事, ビエンナーレ.

bie·nan·dan·za [ビエナンダンさ] 女 1幸運, 幸福. 2成功, 繁栄.

bie·na·ven·tu·ra·do, da [ビエナベントゥラド, ダ] 形 1幸運に恵まれた, 幸せな. 2〈宗教〉至福を得た.
— 男〈宗教〉天国の浄福者.

bie·na·ven·tu·ran·za [ビエナベントゥランさ] 女 1〈宗教〉真福八端(のそれぞれ). 2〈宗教〉至福.

bie·nes [ビエネス] 男複〈→ bien〉1財産, 資産, 富. 2所有物. 3積荷. 4商品.
bienes comunes 共有財産.
bienes gananciales (夫婦の)共有財産.
bienes inmuebles 不動産.
bienes muebles 動産.
bienes públicos 公有財産.
bienes raíces 不動産.

bie·nes·tar [ビエネスタル] 男 1福祉, 豊かな暮らし. 2幸福感, 満足感.

bien·ha·bla·do, da [ビエンアブらド, ダ] 形 上手に話し, 丁重に話す.

bien·he·chor, cho·ra [ビエネチョル, チョラ] 形 1善行をほどこす. 2恩恵を与える.

— 男 女 1 慈善家. 2 恩人.

bie·nin·ten·cio·na·do, da [ビエニンテンシオナド, ダ] 形 善意の, 好意的な.

bie·nio [ビエニオ] 男 2 年間.

bien·quis·to, ta [ビエンキスト, タ] 形〈人〉(+de, con... …)に尊敬されている, 評判の良い.

bien·ve·ni·da[1] [ビエンベニダ] 女 1 歓迎. 2 歓迎の挨拶.

bien·ve·ni·do, da[2] [ビエンベニド, —] 形 1 歓迎された. 2 (間投詞的に) (+a...) …にようこそ!/¡Bienvenidos a nuestro hotel! 当ホテルにようこそ!

bies [ビエス] 男〈服飾〉(テープの)バイアス.
al bies 斜めに.

bi·fá·si·co, ca [ビふぁシコ, カ] 形〈電気〉2 相式の.

bí·fi·do, da [ビふィド, ダ] 形 ふたつに分かれた, 二股(また)の.

bi·fo·cal [ビふォカる] 形 (レンズが)複眼点の, 遠近両用の.

bi·fur·ca·ción [ビふルカシオン] 女 1 分岐. 2 分岐点.

bi·fur·car·se [ビふルカルセ] 再《活 73 sacar》分岐する, 二股(また)に分かれる.

bi·ga·mia [ビガミア] 女 重婚.

bí·ga·mo, ma [ビガモ, マ] 形 重婚の.
— 男 女 重婚者.

bi·gar·do, da [ビガルド, ダ] 形 女 1〈人〉やくざ. 2 大男, 大女.

bi·go·te [ビゴテ] 男 1 口ひげ. 2 (上唇についた)飲み物の跡.
de bigotes とても大きな, すばらしい.
ser un hombre de bigotes 立派な男である.
tener bigotes 意志が強い, しっかりしている.

bi·go·te·ra [ビゴテラ] 女 1 (製図用の)スプリング[ばね]コンパス. 2 (上唇についた)飲み物の跡. 3 (就寝時に口ひげを押さえておく)ひげ当て.

bi·go·tu·do, da [ビゴトゥド, ダ] 形 口ひげの目立った.

bi·gu·dí [ビグディ] 男 (毛髪用の)カーラー.

bi·ki·ni [ビキニ] 男 (水着の)ビキニ.

bi·la·bial [ビらビアる] 形〈音声学〉両唇(りょうしん)音の.
— 女〈音声学〉(p などの)両唇音.

bi·la·te·ral [ビらテラる] 形 1 両側の, 両側面の. 2 二者間の, 双務の.

bil·ba·í·no, na [ビるバイノ, ナ] 形 ビルバオ Bilbao の.
— 男 女 ビルバオの人.

Bil·ba·o [ビるバオ] 固〈都市の名〉(スペイン北部の)ビルバオ.

bi·liar [ビリアル] 形〈医学〉胆汁の/cálculos biliares 胆石.

bi·lin·güe [ビリングェ] 形 1 二言語併用の, バイリンガルの. 2〈書物〉対訳の.

bi·lin·güis·mo [ビリングイスモ] 男〈言語学〉1 二言語併用現象. 2 二言語使用.

bi·lio·so, sa [ビリオソ, サ] 形 1 胆汁質の. 2 気難しい, 怒りっぽい.

bi·lis [ビリス] 女 1 胆汁. 2 怒気, いらいら.

bi·llar [ビジャル] 男 1 ビリヤード, 玉突き. 2 ビリヤード場.

bi·lle·ta·je [ビジェタへ] 男 (販売分の全体の)切符, 入場券.

bi·lle·te [ビジェテ] 男 1 (1 枚ごとの)切符, 入場券. 2 紙幣, 札(さつ). 3 (一枚ごとの)宝くじ券, 抽せん券.

bi·lle·te·ra [ビジェテラ] 女 札(さつ)入れ, 財布.

bi·lle·te·ro [ビジェテロ] 男 財布, 小型のハンドバック.

bi·llón [ビジョン] 男〈数詞〉1 兆/un *billón de yenes* 1 兆円.

bi·mem·bre [ビメンブレ] 形 ふたつの部分でできている.

bi·men·sual [ビメンスアる] 形 月に 2 度の.

bi·mes·tre [ビメストレ] 形 2 ヶ月ごとの, 2 ヶ月に 1 度の.
— 男 女 2 ヶ月間.

bi·mo·tor [ビモトル] 男〈飛行機〉双発機.

bi·na·rio, ria [ビナリオ, リア] 形 ふたつの, ふたつでできている.

bin·go [ビンゴ] 男 1〈ゲーム〉ビンゴ. 2 ビンゴゲーム場. 3 (ビンゴでの)大当たり. 4 (間投詞的に)当たり.

bi·no·cu·lar [ビノクらル] 形 両眼を使う.

bi·no·cu·la·res [ビノクらレス] 男 複 双眼鏡.

bi·nó·cu·lo [ビノクろ] 男 (昔の)鼻眼鏡(はなめがね).

bi·no·mio [ビノミオ] 男 1〈数学〉二項式. 2 (二人が協力するような)コンビ.

bin·za [ビンさ] 女 (タマネギなどの)薄皮.

bio·de·gra·da·ble [ビオデグラダブれ] 形 (物が)分解して土にかえる.

bio·fí·si·ca[1] [ビオふィシカ] 女 生物物理学.

bio·fí·si·co, ca[2] [ビオふィシコ, —] 形 生物物理学の.
— 男 女 生物物理学者.

bio·gé·ne·sis [ビオヘネシス] 女 生物発生説.

bio·gra·fía [ビオグラふィア] 女 伝記.

bio·grá·fi·co, ca [ビオグラふィコ, カ] 形 伝記の, 伝記風の.

bió·gra·fo, fa [ビオグラふォ, ふァ] 男 女 伝記作家.

bio·lo·gía [ビオろヒア] 女 生物学.

bio·ló·gi·co, ca [ビオろヒコ, カ] 形 生物学の/guerra *biológica* 細菌戦争.

bió·lo·go, ga [ビオろゴ, ガ] 男 女 生物学者.

biom·bo [ビオンボ] 男 屏風(びょうぶ).

biop·sa [ビオプサ] 女〈医学〉(診断などのための)生検, バイオプシー.

bio·quí·mi·ca[1] [ビオキミカ] 女 生化学.

bio·quí·mi·co, ca[2] [ビオキミコ, —] 形 生化学の.

— 男女 生化学者.
bios·fe·ra [ビオスフェラ] 女 生物圏.
bio·sín·te·sis [ビオシンテシス] 女 〈生物学〉生合成.
bio·tec·no·lo·gí·a [ビオテクノロヒア] 女 生物工学, バイオテクノロジー.
bió·ti·co, ca [ビオティコ, カ] 形 1 生命の. 2 生物の.
bió·xi·do [ビオクシド] 男 〈化学〉二酸化物.
bi·par·ti·to, ta [ビパルティト, タ] 形 1 2 部に分かれた. 2 2 党間の.
bí·pe·do, da [ビペド, ダ] 形 〈動物〉2 足の.
bi·pla·no [ビプラノ] 男 〈飛行機〉複葉機.
bi·po·lar [ビポラル] 形 2 極の.
bi·po·la·ri·dad [ビポラリダs] 女 2 極性.
bi·qui·ni [ビキニ] 男 〈水着〉ビキニ.
bir·lar [ビルラル] 他 …を(+a... …から)かすめ取る.
bir·ma·no, na [ビルマノ, ナ] 形 ビルマ Birmania の, ミャンマー Myanmar の.
— 男女 ビルマ人, ミャンマー人.
bi·rre·ac·tor [ビレアクトル] 男 双発ジェット機.
bi·rre·ta [ビレタ] 女 (聖職者の四角帽子の)ビレタ.
bi·rre·te [ビレテ] 男 1 (大学教授などの礼装用の)角帽. 2 ビレタ[= birreta].
bi·rria [ビリア] 女 くだらないもの, くず.
— 男女 〈人〉くず, できそこない.
bis [ビス] 男 アンコール.
— 副 繰り返して, もう一度.
bi·sa·bue·lo, la [ビサブエロ, ラ] 男女 曾祖父, 曾祖母.
bi·sa·gra [ビサグラ] 女 蝶番(ちょうつがい).
bi·sar [ビサル] 他 (アンコールに応じて)…を再演する.
bis·bi·se·ar [ビスビセアル] 他 …をつぶやく.
bis·bi·se·o [ビスビセオ] 男 つぶやき.
bi·sec·ción [ビセクシオン] 女 〈幾何学〉2 等分.
bi·sec·tor [ビセクトル] 男 〈幾何学〉2 等分面.
bi·sec·triz [ビセクトリす] 女 〈幾何学〉2 等分線.
bi·sel [ビセる] 男 (鉄板などの)斜断処理.
bi·se·ma·nal [ビセマナる] 形 1 週間に 1 度の.
bi·se·xual [ビセクスアる] 形 1 両性の. 2 両性具有の.
— 男女 両性愛者, バイセクシュアル.
bi·sies·to [ビシエスト] 男 閏(うるう)年.
bi·si·lá·bi·co, ca [ビシらビコ, カ] 形 [= bisílabo, ba] 2 音節の.
bis·nie·to, ta [ビスニエト, タ] 男女 ひまご, 曾孫(ひまご).
bi·so·jo, ja [ビソホ, ハ] 形 斜視の.
bi·son·te [ビソンテ] 男 〈動物〉バイソン, 野牛.
bi·so·ñé [ビソニェ] 男 (前頭部用の)かつら.

bi·so·ño, ña [ビソニョ, ニャ] 形 新人の, 新米の, 未熟な.
— 男女 新入りの, 新米, 未熟者.
bis·tec [ビステク] 男 [= bisté] ビフテキ, ステーキ.
bis·tu·rí [ビストゥリ] 男 〈外科〉メス.
bi·su·te·rí·a [ビステリア] 女 模造宝石, イミテーションの装身具.
bit [ビト] 男 複 bits 〈情報量の単位〉ビット.
bi·tá·co·ra [ビタコラ] 女 〈船舶〉羅針盤箱.
cuaderno de bitácora 航海日誌.
bí·ter [ビテる] 男 (食前酒の)ビター.
bi·va·len·te [ビバれンテ] 形 〈化学〉2 価の.
bi·val·vo [ビバるボ] 男 二枚貝.
bi·zan·ti·no, na [ビさンティノ, ナ] 形 1 ビザンチン Bizancio の. 2 (議論が)不毛な, 瑣末(さまつ)な.
— 男女 ビザンチン人.
bi·za·rrí·a [ビさリア] 女 1 敢然とした態度. 2 鷹揚(おうよう)な態度.
bi·za·rro, rra [ビさろ, ラ] 形 1 敢然とした. 2 鷹揚な.
biz·co, ca [ビすコ, カ] 形 斜視の.
— 男女 斜視の人.
biz·co·cho [ビすコチョ] 男 1 〈菓子〉スポンジケーキ. 2 (保存食の)乾パン.
bizcocho borracho (ラム酒漬けケーキの)サバラン.
biz·ma [ビすマ] 女 〈医学〉湿布剤.
biz·nie·to, ta [ビすニエト, タ] 男女 ひまご[= bisnieto, ta].
biz·que·ar [ビすケアル] 自 …にウィンクする.
— 自 1 斜視である. 2 横目を使う.
biz·que·ra [ビすケラ] 女 斜視.
blan·ca[1] [ブらンカ] 女 (→ blanco) 1 〈音楽〉2 分音符. 2 (昔の)ブランカ硬貨.
no tener ni blanca 一文無しである.
sin blanca おけらの, 無一文の.
Blan·ca [ブらンカ] 〈女性の名〉ブランカ.
Blan·ca·nie·ves [ブらンカニエベス] 固 (童話のなかの)白雪姫.
blan·co[1] [ブらンコ] 男 1 〈色〉白, 白色, 乳白色. 2 (的), 標的. 3 目標, 目的. 4 空欄, 空所. 5 余白, ブランク.
blanco de la uña (爪の)半月.
dar en el blanco 的中する.
en blanco 1 白紙の. 2 未記入の. 3 〈小切手〉金額だけ空白の, 白地(しらじ)の. 4 眠らないで.
estar [*quedar·se*] *en blanco* 何もわからない, 頭が空白になっている.
hacer blanco 命中する, 言い当てる.
pasar... en blanco …を見逃してやる.
blan·co[2], **ca**[2] 形 1 白い, 白色の, 乳白色の. 2 〈人種〉白人の.
— 男女 〈人種〉白人.
no distinguir lo blanco de lo negro 簡

単なことさえわからない.
blan·cor [ブランコル] 男《= blancura》白さ.
blan·cu·ra [ブランクラ] 女 白さ.
blan·cuz·co, ca [ブランクスコ, カ] 形 白っぽい, 白みがかった.
blan·da·men·te [ブランダメンテ] 副 おだやかに, 心地よく.
blan·den·gue [ブランデンゲ] 形 1 ふにゃふにゃした. 2 気弱な, 軟弱な.
— 男 女〈人〉腰抜け, ふ抜け.
blan·dir [ブランディル] 他《語尾に i がつく活用形だけを使用》(刀剣)をびゅんびゅん振り回す.
blan·do, da [ブランド, ダ] 形 1 柔らかい, 軟らかい. 2〈性格〉(+con...) ...に)甘い, やさしすぎる. 3〈性格〉おだやかな, 柔和な. 4 心地よい, 気楽な. 5〈人〉軟弱な, 気弱な. 6〈薬〉ゆるやかに効く, 危険性のない.
agua blanda 軟水.
ojos blandos 涙目.
blan·du·ra [ブランドゥラ] 女 1 柔らかさ, 軟らかさ. 2〈性格〉やさしさ, 甘さ. 3 おだやかさ. 4 優柔不断, 軟弱.
blan·que·ar [ブランケアル] 他 1 ...を白くする, 漂白する. 2 (壁などを)白く塗る. 3 (貴金属など)をきれいにする.
— 自 白くなる, 白っぽくなる.
blan·que·cer [ブランケセル]《活 4 agradecer》1 ...を白くする, 漂白する. 2 (貴金属など)をきれいにする.
blan·que·ci·no, na [ブランケシノ, ナ] 形 白っぽい, 白みがかった.
blan·que·o [ブランケオ] 男 1 白くなること. 2 漂白. 3 貴金属の磨き上げ.
blas·fe·mar [ブラスフェマル] 自 (+contra...) ...を言葉で冒瀆(ぼうとく)する. 2 (+de...) ...のののしる, 罵倒する.
blas·fe·mia [ブラスフェミア] 女 1 言葉による冒瀆(ぼうとく). 2 ののしり, 悪態.
blas·fe·mo, ma [ブラスフェモ, マ] 形 冒瀆(ぼうとく)的な.
— 男 女 冒瀆的な発言をする人.
— 活 → blasfemar 言葉で冒瀆する.
bla·són [ブラソン] 男 1 (盾(たて)に描かれた)紋章群. 2 (ひとつひとつの)紋章. 3 (偉業によって得られた)名誉.
bla·so·nar [ブラソナル] 自 (+de...) ...を自慢する.
ble·do [ブレド] 男《つぎの名詞句の一部》
un bledo (動詞 importar, valer などと共に否定表現になり) 少しも ...ない / Me importa *un bledo* lo que diga Juan. 私にはフアンが言うことは少しも問題ない.
ble·no·rra·gia [ブレノラヒア] 女〈性病〉淋病(りんびょう).
ble·no·rre·a [ブレノレア] 女〈性病〉慢性淋病(りんびょう).

blin·da·do, da [ブリンダド, ダ] 《過去分詞》
→ blindar 装甲する.
— 男 装甲された / *coche blindado* 装甲車.
blin·da·je [ブリンダヘ] 男 1 (鋼板などによる)装甲. 2 装甲資材.
blin·dar [ブリンダル] 他 (車両などを)装甲する.
bloc [ブロク] 男 (はぎ取り式の)ノート, メモ帳, スケッチブック.
blo·ca·o [ブロカオ] 男 移動式要塞(ようさい).
blo·car [ブロカル]《活 73 sacar》〈スポーツ〉(相手の攻撃)をブロックする.
blon·da[1] [ブロンダ] 女〈服飾〉絹のレース.
blon·do, da[2] [ブロンド, —] 形 金髪の, ブロンドの.
blo·que [ブロケ] 男 1 (石などの)大きなかたまり, 石材. 2 (コンクリートなどの)ブロック. 3 集合住宅, マンション. 4 (政治・経済上の)陣営, 圏, ブロック. 5 (はぎ取り式の)メモ帳.
en bloque 一括して, 一団となって.
formar bloque con... ...と一体になる.
muro de bloques ブロック塀.
blo·que·ar [ブロケアル] 他 1 ...を封鎖する, 阻止する. 2 (機械などを)動かなくする, 止める. 3 (機能を)麻痺させる. 4 (動きを)妨害する, さまたげる. 5〈経済〉(資金などを)凍結する, 封鎖する. 6〈スポーツ〉...をブロックする.
— bloquearse 再 (機械などが)動かなくなる.
blo·que·o [ブロケオ] 男 1 封鎖, 阻止. 2 (機械などの)停止. 3 (機能の)麻痺. 4 (動きの)妨害. 5〈経済〉(資金などの)凍結. 6〈スポーツ〉ブロック.
— 活 → bloquear 封鎖する.
blu·sa [ブルサ] 女〈衣類〉ブラウス.
blu·són [ブルソン] 男〈衣類〉スモック, ブルゾン.
bo·a [ボア] 女 1〈動物〉〈大蛇〉ボア.
— 男〈服飾〉(襟巻きの)ボア.
bo·a·to [ボアト] 男 (財力などの)誇示, 虚飾.
bo·ba·da [ボバダ] 女 1 たわごと, 愚行. 2 がらくた, くず物.
bo·ba·li·cón, co·na [ボバリコン, コナ] 形 なんとも間抜けな, 大ばかな.
— 男 女〈人〉大間抜けの, 大ばか者.
bo·be·ar [ボベアル] 自 ばかげた言動をする.
bo·be·rí·a [ボベリア] 女 たわごと, 愚行.
bó·bi·lis [ボビリス]《つぎの副詞句の一部》
de bóbilis bóbilis 努力しないで, ただで.
bo·bi·na [ボビナ] 女 1 糸巻き, ボビン. 2 (巻き取り枠の)スプール. 3〈電気〉コイル.
bo·bi·nar [ボビナル] 他 ...を(巻き取り用具に)巻き取る.
bo·bo[1] [ボボ] 男 (古典演劇の)道化役者.
bo·bo[2]**, ba** [—, バ] 形 1 ばかな, おろかな. 2 無邪気な, お人よしの.
— 男 女 1 ばか者. 2 お人よし.
Entre bobos anda el juego. (愚行の点で)どっちもどっちだ.

hacer el bobo ばかなことをする.

bo·ca [ボカ] 囡 1 (人や動物の)口. 2 出入り口. 3 (物の)開口部. 4 扶養人数. 5 (カニなどの)はさみ. 6 (ワインの)風味, 風格. 7 発言, 発話.
a boca de… …の初めに.
a boca llena あからさまに.
abrir boca (食前のつまみで)食欲を増進する.
abrir la boca 口を開く, 発言する.
a pedir de boca 思い通りに.
blando de boca 口の軽い.
boca abajo うつぶせに, さかさまに.
boca a boca (人工呼吸などで)口移しで, 口から口へ.
boca arriba あおむけに, 表(ﾎﾟﾃ)を上にして.
boca del estómago (人体の腹部の)みぞおち.
boca de lobo 真っ暗い場所.
calentar·se la boca a… …が夢中になってしゃべる.
callar [cerrar, coser] la boca 口をつぐむ, 黙る.
con la boca abierta あぜんとして, あきれて.
con la boca chica [pequeña] おざなりに, 心にもなく.
dar en la boca a… …の鼻をあかす.
de boca 口先だけで, 口だけの.
de boca en boca (andar, correr, ir+)うわさになって(広まる).
duro de boca 口が重い.
en boca de… (andar, ir+) …がうわさして(広まる).
estar colgado de la boca de… …の言いなりになる.
hablar por boca de… …の言ったことを受け売りする.
hacer boca 食欲を増す[= abrir boca].
hacer·se la boca agua a… …に生(ﾅﾏ)唾が出る.
ir·se de la boca しゃべりまくる, 口が軽い.
ir·se la boca a… …が口が軽い.
no caer·se… de la boca …の口から何度も出る.
no decir esta boca es mía 一言もしゃべらない.
poner… en boca de ～ …を～のせいにする.
¡Punto en boca! もうしゃべるな!, 人には言うな!
quitar… de la boca a ～ より先に…を言う.
saber… por la boca de ～ ～の話を聞いて…に気づく.
venir a… a la boca …が思いついて言いたくなる.

bo·ca·ca·lle [ボカカジェ] 囡 1 (街路の)曲がり角, 入り口. 2 わき道, 路地.

bo·ca·di·llo [ボカディジョ] 男 1 (フランスパンのサンドイッチの)ボカディジョ. 2 漫画などのせりふ吹き出し. 3 軽食, スナック.

bo·ca·do [ボカド] 男 1 (食べ物の)ひと口分. 2 (食べ物の)ひとつまみ, 軽い食事. 3 (犬などの)かみつき. 4 (食べ物の)ひとのどり分. 5 (食べ物の)欠損. 6 (馬の)くつわ, (くつわの)はみ.
bocado de Adán 〈解剖学〉のどぼとけ.
bocado de cardenal 極上の品, ごちそう.
buen bocado もうけ口, もうけ仕事.
caro bocado 割に合わない仕事.
comer·se a… a bocados …が食べてしまいたいほどかわいい.
con el bocado en la boca 食べ終るやいなや.
dar un bocado a… …にかみつく.
llevar·se el bocado del león 一番いい所を取ってしまう.
no tener para un bocado 一文無しである.

bo·ca·ja·rro [ボカハロ] 《つぎの副詞句の一部》
a bocajarro 1 至近距離から, すぐそばで. 2 出し抜けに, いきなり.

bo·cal [ボカる] 男 広口の水差し.
— 圏 口の[= bucal].

bo·ca·lla·ve [ボカジャべ] 囡 鍵穴(ｶｷﾞｱﾅ).

bo·ca·man·ga [ボカマンガ] 囡 袖口(ｿﾃﾞｸﾞﾁ).

bo·ca·na·da [ボカナダ] 囡 1 (煙・息・風の)ひと吹き, ひと吐き. 2 (飲み物の)ひと口分, ひと飲み. 3 (群衆の)一団.

bo·ca·ta [ボカタ] 男 ボカディジョ[= bocadillo].

bo·ca·zas [ボカサス] 男 囡 〈単複同形〉下品にしゃべりまくる人.

bo·cel [ボせる] 男 〈建築〉(半円形の刳(ｸ)り形である)大玉縁(ｵｵﾀﾏﾌﾞﾁ).

bo·ce·ra [ボせラ] 囡 〈医学〉口角炎.

bo·ce·ras [ボせラス] 囡複 (→ bocera) (食べ物でできた)口のまわりの汚れ.
— 男 囡 〈単複同形〉〈人〉おしゃべり.

bo·ce·to [ボせト] 男 1 〈美術〉下絵, スケッチ. 2 草案, 概要.

bo·cha [ボチャ] 囡 (ペタンクなどの球技に使う)ボール, 球.

bo·che [ボチェ] 男 (ビー玉遊びで地面に作る)穴ぽこ.

bo·chin·che [ボチンチェ] 男 騒ぎ, 騒動.
armar·se un bochinche 騒ぎが起こる.

bo·chor·no [ボチョるノ] 男 1 蒸し暑さ, むっとする暑さ. 2 (夏の)熱風. 3 (冷や汗の出るような)恥ずかしさ, 赤面.

bo·chor·no·so, sa [ボチョるノソ, サ] 圏 1 蒸し暑い. 2 (恥ずかしくて)冷や汗の出るような, 顔が赤くなるような.

bo·ci·na [ボすィナ] 囡 1 〈自動車〉クラクション. 2 メガホン. 3 らっぱ, 角笛(ﾂﾉﾌﾞｴ). 4 〈楽器〉ホルン.

bo·ci·na·zo [ボすィナそ] 男 1 〈音〉警笛. 2 大声, 叫び声.

bo·cio [ボすィオ] 男 〈医学〉甲状腺腫(ｺｳｼﾞｮｳｾﾝｼｭ).

bo·coy [ボコイ] 男 (ワインなどの)大樽(ｵｵﾀﾞﾙ).

bo·da [ボダ] 〔女〕 **1** 結婚式〔= bodas〕. **2** 結婚披露宴.
boda de negros お祭り騒ぎ.
bodas de diamante (結婚60周年の)ダイヤモンド婚式.
bodas de oro (結婚50周年の)金婚式.
bodas de plata (結婚25周年の)銀婚式.
bodas de platino (結婚65周年の)プラチナ婚式.

bo·de·ga [ボデガ] 〔女〕 **1** ワイン貯蔵室, 酒倉. **2** 酒店. **3** 船倉. **4** ワイン醸造所.

bo·de·gón [ボデゴン] 〔男〕 **1** 静物画. **2** 居酒屋.

bo·di·jo [ボディホ] 〔男〕 貧弱な結婚式.

bo·do·que [ボドケ] 〔形〕 知性のない, 鈍感な.
— 〔男/女〕 うすのろ, ばか.
— 〔男〕 〈装飾〉円型の盛り上がり刺繡(しゅう).

bo·do·rrio [ボドリオ] 〔男〕 質素な結婚式.

bo·drio [ボドリオ] 〔男〕 安物, 俗悪品, 失敗作.

bo·fes [ボふェス] 〔男複〕《単数形は bofe》〈食肉〉肺臓.
echar los bofes [*el bofe*] **1** 懸命に働く. **2** へとへとになる.

bo·fe·ta·da [ボふェタダ] 〔女〕 **1** 平手打ち. **2** 強打. **3** 侮辱, 非難.
dar una bofetada a… **1** …にびんたを食らわす. **2** …を侮辱する.
darse de bofetadas con… …と調和しない, かみあわない.
no tener media bofetada 〈人〉ちびで弱々しい.

bo·fe·tón [ボふェトン] 〔男〕 強烈な平手打ち.

bo·ga [ボガ] 〔女〕 (船を)漕ぐこと.
estar en boga はやっている, 今風(いまふう)である.
— 〔活〕 → bogar 漕ぐ.

bo·gar [ボガル] 〔自〕〔活 47 llegar〕 **1** (船を)漕ぐ. **2** 航海する.

bo·ga·van·te [ボガバンテ] 〔男〕〈動物〉(ザリガニに似た)ロブスター.

Bo·go·tá [ボゴタ] 〔固〕〈都市の名〉(コロンビアの首都の旧称の)ボゴタ[= Santafé de Bogotá].

bo·go·ta·no, na [ボゴタノ, ナ] 〔形〕 (コロンビアの首都 Bogotá の, サンタフェデボゴタ Santafé de Bogotá の.
— 〔男/女〕 ボゴタの人, サンタフェデボゴタの人.

bo·he·mio, mia [ボエミオ, ミア] 〔形〕 自由奔放な.
— 〔男/女〕 (芸術家などで)自由奔放な人.

boi·cot [ボイコト] 〔男〕《複 boicots》ボイコット, 排斥運動, 不買運動.

boi·co·te·ar [ボイコテアル] 〔他〕 …をボイコットする, 阻止する.

boi·co·te·o [ボイコテオ] 〔男〕《= boicot》ボイコット.
— 〔活〕 → boicotear ボイコットする.

boi·na [ボイナ] 〔女〕 ベレー帽.
pasar la boina お金を集める.

boite [ブアト] 〔女〕 ナイトクラブ.

boj [ボホ] 〔男〕〈植物〉ツゲ.

bo·jar [ボハル] 〔自〕 (岬などの張り出した土地の)沿岸沿いに航行する.

bol [ボる] 〔男〕 **1**〈料理〉どんぶり, ボール. **2**〈漁業〉地引き網.

bo·la [ボら] 〔女〕 **1** 球, 玉, (弾(たま)まない)ボール. **2** うそ, 作り話. **3** (腕の)力こぶ. **4** 靴墨/*dar bola a los zapatos* 靴を磨く.
a bola vista あからさまに.
bola del mundo 地球.
correr la borra de… …のうわさを広める.
dar bola a… …にかかわりあう.
echar bola negra a… …に反対票を投じる.
hasta la bola 〈闘牛〉(エストケの)つばまでの(突き刺し).
no dejar pie con bola 見当はずれである.
pasar la bola a… 責任を…に転嫁(てんか)する.
¡Ruede la bola! なるようになれ!
sacar bola (腕の)力こぶを作る, 力を誇示する.

bo·las [ボらス] 〔女複〕《→ bola》**1** (ビー球などの)球遊び. **2**〈機械〉ボールベアリング. **3** きんたま, 睾丸(こうがん).
en bolas 裸で.

bo·la·zo [ボらソ] 〔男〕 **1** 球の投げつけ. **2** ボールが当たること.

bol·che·vi·que [ボるチェビケ] 〔形〕〈政治〉(ロシアの)ボルシェビキの.
— 〔男/女〕 ロシア共産党員.

bol·che·vis·mo [ボるチェビスモ] 〔男〕 (ロシアのボルシェビキの政治思想である)ボルシェビズム.

bo·le·a·do·ras [ボれアドラス] 〔女複〕 (堅い球をつけた狩猟用具の縄の)投げ玉.

bo·le·ar [ボれアル] 〔他〕 (ゲームで)ボールを投げる, 投球する.

bo·le·ra¹ [ボれラ] 〔女〕 ボーリング場.

bo·le·ro¹ [ボれロ] 〔男〕 **1** (アンティル諸島系の歌と踊りの)ボレロ. **2** (スペイン系の曲と踊りの)ボレロ. **3**〈服飾〉(女性用のチョッキ風の)ボレロ.

bo·le·ro², ra² 〔形〕 うそつきの.
— 〔男/女〕〈人〉うそつき.

bo·le·ta [ボれタ] 〔女〕 **1** 入場券. **2** 証明書.
dar la boleta a… …と絶交する.

bo·le·te·rí·a [ボれテリア] 〔女〕 入場券売り場, 切符売り窓口.

bo·le·tín [ボれティン] 〔男〕 **1** (官庁の公報などの)定期刊行情報誌, 公報, 官報. **2** (テレビやラジオの)ニュース・ダイジェスト. **3** (定期購読などの)申し込み用紙. **4** (学生個人の)成績表.

bo·le·to [ボれト] 〔男〕 **1** 宝くじ券. **2** 切符.

bo·li [ボリ] 〔男〕 ボールペン〔= bolígrafo〕.

bo·li·che [ボリチェ] 〔男〕 **1** (ペタンク遊びの)最小の球. **2** (遊び道具の)けん玉. **3** ボーリング場.

bó·li·do [ボリド] 〔男〕 **1** (競技用の)レーシングカー. **2**〈天体〉隕石(いんせき).

bo·lí·gra·fo [ボリグラふォ] 〔男〕 ボールペン.

bo·li·llo [ボリジョ] 男 (レース編みなどの)ボビン, 糸巻き棒/encaje de *bolillos* ボビンレース.

Bo·lí·var [ボリバル] 固 《Simón+》(中南米の独立運動の指導者である) (シモン)ボリバル.

bo·lí·var [ボリバル] 男 《通貨単位》(ベネズエラの)ボリバル.

Bo·li·via [ボリビア] 固 〈国の名〉(南米の)ボリビア [= República de Bolivia].

bo·li·via·no¹ [ボリビアノ] 男 《通貨単位》(ボリビアの)ボリビアノ.

bo·li·via·no², **na** [-, ナ] 形 (南米の)ボリビア Boliviaの.
— 男 女 ボリビア人.

bo·lle·rí·a [ボジェリア] 女 1 (菓子パンのボジョbolloなどが並んでいる)パン屋. 2 (さまざまな種類のボジョの総称としての)パン.

bo·lle·ro, ra [ボジェロ, ラ] 男 女 〈人〉(ボジョbolloなどの)パン屋, パン職人.

bo·llo [ボジョ] 男 1 (菓子パン, 小型フランスパン, ロールパンなどの)ボジョ. 2 (固いものにできた)へこみ, くぼみ. 3 混乱状態, ごたごた. 4 (頭などを打ってできる)こぶ.

bo·llón [ボジョン] 男 飾り鋲(びょう).

bo·lo [ボロ] 男 〈スポーツ〉(ボーリングの)ピン.
andar en bolo 裸のままでいる.
bolo alimenticio (よくかんだ食物の) 1 回の飲み込み分.

bo·los [ボロス] 男 複 〈→ bolo〉(ゲームの)ボーリング/jugar a los *bolos* ボーリングをする.

bol·sa [ボルサ] 女 1 袋, バッグ, 手さげ. 2 (昔の袋状の)財布. 3 金額. 4 株式市場, 証券取引所. 5 (目の下の皮膚(ひふ)の)たるみ. 6 (衣服の)たるみ. 7 (液体の)たまり.
bolsa de aseo 化粧ポーチ.
bolsa de aire 〈航空〉エアーポケット.
bolsa de estudios 奨学金.
bolsa de la compra (1 日の)家計費.
bolsa del canguro カンガルーの腹袋.
bolsa de trabajo 職業紹介所.
bolsa negra 闇(やみ)取引, 闇相場.
bolsa rota 浪費家.

bol·si·llo [ボルシジョ] 男 1 ポケット. 2 財布, ポーチ. 3 ポケットマネー, 所持金.
aflojar [rascar·se] el bolsillo しぶしぶ金を払う.
de bolsillo 1 ポケット・サイズの. 2 小型の.
echar·se la mano al bolsillo 金を払う.
meter·se a... en el bolsillo …を味方にする, …の支援を得る.
sin echar·se la mano al bolsillo 一銭も払わずに.
tener a... en el bolsillo …を意のままに働かす.

bol·sis·ta [ボルシスタ] 男 女 株式仲買人, 相場師.

bol·so [ボルソ] 男 1 ハンドバッグ [= bolso de mano]. 2 手さげかばん.

bom·ba [ボンバ] 女 1 爆弾. 2 ポンプ. 3 重大ニュース.
bomba atómica 原子爆弾.
caer como una bomba 1 大事件となる. 2 不快になる.
pasar·lo bomba 最高に楽しい時を過ごす.

bom·ba·cho [ボンバチョ] 男 〈服装〉ニッカーボッカー [= bombachos].

bom·bar·da [ボンバルダ] 女 1 〈武器〉(昔の)射石砲. 2 〈パイプオルガン〉低音栓.

bom·bar·de·ar [ボンバルデアル] 他 1 …を爆撃する. 2 …を砲撃する. 3 …を攻めたてる/*bombardear* a... con [a] preguntas …を質問攻めにする. 4 〈物理学〉…に衝撃を与える.

bom·bar·de·o [ボンバルデオ] 男 1 爆撃. 2 砲撃. 3 (質問などによる)攻めたて. 4 〈物理学〉衝撃.
— 自 → bombardear 爆撃する.

bom·bar·de·ro [ボンバルデロ] 男 〈軍事〉爆撃機.

bom·bás·ti·co, ca [ボンバスティコ, カ] 形 もったいぶった, 大げさな.

bom·ba·zo [ボンバソ] 男 1 (爆撃の)爆発. 2 大ニュース.

bom·be·ar [ボンベアル] 他 1 …をポンプでくみ上げる. 2 〈スポーツ〉(ボール)を高くほうり上げる, ロブにして打つ.

bom·be·o [ボンベオ] 男 ポンプによるくみ上げ.
— 自 → bombear ポンプでくみ上げる.

bom·be·ro, ra [ボンベロ, ラ] 男 女 消防士, 消防隊員.

bom·bi·lla [ボンビジャ] 女 1 電球. 2 (船舶の)舷灯. 3 (マテ茶用の)パイプ.

bom·bi·llo [ボンビジョ] 男 1 (トイレなどの)防臭弁. 2 電球.

bom·bín [ボンビン] 男 山高帽子.

bom·bo [ボンボ] 男 1 〈楽器〉大太鼓. 2 大太鼓奏者. 3 (くじ引き用の)回転式の箱. 4 大げさな賛辞. 5 (妊婦の)大きな腹.
a bombo y platillo [platillos] …大げさに, 派手に.
dar bombo a... …を派手にほめる.
hacer un bombo a (十女性) …を妊娠させる.

bom·bón [ボンボン] 男 1 〈菓子〉チョコレートボンボン. 2 (肉体的に)魅力的な人.

bom·bo·na [ボンボナ] 女 1 〈容器〉ボンベ. 2 (病院で消毒済み器具を入れる)密閉式金属容器. 3 細首の大型瓶(びん).

bom·bo·ne·ra [ボンボネラ] 女 〈箱〉チョコレートボンボン入れ.

bo·na·chón, cho·na [ボナチョン, チョナ] 形 お人よしの, ばか正直な.
— 男 女 お人よし, ばか正直.

bo·na·e·ren·se [ボナエレンセ] 形 ブエノスアイレス Buenos Airesの.

活 は活用形 複 は複数形 男 は男性名詞 女 は女性名詞 固 は固有名詞 代 は代名詞 自 は自動詞

—男女 ブエノスアイレスの人.

bo·nan·ci·ble [ボナンシブレ] 形 1 穏やかな. 2 (海の)凪(%)いだ.

bo·nan·za [ボナンサ] 女 1 (海の)凪(%). 2 繁栄. 3 豊かな鉱脈.

bon·dad [ボンダス] 女 1 親切, 好意. 2 善意と. 3 (天候などの)良好, 良さ.
Tenga (*usted*) *la bondad de* +不定詞…して下さい.

bon·da·do·sa·men·te [ボンダドサメンテ] 副 親切に, 思いやりを持って.

bon·da·do·so, sa [ボンダドソ, サ] 形 (+ con... …に) 優しい, 親切な.

bo·ne·te [ボネテ] 男 (聖職者などの昔の)四角い縁なし帽.

bon·go [ボンゴ] 男 小舟, カヌー.

bon·gó [ボンゴ] 男 〈楽器〉 ボンゴ.

bo·nia·to [ボニアト] 男 〈植物〉 サツマイモ.

Bo·ni·fa·cio [ボニふぁシオ] 固 〈男性の名〉 ボニファシオ.

bo·ni·fi·ca·ción [ボニふぃカシオン] 女 1 特別割引, 値引き. 2 特別割増し金, ボーナス.

bo·ni·fi·car [ボニふぃカル] 他 《活 73 sacar》 …を割引する, 値下げする.

bo·ní·si·mo, ma [ボニシモ, マ] 《絶対最上級語》= bueno, na》《= buenísimo, ma》 とても良い.

bo·ni·ta·men·te [ボニタメンテ] 副 1 見事に, 巧妙に. 2 まんまと.

bo·ni·to¹ [ボニト] 男 〈魚〉 カツオ.
—男 魚, 上手el.

bo·ni·to², ta [—, タ] 形 1 きれいな, かわいい. 2 相当な, かなりの.

bo·no [ボノ] 男 1 配給券, クーポン券. 2 金券. 3 証券, 債券.

bo·no·bús [ボノブス] 男 《複 bonobuses》 バス回数券.

bo·no·me·tro [ボノメトロ] 男 地下鉄回数券.

bon·zo [ボンセ] 男 (仏教の)僧, 坊主.
quemar·se a lo bonzo 焼身自殺する.

bo·ñi·ga [ボニガ] 女 (馬や牛の)糞(%).

bo·ñi·go [ボニゴ] 男 (牛糞のひと山の)糞(%).

boom [ブム] 男 ブーム, にわか景気.

boo·me·rang [ブメラン] 男 ブーメラン.

bo·que·a·da [ボケアダ] 女 臨終の口の開閉.
dar las [últimas] boqueadas 臨終である, 末期(%)である.

bo·que·ar [ボケアル] 自 1 (臨終で)口をぱくぱくさせる. 2 終わりかける.

bo·que·ra [ボケラ] 女 〈病気〉 口角炎.

bo·que·rón [ボケロン] 男 1 〈魚〉 カタクチイワシ. 2 (山腹などの)大きな開口部.

bo·que·te [ボケテ] 男 1 (壁などにできた)割れ目, 隙間. 2 狭い出入り口.

bo·qui·a·bier·to, ta [ボキアビエルト, タ] 形 1 口を開けた. 2 唖然(%)とした, ぽかんとした.

bo·qui·blan·do, da [ボキブランド, ダ] 形 (馬などが)御しやすい.

bo·qui·du·ro, ra [ボキドゥロ, ラ] 形 (馬などが)御しがたい.

bo·qui·lla [ボキじゃ] 女 1 (タバコの)ホルダー, チップ, フィルター. 2 (タバコのパイプの)吸い口. 3 (点火の)火口(%%). 4 (管楽器の)マウスピース.
de boquilla 口先だけで, 口だけの(約束など).

bo·qui·rro·to, ta [ボキロト, タ] 形 口の軽い, おしゃべりな.

bo·qui·ta [ボキタ] 女 小さな口, おちょぼ口.

bor·bo·llar [ボルボじゃル] 自 《= borbollear》 1 煮えたぎる. 2 口ごもる.

Bor·bón [ボルボン] 固 《Casa de+》 (フランスの王家の)ブルボン家[= los Borbones].

bor·bó·ni·co, ca [ボルボニコ, カ] 形 ブルボン家 Borbón の.

bor·bo·rig·mos [ボルボリグモス] 男複 〈医学〉(お腹がごろごろいう)腹鳴り.

bor·bo·tar [ボルボタル] 自 《= borbotear》 煮えたぎる, 沸騰(%)する.

bor·bo·te·o [ボルボテオ] 男 沸騰(%).

bor·bo·tón [ボルボトン] 男 (沸騰(%)などによる)泡立ち.
a borbotones 〈話し方〉あわてて, せきこんで.

bor·ce·quí [ボルセキ] 男 《複 borceguíes》(昔の)編み上げ靴.

bor·da [ボルダ] 女 船べり.
—活 → bordar 刺繍(%)する.
arrojar [echar, tirar]… por la borda 1 …を浪費する. 2 …を取り除く.

bor·da·da¹ [ボルダダ] 女 〈船舶〉(ジグザグ航行の)間(%)切り.

bor·da·do¹ [ボルダド] 男 〈行為〉 刺繍(%).

bor·da·do², da² 《過去分詞》 → bordar 刺繍(%)する.
—形 1 刺繍の入った. 2 完成した, 完全な.

bor·da·du·ra [ボルダドゥラ] 女 〈装飾〉 刺繍(%).

bor·dar [ボルダル] 他 1 (布地に)刺繍(%)する. 2 (模様を)刺繍する. 3 (作業などを)見事に仕上げる.

bor·de [ボルデ] 男 1 へり, ふち [縁]. 2 道端. 3 岸辺. 4 船べり, 舷(%).
—形 1 意地悪な. 2 間抜けな. 3 〈植物〉自生の, 野生の. 4 私生児の.
—男女 〈人〉 1 意地悪. 2 間抜け. 3 私生児.
al borde de… 1 …のふちに. 2 …の瀬戸際に.

bor·de·ar [ボルデアル] 他 1 …のふちに沿って進む. 2 …のはし[端]にある. 3 …のそばにある. 4 …する寸前である.
—自 1 あふれそうである. 2 (船が)ジグザグに航行する, 間(%)切り走りで進む, 間切る.

bor·di·llo [ボルディじょ] 男 〈歩道〉 縁(%)石.

bor·do [ボルド] 男 舷側(%).
a bordo 1 船で, 飛行機で. 2 船内に, 機内に.

de alto bordo 大型の(船舶).
franco a bordo 〈商業〉(価格の)本船渡し [= 英 F.O.B.].
subir a bordo 乗船する, 搭乗する.
bor·dón [ボルドン] 男 1〈韻律〉(3行詩の)繰り返し句. 2 (巡礼などの)長い杖(ǵ). 3〈楽器〉低音弦.
bo·re·al [ボレアる] 形 1 北風の. 2 北の.
bor·go·ñón, ño·na [ボルゴニョン, ニョナ] 形 (フランス中部の地方の)ブルゴーニュ Borgoña の.
— 男女 ブルゴーニュの人.
bor·la [ボルら] 女 1 飾り房. 2〈化粧〉バフ.
bor·ne [ボルネ] 男〈電気〉端子, プラグ.
bor·ne·ar [ボルネアる] 他 1 …をねじる, 曲げる. 2 (柱)の周りに彫刻を施す.
bo·ro [ボロ] 男〈化学〉ホウ素.
bo·rra [ボラ] 女 1 (羊毛の)毛くず. 2 綿ぼこり.
bo·rra·che·ra [ボラチェラ] 女 1 酔い, 酩酊(ǵ). 2 有頂天, 熱狂.
bo·rra·chín, chi·na [ボラチン, チナ] 形 酒を手離せない.
— 男女〈人〉のんだくれ.
bo·rra·cho, cha [ボラチョ, チャ] 形 1〈菓子〉アルコール入りの. 2 酔っ払った, 酔った. 3 のんだくれの.
— 男女〈人〉1 酔っ払い. 2 のんだくれ.
bo·rra·dor [ボラドル] 男 1 黒板ふき. 2 消しごむ. 3 草稿, 下書き. 4 雑記帳, メモ用紙. 5〈絵画〉ラフスケッチ.
bo·rra·du·ra [ボラドゥラ] 女 (線で)消すこと, 抹消.
bo·rra·ja [ボラハ] 女〈植物〉ルリヂシャ.
quedar todo en agua de borrajas すべて無駄になる.
bo·rra·je·ar [ボラヘアる] 他 …をいたずら書きする.
bo·rrar [ボラル] 他 1 …を消す, 抹消する. 2 …を消滅させる.
— borrarse 再 1 消える, 消滅する. 2 (+de...) …をやめる, 脱退する.
bo·rras·ca [ボラスカ] 女 1 暴風雨. 2 嵐. 3 危機, 災難.
bo·rras·co·so, sa [ボラスコソ, サ] 形 1 嵐の, 暴風雨の. 2 荒れ模様の. 3 (人生などが)波乱に満ちた, 荒々しい.
bo·rre·go, ga [ボレゴ, ガ] 形 お人好しの, 単純な.
— 男女 1 子羊. 2〈人〉お人好し, ばか正直.
bo·rri·ca·da [ボリカダ] 女 1 間抜けな言動. 2 ロバの群れ.
bo·rri·co, ca [ボリコ, カ] 男女 1〈動物〉ロバ. 2〈人〉間抜け. 3 頑固者. 4 忍耐強い人.
— 形 1 間抜けな. 2 頑固な. 3 我慢強い.
caer de su borrico 間違いに気づく.
bo·rri·que·te [ボリケテ] 男〈木工〉木挽(ǵ)

き台.
bo·rrón [ボロン] 男 1 インクの汚れ, しみ. 2 汚点, 欠点.
borrón y cuenta nueva 新規まき直し.
bo·rro·ne·ar [ボロネアる] 自 いたずら書きをする.
bo·rro·so, sa [ボロソ, サ] 形 不鮮明な.
bo·ru·jo [ボルホ] 男 (オリーブなどの)搾(ǵ)りかす.
bos·ca·je [ボスカヘ] 男 林.
bos·co·so, sa [ボスコソ, サ] 形 林の, 森の.
bos·que [ボスケ] 男 森, 林, 森林.
bos·que·jar [ボスケハル] 他 …の概略を示す, 素案を作る.
bos·que·jo [ボスケホ] 男 概略, 素案.
bos·te·zar [ボステサル] 自〈活 39 gozar〉あくびをする.
bos·te·zo [ボステソ] 男 あくび.
bo·ta [ボタ] 女〈→ botas〉(ワイン用の)皮袋.
— 活 → botar ほうり投げる.
bo·ta·dor, do·ra [ボタドル, ドラ] 男女 浪費家.
bo·ta·du·ra [ボタドゥラ] 女 (船の)進水.
bo·ta·fu·mei·ro [ボタフメイロ] 男 (教会の)大香炉.
bo·ta·lón [ボタロン] 男 杭, 丸太.
bo·tá·ni·ca[1] [ボタニカ] 女〈植物〉植物学.
bo·tá·ni·co, ca[2] [ボタニコ, ー] 形 1 植物の. 2 植物学の.
— 男女 植物学者.
bo·ta·nis·ta [ボタニスタ] 男女 植物学者.
bo·tar [ボタル] 他 1 …をほうり投げる. 2 …を(+ de...) …から)追い出す, 首にする. 3 (ボールなど)をバウンドさせる. 4 (船)を進水させる.
— 自 1 飛びはねる. 2 (ボールが)バウンドする. 3 ひどく動揺する.
estar que botar いらいらしている, おろおろしている/*Estoy que boto.* 頭きたよ.
bo·ta·ra·te [ボタラテ] 形〈人〉軽率な, 分別のない.
— 男女 おろか者, 軽率な人間.
bo·tas [ボタス] 女複〈→ bota〉ブーツ, 長靴, 編み上げ靴.
botas altas 乗馬靴.
botas de agua ゴム長靴.
botas de campaña トップブーツ.
estar con las botas puestas 出かける用意ができている.
morir con las botas puestas 急死する.
poner·se las botas 1 大もうけする. 2 大いに楽しむ.
bo·te [ボテ] 男 1 (円筒形の)ふた付き容器, びん, 缶. 2 ボート, 小舟. 3 跳躍, はね返り, バウンド. 4 (レストランなどの共同の)チップ入れ. 5〈くじ〉(前回からの)繰り越し金.
— 活 → botar ほうり投げる.

活 は活用形　複 は複数形　男 は男性名詞　女 は女性名詞　固 は固有名詞　代 は代名詞　自 は自動詞

bote de humo 発煙筒.
bote salvavidas 救命ボート.
chupar del bote 甘い汁を吸う.
dar botes とびはね, バウンドする.
dar el bote a... …をほうり出す.
darse el bote その場を離れる.
de bote en bote 人であふれた.
de bote pronto ショートバウンドで.
de un bote ひと飛びで.
estar en el bote 確かなものになる.
tener a... en el bote …を確かな味方にする.

bo·te·lla [ボテジャ] 囡 びん[瓶].
agarrar la muestra 酒びたりになる.
botella termo 魔法瓶.
cuello de botella (仕事場の)ネック.

bo·te·lla·zo [ボテジャソ] 男 びん[瓶]での一撃.
bo·te·llín [ボテジン] 男 小びん[瓶].
bo·te·llón [ボテジョン] 男 大びん[瓶].
bo·ti·ca [ボティカ] 囡 1 薬局, 薬屋. 2 (集合的に1人が受け取る)薬.
haber [tener] de todo, como en botica 何でもそろっている.

bo·ti·ca·rio, ria [ボティカリオ, リア] 男 囡 薬剤師.

bo·ti·ja [ボティハ] 囡 (取っ手なしの)素焼きの水差し.

bo·ti·jo [ボティホ] 男 (取っ手と注ぎ口のついた)素焼きの水差し.

bo·tín [ボティン] 男 1 略奪品. 2 戦利品.
bo·ti·nes [ボティネス] 男複 《→ botín》 1 半長靴. 2 《服飾》 ゲートル, スパッツ.

bo·ti·quín [ボティキン] 男 1 救急箱. 2 救護所. 3 救急薬品一式.

bo·tón [ボトン] 男 《複 botones》 1 《服飾》 ボタン. 2 押しボタン, スイッチ, つまみ. 3 (剣などの先につける)たんぽ. 4 《植物》 芽, つぼみ.
botón de muestra (部分的な)見本, サンプル.
botón de oro 《植物》 キンポウゲ.
dar al botón ボタン[スイッチ]を押す.

bo·to·nes [ボトネス] 男 《単複同形》 《→ botón》 (ホテルなどの)ボーイ, ベルボーイ.

bo·tos [ボトス] 男複 乗馬靴.
bou [ボウ] 男 1 引き網漁. 2 引き網船.
bou·qué [ブケ] 男 《= bouquet》 1 花束. 2 (ワインの)芳香.

bou·tique [ブティク] 囡 ブティック, 高級洋装店.

bó·ve·da [ボベダ] 囡 1 《建築》 丸天井, ボールト. 2 丸天井を持ったもの. 3 地下納骨堂.
bóveda baída [*vaída*] 四角部屋の丸天井.
bóveda celeste 天空, 大空.
bóveda craneal 頭蓋(がい)冠.
bóveda de cañón 半円筒ボールト.
bóveda de crucería [*nervada*] リブボールト.
bóveda por arista 交差ボールト.

bó·vi·dos [ボビドス] 男複 《分類》 ウシ科の動物.

bo·vi·no, na [ボビノ, ナ] 形 《動物》 ウシの.
bo·xe·a·dor, do·ra [ボクセアドル, ドラ] 男 囡 《スポーツ》 ボクサー, 拳闘の選手.
bo·xe·ar [ボクセアル] 自 ボクシングをする.
bo·xe·o [ボクセオ] 男 ボクシング, 拳闘.
— 他 → boxear ボクシングをする.
bó·xer [ボクセル] 男 《犬》 ボクサー.
bo·ya [ボヤ] 囡 《海事》 ブイ, 浮標.
bo·yan·te [ボヤンテ] 形 1 繁盛している. 2 運が向いてきた.
bo·yar [ボヤル] 自 浮く, 浮かぶ.
bo·zal [ボさル] 男 1 (犬や馬の)はめ口具.
— 男 囡 1 初心者, 未熟者. 2 愚か者.
bo·zo [ボそ] 男 (若者の)薄い口ひげ.
bra·ce·ar [ブラせアル] 自 1 腕を振る. 2 クロールで泳ぐ. 3 (自由を求めて)もがく.
bra·ce·o [ブラせオ] 男 《水泳》 ストローク.
bra·ce·ro [ブラせロ] 男 (農場の)日雇い人夫.
bra·ga [ブラガ] 囡 1 《衣類》 パンティー, パンツ [= bragas]. 2 つり綱. 3 安物, くだらないこと.
estar en bragas 1 一文無しである. 2 何の準備もしていない.
estar hecho una braga へとへとに疲れている.
pillar en bragas 不意をつく.

bra·ga·do, da [ブラガド, ダ] 形 1 果敢な, 決然とした. 2 悪意のある, 意地の悪い.
bra·ga·du·ra [ブラガドゥラ] 囡 (ズボンなどの)股(また)の部分.
bra·ga·zas [ブラガさス] 男 《単複同形》 《男性》1 お人よし. 2 恐妻家.
bra·gue·ro [ブラゲロ] 男 《医学》 脱腸帯, ヘルニアバンド.
bra·gue·ta [ブラゲタ] 囡 (ズボンなどの)前開き.
brah·mán [ブラマン] 男 《宗教》 バラモン.
brah·ma·nis·mo [ブラマニスモ] 男 《宗教》 バラモン教.
brai·lle [ブライれ] 男 (ブレーユの六点)点字法, 点字.

bra·man·te [ブラマンテ] 男 麻ひも.
bra·mar [ブラマル] 自 1 (牛などが)鳴く. 2 ほえる, 怒号する.
bra·mi·do [ブラミド] 男 1 (牛などの)鳴き声, うなり声 2 どなり声, 怒号.
bran·quia [ブランキア] 囡 (魚の)えら.
bran·quial [ブランキアる] 形 (魚の)えらの.
respiración branquial えら呼吸.
bra·quial [ブラキアる] 形 《解剖学》 上腕の.
bra·sa [ブラさ] 囡 真っ赤な炭火, おき.
a la brasa 《料理》 炭火焼きの.
pasar como sobre brasas por... …には軽く触れるだけである.

bra·se·ro [ブラセロ] 男 (テーブルの下に入れる)火鉢.
Bra·sil [ブラしる] 固 《国の名》 (南米の連邦共和国の)ブラジル.

bra·si·le·ño, ña [ブラシレニョ, ニャ] 形 ブラジル Brasil の.
— 男 女 ブラジル人.

Brau·lio [ブラウリオ] 固《男性の名》ブラウリオ.

bra·va·men·te [ブラバメンテ] 副 1 勇敢に. 2 激しく. 3 見事に, うまく.

bra·va·ta [ブラバタ] 女 1 威嚇(かく), おどし. 2 空威張り, 虚勢.

bra·ve·ar [ブラベアル] 自 虚勢を張る, 威張る.

bra·ve·za [ブラベサ] 女 1 勇猛, 勇気. 2〈野獣の〉獰猛(どうもう)さ.

bra·ví·o, a [ブラビオ, ア] 形 1〈動物〉野生の, 猛々(たけだけ)しい. 2〈植物〉野生の, 自生の. 3〈人間〉教養のない, 粗野な. 4〈海〉荒れ狂った.

bra·ví·si·mo [ブラビシモ] 間 やったぞ!, そうだ!

Bra·vo [ブラボ] 固 《川の名》《el+》《= Río Grande》(メキシコ北部国境を流れる)ブラボ川.

bra·vo¹ [ブラボ] 間 いいぞ!, やったぞ!, ブラボー!

bra·vo², va [ブラボ, バ] 形 1 勇敢な, 果敢な. 2〈動物〉獰猛(どうもう)な, 猛々(たけだけ)しい/*toro bravo* 闘牛の牛. 3〈海〉荒れ狂った. 4 怒り狂った, すぐ頭にくる. 5 空威張り屋の. 6 良い, 見事な, すばらしい. 7 豪華な.
  a la brava 力ずくで, 強制的に.
  por las bravas 力ずくで, 強制的に.

bra·vu·cón, co·na [ブラブコン, コナ] 形 空威張りの, 見かけ倒しの.

bra·vu·ra [ブラブラ] 女 1 勇敢. 2〈動物〉獰猛(どうもう)さ. 3 威嚇(かく), おどし.

bra·za [ブラサ] 女 1〈水深の単位〉(約 160cm の)ブラサ. 2〈水泳〉ブレスト, 平泳ぎ.

bra·za·da [ブラサダ] 女 1〈水泳〉ストローク. 2〈量〉ひとかかえ.

bra·zal [ブラサル] 男 腕章.

bra·za·le·te [ブラサレテ] 男 1〈装身具〉ブレスレット, 腕輪. 2(よろいの)腕当て.

bra·zo [ブラソ] 男 1 腕. 2 上腕, 二の腕. 3 力, 権力, 権威. 4(四足動物の)前脚. 5(椅子などの)ひじ掛け. 6(十字架の)横木. 7(器具の)腕, 枝, アーム.
  a brazo 手製の, 手作りの.
  a brazo partido 1 全力を使って. 2 素手で.
  brazo armado〈政党〉武闘派.
  brazo (de) gitano ロールカステラ.
  brazo de mar 入り江.
  con los brazos abiertos 大歓迎して.
  con los brazos cruzados 手をこまねいて.
  cruzar·se de brazos 何もしない, 手を出さない.
  dar el brazo 手を貸す.
  del brazo con [de]…と腕を組んで.
  echar·se en brazos de……に頼りきる.
  hecho un brazo de mar 着飾って, めかしこんで.
  no dar su brazo a torcer 決意が固い, 意見を譲らない.
  ser el brazo derecho de……の右腕である.

bra·zos [ブラソス] 男複《→ brazo》(日雇い人夫たちの)人手, 労働力.

bra·zue·lo [ブラスエロ] 男 (四足動物の)前脚の上半分.

bre·a [ブレア] 女 1 タール/*brea mineral* コールタール. 2(船舶)タール塗料.

bre·ar [ブレアル] 他 1 …を(+a…)でしつこく悩ませる. 2 …を殴る.

bre·ba·je [ブレバヘ] 男 まずい飲み物.

bre·ca [ブレカ] 女《魚》ヨーロッパヘダイ.

bre·cha [ブレチャ] 女 1(頭部の)傷. 2 裂け目. 3(陣地などの)突破口.
  abrir una brecha en……に突破口を開く.
  estar en la brecha つねに身構えている.
  hacer brecha en (+人)…に感銘を与える.
  morir en la brecha 業務中に死ぬ, 殉職する.

bré·col [ブレコル] 男《野菜》ブロッコリー.

bre·ga [ブレガ] 女 1 闘争. 2 努力.

bre·gar [ブレガル] 自《47 llegar》1 (+con)…と戦う. 2 努力する.

bre·ñas [ブレニャス] 女複 荒れ地.

Bre·ta·ña [ブレタニャ] 固《地方の名》(フランス西部の)ブルターニュ.
  Gran Bretaña グレートブリテン.

bre·te [ブレテ] 男 (囚人用の)足かせ.
  estar en un brete 苦境に立っている.
  poner a uno en un brete …を窮地に追いこむ.

bre·tón, to·na [ブレトン, トナ] 形 (フランスの地方の)ブルターニュ Bretaña の.
  — 男 女 ブルターニュ人.

bre·va [ブレバ] 女 1〈植物〉(夏果の)イチジク〔秋果のイチジクは higo〕. 2 幸運, もうけ物.
  de higos a brevas ほんの時たま.
  más blando que una breva (叱られて)しゅんとなって.
  ¡No caerá esa breva! そうは問屋(とんや)がおろさない!

bre·ve [ブレベ] 形 1 短い, 簡潔な. 2 短時間の.
  — 男 (新聞の)短信.
  en breve すぐに, まもなく.

bre·ve·dad [ブレベダス] 女 短さ, 簡潔さ.
  con la mayor brevedad (posible) できるだけ早く.

bre·ve·men·te [ブレベメンテ] 副 手短かに, 簡潔に.

bre·via·rio [ブレビアリオ] 男 (カトリックの)聖務日課書.

bre·zo [ブレソ] 男〈植物〉ヒース.

bri·ba [ブリバ] 女 なまけ暮らし.
  andar a la briba ぐうたら生活を送る.

bri·bón, bo·na [ブリボン, ボナ] 形 1 ぐうたらな, 無為徒食な. 2 悪党の, 無頼の.
  — 男 女 1〈人〉ぐうたら. 2 ごろつき. 3〈子供〉いたずらっ子.

bri·co·la·je [ブリコラヘ] 男 (素人(しろうと)の)大工仕事.

函 は活用形 複 は複数形 男 は男性名詞 女 は女性名詞 固 は固有名詞 代 は代名詞 自 は自動詞

bri·da [ブリダ] 囡 〈馬具〉馬勒(ばろく).
bridge [ブリチ] 男 〈トランプ〉ブリッジ.
bri·ga·da [ブリガダ] 囡 1 〈軍隊〉旅団. 2 分隊, 班.
— 男 〈軍隊〉曹長.
bri·ga·dier [ブリガディエル] 男 〈軍隊〉(昔の)准将, 少将.
bri·llan·te [ブリジャンテ] 形 1 きめく, 輝く. 2 優れた, めざましい. 3 華やかな.
— (ブリリアントカットの)ダイヤモンド.
bri·llan·tez [ブリジャンテス] 囡 1 輝き, 光輝. 2 卓抜, 栄光. 3 華やかさ.
bri·llan·ti·na [ブリジャンティナ] 囡 〈整髪料〉ポマード, リキッド.
bri·llar [ブリジャル] 自 1 輝く, きらめく. 2 際立つ, ぬきんでる. 3 華やぐ.
bri·llo [ブリジョ] 男 1 輝き. 2 卓抜. 3 華やぎ.
brin·car [ブリンカル] 自 [活 73 sacar] 1 とびはねる. 2 いきり立つ／*Está que brinca.* 彼はかんかんに怒っている.
brin·co [ブリンコ] 男 跳躍, ジャンプ.
dar [pegar] brincos de alegría 喜んではね回る.
pegar [dar] un brinco (驚いて)びくっとする.
brin·dar [ブリンダル] 自 (+a, por...) ...に)乾杯する.
— 他 1 ...を提供する. 2 〈闘牛〉(闘牛)を捧げる.
— **brindar·se** 再 (+a+不定詞) ...することを申し出る.
brin·dis [ブリンディス] 男 〈単複同形〉1 乾杯. 2 乾杯の音頭.
brí·o [ブリオ] 男 1 生気, 活力. 2 気迫, 意気込み. 3 りりしさ, 気品.
cortar los bríos a... ...のやる気を無くさせる.
¡Voto a bríos! こんちくしょう！
brio·so, sa [ブリオソ, サ] 形 1 生気に満ちた, 精力的な. 2 決然とした. 3 りりしい.
bri·sa [ブリサ] 囡 1 そよ風. 2 浜風.
brisa marina (昼間の)海風.
brisa de tierra (夜間の)陸風.
bris·ca [ブリスカ] 囡 〈トランプ〉ブリスカ.
bri·tá·ni·co, ca [ブリタニコ, カ] 形 イギリスの, ブリテン(島)の.
— 男 囡 イギリス人, 英国人.
briz·na [ブリサナ] 囡 1 (植物などの)繊維. 2 わずかな量／*No nos queda ni brizna de pan.* パンのひとかけらも残っていない.
bro·ca [ブロカ] 囡 〈工具〉ドリルの先端.
bro·ca·do [ブロカド] 男 〈織物〉ブロケード, 錦(にしき).
bro·cal [ブロカル] 男 井桁(いげた), 井筒.
bro·cha [ブロチャ] 囡 刷毛(はけ), ブラシ.
pintor de brocha gorda 1 〈人〉ペンキ屋. 2 へぼ絵描き.
bro·cha·zo [ブロチャソ] 男 (刷毛(はけ)での)ひと塗り.

bro·che [ブロチェ] 男 1 〈服飾〉ホック, スナップ. 2 〈装飾〉ブローチ.
broche de oro (公演の)フィナーレ, 取り.
bró·co·li [ブロコリ] 男 《= brócoli》〈野菜〉ブロッコリー [= brécol].
bro·ma [ブロマ] 囡 1 冗談, しゃれ. 2 からかい, 気晴らし.
broma pesada 悪ふざけ.
bromas aparte 冗談はさておき.
de [en] broma 冗談で.
entre bromas y veras 冗談半分で.
gastar bromas a... ...をからかう.
ni en broma 決して(...ない).
no estar para bromas 冗談どころではない.
ser amigo de bromas 冗談好きである.
sin broma 冗談抜きで.
tomar... a broma ...を本気にしない.
bro·ma·zo [ブロマソ] 男 悪ふざけ.
bro·me·ar [ブロメアル] 自 冗談を言う, ふざける.
bro·mis·ta [ブロミスタ] 形 冗談好きな.
— 男 囡 〈人〉冗談好き, ひょうきん者.
bro·mo [ブロモ] 男 〈化学〉臭素.
bro·mu·ro [ブロムロ] 男 〈化学〉臭化物.
bron·ca¹ [ブロンカ] 囡 (→ bronco) 1 けんか, 乱闘／*armar una bronca* けんかする. 2 叱責(しっせき)／*echar a... una bronca* ...をひどくしかる. 3 やじ, ブーイング.
bron·ce [ブロンセ] 男 1 〈合金〉ブロンズ, 青銅. 2 〈彫刻〉ブロンズ像. 3 〈賞品〉銅メダル.
ser de bronce 1 冷酷である. 2 頑健である.
bron·ce·a·do, da [ブロンセアド, ダ] 形 1 青銅色の. 2 日焼けした.
bron·ce·a·dor [ブロンセアドル] 男 〈化粧品〉サンオイル／*darse bronceador en...* (自分の)...にサンオイルを塗る.
bron·ce·ar [ブロンセアル] 他 1 ...を青銅色にする. 2 ...(肌)を日焼けさせる.
— **broncear·se** 再 日焼けする.
bron·co, ca² [ブロンコ, -] 形 1 しわがれ声の, 耳ざわりな. 2 ざらざらした, 粗い. 3 無愛想な, ぶっきらぼうな.
bron·co·neu·mo·ní·a [ブロンコネウモニア] 囡 〈病気〉気管支肺炎.
bron·cos·co·pio [ブロンコスコピオ] 男 〈医学〉気管支鏡.
bron·quial [ブロンキアル] 形 〈解剖学〉気管支の.
bron·quio [ブロンキオ] 男 〈解剖学〉気管支.
bron·qui·tis [ブロンキティス] 囡 〈病気〉気管支炎.
bro·quel [ブロケル] 男 1 〈武器〉小型の盾(たて). 2 防御物, 保護手段.
bro·que·ta [ブロケタ] 囡 〈料理〉焼き串(くし).
bro·tar [ブロタル] 自 1 芽を出す, つぼみをつける. 2 湧き出る, 流れ出る. 3 (発疹(ほっしん)が)皮膚(ひふ)に出る. 4 生じる, 発生する.

他 は他動詞 再 は再帰動詞 形 は形容詞 副 は副詞 前 は前置詞 接 は接続詞 間 は間投詞

bro·te

bro·te [ブロテ] 男 1 芽, つぼみ. 2 発芽. 3 発生, 発端.
— 活 → brotar 芽を出す.

bro·za [ブロさ] 女〈(たまった)ごみ, くず, 落ち葉.

bru·ces [ブルセス] 《つぎの句の一部》
dar·se de bruces con... ...と正面衝突する.
de bruces うつぶせで, うつむけに.

bru·ja[1] [ブルハ] 女〈→ brujo[2]〉1 魔女, 女魔法使い. 2 意地の悪い女. 3 醜い老女.

bru·je·rí·a [ブルヘリア] 女 魔法, 魔術.

bru·jes·co, ca [ブルヘスコ, カ] 形 1 魔女の. 2 魔法の.

bru·jo[1] [ブルホ] 男 (男の)魔法使い.

bru·jo[2], **ja**[2] 形 魅惑的な.

brú·ju·la [ブルフラ] 女 1 羅針盤, コンパス. 2 (方向を調べる)磁石.
perder la brújula 方向を見失う.

bru·ju·le·ar [ブルフれアル] 他 1 ...を探し求める. 2 ...を推量する.

bru·ma [ブルマ] 女 (海の)もや, ガス.

bru·mo·so, sa [ブルモソ, サ] 形 1 もや(ガス)のかかった. 2 訳のわからない.

bru·ñi·do [ブルニド] 男〈作業〉つや出し.

bru·ñir [ブルニル] 他《活 51 mullir》...を磨く, つや出しをする.

brus·ca·men·te [ブルスカメンテ] 副 1 つっけんどんに. 2 唐突に.

brus·co, ca [ブルスコ, カ] 形 1 無愛想な, つっけんどんな. 2 唐突な, 不意の.

Bru·se·las [ブルセルス] 固〈都市の名〉(ベルギーの首都の)ブリュッセル.

brus·que·dad [ブルスケダッ] 女 1 無愛想, ぶっきらぼう. 2 唐突, 出し抜け.

bru·tal [ブルタル] 形 1 残忍な, 獣のような. 2 並はずれた, ものすごい.

bru·ta·li·dad [ブルタリダッ] 女 1 残忍さ, 乱暴. 2 ばかげた言動.

bru·tal·men·te [ブルタるメンテ] 副 1 乱暴に. 2 愚かにも.

bru·to[1] [ブルト] 男 けもの[獣].
noble bruto 馬.

bru·to[2], **ta** [ー, タ] 形 1 粗野な, 下品な, 教養のない. 2 未加工の, 天然のままの. 3〈金額〉割引なしの. 4〈重量〉総体の, 風袋(袋)込みの.
— 男女 乱暴者, 下品な人間, 愚か者.
en bruto 1 未加工の/*diamante en bruto* ダイヤモンドの原石. 2 総額の/200.000 pesetas en bruto 総額20万ペセタ. 3 総体の/*peso en bruto* 総重量.

bu·bas [ブバス] 女複〈医学〉横根(袋).

bu·cal [ブカル] 形〈解剖学〉口の.

bu·ca·ne·ro [ブカネロ] 男 (昔のカリブ海の海賊の)バッカニア.

bú·ca·ro [ブカロ] 男 花瓶(び).

bu·ce·ar [ブセアル] 自 1 潜水する, 水中で作業する. 2 (+en...) ...を調べる.

bu·cé·fa·lo [ブセふァロ] 男〈人〉間抜け, のろま.

bu·ce·o [ブセオ] 男 潜水, スキンダイビング.

bu·che [ブチェ] 男 1〈鳥〉餌袋(努). 2 胃袋. 3 (飲み物の)ひと口分.
beber a buches ゆっくり飲む.
guardar... en el buche ...を秘密にする.
llenar el buche たらふく食べる.

bu·cle [ブクれ] 男 巻き毛, カール.

bu·có·li·ca[1] [ブコリカ] 女 牧歌, 田園詩.

bu·có·li·co, ca[2] [ブコリコ, カ] 形〈文学ジャンルで〉牧歌的な, 田園詩風の.
— 女 田園詩人.

Bu·da [ブダ] 固 (仏教を開いた)仏陀.

bu·dis·mo [ブディスモ] 男 仏教.

bu·dis·ta [ブディスタ] 形〈男女同形〉仏教の.
— 男女 仏教徒.

buen [ブエン] 形《+男性単数名詞》〈→ bueno[2]〉よい.

Bue·na Es·pe·ran·za [ブエナ エスペランさ] 固《Cabo de+》〈岬の名〉(アフリカ南端の)喜望峰.

bue·na·men·te [ブエナメンテ] 副 1 たやすく, 簡単に. 2 こころよく.

bue·nan·dan·za [ブエナンダンさ] 女 幸運.

bue·nas [ブエナス] 間 こんにちは!

bue·nas no·ches [ブエナス ノチェス] 間 こんばんは!

bue·nas tar·des [ブエナス タルデス] 間 (午後の)こんにちは!

bue·na·ven·tu·ra [ブエナベントゥラ] 女 1 幸運. 2 運勢, 占い.

bue·na·zo, za [ブエナそ, さ] 形 お人よしの.
— 男女〈人〉お人よし.

bue·ní·si·mo, ma [ブエニシモ, マ] 形《絶対最上級語→ bueno[2], na》とてもよい.

bue·no[1] [ブエノ] 間 1 いいよ!, わかったよ! 2 十分だ!, もういいよ! 3 おやおや!, やれやれ! 4 (電話で)はいはい!

bue·no[2], **na** [ー, ナ] 形 1 良い, 上等な, 立派な. 2 適している, かなっている. 3 有用な, 役に立つ. 4 親切な, やさしい. 5 健康な, 丈夫な. 6 すぐれた, 優秀な. 7 十分な, かなりの. 8 楽しい, 好ましい.
— 男女〈人〉善人.
a buenas 進んで, こころよく.
a la buena de Dios いいかげんに.
dar... por bueno ...を承認する.
de buenas 機嫌よく.
de buenas a primeras 急に, 前ぶれもなく.
de buen ver 見ばえのする.
de los buenos かなりの, 上等な.
estar a buenas con... ...と仲がよい.
estar bueno 魅力的な体である.
por las buenas 文句を言わずに, よろこんで.
¿Qué dices de bueno? 何か変ったことある?
¿Qué hay de bueno? よう, 元気?

活 は活用形　複 は複数形　男 は男性名詞　女 は女性名詞　固 は固有名詞　代 は代名詞　自 は自動詞

un buen día ある日.
Bue·nos Ai·res [ブエノスアイレス] 固 〈都市の名〉(アルゼンチンの首都の)ブエノスアイレス.
bue·nos dí·as [ブエノス ディアス] 間 おはよう!, (午前の)こんにちは!.
buey [ブエイ] 男 1 (労役用の)去勢牛.
buey de mar 〈甲殻類〉オマールエビ.
buey marino 〈動物〉マナティー.
bu·fa¹ [ブファ] 女 《→ bufo》冗談, 悪ふざけ.
— 活 → bufar 鼻を鳴らす.
bú·fa·lo, la [ブファロ, ラ] 男女 1 水牛. 2〈動物〉バッファロー, バイソン.
bu·fan·da [ブファンダ] 女 襟(ﾋ)巻き, マフラー.
bu·far [ブファル] 自 1 (牛や馬が)鼻を鳴らす. 2 鼻息を荒くする.
bu·fé [ブフェ] 男 《= bufet》1 立食料理. 2 ビュッフェ, 立食用テーブル.
bu·fe·te [ブフェテ] 男 弁護士事務所.
bu·fi·do [ブフィド] 男 1 (牛や馬の)荒い鼻息. 2〈人間〉怒声.
bu·fo, fa² [ブフォ, —] 形 珍妙な, おどけた.
— 男女 道化師.
— 活 → bufar 鼻を鳴らす.
bu·fón, fona [ブフォン, フォナ] 男女 (昔の宮廷の)道化師.
bu·fo·na·da [ブフォナダ] 女 1 道化のしぐさ. 2 道化のことば.
bu·fo·ne·ar·se [ブフォネアルセ] 再 ふざける.
bu·gan·vi·lla [ブガンビジャ] 女 〈植〉ブーゲンビリア.
bu·har·di·lla [ブアルディジャ] 女 1 屋根裏部屋. 2 屋根裏の出窓.
bú·ho [ブオ] 男 1〈鳥〉ミミズク. 2 深夜バス.
bu·ho·ne·rí·a [ブオネリア] 女 (行商人の)安物雑貨.
bu·ho·ne·ro, ra [ブオネロ, ラ] 男女 行商人.
bui·tre [ブイトレ] 男 1 ハゲタカ, ハゲワシ. 2 強欲な人.
bui·trón [ブイトロン] 男 仕掛け網.
bu·ja·rrón [ブハロン] 男 同性愛者.
bu·je [ブヘ] 男 (車輪の)軸箱.
bu·jí·a [ブヒア] 女 1 点火プラグ. 2 ろうそく.
bu·la [ブラ] 女 (ローマ教皇の)教書.
tener bula 特別な便宜を持っている.
bul·bo [ブルボ] 男 1 球根. 2〈解剖学〉球形の組織／*bulbo* raquídeo 延髄.
bul·bo·so, sa [ブルボソ, サ] 形 球根の.
bu·le·rí·as [ブレリアス] 女複 (フラメンコの歌と踊りの)ブレリアス.
bu·le·var [ブレバル] 男 広い並木道.
búl·ga·ro, ra [ブルガロ, ラ] 形 (南東ヨーロッパの共和国である)ブルガリア Bulgaria の.
— 男女 ブルガリア人.
bu·li·mia [ブリミア] 女 〈医学〉大食症.
bu·lla [ブジャ] 女 2 群衆.
— 活 → bullir 沸騰(ﾌｯﾄｳ)する.

bu·lla·be·sa [ブジャベサ] 女 〈料理〉ブイヤベース.
bu·llan·ga [ブジャンガ] 女 騒動, 大騒ぎ.
bu·llan·gue·ro, ra [ブジャンゲロ, ラ] 形 お祭り騒ぎの好きな.
— 男女 お祭り騒ぎの好きな人.
bu·lli·cio [ブジシオ] 男 1 騒々しさ, 喧噪(ｹﾝｿｳ). 2 雑踏.
bu·lli·cio·so, sa [ブジシオソ, サ] 形 騒々しい, さわがしい.
bu·llir [ブジル] 自 《活 51 mullir》1 沸騰(ﾌｯﾄｳ)する, 沸(ﾜ)きたつ, 泡立つ. 2 せわしなく動き回る, 群がる. 3 (考えなどの)湧(ﾜ)き出てくる.
bu·lo [ブロ] 男 デマ, 飛語(ﾋﾞ).
bul·to [ブルト] 男 1 ふくらみ, こぶ. 2 (得体の知れない)姿, 影. 3 小包, 荷物. 4 かばん, スーツケース. 5 容積, かさ.
a bulto 目分量で, 大ざっぱに.
buscar el bulto a… …に言いがかりをつける.
de bulto 目立った, かさばった.
escurrir el bulto 難[面倒]を避ける.
estar de bulto 員数合わせのためにいる.
hacer bulto かさばる, 場所をふさぐ.
bu·me·rán [ブメラン] 男 ブーメラン.
bun·ga·ló [ブンガロ] 男 バンガロー.
bún·ker [ブンケル] 男 1 防空壕. 2 極右団体.
bún·ker [ブンケル] 男 (ゴルフの)バンカー.
bu·ño·le·rí·a [ブニョレリア] 女 ブニュエロ *buñuelo* の売店.
bu·ñue·lo [ブニュエロ] 男 (細長いドーナツの)ブニュエロ／*buñuelo de viento* (クリームなどを詰めた)特製ブニュエロ.
BUP [ブプ] 男 《略語》Bachillerato Unificado y Polivalente (スペインの)共通総合中等教育.
bu·que [ブケ] 男 大型船舶.
buque de cabotaje 沿岸航行船.
buque de carga 貨物船.
buque de guerra 軍艦, 戦艦.
buque de pasajeros 客船.
buque escuela 練習船.
buque insignia 旗艦.
buque mercante 商船.
buque portaaviones 航空母艦.
bu·qué [ブケ] 男 《= bouqué》1 花束. 2 (ワインの)芳香.
bur·bu·ja [ブルブハ] 女 1 泡(ｱﾜ), 気泡／*burbuja de jabón* シャボン玉, hacer *burbujas* 泡だつ. 2 無菌室.
bur·bu·je·ar [ブルブヘアル] 自 泡だつ.
bur·bu·je·o [ブルブヘオ] 男 泡だち.
bur·del [ブルデル] 男 売春宿.
Bur·de·os [ブルデオス] 固 〈都市の名〉(フランス南西部の)ボルドー.
bur·de·os [ブルデオス] 男 《単複同形》1 ボルドー産ワイン. 2〈色彩〉ワインレッド.

bur·do, da [ブルド, ダ] 形 粗雑な, 粗野な.
bu·re·o [ブレオ] 男 気晴らし, 娯楽.
bur·ga·lés, le·sa [ブルガれス, れサ] 形 (スペインの都市の)ブルゴス Burgos の.
— 男女 ブルゴスの人.
bur·go [ブルゴ] 男 (中世の)小都市.
Bur·gos [ブルゴス] 圃 (県・都市の名)(スペイン中北部の)ブルゴス.
bur·gués, gue·sa [ブルゲス, ゲサ] 形 1 中産階級の, ブルジョアの. 2 小市民的な. 3 (中世の)小都市の.
— 男女 1 中産階級の人, ブルジョア. 2 小市民的な人. 3 (中世の)小都市の住民.
bur·gue·sí·a [ブルゲシア] 女 中産階級, ブルジョア階級, 有産階級.
bu·ril [ブリル] 男 褐色の.
bu·ril [ブリル] 男 〈工具〉たがね.
bur·la [ブルラ] 女 1 あざけり, からかい. 2 だまし打ち, 欺瞞(ぎまん).
— 活 → burlar のがれる.
burla burlando 1 知らないうちに. 2 しらばくれて.
de burlas 冗談で.
entre burlas y veras 冗談半分に.
gastar burlas con... …をあざける.
hacer burla de... (con la mano) (鼻に親指を当てた仕草で)…をからかう.
bur·la·de·ro [ブルラデロ] 男 〈闘牛〉待避所.
bur·la·dor [ブルラドル] 男 女たらし, 色事師.
bur·lar [ブルラル] 他 1 …をのがれる, うまくかわす. 2 …をだます, あざむく.
— burlarse 再 (+de... …を)からかう, 愚弄(ぐろう)する.
bur·les·co, ca [ブルれスコ, カ] 形 おどけた, 茶番の.
bur·le·te [ブルれテ] 男 (窓などの)目張り.
bur·lón, lo·na [ブルろン, ろナ] 形 1 あざけりの, からかいの. 2 冗談好きの, 人をちゃかす.
— 男女 〈人〉冗談好き.
bur·lo·na·men·te [ブルろナメンテ] 副 ふざけて, ちゃかして.
bu·ró [ブロ] 男 事務机, ビューロー.
bu·ro·cra·cia [ブロクラしア] 女 1 官僚行政, 官僚制度. 2 お役所仕事, 形式主義.
bu·ró·cra·ta [ブロクラタ] 男女 官僚.
bu·ro·crá·ti·co, ca [ブロクラティコ, カ] 形 官僚の, 官僚主義の.
bu·rra·da [ブらダ] 女 1 ばかなこと.
una burrada 1 大量. 2 とても, 非常に.
bu·rro¹ [ブろ] 男 1 木挽(こびき)き台. 2 (トランプゲームの)ロバ.

bu·rro², rra [—, ラ] 男女 1 〈動物〉ロバ. 2 〈人〉ばか者, 粗野な人, 頑固者.
— 形 〈人〉ばかな, 粗野な, 頑固な.
apearse de su burro 自分の間違いを認める.
burro cargado de letras 知ったかぶりをする人間.
como un burro 非常に多く.
hacer el burro 間抜けなことをする.
no ver dos [tres] en un burro あまりよく見えない, 近眼である.
bur·sá·til [ブルサティル] 形 〈経済〉株式市場の, 証券取引の.
bu·ru·jo [ブルホ] 男 かたまり, つぶつぶ, だま.
bus [ブス] 男 《複 buses》バス.
bus·ca [ブスカ] 女 捜索, 追跡.
— 男 ポケットベル, ポケベル.
en busca de... …を探しに.
ir a la busca (de...) (…を)探しに行く.
bus·ca·per·so·nas [ブスカペルソナス] 男《単複同形》ポケットベル[= busca].
bus·ca·plei·tos [ブスカプれイトス] 男女《単複同形》〈人〉けんか好き.
bus·car [ブスカル] 他 《活 73 sacar》1 …を探す. 2 …を迎えに行く. 4 …を挑発する, …にちょっかいを出す.
buscarse·las 危険を覚悟して行う.
bus·ca·rrui·dos [ブスカるイドス] 男女《単複同形》もめごとの好きな人.
bus·ca·vi·das [ブスカビダス] 男女《単複同形》1 〈人〉世話好き. 2 〈人〉やり手.
bus·cón, co·na¹ [ブスコン, コナ] 1 〈人〉詮索(せんさく)好き. 2 詐欺(さぎ)師.
bus·co·na² [ブスコナ] 女 売春婦, 娼婦(しょうふ).
bu·se·ta [ブセタ] 女 マイクロバス.
bu·si·lis [ブシリス] 男《単複同形》(問題の)核心, 難点.
dar en el busilis 核心をつく.
busqu- 活 → buscar 探す《活 73》.
bús·que·da [ブスケダ] 女 捜索, 追跡.
en (la) búsqueda de... …を求めて.
bus·to [ブスト] 男 1 〈美術〉胸像, 半身像. 2 〈人体〉胸部. 3 〈女性〉バスト, 胸.
bu·ta·ca [ブタカ] 女 1 ひじ掛け椅子. 2 (劇場などの)1 階の座席. 3 (1 階の座席の)入場券.
bu·ta·no [ブタノ] 男 〈化学〉ブタン／*bombona de butano* (家庭用の)ブタンガス・ボンベ.
bu·ti·fa·rra [ブティふァら] 女 (スペイン東部特産のソーセージの)ブティファラ.
bu·zo [ブそ] 男 潜水夫, ダイバー.
bu·zón [ブそン] 男 1 郵便ポスト. 2 大きな口.

C c

C 《ローマ数字》100 /CCLXVII 267.
C, c [セ] 囡《アルファベットの第3番の文字》セ.
c/《略語》1 cuenta 勘定. 2 caja 荷箱(番号). 3 calle …通り.
ca [カ] 間 だめ!, いやだ!
C. A.《略語》 1 Centro América 中央アメリカ. 2 Compañía Anónima 株式会社.
ca·bal [カバる] 形 1 誠実な, 正直な. 2 完全な, 正確な. 3 申し分のない, 模範的な.
　a carta cabal 申し分なく.
　estar en sus cabales 正気である.
　por sus cabales 過不足なく, きっちりと.
cá·ba·la [カバら] 囡 1 (ユダヤ教神秘思想の)カバラ. 2 憶測, 推定[=cábalas].
ca·bal·ga·du·ra [カバるガドゥラ] 囡 1 荷役用家畜. 2 乗馬用の馬.
ca·bal·gar [カバるガル] 自《活 47 llegar》馬に乗る, 馬乗りになる.
　— 他 1 …を荷役に使う. 2 (馬)に乗る.
ca·bal·ga·ta [カバるガタ] 囡 騎馬行進.
ca·ba·lís·ti·co, ca [カバリスティコ, カ] 形 1 (ユダヤ教の)カバラの. 2 神秘的な, 難解な.
ca·ba·lla [カバじゃ] 囡《魚》サバ.
ca·ba·lla·da [カバじゃダ] 囡 馬の群れ.
ca·ba·llar [カバじゃル] 形《動物》1 馬の. 2 馬に似た.
ca·ba·lle·res·co, ca [カバじぇレスコ, カ] 形 1 (中世の)騎士道の, 騎士道的な. 2 紳士的な.
ca·ba·lle·rí·a [カバじぇリア] 囡 1 乗用馬. 2 兵隊. 3 (中世の)騎士道.
　andar·se en caballerías 粋(氵)がっている.
　caballería andante (集合的に)遍歴の騎士.
　caballería ligera 軽騎兵隊.
ca·ba·lle·ri·za [カバじぇリさ] 囡 1 馬小屋. 2 (ラバなどの)厩舎(きゅうしゃ).
ca·ba·lle·ri·zo [カバじぇリそ] 男 1 馬丁. 2 馬の飼育係.
ca·ba·lle·ro [カバじぇロ] 男 1 紳士. 2 成人男性. 3 (昔の)騎士, 郷士. 4 (呼びかけで)だんな!
ca·ba·lle·ro·sa·men·te [カバじぇロサメンテ] 副 紳士的に.
ca·ba·lle·ro·si·dad [カバじぇロシダス] 囡 1 紳士らしさ. 2 (昔の)騎士道精神.
ca·ba·lle·ro·so, sa [カバじぇロソ, サ] 形 1 紳士的な. 2 騎士道の.
ca·ba·lle·te [カバじぇテ] 男 1 画架, イーゼル. 2 (架台の)脚の部分, 土台. 3 (顔の)鼻梁(びりょう). 4 (屋根の)棟(むね).
ca·ba·llis·ta [カバじスタ] 男 囡 名騎手.
ca·ba·lli·to [カバじト] 男 1 小馬. 2 おもちゃの馬.
　caballito del diablo《昆虫》トンボ.
　caballito marino [de mar]《動物》タツノオトシゴ.
ca·ba·lli·tos [カバじトス] 男 複《→ caballito》回転木馬, メリーゴーランド.
ca·ba·llo [カバじょ] 男 1《動物》ウマ[馬], 雄ウマ. 2《チェス》ナイト. 3《スペイントランプ》馬. 4《体操》鞍馬(あんば). 5《麻薬》ヘロイン. 6《物理学》馬力[=caballo de vapor].
　a caballo 1 馬で, 馬に乗って. 2 両方のものにまたがって.
　a mata caballo 大急ぎで.
　caballo de batalla 1 軍馬. 2 争点, 問題点.
　caballo de vapor《物理》馬力.
　caballo padre 種馬.
　montar [subir] a caballo 馬に乗る.
ca·bal·men·te [カバるメンテ] 副 きっちりと, 完全に.
ca·ba·ña [カバニャ] 囡 1 丸太小屋, 小屋. 2 (同一種の家畜の)群れ.
ca·ba·ré [カバレ] 男《複 cabarés》《=cabaret》キャバレー, ナイトクラブ.
ca·be [カベ] 前《アクセントなし》(古語で) …のそばに, 近くに.
　— 自《caber 入りうる.
ca·be·ce·ar [カベせアル] 自 1 頭を振る. 2 うとうとする, 舟をこぐ. 3 (乗り物が)上下に揺れる. 4 スポーツ ヘディングする.
　— 他《スポーツ》(ボール)をヘディングする.
ca·be·ce·o [カベせオ] 男 1 頭を振る動作. 2 (居眠りの)こっくり, 舟こぎ. 3 (乗り物の)上下動.
ca·be·ce·ra [カベせラ] 囡 1 (ベッドの)頭板. 2 (ベッドの)枕(まくら)もと. 3 上座, 上席, 首座. 4 表題, 見出し. 5 先頭, トップ. 6 始点, 源. 7 (集団の)中心人物.
　cabecera de puente《軍事》橋頭堡(きょうとうほ).
　médico de cabecera 主治医.
ca·be·ce·ro [カベせロ] 男 (ベッドの)頭板.
ca·be·ci·lla [カベしじゃ] 男 囡 リーダー, 中心人物, 指導者.
ca·be·lle·ra [カベじぇラ] 囡 1 (まとまりとしての)頭髪, 長髪. 2 彗星(すいせい)の尾.
ca·be·llo [カベじょ] 男 髪の毛, 頭髪.
　agarrar a… por los cabellos …の髪の毛を

他 は他動詞　再 は再帰動詞　形 は形容詞　副 は副詞　前 は前置詞　接 は接続詞　間 は間投詞

ca·be·llu·do, da

つかむ.
agarrar la ocasión por los cabellos 幸運をつかむ.
asirse de un cabello わずかなものも利用する.
cabello de ángel (シロップ入りの)カボチャ菓子, カボチャクリーム.
cortar un cabello en el aire 切れ者である.
estar en cabellos 帽子をかぶっていない.
estar pendiente de un cabello 危機一髪である.
llevar a (+人) ***por los cabellos*** …を意のままに操る.
traído por los cabellos 〘理屈〙強引な, こじつけの.

ca·be·llu·do, da [カベジュド, ダ] 形 髪のふさふさした.

caber [カベル] 自 〘活〙15 **1** 〈収納〉(+en…) …に入りうる, 収まる.
2 〈通過〉(+por…) …に入りうる, 入る.
3 〈存在〉ありうる, 可能である.
4 〈出来事〉(+不定詞)(+que+接続法) …がありうる.
5 〈役割などが〉(+a…) …に当たる, 回ってくる.
6 〈割り算〉(+a…) …になる／Veinte entre cuatro *caben* [*cabe*] cinco. 20 割る 4 は 5.
en [***dentro de***] ***lo que cabe*** せいぜい, ある程度は.
No cabe más. とびきり上等である.
no caber a… en la cabeza …の頭に入らない, 理解できない.
no caber en sí de gozo [***alegría***] 大いに満足している
no caber (***la menor***) ***duda de que*** (+直説法) …に疑いの余地はない.
si cabe もしできることなら.

ca·bes·tri·llo [カベストリジョ] 男 吊り包帯.
ca·bes·tro [カベストロ] 男 〖牛〗先導役.
ca·be·za [カベサ] 女 **1** (人や動物の)頭, 頭部, (頭部を指す) **2** 〈人数〉ひとり／por *cabeza* ひとりあたり. **3** 〈思考する〉頭, 頭脳, 判断力, 理性. **4** (家畜の数の) …の(§). **5** (物の)頭部, 先頭. **6** (物のかさばった部分の)頭(§)／*cabeza de clavo* くぎの頭. **7** (ページの)上部余白. **8** リーダー, 指導者. **9** (人の)いのち, 首. **10** (テープレコーダーの)ヘッド.
a la [***en***] ***cabeza de…*** の先頭に, …を先導して.
alzar cabeza 立ち直る[= levantar cabeza].
andar [***ir***] ***de cabeza*** (考えごとで)頭を痛めている.
andar [***ir***] ***de cabeza por…*** …をひどくほしがる.
bajar la cabeza **1** 従順になる. **2** 恥じ入る.
cabeza abajo 上下を逆にして, さかさまに.
cabeza arriba 上下を正しく合わせて.
cabeza cuadrada 四角四面な人, マニュアル人間.
cabeza de ajos ニンニクの固まり[= 鱗茎].
cabeza de chorlito 頭の弱い人間.
cabeza de familia 男 家長.
cabeza de jabalí (イノシシの)頭部肉の腸詰め.
cabeza de partido (地方裁判所の)首市.
cabeza de turco 身代り, スケープゴート.
cabeza dura **1** 頭の働かない人. **2** 頑固者, 強情っ張り.
cabeza hueca **1** 無責任な人. **2** 非常識な人間.
cabeza lectora [***reproductora***] (テープレコーダーなどの)ヘッド.
cabeza loca 無分別な人, おっちょこちょい.
cabeza rapada (都会の過激派青年団の)団員.
calentar a… la cabeza …を悩ませる, いら立たせる.
calentarse [***quebrarse, romperse***] ***la cabeza*** 大いに努力する, 熟考する.
con la cabeza alta 正々堂々と, 威厳をもって.
con la cabeza baja うつむいて.
con la cabeza entre las manos (考えごとで)頭をかかえて.
dar a… en la cabeza …の神経を逆なでする.
de cabeza **1** 頭を前にして, 頭から. **2** 決然として. **3** 記憶にたよって. **4** たちどころに. **5** あわてふためいて.
doblar la cabeza **1** 屈服する. **2** 死ぬ.
entrar a… en la cabeza …の頭のなかに入る.
escarmentar en cabeza ajena 他人の失敗から学ぶ.
hombre de cabeza 思慮分別のある人.
irse a… la cabeza 正気を失う.
levantar cabeza **1** (窮地から)立ち直る. **2** 堂々とふるまう.
levantar la cabeza 生き返る, よみがえる.
llenar a… la cabeza de pájaros …に甘い幻想を抱かせる.
llevar la cabeza a… …をあわてさせる.
meter a… en la cabeza ～ …に～を理解[納得]させる.
meter la cabeza en… …に加わる, 受け入れられる.
meterse a… en la cabeza …に固執させる, …の頭にこびりつく.
perder la cabeza 分別を失う.
quitar a… la cabeza …に理性を失わせる.
sacar la cabeza 顔をのぞかせる, 気配を見せる.
sentar (***la***) ***cabeza*** 理性的になる, 正気に戻る.
subirse a… la cabeza …を思い上がらせる, 得意がらせる.
tener buena [***mala***] ***cabeza*** 記憶力がいい[わるい].

〘活〙は活用形 〚複〛は複数形 男 は男性名詞 女 は女性名詞 固 は固有名詞 代 は代名詞 自 は自動詞

tener la cabeza a pájaros ぼんやりしている.
tener... metido en la cabeza …のことばかり考えている.
traer a... de cabeza 1 …を心配事で苦しめる. 2 …を夢中にさせる.
ca·be·za·da [カベサダ] 囡 1 (居眠りのときの頭の)こっくり/*dar cabezadas* 居眠りする. 2 (船の)縦揺れ, ピッチング. 3 (馬の)おもがい.
ca·be·zal [カベさる] 男 1 (器具の)頭部. 2 (テープレコーダーなどの)ヘッド.
ca·be·za·zo [カベさそ] 男 1 頭(ﾞ)突き. 2 〈スポーツ〉ヘディング.
ca·be·zo [カベそ] 男 山頂, 小山.
ca·be·zón, zo·na [カベそン, ソナ] 形 1 〈酒〉頭の痛くなる. 2 頑固な, 強情な.
— 男囡 頑固者, 強情っ張り.
ca·be·zo·ta [カベそタ] 形〈男女同形〉頑固な.
— 男囡 1 頭の大きな人. 2 頑固者.
ca·be·zu·do[1] [カベすド] 男 1 〈カーニバル〉大きな張りぼて頭をかぶった人. 2 〈魚〉ボラ.
ca·be·zu·do[2], **da** [—, ダ] 形 1 〈酒〉頭痛を引き起こす. 2 頑固な. 3 〈人〉頭でっかちの.
ca·be·zue·la [カベすエら] 囡 1 〈植物〉頭状花. 2 小さな頭.
ca·bi·da [カビダ] 囡 1 収容力. 2 収納スペース.
dar cabida a... 1 …に余地を残しておく. 2 …を収容できる.
ca·bil·de·ar [カビルデアる] 自 画策する, 根回しする, 陳情する.
ca·bil·do [カビるド] 男 1 〈宗教〉聖堂参事会. 2 市議会, 市議会議員団. 3 市庁舎. 4 (カナリア諸島の)全島合同議会.
ca·bi·na [カビナ] 囡 1 (作業用の仕切られた小部屋の)操縦室, 運転台, 映写室, ブース, ボックス. 2 (旅客用の小部屋で) (船の)キャビン, 船室. 4 (エレベーターなどの)かご, ボックス.
ca·biz·ba·jo, ja [カビすバホ, ハ] 形 うなだれた, うつむいての.
ca·ble [カブれ] 男 1 太綱, ロープ, ケーブル. 2 (通信用の)電線, ケーブル. 3 海底電信. 4 国際電報.
cable de fibras ópticas 光ファイバーケーブル.
echar un cable a... …に手を貸す, 助け船を出す.
por cable 外電で.
ca·ble·gra·fiar [カブれグラふぃアる] 他 1 (国際電報を)打つ. 2 …に国際電報を打つ.
ca·ble·gra·ma [カブれグラマ] 男 1 海底電信. 2 国際電報.
ca·bo [カボ] 男 1 端(ﾞ), 先端, 末端. 2 残り端, 切れ端/*cabo de vela* ローソクの燃え残り. 3 岬. 4 〈糸〉より. 5 〈軍隊〉伍長(ﾞﾞ), 兵長. 6 巡査部長. 7 〈海事〉索具, ロープ.
al cabo ついに, とうとう.
al cabo de... 1 …のあとで. 2 …の端に.
al fin y al cabo とどのつまり, 結局.
atar [juntar, unir] cabos 情報を集めて結論を引き出す.
cabo suelto 1 懸案. 2 不測の事態.
dar cabo a... …を完成させる.
dar cabo de... …を終らせる.
de cabo a rabo [*cabo*] 始めから終りまで.
estar al cabo de... …に精通している.
estar al cabo de la calle 事情を知りつくしている.
llevar a cabo... …を実行する, 完了させる.
ca·bo·ta·je [カボタへ] 男 (貿易用の)沿岸航海.
cabr- 活 → caber 入りうる《活 15》.
ca·bra [カブラ] 囡 〈動物〉ヤギ.
cabra montés 〈動物〉アイベックス.
(*estar*) *como una cabra* とても狂って(いる).
ca·bra·les [カブラれス] 男〈単複同形〉(ヤギの乳も入っている混成の)カブラレス・チーズ.
ca·bre·a·do, da [カブレアド, ダ] 《過去分詞》→ cabrear·se 腹を立てる.
— 形 かんかんに怒っている.
ca·bre·ar·se [カブレアルセ] 腹を立てる, ひどく怒る.
ca·bre·o [カブレオ] 男 立腹, 激怒.
— 活 → cabrear·se 腹を立てる.
ca·bre·ro, ra [カブレロ, ラ] 男囡 〈人〉ヤギ飼い.
ca·bres·tan·te [カブレスタンテ] 男 〈船〉キャプスタン, ウィンチ.
ca·bria [カブリア] 囡 三脚起重機.
ca·bri·lla [カブリじゃ] 囡 1 (三脚の)木挽(ﾞ)き台. 2 〈魚〉ハタ.
ca·bri·llas [カブリじゃス] 囡複 (→ cabrilla) 1 低温やけど. 2 白波.
ca·bri·lle·ar [カブリじぇアる] 自 (水面が)きらきら光る, 白波を立てる.
ca·brí·o[1] [カブリオ] 男 ヤギの群れ.
ca·brí·o[2], **a** [—, ア] 形 ヤギの/*macho cabrío* 雄ヤギ.
ca·brio·la [カブリオら] 囡 〈バレエ・馬術〉カブリオール. 2 とんぼ返り.
ca·brio·lé [カブリオれ] 男 1 (屋根のない軽快な馬車の)カブリオレ. 2 〈自動車〉コンバーティブル.
ca·bri·ti·lla [カブリティじゃ] 囡 子ヤギのなめし革, キッドスキン.
ca·bri·to[1] [カブリト] 男 1 (授乳期の)子ヤギ. 2 浮気女の夫. 3 〈間投詞的に〉この野郎!
ca·bri·to[2], **ta** [—, タ] 形 陰険な.
— 男囡 腹黒いやつ.
ca·brón[1] [カブロン] 男 1 雄やぎ. 2 浮気女の夫. 3 〈間投詞的に〉この野郎!, ばか野郎!
ca·bron[2], **ro·na** [—, ロナ] 形 腹黒い.
— 男囡 陰険なやつ.
ca·bro·na·da [カブロナダ] 囡 1 卑劣な行為. 2 面倒な仕事.
ca·bu·ya [カブヤ] 囡 〈植物〉リュウゼツラン[竜舌蘭]

ca·ca [カカ] 囡 1 うんち, うんこ. 2 劣悪品.

ca·ca·hue·te [カカウエテ] 男 《= cacahué, cacahuate》〈植物〉落花生, ピーナッツ.

ca·ca·o [カカオ] 男 1〈植物〉カカオ. 2 ココア. 3 大騒ぎ, 混乱.

armar un cacao 大騒ぎ[混乱]する.

armar·se un cacao 大騒ぎになる.

no valer un cacao 一文の値打ちもない.

ca·ca·re·ar [カカレアル] 自 (ニワトリが)鳴く.
— 他 (自分のもの)を大げさに自慢する.

ca·ca·re·o [カカレオ] 男 1 ニワトリの鳴き声. 2 自画自賛.
— 活 → cacarear 大げさに自慢する.

ca·ca·tú·a [カカトゥア] 囡 1〈鳥〉バタンインコ. 2 不気味な老婆.

cacé, cace- → cazar 狩る《活 39》.

ca·ce·re·ño, ña [カセレニョ, ニャ] 形 (スペインの都市の)カセレス Cáceres の.
— 男 囡 カセレスの人.

Cá·ce·res [カセレス] 固〈県・都市の名〉(スペイン中西部の)カセレス.

ca·ce·rí·a [カセリア] 囡 1 狩猟, 狩猟隊 / *ir de cacería* 猟に出かける. 2 (集合的に)狩りの獲物.

ca·ce·ro·la [カセロラ] 囡 シチューなべ[鍋], キャセロール.

ca·cha [カチャ] 囡 (ナイフなどの)つか[柄], 握り.

ca·cha·lo·te [カチャロテ] 男〈動物〉マッコウクジラ[抹香鯨].

ca·char [カチャル] 他 1 …を砕く. 2 (木など)を縦に割る.

ca·cha·rra·zo [カチャラソ] 男 (自分からぶつかった時の)強打, 衝突.

dar·se un cacharrazo (自分の)体を強くぶつける.

ca·cha·rre·rí·a [カチャレリア] 囡 瀬戸物店.

ca·cha·rro [カチャロ] 男 1 瀬戸物, 陶磁器. 2 がらくた, ほんこつ.

ca·chas [カチャス] 囡複 (→ cacha) 1 (盛り上がった)筋肉. 2 尻.
— 囡《単複同形》筋肉隆々の人.
— 形《単複同形, 男女同形》〈人〉たくましい, 立派な体格の.

ca·cha·va [カチャバ] 囡 (上端が曲がった)杖(え).

ca·cha·za [カチャサ] 囡 1 極端な慎重さ. 2 過度なのんきさ.

ca·cha·zu·do, da [カチャスド, ダ] 形 1 とても慎重な. 2 かなりのんきな.
— 男 囡 1 慎重すぎる人. 2 極端なのんき者.

ca·che·ar [カチェアル] 他 …をボディーチェックする.

ca·che·mir [カチェミル] 男《= cachemira 囡》カシミヤ織り.

ca·che·o [カチェオ] 男 ボディーチェック.

ca·che·ta·da [カチェタダ] 囡 (顔面への)平手打ち.

ca·che·te [カチェテ] 男 1 平手打ち. 2 (ふっくらした)ほお[頬].

ca·che·te·ro [カチェテロ] 男 1 短剣. 2〈闘牛〉(短剣でとどめを刺す役の)カチェテロ.

ca·chim·ba [カチンバ] 囡〈タバコ〉パイプ.

ca·chi·po·rra [カチポラ] 囡 (先が太くなった)棍棒(こんぼう).

ca·chi·ru·lo [カチルロ] 男 1 (スペインのアラゴン地方男性が使うヘアバンド用ハンカチの)カチルロ. 2 (名前を忘れたものを指すときの)あれ.

ca·chi·to [カチト] 男 小片, かけら.

ca·chi·va·ches [カチバチェス] 男複 (家具類や食器類などを指す)がらくた.

ca·cho [カチョ] 男 小片, かけら.

ser un cacho de pan とても親切な人である.

ca·chon·de·ar·se [カチョンデアルセ] 再 (+ de... …を)からかう, ひやかす.

ca·chon·de·o [カチョンデオ] 男 からかい, ひやかし, 悪ふざけ.
— 活 → cachondear·se からかう.

decir... de cachondeo 冗談で…を言う.

decir... sin cachondeo 冗談抜きで…を言う.

ca·chon·do, da [カチョンド, ダ] 形 1 性的に興奮した, さかりのついた. 2 面白い.
— 男 囡 面白い人.

ca·cho·rro, rra [カチョロ, ラ] 男 囡 1 子犬. 2 (その他の)動物の子.

ca·ci·que [カシケ] 男 1 (中南米の先住民の)首長, 部族長.
— 男 囡 (地方の政界などの)ボス, 有力者.

ca·ci·quis·mo [カシキスモ] 男 (地方の政界などの)ボス支配体制.

ca·co [カコ] 男 腕のいい泥棒.

ca·co·fo·ní·a [カコフォニア] 囡〈言語学〉(同音連続による)不快な響き.

ca·co·fó·ni·co, ca [カコフォニコ, カ] 形〈言語学〉(同音連続で)響きの悪い.

cac·to [カクト] 男《= cactus》〈植物〉サボテン.

ca·cu·men [カクメン] 男《cacúmenes》(頭の切れの良さ), 利発さ.

ca·da [カダ] 形《男女同形》《単複同形》1 それぞれの, あらゆる. 2 (副詞的に)ごとに / *cada martes* 火曜日ごとに, *cada tres semanas* 3 週間ごとに[2 週間おきに]. 3 (誇張して)すごい, 大変な.

cada cual 各人, めいめい.

cada dos por tres しばしば.

cada hijo de vecino 各人, めいめい.

cada uno 各人, だれ(でも).

cada vez [día] (+比較級語)だんだん … [日ごとに…].

cada vez que... するたびに.

ca·dal·so [カダルソ] 男 処刑台.

ca·dá·ver [カダベル] 男 死体, 遺体.

ca·da·vé·ri·co, ca [カダベリコ, カ] 形 1 死体

の. 2 死人のような.

ca·de·na [カデナ] 囡 1 鎖(鎖), チェーン. 2 連続したもの/una *cadena* de... 一連の…, *cadena humana* (手をつないで並んだ)人の鎖. 3 (集合的に)系列店舗, チェーン店. 4 (テレビ・ラジオの)放送網, チャンネル. 5 束縛, きずな.

cadena de montaje 〈生産工程〉組み立てライン.

cadena de montañas 山系, 山脈.

cadena de música [*sonido*] 〈ステレオ〉コンポ(ーネント).

cadena perpetua 〈法律〉終身刑.

reacción en cadena 連鎖反応.

ca·den·cia [カデンシア] 囡 拍子, リズム.

ca·den·cio·so, sa [カデンシオソ, サ] 囲 リズミカルな, 律動的な.

ca·de·ne·ta [カデネタ] 囡 〈編み物〉鎖(鎖)編み, チェーンステッチ.

ca·de·ni·lla [カデニじゃ] 囡 細い鎖, 短い鎖.

ca·de·ra [カデラ] 囡 1 〈人体〉尻(し), ヒップ, 腰. 2 〈食肉〉もも肉, 腰肉.

ca·de·te [カデテ] 男 1 〈スポーツ〉〈年令別組分けで 15 才前後の〉カデット級の選手. 2 〈軍隊〉士官学校の生徒.
— 囲 〈スポーツ〉カデット級の.

ca·di [カディ] 男 〈ゴルフ〉キャディー.

ca·dí [カディ] 男 (圈 cadíes) (イスラム教国の)裁判官.

Cá·diz [カディす] 固 〈県・都市の名〉(スペイン南部の)カディス.

cad·mio [カドミオ] 男 〈化学〉カドミウム.

ca·du·car [カドゥカル] 自 (圈 73 sacar) 1 (法律などが)失効する. 2 有効期限が切れる. 3 古くなって使えなくなる.

ca·du·ci·dad [カドゥしダス] 囡 1 失効, 無効. 2 期限切れ. 3 はかなさ, もろさ.

ca·du·ci·fo·lio, lia [カドゥしふォリオ, リア] 囲 〈樹木〉落葉性の.

ca·du·co, ca [カドゥコ, カ] 囲 1 はかない, もろい. 2 おいぼれた, 老衰した. 3 失効した, 無効になった.
— 圈 → caducar 失効する.

ca·e·di·zo, za [カエディそ, さ] 囲 落ちやすい.

ca·er [カエル] 自 (圈 16) 1 落ちる, 降る.
2 倒れる, 転ぶ.
3 失脚する, 陥落する.
4 死ぬ, 終る, 消滅する.
5 下落する, 大きく低下する.
6 位置する, ある.
7 失敗する, だめになる.
8 垂れさがる.
9 〈太陽や月が〉沈む, (一日や一年が)暮れる.
10 〈衣服〉すその一部が下がっている.
11 不意に姿を現わす.
12 〈病人が〉弱まる.
13 (色などが)あせる.
14 (役割・くじなどが) (+a...) …に当たる.
15 (不幸などが) (+a, sobre...) …に降りかかる.
16 (+en...) …に陥(る)る, …の状態になる.
17 (+en...) …に行き着く.
18 (特定の日が) (+en...) …に当たる, かちあう.
19 (+en...) …に気づく, …がわかる, …を思い出す.
20 (+sobre...) …に襲いかかる.
21 (+bien [mal]) よく似合う[似合わない].
22 (+形容詞) …(の状態)になる.
— **caer·se** 冉 1 倒れる, 転ぶ. 2 落下する. 3 (+a...) …の(手・体)から落ちる/*Se te cayó un botón.* ボタンが取れたよ.

caer a mano 近くにいる, 手近にある.

caer (muy) bajo 堕落(芒)する, 身を落とす.

caer bien [*mal*] *a*... (人が)…に気に入られる[きらわれる].

caer·se de culo [*de espaldas*] たまげる, びっくりする.

dejar caer... (会話で)…を意識的にもらす.

dejar·se caer 1 (疲れなどで)倒れこむ. 2 不意に現れる.

estar al caer すぐに来る, 今にも起こる.

ca·fé [カふェ] 男 (圈 cafés) 1 〈植物〉コーヒーノキ. 2 コーヒー豆. 3 〈飲み物〉コーヒー/*tomar un café* コーヒーを飲む. 4 コーヒー店, 喫茶店.

café americano (薄めのコーヒーの)アメリカン.

café-cantante (歌手の出る)歌謡ナイトクラブ.

café capuchino (泡の立つ)カプチーノ.

café carajillo ブランデー入りコーヒー.

café-concierto (生演奏のある)コンサート・ナイトクラブ.

café con leche (ミルクがたっぷりの)カフェオレ.

café cortado (ミルク入りで少量の)コルタド.

café descafeinado カフェイン抜きコーヒー.

café exprés (蒸気で入れる)エスプレッソコーヒー.

café irlandés (ウィスキー入りの)アイリッシュコーヒー.

café solo ブラックコーヒー.

café soluble [*instantáneo*] インスタントコーヒー.

café-teatro (寸劇のある)演劇ナイトクラブ.

café torrefacto 砂糖入り焙煎のコーヒー豆.

café turco [*griego*] (フィルターなしの)トルココーヒー.

café vienés (生クリーム入りの)ウィンナーコーヒー.

de color café コーヒー色の.

(*estar de*) *mal café* 不機嫌(である).

estratega de café 空論的な戦略家.

ca·fe·ci·to [カふェしト] 男 〈飲み物〉コーヒー.

ca·fe·í·na [カふェイナ] 囡 〈化学〉カフェイン.

ca·fe·tal [カふェタル] 男 コーヒー農園.

ca·fe·te·ra[1] [カふェテラ] 囡 1 コーヒー沸(わ)か

ca·fe·te·rí·a

し，コーヒーポット．2〈自動車〉ぽんこつ．
ca·fe·te·rí·a [カフェテリア] 囡 カフェテリア，喫茶店．
ca·fe·te·ro, ra² [カフェテロ, —] 形 1 コーヒーの．2 コーヒー好きの．
— 男女 1〈人〉コーヒー党．2 コーヒー豆業者．
ca·fe·tín [カフェティン] 男 喫茶店．
ca·fe·ti·to [カフェティト] 男〈飲み物〉コーヒー．
ca·fe·to [カフェト] 男〈植物〉コーヒーノキ．
ca·fre [カフレ] 形 野蛮な，乱暴な．
— 男女 野蛮人，乱暴な人．
ca·ga·da¹ [カガダ] 囡《→ cagado》1 くそ[糞]，うんこ，大便．2 へま，失敗．3 劣悪品，くず．
ca·ga·de·ro [カガデロ] 男（野原などの）大便をする場所．
ca·ga·do, da² [カガド, —]《過去分詞》→ cagar
cagado[a]をする．
— 形 1 くそをした，うんこをした．2 臆病(*びょう*)の．
ca·ga·le·ra [カガレラ] 囡 腹下し，下痢(*り*)．
ca·gar [カガル] 自《活 47 llegar》1 くそ[糞][うんこ]をする．
— 他 …をだめにする．
— cagar·se 再 1 くそをする．2（+de…）…でおびえる，びくつく．
cagar·la 致命的な失敗をする．
cagar·se de miedo 恐くて震えあがる．
cagar·se en… …をののしる，呪う．
¡Me cago en diez [en la mar, en la leche]! ちくしょう！，くそっ！
ca·ga·rru·ta [カガルタ] 囡（ヤギやウサギの）ころころしたふん[糞]．
ca·gón, go·na [カゴン, ゴナ] 形 1 頻繁にうんこをする．2 とても臆病(*びょう*)の．
— 男女 1 大便の回数の多い人．2 ひどい臆病者．
ca·gue·ta [カゲタ] 男女 臆病(*びょう*)者．
caí → caer 落ちる《活 16》．
ca·í·da¹ [カイダ] 囡 1 落下，降下．2 転倒．3 陥落，墜落(*ついらく*)．4 失脚，没落．5 消滅．6 下降，急落．7 失敗，へま．8 急難．9（太陽や月の沈むこと．10（一日や一年の）暮れ．11（布などの）垂れさがり．12 傾斜，斜面．
a la caída de la tarde [noche] 日暮れに．
a la caída del sol 日没時に．
caída de color 色落ち．
caída de la bolsa 相場の下落．
caída de telón 閉幕．
caída libre 1（引力に身をまかせる）自由落下．2〈スポーツ〉スカイダイビング．
ir de caída 落ちぶれる，おとろえる．
(tener) una caída de ojos 流し目［色目］（を使う）．
ca·í·do, da² [カイド, —]《過去分詞》→ caer
落ちる．
— 形 1 かたむいた，下がった．2 命を投げうって尽くした．
— 男女 戦没者，殉職者．

tener los hombros caídos なで肩をしている．
caig- → caer 落ちる《活 16》．
cai·mán [カイマン] 男 1〈動物〉（ワニの）カイマン．2 老獪な人．
Ca·ín [カイン] 固〈男性の名〉（聖書の）カイン．
las de Caín 悪意．
pasar las de Caín 大変な苦労をする．
ca·ja [カハ] 囡 1 箱，ケース．2 ひつぎ，棺桶(*ひつぎ*)．3 帳場，レジ，出納窓口．4 金庫．5（弦楽器の）共鳴胴．6 銀行，公庫．7 〈車両〉車体，ボディー．
caja alta 大文字．
caja baja 小文字．
caja boba [tonta] 〈受像機〉テレビ．
caja de ahorros 貯蓄銀行．
caja de cambios 〈自動車〉ギアボックス．
caja de música オルゴール．
caja de reclutamiento 徴兵事務所．
caja fuerte [de caudales] 金庫．
caja negra 〈飛行機〉フライト・レコーダー．
caja registradora レジスター．
echar [despedir] a… con cajas destempladas …をたたき出す，つまみ出す．
hacer caja （一日の営業が終って）現金残高を調べる．
ca·je·ro¹ [カヘロ] 男《つぎの名詞句の一部》
cajero (automático) 現金自動引出し機．
ca·je·ro, ra² [カヘロ, ラ] 男女〈人〉（窓口の）会計係，出納係，レジ．
ca·je·ti·lla [カヘティジャ] 囡（タバコなどの）箱，小箱．
ca·jis·ta [カヒスタ] 男女〈印刷〉植字工．
ca·jón [カホン] 男 1（机などの）引き出し．2 大箱，木箱．3（家具の）棚．
cajón de sastre ごちゃまぜ，寄せ集め．
ser de cajón 明白である，疑う余地がない．
ca·jo·ne·ra [カホネラ] 囡 1（学習机の）物入れ．2 整理だんす．
cal [カル] 囡 石灰．
—《略語》caloría カロリー．
cal apagada （水を加えた）消石灰．
cal viva （水を加えていない）生石灰．
cerrar a cal y canto ぴったりと閉じる．
dar a… una cal y otra de arena …に対して相反することを交互に行う，白と言ったり黒と言ったりする．
de cal y canto 強固な，頑丈な．
ca·la [カラ] 囡 1（岩山の間の入り江．2（メロンなどの）試食用の切り取り，ひと切れ．3〈研究〉試論，新知見．4〈船舶〉船倉．5（飾り花の）カラー，海芋(*かいう*)．6〈通貨〉ペセタ．
vender… a cala y cata …を試食販売する．
ca·la·ba·cín [カラバシン] 男〈植物〉ズッキーニ．
ca·la·ba·za [カラバサ] 囡 1〈植物〉カボチャ．2〈植物〉ヒョウタン，ヒョウタンの器(*うつわ*)．3〈人〉間抜け，薄のろ．4〈学生用語〉落第，不合格．
dar calabazas a… 1 …を落第させる．2（男女

囲 は活用形 圏 は複数形 男 は男性名詞 囡 は女性名詞 固 は固有名詞 代 は代名詞 自 は自動詞

間のことで)…を振る.

ca·la·ba·zar [カラバサル] 男 1 カボチャ畑. 2 ヒョウタン畑.

ca·la·ba·zo [カラバソ] 男 1 カボチャ. 2 ヒョウタン, ヒョウタンの器(うつわ).

ca·la·bo·bos [カラボボス] 男《単複同形》霧雨, こぬか雨.

ca·la·bo·zo [カラボソ] 男 1 (個室の)留置場, 独房. 2 地下牢.

ca·la·da [カラダ] 女 1 (タバコの)一服. 2 (漁場での)網入れ. 3 (猛禽の)急な飛翔(ひしょう), 急降下.

ca·la·de·ro [カラデロ] 男〈網漁〉漁場.

ca·la·do [カラド] 男 1 透かし模様の刺繍(ししゅう). 2 水深. 3〈船舶〉喫水. 4〈自動車〉エンスト.

ca·la·fa·te·ar [カラファテアル] 他 (板の隙間をふさぐため)(船)に槙皮(まいはだ)を詰める.

ca·la·mar [カラマル] 男〈動物〉(海の)イカ.

ca·lam·bre [カランブレ] 男 1 (筋肉の)けいれん, こむら返り. 2 電気ショック, 感電.

ca·la·mi·dad [カラミダス] 女 1 (世間一般の)不幸, 不運, 災難. 2 不運続きの人. 3 失敗作. 4 しくじり.

ca·la·mi·to·so, sa [カラミトソ, サ] 形 1 悲惨な, 災害の. 2 不幸な, 不運な.

cá·la·mo [カラモ] 男 1〈鳥〉羽軸(えいく). 2 羽ペン. 3〈植物〉(アシなどの)中空の茎.

ca·lan·dria [カランドリア] 女 1〈鳥〉コウテンシ. 2 (光沢機の)カレンダー.

ca·la·ña [カラニャ] 女 1〈人〉性質, 本性. 2 種類, 質.

ca·lar [カラル] 他 1 …にしみ通る. 2 …を突き通す, つらぬく. 3 …を見抜く, 見分ける. 4 (味見のためにメロンなど)をへずる. 5 (布)に透かし模様を入れる. 6 (漁場で漁網)を入れる. 7 (帽子)をしっかりかぶる. 8 (銃剣)を着装する.

— 自 1《+en…》…にじむ入る. 2 (船)が深く沈む.

— **calar·se** 再 1 ずぶぬれになる. 2 (エンジンなど)が急に止まる. 3 (帽子)を深くかぶる.

— 形 石灰石の, 石灰の.

— 男 石灰岩地帯.

ca·la·ve·ra [カラベラ] 男〈男〉無法者, 放蕩(ほうとう)者, 道楽者.

— 女 頭蓋(ずがい)骨.

ca·la·ve·ra·da [カラベラダ] 女 乱行, ばか騒ぎ.

cal·cá·ne·o [カルカネオ] 男〈かかとの〉踵骨(しょうこつ).

cal·ca·ñar [カルカニャル] 男《=calcañal》かかと〈踵〉.

cal·car [カルカル] 他《活 73 sacar》1 …を複写する, 透写する. 2 …を引き写す, 模倣する, まねる.

cal·cá·re·o, a [カルカレオ, ア] 形 石灰質の.

cal·ce [カルセ] 男 車輪止め, くさび.

cal·ce·ta [カルセタ] 女 編み物.
hacer calceta 編み物をする.

cal·ce·tín [カルセティン] 男 靴下, ソックス.

cál·ci·co, ca [カルシコ, カ] 形 カルシウムの.

cal·ci·fi·ca·ción [カルシフィカシオン] 女 石灰化, 石灰着, 骨化.

cal·ci·fi·car [カルシフィカル] 他《活 73 sacar》…を石灰化する.

— **calcificar·se** 再 1 (骨などが)石灰沈着で硬化する. 2 石灰化する.

cal·ci·na·ción [カルシナシオン] 女〈鉱物〉焙焼(ばいしょう). 2 焼きつくし.

cal·ci·nar [カルシナル] 他 1 (鉱石)を焙焼(ばいしょう)する. 2 …を焼いて灰にする.

cal·cio [カルシオ] 男〈化学〉カルシウム.

cal·ci·ta [カルシタ] 女〈鉱物〉方解石.

cal·co [カルコ] 男 1 複写, トレース. 2 模倣, 複製. 3〈言語学〉(意味の)引き写し, 語義借用.

cal·co·gra·fí·a [カルコグラフィア] 女 銅板彫刻術.

cal·co·lí·ti·co, ca [カルコリティコ, カ] 形〈考古学〉銅石器時代の.

cal·co·ma·ní·a [カルコマニア] 女 1 写し絵遊び. 2〈用紙〉写し絵. 3〈絵図〉写し絵.

cal·cu·la·ble [カルクラブレ] 形 計算できる.

cal·cu·la·dor, do·ra[カルクラドル, ドラ] 形 1 打算的な, 計算高い. 2 計算の.

— 男 女 打算的な人.

cal·cu·la·do·ra² 女 計算機.

cal·cu·lar [カルクラル] 他 1 …を計算する. 2 …を推定する, 見積もる/Le *calculo* unos diez años. あの子は 10 歳くらいだと思う.

cál·cu·lo [カルクロ] 男 1 計算. 2〈数学〉算法/*cálculo* diferencial 微分, *cálculo* integral 積分. 3 推定, 見積もり. 4〈医学〉結石[=cálculos].

cal·de·a·mien·to [カルデアミエント] 男 1 加熱, 暖房. 2 (雰囲気の)活気, 盛り上がり.

cal·de·ar [カルデアル] 他 1 …を暖める, 加熱する. 2 …を活気づける, 興奮させる.

— **caldear·se** 再 1 (部屋などが)暖かくなる. 2 活気づく, 興奮する.

cal·de·ra [カルデラ] 女 1〈機械〉ボイラー, 蒸気缶(かん). 2 釜(かま), 大鍋(なべ). 3〈地質〉カルデラ.
caldera de vapor (機関車などの)蒸気缶.
las calderas de Pedro Botero (カトリックの)地獄.

cal·de·ra·da [カルデラダ] 女 釜(かま)一杯の量.

cal·de·re·ta [カルデレタ] 女 1 小型ボイラー. 2〈料理〉子ヤギ[子羊]肉のシチュー. 3〈料理〉魚介類のシチュー.

cal·de·ri·lla [カルデリじゃ] 女 (集合的に)小銭.

cal·de·ro [カルデロ] 男 1 小さな釜(かま), 鍋(なべ). 2 バケツ.

cal·de·rón [カルデロン] 男 1〈印刷〉(昔の記号の)段落標[¶]. 2〈音楽〉延音記号, フェルマータ記号.

cal·do [カルド] 男 1〈料理〉コンソメスープ, ブイ

ヨン. 2 〈料理〉ドレッシング. 3 ワイン.
caldo de cultivo 1 〈生物学〉培養基. 2 (悪の)温床.
caldo gallego ガリシア風シチュー.
hacer a (+人) *el caldo gordo* …に足元を見られる.
poner a caldo a... …をののしる, 罵倒(ばとう)する.

cal·do·so, sa [カルドソ, サ] 形 〈料理〉汁気の多い.

ca·lé [カれ] 形 〈ジプシー語〉ジプシーの.
— 男 女 ジプシー.

ca·le·fac·ción [カれふぁクシオン] 女 暖房装置.
calefacción central セントラルヒーティング.

ca·le·fac·tor¹ [カれふぁクトル] 男 温風暖房機.
ca·le·fac·tor², to·ra [—, トラ] 形 暖房の.
— 男 女 暖房業者.

ca·lei·dos·co·pio [カれイドスコピオ] 男 万華鏡, カレイドスコープ.

ca·len·da·rio [カれンダリオ] 男 1 暦(こよみ), カレンダー. 2 暦(れき)法. 3 年間行事予定表.
calendario de taco 日めくり.
calendario eclesiástico 教会暦.
calendario escolar 学年暦.
calendario gregoriano [*renovado*] グレゴリオ暦.
calendario juliano ユリウス暦.
calendario lunar 太陰暦.
calendario perpetuo 万年暦.
calendario solar 太陽暦.
calendario zaragozano (スペインの)農事暦.

ca·len·das [カれンダス] 女 複 (古代ローマでの)ついたち[朔日].
las calendas griegas 決して来ることのない日.

ca·lén·du·la [カれンドゥら] 女 〈植物〉(キク科の)キンセンカ.

ca·len·ta·dor [カれンタドル] 男 1 〈哺乳瓶(びん)などの〉加熱器. 2 湯沸(わ)かし器. 3 〈服飾〉レッグウォーマー.

ca·len·ta·mien·to [カれンタミエント] 男 1 加熱. 2 〈スポーツ〉ウォーミングアップ.

ca·len·tar [カれンタル] 他 (活 57 *pensar*) 1 …を熱くする, 暖める. 2 …を元気づける, 励ます. 3 …をたたく, なぐる. 4 …を性的に興奮させる.
— 自 1 〈スポーツ〉準備体操をする.
— *calentar·se* 再 1 暖まる. 2 元気づく. 3 性的に興奮する. 4 〈スポーツ〉ウォーミングアップをする.

ca·len·tí·si·mo, ma [カれンティシモ, マ] 形 《絶対最上級語 → caliente》 とても熱い.

ca·len·ti·to, ta [カれンティト, タ] 形 〈陽気〉ほかほかしている. 2 〈飲食物〉ほかほかの.

ca·len·tón [カれントン] 男 1 急な加熱. 2 〈自動車〉オーバーヒート.

ca·len·tu·ra [カれントゥら] 女 1 (高熱後にできる)熱の花. 2 〈医学〉発熱. 3 性的興奮.

ca·len·tu·rien·to, ta [カれントゥリエント, タ] 形 1 (思想などが)過激な. 2 熱っぽい. 3 (性的に)興奮しやすい.

ca·le·sa [カれサ] 女 幌(ほろ)つき軽装二輪[四輪]馬車.

ca·le·ta [カれタ] 女 小さな入り江.

ca·le·tre [カれトレ] 男 判断力, 知力.

ca·li·bra·dor [カリブらドル] 男 口径測定器, キャリパス, ノギス.

ca·li·brar [カリブらル] 他 1 …の口径をはかる. 2 …の口径を決める. 3 …を十分に検討する.

ca·li·bre [カリブレ] 男 1 (銃砲の)口径. 2 (管の)内径. 3 (針金などの)直径. 4 大きさ, 重要性. 5 口径測定器, ノギス.

ca·li·can·to [カリカント] 男 石積み建築.

ca·li·dad [カリダッ] 女 1 品質, 性質, 資質. 2 高品質, 良質. 3 品位, 品格.
a calidad de que (+接続法) …という条件なら.
calidad de vida (生活の)快適さ.
de calidad 1 高級な, 一流の. 2 重要な.
de primera calidad 第一級品の.
en calidad de... …の資格で, …の肩書きで.
voto de calidad 決定票, キャスティングボード.

cá·li·do, da [カリド, ダ] 形 1 暑い, 熱い. 2 愛情深い, 熱烈な. 3 〈色彩〉暖色系の.

ca·li·dos·co·pio [カリドスコピオ] 男 万華鏡.

calient- 活 → calentar 熱くする (活 57).

ca·lien·ta·piés [カリエンタピエス] 男 《単複同形》足温器, 湯たんぽ.

ca·lien·ta·pla·tos [カリエンタプらトス] 男 《単複同形》〈料理の〉保温器.

ca·lien·ta·si·llas [カリエンタシジャス] 男 女 《単複同形》1 長居する人. 2 (待合室で)ずっと待たされている人.

ca·lien·te [カリエンテ] 形 1 熱い, 暑い. 2 暖かい. 3 (情報などが)ホットな. 4 熱気のある, 激しい, 活発な. 5 性的に興奮した. 6 (クイズ番組などで間投詞的に)近い!, もうひと息!
— 活 → calentar 熱くする (活 57).
en caliente ただちに, その場で.

ca·lien·ti·to, ta [カリエンティト, タ] 形 《= calentito, ta》1 暖かい. 2 〈飲食物〉ほかほかの.

ca·li·fa [カリふぁ] 男 (昔のイスラム教国の首長の)カリフ.

ca·li·fa·to [カリふぁト] 男 (昔のイスラム教系の)カリフ王国.

ca·li·fi·ca·ble [カリふぃカブれ] 形 評価可能な, 形容できる.

ca·li·fi·ca·ción [カリふぃカシオン] 女 1 評価, 成績, 評点. 2 資格, 能力.

ca·li·fi·ca·do, da [カリふぃカド, ダ] 《過去分詞》→ calificar 評価する.
— 形 1 資格のある, 有能な. 2 条件のそろった.

ca·li·fi·car [カリふぃカル] 他 (活 73 *sacar*) 1 …を評価する, 採点する. 2 …を (+de... …と) 評価する, みなす. 3 〈文法〉…を形容する, 修飾する.

ca·li·fi·ca·ti·vo¹ [カリフィカティボ] 男 〈文法〉 1 修飾語句. 2 品質形容詞.

ca·li·fi·ca·ti·vo, va [−, バ] 形 〈文法〉 1 修飾する. 2 品質を示す.

ca·li·for·nia·no, na [カリフォルニアノ, ナ] 形 (アメリカ合衆国西部の州の)カリフォルニア California の.
— 男 女 カリフォルニアの人.

ca·li·gra·fí·a [カリグラふぃア] 女 1 書道, 習字. 2 筆跡.

ca·li·gra·fiar [カリグラふィアル] 他〈活 34 enviar〉

ca·lí·gra·fo, fa [カリグラふぉ, ふぁ] 男 女 書家, 能書家.

ca·li·ma [カリマ] 女 《= calina》かすみ, もや.

ca·li·mo·so, sa [カリモソ, サ] 形 《= calinoso, sa》かすみ[もや]のかかった.

ca·lip·so [カリプソ] 男 (カリブ海域の音楽・踊りの)カリプソ.

ca·lis·te·nia [カリステニア] 女 柔軟体操, 美容体操.

cá·liz [カリす] 男 《複 cálices》 1 〈宗教〉 聖杯. 2 (脚つきの)酒杯. 3 苦難. 4 〈植物〉 (花の)がく.

ca·li·za [カリさ] 女 石灰岩.

ca·li·zo, za¹ [カリそ, −] 形 石灰質の.

ca·lla·da¹ [カじゃダ] 女 1 沈黙, 静けさ.
a las calladas こっそりと, 黙ったままで.
dar a... la callada por respuesta ...に何も答えない.
de callada ひそかに.

ca·lla·do, da² [カじゃド, −] 《過去分詞》→ callar hablar.
— 形 1 ほとんどしゃべらない, 無口な. 2 静かな.
más callado que un muerto うんともすんとも言わない.

ca·llan·di·to [カじゃンディト] 副 黙って, こっそりと.

ca·llar [カじゃル] 自 1 静まる. 2 何もしゃべらない.
— 他 1 ...を黙らせる. 2 ...を言わないでおく, 内密にしておく.
— **callarse** 再 1 黙る. 2 静かになる.
a la chita callando 黙って, こっそりと.
¡Calla! 1 (君) 黙れ! 2 おや, まさか!
calla callando ごく慎重に.
callar la boca 黙る.

ca·lle [カじぇ] 女 1 街路, 通り, ...街/ *calle* Mayor マヨル通り, *calle* de Alcalá アルカラ通り. 2 (家の)そと, 屋外. 3 〈道路〉 車線. 4 〈スポーツ〉 コース, レーン. 5 一般大衆, 町の人々.
— 活 → callar 静まる.
azotar la calle 街をほっつき回る.
coger la calle 1 外出する. 2 立ち去る.
de calle 外出用の.
dejar a... en la calle ...を路頭に迷わす.

doblar la calle 街角を曲る.
echar a... a la calle 1 ...を追い出す. 2 ...を解雇する.
echar por la calle de en medio 迷わず突進する.
echarse a la calle 1 外出する. 2 暴動を起こす, 決起する.
en la calle 自由の身になって, 解放されて.
estar al cabo de la calle 事情をよく知っている.
estar en la calle 1 外出中である. 2 失業中である.
hacer calle 人をかき分けて進む.
hacer la calle (娼婦(レょう)が)そとで客を引く.
hombre de la calle 普通の人, 庶民.
lenguaje de la calle くだけた言い方.
llevarse de calle a... ...を引きつける, 魅了する.
llevar [traer] a... por la calle de la amargura ...を困らせる, 悩ませる.
mujer de la calle 売春婦, 娼婦(しょう).
pasear la calle a (+女性) ...を口説(ど)く.

ca·lle·ja [カじぇハ] 女 路地, 裏通り.

ca·lle·je·ar [カじぇヘアル] 自 出歩く, ぶらつく.

ca·lle·je·o [カじぇヘオ] 男 ぶらぶら歩き, 散策.

ca·lle·je·ro¹ [カじぇヘロ] 男 市街案内書.

ca·lle·je·ro, ra² [−, ラ] 形 通りの, 街頭の.

ca·lle·jón [カじぇホン] 男 1 狭い通り, 路地. 2 《闘牛》 柵の外側の通路.
callejón sin salida 1 袋(ぶ)小路. 2 窮地.

ca·lle·jue·la [カじぇフエラ] 女 裏通り, 路地.

ca·lli·ci·da [カじしダ] 男 (足や手にできる)たこの治療薬.

ca·llis·ta [カじスタ] 男 (うおのめやひょうそを治す)足部治療師.

ca·llo [カじょ] 男 1 たこ, うおのめ. 2 (骨折のあとにできる)仮骨. 3 〈女・女〉 みにくい人.

ca·llos [カじょス] 男複 (牛や羊の)もつ煮込み.

ca·llo·si·dad [カじょシダс] 女 〈→ callo〉 (軽度の)たこ, うおのめ.

ca·llo·so, sa [カじょソ, サ] 形 たこ[うおのめ]のできた.

cal·ma¹ [カルマ] 女 《→ calmo》 1 静けさ, 平穏. 2 (心の)平静, 落ち着き. 3 無風快晴状態. 4 (間投詞的に)落ち着きない!
— 活 → calmar 静まる.
calma chicha 〈海〉 べた凪(な).
con calma 冷静に.
en calma おだやかに, 静まって.

cal·man·te [カルマンテ] 男 〈医学〉 鎮痛剤, 鎮静剤.

cal·mar [カルマル] 他 1 ...を鎮める, 落ち着かせる. 2 (痛みなど)を和らげる, おさえる.
— 自 1 静まる. 2 和らぐ.
— **calmarse** 再 1 静まる. 2 和らぐ.

cal·mo, ma² [カルモ, −] 形 静かな, 落ち着いた.

ca·ló [カロ] 男 (スペインで使われる)ジプシー語.

ca·lor [カロル] 男 1 熱さ, 暑さ. 2 熱. 3 (人の)温かみ, 親切. 4 熱狂, 熱中.
al calor de... …に助けられて, 守られて.
calor específico (熱容量の)比熱.
calor negro (ヒーターなどの)電熱.
en el calor de... …の真っ最中に.
entrar en calor 1 暖まる. 2 活気づく.

ca·lo·rí·a [カロリア] 女 〈熱量の単位〉カロリー.

ca·lo·rí·fe·ro [カロリふぇロ] 男 (昔の)暖房器.

ca·lo·rí·fi·co, ca [カロリふぃコ, カ] 形 1 熱を出す. 2 熱の.

ca·lo·ri·na [カロリナ] 女 蒸し暑さ.

ca·lum·nia [カルムニア] 女 1 中傷, 誹謗($\overset{\circ}{\text{ぼう}}$). 2 〈法律〉誣告(ぶこく).

ca·lum·niar [カルムニアル] 他《活 17 cambiar》1 …を中傷する. 2 〈法律〉…を事実をまげて訴える.

ca·lu·ro·so, sa [カルロソ, サ] 形 1 暑い, 熱い. 2 心温まる. 3 熱烈な.

cal·va[1] [カルバ] 女《→ calvo》1 (頭部の)はげ. 2 (布地の)すり切れた部分.

cal·va·rio [カルバリオ] 男 度($\overset{\circ}{\text{ど}}$)重なる苦難.

cal·ve·ro [カルベロ] 男 (森のなかの)空き地.

cal·vi·cie [カルビしエ] 女 (頭部の)脱毛, はげ.

cal·vi·nis·mo [カルビニスモ] 男 (プロテスタントの)カルバン Calvino 主義.

cal·vi·nis·ta [カルビニスタ] 形《男女同形》カルバン主義の.
— 男 女 〈宗教〉カルバン主義者.

cal·vo, va[2] [カルボ, —] 形 (頭の)はげた.
— 男 はげの人.

cal·za [カるサ] 女 1 車輪止め, くさび. 2 (昔の男性用)股引(ももひき)[= calzas].

cal·za·da[1] [カるサダ] 女 1 車道, 車線. 2 石畳(いしだたみ)道. 3 舗装道路.

cal·za·do[1] [カるサド] 男 (総称としての)靴.

cal·za·do[2], **da**[2] 〈過去分詞〉→ calzar 靴をはかせる.
— 形 靴をはいている.

cal·za·dor [カるサドル] 男 靴べら.

cal·zar [カるサル] 他《活 39 gozar》1 …に靴をはかせる. 2 (靴・靴下・手袋)をはく, はめる. 3 (固定するために家具や車輪に)くさびをかませる.
— 自 靴をはく.
— **calzar·se** 再 (靴など)をはく/*calzar·se los esquís* スキーを足につける.

cal·zón [カるソン] 男《= calzones》1 (男性用の)半ズボン. 2 〈スポーツ〉トランクス.

cal·zo·na·zos [カるソナソス] 男《単複同形》妻の言い成りの男.

cal·zon·ci·llos [カるソンしじょス] 男複《= 単 calzoncillo》(男性用下着の)パンツ, ブリーフ.

ca·ma [カマ] 女 1 寝台, ベッド. 2 (病院の入院患者の枠としての)ベッド/*hospital de 100 camas* ベッド数100の病院. 3 (家畜の)寝わら. 4 (野生動物の)巣, ねぐら.
caer en cama 病気になる.
cama elástica 〈スポーツ〉トランポリン.
cama individual シングルベッド.
cama matrimonial ダブルベッド.
cama nido 入れ子式ツインベッド.
camas gemelas ツインベッド.
cama turca (頭板も脚もない)簡易ベッド.
estar en cama [*guardar cama*] 病気になっている.
estar en la cama (ベッドに)寝ている.
hacer la cama ベッドメーキングする.
ir(*se*) *a la cama* 床につく, ベッドに入る.

ca·ma·da [カマダ] 女 〈動物〉(集合的に)一腹の子.

ca·ma·fe·o [カマふぇオ] 男 〈装飾品〉カメオ.

ca·ma·le·ón [カマレオン] 男 1 〈動物〉カメレオン. 2 無節操な人.

ca·ma·le·ó·ni·co, ca [カマれオニコ, カ] 形 カメレオンのような, 無節操な.

ca·mán·du·la [カマンドゥら] 女 偽善, 悪賢さ.

ca·man·du·le·ro, ra [カマンドゥれロ, ラ] 形 偽善的な, 悪賢い.

cá·ma·ra [カマラ] 女 1 〈映像〉カメラ. 2 個室, 私室. 3 議会, 議院. 4 会議所, 会館. 5 (タイヤの)チューブ. 6 (銃の)薬室.
— 男 女 カメラマン.
a cámara lenta 〈撮影〉スローモーションで.
cámara alta 上院.
cámara baja 下院.
cámara de gas (死刑執行の)ガス室.
cámara frigorífica 冷蔵室.
cámara mortuoria 遺体安置室, 霊安室.
cámara oscura 〈写真〉暗室, 暗箱.
cámara sorda 〈音響学〉無響室.
de cámara 宮廷の.
música de cámara 〈音楽〉室内楽.

ca·ma·ra·da [カマラダ] 男 女 1 同僚, 仲間. 2 同志, 党員.

ca·ma·ra·de·rí·a [カマラデリア] 女 友人関係, 仲間意識.

ca·ma·re·ra [カマレラ] 女 1 給仕人, ウェイトレス. 2 部屋係, メイド. 3 (昔の)女官. 4 (料理を運ぶ)ワゴン.

ca·ma·re·ro [カマレロ] 男 1 給仕人, ウェイター. 2 部屋係, ボーイ. 3 (昔の)侍従, 従者.

ca·ma·ri·lla [カマリじゃ] 女 私的顧問団, ブレーン.

ca·ma·rín [カマリン] 男 (祭壇裏の)小聖堂.

ca·ma·rón [カマロン] 男 〈動物〉小エビ.

ca·ma·ro·te [カマロテ] 男 船室, キャビン.

ca·mas·tro [カマストロ] 男 粗末なベッド.

ca·mas·trón, tro·na [カマストロン, トロナ] 男 女 偽善者, 悪賢い人間.

cam·ba·la·che [カンバらチェ] 男 不要品の交換.

cam·bia·ble [カンビアブレ] 形 1 変わりやすい. 2 交換可能な.

cam·bian·te [カンビアンテ] 形 変わりやすい.
— 男 玉虫色.

cam·biar [カンビアル] 他 [活 17] 1 …を変える, 変化させる. 2 …を(+en…)…に変える. 3 …を交換する. 4 …を(+por…)…と取りかえる. 5 (お金)を(+en……に)両替する.
— 自 1 変わる, 変化する. 2 (+de…)…を変える／*cambiar* de idea 考えを変える. 3〈自動車〉ギアチェンジをする. 4 (風が)向きを変える.
— **cambiarse** 1 …を(+en…)…に変える. 2 (+de…)…を取りかえる. 3 転居する. 4 (+a…)…へ引っ越す.

cam·bia·zo [カンビアソ] 男 すり替え.
dar el cambiazo a… すり替えで…をだます.

cam·bio [カンビオ] 男 1 変化, 変更. 2 取りかえ, 交換, 交替. 3 両替. 4 small, 5 つり銭. 6 為替相場, 為替レート. 7〈自動車〉変速, ギアチェンジ.
a cambio de… 1 …のかわりに. 2 …と交換で.
a las primeras de cambio 急に, 出し抜けに.
cambio automático〈自動車〉自動変速機, オートマ.
cambio de velocidades〈自動車〉変速, ギアチェンジ.
en cambio 1 そのかわりに. 2 その反対に.
zona de libre cambio 自由貿易地域.

cam·bis·ta [カンビスタ] 男女〈人〉両替商.

cam·bo·ya·no, na [カンボヤノ, ナ] 形 (東南アジアの)カンボジアの Camboya の.
— 男 カンボジア人.

cám·bri·co, ca [カンブリコ, カ] 形〈地質学〉カンブリア紀の.

ca·me·lar [カメラル] 他 …にごまをする, おもねる.

ca·me·lia [カメリア] 女〈植物〉ツバキ.

ca·me·lla [カメじゃ] 女 (雌のフタコブ)ラクダ.

ca·me·lle·ro, ra [カメじぇロ, ラ] 男女 ラクダ引き.

ca·me·llo [カメじょ] 男 1 (雄のフタコブ)ラクダ. 2 麻薬密売人.

ca·me·lo [カメロ] 男 1 ごまかし, うそ. 2 まがい物.
dar el camelo a… …をだます.
de camelo 偽の, 自称の.

ca·me·ri·no [カメリノ] 男〈劇場〉楽屋.

Ca·mi·la [カミラ] 固〈女性の名〉カミラ.

Ca·mi·lo [カミロ] 固〈男性の名〉カミロ.

ca·mi·lla [カミじゃ] 女 1 担架. 2 (足元に火鉢を入れた)こたつ式丸テーブル[= mesa camilla].

ca·mi·lle·ro, ra [カミじぇロ, ラ] 男女〈人〉担架運搬係.

ca·mi·nan·te [カミナンテ] 形 1 歩く. 2 徒歩旅行の.
— 男女 1 徒歩旅行者. 2 歩行者.

ca·mi·nar [カミナル] 自 1 歩く. 2 (+a, hacia…)…へ向かう, 向かって進む. 3 (川などが)流れる. 4 (既定の道を)進行する.
— 他 (距離)を歩く, 進む／*caminar* cinco kilómetros 5 キロ歩く.

ca·mi·na·ta [カミナタ] 女 1 遠足. 2 道のり.

ca·mi·ne·ro, ra [カミネロ, ラ] 形 道路の／peón *caminero* 道路工夫.

ca·mi·no [カミノ] 男 1 道, 道路. 2 道程, 道のり. 3 進行方向, 進むべき道. 4 手段, やり方.
abrirse camino 道を切り開いて進む.
a medio camino 1 途中で. 2 どっちつかずで.
a (la) mitad del camino 途中で.
atravesarse [cruzarse] en el camino de… …の仕事を妨げる, …を邪魔する.
camino de… …へ向かう途中で.
camino de cabras 細くてけわしい道.
Camino de Santiago 1 銀河. 2 (サンティアゴ・デ・コンポステラへの) 巡礼路.
camino real 1 (昔の)国道. 2 王道, 大道(筋).
de camino 1 途中で, ついでに. 2 旅行用の.
echar [ir] cada cual por su camino 各自がばらばらに行動する.
en el camino 途中で.
(estar) en camino de… …へ向かって(いる).
ir fuera de camino 道をはずれる.
ir por buen [mal] camino 正しい[間違った]道を行く.
llevar camino de (+不定詞)…しそうである.
perderse en el camino 道に迷う.
ponerse en camino 出発する.
por el camino 道すがら.
salir a… *al camino* …を迎えに出る.
seguir su camino 自分の道を進む.

ca·mión [カミオン] 男 1 トラック. 2 バス.
camión articulado トレーラー.
camión cisterna タンクローリー.
estar como un camión 肉体的魅力がある.

ca·mio·ne·ro, ra [カミオネロ, ラ] 男女 トラック運転手.

ca·mio·ne·ta [カミオネタ] 女 1 小型トラック. 2 バス.

ca·mi·sa [カミサ] 女 1 ワイシャツ, シャツ. 2 (子供の)スモック. 3 (爬虫(はちゅう)類の)抜けがら. 4 紙ばさみ, ホルダー.
cambiar de camisa〈政治家〉意見を変える.
camisa azul (スペインの)ファランヘ党員.
camisa de dormir ねまき.
camisa de fuerza (手を使えなくする)拘束衣.
hasta la camisa 持ち物をすべて.
meterse en camisa de once varas 他人事に口出しする.
no llegar a… *la camisa al cuerpo* びくびくしている, おろおろしている.
sin camisa 一文無しに[で].

ca·mi·se·rí·a [カミセリア] 女 1 (男物の)洋品店. 2 ワイシャツ縫製工場.

ca·mi·se·ro, ra [カミセロ, ラ] 形 ワイシャツの.
— 男女 ワイシャツ業者.

他 は他動詞　再 は再帰動詞　形 は形容詞　副 は副詞　前 は前置詞　接 は接続詞　間 は間投詞

ca·mi·se·ta [カミセタ] 囡 1 肌着, シャツ, Tシャツ. 2 ポロシャツ. 3 ジャージー.
…*sudar la camiseta* (スポーツなどで) …が奮闘する.

ca·mi·so·la [カミソラ] 囡 1 (男性用でレースの) 飾りつきシャツ. 2 〈スポーツ〉(チーム別の) ジャージー. 3 (女性用肌着の) キャミソール.

ca·mi·són [カミソン] 男 《衣料》ネグリジェ.

ca·mo·mi·la [カモミラ] 囡 《植物》カミツレ.

ca·mo·rra [カモラ] 囡 けんか騒ぎ/*armar camorra* けんか騒ぎを始める.

ca·mo·rris·ta [カモリスタ] 男囡 〈人〉けんか好き.

ca·mo·te [カモテ] 男 《植物》サツマイモ.

cam·pal [カンパル] 形 1 平野の. 2 野外の.

cam·pa·men·to [カンパメント] 男 1 キャンプ場, 野営地. 2 (集合的に) キャンプの参加者. 3 〈軍隊〉(新兵の) 訓練期間.

cam·pa·na [カンパナ] 囡 1 鐘(かね), つり鐘. 2 鐘形のもの.
campana extractora (台所の) 換気扇.
doblar las campanas 弔鐘(ちょうしょう)を鳴らす.
echar las campanas al vuelo 1 鐘を一斉に鳴らす. 2 大喜びする. 3 喜びを皆に知らせる.
oír campanas y no saber dónde 中途半端にしか理解していない.
tañer [tocar] las campanas 鐘を鳴らす.

cam·pa·na·da [カンパナダ] 囡 1 鐘(かね)を鳴らすこと. 2 鐘の音. 3 スキャンダル, ビッグニュース.

cam·pa·na·rio [カンパナリオ] 男 (教会などの) 鐘楼(しょうろう).

cam·pa·ne·ar [カンパネアル] 自 鐘(かね)を連打する.
— *campanearse* 再 (体をゆらして) 気取って歩く.

cam·pa·ne·o [カンパネオ] 男 1 (連打される) 鐘(かね)の音. 2 鐘の連打.

cam·pa·ne·ro, ra [カンパネロ, ラ] 男囡 〈人〉鐘(かね)つき.

cam·pa·ni·lla [カンパニジャ] 囡 1 小さい鐘(かね), 鈴, ベル. 2 〈解剖学〉のどひこ, 口蓋垂(こうがいすい). 3 〈総称〉花が鐘形の植物.
de (muchas) campanillas 一流の, 有名な.

cam·pa·ni·lle·ar [カンパニジェアル] 自 ベルを鳴らし続ける.

cam·pa·ni·lle·o [カンパニジェオ] 男 しつこいベルの音.

cam·pa·ni·lle·ro, ra [カンパニジェロ, ラ] 男囡 〈人〉ベルを鳴らす係.

cam·pan·te [カンパンテ] 形 〈tan+〉 1 平然とした. 2 得意顔の, 満足気な.

cam·pa·nu·do, da [カンパヌド, ダ] 形 1 鐘(かね)の形をした. 2 大げさな.

cam·pa·ña [カンパニャ] 囡 1 (組織的な) 活動, キャンペーン. 2 (特定方面での全般的な) 軍事行動. 3 平野, 平原.
campaña electoral 選挙運動.
campaña publicitaria 宣伝活動.
misa de campaña 〈宗教〉野外ミサ.
tienda de campaña 野営テント.

cam·par [カンパル] 自 1 抜きん出る, きわ立つ. 2 (動物が) 野原で草をはむ. 3 〈軍隊が〉戦場を偵察する.
campar por sus respetos 自分の好きなことだけをする.

cam·pe·a·dor [カンペアドル] 男 戦士, 勇者.

cam·pe·ar [カンペアル] 自 1 (動物が) 野原で草をはむ. 2 (動物が) 野山をさまよう. 3 〈軍隊が〉戦場を調べる. 4 抜きん出る.

cam·pe·cha·no, na [カンペチャノ, ナ] 形 気さくな, 率直な, 飾らない.

cam·pe·ón, o·na [カンペオン, オナ] 男囡 1 チャンピオン, 優勝者. 2 名人, ナンバーワン. 3 (思想などの) 擁護者.

cam·pe·o·na·to [カンペオナト] 男 1 選手権大会. 2 選手権, チャンピオンシップ.
de campeonato 並外れた, ものすごい.

cam·pe·ro¹ [カンペロ] 男 《自動車》ジープ.

cam·pe·ro², ra [—, ラ] 形 1 野原の. 2 〈動物〉野飼いの.

cam·pe·si·na·do [カンペシナド] 男 (集合的に) 農民.

cam·pe·si·no, na [カンペシノ, ナ] 形 1 いなか[田舎]の. 2 農民の.
— 男囡 1 農民. 2 いなかの人.

cam·pes·tre [カンペストレ] 形 野原の, いなかの.

cam·ping [カンピン] 男 《複 campings》 1 キャンプ, 野宿. 2 キャンプ場.
camping gas 携帯用ガスボンベ.

cam·pi·ña [カンピニャ] 囡 広大な耕地.

cam·pis·ta [カンピスタ] 男囡 キャンパー, キャンプする人.

cam·po [カンポ] 男 1 郊外, いなか[田舎], 野原. 2 畑, 田畑, 耕地. 3 〈スポーツ〉競技場, グランド, コート. 4 〈スポーツ〉陣地, サイド. 5 〈軍隊〉陣地, 陣営. 6 分野, 領域, 範囲. 7 場所, 空間. 8 〈物理学〉場, 野/*campo magnético* 磁場.
a campo raso 野外で, 野天で.
a campo través [traviesa, travieso] 道のない野原で.
campo de batalla 戦場.
campo de concentración 強制収容所.
campo petrolífero 油田.
campo propio 〈スポーツ〉ホームグランド.
campo santo 墓地.
campo visual 視野, 視界.
casa de campo 別荘.
dejar el campo abierto [libre] (競争から) 身を引く.
levantar el campo 1 陣地から引き上げる. 2 終りにする.
quedar en el campo 戦死する.

囲 は活用形 複 は複数形 男 は男性名詞 囡 は女性名詞 固 は固有名詞 代 は代名詞 自 は自動詞

cam·po·san·to [カンポサント] 男 墓地.
cam·pus [カンプス] 男 《単複同形》(大学の)キャンパス, 構内.
ca·mu·fla·je [カムフラヘ] 男 1 〈軍隊〉偽装, 迷彩, カムフラージュ. 2 変装, ごまかし.
ca·mu·flar [カムフラル] 他 1 〈軍隊〉…を偽装する, …に迷彩を施す. 2 …を隠す.
can [カン] 男 1 犬. 2 (中央アジアの統治者の尊称の)汗(カン).
ca·na¹ [カナ] 女 《→ cano》白髪, しらが.
  echar una cana [canita] al aire 羽目をはずして遊び回る.
  peinar canas 老人になっている.
Ca·na·dá [カナダ] 固 〈国の名〉カナダ.
ca·na·dien·se [カナディエンセ] 形 カナダCanadáの.
  — 男女 カナダ人.
ca·nal [カナル] 男 1 堀, 用水路. 2 〈解剖学〉管, 導管. 3 (ガスや水道の)導管. 4 海峡. 5 溝(ミゾ). 6 (食肉用に内臓などをはずした)畜殺体. 7 (屋根の)排水路用の瓦(かわら).
  — 男女 1 運河, 水路. 2 (テレビなどの)チャンネル.
  abrir en canal (上から下に)真っ二つに裂く.
ca·na·le·te [カナレテ] 男 (カヌーの)オール.
ca·na·li·za·ción [カナリサシオン] 女 1 (ガスなどの)配管. 2 水路[運河]の開設. 3 (水の流れを調整するための)河川工事. 4 (意見や関心などの)方向づけ, 誘導.
ca·na·li·zar [カナリサル] 他 《活 39 gozar》 1 …に(たいして)…を配管をする. 2 …に水路[運河]を開く. 3 (水の流れを調整するために河川)に手を加える. 4 (意見や関心など)を方向づける, 誘導する.
ca·na·lla [カナジャ] 男女 ならず者, ろくでなし, ごろつき.
ca·na·lla·da [カナジャダ] 女 ならず者の言動.
ca·na·lón [カナロン] 男 雨樋.
ca·na·na [カナナ] 女 (銃の)弾帯.
ca·na·pé [カナペ] 男 1 (オードブルの)カナッペ. 2 (ベッドの)マットレス支え.
Ca·na·rias [カナリアス] 固 《Islas +》〈自治州の名〉(スペインの)カナリアス.
  Islas Canarias カナリアス諸島.
ca·na·rio, ria [カナリオ, リア] 形 カナリア諸島の.
  — 男女 1 カナリア諸島の人. 2 〈鳥〉カナリア.
ca·nas·ta [カナスタ] 女 1 (取っ手つきの)広口かご. 2 〈バスケットボール〉(金輪の)ゴール. 3 〈バスケットボール〉(得点の)ゴール, シュート.
ca·nas·ti·lla [カナスティジャ] 女 1 (整理用の)小かご. 2 産着(うぶぎ).
ca·nas·ti·llo [カナスティジョ] 男 (小さい)平かご.
ca·nas·to [カナスト] 男 深いかご.
ca·nas·tos [カナストス] 間 《→ canasto》(驚きや不快を表わして)おやおや!
can·cán [カンカン] 男 (踊りの)カンカン.

can·cel [カンセル] 男 (内玄関の)防風ドア, 雨戸.
can·ce·la [カンセラ] 女 (玄関と中庭の間にある鉄の)格子扉.
can·ce·la·ción [カンセラシオン] 女 1 (書類などの)無効, 失効. 2 (約束などの)取り消し, キャンセル, 解約. 3 (債務の)完済.
can·ce·lar [カンセラル] 他 1 (書類など)を無効にする. 2 (約束など)を取り消す, 解約する, キャンセルする. 3 (債務)を完済する, 全額支払う.
Cán·cer [カンセル] 固 〈星座〉かに座.
cán·cer [カンセル] 男 1 〈病気〉がん[癌]. 2 害悪, 社会のがん.
  — 形 〈男女同形〉かに座生まれの.
  — 男女 〈人〉かに座生まれ.
can·ce·rar [カンセラル] 他 …をがん[癌]にする.
  — **cancerar·se** 再 がんになる.
can·cer·be·ro [カンセルベロ] 男 〈スポーツ〉ゴールキーパー.
can·ce·rí·ge·no, na [カンセリヘノ, ナ] 形 〈物質〉発がん性の.
can·ce·ro·so, sa [カンセロソ, サ] 形 〈医学〉がん[癌]の, がん性の.
can·cha [カンチャ] 女 1 〈スポーツ〉競技場, グランド, コート. 2 空き地, 広場.
  abrir cancha a... …に場所をあける.
  dar cancha a... …に活躍の機会を与える.
  estar en su cancha 1 ホームグランドにいる. 2 有利な立場にいる.
can·ci·ller [カンシジェル] 男 1 首相, 大統領. 2 外務大臣. 3 〈外交官〉一等書記官. 4 (昔の)国璽(こくじ)尚書.
can·ci·lle·rí·a [カンシジェリア] 女 1 首相[大統領]の地位[職務]. 2 (外交機関の)事務局. 3 外務省. 4 (昔の)国璽(こくじ)尚書職.
can·ción [カンシオン] 女 1 歌い, 歌声. 2 歌曲, (伴奏)曲. 3 うたう文句, 決まり文句. 4 詩歌.
  canción de cuna 子守り歌.
  canción de gesta (中世の)武勲(ぶくん)詩.
  Ésa es otra canción. それは話が違う, 別問題である.
  la misma canción いつもの愚痴(ぐち).
can·cio·ne·ro [カンシオネロ] 男 詩歌集, 詞華集, (韻文の)アンソロジー.
can·cro [カンクロ] 男 〈樹木〉癌腫(がんしゅ)病.
can·da·do [カンダド] 男 南京(ナンキン)錠.
can·de·al [カンデアル] 形 〈小麦粉〉白い上質の.
can·de·la [カンデラ] 女 1 ろうそく. 2 火, 種火(たねび). 3 〈光度の単位〉カンデラ.
  acabar con la candela 死ぬ.
  dar [atizar, arrear] candela a... …をなぐる.
can·de·la·bro [カンデラブロ] 男 1 枝つき燭台(しょくだい). 2 (枝のある)大型サボテン.
Can·de·la·ria [カンデラリア] 固 〈宗教〉(2月

2日の)ろうそく祝別の日.

can·de·le·ro [カンデ레ロ] 男 ろうそく立て, 燭台(しょくだい).
en (el) candelero 1 高い地位に. 2 成功して. 3 有名な.

can·den·te [カンデンテ] 形 1〈金属〉白熱した, 赤熱の. 2〈問題などが〉生々しい, ホットな.

can·di·da·to, ta [カンディダト, タ] 男女 1 候補者. 2 (+a, para... …への)応募者, 志願者, 立候補者.

can·di·da·tu·ra [カンディダトゥラ] 女 1 立候補, 志願, 志望. 2 (集合的に)立候補者.

can·di·dez [カンディデス] 女 1 純真さ, 無邪気さ. 2 うぶ, 単純さ.

cán·di·do, da [カンディド, ダ] 形 1 純真な, 無邪気な. 2 うぶな, 単純な.

Cán·di·do [カンディド] 固〈男性の名〉カンディド.

can·dil [カンディル] 男 ランプ, カンテラ.
buscar... con un candil …を念入りに探す.
ni buscado con un candil 最適の.

can·di·le·ja [カンディレハ] 女 (ランプの)油皿.

can·di·le·jas [カンディレハス] 女複《→ candileja》〈劇場〉フットライト, 脚光.

can·don·go, ga [カンドンゴ, ガ] 形 1 ずるい, 悪賢い. 2 怠け者の.

can·dor [カンドル] 男 あどけなさ, 純真さ.

can·do·ro·so, sa [カンドロソ, サ] 形 あどけない, 純真な.

ca·ne·la¹ [カネラ] 女〈香味料〉シナモン.
ser canela fina [*canela en rama*] 極上品[最高級]である.

ca·ne·lo¹ [カネロ] 男〈樹木〉ニッケイ[肉桂].
hacer el canelo 1 無益なことをする. 2 簡単にだまされる.

ca·ne·lo², la² [カネロ, ラ] 形〈犬や馬が〉シナモン色の, 赤茶色の.

ca·ne·lón [カネロン] 男 雨樋(あまどい).

ca·ne·lo·nes [カネロネス] 男複《→ canelón》〈パスタ〉カネロニ.

ca·ne·sú [カネス] 男 1 (婦人服の)身頃(みごろ). 2 (シャツなどの)ヨーク.

can·gi·lón [カンヒロン] 男〈水車〉バケット.

can·gre·jo [カングレホ] 男〈動物〉カニ.
cangrejo de río ザリガニ.
cangrejo ermitaño ヤドカリ.
como un cangrejo 真っ赤になって.

can·gue·lo [カンゲロ] 男 恐れ, おじけ.

can·gu·ro [カングロ] 男〈動物〉カンガルー.
— 男女 ベビーシッター, 子守り.

ca·ní·bal [カニバル] 形〈人〉人食いの.
— 男女 食人者.

ca·ni·ba·lis·mo [カニバリスモ] 男 1〈人〉食人風習. 2〈動物〉共食い.

ca·ni·ca [カニカ] 女 ビー玉.

ca·ni·cas [カニカス] 女複《→ canica》ビー玉遊び.

ca·ni·che [カニチェ] 男〈犬〉プードル.

ca·ni·cie [カニシエ] 女 髪の白さ.

ca·ní·cu·la [カニクら] 女〈気象〉大暑(たいしょ), 土用.

cá·ni·dos [カニドス] 男複 イヌ科の動物.

ca·ni·jo, ja [カニホ, ハ] 形 1 小柄(こがら)な. 2 やつれた.

ca·ni·lla [カニジャ] 女 1〈人〉細い脚. 2 すね, はぎ. 3 脚の骨. 4 (ミシンなどの)ボビン, 糸巻き.
irse de canilla さかんに無駄口をたたく.

ca·ni·no¹ [カニノ] 男 犬歯.

ca·ni·no², na [カニノ, ナ] 形 犬の, 犬のような.

can·je [カンヘ] 男 交換.

can·je·a·ble [カンヘアブレ] 形 交換可能な.

can·je·ar [カンヘアル] 他 …を(+por...) …と交換する.

ca·no, na² [カノ, —] 形 1 ひげの白い, 白髪の. 2 (ひげや髪が)真っ白い.

ca·no·a [カノア] 女 カヌー, 小舟.

ca·nó·dro·mo [カノドロモ] 男 ドッグレース場.

ca·non [カノン] 男《複 cánones》1 規範, 規準. 2 模範, 手本. 3 借地料, 小作料. 4〈音楽〉(作曲技法の)カノン. 5〈教会〉教理典範.

ca·nó·ni·co, ca [カノニコ, カ] 形 1〈宗教〉教会法に従った. 2 規範に合致した. 3〈宗教〉(出版物の)正典目録に含まれている.

ca·nó·ni·go [カノニゴ] 男〈宗教〉司教座聖堂参事会員.

ca·no·ni·za·ción [カノニさしオン] 女〈宗教〉列聖.

ca·no·ni·zar [カノニさル] 他《活 39 gozar》〈宗教〉…を列聖する.

ca·non·jí·a [カノンヒア] 女〈宗教〉司教座聖堂参事会員の職.

ca·no·ro, ra [カノロ, ラ] 形〈鳥〉きれいな鳴き声の.

ca·no·so, sa [カノソ, サ] 形 白髪の, しらが交じりの.

ca·no·tié [カノティエ] 男〈帽子〉かんかん帽.

can·sa·da·men·te [カンサダメンテ] 副 1 疲れて. 2 うんざりして.

can·sa·do, da [カンサド, ダ] 《過去分詞》→ cansar 疲れさせる.
— 形 1 (人が) (+de, por... …で)疲れた, くたびれた. 2 (仕事などが)疲れさせる, うんざりさせる. 3 (人が) (+de, por... に)うんざりした, あきた. 4 退屈な.

can·san·cio [カンサンしオ] 男 1 疲れ, 疲労. 2 退屈, 倦怠(けんたい).

can·sar [カンサル] 他 1 …を疲れさせる. 2 …をうんざりさせる, 退屈させる.
— **cansarse** 再 1 (+de... …で)疲れる, くたびれる. 2 うんざりする, あきる.
no cansarse de... 1 (+不定詞)何度でも…する, しつこく…する. 2 …に目がない, あきない.

can·si·no, na [カンシノ, ナ] 形 1 疲れた. 2 (疲れて)のろのろした, にぶい動きの. 3 疲れさせる, うんざりさせる.

can·tá·bi·le [カンタビれ] 形 〈歌い方の〉カンタービレの.

can·tá·ble [カンタブれ] 形 1 歌いやすい. 2 カンタービレの.

— 男 1 〈作曲〉カンタービレの部分. 2 〈サルスエラ〉(台本の)歌唱部分.

Can·ta·bria [カンタブリア] 固 〈地方・自治州の名〉(スペイン北部の)カンタブリア.

can·tá·bri·co, ca [カンタブリコ, カ] 形 〈地方・自治州の〉カンタブリア Cantabria の.

cán·ta·bro, bra [カンタブロ, ブラ] 形 〈地方・自治州の〉カンタブリア Cantabria の.

— 男 カンタブリア人.

can·ta·da[1] [カンタダ] 女 《不定冠詞＋》(無能による)どじ, へま, 失策.

can·ta·do, da[2] [カンタド, −] 《過去分詞》→ cantar 歌う.

— 形 (estar−) 事前にわかっている, 当然の.

can·ta·dor, do·ra [カンタドル, ドラ] 男 女 (民謡の)歌手.

can·ta·le·ta [カンタれタ] 女 ざれ歌.

can·ta·ma·ña·nas [カンタマニャナス] 男 女 《単複同形》ちゃらんぽらんな人間.

can·tan·te [カンタンテ] 共 歌手.

can·ta·or, o·ra [カンタオル, オラ] 男 女 (フラメンコの)歌手.

can·tar [カンタル] 他 1 …を歌う. 2 〈詩〉を朗読する. 3 …を称賛する, 歌いあげる. 4 …を大声で調子よく言う. 5 …を白状する. 6 〈トランプ〉(上がり手など)をコールする.

— 自 1 歌を歌う. 2 〈鳥や虫が〉さえずる, 鳴く. 3 〈物が〉音を出す. 4 白状する, 泥を吐く. 5 〈体の一部などが〉嫌な臭いを放つ, とてもくさい.

— 男 歌謡, 民謡.

al cantar el gallo 夜明け時に.

cantar a… las cuarenta …に公然と不満を言う.

cantar como los ángeles うっとりした声で歌う.

cantar de gesta (中世の)武勲(ぶん)詩.

cantar de plano 残らず白状する.

cantar entonado 正しい調子で歌う.

el Cantar de los Cantares (旧約聖書の)雅歌.

en menos que canta un gallo すぐさま, たちまち.

ser otro cantar 別の話である[になる].

cán·ta·ra [カンタラ] 女 1 〈容量の単位〉(16 リットル強の)カンタラ. 2 (土器の)かめ, 壺(つぼ). 3 大型の金属缶.

can·ta·re·ra [カンタレラ] 女 〈台〉壺(つぼ)[かめ]置き.

can·tá·ri·da [カンタリダ] 女 〈昆虫〉ハンミョウ.

can·ta·rín, ri·na [カンタリン, リナ] 形 歌の大好きな.

cán·ta·ro [カンタロ] 男 1 (土器の)かめ, 壺(つぼ). 2 大型の金属缶.

a cántaro (雨などが)大量に, どしゃ降りで.

alma de cántaro ばか者, 間抜け.

can·ta·ta [カンタタ] 女 〈声楽曲の〉カンタータ.

can·tau·tor, to·ra [カンタウトル, トラ] 男 女 シンガーソングライター.

can·te [カンテ] 男 1 民謡. 2 歌. 3 悪臭. 4 派手(さ).

— 活 → cantar 歌う.

cante flamenco フラメンコ歌謡.

cante jondo [hondo] 〈民謡〉カンテホンド.

dar el cante 人目をひく, うわさになる, 人目にふるまう. 7 密告をする.

can·te·ra[1] [カンテラ] 女 1 石切り場, 採石場. 2 養成所. 3 (人材の)宝庫.

can·te·rí·a [カンテリア] 女 (石の)加工法.

can·te·ro, ra[2] [カンテロ, −] 男 女 〈人〉石工(こう), 石屋.

cán·ti·co [カンティコ] 男 〈宗教〉賛歌.

can·ti·dad [カンティダス] 女 1 量, 分量, 数量. 2 金額, 額. 3 大量, 多数, 多額.

— 副 たくさん, 大量に.

cantidad de… 大量の[多くの] ….

en cantidad 大量に, たくさん, とても.

en cantidades industriales 大量に.

can·ti·ga [カンティガ] 女 《=cántiga》(中世の抒情詩の)カンティガ.

can·til [カンティる] 男 1 海底棚. 2 崖(がけ)縁(ふち).

can·ti·le·na [カンティれナ] 女 《= cantinela》1 不快な繰り返し. 2 繰り言. 3 短い歌謡.

can·tim·plo·ra [カンティンプろラ] 女 水筒.

can·ti·na [カンティナ] 女 1 (駅などの)売店, キオスク. 2 軽食堂, 居酒屋.

can·ti·ne·ro, ra [カンティネロ, ラ] 男 女 売店の主人[所有者].

can·to [カント] 男 1 歌, 歌うこと. 2 歌声, 鳴き声, さえずり. 3 歌唱法. 4 〈叙事詩の〉編, 詩編. 5 賛歌, 聖歌. 6 称賛, 歌い上げ. 7 ふち, へり. 8 (本の)小口. 9 (刀剣の)峰. 10 石ころ, 小石.

— 活 → cantar 歌う.

al canto 1 ただちに. 2 有効に. 3 どうしても.

al canto del gallo 夜明け時に.

canto del cisne (人の)最後の公演[業績].

canto gregoriano [llano] 〈宗教〉グレゴリオ聖歌.

canto pelado [rodado] 丸くなった石, 玉石.

dar·se con un canto en los dientes おおむね満足する.

de canto 縁(ふち)に, 立てて.

el canto de un duro ごくわずか.

can·tón [カントン] 男 1 (スイスなどの)州. 2 (建物の)角(かど).

can·to·nal [カントナる] 形 (スイスなどの)州の.

can·to·na·lis·mo [カントナリスモ] 男 地方分

他 は他動詞 再 は再帰動詞 形 は形容詞 副 は副詞 前 は前置詞 接 は接続詞 間 は間投詞

立主義.

can·to·ne·ra [カントネラ] 囡 (物の角の)補強材.

can·tor, to·ra [カントル, トラ] 男囡 (本格的な)歌手, 歌い手.
— 形〈鳥〉歌の上手な.

can·to·ral [カントらる] 男〈宗教〉聖歌集.

can·tu·rre·ar [カントゥれアる] 自 鼻歌を歌う.

can·tu·rre·o [カントゥれオ] 男 鼻歌.

cá·nu·la [カヌら] 囡 1〈医学〉カニューレ. 2 注射器の先端.

ca·nu·tas [カヌタス] 《つぎの動詞句の一部》
pasar·las canutas 非常に困る, 往生(おうじょう)する.

ca·nu·ti·llo [カヌティジョ] 男 1 (刺繍(ししゅう)用の)ビーズ. 2 金糸, 銀糸.

ca·nu·to [カヌト] 男 1 管, 筒, くだ. 2 麻薬入りタバコ.

ca·ña [カニャ] 囡 1〈植物の中空の〉茎. 2〈植物〉アシ, ヨシ[葦]. 3 (生ビールに使うコップの)カニャ. 4 脚[腕]の骨. 5 筒状のもの.
caña de azúcar〈植物〉サトウキビ.
caña de Indias 籐(とう).
caña de pesca 釣り竿.
caña dulce [=caña de azúcar].
dar caña a... …を急がせる, 速める.

ca·ña·da [カニャダ] 囡 1 (移牧時の)家畜の道. 2 (谷間の)小道.

ca·ña·ma·zo [カニャマソ] 男 1 (刺繍(ししゅう)用の)目の粗い麻布. 2 麻布.

cá·ña·mo [カニャモ] 男 1〈植物〉アサ[麻], タイマ[大麻]. 2 麻の繊維.

ca·ña·món [カニャモン] 男〈種子〉アサ[麻].

ca·ña·ve·ral [カニャベらる] 男 アシ[葦]原.

ca·ñe·rí·a [カニェリア] 囡 (集合的に)配管, 導管.

ca·ñí [カニ] 形〈男女同形〉《複》cañís 1 民俗的な, 大衆的な. 2 ジプシーの.
— 男囡 ジプシー.

ca·ñi·zal [カニさる] 男 [=cañizar] アシ[葦]原.

ca·ñi·zo [カニそ] 男 (アシを編んだ)よしず.

ca·ño [カニョ] 男 1 短い管. 2 (噴水の)噴出口.

ca·ñón [カニョン] 男 1 管, 筒, パイプ. 2 管状のもの. 3 大砲, 砲. 4 渓谷. 5〈羽〉羽柄(うへい). 6 羽ペン. 7 スポットライト.
— 形〈人〉(estar+)すばらしい, 魅力的な.
— 副 とても楽しく.
al pie del cañón 第一線で, 現場で.
cañón de nieve (人工雪の)スノーガン.
escopeta de dos cañones 二連銃.
Gran Cañón del Colorado (アメリカ合衆国の)コロラド大渓谷[グランドキャニオン].
pasar(se)lo cañón とても楽しい時を過ごす.
ser carne de cañón (戦場で)危険な持ち場につく.

ca·ño·na·zo [カニョナソ] 男 1 砲撃. 2 砲声. 3 〈スポーツ〉強烈なシュート.

ca·ño·ne·ar [カニョネアる] 他 …を砲撃する.

ca·ño·ne·o [カニョネオ] 男 断続的な砲撃.

ca·ño·ne·ro, ra [カニョネロ, ら] 形〈船・ランチ〉大砲を備えた.
— 男 1 砲艦. 2〈スポーツ〉ストライカー, ハードヒッター.

ca·o·ba [カオバ] 囡 1〈植物〉マホガニー. 2 マホガニー材.
— 男 (赤茶系色の)マホガニー色.

ca·o·lín [カオリン]〈粘土〉高陵(こうりょう)土, カオリン.

ca·os [カオス] 男《単複同形》1 大混乱, 無秩序. 2〈神話〉混沌(こんとん), カオス.

ca·ó·ti·co, ca [カオティコ, カ] 形 大混乱の, 無秩序の, 混沌(こんとん)とした.

cap. [カピトゥろ]《略語》capítulo 章.

ca·pa [カパ] 囡 1 ケープ, マント, 外套(がいとう). 2 〈闘牛〉(ケープに似た)カパ. 3 (物をおおう)層, 膜. 4 (重なった)層. 5 社会層. 6 口実, 見せかけ. 7 (馬などの)毛並み.
a capa y espada 精力的に, 必死で.
capa de nieve (積もった)雪.
capa pluvial (司祭の)祭服.
de capa caída 衰えた, 落ち目の.
hacer de su capa un sayo 自在にふるまう.
so [*bajo*] *capa de...* …を口実にして.

ca·pa·ces [カパセス] 形《→ capaz》有能な.

ca·pa·cha [カパチャ] 囡 刑務所.

ca·pa·cho [カパチョ] 男 1 手提げかご. 2 子守りかご.

ca·pa·ci·dad [カパシダス] 囡 1 収容力. 2 容量, 容積. 3 能力, 才能, 適性. 4〈法律〉法的能力.

ca·pa·ci·ta·ción [カパシタしオン] 囡 養成, 研修, 訓練.

ca·pa·ci·ta·do, da [カパシタド, ダ]《過去分詞》→ capacitar 養成する.
— 形 (+para...) …の能力のある, 資格のある.

ca·pa·ci·tar [カパシタる] 他 1 (人)を養成する, 訓練する. 2 …に(+para... …の)資格を与える.
— *capacitar·se* 再 (+para... …の)資格を得る.

ca·par [カパる] 他 …を去勢する.

ca·pa·ra·zón [カパらソン] 男 1〈動物〉甲殻(こうかく), 殻(から). 2〈鳥〉胸郭(きょうかく). 3 (保護用の)カバー, おおい.

ca·pa·taz, ta·za [カパタス, タさ] 男囡《複》capataces 1 現場監督, 人夫頭. 2 農園管理人.

ca·paz [カパす] 形《複》capaces 1 有能な, 腕のいい. 2 (+de...) …の能力のある, できる. 3 (+de...) …しかねない. 4 (+para...) …の法的資格がある, 5 (+para...) …の収容力のある.

ca·pa·zo [カパそ] 男 1 大かご. 2 子守りかご.

cap·cio·so, sa [カプせオソ, サ] 形 1 (語句)ま

ぎらわしい. 2 〈質問〉あげ足とりの, 誘導尋問の.

ca·pe·a [カペア] 囡 (子牛の)素人(½ネネ)闘牛.

ca·pe·ar [カペアル] 他 1 〈闘牛〉(牛)をカパであしらう. 2 〈約束など〉を巧みに回避する. 3 〈困難〉を乗りきる.

capear el temporal 難局を巧みに乗りきる.

ca·pe·llán [カペじゃン] 男 礼拝堂付き司祭.

ca·pe·lla·ní·a [カペじゃニア] 囡 礼拝堂付き司祭の職.

ca·pe·lo [カペロ] 男 1 (枢機卿の)赤い帽子. 2 枢機卿の権威[職].

ca·pe·ru·ci·ta [カペルシタ] 囡 小さな頭巾(ボん).
Caperucita Roja (欧州の昔話の)『赤頭巾』.

ca·pe·ru·za [カペルサ] 囡 1 とんがり頭巾(ボん). 2 (先端部の穴をふさぐ)ふた, キャップ, フード.

ca·pi·ba·ra [カピバラ] 囡 (南米の大型齧歯(½ヒ)類動物の)カピバラ.

ca·pi·cú·a [カピクア] 囡 左右どちらから読んでも同じ数字.

ca·pi·lar [カピラル] 形 1 頭髪の. 2 毛細管の.
— 男 毛細血管.

ca·pi·la·ri·dad [カピラリダス] 囡 〈物理〉毛管現象.

ca·pi·lla [カピじゃ] 囡 1 礼拝堂, チャペル. 2 (教会内の)小聖堂. 3 党派, 派閥.
capilla ardiente 遺体安置所.
estar en capilla 重大事の結果を待っている.

ca·pi·llo [カピじょ] 男 (乳児の)洗礼用頭巾(ボん).

ca·pi·ro·ta·da [カピロタダ] 囡 〈煮込み料理の〉カピロタダ.

ca·pi·ro·te [カピロテ] 男 (聖週間にかぶる固い)とんがり頭巾(ボん).

cá·pi·ta [カピタ] 《つぎの副詞句の一部》
per cápita 一人あたり.

ca·pi·ta·ción [カピタシオン] 囡 人頭税.

ca·pi·tal [カピタル] 形 1 主要な, 重大な. 2 死刑の. 3 首府の. 4 大文字の.
— 囡 1 首都, 首府. 2 大文字.
— 男 1 資本, 資金, 元金, 元手.
capital activo 運転資金, 活動資金.
capital circulante 流動資本.
capital fijo 固定資本.
pena capital 死刑.

ca·pi·ta·li·dad [カピタリダス] 囡 首都的機能.

ca·pi·ta·lis·mo [カピタリスモ] 男 1 資本主義. 2 (集合的)資本主義者.

ca·pi·ta·lis·ta [カピタリスタ] 形 〈男女同形〉資本の, 資本主義の.
— 男 囡 1 資本家, 出資者[= socio capitalista]. 2 資本主義者. 3 大金持ち.

ca·pi·ta·li·za·ción [カピタリサシオン] 囡 1 〈商業〉資本化, 資本への組み入れ. 2 (状況などの)利用, 便乗(ミネェ).

ca·pi·ta·li·zar [カピタリサル] 他 〈活 39 gozar〉1 〈商業〉〜を資本に組み入れる. 2 …を利用する, …に便乗(ミネェ)する.

ca·pi·tán [カピタン] 男 1 〈スポーツ〉キャプテン, 主将. 2 頭目, 首領, リーダー. 3 〈陸軍・空軍〉大尉, 隊長. 4 〈海軍〉佐官, 隊長. 5 船長.
capitán general 1 総司令官. 2 軍管区司令官.

ca·pi·ta·na [カピタナ] 囡 1 旗艦. 2 隊長の妻. 3 女性の隊長.

ca·pi·ta·ne·ar [カピタネアル] 他 …を指揮する, 統率する.

ca·pi·ta·ní·a [カピタニア] 囡 1 隊長の地位, 指揮官の職.
capitanía general 1 総司令官の地位. 2 総司令部. 3 軍管区.

ca·pi·tel [カピテル] 男 〈建築〉柱頭.

ca·pi·to·lio [カピトリオ] 男 殿堂.

ca·pi·tos·te [カピトステ] 男 親分, ボス.

ca·pi·tu·la·ción [カピトゥらシオン] 囡 1 契約, 協約. 2 降伏協定.
capitulaciones matrimoniales 婚姻財産契約.

ca·pi·tu·lar [カピトゥらル] 形 〈宗教〉参事会の, 総会の.
— 自 降伏する, 折れる.

ca·pí·tu·lo [カピトゥロ] 男 1 〈書物の〉章. 2 項目, 用件. 3 〈宗教〉参事会, 総会. 4 〈植物学〉頭状花序.
llamar [tratar] a capítulo a... 1 …を叱(½)る. 2 …に釈明させる.
ser capítulo aparte 別件である.

ca·po [カポ] 男 (麻薬犯罪者などの)ボス, 頭(ボミ).

ca·pó [カポ] 男 〈自動車〉ボンネット.

ca·pón [カポン] 形 去勢された.
— 男 1 去勢された雄鶏[人]. 2 〈鶏〉(食用のため)去勢したひな. 3 (中指の節で頭をたたくこと).

ca·po·ral [カポラる] 男 1 (耕作用の)家畜の世話係. 2 団長, リーダー.

ca·po·ta [カポタ] 囡 〈自動車〉幌(½ス).

ca·po·tar [カポタル] 自 1 (車が)転覆(½ス)する. 2 (飛行機が)地面につっこむ.

ca·po·ta·zo [カポタソ] 男 〈闘牛〉カポテの技.

ca·po·te [カポテ] 男 1 袖(ボ)付きマント. 2 〈闘牛〉(牛をあしらう)カポテ[= capote de brega].
capote de paseo 行進用カポテ.
dar un capote a... …をだます.
de capote 無口の.
decir para su capote ひとり言をいう.
echar un capote a... …の急場に手を貸す.

ca·po·te·ar [カポテアル] 他 1 〈闘牛〉(牛)をカポテであしらう. 2 …を巧みにかわす.

ca·pri·cho [カプリチョ] 男 1 気まぐれ, 思いつき. 2 気まぐれで手に入れたもの. 3 〈音楽〉狂想曲, カプリッチオ. 4 〈美術〉幻想的な作品.
a capricho 気ままに, 思いつきで.
darse un capricho 衝動買いをする.

ca·pri·cho·so, sa [カプリチョソ, サ] 形 気まぐれな, 思いつきの.

他 は他動詞 再 は再帰動詞 形 は形容詞 副 は副詞 前 は前置詞 接 は接続詞 間 は間投詞

Ca·pri·cor·nio [カプリコルニオ] 固 〈星座〉山羊(*ヤギ*)座.

Ca·pri·cor·nio [カプリコルニオ] 形《男女同形》山羊(*ヤギ*)座生まれの.
— 男 女 〈人〉山羊座生まれ.

ca·pri·no, na [カプリノ, ナ] 形 ヤギの.

cáp·su·la [カプスら] 女 1 (薬・宇宙船などの)カプセル. 2〈解剖学〉被膜. 3〈化学〉(蒸発用の)小皿.
cápsula espacial（宇宙船の）カプセル.
cápsula suprarrenal 〈解剖学〉副腎.

cap·ta·ción [カプタシオン] 女 1 理解, 把握. 2 (テレビなどの)受信. 3 (湧(*わ*)き水の)利用, 貯水. 4 (支持者などの)獲得.

cap·tar [カプタル] 他 1 …を理解する, 把握する. 2 …を受信する. 3 (水)を効果的に利用する. 4 (支持)を獲得する. 5 (人の注意など)を引く.
— *captar·se* 再 (注意など)を引く, 引きよせる.

cap·tu·ra [カプトゥラ] 女 1 逮捕. 2 捕獲.

cap·tu·rar [カプトゥラル] 他 1 …を逮捕する. 2 …を取り押さえる.

ca·pu·cha [カプチャ] 女 1〈服装〉頭巾(*ずきん*), フード. 2 (万年筆などの)キャップ, ふた.

ca·pu·chi·na¹ [カプチナ] 女 カプチン会修道女.

ca·pu·chi·no¹ [カプチノ] 男 1 カプチン会修道士. 2 (泡の立つコーヒーの)カプチーノ.

ca·pu·chi·no², na² [カプチノ, ナ] 形 1〈修道会〉カプチン会の. 2〈コーヒー〉カプチーノの.

ca·pu·cho [カプチョ] 男 頭巾(*ずきん*), フード.

ca·pu·chón [カプチョン] 男 (万年筆などの)キャップ, ふた.

ca·pu·llo [カプじょ] 男 1〈花〉つぼみ. 2〈昆虫〉まゆ[繭]. 3〈人〉意地悪. 4〈人〉間抜け, 青二才. 5 亀頭(*きとう*).

ca·qui [カキ] 形 カーキ色の.
— 男 カーキ色. 2〈木・果実〉カキ[柿].

ca·ra¹ [カラ] 女 (→ caro²) 1 顔. 2 顔つき, 顔色. 3 正面, 前面. 4 (平たい物の上下の)面. 5 (コインの)表(*おもて*). 6 (立方体などの)面. 7 外見, 見かけ.
a cara descubierta 公然と, 堂々と.
a la cara 面と向かって.
buena [mala] cara 1 満足そうな[不満げな]顔. 2 健康そうな[病気のような]顔.
caer·se a... la cara de vergüenza …が恥ずかしく思う.
cara a... …へ向かって.
cara abajo うつ伏せになって.
cara a cara 1 公然と. 2 向かいあって.
cara adelante 前向きに.
cara arriba あお向けになって.
cara atrás うしろ向きで.
cara de circunstancias とりつくろった顔.
cara de vinagre [de pocos amigos] 無愛想な顔, 不機嫌な顔.
cara dura 1 厚かましさ. 2 (un+) ずうずうしい人.
cara larga 悲しそうな顔, 不満顔.
cruzar la cara a... …の顔をひっぱたく.
dar la cara 自分の行為の責任をとる.
dar [sacar] la cara por... …をかばう.
de cara 正面に, 正面から.
de cara a... …を目指して.
echar... a cara o cruz …をコインの裏か表かで決める.
echar en cara a... …に(不当に)恩着せがましいことを言う.
en la cara 顔つきに, 顔色に.
en la cara de... …の面前で.
lavar la cara a... …にへつらう.
no mirar la cara a... 1 …を無視する. 2 …に会わないようにする.
no tener cara para... …する勇気がない.
partir [romper] la cara a... …の顔をなぐる.
plantar [hacer] cara a... …と対決する.
poner cara de... …しそうである.
por su linda cara [por su cara bonita] 苦労なしに, やすやすと.
saltar a la cara 明らかである.
tener cara de... …の様子である.

ca·ra·ba [カラバ]《つぎの動詞句の一部》
…*ser la caraba* …は腹立たしい, たまらない.

ca·ra·be·la [カラベら] 女 (3 本マストの帆船の) カラベル船.

ca·ra·bi·na [カラビナ] 女 1 カービン銃. 2 (若い女性の外出時の)付き添い婦人. 3 (アベックへの余計な)付き添い人.
…*ser la carabina de Ambrosio* …は役に立たない.

ca·ra·bi·ne·ro [カラビネロ] 男 1 密輸取り締まり官. 2 騎銃兵. 3〈動物〉クルマエビ.

cá·ra·bo [カラボ] 男〈鳥〉モリフクロウ.

Ca·ra·cas [カラカス] 固〈都市の名〉(ベネズエラの首都の)カラカス.

ca·ra·col [カラコる] 男 1〈動物〉カタツムリ. 2〈動物〉巻き貝. 3 (カタツムリなどの)殻. 4〈解剖学〉(内耳の)渦巻き管. 5 巻き毛. 6〈馬術〉旋回.

ca·ra·co·la [カラコら] 女 1 ほら貝. 2 渦巻きパン.

ca·ra·co·le·ar [カラコレアル] 自 (馬が)旋回する.

ca·ra·co·les [カラコれス] 間 (→ caracol) なんだ, これは！, おやおや！

ca·rác·ter [カラクテル] 男《複 caracteres》1 (集合的な)性質, 個性, 特質. 2〈気骨(*きこつ*)の〉強さ. 3 文字, 活字. 4 性質, 性格. 5〈宗教〉(秘跡の)霊印.

ca·rac·te·rís·ti·ca¹ [カラクテリスティカ] 女 1 (ひとつの)特性, 特質, 特徴. 2〈数学〉(対数の)指標.

ca·rac·te·rís·ti·co, ca² [カラクテリスティコ，―] 形 特有の，独特の，特徴的な．

ca·rac·te·ri·za·ción [カラクテリサシオン] 女 1 特徴づけ，性格づけ．2 (俳優の)メーキャップ．

ca·rac·te·ri·zar [カラクテリサル] 他《活 39 gozar》…を特徴づける，際立たせる．
— **caracterizar·se** 再 (＋de...) (俳優が)…のメーキャップをする．

ca·ra·do, da [カラド，ダ] 形《つぎの形容詞句の一部》
bien carado 愛想の良い顔の．
mal carado 不機嫌な顔をした．

ca·ra·du·ra [カラドゥラ] 形《男女同形》恥知らずの，厚かましい．
— 男《人》恥知らず．

ca·ra·ji·llo [カラヒじょ] 男 ブランデー入りコーヒー．

ca·ra·jo [カラホ] 男 陰茎，ペニス．
al carajo con... このいまいましい….
¡Carajo! 何てこった！，そんばはかな！
del carajo 非常に大きな，異常な．
ir·se al carajo だめになる，失敗に終る．
mandar al carajo (a) …を無視する．
¡Qué carajo! 1 何てこった！ 2 そうか，わかったよ！
un carajo 1 わずか．2 (間投詞的に)だめだ！

ca·ram·ba [カランバ] 間 おやまあ！，あれまあ！

ca·rám·ba·no [カランバノ] 男 (氷の)つらら．

ca·ram·bo·la [カランボラ] 女 1 (ビリヤードの技の)キャノン．2 思わぬ幸運，まぐれ．

ca·ra·me·lo [カラメロ] 男 1 ドロップ，キャンディー．2《料理》カラメル．

ca·ra·mi·llo [カラミじょ] 男 (高音のたて笛の)カラミジョ．

ca·ran·to·ñas [カラントニャス] 女複 おべっか，へつらい．

ca·ra·pa·cho [カラパチョ] 男 (カメなどの)甲羅．

ca·ra·que·ño, ña [カラケニョ，ニャ] 形 (都市の)カラカス Caracas の．

ca·rá·tu·la [カラトゥラ] 女 1 仮面．2《本》表紙，カバー．3 (レコードなどの)ジャケット．

ca·ra·va·na [カラバナ] 女 1 隊商，キャラバン．2 キャンピングカー．3 (渋滞の)自動車の列．

ca·ray [カライ] 間 おやまあ！，あらあら！

car·bón [カルボン] 男 1 石炭．2 炭(すみ)．
carbón animal 骨炭．
carbón de leña [*vegetal*] 木炭．
carbón de piedra [*mineral*] 石炭．
papel carbón カーボン紙．

car·bo·na·to [カルボナト] 男《化学》炭酸塩．

car·bon·ci·llo [カルボンシじょ] 男 デッサン用木炭．

car·bo·ne·ra¹ [カルボネラ] 女 石炭置き場．

car·bo·ne·ro, ra² [カルボネロ，―] 形 1 炭の．2 石炭の．
— 男 1《人》炭焼き，炭屋．2 石炭商人．

car·bó·ni·co, ca [カルボニコ，カ] 形《化学》炭素の．
bebida carbónica 炭酸飲料．
gas carbónica 炭酸ガス．

car·bo·ní·fe·ro, ra [カルボニふぇロ，ラ] 形 1 石炭を含む．2《地質》石炭紀の．

car·bo·ni·lla [カルボニじゃ] 女 1 すす[煤]，煤煙(ばいえん)．2 (炭の)燃えかす．

car·bo·ni·zar [カルボニサル] 他《活 39 gozar》…を炭化する．

car·bo·no [カルボノ] 男《化学》炭素．

car·bu·ra·ción [カルブラシオン] 女 (燃料の)気化．

car·bu·ra·dor [カルブラドル] 男 (燃料の)気化器，キャブレター．

car·bu·ran·te [カルブランテ] 男 (ガソリンなどの)内燃機関用燃料．

car·bu·rar [カルブラル] 他 (燃料)を気化する．
— 自 1 燃料を気化する．2 うまく働く．

car·bu·ro [カルブロ] 男《化学》カーバイト．

car·ca [カルカ] 形《男女同形》頭の古い，保守的な．
— 男女 昔風の人，保守的な人．

car·caj [カルカホ] 男 矢筒，えびら．

car·ca·ja·da [カルカハダ] 女 高笑い，大笑い．
reír·se a carcajadas 大声で笑う．

car·ca·je·ar·se [カルカヘアルセ] 再 1 高笑いする，大声で笑う．2 (＋de...) …をばかにする，無視する．

car·ca·mal [カルカマル] 形 年寄りの．
— 男女《人》老いぼれ．

car·ca·sa [カルカサ] 女 枠組み，骨組み．

cár·ca·va [カルカバ] 女 (水流でできた)溝，穴．

cár·cel [カルセる] 女 刑務所，監獄．

car·ce·la·rio, ria [カルセらリオ，リア] 形 刑務所の，監獄の．

car·ce·le·ro, ra [カルセれロ，ラ] 男女 看守．

car·ci·nó·ge·no, na [カルシノヘノ，ナ] 形《医学》発がん[癌]性の．

car·ci·no·ma [カルシノマ] 男《医学》癌腫(がんしゅ)．

car·co·ma [カルコマ] 女《昆虫》キクイムシ．

car·co·mer [カルコメル] 他 1 (キクイムシが木)を食う．2 (健康など)をむしばむ．
— **carcomer·se** 再 健康な体などが)だめになる．

car·da [カルダ] 女 1 すき櫛(ぐし)，梳毛(そもう)機．2 けば立て機．

car·da·do [カルダド] 男 1 (羊毛などの)梳毛(そもう)．2 (毛織物の)けば立て．3 (毛髪)を逆毛にする作業．

car·dar [カルダル] 他 1 (羊毛など)をすく．2 (毛織物)をけば立てる．3 (毛髪)を逆毛にする．

car·de·nal [カルデナる] 男 1《宗教》枢機卿．2

(打ち身の)あざ.

car·de·na·li·cio, cia [カルデナリシオ, シア] 形 《宗教》枢機卿の.

car·de·ni·llo [カルデニジョ] 男 〈さび〉緑青(ろくしょう).

cár·de·no, na [カルデノ, ナ] 形 1 赤黒い. 2 〈牛〉黒と白の毛の.

car·dí·a·co, ca [カルディアコ, カ] 形〔= cardiaco, ca〕 心臓の.
— 男 女 心臓病患者.

car·dias [カルディアス] 男《単複同形》 (食道と胃の間の)噴門.

car·di·nal [カルディナル] 形 1 数表示の. 2 基数の. 3 基本の. 4 主要の.
número cardinal 基数
los (cuatro) puntos cardinales (東西南北の)基本方位, 四方.
pronombre cardinal 基数詞.

car·dió·gra·fo [カルディオグラふォ] 男 《医学》心拍記録器.

car·dio·gra·ma [カルディオグラマ] 男 《医学》心拍曲線, 心電図.

car·dio·lo·gí·a [カルディオロヒア] 女 心臓病学.

car·dió·lo·go, ga [カルディオロゴ, ガ] 男 女 心臓学者, 心臓病専門医.

car·dio·pa·tí·a [カルディオパティア] 女 心臓病, 心臓障害.

car·dio·vas·cu·lar [カルディオバスクラル] 形 心(臓)血管の.

car·do [カルド] 男 〈植物〉アザミ.
cardo borriquero 1 〈植物〉ヒレアザミ. 2 無愛想な人間.

ca·re·ar [カレアル] 他 (判事などが)…を法廷で対決させる.

ca·re·cer [カレセル] 自《活 4 agradecer》 (+de...) …が足りない, 欠けている.

ca·ren·cia [カレンシア] 女 不足, 欠乏.

ca·ren·cial [カレンシアル] 形 1 栄養失調の. 2 ビタミン不足の.

ca·ren·te [カレンテ] 形 (+de...) …が不足している, 欠けている.

ca·re·o [カレオ] 男 対決, 対面.

ca·re·ro, ra [カレロ, ラ] 形 (店が)高値をつける.

ca·res·tí·a [カレスティア] 女 1 (普通よりも)高い値段. 2 欠乏, 不足.

ca·re·ta [カレタ] 女 1 仮面, 面(めん), マスク. 2 見せかけ.
quitar a... la careta …の正体をあばく.
quitarse la careta 本心を明かす.

ca·re·to [カレト] 男 顔, 面.

ca·rey [カレイ] 男 1 〈動物〉ウミガメ. 2 べっ甲.

carezc- → carecer 足りない.《活 4》.

car·ga [カルガ] 女 1 (運送用の)荷積み, 荷役. 2 積み荷. 3 荷重, 負荷. 4 (万年筆などの)カートリッジ, スペア. 5 (銃などの)装塡(そうてん)用火薬. 6 (ガスなどの)充塡(じゅうてん), チャージ. 7 突撃, 猛攻. 8 〈スポーツ〉チャージ. 9 電荷, 充電. 10 賦課税, 租税. 11 負担, 責任, 重圧. 12 職務, 職責.
carga de pólvora 1 回分の爆薬.
carga máxima 最大積載量.
carga útil 積載許容量.
llevar la carga de... …の責任を負う.
volver a la carga 再び主張する, 固執する.

car·ga·do, da [カルガド, ダ] 《過去分詞》 → cargar 積む.
— 形 1 蒸し暑い, うっとうしい. 2 (コーヒーなどが)強い, 濃い. 3 (+de...) …でいっぱいの, …を積み込んだ.

car·ga·dor [カルガドル] 男 1 (銃の)弾倉. 2 (万年筆などの)カートリッジ. 3 充電器.

car·ga·men·to [カルガメント] 男 (集合的に)積み荷.

car·gan·te [カルガンテ] 形 口うるさい, うっとうしい.

car·gar [カルガル] 他《活 47 llegar》 1 …に (+con...)積む, 背負わせる.
2 …を(+a, en...)に積み込む, 背負わせる.
3 (車に)荷物を積む.
4 …に(+con...)を装塡(そうてん)する, 詰める, 補給する.
5 …に充電する.
6 (責任などを)(+a, sobre...)に負わせる.
7 (罪などを)(+a...)…に押しつける, …のせいにする.
8 …を借方に記入する.
9 …を大量に集める, たくわえる.
10 …をうるさがらせる.
11 (学生が科目を)落とす.
— 自 1 (+contra...) …を猛攻する. 2 (+con...) …を引き受ける, 負う. 3 (+sobre...) …にもたれている, 支えられている.
— **cargarse** 再 1 (+de...) …でいっぱいになる. 2 …をだめにする, こわす. 3 …を殺す, ばらす. 4 (体の一部が)だるくなる. 5 (機器が充電される. 6 (学生が)落第点をつける.
cargar la mano de... …をやりすぎる, …の度が過ぎる.
cargarse·la 罰を受ける, しかられる.

car·ga·zón [カルガソン] 女 (体の一部に感じる)重苦しさ.

car·go [カルゴ] 男 1 職, 職務, 地位. 2 (職務の)担当者/los altos *cargos* de la empresa 会社の要職の人たち. 3 役目, 責任, 世話. 4 非難, 告発. 5 借方, 債務.
a cargo de... …の責任で, …による世話で.
cargo de conciencia 良心の呵責(かしゃく).
correr a cargo de... (費用は)…が負担する.
hacerse cargo de... 1 …を引き受ける, 担当する. 2 …を把握する, 自覚する. 3 …を見きわめる.
jurar el cargo 職務への忠誠を誓う.

cargu- 活 → cargar 積む《活 47》.

car·gue·ro [カルゲロ] 男 1 輸送船. 2 輸送機. 3 貨物列車.

ca·ria·con·te·ci·do, da [カリアコンテシド, ダ] 形 情なさそうな, 悲しそうな.

ca·ria·do, da [カリアド, ダ] 《過去分詞》→ cariarse 虫歯になる.
— 形〈歯〉虫歯になった.

ca·riar·se [カリアルセ] 再〈歯〉虫歯になる.

ca·ria·ti·de [カリアティデ] 女〈建築〉女人像柱.

Ca·ri·be [カリベ] 固 [Mar+] カリブ.

ca·ri·be [カリベ] 男 カリブ海の.
— 男女 カリブ族の人.

ca·ri·be·ño, ña [カリベニョ, ニャ] 形 カリブ海沿岸の, カリブ海の.
— 男女 カリブ海沿岸の人.

ca·ri·bú [カリブ] 男〈動物〉(北米のトナカイの)カリブー.

ca·ri·ca·to [カリカト] 男 喜劇役者.

ca·ri·ca·tu·ra [カリカトゥラ] 女 1 風刺画. 2 漫画. 3 模倣作品.

ca·ri·ca·tu·res·co, ca [カリカトゥレスコ, カ] 形 1 風刺画の. 2 漫画の.

ca·ri·ca·tu·ris·ta [カリカトゥリスタ] 男女 1 風刺画家. 2 漫画家.

ca·ri·ca·tu·ri·zar [カリカトゥリサル] 他〈活 39 gozar〉…を風刺して描く, こっけいに描く.

ca·ri·cia [カリシア] 女 愛撫(ぶ), なでること. 2 愛の言葉.

ca·ri·dad [カリダス] 女 1 (他人への)思いやり, 親切. 2 (貧者への)慈善, 施し物. 3〈宗教〉愛徳.
¡Por caridad! お願いです！, お慈悲ですから！.

ca·ries [カリエス] 女《単複同形》〈医学〉カリエス, 虫歯.

ca·ri·lla [カリじゃ] 女 紙面, ページ.

ca·ri·llón [カリじょン] 男 1 (教会などの)組み鐘. 2 チャイム時計.

ca·ri·ño [カリニョ] 男 1 愛情, 情愛, 愛着. 2 愛情表現. 3 (呼び掛けで)ねえ, 君！, あなた！.

ca·ri·ño·sa·men·te [カリニョサメンテ] 副 愛情を込めて, やさしく.

ca·ri·ño·so, sa [カリニョソ, サ] 形 1 愛情のこもった. 2 (+con...)…にやさしい.

ca·rio·ca [カリオカ] 形《男女同形》(ブラジルの)リオデジャネイロの.
— 男女 リオデジャネイロの人.

ca·ris·ma [カリスマ] 男 1〈宗教〉(神から特別にさずかった能力の)カリスマ. 2 カリスマ的能力.

ca·ris·má·ti·co, ca [カリスマティコ, カ] 形 カリスマ的な.

ca·ri·ta·ti·vo, va [カリタティボ, バ] 形 1 慈善の. 2 (+con, para...…に対して)慈悲深い.

ca·riz [カリす] 男《複 carices》様相, 局面, 状況.

car·lin·ga [カルリンガ] 女〈飛行機〉機内.

car·lis·mo [カルリスモ] 男 (19 世紀のスペインの保守派の)カルロス主義.

car·lis·ta [カルリスタ] 男女 (19 世紀のスペインの)カルロス党員.

Car·lo·mag·no [カルロマグノ] 固 (フランク王国の)シャルルマーニュ, カール大帝.

Car·los [カルロス] 固《男性の名》カルロス.
Carlos I (primero) (16 世紀前半のスペイン国王の)カルロス I 世.

Car·lo·ta [カルロタ] 固《女性の名》カルロタ.

Car·me·la [カルメラ] 固《女性の名》カルメラ.

car·me·li·ta [カルメリタ] 男女〈宗教〉カルメル会修道士[修道女].

Car·men [カルメン] 固《女性の名》カルメン.

car·me·li·ta·no, na [カルメリタノ, ナ] 形〈宗教〉カルメル修道会の.

car·me·nar [カルメナル] 他 (羊毛や髪)をすく, とかす.

car·me·sí [カルメシ] 形《男女同形》深紅色の.
— 男 深紅色.

car·mín [カルミン] 形《男女同形》(派手な赤の)洋紅(ミニ)色の.
— 男 1 洋紅色, カルミン. 2 口紅.

car·mi·na·ti·vo, va [カルミナティボ, バ] 形〈医学〉胃腸内のガスを排出させる, 駆風作用の.

car·na·da [カルナダ] 女 (釣りや猟の)えさ[餌], おとり.

car·nal [カルナる] 形 1 肉体の, 肉欲の. 2 血のながれの, 実の.

car·na·val [カルナバる] 男〈宗教〉謝肉祭, カニバル.

car·na·va·les·co, ca [カルナバれスコ, カ] 形 謝肉祭の, カーニバルの.

car·na·za [カルナサ] 女 1 (釣りや猟の)えさ[餌], おとり. 2 罪のない犠牲者を出す事件.

car·ne [カルネ] 女 1 肉. 2 食用肉, 肉類. 3 果肉. 4 肉体. 5 肉欲.
carne de cañón 1 決死の特攻隊. 2 物扱いされる人々.
carne de gallina 鳥肌(岳).
carne de membrillo〈菓子〉マルメロゼリー.
carne sin hueso 楽なもうけ仕事.
echar carnes (やせた人が)太る.
en carnes 裸で, 裸の.
en carne viva 1 皮のむけた, 赤むけの. 2 生々しい.
los placeres de la carne (食欲･性欲の)肉体的快楽.
metido en carnes (人が)太りぎみの, 小太りの.
poner toda la carne en el asador すべてを賭けて事に当たる.
ser carne y hueso 生身の人間である.

car·né [カルネ] 男《= carnet》身分証明書 [= carné de identidad].
carné de conducir 運転免許証.
carné de estudiante 学生証.

car·ne·ro [カルネロ] 男 1 〈動物〉雄ヒツジ. 2 羊肉, マトン.

car·ni·ce·rí·a [カルニセリア] 女 1 肉屋, 精肉店. 2 大虐殺. 3 〈戦闘による〉肉体の損傷.

car·ni·ce·ro, ra [カルニセロ, ラ] 男 女 1 〈人〉肉屋. 2 へたな外科医.
— 形 1 〈動物〉肉食の. 2 残虐な.

cár·ni·co, ca [カルニコ, カ] 形 食肉の.

car·ní·vo·ro, ra [カルニボロ, ラ] 形 1 〈動物〉肉食性の. 2 〈植物〉食虫の.

car·ní·vo·ros [カルニボロス] 男 複 《→ carnívoro》 〈動物〉食肉類, 肉食動物.

car·no·si·dad [カルノシダッ] 女 ぜい肉.

car·no·so, sa [カルノソ, サ] 形 1 肉の, 肉質の. 2 〈果物〉果肉の多い.

ca·ro¹ [カロ] 副 高値で／En esta tienda venden *caro*. この店では値段が高い.

ca·ro², **ra**² [カロ, ラ] 形 1 値段が高い, 高価な. 2 親愛なる, 愛する.
costar [*salir*] *caro* 高くつく.

ca·ro·lin·gio, gia [カロリンヒオ, ヒア] 形 シャルルマーニュ Carlomagno の.

ca·ro·ta [カロタ] 形 《男女同形》ずうずうしい.
— 男 女 厚かましい人間, 鉄面皮.

ca·ró·ti·da [カロティダ] 女 頸(けい)動脈.

ca·ro·ti·na [カロティナ] 女 〈化学〉カロチン.

car·pa [カルパ] 女 1 〈魚〉コイ [鯉]. 2 大型テント.

car·pan·ta [カルパンタ] 女 ひどい空腹.

car·pe·lo [カルペロ] 男 〈植物〉心皮.

car·pe·ta [カルペタ] 女 書類入れ, 書類ばかん.

car·pe·ta·zo [カルペタソ] 男 《つぎの動詞句の一部》
dar carpetazo a... …を棚上げにする, 中断する, 終ったものとみなす.

car·pe·to·ve·tó·ni·co, ca [カルペトベトニコ, カ] 形 〈スペイン人〉国粋主義の.

car·pi·cul·tu·ra [カルピクルトゥラ] 女 〈魚の〉コイの養殖業.

car·pin·te·rí·a [カルピンテリア] 女 1 大工の仕事場. 2 大工仕事. 3 木工品.

car·pin·te·ro, ra [カルピンテロ, ラ] 男 女 1 〈人〉大工. 2 〈人〉建具屋, 指物(さしもの)師.
abeja carpintera 〈昆虫〉クマバチ.
pájaro carpintero 〈鳥〉キツツキ.

car·po [カルポ] 男 (集合的に) 手首の骨.

ca·rra·ca [カラカ] 女 1 (回すとカラカラと音がする道具の) カラカ. 2 がらくた, ぽんこつ. 3 〈人〉老いぼれ. 4 (昔の) カラック船.

ca·rras·ca [カラスカ] 女 〈植物〉トキワガシ.

ca·rras·cal [カラスカル] 男 トキワガシの林.

ca·rras·pe·ar [カラスペアル] 自 咳(せき)払いする.

ca·rras·pe·o [カラスペオ] 男 咳(せき)払い.

ca·rras·pe·ra [カラスペラ] 女 1 のど [喉] のいがらっぽさ. 2 咳(せき)払い.

ca·rre·ra [カレラ] 女 1 走り, 走ること. 2 〈スポーツ〉競走, レース. 3 課程, 学歴, キャリア. 4 職業, 専門職の経歴, キャリア. 5 (ストッキングなどの) ほつれ, 伝線. 6 (タクシーなどの) 走行. 7 道, 街路. 8 覇権争い.
a la carrera 大急ぎで.
carrera a campo traviesa クロスカントリー.
carrera pedestre 徒競走.
darse una carrera 急ぐ, 走る.
de carrera 暗唱して, すらすらと.
de carreras 競走用の, レース用の.
hacer carrera 出世する, 社会的に成功する.
hacer la carrera 売春婦になる.
no poder hacer carrera con [*de*]... …を説得できない.

ca·rre·ri·lla [カレリジャ] 女 《つぎの成句の一部》
de carrerilla 棒暗記で.
tomar carrerilla 助走する.

ca·rre·ris·ta [カレリスタ] 男 女 1 出世主義者. 2 (プロの) 競輪選手.

ca·rre·ta [カレタ] 女 二輪の荷車.

ca·rre·ta·da [カレタダ] 女 1 荷車一台分の積み荷. 2 大量, たくさん.

ca·rre·te [カレテ] 男 1 リール, 糸巻き, ボビン. 2 (釣り糸の) リール. 3 (フィルムの) ロール, ひと巻き.
dar carrete a... …をしゃべらせる.
tener carrete おしゃべりである, よくしゃべる.

ca·rre·te·ar [カレテアル] 他 …を荷車で運ぶ.

ca·rre·te·ra¹ [カレテラ] 女 1 街道. 2 高速道路, ハイウェイ.
carretera de circunvalación 環状道路.
carretera nacional 国道, 幹線道路.

ca·rre·te·ro, ra² [カレテロ, —] 男 女 〈人〉荷車引き.
fumar como un carretero さかんにたばこを吸う.
hablar como un carretero 粗雑な話し方をする.

ca·rre·ti·lla [カレティジャ] 女 (一輪の) 手押し車, 台車.

ca·rre·tón [カレトン] 男 小型の荷車, 台車.

ca·rri·co·che [カリコチェ] 男 ぽんこつ自動車.

ca·rril [カリル] 男 1 (車道の) 車線. 2 レール. 3 車輪の跡, わだち.

ca·rri·llo [カリジョ] 男 〈顔〉ほお [頬].
comer a dos carrillos がつがつ食べる.

ca·rri·zo [カリソ] 男 〈植物〉アシ, ヨシ.

ca·rro [カロ] 男 1 (二輪の) 荷馬車, 荷車. 2 (荷物運搬用の) カート. 3 〈機械〉キャリッジ. 4 自動車 [= coche].
aguantar carros y carretas 悪条件 [逆境] に耐える.
arrimarse al carro del que manda 力のある方につく.
carro de combate 戦車, タンク.
parar el carro 話をやめる.
poner el carro delante de las mulas 物

囲 は活用形　複 は複数形　男 は男性名詞　女 は女性名詞　固 は固有名詞　代 は代名詞　自 は自動詞

の順序を間違える.
tirar del carro 皆の仕事を一人で引き受ける.
untar el carro a... …を買収する.

ca·rro·ce·rí·a [カロセリア] 囡 車体.

ca·rro·ma·to [カロマト] 男 幌(ほろ)馬車.

ca·rro·ña [カロニャ] 囡 1 腐肉(ふ). 2 くず.

ca·rro·ñe·ro, ra [カロニェロ, ラ] 形 1 くさった肉の. 2〈動物〉腐肉(にく)食の.

ca·rro·za [カロさ] 囡 1 (四輪の)豪華な大型馬車. 2 (パレード用に飾った自動車の)山車(だし).
— 男 囡 頭の古い大人.
carroza fúnebre 霊柩(きゅう)車.

ca·rrua·je [カルアヘ] 男 (乗用の)車, 馬車.

ca·rru·sel [カるせる] 男 回転木馬, メリーゴーランド.

car·ta [カるタ] 囡 1 手紙, 書翰, 書状／*echar una carta al buzón* 手紙を投函する. 2〈札〉トランプ. 3 メニュー. 4 地図, 海図. 5 証明書, 証書.
a carta cabal 完全に, 申し分なく.
a cartas vistas 正々堂々と, 正直に.
a la carta (料理の注文で)一品ごとに, アラカルトで.
carta abierta 公開状.
carta astral 星座図.
carta blanca 白紙委任状.
carta de ajuste〈テレビ〉テストパターン.
carta de crédito〈商業〉信用状.
carta de pago 受領証, レシート.
carta magna (一国の)憲法.
Carta Magna (英国の)マグナカルタ, 大憲章.
carta meteorológica 天気図.
carta pastoral〈宗教〉司教教書.
cartas credenciales〈政治・外交〉信任状.
carta urgente 速達.
echar las cartas トランプ占いをする.
enseñar las cartas 手の内を見せる.
jugar (bien) sus cartas 自分のものをうまく使う.
no saber a qué carta quedar(se) 態度を決めかねている.
poner las cartas boca arriba 手の内を見せる.
tomar cartas en... …に干渉する, 介入する.

car·ta·bón [カるタボン] 男 三角定規.

Car·ta·ge·na [カるタヘナ] 固〈都市の名〉1 (スペイン南東部沿岸の)カルタヘナ. 2 (コロンビア北部沿岸の)カルタヘナ.

car·ta·gi·nés, ne·sa [カるタヒネス, ネサ] 形 (= cartaginense) (アフリカ北部の)カルタゴの.
— 男 囡 カルタゴ人.

Cár·ta·go [カるタゴ] 固〈都市の名〉(古代のアフリカ北部の)カルタゴ.

car·ta·pa·cio [カるタパしオ] 男 1 書類入れ, ファイル. 2 手帳, メモ帳.

car·te·ar·se [カるテアるセ] 再 文通する.

car·tel [カるテる] 男 1 ポスター, 貼り紙. 2 (教室で使う)掛け図, チャート. 3 評判, 名声.
de cartel 有名な, 一流の.
en cartel 上演中の.
tener (buen) cartel 評判が良い, 有名である.

cár·tel [カるテる] 男 1〈経済学〉カルテル, 企業連合. 2 (麻薬関係などの)犯罪組織, カルテル.

car·te·le·ra [カるテレラ] 囡 1 広告板, 掲示板. 2 (新聞などの)催し物案内欄. 3 (映画館などの)看板.

cár·ter [カるテる] 男〈自動車〉(エンジンの)クランク室.

car·te·ra¹ [カるテラ] 囡〈→ cartero〉1 財布, 札(さつ)入れ. 2 書類かばん, ブリーフケース, 通学カバン. 3〈商業〉有価証券数, ポートフォリオ. 4 大臣の職. 5 ハンドバッグ. 6 (集合的に)顧客.
cartera de clientes 客筋.
ministro sin cartera 無任所大臣.
tener... en cartera …を計画中である, 準備している.

car·te·rí·a [カるテリア] 囡 1 郵便局. 2〈職業〉郵便配達.

car·te·ris·ta [カるテリスタ] 男囡 すり, 巾着(きん)切り.

car·te·ro, ra² [カるテロ, —] 男囡〈人〉郵便配達.

car·te·sia·nis·mo [カるテシアニスモ] 男〈哲学〉デカルト主義.

car·te·sia·no, na [カるテシアノ, ナ] 形〈哲学〉デカルト Descartes 的な.
— 男 囡 デカルト主義者.

car·ti·la·gi·no·so, sa [カるティらヒノソ, サ] 形〈解剖学〉軟骨の.

car·tí·la·go [カるティらゴ] 男〈解剖学〉軟骨.

car·ti·lla [カるティじゃ] 囡 1 (幼稚園などの)読み方教本. 2 手帳, メモ帳. 3 (技術関係の)基本知識.
leer la cartilla a... …をしかる, 手ほどきする.
saber·se la cartilla (物事の)基本を学ぶ.

car·to·gra·fí·a [カるトグラふィア] 囡 地図作成法.

car·to·grá·fi·co, ca [カるトグラふィコ, カ] 形 地図作成の.

car·tó·gra·fo, fa [カるトグラふォ, ふァ] 男 囡 地図製作者.

car·to·man·cia [カるトマンしア] 囡 トランプ占い.

car·to·mán·ti·co, ca [カるトマンティコ, カ] 形 トランプ占いの.

car·tón [カるトン] 男 1 ボール紙, 厚紙. 2 (容器の)紙パック. 3 (タペストリーなどの)下絵.
cartón piedra (とくに厚くて固い)人形用厚紙.

car·to·né [カるトネ] 男〈本〉厚紙装丁.

car·tu·che·ra [カるトゥチェラ] 囡 弾薬帯.

car·tu·cho [カるトゥチョ] 男 1 薬莢(きょう), 弾薬筒. 2 (円筒形の)包装硬貨. 3 (円錐形の紙の)容器. 4 (インキなどの)カートリッジ.

car·tu·jo, ja

quemar el último cartucho 最後の手段を使う.

car·tu·jo, ja [カルトゥホ, ハ] 形《宗教》カルトゥハ修道会の.

car·tu·li·na [カルトゥリナ] 女 上質の厚紙.

ca·rún·cu·la [カルンクラ] 女〈鳥〉とさか.

ca·sa [カサ] 女 1 家, 家屋, 住居, 住宅. 2 家庭, 家族. 3 家系, 一家. 4 商社, 会社. 5 (特別な目的のある)建物, 施設. 6〈スポーツ〉ホームグランド. 7 (チェス盤などの)ます目.

casa comercial 商社.
casa consistorial 市庁舎.
casa de baños 公衆浴場.
casa de campo 別荘.
casa de citas 連れ込みアパート.
casa de empeño 質屋.
casa de labor [labranza] 農家, 小作人小屋.
casa de (la) moneda 造幣局.
casa de locos 精神病院.
casa del Señor [de Dios, de oración] 教会, 寺院.
casa de socorro 救護施設.
casa de tócame Roque 1 家族がばらばらの家. 2 無秩序な所.
casa de vecindad アパート.
casa editorial 出版社.
casa real 王家, 王室.
como Pedro por su casa (他人の家で)我が家のようにくつろいで, まったく自然に.
echar [tirar] la casa por la ventana 過度の散財をする.
empezar la casa por el tejado 物事の手順をまちがえる.
Está usted en su casa. (来客に対して)おくつろぎください.
levantar la casa 引っ越しをする.
para andar por casa (方策などが)無価値の, いいかげんな.

ca·sa·be [カサベ] 男《熱帯低木》キャッサバ.

Ca·sa Blan·ca [カサ ブランカ] 固(アメリカ合衆国の)ホワイトハウス.

Ca·sa·blan·ca [カサブランカ] 固〈都市の名〉(モロッコの)カサブランカ.

ca·sa·ca [カサカ] 女 (昔の男性用の)丈長(なが)上着.

ca·sa·de·ro, ra [カサデロ, ラ] 形 結婚適齢期の, 年ごろの.

ca·sa·do, da [カサド, ダ]《過去分詞》→ casar 結婚させる.
— 形 1 既婚の. 2 (+con...) …と結婚している.
— 男 女 既婚者.

ca·sa·ma·ta [カサマタ] 女 (屋根つきの)機関銃座, 砲台.

ca·sa·men·te·ro, ra [カサメンテロ, ラ] 形 (結婚の)仲人好きな.

— 男 女〈人〉仲人好き.

ca·sa·mien·to [カサミエント] 男 1 結婚式. 2 結婚, 婚姻.

ca·sa·no·va [カサノバ] 男〈男〉女たらし.

ca·sar [カサル] 他 1 …を結婚させる. 2 (司祭などが) …の結婚式をあげる. 3 …を組み合わせる, 調和させる.
— 自 (+con...) …と調和する, 釣り合う.
— *casar·se* 再 (+con...) …と結婚する.

no casar·se con nadie 自分の考えを固く守る.

cas·ca·bel [カスカべル] 男 鈴, ベル.

poner el cascabel al gato あえて危険をおかす.
serpiente de cascabel〈蛇〉ガラガラヘビ.
ser un cascabel 陽気な楽天家である.

cas·ca·be·le·o [カスカべれオ] 男 鈴の音.

cas·ca·bi·llo [カスカビジョ] 男 鈴, 小型の鐘.

cas·ca·da[1] [カスカダ] 女 1 滝. 2 大量に流れくるもの.

cas·ca·do, da[2] [カスカド, ―]《過去分詞》→ cascar 割る.
— 形 1 消耗した, くたびれた. 2 (声などの)響きのない, かすれた.

cas·ca·jo [カスカホ] 男 1 異物混じりの砂利(じゃり). 2 (古くてこわれた)がらくた. 3〈人〉老いぼれ.

cas·ca·nue·ces [カスカヌエセス] 男《単複同形》〈用具〉くるみ割り.

cas·car [カスカル] 他《活》73 sacar) 1 …を割る, ひびを入れる. 2 (人)をなぐる.
— 自 1 おしゃべりする. 2 死ぬ. 3 (声などが)しわがれる.

cás·ca·ra [カスカラ] 女 殻(から), 外皮, 樹皮.
¡Cáscaras! おやまあ!, うわぁ!
no haber más cáscaras ほかの可能性はない.

cas·ca·ri·lla [カスカリじゃ] 女 1 (穀物などの)薄皮. 2 (金属などの)薄い膜.

cas·ca·rón [カスカロン] 男 卵の殻(から).

cas·ca·rra·bias [カスカラビアス] 男 女《単複同形》怒りっぽい人, 短気な人.

cas·co [カスコ] 男 1 ヘルメット, かぶと. 2 (からの)容器, 瓶(びん). 3 かけら, 破片. 4 船体, 機体. 5〈馬〉ひづめ. 6 ヘッドホーン[= cascos]. 7 頭[= cascos].

calentar los cascos a... …を不安にさせる, 悩ませる.
cascos azules 国連派遣軍.
casco urbano [de población] 町並み, 市街地.
estar mal de casco 頭が変になっている.
ligero [alegre] de cascos 軽薄な, 頭の弱い.
romper·se los cascos 頭をしぼる, 大いに努力する.
sentar los cascos (行動などが)おとなしくなる.

cas·co·tes [カスコテス] 男複 (建築現場などの)廃材, がれき.

活 は活用形 複 は複数形 男 は男性名詞 女 は女性名詞 固 は固有名詞 代 は代名詞 自 は自動詞

ca·se·rí·o [カセリオ] 男 農村の一軒家.

ca·se·ro, ra [カセロ, ラ] 形 1 自家製の, 手製の. 2 気のおけない, くつろいだ, 家庭的な. 3 出不精な, 家にいることが好きな. 4〈スポーツ〉〈審判が〉ホームチームびいきの. 5〈動物〉手飼いの.
— 男 1 家主, 大家. 2 (留守番の) 管理人.

ca·se·rón [カセロン] 男 これもかけの屋敷.

ca·se·ta [カセタ] 女 1 小さな平屋. 2 更衣室. 3 屋台, スタンド, 出店.
caseta de baño (プールなどの) 脱衣所.
caseta de feria (祭りなどの) 仮小屋, 出店.
caseta del simón 〈船〉操舵(そうだ)室.
caseta de perro 犬小屋.
mandar a... a la caseta 〈スポーツ〉(選手)に退場を命じる.

ca·se·te [カセテ] 男女《= cassette》カセットテープ.
— 男 1 カセットデッキ. 2 ラジカセ, ラジオカセット.

ca·si [カシ] 副 1 ほとんど, ほぼ. 2 もう少しのところで, すんでのところで. 3 どちらかと言えば.
casi nada 1 ほとんど何も …ない. 2 (大変なことを反語的に) たいしたことないよ.
casi no ほとんど …ない.
casi nunca めったに …ない.

ca·si·lla [カシジャ] 女 1 (家具・ロッカーなどの) 仕切り, 区分け. 2 (チェス盤などの) 升(ます)目. 3 番小屋. 4 私書箱.
sacar a... de sus casillas …を怒らせる.
salirse de sus casillas 怒る, 動揺する.

ca·si·lle·ro [カシジェロ] 男 1 整理だんす, 整理棚, ロッカー. 2〈スポーツ〉スコアボード.

ca·si·mir [カシミル] 男 (毛織物の) カシミヤ.

Ca·si·mi·ro [カシミロ] 固〈男性の名〉カシミロ.

ca·si·no [カシノ] 男 1 賭博(とばく)場, カジノ. 2 社交クラブ, 同好会.

ca·si·ta [カシタ] 女 1 小さな家. 2 自宅, 我が家.

ca·so [カソ] 男 1 事件, 出来事. 2 機会, チャンス, 場合. 3 事例, 実例, ケース. 4 立場, 状況. 5 本題, 問題の核心. 6 病例, 病状, 症例. 7〈文法〉(代名詞の) 変化形格/*caso* ablativo 奪格, *caso* acusativo 対格, *caso* dativo 与格, *caso* genitivo 属格, *caso* locativo 所格, *caso* nominativo 主格, *caso* vocativo 呼格.
— 活 → casar 結婚させる.
caso clínico 1 臨床例. 2 異常者.
caso de conciencia 良心の問題.
caso de... [*caso de que* (+接続法)] もし …なら.
caso perdido 〈人〉更生不可能のケース.
caso por caso 事例ごとに, ケースバイケースで.
caso urgente 急患.
dado el caso (de) que (+接続法) …の場合なら.
El caso es que... 1 (+直説法) 実は [問題は] …です. 2 (+接続法) 大切なのは …である.
en caso de... [*en caso de que* (+接続法)]

…のような場合には.
en cualquier [todo] caso いずれにせよ.
en el mejor de los casos たかだか, せいぜい.
en todo caso とはいえ, いずれにせよ.
hacer al caso 適切である, ふさわしい.
hacer caso a +人 [de+人・事物] …を考慮する, 気にかける.
hacer caso omiso de... を無視する.
ir al caso (de...) (…の) 本題に入る.
poner... por caso …を例とする, 仮定する.
según el caso 状況次第で, 場合によれば.
ser un caso 〈人〉並はずれている, 変っている.
venir al caso 適切である.

ca·so·na [カソナ] 女 古い館(やかた).

ca·so·rio [カソリオ] 男 軽率な結婚.

cas·pa [カスパ] 女 (頭の) ふけ.

cás·pi·ta [カスピタ] 間 おやおや!, あれまあ!

cas·que·te [カスケテ] 男 (頭にのせる) 浅い帽子, スカルキャップ.
casquete esférico 〈数学〉球冠.
casquete glaciar 〈地理学〉氷冠.

cas·qui·jo [カスキホ] 男 (小粒の) 砂利(じゃり), バラス.

cas·qui·llo [カスキジョ] 男 1 (からの) 薬莢(やっきょう). 2 (紙巻) クリ [栗]. 3 (電球の) 口金.

cas·qui·va·no, na [カスキバノ, ナ] 形 軽率な, 軽薄な.

cas·ta[1] [カスタ] 女 (→ casto) 1 血統, 血筋, 家系. 2〈動物〉種類, 種, 血統. 3 (インドの) カースト. 4 閉鎖的社会集団. 5〈昆虫〉(社会性のある) 階級.
de casta 1 生まれながらの. 2〈動物〉純血種の.

cas·ta·ña[1] [カスタニャ] 女 (→ castaño[2]) 1 〈果実〉クリ [栗]. 2〈頭髪〉栗型シニョン. 3 酒の酔い. 4 強い殴打(おうだ), パンチ. 5 いまいましいこと, うっとうしいこと. 6 (大人の) 年齢, 年/cincuenta *castañas* 50才.
castaña confitada 〈菓子〉マロングラッセ.
castaña pilonga 干し栗.
pegarse una castaña (contra...) (…に) ぶつかる.
sacar a... las castañas del fuego …を救ってやる.
¡Toma castaña! 何てこった!, そんなばかな!

cas·ta·ñar [カスタニャル] 男 栗林.

cas·ta·ña·zo [カスタニャソ] 男 衝突.

cas·ta·ñe·ro, ra [カスタニェロ, ラ] 男女〈人〉栗売り.

cas·ta·ñe·ta [カスタニェタ] 女 1〈楽器〉カスタネット. 2〈闘牛〉(闘牛士の頭飾りの) リボン.

cas·ta·ñe·te·ar [カスタニェテアル] 自《= castañear》1 カスタネットを鳴らす. 2 (歯が) かちかち鳴る.

cas·ta·ñe·te·o [カスタニェテオ] 男 1 カスタネットを鳴らすこと. 2 歯がかちかち鳴ること.

cas·ta·ño[1] [カスタニョ] 男 1〈樹木〉クリ [栗].

cas·ta·ño², ña²

2 栗色.
castaño de Indias 〈樹木〉マロニエ.
pasar de castaño oscuro ひどい状態になる, 度を越す.

cas·ta·ño², ña² [—, ナ] 形 栗色の.

cas·ta·ñue·las [カスタニュエラス] 女複 〈楽器〉カスタネット.
como unas castañuelas 1 とても陽気な. 2 上機嫌に.

cas·te·lla·ni·zar [カステジャニサル] 他《39 gozar》1 …をスペイン語風にする. 2 …をカスティリア(地方)風にする.

cas·te·lla·no¹ [カステジャノ] 男 カスティリア語, スペイン語.

cas·te·lla·no², na [—, ナ] 形 1 カスティリア地方の. 2 (昔の)カスティリア王国の. 3 カスティリア語の, スペイン語の.
— 男女 1 カスティリア人. 2 スペイン人.

cas·te·lla·no·ha·blan·te [カステジャノアブランテ] 形 スペイン語を話す.
— 男女 スペイン語話者.

cas·te·lla·no·le·o·nés, ne·sa [カステジャノレオネス, ネサ] 形 カスティリア・イ・レオン自治州 Castilla y León の.
— 男女 カスティリア・イ・レオン自治州の人.

cas·te·lla·no·man·che·go, ga [カステジャノマンチェゴ, ガ] 形 カスティリア・ラ・マンチャ自治州 Castilla - La Mancha の.
— 男女 カスティリア・ラ・マンチャ自治州の人.

Cas·te·llón [カステジョン] 固 《+de la Plana》〈県・県都の名〉(スペイン東部の)カステジョン・デ・ラ・プラナ.

cas·te·llo·nen·se [カステジョネンセ] 形 (スペインの県・県都の)カステジョン・デ・ラ・プラナの.
— 男女 カステジョン・デ・ラ・プラナの人.

cas·ti·ci·dad [カスティシダス] 女 (言語などの)純正さ.

cas·ti·cis·mo [カスティシスモ] 男 (国語などの)純粋主義.

cas·ti·cis·ta [カスティシスタ] 男女 (国語などの)純粋主義者.

cas·ti·dad [カスティダス] 女 純潔, 貞節.

cas·ti·gar [カスティガル] 他《47 llegar》1 …を罰する, こらしめる. 2 …を苦しめる, さいなむ. 3 …を厳しくしかる. 4 (自然現象が)…に損害を与える. 5 〈闘牛〉(牛)を痛めつける.

cas·ti·go [カスティゴ] 男 1 罰, こらしめ, 刑罰. 2 苦痛の原因.
— 固 → castigar 罰する.
castigo ejemplar 見せしめの厳罰.
máximo castigo (サッカーなどの)ペナルティーキック.

castigu- → castigar 罰する (活 47).

Cas·ti·lla [カスティジャ] 固 〈地方の名〉(スペイン中央部の)カスティリア.
Castilla la Nueva (古い地方名の)新カスティリア.
Castilla la Vieja (古い地方名の)旧カスティリア.

Cas·ti·lla - La Man·cha [カスティジャらマンチャ] 固 〈自治州の名〉(スペイン中部の)カスティリア・ラ・マンチャ.

Cas·ti·lla y Le·ón [カスティジャイレオン] 固 〈自治州の名〉(スペイン中北部の)カスティリア・イ・レオン.

cas·ti·llo [カスティジョ] 男 1 城, 城塞 (じょうさい), 砦 (とりで). 2 〈船〉船首楼.
castillo de fuego [*fuegos artificiales*] 仕掛け花火.
castillo de popa 〈船〉船尾楼.
hacer [*forjar, levantar*] *castillos en el aire* 空中楼閣を描く, 夢のようなことを考える.

cas·ti·zo, za [カスティソ, サ] 形 1 〈語法〉純正の, 純粋の. 2 (マドリード人やアンダルシア人で)生っ粋の.

cas·to, ta² [カスト, —] 形 純潔な, 貞節な.

cas·tor [カストル] 男 〈動物〉ビーバー.

cas·tra·ción [カストラシオン] 女 去勢.

cas·trar [カストラル] 他 1 …を去勢する. 2 (知力など)を弱める, 減退させる.

cas·tren·se [カストレンセ] 形 軍隊の.

cas·tro [カストロ] 男 (ケルト系の昔の)城塞 (じょうさい), 砦 (とりで).

ca·sual [カスアル] 形 偶然の, 思いがけない.
por un casual 副 偶然(に).

ca·sua·li·dad [カスアリダス] 女 偶然, 偶然の出来事.
dar la casualidad de (*que*)... 偶然…が起きる.
por casualidad たまたま, 偶然(に).

ca·sual·men·te [カスアるメンテ] 副 たまたま, 偶然(に).

ca·sua·rio [カスアリオ] 男 〈鳥〉ヒクイドリ.

ca·su·cha [カスチャ] 女 あばら家, バラック.

ca·suís·ti·ca¹ [カスイスティカ] 女 〈神学〉決疑論.

ca·suís·ti·co, ca² [カスイスティコ, —] 形 決疑論の.

ca·su·lla [カスジャ] 女 (司祭の)上祭服.

ca·ta [カタ] 女 1 試飲, きき酒, 試食, 味見. 2 (試飲・飲食用のサンプルの)ひと口, ひと切れ.
— 固 → catar 試飲する.

ca·ta·bo·lis·mo [カタボリスモ] 男 〈生物学〉異化, 異化作用.

ca·ta·clis·mo [カタクリスモ] 男 天変地異, 自然の激変.

ca·ta·cum·bas [カタクンバス] 女複 (地下墓地の)カタコンベ.

ca·ta·dor, do·ra [カタドル, ドラ] 男女 ワインの鑑定家.

ca·ta·du·ra [カタドゥラ] 女 外見, 顔つき.

ca·ta·fal·co [カタふぁるコ] 男 棺 (ひつぎ)台.

活 は活用形 複 は複数形 男 は男性名詞 女 は女性名詞 固 は固有名詞 代 は代名詞 自 は自動詞

ca·ta·lán[1] [カタラン] 男 カタルニア語.
ca·ta·lán[2], **la·na** [—, ラナ] 形 カタルニア(地方)の.
— 男女 カタルニア人.
ca·ta·la·nis·mo [カタらニスモ] 男 1 (スペイン語などに入っている)カタルニア語系要素. 2 カタルニア分離運動.
ca·ta·la·nis·ta [カタらニスタ] 形《男女同形》カタルニア分離主義の.
— 男女 カタルニア分離主義者.
ca·ta·le·jo [カテれホ] 男 筒型望遠鏡.
ca·ta·lep·sia [カタれプシア] 女〈医学〉カタレプシー, 強硬症.
Ca·ta·li·na [カタリナ] 固《女性の名》カタリナ.
ca·tá·li·sis [カタリシス] 女〈化学〉触媒作用.
ca·ta·li·za·dor [カタりさドル] 男〈化学〉触媒.
ca·ta·li·zar [カタりさル] 他《活 39 gozar》1〈化学〉…に触媒作用を及ぼす. 2 (力や感情を)引きつける, まとめあげる.
ca·ta·lo·ga·ción [カタろガしオン] 女 1 目録作成, 分類. 2 (集団のなかの)評価.
ca·ta·lo·gar [カタろガル] 他《活 47 llegar》1 …を整理して目録にする, …のカタログを作る. 2 (集団のなかで)…を(+de...)…であると評価する.
ca·tá·lo·go [カタろゴ] 男 カタログ, 目録.
Ca·ta·lu·ña [カタるニャ] 固〈地方・自治州の名〉(スペイン北東部の)カタルニア.
ca·ta·ma·rán [カタマラン] 男 双胴船, カタマラン船.
ca·ta·plas·ma [カタプらスマ] 女 1 湿布. 2 ごねる人.
ca·ta·plum [カタプるン] 間《擬音語》(物が衝突するときの)ガチャン, ドスン, バタン, ドカン.
ca·ta·pul·ta [カタプるタ] 女 1〈武器〉(昔の)投石器. 2〈飛行機〉カタパルト. 3 (躍進のための)跳躍台.
ca·ta·pul·tar [カタプるタル] 他 …を一躍有名にする.
ca·tar [カタル] 他 1 …を試飲する, 試食する. 2 (感情など)を初めて経験する.
ca·ta·ra·ta [カタラタ] 女 1 大きな滝, 瀑布(ぼう). 2〈医学〉白内障.
ca·ta·rral [カタラる] 形〈医学〉カタル性の.
ca·ta·rro [カタロ] 男 風邪(ぜ), 感冒, カタル.
agarrar [coger] un catarro 風邪をひく.
ca·ta·rro·so, sa [カタロソ, サ] 形 風邪(ぜ)をひきやすい.
ca·tar·sis [カタルシス] 女〈哲学〉カタルシス, 浄化作用.
ca·tár·ti·co, ca [カタルティコ, カ] 形〈哲学〉カタルシスの, 浄化作用の.
ca·tas·tral [カタストらる] 形 土地台帳の.
ca·tas·tro [カタストロ] 男 1 土地台帳. 2 (税の)地租.

ca·tás·tro·fe [カタストロふェ] 女 1 大事故, 大惨事, 破局. 2 ひどいしろもの, 悪印象を与えるもの.
ca·tas·tró·fi·co, ca [カタストろふィコ, カ] 形 1 大惨事の, 大災害の. 2 ひどい, とても悪い.
ca·tas·tro·fis·mo [カタストろフィスモ] 男 大変動発生説.
ca·ta·vi·no [カタビノ] 男〈ワイン〉(細長い)きき酒用グラス.
ca·ta·vi·nos [カタビノス] 男女《単複同形》ワイン鑑定家.
ca·tchup [カチュプ] 男《= catsup》〈ソース〉ケチャップ.
ca·te [カテ] 男 1〈試験〉落第. 2 平手打ち, びんた.
ca·te·ar [カテアル] 他 …を落第させる.
ca·te·cis·mo [カテしスモ] 男〈宗教〉公教要理, 教理問答書, カテキズム.
ca·te·cu·me·na·do [カテクメナド] 男〈宗教〉受洗のための教育.
ca·te·cú·me·no, na [カテクメノ, ナ] 男女〈宗教〉1 洗礼志願者. 2 受洗者.
cá·te·dra [カテドラ] 女 1 教壇. 2 教授職. 3 専門教育科目. 4 (教授用の)講義室, 研究室. 5 講座.
cátedra del Espíritu Santo 説教壇.
cátedra de San Pedro 教皇座.
ex cátedra 権威をもって, 断固として.
sentar cátedra 1 権威がある. 2 断定的な言い方をする[される].
ca·te·dral [カテドらル] 女 大聖堂, カテドラル, 司教座聖堂.
como una catedral ばかでかい, 並はずれた.
ca·te·dra·li·cio, cia [カテドラりしオ, しア] 形 司教座聖堂の.
ca·te·drá·ti·co, ca [カテドらティコ, カ] 男女 (大学や高等専門教育の)教授, 教員.
ca·te·go·rí·a [カテゴリア] 女 1 等級, 階級, ランク. 2 身分, 地位. 3 範疇(はん), カテゴリー. 4 部門, 部類.
dar categoría a... …を高級に見せる, 格上げする.
de categoría 上等な, 一流の, 上流の.
ca·te·gó·ri·ca·men·te [カテゴリカメンテ] 副 断定的に, きっぱりと.
ca·te·gó·ri·co, ca [カテゴリコ, カ] 形 断定的な, 明らかな.
ca·te·que·sis [カテケシス] 女《単複同形》(教会が行う)初等教理教育.
ca·te·quis·mo [カテキスモ] 男〈宗教〉公教要理, 教理問答書, カテキズム.
ca·te·quis·ta [カテキスタ] 男女〈宗教〉初等教理教育者.
ca·te·qui·zar [カテキさル] 他《活 39 gozar》…に初等教理を教える.
ca·ter·va [カテルバ] 女 1 雑多な群衆, 烏合(ごう)の衆. 2 がらくたの山.

ca·té·ter [カテテル] 男 〈医療器具〉(管の)カテーテル.

ca·te·to[1] [カテト] 男 (直角三角形の)直角を作る三辺.

ca·te·to[2], **ta** [—, タ] 男 女 田舎(いなか)者, ださい人間.

ca·tión [カティオン] 男 〈化学〉陽イオン.

ca·tó·di·co, ca [カトディコ, カ] 形 〈物理学〉陰極の.

cá·to·do [カトド] 男 〈物理学〉陰極.

ca·to·li·cis·mo [カトリシスモ] 男 1〈宗教〉カトリック教. 2 (集合的に)カトリック教徒.

ca·tó·li·co, ca [カトリコ, カ] 形 1 カトリック教の. 2 〈人〉健全な, 元気いっぱいの.
— 男 女 カトリック教徒.

ca·tón [カトン] 男 読み方入門書.

ca·tor·ce [カトルセ] 男 1〈数字〉14, XIV. 2 14のもの.
— 形 〈男女同形〉1 14の. 2 14番目の.
— 男 14番目のもの.

ca·tor·ce·a·vo[1] [カトルセアボ] 男 14分の1.

ca·tor·ce·a·vo[2], **va** [—, バ] 形 14分の1の.

ca·tre [カトレ] 男 簡易ベッド.

cau·cá·si·co, ca [カウカシコ, カ] 形 1 コーカサス人種[白人種]の. 2 コーカサス地方 Cáucaso の.

cau·ce [カウセ] 男 1 河床, 川底. 2 方法, 手段. 3 道, 進む方向.
dar cauce a... …を容易にする.
volver las aguas a su cauce もとの状態に戻る.

cau·che·ro, ra [カウチェロ, ラ] 形 〈天然〉ゴムの.
— 男 女 1 ゴム栽培者. 2 ゴム商人.

cau·cho [カウチョ] 男 ゴム.
caucho sintético 合成ゴム.

cau·dal [カウダル] 形 〈動物〉尻尾の, 尾の.
— 男 1 財産, 富. 2 (川の)水量, 流量. 3 大量, 多量.

cau·da·lo·so, sa [カウダロソ, サ] 形 〈川〉水量の多い, 流れの豊かな.

cau·di·llo [カウディジョ] 男 (軍事的集団の)頭領, 指導者.

cau·sa [カウサ] 女 1 原因. 2 動機, 理由. 3 主義, 主張, 大義. 4 訴訟, 申し立て/entender una *causa* 事件を審理する.
a causa de... …ゆえに, …が原因で.
fuera de causa 関連のない.
hacer causa común con... …と連帯する, 協力する.

cau·sal [カウサル] 形 原因の, 理由の.

cau·sa·li·dad [カウサリダス] 女 〈哲学〉因果関係.

cau·san·te [カウサンテ] 形 原因となる, もととなる.

cau·sar [カウサル] 他 …を引き起こす, …の原因となる.

caus·ti·ci·dad [カウスティシダス] 女 1 腐食性. 2 (言葉の)辛辣(しんらつ)さ, 悪意.

cáus·ti·co, ca [カウスティコ, カ] 形 1 腐食性の. 2 辛辣(しんらつ)な, 攻撃的な.

cau·te·la [カウテラ] 女 1 用心, 慎重さ. 2 悪賢さ.

cau·te·lar [カウテラル] 形 1 予防的な. 2 用心のための.

cau·te·lo·sa·men·te [カウテロサメンテ] 副 用心して, 慎重に.

cau·te·lo·so, sa [カウテロソ, サ] 形 用心深い, 慎重な.

cau·te·rio [カウテリオ] 男 〈医学〉焼灼(しょうしゃく)処理.

cau·te·ri·za·ción [カウテリサシオン] 女 〈医学〉焼灼(しょうしゃく)療法.

cau·te·ri·zar [カウテリサル] 他 〈活 39 go-zar〉〈医学〉…を焼灼(しょうしゃく)する.

cau·ti·va·dor, do·ra [カウティバドル, ドラ] 形 魅惑的な, うっとりさせる.

cau·ti·var [カウティバル] 他 1 …をうっとりさせる, 魅惑する. 2 …の気持ちを引きつける. 3 …を捕虜にする.

cau·ti·ve·rio [カウティベリオ] 男 《= cautividad 女》1 捕われの身. 2 虜囚(りょしゅう)生活. 3 (野生動物の)捕獲.

cau·ti·vo, va [カウティボ, バ] 形 1 捕虜になった. 2 とりこになった.
— 男 女 1 捕虜. 2 とりこ.

cau·to, ta [カウト, タ] 形 用心深い, 慎重な.

ca·va [カバ] 男 (カタルニア産シャンペンの)カバ.
— 女 1 (カバの)地下醸造所. 2 (ブドウ畑などの)掘り起こし.

ca·var [カバル] 他 1 (農地を)掘り起こす. 2 (地面を)掘り下げる.
— 自 (+en...) …を深く考える.

ca·ver·na [カベルナ] 女 1 ほら穴, 洞窟(どうくつ). 2 〈医学〉(肺などの)空洞.

ca·ver·ní·co·la [カベルニコラ] 形 《男女同形》ほら穴に住む.
— 男 女 穴居(けっきょ)人.

ca·ver·no·so, sa [カベルノソ, サ] 形 1 ほら穴の, 洞窟(どうくつ)のような. 2 洞窟の多い. 3 (声などが)くぐもった.

ca·viar [カビアル] 男 〈食材〉キャビア.

ca·vi·dad [カビダス] 女 空洞, くぼみ/*cavidad* bucal 口腔.

ca·vi·la·ción [カビラシオン] 女 熟考, 沈思.

ca·vi·lar [カビラル] 他 …について深く考える, 熟考する.

cay- 活 → caer 落ちる《活 16》.

ca·ya·do [カヤド] 男 1 (握りの曲がった)杖(つえ). 2 〈宗教〉司教杖(じょう).

ca·yo [カヨ] 男 (平坦な)砂地の小島.
ca·za [カサ] 男 戦闘機.
— 女 1 狩猟, 狩り. 2 (狩りの)獲物. 3 追跡, 探索.
andar [*ir*] *a la caza de...* …を探し求める.
caza de brujas 1 魔女狩り. 2 偏見による迫害.
caza mayor (シカなどの)大型の獲物.
caza menor (鳥やウサギなどの)小型の獲物.
dar caza a... …を追跡する, 追求する.
espantar la caza 1 獲物を逃がす. 2 事を台無しにする.
levantar la caza 獲物[相手]に気づかれてしまう.
ca·za·be [カサベ] 男〈料理〉キャッサバ・パン.
ca·za·bom·bar·de·o [カサボンバルデオ] 男 戦闘爆撃機.
ca·za·dor, do·ra[1] [カサドル, ドラ] 形 1 狩猟の. 2〈動物〉狩猟本能のある.
— 男 女 狩猟者, ハンター.
ca·za·do·ra[2] [カサドラ] 女〈衣服〉ジャンパー.
ca·za·do·tes [カサドテス] 男〈単複同形〉資産家の娘と結婚したがる男.
ca·za·lla [カサジャ] 女 (セビリア産の焼酎(ﾁｭｳ))のカサジャ.
ca·zar [カサル] 他《活 39 gozar》1 …を狩る, 狩猟する. 2 …を巧みに入手する, 射止める. 3 …をその気にさせる. 4 …を(隠し事の最中に)見つける, 現行犯で押さえる. 5 …を追いつめる, 捕らえる. 6 (意味などを)理解する, つかむ.
ca·zo [カソ] 男 1 片手鍋(ﾅﾍﾞ), ソースパン. 2 (台所で使うう)しゃもじ, おたま. 3 不器用者, どじ. 4 みっともない人.
— 活 → cazar 狩る.
meter el cazo 1 へまをする, どじを踏む. 2 余計な世話をやく.
ca·zo·le·ta [カソレタ] 女 1 小型の片手鍋(ﾅﾍﾞ). 2 (刀剣の)つば.
ca·zón [カソン] 男〈魚〉ツノザメ.
ca·zue·la [カスエラ] 女 1 浅い鍋(ﾅﾍﾞ), シチュー鍋. 2〈料理〉シチュー. 3 (ブラジャーの)カップ.
ca·zu·rro, rra [カスロ, ラ] 形〈人〉不器用な, にぶい, のろまな.
— 男 女 不器用者, のろま.
c/c〈略語〉1 *cuenta corriente* 当座預金. 2 *con copia a...* (手紙で)この写しを…に送付.
CD [セデ]〈略語〉1〈車 標〉*Cuerpo Diplomático* 外交官. 2 (英語の)*compact disk* コンパクトディスク.
CD-ROM [セデロン] 男〈コンピューター〉シーディーロム.
ce [セ] 女〈文字 C, c の名〉セ.
ce por be [*ce por ce*]〈くわしく, 詳細に.
por ce o por be どうにかして, どのみち.
CE [セエ]《略語》*Comunidad Europea* ヨーロッパ共同体 [= 英語 EC].
ce·ba·da[1] [セバダ] 女〈穀物〉オオムギ[大麦].

ce·ba·dal [セバダル] 男 大麦畑.
ce·ba·do, da[2] [セバド, —] 形〈野獣〉人食いの.
ce·bar [セバル] 他 1 (家畜や人)を太らせる, 肥育する. 2 (釣針やわなに)餌(ｴｻ)をつける. 3 (感情)をかきたてる.
— *cebarse* 再 (+en...) …を痛めつける.
ce·bi·che [セビチェ] 男〈料理〉(魚のマリネの)セビチェ.
ce·bo [セボ] 男 1 (釣りや狩りの)餌(ｴｻ), おとり. 2 (家畜の)餌, 飼料. 3 (人を引きつける)餌, 魅力.
— 活 → cebar 太らせる.
ce·bo·lla [セボジャ] 女 1〈野菜〉タマネギ. 2〈植物〉球根, 鱗茎(ﾘﾝｹｲ).
Contigo, pan y cebolla.〈ことわざ〉恋しいあなたとなら, 粗食でも満足.
ce·bo·llar [セボジャル] 男 タマネギ畑.
ce·bo·lle·ta [セボジェタ] 女 1〈野菜〉ネギ. 2 若いタマネギ.
ce·bo·lli·no [セボジノ] 男〈植物〉(ユリ科の)アサツキ. 2〈人〉間抜け, 薄のろ.
mandar a (+人) *a escarbar cebollinos* …と唐突(ﾄｳﾄﾂ)に別れる.
ce·bón, bo·na [セボン, ボナ] 形 太った, 肥満した.
ce·bra [セブラ] 女〈動物〉シマウマ.
paso (*de*) *cebra* 横断歩道.
ce·bú [セブ] 男〈動物〉コブウシ.
ce·ca [セカ] 女 (昔の)造幣局.
Ce·ca [セカ] 女〈つぎの副詞句の一部〉
de la Ceca a la Meca あちらこちらへ.
ce·ce·ar [セセアル] 自〈発音〉C 音法 ceceo を行う.
ce·ce·o [セセオ] 男〈発音〉(s を歯音で発音する)C 音法.
Ce·ci·lia [セシリア] 固〈女性の名〉セシリア.
Ce·ci·lio [セシリオ] 固〈男性の名〉セシリオ.
ce·ci·na [セシナ] 女 (塩漬けの)干し肉.
ce·da [セダ] 女〈文字 Z, z の名〉セダ.
ce·da·zo [セダソ] 男 (粉などをふ振別けする)ふるい.
ce·der [セデル] 他 …をゆずる, 譲渡する.
— 自 1 (+a, en...) …に譲歩する, 屈する. 2 たるむ, ゆるむ, 弱くなる. 3 (痛みなどが)静まる, おさまる. 4 (圧力に負けて)くずれる, 倒れる.
ce·di·lla [セディジャ] 女 1〈文字 Ç, ç の名〉セディーユ, セディジャ. 2〈文字 Ç の)ひげの記号.
ce·dro [セドロ] 男 1〈樹木〉スギ[杉]. 2 杉材.
cedro de España ビャクシン.
cedro de la India ヒマラヤスギ.
cé·du·la [セデュラ] 女 1 (公的な)書類, 証書. 2 目録カード, 分類カード.
cédula hipotecaria 抵当証書.
cédula personal 身分証明書.
CEE [セエエ]《略語》*Comunidad Económica Europea* 欧州経済共同体 [= 英語 EEC].

他 は他動詞　再 は再帰動詞　形 は形容詞　副 は副詞　前 は前置詞　接 は接続詞　間 は間投詞

ce·fa·le·a [セふァれア] 囡 〈医学〉偏頭痛.
ce·fá·li·co, ca [セふぁリコ, カ] 形 〈解剖学〉頭部の.
ce·fa·ló·po·dos [セふァろポドス] 男複 (タコなどの)頭足類動物.
cé·fi·ro [セふィロ] 男 1 暖かい西風. 2 そよ風.
ce·ga·dor, do·ra [セガドル, ドラ] 形 目のくらむような, まぶしい.
ce·gar [セガル] 他 《活 53 negar》 1 …を盲目にする, 目が見えなくする. 2 …に分別を失わせる. 3 …をふさぐ, 封鎖する.
— 自 失明する, 目が見えなくなる.
— cegar·se 再 1 分別を失う. 2 (管などが)詰まる, ふさがる.
ce·ga·to, ta [セガト, タ] 形 視力の弱い, 近視の.
— 男囡 弱視者, 近視の人.
cegu- 活 → cegar 盲目にする《活 53》.
ce·gue·ra [セゲラ] 囡 1 盲目. 2 無分別.
ceguera cromática 色盲.
cei·ba [セイバ] 囡 〈植物〉カポックノキ.
ce·ja [セは] 囡 1 眉(まゆ), 眉毛. 2 (物の)突き出した部分. 3 〈楽器〉(ギターなどの)カポタスト.
fruncir las cejas 眉をしかめる.
hasta las cejas 最高度に.
meter·se [poner·se] a… entre ceja y ceja …の頭から離れない.
quemar·se las cejas 必死に勉強する.
tener a… entre ceja y ceja [entre cejas] …をうとんじる.
ce·jar [セはル] 自 (否定+en…) …を断念しない, …に譲歩しない.
ce·ji·jun·to, ta [セヒフント, タ] 形 1 眉(まゆ)毛の濃い, 2 しかめ面の.
ce·ji·lla [セヒじゃ] 囡 〈楽器〉(ギターなどの)カポタスト.
ce·la·da [セらダ] 囡 1 わな, 落とし穴. 2 待ち伏せ, 伏兵. 3 〈武具〉(昔の)かぶと.
ce·la·dor, do·ra [セらドル, ドラ] 男囡 (公共施設での)監視人, 監督.
ce·la·je [セらへ] 男 1 薄雲の空. 2 浮き雲.
ce·lar [セらル] 他 …を監視する, 監督する.
cel·da [セるダ] 囡 1 (刑務所の)独房. 2 (修道院などの)個室, 独居房. 3 (ハチの)巣穴.
cel·di·lla [セるディじゃ] 囡 (ハチの巣の6角形の)巣穴.
ce·le·bé·rri·mo, ma [セれベリモ, マ] 形 《絶対最上級語→célebre》とても有名な.
ce·le·bra·ción [セれブラすィオン] 囡 1 開催, 挙行. 2 祝典, 祝賀. 3 賞賛, 称揚. 4 〈宗教〉ミサの司式.
ce·le·bra·do, da [セれブラド, ダ] 《過去分詞》 → celebrar 開催する.
— 形 有名な, 評判の高い.
ce·le·bran·te [セれブランテ] 男 〈宗教〉(ミサの)司式司祭.
ce·le·brar [セれブラル] 他 1 …を開催する, 挙行する. 2 …を祝う. 3 …をたたえる, うれしく思う.
— 自 (司祭が)ミサをあげる.
— celebrar·se 再 開催される, 祝われる.
cé·le·bre [セれブレ] 形 よく知られた, 名高い.
ce·le·bri·dad [セれブリダす] 囡 1 高名, 名声. 2 有名人, 名士.
ce·le·mín [セれミン] 男 1 (穀物の容積単位)(約4.6リットルの)セレミン. 2 (昔の面積単位)(約537平米の)セレミン.
ce·len·té·re·os [セれンテレオス] 男複 〈分類〉(クラゲなどの)腔腸(こうちょう)動物.
ce·le·ri·dad [セれリダす] 囡 速さ, 敏捷(びんしょう)性.
ce·les·te [セれステ] 形 1 天の, 空の. 2 空色の.
— 男 空色.
bóveda celeste 大空, 天空.
ce·les·tial [セれスティアる] 形 1 天国の, 天上の. 2 完璧(かんぺき)な.
ce·les·ti·no, na [セれスティノ, ナ] 男囡 1 売春宿の主人. 2 売春の仲介者. 3 仲人(なこうど).
ce·li·ba·to [セリバト] 男 〈状態〉独身.
cé·li·be [セリベ] 形 独身の.
— 男囡 独身者, ひとり者.
ce·lo [セろ] 男 1 熱意, 熱心さ. 2 〈動物〉発情期, 発情, さかり. 3 セロハンテープ, セロテープ. [= papel celo].
estar en celo (動物が)さかりがついている.
ce·lo·fán [セろふァン] 男 セロハン紙.
ce·los [セろス] 男複 《→ celo》ねたみ, そねみ, 嫉妬(しっと).
dar celos a… …に嫉妬を起こさせる.
ce·lo·sa·men·te [セろサメンテ] 副 1 熱中して. 2 ねたんで, 妬(ねた)んで.
ce·lo·sí·a [セろスィア] 囡 (窓などの)組格子.
ce·lo·so, sa [セろソ, サ] 形 1 (+de, en…) …に熱心な. 2 ねたんでいる, 嫉妬(しっと)深い.
— 男囡 嫉妬深い人.
cel·ta [セるタ] 形 《男女同形》ケルト系の.
— 男囡 ケルト人.
— 男 ケルト語.
cel·ti·be·rio, ria [セるティベリオ, リア] 形 《= celtíbero, ra》(古代の)ケルト・イベリア族の.
— 男囡 ケルト・イベリア人.
cél·ti·co, ca [セるティコ, カ] 形 ケルト族の.
cé·lu·la [セるら] 囡 1 〈生物学〉細胞. 2 (社会活動上の)末端組織, 細胞.
célula fotoeléctrica 光電管, 光電池.
ce·lu·lar [セるらル] 形 〈生物学〉細胞の.
ce·lu·li·tis [セるリティス] 囡 《単複同形》〈医学〉(皮下の)蜂巣(ほうそう)炎, フレグモーネ.
ce·lu·loi·de [セるろイデ] 男 1 (プラスチックの)セルロイド. 2 映画界.
ce·lu·lo·sa [セるロサ] 囡 〈化学〉セルロース.
ce·men·tar [セメンタル] 他 〈冶金〉…を炭素むしにする, 浸炭する.

cen·tra·li·zar

ce·men·te·rio [セメンテリオ] 男 墓地, 墓場.
ce·men·to [セメント] 男 1 セメント. 2 コンクリート.
　cemento armado 鉄筋コンクリート.
　cemento dental 歯科用セメント.
ce·na [セナ] 女 夕食, 晩ごはん.
　la última [santa, sagrada] cena (キリストの)最後の晩餐(ばん).
　— 活 → cenar 夕食をとる.
ce·ná·cu·lo [セナクロ] 男 1 (キリストの)最後の晩餐(ばん)の部屋. 2 同好会, 文芸サロン.
ce·na·dor [セナドル] 男 (庭園の)休憩所, あずまや[東屋].
ce·na·gal [セナガル] 男 1 ぬかるみ, 泥沼. 2 (境遇の)苦境, 泥沼.
ce·na·go·so, sa [セナゴソ, サ] 形 ぬかるんだ, 泥まみれの.
ce·nar [セナル] 自 夕食をとる.
　— 他 夕食に…を食べる.
cen·ce·ño, ña [センセニョ, ニャ] 形 細い, きゃしゃな.
cen·ce·rra·da [センセラダ] 女 (お祭りの)鈴でのはやしたて.
cen·ce·rro [センセロ] 男 (家畜の)首の鈴.
　estar como un cencerro 気が狂っている.
ce·ne·fa [セネふァ] 女 (タオルなどの)縁飾り.
ce·ni·ce·ro [セニセロ] 男 灰皿.
Ce·ni·cien·ta [セニしエンタ] 固 (童話の)シンデレラ姫.
ce·ni·cien·to, ta [セニしエント, タ] 形 灰色の.
ce·nit [セニト] 男 1 絶頂, 頂点. 2 〈天文学〉天頂.
ce·ni·tal [セニタル] 形 1 絶頂の, 頂点の. 2 〈天文学〉天頂の.
ce·ni·za[1] [セニさ] 女 灰, 燃えかす.
ce·ni·zas [セニさス] 女 [*ceniza*] 遺骨.
ce·ni·zo[1] [セニそ] 男 1 縁起の悪い人間. 2 不運.
ce·ni·zo[2]**, za**[2] 形 灰色の.
ce·no·bio [セノビオ] 男 修道院.
ce·no·bi·ta [セノビタ] 男女 修道士, 修道女.
ce·no·ta·fio [セノタふィオ] 男 慰霊碑.
cen·sar [センサル] 他 …の人口調査を行う.
　— *censarse* 再 人口調査に加わる.
cen·so [センソ] 男 1 人口調査, 国勢調査. 2 (昔の)年貢.
cen·sor, so·ra [センソル, ソラ] 男女 1 検閲官. 2 批判者.
cen·su·ra [センスラ] 女 1 批判, 非難. 2 検閲.
cen·su·ra·ble [センスラブれ] 形 非難をされるような, 非難されてよい.
cen·su·rar [センスラル] 他 1 …を批判する, 非難する. 2 …を検閲する.
Cen·tau·ro [センタウロ] 固 (ギリシア神話の)ケンタウロス.
cen·ta·vo [センタボ] 男 〈通貨単位〉センタボ.

cen·te·lla [センテじゃ] 女 1 稲妻, 閃光(せん). 2 火花, スパーク.
cen·te·lle·an·te [センテじェアンテ] 形 ぴかっと光る, 火花を出す.
cen·te·lle·ar [センテじェアル] 自 ぴかっと光る, 火花を出す.
cen·te·lle·o [センテじェオ] 男 1 きらめき, 火花. 2 閃光.
cen·te·na [センテナ] 女 (単位としての)100.
cen·te·nal [センテナる] 男 ライムギ畑.
cen·te·nar [センテナル] 男 1 (単位としての)100. 2 百年祭, 百年記念日.
　a centenares たくさん, 多数.
cen·te·na·rio[1] [センテナリオ] 男 百年祭, 百年記念日.
cen·te·na·rio[2]**, ria** [—, リア] 形 100 の.
　— 男女 100 歳(代)の人.
cen·te·no [センテノ] 男 〈穀物〉ライムギ.
cen·te·si·mal [センテシマる] 形 100 分の 1 の.
cen·té·si·mo[1] [センテシモ] 男 100 分の 1.
cen·té·si·mo[2]**, ma** [—, マ] 形 1 100 番目の. 2 100 分の 1 の.
　— 男女 100 番目のもの.
cen·tí·gra·do, da [センティグラド, ダ] 形 〈温度〉摂氏の.
cen·ti·gra·mo [センティグラモ] 男 100 分の 1 グラム, センチグラム.
cen·ti·li·tro [センティリトロ] 男 100 分の 1 リットル, センチリットル.
cen·tí·me·tro [センティメトロ] 男 センチメートル.
cén·ti·mo [センティモ] 男 〈通貨単位〉センティモ.
cen·ti·ne·la [センティネラ] 男 〈軍隊〉歩哨(しょう).
　— 男女 〈人〉見張り, 監視.
cen·to·lla [セントじゃ] 女 《= *centollo* 男》ヨーロッパケガニ.
cen·tra·do, da [セントラド, ダ] 《過去分詞》
　→ *centrar* 中心に置く.
　— 形 中心を占める, 中心に置かれた.
cen·tral [セントラる] 形 1 中心の, 中央の. 2 主要な.
　— 女 1 本部, 本社, 本店. 2 発電所.
　— 男 (球技の)センター.
cen·tra·lis·mo [セントラリスモ] 男 〈政治〉中央集権主義.
cen·tra·lis·ta [セントラリスタ] 形 《男女同形》〈政治〉中央集権主義の.
　— 男女 中央集権主義者.
cen·tra·li·ta [セントラリタ] 女 1 電話交換台. 2 電話交換室.
cen·tra·li·za·ción [セントラりさしオン] 女 1 中央集権化. 2 集中化.
cen·tra·li·zar [セントラりさル] 他 〈活 39 *go-zar*〉 1 …を中央に集める. 2 〈政治〉…を中央

他 は他動詞　再 は再帰動詞　形 は形容詞　副 は副詞　前 は前置詞　接 は接続詞　間 は間投詞

集権化する.

cen·trar [セントラル] 他 1 …を中心に置く, 中心に集める. 2 …を (+en...) …に集中させる. 3 …を自分に集中させる, 引きつける. 4 …の気持ちを集中させる. 5 (球技でボールを)センタリングする.

cén·tri·co, ca [セントリコ, カ] 形 中心の, 中央の.

cen·tri·fu·ga·do·ra [セントリふガドラ] 女 遠心分離機.

cen·tri·fu·gar [セントリふガル] 他《活 47 llegar》…に遠心力を作用させる.

cen·trí·fu·go, ga [セントリふゴ, ガ] 形 遠心力の.

cen·trí·pe·to, ta [セントリペト, タ] 形 求心性の.

cen·tris·mo [セントリスモ] 男〈政治〉中道主義, 中道政治.

cen·tris·ta [セントリスタ] 形《男女同形》〈政治〉1 中道主義の. 2 中道派の.
— 男 女 中道派議員.

cen·tro [セントロ] 男 1 中心, 中央部. 2 (関心などの)的. 3 中枢, 中核. 4 中心街, 都心. 5 中心地. 6 中心的施設, センター. 7〈政治〉中道派. 8〈球技〉センタリング.〔守備位置の〕センター.

centro de gravedad 重心.

centro de mesa (テーブルの中心部に置く飾りの)テーブルセンター.

centros nerviosos 神経中枢.

Cen·tro·a·mé·ri·ca [セントロアメリカ] 固〈地域の名〉中央アメリカ, 中米.

cen·tro·a·me·ri·ca·no, na [セントロアメリカノ, ナ] 形 中央アメリカの.
— 男 女 中米人.

cen·tro·eu·ro·pe·o, a [セントロエウロペオ, ア] 形 中央ヨーロッパの.
— 男 女 中央ヨーロッパ人.

cen·tu·pli·car [セントゥプリカル] 他《活 73 sacar》…を100倍にする.

cén·tu·plo, pla [セントゥプロ, プラ] 形 100倍の.

cen·tu·ria [セントゥリア] 女 1 100年間, 1世紀. 2 (古代ローマの軍隊の)百人隊.

cen·tu·rión [セントゥリオン] 男 (古代ローマ軍の)百人隊隊長.

ce·ñi·do, da [セニド, ダ]《過去分詞》→ ceñir 巻きつける.
— 形 1 (衣類などが)ぴったりした, ぴっちりした. 2 (経費などが)引き締まった, 倹約した.

ce·ñir [セニル] 他《活 68 reñir》1 (体の一部など)に (+con, de...) …を巻きつける. 2 …をぴったりつける. 3 …を取り囲む, 締めつける.
— ceñirse 再 1 (+a...) …に専念する, 限定する. 2 …を身につける. 3 (+a...) …に合わせる, 従う. 4 (太刀(ちち))を帯びる, はく.

ce·ño [セニョ] 男 1 しかめっ面. 2 眉間(みけん).

ce·ñu·do, da [セニュド, ダ] 形 眉(まゆ)をひそめた.

ce·pa [セパ] 女 1 ブドウの木[株]. 2 (木の)株, 根元.

de buena cepa 家柄の良い, 上質の.

de pura cepa〈人〉生粋(きっすい)の, はえ抜きの.

ce·pe·llón [セペジョン] 男 (移植する植物の)根についている土.

ce·pi·llar [セピジャル] 他 1 …にブラシをかける. 2 (板など)にかんなをかける. 3 …から金品を巻き上げる.
— cepillarse 再 1 (人)を殺す, 消す. 2 …を不合格にする, 落第させる. 3 …を素早く片付ける. 4 (授業)をさぼる. 5 (異性)をものにする.

ce·pi·llo [セピジョ] 男 1 ブラシ, 刷毛(はけ). 2 献金箱, 慈善箱. 3 (大工の)かんな.

al cepillo (髪のカットで)ブラシのように短く.

cepillo de dientes 歯ブラシ.

cepillo del pelo ヘアブラシ.

ce·po [セポ] 男 1 (狩猟の)わな. 2 (駐車違反の車につける)締め具.

ce·po·rro, rra [セポロ, ラ] 男 女〈人〉薄のろ, 間抜け.

dormir como un ceporro ぐっすり眠る.

ce·ra [セラ] 女 1 ろう[蠟]. 2 (集合的に)ろうそく. 3 蜜ろう. 4 耳あか. 5 ワックス.

hacer la cera 脱毛パックをする.

no haber más cera que la que arde もうほかに何も隠されていない.

pálido como la cera 顔色が真っ青な.

ce·rá·mi·ca¹ [セラミカ] 女 1 陶芸. 2 陶磁器.

ce·rá·mi·co, ca² [セラミコ, カ] 形 陶器の.

ce·ra·mis·ta [セラミスタ] 男 女 陶芸家, 陶工.

cer·ba·ta·na [セルバタナ] 女〈筒〉吹き矢.

cer·ca [セルカ] 女 柵(さく), 囲い.
— 副 近くに, 近くで.
— 活 → cercar 囲いをする.

cerca de... 1 (+場所) …の近くに. 2 (+数量) およそ…, 約…. 3 (estar+) いまにも…しそうである.

de cerca 間近に, 近くから.

cer·ca·do [セルカド] 男 1 囲われた土地. 2 囲い, 柵(さく).

cer·ca·ní·a [セルカニア] 女 1 近いこと, 間近な状態. 2 近郊, 郊外 [= cercanías].

cer·ca·no, na [セルカノ, ナ] 形 1 (+a...) …に近い, 近くの. 2 親密な, 近親の.

cer·car [セルカル] 他《活 73 sacar》1 (土地など)に囲いをする, …を囲む. 2〈軍隊〉…を包囲する, 取り囲む. 3 …を人垣で取り囲む, 取り巻く.

cer·ce·nar [セルセナル] 他 1 (手足などのような先端部分)を切断する, 切り取る. 2 …を削減する, 切り詰める.

cer·cha [セルチャ] 女 (建築中の)アーチの枠.

cer·cio·rar·se [セルシオラルセ] 再 (+de...) …を確認する, 確認する.

cer·co [セルコ] 男 1 囲むもの, 輪. 2 (桶(おけ)などの)たが. 3 枠組み, 枠. 4 (太陽や月にかかる)かさ.

活 は活用形　複 は複数形　男 は男性名詞　女 は女性名詞　固 は固有名詞　代 は代名詞　自 は自動詞

5 〈作戦〉包囲.
cer·da[1] [セルダ] 女 1 (馬の尻尾や豚などの)剛毛. 2 ブラシの毛.
cer·da·da [セルダダ] 女 1 悪だくみ, きたない手. 2 きたない物. 3 みだらな行為.
Cer·de·ña [セルデニャ] 固 《島の名》(地中海上のイタリア領の)サルジニア.
cer·do[1] [セルド] 男 豚肉.
cer·do[2]**, da** 形 きたない, 汚れた.
— 男 1 〈動物〉ブタ[豚]. 2 薄きたない人間. 3 卑劣な人間.
como un cerdo 1 〈人〉太った. 2 〈食べ方〉がつがつと.
ce·re·al [セレアる] 形 〈植物〉穀類の.
— 男 穀物, 穀類 [=cereales].
ce·re·a·lis·ta [セレアリスタ] 形 《男女同形》1 穀物の. 2 穀物生産の. 3 穀物取引の.
ce·re·be·lo [セレベろ] 男 〈解剖学〉小脳.
ce·re·bral [セレブラる] 形 1 大脳の, 脳の. 2 理知的な, 理性的な.
ce·re·bro [セレブロ] 男 1 〈解剖学〉脳, 大脳. 2 頭脳, 知力. 3 〈人〉すぐれた頭脳, 俊才. 4 立案者, プランナー.
cerebro electrónico 人工頭脳.
lavar a... el cerebro …を洗脳する.
secar·se a... el cerebro …の思考能力が落ちる.
ce·re·bro·es·pi·nal [セレブロエスピナる] 形 〈解剖学〉脳脊髄(ずい)の, 中枢神経系の.
ce·re·mo·nia [セレモニア] 女 1 儀式, 式典. 2 儀礼, 堅固しさ.
ceremonia de apertura del curso 開講式, 入学式.
ceremonia de clausura 閉会式, 終了式.
ceremonia de inauguración 開会式.
con gran ceremonia 〈格〉オートロック.
por ceremonia 儀礼的に, 形式的に.
sin ceremonias 略式で, もったいぶらずに.
traje de ceremonia 式服, 礼服.
ce·re·mo·nial [セレモニアる] 形 儀式の, 儀礼の.
— 男 1 式次第. 2 儀典, 作法.
ce·re·mo·nio·sa·men·te [セレモニオサメンテ] 副 1 厳粛(げん)に, おごそかに. 2 形式ばって.
ce·re·mo·nio·so, sa [セレモニオソ, サ] 形 1 おごそかな, 作法通りの. 2 儀式ばった, 形式的な.
cé·re·o, a [セレオ, ア] 形 ろう(蝋)の, ろうのような.
ce·re·rí·a [セレリア] 女 ろうそく店.
ce·re·za [セレさ] 女 〈果実〉サクランボ.
ce·re·zo [セレそ] 男 1 〈樹木〉サクラ[桜]. 2 桜材.
ce·ri·lla [セリじゃ] 女 1 〈発火具〉マッチ. 2 耳あか.
ce·ri·lle·ro, ra [セリじぇロ, ラ] 男 女 〈人〉マッチ売り.

cer·ner [セルネル] 他 《活 58 perder》(粉などを)ふるい cedazo にかける.
— **·se** 再 1 〈悪いことが〉(+sobre...) …に迫る. 2 〈鳥などが〉滑空する, 空に浮かぶ.
cer·ní·ca·lo [セルニカロ] 男 〈鳥〉(ハヤブサ科の)チョウゲンボウ.
cer·nir [セルニル] 他 《活 28 discernir》《= cerner》…をふるいにかける.
ce·ro [セロ] 形 《男女同形, 単複同形》ゼロの, 零の.
— 男 1 〈数字〉ゼロ. 2 〈記号〉0(ぜ). 3 零度, 零点; 〈成績〉零点 *cero* 零下 3 度.
al cero 〈散髪〉丸坊主に.
cero absoluto 〈物理学〉絶対零度.
de [desde] cero 初めから, 裸一貫で.
ser un cero a la izquierda 〈人〉何の役にも立たない.
ce·ro·te [セロテ] 男 (靴の縫い糸に塗る)ろう[蝋].
cerqu- 活 → cercar 囲いをする《活 73》.
cer·qui·llo [セルキじょ] 男 (聖職者の)冠状に剃(そ)った頭頂部.
cer·qui·ta [セルキタ] 副 近くに, すぐそばに.
ce·rra·do, da [セラド, ダ] 《過去分詞》→ cerrar 閉じる.
— 形 1 閉じた, しめられた. 2 〈話し方〉なまりの強い. 3 強情な, かたくなな. 4 内向的な, 非社交的な. 5 〈空〉曇った, 暗い. 6 不明瞭な, 理解しにくい. 7 理解力のない, にぶい, 鈍(に)の. 8 〈音声学〉閉音の, 閉じた.
barba cerrada 濃いひげ.
curva cerrada 急カーブ.
noche cerrada 真の闇.
ce·rra·du·ra [セラドゥラ] 女 《= cerraja》錠前(じょう), 錠, かんぬき.
cerradura de golpe 〈錠〉オートロック.
ce·rra·je·rí·a [セラヘリア] 女 1 錠前店. 2 錠前工場.
ce·rra·je·ro, ra [セラヘロ, ラ] 男 女 錠前職人.
ce·rra·mien·to [セラミエント] 男 1 閉じるもの. 2 閉じること, 閉鎖.
ce·rrar [セラる] 他 《活 57 pensar》1 …を閉じる, しめる.
2 (店など)をしめる, 閉鎖する, やめる.
3 (進路など)を遮断する, 通行止めにする, 封鎖する.
4 …を終らせる, まとめる.
5 …を締め切る, 締めくくる.
6 (間隔など)を詰める.
7 …の最後尾を占める.
— 自 1 (戸などが)閉じる, しまる, ふさがる.
2 (店などが)閉店する, 休業する.
3 (+con...) …との戦闘を開始する.
4 (夜が)訪れる／Ha *cerrado* la noche. 夜になった.

他 は他動詞 再 は再帰動詞 形 は形容詞 副 は副詞 前 は前置詞 接 は接続詞 間 は間投詞

ce·rra·zón

5 (傷口が)ふさがる.
— **cerrar·se** 再 1 閉じる, しまる, ふさがる.
2 (+a...) …を受け入れない.
3 (+en...) …をかたくなに守る.
4 (人が)集まる, 密集する.
5 (空が)曇る.
6 (業務などが)終る, 終了する.
7 (カーブで)内側寄りに走る.

cerrar... con dos vueltas …の鍵を二重にしめる.
cerrar... con siete llaves …を厳重に戸締りする.
cerrar los ojos 1 目を閉じる. 2 死ぬ.

ce·rra·zón [セラソン] 囡 1 鈍(ﾄﾞﾝ)なこと, 愚鈍, 暗愚. 2 強情, 頑固.

ce·rril [せりる] 形 1 頑固な, 強情な. 2 鈍(ﾄﾞﾝ)な, にぶい. 3 粗野な, 無作法な.

ce·rro [セロ] 男 丘, 小山.
ir·se [salir] por los cerros de Úbeda 的はずれなことをくどくどと言う.
un cerro de... 大量の…, 山のような….

ce·rro·ja·zo [セロハソ] 男 1 乱暴な施錠. 2 突然の断ち切り[中断].

ce·rro·jo [セロホ] 男 1 かんぬき, 差し錠. 2 (サッカーなどの)防御策. 3〈鈍〉遊底.

cer·ta·men [セルタメン] 男 コンクール, コンテスト, 公開競技会.

cer·te·ro, ra [セルテロ, ラ] 形 1〈射撃〉的をはずさない. 2 的確な, 的を射た.

cer·te·za [セルテさ] 囡 1 確かな知識, 確信. 2 確かさ, 確実性.

cer·ti·dum·bre [セルティドゥンブレ] 囡 確信.

cer·ti·fi·ca·ción [セルティフィカスィオン] 囡 1 認定, 証明, 保証. 2〈郵便〉書留.

cer·ti·fi·ca·do¹ [セルティフィカド] 男 1 書留郵便. 2 証明書, 保証書, 認定書.

cer·ti·fi·ca·do², da [—, ダ] 《過去分詞》
→ certificar 証明する.
— 形 1〈郵便〉書留の. 2 保証された, 証明された.

cer·ti·fi·car [セルティフィカル] 他《活 73 sa-car》1 証明する, 保証する, 認定する. 2〈郵便物〉を書留にする.

cer·tí·si·mo, ma [セルティスィモ, マ] 形 《絶対最上級》→ cierto, ta) 絶対確かな.

ce·ru·men [セルメン] 男 耳あか.

Cer·van·tes [セルバンテス] 固〈人の名〉(16—17世紀のスペインの文人の)セルバンテス[=Miguel de Cervantes Saavedra].

cer·van·ti·no, na [セルバンティノ, ナ] 形 セルバンテスの, セルバンテス風の.

cer·van·tis·mo [セルバンティスモ] 男 1 セルバンテス研究. 2 セルバンテス独特の言い回し.

cer·van·tis·ta [セルバンティスタ] 男女 セルバンテス研究者.
— 形《男女同形》セルバンテス研究の.

cer·va·to [セルバト] 男 (生後6ヶ月までの)子ジカ[鹿].

cer·ve·ce·rí·a [セルベセリア] 囡 1 ビヤホール. 2 ビール工場.

cer·ve·ce·ro, ra [セルベセロ, ラ] 形 ビールの.
— 男 1 ビヤホールの主人. 2 ビール工場主. 3 ビール醸造業者. 4 ビール愛好者, ビール党.

cer·ve·za [セルベさ] 囡〈飲料〉ビール.

cer·vi·cal [セルビカル] 形〈解剖学〉頸部(ｹｲﾌﾞ)の.
vértebra cervical 頸椎(ｹｲﾂｲ).

cér·vi·dos [セルビドス] 男複 シカ科の動物.

cer·viz [セルビす] 囡〈解剖学〉頸部(ｹｲﾌﾞ), 首.
agachar [bajar, doblar] la cerviz うなだれる, 屈服する.
ser duro de cerviz〈人〉反抗的である, 強情である.

ce·san·te [セサンテ] 形〈公務員〉停職になった, 休職中の.
— 男女 停職中の公務員.

ce·sar [セサル] 自 1 …は止まる, 終わる, やむ. 2 (+de+不定詞) …するのをやめる. 3 (+en+職務) …をやめる, 辞任する.
— 他 1 …を中断する. 2 …を停止する, やめる.
sin cesar 休みなく, ひっきりなしに.

Cé·sar [セサル] 固 1〈男性の名〉セサル. 2〈人の名〉(紀元前1世紀のローマの政治家の)シーザー, カエサル[=Cayo Julio César].

cé·sar [セサル] 男 皇帝.

ce·sá·re·a [セサレア] 囡〈医学〉帝王切開.

ce·se [セセ] 男 1 停止, 中止. 2 免職, 解任. 3 免職辞令, 解雇通知.

CESID [セスィ] 《略語》Centro Superior de Investigación de la Defensa(スペインの)高等防衛研究センター.

ce·sión [セスィオン] 囡 (財産などの)譲渡, 譲与.

cés·ped [セスペス] 男 1〈草〉芝生(ｼﾊﾞﾌ), 芝. 2 (競技場の)芝地.

ces·ta [セスタ] 囡 1 かご, バスケット. 2〈バスケットボール〉(ゴールの)バスケット. 3〈スポーツ〉(ハイアライのラケットの)セスタ.
cesta de la compra 生計費, 生活支出.
cesta punta (セスタを使う)ハイアライ競技.

ces·te·rí·a [セステリア] 囡 かご細工.

ces·to [セスト] 男 1 大かご, 大型バスケット.
cesto de los papeles 紙屑かご.

ce·ta [セタ] 囡〈文字 Z, z の名〉セタ.

ce·tá·ce·os [セタセオス] 男複〈分類〉クジラ目の動物.

ce·tre·rí·a [セトレリア] 囡〈狩猟〉タカの訓練法.

ce·tri·no, na [セトリノ, ナ] 形 緑黄色の.

ce·tro [セトロ] 男 1 (帝王の権威を象徴する杖(ﾂｴ)の)笏(ｼｬｸ). 2 最高位, 首位. 3 王位, 帝位. 4 (王や皇帝の)治世.

Ceu·ta [セウタ] 固〈都市の名〉(アフリカ西北

活 は活用形 複 は複数形 男 は男性名詞 囡 は女性名詞 固 は固有名詞 代 は代名詞 自 は自動詞

端のスペイン領の)セウタ.
ceu·tí [セウティ] 形《複》ceutíes (都市の)セウタ Ceuta の.
— 男 セウタの人.
cf. [コンフェル]《略語》(ラテン語の) confer …を参照せよ.
Ch, ch [チェ] 女《スペイン語で無声硬口蓋破擦音を表わす複文字》チェ.
cha·ba·ca·na·da [チャバカナダ] 女《= chabacanería》1 悪趣味, 下品. 2 粗雑さ. 3 下品な言葉.
cha·ba·ca·no, na [チャバカノ, ナ] 形 下品な, 趣味の悪い.
— 男 女 下品な人, 低俗な人間.
cha·bo·la [チャボラ] 女 ほったて小屋, あばら屋, バラック.
cha·bo·lis·mo [チャボリスモ] 男 スラム, 貧民街.
cha·cal [チャカル] 男《動物》ジャッカル.
cha·cha [チャチャ] 女 1 娘 [= muchacha]. 2《女》子守り, お手伝いさん, 女中.
cha·cha·chá [チャチャチャ] 女《舞踊曲》(キューバ系の)チャチャチャ.
chá·cha·ra [チャチャラ] 女 おしゃべり, 雑談.
cha·chi [チャチ] 形 とても良い, 素晴らしい.
— 副 素晴らしく, とても楽しく.
cha·cho [チャチョ] 男《男》若者, 青年 [= muchacho].
cha·ci·na [チャシナ] 女 1 豚肉. 2 ソーセージ.
cha·ci·ne·ría [チャシネリア] 女 豚肉店.
cha·co·lí [チャコリ] 男《ワイン》(スペイン北部の)チャコリー.
cha·co·ta [チャコタ] 女 笑い, 冗談.
cha·cra [チャクラ] 女 1 農園. 2 別荘.
cha·dor [チャドル] 男《衣服》(女性イスラム教徒の)チャドル.
cha·far [チャファル] 他 1 …を押しつぶす, 踏みつぶす. 2 …をだめにする, 台無しにする. 3 …をげんなりさせる.
— **chafarse** 再 1 だめになる, 台無しになる. 2 げんなりする.
cha·flán [チャフラン] 男 (面取りしてできる)細長い面, 狭い壁面.
chai·ra [チャイラ] 女《靴職人》皮革用ナイフ.
chal [チャル] 男《服飾》ショール, 肩掛け.
cha·la·do, da [チャラド, ダ]《過去分詞》→ chalar 夢中にさせる.
— 形 1 (+ por...) …に夢中になった, 恋している. 2 気がふれた, 頭がおかしい.
— 男 女 1 とりこ. 2 変人, 間抜け.
cha·la·du·ra [チャラドゥラ] 女 1 熱狂, 夢中. 2 熱愛. 3 奇行, 奇癖.
cha·lán [チャラン] 男 1 (馬の)調教師. 2 馬商人, ばくろう [博労, 馬喰].
cha·la·na [チャラナ] 女 川舟, 平底船.
cha·la·ne·ar [チャラネアル] 他 …を巧妙に商う.

cha·lar [チャラル] 他 …を夢中にさせる.
— **chalarse** 再 1 気が違う, 正気を失う. 2 (+ por...) …に夢中になる, ほれこむ.
cha·la·za [チャラサ] 女 (卵のなかの)卵帯, カラザ.
cha·lé [チャレ] 男《= chalet》《複》chalés, chalets) 1 別荘, 山荘. 2 庭付き一戸建て住宅.
chalé adosado テラスハウス.
cha·le·co [チャレコ] 男《衣服》チョッキ, ベスト.
chaleco antibalas 防弾チョッキ.
chaleco salvavidas ライフジャケット, 救命胴衣.
cha·li·na [チャリナ] 女 (薄手幅広の)ネクタイ.
cha·lu·pa [チャルパ] 女 (2本マストの)小船, ランチ.
cha·ma·go·so, sa [チャマゴソ, サ] 形 きたならしい, みすぼらしい.
cha·mán [チャマン] 男 (原始宗教の)シャーマン.
cha·ma·rra [チャマラ] 女 1 毛皮のチョッキ. 2 ジャンバー.
cham·ba [チャンバ] 女 まぐれ, 偶然.
cham·be·lán [チャンベラン] 男 (昔の宮廷の)侍従.
cham·ber·go [チャンベルゴ] 男 1 (片側がめくれた)つば広帽子. 2《服飾》ショートコート.
cha·mi·zo [チャミソ] 男 1 草ぶきの小屋. 2 あばら屋.
cham·pán [チャンパン] 男 1《飲料》シャンペン. 2 (アジアの小型木造船の)サンパン.
cham·pa·ña [チャンパニャ] 男《飲料》シャンペン.
cham·pi·ñón [チャンピニョン] 男《きのこ》マッシュルーム, シャンピニョン.
cham·pú [チャンプ] 男《複》champús)《洗髪剤》シャンプー.
cha·mus·car [チャムスカル] 他《活 73 sacar》…を焦がす.
— **chamuscarse** 再 1 焦げる. 2 (自分の体毛)を焦がす.
cha·mus·qui·na [チャムスキナ] 女 1 (表面の)焦げ. 2 焦げくさいにおい. 3 口論, けんか.
oler a chamusquina きなくさい, うさんくさい.
chan·ce [チャンセ] 男 機会, チャンス.
chan·ce·ar [チャンセアル] 自 冗談を言う.
— **chancearse** 再 (+ de...) …をからかう.
chan·cho, cha [チャンチョ, チャ] 男 女《動物》ブタ [豚].
chan·chu·llo [チャンチュジョ] 男 いかさま, 不正な手口.
chan·cle·ta [チャンクレタ] 女《= chancla》《履物》1 ぞうり, つっかけ. 2 室内ばき, スリッパ.
chan·cle·te·ar [チャンクレテアル] 自 靴音を立てて歩く.
chan·clos [チャンクロス] 男複 木靴.
chan·cro [チャンクロ] 男 (性病の)下疳(げかん).
chan·da·les [チャンダレス] 男複《= chan-

chan·ga¹

dals) トレーニングウエア, ジャージ.

chan·ga¹ [チャンガ] 囡 1 半端仕事, 片手間仕事. 2 冗談.

chan·go, ga² [チャンゴ, -] 形 はしこい, 機敏な.
— 男女 子供, 若者, 娘.

chan·ta·je [チャンタヘ] 男 1 恐喝(ホォ), ゆすり. 2 強迫, おどし.

chan·ta·je·ar [チャンタヘアル] 他 1 …をゆする. 2 …をおどす.

chan·ta·jis·ta [チャンタヒスタ] 男女 1 恐喝(ホォ)者. 2 強迫者.

chan·ti·llí [チャンティじ] 男 (ケーキ用の)泡立てた生クリーム.

chan·za [チャンサ] 囡 1 しゃれ, ジョーク. 2 おどけ, ひょうきん.

cha·o [チャオ] 間 〈挨拶〉(別れの)じゃあまた!, バイバイ!

cha·pa [チャパ] 囡 1 (金属や木の)薄板. 2 〈自動車〉車体, ボディー. 3 〈瓶(%)〉口金, 栓. 4 〈警官〉バッジ.
— 活 → chapar めっきする.
estar sin chapa 一文無しである. 2 何も知らない.
no pegar ni chapa 仕事をしない, ぶらぶらしている.

cha·pa·do, da [チャパド, ダ] 《過去分詞》→ chapar めっきする.
— 形 (+de...) …でめっきされた, …を張った.
chapado a la antigua 〈人〉古い慣習にこだわっている.

cha·par [チャパル] 他 1 …をめっき[鍍金]する. 2 …を金属板でおおう.
— 自 1 大いに働く. 2 猛勉強する. 3 (店などが)閉まる.

cha·pa·rro, rra [チャパロ, ラ] 形 〈人〉ずんぐりした.
— 男女 ずんぐりした人.

cha·pa·rrón [チャパロン] 男 1 にわか雨, 通り雨. 2 我慢するべき叱責(ホッ). 3 (物事の)殺到, 雨あられ.

cha·pas [チャパス] 囡複 《→ chapa》(瓶(%)の)口金遊び.

cha·pe·ar [チャペアル] 他 …をめっきする[= chapar].

cha·pe·la [チャペら] 囡 (バスク地方の)ベレー帽.

cha·pín¹ [チャピン] 男 〈皮靴〉(昔の女性用のコルク底の)チャピン.

cha·pín², pi·na [-, ピナ] 形 (中米の国の)グアテマラの.
— 男女 グアテマラ人.

cha·pis·ta [チャピスタ] 男女 板金(ニン)職人.

cha·pis·te·ría [チャピステリア] 囡 板金(ニン)工場.

cha·pi·tel [チャピテる] 男 1 〈塔〉尖頂(ホン). 2 柱頭.

cha·pó [チャポ] 間 (感心して)やったね!, 素晴らしい!

cha·po·te·ar [チャポテアル] 自 (手足を動かして)水音を立てる.

cha·po·te·o [チャポテオ] 男 1 (手足による)水のかきまぜ. 2 水をかきまぜる音.

cha·pu·ce·rí·a [チャプせリア] 囡 1 手抜き仕事. 2 杜撰(ƒɳ), いいかげん.

cha·pu·ce·ro, ra [チャプせロ, ラ] 形 1 雑な, 手抜きの. 2 雑な仕事をする, 杜撰(ƒɳ)な仕事の.
— 男女 仕事の雑な人間.

cha·pu·rre·ar [チャプレアル] 他 (国語)を片言で話す.

cha·pu·za [チャプさ] 囡 1 半端仕事, 手抜き仕事. 2 何でもない仕事, 片手間仕事.
hacer chapuzas 日曜大工をする.

cha·pu·zar [チャプさル] 他 …を水のなかに投げこむ.

cha·pu·zón [チャプソン] 男 ひと泳ぎ.

cha·qué [チャケ] 男 《複 chaqués》〈服飾〉モーニングコート.

cha·que·ta [チャケタ] 囡 〈服飾〉上着, 背広, ジャケット.
cambiar de chaqueta 〈政治〉(私欲から)主義を変える, 変節する.

cha·que·te·o [チャケテオ] 男 〈政治〉(私欲からの)主義の変更, 変節.

cha·que·te·ro, ra [チャケテロ, ラ] 男女 〈政治〉日和見(๊ฎ)主義者, 変節漢.

cha·que·ti·lla [チャケティじゃ] 囡 (短い上着の)ボレロ.

cha·que·tón [チャケトン] 男 〈服飾〉ハーフコート, ショートコート.

cha·ra·da [チャラダ] 囡 (音節を使う)ことば当て遊び.

cha·ran·ga [チャランガ] 囡 〈楽団〉ブラスバンド, 吹奏楽団.

cha·ran·go [チャランゴ] 男 〈楽器〉(アルマジロの甲羅を使った)チャランゴ.

char·ca [チャルカ] 囡 溜め池, 沼.

char·co [チャルコ] 男 水たまり.
cruzar [pasar] el charco (ヨーロッパから)大西洋を渡る, 海を渡る.

char·cu·te·rí·a [チャルクテリア] 囡 豚肉店.

char·cu·te·ro, ra [チャルクテロ, ラ] 男女 1 豚肉販売業者. 2 豚肉加工業者.

char·la [チャルら] 囡 1 雑談, おしゃべり. 2 講話, 談話会.
echar [dar] a... una [la] charla …にお説教をする.

char·lar [チャルらル] 自 雑談する, おしゃべりする, 無駄話をする.

char·la·tán, ta·na [チャルらタン, タナ] 形 1 おしゃべりな, よくしゃべる. 2 口の軽い, うわさ好きの. 3 口のうまい.
— 男女 1 〈人〉おしゃべり. 2 口の軽い人. 3 口の

活 は活用形　複 は複数形　男 は男性名詞　囡 は女性名詞　圖 は固有名詞　代 は代名詞　自 は自動詞

うまい人，詐欺師，ぺてん師．4 行商人．

char·la·ta·ne·rí·a [チャրタネリア] 囡 1 話好き，饒舌(ぜつ)傾向．2 まくしたて，口車(ぐるま)．

char·les·tón [チャルレストン] 男 《ダンス》 チャールストン．

char·lo·ta·da [チャルロタダ] 囡 《闘牛》 道化ショー．

char·lo·te·o [チャルロテオ] 男 雑談，おしゃべり，世間話．

char·ne·go, ga [チャルネゴ, ガ] 男囡 (スペイン国内からカタルニアへの)移住者．

char·ne·la [チャルネラ] 囡 1 (戸などの)蝶番(ちょうつがい)．2 二枚貝の蝶番．

cha·rol [チャロル] 男 1 (皮革用の)ラッカー，エナメル．2 エナメル革．

cha·ro·la [チャロラ] 囡 (塗りの)盆．

char·que·ar [チャルケアル] 他 (肉)を干し肉にする．

char·qui [チャルキ] 男 《食肉》ジャーキー，干し肉．

cha·rra·na·da [チャラナダ] 囡 《行為》 きたない手，ペテン．

cha·rre·te·ra [チャレテラ] 囡 《軍隊》 (将校の)肩章．

cha·rro, rra [チャロ, ラ] 形 1 趣味の悪い，粗野な．2 サラマンカの農民の．
— 男囡 サラマンカの田舎(いなか)者．

chár·ter [チャルテル] 形 《航空便》 チャーター／vuelo chárter チャーター便．

chas·car [チャスカル] 自 《活 73 sacar》 1 (木などが)パシッと割れる．2 (舌などが)チッと鳴る．

chas·ca·rri·llo [チャスカリジョ] 男 笑い話，ジョーク．

chas·co [チャスコ] 男 1 期待はずれ．2 からかい，いたずら．

cha·sis [チャシス] 男 《単複同形》 《自動車》シャーシー，車台．
estar [quedar·se] en el chasis 〈人〉やせぎすになる．

chas·que·ar [チャスケアル] 他 1 (指など)を鳴らす．2 …をからかう．
— 自 (むちなどが)ビシッと鳴る．

chas·qui [チャスキ] 男 (インカ帝国の)飛脚，使者．

chas·qui·do [チャスキド] 男 1 (木が裂けるときなどの)乾いた音．2 むちの音．3 舌打ちの音．4 指を鳴らす音．

cha·ta·rra [チャタラ] 囡 1 くず鉄．2 ぽんこつ機械．3 (集合的に)小銭．4 (集合的に)勲章．5 がらくた，スクラップ．

cha·ta·rre·rí·a [チャタレリア] 囡 スクラップ取引所，くず鉄商店．

cha·ta·rre·ro, ra [チャタレロ, ラ] 男囡 スクラップ商人，くず鉄商人．

cha·to[1] [チャト] 男 1 (広口ワイングラスの)チャト．2 チャト 1 杯のワイン／Póngame un *chato*,

por favor. チャトを 1 杯ください．

cha·to[2], **ta** [—, タ] 形 1 〈人〉鼻の低い．2 〈鼻〉低い，ぺちゃんこの．3 平たい，低い．
— 男囡 鼻の低い人．

chau·vi·nis·mo [チョビニスモ] 男 熱狂的愛国主義．

chau·vi·nis·ta [チョビニスタ] 形 《男女同形の》熱狂的[排他的]な愛国主義の．
— 男囡 熱狂的愛国主義者．

cha·val, va·la [チャバル, バラ] 男囡 子供，少年，少女．

cha·ve·ta [チャベタ] 囡 1 頭．2 《機械》 (平形くさびの)コッター．
estar mal de la chaveta 頭がおかしい．
perder la chaveta 頭が変になる．

cha·vo [チャボ] 男 (昔の)銅銭．

che [チェ] 囡 《複文字 ch の名》チェ．
— 間 (呼び掛けの)ねえ！，やぁ！

che·co, ca [チェコ, カ] 形 1 チェコ共和国の．2 (昔の)チェコスロバキア Checoslovaquia の．
— 男囡 チェコ人．

che·cos·lo·va·co, ca [チェコスロバコ, カ] 形 (昔の)チェコスロバキア Checoslovaquia の．
— 男囡 チェコスロバキア人．

che·li [チェリ] 男 チェリ[マドリードの隠語]．

che·lín [チェリン] 男 1 (英国の旧通貨単位の)シリング．2 (通貨単位) (オーストリアの)シリング．

che·lo [チェロ] 男 《楽器》 チェロ．

Che·lo [チェロ] 固 《女性の名》 (Consuelo の愛称の)チェロ．

che·pa [チェパ] 囡 背骨の湾曲(わんきょく)，極度の猫背．
subir·se a... a la chepa …に対してつけあがる，なれなれしくする．

che·que [チェケ] 男 小切手．
cheque de viajero 旅行者用小切手，TC.
cobrar un cheque 小切手を現金にする．
extender un cheque de... …の金額の小切手を振出す．

che·que·ar [チェケアル] 他 1 …をチェックする，点検する，調べる．
— chequear·se 再 健康診断を受ける．

che·que·o [チェケオ] 男 1 健康診断．2 チェック，点検，検査．

che·que·ra [チェケラ] 囡 1 小切手帳．2 小切手帳入れ．

chê·ve·re [チェベレ] 形 素晴しい，とてもいい．

chib·cha [チブチャ] 形 (コロンビアの)チブチャ族の．
— 男囡 〈人〉チブチャ族．

chic [チク] 形 優雅な，シックな，粋(いき)な．

chi·ca[1] [チカ] 囡 〈→ chico[2]〉1 女の子，少女．2 娘．3 お手伝いさん，女中．

chi·ca·no, na [チカノ, ナ] 形 メキシコ系アメリカ人の．
— 男囡 メキシコ系アメリカ人．

他 は他動詞　再 は再帰動詞　形 は形容詞　副 は副詞　前 は前置詞　接 は接続詞　間 は間投詞

chi·ca·rrón, rro·na [チカロン, ロナ] 形 〈子供〉体格の良い, 大柄な.
— 男 女 大柄な子供.

chi·cha [チチャ] 女 1〈幼児語〉お肉. 2 (トウモロコシ酒の) チチャ.
de chicha y nabo 取るに足らない.
no ser ni chicha ni limonada 1 得体が知れない. 2 何の取り得もない.

chi·cha·rra [チチャラ] 女 1〈昆虫〉セミ [蟬]. 2〈人〉おしゃべり.

chi·cha·rro [チチャロ] 男 〈魚〉アジ.

chi·cha·rrón [チチャロン] 男 (豚の厚皮を空揚げにした) チャロン.

chi·chón [チチョン] 男 (頭の) たんこぶ.

chi·co·ne·ra [チコネラ] 女 〈スポーツ〉(競輪選手などの) 保護帽, ヘッドギア, (ヘル)メット.

chi·cle [チクレ] 男 チューインガム.

chi·co[1] [チコ] 男 1 男の子, 子供, 少年. 2〈男〉若者, 青年. 3〈男〉見習い, 給仕.

chi·co[2]**, ca**[2] 1 小さい, 小さな. 2 幼い, 年少の.

chi·co·le·o [チコレオ] 男 (女性への) お世辞, ほめ言葉, 甘い言葉.

chi·co·te[1] [チコテ] 男 1 むち. 2 吸殻.

chi·co·te[2]**, ta** [—, タ] 男 女 大柄で元気な子供.

chi·fla [チふら] 女 1 革削り包丁. 2 笛 [口笛] を吹くこと.
— 活 → chiflar 笛を吹く.

chi·fla·do, da [チふらド, ダ] 《過去分詞》→ chiflar 笛を吹く.
— 形 気が変になった, 気が狂った.
— 男 女 変人, 狂人.

chi·fla·du·ra [チふらドゥラ] 女 1 熱中, 夢中. 2 奇癖, 奇行.

chi·flar [チふらル] 自 笛 [口笛] を吹く.
— **chiflar·se** 再 1 気が変になる, 気が狂う. 2 (+ con, por...) …に夢中になる, 熱狂する.

chi·fli·do [チふりド] 男 笛の音, 呼び子の音.

chi·hua·hua [チワワ] 男 〈犬〉チワワ.

chi·í [チイ] 形 《= chiíta》〈イスラム教〉シーア派の.
— 男 女 シーア派の信者.

chi·la·ba [チらバ] 女 〈服飾〉(北アフリカのフード付き) 長衣, チュニック.

chi·le [チれ] 男 〈植物〉トウガラシ.

Chi·le [チれ] 固 〈国の名〉(南米南部の共和国の) チリ [= República de Chile].

chi·le·na[1] [チれナ] 女 〈サッカー〉オーバーヘッド・シュート.

chi·le·no, na[2] [チれノ, —] 形 (南米の国) チリ Chile の.
— 男 女 チリ人.

chi·lin·drón [チリンドロン] 男 〈料理〉(ピーマンやトマトを煮込んだソースの) チリンドロン / *pollo al chilindrón* チリンドロン仕上げのチキン.

chi·llan·te [チジャンテ] 形 1 かん高い声の. 2〈色〉けばけばしい.

chi·llar [チジャル] 自 1 かん高い声を出す, 金(な)切り声を上げる. 2 大声で話す, 叫ぶ. 3 ぼやく, ぐちを言う.
— 他 (人に) 無礼な話し方をする.

chi·lli·do [チジド] 男 叫び声, 金(な)切り声.

chi·llón, llo·na [チジョン, ジョナ] 形 1〈音〉かん高い, 鋭い. 2〈色〉けばけばしい, どぎつい. 3 うるさく声を出す.
— 男 女 うるさい人.

chi·me·ne·a [チメネア] 女 1 煙突. 2 暖炉, 煙突付きストーブ. 3〈火山〉火道 (どう). 4〈登山〉クレバス. 5 (パラシュート) ベンツ.
chimenea francesa (壁にはめこんだ) 暖炉.
estar mal de la chimenea 頭がおかしくなっている.
fumar como una chimenea たて続けにタバコを吸う.

chim·pan·cé [チンパンセ] 男 〈動物〉チンパンジー.

Chi·na [チナ] 固 〈国の名〉(東アジアの共和国の) 中国, 中華人民共和国 [= República Popular China].

chi·na[1] [チナ] 女 《→ chino[2]》1 小石, 玉石. 2 (少量の) 大麻, ハシシ. 3 娘, お手伝いさん.
poner chinas a... …に損な役回りが当たる.
tocar a... la china …に損な役回りが当たる.

chin·char [チンチャル] 他 …を悩ませる, 困らせる.
— **chinchar·se** 再 辛抱する, こらえる.

chin·che [チンチェ] 形 〈人〉うるさい, うっとうしい.
— 男 女 1 うるさい人, しつこい人. 2〈昆虫〉ナンキンムシ.
— 活 → chinchar 悩ませる.
caer [morir] como chinches 大量に死ぬ.

chin·che·ta [チンチェタ] 女 画鋲 (びょう).

chin·chi·lla [チンチジャ] 女 〈動物〉チンチラ.

chin·chín [チンチン] 間 乾杯!

chin·chón [チンチョン] 男 (アニスの蒸留酒の) チンチョン酒.

chin·cho·rre·ar [チンチョレアル] 自 陰口を触れまわる.

chin·cho·rro [チンチョロ] 男 (ひも製の) ハンモック.

chin·cho·so, sa [チンチョソ, サ] 形 〈人〉口うるさい, うっとうしい, くどい.

chi·ne·las [チネらス] 女複 室内履き, スリッパ.

chi·ne·ro [チネロ] 男 食器戸棚.

chi·nes·co, ca [チネスコ, カ] 形 1 中国風の. 2 中国の.
sombras chinescas 〈劇〉影絵.

chin·ga·da [チンガダ] 女 1 死去. 2 へま, 失敗.
¡Hijo de la chingada! 〈そったれ!, ばか野郎!

函 は活用形　複 は複数形　男 は男性名詞　女 は女性名詞　固 は固有名詞　代 は代名詞　自 は自動詞

chin·ga·na [チンガナ] 囡 安酒場.
chin·gar [チンガル] 他《活 47 llegar》**1** …をうんざりさせる, 悩ませる. **2** …とセックスする. **3** (酒)をしばしば飲む. **4** …を台無しにする. **5** を盗む.
— 自 **1** 失敗する, へまをする. **2** セックスする.
— **chingar·se** 再 **1** うんざりする. **2** 酒に酔う. **3** 台無しになる.
¡Chinga a tu madre! こぱんか野郎！
chi·no¹ [チノ] 男 **1** 中国語. **2** わかりにくい言葉.
chi·no², na² [チノ, ナ] 中国の.
— 男囡 中国人.
engañar a... como a un chino …をまんまとだます.
trabajar como un chino 忍耐強く働く.
(trabajo) de chinos 骨の折れる(仕事).
chi·nos [チノス] 男 複 **1** (複数の)中国人. **2**〈ゲーム〉(握っているコインの数を当てあう)コイン遊び.
chi·pén [チペン] 囡 素晴らしい, 見事な／*pasar·lo chipén* 楽しく時を過ごす.
chi·pi·rón [チピロン] 男〈動物〉(小型のイカの)チピロン.
chi·prio·ta [チプリオタ] 圈〈男女同形〉(地中海の共和国の)キプロス Chipre の.
— 男囡 キプロス人.
chi·que·ro [チケロ] 男〈闘牛〉(闘牛場に出される前の)牛の囲い場.
chi·qui·li·cua·tro [チキリクアトロ]《＝chiquilicuatre》男 おっちょこちょい, お節介.
chi·qui·lla·da [チキじゃダ] 囡 児戯な行為, 子供っぽい言動.
chi·qui·lle·rí·a [チキじぇリア] 囡 **1**(集合的に)子供, 子供たち. **2** 子供じみた振る舞い.
chi·qui·llo, lla [チキじょ, じゃ] 男囡 子供, 男の子, 女の子.
— 圈 子供っぽい, 幼稚な.
chi·qui·tín, ti·na [チキティン, ティナ] 男囡 小さな子供, 幼児.
— 圈 小さな, かわいい.
chi·qui·to¹ [チキト] 男 **1** (小型ワイングラスの)チキト. **2** チキト1杯のワイン.
chi·qui·to², ta [—, タ] 圈 小さな.
— 男囡 子供, 男の子, 女の子.
andar·se con chiquitas 回りくどいことを言う, ごたくを並べる.
chi·ri·bi·tas [チリビタス] 囡 複 (目にちらつく)ちかちか.
chi·ri·bi·til [チリビティル] 男 狭い小部屋.
chi·ri·go·ta [チリゴタ] 囡 **1** 冗談, しゃれ, ジョーク. **2** ひやかし, からかい. **3** (カーニバルの)ざれ歌合唱団.
tomar... a chirigota …を冗談にとる.
chi·rim·bo·lo [チリンボロ] 男 得体の知れない物, 妙な物.
chi·ri·mí·a [チリミア] 囡 (アラビア起源の木管楽器の)チリミア.
chi·ri·mo·ya [チリモヤ] 囡〈果物〉(熱帯果樹の)チェリモヤ.
chi·ri·mo·yo [チリモヨ] 男〈果樹〉(熱帯地方の)チェリモヤ.
chi·rin·gui·to [チリンギト] 男 屋台, 売店.
chi·ri·pa [チリパ] 囡 まぐれ, 偶然の幸運.
de chiripa まぐれで, 幸運にも.
chir·la [チルら] 囡〈貝〉(ハマグリに似た)ヨーロッパザルガイ.
chir·le [チルれ] 圈 水っぽい, 味のない.
chir·lo [チルろ] 男 (顔の)切り傷.
chi·ro·na [チロナ] 囡 刑務所, 監獄.
chi·rriar [チリアル] 自《活 34 enviar》**1** (ドアなどが)きしる, きしむ. **2** へたな歌を歌う.
chi·rri·do [チリド] 男 **1** きしむ音. **2** (コオロギやセミの)鳴き声.
chis [チス] 間 **1** (黙らせるときの)しーっ! **2** (人を呼ぶときの)ねぇ!, ちょっと!
chis·ga·ra·bís [チスガラビス] 男〈男〉でしゃばり, おっちょこちょい, お節介.
chis·me [チスメ] 男 **1** 中傷, 陰口. **2** うわさ, 告げ口. **3** がらくた. **4** (名前の出てこない物を指して)あれ, 例のやつ.
chis·me·ar [チスメアル] 自 **1** うわさ話をする. **2** 陰口をきく.
chis·mo·gra·fí·a [チスモグらふィア] 囡 **1**(集合的に)うわさ話, 告げ口. **2**〈行為〉うわさ.
chis·mo·rre·ar [チスモレアル] 自 うわさ話をする, 陰口をきく.
chis·mo·rre·o [チスモレオ] 男〈行為〉うわさ.
chis·mo·so, sa [チスモソ, サ] 圈 うわさ好きの.
— 男囡〈人〉うわさ好き.
chis·pa [チスパ] 囡 **1** 火花, 火の粉. **2** スパーク, 閃光(せん). **3** ほんの小量, かけら. **4** こまかな雨粒. **5** 機知, 才知. **6** 酒酔い.
echar chispas (怒って)ぷりぷりしている, 頭にきている.
ni chispa (否定表現のなかで)少しも(…ない).
ser una chispa〈人〉非常に利口である.
chis·pa·zo [チスパソ] 男 **1** 火花[火の粉]の飛びはね. **2**〈行為〉スパーク. **3** (火の粉による)焦げ跡. **4** (大事件などの前触れとなる)ささいな出来事.
chis·pe·an·te [チスペアンテ] 圈 **1** ひらめきのある, 機知に富んだ. **2** 火花[火の粉]を飛ばす. **3** きらきら輝く.
chis·pe·ar [チスペアル] 自 **1** 火花[火の粉]を飛ばす. **2** きらきら輝く. **3**〈主語なしの3人称単数形で使用〉雨がぱらつく.
chis·po·rro·te·ar [チスポロテアル] 自 ぱちっぱちっと火花を飛ばす.
chis·po·rro·te·o [チスポロテオ] 男 ぱちっぱちっと火花を出すこと.
chist [チスト] 間《＝chis》**1** しーっ! **2** ちょっと!
chis·tar [チスタル] 自 **1** chis という音を出して人を呼ぶ. **2** (否定表現で)しゃべる, 口をきく.

他 は他動詞　再 は再帰動詞　圈 は形容詞　副 は副詞　前 は前置詞　接 は接続詞　間 は間投詞

chis·te [チステ] 男 1 笑い話, 小話. 2 見物(ﾐﾓﾉ), 傑作(ｹｯｻｸ). 3 面白み, おかしみ.

chis·te·ra [チステラ] 女 〈帽子〉シルクハット.

chis·to·rra [チストラ] 女 〈スペイン北東部の細身の腸詰めの〉チストラ.

chis·to·so, sa [チストソ, サ] 形 1 こっけいな, 面白みのある. 2 冗談の多い.
— 男 女 〈人〉冗談好き.

chis·tu [チストゥ] 男 〈バスク地方の小さな縦笛の〉チストゥ.

chi·ta [チタ] 女 〈解剖学〉距骨(ｷｮｺﾂ).
a la chita callando [*a la chitacallando*] こっそりと, ひそかに.

chi·tón [チトン] 間 静かに!

chi·va¹ [チバ] 女 〈→ chivo〉1 ヤギひげ. 2 毛布.

chi·var [チバル] 他 …を密告する, たれこむ.
— **chivar·se** 再 1 (+de… =を)告げ口する. 2 (+a…) …に言いつける.

chi·va·ta·zo [チバタソ] 男 〈= chivatada〉密告, 告げ口.

chi·va·to¹ [チバト] 男 1 異常表示ランプ. 2 警報.

chi·va·to², ta [—, タ] 形 〈人〉告げ口する.
— 男 女 1 密告者, 告げ口屋. 2 (生後半年から1年間の)子ヤギ.

chi·vo, va² [チボ, —] 男 女 〈動物〉子ヤギ [山羊].
— 再 → chivar 密告する.
chivo expiatorio スケープゴート, 身代わり.
estar como una chiva かなり気が狂っている.

cho·can·te [チョカンテ] 形 1 奇妙な, 珍しい. 2 驚くべき.

cho·car [チョカル] 自 〈活 73 sacar〉 1 (+con, contra…) …とぶつかる, …に衝突する. 2 (複数形の主語が)ぶつかり合う, 交戦する, 対立する. 3 (誰かにとって)変に思える, 驚きである.
— 他 1 (乾杯でグラスなどを)触れ合わす. 2 (挨拶で手)を握る. *¡Choca esa mano!* [*¡Chócala!*] さあ, 握手だ!
— **chocar·se** 再 1 (+con…) …とぶつかる. 2 (複数形の主語が互いに)衝突する.

cho·ca·rre·rí·a [チョカレリア] 女 下品な冗談.

cho·ca·rre·ro, ra [チョカレロ, ラ] 形 下品な, 露骨な.

cho·cha [チョチャ] 女 〈鳥〉ヤマシギ.

cho·che·ar [チョチェアル] 自 1 老いぼれる, もうろくする. 2 (人や物に対して)極端に甘くなる. 3 (+por…) …に夢中になる.

cho·che·ra [チョチェラ] 女 〈= chochez〉老人ぼけ, もうろく.

cho·cho¹ [チョチョ] 男 1〈植物〉ルピナス, ハウチワマメ. 2(ヒマワリなどの)食用の種(ﾀﾈ). 3〈解剖学〉陰門.

cho·cho², cha [—, チャ] 形 1 老人ぼけした, もうろくした. 2 (+con, por…) …に夢中の.

cho·clo [チョクロ] 男 1〈植物〉(まだ軟らかい)トウモロコシ. 2 厄介事.

cho·co·la·ta·da [チョコラタダ] 女 ココア・パーティー.

cho·co·la·te [チョコラテ] 男 1 チョコレート. 2〈飲料〉ココア. 3〈麻薬〉大麻, ハシシ.

cho·co·la·te·ra¹ [チョコラテラ] 女 ココア用ポット.

cho·co·la·te·rí·a [チョコラテリア] 女 1 チョコレート店. 2 ココア喫茶店.

cho·co·la·te·ro, ra² [チョコラテロ, —] 形 チョコレート好きの, ココアの好きな.
— 男 女 1〈人〉チョコレート好き, ココア党. 2 チョコレート製造人, チョコレート店員.

cho·co·la·ti·na [チョコラティナ] 女 〈= chocolatín〉(ひと口大の)ミニ板チョコ.

cho·fer [チョふェル] 男 〈= chofer〉〈自動車〉運転手.

cho·llo [チョジョ] 男 1 掘り出し物. 2 楽なもうけ仕事.

cho·pe·ra [チョペラ] 女 ポプラ林.

cho·po [チョポ] 男 1〈樹木〉ポプラ. 2 小銃.

cho·qu‑ 活 → chocar 〈活 73〉.

cho·que [チョケ] 男 1 衝突, ぶつかること. 2 対立, 抗争. 3 (軍の)衝突, 戦闘. 4 ショック, 動揺.

chor·bo, ba [チョルボ, バ] 男 女 1 (身元の不明な)だれか. 2 連れ.

cho·ri·ce·ro, ra [チョリせロ, ラ] 形 チョリソ chorizoの.
— 男 女 チョリソ職人.

cho·ri·zar [チョリさル] 他 〈活 39 gozar〉…を盗む.

cho·ri·zo¹ [チョリそ] 男 (香辛料のきいたセミドライ・ソーセージの)チョリソ.

cho·ri·zo², za [—, さ] 男 女 こそ泥, かっぱらい.

chor·li·to [チョルリト] 男 〈鳥〉チドリ[千鳥].
cabeza de chorlito 〈人〉おっちょこちょい, ぼんやり.

cho·rra [チョラ] 女 1 幸運. 2〈解剖学〉陰茎.
— 男 女 でくのぼう, 間抜け.

cho·rra·da [チョラダ] 女 1 たわごと, あほくさいこと. 2 がらくた.

cho·rre·ar [チョレアル] 自 1 流れ落ちる, 流れ出る. 2 ぽたぽた落ちる.
— 他 …をぽたぽた落とす.

cho·rre·o [チョレオ] 男 1 したたり落ちること (お金などの)たれ流し.

cho·rre·ra [チョレラ] 女 1〈服飾〉胸飾り, フリル. 2 もれる箇所. 3 もれ跡.

cho·rro [チョロ] 男 1 (液体の)ほとばしり, 噴出. 2 (液体などの)流れ出し, 流出. 3 (液体以外のものの)ほとばしり.
a chorros 大量に, 豊富に.
beber a chorro (口をつけずに)流し飲みする.

como los chorros del oro とても清潔な、ぴかぴかの.
(*un*) *chorro de voz* 声量, 音域.

cho·ta·ca·bras [チョタカブラス] 男《単複同形》〈鳥〉ヨタカ.

cho·te·ar·se [チョテアルセ] 再 (+*de*…) …をばかにする, からかう.

cho·te·o [チョテオ] 男 あざけり, からかい.
— → chotearse.

cho·tis [チョティス] 男 (マドリードで流行した曲・踊りの)チョティス.

cho·to, ta [チョト, タ] 男女 1 〈動物〉子ヤギ [山羊]. 2 〈動物〉子ウシ[牛].
estar como una chota 気が狂っている、いかれている.

cho·vi·nis·mo [チョビニスモ] 男 熱狂的愛国主義.

cho·vi·nis·ta [チョビニスタ] 形 《男女同形》熱狂的[排他的]愛国主義の.
— 男女 熱狂的愛国主義者.

chow-chow [チョウチョウ] 男 《単複同形》〈犬〉(中国産の)チャウチャウ.

cho·za [チョサ] 女 掘っ立て小屋, あばら屋.

christ·mas [クリスマス] 男 《単複同形》クリスマスカード.

chu·bas·co [チュバスコ] 男 にわか雨, 通り雨, スコール.

chu·bas·que·ro [チュバスケロ] 男 (折りたたみ式の)レインコート.

chu·che·rí·a [チュチェリア] 女 1 おつまみ, スナック. 2 しゃれた小物.

chu·cho [チュチョ] 男 1 〈犬〉雑犬, のら犬. 2 悪寒. 3 (間投詞的に犬に向かって)これ!, か!

chu·chu·rrí·o, a [チュチュリ'オ, ア] 形 枯れた, しなびた.

chue·co, ca [チュエコ, カ] 形 1 がに股(ま)の. 2 ねじ曲がった.

chu·fa [チュふァ] 女 1 (オルチャタを作る)カヤツリグサの塊茎. 2 なぐりつけ, パンチ.

chu·fla [チュふラ] 女 冗談, 面白半分.

chu·la·da [チュラダ] 女 (魅力的で)いかすもの, 人目を引くもの.

chu·la·po, pa [チュラポ, パ] 男女 《 = chulapón, pona》〈人〉(マドリードの)気取り屋, 伊達(ё)男, 小股(ё)切られた上がった女性.

chu·le·ar [チュレアル] 他 1 (男を女が)食い物にする. 2 …を面白がらかう.
— *chulearse* 再 (+*de*…) …を自慢する, うぬぼれる.

chu·le·rí·a [チュレリア] 女 1 気取り, うぬぼれ. 2 横柄, 厚かましさ.

chu·le·ta [チュレタ] 女 1 横柄な人間, 厚かましい人間.
— 女 1 (骨つきの)あばら肉, チョップ. 2〈学生〉カンニングペーパー. 3 平手打ち, びんた.

chu·lo¹ [チュロ] 男 (売春婦のひも, ぽん引き.

chu·lo², la [―, ら] 形 1 きれいな, 着飾った. 2 気取った, ずうずうしい.
— 男女 (マドリードの)気取り屋.
más chulo que un ocho 1 とても生意気な. 2 とてもきれいな.

chu·ma·ce·ra [チュマセラ] 女 1〈機械〉軸受け. 2〈船〉オール受け.

chum·be·ra [チュンベラ] 女〈植物〉ウチワサボテン.

chum·bo, ba [チュンボ, バ] 形〈植物〉ウチワサボテンの.

chu·mi·na·da [チュミナダ] 女 ばかげたもの[こと].

chun·ga [チュンガ] 女 陽気な冗談.

chun·go, ga² [―, ―] 形 1 見てくれの悪い. 2 入り組んだ, 難解な.

chun·gue·ar·se [チュングアルセ] 再 (+*de*…) …を陽気にからかう.

chu·pa [チュパ] 女 1〈服飾〉ジャンパー. 2〈雨〉どしゃ降り.
— → chupar 吸う.
poner a… como chupa de dómine [*como una chupa*] 1 …を厳しく叱る. 2 …を罵倒(ё)する.

chu·pa-chups [チュパチュプス] 男 《単複同形》(棒付きキャンディーの)チュッパチャプス.

chu·pa·da¹ [チュパダ] 女 1 (タバコなどの)ひと吸い. 2 なめまわし.

chu·pa·do, da² [チュパド, ダ] 《過去分詞》 → chupar より.
— 形 1 やつれた, やせほそった. 2 とても容易な, たやすい.

chu·par [チュパル] 他 1 …を吸う, 吸い込む. 2 …をしゃぶる, なめる. 3 …を吸収する. 4 〈金品〉をかすめる, 巻き上げる. 5〈スポーツ〉(ゲームなど)を独占する.
— 自 甘い汁を吸う.
— *chuparse* 再 …を耐え忍ぶ.
¡*Chúpate ésa!* よく言った!, その通り!

chu·pa·tin·tas [チュパティンタス] 男女 《単複同形》事務屋, しがない事務員.

chu·pe·te [チュペテ] 男〈乳児〉おしゃぶり.

chu·pe·te·ar [チュペテアル] 他 …をべろべろなめる, ちゅうちゅう吸う.

chu·pe·tón [チュペトン] 男 1 強いひと吸い. 2 強いひとなめ.

chu·pi [チュピ] 形《男女同形, 単複同形》とてもよい, 見事な.

chu·pi·na·zo [チュピナそ] 男 1 (仕掛け花火の)打ち上げ. 2〈スポーツ〉強烈なシュート[キック].

chu·pi·to [チュピト] 男 (酒などの)ひとすすり.

chu·pón, po·na [チュポン, ポナ] 形 1 よく吸う. 2〈金品〉をだまし取る. 3〈団体競技〉ひとりでゲームを進める. 4 人にたかって生活する.
— 男女 1 ベテン師, 詐欺(ё)師. 2〈団体競技〉

協調性のない選手. 3〈人〉居候(いそうろう), たかり屋.

chu·póp·te·ro, ra [チュポプテロ, ラ] 男女 1 ぐうたら. 2 月給泥棒.

chu·rras·co [チュラスコ] 男 (焼き肉料理の)シュラスコ.

chu·rras·que·rí·a [チュラスケリア] 女 (焼き肉の)シュラスコ料理店.

chu·rre·rí·a [チュレリア] 女 (揚げ菓子の)チュロ churro 店.

chu·rre·ro, ra [チュレロ, ラ] 男女 1 (揚げ菓子の)チュロ churro 業者. 2 運のいい人.

chu·rre·te [チュレテ] 男 (顔や手の)汚れ.

chu·rri·gue·res·co, ca [チュリゲレスコ, カ] 形 ごてごて飾った, 飾りすぎの.

chu·rro[1] [チュロ] 男 1 (朝食用の揚げ菓子の)チュロ. 2 失敗作. 3 偶然の幸運, まぐれ.
de churro 偶然に, たまたま.

chu·rro[2], **rra** [—, ラ] 形〈ヒツジ〉毛のふさふさした.

chu·rrus·car [チュルスカル] 他《活 73 sacar》…を十分に焼く, 焼きすぎる.

chu·rrus·co [チュルスコ] 男 焦げたパン.

chu·rum·bel [チュルンベル] 男 子供, 少年.

chus·co[1] [チュスコ] 男 ひと切れのパン, 小さなパン.

chus·co[2], **ca** [—, カ] 形 1 面白みのある, こっけいな. 2 茶目っ気のある.

chus·ma [チュスマ] 女 (集合的に)俗人, 下司(げす).

chus·que·ro [チュスケロ] 男〈軍隊〉成り上がり下士官.

chut [チュト] 男〈サッカー〉シュート.

chu·tar [チュタル] 自〈サッカー〉シュートする.
— *chutar·se* 再 (自分に)麻薬を注射する.
ir que chuta〈人が〉うまくやる.

chu·zo [チュソ] 男 (夜警用の穂先のついた)金剛杖(づえ).
caer chuzos de punta〈雨〉どしゃ降りになる.

Cía., cía. [コンパニア] 女《略語》Compañía, compañía 会社.

cia·nu·ro [シアヌロ] 男〈化学〉(青酸カリなどの)シアン化物.

ciá·ti·ca [シアティカ] 女〈医学〉座骨神経痛.

ciá·ti·co, ca[2] [シアティコ, —] 形〈解剖学〉座骨の.

Ci·be·les [シベレス] 固〈女神の名〉(小アジアの)キュベレ.

ci·ber·né·ti·ca[1] [シベルネティカ] 女〈学問〉(制御関係の)サイバネティクス.

ci·ber·né·ti·co, ca[2] [シベルネティコ, —] 形〈学問〉サイバネティクスの.

ci·ca·te·rí·a [シカテリア] 女 1 けち, 吝嗇(りんしょく). 2〈傾向〉一文惜しみ.

ci·ca·te·ro, ra [シカテロ, ラ] 形 1 けちな, しみったれた. 2 一文惜しみの.
— 男女〈人〉1 けち, しみったれ. 2 一文惜しみ.

ci·ca·triz [シカトリス] 女《複 cicatrices》1 (顔などの)傷跡. 2 (心の)傷.

ci·ca·tri·za·ción [シカトリサシオン] 女〈医学〉(傷の)癒合(ゆごう).

ci·ca·tri·zar [シカトリサル] 他《活 39 gozar》〈傷などを〉いやす, なおす.
— *cicatrizar·se* 再 (傷などが)いえる, なおる.

ci·ce·ro·ne [シセロネ] 男女 (名所などの)ガイド, 案内人.

ci·cla·men [シクラメン] 男〈植物〉シクラメン.

cí·cli·co, ca [シクリコ, カ] 形 周期的な, 循環性の.

ci·clis·mo [シクリスモ] 男 1〈自転車〉サイクリング. 2 競輪, 自転車競技.

ci·clis·ta [シクリスタ] 形〈男女同形〉1 サイクリングの. 2 自転車競技の, 競輪の.
— 男女 1 自転車利用者. 2 自転車競技選手, 競輪選手.

ci·clo [シクロ] 男 1 周期, サイクル. 2 循環, 循環期. 3 (同一主題の文化的)連続行事. 4 教程, 学期. 5 (同一主題の)一群の詩, 物語系列／*ciclo artúrico* アーサー王物語の系列.

ci·clo·crós [シクロクロス] 男《= ciclocross》〈自転車競技〉サイクロクロス.

ci·clo·mo·tor [シクロモトル] 男 モーターバイク, 原付き.

ci·clón [シクロン] 男 1〈気象〉サイクロン. 2 暴風雨, ハリケーン, 台風. 3〈人〉あばれん坊.

ci·cló·ni·co, ca [シクロニコ, カ] 形 サイクロンの, 熱帯低気圧の.

ci·cló·pe·o, a [シクロペオ, ア] 形 1 (ひとつ目巨人の)キュクロプスの Cíclope の. 2 巨大な, 桁違いの. 3 (古代の)巨石建築の.

ci·clos·til [シクロスティル] 男《= ciclostilo》1〈印刷〉謄写(とうしゃ). 2 謄写版.

ci·clo·tu·ris·mo [シクロトゥリスモ] 男 自転車旅行.

ci·cu·ta [シクタ] 女〈植物〉ドクニンジン.

Cid [シド] 固〈人名〉(スペイン中世の英雄の)エルシド [= El Cid Campeador].

ci·dra [シドラ] 女〈果実〉シトロン.

ci·dro [シドロ] 男〈果樹〉シトロン.

cieg- → cegar 盲目的にする《活 53》.

cie·ga·men·te [シエガメンテ] 副 盲目的に, やみくもに.

cie·go[1] [シエゴ] 男 1〈解剖学〉盲腸. 2 酒樽.

cie·go[2], **ga** [—, ガ] 形 1 盲目の, 目の見えない. 2 分別のない, 理性を失った. 3 (+con, de...)…に夢中の. 4 満腹の. 5 きらのない, 隙間のない. 6 (通路などが)ふさがった, 詰まった.
— 男女 盲人.
a ciegas 1 盲目的に. 2 手さぐりで.
dar palos de ciego よく調べずに行動する.
punto ciego (眼球などの)盲点.

cie·li·to [シエリト] 男《→ cielo》1 小さな空. 2 (愛情の呼び掛け語で)ねえ, きみ, あなた. 3〈民謡〉

(南米の)シエリト.
cie·lo [シエロ] 男 **1** 空, 大空, 天空. **2** 大気, 天気, 気候. **3** 天国, 天[=cielos]. **4** (神と共にある)至福, 栄光. **5** 天蓋[=cielos]. **6** 素晴らしいもの, すてきな人. **7** (愛情の呼び掛け語で)ねえ, あなた, きみ.
a cielo descubierto [*raso*] 野外で[の], そとで.
cielo de la boca 〈解剖学〉口蓋.
clamar al cielo 大きな怒りを買う, 言語(ごん)道断である.
en el (*séptimo*) *cielo* 大満足の[で].
ganar el cielo 善行をほどこす.
llovido [*bajado*, *caído*] *del cielo* 折よく, 棚ぼた式に.
mover cielo y tierra あらゆる手を尽くす.
ver el cielo abierto 突破口を見つける, 打つ手がひらめく.
cie·los [シエロス] 間 (驚いて)ほんとうに!, まさか!
ciem·piés [シエンピエス] 男《単複同形》〈動物〉ムカデ.
cien [シエン] 形《→ ciento》《男女同形》**1** 100 の. **2** 100 番目の.
a cien (*estar*+) 興奮した, いらいらした.
cien por cien 絶対的に, 完全に.
cié·na·ga [シエナガ] 女 沼地, 湿地.
cien·cia [シエンシア] 女 **1** 科学, 学問. **2** 学識, 知識. **3** 技術, 技量/*ciencia* del editor 編集のノウハウ.
a [*de*] *ciencia cierta* 確実に.
ciencia ficción 空想科学小説, SF.
ciencia infusa インスピレーション, ひらめき.
ciencias exactas 数学.
ciencias humanas 人文科学.
ciencias naturales 自然科学.
ciencias ocultas 神秘学.
ciencias sociales 社会科学.
gaya ciencia 詩学.
tener poca ciencia (物事が)するのがやさしい, 簡単である.
cien·cias [シエンシアス] 女複《→ ciencia》〈学問〉(集合的に)理学, 科学.
Facultad de Ciencias 理学部.
cie·no [シエノ] 男 どろ[泥], 泥土(でい).
cien·tí·fi·ca·men·te [シエンティフィカメンテ] 副 科学的に, 学問的に.
cien·tí·fi·co, ca [シエンティフィコ, カ] 形 **1** 科学の, 科学的な. **2** 学問の, 学問研究の.
— 男 女 科学者, 研究者.
cien·to [シエント] 形《男女同形》《うしろに名詞や mil, millones がくると cien になる》**1** 100 の. **2** 100 番目の.
— 男 **1** 100, C. **2** 100 のもの/(*varios*) *cientos* de... 数百の….
— 男 女 100 番目のもの.
a cientos たくさんの[で].

(*el*) *ciento y la madre* 大勢の人.
...por ciento …%[パーセント].
ciern- 活 → cerner, cernir ふるいにかける《活 58, 28》.
cier·ne [シエルネ] 《つぎの成句の一部》
en ciernes [*cierne*] 初期の[に], 始めたばかりの[に], 準備中の[に].
— 活 → cerner, cernir ふるいにかける.
cierr- 活 → cerrar 閉じる《活 57》.
cie·rre [シエレ] 男 **1** 閉じるもの, しめ具, 留め具. **2** 閉じること, 閉鎖 **3** たたむこと/*paraguas de cierre* automático 自動たたみ込み式の傘. **4** 終了, 閉店, 閉会. **5** 終止, 終結.
cierre (*de*) *cremallera* チャック, ファスナー.
cierre metálico (入り口の)シャッター.
cierre patronal 工場閉鎖, ロックアウト.
echar el cierre 終わりにする, やめる.
cier·ta·men·te [シエルタメンテ] 副 **1** 確実に, きっと. **2** (返答で)その通り!
cier·to¹ [シエルト] 副 (間投詞的に)そう, その通り, 確かに.
cier·to², ta [—, タ] 形 **1** 確実な, 事実の, 本当の. **2** (名詞のうしろで)確かな. **3** (名詞の前で)ある, いくつかの, 多少の.
cierto que... 確かに….
de cierto 確かに, はっきりと.
estar en lo cierto 正しい, 間違えていない.
lo cierto es que... (しかし)実は….
por cierto **1** もちろん, 確実に. **2** 本当そうだ, ところで.
cier·vo, va [シエルボ, バ] 男 女 〈動物〉シカ[鹿].
ciervo volante 〈昆虫〉クワガタムシ.
cier·zo [シエルソ] 男 寒い北風.
c.i.f. [セイエフェ] 〈略語〉(英語の)cost, insurance and freight 運賃保険料込み価格[=costo, seguro y flete].
ci·fra [シフラ] 女 **1** (数字の)桁(けた). **2** 総額, 総量. **3** 暗号, 符丁.
— 活 → cifrar 暗号で書く.
en cifra **1** 要約すると. **2** 暗号で.
ci·fra·do, da [シフラド, ダ] 《過去分詞》→ cifrar 暗号で書く.
— 形 暗号になった, 暗号の.
ci·frar [シフラル] 他 **1** …を暗号で書く, 符丁になおす. **2** …を数量的に評価する. **3** …を(+en...) …に限定する. **4** …を要約する.
— *cifrar·se* 再 (+en...) …に要約される, 帰着する.
ci·ga·la [シガラ] 女 〈動物〉アカザエビ.
ci·ga·rra [シガラ] 女 〈昆虫〉セミ[蟬].
ci·ga·rral [シガラル] 男 (トレド地方に多い)果樹園付き別荘.
ci·ga·rre·ra¹ [シガレラ] 女 葉巻タバコ入れ.
ci·ga·rre·rí·a [シガレリア] 女 タバコ屋, タバコ売り場.

ci·ga·rre·ro, ra² [シガレロ, -] 男女 タバコ業者, タバコ職人.

ci·ga·rri·llo [シガリジョ] 男 紙巻きタバコ.

ci·ga·rro [シガロ] 男 1 葉巻きタバコ [= cigarro puro]. 2 紙巻きタバコ.

ci·ga·rrón [シガロン] 男〈昆虫〉バッタ, イナゴ.

ci·güe·ña [シグエニャ] 女〈鳥〉コウノトリ.
venir la cigüeña 子供が生まれる.

ci·güe·ñal [シグエニャル] 男〈機械〉クランク, クランクシャフト.

ci·güe·ña·to [シグエニャト] 男〈鳥〉コウノトリの雛(ひな).

ci·güe·ñue·la [シグエニュエラ] 女〈機械〉L字型ハンドル, クランク.

ci·lan·tro [シらントロ] 男〈植物〉(香草の)コエンドロ.

ci·lia·do, da [シリアド, ダ] 形〈生物学〉繊毛(せんもう)のある.

ci·liar [シリアル] 形 1〈解剖学〉まゆ[眉]の, まゆ毛の. 2〈生物学〉繊毛(せんもう)の.

ci·li·cio [シリシオ] 男 (修道士の)苦行衣.

ci·lin·dra·da [シリンドラダ] 女〈エンジン〉気筒容量, 排気量.

ci·lín·dri·co, ca [シリンドリコ, カ] 形 1〈エンジン〉シリンダーの. 2 気筒状の.

ci·lin·dro [シリンドロ] 男 1〈エンジン〉シリンダー, 気筒. 2 円筒, 円柱. 3 円筒状のもの. 4〈機械〉ローラー.
cilindro compresor〈車両〉ロードローラー.

ci·lin·dro·e·je [シリンドロエヘ] 男〈解剖学〉(神経突起の)軸索(じくさく).

ci·lio [シリオ] 男〈生物学〉繊毛(せんもう).

ci·ma [シマ] 女 1 頂上, 一番高いところ. 2 絶頂, 頂点. 3〈植物学〉集散花序.
dar cima a... …を終結させる, 完成させる.

ci·ma·rrón, rro·na [シマロン, ロナ] 形〈家畜〉野生化した.
— 男女 1 野生化動物. 2 逃亡奴隷, シマロン.

cím·ba·lo [シンバロ] 男〈楽器〉シンバル.

cim·bo·rrio [シンボリオ] 男 1 丸天井, ドーム. 2 (ドームを支える)ドラム.

cim·bre·an·te [シンブレアンテ] 形 1 ゆらゆら動く. 2 しなやかな.

cim·bre·ar [シンブレアル] 他 1 (細い棒などを)振る. 2 (体の一部)をゆらす.
— cimbrearse 再 1 (枝などが)ゆれる. 2 しなやかに歩く.

ci·men·ta·ción [シメンタシオン] 女 1〈建築〉基礎工事. 2 (理論などの)基礎固め. 3 (思想などの)定着. 4 (町などの)創設, 設立.

ci·men·tar [シメンタル] 他《活 57 pensar》1 (建物の)基礎工事をする, 土台を固める. 2 (理論などの)基礎を固め, を確立する. 3 (思想などを)定着させる. 4 (町などを)創設する, 設立する.
— cimentarse 再 1 (+en...)…に基づく. 2 基礎が固まる.

ci·me·ra [シメラ] 女〈かぶと〉羽飾り.

ci·mien·tos [シミエントス] 男複 1〈建築〉土台, 基礎. 2 論拠, 基盤, 出発点.

ci·mi·ta·rra [シミタラ] 女〈刀剣〉(アラビアなどの)偃月(えんげつ)刀, 新月刀.

ci·na·brio [シナブリオ] 男〈鉱物〉(水銀の原料の)辰砂(しんしゃ).

cinc [シンク] 男〈化学〉亜鉛.

cin·cel [シンセる] 男〈工具〉のみ, たがね.

cin·ce·la·do [シンセらド] 男 (石や金属の)彫刻.

cin·ce·lar [シンセらル] 他 (石や金属に図柄を)彫刻する.

cin·cha [シンチャ] 女 (馬などの)腹帯.
— 活 → cinchar 腹帯を巻く.

cin·char [シンチャル] 他 1 (馬など)に腹帯を巻く. 2 (樽(たる)など)にたがをはめる.

cin·cho [シンチョ] 男 1 (樽(たる)などの)たが. 2〈服飾〉ベルト, バンド.

cin·co [シンコ] 男 1〈数字〉5, V. 2 5 のもの, いつつ.
— 形〈男女同形〉1 5 の, いつつの. 2 5 番目の.
— 男女 5 番目のもの.
con los cinco sentidos 五感を使って, 注意深く.
decir a... cuántos son cinco …にずけずけ物を言う.
esos cinco 手/¡Choca *esos cinco*! さあ, 握手だ!
las cinco〈時刻〉5 時.
no tener ni cinco [estar sin cinco] 一文無しである.

cin·cuen·ta [シンクエンタ] 男 1〈数字〉50, L. 2 50 のもの.
— 形〈男女同形〉1 50 の. 2 50 番目の.
— 男女 50 番目のもの.

cin·cuen·ta·vo¹ [シンクエンタボ] 男 50 分の 1.

cin·cuen·ta·vo², va [-, バ] 形 50 分の 1 の.

cin·cuen·te·na [シンクエンテナ] 女 50 のまとまり.

cin·cuen·te·na·rio [シンクエンテナリオ] 男 1 50 周年. 2 50 年祭.

cin·cuen·tón, to·na [シンクエントン, トナ] 形 50 歳代の, 50 数歳の.
— 男女 50 代の人.

ci·ne [シネ] 男 1 映画. 2 映画館. 3 映画界, 映画産業.
de cine すてきな, とてもよく.

ci·ne·as·ta [シネアスタ] 男女 1 映画制作者. 2 映画監督. 3 映画人.

ci·ne·club [シネクるブ] 男 1 シネクラブ. 2 シネクラブ上映館.

ci·né·fi·lo, la [シネふィろ, ら] 形 映画好きの.
— 男女 映画ファン.

ci·ne·gé·ti·ca [シネヘティカ] 囡 狩猟術.
ci·ne·ma [シネマ] 男 映画[= cine].
ci·ne·mas·co·pe [シネマスコペ] 男〈映画〉シネマスコープ.
ci·ne·ma·te·ca [シネマテカ] 囡 フィルムライブラリー, シネマテーク.
ci·ne·má·ti·ca [シネマティカ] 囡〈物理〉運動学.
ci·ne·ma·to·gra·fí·a [シネマトグラふィア] 囡〈映画〉撮影技法.
ci·ne·ma·to·gra·fiar [シネマトグラふィアル] 他《活 34 enviar》〈映画〉…を撮影する.
ci·ne·ma·to·grá·fi·co, ca [シネマトグラふィコ, カ] 形 1 映画の. 2 映画撮影技法の.
ci·ne·ma·tó·gra·fo [シネマトグラふォ] 男 1〈映画〉撮影機. 2 映写機. 3 映画. 4 映画館.
ci·ne·ra·ma [シネラマ] 男〈映画〉シネラマ.
ci·ne·ra·ria[1] [シネラリア] 囡〈植物〉(キク科の)サイネリア, シネラリア.
ci·ne·ra·rio, ria[2] [シネラリオ, ー] 形 1 灰の. 2 遺骨の, 死者の灰の／*urna cineraria* 骨壺(こつぼ).
ci·né·ti·ca [シネティカ] 囡〈物理〉動力学.
ci·né·ti·co, ca[2] [シネティコ, ー] 形〈物理学〉運動の.
cin·ga·lés, le·sa [シンガれス, れサ] 形 (旧名セイロンの)スリランカ Sri Lanka の.
━男 囡 スリランカ人.
cín·ga·ro, ra [シンガロ, ラ] 形 (中部ヨーロッパの)ジプシーの.
━男 囡〈人〉ジプシー.
cín·gu·lo [シングロ] 男〈カトリック〉祭服のひも.
cí·ni·co, ca [シニコ, カ] 形 1 冷笑的な, シニカルな. 2 厚かましい, 恥知らずの.
━男 囡 1〈人〉皮肉屋, 冷笑家. 2〈人〉恥知らず, 鉄面皮.
ci·nis·mo [シニスモ] 男 1 冷笑, 皮肉. 2 厚かましさ, 厚顔無恥.
cin·qui·llo [シンキじょ] 男〈トランプ〉5番カードゲーム.
cin·ta [シンタ] 囡 1 リボン, テープ. 2 (録音や録画の)磁気テープ. 3〈タイプライター〉リボン. 4〈機械〉ベルト. 5〈銃器〉帯, バンド. 6〈歩道〉縁石(ふちいし). 7〈映画〉フィルム. 8〈豚肉〉ロース.
cinta adhesiva 粘着テープ.
cinta aislante 絶縁テープ.
cinta de vídeo ビデオテープ.
cinta magnetofónica 録音テープ.
cinta métrica 巻尺, メジャー.
cinta transportadora ベルトコンベアー.
en cinta 録音[録画]されている.
cin·to [シント] 男〈服飾〉ベルト, バンド.
cin·tu·ra [シントゥラ] 囡 1〈人体〉腰, ウエスト. 2〈衣服〉胴部, ウエスト.

cintura de avispa くびれた腰.
meter en cintura a... …に行儀を教えこむ.
cin·tu·rón [シントゥロン] 男 1〈服飾〉ベルト, バンド. 2〈刀剣〉革帯. 3 帯状に集まったもの. 4 地帯. 5〈武術〉帯.
apretarse el cinturón 出費を切りつめる.
cinturón de castidad 貞操帯.
cinturón de seguridad 安全ベルト, シートベルト.
cinturón industrial 工業地帯.
cinturón negro (柔道などの)黒帯.
cinturón salvavidas 救命具.
ciñ- 活 → ceñir 巻きつける《活 68》.
ci·po·te [シポテ] 男 陰茎, ペニス.
ci·prés [シプレス] 男 1〈植物〉(墓地に多い)イトスギ[糸杉]. 2〈材木〉糸杉.
cir·cen·se [シルセンセ] 形 サーカスの.
cir·co [シルコ] 男 1 サーカス. 2 サーカス団[一座]. 3 サーカス劇場. 4 (古代ローマの)円形競技場. 5 見世物的状態.
circo glaciar (氷河でできた)カール, 圏谷(けんこく).
cir·cón [シルコン] 男〈鉱物〉ジルコン.
cir·cui·to [シルクイト] 男 1〈スポーツ〉サーキット, 周回路. 2 一周, 一巡. 3〈電気〉回路, 回線.
circuito impreso プリント配線.
circuito integrado 集積回路.
corto circuito〈電気〉ショート, 短絡.
cir·cu·la·ción [シルクらシオン] 囡 1 交通, 交通量. 2 流通, 運行. 3 循環, 巡回.
cir·cu·lan·te [シルクらンテ] 形 1 流通している, 流通の. 2 循環の, 巡回の.
cir·cu·lar [シルクらル] 自 1 循環する, 巡回する. 2 (人や車が)通る, 往来する. 3 流布する, 伝わる. 4 流通する.
━他 1 …を伝える. 2 …を回覧させる.
━形 1 円形の, 環状の. 2 循環の, 回覧の.
━囡 1 通達. 2 回状, サーキュラー.
cir·cu·la·to·rio, ria [シルクらトリオ, リア] 形 1 交通の. 2 巡回の, 循環の. 3〈医学〉循環系の, 血行の.
cír·cu·lo [シルクロ] 男 1 円, 円形. 2 円周, 丸, 輪. 3 集まり, サークル, 社交クラブ. 4〈社会〉部門, …界, …筋. 5〈地理学〉圏.
círculo polar antártico 南極圏.
círculo polar ártico 北極圏.
círculos literarios 文壇.
círculos políticos 政界.
círculo vicioso 悪循環, 循環論法.
en (los) círculos bien informados〈報道文〉消息筋によれば.
cir·cun·ci·dar [シルクンシダル] 他 …に割礼をほどこす.
cir·cun·ci·sión [シルクンシシオン] 囡 割礼.
cir·cun·ci·so [シルクンシソ] 形〈男〉割礼を受けた.
━男 割礼を受けた男.

cir·cun·dan·te [スルクンダンテ] 形 周囲の, 取り巻いている.

cir·cun·dar [スルクンダル] 他 1 …を取り巻く, 取り囲む. 2 …のまわりを巡る.

cir·cun·fe·ren·cia [スルクンふェレンしア] 女 1 〈数学〉円周. 2 周囲, 周辺.

cir·cun·fe·rir [スルクンふェリル] 他《活 77 sentir》…を(+a… …に)限定する, 制限する.

cir·cun·fle·jo [スルクンふれホ] 〈つぎの名詞句の一部〉
acento circunflejo 曲折アクセント符号[＾].

cir·cun·lo·quio [スルクンろキオ] 男 まわりくどい言い方, 婉曲表現.

cir·cun·na·ve·ga·ción [スルクンナベガしオン] 女 〈船〉周航.

cir·cun·na·ve·gar [スルクンナベガル] 他《活 47 llegar》〈船〉…を周航する.

cir·cuns·cri·bir [スルクンスクリビル] 他 1 …を(+a… …に)限定する, 制限する. 2 〈数学〉…を(+a… …に)外接させる.
— **circunscribirse** 再 (+a…) …にとどまる, …だけになる.

cir·cuns·crip·ción [スルクンスクリプしオン] 女 1 (行政などの)区画, 区域. 2 制限, 限定.

cir·cuns·cri·to, ta [スルクンスクリト, タ] 《過去分詞》→ circunscribir 限定する.
— 形 1 (+a… …に)限定された. 2 〈数学〉外接の.

cir·cuns·pec·ción [スルクンスペクしオン] 女 慎重さ, 真剣さ.

cir·cuns·pec·to, ta [スルクンスペクト, タ] 形 慎重な, 真剣な.

cir·cuns·tan·cia [スルクンスタンしア] 女 1 状況, 事情, 情勢. 2 要件, 必要条件. 3 理由, 事由.
circunstancia agravante 〈法律〉(刑の)加重事由.
circunstancia atenuante 〈法律〉(刑の)軽減事由.
circunstancia eximente 〈法律〉酌量すべき情状.
de circunstancias 1 (顔つきなどの)その場にふさわしい. 2 一時しのぎの, 応急の. 3 その場かぎりの.
(estar) a la altura de las circunstancias その場の雰囲気に合わせて(いる), その場に溶けこんで(いる).

cir·cuns·tan·cial [スルクンスタンしアル] 形 1 状況の, 状況次第の. 2 間に合わせの, 一時的な.
— 男 〈文法〉状況補語[= complemento circunstancial].

cir·cun·va·la·ción [スルクンバらしオン] 女 1 (町などの)周りをめぐること, 周りを囲むこと. 2 環状道路.

cir·cun·va·lar [スルクンバらル] 他 …の周りをめぐる, 周りを取り囲む.

cir·cun·vo·lu·ción [スルクンボるしオン] 女 旋回, 回転.

ci·rial [しリアる] 男 〈教会〉長い燭台(しょくだい).

ci·rí·li·co [しリリコ] 男 (ロシア語などの)キリル文字.

ci·rio [しリオ] 男 1 大ろうそく. 2 大混乱.

ci·rro [しロ] 男 〈気象〉巻き雲, 絹雲.

ci·rro·sis [しロシス] 女 〈単複同形〉〈医学〉肝硬変.

ci·rue·la [しルエら] 女 〈果実〉プルーン, セイヨウスモモ.
ciruela claudia クラウディアスモモ.
ciruela pasa 干しスモモ, プルーン.

ci·rue·lo [しルエろ] 男 〈果樹〉プラム, セイヨウスモモ.

ci·ru·gía [しルヒア] 女 〈医学〉外科.
cirugía menor 小手術.
cirugía plástica 1 整形外科. 2 整形手術.

ci·ru·ja·no, na [しルハノ, ナ] 男女 〈医学〉外科医.

cis·car·se [しスカルセ] 再 大便をする.

cis·co [しスコ] 男 1 粉炭. 2 混乱, 大騒ぎ.
hacer cisco (a) …をだめにする, 落胆させる.
hcer·se cisco だめになる, 落胆する.

cis·ma [しスマ] 男 1 〈宗教〉分派, 分立. 2 決裂, 分離.

cis·má·ti·co, ca [しスマティコ, カ] 形 1 〈宗教〉分派の, 分離する. 2 〈人〉不和のもととなる, 対立を引き起こす.
— 男女 1 分離した人. 2 対立[不和]の扇動者.

cis·ne [しスネ] 男 ハクチョウ.
canto de cisne (芸術家の)最後の業績, 絶筆.

Cís·ter [しステル] 固 〈修道会の名〉シトー会.

cis·ter·cien·se [しステルしエンセ] 形 シトー会の.
— 男女 シトー会の修道士[修道女].

cis·ter·na [しステルナ] 女 1 (便所などの)水槽, タンク. 2 (液体運送用の)タンク.
buque [barco] cisterna 〈船〉タンカー.
camión cisterna 〈車両〉タンクローリー.

cis·ti·tis [しスティティス] 女 〈単複同形〉〈医学〉膀胱(ぼうこう)炎.

ci·su·ra [しスラ] 女 裂け目, ひび.

ci·ta [しタ] 女 1 会う約束, デート, 面会の予約. 2 予定の会合. 3 (文や語句の)引用.
casa de citas 〈ホテル〉連れ込み, 売春宿.
dar cita a… …と会う約束をする.
tener una cita con… …と会う約束がある.

ci·ta·ción [しタしオン] 女 1 〈法律〉召喚, 召喚状. 2 引用. 3 会う約束.

ci·ta·do, da [しタド, ダ] 《過去分詞》→ citar 引用する.
— 形 前記の, 上述の.

ci·tar [しタル] 他 1 …を引用する, 例としてあげる. 2 …と会う約束をする. 3 〈法律〉…を召喚する. 4 〈闘牛〉(牛)を挑発する.
— **citar·se** 再 (+con…) …と(+en… …で)会う約束をする.

cí·ta·ra [シタラ] 囡 〈楽器〉チター.
ci·te·rior [シテリオル] 形 手前のほうの.
ci·to·lo·gí·a [シトロヒア] 囡 〈学問〉細胞学.
ci·tó·lo·go, ga [シトロゴ, ガ] 男囡 細胞学者.
ci·to·plas·ma [シトプラスマ] 男 〈生物学〉細胞質.
cí·tri·co, ca [シトリコ, カ] 形 柑橘(かんきつ)類の.
　ácido cítrico くえん酸.
cí·tri·cos [シトリコス] 男複 《→ cítrico》〈果樹, 果実〉柑橘(かんきつ)類.
ciu·dad [シウダ] 囡 1 都市, 市. 2 市街. 3 (田舎(いなか)に対して)町, 都会.
　ciudad dormitorio ベッドタウン.
　ciudad hongo (人口急増の)新興都市.
　ciudad jardín 田園都市
　ciudad satélite 衛星都市
　ciudad universitaria 大学都市, 学園都市.
Ciu·dad [シウダス] 〈代用語〉(手紙で宛て先の代わりに)市内.
ciu·da·da·ní·a [シウダダニア] 囡 1 市民権, 公民権. 2 市民性, 公民精神.
ciu·da·da·no, na [シウダダノ, ナ] 形 1 都市の, 都会の. 2 市民会人の, 市民の.
　— 男囡 1 (都市の住民の)市民, 都会人. 2 (権利・義務のある)市民, 公民, 国民.
Ciu·dad Con·dal [シウダス コンダル] 固 〈都市の名〉(伯爵の都)バルセロナ.
ciu·da·de·la [シウダデラ] 囡 〈都市のなかにある〉城塞(じょうさい).
Ciu·dad E·ter·na [シウダス エテルナ] 固 〈都市の名〉(永遠の都)ローマ.
Ciu·dad Im·pe·rial [シウダス インペリアル] 固 〈都市の名〉トレド.
Ciu·dad Re·al [シウダス レアル] 固 〈県・県都の名〉(スペインの中南部の)シウダ・レアル.
ciu·dad·re·a·le·ño, ña
[シウダレアルニョ, ニャ] 形 〈都市名〉シウダ・レアルの.
　— 男囡 シウダ・レアルの人.
Ciu·dad San·ta [シウダス サンタ] 固 〈都市の名〉(聖都)エルサレム, ローマ, メッカ(など).
cí·vi·co, ca [シビコ, カ] 形 1 市民の, 公民の. 2 都市の, 都会の. 3 公徳心のある.
ci·vil [シビル] 形 1 都市の, 都会の. 2 市民の, 都会人の. 3 公民の, 公民としての, 国民の／*guerra civil* 内戦. 4 〈法律〉民事の, 民法上の. 5 (軍人に対して)文官の, 民間人の.
　— 男囡 (軍人に対して)民間人.
　— 男 治安警備隊員.
ci·vi·li·za·ción [シビリサシオン] 囡 1 文明. 2 文明社会. 3 文明化, 教化.
ci·vi·li·za·do, da [シビリサド, ダ] 《過去分詞》→ civilizar 文明化する.
　— 形 1 文明化した. 2 洗練された.
ci·vi·li·zar [シビリサル] 他 《活 39 gozar》 1 …を文明化する, 文明社会にする. 2 (人)を教化

する, しつける.
　— **civilizarse** 再 1 文明社会になる. 2 (人が)洗練される, 教養を身につける.
ci·vil·men·te [シビルメンテ] 副 1 礼儀正しく. 2 民法に従って.
ci·vis·mo [シビスモ] 男 公徳心, 公民精神.
ci·za·llas [シサジャス] 囡複 (金属板を切断する)大ばさみ.
ci·za·ña [シサニャ] 囡 1 〈植物〉ドクムギ[毒麦]. 2 害を与えるもの.
　meter [*sembrar*] *cizaña* 不和の種をまく.
clac [クラク] 男 〈帽子〉オペラハット.
　— 囡 [= claque] 1 (劇場が雇う)さくら連中. 2 私設応援団, (芸能界の)親衛隊.
　— 間 〈擬音語〉ポキッ, パリッ, カチャン.
cla·mar [クラマル] 他 …を叫び求める.
　— 自 1 (救いなどを求めて)叫ぶ. 2 (+por…) …を叫び求める. 3 (事物が) (+por…) …を要求する.
　clamar al cielo (事物が)とても残酷だ.
　clamar en el desierto 説得に失敗する.
clá·mi·de [クラミデ] 囡 〈服飾〉(古代ギリシア・ローマの)肩衣(かたぎぬ).
cla·mor [クラモル] 男 1 叫び声. 2 声援, 歓声. 3 嘆き, 泣き叫び.
cla·mo·re·ar [クラモレアル] 他 …を求めて泣き叫ぶ, 嘆願する.
cla·mo·ro·so, sa [クラモロソ, サ] 形 1 騒々しい, 歓声まじりの. 2 見事な, 桁はずれの.
clan [クラン] 男 1 氏族, 一族, 一門. 2 一味, 一党.
clan·des·ti·na·men·te [クランデスティナメンテ] 副 秘密裏に, 内々に, 非合法的に.
clan·des·ti·ni·dad [クランデスティニダス] 囡 陰蔽(いんぺい), 秘匿(ひとく).
clan·des·ti·no, na [クランデスティノ, ナ] 形 秘密の, 内密の, 非合法の.
cla·que [クラケ] 囡 (劇場などの)さくら連中[= clac 囡].
cla·qué [クラケ] 男 〈舞踊〉タップダンス.
cla·que·ta [クラケタ] 囡 〈映画撮影〉かちんこ.
cla·ra¹ [クララ] 囡 《→ claro²》 1 〈卵〉白身, 卵白. 2 〈飲料〉(ビールを炭酸飲料で割った)クララ.
Cla·ra [クララ] 固 〈女性の名〉クララ.
cla·ra·bo·ya [クララボヤ] 囡 天窓, 明かり窓.
cla·ra·men·te [クララメンテ] 副 1 はっきりと, 明白に. 2 明るく輝いて.
cla·re·ar [クラレアル] 自 《ときに主語なしの3人称単数形で使用》 1 夜が明ける. 2 (空が)晴れてくる.
　— 他 …を明るくする.
　— **clearearse** 再 1 (体や意図が)透けて見える. 2 (衣類が)すり減って薄くなる.
cla·re·te [クラレテ] 男 〈ワイン〉(淡紅色の)クラレット.

cla·re·tia·no [クラレティアノ] 男 クラレチアン修道士.

cla·ri·dad [クラリダス] 女 1 明るさ, 明度, 光. 2 (判断などの)明断(だん)さ. 3 (思想などの)明解さ, 精確さ. 4 透明度, 清澄(ちょう)さ. 5 洞察力.
con (mucha) claridad とてもはっきりと.

cla·ri·fi·ca·ción [クラリフィカシオン] 女 1 解明, 説明. 2 (液体を)薄めること, 透明化. 3 明るくすること.

cla·ri·fi·car [クラリフィカル] 他《活 73 sacar》 1 …を解明する, 説明する. 2 (液体など)薄くする.
— **clarificarse** 再 1 はっきりとしてくる. 2 明るくなる. 3 (液体などが)透明になる, 薄くなる.

cla·rín [クラリン] 男 1〘楽器〙らっぱ. 2 らっぱ奏者.

cla·ri·ne·te [クラリネテ] 男 1〘楽器〙クラリネット. 2 クラリネット奏者.

cla·ri·ne·tis·ta [クラリネティスタ] 男女 クラリネット奏者.

cla·rión [クラリオン] 男 白墨, チョーク.

cla·ri·sa [クラリサ] 女 クララ修道女.

cla·rí·si·mo, ma [クラリシモ, マ] 形《絶対最上級語→ claro², ra²》とても明るい.

cla·ri·vi·den·cia [クラリビデンシア] 女 1 明晰(せき)さ, 明敏さ. 2 洞察力, 先見の明.

cla·ri·vi·den·te [クラリビデンテ] 形 洞察力のある, 明敏な.

cla·ro¹ [クラロ] 男 1 隙間, 空白. 2 (森のなかの)空き地. 3 (雲の)切れ間. 4 (空の)晴れ間.
— 副 はっきりと, 明白に.
— 間 1 もちろん!, そうですとも! 2 なるほど!, わかった!

cla·ro², ra² 形 1 明るい, 輝いた. 2 はっきりした, 明瞭な, 明白な. 3 明晰(せき)な, 明解な, 精確な. 4 透明な, 澄んだ. 5 (液体が)薄い. 6 (色が)明るい, 薄い. 7 わかりやすい, 平明な. 8 (空が)晴れわたった. 9 隙間のある, 詰まっていない.
a las claras 公然と, 明らかに.
claro de luna 月の照る間.
claro (es) que… もちろん …です.
dejar claro… …を明言する.
poner en claro… …を説明する, 表明する.
sacar en claro… …を結論的に引き出す.
ver… poco claro …がよくわからない.

cla·ros·cu·ro [クラロスクロ] 男〈絵画〉明暗, 濃淡.

cla·se [クラセ] 女 1 種類, 部類. 2 学級, クラス, 組. 3 教室. 4 授業, レッスン, 講義. 5 (社会的な)階級, 階層. 6 (乗り物の)等級. 7〈生物学〉(分類項目の)綱(こう).
clase alta 上流社会.
clase baja 下層階級.
clase dirigente 指導者階級.
clase media 中産階級.
clases pasivas (年金などの)受給者層.
dar clase a (＋人) …に授業をする.
dar clase con (＋人) …の授業を受ける.

cla·si·cis·mo [クラシシスモ] 男 1 (文芸上の)古典主義. 2 古典趣味.

cla·si·cis·ta [クラシシスタ] 形《男女同形》古典派の, 古典主義の.
— 男女 古典主義者.

clá·si·co¹ [クラシコ] 男 (文芸上の)古典.

clá·si·co², ca [—, カ] 形 1 古典の, 古典的な. 2 (音楽関係で)クラシックの. 3 (発展段階の最高度に達した)古典期の. 4 (文芸上の)模範的な, 典型的な. 5 (文芸上でギリシャ・ローマの)古代の. 6 古典主義の.
— 男女 1 古典的作家[作品]. 2 (ギリシャ・ローマの)古代の作品. 3 古典主義者.

cla·si·fi·ca·ción [クラシフィカシオン] 女 1 分類, 分類法. 2 順位付け, ランク付け, 格付け.

cla·si·fi·ca·dor¹ [クラシフィカドル] 男 1 整理だんす. 2 分類用ファイル.

cla·si·fi·ca·dor², do·ra [—, ドラ] 形 分類する, 仕分け用の.

cla·si·fi·car [クラシフィカル] 他《活 73 sacar》 1 …を分類する, 仕分けする. 2 …を等級に分ける, ランク付けする.
— **clasificarse** 再 1 …の順位を占める. 2 (＋en, para…) …の資格を得る.

cla·sis·mo [クラシスモ] 男 1 階級主義. 2 階級差別.

cla·sis·ta [クラシスタ] 形《男女同形》1 階級主義の. 2 階級差別の.
— 男女 階級主義者.

Clau·dia [クラウディア] 固〈女性の名〉クラウディア.

clau·dia [クラウディア] 女〈植物〉(スモモの一種の)クラウディアスモモ [= ciruela claudia].

clau·di·ca·ción [クラウディカシオン] 女 1 屈服, 降服. 2 変節.

clau·di·car [クラウディカル] 自《活 73 sacar》 1 (＋ante…) …を前にして屈する. 2 主義を捨て, 変節する.

Clau·dio [クラウディオ] 固〈男性の名〉クラウディオ.

claus·tral [クラウストラル] 形 1 (修道院の)回廊の. 2 大学評議会の.
— 男女 大学評議員.

claus·tro [クラウストロ] 男 1 (修道院などの中庭の周囲の)回廊. 2 (大学の)教授会. 3 教授陣, 教団. 4 (大学の)評議会.

claus·tro·fo·bia [クラウストロフォビア] 女〈医学〉閉所恐怖症.

cláu·su·la [クラウスラ] 女 1 (条文の)条項, 箇条. 2〈文法〉節, 文.

clau·su·ra [クラウスラ] 女 1 閉会式, 終了式. 2 (修道院のなかの)禁域. 3 (修道院の)外出禁止義務. 4 修道院生活. 5 (商店などの)閉店, 閉鎖.

clau·su·rar [クラウスラル] 他 1 …を閉会する,

終了する. 2 (商店など)を閉店する, 閉鎖する.
cla·va·do, da [クラバド, ダ] 《過去分詞》→ clavar 打ちこむ.
— 形 1 きっかりの, ちょうどの. 2 よく似ている. 3 混乱した, 当惑した.
dejar clavado a... …を啞然(㗨)とさせる.
cla·var [クラバル] 他 1 …を打ちこむ, 突き刺す. 2 …を(+en, a…)…にくぎで打ちつける. 3 …から(金)をふんだくる, …に(金)をふっかける. 4 (視線など)を(+en,…)…にそそぐ, こらす.
— clavar·se 再 …を(+en+体の一部) 自分の…に刺してしまう/ *Me he clavado* una espina *en* el dedo. 私の指にとげが刺さった.
cla·ve [クラベ] 男 《楽器》 ハープシコード.
— 女 1 暗号. 2 暗号コード. 3 (問題解決の)手がかり, 鍵, 手引き. 4 《音楽》 音部記号. 5 (物事の)かなめ. 6 《建築》 (アーチの)かなめ石.
dar con la clave 解決法を見つける.
en clave de... …の調子の, …の風の.
cla·ve·cín [クラベシン] 男 《楽器》 ハープシコード, クラブサン.
cla·vel [クラベル] 男 《植物》 カーネーション.
clavel reventón 八重咲きカーネーション.
cla·ve·li·to [クラベリト] 男 かわいいカーネーション.
cla·ve·lli·na [クラベジナ] 女 《植物》 1 小型カーネーション. 2 ナデシコ.
cla·ve·ro [クラベロ] 男 《樹木》 チョウジ[丁字].
cla·ve·te·ar [クラベテアル] 他 1 …を鋲(㗨゙)で飾る. 2 …を不器用にくぎづけする.
cla·vi·cém·ba·lo [クラビセンバロ] 男 《楽器》 クラビチェンバロ, ハープシコード.
cla·vi·cor·dio [クラビコルディオ] 男 《楽器》 クラビコード.
cla·ví·cu·la [クラビクラ] 女 《解剖学》 鎖骨.
cla·vi·cu·lar [クラビクラル] 形 鎖骨の.
cla·vi·ja [クラビハ] 女 1 栓(㗨), ピン. 2 《楽器》 (弦を固定する)糸巻き. 3 (電話コードなどの)ジャック, 差し込み.
apretar las clavijas a (+人) …の仕事を厳しく見張る, …を締めつける.
cla·vi·je·ro [クラビヘロ] 男 《弦楽器》 糸倉(㗨゙).
cla·vo [クラボ] 男 1 くぎ[釘], 鋲(㗨゙). 2 (足のうおのめ. 3 《植物》 (香料になるつぼみの)チョウジ, クローブ.
agarrar·se a [de] un clavo ardiendo 手段を選ばず事に当たる.
como un clavo 1 固定された. 2 正確な, きっちりした.
dar en el clavo 言い当てる, 当(㗨)を得る.
no dar [pegar] ni clavo 全く働かない.
¡Por los clavos de Cristo! (大げさに)お願いだから！
remachar el clavo 1 失敗を直そうとして別の失敗をしてしまう. 2 明白なことに解説を加える.

cla·xon [クラクソン] 男 《自動車》 クラクション, 警笛.
cle·má·ti·de [クレマティデ] 女 《多年草》 クレマチス.
cle·men·cia [クレメンシア] 女 (判決のときの)寛大さ, 慈悲の心.
Cle·men·cia [クレメンシア] 固 《女性の名》 クレメンシア.
cle·men·te [クレメンテ] 形 寛大な, 慈悲深い.
Cle·men·te [クレメンテ] 固 《男性の名》 クレメンテ.
cle·men·ti·na [クレメンティナ] 女 《果物》 (ミカンの一種の)クレメンタイン.
clep·si·dra [クレプシドラ] 女 水時計.
clep·to·ma·ní·a [クレプトマニア] 女 《病気》 盗癖.
clep·tó·ma·no, na [クレプトマノ, ナ] 形 《= cleptomaníaco, ca》《病気》 盗癖のある.
— 男 女 盗癖患者.
cle·re·cí·a [クレレシア] 女 1 (集合的に)聖職者. 2 《職業》 聖職, 僧職.
cle·ri·cal [クレリカル] 形 1 聖職の. 2 聖職者の.
— 男 聖職者支持者, 教権主義者.
cle·ri·ca·lis·mo [クレリカリスモ] 男 1 聖職尊重主義. 2 聖職者の政治介入.
clé·ri·go [クレリゴ] 男 1 聖職者, 司祭. 2 (中世の)学者, 識者.
cle·ro [クレロ] 男 1 《社会》 聖職者層. 2 (中世の)聖職者階級.
clic [クリク] 間 《擬音語》 ガチッ.
cli·ché [クリチェ] 男 1 《写真》 ネガ, 陰画. 2 《印刷》 ステロ版. 3 決まり文句, 常套(㗨゙)語.
clien·ta [クリエンタ] 女 《→ cliente》 女性の客.
clien·te [クリエンテ] 男 女 1 (専門職の)顧客, 依頼人, 担当患者. 2 (買物などの)お客, 得意先.
clien·te·la [クリエンテら] 女 (集合的に)顧客, 客筋, 依頼人, 担当患者.
cli·ma [クリマ] 男 1 気候, 風土. 2 (人を取り巻く)雰囲気, 環境.
clima continental 大陸性気候.
clima de trabajo 労働環境.
clima mediterráneo 地中海性気候.
clima tropical 熱帯性気候.
cli·ma·té·ri·co, ca [クリマテリコ, カ] 形 1 《医学》 更年期の. 2 危機の.
cli·ma·te·rio [クリマテリオ] 男 《医学》 更年期.
cli·má·ti·co, ca [クリマティコ, カ] 形 気候の, 風土の.
cli·ma·ti·za·ción [クリマティサシオン] 女 空気調節, エアコン.
cli·ma·ti·za·do, da [クリマティサド, ダ] 《過去分詞》→ climatizar 空気調節する.
— 形 エアコン付きの.
cli·ma·ti·zar [クリマティサル] 他 活 39 go-zar 《部屋など》を空気調節する, …にエアコンを

付ける.

cli·ma·to·lo·gí·a [クリマトロヒア] 囡 気候学, 風土学.

cli·ma·to·ló·gi·co, ca [クリマトロヒコ, カ] 形 気候の, 気候学の, 風土の.

cli·ma·tó·lo·go, ga [クリマトロゴ, ガ] 男囡 気候学者, 風土学者.

clí·max [クリマクス] 男《単複同形》クライマックス, 絶頂.

clí·ni·ca[クリニカ]囡 1 医院, 診療所, 個人病院. 2 臨床医学.

clí·ni·co[クリニコ]男 臨床医学専門病院.

clí·ni·co², ca² [クリニコ, カ] 形〈医学〉診療の, 臨床の.
— 男囡 臨床医.

clip [クリプ] 男《複 clips》《= clipe》1 クリップ, 紙挟み. 2 クリップ式装身具, イヤリング. 3〈撮影器具の〉クリップ.

cli·sé [クリセ] 男《= cliché》〈写真の〉ネガ, 決まり文句.

clí·to·ris [クリトリス] 男《単複同形》〈解剖学〉陰核, クリトリス.

clo·a·ca [クロアカ] 囡 1 排水溝, 下水管. 2 きたない所. 3〈鳥類などの〉排泄(ﾊｲｾﾂ)器.

cloc [クロク] 男〈擬音語〉ゴン, ゴツン.

clon [クロン] 男 1〈生物学〉複製生物, クローン. 2 ピエロ.

clo·na·ción [クロナシオン] 囡 クローニング.

clo·que·ar [クロケアル] 自〈メンドリが〉クックッと鳴く.

clo·que·o [クロケオ] 男〈メンドリの〉鳴き声.

clo·ra·to [クロラト] 男〈化学〉塩素酸塩.

clor·hí·dri·co, ca [クロルイドリコ, カ] 形〈化学〉塩化水素の.
ácido clorhídrico 塩酸.

clo·ro [クロロ] 男〈化学〉塩素.

clo·ro·fi·la [クロロフィラ] 囡〈植物〉葉緑素.

clo·ro·fí·li·co, ca [クロロフィリコ, カ] 形〈植物〉葉緑素の, 葉緑素を含む.

clo·ro·for·mi·zar [クロロフォルミサル] 他《活 39 gozar》…をクロロホルムで麻酔する.

clo·ro·for·mo [クロロフォルモ] 男〈化学〉クロロホルム.

clo·ro·plas·to [クロロプラスト] 男〈植物〉葉緑体.

clo·ru·ro [クロルロ] 男〈化学〉塩化物.
cloruro de cal(さらし粉の)塩化カルシウム.
cloruro sódico(食塩の)塩化ナトリウム.

clóset [クロセト] 男 クロゼット, 衣類収納戸棚.

Clo·til·de [クロティルデ] 固《女性の名》クロティルデ.

clown [クラウン] 男《複 clowns》ピエロ.

club [クルブ] 男《= clube》《複 clubes》1 (同好会の)クラブ, サークル. 2 (同好会の)集会場. 3 (遊興施設の)クラブ. 4 (劇場などの)クラブ席.

clu·bis·ta [クルビスタ] 男囡 クラブ員, 会員.

clue·ca¹ [クルエカ] 囡 抱卵期のメンドリ.

clue·co, ca² [クルエコ, —] 形〈鳥類〉卵を抱いている.

clu·nia·cen·se [クルニアセンセ] 形〈宗教〉クリュニー修道院 Cluny の.
— 男 クリュニー会修道士.

cm [センティメトロ] 男《略語》centímetro センチメートル.

co·ac·ción [コアクシオン] 囡 強制, 無理強い.

co·ac·cio·nar [コアクシオナル] 他 …に強制する, 強いる.

co·ac·ti·vo, va [コアクティボ, バ] 形 強制的な.

co·ad·ju·tor, to·ra [コアドフトル, トラ] 男囡〈宗教〉助手, 補佐.

co·ad·yu·var [コアドユバル] 自 (+a, en...) …に貢献する, 寄与する.

co·a·gu·la·ción [コアグらシオン] 囡 1 凝固, 凝結. 2〈現象〉凝血.

co·a·gu·lan·te [コアグらンテ] 形 凝結性の.
— 男 凝結剤, 凝固剤.

co·a·gu·lar [コアグらル] 他 …を凝結させる, 凝結させる.
— **coagular·se** 再 凝固[凝結]する.

co·á·gu·lo [コアグロ] 男 1 凝結物, 凝固物. 2〈医学〉凝血.

co·a·li·ción [コアリシオン] 囡 (政党などの)合同, 同盟, 連合.

co·ar·ta·da [コアルタダ] 囡〈法律〉現場不在証明, アリバイ.

co·ar·tar [コアルタル] 他 …を束縛する, 制約する.

co·au·tor, to·ra [コアウトル, トラ] 男囡 1 共著者. 2 共犯者.

co·a·xial [コアクシアる] 形〈機械〉同軸の.

co·ba [コバ] 囡 おべっか, 追従(ﾂｲｼｮｳ).

co·bal·to [コバるト] 男〈化学〉コバルト.

co·bar·de [コバルデ] 形 1 臆病(ｵｸﾋﾞｮｳ)な, 小心の. 2 元気地(ｲﾞ)のない, 気力の欠けた.
— 男囡 1 臆病者. 2〈人〉意気地なし.

co·bar·dí·a [コバルディア] 囡 1 臆病(ｵｸﾋﾞｮｳ), 小心. 2〈性格〉意気地(ｲﾞ)なし.

co·ba·ya [コバヤ] 男囡 1〈動物〉テンジクネズミ[= モルモット]. 2〈実験材料〉(人などの)モルモット.

co·ber·te·ra [コベルテラ] 囡 1 (鍋(ﾅﾍﾞ)などの)ふた. 2〈鳥類〉(風切り羽の根もとの)雨覆(ｱﾏｵｵｲ)い羽.

co·ber·ti·zo [コベルティソ] 男 1 物置き, 納屋, 農具小屋. 2〈屋根〉ひさし.

co·ber·tor [コベルトル] 男 寝台毛布, ベッドカバー.

co·ber·tu·ra [コベルトゥラ] 囡 1 おおい, カバー, ふた. 2 (銀行)正貨準備. 3 経済的支援[保護]. 4 (通信業務などの)担当領域, 守備範囲. 5〈報道〉取材チーム, クルー. 6 (サッカーなどの)バックス.

co·bi·ja [コビハ] 囡 1 ふた, おおい, カバー. 2 毛

co·ci·na

布. 3〈建築〉(凹面を下にして敷く)牡瓦(かわら).
— 活 → cobijar 保護する.

co·bi·ja·mien·to [コビハミエント] 男 (悪天候からの)保護.

co·bi·jar [コビハル] 他 1 …を保護する, 庇護(ひご)する. 2 …を支援する, 守ってやる.

— **cobijar·se** 再 1 (+en…) …で難を避ける. 2 (+en…) …に庇護を受ける.

co·bi·jo [コビホ] 男 1 避難所. 2 保護, 庇護(ひご).

co·bis·ta [コビスタ] 男女〈人〉おべっか使い, お追従(ついしょう)屋.

co·bra [コブラ] 女〈毒蛇〉コブラ.
— 活 → cobrar 受け取る.

co·bra·dor, do·ra [コブラドル, ドラ] 男女 1 集金人, 借金取り立て業者. 2 (バスなどの)車掌.

co·brar [コブラル] 他 1 (金銭・支払い)を受け取る, 得る. 2 …から取り立てる, 集金する. 3 (小切手)を現金化する. 4 …を獲得する, つかむ. 5 (感情)を抱く, 持つようになる. 6 (健康など)を回復する. 7 (綱など)をたぐる. 8 (仕留めた獲物を)回収する.

— 自 1 体罰を受ける. 2 支払いを受け取る.

— **cobrar·se** 再 1 (つぐない)を得る. 2 (死人)を出す. 3 正気にもどる, 回復する.

co·bre [コブレ] 男〈化学〉銅.
— 活 → cobrar を回収する.

batir(se) el cobre 精一杯の努力をする.
cobre amarillo 真鍮(しんちゅう).

co·bres [コブレス] 男複《→ cobre》〈楽団〉(集合的に)金管楽器.

co·bri·zo, za [コブリソ, サ] 形 赤褐色の, 銅色の.

co·bro [コブロ] 男 1 (金銭の)取り立て, 徴収. 2 (支払いの)受け取り. 3 (小切手の)現金化.
— 活 → cobrar を回収する.

cobro indebido 不当徴収.
llamada a cobro revertido〈電話〉コレクトコール.

co·ca [コカ] 女 1〈樹木〉コカ, コカノキ. 2 コカの葉. 3 麻薬, コカイン. 4〈頭髪〉栗型シニョン. 5〈ケーキ〉(カステラ風の)コカ.

co·ca·í·na [コカイナ] 女〈化学〉コカイン.

co·cai·no·ma·ní·a [コカイノマニア] 女 コカイン中毒.

co·cai·nó·ma·no, na [コカイノマノ, ナ] 形 コカイン中毒の.
— 男女 コカイン中毒患者.

coc·ción [コクシオン] 女 1 (れんがなどの)焼成(しょうせい). 2〈調理〉ゆでること, 煮ること.

cóc·cix [コクシクス] 男《単複同形》《= coxis》〈解剖学〉尾骨, 尾てい骨.

co·ce·ar [コセアル] 自 (馬などが)けりかかる.

co·cer [コセル] 他《活 18》1〈調理〉…をゆでる, 煮る. 2 (れんがなど)を焼く.

— 自 煮立つ, 沸(わ)く.

— **cocer·se** 再 1 …をたくらむ, 画策する. 2 暑さにうだる. 3 煮える, 焼ける.

co·ces [コセス] 女複《→ coz》(馬などの)けりつけ, けとばし.

co·cham·bre [コチャンブレ] 女 1 汚れ, きたなさ. 2 汚物, がらくた.

co·cham·bro·so, sa [コチャンブロソ, サ] 形 汚れた, きたない.

co·che [コチェ] 男 1 自動車, 車. 2 馬車. 3〈鉄道〉客車, 車両.

coche cama〈鉄道〉(個室の)寝台車.
coche celular 囚人護送車.
coche comedor〈鉄道〉食堂車.
coche de línea 長距離バス.
coche deportivo スポーツカー.
coche de turismo 乗用車.
coche escoba (長距離レースの棄権者の)選手収容車.
coche fúnebre 霊柩車.
coche litera〈鉄道〉(簡易)寝台車.
coche patrulla パトカー.
coches de choque (遊園地の)衝突遊びの電気自動車.
coche utilitario (小型)低燃費車.
(ir) en coche 車で(行く).
ir en el coche de San Fernando [*San Francisco*] 歩いて行く.

co·che·ci·to [コチェシト] 男 1 おもちゃの自動車. 2 小さな車.

co·che·ra[1] [コチェラ] 女 ガレージ, 車庫.

co·che·ro, ra[2] [コチェロ, —] 男女 (馬車の)御者.

co·chi·na·da [コチナダ] 女《= cochinería》1 卑劣な行為. 2 汚物, きたない物. 3 みだらな行為.

co·chi·ni·lla [コチニジャ] 女 1〈昆虫〉エンジムシ. 2 ダンゴムシ.

co·chi·ni·llo [コチニジョ] 男〈動物〉(授乳期の)子ブタ.

co·chi·no, na [コチノ, ナ] 形 1 汚れた, きたない. 2〈人〉卑劣な, 下品な.
— 男 1〈動物〉ブタ[豚]. 2 うすぎたない人. 3 卑劣な人間.

co·chi·que·ra [コチケラ] 女 豚小屋.

co·ci·do[1] [コシド] 男〈料理〉(エジプトマメなどを煮込んだ)コシド.

co·ci·do, da[2] [—, ダ]〈過去分詞〉→ cocer ゆでる.
— 形 1 ゆでた, 煮た. 2 焼けた.

co·cien·te [コシエンテ] 男〈算数〉(割り算の)商.

cociente intelectual 知能指数.

co·ci·mien·to [コシミエント] 男 1 料理, 調理. 2 (薬草などを煎(せん)じた)水薬.

co·ci·na [コシナ] 女 1 台所, キッチン, 炊事場(ば). 2 調理台, レンジ. 3〈技術〉料理. 4

他 は他動詞 再 は再帰動詞 形 は形容詞 副 は副詞 前 は前置詞 接 は接続詞 間 は間投詞

(調理されたものを総称的に)料理.
— 活 → cocinar 料理する.

co·ci·nar [コしナル] 他 1 …を料理する, 調理する. 2 …をひそかに準備する.
— 自 料理を作る.

co·ci·ne·ro, ra [コしネロ, ラ] 男 女 料理人, コック.

co·ci·ni·lla [コしニじゃ] 女 携帯用コンロ.
— 家事にうるさい男, ごきげん取り.

co·co [ココ] 男 1〈植物〉ココヤシ. 2〈果実〉ココナッツ. 3 (人の)頭. 4 おばけ.
comer el coco a (+人) …をうまく丸め込む.
comer·se el coco 考えをめぐらせる, 思案する.
estar hasta el coco うんざりしている.
hacer(se) cocos (恋人同士が)愛の仕ぐさをする.
parecer [ser] un coco とてもみにくい.

co·co·dri·lo [ココドリロ] 男〈動物〉ワニ.

co·co·ro·ta [ココロタ] 女〈人〉頭, 頭頂部.

co·co·te·ro [ココテロ] 男〈樹木〉ココヤシ.

cóc·tel [コクテる] 男 1〈飲料〉カクテル. 2 カクテルパーティー. 3 雑多な混ざり物, カクテル, コクテール.

coc·te·le·ra [コクテれラ] 女 (カクテル用の)シェーカー.

co·cu·yo [コクヨ] 男〈昆虫〉ホタル.

co·da [コダ] 女〈音楽〉コーダ, 終結部.

co·da·zo [コダソ] 男 肘(ひじ)のひと突き, 肘鉄砲.

co·de·ar·se [コデアルセ] 再 (+con…) …と対等に付き合う.

co·de·ra [コデラ] 女 1〈衣服〉肘(ひじ)当て. 2〈衣服〉肘のすり切れ. 3〈スポーツ〉肘サポーター.

có·di·ce [コディせ] 男 (中世末までの)写本, 古文書.

co·di·cia [コディしア] 女 異常な欲望, 強欲.

co·di·ciar [コディしアル] 他 (財産などを)熱望する.

co·di·ci·lo [コディしロ] 男〈法律〉遺言補足書.

co·di·cio·so, sa [コディしオソ, サ] 形 金銭欲の強い, 欲の深い.
— 男 女〈人〉欲張り.

co·di·fi·car [コディふぃカル] 他《活 73 sacar》 1 (情報)をコード化する, 符号に変える. 2 (法律)を法典に編纂(さん)する.

có·di·go [コディゴ] 男 1 法典, 法規. 2 暗号表. 3 コード, 記号体系.
código civil 民法典.
código de barras (商品などの)バーコード.
código morse モールス信号.
código penal 刑法典.
código postal 郵便番号.
código secreto 暗号, 暗証番号.
código territorial 地方局番.

co·di·llo [コディじょ] 男 1〈食肉〉(豚などの)肩肉. 2〈導管〉L字型継ぎ手.

co·do [コド] 男 1 肘(ひじ). 2〈衣服〉肘の部分. 3〈導管〉肘型継ぎ手. 4〈四足動物〉(前脚の)膝(ひざ). 5〈長さの単位〉(昔の, 肘から指先までの)約45cmのコド.
codo con codo いっしょに, 並んで.
dar con el codo 肘でつついて合図する.
de codos 肘をついて.
empinar [levantar] el codo 大酒を飲む.
hablar por los codos しゃべりまくる.
hincar [clavar·se] los codos 猛勉強をする.
meter·se hasta los codos en… …に深入りする, 没頭する.

co·dor·niz [コドルニす] 女《複 codornices》〈鳥〉ウズラ.

co·e·du·ca·ción [コエドゥカしオン] 女〈教育〉男女共学.

co·e·fi·cien·te [コエふぃしエンテ] 男〈数学〉係数, 系数.

co·er·cer [コエルセル] 他《活 84 vencer》…を抑制する, 制限する.

co·er·ción [コエルしオン] 女 抑制, 制限.

co·er·ci·ti·vo, va [コエルしティボ, バ] 形 制限の, 高圧的な.

co·e·tá·ne·o, a [コエタネオ, ア] 形 (+de…) …と同時代の.
— 男 女 同時代人.

co·e·xis·ten·cia [コエクシステンしア] 女 共存.

co·e·xis·ten·te [コエクシステンテ] 形 共存の.

co·e·xis·tir [コエクシスティル] 自 (+con… …と)共存する, 同時期に存在する.

co·fia [コふぃア] 女 1〈服飾〉(女性用の)ヘアネット. 2〈植物〉根冠.

co·fra·de [コふラデ] 男女 (団体の)会員.

co·fra·día [コふラディア] 女 (宗教関係の)団体, 結社. 2 協会, 組合.

co·fre [コふレ] 男 1 (保管用の)箱, 貴重品箱. 2 ひつ, 大箱.

co·ge·dor [コヘドル] 男 シャベル, スコップ.

co·ger [コヘル] 他《活 19》1 …をつかむ, 手にする.
2 …を受け入れる.
3 …を収穫する, 摘む.
4 …を見つける.
5 …を不意に見つける.
6 …をとらえる, 逮捕する.
7 …を獲得する, 手に入れる.
8 …を理解する.
9 (場所) を取る, 占領する.
10 …を受信する.
11 …に追いつく.
12 …を書きとめる.
13 (病気など)にかかる, 感染する.
14〈闘牛〉(牛が) …を角で引っ掛ける.
15 …とセックスする.
— 自 1 位置する, いる, ある.
2 (+en…) …に入りうる, 収容される.

— **coger·se** 再 (体の一部)を(+en... …)にはさむ.

coger a... con las manos en la masa …を現行犯でつかまえる.

coger·la 酔っ払う.

coger·la con... 1 …を嫌い続ける. 2 …に特に注意する.

coger·las al vuelo 理解が早い.

co·ges·tión [コヘスティオン] 女 共同運営, 全員参加経営.

co·gi·da¹ [コヒダ] 女〈闘牛〉角の引っ掛け傷.

co·gi·do¹ [コヒド] 男〈布地〉ひだ.

co·gi·do², da² 《過去分詞》→ coger つかむ.
— 形 拘束された／*cogido de brazos* 腕を組んで.

cog·na·ción [コグナレオン] 女 女系親族関係.

cog·ni·ción [コグニレオン] 女〈哲学〉認識, 認知.

cog·nos·ci·ti·vo, va [コグノスレティボ, バ] 形〈哲学〉認識の, 理知的な.

co·go·llo [コゴジョ] 男 1 (レタスなどの)芯(ん). 2 最良の部分, えりすぐり.

co·gor·za [コゴルサ] 女 酒酔い.

agarrar [coger] una cogorza 酒に酔う.

co·go·te [コゴテ] 男 (首のうしろの)うなじ, えり, 首.

co·gu·ja·da [コグハダ] 女〈鳥〉カンムリヒバリ.

co·gu·lla [コグジャ] 女〈宗教〉修道服.

co·ha·bi·ta·ción [コアビタレオン] 女 1 同棲(ほ). 2 共同生活, 同居.

co·ha·bi·tar [コアビタル] 自 1 同棲(ほ)する. 2 同居する.

co·he·char [コエチャル] 他 1 (公務員)を買収する. 2 (耕地)を種まき直前に掘り起こす.

co·he·cho [コエチョ] 男 (公務員への)賄賂(ろ).

co·he·re·de·ro, ra [コエレデロ, ラ] 男 女 (法定の)共同相続人.

co·he·ren·cia [コエレンレア] 女 一貫性, 統一性, まとまり.

co·he·ren·te [コエレンテ] 形 まとまりのある, 終始一貫した.

co·he·sión [コエシオン] 女 1 結合, 粘着. 2 (分子の)凝集.

co·he·si·vo, va [コエシボ, バ] 形 結合力のある, 凝集性の.

co·he·te [コエテ] 男 1 打ち上げ花火. 2 ロケット, ロケット弾.

co·hi·bi·do, da [コイビド, ダ] 《過去分詞》→ cohibir 抑制する.
— 形 おどおどした, うじうじした.

co·hi·bir [コイビル] 他《活 63 prohibir》1 …を抑制する, 制限する. 2 …をおどおどさせる.
— **cohibir·se** 再 おどおどする, うじうじする.

co·hom·bro [コオンブロ] 男〈野菜〉(大型の)キュウリ.

cohombro de mar 〈動物〉ナマコ.

co·ho·nes·tar [コオネスタル] 他 …を取りつくろう, 糊塗(ぷ)する.

co·hor·te [コオルテ] 男 1〈単位〉(古代ローマの)歩兵隊. 2 一群, 一団.

COI [コイ] 男《略語》Comité Olímpico Internacional 国際オリンピック委員会[= 英語 IOC].

coi·ma [コイマ] 女 1 (賭場(2)の)寺銭(がん). 2 情婦, めかけ. 3 賄賂(ろ).

coin·ci·den·cia [コインレデンレア] 女 1 同時発生. 2 一致, 合致. 3 偶然の一致.

coin·ci·den·te [コインレデンテ] 形 1 同時発生の. 2 一致する, 合致する, 符合する.

coin·ci·dir [コインレディル] 自 1 (+con...) …と一緒に起こる. 2 (+con...) …と一致する, 合致する, 符合する. 3 同じ場所に行きあわす. 4 意見を同じくする.

coi·né [コイネ] 女〈言語学〉地域共通語[= koiné].

coi·to [コイト] 男 性交, 交接.

coj- → coger つかむ《活 19》.

co·je·ar [コヘアル] 自 1 不自由な歩き方をする. 2 (家具)がたつく. 3 欠点[欠陥]がある, 弱点がある.

cojear del mismo pie 同じ欠点[弱点]である.

saber de qué pie cojea... …の欠点[弱点]を知っている.

co·je·ra [コヘラ] 女 歩行障害.

co·jín [コヒン] 男 座布団, クッション.

co·ji·ne·te [コヒネテ] 男 1 小型クッション. 2〈機械〉軸受け, ベアリング.

co·jo, ja [コホ, ハ] 形 1〈家具〉がたついた. 2 不完全な, 立脚点が弱い. 3 足の不自由な, 脚の悪い. 4 片足のない, 脚を 1 本失っている.
— 男 女 1 足の不自由な人. 2 脚の不自由な動物.
— 活 → coger つかむ《活 19》.

andar a la pata coja 片足で進む.

no ser cojo ni manco 1 何の不自由もない. 2 利口である.

co·jo·nes [コホネス] 男 複《単数形 cojón》1 きんたま[金玉], 睾丸(ばん). 2 勇気, 勇敢さ. 3 (間接詞として) (怒りや驚きの)ちくしょう!, いいか!, うわあ!

de cojones 1 とてもいい, すばらしい. 2 最低の, 最悪の.

de los cojones 耐えられない, むかつく.

estar hasta los (mismísimos) cojones de... …にうんざりしている, あきあきしている.

importar a... tres cojones …にとって何でもない.

no tener más cojones que (+不定詞) どうしても…しなくてはならない.

pasar·se... por los cojones …を意に介さな

poner·se a... los cojones de corbata …がびっくりする.
por cojones ごりおしで, 力ずくで.
salir a (+人) *de los cojones* …がしたいことをする.
tener (*un par de*) *cojones* とても勇気がある.
tocar a... los cojones …をとても困らせる.
tocar·se los cojones さぼる, なまける.

co·jo·nu·do¹ [コホヌド] 副 すばらしく.

co·jo·nu·do², **da** [—, ダ] 形 すばらしい, いかした, すごい.

col [コる] 女 〈野菜〉キャベツ.
col de Bruselas 〈野菜〉芽キャベツ.
col morada 〈野菜〉紫キャベツ.

co·la [コら] 女 1 〈動物〉しっぽ, 尾. 2 〈鳥類〉尾羽. 3 最後部, しんがり. 4 延長部分. 5 行列, 列. 6 〈陰language〉ちんぽ. 7 のり, にかわ. 8 〈樹木・種子〉コーラ. 9 〈飲料〉コーラ.
a la cola 末部に, しんがりに.
cola de caballo 〈髪型〉ポニーテール.
cola de milano 〈木工〉蟻柄(ありがら).
cola de pescado (チョウザメなどの)魚のゼラチン.
comer cola びりになる.
llevar la cola びりになる.
no poder ni con cola con... …と調和しない, 関係がない.
piano de cola グランドピアノ.
tener [*traer*] *cola* 深刻な結果を招く.

co·la·bo·ra·ción [コらボラしオン] 女 1 協力, 共同作業, 合作. 2 寄付, 寄贈. 3 助力. 4 寄稿, 投稿.

co·la·bo·ra·dor, do·ra [コらボラドル, ドラ] 男女 1 共同執筆者, 協力者. 2 寄稿者, 投稿者.

co·la·bo·rar [コらボラル] 自 1 協力する, 共同で仕事をする. 2 (+en...) …に寄稿する, 投稿する. 3 寄付をする. 4 寄与する, 支援する.

co·la·ción [コらしオン] 女 1 (一皿ものの)軽食, スナック. 〈宗教〉(断食中の)軽い夜食.
sacar... a colación …を話題にする.
traer... a colacion 不適切にも …を引き合いに出す.

co·la·da¹ [コらダ] 女 1 (家中の汚れ物の)洗濯. 2 (洗い終えた)洗濯物. 3 〈冶金〉(溶鉱炉からの)湯出(ゆだ). 4 溶岩流.

co·la·de·ro [コらデロ] 男 1 楽に合格する学校. 2 楽に合格する試験. 3 楽に通過できる場所.

co·la·do, da² [コらド, —] 《過去分詞》→ colar 2 つ.
— 形 1 こ[濾]された／*aire colado* すき間風. 2 (+por...) …にぞっこん[惚]れた.
hierro colado 〈冶金〉鋳鉄(ちゅうてつ).

co·la·dor [コらドル] 男 1 (台所で使う)こ[濾]し器, 茶こし. 2 穴だらけのもの.

co·la·du·ra [コらドゥラ] 女 間違い, ミス.

co·lá·ge·no [コらヘノ] 男 〈生物学〉コラーゲン, 膠原質(こうげんしつ).

co·lap·sar [コらプサル] 他 …を麻痺(まひ)させる.

co·lap·so [コらプソ] 男 1 〈医学〉虚脱. 2 麻痺(まひ), 機能停止.

co·lar [コらル] 他 〈活 22 contar〉1 (液体を)こ[濾]す, 濾過(ろか)する. 2 (違法の品などを)だまして通過させる.
— 自 (うそなどが)信用される.
— *colar·se* 再 1 くぐり抜ける. 2 (液体が)しみ込む. 3 割り込む. 4 口がすべる. 5 (+por...) …にぞっこんほ[惚]れ込む.

co·la·te·ral [コらテラる] 形 1 両側にある, 両わきの. 2 〈血縁〉傍系の.
— 男女 傍系親族.

col·cha [コるチャ] 女 寝台掛け, ベッドカバー.

col·chón [コるチョン] 男 1 マットレス. 2 布団(ふとん).
colchón de agua ウォーターマットレス.
colchón de aire (ホバークラフトなどの)エアクッション.
colchón de muelles スプリングマットレス.
colchón de plumas 羽布団.
dormir en un colchón de plumas 安楽な生活をする.

col·cho·ne·rí·a [コるチョネリア] 女 1 寝具製作所. 2 寝具店.

col·cho·ne·ro, ra [コるチョネロ, ラ] 男女 マットレス業者.

col·cho·ne·ta [コるチョネタ] 女 1 薄手のマットレス. 2 (海水浴などで使う)エアマット. 3 長い座布団(ざぶとん). 〈体操〉マット.

co·le [コれ] 男 学校 [=colegio].

co·le·ar [コれアル] 自 1 (動物が)しっぽを振る. 2 継続している.

co·lec·ción [コれクしオン] 女 1 収集品, コレクション. 2 〈服飾〉(新作の)コレクション. 3 大量, たくさん.

co·lec·cio·nar [コれクしオナル] 他 …を集める, 収集する.

co·lec·cio·nis·ta [コれクしオニスタ] 男女 収集家, 採集家, コレクター.

co·lec·ta [コれクタ] 女 (慈善目的の)募金, 寄付集め.

co·lec·tar [コれクタル] 他 (寄付などを)集める, 募集する.

co·lec·ti·va·men·te [コれクティバメンテ] 副 1 一括して, まとめて. 2 集団で, 共同で.

co·lec·ti·vi·dad [コれクティビダス] 女 〈人〉共同体, 集団, 団体.

co·lec·ti·vis·mo [コれクティビスモ] 男 〈政治〉集産主義.

co·lec·ti·vi·za·ción [コれクティビさしオン] 女 〈政治〉集産化, 共有化.

co·lec·ti·vi·zar [コれクティビさル] 他 〈活 39

gozar〉〈政治〉…を集産化する, 共有にする.
co·lec·ti·vo¹ [コレクティボ] 男 1 (共通目的を持つ人たちの)集団, 団体. 2〈文法〉集合名詞 [= nombre colectivo].
co·lec·ti·vo², va [—, バ] 形 1 集団の, 団体の. 2 共有の, 共同の. 3〈文法〉集合名詞の.
co·lec·tor [コレクトル] 男 1 (下水管などの)本管. 2〈電気〉集電極, コレクター.
co·le·ga [コレガ] 男女 1 同僚, 同業者. 2 仲間.
co·le·gia·ción [コレヒアシオン] 女 同業組合への加入.
co·le·gia·do, da [コレヒアド, ダ] 形 同業組合に属している.
— 男女 同業組合員.
co·le·gial¹ [コレヒアル] 形 学校の.
co·le·gial², gia·la [—, ヒアラ] 男女 1 生徒, 学生. 2 寮生.
co·le·giar·se [コレヒアルセ] 再《活 17 cambiar》同業組合に加入する.
co·le·gia·ta [コレヒアタ] 女〈宗教〉参事会教会.
co·le·gio [コレヒオ] 男 1 学校, 学院. 2 授業. 3 同業組合, 協会.
 colegio de abogados 弁護士会.
 colegio de internos 寄宿学校.
 colegio de médicos 医師会.
 colegio de párvulos 幼稚園.
 colegio electoral 1 (集合的に)選挙区の有権者. 2 選挙区の投票場.
 colegio mayor (大学の)学生寮.
Co·le·gio de Mé·xi·co [コレヒオ デ メヒコ] 固 (メキシコの)高等学術機関の コレヒオデメヒコ.
co·le·gir [コレヒル] 他《活 23 corregir》…を (+de, por…)…から推論する.
co·le·óp·te·ros [コレオプテロス] 男複〈昆虫〉甲虫類.
có·le·ra [コレラ] 女 激怒.
— 男〈病気〉コレラ.
 montar en cólera 激しく怒る.
co·lé·ri·co, ca [コレリコ, カ] 形 1 激しく怒っている. 2 すぐかっとなる. 3〈病気〉コレラの.
— 男女〈人〉かんしゃく持ち. 2 コレラ患者.
co·les·te·rol [コレステロル] 男〈医学〉コレステロール.
co·le·ta [コレタ] 女 1〈髪型〉お下げ髪. 2〈闘牛士〉弁髪.
 cortarse la coleta 1 (闘牛士が)引退する. 2 (仕事や趣味から)足を洗う, 身を引く.
co·le·ta·zo [コレタソ] 男 1 (クジラなどの)尾による一撃. 2 最後のあえき, 断末魔.
co·le·ti·lla [コレティじゃ] 女 1 言い足し. 2 追記, あと書き.
col·ga·do, da [コルガド, ダ]《過去分詞》→ colgar つるす.
— 形 1 ぶらさがった. 2 だまされた, 裏切られた. 3 未

解決の. 4 (+de…)…に忠実に従う. 5 麻薬にやられている.
— 男女 麻薬中毒患者.
col·ga·dor [コルガドル] 男 (フックの)洋服掛け.
col·ga·du·ra [コルガドゥラ] 女 1 (家具などの)掛け布. 2 (布製の)壁掛け, タペストリー.
col·ga·jo [コルガホ] 男〈服装〉(ほつれの)垂れさがり.
col·gan·te [コルガンテ] 形 1 ぶらさがった. 2 急斜面の.
— 男 1〈装身具〉ペンダント. 2 垂れ飾り.
col·gar [コルガル] 他《活 71 rogar》1 …を (+de, en…)…に)つるす, 引っ掛ける. 2 …を絞首刑にする, つるし首にする. 3 …を放棄する, やめる. 4 (責任などを(a…)…に)かぶせる. 5 (科目などを)落第させる.
— 自 1 (+de, en…)…に引っ掛かる. 2 電話を切る.
— **col·gar·se** 再 1 麻薬中毒になっている. 2〈コンピューター〉動かなくなる.
col·gu- → colgar つるす《活 71》.
co·li·brí [コリブリ] 男〈鳥〉ハチドリ.
có·li·co [コリコ] 男〈病気〉さしこみ, 疝痛(センツウ).
 cólico hepático 肝疝痛.
 cólico nefrítico 腎疝痛.
co·li·flor [コリふろル] 女〈野菜〉カリフラワー.
colig-, colij- 活 → colegir 推論する《活 23》.
co·li·gar·se [コリガルセ] 再《活 47 llegar》(+con…)…と同盟する, 連合する.
co·li·lla [コリじゃ] 女〈タバコ〉吸い殻, 吸いさし.
co·lín [コリン] 男 1〈パン〉(細い棒状の)スティックパン. 2 小型グランドピアノ.
co·li·na [コリナ] 女〈地形〉丘, 小山.
co·li·na·bo [コリナボ] 男〈野菜〉コールラビ.
co·lin·dan·te [コリンダンテ] 形 (+con…)…に隣接する, …のとなりの.
co·lin·dar [コリンダル] 自 (+con…)…と隣接する, となり合う.
co·li·rio [コリリオ] 男 洗眼薬, 目薬.
co·li·se·o [コリセオ] 男 大劇場.
co·li·sión [コリシオン] 女 1 (車同士の)衝突. 2 (意見などの)衝突, 対立.
co·li·sio·nar [コリシオナル] 自 (+con, contra…)…と衝突する.
co·li·tis [コリティス] 女〈単複同形〉〈医学〉大腸炎, 結腸炎.
co·lla·do [コじゃド] 男 1 小山, 丘. 2 峠道.
co·lla·ge [コらシ] 男〈美術〉コラージュ.
co·llal·ba [コじゃルバ] 女〈園芸〉木槌(キヅチ).
co·llar [コじゃル] 男 1 ネックレス, 首飾り. 2 (動物用の)首輪.
co·lla·rín [コじゃリン] 男 1〈服装〉飾り襟(エリ). 2〈外科〉(首に巻く)頸椎(ケイツイ)カラー.
co·lle·ra [コじェラ] 女 (牛馬のクッション入りの)

首輪.

col·ma·do[1] [コルマド] 男 食料品店.

col·ma·do[2]**, da** [—, ダ] 《過去分詞》→ colmar 満たす, いっぱいにする. 2 …を十分に満足させる.
— 形 (+de…) でいっぱいの, あふれた.

col·mar [コルマル] 他 1 …を(+de… …で)満たす, いっぱいにする. 2 …を十分に満足させる.

col·me·na [コルメナ] 女 1〈蜜蜂〉巣箱. 2 過密住宅ビル.

col·me·ne·ro, ra [コルメネロ, ラ] 男 女〈人〉養蜂(ようほう)家.

col·mi·llo [コルミジョ] 男 1〈解剖学〉犬歯. 2 牙(きば).
enseñar los colmillos a… …を威嚇(いかく)する.
escupir por el colmillo 虚勢を張る.
tener los colmillos retorcidos 悪賢い, 悪知恵が動く.

col·mo [コルモ] 男 1 極限, 絶頂. 2 (容器の)山盛り.
— 活 → colmar 満たす.
a colmo 十二分に, ふんだんに.
con colmo 大盛りの.
¡El colmo! あんまりだ!
para colmo おまけに, 一層悪いことに.
ser el colmo ひどすぎる, 我慢ならない.

co·lo·ca·ción [コロカしオン] 女 1 (適切な)配列, 配置. 2 就職口, 職. 3 地位, 職業.

co·lo·ca·do, da [コロカド, ダ] 《過去分詞》→ colocar 配置する.
— 形 位置を占めている.

co·lo·car [コロカル] 他《活 73 sacar》1 …を配置する, 適所に配する. 2 …に職を与える. 3 …を投資する. 4 …を押しつける.
— **colocar·se** 再 1 (+en…) …に就職する. 2 (+de…) …の仕事を始める. 3 酔っ払う.

co·lo·cón [コロコン] 男 酩酊(めいてい)状態.

co·lo·dri·llo [コロドリじょ] 男 後頭部.

co·lo·fón [コロふォン] 男 1〈印刷〉〈書籍の〉奥付け. 2 締めくくりでの追加要素.

co·loi·dal [コろイダる] 形〈化学〉コロイド状の.

co·loi·de [コろイデ] 男〈化学〉コロイド, 膠質(こうしつ).

Co·lom·bia [コロンビア] 固〈国の名〉(南米北部の共和国の)コロンビア[= República de Colombia].

co·lom·bia·no, na [コロンビアノ, ナ] 形(南米の国の)コロンビア Colombia の.
— 男 女 コロンビア人.

co·lom·bi·no, na [コロンビノ, ナ] 形 (航海者の)コロンブスの.

co·lon [コロン] 男 1〈解剖学〉結腸. 2〈句読点〉コロン[= dos puntos (:), punto y coma (;)].

Co·lón [コロン] 固〈人の名〉(航海者の)コロンブス[= Cristóbal Colón], [= 英語 Columbus].

co·lón [コロン] 男〈通貨単位〉(コスタリカなどの)コロン.

co·lo·nia [コロニア] 女 1〈化粧品〉オーデコロン. 2 (集合的に)居留民, 植民者. 3 植民地, 開拓地. 4 居留地. 5 (大都市の)居留地, 居住区. 6〈生物学〉群, 群体. 7〈生物学〉集落, コロニー. 8 (子供用の)休暇村.

co·lo·nial [コロニアる] 形 1 植民地の. 2〈建築〉コロニアル様式の.

co·lo·nia·lis·mo [コロニアリスモ] 男 植民地主義.

co·lo·nia·lis·ta [コロニアリスタ] 形《男女同形》植民地主義の.
— 男 女 植民地主義者.

co·lo·ni·za·ción [コロニさしオン] 女 1 植民地化. 2 入植, 植民, 開拓.

co·lo·ni·za·dor, do·ra [コロニさドル, ドラ] 形 植民地化の, 植民地化した.
— 男 女 1 入植者. 2 開拓民.

co·lo·ni·zar [コロニさル] 他《活 39 gozar》1 …を植民地にする. 2 …に植民する.

co·lo·no [コロノ] 男 1 入植者, 開拓者. 2 小作人.

coloqu- → colocar 配置する《活 73》.

co·lo·quial [コロキアる] 形 話し言葉の, 日常会話の, 口語の.

co·lo·quio [コロキオ] 男 1 討議, 討論, 討論会. 2 対話, 会話.

co·lor [コルル] 男〈古くは 女〉1 色, 色彩. 2 顔色, 血色. 3 絵の具, 塗料, 染料. 4 色調, 配色. 5 特色, 個性. 6 様子, 様相, 外観. 7 思想的傾向, 党派. 8 音調, 声調, 音色.
a todo color 色鮮やかに, 多彩色で.
cambiar [mudar] de color 顔色を変える.
dar color a… 1 …を色づけする. 2 …を活気づける.
de color 1 有彩色の. 2 有色人種の.
de color de rosa 楽観的に.
de color subido いかがわしい, 卑猥(ひわい)な.
en color カラーの.
no haber color 比較が成り立たない.
quebrado de color (人が)青ざめた.
so color de… …を口実にして.
tomar color (果実などが)色づく.

co·lo·ra·ción [コロラしオン] 女 1 彩色, 着色. 2 色あい, 色相, 色調.

co·lo·ra·do, da [コロラド, ダ] 《過去分詞》→ colorar 着色する.
— 形 赤い, 赤色の.
poner colorado a… …を赤面させる.
poner·se colorado 赤面する.

co·lo·ran·te [コロランテ] 形 着色の.
— 男 着色剤, 染料.

co·lo·rar [コロラル] 他 …を(+de… …色に)着色する, 彩色する.

co·lo·re·ar [コロレアル] 他 …を(+de… …色に)着色する, 彩色する.
— 自 (果実などが)色づく, 熟する.

co·lo·res [コロレス] 男複 《→ color》 1 (団体や国の)象徴的色彩構成, シンボルカラー. 2 (旗で象徴される)国, 団体, チーム/ Siempre defendían sus *colores*. 彼らはいつも自分のチーム[国]を守ったものだ.
poner·se de mil colores 赤面する.
sacar a… los colores …を赤面させる.

co·lo·re·te [コロレテ] 男 〈化粧品〉頬紅(ﾍﾞﾆ).

co·lo·ri·do [コロリド] 男 1 色あい, 色相, 色調. 2 特色, 個性.

co·lo·rín [コロリン] 男 派手な色[= colorines].
Y colorín, colorado, este cuento se ha acabado. (童話の終りに言う)めでたしめでたし, これでおしまい.

co·lo·ris·mo [コロリスモ] 男 (過度の)色彩主義.

co·lo·ris·ta [コロリスタ] 形 《男女同形》 1 いろどりの激しい. 2 修飾表現の多い. 3 色使いの上手な.
— 男女 〈人〉色彩派.

co·lo·sal [コロサル] 形 1 巨大な. 2 すばらしい, すごい, 桁外れの.
— 副 すばらしく/ *pasar·lo colosal* 楽しい時を過ごす.

co·lo·so [コロソ] 男 1 巨像. 2 巨大なもの, 巨人, 傑物.

co·lum·brar [コルンブラル] 他 1 …を遠くにほんやりと眺める. 2 …を理解し始める.

co·lum·na [コルムナ] 女 1 柱, 円柱. 2 支柱, 大黒柱. 3 積み重ねたもの, 堆積(ﾀｲｾｷ). 4 (新聞などの)コラム, (縦の)欄. 5 (煙などの)柱. 6 (軍隊などの)縦列, 縦隊.
columna miliar (古代ローマの)里程標石.
columna salomónica 螺旋(ﾗｾﾝ)形の円柱.
columna vertebral 1〈解剖学〉脊柱(ｾｷﾁｭｳ), 背骨. 2 屋台骨, 支え.
quinta columna (敵と協力する)第五列.

co·lum·na·ta [コルムナタ] 女 〈建築〉列柱, 柱廊.

co·lum·nis·ta [コルムニスタ] 男女 (新聞などの)コラムニスト, 特約寄稿記者.

co·lum·piar·se [コルンピアルセ] 再 《活 17 cambiar》 1 ぶらんこに乗る. 2 ぶらぶら歩く.

co·lum·pio [コルンピオ] 男 ぶらんこ.

col·za [コルサ] 女 〈植物〉(菜の花の)アブラナ.

co·ma [コマ] 男 〈医学〉昏睡(ｺﾝｽｲ).
— 女 1〈句読点〉コンマ. 2〈数字〉小数点/ 3,5 (tres *coma* cinco, tres con cinco) 3 点5.
sin faltar (ni) una coma 文字通りに, 完全無欠に.

coma(-) [コマ] 活 → comer 食べる.

co·ma·dre [コマドレ] 女 1〈宗教〉(両親からみた子供の)代母, 教母, 名付け親. 2〈宗教〉(名付け親からみた, 名付け親子の)実母, 母親. 3 (町内の)おばさん. 4〈女性〉うわさ好き.

co·ma·dre·ar [コマドレアル] 自 うわさ話をする.

co·ma·dre·ja [コマドレハ] 女 〈動物〉イタチ.

co·ma·dre·o [コマドレオ] 男 (女性同士の)うわさ話.

co·ma·dro·na [コマドロナ] 女 1 助産婦, 産婆. 2 産科の看護婦.

co·man·che [コマンチェ] 形 (北米インデアンの)コマンチ族の.
— 男女 コマンチ(族).

co·man·dan·cia [コマンダンシア] 女 1 司令官の地位. 2〈階級〉(陸軍などの)少佐. 3 (司令官の)管轄区. 4 司令部.

co·man·dan·te [コマンダンテ] 男 1〈人〉(陸軍などの)少佐. 2 司令官, 指揮官. 3〈航空機〉機長.
comandante en jefe 総司令官.

co·man·dar [コマンダル] 他 〈軍隊〉…を指揮する, 司令官となる.

co·man·di·ta [コマンディタ] 女 《つぎの副詞句の一部》
en comandita 集団で, 共同で.
sociedad en comandita 〈商業〉合資会社.

co·man·do [コマンド] 男 1 遊撃隊, 奇襲部隊. 2 遊撃隊員, コマンド. 3〈コンピューター〉コマンド.
— → comandar 指揮する.

co·mar·ca [コマルカ] 女 (一定の特徴を備えた)地域, 地方, 区域.

co·mar·cal [コマルカる] 形 (一定の特徴を備えた)地方の, 地域の.

co·mar·ca·no, na [コマルカノ, ナ] 形 近くにある, 近在の.

co·ma·to·so, sa [コマトソ, サ] 形 〈医学〉昏睡(ｺﾝｽｲ)の.

com·ba [コンバ] 女 1〈遊び〉縄飛び. 2 (縄飛びの)縄.
dar a la comba (縄飛びの)縄の役をする.
no perder comba 1 好機を逃さない. 2 ひと言も聞きもらさない.

com·ba·du·ra [コンバドゥラ] 女 湾曲, たわみ.

com·bar [コンバル] 他 …を曲げる, たわめる.

com·ba·te [コンバテ] 男 1 戦闘, 戦い. 2 試合, 格闘. 3 闘争. 4 (心の)葛藤(ｶｯﾄｳ).
— → combatir 戦う.
fuera de combate 1〈スポーツ〉ノックアウトで. 2 使い物にならない.

com·ba·tien·te [コンバティエンテ] 男女 戦士, 兵士.

com·ba·tir [コンバティル] 自 (+con, contra…) …と戦う. 2 (+por…) …のために戦う.
— 他 1 …を攻撃する. 2 …に抵抗する, 反抗する. 3 …を排除しようとする.

com·ba·ti·vi·dad [コンバティビダス] 女 1 攻撃

他 は他動詞　再 は再帰動詞　形 は形容詞　副 は副詞　前 は前置詞　接 は接続詞　間 は間投詞

性. 2 闘争心, 闘志.

com·ba·ti·vo, va [コンバティボ, バ] 形 1 攻撃的な, 好戦的な. 2 戦闘的な, 闘志のある.

com·bi·na·ción [コンビナしオン] 女 1 結合, 組み合わせ. 2〈人や物の〉配合, 連結. 3〈衣服〉(女性の)スリップ. 4 ダイヤル錠. 5 (錠などの)組み合わせ数.

com·bi·na·do¹ [コンビナド] 男 1〈飲料〉カクテル. 2〈スポーツ〉混成チーム.

com·bi·na·do², **da** [—, ダ]《過去分詞》→ combinar 組み合わせた.
— 形 1 組み合わされた. 2 共同の. 3 盛り合わせの / plato *combinado*〈料理〉盛り合わせ.

com·bi·nar [コンビナる] 他 1 …を(+con...)…と組み合わせる, 結合する. 2 …を(+con...)…と調整する. 3〈スポーツ〉(ボール)をパスする.
— 自 (+con...) …と合う, 調和する.
— **combinarse** 再 1 (+para... …のために)互いに調整する. 2 …を(自分のために)調整する. 3〈スポーツ〉(ボール)をパスしあう.

com·bi·na·to·rio, ria [コンビナトリオ, リア] 形 1 組み合わせの. 2 結合の.

com·bus·ti·ble [コンブスティブれ] 形 燃えやすい, 可燃性の.
— 男 燃料.

com·bus·tión [コンブスティオン] 女 1 燃焼, 燃え上がり. 2〈化学〉酸化, 燃焼.

co·me·co·cos [コメココス] 男《単複同形》1 呆然(ぼう)とさせるもの[人]. 2〈テレビゲーム〉(障害物を食べていくことで点数の上がる)ゲーム.

co·me·co·me [コメコメ] 男 1 (体の)かゆみ. 2 (心底からくる)不安, いらいら.

co·me·de·ro [コメデろ] 男 1 〈家畜の〉飼い葉桶(おけ). 2 (施設のなかの)食堂.

co·me·dia [コメディア] 女 1 (楽しい内容の)演劇, 芝居, 劇. 2 喜劇, コメディー. 3 茶番劇, 愉快な出来事. 4 みせかけ, お芝居.
hacer (la, una) comedia 振りをする, お芝居をする.

co·me·dian·te, ta [コメディアンテ, タ] 男 女 1〈演劇〉男優, 女優, 俳優, 役者. 2 (日常生活でうそを演じる)役者.

co·me·di·do, da [コメディド, ダ]《過去分詞》→ comedirse つつしんだ.
— 形 1 節度のある, つつしみ深い. 2 礼儀正しい.

co·me·di·mien·to [コメディミエント] 男 1 節度, つつしみ. 2 礼儀正しさ.

co·me·dió·gra·fo, fa [コメディオグラふぉ, ふぁ] 男 女 劇作家, 喜劇作家.

co·me·dir·se [コメディルセ] 再《活 56 pedir》つつしむ, 節度をわきまえる.

co·me·dor¹ [コメドル] 男 1 食堂. 2 食堂用家具.

co·me·dor², **do·ra** [—, ドラ] 形 よく食べる, 大食いの, 食欲旺盛(おうせい)な.
— 男 女 大食漢.

comenc- 活 → comenzar 始める《活 32》.

co·men·da·dor [コメンダドル] 男 (昔の)騎士団長.

co·men·sal [コメンさる] 男 女 1 会食者. 2 (食堂のテーブルの)同席者. 3〈生物学〉共生生物.

co·men·tar [コメンタる] 他 1 …を解説する, 注釈する. 2 …を論評する, 批評する.

co·men·ta·rio [コメンタリオ] 男 1 解説, 注釈, 説明. 2 論評, 批評, 見解. ノーコメント!
¡Sin comentarios! ノーコメント!
sin más comentarios 説明しないで, それ以上なにも言わずに.

co·men·ta·ris·ta [コメンタリスタ] 男 女 解説者, 注釈者.
comentarista político 政治評論家.

co·men·zar [コメンさる] 他《活 32 empezar》…を始める, …に取りかかる, 着手する.
— 自 1 始まる. 2 (+a+不定詞) …し始める. 3 (+por+不定詞), (+現在分詞) …することから始める, まず…する.

co·mer [コメる] 他 1 …を食べる.
2 昼食に …を食べる.
3 (燃料など)を消費する, 食う.
4 (虫などが) …を食いあらす.
5 (酸などが) …を腐食する.
6 (色など)をあせさせる.
7 …をむずがゆくさせる.
8 …をいらいらさせる, 苦しめる.
9〈チェス〉(相手の駒)を取る.
10 …を小さく見せる.
— 自 1 食事をする, 食べる.
2 昼食をとる.
— **comerse** 再 1 …をすっかり食べる.
2 (発音や記述で) …を抜かす, 飛ばす.
3 (海などが) …を飲みこむ.
4 (財産など)を食いつぶす, 使いはたす.
5 (色など)をあせさせる.
6 (嫉妬(しっと)などが) …をさいなむ, 苦しめる.
— 男 食べること, 食事.

comer... con los ojos [con la vista] …を食い入るように見つめる.
comer más que una lima 大食らいである.
comer por cuatro がつがつ食べる.
comerse (los) unos a (los) otros いがみ合う.
comer(se) vivo a... …にひどく腹を立てている.
dar [echar] de comer a... …に食べ物(えさ)を与える.
(estar) para comer·se·lo[la] 食べてしまいたいほどかわいい.
Ni como ni deja comer. 自分は使わないくせに人にも使わせない.
ser de buen comer 食欲旺盛(おうせい)である.
sin comer·lo ni beber·lo 自分に関係なく, 思いがけず.
¿Y eso con qué se come? で, それがどうした

co·mer·cial [コメルシアル] 形 **1** 商業の, 通商の, 貿易の. **2** 売れそうな, よく売れる.
— 男《放送》コマーシャル.

co·mer·cia·li·za·ción [コメルシアリサシオン] 女 **1** 売り出し. **2** 商品化. **3** マーケティング, 市場調査.

co·mer·cia·li·zar [コメルシアリサル] 他《活 39 gozar》**1** …を商品化する. **2** …を売り出す.

co·mer·cial·men·te [コメルシアルメンテ] 副 商業的に, 営利的に.

co·mer·cian·te [コメルシアンテ] 男女 **1** 商人. **2** 商店主. **3**《人》貿易商.
— 形 商売の, 商売のうまい.

co·mer·ciar [コメルシアル] 自《活 17 cambiar》**1** 商売する. **2** (+en…) …をあきなう. **3** (+con…) …と取引する, 貿易する.

co·mer·cio [コメルシオ] 男 **1** 商業, 商売, 取引. **2** 貿易. 商店主. **3** 取引高. **4**《集合的に》商店, 商業界. **5** (不正な)個人間取引. **6** (パーティーなどの)食事, 料理.
— 自 → comerciar 商売する.
comercio carnal (不正な)肉体関係.

co·mes·ti·ble [コメスティブれ] 形 食用の, 食べられる.
— 男 食料, 食料品[= comestibles].

co·me·ta [コメタ] 男《天体》彗星(<ruby>すいせい<rt></rt></ruby>), ほうき星.
— 女 凧(<ruby>たこ<rt></rt></ruby>).
— 活 → cometer 犯す.

co·me·ter [コメテル] 他 (過失など)を犯す.

co·me·ti·do [コメティド] 男 **1** 使命, 任務. **2** 義務, 責任.

co·me·zón [コメソン] 女 **1** むずがゆさ, かゆみ. **2** (欲求不満の)いらいら, むずむず.

co·mi·ble [コミブれ] 形《食べ物》まずくない, 結構いける.

có·mic [コミク] 男《複 cómics》**1** 漫画, コミック. **2** 漫画本, コミック雑誌.

có·mi·ca·men·te [コミカメンテ] 副 こっけいに, おどけて.

co·mi·ci·dad [コミしダス] 女 おかしみ, こっけい.

co·mi·cios [コミしオス] 男複 選挙.

có·mi·co, ca [コミコ, カ] 形 **1** こっけいな, おかしな. **2** 喜劇の, コメディーの.
— 男女 **1** 喜劇俳優, コメディアン. **2** 役者, 俳優. **3** 漫談家.

co·mi·da¹ [コミダ] 女 **1** 食事, 食べ物. **2**《行為》食事, 食べること. **3** 昼食. **4** 昼食会, 会食.

co·mi·di·lla [コミディじゃ] 女 **1** 話題. **2** (悪い)うわさの種(<ruby>たね<rt></rt></ruby>).

co·mi·do, da² [コミド, —]《過去分詞》→ comer 食べる.
— 形 **1** 食事のすんだ. **2** (+de, por…) …でやつれた, …に食い尽された. **3** (服が)すり切れた.
estar comido y bebido 自活できている.
lo comido por lo servido **1** おあいこの. **2** 損得なしの, ちゃらの.

comienc- 活 → comenzar 始める《活 32》.
comienz- 活 → comenzar 始める《活 32》.

co·mien·zo [コミエンソ] 男 最初, 初め, 始まり.
a comienzos de… …の初めに.
al comienzo 当初, 初めは.
dar comienzo a… …を始める.

co·mi·llas [コミじゃス] 女複 引用符['…', «…», "…"].
abrir las comillas 引用符を置く.
cerrar las comillas 引用符で閉じる.
comillas dobles 二重引用符["…", "…"].
comillas simples 単純引用符['…'].
entre comillas **1** 引用符で囲んで. **2** 不確かな点として.

co·mi·lón, lo·na¹ [コミロン, ろナ] 形 **1** むちゃ食いをする. **2** 大いに食事を楽しむ.
— 男女《人》食いしん坊, 大食漢.

co·mi·lo·na² 女 大ごちそう.

co·mi·no [コミノ] 男《樹木・種子》クミン, ヒメウイキョウ. **2** 小柄な子供.
no importar a… (ni) un comino …にとって全然問題でない.
no valer un comino 何の価値もない.

co·mi·sa·rí·a [コミサリア] 女 **1** 役員事務所, 役所. **2** 代官職, 役職. **3** 警察署[= comisaría de policía].

co·mi·sa·rio, ria [コミサリオ, リア] 男女 **1** 委員, 役員. **2** 警部. **3** 警察署長[= comisario de policía].

co·mi·sión [コミシオン] 女 **1** 委員会. **2** 代表団, 使節団. **3** 手数料, コミッション. **4** 委任, 委託, 任務.
a comisión 歩合制で.
comisión de servicios (公務員の本務以外の)委託業務.
en comisión 委託販売で.

co·mi·sio·na·do, da [コミシオナド, ダ]《過去分詞》→ comisionar 委託する.
— 形 委託された, 委任された.
— 男女 委員, 理事, コミショナー.

co·mi·sio·nar [コミシオナル] 他 (業務などについて) …に委託する, 委任する.

co·mi·sio·nis·ta [コミシオニスタ] 男女 委託販売業者, 仲買(<ruby>なかがい<rt></rt></ruby>)人.

co·mi·so [コミソ] 男《法律》**1** 没収, 押収. **2** 没収品.

co·mis·tra·jo [コミストラホ] 男 **1** まずそうな料理. **2** ごたまぜ料理.

co·mi·su·ra [コミスラ] 女 **1** 目じり, 目頭. **2** 口の隅, 口角(<ruby>こうかく<rt></rt></ruby>).

co·mi·té [コミテ] 男 **1** 委員会. **2**《政党》執行部.

co·mi·ti·va [コミティバ] 女 (集合的に)随員, 従者.

co·mo [コモ] 接《アクセントなし》**1** …のように/*como* quiera usted あなたのお好きなように, dulce *como* la miel 蜂蜜のように甘い. **2**〈理由・原因〉(主節の前で, ＋直説法) …なので, …だから/*Como* está lloviendo, no quiero salir. 雨が降っているので私は外出したくない. **3**〈条件〉(主節の前で, ＋接続法)もし…ならば/*Como* no quieras salir, estaré yo también en casa. 君が出かけたくなければ私も家にいるよ. **4**〈譲歩〉(形容詞を前に出して) …ではあるが/Pobre *como* parece, vive contento. 彼は貧乏そうだが満足して生活している.
— 前 (＋無冠詞の名詞) …として/Te lo digo *como* amigo. 私は友人として君にそう言うのだ.
— 副 **1** およそ, 約…/Ya son *como* las cinco. もう5時ごろだ.
2〈関係副詞〉〈方法・様態〉…するような/la manera *como* me habló 彼が私に話した方法, la forma *como* hacerlo それをする(べき)方法.
— 活 → comer 食べる.

así [*tanto*] ～ *como*... …も…も, …と同様に～も.
así [*tanto*] *como*... …もまた, …と同様に.
como no sea que (＋接続法) でなければ.
como para (＋不定詞) **1** …するためであるかのように. **2** …するにふさわしい.
como que (＋直説法) **1** まるで …のように. **2** …であるからには. **3** それゆえ …
como si (＋接続法過去) まるで …であるかのように.
como si (＋接続法過去完了) まるで …したかのように.
hacer como que (＋直説法) …の振りをする.
parecer como que (＋直説法) …のようである.

có·mo [コモ] 副《疑問副詞》**1**〈様子・方法〉どのように, いかに/¿*Cómo* está usted? お元気ですか.
2〈理由〉なぜ, どうして/¿*Cómo* lo sabes? なぜそれを知っているの?
3〈方法〉(＋不定詞) どのように …するのか/Yo no sé *cómo* bailar. 私には踊りかたがわかりません.
4(感嘆文で) どんなに …なことか/¡*Cómo* me encanta el baile! 踊りって, なんてすてきでしょう!
— 間 **1** 何だって!, おやおや! **2** (聞き返して) 何ですって?
— 男 **1** 方法. **2** 理由[原因].

¿*A cómo*...? 〈値段〉いくらですか?
¿*Cómo así*? [¿*Cómo es eso*?, ¿*Cómo es posible*?, ¿*Cómo puede ser*?] どうしてそうなるの!, まさか!
¿*Cómo es que*...? 一体どうして …なのか?
¡*Cómo no*! もちろん!
¿*Cómo que*...? …とはどういうことなの?

¡*Cómo que no*! とんでもない!, もちろん!
¡*Y cómo*! まったくそのとおり!

có·mo·da¹ [コモダ] 女〈家具〉整理だんす.
có·mo·da·men·te [コモダメンテ] 副 **1** 心地よく, くつろいで. **2** のんきに, 気楽に.
co·mo·di·dad [コモディダス] 女 **1** 快適さ, 心地よさ. **2** 便利さ. **3** 利点, 長所.
co·mo·di·da·des [コモディダデス] 女〈→ comodidad〉快適生活用設備[備品].
co·mo·dín [コモディン] 男 **1**〈トランプ〉ジョーカー. **2** 何にでも使えるもの, 代用品. **3**〈言語〉(cosa, cacharro, chisme のように何でも指せる) 代用語.
có·mo·do, da² [コモド, -] 形 **1** 快適な, 心地よい. **2** のんきな, 気楽な. **3** 便利な, 使いやすい, 手ごろな.
co·mo·dón, do·na [コモドン, ドナ] 形〈人〉安易な, 楽な生活を好む.
— 男 気楽に生きる人.
co·mo·do·ro [コモドロ] 男〈海軍〉**1** 准将. **2** 艦長.
com·pac·ta·ción [コンパクタシオン] 女 **1** 押し詰め, 密集化. **2** 押し固め.
com·pac·tar [コンパクタル] 他 **1** …をぎっしり詰めこむ, 密集する. **2** …を押し固める.
com·pac·to, ta [コンパクト, タ] 形 ぎっしり詰まった.
— 活 → compactar ぎっしり詰めこむ.
com·pa·de·cer [コンパデセル] 他《活 4 agradecer》…を気の毒に思う, …に同情する.
— compadecerse 再 (＋de...) …のことを気の毒に思う.
com·pa·draz·go [コンパドラスゴ] 男 代父と実父母の関係.
com·pa·dre [コンパドレ] 男 **1**〈宗教〉(子供の両親や代母からみた) 代父, 教父, (男性の) 名付け親. **2** 仲間, 友人, 相棒.
com·pa·gi·na·ción [コンパヒナシオン] 女 **1** (複数の活動の) 同時進行, 並立. **2** (ふたつの事物の間の) 連帯, 調整, 調和.
com·pa·gi·nar [コンパヒナル] 他 …を(＋con...) …と両立させる, 調和させる.
— compaginarse 再 (＋con...) …と調和する, 整合する.
com·pa·ña [コンパニャ] 女 (集合的に) 同伴者, 連れ.
com·pa·ñe·ris·mo [コンパニェリスモ] 男 **1** 仲間関係, 友人関係. **2** 仲間意識, 友情.
com·pa·ñe·ro, ra [コンパニェロ, ラ] 男女 **1** 仲間, 連れ, 同僚. **2** 同棲(茲)相手. **3**〈政治〉党友. **4**〈ゲーム〉ペアの相手. **5** (対(?)の) 一方, 片方.

compañero de clase クラスメート, 級友.
compañero de equipo チームメート.
compañero de trabajo 仕事仲間.
compañero de viaje (旅の) 道連れ.

活 は活用形 複 は複数形 男 は男性名詞 女 は女性名詞 固 は固有名詞 代 は代名詞 自 は自動詞

com·pa·ñí·a [コンパニア] 囡 1 同伴, 付き添い, 同行. 2 仲間, 同伴者, 連れ. 3 会社. 4 劇団, 一座. 5《軍隊》中隊.
(andar con) malas compañías 悪い仲間 (と付き合う).
en compañía de... …と連れだって, いっしょに.
señora de compañía《婦人》付き添い.

com·pa·ra·ble [コンパラブレ] 形 《+a, con ...》…と比較できる, …に匹敵する.

com·pa·ra·ción [コンパラシオン] 囡 1 比較検討. 2 対比, 対照. 3 同程度の相手. 4《修辞学》比喩, 直喩.

com·pa·ra·do, da [コンパラド, ダ]《過去分詞》→ comparar 比較する.
— 形 比較の, 比較検討の.

com·pa·rar [コンパラル] 他 1 …を(+con...) …と比較する, 比較検討する.
2 …を(+con...) …と対比する, 対照する.
3 …を(+a...) …にたとえる, なぞらえる.

com·pa·ra·ti·va·men·te [コンパラティバメンテ] 副 1 比較して. 2 比較的.

com·pa·ra·ti·vo¹ [コンパラティボ] 男《文法》比較級, 比較級語.
comparativo de igualdad 同等比較級.
comparativo de inferioridad 下位[劣等]比較級.
comparativo de superioridad 上位[優等]比較級.

com·pa·ra·ti·vo², va [—, バ] 形 1 比較の, 比較表示の. 2《文法》比較級の.

com·pa·re·cen·cia [コンパレセンシア] 囡 出頭, 出廷.

com·pa·re·cer [コンパレセル] 自《活 4 agradecer》1 (+ante...) …に出頭する. 2 (意外にも) 現れる.

com·par·sa [コンパルサ] 囡 1《演劇》(集合的に) エキストラ, その他大勢. 2 (カーニバルなどでの) 演技集団, 連(ﾚﾝ).
— 男囡 1《演劇》端役(ﾊｼﾔｸ), エキストラ. 2 無能な責任者, 名前だけの役員.

com·par·ti·mien·to [コンパルティミエント] 男《=compartimento》1 区画, 仕切り. 2 区分, 分割. 3《列車》コンパートメント.
compartimento estanco《船舶》水密区画.

com·par·tir [コンパルティル] 他 1 …を(+con...) …と共同で使う, 共有する. 2 (意見や感情) を同じくする. 3 …を分割する, 分配する.

com·pás [コンパス] 男 1 (円を描く) コンパス. 2《音楽》リズム, 拍子. 3《音楽》小節. 4 羅針盤, コンパス.
a compás 拍子に合わせて.
al compás de... 1 …のリズムで. 2 …とテンポを合わせて.
compás de espera 1《音楽》休止小節, 休止符. 2 小休止.
fuera de compás 調子はずれに.

llevar el compás 1《音楽》指揮をする. 2 その場をしきる, 采配(ｻｲﾊｲ)をふるう.

com·pa·sa·do, da [コンパサド, ダ] 形 おだやかな, 穏健な.

com·pa·si·llo [コンパシジョ] 男《音楽》4分の4拍子.

com·pa·sión [コンパシオン] 囡 あわれみ, 同情.

com·pa·si·vo, va [コンパシボ, バ] 形 1 あわれみ深い, 情け深い. 2 (+con...) …に同情的な.

com·pa·ti·bi·li·dad [コンパティビリダ] 囡 1 両立性, 適合性. 2《機械》互換性.

com·pa·ti·bi·li·zar [コンパティビリサル] 他《活 39 gozar》…を (+con...) …と両立させる.

com·pa·ti·ble [コンパティブレ] 形 1 (+con...) …と両立できる, …に適合する. 2《機械》互換性のある.

com·pa·trio·ta [コンパトリオタ] 男囡 同国人, 同胞.

com·pe·ler [コンペレル] 他 …に (+a...) …するよう強要する.

com·pen·diar [コンペンディアル] 他《活 17 cambiar》…を要約する, まとめる.

com·pen·dio [コンペンディオ] 男 1 要約, 概説, 概論. 2 総合体, 総和.

com·pe·ne·tra·ción [コンペネトラシオン] 囡 1 (複数の人の)同一思考, 共感. 2 (完全な)相互理解.

com·pe·ne·tra·do, da [コンペネトラド, ダ]《過去分詞》→ compenetrar·se 共感する.
— 形 よく理解しあった, 仲のよい.

com·pe·ne·trar·se [コンペネトラルセ] 再 1 (+con...) …と同じ考えを抱く, 共感する. 2 互いによく理解しあう.

com·pen·sa·ción [コンペンサシオン] 囡 1 つぐない, 補償, 代償. 2 相殺(ｿｳｻｲ).
cámara de compensación 手形交換所.
en compensación 埋め合わせに, その代わりに.

com·pen·sar [コンペンサル] 他 1 …をつぐなう, 補償する. 2 …を (+con...) …で埋め合わせる, 相殺(ｿｳｻｲ)する.
— 自 …にとって価値がある, 有益である/*Le compensa madrugar.* 彼には早起きの甲斐(ｶｲ)がある.

com·pen·sa·ti·vo, va [コンペンサティボ, バ] 形 つぐないの, 補償の.

com·pe·ten·cia [コンペテンシア] 囡 1 競争, 対抗. 2 競争相手, ライバル. 3 立場上の責任[義務], 職責. 4 適性, 能力. 5 法的権限, 権能. 6《言語学》言語能力.

com·pe·ten·te [コンペテンテ] 形 1 権限のある, 所轄の. 2 有能な, 能力のある. 3 (+en...) …に通じている.
autoridades competentes 関係当局.

com·pe·ter [コンペテル] 自 (+a...) …の管轄である, …の権限に属する.

com·pe·ti·ción [コンペティオン] 囡 **1** 競技, 試合, コンペ. **2** 競争, 対抗.

com·pe·ti·do, da [コンペティド, ダ] 《過去分詞》→ competir 競争する.
— 形 (試合などが) 激しい.

com·pe·ti·dor, do·ra [コンペティドル, ドラ] 形 きそい合う, 張り合う.
— 男囡 競争者, 対抗者.

com·pe·tir [コンペティル] 自《活 56 pedir》(+con…) …と競争する, きそう, 張り合う.

com·pe·ti·ti·vi·dad [コンペティティビダド] 囡 **1** 競争力. **2** 対抗意識.

com·pe·ti·ti·vo, va [コンペティティボ, バ] 形 **1** 競争の. **2** 競争力のある.

com·pi·la·ción [コンピラシオン] 囡 **1** 編纂(さん), 編集. **2**〈コンピューター〉コンパイル.

com·pi·la·dor, do·ra [コンピラドル, ドラ] 形 編纂(さん)の.
— 男囡 編集者, 編者.

com·pi·lar [コンピラル] 他 …を編纂(さん)する, 編集する.

com·pin·char·se [コンピンチャルセ] 再 (複数の人間が) 悪事をたくらむ.

com·pin·che [コンピンチェ] 男囡 遊び仲間, 悪友.

compit- 活 → competir 競争する《活 56》.

com·pla·cen·cia [コンプラセンシア] 囡 **1** 満足, 喜び, 楽しみ. **2** 寛容, 大目に見ること.

com·pla·cer [コンプラセル] 他《活 52 nacer》**1** …を満足させる, 喜ばせる, 楽しませる. **2** …の気に入るようにする.
— **complacer·se** 再 (+en…) …をうれしく思う, 喜んで …する.

com·pla·ci·do, da [コンプラシド, ダ] 《過去分詞》→ complacer 満足させる.
— 形 満足している, うれしい.

com·pla·cien·te [コンプラシエンテ] 形 **1** (+con…) …に愛想のよい, 好意的な. **2** 寛容な, なんでもこころよく引き受けてくれる.

complazc- 活 → complacer 満足させる《活 52》.

com·ple·ji·dad [コンプレヒダド] 囡 **1** (集合的に) 多方面にまたがる特徴. **2** 複雑さ.

com·ple·jo[1] [コンプレホ] 男 **1** 複合体. **2** コンビナート. **3** 総合施設. **4**〈心理学〉コンプレックス, 観念複合.
complejo de Edipo (男子の母親に対する) エディプスコンプレックス.
complejo de inferioridad 劣等感.
complejo industrial 工業団地.
complejo vitamínico 複合ビタミン剤.

com·ple·jo[2], **ja** [一, ハ] 形 **1** 多方面にわたる. **2** 複雑な.

com·ple·men·tar [コンプレメンタル] 他 …を (+con… …で) おぎなう, 補足する.

com·ple·men·ta·rio, ria [コンプレメンタリオ, リア] 形 補足的な.
ángulo complementario 〈数学〉余角.
colores complementarios 〈色彩〉補色.

com·ple·men·to [コンプレメント] 男 **1** 補足物, 補完物. **2**〈文法〉補語. **3**〈数学〉余角.
complemento agente 〈文法〉(受動文の) 行為者補語.
complemento circunstancial 〈文法〉状況補語.
complemento directo 〈文法〉直接目的語 [= 直接目的語].
complemento indirecto 〈文法〉間接目的語 [= 間接目的語].
complemento predicativo 〈文法〉叙述補語.
oficial de complemento 〈軍隊〉予備役将校.

com·ple·ta·men·te [コンプレタメンテ] 副 完全に, 全部.

com·ple·tar [コンプレタル] 他 …を完全にする, 完成する, 仕上げる.

com·ple·to, ta [コンプレト, タ] 形 **1** 満員の, いっぱい詰まった. **2** 完成した, 仕上がった. **3** 完全にそろった. **4** 完璧(きへき)な, 申し分ない.
— 活 → completar 完全にする.
al completo **1** 全部詰まった. **2** 完全にそろって.
por completo 完全に, すっかり.

com·ple·xión [コンプレクシオン] 囡 体格, 体質.

com·pli·ca·ción [コンプリカシオン] 囡 **1** 複雑化. **2** 複雑さ. **3** ややこしさ, 難解さ. **4** 難題, 難事. **5** 混ぜ合わせ.

com·pli·ca·do, da [コンプリカド, ダ] 《過去分詞》→ complicar 困難にする.
— 形 **1** 込み入った, 難解な. **2** 複雑な. **3** 気難しい, 扱いにくい.

com·pli·car [コンプリカル] 他《活 73 sacar》**1** …を困難にする. **2** …を込み入らせる, 混ぜ合わせる. **3** …を (+en…) …に巻き込む.
— **complicar·se** 再 **1** 難しくなる. **2** 複雑になる.

cóm·pli·ce [コンプリせ] 男囡 共犯者, ぐる.

com·pli·ci·dad [コンプリシダド] 囡 共犯, 共謀.

compliqu- 活 → complicar 困難にする《活 73》.

com·plot [コンプロト] 男《複 complots》陰謀, 密謀.

com·plu·ten·se [コンプルテンセ] 形 (スペインの都市の) アルカラ・デ・エナレス Alcalá de Henares の.
Universidad Complutense de Madrid マドリード大学.

compón, compondr- 活 → componer 組み立てる《活 61》.

com·po·ne·dor, do·ra [コンポネドル, ドラ] 男囡 **1**〈印刷〉植字工. **2**〈人〉修理屋.

com·po·nen·da [コンポネンダ] 囡 裏取引, 裏工作.

com·po·nen·te [コンポネンテ] 形 構成する, 成分の.
— 男 1 構成要素, 成分. 2〈機械〉部品.
— 男女〈人〉構成員.

com·po·ner [コンポネル] 他《活 61 poner》1 …を組み立てる, 構成する. 2 …を修理する, なおす. 3 (文や詩)を作る. 4 …を作曲する. 5 …をととのえる. 6 …を静める, なだめる.
— 自 作曲する.
— **componer·se** 再 1 (+de…) …で構成される. 2 身なりをととのえる, 身づくろいする. 3 (+con…) …と合意する, 折り合いをつける.
componer·se·las 何とかする, うまくやっていく.

compong- 活 → componer 組み立てる《活 61》.

com·por·ta·mien·to [コンポルタミエント] 男 ふるまい, 態度, 行儀.

com·por·tar [コンポルタル] 他 …をともなう, もたらす, 内包する.
— **comportar·se** 再 振る舞う, 行動する.

com·po·si·ción [コンポシシオン] 女 1 組み立て, 構成, 構造. 2 (集合的に)組成, 成分. 3 作文, 作詞. 4 作曲. 5 作曲法. 6〈芸術〉(作品の)構成, 組み合わせ, 構図. 7〈言語学〉(語形成の)複合.
composición de lugar 状況判断.

com·po·si·tor, to·ra [コンポシトル, トラ] 男女 作曲家.

com·po·si·ti·vo, va [コンポシティボ, バ] 形〈言語学〉(語形成の)複合の.

com·pos·te·la·no, na [コンポステラノ, ナ] 形 (スペインの都市の)サンティアゴ・デ・コンポステラ Santiago de Compostela の.
— 男女 サンティアゴ・デ・コンポステラの人.

com·pos·tu·ra [コンポストゥラ] 女 1 行儀, 礼儀作法, しつけ. 2 節度, 中庸(ちゅうよう). 3 身だしなみ, 身づくろい, 修繕.

com·po·ta [コンポタ] 女〈砂糖煮にした果物の〉コンポート.

com·pra [コンプラ] 女 1 購入. 2 (日々の)買い物.
— 活 → comprar 買う.
compra al contado 現金での購入.
compra al fiado クレジットでの買い物.
hacer compras 買い物をする.
ir de compras 買い物に行く.

com·pra·dor, do·ra [コンプラドル, ドラ] 形 1 買い手の. 2 購入の.
— 男女 買い物客, 買い手, バイヤー.

com·prar [コンプラル] 他 1 …を買う, 購入する. 2 …を買収する.
— 自 買い物をする.
comprar… al contado …を現金で買う.
comprar… (al) fiado …をクレジットで買う.
comprar… a plazos …を月賦で買う.

com·pra·ven·ta [コンプラベンタ] 女 1 中古品買買. 2〈営業〉古物商.

com·pren·der [コンプレンデル] 他 1 …を理解する. 2 …を納得する. 3 …を含む, 包含する.
— **comprender·se** 再 互いに理解し合う.

com·pren·si·ble [コンプレンシブレ] 形 理解できる, 納得できる.

com·pren·sión [コンプレンシオン] 女 1 (深い)理解力, 把握力. 2 思いやり, 包容力.

com·pren·si·vo, va [コンプレンシボ, バ] 形 1 理解力のある. 2 包容力のある.

com·pre·sa [コンプレサ] 女 1〈医療〉ガーゼ, 脱脂綿. 2 生理用ナプキン.

com·pre·si·ble [コンプレシブレ] 形 圧縮可能な, 圧縮できる.

com·pre·sión [コンプレシオン] 女 圧縮, 圧搾.

com·pre·sor [コンプレソル] 男 圧縮機, コンプレッサー.

com·pri·mi·do [コンプリミド] 男〈医薬〉錠剤.

com·pri·mir [コンプリミル] 他 1 …を圧縮する, 圧搾する. 2 …を詰め込む.
— **comprimir·se** 再 1 かさが小さくなる. 2 ぎゅうぎゅう詰めになる.

com·pro·ba·ción [コンプロバシオン] 女 1 確認, 照合. 2 証明, 検証.

com·pro·ban·te [コンプロバンテ] 男 1 証明書, 受領書. 2 証拠, 証拠品.

com·pro·bar [コンプロバル] 他《活 22 contar》1 …を確認する, 照合する. 2 …を立証する, 証明する.

com·pro·me·te·dor, do·ra [コンプロメテドル, ドラ] 形 1 要注意の. 2 面倒を引き起こす.

com·pro·me·ter [コンプロメテル] 他 1 …を危険にさらす, あやうくする. 2 …に (+a…) の責任を負わせる, …を義務づける.
— **comprometer·se** 再 1 (+a…) …を引き受ける. 2 (+en…) …に関係している, かかわり合う. 3 互いに結婚の約束をする, 婚約の言葉をかわす.

com·pro·me·ti·do, da [コンプロメティド, ダ]《過去分詞》→ comprometer 危険にさらす.
— 形 1 厄介な, 困った. 2 約束している, 婚約している. 3 (+con…) …にかかわっている.

com·pro·mi·sa·rio, ria [コンプロミサリオ, リア] 形 代行の, 代理の.
— 男女 1 代行者, 代理人. 2 代表選挙人.

com·pro·mi·so [コンプロミソ] 男 1 約束, 約束事. 2 責任, 義務. 3 窮地, 苦しい立場. 4 婚約.

comprueb- 活 → comprobar 確認する《活 22》.

com·puer·ta [コンプエルタ] 女 1 (ダムなどの)水門. 2 (入口・扉の)下半分の戸口.

com·pues·tas [コンプエスタス] 女複〈植物〉キク科の植物.

com·pues·to[1] [コンプエスト] 男〈化学〉化合物.

com·pues·to², ta

com·pues·to², ta [—, タ] 《過去分詞》→ componer 組み立てる.
— 形 1 複合の, 合成の. 2 用意のできた. 3 構成された. 4〈文法〉複合時制の. 5〈植物〉キク科の.

com·pul·sa [コンプルサ] 女 1 照合. 2 写し, 謄本(ほ).

com·pul·sar [コンプルサル] 他 1 (書類)を原本と照合する. 2 (書類)の写しを取る.

com·pul·sión [コンプルシオン] 女 1 強迫観念. 2 強制.

com·pun·ción [コンプンシオン] 女 1 良心の呵責(に). 2 同情, あわれみ.

com·pun·gi·do, da [コンプンヒド, ダ] 《過去分詞》→ compungir·se 良心を痛める.
— 形 くやんだ, 後悔した.

com·pun·gir·se [コンプンヒルセ] 再 1 良心を痛める, くやむ. 2 他人の悲しみを共に感じる.

compus- 活 → componer 組み立てる《活 61》.

com·pu·ta·ble [コンプタブレ] 形 可算の, 計算できる.

com·pu·ta·ción [コンプタシオン] 女 計算, 勘定.

com·pu·ta·dor, do·ra [コンプタドル, ドラ] 男 女 コンピューター, 電子計算機.
— 形 計算の, 計算する.

com·pu·tar [コンプタル] 他 …を計算する, 算定する.

cóm·pu·to [コンプト] 男 計算, 算定.

co·mul·gar [コムルガル] 他《活 47 llegar》…に聖体をさずける.
— 自 1 聖体を拝領する. 2 (+con+意見など) …を共にする, 同じくする.

comulgar con ruedas de molino ありえないことを信じる.

co·mún [コムン] 形 1 共通の, 共同の. 2 普通の, ありふれた, 並の. 3 粗末な, 下級の, 俗な.
— 男 大多数, 大部分.

bienes del común 公共物.
de común acuerdo 全員の合意で.
en común 1 共同で, 共通に. 2 共有の, 共通の.
fuera de lo común 並はずれた.
gastos comunes 経常費.
por lo común 一般に, 普通は.
sentido común 常識, 良識.

co·mu·na [コムナ] 女 1 共同体, 自治体, コミューン. 2 (集合的に) 特殊共同体の構成員.

co·mu·nal [コムナる] 形 共有の, 共同の.

co·mu·ni·ca·ble [コムニカブれ] 形 1 伝達可能な, 通信できる. 2 社交的な, 付き合いのいい.

co·mu·ni·ca·ción [コムニカシオン] 女 1 通知, 通報, 知らせ. 2 伝達, 伝播(え). 3 通信, 交信. 4 (場所同士の)連結, 連絡. 5 (学会などでの)研究発表, 報告.

comunicación aérea 空の交通.
comunicación de masas マスコミ.

en comunicación con… …と連絡をとって, 通信して.
leer [presentar] una comunicación (学会で)研究発表をする.
medios de comunicación マスメディア.
puerta de comunicación 連絡口, 出入り口.
red de comunicación 1 通信網. 2 交通網.
vía de comunicación 1 通路. 2 伝達手段.

co·mu·ni·ca·cio·nes [コムニカシオネス] 女 複 《→ comunicación》1 (郵便・電話などの) 通信手段, 通信機関. 2 交通機関.

Palacio de Comunicaciones (マドリードの) 中央郵便局.

co·mu·ni·ca·do¹ [コムニカド] 男 公式声明, コミュニケ.

co·mu·ni·ca·do², da [—, ダ] 《過去分詞》→ comunicar 伝える.
— 形 (bien [mal]+) 交通の便が良い[悪い].

co·mu·ni·ca·dor, do·ra [コムニカドル, ドラ] 男 女 報告の名手, 有能な情報伝達者.

co·mu·ni·can·te [コムニカンテ] 形 1 情報伝達の, 通じている, 連絡のある.

vasos comunicantes 〈物理学〉連通管.

co·mu·ni·car [コムニカル] 他《活 73 sacar》1 (情報)を (+a…) …に伝える, 伝達する. 2 …を告げる, 表明する. 3 (場所など)を連絡させる, つなぐ. 4 …を (+a…) …に伝染させる, 広める.
— 自 1 (+con…) …と連絡を取る, 通信する. 2 (場所が) (+con…) …とつながっている, 通じている. 3 (電話が)話し中である, ふさがっている.
— comunicar·se 再 1 伝え合う, 通信し合う, 話し合う. 2 (病気などが) 広まる, 蔓延(まん)する.

co·mu·ni·ca·ti·vo, va [コムニカティボ, バ] 形 (考えなどを)すぐ口に出す, 素直に話す.

co·mu·ni·dad [コムニダス] 女 1 共同体, 社会共同体. 2 共同生活.

comunidad autónoma 自治州.
comunidad de bienes 財産共有制度.
Comunidad Europea ヨーロッパ共同体, CE [= 英語 EC].
en comunidad 共同で.

co·mu·nión [コムニオン] 女 1〈宗教〉聖体拝領. 2 共有, 共感, 一致.

en comunión de… …を分かちあって, 共有して.
primera comunión 初聖体拝領.
recibir la comunión 聖体を拝領する.

comuniqu- 活 → comunicar 伝える《活 73》.

co·mu·nis·mo [コムニスモ] 男〈政治〉共産主義.

co·mu·nis·ta [コムニスタ] 形《男女同形》共産主義の, 共産党の.
— 男 女 共産主義者, 共産党員.

co·mu·ni·ta·rio, ria [コムニタリオ, リア] 形 1 共同体の, 共同生活の. 2 ヨーロッパ共同体の.

活 は活用形 複 は複数形 男 は男性名詞 女 は女性名詞 固 は固有名詞 代 は代名詞 自 は自動詞

bienes comunitarios 共有財産.

co·mún·men·te [コムンメンテ] 副 1 一般に, 通常. 2 しばしば, いつも.

con [コン] 前 《アクセントなし》1〈道具・手段・方法〉…でもって, …で／*con cuchara* スプーンを使って.
2〈同伴・協力〉…といっしょに, …をつれて／*con el perro* 犬をつれて.
3〈所有・内容物〉…を持った, …のついた, …の入った／*café con leche* 〈飲料〉カフェオレ.
4〈関係・関連〉…と／*hablar con Pedro* ペドロと話す.
5〈条件〉(＋不定詞) …すれば, …ならば／*con trabajar un poco más* もう少し仕事をすれば.
6〈譲歩〉…にもかかわらず／*con todo y eso* それにもかかわらず.
7〈関心の対象〉…に, …に対して／*amable con nosotros* 私たちに親切な.
8〈理由〉…のために, …によって／*con esta lluvia* この雨のために.
9〈比較〉…とくらべて.
10〈小数点〉…点…／*seis con setenta y cuatro* 6,74〔＝6.74〕.
con lo que (直説法)〔*con lo*(＋形容詞・副詞) *que*(＋直説法)〕(対照的に) …であるのに, …なのに.
con que 1 そういうことで…. 2 それでは….
con tal que (＋接続法) …という条件で.
con todo … それにもかかわらず ….
con todo (＋名詞) …にもかかわらず.

co·na·to [コナト] 男 未遂, 未遂行為.

con·ca·te·na·ción [コンカテナシオン] 女 連鎖, 連結.
concatenación de ideas (一連の)連想.

con·ca·vi·dad [コンカビダッ] 女 1 凹面, 凹状. 2 くぼみ, へこみ.

cón·ca·vo, va [コンカボ, バ] 形 1 凹面の, 凹状の. 2 くぼんだ, へこんだ.

con·ce·bi·ble [コンセビブレ] 形 想像できる, 考えられる.

con·ce·bir [コンセビル] 他 《活 56 *pedir*》1 …を想像する, 想像する. 2〈子〉を宿す. 3〈望みなど〉を抱く, 寄せる. 4 …を理解する, 了解する.
— 自 妊娠する, 受胎する.

con·ce·der [コンセデル] 他 1 …〈権利など〉を与える, 認可する. 2 …に同意する, …を容認する. 3 …を認める, 許す.

con·ce·jal, ja·la [コンセハル, ハラ] 男女 (市町村の)議会議員.

con·ce·ja·lí·a [コンセハリア] 女 (市町村の議会の)議員の職.

con·ce·jo [コンセホ] 男 1〈団体・会合〉(市町村の)議会. 2 市役所, (町や村の)役場.

con·cen·tra·ción [コンセントラシオン] 女 1 集結, 集合. 2 専念, 専心. 3 濃縮, 濃度. 4 合宿, 集中練習.

con·cen·tra·do, da [コンセントラド, ダ] 《過去分詞》→ *concentrar* 集合させる.
— 形 1 結集した. 2 専念した. 3 濃縮の.

con·cen·trar [コンセントラル] 他 1 …を集合させる, 結集する. 2〈注意など〉を(＋en…)…に集中する. 3 …を濃縮する.
— **concentrar·se** 再 1 (＋en…)…に集結する, 集合する. 2 (＋en…)…に注意を集中する. 3 (液体が)濃くなる.

con·cén·tri·co, ca [コンセントリコ, カ] 形〈数学〉同心の.

con·cep·ción [コンセプシオン] 女 1 着想, 想定. 2 受胎, 妊娠. 3 考え方, 概念形成.

Con·cep·ción [コンセプシオン] 固〈女性の名〉コンセプシオン.

con·cep·tis·mo [コンセプティスモ] 男〈文学〉奇知主義, 奇想主義.

con·cep·to [コンセプト] 男 1 概念, 観念. 2 判断, 評価. 3 意見, 考え. 4 理念, コンセプト.
bajo [*por*] *ningún concepto* どのような点でも(…ない).
en concepto de … 1 …として, …の資格で. 2 …の意味で.
por todos conceptos あらゆる点で.

con·cep·tual [コンセプトゥアル] 形 概念上の, 観念的な.

con·cep·tuar [コンセプトゥアル] 他《活 1 *actuar*》…について(＋de, por…)…だと考える, 判断する.

con·cep·tuo·so, sa [コンセプトゥオソ, サ] 形 1 機知に富んだ. 2 もったいぶった.

con·cer·nien·te [コンセルニエンテ] 形 (＋a…) …に関する.

con·cer·nir [コンセルニル] 自《活 28 *discernir*》《3 人称で使用》1 (＋a…) …にかかわる, 関係する. 2 (＋a…) …に関心を抱かせる, 興味を持たせる.

con·cer·ta·ción [コンセルタシオン] 女 協定, 取り決め.

con·cer·ta·do, da [コンセルタド, ダ] 《過去分詞》→ *concertar* 取り決める.
— 形 1〈学校〉(公的援助のある)私立の. 2〈医療機関〉社会保障関連の. 3 整然とした. 4 取り決められた, 申し合わせの.

con·cer·tar [コンセルタル] 他《活 57 *pensar*》1 …を取り決める, 申し合わせる. 2〈音楽〉〈声や音〉を合わせる. 3 …を一致させる, 調和させる, まとめる. 4〈文法〉〈性・数・人称〉を一致させる.
— 自 1 〈意見などが〉 (＋con…) …と一致する. 2〈音楽〉調子[音・声]が合う. 3〈文法〉(＋con…) …と(＋en…) …において一致する.
— **concertar·se** 再 合意する, 和解する.

con·cer·tis·ta [コンセルティスタ] 男女〈音楽〉ソリスト, 独奏者.

con·ce·sión [コンセシオン] 女 1 譲渡, 付与. 2 (事業の公的な)権利, 利権. 3 妥協, 譲歩.

他 は他動詞 再 は再帰動詞 形 は形容詞 副 は副詞 前 は前置詞 接 は接続詞 間 は間投詞

con·ce·sio·na·rio, ria [コンセシオナリオ, リア] 形 営業権のある.
— 男女 営業権所有者, 特約企業.

con·ce·si·vo, va [コンセシボ, バ] 形 譲歩の, 譲歩を示す.

con·cha [コンチャ] 女 1 貝殻, 殻, 甲羅(こう). 2 べっこう. 3 〖劇場〗プロンプター・ボックス. 4 女性性器.
meter·se en su concha 自分の殻に閉じ込もる.
tener muchas conchas とてもずるい, 偽善者である.

Con·cha [コンチャ] 固 〈女性の名〉(Concepción の愛称の)コンチャ.

con·cha·bar·se [コンチャバルセ] 再 1 悪事をたくらむ. 2 徒党を組む.

Con·chi·ta [コンチタ] 固 〈女性の名〉(Concha の愛称の)コンチタ.

con·cho [コンチョ] 間 (不快・驚きを表わして)くそっ!, ええい!, うわっ!

concib- 活 → concebir 想定する 〈活 56〉.

con·cien·cia [コンシエンシア] 女 1 意識, 自覚. 2 良心, 善悪の判断力. 3 確かな記憶.
a conciencia 念入りに.
a conciencia de que... …と知りつつ.
acusar a... la conciencia …に良心がとがめる.
caso de conciencia 良心の問題.
cobrar [tomar] conciencia de... …を意識する.
en conciencia 誠実に, 率直に.
gusanillo de la conciencia 良心の呵責(かしゃく).
libertad de conciencia 信教の自由.
objeción de conciencia 良心的忌避.
perder la conciencia 意識を失う.
tener la conciencia limpia [tranquila] 良心に恥じるところがない.

con·cien·cia·do, da [コンシエンシアド, ダ] 《過去分詞》→ concienciar 自覚させる.
— 形 (+sobre...) …を自覚した, 意識した.

con·cien·ciar [コンシエンシアル] 他 〈活 17 cambiar〉 (a+人) …に(+de... …を)意識させる.
— concienciar·se 再 (+de...) …を自覚する, 意識する.

con·cien·zu·do, da [コンシエンすド, ダ] 形 1 〈仕事〉良心的な, 手抜きをしない, 丹念な. 2 〈人〉手抜きをしない, 誠実な.

con·cier·to [コンシエルト] 男 1 音楽会, コンサート. 2 協奏曲, コンチェルト. 3 合意, 協定, 取り決め. 4 調和, 整頓(とん).
al concierto de... …と調和して.
de concierto 合意のある, 協力して.
sin orden ni concierto でたらめに, めちゃくちゃに.

con·ci·liá·bu·lo [コンシリアブロ] 男 1 秘密会議, 密談. 2 非公式な集会, 私的な集会.

con·ci·lia·ción [コンシリアシオン] 女 調停, 仲裁, 和解.
acto de conciliación 〖法律〗調停.

con·ci·lia·dor, do·ra [コンシリアドル, ドラ] 形 調停のための, 和解させる.
— 男女 調停者, 仲裁者.

con·ci·liar [コンシリアル] 他 〈活 17 cambiar〉 1 (考えなど)を(+con...) …と融合させる, 両立させる. 2 (人)を(+con...) …と和解させる, 融和させる.
— conciliar·se 再 1 (物事が)両立する. 2 (人々が)和解する.
— 形 宗教会議の, 公会議の.
conciliar el sueño 眠り始める.

con·ci·lia·to·rio, ria [コンシリアトリオ, リア] 形 融和を図る, 和解的な.

con·ci·lio [コンシリオ] 男 宗教会議, 公会議.

con·ci·sión [コンシシオン] 女 簡潔さ.

con·ci·so, sa [コンシソ, サ] 形 簡潔な.

con·ci·tar [コンシタル] 他 (反感など)を(+contra...) …に向けてあおる, 扇動する.

con·ciu·da·da·no, na [コンシウダダノ, ナ] 男女 1 同国人, 同郷人. 2 (都市を形成する一人とりの)市民.

cón·cla·ve [コンクらベ] 男 《= conclave》 1 〖宗教〗教皇選挙会議. 2 会合, 会議.

con·cluir [コンクるイル] 他 〈活 43 huir〉 1 …と結論する, …という結論を下す. 2 …と推論する. 3 …を終了する, 仕上げる.
— 自 終了する, 終わる.

con·clu·sión [コンクるシオン] 女 1 結論. 2 推断. 3 終結, 終わり, 結末.
en conclusión 最終的には, 結局のところ.
llegar a la [una] conclusión 結論に至る.
sacar la [una] conclusión 結論を引き出す.
sacar en conclusión... de~ …から…を推論する.

con·clu·si·vo, va [コンクるシボ, バ] 形 最終的な, 結論的な.

concluy- 活 → concluir 結論する〈活 43〉.

con·clu·yen·te [コンクるイエンテ] 形 決定的な, 断定的な.

con·co·mi·tan·cia [コンコミタンシア] 女 1 一致点, 共通点. 2 共存, 並存.

con·co·mi·tan·te [コンコミタンテ] 形 1 共通する. 2 共存する.

con·cor·dan·cia [コンコルダンシア] 女 1 一致, 合致. 2 〈文法〉(性・数・人称などの)一致, 呼応.

con·cor·dan·cias [コンコルダンシアス] 女複 《→ concordancia》用語索引, コンコーダンス.

con·cor·dan·te [コンコルダンテ] 形 一致した, 調和した.

con·cor·dar [コンコルダル] 自 〈活 22 con-

tar〉 1 (+con...) …と(+en... …の点で)一致する. 2〈文法〉(+con...) …と(+en+性・数・人称など)(…で)一致する, 呼応する.
— 他 …を(+con...) …と(+en+性・人称など)(…で)一致させる.
con·cor·da·to [コンコルダト] 男〈ローマ教皇〉政教条約, コンコルダート.
con·cor·de [コンコルデ] 形 (+en... …の点で)同意見の, 同意している.
con·cor·dia [コンコルディア] 女 1 一致, 和睦. 2 良い関係.
con·cre·ción [コンクレシオン] 女 1 具体化, 実体化. 2 (話題などの)限定. 3 凝固, 凝結.
con·cre·ta·men·te [コンクレタメンテ] 副 1 具体的に. 2 とりわけ, ことに. 3 明確に言えば.
con·cre·tar [コンクレタル] 他 1 …を具体化する. 2 (話題など)を(+a...) …に限定する, 制限する. 3 …を明確に述べる. 4 …を固める.
— **concretarse** 再 1 (話題など)を(+a...) …に限定する. 2 判明する, 明確になる. 3 具体化する. 4 固まる.
con·cre·to, ta [コンクレト, タ] 形 1 具体的な, 実際の. 2 特定的な. 3 明確な, 正確な.
en concreto 1 具体的には. 2 要するに.
con·cu·bi·na [コンクビナ] 女 1 内縁の妻, 同棲(どうせい)相手の女性. 2 めかけ, 愛人.
con·cu·bi·na·to [コンクビナト] 男 内縁関係, 同棲(どうせい)関係.
con·cu·ña·do, da [コンクニャド, ダ] 男女 1 兄弟姉妹の配偶者の兄弟姉妹. 2 義理の兄弟姉妹の配偶者.
con·cu·pis·cen·cia [コンクピスセンシア] 女〈宗教〉1 物欲. 2 色欲.
con·cu·pis·cen·te [コンクピスセンテ] 形〈宗教〉1 物欲の強い. 2 好色な.
con·cu·rren·cia [コンクレンシア] 女 1 (集合的に)参加者, 観衆, 聴衆. 2 併存, 併発.
con·cu·rren·te [コンクレンテ] 男女 1 参列者, 観客. 2 (コンクールなどの)応募者, 参加者.
con·cu·rri·do, da [コンクリド, ダ] 《過去分詞》→ concurrir 集合する.
— 形 人の大勢集まった, にぎやかな.
con·cu·rrir [コンクリル] 自 1 (+a, en...) …に集合する, 集まる. 2 (+a...) …に参加する, 出場する. 3 (複数のものが)いっしょになる, 併存する.
con·cur·san·te [コンクルサンテ] 男女 (コンクールなどの)参加者, 出場者, 応募者.
con·cur·sar [コンクルサル] 自 (a+コンクールなど) …に参加する, 出場する.
con·cur·so [コンクルソ] 男 1 コンクール, 競技会, コンテスト. 2 選抜試験, 採用試験. 3 参加, 協力.
fuera de concurso 審査対象でない, 特別参加の.
con·da·do [コンダド] 男 1 伯爵の身分. 2 伯爵領. 3 (アメリカ合衆国などの行政単位の)郡.
con·dal [コンダル] 形 伯爵の.
Ciudad Condal (スペインの)バルセロナ.
con·de [コンデ] 男 伯爵.
con·de·co·ra·ción [コンデコラシオン] 女 1 表彰, 叙勲(じょくん). 2 勲章, 十字勲章.
con·de·co·rar [コンデコラル] 他 …を表彰する, …に勲章を授ける.
con·de·na [コンデナ] 女 1〈法律〉有罪判決. 2 不承認, 非難.
con·de·na·ble [コンデナブレ] 形 1 罰されるべき. 2 非難されるべき.
con·de·na·ción [コンデナシオン] 女〈宗教〉地獄落ちの罰.
con·de·na·do, da [コンデナド, ダ] 《過去分詞》→ condenar 有罪判決を下す.
— 形 1〈法律〉有罪を宣告した. 2 いまわしい, 腕白な.
— 男女〈宗教〉地獄に落ちた者.
con·de·nar [コンデナル] 他 1〈法律〉…に有罪判決を下す / *condenar* a... a muerte [a prisión] …に死刑[懲役(ちょうえき)刑]を宣告する.
2 …を非難する, とがめる.
3 (地所や道など)を閉鎖する, ふさぐ.
4 …を〈人に〉余儀なく向かわせる.
— **condenarse** 再 1〈宗教〉地獄に落ちる. 2 (+a+不定詞) …する責任を感じる.
con·den·sa·ción [コンデンサシオン] 女 1〈化学〉凝結, 液化. 2 (表明内容の)簡約, 要約.
con·den·sa·do, da [コンデンサド, ダ] 《過去分詞》→ condensar 液化する.
— 形 1 凝結した. 2 要約された.
con·den·sa·dor [コンデンサドル] 男 1 液化装置, 圧縮装置. 2〈電気〉コンデンサー, 蓄電器[= condensador eléctrico].
con·den·sar [コンデンサル] 他 1〈化学〉…を液化する. 2 …を凝結する, 圧縮する. 3 (表明内容)を要約する, まとめる.
con·de·sa [コンデサ] 女 伯爵夫人, 女伯爵.
con·des·cen·den·cia [コンデスセンデンシア] 女 謙虚さ, 寛大さ.
con·des·cen·der [コンデスセンデル] 自《活 58 perder》(+a, con, de+相手の希望など) …に応じる, …を承諾する.
con·des·cen·dien·te [コンデスセンディエンテ] 形 謙虚な, 寛大な.
con·des·ta·ble [コンデスタブレ] 男 (昔の)総司令官, 元帥(げんすい).
con·di·ción [コンディシオン] 女 1 条件. 2 本性, 性格, 気質. 3 状況, 情勢, 事情. 4 身分, 階級. 5 状態, 具合. 6 素質, 才能, 適性[= condiciones].
a [con la] condición de que (+接続法) …という条件で.
condición sine qua non 必須条件.
en condiciones de... …に適した状態で.
satisfacer las condiciones 条件を満たす.

sin condiciones 無条件で.

con·di·cio·nal [コンディシオナル] 形 1 条件つきの, 暫定的な. 2《文法》条件の.
— 男《文法》条件法, 可能法, (時制の)過去未来.

con·di·cio·na·mien·to [コンディシオナミエント] 男 1 条件づけ. 2 制約, 制限.

con·di·cio·nan·te [コンディシオナンテ] 形 条件づける.

con·di·cio·nar [コンディシオナル] 他 1 …を(+a…) …の条件にする. 2 …に影響を与える.

con·di·men·ta·ción [コンディメンタシオン] 女 味付け, 調味.

con·di·men·tar [コンディメンタル] 他《料理》…を調味する, 味付けする.

con·di·men·to [コンディメント] 男 調味料, 薬味.

con·dis·cí·pu·lo, la [コンディスシプロ, ら] 男 女 同級生, 同窓生.

con·do·len·cia [コンドレンシア] 女 1 同情, 慈悲. 2 弔意, おくやみ.

con·do·ler·se [コンドれルセ] 再《活 50 mover》(+de…) …に同情する, …を気の毒に思う.

con·do·mi·nio [コンドミニオ] 男 1 共同所有. 2 共同所有地. 3 マンション, アパート.

con·dón [コンドン] 男 《避妊具の》コンドーム.

con·do·na·ción [コンドナシオン] 女 1 (負債などの)帳消し, 免除. 2 (罪の) 赦免.

con·do·nar [コンドナル] 他 1 (負債など)を免除する. 2 (罪など)を許す.

cón·dor [コンドル] 男《鳥》コンドル.

con·duc·ción [コンドゥクシオン] 女 1 (車の)運転. 2 輸送, 運送. 3 (集合的に)導管, 配管. 4 運営, 管理. 5 指導, 指揮.

con·du·cen·te [コンドゥセンテ] 形 (+a…) …に導く.

con·du·cir [コンドゥシル] 他《活 20》1 (+a+人) …を導く, 案内する. 2 (車)を運転する. 3 …を運営する. 4 …を指揮する.
— 自 車を運転する.
— **conducirse** 再 振る舞う, 行動する.

con·duc·ta [コンドゥクタ] 女 態度, 振る舞い.

con·duc·ti·vi·dad [コンドゥクティビダス] 女《物理》伝導性.

con·duc·ti·vo, va [コンドゥクティボ, バ] 形《物理》伝導性の.

con·duc·to [コンドゥクト] 男 1 導管, パイプ. 2《解剖学》管. 3 手段, 経路.
conducto auditivo externo《解剖学》外耳道.
conducto de desagüe 排水管.
por conducto de… …を通して, 介して.

con·duc·tor, to·ra [コンドゥクトル, トら] 形 1 運転の. 2《物理》伝導性の.
— 男 女 1 運転手. 2 指導者, 指揮者. 3 検札係,車掌.

conduj- 活 → conducir 導く《活 20》.

con·du·mio [コンドゥミオ] 男 (パンと共に食べる)料理, おかず.

conduzc- 活 → conducir 導く《活 20》.

co·nec·ta·do, da [コネクタド, ダ]《過去分詞》→ conectar つなぐ.
— 形 (+con…) …とつながった.

co·nec·tar [コネクタル] 他 1 …を(+con…) …とつなぐ, 接続する, 連結する. 2《機械》…のスイッチを入れる.
— 自 (+con…) …と関係する, 接触する.
— **conectarse** 再 (+con…) …とつながる. 2《機械》スイッチが入る.

co·nec·ti·vo, va [コネクティボ, バ] 形 接続の, 連結性の.

co·ne·ja [コネハ] 女《→ conejo》1《動物》雌ウサギ. 2 多産な女性.

co·ne·je·ra [コネヘラ] 女 1 ウサギの巣穴. 2 (大勢が住む)狭い場所.

co·ne·ji·llo [コネヒじょ] 男《動物》子ウサギ.
conejillo de Indias 1《動物》モルモット, テンジクネズミ. 2 (実験台の人や動物の)モルモット.

co·ne·jo [コネホ] 男《動物》ウサギ, 雄ウサギ.

co·ne·xión [コネクシオン] 女 1 つながり, 関連, 関係. 2 接続, 連結.

co·ne·xo, xa [コネクソ, クサ] 形 関連した, つながった.

con·fa·bu·la·ción [コンふぁブらシオン] 女 談合, 陰謀.

con·fa·bu·lar·se [コンふぁブらルセ] 再 談合する, 陰謀をくわだてる.

con·fec·ción [コンふぇクシオン] 女 1 (服の)仕立て, 縫製. 2 既製服製造. 3 (組み合わせて行う)準備, 作成.
traje de confección 既製服.

con·fec·cio·nar [コンふぇクシオナル] 他 1 (組み合わせでできる文書などを)作成する, 準備する. 2 (洋服などを)仕立てる. 3 (飲食物を)こしらえる, 用意する.

con·fe·de·ra·ción [コンふぇデラシオン] 女 1 同盟, 連合. 2 同盟国, 連合体.

con·fe·de·ra·do, da [コンふぇデラド, ダ]《過去分詞》→ confederarse 連合する.
— 形 1 同盟の, 連合の, 連邦の. 2 (アメリカの南北戦争のときの)南軍の.

con·fe·de·rar·se [コンふぇデラルセ] 再 同盟する, 連合する.

con·fe·ren·cia [コンふぇレンシア] 女 1 講演. 2 (代表者が集まる)会議, 会談. 3 長距離電話, 市外通話.
conferencia de prensa 記者会見.

con·fe·ren·cian·te [コンふぇレンシアンテ] 男 女 1 講演者, 講師. 2 (会議への)参加者.

con·fe·ren·ciar [コンふぇレンシアル] 自《活 17 cambiar》(+con…) …と会談する, 会見する.

con·fe·rir [コンفェリル] 《活 77 sentir》 1 …を授与する，さずける. 2 (特質など)を与える.

con·fe·sar [コンفェサル] 他 《活 57 pensar》 1 …を白状する，自白する. 2 …を告白する. 3 〈宗教〉〈司祭が〉…を告解(ぶぃ)する. 4 〈宗教〉〈司祭が〉…の告解を聞く.
— 自 自白[白状]する.
— confesar·se 再 〈宗教〉(+de+罪) …を告解(ぶぃ)する, 懺悔(ざん)する.

con·fe·sión [コンفェスィオン] 女 1 自白, 白状. 2 告白. 3 〈宗教〉告解(ぶぃ), 懺悔(ざん). 4 〈宗教〉宗派, 宗旨.

con·fe·sio·nal [コンフェスィオナル] 形 1 特定宗派に属する. 2 〈宗教〉告解(ぶぃ)の.

con·fe·so, sa [コンفェソ, サ] 形 1 自白した, 告白した. 2 〈ユダヤ人〉キリスト教に改宗した.
— 男女 キリスト教に改宗したユダヤ人.

con·fe·so·na·rio [コンفェソナリオ] 男 〈教会〉告解(ぶぃ)室.

con·fe·sor [コンفェソル] 男 〈宗教〉聴罪司祭.

con·fe·ti [コンفェティ] 男 (パレードなどで使う)紙吹雪.

con·fia·bi·li·dad [コンفィアビリダス] 女 信頼性.

con·fia·ble [コンفィアブレ] 形 信頼できる, 信用してよい.

con·fia·da·men·te [コンفィアダメンテ] 副 1 信頼して, 信じて. 2 うぬぼれて.

con·fia·do, da [コンفィアド, ダ] 《過去分詞》→ confiar まかせる.
— 形 1 人を信じる, お人よしの. 2 うぬぼれの強い.

con·fian·za [コンفィアンサ] 女 1 信頼, 信用, 信任. 2 自信, うぬぼれ. 3 親しみ, 親密さ. 4 なれなれしさ[= confianzas].

de (toda) confianza 1 親しい間柄の, 気のおけない. 2 〈人〉信頼のおける. 3 (製品などで)信用してよい.

en confianza 1 内密に, 内証で. 2 ざっくばらんに.

voto de confianza 〈政治〉信任投票.

con·fiar [コンفィアル] 他 《活 34 enviar》 1 …を (+a...) …にまかせる, ゆだねる. 2 …を打ち明ける.
— 自 1 (+en...) …を確信する. 2 (+en+人) …を信用している, 信頼する.
— confiar·se 再 1 (+a...) …に秘密を打ち明ける. 2 自信過剰になる.

con·fi·den·cia [コンفィデンスィア] 女 1 秘密の打ち明け. 2 打ち明け話.

con·fi·den·cial [コンفィデンスィアル] 形 内密の, 秘密の.

con·fi·den·cial·men·te [コンفィデンスィアルメンテ] 副 内密に, 内証で.

con·fi·den·te, ta [コンفィデンテ, タ] 形 信頼できる, 誠実な.
— 男女 1 信頼できる相手. 2 密告者, たれこみ屋, スパイ.

confier- 活 → conferir 授与する《活 77》.

confies- 活 → confesar 白状する《活 57》.

con·fi·gu·ra·ción [コンفィグラスィオン] 女 形状, 外観.

con·fi·gu·rar [コンفィグラル] 他 …を形成する, 形づくる.
— configurar·se 再 形成される.

con·fín [コンفィン] 男 《= confines》 1 境界. 2 視界の果て, はるかな彼方(かな).

con·fi·na·mien·to [コンفィナミエント] 男 《= confinación 女》 1 追放, 流罪(るざ). 2 拘禁, 幽閉.

con·fi·nar [コンفィナル] 他 1 …を (+en...) …へ追放する, 島流しにする. 2 …を (+en...) …に幽閉する, 監禁する.
— 自 (+con...) …に接する, 隣接する.
— confinar·se 再 (+en...) …に閉じこもる.

confir- 活 → conferir 授与する《活 77》.

con·fir·ma·ción [コンفィルマスィオン] 女 1 確認. 2 追認, 是認. 3 〈宗教〉堅信, 堅信礼.

con·fir·ma·do, da [コンفィルマド, ダ] 《過去分詞》→ confirmar 確認する.
— 形 確認された.
— 男女 〈宗教〉堅信を受けた人.

con·fir·man·do, da [コンفィルマンド, ダ] 男女 〈宗教〉堅信志願者.

con·fir·mar [コンفィルマル] 他 1 …を確認する, たしかめる. 2 …を是認する, 追認する. 3 …を確実にする, 確立する. 4 〈宗教〉…に堅信をさずける.
— confirmar·se 再 確実になる.

con·fir·ma·to·rio, ria [コンفィルマトリオ, リア] 形 1 確認の. 2 追認の.

con·fis·ca·ción [コンفィスカスィオン] 女 没収, 押収.

con·fis·car [コンفィスカル] 他 《活 73 sacar》 …を没収する, 押収する.

con·fi·tar [コンفィタル] 他 (果物など)を砂糖漬けにする.

con·fi·te [コンفィテ] 男 (木の実などの)砂糖菓子.

con·fi·te·ra[1] [コンفィテラ] 女 砂糖菓子の容器.

con·fi·te·rí·a [コンفィテリア] 女 菓子屋, 菓子店.

con·fi·te·ro, ra[2] [コンفィテロ, —] 男女 1 菓子職人. 2 菓子販売人.

con·fi·tu·ra [コンفィトゥラ] 女 (果物の)砂糖漬け.

con·fla·gra·ción [コンفらグラスィオン] 女 (国際的な)武力衝突.

con·flic·ti·vi·dad [コンفりクティビダス] 女 対立意識. 2 紛争状態.

con·flic·ti·vo, va [コンفりクティボ, バ] 形 1

紛争を起こしやすい. 2 紛争状態の.
con·flic·to [コンフリクト] 男 1 紛争, 武力衝突. 2 衝突, 対立. 3 論争の種(たね).
con·fluen·cia [コンふルエンシア] 女 1 (道や川の) 合流. 2 合流地点.
con·fluen·te [コンふルエンテ] 形 (川などが) 合流する.
con·fluir [コンふルイル] 自《活 43 huir》(道・川・人などが) 合流する.
con·for·ma·ción [コンふォルマシオン] 女 (全体を構成する) 部分の配置.
con·for·mar [コンふォルマル] 他 1 …を構成する, 形成する. 2 …を (+a, con…) …に合わせる, 一致させる.
— **conformarse** 再 (+con…) …で我慢する.
con·for·me [コンふォルメ] 形 1 (+con…) …に同意している. 2 あきらめている.
— 前 (+a…) …に従って, 応じた.
— 間 よろしい!, わかった!
— 男 承諾の署名.
— 活 → conformar 構成する.
— 接《アクセントなし》…するに従って.
según y conforme… …の状態によって.
con·for·mi·dad [コンふォルミダス] 女 1 承諾, 同意. 2 忍耐, 忍従. 3 一致, 合致.
con·for·mis·mo [コンふォルミスモ] 男 順応主義.
con·for·mis·ta [コンふォルミスタ] 形《男女同形》順応する.
— 男 女 順応主義者.
con·fort [コンふォルト] 男 快適性.
con·for·ta·ble [コンふォルタブレ] 形 快適な, 心地よい.
con·for·tar [コンふォルタル] 他 1 …を力づける, はげます. 2 …を元気にする, …に活力を与える.
con·fra·ter·ni·dad [コンふラテルニダス] 女 1 兄弟愛, 兄弟の絆(きずな). 2 友愛, 友好.
con·fra·ter·ni·zar [コンふラテルニサル] 自《活 39 gozar》(何人かが) 1 兄弟として交わる. 2 友好関係に入る.
con·fron·ta·ción [コンふロンタシオン] 女 1 対決, 対峙(たいじ). 2 対照, 照合.
con·fron·tar [コンふロンタル] 他 1 …を (+con…) …と対決させる. 2 (複数の文書などを) 対照する. 3 …を (+con…) …と比較する, 対比する.
— **confrontarse** 再 (+con…) …に直面する, 対決する.
con·fu·cia·nis·mo [コンふしアニスモ] 男 《= confucionismo》〈思想〉儒教.
con·fun·di·ble [コンふンディブレ] 形 まぎらわしい.
con·fun·di·do, da [コンふンディド, ダ] 《過去分詞》→ confundir 混同した.
— 形 1 混同した, 誤解した. 2 当惑した, まごついた.

con·fun·dir [コンふンディル] 他 1 …を (+con…) …と混同する, 取り違える. 2 …をまごつかせる, 当惑させる.
— **confundirse** 再 1 (+de…) …を間違える. 2 混じり合う. 3 まごつく.
con·fu·sión [コンふシオン] 女 1 混同, ごちゃまぜ. 2 当惑, 困惑. 3 間違い, 勘違い.
con·fu·so, sa [コンふソ, サ] 形 1 不明瞭な, あいまいな. 2 当惑した, 自信のない.
con·ga [コンガ] 女 1〈楽器〉(太鼓の) コンガ. 2〈踊り〉(キューバの) コンガ.
con·ge·la·ción [コンヘラシオン] 女 1 冷凍, 氷結. 2〈病気〉凍傷. 3 (物価などの) 凍結.
con·ge·la·do, da [コンヘらド, ダ] 《過去分詞》→ congelar 冷凍した.
— 形 1 冷凍の, こおった. 2 こごえた.
con·ge·la·dor [コンヘらドル] 男 (冷蔵庫のなかの) 冷凍庫, フリーザー.
con·ge·lar [コンヘらル] 他 1 …を冷凍する, こおらせる. 2 (物価など) を凍結する. 3 …に凍傷を起こさせる.
— **congelarse** 再 1 凍結する, こおる. 2 凍傷になる.
con·gé·ne·re [コンヘネレ] 形 同種の.
con·ge·niar [コンヘニアル] 自 (+con…) …とうまく折り合う.
con·gé·ni·to, ta [コンヘニト, タ] 形 1 先天的な, 生まれつきの. 2 根深い.
con·ges·tión [コンヘスティオン] 女 1 充血, 鬱血(うっけつ). 2 渋滞, 混雑.
con·ges·tio·nar [コンヘスティオナル] 他 1 …を充血させる. 2 …を渋滞させる.
— **congestionarse** 再 1 鬱血(うっけつ)する. 2 渋滞する.
con·glo·me·ra·ción [コングろメラシオン] 女 団塊, 凝集.
con·glo·me·ra·do [コングろメらド] 男 1 集団, かたまり. 2 (セットになった) 寄せ集め. 3 巨大複合企業, コングロマリッド. 4〈地質学〉礫岩(れきがん).
con·glo·me·ran·te [コングろメらンテ] 男 集塊材.
con·glo·me·rar [コングろメらル] 他 1 …を寄せ集める. 2 …をかたまりにする.
— **conglomerarse** 再 1 寄り集まる. 2 かたまりになる.
con·go·ja [コンゴハ] 女 深い悲しみ, 心痛.
con·go·le·ño, ña [コンゴレニョ, ニャ] 形 (アフリカの国の) コンゴ Congo の.
— 男 女 コンゴ人.
con·gra·ciar·se [コングらシアルセ] 再《活 17 cambiar》(+con…) …に気に入られる.
con·gra·tu·la·ción [コングらトゥらシオン] 女 祝賀, 祝辞.
con·gra·tu·lar·se [コングらトゥらルセ] 再 (+por…) …を祝う, 喜ぶ.
con·gre·ga·ción [コングレガシオン] 女 1 (集

con·gre·gar [コングレガル] 他《活 47 llegar》(大勢の人)を集める.
— **congregar·se** 再 (大勢の人)が集まる.
con·gre·sis·ta [コングレシスタ] 男女 1 議員, 代議員. 2 (国際会議などの)参加者.
con·gre·so [コングレソ] 男 1 (国内)会議, 大会. 2 国会, 議会. 3 研究集会. 4 国会議事堂.
con·grio [コングリオ] 男 〔魚〕アナゴ〔穴子〕.
con·gru·en·cia [コングルエンシア] 女 (論理的な)一致, 合致.
con·gru·en·te [コングルエンテ] 形 (論理的に)合致する, 一致する.
có·ni·co, ca [コニコ, カ] 形 円錐(熱)形の.
co·ní·fe·ro, ra [コニフェロ, ラ] 形 〔植物〕針葉樹の, 球果植物の.
co·ni·for·me [コニフォルメ] 形 円錐(熱)形の.
con·je·tu·ra [コンヘトゥラ] 女 推測, 推量.
con·je·tu·rar [コンヘトゥラル] 他 …を推測する, 推量する.
con·ju·ga·ción [コンフガシオン] 女 1〈文法〉動詞活用, 動詞変化. 2 結合, 接合.
con·ju·gar [コンフガル] 他《活 47 llegar》1〈文法〉(動詞)を活用させる, 語形変化させる. 2 …を結合する, 調和させる.
— **conjugar·se** 再 (動詞が)活用する.
con·jun·ción [コンフンシオン] 女 1〈文法〉接続詞. 2 結合, 接合.
con·jun·ta·men·te [コンフンタメンテ] 副 いっしょに, 共に.
con·jun·tar [コンフンタル] 他 …をひとまとめにする, 結びつける.
con·jun·ti·va¹ [コンフンティバ] 女 (眼球の)結膜.
con·jun·ti·vi·tis [コンフンティビティス] 女《単複同形》〈医学〉結膜炎.
con·jun·ti·vo, va² [コンフンティボ, ー] 形 接合の, 結合する.
con·jun·to¹ [コンフント] 男 1 集合, 総体, 全体. 2〈楽想〉アンサンブル. 3〈服飾〉アンサンブル, スーツ. 4〈数学〉集合.
con·jun·to², **ta** [ー, タ] 形 1 接合した, セットになった. 2〈送付物〉同封の.
con·ju·ra [コンフラ] 女 陰謀, 共謀.
con·ju·ra·do, da [コンフラド, ダ]〈過去分詞〉→ conjurar 避ける.
— 形 1 共謀した. 2 たくらまれた.
— 男女 共謀者.
con·ju·rar [コンフラル] 他 1 (損害など)を避ける. 2 (悪魔など)を追い払う. 3 (死霊など)を呼び出す.
— 自 (誓いあって)共謀する.
— **conjurar·se** 再 (+para+不定詞)…するために集まる, 共謀して…する.
con·ju·ro [コンフロ] 男 1 まじない, 呪文(紀). 2 悪魔払い.

con·lle·var [コンジェバル] 他 1 …を(結果として)意味する, もたらす. 2 …を耐え忍ぶ, がまんする.
con·me·mo·ra·ble [コンメモラブレ] 形 記念すべき.
con·me·mo·ra·ción [コンメモラシオン] 女 1 記念. 2 記念祭, 記念式.
con·me·mo·rar [コンメモラル] 他 …を(祭式や祝辞で)記念する.
— **conmemorar·se** 再 (人や出来事が祭式や祝辞で)記念される.
con·me·mo·ra·ti·vo, va [コンメモラティボ, バ] 形 1 記念の. 2 記念になる. *acto conmemorativo* 記念行事.
con·men·su·ra·ble [コンメンスラブレ] 形 1 計測可能な. 2 評価のできる.
con·men·su·rar [コンメンスラル] 他 1 …を測定する. 2 …を評価する.
con·mi·go [コンミゴ] 代《前置詞つきの人称代名詞》(← con+mí) 1 私と, 私といっしょに. 2 私に対して.
con·mi·na·ción [コンミナシオン] 女 1 脅迫, 威嚇(炊). 2〈法律〉警告, 通告.
con·mi·nar [コンミナル] 他 1 …を(+con…)…とおどす, 威嚇(炊)する. 2〈法律〉…に(+a+不定詞)…するよう警告する, 通告する.
con·mi·se·ra·ción [コンミセラシオン] 女 同情, あわれみ.
con·mo·ción [コンモシオン] 女 (体や心が受ける)衝撃, 動転, ショック. *conmoción cerebral*〈医学〉脳震盪(の).
con·mo·cio·nar [コンモシオナル] 他 …に衝撃を与える, …を動転させる.
con·mo·ve·dor, do·ra [コンモベドル, ドラ] 形 感動的な, 胸を打つ.
con·mo·ver [コンモベル] 他《活 50 mover》1 …を感動させる, …の心を動かす. 2 …をゆらす, 動揺させる.
— **conmover·se** 再 1 感動する. 2 動揺する.
conmuev- 活 → conmover 感動させる《活 50》.
con·mu·ta·ble [コンムタブレ] 形 変換できる, 切り換え可能な.
con·mu·ta·ción [コンムタシオン] 女 1 変換, 交換, 切り換え. 2〈法律〉減刑.
con·mu·ta·dor [コンムタドル] 男〈電気〉整流子, 整流器, スイッチ.
con·mu·tar [コンムタル] 他 1 …を(+con, por…)…と交換する, 変換する. 2〈法律〉(刑)を(+por…)…に軽減する.
con·mu·ta·ti·vo, va [コンムタティボ, バ] 形 変換の, 交換の.
con·na·tu·ral [コンナトゥラル] 形 (+a…)に固有の, 生来の, 生得の.
con·ni·ven·cia [コンニベンシア] 女 1 共犯, 共謀. 2 黙認, 見のがし.
con·no·ta·ción [コンノタシオン] 女 1〈言語

学〕暗示的意味, 含意, ニュアンス. 2〔論理学〕内包.

con·no·tar [コンノタル] 他 1〔言語学〕（二次的意味）を暗示する, 含む. 2〔論理学〕…を内包する.

con·no·ta·ti·vo, va [コンノタティボ, バ] 形 1〔言語学〕（意味が）暗示的な. 2〔論理学〕内包的.

co·no [コノ] 男 1 円錐(ホム), 円錐形. 2 円錐形のもの. 3〔植物学〕（松かさのような）球果. 4〔解剖学〕（網膜内の）円錐体.

cono sur （チリ, アルゼンチン, ウルグアイを含む）南米南部地域.

co·no·ce·dor, do·ra [コノセドル, ドラ] 形 (+de...) …をよく知っている, …に精通した.
— 男 女 精通している人, 通(ミ).

co·no·cer [コノセル] 他 〘活 21〙 1 …を（知的活動によって）知る, 知っている. 2 …を識別する, 見分ける. 3 …に気づく, …を知覚する, …がわかる. 4 …を（経験によって）知る. 5 （人）と知り合う, …を知っている. 6 （異性）を知る.
— 自 1〔法律〕(+de...) …を取り扱う, 審理する. 2 (+de...) …をよく知っている, …にくわしい.
— **conocerse** 再 1 （互いに）知り合う, 知り合いである. 2 自分自身を知る. 3《3 人称単数形で使用》…であるとわかる, …らしい.

conocer (a...) de nombre （…の）名前を知っている.
conocer (a...) de vista （…の）顔を知っている.
dar... a conocer …を公表する.
dar·se a conocer 1 自分の身元を教える. 2 デビューする. 3 名声をあげる.
Se conoce que... …らしい, …のようだ.

co·no·ci·ble [コノシブレ] 形 知ることのできる, 理解できる.

co·no·ci·do, da [コノシド, ダ]《過去分詞》→ conocer 知る.
— 形 有名な, 評判のよい.
— 男 女 知人, 知り合い.

co·no·ci·mien·to [コノシミエント] 男 1 知識, 知っていること [= conocimientos]. 2 知力, 理解力. 3 知覚, 意識. 4 認識, 識別. 5 付き合い, 親交. 6 知人, 知り合い.

con conocimiento 慎重に, 状況を把握して.
con conocimiento de causa 事情を理解したうえで.
dar conocimiento de... a～ …について～に知らせる.
estar en conocimiento de... …を知っている.
llegar a conocimiento de... …の耳に入る.
perder el conocimiento 失神する.
poner... en conocimiento de～ …を～に知らせる.
recobrar el conocimiento 意識を取りもどす.
sin conocimiento 判断力のない.
tener conocimiento （年齢的に）善悪の判断ができる.

conozc- 活 → conocer 知る〘活 21〙.

con·que [コンケ] 接《アクセントなし》1〈結果〉それで, だから. 2 （文頭で）それでは, さて.

con·quen·se [コンケンセ] 形 （スペインの都市の）クエンカ Cuenca の.
— 男 女 クエンカの人.

con·quis·ta [コンキスタ] 女 1 征服. 2 征圧, 制圧. 3 愛情の獲得, くどき落とし. 4 相手の心をつかむこと. 5 獲得物.
— 活 → conquistar 征服する.

con·quis·ta·dor¹ [コンキスタドル] 男 1 (16 世紀スペインの)コンキスタドル. 2 色男, 女たらし.

con·quis·ta·dor², do·ra [—, ドラ] 形 征服する, 征服者の.
— 男 女 1 征服者. 2 獲得者.

con·quis·tar [コンキスタル] 他 1 …を征服する. 2 …を征圧 [制圧] する. 3 …の心をとらえる. 4 …をくどき落とす.

Con·ra·do [コンラド] 固〈男性の名〉コンラド.

con·sa·bi·do, da [コンサビド, ダ] 形 1 よく知られた, 周知の. 2 いつもの, 決まりきった.

con·sa·gra·ción [コンサグラシオン] 女 1 （ミサでの）聖変化. 2 神への献身. 3 奉献, 献納. 4 名声の獲得. 5〔宗教〕聖別.

con·sa·gra·do, da [コンサグラド, ダ]《過去分詞》→ consagrar 聖別する.
— 形 1 聖別された, 神聖な. 2 (+a...) にささげられた. 3 認められた, 名が定着した.

con·sa·grar [コンサグラル] 他 1〔宗教〕（ミサで）…を聖別する, （パンとワイン）を聖体にする. 2 …を神にささげる, 奉納する, 献納する. 3 …をささげる. 4 …を (+como...) …として有名にする.
— **consagrarse** 再 1 (+a...) …に身をささげる. 2 (+como...) …としての名声を確立する.

con·san·guí·ne·o, a [コンサンギネオ, ア] 形 血縁の, 同族の.
hermano consanguíneo 異母［異父］兄弟.

con·san·gui·ni·dad [コンサンギニダ] 女 血縁, 血縁関係, 血族関係.

cons·cien·cia [コンスシエンシア] 女 良心 [= conciencia].

cons·cien·te [コンスシエンテ] 形 1 (+de...) …に気づいている, …を意識している. 2 意識的な, 故意の. 3 意識のある, 正気の.

cons·cien·te·men·te [コンスシエンテメンテ] 副 意識して, 意図的に, 故意に.

con·se·cu·ción [コンセクシオン] 女 1 獲得, 取得. 2 達成, 実現, 成就.

con·se·cuen·cia [コンセクエンシア] 女 1 結果, 帰結. 2 （主義と行動の間などの）首尾一貫性.
a [como] consecuencia de... …の結果として.
en [por] consecuencia それゆえ, したがって.
tener [traer] consecuencias 重大な結果をもたらす.

con·se·cuen·te [コンセクエンテ] 形 1 首尾一貫した, 言行一致する. 2 結果として起こる, 必然的な.

con·se·cuen·te·men·te [コンセクエンテメンテ] 副 1 首尾一貫して, 矛盾しないで. 2 その結果, したがって.

con·se·cu·ti·vo, va [コンセクティボ, バ] 形 1 連続した, あいついだ. 2 〈文法〉結果を示す, 結果の.

con·se·gui·do, da [コンセギド, ダ] 《過去分詞》→ conseguir 手に入れる.
— 形 達成された, 完成した.

con·se·guir [コンセギル] 他《活 76 seguir》1 …を手に入れる, 獲得する, 得る. 2 …を達成する, 完成する. 3 (+不定詞[+que+接続法]) なんとかして …する.

con·se·je·rí·a [コンセヘリア] 女 1 (自治州の)省庁. 2 (行政などの)相談窓口. 3 相談役の職.

con·se·je·ro, ra [コンセヘロ, ラ] 男 女 1 助言者, 相談相手. 2 顧問, 相談役. 3 理事, 参事, 評議員.

con·se·jo [コンセホ] 男 1 助言, 忠告. 2 審議会, 評議会, 理事会. 3 代表者会議. 4 (審議会などの)議会, 会議場.
consejo de administración 役員会, 重役会議, 理事会.
consejo de guerra 軍法会議.
Consejo de Indias インディアス諮問会議.
Consejo de Inquisición 異端審問所.
Consejo de Ministros 内閣, 閣議.
Consejo de Seguridad (国連の)安全保障理事会.

con·sen·so [コンセンソ] 男 合意, コンセンサス.

con·sen·ti·do, da [コンセンティド, ダ] 《過去分詞》→ consentir 容認する.
— 形 甘えの強い.
— 男 女 甘えっ子.

con·sen·ti·mien·to [コンセンティミエント] 男 承諾, 同意.

con·sen·tir [コンセンティル] 他《活 77 sentir》1 …を容認する, 承諾する. 2 (子供)を甘やかす, 放任する.
— 自 (+en...) …に同意する.

con·ser·je [コンセルヘ] 男 女 1 守衛. 2 門番.

con·ser·je·rí·a [コンセルヘリア] 女 1 守衛所, 守衛室. 2 門衛所.

con·ser·va [コンセルバ] 女 1 保存食. 2 缶詰, 瓶(び)詰.

con·ser·va·ción [コンセルバシオン] 女 1 保存, 保管. 2 維持, 継承.

con·ser·va·dor, do·ra [コンセルバドル, ドラ] 形 1 保守的な, 保守主義の. 2 保存の.
— 男 女 1 保守主義者, 保守党員. 2 (美術館などの)学芸員.

con·ser·va·du·ris·mo [コンセルバドゥリスモ] 男 保守主義, 保守的傾向.

con·ser·van·te [コンセルバンテ] 男 〈化学〉食品保存剤.

con·ser·var [コンセルバル] 他 1 …を保存する, 保管する. 2 (行事など)を継承する, 維持する. 3 (食品)を保存食にする.

con·ser·va·to·rio [コンセルバトリオ] 男 (公立の)音楽学校, 音楽院.

con·ser·ve·ro, ra [コンセルベロ, ラ] 形 缶詰の, 瓶(び)詰の.
— 男 女 缶詰業者, 瓶詰業者.

con·si·de·ra·ble [コンシデラブレ] 形 (量や程度が)かなりの, 相当な.

con·si·de·ra·ble·men·te [コンシデラブレメンテ] 副 かなり, 相当に.

con·si·de·ra·ción [コンシデラシオン] 女 1 考慮, 熟考. 2 配慮, 敬意. 3 関心, 注目.
de consideración 大きな, かなりの.
en consideración a... …を気づかって.
por consideración a... …を考慮して.
tener [tomar] ... en consideración …を考慮に入れる.

con·si·de·ra·do, da [コンシデラド, ダ] 《過去分詞》→ considerar よく考える.
— 形 1 思いやりのある, 敬意を表する. 2 人望が厚い, 尊敬される.

con·si·de·rar [コンシデラル] 他 1 …をよく考える, 考慮する. 2 …を考慮に入れる, …に留意する. 3 …をうやまう, 尊敬する. 4 …を(+形容詞) …であると考える, みなす. 5 (+que...) …であると思う, 考える.

consient- 活 → consentir 容認する《活 77》.

consig- 活 → conseguir 手に入れる《活 76》.

con·sig·na [コンシグナ] 女 1 (駅などの)手荷物預かり所. 2 (政党などでの)指令, 指図.

con·sig·na·ción [コンシグナシオン] 女 1 〈予算〉割り当て額, 配分枠. 2 (意見などの)記録, 書き留め. 3 委託.

con·sig·nar [コンシグナル] 他 1 (予算)を (+para...) …のためにを配分する, 割り当てる. 2 (意見など)を書き留める, 明記する. 3 …を(+a, en...) …に委託する, 預ける.

con·sig·na·ta·rio, ria [コンシグナタリオ, リア] 形 〈商業〉荷受人, 荷受業者.

con·si·go [コンシゴ] 代 《前置詞つきの人称代名詞で, 3 人称の再帰代名詞》《← con+sí》(3 人称の主語が)自分自身と, 自分で, 自分に.
— 活 → conseguir 手に入れる《活 76》.

con·si·guien·te [コンシギエンテ] 形 1 結果として起こる, 必然的な. 2 (+a...) …から生じる, …に由来する.
por consiguiente それゆえ, したがって.

con·si·guien·te·men·te [コンシギエンテメンテ] 副 そのため, したがって.

con·si·lia·rio, ria [コンシリアリオ, リア] 男 女 助言者, 顧問.

consint- 〖活〗 → consentir 容認する《活 77》.

con·sis·ten·cia [コンシステンしア] 〖女〗 1 安定性, 堅固さ. 2 粘性, ねばり気. 3 一貫性, 統一性.

con·sis·ten·te [コンシステンテ] 〖形〗 1 安定した. 2 粘りけのある. 3 関連性のある.

con·sis·tir [コンシスティル] 〖自〗 1 (+en...) …で成り立つ, 構成されている. 2 (+en...) …にある, 存する.

con·sis·to·rial [コンシストリアル] 〖形〗 1 町議会の, 市議会の. 2〈宗教〉枢機卿会議の.

con·sis·to·rio [コンシストリオ] 〖男〗 1 町議会, 市議会. 2〈宗教〉枢機卿会議.

con·so·cio, cia [コンソシオ, シア] 〖男〗〖女〗(同一企業の)社員, 同僚.

con·so·la [コンソら] 〖女〗 1 (壁に取りつける)飾り机. 2〈コンピューター〉コンソール. 3〈パイプオルガン〉演奏台.

con·so·la·ción [コンソらシオン] 〖女〗 1 なぐさめ, 慰謝(い̇). 2〈スポーツ〉敗者復活戦, コンソレ.
premio de consolación 残念賞.

con·so·la·dor, do·ra [コンソらドル, ドラ] 〖形〗なぐさめになる, 慰謝(い̇)の.

con·so·lar [コンソらル] 〖他〗《活 22 contar》…をなぐさめる.
— consolarse 〖再〗自分をなぐさめる.

con·so·li·da·ción [コンソリダシオン] 〖女〗補強, 強化.

con·so·li·da·do, da [コンソリダド, ダ] 《過去分詞》→ consolidar 補強する.
— 〖形〗強固な.

con·so·li·dar [コンソリダル] 〖他〗 1 …を補強する, 強化する. 2 (短期負債)を長期負債にする.

con·so·mé [コンソメ] 〖男〗〈スープ〉コンソメ.

con·so·nan·cia [コンソナンシア] 〖女〗 1 一致, 調和. 2〈詩法〉(強勢母音とそのあとの母音・子音を合わせる)同韻.
en consonancia con... …と調和して.

con·so·nan·te [コンソナンテ] 〖形〗 1〈韻律〉同音調の. 2 (+con...) …と調和する, 一致する. 3 (a, e, i, o, u 以外の)子音の.
— 〖女〗〈音声・文字〉子音.

con·so·nán·ti·co, ca [コンソナンティコ, カ] 〖形〗〈音声・文字〉子音の.

con·sor·cio [コンソルシオ] 〖男〗 1 (企業などの)協会, 連合. 2 (同一目的を持つ人の)集まり, 団体.

con·sor·te [コンソルテ] 〖男〗〖女〗配偶者.

cons·pi·cuo, cua [コンスピクオ, クア] 〖形〗有名な, 著名な, 卓越した.

cons·pi·ra·ción [コンスピらシオン] 〖女〗陰謀, 共謀.

cons·pi·ra·dor, do·ra [コンスピらドル, ドラ] 〖男〗〖女〗陰謀者, 共謀者.

cons·pi·rar [コンスピらル] 〖自〗 (何人かが) (+contra...) …に対して陰謀を企てる, 共謀する.

cons·tan·cia¹ [コンスタンシア] 〖女〗 1 根気, 忍耐. 2 確実さ. 3 証拠書類, 証明書.

dejar constancia de... …を記録に残す, 明確にする.
tener constancia de... …を確信している.

Cons·tan·cia [コンスタンシア] 〖固〗〈女性の名〉コンスタンシア.

cons·tan·te [コンスタンテ] 〖形〗 1 不断の, 絶え間ない. 2 不変の, 恒常的な. 3 忍耐強い, 粘り強い.
— 〖女〗 1〈数学〉定数. 2 不断の繰り返し.

cons·tan·te·men·te [コンスタンテメンテ] 〖副〗つねに, たえず.

Cons·tan·ti·no [コンスタンティノ] 〖固〗〈男性の名〉コンスタンティノ.

Cons·tan·ti·no·pla [コンスタンティノプら] 〖固〗〈都市の名〉(トルコのイスタンブールの旧名の)コンスタンティノープル.

cons·tar [コンスタル] 〖自〗 1 (+que...) (…は)明白である, 確かである. 2 (+de...) …で構成されている, 成り立つ. 3 (+en...) …に記録されている, のっている.
hacer constar... …を指摘する, 明記する.
que conste (que...) はっきり言っておくが(…).

cons·ta·ta·ción [コンスタタシオン] 〖女〗検証, 立証.

cons·ta·tar [コンスタタル] 〖他〗…を検証する, 立証する.

cons·te·la·ción [コンステらシオン] 〖女〗 1 星座. 2 (人や物の)同類の集まり.

cons·te·la·do, da [コンステらド, ダ] 〖形〗 1 星の多い. 2 星をちりばめたような.

cons·ter·na·ción [コンステルナシオン] 〖女〗 1 落胆. 2 狼狽(うろたえ).

cons·ter·nar [コンステルナル] 〖他〗 1 …を落胆させる. 2 …をうろたえさせる.

cons·ti·pa·ción [コンスティパシオン] 〖女〗風邪, 感冒.

cons·ti·pa·do¹ [コンスティパド] 〖男〗〈病気〉風邪.

cons·ti·pa·do², da [同─, ダ] 《過去分詞》→ constiparse 風邪をひいた.
— 〖形〗〈病気〉風邪の, 風邪をひいた.

cons·ti·par·se [コンスティパルセ] 〖再〗〈病気〉風邪をひく.

cons·ti·tu·ción [コンスティトゥシオン] 〖女〗 1 憲法. 2 政体. 3 制定, 設立. 4 構成, 構造. 5 体格, 体質. 6 (教団などの)規約.

cons·ti·tu·cio·nal [コンスティトゥシオナル] 〖形〗 1 憲法の, 立憲的な. 2 体格の, 体質の.

cons·ti·tu·cio·na·li·dad [コンスティトゥシオナリダ̇] 〖女〗合憲性, 立憲性.

cons·ti·tu·cio·na·lis·mo [コンスティトゥシオナリスモ] 〖男〗立憲政治, 立憲主義.

cons·ti·tu·cio·nal·men·te [コンスティトゥシオナルメンテ] 〖副〗 1 憲法にのっとって, 合憲的に. 2 憲法から判断して, 憲法上.

cons·ti·tuir [コンスティトゥイル] 〖他〗《活 43 huir》 1 …を構成する, 作り上げる. 2 …になる, …

である. 3 …を設立する, 制定する. 4 …を(+en...) …に制定する, 任命する.
— **constituir-se** 再 1 (+en...) …に出向く. 2 (+en...) …になる, を引き受ける. 3 (+de...) …で構成される.

cons·ti·tu·ti·vo, va [コンスティトゥティボ, バ] 形 1 構成している, 成分の. 2 本質部分の.

constituy- 活 → constituir 構成する《活 43》.

cons·ti·tu·yen·te [コンスティトゥイエンテ] 形 憲法制定の, 改憲の.

cons·tre·ñi·mien·to [コンストレニミエント] 男 1 強制. 2 制限. 3 抑圧.

cons·tre·ñir [コンストレニル] 他《68 reñir》1 …に(+a...) …することを強制する, 強要する. 2 …を制限する. 3 …を抑圧する. 4〈医学〉…を圧迫する, 収縮させる.

cons·tric·ción [コンストリクシオン] 女 1 強制, 強要. 2 制限. 3 抑圧. 4〈医学〉圧迫, 収縮.

cons·truc·ción [コンストルクシオン] 女 1 建設, 建築, 建造. 2 建設業, 建設工事. 3 工法. 4 建造物, ビル. 5 (理論などの) 構築, 組み立て. 6〈文法〉構文, 構造.
en [en vía de] construcción 工事中の, 建設中の.

cons·truc·ti·vo, va [コンストルクティボ, バ] 形 1 建設的な. 2 建設用の.

cons·truc·tor, to·ra[1] [コンストルクトル, トラ] 形 建設の, 建築の.
— 男 女 建設業者, 建造業者.

cons·truc·to·ra[2] 女 建設会社.

cons·truir [コンストルイル] 他《活 43 huir》1 …を建設する, 建築する. 2 …を作成する, 構築する. 3〈文法〉(単語) を文に組み立てる.

construy- 活 → construir 建設する《活 43》.

con·sue·gro, gra [コンスエグロ, グラ] 男 女 実子(じっし)のしゅうと (姑・舅).

consuel- 活 consolar なぐさめる《活 22》.

con·sue·lo [コンスエロ] 男 なぐさめ, 慰謝(いしゃ).

Con·sue·lo [コンスエロ] 固《女性の名》コンスエロ.

con·sue·tu·di·na·rio, ria [コンスエトゥディナリオ, リア] 形 慣例的な, 慣習の.

cón·sul [コンスル] 男 女 領事／*cónsul de Venezuela en Barcelona* バルセロナ駐在ベネズエラ領事.
— 男 (古代ローマの) 執政官.
cónsul general 総領事.
cónsul honorario 名誉領事.

con·su·la·do [コンスラド] 男 1 領事館. 2 領事の職. 3 領事の任期.

con·su·lar [コンスラル] 形 領事の.

con·sul·ta [コンスルタ] 女 1 協議, 相談. 2〈医学〉診察. 3 診察室, 診療所. 4〈文献〉調査, 探索. 5 諮問(しもん).

consulta a domicilio 往診.
obra de consulta 参考文献.

con·sul·ta·ción [コンスルタシオン] 女 (弁護士団などの) 協議.

con·sul·tar [コンスルタル] 他 1 (人) に意見を求める. 2 …を(+con...) …に相談する. 3 (文献などを) 調べる, 参照する.
— 自 (+con...) …に相談する, …と協議する.
consultar... con la almohada …をじっくり考える.

con·sul·ti·vo, va [コンスルティボ, バ] 形 諮問(しもん)の, 意見を求められる.
comité consultivo 諮問委員会.

con·sul·tor, to·ra [コンスルトル, トラ] 形 相談役の, 顧問の.
— 男 女 相談役, 顧問, コンサルタント.

con·sul·to·rí·a [コンスルトリア] 女 1 コンサルタント業. 2 コンサルタント会社.

con·sul·to·rio [コンスルトリオ] 男 1 診察室, 診療所. 2 (弁護士などの) 事務所, 相談所. 3 (ラジオなどの) 相談室.

con·su·ma·ción [コンスマシオン] 女 完結, 遂行, 完遂.

con·su·ma·do, da [コンスマド, ダ]《過去分詞》→ consumar 完結する.
— 形 完成した, 完璧(かんぺき)の.

con·su·mar [コンスマル] 他 …を完結する, 遂行する.

con·su·mi·ción [コンスミシオン] 女 1 飲食費, 食事代. 2 消耗, 消費.

con·su·mi·do, da [コンスミド, ダ]《過去分詞》→ consumir 消費する.
— 形 やつれた, 衰弱した.

con·su·mi·dor, do·ra [コンスミドル, ドラ] 男 女 消費者.

con·su·mir [コンスミル] 他 1 …を消費する. 2 …を消耗する, 浪費する. 3 …を消滅させる, 消失させる.
— **consumir-se** 再 1 消耗する. 2 消滅する. 3 (+de...) …でやせ衰える, 衰弱する.

con·su·mis·mo [コンスミスモ] 男 浪費.

con·su·mis·ta [コンスミスタ] 男 女 浪費家.

con·su·mo [コンスモ] 男 消費, 消耗.
bienes de consumo 消費財.
sociedad de consumo 消費社会.

con·sun·ción [コンスンシオン] 女 1 消耗, 消費. 2 衰弱, やつれ.

con·sus·tan·cial [コンススタンシアル] 形《= consubstancial》(+a...) …に固有の, 生来の, 本質的な.

con·sus·tan·cia·li·dad [コンススタンシアリダス] 女 本性, 固有性.

con·ta·bi·li·dad [コンタビリダス] 女 1 簿記, 会計. 2 経理.

con·ta·bi·li·zar [コンタビリサル] 他《活 39

gozar》1〈商業〉…を記帳する. 2 …を数えあげる, 勘定する. 3 …を(+como...) …であると考える.

con·ta·ble [コンタブレ] 形 1 可算の, 数えられる. 2 会計の.
— 男 女〈人〉帳簿係, 会計係.

con·tac·tar [コンタクタル] 自 (+con...) …と連絡を取る, 接触する.

con·tac·to [コンタクト] 男 1 接触. 2〈電気〉接続. 3 連絡員. 4 交際, 交渉. 5 縁故関係, コネ[= contactos]. 6〈写真〉べた焼き.
lentes de contacto コンタクトレンズ.
llave de contacto (点火の)イグニッションキー.
poner·se [entrar] en contacto con... …と連絡を取る, 接触する.

con·ta·do, da [コンタド, ダ] 《過去分詞》→ contar 数える.
— 形 1 勘定に入っている. 2 わずかな, 数少ない.
al contado〈支払い〉現金で, 即金で.
tener los días contados 余命いくばくもない.

con·ta·dor¹ [コンタドル] 男 1 (電気・ガスなどの)メーター. 2 (計量用の)カウンター.

con·ta·dor², do·ra [−, ドラ] 男 女 会計士, 経理士.

con·ta·du·rí·a [コンタドゥリア] 女 1〈職業〉会計, 経理. 2 会計課, 経理課. 3 (劇場などの)前売り券売り場.

con·ta·giar [コンタヒアル] 他《活 17 cambiar》(病気などを)(+a...) …にうつす, 感染させる, 伝染させる.
— contagiar·se 再 (病気などが) 伝染する, うつる.

con·ta·gio [コンタヒオ] 男 (病気などの) 伝染, 感染.

con·ta·gio·so, sa [コンタヒオソ, サ] 形 (病気などが)うつりやすい, 伝染性の.

con·ta·mi·na·ción [コンタミナシオン] 女 1 汚染. 2 伝染, 感染.
contaminación ambiental 環境汚染, 公害.
contaminación atmosférica 大気汚染.

con·ta·mi·na·dor, do·ra [コンタミナドル, ドラ] 形 1 汚染する. 2 伝染する.

con·ta·mi·nan·te [コンタミナンテ] 形 汚染する.
— 男 汚染源.

con·ta·mi·nar [コンタミナル] 他 1 …をよごす, 汚染する. 2 …に病気をうつす.
— contaminar·se 再 (+con, de...) …に感染する.

con·tan·te [コンタンテ]《つぎの名詞句の一部》
dinero contante (y sonante) 現金.

con·tar [コンタル] 他《活 22》1 …を数える, 計算する. 2 …を勘定に入れる, 数に入れる. 3 (ある数に)達する. 4 …を(+por...) …とみなす. 5 …を話す, 物語る.
— 自 1 数を数える. 2 数のうちに入る. 3 重要である. 4 (+con...) …を備えている, 持っている. 5 (+con...) …を当てにする, 考慮に入れる.
— contar·se 再 1 話される, うわさされる. 2 (+entre...) …のなかに含まれる, 数えられる.
contar·se con los dedos de la mano とても数が少ない.
¡Cuéntaselo a tu abuela! そんなばかな!
¿Qué te cuentas? / ¿Qué se cuenta usted? やあ, お元気ですか?
sin contar con que (+直説法) …のことはさておいても.

con·tem·pla·ción [コンテンプらシオン] 女 1 じっと注目すること, 凝視. 2 瞑想(%?), 黙想.

con·tem·pla·cio·nes [コンテンプらシオネス] 女 複 (→ contemplación) 礼儀, 気遣い.

con·tem·plar [コンテンプらル] 他 1 …に注目する, …を見つめる. 2 …を考慮する. 3 (神など)について熟考する. 4 …を謙虚に扱う.
— 自 瞑想(%?)にふける.

con·tem·pla·ti·vo, va [コンテンプらティボ, バ] 形 1 じっと注目する. 2 瞑想(%?)的な. 3 瞑想の. 4 謙虚な, 寛大な.

con·tem·po·ra·nei·dad [コンテンポラネイダス] 女 1 同時代性, 同時性. 2 現代性.

con·tem·po·rá·ne·o, a [コンテンポラネオ, ア] 形 1 現代の. 2 (+de...) …と同時代の, 同時期の.
— 男 女 同時代の人.

con·tem·po·ri·za·ción [コンテンポリさシオン] 女 順応, 適合.

con·tem·po·ri·zar [コンテンポリさル] 自《活 39 gozar》(+con...) …に順応する, 適合する.

con·tén → contener 含む《活 80》.

con·ten·ción [コンテンシオン] 女 抑制, 制止.

con·ten·cio·so¹ [コンテンシオソ] 男〈法律〉上訴.

con·ten·cio·so², sa [−, サ] 形 1 どんな意見にも反対する, 論争好きな. 2〈法律〉係争の, 訴訟の.

con·ten·der [コンテンデル] 自《活 58 perder》(+con...) …と(+por, sobre...) …を争う, きそう.

con·ten·dien·te [コンテンディエンテ] 形 争う, 係争する, きそう.
— 男 女 係争者, 競争者.

contendr- 活 → contener 含む《活 80》.

con·te·ne·dor [コンテネドル] 男 (輸送用の)コンテナ.

con·te·ner [コンテネル] 他《活 80 tener》1 …を含む, 含有する. 2 (感情などを)抑える, 抑制する. 3 …を止める, 止めておく.
— contener·se 再 (+de...) …を自制する, 我慢する.

conteng- 活 → contener 含む《活 80》.

con·te·ni·do¹ [コンテニド] 男 1 内容, 中味. 2〈言語学〉意味.

con·te·ni·do², da [一, ダ] 《過去分詞》→ contener 含む.
— 形 抑制された, ひかえめな.
con·ten·ta·di·zo, za [コンテンタディソ, サ] 形 すぐに満足する, 満足しやすい.
con·ten·tar [コンテンタル] 他 …を満足させる, よろこばせる.
— *contentar·se* 再 1 (+con...) …で満足する, よろこぶ. 2 (何人かが) 仲なおりする.
con·ten·to¹ [コンテント] 男 満足, よろこび.
no caber en sí de contento うれしくてたまらない.
con·ten·to², ta [一, タ] 形 1 (+con...) (…で) 満足している, よろこんでいる. 2 軽く酔った.
dar·se por contento まあまあ満足する.
con·te·ra [コンテラ] 女 (杖(え)などの) 石突き.
con·ter·tu·lio, lia [コンテルトゥリオ, リア] 男 女 (寄り合いの) 仲間, 常連.
con·tes·ta·ción [コンテスタシオン] 女 1 回答, 返事. 2 抗議, 不満の表明.
con·tes·ta·dor [コンテスタドル] 男 留守番電話 [= contestador automático (telefónico)].
con·tes·tar [コンテスタル] 自 1 (+a...) …に答える, 返事をする. 2 (+a...) …に返事を書く. 3 (+a...) …に口答えする, 反論する.
— 他 1 …に答える. 2 …に返事を書く. 3 …に口答えする, 反論する. 4 (+que...) …と答える.
con·tes·ta·ta·rio, ria [コンテスタタリオ, リア] 形 反抗的な, 体制批判の.
— 男 女 反対者.
con·tes·tón, to·na [コンテストン, トナ] 形 口答えの多い.
— 男 女 反抗的な子供.
con·tex·to [コンテスト] 男 1 〈言語学〉文脈, (文の) 前後関係. 2 背景, 状況.
con·tex·tual [コンテストゥアル] 形 1 〈言語学〉文脈の, (文の) 前後関係の. 2 状況の.
con·tex·tu·ra [コンテストゥラ] 女 1 仕組み, 組織構造. 2 〈人〉体格. 3 造り.
con·tien·da [コンティエンダ] 女 1 闘争, 戦闘. 2 口論, 論争.
con·ti·go [コンティゴ] 代 《前置詞つきの人称代名詞《← con+ti》1 君といっしょに, 君に. 2 (君が) 自分に, 自分と.
con·ti·güi·dad [コンティグイダス] 女 隣接性, 近さ.
con·ti·guo, gua [コンティグオ, グア] 形 (+a...) …に隣接した, 接している.
con·ti·nen·cia [コンティネンシア] 女 自制, 禁欲, 克己心.
con·ti·nen·tal [コンティネンタる] 形 大陸の, 大陸的の.
con·ti·nen·te [コンティネンテ] 男 1 大陸. 2 顔つき, 表情. 3 容器, 入れ物.
con·tin·gen·cia [コンティンヘンシア] 女 偶発的の事件, 不測の事態.
con·tin·gen·te [コンティンヘンテ] 形 起こりうる, 偶発的な.
— 男 1 偶発事. 2 〈商業〉輸出入割り当て量. 3 〈軍事〉分遣隊.
con·ti·nua·ción [コンティヌアシオン] 女 1 継続, 持続. 2 (話の) 続き, 続編.
a continuación 続いて, 以下に.
a continuación de... …の次に, …に続いて.
con·ti·nua·dor, do·ra [コンティヌアドル, ドラ] 男 女 継承者.
con·ti·nua·men·te [コンティヌアメンテ] 副 1 継続して, 切れ目なく. 2 しきりに, 何度も.
con·ti·nuar [コンティヌアル] 他 《活 1 actuar》1 …を続ける, 続行する. 2 …を引きつぐ.
— 自 1 続く, 存続する. 2 (+現在分詞) …し続ける. 3 (+形容詞) …であり続ける.
— *continuar·se* 再 延びる, 延長する.
con·ti·nua·ti·vo, va [コンティヌアティボ, バ] 形 継続的な, 引き続いての.
con·ti·nui·dad [コンティヌイダス] 女 1 連続性. 2 連続性.
con·ti·nuo, nua [コンティヌオ, ヌア] 形 1 連続している, 切れ目のない. 2 連結している, 結合した. 3 〈電気〉直流の.
de continuo 連続的に, しきりに.
con·to·ne·ar·se [コントネアルセ] 再 気取って歩く.
con·to·ne·o [コントネオ] 男 気取った歩き方.
con·tor·ne·ar [コントルネアル] 他 1 …の輪郭を描く, …をスケッチする.
con·tor·no [コントルノ] 男 1 周囲, 近郊. 2 輪郭, 外形.
con·tor·sión [コントルシオン] 女 1 ねじれ, ひきつれ. 3 こっけいなしぐさ.
con·tor·sio·nar·se [コントルシオナルセ] 再 1 身をねじまげる. 2 こっけいなしぐさをする.
con·tor·sio·nis·ta [コントルシオニスタ] 男 女 アクロバットの曲芸師.
con·tra [コントラ] 女 1 難点, 障害. 2 反対意見.
— 男 1 反対の立場. 2 不都合, 難点.
— 間 だめだ！, 何てこった！
— 前 [コントラ] 《アクセントなし》1 …に対して, …に敵対して.
2 〈方向〉…に向けて, …にさからって.
3 …に備えて／*seguro contra incendios* 火災保険.
4 …に寄りかかって／*apoyar·se contra el muro* 壁にもたれる.
5 …に向きあって, …の前に.
6 …と引き換えに／*contra el pago* 代金と引き換えに.
en contra 反対の, 敵対する.
en contra de... …に反対して, 対立して.
ir en contra de... …にさからう.

con·tra·al·mi·ran·te

llevar [hacer] la contra a… …にいつも反対する.

con·tra·al·mi·ran·te [コントラアルミランテ] 男〈人〉海軍少将.

con·tra·a·ta·car [コントラアタカル] 他《活 73 sacar》…に反撃する, 逆襲する.

con·tra·a·ta·que [コントラアタケ] 男 反撃, 逆襲.
— 活 → contraatacar 反撃する.

con·tra·ba·jo [コントラバホ] 男〈楽器〉コントラバス.
— 男女 1 コントラバス奏者. 2〈声楽〉最低音歌手, バス.

con·tra·ba·lan·ce·ar [コントラバらンセアル] 他 1 …を埋め合わせる. 2 …を天秤(てんびん)で釣り合わせる.

con·tra·ban·dis·ta [コントラバンディスタ] 男女 密輸業者.

con·tra·ban·do [コントラバンド] 男 1 密輸. 2 密輸品. 3 密輸品売買.

con·tra·ba·rre·ra [コントラバレラ] 女〈闘牛場〉前から 2 列目の席.

con·trac·ción [コントラクシオン] 女 1 収縮, 短縮. 2 縮小. 3（病気などの）感染. 4（義務などの）引き受け. 5〈言語学〉(de+el → del などの）母音の縮約.

con·tra·cha·pa·do [コントラチャパド] 男 合板, ベニヤ板.

con·tra·con·cep·ción [コントラコンセプシオン] 女 避妊法.

con·tra·con·cep·ti·vo, va [コントラコンセプティボ, バ] 形 避妊の.

con·tra·co·rrien·te [コントラコリエンテ] 女 逆流.
a contracorriente 流れに逆らって, 逆方向に.

con·trác·til [コントラクティル] 形 収縮する, 収縮性の.

con·trac·tual [コントラクトゥアル] 形 1 契約上の. 2 契約による.

con·trac·tu·ra [コントラクトゥラ] 女（筋肉の）痙攣(けいれん).

con·tra·cul·tu·ra [コントラクルトゥラ] 女 反文化, カウンターカルチャー.

con·tra·dan·za [コントラダンサ] 女（社交ダンスの）コントルダンス.

con·tra·de·cir [コントラデシル] 他《活 62 predecir》1 …を否定する. 2 …に反論する. 3 …と矛盾する, 一致しない.
— *contradecirse* 再 1 …に反対する. 2 (+con…) …と矛盾する, 一致しない.

contradic- 活 → contradecir 否定する《活 62》.

con·tra·dic·ción [コントラディクシオン] 女 1 否認. 2 反論, 反駁. 3 矛盾. 4 対立, 不一致.
estar en contradicción con… …と食い違っている.

con·tra·di·cho, cha [コントラディチョ, チャ]《過去分詞》→ contradecir 否定した.
— 形 反対された, 矛盾した.

con·tra·dic·to·rio, ria [コントラディクトリオ, リア] 形 矛盾する, 相反する, 両立しない.

contradig-, contradij- 活 → contradecir 否定する《活 62》.

con·tra·er [コントラエル] 他《活 81 traer》1 …をちぢめる, 収縮させる. 2（病気などに）かかる. 3（契約などを）結ぶ. 4（習慣などを）身につける. 5（顔などを）しかめる, ゆがめる. 6 …を (+a…) …に限定する. 7〈文法〉（文など）を短縮する.
— *contraerse* 再 1 ちぢむ, 収縮する. 2 (+a…) …に限定される. 3〈文法〉縮約する.

con·tra·es·pio·na·je [コントラエスピオナヘ] 男 対スパイ活動, 逆スパイ活動.

con·tra·fuer·te [コントラふエルテ] 男 1〈建築〉控え壁. 2〈靴〉（かかとの）補強革.

con·tra·gol·pe [コントラゴルペ] 男 1 反撃, 逆襲. 2〈医学〉間接性震盪(しんとう). 3 打ち返し.

con·tra·ha·cer [コントラアセル] 他《活 41 hacer》1 …を偽造する. 2 …を模倣(もほう)する.

con·tra·haz [コントラアス] 女《複 contrahaces》（布地などの）裏面.

con·tra·he·cho, cha [コントラエチョ, チャ]《過去分詞》→ contrahacer 偽造した.
— 形 ゆがんだ, 奇形の.

contraig- 活 → contraer ちぢめる《活 81》.

con·train·di·ca·ción [コントラインディカシオン] 女〈医療〉禁忌(きんき).

con·train·di·car [コントラインディカル] 他《活 73 sacar》〈医療〉…を禁忌(きんき)とする.

contraj- 活 → contraer ちぢめる《活 81》.

con·tra·lor [コントラロル] 男 会計監査官.

con·tral·to [コントラルト] 男〈声楽〉（音域の）コントラルト.
— 男女 コントラルト歌手.

con·tra·luz [コントラるス] 男女 1 逆光線. 2 逆光の写真.

con·tra·ma·es·tre [コントラマエストレ] 男 1 甲板長, 水夫長. 2〈工場〉職長.

con·tra·ma·no [コントラマノ]《つぎの副詞句の一部》
a contramano 逆方向に.

con·tra·o·fen·si·va [コントラオふェンシバ]〈軍隊〉反撃, 迎撃.

con·tra·or·den [コントラオルデン] 女（前の命令についての）取り消し命令.

con·tra·par·ti·da [コントラパルティダ] 女 埋め合わせ, 代償.

con·tra·pe·lo [コントラペロ]《つぎの副詞句の一部》
a contrapelo 1 毛並みと反対の方向に, 逆毛(さかげ)に. 2 不自然な方法で, 無理やりに.

con·tra·pe·sar [コントラペサル] 他 1（重さな

ど)を釣り合わせる. 2 …を埋め合わせる.
con·tra·pe·so [コントラペソ] 男 釣り合わせる錘(誌り), 分銅(錢).
con·tra·po·ner [コントラポネル] 他《活 61 poner》…を(+a…) …に対置する, …と対比する.
con·tra·por·ta·da [コントラポルタダ] 女 1 〈書物〉扉の前のページ, 見返しの裏面. 2 (新聞などの)最終ページ. 3 (雑誌などの)裏表紙.
con·tra·po·si·ción [コントラポシシオン] 女 対置, 対比.
con·tra·pres·ta·ción [コントラプレスタシオン] 女 見返り, 見返り奉仕.
con·tra·pro·du·cen·te [コントラプロドゥセンテ] 形 逆効果の, 有害な.
con·tra·puer·ta [コントラプエルタ] 女 (二重扉の)内扉.
con·tra·pues·to, ta [コントラプエスト, タ]《過去分詞》→ contraponer 対置する.
— 形 対立した, 反対の.
con·tra·pun·to [コントラプント] 男 1 (声楽などの)対位法. 2〈音楽〉対位旋律.
con·tra·ria·do, da [コントラリアド, ダ]《過去分詞》→ contrariar うんざりさせる.
— 形 うんざりした, いらだった.
con·tra·ria·men·te [コントラリアメンテ] 副 1 反対して, 逆に. 2 (+a…) …とは逆に, …に反して.
con·tra·riar [コントラリアル] 他《活 34 enviar》1 …をうんざりさせる, 不愉快にさせる. 2 …を邪魔する, 妨害する.
con·tra·rie·dad [コントラリエダス] 女 1 偶然の障害, 災厄. 2 矛盾, 対立.
con·tra·rio, ria [コントラリオ, リア] 形 1 (+a…) …に有害な, 不利な. 2 (+a…) …に反対の, …とは逆の. 3 対立する, 敵対する.
— 男女 対立者, 敵, 競争相手.
al [*por el*] *contrario* 逆に, 反対に, それどころか.
de lo contrario そうでなければ.
en contrario 反対して.
llevar la contraria a… …にさからう, 反対する.
lo contrario 反対, 逆のこと.
todo lo contrario 正反対, まったくの逆.
Con·tra·rre·for·ma [コントラレフォルマ] 女 (16 世紀のカトリックの)反宗教改革.
con·tra·rres·tar [コントラレスタル] 他 (効果などを)中和する, 無効にする.
con·tra·rre·vo·lu·ción [コントラレボルシオン] 女〈政治〉反革命.
con·tra·sen·ti·do [コントラセンティド] 男 1 無意味なこと. 2 矛盾.
con·tra·se·ña [コントラセニャ] 女 符丁, 合い言葉.
con·tras·tar [コントラスタル] 他 1 …を検証する. 2 …を確かめる.

— 自 (+con…) …と大きく異なる, 絶好の対照をなす.
con·tras·te [コントラステ] 男 1 検証, 検査. 2 対照, 対比, コントラスト. 3 (X 線の)造影剤.
— 活 → contrastar 検証する.
en contraste con… …と対照して.
por contraste 対照的に.
con·tras·ti·vo, va [コントラスティボ, バ] 形〈言語学〉対照(研究)の.
con·tra·ta [コントラタ] 女 下請け契約, 請負契約.
— 活 → contratar 契約する.
con·tra·ta·ción [コントラタシオン] 女 契約の締結.
con·tra·tan·te [コントラタンテ] 形 契約する, 契約を結ぶ.
— 男女 契約者.
parte contratante 契約当事者.
con·tra·tar [コントラタル] 他 1 …を契約して雇う. 2 …と契約する.
con·tra·tiem·po [コントラティエンポ] 男 不測の事態, 災厄.
con·tra·tis·ta [コントラティスタ] 男女 1 契約者. 2 請負人, 請負業者.
con·tra·to [コントラト] 男 1 契約. 2 契約書.
— 活 → contratar 契約して雇う.
contrato bilateral 双務(誘)契約.
contrato de compraventa 売買契約.
contrato unilateral 片務(笑)契約.
contravendr- 活 → contravenir そむく《活 85》.
con·tra·ve·ne·no [コントラベネノ] 男 解毒剤.
contraveng- 活 → contravenir そむく《活 85》.
con·tra·ve·nir [コントラベニル] 他 (命令など)にそむく, 違反する.
— 自 (+a…) …にそむく, 違反する.
con·tra·ven·ta·na [コントラベンタナ] 女 (ガラス窓の内側か外側につけられた)日除け扉, 雨戸.
contravien-, contravin- 活 → contravenir そむく《活 85》.
con·tra·yen·te [コントラジェンテ] 男女 1 婚約者. 2 新郎, 新婦.
con·tri·bu·ción [コントリブシオン] 女 1 (税などの)支払い, 納税. 2 税金, 分担金, 寄付金. 3 (+a…) …への貢献, 寄与, 寄付.
poner a contribución… …を利用する, 用いる.
con·tri·buir [コントリブイル] 他《活 43 huir》. 1 …を納税する. 2 (払うべきもの)を支払う.
— 自 1 (+a, en…) …に寄与する, 役立つ. 2 (+a…) …に(+con…) …を寄付する, 分担する. 3 (+a, para…) …に貢献する, 協力する.
contribuy- → contribuir 納税する《活 43》.
con·tri·bu·yen·te [コントリブイエンテ] 形 1 納

con·tri·ci·ón

税の. 2 貢献する. 3 寄付の.
— 男女 1 納税者. 2 貢献者. 3 寄付した人.

con·tri·ción [コントリシオン] 女〈宗教〉悔恨, 悔悟(ゴ).

con·trin·can·te [コントリンカンテ] 男女 競争相手, ライバル, 敵.

con·tri·to, ta [コントリト, タ] 形〈宗教〉悔悟(ゴ)している, 後悔した.

con·trol [コントロル] 男 1 管理, 統制. 2 監督, 支配. 3 検査, 検定. 4 検査所, 検問所. 5 制御, 調節, 抑制. 6 制御装置. 7 操縦装置.
　control automático 自動制御装置.
　control remoto リモコン, 遠隔操作.
　perder el control (de...) 1 (…の)制御ができなくなる. 2 自制心できずに怒り狂う.
　sin control 制御不能のtéž.
　torre de control 〈空港〉管制塔.

con·tro·la·dor, do·ra [コントロラドル, ドラ] 男女〈空港〉管制官.

con·tro·lar [コントロラル] 他 1 …を管理する, 統制する. 2 …を監督する, 支配する. 3 …を検査する, 検定する. 4 …を制御する, 抑制する.
— *controlar·se* 再 自制する.

con·tro·ver·sia [コントロベルシア] 女 (思想問題などの)論争, 論戦.

con·tro·ver·ti·ble [コントロベルティブレ] 形 議論の余地のある.

con·tro·ver·ti·do, da [コントロベルティド, ダ] 《過去分詞》→ controvertir 議論する.
— 形 1 議論された. 2 論争を引き起こす.

con·tro·ver·tir [コントロベルティル] 他《活 77 sentir》…を議論する.
— 自 論争する.

con·tu·ma·cia [コントゥマシア] 女 強情さ, 頑固.

con·tu·maz [コントゥマス] 形《複 contumaces》強情な, 頑固な.

con·tun·den·cia [コントゥンデンシア] 女 (明白な点に関する)説得力.

con·tun·den·te [コントゥンデンテ] 形 1 (決定的な)説得力のある. 2 打撲(ボク)傷を与えるような.
　un instrumento contundente 鈍器.

con·tur·ba·ción [コントゥルバシオン] 女 不安, 動揺.

con·tur·bar [コントゥルバル] 他 …を不安にさせる, 動揺させる.
— *conturbar·se* 再 動揺する, 混乱する.

con·tu·sión [コントゥシオン] 女 打ち身, 打撲傷(ショウ).

contuv- 活 → contener 含む《活 80》.

con·va·le·cen·cia [コンバれセンシア] 女 (病後などの)回復.

con·va·le·cer [コンバれセル] 自《活 4 agradecer》(+de+病気など) …から回復する.

con·va·le·cien·te [コンバれシエンテ] 形 (病気などから)回復しつつある.
— 男女 回復期の患者.

con·va·li·da·ción [コンバリダシオン] 女 1 (ほかの教育機関で取得した)単位の認定. 2 (書類などの)認定, 認可.

con·va·li·dar [コンバリダル] 他 1 (ほかの教育機関で履修した科目)を単位認定する. 2 (書類など)を認定する, 認可する.

con·vec·ción [コンベクシオン] 女〈物理学〉対流.

con·ve·ci·no, na [コンベシノ, ナ] 形 近所の, となりの.
— 男女 隣人, 近所の人.

con·ven·cer [コンベンセル] 他《活 84 vencer》1 …を(+de...) …について説得する, 納得させる. 2 (おもに否定表現で) …を満足させる.
— *convencer·se* 再 (+de...) …を納得する, 確信する.

con·ven·ci·do, da [コンベンシド, ダ] 《過去分詞》→ convencer 説得する.
— 形 確信している, 納得する.

con·ven·ci·mien·to [コンベンシミエント] 男 1 説得, 確信.

con·ven·ción [コンベンシオン] 女 1 慣習, しきたり. 2 (代表者たちの)集会, 大会. 3 協定, 協約, 取り決め.

con·ven·cio·nal [コンベンシオナル] 形 1 従来からの, 慣習的な. 2 取り決められた, 協定された.

con·ven·cio·na·lis·mo [コンベンシオナリスモ] 男 慣例主義, しきたり尊重の姿勢.

con·ven·cio·na·lis·ta [コンベンシオナリスタ] 男女 慣例尊重主義者.

convendr-, conveng- 活 → convenir 好都合である《活 85》.

con·ve·ni·do, da [コンベニド, ダ] 《過去分詞》→ convenir 好都合である.
— 形 取り決められた, 同意された.

con·ve·nien·cia [コンベニエンシア] 女 1 好都合, 便利さ. 2 有利さ. 3 合意, 取り決め.
　matrimonio de conveniencia (正式でない)打算的な結婚.

con·ve·nien·te [コンベニエンテ] 形 1 都合のよい, 便利な. 2 適切な, ふさわしい. 3 有利な.

con·ve·nien·te·men·te [コンベニエンテメンテ] 副 1 都合よく. 2 ふさわしく, 適切に.

con·ve·nio [コンベニオ] 男 協定, 協約, 取り決め.
　convenio colectivo 労使協定, 労働協約.

con·ve·nir [コンベニル] 自《活 85 venir》1 好都合である, 有益である, 便利である.
　2 (+a...) …に向いている, ふさわしい.
　3 (+que+接続法) …したほうがよい, …するのが適切である.
　4 (+en...) …のことで同意する, 合意する.
— 他 …に同意する, 合意する.
— *convenir·se* 再 (+en...) …のことで互いに合意する.

con·ven·to [コンベント] 男〈宗教〉修道院,

僧院. 2〈宗教〉修道会.
convenz- 活 → convencer 説得する《活84》.
con·ver·gen·cia [コンベルヘンシア] 囡 (一点への)合流, 集中, 収斂(しゅうれん).
con·ver·gen·te [コンベルヘンテ] 形 (一点に)合流する, 集中する, 収斂(しゅうれん)する.
con·ver·ger [コンベルヘル] 自《活 19 coger》 1 (複数の線などが) (+a, en...) …に合流する, 集中する. 2 (複数の考えなどが) 一致する.
con·ver·gir [コンベルヒル] 自《活 27 dirigir》 合流する, 一致する [= converger].
con·ver·sa·ción [コンベルサシオン] 囡 会話, 対話, 談話.
dar conversación a... …と話をして時間を過ごす.
sacar la conversación (de...) (…の)話を持ち出す.
trabar conversación con... と話を始める.
con·ver·sa·cio·nal [コンベルサシオナる] 形 1 会話調の. 2 口語的な.
con·ver·sa·dor, do·ra [コンベルサドル, ドラ] 形〈人〉会話の楽しい, 話好きな.
— 男囡〈人〉会話の楽しい, 話好きな人.
con·ver·sar [コンベルサル] 自 (+de...) について (+con...) …と会話する, 話をする.
con·ver·sión [コンベルシオン] 囡 1 転換, 変換, 変更. 2〈宗教〉改宗, 転向, 回心.
con·ver·so, sa [コンベルソ, サ] 形 (とくにキリスト教に)改宗した, 転向した.
— 男囡 (とくにキリスト教への)改宗者, 転向者.
con·ver·ti·ble [コンベルティブれ] 形 変換可能な, 交換できる.
— 男〈自動車〉コンバーチブル.
moneda convertible 兌換(だかん)貨幣.
con·ver·ti·dor [コンベルティドル] 男〈電気〉変換器, コンバーター.
con·ver·tir [コンベルティル] 他《活 28 discernir》 1 …を (+en...) …に変える, 変化させる, 変換する. 2 …を (+a...) …に改宗させる, 転向させる.
— convertir·se 再 1 (+en...) …に変わる, 変化する. 2 (+a...) …に改宗する, 転向する.
con·ve·xi·dad [コンベクシダス] 囡 凸状, 凸面性.
con·ve·xo, xa [コンベクソ, クサ] 形 凸状の, 凸面の.
con·vic·ción [コンビクシオン] 囡 1 説得. 2 納得, 確信.
con·vic·cio·nes [コンビクシオネス] 囡複《→ convicción》信条, 信念.
con·vic·to, ta [コンビクト, タ] 形〈被告人〉(自白していないが)犯行の立証された.
con·vi·da·do, da [コンビダド, ダ] 《過去分詞》 → convidar 招待する.
— 男囡 招待客, 客.

convidado de piedra (会合での)無口な参加者.
con·vi·dar [コンビダル] 他 1 …を招待する, 客として招く. 2 …を (+a...) …するようにうながす, さそう.
con·vien- 活 → convenir 好都合である《活85》.
con·viert- 活 → convertir 変える《活 28》.
con·vin- 活 → convenir 好都合である《活85》.
con·vin·cen·te [コンビンセンテ] 形 説得力のある, 確信させる.
con·virt- 活 → convertir 変える《活 28》.
con·vi·te [コンビテ] 男 宴会, 祝宴.
con·vi·ven·cia [コンビベンシア] 囡 1 共同生活, 同居. 2 同棲(どうせい).
con·vi·vir [コンビビル] 自 1 (+con...) …といっしょに住む, 同居する. 2 (+con...) …と同棲(どうせい)する.
con·vo·ca·ción [コンボカシオン] 囡 (会議などへの)召集.
con·vo·can·te [コンボカンテ] 形〈人〉呼びかける, 召集する.
con·vo·car [コンボカル] 他《活 73 sacar》 1 …を呼び出す, 召集する. 2 (競争試験などを)公示する.
con·vo·ca·to·ria [コンボカトリア] 囡 1 召集, 呼び出し. 2 召集状. 3 募集公報. 4 (集会などの)開催通知.
convoqu- 活 → convocar 呼び出す《活 73》.
con·voy [コンボイ] 男 1 (集合的に)護送船. 2 護送船団. 2 (集合的に)護衛車両.
con·vul·sión [コンブるシオン] 囡 1〈医学〉引きつけ, 痙攣(けいれん). 2 社会の激変, 動乱.
con·vul·sio·nar [コンブるシオナル] 他 1〈医学〉…を痙攣(けいれん)させる. 2 (社会的に)…を混乱させる, 動揺させる.
con·vul·si·vo, va [コンブるシボ, バ] 形〈医学〉発作的な, 痙攣(けいれん)性の.
con·vul·so, sa [コンブるソ, サ] 形 1〈医学〉引きつけを起こした, 痙攣(けいれん)している. 2 とても興奮した, 激高した.
con·yu·gal [コンユガる] 形 夫婦の, 婚姻上の.
cón·yu·ge [コンユヘ] 男 配偶者.
co·ña [コニャ] 囡 1 悪ふざけ, 冗談. 2 いやな仕事, 厄介事.
dar la coña a... (人が) …に対してしつこい, うっとうしい.
de coña 冗談で, ふざけて.
ni de coña 決して (…ない).
co·ñac [コニャク] 男《複 coñacs》[= coñá]〈飲料〉(フランス産ブランデーの)コニャック.
co·ña·zo [コニャソ] 男 わずらわしいこと.
co·ño [コニョ] 男 1 (驚きや怒りの間投詞で)うへっ!, くそっ!, 何てこった!, あれ!, おやおや! 2 女性

性器.
estar hasta el coño (*de*...) 〈女性語〉(…にうんざりしている.
qué coño ほんとうに何を.
ser (*como*) *el coño de la Bernarda* ごちゃごちゃになっている.
tocar·se el coño 何もしないでいる.

co·o·pe·ra·ción [コオペラシオン] 囡 協力, 協同.

co·o·pe·ra·dor, do·ra [コオペラドル, ドラ] 形 協力的な, 協調的な.
— 男 囡 協力者.

co·o·pe·rar [コオペラル] 自 1 (複数のものが) 協力する, いっしょに仕事する. 2 (+con...) …と(+en... で)協力する. 3 (+a...) …に力を貸す.

co·o·pe·ra·ti·va¹ [コオペラティバ] 囡 協同組合.

co·o·pe·ra·ti·vis·mo [コオペラティビスモ] 男 協同組合運動, 協同組合主義.

co·o·pe·ra·ti·vo, va² [コオペラティボ, −] 形 協力の, 協同の. 2 協同組織の.

co·or·de·na·da¹ [コオルデナダ] 囡 〈数学〉座標.

co·or·de·na·do, da² [コオルデナド, −] 形 〈数学〉座標の.
eje coordenado 座標軸.

co·or·di·na·ción [コオルディナシオン] 囡 1 連携, 連係プレー. 2 調整, 配列. 3 〈文法〉等位, 同格.

co·or·di·na·da·men·te [コオルディナダメンテ] 副 整然と, 順序正しく.

co·or·di·na·do, da [コオルディナド, ダ] 《過去分詞》→ coordinar 連携された.
— 形 1 連携した. 2 調整された, うまく配列された. 3 〈文法〉等位の.

co·or·di·na·dor, do·ra [コオルディナドル, ドラ] 男 囡 調整役, コーディネーター.

co·or·di·nan·te [コオルディナンテ] 形 〈文法〉等位関係の.

co·or·di·nar [コオルディナル] 他 1 …を連携させる, 調和させる. 2 …を順序正しく配列する, うまく整理する. 3 〈文法〉(複数の要素)を文法的に結合する.

co·or·di·na·ti·vo, va [コオルディナティボ, バ] 形 〈文法〉等位の, 同格の.

co·pa [コパ] 囡 1 (脚付きの)コップ, グラス. 2 〈容量〉グラスの1杯分. 3 〈木〉こずえ[梢], 樹冠. 4 (帽子)山, クラウン. 5 〈ブラジャー〉カップ. 6 〈トランプ〉(スペインの)聖杯の札. 7 〈スポーツ〉優勝杯, カップ. 8 〈スポーツ〉賞杯争奪戦. 9 カクテルパーティー.
— 活 → copar 上位を独占する.
apurar la copa del dolor [*de la desgracia*] 非常につらい状態になる.
como la copa de un pino とても大きな, 桁違いの.
copa mundial ワールドカップ戦.
llevar una copa de más ちょっと酔いである.
sombrero de copa シルクハット.

co·par [コパル] 他 1 〈選挙〉(当選者リスト)の上位を占める. 2 (賞品などを)一人占めにする. 3 (関心など)を独占する.

co·par·tí·ci·pe [コパルティシペ] 男 囡 共同参加者, 協力者.

co·pe·ar [コペアル] 自 (酒を)飲み歩く, いっぱいやる.

co·pe·o [コペオ] 男 (酒の)飲み歩き / *ir* [*salir*] *de copeo* 飲みに行く.

co·per·ni·ca·no, na [コペルニカノ, ナ] 形 〈天文学者の〉コペルニクス Copérnico の.

co·pe·ro, ra [コペロ, ラ] 形 〈スポーツ〉賞杯のかかった.

co·pe·te [コペテ] 男 1〈鳥〉冠羽. 2 前髪. 3 (アイスクリームなどの)容器からあふれた部分.
de (*alto*) *copete* 上流社会の, 貴族の.

co·pia [コピア] 囡 1 写し, コピー, 複写. 2 模倣, 復元. 3 多量, 豊富. 4 (印刷物の)1部, 1冊, 1枚. 5〈写真〉プリント, 陽画.
— 活 → copiar 写す.

co·pia·do·ra [コピアドラ] 囡 複写機, コピー機.

co·piar [コピアル] 他《活 17 cambiar》1 (書類など)を写す, 複写する. 2 …をまねる, 模倣する. 3 …を口述筆記する, 書き留める. 3 …を模倣する, まねる.

co·pi·lo·to [コピロト] 男 囡〈飛行機〉副操縦士.

co·pión, pio·na [コピオン, ピオナ] 男 囡 (人の動作や作品を)まねする子供.

co·pio·sa·men·te [コピオサメンテ] 副 大量に, たくさん.

co·pio·si·dad [コピオシダス] 囡 豊富さ, 多量.

co·pio·so, sa [コピオソ, サ] 形 多量の, 豊富な, たくさんの.

co·pis·ta [コピスタ] 男 囡 写字生, 筆耕家.

co·pla [コプラ] 囡 1 (4行詩の)歌謡, コプラ. 2〈韻文〉連, 節. 3 しつこい繰り返し.
copla de arte mayor 12音節8行詩.
copla de arte menor 8音節8行詩.
echar coplas a... …の悪口を言う.

co·ple·ro, ra [コプレロ, ラ] 男 囡 1 俗謡歌手. 2 へぼ詩人.

co·po [コポ] 男 1 (降ってくる)ひとひらの雪, 雪片. 2 (羊毛や糸の)ひとかたまり.

co·pón [コポン] 男 1 大型コップ. 2〈宗教〉聖体器.

co·pro·duc·ción [コプロドゥクシオン] 囡 (映画などの)共同製作, 合作.

co·pro·duc·tor, to·ra [コプロドゥクトル, トラ] 男 囡 (映画などの)共同製作者.

co·pro·pie·dad [コプロピエダス] 囡 1 共同所有. 2 共有物.

co·pro·pie·ta·rio, ria [コプロピエタリオ, リア]

活 は活用形 複 は複数形 男 は男性名詞 囡 は女性名詞 固 は固有名詞 代 は代名詞 自 は自動詞

形 共同所有の, 共有の.
— 男女 共同所有者.

cop·to, ta [コプト, タ] 形 〈エジプトやエチオピアの〉コプト教の.
— 男女 コプト教徒, コプト人.

có·pu·la [コプラ] 女 1 性交, 交尾, 交接. 2〈文法〉繋辞(じ), 連結詞.

co·pu·lar [コプラル] 自 性交する, 交尾する.

co·pu·la·ti·vo, va [コプラティボ, バ] 形 1〈文法〉つなぎの, 連結の.
verbo copulativo (ser などの)繋辞(じ)動詞.

co·que [コケ] 男〈燃料〉コークス.

co·que·ta¹ [コケタ] 女《→ coqueto》1 鏡台, (鏡付きの)化粧台.

co·que·te·ar [コケテアル] 自 1 (とくに異性の)関心を引くようにする. 2 (女性が)こびを売る. 3 (+con...) …に手を出す.

co·que·te·o [コケテオ] 男 1 人の関心を引く言動. 2 (女性が)こびを売ること.
— 活 → coquetear 関心を引くようにする.

co·que·te·rí·a [コケテリア] 女 1 人の関心を引く意図. 2 (女性の)こび.

co·que·to, ta² [コケト, ー] 形 1〈物〉こざっぱりした, こぎれいな. 2 (とくに異性の)関心を引こうとする. 3〈女〉こびを売る, なまめかしい.
— 男 1 女たらし, 色男. 2 なまめかしい女, 色っぽい女.

co·que·tón, to·na [コケトン, トナ] 形 こぎれいな, 感じのよい.

co·qui·to [コキト] 男 (子供をあやす)おどけ顔.

co·ra·je [コラヘ] 男 1 (対決する)勇気, 気力. 2 立腹, 激怒.

co·ra·ju·do, da [コラフド, ダ] 形 1 怒りっぽい. 2 勇敢な.

co·ral [コラル] 形 合唱隊の.
— 男 1〈動物〉サンゴ[珊瑚]. 2 (装身具用の)サンゴ. 3 合唱曲.
— 女 1 合唱隊. 2 聖歌隊.

co·ra·li·no, na [コラリノ, ナ] 形 サンゴの.

Co·rán [コラン] 男〈聖典の名〉(イスラム教の)コーラン.

co·ra·za [コラサ] 女 1〈武具〉胴よろい. 2〈動物〉甲羅. 3 防護, 防具.

co·ra·zón [コラソン] 男 1 心臓. 2 ハート型. 3 感情, 心. 4 勇力, 意欲, 熱意. 5 中心部, 核心. 6 (果物などの)芯(し). 7 (穴や山の)奥.
abrir su corazón a... …に気持ちを打ち明ける.
anunciar [decir] a... el corazón …に虫の知らせがある.
con el corazón en la mano 率直に, 包みかくさず.
con el corazón en un puño びくびくしながら, ひどく心配して.
con todo mi [su] corazón 心の底から.
corazón de piedra 冷酷な心.
de (todo) corazón 本当に, 心から, 誠意をもって.
dedo corazón 中指.
del corazón (雑誌などで)有名人の私生活を扱った.
de mi corazón 私の愛する.
no caber a... el corazón en el pecho …は心配でたまらない.
operación a corazón abierto 〈外科〉(人工心臓を使った)心臓手術.
poner el corazón en... …を切望する.
ser todo corazón とても寛大である.
tener un corazón de oro 善意に満ちている.

co·ra·zo·na·da [コラソナダ] 女 虫の知らせ, 予感.

cor·ba·ta [コルバタ] 女〈服飾〉ネクタイ.
corbata de lazo 蝶ネクタイ.

cor·ba·te·rí·a [コルバテリア] 女 ネクタイ店.

cor·ba·te·ro, ra [コルバテロ, ラ] 男女 ネクタイ業者.

cor·ba·tín [コルバティン] 男〈服飾〉蝶ネクタイ.

cor·be·ta [コルベタ] 女 1〈海軍〉高速小型砲艦. 2 (昔の)コルベット艦.

cor·cel [コルセル] 男〈動物〉駿馬(しゅんめ).

cor·che·a [コルチェア] 女〈音楽〉8 分音符.

cor·che·ta [コルチェタ] 女 (ホックなどの)受け, ループ.

cor·che·te [コルチェテ] 男 1〈衣服〉ホック, 留め金. 2〈書記記号〉角かっこ([ ]).

cor·cho [コルチョ] 男 1〈樹皮〉コルク. 2 コルク栓. 3 コルク製品.

cór·cho·lis [コルチョリス] 間 (驚きなどで)ええ!, 何だって!

cor·co·va [コルコバ] 女 (背中などの)こぶ.

cor·co·va·do, da [コルコバド, ダ] 男女 背骨の湾曲した人, 猫背の人.

cor·co·vo [コルコボ] 男 (馬などが背を曲げて行う)飛びはね, 跳躍.

cor·da·da [コルダダ] 女 (ザイルで体を結びあった)登山者グループ.

cor·da·dos [コルダドス] 男複〈分類〉脊索(せきさく)動物.

cor·da·je [コルダヘ] 男 (集合的に)綱, ロープ.

cor·del [コルデル] 男 細い綱, ひも.

cor·de·ro¹ [コルデロ] 男 子羊の肉, ラム.

cor·de·ro, ra² [ー, ラ] 男女 1〈動物〉1 才未満の)子ヒツジ[羊]. 2 従順な人.
cordero lechal (生後 2 ヶ月未満の)子ヒツジ.
cordero pascual 1〈ユダヤ教〉過ぎ越しの祭で食される小羊. 2 (生後 2 ヶ月以上の)子ヒツジ.

cor·dial [コルディアル] 形 心からの, なごやかな.
Saludos cordiales〈手紙〉敬具.

cor·dia·li·dad [コルディアリダス] 女 真心(まごころ), 誠意.

cor·dial·men·te [コルディアルメンテ] 副 1 心から, 誠意をもって. 2〈手紙〉敬具.

cor·di·lle·ra [コルディジェラ] 女 山脈, 山系.

cor·di·lle·ra·no, na [コルディジェラノ, ナ] 形 〈南米〉アンデス山脈の.

Cór·do·ba [コルドバ] 固 〈都市の名〉(スペイン南部の)コルドバ.

cór·do·ba [コルドバ] 男 〈通貨単位〉(ニカラグアの)コルドバ.

cor·do·bán [コルドバン] 男 (ヤギや馬のなめし革の)コードバン.

cor·do·bés, be·sa [コルドベス, ベサ] 形 (スペイン南部の都市の)コルドバ Córdoba の.
— 男 女 コルドバの人.

cor·dón [コルドン] 男 1 ひも, リボン. 2 ひも状のもの. 3 非常線, 警戒線. 4 〈電気〉コード.
cordones (de) los zapatos 靴ひも.
cordón sanitario (伝染病などの)防疫線.
cordón umbilical 〈解剖学〉へその緒.

cor·don·ci·llo [コルドンシジョ] 男 1 細ひも, 短いひも. 2 (硬貨の縁にくの)模様.

cor·du·ra [コルドゥラ] 女 1 正気. 2 良識, 分別.

Co·re·a [コレア] 固 1 〈国の名〉韓国, 大韓民国[= Corea del Sur]. 2 〈国の名〉北朝鮮, 朝鮮民主主義人民共和国[Corea del Norte].

co·re·a·no¹ [コレアノ] 男 朝鮮語.

co·re·a·no², na [—, ナ] 形 朝鮮の, 韓国の.
— 男 朝鮮人, 韓国人.

co·re·ar [コレアル] 他 1 …を合唱する. 2 …を口をそろえて言う. 3 …を機械的に復唱する.

co·re·o·gra·fí·a [コレオグラふィア] 女 1 (バレエなどの)振り付け法. 2 舞踏法.

co·re·ó·gra·fo, fa [コレオグラふォ, ふァ] 男 女 (バレエなどの)振り付け師.

co·riá·ce·o, a [コリアセオ, ア] 形 1 革の. 2 革のような.

co·rin·tio, tia [コリンティオ, ティア] 形 1 (古代ギリシアの都市の)コリント Corinto の. 2 〈建築〉コリント式の.
— 男 女 コリント人.

co·ris·ta [コリスタ] 男 女 1 合唱団員. 2 聖歌隊員.
— 女 (レビューなどの)コーラスガール.

cor·na·da [コルナダ] 女 〈動物〉角のひと突き.

cor·na·men·ta [コルナメンタ] 女 《= cornadura》(鹿などの) 1 頭分の角(つの).

cor·na·mu·sa [コルナムサ] 女 〈楽器〉 1 (一種の)ホルン. 2 (一種の)バグパイプ.

cór·ne·a¹ [コルネア] 女 〈解剖学〉(眼球の)角膜.

cor·ne·ar [コルネアル] 他 (牛などが) …を角(つの)で突く.

cor·ne·ja [コルネハ] 女 〈鳥〉ハシボソガラス.

cór·ne·o, a² [コルネオ, —] 形 1 角(つの)の. 2 角のような.

cór·ner [コルネル] 男 《複 córners》(サッカーなどの) 1 コーナーキック. 2 (コーナーキックを与える)クリヤー, クリア.

cor·ne·ta [コルネタ] 女 〈楽器〉コルネット.
— 男 女 コルネット奏者.

cor·ne·tín [コルネティン] 男 1 〈楽器〉(一種の)コルネット. 2 〈軍隊〉らっぱ.

cor·ni·sa [コルニサ] 女 1 〈建築〉(建物の最上部の突出水平帯の)コーニス. 2 〈建築〉(階を分ける部分の壁面に突出した)蛇腹. 3 〈山腹〉岩棚.

cor·no [コルノ] 男 〈楽器〉ホルン.
corno inglés 〈楽器〉イングリッシュホルン.

cor·nu·co·pia [コルヌコピア] 女 (収穫の豊かさを象徴した)豊饒(ほうじょう)の角(つの).

cor·nu·do, da [コルヌド, ダ] 形 1 角(つの)のある. 2 配偶者に不義をはたらかれた[裏切られた].
— 男 女 妻を寝取られた男, 浮気な夫を持つ男.

co·ro [コロ] 男 1 合唱隊, 合唱団. 2 合唱曲. 3 合唱, コーラス. 4 (古代ギリシア・ローマの演劇の)コロス, コーラス. 5 〈教会〉(聖職者たちの)聖歌隊. 6 〈教会〉聖歌隊席.
a coro 声をそろえて, 合唱して.
hacer coro a... 1 …に賛同する. 2 …をへつらって支持する.

co·ro·gra·fí·a [コログラふィア] 女 地勢図.

co·roi·des [コロイデス] 女 《単複同形》〈解剖学〉(眼球の)脈絡膜.

co·ro·la [コロら] 女 〈植物〉花冠.

co·ro·la·rio [コロらリオ] 男 1 当然の結果[帰結]. 2 必然的帰結.

co·ro·na [コロナ] 女 1 かんむり[冠], 王冠, 宝冠, 花冠. 2 花輪. 3 王冠. 4 王権, 王位. 5 (月や月の)光冠, コロナ. 6 (聖像の後頭部の)光輪, 光背. 7 〈時計〉竜頭(りゅうず). 8 〈医学〉歯冠. 9 〈僧侶〉冠形の剃髪(ていはつ). 10 (昔のクラウンの)コロナ金貨. 11 〈通貨単位〉(北欧の)クローネ.

co·ro·na·ción [コロナシオン] 女 1 戴冠(たいかん)式, 即位式. 2 仕上げ, 完成.

co·ro·na·mien·to [コロナミエント] 男 1 完成, 竣工(しゅんこう). 2 〈建築〉最上階の装飾.

co·ro·nar [コロナル] 他 1 …に冠(かんむり)をのせる, …を王位につける. 2 …を完成する, 成就する. 3 …の最上部に立つ. 4 …の最上部を飾る.
— coronarse 再 1 王位につく, 戴冠(たいかん)する.
2 頂点に達する.
para coronarlo 蛇足として.

co·ro·na·rio, ria [コロナリオ, リア] 形 冠状(かんじょう)の.

co·ro·nel [コロネる] 男 (陸軍・空軍の)大佐.

co·ro·ni·lla [コロニジャ] 女 1 頭頂, 脳天. 2 〈僧侶〉冠形の剃髪(ていはつ).
andar [bailar, ir] de coronilla しゃかりきに頑張る.
estar hasta la coronilla de... …にうんざりしている.

cor·pa·chón [コルパチョン] 男 〈人〉大きな体.

cor·pi·ño [コルピニョ] 男 〈服飾〉(婦人用)胴衣, チョッキ.

cor·po·ra·ción [コルポラレオン] 囡 1 法人, 団体. 2 同業組合. 3 公団, 公社.
corporación municipal 地方自治体.

cor·po·ral [コルポらる] 形 人体の, 身体の, 肉体の.

cor·po·ra·ti·vis·mo [コルポラティビスモ] 男 1 協調組合主義. 2 法人利益優先主義.

cor·po·ra·ti·vo, va [コルポラティボ, バ] 形 法人の, 団体の.

cor·po·rei·dad [コルポレイダ] 囡 肉体的存在, 有形性.

cor·pó·re·o, a [コルポレオ, ア] 形 肉体的な, 有形の.

corps [コルプス] 男 国王護衛の職.
guardia de corps 近衛兵.

cor·pu·len·cia [コルプれンシア] 囡 体の大きいこと, 肥満.

cor·pu·len·to, ta [コルプれント, タ] 形 巨体の, 肥満体の.

cor·pus [コルプス] 男《単複同形》(文書などの)資料体, コーパス.

Cor·pus Chris·ti [コルプス クリスティ] 固〈祝日の名〉キリスト聖体の祝日.

cor·pús·cu·lo [コルプスクろ] 男 微粒子.

co·rral [コらる] 男 1 (家畜用の)囲い場, 飼育場. 2 (昔の)芝居小屋. 3 ベビーサークル. 4 (川で魚を捕る)やな.

co·rre·a [コレア] 囡 1 革ひも. 2 革ベルト, バンド. 3 忍耐力, 柔軟性.

co·rre·a·je [コレアヘ] 男 革ひも類.

co·rre·a·zo [コレアそ] 男 革ベルトでの打ちつけ[ひと張り].

co·rrec·ción [コレクシオン] 囡 1 訂正, 修正. 2 補正. 3 矯正. 4 間違いのなさ, 正確さ. 5 (社会生活の)正しさ.

co·rrec·cio·nal [コレクシオナる] 形 1 訂正の, 修正の. 2 矯正のための.
— 男 少年院, 教護院.

co·rrec·ta·men·te [コレクタメンテ] 副 1 正しく, 正確に. 2 きちんと, 品行方正に.

co·rrec·ti·vo[1] [コレクティボ] 男 1 軽いこらしめ, 矯正策. 2〈スポーツ〉完敗.

co·rrec·ti·vo[2]**, va** [一, バ] 形 矯正になる.

co·rrec·to, ta [コレクト, タ] 形 1 間違いのない, 正しい. 2 規則どおりの. 3 行儀のよい, 品行方正な.

co·rrec·tor, to·ra [コレクトル, トラ] 形 1 正する. 2 矯正する.
— 男 囡 1〈印刷〉校正者. 2 訂正者. 3 矯正者.

co·rre·de·ra[1] [コレデら] 囡 1 (扉などの)溝. 2〈機械〉すべり動く物.

co·rre·de·ro, ra[2] [コレデロ, —] 形 (扉などが)スライド式の.

co·rre·di·zo, za [コレディそ, さ] 形 (結び目などが)ほどけやすい, ゆるやかみやすい.

co·rre·dor[1] [コレドル] 男 1 (建物の)廊下, 通路. 2 回廊.

co·rre·dor[2]**, do·ra** [—, ドラ] 形 1 よく走る. 2〈鳥〉(ダチョウのような)走鳥類の.
— 男 囡 1〈スポーツ〉ランナー, 走者. 2〈商業〉仲買人, ブローカー.

co·rre·du·rí·a [コレドゥリア] 囡〈商業〉1 仲介業. 2 仲介料.

co·rre·gi·ble [コレヒブれ] 形 1 修正できる. 2 矯正可能な.

co·rre·gi·dor [コレヒドル] 男 (昔の)代官, コレヒドール.

co·rre·gir [コレヒル] 他《活 23》1 (間違いなど)を訂正する, 修正する, あらためる. 2 (試験など)を添削する. 3 …を校正する. 4 …を矯正する. 5 …をしかる, こらしめる.
— **corregir·se** 再 自分の間違いを直す.

co·rre·hue·la [コレウエら] 囡〈植物〉ヒルガオ.

co·rre·la·ción [コレらシオン] 囡 相関関係.

co·rre·la·ti·vo, va [コレらティボ, バ] 形 1 相関関係の, 相関の. 2 直後に続く.

co·rre·li·gio·na·rio, ria [コレリヒオナリオ, リア] 形 1 政治思想を同じくする. 2 同じ宗教の.
— 男 1 政治的同志. 2 同じ宗教の信者.

co·rre·o [コレオ] 男 1 郵便. 2 郵便局 [= correos]. 3 郵便自動車, 郵便列車. 4 郵便ポスト. 5 郵便物. 6〈人〉郵便配達.

co·rre·o·so, sa [コレオソ, サ] 形 1 (皮などが)しなやかな. 2 (パンなどが)湿ってちぎりにくくなった.

co·rrer [コレル] 1 走る.
2 急いで行く, 急ぐ.
3 (川が)流れる.
4 (戸などが)よくすべる.
5 (水や電気が)流れる.
6 (血や水が)流れ出る, 噴出する.
7 (時が)たつ, 経過する.
8 (道などが)通じている, 走っている.
9 車を運転する.
10 (風が)吹く.
11 (うわさなどが)流れる, 広まる.
12 (貨幣が)流通する.
13 (+con...) …を引き受ける.
14 (渡すべき金が)支払われる.
— 他 1 (ある距離)を走る, めぐる, 旅行する.
2 …を移動させる, ずらす, 動かす.
3 (カーテンなど)を引く, 開ける, 閉める.
4 (危険など)に身をさらす, 立ち向かう.
5 (鍵など)を掛ける.
6 (獲物など)を追う, 追いかける.
7 (馬など)を走らせる.
8〈闘牛〉(牛)をあしらう.
9 (敵地)に侵入する, …を略奪する.
10 (色など)をにじませる.
11 …を当惑させる, 赤面させる.
— **correr·se** 再 1 座を詰める.

他 は他動詞 再 は再帰動詞 形 は形容詞 副 は副詞 前 は前置詞 接 は接続詞 間 は間投詞

co·rre·rí·as

2 よくすべる. 3 ずれる, 少し動く. 4 (色などが)にじむ. 5 (氷などが)とける. 6 度を越す, やりすぎる. 7 当惑する, 赤面する. 8 オルガスムスに達する, いく.
a todo correr 全速力で, 大急ぎで.
correr a cargo de... [por cuenta de...] …の負担である.
correr·la (夜中に)大騒ぎをする.
dejar correr... …を成り行きにまかせる.
el mes que corre 今月, 当月.
en los tiempos que corren このごろ, 最近.

co·rre·rí·as [コレリアス] 囡複 めぐり歩き, 街の探検.

co·rres·pon·den·cia [コレスポンデンシア] 囡 1 通信物, 手紙類. 2 通信, 文通. 3 対応, 一致. 4 (地下鉄などの)乗り継ぎ, 接続.
en correspondencia con... …に応えて, …のお礼に.

co·rres·pon·der [コレスポンデル] 圓 1 (+a...) …にむくいる, 応える, 答える. 2 (+a...) …に相当する, 対応する, 合致する. 3 (+a...) …の担当である, 役割である, 責任である. 4 (+a...) …に属する. 5 (+con...) …と一致する.
— **corresponder·se** 围 (複数のものが)対応する, 一致する.

co·rres·pon·dien·te [コレスポンディエンテ] 形 1 (+a...) …に対応する, 相当する. 2 (+a...) …にふさわしい. 3 それぞれの. 4 通信の. 5 (名詞の前で)当然の, 自然な.

co·rres·pon·sal [コレスポンサル] 男囡 1 (新聞社などの)特派員, 通信員. 2 (商社などの)駐在員, 代理人.

co·rres·pon·sa·lí·a [コレスポンサリア] 囡 1 特派員[通信員]の仕事. 2 特派員[通信員]の事務所, 支局.

co·rre·ta·je [コレタヘ] 男《商業》 1 仲介業務. 2 仲介業. 3 仲介手数料.

co·rre·te·ar [コレテアル] 圓 1 (子供が)走り回る. 2 ぶらつく.

co·rre·vei·di·le [コレベイディれ] 男囡 〈人〉告げ口屋, 陰口屋.

co·rri·da[1] [コリダ] 囡 1 (開催される)闘牛 [= *corrida de toros*]. 2 走ること, ひと走り.

co·rri·do[1] [コリド] 男 (メキシコ民謡の)コリド.

co·rri·do[2], **da** 《過去分詞》 → *correr* 走る.
— 形 1 赤面した, 当惑した. 2 (建物の一部が)つながっっている, 連続した. 3 人生経験の豊富な.
de corrido 1 すらすらと, よどみなく. 2 暗記して.

co·rrien·te [コリエンテ] 形 1 普通の, ありふれた, 平凡な. 2 流れている, 流れるような. 3 現在の, いまの / *el mes corriente* 今月.
— 囡 1 流れ, 流水, 気流, 海流. 3 風潮, 思潮, 時勢. 4 電流 [= *corriente eléctrica*].
— 男 今月.
al corriente 遅れのない, 正確な.
contra (la) corriente 大勢にさからって.
corriente alterna 〈電気〉交流.
corriente continua 〈電気〉直流.
corriente y moliente 平凡な, ありふれた.
dejar·se llevar de [por] la corriente 時流に流される.
estar al corriente de... …を知っている, …に通じている.
poner a... al corriente de~ …に~を知らせる, 教える.

co·rrien·te·men·te [コリエンテメンテ] 副 1 ふつうに, 一般に. 2 よどみなく. 3 気取らずに.

corrig-, corrij- 活 → *corregir* 訂正する 《活 23》.

co·rri·llo [コリじょ] 男 (ほかの人たちから離れて話をする数人の)小グループ.

co·rri·mien·to [コリミエント] 男 1 物の移動, 流れ動き. 2 山崩れ, 土石流 [= *corrimiento de tierras*].

co·rro [コロ] 男 1 人の輪, 円陣. 2 〈子供〉輪になってする遊び.
— 活 → *correr* 走る.

co·rro·bo·ra·ción [コロボラシオン] 囡 (理論などの)確証, 裏づけ, 補強.

co·rro·bo·rar [コロボラル] 他 (理論など)を裏づける, 補強する, 新資料で補強する.

co·rro·er [コロエル] 他 《活 70 *roer*》 1 …をむしばむ, 腐食させる, 侵食する. 2 …をやつれさせる, さいなむ.
— **corroer·se** 围 1 腐食する. 2 やつれる.

co·rrom·per [コロンペル] 他 1 …をそこなう, だめにする. 2 (食品など)を腐らせる. 3 …を堕落させる. 4 …を買収する.
— **corromper·se** 围 1 腐る. 2 台無しになる. 3 堕落する.

co·rro·sión [コロシオン] 囡 腐食, 侵食.

co·rro·si·vo, va [コロシボ, バ] 形 1 腐食性の. 2 痛烈な, 辛辣な.

co·rrup·ción [コルプシオン] 囡 1 収賄 (しゅうわい), 汚職. 2 腐敗, 堕落. 3 (言語などの)乱れ.

co·rrup·te·la [コルプテら] 囡 1 不正行為, 悪事. 2 悪習, 悪弊.

co·rrup·ti·ble [コルプティブレ] 形 1 腐敗性の. 2 堕落しやすい.

co·rrup·to, ta [コルプト, タ] 形 1 買収された, 汚職しやすい. 2 腐敗した, 堕落した.

co·rrup·tor, to·ra [コルプトル, トラ] 形 腐敗させる, 堕落させる.
— 男囡 1 堕落させる者. 2 贈賄 (ぞうわい) 者.

cor·sa·rio[1] [コルサリオ] 男 1 〈人〉(政府公認の)海賊. 2 私掠 (しりゃく) 船.

cor·sa·rio[2], **ria** [—, リア] 形 (政府公認の)海賊の, 私掠 (しりゃく) 船の.

cor·sé [コルセ] 男 《複 *corsés*》〈服飾〉コルセ

ット.
cor·se·te·rí·a [コルセテリア] 女 1 コルセット店. 2 コルセット工場.
cor·so¹ [コルソ] 男 (政府公認の)海賊行為.
cor·so², **sa** [—, サ] 形 (地中海のフランス領の)コルシカ島 Córcega の.
— 男女 コルシカ島民.
cor·ta·a·lam·bres [コルタアランブレス] 男《単複同形》針金切り, ペンチ.
cor·ta·cés·ped [コルタセスペ] 男女《単複同形》芝刈り機.
cor·ta·cir·cui·tos [コルタシルクイトス] 男《単複同形》《電気》ブレーカー, 回路遮断器.
cor·ta·co·rrien·te [コルタコリエンテ] 男〈電流〉盗難予防などのための遮断器.
cor·ta·di·llo [コルタディジョ] 男 (ワイン用の)小型コップ.
cor·ta·do¹ [コルタド] 男 (少量の)ミルク入りコーヒー, コルタド.
cor·ta·do², **da** [—, ダ]《過去分詞》→ cortar.
— 形 1 切られた. 2 遮断された, 中断された. 3 困惑した, どぎまぎした.
— 男女 1 困惑した人. 2 小心者.
cor·ta·dor, do·ra¹ [コルタドル, ドラ] 形 切るための, 切断の.
— 男女 (服地や皮革の)裁断師.
cor·ta·do·ra² 女 裁断機, カッター.
cor·ta·du·ra [コルタドゥラ] 女 1 切り傷. 2 切り口.
cor·ta·du·ras [コルタドゥラス] 女複 切りくず.
cor·ta·fue·go [コルタフエゴ] 男 (山林などの)防火帯.
cor·tan·te [コルタンテ] 形 1 よく切れる, 鋭利な. 2 (寒さなどが)身を切るような. 3 ぶっきらぼうな, そっけない.
cor·ta·pa·pe·les [コルタパペレス] 男《単複同形》ペーパーナイフ.
cor·ta·pi·sa [コルタピサ] 女 障害, 難点.
cor·ta·plu·mas [コルタプルマス] 男《単複同形》小刀, ペンナイフ.
cor·ta·pu·ros [コルタプロス] 男《単複同形》(葉巻きタバコの)口切り器.
cor·tar [コルタル] 他 1 …を切る, 刈る. 2 …を二分する. 3 …を切り取る, 切り分ける. 4 …を中断する, さえぎる. 5 …を切って進む. 6 …をさまたげる. 7 (飲み物)を薄める. 8 (寒風などが肌)を刺す. 9〈トランプ〉(カード)を切る.
— 自 1 (寒風などが)肌を刺す. 2 (ナイフなどが)よく切れる. 3 (+por...)…を通って近道をする. 4 (通信などの)とぎれる. 5〈トランプ〉カードを切る.
— **cortar·se** 再 1 (自分の)…を切ってもらう, 刈ってもらう. 2 当惑する, 言葉に詰まる. 3 (2本の線などが)交差する. 4 (溶液が)分離する.
cortar (...) por lo sano (苦情などを)迅速に処理する, きちっと片をつける.

cor·ta·ú·ñas [コルタウニャス] 男《単複同形》〈道具〉爪(?)切り.
cor·te¹ [コルテ] 男 1 (刃物の)刃. 2 切り傷. 3 (服地の)裁断, カッティング. 4 服地, 布地. 5 (食肉などの)ひと切れ. 6 切断, 切ること. 7 (建物の)分断部分. 8 中断, 中止, 遮断. 9〈トランプ〉(カードの)カット. 10 困惑, 当惑. 11 型, スタイル, タイプ. 12〈数学〉(面や線の)交差, 交点.
— 女 1 宮廷, 王宮. 2 王宮. 3 (集合的に)宮廷人, 廷臣. 4 (集合的に)随員, 従者. 5 天国.
dar [hacer] un corte de mangas …に(急に腕を肘(?)のところで曲げて行う)侮辱のジェスチャーをする.
dar un corte a... …にきっぱりと対応する.
(el) corte a navaja《散髪》レザーカット.
hacer la corte a(+女性) (男性が)…に言い寄る.
cor·te·dad [コルテダス] 女 1 才能の不足. 2 知力の弱さ. 3 勇気の欠如. 4 短さ.
cor·te·jar [コルテハル] 他 (女性)を口説く, …に言い寄る.
cor·te·jo [コルテホ] 男 1 (儀式への)参列者. 2 (動物の)求愛.
— 自 = cortejar 口説く.
Cor·tes [コルテス] 女複《→ corte 女》 1 (スペインの)国会. 2 国会議事堂. 3 (昔の)身分制議会, コルテス.
cor·tés [コルテス] 形《男女同形》礼儀正しい, 丁重な / Lo *cortés* no quita lo valiente. 礼節と勇気さは両立する.
Cor·tés [コルテス] 固〈人の名〉(1521 年にアステカ王国を征服したスペインの)コルテス[= Hernán Cortés].
cor·te·sa·na¹ [コルテサナ] 女 (昔の)高級娼婦(?).
cor·te·sa·no, na² [コルテサノ, —] 形 1 宮廷の. 2 宮廷風の.
— 男女 廷臣, 宮廷人.
cor·te·sí·a [コルテシア] 女 1 礼儀正しさ, 丁重さ. 2 丁重な言動. 3 贈り物, サービス. 4 特別なはからい. 5〈印刷〉余白ページ.
cor·tés·men·te [コルテスメンテ] 副 礼儀正しく, 丁重に.
cor·te·za [コルテサ] 女 1〈植物〉樹皮, 皮層. 2 (器官)外皮, 皮質. 3 (パンなどの)皮. 4 豚皮のから揚げ.
cor·ti·cal [コルティカル] 形 皮層の, 皮質の.
cor·ti·jo [コルティホ] 男 (スペイン南部の)大農園.
cor·ti·na [コルティナ] 女 1 カーテン. 2 幕, 幕状のもの.
cortina de humo 煙幕.
cortina de agua (降りしきる)雨のカーテン.
cor·ti·na·je [コルティナヘ] 男 1 カーテン類, 2 (一式の)カーテン.
cor·ti·ni·lla [コルティニジャ] 女 (車窓などの)カ

他 は他動詞 再 は再帰動詞 形 は形容詞 副 は副詞 前 は前置詞 接 は接続詞 間 は間投詞

—テン．

cor·ti·so·na [コルティソナ] 囡〈医薬〉コーチゾン．

cor·to¹ [コルト] 男 短編映画．

cor·to², **ta** [—, タ] 形 1 短い．2 少ない，足りない．3 とぼしい．4 (+de...) …が不足している．5 頭の悪い，ばかな．6 内気な，臆病な．
—活 → cotrar 切る．
a la corta o a la larga 遅かれ早かれ．
corto de oído 耳が遠い．
corto de vista 近視の．
ir de corto 半ズボン姿である．
ni corto ni perezoso 考える間もなく，いきなり．
onda corta 〈放送〉短波．
quedarse corto 1 足りなくなる．2 少なく[控え目に]見積もる．

cor·to·cir·cui·to [コルトシルクイト] 男〈電気〉ショート，短絡．

cor·to·me·tra·je [コルトメトラヘ] 男 短編映画．

Co·ru·ña [コルニャ] 圃《La+》〈都市・県の名〉(スペイン北西部の) ラ・コルニャ．

co·ru·ñés, ñe·sa [コルニェス, ニェサ] 形 (スペイン北西部の) ラ・コルニャ La Coruña の．
—男 囡 ラ・コルニャの人．

cor·va¹ [コルバ] 囡 (膝(ひざ)のうしろの) ひかがみ．

cor·ve·jón [コルベホン] 男 (四足動物の) 後脚の膝．

cor·ve·ta [コルベタ] 囡〈馬術〉クルベット．

cor·vi·na [コルビナ] 囡〈魚〉二シベ．

cor·vo, va² [コルボ, —] 形 曲がっている．

cor·zo, za [コルソ, さ] 男 囡〈鹿〉ノロ．

co·sa [コサ] 囡 1 もの，物，物体，無生物．2 こと，事，事柄．3 (扱っている) 問題，用件．4 出来事，事件．5 事情，事態．6 (否定表現で) 何も(…ない)／No hay *cosa* que no sepa. 彼の知らないことは何もない．
a cosa hecha 1 成功を疑わず．2 わざわざ．
como quien no quiere la cosa さりげなく，ひそかに．
(como) cosa de... 約…，だいたい…．
como si tal cosa 何事もなかったかのように．
cosa fina とてもいい．
cosa mala さかんに，とても．
cosa perdida どうしようもない人間．
cosa rara (驚きの間投詞で) まさか！, ほんと！
La cosa es que... じつは…なんです．
no sea cosa que (+接続法) …しないように．
no ser cosa de... …は適切ではない，不都合だ．
por unas cosas o por otras いつも，つねに．
ser cosa de (+不定詞) …する必要がある．
ser cosa de (+人) …にかかわることである．
ser poca cosa 取るに足らないことだ．

co·sa·co, ca [コサコ, カ] 形 (ロシアの民族の) コサックの．
—男 囡 コサック人．

cos·co·rrón [コスコロン] 男 1 頭への強打．2 げんこつの頭への一撃．

co·se·can·te [コセカンテ] 囡〈数学〉コセカント．

co·se·cha [コセチャ] 囡 1 収穫，取り入れ，刈り取り．2 収穫物．3 収穫期．
—活 → cosechar 収穫する．
ser de la cosecha de (+人) …の考えだしたものである．

co·se·cha·do·ra [コセチャドラ] 囡〈農業〉コンバイン．

co·se·char [コセチャル] 他 1 …を収穫する，取り入れる．2 …を苦労の末に手に入れる．
—自 作物を取り入れる，取り入れをする．

co·se·che·ro, ra [コセチェロ, ラ] 男 囡 (特定作物の) 栽培業者．

co·se·no [コセノ] 男〈数学〉コサイン．

co·ser [コセル] 他 1 …を縫(ぬ)う，縫いつける．2 …をホチキスでとめる．3 (人) を傷だらけにする．
—自 縫い物をする．
—coserse 再 (人) にまとわりつく．
ser coser y cantar とても簡単である．

co·si·do¹ [コシド] 男 1 縫(ぬ)い合わせ，縫いつけ．2 (出来ぐあい) 縫製．

co·si·do², **da** [—, ダ] 〈過去分詞〉 → coser
縫(ぬ)った．
—形 1 縫いつけられた．2 (+a...) …にくっついた．

co·si·fi·car [コシふぃカル] 他《活 73 sacar》 (人) を物扱いする，擬物化する．

cos·mé·ti·ca¹ [コスメティカ] 囡 美容術．

cos·mé·ti·co¹ [コスメティコ] 男 化粧品．

cos·mé·ti·co², **ca**² [コスメティコ, カ] 形 美容の，化粧用の．

cós·mi·co, ca [コスミコ, カ] 形 宇宙の．

cos·mo·go·ní·a [コスモゴニア] 囡 宇宙進化論，宇宙発生論．

cos·mo·gra·fí·a [コスモグラふぃア] 囡 宇宙形状誌，宇宙構造論．

cos·mo·lo·gí·a [コスモロヒア] 囡 宇宙論．

cos·mo·nau·ta [コスモナウタ] 男 囡 宇宙飛行士 [= astronauta]．

cos·mo·náu·ti·ca [コスモナウティカ] 囡 宇宙飛行学 [= astronáutica]．

cos·mo·na·ve [コスモナベ] 囡 宇宙船．

cos·mo·po·li·ta [コスモポリタ] 形《男女同形》 1 全世界共通の．2 国際色豊かな．3 世界主義の．
—男 囡 世界主義者，国際人，世界市民．

cos·mo·po·li·tis·mo [コスモポリティスモ] 男 世界主義．

cos·mos [コスモス] 男《単複同形》 1 宇宙．2 万物，全創造物．3〈一年草〉コスモス．

co·so [コソ] 男 1 目抜き通り，大通り．2 闘牛場．

cos·qui·llas [コスキジャス] 囡複 くすぐり．
buscar a... las cosquillas …をいらいらさせる．
hacer cosquillas a... …をくすぐったがらせる，

くすぐる.
cos·qui·lle·o [コスキじェオ] 男 くすぐったさ.
cos·qui·llo·so, sa [コスキじょソ, サ] 形 くすぐったがり屋の.
cos·ta [コスタ] 女 1 海岸, 沿岸. 2 沿岸地方. 3 費用, 代金 [= costas].
a costa de... 1 …のお陰で. 2 …を犠牲にして, …の費用で.
a toda costa どんな犠牲を払ってでも.
cos·ta·do [コスタド] 男 1 わき腹, 横腹. 2 側面, 側(〝).
de costado 横向きに.
por los cuatro costados 1 四方で, 四方から. 2 完全に.
cos·tal [コスタル] 形 肋骨(ろっこつ)の.
— 男 (穀物運搬用の)大袋.
ser harina de otro costal まったく別問題である.
cos·ta·la·da [コスタラダ] 女 背中[横腹]を強く打ちつけること.
cos·ta·le·ro [コスタれロ] 男 〈人〉(宗教行列で)聖人像のかつぎ手.
cos·ta·ni·lla [コスタニじゃ] 女 (短い)急な坂道.
cos·tar [コスタル] 他 活 22 contar) 1 (費用が)かかる, (金額を)要する／*costar* mucho dinero かなりお金がかかる.
2 (時間や労力が)かかる／*costar* muchos esfuerzos とても骨が折れる.
3 (十不定詞) …することは困難である.
costar caro a... …にとって高くつく.
cueste lo que cueste どんなに費用がかかっても.
Cos·ta Ri·ca [コスタ リカ] 固 〈国の名〉(中米の共和国の)コスタリカ[= República de Costa Rica].
cos·ta·rri·cen·se [コスタりセンセ] 形 《= costarriqueño, ña》(中米の国の)コスタリカ Costa Rica の.
— 男 女 コスタリカ人.
cos·tas [コスタス] 女 複 《→ costa》1 費用, 代金. 2 訴訟費用.
cos·te [コステ] 男 1 費用, 経費. 2 原価, 元値.
coste de la vida 生活費.
coste de producción 製造原価.
coste, seguro y flete 〈貿易〉運賃保険料込み値段[= 英語 C.I.F.].
cos·te·ar [コステアル] 他 1 …の費用を払う. 2 (問題などを)避けて進む. 3 …の岸に沿って進む.
— *costearse* 再 …の費用を負担する.
cos·te·ño, ña [コステニョ, ニャ] 形 海岸の, 沿岸部の.
— 男 女 沿岸部の住民.
cos·te·ro, ra [コステロ, ラ] 形 海岸の, 沿岸の.
cos·ti·lla [コスティじゃ] 女 1 〈解剖学〉肋骨(ろっこつ), あばら骨. 2〈食肉〉(骨付き背肉の)リブ.
costilla falsa 〈解剖学〉偽肋骨.

costilla flotante 〈解剖学〉浮肋骨.
medir a... las costillas …を棒切れでなぐる.
cos·ti·llar [コスティじゃル] 男 (集合的に)肋骨(ろっこつ), あばら骨.
cos·to [コスト] 男 1 費用, 経費, コスト. 2〈麻薬〉ハシシ.
cos·to·so, sa [コストソ, サ] 形 高価な, 不経済な, 費用のかかる.
cos·tra [コストラ] 女 1〈傷〉かさぶた. 2 (かたくなった)外側, 外皮.
cos·tum·bre [コストゥンブレ] 女 1 習慣, 風習. 2 習性, くせ.
(como) de costumbre いつもの(ように).
tener la costumbre de (＋不定詞) …する習慣がある.
tener por costumbre (＋不定詞) …する習慣がある.
cos·tum·bris·mo [コストゥンブリスモ] 男 (スペイン文学の)風俗写生主義.
cos·tum·bris·ta [コストゥンブリスタ] 形 《男女同形》(スペイン文学の)風俗描写の.
— 男 女 風俗写生作家.
cos·tu·ra [コストゥラ] 女 1 裁縫. 2 針仕事. 3 ぬい目, 継ぎ目. 4〈技術〉縫製, 仕立て.
alta costura (高級衣装の)オートクチュール.
cos·tu·re·ro[1] [コストゥれロ] 男 裁縫箱.
cos·tu·re·ro[2], **ra** [—, ラ] 男 女 裁縫師, 仕立て職人.
co·ta [コタ] 女 1〈武具〉(昔の)鎖かたびら. 2 (地図の)標高数値. 3 標高, 海抜. 4 レベル, 水準.
co·tan·gen·te [コタンヘンテ] 女〈数学〉コタンジェント.
co·ta·rro [コタろ] 男 1 不安定な状況. 2 不安な群衆.
dirigir el cotarro 動きを支配する.
co·te·jar [コテハル] 他 …を(＋con...) …と比較する, …に照合する.
co·te·jo [コテホ] 男 比較, 照合.
cotic- 活 → cotizar 値段をつける《39》.
co·ti·dia·ni·dad [コティディアニダス] 女 日常性, 日常茶飯(ちゃはん).
co·ti·dia·no, na [コティディアノ, ナ] 形 毎日の, いつもの, 日常の.
co·ti·le·dón [コティれドン] 男〈植物〉子葉.
co·ti·lla [コティじゃ] 男 女〈人〉うわさ好き, 陰口屋.
co·ti·lle·ar [コティじェアル] 自 1 うわさ話をする, 陰口をきく. 2 他人のことを詮索(せんさく)する.
co·ti·lle·o [コティじェオ] 男 1 うわさ話, 陰口. 2 うわさ話の広まり. 3 他人事の詮索(せんさく).
co·ti·llón [コティじょン] 男 (特別の日に開催される)ダンスパーティー.
co·ti·za·ble [コティさブれ] 形 (値段の)見積もりが可能な.
co·ti·za·ción [コティさシオン] 女 1 分担金の支

払い. 2 値段の見積もり, 立て値. 3 相場.
co·ti·za·do, da [コティさド, ダ] 《過去分詞》
→ cotizar 値段をつける.
— 形 1 値段が見積もられた, 相場がついた. 2 評判のいい, 人気のある.
co·ti·zar [コティさル] 他《活 39 gozar》 1 …に値段をつける, …を見積もる. 2 …を公的に評価する, …に相場をつける. 3 (分担金などを) 支払う.
— 自 分担金を支払う.
— **cotizarse** 再 1 値段がつけられる. 2 評価される.
co·to [コト] 男 1 (私有の) 囲い地. 2 禁猟区, 鳥獣保護区. 3 境界石.
poner coto a... …をやめさせる.
Co·to·pa·xi [コトパクシ] 固 〈山の名〉 (エクアドルにある世界最高の活火山の) コトパクシ.
co·to·rra [コトラ] 女 1 〈鳥〉 オウム, インコ. 2 〈人〉 おしゃべり.
co·to·rre·ar [コトレアル] 自 しゃべりまくる.
co·tur·no [コトゥルノ] 男 (古代ギリシア・ローマの演劇で使った) 厚紙の靴.
de alto coturno 上流階級の, 高尚な.
COU [コウ] 男 《略語》 Curso de Orientación Universitaria (スペインの) 大学予備課程.
co·va·cha [コバチャ] 女 1 小さな洞穴. 2 粗末な家屋.
co·xal [コクサる] 形 〈解剖学〉 1 腰の, 2 股(こ)関節の.
có·xis [コクシス] 男 《単複同形》 《=coccix》 〈解剖学〉 尾骨, 尾骶骨.
co·yo·te [コヨテ] 男 1 〈動物〉 (イヌ科の) コヨーテ. 2 (密輸出入の) ブローカー, 仲介業者.
co·yun·tu·ra [コジュントゥラ] 女 1 諸条件の組み合わせ, 情勢. 2 機会, 時機, 好機.
aprovechar la coyuntura para... チャンスを生かして…する.
co·yun·tu·ral [コジュントゥラる] 形 状況次第の, 情勢に応じた.
coz [コす] 女 《複 coces》 1 (四足動物の後脚による) けり, けとばし. 2 侮辱的な言動, 悪態.
dar coces contra el aguijón むだな抵抗をする.
crac [クラク] 男 《=crack》 1 (相場の) 暴落. 2 破産, 倒産. 3 〈人〉 落ちこぼれ. 4 〈スポーツ〉 名人, 妙手. 5 (コカイン系麻薬の) クラック.
— 間 (物が折れたりするときの) バキッ, バリバリッ.
cra·ne·al [クラネアる] 形 《=craneano, na》 〈解剖学〉 頭の.
crá·ne·o [クラネオ] 男 〈解剖学〉 頭蓋(ずがい)骨.
ir de cráneo 1 難局に直面する. 2 勘違いする.
crá·pu·la [クラプら] 男 〈男〉 1 飲んだくれ. 2 放蕩(とう)者.
— 女 1 酩酊(めいてい). 2 放蕩.
cras·ci·tar [クラスしタル] 自 (カラスが) カアカアと鳴く.
crash [クラス] 男 破産, 倒産.

cra·so, sa [クラソ, サ] 形 《名詞の前で使用》 (間違いなどが) 許しがたい.
crá·ter [クラテル] 男 1 〈火山〉 噴火口. 2 〈天体の〉 クレーター.
cra·te·ra [クラテラ] 女 《=crátera》 (古代ギリシア・ローマで酒を調合する) 深鉢.
cre·a·ción [クレアしオン] 女 1 創造, 創出. 2 創造物, 被造物, 万物. 3 創設, 創作, 創立. 4 (モードなどの) 新作, 新製品, 創案.
cre·a·dor, do·ra [クレアドル, ドラ] 男 女 創造者, 創設者.
cre·ar [クレアる] 他 1 …を創造する, 創作する. 2 …を作り出す, 考え出す, 発明する. 3 …を創設する, 設立する.
— **crearse** 再 生じる, でき上がる.
cre·a·ti·vi·dad [クレアティビダス] 女 1 創造性. 2 創造力.
cre·a·ti·vo, va [クレアティボ, バ] 形 1 創造力を刺激する. 2 創造的な.
cre·ce·pe·lo [クレセぺろ] 男 養毛剤, 育毛剤.
cre·cer [クレせル] 自 《活 4 agradecer》 1 (生き物が) 成長する, そだつ. 2 大きくなる, 増大する 3 (月が) 満ちていく. 4 (川が) 増水する.
— 他 (編み物の目を) 増やす.
— **crecerse** 再 1 たしかな自信を持つ. 2 大胆になる. 3 強くなる. 4 えらくなる.
cre·ces [クレせス] 女 《つぎの副詞句の一部》
con creces 1 豊富に. 2 必要以上に. 3 予想以上に.
— 活 → crecer 成長する.
cre·ci·da¹ [クレシダ] 女 (川の) 増水.
cre·ci·do¹ [クレシド] 男 〈編み物〉 増やし目.
cre·ci·do, da² 《過去分詞》 → crecer 成長する.
— 形 1 成長した, 大きくなった. 2 増水した. 3 多数の, 多量の. 4 自信をつけた. 5 勇気づいた. 6 大きくなった.
cre·cien·te [クレしエンテ] 形 1 成長する, そだつ. 2 大きくなる, 増大する.
— 女 1 〈天体〉 半月. 2 〈海〉 満ち潮, 上げ潮. 3 〈川〉 増水.
cuarto creciente 〈天体〉 三日月, 半月.
luna creciente 〈天体〉 上弦の月.
cre·ci·mien·to [クレしミエント] 男 1 成長, 発育. 2 増大, 増加. 3 (月が) 満ちること, 4 増水.
cre·den·cial [クレデンしアる] 形 保証の, 信任の/cartas *credenciales* 信任状.
— 女 信任状.
cre·di·bi·li·dad [クレディビリダス] 女 1 信憑(ぴょう)性. 2 信頼.
cré·di·to [クレディト] 男 1 借金, 貸し金. 2 信用貸し, ローン. 3 信用, 信頼. 4 評判, 名声. 5 (大学などの) 単位.
a crédito 掛け売りで, 分割払いで.
carta de crédito 〈商業〉 信用状.
crédito a corto plazo 短期貸し付け.

crédito a largo plazo 長期貸し付け.
dar crédito a... …を信用する.
tarjeta de crédito クレジットカード.

cre·do [クレド] 男 1 〈宗教〉使徒信経, クレド. 2 綱領, 信条.
en un credo あっと言う間に.

cre·du·li·dad [クレドゥリダス] 女 信じやすいこと, 軽信.

cré·du·lo, la [クレドゥろ, ら] 形 信じやすい, だまされやすい.
— 男 女 だまされやすい人.

cre·en·cia [クレエンレア] 女 1 確信, 信じること. 2 信仰, 信心. 3 考え, 所信.
en la creencia de que... …だと信じて.

cre·er [クレエル] 他《活 46 leer》1 …だと思う, 考える. 2 …を信じる.
— 自 1 信じる, 信用する. 2 信抑を持つ. 3 (+ en...) …を信じる.
— **creer·se** 再 1 (軽はずみに) …を信じる. 3 (+ 形容詞など) 自分が…だと思う.
creer·se·las うぬぼれる.
dar con creer …を軽々しく信じこむ.
no te creas 実際のところ, たしかに.
¡Ya lo creo! もちろん!, 当然!

cre·í·ble [クレイブれ] 形 信用できる.

cre·í·do, da [クレイド, ダ] 《過去分詞》→ creer 思う.
— 形 1 信じきった. 2 うぬぼれた.

cre·ma [クレマ] 女 1〈料理〉クリーム. 2 乳脂. 3〈料理〉(薄い) ピューレ. 4〈化粧品〉クリーム. 5 靴クリーム. 6 (社会層の) 代表的な人々. 7〈表記法〉(ü の゛である変母音記号の) クレマ.
— 形《男女同形, 単複同形》クリーム色の.

cre·ma·ción [クレマしオン] 女 火葬.

cre·ma·lle·ra [クレマじぇラ] 女 1 チャック, ファスナー, ジッパー. 2〈鉄道〉ラックのレール.
ferrocarril de cremallera アプト式鉄道.

cre·ma·tís·ti·ca [クレマティスティカ] 女 1〈経済〉理財学. 2 資金問題.

cre·ma·to·rio[1] [クレマトリオ] 男 火葬場.

cre·ma·to·rio[2]**, ria** [—, リア] 形 火葬の.

cre·mo·so, sa [クレモソ, サ] 形 1 クリーム状の. 2 クリームの多い.

cren·cha [クレンチャ] 女 1 頭髪を二分したときの線. 2 二分した頭髪の片側.

cre·o·so·ta [クレオソタ] 女〈化学〉(防腐剤の) クレオソート.

crepe [クレプ] 男〈料理〉クレープ.

cre·pé [クレペ] 男 1 (靴底などの) クレープゴム. 2〈織物〉クレープ, ちぢみ. 3 入れ毛, ヘアピース.

cre·pe·rí·a [クレペリア] 女〈料理〉クレープ店.

cre·pi·ta·ción [クレピタしオン] 女 (燃え木などが立てる) パチパチという音.

cre·pi·tar [クレピタル] 自 (燃え木などが) パチパチ音を立てる.

cre·pus·cu·lar [クレプスクらル] 形 1 夜明け時の. 2 たそがれ時の.

cre·pús·cu·lo [クレプスクろ] 男 1 夜明け時. 2 たそがれ時. 3 夜明けの薄あかり. 4 たそがれの薄ぐらさ. 5 衰退. 6 人生のたそがれ.

cres·cen·do [クレチェンド] 男〈音楽〉クレッシェンド.
in crescendo しだいに強く.

cres·po, pa [クレスポ, パ] 形〈毛髪〉(自然に) ちぢれた.

cres·pón [クレスポン] 男 1 (弔意を表わす) 黒い布テープ. 2〈織物〉ちぢみ, クレープ.

cres·ta [クレスタ] 女 1〈鳥〉とさか. 2〈鳥〉冠羽. 3 とさか (状のもの). 4 山頂, 尾根.
alzar [levantar] la cresta いばる, 思い上がる.
dar a... en la cresta …をとがめる, …の鼻をへし折る.
estar en la cresta de la ola〈人〉絶頂期にいる.

cres·te·rí·a [クレステリア] 女 (ゴシック建築の頭頂の) すかし飾り.

cres·to·ma·tí·a [クレストマティア] 女 (教育の) 模範文集.

cre·tá·ce·o, ca [クレタセオ, カ] 形〈地質学〉白亜紀の.

cre·ten·se [クレテンセ] 形 (地中海のギリシア領の) クレタ島 Creta の.
— 男 女 クレタ島人.

cre·ti·nis·mo [クレティニスモ] 男〈医学〉(発育障害の) クレチン病.

cre·ti·no, na [クレティノ, ナ] 形 1 クレチン病の. 2 愚鈍な, ばかな.
— 男 女 1 クレチン病患者. 2 ばか者.

cre·to·na [クレトナ] 女〈織物〉綿地の厚手のクレトン.

crey- 活 → creer 思う《活 46》.

cre·yen·te [クレジェンテ] 形 信仰心のある.
— 男 女 (特定宗教の) 信者.

crezc- 活 → crecer 成長する《活 4》.

crí·a[1] [クリア] 女 (↓ crío) 1 養育. 2 飼育, 養殖. 3〈動物〉受乳中の子.
— 活 → criar 育てる《活 34》.

cria·da[1] [クリアダ] 女 女中, メード.

cria·de·ro [クリアデロ] 男 1 飼育場. 2 養殖場.

cria·di·lla [クリアディじゃ] 女〈食肉〉(動物の) 睾丸 (こう).

cria·do[1] [クリアド] 男 下男, 召使い.

cria·do[2]**, da**[2]《過去分詞》→ criar 育てる.
— 形 育てられた.
bien [mal] criado 育ちの良い [悪い].

cria·dor, do·ra [クリアドル, ドラ] 形〈土地〉産出量の多い.
— 男 女 1 飼育係. 2 ワイン業者.

crian·za [クリアンさ] 女 1 授乳期. 2 (授乳期の) 養育. 3 飼育, 養殖. 4〈人〉しつけ, 教育. 5〈ワイン〉熟成.

criar

buena [mala] crianza 良い[悪い]しつけ.

criar [クリアル] 他《活 34 enviar》1 (子供)を育てる, …に授乳する. 2 (動物)を育てる, 飼育する, 世話する. 3 (動物など)を育てる. 4 (子供)をしつける, 教育する. 5 (ワイン)を熟成させる.
— 自 (動物が)子をうむ.
— **criarse** 再 成長する, 育つ.
criar a… en estufa …を過保護で育てる.

criatura [クリアトゥラ] 女 1〈宗教〉創造物, 被造物. 2 幼児, 乳児, 赤子. 3 想像上の生物, 創作された生き物.

criba [クリバ] 女 1 ざる, ふるい. 2 選別器. 3 選別, より分け.
— 活 → cribar ふるいにかける.

cribar [クリバル] 他 1 …をふるいにかける. 2 …を選別する, より分ける.

cric [クリク] 男〈機械〉ジャッキ.

crimen [クリメン] 男《複 crímenes》1 犯罪, 重罪. 2 大きな過失, 有害な行為.

criminal [クリミナル] 形 1 犯罪の, 罪になる. 2〈法律〉刑事の, 刑法上の.
— 男 女 犯罪者, 罪人.

criminalidad [クリミナリダス] 女 1 犯罪性. 2 (集合的に)犯罪行為.

criminalista [クリミナリスタ] 男 女 1 刑法学者. 2 刑事専門弁護士.

criminología [クリミノロヒア] 女 犯罪学.

criminólogo, ga [クリミノロゴ, ガ] 男 女 犯罪学者.

crin [クリン] 女 1 (馬などの)たてがみ[= crines]. 2 (クッションの詰め物にもする)植物性の細糸.

crío, a² [クリオ, -] 男 女 1 小さな子, 子供. 2 乳飲み子, 赤ん坊.

criollismo [クリオジスモ] 男 クレオール criollo の性格[特徴].

criollo, lla [クリオジョ, ジャ] 形 1〈中南米〉その国独特の 2〈スペイン人〉中南米生まれの. 3〈料理〉クレオール風の.
— 男 女 1 中南米生まれのスペイン人, クレオール. 2〈中南米〉自国の人.

cripta [クリプタ] 女 1 地下埋葬室. 2〈教会〉地下礼拝堂.

críptico, ca [クリプティコ, カ] 形 不可解な, 難解な.

criptógamas [クリプトガマス] 女複〈分類〉隠花植物.

criptógamo, ma [クリプトガモ, マ] 形 隠花植物の.

criptografía [クリプトグラフィア] 女 暗号法.

criptograma [クリプトグラマ] 男 暗号文.

crisálida [クリサリダ] 女〈昆虫〉さなぎ(蛹).

crisantemo [クリサンテモ] 男〈植物〉キク[菊].

crisis [クリシス] 女 1 危機, 難局. 2 急変. 3 欠乏, 不足.

crisma [クリスマ] 男 女〈宗教〉聖油.
— 女 (人間の)頭.
partir [romper] a… la crisma (おどし文句で) …の頭をかち割る.

crisol [クリソル] 男 1〈冶金〉るつぼ. 2 (人種などの)るつぼ.

crispación [クリスパシオン] 女 1 いらだち, 激昂(こう). 2 (筋肉の)痙攣(けいれん).

crispar [クリスパル] 他 1 (筋肉など)を収縮させる. 2 (顔など)を引きつらせる. 3 …をいらいらさせる.
— **crisparse** 再 1 (筋肉などが)痙攣(けいれん)する. 2 (顔などが)引きつる. 3 いらいらする.

cristal [クリスタル] 男 1 ガラス, クリスタルガラス. 2 板ガラス. 3〈鉱物〉結晶, 結晶体. 4 窓ガラス. 5 鏡(かがみ). 6 レンズ. 7 (ひとつの)ガラス製品.
cristal de aumento 拡大鏡.
cristal de roca 水晶.
cristal líquido 液晶.

cristalera [クリスタレラ] 女 1 ガラス窓, ガラス戸, ガラス天井. 2 ガラス戸棚.

cristalería [クリスタレリア] 女 1 ガラス店. 2 ガラス工場. 3 (集合的に)ガラス製品.

cristalero, ra² [クリスタレロ, -] 男 女 1 ガラス製造業者. 2 ガラス業者.

cristalic- 活 → cristalizar 結晶する《活 39》.

cristalino¹ [クリスタリノ] 男〈解剖学〉(眼球の)水晶体.

cristalino², na [-, ナ] 形 1 ガラスの. 2 水晶のような.

cristalización [クリスタリシオン] 女 1 結晶化. 2 結晶体. 3 具体化.

cristalizante [クリスタリサンテ] 形 1 結晶させる. 2 具体化させる.

cristalizar [クリスタリサル] 自《活 39 gozar》1 結晶する, 結晶になる. 2 (計画などが)具体化する, 実現する.
— 他 1 …を結晶にする. 2 …を具体化する.
— **cristalizarse** 再 1 結晶になる. 2 具体化する, 実現する.

cristalografía [クリスタログラフィア] 女 結晶学.

cristalográfico, ca [クリスタログラふぃコ, カ] 形 結晶学の.

cristianamente [クリスティアナメンテ] 副 キリスト教徒らしく.

cristiandad [クリスティアンダス] 女 1 (集合的に)キリスト教徒. 2 キリスト教的精神.

cristianismo [クリスティアニスモ] 男 1 キリスト教. 2 (すべての)キリスト教徒.

cristianizar [クリスティアニサル] 他《活 39 gozar》1 …をキリスト教化する. 2 …をキリスト教に改宗させる.

cristiano¹ [クリスティアノ] 男《否定表現で使用》スペイン語.

cristiano², na [-, ナ] 形 1 キリスト教の. 2

キリスト教徒の.
— 男 女 キリスト教徒.
cristiano nuevo (中世スペインの, 改宗した信者の)新キリスト教徒.
cristiano viejo (中世スペインの, 生粋(きっすい)の信者の)旧キリスト教徒.
hablar en cristiano わかりやすい言葉で話す, スペイン語で話す.

Cris·ti·na [クリスティナ] 固 〈女性の名〉クリスティナ.

Cris·to [クリスト] 固 〈メシアの名〉キリスト.
…*antes de Cristo* (西暦の)紀元前(の)…
Cristo en majestad 〈美術〉(主題としての)十字架上のキリスト.
…*después de Cristo* (西暦の)紀元(後の)…
donde Cristo perdió el gorro [*donde Cristo dio las tres voces*] とても遠く離れた所に.
¡*Ni Cristo que lo fundó*! そんなばかなこと!
¡*Por los clavos de Cristo*! 一体これは何だ!
¡*Voto a Cristo*! ちくしょう!, おのれ!

cris·to [クリスト] 男 1 キリストの十字架像. 2 みすぼらしい姿の人間.
estar hecho un cristo みじめな姿になっている.
sentar [*ir*] *a… como a un cristo dos* [*un par de*] *pistolas* …に全然似合わない.

Cris·tó·bal [クリストバル] 固 〈男性の名〉クリストバル.

cri·te·rio [クリテリオ] 男 1 判断力, 見識. 2 (判断のための)基準, 尺度.

crí·ti·ca¹ [クリティカ] 女 1 評論, 批評. 2 (集合的に)評論家, 批評家. 3 非難, 批判.

cri·ti·ca·ble [クリティカブレ] 形 1 非難の対象となる. 2 批判の余地ある.

cri·ti·car [クリティカル] 他《活 73 sacar》1 …を非難する, 批判する. 2 …を評論する, 批評する.

crí·ti·co, ca² [クリティコ, −] 形 1 批評の, 評論の. 2 批判的な. 3 危機的な, 危篤の. 4 決定的な, 重大な.
— 男 女 評論家, 批評家.

cri·ti·cón, co·na [クリティコン, コナ] 形 なににでも難癖をつける, 批判ぽい.
— 男 女 〈人〉あら探し屋.

critiqu- 活 → criticar 非難する《活 73》.

cro·ar [クロアル] 自 (カエルが)鳴く.

cro·a·ta [クロアタ] 形 〈男女同形〉(バルカン半島北西部の共和国の)クロアチア Croacia の.
— 男 女 クロアチア人.

cro·ma·do, da [クロマド, ダ] 《過去分詞》→ cromar クロムめっきする.
— 形 クロムめっきされた.

cro·mar [クロマル] 他 …をクロムめっきする.

cro·má·ti·co, ca [クロマティコ, カ] 形 1 色彩の, 彩色の. 2 〈音楽〉半音階の. 3 〈光学〉色(½)収差のある.

cro·ma·tis·mo [クロマティスモ] 男 1 〈音楽〉半音階主義. 2 〈光学〉色(½)収差.

cro·mo [クロモ] 男 1 〈化学〉クロム. 2 多色石版画.
como un cromo [*hecho un cromo*] 1 傷だらけで. 2 汚れに汚れて. 3 めかし込んで.

cro·mo·li·to·gra·fí·a [クロモリトグラフィア] 女 1 多色石版術. 2 多色石版画.

cro·mos·fe·ra [クロモスふェラ] 女 (太陽大気の下層部の)彩層.

cro·mo·so·ma [クロモソマ] 男 〈生物学〉染色体.

cro·mo·só·mi·co, ca [クロモソミコ, カ] 形 〈生物学〉染色体の.

cro·mo·ti·po·gra·fí·a [クロモティポグラフィア] 女 1 カラー印刷術. 2 カラー印刷物.

cró·ni·ca¹ [クロニカ] 女 1 (マスコミの)ニュース, 報道記事, 報道番組. 2 年代記, 編年史.
crónica deportiva スポーツ欄[番組].
crónica de sociedad 社交界欄[番組].
crónica de sucesos 社会欄, 三面記事, 事件報道.

cró·ni·co, ca² [クロニコ, −] 形 1 〈病気〉慢性の. 2 (悪癖などが)常習の. 3 昔から繰返されてきた.

cro·ni·cón [クロニコン] 男 (短編の歴史物語を集めた)略年代記.

cro·nis·ta [クロニスタ] 男 女 1 報道記者, 時事解説者. 2 年代記作者.

cro·no [クロノ] 男 1 (スピード競技の)タイム. 2 ストップウオッチ.

cro·no·lo·gí·a [クロノろヒア] 女 1 (事件などの)発生順一覧表. 2 年譜, 年表. 3 紀年法. 3 年代学.

cro·no·ló·gi·co, ca [クロノろヒコ, カ] 形 1 発生順の. 2 年代順の. 3 年代学の.

cro·no·me·tra·dor, do·ra [クロノメトラドル, ドラ] 男 女 (スピード競技の)タイムキーパー, 計時員.

cro·no·me·tra·je [クロノメトラヘ] 男 時間測定, 計時.

cro·no·me·trar [クロノメトラル] 他 (競技などの)タイムを計る.

cro·nó·me·tro [クロノメトロ] 男 1 ストップウォッチ. 2 (精密時計の)クロノメーター.

cro·que·ta [クロケタ] 女 〈料理〉コロッケ.

cro·quis [クロキス] 男 〈単複同形〉〈絵画〉クロッキー, 下絵.

cros [クロス] 男 〈単複同形〉〈競技〉クロスカントリー.

cró·ta·los [クロタろス] 男複 〈楽器〉(古代ギリシアのカスタネットに似た)クロタロ.

crua·sán [クルアサン] 男 〈パン〉クロワッサン.

cru·ce [クルせ] 男 1 十字路, 交差点. 2 横断歩

道. 3 (電話などの)混線. 4 交差, 横断. 5 (生物の)交配. 6 《生物》交配種, 雑種.

crucé, cruce(-) 〖活〗 → cruzar 横切る〖活 39〗.

cru·ce·rí·a [クルセリア] 囡 《建築》 交差リブ.

cru·ce·ro [クルセロ] 男 1 (レジャーの)クルージング, 周航, 船旅. 2 《教会》袖廊(そうろう). 3 《海軍》巡洋艦. 4 (十字路などに置かれた)石の十字架.

cru·ces [クルセス] 囡複 《→ cruz》 十字形.

cru·ce·ta [クルセタ] 囡 〈刺繡(ししゅう)〉 クロスステッチ.

cru·cial [クルしアル] 形 決定的な, 重要な.

cru·cí·fe·ras [クルしふぇラス] 囡複 〈分類〉 アブラナ科植物.

cru·ci·fi·car [クルしフィカル] 他 《活 73 sacar》 1 …を十字架にかける, 磔刑(たっけい)に処する. 2 …を苦しめる.

cru·ci·fi·jo [クルしフィホ] 男 十字架上のキリスト.

cru·ci·fi·xión [クルしフィクシオン] 囡 1 はりつけの刑, 磔刑(たっけい). 2 キリスト磔刑の姿.

cru·ci·gra·ma [クルしグラマ] 男 〈パズル〉クロスワード.

cru·de·lí·si·mo, ma [クルデリシモ, マ] 形 《絶対最上級副 → cruel》 とても残酷な.

cru·de·za [クルデサ] 囡 1 粗野, 粗雑さ. 2 無礼, 下品. 3 厳しさ, 過酷さ.

cru·do¹ [クルド] 男 〈石油〉原油.

cru·do², da [—, ダ] 形 1 生(なま)の, 煮えていない. 2 未加工の, 原料のままの. 3 〈色彩〉無漂白の, 原毛色の. 4 (気候などが)厳しい, 過酷な. 5 残虐な, むごたらしい. 6 粗野な, 露骨な. 7 困難な, むつかしい. 8 下品な, 無礼な.

cruel [クルエル] 形 1 残酷な, むごい, きびしい.

cruel·dad [クルエるダス] 囡 1 残酷さ, むごさ. 2 残虐な行為.

cruel·men·te [クルエるメンテ] 副 むごたらしく, 残虐に.

cruen·to, ta [クルエント, タ] 形 血なまぐさい, 流血の.

cru·jí·a [クルヒア] 囡 《建築》 (部屋にはさまれた)廊下.

cru·ji·do [クルヒド] 男 1 きしむ音. 2 布を引きさく音. 3 枝の折れる音.

cru·jien·te [クルヒエンテ] 形 1 ギシギシいう. 2 バリバリと音のする. 3 (パンなどが)バリバリした.

cru·jir [クルヒル] 自 1 きしむ. 2 バリバリ音を出す. 3 パチパチ音を出す.

crus·tá·ce·o, a [クルスタセオ, ア] 形 〈動物〉甲殻類の.

crus·tá·ce·os [クルスタセオス] 男複 〈動物〉甲殻類.

cruz [クルス] 囡 《複 cruces》 1 十字形, 十文字. 2 十字架. 3 苦難, 試練. 4 〈硬貨〉 裏面. 5 〈宗教〉 (祈りの)十字の印. ×印.

con los brazos en cruz 両腕を横に広げて.
cruz gamada 鉤(かぎ)十字[卍].
cruz griega ギリシア十字[十].
cruz latina ラテン十字[†].
¡Cruz y raya! これで最後だ!
hacerse cruces (おどろいて)十字を切る.

cru·za·da¹ [クルサダ] 囡 1 (ヨーロッパ中世の)十字軍. 2 (現代の)キャンペーン, 変革運動.

cru·za·do¹ [クルサド] 男 1 (中世ヨーロッパの)十字軍兵士. 2 《通貨単位》 (ブラジルや昔のポルトガルの)クルザード.

cru·za·do², da² 《過去分詞》 → cruzar 横切る.
— 形 1 〈衣服〉両前の, ダブルの. 2 十文字に置かれた, 交差した. 3 (中世の)十字軍の.

cru·zar [クルサル] 他 《活 39 gozar》 1 …を横切る, 横断する. 2 …を交差させる, 組む. 3 〈動物〉 …を…と交配する. 4 (小切手)を線引きにする. 5 (言葉や視線)を交わす.
— 自 1 (複数のものが)まじわる, 交差する. 2 (衣服)が前が合う.
— cruzarse 再 1 (複数のものが)出合う, 行き合う. 2 (互いに)交差する.

cruzar la cara a… …の顔をひっぱたく.
cruzar la espada con… …ととりあう.
cruzarse de brazos 1 腕を組む. 2 静観する.

CSIC [セシク] 男 《略語》 Consejo Superior de Investigaciones Científicas スペイン高等学術研究院.

cu [ク] 囡 〈文字 Q, q の名〉.

cua·der·na [クアデルナ] 囡 〈船舶〉 肋材(ろくざい).
cuaderna vía 〈詩型〉 (14 音節詩 4 行の連の)クアデルナ・ビア.

cua·der·ni·llo [クアデルニじょ] 男 1 《製本》 5 枚重ね折り. 2 メモ帳, 小型ノート.

cua·der·no [クアデルノ] 男 1 ノート, 帳面.
cuaderno de bitácora 航海日誌.

cua·dra [クアドラ] 囡 1 馬小屋, 厩舎(きゅうしゃ). 2 (集合的に)同一所属先の競争馬. 3 きたない所. 4 (市街地の) 1 区画, 1 ブロック[= manzana].

cua·dra·di·llo [クアドラディじょ] 男 1 角砂糖. 2 鉄製の角材.

cua·dra·do¹ [クアドラド] 男 1 四角形, 正方形. 2 〈数学〉 2 乗, 平方.

cua·dra·do², da [—, ダ] 形 1 四角の, 正方形の. 2 〈体格〉 がっちりした, 角ばった 3 平方の / 6 metros *cuadrados* 6 平方メートル.

cua·dra·gé·si·mo¹ [クアドラヘシモ] 男 40分の1.

cua·dra·gé·si·mo², ma [—, マ] 形 1 40 番目の. 2 40 分の 1 の.
— 男 囡 40 番目のもの.

cua·dran·gu·lar [クアドラングらル] 形 四角形の, 四角い.

cua·dran·te [クアドランテ] 男 1 四分(しぶん)円. 2 四分儀.

cua·drar [クアドラル] 他 …を四角にする.

— 自 (+con...) …と一致する, …とうまくはまる.

— **cuadrar·se** 再 (兵士が)気をつけをする.

cua·dra·tu·ra [クアドラトゥラ] 女《つぎの名詞句の一部》

la cuadratura del círculo 不可能なこと.

cua·drí·cu·la [クアドリくら] 女 方眼, ます目.

cua·dri·cu·la·do, da [クアドリくらド, ダ] 形 方眼の.

cua·dri·cu·lar [クアドリクらル] 形 ます目の, 方眼の.

cua·dri·ga [クアドリガ] 女 (古代ローマの)四頭立て2輪馬車.

cua·dri·lá·te·ro [クアドリらテロ] 男 四辺形.

cua·dri·lla [クアドリじゃ] 女 1 仲間, 同僚, 一味. 2《闘牛》闘牛士のチーム.

cua·dri·vio [クアドリビオ] 男 (中世ヨーロッパの大学で aritmética 算術, geometría 幾何学, música 音楽, astronomía (astrología) 天文学を指す)中世の4学科.

cua·dro [クアドロ] 男 1 絵画, 絵. 2 四角形, 四角いもの, 正方形. 3 (感動の対象となる)光景, 情景. 4 描写, 記述. 5 表, 図表. 6《演劇》場面, シーン. 7 (特定の職場の)職員, スタッフ. 8 計器盤, パネル. 9 (自転車などの)フレーム.

a cuadros 格子模様の.

cuadro clínico 症候群.

cuadro de mandos 操作パネル.

cuadro flamenco フラメンコ舞踊団.

dentro del cuadro de... …の枠内で.

en cuadro 四角になった, 四角にならべた.

estar [quedar·se] en cuadro 人数が減ってしまう.

cua·dru·ma·no, na [クワドルマノ, ナ] 形《= cuadrúmano, na》〈動物〉四肢を持つ.

cua·drú·pe·do, da [クアドルペド, ダ] 形〈動物〉四足を持つ.

— 男 四足動物.

cuá·dru·ple [クアドルプれ] 形 1 4部でできている, 4重の. 2 4倍の.

— 男《数詞》4倍.

cua·dru·pli·car [クアドルプリカル] 他 活 73 sacar》 1 …を4倍にする. 2 (書類を)4部作成する.

cuá·dru·plo, pla [クアドルプロ, プら] 形《= cuádruple》4倍の.

cua·ja·da¹ [クアハダ] 女《食物》凝乳, カード.

cua·ja·do, da² [クアハド, —] 《過去分詞》→ cuajar 凝固させる.

— 形 1 固まった, 凝結した. 2 (驚いて)呆然(ぼうぜん)となった. 3 (+de...) …でいっぱいの.

leche cuajada 凝乳.

cua·jar [クアハル] 男〈反芻(はんすう)動物〉第4胃, しわ胃.

— 他 1 …を凝固させる, 凝結させる. 2 …を(+de...) …でいっぱいにする.

— 自 1 氷結する. 2 固まる. 3 (提案などが)実を結ぶ, 実行される. 4 歓迎される, 受け入れられる.

— **cuajar·se** 再 1 固まる. 2 (+de...) …でいっぱいになる.

cua·jo [クアホ] 男 1 落ち着き, 平安. 2 凝乳酵素.

de cuajo 根こそぎに, 残らず.

cual [クアる] 代《関係代名詞》《複》cuales 《定冠詞+》《先行詞は人・物》1《制限的》…の人[もの]／*una recomendación mediante la cual logró el ascenso* 彼が(それによって)昇進できた推薦状.

2〈説明的〉そしてそれは…／*Vi a su padre, el cual estaba sentado en el suelo.* 私は彼の父親に会ったが, その人は地面に座りこんでいた.

— 接《アクセントなし》…のように／*Corría cual gacela delante de un galgo.* 彼はグレーハウンドに追われたカモシカのように走った.

a cual más いずれ劣らず.

cada cual それぞれ, 各自.

cual o cual 少しの, 何人かの.

cual si... まるで…であるかのように［= como si］.

cual... tal— …なら, 〜も 〜に.

lo cual (前文を受けて)そしてそのことは.

por lo cual そしてそのために.

sea cual fuere どのようなものであれ.

tal cual そのように, その方法で.

cuál [クアる] 代《疑問代名詞》《複》cuáles 《指すものは人・物》1 なに, だれ, どんなもの. 2 どれ, どちら.

— 形 どの, どちらの.

—《感嘆詞》なんと…か!

a cuál más いずれ劣らず.

cuál... cuál— あるものは…, またあるものは〜.

cuál más, cuál menos 多かれ少なかれ.

cua·les [クアれス] 複《関係代名詞》《→ cual》.

cuá·les [クアれス] 複《疑問代名詞》《→ cuál》.

cua·les·quier [クアれスキエル] 複《不定形容詞》《→ cualquier》.

cua·les·quie·ra [クアれスキエラ] 複《不定代名詞》《→ cualquiera》.

cua·li·dad [クアりダス] 女 1 特質, 特性. 2 性質, 品質. 3 長所, 美点.

cua·li·fi·ca·do, da [クアりふぃカド, ダ] 形 1 (+para...) …の資格がある. 2 熟練した. 3 有能な. 4 高品質の. 5 権威のある.

cua·li·ta·ti·vo, va [クアりタティボ, バ] 形 1 質的な, 特性の. 2〈化学〉定性の.

análisis cualitativo 定性分析.

cual·quier [クアるキエル] 形《不定形容詞》《+名詞》《複》cualesquier《名詞のうしろではcualquiera》1 どんな…でも. 2 ありふれた, 平凡な.

cual·quie·ra [クアるキエラ] 代《不定代名詞》《複》cualesquiera 1 だれでも, どんな人でも. 2 なんでも, どれでも. 3《感嘆文で反語的に》だれが…するだろうか! 4 (un, una+) 取るに足らない人

間, くだらない男[女].

cuan [クアン] 副《+形容詞・副詞》《→ cuanto¹》.

cuán [クアン] 副《+形容詞・副詞》《→ cuánto¹》.

cuan·do [クアンド] 接《アクセントなし》 1 …するときに／No salgo, *cuando* llueve. 私は雨降りには出かけない. 2 …だけれども. 3 …なのだから.
— 副《関係副詞》1 (そして)そのとき…／el día *cuando* nació María マリアが生まれた日.
2《強調表現》(ser+cuando~) ~するのは…だ／Entonces fue *cuando* lo supe. 私がそれに気づいたのはそのときだった.
— 前 …のときに／*cuando* la guerra 戦争中に, *cuando* mayor 大人になったら, *cuando* niño 子供の頃は.

apenas… cuando~ …するとすぐに~.
aun cuando… …であっても.
cuando más [mucho] 多くても.
cuando menos [poco] 少なくとも.
cuando no もしそうでなければ.
cuando quiera que (+接続法) …するときはいつも.
de cuando en cuando ときどき.
de vez en cuando ときどき.
hasta cuando… 1 …のときまで. 2 …のときさえ.

cuán·do [クアンド] 副《疑問副詞》1 いつ／¿*Cuándo* sales? いつ出かけるの?
2 (+不定詞)いつ…するべきか／No sé *cuándo* salir. いつ出かけるべきか, わからない.
— 男 時期／el cómo y el *cuándo* その方法と時期.
cuándo…, cuándo~ あるいは…, またあるいは~.
de cuándo acá… 1 いつから…なのか. 2 どうして…なのだろう.

cuan·ta [クアンタ] 形《関係形容詞》《→ cuanto², ta》.

cuán·ta [クアンタ] 形《疑問形容詞》《→ cuánto², ta》.

cuan·tí·a [クアンティア] 女 1 量, 分量. 2 程度. 3 数値, 金額.
de mayor cuantía 一層重要な.
de menor cuantía それほど重要でない.

cuan·ti·fi·ca·ción [クアンティふィカシオン] 女 数量化.

cuan·ti·fi·ca·dor [クアンティふィカドル] 男《文法》数量詞.

cuan·ti·fi·car [クアンティふィカル] 他《活 73 sacar》…の量を計る.

cuan·tio·so, sa [クアンティオソ, サ] 形 豊富な, たくさんの, おびただしい.

cuan·ti·ta·ti·vo, va [クアンティタティボ, バ] 形 量的な, 数量の.

cuan·to¹ [クアント] 代《関係代名詞》《アクセントなし》《複 cuantos》《ときに todo+》 1 (単数形で) …するすべてのこと[物].
2 (複数形で) …するすべての人.
— 副《関係副詞》《比較級語以外の形容詞・副詞の前でcuan》 1 …するだけ~／*cuanto* quieras 君の好きなだけ.
2 (+比較級語, (tanto) +比較級語) …すればするほど, ~だ／*Cuanto* más, (tanto) mejor. 多ければ多いほど良い.
3 可能な限り／*cuanto* antes できるだけ早く.
cuanto más 1 多くても. 2 なおさら.
en cuanto… …するとすぐ.
en cuanto a… …に関して.
en cuanto que… …するとすぐ.
por cuanto… …であるからには.
unos cuantos [unas cuantas] いくつか, 若干のもの, 何人か.

cuan·to², ta [-, タ] 形《関係形容詞》《語尾変化は修飾する名詞の性数に一致して, -o, -a, -os, -as》…するすべての…／Puedes comer *cuantos* pasteles desees. 好きなだけのケーキを食べていいよ.

cuán·to¹ [クアント] 代《疑問代名詞》《複 cuántos》1 (単数形で) どれだけ, いくら. 2 (複数形で) 何人, いく人. 3 (+不定詞) いくら…すべきか.
— 副《疑問副詞》《cuán にもなる》 1 どれほど…か. 2 (感嘆文で) …であることか!
¿*A cuánto*? 〈値段〉いくらで?
¿*A cuántos estamos?* 今日は何日ですか?
cuánto más (que)… ましてや…だ.
cuánto menos (que)… ましてや…ない.

cuán·to², ta [-, タ] 形《疑問形容詞》《語尾変化は修飾する名詞の性数に一致して, -o, -a, -os, -as》1 どれだけの…. 2 (感嘆文で) なんと多くの…か!

cua·que·ris·mo [クアケリスモ] 男〈宗教〉クエーカー教.

cuá·que·ro, ra [クアケロ, ラ] 男女 クエーカー教徒.

cuar·ci·ta [クアルシタ] 女〈鉱物〉珪岩(けいがん).

cua·ren·ta [クアレンタ] 男 1〈数字〉40, XL. 2 40 のもの.
— 形《男女同形》1 40 の. 2 40 番目の.
— 男女 40 番目のもの.
cantar las cuarenta a… …に思っていることをずけずけ言う.
los cuarenta 1 40 才. 2 1940 年代.

cua·ren·ta·vo, va [クアレンタボ, バ] 形 40 分の 1 の.

cua·ren·te·na [クアレンテナ] 女 1 40 で 1 セットの組み. 2 (検疫のための) 隔離期間.

cua·ren·tón, to·na [クアレントン, トナ] 形〈人〉40 歳代の.

cua·res·ma [クアレスマ] 女〈宗教〉四旬節.

cuar·ta¹ [クアルタ] 女 1 (指を広げた長さで約

21cmの)クアルタ．**2**〈音楽〉4度音程．**3**〈自動車〉第4速．

cuar·te·ar [クアルテアル] 他 **1** …を4等分する．
— **cuartearse** 再 (壁などに)ひびが入る．

cuar·tel [クアルてる] 男 **1** 兵舎，兵営．**2** 宿営地，駐屯地．**3**〈軍隊〉休戦．**4** 手加減．

cuartel general **1**〈軍隊〉総司令部．**2** 本部，本拠地．

no dar cuartel a... (敵に)休むひまを与えない．

cuar·te·la·zo [クアルてらそ] 男 〈軍隊〉反乱，暴動．

cuar·te·le·ro¹ [クアルてれロ] 男 〈軍隊〉当番兵．

cuar·te·le·ro², ra [−, ラ] 形 **1** 兵舎の，兵営の．**2**〈言語〉下品な，悪趣味の．

cuar·te·li·llo [クアルてリじょ] 男 歩哨所，検問所．

cuar·te·rón, ro·na [クアルてロン, ロナ] 男 女 (中南米生まれで白人とメスティソの混血の)クアルテロン．

cuar·te·to [クアルテト] 男 **1** 四重奏曲．**2** 四重奏団，カルテット．**3**〈詩学〉(11音節4行詩の)クアルテト．

cuar·ti·lla [クアルティじゃ] 女 (四つ切りサイズの)筆記用紙．

cuar·ti·llo [クアルティじょ] 男 〈体積単位〉(液体なら半リットル，穀粒なら1リットル強の)クアルティジョ．

cuar·to¹ [クアルト] 男 **1** 部屋．**2** 4分の1．**3** 15分(間)．**4**(動物の体の)四半分．**5**(月の満ち欠けの周期の4分の1にあたる)弦．**6** 現金，お金[= cuartos].

cuarto creciente 〈天体〉(月の)上弦．
cuarto de aseo トイレ，便所．
cuarto de baño 浴室，(浴室付きの)トイレ．
cuarto de estar 居間．
cuarto menguante 〈天体〉(月の)下弦．
cuarto oscuro 窓のない部屋，納戸(な).
cuartos de final 〈スポーツ〉準々決勝．
cuatro cuartos わずかなお金．
dar un cuarto al pregonero 秘密を公表する．
de tres al cuarto 三流の，安手(ゼ)の．
no tener (ni) un cuarto 一文無しである．
tres cuartos de lo mismo (ある人のことが別の人についても)おなじこと．

cuar·to², ta² 形 **1** 4番目の．**2** 4分の1の．
— 男 〈人·物〉4番目のもの．

cuar·tu·cho [クアルトゥチョ] 男 みすぼらしい小部屋．

cuar·zo [クアルそ] 男 〈鉱物〉**1** 石英．**2** (結晶の大きな石英の)水晶．

cua·si [クアシ] 副 ほとんど[=casi].

cua·ter·na·rio, ria [クアテルナリオ, リア] 形 **1** 4要素でできている．**2**〈地質学〉第四紀の．

cua·tre·ro, ra [クアトレロ, ラ] 男 女 家畜泥棒．

cua·trie·nio [クアトリエニオ] 男 4年間．

cua·tri·lli·zos, zas [クアトリじぞス, サス] 男 女 複 四つ子．

cua·tri·mes·tral [クアトリメストラる] 形 4か月間の，4か月ごとの．

cua·tri·mes·tre [クアトリメストレ] 男 〈期間〉4か月．

cua·tri·mo·tor [クアトリモトる] 男 〈飛行機〉4発機．

cua·tro [クアトロ] 男 **1**〈数字〉4, Ⅳ．**2** 4のもの．
— 形 《男女同形》**1** 4の，よっつの．**2** 4番目の．
— 男 女 4番目のもの．

cuatro cuartos わずかなお金．
cuatro gatos わずかな人．
decir cuatro cosas a... …に小言をいう．
las cuatro (1日の時間の)4時．
más de cuatro たくさんの人．

cua·tro·cien·tos¹ [クアトロシエントス] 男 **1**〈数字〉400, CD．**2** 400のもの．

cua·tro·cien·tos², tas [−, タス] 男 400番目のもの．
— 形 **1** 400の．**2** 400番目の．

cu·ba [クバ] 女 桶(ぉ)，樽(ぁ)．

estar como una cuba かなり酔っている．

Cu·ba [クバ] 固 〈国の名〉(カリブ海の共和国の)キューバ [= República de Cuba].

cu·ba·li·bre [クバリブレ] 男 〈飲料〉(ラム酒をコーラで割った)クバリブレ．

cu·ba·no, na [クバノ, ナ] 形 (カリブ海の島国の)キューバ Cuba の．
— 男 女 キューバ人．

cu·ba·ta [クバタ] 女 〈飲料〉クバリブレ [= cubalibre].

cu·be·te·rí·a [クベテリア] 女 食器類．

cu·be·ta [クベタ] 女 **1** 小型の桶(ぉ)．**2** (実験などに使う四角の)水洗皿，トレイ．**3**(気圧計の)水銀入れ．**4**(冷蔵庫の)製氷皿．

cu·bi·ca·ción [クビカシオン] 女 容積[体積]の算出．

cu·bi·car [クビカル] 他 …の体積を求める．

cú·bi·co, ca [クビコ, カ] 形 **1** 立方体の．**2**〈数学〉立方の，3乗の／*tres metros cúbicos* 3立方メートル．

cu·bí·cu·lo [クビクろ] 男 小部屋．

cu·bier·ta¹ [クビエルタ] 女 **1**(物にかぶせる)カバー，おおい，ふた．**2**〈書物〉表紙．**3** 屋根．**4**(タイヤの)外皮．**5**(船舶) 甲板，デッキ．

cu·bier·ta·men·te [クビエルタメンテ] 副 ひそかに，こっそりと．

cu·bier·to¹ [クビエルト] 男 **1**(一人前の)食器セット．**2** 定食，コース料理．**3** 屋根．**4** 保護．

a [bajo] cubierto **1** 屋根の下で．**2** 保護されて．
a cubierto de... …から守られて．

cu·bier·to², ta² 《過去分詞》→ cubrir おおう.
— 形 1 おおわれた, 屋根つきの. 2 (+de...) でおおわれた, いっぱいの. 3 曇り空の. 4 (席などが)ふさがった, 埋まった.
estadio cubierto 屋内競技場.
tener las espaldas cubiertas 安全を確保している.

cu·bil [クビる] 男 1 避難所. 2 かくれ場.
cu·bi·le·te [クビれテ] 男 〈さいころ遊び〉壺(¿).
cu·bis·mo [クビスモ] 男 《美術》キュービズム, 立体派.
cu·bis·ta [クビスタ] 形 《男女同形》《美術》キュービズムの, 立体派の.
— 男 女 立体派の芸術家.
cu·bi·to [クビト] 男 小さな氷, かち割り.
cú·bi·to [クビト] 男 《解剖学》(前腕の)尺骨(ぱっ).
cu·bo [クボ] 男 1 立方体, 正六面体. 2 バケツ, 手桶(紨). 3 《数学》立方, 3 乗.
elevar... al cubo …を3乗する.
cu·bre·ca·ma [クブレカマ] 男 ベッドカバー.
cu·bre·piés [クブレピエス] 男 《単複同形》(ベッドの)足掛け毛布.
cu·bri·mien·to [クブリミエント] 男 1 〈行為〉おおい隠し. 2 (室内装飾などの)表装材料.
cu·brir [クブリる] 他 1 …をおおう, つつむ.
2 …を (+con...) …でおおう, …に (+con...) …をかける, かぶせる.
3 …を (+de...) …でいっぱいにする.
4 …をかくす, 秘密にする.
5 …を守る, 保護する.
6 (空席などを)埋める.
7 (仕事など)を担当する, カバーする.
8 …に屋根をつける.
9 (ある距離)を進む.
10 (記者などが)…を取材する, 報道する.
11 (費用など)をまかなう, 払う.
12 〈動物〉(雄が雌に)にかかる, …と交尾する.
— *cubrir·se* 再 1 (+con...) …で自分の身をおおう.
2 (+de...) …でいっぱいになる.
3 帽子をかぶる.
4 (空が)雲でおおわれる.
cu·ca¹ [クカ] 女 《→ cuco²》(通貨単位の)ペセタ.
cu·ca·mo·nas [クカモナス] 女複 おべっか.
cu·ca·ñ a [クカニャ] 女 (すべりやすい丸太に登って賞品を取る遊びの, その丸太の)クカニャ.
cu·ca·ra·cha [クカラチャ] 女 〈昆虫〉ゴキブリ.
cu·cha·ra [クチャラ] 女 1 スプーン, 大さじ. 2 (台所用品の)おたまじゃくし. 3 スプーン一杯の量. 4 《機械》(パワーショベルの)バケット.
merer a... con cuchara (de palo) ~ …に～をくわしく教えてやる.
meter la cuchara en... …によけいな口出しをする.
cu·cha·ra·da [クチャラダ] 女 大さじ1杯の量.
cu·cha·ra·di·ta [クチャラディタ] 女 小さじ1杯の量.
cu·cha·re·ar [クチャレアル] 自 たずね回って情報を得る.
cu·cha·ri·lla [クチャリじゃ] 女 1 小さじ, ティースプーン. 2 〈釣り〉(ルアーの)スプーン.
cu·cha·rón [クチャロン] 男 (給仕用の)大型スプーン, しゃもじ.
cu·che [クチェ] 男 〈動物〉ブタ[豚].
cu·chi·che·ar [クチチェアル] 自 ささやく, ひそひそ話をする.
cu·chi·che·o [クチチェオ] 男 ささやき, ひそひそ話.
— 活 → cuchichear ささやく.
cu·chi·lla [クチじゃ] 女 1 かみそり. 2 (かみそりの)刃. 3 肉切り包丁.
cu·chi·lla·da [クチじゃダ] 女 《= 男 cuchillazo》切り傷, 刺し傷.
cu·chi·lle·rí·a [クチじぇリア] 女 刃物店.
cu·chi·llo [クチじょ] 男 1 ナイフ, 小刀, 短刀. 3 包丁, 刃物.
pasar a cuchillo a... …を殺す.
cu·chi·pan·da [クチパンダ] 女 宴会.
cu·chi·tril [クチトりる] 男 きたない小部屋.
cu·chu·fle·ta [クチュふれタ] 女 冗談, ジョーク.
cu·cli·llas [ククりじゃス] 男 《つぎの副詞句の一部》
en cuclillas しゃがんで, うずくまって.
cu·cli·llo [ククリじょ] 男 〈鳥〉カッコウ.
cu·co¹ [クコ] 男 〈鳥〉カッコウ.
cu·co², ca² [クコ, カ] 形 1 きれいな, かわいい. 2 ずるく立ち回る.
— 男 女 ずるい人間.
cu·cú [クク] 男 1 カッコウの鳴き声, カッコー. 2 鳩時計.
cu·cu·ru·cho [ククルチョ] 男 1 (菓子などを入れる)円錐(ǽ)型の紙袋. 2 (聖週間の行列でかぶる円錐型の帽子の)ククルチョ.
cuec- 活 → cocer ゆでる《活 18》.
cuel- 活 → colar 漉(¿)す《活 22》.
cuelg- 活 → colgar つるす《活 71》.
cue·llo [クエじょ] 男 1 首. 2 〈衣服〉襟(鉣), カラー. 3 (瓶(郄)などの)首, くびれた部分.
cortar el cuello a... 1 …の首をはねる. 2 …をひどい目にあわせる.
cuello alto [cuello de cisne] (セーターの)とっくり襟, タートルネック.
cuello de botella 隘路, ボトルネック.
cuello de marinero セーラーカラー.
estar metido en... hasta el cuello …にはまりこんでいる.
levantar el cuello 1 襟を立てる. 2 立ち直る.
cuen·ca [クエンカ] 女 1 谷, 谷あい. 2 盆地. 3 鉱床. 4 《解剖学》眼窩(窩゚ん).

Cuen·ca [クエンカ] 囡〈県・県都の名〉(スペイン中東部の)クエンカ.

cuen·co [クエンコ] 男 1 鉢(⅝), どんぶり. 2 くぼみ.

cuent- 活 → contar 数える《活 22》.

cuen·ta [クエンタ] 囡 1 …すること, 勘定. 2 計算. 3 勘定書, 請求書. 4〈銀行などの〉口座. 5〈商業〉貸借勘定. 6 (言動についての)説明, 釈明. 7 任務, 責任. 8 考慮, 配慮. 9 利益, 得(⅝). 10 (ロザリオなどの)玉, ビーズ.
a cuenta 手付金として, 内金で.
a cuenta de… 1 …の代わりに. 2 …の勘定で.
a fin de cuentas 結局のところ.
ajustar a (＋人) *las cuentas* …と話をつける, …をこらしめる.
caer en la cuenta de… …に気づく.
con cuenta y razón 慎重に, きっちりと.
correr de [*por*] *cuenta de* (＋人) …の支払い分である, …の責任である.
cuenta bancaria 銀行口座.
cuenta corriente 当座勘定, 当座預金.
dar cuenta de… 1 …をたいらげる, 片付ける. 2 …について報告する.
dar·se cuenta de… …に気づく.
de cuenta 重要な.
de [*por*] *cuenta de* (＋人) …の払いで.
de [*por*] *cuenta y riesgo de* (＋人) …の責任で.
echar cuentas de… …の計算をする.
estar fuera de cuenta [*cuentas*] (妊婦が)臨月を過ぎている.
estar lejos de la cuenta 的はずれである.
habida cuenta de (*que*) … …を考慮して.
hacer·se la cuenta de… …を想像する.
la cuenta de la vieja 指を使う勘定.
libro de cuentas 会計簿.
llevar las cuentas de… …の会計を担当する.
más de la cuenta 過度に.
no querer cuentas con (＋人) …とかかわりたくない.
perder la cuenta de… …の数を忘れる.
por cuenta de (＋人) 1 …の利益のために. 2 …の責任で.
por la cuenta que trae a (＋人) …が自分の利益を考えて.
tener en cuenta… …を考慮に入れる.
tomar en cuenta… …を気にかける.
venir a cuentas 納得する.

cuen·ta·co·rren·tis·ta [クエンタコレンティスタ] 男 囡 当座預金客.

cuen·ta·go·tas [クエンタゴタス] 男《単複同形》(インクなどを吸いあげる)スポイト.

cuen·ta·ki·ló·me·tros [クエンタキロメトロス] 男《単複同形》〈自動車〉走行距離計.

cuen·ta·rre·vo·lu·cio·nes [クエンタレボルシオネス] 男《単複同形》〈自動車〉積算回転計.

cuen·tis·ta [クエンティスタ] 形《男女同形》話のぎょうぎょうしい, 大げさに話す.
— 男 囡 1 話の大げさな人. 2 短編作家.

cuen·to [クエント] 男 1 短編小説, 物語. 2 お話, おとぎ話. 3 作り話, ほら話. 4 うわさ話, 陰口. 5 (傘などの)石突き.
a cuento de… …に関して.
cuento chino でたらめな話.
el cuento de la lechera 皮算用.
el cuento de nunca acabar だらだら続く厄介な仕事.
estar en el cuento 内情に通じている.
no venir a cuento 1 適切ではない. 2 かかわりがない.
sin cuento 無数の, たくさんの.
tener mucho cuento 大げさな人である.

cuer·da¹ [クエルダ] 囡 1 ひも, ガット, ロープ, 縄, 綱. 2〈楽器〉弦. 3 (集合的に)弦楽器. 4 (時計などの)れんじ, ぜんまい. 5〈解剖学〉腱(½). 6〈数学〉(円の2点を結ぶ)弦. 7 (山脈の)稜線.
a cuerda 一直線に.
aflojar la cuerda 規律をゆるめる.
apretar la cuerda 規律を強める.
bajo cuerda こっそりと, ひそかに.
cuerda floja (曲芸の綱渡りの)綱, ロープ.
cuerdas vocales〈解剖学〉声帯.
dar cuerda a… 1 …のねじを巻く. 2 …を長続きさせる.
en la cuerda floja 不安定な状態で.
ser de la misma cuerda (*que*＋人) (…と)同じ考え方である.
tener mucha cuerda 辛抱強い.
tirar de la cuerda 度を過ごす, 図に乗る.

cuer·do, da² [クエルド, -] 形 1 正気の, 理性のある. 2 慎重な, 賢明な.
— 男 囡 1 正気の人. 2 思慮深い人.

cuer·na [クエルナ] 囡 1 (動物1頭分の)角(⅔). 2 (シカなどの)枝角.

cuer·no [クエルノ] 男 1 (シカやサイやカタツムリなどの)角(⅔). 2 角状のもの. 3〈楽器〉ホルン. 4 角笛. 5 (配偶者への裏切りの象徴の)角 [＝cuernos].
¡Al cuerno! だめだ！, 出ていけ！
cuerno de la abundancia (豊作を象徴する)豊饒(⅘)の角(⅔).
¡Cuernos! おや！, しまった！
importar a… un cuerno …にとってどうでもいい.
ir·se al cuerno (事が)失敗に終る.
mandar a… al cuerno …を拒絶する, ほっておく.
oler a… a cuerno quemado …にいやな予感がする.
poner a… en los cuernos de la Luna …

をほめちぎる.
poner los cuernos a... （配偶者など）を裏切って浮気する.
romper-se los cuernos 懸命に努力する.
saber a... a cuerno quemado （物事が）…にいやな思いをさせる.

cue·ro [クエロ] 男 1 かたいなめし革, 革. 2 （動物の）皮, 皮膚(ひふ). 3 革袋.
cuero cabelludo 頭皮.
en cueros (vivos) 1 完全に裸で. 2 無一文で.

cuer·po [クエルポ] 男 1 肉体, 体. 2 物体, 物質. 3 胴体, 胴. 4 死体, 遺体. 5 本体, 主要部分. 6 集団, 団体, 組織. 7 兵団, 軍団. 8 〈法律〉 集大成. 9 （液体の）濃度. 10 （衣服の）胴の部分.
a cuerpo コートなしで.
a cuerpo de rey 王様のように, 至れり尽せりで.
cuerpo a cuerpo 1 体をぶつけ合って, 白兵戦で. 2 人身攻撃で.
cuerpo a tierra 地面に身をふせて.
cuerpo completo 〈化学〉 化合物.
cuerpo de ejército 軍団.
cuerpo del delito 犯罪構成事実.
cuerpo diplomático 外交団.
cuerpo simple 〈化学〉 単体.
dar con el cuerpo en tierra 平伏する, たおれる.
dar cuerpo a... …を濃くする, 具体化する.
de cuerpo entero 1 完全無欠の. 2 全身で.
de cuerpo presente 1 埋葬準備のできた. 2 本人similarに.
echar-se... al cuerpo …を食べ尽くす.
en cuerpo y (en) alma 身も心も, 完全に.
formar cuerpo con... …と合体する, 一体になる.
hacer del cuerpo 排便する.
pedir a... el cuerpo （+不定詞） …には ～したくてたまらない.
tomar cuerpo 1 （計画などが）実現する. 2 （事が）重要になってくる.

cuer·vo [クエルボ] 男 〈鳥〉 カラス[烏].
cues·co [クエスコ] 男 1 音を伴う屁(へ). 2 （果実の）種, 芯(しん).
cuest- 活 → costar かかる (活 22).
cues·ta [クエスタ] 女 1 坂道, 坂. 2 斜面.
a cuestas 1 肩にかかって, 2 肩にかかって.
cuesta abajo 坂を下って.
cuesta arriba 坂を上って.
cuesta de enero （クリスマスの出費による）1月の金詰まり.
hacer-se a... cuesta arriba …にとってつらいことになる.

cues·ta·ción [クエスタシオン] 女 募金.
cues·tión [クエスティオン] 女 1 問題, 問題点. 2 事柄, 話題. 3 口論, 論争.
cuestión de... ほぼ…, 約….
cuestión de confianza （政府にかかわる）信任問題.
en cuestión 問題の, 当該の.
en cuestión de... …に関しては.

cues·tio·na·ble [クエスティオナブレ] 形 疑問の余地のある, 疑わしい.
cues·tio·nar [クエスティオナル] 他 …を問題にする, …について論じる.
cues·tio·na·rio [クエスティオナリオ] 男 1 （アンケートの）質問表. 2 （試験の）問題用紙.
cue·va [クエバ] 女 洞窟(どうくつ), 洞穴(ほらあな).
cué·va·no [クエバノ] 男 大型のかご.
cuez- 活 → cocer ゆでる (活 18).

cui·da·do¹ [クイダド] 男 1 配慮, 注意, 用心. 2 世話, 保護. 3 心配, 気苦労.
— 間 1 （+de...） …に気をつけて！ 3 （+con...） （怒りの表現で） …のやつめが！ / *¡Cuidado con el niño!* 何というやな子供だ！
al cuidado de... …に世話されて, 保護されて. 2 〈手紙〉 …気付 [=a/c...].
¡Allá cuidado! 好きにしろ！勝手にしろ！
andar con cuidado 注意している.
con cuidado 1 注意して. 2 心配して.
de cuidado 危険な, 用心すべき.
sin cuidado 1 注意せずに. 2 心配することなく.
tener cuidado 1 （+de...） …の世話をする. 2 （+con...） …に用心する.
traer a... sin cuidado …には気にならない.

cui·da·do², da [—, ダ] 《過去分詞》 → cuidar 世話する.
— 形 1 危ぶされた. 2 よく手入れされた.

cui·da·dor, do·ra [クイダドル, ドラ] 男 女 世話人, 管理人.
cui·da·do·sa·men·te [クイダドサメンテ] 副 1 念を入れて. 2 注意深く.
cui·da·do·so, sa [クイダドソ, サ] 形 1 注意深い, 慎重な. 2 入念な, きちょうめんな. 3 （+de...） …が心配な, 気になる.
cui·dar [クイダル] 他 1 …を世話する, 管理する. 2 …を注意する, 用心する. 3 …を看病する, 治療する.
— 自 1 （+de...） …の世話をする, 手入れをする. 2 （+de que+接続法） …するように気をつける. 3 （+con...） …に用心する, 注意する.
— *cuidar·se* 再 1 自分の健康に気をつける. 2 （+de...） …に気をつける. 3 （+de...） …を苦にする, 心配する. 4 （+de...） …に専念する.

cui·ta [クイタ] 女 1 心配, 苦労. 2 悲しみ.
cui·ta·do, da [クイタド, ダ] 形 1 不幸な, みじめな. 2 内気な.
cu·la·da [クラダ] 女 しりもち／*dar-se una culada* しりもちをつく.
cu·lan·tro [クラントロ] 男 〈植物〉 （薬草の）コエンドロ.
cu·la·ta [クラタ] 女 1 銃床(じゅうしょう). 2 （エンジンの）シリンダーヘッド. 3 尻.
cu·la·ta·zo [クラタソ] 男 銃床(じゅうしょう)による一

cu·le·bra [クレブラ] 囡 1〈動物〉(小型の)ヘビ. 2〈人〉借金取り.

cu·le·bre·ar [クレブレアル] 国 くねって進む, 蛇行する.

cu·le·bri·na [クレブリナ] 囡 稲光, 稲妻.

cu·le·brón [クレブロン] 男 長編テレビドラマ.

cu·le·ra¹ [クレラ] 囡 (ズボンの尻(り)の) 1 すり切れ. 2 つぎ当て.

cu·le·ro, ra² [クレロ, ー] 形 臆病(びょう)な, 小心な.

cu·lín [クリン] 男 (容器の液体の)わずかな残り.

cu·li·na·rio, ria [クリナリオ, リア] 形 料理の, 料法の.

cul·mi·na·ción [クルミナシオン] 囡 1 絶頂, 最高潮. 2 終幕, 終末.

cul·mi·nan·te [クルミナンテ] 形 絶頂の, 最高潮の.

cul·mi·nar [クルミナル] 国 1 最高潮に達する, 頂点に達する. 2 (+en...)ついに …になる.
— 他 …を終える.

cu·lo [クロ] 男 1 尻(り), けつ. 2 尻の穴, 肛門. 3 はしっこ, 末端. 4 底. 5 (容器の液体の)わずかな残り.
con el culo al aire こまった状態で.
con el culo a rastras 一文なしで.
con el culo prieto 恐怖でふるえあがって.
culo de mal asiento 落ち着きのない人.
culo de pollo (衣服の修理の)へたな穴ふさぎ.
culo de vaso イミテーションの宝石.
dar por el culo a... 1 …をうんざりさせる. 2 …と男色をする.
ir de culo 1 大急ぎである. 2 うまく行かない.
ir·se a tomar por (el) culo 1 だめになる. 2 出ていく／¡*Vete a tomar por el culo!* 出ていけ!
lamer el culo a... …にへつらう.
mandar (a...) a tomar por (el) culo 1 (…を)ほうり出す. 2 だめになる.
mojar·se el culo あえて決定的なことを言う.
ojo del culo 尻の穴.
perder el culo 1 急いで行く. 2 ごまをする.
poner el culo …の言いなりになる.

cu·lom·bio [クロンビオ] 男〈電気量の単位〉クーロン.

cu·lón, lo·na [クロン, ロナ] 形 尻(り)の大きな.

cul·pa [クルパ] 囡 1 (過失の)責任. 2 過失, 落ち度. 3 (害悪の)原因, せい.
echar a... la culpa de～ …に ～の責任をおしつける, ～を …のせいにする.
pagar culpas ajenas 他人の罪をかぶる.
por culpa de... …のせいで.

cul·pa·bi·li·dad [クルパビリダス] 囡 1 (過失の)責任のあること. 2 有罪.
declaración de no culpabilidad 無罪判決.
sentido de culpabilidad 罪悪感.

cul·pa·bi·li·zar [クルパビリシル] 他《活 39 gozar》…を非難する[= culpar].

cul·pa·ble [クルパブレ] 形 1 (過失の)責任がある. 2 有罪の.

cul·par [クルパル] 他 1 …を(+de, por...) …で非難する, 訴える. 2 …に(+de...) …の罪を着せる.
— *culpar·se* 再 (+de...) …を自分の責任であると認める.

cul·te·ra·nis·mo [クルテラニスモ] 男 (近世スペイン文学の)誇飾主義.

cul·te·ra·no, na [クルテラノ, ナ] 形 誇飾主義 culteranismo の.
— 男 囡 誇飾主義の作家.

cul·tis·mo [クルティスモ] 男 (ギリシア語・ラテン語から直接的にスペイン語に入った)教養語.

cul·ti·va·ble [クルティバブレ] 形 1 耕作できる. 2 育成できる.

cul·ti·va·dor, do·ra [クルティバドル, ドラ] 形 1 農業を行う. 2 (能力などを)育成する.
— 男 囡 1 農夫, 農婦. 2 (能力などの)育成者.

cul·ti·var [クルティバル] 他 1 (土地)を耕作する. 2 (作物)を栽培する. 3 …を培養する. 4 …を育成する. 5 (才能など)を育てる, やしなう. 6 (芸術などに)専念する.
— *cultivar·se* 再 (自分の才能などを)高める.

cul·ti·vo [クルティボ] 男 1 耕作, 栽培. 2 培養. 3 育成, 発展. 4 養成, 奨励.
— 活 → cultivar 耕作する.

cul·to¹ [クルト] 男 1 礼賛, 傾倒. 2 信仰, 崇拝. 3 礼拝.

cul·to², ta [ー, タ] 形 1 教養のある, 学識のある. 2 おとなしい趣味の.

cul·tu·ra [クルトゥラ] 囡 1 文化, 精神文明. 2 教養.

cul·tu·ral [クルトゥラル] 形 1 文化の, 文化的な. 2 教養の.

cul·tu·ris·mo [クルトゥリスモ] 男 ボディービル.

cul·tu·ris·ta [クルトゥリスタ] 男 囡 ボディービル愛好者.

cum·bia [クンビア] 囡 (コロンビアの民族舞踊の)クンビア.

cum·bre [クンブレ] 囡 1 山頂, 頂上. 2 頂点, 絶頂. 3 首脳会議, サミット.

cum·ple·a·ños [クンプレアニョス] 男〈単複同形〉1 誕生日. 2 誕生パーティー, 誕生祝い.

cum·pli·do¹ [クンプリド] 男 1 賛辞, 世辞. 2 礼儀, 儀礼.
por cumplido 義理で, 儀礼的に.
visita de cumplido 表敬訪問.

cum·pli·do², da [ー, ダ] 《過去分詞》→ cumplir 果(は)たす.
— 形 1 成しとげた, 実現した. 2 完全な. 3 礼儀正しい.

cum·pli·dor, do·ra [クンプリドル, ドラ] 形 1 よく義務を果(は)たす. 2 信用できる.

他 は他動詞　再 は再帰動詞　形 は形容詞　副 は副詞　前 は前置詞　接 は接続詞　間 は間投詞

— 男女 信用できる人.

cum·pli·men·tar [クンプリメンタル] 他 1 …に敬意を表する, …を表敬訪問する. 2 …を実行する, 遂行する. 3 (印刷物)に書き込む.

cum·pli·mien·to [クンプリミエント] 男 1 (義務などの)遂行, 実行, 履行. 2 (期限の)満了, 満期. 3 礼儀, 丁重さ.

cum·plir [クンプリル] 他 1 …を果(は)たす, 実行する. 2 (約束)を守る. 3 満…歳になる.
— 自 1 約束を守る. 2 義務を果たす. 3 (+ con...) …を果たす, (条件)を満たす. 4 満期になる, 期限切れになる.
— cumplirse 再 1 実現する, 果たされる. 2 満期になる, 期限になる.

para [por] cumplir 礼儀として, 義理で.

cú·mu·lo [クムロ] 男 1 (物の)山積み, 積み重ね. 2 (空の)積雲.

cu·na [クナ] 女 1 揺りかご. 2 出生地. 3 (文化などの)発祥の地. 4 家柄, 家系, 血筋.

cun·dir [クンディル] 自 1 広がる, 広まる. 2 ふくれる, ふえる, 増大する, 増加する.

cu·nei·for·me [クネイフォルメ] 形 1 くさび形の. 2 くさび形文字の.

cu·ne·ta [クネタ] 女 (道ばたの)溝(みぞ), 側溝.

cu·ni·cul·tu·ra [クニクルトゥラ] 女 ウサギ飼育業, 養兎業(ようとぎょう).

cu·ña [クニャ] 女 1 くさび[楔]. 2 (病人用の尿器)のしびん. 3 (テレビなどの)スポットコマーシャル. 4〈気象〉前線. 5 (新聞記事の)埋め草.

cuña anticiclónica 〈気象〉(低気圧圏に進入する)高気圧圏.

cuña publicitaria (テレビなどの)コマーシャル用スポット.

meter cuña entre... …の間に不和を引き起こす.

ser buena cuña 強引に割り込める人である.

cu·ña·do, da [クニャド, ダ] 男女 1 配偶者の兄弟[姉妹]. 2 兄弟[姉妹]の配偶者.

cu·ño [クニョ] 男 (メダルや貨幣の)刻印.
de nuevo cuño 新造の, 最近出現した.

cuo·ta [クオタ] 女 1 (各自が払う)料金, 会費, 分担額. 2 割り当て金.

cup- 語 → caber 入りうる〈活 15〉.

cu·pé [クペ] 男 1 (昔の4輪の)クーベ型馬車. 2 (2ドアの)クーベ型自動車.

Cu·pi·do [クピド] 固 (ローマ神話の)キューピッド, クピド.

cu·plé [クプレ] 男 (20世紀前半に流行した歌謡の)クプレ.

cu·ple·tis·ta [クプレティスタ] 男女 クプレ cuplé の歌手.

cu·po [クポ] 男 1 割り当て分, 分担量. 2 (スペインで徴兵の)割り当て人数.

cu·pón [クポン] 男 1 (くじなどの)半券. 2 クーポン.

cú·pri·co, ca [クプリコ, カ] 形〈化学〉第二銅の.

cú·pu·la [クプラ] 女 1〈建築〉丸天井, ドーム. 2 (組織や企業の)首脳, 幹部.

cu·ra [クラ] 男〈カトリック〉の司祭, 教区司祭.
— 女 1 治療. 2 治療法.

cura de almas 魂の救済.

este cura (ユーモア表現で)我が輩.

no tener cura なおしようがない, つける薬がない.

primera cura 応急手当.

cu·ra·ble [クラブレ] 形 治癒できる, なおせる.

cu·ra·ción [クラシオン] 女 1 (病気の)回復, 治癒(ちゆ). 2 治療, 手当て. 3 (食品の)保存処理.

cu·ra·do¹ [クラド] 男 (肉や魚の)保存処理.

cu·ra·do², da [—, ダ]〈過去分詞〉→ curar なおる.
— 形 1 (病気が)なおった. 2 (+de...) …に平気な, 動揺しない. 3 (肉や魚が)保存加工された.

cu·ra·lo·to·do [クラロトド] 男 万能薬.

cu·ran·de·ris·mo [クランデリスモ] 男 いんちき治療.

cu·ran·de·ro, ra [クランデロ, ラ] 男女 にせ医者, もぐりの医者.

cu·rar [クラル] 自 1 (病気が)なおる. 2 (+ de...) …から回復する.
— 他 1 (病気など)をなおす, 治療する. 2 (傷)を手当てする, 処置する. 3 (肉や魚)を保存加工する. 4 (皮革)をなめす.
— curarse 再 (病気などが)なおる.

curarse en salud 害悪が起こらないように手を打つ.

cu·ra·re [クラレ] 男 (南米先住民が毒矢に使ったしびれ薬の)クラレ.

cu·ra·sao [クラサオ] 男 (オレンジ・リキュールの)キュラソー.

cu·ra·ti·vo, va [クラティボ, バ] 形 治療用の, 病気に効く.

cu·ra·to [クラト] 男〈宗教〉1 教区. 2 教区司祭職.

cur·da¹ [クルダ] 女 酒の酔い, 酩酊(めいてい).

cur·do, da² [クルド, —] 形 〈= kurdo, da〉(トルコからイランの山岳地帯に住む)クルド人の.
— 男女 クルド人.

cu·ria [クリア] 女 1 (集合的に)法律家, 法曹. 2 法廷.

curia diocesana 〈集団〉司教区管理職員.

curia romana [pontificia] ローマ教皇庁.

cu·rio [クリオ] 男 1〈化学〉キュリウム. 2〈放射能の強さの単位〉キュリー.

cu·rio·sa·men·te [クリオサメンテ] 副 1 好奇心を持って, もの珍しそうに. 2 注意深く, 慎重に.

cu·rio·se·ar [クリオセアル] 他 …を調べまわる, 詮索(せんさく)する.
— 自 気軽に冷やかしてまわる.

cu·rio·si·dad [クリオシダッ] 女 1 好奇心, 詮索(せんさく)好き. 2 珍奇なもの. 3 珍しい出来事. 4 注意深さ, 丹念.

cu·rio·so, sa [クリオソ, サ] 形 1 もの珍しい, 珍奇な. 2 好奇心の強い, 詮索(な)好きな. 3 (+ de...) …を知りたがっている. 4 (+por+不定詞) …したがっている. 5 清潔な. 6 入念な, 注意深い.
— 男 女〈人〉詮索好き, 好奇心の強い人.

cu·rran·te [クランテ] 形 仕事をする.
— 男 女〈人〉, 労働者.

cu·rrar [クラル] 自 働く, 仕事をする.

cu·rre·lo [クレロ] 男 仕事.

cu·rri·cu·lar [クリクラル] 形 1 (学校の)カリキュラムの. 2 経歴の.

cu·rrí·cu·lo [クリクロ] 男 1 (学校の)カリキュラム. 2 経歴. 3 履修者.

cu·rri·cu·lum vi·ta·e [クリクルン ビタエ] 男《単複同形》履歴書.

Cu·rro [クロ] 固《男性の名》(Francisco の愛称の)クロ.

cu·rro [クロ] 男 1 仕事. 2 仕事場.

cu·rry [クリ] 男《料理》カレー.
arroz al curry カレーライス.

cur·sa·do, da [クルサド, ダ] 《過去分詞》→ cursar 履修する.
— 形 1 経験を積んだ. 2 (en...) …に精通した. 3 履修した.

cur·sar [クルサル] 他 1 (学校で)…を履修する, 勉強する. 2 (手紙などを)送る, 発送する. 3 (命令などを)伝える, 伝達する.

cur·si [クルシ] 形《男女同形》きざな, 気取った.
— 男 女 きざな人間.

cur·si·la·da [クルシラダ] 女 きざな振る舞い.

cur·si·le·rí·a [クルシレリア] 女 きざ, 気取り.

cur·si·llis·ta [クルシジスタ] 男 女 受講生, 研修生.

cur·si·llo [クルシジョ] 男 1 短期講座. 2 講習会, 研修.

cur·si·va¹ [クルシバ] 女〈活字〉イタリック体 [= letra cursiva].

cur·si·vo, va² [クルシボ, −] 形 (書体が)イタリック体の, 斜体の.

cur·so [クルソ] 男 1 (物事の)推移, 経過. 2 (液体の)流れ. 3 (天体などの)進路, 方向. 4 学年, 学年度. 5 授業, 講座, 課程. 6 (貨幣などの)流通, 流布, 通用.
curso académico 学年.
curso acelerado 集中講義.
dar curso a... …を処理する.
en curso 進行中の, 現在の.
en el curso de... …の間に.
moneda de curso legal 法定通貨, 法貨.
seguir su curso 順調に進む.

cur·sor [クルソル] 男〈コンピューター〉カーソル.

cur·ti·do, da [クルティド, ダ] 《過去分詞》→ curtir なめす.
— 形 1 (皮革が)なめされた. 2 日焼けした. 3 経験

を積んだ, 老練な.

cur·ti·dor, do·ra [クルティドル, ドラ] 男 女 皮なめし職人.

cur·tir [クルティル] 他 1 (皮革)をなめす. 2 (肌(は))を日に焼く. 3 (人)を苦難に慣れさせる.
— curtirse 再 1 日焼けする. 2 (苦難に慣れて)たくましくなる.

cur·va¹ [クルバ] 女 1 曲線, 曲線グラフ. 2 (道などの)曲線部分, カーブ. 3 体の線, ボディーライン [= curvas].
curva cerrada 急カーブ.
curva de nivel〈地図〉等高線.
tomar [coger] la curva カーブを描く.

cur·var [クルバル] 他 …を曲げる.
— curvarse 再 曲がる.

cur·va·tu·ra [クルバトゥラ] 女 湾曲, ひずみ.

cur·vi·lí·ne·o, a [クルビリネオ, ア] 形 曲線の.

cur·vo, va² [クルボ, −] 形 曲がった, たわんだ.
— 活 → curvar 曲げる.

cus·cu·rro [クスクロ] 男 (パンの)焼けた部分.

cus·cús [クスクス] 男〈料理〉(北アフリカの小麦の蒸しだんごの)クスクス.

cús·pi·de [クスピデ] 女 1 (とがった)頂上, 山頂. 2 先端. 3 絶ణ, 頂点.

cus·qui [クスキ] 女《つぎの動詞句の一部》
hacer la cusqui a... …を困らせる, 不快にさせる.

cus·to·dia [クストディア] 女 1 保護, 監視. 2〈宗教〉聖体顕示台.

cus·to·diar [クストディアル] 他 …を監視する, 保護する.

cu·tá·ne·o, a [クタネオ, ア] 形 皮膚(か)の, 肌(は)の.

cu·tí·cu·la [クティクラ] 女 (動植物の)外皮, 表皮.

cu·tis [クティス] 男《単複同形》(顔などの)皮膚(か), 肌(は).

cu·tre [クトレ] 形 1 きたない, 劣悪な. 2 けちな. 3 みじめな.
— 男 女〈人〉欲張り, けち.

cu·trez [クトレス] 女 1 きたならしさ, 劣悪さ. 2 強欲, けち. 3 みじめさ.

cuy [クイ] 男《= cuye》〈動物〉テンジクネズミ.

cu·yo, ya [クヨ, ヤ] 形《関係形容詞》《アクセントなし》《後続名詞の形に一致した語形変化 cuyo, cuya, cuyos, cuyas》…するその〜/*el muchacho cuyo padre es diplomático* 父親が外交官のその少年.

Cuz·co [クスコ] 固《= Cusco》〈都市の名〉(ペルー南部の)クスコ.

cuz·cuz [クスクス] 男《= cuscus》クスクス.

cuz·que·ño, ña [クスケニョ, ニャ] 形 (ペルーの都市の)クスコ Cuzco の.
— 男 女 クスコの人.

他 は他動詞　再 は再帰動詞　形 は形容詞　副 は副詞　前 は前置詞　接 は接続詞　間 は間投詞

D d

D 《ローマ数字》500／MCD 1400.

D, d [デ] 囡《アルファベットの第4番の文字》デ.

D. [ドン]《略語》(男性への敬称の)don. …さん.

Dª. [ドニャ]《略語》(女性への敬称の)doña. …さん.

da 活 → dar 与える《活 24》.

da·ble [ダブレ] 形 可能な.

da·ca [ダカ] 《つぎの名詞句の一部》
toma y daca《男性単数形》持ちつ持たれつ.

dac·ti·la·do, da [ダクティラド, ダ] 形 指の形をした.

dac·ti·lar [ダクティラル] 形 指の.
huellas dactilares 指紋.

dac·ti·lo·gra·fí·a [ダクティログラフィア] 囡《技術》タイプライティング.

dac·ti·ló·gra·fo, fa [ダクティログラフォ, ファ] 男囡 タイピスト.

dac·ti·lo·lo·gí·a [ダクティロロヒア] 囡《技術》手話.

dac·ti·los·co·pia [ダクティロスコピア] 囡 指紋鑑定法.

da·da·ís·mo [ダダイスモ] 男《芸術》ダダイズム.

dá·di·va [ダディバ] 囡 贈り物, 贈与の品.

da·di·vo·so, sa [ダディボソ, サ] 形 気前のよい, 物を贈ることが好きな.

da·do¹ [ダド] 男 1《遊具》さいころ. 2 さいころ形のもの.
cargar los dados いかさまのさいころを使う.
jugar a los dados さいころ遊びをする.

da·do², da [一, ダ]《過去分詞》→dar 与える.
— 形 1 特定の, 一定の. 2 (+a...) …にふけった, 熱中した. 3 (+a+不定詞) …する傾向がある. 4 (後続名詞と性数を一致させて) …が与えられたからには, …ならば.
dado que... 1 (+直説法) …であるからには. 2 (+接続法) …と仮定すれば.

da·ga [ダガ] 囡 短剣, 短刀.

da·gue·rro·ti·po [ダゲロティポ] 男 1 銀板写真. 2 銀板写真術.

dai·qui·rí [ダイキリ] 男 (ラム酒のカクテルの)ダイキリ.

dais 活 → dar 与える《活 24》.

da·le [ダレ] 間 しっかりしろ!, いいかげんにしろ!

Da·lí [ダリ] 固《画家の名》(スペインの)ダリ[= Salvador Dalí].

da·lia [ダリア] 囡《植物》ダリア.

dál·ma·ta [ダルマタ] 男囡《犬》(中型の)ダルメシアン.

dal·tó·ni·co, ca [ダルトニコ, カ] 形《医学》色盲の.
— 男囡 色盲の人.

dal·to·nis·mo [ダルトニスモ] 男《医学》色盲.

da·ma [ダマ] 囡 1 貴婦人, 淑女. 2 (女王や王女の)侍女, 女官. 3 意中の女性, マドンナ. 4《演劇》主演女優. 5《チェッカー》成り駒. 6《チェス》クイーン.
dama de honor〈婦人〉(主役の女性への)付き添い.
primera dama (大統領・首相の夫人の)ファーストレディー.

da·ma·jua·na [ダマフアナ] 囡 (編みかごでくるんだ)大瓶(瓫).

da·mas [ダマス] 囡覆《→ dama》《ゲーム》(市松模様の盤で遊ぶ)チェッカー.

da·mas·co [ダマスコ] 男《織物》ダマスク.

da·mas·qui·na·do [ダマスキナド] 男《技術・作品》(金や銀の)象眼(銘)細工.

da·mas·qui·nar [ダマスキナル] 他 …に(金銀の)象眼(銘)細工をほどこす.

da·mas·qui·no, na [ダマスキノ, ナ] 形 (シリアの首都の)ダマスカス Damasco の.
— 男囡 ダマスクの人.

da·me·ro [ダメロ] 男 1《遊具》チェッカー盤. 2 市松模様の市街地. 3《遊戯》(クロスワード風に言葉を埋めて文句を作る)ダメロ.

da·mi·se·la [ダミセラ] 囡 貴婦人ぶった娘, 気取った娘.

dam·ni·fi·ca·do, da [ダムニふィカド, ダ]《過去分詞》→ damnificar 損害を与える.
— 形 損害を受けた, 罹災(さい)した.
— 男囡 被害者, 被災者.

dam·ni·fi·car [ダムニふィカル] 他《活 73 sacar》…に損害を与える, …を傷つける.

damos 活 → dar 与える《活 24》.

dan 活 → dar 与える《活 24》.

dan·di [ダンディ] 男〈男〉しゃれ者, ダンディー.

dan·dis·mo [ダンディスモ] 男 (男の)おしゃれ, ダンディズム.

da·nés¹ [ダネス] 男 1 デンマーク語.
gran danés〈犬〉(大型の)グレートデーン.

da·nés², sa, ne·sa [一, サ, ネサ] 形 (北ヨーロッパの)デンマーク Dinamarca の.
— 男囡 デンマーク人.

Da·niel [ダニえル] 固〈男性の名〉ダニエル.

dan·tes·co, ca [ダンテスコ, カ] 形 (ダンテ

活は活用形 覆は複数形 男は男性名詞 囡は女性名詞 固は固有名詞 代は代名詞 圁は自動詞

Danteの神曲に描かれた)地獄のような, すごい.

Da·nu·bio [ダヌビオ] 圏 《el+》〈川の名〉(ヨーロッパ南東部を流れる)ダニューブ[ドナウ]川.

dan·za [ダンサ] 囡 **1** ダンス, 舞踏. **2** せわしなげな動き, 動き回り.

danza clásica 古典舞踊, バレエ.

danza de la muerte (中世末ヨーロッパ文芸の象徴的テーマである死神の)死の舞踏.

danza ritual 祭礼の舞.

estar en danza 忙しく立ち回る.

dan·zan·te, ta [ダンサンテ, タ] 男囡〈人〉お節介な, でしゃばり.

dan·zar [ダンサル] 圁《活 39 gozar》**1** 踊る, ダンスをする. **2** むだに動き回る. **3** (物が)揺れる. **4** (+en...) …によけいな口出しをする.

— 囮 (踊りを)踊る.

dan·za·rín, ri·na [ダンサリン, リナ] 男囡 踊り手, ダンサー.

da·ñar [ダニャル] 囮 **1** …に損害を与える, …を害する. **2** …をだめにする, こわす.

— **dañar·se** 再 **1** 害をこうむる. **2** 傷つく. **3** (果物などが)いたむ, くさる.

da·ñi·no, na [ダニノ, ナ] 圏 有害な.

da·ño [ダニョ] 男 **1** 痛み, 苦痛. **2** 損害, 被害. **3** 害, 危害, 損害.

— 囮 → dañar 損害を与える.

hacer daño a... **1** …に痛みを与える. **2** …に害を与える.

hacer·se daño けがをする.

da·ño·so, sa [ダニョソ, サ] 圏 有害な.

dar [ダル]囮《活 24》**1** …を与える, やる, くれる.

2 …を手渡す, 渡す, 提供する.

3 …をもたらす, 生む／*dar asco a...* …を不快にさせる.

4 …を伝える, 述べる.

5 …を示す, 提示する.

6 …をもよおす, 開催する.

7 …を上映する, 上演する, 放映する.

8 (+行為の名詞)(その動作)をする.

9 …を(+como, por...)…と見なす, 考える.

10 …をたたく, なぐる.

11 (時計が時を)打つ／*dar* las tres 3時を打つ.

— 圁 **1** 時報が鳴る／*Dan* las tres. 3時の鐘が鳴る.

2 (+a...) …に動きを与える／*dar* a la manilla ドアのノブを回す.

3 (陽光が)(+a...) …を照らす.

4 (+a...) …に面している, 向いている.

5 (+a...) …に当たる.

6 (発作などが)(+a...) …に起こる.

7 (+con...) …に出くわす, …を見つける.

8 (+con...) …を(+contra...)…にぶつける.

9 (+con...) …を(+en...)…に落とす, たおす.

10 (+contra...) …にぶつかる.

11 (+de...) (…を下にして)たおれる.

12 (+de...) …を与える.

13 (+en...) …にのめりこむ, 固執する.

14 (+en...) …にはまりこむ, おちいる.

15 (+en...) …に命中する, …をうまく見つける.

16 (+para...) …に十分である.

17 (+por, en+不定詞) …するのに夢中になる.

18 (+que+不定詞) …する原因[口実]を与える／*dar* que hablar うわさの種になる, *dar* que pensar 考えさせる.

— **dar·se** 再 **1** 屈服する, 降伏する.

2 生じる, 起こる.

3 (作物が)育つ, 生産される, 栽培される.

4 (+a...) …にとって重要である, …に関係がある.

5 (+a...) …に身をささげる, 専念する.

6 (+a...) …に没頭する, 熱中する.

7 (+con...) …を(+contra...)…にぶつける.

8 (+con, contra...) …にぶつかる, 出くわす.

9 (+por+形容詞) 自分を…だと思う, 見なす.

¡Dale! [*¡Dale que dale!, ¡Dale que te pego!*] いいかげんにしろ!, もうやめろ!, 勝手にしろ! (文中では)だらだらと, しつこく.

dar a entender それとなく知らせる.

dar a la luz 明かりをつける.

dar a la máquina 機械を始動させる.

dar a la pelota ボールを打つ.

dar al botón スイッチを入れる[押す].

dar a luz …を出産する.

dar a... por~ (主語なしの3人称単数形で) …が…に夢中になる, …を~に染めつつある.

dar a... un ataque …に発作が起こる.

dar celos a... …をうらやましがらせる.

dar de comer [*beber*] *a...* …に食べ物[飲み物]をやる.

dar de lado a... …を無視する, 見すてる.

dar de sí **1** (布地などが)伸びる, 広がる. **2** 役に立つ, 成果が上がる.

dar en qué (+不定詞) …する口実を与える.

dar frutos (植物が)実を結ぶ.

dar ganas a... …に欲を感じさせる.

dar gusto a... …をよろこばせる.

dar igual [*lo mismo*] *a...* …にはどちらでもいい.

dar leche (雌牛が)乳を出す.

dar miedo a... …をこわがらせる.

dar muerte a... …を殺す.

dar pena a... …を悲しませる.

dar permiso a... …に許可を与える.

dar prestado... a~ …を~に貸してやる.

dar risa a... …を笑わせる.

dar·se a conocer 素性を知られる.

dar·se a entender 気持ちをわかってもらう.

dar·se bien a... …にとって得意である.

dar·se la a... …をだます.

dar·se·las de... …のふりをする.

dar sueño a... …を眠たくさせる.
dar tras... …を追及する.
dar vergüenza a... …を恥ずかしがらせる.
ir a dar a... (道が) …に通じている.
ir a dar algo a (＋人) …が頭にくる, かっとなる.
no dar una いつもへまばかりする.
no dar para más せいぜいその程度だ.
para dar y tomar 多量に, 多種多様に.
¡Qué más da! それが何だというのだ !, どうでもいいよ !

dar- 活 → dar 与える《活 24》.
dar·do [ダルド] 男 1 (短い)投げ槍(ᵞ). 2 鋭い皮肉.
Da·rí·o [ダリオ] 固 〈男性の名〉 ダリオ.
dár·se·na [ダルセナ] 女 (荷役用の)桟橋(ᵋᶜ).
dar·vi·nis·mo [ダルビニスモ] 男 《＝ darwinismo》(進化論の)ダーウィン Darwin 主義, ダーウィニズム.
das 活 → dar 与える《活 24》.
da·ta [ダタ] 女 1 (出来事の)日付. 2 (書類の)作成地と日付.
— 活 → datar 日付をつける.
da·tar [ダタル] 他 …に日付をつける.
— 自 (＋de＋時期) …に始まる, さかのぼる.
dá·til [ダティる] 男 1 〈果実〉 ナツメヤシ. 2 (手の)指[＝ dátiles].
dátil de mar 〈貝〉 イシマテガイ.
da·ti·vo [ダティボ] 男 〈文法〉 与格, 間接補語, 間接目的語.
da·to [ダト] 男 1 情報, データ, 資料. 2 証拠書類. 3 〈コンピューター〉 データ[＝ datos].
banco de datos データバンク.
base de datos データベース.
procesamiento de datos データ処理.
Da·vid [ダビド] 固 〈男性の名〉 ダビド.
Dcha., dcha. [デレチャ] 《略語》 derecha 右.
d. de J. C. [デスプエス デ ヘスクリスト] 《略語》 después de Jesucristo 西暦紀元(…年).
de [デ] 女 〈文字 D, d の名〉 デ.
de [デ] 前 《アクセントなし》《del ← de＋el》 1 〈所有・所属〉 …の／la casa *de* Juan フアンの家.
2 〈材料〉 …の／una casa *de* madera 木造家屋.
3 〈部分〉 …のうちの／alguno *de* ustedes あなたがたのうちのどなたか.
4 〈主体〉 …の／la muerte *del* abuelo 祖父の死.
5 〈対象〉 …の／construcción *de* hoteles ホテル建設.
6 〈中身・内容〉 …の／un vaso *de* agua 1杯の水.
7 〈数量・分量〉 un billete *de* mil pesetas 千ペセタ紙幣.
8 〈特徴〉 …の／un hombre *de* las gafas 眼鏡の男.
9 〈話題〉 …の／los libros *de* aventuras 冒険物語の本.
10 〈同格〉 …の／la calle *de* Bilbao ビルバオ通り.
11 〈用途〉 …するための／la máquina *de* escribir タイプライター.
12 〈目的地〉 …行きの／el camino *de* Barcelona バルセロナへの道.
13 〈出発地〉 …から／*de* Madrid a Burgos マドリードからブルゴスまで.
14 〈原因〉 …で／morir *de* hambre 餓死する.
15 〈加工する材料〉 …から, …を使って／¿*De* qué se hace vino? ワインは何から作られるの ?
16 〈手段〉 …によって／vivir *de* la pluma 筆で生計を立てる.
17 〈出身〉 …生まれの／Soy *de* Kioto. 私は京都出身です.
18 〈場所〉 …を／No me tires *de* la chaqueta. 上着を引っ張るな.
19 〈資格〉 …として／trabajar *de* intérprete 通訳として働く.
20 〈計測対象〉 cinco metros *de* ancho 幅5メートル.
21 〈比較の基準〉 …よりも／más *de* cinco veces 5回以上も.
22 〈最上比較の対象〉 …のなかで／el estudiante más alegre *de* la clase クラスで一番愉快な学生.
23 〈限定〉 …に関して／bueno *de* salud 健康にめぐまれた.
24 〈行為者〉 …によって／rodeado *de* niños 子供たちに囲まれて.
25 〈時間〉 …に／*de* día 日中に.
26 〈様態〉 …の状態で／*de* buen humor 上機嫌で.
27 〈比喩〉 …のような／salud *de* hierro 頑健な体.
28 〈性質の強調〉 el tonto *de* Pedro ペドロのばか.
29 〈悲しみの強調〉 ¡Ay *de* mi madre! ああ, かわいそうな母 !
30 〈仮定〉 (＋不定詞) …すれば／decírselo もし彼にそれを言えば.
31 〈原因〉 (＋不定詞) …のことで／avergonzado *de* habérselo dicho 彼にそう言ったことに恥じて.
32 〈予定〉 …すべき／hora *de* dormir 寝る時間.
33 〈行為の難易〉 …するのが／difícil *de* leer 読みづらい.
de... a~ 1 …から～へ.
2 …と～の間だけで／*de* usted *a* mí 私たちだけで.
de... en~ 1 …から～へと／*de* casa *en* casa

活 は活用形　複 は複数形　男 は男性名詞　女 は女性名詞　固 は固有名詞　代 は代名詞　自 は自動詞

家から家へと.
2 …ずつ/ *de dos en dos* ふたつ[二人]ずつ.

dé → dar 与える《活 24》.

de·am·bu·lar [デアンブらル] 自 散策する, ぶらつく.

de·am·bu·la·to·rio [デアンブらトリオ] 男〈教会〉周歩廊.

de·án [デアン] 男〈大聖堂〉主任司祭.

de·ba·cle [デバクレ] 女 1 惨状. 2 壊滅.

de·ba·jo [デバホ] 副 1 下に, 下で. 2 (+de…) …の下に, 下で.
por debajo de… …の下を, 下から.
por debajo de… …の下を, 下から.

de·ba·te [デバテ] 男 討論, 論争.
— 男 = debatir 討論する.

de·ba·tir [デバティル] 他 …について討論する, 論争する.
— 自 (+de, sobre…) …について討論する.
— *debatirse* 再 あがく, もがく.

de·be [デベ] 男〈簿記〉借方, 借方勘定.
— 男 = deber 借方である.

de·ber [デベル] 男 1 義務, 本分. 2 負債, 借金.
— 他 1 (+不定詞) …するべきである. 2 (+不定詞)(否定文で) …してはならない. 3 …だけ(+a…) …に借りがある. 4 …のおかげを(+a…) …にこうむっている.
— 自 (+de+不定詞) …のはずである, …するに違いない.
— *deberse* 再 1 (+a…) …のせいである. 2 (+a…) …につくす義務がある.
dejar a deber …をつけで買う.
quedar a… a deber …のつけになる.
¿*Qué le debo?* (店の支払いで)おいくらですか?

de·be·res [デベレス] 男《→ deber》1 宿題. 2 奉仕, 任務.

de·bi·da·men·te [デビダメンテ] 副 1 しかるべく, きちんと. 2 適切に, それ相応に.

de·bi·do, da [デビド, ダ] 《過去分詞》→ deber するべきである.
— 形 しかるべき, 正当な.
como es debido しかるべく, きちんと, 正しく.
debido a… …が原因で, …のために.

dé·bil [デビる] 形 1 弱い, 虚弱な. 2 主体性のない, 甘い.

de·bi·li·dad [デビリダス] 女 1 弱さ, もろさ. 2 軟弱. 3 弱点, 弱み. 4 偏愛, 熱中.

de·bi·li·ta·ción [デビリタレオン] 女 衰弱, 弱まること.

de·bi·li·tar [デビリタル] 他 …を弱くする, 弱める.
— *debilitarse* 再 弱まる, 衰弱する.

dé·bi·to [デビト] 男 借金, 負債.

de·but [デブト] 男《複 debuts》デビュー, 初登場.

de·bu·tan·te [デブタンテ] 男女 新人, 初心者.

de·bu·tar [デブタル] 自 初登場する, デビューする.

dé·ca·da [デカダ] 女 (時間単位の) 10 年間.

de·ca·den·cia [デカデンレア] 女 1 衰退. 2 衰退期.

de·ca·den·te [デカデンテ] 形 1 衰退した. 2 退廃的な, デカダンな.

de·ca·den·tis·mo [デカデンティスモ] 男 (19 世紀末ヨーロッパの文芸思潮の)デカダン主義.

de·ca·e·dro [デカエドロ] 男〈幾何学〉10 面体.

de·ca·er [デカエル] 自《活 16 caer》1 衰退する, 衰弱する. 2 (+en…) …が弱まる, おとろえる.

de·cá·go·no [デカゴノ] 男〈幾何学〉10 角形.

de·ca·í·do, da [デカイド, ダ] 《過去分詞》→ decaer 衰退する.
— 形 元気のない, おとろえた.

decaig- 活 → decaer 衰退する《活 16》.

de·cai·mien·to [デカイミエント] 男 1 衰弱. 2 衰退.

de·ca·li·tro [デカリトロ] 男〈容量の単位〉デカリットル, 10 リットル.

de·cá·lo·go [デカろゴ] 男〈宗教〉(モーゼの)十戒.

de·cá·me·tro [デカメトロ] 男〈長さの単位〉デカメートル, 10 メートル.

de·ca·na·to [デカナト] 男 1 学部長職. 2 学部長職の期間. 3 学部長室.

de·ca·no, na [デカノ, ナ] 形 (集団内の)長老の, 最古参の.
— 男女 1〈人〉最古参 2. (大学の)学部長.

de·can·ta·ción [デカンタレオン] 女 (選択肢のひとつへの)傾斜, 好み.

de·can·tar·se [デカンタルセ] 再 (+hacia, por…) …への好みを示す, …を共にする.

de·ca·pi·ta·ción [デカピタレオン] 女 首切り, 斬首(ざんしゅ).

de·ca·pi·tar [デカピタル] 他 …の首を切り離す, …を打ち首にする.

de·cá·po·dos [デカポドス] 男複 (エビなどの)十脚類動物, (イカなどの)十腕類動物.

de·ca·sí·la·bo [デカシらボ] 男 10 音節詩行.

de·cat·lón [デカトろン] 男〈スポーツ〉十種競技.

de·ce·le·ra·ción [デせれラレオン] 女〈機械〉減速.

de·ce·na [デせナ] 女 10 の単位で一組のもの.

de·ce·nal [デせナる] 形 1 10 年ごとの. 2 10 年間続く.

de·cen·cia [デせンレア] 女 1 道徳心. 2 礼儀正しさ. 3 節度, 品位. 4 性的なつつしみ.

de·ce·nio [デせニオ] 男 10 年間.

de·cen·te [デせンテ] 形 1 道義心の強い. 2 礼儀正しい. 3 品位のある. 4 みだらでない. 5 清潔な, きちんとした.

de·cep·ción [デせプレオン] 女 失望, 幻滅.

de·cep·cio·nan·te [デせプレオナンテ] 形 がっかりさせる, 期待はずれの.

de·cep·cio·nar [デセプシオナル] 他 …をがっかりさせる, 失望させる.
de·ce·so [デセソ] 男 自然死.
de·cha·do [デチャド] 男 模範, 手本.
de·ci·bel [デシベル] 男 《音圧の単位》デシベル.
de·ci·di·da·men·te [デシディダメンテ] 副 決然と, 断固として, きっぱりと.
de·ci·di·do, da [デシディド, ダ] 《過去分詞》
→ decidir 決める.
— 形 1 決定した. 2 決然とした. 3 (+a+不定詞) …する決心をした.
de·ci·dir [デシディル] 他 1 …を決める, 決定する. 2 (+不定詞) …する決心をする. 3 …に(+a+不定詞) …する決心をさせる, …を決意させる.
— 自 decidir.
— **decidir·se** 再 1 決意する. 2 (+a+不定詞) …することに決心する.
de·ci·gra·mo [デシグラモ] 男 10 分の 1 グラム, デシグラム.
de·ci·li·tro [デシリトロ] 男 10 分の 1 リットル, デシリットル.
dé·ci·ma[1] [デシマ] 《→ décimo[2]》 女 1 (体温計の 10 分の 1 度の)分(ᵇ). 2 (8 音節 10 行詩の)デシマ.
de·ci·mal [デシマル] 形 1 十進法の. 2 10 分の 1 の. 3 《数の位》小数の.
— 男 小数.
de·cí·me·tro [デシメトロ] 男 10 分の 1 メートル, デシメートル.
dé·ci·mo[1] [デシモ] 男 1 10 分の 1. 2 (宝くじの)10 分の 1 券.
dé·ci·mo[2]**, ma**[2] 《序数詞》1 10 番目の, 第 10 の. 2 10 分の 1 の.
— 男 女 10 番目のもの.
de·ci·moc·ta·vo[1] [デシモクタボ] 男 18 分の 1.
de·ci·moc·ta·vo[2]**, va** [—, バ] 形 《序数詞》1 18 番目の. 2 18 分の 1 の.
— 男 女 18 番目のもの.
de·ci·mo·cuar·to[1] [デシモクアルト] 男 14 分の 1.
de·ci·mo·cuar·to[2]**, ta** [—, タ] 形 《序数詞》1 14 番目の. 2 14 分の 1 の.
— 男 女 14 番目のもの.
de·ci·mo·nó·ni·co, ca [デシモノニコ, カ] 形 1 19 世紀の. 2 古くさい, 時代遅れの.
de·ci·mo·no·ve·no[1] [デシモノベノ] 男 19 分の 1.
de·ci·mo·no·ve·no[2]**, na** [—, ナ] 形 《序数詞》1 19 番目の. 2 19 分の 1 の.
— 男 女 19 番目のもの.
de·ci·mo·quin·to[1] [デシモキント] 男 15 分の 1.
de·ci·mo·quin·to[2]**, ta** [—, タ] 形 《序数詞》1 15 番目の. 2 15 分の 1 の.
— 男 女 15 番目のもの.
de·ci·mo·sép·ti·mo[1] [デシモセプティモ] 男 17 分の 1.
de·ci·mo·sép·ti·mo[2]**, ma** [—, マ] 形 《序数詞》1 17 番目の. 2 17 分の 1 の.
— 男 女 17 番目のもの.
de·ci·mo·sex·to[1] [デシモセスト] 男 16 分の 1.
de·ci·mo·sex·to[2]**, ta** [—, タ] 形 《序数詞》1 16 番目の. 2 16 分の 1 の.
— 男 女 16 番目のもの.
de·ci·mo·ter·ce·ro[1] [デシモテルセロ] 男 13 分の 1.
de·ci·mo·ter·ce·ro[2]**, ra** [—, ラ] 形 《序数詞》1 13 番目の. 2 13 分の 1 の.
— 男 女 13 番目のもの.
de·cir [デシル] 男 1 言葉, 文句, ことわざ. 2 言い方, 言い回し. 3 うわさ [= decires].
— 他 《活 25》1 …を言う, 口に出す
2 …を (+de, sobre…) …について述べる.
3 (+que+接続法) …するように言う, 命じる.
4 (書類などが) …と書いてある.
5 (顔や表情などが) …を物語る, 示す.
6 …と思う, 主張する.
7 …を暗唱する, 朗読する.
8 …という名を与える, 命名する／Le dicen Chiqui. 彼はチキと呼ばれている.
9 (主語なしの 3 人称複数形で) (+que…) …といううわさだ, …だそうだ.
— 自 1 (+con…) …と合う, 調和する.
2 (+de…) …について物語る.
— **decir·se** 再 1 《3 人称単数形で使用》…と言われる.
2 《3 人称単数形で使用》(+que…) …といううわさだ, …だそうだ.
3 自身で思う, ひとりごとを言う.
a decir verdad じつは, 本当のことを言えば.
al decir de… …の言い方では.
¿cómo diríamos?… えー, 何と言うか….
como quien dice いわゆる, ようするに.
como quien (no) dice nada 平然と, すんなりと.
como si dijéramos いわゆる, 言うならば.
¿Decía usted? [*¿Decías?*] (聞きなおすときに) え, なんですって?
decir bien うまく言う, 正しく言う.
decir entre [para] sí ひとりごとを言う.
decir·lo todo とても口が軽い.
decir por decir 気なく言う.
¡Dígame! [¡Diga!] (電話を受けて)はいはい!
…, digamos, … そうでは…, まあ言えば….
…, digo, … ああ, そうではなくて….
el qué dirán 人のうわさ, 評判.
es decir, … すなわち…, つまり….
ni que decir tiene que… …は言うまでもない.
no decir nada なんの意味もない, 内容がない.
¡No me diga [digas]! まさか!
por decirlo así 言ってみれば, いわゆる.

por más que diga [digas] あなた[君]が何と言おうと.
por no decir… …とは言わないまでも.
¿Qué me dice [dices]? (相手の話におどろいて)なんですって?
querer decir… …を意味する.
¡Quién lo diría! 信じられない!
¡Y que lo diga [digas]! まったく!, そのとおり!

de·ci·sión [デシシオン] 囡 1 決定, 決断. 2 決意, 決心. 3 決然, 果敢.

de·ci·si·va·men·te [デシシバメンテ] 副 決定的に, きっぱりと.

de·ci·si·vo, va [デシシボ, バ] 形 1 決定的な. 2 将来を左右する.

de·cla·ma·ción [デクらマシオン] 囡 1 朗読, 暗唱. 2 演説, 熱弁.

de·cla·mar [デクらマル] 他 …を朗読する, 暗唱する.
— 自 1 朗読する. 2 演説する.

de·cla·ma·to·rio, ria [デクらマトリオ, リア] 形 1 演説風の, 朗読風の. 2 大げさな表現の.

de·cla·ra·ción [デクらラシオン] 囡 1 声明, 表明, 言明. 2 宣告, 公的な判定. 3 〈法律〉 証言, 供述. 4 〈税務〉 申告, 届出. 5 (愛の)告白, 打ち明け. 6 (国家などの)宣言, 布告. 7 (火災や疫病の)発生.

de·cla·ra·do, da [デクらラド, ダ] 〈過去分詞〉 → declarar 言明された.
— 形 1 言明された. 2 公然の, 明白な.

de·cla·ran·te [デクらランテ] 男 囡 1 申告人. 2 〈法律〉 証人, 供述人.

de·cla·rar [デクらラル] 他 1 …を言明する, 表明する. 2 …を(公的に)判定する, 宣告する. 3 〈税務〉 …を申告する. 4 …を宣言する, 布告する.
— 自 1 〈法律〉 証言する, 供述する.
— **declararse** 再 1 自分は…だと表明する. 2 愛を告白する. 3 (火災や疫病が)発生する.

de·cla·ra·ti·vo, va [デクらラティボ, バ] 形 〈文法〉 言明の.
oración declarativa 平叙文.

de·cli·na·ción [デクリナシオン] 囡 1 〈文法〉 語形変化, 格変化, 屈折. 2 格変化型.

de·cli·nar [デクリナル] 自 1 弱まる, おとろえる. 2 終りに近づく, 3 (太陽が)沈む, (日が)かたむく.
— 他 1 …を拒絶する, 辞退する. 2 〈文法〉 (単語)を語形変化させる.

de·cli·ve [デクリベ] 男 1 傾斜, 斜面, 坂. 2 衰退, 衰勢.

de·co·lo·ra·ción [デコロらシオン] 囡 1 変色, 退色. 2 脱色, 漂白.

de·co·lo·ran·te [デコロらンテ] 男 脱色剤, 漂白剤.

de·co·lo·rar [デコロらル] 他 1 …を変色させる. 2 …を脱色する.
— **decolorarse** 再 1 色があせる. 2 (漂白され
て)白くなる.

de·co·mi·sar [デコミサル] 他 〈法律〉 (密輸品など)を没収する, 押収する.

de·co·mi·so [デコミソ] 男 1 押収, 没収. 2 押収品, 没収品.

de·co·ra·ción [デコらシオン] 囡 1 飾りつけ, 装飾. 2 (家具などの)適正配置, レイアウト. 3 装飾品, 装飾材料. 4 装飾法. 5 〈演劇〉 舞台装置.

de·co·ra·do [デコらド] 男 (配置された)舞台装置.

de·co·ra·dor, do·ra [デコらドル, ドラ] 男 囡 1 装飾家. 2 インテリアデザイナー.

de·co·rar [デコらル] 他 1 …を装飾する, 飾りつける. 2 (品物)…を飾る. 3 (部屋)をレイアウトする.

de·co·ra·ti·vo, va [デコらティボ, バ] 形 1 装飾の. 2 装飾的な.

de·co·ro [デコろ] 男 1 品位, 品格. 2 風格, 適度な威厳. 3 (性道徳上の)つつしみ.
— 活 → decorar 装飾する.
con decoro 1 堂々と. 2 つつましく.
sin decoro ふしだらな[に].

de·co·ro·so, sa [デコろソ, サ] 形 1 品位のある, 端正な. 2 堂々とした. 3 つつましやかな.

de·cre·cer [デクれセル] 自 《活 4 agradecer》 1 小さくなる, 縮小する. 2 へる, 減少する. 3 弱まる, 減退する.

de·cre·cien·te [デクれシエンテ] 形 減ってゆく, 弱まる, 小さくなる.

de·cre·ci·mien·to [デクれシミエント] 男 縮小, 減少, 減退.

de·cré·pi·to, ta [デクれピト, タ] 形 老衰した, 老いさらばえた.

de·cre·pi·tud [デクれピトゥッ] 囡 老衰.

de·cre·tar [デクれタル] 他 (法令などによって)…を命ずる, 布告する.

de·cre·to [デクれト] 男 1 法令, 布告, 政令. 2 〈宗教〉 教皇令.
— 活 → decretar 命ずる.
decreto ley (法律的性格のある)政令.
por (real) decreto 説明もなく強制的に.
real decreto (君主国での)勅令.

de·cú·bi·to [デクビト] 男 〈医学〉 (横になった姿勢の)平臥(へいが).
decúbito lateral (横向きの)側臥位.
decúbito prono (うつむけの)伏臥位.
decúbito supino (あおむけの)背臥位.

dé·cu·plo, pla [デクプロ, プラ] 形 10 倍の.

de·cur·so [デクルソ] 男 (時間の)推移, 経過.

de·dal [デダル] 男 (裁縫用のキャップ型の)指ぬき.

dé·da·lo [デダロ] 男 1 迷宮, 迷路. 2 錯綜(さくそう).

de·di·ca·ción [デディカシオン] 囡 1 専念, 献身. 2 用途, 充当. 3 献呈.

de·di·car [デディカル] 他 《活 73 sacar》 1 …を(+a...)にささげる. 2 …を(+a...)に献

呈する. 3 (著書などに)献辞を書く. 4 (聖堂など)を(+a...)に献納する.
— dedicar-se 再 (+a...) …に専念する, 身をささげる, 設身する.

de·di·ca·to·ria [デディカトリア] 囡 献辞.

de·dil [デディル] 男 指サック, 指おおい.

de·di·llo [デディジョ]《つぎの副詞句の一部》 *(saber...) al dedillo* とてもよく, 残らず(…を知っている).

de·do [デド] 男 1 (手足の)指. 2 指一本の厚み[幅]. 3《長さの単位》(約1.8cmの)デド.
a dedo 1 (人選が)だれかの一存で, 指名で. 2 (旅行を)ヒッチハイクで.
a dos dedos de... …の間近に, …の寸前に.
chupar-se el dedo だまされやすい, 世間知らずである.
chupar-se los dedos (食べ物などに)とても満足する.
coger-se [pillar-se] los dedos 計算違いをする, へまをする.
contar-se con los dedos de la mano 数がとても少ない.
dedo anular 薬指.
dedo del corazón [dedo medio] 中指.
dedo gordo [dedo pulgar] 親指.
dedo índice 人差し指.
dedo meñique [dedo pequeño] 小指.
morder-se los dedos 後悔する.
no mover un dedo なんの気づかいもしない.
no tener dos dedos de frente 分別がない, 頭が弱い.
poner el dedo en la llaga 1 相手の痛いところを突く. 2 問題の弱点を指摘する.
poner-se el dedo en la boca「黙って!」の合図をする.
señalar a... con el dedo …を非難する, 批判する.

de·do·cra·cia [デドクラシア] 囡 《権力者による》名ざしで事を運ぶ制度.

de·duc·ción [デドゥクシオン] 囡 1 推論. 2 演繹(えんえき). 3 (支払い金額の)控除, 差し引き.

de·du·ci·ble [デドゥシブレ] 形 1 推論可能な. 2 控除の対象になる.

de·du·cir [デドゥシル] 他《活 20 conducir》1 …を推論する, みちびき出す. 2 …を控除する, 差し引く.
— deducir-se 再 (+de...) …から推論される.

de·duc·ti·vo, va [デドゥクティボ, バ] 形 推論的な, 演繹(えんえき)的な.

deduj- 活 → deducir 推論する《活 20》.

deduzc- 活 → deducir 推論する《活 20》.

de·fe·ca·ción [デフェカシオン] 囡 排便.

de·fe·car [デフェカル] 自《活 73 sacar》排便する.

de·fec·ción [デフェクシオン] 囡 離党, 脱会.

de·fec·ti·vo, va [デフェクティボ, バ] 形 1《文法》(動詞の活用が)不完全な. 2 欠陥のある.

de·fec·to [デフェクト] 男 欠陥, 短所.
en su defecto それがない時には, その代りに.
por defecto 1 不足で. 2 自動的に(選ばれて).

de·fec·tuo·so, sa [デフェクトゥオソ, サ] 形 欠陥のある, 不完全な.

de·fen·der [デフェンデル] 他《活 58 perder》1 …を(+contra, de...) …から守る, 保護する. 2 …を支持する, 弁護する. 3 …を防衛する.
— defender-se 再 身を守る, 防戦する.

de·fen·di·ble [デフェンディブレ] 形 1 防御できる. 2 弁護可能な.

de·fen·sa [デフェンサ] 囡 1 防衛, 防衛. 2 支持, 擁護(ごう). 3《法律》弁護, 弁明. 4 弁護団.
— 男囡《スポーツ》(選手の)フルバック.

de·fen·si·va¹ [デフェンシバ] 囡 守りの体勢.
estar [poner-se] a la defensiva 守勢に立つ.

de·fen·si·vo, va² [デフェンシボ, —] 形 防衛の, 守備の.

de·fen·sor, so·ra [デフェンソル, ソラ] 形 1 防御の, 守備の. 2 弁護の.
— 男囡 防御者, 守護者.
abogado defensor (被告側の)弁護士.
defensor del pueblo 行政監察委員, オンブズマン.

de·fe·ren·cia [デフェレンシア] 囡 1 敬意. 2 丁重さ.

de·fe·ren·te [デフェレンテ] 形 1 うやうやしい. 2 礼儀正しい.

de·fe·rir [デフェリル] 自《活 77 sentir》(+a...) …の意見に(敬意をもって)従う.
— 他 (権限の一部)を移譲する.

de·fi·cien·cia [デフィシエンシア] 囡 1 不足, 欠乏. 2 不完全性, 欠点.

de·fi·cien·te [デフィシエンテ] 形 1 不足した, 不十分な. 2 欠点のある, 不完全な.
— 男囡 心身障害者.

dé·fi·cit [デフィシト] 男 1 欠損, 赤字. 2 不足, 欠乏.

de·fi·ci·ta·rio, ria [デフィシタリオ, リア] 形 赤字の, 欠損の出た.

defiend- 活 → defender 守る《活 58》.

defier- 活 → deferir 意見に従う《活 77》.

de·fi·ni·ción [デフィニシオン] 囡 1 定義, 定義づけ. 2 解説, 説明. 3 (映像の)鮮明度, 解像力.

de·fi·ni·do, da [デフィニド, ダ]《過去分詞》→ definir 定義する.
— 形 1 定義された, 明確な. 2 限定された, 限定する.
artículo definido〈文法〉定冠詞.

de·fi·nir [デフィニル] 他 1 …を定義する, 規定する. 2 …を明確にする, 明示する.
— definir-se 再 自分の意見(など)を明確にする.

de·fi·ni·ti·va·men·te [デフィニティバメンテ] 副 1 最終的に, 完全に. 2 決定的に, きっぱりと.

de·fi·ni·ti·vo, va [デфィニティボ, バ] 形 1 最終的な, 最後の. 2 決定的な.
en definitiva 1 決定的に. 2 最終的に. 3 結局, つまり.

de·fi·ni·to·rio, ria [デфィニトリオ, リア] 形 定義に役立つ, 明確にしてくれる.

defir- 活 → deferir 意見に従う《活 77》.

de·fla·ción [デфらсіон] 女 〖経済〗デフレ, デフレーション, 通貨収縮.

de·fla·grar [デфらグラル] 自 (爆発なしに)激しく燃えあがる.

de·fo·lia·ción [デфоりアсіон] 女 不自然な落葉.

de·fo·res·ta·ción [デфоレスタсіон] 女 森林の消失, 森林破壊.

de·fo·res·tar [デфоレスタル] 他 (山など)から木立ちを無くする.

de·for·ma·ción [デфォルマсіон] 女 1 変形, ゆがみ. 2 奇形, ひずみ.

de·for·mar [デфォルマル] 他 1 …の形を変える. 2 …のあり方を変える.
— *deformar·se* 再 1 形が変わる, ゆがむ. 2 あり方が変わる, ひずむ.

de·for·me [デфォルメ] 形 1 ゆがんだ, 変形した. 2 奇形の, 異様な.

de·for·mi·dad [デфォルミダス] 女 不格好さ, 形のイ自然さ.

de·frau·da·ción [デфラウダсіон] 女 1 (納税などの)ごまかし, 不正. 2 詐欺, 横領. 3 (期待などへの)裏切り, 失望させること.

de·frau·dar [デфラウダル] 他 1 (納税など)をごまかす, 回避する. 2 …をだます, だまし取る. 3 …を失望させる, 裏切る.

de·fun·ción [デфунсіон] 女 死去, 逝去(セイキョ).

de·ge·ne·ra·ción [デヘネラсіон] 女 1 退化. 2 おとろえ. 3 堕落, 退廃.

de·ge·ne·ra·do, da [デヘネラド, ダ] 《過去分詞》 → degenerar 退化する.
— 形 1 退化した. 2 おとろえた. 3 堕落した.

de·ge·ne·rar [デヘネラル] 自 1 退化する. 2 おとろえる. 3 堕落する, 退廃する.

de·ge·ne·ra·ti·vo, va [デヘネラティボ, バ] 形 1 退化の. 2 おとろえを示す. 3 堕落の.

de·glu·ción [デグルсіон] 女 飲み込むこと, 嚥下(エンカ).

de·glu·tir [デグルティル] 他 …を飲み込む, 嚥下(エンカ)する.

de·go·lla·du·ra [デゴじゃドゥラ] 女 1 首切り. 2 首の傷.

de·go·llar [デゴじゃル] 他《活 13 avergonzar》…の首を切る, のどを切る.

de·gra·da·ción [デグラダсіон] 女 1 降格. 2 (資格などの)剥奪(ハクダツ). 3 おちぶれ, 低下. 4 退化.

de·gra·dan·te [デグラダンテ] 形 1 品位を落とす. 2 おちぶれを示す.

de·gra·dar [デグラダル] 他 1 …を降格させる. 2 …から(資格などの)特質を取り上げる.
— *degradar·se* 再 1 品位を落とす. 2 おちぶれる.

deguell- 活 → degollar 首を切る《活 13》.

de·güe·llo [デグエじょ] 男 首切り, 斬首(ザンシュ), のどを切ること.

de·gus·ta·ción [デグスタсіон] 女 試飲, 試食.

de·gus·tar [デグスタル] 他 …を試飲する, 試食する.

de·he·sa [デエサ] 女 牧草地.

de·íc·ti·co, ca [デイクティコ, カ] 形 〖文法〗(指示詞の指示方法で)直示的な.

dei·dad [デイダス] 女 1 超自然的存在, 神. 2 神性.

dei·fi·car [デイфィカル] 他《活 73 sacar》…を神として祭り上げる, 神格化する.

de·ís·mo [デイスモ] 男 〖哲学〗理神論, 自然神論.

dei·xis [デイクシス] 女 〖単複同形〗〖文法〗(指示詞の指示方法の)直示, ダイクシス.

de·ja·dez [デハデス] 女 怠慢, 不注意, なげやり.

de·ja·do, da [デハド, ダ] 《過去分詞》 dejar そのままにする.
— 形 1 放置された. 2 不精な, 怠慢な. 3 なげやりな.

de·jar [デハル] 他 1 …を(どこかに)置いておく.
2 …をそのままにする, 放置する.
3 …を置き忘れる.
4 …を(+形容詞・副詞) …のままにさせておく.
5 …に(+不定詞) …させておく.
6 …を放棄する, 見すてる, すてる.
7 …を離れる.
8 …を(+a…) …にゆだねる, (一時的に)まかせる.
9 …を貸す.
10 …をもたらす, 残してくれる.
11 …を延期する.
12 …を(+como…) …として残す, 指名しておく.
— *dejar·se* 再 (+de+不定詞) …するのをやめる, …する機会をのがす.
— *dejar·se* 再 1 (しようとしたことを)あきらめる.
2 (+不定詞) …されるがままになる.
3 (+a…) …に身をまかす.
4 (+de+不定詞[名詞]) …(するの)をやめる.
dejar a… sin〜 …から〜を取り上げる.
dejar aparte… …をあと回しにする, 除外する.
dejar… atrás …を追い抜く, 通り過ぎる.
dejar bastante [mucho] que desear 期待に届かない, とても不満な出来である.
dejar caer… (会話で) …を意識的にもらす, それとなくほのめかす.
dejar·se caer 不意に姿を見せる.
dejar·se llevar por… …の言いなりになる.
dejar·se ver 顔を出す, 姿を見せる.

de·je [デへ] 男 1 (気分の)調子. 2 (地方独特の)なまり, 話し方. 3 (料理などの)あと味.

他 は他動詞　再 は再帰動詞　形 は形容詞　副 は副詞　前 は前置詞　接 は接続詞　間 は間投詞

— 活 → dejar 置いておく.
de·jo [デホ] 男 1 (地方独特の)なまり. 2 (料理 や飲み物の)あと味, あと口. 3 (行為のあとの)満足 感, 不満, あと味.
— 活 → dejar 置いておく.
del [デル] 《＝前置詞 de＋定冠詞 el》《アクセン トなし》.
de·la·ción [デラシオン] 女 告発, 暴露.
de·lan·tal [デランタル] 男 前かけ, エプロン.
de·lan·te [デランテ] 副 1 前に, 前で, さきに. 2 (＋de...) …の前に, 前で. 3 人前で.
de delante 前の, 前方の.
llevar·se todo por delante すべて順調に進む.
por delante 1 前方に, 前方で. 2 今後.
de·lan·te·ra¹ [デランテラ] 女 1 前面, 前部. 2 (劇場などの)前列席. 3 (うしろの者との間にある) 先行距離, リード. 4 〈スポーツ〉フォワード陣. 5 (女性の)胸.
llevar la delantera (a...) (…の)先を行く, 先演に立つ.
tomar la delantera a... …の先を越す, 前に出る.
de·lan·te·ro¹ [デランテロ] 男 〈スポーツ選手〉 フォワード, 前衛.
de·lan·te·ro², ra² 形 1 前の, 前部の, 前方の. 2 〈スポーツ〉フォワードの.
de·la·tar [デラタル] 他 1 …を(＋ante...)に 告発する. 2 (事物が) …を暴露する, 明らかにする.
— delatar·se 再 (人が気持ちや意図を)うっかり 示してしまう.
de·la·tor, to·ra [デラトル, トラ] 形 密告する.
— 男 密告者, たれこみ屋.
del·co [デルコ] 男 〈自動車〉(配電器の)ディス トリビューター.
DELE [デレ] 男 《略語》Diploma de Español como Lengua Extranjera(スペイン政府が 発行する外国人の)スペイン語能力認定証書.
de·le·ble [デレブレ] 形 簡単に消せる.
de·lec·ta·ción [デレクタシオン] 女 悦楽, 喜悦.
de·le·ga·ción [デレガシオン] 女 1 代表, 代表. 2 代表職. 3 代表団, 派遣団. 4 代表事務所, 連絡事務所, 出張所.
de·le·ga·do, da [デレガド, ダ] 《過去分詞》→ delegar 委任する.
— 形 代表権のある.
— 男 1 代表者, 代表, 委員. 2 使節, 派遣員. 3 駐在員.
de·le·gar [デレガル] 他 《活 47 llegar》1 (権限などを)委任する. 2 …を代表として派遣する.
de·lei·ta·ble [デレイタブレ] 形 1 楽しい, 愉快な. 2 おいしい, 美味な.
de·lei·tar [デレイタル] 他 …を楽しませる, よろこ ばせる.
— deleitar·se 再 (＋con, en...) …を楽しむ.

de·lei·te [デレイテ] 男 楽しみ, 快楽, よろこび.
de·lei·to·so, sa [デレイトソ, サ] 形 楽しい, よろ こばしい.
de·le·té·re·o, a [デレテレオ, ア] 形 有毒な, 有 害な.
de·le·tre·ar [デレトレアル] 他 (単語)を1文字 ずつ発音する.
de·lez·na·ble [デレスナブレ] 形 1 非難すべき, さ げすむべき, いやしい. 2 こわれやすい, もろい.
del·fín [デルフィン] 男 1 〈動物〉イルカ. 2 (昔の フランスの王位継承者の)王太子. 3 (本人が指名 する)後継者.
del·fi·na·rio [デルフィナリオ] 男 (動物園など の)イルカの演技場.
del·ga·dez [デルガデス] 女 1 きゃしゃ, やせ細り. 2 やつれ.
del·ga·do, da [デルガド, ダ] 形 1 やせた, きゃし ゃな, 細い, 薄い. 2 薄い, 薄手の.
intestino delgado 〈解剖学〉小腸.
de·li·be·ra·ción [デリベラシオン] 女 1 審議, 熟考, 熟慮.
de·li·be·ra·da·men·te [デリベラダメンテ] 副 1 故意に, わざと. 2 慎重に.
de·li·be·ra·do, da [デリベラド, ダ] 《過去分 詞》→ deliberar 審議する.
— 形 1 故意の. 2 慎重な.
de·li·be·ran·te [デリベランテ] 形 〈委員会〉 審議する, 決定権のある.
de·li·be·rar [デリベラル] 自 1 (＋sobre...) … を審議する. 2 (＋sobre...) …を熟考する.
de·li·ca·de·za [デリカデサ] 女 1 微妙さ, 繊細 さ, デリカシー. 2 ひ弱さ, もろさ, きゃしゃ. 3 思いや り, 心づかい, 気配り. 4 優雅さ, やさしさ.
de·li·ca·do, da [デリカド, ダ] 形 1 繊細な, 微 妙な, デリケートな. 2 弱々しい, きゃしゃな. 3 こわれ やすい, もろい. 4 上品な, 優美な. 5 (状況などが) 難しい, 厄介な. 6 心地よい, 快適な. 7 (人の)扱い にくい, 気難しい. 8 思いやりのある.
de·li·cia [デリシア] 女 1 大きなよろこび, 愉悦, 歓 喜. 2 大いに楽しませるもの. 3 〈料理〉魚肉のカツ レツ[＝delicias]. 4 〈菓子〉ロールケーキ.
hacer las delicias de (＋人) …を大いに楽 しませる.
de·li·cio·so, sa [デリシオソ, サ] 形 1 とても楽 しい, 大いに愉快な. 2 おいしい, 美味な. 3 とても心 地よい, うっとりさせるような. 4 かわいらしい, 魅力 的な.
de·lic·ti·vo, va [デリクティボ, バ] 形 犯罪にな りうる, 犯罪的な.
de·li·mi·ta·ción [デリミタシオン] 女 1 限定, 限界の明示. 2 境界画定.
de·li·mi·tar [デリミタル] 他 1 (権限など)を限 定する, …の限界を明示する. 2 …の境界を定める.
delinc- 活 → delinquir 犯罪をおかす《活 26》.
de·lin·cuen·cia [デリンクエンシア] 女 (ある場

de·lin·cuen·te [デリンクエンテ] 形 犯罪をおかす, 非行の.
— 男女 犯罪者, 非行少年[少女].
de·li·ne·a·ción [デリネアレオン] 女 1 輪郭描写. 2 製図.
de·li·ne·an·te [デリネアンテ] 男女 製図工.
de·li·ne·ar [デリネアル] 他 1 …を線で描く, …の輪郭を描く. 2 …の図面を引く.
de·lin·quir [デリンキル] 自 《活 26》犯罪をおかす.
de·li·ran·te [デリランテ] 形 1 半狂乱の. 2 うわごとを言う. 3 ひどく興奮した.
de·li·rar [デリラル] 自 1 精神が錯乱する. 2 (病気などで)うわごとを言う. 3 ひどく興奮する. 4 たわごとを言う.
de·li·rio [デリリオ] 男 1 精神錯乱. 2 うわごとを言う状態. 3 たわごと. 4 ばかげた言動.
con delirio とても, 大いに.
delirio [*delirios*] *de grandeza* 誇大妄想.
de·li·to [デリト] 男 1 違反, 反則. 2 犯罪, 犯罪行為.
del·ta [デルタ] 女 1 〈地理〉三角州, デルタ.
— 男 〈文字の名〉(ギリシア語アルファベットの Δ, δ の)デルタ.
de·ma·crar [デマクラル] 他 …をやつれさせる.
— **demacrar·se** 再 やつれる, ひどくやせる.
de·ma·go·gia [デマゴヒア] 女 民衆扇動, デマゴギー, デマ.
de·ma·gó·gi·co, ca [デマゴヒコ, カ] 形 扇動的な, デマの.
de·ma·go·go, ga [デマゴゴ, ガ] 男女 民衆扇動家, 扇動政治家, デマゴーグ.
de·man·da [デマンダ] 女 1 依頼, 要望. 2 〈法律〉請求, 提訴. 3 〈経済〉需要, 注文.
en demanda de… …を求めて.
la ley de la oferta y la demanda 需要と供給の法則.
presentar una demanda contra… …を提訴する.
de·man·da·do, da [デマンダド, ダ] 《過去分詞》→ demandar 要求される.
— 形 〈法律〉提訴された, 被告側の.
— 男女 〈法律〉被告.
de·man·dan·te [デマンダンテ] 形 〈法律〉提訴する, 原告側の.
— 男女 〈法律〉原告.
de·man·dar [デマンダル] 他 1 …を要求する, 請求する. 2 〈法律〉…を訴える, 告訴する.
de·mar·ca·ción [デマルカレオン] 女 1 (領土などの)境界画定. 2 (境界で囲まれた)領土, 領地. 3 〈行政〉管轄区域.
de·mar·car [デマルカル] 他 《活 73 sacar》(領土などの)境界を定める.
de·más [デマス] 形 《男女同形, 単複同形》ほかの, その他の.
— 代 ほかの物, 他人.
lo demás ほかのこと.
los demás ほかの人たち.
por demás 1 むだに. 2 あまりに, 過度に.
por lo demás その他は, それを除けば.
…y demás …など.
de·ma·sí·a [デマシア] 女 やりすぎ.
en demasía あまりに, 度を越して.
de·ma·sia·do[1] [デマシアド] 副 過度に, あまりに.
de·ma·sia·do[2]**, da** [—, ダ] 形 あまりに多くの, 必要以上の.
de·men·cia [デメンレア] 女 1 狂気, 精神錯乱. 2 〈医学〉ぼけ, 痴呆(ちほう)症.
de·men·cial [デメンレアル] 形 1 狂気の. 2 痴呆(ちほう)の.
de·men·te [デメンテ] 形 1 発狂した. 2 痴呆(ちほう)の.
— 男女 1 狂人. 2 痴呆症患者.
de·mé·ri·to [デメリト] 男 欠点, 短所.
de·mo·cra·cia [デモクラレア] 女 1 民主主義. 2 民主政治. 3 民主主義国. 4 民主制時代.
de·mó·cra·ta [デモクラタ] 形 《男女同形》1 民主主義の. 2 民主党の.
— 男女 1 民主主義者. 2 民主党員.
de·mo·crá·ti·co, ca [デモクラティコ, カ] 形 1 民主主義の, 民主制の, 民主政治の.
de·mo·cra·ti·za·ción [デモクラティさレオン] 女 民主主義化, 民主化.
de·mo·cra·ti·zar [デモクラティさル] 他 《活 39 gozar》…を民主主義にする, 民主化する.
— **democratizar·se** 再 民主的になる.
de·mo·gra·fí·a [デモクラふィア] 女 人口統計学.
de·mo·grá·fi·co, ca [デモグラふィコ, カ] 形 人口統計学の, 人口の.
de·mo·le·dor, do·ra [デモれドル, ドラ] 形 破壊の, 解体する.
de·mo·ler [デモれル] 他 《活 50 mover》(建物)を破壊する, 解体する.
de·mo·li·ción [デモリレオン] 女 破壊, 解体.
de·mo·nia·co, ca [デモニアコ, カ] 形 《= demoníaco, ca》1 悪魔のような. 2 悪魔に取りつかれた.
de·mo·nio [デモニオ] 男 1 悪魔. 2 鬼才, 傑物. 3 手に負えない子供. 4 悪人, 化け物.
a (mil) demonios (味や香りが)ひどい, 醜悪な.
como el [un] demonio 過度に, 激しく.
¿Cómo demonios? 一体どうして?
del demonio [de mil demonios] 1 最悪の. 2 おそろしい.
¡Demonio con…! …には驚いたよ!
¡Demonio de…! …のばか野郎!
llevar·se el demonio a… …が激怒する.
poner·se hecho un demonio かんかんに怒る.

¡Qué demonios! ちくしょう!, くそっ!
¿Qué demonios…? いったい何が[を] …?
Que me lleve el demonio si…! …なことが起こってなるものか!
¿Quién demonios…? いったいだれが[を] …?
tener el demonio en el cuerpo (子供が) いたずらが過ぎる.

de·mon·tre [デモントレ] 男 (婉曲的に) 悪魔.
— 間 なんてことを!／¡Qué *demontre*! ちくしょう!

de·mo·ra [デモラ] 女 遅れ, 遅延.
— 活 → demorar 遅らせる.

de·mo·rar [デモラル] 他 …を遅らせる.
— demorar·se 遅れる, とどまる, 滞在する.

de·mos·tra·ble [デモストラブレ] 形 証明することのできる.

de·mos·tra·ción [デモストラレオン] 女 1 証拠, 2 明示, 表示. 3 実演, デモンストレーション. 4 実習. 5 証明, 立証.

de·mos·trar [デモストラル] 他 《活 22 contar》 1 …を示す, 明らかにする. 2 …を実演する, やって見せる. 3 …を証明する, 実証する.

de·mos·tra·ti·vo¹ [デモストラティボ] 男 〈文法〉指示詞.

de·mos·tra·ti·vo², va [—, バ] 形 1 証明する, 明示する. 2 〈文法〉指示の.

de·mu·dar [デムダル] 他 (顔色などを) 変える.
— demudar·se 顔色が変わる, 青ざめる.

demuestr- 活 → demostrar 示す《活 22》.

den·dri·ta [デンドリタ] 女 (神経細胞の) 樹状突起.

de·ne·ga·ción [デネガレオン] 女 拒絶, 否認.

de·ne·gar [デネガル] 他 《活 53 negar》 …を拒絶する, 否認する.

den·gue [デング] 男 (本当はうれしいのに, それを隠すもったいぶり, 気取った言動.

de·ni·gra·ción [デニグラレオン] 女 1 中傷, 2 侮辱.

de·ni·grar [デニグラル] 他 1 …を中傷する. 2 …を侮辱する.

de·no·da·da·men·te [デノダダメンテ] 副 大胆に, 決然に.

de·no·da·do, da [デノダド, ダ] 形 大胆な, 決然とした.

de·no·mi·na·ción [デノミナレオン] 女 名称, 呼称.

denominación de origen (ワインなどの輸出品の) 原産地品質保証名称.

de·no·mi·na·dor [デノミナドル] 男 〈数学〉 (分数の) 分母.

de·no·mi·nar [デノミナル] 他 …を命名する, 名づける.
— denominar·se 再 …という名である.

de·no·mi·na·ti·vo, va [デノミナティボ, バ] 形 1 命名の. 2 〈文法〉名詞派生の.

de·nos·tar [デノスタル] 他 《活 22 contar》 …を侮辱する, ののしる.

de·no·ta·ción [デノタレオン] 女 1 〈論理学〉外延. 2 〈言語学〉 (基本的な) 明示的意味.

de·no·tar [デノタル] 他 …を指し示す, 意味する.

den·si·dad [デンシダス] 女 1 密度, 濃度. 2 密さ, 濃さ. 3 〈物理学〉比重.
densidad de población 人口密度.

den·si·fi·car [デンシふぃカル] 他 《活 73 sacar》 …を濃くする, 密にする.

den·sí·me·tro [デンシメトロ] 男 〈物理学〉比重計.

den·so, sa [デンソ, サ] 形 1 密集した, 濃い. 2 中味の濃い, 濃密な.

den·ta·do, da [デンタド, ダ] 形 歯のある, ぎざぎざのついた.

den·ta·du·ra [デンタドゥラ] 女 (集合的に) (1人や1頭の) 歯.

den·tal [デンタル] 形 1 歯の. 2 〈音声学〉 (上の前歯の裏で調音する) 歯音の.
— 〈音声学〉 (d, t などの) 歯音.

den·te·lla·da [デンテじぇダ] 女 歯形, かみ傷.

den·te·ra [デンテラ] 女 (酸味などによる不快な) 歯の浮く感じ.

den·ti·ción [デンティレオン] 女 1 歯列, 歯ならび. 2 (歯が生える) 歯牙発生. 3 歯牙発生期.
primera dentición (集合的に) 乳歯.
segunda dentición (集合的に) 永久歯.

den·tí·fri·co¹ [デンティふリコ] 男 練り歯磨き.

den·tí·fri·co², ca [デンティふリコ, カ] 形 歯磨きの.
pasta dentífrica 練り歯磨き.

den·tis·ta [デンティスタ] 男女 歯科医, 歯医者.

den·tro [デントロ] 副 1 中に, 中へ, 中で, 内部で. 2 屋内に. 3 胸の内で. 4 (+de+時間の語句) …たったら, …のあとで. 5 (+de+場所の語句) …の中で, …の範囲内で. 6 (+de+期間の語句) …の期間内に／*dentro de este año* 今年中に.
dentro de lo posible できるだけ, 可能な限り.
dentro de poco すぐに.
¡Dentro o fuera! どちらかはっきりしろ!
por dentro 1 (空間的な) 中で. 2 心の中で, 内心では.

den·tu·do, da [デントゥド, ダ] 形 歯の大きな.

de·nue·do [デヌエド] 男 大胆さ, 勇敢さ.

de·nues·to [デヌエスト] 男 強烈な侮辱.

de·nun·cia [デヌンレア] 女 1 〈法律〉告発, 密告. 2 (不正の) 公表. 3 (契約などの) 廃棄通告.
— 活 → denunciar 告発する.

de·nun·cian·te [デヌンレアンテ] 形 告発の.
— 男女 告発者, 密告者.

de·nun·ciar [デヌンレアル] 他 《活 17 cambiar》 1 …を告発する, 密告する. 2 (不正など) を公表する. 3 (条約などの) 廃棄を通告する.

de·on·to·lo·gí·a [デオントろヒア] 女 職業倫理, (職業上の) 義務論.

活 は活用形　複 は複数形　男 は男性名詞　女 は女性名詞　固 は固有名詞　代 は代名詞　自 は自動詞

d. e. p. [デスカンセ エン パｽ]《略語》Descanse en paz. (とむらいの言葉で) 安らかに眠れ!

de·pa·rar [デパラル] 他 …をもたらす, さずける.

de·par·ta·men·to [デパルタメント] 男 1 (区分された) 区画, 仕切り, 客室, 部屋. 2 (行政機関の) 部局, 省, 課. 3 (大学の) 学科.

de·par·tir [デパルティル] 自 (+de, sobre…) …についてくつろいで話す, 歓談する.

de·pau·pe·ra·ción [デパウペラレオン] 女 1 貧困化, 貧窮化. 2《医学》衰弱.

de·pau·pe·rar [デパウペラル] 他 1 …を貧乏にする, 困窮させる. 2《医学》…をひどく弱らせる, 衰弱させる.

— **depauperar·se** 再 1 (さらに) 貧乏になる. 2 (さらに) 衰弱する.

de·pen·den·cia [デペンデンしア] 女 1 (+de…) …への) 従属, 依存. 2 保護領, 属国. 3 依存関係. 4 支店, 支局, 出張所. 5 部屋 (用途が特定されている) 部屋. 6 別館, 付属建造物 [= dependencias]. 7 (薬物の) 常習. 8 (集合的に) 従業員, 店員.

de·pen·der [デペンデル] 自 1 (+de…) …に依存する, 世話になる, …をたよる. 2 (物事が) (+de…) による, …次第である. 3 (+de…) …に従属している, 属する.

en lo que de mí depende 私に関しては.
(*Eso*) *Depende*. 場合によるね.

de·pen·dien·ta [デペンディエンタ] 女 女子店員.

de·pen·dien·te [デペンディエンテ] 形 (+de…) …に依存する, 従属する, 左右される.
— 男 男子店員.

de·pi·la·ción [デピラしオン] 女 脱毛.

de·pi·lar [デピラル] 他 …を脱毛する.
— **depilar·se** 再 (自分の体の一部を) 脱毛する.

de·pi·la·to·rio[1] [デピラトリオ] 男 脱毛剤.

de·pi·la·to·rio[2], **ria** [—, リア] 形 脱毛の.

de·plo·ra·ble [デプロラブレ] 形 なげかわしい, いたましい, あわれな.

de·plo·rar [デプロラル] 他 …をなげき悲しむ, 残念に思う.

depondr- 活 → deponer 放棄する《活 61》.

de·po·ner [デポネル] 他《活 61 poner》1 …を放棄する, すてる, 手放す. 2 …を取り上げる. 3 (+de…) …から解任する, 退職させる. 4 …を証言する.
— 自 (+ante…) …の前で証言する.

depong- 活 → deponer 放棄する《活 61》.

de·por·ta·ción [デポルタしオン] 女 (国外) 追放, 流罪 (ざい).

de·por·tar [デポルタル] 他 …を (国外) 追放する, 流刑 (けい) に処す.

de·por·te [デポルテ] 男 1 スポーツ, 運動. 2 リクリエーション.

de·por·tis·ta [デポルティスタ] 形《男女同形》1 スポーツの. 2 スポーツ好きの.
— 男女 スポーツマン, スポーツ愛好者.

de·por·ti·va·men·te [デポルティバメンテ] 副 スポーツマンシップにのっとって, 正々堂々と.

de·por·ti·vi·dad [デポルティビダｽ] 女 スポーツマンシップ.

de·por·ti·vo[1] [デポルティボ] 男 スポーツカー [= coche deportivo].

de·por·ti·vo[2], **va** [—, バ] 形 1 スポーツの, スポーツに関する. 2 スポーツマンシップにのっとった, スポーツマンらしい. 3《衣服》気軽な, ラフな.

de·po·si·ción [デポシしオン] 女 1 排便. 2 解任, 免職. 3 (習慣などの) 放棄. 4 証言.

de·po·si·tar [デポシタル] 他 1 …を置く. 2 …を預ける, 寄託 (きたく) する. 2 (信頼など) を (+en+人) …に託す, 寄せる.
— **depositar·se** 再 沈澱する, (底に) たまる.

de·po·si·ta·rio, ria [デポシタリオ, リア] 形 保管の, 受託の.
— 男女 1 保管者, 受託者. 2 信頼などを寄せられた人.

de·pó·si·to [デポシト] 男 1 保管, 委託, 寄託 (きたく). 2 委託物, 寄託金, 預金. 3 保管所, 倉庫. 4 (液体の) タンク. 5 沈澱物.

depósito a vista 普通預金.
depósito a plazo 定期預金.
depósito de gasolina ガソリンタンク.
depósito franco 保税倉庫.

de·pra·va·ción [デプラバしオン] 女 堕落, 退廃.

de·pra·va·do, da [デプラバド, ダ]《過去分詞》→ depravar 堕落する.
— 形 堕落した, 退廃した.
— 男女 堕落した人間.

de·pra·var [デプラバル] 他 …を堕落させる.
— **depravar·se** 再 堕落する.

de·pre·ca·ción [デプレカしオン] 女 嘆願, 哀願.

de·pre·car [デプレカル] 他《活 73 sacar》…を嘆願する, 哀願する.

de·pre·cia·ción [デプレしアしオン] 女 (価値や価格の) 下落.

de·pre·ciar [デプレしアル] 他 …の価値を下げる, (価格) を下げる.

de·pre·da·ción [デプレダしオン] 女 略奪, 強奪.

de·pre·da·dor, do·ra [デプレダドル, ドラ] 形《動物》肉食の.
— 男女 肉食動物.

de·pre·dar [デプレダル] 他 1 …を略奪する, 強奪する. 2 (動物が他の動物を) 捕食する.

de·pre·sión [デプレシオン] 女 1 意気消沈, ふさぎ込み, 陥没, 沈下. 3 くぼ地, 低地. 4《経済》不況, 不景気.

de·pre·si·vo, va [デプレシボ, バ] 形 1 気落ちさせるような, 重苦しい. 2 憂鬱 (ゆううつ) な, うっとうしい.

de·pri·men·te [デプリメンテ] 形 1 落胆させる.

他 は他動詞 再 は再帰動詞 形 は形容詞 副 は副詞 前 は前置詞 接 は接続詞 間 は間投詞

2 うっとうしい.

de·pri·mi·do, da [デプリミド, ダ]《過去分詞》
→ deprimir 落胆させる.
— 形 意気消沈した, 気落ちした.

de·pri·mir [デプリミル] 他 …を気落ちさせる, 落胆させる.
— **deprimir·se** 再 気落ちする, 落胆する.

de·pri·sa [デプリサ] 副 急いで.

de·pues·to, ta [デプエスト, タ]《過去分詞》
→ deponer 放棄する《活 61》.

de·pu·ra·ción [デプラシオン] 女 1 浄化, 純化. 2 (文体などの)洗練, 完成.

de·pu·ra·do, da [デプラド, ダ]《過去分詞》
→ depurar 浄化する.
— 形 1 洗練された. 2 純化した.

de·pu·ra·do·ra [デプラドラ] 女 (水の)浄化装置.

de·pu·rar [デプラル] 他 1 …を浄化する, 純化する. 2 (文体など)を洗練する, 完成させる.

de·pu·ra·ti·vo [デプラティボ] 男《医学》浄血剤.

depus- 活 → deponer 放棄する《活 61》.

de·que·ís·mo [デケイスモ] 男《文法》(接続詞 que の前に前置詞 de を入れる)デケ語法.

de·re·cha¹ [デレチャ] 女 1 右側, 右方. 2 右手, 右足. 3《政治》右翼, 右派, 保守派.
a derechas (否定表現で)まっとうに, 正しく(…ない).
a la derecha (de...) (…の)右側に.
no hacer nada [una] a derechas 何ひとつまともにできない.

de·re·cha·men·te [デレチャメンテ] 副 1 まっすぐに, 直接に. 2 まっとうに, 正しく.

de·re·chis·mo [デレチスモ] 男《政治》保守主義.

de·re·chis·ta [デレチスタ] 形《男女同形》右翼の, 保守主義の.
— 男 女 保守主義者.

de·re·cho¹ [デレチョ] 男 1 法律, 法. 2 法学. 3 法学部. 4 (+a+不定詞) …する権利. 5 (+a+不定詞) …する資格. 6 正義, 道理. 7 (物の)表側, おもて.
— 副 1 まっすぐに. 2 直接に.
al derecho しかるべく.
¿Con qué derecho...? どんな権利で…か?
de derecho 法に従って, 正当に.
de pleno derecho 正式な.
derecho al voto 選挙権.
derecho civil 民法.
derecho de asilo (亡命者などへの)庇護権.
derecho mercantil 商法.
derecho penal 刑法.
derechos fundamentales 基本的人権.
derechos humanos 人権.
estar en su derecho 合法的である.
No hay derecho. そんな権利はない.

Reservados todos los derechos 版権所有.
tener derecho a... …への権利がある.

de·re·cho², cha² [デレチョ, チャ] 形 1 右側の, 右の, 右手の. 2 真っすぐの, 直線の. 3 正しい, 公正な. 4 垂直の.
hecho y derecho 完璧な, 完全な.
mano derecha (腹心の部下を指して)右腕, 片腕.

de·re·chos [デレチョス] 男 複 (→ derecho) 1 手数料, 料金. 2 関税.
derechos aduaneros 関税.
derechos de autor 印税, 著作権.
derechos de matrícula 登録料.
derechos de peaje 通行料.

de·ri·va [デリバ] 女 (海上での)漂流.
a la deriva 1 なりゆきまかせに. 2 漂流して.
deriva continental (仮説の)大陸移動.

de·ri·va·ción [デリバシオン] 女 1 (あるものから引き出された)結論, 推論. 2 由来, 起源. 3《言語学》派生. 4《電気》分路.

de·ri·va·da¹ [デリバダ] 女《数学》微分係数.

de·ri·va·do¹ [デリバド] 男 1 副産物. 2《言語学》派生語.

de·ri·va·do², da²《過去分詞》→ derivar 由来する.
— 形 1 派生の, 派生した. 2 副産物の.

de·ri·var [デリバル] 自 1 (+de...) …に由来する, …から生じる. 2 (船が) (+hacia...) …へ方向を変える, それる.
— 他 …を (+a, hacia...) …へ向ける, そらす.
— **derivar·se** 再 1 (+de...) …から生じる. 2 (+de...) …に由来する.

der·ma·ti·tis [デルマティティス] 女《単複同形》皮膚炎.

der·ma·to·lo·gí·a [デルマトろヒア] 女 皮膚(フ)病学.

der·ma·to·ló·gi·co, ca [デルマトろヒコ, カ] 形 皮膚(フ)科の.

der·ma·tó·lo·go, ga [デルマトろゴ, ガ] 男 女 皮膚(フ)科専門医.

dér·mi·co, ca [デルミコ, カ] 形《解剖学》真皮の, 皮膚(フ)の.

der·mis [デルミス] 女《単複同形》《解剖学》真皮.

der·mo·hi·dra·tan·te [デルモイドラタンテ] 形 肌(セ)をしっとりさせる.

der·mo·pro·tec·tor, to·ra [デルモプロテクトル, トラ] 形 肌(セ)を保護する.

de·ro·ga·ción [デロガシオン] 女 (法的規制などの)廃止, 破棄.

de·ro·gar [デロガル] 他《活 47 llegar》(法的規制など)を廃止する, 無効にする.

de·rra·ma·mien·to [デラマミエント] 男 あふれ出し, 流出.

de·rra·mar [デラマル] 他 1 …をこぼす. 2 …をまきちらす.
— **derramar·se** 再 こぼれる.

活 は活用形 複 は複数形 男 は男性名詞 女 は女性名詞 固 は固有名詞 代 は代名詞 自 は自動詞

de·rra·me [デラメ] 男 1 流出. 2〈医学〉(血液などの)溢出(いっしゅつ).
derrame cerebral 脳溢血.

de·rra·par [デラパル] 自 (自動車が)横すべりする, スリップする.

de·rra·pe [デラペ] 男 (自動車の)スリップ, スリップの跡.
— 活 → derrapar スリップする.

de·rre·dor [デレドル] 男
en derredor [*al derredor*] 周囲に, まわりに.

de·rren·ga·do, da [デレンガド, ダ] 《過去分詞》→ derrengar ひどく疲れさせる.
— 形 疲れ果てた.

de·rren·gar [デレンガル] 他 《活 53 negar》1 …をひどく疲れさせる. 2 …の背中を痛める.
— derrengarse 再 1 ひどく疲れる. 2 背中を痛める.

de·rre·ti·mien·to [デレティミエント] 男 溶解.

de·rre·tir [デレティル] 他 《活 56 pedir》1 …を溶解する, とかす. 2 (資産などを)浪費する.
— derretirse 再 1 溶解する, とける. 2 (+ por...) …に夢中になる, ほれる.

de·rri·bar [デリバル] 他 1 …をたおす, 取りこわす. 2 …を解体する. 3 …を失脚させる. 4 (家畜などを)突きたおす.
— derribarse 再 たおれる.

de·rri·bo [デリボ] 男 1 (建物の)破壊, 取りこわし. 2 (人の)転倒.

de·rro·ca·mien·to [デロカミエント] 男 1 免職. 2 (政府などの)転覆(てんぷく).

de·rro·car [デロカル] 他 《活 73 sacar》1 (政府などを)たおす. 2 …を転落させる. 3 (建物など)を破壊する.

de·rro·char [デロチャル] 他 1 …を浪費する, むだに使う. 2 (活力)などを十分に持っている.

de·rro·che [デロチェ] 男 浪費, 乱費.

de·rro·ta [デロタ] 女 1 敗北. 2〈船舶〉航路, 針路.

de·rro·ta·do, da [デロタド, ダ] 《過去分詞》→ derrotar 打ち負かす.
— 形 1 敗北した, 負けた. 2 疲れきった.

de·rro·tar [デロタル] 他 1 …を打ち負かす, 敗走させる.
— 自〈闘牛〉(牛が)角を突き上げる.

de·rro·te [デロテ] 男〈闘牛〉(牛の)角の突き上げ.

de·rro·te·ro [デロテロ] 男 1 進路, 進む道. 2〈航海〉(海図上の)航路, 針路.

de·rro·tis·mo [デロティスモ] 男 敗北主義.

de·rro·tis·ta [デロティスタ] 形《男女同形》敗北主義の.
— 男女 敗北主義者.

de·rru·bio [デルビオ] 男 1 (谷などの)侵食. 2 沖積土.

de·rruir [デルイル] 他 《活 43 huir》(建物を)取りこわす, 崩壊させる.

de·rrum·ba·de·ro [デルンバデロ] 男 1 絶壁, 断崖(だんがい). 2 大きな危険, 危機.

de·rrum·ba·mien·to [デルンバミエント] 男 1 (建物の)崩壊, 倒壊. 2 落胆, 気落ち.

de·rrum·bar [デルンバル] 他 1 (建物)をとりこわす, 倒壊させる. 2 …を突き落とす. 3 …を落胆させる.
— derrumbarse 再 1 (建物の)崩壊する. 2 (物が)ころがり落ちる. 3 (人が)落胆する.

de·rrum·be [デルンベ] 男 1 崩壊. 2 落राる.

de·sa·bas·te·cer [デサバステセル] 他 《活 4 agradecer》…への(+de...)…の供給をやめる.

de·sa·bo·ri·do, da [デサボリド, ダ] 形 1 味のない, まずい. 2 面白味のない, 無愛想な.
— 男女 無愛想な人間.

de·sa·bo·to·nar [デサボトナル] 他 (衣服の)ボタンをはずす.
— desabotonarse 再 (自分の衣服の)ボタンをはずす.

de·sa·bri·do, da [デサブリド, ダ] 形 1 (果物などが)まずい, 風味のない. 2 (天候が)不順な. 3 (人が)無愛想な, 面白味のない.

de·sa·bri·gar [デサブリガル] 他 《活 47 llegar》…のコートを脱がせる.
— desabrigarse 再 (コートなど)を脱ぐ.

de·sa·bri·mien·to [デサブリミエント] 男 1 味のなさ, まずさ. 2 無愛想, ぶっきらぼう. 3 (天候の)不順.

de·sa·bro·char [デサブロチャル] 他 …のボタン[ホック]をはずす.
— desabrocharse 再 (自分の服などの)ボタン[ホック]をはずす.

de·sa·ca·to [デサカト] 男 (法律などへの)不服従, 侮辱.

de·sa·cer·ta·do, da [デサセルタド, ダ] 形 的はずれな, 不適切な.

de·sa·cier·to [デサシエルト] 男 的はずれ, 間違い, 見当違い.

de·sa·co·mo·dar [デサコモダル] 他 …を居心地悪くする, …にいやな思いをさせる.
— desacomodarse 再 不快な思いをする.

de·sa·con·se·jar [デサコンセハル] 他 …することを(+a...)…に思いとどまらせる, やめさせる.

de·sa·co·plar [デサコプラル] 他 (つながれているもの)を離す, 切り離す.

de·sa·cor·de [デサコルデ] 形 等しくない, 一致しない.

de·sa·cos·tum·bra·do, da [デサコストゥンブラド, ダ] 《過去分詞》→ desacostumbrar 習慣をやめさせる.
— 形 1 (+a...) …に慣れていない. 2 見慣れない, 珍しい.

de·sa·cos·tum·brar [デサコストゥンブラル] 他 (人)に(+a...) …する習慣をやめさせる.
— desacostumbrarse 再 1 (+a, de...) …す

る習慣をやめる. 2 (+a...) ...に耐えられない, 慣れることができない.

de·sa·cre·di·tar [デサクレディタル] 他 (人)の信用を落とす.
— **desacreditar·se** 再 信用をなくす.

de·sa·cuer·do [デサクエルド] 男 不一致, 意見の相違.

de·sa·fec·to [デサフェクト] 男 1 愛情の欠如, 冷たさ. 2 悪意. 3 嫌悪感.

de·sa·fian·te [デサフィアンテ] 形 挑戦的な, 挑発的な.

de·sa·fi·ar [デサフィアル] 他 《活 34 enviar》 1 ...に挑戦する. 2 ...を挑発する. 3 ...に立ち向かう, ...と対決する. 4 (物事が) ...と対立する, 矛盾する.
— **desafiar·se** 再 (二人が)決闘する.

de·sa·fi·nar [デサフィナル] 自〈音楽〉音程が狂う.
— **desafinar·se** 再〈音楽〉調子がはずれる.

de·sa·fí·o [デサふィオ] 男 1 挑戦, 挑発. 2 対決, 決闘. 3 対立, 矛盾.

de·sa·fo·ra·do, da [デサふォラド, ダ]《過去分詞》→ desaforar·se 抑制がきかなくなる.
— 形 とてつもない, 巨大な, 法外な.

de·sa·fo·rar·se [デサふォラルセ] 再 《活 22 contar》 抑制がきかなくなる, 無分別になる.

de·sa·for·tu·na·da·men·te [デサふォルトゥナダメンテ] 副 不運にも, 不幸にも.

de·sa·for·tu·na·do, da [デサふォルトゥナド, ダ] 形 1 不運な, 不幸な. 2 不適切な, 適当でない.

de·sa·fue·ro [デサふエロ] 男 1 不法行為, 法律違反. 2 (世間への)反抗, 反逆.

de·sa·gra·cia·do, da [デサグラしアド, ダ] 形 1 優美さのない, 見苦しい. 2 不適切な.

de·sa·gra·da·ble [デサグラダブれ] 形 不愉快な, 不快な, いやな.

de·sa·gra·dar [デサグラダル] 自 (+a+人) ...には気に入らない, 不快である.

de·sa·gra·de·cer [デサグラデセル] 他《活 4 agradecer》 ...に感謝しない, 恩を感じない.

de·sa·gra·de·ci·do, da [デサグラデしド, ダ]《過去分詞》→ desagradecer 感謝しない.
— 形 恩知らずの.
— 男 女〈人〉恩知らず, 忘恩の徒.

de·sa·gra·de·ci·mien·to [デサグラデしミエント] 男〈姿勢〉恩知らず, 忘恩.

de·sa·gra·do [デサグラド] 男 不快, 不満.

de·sa·gra·viar [デサグラビアル] 他《活 17 cambiar》 1 ...に (+de, por...) ...の謝罪をする, 償(ﾂｸﾞﾅ)う. 2 ...に (+con...) ...で償いをする, 埋め合わせをする.

de·sa·gra·vio [デサグラビオ] 男 謝罪, 償(ﾂｸﾞﾅ)い, 埋め合わせ.

de·sa·gua·de·ro [デサグアデロ] 男 排水管.

de·sa·guar [デサグアル] 他《活 14 averiguar》...を排水する.
— 自 1 (川が) (+en...) ...にそそぐ, 流れ込む. 2 (タンクなどが)排水する. 3 放尿する.

de·sa·güe [デサグエ] 男 排水管, 排水溝.

de·sa·gui·sa·do[1] [デサギサド] 男 1 損害, 被害. 2 悪事, 犯罪. 3 いたずら.

de·sa·gui·sa·do, da[2] [デサギサド, ダ] 形 不法な, 無法な.

de·sa·ho·ga·da·men·te [デサオガダメンテ] 副 1 ゆったりと, 裕福に. 2 ずうずうしく, 厚かましく.

de·sa·ho·ga·do, da [デサオガド, ダ]《過去分詞》→ desahogar 楽にする.
— 形 1 ゆったりした, 裕福な. 2 厚かましい.

de·sa·ho·gar [デサオガル] 他《活 47 llegar》〈気持ちなど〉を (+con...) ...に話して楽にする, やわらげる.
— **desahogar·se** 再 気持ちを楽にする, くつろぐ.

de·sa·ho·go [デサオゴ] 男 1 くつろぎ, 安心. 2 (生活の)安らぎ, ゆとり. 3 厚かましさ.

de·sa·hu·ciar [デサウしアル] 他《活 17 cambiar》 1 (借家人など)を立ちのかせる. 2 (病人)に不治の宣告をする, ...にさじを投げる.

de·sai·ra·do, da [デサイラド, ダ]《過去分詞》→ desairar 軽視する.
— 形 1 軽視された, おろそかにされた. 2 見ばえのしない, やぼな.

de·sai·rar [デサイラル] 他《活 6 aislar》 ...を軽視する, 冷たくあしらう, 無視する.

de·sai·re [デサイレ] 男 軽視, 冷遇, 無視.

de·sa·jus·tar [デサフスタル] 他 1 (機械など)の狂わせる. 2 (計画など)を台無しにする, だめにする.
— **desajustar·se** 再 (機械などが)狂う, だめになる.

de·sa·jus·te [デサフステ] 男 1 (機械などの)不調, 狂い, 故障. 2 不一致, 不均衡.

de·sa·la·do, da [デサらド, ダ]《過去分詞》→ desalar 塩分を取る.
— 形 塩抜きされた.

de·sa·lar [デサらル] 他〈料理〉...の塩分を取る.

de·sa·len·tar [デサれンタル] 他《活 57 pensar》 ...をくじけさせる, ...のやる気をなくさせる.

desalient- 活 → desalentar くじけさせる《活 57》.

de·sa·lien·to [デサリエント] 男 気落ち, がっかりすること.

de·sa·li·ña·do, da [デサリニャド, ダ] 形 だらしのない, 締まりのない.

de·sa·li·ño [デサリニョ] 男 (身なりの)だらしなさ.

de·sal·ma·do, da [デサるマド, ダ] 形 残忍な, 凶悪な.
— 男 女 悪人, 冷血漢.

de·sa·lo·ja·mien·to [デサロハミエント] 男 《= desalojo》 1 追い立て. 2 明け渡し.

de·sa·lo·jar [デサロハル] 他 1 ...を (+de...) ...から追い立てる. 2 ...を明け渡す.

de·sal·qui·lar [デサルキラル] 他 …を引き払う, 立ちのく.

de·sa·ma·rrar [デサマラル] 他 …をほどく.

de·sam·bien·ta·do, da [デサンビエンタド, ダ] 形 雰囲気になじめない.

de·sa·mor [デサモル] 男 1 反感, 敵意. 2 嫌気, 退屈.

de·sa·mor·ti·zar [デサモルティサル] 他 (譲渡不可能な財産)を譲渡可能にする.

de·sam·pa·ra·do, da [デサンパラド, ダ] 《過去分詞》→ desamparar 見捨てる.
— 形 見捨てられた, 保護者のいない.

de·sam·pa·rar [デサンパラル] 他 …を見捨てる, 見はなす.

de·sam·pa·ro [デサンパロ] 男 なににも頼れない状態.

de·sa·mue·bla·do, da [デサムエブラド, ダ] 形 (マンションなどが)家具付きでない.

de·san·ge·la·do, da [デサンヘラド, ダ] 形 面白味のない, 殺風景な.

de·san·grar [デサングラル] 他 1 …から血を抜き取る. 2 …から金を絞り取る.

de·sa·ni·ma·do, da [デサニマド, ダ] 《過去分詞》→ desanimar 落胆させる.
— 形 落胆した, 元気のない.

de·sa·ni·mar [デサニマル] 他 …を落胆させる, …に元気をなくさせる.
— **desanimar·se** 再 落胆する, 気落ちする.

de·sá·ni·mo [デサニモ] 男 落胆, 気落ち.

de·sa·nu·dar [デサヌダル] 他 …をほどく, 解き放つ.

de·sa·pa·ci·ble [デサパシブれ] 形 1 (天候などが)不快な, 不順な. 2 (人が)気難しい, すぐかっとなる.

de·sa·pa·re·cer [デサパレセル] 自《活 4 a-gradecer》消える, 見えなくなる, 姿を消す.

de·sa·pa·re·ci·do, da [デサパレシド, ダ] 《過去分詞》→ desaparecer 消える.
— 形 1 消えた, 見えなくなった. 2 行方不明の.
— 男女 行方不明者.

desaparezc- 活 → desaparecer 消える《活 4》.

de·sa·pa·ri·ción [デサパリシオン] 女 1 消滅, 不在. 2 死去, 絶滅.

de·sa·pa·sio·na·do, da [デサパシオナド, ダ] 形 冷静な, 客観的な, 公平な.

de·sa·pe·go [デサペゴ] 男 無関心, 冷淡.

de·sa·per·ci·bi·do, da [デサペルシビド, ダ] 形 1 (pasar+)気づかれない. 2 準備のできていない.

de·sa·pren·si·vo, va [デサプレンシボ, バ] 形 自分勝手な, 無節操な, ずうずうしい.

de·sa·pro·ba·ción [デサプロバシオン] 女 1 否認, 不賛成. 2 非難.

de·sa·pro·bar [デサプロバル] 他 1 …を是認しない, …に不満を感じる. 2 …を非難する.

de·sa·pro·ve·cha·do, da [デサプロベチャド, ダ]《過去分詞》→ desaprovechar むだにする.
— 形 生かされていない, 活用の不十分な.

de·sa·pro·ve·char [デサプロベチャル] 他 …をむだにする, 十分に活用しない.

de·sa·bo·lar [デサボらル] 他 1 《航海》…のマストを折る. 2 …をだめにする, こわす.

de·sar·ma·do, da [デサルマド, ダ] 《過去分詞》→ desarmar 武装解除する.
— 形 1 (武器を持たない)丸腰の. 2 分解された, ばらばらになった. 3 (議論で)やりこめられた, ぐうの音(ね)も出ない.

de·sar·mar [デサルマル] 他 1 …を武装解除する, …から武器を取り上げる. 2 …を分解する, 解体する. 3 …の怒りを静める. 4 …を(議論で)やりこめる.
— **desarmar·se** 再 (物が)分解する, ばらばらになる.

de·sar·me [デサルメ] 男 軍備縮小, 武装解除.

de·sa·rrai·gar [デサライガル] 他《活 47 llegar》1 …を根こそぎにする, 根から引き抜く. 2 (悪習などを)根絶する, 根絶(ね)やしにする. 3 (人を)(+de...)…から引き離す, 追放する.
— **desarraigar·se** 再 1 根から抜ける. 2 (+de...)…をすてる, やめる, 離れる.

de·sa·rrai·go [デサライゴ] 男 1 根こそぎ. 2 根絶, 根絶やし. 3 離郷, 追放.

de·sa·rre·gla·do, da [デサレグらド, ダ] 《過去分詞》→ desarreglar 混乱させる.
— 形 1 乱雑な, みだれた. 2 調子の狂った.

de·sa·rre·glar [デサレグらル] 他 1 …を混乱させる, みだす. 2 (調子などを)狂わせる.
— **desarreglar·se** 再 1 混乱する, みだれる. 2 (調子などが)狂う.

de·sa·rre·glo [デサレグろ] 男 1 無秩序, 乱雑. 2 (機械などの)不調, 故障.

de·sa·rro·lla·do, da [デサロジャド, ダ]《過去分詞》→ desarrollar 発展させる.
— 形 1 発展した. 2 発育のいい.
 países desarrollados 先進諸国.

de·sa·rro·llar [デサロジャル] 他 1 …を発展させる, 進展させる. 2 …を開発する. 3 …を発育させる. 4 (理論や数式)を展開する. 5 (計画などを)実現する, 実行する. 6 (巻いた物などを)広げる, 伸ばす.
— **desarrollar·se** 再 1 (事が)展開する, 進行する. 2 発展する, 発達する. 3 発育する, 成長する.

de·sa·rro·llo [デサロジョ] 男 1 発展, 進展. 2 開発. 3 発育, 成長. 4 (理論などの)展開. 5 (計画などの)実現.
 desarrollar 発展させる.

de·sa·rro·par [デサロパル] 他 …の服をぬがせる.
— **desarropar·se** 再 服をぬぐ.

de·sa·rru·gar [デサルガル] 他《活 47 llegar》…のしわを伸ばす.

— desarrugarse 再 しわが無くなる.

de·sar·ti·cu·lar [デサルティクラル] 他 1 (計画など)をだめにする. 2 (組織など)を解体する. 3 …の関節をはずす.
— desarticularse 再 脱臼(だっきゅう)する.

de·sa·se·a·do, da [デサセアド, ダ] 形〈人〉不潔な, きたならしい.

de·sa·sir·se [デサシルセ] 再《活 10 asir》(+ de…) …から離れる, …から解放される.

de·sa·so·se·gar [デサソセガル] 他《活 53 negar》…を落ち着かなくさせる, 不安にさせる.
— desasosegarse 再 落ち着きを失う, 不安になる.

de·sa·so·sie·go [デサソシエゴ] 男 不安, 動揺.

de·sas·tra·do, da [デサストラド, ダ] 形 (身なりなどが)だらしない, みすぼらしい.
— 男 女 みすぼらしい人.

de·sas·tre [デサストレ] 男 1 大災害, 惨事. 2 ひどいもの. 3 さんざんな結果, 大失敗. 4 欠点だらけの人間, どうにもならない人間.

de·sas·tro·so, sa [デサストロソ, サ] 形 1 ひどい, 悲惨な. 2 災難を引き起こす.

de·sa·tar [デサタル] 他 1 …をほどく. 2 …を自由にする, 解き放つ. 3 (感情など)を噴出させる, 爆発させる.
— desatarse 再 1 ほどける. 2 大胆になる. 3 (感情が)爆発する.

de·sa·tas·ca·dor [デサタスカドル] 男 (短い棒に吸盤のついた排水管掃除器の)ラバーカップ.

de·sa·tas·car [デサタスカル] 他《活 73 sacar》1 (排水管などの)詰まりを取り除く. 2 …を(ぬかるみから)引き上げる. 3 (停滞している物事)を先に進ませる.
— desatascarse 再 (排水管などが)詰まりが取れる.

de·sa·ten·ción [デサテンシオン] 女 1 不注意, 無関心. 2 失礼, 無作法.

de·sa·ten·der [デサテンデル] 他《活 58 perder》1 …の世話をしない. 2 …を無視する, おろそかにする.

de·sa·ten·to, ta [デサテント, タ] 形 1 不注意な, ぼんやりした. 2 無愛想な, 失礼な.

de·sa·ti·na·do, da [デサティナド, ダ] 《過去分詞》→ desatinar へまをする.
— 形 見当はずれの, 軽率な.

de·sa·ti·nar [デサティナル] 自 へまをする, (軽率で)失敗する.

de·sa·ti·no [デサティノ] 男 へま, 見当はずれ.

de·sa·tor·ni·lla·dor [デサトルニジャドル] 男 ねじ回し, ドライバー.

de·sa·tor·ni·llar [デサトルニジャル] 他 …のねじをはずす.

de·sau·to·ri·zar [デサウトリサル] 他《活 39 gozar》1 …の権威[権限]を取り上げる. 2 …の信用を失墜させる. 3 …を否認する.
— desautorizarse 再 1 権威[権限]を失う. 2 信用を失う.

de·sa·ve·nen·cia [デサベネンシア] 女 (二者の間の)不協和音, 不一致, 意見の相違.

de·sa·yu·na·do, da [デサユナド, ダ] 《過去分詞》→ desayunar 朝食をとる.
— 形 朝食をすませた.

de·sa·yu·nar [デサユナル] 自 朝食をとる.
— 他 朝食に…を食べる.

de·sa·yu·no [デサユノ] 男 朝食.
— 再 → desayunar 朝食をとる.

de·sa·zón [デサソン] 女 1 不安, 心配. 2 (気持ちの)落ち込み.

de·sa·zo·na·do, da [デサソナド, ダ] 《過去分詞》→ desazonar 不安にさせる.
— 形 1 不安な, 落ち着かない. 2 元気のない.

de·sa·zo·nar [デサソナル] 他 …を不安にさせる, 心配させる.
— desazonarse 再 元気をなくす.

des·ban·car [デスバンカル] 他《活 73 sacar》1 (地位などで) …に取って代わる. 2〈賭博(とばく)〉〈親〉を破産させる.

des·ban·da·da [デスバンダダ] 女 わっと逃げ出すこと, 四散, 敗走.
a la [en] desbandada ちりぢりに, 四方にちらばって.

des·ban·dar·se [デスバンダルセ] 再 ちりぢりになる, 四散する.

des·ba·ra·jus·tar [デスバラフスタル] 他 …を取り散らかす, 混乱させる.

des·ba·ra·jus·te [デスバラフステ] 男 取り散らかし, 混乱, 無秩序.

des·ba·ra·tar [デスバラタル] 他 1 …をだめにする, 台無しにする. 2 (財産など)を浪費する.

des·ba·rrar [デスバラル] 自 1 でたらめを言う. 2 非常識なことをする.

des·bas·tar [デスバスタル] 他 …を荒削りする.

des·be·ber [デスベベル] 自 小便をする.

des·blo·que·ar [デスブロケアル] 他 1 …の障害を取り除く. 2〈経済〉…の凍結を解除する.

des·bo·ca·do, da [デスボカド, ダ] 《過去分詞》→ desbocarse 暴走する.
— 形 1 (馬などが)制御がきかない, 暴走した. 2 (人が)かっとなった. 3 (物の)口が開きすぎた.

des·bo·car·se [デスボカルセ] 再《活 73 sacar》1 (馬などが)暴走する. 2 (人が)自制心を失う. 3 (物の開口部が)開きすぎる.

des·bor·dan·te [デスボルダンテ] 形 1 あふれ出た. 2 (+de…) …でいっぱいの. 3 (仕事などが)自分の能力を越えた.

des·bor·dar [デスボルダル] 自 あふれる, 氾濫(はんらん)する.
— 他 …の限界[能力]を越える.
— desbordarse 再 (感情などが)あふれ出る.

des·bra·var [デスブラバル] 他 (動物)を慣らす, 訓練する.

des·bro·zar [デスブロセル] 他《活 39 gozar》

1 …から雑草[枯れ葉]を取り除く. 2 〈障害物や不要のもの〉を取り除く.

des·ca·ba·lar [デスカバラル] 他 1 …を不完全なものにする. 2 (計画など)を組み変える.
— **descabalar·se** 再 1 不完全なものになる. 2 組み変わる.

des·ca·bal·gar [デスカバルガル] 自 《活 47 llegar》(+de+馬から) (…から)降りる.

des·ca·be·lla·do, da [デスカベじゃド, ダ] 《過去分詞》→ descabellar 急いで仕上げる.
— 形 無分別な, 非常識な, むちゃな.

des·ca·be·llar [デスカベじゃル] 他 1 (仕事を)急いで仕上げる. 2 〈闘牛〉〈牛〉をデスカベジョ descabello で始末する.

des·ca·be·llo [デスカベじょ] 男 〔闘牛〕〈牛を, 首の急所を突き刺して殺す技の〉デスカベジョ.

des·ca·be·zar [デスカベさル] 他 《活 39 gozar》 1 …の頭を切り落とす. 2 …の上部[上層部]を取り去る.

des·ca·fei·na·do, da [デスカふェイナド, ダ] 《過去分詞》 → descafeinar カフェインを抜く.
— 形 1 (コーヒーなどが)カフェイン抜きの. 2 本物の特性のない, 本物らしくない.

des·ca·fei·nar [デスカふェイナル] 他 《活 6 aislar》 1 〈コーヒー〉をカフェイン抜きにする. 2 …から危険な要素を取り去る.

des·ca·la·brar [デスカラブラル] 他 1 …の頭にけがをさせる. 2 …に大きな損害を与える.
— **descalabrar·se** 再 頭にけがをする.

des·ca·la·bro [デスカラブロ] 男 不運, 逆境.

des·cal·ci·fi·ca·ción [デスカるしふぃカしオン] 女 〔医学〕(骨などからの)石灰質除去.

des·cal·ci·fi·car [デスカるしふぃカル] 他 《活 73 sacar》〈医学〉〈骨など〉から石灰質を除去する.

des·ca·li·fi·ca·ción [デスカリふぃカしオン] 女 1 (試合での)失格. 2 (権威などの)失墜(ﾂｲ).

des·ca·li·fi·car [デスカリふぃカル] 他 《活 73 sacar》 1〈試合〉…を失格とさせる, …から出場資格を取り上げる. 2 …の権威[評判]を落とさせる.

des·cal·zar [デスカるさル] 他 《活 39 gozar》 …の靴を脱がせる.
— **descalzar·se** 再 靴を脱ぐ.

des·cal·zo, za [デスカるそ, さ] 形 1 裸足(ﾊﾀﾞｼ)の, 素足の. 2 〈宗教〉跣足(ｾﾝｿｸ)の.
— 男 女 跣足の修道士[修道女].
— 再 → descalzar 靴を脱がせる.

des·ca·mar·se [デスカマルセ] 再 (皮膚(ﾌ)が)かさぶたになってはがれる.

des·cam·biar [デスカンビアル] 他 《活 17 cambiar》(買ったもの)を(他の商品〈代品〉と)取りかえる.

des·ca·mi·na·do, da [デスカミナド, ダ] 形 1 見当はずれの, 思い違いの. 2 方向を見失った, 迷った.

des·ca·mi·sa·do, da [デスカミサド, ダ] 形 1 シャツを着ていない. 2 シャツのボタンをはずしている. 3 ひどく貧しい, ぼろをまとった.
— 男 女 貧乏人, 浮浪者.

des·cam·pa·do¹ [デスカンパド] 男 無人の荒野.

des·cam·pa·do², da [—, ダ] 形 〈土地〉草木も生えず人も住まない, 荒野の.

des·can·sa·do, da [デスカンサド, ダ] 《過去分詞》→ descansar 休む.
— 形 1 楽な, 気軽な. 2 疲れのとれた, 休養した. 3 のんびりした, 安楽な.

des·can·sar [デスカンサル] 自 1 休む, くつろぐ. 2 眠る, 休養する. 3 ほっとする, 落ち着く. 4 (土地が)休耕中である. 5 地下に眠る, 永眠する.
— 他 1 …を休ませる, くつろがせる. 2 …の疲れを取り去る.

des·can·si·llo [デスカンシじょ] 男 (階段の)踊り場.

des·can·so [デスカンソ] 男 1 ひと休み, 休息. 2 頼りになる者. 3 (映画などの)休憩時間. 4〈スポーツ〉ハーフタイム. 5 (階段の)踊り場. 6 支え, 支柱.
— 間 休め!
— 再 → descansar 休む.

des·ca·po·ta·ble [デスカポタブれ] 男 〈自動車〉(幌(ﾎﾛ)つきの)コンバーティブル.

des·ca·ra·da·men·te [デスカラダメンテ] 副 ずうずうしく, 厚かましく.

des·ca·ra·do, da [デスカラド, ダ] 《過去分詞》→ descarar·se ずうずうしく振る舞う.
— 形 厚かましい, ずうずうしい.
— 男 女 厚かましい人間.

des·ca·rar·se [デスカラルセ] 再 ずうずうしく振る舞う, 厚かましい言動をする.

des·car·ga [デスカルガ] 女 1 荷降ろし, 荷揚げ. 2 肩の荷を降ろすこと, 気分的な解放. 3〈電気〉放電, 感電.

des·car·ga·de·ro [デスカルガデロ] 男 (荷役用の)波止場.

des·car·gar [デスカルガル] 他 《活 47 llegar》 1 〈船など〉の荷を降ろす. 2 〈荷〉を降ろす. 3 〈銃〉を発射する. 4 〈なぐりつけ〉を食らわせる. 5 〈感情〉をぶちまける, 発散する.
— 自 (天気などが)荒れる, 雨を降らせる.
— **descargar·se** 再 1 放電する. 2 (+de...) …を拒絶する.

des·car·go [デスカルゴ] 男 1 荷揚げ, 荷降ろし. 2 (勘定の)貸し方. 3 (被告側の)抗弁, 答弁.
en descargo de... …のための言い訳[正当化]として.

des·car·na·do, da [デスカルナド, ダ] 形 1 肉を取りはらわれた. 2 率直な. 3 飾り気のない.

des·ca·ro [デスカロ] 男 ずうずうしさ, 厚顔無恥, 無礼.

des·ca·rriar [デスカリアル] 他 《活 34 en-

他 は他動詞 再 は再帰動詞 形 は形容詞 副 は副詞 前 は前置詞 接 は接続詞 間 は間投詞

des·ca·rri·la·mien·to

viar》1 …に道を間違えさせる.2（羊など）を群れから引き離す.
— **descarriar·se** 再 1（人が）道を間違える.2（羊などが）群れから離れる.

des·ca·rri·la·mien·to [デスカリらミエント] 男 (列車などの) 脱線.

des·ca·rri·lar [デスカリらル] 自 1 (列車などが) 脱線する.2 進むべき道をはずれる.

des·car·tar [デスカルタル] 他 …を捨てる,除外する.
— **descartar·se** 再 (トランプ遊びで) 《+de＋不要な札》…を捨てる.

des·car·te [デスカルテ] 男 1 不要なものを捨てること.2 〈トランプ〉(不要な) 札を捨てること.
por descarte 消去法で.

des·cas·ca·ri·llar [デスカスカリりゃル] 他 1 (小麦などの) 殻(2)をはがす.2 …の表面をそぎ落とす.

des·cas·ta·do, da [デスカスタド, ダ] 形 1 家族思いでない.2 恩知らずな,薄情な.
— 男 女 1 恩知らず, 薄情者.

des·cen·den·cia [デスセンデンしア] 女 (集合的に) (直系の) 子孫.

des·cen·den·te [デスセンデンテ] 形 降下する,くだりの.

des·cen·der [デスセンデル] 自 《活 58 perder》1 〈くだる, 降りる, さがる.2 (血統が)《+de...》…に由来する, …の系統である.
— 他 1 …を降ろす, さげる.2 …を降りる.

des·cen·dien·te [デスセンディエンテ] 形 《+de...》…に由来する, …の血統の.
— 男 女 子孫.

des·cen·di·mien·to [デスセンディミエント] 男 降ろすこと, さげること.

des·cen·so [デスセンソ] 男 1 (下りの) 坂道.2 下降, 傾斜.3 低下, おとろえ.

des·cen·tra·li·za·ción [デスセントらリさしオン] 女 (権力の) 地方分散, 地方分権.

des·cen·tra·li·zar [デスセントらリさル] 他 《活 39 gozar》1 (行政機構など) を分散させる.2 …を地方分権にする.

des·cen·trar [デスセントらル] 他 1 …を中心からはずす.2 (人や物) を集中できなくする.

des·ce·rra·jar [デスセらハル] 他 …の錠をこわす.

des·ciend- 活 → descender 〈だる 《活 58》.

des·ci·fra·ble [デスしふらブれ] 形 解読可能.

des·ci·frar [デスしふラル] 他 (暗号など) を解読する.

des·cla·sa·do, da [デスクらサド, ダ] 形 1 どんな社会的集団にも属していない, 社会層意識の低い.2 間違った社会層に属している.

des·co·car·se [デスコカルセ] 再 《活 73 sacar》厚かましく振る舞う.

des·co·co [デスココ] 男 厚かましさ.

des·co·jo·nar·se [デスコホナルセ] 再 大いに笑う, ばか笑いする.

des·col·gar [デスコるガル] 他 《活 71 rogar》1 …を降ろす.2 …をつり降ろす.3 (受話器を取る.
— 自 受話器を取る.
— **descolgar·se** 再 1《+por...》…にぶらっと立ち寄る.2《+de...》…からはずれる.3《+con...》…を突然に言い出す.

des·co·llar [デスコりゃル] 自 《活 22 contar》1 (幅や高さが) 抜きん出る.2《+entre...》…の間で目立つ, きわ立つ.

des·co·lo·car [デスコろカル] 他 《活 73 sacar》1 …を間違った場所に置く.2 …の配置を間違える.

des·co·lo·ni·za·ción [デスコろニさしオン] 女 非植民地化, 独立.

des·co·lo·ni·zar [デスコろニさル] 他 《活 39 gozar》…を独立させる.
— **descolonizar·se** 再 独立する.

des·co·lo·ri·do, da [デスコろリド, ダ] 形 1 色があせた.2 さえない.

des·co·me·di·do, da [デスコメディド, ダ] 形 1 節度のない, 過度な.2 無作法な.

des·co·mer [デスコメル] 自 排便する.

des·com·pa·sa·do, da [デスコンパサド, ダ] 《過去分詞》→ descompasar 調子を狂わせる.
— 形 調子の狂った.

des·com·pa·sar [デスコンパサル] 他 …の調子を狂わせる.
— **descompasar·se** 再 (自分の) 調子を狂わす.

des·com·pen·sar [デスコンペンサル] 他 …の均衡をやぶる, を不均衡にする.

descompondr- 活 → descomponer 分解する 《活 61》.

des·com·po·ner [デスコンポネル] 他 《活 61 poner》1 …を分解する.2 …を変質させる, くさらせる.3 (機械など) をこわす, 狂わせる.4 …をだめにする, 乱す.
— **descomponer·se** 再 1 分解してしまう.2 くさる, 腐敗する.3 乱れる, 調子を狂わせる.4 急に顔色を変える.

des·com·po·ni·ble [デスコンポニブれ] 形 分解可能.

des·com·po·si·ción [デスコンポシしオン] 女 1 分解.2 変質, 変調, 腐敗.3 〈病気〉下痢(リ).

des·com·pre·sión [デスコンプレシオン] 女 〈医学〉減圧症.

des·com·pues·to, ta [デスコンプエスト, タ] 《過去分詞》→ descomponer 分解する.
— 形 1 分解した, こわれた.2 くさった.3 調子のおかしい.

descompus- 活 → descomponer 分解する 《活 61》.

des·co·mu·nal [デスコムナる] 形 巨大な, とてつもなく大きい, 並はずれた.

des·con·cer·ta·do, da [デスコンセルタド, ダ] 《過去分詞》→ desconcertar まごつかせる.

活 は活用形 複 は複数形 男 は男性名詞 女 は女性名詞 固 は固有名詞 代 は代名詞 自 は自動詞

— 形 1 当惑している. 2 ふしだらな.

des·con·cer·tan·te [デスコンセルタンテ] 形 当惑させる, まごつかせる.

des·con·cer·tar [デスコンセルタル] 他《活 57 pensar》…をまごつかせる, …の調子を狂わせる.
— **desconcertarse** 再 1 当惑する. 2 (生活などの)調子が狂う.

des·con·cha·do [デスコンチャド] 男《= desconchón》(壁などの)塗料のはげ落ち.

des·con·char [デスコンチャル] 他 (壁などの)塗料をはがす.
— **descoharse** 再 (壁などが)表面がはげ落ちる.

des·con·cier·to [デスコンシエルト] 男 1 (事情がわからないときの)困惑, 当惑. 2 不調和.

des·co·nec·ta·do, da [デスコネクタド, ダ] 形 1 (プラグが)抜かれた. 2 (スイッチが)切られた. 3 連絡が断たれた.

des·co·ne·xión [デスコネクシオン] 女 1〈電気〉絶縁. 2 切断. 3 断絶.

des·con·fia·do, da [デスコンフィアド, ダ]《過去分詞》→ desconfiar 信用しない.
— 形 1 信用しない. 2うたぐり深い.
— 男女 うたぐり深い人.

des·con·fian·za [デスコンふィアンさ] 女 1 疑念, 疑惑. 2 不信感.

des·con·fiar [デスコンふィアル] 自《活 34 enviar》1 …を信用しない. 2 (+de…) [+de+que+接続法] …ではないと思う, …を疑う.

des·con·ge·la·ción [デスコンへラしオン] 女 1 解凍. 2〈経済〉凍結解除.

des·con·ge·la·dor [デスコンへラドル] 男 (冷蔵庫の)霜取り装置.

des·con·ge·lar [デスコンへラル] 他 1 …を解凍する. 2〈経済〉…の凍結を解除する.

des·con·ges·tio·nar [デスコンヘスティオナル] 他 1 …から溜(た)まりすぎたものを抜く. 2 …の混雑をやわらげる.

des·co·no·cer [デスコノセル] 他《活 21 conocer》1 …を知らない, …に面識がない. 2 …を見違える, …に見おぼえがない. 3 …との関係を否定する.

des·co·no·ci·do, da [デスコノしド, ダ]《過去分詞》→ desconocer 知らない.
— 形 1 すっかり変わってしまった. 2 見おぼえのない. 3 知られていない, 未知の, 無名の.
— 男女 知らない人.

des·co·no·ci·mien·to [デスコノしミエント] 男 知らないこと, 無知.

des·con·si·de·ra·ción [デスコンシデラしオン] 女 1 冷淡, 無愛想. 2 無礼, 無遠慮.

des·con·si·de·ra·do, da [デスコンシデラド, ダ] 形 1 無愛想な, 冷淡な. 2 無遠慮な, 無礼な.

des·con·so·la·do, da [デスコンソらド, ダ]《過去分詞》→ desconsolar 悩ませる.
— 形 絶望した, 悲嘆にくれた.

des·con·so·lar [デスコンソラル] 他《活 22 contar》…を悩ませる, 悲しませる, 絶望させる.
— **desconsolarse** 再 悩む, 悲しむ, 絶望する.

des·con·sue·lo [デスコンスエろ] 男 悲嘆, 悲嘆.

des·con·ta·do [デスコンタド] 男《つぎの成句の一部》
dar… por descontado …を当然のこととする.
por descontado もちろん, 当然.

des·con·ta·mi·nar [デスコンタミナル] 他 …から汚染を取り除く, …を浄化する.
— **descontaminarse** 再 (汚染の除去で)きれいになる.

des·con·tar [デスコンタル] 他《活 22 contar》1 …を値引きする, 差し引く. 2〈商業〉(手形など)を割り引く.

des·con·ten·tar [デスコンテンタル] 他 …を不愉快にする, …に不満を抱かせる.
— **descontentarse** 再 不満[不愉快]になる.

des·con·ten·to, ta [デスコンテント, タ] 形 (+con, de…) …に不満の.

des·con·tex·tua·li·zar [デスコンテストゥアりさル] 他《活 39 gozar》…を間違った文脈で解釈する.

des·con·trol [デスコントロる] 男 1 制御不能. 2 無秩序. 3 訓練不足.

des·con·tro·lar·se [デスコントロらルセ] 再 1 自制心を失う. 2 (機械などが)調子を狂わせる.

des·con·vo·car [デスコンボカル] 他《活 73 sacar》(集会など)を取りやめる.

des·con·vo·ca·to·ria [デスコンボカトリア] 女 (集会などの)取りやめ.

des·co·ra·zo·nar [デスコラそナル] 他 …を落胆させる, …にやる気を無くさせる.
— **descorazonarse** 再 やる気を失う, 落胆する.

des·cor·cha·dor [デスコルチャドル] 男 (コルク栓(せん)の)栓抜き.

des·cor·char [デスコルチャル] 他 1 …のコルク栓(せん)を抜く. 2 (樹木のコルクガシ)の皮をはぐ.

des·cor·nar·se [デスコルナルセ] 再《活 22 contar》一所懸命に働く, 大いに努力する.

des·co·rrer [デスコレル] 他 1 (カーテンなど)を開く. 2 (錠の掛け金など)をはずす.
— **descorrerse** 再 (カーテンなどが)開く.

des·cor·tés [デスコルテス] 形《男女同形》礼儀知らずの, 無作法な, 無愛想な.

des·cor·te·sí·a [デスコルテシア] 女 無作法, 無礼, 無愛想.

des·cor·te·zar [デスコルテさル] 他《活 39 gozar》…の樹皮をはがす.

des·co·ser [デスコセル] 他 …の縫い目をほどく.

des·co·si·do[1] [デスコシド] 男 (縫い目の)ほころび.

des·co·si·do[2]**, da** [ー, ダ]《つぎの副詞句の一部》
como un descosido [*como una descosida*] (主語の性に一致して)懸命に, 必死に

他 は他動詞 再 は再帰動詞 形 は形容詞 副 は副詞 前 は前置詞 接 は接続詞 間 は間投詞

des·co·yun·tar·se [デスコユンタルセ] 再 〈医学〉(人が腕などを)脱臼(きゅう)する.
des·cré·di·to [デスクレディト] 男 1 信用の失墜(つい). 2 価値の下落.
des·cre·í·do, da [デスクレイド, ダ] 形 1 信仰心のない, 信じるものがない. 2 無信仰の.
— 男 女 1 不信心者. 2 無信仰者.
des·crei·mien·to [デスクレイミエント] 男 1 不信心, 説明的な. 2 無信仰.
des·cre·mar [デスクレマル] 他 (牛乳を)脱脂(だっし)する.
des·cri·bir [デスクリビル] 他 1 …を描写する, 記述する. 2 〈動きで線や形を〉描く.
des·crip·ción [デスクリプシオン] 女 描写, 記述.
des·crip·ti·ble [デスクリプティブレ] 形 描写可能な, 記述のできる.
des·crip·ti·vo, va [デスクリプティボ, バ] 形 1 記述的な, 説明的な. 2 図形的な.
des·cri·to, ta [デスクリト, タ] 《過去分詞》 → describir 描写する.
— 形 描かれた, 記述された.
des·cua·ja·rin·gar [デスクアハリンガル] 他 《活 47 llegar》《= descuajeringar》 …をこわす, ばらばらにする.
— descuajaringar·se 再 1 こわれる. 2 くたくたに疲れる. 3 笑いころげる.
des·cuar·ti·zar [デスクアルティサル] 他 《活 39 gozar》 …を解体する, 切り分ける.
des·cu·bier·ta[1] [デスクビエルタ] 女 〈軍隊〉(行為の)斥候(せっこう), 偵察.
des·cu·bier·to[1] [デスクビエルト] 男 〈商業〉(銀行口座の)赤字, 欠損.
des·cu·bier·to[2], **ta**[2] 《過去分詞》 → descubrir 発見する.
— 形 1 発見された. 2 露出した, 日にさらされた. 3 (土地が)広々とした, 草木も生えていない. 4 (空が)晴れわたった.
al descubierto 1 明々白々に. 2 包みかくさず. 3 戸外で, 野外で.
dejar… al descubierto …を危険にさらす.
en todo lo descubierto いたる所で.
quedar al descubierto 1 知られてしまう. 2 あらわになる.
des·cu·bri·dor[1] [デスクブリドル] 男 〈軍隊〉(兵士の)斥候(せっこう), 偵察兵.
des·cu·bri·dor[2], **do·ra** [—, ドラ] 形 1 探索する. 2 発見する.
— 男 女 1 発見者. 2 探索者.
des·cu·bri·mien·to [デスクブリミエント] 男 1 発見. 2 発見されたもの.
des·cu·brir [デスクブリル] 他 1 …を発見する. 2 …を見つけだす. 3 …を知らせる, あばく. 4 …の覆(おお)いを取る, …をあらわにする.
— descubrir·se 再 1 発見される. 2 暴露される. 3 帽子を取る, かぶり物を取る.

descuelg- 活 → descolgar 降ろす 《活 71》.
descuent- 活 → descontar 値引きする 《活 22》.
des·cuen·to [デスクエント] 男 1 〈商業〉値引き, 割引. 2 〈スポーツ〉(けがの手当てなどに要した分の)延長時間, インジュリータイム.
des·cui·da·do, da [デスクイダド, ダ] 《過去分詞》 → descuidar おこたる.
— 形 1 手入れされていない, 放置された. 2 油断している, ぼんやりした. 3 不注意な, 軽率な. 4 だらしのない, ぞんざいな.
des·cui·dar [デスクイダル] 他 1 …をおこたる, なおざりにする. 2 …をほったらかしにする.
— 自 安心する, 心配しない.
— descuidar·se 再 1 油断する, ぼんやりする. 2 (+de…) …をおろそかにする, おこたる.
des·cui·do [デスクイド] 男 1 油断, 不注意. 2 放置, 無頓着(とんちゃく).
des·de [デスデ] 前 《アクセントなし》 1 〈時の出発点〉…から, …以来. 2 〈場所の出発点〉…から. 3 〈程度の基点〉…以上.
desde… …以来今日まで.
desde hace (+時間の表現) …以前からずっと.
desde luego 当然.
desde que… …して以来.
desde ya いますぐに, すぐに.
des·de·cir [デスデシル] 自 《活 25 decir》 1 (+de…) …にそぐわない, 調和しない. 2 (+de…) …に不都合である.
— desdecir·se 再 前言と矛盾したことを言う.
des·dén [デスデン] 男 軽蔑, さげすみ.
des·den·ta·do, da [デスデンタド, ダ] 形 1 歯が抜けた. 2 歯のない. 3 〈動物〉貧歯(ひんし)類の.
des·de·ña·ble [デスデニャブレ] 形 1 軽蔑すべき. 2 取るに足りない.
des·de·ñar [デスデニャル] 他 1 …を軽蔑する, ばかにする. 2 …を無視する.
des·de·ño·sa·men·te [デスデニョサメンテ] 副 ばかにして, 横柄に.
des·de·ño·so, sa [デスデニョソ, サ] 形 ばかにした, 軽蔑的な.
des·di·bu·ja·do, da [デスディブハド, ダ] 形 形がぼやけた, あいまいな.
des·di·cha[1] [デスディチャ] 女 1 不運, 不幸. 2 不運な人, つきの悪い人間. 3 ぶざまな人間. 4 役立たずな人.
des·di·cha·do, da [デスディチャド, ダ] 形 1 不幸な, 不運な. 2 みじめな, 悲惨な.
— 男 女 1 不幸な人. 2 みじめな人.
des·di·cho, cha[2] [デスディチョ, —] 《過去分詞》 → desdecir そぐわない.
des·do·blar [デスドブラル] 他 1 (たたまれたものを)広げる, 伸ばす. 2 …を分割する, 解体する.
des·do·ro [デスドロ] 男 1 不名誉, 汚点. 2 信用の失墜.
de·se·a·ble [デセアブレ] 形 望ましい, 好都合な.

de·se·ar [デセアル] 他 1 …を望む, 欲する. 2 (+不定詞) …したい. 3 (+que+接続法) …してほしい. 4 …に情欲を抱く.
dejar bastante [*mucho*] *que desear* 不十分なところがかなりある.
ser de desear 期待される.

de·se·can·te [デセカンテ] 男 乾燥剤.

de·se·car [デセカル] 他 《活 73 sacar》…を乾燥させる.

de·se·cha·ble [デセチャブレ] 形 使い捨ての.

de·se·char [デセチャル] 他 1 …を拒絶する, 無視する. 2 …を捨てる, 処分する. 3 (悪い考えなど)を遠ざける.

de·se·cho [デセチョ] 男 1 くず, 廃棄物. 2 いやしいもの. 3 つまらぬもの.

de·sem·ba·lar [デセンバラル] 他 (荷物など)をほどく.

de·sem·ba·ra·zar [デセンバラサル] 他 《活 39 gozar》…から (+de…) …を取り除く, 一掃する.
— **desembarazarse** 再 (+de…) …から自由になる, 解放される.

de·sem·ba·ra·zo [デセンバラソ] 男 1 障害の無さ, 自由. 2 (わずらわしさからの)解放.

de·sem·bar·car [デセンバルカル] 他 《活 73 sacar》1 …を下船させる. 2 …を陸揚げする.
— 自 1 (+en…) …に上陸する, …で下船する. 2 (+en…) …に到着する.

de·sem·bar·co [デセンバルコ] 男 1 (積み荷の)陸揚げ. 2 下船, 上陸.

de·sem·bar·go [デセンバルゴ] 男 差押えの解除.

de·sem·bar·que [デセンバルケ] 男 1 荷揚げ, 荷降ろし. 2 上陸, 下船.

de·sem·bo·ca·du·ra [デセンボカドゥラ] 女 1 河口. 2 排出口. 3 (狭い所からの)出口.

de·sem·bo·car [デセンボカル] 自 《活 73 sacar》1 (川が) (+en…) …にそそぐ, 流れ込む. 2 (通りなどが) …で終る, …に通じる. 3 (+en…) …で終る, 結果を …

de·sem·bol·sar [デセンボルサル] 他 (一定の金額)を払う, 支出する.

de·sem·bol·so [デセンボルソ] 男 (現金での)支払い.

de·sem·bra·gar [デセンブラガル] 他 《活 47 llegar》(エンジンなど)のクラッチを切る.

de·sem·bra·gue [デセンブラゲ] 男 《機械》クラッチを切ること.

de·sem·bu·char [デセンブチャル] 他 (秘密など)をぶちまける, はき出す.

de·sem·pa·car [デセンパカル] 他 《活 73 sacar》(荷物の中味)を取り出す.

de·sem·pa·que·tar [デセンパケタル] 他 (包み)を開く, (包装)を解く.

de·sem·pa·tar [デセンパタル] 自 1 (試合で)引き分けの決着をつける. 2 (選挙で)決戦投票する.

de·sem·pa·te [デセンパテ] 男 〈スポーツ〉プレーオフ, 同点決勝戦. 2 決戦投票.

de·sem·pe·drar [デセンペドラル] 他 《活 57 pensar》…の敷石をはがす.

de·sem·pe·ñar [デセンペニャル] 他 1 (自分の役割)を果たす. 2 (演劇)を演じる. 3 (担保など)を支払いをして請(゚)い戻す.

de·sem·pe·ño [デセンペニョ] 男 (役割などの)遂行, 実行.

de·sem·ple·a·do, da [デセンプレアド, ダ] 形 失業した, 職のない.
— 男 女 失業者.

de·sem·ple·o [デセンプレオ] 男 失業.
estar en el desempleo 失業中である.
tasa de desempleo 失業率.

de·sem·pol·var [デセンポルバル] 他 1 …のほこりを取る. 2 …を記憶に呼び戻す. 3 …をまた使い始める.

de·sen·ca·de·nar [デセンカデナル] 他 1 …の鎖をはずす, …を解放する. 2 …を急激に引き起こす.

de·sen·ca·ja·do, da [デセンカハド, ダ] 《過去分詞》 → desencajar 取りはずす.
— 形 1 (恐怖などで顔が)ゆがんだ, 引きつった. 2 取りはずされた.

de·sen·ca·jar [デセンカハル] 他 (はめ込まれていたもの)を取りはずす.
— **desencajarse** 再 1 (はめ込まれていたものが)はずれる. 2 脱臼(ﾀﾞ)する. 3 (恐怖などで顔などが)ゆがむ, 引きつる.

de·sen·ca·jo·nar [デセンカホナル] 他 …を箱[引出し]から出す.

de·sen·can·tar [デセンカンタル] 他 1 …から夢をうばう. 2 …を幻滅させる.
— **desencantarse** 再 夢を失う, 幻滅する.

de·sen·can·to [デセンカント] 男 失望, 幻滅.

de·sen·chu·far [デセンチュファル] 他 …のコンセントをはずす.

de·sen·cua·der·nar [デセンクアデルナル] 他 (本など)をばらばらにする.
— **desencuadernarse** 再 (本などが)ばらばらになる.

de·sen·fa·da·do, da [デセンふァダド, ダ] 《過去分詞》 → desenfadar なだめる.
— 形 屈託のない, のびのびした.

de·sen·fa·dar [デセンふァダル] 他 …の怒りを静める, …をなだめる.
— **desenfadarse** 再 (…が)怒りを静める.

de·sen·fa·do [デセンふァド] 男 気楽さ, 屈託のなさ.

de·sen·fo·car [デセンふォカル] 他 《活 73 sacar》…の焦点をはずす[ぼかす].

de·sen·fre·na·do, da [デセンふレナド, ダ] 《過去分詞》 → desenfrenar くつわをはずす.
— 形 1 抑制のきかない. 2 度が過ぎた. 3 狂ったようになった.

他 は他動詞 再 は再帰動詞 形 は形容詞 副 は副詞 前 は前置詞 接 は接続詞 間 は間投詞

de·sen·fre·nar [デセンフレナル] 他 (馬など)からくつわをはずす.
— **desenfrenarse** 再 1 (人が行動で)ブレーキがきかなくなる, はめをはずす. 2 (現象が)なかなか静まらない, とまらない.

de·sen·fre·no [デセンフレノ] 男 1 節度のなさ, 奔放. 2 歯止めのきかない状態.

de·sen·fun·dar [デセンフンダル] 他 …を入れ物から出す.

de·sen·gan·char [デセンガンチャル] 他 1 …を鈎(鉤)からはずす. 2 (馬など)を馬車からはずす.
— **desengancharse** 再 1 (麻薬などの)習慣をやめる. 2 (チャックなど)がはずれる.

de·sen·ga·ña·do, da [デセンガニャド, ダ] 《過去分詞》→ desengañar 本当のことを教える.
— 形 失望した, がっかりした.

de·sen·ga·ñar [デセンガニャル] 他 1 …に本当のことを教える. 2 …を失望させる.
— **desengañarse** 再 1 本当のことに気づく. 2 (+de...) …に失望する.

de·sen·ga·ño [デセンガニョ] 男 失望, 幻滅.

de·sen·la·ce [デセンラセ] 男 1 結末. 2 (演劇などの)大団円.
desenlace feliz ハッピーエンド.

de·sen·la·zar [デセンラサル] 他 1 (ひもなど)をほどく. 2 (くくられているもの)を解き放す.
— **desenlazarse** 再 ほどける.

de·sen·mas·ca·rar [デセンマスカラル] 他 1 …の仮面をはがす. 2 …の意図をあばく.
— **desenmascararse** 再 1 (自分の)仮面をはずす. 2 (自分の)本心[意図]を教える.

de·sen·re·dar [デセンレダル] 他 1 (もつれているもの)をほどく, ほぐす. 2 (混乱状態)を整理する.
— **desenredarse** 再 1 ほぐれる. 2 (+de+難局) …から抜け出る.

de·sen·ros·car [デセンロスカル] 他 1 (巻かれているもの)を伸ばす. 2 (ねじなど)をはずす, ゆるめる.
— **desenroscarse** 再 1 (巻かれているものが)ほどける, 伸びる. 2 (ねじなどが)ゆるむ, はずれる.

de·sen·ten·der·se [デセンテンデルセ] 再 1 (+de...) …にかかわらない. 2 知らない振りをする.

de·sen·te·rrar [デセンテラル] 他 《活 57 pensar》1 …を掘り出す, 掘り起こす. 2 (忘れられていたもの)を思い出させる, 話題にする.

de·sen·to·nar [デセントナル] 自 1 〈音楽〉音程を狂わせる. 2 (+con...) …と調和しない, ミスマッチである.
— 他 (+a+人) …の(体の)調子を狂わせる.
— **desentonarse** 再 (人が) (+con...) …のせいで体調をくずす.

de·sen·tra·ñar [デセントラニャル] 他 …を深く理解する, 解明する.

de·sen·tre·na·do, da [デセントレナド, ダ] 形 1 訓練されていない. 2 練習不足の.

de·sen·tu·me·cer [デセントゥメセル] 他 《活 4 agradecer》(体など)のしびれ[こり]を無くす.

— **desentumecerse** 再 (自分の)体をほぐす.

de·sen·vai·nar [デセンバイナル] 他 (刀剣)を鞘(さや)から抜く.

de·sen·vol·tu·ra [デセンボルトゥラ] 女 1 (挙措(きょそ)の)優雅さ, 軽(かる)やかさ. 2 (話し方の)落ち着き. 3 流暢(りゅうちょう).

de·sen·vol·ver [デセンボルベル] 《活 87 volver》1 (包みなど)を開く, あける. 2 (理論など)を展開する, 発展させる.
— **desenvolverse** 再 1 うまくやる. 2 難局を切り抜ける. 3 (包みなどが)ほどける.

de·sen·vol·vi·mien·to [デセンボルビミエント] 男 1 (包みなどを)開くこと. 2 展開, 発展.

de·sen·vuel·to, ta [デセンブエルト, タ] 《過去分詞》→ desenvolver 開く.
— 形 1 のびのびした, 屈託のない. 2 流暢(りゅうちょう)な.

desenvuelv- 活 → desenvolver 開く《活 87》.

de·se·o [デセオ] 男 1 欲望, 願望, 欲求. 2 願いの対象, 願い事. 3 性欲, 情欲.
a medida del deseo 望み通りに[の].
arder en deseos de... …を熱望する.
tener deseo de (+不定詞) …したがる, したい.
venir a (+人) *en deseo* (+不定詞) (人)が…したくなる.

de·se·o·so, sa [デセオソ, サ] 形 1 (+de...) …をほしがっている.

de·se·qui·li·bra·do, da [デセキリブラド, ダ] 《過去分詞》→ desequilibrar 均衡を失わせる.
— 形 1 不均衡な. 2 精神が不安定な.
— 男女 情緒不安定な人.

de·se·qui·li·brar [デセキリブラル] 他 1 …の均衡を失わせる. 2 …の精神を不安定にする.
— **desequilibrarse** 再 1 不均衡になる, バランスを失う. 2 精神の安定を失う, 情緒不安定になる.

de·se·qui·li·brio [デセキリブリオ] 男 1 不均衡, アンバランス. 2 情緒不安定.

de·ser·ción [デセルシオン] 女 1 (地位や義務の)放棄. 2 脱退, 脱党. 3 〈軍隊〉任務の放棄, 脱走.

de·ser·tar [デセルタル] 自 1 (兵士が) (+de...) …の任務を放棄する, …から脱走する. 2 (de+義務など)を放棄する, おこたる. 3 (de+集団) …から離れる.

de·sér·ti·co, ca [デセルティコ, カ] 形 1 砂漠の, 不毛の. 2 無人の.

de·ser·ti·za·ción [デセルティサシオン] 女 砂漠化.

de·ser·ti·zar [デセルティサル] 他 《活 39 gozar》(土地)を砂漠に変える.
— **desertizarse** 再 (土地が)砂漠化する.

de·ser·tor, to·ra [デセルトル, トラ] 形 1 〈兵士〉任務放棄の, 脱走の. 2 (義務などを)放棄した. 3 (集団から)離脱した.
— 男女 1 脱走兵, 任務放棄の兵士. 2 (義務などを)放棄した人. 3 離脱者, 脱退者.

de·ses·com·brar [デセスコンブラル] 他 …からがらくたを取りのぞく.

de·ses·pe·ra·ción [デセスペラシオン] 女 1 絶望. 2 腹立たしさ. 3 絶望させるもの. 4 しゃくの種. *con desesperación* やけくそで, 必死の努力で.

de·ses·pe·ra·da·men·te [デセスペラダメンテ] 副 絶望的に, やけ仕切って.

de·ses·pe·ra·do, da [デセスペラド, ダ] 《過去分詞》→ desesperar 絶望させる.
— 形 1 絶望した, 希望を失った. 2 絶望的な, 望み薄(?)の.
a la desesperada 最後の望みをかけて.

de·ses·pe·ran·te [デセスペランテ] 形 1 絶望的な. 2 いらいらさせる.

de·ses·pe·ran·za [デセスペランサ] 女 1 絶望. 2 不信, 自暴自棄.

de·ses·pe·ran·zar [デセスペランサル] 他《活 39 gozar》…を絶望させる, …から望みをうばう.
— **desesperanzar·se** 再 絶望になる.

de·ses·pe·rar [デセスペラル] 他 1 …をいらいらさせる, 立腹させる. 2 …を絶望させる.
— 自 1 絶望する. 2（＋de…）…の望みを失う.
— **desesperar·se** 再 1 絶望する. 2 いらいらする. 3 やけそうになる.

de·ses·ta·bi·li·zar [デセスタビリサル] 他 …を不安定にする.
— **desestabilizar·se** 再 不安定になる.

de·ses·ti·mar [デセスティマル] 他 1（要求など）を拒絶する, 却下する. 2 …を見くびる, 軽視する.

des·fa·cha·tez [デスファチャテス] 女 ずうずうしさ, 厚かましさ.

des·fal·car [デスファルカル] 他《活 73 sacar》（管理している金）を横領する.

des·fal·co [デスファルコ] 男（管理している金の）横領.

des·fa·lle·cer [デスファジェセル] 自《活 4 a-gradecer》1 気絶する, 気を失う. 2 気落ちする, くじける. 3 へたれる.

des·fa·lle·ci·mien·to [デスファジェシミエント] 男 1 気絶, 失神. 2 気落ち, 落胆.

desfallezc· 活 → desfallecer 気絶する《活 4》.

des·fa·sa·do, da [デスファサド, ダ] 形 1 整合していない, 位相のずれた. 2 時代の状況に合わない, 対応のずれた.

des·fa·se [デスファセ] 男 1 位相のずれ,（2 種類の動きとの）不整合. 2（時代の状況との）不一致, 不適合.

des·fa·vo·ra·ble [デスファボラブレ] 形（＋a, para…）…にとって）不利な, 不都合な.

des·fa·vo·re·cer [デスファボレセル] 他《活 4 agradecer》1 …に不利に働く. 2 …を支援しない, 引き立てない.

des·fi·gu·rar [デスフィグラル] 他 1（姿・形など）をゆがませた, みにくくする. 2（物事）を歪曲(?)する, ゆがめる.

des·fi·la·de·ro [デスフィらデロ] 男（山間部の）細い道, 狭い道.

des·fi·lar [デスフィらル] 自 1（軍隊などが）行進する. 2 つぎつぎに通過する. 3 整然と出ていく.

des·fi·le [デスフィれ] 男 行進, パレード, 行列.

des·flo·rar [デスフろラル] 他 1 …の処女を奪う. 2（物事）を表面的に扱う.

des·fo·gar [デスフォガル] 他《活 47 llegar》（怒りなど）をあらわにする, ぶちまける.
— **desfogar·se** 再 1（鬱憤(?)などを）発散させる. 2（＋con…）…に八つ当たりする.

des·fon·dar [デスフォンダル] 他 1（容器）の底をこわす. 2 …の体力を奪う.
— **desfondar·se** 再 1 底がこわれる. 2 体力を消耗する.

des·fo·res·ta·ción [デスフォレスタシオン] 女《＝deforestación》森林破壊.

des·gai·re [デスガイレ] 男 1（振る舞いの意識的な）ぞんざいさ, 粗雑さ. 2（服装などの気取った）だらしなさ, 無頓着(?)さ.
al desgaire 関心なさそうに, ぞんざいに.

des·ga·jar [デスガハル] 他（枝など）を引き裂く, 引きちぎる.
— **desgajar·se** 再 1（枝などが）引きちぎれる. 2（＋de…）…から完全に離れる.

des·ga·li·cha·do, da [デスガりチャド, ダ] 形 不格好な, ぶざまな.

des·ga·na [デスガナ] 女 1 食欲不振. 2 無関心, 意欲の無さ.
— 活 → desganar 食欲をなくさせる.

des·ga·nar [デスガナル] 他 1 …に食欲をなくさせる. 2 …に遭(?)う気をなくさせる.

des·ga·ñi·tar·se [デスガニタルセ] 再 声を張り上げる.

des·gar·ba·do, da [デスガルバド, ダ] 形（動き方が）野暮ったい, 下品な.

des·ga·rra·do, da [デスガラド, ダ] 《過去分詞》→ desgarrar 引き裂く.
— 形 1 裂けた. 2 悲愴感ただよう, 痛ましい.

des·ga·rra·dor, do·ra [デスガラドル, ドラ] 形 悲痛な.

des·ga·rrar [デスガラル] 他 1 …を引き裂く. 2 …を深く悲しませる.

des·ga·rro [デスガロ] 男 1 裂け目, ほころび. 2 悲痛, 悲嘆.

des·ga·rrón [デスガロン] 男 大きな裂け目, 大きなほころび.

des·gas·ta·do, da [デスガスタド, ダ] 《過去分詞》→ desgastar すり減った, すり切れた.

des·gas·tar [デスガスタル] 他 1 …をすり減らす, すり切れさせる. 2 …を消耗させる, 弱らせる.
— **desgastar·se** 再 1 すり減る, すり切れる. 2 消耗する, 弱くなる.

des·gas·te [デスガステ] 男 1 すり切れ, すり減り. 2 消耗, 衰弱.

des·glo·sar [デスグロサル] 他 1 …を(検討するために)部分にわける. 2 〈印刷物〉…を(1冊になった全体から)切り離す.

des·glo·se [デスグロセ] 男 (個別検討のための)分類, 切り離し.

des·go·bier·no [デスゴビエルノ] 男 1 無秩序, 混乱状態. 2 管理の不在.

des·gra·cia [デスグラシア] 女 1 不運, 不幸. 2 災難, 惨事. 3 頭痛の種(たね), 苦悩の原因. 4 好意[思いやり]の喪失.

caer en desgracia de... …の不興(ふきょう)をかう.

para mayor desgracia さらに運の悪いことに.

por desgracia 不幸にも, 不運なことに.

tener la desgracia de (+不定詞) 不幸にも…する.

des·gra·cia·da·men·te [デスグラシアダメンテ] 副 不幸にも, 不運なことに.

des·gra·cia·do, da [デスグラシアド, ダ] 《過去分詞》→ desgraciar だめにする.
— 形 1 不幸な, 不運な. 2 悲惨な, あわれな. 3 つまらない, ろくでもない.
— 男 女 1 運の悪い人, 不幸な人. 2 〈人〉ろくでなし, 役立たず.

des·gra·ciar [デスグラシアル] 他 《活 17 cambiar》 1 …をだめにする, 台無しにする. 2 …をひどく痛めつける. 3 (女性)を辱(はずか)める.
— **desgraciar·se** 再 1 だめになる, 台無しになる. 2 ひどい怪我(けが)をする.

des·gra·nar [デスグラナル] 他 1 (実)を(さやや殻(から)から)取り出す. 2 …をひとつずつ処理する.

des·gra·va·ción [デスグラバシオン] 女 (税金の)控除, 減税.

des·gra·var [デスグラバル] 他 …だけ(税金から)控除する.

des·gre·ña·do, da [デスグレニャド, ダ] 《過去分詞》→ desgreñar 髪を乱す.
— 形 (髪が)乱れている, ぼさぼさの.

des·gre·ñar [デスグレニャル] 他 …の髪を乱す.
— **desgreñar·se** 再 (自分の)髪を乱す.

des·gua·ce [デスグアセ] 男 (車などの)解体.
— 活 → desguazar 解体する.

des·guar·ne·cer [デスグアルネセル] 他 《活 4 agradecer》…を無防備にする.
— **desguarnecer·se** 再 無防備状態になる.

des·gua·zar [デスグアサル] 他 《活 39 gozar》…を解体する.

des·ha·bi·ta·do, da [デサビタド, ダ] 《過去分詞》→ deshabitar 住むのをやめる.
— 形 もう人の住んでいない.

des·ha·bi·tar [デサビタル] 他 (人が)…に住むのをやめる.

des·ha·bi·tuar [デサビトゥアル] 他 《活 1 actuar》…に(+de...)…の習慣をやめさせる.
— **deshabituar·se** 再 (+de...) …の習慣をやめる.

des·ha·cer [デサセル] 他 《活 41 hacer》 1 …をこわす, ばらばらにする, ゆがめる. 2 (契約など)を変更する, 無効にする. 3 …を溶かす, 溶解させる.
— **deshacer·se** 再 1 ばらばらになる, くずれる, 解体する, ゆがむ. 2 溶ける. 3 くたくたになる, 疲れはてる.

deshacer·se de... 1 …からのがれる. 2 …をやめる.

deshacer·se en (+名詞) 懸命に…のことをする.

hacer y deshacer 思い通りに動かす.

deshag- 活 → deshacer こわす《活 41》.

deshar- → deshacer こわす《活 41》.

des·ha·rra·pa·do, da [デサラパド, ダ] 形 ぼろをまとった, 粗末な身なりの.

deshaz 活 → deshacer こわす《活 41》.

des·he·cho, cha [デセチョ, チャ] 《過去分詞》→ deshacer こわす.
— 形 1 こわれた, ばらばらになった. 2 深く悲しんでいる. 3 くたくたに疲れている. 4 溶けてしまった.

des·he·lar [デセラル] 他 《活 57 pensar》…を解凍する, 溶かす.

des·he·re·da·do, da [デセレダド, ダ] 《過去分詞》→ desheredar 相続権を奪う.
— 形 貧乏で, 生活にも困る.
— 男 女 生活にも困った人.

des·he·re·dar [デセレダル] 他 …から相続権を奪う, …を廃嫡(はいちゃく)する.

deshic- 活 → deshacer こわす《活 41》.

des·hi·dra·tar [デシドラタル] 他 …から水分を取り去る.
— **deshidratar·se** 再 脱水症状になる.

des·hie·lo [デシエロ] 男 1 雪解け, 解氷. 2 (二者間の対立の)雪解け.

des·hi·la·char [デシらチャル] 他 《= deshilar》(布地)からほつれ糸を取り去る. 2 (布地)を(糸を抜いて)ほぐす.
— **deshilachar·se** 再 (布地が)ほぐれる.

des·hin·char [デシンチャル] 他 (タイヤなど)をしぼませる.
— **deshinchar·se** 再 1 (体の一部が)腫(は)れが引く. 2 (人が)気分が萎(な)える.

des·hi·po·te·car [デシポテカル] 他 《活 73 sacar》〈商業〉…の抵当権を抹消する, 抵当分を完済する.

deshiz- 活 → deshacer こわす《活 41》.

des·ho·jar [デソハル] 他 …から葉[花弁]をむしり取る.
— **deshojar·se** 再 (木々が)葉を落とす.

des·ho·je [デソヘ] 男 落葉.

des·ho·lli·na·dor[1] [デソリナドル] 男 煙突掃除用具.

des·ho·lli·na·dor[2]**, do·ra** [−, ドラ] 男 女 煙突掃除人.

des·ho·lli·nar [デソリナル] 他 1 (煙突)を掃除する. 2 …のすす払いをする.

des·ho·nes·to, ta [デソネスト, タ] 形 1 不正直な, 誠実でない. 2 不道徳な, 破廉恥(はれんち)な.

des·ho·nor [デソノル] 男 1 不名誉, 恥辱. 2 侮辱, 侮辱的言動.

des·ho·no·rar [デソノラル] 他 …の名誉を傷つける, 名をけがす.

des·hon·ra [デソンラ] 女 1 不名誉, 不面目, 恥. 2 恥ずべきこと[もの].

des·hon·rar [デソンラル] 他 …の面目をつぶす, 体面を傷つける.

des·hon·ro·so, sa [デソンロソ, サ] 形 恥ずべき, 体面を汚す.

des·ho·ra [デソラ] 《つぎの副詞句の一部》
a deshora 不都合な時間に.

des·hue·sar [デスエサル] 他 1 (肉)から骨を取る. 2 (果実)から種を取る.

des·hu·ma·ni·zar [デスマニさル] 他 《活 39 gozar》 …から人間性を奪う.
— **deshumanizarse** 再 人間らしさを失う.

de·si·de·ra·ti·vo, va [デシデラティボ, バ] 形 〈文法〉願望の.

de·si·dia [デシディア] 女 怠惰, 無関心.

de·sier·to¹ [デシエルト] 男 1 砂漠, 荒野. 2 無人の土地.

de·sier·to², ta [—, タ] 形 1 無人の. 2 荒れはてた. 3 空席の, 該当者がいない.

de·sig·na·ción [デシグナしオン] 女 1 指名, 任命. 2 名称, 呼称.

de·sig·nar [デシグナル] 他 1 …を指名する, 指定する. 2 …を(con, por...) という名で呼ぶ, …と名づける.

de·sig·nio [デシグニオ] 男 意図, 目的, 計画.

de·si·gual [デシグアる] 形 1 同等でない, 違う. 2 一様でない, 平らでない. 3 変わりやすい, 移り気の.

de·si·gua·lar [デシグアらル] 他 …をふぞろいにする.
— **desigualarse** 再 不均衡になる, 差がつく.

de·si·gual·dad [デシグアるダﾂ] 女 1 不平等, 不均衡な. 2 (土地の)起伏, でこぼこ.

de·si·gual·men·te [デシグアるメンテ] 副 1 不平等に. 2 でこぼこに. 3 変わりやすく, 一貫性なしに.

de·si·lu·sión [デシるシオン] 女 幻滅, 失望.

de·si·lu·sio·na·do, da [デシるシオナド, ダ] 《過去分詞》→ desilusionar 失望させる.
— 形 1 失望した, さめた. 2 夢からさめた.

de·si·lu·sio·nar [デシるシオナル] 他 1 …を失望させる, がっかりさせる. 2 …を夢からさめさせる.
— **desilusionarse** 再 1 がっかりする. 2 夢からさめる.

de·si·nen·cia [デシネンしア] 女 屈折語尾, 活用語尾.

des·in·fec·tan·te [デシンふェクタンテ] 男 消毒剤, 殺菌剤.

des·in·fec·tar [デシンふェクタル] 他 …を消毒する, 殺菌する.

des·in·fla·mar [デシンふらマル] 他 …の炎症をしずめる.
— **desinflamarse** 再 (傷などの)炎症がなおる.

de·sin·flar [デシンふらル] 他 1 …をしぼませる. 2 …を急に失望させる.

de·sin·for·mar [デシンふォルマル] 他 …を情報操作する.

de·sin·hi·bir·se [デシニビルセ] 再 自由に振舞う, 自然に行動する.

de·sin·sec·tar [デシンセクタル] 他 …から寄生虫を駆除する.

de·sin·te·gra·ción [デシンテグラしオン] 女 1 分解, 解体. 2 分裂.

de·sin·te·grar [デシンテグラル] 他 1 …を分解する. 2 …を分裂させる.
— **desintegrarse** 再 (自分が)分解[分裂]する.

de·sin·te·rés [デシンテレス] 男 1 無関心, 冷淡. 2 無私, 無欲.

de·sin·te·re·sa·do, da [デシンテレサド, ダ] 《過去分詞》→ desinteresar·se 関心を無くす.
— 形 1 無関心な. 2 私心のない, 無欲な. 3 気前のいい.

de·sin·te·re·sar·se [デシンテレサルセ] 再 (+de, por...) …に興味を示さない, 無関心になる.

de·sin·to·xi·ca·ción [デシントクシカしオン] 女 〈医学〉解毒(ﾄﾞｸ), 毒消し.

de·sin·to·xi·car [デシントクシカル] 他 《活 73 sacar》〈医学〉…を解毒(ﾄﾞｸ)する.

de·sis·tir [デシスティル] 自 (+de...) を断念する, あきらめる.

des·la·va·za·do, da [デスらバさド, ダ] 形 1 無秩序な, まとまりのない. 2 支離滅裂な.

des·le·al [デスれアる] 形 忠実でない, 不実な.

des·le·al·tad [デスれアるタﾄﾞ] 女 不実, 不誠実.

des·le·ír [デスれイル] 他 《活 67 refr》…を(+en...) に溶かす.

des·len·gua·do, da [デスれングアド, ダ] 形 口の悪い, 口ぎたない.
— 男 口の悪い人間.

des·liar [デスリアル] 他 《活 34 enviar》…をほどく, ひらく.

deslic- 活 → deslizar すべらせる《活 39》.

des·li·gar [デスリガル] 他 《活 47 llegar》 1 (しばられているもの)をほどく, 解放する. 2 …を(+de...) …から分離する, 切り離す.
— **desligarse** 再 (+de...) …から解放される, 自由になる.

des·lin·dar [デスリンダル] 他 …の境界を定める, …の境界を明示する.

des·lin·de [デスリンデ] 男 1 境界画定. 2 区分の明示.

des·liz [デスリす] 男 《複 deslices》 1 的はずれ, 失敗. 2 (性的関係の)あやまち. 3 すべること.

des·li·za·mien·to [デスリさミエント] 男 1 すべること. 2 すべらせること.

des·li·zan·te [デスリさンテ] 形 すべりやすい.

des·li·zar [デスリさル] 他 《活 39 gozar》 1 …をすべらせる. 2 …を(+en...) …にすべり込ませる.

他 は他動詞 再 は再帰動詞 形 は形容詞 副 は副詞 前 は前置詞 接 は接続詞 間 は間投詞

des·lo·mar

3 …をさりげなく言う.

― deslizar·se 再 1 すべる. 2 (+de...) …からすべり落ちる, ぬけ出る. 3 (+en...) …に忍び込む.

des·lo·mar [デスロマル] 他 1 …の背中を痛めつける. 2 …をへとへとに疲れさせる.

― deslomar·se 再 1 背中を痛める. 2 疲れ切る.

des·lu·ci·do, da [デスルシド, ダ] 《過去分詞》 → deslucir だめにする.

― 形 1 だめになった, 失敗の. 2 さえない, 野暮な.

des·lu·cir [デスルシル] 他《活 48 lucir》 1 …をだめにする. 2 …の魅力を無くさせる. 3 …の名をけがす.

― deslucir·se 再 1 だめになる. 2 面白くなくなる. 3 評判を落とす.

des·lum·bra·mien·to [デスルンブラミエント] 男 1 目のくらみ, 眩惑(ﾊﾞﾝﾜｸ). 2 (逆上による)眩惑.

des·lum·bran·te [デスルンブランテ] 形 1 目もくらむような. 2 眩惑(ﾊﾞﾝﾜｸ)させるような.

des·lum·brar [デスルンブラル] 他 1 …の目をくらませる. 2 …をだます, 眩惑(ﾊﾞﾝﾜｸ)する.

des·lus·trar [デスルストラル] 他 1 (輝いたもの)を曇らせる. 2 (名声など)をけがす.

des·ma·de·ja·do, da [デスマデハド, ダ] 形 疲れ気味の, へたばった.

des·ma·drar·se [デスマドラルセ] 再 羽目をはずす, 度が過ぎる.

des·ma·dre [デスマドレ] 男 1 羽目をはずすこと. 2 大混乱. 3 どんちゃん騒ぎ.

des·mán [デスマン] 男 1 無秩序, やりすぎ. 2 権力の乱用.

des·man·dar·se [デスマンダルセ] 再 制しきれなくなる, 好き勝手にふるまう.

des·ma·no [デスマノ]《つぎの副詞句の一部》
a desmano 進む道からはずれ,

des·man·te·la·mien·to [デスマンテラミエント] 男 (建物や組織の)解体, 撤去.

des·man·te·lar [デスマンテラル] 他 1 (建物)を撤去する, 取りこわす. 2 (組織など)を解体する.

des·ma·ña·do, da [デスマニャド, ダ] 形 不器用な, へたな.
― 男女 不器用者.

des·mar·car·se [デスマルカルセ] 再 1〈スポーツ〉(相手の)マークをはずす. 2 うまく責任を逃れる.

des·ma·ya·do, da [デスマヤド, ダ] 《過去分詞》→ desmayar 失神させる.
― 形 1 失神した, 気絶した. 2 元気のない, 顔色の悪い.

des·ma·yar [デスマヤル] 他 …を失神させる.
― 自 元気をなくす, 気落ちする.
― desmayar·se 再 気絶する, 気を失う.

des·ma·yo [デスマヨ] 男 1 失神, 気絶. 2 落胆, 元気の無さ.
― 活 → desmayar 失神させる.

des·me·dra·do, da [デスメドラド, ダ] 形 1 節度のない. 2 限度のない. 3 途方もない.

des·me·dra·do, da [デスメドラド, ダ] 形 1 発育不良の. 2 やせ細った.

des·me·jo·ra·do, da [デスメホラド, ダ] 《過去分詞》→ desmejorar 悪くする.
― 形 1 悪くなった, だめになった. 2 病気になった.

des·me·jo·rar [デスメホラル] 他 …を悪くする, だめにする.
― desmejorar·se 再 1 (人が)病気になる. 2 悪くなる, だめになる.

des·me·le·nar [デスメレナル] 他 …の髪を乱す.
― desmelenar·se 再 1 大胆になる, 活発になる. 2 逆上する, 激怒する.

des·mem·bra·ción [デスメンブラシオン] 女 分割, 分配.

des·mem·brar [デスメンブラル] 他《活 57 pensar》1 …を分割する, 分配する. 2 …の手足をもぎ取る.
― desmembrar·se 再 分裂する.

des·me·mo·ria·do, da [デスメモリアド, ダ] 形 忘れっぽい, 記憶の途切れがちな.

des·men·ti·do [デスメンティド] 男 1 否定の公表. 2 反論. 3 否認.

des·men·tir [デスメンティル] 他《活 77 sentir》1 …を否定する. 2 …の偽りであることを証明する. 3 …の発言を否定する, 反する. 4 …にふさわしくない, 反する. 5 …を隠す, わからないようにする.

des·me·nu·zar [デスメヌサル] 他《活 39 gozar》1 …を大きくちぎる, 小片にする, 細分化する. 2 …を綿密に分析する[調べる].

des·me·re·cer [デスメレセル] 他《活 4 agradecer》(人が) …にふさわしくない.
― 自 1 価値が下がる. 2 (+de...) …よりも劣る.

des·me·su·ra [デスメスラ] 女 節度の無さ, 行き過ぎ, やり過ぎ.

des·me·su·ra·do, da [デスメスラド, ダ] 《過去分詞》→ desmesurar 誇張する.
― 形 1 並はずれて大きい, 法外な. 2 横柄な, 厚かましい.

des·me·su·rar [デスメスラル] 他 …を誇張する, 大げさに扱う.
― desmesurar·se 再 1 法外に大きくなる. 2 慎(ﾂﾂｼ)みなく振る舞う.

desmient- 活 → desmentir 否定する《活 77》.

des·mi·gar [デスミガル] 他《活 47 llegar》《=desmigajar》 …を小片にする, 細かく砕(ｸﾀﾞ)く.

des·mi·li·ta·ri·za·ción [デスミリタリサシオン] 女 非武装化, 武装解除.

des·mi·li·ta·ri·zar [デスミリタリサル] 他《活 39 gozar》1 …を非武装化する. 2 …を非軍事化する.
― desmilitarizar·se 再 非武装化する.

des·mi·rria·do, da [デスミリアド, ダ] 形 やせ細った, 弱々しい.

des·mi·ti·fi·car [デスミティフィカル] 他《活 73 sacar》…を非神話化する, …から神話のベールを

活 は活用形 複 は複数形 男 は男性名詞 女 は女性名詞 固 は固有名詞 代 は代名詞 自 は自動詞

はぎ取る.

des·mo·char [デスモチャル] 他 1 …の先端部を取り去る. 2 (芸術作品など)の一部を切り取る.

des·mon·ta·ble [デスモンタブレ] 形 分解できる, 組み立て式の.

des·mon·tar [デスモンタル] 他 1 …を分解する, 解体する. 2 (建物など)をとりこわす. 3 (馬などから)…を降ろす.
— 自 (馬などから)降りる.
— **desmontarse** 再 1 ばらばらになる, 解体する. 2 (+de...) …から降りる.

des·mo·ra·li·za·ción [デスモラりさしオン] 女 1 意気消沈. 2 風紀の乱れ.

des·mo·ra·li·zar [デスモラりサル] 他《活 39 gozar》1 …を意気消沈させる, …の勢いをそぐ. 2 …をひるませる.
— **desmoralizarse** 再 1 勢いをなくす, やる気を失う. 2 ひるむ.

des·mo·ro·na·mien·to [デスモロナミエント] 男 1 崩壊, 風化 2 深い失望.

des·mo·ro·nar [デスモロナル] 他 …を徐々にこわす[くずす].
— **desmoronarse** 再 1 徐々にこわれる[くずれる]. 2 徐々に希望[力]を失う.

des·mo·ti·var [デスモティバル] 他 …にやる気をなくさせる.
— **desmotivarse** やる気をなくす.

des·mo·vi·li·zar [デスモビりサル] 他《活 39 gozar》1 …を除隊させる. 2 (部隊)に動員を解除する.

des·na·cio·na·li·za·ción [デスナしオナリさしオン] 女 (国営企業の)民営化.

des·na·cio·na·li·zar [デスナしオナリサル] 他《活 39 gozar》(国営企業)を民営化する.

des·na·ri·ga·do, da [デスナリガド, ダ] 形 1 鼻の欠けた. 2 鼻の低い.

des·na·tar [デスナタル] 他 (牛乳など)からクリームを分離する.

des·na·tu·ra·li·za·ción [デスナトゥラリさしオン] 女 1 国籍喪失. 2 (物質の)変質.

des·na·tu·ra·li·za·do, da [デスナトゥラりさド, ダ]《過去分詞》→ desnaturalizar 変質させる.
— 形 1 変質した, 不自然な. 2 家族愛を持たない.

des·na·tu·ra·li·zar [デスナトゥラりサル] 他《活 39 gozar》1 …を変質させる. 2 …から国籍を取り上げる.
— **desnaturalizarse** 再 1 国籍を失う. 2 変質する.

des·ni·vel [デスニベル] 男 1 高さの不ぞろい, でこぼこ, 起伏. 2 高低の差, 落差.

des·ni·ve·lar [デスニベラル] 他 1 …に起伏をつける, …をでこぼこにする. 2 …を不均衡にする.

des·nu·car [デスヌカル] 他《活 73 sacar》1 …の首の骨を折る. 2 …を首をなぐって殺す.
— **dsnucarse** 首の骨が折れる.

des·nu·cle·a·ri·za·ción [デスヌクれアリさしオン] 女 非核化, 核兵器の廃絶.

des·nu·dar [デスヌダル] 他 1 …を裸にする, …の服をぬがす. 2 …から飾り[おおい]を取りはずす. 3 …から金品を巻き上げる.
— **desnudarse** 再 1 裸になる, 服をぬぐ. 2 (+de...) …をすてる, 手ばなす. 3 胸のうちを語る.

des·nu·dez [デスヌデす] 女 1〈状態〉裸, むき出し. 2 貧乏.

des·nu·dis·mo [デスヌディスモ] 男 裸体主義.

des·nu·dis·ta [デスヌディスタ] 形《男女同形》裸体主義の.
— 男 女 ヌーディスト, 裸体主義者.

des·nu·do[1] [デスヌド] 男〈美術〉裸体画, 裸体像.

des·nu·do[2]**, da** [—, ダ] 形 1 裸の, 裸体の. 2 裸同然の. 3 飾り[おおい]のない, むき出しの. 4 一文無しの, 貧乏な. 5 あからさまな. 6 ありのままの. 7 (+de...) …を持っていない.
— 慣 a desnudar 裸にする.

des·nu·tri·ción [デスヌトリしオン] 女 栄養失調, 栄養不良.

de·so·be·de·cer [デソベデセル] 他《活 4 agradecer》…の命令にそむく, …の言う事を聞かない.

de·so·be·dien·te [デソベディエンテ] 形 反抗的な, 従順でない.

de·so·cu·pa·do, da [デソクパド, ダ]《過去分詞》→ desocupar あける.
— 形 1 あいている, 空(から)の. 2 することのない, ひまな.

de·so·cu·par [デソクパル] 他 …をあける, 空(から)にする.
— **desocuparse** 再 1 空になる. 2 ひまになる.

de·so·do·ran·te [デソドランテ] 男 におい消し, 脱臭剤.

desoig- 活 → desoír 耳をかさない《活 54》.

de·so·ír [デソイル] 他《活 54 oír》…に耳をかさない, …を無視する.

de·so·jar·se [デソハルセ] 再 1 …をしっかりと見る. 2 視力を弱める.

de·so·la·ción [デソらしオン] 女 1 完全な崩壊. 2 悲嘆, 悲痛. 3 荒涼たる姿, 荒廃.

de·so·la·do, da [デソらド, ダ]《過去分詞》→ desolar 荒涼させる.
— 形 荒涼とした, 荒廃した.

de·so·la·dor, do·ra [デソらドル, ドラ] 形 1 悲惨な, 無残な. 2 荒廃させるような.

de·so·lar [デソらル] 他《活 22 contar》1 …を荒廃させる. 2 …を完全に破壊する. 3 …をひどく悲しませる.
— **desolarse** 再 ひどく悲しむ.

de·so·lla·do, da [デソじゃド, ダ]《過去分詞》→ desollar 皮をはぐ.
— 形 1 皮をはがれた. 2 厚かましい.

de·so·lla·du·ra [デソジャドゥラ] 囡 すり傷.

de·so·llar [デソジャル] 他 《活 22 contar》1 …の皮をはぐ, 皮をはがす. 2 …から金を巻き上げる.
— **desollarse** 再 すり傷をおう.

de·sor·bi·ta·do, da [デソルビタド, ダ] 《過去分詞》→ desorbitar 軌道からはずれさせる.
— 形 1 途方もない, 常軌を逸した. 2 大げさな.

de·sor·bi·tar [デソルビタル] 他 1 …を軌道からはずれさせる. 2 …を大げさに扱う, 誇張する.
— **desorbitarse** 再 1 軌道をはずれる. 2 とんでもない所へ行く.

de·sor·den [デソルデン] 男 1 混乱, 無秩序. 2 騒動, 騒ぎ[= desórdenes]. 3 不調, 異常[= desórdenes].

de·sor·de·na·da·men·te [デソルデナダメンテ] 副 無秩序に, めちゃめちゃに.

de·sor·de·na·do, da [デソルデナド, ダ] 《過去分詞》→ desordenar みだす.
— 形 混乱した, 無秩序な.

de·sor·de·nar [デソルデナル] 他 …をみだす, 無秩序にする.
— **desordenarse** 再 みだれる, 混乱する.

de·sor·ga·ni·za·ción [デソルガニさシオン] 囡 1 (組織の)改変. 2 混乱.

de·sor·ga·ni·zar [デソルガニさル] 他 《活 39 gozar》1 (組織)を改変する. 2 …をひどく混乱させる.
— **desorganizarse** 再 (組織が)変わる.

de·so·rien·ta·ción [デソリエンタさオン] 囡 1 方向の見うしない. 2 混迷.

de·so·rien·ta·do, da [デソリエンタド, ダ] 《過去分詞》→ desorientar 間違った方向を示す.
— 形 方向がわからなくなった, 道に迷った.

de·so·rien·tar [デソリエンタル] 他 1 …に間違った方向を示す. 2 …を道に迷わせる.

de·so·var [デソバル] 自 (魚などが)産卵する.

de·so·ve [デソベ] 男 (魚などの)産卵.

de·so·xi·dar [デソクシダル] 他 1〈化学〉…から酸素を除く. 2 (金属)からさびを取る. 3 …を再利用する.

desoye(-) 活 → desoír 耳をかさない (活 54).

des·pa·bi·la·do, da [デスパビらド, ダ] 《過去分詞》→ despabilar 芯(し)を切る.
— 形 1 目を覚ました. 2 利口な, 抜けめのない.

des·pa·bi·lar [デスパビらル] 他 (ろうそくなどの)芯(し)を切る.

des·pa·char [デスパチャル] 他 1 (店で客などに)応対する, 用向きを聞く. 2 (店で商品)を売る, さばく. 3 …を処理する, 片付ける. 4 …を発送する. 5 …を解雇する. 6 (食べ物・飲み物)を平らげる. 7 …を殺し, 片付ける.
— 自 1 営業する, 業務につく. 2 急ぐ. 3 さっさと片付ける.
— **despacharse** 再 1 (+de...) …を片付ける. 2 (+con...) …に単刀直入に物を言う.

des·pa·cho [デスパチョ] 男 1 オフィス, 事務所, 事務室. 2 (事務室の)家具備品. 3 商品の販売. 4 売り場, 店. 5 外交文書, 公文書. 6 (電話などによる)通達, 通信.
— 活 → despachar 応対する.

des·pa·chu·rrar [デスパチュラル] 他 …を押しつぶす.

des·pa·cio [デスパシオ] 副 1 ゆっくりと, 徐々に. 2 静かに, そっと.

des·pa·cio·so, sa [デスパシオソ, サ] 形 ゆっくりとした.

des·pa·ci·to [デスパシト] 副 ゆっくりと.

des·pam·pa·nan·te [デスパンパナンテ] 形 驚くほどの, あきれるほどの, すごい.

des·pan·zu·rrar [デスパンスラル] 他 1 …をつぶす, 破裂させる. 2 …の腹を裂く.
— **despanzurrarse** 再 1 つぶれる. 2 腹が裂ける.

des·pa·re·jar [デスパレハル] 他 (対(つい)のもの)を片方だけにする.
— **desparejarse** 再 (対が)片方だけになる.

des·par·pa·jo [デスパルパホ] 男 (言動の)屈託の無さ, 大胆さ, 闊達(かったつ)さ.

des·pa·rra·ma·do, da [デスパラマド, ダ] 《過去分詞》→ desparramar ばらまく.
— 形 1 ばらまかれた, ちらばった. 2 やたらに広がった.

des·pa·rra·mar [デスパラマル] 他 1 …をばらまく, まきちらす. 2 (お金など)を散財する.

des·pa·ta·rrar [デスパタラル] 他 …の脚を大きく開かせる.
— **despatarrarse** 再 脚を大きく開く.

des·pa·vo·ri·do, da [デスパボリド, ダ] 形 恐れた, おののいた.

des·pe·char·se [デスペチャルセ] 再 腹を立てる, いらだつ.

des·pe·cho [デスペチョ] 男 いらだち, 憤慨.
a despecho de... …にもかかわらず, …の意に反して.

des·pe·chu·gar [デスペチュガル] 他 《活 47 llegar》(鳥)の胸肉を切り取る.
— **despechugarse** 再 胸をはだける.

des·pec·ti·va·men·te [デスペクティバメンテ] 副 さげすんで, 見くだして.

des·pec·ti·vo¹ [デスペクティボ] 男〈文法〉軽蔑語.

des·pec·ti·vo², va [—, バ] 形 1 さげすみの, 軽蔑の. 2〈文法〉蔑称(べっしょう)の, 軽蔑的な.

des·pe·da·zar [デスペダさル] 他 《活 39 gozar》1 …をずたずたに裂く. 2 …を粉々にする. 3 (人など)を打ちのめす, 破壊する.
— **despedazarse** 再 1 ずたずたになる. 2 粉々になる. 3 (人が)悲嘆にくれる.

des·pe·di·da [デスペディダ] 囡 1 見送り, 別離, 別れ. 2 送別会. 3 別れの言葉, 別れの挨拶(あいさつ). 4 (歌の)結びの詩句.

des·pe·dir [デスペディル] 他 《活 56 pedir》1

…を見送る, …に別れを告げる. 2 …を解雇する, 首にする. 3 (人)を遠ざける. 4 (悪臭など)を放つ, 発散する. 5 (溶岩など)を噴出する, 吹き上げる.
— **despedir·se** 再 1 (+de...) …に別れを告げる, …を見送る. 2 (+de...) …をあきらめる, やめる.

des·pe·ga·do, da [デスペガド, ダ]《過去分詞》→ despegar はがす.
— 形 1 はがれている. 2 そっけない, 無愛想な.

des·pe·gar [デスペガル] 他《活 47 llegar》…をはがす, はぎ取る.
— 自 1 (飛行機など)離陸する, 飛び立つ. 2 発展し始める.
— **despegar·se** 再 (+de...) …から離れていく, 独立する.

des·pe·go [デスペゴ] 男 1 冷淡さ, 無愛想. 2 無関心, 淡白.

despegu- → despegar はがす《活 47》.

des·pe·gue [デスペゲ] 男 1 (飛行機の)離陸. 2 (ロケットなどの)打ち上げ. 3 発展の開始.

des·pei·nar [デスペイナル] 他 …の髪を乱す.
— **despeinar·se** 再 (人が)髪が乱れる.

des·pe·ja·do, da [デスペハド, ダ]《過去分詞》→ despejar 空(そら)にする.
— 形 1 広々とした, じゃま物のない. 2 頭のさえた, 明敏な. 3 (空が)晴れた, 快晴の. 4 目のさえた.

des·pe·jar [デスペハル] 他 1 (場所)たら物などを片付けて)空(そら)にする. 2 …を明白にする. 3 (頭)をすっきりさせる. 4 …から (+de...) …を取り除く. 5 …から (+de...) …を使い切らなくする. 6《スポーツ》(ボール)をクリアする. 7《数字》…の解を求める.
— 自 1 (主語なしの 3 人称単数形で使用) 空が晴れる. 2 立ち去る.
— **despejar·se** 再 1 (空が)晴れる. 2 (人が)気分がすっきりする. 3 (事が)明白になる.

des·pe·je [デスペヘ] 男 (サッカーなどでボールの)クリアー.
— 活 → despejar 空(そら)にする.

des·pe·lle·jar [デスペジェハル] 他 1 (動物など)の皮をむく. 2 …を批判する, こきおろす.
— **despellejar·se** 再 皮を痛める, すりむく.

des·pe·lo·tar·se [デスペロタルセ] 再 1 全裸になる. 2 笑いころげる. 3 はめをはずす.

des·pe·lo·te [デスペロテ] 男 1 裸になること. 2 大笑い. 3 お祭り騒ぎ.

des·pe·lu·char [デスペルチャル] 他 (布地など)の毛をだめにする〔抜く〕.
— 自 (動物が)毛の抜けかわりの時期にいる.
— **despeluchar·se** 再 (布地などが)毛がだめになる〔抜ける〕.

des·pe·na·li·zar [デスペナリサル] 他《活 39 gozar》…を合法化する, 有罪としない.

des·pen·do·lar·se [デスペンドらルセ] 再 狂ったように舞う.

des·pen·sa [デスペンサ] 女 1 (家の中の)食品置き場. 2 (集合的に) (食品置き場の)食料品.

des·pe·ña·de·ro [デスペニャデロ] 男 1 岩場の断崖, 岩山の絶壁. 2 大きな危険.

des·pe·ñar [デスペニャル] 他 …を(崖(がけ)などから)突き落とす.
— **despeñar·se** 再 転落する.

des·pe·pi·tar [デスペピタル] 他 (果実)から種を取り除く.
— **despepitar·se** 再 1 わめきちらす. 2 大笑いする. 3 (+por...) …に夢中になる.

des·per·di·ciar [デスペルディシアル] 他《活 17 cambiar》1 …をむだにする. 2 …の使い方を間違える. 3 …を使い物にならなくする.

des·per·di·cio [デスペルディシオ] 男 1 (使い物にならない)くず [= desperdicios]. 2 むだ遣い.

des·per·di·gar [デスペルディガル] 他《活 47 llegar》1 …をばらばらにする, 散らばらせる. 2 (力など)を分散する.
— **desperdigar·se** 再 1 四散する, ちりぢりになる. 2 (力などが)分散する.

des·pe·re·zar·se [デスペレサルセ] 再《活 39 gozar》伸びをする.

des·per·fec·to [デスペルふェクト] 男 1 小さな傷, 軽い損傷. 2 欠陥, 欠点.

des·per·so·na·li·zar [デスペルソナリサル] 他《活 39 gozar》1 …を非個性化する. 2 …を非個人的なものにする.
— **despersonalizar·se** 再 非個性的になる.

des·per·ta·dor [デスペルタドル] 男 目覚まし時計.

des·per·tar [デスペルタル] 他 1 目覚め. 2 目覚める時. 3 活動開始時期.
— 他《活 57 pensar》1 …を目覚めさせる, 起こす. 2 …を (+en...) …に思い出させる. 3 (欲望などを)を (+a...) …に起こさせる, かき立てる.
— 自 1 かしこくなる, 利にになる. 2 目覚める.
— **despertar·se** 再 1 目覚める. 2 (思い出などが)よみがえる.

des·pia·da·da·men·te [デスピアダダメンテ] 副 情け容赦なく.

des·pia·da·do, da [デスピアダド, ダ] 形 残酷な, 情け容赦のない.

despid- → despedir 見送る《活 56》.

des·pi·do [デスピド] 男 1 解雇, 免職. 2 (解雇の)賠償, 賠償金.

des·pie·ce [デスピエせ] 男 解体, 分解.

despiert- → despertar 目覚めさせる《活 57》.

des·pier·to, ta [デスピエルト, タ] 形 1 目をましている. 2 明敏な, かしこい, 利口な.

des·pie·zar [デスピエサル] 他 (動物や物)を解体する, 分解する.

des·pil·fa·rra·dor, do·ra [デスピるふぁラドル, ドラ] 形 1 金遣いの荒い. 2 むだ遣いの多い.
— 男女 浪費家.

des·pil·fa·rrar [デスピるふぁラル] 他 …をむだ

des·pil·fa·rro [デスピルファロ] 男 浪費.
des·pin·tar [デスピンタル] 他 1 …の塗料をはがす. 2 (記憶など)を変える, ぼやかす.
— **despintar·se** 再 1 塗料がはげる. 2 (記憶などが)ぼやける.
des·pio·jar [デスピオハル] 他 …からシラミを取り除く.
— **despiojar·se** 再 (自分の)シラミを取る.
des·pi·po·rre [デスピポレ] 男 どんちゃん騒ぎ.
des·pis·ta·do, da [デスピスタド, ダ] 《過去分詞》→ despistar かわす.
— 形 1 途方に暮れた, おろおろした. 2 ぼんやりしている, きょとんとした.
— 男女 1 おろおろしている人. 2 ぼんやりした人.
des·pis·tar [デスピスタル] 他 1 …(の追跡)をかわす, …をまく. 2 …を道に迷わせる.
— **despistar·se** 再 1 道に迷う. 2 うっかり間違える.
des·pis·te [デスピステ] 男 1 ぼんやり, うっかり. 2 うっかりした間違い[失敗].
desplac- 活 → desplazar 移す《活 39》.
des·plan·te [デスプランテ] 男 1 尊大な態度. 2 横柄な言葉.
des·pla·za·do, da [デスプらサド, ダ] 《過去分詞》→ desplazar 移す.
— 形 1 場違いな. 2 なかなかその場になじまない.
des·pla·za·mien·to [デスプらサミエント] 男 1 場所の移動, 移転. 2 (職場などの)入れ替え.
des·pla·zar [デスプらサル] 他《活 39 gozar》 1 …を移す, 動かす, 移動する. 2 (職場などで) …に取って代わる, …と交替する. 3 …を排出する.
— **desplazar·se** 再 移動する, 移動をする.
des·ple·ga·ble [デスプれガブれ] 形 折り畳み式の.
des·ple·gar [デスプれガル] 他《活 53 negar》 1 (折り畳んだもの)を広げる. 2 (軍隊)を展開する. 3 (能力など)を発揮する, 実際に示す.
— **desplegar·se** 再 (部隊などが)展開する, 配置につく.
desplieg- 活 → desplegar 広げる《活 53》.
des·plie·gue [デスプりェゲ] 男 1 (折り畳んだものを)開くこと, 展開. 2 (部隊の)展開. 3 (能力などの)発揮, 誇示.
des·plo·mar [デスプロマル] 他 (壁など)を傾斜させる, かたむかせる.
— **desplomar·se** 再 1 (建物などが)かたむく. 2 卒倒する. 3 倒壊する, 崩壊する.
des·plo·me [デスプロメ] 男 1 (建物などの)崩壊, 倒壊. 2 (文明などの)消滅, 破壊.
des·plu·mar [デスプルマル] 他 1 (鳥)の羽毛をむしり取る. 2 (人)から金品をだまし取る.
des·po·bla·ción [デスポブらシオン] 女 人口の減少, 過疎化.
des·po·bla·do¹ [デスポブらド] 男 住人がいなくなった土地, 廃村, ゴーストタウン.

des·po·bla·do², da [—, ダ] 《過去分詞》→ despoblar 無人にする.
— 形 無人の, 住人のいない.
des·po·blar [デスポブらル] 他《活 22 contar》 1 …を無人にする, …の人口を減らす. 2 (場所)から(+de...) …を取り除く.
— **despoblar·se** 再 1 (土地が)無人になる, 住民が減る. 2 人気(ひとけ)がなくなる.
des·po·jar [デスポハル] 他 1 (人)から(+de...) …を奪う, 取り上げる. 2 …から(+de...) …をはぎ取る, 除去する.
— **despojar·se** 再 1 (+de...) …を放棄する, すてる. 2 (+de+衣服) …を脱ぐ.
des·po·jo [デスポホ] 男 1 取り上げ, 略奪. 2 (時と共に)消えてゆくもの. 3 失ったもの.
des·po·jos [デスポホス] 男複《→ despojo》 1 〈食肉〉あら, 臓物. 2 残り物, くず. 3 遺体, 死体.
des·por·ti·llar [デスポルティジャル] 他 …の縁(ふち)を欠けさせる.
— **desportillar·se** 再 (皿などが)縁が欠ける.
des·po·sar [デスポサル] 他 (司祭が)…を結婚させる.
— **desposar·se** 再 (二人が)結婚する.
des·po·se·er [デスポセエル] 他《活 46 leer》 (人)から(+de...) …を取り上げる, 奪う.
— **desposeer·se** 再 (+de...) …を放棄する, あきらめる.
des·po·se·í·do, da [デスポセイド, ダ] 《過去分詞》→ desposeer 取り上げる.
— 形 貧乏な, 生活にも困った.
— 男女 貧者.
des·po·so·rios [デスポソリオス] 男複 婚約.
dés·po·ta [デスポタ] 形《男女同形》地位を乱用する, 横暴な.
— 男女 ワンマン, 暴君.
— 男 専制君主, 独裁者.
des·pó·ti·co, ca [デスポティコ, カ] 形 1 暴君の. 2 独裁者の.
des·po·tis·mo [デスポティスモ] 男 1 地位の乱用, 横暴. 2 専制政治, 独裁制.
despotismo ilustrado 啓蒙専制政治.
des·po·tri·car [デスポトリカル] 自《活 73 sacar》 (+contra...) …を好き勝手に非難する.
des·pre·cia·ble [デスプレアブれ] 形 軽蔑すべき, 見下げはてた.
des·pre·ciar [デスプレアル] 他《活 17 cambiar》 1 …を軽蔑する, 見くだす. 2 …を(価値のないものとして)拒絶する. 3 (危険など)を物ともしない, 意に介さない.
des·pre·cia·ti·vo, va [デスプレアティボ, バ] 形 軽蔑的な, 人をばかにしたような.
des·pre·cio [デスプレオ] 男 1 軽蔑, さげすみ. 2 軽視, 無視. 3 小ばかにした言動.
con desprecio de... …を軽蔑して, 無視して.
des·pren·der [デスプレンデル] 他 1 …を切り離す, 取りはずす. 2 …を発散する, 放つ.

活 は活用形　複 は複数名詞　男 は男性名詞　女 は女性名詞　圏 は固有名詞　代 は代名詞　自 は自動詞

— desprender・se 再 1 (+de...) …から離れる, はずれる. 2 (+de...) …をすてる, あきらめる, 放棄する. 3 (+de...) …から推論される.

des·pren·di·do, da [デスプレンディド, ダ]《過去分詞》→ desprender 切り離す.
— 形 1 はずれた, 取れた. 2 無欲な, 寛大な.

des·pren·di·mien·to [デスプレンディミエント] 男 1 切り離し, 引き離し. 2 寛大, 無欲. 3〈医学〉剝離(はく), 脱落.

des·pre·o·cu·pa·ción [デスプレオクパシオン] 女 1 (心の)平安, 平静. 2 不注意, ぞんざい.

des·pre·o·cu·pa·do, da [デスプレオクパド, ダ]《過去分詞》→ despreocuparse 気にしない.
— 形 1 気にしない. 2 ぞんざいな, 不注意な.

des·pre·o·cu·par·se [デスプレオクパルセ] 再 1 (+de...) …を気にしない. 2 (+de...) …を構わない.

des·pres·ti·giar [デスプレスティヒアル] 他 …の名声をけがす, 評判を悪くする.
— desprestigiarse 再 名声を失う, (自分の)評判を落とす.

des·pres·ti·gio [デスプレスティヒオ] 男 名声の失墜, 不評.

des·pre·ve·ni·do, da [デスプレベニド, ダ] 形 準備ができていない, 不意の.

des·pro·por·ción [デスプロポルシオン] 女 不釣り合い, 不均衡.

des·pro·por·cio·na·do, da [デスプロポルシオナド, ダ]《過去分詞》→ desproporcionar 均衡を破る.
— 形 不釣り合いな, バランスの悪い.

des·pro·por·cio·nar [デスプロポルシオナル] 他 …の均衡を破る, …を不釣り合いにする.

des·pro·pó·si·to [デスプロポシト] 男 1 見当はずれ. 2 場違い.

des·pro·vis·to, ta [デスプロビスト, タ] 形 (+de...) …が欠けている, …のない.

des·pués [デスプエス] 副 1〈時間〉あとで, つぎに, それから. 2〈場所〉うしろに, つぎに. 3 (+de...) …のあとで, …のつぎに. 4 (+que...) …よりあとで, …したあとで.
después de todo 結局のところ, (結局)何と言いにせよ, そうは言っても.
poco después すぐあとで.

des·pun·tar [デスプンタル] 他 …の先端をだめにする[減らす].
— 自 1 (植物が)芽を出す. 2 (夜が)明ける, (日が)出る. 3 目立つ, 傑出する.
— despuntarse 再 1 (物が)先端がだめになる.

des·qui·cia·do, da [デスキシアド, ダ]《過去分詞》→ desquiciar 混乱させる.
— 形 (人が)混乱した, 気が変になった, 錯乱した.

des·qui·cia·mien·to [デスキシアミエント] 男 錯乱, 動揺.

des·qui·ciar [デスキシアル] 他《活 17 cambiar》1 (人を)混乱させる, 錯乱させる. 2 (考えなどを)誤解する, 不自然に解釈する. 3 (戸などを)蝶番(ちょう)からはずす.
— desquiciarse 再 1 気が変になる, 錯乱する. 2 蝶番からはずれる.

des·qui·tar [デスキタル] 他 (人)に(+de+損害など)…をつぐなう.
— desquitarse 再 1 (+de...) …の埋め合わせをする, …をつぐなう. 2 (+de...) …の仕返しをする.

des·qui·te [デスキテ] 男 1 埋め合わせ, つぐない. 2 仕返し, 報復.

des·ri·ño·nar [デスリニョナル] 他 1 …の腰を痛める. 2 …をへとへとに疲れさせる.
— desriñonarse 再 1 (自分の)腰を痛める. 2 へとへとに疲れる.

des·ta·ca·do, da [デスタカド, ダ]《過去分詞》→ destacar きわ立たせる.
— 形 1 著名な, 傑出した. 2 重要な. 3 目立った.

des·ta·ca·men·to [デスタカメント] 男〈軍隊〉分遣隊.

des·ta·car [デスタカル] 他《活 73 sacar》1 …をきわ立たせる, 目立たせる, 強調する. 2〈軍隊〉…を分遣する.
— 自 きわ立つ, 目立つ.
— destacarse 再 1 きわ立つ, 目立つ. 2 特命を帯びて出かける.

des·ta·jo [デスタホ]《つぎの副詞句の一部》
a destajo 1 (時間給でなくて)出来高払いで. 2 懸命に, 休みなく, 大急ぎで.

des·ta·par [デスタパル] 他 1 …のふたを取る. 2 …の栓を抜く. 3 …のおおいを取る. 4 …をあばく.
— destaparse 再 1 はだかを見せる, 裸体をさらす. 2 意外なことを言う[する].

des·ta·pe [デスタペ] 男 (映画などの)裸体の露出, ヌード.

destaqu- → destacar きわ立たせる《活 73》.

des·tar·ta·la·do, da [デスタルタラド, ダ] 形 手入れの悪い, だめになった, こわれかけた.

des·te·jer [デステヘル] 他 (織物)をほどく.

des·te·llar [デステリャル] 自 きらめく.

des·te·llo [デステリョ] 男 1 閃光(せん), きらめき. 2 (考えなどの)ひらめき.

des·tem·pla·do, da [デステンプラド, ダ]《過去分詞》→ destemplar 調子はずれにする.
— 形 1 (楽器が)調子はずれの. 2 (天候が)不順な. 3 (体が)調子の悪い.

des·tem·plan·za [デステンプランさ] 女 1 (体の)不調, 寒気(かん). 2 (天候の)不順, 荒れ模様. 3 つつしみの無さ, 節度の無さ.

des·tem·plar [デステンプラル] 他 1 (楽器を)調子はずれにする. 2 …の体調を狂わせる.
— destemplarse 再 1 (楽器が)調子はずれになる. 2 体調をくずす.

des·te·ñir [デステニル] 他《活 68 reñir》1 …を変色させる. 2 (色落ちして)…を染める.
— 自 色落ちする.

他 は他動詞 再 は再帰動詞 形 は形容詞 副 は副詞 前 は前置詞 接 は接続詞 間 は間投詞

— **desteñir·se** 再 1 色があせる. 2 色落ちする.

des·ter·ni·llar·se [デステルニジャルセ] 再 《とき に +de risa》笑いころげる.

des·te·rrar [デステラル] 他 《活 57 pensar》 1 …を追放する, 追放処分にする. 2 (習慣などを)やめる, すてる. 3 (気持ちなど)を(+de...)から払いのける, なくさせる.
— **desterrar·se** 再 亡命する.

des·te·tar [デステタル] 他 …を乳離れさせる.
— **destetar·se** 再 1 乳離れする. 2 自立する, 独り立ちする.

des·te·te [デステテ] 男 離乳, 乳離れ.

des·tiem·po [デスティエンポ] 《つぎの副詞句の一部》
a destiempo 時機はずれに, タイミング悪く.

destierr- → desterrar 追放する《活 57》.

des·tie·rro [デスティエロ] 男 1 (国外)追放処分, 流刑(るけい). 2 亡命. 3 追放期間, 亡命時代. 4 流刑地. 5 (習慣などの)放棄.

des·ti·la·ción [デスティラシオン] 女 蒸留.

des·ti·lar [デスティラル] 他 1 …を蒸留する. 2 (感情など)をあらわにする. 3 …をしたたらす.

des·ti·le·rí·a [デスティレリア] 女 蒸留工場.

des·ti·na·do, da [デスティナド, ダ] 《過去分詞》→ destinar 当てる.
— 形 1 (+a...) …に差し向けられた. 2 (+a...) …に配属された.

des·ti·nar [デスティナル] 他 1 …を(+a+目的) …に当てる, 差し向ける. 2 …を(+a, para+部署)…に配属する, 任命する. 3 …を(+a, para+場所)…に赴任させる, 派遣する. 4 (小包など)を(+a+人)…に宛(あ)てる.

des·ti·na·ta·rio, ria [デスティナタリオ, リア] 男 女 受取人, 名宛(なあて)人.

des·ti·no [デスティノ] 男 1 行き先, 目的地. 2 用途, 使い途(みち). 3 仕事, 職. 4 仕事場, 職場. 5 運, 運命. 6 宿命.
— 活 → destinar 当てる.
con destino a... …行きの, …に向かって.

des·ti·tu·ción [デスティトゥシオン] 女 解任, 免職.

des·ti·tuir [デスティトゥイル] 他 《活 43 huir》 …を解任する, 免職する.

des·tor·ni·lla·dor [デストルニジャドル] 男 1 ねじ回し, ドライバー. 2 (ウォッカのカクテルの)スクリュードライバー.
destornillador en cruz プラスドライバー.

des·tor·ni·llar [デストルニジャル] 他 …のねじをはずす.
— **destornillar·se** 再 1 (物が)ねじがはずれる. 2 気がふれる, 分別を無くす.

des·tre·za [デストレさ] 女 巧みさ, すぐれた技量.

des·tri·par [デストリパル] 他 1 …の内臓を抜き取る. 2 …から中味を取り出す. 3 …をぺしゃんこにする, 押しつぶす. 4 (話)を(結末や落ちを教えて)だめにする.

des·tri·pa·te·rro·nes [デストリパテロネス] 男 女 《単複同形》 1 土掘り人夫, 百姓. 2 粗野な人間, 無教養な人間.

des·trí·si·mo, ma [デストリシモ, マ] 形 絶対最上級語》 diestro, tra) とても器用な.

destroc- → destrozar 粉砕する《活 39》.

des·tro·na·mien·to [デストロナミエント] 男 (王などの)廃位.

des·tro·nar [デストロナル] 他 1 (王など)を廃位する. 2 …から地位を取り上げる.

des·tro·zar [デストロさル] 他 《活 39 gozar》 1 …を粉砕する, 破壊する. 2 …を手荒く扱う, こわす. 3 …を精神的に打ちのめす. 4 (競争相手)を打ちのめす, 撃破する. 5 …に害を与える. 6 …をくたにに疲れさせる.
— **destrozar·se** 再 1 使い物にならなくなる. 2 (+con...) …で害される. 3 へとへとに疲れる.

des·tro·zo [デストロそ] 男 1 粉砕, 破壊. 2 大きな害, ひどい損傷.

des·tro·zón, zo·na [デストロもン, もナ] 形 〈人〉よく物をこわす.
— 男 女 (物を)すぐだめにする人間.

des·truc·ción [デストルクシオン] 女 1 破壊, 壊滅. 2 (書類などの)破棄, 消滅.

des·truc·ti·ble [デストルクティブれ] 形 破壊可能な, こわれやすい.

des·truc·ti·vo, va [デストルクティボ, バ] 形 1 破壊的な. 2 破壊力のある.

des·truc·tor[1] [デストルクトル] 男 〈海軍〉駆逐艦, 護衛艦.

des·truc·tor[2]**, to·ra** [—, トラ] 形 破壊する.
— 男 破壊者.

des·truir [デストルイル] 他 《活 43 huir》 1 …を破壊する, 壊滅する. 2 (考えなど)をだめにする, ぶちこわす.

destruy- 活 → destruir 破壊する《活 43》.

desuel- 活 → desolar 荒廃させる《活 22》.

desuell- 活 → desollar 皮をはぐ《活 22》.

de·su·nión [デスニオン] 女 不和, 反目, 離別.

de·su·nir [デスニル] 他 1 …を(+de...) …から引き離す. 2 (つながった物)を分離する. 3 (複数の人)を不和にする, 反目させる.
— **desunir·se** 再 1 ばらばらになる. 2 仲たがいする, 不和になる.

de·su·sa·do, da [デスサド, ダ] 形 1 なじみのない, 妙な. 2 使われていない, 古めかしい.

de·su·so [デスソ] 男 使われないこと.

des·va·í·do, da [デスバイド, ダ] 《過去分詞》→ desvaír·se あせる.
— 形 1 (色が)あせた, 薄くなった. 2 (形などが)ぼやけた, 不鮮明な.

des·va·ír·se [デスバイルセ] 再 《語尾に i がつく活用形だけを使用 活 43 huir》 1 (色が)あせる, 薄くなる. 2 (力が)弱まる.

des·va·li·do, da [デスバリド, ダ] 形 1 ひとりで

des·va·li·ja·mien·to [デスバリハミエント] 男 (家のなかなどの) 丸ごとの盗み.

des·va·li·jar [デスバリハル] 他 1 …から持ち物を残らず強奪する. 2 …から金品すべてを盗む.

des·va·li·mien·to [デスバリミエント] 男 見捨てられた状態, 保護者のいない立場.

des·va·lo·ri·za·ción [デスバロリさシオン] 女 価値の低下, 値段の下落.

des·va·lo·ri·zar [デスバロリさル] 他 《活 39 gozar》 …の価値を下げる, …の値段を下げる.
— **desvalorizarse** 再 (人や物が) 価値 [値段] が下がる.

des·ván [デスバン] 男 屋根裏部屋, 屋根裏.

des·va·ne·cer [デスバネせル] 他 《活 4 agradecer》 1 (色や霧などを) 少しずつ薄める [消す]. 2 (思い出などを) 忘れさせる, 消し去る.
— **desvanecerse** 再 1 徐々に薄くなる [消えていく]. 2 (考えなどが) 消え去る. 3 気を失う, 昏倒(こんとう)する.

des·va·ne·ci·mien·to [デスバネシミエント] 男 1 消滅, 霧消. 2 失神, 昏倒(こんとう).

des·va·riar [デスバリアル] 自 《活 34 enviar》 1 たわごとを言う. 2 うわごとを言う. 3 ばかげたことをする.

des·va·río [デスバリオ] 男 1 うわごと, たわごと. 2 愚行. 3 (一時的な) 精神錯乱, 狂気.

des·ve·lar [デスベラル] 他 1 …を眠らせない. 2 (秘密などを) 発見する, 解明する.
— **desvelarse** 再 1 眠れない. 2 (+por…) のために特別に気を配る, …に専念する.

des·ve·lo [デスベロ] 男 1 不眠, 眠れない状態. 2 苦心, 献身, 専念.

des·ven·ci·jar [デスベンしハル] 他 (建物などを) がたがたにする, ばらばらにする.
— **desvencijarse** 再 (家具などが) ぐらつく, がたつく.

des·ven·ta·ja [デスベンタハ] 女 1 不利な点, 不利益. 2 不都合, 障害.

des·ven·ta·jo·so, sa [デスベンタホソ, サ] 形 1 不利な. 2 不都合な.

des·ven·tu·ra [デスベントゥラ] 女 1 不運, 不幸. 2 災難, 惨事.

des·ven·tu·ra·do, da [デスベントゥラド, ダ] 形 運の悪い, 不幸な.
— 男 女 不運な人, 不幸な人.

des·ver·gon·za·do, da [デスベルゴンさド, ダ] 形 恥知らずな, ずうずうしい.
— 男 女 〈人〉恥知らず.

des·ver·güen·za [デスベルグエンさ] 女 〈行動〉恥知らず, 厚かましさ.

des·via·ción [デスビアシオン] 女 1 (方針などの) 変更, 逸脱. 2 (位置などの) ずれ. 3 回り道, 迂回路(うかいろ). 4 異常な習慣.

des·viar [デスビアル] 他 《活 34 enviar》 1 …を(+de+進路など)…からそらす, はずす, 逸脱させる. 2 …を(+de+考えなど)…から引き離す.
— **desviarse** 再 1 (+de+進路など)…からそれる, はずれる. 2 (+de+考えなど)…から引き離す.

des·vin·cu·lar [デスビンクらル] 他 …を(+de…)…から切り離す, 自由にする.
— **desvincularse** 再 お互いの関係を断つ.

des·ví·o [デスビオ] 男 1 逸脱. 2 ずれ. 3 迂回路(うかいろ).

des·vir·gar [デスビルガル] 他 《活 47 llegar》 …の処女を奪う.

des·vir·tuar [デスビルトゥアル] 他 《活 1 actuar》 1 …の価値を落とす. 2 …の特徴を無くさせる.
— **desvirtuarse** 再 1 価値を低くする. 2 特徴を無くす.

des·vi·ta·li·zar [デスビタリさル] 他 (神経を) 麻痺させる.

des·vi·vir·se [デスビビルせ] 再 (+por…) のために全力を尽くす.

de·ta·lla·da·men·te [デタジャダメンテ] 副 くわしく.

de·ta·lla·do, da [デタジャド, ダ] 《過去分詞》→ detallar くわしく扱う.
— 形 くわしい, 詳細な.

de·ta·llar [デタジャル] 他 1 …をくわしく扱う. 2 …をくわしく話す.

de·ta·lle [デタジェ] 男 1 詳細, 細部. 2 配慮, 心遣い. 3 好意の表現.
al detalle 小売りで.
dar detalles 詳細に述べる.
en detalle 詳細に.
¡Qué detalle! なんというやさしい心遣い!

de·ta·llis·ta [デタジスタ] 《男女同形》 1 小売りの. 2 細かいことにまで気を配る.
— 男 女 1 目の行き届く人. 2 小売業者.

de·tec·ción [デテクシオン] 女 1 探知. 2 検出. 3 察知.

de·tec·tar [デテクタル] 他 1 …を探知する. 2 …を検出する. 3 …を察知する.

de·tec·ti·ve [デテクティベ] 男 女 刑事.
detective privado (私立)探偵.

de·tec·tor [デテクトル] 男 探知機, 検出器.

de·tén → detener 引き留める《活 80》.

de·ten·ción [デテンシオン] 女 1 留置, 拘留, 逮捕. 2 中止, 休止, 停止.

detendr- → detener 引き留める《活 80》.

de·te·ner [デテネル] 他 《活 80 tener》 1 …を引き留める. 2 …を止める, 中断させる. 3 …を逮捕する, 拘留する.

deteng- → detener 引き留める《活 80》.

de·te·ni·da·men·te [デテニダメンテ] 副 注意深く, 慎重に, 綿密に.

de·te·ni·do, da [デテニド, ダ] 《過去分詞》 → detener 引き留める.
— 形 1 止められた, 中断された. 2 逮捕された. 3 綿

de·te·ni·mien·to

密な, 慎重な.

de·te·ni·mien·to [デテニミエント] 男 慎重さ, 入念.
con detenimiento 時間をかけて, 慎重に.

de·ten·tar [デテンタル] 他 (権力など)を不法に使用する.

de·ter·gen·te [デテルヘンテ] 男 洗剤.

de·te·rio·rar [デテリオラル] 他 …に徐々に損傷を与える.
— deteriorar·se 再 だんだん悪くなる.

de·te·rio·ro [デテリオロ] 男 1 悪化. 2 損傷.

de·ter·mi·na·ción [デテルミナシオン] 女 1 決心, 決意. 2 決断力. 3 限界の設定. 4 確定, 決定, 規定.

de·ter·mi·na·do, da [デテルミナド, ダ]《過去分詞》→ determinar 決定する.
— 形 1 一定の, 特定の. 2 決められた, 指定された. 3 決意した, 断固たる. 4〈文法〉限定の.
artículo determinado〈文法〉定冠詞.

de·ter·mi·nan·te [デテルミナンテ] 男〈文法〉限定詞.
— 形 決定づける.

de·ter·mi·nar [デテルミナル] 他 1 …を決定する, 限定する. 2 …を確定する, 特定する. 3 …を決意させる. 4 …を引き起こす. 5〈文法〉(名詞の意味)を限定する.
— determinar·se 再 (+a+不定詞) …することを決意する[決心する].

de·ter·mi·na·ti·vo, va [デテルミナティボ, バ] 形 1 決定的な. 2〈文法〉限定的な.

de·ter·mi·nis·mo [デテルミニスモ] 男〈哲学〉決定論.

de·tes·ta·ble [デテスタブレ] 形 1 きらわれるような. 2 いまいましい.

de·tes·tar [デテスタル] 他 …をひどくきらう.

detien- 活 → detener 引き留める《活 80》.

de·to·na·ción [デトナシオン] 女 爆発, 爆破.

de·to·na·dor [デトナドル] 男 起爆装置, 雷管.

de·to·nan·te [デトナンテ] 形 1 爆薬, 爆発物の. 2 (社会現象などの)起爆剤.
— 男 爆薬.

de·to·nar [デトナル] 自 爆発する.

de·trac·tor, to·ra [デトラクトル, トラ] 男女 1 中傷する人間. 2〈人〉不満分子.

de·tra·er [デトラエル] 他《活 81 traer》…を中傷する, けなす.

detraig- 活 → detraer 中傷する《活 81》.

detraj- 活 → detraer 中傷する《活 81》.

de·trás [デトラス] 副 1 うしろに, 後方に. 2 裏に, 背後に. 3 (+de...) …のうしろに. 4 (+de...) …のいなし所で.
por detrás 1 うしろの方に. 2 かげで, かくれて.
por detrás de... …のうしろの方で.

de·tri·men·to [デトリメント] 男 損害, 損失, 被害.

de·tri·to [デトリト] 男《= detritus》〈地質学〉岩屑(がんせつ), 岩くず.

detuv- 活 → detener 引き留める《活 80》.

deu·da [デウダ] 女 1 借金, 負債. 2〈宗教〉あやまち, 罪.

deu·dor, do·ra [デウドル, ドラ] 形 負債[借金]のある.
— 男女 借り主, 債務者.

de·va·lua·ción [デバルアシオン] 女〈経済〉平価切り下げ.

de·va·luar [デバルアル] 他《活 1 actuar》〈経済〉(通貨)の平価を切り下げる.

de·va·na·de·ra [デバナデラ] 女 1 糸巻き. 2 巻き取り器.

de·va·nar [デバナル] 他 …を巻き取る.

de·va·neo [デバネオ] 男 浮気, たわむれの恋.

de·vas·ta·ción [デバスタシオン] 女 領土の破壊, 荒廃.

de·vas·tar [デバスタル] 他 (領土など)を荒廃させる, 破壊する.

devendr- 活 → devenir 突発する《活 85》.

deveng- 活 1 → devengar 受け取る権利がある《活 47》. 2 → devenir 突発する《活 85》.

de·ven·gar [デベンガル] 他《活 47 llegar》1 (金額)を受け取る権利がある. 2 (利息)を生む.

de·ve·nir [デベニル] 自《活 85 venir》1 突発する, 急に起こる. 2〈哲学〉(+en...) …に転化する, なる.
— 男〈哲学〉生成, 転化.

de·ver·bal [デベルバル] 形 動詞から派生した.

devien- 活 → devenir 突発する《活 85》.

devin- 活 → devenir 突発する《活 85》.

de·vo·ción [デボシオン] 女 1 奉献, 献身. 2 専念, 傾倒, 心酔. 3〈宗教〉(義務的ではない)祈り.

de·vo·cio·na·rio [デボシオナリオ] 男〈宗教〉祈禱(きとう)書.

de·vo·lu·ción [デボルシオン] 女 1 返却, 返還. 2 返済, 払い戻し.

de·vol·ver [デボルベル] 他《活 87 volver》1 …を返す, 戻す. 2 …を回復する. 3 …に報いる, …にお返しをする. 4 …を吐き出す. 5 …を釣り銭として返す. 6 …を返品する.
devolver la pelota a... …にお返しをする.

de·vo·ra·dor, do·ra [デボラドル, ドラ] 形 1 がつがつした. 2 食いつくす.

de·vo·rar [デボラル] 他 1 …をがつがつ食う. 2 (動物が他の動物)をくらう. 3 …を消費し尽くす, 焼き尽くす. 4 …を食べ尽くす.

de·vo·to, ta [デボト, タ] 形 1 信仰心をあおるような. 2 信心深い, 敬虔(けいけん)な.

de·vuel·to, ta [デブエルト, タ]《過去分詞》→ devolver 返す.
— 形 返された, 戻された.

devuelv- 活 → devolver 返す《活 87》.

de·yec·ción [デイェクシオン] 女 排泄(はいせつ)物.

D.F. [デエフェ] 固《略語》Distrito Federal (メキシコの)連邦区.

活 は活用形 複 は複数形 男 は男性名詞 女 は女性名詞 固 は固有名詞 代 は代名詞 自 は自動詞

di 活 1 → dar 与える《活 24》. 2 → decir 言う《活 25》.

dí·a [ディア] 男 1 (時間単位の)1日, 日. 2 (1日のなかの)陽光のある時間帯, 昼, 昼間. 3 特別な日, 記念日, 祝日. 4 (天候の良し悪しをいう)日.
abrir el día 1 夜が明ける. 2 空が晴れる.
a días 時によって, 日によって.
a... días vista [fecha] 〈手形〉一覧後…日払いの.
al día 1 今日の, 最新の. 2 最新情報のある. 3 一日につき.
al [el] día siguiente 翌日.
algún día (未来の)いつか.
a los pocos días (de...) (…から)数日後に.
al otro día 翌日.
antes del día 夜明け前に, 夜明けに.
¡Buenos día! (朝・午前の挨拶で)おはよう!
cada día いつもの, 普段の.
cada día (+比較級国)日ごとに(ますます).
cerrar·se el día たそがれる, 暗くなる.
coger el día a... (〜) …が〜で夜明けを迎える.
como del día a la noche まったく違って.
cualquier día de estos (否定的に)いつか.
dar a... el día con... 〜で困らせる.
dar los días a... …に誕生日[聖人の日]のお祝いを言う.
de cada día いつもの, 普段の.
de día 昼間は, 日中に.
de día en día (大きくなる様子で)日に日に, 日ごとに.
de días 古い, 古くなった.
del día 新鮮な, できたての.
despejar·se el día 空が晴れる.
despuntar el día 夜が明ける.
de un día a [para] otro 近いうちに.
día a [por] día 日ごとに.
día astronómico 〈天文学〉天文日.
día civil 暦日, 常用日.
día D 〈軍隊〉作戦決行日.
día de Año Nuevo 元日, 元旦.
día de autos その日, 問題の日, その事件の日.
día de ayuno 〈宗教〉断食の日, 大斎日.
día de campo ハイキングの日, 野遊びの日.
día del Señor 日曜日.
día de precepto 〈宗教〉(ミサに行く)義務の「日.
día entre semana 平日.
día festivo 休日, 祝祭日.
día hábil 平日.
día laborable 週日, 平日.
día natural (24時間の)1日.
día pesado (天気の悪い)うっとうしい日.
día puente (休日になる)飛び石連休の間の日.
día y noche 四六時中, 不断に, 休みなく.
el día de hoy 今日, 今日では.
el día de mañana 将来, いつかは.
el día menos pensado 思いもよらない時に.
el otro día このまえ, 先日, このあいだ.
en... días …日間で.
en dos días 短期間で, すぐに.
en el día その日のうちに.
en su día しかるべき時に, よい時機に.
entrado en días 年老いた, 年かさのいった.
en un día 一日で.
estos días このごろ, 最近.
hoy (en) día 今日(ᶜᵒⁿ), 現在.
llevar a... el día (ある事が)…には一日がかりだ.
no ser el día その日[適当な日]ではない.
otro día (将来の)いつか, 別の日に.
romper el día 夜明ける.
ser el día 1 夜が明けている. 2 明らかである.
tener días かなり年を取っている.
tener los días contados 1 (人が)死にかけている. 2 (ある立場が)終りかけている.
todo el día 一日中.
todo el santo día (いやなことのある)一日中.
todos los días 毎日.
un buen día いつの日にか.
un día (過去・未来の)ある日.
un día de estos 近日中に.
un día es un día 今日(ᵏʸᵒ)は今日だ[たまには変わったこともする].
un día sí y otro no 一日おきに.
un día u otro いつの日か(かならず).
un día y otro いずれ, やがて.
vivir al día (その日の持ち金はその日に使ってしまう)その日暮らしをする.

dia·be·tes [ディアベテス] 女《単複同形》糖尿病.

dia·bé·ti·co, ca [ディアベティコ, カ] 形 糖尿病の.
— 男 女 糖尿病患者.

dia·blo [ディアブロ] 男 1 悪魔, 魔王, 悪鬼. 2 〈人〉やり手, 巧妙な人. 3 やんちゃ坊主, いたずらっ子. 4 よこしまな人間, 性悪な人間.
¡Al diablo con...! …なんかくそくらえ!
¿Cómo diablos...? 一体どうして …?
como un [el] diablo 過度に, 非常に.
dar·se al diablo いらいらする, 激怒する.
del diablo [de mil diablos] 最悪の, 大変な.
diablo marino 〈魚〉アンコウ.
el diablo encarnado 1 極悪人. 2 いたずらっ子.
estar el diablo suelto 大混乱している.
ir·se al diablo (事が)失敗する, だめになる.
llevar·se al diablo... (…が何の役にも立たず)すぐに消えて無くなる.
mandar... al diablo …を拒否する, 見放す.
oler [saber, sonar] a diablos いやな臭いだ[味だ, 音だ].
pobre diablo 不運な男, ついていない男.

¡Qué diablos! 1 しまった!, ちくしょう! 2 うわあ!, すごいな!
¿Qué diablos...? 一体なにを[が]…?
tener el diablo en el cuerpo 1 抜け目がない, ずるがしこい. 2 いたずらが過ぎる.
¡Vete [Váyase] al diablo! くたばれ!, とっとと消えろ!

dia·blu·ra [ディアブルラ] 囡 いたずら, 悪ふざけ.
dia·bó·li·ca·men·te [ディアボリカメンテ] 副 1 悪魔的に. 2 極悪非道に, ひどく.
dia·bó·li·co, ca [ディアボリコ, カ] 形 1 悪魔の, 悪魔のような. 2 残忍な, 極悪な.
diá·bo·lo [ディアボロ] 男 〈玩具〉 (ひもの上で回す)空中独楽(ごま).
dia·co·na·do [ディアコナド] 男 〈宗教〉 助祭職.
diá·co·no [ディアコノ] 男 〈宗教〉 助祭.
dia·crí·ti·co[1] [ディアクリティコ] 形 〈正書法〉 (文字のuやnの上につけられる¨や~の)発音指示符号.
dia·crí·ti·co[2]**, ca** [—, カ] 形 〈符号〉 発音指示の.
dia·cro·ní·a [ディアクロニア] 囡 〈言語学〉 通時態, 通時研究.
dia·cró·ni·co, ca [ディアクロニコ, カ] 形 〈言語学〉 通時論の, 通時研究の.
dia·de·ma [ディアデマ] 囡 1 (半円形で髪を押える飾りの)カチューシャ. 2 略式王冠.
dia·fa·ni·dad [ディアファニダス] 囡 1 透明性. 2 透明度.
diá·fa·no, na [ディアファノ, ナ] 形 1 透明な. 2 〈空〉 晴れた, 澄(す)みきった. 3 明快な.
dia·frag·ma [ディアフラグマ] 男 1 〈解剖学〉 横隔膜. 2 (カメラ)絞り. 3 〈避妊具〉 ペッサリー.
diag·no·sis [ディアグノシス] 囡 〈単複同形〉 〈医学〉 (技術としての)診断.
diag·nos·ti·car [ディアグノスティカル] 他 〈活 73 sacar〉 〈医学〉 …を診断する.
diag·nós·ti·co[1] [ディアグノスティコ] 男 1 〈医学〉 (個々の)診断. 2 (医者が出す)診断結果.
diag·nós·ti·co[2]**, ca** [—, カ] 形 〈医学〉 診断の.
dia·go·nal [ディアゴナル] 形 〈数学〉 (多角形・多面体の)対角線の.
— 囡 対角線.
dia·gra·ma [ディアグラマ] 男 図表, 図式, グラフ.
diagrama de flujo フローチャート.
diagrama en columnas 棒グラフ.
diagrama en sectores 円グラフ.
dial [ディアる] 男 1 (電話器の)文字盤, ダイヤル. 2 (ラジオや計器の)目盛り盤, ダイヤル.
dia·lec·tal [ディアれクタル] 形 方言の.
dia·lec·ta·lis·mo [ディアれクタリスモ] 男 〈言語学〉 方言的要素.
dia·léc·ti·ca[1] [ディアれクティカ] 囡 1 〈哲学〉 弁証法. 2 弁証法的立証. 3 説得術. 4 一連の事象[出来事].
dia·léc·ti·co, ca[2] [ディアれクティコ, —] 形 弁証法の, 弁証法的な.
dia·lec·to [ディアれクト] 男 〈言語学〉 方言.
dia·lec·to·lo·gí·a [ディアれクトろヒア] 囡 方言学.
diá·li·sis [ディアりシス] 囡 1 〈化学〉 透析(ホホサき). 2 〈医学〉 人工透析.
dia·lo·gar [ディアろガル] 自 〈活 47 llegar〉 1 対話する, 対談する. 2 話し合う.
diá·lo·go [ディアろゴ] 男 1 対話, 対談. 2 〈文学〉 対話形式. 3 話し合い, 談合. 4 (映画などの)台詞(せりふ). 5 (文学作品の)対話部分.
diálogo de besugos かみ合っていない対話.
diálogo de sordos 一方的に主張しあう話し合い.
dia·man·te [ディアマンテ] 男 1 ダイヤモンド. 2 (トランプの札の)ダイヤ.
diamante (en) bruto 1 ダイヤモンドの原石. 2 磨けば光る才能の持ち主.
diá·me·tro [ディアメトロ] 男 1 直径. 2 (円筒の)内径.
dia·na [ディアナ] 囡 1 (ダーツなどの)的(まと). 2 的の中心点. 3 〈軍隊〉 起床らっぱ.
Dia·na [ディアナ] 固 〈女性の名〉 ディアナ.
dian·tre [ディアントレ] 男 1 悪魔. 2 いたずらっ子.
— 間 ちくしょうめ!, あれまあ!
dia·pa·són [ディアパソン] 男 〈音楽〉 音叉(おんさ).
dia·po·si·ti·va [ディアポシティバ] 囡 〈写真〉 スライド.
dia·ria·men·te [ディアリアメンテ] 副 毎日, 日ごとに.
dia·rio[1] [ディアリオ] 男 1 (日刊の)新聞. 2 日記, 日誌.
diario de a bordo 航海日誌.
diario hablado (ラジオの)ニュース番組.
dia·rio[2]**, ria** [—, リア] 形 毎日の, 日々の.
a diario 副 毎日, 日々.
de diario 日常の, 普段の.
dia·ris·mo [ディアリスモ] 男 ジャーナリズム.
dia·rre·a [ディアレア] 囡 〈医学〉 下痢(げり).
dí·as [ディアス] 男複 〈→ día〉 1 生涯, 一生. 2 全盛時代.
en los días de... …の若い頃に, …の時代に.
diás·po·ra [ディアスポラ] 囡 (ユダヤ人などの)民族の離散.
diás·to·le [ディアストれ] 囡 〈解剖学〉 心臓拡張(期).
dias·trá·ti·co, ca [ディアストラティコ, カ] 形 〈言語学〉 社会層間の.
dia·to·me·as [ディアトメアス] 囡複 〈生物学〉 珪藻(けいそう)類.
dia·tó·ni·co, ca [ディアトニコ, カ] 形 〈音楽〉 全音階の.

囲 は活用形 複 は複数形 男 は男性名詞 囡 は女性名詞 固 は固有名詞 代 は代名詞 自 は自動詞

dia·tó·pi·co, ca [ディアトピコ, カ] 形《言語学》地域間の.

dia·tri·ba [ディアトリバ] 女 酷評, 痛烈な批判.

di·bu·jan·te [ディブハンテ] 男女 1 図案家. 2〈人〉製図工. 3 (アニメの) 原画製作者.

di·bu·jar [ディブハル] 他 1 …を(線で)描く, デッサンする, デッサンする, スケッチする. 2 …を(言葉で)描写する.
— **dibujarse** 再 写し出される, 浮かび上がる.

di·bu·jo [ディブホ] 男 1 素描, デッサン. 2 デザイン, 図案, イラスト. 3 設計図.
— 函 → dibujar 描く.
dibujos animados〈映画〉アニメ, 動画.

dic·ción [ディクシオン] 女 1 発音の仕方. 2 話し方, 言葉づかい. 3 語法, 書き方.

dic·cio·na·rio [ディクシオナリオ] 男 1 辞書, 辞典, 字引. 2 事典.
diccionario de uso 用法辞典.
diccionario enciclopédico 百科事典.
diccionario español-japonés 西和辞典.
diccionario inverso 逆引き辞典.
diccionario manual 簡略辞典.

dice (-) 函 → decir 言う《函 25》.

di·cha[ディチャ] 女 1 (人生の) 幸福, 幸せ. 2 満足, よろこび. 3 幸運.

di·cha·ra·che·ro, ra [ディチャラチェロ, ラ] 形 話の面白い, 冗談[しゃれ]のうまい.

di·cho[1] [ディチョ] 男 1 ことば, 言い方. 2 格言, 金言, ことわざ.
Del dicho al hecho hay gran trecho. 1 当てにならぬ約束もある. 2 言うはやすし.
tomarse los dichos (教会で二人が)婚約の誓いを取り交わす.

di·cho[2], **cha**《過去分詞》→ decir 言う.
— 形 1 前述の, 上記の. 2 言われた.
¡Bien dicho! うまい言い方だ!
dicho de otro modo 別の言い方をすれば.
dicho esto... こう言うと(すぐに)….
dicho sea de paso ついでに言えば.
dicho sea entre nosotros ここだけの話だが.
dicho y hecho 言うが早いか(すぐに実行する).
¡Haberlo dicho! そう言ってくれればよかったのに!
He dicho. 1 (演説などの最後に)以上です. 2 (自分が言ったことを強めて)わかったね.
lo dicho 言ったこと, 言われたこと. 「い.
Lo dicho, dicho. 一度言ったことは取り消せな
(o) *mejor dicho* もっと正確に言えば, むしろ.
propiamente dicho いわゆる, まさしく.

di·cho·so, sa [ディチョソ, サ] 形 1 幸せな, 幸福な, 満ち足りた. 2 幸福をもたらす. 3 (+名詞) うんざりする, いまいましい. 4 幸運な, 的(まと)を射た.

di·ciem·bre [ディシエンブレ] 男 (月名の)12月.

di·co·ti·le·dó·ne·as [ディコティレドネアス] 女複〈植物分類〉双子葉植物.

di·co·to·mí·a [ディコトミア] 女〈考え方〉二分法.

dic·ta·do [ディクタド] 男 1 書き取り, 口述, ディクテーション. 2 口述文書.

dic·ta·dor, do·ra [ディクタドル, ドラ] 男女 1 独裁者. 2 暴君, ワンマン.

dic·ta·dos [ディクタドス] 男複《→ dictado》(理性などの)示唆, 指図.

dic·ta·du·ra [ディクタドゥラ] 女 1 独裁, 独裁政治. 2 専制, 横権. 3 独裁国. 4 独裁政権時代.

dic·tá·fo·no [ディクタふォノ] 男 (速記用機械の)ディクタフォン.

dic·ta·men [ディクタメン] 男 1 (専門家の)見解, 判断. 2 助言, 提言, 忠告.

dic·ta·mi·nar [ディクタミナル] 自 1 (専門家が) (+sobre…) …について見解を出し, 判断を下す. 2 (+sobre…) …について提言する, 助言する.

dic·tar [ディクタル] 他 1 …を書き取らせる, 口述する. 2 (法令などを)公布する, 発令する. 3 (理性などが) …をたくみに教える, 示唆する.

dic·ta·to·rial [ディクタトリアル] 形 1 独裁者の, 独裁の. 2 専横な, ワンマンの, 暴君の.

dic·te·rio [ディクテリオ] 男 侮辱, ののしり.

di·dác·ti·ca[1] [ディダクティカ] 女 教授法.

di·dac·ti·cis·mo [ディダクティシスモ] 男《= didactismo》教育主義, 教育的意図.

di·dác·ti·co, ca[2] [ディダクティコ, -] 形 1 教育的な. 2 教育の.

die·ci·nue·ve [ディエシヌエベ] 男《数詞》《= diez y nueve》1〈数字〉19, XIX. 2 19 のもの.
— 形《男女同形》1 19 の. 2 19 番目の.
— 男女 19 番目のもの.

die·ci·nue·ve·a·vo[1] [ディエシヌエベアボ] 男《分数詞》19 分の 1.

die·ci·nue·ve·a·vo[2], **va** [-, バ] 形《分数詞》19 分の 1 の.

die·cio·ches·co, ca [ディエシオチェスコ, カ] 形 18 世紀の.

die·cio·cho [ディエシオチョ] 男《数詞》《= diez y ocho》1〈数字〉18, XVIII. 2 18 のもの.
— 形《男女同形》1 18 の. 2 18 番目の.
— 男女 18 番目のもの.

die·cio·cho·a·vo[1] [ディエシオチョアボ] 男《分数詞》《= dieciochavo》18 分の 1.

die·cio·cho·a·vo[2], **va** [-, バ] 形《分数詞》《= dieciochavo, va》18 分の 1 の.

die·ci·séis [ディエシセイス] 男《数詞》《= diez y seis》1〈数字〉16, XVI. 2 16 のもの.
— 形《男女同形》1 16 の. 2 16 番目の.
— 男女 16 番目のもの.

die·ci·sei·sa·vo[1] [ディエシセイサボ] 男《分数詞》16 分の 1.

die·ci·sei·sa·vo[2], **va** [-, バ] 形《分数詞》16 分の 1 の.

die·ci·sie·te [ディエシシエテ] 男《数詞》《=

diez y siete 1〈数字〉17, XVII. 2 17 のもの.
— 形《男女同形》1 17 の. 2 17 番目の.
— 男女 17 番目のもの.

die·ci·sie·te·a·vo¹ [ディエシシエテアボ] 男《分数詞》17 分の 1.

die·ci·sie·te·a·vo², **va** [−, バ] 形《分数詞》17 分の 1 の.

Die·go [ディエゴ] 固〈男性の名〉ディエゴ.

dien·te [ディエンテ] 男 1〈動物の〉歯. 2 (のこぎりなどの)歯. 3 (植物の葉などの)ぎざぎざ. 4 (ニンニクなどの)ひとかけら, 小鱗茎(りんけい).

aguzar los dientes 食べたくてうずうずしている.
alargar (se) a... los dientes …がとてもほしがらせる(…がとてもほしい気になる).
a regaña dientes いやいや, しぶしぶ.
armado hasta los dientes 完全武装で.
con todos los dientes がつがつと, がぶりと.
crujir a... los dientes (無念さなどで) …が歯ぎしりする.
dar diente con diente 歯の根が合わない.
decir [hablar] (...) entre dientes (…を)つぶやく, ぶつぶつ言う.
de dientes (para) afuera 1 口先だけで. 2 不まじめに.
diente canino 犬歯.
diente de ajo ひとかけらのニンニク.
diente de leche [mamón] 乳歯.
diente de león〈草花〉タンポポ.
diente incisivo 門歯.
diente molar 大臼歯(きゅうし).
diente picado 虫歯.
diente postizo 義歯.
diente premolar 小臼歯.
echar los dientes (子供が)歯が生える.
enseñar [mostrar] a... los dientes …に歯をむく, …に対して身構える.
estar que echa los dientes とても怒っている.
hincar [meter] el diente a... 1 …に嚙(か)みつく. 2 …に取りかかる. 3 …を手に入れる.
no tener [llegar] (ni) para un diente (食べ物が)とても少ない.
pasar los dientes 歯にしみる.
pelar el diente 1 おせじ笑いをする. 2 ごまをする.
poner a... los dientes largos …に強くほしがらせる, …をうらやましがらせる.
tener buen diente なんでもよく食べる.

dier- 活 dar 与える《活 24》.

di·é·re·sis [ディエレシス] 女 1〈文法〉(二重母音の)分音現象. 2〈正書法〉(üの)¨の符号.

dies- 活 → dar 与える《活 24》.

di·e·sel [ディエセる] 男 1 ディーゼルエンジン. 2〈自動車〉ディーゼル車.

dies·tra¹ [ディエストラ] 女 右手.

dies·tro¹ [ディエストロ] 男 闘牛士, マタドール.

dies·tro², **tra**² 形 1 (+con...) …にたくみな, 上手な. 2 右利(ぎ)きの. 3 右の, 右側の.

a diestro y siniestro 1 四方八方に, ところ構わず. 2 むやみやたらに.

die·ta [ディエタ] 女 1 ダイエット, 食餌(じ)療法. 2 (集合的に)ダイエット食. 3 (一般的に)食, 食事. 4 出張手当, 日当[= dietas].

Die·ta [ディエタ] 女 国会, 議会.

die·ta·rio [ディエタリオ] 男 家計簿, 会計帳簿.

die·té·ti·ca¹ [ディエテティカ] 女 (応用)栄養学.

die·té·ti·co, ca² [ディエテティコ, −] 形 1 ダイエットの. 2 栄養学上の.

diez [ディエす] 男 1〈数字〉10, X. 2 10 のもの, とお.
— 形《男女同形》1 10 の, とおの. 2 10 番目の.
— 男女 10 番目のもの.
las diez〈時刻〉10 時.

diez·mar [ディエすマル] 他 1 …に大量の死者を出す. 2 …の人数を減らす.

diez·mi·lé·si·mo, ma [ディエすミれシモ, マ] 形 1 1 万分の 1 の. 2 1 万分の 1 の.
— 男女 1 万番目のもの.

diez·mo [ディエすモ] 男 (中世に農民が教会に納めた)十分の一税.

di·fa·ma·ción [ディふぁマシオン] 女 中傷, 名誉毀損(き-).

di·fa·mar [ディふぁマル] 他 …を中傷する, …の名誉を傷つける.

di·fe·ren·cia [ディふぇレンシア] 女 1 相違点, 相違. 2 意見の相違, 対立. 3 差, 差額.
— 活 → diferenciar 区別する.
a diferencia de... …とは違って.
ir diferencia de... a 〜《主語なしの 3 人称単数形で使用》…と 〜とには違いがある.
partir la (s) diferencia (s) (二人が)中間を取る, 折り合う.

di·fe·ren·cia·ción [ディふぇレンシアシオン] 女 1 区別, 区分. 2 識別.

di·fe·ren·cial [ディふぇレンシアる] 形 1 相違の, 違いを示す. 2〈数学〉微分の.
— 女〈数学〉微分.

di·fe·ren·ciar [ディふぇレンシアル] 他 1 (複数のもの)を区別する, 識別する. 2 …を(+ de...) …と区別する.
— *diferenciarse* 再 (複数のものが)互いに違っている.

di·fe·ren·te [ディふぇレンテ] 形 1 同じでない, 違っている. 2 (+ de...) …とは違った. 3 (+複数名詞) 様々な, いくつかの.
— 副 違った方法で, 別に.

di·fe·ren·te·men·te [ディふぇレンテメンテ] 副 それぞれに, それぞれ別々に.

di·fe·ri·do, da [ディふぇリド, ダ]《過去分詞》→ diferir 異なる.
— 形 遅れた, 延期された.
en diferido (ラジオ・テレビの)録音[録画]放送で.

di·fe·rir [ディふェリル] 自《活 77 sentir》(+ de...) …と(+en...) …において異なる.
— 他 …を延期する, のばす.

di·fí·cil [ディふぃしる] 形 1 難しい, 困難な. 2 ありそうにない, 起こりにくい. 3 (人が)扱いにくい, 気難しい.

di·fí·cil·men·te [ディふぃしるメンテ] 副 1 やっとのことで. 2 ありそうになく.

di·fi·cul·tad [ディふぃクるタッ] 女 1 困難. 2 障害, 難局, 不便.
con dificultad やっとのことで.

di·fi·cul·tar [ディふぃクるタル] 他 1 …を困難にする. 2 …を邪魔する, 妨害する.

di·fi·cul·to·so, sa [ディふぃクるトソ, サ] 形 困難な, 厄介な, 骨の折れる.

difier- → diferir 異なる《活 77》.

difir- 活 → diferir 異なる《活 77》.

di·frac·ción [ディふラクしオン] 女〈物理学〉(光などの)回折.

dif·te·ria [ディふテリア] 女〈医学〉ジフテリア.

di·fu·mi·nar [ディふミナル] 他 1〈絵画〉(線などを)ぼかす. 2 …をぼやかす, ぼんやりさせる.

di·fu·mi·no [ディふミノ] 男 (木炭画などで線をぼかす)擦筆(さっぴつ).

di·fun·di·do, da [ディふンディド, ダ]《過去分詞》→ difundir まき散らす.
— 形 普及した.

di·fun·dir [ディふンディル] 他 1 …をまき散らす, 散布する. 2 (情報などを)広める, 普及させる.

di·fun·to, ta [ディふント, タ] 形 死亡した, 亡(な)くなった.
— 男 女 故人, 亡き人.

di·fu·sión [ディふシオン] 女 1 拡散, 蔓延(まんえん). 2 普及, 流布.

di·fu·si·vo, va [ディふシボ, バ] 形 1 普及に役立つ. 2 普及させる.

di·fu·so, sa [ディふソ, サ] 形 ぼんやりした, ぼやけた.

di·fu·sor, so·ra [ディふソル, ソラ] 形 1 拡散させる. 2 普及させる.
— 男 女 普及者.

di·ga [ディガ] 間 (電話で)はいはい! [→ decir].

di·ga (-) 活 → decir 言う《活 25》.

di·ge·ri·ble [ディヘリブれ] 形 消化しやすい.

di·ge·rir [ディヘリル] 他《活 77 sentir》1 …を消化する, こなす. 2 (不運などに)耐え忍ぶ, …をこらえる.

di·ges·ti·ble [ディヘスティブれ] 形 消化しやすい.

di·ges·tión [ディヘスティオン] 女 消化, こなれ.

di·ges·ti·vo, va [ディヘスティボ, バ] 形 1 消化の. 2 消化を助ける.

digier- 活 → digerir 消化する《活 77》.

digir- 活 → digerir 消化する《活 77》.

di·gi·ta·ción [ディヒタシオン] 女 1〈音楽〉指の使い方, 運指法. 2 運指の練習.

di·gi·tal [ディヒタる] 形 1 指の. 2〈計器〉デジタル表示の, 数字で表示する.
— 女〈多年草〉ジギタリス.

dí·gi·to [ディヒト] 男 アラビア数字.

di·glo·sia [ディグろシア] 女〈言語学〉(社会的評価に差がある二言語の)二言語併用状態.

dig·na·men·te [ディグナメンテ] 副 1 堂々と, 立派に. 2 相応に, ふさわしく.

dig·nar·se [ディグナルセ] 再 (+不定詞) …してくれる, してくださる.

dig·na·to·rio, ria [ディグナトリオ, リア] 男 女 1 名士. 2 高位の人.

dig·ni·dad [ディグニダッ] 女 1 品位, 風格, 威厳. 2 高位, 高官. 3 高位高官の人.

dig·ni·fi·car [ディグニふィカル] 他《活 73 sacar》…に威厳を持たせる.

dig·no, na [ディグノ, ナ] 形 1 (+de...) …に値する, ふさわしい. 2 威厳のある, 立派な, 堂々たる. 3 相応の, 見合った. 4 品位を保つだけの, まともな.
— 活 → dignarse してくれる.

di·gre·sión [ディグレシオン] 女 (話の脱線などによる)よどみ, つながりの無さ.

dij- 活 → decir 言う《活 25》.

di·je [ディへ] 男 (腕輪などにつける)小粒の宝石.

di·la·ce·rar [ディらセラル] 他 1 (人や動物の)肉を引き裂く. 2 (人の誇りなどを)ひどく傷つける.

di·la·ción [ディらシオン] 女 遅れ, 延期, 遅滞.

di·la·pi·da·ción [ディらピダシオン] 女 (財産の)乱費, 浪費.

di·la·pi·dar [ディらピダル] 他 (財産を)浪費する, 乱費する.

di·la·ta·ción [ディらタシオン] 女 1 (時間的・空間的な)延長, 延期, 拡張. 2 膨張.

di·la·ta·do, da [ディらタド, ダ]《過去分詞》→ dilatar 延長する.
— 形 1 延長された, 広がった. 2 延期された, 長時間の. 3 膨張した.

di·la·tar [ディらタル] 他 1 …を延長する, 拡張する, 広げる. 2 (時間を)延長する, 延ばす. 3 …を膨張させる.
— **dilaterse** 再 1 延期される. 2 広がる. 3 膨張する.

di·le·ma [ディれマ] 女 板ばさみ, ジレンマ.

di·le·tan·te [ディれタンテ] 形 1 専門家気取りの. 2 単なる趣味の.
— 男 女 ディレッタント, 好事家(こうずか).

di·le·tan·tis·mo [ディれタンティスモ] 男 1 専門家気取り. 2 道楽, 好事(こうず).

di·li·gen·cia [ディりヘンシア] 女 1 (昔の旅行者用の)乗合馬車. 2 勤勉, 熱心さ. 3 迅速, 機敏. 4 手続き. 5 用事, 仕事.
con diligencia 1 熱心に. 2 機敏に, 急いで.
hacer diligencias 1 手続きをする. 2 用事をする.

di·li·gen·te [ディりヘンテ] 形 1 勤勉な, 熱心な. 2 機敏な, 迅速な.

di·lu·ci·da·ción [ディるしダシオン] 女 1 説明. 2

解明.
di·lu·ci·dar [ディルシダル] 他 1 …を説明する. 2 …を解明する.
di·lu·ción [ディルシオン] 女 1 溶解, 融解. 2 希釈.
di·luir [ディルイル] 他《活 43 huir》1 …を溶かす. 2 …を薄める, 希釈する.
di·lu·vial [ディルビアル] 形 1 大雨[洪水]の. 2 〈地質学〉洪積層の.
di·lu·viar [ディルビアル] 自《主語なしの3人称単数形で使用》雨が強く降る.
di·lu·vio [ディルビオ] 男 1 大雨, 豪雨, 洪水. 2 (物や人の)洪水, 氾濫.
diluy- → diluir 溶かす《活 43》.
di·lu·yen·te [ディルイエンテ] 形 1 溶解力のある. 2 希釈する.
— 男 希釈剤.
di·ma·na·ción [ディマナシオン] 女 発生, 由来.
di·ma·nar [ディマナル] 自 (+de…) …から起こる, 生ずる, …に由来する.
di·men·sión [ディメンシオン] 女 1 寸法, 大きさ, 規模. 2 〈物理学〉次元. 3 (物事が及ぶ)範囲, 広がり.
di·mes y di·re·tes [ディメス イ ディレテス] 男 複 1 うわさ話, 講評. 2 討論, 口論.
di·mi·nu·ti·vo¹ [ディミヌティボ] 男 示小語, 指小語, 縮小語.
di·mi·nu·ti·vo², **va** [-, バ] 形 〈文法〉示小の, 指小の, 縮小の.
di·mi·nu·to, ta [ディミヌト, タ] 形 とても小さい, ちっぽけな.
di·mi·sión [ディミシオン] 女 1 辞表. 2 辞任, 辞職.
di·mi·tir [ディミティル] 自 (+de…) …を辞任する, 辞職する, やめる.
dimos → dar 与える《活 24》.
di·na [ディナ] 女〈力の単位〉ダイン.
Di·na·mar·ca [ディナマルカ] 固〈国の名〉(北ヨーロッパの王国の)デンマーク.
di·na·mar·qués, que·sa [ディナマルケス, ケサ] 形 デンマーク Dinamarca の.
— 男 デンマーク人.
di·ná·mi·ca¹ [ディナミカ] 女 1 〈物理学〉動力学. 2 (権力などの)力学.
di·ná·mi·co, ca² [ディナミコ, -] 形 1 活動的な, 精力的な. 2 力学的な, 動的な.
di·na·mis·mo [ディナミスモ] 男 活力, 力強さ, バイタリティー.
di·na·mi·ta [ディナミタ] 女 1 ダイナマイト. 2 騒動のもと.
di·na·mi·tar [ディナミタル] 他 …をダイナマイトで爆破する.
di·na·mi·te·ro, ra [ディナミテロ, ラ] 男 女 爆破の専門家.
di·na·mi·zar [ディナミサル] 他《活 39 gozar》…を活性化する, 活発にする.

— **dinamizarse** 活発になる, 動きが強くなる.
di·na·mo [ディナモ] 女《= dínamo》発電機, ダイナモ.
di·na·mó·me·tro [ディナモメトロ] 男 動力計, ダイナモメーター.
di·nar [ディナル] 男〈通貨単位〉(アラブ系諸国などの)ディナール.
di·nas·tí·a [ディナスティア] 女 1 王家, 王朝. 2 名門, 名家.
di·nás·ti·co, ca [ディナスティコ, カ] 形 1 王家の, 王朝の. 2 名門の, 有名な一族の.
di·ne·ral [ディネラル] 男 大金, 巨額の金.
di·ne·ra·rio, ria [ディネラリオ, リア] 形 1 金銭の. 2 資金の.
di·ne·ri·llo [ディネリジョ] 男 小金(ǯがね), わずかの金.
di·ne·ro [ディネロ] 男 1 お金, 金銭. 2 通貨, 貨幣. 3 (金銭的な)財産, 富.
de dinero 金持ちの.
dinero al contado [*contante y sonante, en efectivo, líquido, metálico*] 現金.
dinero limpio (合法的に得た)きれいな金.
dinero negro 隠し所得, ブラックマネー.
dinero sucio (非合法的に得た)きたない金.
echar dinero en… …に投資する.
hacer dinero 大金持ちになる, 財を成す.
mal de dinero 金に困った, 金回りの悪い.
pasar el dinero お金を数えなさす.
di·no·sau·ro [ディノサウロ] 男〈古生物〉恐竜, ディノザウルス.
din·tel [ディンテる] 男〈建築〉(戸などの上部に渡す石や横木の)まぐさ.
di·ñar [ディニャル] 他 (+la) 死ぬ.
dio 活 → dar 与える《活 24》.
dio·ce·sa·no, na [ディオセサノ, ナ] 形〈宗教〉司教区の.
dió·ce·sis [ディオセシス] 女《単複同形》〈宗教〉司教区.
dio·do [ディオド] 男〈電気〉(2端子の半導体素子の)ダイオード.
dio·ni·sí·a·co, ca [ディオニシアコ, カ] 形《= dionisiaco, ca》1 (古代ギリシアの酒神の)ディオニソス Dioniso の. 2 酒の, ワインの. 3 酒好きの.
Dio·ni·sio [ディオニシオ] 固〈男性の名〉ディオニシオ.
diop·trí·a [ディオプトリア] 女〈レンズの屈折率の単位〉ジオプトリー.
dio·ra·ma [ディオラマ] 男 (幻視画の)ジオラマ.
Dios, dios [ディオス] 男 1 (キリスト教・ユダヤ教などの一神教の)神[= Dios]. 2 (その他の宗教の)神, 男神. 3 神様(のような男性).
— 間 しまった!, いやだなあ!
a la buena de Dios 行き当たりばったりに, 成りゆきまかせに.
¡Anda [*Ande* (*usted*)] *con Dios!* (別れの挨拶で)ごきげんよう!

活 は活用形　複 は複数形　男 は男性名詞　女 は女性名詞　固 は固有名詞　代 は代名詞　自 は自動詞

¡Bendito sea Dios! 1 なんてことだ！2 すばらしい！

como Dios ゆうゆうと，とてもうまく．

como Dios le da a entender (彼は)深くも考えないで．

como Dios manda きちんと，正しく．

cuando Dios quiera いずれそのうちに．

de Dios すごい，大変な．

Dios dirá… …はわからない．

¡Dios le [te] bendiga! (相手に)いいことがありますように！

¡Dios lo quiera! そうなるといいね！

Dios mediante うまくいけば．

Dios me perdone, pero… 言いにくいことですが…

¡Dios mío! あ，しまった！，なんてこった！

Dios proveerá. まあ，なんとかなるさ．

Dios sabe… 1 …はだれも知らない．2 …は絶対に確かである．

¡Dios Santo! [¡Santo Dios!] まあ驚いた！

¡Dios te [se] lo pague! (お礼の言葉で，相手に)いいことがありますように！

¡Dios te [le] oiga! うまくいくといいね！

Dios y ayuda (costar, necesitar+) ひと苦労〔多大な努力〕(が必要だ)．

gracias a Dios おかげさまで．

hablar con Dios お祈りする．

la de Dios (armar+) どんちゃん騒ぎ(をする)．

¡Mañana Dios dirá! なんとかなるさ！

¡Marcha [Marche (usted)] con Dios! = ¡Anda con Dios!

ni Dios だれも(…ない)．

¡Por Dios! お願いだから！

si Dios quiere できれば，うまくいけば．

sin encomendar·se a Dios ni al diablo にも考えずに，警戒もしないで．

todo Dios みんな，だれでも．

¡Válgame Dios! わあ驚いた！

¡Vaya por Dios! ああ，なんてこった！

¡Ve [Vaya (usted)] con Dios! = ¡Anda con Dios!

dio·sa [ディオサ] 囡 1 女神．2 神様(のような女性)．

dió·xi·do [ディオクシド] 男 〈化学〉二酸化物．
dióxido de carbono 二酸化炭素．

di·pé·ta·lo, la [ディペタロ, ラ] 形 〈植物学〉二花弁の．

di·plo·do·co [ディプロドコ] 男 〈古生物〉(草食性の巨大な恐竜の)ディプロドクス．

di·plo·ma [ディプロマ] 男 1 (資格などの)免状，修了証書．2 賞状．

di·plo·ma·cia [ディプロマシア] 囡 1 国際関係論，外交論．2 外交団．3 外交辞令，型式的な儀礼．4 如才なさ．

di·plo·ma·do, da [ディプロマド, ダ] 《過去分詞》→ diplomar 修了証書を与える．

— 形 免許のある，資格のある．

— 男 囡 1 (+en…)…の資格取得者．2 大学卒業者．

di·plo·mar [ディプロマル] 他 …に修了証書[免状]を与える．

— **diplomar·se** 再 (+en…)…の免状を取得する．

di·plo·má·ti·ca¹ [ディプロマティカ] 囡 1 外交論，国際関係論．2 古文書学，公文書学．

di·plo·má·ti·co, ca² [ディプロマティコ, —] 形 1 外交の，外交上の，外交官の．2 そつのない，人当たりのいい．

— 男 外交官．

di·plo·ma·tu·ra [ディプロマトゥラ] 囡 (3 年間コースの)大学課程修了て資格．

dip·so·ma·ní·a [ディプソマニア] 囡 〈医学〉アルコール中毒，アルコール依存症．

díp·te·ros [ディプテロス] 男複 〈昆虫〉双翅類(そうしるい)．

díp·ti·co [ディプティコ] 男 〈美術〉(祭壇背後などに置く)ふたつ折り画像．

dip·ton·ga·ción [ディプトンガシオン] 囡 〈音声学〉1 (単母音の)二重母音化．2 (分立 2 母音の)二重母音発音．

dip·ton·gar [ディプトンガル] 他 《活 47 llegar》〈音声学〉1 (単母音)を二重母音にする．2 (分立 2 母音)を二重母音として発音する．

— **diptongar·se** 再 (単母音が)二重母音化する．

dip·ton·go [ディプトンゴ] 男 〈音声学〉二重母音．
diptongo creciente (ie などの)上昇二重母音．
diptongo decreciente (ai などの)下降二重母音．

di·pu·ta·ción [ディプタシオン] 囡 1 議員団，代表団．2 県議会．3 (県)議会議事堂．

di·pu·ta·do, da [ディプタド, ダ] 男 囡 (県議会などの)議員．

di·que [ディケ] 男 1 防波堤，堤防．2 歯止め，抑制．3 〈船舶〉ドック．
dique flotante 浮きドック．
dique seco 乾ドック．
(estar) en el dique seco 活動を中止して(いる)．
poner un dique a… …を抑制する，押しとどめる．

di·rá (-) 活 → decir 言う《活 25》．

di·ré (-) 活 → decir 言う《活 25》．

di·rec·ción [ディレクシオン] 囡 1 方向，方角．2 指導，指揮．3 監督局，管理部．4 〈行為〉監督．5 監督の職．6 住所．7 ハンドル装置．
bajo la dirección de… …の指揮下で．
dirección asistida 動力舵取り装置，パワーステアリング．
dirección general de… (官公庁の)…局，庁．

di·rec·ta¹

en dirección a... …の方向へ.
en todas las direcciones あらゆる方角へ.

di·rec·ta¹ [ディレクタ] 囡〈自動車〉トップギア.
di·rec·ta·men·te [ディレクタメンテ] 副 **1** 直接に, じかに. **2** まっすぐに. **3** 率直に.
di·rec·ti·va¹ [ディレクティバ] 囡 委員会, 役員会, 理事会, 重役会.
di·rec·ti·vo, va² [ディレクティボ, −] 形 **1** 指導的な. **2** 経営者の.
— 男 囡 幹部, 重役, 役員.
di·rec·to, ta² [ディレクト, −] 形 **1** 直接的な. **2** まっすぐの, 直系の. **3** 率直な, あからさまな.
en directo 〈放送〉生放送で, 生中継で.
di·rec·tor, to·ra [ディレクトル, トラ] 男 囡 **1** …長, 局長, 部長, 校長. **2** 指導者, 指揮者. **3** 監督.
di·rec·to·rio [ディレクトリオ] 男 **1** 住所録. **2** 手引き書. **3** 指揮, 指導部. **4** 電話線.
di·rec·triz [ディレクトリす] 囡 《複 directrices》指図, 指令, 指示[=directrices].
di·rí·a- [活] → decir 言う《活 25》.
di·ri·gen·te [ディリヘンテ] 形 指導する, 指図する, 支配する.
— 男 囡 指導者, リーダー.
di·ri·gi·ble [ディリヒブレ] 形 操縦可能な.
— 男 飛行船.
di·ri·gir [ディリヒル] 他《活 27》**1** …を(+a, hacia...) …に向ける, 導く. **2** …を指導する, 指図する. **3**（手紙などを）(+a...) …に宛てる. **4** …を統率する, 監督する. **5** …を演出する. **6** …を操縦する, 運転する.
— **dirigir·se** 再 **1**（+a, hacia...）…へ向かう, …を目指す. **2**（+a...）…に話しかける. **3**（+a...）…に手紙を出す.
dirij- [活] → dirigir 向ける《活 27》.
di·ri·mir [ディリミル] 他（論争などを）解決する, 終える.
dis·cal [ディスカる] 形〈解剖学〉椎間板(ついかんばん)の.
hernia discal 椎間板ヘルニア.
dis·ca·pa·ci·dad [ディスカパしダダ] 囡 身体障害.
dis·car [ディスカル] 他《活 73 sacar》（電話番号を）回す, 押す.
dis·cer·ni·ble [ディスせルニブれ] 形 見分けがつく.
dis·cer·ni·mien·to [ディスせルニミエント] 男 **1** 見分け, 識別. **2** 判断力, 見識.
dis·cer·nir [ディスせルニル] 他《活 28》…を(+de...) …から見分ける, 識別する.
disciern- [活] → discernir 見分ける《活 28》.
dis·ci·pli·na [ディスしプリナ] 囡 **1** 訓練, 教育, しつけ. **2** 規律, 風紀. **3** 学問分野, 学科.
dis·ci·pli·na·do, da [ディスしプリナド, ダ] 過去分詞 → disciplinar 訓練する.
— 形 訓練された, 規律正しい.
dis·ci·pli·nar [ディスしプリナル] 他 …を訓練する, …に規律を教え込む.
dis·ci·pli·na·rio, ria [ディスしプリナリオ, リア] 形 **1** 規律の. **2** 懲戒(ちょうかい)の.
dis·cí·pu·lo, la [ディスしプろ, ら] 男 囡 **1** 生徒, 教え子. **2** 弟子. **3** 信奉者.
disc·man [ディスクマン] 男 携帯CDプレーヤー.
dis·co [ディスコ] 男 **1** 円盤, 円板. **2**（月などの）円形の面. **3** レコード. **4** 交通信号. **5** 〈コンピューター〉ディスク. **6** 〈スポーツ〉（投げる）円盤. **7**〈電話〉ダイヤル. **8**（繰り返される）退屈な話.
dis·co·bar [ディスコバル] 男（レコード音楽の）ナイトクラブ.
dis·có·bo·lo [ディスコボろ] 男（昔の）円盤投げ選手.
dis·co·gra·fí·a [ディスコグラふィア] 囡 レコード目録.
dis·co·grá·fi·co, ca [ディスコグラふィこ, カ] 形 レコードの, レコード製作の.
dís·co·lo, la [ディスコろ, ら] 形 反抗的な, 手に負えない.
dis·con·for·mi·dad [ディスコンふォルミダダ] 囡 不一致, 不承知.
dis·con·ti·nui·dad [ディスコンティヌイダダ] 囡 不連続, 中断.
dis·con·ti·nuo, nua [ディスコンティヌオ, ヌア] 形 不連続の, 途切れた.
dis·co·pub [ディスコパブ] 男（レコード音楽の）ナイトクラブ.
dis·cor·dan·cia [ディスコルダンしア] 囡 **1** 対立, 不調和. **2** 意見の不一致.
dis·cor·dan·te [ディスコルダンテ] 形 **1** 対立する, 調和のない. **2** 意見が食い違う.
dis·cor·dar [ディスコルダル] 自《活 22 contar》**1**（+en...）…の点で一致しない. **2**（+con...）…と意見が食い違う.
dis·cor·de [ディスコルデ] 形 **1** 対立する, 調和のない. **2**（意見が）一致しない. **3**〈音楽〉調子はずれの.
dis·cor·dia [ディスコルディア] 囡 意見の一致しない状態, 不和.
dis·co·te·ca [ディスコテカ] 囡 **1** ディスコ, ディスコテック. **2** レコードライブラリー. **3** レコードコレクション.
dis·co·te·que·ro, ra [ディスコテケロ, ラ] 形 ディスコの, ディスコ好きの.
— 男 囡 ディスコの愛好者.
dis·cre·ción [ディスクレシオン] 囡 **1** 分別, 控え目, 慎重さ. **2** 口の堅さ.
dis·cre·cio·nal [ディスクレシオナる] 形 **1** 自由裁量の. **2** 上部の決定に従う.
dis·cre·pan·cia [ディスクレパンしア] 囡 矛盾, 不一致, 食い違い.
dis·cre·pan·te [ディスクレパンテ] 形 矛盾する, 食い違う.
dis·cre·par [ディスクレパル] 自 **1**（+de...）…と食い違う. **2**（+en...）…において食い違う.

活 は活用形 複 は複数形 男 は男性名詞 囡 は女性名詞 固 は固有名詞 代 は代名詞 自 は自動詞

dis·cre·to, ta [ディスクレト, タ] 形 1 慎重な, 分別のある, 控え目な. 2 適度な, ほどほどの.

dis·cri·mi·na·ción [ディスクリミナシオン] 女 差別.
discriminación positiva (弱者の)特別保護.

dis·cri·mi·nar [ディスクリミナル] 他 1 …を差別する. 2 (色や音などを)識別する, 区別する.

dis·cri·mi·na·to·rio, ria [ディスクリミナトリオ, リア] 形 差別の, 差別的な.

dis·cul·pa [ディスクルパ] 女 1 言い訳, 弁解. 2 謝罪.
— 直 → disculpar 許す.
pedir disculpas a… …に許しを求める.

dis·cul·pa·ble [ディスクルパブレ] 形 許してもよい, 弁解の余地のある.

dis·cul·par [ディスクルパル] 他 …を許す, …に目をつむる.
— **disculpar·se** 再 弁解する, あやまる.

dis·cu·rrir [ディスクリル] 自 1 (+por…) …をよく通る, …によく出没する. 2 (時が)経過する, 流れる. 3 深く考える, 思案する.
— 他 (新しいこと)を考え出す, 考案する.

dis·cur·si·vo, va [ディスクルシボ, バ] 形 1 推論の, 論証の. 2 思索的な.

dis·cur·so [ディスクルソ] 男 1 演説, スピーチ. 2 推論, 思索. 3 演説, 論文, 論考. 4〈言語学〉談話, ディスコース. 5 時の流れ, 経過.

dis·cu·sión [ディスクシオン] 女 1 討論, 議論. 2 反対意見, 異論, 異議.

dis·cu·ti·ble [ディスクティブレ] 形 議論の余地のある, 検討すべき.

dis·cu·ti·do, da [ディスクティド, ダ]《過去分詞》→ discutir 論じる.
— 形 1 論じられた. 2 課題になっている.

dis·cu·tir [ディスクティル] 他 1 …を論じあう, …について議論する. 2 …に異議を唱える, 反対意見を出す.
— 自 1 (+de, sobre…) …について議論する, 検討しあう. 2 口論する, 口げんかする.

di·se·car [ディセカル] 他《活 73 sacar》1 …を剥製(はくせい)にする. 2 …を押し花にする.

di·sec·ción [ディセクシオン] 女 1 解剖. 2 精査.

di·sec·cio·nar [ディセクシオナル] 他 1 …を解剖する. 2 …をくわしく調べる, 精査する.

di·se·mi·na·ción [ディセミナシオン] 女 散布, 拡散.

di·se·mi·nar [デセミナル] 他 (種子など)をばらまく, まきちらす.

di·sen·sión [ディセンシオン] 女 1 異論, 異議. 2 意見の対立. 3 口論, 論争.

di·sen·te·rí·a [ディセンテリア] 女〈医学〉赤痢.

di·sen·tir [ディセンティル] 自《活 77 sentir》 (+de…) (+en…の点で)意見が異なる.

di·se·ña·dor, do·ra [ディセニャドル, ドラ] 男 女 1 デザイナー, 図案家. 2 設計技師.

di·se·ñar [ディセニャル] 他 1 …をデザインする, 設計する. 2 …を考案する.

di·se·ño [ディセニョ] 男 1 デザイン, 設計. 2 意匠, 図案. 3 設計図, 見取り図. 4 概略, あらまし.

di·ser·ta·ción [ディセルタシオン] 女 1 論証, 論考. 2 論文. 3 講演.

di·ser·tar [ディセルタル] 自 (+sobre…) …について論じる, 講演する.

dis·fa·vor [ディスふァボル] 男 1 不親切な行為. 2 うとまれること, 不興. 3 冷遇, 軽視.

dis·for·me [ディスふォルメ] 形《=deforme》1 不格好な. 2 みにくい.

dis·fraz [ディスふらす] 男《複 disfraces》1 変装, 仮装. 2 空とぼけ, 見せかけ.
baile de disfraces 仮装舞踏会.

dis·fra·za·do, da [ディスふらさド, ダ]《過去分詞》→ disfrazar 偽装する.
— 形 1 変装した, 見せかけの. 2 まぎらわしい.

dis·fra·zar [ディスふらさル] 他《活 39 gozar》 1 …を偽装する, 変装させる. 2 …をまぎらわせる, わからないようにする.

dis·fru·tar [ディスふルタル] 自 1 楽しむ. 2 (+de…) …を享受する. 3 (+de+支援など) …を持っている, 受ける.
— 他 1 …を楽しむ. 2 …を享受する.

dis·fru·te [ディスふルテ] 男 楽しむこと, 享受.

dis·fun·ción [ディスふンシオン] 女 (体の)不調, 変調.

dis·gre·ga·ción [ディスグレガシオン] 女 分裂, 分解, 分離.

dis·gre·gar [ディスグレガル] 他《活 47 llegar》…を分裂させる, 分離させる.

dis·gus·ta·do, da [ディスグスタド, ダ]《過去分詞》→ disgustar 不快にさせる.
— 形 (+con, de…) 1 …に気を悪くした, 腹を立てた. 2 …にがっかりした.

dis·gus·tar [ディスグスタル] 他 1 …を不快にさせる, 怒らせる. 2 …をがっかりさせる.
— **disgustar·se** 再 1 (+con, de, por…) …で不快になる, 立腹する. 2 (+con, de, por…) …でがっかりする.

dis·gus·to [ディスグスト] 男 1 不快, 不満. 2 つらい思い, 失望. 3 立腹, 怒り. 4 対立, 仲たがい.
a disgusto 不本意ながら, しぶしぶ.
matar a disgustos a… …を悩ませる.

di·si·den·cia [ディシデンアィア] 女 1 離脱, 脱退. 2 (意見の)不一致, 分裂.

di·si·den·te [ディシデンテ] 形 1 意見を異にする. 2 離脱した.
— 男 女 1 反対者. 2 離脱者.

di·si·dir [ディシディル] 自 1 異議を唱える. 2 (+de…) …から離脱する.

di·si·mu·la·ción [ディシムらシオン] 女 空とぼけ, 見せかけ.

di·si·mu·la·da·men·te [ディシムらダメンテ] 副 ひそかに, 空とぼけて.

他 は他動詞 再 は再帰動詞 形 は形容詞 副 は副詞 前 は前置詞 接 は接続詞 間 は間投詞

di·si·mu·la·do, da [ディシムらド, ダ] 《過去分詞》→ disimular かくす.
— 形 かくされた, ひそかな.
hacer·se el disimulado しらをきる.

di·si·mu·lar [ディシムらル] 他 1 (本心など)をかくす. 2 (他人の失敗など)を見のがす, 大目に見る. 3 …を知らない振りをする.
— 自 空とぼける, しらばくれる.

di·si·mu·lo [ディシムろ] 男 空とぼけ, とぼけ顔.

di·si·pa·ción [ディシパシオン] 女 遊興三昧(ざんまい), 放蕩(ほうとう).

di·si·pa·do, da [ディシパド, ダ] 《過去分詞》→ disipar 徐々に消す.
— 形 1 霧散した. 2 浪費家の, 遊興にふける.

di·si·pa·dor, do·ra [ディシパドル, ドラ] 男女 浪費家, 放蕩(ほうとう)者.

di·si·par [ディシパル] 他 1 …を徐々に消す, 無くならせる. 2 (財産)を浪費する.
— **disipar·se** 消えていく, 霧散する.

dis·la·te [ディスらテ] 男 間違い, でたらめ.

dis·le·xia [ディスれクシア] 女 《医学》失読症.

dis·lé·xi·co, ca [ディスれクシコ, カ] 形 《医学》失読症の.
— 男女 失読症患者.

dis·lo·ca·ción [ディスろカシオン] 女 1 《医学》脱臼(だっきゅう). 2 歪曲(わいきょく).

dis·lo·car [ディスろカル] 他 《活 73 sacar》 1 …を脱臼させる. 2 (事実など)をねじまげる.
— **dislocar·se** 再 (骨が)脱臼する.

dis·me·no·rre·a [ディスメノレア] 女 《医学》月経困難症.

dis·mi·nu·ción [ディスミヌシオン] 女 縮小, 減少, 減退.

dis·mi·nui·do, da [ディスミヌイド, ダ] 《過去分詞》→ disminuir 縮小する.
— 形 身心障害の.
— 男女 身心障害者.

dis·mi·nuir [ディスミヌイル] 他 《活 43 huir》 …を縮小する, へらす, 減らす.
— 自 小さくなる, 減少する, 弱くなる.

disminuy- 活 → disminuir 縮小する《活 43》.

di·so·cia·ción [ディソシアシオン] 女 分離, 分解.

di·so·ciar [ディソシアル] 他 《活 17 cambiar》 …を分離する, …を別のものとして扱う.
— **disociar·se** 再 分離する, 分解する.

di·so·lu·bi·li·dad [ディソるビリダァ] 女 1 溶解性. 2 分離の可能性. 3 解消の実現性.

di·so·lu·ble [ディソるれ] 形 1 溶解性の. 2 分離[解消]が可能.

di·so·lu·ción [ディソるシオン] 女 1 溶解, 融解. 2 分離, 解散. 3 解消. 4 風紀の乱れ.

di·so·lu·to, ta [ディソるト, タ] 形 放埒(ほうらつ)な, 自堕落な.
— 男女 放蕩(ほうとう)者.

di·sol·ven·te [ディソるベンテ] 男 《化学》溶剤, 溶媒.

di·sol·ver [ディソるベル] 他 《活 87 volver》 1 …を溶かす, 溶解する. 2 …を分離する, 分解する. 3 …を解消する, 無効にする. 4 …を解散させる. 5 …を消滅させる.
— **disolver·se** 再 1 溶解する. 2 (契約などが)解消する. 3 (議会などが)解散する. 4 消滅する.

di·so·nan·cia [ディソナンシア] 女 1 《音楽》不協和音. 2 不調和, 不一致, 不釣り合い.

di·so·nan·te [ディソナンテ] 形 1 《音楽》(音が)不協和音の, 不協和の. 2 調和のない, 不一致な, 釣り合わない.

di·so·nar [ディソナル] 自 《活 22 contar》 1 《音楽》不協和音を出す. 2 調和しない, 釣り合わない.

dis·par [ディスパル] 形 おなじでない, 違った.

dis·pa·ra·da[1] [ディスパラダ, -] 女 遁走(とんそう).

dis·pa·ra·do, da[2] [ディスパラド, -] 《過去分詞》→ disparar 発射する.
— 形 急いだ, かけ出した.

dis·pa·ra·dor [ディスパラドル] 男 1 (銃の)引き金. 2 (カメラの)シャッター.

dis·pa·rar [ディスパラル] 他 1 (弾など)を発射する, 発砲する. 2 …を質問攻めにする. 3 《スポーツ》(ボール)をシュートする.
— 自 1 (カメラの)シャッターを切る. 2 (+ contra…) …に向けて発砲する.
— **disparar·se** 再 1 (銃などが)発射する. 2 飛び出す.

dis·pa·ra·ta·do, da [ディスパラタド, ダ] 《過去分詞》→ disparatar でためらめを言う.
— 形 でたらめの, たわむれの.

dis·pa·ra·tar [ディスパラタル] 自 1 でたらめを言う. 2 ばかなことをする.

dis·pa·ra·te [ディスパラテ] 男 でたらめ, ばかげた言動.
un disparate たくさん, すごく.

dis·pa·ro [ディスパろ] 男 発射, 発砲.

dis·pen·dio [ディスペンディオ] 男 (時や金の)浪費, むだ遣い.

dis·pen·sa [ディスペンサ] 女 特別免除.

dis·pen·sa·do·ra [ディスペンサドラ] 女 (テレフォンカードなどの)自動販売機.

dis·pen·sar [ディスペンサル] 他 1 …に (+de…) …を免除する. 2 (失礼など)を許す. 3 (名誉)を授与する, 与える.

dis·pen·sa·rio [ディスペンサリオ] 男 無料診療所.

dis·pep·sia [ディスペプシア] 女 《医学》(慢性的な)消化不良.

dis·per·sar [ディスペルサル] 他 1 …を散らす, 分散させる. 2 …を追い払う.

dis·per·sión [ディスペルシオン] 女 分離, 分散.

dis·per·so, sa [ディスペルソ, サ] 形 ちらばった, 分散した.

活 は活用形 複 は複数形 男 は男性名詞 女 は女性名詞 固 は固有名詞 代 は代名詞 自 は自動詞

dis·pli·cen·cia [ディスプりセンティア] 女 1 冷淡, 無愛想. 2 無関心.

dis·pli·cen·te [ディスプりセンテ] 形 1 不機嫌な, 冷淡な. 2 無関心そうな.

dispón, dispondr- 活 → disponer 配置する《活 61》.

dis·po·ner [ディスポネル] 他《活 61 poner》1 …を配置する, 配列する, ならべる. 2 …を命ずる, 決定する. 3 …をととのえる, 準備する.
— 自 1 (+de...) …を自由に使う. 2 (+de...) …を所有する, 持つ.
— **disponerse** 再 (+a+不定詞) まさに…しようとしている, …する用意ができている.

dispong- 活 → disponer 配置する《活 61》.

dis·po·ni·bi·li·dad [ディスポニビりダス] 女 1 自由に使えること. 2 使用権.

dis·po·ni·ble [ディスポニブれ] 形 1 自由に使える処分にされる. 2 なにをしてもよい.

dis·po·si·ción [ディスポシオン] 女 1 処理, 配置. 2 (法的な)規定, 条項. 3 (心身の)用意, 準備. 4 才能, 適性. 5 対策, 準備, 手配[= disposiciones]. 6 配置, 配列, 間取り. 7 自由な使用[処分]／estar a tu [su] *disposición* 君の[あなたの]思い通りに使える.
última disposición 遺言.

dis·po·si·ti·vo [ディスポシティボ] 男 装置, 仕掛け, 仕組み.
dispositivo intrauterino 子宮内避妊器具, リング.

dis·pues·to, ta [ディスプエスト, タ] 《過去分詞》→ disponer 配置する.
— 形 1 (物が)用意できている. 2 (人が)準備できている. 3 ある気のある, 有能な.
estar bien [mal] dispuesto para... …の用意が十分できている[できていない].

dispus- 活 → disponer 配置する《活 61》.

dis·pu·ta [ディスプタ] 女 1 論争, 口論. 2 取り合い, 争奪戦.
sin disputa だれに聞いても(わかるように).

dis·pu·tar [ディスプタル] 他 1 …を議論する. 2 …を取り合う.
— 自 (+por, sobre...) …について議論する, 口論する.
— **disputarse** 再 …を取り合う.

dis·que·te [ディスケテ] 男《コンピューター》フロッピーディスク, ディスケット.

dis·que·te·ra [ディスケテラ] 女《コンピューター》フロッピーディスク装置.

dis·qui·si·ción [ディスキシオン] 女 1 研究, 論究. 2 余談, (研究の)こぼれ話.

dist- 1 → dar 与える《活 24》. 2 → distar 離れている.

dis·tan·cia [ディスタンシア] 女 1 距離, へだたり. 2 (時間的な)間隔, 経過. 3 大きな違い, 目立った差. 4 よそよそしさ, 敬遠.
acortar las distancias (議論で)あゆみ寄る.
a distancia 1 遠くから, 離れて. 2 通信教育の.
a respetuosa distancia 敬遠して, 距離を置いて.
distancia focal 〈光学〉焦点距離.
guardar las distancias con... …となれなれしくしない, 一線を画す.
mando a distancia リモートコントロール.
llamada de larga distancia 長距離電話.

dis·tan·cia·mien·to [ディスタンシアミエント] 男 1 (空間的・時間的な)へだたり, 遠さ. 2 (対人関係で)距離を置くこと, 敬遠.

dis·tan·ciar [ディスタンシアル] 他 1 …を引き離す. 2 …を遠ざける, 敬遠する.

dis·tan·te [ディスタンテ] 形 1 (空間的・時間的に)遠く離れた, 遠方の, 昔の. 2 (+con...) …によそよそしい, 冷淡な.

dis·tar [ディスタル] 自 1 (+de...) …から離れている, へだたっている. 2 (生き方などが) (+de...) …からかけ離れている, ほど遠い.

dis·ten·der [ディステンデル] 他《活 58 perder》…をゆるめる, 緩和する.
— **distenderse** 再 ゆるむ, ほぐれる.

dis·ten·sión [ディステンシオン] 女 1 緩和, 弛緩(しかん). 2〈医学〉捻挫(ねんざ).

dis·tin·ción [ディスティンシオン] 女 1 区別, 識別. 2 特異な点, 相違点. 3 洗練, 上品さ, 気品. 4 栄誉, 特典. 5 厚遇, 礼遇.
a distinción de... …とは違って, …と区別して.
sin distinción 分けへだてなく, 区別しないで.

dis·tin·go [ディスティンゴ] 男 (陰険な)反対.
— → distinguir 区別する.

dis·tin·gui·do, da [ディスティンギド, ダ]《過去分詞》→ distinguir 区別する.
— 形 1 すぐれた, 卓越した. 2 著名な, 高名な. 3 気品のある, 上品な.

dis·tin·guir [ディスティンギル] 他《活 29》1 …を(+de...) …と区別する, 識別する. 2 …をわける. 3 …を聞きわける. 4 …を目立たせる, 特徴づける. 5 …を特別扱いにする, 厚遇する.
— 自 特徴になる, 目立つ.
— **distinguirse** 再 1 見わけがつく. 2 よく見える. 3 よく聞こえる. 4 目立つ, ぬきんでる. 5 有名になる.

dis·tin·ti·vo[1] [ディスティンティボ] 男 1 特徴, 特色, 特質. 2 記章, バッジ, 紋章.

dis·tin·ti·vo[2]**, va** [ー, バ] 形 1 特徴的な, 特有の. 2 区別できる, 差示的な, 弁別的な.

dis·tin·to, ta [ディスティント, タ] 形 1 (+a, de...) …とは違った, 別の. 2 異質の, 特異な. 3 はっきりした, 明らかな. 4 (+複数名詞) さまざまな, 種々の.

dis·tor·sión [ディストルシオン] 女 (像や音の)ひずみ, ゆがみ.

dis·tor·sio·nar [ディストルシオナル] 他 1 (像や音など)をひずませる, ゆがめる. 2 …を曲解する.

dis·trac·ción [ディストラクシオン] 女 1 不注意,

うわの空, 注意力の散漫. 2 気晴らし, 娯楽. 3 気の散る原因.

dis·tra·er [ディストラエル] 他《活 81 traer》1 …を来しくさせる,…の気晴らしになる. 2 …に気を散らせる, …の注意をそらす. 3 …をぬすむ, 着服する.
— distraer·se 再 1 気晴らしをする, 楽しむ. 2 (+de...) …から気をそらす. 3 気が散る, 注意力散漫な.

dis·tra·í·da·men·te [ディストライダメンテ] 副 うわの空で, ぼんやりして.

dis·tra·í·do, da [ディストライド, ダ] 《過去分詞》→ distraer 楽しませる.
— 形 1 うわの空の, ぼんやりした. 2 楽しんでいる. 3 楽しませる, 面白い. 4 注意力散漫な.
hacer·se el distraído 気がつかない振りをする.

distraig- 活 → distraer 楽しませる《活 81》.
distraj- 活 → distraer 楽しませる《活 81》.

dis·tri·bu·ción [ディストリブシオン] 女 1 分配, 配分, 配給. 2 配置, 配列. 3 (商品の) 供給, 流通, 配給, 配達. 4 配置[配列]方法, レイアウト.

dis·tri·bui·dor [ディストリブイドル] 男 1 (複数の部屋に通じる) 通路的な小部屋. 2〈機械〉配電盤, 分電器.

dis·tri·bui·dor², do·ra¹ [—, ドラ] 形 分配の, 配給の, 流通の.
— 男 女〈人〉販売代理業者, 流通業者.

dis·tri·bui·do·ra² [ディストリブイドラ] 女 流通企業, 販売代理会社, 配給会社.

dis·tri·buir [ディストリブイル] 他《活 43 huir》1 …を (+entre...) …に分配する, 分配する. 2 …を配達する, 届ける. 3 …を配置する, 配列する.
— distribuir·se 再 1 配達[配布]される. 2 配置[配列]される.

dis·tri·bu·ti·vo, va [ディストリブティボ, バ] 形 分配を示す, 配分の.
conjunción distributiva〈文法〉(ya... ya 〜などの) 配分の接続詞.

distribuy- 活 → distribuir 配る《活 43》.

dis·tri·to [ディストリト] 男 (行政・司法上の) 地区, 管区.
distrito electoral 選挙区.
distrito federal 連邦区.
distrito postal 郵便集配区.

dis·tur·bio [ディストゥルビオ] 男 騒動, 騒乱, 暴動.

di·sua·dir [ディスアディル] 他 …に (+de...) …を断念させる, 思いとどまらせる.

di·sua·sión [ディスアシオン] 女 断念させる説得.
fuerza de disuasión (考えを変えさせる) 説得力, 抑止力.

di·sua·si·vo, va [ディスアシボ, バ] 形 思いとどまらせる力のある.

di·suel·to, ta [ディスエルト, タ] 《過去分詞》→ disolver 溶かす.
— 形 溶けた, 分解した, 解消した.

disuelv- 活 → disolver 溶かす《活 87》.

dis·yun·ción [ディスユンシオン] 女 (相互排除による) 分離, 分裂.

dis·yun·ti·va¹ [ディスユンティバ] 女 二者択一.

dis·yun·ti·vo, va² [ディスユンティボ, —] 形 (二者択一の形の) 分離の.
conjunción disyuntiva〈文法〉(o, u などの) 分離の接続詞.

di·ti·ram·bo [ディティランボ] 男 1 (ギリシア文学の) 酒神ディオニソスへの賛歌. 2 熱狂的な賛歌. 3 異常な賛辞.

diu [ディウ] 男《←略語の DIU, dispositivo intrauterino》子宮内避妊器具, リング.

diu·ré·ti·co [ディウレティコ] 男〈医学〉利尿剤.

diur·no, na [ディウルノ, ナ] 形 1 昼間の, 日中の. 2〈動物〉昼行 (きん) 性の. 3〈植物〉昼間だけ開花している.

di·va·ga·ción [ディバガシオン] 女 話題からそれること, 脱線.

di·va·gar [ディバガル] 自《活 47 llegar》(話で) 本題からそれる, 脱線する.

di·ván [ディバン] 男 (背のない) 長椅子, 寝椅子.

di·ver·gen·cia [ディベルヘンシア] 女 (意見などの) 食い違い, 不一致.

di·ver·gen·te [ディベルヘンテ] 形 1 (意見などが) 食い違っている, 不一致の. 2 分岐してゆく.

di·ver·gir [ディベルヒル] 自《活 27 dirigir》1 (複数の線状のものが) 分かれて進む, 徐々に離れる. 2 (意見などが) 分かれる, 食い違う.

di·ver·si·dad [ディベルシダッ] 女 1 多様性. 2 (種々雑多なものの) 集合, 集積.

di·ver·si·fi·ca·ción [ディベルシふぃカシオン] 女 多様化, 多角化.

di·ver·si·fi·car [ディベルシふぃカル] 他《活 73 sacar》(単一のものを) 多様化する, 多角的にする.

di·ver·sión [ディベルシオン] 女 1 娯楽, 気晴らし. 2 (ゲームや遊戯の) 楽しみ.

di·ver·so, sa [ディベルソ, サ] 形 1 違った, 異種の, 異質な. 2 (+複数名詞) さまざまな, 種々雑多な.

di·ver·ti·do, da [ディベルティド, ダ] 《過去分詞》→ divertir 楽しませる.
— 形 1 楽しい, 気晴らしになる, 面白い. 2〈人〉愉快な, ひょうきんな, 快活な.

di·ver·ti·men·to [ディベルティメント] 男 1 娯楽, 気晴らし. 2 (器楽小合奏曲の) ディベルティメント.

di·ver·ti·mien·to [ディベルティミエント] 男 1 娯楽, 気晴らし, 楽しみ. 2〈軍隊〉陽動作戦.

di·ver·tir [ディベルティル] 他《活 77 sentir》1 …を楽しませる, …の気晴らしになる. 2 …の注意をそらせる.
— divertir·se 再 1 楽しむ. 2 (+con...) …を楽しむ.

di·vi·den·do [ディビデンド] 男 1〈数学〉被除

数. 2〈商業〉配当金.

di·vi·dir [ディビディル] 他 1 …を(+en+数) …に分ける, 分割する. 2 …を分裂させる, 不和にする. 3 …を(+entre…) …の間で分けあう. 4〈数学〉(割り算で) …を(+entre, por…) …で割る/Si *dividimos* 6 entre 2, da 3. 6割る2は3になる.
— 自〈数学〉割り算をする.
— **dividir·se** 再 1 分かれる. 2 不和になる. 3 …を分けあう.

diviert- → divertir 楽しませる《活 77》.

di·vie·so [ディビエソ] 男〈医学〉(化膿性炎症の)ねぶと.

di·vi·na·men·te [ディビナメンテ] 副 1 神のように, 神々しく. 2 見事に, すばらしく.

di·vi·ni·dad [ディビニダス] 女 1 神性, 神格. 2 (信仰の対象としての)神.

di·vi·ni·za·ción [ディビニさシオン] 女 神格化, 神聖視.

di·vi·ni·zar [ディビニさル] 他《活 39 gozar》…を神格化する, 神として崇拝する.

di·vi·no, na [ディビノ, ナ] 形 1 神の, 神々の, 神聖な. 2 見事な, すばらしい.
pasar·lo divino とても楽しい時を過ごす.

divirt- 活 → divertir 楽しませる《活 77》.

di·vi·sa [ディビサ] 女 1〈経済〉外貨, 外国為替[=divisas]. 2 標章, 象徴. 3〈闘牛〉(牛につける出身牧場別の)色リボン.
control de divisas 為替管理.
mercado de divisas 外国為替市場, 外為(ホタャ)市場.
reservas de divisas 外貨準備高.

di·vi·sar [ディビサル] 他 …を遠くに見る.

di·vi·si·bi·li·dad [ディビシビリダス] 女 1 分割の可能性, 可分性. 2〈数学〉割りきれること.

di·vi·si·ble [ディビシブレ] 形 1 分割可能な. 2〈数学〉割り切れる.

di·vi·sión [ディビシオン] 女 1 分割, 分離. 2 分配, 配分. 3〈数学〉割り算, 除法. 4 不和, 反目. 5〈スポーツ〉(チームの属する)クラス, 部. 6〈軍隊〉師団. 7〈正書法〉ハイフン.

di·vis·mo [ディビスモ] 男 (有名芸術家などの)自己満足.

di·vi·sor [ディビソル] 男〈数学〉除数, 約数.
máximo común divisor 最大公約数.

di·vi·so·ria¹ [ディビソリア] 女 1 境界線. 2 分水嶺(ホニ).

di·vi·so·rio, ria² [ディビソリオ, -] 形 分割する, 分離する.

di·vo, va [ディボ, バ] 形 1 神の, 神聖な. 2 うぬぼれた. 3 (オペラ歌手などの)花形の.
— 男女〈人〉(オペラ歌手などの)花形.

di·vor·cia·do, da [ディボルしアド, ダ] 《過去分詞》→ divorciar·se 離婚する.
— 形 離婚している.
— 男女 離婚経験者.

do·ble·te

di·vor·ciar·se [ディボルしアルセ] 再 離婚する.

di·vor·cio [ディボルしオ] 男 1 離婚. 2 離別, 分裂.

di·vul·ga·ción [ディブルガしオン] 女 1 公表. 2 普及, 伝播(%), 流布.

di·vul·ga·dor, do·ra [ディブルガドル, ドラ] 形 普及させる, 流布させる.
— 男女 1 公表者. 2 普及者.

di·vul·gar [ディブルガル] 他《活 47 llegar》 1 …を公表する. 2 …を普及させる, 広める.
— **divulgar·se** 再 普及する, 広まる.

diz·que [ディすケ] 副 1 …だそうだ. 2 たぶん.
— 男 うわさ話.

DNI [デネイ] 男《略語》Documento Nacional de Identidad (スペイン政府発行の)身分証明書.

do [ド] 男〈音楽〉ドの音, ハ音.
— 副《疑問副詞》どこに, どこへ.
— 副《アクセントなし》《関係副詞》…のところの.
do de pecho 1 テノールの最も高い音. 2 最大限の努力.

do·bla·di·llo [ドブラディじょ] 男 (布の端を二度折り返して行う)くけ縫い.

do·bla·do, da [ドブラド, ダ] 《過去分詞》→ doblar たたむ.
— 形 1 曲がった. 2 折りたたまれた. 3〈映画〉吹き替えられた. 4 二枚舌を使う.

do·bla·je [ドブラへ] 男〈映画〉吹き替え.

do·blar [ドブラル] 他 1 …をたたむ, 折り重ねる. 2 …を2倍にする. 3〈年齢〉…の2倍である. 4 …を曲げる. 5〈映画〉…を吹き替える. 6〈映画〉…の代役をする. 7 (通りの角など)を曲がる. 8 …を打ちのめす.
— 自 1 (+a…) …のほうへ曲がる. 2 2倍になる. 3 (鐘が) (+por+死者) …をとむらって鳴る. 4〈闘牛〉(致命傷を負った牛が)倒れる.
— **doblar·se** 再 1 (物が)曲がる. 2 身をかがめる. 3 (+ante…) …に屈服する.

do·ble [ドブレ] 形 1 二重の, 二重になった. 2〈布地〉厚手の, 丈夫な. 3 2倍の, ダブルの, ふたり用の. 4 二枚舌を使う.
— 男 1 2倍. 2 (ビールなどの)2倍の量.
— 男女 1 二枚舌を使う人. 2 そっくりな人, 生き写しの人. 3〈映画〉代役, スタントマン.
— 副 1 2倍に, 2度. 2 悪意を持って.
— 活 → doblar たたむ.

do·ble·gar [ドブレガル] 他《活 47 llegar》 1 …を屈服させる. 2 (人に) …をあきらめさせる.
— **doblegar·se** 再 (人や意志が)折れる.

do·ble·men·te [ドブレメンテ] 副 1 二重に, 二重の意味で. 2 二枚舌を使って, 偽善的に.

do·bles [ドブレス] 男複《→ doble》 1 (テニスなどの試合の)ダブルス. 2〈バスケットボール〉(反則の)ダブルドリブル.

do·ble·te [ドブレテ] 男 1 (スポーツなどの)連勝. 2〈言語学〉(同一語源から生まれた2語の)二

他 は他動詞 再 は再帰動詞 形 は形容詞 副 は副詞 前 は前置詞 接 は接続詞 間 は間投詞

do·blez 重語.

hacer doblete 〈演劇〉二役を演じる.

do·ble [ドブれす] 男女《複 dobleces》二枚舌, 偽善.
— 男 1 折り目, ひだ. 2 〈衣類の〉たたみじわ.

do·blón [ドブろン] 男 昔のドブロン金貨.

do·ce [ドせ] 男 1〈数字〉12, XII. 2 12 のもの.
— 形《男女同形》1 12 の. 2 12 番目の.
— 男女 12 番目のもの.
las doce 〈時刻〉12 時.

do·ce·a·vo[1] [ドセアボ] 男《分数詞》12 分の 1.

do·ce·a·vo[2], **va** [—, バ] 形 12 分の 1 の.

do·ce·na [ドセナ] 女〈数量の単位〉ダース.
a docenas 1 ダース単位で. 2 たくさん.
la docena del fraile (13 個で 1 単位の) 修道士のダース.

do·cen·cia [ドセンしア] 女〈仕事〉教育, 教育職.

do·cen·te [ドセンテ] 形 教育の, 教育活動の.
— 男女 教員, 教務職員.

dó·cil [ドしル] 形 1 おとなしい. 2 従順な, すなおな. 3 (金属や石が) 加工しやすい.

do·ci·li·dad [ドしリダス] 女 1 おとなしさ. 2 すなおさ, 従順さ.

doc·to, ta [ドクト, タ] 形 博学な, 学問肌の.
— 男女 博識家, 学者.

doc·tor, to·ra [ドクトル, トラ] 男女 1 医者, 医師. 2 〈学位を取得した〉博士. 3〈宗教〉(聖人に与える称号の) 教会博士.

doc·to·ra·do [ドクトラド] 男〈学位〉博士号. 2 (大学院の) 博士課程.

doc·to·ral [ドクトラる] 形 1〈学位〉博士の. 2 学者ぶった, 大まじめな.

doc·to·ran·do, da [ドクトランド, ダ] 男女 博士課程の学生, 大学院生.

doc·to·rar [ドクトラル] 他 …に博士号を授与する.
— *doctorarse* 再 (+en+学問分野) …の博士号を取得する.

doc·tri·na [ドクトリナ] 女 1 (集合的に) 教義, 教理. 2 学理, 学説, 主義.

doc·tri·na·rio, ria [ドクトリナリオ, リア] 形 教義にこだわる, 教条的な.
— 男女 教条主義者.

do·cu·dra·ma [ドクドラマ] 男 (ラジオやテレビの) ドキュメンタリー風の番組.

do·cu·men·ta·ción [ドクメンタしオン] 女 1 (集合的に) 関連情報, 参考資料. 2 (集合的に) 公的証明書類.

do·cu·men·ta·do, da [ドクメンタド, ダ] 《過去分詞》 → documentar 証拠書類を提示する.
— 形 証拠書類のある, 資料で裏付けされた.

do·cu·men·tal [ドクメンタる] 形 1 関連資料の. 2 事実を記録した.
— 男 (映画などの) ドキュメンタリー, 記録映画.

do·cu·men·ta·lis·ta [ドクメンタリスタ] 男女 1 文書記録調査の専門家. 2 記録映画製作者.

do·cu·men·tal·men·te [ドクメンタるメンテ] 副 1 参考資料に基づいて. 2 関連情報に関して.

do·cu·men·tar [ドクメンタル] 他 1 …の証拠書類を提示する. 2 …の関連情報を提供する.
— *documentarse* 再 関連情報[参考資料]を集める.

do·cu·men·to [ドクメント] 男 1 文書, 書類, 文献. 2 参考資料, 証拠書類. 3 関連情報, 資料. 4 証書, 証券. 5〈商業〉手形.

do·de·ca·e·dro [ドデカエドロ] 男〈数学〉12 面体.

do·de·cá·go·no [ドデカゴノ] 男〈数学〉12 角形.

do·de·ca·sí·la·bo [ドデカしラボ] 男 12 音節の詩行.

do·do [ドド] 男 〈鳥〉(インド洋にすんでいて絶滅した大型の) ドードー.

do·gal [ドガる] 男 1 (馬の) 首にかける綱. 2 首吊り用の綱.
estar con el dogal al cuello 難局に直面している.

dog·ma [ドグマ] 男 1 (個々の) 教義, 教理. 2 基本理念, 信条. 3 教条.

dog·má·ti·co, ca [ドグマティコ, カ] 形 1 教義の, 教理に関する. 2 独断的な, 教条的な.
— 男女 独断論者, 教条主義者.

dog·ma·tis·mo [ドグマティスモ] 男 1 独断的態度, 教条主義. 2 (集合的に) 教条, 教理.

dog·ma·ti·zar [ドグマティさル] 自《活 39 gozar》独断的に主張する.

do·go [ドゴ] 男〈犬〉ブルドッグ.

dó·lar [ドらル] 男〈通貨単位〉(米国, カナダなどの) ドル.

do·len·cia [ドれンしア] 女 1 病気, 体の不調. 2 持病.

do·ler [ドれル] 自《活 50 mover》1 (体の一部が) …に対して痛む／*Me duele la cabeza.* 私は頭が痛い. 2 (物事が) …に痛みを引き起こす. 3 …に悲しみを引き起こす.
— *dolerse* 再 1 (+de+体の一部) …に痛みを感じる. 2 (+de+…) …を悲しむ.

do·li·co·cé·fa·lo, la [ドりコせふぁろ, ら] 形〈頭蓋 (ずがい) 骨〉卵型の.

do·li·do, da [ドりド, ダ] 《過去分詞》 → doler 痛む.
— 形 悲しんでいる, 心が傷ついている.

do·lien·te [ドリエンテ] 形 1 病気の, 痛みを感じる. 2 病気を嘆いている. 3 悲しそうな, 痛ましい.

dol·men [ドるメン] 男《複 dólmenes》〈考古学〉(巨石墳墓の) ドルメン.

do·lo [ドろ] 男〈法律〉不正行為の意図.

do·lor [ドろル] 男 1 痛み, 苦痛. 2 心痛, 悲嘆.

Do·lo·res [ドろレス] 固〈女性の名〉ドロレス.

do·lo·ri·do, da [ドろリド, ダ] 形 1 痛みを感じる, 痛い. 2 悲痛な, 痛ましい.

活 は活用形　複 は複数形　男 は男性名詞　女 は女性名詞　固 は固有名詞　代 は代名詞　自 は自動詞

do·lo·ro·so, sa [ドロロソ, サ] 形 1 痛みを引き起こす, 痛い. 2 痛ましい, かわいそうな.
la dolorosa 勘定書, 請求書.
do·ma [ドマ] 女 1 (動物の)飼い慣らし, 調教. 2 (感情の)抑制, 自粛.
do·ma·dor, do·ra [ドマドル, ドラ] 男女 (動物の)飼い慣らしの専門家, 調教師, 猛獣使い.
do·mar [ドマル] 他 1 (動物を)飼い慣らす, 仕込む, 調教する. 2 (感情など)を抑える, 抑制する. 3 (人)を従順にさせる, すなおにさせる. 4 (靴)をはき慣らす. 5 (物)をしっくりなじむようにする.
do·me·ñar [ドメニャル] 他 …を手なずける, 従わせる.
do·mes·ti·ca·ción [ドメスティカシオン] 女 (野生動物の)家畜化, 飼い慣らし.
do·mes·ti·car [ドメスティカル] 他 «活 73 sacar» 1 (野生動物)を家畜化する, 飼い慣らす. 2 (人)を手なずける, しつける.
do·més·ti·co, ca [ドメスティコ, カ] 形 1 家の, 家庭の. 2 国内の, 自国の. 3 飼い慣らされた.
aerolíneas domésticas (飛行機便の)国内線 [= aerolíneas nacionales].
animal doméstico 家畜.
economía doméstica 家計.
do·mi·ci·lia·ción [ドミシリアシオン] 女 (預金口座からの)自動支払いの承認, 自動振込み.
do·mi·ci·liar [ドミシリアル] 他 «活 17 cambiar» (料金など)を(口座からの)自動支払い[振込み]にする / *He domiciliado todos mis pagos en la cuenta corriente.* 私は料金はすべて当座預金口座からの自動支払いにした.
— **domiciliar·se** 再 (+en…) …に居を構える, 住所を定める.
do·mi·ci·lia·rio, ria [ドミシリアリオ, リア] 形 1 住居の, 住所の. 2 自宅で行う, 自宅での.
arresto domiciliario 自宅軟禁.
visita domiciliaria (医者の)往診.
do·mi·ci·lio [ドミシリオ] 男 1 住居. 2 住所.
a domicilio 1 自宅で(の), 自宅へ(の). 2 ‹スポーツ› 相手チームの本拠地で.
cobro a domicilio 自宅集金.
servicio [entrega] a domicilio 宅配サービス.
do·mi·na·ción [ドミナシオン] 女 支配, 統治.
do·mi·nan·te [ドミナンテ] 形 1 ‹生物学› 優性の. 2 支配的な, 支配する.
— 男女 支配的な人.
— 女 ‹音楽› (特定音階の)第5度音, 属音.
do·mi·nar [ドミナル] 他 1 …を支配する, 統治する. 2 (勉強で)…をマスターする, 完全に修得する. 3 …を使いこなす. 4 …を抑える, 鎮圧する. 5 …を見渡す, 見おろす. 6 …にそびえる, …で目立つ.
— 自 優勢である, 目立つ.
— **dominar·se** 再 自制する, 自粛する.
dó·mi·ne [ドミネ] 男 (昔の)ラテン語文法教師.
do·min·gas [ドミンガス] 女複 女性の胸.

do·min·go [ドミンゴ] 男 (週日の)日曜日.
el domingo (文中で) 副 日曜日に.
los domingos (文中で) 副 毎週日曜日に.
Do·min·go [ドミンゴ] 固 ‹男性の名› ドミンゴ.
do·min·gue·ro, ra [ドミンゲロ, ラ] 形 1 日曜日[祝日]に盛装する人. 2 サンデー・ドライバー.
do·min·gui·llo [ドミンギジョ] 男 ‹人形› 起きあがり小法師.
do·mi·ni·cal [ドミニカル] 形 1 日曜日の. 2 ‹新聞› 日曜日特集の.
— 男 ‹新聞› 日曜日特集ページ.
Do·mi·ni·ca·na [ドミニカナ] 固 ‹国の名› (西インド諸島の)ドミニカ共和国[= República Dominicana].
do·mi·ni·ca·no, na [ドミニカノ, ナ] 形 (西インド諸島の)ドミニカ共和国 Dominicana の.
— 男女 ドミニカ人.
do·mi·ni·co, ca [ドミニコ, カ] 形 ‹宗教› ドミニコ会の.
— 男女 ドミニコ会修道士[修道女].
do·mi·nio [ドミニオ] 男 1 支配力. 2 支配領域. 3 (勉強の)マスター, 十分な知識. 4 (学問などの)領域, 関連範囲.
de dominio público 民衆周知の.
do·mi·nó [ドミノ] 男 (西洋カルタの)ドミノ.
don [ドン] 男 «アクセントなし» ‹冠詞なし› (男性の個人名の前につけられる敬称で) …様, …さん. 2 (+性格の言葉) …さん / *don* tacaño けち男さん.
don nadie どうでもいい人.
don [ドン] 男 1 才能, 天賦の才. 2 天の贈り物.
don de gentes 人を引きつける魅力.
do·na·ción [ドナシオン] 女 寄付, 寄付金, 寄贈.
do·nai·re [ドナイレ] 男 優雅さ, スマートさ.
do·nan·te [ドナンテ] 男女 1 寄贈者. 2 (臓器の)提供者, ドナー.
do·nar [ドナル] 他 …を寄贈する, 提供する.
do·na·ta·rio, ria [ドナタリオ, リア] 男女 1 受贈者. 2 (臓器の)受容者, レシピエント.
do·na·ti·vo [ドナティボ] 男 (慈善の)寄付.
don·cel [ドンセル] 男 1 (騎士を目指す)貴族の青年. 2 童貞の若者.
don·ce·lla [ドンセジャ] 女 1 乙女, 処女. 2 (台所以外の家事の)お手伝いさん, メード.
don·ce·llez [ドンセジェす] 女 処女性, 童貞.
don·de [ドンデ] 副 «関係副詞» «アクセントなし» 1 (先行詞+) «あるところの… / *la casa donde nací* 私が生まれた家.
2 (先行詞を含んでいて) 〜の場所で, 〜のところで[に] / *Vaya usted donde quiera.* お好きなところへ行ってください.
3 (+不定詞) …するべき場所[ところ] / *Aquí no hay donde aparcar.* ここには駐車場がない.
4 (前置詞的に) …のところで, …の家で / *donde*

他 は他動詞 再 は再帰動詞 形 は形容詞 副 は副詞 前 は前置詞 接 は接続詞 間 は間投詞

dón·de

Paco パコのところ[家]で.
de donde... 1 …のところから. 2 (前の文を受けて) それゆえに ….
por donde... 1 …のところを通って. 2 (前の文を受けて) それゆえに ….

dón·de [ドンデ] 副 《疑問副詞》 1 どこに, どこで, どこへ/ ¿*Dónde está la estación?* 駅はどこにありますか.
2 (+不定詞) どこで …するべきか, …するべき場所/ *No sé dónde aparcar.* どこに駐車していいのかわからない.

don·de·quie·ra [ドンデキエラ] 副 どこにでも, あらゆる場所に.
dondequiera que (+接続法) …する所ならどこにでも.

don·die·go [ドンディエゴ] 男 〈多年草〉オシロイバナ.

don·juán [ドンフアン] 男 女たらし, 色事師, ドンファン.

don·jua·nis·mo [ドンフアニスモ] 男 ドンファン的性格.

do·no·so, sa [ドノソ, サ] 形 1 気のきいた, しゃれた. 2 優雅な, 上品な.

do·nos·tia·rra [ドノスティアラ] 形 《男女同形》 (スペインの都市の) サン・セバスティアン San Sebastián の.
— 男 女 サン・セバスティアンの人.

do·no·su·ra [ドノスラ] 女 軽妙さ, 機知.

Don Qui·jo·te [ドン キホテ] 固 (スペインの作家セルバンテス Cervantes の小説の主人公の) ドン・キホーテ.

do·ña [ドニャ] 女 《アクセントなし》 1 (既婚女性や未亡人の個人名の前につけられる敬称で) …さん, …夫人 /《口語の言葉》…さん/ *doña perfecta* 完全女史.

do·ña [ドニャ] 間 (呼びかけで) 奥様!, 奥さん!

do·pa·je [ドパヘ] 男 〈スポーツ〉ドーピング. 「る.

do·par·se [ドパルセ] 再 〈スポーツ〉ドーピングす

do·ping [ドピン] 男 〈スポーツ〉ドーピング.

do·quier [ドキエル] 副 どこにでも.
por doquier どこにでも, いたる所に.

do·ra·da[1] [ドラダ] 女 〈魚〉ヨーロッパヘダイ.

Do·ra·do [ドラド] 固 (El+) (南米アマゾン川流域にあるとされた伝説の黄金郷の) エルドラド.

do·ra·do, da[2] [ドラド, −] 形 1 金色の, 黄金(ᅙ)色の. 2 黄金時代の, 全盛期の.

do·ra·dos [ドラドス] 男 複 (→ dorado) (金などの) 金属性の飾り.

do·rar [ドラル] 他 1 〈料理〉…を軽く焼く, さっと炒(ᅙ)める. 2 …に金箔(ᅙ)をかぶせる. 3 …を金めっきする.

dó·ri·co, ca [ドリコ, カ] 形 〈建築〉ドーリア様式の.

dor·mi·da[1] [ドルミダ] 女 ひと眠り, 仮眠.

dor·mi·do, da[2] [ドルミド, −] 《過去分詞》 → *dormir* 眠る.

— 形 1 眠りこんだ, 睡眠中の. 2 頭がぼんやりしている. 3 (手足が) しびれている.

dor·mi·lón, lo·na [ドルミロン, ロナ] 形 1 よく眠る, 寝つきのよい.
— 男 女 1 よく眠る人, 寝坊. 2 寝つきのよい人.

dor·mir [ドルミル] 自 《活》 30〉 1 眠る, 寝る, 休む. 2 (+en…) …に泊まる, …で夜を過ごす. 3 ぐずぐずする, なまける. 4 (+sobre…) …をゆっくり考える. 5 (+con+異性) …と寝る, 男女の関係になる.
— 他 1 …を眠らせる, 寝かしつける. 2 …に眠気をさそう. 3 …に麻酔をかける.
— **dormir·se** 再 1 眠りこむ, 寝入る. 2 だらだらする, うじうじ思案する. 3 (手や足が) しびれる / *Se me está durmiendo este pie.* (私の) この足がしびれている.
echar·se a dormir 1 ベッドに入る. 2 途中であきらめる.
dormir al raso 野宿する.
dormir a pierna suelta [*tendida*] ぐっすり眠る.
dormir como un leño [*un ceporro*] ぐっすり眠る.
dormir con un ojo abierto いつも気を張っている.
dormir la siesta 昼寝する.
dormir·se en [*sobre*] *los laureles* (成果をあげてから) 仕事をやめる, 引退する.
ser de mal dormir [*tener mal dormir*] 不眠症である.

dor·mi·tar [ドルミタル] 自 居眠りする, まどろむ.

dor·mi·to·rio [ドルミトリオ] 男 1 寝室. 2 寝室の家具類.

Do·ro·te·a [ドロテア] 固 〈女性の名〉ドロテア.

dor·sal [ドルサる] 形 1 背面の, 背中の. 2 〈音声学〉舌の背面で調音する, 舌背(ᅙ)の.
— 男 〈スポーツ〉背番号, ゼッケン.
— 女 〈音声学〉舌背音.

dor·so [ドルソ] 男 1 背面, 背中. 2 裏, 裏面.

dos [ドス] 形 1〈数字〉2, II, 2 2 のもの, ふたつ.
— 形 《男女同形》 1 2 の, ふたつの. 2 2 番目の.
— 男 女 2 番目のもの.
a dos pasos (*de*…) (…から) すぐ近くに.
cada dos días 2 日ごとに, 1 日おきに.
cada dos por tres 頻繁に, しょっちゅう.
como dos y dos son cuatro ごく明らかに.
de dos en dos [*dos a dos*] ふたつずつ, ふたりずつ.
en un dos por tres すぐに, たちまち.
las dos 〈時刻〉2 時.

dos·cien·tos[1] [ドスシエントス] 男 1〈数字〉200, CC. 2 200 のもの.

dos·cien·tos[2], **tas** [−, タス] 形 1 200 の. 2 200 番目の.
— 男 女 200 番目のもの.

do·sel [ドセる] 男 (寝台や祭壇の) 天蓋(ᅙ).

do·si·fi·ca·ción [ドシふぃカシオン] 囡 適量区分.

do·si·fi·car [ドシふぃカル] 他《活 73 sacar》…を適量に区分する.

do·sis [ドシス] 囡 (薬などの一回服用の)適量, 一服分.

dos·sier [ドシエル] 男 (特定テーマに関する)情報書類.

do·ta·ción [ドタシオン] 囡 1 装備, 設置, 供給. 2 (人員や手段の)配置. 3 (個人への)寄贈, 付与. 4 (集合的に)要員, 乗組員. 5 支給額, 配給額.

do·ta·do, da [ドタド, ダ]《過去分詞》→ dotar 付与する.
— 形 (+de...) …を付与されている, …が設置されている.

do·tar [ドタル] 他 1 …に(+de...) …を付与する, 設置する, 装備する. 2 …に(+de...) …を配置する. 3 …に(+con...) …を支給する.

do·te [ドテ] 男囡 持参金.
— 囡 素質, 資質[= dotes].

do·ve·la [ドべら] 囡《建築》(アーチを形成する)迫石(せりいし).

doy 活 → dar 与える《活 24》.

Dr. [ドクトル]《略語》doctor 医者, 博士.

Dra. [ドクトラ]《略語》doctora 医者, 博士.

drac·ma [ドラクマ] 囡《通貨単位》(ギリシアの)ドラクマ.

DRAE [ドラエ] 男《略語》Diccionario de la Real Academia Española (スペインの)アカデミア・スペイン語辞典.

dra·ga [ドラガ] 囡 浚渫(しゅんせつ)機.

dra·ga·do [ドラガド] 男 (港や運河の底をさらう)浚渫(しゅんせつ).

dra·ga·mi·nas [ドラガミナス] 男《単複同形》〈海軍〉掃海艇.

dra·gar [ドラガル] 他《活 47 llegar》(運河や港)の底をさらう, …を浚渫(しゅんせつ)する.

dra·go [ドラゴ] 男《樹木》(カナリア諸島原産で20メートルにもなる)リュウケツジュ.

dra·gón [ドラゴン] 男 1 (想像上の怪獣の)ドラゴン, 竜. 2《動物》トビトカゲ. 3 (レース用ヨットの)ドラゴン.

dra·ma [ドラマ] 男 1 戯曲, 脚本. 2 演劇, ドラマ. 3 劇的な事件.

dra·má·ti·ca¹ [ドラマティカ] 囡 1 (文学ジャンルの)ドラマ, 劇文学. 2 劇作法.

dra·má·ti·ca·men·te [ドラマティカメンテ] 副 劇的に, 感動的に.

dra·má·ti·co, ca² [ドラマティコ, —] 形 1 劇の, 演劇の. 2 劇的な, 感動的な. 3 演劇的な, 不自然な, 芝居がかった.
— 男囡 劇作家, 脚本家.

dra·ma·tis·mo [ドラマティスモ] 男 1 演劇性, ドラマ性. 2 劇的効果.

dra·ma·ti·za·ción [ドラマティサシオン] 囡 1 劇化, 脚色. 2 (劇的な)誇張.

dra·ma·ti·zar [ドラマティさル] 他《活 39 gozar》1 …を劇化する, 脚色する. 2 …を劇的に誇張する.

dra·ma·tur·gia [ドラマトゥルヒア] 囡 劇作法, ドラマツルギー.

dra·ma·tur·go, ga [ドラマトゥルゴ, ガ] 男囡 劇作家, 脚本家.

dra·món [ドラモン] 男 1 (お涙ちょうだいの)通俗劇. 2 (人生の)悲劇.

dra·pe·a·do, da [ドラペアド, ダ] 形〈衣服〉ドレープの.

drás·ti·co, ca [ドラスティコ, カ] 形 1 強烈な. 2 厳格な, 徹底的な.

dre·na·je [ドレナへ] 男 1 排水. 2〈医学〉排液.

dre·nar [ドレナル] 他 1 (土地)の排水をする. 2〈医学〉…の排液をする.

dri·blar [ドリブらル] 他〈スポーツ〉(相手)をドリブルでかわす.

dril [ドリる] 男〈布地〉(綿などの厚手の)ドリル織り.

dri·za [ドリさ] 囡 (帆などを上げ下げする)太綱.

dro·ga [ドロガ] 囡 麻薬.

dro·ga·dic·ción [ドロガディクシオン] 囡 麻薬中毒.

dro·ga·dic·to, ta [ドロガディクト, タ] 形 麻薬中毒の.
— 男囡 麻薬中毒患者, 麻薬常用者.

dro·gar [ドロガル] 他《活 47 llegar》…に麻薬を与える.
— **dro·gar·se** 再 麻薬を使用する.

dro·ga·ta [ドロガタ] 男囡 麻薬中毒患者, 麻薬常用者.

dro·go·de·pen·den·cia [ドロゴデペンデンしア] 囡〈医学〉麻薬依存症.

dro·go·de·pen·dien·te [ドロゴデペンディエンテ] 形 麻薬中毒の.
— 男囡 麻薬中毒患者, 麻薬常用者.

dro·go·ta [ドロゴタ] 男囡 麻薬中毒患者, 麻薬常用者.

dro·gue·rí·a [ドログリア] 囡 1 (掃除道具などの)雑貨店. 2 薬局.

dro·gue·ro, ra [ドロゲロ, ラ] 男囡 (雑貨店の)店主, 店員.

dro·me·da·rio [ドロメダリオ] 男《→ camello》〈動物〉ヒトコブラクダ.

drui·da [ドルイダ] 男 (古代ケルトの)ドルイド僧.

dru·pa [ドルパ] 囡〈植物学〉(桃などの果実の)石果(せきか), 核果(かくか).

dru·so, sa [ドルソ, サ] 形〈宗教〉(レバノンやシリアの)ドルーズ派の.
— 男囡 ドルーズ派の信者.

dual [ドゥアる] 形 二重の, 二面性の.

dua·li·dad [ドゥアリダッ] 囡 二重性, 二面性.

dua·lis·mo [ドゥアリスモ] 男 1 二重性, 二面性.

dua·lis·ta

2 〈哲学〉二元論.
dua·lis·ta [ドゥアリスタ] 形《男女同形》〈哲学〉二元論の.
— 男女 二元論者.
du·bi·ta·ción [ドゥビタシオン] 女 疑い, 疑惑.
du·bi·ta·ti·vo, va [ドゥビタティボ, バ] 形 疑いの, 疑いを示す.
oración dubitativa 〈文法〉(推測表現の)懐疑文.
du·ca·do [ドゥカド] 男 1 公爵領, 公国. 2 公爵の位. 3 (昔のスペインの金貨の)ドゥカド.
du·cal [ドゥカル] 形 公爵の.
du·cha¹ [ドゥチャ] 女 1 シャワー. 2 シャワー設備. 3 シャワー室.
ducha de agua fría ショックの大きな知らせ, 水を差す出来事.
du·char [ドゥチャル] 他 1 …にシャワーを浴びさせる. 2 …に(+con...) …を浴びせかける.
— **ducharse** 再 シャワーを浴びる.
du·cho, cha² [ドゥチョ, —] 形 1 経験のある, 知識のある. 2 (+en...) …に精通した, 巧みな.
— 活 → duchar シャワーを浴びさせる.
dúc·til [ドゥクティル] 形 1 〈人〉従順な, すぐ人の言いなりになる. 2 〈金属〉(常温で)変形しやすい, 可延性の.
duc·ti·li·dad [ドゥクティリダス] 女 1 従順さ, 無節操. 2 〈金属〉可延性.
du·da [ドゥダ] 女 1 疑い, 疑惑, 疑念. 2 不審. 3 質問, 疑問点.
— 活 → dudar 疑う余地もなく, 間違いなく.
fuera de duda 疑う余地もなく, 間違いなく.
No cabe duda. 疑いの余地はない.
poner... en duda …を疑う.
salir de dudas 疑問点を解明する.
sin duda (alguna) (まったく)疑いなく, 確かに.
sin lugar a dudas 疑いの余地もなく.
du·dar [ドゥダル] 他 1 …を疑う. 2 …のことで迷う, ためらう.
— 自 1 (+de...) …を疑う, 信じない. 2 (+en...) …のことで迷う, ためらう. 3 (+entre... y ~) …と〜の間で迷う.
du·do·so, sa [ドゥドソ, サ] 形 1 疑わしい, あやふやな. 2 ためらっている, 迷いのある. 3 不確かな, はっきりしない.
duel- 活 → doler 痛む《活 50》.
due·lo¹ [ドゥエロ] 男 1 決闘, 果たし合い. 2 対決. 3 弔意の表現, おくやみ. 4 (集合的に) 弔問客, 会葬者.
duen·de [ドゥエンデ] 男 1 (いたずらな)小悪魔, 小鬼. 2 不思議な魅力.
due·ña [ドゥエニャ] 女 (→ dueño) 女主人, (女性)所有者, 女将(おかみ), (女性)経営者.
due·ño [ドゥエニョ] 男 (→ dueña) 主人, 所有者, 旦那(だんな), (男性)経営者.
ser dueño [dueña] de sí mismo [misma] 落ち着いている, 自制心を失わない.
ser (muy) dueño [dueña] de (+不定詞) (とても)自由に…することができる.
duerm- → dormir 眠る《活 30》.
duer·me·ve·la [ドゥエルメベラ] 男女 うたた寝, まどろみ, 居眠り.
Due·ro [ドゥエロ] 男《el+》〈川の名〉(スペイン北部からポルトガルを経由する)ドゥエロ川.
due·to [ドゥエト] 男 〈音楽〉デュエット, 二重唱, 二重奏.
dul·ce [ドゥルセ] 形 1 甘い, 甘口の. 2 塩からくない, にがくない. 3 甘美な, 心地よい. 4 やさしい, 親切な.
— 男 1 砂糖菓子, キャンデー[= dulces]. 2 果物の砂糖煮.
— 副 おだやかに, やさしく.
agua dulce 淡水.
...en dulce 〈料理〉砂糖煮の….
estar de dulce 〈人〉とてもさわやかだ.
vino dulce 甘口ワイン.
dul·ce·men·te [ドゥルセメンテ] 副 1 甘く, やさしく. 2 心地よく, 甘美に.
dul·ce·rí·a [ドゥルセリア] 女 菓子屋.
dul·ce·ro, ra [ドゥルセロ, ラ] 形 甘い物の好きな, 甘党の.
— 男女 菓子職人.
dul·ci·fi·ca·ción [ドゥルシフィカシオン] 女 1 甘くすること. 2 やわらげること, 緩和.
dul·ci·fi·car [ドゥルシフィカル] 他《活 73 sacar》1 …をもっと甘くする. 2 …をやわらげる, 緩和する.
— **dulcificarse** 再 おだやかになる.
dul·ci·ne·a [ドゥルシネア] 女 あこがれの女性.
dul·zai·na [ドゥルサイナ] 女 (祭りに使う小型木管楽器の)ドゥルサイナ.
dul·zón, zo·na [ドゥルソン, ソナ] 形 変に甘ったるい.
dul·zor [ドゥルソル] 男《= dulzura 女》1 甘味, 甘さ. 2 やさしさ, 親切心. 3 〈気候〉温暖, 心地よさ.
du·na [ドゥナ] 女 砂丘.
dú·o [ドゥオ] 男 1 〈音楽〉二重奏[唱]曲. 2 二重奏[唱]. 3 二人組.
duo·dé·ci·mo¹ [ドゥオデシモ] 男 12 分の 1.
duo·dé·ci·mo², ma [—, マ] 形《序数詞》1 12 番目の. 2 12 分の 1 の.
— 男女 12 番目のもの.
duo·de·nal [ドゥオデナル] 形 〈解剖学〉十二指腸の.
duo·de·no [ドゥオデノ] 男 〈解剖学〉十二指腸.
dú·plex [ドゥプレクス] 男 〈単複同形〉複層住宅, メゾネット.
du·pli·ca·ción [ドゥプリカシオン] 女 1 複製, 複写. 2 倍増, 倍加.
du·pli·ca·do¹ [ドゥプリカド] 男 (書類の正本に対して)副本, コピー, 写し.

du·pli·ca·do², da [ー, ダ] 《過去分詞》→ duplicar 二重にする.
— 形 1 写しの, 副本の. 2 2倍になった.
du·pli·car [ドゥプリカル] 他 《活 73 sacar》1 …を二重にする. 2 …を2倍にする. 3 …を複写する.
— **duplicar·se** 再 1 二重になる. 2 2倍になる.
du·pli·ci·dad [ドゥプリしダス] 女 1 二重性, 二面性. 2 偽善性, 二枚舌.
du·plo, pla [ドゥプロ, プラ] 形 2倍の.
du·que [ドゥケ] 男 公爵.
Du·que de Al·ba [ドゥケデアルバ] 固 《公爵の名》(16世紀スペインの)アルバ公.
du·que·sa [ドゥケサ] 女 1 女公爵. 2 公爵夫人.
du·ra·bi·li·dad [ドゥラビリダス] 女 耐久性, 永続性.
du·ra·ble [ドゥラブれ] 形 耐久性のある, 永続性のある.
du·ra·ción [ドゥラひオン] 女 1 持続時間, 永続期間. 2 存続, 持続. 3 耐用年数, 寿命.
du·ra·de·ro, ra [ドゥラデロ, ラ] 形 永続性のある, 長続きする.
du·ra·men [ドゥラメン] 男 《複 durámenes》〈植物学〉(樹木の)心材, 赤身(ぁゕ).
du·ra·men·te [ドゥラメンテ] 副 1 我慢強く. 2 厳格に, きびしく. 3 強情に.
du·ran·te [ドゥランテ] 前 《アクセントなし》1 …の間, …の期間. 2 …の間ずっと.
du·rar [ドゥラル] 自 1 続く, 継続する, 持続する. 2 耐える, 持ちこたえる.
du·raz·ne·ro [ドゥラスネロ] 男 〈果樹〉モモ[桃].
du·raz·no [ドゥラスノ] 男 1 〈果樹〉モモ[桃]. 2 〈果実〉モモ.
du·re·za [ドゥレさ] 女 1 固さ, 硬さ, 堅さ. 2 耐久力, 持続性. 3 冷酷さ, 非情. 4 強情.
durm- 活 → dormir 眠る《活 30》.
dur·mien·te [ドゥルミエンテ] 形 眠っている.
du·ro¹ [ドゥロ] 男 〈通貨単位〉(スペインの5ペセタ相当の)ドゥロ.
— 副 1 熱心に, 一所懸命に. 2 はげしく.
du·ro², ra [ドゥロ, ラ] 形 1 固い, 硬い, 堅い. 2 きびしい, はげしい. 3 非情な, 冷酷な. 4 難しい, 骨の折れる. 5 丈夫な, 耐久力のある. 6 強情な, 頑固な. 7 けちな. 8 人相の悪い.
agua dura 硬水.
cara dura 厚かましさ.
duro de oído 耳の遠い.
duro de pelar 扱いにくい.
estar a las duras y a las maduras 悪いことも良いこともımızda受け入れる.
lo que faltaba para el duro 泣き面(ﾂ)に蜂, ふんだりけったりの出来事.
poner·se duro 1 厳しくなる. 2 態度を硬化する.

E e

E [エステ] 男 《略語》este〈方位〉東.
E, e [エ] 女 1《アルファベットの第5番の文字》エ. 2《文字 E, e の名》エ.
e [エ] 接《接続詞 y の特別な形》《アクセントなし》〈y は i-, hi- で始まる単語の前では e になる. 文頭や hie- の単語の前では変わらない》…と, ～.
e·a [エア] 間 さあさあ!, それ!
e·ba·nis·ta [エバニスタ] 共 家具職人, 指物師(さしものし).
e·ba·nis·te·rí·a [エバニステリア] 女 1 家具製作所. 2〈技術〉家具製作法. 3〈集合的に〉家具, 指物(さしもの).
é·ba·no [エバノ] 男〈植物・木材〉コクタン.
e·bo·ni·ta [エボニタ] 女〈硬質ゴムの〉エボナイト.
e·brie·dad [エブリエダス] 女 1〈酒の〉酔い. 2〈ガス中毒などによる〉虚脱. 3 陶酔, 有頂点.
e·brio, bria [エブリオ, ブリア] 形 1 (+de...) …に陶酔した, 目がくらんだ. 2 酒に酔った.
E·bro [エブロ] 圖〈el+〉〈川の名〉〈スペイン北東部から地中海に流れる〉エブロ川.
e·bu·lli·ción [エブジェシオン] 女 1 沸騰. 2 狂乱, 騒然.
ec·ce·ho·mo [エクセオモ] 男 1〈イバラの冠のキリスト像の〉エッケホモ. 2 傷だらけの哀れな人.
ec·ce·ma [エクセマ] 男〈医学〉湿疹(しっしん).
e·cha·do, da [エチャド, ダ]〈過去分詞〉→ echar ほうり投げる.
— 形 1 投げられた. 2 横になった.
e·char [エチャル] 他 1 …をほうり投げる, 投げつける.
2 〈液体など〉を注ぐ, 入れる.
3 …を発する, 出す.
4 〈えさなど〉を与える, 配る.
5 …を (+de...) …から追い出す, 追い払う.
6 〈毛布など〉を掛ける.
7 〈鍵など〉をかける.
8 〈時間や費用〉を掛ける, 費やす.
9 〈ゲームで〉…を賭ける.
10 …を寝かせる, 横にする.
11 〈罰など〉を課す, やらせる.
12 〈芽や葉〉を出す.
13 〈歯など〉を生やす.
14 〈年齢などで〉(+数値)…だと思う, 推定する.
15 〈ゲームなど〉をする.
16 〈興行で〉…を演ずる, 上演する, 上映する.
17 〈公的機関に書類など〉を提示する, 提出する.
18 〈まとまったこと〉を言う, 演説する.
19 〈頭など〉を動かす, かたむける.
— 自 1 (+a+不定詞) …し始める.
2 (+por...) …を進む, 行く.
3 (+por+方向) …へ曲がる.
— **echar·se** 再 1〈休むために〉横になる, 寝そべる.
2 …を〈自分の〉体に掛ける.
3 (+a, para...) …のほうへ体を動かす, 移動する.
4 (+a...) …へ飛びこむ, 飛びおりる, 突進する.
echar... a (+不定詞) …に～させる.
echar abajo... …をこわす, 台無しにする.
echar... a cara o cruz …を硬貨のトスで決める.
echar de comer a... …に食べ物をやる.
echar de menos [en falta]... 1 …の無い[いない]のに気づく. 2 …の無い[いない]のを淋しく思う.
echar de ver... …に気づく.
echar tras... …を追いかける.
echar·se a perder くさる.
echar·se atrás 1 身を引く. 2 後退する.
echar·se encima (...) 1 すぐそばにいる. 2 (…に)おそいかかる.
echar·se·las de... …を気取る, …の振りをする.
echar·se·las novia [novio] (男が[女が])恋人ができる.
echar(se) una mirada 見る.
echar(se) una siesta 昼寝をする.
echar(se) un cigarrillo タバコを1服吸う.
echar(se) un trago 酒を1杯飲む, 1杯ひっかける.
e·char·pe [エチャルペ] 男〈服飾〉ショール, 肩掛け.
e·clec·ti·cis·mo [エクレクティシスモ] 男 1 折衷(せっちゅう)主義. 2 穏健(おんけん)主義.
e·cléc·ti·co, ca [エクレクティコ, カ] 形 1 折衷(せっちゅう)主義の. 2 穏健(おんけん)主義の.
— 男 女 1 折衷主義者. 2 穏健主義者.
e·cle·sial [エクレシアル] 形〈キリスト教の共同体としての〉教会の.
e·cle·siás·ti·co, ca [エクレシアスティコ, カ] 形〈キリスト教の〉聖職者の, 教会の.
e·clip·sar [エクリプサル] 他 1〈天体が別の天体〉を食する. 2 …をおおい隠す, 暗くする.
— *eclipsar·se* 再 1〈天体が〉食になる. 2 消える, 姿を消す, 目立たなくなる.
e·clip·se [エクリプセ] 男 1〈天文学〉〈天体の〉

食. 2 消failure, 衰退, かげり.
eclipse lunar 月食.
eclipse solar 日食.
e·clíp·ti·ca [エクリプティカ] 囡 〈天文学〉黄道.
e·clo·sión [エクロスィオン] 囡 1 開花. 2 孵化(ふか). 3 (社会現象の急な)登場, 出現.
e·co [エコ] 男 1 やまびこ, こだま. 2 かすかな音. 3 消息, 音信. 4 風説, 風聞(ふうぶん). 5 反響, 評判.
hacer eco 評判になる.
hacer eco a... …に共鳴する, 反応する.
hacer·se eco de... …を伝え広める, …のニュースを流す.
tener eco 反響を呼ぶ, 評判になる.
e·co·gra·fí·a [エコグラふィア] 囡 超音波検査.
e·co·lo·gí·a [エコロヒア] 囡 1 生態学, エコロジー. 2 環境保護論.
e·co·ló·gi·co, ca [エコロヒコ, カ] 形 1 生態学の. 2 環境保護の.
e·co·lo·gis·mo [エコロヒスモ] 男 環境保護運動.
e·co·lo·gis·ta [エコロヒスタ] 形《男女同形》1 環境保護の. 2 環境保護主義の.
— 男女 環境保護主義者, エコロジスト.
e·co·no·ma·to [エコノマト] 男 組合マーケット, 生協の店.
e·co·no·mí·a [エコノミア] 囡 1 経済学. 2 経済, 経済構造. 3 経済活動. 4 節約, 倹約.
economía de mercado 市場経済.
economía doméstica 家政学, 家計.
economía sumergida 地下経済, アングラ経済.
e·co·no·mí·as [エコノミアス] 囡複《→ economía》貯金, 貯蓄, たくわえ.
e·co·nó·mi·ca·men·te [エコノミカメンテ] 副 1 経済的に. 2 つましく, 節約して.
e·co·nó·mi·co, ca [エコノミコ, カ] 形 1 経済の. 2 経済学の. 3 経済的な, 安価な.
ciencias económicas 経済学.
clase económica (飛行機の)エコノミークラス.
edición económica (本の)廉価版.
mundo económico 経済界.
e·co·no·mis·ta [エコノミスタ] 男女 1 経済学者, エコノミスト. 2 経済学士.
e·co·no·mi·zar [エコノミさル] 他〈活 39 gozar〉…を節約する, 倹約する.
— 自 節約する, 貯蓄する, 貯金する.
e·có·no·mo [エコノモ] 男 〈宗教〉代理司祭.
e·co·sis·te·ma [エコシステマ] 男 〈生物学〉生態系.
e·cu [エク] 男《←略語の ECU, European Currency Unit》(欧州連合の 1995 年までの通貨単位の)エキュー.
e·cua·ción [エクアスィオン] 囡 〈数学〉等式, 方程式.
e·cua·dor [エクアドル] 男 〈地理学〉赤道.
E·cua·dor [エクアドル] 圕 〈国の名〉(南米の北西部の共和国の)エクアドル[= República del Ecuador].
e·cua·li·za·dor [エクアりさドル] 男 〈電子工学〉(周波数の)等化器, イコライザー.
e·cú·ni·me [エクアニメ] 形 公平な, 公正な.
e·cua·ni·mi·dad [エクアニミダッ] 囡 公平さ, 公正さ.
e·cua·to·gui·ne·a·no, na [エクアトギネアノ, ナ] 形 (アフリカ西部の共和国の)赤道ギニア Guinea Ecuatorial の.
— 男女 赤道ギニア人.
e·cua·to·rial [エクアトリアる] 形 赤道の, 赤道地帯の.
e·cua·to·ria·no, na [エクアトリアノ, ナ] 形 (南米のエクアドル Ecuador の.
— 男女 エクアドル人.
e·cues·tre [エクエストレ] 形 1 馬の. 2 馬術の. 3 〈美術〉乗馬姿の.
e·cu·mé·ni·co, ca [エクメニコ, カ] 形 世界的な, 全世界の.
ec·ze·ma [エクセマ] 男 〈医学〉湿疹(しっしん).
e·dad [エダッ] 囡 1 年齢, 年(に). 2 年齢層, 世代. 3 (歴史区分の)時代, 時期.
de cierta edad 中年の.
de corta edad 年少の, おさない.
de edad 年配の.
de edad avanzada 老年の.
de edad madura 中年の, 壮年の.
edad antigua 古代.
edad contemporánea 現代.
edad crítica 人生の転機, 思春期, 更年期.
edad del bronce 青銅器時代.
edad del cobre 銅器時代.
edad del hierro 鉄器時代.
edad del juicio [*de la razón*] 分別のつく年齢.
edad de los metales 金属器時代.
edad del pavo 思春期.
edad de merecer 適齢期.
edad de oro [*dorada*] 全盛期, 黄金時代.
edad de piedra 石器時代.
edad escolar 就学年齢.
edad media 中世.
edad mental 精神年齢.
edad moderna 近代.
entrado en edad 年を取った, 年配の.
estar en edad de (+不定詞) …するのに適した年齢である.
mayor de edad 成年(の).
menor de edad 未成年(の).
tercera edad 老年期.
e·de·ma [エデマ] 男 〈医学〉浮腫(ふしゅ), 水腫.
e·dén [エデン] 男 〈聖書〉地上の楽園, エデン.
e·di·ción [エディスィオン] 囡 1 (出版のための)印刷. 2 (刊行物の)版. 3 発行部数. 4 校訂本. 5 (定期的開催行事の)回.

edición agotada 絶版.
edición ampliada 増補版.
edición crítica (原典批評の)校訂版.
edición diamante 豆本.
edición príncipe 初版本.
edición revisada 改訂版.
ser la segunda edición de… 1 …の生き写しである. 2 …の二番煎(ぜん)じである.
e·dic·to [エディクト] 男 1 勅令, 布告. 2 公示, 公告.
e·di·fi·ca·ción [エディふぃカしオン] 女 1 建築, 建設, 建造. 2 建造物.
e·di·fi·can·te [エディふぃカンテ] 形 手本となる, 教化的な.
e·di·fi·car [エディふぃカル] 他《活 73 sacar》1 …を建設する, 建てる. 2 (会社など)を設立する, 創設する. 3 …に手本となる, …を教化する.
— **edificar·se** 再 1 建設される, 建つ. 2 設立される. 3 できあがる.
e·di·fi·cio [エディふぃしオ] 男 建造物, 建物.
edifiqu- → edificar 建設する《活 73》.
e·dil, di·la [エディる, ディら] 男 女 市会議員, 町会議員.
e·di·tar [エディタル] 他 1 …を出版する, 刊行する. 2 …を編集する.
e·di·tor[1] [エディトル] 男〈コンピューター〉エディター.
e·di·tor[2], **to·ra** [—, トラ] 形 編集の, 出版の.
— 男 女 1 発行人, 出版者. 2 編集者.
e·di·to·ra[2] 女 出版社.
e·di·to·rial [エディトリアる] 形 1 出版の. 2 編集の.
— 男〈新聞〉社説, 論説.
— 女 出版社.
e·dre·dón [エドレドン] 男 羽毛布団(ふとん).
E·duar·do [エドゥアルド] 固〈男性の名〉エドゥアルド.
e·du·ca·ción [エドゥカしオン] 女 1 教育, 訓練. 2 教養. 3 しつけ, 行儀作法.
educación especial 特殊教育.
educación física 体育.
e·du·ca·cio·nal [エドゥカしオナる] 形 教育の.
e·du·ca·do, da [エドゥカド, ダ]《過去分詞》→ educar 教育する.
— 形 1 教育された. 2 しつけの良い.
e·du·car [エドゥカル] 他《活 73 sacar》1 …を教育する. 2 …をしつける, …に作法を教える. 3 (能力など)をきたえる, 訓練する.
— **educar·se** 再 1 教育される. 2 しつけられる.
e·du·ca·ti·vo, va [エドゥカティボ, バ] 形 1 教育上の. 2 教育的な, 教育に役立つ.
e·dul·co·ran·te [エドゥコランテ] 男〈料理〉甘味料.
e·dul·co·rar [エドゥコラル] 他〈料理〉…を甘くする.
eduqu- 活 → educar 教育する《活 73》.
EE. UU. [エスタドス ウニドス] 固《略語》Estados Unidos de Norteamérica アメリカ合衆国[= 英語 USA].
e·fe [エふェ] 女〈文字 F, f の名〉エフェ.
e·fe·bo [エふェボ] 男〈男子〉青年, 若者.
e·fec·tis·mo [エふェクティスモ] 男 (過度に情報を盛り込む)はったり, こけおどし.
e·fec·tis·ta [エふェクティスタ] 形〈男女同形〉奇抜な効果をねらった, あっと思わせようとする.
e·fec·ti·va·men·te [エふェクティバメンテ] 副 1 本当に, 実際に, やっぱり. 2 たしかに, もちろん.
e·fec·ti·vi·dad [エふェクティビダス] 女 有効性, 効力.
e·fec·ti·vo[1] [エふェクティボ] 男 現金/¿*Lo paga con tarjeta o en efectivo?* お支払いはカードですか現金ですか.
e·fec·ti·vo[2], **va** [—, バ] 形 1 有効な, 効果的な. 2 本当の, 実際の, 事実上の.
dinero efectivo 現金.
hacer efectivo… …を(現金で)支払う, 受け取る
e·fec·ti·vos [エふェクティボス] 男 複《→ efectivo[2]》(集合的に) (特定任務の)兵員, 警察官.
e·fec·to [エふェクト] 男 1 効果, 作用, 効力. 2 結果. 3 印象, 感銘, 感じ. 4 目的, 用途. 5〈スポーツ〉(ボールにかける)回転, スピン. 6 (劇や映画などの)特殊効果, トリック.
a efectos de… …のために, …の目的で.
a tal efecto そのために, その目的で.
en efecto 1 実際に, 本当に, やっぱり. 2 たしかに.
llevar… a efecto …を実行する.
surtir efecto 期待通りの結果を出す.
tener efecto 1 実行される. 2 発効する.
e·fec·tos [エふェクトス] 男 複《→ efecto》1 身の回り品[= *efectos personales*]. 2 (商品の)証書, 証券. 3 商品. 4 財産.
e·fec·tuar [エふェクトゥアル] 他《活 1 actuar》…を実行する, 果たす, 遂行する.
— **efectuar·se** 再 実行される, 実現する.
e·fe·mé·ri·de [エふェメリデ] 女 1 (毎年記念される)重大事件. 2 (重大事件の)記念行事.
e·fe·mé·ri·des [エふェメリデス] 女 複《→ efeméride》1 (過去の同月同日に起こった重大事件を集めた)同日記録. 2 同日記録帳.
e·fer·ves·cen·cia [エふェルベスセンしア] 女 1 (ガスの)泡立ち, 発泡. 2 騒乱, 熱狂.
e·fer·ves·cen·te [エふェルベスセンテ] 形 1 発泡性の, ガスの入っている. 2 騒乱状態の.
e·fi·ca·ces [エふぃカセス] 形《→ eficaz》有効な.
e·fi·ca·cia [エふぃカしア] 女 1 効力, 効能. 2 能率, 効率.
e·fi·caz [エふぃカす] 形《複 eficaces》1 有効な, 効果的な. 2 よく効く.
e·fi·cien·cia [エふぃしエンしア] 女〈人〉能力,

活 は活用形 複 は複数形 男 は男性名詞 女 は女性名詞 固 は固有名詞 代 は代名詞 自 は自動詞

実力.
e·fi·cien·te [エふぃしエンテ] 形 〈人〉有能な, 実力のある.
e·fi·gie [エふいヒエ] 女 肖像(しょう).
e·fí·me·ro, ra [エふいメロ, ラ] 形 はかない, すぐに無くなる.
e·flu·vio [エふルビオ] 男 (微粒子などの)発散.
e·fu·sión [エふシオン] 女 1 (感激などの)ほとばしり, 発現. 2 (血液などの)流れ出, 噴出.
e·fu·si·va·men·te [エふシバメンテ] 副 感情をかくさずに, すなおに感激して.
e·fu·si·vo, va [エふシボ, バ] 形 すなおに感激する, 感激に満ちた.
e. g. 《略語》(ラテン語)exempli gratia たとえば.
EGB [エヘベ] 女 《略語》Educación General Básica(スペインの)一般基礎教育課程.
e·gip·cio, cia [エヒプシオ, シア] 形 (北アフリカの国の)エジプト Egipto の.
— 男女 エジプト人.
E·gip·to [エヒプト] 固 〈国の名〉(北アフリカの共和国の)エジプト.
e·gip·to·lo·gí·a [エヒプトロヒア] 女 古代エジプト学.
é·glo·ga [エグロガ] 女 牧歌, 田園詩.
e·go [エゴ] 男 〈哲学〉自我, エゴ.
e·go·cén·tri·co, ca [エゴセントリコ, カ] 形 自己中心的な, 自分中心の.
e·go·ís·mo [エゴイスモ] 男 利己主義, 自己中心主義, エゴイズム.
e·go·ís·ta [エゴイスタ] 形 〈男女同形〉利己主義の, 自己本位の.
— 男女 利己主義者, エゴイスト.
e·gó·la·tra [エゴラトラ] 形 〈男女同形〉自己崇拝の.
— 男女 自己崇拝者.
e·go·la·trí·a [エゴラトリア] 女 自己崇拝.
e·go·tis·ta [エゴティスタ] 形 〈男女同形〉自分のことを語るのが好きな.
e·gre·gio, gia [エグレヒオ, ヒア] 形 著名な, 卓越した.
e·gre·sar [エグレサル] 自 1 (+de...) …を卒業する. 2 (金が口座から)出る.
e·gre·so [エグレソ] 男 卒業.
eh [エ] 間 1 ねえ!, ちょっと! 2 そうだろう!, いいね!
e·je [エヘ] 男 1 軸. 2 心棒, 車軸, シャフト. 3 (表面を二分する)中心線. 4 中心, 核心. 5 中心人物.
eje de abscisas 〈数学〉X 軸.
eje de coordenadas 〈数学〉座標軸.
eje de ordenadas 〈数学〉Y 軸.
partir por el eje a... …に大損害を与える.
e·je·cu·ción [エヘクシオン] 女 1 遂行, 実行. 2 死刑執行. 3 演奏.
e·je·cu·tan·te [エヘクタンテ] 形 実行する, 執行する.
— 男女 実行者, 執行者.
e·je·cu·tar [エヘクタル] 他 1 …を実行する, 遂行する. 2 …を処刑する. 3 …を演奏する.
e·je·cu·ti·va¹ [エヘクティバ] 女 理事会, 重役会, 執行委員会.
e·je·cu·ti·vo, va² [エヘクティボ, ー] 形 1 即座に実行するべき. 2 執行力のある. 3 行政の, 行政的な.
— 男女 役員, 重役, 取締役.
comité ejecutivo 実行委員会.
poder ejecutivo 行政権.
e·jem [エヘン] 間 1 (注意を引くときの)えへん!, おほん! 2 (はっきり言わないときの)まあ…ですね!
e·jem·plar [エヘンプラル] 形 1 手本となる, 模範的な. 2 見せしめの.
— 男 1 (刊行物などの)1 部, 1 冊. 2 原本, 手本, 見本. 3 (特定生物の)個体.
e·jem·pli·fi·ca·ción [エヘンプリふィカシオン] 女 例示, 例証, 例解.
e·jem·pli·fi·car [エヘンプリふィカル] 他 《活 73 sacar》…を例示する, 例証する.
e·jem·plo [エヘンプロ] 男 1 例, 実例, 事例. 2 手本, 模範. 3 見本, 典型.
a ejemplo de... …の例にならって.
dar ejemplo a... …に対して手本を示す.
poner... por ejemplo …を例として示す.
por ejemplo たとえば.
tomar como [por] ejemplo a... …を見習う, 手本にする.
vivo ejemplo 典型的な人.
e·jer·cer [エヘルセル] 他 《活 84 vencer》1 (仕事などを)実行する, 行う. 2 (影響などを)(+en, sobre...) …に与える, 及ぼす. 3 (権利などを)行使する.
— 自 (+como...) …として仕事をする, 働く.
e·jer·ci·cio [エヘルシシオ] 男 1 (権利などの)行使, 使用. 2 従事, 営業, 仕事. 3 (肉体的な)運動, 体操. 4 練習, 訓練, 実習. 5 試験, テスト. 6 練習問題, 練習帳, 宿題. 7 事業年度, 会計年度.
ejercicio escrito 筆記試験.
ejercicio físico 体操.
ejercicio oral 口頭試問, 口述試験.
ejercicios espirituales 〈宗教〉行(ぎょう), 修行(しゅぎょう).
en ejercicio (まだ引退していない)現役の.
e·jer·ci·cios [エヘルシシオス] 男 複 《→ ejercicio》軍事演習.
e·jer·ci·ta·ción [エヘルシタシオン] 女 1 練習, 訓練. 2 修行(しゅぎょう).
e·jer·ci·tar [エヘルシタル] 他 1 …を練習する. 2 …に(+en... …を)教えこむ, …をきたえる. 3 …を実行する, 実践する.
— ejercitar·se 再 (+en... …を)練習する, けいこする.

他 は他動詞 再 は再帰動詞 形 は形容詞 副 は副詞 前 は前置詞 接 は接続詞 間 は間投詞

e·jér·ci·to [エヘルシト] 男 1 軍隊. 2 陸軍, 空軍. 3 (大) 軍団. 4 (同一目的を持つ者の)大群, 群衆.

ejerz- 活 → ejercer 実行する《活 84》.

e·ji·do [エヒド] 男 (村の)共有地.

el [エる] 《定冠詞, 男性・単数形》《アクセントなし》《→ lo, los, las, lo》《al ← a+el, del ← de+el》《女性単数名詞につく定冠詞は la であるが, その名詞がアクセントを帯びる a-, ha- で始まっているとel になる》《聞き手にもわかっているものを指す男性単数名詞につける用法》(1) (名詞が指すものが話題になっているものの)その …/ *el chico* その子.
(2) (状況からわかるものの)その …, あの …/ *en el jardín* (あの)庭に.
(3) (意味が限定されたもの) *el día de su cumpleaños* 彼の誕生日.
(4) (わかっている人の身体の一部や身につけているもの) *Me duele* **el** *estómago.* 私は胃が痛い.
(5) (唯一物であると考えられているもの) *el sol* 太陽.
(6) (総称的に扱われたもの) *el café* コーヒー(というもの), *jugar a* **l** *tenis* テニスをする.
(7) (自然現象) *el viento* 風.
(8) (季節) *el invierno* 冬.
(9) (方位) *el sur* 南.
(10) (言語名) *el español* スペイン語.
2《固有名詞につける用法》(1) 《固有名詞の前の男性単数名詞につけて》 *el señor Gómez* ゴメス氏.
(2) (意味が限定された固有名詞につけて) *el Japón del siglo XIX* 19世紀の日本.
(3) (川や山の名前について) *el Tajo* タホ川, *el Fuji* 富士山.
(4) (固有名詞になった普通名詞について) *el Banco Central* 中央銀行.
(5) (作品名について) *el Quijote* (セルバンテスの)『ドン・キホーテ』.
(6) (男性の名前につけて親しみなどを表す) *el Mario* マリオのやつ, あのマリオ.
(7) (同格のあだ名について) *Pedro I el Cruel* 残酷王ペドロ1世.
3《代名詞的用法》(1) (繰り返しを避けて) *mi padre y* **el** *de María* 私の父とマリアの父.
(2) (男性を指して) *el de la corbata* (あの)ネクタイの人.
4《曜日や日付などにつける副詞的用法》 *el 8 de agosto* 8月8日に, *Llegué aquí* **el** *lunes.* 私は月曜日にここに着いた. *Me casaré con ella* **el** *año que viene.* 私は来年彼女と結婚するつもりです.
5《比較級表現につけて最上級表現にする用法》 *el alumno más alegre de la clase* クラスで一番快活な男子生徒.

él [エる] 代《3人称の男性単数の人称代名詞》《→ ella, ellos, ellas, ello》1 〈主語として〉彼 は, 彼が. 2〈前置詞のうしろで前置詞格として〉彼, それ/*con él* 彼といっしょに, (男性単数形の名詞が指す)それと共に.

e·la·bo·ra·ción [エらボラしオン] 女 1 製造, 加工, 調製. 2 加工品, 製品. 3 (計画などの)作成, 立案, 考案.

e·la·bo·ra·do, da [エらボラド, ダ] 《過去分詞》→ elaborar 加工する.
— 形 1 念入りに仕上げられた. 2 工場生産の.

e·la·bo·rar [エらボラる] 他 1 …を加工する, 細工する. 2 …を製造する, 製作する. 3 (計画など)を考案する, 作成する.

e·lás·ti·ca¹ [エらスティカ] 女 (運動用の)肌着, Tシャツ.

e·las·ti·ci·dad [エらスティシダ(ッ)ド] 女 1 弾性, 弾力性. 2 順応性, 柔軟性.

e·lás·ti·co¹ [エらスティコ] 男 1 ゴムひも, ゴム輪. 2 ゴム編み.

e·lás·ti·co², ca² [エらスティコ, カ] 形 1 弾力性のある, しなやかな. 2 柔軟性のある, 順応性に富む. 3 意見のわかれる, 解釈が定まらない.

e·lás·ti·cos [エらスティコス] 男 複 《→ elástico¹,²》ズボン吊(つ)り.

e·le [エれ] 女 〈文字 L, l の名〉エレ.
— 間 いいぞ!, やれぇ!

ELE, E/LE [エれ] 男 《略語》Español Lengua Extranjera 外国語教育のスペイン語.

e·lec·ción [エれクしオン] 女 1 選択. 2 選挙, 選出. 3 選択権. 4 選択の対象.

e·lec·cio·nes [エれクしオネス] 女 複 《→ elección》投票, 選挙.

e·lec·ti·vo, va [エれクティボ, バ] 形 〈地位〉選挙で決められる.

e·lec·to, ta [エれクト, タ] 形 選出された, 選挙で当選した.

e·lec·tor, to·ra [エれクトル, トラ] 形 選挙権のある.
— 男 女 有権者, 選挙人.

e·lec·to·ra·do [エれクトラド] 男 (集合的に)有権者.

e·lec·to·ral [エれクトらる] 形 1 選挙の. 2 選挙人の.
colegio electoral 1 (選挙区の)有権者全員. 2 投票場.

e·lec·to·ra·lis·mo [エれクトラリスモ] 男 当選至上主義.

e·lec·tri·ci·dad [エれクトリシダ(ッ)ド] 女 1 電気, 電力. 2 電流. 3 電気学. 4 緊張, いらだち.

e·lec·tri·cis·ta [エれクトリしスタ] 形 〈男女同形〉電気が専門の.
— 男 女 電気技師, 電気工.

e·léc·tri·co, ca [エれクトリコ, カ] 形 電気の, 電気に関係のある.

e·lec·tri·fi·ca·ción [エれクトリふィカしオン] 女 電化.

e·lec·tri·fi·car [エれクトリふィカる] 他 《活 73

sacar》 …を電化する.

e·lec·tri·zan·te [エレクトリサンテ] 形 感動させる, 感動的な.

e·lec·tri·zar [エレクトリサル] 他《活 39 gozar》1 …を帯電させる. 2 …を感動させる.

e·lec·tro [エレクトロ] 男〈医学〉心電図.

e·lec·tro·car·dio·gra·ma [エレクトロカルディオグラマ] 男〈医学〉心電図.

e·lec·tro·cho·que [エレクトロチョケ] 男〈医学〉電気ショック療法.

e·lec·tro·cu·tar [エレクトロクタル] 他 …を感電死させる.
— electrocutarse 再 感電死する.

e·lec·tro·do [エレクトロド] 男《= eléctrodo》〈物理学〉電極.

e·lec·tro·do·més·ti·co, ca [エレクトロドメスティコ, カ] 形 家庭電化の.

e·lec·tro·do·més·ti·cos [エレクトロドメスティコス] 男複 家庭電化製品.

e·lec·tro·en·ce·fa·lo·gra·ma [エレクトロエンセふァログラマ] 男〈医学〉脳波図.

e·lec·troi·mán [エレクトロイマン] 男〈物理学〉電磁石.

e·lec·tró·li·sis [エレクトロリシス] 女〈化学〉電気分解.

e·lec·tró·li·to [エレクトロリト] 男〈化学〉電解質.

e·lec·tro·mag·né·ti·co, ca [エレクトロマグネティコ, カ] 形〈物理学〉電磁気の.

e·lec·tro·mag·ne·tis·mo [エレクトロマグネティスモ] 男〈物理学〉電磁気.

e·lec·tro·mo·tor [エレクトロモトル] 男 電動機, モーター.

e·lec·tro·mo·triz [エレクトロモトリす] 形《複 electromotrices》1 電動の. 2 起電の.

e·lec·trón [エレクトロン] 男〈物理学〉電子, エレクトロン.

e·lec·tró·ni·ca¹ [エレクトロニカ] 女 電子工学.

e·lec·tró·ni·co, ca² [エレクトロニコ, —] 形 1 電子の. 2 電子工学の.

e·lec·tros·co·pio [エレクトロスコピオ] 男〈物理学〉検電器.

e·lec·tros·tá·ti·ca¹ [エレクトロスタティカ] 女 静電気学.

e·lec·tros·tá·ti·co, ca² [エレクトロスタティコ, —] 形〈物理学〉静電気の.

e·lec·tro·tec·nia [エレクトロテクニア] 女 電気工学.

e·lec·tro·te·ra·pia [エレクトロテラピア] 女〈医学〉電気療法.

e·le·fan·te, ta [エレふァンテ, タ] 男女〈動物〉ゾウ[象].
elefante marino〈動物〉ゾウアザラシ.

e·le·gan·cia [エレガンスィア] 女 1 優雅さ, 上品さ, 気品. 2 均斉さ, スマートさ. 3 趣味の良さ. 4 (言動の)しとやかさ, 適切さ.

e·le·gan·te [エレガンテ] 形 1 優雅な, 上品な, 気品のある. 2 均斉(詩ǐ)のとれた, スマートな. 3 趣味の良い. 4 (言動が)しとやかな, 適切な.

e·le·gan·te·men·te [エレガンテメンテ] 副 1 優雅に, 上品に. 2 スマートに. 3 しとやかに.

e·le·gí·a [エレヒア] 女 (抒情詩の)悲歌, 哀歌, エレジー.

e·le·gi·ble [エレヒブレ] 形 被選挙権のある.

e·le·gi·do, da [エレヒド, ダ] 《過去分詞》→ elegir 選ぶ.
— 形 選ばれた, 選出された.

e·le·gir [エレヒル] 他《活 23 corregir》1 …を選ぶ, 選択する. 2 …を選出する.

e·le·men·tal [エレメンタる] 形 1 基礎的な, 基礎の, 初歩的な. 2 わかりやすい, 平易な.

e·le·men·to [エレメント] 男 1 要素, 成分, 部品. 2 基礎, 初歩. 3 (宇宙を構成する基礎と考えられた)元素. 4〈化学〉元素. 5 (生物生存の)基本要素. 6 構成員, メンバー.
elementos radiactivos 放射性元素.
estar en su elemento 自分の望み通りの状況にいる.
los cuatro elementos(古代に生命体の4大要素であると考えられた)「土・水・風・火」の四大(炒).

e·le·men·tos [エレメントス] 男複《→ elemento》1 大自然の力, 自然の猛威. 2 手段, 方策.

E·le·na [エレナ] 固 女〈人の名〉エレナ.

e·len·co [エレンコ] 男 1 (集合的に劇団の)団員, 座員. 2 (集合的に)配役, キャスト. 3 (代表的な人々の)一団, 集まり.

e·le·pé [エレペ] 男〈レコード〉エルビー, LP 盤.

e·le·va·ción [エレバシオン] 女 1 上昇, 引き上げ. 2 昇進, 昇任. 3 隆起, 高地.

e·le·va·do, da [エレバド, ダ] 《過去分詞》→ elevar 高める.
— 形 1 高くなった. 2 高位の. 3 高尚な.

e·le·va·dor, do·ra [エレバドル, ドラ] 男女 (貨物用の)リフト, 昇降機.

e·le·va·lu·nas [エレバルナス] 男《単複同形》〈自動車〉パワーウィンドー.

e·le·var [エレバル] 他 1 …を高める, 高くする, 上げる. 2 (気持ちなど)を高揚させる. 3 …を昇進させる, 登用する. 4 (嘆願書などを)提出する, 上申する. 5 (文体や精神)を高尚にする, 向上させる. 6〈数学〉…を累乗する.

e·li·dir [エリディル] 他 1〈文法〉(語末の母音)を省略する. 2〈文法〉(わかりきった意味の単語)を省略する.

elig-, elij- 活 → elegir 選ぶ《活 23》.

e·li·mi·na·ción [エリミナスィオン] 女 1 除去, 除外, 排除. 2 (グループからの)追い出し, 振るい落とし. 3〈数学〉消去. 4〈医学〉排出.

e·li·mi·nar [エリミナル] 他 1 …を取り除く, 排除する, 消去する, 排出する. 2 …を(グループから)追い出す, 振るい落とす.

e·li·mi·na·to·ria[1] [エリミナトリア] 女 〈競技〉予選.

e·li·mi·na·to·rio, ria[2] [エリミナトリオ, —] 形 予選の, 振るい落しの.
— 女 落とし.

e·lip·se [エリプセ] 女 〈数学〉長円, 楕円(ﾀﾞ).

e·lip·sis [エリプシス] 女 〈文法〉(語句の)省略.

e·líp·ti·co, ca [エリプティコ, カ] 形 1 〈数学〉長円の, 楕円(ﾀﾞ)の. 2 〈文法〉(語句の)省略の.

e·li·sión [エリシオン] 女 〈文法〉(語末母音の)省略.

e·li·te [エリテ] 女 《= élite》(集合的に)エリート, 選ばれた人たち, 選良.

e·li·tis·mo [エリティスモ] 男 エリート主義.

e·li·tis·ta [エリティスタ] 形 〈男女同形〉1 エリートの. 2 エリート主義の.
— 男 エリート主義者.

é·li·tro [エリトロ] 男 (甲虫類の)翅鞘(ﾆｮｶ).

e·li·xir [エリクシル] 男 《= elíxir》1 (アルコールの入った)エリキシル剤. 2 妙薬, 霊薬.
elixir antiséptico 消毒薬液.

e·lla [エジャ] 代 《3人称の女性単数の人称代名詞》〈→ ellas, él, ellos, ello〉1 〈主語として〉彼女は, 彼女が.
2 〈前置詞のうしろで前置詞格として〉彼女, それ／con *ella* 彼女といっしょに, (女性単数形の名詞が指す)それと共に.

e·llas [エジャス] 代 《3人称の女性複数の人称代名詞》〈→ ella, él, ellos, ello〉1 〈主語として〉彼女たちは, 彼女たちが.
2 〈前置詞のうしろで前置詞格として〉彼女たち, それら／con *ellas* 彼女たちと共に, (女性複数名詞が指す)それらと共に.

e·lle [エジェ] 女 〈文字の名〉(複文字 Ll, ll の)エジェ.

e·llo [エジョ] 代 《3人称の中性の人称代名詞》〈→ él, ella, ellos, ellas〉1 〈主語として〉それは, そのことは, そのことが.
2 〈前置詞のうしろで前置詞格として〉それ, そのこと／por *ello* その(ことの)ために, それゆえ.

e·llos [エジョス] 代 《3人称の男性複数の人称代名詞》〈→ él, ella, ellas, ello〉1 〈主語として〉彼らは, 彼らが.
2 〈前置詞のうしろで前置詞格として〉彼ら, それら／con *ellos* 彼らといっしょに, (男性複数名詞が指す)それらと共に.

e·lo·cu·ción [エロクシオン] 女 話し方, 話術, 言葉の使い方.

e·lo·cuen·cia [エロクエンシア] 女 雄弁, 能弁.

e·lo·cuen·te [エロクエンテ] 形 雄弁な, 弁のたつ, 弁舌さわやかな.

e·lo·cuen·te·men·te [エロクエンテメンテ] 副 弁舌さわやかに, 雄弁に.

e·lo·giar [エロヒアル] 他 《活 17 cambiar》…を称賛する, ほめたたえる.

e·lo·gio [エロヒオ] 男 称賛, ほめたえ.
— 活 → elogiar 称賛する.

e·lo·gio·so, sa [エロヒオソ, サ] 形 称賛の, ほめたたえの.

El Sal·va·dor [エル サルバドル] 固 〈国の名〉(中米の共和国の)エルサルバドル [= República de El Salvador].

e·lu·ci·da·ción [エルシダシオン] 女 解明, 説明.

e·lu·ci·dar [エルシダル] 他 …を解明する, 説明する.

e·lu·cu·bra·ción [エルクブラシオン] 女 1 省察, 思索, 考察. 2 空想, 思いつき.

e·lu·cu·brar [エルクブラル] 他 1 …を省察する, 考察する. 2 …を空想する, ぼんやりと考える.

e·lu·di·ble [エルディブレ] 形 避けることのできる, 回避可能な.

e·lu·dir [エルディル] 他 1 …をかわす, 避ける. 2 …を回避する, まぬがれる.

El·vi·ra [エルビラ] 固 〈女性の名〉エルビラ.

E·ma [エマ] 固 〈女性の名〉エマ.

e·ma·na·ción [エマナシオン] 女 1 発散, 放出. 2 発散物. 3 派生.

e·ma·nar [エマナル] 自 1 (+de...) …から派生する. 2 (+de...) …から出る, 放出される, 発散する.
— 他 …を放出する, 発散する, 発する.

e·man·ci·pa·ción [エマンシパシオン] 女 (法的拘束からの)解放, 独立.

e·man·ci·par [エマンシパル] 他 …を解放する, 自由にする, 独立させる.
— **emanciparse** 再 (+de...) …から自由になる, 独立する.

e·mas·cu·la·ción [エマスクラシオン] 女 去勢.

em·ba·dur·nar [エンバドゥルナル] 他 …を (+ con, de...) …で汚す, きたなく塗りたくる.

em·ba·ja·da [エンバハダ] 女 1 大使館／*Embajada de Colombia en Tokio* 東京のコロンビア国大使館. 2 大使の職. 3 (国家元首の間で交わされる)親書. 4 無理な要求, 厄介な提案.

em·ba·ja·dor, do·ra [エンバハドル, ドラ] 男 女 1 大使. 2 使節.

em·ba·la·je [エンバらヘ] 男 1 荷造り, 梱包(ｺﾞ). 2 荷箱, 包装資材.

em·ba·lar [エンバらル] 他 1 …を包装する, 梱包(ｺﾞ)する. 2 (エンジンなど)を高速回転させる.
— **embalarse** 再 1 (エンジンなどが)高速回転する. 2 熱中する, 夢中になる. 3 急いでする.

em·bal·do·sar [エンバルドサル] 他 1 (床など)にタイルを張る. 2 …に敷石を張る.

em·bal·sa·mar [エンバルサマル] 他 1 (死体)に防腐処理をほどこす. 2 …に香りを移す.

em·bal·sar [エンバルサル] 他 (水など)をせき止める.
— 自 (川などを)船で横断する.
— **embalsarse** 再 (水などが)たまる.

em·bal·se [エンバルセ] 男 1 貯水池, ダム. 2 取水, 貯水.

em·ban·car·se [エンバンカルセ] 再 《活 73 sa-

em·ba·ra·za·da[1] [エンバラサダ] 〔女〕 妊婦.

em·ba·ra·za·do, da[2] [エンバラサド, -] 《過去分詞》→ embarazar 妊娠させる.
— 〔形〕 1 妊娠した. 2 妨害された.

em·ba·ra·zar [エンバラサル] 〔他〕 1 …を妊娠させる. 2 …を妨害する.
— **embarazar·se** 〔再〕 1 妊娠する. 2 妨害される.

em·ba·ra·zo [エンバラソ] 〔男〕 1 妊娠. 2 当惑, 困惑.

em·ba·ra·zo·so, sa [エンバラソソ, サ] 〔形〕 1 当惑させるような. 2 妨害となる, じゃまする.

em·bar·ca·ción [エンバルカシオン] 〔女〕 1 船舶, 船. 2 乗船, 搭乗. 3 航行期間.

em·bar·ca·de·ro [エンバルカデロ] 〔男〕 乗船場, 埠頭(ふとう), 桟橋.

em·bar·car [エンバルカル] 〔他〕《活 73 sacar》1 …を乗船させる. 2 …を船積みする, 積み込む. 3 …を(+en+危険な仕事)…に巻き込む, 引きずり込む.
— **embarcar·se** 〔再〕 1 乗船[搭乗]する. 2 (+en+船)…に乗り込む. 3 (+en+困難な仕事)…にかかわる, 巻き込まれる.

em·bar·gar [エンバルガル] 〔他〕《活 47 llegar》1《法律》…を差し押える, 押収する. 2 …を感動させる, …の胸をいっぱいにする.

em·bar·go [エンバルゴ] 〔男〕 1《法律》差し押え, 押収. 2《武器などの》通商禁止, 禁輸.
sin embargo しかしながら, それにもかかわらず.

embarqu- → embarcar 乗船させる《活 73》.

em·bar·que [エンバルケ] 〔男〕 1 乗船, 搭乗, (列車への)乗車. 2 船積み, 荷積み.

em·ba·rran·car [エンバランカル] 〔自〕《活 73 sacar》1 (+en…)で座礁する, …に乗りあげる. 2 (+en…)で動きがとれなくなる, 行き詰まる.
— **embarrancar·se** 〔再〕 1 (+en…)…で座礁する. 2 (+en…)…で行き詰まる.

em·ba·rrar [エンバラル] 〔他〕 1 …を泥で汚す. 2 …を(+en+悪事)…に巻き込む.
— **embarrar·se** 〔再〕 泥にまみれる.

em·ba·ru·llar [エンバルジャル] 〔他〕 1 …をごちゃ混ぜにする. 2 (人)を混乱させる. 3 …を急いで行う.
— **embarullar·se** 〔再〕 1 あわてふためく. 2 (人が)混乱する.

em·ba·te [エンバテ] 〔男〕 1 (波の)激しい打ちつけ. 2 激しい攻撃.

em·bau·ca·dor, do·ra [エンバウカドル, ドラ] 〔形〕 人をだます.
— 〔男〕〔女〕 ぺてん師, いかさま師.

em·bau·car [エンバウカル] 〔他〕《活 31》 (人の無知につけこんで) …をだます, たぶらかす.

em·ba·u·lar [エンバウラル] 〔他〕《活 11 aunar》1 …をトランクに詰める. 2 …を詰め込む.

em·be·be·cer·se [エンベベセルセ] 〔再〕 唖然(あぜん)とする, 呆然(ぼうぜん)とする.

em·be·ber [エンベベル] 〔他〕 1 (液体を)吸い取る, 吸い込む. 2 …を(+en+液体)…につける, ひたす.
— **embeber·se** 〔再〕 1 (+con, en…)…に夢中になる, ひたる. 2 (+en…)…を深く研究する.

em·be·bi·do, da [エンベビド, ダ] 《過去分詞》→ embeber 吸い取る.
— 〔形〕 (+con, en…)…に夢中になっている, ひたっている.

em·be·le·car [エンベレカル] 〔他〕 1 …をあざむく. 2 …を甘言で釣る.

em·be·le·co [エンベレコ] 〔男〕 (甘言による)ごまかし, あざむき.

em·be·le·sar [エンベレサル] 〔他〕 …をうっとりさせる, 魅了する.
— **embelesar·se** 〔再〕 うっとりする, 心を奪われる.

em·be·le·so [エンベレソ] 〔男〕 1 魅了, うっとりすること. 2 うっとりさせるもの.

em·be·lle·ce·dor [エンベジェセドル] 〔男〕〈自動車〉ホイールキャップ.

em·be·lle·cer [エンベジェセル] 〔他〕《活 4 agradecer》…をきれいにする, 飾りたてる.

em·be·lle·ci·mien·to [エンベジェシミエント] 〔男〕 美化, 飾りたて.

em·bes·ti·da [エンベスティダ] 〔女〕 攻撃, 急襲.

em·bes·tir [エンベスティル] 〔他〕《活 56 pedir》1 …を攻撃する, …に突進する. 2 …を不意におそう.
— 〔自〕 (+a, contra…)…を攻撃する, おそう.

em·blan·de·cer [エンブランデセル] 〔他〕《活 4 agradecer》1 (態度などが)軟化する. 2 (+con…)…に同情する.
— **emblandecer·se** 〔再〕 1 (態度などが)軟化する. 2 (+con…)…に同情する.

em·blan·que·cer [エンブランケセル] 〔他〕《活 4 agradecer》…を白くする.
— **emblanquecer·se** 〔再〕 白くなる.

em·ble·ma [エンブレマ] 〔男〕 1 紋章, 標章. 2 象徴, 表象.

em·ble·má·ti·co, ca [エンブレマティコ, カ] 〔形〕 1 標章となる. 2 象徴としての, 象徴的な.

em·bo·ba·do, da [エンボバド, ダ] 《過去分詞》→ embobar 唖然(あぜん)とさせる.
— 〔形〕 唖然とした, ぼうっとした.

em·bo·ba·mien·to [エンボバミエント] 〔男〕 唖然(あぜん), 呆然(ぼうぜん).

em·bo·bar [エンボバル] 〔他〕 …を唖然(あぜん)とさせる, うっとりさせる.
— **embobar·se** 〔再〕 (+con…)…で呆然とする, 呆然(ぼうぜん)とする, うっとりする.

em·bo·ca·du·ra [エンボカドゥラ] 〔女〕 1 (管楽器の)マウスピース, 吹き口. 2〈ワイン〉風味, 口あたり. 3 (港などの)船の出入り口.

em·bo·car [エンボカル] 〔他〕《活 73 sacar》1 …に入り込む. 2 …を(+en+狭い所)…に入れる. 3

…を口にくわえる.

em·bo·la·do [エンボらド] 男 1 難問題, 難局. 2 あざむき, うそ, べてん.

em·bo·lar [エンボらル] 他 〈闘牛〉(牛)の角に防護用の木球をつける. 2 …を酔わせる.

em·bo·lia [エンボリア] 女 〈医学〉塞栓(サミン)症.

ém·bo·lo [エンボロ] 男〈機械〉ピストン.

em·bol·sar·se [エンボるサルセ] 再 1 (もうけ)を獲得する. 2 …を自分の財布に入れる.

em·bo·qui·lla·do [エンボキじゃド] 男 フィルター付きのタバコ.

em·bo·qui·llar [エンボキじゃル] 他 1 (タバコ)にフィルターをつける. 2 (トンネルなど)に出入り口をつける.

em·bo·rra·char [エンボラチャル] 他 1 …を酔わせる, 酩酊(めいてい)させる. 2 (ケーキなど)を(en＋ワインなど) …にひたす. 3 …をしびれさせる, まごつかせる.
— **emborrachar·se** 再 1 (＋con＋酒) …で酔う. 2 ふらふらになる.

em·bo·rras·car·se [エンボラスカルセ] 再 《活 73 sacar》(天気が)荒れ模様になる.

em·bo·rro·nar [エンボロナル] 他 1 (紙)をしみでいっぱいにする. 2 (紙)になぐり書きする. 3 …を書き散らす.

em·bos·ca·da [エンボスカダ] 女 1 待ち伏せ. 2 伏兵の配置. 3 わな, 計略.

em·bos·car [エンボスカル] 他 《活 73 sacar》〈軍隊〉(兵)を待ち伏せさせる.
— **emboscar·se** 再 (＋en…) …に身を隠す.

em·bo·ta·mien·to [エンボタミエント] 男 1 (活力などの)弱化. 2 (感覚などの)鈍化.

em·bo·tar [エンボタル] 他 1 (能力など)を弱くする. 2 (感覚など)を鈍くする.

em·bo·te·lla·do[1] [エンボテじゃド] 男 〈作業〉瓶(びん)詰め.

em·bo·te·lla·do[2], **da** [ー, ダ] 〈過去分詞〉→ embotellar 瓶(びん)詰めにする.
— 形 瓶詰めの.

em·bo·te·lla·mien·to [エンボテじゃミエント] 男 1 〈作業〉瓶(びん)詰め. 2 交通渋滞.

em·bo·te·llar [エンボテじゃル] 他 1 …を瓶(びん)詰めにする. 2 (車)を渋滞させる.
— **embotellar·se** 再 (道路などが)渋滞する.

em·bo·zar [エンボさル] 他 《活 39 gozar》 1 (顔)を[下半分を]おおう, 包みかくす. 2 …を言葉たくみに隠蔽(いんぺい)する.
— **embozar·se** 再 顔(の下半分)に覆面(ふくめん)をする.

em·bo·zo [エンボそ] 男 1 (シーツの頭部の)折り返し部分. 2 (顔の下半分の)覆面(ふくめん). 3 策略. 4 抜け目のなさ. 5 空とぼけ.

em·bra·gar [エンブラガル] 自 《活 47 llegar》〈自動車〉クラッチ操作をする.

em·bra·gue [エンブラゲ] 男 〈自動車〉1 クラッチ. 2 クラッチペダル.

automóvil con embrague automático ノークラッチ車, AT 車.

em·bra·ve·cer·se [エンブラベせルセ] 再 1 (海が)荒れる. 2 (風が)吹き荒れる.

em·bre·ar [エンブレアル] 他 …にタールを塗る.

em·bria·gar [エンブリアガル] 他 《活 47 llegar》1 …を酒に酔わせる. 2 …をうっとりさせる. 3 …を有頂天にさせる.
— **embriagar·se** 再 1 酒に酔う. 2 我を忘れる. 3 有頂天になる.

em·bria·guez [エンブリアゲす] 女 1 酒による酔い. 2 忘我. 3 有頂天, 狂喜.

em·brio·lo·gí·a [エンブリオろヒア] 女 1 〈生物学〉発生学. 2 〈医学〉胎生学.

em·brión [エンブリオン] 男 1 〈生物学〉(初期の)胎児. 2 〈植物学〉胚(はい).

em·brio·na·rio, ria [エンブリオナリオ, リア] 形 1 胎児の. 2 胚(はい)の.

em·bro·car [エンブロカル] 他 《活 73 sacar》1 (衣類)を頭からかぶって着る. 2 (容器の中身)を他の容器に移す.

em·bro·llar [エンブロじゃル] 他 1 …をぐちゃぐちゃにする, もつれさせる. 2 (人)を混乱させる.
— **embrollar·se** 再 1 ごちゃごちゃになる. 2 (人が)混乱する.

em·bro·llo [エンブロじょ] 男 1 混乱状態. 2 ごちゃごちゃになったもの. 3 巧みに組み立てたうそ, 巧妙なごまかし.

em·bro·mar [エンブロマル] 他 1 …をからかう, ひやかす. 2 …に冗談を言う. 3 …をうんざりさせる.

em·bru·ja·mien·to [エンブルハミエント] 男 魔法にかけること.

em·bru·jar [エンブルハル] 他 …を魔法にかける.

em·bru·jo [エンブルホ] 男 1 魔力. 2 魔法にかけること.

em·bru·te·cer [エンブルテせル] 他 《活 4 agradecer》…を粗暴にする, がさつにする.
— **embrutecer·se** 再 粗暴になる, 下品になる.

em·bu·cha·do [エンブチャド] 男 ソーセージ, 腸詰め.

em·bu·char [エンブチャル] 他 1 (肉)を腸詰めにする. 2 (鳥)に飼(か)いを詰め込ませる.

em·bu·do [エンブド] 男 1 (水などをそそぐ)じょうご. 2 (仕事の最終段階での)停滞.

em·bus·te [エンブステ] 男 巧妙なうそ, 作り話.

em·bus·te·ro, ra [エンブステロ, ラ] 形 うそをつく.
— 男/女 うそつき.

em·bu·ti·do [エンブティド] 男 1 ソーセージ, 腸詰め. 2 詰め込み, はめ込み.

em·bu·tir [エンブティル] 他 1 …を(＋en…) …に詰め込む, はめ込む. 2 (腸詰め)を作る.

e·me [エメ] 女 〈文字 M, m の名〉エメ.

e·mer·gen·cia [エメルヘンしア] 女 1 緊急事態, 突発事件. 2 (水面への)浮上.

e·mer·gen·te [エメルヘンテ] 形 1 浮かびあがり

つつある. 2 新興の.

e·mer·ger [エメルヘル] 自《活 19 coger》1 (潜水艦などが) 浮上する. 2 出現する, 姿を見せる.

e·mé·ri·to, ta [エメリト, タ] 形 名誉待遇の. *profesor emérito* (大学の) 名誉教授.

e·mi·do·sau·rios [エミドサウリオス] 男複〈分類〉ワニ目の爬虫 (ちゅう) 類.

e·mi·gra·ción [エミグラシオン] 女 (外への) 移住.

e·mi·gra·do, da [エミグラド, ダ] 《過去分詞》→ emigrar 転出する.
— 形 (外へ) 移住した, 移った.
— 男 女 (外への) 移住者. 2 亡命者.

e·mi·gran·te [エミグランテ] 形 (外へ) 移住する.
— 男 女 (外への) 移住者, 移民.

e·mi·grar [エミグラル] 自 1 転出する, (外へ) 移住する. 2 その場を離れる.

e·mi·gra·to·rio, ria [エミグラトリオ, リア] 形 転出の, (外への) 移住の.

E·mi·lia [エミリア] 固〈女性の名〉エミリア.

E·mi·lio [エミリオ] 固〈男性の名〉エミリオ.

e·mi·nen·cia [エミネンシア] 女 1 (枢機卿 (きょう) への敬称で) 猊下 (げいか). 2 すぐれた人物, 傑出した人.

e·mi·nen·te [エミネンテ] 形 すぐれた, 卓越した.

e·mi·nen·te·men·te [エミネンテメンテ] 副 すぐれて, 抜きんでて.

e·mi·nen·tí·si·mo, ma [エミネンティシモ, マ] 形《絶対最上級語 → eminente》(枢機卿 (きょう) への敬称で) 猊下 (げいか) の.

e·mir [エミル] 男 (イスラム教国の) 首長, アミール.

e·mi·ra·to [エミラト] 男 1 (イスラム教国の) 首長の地位. 2 首長の在任期間. 3 首長の領土.
Emiratos Árabes Unidos アラブ首長国連邦.

e·mi·sa·rio, ria [エミサリオ, リア] 男 女 (調査や伝達の) 特使, 密使.

e·mi·sión [エミシオン] 女 1 放出, 放射, 排出. 2 (紙幣などの) 発行, 発券. 3 宣言, 宣告. 4 (テレビなどの) 放送, 放映.
emisión en directo〈放送〉生中継.
emisión noticiaria ニュース番組.

e·mi·sor[1] [エミソル] 男 送信機, 送信局.

e·mi·so·ra[1] [エミソラ] 女 放送局.

e·mi·sor[2]**, so·ra**[2] 形 1 放送の, 放送する. 2 (紙幣などを) 発行する.
—〈言語学〉発話者, 話し手, 発信人.
banco emisor 発券銀行.
estación emisora 放送局.

e·mi·tir [エミティル] 他 1 …を放出する, 放射する. 2 (紙幣などを) 発行する. 3 …を宣言する, 宣告する. 4 …を放送する, 放映する.

e·mo·ción [エモシオン] 女 1 感動, 感激. 2 興奮.

e·mo·cio·na·da·men·te [エモシオナダメンテ] 副 感情に流されて, 感動して.

e·mo·cio·na·do, da [エモシオナド, ダ] 《過去分詞》→ emocionar 感動させる.
— 形 1 感激した. 2 興奮した.

e·mo·cio·nal [エモシオナル] 形 1 感情の, 感情的な. 2 感情或いの強い.

e·mo·cio·nan·te [エモシオナンテ] 形 感動的な, わくわくさせる.

e·mo·cio·nar [エモシオナル] 他 1 …を感動させる. 2 …を興奮させる, わくわくさせる.
— emocionarse 再 1 感動する, 感激する. 2 興奮する.

e·mo·lu·men·to [エモルメント] 男 謝礼, 報酬 [= emolumentos].

e·mo·ti·vi·dad [エモティビダス] 女 1 感受性, 感性. 2 感動的なこと.

e·mo·ti·vo, va [エモティボ, バ] 形 1 感動の, 感動的な. 2 感受性の, 感受性の強い.

em·pa·car [エンパカル] 他《活 73 sacar》…を梱包 (こんぽう) する, 包む, たばねる.

em·pa·char [エンパチャル] 他 1 …を消化不良にする. 2 …を当惑させる. 3 …をうんざりさせる.
— 自 消化に悪い／ *Los dulces empachan.* 甘いものは消化に悪い.
— empacharse 再 消化不良になる.

em·pa·cho [エンパチョ] 男 1 消化不良. 2 困惑, 当惑. 3 うんざり, 倦怠 (けんたい) 感. 4 はにかみ, 羞恥 (しゅうち) 心.

em·pa·dro·na·mien·to [エンパドロナミエント] 男 住民登録.

em·pa·dro·nar [エンパドロナル] 他 …を住民として登録する.
— empadronarse 再 (+en...) …に (自分の) 住民登録をする.

em·pa·la·gar [エンパラガル] 他《活 47 llegar》1 (料理が甘すぎて) …をげんなりさせる. 2 (多すぎて) …をうんざりさせる, あきあきさせる.
— 自 1 げんなりさせる. 2 あきあきさせる.
— empalagarse 再 1 (+con+甘い料理) …にげんなりする. 2 うんざりする, あきあきする.

em·pa·la·go·so, sa [エンパラゴソ, サ] 形 1 〈食べ物〉甘ったるい. 2〈人〉(サービス過剰で) うんざりさせる.
— 男 女 (愛情過多で) 閉口させる人.

em·pa·lar [エンパラル] 他〈刑罰〉…を串 (くし) 刺しにする.

em·pa·li·za·da [エンパリサダ] 女 (杭 (くい) を打ち込んで並べた) 柵 (さく), 囲い.

em·pal·mar [エンパルマル] 他 1 (ふたつのもの) を接合する, つなげる. 2 …を (+con...) と接合する, つなぐ. 3 (いくつかのもの) をひとつにする, 組み合わせる.
— 自 1 (+con...) …につながる, 連結する. 2 (道や列車が) (+con...) …に接続する, 連絡する.
— empalmarse 再 (雄 (おす) が) 性的に興奮する,

他 は他動詞 再 は再帰動詞 形 は形容詞 副 は副詞 前 は前置詞 接 は接続詞 間 は間投詞

勃起(ぼっ)する.

em·pal·me [エンパるメ] 男 1 連結, 接合. 2 (列車などの)連絡, 接続. 3 接合部分, 継ぎ目. 4 連結地点, 接続場所, 乗り換え駅.

em·pa·na·da [エンパナダ] 女 1 (ミートパイの一種の)エンパナダ. 2 隠蔽(いんぺい), まやかしの混乱.

em·pa·na·di·lla [エンパナディじゃ] 女 (小型のミートパイの)エンパナディジャ.

em·pa·nar [エンパナル] 他〈料理〉(揚げるために)…にパン粉をまぶす.

em·pan·ta·nar [エンパンタナル] 他 1 (土地)を水びたしにする. 2 …をひっくり返す.

em·pa·ñar [エンパニャル] 他 1 (光っているもの)を曇らせる. 2 (名声など)をけがす.

em·pa·par [エンパパル] 他 1 …をずぶぬれにする. 2 (水など)を吸収する, 吸いとる.
— **empaparse** 再 1 ずぶぬれになる. 2 (+de+思想など) …に心酔する, かぶれる.

em·pa·pe·lar [エンパペラル] 他 1 (壁など)に壁紙を貼る. 2 …を起訴する.

em·pa·pu·zar [エンパプサル] 他《活 39 gozar》 (= empapuciar《活 17 cambiar》, empapujar) …に過食させる.

empaqu- → empacar 梱包(こんぽう)する《活 73》.

em·pa·que [エンパケ] 男 1 (人の)外見, 様子. 2 気取ったまじめさ, 意識的な固くるしさ.

em·pa·que·tar [エパケタル] 他 …を梱包(こんぽう)する, …の荷造りをする.

em·pa·re·da·do¹ [エンパレダド] 男〈料理〉(日本風の, 食パンの)サンドイッチ.

em·pa·re·da·do², da [-, ダ] 〈過去分詞〉→ emparedar 幽閉する.
— 形 閉じ込められた.

em·pa·re·dar [エンパレダル] 他 …を幽閉する, 閉じ込める.

em·pa·re·ja·mien·to [エンパレハミエント] 男 対(つい)になること.

em·pa·re·jar [エンパレハル] 他 1 …を対(つい)にする, ペアにする. 2 (ふたつのもの)を同じ水準にする.
— 自 1 (ふたつのものが)対になる, 同等になる. 2 (+con…) …と並ぶ, 対等になる, 対になる.
— **emparejarse** 再 1 (二人, ふたつが)対になる, ペアになる. 2 (+con…) …に追いつく, と対等になる, 対になる.

em·pa·ren·tar [エンパレンタル] 自《活 57 pensar》規則的に活用することもある》 1 (+con…) と姻戚(いんせき)関係になる. 2 (+con…) …と類似する, 関連がある.
— 他 (類似点を指摘して) …を(+con…) …と関連づける.

em·pa·rra·do [エンパらド] 男 (ブドウなどのつるがからんでいる)棚, つる棚.

em·pa·rri·lla·do [エンパりじゃド]〈建築〉男 (基礎工事の鉄筋の)格子枠組み.

em·pas·tar [エンパスタル] 他 (虫歯)に詰め物をする.

em·pas·te [エンパステ] 男 1 (虫歯用の)詰め物. 2 (虫歯の)詰め物治療.

em·pa·tar [エンパタル] 自〈スポーツ〉(二者が)同点になる, 引き分けになる. 2〈選挙〉(ふたりが)同数の票を得る.
— 他 (試合や投票)を同点で引き分ける.

em·pa·te [エンパテ] 男 1〈スポーツ〉同点, 引き分け. 2〈選挙〉同数得票.

em·pa·ve·sar [エンパベサル] 他 1 (船)を旗などで飾る. 2 (落成式などで公共建造物)を幕でおおっておく.

empec- → empezar 始める《活 32》.

em·pe·cer [エンペセル] 自《活 4 agradecer》(否定表現で) (+para…) …をさまたげる, …の障害となる.

em·pe·ci·na·mien·to [エンペシナミエント] 男 強情, 頑固.

em·pe·ci·nar·se [エンペシナルセ] 再 (+en…) …に固執する, …を言い張る.

em·pe·der·ni·do, da [エンペデルニド, ダ] 形 (悪習などが)身にしみ込んだ, 治しようのない.

em·pe·dra·do [エンペドラド] 男 1 敷石, 舗石, 石畳. 2 舗石工事.

em·pe·drar [エンペドラル] 他《活 57 pensar》 1 (路面)に敷石を並べる, …を石で舗装する. 2 …を(+de…) …でいっぱいにする.

em·pei·ne [エンペイネ] 男 1 足の甲. 2 靴の甲.

em·pe·llón [エンペジョン] 男 (強い)体当たり.

em·pe·lo·tar·se [エンペロタルセ] 再 裸になる.

em·pe·ñar [エンペニャル] 他 1 …を抵当にする, 担保にする. 2 …を質に入れる. 3 (名誉など)にかけて言う[約束する]. 4 (時間など)をかけて行う.
— **empeñarse** 再 1 (+en…) …に固執する, …を頑固に主張する. 2 借金だらけになる.

em·pe·ño [エンペニョ] 男 1 切望, 熱望. 2 固執, 努力. 3 質入れ, 担保の提出. 4 (名誉などをかけての)約束, 言質(げんち). 5 意図, もくろみ.

casa de empeños 質屋.

poner… en empeño …を担保にする, 質に入れる.

tener empeño en… …を切望する, …に固執する.

em·pe·o·ra·mien·to [エンペオラミエント] 男 悪化.

em·pe·o·rar [エンペオラル] 他 …を悪化させる.
— 自 悪化する, 悪くなる.

em·pe·que·ñe·cer [エンペケニェセル] 他《活 4 agradecer》 1 …を小さくする, 小さく見せる. 2 …を少なくする, へらす.
— 自 1 小さくなる. 2 少なくなる.
— **empequeñecerse** 再 1 小さく[少なく]なる. 2 (ante…) …を前にして自信を失う.

em·pe·ra·dor [エンペラドル] 男 1 皇帝, 天皇. 2〈魚〉メカジキ.

em·pe·ra·triz [エンペラトりス] 女《複》empera-

ratrices》1 女帝. 2 皇后(ﾖｳ).
em·pe·re·ji·lar [エンペレヒルル] 他 《= emperifollar》 …を過度に飾りたてる.
— **emperejilar·se** 再 ごてごてとめかし込む.
em·pe·ro [エンペロ] 副 1 しかしながら. 2 (接続詞的に)しかし.
em·pe·rrar·se [エンペラルセ] 再 (+en…) …に固執する, こだわる, …を言い張る.
em·pe·zar [エンペサル] 他 《活 32》 1 …を始める, 開始する. 2 …を使い始める, …に手をつける. 3 …を食べ[飲み]始める.
— 自 1 始まる. 2 (+a+不定詞) …し始める. 3 (+por+不定詞) …することから始める. 4 (+con…) …から始める.
— **empezar·se** 再 始まる.
al [para] empezar 手始めに, まず最初に.
empezar a golpes [tiros] con… をなぐり[撃ち]始める.
empiec- 活 → empezar 始める《活 32》.
em·pie·ce [エンピエセ] 男 始まり, 開始.
empiez- 活 → empezar 始める《活 32》.
em·pi·na·do, da [エンピナド, ダ] 《過去分詞》 → empinar 立てる.
— 形 1 直立の. 2 (坂道が)急勾配(ﾊﾞｲ)の. 3 そびえ立った.
em·pi·nar [エンピナル] 他 1 …を立てる, 垂直にする. 2 …を持ち上げる, 高く上げる. 3 (飲むために容器)を持ち上げて傾ける.
— 自 大酒を飲む.
— **empinar·se** 再 1 つま先立ちになる. 2 (山などが)そびえ立つ, 入れる.
em·pin·go·ro·ta·do, da [エンピンゴロタド, ダ] 形 出世したつもりの, 成り上がりの.
em·pí·ri·co, ca [エンピリコ, カ] 形 1 経験の, 経験的な. 2 経験主義の, 経験重視の.
— 男 女 経験主義者.
em·pi·ris·mo [エンピリスモ] 男 経験主義, 経験重視の方法.
em·pi·to·nar [エンピトナル] 他 〈闘牛〉(牛が人や動物)を角にかける.
em·plas·tar [エンプラスタル] 他 …に膏薬(ﾖｳﾔｸ)を貼る.
em·plas·to [エンプラスト] 男 1 膏薬. 2 ぷよぷよした異物. 3 いい加減な修理.
estar hecho un emplasto 体が弱っている.
em·pla·za·mien·to [エンプラサミエント] 男 1 立地, 位置. 2 配置, 配属, 配備. 3 召喚, 呼び出し.
em·pla·zar [エンプラサル] 他 1 (建物など)を設置する, 配置する. 2 (人)を配属する, (物)を配備する. 3 …を呼び出す, 召喚する.
em·ple·a·do, da [エンプレアド, ダ] 《過去分詞》 → emplear 使用する.
— 形 使われる[た], 利用される[た].
— 男 女 使用人, 従業員, 社員, 店員.
dar… por bien empleado …で我慢する, …

に甘んじる.
empleado de hogar (家事労働の)使用人.
estar bien empleado a… …にとって当然のことである.
em·ple·ar [エンプレアル] 他 1 …を使用する, 使う, 利用する. 2 …を雇う, 雇用する. 3 (時間など)をついやす, 消耗する. 4 …を投資する.
em·ple·o [エンプレオ] 男 1 使用, 利用. 2 雇用. 3 職, 勤め口. 4 消費, 消耗. 5 投資, 運用 6〈軍隊〉階級.
em·plo·mar [エンプロマル] 他 1 …に鉛をかぶせる. 2 …を鉛で封印する.
em·plu·mar [エンプルマル] 他 1 …に羽飾りをつける. 2〈法律〉…を訴える, 告訴する.
em·po·bre·cer [エンポブレセル] 他 《活 4 agradecer》 …を貧乏にする, 衰退させる.
— **empobrecer·se** 再 1 貧乏になる. 2 衰退する.
em·po·bre·ci·mien·to [エンポブレシミエント] 男 1 貧困化. 2 衰退.
em·po·llar [エンポジャル] 他 1 (鳥が卵)を抱く, あたためる. 2 …を猛烈に勉強する.
— 自 猛勉強する.
em·po·llón, llo·na [エンポジョン, ジョナ] 形 〈学生〉がり勉の.
— 男 女 がり勉学生.
em·pol·var [エンポルバル] 他 1 (人の顔など)におしろいを塗る. 2 …をほこりだらけにする.
— **empolvar·se** 再 1 …に(自分の顔など)におしろいを塗る. 2 ほこりまみれになる.
em·pon·zo·ñar [エンポンソニャル] 他 1 …に毒を入れる, …を有毒にする. 2 …を毒殺する. 3 …を台無しにする, そこなう.
em·por·car [エンポルカル] 他 《活 82 trocar》 1 …をごみでいっぱいにする, ごみだらけにする. 2 …を汚す.
— **emporcar·se** 再 1 ごみだらけになる. 2 汚れる.
em·po·rio [エンポリオ] 男 1 貿易港, 交易都市. 2 (文化活動の)中心地, メッカ.
em·po·tra·do, da [エンポトラド, ダ] 《過去分詞》 → empotrar はめ込む.
— 形 1 はめ込み式の, 作り付けの. 2 埋め込まれた.
em·po·trar [エンポトラル] 他 1 …を(壁面など)にはめ込む, 取り付ける. 2 …を埋め込む, 組み込む. 3 …を(+contra…) …にぶち当てる.
— **empotrar·se** 再 1 (+contra…) …にぶち当たる. 2 (+en…) …にめり込む.
em·pren·de·dor, do·ra [エンプレンデドル, ドラ] 形 果敢な, 積極的に挑戦する
em·pren·der [エンプレンデル] 他 …をくわだてる, …に着手する.
emprender·la a tortas [golpes] con… …になぐりかかる.
emprender·la con… …につらくあたる.
em·pre·sa [エンプレサ] 女 1 事業, くわだて. 2 偉業. 3 企業, 会社.

他 は他動詞 再 は再帰動詞 形 は形容詞 副 は副詞 前 は前置詞 接 は接続詞 間 は間投詞

em·pre·sa·ria·do [エンプレサリアド] 男 1 (集合的に)企業家, 経営者, 雇用者. 2 業界, 企業集団.

em·pre·sa·rial [エンプレサリアる] 形 1 企業の, 経営の. 2 企業家, 経営者の.

em·pre·sa·rio, ria [エンプレサリオ, リア] 男女 1 企業家, 経営者. 2 興行師, プロモーター.

em·prés·ti·to [エンプレスティト] 男 1 貸し付け, 融資, ローン. 2 貸し付け金, 借入金, ローン.

em·pu·jar [エンプハル] 他 1 …を押す, 押しやる. 2 …を(+a+不定詞 [+a+que+接続法])…するように強いる, せきたてる.

em·pu·je [エンプヘ] 男 1 押す力, 圧力. 2 推進力, 影響力. 3 気力, 決断力. 4 (建物などの)重み.

em·pu·jón [エンプホン] 男 1 押すこと, 押し力. 2 推進, 前進, 進歩(とんとん).

em·pu·ña·du·ra [エンプニャドゥラ] 女 1 (刀剣の)柄(ぶ). 2 (傘などの)柄(ぶ), 握り.

em·pu·ñar [エンプニャル] 他 …を(握りの部分で)つかむ, 握る.

e·mu·la·ción [エムらシオン] 女 (活動などの)模倣.

e·mu·lar [エムらル] 他 (活動などの)…を模倣する, 手本にする.
— **emular·se** 再 (+con…)…と張り合う, …に対抗する.

é·mu·lo, la [エムろ, ら] 男女 競争相手, ライバル.

e·mul·sión [エムるシオン] 女 1 乳液, 乳剤. 2 〈写真〉感光乳剤.

en [エン] 前 《アクセントなし》1〈場所〉(1) …に, …において, …で／*en* España スペインで. (2)…の中に, …の中で／*en* esta caja この箱の中に. (3) …の上に, …の上で／*en* la mesa 机の上に. 2〈時〉(1) …に／*en* 1492 1492 年に, *en* ese momento その時(に), *en* verano 夏に. (2)…かかって, …で／*en* tres días 3 日で. (3) …たった時に／*en* tres días 3 日後に. 3〈様態〉…で, …に／vivir *en* paz 平穏に暮らす, *en* voz baja 小声で. 4〈手段・材料〉…で／viajar *en* avión 飛行機で旅行する, *en* español スペイン語で. 5〈変化の結果〉…に／convertir·se *en*…になる. 6〈分野〉…において／doctor *en* medicina 医学博士. 7〈割合〉…の割合で／aumentar *en* cinco por ciento 5％の割合で増える. 8〈価格〉…で／comprar… *en* 〜 pesetas …を〜ペセタで買う. 9〈経過〉(de… *en*〜) …から〜へ／de boca *en* boca 口から口へ. 10〈単位〉(*en*…) …ずつ, …ごとに／de dos *en* dos ふたつずつ. 11 (+現在分詞) …するとすぐ, …したら／*en* llegando allí あちらに着いたら. 12 (+不定詞) …するのに／tardar dos días *en* llegar allí あちらに着くのに 2 日かかる. 13 (思考などの動詞+) …のことを／pensar *en* eso そのことを考える.

e·na·gua [エナグア] 女 1 アンダースカート, ペチコート[= enaguas]. 2 スリップ, シュミーズ.

e·na·je·na·ción [エナヘナシオン] 女 1 (権利などの)譲渡. 2 有頂点, 放心状態. 3 錯乱, 逆上.
enajenación mental 精神錯乱, 発狂.

e·na·je·na·do, da [エナヘナド, ダ] 《過去分詞》→ enajenar 譲渡する.
— 形 1 譲渡された. 2 放心状態の. 3 逆上した, 錯狂した.
— 男女 精神異常者.

e·na·je·nar [エナヘナル] 他 1 …を譲渡する. 2 …を放心状態にする. 3 …を発狂させる.
— **enajenar·se** 再 1 気がふれる. 2 放心状態の, 有頂点になる.

e·nal·te·cer [エナるテセル] 他 《活 4 agradecer》 1 …の品位[評価]を高める. 2 …を高揚する. 3 …を称賛する, 称揚する.
— **enaltecer·se** 再 1 評価が高まる. 2 (気分などが)高ぶる.

e·nal·te·ci·mien·to [エナるテシミエント] 男 1 品位[評価]を高めること. 2 称賛, 称揚.

e·na·mo·ra·di·zo, za [エナモラディそ, さ] 形 すぐに恋をする, ほれっぽい.

e·na·mo·ra·do, da [エナモラド, ダ] 《過去分詞》→ enamorar 恋心を起こさせる.
— 形 1 (+de…) …に恋している, …と恋愛中の. 2 (+de…) …が大好きな, …を愛好する.
— 男女 1 恋人, 恋をしている人. 2 (+de…) …の愛好者.

e·na·mo·ra·mien·to [エナモラミエント] 男 1 恋愛, 慕情(ば). 2 愛好.

e·na·mo·rar [エナモラル] 他 1 …に恋心を起こさせる. 2 …を熱中させる, 夢中にさせる.
— **enamorar·se** 再 (+de…) …に恋する, ほれる.

e·na·mo·ris·car·se [エナモリスカルセ] 再 《活 73 sacar》(= enamorizar·se)(+de…) …にうわついた恋心を抱く, 軽くほれる.

e·na·nis·mo [エナニスモ] 男 〈医学〉小人症.

e·na·no, na [エナノ, ナ] 形 1 小人(小人症の患者)の, 背の低い人. 2 子供. 3 (おとぎ話などの)小人[= enanito, ta].
como un enano とても, ひどく.

e·nar·bo·lar [エナルボらル] 他 (旗など)を高くかかげる.
enarbolar la bandera de… …の支持を表明する.

e·nar·car [エナルカル] 他 《活 73 sacar》 …を弓なりにする, アーチ型にする.
— **enarcar·se** 再 弓なりになる, アーチ型になる.

e·nar·de·cer [エナルデセル] 他 《活 4 agra-

decer》（論争など）をあおる, かきたてる.
— **enardecer-se** 再《論争などが》激しくなる.

en·ca·bal·ga·mien·to ［エンカバるガミエント］
男〈詩法〉（詩句の構文が2行に続く）句またがり.

en·ca·be·za·mien·to ［エンカベさミエント］ 男
（書類の定型の）書き出し, 前文, 序文.

en·ca·be·zar ［エンカベさル］ 他《活 39 gozar》
1（名簿などの）先頭に立ち, 最初にある. 2（書類に）型通りの書き出しをつける. 3（運動などを）統率する, ひきいる.

en·ca·bri·tar·se ［エンカブリタルセ］ 再 1（馬が）棹(さお)立ちになる. 2 腹を立てる, かっとなる.

en·ca·bro·nar ［エンカブロナル］ 他 …を怒らせる.
— **encabronar-se** 再（+con, por...）…のことで立腹する.

en·ca·cha·do ［エンカチャド］ 男（水路の）コンクリート床.

en·ca·de·na·mien·to ［エンカデナミエント］ 男
1鎖でつなぐこと. 2つながり, 連鎖.

en·ca·de·nar ［エンカデナル］ 他 1 …を鎖でしばる. 2 …を関連づける
— **encadenar-se** 再 1（自分の）体を鎖でしばる. 2（ふたつのものが）結びつく, 関連する.

en·ca·jar ［エンカハル］ 他 1 …を（+en...）…にはめ込む, 入れる. 2（いやなことを）受けとめる.
— 自 1（+en...）…に順応する, 適合する. 2（ふたつのものが）ぴったり合う, 一致する.
— **encajar-se** 再 1（服）を着る. 2（+en...）…にはまり込む.

en·ca·je ［エンカヘ］ 男 1 レース編み. 2 はめ込み, 差し込み. 3 接合, 結合.

en·ca·jo·nar ［エンカホナル］ 他 1 …を箱にしまう. 2 …を（+en...）…に押し込む. 3〈闘牛〉（牛）を輸送用の檻(おり)に入れる.
— **encajonar-se** 再（川などが）狭い所を流れる.

en·ca·la·do ［エンカラド］ 男（しっくいによる）白壁の上塗り.

en·ca·lar ［エンカラル］ 他 1 …にしっくいを塗る. 2 …をしっくいで白くする.

en·ca·llar ［エンカリャル］ 自〈船〉（+en...）…で座礁する, …に乗り上げる.

en·ca·lle·cer ［エンカリェせル］ 他《活 4 agradecer》1（手や足）にまめを作らせる. 2 …を（繰り返しによって）無感覚にする.
— **encallecer-se** 再 1（手足の）まめができる, 皮膚(ふ)が固くなる. 2 無感覚になる.

en·ca·mar·se ［エンカマルセ］ 再（病気で）床につく, 寝込む.

en·ca·mi·nar ［エンカミナル］ 他 1 …を（+a, hacia...）…へ向かわせる. 2 …に（+a, hacia...）…への道を教える.
— **encaminar-se** 再（+a, hacia...）…への道を進む.

en·can·di·lar ［エンカンディらル］ 他 1 …をまぶしくさせる. 2 …に情欲をかきたてる.
— **encandilar-se** 再 情欲を感じる.

en·ca·ne·cer ［エンカネせル］ 自《活 4 agradecer》1 白髪になる. 2 ふける, 年を取る.
— **encanecer-se** 再 白髪になる.

en·ca·ni·jar ［エンカニハル］ 他 …を弱らせる.
— **encanijar-se** 再 衰弱する.

en·can·ta·do, da ［エンカンタド, ダ］《過去分詞》→ encantar 魔法にかける.
— 形 1魅せられた, 魔法にかかった. 2満足した, よろこんでいる.
— 間（紹介されたときの挨拶で）どうぞよろしく!

en·can·ta·dor, do·ra ［エンカンタドル, ドラ］
形 うっとりさせるような, 魅惑的な.
— 男女 魔法使い, 魔術師.

en·can·ta·mien·to ［エンカンタミエント］ 男 1
魔法にかかること. 2 魅惑, 魅了.

en·can·tar ［エンカンタル］ 他 1 …を魔法にかける. 2 …を魅了する, うっとりさせる. 3 …をよろこばせる, 大好きにさせる.

en·can·to ［エンカント］ 男 1 魅力. 2 魔法, 魔力.

en·ca·ño·nar ［エンカニョナル］ 他 1 …に銃口を向ける. 2（水など）を狭い所を通す.

en·ca·po·tar·se ［エンカポタルセ］ 再（空が）曇る, 曇りだす.

en·ca·pri·char·se ［エンカプリチャルセ］ 再 1
（+con...）…に夢中になる. 2（+de...）…に恋をする, ほれる.

en·ca·pu·cha·do, da ［エンカプチャド, ダ］《過去分詞》→ encapuchar 頭巾(ずきん)をかぶせる.
— 形 頭巾をかぶった.

en·ca·pu·char ［エンカプチャル］ 他 …に頭巾(ずきん)をかぶせる.
— **encapuchar-se** 再 頭巾をかぶる.

en·ca·ra·do, da ［エンカラド, ダ］《過去分詞》
→ encarar 対面させる.
— 形（bien［mal］+）顔立ちの良い［悪い］.

en·ca·ra·mar ［エンカラマル］ 他 1 …を（高い所に）上げる. 2 …を昇進させる.
— **encaramar-se** 再 1よじ登る. 2 昇進する.

en·ca·rar ［エンカラル］ 他 1 …を対面させる, つき合わす. 2 …と対決する.
— **encarar-se** 再（+con...）…に反抗する.

en·car·ce·la·mien·to ［エンカルせらミエント］ 男
投獄, 禁固.

en·car·ce·lar ［エンカルせらル］ 他 …を投獄する, 刑務所に入れる.

en·ca·re·cer ［エンカレせル］ 他《活 4 agradecer》1 …を値上げする. 2 …をほめそやす, 称賛する. 3 …を大げさに言う. 4 …を強調する, 熱心に勧める.
— 自 値上がりする.
— **encarecer-se** 再 値上がりする.

en·ca·re·ci·da·men·te ［エンカレしダメンテ］ 副
熱心に, ひたすら.

他 は他動詞　再 は再帰動詞　形 は形容詞　副 は副詞　前 は前置詞　接 は接続詞　間 は間投詞

273

en·ca·re·ci·mien·to [エンカレシミエント] 男 1 値上がり. 2 称賛, ほめそやし. 3 誇張. 4 強調, 力説.

encarezc- 活 → encarecer 値上げする《活 4》.

en·car·ga·do, da [エンカルガド, ダ] 《過去分詞》→ encargar まかせる.
— 形 (+de...) ...をまかされた, ...の担当の.
— 男 女 担当者, 責任者, 係.
encargado de negocios 〈外交官〉代理公使.
estar encargado de... ...を引き受けている, 担当する.

en·car·gar [エンカルガル] 他《活 47 llegar》 1 (仕事などを)(+a...) ...にまかせる, 一任する. 2 ...を注文する.
— **encargarse** 再 (+de...) ...を引き受ける, 担当する.

en·car·go [エンカルゴ] 男 1 任命, 任務. 2 注文. 3 注文品.
como (*hecho*) *de* [*por*] *encargo* おあつらえ向きの, オーダーメードのような.

encargu- 活 → encargar まかせる《活 47》.

en·ca·ri·ñar·se [エンカリニャルセ] 再 (+con...) ...が好きになる.

en·car·na·ción [エンカルナシオン] 女 1 (キリストの)受肉, 托身. 2 具現化. 3 権化.

en·car·na·do, da [エンカルナド, ダ] 《過去分詞》→ encarnar 受肉する.
— 形 1 肉体を持つ, 肉体化した. 2 赤色の. 3 肉色の, 肌色の.

en·car·na·du·ra [エンカルナドゥラ] 女 傷を治す力.

en·car·nar [エンカルナル] 自 1 受肉する, 肉体となる. 2 具体化する. 3 擬人化する.
— 他 1 ...を具現する. 2 ...を擬人化する. 3 〈演劇〉...の役を演じる.
— **encarnarse** 再 1 受肉する. 2 〔爪(ショ)が〕肉に食いこむ.

en·car·ni·za·do, da [エンカルニさド, ダ] 《過去分詞》→ encarnizarse 残忍になる.
— 形 残忍な, 残虐な.

en·car·ni·za·mien·to [エンカルニさミエント] 男 1 残忍, 残虐. 2 残忍な振る舞い, 残虐な態度. 3 (動物の, 獲物に対する)凶暴さ, 残忍さ.

en·car·ni·zar·se [エンカルニさルセ] 再《活 39 gozar》 1 (+con...) ...に対して残忍な態度をとる. 2 (動物が) (+con+獲物) ...を凶暴に扱う, むさぼり食う.

en·ca·rri·lar [エンカリラル] 他 1 (列車などを)軌道に乗せる. 2 ...を順調に進ませる.

en·car·te [エンカルテ] 男 (新聞や本の広告の)折り込み, 投げ込み.

en·car·to·nar [エンカルトナル] 他 (本)を厚紙で装丁する.

en·ca·si·llar [エンカシジャル] 他 1 ...を格付けする, (しかるべき評価レベルに)分類する. 2 ...を(+como...) ...だと決めつける. 3 ...を適当に(+en...) ...に分類する.

en·cas·que·tar [エンカスケタル] 他 1 (帽子などを)しっかりかぶる. 2 (変な考えなどを)(+a...) ...に植えつける. 3 (変な話などを)(+a...) ...に聞かせる. 4 (いやなこと)を(+a...) ...に押しつける.

en·cas·qui·llar·se [エンカスキジャルセ] 再 1 (銃が)薬莢(??)が詰まる. 2 (錠などが)動かなくなる. 3 (人が)話に詰まる.

en·cas·tar [エンカスタル] 他 (家畜)を(交配で)品種改良する.

en·cas·ti·llar·se [エンカスティジャルセ] 再 (+en...) ...の考えに固執する.

en·cas·trar [エンカストラル] 他 ...をぴったりと(+en...) ...にはめ込む.

en·cau·sar [エンカウサル] 他 ...を起訴する, 告訴する.

en·cau·za·mien·to [エンカウさミエント] 男 1 (川の)水路による誘導. 2 誘導, 手引き.

en·cau·zar [エンカウさル] 他《活 39 gozar》 1 (水流)を水路で導く. 2 ...を誘導する, うまく導く.

en·ce·fá·li·co, ca [エンせふァリコ, カ] 形 〈解剖学〉脳髄の, 脳の.

en·ce·fa·li·tis [エンせふァリティス] 女 《単複同形》〈医学〉脳炎.

en·cé·fa·lo [エンせふァロ] 男 〈解剖学〉脳髄.

en·ce·fa·lo·gra·ma [エンせふァログラマ] 男 〈医学〉脳電図, 脳造影図.

en·ce·lar·se [エンせラルセ] 再 (動物が)発情する, さかりがつく.

en·cen·de·dor[1] [エンセンデドル] 男 点火器, ライター.

en·cen·de·dor[2]**, do·ra** [—, ドラ] 形 1 点火用の, 発火する. 2 点灯用の.

en·cen·der [エンせンデル] 他《活 58 perder》 1 ...に火をつける, 点火する. 2 (明かりなどを)ともす, 点灯する, スイッチを入れる. 3 (対立などを)引き起こす, あおる. 4 (感情などを)かきたてる, 強くする.
— **encenderse** 再 1 火がつく. 2 明かりがつく. 3 (顔などが)赤くなる.

en·cen·di·do[1] [エンせンディド] 男 (エンジンの)1 点火, 着火. 2 点火装置.

en·cen·di·do[2]**, da** [—, ダ] 《過去分詞》→ encender 火をつける.
— 形 1 火のついた, 燃えている. 2 明かりのついた. 3 真っ赤な.

en·ce·ra·do[1] [エンせラド] 男 (教室などの)黒板.

en·ce·rar [エンせラル] 他 (床など)にワックスを塗る.

en·ce·rrar [エンせラル] 他《活 57 pensar》 1 ...を(+en...) ...に閉じ込める. 2 ...を含む, 内包する. 3 (語句)を(符号で)囲む, くくる. 4 (盤の

活 は活用形　複 は複数形　男 は男性名詞　女 は女性名詞　固 は固有名詞　代 は代名詞　自 は自動詞

en·co·le·ri·zar·se

ゲームで相手の駒(ょ)を詰める，動けなくする．
― **encerrarse** 再 閉じこもる．

en·cer·ro·na [エンセロナ] 女 (断れなくするための)わな，仕掛け．

en·ces·tar [エンセスタル] 他 〈バスケットボール〉(ボール)をシュートする．

en·ces·te [エンセステ] 男 〈バスケットボール〉シュート，得点．

en·char·car [エンチャルカル] 他 《73 sacar》1 (土地)に水たまりを作る．2〈医学〉(組織)を液体で満たす．

en·chi·la·da [エンチらダ] 女 〈料理〉(中南米の具入りトルティジャの)エンチラダ．

en·chi·ro·nar [エンチロナル] 他 …を牢屋[留置場]に入れる．

en·chu·fa·do, da [エンチュふァド, ダ]《過去分詞》→ enchufar 接続する．
― 形 (+con...) …とコネがある．
― 男 女 コネで就職した者．

en·chu·far [エンチュふァル] 他 1 …を(プラグに)接続する，つなぐ．2 …をコネで就職させる．

en·chu·fe [エンチュふェ] 男 1 コンセント，差し込み，プラグ．2 (就職のときなどの)コネ，縁故，手づる．

en·chu·fis·mo [エンチュふィスモ] 男 (就職場面で)コネを使う主義．

en·cí·a [エンしア] 女 〈解剖学〉歯肉，歯茎．

en·cí·cli·ca [エンしクリカ] 女 (ローマ教皇の)回状，回勅．

en·ci·clo·pe·dia [エンしクロペディア] 女 百科事典．

en·ci·clo·pé·di·co, ca [エンしクロペディコ, カ] 形 百科事典の．

en·ci·clo·pe·dis·mo [エンしクロペディスモ] 男 (18 世紀フランスの)百科全書派の運動．

enciend- 活 → encender 火をつける《活 58》．

encierr- 活 → encerrar 閉じ込める《活 57》．

en·cie·rro [エンしエロ] 男 1 監禁，禁固．2 監禁場所，牢，隠れ家，隠遁(ﾄﾝ)場所．3〈闘牛〉(牛追い祭りの)エンシエロ．

en·ci·ma [エンしマ] 副 1 上に，上のほうに．2 (+de...) …の上に．3 つけ加えて．4 (+de...) …に加えて．5 背負って，身につけて．6 すぐ近くに，すぐ間近に．

de encima 一番上の，…の上から．
de encima de... …の上から．
echarse encima... …を背負いこむ，引き受ける．
echarse encima de... …を不意におそう．
estar encima さしせまっている．
estar encima de... 1 …を見張る．2 …をよく世話する．
llevar... encima 1 …を持ち合わせる．2 …の責任を負う．
por encima うわべだけ，ざっと．
por encima de... 1 …の上に．2 …にもかかわらず．3 …を考慮しないで．
por encima de todo なにがあっても．
quitarse... de encima …を(自分から)取り除く．

en·ci·me·ra[1] [エンしメラ] 女 (台所家具などの)上掛けカバー，表面処理．

en·ci·me·ro, ra[2] [エンしメロ, ー] 形 上に掛ける，上の．

en·ci·na [エンしナ] 女 《= encino 男》1〈樹木〉カシ．2 オーク材．

en·ci·nar [エンしナル] 男 〈樹木〉カシの林．

en·cin·ta [エンしンタ] 形 〈女性〉妊娠中の．

en·claus·tra·mien·to [エンクらウストらミエント] 男 1 修道院に入る[閉じ込もる]こと．2 引退生活者用アパート．

en·claus·trar [エンクらウストらル] 他 …を(僧として)修道院に入れる．
― **enclaustrarse** 再 引退生活を送る．

en·cla·va·do, da [エンクらバド, ダ]《過去分詞》→ enclavar 釘(ｸｷﾞ)を打つ．
― 形 1 釘でとめられた．2 (+en...) …のなかに位置を占めた．

en·cla·var [エンクらバル] 他 1 …に釘(ｸｷﾞ)を打つ．2 …を(+en...) …に位置づける．

en·cla·ve [エンクらベ] 男 1 飛び地，飛び領地．2 (集団のなかの)異質な人のグループ．

en·clen·que [エンクれンケ] 形 虚弱体質の，病気がちの．
― 男 女 虚弱な人，脆弱(ｾﾞｲｼﾞｬｸ)な人．

en·clí·ti·co, ca [エンクリティコ, カ] 形 〈文法〉(前の単語と結合する)前接の．

en·co·co·rar [エンココラル] 他 …をいらだたせる，立腹させる．
― **encocorarse** 再 むかつく，いらいらする．

en·co·ger [エンコヘル] 他 《活 19 coger》1 (体の一部)を[縮]こめる．2 …をひるませる，萎縮(ｲｼｭｸ)させる．
― 自 ちぢむ，小さくなる．
― **encogerse** 再 1 ちぢむ．2 ちぢこまる．3 ひるむ，すくむ．4 気おくれする，気力を失う．

encogerse de hombros 肩をすくめる．
encogerse el corazón a... …が身のちぢむ思いをする．

en·co·gi·do, da [エンコヒド, ダ] 《過去分詞》→ encoger ちぢむこと．
― 形 1 体をちぢこませた，うずくまった．2 ちぢんだ．3 すくんだ，萎縮(ｲｼｭｸ)した．4 内気な，臆病(ｵｸﾋﾞｮｳ)な．

en·co·gi·mien·to [エンコヒミエント] 男 1 ちぢみ，収縮．2 ちぢこまり．3 萎縮(ｲｼｭｸ)，しりごみ．4 内気，気おくれ，臆病(ｵｸﾋﾞｮｳ)．

encoj- 活 → encoger ちぢこめる《活 19》．

en·co·la·do, da [エンコらド, ダ] 形 〈作業〉糊(ﾉﾘ)づけ，膠(ﾆｶﾜ)づけ．

en·co·lar [エンコらル] 他 1 …を糊(ﾉﾘ)づけする．2 …に糊を塗る，膠(ﾆｶﾜ)を塗る．

en·co·le·ri·zar·se [エンコれリさルセ] 再 《活 39

他 は他動詞 再 は再帰動詞 形 は形容詞 副 は副詞 前 は前置詞 接 は接続詞 間 は間投詞

gozar〉激怒する，かっとなる．

en·co·men·dar [エンコメンダル] 他《活57 pensar》1 …を(+a…)…にゆだねる，託す，まかせる．2〈先住民〉を(+a…)…に委託する．
— **encomendarse** 再 (+a…) …に身をゆだねる，保護を求める．

en·co·men·de·ro [エンコメンデロ] 男《征服者》〈先住民を委託された〉エンコメンデロ．

en·co·miar [エンコミアル] 他 …をほめたたえる．

en·co·miás·ti·co, ca [エンコミアスティコ, カ] 形 絶賛の．

encomiend- → encomendar ゆだねる《活57》．

en·co·mien·da [エンコミエンダ] 女 1 委託，委任．2〈王などが領地に与えた〉年金．3〈植民地時代の制度で征服者に先住民を委託する〉エンコミエンダ．

en·co·mio [エンコミオ] 男 絶賛，絶大な賛辞．

en·co·na·do, da [エンコナド, ダ]《過去分詞》→ enconar 敵意をあおる．
— 形《対立》激しい，根深い．

en·co·nar [エンコナル] 他 1 …に敵意をあおる．2〈対立など〉を激しくする，根深くする．
— **enconarse** 再〈対立などが〉激しくなる，根深くなる．

en·co·no [エンコノ] 男 根深い敵意，深い恨み．

en·con·tra·di·zo, za [エンコントラディソ, サ]《つぎの動詞句の一部》
hacer·se el encontradizo 偶然に出会った振りをする．

en·con·tra·do, da [エンコントラド, ダ]《過去分詞》→ encontrar 見つける．
— 形 1 見つかった．2 対立する，正反対の．

en·con·trar [エンコントラル] 他《活22 contar》1 …を見つける．2 …を見いだす，発見する．3 …に出くわす，出会う．4 …を (+形容詞・副詞)…だと思う，…と判断する，評価する．
— **encontrarse** 再 1〈互いに〉出会う，出くわす．2 (+con…) …に出会う，出くわす．3〈互いに〉対立する，ぶつかりあう．4 (+con…) …と対立する．5 (+en…)…にいる，ある．6 (+形容詞・副詞)…の状態にある．7 …を偶然に見つける．

en·con·tro·na·zo [エンコントロナソ] 男 激突，衝突．

en·co·ña·do, da [エンコニャド, ダ] 形 (+con…) …に恋いこがれた，ぞっこんほれている．

en·co·pe·ta·do, da [エンコペタド, ダ] 形 1 うぬぼれた，思いあがった．2 家柄を鼻にかけた，名門気取りの．

en·co·ra·ji·nar [エンコラヒナル] 他 …を怒らせる．
— **encorajinarse** 再 立腹する．

en·cor·ba·tar·se [エンコルバタルセ] 再 ネクタイを締める．

en·cor·dar [エンコルダル] 他《活22 contar》1〈楽器〉に弦を張る．2〈ラケット〉にガットを張る．
— **encordarse** 再〈登山者が〉体にザイルを結びつける．

en·cor·se·tar [エンコルセタル] 他 1 …をコルセットで締めつける．2〈厳しい規則が〉…を動けなくする．
— **encorsetarse** 再 1〈自分に〉コルセットを着ける．2 (+en…) …で動きがとれなくなる．

en·cor·va·do, da [エンコルバド, ダ]《過去分詞》→ encorvar 曲げる．
— 形 1 曲がった，湾曲した．2 背を丸めた．3 腰の曲がった．

en·cor·var [エンコルバル] 他 …を曲げる，湾曲させる．
— **encorvarse** 再 曲がる，湾曲する．

en·cres·par [エンクレスパル] 他 1〈髪〉を逆立てる．2〈髪など〉をカールする．3 …を怒らせる，いらだたせる．4〈海面〉を波立たせる．
— **encresparse** 再 1〈恐怖などで〉髪を逆立てる．2〈海が〉荒れる，波立つ．3 立腹する，いらだつ．4〈事が〉もつれる，紛糾する．

en·cru·ci·ja·da [エンクルシハダ] 女 1 辻(?)，十字路，交差点．2〈人生などの〉岐路，分かれめ．3 わな，落とし穴．

en·cua·der·na·ción [エンクアデルナシオン] 女 1 製本，装丁．2〈装丁用の〉表紙．

en·cua·der·na·dor, do·ra [エンクアデルナドル, ドラ] 男女 製本家，製本業者．

en·cua·der·nar [エンクアデルナル] 他 …を製本する，装丁する．

en·cua·drar [エンクアドラル] 他 1 …に枠をはめる．2 …を額にはめる．3 …を枠に入れる，枠づけする．
— **encuadrarse** 再 (+en…) …の枠におさまる，…にはまる．

en·cua·dre [エンクアドレ] 男〈映画などでの〉構図，フレーミング．

en·cu·bier·to, ta [エンクビエルト, タ]《過去分詞》→ encubrir かくす．
— 形 かくされた，秘密の．

en·cu·bri·mien·to [エンクブリミエント] 男〈事実の〉秘匿(?)，隠蔽(?)．

en·cu·brir [エンクブリル] 他 1 …をかくす，秘密にする．2〈犯人〉をかばう，かくまう．

encuentr- 活 → encontrar 見つける《活22》．

en·cuen·tro [エンクエントロ] 男 1 出会い，遭遇．2 衝突，接触．3 会見，会合．4〈スポーツ〉試合，対戦．

en·cues·ta [エンクエスタ] 女 1 アンケート，調査．2 アンケート用紙．3 調査活動，捜査．

en·cues·ta·dor, do·ra [エンクエスタドル, ドラ] 男女 アンケート調査員．

en·cues·tar [エンクエスタル] 他〈人〉にアンケートをする．

en·cum·bra·do, da [エンクンブラド, ダ]《過去

分詞》→ encumbrar 高く評価する.
— 形 1 地位の高い. 2 高く評価された.

en·cum·bra·mien·to [エンクンブラミエント] 男 1 (人や物の) 高い評価. 2 昇進, 昇格.

en·cum·brar [エンクンブラル] 他 1 …を高く評価する. 2 …を高い地位につける.
— encumbrarse 再 1 高い地位につく. 2 (が) (+hasta+高いところ) …に達する.

en·cur·ti·dos [エンクルティドス] 男複 (野菜の)酢漬け, ピクルス.

en·cur·tir [エンクルティル] 他 (野菜)を酢漬けにする.

en·de [エンデ]《つぎの副詞句の一部》
por ende したがって, それゆえ, ゆえに.

en·de·ble [エンデブレ] 形 弱い, 脆弱な.

en·de·ca·sí·la·bo, ba [エンデカシラボ, バ] 形〈詩行〉11 音節の.

en·de·cha [エンデチャ] 女 悲歌, 哀歌.

en·de·mia [エンデミア] 女〈医学〉風土病.

en·dé·mi·co, ca [エンデミコ, カ] 形 1〈医学〉風土病の. 2〈現象〉蔓延(*まんえん*)している, 慢性の.

en·de·mo·nia·do, da [エンデモニアド, ダ] 1 まったくひどい, 最悪の. 2 悪魔にとりつかれた.
— 男女 悪魔つきの人.

en·de·re·zar [エンデレサル]《活 39 gozar》1 …をまっすぐにする. 2 …を正す, 直す. 3 …を軌道修正する.
— endererazrse 再 1 まっすぐになる, 直立する. 2 立ち直る.

en·deu·dar [エンデウダル] 他 …を借金だらけにさせる.
— endeudarse 再 借金だらけになる.

en·dia·bla·do, da [エンディアブラド, ダ] 形 1 まったくひどい, 最悪の. 2 厄介な, 不快な.

en·di·bia [エンディビア] 女《= endivia》〈野菜〉エンダイブ, キクヂシャ.

en·dil·gar [エンディルガル] 他《活 47 llegar》(いやなこと)を(+a…) …に押しつける.

en·di·ñar [エンディニャル] 他 (殴打(*おう*)など)を食らわす.

en·dio·sar [エンディオサル] 他 …を神としてあがめる, 神格化する.
— endiosarse 再 傲慢(*ごう*)になる, 思いあがる.

en·do·car·dio [エンドカルディオ] 男〈解剖学〉心内膜.

en·do·car·pio [エンドカルピオ] 男〈植物学〉内果皮.

en·do·cri·no, na [エンドクリノ, ナ] 形〈解剖学〉内分泌の.

en·do·cri·no·lo·gí·a [エンドクリノロヒア] 女 内分泌学.

en·do·cri·nó·lo·go, ga [エンドクリノロゴ, ガ] 男女 内分泌専門医.

en·do·don·cia [エンドドンシア] 女 歯内治療学.

en·do·ga·mia [エンドガミア] 男 1〈生物学〉同系交配. 2 同族結婚.

en·dó·ge·no, na [エンドヘノ, ナ] 形〈生物学〉内生の.

en·do·me·trio [エンドメトリオ] 男〈解剖学〉子宮内膜.

en·do·min·gar·se [エンドミンガルセ] 再《活 47 llegar》晴れ着を着る.

en·do·sar [エンドサル] 他 1 …を(+a…) …に押しつける. 2 (小切手など)に裏書きする.

en·dos·co·pia [エンドスコピア] 女 内視鏡検査.

en·dos·co·pio [エンドスコピオ] 男 内視鏡.

en·do·so [エンドソ] 男 (小切手などの)裏書き.

en·dri·na [エンドリナ] 女〈植物〉リンボクの実.

en·dri·no [エンドリノ] 男〈樹木〉リンボク.

en·dul·zar [エンドゥルサル] 他《活 39 gozar》1 (飲食物など)を甘い味にする, 甘くする. 2 (苦痛など)をやわらげる, 軽くする.
— endulzarse 再 1 甘い味になる, 甘くなる. 2 (苦しめるなどが)やわらぐ, 耐えやすくなる.

en·du·re·cer [エンドゥレセル]《活 4 agradecer》1 …を固くする. 2 (体)を強くする, きたえる. 3 (態度など)を厳しくする, 硬化させる. 4 …を冷酷にさせる.
— endurecerse 再 1 固くなる. 2 (体)が強くなる. 3 (態度など)が硬化する. 4 (心などが)冷酷になる.

en·du·re·ci·mien·to [エンドゥレシミエント] 男 1 固くなること, 硬化. 2 (体)の鍛練. 3 冷酷, 冷厳.

e·ne [エネ] 女《文字 N, n の名》エネ.

e·ne·a [エネア] 女〈植物〉ガマ[蒲].

e·ne·a·sí·la·bo, ba [エネアシラボ, バ] 形〈詩行〉9 音節の.

e·ne·bro [エネブロ] 男〈常緑針葉樹〉ネズ.

e·ne·ma [エネマ] 男 1 浣腸(*かんちょう*). 2 浣腸液. 3 浣腸器具.

e·ne·mi·go[1] [エネミゴ] 男 (集合的に)敵兵, 敵軍.

e·ne·mi·go[2], **ga** [―, ガ] 形 1 敵の, 敵側の. 2 (+de…) …がきらいな.
— 男女 敵, 敵対者.
crear·se enemigos 敵を作る.
ejército enemigo 敵軍.
enemigo natural 天敵.
hacer·se enemigo de… 1 …の敵になる. 2 …がきらいになる.
hacer·se enemigos 1 敵同士になる, 敵対関係になる. 2 敵を作る.

e·ne·mis·tad [エネミスタッ] 女 1 敵意, 反感. 2 敵対関係.

e·ne·mis·tar [エネミスタル] 他 (複数の者)を敵同士にする, 反目させる, 仲たがいさせる.
— enemistarse 再 1 (複数の者が)敵対する, 仲たがいする. 2 (+con…) …と敵対する.

e·ne·o·lí·ti·co, ca [エネオリティコ, カ] 形〈考古学〉銅石器時代の.

e·ner·gé·ti·ca[1] [エネルヘティカ] 女 エネルギー

論.

e·ner·gé·ti·co, ca² [エネルヘティコ,-] 形 1 エネルギーの. 2 エネルギー源の.

e·ner·gí·a [エネルヒア] 女 1 エネルギー. 2 活力, 精力, 気力.
energía cinética 運動エネルギー.
energía potencial 位置エネルギー.

e·nér·gi·co, ca [エネルヒコ, カ] 形 1 精力的な, エネルギッシュな. 2 生産性の高い, 効果的な.

e·ner·gú·me·no, na [エネルグメノ, ナ] 男女 狂乱した人.

e·ne·ro [エネロ] 男 (1年12か月のうちの) 1月.

e·ner·var [エネルバル] 他 1 …をいらだたせる. 2 …を弱らせる, …から気力を奪う.
— **enervar·se** 再 1 いらいらする. 2 衰弱する, 気力を無くす.

e·né·si·mo, ma [エネシモ, マ] 形 1 何度も繰り返しての. 2《数学》(不定整数の) n 番目の.

en·fa·da·di·zo, za [エンふぁダディそ, さ] 形 短気な, 怒りっぽい.

en·fa·da·do, da [エンふぁダド, ダ]《過去分詞》→ enfadar 怒らせる.
— 形 立腹している, 怒った.

en·fa·dar [エンふぁダル] 他 …を怒らせる.
— **enfadar·se** 再 1 (+con, por…) …に立腹する. 2 (+con…) …と仲たがいする.

en·fa·do [エンふぁド] 男 1 怒り, 立腹. 2 不愉快, 不快感.

en·fan·gar [エンふぁンガル] 他《活 47 llegar》1 …を泥だらけにする. 2 …を泥につっこむ.
— **enfangar·se** 再 1 泥まみれになる. 2 (+en…) で手を汚す, 悪事に荷担(たん)する.

én·fa·sis [エンふぁスィス] 男 1 強調. 2 重視.

en·fá·ti·ca·men·te [エンふぁティカメンテ] 副 強調して, 力を込めて.

en·fá·ti·co, ca [エンふぁティコ, カ] 形 強調の, 力を込めた.

en·fa·ti·zar [エンふぁティさル] 他《活 39 gozar》…を強調する, 力説する.
— 自 力を込めて言う, 強い言い方をする.

en·fe·bre·ci·do, da [エンふぇブレしド, ダ] 形 熱狂した, 興奮した.

en·fer·mar [エンふぇルマル] 他 …を病気にする.
— 自 1 病気になる. 2 (+de+体の一部) …を悪くする, わずらう.
— **enfermar·se** 再 病気になる.

en·fer·me·dad [エンふぇルメダス] 女 1 病気, 疾患. 2 悪弊, 病弊.
contraer una enfermedad 病気にかかる.
enfermedad contagiosa 伝染病.
enfermedad secreta 性病.

en·fer·me·ra [エンふぇルメラ] 女 看護婦.

en·fer·me·rí·a [エンふぇルメリア] 女 1 医務室. 2 看護学.

en·fer·me·ro [エンふぇルメロ] 男 看護士.

en·fer·mi·zo, za [エンふぇルミそ, さ] 形 1 病気がちの, 病弱な. 2 病的な, 病人のような. 3 体に悪い, 不健康な.

en·fer·mo, ma [エンふぇルモ, マ] 形 1 病気の. 2 (+de+体の一部) …をわずらっている.
— 男女 病人, 患者.
— 活 → enfermar 病気にする.

en·fer·vo·ri·zar [エンふぇルボリさル] 他《活 39 gozar》1 …を熱狂させる, …の情熱を刺激する. 2 …の信仰心を刺激する.

en·fi·lar [エンふぃラル] 他 1 …を目指す, …の方向にむかう. 2 …を方向付けする, …を(+hacia…) に向ける. 3《複数のもの》を一直線に並べる. 4 …を冷酷に扱う, …に反感を抱く.

en·fi·se·ma [エンふぃセマ] 男《医学》気腫(しゅ).

en·fla·que·cer [エンふらケセル] 他《活 4 agradecer》1 …をやせさせる. 2 …を衰弱させる. 3 …の気力をそぐ.
— 自 1 やせる. 2 衰弱する. 3 意気消沈する.

en·fla·que·ci·mien·to [エンふらケしミエント] 男 1 やせること, (体重の)減量. 2 衰弱. 3 意気消沈.

en·fo·car [エンふぉカル] 他《活 73 sacar》1 …に焦点を合わす. 2 …を照らし出す. 3 …を考察する, 分析する.

enfoqu- 活 → enfocar 焦点を合わす《活 73》.

en·fo·que [エンふぉケ] 男 1 ピント合わせ, 焦点を絞ること. 2 視点, 問題提起.

en·fras·car [エンふラスカル] 他《活 73 sacar》…をフラスコに入れる.
— **enfrascar·se** 再 (+en…) …に没頭する.

en·fre·nar [エンふレナル] 他《馬》に轡(くつわ)をつける.

en·fren·ta·mien·to [エンふレンタミエント] 男 対決, 論争, 闘争.

en·fren·tar [エンふレンタル] 他 1 (複数のもの)を対決させる, 立ち向かわせる. 2 …に直面する, 対面する.
— **enfrentar·se** 再 1 (+a, con…) …に直面する, 対面する. 2 (+con…) …と対決する, 対立する.

en·fren·te [エンふレンテ] 副 1 正面に, 反対側に. 2 (+de…) …に反対して. 3 (+de…) …の反対側に.
de enfrente 反対側の, 向かいの.

en·fria·mien·to [エンふリアミエント] 男 1 温度の低下, 冷却. 2 緩和, 弛緩(しかん). 3 鼻風邪.

en·friar [エンふリアル] 他《活 34 enviar》1 …を冷たくする, さます. 2 …をおだやかにする. 3 …を白けさせる.
— 自 冷える.
— **enfriar·se** 再 1 冷える. 2 おだやかになる. 3 鼻風邪を引く.

en·fun·dar [エンふンダル] 他 …をケース[袋, さや など] におさめる.
— **enfundar·se** 再 (ぴったり身につく衣類)を身

につける.

en·fu·re·cer [エンフレセル] 他《活 4 agradecer》…を激怒させる.
— **enfurecerse** 再 1 (海などが)荒れる. 2 (+con, de…) …で激怒する.

en·fu·re·ci·mien·to [エンフレシミエント] 男 1 激怒. 2 (海の)時化(しけ).

en·fu·rru·ña·mien·to [エンフルニャミエント] 男 軽い腹立ち, 不機嫌.

en·fu·rru·ñar·se [エンフルニャルセ] 再 少し腹を立てる, 不機嫌になる.

en·ga·la·nar [エンガラナル] 他 …を(+con, de…) …で飾りたてる.
— **engalanarse** 再 (+con, de…) で盛装する.

en·gan·cha·da [エンガンチャダ] 女 激しい口論, けんか.

en·gan·char [エンガンチャル] 他 1 …を(鉤(かぎ)などに)つるす, 引っかける. 2 …をつかむ, つかまえる. 3 (馬を)(馬車に)つなぐ. 4 (闘牛で)(牛が人を)引っかける. 5 (人を)引きつける, …の心をつかむ. 6 (病気)にかかる.
— **engancharse** 再 1 (+a…) …に傾倒する, おぼれる. 2 (+a+軍隊) …に(自主的に)入隊する.

en·gan·che [エンガンチェ] 男 1 (鉤(かぎ)などに)引っかけること. 2 (馬を馬車に)つなぐこと. 3 異常な傾倒, 夢中. 4《軍隊》入隊. 5 ホック, 留め金.

en·gan·chón [エンガンチョン] 男 (衣服の)かぎ裂き.

en·ga·ña·bo·bos [エンガニャボボス] 男女《単複同形》ぺてん師, 詐欺師.
— 男 ぺてん, 詐欺.

en·ga·ñar [エンガニャル] 他 1 …をだます. 2 …をあざむく, 誤解させる. 3 …をまぎらわす. 4 …を言いくるめる, まるめこむ. 5 (配偶者)をだまして(+con…)と浮気する.
— **engañarse** 再 1 本当のことを知ろうとしない, 自分をだます. 2 間違える, 誤る. 3 (+con+人) …を誤解する.

en·ga·ñi·fa [エンガニふァ] 女 ごまかし, 詐欺.

en·ga·ño [エンガニョ] 男 1 ごまかし, まやかし. 2 幻想, まぼろし. 3 まぎらわし. 4 言いくるめ, まるめこみ. 5 (配偶者間の)裏切り. 6 間違い, 誤り, 思い違い. 7 (だますための)わな, 餌(えさ). 8《闘牛で》(牛を突進させるための)レタ[カポ]さばき.

llamar·se a engaño (合意しておきながら)だまされたと嘆く.

en·ga·ño·so, sa [エンガニョソ, サ] 形 1 ごまかしの, 人をあざむく. 2 誤解を招く, まぎらわしい.

en·gar·ce [エンガルセ] 男 1 数珠つなぎ, つなぎ合わせ. 2 (宝石の台座への)はめ込み. 3 (宝石の)台座.

en·gar·zar [エンガルサル] 他《活 39 gozar》1 …を数珠つなぎにする. 2 …を(+con…) …とつなぎ合わす. 3 (宝石など)を(+en…) …にはめ込む.

en·gas·tar [エンガスタル] 他 (宝石)を(+en…) …にはめ込む.

en·gas·te [エンガステ] 男 1 (宝石などの)はめ込み. 2 (宝石などの)台座.

en·ga·tu·sar [エンガトゥサル] 他 …を言いくるめる, まるめこむ.

en·gen·drar [エンヘンドラル] 他 1 (子)をもうける, なす. 2 …を引き起こす, 生じさせる.
— **engendrarse** 再 生じる, 発生する.

en·gen·dro [エンヘンドロ] 男 1 とても醜い人, 化け物. 2 (文学や芸術の)ひどい失敗作, まったくの駄作.

en·glo·bar [エングロバル] 他 …を一括する, ひとまとめにして扱う.

en·go·la·do, da [エンゴらド, ダ] 形 1 (話し方などが)もったいぶった, 大げさな. 2〈人〉尊大な, うぬぼれた.

en·gol·far·se [エンゴるふァルセ] 再 (+en…) …に没頭する, 熱中する.

en·go·mar [エンゴマル] 他 …に糊(のり)[にかわ]を塗る.

en·go·mi·nar·se [エンゴミナルセ] 再 (自分の髪に)整髪料を塗る.

en·gor·dar [エンゴルダル] 他 1 …を太らせる. 2 (物事)を大きくする, 成長させる.
— 自 1 太る. 2 (物事が)大きくなる, 成長する. 3 金持ちになる.

en·gor·de [エンゴルデ] 男《家畜》肥育.

en·go·rro [エンゴロ] 男 邪魔物, 面倒なこと, 厄介事.

en·go·rro·so, sa [エンゴロソ, サ] 形 邪魔な, 厄介な, うるさい.

En·gra·cia [エングラシア] 固〈女性の名〉エングラシア.

en·gra·na·je [エングラナヘ] 男 1 (歯車の意見の)かみ合わせ. 2 ギア, 歯車装置. 3 (歯車)集合的に)歯. 4 (構成員の間の)関連, 連動.

en·gra·nar [エングラナル] 他 1 (歯車など)を(+con…) …とかみ合わせる. 2 …を関連させる, 連動させる.
— 自 (歯車などが)かみ合う.
— **engranarse** 再 互いにかみ合う.

en·gran·de·cer [エングランデセル] 他《活 4 agradecer》1 …を大きくする, 拡大する. 2 …を立派なものにする.
— **engrandecerse** 再 1 大きくなる. 2 立派になる, 品位を高める. 3 出世する.

en·gran·de·ci·mien·to [エングランデシミエント] 男 1 拡大, 拡張, 増大. 2 立派になること. 3 出世, 昇進.

engrandezc- 活 → engrandecer 大きくする《活 4》.

en·gra·sar [エングラサル] 他 1 …に油を注(そそ)ぐ. 2 …にグリースを塗る.

en·gra·se [エングラセ] 男〈機械〉油注(そそ)し, グリース塗り.

他 は他動詞 再 は再帰動詞 形 は形容詞 副 は副詞 前 は前置詞 接 は接続詞 間 は間投詞

en·gre·í·do, da [エングレイド, ダ]《過去分詞》→ engreír うぬぼれさせる.
— 形 うぬぼれた, 尊大な.

en·gre·ír [エングレイル] 他《活 67 reír》…をうぬぼれさせる, 尊大にする.
— **engreírse** 再 うぬぼれる, 思い上がる.

en·gres·car [エングレスカル] 他《活 73 sacar》(複数の者)をけんかさせる.
— **engrescarse** 再 (複数の者が)けんかする, 口論する.

en·gro·sar [エングロサル] 他《ときに不規則活用で 22 contar》1 …を太くする, 厚くする. 2 …を増やす.
— 自〈人〉太る.
— **engrosarse** 再 1〈物〉太く[厚く]なる. 2 増える.

en·gru·do [エングルド] 男 糊(ﾉﾘ).

en·gua·chi·nar [エングアチナル] 他 1 …を水でいっぱいにする. 2 …を水っぽくする.
— **enguachinarse** 再 (水分のとりすぎで)腹がだぶだぶになる.

en·guan·tar [エングアンタル] 他 …に手袋をはめる.
— **enguantarse** 再 (自分が)手袋をはめる.

en·gu·llir [エングジル] 他《活 51 mullir》1 …を丸飲みにする. 2 …を一気に食べる.

en·gu·rru·ñar [エングルニャル] 他 1 …をちぢ[縮]める, しわにする.
— **engurruñarse** 再 1 しわになる, ちぢむ. 2 ちぢこまる.

en·ha·ri·nar [エナリナル] 他 …に小麦粉をまぶす.

en·he·brar [エネブラル] 他 1 (針などに)糸を通す. 2 …をつなぎ合わせる.

en·hies·to, ta [エニエスト, タ] 形 立っている, 直立の.

en·hi·lar [エニラル] 他 1 (針の穴などに)糸を通す. 2 …を順序良く並べる.

en·ho·ra·bue·na [エノラブエナ] 女 祝辞, 祝いの言葉.
— 副 1 幸せに. 2 都合よく. 3 相手のことを祝って(間投前置的に)おめでとう！

e·nig·ma [エニグマ] 男 不思議, 謎(ﾅｿﾞ).

e·nig·má·ti·co, ca [エニグマティコ, カ] 形 不思議な, 謎(ﾅｿﾞ)めいた, 不可解な.

en·ja·bo·nar [エンハボナル] 他 1 …を石けんで洗う. 2 …にへつらう.

en·ja·e·zar [エンハエサル] 他《活 39 gozar》(馬)に馬具をつける.

en·jal·be·gar [エンハルベガル] 他《活 47 llegar》(壁など)をしっくいまで白く塗る.

en·jam·bre [エンハンブレ] 男 1 (分封(ﾌﾞﾝﾎﾟｳ)する)ミツバチの群れ. 2 (人や動物の)群れ, 集団.

en·ja·re·tar [エンハレタル] 他 1 …にひもを通す. 2 …を早口でまくしたてる. 3 (いやなこと)を(+a...) …に押しつける.

en·jau·lar [エンハウラル] 他 1 …を檻(ｵﾘ)に入れる. 2 …を鳥かごに入れる. 3 …を牢(ﾛｳ)に入れる.

en·jo·yar [エンホヤル] 他 …を宝石で飾る.

en·jua·gar [エンフアガル] 他《活 47 llegar》1 (洗い物)をすすぐ. 2 (口)をすすぐ. 3 …をゆすぐ, 軽くする.
— **enjuagarse** 再 (自分の口)をすすぐ.

enjuagu- 活 → enjuagar すすぐ《活 47》.

en·jua·gue [エンフアゲ] 男 1 すすぎ洗い, 水洗い. 2 (口の)すすぎ, うがい.

en·ju·gar [エンフガル] 他《活 47 llegar》1 (表面の水気)をぬぐう, ふき取る. 2 (借金など)を清算する, 無くす.
— **enjugarse** 再 (自分の汗など)をぬぐう.

en·jui·cia·mien·to [エンフイシアミエント] 男 1 検討, 判断. 2《法律》審理, 裁判.

en·jui·ciar [エンフイシアル] 他《活 17 cambiar》1 …を検討[判断]する. 2《法律》…を審理する, 裁判にかける.

en·jun·dia [エンフンディア] 女 実質, 中味.

en·ju·to, ta [エンフト, タ] 形 やせぎすの, ひょろ長い.

enlac- 活 → enlazar 結びつける《活 39》.

en·la·ce [エンラセ] 男 1 結合, 接続, 連結. 2 関連, 関係. 3 つなぐもの, 連結要素. 4 (交通機関の)連絡, 接続. 5 結婚. 6〈人〉連絡係, 連絡員. 7《化学》化学結合.

en·la·dri·llar [エンラドリジャル] 他 …をレンガ敷きにする.

en·la·tar [エンラタル] 他 …を缶詰めにする.

en·la·zar [エンラサル] 他《活 39 gozar》1 …を(+con...)…に結びつける, 接続する, つなぐ. 2 (動物)に縄をかける. 3 (交通機関)を(+con...)…と接続する, 連絡させる.
— 自 (+con...) …とつながる, 接続する. 2 (複数の交通機関が)接続する.
— **enlazarse** 再 (ふたつの家族が)姻戚(ｲﾝｾｷ)関係になる.

en·lo·dar [エンロダル] 他 1 …を泥で汚す. 2 (家名など)に泥を塗る.
— **enlodarse** 再 泥で汚れる.

en·lo·que·ce·dor, do·ra [エンロケセドル, ドラ] 形 気を狂わせるほどの.

en·lo·que·cer [エンロケセル] 他《活 4 agradecer》1 …を発狂させる. 2 …を夢中にさせる, 大よろこびさせる.
— 自 発狂する, 気が狂う.

en·lo·que·ci·mien·to [エンロケシミエント] 男 発狂, 精神異常.

enloquezc- 活 → enloquecer 発狂させる《活 4》.

en·lo·sar [エンロサル] 他 …をタイル張りにする.

en·lu·cir [エンルシル] 他《活 48 lucir》1 (壁など)にしっくいを塗る. 2 (金属の表面)をみがく.

en·lu·tar [エンルタル] 他 1 …を喪に服させる. 2 …に喪服を着せる.

— **enlutar·se** 再 1 喪に服す. 2 喪服を着る.
en·ma·de·rar [エンマデラル] 他 1 …を板張りにする. 2 (建物の)木造部分を作る.
en·ma·drar·se [エンマドラルセ] 再 (子供が)母親に甘える.
en·ma·ra·ñar [エンマラニャル] 他 1 (髪など)をからませる, もつれさせる. 2 …をさらに混乱させる.
— **enmarañar·se** 再 1 からまる, もつれる. 2 錯綜(さくそう)する, 紛糾する.
en·mar·car [エンマルカル] 他《活 73 sacar》1 …を額(がく)に入れる, …に枠をはめる. 2 …を枠にはめる.
— **enmarcar·se** 再 (+en...) の枠にはまる, 枠におさまる.
en·mas·ca·ra·do, da [エンマスカラド, ダ]《過去分詞》→ enmascarar 仮面でかくす.
— 形 仮面で顔をかくした.
— 男女 仮面をつけた人.
en·mas·ca·rar [エンマスカラル] 他 1 (顔)を仮面でかくす. 2 …をかくす.
— **enmascarar·se** 再 仮面をかぶる.
en·men·dar [エンメンダル] 他《活 57 pensar》1 …を訂正する, 修正する, 正す. 2 …をつぐなう, 補償する.
— **enmendar·se** 再 1 改心する. 2 (+de+自分の過失など)…を正す, あらためる.
enmiend- 活 → enmendar 訂正する《活 57》.
en·mien·da [エンミエンダ] 女 1 訂正, 修正. 2 修正案, 改善.
en·mo·he·cer [エンモエセル] 他《活 4 agradecer》…をかび(黴)させる.
— **enmohecer·se** 再 かびる.
en·mo·que·tar [エンモケタル] 他 (床など)をモケット張りにする.
en·mu·de·cer [エンムデセル] 他《活 4 agradecer》…を黙らせる.
— 自 1 黙る, しゃべらなくなる. 2 音を出さなくなる.
en·mu·de·ci·mien·to [エンムデシミエント] 男 1 沈黙. 2 (騒音などの)静まること.
en·ne·gre·cer [エンネグレセル] 他《活 4 agradecer》1 …を黒くする. 2 …を暗くする.
— **ennegrecer·se** 再 1 黒くなる. 2 暗くなる.
en·ne·gre·ci·mien·to [エンネグレシミエント] 男 1 黒くなること. 2 暗くなること.
en·no·ble·cer [エンノブれセル] 他《活 4 agradecer》1 …を気高いものにする, …の品位を高める. 2 …の名声を高める.
— **ennoblecer·se** 再 1 気高くなる. 2 品格をそえる.
en·no·ble·ci·mien·to [エンノブれシミエント] 男 1 品位を高めること. 2 名声を高めること.
ennoblezc- 活 → ennoblecer 気高いものにする《活 4》.
en·no·viar·se [エンノビアルセ] 再 恋人ができる.
e·no·ja·do, da [エノハド, ダ]《過去分詞》→ enojar 怒らせる.
— 形 立腹した, 怒った.
e·no·jar [エノハル] 他 …を怒らせる.
— **enojar·se** 再 立腹する, かっとなる.
e·no·jo [エノホ] 男 1 立腹, 怒り. 2 いらだち, 逆上. 3 労苦.
e·no·jo·so, sa [エノホソ, サ] 形 1 腹立たしい. 2 いまいましい, 頭にくる.
e·no·lo·gí·a [エノロヒア] 女 ワイン醸造学.
e·nó·lo·go, ga [エノロゴ, ガ] 男女 ワイン醸造研究者.
e·nor·gu·lle·cer [エノルグじぇセル] 他《活 4 agradecer》…を誇らせる, 自慢させる.
— **enorgullecer·se** 再 (+de...) …を自慢する, 誇りに思う.
e·nor·gu·lle·ci·mien·to [エノルグじぇシミエント] 男 1 自慢. 2 うぬぼれ, 思い上がり, 高慢.
enorgullezc- 活 → enorgullecer 誇らせる《活 4》.
e·nor·me [エノルメ] 形 1 巨大な, ばかでかい. 2 莫大(ばくだい)な. 3 すごい, 見事な.
e·nor·me·men·te [エノルメメンテ] 副 すごく, 並はずれて.
e·nor·mi·dad [エノルミダス] 女 1 巨大さ. 2 莫大(ばくだい).
una enormidad 副 ものすごく, とても多く.
en·quis·tar·se [エンキスタルセ] 再 1〈医学〉嚢腫(のうしゅ)になる. 2 深く食いこむ. 3 (事業などが)行き詰まってしまう.
en·ra·bie·tar·se [エンラビエタルセ] 再 かんしゃくを起こす.
en·rai·zar [エンライサル] 自《活 33》根づく, 根をおろす.
— **enraizar·se** 再 根づく, 根をおろす.
en·ra·ma·da [エンラマダ] 女 (枝の)茂み.
en·ra·re·cer [エンラレセル] 他《活 4 agradecer》1 (状況など)を悪くする. 2 (ガス)を希薄にする. 3 (空気)を汚す.
— **enrarecer·se** 再 1 (状況などが)悪化する. 2 (ガス)が希薄になる. 3 (空気が)汚れる.
en·ra·re·ci·mien·to [エンラレシミエント] 男 1 (ガスの)希薄化. 2 (空気の)酸欠, 汚染. 3 (対人関係などの)悪化.
en·re·da·de·ra [エンレダデラ] 女 つる性植物.
en·re·dar [エンレダル] 他 1 …をからませる, もつれさせる. 2 (人)を巻きこむ. 3 (人)の時間をつぶす. 4 …を込み入らせる, 複雑にする.
— 自 1 いたずらをする. 2 悪だくみをくわだてる.
— **enredar·se** 再 1 からまる. 2 (+con...) …と浮気する, 関係をもつ.
en·re·do [エンレド] 男 1 もつれ. 2 混乱, 紛糾. 3 複雑な入り組み. 4 悪だくみ, ごまかし. 5 (演劇などの)複雑な筋. 6 浮気, 不倫.
en·re·ja·do [エンレハド] 男 (集合的に)鉄格子, 柵, 格子.

他 は他動詞 再 は再帰動詞 形 は形容詞 副 は副詞 前 は前置詞 接 は接続詞 間 は間投詞

en·re·jar [エンレハル] 他 …に(鉄)格子をはめる.

en·re·ve·sa·do, da [エンレベサド, ダ] 形 1 複雑な, 難解な. 2 入り組んだ, くねくね曲がった.

En·ri·que [エンリケ] 固 《男性の名》エンリケ.

en·ri·que·cer [エンリケセル] 他《活 4 agradecer》1 …を金持ちにする, 富ませる. 2 …を豊かにする, 立派にする.
— 自 金持ちになる.
— **enriquecerse** 再 1 金持ちになる. 2 豊富になる, 立派になる.

en·ri·que·ci·mien·to [エンリケシミエント] 男 1 富の増大, 富裕化. 2 改善, 充実.

En·ri·que·ta [エンリケタ] 固 《女性の名》エンリケタ.

enriquezc- 活 → enriquecer 金持ちにする《活 4》.

en·ris·ca·do, da [エンリスカド, ダ] 形 岩だらけの.

en·ris·trar [エンリストラル] 他 (槍(ゃり)を)胸にかまえる.

en·ro·je·cer [エンロヘセル] 他《活 4 agradecer》1 …を赤くする. 2 …を赤面させる.
— 自 赤くなる.
— **enrojecerse** 再 1 赤くなる. 2 赤面する.

en·ro·je·ci·mien·to [エンロヘシミエント] 男 1 赤くなること. 2 赤面.

en·ro·lar [エンロらル] 他 …を(+en+艦船の乗組員名簿)に登録する.
— **enrolarse** 再 (+en+海軍など) …に入隊する.

en·ro·llar [エンロじゃル] 他 1 …を巻く, 巻きあげる. 2 …を巻きこむ. 3 …をよろこばせる.
— **enrollarse** 再 1 ながながと話す[書く]. 2 (+con...) …を勝手に楽しむ. 3 浮気する. 4 (+bien) うまくつきあう, 人当たりがいい.

en·ron·que·cer [エンロンケセル] 他《活 4 agradecer》…をかすれ声にする.
— 自 声をからす.
— **enronquecerse** 再 (人が)声がかれる.

en·ro·que [エンロケ] 男 〈チェス〉キャスリング.

en·ros·car [エンロスカル] 他《活 73 sacar》1 …をとぐろを巻きにする. 2 …をねじるように回す.
— **enroscarse** 再 (へびなどが)とぐろを巻く.

en·sa·car [エンサカル] 他《活 73 sacar》…を袋に入れる.

en·sai·ma·da [エンサイマダ] 女 〈菓子〉(パイに似たらせん状の)エンサイマダ.

en·sa·la·da [エンサらダ] 女 1 〈料理〉サラダ. 2 (物事の)ごったまぜ.
ensalada de frutas フルーツサラダ.
ensalada rusa ポテトサラダ.

en·sa·la·de·ra [エンサらデラ] 女 サラダボウル.

en·sa·la·di·lla [エンサらディじゃ] 女 ポテトサラダ.

en·sal·mo [エンサるモ] 男 1 まじない. 2 祈禱(きとう)療法.
(*como*) *por ensalmo* たちどころに, 即座に.

en·sal·za·mien·to [エンサるさミエント] 男 1 高揚, 称揚. 2 称賛, 賛美.

en·sal·zar [エンサるさル] 他《活 39 gozar》1 …を称賛する. 2 …を高揚する.

en·sam·bla·je [エンサンブらへ] 男 (木工製品などの)組み立て, 組み合わせ.

en·sam·blar [エンサンブらル] 他 (木工製品など)を組み立てる, 組み合わす.

en·san·cha·mien·to [エンサンチャミエント] 男 拡張, 拡大.

en·san·char [エンサンチャル] 他 …を広くする, 大きくする.
— **ensancharse** 再 広くなる, 大きくなる.

en·san·che [エンサンチェ] 男 1 (都市の)新開地. 2 新興住宅地.

en·san·gren·tar [エンサングレンタル] 他《活 57 pensar》…を血で汚す, 血だらけにする.
— **ensangrentarse** 再 血に染まる.

en·sa·ña·mien·to [エンサニャミエント] 男 残忍さ, いためつける喜び.

en·sa·ñar·se [エンサニャルセ] 再 (+con...) …をいためつけて喜ぶ.

en·sar·tar [エンサルタル] 他 1 …に糸を通す. 2 …を突き刺す, 刺し通す. 3 …を数珠つなぎにする.

en·sa·yar [エンサヤル] 他 1 …をリハーサルする. 2 …を試験的に行う. 3 …を分析的に実験する.
— 自 1 リハーサルする. 2 試験的に行う.

en·sa·yis·mo [エンサイスモ] 男 〈文学〉随筆.

en·sa·yis·ta [エンサイスタ] 男女 随筆家.

en·sa·yo [エンサヨ] 男 1 リハーサル, 舞台けいこ. 2 練習. 3 随筆, エッセイ. 4 検査, 分析, テスト. 5 〈ラグビー〉トライ.
a modo ensayo 試験的に.
ensayo general 本けいこ.
tubo de ensayo 〈化学〉試験管.

en·se·gui·da [エンセギダ] 副 《= en seguida》すぐに, ただちに.

en·se·na·da [エンセナダ] 女 〈海岸〉入り江.

en·se·ña [エンセニャ] 女 記章, 旗.

en·se·ñan·za [エンセニャンさ] 女 1 教育, 教授. 2 教訓, いましめ. 3 教育機関, 教育活動. 4 (集合的に)教員. 5 教育法.
enseñanza a distancia 通信教育.
enseñanza media [secundaria] 中等教育.
enseñanza primaria [primera enseñanza] 初等教育.
enseñanza superior 高等教育.
segunda enseñanza 中等教育.

en·se·ñan·zas [エンセニャンさス] 女複 (→ enseñanza) (集合的に)教えられたこと[内容].

en·se·ñar [エンセニャル] 他 1 (知識など)を(+a...) …に教える, 教授する. 2 (人)に(+不定詞) …の方法を教える. 3 …を見せる, 示す. 4 (人)に教訓となる, 手本となる. 5 …を見せてしま

en·se·ño·re·ar·se [エンセニョレアルセ] 再 (+ de...) …を自分のものにする, 支配する.

en·se·res [エンセレス] 男複 1 道具類, 調度. 2 工具類. 3 器具, 用具. 4 家具.

en·si·llar [エンシじゃル] 他 (馬)に鞍(くら)をつける.

en·si·mis·ma·do, da [エンシミスマド, ダ] 《過去分詞》→ ensimismarse 物思いに沈む.
— 形 1 物思いに沈んでいる, 考えこんでいる. 2 (+ en...) …に没頭している.

en·si·mis·ma·mien·to [エンシミスマミエント] 男 1 沈思, 黙考. 2 没頭.

en·si·mis·mar·se [エンシミスマルセ] 再 1 物思いに沈む, 考えこむ. 2 (+en...) …に没頭する.

en·so·ber·be·cer [エンソベルベセル] 他《活 4 agradecer》…を傲慢(ごうまん)にする, 尊大にさせる.
— **ensoberbecerse** 再 1 傲慢になる, 尊大に構える. 2 (海が)荒れる.

en·som·bre·cer [エンソンブレセル] 他《活 4 agradecer》1 …を暗くする, 影でおおう. 2 …を暗い思いにさせる, 悲しませる.
— **ensombrecerse** 再 1 暗くなる, 影になる. 2 気持ちが暗くなる, 思いに沈む.

en·so·ña·ción [エンソニャシオン] 女 夢, 夢想.

en·so·ñar [エンソニャル] 自《活 22 contar》夢想する, 夢を持つ.
— 他 …を夢見る.

en·so·par [エンソパル] 他 …をひたす, ずぶぬれにする.
— **ensoparse** 再 ずぶぬれになる.

en·sor·de·ce·dor, do·ra [エンソルデセドル, ドラ] 形 耳をつんざくような.

en·sor·de·cer [エンソルデセル] 他《活 4 agradecer》1 …の耳を聞こえなくする, 耳をつんざく. 2 (音)を弱める, 聞きづらくする. 3〈音声学〉(有声音)を無声音化する.
— 自 (人が)耳が聞こえなくなる[遠くなる].
— **ensordecerse** 再〈音声学〉(有声音が)無声化する.

en·sor·de·ci·mien·to [エンソルデシミエント] 男 1 耳が聞こえなくなること, 耳が遠くなること. 2 消音. 3〈音声学〉(有声音の)無声化.

ensordezc- → ensordecer 耳を聞こえなくする《活 4》.

en·sor·ti·jar [エンソルティハル] 他 (髪などを)カールする, ちぢれさせる.
— **ensortijarse** 再 1 指輪などで身を飾る. 2 (髪が)巻き毛になる. 3 カールする, ちぢれる.

en·su·ciar [エンスシアル] 他《活 17 cambiar》1 …をよごす, きたなくする. 2 …をけがす.
— **ensuciarse** 再 1 (自分の体などを)よごす. 2 よごれる, きたなくなる. 3 けがれる.

en·sue·ño [エンスエニョ] 男 夢想, 夢物語, 空想.

en·ta·bla·do [エンタブラド] 男 (板張りの)床

(ゆか), フローリング.

en·ta·bla·men·to [エンタブラメント] 男 (古典建築の柱の上の)エンタブレチュア.

en·ta·blar [エンタブラル] 他 1 …に板を張る. 2 (会話や討論)を始める, 開始する. 3 (仕事など)を組織する, …に着手する.
— **entablarse** 再 (話や仕事などが)始まる, 開始する.

en·ta·bli·llar [エンタブリじゃル] 他〈医学〉(骨折などの患部)に添え木を当てる.

en·ta·llar [エンタじゃル] 他 (服)を体のサイズに合わせる.
— **entallarse** 再 (服が)体のサイズに合う.

en·ta·ri·ma·do [エンタリマド] 男 (床(ゆか)の)寄せ木張り.

en·ta·ri·mar [エンタリマル] 他 (床(ゆか)など)を寄せ木張りにする.

en·te [エンテ] 男 1 存在物, 実在, 実体. 2 組織, 機関, 団体.

en·te·co, ca [エンテコ, カ] 形 病弱な.

en·te·le·quia [エンテレキア] 女 1 想像の産物, 妄想. 2〈哲学〉エンテレケイア.

en·ten·de·de·ras [エンテンデデラス] 女複 理解力, 理解, 知力.

en·ten·der [エンテンデル] 他《活 58 perder》1 …を理解する. 2 …がわかる. 3 …の言うことがわかる. 4 (+que...) …と判断する, …と了解する.
— 自 1 理解する, 了解する. 2 (+de...) …に精通している. 3 (+en...) …にかかわる権限を持つ. 4 同性愛者である.
— 男 考え, 理解, 判断.
— **entenderse** 再 1 互いに理解しあう. 2 (+con...) …と意志の合う, 仲がいい. 3 (+con...) …と愛人関係にある. 4 (+con...) …に合わせて行動する. 5 (+con...) …を引き受ける. 6 自分を理解する.

a mi [tu, su] entender 私の[君の, 彼の]理解では.

dar a entender... …をそれとなくわからせる.

dar·se a entender por... …に自分の考えをわからせる.

entender·se·las したいようにする.

entender·se·las con... …を自分で何とかする.

no entender ni jota なんにもわからない.

en·ten·di·do[1] [エンテンディド] (確認して)わかりましたか? 2 (返事で)わかりました!, 了解!

en·ten·di·do[2]**, da** [—, ダ]《過去分詞》→ entender 理解する.
— 形 1 理解された. 2 (+en...) …に精通した, くわしい. 3 了解ずみの.
— 男女 精通した人, 専門家.

bien entendido que... …という条件で.

no dar·se entendido わからない振りをする.

según tengo entendido 私の理解では.

tener entendido que... …であると理解している

en·ten·di·mien·to [エンテンディミエント] 男 1 理解, 了解, 合意. 2 知力, 理解力. 3 判断力, 理性, 分別.

en·te·ra·do, da [エンテラド, ダ] 《過去分詞》→ enterar 知らせる.
— 形 1 もの知りの, 博学な. 2 (+de...) …をよく知っている, …に精通した. 3 (+en...) …の専門家の.
— 男 女 1 精通した人, 専門家. 2 専門家ぶる人 [= enteradillo, lla].
[no] dar·se por enterado de... …を知っている振りをする[…を知らない振りをする].
hacer·se el enterado 専門家ぶる.

en·te·ra·men·te [エンテラメンテ] 副 まったく, すっかり, 完全に.

en·te·rar [エンテラル] 他 …に (+de...) …を知らせる, 告げる.
— *enterar·se* 再 1 (+de...) …を知る, …に気づく. 2 (+de...) …がわかる, …を理解する.
para que te enteres (相手に不都合なことを言ってから)念のために言うが, 言いたくもなしよ!
¡Te vas a enterar! (おどし文句で)忘れるなよ!

en·te·re·za [エンテレサ] 女 1 意志の強さ[堅固さ]. 2 厳正, 厳格.

en·ter·ne·cer [エンテルネセル] 他 《活 4 agradecer》 1 …の気持ちを優しくさせる. 2 …の心を打つ.
— *enternecer·se* 再 1 気持ちをやわらげる. 2 ほろりとする.

en·ter·ne·ci·mien·to [エンテルネシミエント] 男 1 優しい気持ち. 2 あわれみ.

en·te·ro[1] [エンテロ] 男 1〈数学〉整数. 2 (株式相場などの)ポイント.

en·te·ro[2]**, ra** [—, ラ] 形 1 まるごとの, 全部の, 全体の. 2 完全な, 無傷の. 3〈人〉堅固な, 強固な, 不屈な.
— 活 → enterar 知らせる.
por entero すっかり, すべて, 完全に.

en·te·rra·dor, do·ra [エンテラドル, ドラ] 男 女 墓掘り人夫, 埋葬者.

en·te·rra·mien·to [エンテラミエント] 男 1 埋葬. 2 墓, 墓石. 3 墓地.

en·te·rrar [エンテラル] 他 《活 57 pensar》 1 …を埋める. 2 …を埋葬する. 3 (何かの下に) …を置き去れる. 4 …を忘れる, しまい忘れる.
— *enterrar·se* 再 1 隠遁(いんとん)生活に入る. 2 土[砂]のなかにもぐりこむ.

en·ti·biar [エンティビアル] 他 …を生ぬるくする.
— *entibiar·se* 再 生ぬるくなる.

en·ti·dad [エンティダ] 女 1 価値, 重要性. 2 (単位としての)企業, 会社, 事業体, 組織. 3 本質, 本性. 4 実体, 実在.
entidad financiera 金融機関.
entidad local 地方団体.
entidad privada 民間企業.

entiend- 活 → entender 理解する《活 58》.
entierr- 活 → enterrar 埋める《活 57》.

en·tie·rro [エンティエロ] 男 1 埋葬, 葬儀. 2 葬儀の参列者, 葬列.
entierro de la sardina (カーニバルの灰の水曜日の祭りの)鰯(いわし)の埋葬.

en·tin·tar [エンティンタル] 他 1 (集合的に)…をインクで汚す. 2 …にインクを塗る.

en·tol·da·do [エントルダド] 男 1 (集合的に)日よけ, テント. 2 日よけを張った場所, 日よけの下.

en·tol·dar [エントルダル] 他 …に日よけ[テント]を張る.

en·to·mo·lo·gí·a [エントモロヒア] 女 昆虫学.

en·to·mó·lo·go, ga [エントモロゴ] 男 女 昆虫学者.

en·to·na·ción [エントナシオン] 女〈音声学〉イントネーション, (音声の)抑揚. 2〈音楽〉調音.

en·to·na·do, da [エントナド, ダ] 《過去分詞》→ entonar 調子よく歌う.
— 形 1 音程が正しい. 2 体調のいい.

en·to·nar [エントナル] 他 1 …を調子よく歌う. 2 …の出だしを歌う. 3 …を元気づける.
— 自 1 正しい音程[調子]で歌う. 2 (+con...) …と色の調和がいい, 色が合う.
— *entonar·se* 再 1 調子を取りもどす, 元気になる. 2 ほろ酔いになる, 軽く酔う.

en·ton·ces [エントンセス] 副 1 (過去の)そのとき, あのとき. 2 当時は, そのころ, あのころ. 3 それから, そのつぎに. 4 そういうことならば, それでは.
...de entonces そのころは, あのころは.
en [por] aquel entonces そのころは, あのころは.
hasta [desde] entonces そのときまで[から].
por entonces そのころは, あのころは.
¡Pues entonces! だから仕方ないじゃないか!

en·ton·te·cer [エントンテセル] 他 《活 4 agradecer》 …を呆然(ぼうぜん)とさせる.
— 自 呆然となる, ぼうっとなる.
— *entontecer·se* 再 ぼうっとする.

en·tor·cha·do [エントルチャド] 男 (金糸・銀糸の)モール, 組みひも.

en·tor·nar [エントルナル] 他 1 (窓や戸)を半開きにする. 2 (目)をなかば閉じる.
entornar los ojos 薄目を開ける.

en·tor·no [エントルノ] 男 状況, 周囲の事情, 環境.

en·tor·pe·cer [エントルペセル] 他 《活 4 agradecer》 1 …をにぶらせる, のろくさせる. 2 …をぼんやりさせる, 愚鈍にする. 3 …を遅らせる, じゃまする.
— *entorpecer·se* 再 1 にぶる. 2 ぼんやりする. 3 遅れる, おくべつる.

en·tor·pe·ci·mien·to [エントルペシミエント] 男 1 (動きなどの)鈍化. 2 (思考力などの)減退. 3 遅滞. 4 交通渋滞.

en·tra·da[1] [エントラダ] 女 1 入り口, 玄関. 2 入場. 3 入会, 入学. 4 (集合的に)入場者. 5 入場

活 は活用形　複 は複数形　男 は男性名詞　女 は女性名詞　固 は固有名詞　代 は代名詞　自 は自動詞

料. 6 入場券, 切符. 7 開始の指図. 8 (季節などの)初期, 初めの頃. 9 (辞書などの)見出し語, 項目. 10 (頭の)髪が後退した部分. 11〈演奏〉〈楽器などの〉出だし. 12〈スポーツ〉タックル. 13〈料理〉アントレ. 14 頭金, 内金. 15 収入, 入金額.
dar entrada a… 1 …を (+en…) …に入場[入会]させる. 2 …にきっかけを与える.
de entrada まず, 初めに.
entrada de favor 優待券.
entradas y salidas 収入と支出.

en·tra·do, da² [エントラド, —] 《過去分詞》→ entrar 入る.
— 形 (時間が)たった.
entrada la noche 夜に入ってから.
(una persona) entrada en años 年配の(人).

en·tra·ma·do [エントラマド] 男 1〈建築〉枠組み, 木組み. 2 入り込んだもの[集団].

en·tram·bos, bas [エントランボス, バス] 形 複 両方の, 双方の.
— 代 両方, 双方.

en·tram·par·se [エントランパルセ] 再 借金を作る, 借金を背負う.

en·tran·te [エントランテ] 形 つぎの, きたる.
— 男 1〈料理〉オードブル, 前菜. 2 入り込んだもの[部分].
el mes entrante 来月.

en·tra·ña [エントラニャ] 女 核心, 根本.

en·tra·ña·ble [エントラニャブレ] 形 親愛な, 最愛の.

en·tra·ñar [エントラニャル] 他 …を含む, 内包する.

en·tra·ñas [エントラニャス] 女 複《→ entraña》1 内臓, はらわた. 2 深部, 内奥(懃). 3 思いやり.
…de mis [sus] entrañas 私の[彼の]愛する….
echar (hasta) las entrañas 激しく吐く.
sacar a… las entrañas 1 …を経済的に利用する. 2 …をひどい目に会わす, 殺す.
sin entrañas 手かげんせずに, 無残に.

en·trar [エントラル] 自 1 (+en, a…) …に入る.
2 (+en, a…) …に入り込む.
3 (+en…) …に入る, 収まる.
4 (+en…) …に含まれている, 入っている.
5 (+en…) …に入会する, …の会員になる.
6 (+en…) …に参加する, 立ち入る.
7 (+en…) …の状態になる[入る].
8〈カード遊び〉賭けに加わる.
9〈演奏〉〈楽器などの〉(+en+楽譜の1か所) …で入る, 加わる.
10 (季節などが) 始まる／*cuando entra la primavera* 春になると.
11 (特別な感情が) (+a…) …に起こる.
12 (飲食物が) おいしく感じさせる.
13 (衣服が) (+a…) …に楽なサイズである.
— 他 1 …を (+en…) …に入れる, しまう.
2 (牛が) …に突っかかる.
3 …にとりつく, 立ち向かう.
4〈スポーツ〉…にタックルする.
— *entrar·se* 再 (+a, en…) …に入り込む.
entrar a saco en… 1 …で略奪する. 2 …に突然入ってくる.
entrar bien a… …にふさわしい.
entrar con buen pie 出だしが好調である.
no entrar a… (en la cabeza) …には理解できない.
no entrar (ni salir) en… …にかかわらない, 加わらない.
que entra つぎの…, 来たる….

en·tre [エントレ] 前《アクセントなし》1 (ふたつのもの)のあいだで, あいだに.
2 (多くのもの)のなかに, あいだに.
3 (協力を示して) …のあいだで, …が力を合わせて.
4 (比較の全体を示して) …のあいだでは, …のなかで.
5 (相互の関係を示して) …のあいだで(の).
6 …の内部で, …の心のうちで.
7〈割り算〉…割る …／*Diez entre dos son cinco.* 10 割る 2 は 5.
— 活 [エントレ] ⇒ entrar 入る.
de entre… …のあいだから.
entre más…, más ～ …すればするほど ～.
entre nosotros ここだけの話だが.
entre otros [otras cosas] とりわけ, なかでも.
entre tanto そうこうするあいだに.
entre tú y yo 1 君と私が力を合わせて. 2 君にだけ言うのだが.
entre unas cosas y otras あれやこれやで.
por entre… …を通って, …のあいだから.

en·tre·a·bier·to, ta [エントレアビエルト, タ] 《過去分詞》→ entreabrir 半開きにする.
— 形 半開きになった, 半開きの.

en·tre·a·brir [エントレアブリル] 他 …を半開きにする.
— *entreabrir·se* 再 半開きになる.

en·tre·ac·to [エントレアクト] 男〈演劇〉幕間(ぶ).

en·tre·ca·no, na [エントレカノ, ナ] 形 白髪まじりの, ごましお頭の, 半白(鏡)の.

en·tre·ce·jo [エントレセホ] 男 眉間(彡).
arrugar [fruncir] el entrecejo 眉(鑑)をひそめる.

en·tre·ce·rrar [エントレセラル] 他 …をなかば閉じる, 半開きにする.

en·tre·cho·car [エントレチョカル] 他《活 73 sacar》〈ふたつのものを〉打ちつける, ぶつける.
— *entrechocar·se* 再 ぶつかり合う.

en·tre·co·mi·lla·do [エントレコミジャド] 男 引用符で囲まれた語句.

他 は他動詞 再 は再帰動詞 形 は形容詞 副 は副詞 前 は前置詞 接 は接続詞 間 は間投詞

en·tre·co·mi·llar [エントレコミジャル] 他 〈語句〉を引用符で囲む.

en·tre·cor·ta·do, da [エントレコルタド, ダ] 形 とぎれとぎれの.

en·tre·cot [エントレコト] 男 〈料理〉リブロース.

en·tre·cru·zar [エントレクルサル] 他 《活 39 gozar》…を交差させる, 交錯(ᡝᡊ)させる.
— **entrecruzar·se** 再 交差する, 交錯する.

en·tre·di·cho [エントレディチョ] 男 不信, 疑惑.

en·tre·dós [エントレドス] 男 〈服飾〉2 種類の布をつなぐレース.

en·tre·ga [エントレガ] 女 1 引き渡し, 手渡し. 2 配送, 配達. 3 献身. 4 分冊.
entrega inmediata 速達.

en·tre·gar [エントレガル] 他 《活 47 llegar》1 …を渡す, 手渡す. 2 …を配達する, 届ける.
— **entregar·se** 再 1 (+a...) …に身をささげる. 2 (+a...) …に投降する, 降伏する. 3 (+a...) …にふける, おぼれる.

en·tre·la·zar [エントレらサル] 他 《活 39 gozar》…を組み合わせる, からみ合わせる.

en·tre·lí·ne·a [エントレリネア] 女 1 行間の書き込み. 2 行間.

en·tre·me·dias [エントレメディアス] 副 1 そのあいだに, その間(ᡝᡊ)に. 2 中間に.

en·tre·més [エントレメス] 男 《複 entremeses》1〈料理〉前菜, オードブル. 2〈演劇〉幕間(፝ၷ)狂言, (幕間の)寸劇.

en·tre·me·ter [エントレメテル] 他 1 …を(+en...) …の間に差し込む, はさみ込む. 2 …を(+con...) …とまぜ合す.
— **entremeter·se** 再 1 (+entre...) …の間にまぎれ込む, 割り込む. 2 (+en...) …に口出しする, 干渉する.

en·tre·me·ti·do, da [エントレメティド, ダ] 《過去分詞》→ entremeter 差し込む.
— 形 お節介な.
— 男 女 〈人〉お節介, でしゃばり.

en·tre·mez·clar [エントレメスクらル] 他 …をまぜ合わせる.

en·tre·na·dor, do·ra [エントレナドル, ドラ] 男 女 〈スポーツ〉コーチ, トレーナー.

en·tre·na·mien·to [エントレナミエント] 男 〈スポーツ〉練習, トレーニング.

en·tre·nar [エントレナル] 他 〈スポーツ〉…を訓練する, きたえる.
— **entrenar·se** 再 練習する.

en·tre·o·ír [エントレオイル] 他 《活 54 oír》…をかすかに聞く.

en·tre·pa·ño [エントレパニョ] 男 1 柱間壁, 棚板.

en·tre·pier·na [エントレピエルナ] 女 1 内もも. 2〈ズボン〉内ももの部分, 股(ᡝᡊ).

en·tre·plan·ta [エントレプらンタ] 女〈店舗などの〉中間階.

en·tre·sa·car [エントレサカル] 他 《活 73 sacar》1 …を抜粋する, 選び出す. 2 〈髪など〉を間引く, すく.

en·tre·si·jo [エントレシホ] 男 1 隠されているもの. 2 内部. 3〈解剖学〉腸間膜.

en·tre·sue·lo [エントレスエロ] 男 1 中二階. 2 半地下室.

en·tre·tan·to [エントレタント] 副 そうこうするうちに, その間(ᡝᡊ)に.
— 男 (何かが行われている)その時間.
en el entretanto その間(ᡝᡊ)に.

en·tre·te·jer [エントレテヘル] 他 1 …を織りまぜる. 2 …をからみ合わせる.

en·tre·te·las [エントレテらス] 女 複 胸の奥, 内心, 心底.

en·tre·te·ner [エントレテネル] 他 《活 80 tener》1 …を楽しませる, 面白がらせる. 2 …の気[注意]をそらさる. 3 …をまぎらわす. 4 …を引き延ばす, 遅らせる.
— **entretener·se** 再 1 (+con... [+現在分詞]) (…で[…して])楽しむ, 気晴らしをする. 2 長居する.

entreteng- 活 → entretener 楽しませる《活 80》.

en·tre·te·ni·do, da [エントレテニド, ダ] 《過去分詞》→ entretener 楽しませる.
— 形 楽しい, 面白い.
— 男 女 (経済的援助を受けている)愛人, 情夫, 情婦.

en·tre·te·ni·mien·to [エントレテニミエント] 男 娯楽, 気晴らし.

en·tre·tiem·po [エントレティエンポ] 男 (春や秋の)間(ᡝᡊ)の季節.
ropa de entretiempo 間服(ᡝᡊ).

entretien-, entretuv- 活 → entretener 楽しませる《活 80》.

en·tre·ver [エントレベル] 他 《活 86 ver》《entrevé のように語末音節に強勢があるときはアクセント記号をつけること》1 …をぼんやり見る, かいま見る. 2 (将来のこと)を予想する, 推測する.
— **entrever·se** 再 1 ぼんやり見える. 2 予想される, 予知される.

en·tre·ve·rar [エントレベらル] 他 …をまぜ合わす, すませる.
— **entreverar·se** 再 (+con...) …とまじって現れる, …にまじりこむ.

en·tre·ví·a [エントレビア] 女〈鉄道〉軌間, ゲージ.

en·tre·vis·ta[1] [エントレビスタ] 女 1 会議, 会談. 2 インタビュー, 会見. 3 面接(試験).

en·tre·vis·tar [エントレビスタル] 他 …にインタビューする, …と会見する.
— **entrevistar·se** 再 1 (複数の人が)会談する. 2 (+con...) …と会見する, 会談する.

en·tre·vis·to, ta[2] [エントレビスト, -] 《過去分詞》→ entrever ぼんやり見る.

en·tris·te·cer [エントリステセル] 他 《活 4 a-

gradecer》 1 …を悲しませる. 2 …をもの悲しくする, 陰気にする.
— **entristecerse** 再 1 (+con, de, por…) …で悲しくなる. 2 (空などが) どんよりとする.

entristezc- 活 → entristecer 悲しませる《活 4》.

en·tro·me·ter·se [エントロメテルセ] 再 (+en…) …に口を出す, 干渉する.

en·tro·me·ti·do, da [エントロメティド, ダ] 《過去分詞》→ entrometerse 口を出す.
— 形 お節介な.
— 男女 〈人〉お節介で, しゃばり.

en·tro·me·ti·mien·to [エントロメティミエント] 男 口出し, 干渉, お節介.

en·tron·car [エントロンカル] 他《活 73 sacar》…を(+con…) …と関連づける.
— 自 1 (+con…) …と関連する. 2 (+con…) …と血緑である, 親族関係にある.

en·tro·ni·za·ción [エントロニサシオン] 女 1 即位, 戴冠(たいかん)式. 2 称揚. 3 (聖像などの) 祭壇への安置.

en·tro·ni·zar [エントロニサル] 他《活 39 gozar》1 …を即位させる. 2 …を称揚する, 高い位に押し上げる. 3 (聖像などを)祭壇に安置する.

en·tron·que [エントロンケ] 男 血縁関係.

en·tro·pí·a [エントロピア] 女 〈物理学〉 (物理量の)エントロピー.

en·tu·bar [エントゥバル] 他 1 …に管を取りつける, 配管する. 2 〈医学〉…に管を挿入する.

en·tuer·to [エントゥエルト] 男 (他人に与える)害, 損害, 不正.
deshacer un entuerto 与えた害をわびる.

en·tu·me·cer [エントゥメセル] 他《活 4 agradecer》 (手や足を)動きにくくする, 麻痺(まひ)させる.
— **entumecerse** 再 (手や足が)しびれる, かじかむ.

en·tu·me·ci·mien·to [エントゥメシミエント] 男 (手足の)しびれ, 麻痺(まひ).

en·tur·biar [エントゥルビアル] 他《活 17 cambiar》1 …を濁(にご)らせる. 2 …を曇らせる, 薄暗くする. 3 (気持ちなど)を乱す.
— **enturbiarse** 再 1 濁る. 2 薄暗くなる. 3 (気持ちなど)乱れる.

en·tu·sias·mar [エントゥシアスマル] 他 …を熱狂させる, 興奮させる.
— **entusiasmarse** 再 熱狂する, 興奮する.

en·tu·sias·mo [エントゥシアスモ] 男 1 熱狂, 興奮. 2 熱中.

en·tu·sias·ta [エントゥシアスタ] 形《男女同形》1 熱狂的な, 熱烈な. 2 熱心な, 熱中している.
— 男女 熱狂する人, 熱烈な人.

e·nu·me·ra·ción [エヌメラシオン] 女 1 数えあげ, 列挙. 2 目録, 一覧表. 3 〈修辞学〉列挙法.

e·nu·me·rar [エヌメラル] 他 …を数えあげる, 列挙する.

e·nu·me·ra·ti·vo, va [エヌメラティボ, バ] 形 数えあげの, 列挙の.

e·nun·cia·ción [エヌンシアシオン] 女 1 (簡単な)表現, 言明. 2 (問題の)提示. 3 〈言語学〉発話行為.

e·nun·cia·do [エヌンシアド] 男 〈言語学〉言表.

e·nun·ciar [エヌンシアル] 他 1 (考えなど)を(簡単に)表明する. 2 (問題)を提示する.

e·nun·cia·ti·vo, va [エヌンシアティボ, バ] 形 1 略述の, 表明の. 2 〈言語学〉平叙の, 断定の.

en·vai·nar [エンバイナル] 他 1 (刀剣)を鞘(さや)におさめる. 2 …を包みこむ, 納(おさ)める.

en·va·len·to·nar [エンバレントナル] 他 …を勇気づける, 鼓舞(こぶ)する.
— **envalentonarse** 再 勇気づく, ふるい立つ.

en·va·ne·cer [エンバネセル] 他《活 4 agradecer》…を思いあがらせる, 得意にさせる.
— **envanecerse** 再 1 (+con…) …で思いあがる. 2 (+de…) …を自慢する.

en·va·ra·do, da [エンバラド, ダ] 形 高慢な, うぬぼれた.
— 男女 〈人〉うぬぼれ屋.

en·va·sa·do [エンバサド] 男 (製品を容器に詰める作業の)箱詰め, 袋詰め.

en·va·sar [エンバサル] 他 …を(箱や袋の)容器に詰める.

en·va·se [エンバセ] 男 容器, 箱, 袋, 缶, 瓶(びん).

en·ve·je·cer [エンベヘセル] 他《活 4 agradecer》…を老(ふ)けさせる.
— 自 老ける, 年を取る.
— **envejecerse** 再 1 老ける, 年を取る. 2 老朽化する.

en·ve·je·ci·mien·to [エンベヘシミエント] 男 1 老(ふ)けること, 老化, 老齢化. 2 老朽化.

en·ve·ne·na·do, da [エンベネナド, ダ] 《過去分詞》→ envenenar 毒を盛る.

en·ve·ne·na·mien·to [エンベネナミエント] 男 1 毒入りの. 2 悪意のある, 意地の悪い.

en·ve·ne·nar [エンベネナル] 他 1 …に毒を盛る, 毒を入れる. 2 …をそこなう, だめにする.
— **envenenarse** 再 1 中毒死する. 2 だめになる.

en·ver·ga·du·ra [エンベルガドゥラ] 女 1 〈鳥・飛行機〉翼幅. 2 〈人〉腕の長さ. 3 〈帆船〉帆の幅. 4 (事の)規模, (スケールの)大きさ.

en·vés [エンベス] 男 (葉などの)裏面.

en·via·do, da [エンビアド, ダ] 《過去分詞》→ enviar 送る.
— 形 派遣された.
— 男女 使節, 使者.

en·viar [エンビアル] 他《活 34》…を送る, 発送する, 発信する.

en·vi·ciar [エンビシアル] 他 …を(+con…) …の悪習に染まらせる.
— **enviciarse** 再 (+con, en+悪習) …に染まる, ふける.

en·vi·dar [エンビダル] 他 (ポーカーなどで) …を賭(か)ける.
── 自 大金を賭ける.

en·vi·dia [エンビディア] 女 1 ねたみ, 嫉妬(しっと). 2 羨望(せんぼう).
── 活 → envidiar ねたむ.

en·vi·dia·ble [エンビディアブれ] 形 1 ねたましい. 2 うらやましい.

en·vi·diar [エンビディアル] 他 (活 17 cambiar) 1 …をねたむ. 2 …をうらやむ.
no tener (nada) que envidiar a… …に劣るものではない.

en·vi·dio·so, sa [エンビディオソ, サ] 形 1 ねたましがる. 2 うらやましがる.
── 男 女 1 嫉妬(しっと)深い人. 2 うらやましがる人.

en·vi·le·cer [エンビれセル] 他 (活 4 agradecer) …の品位を落とす, …を卑しめる.

en·vi·le·ci·mien·to [エンビれシミエント] 男 品位の下落.

en·ví·o [エンビオ] 男 1 送付, 送達. 2 派遣. 3 送付物, 発送品.
── 活 → enviar 送る.

en·vi·te [エンビテ] 男 1 (ポーカーなどの) 大口の賭(か)け金. 2 さそい, まねき. 3 ひと押し.
al primer envite 始めに, 最初の試みで.

en·viu·dar [エンビウダル] 自 未亡人になる, やもめになる.

en·vol·to·rio [エンボるトリオ] 男 1 (衣類などの) 包み. 2 包装材, 包み紙.

en·vol·tu·ra [エンボるトゥラ] 女 1 包装材. 2 包み紙.

en·vol·ver [エンボるベル] 他 (活 87 volver) 1 …を包む. 2 …を(+con…) でくるむ, 包む. 3 (人)を(+con…) …で包み込む. 4 (人)を(+en…) …に巻き込む. 5 …を含む.
── **envolverse** 再 1 (+con, en…) …にくるまる. 2 (+en…) …に巻き込まれる.

en·vuel·to, ta [エンブエるト, タ] 〈過去分詞〉 → envolver 包む.
── 形 1 包まれた. 2 くるまった. 3 巻き込まれた.

envuelv- → envolver 包む (活 87).

en·ye·sar [エンィェサル] 他 1 (壁などに) しっくいを塗る. 2 (骨折した手足に) ギプスをはめる.

en·zar·zar [エンさルさル] 他 (活 39 gozar) …を(+en+争い) …に巻き込む.
── **enzarzarse** 再 1 (+en+争い) …に巻き込まれる. 2 (+con…) …ともめる. 3 茨(いばら)にからまる.

en·zi·ma [エンシマ] 男 女 〈生物学〉 酵素.

eñe [エニェ] 女 〈文字 Ñ, ñ の名〉 エニェ.

e·o·ce·no [エオセノ] 男 〈地質時代の〉 始新世.

e·ó·li·co, ca [エオリコ, カ] 形 風の, 風による.
central eólica 風力発電所.

e·pa [エパ] 間 1 あぶない!, よく見て!2 おい!

e·pén·te·sis [エペンテシス] 女〈単複同形〉〈文法〉(gritar → guiritar などのような) 語中音添加現象.

é·pi·ca[1] [エピカ] 女 〈→ épico〉 叙事詩.

e·pi·car·dio [エピカルディオ] 男 〈解剖学〉 心外膜.

e·pi·car·pio [エピカルピオ] 男 〈植物学〉 外果皮.

e·pi·ce·no [エピセノ] 男 〈文法〉 (ひとつの動物名で雌雄両方を示す) 両性通用語 [たとえば el búho フクロウ. 雌雄を区別するときは el búho hembra, el búho macho].

e·pi·cen·tro [エピセントロ] 男 〈地質学〉 (真下に震源地がある) 震央.

é·pi·co, ca[2] [エピコ, ―] 形 1 叙事詩の. 2 叙事詩にふさわしい, 勇壮な.
── 男 女 叙事詩人.

e·pi·cú·re·o, a [エピクレオ, ア] 形 1 〈哲学〉 エピクロス Epicuro 派の. 2 快楽主義の.
── 男 女 エピクロス主義者.

e·pi·de·mia [エピデミア] 女 1 伝染病, 流行病. 2 (悪習などの) 流行, 蔓延(まんえん).

e·pi·dé·mi·co, ca [エピデミコ, カ] 形 伝染病の, 流行性の.

e·pi·de·mio·lo·gí·a [エピデミオろヒア] 女 疫学.

e·pi·de·mio·ló·gi·co, ca [エピデミオろヒコ, カ] 形 疫学の.

e·pi·dér·mi·co, ca [エピデルミコ, カ] 形 表皮の, 上皮の.

e·pi·der·mis [エピデルミス] 女 〈解剖学〉〈植物学〉表皮, 上皮.

E·pi·fa·ní·a [エピふぁニア] 女 〈カトリック〉(1月6日の) 主の御公現の祝日.

e·pi·fi·sis [エピふィシス] 女 〈解剖学〉(脳の) 松果体.

e·pi·fi·to, ta [エピふィト, タ] 形 着生植物の.

e·pi·fo·ne·ma [エピふォネマ] 男 〈修辞学〉 感嘆文終結法.

e·pi·gas·trio [エピガストリオ] 男 〈解剖学〉 上腹部.

e·pi·glo·tis [エピグろティス] 女 〈単複同形〉〈解剖学〉 喉頭蓋(がい).

e·pí·go·no [エピゴノ] 男 1 (前の世代などの) 模倣者. 2 (思想などの) 亜流, エピゴーネン.

e·pí·gra·fe [エピグラふェ] 男 1 課題, 表題, エピグラフ. 2 (文章の始めに書かれる) 要約, アブストラクト. 3 碑文, 碑銘.

e·pi·gra·fí·a [エピグラふィア] 女 碑銘研究.

e·pi·gra·ma [エピグラマ] 男 1 碑銘, 碑文. 2 (短い) 風刺詩, 格言詩. 3 警句, エピグラム.

e·pi·lep·sia [エピれプシア] 女 〈医学〉 癲癇(てんかん).

e·pi·lép·ti·co, ca [エピれプティコ, カ] 形 癲癇(てんかん)の.
── 男 女 癲癇の患者.

e·pí·lo·go [エピろゴ] 男 1 (小説などの) 終章, エピローグ. 2 (本文の終りに出される) 要約. 3 結末, 結果.

e·pis·co·pa·do [エピスコパド] 男 1 司教の職. 2 司教職の任期. 3 司教団.

e·pis·co·pal [エピスコパル] 形 司教の, 司教職の.

e·pi·so·dio [エピソディオ] 男 1 (小説などの)挿話, エピソード. 2 (連続ドラマの)一話. 3 挿話的な出来事. 4 多難な出来事.

e·pis·te·mo·lo·gí·a [エピステモロヒア] 女〈哲学〉認識論.

e·pís·to·la [エピストラ] 女 書簡, 書状.

e·pis·to·lar [エピストらル] 形 1 書簡の. 2 書簡体の.

e·pis·to·la·rio [エピストらリオ] 男 書簡集.

e·pi·ta·fio [エピタふぃオ] 男 墓碑銘, 墓誌.

e·pi·te·lio [エピテリオ] 男〈解剖学〉上皮.

e·pí·te·to [エピテト] 男〈文法〉(名詞の本来の性質を示す)特徴形容詞.

e·pí·to·me [エピトメ] 男 (作品の)要約, 梗概(こうがい).

é·po·ca [エポカ] 女 1 時代, 年代. 2 時期.
de época 年代ものの, 時代もの.
época colonial 植民地時代.
época moderna 近代, 現代.
época lluviosa 雨期.
hacer época 一時代を画する, 一世を風靡(ふうび)する.

e·pó·ni·mo, ma [エポニモ, マ] 形〈有名人〉(土地や時代などに)名前を残した.

e·po·pe·ya [エポペヤ] 女 1 叙事詩. 2 (集合的に)(一民族の)叙事詩. 3 (集合的に)叙事詩にふさわしい偉業. 4 難事業.

e·qui·dad [エキダス] 女 公正, 公平.

e·qui·dis·tan·cia [エキディスタンシア] 女 等距離.

e·qui·dis·tar [エキディスタル] 自 (+de...) …から等距離にある.

é·qui·dos [エキドス] 男複 ウマ科の動物.

e·qui·lá·te·ro, ra [エキらテロ, ラ] 形〈数学〉等辺の.
triángulo equilátero 正三角形.

e·qui·li·bra·do, da [エキリブらド, ダ]《過去分詞》→ equilibrar 釣り合わせる.
— 形 1 釣り合った, バランスのいい. 2 分別のある. 3 公平な.

e·qui·li·brar [エキリブらル] 他 …を釣り合わせる, …のバランス[均衡]を保つ.
— equilibrarse 再 釣り合う, バランスがとれる.

e·qui·li·brio [エキリブリオ] 男 1 釣り合い, 平衡. 2 バランス, 均衡. 3 調和, 均整. 4 公平, 公明正大. 5 分別, 平静さ.
hacer equilibrios 妥協策をとる, なんとかしのぐ.
perder el equilibrio バランスをくずす, あわてる.

e·qui·li·bris·mo [エキリブリスモ] 男 綱渡り, 曲芸.

e·qui·li·bris·ta [エキリブリスタ] 形《男女同形》曲芸の.
— 男女 曲芸師.

e·qui·no¹ [エキノ] 男 1〈家畜〉馬. 2〈建築〉(ドーリア式柱頭の)まんじゅう形.

e·qui·no², na [エキノ, ナ] 形 馬の.

e·qui·noc·cial [エキノクシアる] 形 春分の, 分の.

e·qui·noc·cio [エキノクシオ] 男 昼夜平分時, 春分, 秋分.

e·qui·no·der·mos [エキノデルモス] 男複 (ウニなどの)棘皮(きょくひ)動物.

e·qui·pa·do, da [エキパド, ダ]《過去分詞》→ equipar 備える.
— 形 1 設備のととのった. 2 (+con, de...) …を備えた.

e·qui·pa·je [エキパヘ] 男 (集合的に)旅行用荷物, 手荷物.

e·qui·pa·mien·to [エキパミエント] 男 1〈作業〉装備. 2 基本的施設.

e·qui·par [エキパル] 他 …に(+con, de...) …を備える, 装備する, 設置する.
— equiparse 再 (+con, de...) (自分のために) …を用意する, ととのえる.

e·qui·pa·ra·ble [エキパらブれ] 形 (+a, con...) …に匹敵する, 比肩しうる.

e·qui·pa·ra·ción [エキパらシオン] 女 同一視, 同等扱い.

e·qui·pa·rar [エキパらル] 他 1 …を(+a, con...) …と同じものと考える, 同等に扱う. 2 …を(+a, con...) …に匹敵するようにする.
— equipararse 再 (+a, con...) …に匹敵する.

e·qui·po [エキポ] 男 1 (集合的に)装備, 設備, 装置. 2 備品一式. 3 (スポーツなどの)チーム, グループ, 班, 組, 隊. 4 (生徒の制服など)持ち物一式.
caerse con todo el equipo 1 完全に失敗する. 2 大間違いする.
en equipo チームで, 協力体勢で.
equipo de filmación 撮影隊.
equipo de fútbol サッカーチーム.
equipo de música システムコンポ.
equipo de novia 嫁入り道具一式.
equipo de salvamento 救助隊.

e·qui·po·len·cia [エキポれンシア] 女〈数学〉等価, 等値.

e·qui·po·len·te [エキポれンテ] 形〈数学〉等価の, 等値の.

e·qui·po·ten·te [エキポテンテ] 形〈数学〉等力の.

e·quis [エキス] 形《単複同形, 男女同形》1 未知数の. 2 未知の.
— 男 1〈文字〉X, x の名〉エキス. 2 X 字形のもの. 3 未知数. 未知のもの.

e·qui·ta·ción [エキタシオン] 女 乗馬, 馬術.

e·qui·ta·ti·vo, va [エキタティボ, バ] 形 公平な, 公正な.

equivaldr- 活 → equivaler 等価である《活》

e·qui·va·len·cia [エキバレンシア] 囡 等価, 等値, 同等.

e·qui·va·len·te [エキバレンテ] 形 等価の, 等値の, 同等の.

e·qui·va·ler [エキバレル] 自《83 valer》(+a...) …と等価である, 等値である, 同等である.

equivalg- 活 → equivaler 等価である《活 83》.

e·qui·vo·ca·ción [エキボカシオン] 囡 1 間違い, あやまり. 2 誤解, 誤算, あやまち.

e·qui·vo·ca·da·men·te [エキボカダメンテ] 副 間違って, あやまって.

e·qui·vo·ca·do, da [エキボカド, ダ]《過去分詞》→ equivocar 間違える.
— 形 間違った, あやまった.

e·qui·vo·car [エキボカル] 他《73 sacar》1 …を(+con...)…と間違える, 取り違える. 2 …を思い違いさせる, 混乱させる.
— **equivocarse** 再 1 思い違いする, 間違う. 2 (+de...)…を間違う 3 (+en...)…で考え違いをする. 4 (+con+人)…を誤解する.

e·quí·vo·co¹ [エキボコ] 男 1 間違い, 取り違え, 思い違い. 2〈修辞学〉曖昧(ホミェ)表現, 両義語使用.

e·quí·vo·co², ca [-, カ] 形 曖昧(ホミェ)な, 両義の.

equivoqu- 活 → equivocar 間違える《活 73》.

e·ra¹ [エラ] 囡 1 紀元. 2 時代, 年代. 3〈地質学〉代, 紀. 4〈農地〉脱穀場, 作業場.
era antropozoica [cuaternaria]〈地質時代〉第四紀, 新生代の後半.
era arcaica〈地質時代〉太古代, 先カンブリア時代.
era cenozoica [terciaria]〈地質時代〉第三紀, 新生代の前半.
era cristiana キリスト紀元, 西暦.
era de la hégira イスラム紀元, ヒジュラ暦.
era de Meiji 明治時代.
era mesozoica [secundaria]〈地質時代〉中生代, 第二紀.
era paleozoica [primaria]〈地質時代〉古生代, 第一紀.

e·ra²(-), éra- 活 → ser …である《活 78》.

e·ral, ra·la [エラル, ララ] 男囡 (1歳から2歳までの)子牛.

e·ra·rio [エラリオ] 男 1 国庫, 公庫. 2 (公金の)金庫.

e·ras·mis·mo [エラスミスモ] 男〈哲学〉エラスムス Erasmo の教義.

e·re [エレ] 囡〈文字 R, r の名〉エレ.

e·rec·ción [エレクシオン] 囡 1〈生理学〉勃起(ホャ). 2 建立(シュミッ), 創設.

e·rec·til [エレクティル] 形 1〈生理学〉勃起(ホャ)力のある. 2 直立の.

e·rec·to, ta [エレクト, タ] 形 直立した.

e·re·mi·ta [エレミタ] 男 隠者, 世捨て人.

eres 活 → ser …である《活 78》.

er·gio [エルヒオ] 男〈エネルギーの単位〉エルグ.

er·go·no·mí·a [エルゴノミア] 囡 人間工学.

er·go·nó·mi·co, ca [エルゴノミコ, カ] 形 人間工学の.

er·guir [エルギル] 他《35》…を立てる, 起こす.
— **erguirse** 再 1 直立する, まっすぐに立つ. 2 うぬぼれる, 思い上がる.

e·rial [エリアル] 形〈土地〉未開拓の.
— 男 未開拓地, 荒れ地.

e·ri·gir [エリヒル] 他《27 dirigir》1 …を建設する, 建立(シュミッ)する. 2 …を創設する, 設立する. 3 …を昇格させる.
— **erigirse** 再 (+en...)…を自任する.

e·ri·te·ma [エリテマ] 囡〈医学〉紅斑(ミシ).

e·ri·za·do, da [エリサド, ダ]《過去分詞》→ erizar 逆立てる.
— 形 1〈毛〉逆立った. 2 とげだらけの. 3 (+de...)…でいっぱいの.

e·ri·zar [エリサル] 他《39 gozar》1 (毛や髪)を逆立てる. 2 …を(+de...)…で満たす.
— **erizarse** 再 (毛や髪が)逆立つ.

e·ri·zo [エリソ] 男 1〈動物〉ハリネズミ. 2 (栗などの)いが. 3 とっつきにくい人, 気難し屋.
erizo de mar [marino]〈動物〉(海の)ウニ.

er·mi·ta [エルミタ] 囡 (人里離れた荒野の)小教会, 小聖堂.

er·mi·ta·ño¹ [エルミタニョ] 男〈動物〉ヤドカリ [= cangrejo ermitaño].

er·mi·ta·ño², ña [-, ニャ] 男囡 1 (荒野の)小聖堂の堂守り. 2 隠者, 世捨て人.

Er·nes·to [エルネスト] 固〈男性の名〉エルネスト.

e·ró·ge·no, na [エロヘノ, ナ] 形 性的興奮の.
zonas erógenas 性感帯.

e·ros [エロス] 男〈単複同形〉1 性的な愛. 2 (性本能を含む)生の本能, エロス.

e·ro·sión [エロシオン] 囡 1〈大地〉風化, 浸食. 2 (名声などの)低下, 衰退.

e·ro·sio·nar [エロシオナル] 他 1 …を風化させる, 浸食する. 2 (影響力など)を低下させる, 衰退させる.
— **erosionarse** 再 1 風化する, 浸食される. 2 名声を失う.

e·ro·si·vo, va [エロシボ, バ] 形 1 風化の, 浸食の. 2 浸食性の.

e·ró·ti·ca¹ [エロティカ] 囡 官能的魅力.

e·ró·ti·co, ca² [エロティコ, -] 形 1 性愛の, 官能的な, エロチックな. 2〈芸術作品〉恋愛の, 性を描く.

e·ro·tis·mo [エロティスモ] 男 1 性愛, 性欲. 2 性的魅力, 扇情的性格. 3〈芸術〉官能的表現,

エロチシズム.

e·ro·to·ma·ní·a [エロトマニア] 女 **1** 色情狂. **2** 〈医学〉病的性欲亢進(症).

e·rra·bun·do, da [エラブンド, ダ] 形 放浪の, 流浪の.

e·rra·di·ca·ción [エラディカシオン] 女 根絶, 撲滅.

e·rra·di·car [エラディカル] 他《活 73 sacar》…を根こそぎにする, 根絶[撲滅]する.

e·rra·do, da [エラド, ダ] 《過去分詞》→ errar 間違える.
— 形 **1** 間違った, あやまった. **2** (射撃などで)的をはずした.

e·rran·te [エランテ] 形 放浪の, 流浪の, さすらう.

e·rrar [エラル] 他《活 36》**1** …を間違える, あやまる. **2** (的など)をはずす.
— 自 **1** 間違う. **2** 失敗する, しくじる. **3** 放浪する, さすらう, さまよう. **4** (思考などが)めぐり移る.

e·rra·ta [エラタ] 女 誤字, 誤植.
fe de erratas 正誤表.

e·rrá·ti·co, ca [エラティコ, カ] 形 放浪の, 移動する.

e·rre [エレ] 女《複文字 rr の名》エレ.

e·rró·ne·a·men·te [エロ'ネアメンテ] 副 間違って.

e·rró·ne·o, a [エロ'ネオ, ア] 形 間違いの, あやまった.

e·rror [エロル] 男 **1** 間違い, あやまり. **2** 思い違い, 間違った考え. **3** 過失, 失策. **4** (計算などの)誤差.
error de bulto 大間違い, 大失敗.
por error 間違えて.
Salvo error u omisión. (契約書などで)誤記脱落はこの限りにあらず.

e·ruc·tar [エルクタル] 自 げっぷをする.

e·ruc·to [エルクト] 男 げっぷ, おくび.

e·ru·di·ción [エルディシオン] 女 博識, 学識.

e·ru·di·to, ta [エルディト, タ] 形 博識の, 博学な.
— 男 女 学者, 博学な人, 碩学(せきがく).
erudito a la violeta えせ学者, 半可通.
erudito en… …に精通している, 造詣の深い.

e·rup·ción [エルプシオン] 女 **1** 〈医学〉発疹. **2** 吹き出物. **3** (地表の)噴火, 爆発. **4** 噴出.

e·rup·ti·vo, va [エルプティボ, バ] 形 〈医学〉発疹性の. **2** 噴出性の.

es → ser …である《活 78》.

e·sa [エサ] 《指示形容詞の女性単数形》《→ ese》その.

é·sa¹ [エサ] 代 **1**《指示代名詞の女性単数形》《→ ése》それ. **2** (手紙で)貴地, そちら(の町).

e·sas [エサス] 《指示形容詞の女性複数形》《→ ese》それらの.

é·sas [エサス] 代《指示代名詞の女性複数形》《→ ése》それら.

es·bel·tez [エスベルテス] 女 すらりとした姿, ほっそりした様子.

es·bel·to, ta [エスベルト, タ] 形 すらりとした, ほっそりした.

es·bi·rro [エスビロ] 男 (悪事の)手先, 用心棒.

es·bo·zar [エスボサル] 他《活 39 gozar》**1** 〈創作〉…を素描する, スケッチする. **2** (計画など)を略述する. **3** (表情など)をかすかに示す.
esbozar una sonrisa かすかにほほえむ.

es·bo·zo [エスボソ] 男 **1** スケッチ, 素描. **2** (考えなどの)略述. **3** おぼろな表情.

es·ca·be·char [エスカベチャル] 他 **1**〈料理〉…をマリネにする. **2** …を切り殺す.

es·ca·be·che [エスカベチェ] 男 **1**〈料理〉マリネ. **2** マリネ用の漬け汁.

es·ca·be·chi·na [エスカベチナ] 女 **1**〈試験〉大量の落第生. **2** (死者が出るほどの)大惨事, 重大な被害.

es·ca·bel [エスカベル] 男 **1** 足のせ台. **2** スツール.

es·ca·bro·si·dad [エスカブロシダ] 女 **1**〈土地〉険しさ, でこぼこ. **2** (問題解決の)険しさ, 困難さ. **3** 卑猥(ひわい)さ, きわどさ.

es·ca·bro·so, sa [エスカブロソ, サ] 形 **1**〈土地〉険しい, でこぼこした. **2**〈問題〉解決困難な, 厄介な. **3** 卑猥(ひわい)な, きわどい.

es·ca·bu·llir·se [エスカブリルセ] 再《活 51 mullir》**1** (+de…) …からこっそり逃げる. **2** (+entre…) …からすり抜ける.

es·ca·cha·rrar [エスカチャラル] 他 …をこわす, 割る, だめにする.
— *escacharrar·se* 再 だめになる.

es·ca·fan·dra [エスカファンドラ] 女 **1** 潜水服. **2** 宇宙服.

es·ca·foi·des [エスカフォイデス] 男《単複同形》〈解剖学〉舟状骨.

es·ca·la [エスカラ] 女 **1** 目盛り. **2** 段階, 尺度, スケール. **3** 割合, 度合い. **4** 規模, スケール. **5** 縄ばしご, 折り畳み式はしご. **6** (船や飛行機の)寄港地. **7**〈音楽〉音階. **8**〈軍隊〉階級別兵員名簿.
hacer escala en… …に寄港する, …を経由する.

es·ca·la·brar [エスカラブラル] 他《= descalabrar》…の頭に傷つける.

es·ca·la·da [エスカラダ] 女 **1** 登山, 登攀(とうはん). **2** (事態の)エスカレーション, 急激な拡大. **3** 急な出世, 特進.

es·ca·la·dor, do·ra [エスカラドル, ドラ] 形 (高い)山の.
— 男 女 登山者, 登山家.

es·ca·la·fón [エスカラフォン] 男 職階, (年功や職能の)序列.

es·ca·lar [エスカラル] 他 **1** …をよじ登る, 登攀(とうはん)する. **2** …に乱入する, 侵入する.
— 自 **1** (高い地位まで)昇進する.

es·cal·da·do, da [エスカルダド, ダ] 《過去分詞》→ escaldar 熱湯にとおす.
— 形 **1** 熱湯をかけられた. **2** ひどい目に会った.

es·cal·dar [エスカルダル] 他 **1**〈料理〉…を熱

湯にとおす. 2 …を火あぶりにする, …をやけどさせる.

es·ca·le·no, na [エスカレノ, ナ] 形 〈幾何学〉不等辺の.

es·ca·le·ra [エスカレラ] 女 1 階段. 2 はしご, はしご段. 3 〈トランプ〉ストレート.

escalera de caracol らせん階段.

escalera de color 〈トランプ〉ストレートフラッシュ.

escalera de incendios 非常階段.

escalera de servicios 従業員用階段.

es·ca·le·ri·lla [エスカレりじゃ] 女 〈飛行機〉タラップ.

es·ca·le·xtric [エスカレストリク] 男 1 (模型の)ミニカーレース. 2 〈自動車道路〉立体交差.

es·cal·far [エスカるふぁル] 他 〈料理〉(卵)をポーチドエッグにする[落とし卵にする].

es·ca·li·na·ta [エスカリナタ] 女 (玄関前などの)広幅階段.

es·ca·lo·frian·te [エスカロふりアンテ] 形 ぞっとする, 身の毛がよだつ.

es·ca·lo·friar·se [エスカロふりアルセ] 再 《活 34 enviar》 ぞっとする.

es·ca·lo·frí·o [エスカロふりオ] 男 悪寒, 身ぶるい.

es·ca·lón [エスカロン] 男 1 (階段の)段. 2 (職階の)階級, 等級. 3 段階.

es·ca·lo·na·do, da [エスカロナド, ダ] 《過去分詞》 → escalonar 間隔をおいて並べる.
— 形 1 一定の間隔に配置された. 2 段階的な.

es·ca·lo·na·mien·to [エスカロナミエント] 男 1 間隔をおいた配置. 2 段階的な配置.

es·ca·lo·nar [エスカロナル] 他 1 …を間隔をおいて並べる. 2 …を段階的に配置する.

es·ca·lo·pe [エスカロペ] 男 〈料理〉(薄切りの肉類をフライにする)エスカロープ.

es·cal·pe·lo [エスカるぺロ] 男 外科用メス.

es·ca·ma [エスカマ] 女 1 (魚などの)うろこ. 2 〈医学〉(肌(はだ)にできる)鱗屑(りんせつ).

es·ca·ma·do, da [エスカマド, ダ] 《過去分詞》 → escamar うろこを落とす.
— 形 1 うろこ状の, うろこのある. 2 不信を抱いた.

es·ca·mar [エスカマル] 他 1 (魚)のうろこを落とす. 2 …に不信を抱かせる.

es·ca·mo·so, sa [エスカモソ, サ] 形 うろこのある, うろこ状の.

es·ca·mo·te·ar [エスカモテアル] 他 1 …をくすねる 2 …を意図的に削除する[かくす].

es·cam·pa·da [エスカンパダ] 女 〈空〉晴れ間.

es·cam·par [エスカンパル] 自 (主語なしの3人称単数形で使用) 雨が上がる, 晴れる.

es·can·ciar [エスカンシアル] 他 《活 17 cambiar》 (ワインなど)をつぐ.

es·can·da·le·ra [エスカンダレら] 女 1 スキャンダル. 2 大騒ぎ.

es·can·da·li·zar [エスカンダリさル] 他 《活 39 gozar》 1 …に大きなショック[衝撃]を与える. 2 (ある場所)を(+con…) …で混乱させる.
— **escandalizar·se** 再 (+de…) …にショックを受ける, 衝撃を受ける.

es·cán·da·lo [エスカンダロ] 男 1 スキャンダル, 醜聞(しゅうぶん). 2 ひんしゅく, 物議. 3 大騒ぎ.

es·can·da·lo·so, sa [エスカンダロソ, サ] 形 1 スキャンダルの, 醜聞(しゅうぶん)の. 2 ばか騒ぎの.

Es·can·di·na·via [エスカンディナビア] 固 〈半島の名〉(ヨーロッパの)スカンジナビア.

es·can·di·na·vo, va [エスカンディナボ, バ] 形 スカンジナビア Escandinavia の.
— 男 女 スカンジナビア人.

es·ca·ne·ar [エスカネアル] 他 …をスキャナーに通す.

es·cá·ner [エスカネル] 男 《複 escáneres》 1 〈医学・コンピューター〉スキャナー. 2 スキャナーによる検査.

es·ca·ño [エスカニョ] 男 1 議員席. 2 議席.

es·ca·pa·da [エスカパダ] 女 1 ちょっとした外出. 2 (息抜きの)小旅行. 3 〈スポーツ〉逃げ切り.

es·ca·par [エスカパル] 自 1 (+de…) …から逃亡する, 脱出する. 2 (+de…) …をまぬがれる, 逃れる.
— **escapar·se** 再 1 (過失が)見逃がされる. 2 逃げてしまう. 3 (液体が)もれる. 3 〈スポーツ〉突出する, 逃げ切る.

escapar·se a〜 1 〜 にもらされる. 2 …がに気づかれないままになる.

es·ca·pa·ra·te [エスカパラテ] 男 1 ショーウィンドー. 2 ショーケース, 陳列棚.

es·ca·pa·to·ria [エスカパトリア] 女 1 遠出, 外出. 2 逃亡, 脱走. 3 逃げ道, 抜け穴. 4 言い訳, 言い逃れ.

es·ca·pe [エスカペ] 男 1 活路, 切り抜け. 2 (液体の)もれ, 漏出(ろうしゅつ). 3 (エンジンなどの)排気, 排気弁.

a escape 大急ぎで, 全速力で, 一目散に.

es·cá·pu·la [エスカプラ] 女 〈解剖学〉肩甲骨.

es·ca·pu·la·rio [エスカプラリオ] 男 〈修道服〉肩衣(かたぎぬ).

es·ca·que [エスカケ] 男 (チェス盤などの)升目.

es·ca·que·a·do, da [エスカケアド, ダ] 形 〈模様〉チェックの, 市松(いちまつ)の, 格子縞(こうしじま)の.

es·ca·quear·se [エスカケアルセ] 再 (+de…) …から逃げる, …を避ける.

es·ca·ra·ba·jo [エスカラバホ] 男 〈昆虫〉コガネムシ. 2 (一般的に)甲虫(こうちゅう).

es·ca·ra·mu·jo [エスカラムホ] 男 〈植物〉ノイバラ[野茨].

es·ca·ra·mu·za [エスカラムさ] 女 1 前哨(ぜんしょう)戦, 小競り合い. 2 もめごと, いざこざ.

es·ca·ra·pe·la [エスカラペら] 女 (円型の)リボン飾り.

es·car·bar [エスカルバル] 他 1 (地面などを)掘り返す, ひっかく. 2 を詮索(せんさく)する, 嗅ぎ回る.

es·car·ce·la [エスカルせら] 女 〈武具〉腿(もも)当

es·car·ce·o [エスカルセオ] 男 実習, 演習.
escarceo amoroso 恋愛のいろは.

es·car·cha [エスカルチャ] 女 霜, 霜柱.

es·car·char [エスカルチャル] 自 《主語なしの3人称単数形で使用》霜がおりる.
— 他 (果物)を砂糖漬けにする.

es·car·dar [エスカルダル] 他 (農地)の草取りをする.

es·car·di·lla [エスカルディじゃ] 女 《= escardillo 男》(草取り用の)小型のくわ.

es·ca·ri·fi·car [エスカリふぃカル] 他 《活 73 sacar》(耕地)をかきならす.

es·car·la·ta [エスカルラタ] 形 《男女同形》深紅色の, 緋色の.
— 男 女 深紅色, 緋色.

es·car·la·ti·na [エスカルラティナ] 女 〈医学〉猩紅(しょうこう)熱.

es·car·men·tar [エスカルメンタル] 他 《活 57 pensar》…を(失敗を繰り返さないように)厳しく叱る.
— 自 教訓を学ぶ.
escarmentar en cabeza ajena 他人の失敗から学ぶ.

es·car·mien·to [エスカルミエント] 男 1 教訓, いましめ. 2 (繰り返さないための)こらしめ, 叱責.

es·car·ne·cer [エスカルネセル] 他 《活 4 agradecer》…をばかにする, あざ笑う.

es·car·nio [エスカルニオ] 男 嘲笑(ちょうしょう), ひやかし.

es·ca·ro·la [エスカロら] 女 〈植物〉キクヂシャ.

es·ca·ro·la·do, da [エスカロらド, ダ] 形 〈髪〉ちぢれた.

es·car·pa [エスカルパ] 女 断崖, 絶壁.

es·car·pa·do, da [エスカルパド, ダ] 形 けわしい, 切り立った.

es·car·pe [エスカルペ] 男 〈武具〉鉄靴.

es·car·pe·lo [エスカルペろ] 男 (木工などの)粗(あら)やすり.

es·car·pia [エスカルピア] 女 L型のフック.

es·car·pín [エスカルピン] 男 1 〈靴〉つっかけ, 部屋ばき. 2 (靴下のうえにはく防寒用の)足おおい.

es·ca·sa·men·te [エスカサメンテ] 副 1 かろうじて. 2 ほんの少し, わずかに.

es·ca·se·ar [エスカセアル] 自 少なくなる, 欠乏する.

es·ca·sez [エスカセす] 女 1 不足, 欠乏. 2 貧乏, 貧窮.

es·ca·so, sa [エスカソ, サ] 形 1 わずかな, 少ない. 2 (+de...) …が不足している. 3 (数詞)+ぎりぎりの, たったの／*tres metros escasos* たったの3メートル.

es·ca·ti·mar [エスカティマル] 他 …を最小限に与える, 出し惜しむ.

es·ca·to·lo·gí·a [エスカトろヒア] 女 1 糞便学, スカトロジー. 2 終末論, 来世観.

es·ca·to·ló·gi·co, ca [エスカトろヒコ, カ] 形 1 糞便学の. 2 終末論の.

es·ca·yo·la [エスカヨら] 女 1 〈医学〉ギブス. 2 石膏(せっこう), 石膏(きっこう). 3 石膏の像.

es·ca·yo·lar [エスカヨらル] 他 〈医学〉…にギブスをはめる.

es·ce·na [エスセナ] 女 1 舞台, ステージ. 2 〈演劇〉場. 3 〈映画〉カット, ショット, 場面, シーン. 4 情景, 光景, 特別な場面. 5 意識的な振る舞い, 芝居. 6 (政治などの)舞台 7 演技, 演出. 8 演劇, 劇文学.

es·ce·na·rio [エスセナリオ] 男 1 舞台, ステージ, 舞台装置. 2 (映画などの)背景, セット. 3 (事件などの)舞台, 現場. 4 状況, 雰囲気.

es·cé·ni·co, ca [エスセニコ, カ] 形 1 舞台の. 2 演劇の.

es·ce·ni·fi·ca·ción [エスセニふぃカシオン] 女 1 上演. 2 脚色, 舞台化.

es·ce·ni·fi·car [エスセニふぃカル] 他 《活 73 sacar》1 …を上演する. 2 …を脚色する, 劇化する. 3 …を(人前で)演じてみせる.

es·ce·no·gra·fí·a [エスセノグラふぃア] 女 1 舞台美術. 2 舞台装置. 3 (事件などの)現場, 状況.

es·ce·no·grá·fi·co, ca [エスセノグラふぃコ, カ] 形 1 舞台美術の. 2 舞台装置の. 3 現場の.

es·ce·nó·gra·fo, fa [エスセノグラふぉ, ふぁ] 男 女 舞台美術家.

es·cep·ti·cis·mo [エスセプティスィスモ] 男 1 懐疑, 疑惑. 2 懐疑論.

es·cép·ti·co, ca [エスセプティコ, カ] 形 1 懐疑的な. 2 懐疑論の.
— 男 女 懐疑主義者.

es·cin·dir [エスしンディル] 他 1 …を分ける, 分離させる. 2 〈物理学〉…を核分裂させる.
— *escindirse* 再 1 分かれる, 分裂する. 2 〈物理学〉核分裂する.

es·ci·sión [エスしシオン] 女 分離, 分裂.

es·cla·re·cer [エスクらレセル] 他 《活 4 agradecer》1 …を明るくする, 明瞭にする. 2 …を明らかにする, 解明する.
— 自 《主語なしの3人称単数形で使用》夜明けが始まる.

es·cla·re·ci·do, da [エスクらレしド, ダ] 形 《過去分詞》→ *esclarecer* 明るくする.
— 形 1 明らかになった, 明るくなった. 2 有名な, 著名な.

es·cla·re·ci·mien·to [エスクらレしミエント] 男 解明, 明瞭化.

es·cla·vi·na [エスクらビナ] 女 ケープ, 肩マント.

es·cla·vis·ta [エスクらビスタ] 形 《男女同形》奴隷制支持の.
— 男 女 奴隷制支持者.

es·cla·vi·tud [エスクらビトぅッ] 女 1 奴隷の身分. 2 奴隷制度. 3 隷属.

es·cla·vi·zar [エスクらビさル] 他 《活 39 gozar》1 …を奴隷にする. 2 …を隷属させる. 3 …を

他 は他動詞 再 は再帰動詞 形 は形容詞 副 は副詞 前 は前置詞 接 は接続詞 間 は間投詞

酷使する.

es·cla·va[1] [エスクラバ] 囡 (鎖の)腕輪, ブレスレット.

es·cla·vo, va[2] [エスクらボ, -] 形 1 奴隷の. 2 (+de...) …に隷属した. 3 (+de...) …のとりこになった, …に夢中の.
— 男囡 1 奴隷. 2 隷属している人. 3 夢中[とりこ]になっている人.

es·cle·ro·sis [エスクレロシス] 囡 《単複同形》〈医学〉硬化症.
esclerosis arterial 動脈硬化.

es·cle·ró·ti·ca [エスクれロティカ] 囡 〈解剖学〉(眼球の)強膜(きょうまく).

es·clu·sa [エスクるサ] 囡 (運河などの)水門, 閘門(こうもん).

es·co·ba [エスコバ] 囡 1 ほうき. 2 (15 点集めのトランプ遊びの)エスコバ. 3 〈低木〉エニシダ.
coche escoba (自転車競技などの)棄権者収容車.
no vender una escoba 成果を得られない, 失敗する.

es·co·ba·zo [エスコバそ] 男 1 ほうきでの一撃. 2 (ほうきでの)ひと掃き.

es·co·bi·lla [エスコビじゃ] 囡 1 手ぼうき. 2 ブラシ, 刷毛(はけ). 3 (発電機の)ブラシ, 刷子(さっし). 4 〈自動車〉(ワイパーの)ゴム.

es·co·bi·llón [エスコビじょン] 男 1 長柄のブラシ. 2 (銃身を掃除する)筒型ブラシ.

es·co·bón [エスコボン] 男 1 大型ほうき. 2 (すす払い用の)長柄のほうき.

es·co·ce·du·ra [エスコせドゥラ] 囡 1 (皮膚(ひふ)の)炎症, ただれ. 2 ひりひりする痛み.

es·co·cer [エスコせル] 自 《活 18 cocer》 1 (物が)ひりひりした痛みを与える. 2 …に心痛を与える, つらい思いをさせる.
— *escocerse* 再 1 (人が)心が痛む. 2 (体の一部が)ひりひりと痛む.

es·co·cés, ce·sa [エスコセス, セサ] 形 1 スコットランド Escocia の. 2〈布地〉タータンチェックの.
— 男囡 スコットランド人.

Es·co·cia [エスコしア] 固〈地方の名〉(イギリスの)スコットランド.

es·co·fi·na [エスコふぃナ] 囡 荒目(あらめ)やすり.

es·co·ger [エスコヘル] 他《活 19 coger》…を (+de, entre... …から)選び出す, 選び取る, 選別する.

es·co·gi·do, da [エスコヒド, ダ] 《過去分詞》 → escoger 選び出す.
— 形 1 えり抜きの, 選別された. 2 極上の, 上質の.

escoj- 活 → escoger 選び出す《活 19》.

es·co·la·ní·a [エスコらニア] 囡 (修道院で養成される)少年聖歌隊.

es·co·la·pio, pia [エスコらピオ, ピア] 形〈修道会〉ピアリスト会の.
— 男囡 ピアリスト会の修道士[修道女].

es·co·lar [エスコらル] 形 学校の, 学校教育の.
— 男囡 生徒, 学童.
año escolar 学年.
edad escolar 就学年齢.

es·co·la·ri·dad [エスコらリダッ] 囡 就学年限, 在学期間.
escolaridad obligatoria 義務教育.

es·co·la·ri·za·ción [エスコらリさしオン] 囡 学校教育, 義務教育.

es·co·la·ri·zar [エスコらリさル] 他《活 39 gozar》 1 …に義務教育を受けさせる. 2 …に学校教育を受けさせる.

es·co·lás·ti·ca[1] [エスコらスティカ] 囡 スコラ哲学.

es·co·lás·ti·co, ca[2] [エスコらスティコ, -] 形 スコラ哲学の.
— 男囡 スコラ哲学者.

es·co·lio [エスコりオ] 男 注釈, 注解.

es·co·lio·sis [エスコりオシス] 囡《単複同形》〈医学〉脊柱側湾(そくわん)症.

es·co·lle·ra [エスコじェラ] 囡 (海岸の)消波ブロック.

es·co·llo [エスコじょ] 男 1 暗礁. 2 障害, 難事. 3 危険.

es·co·lo·pen·dra [エスコろペンドラ] 囡〈節足動物〉オオムカデ.

es·col·ta [エスコルタ] 男囡〈人〉護衛, 随員, 付き添い.
— 囡 1 護衛, 護送, エスコート. 2 護衛団, 護送隊, 護送船団.

es·col·tar [エスコルタル] 他 1 …を護衛する, 護送する. 2 …に随行する, お供する, 付き添う.

es·com·bre·ra [エスコンブレラ] 囡 瓦礫(がれき)捨て場, 残土山.

es·com·bro [エスコンブロ] 男 瓦礫(がれき), 石くず.

es·con·der [エスコンデル] 他 1 …をかくす, かくまう. 2 …を秘める, しまい込む. 3 …を見えなくする.
— *esconderse* 再 かくれる, 潜伏する.

es·con·di·das [エスコンディダス] 《つぎの副詞句の一部》
a escondidas こっそり, かくれて.

es·con·di·do, da [エスコンディド, ダ] 《過去分詞》 → esconder かくす.
— 形 1 かくれた, かくされた. 2 人里離れた, へんぴな.

es·con·di·te [エスコンディテ] 男 1 かくれ家. 2 かくし場所. 3〈遊戯〉かくれんぼ.

es·con·dri·jo [エスコンドリホ] 男 1 かくれ家. 2 かくし場所.

es·co·ñar [エスコニャル] 他 …をこわす, 台無しにする.
— *escoñarse* 再 こわれる, だめになる.

es·co·pe·ta [エスコペタ] 囡 猟銃, 小銃.

es·co·pe·ta·do, da [エスコペタド, ダ] 形 大急ぎの, 全速力の.

es·co·pe·ta·zo [エスコペタそ] 男 1 (猟銃の)射

撃, 発砲. 2 突発事件. 3 悪い知らせ.

es·co·plo [エスコプロ] 男 〈大工や石工の〉のみ, たがね.

es·co·rar [エスコラル] 他 〈陸の船〉を支柱で支える.
— 自 〈海の船が〉かたむく, かしぐ.

es·cor·bu·to [エスコルブト] 男 〈医学〉壊血病.

es·co·ria [エスコリア] 女 1 くず, 最低のもの. 2 〈冶金〉スラグ, のろ, 鉱滓(こうさい). 3 火山岩滓(がんさい).

es·co·ria·ción [エスコリアシオン] 女 〈医学〉表皮剝離(はくり), すり傷.

es·co·rial [エスコリアる] 男 鉱滓(こうさい)捨て場.

Es·co·rial [エスコリアる] 固 《El+》〈王宮の名〉(スペイン中部にある)エスコリアル.

es·co·riar [エスコリアる] 他 〈活 17 cambiar〉〈皮膚〉をすりむく.
— **escoriar·se** 再 〈皮膚が〉すりむける.

es·cor·nar·se [エスコルナルセ] 再 《活 22 contar》1 ばたっと倒れる. 2 奮闘する, 頑張る.

Es·cor·pio [エスコルピオ] 固 〈星座の〉さそり座.

es·cor·pio [エスコルピオ] 形 《男女同形》さそり座生まれの.
— 男 女 〈人〉さそり座生まれ.

es·cor·pión [エスコルピオン] 男 〈動物〉サソリ.
— 形 《男女同形》さそり座生まれの.
— 男 女 〈人〉さそり座生まれ.

es·cor·zo [エスコルそ] 男 1 〈美術〉遠近短縮法. 2 遠近短縮法の作品.

es·co·ta·do, da [エスコタド, ダ] 形 〈服飾〉襟刳(えりく)りの深い, 胸元(むなもと)の開いた.

es·co·te [エスコテ] 男 1 〈服飾〉襟刳(えりく)り. 2 (襟刳からのぞく)胸元(むなもと).
pagar a escote 割り勘にする.

es·co·ti·lla [エスコティじゃ] 女 1 〈船舶〉ハッチ, 昇降口. 2 〈戦車〉昇降口.

es·co·ti·llón [エスコティじょン] 男 〈床の〉はね上げ戸.

es·co·zor [エスコそル] 男 1 ひりひりした痛み, うずき. 2 いらだち, 憤懣(ふんまん).

es·cri·ba [エスクリバ] 男 〈人〉(古代の)書記人, 写字生.

es·cri·ba·ní·a [エスクリバニア] 女 1 書き物机. 2 書類だんす. 3 (台のうえに配置された)文房具セット.

es·cri·ba·no¹ [エスクリバノ] 男 (昔の)書記官, 公証人.

es·cri·ba·no², na [-, ナ] 男 女 能書家.
escribano del agua 〈昆虫〉ミズスマシ.

es·cri·bien·te [エスクリビエンテ] 男 女 筆記者, 書記.

es·cri·bir [エスクリビル] 他 1 …を書く. 2 …を著述する. 3 …を作曲する. 4 …を手紙[文書]で知らせる.
— 自 1 文字を書く. 2 手紙を書く. 3 著作をする.
4 作曲をする. 5 記事を書く. 6 (ペンなどが)書ける.
— **escribir·se** 再 1 書かれる. 2 (お互いに)手紙をやりとりする, 文通する.
escribir a mano [de su puño y letra] 手書きする.
escribir a máquina タイプで打つ.
escribir en el ordenador ワープロで打つ.
máquina de escribir タイプライター.
papel de escribir 筆記用紙, 便箋(びんせん).

es·cri·to¹ [エスクリト] 男 1 手紙. 2 文書, 書類.
3 著作, 文学作品.
por escrito 文書で, 書面で.

es·cri·to², ta [-, タ] 《過去分詞》→ escribir 書く.
— 形 1 書かれた. 2 筆記の, 文書による.
estar escrito 運命づけられている, 宿命である.
lo arriba escrito 上述のこと, 前記.

es·cri·tor, to·ra [エスクリトル, トラ] 男 女 1 作家, 著述家, 文筆家. 2 記者, 筆者.

es·cri·to·rio [エスクリトリオ] 男 1 机, 勉強机, 書き物机. 2 事務室, 事務所.

es·cri·tu·ra [エスクリトゥラ] 女 1 書くこと, 書写, 執筆. 2 書き方, 習字. 3 書法, 筆跡. 4 書記体系, 文字体系. 5 〈法律〉証書, 契約書.

es·cro·to [エスクロト] 男 〈解剖学〉陰囊(いんのう).

es·crú·pu·lo [エスクルプろ] 男 1 (行動に関する)疑念, ためらい. 2 (不潔なものへの)嫌悪, いやけ. 3 綿密, 周到.

es·cru·pu·lo·sa·men·te [エスクルプろサメンテ] 副 細心の注意をはらって, 綿密に.

es·cru·pu·lo·si·dad [エスクルプろシダス] 女 細心の注意, 綿密さ.

es·cru·pu·lo·so, sa [エスクルプろソ, サ] 形 1 綿密な, 用意周到な. 2 清潔好きな, 神経質な.
— 男 女 〈人〉清潔好き.

es·cru·ta·dor, do·ra [エスクルタドル, ドラ] 男 女 〈選挙〉投票集計人, 開票立会人.

es·cru·tar [エスクルタル] 他 1 〈選挙〉(票)を集計する, 確認する. 2 …を綿密に調べる, 精査する.

es·cru·ti·nio [エスクルティニオ] 男 1 〈選挙〉(票)の集計, 確認. 2 精査, 吟味.

es·cua·dra [エスクアドラ] 女 1 三角定規, 直角定規. 2 定規の形のもの. 3 〈海軍〉艦隊. 4 〈軍隊〉分隊. 5 (労働者などの)班, 一団.

es·cua·dri·lla [エスクアドリじゃ] 女 1 飛行機, (小型船舶)の船隊.

es·cua·drón [エスクアドロン] 男 1 〈陸軍〉騎兵中隊. 2 〈空軍〉飛行中隊. 3 大飛行隊.

es·cuá·li·do, da [エスクアりド, ダ] 形 やせこけた, やつれた.

es·cua·lo [エスクアろ] 男 〈魚〉サメ, フカ.

es·cu·cha [エスクチャ] 女 1 聞くこと, 聴取.
— 男 〈軍隊〉(夜間の)斥候(せっこう).
— 活 → escuchar 聞く.
a la escucha 聞き耳を立てて.

escucha telefónica 電話の盗聴.
ponerse a la escucha 注意深く聞く.

es·cu·char [エスクチャル] 他 1 …を(注意して)聞く, 聴く. 2〈忠告など〉に従う, 耳を貸す.
— 自 聞き耳を立てる.
— **escucharse** 再 満足げに話す.

es·cu·chi·mi·za·do, da [エスクチミサド, ダ] 形 ひどくやせた, 脆弱(ぜいじゃく)な.

es·cu·dar [エスクダル] 他 …をかばう, 保護する, 守る.
— **escudarse** 再 (+en...) …を口実に使う.

es·cu·de·rí·a [エスクデリア] 女〈スポーツ〉レーシングチーム.

es·cu·de·ro [エスクデロ] 男 1 (昔の)従者. 2 (騎士の)盾(たて)持ち. 3 貴族の血統の者.

es·cu·di·lla [エスクディじゃ] 女 椀(わん), 深鉢.

es·cu·do [エスクド] 男 1〈武器〉盾(たて). 2 保護, 庇護. 3〈通貨単位〉(ポルトガルやスペインの昔の)エスクド.
escudo de armas 盾形紋章.

es·cu·dri·ñar [エスクドリニャル] 他 …を詳細に調べる, 精査する.

escuec- 活 → escocer ひりひりした痛みを与える(活 18).

es·cue·la [エスクエら] 女 1 小学校. 2 学校, 各種学校. 3 教育, 訓練, 修練. 4 (集合的に教員・生徒・校舎の)学校関係者. 5 (理論や技芸の)学派, 流派.
escuela de artes y oficios 実業学校.
escuela de bellas artes 美術学校.
escuela de párvulos 幼稚園.
escuela privada [particular] 私立学校.
escuela pública 公立学校.

es·cue·to, ta [エスクエト, タ] 形〈言語表現が〉簡潔な, 平明な.

escuez- 活 → escocer ひりひりした痛みを与える(活 18).

es·cul·pir [エスクルピル] 他 1 …を彫刻する. 2 …を刻みこむ.

es·cul·tis·mo [エスクるティスモ] 男〈社会的運動〉ボーイスカウト.

es·cul·tor, to·ra [エスクるトル, トラ] 男 女 彫刻家.

es·cul·tó·ri·co, ca [エスクるトリコ, カ] 形 彫刻の.

es·cul·tu·ra [エスクるトゥラ] 女 1 彫刻, 彫刻芸術. 2 彫刻作品.

es·cul·tu·ral [エスクるトゥラる] 形 1 彫刻の, 彫刻芸術の. 2 彫像のような.

es·cu·pi·de·ra [エスクピデラ] 女 痰壺(たんつぼ).

es·cu·pir [エスクピル] 他 1 …を吐き出す. 2 …を噴出させる. 3 …を白状させる.
— 自 つばを吐く, 痰(たん)を吐く.

es·cu·pi·ta·jo [エスクピタホ] 男 《= escupitinajo》(吐いた)つば, 痰(たん).

es·cu·rre·pla·tos [エスクレプらトス] 男《単複同形》(洗った食器の)水切りかご.

es·cu·rri·di·zo, za [エスクリディソ, サ] 形 1 ぬるぬるした. 2 すべりやすい, つるつるの. 3〈人〉すぐに居なくなる, つかまえにくい.

es·cu·rri·do, da [エスクリド, ダ] 《過去分詞》 → escurrir 水切りをする.
— 形〈人〉やせた, 肉付きの悪い.

es·cu·rri·dor [エスクリドル] 男 1 (料理用の荒目の)水切り. 2 (食器の)水切りかご. 3 (洗濯機の)脱水機.

es·cu·rrir [エスクリル] 他 1 …を水切りする. 2 (液体)をしたたらせる.
— 自 1 したたり落ちる. 2 水気を出す. 3 すべる, すべりやすい.
— **escurrirse** 再 1 したたり落ちる. 2 すべる, すべりやすい. 3 巧みに逃げる. 4 口をすべらせる. 5 やりすぎる.

es·cu·sa·do [エスクサド] 男《= excusado》便所, トイレ.

es·drú·ju·lo, la [エスドルフろ, ら] 形〈単語〉終りから 3 番目の音節にアクセントのある.

e·se¹ [エセ] 女 1〈文字 S, s の名〉エセ. 2 S 字形のもの.
hacer eses 曲がりくねって進む, ふらつく.

e·se², sa [—, サ] 形《中称の指示形容詞の男性[女性]単数形》《複 esos, sas》1 (話し手から少し離れている, あるいは話し相手のそばにある)その. 2 (話のなかや文中に出てくる)その, あの. 3《中称の指示代名詞の男性[女性]単数形》それ, あれ.

é·se, sa² [エセ, —] 代《中称の指示代名詞の男性[女性]単数形》《複 ésos, sas》1 それ, あれ. 2 その人, あの人. 3 そいつ, あいつ.
¡Conque ésas tenemos! これはあきれた!
en una de ésas 近日中に.
ni por ésas それでもなお(…ない).
¡No vengas [venga] con ésas! そんな話はたくさんだ!

e·sen·cia [エセンしア] 女 1 本質, 真髄. 2 核心. 3 香油, 香水. 4 エキス, エッセンス.
en esencia 1 本質的に. 2 かいつまんで, 要点だけ.
por esencia 本質的に.
quinta esencia 1 第五元素, エーテル. 2 精髄.

e·sen·cial [エセンしアる] 形 1 本質の, 本質的な. 2 とても重要な, 不可欠の.

e·sen·cial·men·te [エセンしアるメンテ] 副 本質的に, もともと.

es·fe·noi·des [エスふェノイデス] 男《単複同形》〈解剖学〉(頭蓋骨のなかの)蝶形骨(ちょうけいこつ).

es·fe·ra [エスふェラ] 女 1 球, 球面体. 2 (時計などの)文字盤. 3 階級, 身分. 4 (影響力などが届く)範囲, 領域.
altas esferas 上流社会.
esfera armilar 天球儀.
esfera celeste 天球.
esfera de actividad 行動半径.

esfera de influencia 勢力圏.
es·fé·ri·co[1] [エスふェリコ] 男 〈スポーツ〉ボール.
es·fé·ri·co[2], **ca** [—, カ] 形 球形の, 球面の.
es·fe·roi·de [エスふェロイデ] 男 〈幾何学〉楕円(だ)体, 長球体, 扁球(へんきゅう)体.
es·fig·mo·ma·nó·me·tro [エスふぃグモマノメトロ] 男 血圧計.
Es·fin·ge [エスふィンヘ] 固 〈神話〉スフィンクス.
es·fín·ter [エスふィンテル] 男 〈解剖学〉括約筋.
es·for·za·do, da [エスふォルさド, ダ] 《過去分詞》→ esforzar 無理強いする.
— 形 1 強制された. 2 勇敢な, 力強い.
es·for·zar [エスふォルさル] 他 《活 38 forzar》1 …を無理強いする, 無理にしむ. 2 …を励ます.
— **esforzar·se** 再 1 努力する, 頑張る. 2 (+en+不定詞)努力して…する.
esfuerc-, esfuerz- 活 → esforzar 無理強いする (38章).
es·fuer·zo [エスふエルそ] 男 努力, 頑張り.
es·fu·ma·ción [エスふマしオン] 女 〈絵画〉ぼかし.
es·fu·mar [エスふマル] 他 〈絵画〉をぼかす.
— **esfumar·se** 再 1 徐々に消えてゆく. 2 そっと姿を消す.
es·fu·mi·no [エスふミノ] 男 〈絵画〉(ぼかし描き用の)擦筆(さっ).
es·gri·ma [エスグリマ] 女 〈スポーツ〉フェンシング.
es·gri·mir [エスグリミル] 他 1 (刀剣)を構える. 2 …を武器として使う.
es·guin·ce [エスギンせ] 男 〈医学〉捻挫(ねん).
es·la·bón [エスラボン] 男 1 (鎖の)輪, 環. 2 接続のかなめ, 結節点.
es·la·bo·nar [エスラボナル] 他 …を連結する, 連接する.
es·la·vo[1] [エスラボ] 男 〈言語学〉スラブ語.
es·la·vo[2], **va** [—, バ] 形 1 スラブの. 2 スラブ語(派)の.
es·lo·gan [エスロガン] 男 《複 eslóganes, es·logans》スローガン, 標語.
es·lo·ra [エスロラ] 女 〈船舶〉全長.
es·lo·va·co, ca [エスロバコ, カ] 形 スロバキアの. Eslovaquia の.
— 男 女 スロバキア人.
es·lo·ve·no, na [エスロベノ, ナ] 形 スロベニアの. Eslovenia の.
— 男 女 スロベニア人.
es·mal·ta·do, da [エスマルタド, ダ] 《過去分詞》→ esmaltar ほうろう引きにする.
— 形 ほうろう引きの, 七宝(しっ)焼を施した.
es·mal·tar [エスマルタル] 他 1 …をほうろう引きにする. 2 …に七宝を施す. 3 …を飾り立てる.
es·mal·te [エスマルテ] 男 1 ほうろう, エナメル. 2 七宝(しっ)細工. 3 (歯の)エナメル質.
esmalte de uñas マニキュア液.

E·so·po

es·me·ra·do, da [エスメラド, ダ] 《過去分詞》→ esmerar 磨く.
— 形 1 入念な, 丹念に仕上げた. 2 磨きあげられた.
es·me·ral·da [エスメラルダ] 女 エメラルド, 翠玉(すいぎょく).
— 形 《男女同形》エメラルド色の, 鮮緑(せんりょく)色の.
— 男 エメラルド色, 鮮緑色.
es·me·rar [エスメラル] 他 (金属など)を磨く.
— **esmerar·se** 再 1 (+en…) …に丹精を込める. 2 (+con…) …に細心の注意を払う.
es·me·ril [エスメリル] 男 1 〈研磨用の〉金剛砂(こ), エメリー. 2 人造砥石(といし).
es·me·ri·lar [エスメリラル] 他 …を金剛砂(こ)で磨く.
es·me·ro [エスメロ] 男 1 入念, 丹精. 2 細心の注意.
— 男 → esmerar 磨く.
con esmero 入念に, 丹精込めて.
poner esmero en… …に細心の注意を払う.
es·mi·rria·do, da [エスミリアド, ダ] 形 やせこけた, 発育の悪い.
es·mo·quin [エスモキン] 男 《複 esmóquines》〈服飾〉タキシード.
es·ni·far [エスニふァル] 他 (麻薬)を鼻から吸いこむ.
es·nob [エスノブ] 形 きざな, 俗物の.
— 男 女 〈人〉俗物, スノッブ.
es·no·bis·mo [エスノビスモ] 男 俗物根性, スノビズム.
e·so [エソ] 代 《中称の指示代名詞の中性形》(抽象的な内容を指して)それ, そのこと.
a eso de (+時刻) …時頃に.
aun con eso (+否定表現) それでもやはり(…ない).
¿Cómo es eso? なんだって?, なぜそうなるの·
de eso nada (相手の前言を否定して)それはないよ.
en eso そのとき, あのとき.
eso de… (相手の前言を受けて) …のこと.
¡Eso es! そのとおりだ!
¡eso, eso! [¡*eso mismo!*] それだ!, そのとおり!
¡Eso sí que no! それは絶対にだめだ!
ni (aun) con eso それでもなお(…ない).
¡para eso…! そんなことのために …なのか!
por eso それゆえに, だから.
¿Qué es eso? それは一体なんだ!
¿y eso? それはどういうことだ?
…y eso (列挙の最後で) …など.
y eso que… …ではあるが, …にもかかわらず.
¿y eso qué? それがどうだというのだ?
ESO [エソ] 女 《略語》Enseñanza Secundaria Obligatoria (スペインの)中等義務教育.
e·só·fa·go [エソふァゴ] 男 〈解剖学〉食道.
E·so·po [エソポ] 男 〈寓話作家の名〉(ギリシアの)イソップ.

他 は他動詞　再 は再帰動詞　形 は形容詞　副 は副詞　前 は前置詞　接 は接続詞　間 は間投詞

e·sos [エソス] 形《中称の指示形容詞の男性複数形》《→ ese, sa》その, それらの.

é·sos [エソス] 代《中称の指示代名詞の男性複数形》《→ ese, sa》それ, それら.

e·so·té·ri·co, ca [エソテリコ, カ] 形 1 秘密の, かくされた. 2 難解な.

e·so·te·ris·mo [エソテリスモ] 男 1 かくされたもの. 2 秘義. 3 難解なもの.

es·pa·bi·lar [エスパビラル] 他 1 …の眠気をさます, …をすっかり目覚めさせる. 2 …をしゃんとさせる, …に活を入れる.
— 急で.
— **espabilar·se** 再 すっかり目覚める.

es·pa·chu·rrar [エスパチュラル] 他 (柔らかいものを)押しつぶす.
— **espachurrar·se** 再 (トマトなどが)押しつぶされる.

es·pa·cia·dor [エスパシアドル] 男 (タイプライターなどの)スペースバー.

es·pa·cial [エスパシアル] 形 1 宇宙の. 2 空間の.
estructura espacial 立体骨組み.
nave espacial 宇宙船.
sonda espacial 宇宙探査機.
transbordador espacial スペースシャトル.

es·pa·ciar [エスパシアル] 他《活 17 cambiar》 1 …を間隔をおいて並べる. 2 …を間をあけて行う.

es·pa·cio [エスパシオ] 男 1 空間. 2 宇宙. 3 宇宙空間. 4 (物が占める)場所, スペース. 5 隙間, 空き. 6 (時間や空間の)間隔. 7《楽譜》線間, スペース. 8《印刷》(文字間や行間の)スペース. 9〈放送〉時間枠(ﾜｸ), 番組.
espacio aéreo 領空.
espacio informativo ニュース番組.
espacio libre 余地.
espacio vital 生活空間.

es·pa·cio·so, sa [エスパシオソ, サ] 形 1 広々とした, ゆったりした. 2 ゆっくりした, のんびりした.

es·pa·cio·tem·po·ral [エスパシオテンポラる] 形 時間と空間の, 時空間の.

es·pa·da [エスパダ] 女 1 刀, 剣. 2〈スペイン・トランプ〉剣の札.
— 男女 剣の達人, 剣士, 剣客.
— 男〈闘牛〉マタドール.
ceñir espada 剣を帯びる.
ceñir la espada a... …を騎士に叙する.
defender a... a capa y espada …を強力に支援する.
entre la espada y la pared 進退きわまって.
espada de Damocles (常にせまる危険の)ダモクレスの剣(ﾂﾙｷﾞ).
espada de dos filos (敵にも味方にも危険な)諸刃(ﾓﾛﾊ)の剣(ﾂﾙｷﾞ).
espada negra〈フェンシング〉エペ.
pez espada〈魚〉メカジキ.
presentar la espada a... …に抜刀の敬礼をする.

primer espada 1〈闘牛〉首席闘牛士. 2 第一人者, 達人, 大家, 権威.

es·pa·da·chín [エスパダチン] 男女 剣の達人, 剣士, 剣客.

es·pa·da·ña [エスパダニャ] 女 1〈教会堂〉(一枚壁の)小鐘楼. 2〈植物〉ガマ.

es·pa·das [エスパダス] 女複《→ espada》〈スペイン・トランプ〉剣の組み札.

es·pa·di·lla [エスパディじゃ] 女 1〈スペイン・トランプ〉剣のエース. 2 (小舟用の)大型のオール.

es·pa·dín [エスパディン] 男 礼装用短剣.

es·pa·dón [エスパドン] 男 1 大型の剣, 太刀(ﾀﾁ). 2〈軍隊〉上官, お偉方.

es·pa·gue·tis [エスパゲティス] 男複 スパゲッティ.

es·pal·da [エスパるダ] 女 1 背, 背中[= espaldas]. 2 (服などの)背面. 3 後部, 裏側, 奥. 4〈スポーツ〉背泳.
a espaldas de... …の居ないときに, …にかくれて.
a las espaldas 背後に, 背面に.
ancho de espaldas 肩幅の広い.
cargado de espaldas 猫背の.
dar la espalda a... …に背を向ける, …を無視する.
de espaldas 背後から, あおむけに.
de espaldas a... …に背を向けて, …とかかわらずに.
echar [tirar, tumbar] de espaldas a... …を驚かす.
echar·se... a la espalda [a las espaldas] …を気にしない.
echar·se... entre pecho y espalda …を腹に詰めこむ.
guardar las espaldas a... …を守る, 保護する.
guardar·se las espaldas 危険から身を守る.
por la espalda 背後から, だまし打ちで.
tener las espaldas cubiertas [guardadas](生活の保証があって)安心して暮らす.
volver la espalda a... …に背を向ける, …を信用しなくなる.

es·pal·dar [エスパるダル] 男 1〈椅子〉背もたれ. 2〈よろい〉背当て.

es·pal·da·ra·zo [エスパるダラそ] 男 1 (騎士の叙任のときの)剣による肩の軽打. 2 技能の認定. 3 後援, 後ろ楯(ﾀﾃ).

es·pal·de·ras [エスパるデラス] 女複〈器械体操〉肋木(ﾛｸﾎﾞｸ).

es·pal·di·lla [エスパるディじゃ] 女〈四足動物〉肩甲骨.

es·pan·ta·da [エスパンタダ] 女 (恐怖による)急な逃げ出し, 遁走(ﾄﾝｿｳ).

es·pan·ta·di·zo, za [エスパンタディそ, さ] 形 臆病(ｵｸﾋﾞｮｳ)な, おびえやすい.

es·pan·ta·do, da [エスパンタド, ダ] 《過去分

es·pan·ta·jo [エスパンタホ] 男 1 かかし[案山子]. 2 変な姿の人.

es·pan·ta·pá·ja·ros [エスパンタパハロス] 男《単複同形》かかし[案山子].

es·pan·tar [エスパンタル] 他 1 …をこわがらせる, おびえさせる. 2 …を追い払う.
— **espantar·se** 再 1 (+de…) …に驚く. 2 (+con…) …におびえる.

es·pan·to [エスパント] 男 1 恐怖, 驚き, おびえ. 2 そうとうこと.
de espanto 巨大な, 途方もない, すごい.
estar curado de espanto [espantos] (慣れて)驚きがない.
ser un espanto 驚くほどの大きさ[量]である.

es·pan·to·so, sa [エスパントソ, サ] 形 1 驚くべき, すごい. 2 とても大きな, 大変な.

Es·pa·ña [エスパニャ] 〈国の名〉(立憲君主国の) スペイン [= Reino de España].

es·pa·ñol[1] [エスパニョる] 男 スペイン語.

es·pa·ñol[2], **ño·la** [—, ニョら] 形 スペイン Es-paña の.
— 男 女 スペイン人.
a la española スペイン風に, スペイン風の.

es·pa·ño·la·da [エスパニョらダ] 女《文学などの》珍妙なスペイン.

es·pa·ño·lis·mo [エスパニョリスモ] 男 1〈趣味〉スペインびいき. 2 スペイン的特質. 3〈言語学〉スペイン語特有の語法.

es·pa·ño·lis·ta [エスパニョリスタ] 形《男女同形》1 スペイン好きの. 2 スペイン特有の.
— 男 女 スペインびいき.

es·pa·ño·li·zar [エスパニョリさル] 他 …をスペイン風にする.
— **españolizar·se** 再 スペイン的になる.

es·pa·ra·dra·po [エスパラドラポ] 男〈医学〉絆創膏(ばんそうこう).

es·pa·ra·ván [エスパラバン] 男〈鳥〉ハイタカ.

es·pa·ra·vel [エスパラべる] 男〈漁〉投網(とあみ).

es·par·ci·mien·to [エスパルシミエント] 男 1 楽しみ, 娯楽. 2 まき散らし. 3〈情報の〉流布, 伝播.

es·par·cir [エスパルすィル] 他《活 89 zurcir》1 …をばらまく, まき散らす. 2〈情報など〉を広める, 流布させる. 3 …を楽しませる.
— **esparcir·se** 再 1 散らばる. 2 流布する. 3 気晴らしをする, くつろぐ.

es·pá·rra·go [エスパラゴ] 男〈野菜〉アスパラガス.
¡Anda [Vete] a freír espárragos! とっと出ていけ!
espárrago triguero 野生のアスパラガス.
mandar (a…) a freír espárragos (人や物事)を拒絶する, はねつける.

es·pa·rra·gue·ra [エスパラゲラ] 女 1〈野菜〉アスパラガス. 2 アスパラガス畑.

es·par·ta·no, na [エスパルタノ, ナ] 形 1 (古代ギリシアの都市の)スパルタ Esparta の. 2 厳格な.
— 男 女 スパルタ人.

es·par·to [エスパルト] 男〈植物〉(かごなどに編む)アフリカハネガヤ.

esparz- 活 → esparcir ばらまく《活 89》.

es·pas·mo [エスパスモ] 男〈医学〉痙攣(けいれん), ひきつけ.

es·pas·mó·di·co, ca [エスパスモディコ, カ] 形〈医学〉痙攣(けいれん)の, ひきつけの.

es·pa·ta·rrar·se [エスパタラルセ] 再 大の字に倒れる.

es·pá·tu·la [エスパトゥら] 女 へら, パレットナイフ.

es·pe·cia [エスペシア] 女〈料理〉薬味, 香辛料, スパイス.

es·pe·cial [エスペシある] 形 1 特別の, 特殊の, 格別の. 2 最適な, 特有の.

especialic- 活 → especializar 専門化する《活 39》.

es·pe·cia·li·dad [エスペシアリダス] 女 1 専門分野, 専攻. 2 特産品, 名物. 3 特技, 得意.

es·pe·cia·lis·ta [エスペシアリスタ] 形《男女同形》1 専門家の, 専門の. 2 (+en…) …が得意な.
— 男 女 1 専門家. 2 特技の持ち主. 3 (映画などの)スタントマン.

es·pe·cia·li·za·ción [エスペシアリさシオン] 女 1 専門教育, 専門家の育成. 2 特殊化, 専門化.

es·pe·cia·li·za·do, da [エスペシアリさド, ダ] 《過去分詞》→ especializar 専門化する.
— 形 1 (+en…) …が専門の. 2 専門化した.

es·pe·cia·li·zar [エスペシアリさル] 他《活 39 gozar》1 …を専門化する, 特殊なものにする. 2 …を専門教育する.
— **especializar·se** 再 1 (+en…) …を専攻する. 2 専門的になる, 特殊化する.

es·pe·cial·men·te [エスペシアるメンテ] 副 特別に, とりわけ, 特に.

es·pe·cie [エスペシエ] 女 1 種類. 2〈生物分類〉種(しゅ). 3 タイプ, 性質.
en especie [especies] (金銭でなく)品物で.
especie química 〈化学〉単体.
especies sacramentales 〈宗教〉(聖体のパンとワインの)秘跡の形色(ぎょうしき).
una especie de… 一種の…, …のようなもの.

es·pe·cie·ro[1] [エスペシエロ] 男 薬味用の棚.

es·pe·cie·ro[2], **ra** [—, ラ] 男 女 香辛料業者.

es·pe·ci·fi·ca·ción [エスペすィふィカシオン] 女 1 明示, 明記. 2 詳述. 3 仕様書, 明細.

es·pe·ci·fi·ca·men·te [エスペすィふィカメンテ] 副 明示的に, くわしく.

es·pe·ci·fi·car [エスペすィふィカル] 他《活 73 sacar》1 …を明記する, 特定する. 2 …を詳述する.

es·pe·ci·fi·ca·ti·vo, va [エスペしふぃカティボ, バ] 形 明示的な, 特定化の.

es·pe·ci·fi·ci·dad [エスペしふぃしダѣ] 女 1〈種類〉(集合的に)特徴, 特有性. 2 特殊性.

es·pe·cí·fi·co, ca [エスペしふぃコ, カ] 形 1 (+ de...) …に特有の, 独特の. 2 明確な, 具体的な. 3〈医薬品〉(+contra...) …に特効のある.

es·pé·ci·men [エスペしメン] 男 《複 especímenes》見本, 実例, 標本.

es·pec·ta·cu·lar [エスペクタクラる] 形 1 壮観な, 派手な, 人目を引く. 2 華やかな, 興行的な.

es·pec·ta·cu·la·ri·dad [エスペクタクらリダѣ] 女 1 壮観さ, 派手さ. 2 見せ物的性格, 興行性.

es·pec·tá·cu·lo [エスペクタクロ] 男 1 興行, 見せ物, ショー. 2 壮観な眺め, 感動的な光景. 3 人目につく行為.

dar un espectáculo 1 興行をする. 2 派手な行為をしでかす.

espectáculo de variedades バラエティーショー.

guía de espectáculos 催し物案内.

es·pec·ta·dor, do·ra [エスペクタドる, ドラ] 形 1 観察している. 2 見物の, 観客の.
── 男 女 1 観察者, 傍観者. 2 観客, 見物人.

es·pec·tral [エスペクトらる] 形 1 幽霊のような, 不気味な. 2〈物理学〉スペクトルの.

es·pec·tro [エスペクトロ] 男 1 不気味なもの, 幽霊. 2〈物理学〉スペクトル. 3〈医学〉(抗生物質などの)有効な微生物の種類.

antibiótico de amplio espectro 有効範囲の広い抗生物質.

espectro solar 太陽スペクトル.

espectro luminoso 虹色のスペクトル.

es·pec·tró·gra·fo [エスペクトログラふぉ] 男 1 分光写真機. 2 音響スペクトログラフ.

es·pec·tro·gra·ma [エスペクトログラマ] 男 音響分析記録図, ソナグラム.

es·pec·tros·co·pia [エスペクトロスコピア] 女〈物理学〉分光学.

es·pec·tros·co·pio [エスペクトロスコピオ] 男〈物理学〉分光器.

es·pe·cu·la·ción [エスペクらシオン] 女 1 思索, 考察. 2 空論, 憶測. 3〈商業〉投機, おもわく売買.

es·pe·cu·la·dor, do·ra [エスペクらドる, ドラ] 男 女 1 思索家. 2 投機家.

es·pe·cu·lar [エスペクらる] 形 1 鏡の. 2〈光学〉鏡像の.
── 他 …を検討する, 熟考する.
── 自 1 (+sobre...) …について熟考する. 2 (+sobre...) …を推測する, 憶測する. 3 (+con, en...) …に投機する. 4 (+con...) …を悪用する.

es·pe·cu·la·ti·vo, va [エスペクらティボ, バ] 形 1 投機的な. 2 空論の, 憶測の. 3 思索的な.

es·pe·jis·mo [エスペヒスモ] 男 1 蜃気楼(しんきろう). 2 幻想, まぼろし.

es·pe·jo [エスペホ] 男 1 鏡. 2 忠実に再現するもの, 投影. 3 手本, 鑑(かがみ).

como un espejo (家などが)とてもきれいな[に].

espejo de los Incas 黒曜石.

espejo retrovisor バックミラー.

mirar·se en (+人) *como en un espejo* 1 …を高く評価する, かわいがる. 2 …を手本にする.

mirar·se en el [al] espejo (自分の姿を見るために)鏡をのぞく.

es·pe·le·o·lo·gí·a [エスペれオロヒア] 女 1 洞窟(どうくつ)学. 2〈スポーツ〉洞窟(どうくつ)探検.

es·pe·le·ó·lo·go, ga [エスペれオロゴ, ガ] 男 女 1 洞窟学者. 2 洞窟探検家.

es·pe·luz·nan·te [エスペるスナンテ] 形 ぞっとするような, 身の毛もよだつ.

es·pe·luz·nar [エスペるスナる] 他 …を(恐怖で)震えあがらせる, ぞっとさせる.
── **espeluznar·se** 再 震えあがる, ぞっとする.

es·pe·ra [エスペラ] 女 1 待つこと, 待機. 2 待ち時間, 猶予期間.

en espera de …を待って.

estar a la espera de …を待っている.

es·pe·ran·to [エスペラント] 男〈言語学〉エスペラント語.

es·pe·ran·za [エスペランさ] 女 1 希望, 期待. 2 希望をかけるもの. 3〈宗教〉希望.

dar esperanzas a …に希望を与える.

dar esperanzas de que …の望みを与える.

esperanza de vida 平均余命, 平均寿命.

Es·pe·ran·za [エスペランさ] 固〈女性の名〉エスペランサ.

es·pe·ran·za·dor, do·ra [エスペランさドる, ドラ] 形 希望の持てる, 有望な.

es·pe·ran·zar [エスペランさる] 他 《活 39 gozar》…に希望を与える.
── **esperanzar·se** 再 期待を抱く.

es·pe·rar [エスペラる] 他 1 …を期待する. 2 …を待つ. 3 …を希望する. 4 …を待機する.
── 自 (+a que+接続法) …するのを待つ, 待ち受ける.
── **esperar·se** 再 …を予想する, 期待する.

...de aquí te espero すごい…, 並はずれた….

esperar sentado 待ちぼうけを食う.

ser de esperar 当然だと思う.

es·per·ma [エスペルマ] 女〈生理学〉精液.

es·per·ma·fi·tas [エスペルマふぃタス] 女 複〈分類〉種子植物.

es·per·ma·to·zoi·de [エスペルマトソイデ] 男〈生物学〉精子.

es·per·me·ci·da [エスペルメシダ] 男 殺精子剤.

es·per·pén·ti·co, ca [エスペルペンティコ, カ] 形 異様な, ぞっとするような.

es·per·pen·to [エスペルペント] 男 1 異様なもの, ぞっとするもの. 2 不条理劇.

es·pe·sar [エスペサる] 他 1 (液体)を濃くする. 2

es·pe·so, sa [エスペソ, サ] 形 1 濃い, 濃厚な. 2 密な, 密生した. 3 厚みのある.
— 活 → espesar 濃くする.

es·pe·sor [エスペソル] 男 1 厚み, 厚さ. 2 濃さ, 濃度.

es·pe·su·ra [エスペスラ] 女 1 濃厚, 濃密. 2 厚み, 厚さ. 3 深い茂み, 密集地. 4 物事の込み入り方, 錯綜.

es·pe·tar [エスペタル] 他 (意外なこと)を突然言い出す, 不意に言う.

es·pe·te·ra [エスペテラ] 女 1 (台所の)キッチンボード. 2 (集合的に)金属性の台所用品.

es·pí·a [エスピア] 女 1 スパイ, 間諜(かんちょう). 2 諜報(ちょうほう)部員.
— 活 → espiar スパイする.

es·piar [エスピアル] 他 活 34 enviar 1 …をスパイする. 2 …を偵察する, 見張る.

es·pi·char [エスピチャル] 自 死ぬ.
espichar·la 死ぬ.

es·pi·ga [エスピガ] 女 1 穂. 2〈木工〉ほぞ.

es·pi·ga·do, da [エスピガド, ダ] 《過去分詞》
→ espigar 穂を出す.
— 形〈人〉すらっとした, 背の高い.

es·pi·gar [エスピガル] 自 活 47 llegar 穂を出す.
— 他 1 (畑など)の落ち穂を拾う. 2 (情報など)を収集する.
— **espigar·se** 再〈人〉成長する, 発育する.

es·pi·gón [エスピゴン] 男 1 防波堤, 波よけ.

es·pi·gui·lla [エスピギじゃ] 女〈織物〉杉綾(すぎあや)模様.

es·pi·na [エスピナ] 女 1 とげ, いばら. 2〈魚〉骨. 3〈解剖学〉骨の突起部分. 4 (骨が刺さったような)痛み, 悩み.
dar a... mala espina …に悪い予感をさせる.
espina dorsal 背骨, 脊椎(せきつい).

es·pi·na·ca [エスピナカ] 女〈野菜〉ホウレンソウ.

es·pi·nal [エスピナる] 形 背骨の, 脊椎(せきつい)の.

es·pi·nar [エスピナル] 男 1 (とげのある植物の)茂み, やぶ. 2 サンザシの茂み.

es·pi·na·zo [エスピナそ] 男 背骨, 脊椎(せきつい), 脊柱(せきちゅう).

es·pi·ne·ta [エスピネタ] 女〈楽器〉(チェンバロに似た)スピネット.

es·pi·ni·lla [エスピニじゃ] 女 1 むこうずね, 脛骨(けいこつ). 2 にきび, 吹き出物.

es·pi·ni·lle·ra [エスピニじぇラ] 女 (防護用の)すね当て, レガーズ.

es·pi·no [エスピノ] 男〈植物〉サンザシ.
espino artificial 有刺鉄線.

es·pi·no·so, sa [エスピノソ, サ] 形〈植物〉とげの多い. 2〈魚〉小骨の多い. 3 厄介な, 難儀な.

es·pio·na·je [エスピオナヘ] 男 1 スパイ行為, 諜報(ちょうほう)活動. 2 諜報機関, スパイ組織.

es·pi·ra [エスピラ] 女 1 らせんの一回転部分. 2 渦巻き線.

es·pi·ra·ción [エスピラしオン] 女 1 息を吐くこと. 2 呼気.

es·pi·ral [エスピラる] 形 らせん形の, 渦巻き状の.
— 女 1 渦巻き線. 2 らせん状のもの. 3 段階的な拡大[激化], エスカレート.
escalera en espiral らせん階段.

es·pi·rar [エスピラル] 他 1 (息)を吐き出す. 2 (においなど)を放つ.
— 自 息を吐き出す.

es·pi·ri·tis·mo [エスピリティスモ] 男 1 交霊信仰. 2 降霊術.

es·pi·ri·to·so, sa [エスピリトソ, サ] 形〈飲料〉アルコール度の高い.

es·pi·ri·trom·pa [エスピリトロンパ] 女〈昆虫〉(蜜を吸うぜんまい状の管の)口吻(こうふん).

es·pí·ri·tu [エスピリトゥ] 男 1 心, 精神. 2 霊, 霊魂. 3 精霊. 4 知力の高い人, 知性の人. 5 精力, 勇気, 意気. 6 性向, 気質. 7 真意. 8 精髄. 9 悪霊[= espíritus].
el espíritu maligno [inmundo] 悪魔.
espíritu de contradicción 反抗的な性向.
espíritu de vino 酒精.
Espíritu Santo〈宗教〉聖霊.
exhalar el espíritu〈人〉死ぬ.
levantar el espíritu 1 元気を取り戻す. 2 (+ a...) …を励ます, 元気づける.
pobre de espíritu 臆病(おくびょう)な, 意気地のない.
quedar·se en el espíritu やせ細る.
ser el espíritu de la golosina ひどく病弱である.

es·pi·ri·tual [エスピリトゥアる] 形 1 精神の, 精神的な. 2 感性の強い. 3 宗教的な, 心の問題にこだわる.
— 男 黒人霊歌, スピリチュアル.

es·pi·ri·tua·li·dad [エスピリトゥアリダス] 女 1 精神性, 内面性. 2 霊性, 宗教性. 3 宗教活動, 信仰生活.

es·pi·ri·tua·lis·mo [エスピリトゥアリスモ] 男 1 精神主義的. 2〈哲学〉唯心論.

es·pi·ri·tua·li·zar·se [エスピリトゥアリさルセ] 再 ひどくやせる.

es·pi·ri·tuo·so, sa [エスピリトゥオソ, サ] 形〈飲料〉アルコール度の高い.

es·pi·ta [エスピタ] 女 (樽(たる)などの)飲み口, 栓.

es·plen·di·dez [エスプれンディデす] 女 1 豊饒(ほうじょう)さ. 2 壮大さ. 3 寛大さ.

es·plén·di·do, da [エスプれンディド, ダ] 形 1 壮大な, 立派な. 2 豊富な. 3 寛大な, 気前のよい.

es·plen·dor [エスプれンドル] 男 1 壮大さ, 偉大さ. 2 豊富さ. 3 最盛期, 全盛. 4 光輝, 光彩.

es·plie·go [エスプリエゴ] 男〈植物〉ラベンダー.

es·plín [エスプリン] 男 憂鬱(ゆううつ)状態.

es·po·le·ar [エスポレアル] 他 1 (馬など)に拍車

es·po·le·ta

をかける. 2 (人)を刺激する.
es·po·le·ta [エスポれタ] 女 (爆薬の)信管, 導火線.
es·po·lón [エスポろン] 男 1 〈鳥〉蹴爪(ゖづめ). 2 〈馬〉蹴爪突起. 3 護岸, 提防. 4 〈船舶〉衝角.
es·pol·vo·re·ar [エスポるボレアる] 他 (粉状のもの)を散布する, まく.
es·pon·gia·rios [エスポンヒアリオス] 男複 〈分類〉海綿動物.
es·pon·ja [エスポンハ] 女 1 海綿, スポンジ. 2 海綿動物.
es·pon·jar [エスポンハる] 他 …をふっくらとさせる, 海綿状にする.
— **esponjarse** 再 得意げになる, いばる.
es·pon·jo·si·dad [エスポンホシダぅ] 女 1 やわらかさ. 2 海綿状, スポンジ状.
es·pon·jo·so, sa [エスポンホソ, サ] 形 1 ふんわりした. 2 海綿状の, スポンジのような.
es·pon·sa·les [エスポンサれス] 男複 1 婚約. 2 婚約式.
es·pon·tá·ne·a·men·te [エスポンタネアメンテ] 副 1 自発的に, 自然発生的に. 2 自然に, 気取らずに.
es·pon·ta·nei·dad [エスポンタネイダぅ] 女 1 自発性. 2 自然さ.
es·pon·tá·ne·o, a [エスポンタネオ, ア] 形 1 自発的な, 自然発生の. 2 自然な, あるがままの.
— 男 (闘牛などの興行中の飛び入り).
es·po·ra [エスポら] 女 〈生物学〉胞子.
es·po·rá·di·ca·men·te [エスポらディカメンテ] 副 散発的に, まばらに.
es·po·rá·di·co, ca [エスポらディコ, カ] 形 散発的な, まばらな.
es·po·sa [エスポサ] 女 妻, 家内, 配偶者.
es·po·sar [エスポサる] 他 …に手錠をかける.
es·po·sas [エスポサス] 女複 〈→ esposa〉手錠.
es·po·so [エスポソ] 男 夫, 主人, 配偶者.
es·po·sos [エスポソス] 男複 〈→ esposo〉夫妻, 夫婦.
es·pue·la [エスプエら] 女 拍車.
calzar·se la espuela 騎士になる.
espuela de caballero 〈園芸植物〉ヒエンソウ.
es·puer·ta [エスプエるタ] 女 (取っ手つき)平かご.
a espuertas 大量に, どっさりと.
es·pul·gar [エスプるガる] 他 〈活 47 llegar〉…のノミ[シラミ]を取ってやる.
— **espulgarse** 再 (自分の)ノミ[シラミ]を取る.
es·pu·ma [エスプマ] 女 1 泡, あぶく. 2 〈化粧品〉ムース. 3 〈織物〉クレープ.
crecer como la espuma 急に増える, すぐに大きくなる.
es·pu·ma·de·ra [エスプマデら] 女 〈料理〉穴しゃもじ.
es·pu·ma·jo [エスプマホ] 男 《= espumarajo》(口のなかに出た)大量の唾液(だぇき).
es·pu·mar [エスプマる] 他 …から泡[あく]を取る.
— 自 泡立する, 泡を出す.
es·pu·mi·llón [エスプミじょン] 男 (クリスマスツリーの)飾りひも.
es·pu·mo·so, sa [エスプモソ, サ] 形 泡の出る, 発泡性の.
es·pu·rio, ria [エスプリオ, リア] 形 《= espúreo, a》1 偽(にせ)の, 偽造の. 2 〈子供〉嫡出(ちゃくしゅつ)でない.
es·pu·rre·ar [エスプれアる] 他 《= espurriar 活 34》…に(口で)霧を吹きかける.
es·pu·tar [エスプタる] 他 (痰(たん))やつばを吐き出す.
es·pu·to [エスプト] 男 (口から吐き出された)つば[痰(たん)].
es·que·je [エスケへ] 男 〈園芸〉つぎ穂, さし穂.
es·que·la [エスケら] 女 〈新聞〉死亡広告.
es·que·lé·ti·co, ca [エスケれティコ, カ] 形 やせ細った, 骨と皮だけの.
es·que·le·to [エスケれト] 男 1 骨格, 骸骨(がいこつ). 2 骨組み. 3 骨子(こっし), 眼目, 概略.
menear [mover] el esqueleto (ロックなどで)踊る.
es·que·ma [エスケマ] 男 1 概略, 概要. 2 図式, 図表, 略図. 3 基本構造, 枠組み.
en esquema 図式的に, 図解式に.
es·que·má·ti·ca·men·te [エスケマティカメンテ] 副 図式的に, 図解で.
es·que·má·ti·co, ca [エスケマティコ, カ] 形 1 概略の, おおまかな. 2 図式的な, 図解式の. 3 概略化[図解]する力のある.
es·que·ma·ti·za·ción [エスケマティサしオン] 女 1 概略化. 2 図式化, 図解.
es·que·ma·ti·zar [エスケマティサる] 他 《活 39 gozar》1 …を概略化する, おおまかに組み立てる. 2 …を図式化する, 図解する.
es·quí [エスキ] 男 《複 esquís, esquíes》1 スキー板. 2 〈スポーツ〉スキー.
bastón de esquí (スキーの)ストック.
esquí acuático [náutico] 水上スキー.
gafas de esquí ゴーグル.
pista de esquí ゲレンデ.
es·quia·dor, do·ra [エスキアドる, ドら] 男女 スキーヤー.
es·quiar [エスキアる] 自 《活 34 enviar》スキーをする.
es·qui·fe [エスキふェ] 男 1 (船に積み込む)小舟, ボート. 2 (レース用の1人乗りの)軽舟, スカル.
es·qui·ja·ma [エスキハマ] 男 ニット製パジャマ.
es·qui·la [エスキら] 女 1 (家畜の首につける)大型の鈴, カウベル. 2 (羊などの毛の)刈り込み.
es·qui·la·do·ra [エスキらドら] 女 (羊の毛を刈る)剪毛(せんもう)機, バリカン.
es·qui·lar [エスキらる] 他 1 (羊などの)毛を刈る.

2 …の髪を切ってやる.
— **esquilar-se** 再 散髪する.

es·quil·mar [エスキルマル] 他 1 (財源)を使い果たす. 2 …から金をむしり取る. 3 (土地)をやせさせる.

es·qui·mal [エスキマル] 形 エスキモーの.
— 男 女 〈人〉エスキモー, イヌイット.
— 男 エスキモー語.

es·qui·na [エスキナ] 女 1 街角, 曲がり角. 2 (物の外側の)角(ﾂﾉ).

a la vuelta de la esquina 角を曲がったところに. 2 すぐに. 3 すぐ近くに.

saque de esquina 〈スポーツ〉コーナーキック.

es·qui·na·do, da [エスキナド, ダ] 《過去分詞》→ esquinar 角に置く.
— 形 1 角にある, 角のある, 角(ｶﾄﾞ)張った. 2 〈人〉扱いにくい.

es·qui·nar [エスキナル] 他 …を角に置く.
— 自 (+con...) …の角にある, …と角を作る.

es·qui·na·zo [エスキナソ] 男 (建物の)角(ｶﾄﾞ).

dar esquinazo a (+人) 1 …を避ける. 2 …との約束をすっぽかす.

es·quir·la [エスキルラ] 女 (骨などの)破片.

es·qui·rol [エスキロル] 男 (ストライキ中の労働者の)代業者, スト破り.

es·qui·var [エスキバル] 他 …を巧みに避ける, うまくかわす.

es·qui·vez [エスキベス] 女 無愛想, つれない態度.

es·qui·vo, va [エスキボ, バ] 形 愛想のない, つれない.

es·qui·zo·fre·nia [エスキソふレニア] 女 〈医学〉精神分裂病.

es·qui·zo·fré·ni·co, ca [エスキソふレニコ, カ] 形 〈医学〉精神分裂病の.
— 男 女 分裂病患者.

es·ta [エスタ] 形 《近称の指示形容詞の女性単数形》(→ este²) この.

és·ta¹ [エスタ] 代 1 《近称の指示代名詞の女性単数形》(→ éste) これ. 2 (手紙で)当地.

está 直 → estar ある《活 37》.

es·ta·bi·li·dad [エスタビリダッ] 女 1 安定性, 安定度. 2 固定性, 耐久性. 3 復元力.

es·ta·bi·li·za·ción [エスタビりサしオン] 女 1 安定化. 2 平衡化.

es·ta·bi·li·za·dor, do·ra [エスタビりさドル, ドラ] 形 安定させる, 安定化の.
— 男 女 安定させるもの.

es·ta·bi·li·zan·te [エスタビりさンテ] 男 (食品などの)安定剤.

es·ta·bi·li·zar [エスタビリさル] 他 《活 39 gozar》 1 …を安定させる. 2 (通貨)の価値を固定する.
— **estabilizar-se** 再 安定する.

es·ta·ble [エスタブれ] 形 1 安定した, しっかりした. 2 耐久性のある.

es·ta·ble·ce·dor, do·ra [エスタブれセドル, ドラ] 形 創立の, 設立する.
— 男 女 創立者, 設立者.

es·ta·ble·cer [エスタブれセル] 他 《活 4 agradecer》 1 …を創立する, 設立する. 2 (法令などが) …を命ずる, 制定する. 3 …を立証する, 確証する.
— **establecer-se** 再 1 定住する, 居を構える. 2 自営する. 3 (+de...) …として自立する, 開業する.

es·ta·ble·ci·do, da [エスタブれしド, ダ] 《過去分詞》→ establecer 創立する.
— 形 1 創立された. 2 確立した, 制定された. 3 定住している. 4 通例の, 習慣的な.

es·ta·ble·ci·mien·to [エスタブれしミエント] 男 1 創立, 設立. 2 確立, 制定. 3 施設, 設備. 4 (外来者の)定住地, 植民地, コロニー. 5 定住, 定職.

establecimiento académico 学術機関.
establecimiento comercial 店舗.
establecimiento penitenciario 刑務所.

establezc- 活 → establecer 創立する《活 4》.

es·ta·blo [エスタブろ] 男 家畜小屋, 馬小屋, 牛舎, 牧舎.

es·ta·ca [エスタカ] 女 1 杭(ｸｲ). 2 太めの杖(ﾂｴ).

es·ta·ca·da [エスタカダ] 女 (丸太の)柵(ｻｸ).

dejar a (+人) *en la estacada* …を見放す, 見捨てる.

quedar [*quedar-se*] *en la estacada* 1 見放される, 見捨てられる. 2 失敗する.

es·ta·car [エスタカル] 他 《活 73 sacar》 1 (動物)を杭(ｸｲ)につなぐ. 2 (土地)の境界を杭で打つ.

es·ta·ca·zo [エスタカそ] 男 1 棒による一撃. 2 強打.

es·ta·ción [エスタしオン] 女 1 季節. 2 時期, シーズン. 3 駅, 停車場. 4 (長距離バスなどの)発着所, ターミナル. 5 (処理などの)施設, …局, …所. 6 (ひとつひとつの)キリスト受難の場. 7 キリスト受難の祈り.

de media estación 〈衣類〉間服(ｱｲﾌｸ)の.
estación de servicio サービスステーション.

es·ta·cio·nal [エスタしオナル] 形 季節特有の.

es·ta·cio·na·mien·to [エスタしオナミエント] 男 1 駐車. 2 駐車場. 3 停滞. 4 (ある状態での)安定.

es·ta·cio·nar [エスタしオナル] 他 …を駐車する.
— **estacionar-se** 再 1 駐車する. 2 停滞する. 3 (病状が)安定する.

es·ta·cio·na·rio, ria [エスタしオナリオ, リア] 形 1 停滞している, 静止している. 2 (病状が)安定している.

es·ta·día [エスタディア] 女 滞在, 逗留(ﾄｳﾘｭｳ).

es·ta·dio [エスタディオ] 男 1 スタジアム, 競技場. 2 (変化過程の)一段階, 一局面.

estadio de fútbol サッカー競技場.
estadio olímpico オリンピックスタジアム.

es·ta·dis·ta [エスタディスタ] 男女 1 (国家の)元首. 2 指導的な政治家. 3 統計学者.

es·ta·dís·ti·ca[1] [エスタディスティカ] 女 1 統計学. 2〈資料〉(集合的に)統計.

es·ta·dís·ti·co, ca[2] [エスタディスティコ, ー] 形 統計的な, 統計学の.
— 男女 統計の専門家, 統計学者.

es·ta·do [エスタド] 男 1 状態, 状況, 情勢. 2 境遇, 身分. 3 社会階層. 4《物理学》(物体の固体・気体・液体の)態. 5 (国の)政体, 政府. 6 国家 [= Estado]. 7 (連邦の)州. 8 報告書, 計算書, 目録. 9 君主国.

en estado de… …の状態で.
en estado (interesante [de buena esperanza]) 妊娠している.
estado civil (独身・既婚などの)法律上の身分.
estado de cuenta 財務表.
estado de excepción (国家の)非常事態.
estado del personal 従業員[職員]名簿.
estado de sitio 戒厳状態.
estado federal 連邦国家.
estado físico 1 体調. 2 物理的状態.
Estado Libre Asociado 自由連合州[= 米国のなかの Puerto Rico].
estado llano [*tercer estado*] (中世ヨーロッパの)平民.
estado mayor《軍隊》参謀本部.
golpe de estado クーデター.
hombre de estado (大臣級の)政治家.
jefe de Estado 国家の元首.
ministro de Estado 国務大臣.
secretario de Estado (アメリカ合衆国の)国務長官.

Es·ta·dos U·ni·dos [エスタドス ウニドス] 固《+de América》〈国の名〉アメリカ合衆国.

es·ta·dou·ni·den·se [エスタドウニデンセ] 形 アメリカ合衆国 Estados Unidos の, 米国の.
— 男女 アメリカ人, 米国人.

es·ta·fa [エスタふぁ] 女 詐取(きゅ), 詐欺.

es·ta·fa·dor, do·ra [エスタふぁドル, ドラ] 男女 詐欺師, いかさま師.

es·ta·far [エスタふぁル] 他 1 (金)をだまし取る, 巻きあげる. 2 (人)を(+con…) …でだます, ぺてんにかける.

es·ta·fe·ta [エスタふェタ] 女 (簡易[特定])郵便局.

es·ta·fi·lo·co·co [エスタふぃろココ] 男《医学》ぶどう球菌.

estáis 活 → estar ある《活 37》.

es·ta·lac·ti·ta [エスタらクティタ] 女《地質学》鍾乳(ょう)石.

es·ta·lag·mi·ta [エスタらグミタ] 女《地質学》(鍾乳(ょう)洞の)石筍(ょん).

es·ta·li·nis·mo [エスタリニスモ] 男 (ソビエトの)スターリン Stalin 主義.

es·ta·li·nis·ta [エスタリニスタ] 形《男女同形》スターリン主義の.
— 男女 スターリン主義者.

es·ta·llar [エスタじゃル] 自 1 破裂する, 爆発する. 2 裂ける. 3 勃発(ぼう)する, 突発する. 4 とどろく, 鳴りひびく. 5 (+de, en…) …で感情を激発させる.

es·ta·lli·do [エスタジド] 男 1 破裂, 爆発. 2 爆発音. 3 突発, 勃発(ぼう). 4 (感情などの)激発. 5 (むちなどの)うなり.

es·tam·bre [エスタンブレ] 男 1〈植物〉おしべ, 雄蕊(ぷん). 2 (羊の)梳毛(ぞう). 3 梳毛織物, ウーステッド.

es·ta·men·tal [エスタメンタル] 形 階級の, 階層の.

es·ta·men·to [エスタメント] 男 1 (中世ヨーロッパの)身分階級. 2 階級, 階層.

es·ta·me·ña [エスタメニャ] 女 梳毛(ぞう)織物.

estamos 活 → estar ある《活 37》.

es·tam·pa [エスタンパ] 女 1 版画, さし絵. 2 宗教画のカード. 3 姿, 外観. 4 (昔の)印刷術.
maldecir la estampa de… …をのろう, のろいをかける.
ser la (viva) estampa de… …の生き写しである.

es·tam·pa·do[1] [エスタンパド] 男〈布地〉プリント地.

es·tam·pa·do[2], **da** [ー, ダ]《過去分詞》→ estampar プリントする.
— 形〈布地〉プリント地の.

es·tam·par [エスタンパル] 他 1 …をプリントする, (木版などで)刷る. 2 …を捺染(がん)する. 3 (署名など)を書き記す. 4 (スタンプなど)を押す. 5 (印象など)を残す. 6 …を(+contra…) …にたたきつける, 投げつける. 7 (殴打(がう)など)をくらわす, 与える.
estampar un beso a (+人) en~ …の~へ激しいキスをする.

es·tam·pí·a [エスタンピア]《つぎの副詞句の一部》
de estampía (動詞の salir, ir-se, entrar などと共に使われて)急に, あわてて.

es·tam·pi·da [エスタンピダ] 女 急な逃げだし.

es·tam·pi·do [エスタンピド] 男 爆発音.

es·tam·pi·lla [エスタンピじゃ] 女 1 スタンプ, 消印. 2 郵便切手.

están 活 → estar ある《活 37》.

es·tan·ca·do, da [エスタンカド, ダ]《過去分詞》→ estancar 流れを止める.
— 形 1 流れが止まった, よどんだ. 2 停滞した, 行き詰まった.

es·tan·ca·mien·to [エスタンカミエント] 男 1 (流れの)せき止め. 2 よどみ. 3 停滞, 行き詰まり.
estancamiento de la sangre 止血.

es·tan·car [エスタンカル] 他《活 73 sacar》1 …の流れを止める, …をせき止める. 2 …を停滞させる, 行き詰まらせる.

活 は活用形 複 は複数形 男 は男性名詞 女 は女性名詞 固 は固有名詞 代 は代名詞 自 は自動詞

— **estancar·se** 再 1 (川などが)流れを止める, よどむ. 2 停滞する, 行き詰まる.

es·tan·cia [エスタンしア] 女 1 滞在, 逗留(とうりゅう). 2 居間, 広間. 3《作詩》(7 音節と 11 音節の詩行を組み合わせた)繰返し連. 4 農場, 牧場.

es·tan·cie·ro, ra [エスタンしエロ, ラ] 男 女 農場主, 牧場主.

es·tan·co[1] [エスタンコ] 男 (タバコや切手などの)専売品店.

es·tan·co[2], **ca** [—, カ] 形 1 完全に閉鎖された. 2 隔離された.

es·tán·dar [エスタンダル] 形《単複同形》《= estandard》1 標準的な, スタンダードな. 2 規格品の.
— 男《複》estándares 1 標準, 水準. 2 手本.

es·tan·da·ri·za·ción [エスタンダりさしオン] 女 1 標準化. 2 規格化.

es·tan·da·ri·zar [エスタンダりさル] 他《活 39 gozar》1 …を標準的にする. 2 …を規格に合わせる.
— estandarizar·se 再 1 標準的になる. 2 規格化する.

es·tan·dar·te [エスタンダルテ] 男 1 軍旗, 隊旗, 団旗. 2 表象, シンボル.

estanqu- 活 → estancar 流れを止める《活 73》.

es·tan·que [エスタンケ] 男 貯水池, ため池.

es·tan·que·ro, ra [エスタンケロ, ラ] 男 女 (タバコなどの)専売品店主.

es·tan·qui·llo [エスタンキじょ] 男 (公営の)酒屋, タバコ屋.

es·tan·te [エスタンテ] 男 棚板, 棚.

es·tan·te·rí·a [エスタンテリア] 女 (集合的な)棚, 本棚.

es·ta·ñar [エスタニャル] 他 …に錫(すず)めっきをする.

es·ta·ño [エスタニョ] 男《化学》錫(すず).

es·tar [エスタル] 自《主語と補語を結ぶつなぎ動詞》《活 37》1 (特定のものが[こと]が) (+a, en …) …にある/*El libro está en la mesa.* その本は机の上にある.
2 (特定の人が) (+a, en…) …にいる, 滞在する/*Estaré siempre a tu lado.* 私はいつでも君のそばにいるよ.
3〈状態〉…である, …になっている/*La casa está sucia.* 家は汚れている.
4〈年〉…である/*¿A cuántos estamos?* 今日は何日ですか?
5 準備ができている/*¿Ya está el café?* もうコーヒーはできた?
6〈衣服》(…の状態である/*Esa falda te está muy bien.* そのスカートは君にとてもよく似合っている.
7 (+a+金額) (値段が) …である.
8 (+al+不定詞) すぐに …しようとしている.
9 (+con+人) …といっしょに住んでいる, …に会う, …と同意見である.
10 (+con, por…) …に賛成している, …を支持している.
11 (+de+仕事の名詞) …の最中である, …の仕事をしている.
12 (+en+仕事の名詞) …を引き受けている.
13 (+en+que…) …だと考える, 信じる.
14 (+para+不定詞) …の準備ができている, …しようとしている.
15 (+para+名詞) …の用意ができている.
16 (+por+不定詞) まだ …して[されて]いない.
17 (+por+人) …に引かれている.
18 (+que…) …の様子だ.
—《助動詞的用法》《現在進行形》(+現在分詞) …しつつある. 2《受身の状態》(+過去分詞) …されて(しまって)いる.
— estar·se 再 とどまっている, じっとしている.
Está bien. よろしい, わかりました.
¿Estamos? (確認して)わかったね?, いいですね?
estar al caer すぐにやってくる, すぐに起こる.
estar de más 言うまでもない, 余計なことだ.
estar por ver… …を疑っている.
¡Ya está! さあ, できた!, できた!
¡Ya está bien! もうたくさんだ!
(Ya) estar bien de… …は十分である.

es·tas [エスタス] 形《近称の指示形容詞の女性複数形》《→ este²》これらの.

estás 活 → estar ある《活 37》.

és·tas [エスタス] 代《近称の指示代名詞の女性複数形》《→ éste》これら.

es·ta·tal [エスタタル] 形 国家の, 国の, 国営の.

es·ta·li·zar [エスタタリさル] 他《活 39 gozar》…を国営化する, 国有化する.

es·tá·ti·ca[1] [エスタティカ] 女《物理学》静力学.

es·tá·ti·co, ca[2] [エスタティコ, —] 形 静止している, 動かない, 静的な.

es·ta·ti·fi·car [エスタティふぃカル] 他《活 73 sacar》…を国営化する, 国有化する.

es·ta·ti·za·ción [エスタティさしオン] 女 国営化, 国有化.

es·ta·ti·zar [エスタティさル] 他《活 39 gozar》…を国営化する, 国有化する.

es·ta·tua [エスタトゥア] 女 彫像, 塑像(そぞう).
estatua ecuestre 騎馬像.
estatua sedente 座像.
estatua yacente 仰臥(ぎょうが)像.

es·ta·tua·rio, ria [エスタトゥアリオ, リア] 形 彫像の, 彫像のような.
— 男 女 彫像家, 塑像(そぞう)家.

es·ta·tu·ra [エスタトゥラ] 女 1 身長, 背丈. 2 特質, 資質.
estatura media 平均身長.

es·ta·tu·to [エスタトゥト] 男 1 法令, 法則, 成文法. 2 (法人などの)定款(ていかん), 規約.

他 は他動詞 再 は再帰動詞 形 は形容詞 副 は副詞 前 は前置詞 接 は接続詞 間 は間投詞

estatuto de autonomía 〈スペイン〉地方自治特別基本法.

es·te[1] [エステ] 男 1 東, 東方. 2 東部. 3 東風.

es·te, ta [-, タ] 形《近称の指示形容詞の男性[女性]単数形》《複 estos, tas》1 (話し手のそばにある)この. 2 いまの, 今 … / *esta semana* 今週. 3 (話のなかに出てきた)この. 4《→ aquel》(文中に出てきた2者のうちの)後者の. 5《近称の指示代名詞の男性[女性]単数形》これ.

és·te, ta[2] [エステ, -タ] 代《近称の指示代名詞の男性[女性]単数形》《複 éstos, tas》1 これ. 2 この人. 3 こいつ. 4《→ aquél》(文中に出てきた2者のうちの)後者.

a todas éstas [*estas*] (話をついでに)ところで.
en éstas [*estas*] このとき, そのとき.

es·té (-), **es·te-** → estar を見る《活 37》.

Es·te·ban [エステバン] 固《男性の名》エステバン.

es·te·la [エステら] 女 1 (船や飛行機の)航跡. 2 名残(ঌ゙), 余韻. 3 石碑, 記念碑.

es·te·lar [エステらル] 形 1 星の, 星のような. 2 素晴らしい, 第一級の.

es·te·no·car·dia [エステノカルディア] 女《医学》狭心症.

es·te·no·gra·fí·a [エステノグラふィア] 女 速記法.

es·te·no·ti·pia [エステノティピア] 女 1 (速記用タイプの)ステノタイプ. 2 ステノタイプ速記法.

es·ten·tó·re·o, a [エステントレオ, ア] 形 大きな音[声]の, 大音声(ᑏᢆᠯᠠ)の.

es·te·pa [エステパ] 女 大草原, 草原地帯, ステップ.

es·te·pa·rio, ria [エステパリオ, リア] 形 草原地帯の.

és·ter [エステル] 男《化学》エステル.

es·te·ra [エステラ] 女 (植物で編んだ)敷物, ござ.

es·ter·co·lar [エステルコらル] 他 (土地に)肥料を施す.

es·ter·co·le·ro [エステルコれロ] 男 堆肥(ঌঃ)場.

es·te·re·o [エステレオ] 形《男女同形》《音響》ステレオの.
— 男 ステレオ装置.

es·te·re·o·fo·ní·a [エステレオふォニア] 女 立体音響, ステレオ.

es·te·re·o·fó·ni·co, ca [エステレオふォニコ, カ] 形 ステレオ[立体音響]の.
equipo estereofónico ステレオ装置.

es·te·re·os·co·pio [エステレオスコピオ] 男 立体鏡, ステレオスコープ.

es·te·re·o·ti·pa·do, da [エステレオティパド, ダ] 形 お決まりの, 紋切り型の, ステレオタイプの.

es·te·re·o·ti·par [エステレオティパル] 他 …を型通りにする, 型にはめる.

es·te·re·o·ti·pia [エステレオティピア] 女 ステレオ版印刷法.

es·te·re·o·ti·po [エステレオティポ] 男 紋切り型, 決まり文句, ステレオタイプ.

es·té·ril [エステリル] 形 1 不毛の, 不作の. 2 不妊の, 繁殖力のない. 3 殺菌処理をした. 4 結果の出ない, 無益な.

es·te·ri·li·dad [エステリリダッ] 女 1 不妊. 2 (土地の)不毛. 3 無菌状態.

es·te·ri·li·za·ción [エステリりさオン] 女 1 不妊手術, 断種(ঌ゙). 2 殺菌処理.

es·te·ri·li·zar [エステリりさル] 他《活 39 gozar》1 …に不妊手術をする, …を断種(ঌ゙)する. 2 …を殺菌消毒する.

es·te·ri·lla [エステリじゃ] 女 (小型の)ござ, むしろ.

es·ter·nón [エステルノン] 男《解剖学》胸骨.

es·te·ro [エステロ] 男 1 (上げ潮で)海水をかぶる沿岸部. 2 沼地, 湿地.

es·ter·tor [エステルトル] 男 (死に際の)あえぎ.

es·te·ta [エステタ] 男 女 1 耽美(だ)主義者. 2 審美眼のある人.

es·té·ti·ca[1] [エステティカ] 女 1 美学. 2 美的外観, 美観.

es·te·ti·cis·mo [エステティしスモ] 男 耽美(だ)主義.

es·te·ti·cis·ta [エステティしスタ] 男 女 全身美容師, エステティシャン.

es·té·ti·co, ca[2] [エステティコ, -] 形 1 美の, 美学の. 2 芸術的な, 美的な.

es·te·tos·co·pio [エステトスコピオ] 男《医学》聴診器.

es·te·va·do, da [エステバド, ダ] 形 O脚の, がに股の.
— 男 女 O脚の人.

es·tia·je [エスティアへ] 男 (河川などの)最低水位.

es·ti·ba·dor, do·ra [エスティバドル, ドラ] 男 女 (港の)沖仲仕, 荷役(ঃ゙), 人足.

es·ti·bar [エスティバル] 他 1 …をきっちりと置く. 2 …を(船に)適切に積み込む.

es·tiér·col [エスティエルコル] 男 1《農業》堆肥(ঃ゙). 2 糞(ঃ).

es·tig·ma [エスティグマ] 男 1 焼き印, 烙印(ঃঃ). 2 汚名[恥辱]の原因. 3《宗教》(聖人の)聖痕. 4《植物》(めしべの)柱頭. 5 (昆虫などの)気門.

es·tig·ma·ti·zar [エスティグマティさル] 他《活 39 gozar》1 …に烙印(ঃঃ)を押す. 2 …に汚名をきせる.

es·ti·lar·se [エスティらルせ] 再 流行する, 習慣になる.

es·ti·le·te [エスティれテ] 男 1 細身の短剣. 2 小型の尖筆(ঃ゙).

es·ti·lis·ta [エスティリスタ] 男 女 1 名文家. 2《服飾》スタイリスト.

es·ti·lís·ti·ca[1] [エスティリスティカ] 女 文体論.

es·ti·lís·ti·co, ca² [エスティリスティコ, —] 形 文体の, 文体上の.

es·ti·li·za·ción [エスティリさレオン] 女 1 体の線を細くすること. 2 (特徴を際立たせる)慣習的表現, 様式.

es·ti·li·za·do, da [エスティリさド, ダ] 《過去分詞》→ estilizar 体の線を細くする.
— 形 1 体の線を細めた. 2 慣習的表現の.

es·ti·li·zar [エスティリさル]他《活 39 gozar》1 …の体の線を細くする. 2 …を慣習的に表現する, 様式化する.

es·ti·lo [エスティロ] 男 1 様式, やり方. 2 独自の特徴. 3〈芸術〉作風, スタイル. 4 文体, 表現形式. 5 品位, 優雅さ. 6〈スポーツ〉泳法, 様式. 7 (昔の)尖筆(ﾄﾋﾞ). 8〈文法〉話法.

al estilo de… …風に[で].

de buen [mal] estilo 品格のある[ない].

estilo directo [indirecto]〈文法〉直接[間接]話法.

por el estilo それに似た, 似たような.

es·ti·lo·grá·fi·ca [エスティログラふィカ] 女 万年筆.

es·ti·ma [エスティマ] 女 敬意, 尊敬.

es·ti·ma·ble [エスティマブれ] 形 1 尊敬すべき, うやまうべき. 2 評価すべき, 考慮すべき.

es·ti·ma·ción [エスティマレオン] 女 1 評価, 見積もり. 2 尊敬, 敬重.

es·ti·ma·do, da [エスティマド, ダ] 《過去分詞》→ estimar 評価する.
— 形 1 評価された. 2 尊敬された. 3〈手紙〉親愛なる/*Estimado* señor: 拝啓.

es·ti·mar [エスティマル]他 1 …を評価する, 見積もる. 2 …を尊敬する, 敬愛する. 3 …を(+形容詞)…だと判断する. 4 (+que…) …だと思う, 判断する.
— estimarse 再 1 自負心を持つ. 2 互いに尊敬し合う.

es·ti·ma·ti·vo, va [エスティマティボ, バ] 形 1 評価の, 見積もりの. 2 概算の.

es·ti·mu·la·ción [エスティムらレオン] 女 刺激, 鼓舞, 激励.

es·ti·mu·lan·te [エスティムらンテ] 形 刺激的な, 興奮させる.
— 男〈医薬〉刺激剤, 興奮剤.

es·ti·mu·lar [エスティムらル]他 1 …を激励する, はげます. 2 …を刺激する, 興奮させる.
— estimularse 再 刺激剤[興奮剤]を飲む.

es·tí·mu·lo [エスティムろ] 男 1 刺激. 2 鼓舞するもの. 3 鼓舞させるもの, はげまし, インセンティブ.

es·tí·o [エスティオ] 男 (四季の)夏.

es·ti·pen·dio [エスティペンディオ] 男 報酬, 謝礼.

es·ti·pu·la·ción [エスティプらレオン] 女 約款(ﾔｯ), 条項.

es·ti·pu·lar [エスティプらル]他 …を規定する.

es·ti·ra·do, da [エスティラド, ダ] 《過去分詞》→ estirar 伸ばす.
— 形 1 伸びた. 2 尊大な, 高慢な.

es·ti·ra·mien·to [エスティラミエント] 男 1 しわを伸ばすこと. 2 (手足を伸ばすこと)伸び.

es·ti·rar [エスティラル]他 1 …を伸ばす, 引き伸ばす. 2 …のしわを伸ばす. 3 (お金)を節約して長持ちさせる. 4 …を延長する, 長引かせる.
— 自 (子供が)成長する.
— estirarse 再 (手足を伸ばして)伸びをする.

es·ti·rón [エスティロン] 男 1 (伸ばすために)ぐっと引くこと. 2 急成長.

es·tir·pe [エスティルペ] 女 血族, 血統.

es·ti·val [エスティバる] 形 夏の, 夏期の.

es·to [エスト] 代《近称の指示代名詞の中性形》このこと, これ.

a todo esto (話をつなぐときに)ところで.

en esto このとき, そのとき, そのあいだ.

esto… ええっと …

…, esto es, すなわち, 言いかえると.

es·to·ca·da [エストカダ] 女 (剣での)ひと突き, ひと刺し.

Es·to·col·mo [エストこるモ] 固《都市の名》(スウェーデンの首都の)ストックホルム.

es·to·fa [エストふぁ] 女 (人の)階級, 種類.

es·to·fa·do [エストふぁド] 男〈料理〉シチュー.

es·to·far [エストふぁル]他〈料理〉…をシチューにする.

es·toi·cis·mo [エストイしスモ] 男 1 克己心. 2 ストア哲学.

es·toi·co, ca [エストイコ, カ] 形 1 克己心の強い. 2 ストア哲学の.
— 男 女 1 克己心の強い人. 2 ストア哲学者.

es·to·la [エストら] 女 1〈婦人用〉毛皮の肩掛け. 2 (聖職者の)肩掛け, ストラ.

es·to·ma [エストマ] 男〈植物〉気孔.

es·to·ma·cal [エストマカる] 形 胃の.

es·to·ma·gar [エストマガル]他《他 47 llegar》1 …に消化不良を起こさせる. 2 …をうんざりさせる.

es·tó·ma·go [エストマゴ] 男 1 胃. 2 出っ腹, おなか. 3 我慢強さ.

echar se al estómago a… …の胃にもたれる.

hacer estómago a (+いやなこと) …を我慢する.

hacer·se el estómago a… …に慣れる.

levantar el estómago a… …をむかつかせる.

revolver el estómago a… …に吐き気をもよおさせる.

tener buen [mucho] estómago 1 (侮辱などに)よく耐える. 2 ずぶとい.

tener un estómago en los pies 空腹である.

es·to·ma·to·lo·gí·a [エストマトろヒア] 女 口内病学.

es·to·ma·tó·lo·go, ga [エストマトろゴ, ガ] 男 女 口内科医.

es·to·pa [エストパ] 女 麻くず繊維.

es·to·que [エストケ] 男 1 (刺すためだけの)剣. 2 〈闘牛〉(とどめ用の剣の)エストケ.

es·tor [エストル] 男 (縦に上げ下げする)カーテン.

es·tor·bar [エストルバル] 他 1 …をじゃまする, 困らせる. 2 …の障害となる. ― 自 じゃまをする.

es·tor·bo [エストルボ] 男 妨害, 障害.

es·tor·ni·no [エストルニノ] 男 〈鳥〉ムクドリ.

es·tor·nu·dar [エストルヌダル] 自 くしゃみをする.

es·tor·nu·do [エストルヌド] 男 くしゃみ.

es·tos [エストス] 形《近称の指示形容詞の男性複数形》(→ este²) これらの.

és·tos [エストス] 代《近称の指示代名詞の男性複数形》(→ éste²) これら.

es·toy → estar ある《活 37》.

es·tra·bis·mo [エストラビスモ] 男 〈医学〉斜視.

es·tra·do [エストラド] 男 (講堂の)貴賓(きひん)席.

es·tra·fa·la·rio, ria [エストラファらリオ, リア] 形 1 ずぼらの, だらしない. 2 風変わりな.

es·tra·ga·mien·to [エストラガミエント] 男 1 荒廃. 2 堕落.

es·tra·gar [エストラガル] 他《活 47 llegar》1 …を荒廃させる. 2 …を堕落させる.

es·tra·go [エストラゴ] 男 破壊, 災害.

es·tra·gón [エストラゴン] 男 〈植物〉(香辛料の)エストラゴン.

es·tram·bo·te [エストランボテ] 男〈詩作〉追加詩句.

es·tram·bó·ti·co, ca [エストランボティコ, カ] 形 風変わりな, 型やぶりの.

es·tra·mo·nio [エストラモニオ] 男 〈植物〉チョウセンアサガオ.

es·tran·gu·la·mien·to [エストラングらミエント] 男《= 女 estrangulación》1 絞殺. 2 狭窄(きょうさく), ネック.

es·tran·gu·lar [エストラングらル] 他 1 …を締めつくて殺す. 2 (血管などを)狭窄(きょうさく)する.

es·tra·per·lis·ta [エストラペルリスタ] 男女 (専売品などの)やみ商人.

es·tra·per·lo [エストラペルろ] 男 (専売品などの)やみ商売.

es·tra·ta·ge·ma [エストラタヘマ] 女 1 謀略戦争. 2 謀略, 戦略.

es·tra·te·ga [エストラテガ] 男女 戦略家.

es·tra·te·gia [エストラテヒア] 女 1 戦略, 作戦. 2 計略, 策略.

es·tra·té·gi·co, ca [エストラテヒコ, カ] 形 1 戦略的の. 2 計略の.

es·tra·ti·fi·ca·ción [エストラティふィカしオン] 女 層の形成, 成層.

es·tra·ti·fi·car [エストラティふィカル] 他《活 73 sacar》…を層にする, 層状にする. ― estratificarse 再 層になる.

es·tra·ti·gra·fí·a [エストラティグラふィア] 女 地層学.

es·tra·to [エストラト] 男 1 層. 2 地層. 3 社会層.

es·tra·tos·fe·ra [エストラトスふェラ] 女 成層圏.

es·tre·cha·men·te [エストレチャメンテ] 副 1 狭く, 余裕なく. 2 緊密に.

es·tre·cha·mien·to [エストレチャミエント] 男 1 狭さ, 狭め. 2 緊密さ, 緊密化. 3 握りしめ.

es·tre·char [エストレチャル] 他 1 …を狭める, 細くする. 2 …を緊密にする. 3 …を握りしめる, 抱きしめる.

― estrecharse 再 1 場所を詰める. 2 狭くなる. 3 節約する, 倹約する.

es·tre·chez [エストレチェす] 女《複 estrecheces》1 狭さ, 窮屈さ. 2 (気持ちの)偏狭さ. 3 困窮, 貧乏. 4 親密さ.

es·tre·cho¹ [エストレチョ] 男 海峡.

es·tre·cho², cha [―, チャ] 形 1 狭い, (幅が)細い. 2 ぴったりした, 窮屈な. 3 厳密な, 厳格な. 4 親密な. 5 (性的問題について)狭量な, 融通がきかない.

es·tre·gar [エストレガル] 他《活 53 negar》…を(+con...)…にこすりつける. ― estregarse 再 (自分の体を)こする.

es·tre·lla [エストレじゃ] 女 1 星. 2 星形のもの. 3 〈軍隊〉星形の襟章(えりしょう). 4 (ホテルの等級の)星. 5 (好運の)星. 6 (映画などの)スター, 花形. 7 (展示などの)目玉.

estrella fija 恒星.

estrella fugaz 流れ星.

estrella de mar 〈動物〉(海の)ヒトデ.

estrella polar 北極星.

levantarse con las estrellas 早起きする.

tener buena [mala] estrella 運が良い[悪い].

ver las estrellas (痛みで)目から火が出る.

es·tre·lla·do, da [エストレじゃド, ダ]《過去分詞》→ estrellar 粉砕ある. ― 形 1 粉々にこわれた. 2 星の多い, 星をちりばめた. 3 星形の.

es·tre·lla·mar [エストレじゃマル] 女 〈動物〉(海の)ヒトデ.

es·tre·llar [エストレじゃル] 他 …を粉砕する, (投げつけて)粉々にする. ― estrellarse 再 1 (空が)星でいっぱいになる. 2 (+contra...) …に激突する. 3 (ぶつかって)粉々になる. 4 (事業などが)壁にぶつかって挫折(ざせつ)する.

es·tre·lla·to [エストレじゃト] 男 スターの座, スターダム.

es·tre·me·ce·dor, do·ra [エストレメせドル, ドラ] 形 驚くべき, ぞっとさせる.

es·tre·me·cer [エストレメせル] 他《活 4 agradecer》1 …を動揺させる, ゆるがす. 2 …を驚かす, ぞっときせる.

— **estremecer·se** 再 1 ふるえる, ゆれる. 2 驚く, ふるえ上がる, ぞっとする.

es·tre·me·ci·mien·to [エストレメシミエント] 男 1 動揺, ゆれ. 2 仰天, 驚愕(きょうがく). 3 身ぶるい.

estremezc- 活 → estremecer 動揺させる 《活 4》.

es·tre·na [エストレナ] 女 祝儀, 寄付.

es·tre·nar [エストレナル] 他 1 …を初めて使う. 2 …を初演する. 3 (映画)を封切る.

es·tre·no [エストレノ] 男 1 使い初め. 初演. 2 (映画の)封切り.

es·tre·ñi·do, da [エストレニド, ダ] 《過去分詞》 → estreñir 便秘させる.
— 形 便秘の, 便秘症の.

es·tre·ñi·mien·to [エストレニミエント] 男 便秘.

es·tre·ñir [エストレニル] 他 …を便秘させる.
— 自 便秘を引き起こす.
— estreñirse 再 便秘する.

es·tré·pi·to [エストレピト] 男 騒音, 大音響.

es·tre·pi·to·so, sa [エストレピトソ, サ] 形 1 騒音を出す, やかましい. 2 とても大きな, 人目を引く.

es·trep·to·co·co [エストレプトココ] 男 〈生物学〉連鎖球菌.

es·trep·to·mi·ci·na [エストレプトミシナ] 女 (抗生物質の)ストレプトマイシン.

es·trés [エストレス] 男 〈生体機能〉ストレス.

es·tre·san·te [エストレサンテ] 形 ストレスの強い.

es·tre·sar [エストレサル] 他 …にストレスを与える.
— estresarse 再 ストレスがたまる.

es·trí·a [エストリア] 女 すじ, 溝.

es·triar [エストリアル] 他 《活 34 enviar》 …に溝を彫る, すじをつける.

es·tri·ba·ción [エストリバシオン] 女 (山脈の)支脈.

es·tri·bar [エストリバル] 自 1 (+en...)…に依拠する, …をよりどころとする. 2 (+en...)…にもたれる, 支えられている.

es·tri·bi·llo [エストリビジョ] 男 〈詩作〉繰り返し句, リフレイン.

es·tri·bo [エストリボ] 男 1〈馬具〉あぶみ. 2 (車などの)昇降ステップ. 3〈解剖学〉(中耳の)あぶみ骨.
hacer estribo con las manos a… …に手を貸してやる.
perder los estribos 我慢できなくなる.

es·tri·bor [エストリボル] 男 〈海〉(船の)右舷(うげん).

es·tric·ni·na [エストリクニナ] 女 〈神経刺激剤の〉ストリキニーネ.

es·tric·ta·men·te [エストリクタメンテ] 副 1 厳格に. 2 厳密に.

es·tric·to, ta [エストリクト, タ] 形 1 厳格な. 2 (+con...)…にきびしい. 3 厳密な, 厳正な.

es·tri·den·cia [エストリデンシア] 女 1 甲高い音. 2 (発言時などの)はげしさ.

es·tri·den·te [エストリデンテ] 形 1 (音などが)甲高い, きんきんする. 2 (表現などが)はげしい.

es·tro·fa [エストロファ] 女 〈詩〉の連, 節.

es·tró·fi·co, ca [エストロふィコ, カ] 形 1〈詩〉連の, 節の. 2〈詩〉連にわけられた.

es·tró·ge·no [エストロヘノ] 男 (発情ホルモンの)エストロゲン.

es·tro·pa·jo [エストロパホ] 男 1〈用具〉たわし. 2〈植物〉ヘチマ.

es·tro·pa·jo·so, sa [エストロパホソ, サ] 形 1 (食肉などの)(用具の)たわしのような, 筋のある. 2 みすぼらしい. 3 口ごもった.

es·tro·pe·a·do, da [エストロペアド, ダ] 《過去分詞》 → estropear いためつける.
— 形 1 こわれた. 2 失敗した.

es·tro·pe·ar [エストロペアル] 他 1 …をいためつける. 2 …をだめにする, 台無しにする. 3 (計画など)を失敗させる.
— estropearse 再 だめになる, 台無しになる.

es·tro·pi·cio [エストロピシオ] 男 1 ぶちこわし. 2 さわがしい破壊.

es·truc·tu·ra [エストルクトゥラ] 女 1 構造, 構成. 2 骨組み, 枠組み.
estructura administrativa 行政組織.
estructura profunda 〈言語学〉深層構造.
estructura superficial 〈言語学〉表層構造.

es·truc·tu·ra·ción [エストルクトゥラシオン] 女 構造化, 体系化.

es·truc·tu·ral [エストルクトゥラる] 形 1 構造の. 2 構造的な.

es·truc·tu·ra·lis·mo [エストルクトゥラリスモ] 男 構造主義.

es·truc·tu·ra·lis·ta [エストルクトゥラリスタ] 形 《男女同形》構造主義の.
— 男 構造主義者.

es·truc·tu·rar [エストルクトゥラル] 他 …を構造化する, 組織的なものにする.
— estructurarse 再 組織化する.

es·truen·do [エストルエンド] 男 大きな騒音.

es·truen·do·so, sa [エストルエンドソ, サ] 形 騒々しい, 大音響の.

es·tru·jar [エストルハル] 他 1 …をしぼ[搾]る, しぼ[絞]る, 圧搾する. 2 …をくしゃくしゃに丸める. 3 …を搾取する, …からしぼり取る.
— estrujarse 再

es·tua·rio [エストゥアリオ] 男 末広の大河口.

es·tu·car [エストゥカル] 他 《活 73 sacar》 …に化粧しっくいを塗る.

es·tu·char [エストゥチャル] 他 …をケースに入れる.

es·tu·che [エストゥチェ] 男 ケース, 箱.

es·tu·co [エストゥコ] 男 化粧しっくい.

es·tu·dia·do, da [エストゥディアド, ダ] 《過去分詞》 → estudiar 勉強する.
— 形 1 研究された. 2 検討された. 3 不自然な, 故意の.

es·tu·dian·ta [エストゥディアンタ] 囡《→ estudiante》女子学生.

es·tu·dian·ta·do [エストゥディアンタド] 男（ある学校の）全学生, 全校生.

es·tu·dian·te [エストゥディアンテ] 男囡 学生, 生徒.

es·tu·dian·til [エストゥディアンティる] 形 学生の, 学生らしい, 学生用の.

es·tu·dian·ti·na [エストゥディアンティナ] 囡 学生音楽隊.

es·tu·diar [エストゥディアル] 他《活 17 cambiar》1 …を勉強する, 研究する. 2 …を検討する, 調べる.
— 自 勉強する, 研究する.

es·tu·dio [エストゥディオ] 男 1 勉強, 学業, 学問. 2 研究書, 研究論文. 3 研究室, 書斎. 4 仕事場, スタジオ. 5（絵の）習作, スケッチ. 6《音楽》練習曲, エチュード. 7（撮影用の）スタジオ. 8 ワンルームマンション. 9 学業 [= estudios].
— 活 → estudiar 勉強する.
estudio de mercado 市場調査.
tener estudios 高等教育を受けている.

es·tu·dio·so, sa [エストゥディオソ, サ] 形 よく勉強する, 研究熱心な.
— 男囡 研究者, 学者.

es·tu·fa [エストゥふぁ] 囡 1 ストーブ, 暖房器具. 2 乾燥器.

es·tu·pe·fac·ción [エストゥペふぁクシオン] 囡 驚嘆, 呆然(ぼうぜん), 仰天.

es·tu·pe·fa·cien·te [エストゥペふぁしエンテ] 形 1 ぼうっとさせる. 2 麻酔性の.
— 男 麻酔薬.

es·tu·pe·fac·to, ta [エストゥペふぁクト, タ] 形 呆然(ぼうぜん)としている, びっくり仰天した.

es·tu·pen·da·men·te [エストゥペンダメンテ] 副 見事に, すばらしく.

es·tu·pen·do, da [エストゥペンド, ダ] 形 見事な, すばらしい, 驚くべき.

es·tu·pi·dez [エストゥピデす] 囡《複 estupideces》1 愚行, ばかげた行為. 2 たわごと. 3（頭の）ばかさ, にぶさ.

es·tú·pi·do, da [エストゥピド, ダ] 形 1 ばかな, ばかげた. 2 頭の弱い, にぶい.
— 男囡《人》ばか, おろか者.

es·tu·por [エストゥポル] 男 1 大きな驚き, 驚愕(きょうがく), 仰天. 2 麻痺.

es·tu·pro [エストゥプロ] 男（大人の立場を利用して維持される）未成年者との性的関係.

es·tu·rión [エストゥリオン] 男《魚》チョウザメ.

estuv- 活 → estar ある（活 37）.

es·vás·ti·ca [エスバスティカ] 囡《紋章》かぎ十字, ハーケンクロイツ.

ETA [エタ] 囡《略語》（スペインのバスク地方の革命的独立運動組織の）Euskadita Askatasuna 祖国バスクと自由, エタ.

e·ta·no [エタノ] 男《化学》エタン.

e·ta·nol [エタノる] 男《化学》エタノール, エチルアルコール.

e·ta·pa [エタパ] 囡 1（旅行などの）行程, 区間. 2（進行などの）段階, 時期.

e·ta·rra [エタラ] 形《男女同形》エタ ETA の, エタに関係する.
— 男囡 エタの運動員.

etc. [エトセテラ]《略語》etcétera …など.

et·cé·te·ra [エトセテラ] 男《→ etc.》（列挙の最後で）…など, その他.

é·ter [エテる] 男《化学》エーテル.

e·té·re·o, a [エテレオ, ア] 形 1 微妙な, つかみ所のない. 2《化学》エーテルの.

e·ter·na·men·te [エテルナメンテ] 副 永遠に, はてしなく.

e·ter·ni·dad [エテルニダす] 囡 1 永遠, 永久. 2《宗教》来世での存在.

e·ter·ni·zar [エテルニさル] 他《活 39 gozar》1 …を永遠なものにする. 2 …を長引かせる.
— **eternizar·se** 再 1 永遠なものになる. 2 長引く. 3（+現在分詞）…に長くかかる.

e·ter·no, na [エテルノ, ナ] 形 1 永遠の, 永久な. 2 長く続く. 3 何度も繰り返される.

é·ti·ca¹ [エティカ] 囡 1 倫理学. 2 道徳, 倫理.

é·ti·ca² [エティカ, —] → **é·ti·co** 倫理的な, 道徳上の.

e·ti·le·no [エティれノ] 男《化学》エチレン.

e·ti·li·co, ca [エティりコ, カ] 形《化学》エタノール etanol の.

e·ti·lo [エティろ] 男《化学》エチル.

é·ti·mo [エティモ] 男（語源的な）原語, 語源.

e·ti·mo·lo·gí·a [エティモろヒア] 囡 1（由来説明の）語源. 2 語源学, 語源研究.

e·ti·mo·ló·gi·co, ca [エティモろヒコ, カ] 形 語源説明の, 語源学の.

e·ti·mó·lo·go, ga [エティモろゴ, ガ] 男囡 語源学者.

e·tí·o·pe [エティオペ] 形《= etiope》（アフリカの国の）エチオピア Etiopía の.
— 男囡 エチオピア人.

e·ti·que·ta [エティケタ] 囡 1 ラベル, レッテル, 荷札, 値札. 2（人を評価する）レッテル. 3 礼儀, 礼法, 儀式上のエチケット.
con gran etiqueta 儀式ばった.
de etiqueta 1 正装の, 盛装の. 2 優雅な.

e·ti·que·tar [エティケタル] 他 1 …にラベル [荷札など] を貼る. 2（人）に（+de...）…というレッテルを貼る.

e·ti·que·te·ro, ra [エティケテロ, ラ] 形 儀式ばった, 儀礼的な.

et·moi·des [エトモイデス] 男《単複同形》《解剖学》篩骨(しこつ).

et·nia [エトニア] 囡 民族, 種族.

ét·ni·co, ca [エトニコ, カ] 形 民族の, 種族の.

et·no·gra·fí·a [エトノグらふィア] 囡 民族誌, 民族誌学.

et·nó·gra·fo, fa [エトノグらふぉ, ふぁ] 男囡

民族誌学者.
et·no·lo·gí·a [エトノロヒア] 囡 民族学.
et·nó·lo·go, ga [エトノロゴ, ガ] 男囡 民族学者.
e·trus·co, ca [エトルスコ, カ] 形 (イタリア中西部地域の古名の)エトルリア Etruria の.
— 男囡 エトルリア人.
eu·ca·lip·to [エウカリプト] 男 〈植物〉 ユーカリ.
eu·ca·ris·tí·a [エウカリスティア] 囡 〈宗教〉 聖体の秘跡.
eu·ca·rís·ti·co, ca [エウカリスティコ, カ] 形 〈宗教〉 聖体の.
eu·cli·dia·no, na [エウクリディアノ, ナ] 形 (幾何学の)ユークリッド Euclides の.
eu·fe·mis·mo [エウふェミスモ] 男 婉曲表現, 婉曲語(句).
eu·fe·mís·ti·co, ca [エウふェミスティコ, カ] 形 婉曲表現の, 婉曲語句の.
eu·fo·ní·a [エウふォニア] 囡 〈言語学〉 (特定音の連結による)快い響き.
eu·fó·ni·co, ca [エウふォニコ, カ] 形 〈言語学〉 (特定音の連結で)響きの良い.
eu·fo·ria [エウふォリア] 囡 1 〈医学〉 オイフォリー, 多幸症. 2 幸福感.
eu·fó·ri·co, ca [エウふォリコ, カ] 形 1 〈医学〉 多幸症の. 2 幸福感でいっぱいの.
eu·ge·ne·sia [エウヘネシア] 囡 〈医学〉 優生学.
eu·ge·né·si·co, ca [エウヘネシコ, カ] 形 〈医学〉 優生学上の.
Eu·ge·nia [エウヘニア] 固 〈女性の名〉 エウヘニア.
Eu·ge·nio [エウヘニオ] 固 〈男性の名〉 エウヘニオ.
eu·nu·co [エウヌコ] 男 去勢された男性, 宦官(かんがん).
Eu·ra·sia [エウラシア] 固 〈大陸の名〉 ユーラシア.
eu·ra·siá·ti·co, ca [エウラシアティコ, カ] 形 (大陸の名)の.
eu·re·ka [エウレカ] 間 わかった!, できた!
eu·ro [エウロ] 男 1 〈通貨単位〉 (欧州連合の)ユーロ. 2 東風.
eu·ro·cén·tri·co, ca [エウロセントリコ, カ] 形 〈考え方〉 ヨーロッパ中心の.
eu·ro·co·mu·nis·mo [エウロコムニスモ] 男 西欧共産主義, ユーロコミュニズム.
eu·ro·dó·lar [エウロドラル] 男 〈経済学〉 ユーロダラー.
Eu·ro·pa [エウロパ] 固 〈大陸の名〉 ヨーロッパ.
eu·ro·pei·dad [エウロペイダス] 囡 ヨーロッパ性, ヨーロッパ的特質.
eu·ro·pe·ís·mo [エウロペイスモ] 男 ヨーロッパ統合主義.
eu·ro·pe·ís·ta [エウロペイスタ] 形 《男女同形》 ヨーロッパ統合主義の.
— 男囡 ヨーロッパ統合主義者.

eu·ro·pei·za·ción [エウロペイさしオン] 囡 欧化, ヨーロッパ化.
eu·ro·pei·zar [エウロペイさル] 他 《活 33 enraizar》 …をヨーロッパ風にする, 欧化する.
— **europeizarse** 再 ヨーロッパ化する.
eu·ro·pe·o, a [エウロペオ, ア] 形 ヨーロッパ Europa の, 欧州の.
— 男囡 ヨーロッパ人.
Eu·ro·vi·sión [エウロビシオン] 固 〈放送網の名〉 ユーロビジョン.
Eus·ka·di [エウスカディ] 固 〈地方の名〉 (バスク語での)バスク.
eus·ke·ra [エウスケラ] 形 《= eusquera》《男女同形》 バスク語の.
— 男 バスク語.
eu·ta·na·sia [エウタナシア] 囡 安楽死.
E·va [エバ] 固 〈女性の名〉 エバ.
e·va·cua·ción [エバクアシオン] 囡 1 立ち退き, 引き払い, 疎開. 2 撤退, 搬出. 3 排泄(はいせつ), 排便.
e·va·cuar [エバクアル] 他 《活 2 adecuar》 1 …を撤退する, 立ち退く. 2 (人)を運び出す, 避難させる. 3 (仕事など)を片付ける, 処理する.
— 自 排泄(はいせつ)する, 排便する.
e·va·cua·to·rio [エバクアトリオ] 男 1 公衆便所. 2 〈医学〉 排泄(はいせつ)促進剤, 下剤.
e·va·dir [エバディル] 他 1 …を避ける, まぬがれる. 2 …を(国外へ)不法に持ち出す.
— **evadirse** 再 脱走する, 脱出する.
e·va·lua·ción [エバルアシオン] 囡 1 (価格の)見積もる, 評価. 2 (学力の)評価, 採点.
e·va·luar [エバルアル] 他 《活 1 actuar》 1 …を見積もる, 評価する. 2 (学生)を評価する, 採点する.
e·van·gé·li·co, ca [エバンヘリコ, カ] 形 1 〈宗教〉 福音書の, 福音書の. 2 プロテスタントの.
e·van·ge·lio [エバンヘリオ] 男 1 〈宗教〉 (キリストの教えの)福音(ふくいん). 2 〈宗教〉 (キリストの言行録に相当する)福音(ふくいん)書著者.
e·van·ge·lis·ta [エバンヘリスタ] 男 〈宗教〉 (マタイ Mateo, マルコ Marcos, ルカ Lucas, ヨハネ Juan の 4 名の聖人である)福音書著者.
e·van·ge·li·za·ción [エバンヘリさシオン] 囡 〈宗教〉 福音(ふくいん)伝道, キリスト教の布教.
e·van·ge·li·zar [エバンヘリさル] 他 《活 39 gozar》 〈宗教〉 1 …に福音(ふくいん)を説く. 2 …をキリスト教徒にする.
e·va·po·ra·ción [エバポラシオン] 囡 1 気化, 蒸発. 2 消滅.
e·va·po·rar [エバポラル] 他 1 …を蒸発させる. 2 …を消滅させる.
— **evaporarse** 再 1 蒸発する, 気化する. 2 消滅する. 3 (+de...) …から姿を消す, 逃亡する.
e·va·sión [エバシオン] 囡 1 逃亡, 脱走. 2 (義務などの)回避, 言いのがれ.
de evasión 現実逃避用の, 娯楽の.

evasión de capital 資本逃避.
evasión de impuestos 脱税行為.

e·va·si·vas [エバシバス] 囡 言い訳，逃げ口上(〈ぐち〉).

e·va·si·vo, va [エバシボ, バ] 形 回避的な，責任のがれの.

e·va·sor, so·ra [エバソル, ソラ] 形 回避的な．— 男囡 回避者．

e·ven·to [エベント] 男 1 イベント, 行事. 2《不測の》出来事, 事件.

e·ven·tual [エベントゥアる] 形 1 不測の, 偶発的な. 2 臨時の, 一時的な．— 男囡 臨時の労働者, アルバイト.

e·ven·tua·li·dad [エベントゥアリダス] 囡 1《事件などの》不測性, 偶発性. 2 不測の事態.

e·ven·tual·men·te [エベントゥアるメンテ] 副 1 思いがけず, 偶然に. 2 おそらく, たぶん.

e·vi·den·cia [エビデンシア] 囡 1 明白さ. 2 明白な事実. 3 証拠.
poner... en evidencia …を明白にする.
poner (+*a*+人) *en evidencia* …に恥をかかせる.
poner·se en evidencia 恥をかく.

e·vi·den·ciar [エビデンシアる] 他《活 17 cambiar》…を明白にする, 証明する.

e·vi·den·te [エビデンテ] 形 明らかな, 明白な.

e·vi·den·te·men·te [エビデンテメンテ] 副 1 明らかに. 2 もちろん.

E·vi·ta [エビタ] 圓〈女性の名〉(Eva の愛称で) エビタ.

e·vi·tar [エビタる] 他 1 …を避ける, 回避する. 2 …を防ぐ, 防止する.
— *evitar·se* 再 (+不定詞) …しないですませる.

e·vo·ca·ción [エボカシオン] 囡 1 想起, 回想, 喚起. 3《死者の霊の》呼び起こし, 降霊.

e·vo·ca·dor, do·ra [エボカドル, ドラ] 形 1 想起させる, 喚起する. 2 降霊の.

e·vo·car [エボカる] 他《活 73 sacar》1 …を想起する, 思い起こす. 2 …を (+*a*...) …に思い出させる, 喚起する. 3《死者の霊》を呼び出す.

e·vo·lu·ción [エボるシオン] 囡 1 発展, 発達. 2〈生物学〉進化. 3 進展, 推移. 4《軍隊》展開, 機動. 5 旋回, 回転運動[= evoluciones].

e·vo·lu·cio·nar [エボるシオナる] 自 1 発展する, 進展する. 2 進化する. 3〈軍隊〉機動展開する. 4 旋回する, 回転する.

e·vo·lu·cio·nis·mo [エボるシオニスモ] 男〈生物学〉進化論.

e·vo·lu·cio·nis·ta [エボるシオニスタ] 形《男女同形》〈生物学〉進化論の.
— 男囡 進化論者.

e·vo·lu·ti·vo, va [エボるティボ, バ] 形 1 進展の, 発展の. 2 進化の. 3 旋回の.

ex [エクス] 前 (+名詞・形容詞) 前…, もとの…／ *tu ex mujer* 君の別れた元房.

e·xa·brup·to [エクサブるプト] 男 1 唐突な発言. 2 乱暴なしぐさ.

e·xac·ción [エクサクシオン] 囡《税などの》徴収, 取り立て請求.

e·xa·cer·ba·ción [エクサセルバシオン] 囡 1《病気などの》悪化. 2 いらだち, 憤慨.

e·xa·cer·bar [エクサセルバる] 他 1《病気など》を悪化させる. 2 …をいらだたせる.
— *exacerbar·se* 再 1《病気などが》悪化する. 2 憤慨する.

e·xac·ta·men·te [エクサクタメンテ] 副 1 正確に. 2 きっかり, きっちり. 3 (間投詞的に) そのとおり! まったく!

e·xac·ti·tud [エクサクティトゥス] 囡 1 正確さ. 2 精密さ.

e·xac·to, ta [エクサクト, タ] 形 1 正確な. 2 精密な. 3 (間投詞的に) そのとおり! まったく!

e·xa·ge·ra·ción [エクサヘラシオン] 囡 誇張, 大げさ.

e·xa·ge·ra·da·men·te [エクサヘラダメンテ] 副 1 誇張して, 誇大に. 2 大げさに.

e·xa·ge·ra·do, da [エクサヘラド, ダ]《過去分詞》→ exagerar 誇張した.
— 形 1 誇張した, 過大な. 2 大げさな.
— 男囡 大げさな人.

e·xa·ge·rar [エクサヘラる] 他 1 …を誇張する, 誇大に扱う. 2 …を大げさに扱う.
— 自 大げさな扱いをする.

e·xal·ta·ción [エクサるタシオン] 囡 1 過大な称賛. 2《感情などの》高揚, 興奮.

e·xal·ta·do, da [エクサるタド, ダ]《過去分詞》→ exaltar 過度に称賛する.
— 形 1 過度に称賛された. 2 高揚した, 興奮した.
— 男囡 激しやすい人.

e·xal·tar [エクサるタる] 他 1 …を過度に称賛する. 2 …を興奮させる, 高揚させる. 3 …を (+*a*...) …に高める, 昇進させる.
— *exaltar·se* 再 興奮する, 激昂(〈げっこう〉)する.

e·xa·men [エクサメン] 男《複》exámenes》1 試験, テスト. 2 検査, 調査.
examen de conciencia 自省, 反省.
examen escrito 筆記試験.
examen médico〈医学〉診察.
examen oral 口頭試問.

e·xa·mi·na·dor, do·ra [エクサミナドル, ドラ] 男囡 1 試験官. 2 検査員, 調査担当者.

e·xa·mi·nan·do, da [エクサミナンド, ダ] 男囡 受験者.

e·xa·mi·nar [エクサミナる] 他 1 (人) を試験する. 2 …に (+de+学科) …の試験をする. 3 …を検査する, 調査する. 4 …を診察する.
— *examinar·se* 再 1 受験する. 2 (+de+学科) …の試験を受ける.

e·xan·güe [エクサングエ] 形 1 貧血の. 2 ぐったりした.

e·xá·ni·me [エクサニメ] 形 1 死んだ. 2 ぐったりした. 2 気絶した.

e・xan・te・ma [エクサンテマ] 男 〈医学〉発疹.

e・xas・pe・ra・ción [エクサスペラシオン] 女 憤慨, 激昂(ごう).

e・xas・pe・ran・te [エクサスペランテ] 形 ひどく腹の立つ.

e・xas・pe・rar [エクサスペラル] 他 …をひどく立腹させる, 憤慨させる.
— **exasperar・se** 再 激怒する, 憤慨する.

ex・car・ce・lar [エスカルせらル] 他 …を出獄させる, 釈放する.

ex・ca・va・ción [エスカバシオン] 女 1 穴掘り. 2 発掘, 3 穴, 洞窟(どう).

ex・ca・va・dor, do・ra¹ [エスカバドル, ドラ] 形 穴掘りの, 掘削(さく)の.
— 男 女 1 穴掘り人. 2 発掘者.

ex・ca・va・do・ra² 女 掘削(さく)機.

ex・ca・var [エスカバル] 他 1 (地面を)掘る, 掘り起こす. 2 …を発掘する. 3 (地面に穴を)作る, こしらえる.

ex・ce・den・cia [エスせデンしア] 女 (公務員などの)休職, 休暇.

ex・ce・den・te [エスせデンテ] 形 1 (公務員などが)休職中の, 休暇中の. 2 余分の, 過度の.
— 男 女 (公務員などの)休職者.
— 男 余り, 余剰分.

ex・ce・der [エスせデル] 他 …を超える, 超過する.
— 自 (+a...) …を(+en...) …の点で超える, まさる.
— **exceder・se** 再 (+en...) …で限度を越す, 度が過ぎる.

ex・ce・len・cia [エスせレンしア] 女 1 優秀, 卓越. 2 〈敬称〉閣下.
por excelencia すぐれて….
Su [Vuestra] Excelencia（大臣などへの敬称の)閣下.

ex・ce・len・te [エスせレンテ] 形 すぐれた, 優秀な, 卓越した, すばらしい.

ex・ce・len・tí・si・mo, ma [エスせれンティシモ, マ] 形 《絶対最上級語→ excelente》 1 とても優秀な. 2 〈敬称〉閣下.
excelentísimo señor…（大使などへの敬称の)閣下.

ex・cel・so, sa [エスせルソ, サ] 形 1 崇高な, 卓越した. 2 (位などの)非常に高い.

ex・cen・tri・ci・dad [エスせントリしダッ] 女 1 奇抜さ, とっぴさ. 2 奇行.

ex・cén・tri・co, ca [エスせントリコ, カ] 形 1 常軌を逸した, 奇抜な. 2 〈幾何学〉中心がはずれた, 別の中心の.
— 男 女 変人, 奇人.

ex・cep・ción [エスせプシオン] 女 1 〈扱い〉例外, 除外. 2 〈事例〉例外, 特例.
a [con] excepción de… …を例外として, …以外は.
…*de excepción* とほうもない, 並はずれた….
estado de excepción (国家の)非常事態.
hacer excepción de… …を例外とする.

ex・cep・cio・nal [エスせプしオナル] 形 1 例外的な, まれな. 2 並はずれた, とくに優秀な.

ex・cep・cio・nal・men・te [エスせプしオナルメンテ] 副 1 例外的に. 2 並はずれて.

ex・cep・to [エスせプト] 前 《アクセントなし》…以外は, …を除いて／*excepto los lunes* 月曜以外は, *excepto tú* 君を除いて.

ex・cep・tuar [エスせプトゥアル] 他 《活 1 actuar》…を(+de...) …から除外する.

ex・ce・si・va・men・te [エスせシバメンテ] 副 過度に.

ex・ce・si・vo, va [エスせシボ, バ] 形 過度の, 法外な.

ex・ce・so [エスせソ] 男 1 超過, 過剰. 2 やりすぎ, 行きすぎ. 3 不当行為[= excesos].
en exceso 過度に, 度を越して.
por exceso 〈文章〉量が多すぎて(不適切な).

ex・ci・pien・te [エスしピエンテ] 男 〈薬学〉(薬を固める)賦形剤(ふけい).

ex・ci・ta・ble [エスしタブれ] 形 〈性格〉興奮しやすい.

ex・ci・ta・ción [エスしタシオン] 女 (感情などの)刺激, 興奮.

ex・ci・ta・do, da [エスしタド, ダ] 《過去分詞》→ excitar 興奮させる.
— 形 興奮した, 刺激された.

ex・ci・tan・te [エスしタンテ] 形 興奮させる, 刺激的な.
— 男 興奮剤, 刺激物.

ex・ci・tar [エスしタル] 他 1 (感情など)を刺激する, 興奮させる. 2 (組織など)を活性化する. 3 (人)を性的に刺激する.
— **excitar・se** 再 興奮する, そわそわする.

ex・cla・ma・ción [エスクらマシオン] 女 1 叫び, 叫び声. 2 〈正書法〉感嘆符[¡ !].

ex・cla・mar [エスクらマル] 自 叫ぶ, 大声でしゃべる.

ex・cla・ma・ti・vo, va [エスクらマティボ, バ] 形 感嘆の, 感嘆表現の.
oración exclamativa 〈文法〉感嘆文.

ex・cluir [エスクるイル] 他 《活 43 huir》 1 …を除外する, 追放する. 2 (可能性など)を否定する, 拒否する.
— **excluir・se** 再 (複数のものが)両立しない, 排除しあう.

ex・clu・sión [エスクるシオン] 女 除外, 排除, 追放.

ex・clu・si・va¹ [エスクるシバ] 女 1 独占情報, 独占記事. 2 独占権.

ex・clu・si・va・men・te [エスクるシバメンテ] 副 1 独占的に. 2 もっぱら.

ex・clu・si・ve [エスクるシベ] 副 1 …は除いて. 2 (末端のものは)除いて／*desde el cuatro hasta el quince de noviembre, ambos exclusive* 11月4日から15日まで, ただしその両日は含まない.

ex·clu·si·vi·dad [エスクるシビダス] 囡 類例のないこと、唯一性.

ex·clu·si·vis·mo [エスクるシビスモ] 男 排他主義.

ex·clu·si·vis·ta [エスクるシビスタ] 形《男女同形》排他的な.
— 男 排他主義者.

ex·clu·si·vo, va² [エスクるシボ, -] 形 1 唯一の, もっぱらの. 2 独占的な, 排他的な.

excluy- → excluir 除外する《活 43》.

Excmo., Excma. [エスせれんティシモ, マ]《略語》Excelentísimo, Excelentísima(敬称の)閣下.

ex·co·mul·gar [エスコムるガル] 他《活 47 llegar》〈宗教〉(信者)を破門する, 除名する.

ex·co·mu·nión [エスコムニオン] 囡〈宗教〉破門, 除名.

ex·co·ria·ción [エスコリアしオン] 囡〈医学〉表皮剥離(ホシ), すり傷.

ex·co·riar [エスコリアル] 他《活 17 cambiar》…をすりむく.
— **excoriarse** すりむける.

ex·cre·cen·cia [エスクれセんシア] 囡 (動植物の)いぼ, こぶ.

ex·cre·men·to [エスクれメント] 男 排泄物(ホシ), 糞(ゼ).

ex·cre·tar [エスクれタル] 自 排泄(ホシ)する, 排便する.

ex·cre·tor, to·ra [エスクれトル, トラ] 形 排泄(ホシ)のための.

ex·cul·pa·ción [エスクるパシオン] 囡 免罪, 釈放.

ex·cul·par [エスクるパル] 他 …を無罪にする, 釈放する.

ex·cur·sión [エスクルシオン] 囡 遠足, 遠出(ホシ), ハイキング, 小旅行.

ex·cur·sio·nis·mo [エスクルシオニスモ] 男 ハイキング活動.

ex·cur·sio·nis·ta [エスクルシオニスタ] 形《男女同形》ハイキングの.
— 男囡 ハイカー, 観光客, 遠足客.

ex·cu·sa [エスクサ] 囡 1 弁解, 言い訳 [= excusas]. 2 逃げ口上(ネミ゚), 口実.

ex·cu·sa·ble [エスクサブれ] 形 言い訳の通る, 弁解可能な.

ex·cu·sa·do¹ [エスクサド] 男 便所, トイレ.

ex·cu·sa·do, da² [-, ダ]《過去分詞》→ excusar 大目に見る.
— 形 1 (+de...) …を許された. 2 不必要な.

ex·cu·sar [エスクサル] 他 1 …を大目に見る, なんとか許す. 2 (+不定詞) …しなくてもすむ. 3 …を (+de+不定詞) …することから免じる, しなくてもいいようにする.
— **excusarse** 再 (+de...) …の言い訳をする.

e·xe·cra·ble [エクセクラブれ] 形 いまわしい, 憎むべき.

e·xe·crar [エクセクラル] 他 …を憎悪する, ののしる.

e·xé·ge·sis [エクセヘシス] 囡《単複同形》《= exegesis》〈宗教〉聖書釈義.

e·xé·ge·ta [エクセヘタ] 男囡 聖書釈義学者.

e·xen·ción [エクセンしオン] 囡 (義務などの)免除.

e·xen·to, ta [エクセント, タ] 形 (+de...) …からまぬがれた, …を免除された.

e·xe·quias [エクセキアス] 囡複 葬儀, 追悼(ミミ゚)行事.

ex·fo·liar [エスふォリアル] 他 …を薄片にする.
— **exfoliarse** 再 はげ落ちる.

ex·ha·la·ción [エクサらしオン] 囡 (ほっとするときの)ため息.
como una exhalación またたく間に.

ex·ha·lar [エクサらル] 他 1 …を発散する. 2 (ため息など)を吐き出す, もらす.

ex·haus·ti·vo, va [エクサウスティボ, バ] 形 網羅的な, 徹底的な, ひとつも残さない.

ex·haus·to, ta [エクサウスト, タ] 形 完全に使った, 消耗(ミッ゚)しつくした.

ex·hi·bi·ción [エクシビしオン] 囡 公開, 陳列, 展示.

ex·hi·bi·cio·nis·mo [エクシビしオニスモ] 男 1〈医学〉露出症. 2 自己顕示欲.

ex·hi·bi·cio·nis·ta [エクシビしオニスタ] 形《男女同形》1 露出狂の. 2 自己顕示欲の強い.
— 男囡 1 露出症患者. 2〈人〉目立ちたがり.

ex·hi·bir [エクシビル] 他 1 …を公開する, 展示する. 2 …をひけらかす, 誇示する.
— **exhibirse** 再 自分を誇示する.

ex·hor·ta·ción [エクソルタしオン] 囡 1 はげまし, 激励, 奨励. 2 説教, 訓戒.

ex·hor·tar [エクソルタル] 他 1 …をはげます, 奨励する. 2 …に説教する.

ex·hor·ta·ti·vo, va [エクソルタティボ, バ] 形 勧告の, 命令の.
oración exhortativa〈文法〉命令文.

ex·hu·ma·ción [エクスマしオン] 囡 (死体などの)発掘.

ex·hu·mar [エクスマル] 他 1 (死体など)を掘り起こす. 2 (忘れられていたもの)を思い出させる.

e·xi·gen·cia [エクシヘんシア] 囡 1 無理な要求, 強要. 2 避けられない要求. 3 無理な試み. 4 気ままな要求.

e·xi·gen·te [エクシヘンテ] 形 1 要求の多い. ロうるさい, 命令調の.

e·xi·gir [エクシヒル] 他《活 27 dirigir》1 …を強く要求する, 強要する. 2 …をどうしても必要とする.
— **exigirse** 再 要求が多い.

e·xi·guo, gua [エクシグオ, グア] 形 貧弱な, 乏しい.

exij- → exigir 強く要求する《活 27》.

e·xi·lia·do, da [エクシリアド, ダ]《= exilado,

da》《過去分詞》→ exiliar·se 亡命する.
— 形 1 亡命した. 2 追放された.
e·xi·liar·se [エクシリアルセ] 再 亡命する.
e·xi·lio [エクシリオ] 男 1 亡命. 2 亡命生活.
e·xi·men·te [エクシメンテ] 形 （責務について）免除する.
circunstancia eximente 酌量(しゃくりょう)すべき情状.
e·xi·mio, mia [エクシミオ, ミア] 形 卓越した, 高名な.
e·xi·mir [エクシミル] 他 …から(+de…)…を免除する.
— **eximir·se** 再 (+de…) …をまぬがれる.
e·xis·ten·cia [エクシステンシア] 女 1 存在, 実在. 2 生活, 人生.
e·xis·ten·cial [エクシステンシアル] 形 1 存在する, 存在に関する. 2 人生の, 生活の.
e·xis·ten·cia·lis·mo [エクシステンシアリスモ] 男 〈哲学〉実存主義.
e·xis·ten·cia·lis·ta [エクシステンシアリスタ] 《男女同形》〈哲学〉実存主義の.
— 男女 実存主義者.
e·xis·ten·cias [エクシステンシアス] 女複 《《en existencia》》在庫品, ストック.
e·xis·ten·te [エクシステンテ] 形 1 存在する, 現存の. 2〈商品〉在庫の.
e·xis·tir [エクシスティル] 自 1 現存する, 実在する. 2 生きている, 生存する. 3 存在する.
é·xi·to [エクシト] 男 1 成功, 好結果. 2 好評, 大当たり. 3（商品などの）ヒットしたもの.
tener éxito 成功する, 人気がある,（商品などが）ヒットする.
tener éxito en… …に成功する.
e·xi·to·so, sa [エクシトソ, サ] 形 1 成功の, 上首尾の, 上出来の.
ex libris [エクス リブリス] 男 《単複同形》 蔵書票, 蔵書印.
é·xo·do [エクソド] 男 1（大集団の）出国, 移住. 2〈旧約聖書〉出エジプト記.
e·xó·ge·no, na [エクソヘノ, ナ] 形 1 外部発生の, 外因的な.
e·xo·ne·rar [エクソネラル] 他 …に(+de+責務) …を軽減［免除］してやる.
e·xor·bi·tan·te [エクソルビタンテ] 形 法外な, 途方もない.
e·xor·bi·tar [エクソルビタル] 他 …を誇張する.
e·xor·cis·mo [エクソルシスモ] 男 〈悪魔払い〉呪文(じゅもん).
e·xor·cis·ta [エクソルシスタ] 男女 〈悪魔払い〉祈禱(きとう)師.
— 男 〈宗教〉悪魔払いの僧侶.
e·xor·ci·zar [エクソルシサル] 他 《活 39 gozar》…から悪魔を追い払う.
e·xos·fe·ra [エクソスふェラ] 女 〈大気〉（最外層の）外気圏.
e·xo·té·ri·co, ca [エクソテリコ, カ] 形 大衆向

けの, 通俗的な.
e·xó·ti·co, ca [エクソティコ, カ] 形 1 異国の, はるかな外国の, エキゾチックな. 2 風変わりな.
e·xo·tis·mo [エクソティスモ] 男 1 異国情緒, エキゾチズム. 2 異国趣味, 舶来好み.
ex·pan·dir [エスパンディル] 他 1 …を広げる, 拡張する. 2 …を広める.
— **expandir·se** 再 1 広がる. 2 拡大する. 3 広まる.
ex·pan·si·ble [エスパンシブれ] 形 1 広がりうる, 伸張力のある. 2 膨張力のある.
ex·pan·sión [エスパンシオン] 女 1 拡大, 拡張. 2 膨張. 3 流布, 普及. 4（感情などの）表出, 吐露. 5 娯楽, 気晴らし.
ex·pan·sio·nar [エスパンシオナル] 他 1 …を拡大する, 拡張する. 2 …を膨張させる.
— **expansionar·se** 再 1 広がる. 2 膨張する. 3（+con…）…に心情を吐露する, 心を打ち明ける. 4 気晴らしをする.
ex·pan·sio·nis·mo [エスパンシオニスモ] 男 （勢力や領土の）拡張主義.
ex·pan·sio·nis·ta [エスパンシオニスタ] 《男女同形》〈政治〉拡張主義の.
— 男女 拡張主義者.
ex·pan·si·vo, va [エスパンシボ, バ] 形 1 広がりやすい, 伸びやすい. 2 膨張しやすい. 3 社交的な, 開放的な.
ex·pa·tria·ción [エスパトリアシオン] 女 1 亡命. 2 国外追放.
ex·pa·triar [エスパトリアル] 他 …を国外に追放する.
— **expatriar·se** 亡命する.
ex·pec·ta·ción [エスペクタシオン] 女 1 期待. 2 待望.
ex·pec·tan·te [エスペクタンテ] 形 1 期待している. 2 待ち望んでいる.
ex·pec·ta·ti·va [エスペクタティバ] 女 1 期待, 希望. 2 (+de…) …の可能性.
estar a la expectativa (de… [de+que+ 接続法])（…を）じっと待っている, 待ち受ける, 待機する.
expectativa de vida 平均寿命.
ex·pec·to·ra·ción [エスペクトラシオン] 女 〈医学〉喀痰(かくたん).
ex·pec·to·rar [エスペクトラル] 他 （痰(たん)など）を吐き出す.
ex·pe·di·ción [エスペディシオン] 女 1 発送, 送付, 出荷. 2 送付物, 発送物. 3（証明書などの）発行, 交付. 4 探検. 5 探検隊, 調査隊. 6 遠征. 7 遠征隊.
ex·pe·di·cio·na·rio, ria [エスペディシオナリオ, リア] 形 1 探検隊の, 調査隊の. 2 遠征隊の.
— 男女 1 探検隊員, 調査隊員. 2 遠征隊員.
ex·pe·di·dor, do·ra [エスペディドル, ドラ] 形 発送の, 出荷の.

ex·pe·dien·tar

―男女 発送人, 荷主.

ex·pe·dien·tar [エスペディエンタル] 他 (人)を調査する, 取り調べる.

ex·pe·dien·te [エスペディエンテ] 男 1 経歴, 履歴. 2 調査報告, 調書. 3 審査, 審理.

ex·pe·dir [エスペディル] 他《活 56 pedir》1 …を発送する, 送る, 出荷する. 2 (証明書などを)発行する, 交付する.

ex·pe·di·ti·vo, va [エスペディティボ, バ] 形 (問題の)処理能力の高い, 有能な.

ex·pe·di·to, ta [エスペディト, タ] 形 1 障害のない, 支障のない. 2 行動の迅速な, てきぱきした.

ex·pe·ler [エスペレル] 他 1 …を吐き出す, 放出する. 2 …を追い出す.

ex·pen·de·du·rí·a [エスペンデドゥリア] 女 (専売品の)販売店.

ex·pen·der [エスペンデル] 他 1 …を小売りする. 2 (切符や入場券)を売る. 3 …を代金販売する.

ex·pen·sas [エスペンサス] 女複 出費, 経費.
a expensas de (+人) …による負担で.
a mis expensas 1 (人が)私の出費で. 2 (私が)自費で.

ex·pe·rien·cia [エスペリエンシア] 女 1 経験. 2 経験的知識. 3 実験, 試験. 4 体験.

ex·pe·ri·men·ta·ción [エスペリメンタシオン] 女 1 実験研究法. 2 実験の施行.

ex·pe·ri·men·ta·do, da [エスペリメンタド, ダ] 《過去分詞》→ experimentar 実験する.
1 実験ずみの. 2 経験豊かな, 熟練の.

ex·pe·ri·men·tal [エスペリメンタル] 形 1 実験の, 実験に基づく. 2 実験的な, 試験的な.

ex·pe·ri·men·tar [エスペリメンタル] 他 1 …を実験する. 2 (方法など)をためす, テストする, 試験する. 3 (特別な感情など)を味わう, 経験する. 4 (変化など)をこうむる.
―自 (+con...) (…を使って)実験する.

ex·pe·ri·men·to [エスペリメント] 男 1 実験, 試験. 2 体験.

ex·per·to, ta [エスペルト, タ] 形 経験を積んだ, 熟練の.
―男女 熟練者, 専門家, エキスパート.

ex·pia·ción [エスピアシオン] 女 贖罪(しょくざい), 罪のつぐない.

ex·piar [エスピアル] 他《活 34 enviar》1 (罪など)をつぐなう. 2 (罪)のために服役する.

ex·pia·to·rio, ria [エスピアトリオ, リア] 形 ほろぼしの, 贖罪(しょくざい)の.

ex·pi·ra·ción [エスピラシオン] 女 1 期限切れ. 2 満期, 満了. 3 臨終, 死亡.

ex·pi·rar [エスピラル] 自 1 期限切れになる. 2 満期になる. 3 息を引き取る, 死ぬ.

ex·pla·na·da [エスプラナダ] 女 平地, 更地(さらち).

ex·pla·nar [エスプラナル] 他 (土地)を平らにする.

ex·pla·yar [エスプラヤル] 他 (視線や思考)を伸ばす, 広げる.
― *explayarse* 再 1 話題を広げすぎる. 2 長々と話す[書く]. 3 楽しく遊ぶ, 気晴らしをする.

ex·ple·ti·vo, va [エスプれティボ, バ] 形〈語句〉余分な, 冗語の.
palabra expletiva 〈文法〉虚字.

ex·pli·ca·ble [エスプリカブれ] 形 説明可能な, 説明のつく.

ex·pli·ca·ción [エスプリカシオン] 女 1 説明, 解説. 2 釈明, 弁解. 3 動機の説明.

ex·pli·car [エスプリカル] 他《活 73 sacar》1 …を説明する. 2 …を明言する. 3 …を講義する, 教える. 4 …を釈明する, 弁明する.
― *explicarse* 再 1 (自分の考えなど)を説明する/¿*Me explico?* おわかりいただけましたか. 2 理解する. 3 …を理解する, 納得する/*No me lo explico*. 私にはそれがわからない.

ex·pli·ca·ti·vo, va [エスプリカティボ, バ] 形 説明的の, 解説の.

ex·plí·ci·to, ta [エスプリシト, タ] 形 明示された, 明白な.

expliqu― 活 → explicar 説明する《活 73》.

ex·plo·ra·ción [エスプロラシオン] 女 1 精密な調査. 2 網羅的な検査[試験]. 3〈医学〉精密検査. 4 探検, 探査.

ex·plo·ra·dor, do·ra [エスプロラドル, ドラ] 男女 1 探検家. 2 (野外活動の団体の)団員, 隊員.

ex·plo·rar [エスプロラル] 他 1 …を探検する, 実地調査する. 2 …をくわしく調査する. 3〈医学〉(体の一部)を精密検査する.

ex·plo·ra·to·rio, ria [エスプロラトリオ, リア] 形 1 探検の. 2 探求の. 3〈医学〉精密検査の.

ex·plo·sión [エスプロシオン] 女 1 爆発, 破裂. 2 爆発的現象.
explosión demográfica 人口爆発.
explosion de risa 爆笑.
motor de explosión 内燃機関.

ex·plo·sio·nar [エスプロシオナル] 他 …を爆発させる.
―自 爆発する.

ex·plo·si·va¹ [エスプロシバ] 女〈音声学〉1 破裂音. 2 (音節頭部の子音である)破裂音.

ex·plo·si·vo¹ [エスプロシボ] 男 爆薬, 爆発物.

ex·plo·si·vo², va² [エスプロシボ] 形 1 爆発性の. 2 爆発的な. 3 大いに注目される. 4〈音声学〉外破音の.
artefacto explosivo 起爆装置.

ex·plo·ta·ble [エスプロタブれ] 形 1 開発可能な, 開拓できる. 2 採算のとれる.

ex·plo·ta·ción [エスプロタシオン] 女 1 開発, 開拓. 2 開発施設, 開拓設備. 3 経営, 営業. 4 搾取.

ex·plo·ta·dor, do·ra [エスプロタドル, ドラ] 形 開発の, 開拓の.
―男女 開発者, 開拓者.

ex·plo·tar [エスプロタル] 他 1 …を開発する, 開

拓する. 2（人）を利用する, 搾取する. 3 …を営業する, 経営する.
— 自 1 爆発する, 破裂する. 2（感情が）爆発する.

ex·po·liar ［エスポリアル］ 他《活 17 cambiar》1 …を略奪する. 2 …から（+de...）…を強奪する.

ex·po·lio ［エスポリオ］ 男 1 強奪, 略奪. 2 ばか騒ぎ.

expón 活 → exponer 表明する《活 61》.

expondr- 活 → exponer 表明する《活 61》.

ex·po·nen·te ［エスポネンテ］ 男 1《数学》指数. 2 典型, 代表.

ex·po·ner ［エスポネル］ 他《活 61 poner》1 …を表明する, 陳述する. 2 …を展示する, 陳列する. 3 …を危険にさらす. 4 …を（+a+日光など）…にさらす, 当てる.
— 自（芸術家が）作品を展示する.
— **exponerse** 再 1（+a...）…に身をさらす. 2（+a...）…の危険をおかす.

expong- 活 → exponer 表明する《活 61》.

ex·por·ta·ción ［エスポルタシオン］ 女 1 輸出. 2（集合的に）輸出品.

ex·por·ta·dor, do·ra ［エスポルタドル, ドラ］ 形 輸出の／país *exportador* 輸出国.
— 男 女 輸出業者.

ex·por·tar ［エスポルタル］ 他 …を輸出する.

ex·po·si·ción ［エスポシシオン］ 女 1 展示, 陳列. 2 展示品, 陳列物. 3 展示会, 展覧会. 4 表明, 陳述, 解説. 5（日光などに）さらすこと, 当てること. 6《写真》露出時間.

ex·po·si·ti·vo, va ［エスポシティボ, バ］ 形 説明のための, 解説的な.

ex·pó·si·to, ta ［エスポシト, タ］ 形 生まれてすぐに捨てられた.
— 男 女 捨て子.

ex·po·si·tor[1] ［エスポシトル］ 男 展示棚, 展示ケース.

ex·po·si·tor[2]**, to·ra** ［エスポシトル, トラ］ 形 出品する.
— 男 女（展示会への）出品者.

ex·prés ［エスプレス］ 形《男女同形》1〈家庭電化製品〉高圧式の. 2〈コーヒー〉エスプレッソの. 3 速達の, 急行の.
— 男 急行列車.
olla exprés 圧力鍋(なべ).
tren exprés 急行列車.

ex·pre·sa·men·te ［エスプレサメンテ］ 副 1 わざわざ, わざと. 2 明白に, はっきりと.

ex·pre·sar ［エスプレサル］ 他 1 …を表現する, 表す. 2（気持ちなど）を示す, 見せる.
— **expresarse** 再 1 表現される. 2（自分の）思いを表現する.

ex·pre·sión ［エスプレシオン］ 女 1 表現, 表出. 2 語句. 3 言い方, 言い回し. 4 表情. 5《数学》式.
reducir... a la mínima expresión …をできるだけ簡素にする.

ex·pre·sio·nis·mo ［エスプレシオニスモ］ 男〈芸術〉表現主義.

ex·pre·sio·nis·ta ［エスプレシオニスタ］ 形《男女同形》〈芸術〉表現主義の.
— 男 女 表現主義者.

ex·pre·si·vi·dad ［エスプレシビダス］ 女 表現力, 表現性.

ex·pre·si·vo, va ［エスプレシボ, バ］ 形 表現力の豊かな, 表情豊かな.

ex·pre·so[1] ［エスプレソ］ 男 1 急行列車. 2 速達便.
— 副 わざと, わざわざ.

ex·pre·so[2]**, sa** ［—, サ］ 形 明白な, はっきりした.

ex·pri·mi·dor ［エスプリミドル］ 男《= ex-primidero, ra 男 女》(果物の)絞り器, ジューサー.

ex·pri·mir ［エスプリミル］ 他 1（果物を）絞る, 絞り出す. 2（人）を搾取する.
exprimirse el cerebro 知恵を絞る.

ex pro·fe·so ［エクス プロフェソ］ 副 わざわざ, とくに.

ex·pro·pia·ción ［エスプロピアシオン］ 女 1（当局による）収用, 接収. 2（土地などの）収用されたもの［= expropiaciones］.

ex·pro·piar ［エスプロピアル］ 他《17 cambiar》(土地など)を（+a...）…から収用［接収］する.

ex·pues·to, ta ［エスプエスト, タ］《過去分詞》→ exponer 表明する.
— 形 1 表現された, 展示された, 陳列された. 3（+a...）…にさらされた, むき出しの. 4 危険な, あぶない.

ex·pug·nar ［エスプグナル］ 他（場所）を武力で奪取する.

ex·pul·sar ［エスプルサル］ 他 …を（+de...）…から追い出す, 追放する.

ex·pul·sión ［エスプルシオン］ 女 1 追放, 除名. 2 排出.

ex·pur·gar ［エスプルガル］ 他《47 llegar》1 …を浄化する, きれいにする. 2〈文書〉（検閲によって）…から（+de...）…を削除する.

expus- 活 → exponer 表明する《活 61》.

ex·qui·si·ta·men·te ［エスキシタメンテ］ 副 実に見事に, 絶妙に.

ex·qui·si·tez ［エスキシテス］ 女 1 美味. 2 優美. 3 絶妙さ. 4 美味なもの.

ex·qui·si·to, ta ［エスキシト, タ］ 形 1 美味な. 2 優美な. 3 絶妙な.

ex·ta·siar ［エスタシアル］ 他《活 34 enviar》…をうっとりさせる.
— **extasiarse** 再（+con...）でうっとりする, 恍惚(こうこつ)となる.

éx·ta·sis ［エスタシス］ 男《単複同形》1〈宗教〉法悦. 2 恍惚(こうこつ), 忘我, エクスタシー. 3 合成麻薬.

ex·tá·ti·co, ca ［エスタティコ, カ］ 形 うっとりし

ex·tem·po·rá·ne·o, a [エステンポラネオ, ア] 形 1 季節はずれの, 時期はずれの. 2 時機を失した, タイミングの悪い.

ex·ten·der [エステンデル] 他《活 58 perder》1 …を拡大する, 拡張する. 2 …を伸ばす, 広げる. 3 …きを発達させる, 流布させる. 4《書類など》を発行する, 作成する. 5 …をばらまく.
— **extender·se** 再 1 広がる. 2 広まる. 3 長々と続く. 4 ちらばる.

ex·ten·si·ble [エステンシブれ] 形 広げられる, 伸ばせる, 伸縮自在な.

ex·ten·sión [エステンシオン] 女 1 伸長, 拡張. 2 広げる動作. 3 広められ, 領域, 面積. 4 流布, 普及. 5〈電話〉内線／La *extensión* de mi teléfono es la número 2151. 私の内線番号は 2151 です. 6 延長, 更新. 7〈言語学〉意味の外延.
en toda la extensión de la palabra 言葉のあらゆる意味において.
por extensión 広い意味で, 広義で.

ex·ten·si·vo, va [エステンシボ, バ] 形 1 広げる. 2 (+a...) …にも及ぶような. 3 広義の.

ex·ten·so, sa [エステンソ, サ] 形 1 広々とした, 広大な. 2 広範囲の. 3 長時間の.
por extenso 広範囲に, 詳細に.

ex·ten·sor, so·ra [エステンソル, ソラ] 形 伸張性の. 2 伸張をうながす.
músculo extensor 〈解剖学〉伸筋.

ex·te·nuar [エステヌアル] 他《活 1 actuar》…を力尽きさせる, 疲れ果てさせる.

ex·te·rior [エステリオル] 形 1 そとの, そと側の. 2 外面の, 表面の. 3 外国の, 対外的な. 4〈部屋〉通りに面している.
— 男 1 外側, 外部. 2 外面, 表面. 3〈人〉外見, 見かけ. 4 外国.
amabilidad exterior うわべだけの親切.
aspecto exterior 外見, 外観.
comercio exterior 外国貿易.
deporte exterior 屋外スポーツ.
Ministerio de Asuntos Exteriores 外務省.

ex·te·rio·res [エステリオレス] 男〔複〕《→ exterior》《映画など》 1 ロケーション. 2 屋外シーン.

ex·te·rio·ri·dad [エステリオリダス] 女 外見, 外観.

ex·te·rio·ri·za·ción [エステリオリさしオン] 女 明示, 表面化.

ex·te·rio·ri·zar [エステリオリさル] 他《活 39 gozar》…を明示する, 表情に出す.

ex·te·rior·men·te [エステリオルメンテ] 副 1 外部では. 2 外見上は.

ex·ter·mi·nar [エステルミナル] 他 1 …を根絶する, 絶滅させる. 2 …を破壊する.

ex·ter·mi·nio [エステルミニオ] 男 絶滅, 根絶.

ex·ter·no, na [エステルノ, ナ] 形 1 そとの, そと側の, 外面の. 2 外国の. 3 通学生の.
— 男女〈寄宿生に対して〉通学生.

extiend- 活 → extender 拡大する《活 58》.

ex·tin·ción [エスティンシオン] 女 1 消火, 消滅. 2 絶滅, 死滅.

ex·tin·guir [エスティンギル] 他《活 29 distinguir》1〈火など〉を消す. 2 …を消滅させる.
— **extinguir·se** 再 消える, 消滅する.

ex·tin·to, ta [エスティント, タ] 形 1 鎮火した. 2 消滅した, 死滅した.
— 男女 故人.

ex·tin·tor [エスティントル] 男 消火器.

ex·tir·pa·ble [エスティルパブれ] 形 1 摘出可能な. 2 根絶できる.

ex·tir·pa·ción [エスティルパシオン] 女 1 摘出. 2 根絶.

ex·tir·par [エスティルパル] 他 1 …を摘出する. 2 …を根絶する.

ex·tor·sión [エストルシオン] 女 ゆすり [強請].

ex·tor·sio·nar [エストルシオナル] 他 …をゆす [強請] る.

ex·tor·sio·nis·ta [エストルシオニスタ] 男女 ゆすりの犯罪者.

ex·tra [エストラ] 形《男女同形》1 極上の, 格別な. 2 臨時の, 特別の.
— 男 1 特別のもの. 2 特別料理. 3〈新聞など〉の特集, 特別号. 4 臨時出費.
— 女 特別手当, 賞与.
— 男女 《映画などの》エキストラ.

ex·trac·ción [エストラクシオン] 女 1 抜き取り, 摘出. 2 抽出, 分離. 3《結果などの》引き出し. 4 家柄, 血筋.

ex·trac·to [エストラクト] 男 1 抜粋, 抄録, 要約. 2 抽出物, エッセンス, エキス.

ex·trac·tor [エストラクトル] 男 1 排出装置. 2 換気扇.

ex·tra·di·ción [エストラディシオン] 女《犯人などの外国政府への》引き渡し.

ex·tra·di·tar [エストラディタル] 他《犯人など》を《外国政府に》引き渡す.

ex·tra·er [エストラエル] 他《活 81 traer》1 …を抜き取る, 摘出する. 2 …を抽出する. 3《結果など》を引き出す. 4〈数学〉《根》を求める. 5《語句など》を(+de+書物など)…から抜き出す, 抜粋する.

extraig- 活 → extraer 抜き取る《活 81》.

extraj- 活 → extraer 抜き取る《活 81》.

ex·tra·li·mi·tar·se [エストラりミタルセ] 再 (+en...) …で度を越す, 越権行為をする.

ex·tra·mu·ros [エストラムロス] 副 郊外で[に].

ex·tran·je·rí·a [エストランヘリア] 女 1 外国人の身分. 2《集合的に》外国人の遵守《じゅんしゅ》規定.

ex·tran·je·ris·mo [エストランヘリスモ] 男〈言語学〉1 外来語. 2 外国語系要素.

ex·tran·je·ri·zar [エストランヘリさル] 他《活 39 gozar》…を外国風にする.
— **extranjerizar·se** 再 外国風になる.

活 は活用形　複 は複数形　男 は男性名詞　女 は女性名詞　固 は固有名詞　代 は代名詞　自 は自動詞

ex·tran·je·ro[1] [エストランヘロ] 男 外国, 外地.
ex·tran·je·ro[2], **ra** [−, ラ] 形 外国の, 他国の.
— 男 女 外国人, 異邦人.
ex·tran·jis [エストランヒス]《つぎの副詞句の一部》
de extranjis かくれて, こっそりと, ひそかに.
ex·tra·ña·men·te [エストラニャメンテ] 副 奇妙に, 変に.
ex·tra·ñar [エストラニャル] 他 1 …に奇異に感じさせる, 不思議がらせる／*Me extraña que*… 私には…が不思議だ.
2 …がいない[ない]のを寂しく思う／*Te extraño*. 私は君がいなくて寂しい.
3 …になじめない／*Suelo extrañar la cama en los hoteles*. 私はホテルでベッドになじめないことが多い.
— **extrañarse** 再（＋*de*…[＋*de*＋*que*＋接続法]）…を奇妙に思う, 不思議に思う／*Me extraño de que*… 私には…が不思議だ.
ex·tra·ñe·za [エストラニェさ] 女 1 奇妙さ. 2 驚き.
ex·tra·ño, ña [エストラニョ, ニャ] 形 1 奇妙な, 変な, 不思議な. 2 なじみのない, 初めての. 3 よその, 外国の. 4（＋*a*…）…に無関係の.
— 男 女 部外者, よそ者, 外国人.
— 活 → extrañar 奇異に感じさせる.
cuerpo extraño（目に入ったりする）異物.
gente extraña 見知らぬ人たち.
hacer extraño 急に動揺する.
ex·tra·o·fi·cial [エストラオふぃしアる] 形 非公式の, 非公認の.
ex·tra·or·di·na·ria[1] [エストラオルディナリア] 女 特別手当, 賞与.
ex·tra·or·di·na·ria·men·te [エストラオルディナリアメンテ] 副 並はずれて, すばらしく.
ex·tra·or·di·na·rio[1] [エストラオルディナリオ] 男 1 特別なもの[こと]. 2 特別料理. 3（新聞などの）特別号, 特集. 4 臨時出費.
ex·tra·or·di·na·rio[2], **ria**[2] 形 1 並はずれた, すばらしい. 2 臨時的な, 特別な.
ex·tra·po·lar [エストラポらル] 他 1（ひとつの結論を）（＋*a*＋別のこと）…に当てはめる. 2（語句などを）文脈からはずす.
ex·tra·rra·dio [エストララディオ] 男 郊外, 町はずれ.
ex·tra·sen·so·rial [エストラセンソリアる] 形 知覚を超越した.
ex·tra·te·rres·tre [エストラテレストレ] 形 地球外の.
— 男 女 地球外生物, 宇宙人.
ex·tra·te·rri·to·rial [エストラテリトリアる] 形〈法律〉治外法権の.
ex·tra·te·rri·to·ria·li·dad [エストラテリトリアリダス] 女〈法律〉治外法権.

ex·tra·va·gan·cia [エストラバガンしア] 女 風変り, 奇抜.
ex·tra·va·gan·te [エストラバガンテ] 形 とっぴな, 奇抜な.
— 男 女 奇人, 変人.
ex·tra·ver·sión [エストラベルシオン] 女〈性格〉外向性.
ex·tra·ver·ti·do, da [エストラベルティド, ダ] 形 外向的な.
— 男 女 外向的な人.
ex·tra·via·do, da [エストラビアド, ダ]《過去分詞》→ extraviar 紛失する.
— 形 1 紛失した, なくした. 2 道に迷った. 3（視線などの）うつろな.
ex·tra·viar [エストラビアル] 他《活 34 enviar》1 …を紛失する, なくす. 2 …を道に迷わせる. 3（視線などを）そらす.
— **extraviarse** 再 1 なくなる. 2 道に迷う. 3（視線などが）うつろになる. 4 道を踏みはずす.
ex·tra·ví·o [エストラビオ] 男 1 紛失, 遺失. 2 無体な振る舞い, 無茶[＝extravíos].
extravíos de juventud 若気のいたり.
ex·tre·ma·da·men·te [エストレマダメンテ] 副 極端に.
ex·tre·ma·do, da [エストレマド, ダ]《過去分詞》→ extremar 極端までにする.
— 形 1 極端な, 度が過ぎた. 2 ひどい, 途方もない.
Ex·tre·ma·du·ra [エストレマドゥラ] 固〈地方の名〉（スペイン中西部の）エストレマドゥラ.
ex·tre·mar [エストレマル] 他 …を極端なまでにする.
— **extremarse** 再（＋*en*…）…で全力を尽くす.
ex·tre·ma·un·ción [エストレマウンしオン] 女〈宗教〉（秘跡の）終油.
ex·tre·me·ño, ña [エストレメニョ, ニャ] 形（スペインの地方の）エストレマドゥラ Extremadura の.
— 男 女 エストレマドゥラ人.
ex·tre·mi·dad [エストレミダス] 女 1〈人〉手足, 四肢[＝extremidades]. 2 先端, 末端.
ex·tre·mis·mo [エストレミスモ] 男 過激主義.
ex·tre·mis·ta [エストレミスタ] 形《男女同形》過激派の.
— 男 女 過激主義者.
ex·tre·mo[1] [エストレモ] 男 1 先端, 末端. 2 案件, 問題点. 3 極端なところ, 限度ぎりぎりの点. 4（サッカーなどの競技者の）ウイング.
ex·tre·mo[2], **ma** [−, マ] 形 1 極端な, 極度の. 2 先端の, はしの. 3 はるか彼方の.
El Extremo Oriente 極東.
en extremo 極度に, 過度に.
en último extremo 最悪の場合には, 最後の手段として.
ex·trín·se·co, ca [エストリンセコ, カ] 形 固有のものでない, 外的な.

他 は他動詞　再 は再帰動詞　形 は形容詞　副 は副詞　前 は前置詞　接 は接続詞　間 は間投詞

ex·tro·ver·ti·do, da [エストロベルティド, ダ] 形 外向的な.
— 男 女 外向的な人.

e·xu·be·ran·cia [エクスベランしア] 女 1 異常な豊富さ. 2 並はずれた発展.

e·xu·be·ran·te [エクスベランテ] 形 1 異常に多い. 2 並はずれて発展した.

e·xu·da·ción [エクスダしオン] 女 (液体の)しみ出し, 滲出(しんしゅつ).

e·xu·dar [エクスダル] 他 …をしみ出させる, にじみ出させる.
— 自 しみ出る, にじみ出る.

e·xul·tar [エクスるタル] 自 大喜びする[= exultar de alegría].

ex·vo·to [エスボト] 男 〈宗教〉奉納物.

e·ya·cu·la·ción [エヤクらしオン] 女 1 射出. 2 射精.
eyaculación precoz 早漏.

e·ya·cu·lar [エヤクらル] 他 …を射出する.

e·yec·ción [エイェクしオン] 女 放出, 射出, 排出.

e·yec·tar [エイェクタル] 他 …を放出する, 射出する, 排出する.

e·yec·tor [エイェクトル] 男 排出装置, エジェクター.

F f

F, f [エフェ] 囡《アルファベットの第6番の文字》エフェ.
fa [ふぁ] 男〈音楽〉ファ, ヘ音.
fa·ba·da [ふぁバダ] 囡 (インゲン豆の煮込み料理の)ファバダ.
fá·bri·ca [ふぁブリカ] 囡 1 工場, 製造所. 2〈建物〉切り石造り, れんが造り. 3 製造, 製作.
fa·bri·ca·ción [ふぁブリカしオン] 囡 1 製造, 製作. 2 (集合的に)製品. 3 生産, 産出.
fa·bri·can·te [ふぁブリカンテ] 男囡 生産者, 製造業者, メーカー.
fa·bri·car [ふぁブリカル] 他〈活 73 sacar〉 1 …を製造する, 製作する. 2 …を生産する, 作り出す. 3 …を作り上げる, 築き上げる.
fa·bril [ふぁブリる] 形 工場の, 製造の.
fa·briqu- 活 → fabricar 製造する《活 73》.
fá·bu·la [ふぁブら] 囡 1 (動物が主人公の)寓話(ぐう). 2 作り話. 3 神話.
de fábula とてもよい, すごく.
Fábulas de Esopo イソップ物語.
fa·bu·la·ción [ふぁブらしオン] 囡 (話の)でっち上げ.
fa·bu·lar [ふぁブらル] 他 (話)をでっち上げる.
fa·bu·lis·ta [ふぁブリスタ] 男囡 寓話(ぐう)作家.
fa·bu·lo·so, sa [ふぁブろソ, サ] 形 1 寓話(ぐう)のような, うそのような. 2 実にすばらしい.
fa·ca [ふぁカ] 囡 大型ナイフ, ジャックナイフ.
fac·ción [ふぁクしオン] 囡 1 徒党, 党派. 2 顔の造り, 顔だち[= facciones].
fac·cio·so, sa [ふぁクしオソ, サ] 形 (反社会的な)徒党の.
— 男囡 徒党の分子.
fa·ces [ふぁセス] 囡複 (→ faz) 顔.
fa·ce·ta [ふぁセタ] 囡 (物事の)一面.
fa·cha [ふぁチャ] 囡〈人〉様相, 容姿.
— 形 右翼の, ファシストの.
— 男囡〈人〉右翼, ファシスト.
fa·cha·da [ふぁチャダ] 囡 1 (建物の)正面, ファサード. 2 うわべ, 外見, 外観.
fa·chen·da [ふぁチェンダ] 囡 見栄, 気取り.
fa·cial [ふぁしアる] 形 顔の, 顔面の.
fá·cil [ふぁしる] 形 1 やさしい, 簡単な. 2 平易な, わかりやすい. 3 (+de+不定詞) …が起こりやすい, …しそうな. 4〈人〉引っかかりやすい, 誘いにのりやすい. 5 扱いやすい, 気楽な. 6 気さくな, 素直な.
— 副 容易に, やすやすと.
fa·ci·li·dad [ふぁしリダス] 囡 1 能力, 適性. 2 たやすさ, 平易さ, 容易さ.
fa·ci·li·da·des [ふぁしリダデス] 囡複《→ facilidad》 1 便宜. 2 施設, 設備.
fa·ci·li·tar [ふぁしリタル] 他 1 …を容易にする. 2 …を提供する, 供与する.
fá·cil·men·te [ふぁしるメンテ] 副 やすやすと, こともなげに.
fa·ci·ne·ro·so, sa [ふぁしネロソ, サ] 形 常習犯の.
— 男囡〈人〉常習犯.
fa·cón [ふぁコン] 男 (ガウチョの短刀の)ファコン.
fac·sí·mil [ふぁクシミる] 形 複製の, 模写の.
— 男 1 (古書などの)複製, 模写, 復刻. 2 ファクシミリ, ファックス.
fac·ti·ble [ふぁクティブれ] 形 実行可能な, 実現できそうな.
fác·ti·co, ca [ふぁクティコ, カ] 形 1 事実の. 2 現実に根ざした.
fac·tor [ふぁクトル] 男 1 (結果を出すための)要素, 要因. 2〈数学〉因数, 因子. 3〈商業〉代理商.
fac·to·rí·a [ふぁクトリア] 囡 1 工場. 2 (昔の)在外商館.
fac·tó·tum [ふぁクトトゥン] 男囡 1 (企業の)万能の人, 何でも屋. 2 腹心, 右腕.
fac·tu·ra [ふぁクトゥラ] 囡 1 勘定書, 請求書. 2〈商業〉送り状, インボイス. 3 やり方, 様式.
pasar factura 1 貸しを請求する. 2 落と前をつけさせる.
fac·tu·ra·ción [ふぁクトゥラしオン] 囡 1 (空港などでの)荷物の託送手続き. 2 送り状の作成.
fac·tu·rar [ふぁクトゥラル] 他 1 (手荷物)を(空港などで)託送する. 2 …を送り状に書く. 3 (金額)を請求する.
fa·cul·tad [ふぁクるタス] 囡 1 能力, 技能, 適性. 2 権限, 権力, 権能. 3〈大学〉学部.
fa·cul·tar [ふぁクるタル] 他 …に権限[許可]を与える.
fa·cul·ta·ti·vo, va [ふぁクるタティボ, バ] 形 1 権能の, 権限の. 2 任意の, 随意の. 3 医療関係の, 医者の. 4 専門職の.
— 男囡 1 専門職員. 2 医師, 外科医.
el parte facultativo 病状報告.
fa·cun·dia [ふぁクンディア] 囡 1 言葉使いの才能. 2 多弁, 能弁.
fa·do [ふぁド] 男 (ポルトガルの哀歌の)ファド.
fa·e·na [ふぁエナ] 囡 1 仕事, 作業. 2 悪だくみ, 卑劣な手口. 3〈闘牛〉ムレタのさばき技.

fa·e·nar [ふぁエナル] 自 1 漁をする. 2 畑仕事をする.

fa·e·ne·ro, ra [ふぁエネロ, ラ] 形〈漁〉操業中の.

fa·e·tón [ふぁエトン] 男 (軽四輪馬車の)フェートン.

fa·go·ci·to [ふぁゴシト] 男〈生物学〉食細胞.

fa·got [ふぁゴト] 男 (複 fagotes)〈楽器〉ファゴット, バスーン.

Fah·ren·heit [ふぁレンハイト] 形《単数同形》〈温度〉華氏の, カ氏の.

fai·sán [ふぁイサン] 男〈鳥〉キジ.

fa·ja [ふぁハ] 女 1〈衣類〉帯, ベルト. 2〈服飾〉コルセット, ガードル. 3 (一般的な)帯.

fa·jar [ふぁハル] 他 1 …に帯をしめる. 2 …をなぐる.
— *fajarse* 再 (+en...) …で頑張る.

fa·ji·na [ふぁヒナ] 女 (干し草などの)束.

fa·jo [ふぁホ] 男 (一般的な)束.

fa·la·cia [ふぁラシア] 女 虚偽, べてん.

fa·lan·ge [ふぁらンヘ] 女 1〈解剖学〉指骨. 2 大軍, 大隊.

Fa·lan·ge [ふぁらンヘ] 固〈政党の名〉(かつてのスペインの国粋主義者の)ファランヘ党.

fa·lan·gis·mo [ふぁらンヒスモ] 男 (スペインの)ファランヘ主義.

fa·lan·gis·ta [ふぁらンヒスタ] 形《男女同形》(スペインの)ファランヘ党の.
— 男 女 ファランヘ党員.

fa·laz [ふぁらス] 形 1 虚偽の, うその. 2 べてんの, 人をだます.

fal·da [ふぁルダ] 女 1 スカート. 2〈衣服〉(婦人服の)ひざの部分. 3 (火鉢入りテーブルの)テーブル掛け. 4 山すそ, ふもと. 5 (牛の食肉の)腹部.

fal·das [ふぁルダス] 女複 (→ falda) (集合的に)女性.

fal·de·ar [ふぁルデアル] 他 (山)のふもとを進む.

fal·de·ro, ra [ふぁルデロ, ラ] 形 1 スカートの. 2 女好きの.

fal·dón [ふぁルドン] 男 (シャツなどの)垂れ.

fa·li·ble [ふぁリブれ] 形 間違いを犯しやすい.

fa·lla [ふぁじゃ] 女 1〈地質学〉断層. 2 (物質的な)欠陥, きず. 3 (バレンシアの火祭りに出される張り子の)ファジャ.

fa·llar [ふぁじゃル] 自 1 期待がはずれる. 2 失敗する. 3 だめになる, 動かなくなる. 4〈法律〉判決を下す.
— 他 1 …をしくじる, 失敗する. 2〈法律〉…を宣告する.

fa·llas [ふぁジャス] 女複 (→ falla) (バレンシアの春の火祭りの)ファジャ.

fa·lle·cer [ふぁじぇセル] 自《活 4 agradecer》亡くなる, 他界する, 死ぬ.

fa·lle·ci·do, da [ふぁじぇシド, ダ]《過去分詞》
→ fallecer 亡くなる.
— 形 亡くなった, 死んだ.
— 男 女 故人, 死者.

fa·lle·ci·mien·to [ふぁじぇしミエント] 男 逝去(せいきょ), 死去, 死亡.

fa·lle·ro, ra [ふぁじぇロ, ラ] 形 (バレンシアの火祭りの)ファジャ fallas の.
— 男 女 1 (ファジャの)張り子の製作者. 2 ファジャの参加者.

fallezc- 活 → fallecer 亡くなる《活 4》.

fa·lli·do, da [ふぁじド, ダ] 形 失敗した, むだな.

fa·llo [ふぁじょ] 男 1 間違い, 不完全. 2 欠陥. 3 失敗. 4 判決, 宣告.

fa·lo [ふぁろ] 男 男根, 陰茎.

fal·sa·rio, ria [ふぁるサリオ, リア] 形 うそつきの, 虚偽の.

fal·se·ar [ふぁるセアル] 他 …を歪曲(わいきょく)する, いつわる.

fal·se·dad [ふぁるセダス] 女 虚偽, いつわり.

fal·se·te [ふぁるセテ] 男 裏声.

fal·sí·a [ふぁるシア] 女 虚偽, 偽善.

fal·si·fi·ca·ción [ふぁるシふぃカしオン] 女 1 偽造. 2 偽造物.

fal·si·fi·car [ふぁるシふぃカル] 他《活 73 sicar》…を偽造する.

fal·si·lla [ふぁるシじゃ] 女 罫線(けいせん)つきの下敷.

fal·so, sa [ふぁるソ, サ] 形 1 いつわりの, うその. 2 にせ物の, 偽造の. 3 よく人をだます, うそつきの.
de falso うそをついて, だまして.
en falso 1 うそをついて, だまして. 2 あやふやに.
falso amigo (ある言語の単語で, 別の言語に形のよく似た単語があるが, それとは意味の異なるものを指して)にせの友人.
palabras falsas うそ, 虚言.
sobre falso あやふやに.

fal·ta¹ [ふぁるタ] 女 1 欠乏, 不足. 2 不履行, 過失. 3 欠席, 不在. 4 きず, 欠点, 瑕疵(かし). 5 (姓娠中の)無月経. 6〈法律〉軽犯罪.
a falta de... …がなくて, …の代りに.
caer en falta 間違いを犯す.
coger a... en falta …を現行犯でつかまえる.
echar en falta [a]... 1 …が「ない[いない]のに気付く. 2 …がない[いない]のを寂しく思う.
hacer falta (...) 1 …が必要である. 2 違反をする.
no hacer falta (+不定詞) …するには及ばない, …しなくてもいい.
por falta de... …が不足して, …がないので.
sin falta 1 間違いなく, 確かに. 2 きっちりと, 「い.

fal·tar [ふぁるタル] 自 1 …が欠けている, 足りない
2 (+a...) …を欠席する, 欠勤する
3 必要である.
4 (+de+いつもいる所)にいない.
5 (+a...) …にそむく, …を裏切る.
6 (+a+人) …にないぎれいである.
7 (+〜+para...) …までに時間が 〜ある.
8 (+不定詞) …をし残している.
Faltar poco para (+不定詞 [+que+接続法])もう少しで …するところだ.
faltar por (+不定詞) まだ …するのが残ってい

る.
¡No faltaba [faltaría] más! 1 いいえ，それには及びません！ 2 もちろんです！，当然ですよ！

fal·to, ta² [ファるト, ー] 形 (+de...) …に欠けている，…が足りない．
— 過 → faltar 欠けている．

fal·tri·que·ra [ファるトリケラ] 女 〈女性が腰につける〉小袋，ポシェット．

fa·lú·a [ファるア] 女 〈船舶〉ランチ．

fa·lu·cho [ファるチョ] 男 〈沿岸航行用で2本マストの〉小型運搬船．

fa·ma [ファマ] 女 1 名声，声望．2 評判，世評．
de fama 有名な．
es fama que… …といううわさだ．

fa·mé·li·co, ca [ファメリコ, カ] 形 1 とても空腹な，飢えた．2 やせすぎの．

fa·mi·lia [ファミリア] 女 1 家族，家庭．2 一族，親族．3 〈息子・娘の集合の〉子供たち．4 〈言語学〉語族．5 〈生物分類〉科．6 〈共通の特徴を持った人や物の集まりの〉一家，一族．
cabeza de familia 世帯主，家長．
en familia 1 家族水入らずで．2 内輪(うち)で．
familia numerosa (4人以上の子供が同居する)大家族．
libro de familia (結婚したら支給される)家族手帳．

fa·mi·liar [ファミリアる] 形 1 家族の，親族の．2 親しい，なじみのある．3 〈待遇〉くだけた，打ち解けた．4 〈商品〉数人用の，徳用の．
— 男 1 家族（の一員），親戚（の一人）．2 親友．
lenguaje familiar 日常語，平易語．
tener un parecido familiar よく似ている．
vida familiar 家庭生活．

familiaric- → familiarizar 親しませる 《活 39》．

fa·mi·lia·ri·dad [ファミリアリダス] 女 1 親しみ，なじみ．2 気安さ，なれなれしさ [= familiaridades]．

fa·mi·lia·ri·zar [ファミリアリさる] 他 《活 39 gozar》 …を(+con...) …に親しませる，慣れさせる．
— **familiarizar·se** 再 (+con...) …に親しむ，慣れる．

fa·mi·liar·men·te [ファミリアるメンテ] 副 家族的な雰囲気で，打ち解けて．

fa·mo·so, sa [ファモソ, サ] 形 1 有名な，名高い，評判の．2 (+por...) …で有名な．3 人目を引く，派手な．

fá·mu·la [ファムら] 女 〈女性〉召し使い，下女．

fá·mu·lo [ファムろ] 男 〈男性〉召し使い，下男．

fan [ファン] 男 《複 fans》〈歌手などの〉ファン．

fa·nal [ファナる] 男 〈港や船舶の〉大型標識灯．

fa·ná·ti·co, ca [ファナティコ, カ] 形 熱狂的な，狂信的な．
— 男 女 熱狂的ファン，狂信者．

fa·na·tis·mo [ファナティスモ] 男 熱狂，狂信．

fa·na·ti·zar [ファナティさる] 他 …を熱狂させる．

fan·dan·go [ファンダンゴ] 男 〈舞踏・曲〉(スペインの陽気な) ファンダンゴ．

fa·ne·ga [ファネガ] 女 〈穀量の単位〉(約 55.5 リットルに相当する)ファネガ．
fanega de tierra 〈面積の単位〉(約 64.6 アールの)ファネガ．

fa·ne·ró·ga·mas [ファネロガマス] 女 複 〈分類〉顕花植物の．

fan·fa·rria [ファンふァりア] 女 〈音楽〉ファンファーレ．

fan·fa·rrón, rro·na [ファンふァロン, ロナ] 形 からいばりの，虚勢を張る．
— 男 〈人〉からいばり屋，ほらふき．

fan·fa·rro·na·da [ファンふァロナダ] 女 虚勢，からいばり，ほら．

fan·fa·rro·ne·ar [ファンふァロネアる] 自 虚勢を張る，ほらをふく．

fan·fa·rro·ne·rí·a [ファンふァロネリア] 女 1 〈性格〉からいばり，ほらふき．2 虚勢，ほら．

fan·gal [ファンガる] 男 《= fangar》沼地，ぬかるみ．

fan·go [ファンゴ] 男 1 泥．2 汚名，不名誉．

fan·go·so, sa [ファンゴソ, サ] 形 泥だらけの，ぬかるみの，沼地の．

fan·ta·se·ar [ファンタセアる] 自 1 空想にふける．2 (+sobre...) …を夢想する．
— 他 …を夢想する，空想する．

fan·ta·sí·a [ファンタスィア] 女 1 空想，幻想，ファンタジー．2 空想の産物，フィクション．3 〈音楽〉幻想曲．
de fantasía 1 〈服飾〉飾りの多い，ファンシーな．2 〈飾り〉模造の，イミテーションの．

fan·ta·sio·so, sa [ファンタスィオソ, サ] 形 空想の，夢想的な．
— 男 女 空想家，夢想家．

fan·tas·ma [ファンタスマ] 男 1 幽霊，亡霊．2 化け物，怪物．3 妄想，幻覚．
— 男 〈人〉気取り屋，うぬぼれ屋．
buque fantasma 幽霊船．
pueblo(s) fantasma 無人の村[町]，ゴーストタウン．
sociedad fantasma 幽霊会社．

fan·tas·ma·go·rí·a [ファンタスマゴリア] 女 幻覚，幻影．

fan·tas·ma·gó·ri·co, ca [ファンタスマゴリコ, カ] 形 幻覚の，幻影の．

fan·tás·ti·co, ca [ファンタスティコ, カ] 形 1 空想的な，幻想の．2 すばらしい，見事な．

fan·to·che [ファントチェ] 男 1 不格好な人間，姿の奇妙な人．2 〈人〉うぬぼれ屋，ほら吹き．

fa·quir [ファキる] 男 1 (イスラム教やヒンズー教の)行者，托鉢(たくはつ)僧．2 〈サーカス〉(自分の体を傷つける)苦行曲芸師．

fa·ra·dio [ファラディオ] 男 《= farad》〈静電

fa·ra·lá

容量の単位〉ファラド.

fa·ra·lá [ふぁラら] 男《複 faralaes》〈服飾〉フリル, ひだ飾り.

fa·ra·llón [ふぁラジョン] 男 (海面に突き出した)巨岩, 岩山.

fa·rán·du·la [ふぁランドゥら] 女 (喜劇役者たちの)芸人の世界.

fa·ra·ón [ふぁラオン] 男〈王の称号〉(古代エジプトの)ファラオ.

fa·ra·ó·ni·co, ca [ふぁラオニコ, カ] 形 1 (古代エジプトの)ファラオの. 2 豪勢な, 華麗な.

far·dar [ふぁルダル] 自 1 気取る, みえを張る. 2 (+con...) …を自慢する. 3 目立つ, 人目を引く.

far·del [ふぁルデる] 男 背負い袋.

far·do [ふぁルド] 男 (衣類などの)大きな包み.

far·dón, do·na [ふぁルドン, ナ] 形 目立った, かっこいい. 2 気取った, 自慢屋の.
— 男 女〈人〉気取り屋, 自慢屋.

fa·re·ro, ra [ふぁレロ, ラ] 男 女 灯台守(もり).

fár·fa·ra [ふぁルふぁラ] 女〈卵〉薄膜.

far·fu·lla [ふぁルふジャ] 女 あわてた話し方.

far·fu·llar [ふぁルふジャル] 他 …をあわてて話す.
— 自 早口で話す.

fa·ria [ふぁリア] 男 女 (スペイン産の安い)葉巻タバコ.

fa·rin·ge [ふぁリンヘ] 女〈解剖学〉咽頭(いんとう).

fa·rín·ge·o, a [ふぁリンヘオ, ア] 形〈解剖学〉咽頭(いんとう)の.

fa·rin·gi·tis [ふぁリンヒティス] 女〈単複同形〉〈医学〉咽頭(いんとう)炎.

fa·ri·sai·co, ca [ふぁリサイコ, カ] 形 偽善的な.

fa·ri·se·o, a [ふぁリセオ, ア] 形 偽善的な.
— 男 女 1 偽善者. 2 パリサイ派の信者.

far·ma·céu·ti·co, ca [ふぁルマせウティコ, カ] 形 薬学の, 製薬の.
— 男 女 薬剤師.

far·ma·cia [ふぁルマしア] 女 1 薬学. 2 薬局.
farmacia de guardia 夜間営業の救急薬局.

fár·ma·co [ふぁルマコ] 男 薬, 薬剤.

far·ma·co·lo·gí·a [ふぁルマコロヒア] 女 薬理学.

far·ma·có·lo·go, ga [ふぁルマコロゴ, ガ] 男 女 薬理学者.

far·ma·co·pe·a [ふぁルマコペア] 女 (調剤規定集の)薬局方(ほう).

fa·ro [ふぁロ] 男 1 灯台. 2 (自動車などの)ヘッドライト, 前照灯.

fa·rol [ふぁロる] 男 1 カンテラ, ランタン. 2 街灯. 3 はったり, 虚勢. 4〈トランプ〉はったり.

fa·ro·la [ふぁロら] 女 (大型の)街灯.

fa·ro·le·ro, ra [ふぁロれロ, ラ] 形 虚勢を張った, からいばりの.
— 男 女 1〈人〉みえっぱり. 2〈公務員〉街灯係.

fa·ro·li·llo [ふぁロリじょ] 男 1 ちょうちん. 2〈植物〉フウリンソウ[風鈴草].

farolillo rojo (チームや選手の)最下位, びり.

fa·rra [ふぁラ] 女 どんちゃん騒ぎ.

fá·rra·go [ふぁラゴ] 男 寄せ集め.

fa·rra·go·so, sa [ふぁラゴソ, サ] 形 1 支離滅裂な. 2 ごたまぜの, 寄せ集めの.

fa·rru·co, ca [ふぁルコ, カ] 形 挑戦的な, 横柄な態度の.

far·sa [ふぁルサ] 女 1〈寸劇〉笑劇, ファルス. 2 まやかし, 茶番.

far·san·te, ta [ふぁルサンテ, タ] 形 とぼけた, はったりの.
— 男 女 1 (昔の)ファルス farsa の役者. 2 べてん師, はったり屋.

fas·ci·cu·la·do, da [ふぁスしクらド, ダ] 形〈植物〉束生の.

fas·cí·cu·lo [ふぁスしクろ] 男 (百科事典などの)分冊, 号.

fas·ci·na·ción [ふぁスしナしオン] 女 魅惑, 魅了.

fas·ci·na·do, da [ふぁスしナド, ダ]《過去分詞》→ fascinar 魅了する.
— 形 うっとりした, 魅了された.

fas·ci·nan·te [ふぁスしナンテ] 形 魅惑的な, うっとりさせる.

fas·ci·nar [ふぁスしナル] 他 …を魅了する, うっとりさせる.

fas·cis·mo [ふぁスしスモ] 男 ファシズム, 全体主義.

fas·cis·ta [ふぁスしスタ] 形〈男女同形〉ファシズムの, ファシストの.
— 男 女 ファシスト.

fa·se [ふぁセ] 女 1 (変化過程の)局面, 段階. 2〈天体〉(月などの)位相, 相.

fas·ti·dia·do, da [ふぁスティディアド, ダ]《過去分詞》→ fastidiar うんざりさせる.
— 形 1 うんざりした. 2 調子の悪い, 病気の. 3 の悪い.

fas·ti·diar [ふぁスティディアル] 他〈活 17 cambiar〉1 …をうんざりさせる, 立腹させる. 2 …をだめにする, 台無しにする.
— *fastidiar·se* 再 1 (+con...) …にうんざりする. 2 台無しになる. 3 辛抱する, 我慢する.

fas·ti·dio [ふぁスティディオ] 男 1 面倒, 厄介. 2 いらだち, 立腹. 3 退屈.

fas·ti·dio·so, sa [ふぁスティディオソ, サ] 形 1 面倒な, 厄介な. 2 腹立たしい. 3 退屈な, うんざりさせる.

fas·to [ふぁスト] 男 豪奢, 華麗.

fas·tuo·si·dad [ふぁストゥオシダス] 女 豪華さ, 壮麗.

fas·tuo·so, sa [ふぁストゥオソ, サ] 形 豪華な, 壮麗な.

fa·tal [ふぁタる] 形 1 致命的な. 2 宿命的な, 避けられない. 3 不運な, 不幸な. 4 最低の, 最悪の.
— 副 下手くそに, ひどく.

fa·ta·li·dad [ふぁタリダス] 女 1 不運, 不幸.

宿命，運命的な力．

fa·ta·lis·mo [ふぁタリスモ] 男 宿命論，運命論．

fa·ta·lis·ta [ふぁタリスタ] 《男女同形》宿命[運命]論の．
—— 男 女 宿命論者，運命論者．

fa·tal·men·te [ふぁタるメンテ] 副 1 どうしようもなく．2 ひどく．

fa·tí·di·co, ca [ふぁティディコ, カ] 形 1 不吉な，災厄を予告する．2 ついていない，悲惨な，みじめな．3 呼吸困難な．

fa·ti·ga [ふぁティガ] 女 1 疲労，だるさ．2 呼吸困難，息苦しさ．3 労苦，苦しみ．4 心苦しさ．
dar fatiga a… …をうんざりさせる．
pasar fatigas para… …のために苦労する．

fa·ti·ga·da·men·te [ふぁティガダメンテ] 副 くたくたに疲れて．

fa·ti·ga·do, da [ふぁティガド, ダ] 《過去分詞》→ fatigar 疲れさせる．
—— 形 1 疲れた．2 うんざりした．

fa·ti·gar [ふぁティガル] 他 《活 47 llegar》1 …を疲れさせる，へとへとにする．2 …をうんざりさせる．3 …を呼吸困難にさせる．
—— **fatigar·se** 再 1 疲れる，くたびれる．2 うんざりする．3 息苦しくなる．

fa·ti·go·so, sa [ふぁティゴソ, サ] 形 1 骨の折れる，疲れる．2 うんざりさせる，退屈な．3 呼吸困難な，苦しそうな．

fatigu- 活 → fatigar 疲れさせる《活 47》．

fa·tuo, tua [ふぁトゥオ, トゥア] 形 思い上がった，妙にうぬぼれた．

fau·ces [ふぁウセス] 女 複 〖哺乳（ほにゅう）動物の〗口の奥．

fau·na [ふぁウナ] 女 1〘一定の地域や時代の〙動物群，動物相．2〈珍奇な〉人の群れ．

fau·no [ふぁウノ] 男 〖神話〗〖古代ローマの〗牧神，ファウヌス．

faus·to[1] [ふぁウスト] 男 はなやかさ，壮観．

faus·to[2], ta [—, タ] 形 〖出来事〗幸福をもたらす，好運な．

fa·vor [ふぁボル] 男 1 好意．2 親切．3 助け，援助，世話．4 支援，引き立て，愛顧．5 恩寵（おんちょう）．
a[en] favor de… 1 …に有利になるように[な]．2 …の方向に．3〖小切手など〗…を受取人にして．4 …を利用して．
de favor 無料の，招待の．
¡Favor de（+不定詞）*!* …してください！
hacer el favor de（+不定詞）…してください／*Haga el favor de…*（ごく丁重に）…してください．
por favor 1〖依頼〗どうか，どうぞ．2〖呼びかけ〗すみません！，おねがいします！
tener a（+人）*a[en] su favor*（人）を味方につける．
tener… a[en] su favor …を有利な材料とする．

fa·vo·ra·ble [ふぁボラブれ] 形 1 有利な，好都合な．2（+a...）に好意的な，賛成の．

fa·vo·ra·ble·men·te [ふぁボラブれメンテ] 副 1 有利に，好都合に．2 好意的に．

fa·vo·re·ce·dor, do·ra [ふぁボレセドル, ドラ] 形 1 有利にしてくれる，助けてくれる．2 引き立ててくれる．

fa·vo·re·cer [ふぁボレセル] 他 《活 4 agradecer》1 …を助ける，支援する．2 …に有利に働く，味方する．3 …に似合う，…を引き立てる．
—— **favorecer·se** 再 （+de...）…を利用する．

fa·vo·re·ci·do, da [ふぁボレシド, ダ] 《過去分詞》→ favorecer 助ける．
—— 形 1 支援された，助けられた．2 特典を与えられた，めぐまれた．
trato del país más favorecido 最恵国待遇．

fa·vo·res [ふぁボレス] 男 複《→ favor》〖性的関係を持つことへの〙同意．

favorezc- 活 → favorecer 助ける《活 4》．

fa·vo·ri·tis·mo [ふぁボリティスモ] 男 えこひいき，情実．

fa·vo·ri·to, ta [ふぁボリト, タ] 形 1 ひいきの，お気に入りの．2 優勝候補の．
—— 男 女 1〈人・物〉お気に入り．2 優勝候補，本命．3〘王家の〙側近，籠臣（ろうしん），側室．

fax [ふぁクス] 男 《単複同形》1〖伝送手段〗ファクシミリ．2〖装置・通信文〗ファックス／*enviar… por fax* ファックスで…を送る，*enviar un fax* ファックスを送る．

faz [ふぁす] 女 （複 faces）1 顔．2 表面，表層．

fe [ふぇ] 女 1 信仰，信仰心．2 信念．3 信頼，信用．
a fe de… …に誓って．
a fe mía 誓って．
buena fe 善意．
dar fe de… 1 …を証言する．2 …を公式に証明する．
fe de bautismo 洗礼証明書．
fe de erratas 〖印刷物〗正誤表．
fe pública 公式の証明．
mala fe 悪意．

fe·al·dad [ふぇアるダス] 女 1 みにくさ，醜悪．2 卑劣さ．

fe·bre·ro [ふぇブレロ] 男 〖月の名〗2 月．

fe·brí·fu·go [ふぇブリふゴ] 男 〖医学〗解熱剤．

fe·bril [ふぇブリる] 形 1〖医学〗熱のある．2 激しい，熱心な．

fe·cal [ふぇカる] 形 糞便（ふんべん）の．

fe·cha [ふぇチャ] 女 1〘書類の作成場所と年月日の〙日付．2 期日，日取り．
—— 活 → fechar 日付を入れる．
a… días fecha …日後に有効となる，…日後払いの．
a partir de esta fecha 本日より．
hasta la fecha 今日まで，今までのところ．

fe·char [ふぇチャル] 他 1〈書類など〉に日付を入れる．2〈美術品など〉の年代を（+en...）に定

他 は他動詞　再 は再帰動詞　形 は形容詞　副 は副詞　前 は前置詞　接 は接続詞　間 は間投詞

fe・cho・rí・a [ふぇチョリア] 囡 悪事, 悪行.

fé・cu・la [ふぇクら] 囡 澱粉(ポん).

fe・cun・da・ción [ふぇクンダしオン] 囡 〈生物学〉受胎, 受精.

fecundación artificial 人工受精.

fecundación en vitro 体外受精.

fe・cun・dar [ふぇクンダル] 他 1 〈生物学〉…を受胎させる, 受精させる. 2 …を多産にする. 3 …を肥沃(ひょく)にする.

fe・cun・di・dad [ふぇクンディダス] 囡 1 受胎能力, 生殖力. 2 多産. 3 肥沃(ひょく).

fe・cun・di・za・ción [ふぇクンディさしオン] 囡 1 (花などの)受粉, 受精. 2 肥沃(ひょく)化.

fe・cun・di・zar [ふぇクンディさル] 他 (活 39 gozar) 1 …を受粉させる, 受精させる. 2 …を肥沃(ひょく)にする.

fe・cun・do, da [ふぇクンド, ダ] 形 1 生殖力のある. 2 多産な. 3 肥沃(ひょく)な.

fe・de・ra・ción [ふぇデラしオン] 囡 1 連盟, 連合. 2 連邦国家. 3 連邦政府.

fe・de・ral [ふぇデラる] 形 1 連邦の, 連邦制の. 2 (米国の南北戦争の)北軍の.

— 男女 1 連邦主義者. 2 〈南北戦争〉北軍兵士.

fe・de・ra・lis・mo [ふぇデラリスモ] 男 1 連邦主義. 2 連邦制度.

fe・de・ra・lis・ta [ふぇデラリスタ] 形 《男女同形》 1 連邦の, 連邦制度の. 2 連邦主義の.

— 男女 連邦主義者.

fe・de・rar [ふぇデラる] 他 …を連合させる.

— *federarse* 再 1 連合する. 2 連盟に加入する.

fe・de・ra・ti・vo, va [ふぇデラティボ, バ] 形 1 連合の, 連邦の. 2 〈スポーツ〉連盟役員.

— 男女 〈スポーツ〉連盟役員.

Fe・de・ri・ca [ふぇデリカ] 固 〈女性の名〉フェデリカ.

Fe・de・ri・co [ふぇデリコ] 固 〈男性の名〉フェデリコ.

fe・ha・cien・te [ふぇアしエンテ] 形 信じるに足る, 確証となる.

fel・des・pa・to [ふぇるデスパト] 男 〈鉱物〉長石.

fe・li・ces [ふぇりセス] 形 複 (→ feliz) 幸福な.

Fe・li・ces Pas・cuas [ふぇりセス パスクアス] 成 クリスマスおめでとう!

fe・li・ci・dad [ふぇりしダス] 囡 1 幸福, 幸運. 2 満足, 満悦.

¡Felicidades! (祝い事で)おめでとう!

Fe・li・ci・dad [ふぇりしダス] 固 〈女性の名〉フェリシダー.

fe・li・ci・ta・ción [ふぇりしタしオン] 囡 1 祝福, 祝い. 2 祝辞, 祝いの言葉. 3 祝いの手紙[カード].

fe・li・ci・tar [ふぇりしタル] 他 1 …を祝福する, 祝う. 2 …に祝辞を述べる[送る]. 3 …に幸福を願う.

fé・li・dos [ふぇりドス] 男 複 〈動物分類〉ネコ科.

fe・li・grés, gre・sa [ふぇりグレス, グレサ] 男女 1 (1 教区)の信者. 2 〈商店〉常連, 得意さん.

fe・li・no¹ [ふぇりノ] 男 ネコ科の動物.

fe・li・no², na [—, ナ] 形 1 ネコの, ネコのような. 2 ネコ科の.

Fe・li・pa [ふぇりパ] 固 〈女性の名〉フェリパ.

Fe・li・pe [ふぇりペ] 固 〈男性の名〉フェリペ.

Fe・li・sa [ふぇりサ] 固 〈女性の名〉フェリサ.

Fé・lix [ふぇりクス] 固 〈男性の名〉フェリクス.

fe・liz [ふぇりス] 形 《複 felices》 1 幸福な, 幸せな. 2 幸せをもたらす, 幸運な. 3 (意見などが)適切な, 的確な, 有効な.

¡Feliz Año Nuevo! 新年おめでとう!

¡Feliz viaje! (旅行に出発する人へ)よいご旅行を!

fe・liz・men・te [ふぇりすメンテ] 副 1 幸福に, 幸せに. 2 運よく, 幸運にも. 3 適切に.

fe・lo・ní・a [ふぇろニア] 囡 不忠, 裏切り, 悪事.

fel・pa [ふぇるパ] 囡 〈布地〉(ビロードの一種の)フラシ天.

fel・pu・do [ふぇるプド] 男 玄関マット.

fe・me・ni・no¹ [ふぇメニノ] 男 〈文法〉女性名詞.

fe・me・ni・no², na [—, ナ] 形 1 女性の, 女の. 2 雌の. 3 女らしい, 女のような. 4 〈文法〉女性の.

fe・mi・ni・dad [ふぇミニダ] 囡 女らしさ.

fe・mi・nis・mo [ふぇミニスモ] 男 男女同権主義, フェミニズム.

fe・mi・nis・ta [ふぇミニスタ] 形 《男女同形》 男女同権主義の.

— 男女 男女同権主義者, フェミニスト.

fe・mo・ral [ふぇモラる] 形 〈解剖学〉大腿(だい)骨の.

fé・mur [ふぇムル] 男 〈解剖学〉大腿(だい)骨.

fe・ne・cer [ふぇネせル] 自 (活 4 agradecer) 1 死ぬ, 息を引き取る. 2 終焉(しゅうえん)する, 尽きる.

fe・ne・ci・mien・to [ふぇネしミエント] 男 1 死去, 死亡. 2 終焉(しゅうえん), 終結.

Fe・ni・cia [ふぇニしア] 固 〈王国の名〉(古代の東地中海の)フェニキア.

fe・ni・cio, cia [ふぇニしオ, しア] 形 (古代の東地中海の)フェニキア Fenicia の.

— 男女 フェニキア人.

fé・nix [ふぇニクス] 男 《単複同形》〈神話〉不死鳥, フェニックス.

fe・no・me・nal [ふぇノメナる] 形 1 すばらしい, すてきな. 2 ばかでかい, 並はずれた.

— 副 とてもよく, 見事に.

fe・nó・me・no¹ [ふぇノメノ] 男 1 現象, 事象. 2 すごいもの, 大変なもの. 3 すごい人, 天才.

— 副 すごく, すばらしく.

fe・nó・me・no², na [—, ナ] 形 すばらしい, とてつもない, 見事な.

fe・no・ti・po [ふぇノティポ] 男 〈生物学〉表現型.

fe・o¹ [ふぇオ] 男 侮辱, 無礼.

fe・o², a [—, ア] 形 1 みにくい, 醜悪な. 2 見苦しい, みっともない. 3 不快な, ひどい.

囲 は活用形　複 は複数形　男 は男性名詞　囡 は女性名詞　固 は固有名詞　代 は代名詞　自 は自動詞

— 男 みにくい人.
tocar a... bailar con la más fea …に最悪の役回りが当たる.

fe·ra·ces [フェラセス] 形 《→ feraz》肥沃(ひよく)な.
fe·ra·ci·dad [フェラシダス] 女 肥沃(ひよく)さ.
fe·raz [フェらす] 形 《複 feraces》肥沃(ひよく)な.
fé·re·tro [フェれトロ] 男 棺, 柩(ひつぎ).
fe·ria [フェりア] 女 1 市(いち), 定期市. 2 祭り, 縁日. 3（縁日・市の）出店. 4 見本市, 展示場.
fe·ria·do, da [フェりアド, ダ] 形 祝日の, 休日の.
fe·rial [フェりアる] 形 市(いち)の, 縁日の.
fe·riar [フェりアる] 他 1 …を市(いち)で売買する. 2 …を安売りする.
fer·men·ta·ción [フェルメンタシオン] 女 発酵.
fer·men·tar [フェルメンタる] 他 …を発酵させる.
— 自 発酵する.
fer·men·to [フェルメント] 男 1 酵素, 酵母. 2 興奮させるもの.
Fer·mín [フェルミン] 固 〈男性の名〉フェルミン.
Fer·nan·do [フェルナンド] 固 〈男性の名〉フェルナンド.
fe·ro·ces [フェロセス] 形 《→ feroz》残忍な.
fe·ro·ci·dad [フェロシダス] 女 残忍さ, 獰猛(どうもう)さ.
fe·roz [フェろす] 形 《複 feroces》1 残忍な, 獰猛(どうもう)な. 2 凶悪な, 残酷な. 3 激しい, ものすごい.
fe·roz·men·te [フェろすメンテ] 副 1 残忍に, たけだけしく. 2 ものすごく, 激しく.
fé·rre·o, a [フェルレ, ア] 形 1 鉄の. 2 とても堅い, 丈夫な.
fe·rre·te·rí·a [フェルレテリア] 女 金物店.
fe·rre·te·ro, ra [フェルレテロ, ラ] 男女 〈人〉金物屋.
fe·rro·ca·rril [フェルロカりる] 男 1 鉄道線路. 2（施設を含めた機関の）鉄道.
fe·rro·so, sa [フェルロソ, サ] 形 鉄分を含む.
fe·rro·via·rio, ria [フェルロビアりオ, りア] 形 鉄道の.
— 男女 鉄道員.
fe·rru·gi·no·so, sa [フェルルヒノソ, サ] 形 鉄分を含む.
fér·til [フェルティる] 形 1 肥沃(ひよく)な. 2 生殖能力のある. 3《期間》成果の多い, 生産性の高い.
fer·ti·li·dad [フェルティリダス] 女 1 肥沃(ひよく)さ. 産出力. 2 生殖能力.
fer·ti·li·za·ción [フェルティリさシオン] 女 肥沃(ひよく)化.
fer·ti·li·zan·te [フェルティリさンテ] 男《農業》肥料.
fer·ti·li·zar [フェルティリさる] 他《活 39 gozar》（土地）を肥沃(ひよく)にする.
fé·ru·la [フェルる] 女（生徒の体罰用の）板切れ, しゃく.
estar bajo la férula de... …の支配下にいる.

fer·vien·te [フェルビエンテ] 形 熱烈な, 激しい.
fer·vor [フェルボル] 男（宗教的な）熱意, 情熱.
fer·vo·ro·so, sa [フェルボロソ, サ] 形 熱烈な, 激しい.
fes·te·jar [フェステハる] 他 1 …を祭る, 祝う. 2 …を祝福する, 歓待する.
fes·te·jo [フェステホ] 男 1 祭り. 2 祭りの行事[= festejos].
fes·tín [フェスティン] 男 宴会, 祝宴.
fes·ti·val [フェスティバる] 男 1 芸術祭. 2 音楽祭, フェスティバル. 3 壮大な見せ場, スペクタクル.
fes·ti·vi·dad [フェスティビダス] 女 1 祭り, 祭典. 2 祝祭日.
fes·ti·vo[1] [フェスティボ] 男 祝日, 休日.
fes·ti·vo[2]**, va** [一, バ] 形 1 祭りの, 祭日の, 祝日の, 休日の. 2 おどけた, 愉快な.
fes·tón [フェストン] 男 1（飾りの）花綵(はなづな). 2 波形飾り.
fes·to·ne·a·do, da [フェストネアド, ダ] 形 1 花綵(はなづな)飾りの. 2 波形飾りの.
fe·tal [フェタる] 形 胎児の.
fe·tén [フェテン] 形 1 本物の. 2 すばらしい, 見事な.
fe·ti·che [フェティチェ] 男 1 呪物(じゅぶつ), 物神. 2 お守り, マスコット.
fe·ti·chis·mo [フェティチスモ] 男 1 呪物(じゅぶつ)崇拝, 物神崇拝. 2（物などへの）盲目的崇拝, フェティシズム.
fe·ti·chis·ta [フェティチスタ] 《男女同形》1 呪物(じゅぶつ)崇拝の. 2 フェティシズムの.
— 男女 1 呪物崇拝者. 2 盲目的崇拝者.
fé·ti·do, da [フェティド, ダ] 形 悪臭を放つ.
fe·to [フェト] 男 1 胎児. 2 みにくい人.
feu·dal [フェウダる] 形 1 封土の. 2 封建制の.
feu·da·lis·mo [フェウダリスモ] 男 封建制度.
feu·do [フェウド] 男 1（封土の代わりの）忠誠の誓い. 2（封土の代わりの）貢ぎ物. 3 封土. 4 領地.
FEVE [フェべ] 女《略語》Ferrocarriles Españoles de Vía Estrecha スペイン狭軌鉄道.
fez [フェす] 男《複 feces》トルコ帽.
fia·bi·li·dad [フィアビリダス] 女 1 信頼, 信用. 2 信頼度, 見込み.
fia·ble [フィアブれ] 形 1 信頼できる. 2 見込みのある.
fia·do, da [フィアド, ダ] 《過去分詞》→ fiar 掛けで売る.
— 形 掛けの, 信用売りの.
fia·dor, do·ra [フィアドル, ドラ] 男女 保証人.
fiam·bre [フィアンブれ] 男 1 冷肉, ハム・ソーセージ類. 2 死体.
fiam·bre·ra [フィアンブれラ] 女 弁当箱.
fian·za [フィアンさ] 女 1 担保. 2 保証.
fiar [フィアる] 他《活 34 enviar》1 …に掛け売

他 は他動詞　再 は再帰動詞　形 は形容詞　副 は副詞　前 は前置詞　接 は接続詞　間 は間投詞

fias·co

りする. 2 …の保証人になる.
— **fiar·se** 再 (+de…) …を信用する.
ser de fiar 信頼に価する.

fias·co [ふぃアスコ] 男 1 失敗, 期待はずれ.
fi·bra [ふぃブラ] 女 1 繊維, ファイバー. 2 人造繊維.
fi·bri·lar [ふぃブリラル] 形 繊維の.
fi·bro·ma [ふぃブロマ] 男〈医学〉繊維腫(しゅ).
fi·bro·sis [ふぃブロシス] 女《単複同形》〈医学〉繊維症, 繊維形成.
fi·bro·so, sa [ふぃブロソ, サ] 形 繊維の多い.
fí·bu·la [ふぃブら] 女 (ローマ人の衣服の) 留め金, 安全ピン.
fic·ción [ふぃクしオン] 女 1〈文学〉虚構, フィクション. 2 作り話, 作り事.
ciencia ficción サイエンス・フィクション.
fi·cha [ふぃチャ] 女 1 (ゲーム用などの) チップ, 代用硬貨. 2 (資料用の) カード, 調査カード. 3〈勤務などを示す〉タイムカード. 4〈ホテル〉宿泊者カード.
fi·cha·je [ふぃチャへ] 男〈スポーツ〉選手契約.
— 男 女〈スポーツ〉契約選手.
fi·char [ふぃチャル] 他 1 (個人情報などを) カードに記入する. 2〈スポーツ〉…を選手として契約する. 3 …に目をつける, …を疑う.
— 自 1〈スポーツ〉(+por…) …に契約する. 2 (会社で) タイムカードを押す.
fi·che·ro [ふぃチェロ] 男 1 カードボックス, ファイルキャビネット. 2 (顧客などの) 資料カード. 3〈コンピューター〉ファイル.
fic·ti·cio, cia [ふぃクティしオ, しア] 形 1 虚構の, にせの, 架空の. 2 名目上の, 慣例の.
fi·cus [ふぃクス] 男《単複同形》〈観葉植物〉(ゴム植物系の) フィクス.
fi·de·dig·no, na [ふぃデディグノ, ナ] 形 信頼できる.
fi·de·i·co·mi·so [ふぃデイコミソ] 男 1〈法律〉信託処分. 2〈国連〉信託統治.
fi·de·li·dad [ふぃデリダッ] 女 1 忠誠, 忠実. 2 正確さ, 精確さ.
alta fidelidad〈録音〉ハイファイ.
fi·de·lí·si·mo, ma [ふぃデリシモ, マ] 形《絶対最上級語—fiel》とても忠実な.
fi·de·o [ふぃデオ] 男 1〈麺類(めんるい)〉パスタ, ヌードル. 2 やせ細った人.
fi·du·cia·rio, ria [ふぃドゥしアリオ, リア] 形 信託の, 信用上の.
— 男 女 受託者.
fie·bre [ふぃエブレ] 女 1〈病気〉熱, 発熱. 2 熱病. 3 熱中, 熱狂.
fiebre amarilla 黄熱病.
fiebre del heno 花粉症.
fiebre de Malta マルタ熱, 地中海熱.
fiebre tifoidea 腸チフス.
fiel [ふぃエる] 形 1 (+a…) …に忠実な, 誠実な. 2 正確な, その通りの. 3 公正な. 4〈信者〉まじめな, 篤信(とくしん)の.

— 男〈複(ぷく)〉信者, 信徒.
— 男〈秤(はかり)〉針, 指針.
fiel·men·te [ふぃエるメンテ] 副 1 忠実に, 誠実に. 2 正確に.
fiel·tro [ふぃエるトロ] 男〈布地〉フェルト.
fie·ra¹ [ふぃエラ] 女 1 野獣, 猛獣. 2 凶暴な人, 残忍な人.
fiera corrupia 1 獰猛(どうもう)な野獣. 2 悪辣(あくらつ)な人間.
hecho una fiera 逆上した, かっとなった.
ser una fiera en [para]… …で目立っている, …の鬼だ.
fie·re·za [ふぃエレさ] 女 凶暴さ, たけだけしさ.
fie·ro, ra² [ふぃエロ, —] 形 1 野獣の. 2 獰猛(どうもう)な, たけだけしい. 3 すさまじい, 激烈な, 猛烈な.
fie·rro [ふぃエロ] 男 鉄 [= hierro].
fies·ta [ふぃエスタ] 女 1 パーティー, 祝いの集会. 2 休日, 祝日. 3〈宗教〉祭り, 祭典, 祭儀. 4 祭りの行事 [= fiestas]. 5 喜ばしいこと, 楽しみ. 6 愛情表現, かわいがり.
aguar la fiesta a… …に (楽しんでいるところに) 水を差す, …を白けさせる.
arder en fiestas (場所が) 祝いでにぎわっている, 殷賑(いんしん)を極める.
coronar la fiesta 祝いの終りを告げる.
fiesta de guardar [precepto]〈宗教〉休日にしてミサに出る祭日.
fiesta movible [móvil] 移動祝祭日.
fiestas de Navidad クリスマス休暇.
guardar las fiestas 祝日の行事を守る.
hacer fiesta (週日に) 仕事を休む.
hacer fiestas a… …にちやほやする, ごまをする.
no estar para fiestas あまり楽しむ気がしない.
sala de fiestas ダンスホール, ナイトクラブ.
¡Se acabó la fiesta! (話がこじれたりして) 今日はこれまで!
¡Tengamos la fiesta en paz! なごやかにやりましょう!
FIFA [ふぃふぁ] 女《略語》Federación Internacional de Fútbol Asociación 国際サッカー連盟.
fi·gle [ふぃグレ] 男〈金管楽器〉フィグル.
fi·gu·ra [ふぃグラ] 女 1 姿, 格好, 外形. 2〈人〉容姿, 風采(ふうさい). 3 像, 彫像, 画像. 4 図形, 形状. 5〈創作〉典型的人物. 6〈修辞学〉文彩, 比喩. 7〈音楽〉音符, 音型. 8〈トランプ〉絵札. 9〈スポーツ〉フィギュア.
— 男 女 名士, 大物, 著名人, 有名人.
— 活 → figurar における.
figura de construcción 修辞的変則構文.
figura decorativa 飾りの地位の人.
figura de dicción 修辞的言い回し.
figura de pensamiento 修辞的語義.
figura retórica 修辞的文彩, ことばのあや.
fi·gu·ra·ble [ふぃグらブれ] 形 想像可能な.
fi·gu·ra·ción [ふぃグラしオン] 女 想像, 空想

活 は活用形 複 は複数形 男 は男性名詞 女 は女性名詞 固 は固有名詞 代 は代名詞 自 は自動詞

産物.

fi·gu·ra·da·men·te [ふぃグラダメンテ] 副 比喩的に.

fi·gu·ra·do, da [ふぃグラド, ダ] 《過去分詞》→ figurar 振りをする.
— 形 1 比喩的な, 転義の. 2 見せかけの.

fi·gu·ran·te [ふぃグランテ] 男女 1 (映画などの)エキストラ, 端役(はやく). 2 雑役(ざつやく)係, 下っ端(ぱ).

fi·gu·rar [ふぃグラル] 他 1 …の振りをする, …に見せかける. 2 …の形を示す, 描く.
— 自 (+en…) …に含まれている, 入っている. 2 姿を見せる, 出現する. 3 目立っている, 注目される.
— figurarse 再 …を想像する, 心に描く.

¡Figúrate! [¡Fíguese!] 大変なんだ!, すごいんだ!.

fi·gu·ra·ti·vo, va [ふぃグラティボ, バ] 形 1 表象的な, 比喩的な. 2 〈芸術〉具象の.

fi·gu·rín [ふぃグリン] 男 1 〈服飾〉デザイン画. 2 スタイルブック, ファッション雑誌. 3 (流行を追う)おしゃれな若者.

fi·gu·ri·nis·ta [ふぃグリニスタ] 男女 〈服飾〉デザイナー.

fi·gu·rón [ふぃグロン] 男 〈人〉みえっ張り, 目立ちたがり屋.

fi·ja·ción [ふぃハしオン] 女 1 固定, 取り付け. 2 定着, 安定. 3 決定, 設定. 4 固定観念, 病的な癖.

fi·ja·dor [ふぃハドル] 男 1 整髪料. 2 (写真などの)定着剤.

fi·ja·men·te [ふぃハメンテ] 副 じっと.

fi·jar [ふぃハル] 他 1 …を固定する, 取り付ける. 2 …を安定させる, 定着させる. 3 …を決定する, 設定する. 4 (視線などを)(+en…) …に向ける, 注ぐ.
— fijarse 再 1 (+en…) …に注意を向ける. 2 (+en…) …に注目する, 見とれる. 3 (+en…) …の位置を占める.

¡Fíjate! [¡Fíjese!] 1 よく見て!2 いいかい!, よく考えてごらん!.

fi·je·za [ふぃへサ] 女 1 固定性, 不動. 2 持続性.

fi·jo[1] [ふぃホ] 副 確かに, 確実に.

fi·jo[2], ja [—, ハ] 形 1 固定した, しっかりした. 2 安定した, 定着した. 3 持続する, 不変の. 4 決定的な, ゆるぎない.
— 動 → fijar 固定する.

de fijo 確実に, 疑いなく.

fi·la [ふぃラ] 女 1 (人や物の)列, 行列. 2 文字列, 記号列.

fi·la·men·to [ふぃラメント] 男 1 糸状のもの. 2 〈植物〉(おしべの)花糸. 3〈電球〉フィラメント.

fi·lan·tro·pí·a [ふぃラントロピア] 女 博愛, 人類愛.

fi·lan·tró·pi·co, ca [ふぃラントロピコ, カ] 形 博愛主義の, 慈善の.

fi·lán·tro·po, pa [ふぃラントロポ, パ] 男女 博

愛主義者.

fi·lar·mo·ní·a [ふぃラルモニア] 女 音楽愛好, 音楽好き.

fi·lar·mó·ni·ca[1] [ふぃラルモニカ] 女 交響楽団, フィルハーモニー.

fi·lar·mó·ni·co, ca[2] [ふぃラルモニコ, —] 形 1 音楽愛好の. 2 クラシック演奏の.
— 男女 〈人〉音楽好き.

fi·las [ふぃラス] 女複 〈→ fila〉1 軍隊. 2 兵役. 3 党派.

fi·la·te·lia [ふぃラテリア] 女 〈趣味〉切手収集.

fi·la·té·li·co, ca [ふぃラテリコ, カ] 形 切手収集の.

fi·la·te·lis·ta [ふぃラテリスタ] 男女 切手収集家.

fi·le·te [ふぃレテ] 男 1〈料理〉ステーキ. 2〈料理〉ヒレ肉, 切り身. 3〈魚〉(剝(は)り取った)平縁(ふち). 4 (服飾などの)縁飾り, へり飾り.

darse el filete (恋人同士が)いちゃつく.

fi·le·te·ar [ふぃレテアル] 他 1 …に縁飾りをつける. 2 (食材)を切り身にする.

fil·fa [ふぃるふぁ] 女 うそ, ごまかし.

fi·lia·ción [ふぃリアしオン] 女 1 依存関係. 2 関連, かかわり, 加入. 3 個人情報. 4 親子関係.

fi·lial [ふぃリアる] 形 1 (親に対して)子の, 子供としての. 2 〈企業〉系列の, 支部の.
— 女 子会社, 支店.

fi·liar [ふぃリアル] 他 …の個人調書をとる.

fi·li·bus·te·ro [ふぃリブステロ] 男 (17世紀のアンティル諸島の)海賊.

fi·li·for·me [ふぃリふぉルメ] 形 糸状の, 糸のような.

fi·li·gra·na [ふぃリグラナ] 女 1 金線[銀線]細工. 2 精巧な細工物.

fi·lí·pi·ca [ふぃリピカ] 女 1 強い叱責. 2 痛烈な非難.

Fi·li·pi·nas [ふぃリピナス] 固〈共和国の名〉フィリピン[= Pilipinas].

fi·li·pi·no, na [ふぃリピノ, ナ] 形 フィリピンの.
— 男女 フィリピン人.

fi·lis·te·o, a [ふぃリステオ, ア] 男女〈聖書〉ペリシテ人(びと).

film [ふぃるム] 男《複 filmes》〈映画〉フィルム.

fil·ma·ción [ふぃるマしオン] 女 〈映画〉撮影.

fil·mar [ふぃるマル] 他 〈映画〉…を撮影する.

fil·me [ふぃるメ] 男 〈映画〉フィルム.

fil·mi·na [ふぃるミナ] 女 〈写真〉スライド.

fil·mo·gra·fí·a [ふぃるモグラふぃア] 女 (特定関係者の)映画作品群.

fil·mo·te·ca [ふぃるモテカ] 女 1 〈映画〉フィルムライブラリー. 2 (フィルムライブラリーの)上演室. 3 映画作品のコレクション.

fi·lo [ふぃロ] 男 (刃物の)刃.

al filo de… …のそばに, …のごく近くに.

al filo de la medianoche ほとんど真夜中に.

fi·lo·lo·gí·a

al filo de la noticia 情報に通じた.
espada de dos filos [de doble filo] 諸刃(もろは)の剣(つるぎ).

fi·lo·lo·gí·a [ふぃろろヒア] 囡 文献学, 国語学, 言語学.

fi·lo·ló·gi·co, ca [ふぃろロヒコ, カ] 形 文献学の, 国語学の, 言語学の.

fi·ló·lo·go, ga [ふぃロロゴ, ガ] 男囡 文献学者, 国語学者, 言語学者.

fi·lón [ふぃロン] 男 1 鉱脈. 2 大いに役立つ人[物].

fi·lo·so, sa [ふぃロソ, サ] 形 鋭利な.

fi·lo·so·far [ふぃロソふぁル] 自 1 哲学的に論じる. 2 思いめぐらす.

fi·lo·so·fí·a [ふぃろソふぃア] 囡 1 哲学, 知の体系. 2 考え方. 3 冷静, 沈着.

fi·lo·só·fi·co, ca [ふぃろソふぃコ, カ] 形 哲学の, 哲学的な.

fi·ló·so·fo, fa [ふぃロソふぉ, ふぁ] 男囡 1 哲学者. 2 哲人, 賢人.

fi·lo·xe·ra [ふぃろクセラ] 囡 〈昆虫〉(ブドウの木を傷める)ネアブラムシ.

fil·tra·ción [ふぃるトラシオン] 囡 1 濾過(ろか). 2 (液体の)浸透. 3 (秘密の)漏洩(ろうえい).

fil·trar [ふぃるトラル] 他 1 …をフィルターにかける, 濾過(ろか)する. 2 …を選別する. 3 (秘密など)をもらす, 漏洩(ろうえい)する. 4 (液体や光)を通す.
—— 自 浸透する.
—— *filtrarse* 再 1 浸透する, にじむ. 2 (秘密などが)もれる. 3 (考え方などが)浸透する, 広まる. 4 (財産などが)知らないうちに消えてゆく.

fil·tro [ふぃるトロ] 男 1 フィルター. 2 濾過(ろか)器. 3 (目を保護する)濾光器. 4 (周波数を選別する)濾波器. 5 ほれ薬, 媚薬(びやく).

fi·mo·sis [ふぃモシス] 囡 《単複同形》《医学》包茎.

fin [ふぃン] 男 1 終わり, 結末, 最後. 2 死, 最期. 3 先, 先端, 限度. 4 目的, 目標.
a fin [fines] de (+期間) …の終わりごろに, 末ごろ.
a fin de (+不定詞[+*que*+接続法]) …するために.
a fin de cuentas [al fin y al cabo] 1ついに, とうとう. 2 つまり, 結局のところ.
al fin とうとう, 最後に.
en fin 1ついに, とうとう. 2 つまり, 要約すると.
en fin de cuentas 結局のところ.
fin de fiesta 1〈興行〉フィナーレ. 2 (話し合いなどの)気まずい結末.
fin de semana 1 (土・日の)週末. 2 (短期旅行用の)バッグ, 小型トランク.
fin de siglo 世紀末.
fin último 究極の目的.
poner [dar] fin a… …を終わらせる.
por fin ついに, とうとう.
…sin fin 無限の….

un sin fin de… 無限の…, 無数の….

fi·na·do, da [ふぃナド, ダ] 《過去分詞》→ *finar* 死亡する.
—— 男囡 故人, 物故者.

fi·nal [ふぃナる] 形 1 終わりの, 最後の, 最後の. 2 最終的な, 究極の. 3 目的を示す.
—— 男 1 最後, 最終. 2 末端. 3 結末, 終末. 4 終焉(しゅうえん), 死. 5〈興行〉フィナーレ.
—— 囡 〈スポーツなどの〉決勝戦.
a finales de (+期間) …の終わりごろに, 末ごろに.
al final ついに, 最後に, 結局.
conjunción final 〈文法〉目的の接続詞.
el juicio final 〈宗教〉最後の審判.
oración final 〈文法〉目的の従属節.
punto final 終止符.

finalic- 活 → *finalizar* 終える《活 39》.

fi·na·li·dad [ふぃナリダメ] 囡 目的, 意図.

fi·na·lis·ta [ふぃナリスタ] 形 〈男女同形〉〈決勝戦に出る〉
—— 男囡 (スポーツなどの)決勝戦出場選手.

fi·na·li·zar [ふぃナリさル] 他 《活 39 gozar》…を終える, 終わらせる.
—— 自 終わる, 終了する.

fi·nal·men·te [ふぃナるメンテ] 副 1 ついに, とうとう. 2 結局, 最終的に.

fi·nan·cia·ción [ふぃナンシアシオン] 囡 融資, 出資.

fi·nan·ciar [ふぃナンシアル] 他 …に出資する, 融資する.

fi·nan·cie·ra¹ [ふぃナンシエラ] 囡 金融会社.

fi·nan·cie·ro, ra² [ふぃナンシエロ, -] 形 1 財政の, 財務の. 2 金融の.
—— 男囡 1 財政の専門家. 2 金融業者, 投資家.

fi·nan·zas [ふぃナンさス] 囡複 1 財政, 財務. 2 資力, 財産. 3 〈活動〉投資, 金融.

fi·nar [ふぃナル] 自 逝去(せいきょ)[死亡]する.

fin·ca [ふぃンカ] 囡 1 不動産, 地所, 家屋. 2 別荘. 3 農場, 農園.

fi·nés¹ [ふぃネス] 男 (北欧の)フィン語. 2 フィンランド語.

fi·nés², **ne·sa** [—, ネサ] 形 1 (北欧の)フィン族の. 2 フィンランド Finlandia の.
—— 男囡 1 フィン族の人. 2 フィンランド人.

fi·ne·za [ふぃネさ] 囡 1 上品さ, 洗練, 繊細さ. 2 上質さ, 精巧さ. 3 やさしさ, 思いやり, 親切さ.

fin·gi·da·men·te [ふぃンヒダメンテ] 副 うわべをつくろって, 振りだけで.

fin·gi·do, da [ふぃンヒド, ダ] 《過去分詞》→ *fingir* 振りをする.
—— 形 見せかけの, ごまかしの.

fin·gi·mien·to [ふぃンヒミエント] 男 見せかけ, ごまかし.

fin·gir [ふぃンヒル] 他 《活 27 *dirigir*》…である振りをする / *Fingió dolor por lo ocurrido.* 彼はその出来事に心痛している振りをした.

活 は活用形 複 は複数形 男 は男性名詞 囡 は女性名詞 固 は固有名詞 代 は代名詞 自 は自動詞

— **fingir·se** 再 …の振りをする, …と見せかける.

fi·ni·qui·tar [ふぃニキタル] 他 1 …を決済する, 払い終える. 2 …をかたづける, 殺す.

fi·ni·qui·to [ふぃニキト] 男 決済, 清算.

fi·ni·se·cu·lar [ふぃニセクラル] 形 世紀末の.

fi·ni·to, ta [ふぃニト, タ] 形 有限の, 限界のある.

finj- → fingir 振りをする《活 27》.

fin·lan·dés, de·sa [ふぃンランデス, デサ] 形 (北欧の国の)フィンランド Finlandia の.
— 男 女 フィンランド人.

fi·no[1] [ふぃノ] 男 《シェリー酒》 辛口.

fi·no[2], **na** [—, ナ] 形 1 細い, ほっそりした, 薄い. 2 上品な, 洗練された. 3 敏感な, 鋭敏な. 4 なめらかな, すべすべした. 5 貴重な, 精巧な, 上等な. 6 抜けめのない, ずるがしこい. 7 《金属》 混じり気のない, 純粋な. 8 《シェリー酒》 辛口の.

fi·no·lis [ふぃノリス] 形 《男女同形, 単複同形》きざな, 上品ぶった.

fin·ta [ふぃンタ] 女 《スポーツ》 フェイント.

fi·nu·ra [ふぃヌラ] 女 1 細さ, 薄さ. 2 洗練, 上品さ. 3 上質, 上等. 4 繊細さ, 精巧. 5 敏感, 鋭敏. 6 なめらかさ. 7 礼儀正しさ.

fior·do [ふぃオルド] 男 《地理学》 フィヨルド, 峡湾.

fir·ma [ふぃルマ] 女 1 署名, サイン. 2 調印, 調印式. 3 会社, 商会, 商社. 4 商号. 5 独特の様式. 6 筆者, 著者.
— 活 → firmar 署名する.

fir·ma·men·to [ふぃルマメント] 男 天空, 天球.

fir·man·te [ふぃルマンテ] 形 署名する, 調印する.
— 男 女 署名者, 調印者.

fir·mar [ふぃルマル] 他 1 …に署名する, サインする. 2 …に調印する.
— 活 → ... 署名する.

firmar… en blanco を白紙委任する.
firmar por… と就労契約を結ぶ.

fir·me [ふぃルメ] 形 1 堅い, 堅固な, しっかりした. 2 不動の, 確固たる. 3 《市況》 堅調の, 安定した.
— 男 1 (舗装道路の)路床(しょう). 2 (建造物などの)地盤.
— 副 堅固に, こつこつと.

de firme 1 こつこつと, 休みなく. 2 堅固に.
en firme 《取引》 確定的に[な].
¡Firmes! 《号令》 気をつけ!
tierra firme 大陸.

fir·me·men·te [ふぃルメメンテ] 副 1 堅固に, しっかりと. 2 確固として, ゆるぎなく.

fir·me·za [ふぃルメサ] 女 1 堅固, 堅牢. 2 毅然(きぜん), ゆるぎなさ.

fis·cal [ふぃスカル] 形 1 国庫の. 2 財政上の, 会計の. 3 税務の.
— 男 1 検事, 検察官. 2 税務官, 財務会計検査官. 3 税務官, 税務署員.

fis·ca·lí·a [ふぃスカリア] 女 1 検察庁, 検事局. 2 検事[検察官]の職.

fis·ca·li·za·ción [ふぃスカリさシオン] 女 検察, 査察, 監査.

fis·ca·li·zar [ふぃスカリさル] 他 《活 39 go-zar》 1 …を監査する, 査察する. 2 …を詮索(せんさく)する, 批判する.

fis·co [ふぃスコ] 男 国庫.

fis·ga [ふぃスガ] 女 (魚を突く)やす, 銛(もり).

fis·gar [ふぃスガル] 他 《活 47 llegar》 …を詮索(せんさく)する, それとなく調べる.
— 自 詮索する, かぎまわる, のぞき見する.

fis·gón, go·na [ふぃスゴン, ゴナ] 形 詮索(せんさく)好きな, のぞき見趣味の.
— 男 女 《人》 詮索好き.

fis·go·ne·ar [ふぃスゴネアル] 他 …をいつも詮索する.
— 自 (趣味で)詮索する, のぞき見する.

fí·si·ca[1] [ふぃスィカ] 女 物理学.
física nuclear 核物理学.

fí·si·ca·men·te [ふぃスィカメンテ] 副 1 物理的に. 2 肉体的に. 3 身をもって, 体を使って.

fí·si·co[1] [ふぃスィコ] 男 1 体格, 体つき, 体型. 2 《人》 外観, 容貌(ようぼう).

fí·si·co[2], **ca**[2] [ふぃスィコ, カ] 形 1 物理学の, 物理的な. 2 肉体の, 身体の. 3 物質の, 物質的な. 4 自然の, 自然界の, 天然の.
— 男 女 物理学者.

fi·si·co·cul·tu·ris·mo [ふぃスィコクルトゥリスモ] 男 《スポーツ》 ボディービル.

fi·sio·lo·gí·a [ふぃスィオロヒア] 女 生理学.

fi·sio·ló·gi·co, ca [ふぃスィオロヒコ, カ] 形 生理学の, 生理的な.
necesidad fisiológica (睡眠などの)生理的欲求.

fi·sió·lo·go, ga [ふぃスィオロゴ, ガ] 男 女 生理学者.

fi·sión [ふぃスィオン] 女 (核の)分裂.

fi·sio·te·ra·peu·ta [ふぃスィオテラペウタ] 男 女 物理療法士.

fi·sio·te·ra·pia [ふぃスィオテラピア] 女 物理療法, 理学療法.

fi·so·no·mí·a [ふぃスノミア] 女 1 顔つき, 顔だち. 2 《物》 外観, 様子.

fi·so·nó·mi·co, ca [ふぃスノミコ, カ] 形 顔つきの, 顔だちの.

fi·so·no·mis·ta [ふぃスノミスタ] 形 《男女同形》 他人の顔をよく覚えている.
— 男 女 人の顔をよく覚えている人.

fís·tu·la [ふぃストゥら] 女 《医学》 瘻管(ろうかん).
fístula anal 痔瘻(じろう).

fi·su·ra [ふぃスラ] 女 1 裂け目, 割れ目. 2 亀裂.

fi·tó·fa·go, ga [ふぃトふァゴ, ガ] 形 草食性の.

fla·ci·dez [ふらしデす] 女 1 たるみ, しまりのなさ. 2 (筋肉の)弛緩(しかん).

flá·ci·do, da [ふらしド, ダ] 形 たるんだ, ゆるんでいる.

fla·co, ca [フラコ, カ] 形 1 やせ細った. 2 弱い, 虚弱な. 3 こわれやすい, もろい.
fla·ge·la·ción [フラヘらシオン] 女 (繰り返される)鞭(むち)打ち.
fla·ge·la·do, da [フラヘらド, ダ] 《過去分詞》→ flagelar 鞭(むち)で打つ.
— 形 1 鞭で打たれた. 2〈生物学〉鞭毛(べんもう)のある.
fla·ge·lar [フラヘらル] 他 1 …を鞭(むち)で打つ. 2 …を激しく非難する.
— **flagelar·se** 再 (苦行で)自らを鞭打つ.
fla·ge·lo [フラヘろ] 男 1 鞭(むち). 2〈生物学〉鞭毛(べんもう).
fla·gran·te [フラグランテ] 形 1 現在進行中の, 現行の. 2 明白な, 自明の.
en un flagrante delito 現行犯で.
fla·ma [フラマ] 女 炎(ほのお), 火炎.
fla·man·te [フラマンテ] 形 1 新品の, 真新しい. 2 光り輝く.
flam·be·ar [フランベアル] 他〈料理〉…をフランベにする.
fla·me·ar [フラメアル] 自 1 炎(ほのお)を上げる, 燃える. 2 はためく, ひるがえる.
fla·men·co[1] [フラメンコ] 男 1〈歌・踊り〉フラメンコ. 2 (ベルギーの)フラマン語. 3〈鳥〉フラミンゴ.
fla·men·co, ca[2] [—, カ] 形 1 フランドル地方 Flandes の. 2〈人〉頑健な, がっしりした. 3 きざな, 気取った. 4〈民謡〉フラメンコの.
— 男 女 1 フランドルの人. 2 頑健な人. 3 きざな人.
fla·mí·ge·ro, ra [フラミヘロ, ラ] 形 火炎を放つ, 炎(ほのお)のような.
flan [フらン] 男 1〈料理〉プディング.
como [hecho] un flan ぶるぶる震えた, びくびくしている.
flan·co [フらンコ] 男 1〈人〉横腹, わき腹. 2〈船〉舷側(げんそく). 3〈軍隊〉側面.
Flan·des [フらンデス] 固〈地方の名〉(ベルギー・オランダあたりの)フランドル, フランデレン.
flan·que·ar [フらンケアル] 他 1 …の側面に位置する. 2 …の側面を守る. 3 …の側面を攻撃する.
fla·que·ar [フらケアル] 自 1 弱る, おとろえる. 2 気力を失う, へこたれる.
fla·que·za [フらケさ] 女 1 やせすぎ. 2 衰弱, おとろえ. 3 軟弱. 4 弱点.
flash [フらシ] 男《=flas》1〈写真〉ストロボ, フラッシュライト. 2〈写真〉(閃光の)フラッシュ. 3〈報道〉速報. 4 驚き, 強い印象.
fla·to [フらト] 男 1 (腸にガスがたまる)鼓腸(こちょう), 腸満(ちょうまん).
fla·tu·len·to, ta [フらトゥれント, タ] 形 鼓腸(こちょう)性の, 腸内にガスのたまる.
— 男 女 鼓腸の患者.
flau·ta [フらウタ] 女〈楽器〉フルート.
— 男 女 フルート奏者.
flauta de pan 牧神の笛, パンの笛.

flauta dulce [de pico]〈楽器〉リコーダー.
flauta travesera 横笛.
sonar la flauta 偶然に起こる, まぐれで当たる.
flau·tín [フらウティン] 男〈楽器〉ピッコロ.
flau·tis·ta [フらウティスタ] 男 女 フルート奏者.
fle·bi·tis [フれビティス]女《単複同形》〈医学〉静脈炎.
fle·cha [フれチャ] 女 1 (弓の)矢. 2 矢印. 3〈建築〉(アーチの)迫高(せりだか).
— 活 → flechar 矢をかける.
fle·char [フれチャル] 他 1 (弓に)矢をかける. 2 …のハートを射止める.
— **flechar·se** 再 (+con…) …が急に好きになる.
fle·cha·zo [フれチャそ] 男 1 矢を射ること. 2 矢傷. 3 ひと目ぼれ.
fle·co [フれコ] 男 1 ふさ飾り. 2 (裾(すそ)の)ほつれ. 3 未解決の問題, 懸案.
fle·je [フれヘ] 男 帯金(おびがね).
fle·ma [フれマ] 女 1 痰(たん). 2 冷静さ, 沈着. 3 冷淡.
fle·má·ti·co, ca [フれマティコ, カ] 形 1 冷静な, 沈着な. 2 冷淡な.
fle·món [フれモン] 男〈医学〉歯周炎, 蜂窩織炎.
fle·qui·llo [フれキじょ] 男 前髪.
fle·tar [フれタル] 他 1 (飛行機や船)をチャーターする. 2 …を(船に)積む, 乗せる.
fle·te [フれテ] 男 1 運賃, 運送料. 2 チャーター料. 3 積み荷, 貨物.
fle·xi·ble [フれクシブれ] 形 1 しなやかな, 柔軟な. 2 弾力的な, 順応性の高い.
fle·xi·bi·li·dad [フれクシビりダス] 女 1 しなやかさ, 柔軟性. 2 従順さ, 適応性.
fle·xi·bi·li·zar [フれクシビりさル] 他《活 39 gozar》…を柔軟にする, 弾力的にする.
fle·xión [フれクシオン] 女 1 屈曲, 湾曲. 2〈文法〉語尾変化, 活用, 屈折.
fle·xio·nar [フれクシオナル] 他 (体の一部)を屈伸させる.
fle·xi·vo, va [フれクシボ, バ] 形 1〈文法〉屈折の, 活用の. 2〈言語〉語尾変化の.
fle·xo [フれクソ] 男 (首を自由に曲げられる)電気スタンド.
fli·par [フりパル] 自 1 (物が)とても(+a+人) …の気に入る, …を夢中にさせる. 2 (機械が)調子がおかしい.
— **flipar·se** 再 1 (+por…) …がとても気に入る, …に夢中である. 2 麻薬を使う.
flir·te·ar [フりルテアル] 自 1 (+con…) …にちょっと手を出す. 2 (+con…) …とうわべだけの恋をする, たわむれの恋をする.
flir·te·o [フりルテオ] 男 たわむれの恋.
flo·je·ar [フろヘアル] 自 1 弱くなる, 衰弱する. 2 (仕事で)力を抜く, なまける.
flo·je·dad [フろヘダス] 女 1 衰弱, 軟弱. 2 無気

活 は活用形　複 は複数形　男 は男性名詞　女 は女性名詞　固 は固有名詞　代 は代名詞　自 は自動詞

力, なまけ, 怠慢.

flo·je·ra [ふろヘラ] 囡 1 だるさ, 疲れ. 2 無気力, なまけ.

flo·jo, ja [ふろホ, ハ] 形 1 ゆるい, たるんだ. 2 無気力な, 怠惰な. 3 面白みのない, つまらない. 4 のろい, ぐずぐずした. 5 だるい, 元気のない.

flor [ふろル] 囡 1 花. 2 《女性への》賛辞, お世辞. 3 最良のもの, 精華.

a flor de... 〈内側のものが〉…の表面すれすれに.

a flor de piel 1 とても感じやすい. 2 表面すれすれに.

flor de estufa 〈人〉温室育ち, 病弱.

flor de lis 〈紋章〉ユリの花.

la flor de la canela 最良のもの, 名士.

la flor de la vida 〈人〉若い盛り.

la flor y nata de... …の最良のもの, 名士, 精華.

...ni flores 全然(…ない).

ser flor de un día わずかしか続かない.

ser flor de la maravilla 〈健康状態などが悪くなったり良くなったり〉急に変わる.

Flor [ふろル] 圖 《女性の名》フロル.

flo·ra [ふろラ] 囡 〈一定の地域や時代の〉植物群, 植物相.

flora intestinal 腸内細菌.

flo·ra·ción [ふろラしオン] 囡 1 開花. 2 開花期. 3 開花期間.

flo·ral [ふろラる] 形 花の, 花のような.

flo·re·ar [ふろレアる] 自 〈剣で〉飾る.

flo·re·cer [ふろレセル] 自 《活 4 agradecer》 1 開花する, 花が咲く. 2 盛んになる, 栄える. 3 活躍する. 4 発展する.

flo·re·cien·te [ふろレしエンテ] 形 繁栄する, 栄える, 発展している.

flo·re·ci·mien·to [ふろレしミエント] 男 1 開花. 2 花盛り, 満開. 3 繁栄, 発展.

flo·ren·ti·no, na [ふろレンティノ, ナ] 形 《イタリアの都市》フィレンツェ Florencia の.
— 男女 フィレンツェの人.

flo·re·o [ふろレオ] 男 とりとめのない雑談.

flo·re·ro¹ [ふろレろ] 男 花瓶(び), 花器.

flo·re·ro², ra [ー, ラ] 男女 〈人〉花屋.

flo·res·cen·cia [ふろレスせンしア] 囡 1 開花. 2 開花期.

flo·res·ta [ふろレスタ] 囡 森, 樹林.

flo·re·te [ふろレテ] 男 〈フェンシング〉〈剣の〉フルーレ.

florezc- 活 → florecer 開花する《活 4》.

flo·ri·cul·tor, to·ra [ふろリクるトル, トラ] 男女 園芸家, 花卉(き)栽培業者.

flo·ri·cul·tu·ra [ふろリクるトゥラ] 囡 園芸, 花卉(き)栽培.

flo·ri·do, da [ふろリド, ダ] 形 1 花の咲いた, 花盛りの. 2 《言語表現》華やかな, 飾りの多い.

lo más florido de... …の最良のもの, 名士.

Pascua florida 〈宗教〉復活祭.

flo·ri·le·gio [ふろリれヒオ] 男 詞華集, アンソロジー.

flo·rín [ふろリン] 男 《通貨単位》フロリン, 〈オランダなどの〉ギルダー, グルデン.

flo·ri·pon·dio [ふろリポンディオ] 男 趣味の悪い花飾り[花柄].

flo·ris·ta [ふろリスタ] 男女 1 〈人〉花屋, 花売り. 2 花飾り製造業者.

flo·ris·te·rí·a [ふろリステリア] 囡 〈店舗〉花屋.

flo·ri·tu·ra [ふろリトゥラ] 囡 飾り, 装飾音.

flo·rón [ふろロン] 男 〈大型の〉花形装飾.

flo·ta [ふろタ] 囡 1 船団, 艦隊. 2 〈同一所属先の〉全船舶. 3 〈同一所属先の〉全航空機.

flo·ta·ción [ふろタしオン] 囡 浮かぶこと, 浮遊.
línea de flotación 喫水線.

flo·ta·dor [ふろタドル] 男 1 浮き袋, 浮き輪. 2 〈水量調節用の〉浮き球. 3 ブイ, 浮標.

flo·tan·te [ふろタンテ] 形 1 浮いている. 2 浮動する, 流動的な.

flo·tar [ふろタル] 自 1 浮かぶ, 浮遊する. 2 ただよう, 浮動する. 3 ひるがえる, なびく.

flo·te [ふろテ] 男 《つぎの副詞句の一部》
a flote 1 《水面に》浮かんで. 2 《苦境などから》脱して, 浮上して. 3 公然となって, 姿を見せて.

flo·ti·lla [ふろティじゃ] 囡 〈小型船の〉船団, 船隊.

fluc·tua·ción [ふるクトゥアしオン] 囡 〈価格などの〉変動.

fluc·tuan·te [ふるクトゥアンテ] 形 〈価格などが〉変動する.

fluc·tuar [ふるクトゥアる] 自 《活 1 actuar》 1 〈価格などが〉変動する. 2 〈気持ちなどが〉揺れる.

flui·dez [ふるイデす] 囡 1 〈弁舌の〉さわやかさ, 流暢さ. 2 〈動きの〉なめらかさ. 3 流動性.

flui·do¹ [ふるイド] 男 1 流動体. 2 電流.

flui·do², da [ー, ダ] 《過去分詞》→ fluir 流れる.
— 形 1 〈弁舌が〉さわやかな, 流暢(ちょう)な. 2 〈流れが〉スムーズな, よどみのない. 3 流動性の.

fluir [ふるイる] 自 《活 43 huir》 1 流れる, 流れ出す. 2 流れるように動く, スムーズに進む. 3 〈言葉が〉すらすら出てくる. 4 〈考えが〉つぎつぎに湧(わ)き出てくる.

flu·jo [ふるホ] 男 1 流出. 2 流動, 流れ. 3 〈人や物の〉流れ, 流通. 4 〈海〉上げ潮.

flú·or [ふるオル] 男 〈化学〉フッ素.

fluo·res·cen·cia [ふるオレスせンしア] 囡 蛍光, 蛍光発光.

fluo·res·cen·te [ふるオレスせンテ] 形 蛍光を放つ / *lámpara fluorescente* 蛍光灯.
— 男 蛍光灯.

flu·vial [ふるビアる] 形 川の, 河川の.

flu·xión [ふるクシオン] 囡 〈医学〉充血.

FM [エふエメ] 囡 《略語》英語 Frequency

FMI

Modulation (放送などの)周波数変調.

FMI [エふェエメイ] 男《略語》Fondo Monetario Internacional 世界通貨基金[= 英語 IMF].

fo·bia [ふォビア] 女 1〈医学〉恐怖症. 2 嫌悪, 反感.

fo·ca [ふォカ] 女 1〈動物〉アザラシ. 2 太った人.

fo·cal [ふォカる] 形 焦点の.

fo·co [ふォコ] 男 1 (写真などの)焦点. 2 光源. 3 スポットライト. 4 (活動などの)中心, 中心地.
foco de infección 〈医学〉感染源.
foco de luz 光源, スポットライト.

fo·fo, fa [ふォふォ, ふァ] 形 やわらかい, ふにゃふにゃの.

fo·ga·ra·da [ふォガラダ] 女 火炎.

fo·ga·ta [ふォガタ] 女 焚(た)き火, かがり火.

fo·gón [ふォゴン] 男 1 (昔の台所の)かまど. 2 (ボイラーなどの)火室, かまど.

fo·go·na·zo [ふォゴナそ] 男 1 火花, 閃光(せんこう). 2〈写真〉フラッシュの光.

fo·go·si·dad [ふォゴシダ(ッ)ド] 女 情熱, 熱情, 気迫.

fo·go·so, sa [ふォゴソ, サ] 形 熱情的な, 気迫のこもった.

fo·gue·o [ふォゲオ] 男《つぎの形容詞句の一部》
de fogueo 実弾の入っていない, 空包の.

fol·clo·re [ふォるクロレ] 男《= folclor》1 民間伝承, 民俗, フォークロア. 2 お祭り騒ぎ.

fol·cló·ri·co, ca [ふォるクろリコ, カ] 形 民俗の, フォークロアの.
— 男女 (フラメンコなどの)プロの踊り手[歌手].

fol·clo·ris·ta [ふォるクろリスタ] 男女 民俗学者.

fo·liar [ふォリアル] 他《活 17 cambiar》(本などに)丁付けをする.
— 形〈植物〉葉の, 葉状の.

fo·lio [ふォりオ] 男 1〈印刷用紙〉(A4 判より少し縦長の大きさの)フォリオ, ふたつ折り判. 2 (本などの紙葉の) 1 枚.

fo·lio·lo [ふォりオろ] 男《= folíolo》〈植物〉(複葉を構成する)小葉(しょうよう).

fol·klo·re [ふォるクろレ] 男 民間伝承, 民俗, フォークロア.

fo·lla·je [ふォじゃへ] 男 (集合的に)枝葉.

fo·llar [ふォじゃル] 自 性交する.
— 他 …と性交する.
— follar·se 再 すかし屁(へ)をする.

fo·lle·tín [ふォじェティン] 男 1 (定期刊行物の)連載小説, 連載記事. 2 通俗小説, 娯楽小説. 3 通俗小説的な出来事.

fo·lle·ti·nes·co, ca [ふォじェティネスコ, カ] 形 通俗小説の.

fo·lle·to [ふォじェト] 男 パンフレット, 小冊子.

fo·llón [ふォじョン] 男 1 騒動, 大騒ぎ. 2 雑然, 散乱.

fo·men·tar [ふォメンタル] 他 1 …を促進する, 育成する. 2 …を助長する, 刺激する.

fo·men·to [ふォメント] 男 1 促進, 助成. 2 (活動などへの)刺激, 助長.

fo·na·ción [ふォナしオン] 女 発声.

fo·na·dor, do·ra [ふォナドル, ドラ] 形〈器官〉発声の, 発声のための.

fon·da [ふォンダ] 女 旅館, 宿屋, はたご.

fon·de·a·de·ro [ふォンデアデロ] 男〈船舶〉停泊地.

fon·de·ar [ふォンデアル] 他 (船舶)を(錨(いかり)を下ろして)停泊させる.
— 自 (船が)投錨(とうびょう)する.

fon·di·llos [ふォンディじョス] 男複 ズボンの尻(しり).

fon·dis·ta [ふォンディスタ] 男女 1〈スポーツ〉長距離選手. 2 旅館の主人.

fon·do [ふォンド] 男 1 底, 下部. 2 深さ, 深度. 3 (建物などの)奥, 突き当たり. 4 奥行き. 5 海底, 湖底. 6 背景, 背後. 7 本性, 心根(こころね). 8 本質, 核心. 9 資本, 資金[= fondos]. 10 (図書館などの)蔵書, 出版物[= fondos]. 11〈スポーツ〉持久力, 体力. 12〈スポーツ〉長距離レース.
a fondo 徹底的に, 完全に.
al fondo de... …の突き当たりに.
artículo de fondo 〈新聞〉社説, 論説.
bajos fondos (大都市のなかの)犯罪者たちの巣窟(そうくつ).
en el fondo 基本的には.
en fondo 縦隊で.
fondos de reptiles (公的機関の)機密費.
fondos públicos 国債, 公債.
medio fondo 〈スポーツ〉中距離レース.
tocar fondo 1 底に着く. 2 最終段階に入る.

fon·dón, do·na [ふォンドン, ドナ] 形〈人〉太って動きの鈍い.

fo·ne·ma [ふォネマ] 男〈言語学〉音素.

fo·nen·do [ふォネンド] 男《= fonendoscopio》〈医学〉聴診器.

fo·né·ti·ca¹ [ふォネティカ] 女 1 音声学. 2 (集合的に)音声.

fo·né·ti·co, ca² [ふォネティコ, カ] 形 1 音声の. 2 音声学の. 3〈文字体系〉表音の.

fo·ne·tis·ta [ふォネティスタ] 男女 音声学者.

fo·nia·tra [ふォニアトラ] 男女 音声医学の専門家.

fo·nia·trí·a [ふォニアトリア] 女 (発声器官の病気を扱う)音声医学.

fó·ni·co, ca [ふォニコ, カ] 形 発音上の, 音の.

fo·no·grá·fi·co, ca [ふォノグらふィコ, カ] 形 蓄音機の.

fo·nó·gra·fo [ふォノグらふォ] 男 蓄音機.

fo·no·gra·ma [ふォノグらマ] 男 表音文字.

fo·no·lo·gí·a [ふォノろヒア] 女 音韻論.

fo·no·ló·gi·co, ca [ふォノろヒコ, カ] 形 音韻論の, 音韻の.

fo·no·te·ca [ふォノテカ] 女 (レコードなどの)音声資料ライブラリー.

活 は活用形 複 は複数形 男 は男性名詞 女 は女性名詞 固 は固有名詞 代 は代名詞 自 は自動詞

fon·ta·na [フォンタナ] 囡 泉.
fon·ta·ne·rí·a [フォンタネリア] 囡 1 配管業, 配管工事. 2 配管系統. 3 水道器具販売店.
fon·ta·ne·ro, ra [フォンタネロ, ラ] 男囡〈人〉水道屋, 配管工.
foo·ting [フティン] 男 ジョギング.
fo·ra·ji·do, da [フォラヒド, ダ] 形 無法者の, 逃亡犯罪者の.
— 男囡 無法者, 逃亡犯罪者.
fo·ral [フォラる] 形 特権の, フエロ fuero の.
fo·rá·ne·o, a [フォラネオ, ア] 形 外国の, 他国の, よその.
fo·ras·te·ro, ra [フォラステロ, ラ] 形 よそから来た, 外来の.
— 男囡 よそ者, 外来者.
for·ce·je·ar [フォrセヘアr] 自 1 (+para+不定詞) …しようとあがく. 2 (+con…) …に強く反対する.
for·ce·je·o [フォrセヘオ] 男 1 あがき, もがき. 2 強い反対.
fór·ceps [フォrセプス]男《単複同形》〈医学〉鉗子(かんし).
fo·ren·se [フォレンセ] 形 法廷の, 裁判の.
— 男囡 法医学者.
fo·res·tal [フォレスタル] 形 森の, 森林の.
for·ja [フォrハ] 囡 1 鍛造, 鍛冶(かじ). 2 鉄工所, 鍛造所. 3 鍛錬, 形成.
for·ja·do, da [フォrハド, ダ] 《過去分詞》= forjar 鍛(きた)える.
— 形 1 鍛造された. 2 鍛えられた.
for·jar [フォrハr] 他 1 (金属)を鍛(きた)える. 2 …を鍛え上げる, 作り出す. 3 …を想像する, でっちあげる.
for·ma [フォrマ] 囡 1 形, 形状, 外形. 2 形式, 様式. 3 やり方, あり方, 方法. 4 気分, 調子. 5〈宗教〉(パンの)聖体[= sagrada forma].
— 活 formar 形作る.
dar forma a… 1 …に形を与える. 2 …を具体化する.
De forma que… それゆえに….
…, de forma que (+直説法) …ゆえに〜.
…, de forma que (+接続法) 〜するように….
de todas formas [*de cualquier forma*] いずれにせよ.
en forma de… …の形で.
estar en forma (選手などの)調子が良い.
forma no personal 〈文法〉(動詞の不定詞などの)非人称形.
forma personal 〈文法〉(動詞の活用している)人称(変化)形.
for·ma·ción [フォrマしオン] 囡 1 構成, 編成. 2 外形, 形成. 3 しつけ, 教育, 訓練. 4 (軍隊などの)陣形. 5 (集合的に)隊形の構成員. 6〈地質学〉層, 累層.
for·mal [フォrマる] 形 1 形の, 形式的の. 2 形式的な, 儀礼的な. 3 きちんとした, 正式の, まじめな.
for·ma·li·dad [フォrマリダス] 囡 1 まじめさ, 信頼できること. 2 責任感. 3 正規の手続き.
for·ma·li·da·des [フォrマリダデス] 囡複《→ formalidad》(本当は必要でもない)形式上の諸条件[要件].
for·ma·lis·mo [フォrマリスモ] 男 形式主義.
for·ma·li·za·ción [フォrマリさしオン] 囡 1 形式化, 具体化. 2 法的な正当化.
for·ma·li·zar [フォrマリさr] 他《活 39 gozar》1 …を形式的にする, 具体的にする. 2 …を法的に正式なものとする.
for·mar [フォrマr] 他 1 …を形作る, 形成する. 2 …を作り上げる, 設立する. 3 …を鍛(きた)える, 教育する. 4 …を整列させる.
— 自 1 整列する. 2 教育を受ける.
— **formar·se** 再 1 形になる, 形成される. 2 生じる, 起こる.
for·mas [フォrマス] 囡複《→ forma》1 (女性の)体型, 容姿. 2 礼儀, 行儀.
for·ma·te·ar [フォrマテアr] 他 (フロッピーの)フォーマットを合わせる.
for·ma·ti·vo, va [フォrマティボ, バ] 形 形成の, 形成に役立つ.
for·ma·to [フォrマト] 男 大きさ, 寸法.
for·mi·ca [フォrミカ] 囡 (家具などに張る熱硬化性合成樹脂の)積層板.
for·mi·da·ble [フォrミダブれ] 形 1 すごい, すばらしい. 2 とても大きな, ばかでかい. 3 すさまじい.
for·mol [フォrモる] 男 〈化学〉ホルマリン.
for·món [フォrモン] 男 〈木工〉のみ.
For·mo·sa [フォrモサ] 固 台湾.
fór·mu·la [フォrムら] 囡 1 (問題解法の)実践的方法, やり方. 2 表現形式, 書式. 3〈薬局〉処方. 4〈数学〉公式, 定式. 5 化学式. 6〈自動車競走〉フォーミュラ.
for·mu·la·ción [フォrムらしオン] 囡 1 申し立て, 表明. 2 公式化, 定式化.
for·mu·lar [フォrムらr] 他 1 …を申し立てる, 申し述べる. 2 …を公式化[定式化]する.
for·mu·la·rio¹ [フォrムらりオ] 男 書式, 書き込み用紙.
for·mu·la·rio², ria [—, りア] 形 1 形式の, 書式の. 2 形式的な.
for·mu·lis·mo [フォrムりスモ] 男 1 形式主義. 2 形式的処置.
for·ni·ca·ción [フォrニカしオン] 囡 姦淫(かんいん).
for·ni·car [フォrニカr] 自《活 73 sacar》姦淫(かんいん)する.
for·ni·do, da [フォrニド, ダ] 形 たくましい.
for·ni·tu·ras [フォrニトゥらス] 囡複 弾薬帯.
fo·ro [フォろ] 男 1 (古代ローマの)公開討論広場. 2 公開討論会, フォーラム. 3〈舞台〉正面の奥.
fo·ro·fo, fa [フォろふォ, ふァ] 男囡 〈スポーツ競技〉熱狂的ファン.

fo·rra·je [フォラヘ] 男《家畜》まぐさ, 飼い葉.
fo·rra·je·ar [フォラヘアル] 自 まぐさを集める.
fo·rra·je·ro, ra [フォラヘロ, ラ] 形《植物》まぐさにする, 飼い葉用の.
fo·rrar [フォラル] 他 1 …に裏打ちする, 裏張りする. 2 …をなぐりつける.
— **forrarse** 再 とても金持ちになる.
fo·rro [フォロ] 男 1 裏張り, 裏打ち, 裏地. 2 カバー, 上張り.
...ni por el forro 少しも(…ない).
for·ta·chón, cho·na [フォルタチョン, チョナ] 形《人》たくましい, がっしりした.
for·ta·le·cer [フォルタレセル] 他《活 4 agradecer》…を強化する, たくましくする.
for·ta·le·ci·mien·to [フォルタレシミエント] 男 1 強化. 2 要塞(ようさい)化.
for·ta·le·za [フォルタレさ] 女 1 要塞(ようさい), 砦(とりで). 2 強さ, 頑強.
fortalezc- → fortalecer 強化する《活 4》.
for·te [フォルテ] 男《音楽》強音部, フォルテ.
for·ti·fi·ca·ción [フォルティふぃカしオン] 女 1 強化, 補強. 2 防御工事, 防御施設. 3 要塞(ようさい), 砦(とりで).
for·ti·fi·car [フォルティふぃカル] 他《活 73 sacar》 1 …を強化する, 鍛(きた)える. 2 …を要塞化する, …の防御を固める.
for·tín [フォルティン] 男 小型の砦(とりで)［要塞(ようさい)］.
for·tí·si·mo, ma [フォルティシモ, マ] 形《絶対最上級語→ fuerte》とても強い.
for·tui·to, ta [フォルトゥイト, タ] 形 偶然の, 思いがけない.
for·tu·na [フォルトゥナ] 女 1 運, 運命. 2 幸運. 3 財産. 4 (出版物などの)好評, 成功.
for·za·do, da [フォルさド, ダ] 《過去分詞》→ forzar 強いる.
— 形 1 無理強いの, 強制的な. 2 不自然な, わざとらしい.
for·zar [フォルさル] 他《活 38》 1 …に(+a +不定詞)…することを強いる, 強制する. 2 …を無理に従わせる, 言うことを聞かせる. 3 …を強姦(ごうかん)する. 4 …を力ずくで思い通りにする, ねじまげる.
for·zo·sa·men·te [フォルそサメンテ] 副 1 やむをえず, 強制的に. 2 必然的に.
for·zo·so, sa [フォルソ, サ] 形 1 やむをえない, 強制的な. 2 必然的な.
for·zu·do, da [フォルすド, ダ] 形 怪力の, 力持ちの.
fo·sa [フォさ] 女 1 墓穴. 2 (骨などの)くぼみ. 2 (大地・海底の)くぼみ, 穴.
fosa abisal 海溝.
fosa común 共同墓地.
fosa séptica 浄化槽.
fosas nasales 鼻窩(びか), 鼻腔.

fosa tectónica 地溝.
fos·fa·ti·na [フォスふぁティナ] 《つぎの成句の一部》
hacer fosfatina (a)... …をだめにする, 打ちのめす.
hecho fosfatina くたくたに疲れた, 病気になった.
fos·fa·to [フォスふぁト] 男《化学》燐(りん)酸塩.
fos·fo·res·cen·cia [フォスふぉレスせンさア] 女 燐光(りんこう).
fos·fo·res·cen·te [フォスふぉレスせンテ] 形 1 燐光(りんこう)を放つ. 2 蛍光性の.
fos·fó·ri·co, ca [フォスふぉリコ, カ] 形《化学》燐(りん)を含んだ.
fos·fo·ri·to [フォスふぉリト] 形《男女同形》蛍光性の.
fós·fo·ro [フォスふぉロ] 男 1《化学》燐(りん). 2《点火用具》マッチ.
fó·sil [フォシる] 形 化石の.
— 男 化石.
fo·si·li·za·ción [フォシリさしオン] 女 化石化.
fo·si·li·zar·se [フォシリさルセ] 再《活 39 gozar》化石になる.
fo·so [フォソ] 男 1 細長い穴, 用水堀. 2 (要塞(ようさい)の)壕(ごう), 塹壕(ざんごう). 3 (舞台の前の)オーケストラボックス. 4 (自動車修理工場などのくぼみの)ピット. 5《スポーツ》(陸上競技の)着地場, 砂場.
fo·to [フォト] 女 写真.
fo·to·cé·lu·la [フォトせるラ] 女 光(ひ)電池.
fo·to·com·po·si·ción [フォトコンポシしオン] 女 写真植字.
fo·to·co·pia [フォトコピア] 女 写真複写, コピー.
fo·to·co·pia·do·ra [フォトコピアドラ] 女 写真複写機, コピー機.
fo·to·co·piar [フォトコピアル] 他 …を写真複写する, …のコピーを取る.
fo·to·e·léc·tri·co, ca [フォトエれクトリコ, カ] 形《物理学》光(ひ)電気の.
fo·to·gé·ni·co, ca [フォトヘニコ, カ] 形 写真向きの, 写真うつりの良い.
fo·to·gra·ba·do [フォトグラバド] 男 グラビア写真, 写真製版.
fo·to·gra·fí·a [フォトグラふぃア] 女 1 写真撮影技術, 写真技術. 2 写真. 3 精巧な写し.
fo·to·gra·fiar [フォトグラふぃアル] 他《活 34 enviar》…を写真にとる.
fo·to·grá·fi·co, ca [フォトグラふぃコ, カ] 形 1 写真の, 写真技術の. 2 写真のように精巧な写しの.
fo·tó·gra·fo, fa [フォトグラふぉ, ふぁ] 男女 写真家, カメラマン.
fo·to·gra·ma [フォトグラマ] 男 (フィルムの)ひとこま.
fo·tó·li·sis [フォトリシス] 男《化学》光分解.
fo·to·li·to [フォトリト] 男《印刷》写真平版.

fo·to·ma·tón [ふォトマトン] 男 スピード写真ボックス.

fo·to·me·cá·ni·ca [ふォトメカニカ] 女 写真製版印刷.

fo·tó·me·tro [ふォトメトロ] 男 〈カメラ〉露出計.

fo·to·mon·ta·je [ふォトモンタヘ] 男 モンタージュ写真.

fo·to·no·ve·la [ふォトノべら] 女 （写真にせりふを入れてつないだ）写真小説.

fo·to·sín·te·sis [ふォトシンテシス] 女 〈生物学〉光合成.

FP [エふぺ] 女 [略語] Formación Profesional（スペインの公的な）職業訓練教育.

frac [ふラク] 男 （複 fraques）燕尾(えんび)服.

fra·ca·sa·do, da [ふラカサド, ダ] [過去分詞] → fracasar 失敗する.
— 形 1 失敗した. 2（失敗によって）名声を失った.

fra·ca·sar [ふラカサル] 自 （+en...）…で失敗する, くじける.

fra·ca·so [ふラカソ] 男 失敗, しくじり.

frac·ción [ふラクシオン] 女 1（全体の一部の）部分, 断片. 2〈数学〉分数.

frac·cio·nar [ふラクシオナル] 他 …を分割する, 分裂させる.
— fraccionarse 再 （物が）分裂する.

frac·cio·na·rio[1] [ふラクシオナリオ] 男 〈数学〉分数.

frac·cio·na·rio[2]**, ria** [-, リア] 形 1 断片の. 2 端数の.

frac·tu·ra [ふラクトゥラ] 女 〈医学〉骨折.

frac·tu·rar [ふラクトゥラル] 他 （骨など）を折る, くだく.
— fracturarse 再 …を骨折する.

fra·gan·cia [ふラガンしア] 女 芳香, 香気.

fra·gan·te [ふラガンテ] 形 かんばしい, 芳香の.

fra·ga·ta [ふラガタ] 女 〈海軍〉1 フリゲート艦. 2（昔の3本マストの）快速帆船.

frá·gil [ふラヒる] 形 1 こわれ物の, もろい. 2 ひ弱な. 3 すぐだめになる.

fra·gi·li·dad [ふラヒリダス] 女 1 こわれやすさ, もろさ. 2 ひ弱さ.

frag·men·ta·ción [ふラグメンタしオン] 女 分裂, 分割.

frag·men·tar [ふラグメンタル] 他 …を分割する, ばらばらにする.

frag·men·ta·rio, ria [ふラグメンタリオ, リア] 形 1 ばらばらの, 断片的の. 2 不完全な, 未完の.

frag·men·to [ふラグメント] 男 1 断片, 一部. 2 抜粋, 断章.

fra·gor [ふラゴル] 男 大音響, とどろき.

fra·go·so, sa [ふラゴソ, サ] 形 〈土地〉1 でこぼこの. 2 茨(いばら)の茂った.

fra·gua [ふラグア] 女 （鍛冶屋(かじや)の）炉.

fra·guar [ふラグアル] 他 [活 2 adecuar] 1 …を鍛造する. 2 …を案出する, 考え出す.
— 自 1（考え方などが）受け入れられる. 2（コンクリートなどが）固まる.

frai·le [ふライれ] 男 修道士.

frai·le·ci·llo [ふライれしじょ] 男 〈鳥〉ツノメドリ.

fram·bue·sa [ふランブエサ] 女 〈実〉キイチゴ, ラズベリー.

fram·bue·so [ふランブエソ] 男 〈木〉キイチゴ.

fran·ca·che·la [ふランカチェら] 女 宴会.

fran·ca·men·te [ふランカメンテ] 副 1 ざっくばらんに, 率直に. 2 明白に.

fran·cés[1] [ふランセス] 男 フランス語.

fran·cés[2]**, ce·sa** [-, セサ] 形 フランス Francia の.
— 男 女 フランス人.
a la francesa（別れるときに）一言もいわずに.

fran·chu·te, ta [ふランチュテ, タ] 男 女 フランス野郎, フランス人.

Fran·cia [ふランしア] 固 〈国の名〉フランス.

Fran·cis·ca [ふランシスカ] 固 〈女性の名〉フランシスカ.

fran·cis·ca·no, na [ふランシスカノ, ナ] 形 フランシスコ修道会の.
— 男 女 フランシスコ派修道士［修道女］.

Fran·cis·co [ふランシスコ] 固 〈男性の名〉フランシスコ.

franc·ma·so·ne·rí·a [ふランクマソネリア] 女 〈結社〉フリーメーソン.

fran·co[1] [ふランコ] 男 〈通貨単位〉（フランスなどの）フラン.

Fran·co [ふランコ] 固 〈政治家の名〉(1939年から1975年までスペインを独裁的に統治した)フランコ[= Francisco Franco Bahamonde].

fran·co[2]**, ca** [ふランコ, カ] 形 1 率直な, 誠実な, 裏のない. 2 解放的な, さまたげのない. 3 関税のかからない, 無税の. 4（+de+負担）…を免れた, …なしで. 5 フランク族の.
— 男 女 フランク人, フランク族の人.

fran·có·fi·lo, la [ふランコふィろ, ら] 形 フランスびいきの.
— 男 女 親仏家.

fran·có·fo·no, na [ふランコふォノ, ナ] 形 フランス語を話す.
— 男 女 フランス語を使う人.

fran·co·ti·ra·dor, do·ra [ふランコティラドル, ドラ] 男 女 狙撃手(そげきしゅ), 狙撃兵.

fra·ne·la [ふラネら] 女 〈織物〉フランネル, フラノ, ネル.

fran·ja [ふランハ] 女 1 帯, 帯状のもの. 2 帯状地帯.

fran·que·ar [ふランケアル] 他 1（行く手の）障害物を取り除く. 2（を苦労して）横切る, 乗り越える. 3（郵便物）に切手を貼る.
— franquearse 再 （+con...）…に心を打ち

明ける.

fran·que·o [フランケオ] 男 1 切手の貼りつけ. 2 切手代, 郵便料金.
franqueo concertado 郵便料金別納.

fran·que·za [フランケサ] 女 1 率直さ, 誠実さ. 2 明白.

fran·qui·cia [フランキシア] 女 (税金などの)免除, 特権.

fran·quis·mo [フランキスモ] 男 〈政治〉(スペインの)フランコ主義.

fran·quis·ta [フランキスタ] 形 〈男女同形〉〈政治〉(スペインの)フランコ派の.
— 男 女 フランコ支持者.

fras·co [フラスコ] 男 小瓶(びん), フラスコ.

fra·se [フラセ] 女 1 語句, 句, 熟語. 2 言い回し. 3 文, 文章. 4〈音楽〉楽句, フレーズ.
frase hecha 決まり文句, 成句.
frase proverbial ことわざ, 格言.

fra·se·o·lo·gí·a [フラセオろヒア] 女 1 (集合的に)慣用表現, 語法, 成句. 2 語法研究.

fra·ter·nal [フラテルナる] 形 兄弟[姉妹]らしい, 兄弟[姉妹]の.

fra·ter·ni·dad [フラテルニダッ] 女 1 兄弟[姉妹]の間柄. 2 兄弟愛, (兄弟のような)友愛.

fra·ter·ni·zar [フラテルニさル] 自 (兄弟のように)親しく付き合う.

fra·ter·no, na [フラテルノ, ナ] 形 兄弟[姉妹]の.

fra·tri·ci·da [フラトリしダ] 形 〈男女同形〉兄弟[姉妹]殺しの.
— 男 女 兄弟[姉妹]殺害者.

fra·tri·ci·dio [フラトリしディオ] 男 〈行為〉兄弟[姉妹]殺し.

frau·de [フラウデ] 男 詐欺(ぎ)行為, ごまかし.

frau·du·len·to, ta [フラウドゥれント, タ] 形 詐欺的の, 不正行為の.

fray [フライ] 男 〈修道士の称号〉(名前の前につけて) …師.

fra·za·da [フラさダ] 女 〈寝台〉毛布.

fre·cuen·cia [ふレクエンしア] 女 1 繰り返し, 頻発. 2 回数, 度数. 3〈物理学〉周波数, 振動数.

fre·cuen·ta·do, da [ふレクエンタド, ダ] 〈過去分詞〉→ frecuentar よく訪れる.
— 形〈場所〉(+por…)…の訪問が多い.

fre·cuen·tar [ふレクエンタル] 他 1 …をよく訪れる, …にしばしば行く. 2 …をよく行う. 3 …とよく付き合う.

fre·cuen·ta·ti·vo, va [ふレクエンタティボ, バ] 形〈文法〉反復表現の.

fre·cuen·te [ふレクエンテ] 形 1 しばしばの, よく起こる. 2 ありふれた, よくある.

fre·cuen·te·men·te [ふレクエンテメンテ] 副 しばしば, たびたび.

fre·ga·de·ro [ふレガデロ] 男 (台所などの)流し.

fre·ga·do [ふレガド] 男 1 洗う行為, 洗い磨くこと. 2 厄介, 面倒.

fre·gar [ふレガル] 他 〈活 53 negar〉 1 (食器など)を洗う. 2 …をこする, さする.

fre·go·na [ふレゴナ] 女 1 (床掃除用の)モップ. 2 (皿洗いなどの)下女.

fre·go·te·ar [ふレゴテアル] 他 …を大ざっぱにきれいにする.

frei·do·ra [ふレイドラ] 女 テンプラ鍋(ぶ).

frei·du·rí·a [ふレイドゥリア] 女 (魚などの)揚げ物店.

fre·ír [ふレイル] 他〈活 67 reír〉 1 …を揚げる, フライにする. 2 …を射殺する. 3 (人)を (+a…) …で苦しめる, 困らせる.
— 自 (油などの)揚げ具合がいい.
— *freírse* 再 1 揚げ物になる. 2 ひどく暑い思いをする.

fré·jol [ふレホる] 男 〈豆〉インゲンマメ.

fre·na·do [ふレナド] 男 制動, 制止.

fre·nar [ふレナル] 他 1 …にブレーキをかける. 2 …を抑制する, 抑止する.
— *frenarse* 再 1 ブレーキがかかる. 2 自制する.

fre·na·zo [ふレナソ] 男 急ブレーキ.
dar [pegar] un frenazo 急ブレーキをかける.

fre·ne·sí [ふレネシ] 男 1 熱狂, 夢中. 2 狂乱, 逆上.

fre·né·ti·co, ca [ふレネティコ, カ] 形 1 熱狂的な. 2 怒り狂った, 逆上した.

fre·ni·llo [ふレニじょ] 男 〈解剖学〉小帯.

fre·no [ふレノ] 男 1 ブレーキ, 制動機. 2 抑制するもの, 歯止め. 3〈馬具〉馬銜(はみ).

fre·no·lo·gí·a [ふレノろヒア] 女 骨相学.

fren·te [ふレンテ] 女 額(ひたい), 前額部.
— 男 1 前面, 正面, 表(おもて). 2〈軍事〉前線, 前地. 3〈気象〉前線. 4〈政治〉(政党連合の)戦線, 統一会派.
al frente 前に向かって.
al frente de… …の先頭に立って, …を指揮して.
con la frente (muy) alta 堂々と, 平然と.
…de en frente 向かい側の….
de frente 1 前方へ. 2 決然として, きっぱりと. 3 正面から.
en frente de… …の正面に[で], …と向き合って.
frente a… 1 …の前で, …に面して. 2 …と対立して, …とは反対に.
frente a frente 1 面と向かって, 対面して. 2 直接に会って.
frente cálido 温暖前線.
frente común 〈政治〉統一戦線.
frente frío 寒冷前線.
frente popular 人民戦線.
frente por frente 真っ正面に, 真向かいに.
hacer frente a… …と対決する, …に立ち向かう.
llevar [traer]… escrito en la frente …

fre·sa [フレサ] 女 1《植物・果物》イチゴ. 2《工具》フライス, ドリル.
— 形《男女同形》イチゴ色の.
— 男 イチゴ色.

fre·sa·do·ra [フレサドラ] 女《機械》フライス盤.

fre·sar [フレサル] 他 …をフライス加工する.

fres·ca[1] [フレスカ] 女 1（朝や晩の）涼しさ, すがすがしい空気. 2 きつい言葉.

fres·ca·les [フレスカれス] 男《単複同形》ずうずうしい人, あつかましい人間.

fres·co[1] [フレスコ] 男 1 涼しさ, 心地よい冷気. 2《絵画》フレスコ画.

fres·co, ca[2] 形 1 涼しい, さわやかな. 2《食品》新鮮な, みずみずしい. 3《食品》冷凍されていない. 4《衣服》涼しい, 薄手の. 5《香り》やわらかい, すがすがしい. 6《絵画》まだ乾いていない. 7《出来事》起こったばかりの. 8（様式などが）自然な. 9 若々しい, 生き生きした. 10《人》疲れがとれた, はつらつとした. 11 冷静な, 落ち着きはらった. 12 あつかましい, ずうずうしい.
— 男 女 あつかましい人間.

al fresco（夜間に）屋外で.

estar fresco かなわぬことを願っている, 思い違いをしている.

hacer fresco《主語なしの3人称単数形で使用》涼しい, 肌寒い.

tener fresco 肌寒く感じる.

tomar el fresco 涼む.

traer a（+人）*al fresco* 〜 …には〜はどうでもいい.

fres·cor [フレスコル] 男 涼しさ.

fres·cu·ra [フレスクラ] 女 1 涼しさ. 2 若々しさ. 3《食品》新鮮さ, 生きのよさ. 4《香り》やわらかさ, すがすがしさ. 5 あつかましさ, ずうずうしさ.

fres·no [フレスノ] 男《樹木》トネリコ.

fre·són [フレソン] 男《果物》（大粒のイチゴに似た）フレソン.

fres·que·ra [フレスケラ] 女《戸棚》食品入れ.

fres·qui·lla [フレスキジャ] 女《果物》（小粒の桃に似た）フレスキジャ.

freu·dis·mo [フろイディスモ] 男《精神分析学》フロイト Freud 主義.

fre·za [フれサ] 女（魚などの）産卵.

frial·dad [フリアるダッ] 女 1（手足などの）冷たさ. 2 冷淡さ, 無関心.

frí·a·men·te [フリアメンテ] 副 冷淡に, よそよそしく.

fri·ca·ti·va[1] [フリカティバ] 女《音声学》（f や s などの）摩擦音.

fri·ca·ti·vo, va[2] [フリカティボ, −] 形《音声学》摩擦音の.

fric·ción [フリクシオン] 女 1 こすりつけ, マッサージ. 2 摩擦. 3 不和, 対立 [= fricciones].

fric·cio·nar [フリクシオナル] 他 1 …をこする, マッサージする. 2 …を摩擦する.

frieg- 活 → fregar 洗う 活 53.

frie·ga [フリエガ] 女 マッサージ, さすること.

frie·ga·pla·tos [フリエガプらトス] 男《単複同形》食器洗い機.

fri·gi·dez [フリヒデス] 女 1《医学》不感症. 2 冷淡さ.

frí·gi·do, da [フリヒド, ダ] 形《医学》不感症の.

fri·go·rí·fi·co[1] [フリゴリふィコ] 男 冷蔵庫.

fri·go·rí·fi·co, ca[2] [−, カ] 形 冷却する, 冷蔵の.

fri·jol [フリホる] 男《= fríjol》《豆》インゲンマメ.

frí·o[1] [フリオ] 男 1 寒さ, 冷たさ. 2 寒気, 冷気, 風邪.
— 間 （クイズなどで求めているものから遠く離れている人に）遠い, 遠い.

frí·o, a[2] [−, ア] 形 1 寒い, 冷たい. 2《衣服》ひやっとする. 3 冷淡な, よそよそしい. 4 冷静な, 沈着な. 5《色彩》寒色の, 青系統の. 6《医学》不感症の.

coger frío 風邪をひく, 体がひえる.

dejar frío a …の関心をひかない.

en frío 1 冷静に, 沈着に. 2 準備なしに.

hacer frío《主語なしの3人称単数形で使用》寒い.

hacer un frío que pela ひどく寒い.

quedar·se frío びっくり仰天する.

tener frío 寒く感じる.

frio·len·to, ta [フリオれント, タ] 形 寒がりの.

frio·le·ra[1] [フリオれラ] 女（お金などの）大量.

frio·le·ro, ra[2] [フリオれロ, −] 形 寒がりの.
— 男 女《人》寒がり屋.

fri·sa [フリサ] 女《寝台》毛布.

fri·sar [フリサル] 自 (+en...) …に近づく.

fri·so [フリソ] 男 1（古代建築の）小壁. 2（壁の下部の）帯状装飾.

fri·són, so·na [フリソン, ソナ] 形《馬》フリジア種の.

fri·ta·da [フリタダ] 女《料理》揚げ物, フライ.

fri·to[1] [フリト] 男《料理》揚げ物, フライ.

fri·to, ta[2] [−, タ] 《過去分詞》→ freír 揚げる.
— 形 1 揚げた, フライの. 2 ぐっすり眠りこんだ. 3 死んだ.

fri·tu·ra [フリトゥラ] 女《料理》揚げ物, フライ.

fri·vo·li·dad [フリボリダッ] 女 1 軽薄, あさはかさ. 2 不まじめさ.

frí·vo·lo, la [フリボろ, ら] 形 1 軽い, うわつっしの, つまらない. 2 軽薄な, 軽々しい. 3 不まじめな.

fron·da [フロンダ] 女（集合的に）枝葉.

fron·do·si·dad [フロンドシダッ] 女（枝葉の茂み, (木の)密生.

fron·do·so, sa [フロンドソ, サ] 形 1《樹木》

fron·tal

枝葉の茂った. 2〈土地〉木の密生した.

fron·tal [フロンタる] 形 1 額(ひたい)の. 2 正面の, 正面の. 3 正面攻撃の.
— 男〈解剖学〉前頭骨.

fron·te·ra [フロンテラ] 女 1 国境, 国境線. 2 境界, 限界 [= fronteras].

fron·te·ri·zo, za [フロンテリそ, さ] 形 1 国境の. 2〈国〉(+con...) …と国境を接する.

fron·tis [フロンティス] 男〈単複同形〉(建造物などの)正面, 前面.

fron·tis·pi·cio [フロンティスピしオ] 男 1〈建物〉正面, 前面. 2〈建築〉(三角形の)切妻(きりづま)壁, ペディメント.

fron·tón [フロントン] 男 1 (バスク系球技の)ハイアライ. 2 ハイアライ球技場. 3〈建築〉切妻(きりづま)壁, ペディメント.

fro·ta·ción [フロタしオン] 女〈= frotamiento 男〉こすること, 摩擦.

fro·tar [フロタる] 他 …をこする, 摩擦する.
— frotar·se 再〈自分の体の一部などを〉(+con...)でこする.
frotar·se las manos (満足して)もみ手をする.

fruc·tí·fe·ro, ra [フルクティふェロ, ラ] 形 1〈植物〉実のなる, 結実性の. 2 実りの多い, 有意義な.

fruc·ti·fi·ca·ción [フルクティふィカしオン] 女 1〈植物〉結実. 2 実り, 成果.

fruc·ti·fi·car [フルクティふィカる] 自《活 73 sacar》1〈植物〉結実する, 実がなる. 2 実を結ぶ, 成果があがる.

fruc·tuo·so, sa [フルクトゥオソ, サ] 形 1〈植物〉よく実のなる, 多産の. 2 実り多い, 有意義な.

fru·gal [フルガる] 形 1〈飲食が〉控え目の, 食の細い. 2〈食べ物〉質素な, 少量の.

fru·gí·vo·ro, ra [フルヒボロ, ラ] 形〈動物〉果実を食物とする.

frui·ción [フルイしオン] 女 大きな喜び, 満悦.

frun·ce [フルンせ] 男〈= fruncido〉飾りひだ, ギャザー.

frun·ci·do, da [フルンしド, ダ] 《過去分詞》→ fruncir ひだをつける.
— 形 1 ひだ [ギャザー] のついた. 2 気取った.

frun·cir [フルンしる] 他《活 89 zurcir》1 …にひだ [ギャザー] をつける. 2〈眉(まゆ)などを〉しかめる, ひそめる.

frus·le·rí·a [フルスれりア] 女 つまらないこと [もの].

frus·tra·ción [フルストラしオン] 女 1 挫折(ざせつ). 2 欲求不満, 焦燥(しょうそう)感, フラストレーション. 3 失敗.

frus·tra·do, da [フルストラド, ダ] 《過去分詞》→ frustrar 挫折(ざせつ)させる.
— 形 挫折した, 失敗した.

frus·trar [フルストラる] 他 1〈人を〉挫折(ざせつ)させる. 2〈計画などを〉失敗させる.

fru·ta [フルタ] 女 果物, フルーツ, 果実.

fruta del tiempo 旬(しゅん)の果物.
fruta de sartén〈料理〉果物のフリッター.
fruta prohibida〈宗教〉禁断の果実.

fru·tal [フルタる] 形 1 果物の. 2 果実のなる.
— 男 果樹.

fru·te·rí·a [フルテリア] 女 果物店.

fru·te·ro¹ [フルテロ] 男 果物皿.

fru·te·ro², ra [─, ラ] 男 女〈人〉果物屋.

fru·tí·co·la [フルティコら] 形 果樹栽培の, 果樹の.

fru·ti·cul·tu·ra [フルティクるトゥラ] 女 果樹栽培.

fru·ti·lla [フルティじゃ] 女〈果物〉(イチゴに似た)フレソン.

fru·to [フルト] 男 1 果実, 木の実. 2 (産み育てた)子供, 子宮. 3 (大地の)収穫物. 4 結果. 5 利益.

dar fruto 実を結ぶ, 成果がある.
fruto carnoso 液果, 果物.
fruto prohibido 1〈宗教〉禁断の果実. 2 禁じられた(魅力的な)物.
fruto seco 乾果, 木の実.
sin fruto むだに, むだになった.

fu [ふ] 間〈つぎの句の一部〉
ni fu ni fa まあまあの, 良くも悪くもない.

fuc·sia [ふクシア] 形 暗赤色の.
— 男 暗赤色, 濃いバラ色.
— 女〈園芸植物〉フクシア.

fue (-) [活] → ser …である《活 78》, ir 行く《活 44》.

fue·go [ふエゴ] 男 1 火, 火炎. 2 (料理用などの)火, 焚(た)き火. 3 火事, 火災. 4〈銃器〉発射, 射撃. 5 情熱, 熱情, 白熱. 6 (コンロなどの)火口(ひぐち), バーナー.
— 間 1 火事だ! 2〈軍隊〉〈号令の〉撃て!

abrir fuego contra... …への射撃を開始する.
a fuego lento〈料理〉とろ火で. 2 時間をかけて.
alto el fuego 1 休戦, 停戦. 2〈号令〉撃ち方やめ!
apagar [extinguir] el fuego 火を消す.
armas de fuego 銃器.
atizar [avivar] el fuego 1 火をかき立てる. 2 (対立などを)あおる.
echar fuego por los ojos 激怒する.
encender el fuego 火をおこす.
entre dos fuegos 対立する二集団 [二者] にはさまれて.
fuego de Santelmo〈帆船〉(マストの)セントエルモの火.
fuego fatuo 狐(きつね)火, 鬼火.
fuegos artificiales [de artificio] 花火.
jugar con fuego 危険な遊びをする.
poner las manos en el fuego por... …が間違いないことを請け合う.
prender [pegar] fuego a... …に火をつける.

fuel [フエル] 男《=fuel-oil》灯油.
fue·lle [フエリェ] 男 1 (風を送るための)ふいご. 2 (オルガンなどの)送風装置. 3 (運動能力としての)息.
tener mucho fuelle 息が長く続く, タフである.
fuen·te [フエンテ] 女 1 泉. 2 噴水. 3 源泉, 起源. 4 (情報などの)出所, 典拠[=fuentes]. 5 〈料理〉大皿.
fuer- → ser …である《活 78》, ir 行く《活 44》.
fue·ra [フエラ] 副 1 そとに, そとで. 2 家のそとで, 戸外で (+de…) …のほかに, …のそとに, …を別にして. 4 (+de…) …のそとに, そとへ, そとで. 5 国外で, 外国に.
de fuera 1 そとの, そとから. 2 よその土地の.
desde fuera そとから, よそから.
equipo de fuera 〈スポーツ〉遠征チーム.
estar fuera 外出中[旅行中]である.
¡Fuera! 出ていけ!, 消えろ!
fuera de juego 〈スポーツ〉オフサイド.
fuera de lugar 場違いの, 見当はずれの.
fuera de serie 1 規格外の, 特製の. 2 並はずれた.
fuera de sí 我を忘れて.
por fuera 外見は.
fue·ra·bor·da [フエラボルダ] 男〈ボート〉船外機.
— 女 船外機つきボート.
fuerc- 活 → forzar 強いる《活 38》.
fue·ro [フエロ] 男 1 (中世的)特権法, 特別法, フエロ, 3 (+de…)特権. 3 法典. 4 裁判権.
fuero de la conciencia 良心の命ずるところ.
fuero interior [interno] de… …の本心, 内心.
Fuero Juzgo (13 世紀カスティリアの法典の)フエロフスゴ.
volver por los fueros de… …を守る.
volver por sus fueros 再び真価を発揮する.
fuer·te [フエルテ] 形 1 力強い, たくましい. 2 丈夫な, 頑丈な. 3 勇敢な, 気丈な. 4 激しい, 強烈な. 5 驚くべき, 重大な. 6 多量の, 多い. 7 強力な, 有力な. 8 堅く締まった, きつい. 9 (印象などが)生々しい. 10 短気な.
— 男 1 要塞(さい), 砦(とりで). 2 得意な分野[学科].
— 副 1 力強く, はげしく. 2 たっぷりと, たくさん.
caja fuerte 金庫.
estar muy fuerte en… …が得意で, …に精通している.
fuerte resfriado ひどい風邪.
hacerse fuerte 頑として妥協しない.
hacerse fuerte en… …に立てこもる.
plato fuerte 〈料理〉メーンディッシュ.
plaza fuerte 要塞(さい).
sílaba fuerte 〈音声学〉強勢音節.
vocal fuerte 〈音声学〉強母音.

fuer·te·men·te [フエルテメンテ] 副 1 力を込めて, しっかりと. 2 厳重に.
fuerz- 活 → forzar 強いる《活 38》.
fuer·za [フエルサ] 女 1 (物理的な)力, 強度, 耐久力. 2 (作用する)力, 強さ. 3 体力, 知力, 気力. 4 暴力, 強制力. 5 説得力, 影響力, 効力. 6 激しさ. 7 電気, 電力.
a fuerza de… …を使って, …することで.
a la fuerza [por fuerza] 1 暴力的に, むりやり. 2 必要にかられて, やむをえず.
fuerza bruta 暴力.
fuerza de la gravedad 重力.
fuerza de voluntad 気力, 精神力.
fuerza mayor 不可抗力.
irse a (+人) la fuerza por la boca 口先だけで主張する.
sacar fuerzas de flaqueza (力が尽きようとするときに)最大限に並はずれた努力をする.
fuer·zas [フエルサス] 女複《→ fuerza》 1 軍隊, 部隊. 2 兵力, 戦力. 3 団体, 集団. 4 努力.
fuerzas armadas (陸・空の)軍隊.
fuerzas de choque 突撃部隊.
fuerzas vivas 1 国の繁栄をリードする人たち. 2 地方的有力者.
fues- 活 → ser …である《活 78》, ir 行く《活 44》.
fu·ga [フガ] 女 1 逃亡, 逃走, 脱走. 2 (ガスや液体の)流出, もれ. 3〈音楽〉フーガ, 遁走(とん)曲.
fu·ga·ces [フガセス] 形複《→ fugaz》はかない.
fu·ga·ci·dad [フガシダス] 女 はかなさ, 消えやすさ.
fu·gar·se [フガルセ] 再《活 47 llegar》 1 (+de…) …から逃亡する, 脱走する. 2 (+con…) …と駆け落ちする.
fu·gaz [フガス] 形《複 fugaces》はかない, つかの間の, すぐに消える.
fu·gi·ti·vo, va [フヒティボ, バ] 形 逃亡中の.
— 男 女 逃亡者, 脱走者.
fui(-) 活 → ser …である《活 78》, ir 行く《活 44》.
fu·la·ni·to, ta [フらニト, タ] 男 女 某氏(ぼう), 某婦人.
fu·la·no, na [フらノ, ナ] 男 女 某氏(ぼう), 某婦人, だれかさん.
fu·lar [フらル] 男 薄手のマフラー.
ful·gor [ふルゴル] 男 光輝, きらめき.
ful·gu·ran·te [ふルグランテ] 形 きらめく, 輝く.
ful·gu·rar [ふルグラル] 自 きらめく, 輝く.
full [ふる] 男〈ポーカー〉フルハウス.
fu·lle·rí·a [ふじェリア] 女 いかさま.
fu·lle·ro, ra [ふじェロ, ラ] 形 いかさまの.
— 男 女 いかさま師.
ful·mi·na·ción [ふルミナシオン] 女 電撃的効果, 速効.
ful·mi·nan·te [ふルミナンテ] 形 電撃的な, 速

ful·mi·nar [フルミナル] 他 1 …を即死させる. 2 …を射すくめる.

fu·ma·da [フマダ] 女 (タバコの)一服.

fu·ma·dor, do·ra [フマドル, ドラ] 形 喫煙の.
— 男 女 喫煙者.

fu·mar [フマル] 他 (タバコなど)を吸う.
— 自 タバコを吸う, 喫煙する.
— **fumar·se** 再 1 (タバコなど)を多く吸う. 2 …をむだに使う. 3 …をさぼる.

fu·ma·ra·da [フマラダ] 女 1 (パイプタバコの)一服分. 2 (一服分の)タバコの煙.

fu·ma·ro·la [フマロラ] 女《火山》1 噴煙. 2 噴気孔.

fu·mi·ga·ción [フミガシオン] 女 燻蒸(くんじょう)消毒.

fu·mi·gar [フミガル] 他《活 47 llegar》…を煙(や薬品)で消毒する.

fu·nám·bu·lo, la [フナンブロ, ラ] 男 女 綱渡り芸人.

fun·ción [フンシオン] 女 1 作用, 機能, 働き. 2 公演, 上演. 3 〈言語学〉(文法や言葉の)作用, 機能. 4 〈数学〉関数.
en función de… …に従って, …に応じて.
…en funciones 代理の….
estar en funciones 勤務中である.
función benéfica 慈善公演.

fun·cio·nal [フンシオナル] 形 1 機能の, 機能的な. 2 機能本位の, 実用的な.

fun·cio·na·mien·to [フンシオナミエント] 男 機能, 働き, 作用.

fun·cio·nar [フンシオナル] 自 1 機能する, 作用する. 2 うまくいく, 調子がいい.

fun·cio·na·rio, ria [フンシオナリオ, リア] 男 女 公務員, 役人.

fun·da [フンダ] 女 1 ケース, 入れ物. 2 カバー.

fun·da·ción [フンダシオン] 女 1 (町や企業の)設立, 創立. 2 財団, 基金.

fun·da·do, da [フンダド, ダ]《過去分詞》→ fundar 設立する.
— 形 1 設立された, 創設された. 2 根拠のある, 正当な.

fun·da·dor, do·ra [フンダドル, ドラ] 男 女 (町や企業の)設立者, 創設者.

fun·da·men·tal [フンダメンタル] 形 基礎の, 根本的な.

fun·da·men·ta·lis·mo [フンダメンタリスモ] 男 〈宗教〉原理主義.

fun·da·men·ta·lis·ta [フンダメンタリスタ] 形《男女同形》〈宗教〉原理主義の.
— 男 女 原理主義者.

fun·da·men·tal·men·te [フンダメンタルメンテ] 副 1 基本的に. 2 根本的に.

fun·da·men·tar [フンダメンタル] 他 …の基礎を(+en…) …に置く.
— **fundamentar·se** 再 (+en…) …にもとづいている.

fun·da·men·to [フンダメント] 男 1 基礎, 基本, 土台. 2 まじめさ.

fun·dar [フンダル] 他 1 (町や企業)を設立する, 創設する. 2 …を(+en…) …にもとづかせる.
— **fundar·se** 再 (理論などが)(+en…)…に根拠を置く.

fun·di·ción [フンディシオン] 女 1 溶解, 融解. 2 精錬所.

fun·di·dor, do·ra [フンディドル, ドラ] 男 女 精練工, 鋳造工具.

fun·dir [フンディル] 他 1 (金属など)を溶解する. 2 …を融合させる, 合併する. 3 (金額など)を使いつくす.
— **fundir·se** 再 (電気製品が)ヒューズが飛ぶ, 切れる.

fú·ne·bre [フネブレ] 形 1 死者の. 2 葬式の. 3 とても悲しい, 悲惨な.

fu·ne·ral [フネラル] 形 葬儀の.
— 男 葬儀, 葬式[= funerales].

fu·ne·ra·ria[1] [フネラリア] 女 葬儀社.

fu·ne·ra·rio, ria[2] [フネラリオ, -] 形 埋葬の, 葬儀の.

fu·nes·to, ta [フネスト, タ] 形 悲惨な, 不幸な.

fun·gi·ci·da [フンヒシダ] 男 防黴(ぼうばい)剤.

fu·ni·cu·lar [フニクラル] 男 ケーブルカー.

fur·cia [フルシア] 女 売春婦, 娼婦(しょうふ).

fur·gón [フルゴン] 男 1 有蓋(ゆうがい)トラック. 2 貨車.
furgón de cola (列車の)最後尾の車両, びり.

fur·go·ne·ta [フルゴネタ] 女〈自動車〉小型有蓋(ゆうがい)トラック, バン.

fu·ria [フリア] 女 1 激しい怒り. 2 激怒した人. 3 激烈, 猛烈. 4 猛威, 猛烈.

fu·ri·bun·do, da [フリブンド, ダ] 形 1 怒った. 2 怒り狂う, 熱狂的な.

fu·rio·sa·men·te [フリオサメンテ] 副 1 怒り狂って. 2 ものすごく.

fu·rio·so, sa [フリオソ, サ] 形 1 怒り狂った, 激怒した. 2 おそろしい, 狂暴な.

fu·ror [フロル] 男 1 激怒, 憤激. 2 熱狂, 興奮. 3 激しさ, 迅速さ. 4 流行の頂点.

fur·ti·va·men·te [フルティバメンテ] 副 ひそかに, こっそりと.

fur·ti·vo, va [フルティボ, バ] 形 ひそかな.
— 男 女 密猟者, 密漁者.

fu·sa [フサ] 女 32分音符.

fu·se·la·je [フセラヘ] 男〈飛行機〉胴体.

fu·si·ble [フシブレ] 男〈電気〉ヒューズ.

fu·sil [フシル] 男 銃, ライフル銃.
fusil submarino 水中銃.

fu·si·la·mien·to [フシラミエント] 男 銃殺.

fu·si·lar [フシラル] 他 1 …を銃殺する. 2 を盗作する, 剽窃(ひょうせつ)する.

fu·si·le·rí·a [フシレリア] 女 1 (集合的に)銃. 2 一斉射撃.

fu·si·le·ro [ふシれロ] 男 小銃兵.
fu·sión [ふシオン] 女 1 溶解, 融解. 2 合併, 併合.
fu·sio·nar [ふシオナル] 他 …を併合する.
— **fusionar·se** 再 合併する.
fus·ta [ふスタ] 女 (乗馬用の)小枝の鞭(ぢ).
fus·tán [ふスタン] 男 〈織物〉(綿の)ファスティアン.
fus·te [ふステ] 男 1〈建築〉柱身. 2 重要性, 価値.
fus·ti·gar [ふスティガル] 他 《活 47 llegar》1 …に鞭(ぢ)を入れる. 2 …を強く非難[批判]する.
fut·bi·to [ふトビト] 男 5 人制サッカー.
fút·bol [ふトボる] 男 サッカー.
fútbol americano アメリカンフットボール.
fútbol sala 5 人制サッカー.
fut·bo·lín [ふトボリン] 男 サッカー盤ゲーム.
fut·bo·lis·ta [ふトボリスタ] 男女 サッカー選手.
fut·bo·lís·ti·co, ca [ふトボリスティコ, カ] 形 サッカーの.
fu·te·sa [ふテサ] 女 つまらぬもの.
fú·til [ふティる] 形 つまらない.
fu·ti·li·dad [ふティリダス] 女 つまらなさ.
fu·tu·ris·mo [ふトゥリスモ] 男 (20 世紀初頭の芸術運動の)未来派.
fu·tu·ro[1] [ふトゥロ] 男 1 未来, 将来. 2〈文法〉未来時制.
fu·tu·ro[2], **ra** [—, ラ] 形 1 未来の, 将来の. 2〈文法〉未来形の, 未来時制の.
en lo futuro 将来に.
fu·tu·ro·lo·gí·a [ふトゥロロヒア] 女 未来学.
fu·tu·ró·lo·go, ga [ふトゥロロゴ, ガ] 男女 未来学者.

他 は他動詞　再 は再帰動詞　形 は形容詞　副 は副詞　前 は前置詞　接 は接続詞　間 は間投詞

G g

G, g [ヘ] 囡《アルファベットの第7番の文字》ヘ.
g [グラモ, グラメス] 囡《略語》gramo, gramos（重さの）グラム.
ga·ba·cho, cha [ガバチョ, チャ] 形 フランスの. ― 男女 フランス人, フランス野郎.
ga·bán [ガバン] 男（厚手の）オーバー, 外套.
ga·bar·di·na [ガバルディナ] 囡 1 ダスターコート, レーンコート. 2《服地》ギャバジン. 3《料理》（天ぷらなどの）ころも[衣].
ga·ba·rra [ガバラ] 囡（船荷の積み降ろしに使う）はしけ, 荷船.
ga·be·la [ガベラ] 囡 1 税金. 2（昔の）貢ぎ物.
ga·bi·ne·te [ガビネテ] 男 1（応接室を兼ねた）書斎. 2《政治》内閣, 政府. 3《政府》省, 庁. 4 事務所, 事務室.
Ga·briel [ガブリエル] 固《男性の名》ガブリエル.
Ga·brie·la [ガブリエラ] 固《女性の名》ガブリエラ.
ga·ce·la [ガセラ] 囡《動物》（カモシカに似たウシ科の）ガゼル.
ga·ce·ta [ガセタ] 囡（政治以外のニュースを扱う）定期刊行物, 新聞. 2（昔の）官報. 3《人》事情通.
ga·ce·ti·lla [ガセティジャ] 囡《新聞》短信, コラム.
ga·chas [ガチャス] 囡複《料理》（小麦粉の）かゆ[粥].
ga·chí [ガチ] 囡（複 gachís）女, 娘.
ga·cho, cha [ガチョ, チャ] 形（頭などが）下を向いた, 下に曲がった.
ga·chó [ガチョ] 男（複 gachós）男.
ga·chu·pín, pi·na [ガチュピン, ピナ] 男女（メキシコに移住した）スペイン人.
ga·di·ta·no, na [ガディタノ, ナ] 形（スペインの都市の）カディス Cádiz の. ― 男女 カディスの人.
ga·é·li·co [ガエリコ] 男（ケルト語系の）ゲール語.
ga·far [ガふァル] 他（人に）悪運をもたらす.
ga·fas [ガふァス] 囡複 眼鏡, ゴーグル.
  gafas bifocales 遠近両用眼鏡.
  gafas de sol サングラス.
ga·fe [ガふェ] 形《人》非運をもたらす. ― 男女《人》疫病神.
ga·fo·tas [ガふォタス] 男女《単複同形》（眼鏡をかけた）メガネっ子.
gai·ta [ガイタ] 囡 1《楽器》バグパイプ. 2 厄介事, 面倒.
  templar gaitas con（＋人）…に折れる, …を

なだめる.
gai·te·ro, ra [ガイテロ, ラ] 男女 バグパイプ奏者.
ga·jes [ガヘス] 男複 臨時手当.
  gajes del oficio（仕事に付き物の）煩わしさ.
ga·jo [ガホ] 男 1（オレンジなどの中味の）ひと袋. 2（ブドウの房を切り分けた）ひと固まり.
GAL [ガる] 男《略語》Grupo Antiterrorista de Liberación（スペインの）反テロル解放団.
gal [ガる] 男 GAL のメンバー.
ga·la¹ [ガら] 囡《→ galo²》1 盛装, 晴れ着. 2 盛装着用のパーティー. 3（歌手などの）リサイタル.
  hacer gala de（…を）自慢する, 誇示する.
  tener a gala（＋不定詞）…するのを誇る.
ga·lác·ti·co, ca [ガらクティコ, カ] 形 銀河の, 銀河系の.
ga·lai·co, ca [ガらイコ, カ] 形（スペインの地方の）ガリシア Galicia の.
ga·lai·co-por·tu·gués [ガらイコポルトゥゲス] 男（中世の）ガリシア・ポルトガル語.
ga·lán [ガらン] 男 1 美男子, 伊達男. 2《男優》若手の主役, 二枚目. 3 色男, 恋人.
  galán de noche《男性用》ハンガー・スタンド.
ga·la·no, na [ガらノ, ナ] 形 1 飾りのあざやかな. 2 身なりの良い, スマートな.
ga·lan·te [ガらンテ] 形 1（女性に）優しい, 親切な. 2《文学》色恋沙汰の を扱う.
ga·lan·te·ar [ガらンテアル] 他（女性に）言い寄る,（女性を）くどく.
ga·lan·te·o [ガらンテオ] 男（女性への）くどき, 親切.
ga·lan·te·rí·a [ガらンテリア] 囡（女性への）くどき文句, 親切な行為.
ga·lan·ti·na [ガらンティナ] 囡《料理》（骨抜きチキンに詰め物をして煮て, 冷やして食べる）ガランティン.
ga·la·nu·ra [ガらヌラ] 囡 優雅さ, 上品さ.
ga·lá·pa·go [ガらパゴ] 男《動物》（淡水に棲む）小型のカメ.
Ga·lá·pa·gos [ガらパゴス] 固《Islas＋》（諸島の名）（東太平洋のエクアドル領の）ガラパゴス.
ga·lar·dón [ガらルドン] 男 賞, 褒美, 報酬.
ga·lar·do·na·do, da [ガらルドナド, ダ] 形《過去分詞》galardonar 賞を与える. ― 形 賞[報酬]を与えられた. ― 男女 受賞者.

函 は活用形　複 は複数形　男 は男性名詞　囡 は女性名詞　固 は固有名詞　代 は代名詞　自 は自動詞

ga·lar·do·nar [ガラルドナル] 他 …に(+con+賞など)…を与える.

ga·las 女《→ gala¹》上等な晴れ着, 一張羅(いっちょう).

ga·la·xia [ガラクシア] 女〈天体〉銀河, 天の川.

gal·ba·na [ガルバナ] 女 怠惰, 倦怠(けんたい).

ga·le·na [ガレナ] 女〈鉱石〉方鉛鉱.

ga·le·no [ガレノ] 男 医師, 医者.

ga·le·ón [ガレオン] 男 (大型帆船の)ガレオン船.

ga·le·o·te [ガレオテ] 男〈人〉(ガレー船の)漕刑囚(そうけい).

ga·le·ra [ガレラ] 女 (軽式帆船の)ガレー船.
condenar a... a galeras …を(ガレー船の)漕刑(そうけい)に処す.

ga·le·ra·da [ガレラダ] 女〈印刷〉ゲラ刷り.

ga·le·rí·a [ガレリア] 女 1 (細長い)陳列室, 画廊, ギャラリー. 2 回廊, 廊下. 3〈鉱山〉地下道, 坑道. 4 〔集合〕〈スポーツ〉見物人, 観客. 6 アーケード街, 商店街.
galería de arte (美術品の)陳列販売店.

ga·le·rí·as [ガレリアス] 女複《→ galería》大型店, 百貨店, デパート.

ga·ler·na [ガレルナ] 女 (スペインの北部沿岸地方に吹く)北西の突風.

ga·lés¹ [ガレス] 男 〔ケルト系の〕ウェールズ語.

ga·lés², le·sa [—, レサ] 形 (英国の地方の)ウェールズ Gales の.
— 男女 ウェールズ人.

gal·go, ga [ガルゴ, ガ] 男 女〈犬〉グレーハウンド.

Ga·lia [ガリア] 固〈地域の名〉(古代中部ヨーロッパの)ガリア, ゴール.

gá·li·bo [ガリボ] 男 (トラックなどの)積載規準測定器.

ga·li·ca·do, da [ガリカド, ダ] 形〈文体などが〉フランス語調の.

Ga·li·cia [ガリシア] 固〈地方の名〉(スペイン北西部の)ガリシア.

ga·li·cis·mo [ガリシスモ] 男〈言語学〉フランス語系要素, フランス語的な表現.

ga·li·cis·ta [ガリシスタ] 形〈男女同形〉1 フランス語系の. 2 フランス語を多用する.

gá·li·co, ca [ガリコ, カ] 形〈地域〉ガリアの.

ga·li·ma·tí·as [ガリマティアス] 男《単複同形》1 理解できない言葉. 2 混乱状態.

ga·lla·du·ra [ガジャドゥラ] 女〈鶏卵〉胚盤.

ga·llar·de·te [ガジャルデテ] 男 (船のマストの)三角旗.

ga·llar·día [ガジャルディア] 女 1 決然とした姿勢. 2 優雅な振る舞い.

ga·llar·do, da [ガジャルド, ダ] 形 1 決然とした, りりしい. 2 〈振る舞いが〉優雅な.

ga·lle·ar [ガジェアル] 自 1 横柄(おうへい)に振る舞う. 2 力を誇示する.

ga·lle·go¹ [ガジェゴ] 男 〔スペインの〕ガリシア語.

ga·lle·go², ga [—, ガ] 形 (スペインの地方の)ガリシア Galicia の.
— 男女 ガリシア人.

ga·lle·go·por·tu·gués [ガジェゴポルトゥゲス] 男 (中世の)ガリシア・ポルトガル語.

ga·lle·guis·mo [ガジェギスモ] 男 ガリシア語系要素, ガリシア語的な表現.

ga·lle·ta [ガジェタ] 女 1 ビスケット, クラッカー. 2 (顔面への)平手打ち, びんた. 3 ひどい衝突.
galleta maría 丸型ビスケット.

ga·lle·te·ro [ガジェテロ] 男〈容器〉ビスケット入れ.

ga·lli·na [ガジナ] 女〈鶏〉メンドリ.
— 形《男女同形》〈人〉臆病な, 気の弱い.
— 男女 臆病者.
acostarse con las gallinas (夜)早寝する.
carne [piel] de gallina (寒さなどによる)鳥肌(とり).
como gallina en corral ajeno 借りてきた猫のように, 居心地悪そうに.
gallina ciega〈遊戯〉鬼ごっこ.
gallina de agua〈鳥〉(クイナ科の)バン.
la gallina de los huevos de oro 金の卵を生む鶏, 大きな利益を生み続ける仕事.

ga·lli·ná·ce·as [ガジナセアス] 女複〈鳥の分類〉キジ目.

ga·lli·na·za [ガジナサ] 女〈鳥〉ヒメコンドル.

ga·lli·ne·jas [ガジネハス] 女複〈料理〉(鶏などの)もつ煮込み.

ga·lli·ne·ro¹ [ガジネロ] 男 1 鶏小屋. 2 さわがしい場所. 3〈劇場〉天井桟敷(さんじき).

ga·lli·ne·ro², ra [—, ラ] 男女 養鶏業者.

ga·lli·to [ガジト] 男 1 がき大将, ボス. 2〈スポーツ〉バドミントン.

ga·llo [ガジョ] 男 1〈鳥〉ニワトリ[鶏], オンドリ. 2 尊大な男. 3 調子はずれの声.
al canto del gallo 夜明け時に.
en menos que canta un gallo さっさと, たちまち.
gallo de pelea 1 闘鶏のオンドリ. 2〈人〉けんか好き.
gallo silvestre〈鳥〉オオライチョウ.
misa del gallo (クリスマスイブの)深夜ミサ.
otro gallo me [te, le] cantara [cantaría] 私[君, 彼]には別の事態になっているだろう.
pelea de gallos〈遊び〉闘鶏.
peso gallo〈ボクシング〉バンタム級.

ga·lo¹ [ガロ] 男 ガリア語.

ga·lo², la² [ガロ, ラ] 形 (フランスあたりの古い地域名の)ガリア Galia の, ゴールの.
— 男女 ガリア人, ゴール人.

ga·lo·chas [ガロチャス] 女複 (靴のうえにはく)木靴, 雪靴.

ga·lón [ガロン] 男 1〈服飾〉組みひも, モール. 2 (軍服などの)階級章, 袖章(そでしょう). 3〈容量の単位〉リットル(約 4.5 リットル)のガロン.

ga·lo·pa·da [ガロパダ] 女〈馬〉ギャロップ走

他 は他動詞　再 は再帰動詞　形 は形容詞　副 は副詞　前 は前置詞　接 は接続詞　間 は間投詞

法.
ga·lo·pan·te [ガロパンテ] 形 (病気などの)急性の, 急進性の.
ga·lo·par [ガロパル] 自 〈馬〉ギャロップで走る, 疾走する.
ga·lo·pe [ガロペ] 男 〈馬〉(走法の)ギャロップ, 疾走.
a galope ギャロップで, 大急ぎで.
a galope tendido 〈競馬〉フルギャロップで, 全速力で.
ga·lo·pín [ガロピン] 男 浮浪児, ちんぴら.
gal·vá·ni·co, ca [ガルバニコ, カ] 形 〈物理学〉ガルバーニ電気の.
gal·va·nis·mo [ガルバニスモ] 男 1〈物理学〉ガルバーニ電気. 2〈医学〉直流電気療法.
gal·va·ni·za·ción [ガルバニさしオン] 女 1 電気めっき. 2 (活動)の急な活性化.
gal·va·ni·zar [ガルバニさル] 他 (活 39 gozar) 1 (金属)を電気めっきする. 2 …を急激に活気づける.
ga·ma [ガマ] 女 1〈音楽〉(全体的の)音階. 2〈色彩〉(全体的)色調, 色階. 3〈特定種類の全体をそなえた)ひとそろい, 全範囲.
gam·ba [ガンバ] 女 1〈動物〉小エビ. 2 100 ペセタ硬貨.
meter la gamba 見当違いをする.
gam·be·rra·da [ガンベラダ] 女 (一回の)非行, 乱暴.
gam·be·rris·mo [ガンベリスモ] 男 〈行為〉非行, 乱暴.
gam·be·rro, rra [ガンベロ, ラ] 形 非行の, 乱暴な.
— 男 女 ごろつき, ちんぴら.
ga·me·to [ガメト] 男 〈生物学〉配偶子.
gam·ma [ガンマ] 女 (ギリシア文字の)ガンマ[Γ, γ].
ga·mo [ガモ] 男 〈動物〉(鹿の)ダマジカ.
ga·mo·pé·ta·lo, la [ガモペタロ, ラ] 形 〈植物〉合弁の.
ga·mo·sé·pa·lo, la [ガモセパロ, ラ] 形 〈植物〉合弁萼(がく)の.
ga·mu·si·no [ガムシノ] 男 (新米のハンターをからかうときの仮空の動物の)ガムシノ.
ga·mu·za [ガムさ] 女 1 (カモシカに近縁の)シャモア. 2 (シャモア)のセーム革.
ga·na [ガナ] 女 1 欲求, 意欲, 望み[= ganas]. 2 食欲, 空腹[= ganas].
abrir las ganas a… …に食欲を起こさせる.
comer con [sin] ganas もりもり[いやいや]食べる.
con ganas 意欲的に, 意識的に.
dar a… la gana (de〜) …を(〜)する気にさせる.
de buena gana よろこんで, 進んで.
de mala gana いやいや, しぶしぶ.
quitar las ganas a… …に意欲[食欲]を無

くさせる.
tener ganas a (+人) …を痛めつけたがる.
tener ganas de (+不定詞) …したがる.
venir en ganas a (+人) …の欲望をそそる.
ga·na·de·rí·a [ガナデリア] 女 1 牧畜業. 2 (家畜)の品種.
ga·na·de·ro, ra [ガナデロ, ラ] 形 家畜の, 牧畜の.
— 男 女 牧畜業者.
ga·na·do [ガナド] 男 1 (集合的に)家畜. 2 群衆.
ganado caballar (家畜としての)馬.
ganado de cerda 豚.
ganado lanar [*ovino*] 羊.
ganado mayor (馬などの)大型の家畜.
ganado menor (羊などの)小型の家畜.
ganado vacuno 牛.
ga·na·dor, do·ra [ガナドル, ドラ] 形 勝った.
— 男 女 勝者, 勝利者.
ga·nan·cia [ガナンしア] 女 もうけ, 利益, 収入 [= ganancias].
ganancias y pérdidas 〈商業〉収入と支出, 損益勘定.
no arrendar la ganancia a (+人) 1 …の高い地位を(悪い結果を予想して)うらやましがらない. 2 …に結果の悪さを予告する.
ga·nan·cio·so, sa [ガナンしオソ, サ] 形 もうけの多い, 有利な.
ga·na·pán [ガナパン] 男 粗野な乱暴者.
ga·nar [ガナル] 他 1 …をかせぐ, 手に入れる. 2 (賞金など)を得る, 獲得する.
3 …をもうける.
4 …を(+a…) …から勝ち取る.
5 (人の気持ちなど)をつかむ.
6 …を味方に引き入れる.
7 …に(+en…) …で勝っている, まさる.
8 (領土など)を征服する.
9 …にたどり着く, 到達する.
— 自 1 (勝負で)勝つ.
2 (+con, de, en…) …で上達する, 進歩する.
3 かせぐ.
— **ganar·se** 1 かせぐ, もうける.
2 (名声など)を獲得する, 得る.
3 …を(当然の報酬として)受ける, もらう.
ganar a… por la mano …の機先を制する, …の先を行く.
ganar terreno 優勢になる, 有利になる.
ganar·se la しかられる.
ganar·se la vida 生計を立てる.
ir ganando 〈スポーツ〉勝っている.
no ganar para sustos 1 驚いてばかりいる. 2 苦労ばかりが多い.
perder terreno 劣勢になる, 不利になる.
salir ganando en… …で(他人より)有利に進む.
gan·chi·llo [ガンチジョ] 男 1〈手芸〉鉤針

(鉤針). 2 鉤針編み.

gan·cho [ガンチョ] 男 1 鉤(鈎), フック. 2〈街頭販売〉さくら, おとり. 3 (人をとりこにする)魅力. 4〈ボクシング〉フック. 5〈バスケットボール〉フックシュート.

echar el gancho a (+人) 1 …を引っかける, つかまえる. 2 …を魅了する, 引きつける.

gan·chu·do, da [ガンチュド, ダ] 形 鉤(鈎)型の.

gan·dul, du·la [ガンドゥル, ドゥラ] 形 なまけ者の, ずぼらな.
── 男 なまけ者, ろくでなし.

gan·du·le·ar [ガンドゥレアル] 自 ずぼらな生活を送る, ぶらぶらして日を過ごす.

gan·ga [ガンガ] 女 1 掘り出し物. 2 楽なもうけ仕事. 3〈鉱石〉(価値のない)脈石(みゃくせき).

gan·glio [ガングリオ] 男〈解剖学〉神経節.

gan·go·so, sa [ガンゴソ, サ] 形〈声〉鼻にかかった, 鼻声の.

gan·gre·na [ガングレナ] 女〈医学〉壊疽(えそ).

gan·gre·nar·se [ガングレナルセ] 再〈医学〉壊疽(えそ)にかかる.

gángs·ter [ガンステル] 男〈一人〉ギャング.

gangs·te·ris·mo [ガンステリスモ] 男 1 ギャングの存在. 2 ギャングの悪行.

gan·gue·ar [ガンゲアル] 自 鼻声で話す.

gan·sa·da [ガンサダ] 女 1 間抜けなこと, ばかな話. 2 おどけ.

gan·so, sa [ガンソ, サ] 男女 1〈鳥〉ガチョウ. 2 にぶい人, 間抜け. 3〈人〉冗談好き.
── 形 1 間抜けな, おどけた, 冗談好きな.

gan·zú·a [ガンスア] 女 (鍵の代りに)錠前をはずす針金.

ga·ñán [ガニャン] 男 1〈農場〉作男(さくおとこ). 2 粗野な males.

ga·ñi·do [ガニド] 男 犬の鳴き声.

ga·ñir [ガニル] 自《活 51 mullir》1〈犬が〉キャンキャン鳴く. 2〈鳥が〉甲高い声で鳴く.

ga·ño·te [ガニョテ] 男 喉(のど)の内側.

ga·ra·ba·te·ar [ガラバテアル] 他 …をなぐり書きする.
── (+en...) …に落書きする.

ga·ra·ba·to [ガラバト] 男 なぐり書き, 落書き.

ga·ra·je [ガラヘ] 男 1 車庫, ガレージ. 2〈自動車〉修理工場.

ga·ram·bai·na [ガランバイナ] 女 ごてごてした飾り.

dejar·se de garambainas 〈くだらないことをやめる.

ga·ran·te [ガランテ] 男女 保証人.

ga·ran·tí·a [ガランティア] 女 1 保証. 2 担保, 抵当, 保証金. 3 安全策. 4 (一定期間の)無料修理保証. 5 (無料修理の)保証書.

ga·ran·ti·zar [ガランティさル] 他《活 39 gozar》…を保証する, 確約する.

gar·ban·ce·ro, ra [ガルバンセロ, ラ] 形 1〈豆の〉ガルバンソの. 2 味気ない.

gar·ban·zal [ガルバンさル] 男 ガルバンソ畑.

gar·ban·zo [ガルバンそ] 男〈豆〉ガルバンソ, ヒヨコマメ.

buscar·se [ganar·se] los garbanzos 生計を立てる.

ser el garbanzo negro〈人〉扱いにくい, 厄介者だ.

gar·be·o [ガルベオ] 男 散歩.

gar·bo [ガルボ] 男 (歩き方などの)のびやかな様子, 優雅さ, 上品さ.

gar·bo·so, sa [ガルボソ, サ] 形 のびやかな, 優雅な, 上品な.

Gar·cí·a [ガルしア] 固〈男性の名・名字〉ガルシア.

García Lorca (スペインの詩人・劇作家の)ガルシア・ロルカ [= Federico +].

García Márquez (コロンビアの小説家の)ガルシア・マルケス [= Gabriel +].

gar·de·nia [ガルデニア] 女〈低木〉クチナシ.

gar·du·ña [ガルドゥニャ] 女〈動物〉ムナジロテン.

ga·re·te [ガレテ]《つぎの動詞句の一部》

ir·se al garete (計画などが)流れる, 失敗する.

gar·fio [ガルふぃオ] 男 鉤(鈎), フック.

gar·ga·jo [ガルガホ] 男 痰(たん).

gar·gan·ta [ガルガンタ] 女 1 喉(のど). 2 せまい道. 3 くびれ.

tener a (+人) *atravesado en la garganta* …に我慢できない.

gar·gan·ti·lla [ガルガンティじゃ] 女 (短い)ネックレス.

gár·ga·ras [ガルガラス] 女複〈行為〉うがい.

mandar a... a hacer gárgaras …を拒絶する, 追い払う.

¡Vete [¡Que se vaya] a hacer gárgaras! お前など[あいつなど]消えて無くなれ!

gar·ga·ris·mo [ガルガリスモ] 男 1〈行為〉うがい. 2 うがい薬.

gar·ga·ri·zar [ガルガリさル] 自《活 39 gozar》うがいをする.

gár·go·la [ガルゴら] 女〈ゴシック建築〉(樋(とい)の先の)吐水飾り.

ga·ri·ta [ガリタ] 女 1 番小屋, 哨舎(しょうしゃ). 2 守衛所.

ga·ri·to [ガリト] 男 1 (もぐりの)賭博(とばく)場. 2 (あやしげな)娯楽施設.

gar·li·to [ガルリト] 男 1〈漁〉やな [梁]. 2 (人をだます)わな, 計略.

gar·lo·pa [ガルロパ] 女〈木工〉仕上げかんな.

gar·na·cha [ガルナチャ] 女〈ブドウ〉(大粒の)赤ブドウ.

ga·rra [ガら] 女 1 (ワシやライオンなどの)手・足. 2 鉤爪(かぎつめ). 3〈人〉手. 4 魅力. 5 つかまえる.

echar la garra a... …をつかまえる.

ga·rra·fa [ガラふぁ] 女 首の細長い瓶(びん).

de garrafa〈飲料〉計り売りの.

ga‧rra‧fal [ガラふァる] 形 (間違いなどが)重大な, ひどい.
— 副 めちゃくちゃに.

ga‧rra‧fón [ガラふォン] 男 (胴部におおいのついた)大型の瓶(%).

ga‧rra‧pa‧ta [ガラパタ] 女 〈節足動物〉ダニ.

ga‧rra‧pa‧to [ガラパト] 男 落書き.

ga‧rra‧pi‧ña‧do, da [ガラピニャド, ダ] 形 (ナッツなどの)糖衣でくるまれた.

ga‧rras [ガラス] 女複 《→ garra》1 (有害な)影響力, 支配力. 2〈毛皮業〉脚部のくず皮.

ga‧rri‧do, da [ガリド, ダ] 形 りりしい, スマートな, 美しい姿の.

ga‧rro‧cha [ガロチャ] 女〈闘牛〉長槍(診).

ga‧rro‧ta [ガロタ] 女 1 棍棒(診). 2 (頭部の曲った)長い杖(2).

ga‧rro‧ta‧zo [ガロタそ] 男 棍棒(診)での一撃.

ga‧rro‧te [ガロテ] 男 1 棍棒(診). 2〈拷問〉締め棒.

ga‧rro‧ti‧llo [ガロティじょ] 男〈病名〉ジフテリア.

ga‧rru‧cha [ガルチャ] 女 滑車(袋).

ga‧rru‧le‧rí‧a [ガルれリア] 女 1 おしゃべり, 饒舌(繧). 2 どじ, へま.

ga‧rru‧lo, la [ガルろ, ら] 形〈人〉間抜けな, どじな.

gá‧rru‧lo, la [ガルろ, ら] 形 おしゃべりな, 多弁な.

gar‧za[1] [ガルさ] 女〈鳥〉サギ.
garza real アオサギ.

gar‧zo, za[2] [ガルそ, ―] 形 1 (目が)青い. 2〈人〉青い目の.

gas [ガス] 男 1 ガス, 気体. 2〈燃料〉ガス. 3 速力, 強さ.
gas ciudad 都市ガス.
gases lacrimógenos 催涙ガス.
gas mostaza 〈兵器〉神経ガス.
gas natural 天然ガス.

ga‧sa [ガサ] 女 1 薄絹(絣). 2 ガーゼ.

gas‧cón, co‧na [ガスコン, コナ] 形 (フランスの地方の)ガスコーニュ Gascuña の.
— 男 女 ガスコーニュ人.

ga‧se‧ar [ガセアル] 他 1 (液体)にガスを含ませる. 2 …へ毒ガスを浴びせる.

ga‧se‧o‧sa[1] [ガセオサ] 女 炭酸飲料, 炭酸水.

ga‧se‧o‧so, sa[2] [ガセオソ, ―] 形 1 ガスの, 気体の. 2 ガスを含んだ, ガスを出す.

ga‧ses [ガセス] 男複 《→ gas》腸内ガス.

ga‧si‧fi‧ca‧ción [ガスィふィカすィオン] 女 1 気化, ガス化. 2 (飲料への)炭酸ガスの混入.

ga‧si‧fi‧car [ガスィふィカル] 他 《活 73 sacar》1 …を気化させる, ガス状にする. 2 (飲料など)に炭酸ガスを混入する.

ga‧so‧duc‧to [ガソドゥクト] 男 ガスパイプライン.

ga‧só‧ge‧no [ガソヘノ] 男 (燃料用の)ガス発生装置.

ga‧só‧le‧o [ガソれオ] 男 《= gasoil》軽油, ディーゼル油.

ga‧so‧li‧na [ガソリナ] 女 ガソリン.

ga‧so‧li‧ne‧ra [ガソリネラ] 女 ガソリンスタンド.

ga‧só‧me‧tro [ガソメトロ] 男 1 ガスメーター, ガス計量器. 2 ガスタンク.

gas‧ta‧do, da [ガスタド, ダ] 《過去分詞》→ gastar ついやす.
— 形 1 すり減った, 使い古した. 2 おとろえた, 疲れきった.

gas‧ta‧dor [ガスタドル] 男〈軍隊〉工兵.

gas‧tar [ガスタル] 他 1 …をついやす, 使う. 2 …を使いはたす, 消耗する. 3 …を身につける, 使用する. 4 (良くない性格などを)帯びる, 持っている.
— 自 金を使う, 浪費する.
— **gastarse** 再 1 すり切れる, 磨滅する. 2 疲れはてる. 3 なくなる, 尽きる.
gastar‑las 振る舞う, 行動する.

gas‧te‧ró‧po‧dos [ガステロポドス] 男複〈分類〉腹足類動物.

gas‧to [ガスト] 男 1 出費, 支出. 2 消費, 消耗. 3 費用, 経費 [= gastos].
cubrir gastos 出費[経費]をまかなう.
gastos corrientes 経常費.
gastos de envío 送料.
gastos de representación 接待費, 交際費.

gas‧to‧so, sa [ガストソ, サ] 形 浪費家の.

gás‧tri‧co, ca [ガストリコ, カ] 形 胃の.

gas‧tri‧tis [ガストリティス] 女〈単複同形〉〈医学〉胃炎.
gastritis aguda 急性胃炎.
gastritis crónica 慢性胃炎.

gas‧tro‧en‧te‧ri‧tis [ガストロエンテリティス] 女〈単複同形〉〈医学〉(胃と腸の)胃腸炎.

gas‧troin‧tes‧ti‧nal [ガストロインテスティナる] 形 胃と腸の.

gas‧tro‧no‧mí‧a [ガストロノミア] 女 1 料理法. 2 美食.

gas‧tro‧nó‧mi‧co, ca [ガストロノミコ, カ] 形 1 料理法の. 2 美食の, グルメの.

gas‧tró‧no‧mo, ma [ガストロノモ, マ] 男 女 1 料理の専門家. 2 食通, 美食家, グルメ.

ga‧te‧ar [ガテアル] 自 1 はう, はって歩く. 2 登る.

ga‧te‧ra [ガテラ] 女 (扉などにつけた)猫の出入り口.

ga‧ti‧llo [ガティじょ] 男〈銃〉引き金.

ga‧to[1] [ガト] 男〈機械〉ジャッキ.

ga‧to, ta[2] [―, タ] 男 女 1 ネコ[猫], 雄猫, 雌猫. 2 マドリード生まれの人.
a gatas よつんばいで, はって.
cuatro gatos ほんの数人.
dar gato por liebre だまして安物を押しつける.
gato de Angora アンゴラネコ.

活 は活用形　複 は複数形　男 は男性名詞　女 は女性名詞　固 は固有名詞　代 は代名詞　自 は自動詞

gato montés ヤマネコ.
haber gato encerrado 何かが隠されている.
llevar-se el gato al agua (競合で)勝ちを占める.

gau·ches·co, ca [ガウチェスコ, カ] 形 ガウチョgaucho の.

gau·cho[1] [ガウチョ] 男 (南米のパンパの牧童である)ガウチョ.

gau·cho[2], **cha** [—, チャ] 形 ガウチョ風の.

Gau·dí [ガウディ] 固 (スペインの建築家の)ガウディ [= Antoni Gaudí].

ga·ve·ta [ガベタ] 女 1 (机などの)引き出し. 2 (引き出し式の)ファイルボックス.

ga·via [ガビア] 女 〈船〉帆.

ga·vi·lán [ガビラン] 男 1〈鳥〉ハイタカ. 2〈剣〉十字形つば.

ga·vi·lla [ガビジャ] 女 (麦などの)束.

ga·vio·ta [ガビオタ] 女 〈鳥〉カモメ.

ga·yo, ya [ガヨ, ヤ] 形 陽気な, はでな.

ga·yum·bos [ガジュンボス] 男 複 〈下着〉パンツ.

ga·za·pe·ra [ガサペラ] 女 1 ウサギの巣穴. 2 文法間違い一覧表.

ga·za·po [ガサポ] 男 1〈動物〉子ウサギ. 2 言いそこない. 3 書き間違い.

gaz·mo·ñe·rí·a [ガスモニェリア] 女 信心家気取り, 信心深げの見せかけ, 道徳家ぶること.

gaz·mo·ño, ña [ガスモニョ, ニャ] 形 信心深そうな, 良心的に見せる, 道徳家ぶった.
— 男 女 信心家ぶる人, 道徳家ぶる人.

gaz·ná·pi·ro, ra [ガスナピロ, ラ] 形 〈人〉単純な, 頭の弱い.
— 男 女 〈人〉薄のろ, 間抜け.

gaz·na·te [ガスナテ] 男 (口の奥の)喉(のど).

gaz·pa·cho [ガスパチョ] 男 (冷たい野菜スープの)ガスパチョ.

ge [ヘ] 女 〈文字 G, g の名〉.

géi·ser [ヘイセル] 男 (噴出する温泉の)間欠泉.

gel [ヘる] 男 1〈化学〉ゼリー状のゲル. 2 ゲル状のもの. 3 (入浴用の)ゼリー状石けん.

ge·la·ti·na [ヘらティナ] 女 1〈化学〉ゼラチン. 2〈食べ物〉ゼリー.

ge·la·ti·no·so, sa [ヘらティノソ, サ] 形 1 ゼラチンの, ゼラチン状の.

gé·li·do, da [ヘりド, ダ] 形 とても冷たい, こおりついた.

ge·ma [ヘマ] 女 宝石.

ge·ma·ción [ヘマしオン] 女 1〈植物〉発芽. 2〈生物学〉無性生殖.

ge·me·lo, la [ヘメろ, ら] 形 1 双子の. 2 対(つい)になった. 3 とてもよく似た.
— 男 女 双子, 双生児.

ge·me·los [ヘメろス] 男 複 〈→ gemelo〉 1 双眼鏡. 2〈筋肉〉(ふくらはぎの)双子筋. 3 カフスボタン.

ge·mi·do [ヘミド] 男 うめき声, 泣き声.

ge·mi·na·do, da [ヘミナド, ダ] 形 1 重複した. 2 一対(つい)になった.

Gé·mi·nis [ヘミニス] 固 (星座の)双子座.

gé·mi·nis [ヘミニス] 形 双子座生まれの.
— 男 女 《単複同形》〈人〉双子座生まれ.

ge·mir [ヘミル] 自 [活 56 pedir] 1 うめく, うなる, なげき悲しむ. 2 うなるような音を出す.

ge·mo·lo·gí·a [ヘモろヒア] 女 宝石学.

ge·mó·lo·go, ga [ヘモろゴ, ガ] 男 女 宝石研究者.

gen [ヘン] 男 〈生物学〉遺伝子.

gen·cia·na [ヘンしアナ] 女 〈植物〉リンドウ.

gen·dar·me [ヘンダルメ] 男 (ヨーロッパの治安担当の)警官.

gen·dar·me·rí·a [ヘンダルメリア] 女 1 治安警察署. 2 治安警察官隊.

ge·ne·a·lo·gí·a [ヘネアろヒア] 女 1 家系, 血統. 2 系図, 血統書.

ge·ne·a·ló·gi·co, ca [ヘネアろヒコ, カ] 形 家系の, 血統の.
árbol genealógico 系統樹.

ge·ne·a·lo·gis·ta [ヘネアろヒスタ] 男 女 系図学者.

ge·ne·ra·ción [ヘネラしオン] 女 1〈人々〉(同一の)世代. 2 同一世代の人々 [生物]. 3 直系の子孫. 4 生殖, 出産, 産生. 5 生産, 生成.
de generación en generación 代々, 何代にもわたって.
generación de energía eléctrica 発電.
generación espontánea 〈生物学〉自然発生.
generación sexual 有性生殖.
japoneses de segunda generación 日系二世の人たち.
la Generación del 98 (スペインの作家集団の)98年の世代.

ge·ne·ra·cio·nal [ヘネラしオナる] 形 世代の, 同一世代の.

ge·ne·ra·dor [ヘネラドル] 男 発電機.

ge·ne·ral [ヘネラる] 形 1 一般的な, 普遍的な. 2 全体の, 広範な. 3 普通の, 通常の. 4 概括的な, おおまかな. 5 最高責任の, 統括担当の.
— 男 1 将軍, 将官. 2〈宗教〉管長, 総長.
administración general 〈組織〉総務.
cultura general 一般教養.
en general 1 一般的に, たいてい. 2 概略的に.
en líneas generales 大筋では, だいたい.
en términos generales 概略的に言えば, 大筋では.
gerente general 総支配人.
junta [asamblea] general 総会.
por lo general 1 一般に, 普通は. 2 おおまかには.
por regla general たいてい, 普通は.
reglas generales 一般規則, 総則.

ge·ne·ra·la [ヘネラら] 女 1〈軍隊〉(合図の)戦闘準備のらっぱ. 2 将軍夫人.

ge·ne·ra·la·to [ヘネラらト] 男 1 将軍の地位. 2 将軍の任期. 3 (集合的に)将軍.

ge·ne·ra·li·dad [ヘネラリダス] 囡 1 大多数, 大部分. 2 (話の)漠然性. 3 一般性, 普遍性. 4 概論, 概要.

Ge·ne·ra·li·dad [ヘネラリダス] 囡 (カタルニアなどの)自治政府.

ge·ne·ra·lí·si·mo [ヘネラリシモ] 男 総司令官, 総統.

ge·ne·ra·li·za·ción [ヘネラリさしオン] 囡 1 普及, 波及. 2 一般化, 普遍化.

ge·ne·ra·li·zar [ヘネラリさる] 他 《活 39 gozar》 1 …を普及する, 広める. 2 …を一般化する, 普遍化する.
— 自 1 一般化する. 2 一般論を述べる.
— **generalizar·se** 再 1 普及する, 普通になる. 2 一般化する.

ge·ne·ral·men·te [ヘネラるメンテ] 副 1 一般的に. 2 普通は.

ge·ne·rar [ヘネラる] 他 1 …を作り出す, 生み出す. 2 …を引き起こす.

ge·ne·ra·ti·vo, va [ヘネラティボ, バ] 形 1 生み出す能力のある. 2 原因となりうる. 3〈文法〉生成の.

ge·ne·ra·triz [ヘネラトりす] 囡〈数学〉母線.

ge·né·ri·co, ca [ヘネりコ, カ] 形 1 包括的な, 一般的な. 2〈文法〉総称的な. 3〈文法〉性の.

gé·ne·ro [ヘネろ] 男 1 (総合的な)種類, 部類. 2 やり方, 方法, 流儀. 3 性質, 種類. 4 布地, 生地(きじ). 5〈商業〉品物, 商品. 6〈生物分類〉属. 7 ジャンル, 様式.

género ambiguo 〈文法〉(mar「海」など, 男女両性になる名詞の)不定の性.

género chico (1・2幕物の)小歌劇.

género común 〈文法〉(artista「芸術家」など, 男女同形の名詞の)共通の性.

ge·ne·ro·sa·men·te [ヘネろサメンテ] 副 1 気前よく. 2 寛大に. 3 すぐれて. 4 たっぷりと.

ge·ne·ro·si·dad [ヘネろシダス] 囡 1 気前のよさ. 2 寛大, 寛容.

ge·ne·ro·so, sa [ヘネろソ, サ] 形 1 (+con, para, para con… …に対して)気前のよい. 2 寛大な, 心の広い. 3 上質の, すぐれた. 4 豊富な, たっぷりの.

ge·né·si·co, ca [ヘネシコ, カ] 形 生殖の, 発生の.

gé·ne·sis [ヘネシス] 囡《単複同形》1 起源, 発生. 2 由来, 生成過程.

ge·né·ti·ca¹ [ヘネティカ] 囡 遺伝学.

ge·né·ti·co, ca² [ヘネティコ, ー] 形 1 遺伝学の. 2 遺伝子の. 3 起源の, 発生の, 生成の.

ge·nial [ヘニアる] 形 1 天才の, 天才的な. 2 すばらしい, 抜群の.
— 副 とても上手に, すばらしく.

ge·nia·li·dad [ヘニアりダス] 囡 1 天才的資質, 天分. 2 抜群のよさ. 3 (皮肉で)天才のひらめき, 妙案.

ge·nial·men·te [ヘニアるメンテ] 副 とても上手に, すばらしく.

ge·nio [ヘニオ] 男 1 性格, 性質. 2 気分, 機嫌. 3 (時代や文化の)特質. 4 気性, 根性. 5 気力, 実行力. 6〈才能〉天才, 天分. 7〈人〉天才, 鬼才. 8〈神話〉(人を誕生から支配する)守り神, 守護神. 9 (おとぎ話などの)精霊, 妖精(ホホ).

corto de genio 根性のない.

estar de mal genio 機嫌が悪い.

pronto [vivo] de genio 短気な.

tener buen genio 気立てがよい.

tener mal genio 気難しい性格である.

tener (mucho) genio 1 (とても)気性が激しい. 2 (大きな)実行力がある.

tener genio (de cantante) (歌手の)天分がある.

ge·ni·tal [ヘニタる] 形 生殖の.

ge·ni·ta·les [ヘニタれス] 男複《→ genital》(外部)生殖器, 性器.

ge·ni·ti·vo [ヘニティボ] 男〈文法〉属格.

ge·no·ci·dio [ヘノひディオ] 男 集団殺害, ジェノサイド.

ge·no·ma [ヘノマ] 男 (染色体の)ゲノム.

ge·no·tí·pi·co, ca [ヘノティピコ, カ] 形 遺伝子型の.

ge·no·ti·po [ヘノティポ] 男 遺伝子型.

ge·no·vés, ve·sa [ヘノベス, ベサ] 形 (イタリアの都市の)ジェノバ Génova の.
— 男 囡 ジェノバの人.

gen·te [ヘンテ] 囡 1 人たち, 人々. 2 (個別の社会集団の)人々／*las gentes* さまざまな職業[階層]の人たち. 3 家族, 親類の人たち. 4 (形容詞+) 人／*buena gente* 善良な人々.

de gente en gente 人から人に.

gente baja 下層階級の人々.

gente de bien 誠実な人々.

gente de la calle 普通の人々, 凡人.

gente de mal vivir 犯罪者たち, 悪党.

gente de paz おとなしい人たち.

gente gorda 有力者たち.

gente guapa 裕福な名士たち.

gente menuda 子供たち.

gen·til [ヘンティる] 形 1 親切な. 2 礼儀正しい. 3 上品な, 優雅な. 4 (昔の)非キリスト教徒の, 異教徒の.
— 男 囡 非キリスト教徒, 異教徒.

gen·ti·le·za [ヘンティれさ] 囡 1 親切, やさしさ. 2 礼儀正しさ. 3 上品さ, 優雅さ. 4 好意の品, 好意的態度.

gen·til·hom·bre [ヘンティるオンブレ] 男〈宮廷〉廷臣, 侍従.

gen·ti·li·cio¹ [ヘンティりしオ] 男 地名系詞.

gen·ti·li·cio², cia [ヘンティりしオ, ーしア] 形〈名詞・形容詞〉(地名が変化した)地名系の.

gen·tí·li·co, ca [ヘンティりコ, カ] 形 (非キリス

gen·tí·o [ヘンティオ] 男 群衆, 雑踏.
gen·tu·za [ヘントゥサ] 女 くだらない連中.
ge·nu·fle·xión [ヘヌふれクシオン] 女 (ひざまずいておがむ) 跪拝 (叢).
ge·nui·no, na [ヘヌイノ, ナ] 形 1 純粋な, 純正の. 2 本物の, 本当の.
ge·o·cén·tri·co, ca [ヘオセントリコ, カ] 形 1 (地球の中心の)地心(沿)の. 2 〈天文学〉地球を中心とした.
ge·o·cen·tris·mo [ヘオセントリスモ] 男 天動説.
ge·o·de·sia [ヘオデシア] 女 測地学.
ge·o·dé·si·co, ca [ヘオデシコ, カ] 形 測地学の.
ge·o·fí·si·ca[1] [ヘオふぃシカ] 女 地球物理学.
ge·o·fí·si·co, ca[2] [ヘオふぃシコ, —] 形 地球物理学の.
ge·o·gra·fí·a [ヘオグラふぃア] 女 1 地理学. 2 地勢.
  geografía física 自然地理学.
  geografía humana 人文地理学.
ge·o·grá·fi·co, ca [ヘオグラふぃコ, カ] 形 1 地理学の. 2 地勢の.
ge·ó·gra·fo, fa [ヘオグラふぉ, ふぁ] 男女 地理学者.
ge·o·lo·gí·a [ヘオろヒア] 女 地質学.
ge·o·ló·gi·co, ca [ヘオろヒコ, カ] 形 地質学の.
ge·ó·lo·go, ga [ヘオろゴ, ガ] 男女 地質学者.
ge·o·mag·ne·tis·mo [ヘオマグネティスモ] 男 〈地球〉地磁気.
ge·ó·me·tra [ヘオメトラ] 男女 幾何学者.
ge·o·me·trí·a [ヘオメトリア] 女 幾何学.
  geometría analítica 解析幾何学.
  geometría del espacio 立体幾何学.
  geometría descriptiva 画法幾何学.
ge·o·mé·tri·co, ca [ヘオメトリコ, カ] 形 1 幾何学の, 幾何学的な. 2 精確な, 精密な.
  progresión geométrica 等比級数.
ge·o·po·lí·ti·ca [ヘオポリティカ] 女 地政学.
ge·o·quí·mi·ca [ヘオキミカ] 女 地球化学.
ge·ór·gi·cas [ヘオルヒカス] 女[複] 田園詩.
ge·o·tec·tó·ni·co, ca [ヘオテクトニコ, カ] 形 地殻構造の.
ge·ra·nio [ヘラニオ] 男 〈多年草〉ゼラニウム.
Ge·rar·do [ヘラルド] 固 〈男性の名〉ヘラルド.
ge·ren·cia [ヘレンシア] 女 1 支配人の職. 2 支配人の任務. 3 支配人室. 4 経営.
ge·ren·te [ヘレンテ] 男女 1 支配人, マネージャー. 2 経営者, 取締役.
ge·ria·tra [ヘリアトラ] 男女 老人病専門医.
ge·ria·trí·a [ヘリアトリア] 女 老人病学.
ge·riá·tri·co[1] [ヘリアトリコ] 男 養老院.
ge·riá·tri·co, ca[2] [—, カ] 形 1 老人病学の. 2 養老院の.

ge·ri·fal·te [ヘリふぁるテ] 男 1 〈鳥〉シロハヤブサ. 2 傑出した人, 名士.
Ger·mán [ヘルマン] 固 〈男性の名〉ヘルマン.
Ger·ma·nia [ヘルマニア] 固 〈地域の名〉(古代北ヨーロッパの)ゲルマニア.
ger·ma·ní·a [ヘルマニア] 女 1 (犯罪者の)隠語. 2 (昔のバレンシアの)組合結社.
ger·má·ni·co[1] [ヘルマニコ] 男 〈語派〉ゲルマン語.
ger·má·ni·co, ca[2] [—, カ] 形 1 (古代の)ゲルマニアの. 2 ドイツの. 3 ゲルマン語派の.
ger·ma·nio [ヘルマニオ] 男 〈化学〉ゲルマニウム.
ger·ma·nis·mo [ヘルマニスモ] 男 〈言語学〉1 ゲルマン語系要素. 2 ドイツ語系要素.
ger·ma·nis·ta [ヘルマニスタ] 男女 1 ゲルマン語学者. 2 ドイツ語研究者.
ger·ma·no, na [ヘルマノ, ナ] 形 ゲルマン民族の, ゲルマン語派の.
  —男女 1 ゲルマン人. 2 ドイツ人.
ger·men [ヘルメン] 男 [複] *gérmenes* 1 〈生物学〉原基. 2 胚(災), 胚芽. 3 芽, 幼芽. 4 原因となるもの, 発端.
  germen patógeno [infeccioso] 病原菌.
ger·mi·na·ción [ヘルミナシオン] 女 1 発芽, 萌芽(覧). 2 (考えなどの)発生, 芽生え.
ger·mi·nal [ヘルミナる] 形 胚芽(覧)の, 芽の.
ger·mi·nar [ヘルミナる] 自 1 (種が)発芽する, 芽を出す. 2 (植物が)生育し始める, 芽吹く. 3 (考えなどが)芽生える, 展開する.
Ge·ro·na [ヘロナ] 固 〈県・県都の名〉(スペイン北東部の)ヘロナ.
ge·ron·to·cra·cia [ヘロントクラギア] 女 長老政治.
ge·ron·to·lo·gí·a [ヘロントろヒア] 女 老人学, 老年学.
ge·ron·tó·lo·go, ga [ヘロントろゴ, ガ] 男女 老人学研究者, 老年学者.
ge·run·den·se [ヘルンデンセ] 形 (スペイン北東部の)ヘロナ Gerona の.
  —男女 ヘロナの人.
ge·run·dio [ヘルンディオ] 男 〈文法〉(-ndo 語尾の)現在分詞.
ges·ta [ヘスタ] 女 功績, 手柄.
  cantar de gesta (中世の)武勲(荒)詩.
ges·ta·ción [ヘスタシオン] 女 1 胎児の成長, 妊娠期間. 2 (考えなどの)形成, 進展.
ges·tan·te [ヘスタンテ] 形 妊娠中の.
  —女 妊婦.
ges·tar [ヘスタる] 他 …を懐胎している.
  —**ges·tar·se** (計画などが)練られている.
ges·ti·cu·la·ción [ヘスティクらシオン] 女 身振りの動作.
ges·ti·cu·lar [ヘスティクらる] 自 身振りをする.
ges·tión [ヘスティオン] 女 1 対処, 処置, 手続き. 2 (組織の)管理, 運営.

ges·tio·nar [ヘスティオナル] 他 **1**…を処置する, …の手続きをする. **2**…を管理[運営]する.

ges·to [ヘスト] 男 **1** 顔の動き. **2** 身ぶり, しぐさ. **3** 頭の揺れ. **4** 表情, 面持ち. **5**(感情にすなおな)振る舞い, 行為.
torcer el gesto 顔をしかめる.

ges·tor, to·ra [ヘストル, トラ] 形 **1** 取り決めの. **2**(業務の)代行の.
— 男 女 **1** 代行者. **2** 経営者, 取締役.

ges·to·rí·a [ヘストリア] 女 (業務の)代行事務所, 代理店.

ges·tual [ヘストゥアル] 形 **1** 顔つきの, 顔の動きの. **2** 身振りの, しぐさの.

gi·ba [ヒバ] 女 (背中などの)こぶ.

gi·bar [ヒバル] 他 …を困らせる.
— *gibarse* 再 困る, いらだつ.

gi·bón [ヒボン] 男 〈動物〉テナガザル.

gi·bo·so, sa [ヒボソ, サ] 形 背中にこぶのある.

Gi·bral·tar [ヒブラルタル] 固 〈岩山の名〉(スペイン南端で英国領の)ジブラルタル.

gi·bral·ta·re·ño, ña [ヒブラルタレニョ, ニャ] 形 ジブラルタル Gibraltar の.
— 男 女 ジブラルタルの人.

gi·gan·ta [ヒガンタ] 女 **1** 〈女性〉巨人, 大女. **2**(祭りの女性の)大人形.

gi·gan·te [ヒガンテ] 男 **1** 〈男性〉巨人, 大男. **2**(祭りの男性の)大人形. **3** 傑出した人物, 大物.
— 形 〈男女同形〉巨大な.

gi·gan·tes·co, ca [ヒガンテスコ, カ] 形 巨大な.

gi·gan·tis·mo [ヒガンティスモ] 男 〈医学〉巨人症.

gi·go·ló [ヒゴろ] 男 ジゴロ, 若い燕(ஜめ), ひも.

Gi·jón [ヒホン] 固 〈都市の名〉(スペイン北西部の)ヒホン.

gi·jo·nés, ne·sa [ヒホネス, ネサ] 形 (スペインの都市の)ヒホン Gijón の.
— 男 女 ヒホンの人.

Gil·ber·to [ヒるベルト] 固 〈男性の名〉ヒルベルト.

gi·lí [ヒリ] 形 〈男女同形〉〈人〉ばかな.
— 男 女 〈人〉ばか者.

gi·li·po·llas [ヒリポじャス] 形 《男女同形, 単複同形》ばかな, つまらない.
— 男 女 〈人〉ばか, 間抜け.

gi·li·po·llez [ヒリポじェす] 女 ばかなこと.

gi·li·puer·tas [ヒリプエルタス] 形 《男女同形, 単複同形》〈gilipollas の上品な代用語〉ばかな, つまらない.
— 男 女 〈人〉ばか, 間抜け.

gim- → gemir うめく (活 56).

gim·na·sia [ヒムナシア] 女 **1** 体操, 体育. **2** 運動, 訓練.
gimnasia rítmica リズム体操.
gimnasia sueca スウェーデン体操.

gim·na·sio [ヒムナシオ] 男 **1** 体育館, 屋内競技場. **2**(ドイツやスイスなどの)中学校.

gim·nas·ta [ヒムナスタ] 男 女 体操愛好者.

gim·nás·ti·co, ca [ヒムナスティコ, カ] 形 体操の, 体育の.

gim·nos·per·mas [ヒムノスペルマス] 女 複 〈分類〉裸子植物.

gi·mo·te·ar [ヒモテアル] 自 **1** めそめそする. **2** うそ泣きする.

gi·mo·te·o [ヒモテオ] 男 **1** めそめそすること. **2** うそ泣き.

gi·ne·bra [ヒネブラ] 女 〈酒類〉ジン.

Gi·ne·bra [ヒネブラ] 固 〈都市の名〉(スイスの)ジュネーブ.

gi·ne·ce·o [ヒネセオ] 男 〈植物〉雌しべ.

gi·ne·co·lo·gí·a [ヒネコろヒア] 女 婦人病学.

gi·ne·co·ló·gi·co, ca [ヒネコろヒコ, カ] 形 婦人病学の, 婦人科の.

gi·ne·có·lo·go, ga [ヒネコろゴ, ガ] 男 女 婦人科医.

gi·ne·ta [ヒネタ] 女 〈動物〉(ジャコウネコ科の)ジェネット.

gin·gi·val [ヒンヒバる] 形 〈解剖学〉歯肉の.

gi·ra [ヒラ] 女 **1** 〈公演〉巡業. **2**〈旅行〉周遊.

gi·ral·da [ヒラるダ] 女 風見(ぶざ).

Gi·ral·da [ヒラるダ] 固 〈la+〉〈塔の名〉(セビリアの)ヒラルダ.

gi·rar [ヒラル] 自 **1** 回転する, 回る. **2** 方向を変える, 曲がる. **3**(話などが) (+alrededor de, en torno a...)…をめぐって進む.
— 他 **1**…を回す. **2**…を為替で送る. **3**…の方向を変える. **4**(手形)を振り出す.

gi·ra·sol [ヒラソる] 男 〈植物〉ヒマワリ.

gi·ra·to·rio, ria [ヒラトリオ, リア] 形 旋回する, 回転式の.

gi·ro [ヒロ] 男 **1** 回転, 旋回. **2**(話などの)方向, 展開. **3**〈送金〉為替. **4**(手形などの)振り出し. **5** 〈言語学〉言い回し, 表現型.
giro postal 郵便為替.
giro telegráfico 電信為替.

gi·ro·la [ヒろラ] 女 〈教会〉周廊.

gi·ros·co·pio [ヒロスコピオ] 男 回転儀, ジャイロスコープ.

gi·ta·na·da [ヒタナダ] 女 ジプシー独特のこと[もの].

gi·ta·ne·ar [ヒタネアル] 自 (売買で)ごまかすとする.

gi·ta·ne·rí·a [ヒタネリア] 女 **1** ジプシー独特の仕方[言い方]. **2**(集合的に)ジプシー. **3** ジプシーの集会.

gi·ta·nes·co, ca [ヒタネスコ, カ] 形 ジプシー風の.

gi·ta·nis·mo [ヒタニスモ] 男 **1** ジプシー文化. **2** 〈言語学〉ジプシー語系要素.

gi·ta·no, na [ヒタノ, ナ] 形 **1** ジプシーの, ジプシー的な. **2** うまく言いくるめる. **3** 巧みにだます.

— 男 女 1 ジプシー. 2 口のうまい人間. 3 うまくだます人間.

que no se lo salta un gitano (量や質が)ものすごい.

gla·cial [グらシアる] 形 1 非常に寒い, いてついた. 2 氷河の.

gla·ciar [グらシアル] 形 氷河の.
— 男 氷河.
época glaciar 氷河期.

gla·dia·dor [グらディアドル] 男 〈古代ローマ〉剣闘士.

gla·dio·lo [グらディオろ] 男 《= gladíolo》〈植物〉グラジオラス.

glan·de [グらンデ] 男 〈男性器〉亀頭(きとう).

glán·du·la [グらンドゥら] 女 〈解剖学〉腺(せん).
glándula endocrina 内分泌腺.
glándula lagrimal 涙腺.
glándula pineal 松果体.
glándula pituitaria 下垂体.
glándula tiroides 甲状腺.

glan·du·lar [グらンドゥらル] 形 〈解剖学〉腺(せん)の, 腺状の.

gla·sé [グらセ] 男 〈絹布〉光沢のあるタフタ.

gla·se·ar [グらセアル] 他 1 (菓子)に糖衣をかける. 2 (紙など)に光沢をつける.

glau·co, ca [グらウコ, カ] 形 薄い緑色の.

glau·co·ma [グらウコマ] 男 〈眼病〉緑内障.

gle·ba [グれバ] 女 耕地, 畑.

gli·ce·ri·na [グりセリナ] 女 〈化学〉グリセリン.

gli·có·ge·no [グりコヘノ] 男 〈化学〉グリコーゲン.

glo·bal [グろバる] 形 包括的な, 全体の.

glo·bo [グろボ] 男 1 風船. 2 (球形の)ランプシェード. 3 球, 球体. 4 地球. 5 気球. 6 (漫画などの)吹き出し. 7〈スポーツ〉ロビング.
en globo 中止になりそうな.
globo aerostático 気球.
globo anunciador アドバルーン.
globo celeste 天球儀.
globo dirigible 飛行船.
globo ocular 〈解剖学〉眼球.
globo sonda 観測用気球.
globo terráqueo [*terrestre*] 1 地球. 2 地球儀.

glo·bo·so, sa [グろボソ, サ] 形 球形の, 球状の.

glo·bu·li·na [グろブりナ] 女 〈化学〉グロブリン.

gló·bu·lo [グろブろ] 男 小球体.
glóbulo blanco 白血球.
glóbulo rojo 赤血球.

glo·ria [グろリア] 女 1 栄光, 栄誉. 2 名声, 大評判. 3 栄光をもたらすもの[こと]. 4 大満足, 大きな喜び. 5 栄華, 偉大さ.
— 男 〈宗教〉(聖歌の)グロリア, 栄光誦(しょう).
(estar) en la gloria 大満足して(いる).
...que en gloria esté (故人を指して)今は亡き…

saber a gloria (味や香りが)とてもよい.

Glo·ria [グろリア] 固 〈女性の名〉グロリア.

glo·riar·se [グろリアルセ] 再 《活 17 cambiar》 1 (+*de...*) …を自慢する. 2 (+*de...*) …に大満足する.

glo·rie·ta [グろリエタ] 女 (道路の集まる)円形広場.

glo·ri·fi·ca·ción [グろリふぃカしオン] 女 称賛, 称揚.

glo·ri·fi·car [グろリふぃカル] 他 《活 73 sacar》 1 …に栄光を与える. 2 …をたたえる, 称揚する.

glo·rio·so, sa [グろリオソ, サ] 形 1 栄光ある, 名誉に価する. 2〈宗教〉至福を受けた, 聖なる.

glo·sa [グろサ] 女 注解, 注釈.

glo·sar [グろサル] 他 1 …を注解する. 2 …を拡大解釈する.

glo·sa·rio [グろサリオ] 男 (難語などの)用語解説集, 語彙(ごい)集.

glo·tis [グろティス] 女 〈単複同形〉〈解剖学〉声門.

glo·tón, to·na [グろトン, トナ] 形 大ぐらいの.
— 男 女 〈人〉大ぐらい, 大食漢.

glo·to·ne·rí·a [グろトネリア] 女 〈欲望〉大ぐらい, 大食.

glu·ce·mia [グるセミア] 女 〈医学〉血糖.

glú·ci·do [グるシド] 男 〈化学〉糖質.

glu·co·sa [グるコサ] 女 〈化学〉ぶどう糖.

glu·ten [グるテン] 男 (たん白質の)グルテン.

glú·te·o, a [グるテオ, ア] 形 〈解剖学〉臀部の.

glú·te·os [グるテオス] 男 複 《→ gluteo》〈解剖学〉臀筋(でんきん).

gneis [ネイス] 男 〈鉱石〉片麻岩.

gno·mo [ノモ] 男 (童話などの)小人(こびと).

gnos·ti·cis·mo [ノスティしスモ] 男 〈哲学〉グノーシス主義.

gnós·ti·co, ca [ノスティコ, カ] 形 グノーシス主義の.
— 男 女 グノーシス派の人.

go·ber·na·ble [ゴベルナブれ] 形 1 統治可能な. 2 支配しやすい.

go·ber·na·ción [ゴベルナしオン] 女 1 支配, 統治. 2〈乗り物〉操縦, 運転.

go·ber·na·dor [ゴベルナドル] 男 〈男性〉1 知事, 総督. 2 総裁, 長官.

go·ber·na·do·ra [ゴベルナドラ] 女 1〈女性〉知事, 総裁, 長官. 2 知事[長官, 総裁]夫人.

go·ber·nan·ta [ゴベルナンタ] 女 1 (ホテルなどの)主任メード. 2 (施設などの)女性管理者.

go·ber·nan·te[1] [ゴベルナンテ] 男 女 (一国の)支配者, 統治者.

go·ber·nan·te[2], **ta**[2] 形 支配する, 支配の好きな.
— 男 女 支配的な人間, 命令好きな人.

go·ber·nar [ゴベルナル] 他 《活 57 pensar》 1

他 は他動詞 再 は再帰動詞 形 は形容詞 副 は副詞 前 は前置詞 接 は接続詞 間 は間投詞

go·bier·no

…を統治する, 支配する. 2 〈人〉をあやつる. 3 〈乗り物〉を運転する, 操縦する.
— 自 統治を行う.
— **gobernar·se** 再 1 身を処する. 2 統治 [支配] される.

go·bier·no [ゴビエルノ] 男 1 〈集団の〉統治, 支配. 2 政府, 内閣. 3 〈知事などの〉官邸, 総督府. 4 〈乗り物の〉運転, 操縦. 5 〈施設などの〉管理, 運営.
— 活 → gobernar 統治する.

go·bio [ゴビオ] 男 〈魚〉ハゼ.
goc- 活 → gozar 楽しむ 〈活 39〉.
go·ce [ゴせ] 男 1 楽しみ, 喜び. 2 享楽.
go·do, da [ゴド, ダ] 形 〈ゲルマン系の〉ゴート族の.
— 男女 1 ゴート人. 2 〈イベリア半島生まれの〉スペイン人.

go·gó [ゴゴ] 女 〈若い女性〉(ディスコなどの)専属ダンサー.
a gogó 豊富に.

gol [ゴル] 男 〈スポーツ〉ゴール.
meter un gol a… 1 …に対してゴールを決める. 2 (ずるい手段で) …に勝つ.

go·la [ゴラ] 女 1 (男性が首に飾った)ひだ襟(͡). 2 〈武具〉喉(͡)当て.
go·le·a·da [ゴレアダ] 女 〈スポーツ〉高得点.
go·le·ar [ゴレアル] 他 〈スポーツ〉…から高得点を奪う.
go·le·ta [ゴレタ] 女 〈帆船〉スクーナー.
golf [ゴルふ] 男 〈スポーツ〉ゴルフ.
gol·fa¹ [ゴルふぁ] 女 〈→ golfo²〉売春婦.
gol·fan·te [ゴルふぁンテ] 男 〈人〉恥知らず, ごろつき.
gol·fe·ar [ゴルふぇアル] 自 ごろつきのように振舞う.
gol·fe·rí·a [ゴルふぇリア] 女 恥知らずな行為.
gol·fo¹ [ゴルふぉ] 男 〈地理〉湾.
gol·fo², fa² ふしだらな, 恥知らずな.
— 〈人〉ごろつき, 悪ガキ.
Gól·go·ta [ゴルゴタ] 固 〈丘の名〉(キリストが処刑された)ゴルゴタ.
go·liar·des·co, ca [ゴリアルデスコ, カ] 形 〈中世〉放浪学生の, 遊行(͡)僧の.
go·liar·do [ゴリアルド] 男 〈中世〉(文芸で生活していた)放浪学生, 遊行(͡)僧.
go·li·lla [ゴリリャ] 女 〈服飾〉襟(͡)カラー.
go·lle·rí·a [ゴジェリア] 女 1 おいしい料理, うまい物, ごちそう. 2 不必要なもの, ぜいたく品.
go·lle·te [ゴジェテ] 男 1 首の上部. 2 (瓶(͡)などの)首.
go·lon·dri·na [ゴロンドリナ] 女 1 〈鳥〉ツバメ[燕]. 2 〈船舶〉ランチ, 小型遊覧船.
go·lon·dri·no [ゴロンドリノ] 男 1 ツバメの雛(͡). 2 (わきの下の)腫(͡)れ物.
go·lo·si·na [ゴロシナ] 女 甘い物, おいしい菓子.
go·lo·so, sa [ゴロソ, サ] 形 1 欲望をそそる, 魅力的な. 2 甘い物好きな.
— 男女 〈人〉甘党, 甘い物好き.

gol·pe [ゴルぺ] 男 1 なぐりつけ, 欧打(͡). 2 (体の)ぶつかり, 衝突. 3 なぐられた跡, 打ち身. 4 (精神的な)ショック, 突然の不幸. 5 襲撃, 強奪. 6 大きな驚き, 衝撃. 7 (話の)機知, ウィット. 8 発作. 9 〈スポーツ〉ショット, キック, パンチ.
a golpe de… …を使い続けて.
a golpes なぐって, 力ずくで.
dar el golpe 驚きを与える.
de golpe 突然, 急に.
de golpe y porrazo 不意に, 出し抜けに.
de un golpe 一度に, 一気に.
golpe bajo 1 〈ボクシング〉ローブロー. 2 きたない手, 卑劣な手.
golpe de efecto 〈行為〉突然の驚き.
golpe de Estado クーデター.
golpe de fortuna [suerte] 〈出来事〉突然の幸運.
golpe de gracia 1 とどめの一撃. 2 決定打.
golpe de mano 1 奇襲. 2 不意の激しい手段.
golpe de mar 〈海〉高波.
golpe de pecho (胸をたたく)嘆きのしぐさ.
golpe de viento 突風.
golpe de vista 一見(͡)/*al primer golpe de vista* ちらっと見ただけで.
golpe franco 〈サッカー〉フリーキック.
no dar [pegar] golpe 少しも働かない, ぶらぶら過ごす.
parar el golpe a… …に災厄を回避してやる.
tener (buenos) golpes ひらめきが良い.

gol·pe·ar [ゴルペアル] 他 1 …を打つ, たたく. 2 …をなぐる.
— **golpear·se** 再 (+自分の体の一部) …を打ちつける.
gol·pe·ta·zo [ゴルペタそ] 男 強打, 激突.
gol·pe·te·ar [ゴルペテアル] 他 …を軽く打ち続ける.
gol·pe·te·o [ゴルペテオ] 男 軽い連続的な打ちつけ.

gol·pis·mo [ゴルピスモ] 男 1 クーデター待望論. 2 クーデター工作.
gol·pis·ta [ゴルピスタ] 形 〈男女同形〉1 クーデターの. 2 クーデター派の.
— 男女 クーデター派の人間.

go·ma [ゴマ] 女 1 ゴム. 2 ごむ糊(͡). 3 ゴム輪. 4 (水をまく)ホース. 5 避妊具, コンドーム. 6 〈麻薬〉上等なシシ.
de goma 軽快な, 敏捷(͡)な.
goma arábiga アラビアゴム.
goma de borrar 消しゴム.
goma de mascar チューインガム.
goma 2 [ゴ ドス] プラスチック爆弾.
goma elástica 弾性ゴム.
go·ma·es·pu·ma [ゴマエスプマ] 女 フォームラバー.

活 は活用形　複 は複数形　男 は男性名詞　女 は女性名詞　固 は固有名詞　代 は代名詞　自 は自動詞

go·mal [ゴマル] 男 ゴム園.
go·me·ro¹ [ゴメロ] 男 (石などを飛ばす)パチンコ.
go·me·ro², ra [-, ラ] 形 ゴムの.
— 男女 ゴム園労働者.
go·mi·na [ゴミナ] 女〈化粧品〉整髪料.
go·mi·ta [ゴミタ] 女 ゴムバンド, 輪ゴム.
go·mo·so, sa [ゴモソ, サ] 形 ゴム質の.
gó·na·da [ゴナダ] 女〈解剖学〉性腺(せん).
gón·do·la [ゴンドラ] 女 (船などの)ゴンドラ.
gon·do·le·ro, ra [ゴンドレロ, ラ] 男女 ゴンドラの船頭.
gong [ゴン] 男《= gongo》《複 gongs》(ボクシングなどの)ゴング.
gon·go·ris·mo [ゴンゴリスモ] 男〈文学〉(ゴンゴラ Góngora 風の)誇飾主義.
go·nió·me·tro [ゴニオメトロ] 男 測角器, 角度計.
go·no·rre·a [ゴノルレア] 女〈性病〉淋(りん)病.
Gon·za·lo [ゴンさロ] 固〈男性の名〉ゴンサロ.
gor·din·flas [ゴルディンふらス] 形《単複同形, 男女同形》太った.
— 男女 太った人.
gor·din·flón, flo·na [ゴルディンふロン, フロナ] 形 太っちょの.
— 男女〈人〉太っちょ.
gor·do¹ [ゴルド] 男 1 (宝くじなどの)大当たり, 一等賞. 2〈食肉〉脂肪.
gor·do², da [-, ダ] 形 1 かさばった, ずんぐりした. 2 厚味のある. 3 太い. 4 太った, 肥満の. 5 重大な, 重要な. 6 並はずれた.
— 男女 太った人.
agua gorda 硬水.
armar·se la gorda 大騒ぎする.
caer gordo a... …に対して無愛想になる.
dedo gordo 親指.
...ni gorda ほとんどなにも(…ない).
sin gorda 一文無しの.
gor·du·ra [ゴルドゥラ] 女 肥満.
gor·go·jo [ゴルゴホ] 男〈昆虫〉ゾウムシ.
gor·go·ri·tos [ゴルゴリトス] 男複 震え声.
gor·go·te·ar [ゴルゴテアル] 自 (液体が何かの中で)ごぽごぽ音を立てる.
gor·go·te·o [ゴルゴテオ] 男 (液体のこもった)ごぼごぼいう音.
go·ri·go·ri [ゴリゴリ] 男〈葬儀〉埋葬の歌.
go·ri·la [ゴリら] 男 1〈動物〉ゴリラ. 2 ボディーガード.
gor·je·ar [ゴルヘアル] 自 1 (赤ん坊が)しゃべり始める. 2 (小鳥が)さえずる.
gor·je·o [ゴルヘオ] 男 1 (小鳥の)さえずり. 2 (赤ん坊の)喉からいう声.
go·rra [ゴラ] 女 1 (山も縁(ふち)もない)ひさし付き帽子, 鳥打ち帽子.
con la gorra 骨やすく, 努力なしに.
de gorra 無料で, 他人の払いで.
gorra de plato (警官の山のない)ひさし帽.
go·rre·ar [ゴレアル] 自 他人にたかる.
go·rri·na·da [ゴリナダ] 女《= gorrinería》1 悪だくみ. 2 汚れたもの. 3 不潔なもの[こと].
go·rri·no, na [ゴリノ, ナ] 形 1 不潔な, きたない. 2 意地の悪い.
— 男女 1 (4ヶ月未満の)子豚. 2 不潔な人間. 3〈人〉意地悪.
go·rrión, rrio·na [ゴリオン, リオナ] 男女〈鳥〉スズメ.
go·rro [ゴロ] 男 (縁(ふち)もひさしもない山だけの)帽子.
estar hasta el gorro de... …にうんざりしている.
go·rrón, rro·na [ゴロン, ロナ] 形 人の金を当てにする, たかる.
— 男女 人にたかる者, 寄食者, 居候(いそうろう).
go·rro·ne·ar [ゴロネアル] 自 人にたかる, 寄食する.
go·ta [ゴタ] 女 1 しずく, 水滴. 2 ほんの少量, 微量. 3〈医学〉痛風.
caer cuatro gotas 小雨がぱらつく.
gota a gota 1 ぽとぽとと, 少しずつ. 2 男 点滴方式, 点滴装置.
gota fría 〈気象〉寒気団.
...ni gota 全然(…ない).
ser la última gota (我慢などの)限界を越えたものだ.
sudar la gota gorda 非常な努力をする.
go·tas [ゴタス] 女複《→ gota》点滴薬.
go·te·ar [ゴテアル] 自 1 ぽたぽた落ちる. 2《主語なしの 3 人称単数形で使用》雨がぽつぽつ降る.
go·te·lé [ゴテレ] 男〈壁塗り〉吹付け仕上げ.
go·te·o [ゴテオ] 男 1 (液体の)したたり. 2 小出し.
go·te·ra [ゴテラ] 女 1 (天井の)雨もり. 2 雨もりの個所. 3 雨もりの跡. 4 老人病.
go·te·rón [ゴテロン] 男 大粒の雨.
gó·ti·co¹ [ゴティコ] 男〈芸術〉ゴシック様式. 2 (ゲルマン系の)ゴート語.
gó·ti·co², ca [-, カ] 形 1 (ゲルマン系の)ゴート族の. 2〈芸術〉ゴシック様式の. 3〈活字〉ゴシック体の.
Go·ya [ゴヤ] 固 (18—19世紀のスペインの画家の)ゴヤ[= Francisco de Goya].
go·yes·co, ca [ゴイェスコ, カ] 形 (画家の)ゴヤ Goya 風の.
go·za·da [ゴさダ] 女 大きな喜び.
go·zar [ゴさル] 他《活 39》1 (+con, en...) …を楽しむ, 喜ぶ. 2 (+de...) …を自分のものとして楽しむ, 享受する. 3 性交する.
— 他 1 …を楽しむ. 2 …を享受する. 3 …を性的にものにする.
— **gozar·se** 1 (en+不定詞) …して喜ぶ. 2 (二人が)性交する.
gozar·la 楽しむ.

goz·ne [ゴスネ] 男 蝶番(ちょうつがい).

go·zo [ゴソ] 男 喜び, うれしさ.
Mi [Tu, Su] gozo en un pozo. 私の[君の, 彼の]喜びが消えた.

go·zos [ゴソス] 男複 《→ gozo》(聖母や聖人への)たたえ歌.

go·zo·so, sa [ゴソソ, サ] 形 1 喜んでいる, うれしがっている. 2 喜びを与えてくれる.

goz·que [ゴスケ] 男 のら犬.

gra·ba·ción [グラバシオン] 女 1 録音, 録画. 2 (録音ずみの)CD, テープ.

gra·ba·do [グラバド] 男 1 彫刻, 彫板. 2 彫板術. 3 版画, 挿絵(さしえ).

gra·ba·dor, do·ra[1] [グラバドル, ドラ] 男 女 版画家, 彫刻家.

gra·ba·do·ra[2] [グラバドラ] 女 録音機, テープレコーダー.

gra·bar [グラバル] 他 1 …に(+con... …を)彫りこむ, 刻みこむ. 2 …に刻む. 3 …を(+en... …に)録音[録画]する. 4 …に吹きこむ.
— **grabar·se** 再 刻みこまれる, 焼きつく.

gra·ce·jo [グラセホ] 男 (話し方や書き方の)うまさ, 面白さ.

gra·cia [グラシア] 女 1 おかしさ, 面白さ. 2 笑わせる力, 冗談, ジョーク. 3《宗教》恩寵(おんちょう), 神の恵み. 4 素質, 美点, 長所. 5 上品さ, 気品, しとやかさ, 優美さ. 6 (顔つきの)魅力. 7 (皮肉で)当てこすり, 面倒. 9 厄介事, 面倒. 10 恩恵, 厚情. 11 御芳名, お名前. 12《商業》支払い猶予.
caer en gracia a... …に気に入られる.
dar en la gracia de(+不定詞)…する迷惑なくせがつく.
en gracia a... …に免じて.
hacer gracia a... 1 …を面白がらせる. 2 …に気に入られる. 3 …を感動させる.
¡Maldita la gracia que tiene [me hace] esto! こんなこと, 面白くもなんともない!
¡Qué gracia! なんて面白い! 2 (皮肉)なんて迷惑な!
¡Vaya (una) gracia! ちくしょうめ! 「う!」

gra·cias [グラシアス] 間《→ gracia》ありがとう!
dar (las) gracias a... (por ~)(〜のことで)…にお礼を言う, 感謝する.
gracias a... …のお陰で.
gracias a Dios ありがたいことに, お陰様で.
¡Gracias por todo! いろいろありがとう!
las tres gracias 《神話》美の三女神.
¡Muchas [Mil, Un millón de] gracias! ほんとうにどうもありがとう!
reír a(+人)*las gracias* …のことに義理で笑う, お追従(ついしょう)笑いをする.
..., y gracias …で十二分だ. 「ラ.

Gra·cie·la [グラシエラ] 固《女性の名》グラシエラ.

grá·cil [グラシる] 形 細い, きゃしゃな.

gra·cio·sa·men·te [グラシオサメンテ] 副 1 面白おかしく. 2 上品に. 3 魅力的に. 4 無償で.

gra·cio·so[1] [グラシオソ] 男 《演劇》道化役.
hacer de gracioso 道化役をする.
hacer·se el gracioso おどけてみせる.

gra·cio·so, sa[2] [ー, サ] 形 1 面白い, おかしい. 2 上品な, しとやかな. 3 魅力的な, すてきな. 4 好意による, 無料の.
Su Graciosa Majestad《英国》慈悲深き国王[女王]陛下.

gra·da [グラダ] 女 1 階段式座席. 2 (一列分の)観覧席, スタンド.

gra·da·ción [グラダシオン] 女 1 段階的な配列, 段階的展開. 2 (全体的な)段階. 3《修辞学》漸層(ぜんそう)法.

gra·de·ría [グラデリア] 女 《= graderío》 1 (全体の)観覧席, スタンド. 2 スタンドの観客.

gra·dien·te [グラディエンテ] 女《物理学》勾配(こうばい).

gra·do [グラド] 男 1 意欲, やる気. 2 (温度や角度の)…度. 3 (ひとつひとつの)段階, レベル, 程度. 4 親等. 5 学位. 6 学年. 7 階級, 等級. 8 階位, 位階. 9《数学》次(数). 10《文法》(形容詞・副詞の)級.
de (buen) grado よろこんで.
de grado en grado 徐々に, だんだん.
de mal grado いやいや, しぶしぶ.
grado comparativo《文法》比較級.
grado positivo《文法》原級.
...grados centígrados《温度》摂氏…度[…°C].
...grados Fahrenheit《温度》華氏…度.
grado superlativo《文法》最上級.
mal de su grado 彼の意に反して.
por grados 段階的に.

gra·dua·ble [グラドゥアブれ] 形 1 調整可能な. 2 段階分けのできる.

gra·dua·ción [グラドゥアシオン] 女 1 調整, 調節. 2 段階分け, 等級づけ. 3 目盛り, (度数の)測定. 4 《飲料》アルコール度数. 5 (学位の)取得, 卒業. 6 《軍隊》階級.

gra·dua·do[1] [グラドゥアド] 男 義務教育修了資格[= graduado escolar].

gra·dua·do[2], **da** [ー, ダ] 《過去分詞》→ graduar 調整する.
— 形 1 調整[調節]された. 2 目盛りのついた. 3 《眼鏡》度の入った.
— 男 女 (大学の)卒業生.

gra·dual [グラドゥアる] 形 徐々の, 段階的な.

gra·dual·men·te [グラドゥアるメンテ] 副 徐々に, だんだん.

gra·duan·do, da [グラドゥアンド, ダ] 男 女 (大学の)卒業予定者, 新卒業生.

gra·duar [グラドゥアル] 他《活用 actuar》 1 …を調整[調節]する. 2 …を段階分けする, …に目盛りをつける. 3 …を(+de...)…に昇進させる, 任じる. 4 …に(+de...)…の学位を与える. 5 …の度数を測る.

graduar·se 再 1 (+de...) …の学位を取得する. 2 (+en...) …を卒業する. 3 (+de...) …に任命される.

gra·fe·ma [グラふェマ] 男〈言語学〉書記素.

gra·fí·a [グラふィア] 女 文字, 文字体系.

grá·fi·co, ca [グラふィコ, カ] 形 1 書記の, 表記文字の. 2〈描写〉わかりやすい, 生き生きした. 3 グラフ[図式]で示した.
— 男女 1 グラフ, 図表. 2 図式, 図解.
artes gráficas グラフィックアート.
gráfico de operaciones フローチャート.
gráfico lineal 折れ線グラフ.

gra·fis·mo [グラふィスモ] 男 1 独特の筆致, 画風. 2 グラフィックデザイン.

gra·fis·ta [グラふィスタ] 男女 グラフィックデザイナー.

gra·fi·to [グラふィト] 男 1〈鉱物〉黒鉛, グラファイト. 2〈壁などの〉落書き, グラフィティー.

gra·fo·lo·gí·a [グラふォロヒア] 女 筆跡学.

gra·fo·ló·gi·co, ca [グラふォロヒコ, カ] 形 筆跡学の.

gra·fó·lo·go, ga [グラふォロゴ, ガ] 男女 筆跡学者.

gra·ge·a [グラヘア] 女〈薬〉糖衣錠.

gra·ji·lla [グラヒじゃ] 女〈鳥〉コクマルガラス.

gra·jo, ja [グラホ, ハ] 男女〈鳥〉ミヤマガラス.

Gral. (ヘネラル) 〈略語〉General 将軍.

gra·ma [グラマ] 女〈植物〉〈芝の〉ギョウギシバ.

gra·má·ti·ca[1] [グラマティカ] 女 1 文法. 2 文法書. 3 文法学.
gramática comparada 比較文法.
gramática descriptiva 記述文法.
gramática estructural 構造文法.
gramática generativa 生成文法.
gramática histórica 歴史文法.
gramática normativa 規範文法.
gramática parda 世渡りの才能, 世知(ぜち).
gramática tradicional 伝統文法.
gramática transformativa 変形文法.

gra·ma·ti·cal [グラマティカる] 形 1 文法の, 文法上の. 2 文法的に正しい.

gra·ma·ti·ca·li·dad [グラマティカリダッ] 女 〈文の〉文法的な正しさ, 文法性.

gra·má·ti·co, ca[2] [グラマティコ, —] 形 文法の.
— 男女 文法学者.

gra·mí·ne·as [グラミネアス] 女複 イネ科植物.

gra·mo [グラモ] 男〈重さの単位〉グラム.

gra·mó·fo·no [グラモふォノ] 男 蓄音機.

gra·mo·la [グラモら] 女 1 ポータブル蓄音機. 2 ジュークボックス.

gran [グラン] 形《grande の語尾脱落形》大きな, 偉大な.

gra·na [グラナ] 形《男女同形》深紅(しんく)の, えんじ色の.
— 女 1〈昆虫〉エンジムシ. 2〈赤色色素〉カルミ

ン, コチニール. 3 深紅(しんく), えんじ色. 4〈穀物〉結実. 5 結実期.

gra·na·da[1] [グラナダ] 女《→ granado[2]》1〈果実〉ザクロ. 2〈軍事〉榴弾(りゅうだん).
granada de mano 手榴弾, 手投げ弾.

Gra·na·da [グラナダ] 固〈県・県都の名〉〈スペイン南部の〉グラナダ.

gra·na·de·ro [グラナデロ] 男〈軍隊〉手投げ弾兵, 擲弾(てきだん)兵.

gra·na·di·na[1] [グラナディナ] 女 1 ザクロジュース. 2〈グラナダ民謡の〉グラナディナ.

gra·na·di·no, na[2] [グラナディノ, —] 形〈スペイン南部の〉グラナダ Granada の.
— 男女 グラナダの人.

gra·na·do[1] [グラナド] 男〈樹木〉ザクロ.

gra·na·do[2]**, da**[2] 〈過去分詞〉→ granar 結実する.
— 形 1 結実した, 成熟した. 2 目立った, 主要な.

gra·nar [グラナル] 自〈穀物などが〉結実する.

gra·na·te [グラナテ] 形 暗赤色の, ガーネット色の.
— 男 1 暗赤色. 2〈鉱物〉ガーネット, ざくろ石.

gra·na·zón [グラナそン] 女〈穀物の〉結実.

Gran Bre·ta·ña [グラン ブレタニャ] 固〈国名〉英国, 連合王国.

Gran Ca·na·ria [グラン カナリア] 固〈島の名〉〈カナリア諸島の〉グランカナリア.

gran·de [グランデ] 形《単数名詞の前では gran》1 大きい, 広大な. 2 重要な, 主要な. 3 偉大な, 崇高な, 立派な. 4 豪華な, すばらしい. 5 成人の, 大人の.
— 男 上級貴族, 高官.
a lo grande 豪華に, ぜいたくに.
en grande すばらしく, 裕福に.
grande de España 〈スペインの〉大公, 大貴族.
pasarlo en grande 楽しく過ごす.
quedar [estar, venir] grande a (+人) …には大きすぎる.

Gran·de [グランデ] 固《el+》〈川の名〉〈米国とメキシコの国境を流れる〉リオグランデ[= el Bravo].

gran·de·za [グランデさ] 女 1 大きさ, 広大さ. 2 壮大さ, 雄大さ. 3 重要さ. 4 偉大さ, 崇高さ. 5 大公の地位. 6〈集合的に〉大公, 大貴族.

gran·di·lo·cuen·cia [グランディろクエンしア] 女 1 名演説, さわやかな弁舌. 2 美文. 3 大げさな表現.

gran·di·lo·cuen·te [グランディろクエンテ] 形 1 弁舌さわやかな. 2 美文調の. 3〈表現〉大げさな.

gran·dio·si·dad [グランディオシダッ] 女 1 壮大, 壮麗. 2 華美, きらびやかさ.

gran·dio·so, sa [グランディオソ, サ] 形 1 壮大な, 壮麗な. 2 華麗な, きらびやかな.

gran·du·llón, llo·na [グランドゥじょン, じょナ] 形〈若者〉年のわりには大きな.

gra·nel [グラネル] 《つぎの副詞句の一部》
 a granel 1 ばら売りで, 計り売りで. 2 豊富に, たくさん.

gra·ne·ro [グラネロ] 男 穀物倉庫.

gra·ní·ti·co, ca [グラニティコ, カ] 形 花崗(こう)岩の.

gra·ni·to [グラニト] 男 花崗(こう)岩, みかげ石.

gra·ní·vo·ro, ra [グラニボロ, ラ] 形 《動物》穀物を食べる.

gra·ni·za·da[1] [グラニサダ] 女 1 ひょう[あられ]混じりの嵐. 2 雨あられと降りそそぐもの.

gra·ni·za·do[1] [グラニサド] 男 かき氷入り飲み物.

gra·ni·za·do[2], **da**[2] 《過去分詞》→ granizar あられが降る.
— 形 〈飲料〉かき氷入りの.

gra·ni·zar [グラニサル] 自 《活 39 gozar》《主語なしの3人称単数形で使用》あられ[ひょう]が降る.

gra·ni·zo [グラニソ] 男 《気象》あられ, ひょう.

gran·ja [グランハ] 女 1 農場, 農園. 2 (家畜の)飼育場. 3 乳製品売店.

gran·je·ar·se [グランヘアルセ] 再 (信用など)を獲得する, 得る.

gran·je·ro, ra [グランヘロ, ラ] 男女 1 農場主. 2 農場労働者.

gra·no [グラノ] 男 1 穀物, 穀類. 2 (穀物などの)一粒. 3 少量のもの. 4 にきび, 吹き出物. 5 木目(め).
 apartar el grano de la paja 肝心なものを選り分ける.
 grano de arena わずかな貢献.
 ir al grano テーマの本題に入る.
 lija de grano fino きめの細かい紙やすり.

gra·nu·ja [グラヌハ] 《男女同形》ずるい, 悪党の.
— 男女 悪党, 不良.

gra·nu·la·ción [グラヌらシオン] 女 顆粒化(か).

gra·nu·la·do[1] [グラヌラド] 男 《薬》顆粒(か).

gra·nu·la·do[2], **da** [—, ダ] 《過去分詞》→ granular 粒状にする.
— 形 粒状の.

gra·nu·lar [グラヌラル] 形 粒状の, つぶつぶの.
— 他 …を粒状にする.

grá·nu·lo [グラヌロ] 男 顆粒(か).

gra·nu·lo·so, sa [グラヌロソ, サ] 形 粒状の.

gra·pa [グラパ] 女 1 (かすがい状の)またくぎ. 2 (ホチキスの)針, ステープル.

gra·pa·do·ra [グラパドラ] 女 ホチキス.

gra·par [グラパル] 他 …をホチキスで留める.

GRAPO [グラポ] 男 《略語》Grupo de Resistencia Antifascista Primero de Octubre (スペインのテロ組織の)反ファシストレジスタンス10月1日団, グラポ.

gra·po [グラポ] 男女 GRAPOのメンバー.

gra·sa[1] [グラサ] 女 1 脂肪, 脂肉. 2 グリス, 潤滑油.

gra·sien·to, ta [グラシエント, タ] 形 1 脂肪の多い. 2 油でべとべとした.

gra·so, sa[2] [グラソ, —] 形 1 脂肪の. 2 油でよごれた.

gra·so·so, sa [グラソソ, サ] 形 油っこい.

gra·ti·fi·ca·ción [グラティふぃカシオン] 女 臨時の報酬, 特別手当.

gra·ti·fi·car [グラティふぃカル] 他 《活 73 sacar》 1 …に臨時手当を出す. 2 …を喜ばせる, うれしがらせる.

gra·ti·nar [グラティナル] 他 《料理》…をグラタンにする.

gra·tis [グラティス] 副 ただで, 無料で.
— 形 《男女同形, 単複同形》無料の.

gra·ti·tud [グラティトゥス] 女 感謝, 謝意/ *Pedro le mostró su gratitud por el favor que le había hecho.* ペドロは受けた親切に対して彼に謝意を示した.

gra·ta[1] [グラタ] 女 《商業》(相手の)手紙, 貴書.

gra·to, ta[2] [グラト, —] 形 1 快適な, 楽しい, うれしい. 2 好意的な, ありがたい. 3 無料の, 好意である. 4 《商業》(手紙で相手の)ありがたい.
 persona non grata 《外交官》好ましからざる人物.

gra·tui·dad [グラトゥイダス] 女 1 無料. 2 論拠の無いこと.

gra·tui·ta·men·te [グラトゥイタメンテ] 副 1 無料で, ただで. 2 根拠もないのに.

gra·tui·to, ta [グラトゥイト, タ] 形 1 無料の, ただの. 2 根拠[論拠]の無い.

gra·va [グラバ] 女 1 (集合的に)小石. 2 砂利(じゃり), バラスト.

gra·va·men [グラバメン] 男 1 負担, 務め. 2 税金, 課税.

gra·var [グラバル] 他 1 …に負担をかける. 2 …に課税する.

gra·ve [グラベ] 形 1 重大な, 深刻な. 2 重々しい, いかめしい. 3 (病気が)重い, 重態の. 4 〈単語〉終わりから2番目の音節にアクセントがある. 5 〈進行〉終わりから2番目の音節にアクセントのある単語で終わる. 6 《芸術作品》荘重な. 7 《音声》低い.

gra·ve·dad [グラベダス] 女 1 重大さ, 深刻さ. 2 重々しさ, 荘重さ. 3 (病気の)重いこと, 重症. 4 《物理学》重力, 引力.
 centro de gravedad 重心.
 leyes de la gravedad 重力の法則.

gra·ve·men·te [グラベメンテ] 副 1 深刻に, 重大に. 2 荘重に, いかめしく.

gra·vi·dez [グラビデす] 女 妊娠, 懐胎.

grá·vi·do, da [グラビド, ダ] 形 1 (+de…) でいっぱいの, 満ちた. 2 妊娠している.

gra·vi·ta·ción [グラビタシオン] 女 《物理学》重力, 引力.

gra·vi·tar [グラビタル] 自 1 〈天体〉引力で動く. 2 (+sobre...) …にのしかかる.

gra·vi·ta·to·rio, ria [グラビタトリオ, リア] 形 引力の, 重力の.

gra·vo·so, sa [グラボソ, サ] 形 1 費用のかかる, 負担の大きな. 2 わずらわしい, 面倒な.

graz·nar [グラスナル] 自 (カラスなどが) カアカア [ガアガア] 鳴く.

graz·ni·do [グラスニド] 男 (カラスなどの) 鳴き声.

gre·ba [グレバ] 女 〈武具〉すね当て.

gre·ca[1] [グレカ] 女 〈衣〉(帯状装飾の) 雷文(紋).

Gre·cia [グレシア] 固 〈国の名〉(共和国の) ギリシア.

gre·co, ca[2] [グレコ, —] 形 ギリシア Grecia の.
— 男 ギリシア人.

Gre·co [グレコ] 固 《EL+》(16-17 世紀のスペインの画家の) グレコ.

gre·co·la·ti·no, na [グレコラティノ, ナ] 形 ギリシア・ラテンの.

gre·co·rro·ma·no, na [グレコロマノ, ナ] 形 ギリシア・ローマの.

lucha grecorromana 〈レスリング〉グレコローマン.

gre·da [グレダ] 女 砂質の粘土.

gre·ga·rio[1] [グレガリオ] 男 〈競輪〉(リーダーの) 引き立て役の選手.

gre·ga·rio[2]**, ria** [—, リア] 形 1 〈動物〉群居する. 2 〈人〉主体性のない.

gre·ga·ris·mo [グレガリスモ] 男 1 〈動物〉群居性, 群棲(紘). 2 付和雷同性.

gre·go·ria·no[1] [グレゴリアノ] 男 グレゴリオ聖歌.

gre·go·ria·no[2]**, na** [—, ナ] 形 (何人かのローマ教皇の) グレゴリオの.

calendario gregoriano (1582 年に改定された) グレゴリオ暦.

canto gregoriano グレゴリオ聖歌.

Gre·go·rio [グレゴリオ] 固 〈男性の名〉グレゴリオ.

gre·gue·rí·a [グレゲリア] 女 〈文学ジャンル〉(社会風刺の短評形式の) グレゲリア.

gre·lo [グレロ] 男 〈野菜〉カブの若葉.

gre·mial [グレミアル] 形 組合の, 同一職種の.

gre·mio [グレミオ] 男 1 同業者団体, 組合. 2 おなじ境遇の人たち. 3 (集合的に) 同業者.

gre·ña [グレニャ] 女 ぼさぼさの髪 [= greñas].

andar a la greña いがみ合っている.

gres [グレス] 男 砂まじりの陶土.

gres·ca [グレスカ] 女 口論, けんか, 騒動.

grey [グレイ] 女 1 〈家畜〉群れ. 2 (キリスト教の) 信徒団.

grial [グリアる] 男 (キリストが使った) 聖杯 [= el Santo Grial].

grie·go[1] [グリエゴ] 男 1 ギリシア語. 2 理解できない言葉. 3 ホモの肉体関係.

griego clásico 古典ギリシア語.

griego demótico (公用語の) 現代ギリシア語.

grie·go[2]**, ga** [—, ガ] 形 ギリシア Grecia の.
— 男 ギリシア人.

grie·ta [グリエタ] 女 亀裂, ひび, 裂け目.

gri·fa [グリふァ] 女 〈麻薬〉(モロッコ系の) マリファナ.

gri·fe·rí·a [グリふェリア] 女 〈水道の〉蛇口類.

gri·fo [グリふォ] 男 1 〈水道〉蛇口, コック. 2 〈怪獣〉(ライオンの胴体にワシの頭と翼がついた) グリフィン.

gri·llar·se [グリジャルセ] 再 気が狂う.

gri·lle·ra [グリジェラ] 女 1 (コオロギの) 虫かご. 2 (しゃべりまくってだれも聞かない) 騒々しい所.

gri·lle·te [グリジェテ] 男 (金属性の) 足かせ [= grilletes].

gri·llo, lla [グリジョ, ジャ] 男 女 (雄と雌の) コオロギ, キリギリス.

estar como un grillo 気が狂っている.

tener la cabeza llena de grillos 頭が変になっている.

gri·llos [グリジョス] 男複 《→ grillo》(鎖でつながれたセットの) 足かせ.

gri·ma [グリマ] 女 1 不快感, 嫌悪. 2 (金切り声による) 歯の浮く感じ.

grin·go, ga [グリンゴ, ガ] 形 米国の.
— 男 女 米国人, ヤンキー.

gri·pal [グリパる] 形 風邪の, 流感の.

gri·par·se [グリパルセ] 再 (油がきれてエンジンなどが) 動かなくなる.

gri·pe [グリペ] 女 風邪, 流感.

gri·po·so, sa [グリポソ, サ] 形 流感にかかった, 風邪気味の.

gris [グリス] 形 《男女同形》1 目立たない, 陰気な. 2 〈天候〉曇り空の, どんよりの. 3 灰色の, ねずみ色の.
— 男 1 灰色, グレー. 2 (制服が灰色だった時代の) 警官, ポリ公. 3 寒さ, 寒い風.

gris marengo 濃い灰色.

gris perla 薄い灰色.

gri·sá·ce·o, a [グリサセオ, ア] 形 灰色がかった.

gri·sú [グリス] 男 〈炭坑〉坑内ガス.

gri·tar [グリタル] 自 叫ぶ, どなる, わめく.
— 他 …に大声で言う, …をどなりつける.

gri·te·rí·o [グリテリオ] 男 (集合的に) 大声, わめき声.

gri·to [グリト] 男 大声, 叫び声.

a grito limpio [pelado] 大声で.

andar a gritos ひどく反目し合っている.

el último grito 最近のもの, 最新流行の品.

pedir a gritos... …を急いで必要とする.

poner el grito en el cielo ひどく腹を立てる.

gri·tón, to·na [グリトン, ナ] 形 よくどなる.
— 男 女 わめきちらす人間.

gro·gui [グロギ] 形 ふらふらになった, グロッキーの.

gro·se·lla [グロセジャ] 形《男女同形》明るい赤色の.
— 男 明るい赤色.
— 女〈果実〉スグリ.

gro·se·lle·ro [グロセジェロ] 男〈低木〉スグリ.

gro·se·ra·men·te [グロセラメンテ] 副 1 下品に. 2 不作法に.

gro·se·rí·a [グロセリア] 女 1 下品, 下卑. 2 無礼, 無礼.

gro·se·ro, ra [グロセロ, ラ] 形 1 下品な, 野卑な. 2 無作法な, 無礼な.

gro·sor [グロソル] 男 太さ, 厚さ.

gros·so mo·do [グロソ モド] 副 おおよそ.

gro·tes·co, ca [グロテスコ, カ] 形 奇怪な, グロテスクな.

grú·a [グルア] 女 1 起重機, クレーン. 2 レッカー車.

grue·so¹ [グルエソ] 男 1 厚さ, 太さ. 2 主力, 主要部分.

grue·so², sa [—, サ] 形 1 厚い, 太い. 2 ずんぐりした, 太った. 3 かなり多い.

gru·lla [グルジャ] 女〈鳥〉ツル[鶴].

gru·me·te [グルメテ] 男 見習い水夫.

gru·mo [グルモ] 男 (牛乳などの) 凝塊.

gru·mo·so, sa [グルモソ, サ] 形 凝固した.

gru·ñi·do [グルニド] 男 1 (豚の) 鳴き声. 2 (犬などの) うなり声. 3 不機嫌の声.

gru·ñir [グルニル] 自 (活 51 mullir) 1 (豚が) 鳴く. 2 (犬などが) うなる. 3 ぶつぶつ文句を言う, ぼやく.

gru·ñón, ño·na [グルニョン, ニョナ] 形 不平不満の多い.
— 男 女 不平の多い人.

gru·pa [グルパ] 女 (馬などの) 尻.

gru·po [グルポ] 男 1 集まり, 群れ. 2 グループ, 集団, 組, 団体. 3〈美術〉群像. 4〈軍隊〉部隊, 大隊. 5〈化学〉基. 6 機械設備. 7〈分類〉群.
grupo de mando〈軍隊〉司令部.
grupo de presión 圧力団体.
grupo de trabajo 作業班.
grupo electrógeno 発電設備.
grupo sanguíneo 血液型.

gru·pús·cu·lo [グルプスクロ] 男 (政治組織の) 過激な小集団.

gru·ta [グルタ] 女 洞窟(どうくつ), ほら穴.

gru·yer [グルジェル] 男 (固くて穴のあるスイス製の) グリュイエール・チーズ.

gua [グア] 男 1 ビー玉遊び. 2 ビー玉遊びの穴.

gua·ca·ma·yo [グアカマヨ] 男〈鳥〉コンゴウインコ.

gua·che [グアチェ] 男 (水彩画法の) ガッシュ.

gua·chi·nan·go, ga [グアチナンゴ, ガ] 形 ずるい, おべっか使いの.

gua·cho, cha [グアチョ, チャ] 形 親のいない, 孤児の.
— 男 女 みなしご, 孤児.

Gua·da·la·ja·ra [グアダらハラ] 固 1〈県・県都の名〉(スペイン中部の) グアダラハラ. 2〈都市の名〉(メキシコ中西部の) グアダラハラ.

gua·da·la·ja·re·ño, ña [グアダらハレニョ, ニャ] 形 (スペインの) グアダラハラの Guadalajara の.
— 男 女 (スペインの) グアダラハラの人.

Gua·dal·qui·vir [グアダルキビル] 固《el+》〈川の名〉(スペイン南部を流れる) グアダルキビル.

Gua·da·lu·pe [グアダるぺ] 固 1〈女性の名〉グアダルペ. 2 (メキシコの守護聖母の名) グアダルペ[= la Virgen de+].

gua·da·ña [グアダニャ] 女 (死神の象徴にもなる草刈り用の) 大鎌(おおがま).

Gua·dia·na [グアディアナ] 固《el+》〈川の名〉(スペインとポルトガルの南部を流れる) グアディアナ.

gua·gua [グアグア] 女 1 (乗り合い) バス. 2 赤ん坊.

gua·ji·ra¹ [グアヒラ] 女 (キューバ民謡の) グアヒラ.

gua·ji·ro, ra² [グアヒロ, —] 男 女 (キューバなどの) 農民.

gua·jo·lo·te [グアホロテ] 男〈鳥〉シチメンチョウ[七面鳥].

gual·do, da [グアるド, ダ] 形 黄色の, 黄金(おうごん)色の.

gua·na·co [グアナコ] 男〈動物〉(アンデス中南部のラクダ科の) グアナコ.

guan·che [グアンチェ] 形 (カナリア諸島の先住民の) グアンチェ族の.
— 男 女 グアンチェ人.

gua·no [グアノ] 男〈肥料〉1 (鳥の糞(ふん)でできた) グアノ. 2 人造グアノ.

guan·ta·da [グアンタダ] 女《= guantazo 男》1 平手打ち, びんた. 2 強打, 激突.

guan·te [グアンテ] 男 1 手袋[= guantes]. 2〈スポーツ〉グラブ, グローブ, ミット.
arrojar el guante a... …に決闘を申し込む, 戦いをいどむ, 挑戦する.
colgar los guantes (ボクシングで) 引退する.
como un guante 1 とても従順な. 2 おとなしい.
de guante blanco (盗賊などが卑劣な手を使わない) 本格的な, 正統派の.
echar el guante a... …をつかまえる, 逮捕する.
sentar a... *como un guante*〈服などが〉…にぴったり合う.

guan·te·le·te [グアンテれテ] 男〈武器〉(騎士の) 籠手(こて).

guan·te·ra [グアンテラ] 女〈自動車〉グローブボックス.

gua·pe·ras [グアペラス] 形《男女同形, 単複同形》ハンサム気取りの, 美人ぶった.
— 男 女 美男子ぶった男, 美女気取りの女.

gua·po, pa [グアポ, パ] 形 1 ハンサムな, 美男子の, 美人の, きれいな. 2 着飾った. 3 面白そうな, 見栄えのする, かわいい.

— 男 女 1 美男子, 美女. 2 勇気のある人間.
— 間 ねえ!, 君!, あなた!
gua·pu·ra [グアプラ] 女 ハンサムな様子, 美女らしさ, (顔や姿の)見栄え.
gua·ra·ní [グアラニ] 形 (パラグアイあたりの先住民の)グアラニ族の.
— 男 女 グアラニ人.
— 男 グアラニ語.
gua·ra·po [グアラポ] 男 サトウキビ・ジュース.
guar·da [グアルダ] 男 女 1 番人, 見張り, 監視員. 2 警備員, ガードマン. 3 守衛, 管理人.
— 女 1 保護, 管理. 2 監視, 見張り. 3 後見資格, 養育権. 4〈製本〉見返し. 5〈刀剣〉つば.
— 活 → guardar 見張る.
guarda forestal 森林監視員.
guarda jurado (漁場や森林の)監視官.
guarda nocturno 夜警.
guar·da·ba·rre·ra [グアルダバレラ] 男 女〈鉄道〉踏切警手.
guar·da·ba·rros [グアルダバロス] 男〈単複同形〉〈車〉フェンダー, 泥よけ.
guar·da·bos·que [グアルダボスケ] 男 女《= guardabosques》森林監視人.
guar·da·co·ches [グアルダコチェス] 男 女〈単複同形〉駐車場管理人.
guar·da·cos·tas [グアルダコスタス] 男〈単複同形〉沿岸警備艦.
guar·da·es·pal·das [グアルダエスパルダス] 男 女〈単複同形〉ボディーガード, 護衛.
guar·da·gu·jas [グアルダグハス] 男 女〈単複同形〉〈鉄道〉転轍(手.
guar·da·me·ta [グアルダメタ] 男 女〈スポーツ〉ゴールキーパー.
guar·da·mue·bles [グアルダムエブレス] 男〈単複同形〉家具保管所.
guar·da·pol·vo [グアルダポルボ] 男 1 作業服, ダスターコート, 上っ張り. 2〈カバー〉ほこりよけ.
guar·dar [グアルダル] 他 1 …を見張る, 管理する, 監視する. 2 …を保管する, しまっておく. 3 …を保存する, 持ち続ける. 4 (義務などを)守る, 履行する. 5 …を節約する, 使わないでおく. 6 …を(+de…)…から保護する.
— *guardar·se* 再 1 (+de…)…から身を守る. 2 …を(自分のために)しまっておく, 手元に置く. 3 (+de+不定詞) …しないでいるため, 気をつける.
fiesta de guardar〈宗教〉守るべき祝祭日.
guardar cama 寝込む, 病床につく.
guardar·la a (+人) …への仕返しの機会をうかがう.
guardar las distancias 距離を置く.
guardar silencio 静かにする, 沈黙を守る.
guar·da·rro·pa [グアルダロパ] 男 1 (ホテルなどの)携帯品預かり所, クローク. 2 (個人所有の)衣服一式.
guar·da·rro·pí·a [グアルダロピア] 女 (集合的)舞台衣装.

guar·da·ví·a [グアルダビア] 男〈鉄道〉保線夫, 保線係.
guar·de·rí·a [グアルデリア] 女 保育園, 託児所.
guar·dés, de·sa [グアルデス, デサ] 男 女 (住居や農園の)管理人.
guar·dia [グアルディア] 男 1 守衛. 2 衛兵, 警備兵. 3 警察官.
— 女 1 監視, 管理. 2 警戒, 警護. 3 守衛隊, 警備隊. 4 (集合的に)衛兵, 警備兵. 5 警備任務. 6 時間外業務, 当直. 7 警戒態勢. 8〈スポーツ〉構え, ガード.
bajar la guardia 1〈ボクシング〉ガードを下げる. 2 警戒をおこたる.
cuerpo de guardia 警護団, 警備隊.
de guardia 当直の, 当番の.
en guardia 用心して, 警戒して.
farmacia de guardia (日曜・祝日の)救急薬局.
Guardia Civil〈スペイン〉治安警備隊.
guardia de Corps 国王警護団.
guardia marina 男 女 海軍士官候補生.
guardia pretoriana (皮肉で有名人の)親衛隊.
guardia real 近衛兵.
guardia suiza バチカン警備隊.
guardia urbano [*municipal*] (市警察の)警官, 巡査.
montar (*la*) *guardia* 見張りをする, 歩哨に立つ.
poner a… en guardia …に注意を喚起する, 用心させる.
poner·se en guardia 警戒する.
guar·dia·ma·ri·na [グアルディアマリナ] 男 女 海軍士官候補生.
guar·dián, dia·na [グアルディアン, ディアナ] 男 女 管理人, 見張り, ガードマン.
gua·re·cer [グアレセル]〈活 4 agradecer〉他 …を(+de…)…から守る, 保護する.
— *guarecer·se* 再 (+de+雨など)…から身を守る.
gua·ri·da [グアリダ] 女 1 巣穴, ねぐら. 2 隠れ家, アジト.
gua·ris·mo [グアリスモ] 男 数字.
guar·ne·cer [グアルネセル]〈活 4 agradecer〉他 1 …を(+con……で)飾る. 2 (場所)を守備する. 3 (壁)に上塗りをする.
guar·ni·ción [グアルニシオン] 女 1〈料理〉(肉や魚の)付け合せ. 2〈服飾〉飾り. 3〈軍隊〉守備隊. 4〈刀剣〉つば.
guar·ni·cio·ne·rí·a [グアルニシオネリア] 女 馬具の製作所[販売店].
guar·ni·cio·nes [グアルニシオネス] 女複《→ guarnición》馬具一式.
gua·rra·da [グアラダ] 女 1 悪だくみ, 奸計(然). 2 汚れもの, きたないもの. 3 わいせつ行為, わいせつ物.

他 は他動詞　再 は再帰動詞　形 は形容詞　副 は副詞　前 は前置詞　接 は接続詞　間 は間投詞

gua·rra·zo [グラˈそ] 男 (倒れて体を)打ちつけること, 打撲.

gua·rre·ar [グレアル] 他 …を汚す.
— **guarrearse** 再 汚れる.

gua·rre·rí·a [グレリア] 女 1 汚れ, きたなさ. 2 卑劣な手段. 3 みだらな行為. 4 わいせつ物.

gua·rro, rra [グロ, ラ] 形 1 きたならしい, 汚れた. 2 意地の悪い, 悪意のある.
— 男 女 1〈家畜〉ブタ. 2 不潔な人間. 3 意地きたない人間.
no tener ni guarra まったく何も知らない.

gua·sa [グアサ] 女 冗談, からかい.

gua·se·ar·se [グアセアルセ] 再 (+de...) …をからかう, ひやかす.

gua·so, sa [グアソ, サ] 形 下品な, 粗野な.

gua·són, so·na [グアソン, ソナ] 形 冗談好きな.
— 男 女 ふざけた人間, 冗談好き.

gua·ta [グアタ] 女 (詰め物用の)綿.

gua·te·a·do, da [グアテアド, ダ] 形 詰め綿の入った.

Gua·te·ma·la [グアテマラ] 固 〈国の名〉(中央アメリカの共和国の)グアテマラ[República de Guatemala].

gua·te·mal·te·co, ca [グアテマルテコ, カ] 形 (中米の国の)グアテマラ Guatemala の.
— 男 女 グアテマラ人.

gua·te·que [グアテケ] 男 ホームパーティー.

guau [グワウ] 間 1〈犬の鳴き声〉ワンワン! 2 やった!, うれしい!

guay [グアイ] 形〈男女同形, 単複同形〉とてもいい.
pasar·lo guay 楽しく過ごす.

gua·ya·ba [グアヤバ] 女〈果実〉バンジロウ, グアバ.

gua·ya·be·ra [グアヤベラ] 女 (中米の男性用の)開襟(ポミ)シャツ.

gua·ya·bo [グアヤボ] 男〈樹木〉バンジロウ.

Gua·ya·nas [グアヤナス] 固〈地方の名〉(南米の北東部の)ギアナ.

gu·ber·na·men·tal [グベルナメンタル] 形 1 政府の. 2 与党系の.

gu·ber·na·ti·vo, va [グベルナティボ, バ] 形 政府の, 政府が出した.

gu·bia [グビア] 女〈木工道具〉丸のみ.

gue·de·ja [ゲデハ] 女 1 毛髪の房. 2 長い髪. 3〈ライオン〉たてがみ.

gue·par·do [ゲパルド] 男〈動物〉ユキヒョウ.

Guer·ni·ca [ゲルニカ] 固〈町の名〉(ピカソが描いた北スペインの)ゲルニカ.

gue·rra [ゲラ] 女 1 戦争, 戦闘. 2 いがみ合い, 敵対.
dar guerra a... (子供が) …を手こずらせる.
de antes de la guerra とても古い, 流行おくれの.
declarar la guerra a... 1 …に宣戦布告する. 2 …への敵意をあらわにする.
estado de guerra 交戦状態.
guerra civil 内戦.
Guerra Civil Española (1936-39 年の)スペイン内戦.
guerra de nervios [*psicológica*] 神経戦.
guerra fría 冷戦.
guerra nuclear 核戦争.
guerra santa (宗教的動機の)聖戦.
Segunda Guerra Mundial (1939-45 年の)第二次世界大戦.
tener la guerra declarada a... …を公然と攻撃する.

gue·rre·ar [ゲレアル] 自 (+con, contra...) …と戦う, 戦争する.

gue·rre·ra[1] [ゲレラ] 女〈軍服〉上着.

gue·rre·ro, ra[2] [ゲレロ, ー] 形 1 戦争の, 戦闘の. 2〈子供〉手のやける, やんちゃな.
— 男 女 戦士, 兵士.

gue·rri·lla [ゲリジャ] 女 ゲリラ, 遊撃隊.

gue·rri·lle·ro, ra [ゲリジェロ, ラ] 男 女 ゲリラ兵.

gue·to [ゲト] 男 1 (人種・宗教などの)少数派, 少数民族. 2 (少数民族の)居住地区, ゲットー.

guí·a [ギア] 男 2 案内人, ガイド.
— 女 1 案内, 指導, ガイダンス. 2 案内書, ガイドブック, 便覧.
guía de ferrocarriles〈鉄道〉時刻表.
guía de teléfonos [*telefónica*] 電話帳.
guía turística [*de turismo*] 1〈女性〉観光ガイド. 2 観光案内(書).
guía turístico〈男性〉観光ガイド.

guiar [ギアル] 他《活 34 enviar》1 …を案内する. 2 …を指導する, 教え導く. 3 …を運転する, 操縦する.
— **guiarse** 再 (+por...) …に従って進む.

gui·ja [ギハ] 女 玉砂利(ぷ).

gui·ja·rro [ギハロ] 男 玉石, 丸石.

gui·jo [ギホ] 男 (集合的に)玉砂利(ぷ), 丸石.

gui·llar·se [ギジャルセ] 再 1 気が変になる. 2 逃げだす.

Gui·ller·mo [ギジェルモ] 固〈男性の名〉ギジェルモ.

gui·llo·ti·na [ギジョティナ] 女 1 断頭台, ギロチン. 2 (紙の)裁断機.

gui·llo·ti·nar [ギジョティナル] 他 1 …をギロチンにかける. 2 …を裁断する.

guin·da [ギンダ] 女 1〈果実〉ヨーロッパスモモ, プルーン. 2 (最後の一撃の)とどめ.

guin·di·lla [ギンディジャ] 女 1〈植物〉赤トウガラシ. 2 (市警の)警官, お巡りさん.

guin·do [ギンド] 男〈樹木〉ヨーロッパスモモ.
caer·se del guindo 事情を飲みこむ.

Gui·ne·a E·cua·to·rial [ギネア エクアトリアル] 固〈国の名〉(スペイン語が公用語のアフリカ西部の)赤道ギニア [= República de +].

活 は活用形 複 は複数形 男 は男性名詞 女 は女性名詞 固 は固有名詞 代 は代名詞 自 は自動詞

gui·ne·a·no, na [ギネアノ, ナ] 形 (アフリカの)赤道ギニア Guinea Ecuatorial の.
— 男 女 赤道ギニア人.
gui·ne·o [ギネオ] 男 (小型の)ギネオバナナ.
gui·ña·da [ギニャダ] 女 ウィンク, 目くばせ.
gui·ña·po [ギニャポ] 男 1 ぼろ切れ, ぼろ着. 2 病弱な人. 3 しょげ返った人.
gui·ñar [ギニャル] 他 1 (目)を軽く閉じる. 2 (目)を細める.
guiñar el ojo a... …にウィンクする, 目くばせする.
gui·ño [ギニョ] 男 1 ウィンク, 目くばせ. 2 暗黙の合図.
hacer un guiño a... …に目くばせする, ウィンクする.
gui·ñol [ギニョル] 男 指人形劇.
gui·ón [ギオン] 男 1 要旨, 概略. 2 台本, シナリオ. 3 《記号》ハイフン(-), ダッシュ(—).
guio·nis·ta [ギオニスタ] 男 女 台本作家, 脚本家, シナリオライター.
Gui·púz·co·a [ギプスコア] 固 《県の名》(スペイン北部の)ギプスコア.
gui·puz·co·a·no, na [ギプスコアノ, ナ] 形 (スペインの県の)ギプスコア Guipuzcoa の.
— 男 女 ギプスコア人.
gui·ri [ギリ] 男 女 1 よそ者, 外人. 2 (治安警察の)警官, ポリ公.
gui·ri·gay [ギリガイ] 男 お祭り騒ぎ.
guir·la·che [ギルラチェ] 男 《菓子》アーモンドヌガー.
guir·nal·da [ギルナルダ] 女 小さな花輪, 花綵(づな).
gui·sa [ギサ] 女 やり方, 方法, 流儀.
a guisa de... …のように, …として.
de esta guisa このようにして.
gui·sa·do [ギサド] 男 煮込み料理, シチュー.
gui·san·te [ギサンテ] 男 《植物》エンドウ, グリンピース.
gui·sar [ギサル] 他 《料理》…を煮込む, 調理する, …を準備する.
— 自 料理する.
gui·so [ギソ] 男 1 (煮込みなどの)料理. 2 調理, 味つけ.
güis·qui [グイスキ] 男 《酒類》ウィスキー.
gui·ta [ギタ] 女 1 (麻の)細ひも. 2 銭(ぜに), 現なま.
gui·ta·rra [ギタラ] 女 《楽器》ギター.
gui·ta·rris·ta [ギタリスタ] 男 女 ギター奏者, ギタリスト.
güi·to [グイト] 男 (オリーブの実などの)種(たね).
gu·la [グラ] 女 暴飲, 暴食.
gu·lag [グラグ] 男 (ソビエト連邦の)強制収容所.
gu·mí·a [グミア] 女 (ムーア人が使う反(そ)りのある短剣の)グミア.
gu·ri·pa [グリパ] 男 1 兵卒, 兵士. 2 警官.

Gu·ya·na

gu·rria·to [グリアト] 男 スズメの子.
gu·rru·ño [グルニョ] 男 しわだらけのもの.
gu·rú [グル] 男 〈ヒンズー教〉導師.
gu·sa [グサ] 女 空腹.
gu·sa·ni·llo [グサニジョ] 男 1 (ミミズなどの)小さな虫. 2 コイル状の針金. 3 より糸. 4 空腹. 5 不安, 気がかり.
el gusanillo de la conciencia 良心の呵責(かしゃく), 自責の念.
matar el gusanillo 1 望みをかなえる. 2 軽食をとる.
gu·sa·no [グサノ] 男 1 (長く丸い体の)虫, ミミズ, 回虫(かいちゅう). 2 うじ虫, 幼虫. 3 毛虫, 幼虫. 4 〈人〉虫けら, げす.
gusano de luz ホタル〔蛍〕.
gusano de seda カイコ〔蚕〕.
gu·sa·ra·po [グサラポ] 男 (水中の)小さな虫.
gus·tar [グスタル] 他 1 《事物が文法上の主語で, 間接目的語の人が意味上の主語》…が好きである, …の気に入る／*Me gusta la música.* 私は音楽が好きだ.
2 (物事が)(人に)好まれる, 喜ばれる.
3 (+de...) …が好きである／*No gustaba de vivir allí.* 彼はそこに住んでも楽しくなかった.
— 他 1 …を味見する, 味わう.
2 …を経験する, こころみる.
gus·ta·ti·vo, va [グスタティボ, バ] 形 味覚の.
Gus·ta·vo [グスタボ] 固 〈男性の名〉グスタボ.
gus·ti·llo [グスティジョ] 男 後味(あとあじ), 後口.
gus·to [グスト] 男 1 味覚. 2 味, 風味. 3 快感, 満足, 喜び. 4 自分の気持ち, 意志. 5 趣味, 好み. 6 審美眼, センス. 7 《芸術》スタイル, 傾向.
a gusto 気持ちよく, 快適に.
al gusto de... (…の)好みに応じて.
coger [tomar] a (+人) *el gusto a...* (人が)…が好きになる.
con gusto 気に入って, 楽しく.
Con mucho gusto. 《応答》喜んで(いたします).
el gusto a (menta) (ハッカ)の味.
El gusto es mío. (初対面の相手の挨拶に答えて)こちらこそ, よろしく.
el gusto por (el mar) (海)の趣味.
Mucho [Tanto] gusto. (初対面の人への挨拶で)はじめまして.
tener el gusto de (+不定詞) 〈敬語〉…させていただきます.
gus·to·sa·men·te [グストサメンテ] 副 喜んで, 心から.
gus·to·so, sa [グストソ, サ] 形 1 心からの, 喜んでの. 2 おいしい, うまい.
gu·tu·ral [グトゥラル] 形 1 喉(のど)の. 2 《音声学》軟口蓋(なんこうがい)音の, 喉音(こうおん)の.
— 女 《音声学》軟口蓋音, 喉音.
Gu·ya·na [グヤナ] 固 〈国名〉(南米北部の共和国の)ガイアナ.

他 は他動詞　再 は再帰動詞　形 は形容詞　副 は副詞　前 は前置詞　接 は接続詞　間 は間投詞

H h

H, h [アチェ] 女 《アルファベットの第 8 番の文字》アチェ.

h. [オラ(ス)] 女 《複》《略語》hora, horas 〈時刻〉…時.

ha [ア] 《haber の現在時制の 3 人称単数形》《活 40》1《直説法現在完了の助動詞》. 2《時間+》…時.

ha·ba [アバ] 女 《単数定冠詞は el》1〈豆〉ソラマメ. 2（虫刺されなどによる皮膚の）はれ.
ser habas contadas 1 わずかなものだ. 2 わかりきったことだ.

Ha·ba·na [アバナ] 固 《La+》《都市の名》（キューバの首都の）ハバナ.

ha·ba·ne·ra¹ [アバネラ] 女 《音楽》（キューバの）ハバネラ.

ha·ba·ne·ro, ra² [アバネロ, −] 形 （キューバの）ハバナ La Habana の.
— 男 女 ハバナの人.

ha·ba·no [アバノ] 男 キューバ製の葉巻.

ha·ber [アベル] 男 1 資産, 財産[=haberes]. 2 給与, 所得[=haberes]. 3《簿記》貸方. 4〈人〉美点, 長所.
—《助動詞》《活 40》《過去分詞と共に完了時制を作る》*Ya ha venido.* 彼はもう来た. *No creo que hayas pensado eso.* 君がそんなことを考えたなんて思わない.
— 《無人称動詞》《活 40》《主語なしの 3 人称単数形で使用》《存在するものの名詞句を直接目的語にする》《現在時制では ha でなくて hay》
1 …がある, いる／*¿Hay naranjas?—sí, las hay.* 「オレンジはありますか」「はい, ありますよ」. *En la fiesta sólo había diez personas.* パーティーには 10 人しかいなかった.
2 …がおこる, 開催される／*Ayer hubo un apagón en todo el barrio.* 昨日この地区全体が停電した.
—《古importe》…を持つ.
como hay pocos 並はずれて, 例外的に.
de lo que no hay 例外的な, ひどい.
haber de (+不定詞)《主語に応じて人称変化》1 …しなくてはならない. 2 …することになっている.
haber que (+不定詞)《無人称動詞》《現在形は hay que...》…しなくてはならない.
haber·se·las con (+人)《主語に応じて人称変化》…と対決する.
no haber tal 〈無人称動詞〉確かではない.
No hay de qué. （相手のお礼に答えて）どういたしまして.
No hay más que (+不定詞) …するだけでいい.
no hay que (+不定詞) …しなくてもいい.
¿Qué hay?, ¿Qué hay de nuevo? （親しい人に会って）やあ!, どう?, なにかニュースはあるかい?
¿Qué hubo? （親しい人に会って）やあ!, どう?
todo lo habido y por haber あらゆる種類のこと.

ha·bi·chue·la [アビチュエら] 女 〈豆〉インゲンマメ.

ha·bi·do, da [アビド, ダ] 《過去分詞》→ haber.
— 形 存在した, 生まれた／*hijos habidos* 生まれた子.

há·bil [アビる] 形 1 能力のある, 上手な. 2 (+para...) …に適した, ふさわしい. 3 法的に有効な.
días hábiles 就業日, 平日.

ha·bi·li·dad [アビりダス] 女 1 巧みさ, 腕前. 2 能力, 才能. 3 さえた技, 妙技.

ha·bi·li·do·so, sa [アビりドソ, サ] 形 巧みな, 器用な.

ha·bi·li·ta·ción [アビりタレオン] 女 1 資格［適性］の付与. 2《法律》能力の付与. 3 融資, 資金の提供. 4（建物などの）充当, 利用. 5（祝祭日の）平日への変更.

ha·bi·li·ta·do, da [アビりタド, ダ] 《過去分詞》→ habilitar 資格を与える.
— 形 資格［権限］のある.
— 男 《国の》の主計官.

ha·bi·li·tar [アビりタル] 他 1 …に資格［権限］を与える. 2《法律》…に能力を与える. 3 …を（公的に）融資する. 4（建物など）を使えるようにする, 利用する.

há·bil·men·te [アビるメンテ] 副 巧みに, 器用に.

ha·bi·ta·ble [アビタブれ] 形 居住可能な.

ha·bi·ta·ción [アビタレオン] 女 部屋, 居室, 室.

ha·bi·tá·cu·lo [アビタクろ] 男 1 居住空間, 住居. 2《自動車》車内空間.

ha·bi·tan·te [アビタンテ] 男 女 住人, 住民.

ha·bi·tar [アビタル] 他 …に住む, 居住する.
— 自 (+en...) …に住む, 生息する.

há·bi·tat [アビタト] 男 1《動物》生息地. 2《植物》生育地.

há·bi·to [アビト] 男 1 習慣, 癖, 習性. 2 習得

活 は活用形　複 は複数形　男 は男性名詞　女 は女性名詞　固 は固有名詞　代 は代名詞　自 は自動詞

ha·bi·tual [アビトゥアる] 形 習慣的な, いつもの.
ha·bi·tual·men·te [アビトゥアるメンテ] 副 1 習慣的に, 癖として. 2 いつもは, たいてい.
ha·bi·tuar [アビトゥアル] 他《活 1 actuar》…を(に)慣らす, 慣らせる.
— **habituar·se** 再 (+a…) …に慣れる, …の習慣がつく.
ha·bla [アブら] 女《単数定冠詞は el》1 話す能力. 2 言語表現. 3 (個人の)話し方, 口調. 4 (話し)言葉, 口語, 言語. 5 方言. 6《言語学》言, パロール.
— 活 → hablar 話す.
Al habla. (電話で)はい, 私ですが.
poner·se al habla con… …と話をする.
Usted está al habla con… (電話で)こちらは…ですが.
ha·bla·do, da [アブらド, ダ]《過去分詞》→ hablar 話す.
— 形 話された, 口語の.
…bien hablado 言葉づかいがきれいな….
…mal hablado きたない言葉を使う….
ha·bla·dor, do·ra [アブらドル, ドラ] 形 話好きな, よくしゃべる.
— 男 女《人》話好き.
ha·bla·du·rí·a [アブらドゥリア] 女 うわさ, ゴシップ[= habladurías].
ha·blan·te [アブらンテ] 男 女 話し手, 話者.
ha·blar [アブらル] 自 1 話す, しゃべる.
2 (+con…) …と会話する, 話をする.
3 演説する.
4 (+de…) …について話す, …の意見を言う, うわさをする.
5 (+a…) …に話しかける.
6 (+con…) …を使って対話する.
7 (+de…) …を表明する, 伝える.
— 他 1 (言語)を話す, 使う.
2 …の話をつける, …について話し合う.
3 (言葉)を口にする, しゃべる.
— **hablar·se** 再 1 話される.
2 話し合う, 言葉をかわす.
3 (否定表現+) (+con…) …と口をきかない, けんかをしている.
dar que hablar うわさの種(㌧)になる.
hablar bien 上手な話し方をする.
hablar bien de… …をほめる.
hablar claro わかりやすい話し方をする.
hablar entre dientes 口ごもる.
hablar mal きたない言葉を使う.
hablar mal de… …をけなす, …の悪口を言う.
hablar para sí [consigo mismo] ひとりごとを言う.
hablar por (+人) …の代りに話してやる.
hablar por hablar とりとめのない話をする.
hablar por los codos しゃべりまくる.
Ni hablar. 話にもならない, とんでもない.

ni oír hablar de… …など耳にするのもいやだ.
¿Quién habla? (電話で)どちらさまですか.
romper a hablar 話し出す.
(…y) no se hable más. これで話は終りだ.
ha·bón [アボン] 男 (皮膚(㌧)の)はれ.
habr- → haber《助動詞・無人称動詞》《活 40》.
ha·ce·de·ro, ra [アセデロ, ラ] 形 実行可能な.
ha·ce·dor, do·ra [アセドル, ドラ] 男 女 創造者.
ha·cen·da·do, da [アセンダド, ダ] 形 大地主の.
— 男 女 大地主, 農場主.
ha·cen·do·so, sa [アセンドソ, サ] 形 (家事などを)よくこなす, 働き者の.
ha·cer [アセル] 他《活 41》1 …を作る, 製作する.
2 …を創造する, 作り出す, 生み出す.
3 …をする, 行う, 実行する.
4 …を用意する, ととのえる.
5 …を手に入れる, 得る.
6 …を(…だと)見なす, 考える / *Te hacía en Tokio.* 君は東京にいるとばかり思っていたよ.
7 …に出演する / *hacer* la película 映画に出る.
8 …を (+a…) …に慣れさせる.
9 …の位置につく, 立場に立つ.
10 …歳になる / *hacer* los veinte はたちになる.
11 …を引き起こす.
12 …を〜にする / *La barba te hace más viejo.* 君はひげのために一層ふけて見える.
13 …を〜に選ぶ / *hacer* jefe a… …をチーフにする.
14 (+de…) …を〜にする / *hacer* de su hija una cantante 自分の娘を歌手にする.
15 (器が) …の大きさである.
16 (合計で) …(の数量)になる.
17《動物》…と鳴く / *La vaca hace 《muuu》.* 牛がモウと鳴く.
18 (大便・小便)を出す / *hacer* pipí おしっこをする.
19 …の振りをする / *hacer* el loco 気が狂った振りをする.
20 …によく合う.
21 (距離・道)を進む, 歩く, 走る.
— 自 1 やる, する.
2 (+a…) …に好都合である, …の意にそう.
3 (+de…) …の役を演じる / *hacer* de malo 悪役を演じる.
4 (+de…) …を担当する, …の仕事をする.
5 (+para…) …に適していると思われる.
6 (+por+不定詞) …してみようとする.
— 《無人称動詞》《主語なしの3人称単数形で使用》1 (時が)たつ, 経過する / *Hace* tres años que… と言っている.
2《天候・自然現象》…がある / *Hace* buen tiempo. いい天気だ. *Hace* frío. 寒い.

—hacerse 再 1 …になる，変わる／*Este sofá se hace cama.* このソファーは寝台になる．2 終わりまで続く．3 リタイアする，退場する．4 腰をおろす，座りこむ．5 (距離・道)を進む，歩く，走る．6 …を(自分のために)作る．7 …の振りをする／*hacerse el tonto* ばかをよそおう．8 (+a…) …に慣れる，…の癖がつく．9 (+con…) …を手に入れる，得る．10 (+con…) …を手なずける，制御する．11 (+con…) …を味方にする．

a medio hacer 中途半端に．
dar que hacer 手をやかせる．
hacer (+不定詞) *a~* 《使役》〜に…させる．
hacer bien en (+不定詞) …することがよい，…して正解である．
hacer como que (+直説法) …のような振りをする．
hacer de menos a… …をばかにする，さげすむ．
hacerla いたずらする．
hacerla buena 間違いをしでかす．
hacer la maleta 旅行の用意をする．
hacer mal やり方がまずい．
hacer que (+接続法) 《使役》…するようにさせる．
hacerse de nuevas 事情にうとい振りをする．
hacerse de oro 金持ちになる．
hacerse el de las gafas とぼける．
hacerse fuerte 頑固に構える．
hacer y deshacer 思い通りに振る舞う．
¡Qué le voy [*vas, vamos*] *a hacer!* 1 (あせっている相手に向かって) 落ち着いてください！，何でもないですよ！2 もうお手上げだ！，しかたがないよ！

ha·ces [アセス] 男 《→ haz 男》束．
— 女 複 表面《→ haz 女》．
— 活 → hacer 作る．

ha·cha [アチャ] 女 《単数定冠詞は el》1 斧(ホッ)，まさかり．2 たいまつ[松明]．3 大ろうそく．
desenterrar el hacha de guerra 敢然と挑戦する．
ser un hacha 名手[天才]である．

ha·cha·zo [アチャソ] 男 1 斧(ホッ)による一撃．2 《スポーツ》故意の殴打(ホ゛)．

ha·che [アチェ] 女 《文字 H, h の名》アチェ．
por hache o por be 何やかやと言いながら．

ha·che·ro [アチェロ] 男 1 木こり．2 大ろうそく立て．3 トーチ台．

ha·chís [アチス, ハチス] 女 《単複同形》《麻薬》大麻，ハシシ．

ha·chón [アチョン] 男 大ろうそく．

ha·cia [アシア] 前 《アクセントなし》1 《方向》…の方へ，…に向かって．2 《相手》…へ，…への，…に／*la actitud hacia los estudios* 勉強への心構え．3 《場所》…あたりに，…の辺で．4 《時刻》…ごろ／*hacia las tres* 3 時ごろに．

ha·cien·da [アシエンダ] 女 1 農場，農園．2 財産，資産．3 (植民地経営の)アシエンダ，大農園．
hacienda pública 国庫，国家財政．
Ministerio de Hacienda 大蔵省．

ha·ci·na [アシナ] 女 1 束の山．

ha·ci·na·mien·to [アシナミエント] 男 1 大群衆．2 《動物》過密な群れ．

ha·ci·nar [アシナル] 他 1 を積み重ねる．2 を詰め込む．
—hacinarse 再 1 山積みになる．2 ひしめき合う．

ha·da [アダ] 女 《単数定冠詞は el》仙女，妖精(ホギ)．

ha·do [アド] 男 宿命，因縁．

hag- 活 → hacer 作る 《活 41》．

ha·gio·gra·fí·a [アヒオグラふぃア] 女 聖人伝，聖人伝研究．

ha·gio·grá·fi·co, ca [アヒオグラふぃコ, カ] 形 聖人伝(研究)の．

hai·ga [アイガ] 男 大型高級車．

Hai·tí [アイティ] 固 《国の名》(カリブ海の共和国)ハイチ．

hai·tia·no, na [アイティアノ, ナ] 形 (カリブ海の)ハイチ *Haití* の．
— 男 女 ハイチ人．

ha·la [アら] 間 1 さあ，がんばれ！2 あのね！3 さて，それでは！

ha·la·ga·dor, do·ra [アらガドル, ドラ] 形 1 へつらうの．2 喜ばせる，満足させる．

ha·la·gar [アらガル] 他 活 47 llegar》1 …にへつらう，おもねる．2 …を喜ばせる，満足させる．

ha·la·go [アらゴ] 男 1 へつらい，お世辞．2 愛情表現．

halagu- → halagar へつらう《活 47》．

ha·la·güe·ño, ña [アらグエニョ, ニャ] 形 1 喜ばせるような．2 へつらいの，お世辞の．

ha·lar [アらル] 他 …を引く．

hal·cón [アるコン] 男 《鳥》タカ(鷹)，ハヤブサ．

hal·co·ne·rí·a [アるコネリア] 女 1 タカの飼育法．2 タカ狩り．

hal·co·ne·ro, ra [アるコネロ, ラ] 男 女 鷹匠(炫ミょう)．

ha·le [アれ] 間 1 さあ，しっかり！2 さあ急げ！
hale hop [ハレホプ] 間 あっと言う間に！

há·li·to [アリト] 男 1 呼気，息(袁)．2 そよ吹く風．

ha·li·to·sis [アリトシス] 女 《単複同形》くさい息(袁)，口臭．

hall [ホる] 男 (玄関の)ホール，ロビー．

ha·lla·do, da [アじゃド, ダ] 《過去分詞》→ hallar 見つける．
— 形 見つけられた．
bien hallado 居心地がいい．
mal hallado 居心地が悪い．

ha·llar [アじゃル] 他 1 …を見つける，発見する．2

…を探しあてる, 見つけ出す. **3** …に気づく, 出会う.
— **hallar·se** 再 **1** (+en…) …にいる, ある. **2** …の状態である. **3** (+con…) …に出くわす.
no hallarse (*en*…) (…では)居心地が悪い.

ha·llaz·go [アじゃすゴ] 男 **1** 発見, 見つけ出し. **2** 掘出し物.

ha·lo [アろ] 男 **1** (月や太陽の)かさ. **2** (聖像の)光輪, 後光. **3** 名声, 評判.

ha·ló·ge·no, na [アろヘノ, ナ] 形 《化学》ハロゲンの.

hal·te·ro·fi·lia [アるテロふぃリア] 女 《スポーツ》重量挙げ, ウエートリフティング.

hal·te·ró·fi·lo, la [アるテろふぃろ, ら] 男女 重量挙げ選手.

ha·ma·ca [アマカ] 女 **1** ハンモック. **2** デッキチェア.

ham·bre [アンブレ] 女 《単数定冠詞は el》 **1** 空腹, すき腹. **2** 食糧不足, 飢餓(きが). (話) **3** 渇望, 熱望.
hambre canina **1** 異常な食欲. **2** 飢餓.
huelga de hambre ハンガーストライキ.
juntarse el hambre con las ganas de comer (二人のことについて言えば)どっちもどっちである.
más listo que el hambre 段違いにかしこい.
matar de hambre a… …をうえ死にさせる.
matar [*apagar, engañar*] *el hambre* (食べ物を軽くつまんだりして)空腹をまぎらわす.
morirse de hambre 空腹で死にそうである.

ham·brien·to, ta [アンブリエント, タ] 形 **1** 空腹の, うえた. **2** (+de…) …を渇望する, …にうえた.

ham·brón, bro·na [アンブロン, ブロナ] 形 ひどい空腹の.
— 男女 腹ぺこの人.

ham·bru·na [アンブルナ] 女 飢饉(ききん).

ham·bur·gués, gue·sa[1] [アンブルゲス, ゲサ] 形 (ドイツの都市の)ハンブルク Hamburgo の.
— 男女 ハンブルクの人.

ham·bur·gue·sa[2] 女 《料理》 **1** ハンバーグ. **2** ハンバーガー.

ham·bur·gue·se·rí·a [アンブルゲセリア] 女 ハンバーガー・ショップ.

ham·pa [アンパ] 女 《単数定冠詞は el》 (集合的に)悪党, ならず者.

ham·pón [アンポン] 男 《人》ごろつき, 悪党.

han 活 → *haber* 《助動詞》《活 40》.

hán·di·cap [ハンディカプ] 男 《複》 *hándicaps* **1** 障害, 悪条件. **2** 《スポーツ》ハンディ.

han·gar [アンガル] 男 《飛行機》格納庫.

ha·rá (-) 活 → *hacer* 作る《活 41》.

há·pax [アパクス] 男 《言語学》(資料のなかで)1 度しか使われていない単語[語句].

ha·ra·gán, ga·na [アラガン, ガナ] 形 なまけの.
— 男女 なまけ者.

ha·ra·ga·ne·ar [アラガネアル] 自 無為に過ご

す.

ha·ra·pien·to, ta [アラピエント, タ] 形 ぼろぼろの.
— 男女 ぼろをまとった人.

ha·ra·po [アラポ] 男 ぼろ, ぼろ切れ.

ha·ra·qui·ri [アラキリ] 男 切腹.

ha·ré (-) 活 → *hacer* 作る《活 41》.

ha·rén [アレン] 男 《= harem》 **1** (回教系の婦人部屋の)ハーレム. **2** ハーレムの女たち.

ha·ri·na [アリナ] 女 **1** 小麦粉, メリケン粉. **2** (一般的な)粉.
estar metido en harina (*con*…) (…の仕事に)とっぷりつかっている, 没頭している.
hacer harina… …を粉々にする.
harina de pescado 魚粉.
harina en flor (精製した)上等の小麦粉.
harina integral (精製していない)全粒粉.
ser harina de otro costal 関係のないことである.

ha·ri·no·so, sa [アリノソ, サ] 形 **1** 粉っぽい, 粉だらけの. **2** 粉の, 粉末の.

har·mo·ní·a [アルモニア] 女 調和[= *armonía*].

har·ne·ro [アルネロ] 男 《道具》篩(ふるい).

har·pa [アルパ] 女 《単数定冠詞は el》《楽器》ハープ.

har·ta·da [アルタダ] 女 十分な量.

har·tar [アルタル] 他 **1** …に (+de…) …をいっぱい食べさせる[飲ませる]. **2** …に (+de…) …を満足させる. **3** …をうんざりさせる. **4** …に (+de…) …を十分に与える.
— **hartarse** 再 **1** (+de…) …を十分に食べる[飲む]. **2** …を十分にする. **3** (+de…) …にうんざりする.

har·taz·go [アルタすゴ] 男 《= *hartazón*》 **1** 満腹. **2** 食傷, うんざり. **3** 大満足.

har·to[1] [アルト] 副 (古) 十分に, とても.

har·to[2]**, ta** [—, タ] 形 **1** 十分な, 余るほどの. **2** 満腹している. **3** (+de…) にうんざりした.
— 活 → *hartar* いっぱい食べさせる.

har·tón [アルトン] 男 満腹, 食傷.

har·tu·ra [アルトゥラ] 女 **1** 満腹. **2** 余るほどの量.

has 活 → *haber* 《助動詞》《活 40》.

has·ta [アスタ] 前 《アクセントなし》 **1** 《空間・時・行為の限界》…まで／*desde aquí hasta allí* ここからあそこまで.
2 《強調》(副詞的に) …でさえ, …までも／*Hasta mi padre se divierte con este juego.* 父でさえこのゲームを楽しんでいる.
hasta ahora 今まで.
hasta entonces その当時まで.
¡Hasta ahora [*después, luego*]*!* また, あとで!
¡Hasta mañana! また明日!
¡Hasta más ver [*otra*]*!* じゃあ, またね!
¡Hasta nunca! (もう会いたくない相手に)じゃ

has·tiar

あ、これで！
hasta que... ...するまで.
¡Hasta siempre! いつか、またね！

has·tiar [アスティアル] 他 活 34 enviar ...をうんざりさせる、退屈させる.

has·tí·o [アスティオ] 男 うんざり、退屈.

ha·ta·jo [アタホ] 男 群れ、一群.

ha·to [アト] 男 1 (包まれた)衣類、身の回り品. 2 家畜の一群.

hay 活 → haber《無人称動詞》活 40》...がある、いる.

ha·ya [アヤ] 女《単数定冠詞は el》1《樹木》ブナ. 2 ブナ材.

Ha·ya [アヤ] 固《La+》《都市の名》(オランダの)ハーグ.

haya (-) 活 → haber《助動詞・無人称動詞》活 40》.

ha·yal [アヤル] 男《= hayedo》ブナ林.

ha·yu·co [アユコ] 男《どんぐり》ブナの実.

haz [アス] 男《複 haces》1 (細長いものの)束. 2 (1点から出る)光線の束、ビーム.
── 女《複 haces》《単数定冠詞は el》(葉や布地の)表側、表面.
(*hablar*) *a dos haces* 裏表のある(話し方をする).
haz de la Tierra 地表.

ha·za·ña [アサニャ] 女 偉業、手柄.

ha·za·ño·so, sa [アサニョソ, サ] 形 勇敢な、あっぱれな.

haz·me·rre·ír [アスメレイル] 男《人》笑い物、笑い種(ぐさ).

HB [アチェベ] 男《略語》Herri Batasuna (バスク地方の政党の人民統一党.

he [エ] 副 (場所の副詞と共に) ...がある.
he aquí [*ahí*]... ここに[そこに] ...がある.
heme [*henos*] *aquí* ここに私が[私たちが]いる.
── 間 ねえ君！、これ！
── 活 → haber《助動詞》.

heb·do·ma·da·rio, ria [エブドマダリオ, リア] 形 週に1度の、週刊の.

he·bi·lla [エビジャ] 女 (ベルトなどの)バックル.

he·bra [エブラ] 女 1 糸、糸切れ. 2 繊維、筋. 3 (話などの)筋道.
pegar la hebra 長いおしゃべりを始める.
perder la hebra (話の)筋道がわからなくなる.

he·brai·co, ca [エブライコ, カ] 形 ヘブライの.

he·bra·ís·mo [エブライスモ] 男 1 ユダヤ教. 2 ヘブライ文化. 3《言語学》ヘブライ語系要素.

he·bra·ís·ta [エブライスタ] 男女 ヘブライ学者.

he·bre·o¹ [エブレオ] 男 ヘブライ語.

he·bre·o², a [エブレオ, ア] 形 ヘブライの、ユダヤ人の.
── 男女 ヘブライ人、ユダヤ教徒.

he·ca·tom·be [エカトンベ] 女 大惨事、大虐殺.

he·ces [エセス] 女複《→ hez》大便、糞(ふん).

he·chi·ce·rí·a [エチセリア] 女 魔法、呪術(じゅっ).

he·chi·ce·ro, ra [エチセロ, ラ] 形 1 魅惑的な. 2 魔法の、魔法を使う.
── 男 女 魔法使い、呪術(じゅっ)師.

he·chi·zar [エチサル] 他 活 39 gozar》1 ...を魅了する、うっとりさせる. 2 ...に魔法をかける.

he·chi·zo [エチソ] 男 1 魅力、魔力. 2 魔法の道具.

he·cho¹ [エチョ] 男 1 行為、行動. 2 事実、出来事. 3 要件、こと.
── 間 了解！、賛成！、よし、決まった！

he·cho², cha [-, チャ]《過去分詞》→ hacer／*hecho*.
── 形 1 出来あがった、作られた. 2 既製の. 3 (+en...) ...製の. 4 大人になった、一人前の. 5 (食肉) よく焼けた.
A lo hecho, pecho. すんだことは仕方ない.
¡Bien hecho! よくやった！, お見事！
...*bien* [*mal*] *hecho* 出来のよい[悪い] ...
de hecho 1 実際に、現に. 2《法律》事実上の.
el hecho de que... ...ということ.
El hecho es que (+直説法) 実は ...なのです.
¡Eso está hecho! そんなことは簡単だ！
hecho a mano 手製の、ハンドメードの.
hecho consumado 既成事実.
hechos de armas 武勲.
hecho un [*una*] (+名詞) ...になってしまって.
...*hecho y derecho* 大人の ...、一人前の ...

he·chu·ra [エチュラ] 女 1 (服の)仕立て、縫製. 2 体形、体格. 3 作ること.

hec·tá·re·a [エクタレア] 女《面積の単位》(100 アールの)ヘクタール.

hec·to·li·tro [エクトリトロ] 男《容積の単位》(100 リットルの)ヘクトリットル.

hec·tó·me·tro [エクトメトロ] 男《長さの単位》(100 メートルの)ヘクトメートル.

he·der [エデル] 自 活 58 perder》1 悪臭を放つ. 2 うんざりさせる.

he·dion·dez [エディオンデス] 女 1 悪臭. 2 不快なもの、うんざりさせるもの.

he·dion·do, da [エディオンド, ダ] 形 1 とても臭い、悪臭の強い. 2 きたならしい、不潔な. 3 不快な、うんざりさせる.

he·dó·ni·co, ca [エドニコ, カ] 形 快楽主義(者)の.

he·do·nis·mo [エドニスモ] 男 快楽[享楽]主義.

he·do·nis·ta [エドニスタ] 形《男女同形》快楽[享楽]主義の.
── 男女 快楽[享楽]主義者の.

he·do·nís·ti·co, ca [エドニスティコ, カ] 形 快楽[享楽]主義の.

he·dor [エドル] 男 悪臭.

he·ge·mo·ní·a [エヘモニア] 女 覇権(はけん)、主導権、ヘゲモニー.

he·ge·mó·ni·co, ca [エヘモニコ, カ] 形 主導権の.

hé·gi·ra [エヒラ] 女《= héjira》(イスラム暦元年[西暦622年]の)ヘジラ, ヒジュラ.

he·la·da¹ [エラダ] 女 ひどい冷え込み, 凍結.

he·la·de·rí·a [エラデリア] 女 1 アイスクリーム店. 2 アイスクリーム工場.

he·la·de·ro, ra [エラデロ, ラ] 男女 1 アイスクリーム売り. 2 アイスクリーム製造業者.

he·la·do¹ [エラド] 男 アイスクリーム.

he·la·do², da²《過去分詞》→ helar 凍らせる.
— 形 1 凍結した, 凍った. 2 とても冷たい, 氷のような. 3 ひやゃかな, 冷淡な.

he·la·do·ra [エラドラ] 女 アイスクリーム製造器具.

he·la·mien·to [エラミエント] 男 凍結.

he·lar [エラル] 他《活 57 pensar》1 …を凍(ミホ)らせる. 2 …をふるえ上がらせる, ぞっとさせる. 3 …をがっかりさせる. 4 (作物に)冷害を与える. 5 (食べ物)を冷凍する.
— 自《主語なしの3人称単数形で使用》ひどく寒くなる, 凍結が起こる.
— **helar·se** 再 1 凍りつく, いてつく. 2 こごえる, かじかむ.

he·le·cho [エレチョ] 男〈植物〉シダ[羊歯].

He·le·na [エレナ] 固 女〈女性の名〉エレナ. 2 (ギリシア神話の美女の)ヘレネ.

he·lé·ni·co, ca [エレニコ, カ] 形 古代ギリシアの.

he·le·nis·mo [エレニスモ] 男 1 (古代ギリシアの)ヘレニズム文化. 2〈文化〉ヘレニズム時代. 3〈言語学〉ギリシア語系要素.

he·le·nis·ta [エレニスタ] 男女 古代ギリシア研究者.

he·le·nís·ti·co, ca [エレニスティコ, カ] 形 古代ギリシア文化の.

he·le·ni·za·ción [エレニさしオン] 女 (古代)ギリシア化.

he·le·ni·zar [エレニさル] 他《活 39 gozar》…を(古代)ギリシア化する.
— **helenizar·se** 再 (古代)ギリシア化する.

he·le·no, na [エレノ, ナ] 形 (古代)ギリシアの.
— 男女 (古代)ギリシア人.

he·le·ro [エレロ] 男〈山岳〉残雪.

hé·li·ce [エリせ] 女 1〈飛行機〉プロペラ. 2〈船〉スクリュー.

he·li·coi·dal [エリコイダル] 形 らせん形の.

he·li·cóp·te·ro [エリコプテロ] 男〈航空機〉ヘリコプター.

he·lio [エリオ] 男〈化学〉ヘリウム.

he·lio·cén·tri·co, ca [エリオせントリコ, カ] 形〈天体〉太陽中心の.

he·lio·gra·ba·do [エリオグラバド] 男〈印刷〉グラビア.

he·lió·gra·fo [エリオグラふぉ] 男 日光反射信号機.

he·lio·te·ra·pia [エリオテラピア] 女〈医療〉日光療法.

he·lio·tro·pis·mo [エリオトロピスモ] 男〈植物〉向日性.

he·lio·tro·po [エリオトロポ] 男 1〈植物〉(小低木の)ヘリオトロープ. 2〈鉱物〉血石.

he·li·puer·to [エリプエルト] 男 ヘリポート.

hel·min·to [エルミント] 男 (腸内)寄生虫.

hel·vé·ti·co, ca [エルベティコ, カ] 形《= helvecio, cia》(古代スイスの)ヘルウェティア Helvecia の.
— 男女 スイス人.

he·ma·tí·e [エマティエ] 男 赤血球.

he·ma·ti·tes [エマティテス] 男《単複同形》〈鉱石〉赤鉄鉱.

he·ma·to·lo·gí·a [エマトロヒア] 女 血液学.

he·ma·to·ma [エマトマ] 男〈医学〉血腫.

hem·bra [エンブラ] 女 1〈動物〉雌(ミ). 2〈植物〉雌株(ぶ). 3 女, 女性. 4 (部品の)凹型, 雌(ミ)の部分.

hem·bri·lla [エンブリじゃ] 女〈工具〉雌(ミ)ネジ.

he·me·ro·te·ca [エメロテカ] 女 (定期刊行物の)図書館.

he·mi·ci·clo [エミしクろ] 男 1 半円型会議室. 2 半円, 半円形.

he·mi·ple·jí·a [エミプれヒア] 女《= hemiplejia》〈医学〉半身不随.

he·mi·plé·ji·co, ca [エミプれヒコ, カ] 形〈医学〉半身不随の.
— 男女 半身不随の患者.

he·mis·fé·ri·co, ca [エミスふぇリコ, カ] 形 半球の, 半球状の.

he·mis·fe·rio [エミスふぇリオ] 男 1 (地球の)半球. 2 半球体.
hemisferio derecho [*izquierdo*]〈解剖学〉右脳[左脳].
hemisferio norte [*sur*]〈地球〉北半球[南半球].

he·mis·ti·quio [エミスティキオ] 男〈詩行〉半行, 半句.

he·mo·diá·li·sis [エモディアリシス] 女《単複同形》〈医学〉人工透析(ホル), 血液透析.

he·mo·fi·lia [エモふぃリア] 女〈医学〉血友病.

he·mo·fí·li·co, ca [エモふぃリコ, カ] 形〈医学〉血友病の.
— 男女 血友病患者.

he·mo·glo·bi·na [エモグロビナ] 女〈医学〉ヘモグロビン, 血色素.

he·mo·rra·gia [エモラヒア] 女〈医学〉(大量の)出血.
hemorragia cerebral 脳溢血(次).
hemorragia interna 内出血.

he·mo·rroi·des [エモロイデス] 女複〈医学〉痔(ぢ), 痔疾.

hemos 活 → haber《助動詞》《活 40》.

he·mos·ta·sis [エモスタシス] 女《単複同形》〈医学〉止血.

he·nar [エナル] 男 干し草畑, 牧草地.

hen·chi·do, da [エンチド, ダ] 《過去分詞》→ henchir 詰めこむ.
— 形 1 (+de...) …でいっぱいの.

hen·chi·du·ra [エンチドゥラ] 女 充満, 満杯.

hen·chir [エンチル] 他 《活 42》 1 …に(+de, por...) …を詰めこむ. 2 …を(+de, por...) …でいっぱいにする.
— **henchir·se** 再 (+de...) …でいっぱいになる.

hen·der [エンデル] 他 《活 58 perder》《→ = hendir》…をかき分けて進む.

hen·di·du·ra [エンディドゥラ] 女 割れ目, 裂け目.

hen·dir [エンディル] 他 《活 28 discernir》 1 …をかき分けて進む. 2 …を割る, 裂く, ひび割れさせる.

he·ne·quén [エネケン] 男 〈植物〉(メキシコ原産の大型多年草の)リュウゼツラン.

he·nil [エニル] 男 干し草置き場.

he·no [エノ] 男 1 干し草, 牧草. 2 (牧草になる)ベニバナツメクサ.

hen·rio [エンリオ] 男 (= henry) 〈物理学〉〈インダクタンスの単位〉ヘンリー.

he·pá·ti·co, ca [エパティコ, カ] 形 1 肝臓の. 2 肝臓病の.
— 男 女 肝臓病患者.

he·pa·ti·tis [エパティティス] 女 《単複同形》〈医学〉肝炎.

hep·ta·e·dro [エプタエドロ] 男 七面体.

hep·ta·go·nal [エプタゴナル] 形 七角形の.

hep·tá·go·no [エプタゴノ] 男 七角形.

hep·ta·sí·la·bo [エプタシラボ] 男 7 音節詩行.

he·rál·di·ca[1] [エラルディカ] 女 紋章学.

he·rál·di·co, ca[2] [エラルディコ, —] 形 紋章学の.

he·ral·do [エラルド] 男 1 (中世の)紋章官, 伝令官. 2 先触れ, 前触れ.

her·bá·ce·o, a [エルバせオ, ア] 形 草の, 草本(そうほん)の.

her·ba·je [エルバヘ] 男 (集合的に)(ある平野の)草, 牧草.

her·ba·rio [エルバリオ] 男 植物標本.

her·bi·ci·da [エルビすィダ] 形 《男女同形》除草の.
— 男 除草剤.

her·bí·vo·ro, ra [エルビボロ, ラ] 形 〈動物〉草食性の.

her·bí·vo·ros [エルビボロス] 男 複 草食動物.

her·bo·la·rio [エルボらリオ] 男 (= herbolistería 女) 薬草店.

her·bo·ri·zar [エルボリさル] 自 《活 39 gozar》 植物を採集する.

her·cio [エルセオ] 男 〈周波数の単位〉ヘルツ.

her·cú·le·o, a [エルクエオ, ア] 形 1 ヘラクレス Hércules の. 2 怪力の.

hér·cu·les [エルクれス] 男 怪力の持ち主.

he·re·da·ble [エレダブれ] 形 相続可能な.

he·re·dad [エレダす] 女 1 (単一所有者の)農地. 2 (単一所有者の)農場.

he·re·dar [エレダル] 他 1 …を(+de...)から相続する(+a+人) …から(+en...) …を継承する. 3 …を(+de+人)から遺伝的に受け継ぐ. 4 …を引き継ぐ. 5 …を譲り受ける.
— 自 (+a, de+人) …の遺産を相続する.

he·re·de·ro, ra [エレデロ, ラ] 形 相続する.
— 男 女 1 相続人. 2 正統な継承者. 3 後継者.
príncipe heredero 皇太子.

he·re·di·ta·rio, ria [エレディタリオ, リア] 形 1 相続の, 世襲の. 2 遺伝的な.
enfermedad hereditaria 遺伝病.

he·re·je [エレヘ] 男 女 1 〈宗教〉異端者. 2 異教徒. 3 〈人〉恥知らず, 横着者.

he·re·jí·a [エレヒア] 女 1 〈宗教〉異端, 異教. 2 異論, 異説. 3 無茶なこと, 常識はずれ. 4 いじめ.

he·ren·cia [エレンシア] 女 1 相続権. 2 遺産, 相続財産. 3 遺伝. 4 遺伝性質.

he·re·siar·ca [エレシアルカ] 男 異教の教祖.

he·ré·ti·co, ca [エレティコ, カ] 形 〈宗教〉異端の, 異教の.

he·ri·da[1] [エリダ] 女 1 傷, けが. 2 (精神的な)痛手, 屈辱.
herida contusa 打撲傷.
herida grave [leve] 重傷[軽傷].
tocar a (+) en la herida …の弱点をつく.

he·ri·do, da[2] [エリド, —] 《過去分詞》→ herir けがをさせる.
— 形 1 けがをした, 負傷した. 2 (心が)傷ついた.

he·rir [エリル] 他 《活 77 sentir》 1 …にけがをさせる, 傷をおわす. 2 …に痛みを与える. 3 …を(精神的に)傷つける, 痛めつける. 4 (目や耳に)苦痛を与える. 5 〈弦楽器〉をつま弾く, 鳴らす. 6 …に当たる, つき当たる.
— **herir·se** 再 負傷する, 傷つく.
herir el aire 空(くう)を切って飛ぶ.

her·ma·fro·di·ta [エルマふロディタ] 形 《男女同形》 1 両性具有の. 2 〈植物〉雌雄同株の. 3 〈動物〉両性個体の.
— 男 女 1 両性具有者. 2 両性花. 3 両性動物.

her·ma·na[1] [エルマナ] 女 (→ hermano) 姉, 妹.

her·ma·na·mien·to [エルマナミエント] 男 1 調和, 友好的関係. 2 兄弟の連帯感. 3 (都市などの)姉妹関係.

her·ma·nar [エルマナル] 他 1 (ふたつを)調和させる. 2 …を兄弟のように親しくさせる. 3 (都市などを)姉妹の関係にする.
— **hermanar·se** 再 1 (二者が)調和する, 兄弟のように親しくする. 2 (+con...) …と調和する, 兄弟[姉妹]の関係になる.

her·ma·nas·tro, tra [エルマナストロ, トラ] 男 女 片親が同じ兄弟[姉妹].

her·man·dad [エルマンダス] 囡 1 兄弟[姉妹]の関係. 2 兄弟愛, 兄弟的連帯感. 3 信徒団体. 4 同業組合, 協会.
Santa Hermandad (15・16世紀スペインの警察組織の)サンタエルマンダー.

her·ma·no, na[1] [エルマノ, ー] 男囡 1 兄, 弟, 姉, 妹. 2 (同一宗派の)信者仲間. 3 修道士, 修道女. 4 相手, 相棒. 5 同僚, 同志, 同級生. 6 (対(?)のものの)片方, もう一方.
ciudades hermanas 姉妹都市.
el hermano mayor [menor] 長兄[末弟].
hermano de leche 乳兄弟.
hermano [hermana] mayor 兄[姉].
hermano [hermana] menor 弟[妹].
la hermana mayor [エルマノ, ー] 長姉[末妹].
medio hermano 片親が同じ兄弟.
primo hermano [prima hermana] いとこ.

her·me·neu·ta [エルメネウタ] 男囡 聖書解釈学者.
her·me·néu·ti·ca[1] [エルメネウティカ] 囡 聖書解釈学.
her·me·néu·ti·co, ca[2] [エルメネウティコ, ー] 形 聖書解釈学の.
her·mé·ti·ca·men·te [エルメティカメンテ] 副 (閉鎖的に)固く, 隙間なく.
her·mé·ti·co, ca [エルメティコ, カ] 形 1 気密性の. 2 水を通さない. 3 心を閉ざした. 4 入り込めない, 難解な.
her·me·tis·mo [エルメティスモ] 男 1 密閉性. 2 難解さ.
her·mo·sa·men·te [エルモサメンテ] 副 1 見事に, 立派に. 2 美しく.
her·mo·se·ar [エルモセアル] 他 …を美しくする.
her·mo·so, sa [エルモソ, サ] 形 1 美しい, きれいな. 2 見事な, 立派な, すばらしい. 3 大きな, 豊かな. 4 〈人〉丈夫な, 健康な.
her·mo·su·ra [エルモスラ] 囡 1 美しさ. 2 見事さ, すばらしさ. 3 美しいもの. 4 美しい人, 立派な人.
Her·nan·do [エルナンド] 固 〈男性の名〉エルナンド.
her·nia [エルニア] 囡 〈医学〉ヘルニア, 脱腸.
her·niar·se [エルニアルセ] 再 ヘルニアになる.
hé·ro·e [エロエ] 男 1 〈男〉英雄, 勇士, 勇者. 2 〈男〉偉人, ヒーロー. 3 〈男〉(小説などの)主人公, 主役.
he·roi·ca·men·te [エロイカメンテ] 副 英雄的に, 勇壮に.
he·roi·ci·dad [エロイシダス] 囡 1 英雄の資質, 勇壮さ. 2 英雄的行為, 偉業.
he·roi·co, ca [エロイコ, カ] 形 1 英雄的な, 勇壮な. 2 勇敢な, あっぱれな. 3 果敢な, 大胆な. 4 〈詩〉英雄を扱った.
he·ro·í·na [エロイナ] 囡 1 〈女〉英雄, 偉人. 2 〈女〉(小説などの)主人公, ヒロイン. 3 〈麻薬〉ヘロイン.
he·roi·nó·ma·no, na [エロイノマノ, ナ] 形 〈医学〉ヘロイン中毒の.
— 男囡 ヘロイン中毒患者.
he·ro·ís·mo [エロイスモ] 男 1 英雄の資質. 2 英雄的行為. 3 英雄主義, ヒロイズム.
her·pe [エルペ] 男囡 《= herpes (単複同形)》〈医学〉ヘルペス, 疱疹(ほうしん).
he·rra·du·ra [エラドゥラ] 囡 〈馬〉蹄鉄(ていてつ).
he·rra·je [エラヘ] 男 (飾りなどの)金具類.
he·rra·mien·ta [エラミエンタ] 囡 工具, 道具.
he·rrar [エラル] 他 活 57 pensar 〈馬〉に蹄鉄(ていてつ)を打つ.
he·rre·rí·a [エレリア] 囡 1 〈作業場〉鍛冶(かじ)屋. 2 鍛冶職. 3 鉄工場.
he·rre·ri·llo [エレリジョ] 男 〈鳥〉セキレイ.
he·rre·ro, ra [エレロ, ラ] 男囡 〈人〉鍛冶(かじ)屋.
he·rrum·bre [エルンブレ] 囡 1 (鉄の)錆(さび). 2 金(かね)ぐさい味.
he·rrum·bro·so, sa [エルンブロソ, サ] 形 錆(さび)の浮いた, 錆びた.
hertz [エルツ] 男 〈周波数の単位〉ヘルツ.
hert·zia·no, na [エルツィアノ, ナ] 形 ヘルツの.
her·vi·de·ro [エルビデロ] 男 (うごめいている)群衆, 群集.
her·vi·do, da [エルビド, ダ] 《過去分詞》→ hervir 沸騰(ふっとう)する.
— 男 煮立った, 煮え立った.
her·vi·dor [エルビドル] 男 やかん, 湯沸(ゆわ)かし.
her·vir [エルビル] 自 活 77 sentir 1 沸騰する, 沸(わ)く. 2 煮える, 煮えたぎる. 3 (+de, en...) で気が高ぶる, 興奮する. 4 (+de, en...) …でいっぱいになる, ごったがえす.
— 他 1 …を沸騰させる. 2 …を煮る, ゆでる.
her·vor [エルボル] 男 沸騰(ふっとう).
he·te·ró·cli·to, ta [エテロクリト, タ] 形 1 変則的な, 不規則な. 2 〈文法〉不規則変化の.
he·te·ro·do·xia [エテロドクシア] 囡 1 異端, 異教. 2 非正統的態度.
he·te·ro·do·xo, xa [エテロドクソ, クサ] 形 1 異端の, 異教の. 2 非正統派の.
he·te·ro·ge·nei·dad [エテロヘネイダス] 囡 1 異質性, 異種性. 2 不均質性, 異種混交性.
he·te·ro·gé·ne·o, a [エテロヘネオ, ア] 形 1 異質の, 異種の. 2 不均質な, 雑多な.
he·te·ró·ni·mo [エテロニモ] 男 〈言語学〉(caballo「雄馬」と yegua「雌馬」のように, 意味的に対になっていて語形が異なる)異名相関語.
he·te·ró·no·mo, ma [エテロノモ, マ] 形 他律的な.
he·te·ro·se·xual [エテロセクスアる] 形 異性愛の.
— 男囡 異性愛者.
he·te·ro·se·xua·li·dad [エテロセクスアリダス] 囡 1 異性愛. 2 異性間性交.
he·te·ró·tro·fo, fa [エテロトロふォ, ふァ] 形 〈生物学〉従属栄養の.

heu·rís·ti·ca¹

— 男女 従属栄養生物.

heu·rís·ti·ca¹ [エウリスティカ] 女 1 (資料などの)探索,探求. 2 (法則などの)発見法.

heu·rís·ti·co, ca² [エウリスティコ, —] 形 (資料や法則的)の発見法の.

he·xa·e·dro [エクサエドロ] 男 〈数学〉六面体.

he·xa·go·nal [エクサゴナる] 形 六角形の.

he·xá·go·no [エクサゴノ] 男 〈数学〉六角形.

he·xa·sí·la·bo [エクサシらボ] 男 16音節詩行. 26音節語.

hez [エす] 女《複 heces》1 (沈殿する)おり, かす[= heces]. 2 最低のもの, くず, かす.

hia·to [イアト] 男 (二重母音にならない母音連続の)イアト, 母音分立.

hi·ber·na·ción [イベルナしオン] 女 冬眠.

hi·ber·nal [イベルナる] 形 冬の.

hi·ber·nar [イベルナル] 自 冬眠する.

hí·bri·do¹ [イブリド] 男 〈生物〉混血, 雑種. 2 (二種)混成物, 合成物.

hí·bri·do², da [—, ダ] 形 1 混血の. 2 (二種)混成の.

hic- 語 → hacer 作る《活 41》.

hi·dal·go, ga [イダるゴ, ガ] 男女《← hijo de algo》(昔の, 貴族ではないが裕福な家系の)郷士(ごう).

— 形 1 郷士の. 2 寛大な, 気品のある.

Hi·dal·go [イダるゴ] 固 (メキシコ独立運動の指導者の)イダルゴ.

hi·dal·guí·a [イダるギア] 女 1 (昔の)郷士の身分. 2 寛大さ, 気品のある.

hi·dá·ti·de [イダティデ] 女 〈医学〉(条虫の)エキノコッカス.

hi·dra [イドラ] 女 〈腔腸(こうちょう)動物〉ヒドラ.

hi·drá·ci·do [イドラしド] 男 〈化学〉酸性塩.

hi·dra·ta·ción [イドラタしオン] 女 1 〈化学〉水和. 2 (皮膚の)正常な潤(うるお)いの維持.

hi·dra·tan·te [イドラタンテ] 形 〈化粧品〉モイスチャー・クリーム.

hi·dra·tar [イドラタル] 他 1 …に水を混ぜる. 2 〈化学〉…を水和する. 3 (皮膚に)潤(うるお)いを与える.

hi·dra·to [イドラト] 男 〈化学〉水和物, 水化物.

hidrato de carbono 炭水化物.

hi·dráu·li·ca¹ [イドラウりカ] 女 1 水力学. 2 水利用の技術.

hi·dráu·li·co, ca² [イドラウりコ, カ] 形 1 水力学の. 2 水圧の.

hi·dro·a·vión [イドロアビオン] 男 水上飛行機.

hi·dro·car·bu·ro [イドロカルブロ] 男 〈化学〉炭化水素.

hi·dro·ce·fa·lia [イドロせふァりア] 女 〈医学〉水頭病.

hi·dro·cé·fa·lo, la [イドロせふァろ, ラ] 形 〈医学〉水頭症の.

— 男女 水頭症患者.

hi·dro·di·ná·mi·ca¹ [イドロディナミカ] 女 流体力学.

hi·dro·di·ná·mi·co, ca² [イドロディナミコ, —] 形 流体力学の.

hi·dro·e·léc·tri·co, ca [イドロエれクトリコ, カ] 形 1 水力電気の. 2 水力発電の.

hi·dró·fi·lo, la [イドロふぃろ, ラ] 形 1 吸水性の. 2 水生の.

hi·dro·fo·bia [イドロふォビア] 女 狂犬病, 恐水症.

hi·dró·fo·bo, ba [イドロふォボ, バ] 形 狂犬病の.

— 男女 狂犬病患者.

hi·dró·ge·no [イドロヘノ] 男 〈化学〉水素.

hi·dro·gra·fí·a [イドログラふぃア] 女 1 水路学. 2 (特定地域の)水路部分.

hi·dro·grá·fi·co, ca [イドログラふぃコ, カ] 形 水路学の.

hi·dró·li·sis [イドロりシス] 女 〈化学〉加水分解.

hi·dro·li·zar [イドロりサル] 他《活 39 gozar》〈化学〉…を加水分解する.

hi·dro·pe·sí·a [イドロペシア] 女 〈医学〉浮腫(しゅ).

hi·dros·fe·ra [イドロスふェラ] 女 〈地質学〉水圏.

hi·dro·so·lu·ble [イドロソるブれ] 形 水溶性の.

hi·dros·tá·ti·ca¹ [イドロスタティカ] 女 静水力学, 流体静力学.

hi·dros·tá·ti·co, ca² [イドロスタティコ, —] 形 静水力学の.

hi·dro·te·ra·pia [イドロテラピア] 女 〈医学〉水治療法.

hi·dro·tro·pis·mo [イドロトロピスモ] 男 〈植物学〉(湿気のある方向に曲がる)屈水性.

hi·dró·xi·do [イドロクシド] 男 〈化学〉水酸化物.

hi·dro·xi·lo [イドロクシろ] 男 〈化学〉水酸基.

hi·dru·ro [イドルロ] 男 〈化学〉水素化物.

hie·dra [イエドラ] 女 〈植物〉ツタ[蔦], アイビー.

hiel [イエる] 女 1 胆汁. 2 にがにがしさ, つらさ.

echar [*sudar*] *la hiel* 働きに働れる.

hiel- → helar 凍らせる《活 57》.

hie·les [イエれス] 女複《→ hiel》逆境, 苦境, 辛酸(しんさん).

hie·lo [イエろ] 男 1 氷. 2 冷淡さ, 無関心. 3 凍結.

hielo seco ドライアイス.

hockey sobre hielo 〈スポーツ〉アイスホッケー.

romper [*quebrar*] *el hielo* (初対面での)気づまりを解消する.

hie·na [イエナ] 女 1 〈動物〉ハイエナ. 2 残忍な人間.

hier- → herir けがをさせる《活 77》.

hie·rá·ti·co, ca [イエラティコ, カ] 形 1 〈芸術〉(厳格な古代エジプトの)神官風の. 2 感情を殺し

hie·ra·tis·mo [イエラティスモ] 男 1 厳格さ. 2 荘厳さ. 3 いかめしさ.

hier·ba [イエルバ] 女 1 草, 草本(総), 雑草. 2 牧草. 3 芝. 4《麻薬》マリファナ. 5 マテ茶.
como la mala hierba (悪いことの発生が)あっという間に.
finas hierbas (ハーブをきざんだ)薬味.
hierba buena ハッカ.
hierba del Paraguay 〈葉〉マテ茶.
mala hierba 雑草.
sentir [*ver*] *crecer la hierba* 〈人〉頭が切れる, するどい.
...y otras hierbas …その他もろもろ.

hier·ba·bue·na [イエルババエナ] 女〈香草〉ハッカ.

hier·bas [イエルバス] 女複〈→ hierba〉〈薬味〉ハーブ, 薬味.

hie·rro [イエロ] 男 1 鉄. 2 鉄分. 3 (鉄製の)武器, 刀剣. 4〈牛〉闘牛.
edad del hierro 〈考古学〉鉄器時代.
de hierro 1 鉄製の. 2 丈夫な, 頑健な.
hierro dulce 軟鉄.
hierro viejo くず鉄.
quitar hierro a... (問題)を何でもないものにする.

hierv- → hervir 沸騰する〈活 77〉.

hi·fa [イふぁ] 女〈菌類〉菌糸.

hi·ga [イガ] 女 1 (邪眼 mal de ojo から子供を守る, 人差し指と中指の間から親指を出した形の)握りこぶしのお守り. 2 (人を侮辱するための, 人差し指と中指の間から親指を出した)握りこぶしのゼスチャー. 3 ほんのわずかなもの.
importar a... una higa …にはほとんど何でもないことだ.
valer una higa ほとんど価値がない.

hi·ga·di·llo [イガディジョ] 男〈食肉〉(鳥などの小動物の)肝臓, レバー.

hí·ga·do [イガド] 男 1〈解剖学〉肝臓. 2〈食肉〉肝臓, レバー. 3 勇気, 胆力(総く)[= hígados].
echar los hígados 大いに努力する.
hasta los hígados 熱心に, 強烈に.

hi·gie·ne [イヒエネ] 女 1 清潔, 衛生. 2 衛生学.
higiene mental 精神衛生.
higiene pública 公衆衛生.

hi·gié·ni·co, ca [イヒエニコ, カ] 形 1 衛生上の, 衛生的な. 2 衛生学の.
papel higiénico トイレットペーパー.

hi·gie·ni·zar [イヒエニさル] 他〈活 39 gozar〉…を衛生的にする.

hi·go [イゴ] 男〈果実〉(秋果の)イチジク[→ breva (夏果)].
de higos a brevas たまに, ごくまれに.
estar hecho un higo 1 しわになっている. 2 台無しになっている.
higo chumbo ウチワサボテンの実.
importar a... un higo …にとって全然問題でない.
valer un higo 何の価値もない.

hi·gro·me·trí·a [イグロメトリア] 女 湿気測定法.

hi·gro·mé·tri·co, ca [イグロメトリコ, カ] 形 湿気測定(法)の.

hi·gró·me·tro [イグロメトロ] 男 湿度計.

hi·gue·ra [イゲラ] 女〈樹木〉イチジク.
estar en la higuera ぼけっとしている, うわの空である.
higuera chumba [*de Indias*] ウチワサボテン.

hi·ja[1] [イハ] 女〈→ hijo[2]〉(自分の)娘.
la hija mayor [*menor*] 長女[末の娘].

hi·jas·tro, tra [イハストロ, トラ] 男 女 まま子, 義理の息子[娘].

hi·jo[1] [イホ] 男〈植物〉新芽.

hi·jo[2]**, ja**[2] [イホ] 男 女 1 (自分の)子供, 息子, 娘. 2 娘の婿(ぎ), 息子の嫁(ぎ). 3 子孫, 末裔(款). 4 (+de+地名)…出身者. 5 結果, 所産, 成果. ― 間〈呼びかけ〉(親しい者同士で) ねえ!, あなた!, きみ!.
el hijo mayor [*menor*] 長男[末の息子].
hijo adoptivo 養子.
hijo de confesión [*espiritual*] (聖職者の)宗教関係の教え子.
hijo de la chingada= *hijo de puta*.
hijo de leche (自分の母乳で)育てた子.
hijo de papá (金持ちの家の)どら息子.
hijo de perra [*puta*] 1〈ののしり〉ばか野郎!2〈人〉のう無し, くず, ばか.
hijo de su madre [*de tal*]= (意味の弱い) *hijo de puta*.
hijo de vecino 並の人, 普通の人.
hijo ilegítimo 未認知の子, 私生児.
hijo legítimo 嫡出(きく)子, (認知された私生児の)庶子(ひ).
hijo natural (嫡出でない)庶子, 私生児.
hijo político (自分の子の配偶者である)義理の子.
hijo pródigo 放蕩(き)息子, (家出して)戻ってきた子.
llevar un hijo en las entrañas 妊娠している.

hi·jo·dal·go [イホダルゴ] 男《=hidalgo》〈古語形〉郷士.

hi·jue·la [イフエら] 女 付属物, 付属施設.

hi·la·cha [イらチャ] 女《=hilacho》》 1 (布地の)ほつれ, ほつれ糸. 2 残り, (残った)わずかな量.

hi·la·da [イらダ] 女 (れんがなどの構成物全体を指して)列, ならび.

hi·la·di·llo [イらディジョ] 男 (布地の)ひも, テー

hi·la·do

ブ, リボン.

hi·la·do [イラド] 男 1 糸紡(⊃)ぎ. 2 紡ぎ糸.

hi·lan·de·rí·a [イランデリア] 女 1 糸紡(⊃)ぎ法. 2 紡績工場.

hi·lan·de·ro, ra [イランデロ, ラ] 男女 紡(⊃)ぎ職人, 紡績工.

hi·lar [イラル] 他 1 (繊維原料)を糸にする. 2 (雑多なもの)の筋道を立てて関連づける. 3 (昆虫などが)…を紡(⊃)ぐ.
— 自 糸を紡ぐ.
hilar fino [*delgado*] するどく考える.

hi·la·ran·te [イランテ] 形 とても愉快な.

hi·la·ri·dad [イラリダ] 女 (会合での)爆笑.

Hi·la·rio [イラリオ] 固《男性の名》イラリオ.

hi·la·tu·ra [イラトゥラ] 女 1〈技術〉紡績. 2 紡績業.

hi·la·za [イラサ] 女 紡(⊃)ぎ糸.

hi·le·ra [イレラ] 女 1 (構成物全体を指して)列, ならび. 2 針金製造機.

hi·le·ras [イレラス] 女複《→ hilera》〈昆虫〉(クモの糸を出す部分の)出糸突起.

hi·lo [イロ] 男 1 糸, 縫い糸. 2〈布地〉リンネル, リネン. 3 (クモや蚕の)糸. 4 針金, (細い)電線. 5 送信用ケーブル. 6 (流体の)細い流れ. 7 (話などの)筋道, 脈絡.
al hilo 布目にそって, 木目にそって.
colgar [*pender*] *de un hilo* とても危険な状況にある.
hilo de voz か細い声.
hilo musical (音楽の)有線放送.
mantener a... al hilo …に常に事情を知らせる.
sábanas de hilo リネンのシーツ.
teléfono sin hilos 無線電話.

hil·ván [イルバン] 男 1 しつけ縫い. 2 (しつけ縫いの)目. 3 しつけ糸.

hil·va·nar [イルバナル] 他 1 …をしつけ縫いする, 仮縫いする. 2 …をうまく並べる. 3 …を大急ぎで作る, 大まかに作る.

hi·men [イメン] 男〈解剖学〉処女膜.

hi·me·ne·o [イメネオ] 男 1 結婚式. 2 祝婚歌.

him·no [イムノ] 男 1 賛歌. 2 賛美歌.
himno nacional 国歌.

hin·ca·pié [インカピエ] 男 足の踏ん張り.
hacer hincapié en... 1 …を強調する. 2 …に固執する.

hin·car [インカル] 他《活 73 sacar》 1 …を (+en...) …に突き刺す, 打ち込む. 2 …を (+en...) …に強くはたらきかける.
— **hincarse** 再 1 突き刺さる. 2 ひざまずく[= hincarse de rodillas].

hin·cha [インチャ] 女 反感, 憎悪.
— 男女〈スポーツ〉熱狂的なファン.

hin·cha·da[1] [インチャダ] 女〈スポーツ〉熱狂的なファンたち.

hin·cha·do, da[2] [インチャド, —]《過去分詞》

→ hinchar ふくらませる.
— 形 1 ふくらんだ, 腫(は)れた. 2 うぬぼれた, 尊大な. 3 大げさな, 誇張した.

hin·char [インチャル] 他 1 …をふくらませる. 2 …を誇張する, 大げさに扱う.
— **hincharse** 再 1 ふくらむ, 腫(は)れる. 2 (川が)増水する. 3 尊大になる, うぬぼれる. 4 (+a+不定詞) …しすぎる. 5 (+de...) …でいっぱいになる, 満腹する.

hin·cha·zón [インチャソン] 女 (体の一部の)腫(は)れ上がり.

hin·di [インディ] 男 (インドの)ヒンディー語.

hin·dú [インドゥ] 形 1 インドの. 2 ヒンドゥー教の.
— 男女 1 インド人. 2 ヒンドゥー教徒.

hin·duis·mo [インドゥイスモ] 男 ヒンドゥー教.

hin·duis·ta [インドゥイスタ] 形《男女同形》ヒンドゥー教の.
— 男女 ヒンドゥー教徒.

hi·no·jo [イノホ] 男〈植物〉ウイキョウ.

hi·par [イパル] 自 1 しゃっくりをする. 2 (泣いて)しゃくり上げる.

hí·per [イペル] 男 大型スーパーマーケット.

hi·pér·ba·ton [イペルバトン] 男〈修辞学〉転置法.

hi·pér·bo·la [イペルボら] 女〈数学〉双曲線.

hi·pér·bo·le [イペルボレ] 女〈修辞学〉誇張法.

hi·per·bó·li·co, ca [イペルボりコ, カ] 形 1 誇張した, 大げさな. 2〈数学〉双曲線の.

hi·pe·res·pa·cio [イペレスパシオ] 男 四次元空間.

hi·pe·res·te·sia [イペレステシア] 女〈医学〉知覚過敏.

hi·per·mer·ca·do [イペルメルカド] 男 大型スーパーマーケット.

hi·per·mé·tro·pe [イペルメトロペ] 形〈医学〉遠視の.
— 男女 遠視の患者.

hi·per·me·tro·pí·a [イペルメトロピア] 女〈医学〉遠視.

hi·per·sen·si·ble [イペルセンシブれ] 形 過敏な.

hi·per·ten·sión [イペルテンシオン] 女〈医学〉高血圧.

hi·per·ten·so, sa [イペルテンソ, サ] 形〈医学〉高血圧の.
— 男女 高血圧症患者.

hi·per·tro·fia [イペルトロふぃア] 女 1〈医学〉肥大. 2 異常発達.

hi·per·tro·fiar [イペルトロふぃアル] 他《活 17 cambiar》…を異常に大きくさせる.
— **hipertrofiarse** 再 肥大する.

hí·pi·ca[1] [イピカ] 女〈スポーツ〉馬術.

hí·pi·co, ca[2] [イピコ, カ] 形 1 馬の. 2 馬術の.

hí·pi·do [イピド] 男 しゃくり泣き.

hip·no·sis [イプノシス] 女《単複同形》催眠状態.

hip·nó·ti·co[1] [イプノティコ] 男 催眠薬.

活 は活用形 複 は複数形 男 は男性名詞 女 は女性名詞 固 は固有名詞 代 は代名詞 自 は自動詞

hip·nó·ti·co², ca [ー, カ] 形 **1** 催眠の. **2** 催眠術の.

hip·no·tis·mo [イプノティスモ] 男 催眠術.

hip·no·ti·za·dor, do·ra [イプノティサドル, ドラ] 男女 催眠術師.

hip·no·ti·zar [イプノティサル] 他《活 39 gozar》**1** …に催眠術をかける. **2** …を魅了する.

hi·po [イポ] 男 しゃっくり.
 quitar el hipo a… **1** …のしゃっくりを止めてやる. **2** …を驚かす.
 quitar·se el hipo (自分の)しゃっくりを止める.

hi·po·cam·po [イポカンポ] 男 〈魚〉タツノオトシゴ.

hi·po·cen·tro [イポセントロ] 男 〈地学〉震源.

hi·po·con·drí·a [イポコンドリア] 女 〈医学〉心気症.

hi·po·con·drí·a·co, ca [イポコンドリアコ, カ] 形 〈医学〉心気症の.
 ― 男女 心気症患者.

hi·po·cre·sí·a [イポクレシア] 女 偽善.

hi·pó·cri·ta [イポクリタ] 形 〈男女同形〉偽善の.
 ― 男女 偽善者.

hi·po·dér·mi·co, ca [イポデルミコ, カ] 形 〈医学〉皮下の.
 inyección hipodérmica 皮下注射.

hi·po·der·mis [イポデルミス] 女 〈解剖学〉皮下組織, 真皮.

hi·pó·dro·mo [イポドロモ] 男 競馬場.

hi·pó·fi·sis [イポふぃシス] 女 〈解剖学〉脳下垂体.

hi·po·gas·trio [イポガストリオ] 男 〈解剖学〉下腹部.

hi·po·gri·fo [イポグリふぉ] 男 馬の怪獣.

hi·po·pó·ta·mo [イポポタモ] 男 〈動物〉カバ.

hi·po·tá·la·mo [イポたラモ] 男 〈解剖学〉(脳の)視床下部.

hi·po·ta·xis [イポタクシス] 女 〈単複同形〉〈文法〉従属.

hi·po·te·ca [イポテカ] 女 〈法律〉担保, 抵当.

hi·po·te·car [イポテカル] 他《活 73 sacar》**1** …を担保にする. **2** …を条件付し, 制限する.

hi·po·te·ca·rio, ria [イポテカリオ, リア] 形 〈法律〉抵当の, 担保の.

hi·po·ten·sión [イポテンシオン] 女 〈医学〉低血圧.

hi·po·ten·so, sa [イポテンソ, サ] 形 〈医学〉低血圧の.
 ― 男女 低血圧症患者.

hi·po·te·nu·sa [イポテヌサ] 女 〈数学〉(直角三角形の直角に対置する)斜辺.

hi·pó·te·sis [イポテシス] 女 〈単複同形〉仮説, 仮定.

hi·po·té·ti·co, ca [イポテティコ, カ] 形 仮説の, 仮定の.

hir- 活 → herir けがをさせる《活 77》.

hi·rien·te [イリエンテ] 形 人を傷つけるような.

hir·su·to, ta [イルスト, タ] 形 剛毛の生えた.

hirv- 活 → hervir 沸騰する《活 77》.

hir·vien·te [イルビエンテ] 形 沸騰(ふっとう)した, 煮えたぎった.

hi·so·po [イソポ] 男 **1** 〈植物〉ヤナギハッカ, ヒソップ. **2** 〈宗教〉(聖水をまく)灌水(かんすい)器.

his·pa·len·se [イスパレンセ] 形 (旧名がイスパリス Hispalis の)セビリア Sevilla の.
 ― 男女 セビリアの人.

His·pa·nia [イスパニア] 固 (ローマ時代のイベリア半島の名の)イスパニア.

his·pá·ni·co, ca [イスパニコ, カ] 形 **1** (昔の)イスパニアの. **2** スペインの.
 ― 男女 **1** スペイン系の人. **2** (北米の)ヒスパニック.

his·pa·ni·dad [イスパニダス] 女 **1** スペイン語圏(諸国). **2** スペイン語圏的特質.
 Día de Hispanidad (10月12日の)新大陸発見記念日.

his·pa·nis·mo [イスパニスモ] 男 **1** スペイン文化研究. **2** 〈言語学〉スペイン語系要素.

his·pa·nis·ta [イスパニスタ] 男女 スペイン文化研究者.

his·pa·ni·za·ción [イスパニさしオン] 女 スペイン化.

his·pa·ni·zar [イスパニさル] 他《活 39 gozar》…をスペイン風にする.

his·pa·no, na [イスパノ, ナ] 形 **1** (昔の)イスパニアの. **2** スペインの.
 ― 男女 **1** スペイン人. **2** (北米の)ヒスパニック.

His·pa·no·a·mé·ri·ca [イスパノアメリカ] 固 〈地域の名〉スペイン系アメリカ, イスパノアメリカ.

his·pa·no·a·me·ri·ca·no, na [イスパノアメリカノ, ナ] 形 スペイン系アメリカの.
 ― 男女 スペイン系アメリカ人.

his·pa·no·á·ra·be [イスパノアラベ] 形 イスラム系スペインの.
 ― 男女 スペイン系回教徒.

his·pa·nó·fi·lo, la [イスパノふぃろ, ら] 形 スペインが好きな.
 ― 男女 スペインびいき.

his·pa·no·ha·blan·te [イスパノアブランテ] 形 スペイン語を母語とする.
 ― 男女 (母語としての)スペイン語話者.

his·ta·mi·na [イスタミナ] 女 〈生化学〉ヒスタミン.

his·ta·mí·ni·co, ca [イスタミニコ, カ] 形 ヒスタミンの.

his·te·ria [イステリア] 女 〈医学〉ヒステリー.

his·té·ri·co, ca [イステリコ, カ] 形 ヒステリーの.
 ― 男女 ヒステリー症の人.

his·te·ris·mo [イステリスモ] 男 **1** 〈医学〉ヒステリー. **2** 異常興奮状態.

his·to·lo·gí·a [イストろヒア] 女 〈解剖〉組織学

his·to·ló·gi·co, ca [イストロヒコ, カ] 形 組織学の.

his·to·ria [イストリア] 女 1 歴史. 2 過去の出来事. 3 歴史学, 史学. 4 歴史書. 5 (創作の)物語, 話. 6 作り話.
hacer historia (スポーツ選手などが)一時代を画す.
historia clínica 診療録, カルテ.
historia natural 博物誌.
historia personal 履歴(書).
historia sacra [sagrada] <旧約聖書のなかの物語>聖史.
historia universal 世界史.
pasar a la historia 1 非常に重要である. 2 昔の話になる, 古くさくなる.

his·to·ria·do, da [イストリアド, ダ] 形 飾りすぎの, けばけばしい.

his·to·ria·dor, do·ra [イストリアドル, ドラ] 男 女 歴史学者.

his·to·rial [イストリアる] 男 経歴, 履歴.

his·to·riar [イストリアル] 他 活 17 cambiar (出来事や話)を物語る, 記述する.

his·tó·ri·ca·men·te [イストリカメンテ] 副 1 歴史的にみて. 2 歴史にそって.

his·to·ri·ci·dad [イストリシダス] 女 史実性.

his·tó·ri·co, ca [イストリコ, カ] 形 1 歴史的の. 2 実際に起こった, 史実の. 3 歴史に残るべき. 4 (小説などが)歴史を扱う.
monumento histórico 史的記念物.
novela histórica 歴史小説.
presente histórico <時制>史的現在.

his·to·rie·ta [イストリエタ] 女 1 漫画物語, 劇画, コミックス. 2 挿話, エピソード, 逸話.

his·to·rio·gra·fí·a [イストリオグラふぃア] 女 1 歴史記述法. 2 史料編纂(ᵉⁿˢᵃⁿ).

his·to·rio·grá·fi·co, ca [イストリオグラふぃコ, カ] 形 史料編纂(ᵉⁿˢᵃⁿ)の.

his·to·rió·gra·fo, fa [イストリオグラふぉ, ふぁ] 男 女 1 歴史学者. 2 史料編纂(ᵉⁿˢᵃⁿ)者.

his·trión [イストリオン] 男 1 (古代ギリシア・ローマの)舞台俳優. 2 (演技の大げさな)男優. 3 大げさに演技する男.

his·trió·ni·co, ca [イストリオニコ, カ] 形 表現の大げさな.

his·trio·ni·sa [イストリオニサ] 女 1 (演技の)大げさな女優. 2 大げさに演技する女.

his·trio·nis·mo [イストリオニスモ] 男 (舞台俳優のような)大げさな演技.

hi·ti·ta [イティタ] 形《男女同形》(小アジアの古代民族の)ヒッタイトの.
— 男 女 ヒッタイト人.
— 男 (印欧語族の)ヒッタイト語.

hi·to [イト] 男 1 (土地の)境界標石. 2 重大な出来事.
mirar... de hito en hito …をじっと見つめる.

hi·zo 活 → hacer 作る《活 41》.

ho·bby [ホビ] 男 趣味, ホビー.

ho·ci·car [オシカル] 他《活 73 sacar》《= hociquear》1 (豚などが)(地面などを)鼻面(ʰᵃⁿᵃ)で掘る. 2 …にキスを浴びせる.
— 自 1 (イノシシなどが)鼻面で土を掘る. 2 (+en+他人のこと) …に鼻をつっこむ, …をかぎ回る.
— *hocicarse* 何度もキスをしあう.

ho·ci·co [オシコ] 男 1 (動物の)鼻面(ʰᵃⁿᵃ), 鼻口部. 2 <人> (唇の厚い)口[= hocicos].
caer [dar·se] de hocicos (con, en...) (…に)顔をぶつける.
estar [poner·se] de hocicos ふくれっ面(ᵗˢᵘʳᵃ)をする.
meter el hocico [los hocicos] en... …に鼻をつっこむ, …をかぎ回る.
partir [romper] el hocico [los hocicos] a... …の顔をなぐる.
partir·se [romper·se] el hocico [los hocicos] (自分の)顔を傷つける.
torcer el hocico いやな顔をする.

ho·ci·cu·do, da [オシクド, ダ] 形 1 鼻面(ʰᵃⁿᵃ)の大きな. 2 口が突き出た.
— 男 女 口の突き出した人.

ho·ga·ño [オガニョ] 副 1 今年は. 2 今日(ᶜᵒⁿⁿⁱᶜʰⁱ)では, 近頃は.

ho·gar [オガル] 男 1 家庭, わが家. 2 憩いの場. 3 暖炉. 4 かまど. 5 家族.
artículos para el hogar 家庭用品.
hogar cuna 孤児院.
hogar del estudiante (学校の)学生休憩所.
hogar del pensionista [del jubilado] (年金生活者の)憩いの家.
hogar del soldado (兵営の)兵士休憩所.

ho·ga·re·ño, ña [オガレニョ, ニャ] 形 1 家庭の, 家庭的な. 2 家族を大切にする, マイホーム主義の.

ho·ga·za [オガサ] 女 大型丸パン.

ho·gue·ra [オゲラ] 女 たき火.

ho·ja [オハ] 女 1 <植物>葉. 2 花弁, 花びら. 3 (本などの紙の)1枚, 1葉. 4 薄板, 薄片. 5 刃, 刀身. 6 刀, 剣. 7 (ドアや窓の)1枚.
al caer la hoja 秋になって.
de hoja caduca [caediza] 落葉の.
de hoja perenne 常緑の.
hoja acicular 針形葉.
hoja aovada 卵形葉.
hoja de afeitar 安全かみそりの刃.
hoja de cálculo <コンピューター>数学計算用ソフト.
hoja de estudio 成績表.
hoja de lata ブリキ板[= hojalata].
hoja de ruta (貨物などの)行程表, 送り状.
hoja de servicios (公務員の)功績表.
hoja muerta [seca] 枯れ葉.
poner a... como hoja de perejil …を批判[非難]する.

活 は活用形　複 は複数形　男 は男性名詞　女 は女性名詞　固 は固有名詞　代 は代名詞　自 は自動詞

ventana de dos hojas 両開きの窓.
volver la hoja 見解[話題]を変える.
vuelta de hoja 選択の余地.
ho·ja·la·ta [オハラタ] 女 ブリキ板.
ho·jal·dra·do [オハルドラド] 男 パイ生地の料理[菓子].
ho·jal·dre [オハルドレ] 男 1 《料理》パイ生地. 2 (菓子などの)パイ.
ho·ja·ras·ca [オハラスカ] 女 1 (集合的に)落ち葉. 2 茂りすぎた葉. 3 (言語表現などの)余計な飾り, 内容のないもの.
ho·je·ar [オヘアル] 他 1 …のページをめくる. 2 (本など)にざっと目を通す.
ho·jo·so, sa [オホソ, サ] 形 葉の多い.
ho·jue·la [オフエら] 女 1 《植物》(複葉を構成する)小葉. 2 《菓子》クレープ.
ho·la [おら] 間 《挨拶》やあ!, こんにちは!2 おやまあ!
Ho·lan·da [オらンダ] 固 〈国の名〉オランダ.
ho·lan·da [オらンダ] 女 (薄手のリネンの)オランダ布.
ho·lan·dés¹ [オらンデス] 男 オランダ語.
ho·lan·dés², de·sa¹ [-, デサ] 形 〈国の〉オランダ Holanda の.
— 男 女 オランダ人.
ho·lan·de·sa² [-] 女 (ほぼ28センチ×22センチの記録用紙の)オランダ紙.
hol·ga·da·men·te [オるガダメンテ] 副 1 ゆったりと. 2 のんびりと.
hol·ga·do, da [オるガド, ダ] 《過去分詞》→ holgar 余分である.
— 形 1 ゆったりした, だぶだぶの. 2 裕福な, ゆとりのある.
hol·gar [オるガル] 自 《活 71 rogar》 1 余分である, 不必要である. 2 仕事をしない, 休んでいる.
— **holgar·se** 再 《+con, de...》 で楽しむ.
hol·ga·zán, za·na [オるガさン, さナ] 形 なまける, 無精な.
— 男 女 なまけ者, 無精者.
hol·ga·za·ne·ar [オるガさネアル] 自 なまける.
hol·ga·za·ne·rí·a [オるガさネリア] 女 無精, 怠惰.
hol·gu·ra [オるグラ] 女 1 ゆとり, 余裕. 2 (接合部分の)遊び. 3 経済的ゆとり, 裕福.
ho·lla·du·ra [オじゃドゥラ] 女 1 足跡. 2 踏みつけ.
ho·llar [オじゃル] 他 《活 22 contar》 1 …に踏みこむ, …を踏む. 2 …を踏みつぶす.
ho·lle·jo [オじェホ] 男 1 《果物》皮. 2 《豆》薄皮.
ho·llín [オじン] 男 (煙の)すす.
ho·lo·caus·to [オろカウスト] 男 1 大虐殺. 2 《宗教》(獣の)犠牲. 3 (人がなる)犠牲.
ho·lo·ce·no [オろせノ] 男 《地質学》(現代を含む)完新世.
ho·lo·gra·fí·a [オろグラふィア] 女 《光学》(レーザー光線の)ホログラフィー.
ho·lo·grá·fi·co, ca [オろグラふィコ, カ] 形 ホログラフィーの.
ho·ló·gra·fo, fa [オろグラふォ, ふァ] 形 (遺言状などの)自筆の.
ho·lo·gra·ma [オろグラマ] 男 《光学》(ホログラフィーによる立体像の)ホログラム.
ho·lo·tu·ria [オろトゥリア] 女 《動物》ナマコ.
hom·bra·da [オンブラダ] 女 (男らしい)勇敢な行為.
hom·bre [オンブレ] 男 1 〈生物〉人(½), 人間. 2 〈人〉男, 男性. 3 〈男〉大人, 成人. 4 (女性の相手の)恋人, 夫. 5 《軍隊》部下.
— 間 1 なんだって!, まさか!2 もちろん!
buen hombre 善人 [→ *hombre bueno*].
como un solo hombre (集団が)一丸(ﾁ)となって.
de hombre a hombre 対等に, 率直に, 誠実に.
gentil hombre (昔の)延臣.
hacer a... un hombre …を一人前の男にする.
hacer·se un hombre 一人前の男になる.
hombre anuncio サンドイッチマン.
hombre bueno 《法律》仲裁人, 調停者.
hombre de acción 行動の人, 活動家.
hombre de bien [*de pro, de provecho*] 誠実な人.
hombre de campo 農民.
hombre de ciencia 科学者.
hombre de Estado 政治家, ステーツマン.
hombre de la calle 普通の人, 凡人.
hombre de letras 教養人.
hombre del saco 〈民間伝承〉(悪い子供をさらっていくという)袋の人.
hombre de mundo 人生経験の豊富な人.
hombre de negocios 実業家, ビジネスマン.
hombre de paja (他人の指示通りに動く)中身のない人間.
hombre de palabra 言行一致の人.
hombre de pelo en pelo 勇敢な男.
hombre fuerte (グループの)リーダー, ボス.
hombre lobo おおかみ[狼]人間.
hombre medio 〈一人〉一般大衆.
hombre objeto (女性から物扱いされる)遊び相手の男.
hombre orquesta (複数の楽器を同時に扱う)オーケストラ人間.
hombre público (政界の)要人.
hombre rana ダイバー, フロッグマン.
muy hombre とても男らしい.
¡Pero, hombre! しかし, それはないよ!
pobre hombre 1 あわれな人. 2 名もない人.
poco hombre 男らしくない.
ser otro hombre すっかり別人になっている.
ser todo un hombre 立派な一人前の男である.

hom·bre·ar [オンブレアル] 自 (若者が)大人のまねをする.

hom·bre·ra [オンブレラ] 女 1 (飾りや防具の)肩パッド. 2〈衣類〉肩ひも, ストラップ. 3〈軍服〉肩章.

hom·brí·a [オンブリア] 女 男らしさ.

hom·bro [オンブロ] 男 1〈解剖学〉肩. 2〈衣類〉肩.
a [en] hombros 肩にかついで, おぶって.
al hombro (カバンなどを)肩にかけて.
arrimar [poner] el hombro せっせと働いて協力する.
cargado de hombros 〈人〉肩中の曲がった, 猫背の.
echar·se... al hombro …を引き受ける.
encoger los hombros [encoger·se de hombros] 肩をすぼめる.
hombro a [con] hombro いっしょに, 同時に.
hombros alzados いかり肩.
hombros caídos なで肩.
mirar a... por encima del hombro …を見くだす, ばかにする.
tener la cabeza sobre los hombros 分別がある.

hom·bru·no, na [オンブルノ, ナ] 形 1 男らしい. 2 男のような.

ho·me·na·je [オメナヘ] 男 1 (顕彰などの)記念式典. 2 敬意, 尊敬. 3〈騎士の〉忠誠の誓い.
en homenaje a... …に敬意を表して, …を記念して.
en homenaje de cariño 愛情の印として.
ofrecer a... una fiesta de homenaje …のために祝宴を開く.
rendir [dedicar] homenaje a... …に敬意を表する.
torre de homenaje 〈城郭〉天守閣, 主塔.

ho·me·na·je·ar [オメナヘアル] 他 (+a...) …に敬意を表する, …を祝う.

ho·me·ó·pa·ta [オメオパタ] 形《男女同形》(同毒治療の)ホメオパチーの.
— 男女 ホメオパチーの専門医.

ho·me·o·pa·tí·a [オメオパティア] 女〈医学〉ホメオパチー, 同毒療法, 類似治療法.

ho·me·o·pá·ti·co, ca [オメオパティコ, カ] 形 (同毒治療の)ホメオパチーの.

ho·mé·ri·co, ca [オメリコ, カ] 形 (ギリシアの詩人の)ホメロス Homero の(ような).

ho·mi·ci·da [オミシダ] 形《男女同形》殺人の, 人殺しの.
— 男女 殺人者, 殺人犯.

ho·mi·ci·dio [オミシディオ] 男 殺人, 人殺し.

ho·mi·lí·a [オミリア] 女〈宗教〉説教, 法話.

ho·mí·ni·dos [オミニドス] 男複〈分類〉(霊長類のなかの)ヒト科の動物.

ho·mó·fo·no, na [オモふォノ, ナ] 形 1〈言語学〉同音異義(語)の. 2〈音楽〉ホモフォニーの.

ho·mo·ge·nei·dad [オモヘネイダス] 女 1 同質性, 等質性. 2 均質性.

ho·mo·ge·nei·za·ción [オモヘネイさしオン] 女 1 同質化. 2 均質化.

ho·mo·ge·nei·zar [オモヘネイさル] 他《活 39 gozar》…を均質化する.

ho·mo·gé·ne·o, a [オモヘネオ, ア] 形 1 同質の. 2 均質の.

ho·mó·gra·fo, fa [オモグラふォ, ふァ] 形〈言語学〉同綴(ぢ)異義(語)の.

ho·mo·lo·ga·ción [オモロガしオン] 女 1〈法律〉同等化. 2〈スポーツ〉(記録などの)公認. 3 (履修単位などの)認定.

ho·mo·lo·gar [オモロガル] 他《活 47 llegar》1 …を(+con...) …と同等のものにする. 2〈スポーツ〉(記録など)を公認する. 3 (履修単位など)を認定する.

ho·mó·lo·go, ga [オモロゴ, ガ] 形 1〈動物〉異種同形の. 2〈数学〉相同の. 3〈倫理学〉同義の. 4 おなじ職階の.
— 男女 おなじ職階の人.

ho·mo·ni·mia [オモニミア] 女 1〈言語学〉同音異義, 同綴(ぢ)異義. 2 同名性.

ho·mó·ni·mo¹ [オモニモ] 男〈言語学〉同音異義語, 同綴(ぢ)異義語.

ho·mó·ni·mo², ma [—, マ] 形 1 同名の. 2〈言語学〉同音異義の, 同綴(ぢ)異義の.

ho·mo·se·xual [オモセクスアる] 形 1 同性愛の. 2 同性の相手に性的魅力を感じる.
— 男女 同性愛者.

ho·mo·se·xua·li·dad [オモセクスアりダス] 女 同性愛.

hon·da¹ [オンダ] 女 (革帯などの)投石器.

hon·do, da² [オンド, —] 形 1 (容器などの)深い. 2〈土地〉くぼんだ. 3 (傷などの)深い. 4 痛切な, 深刻な.

hon·do·na·da [オンドナダ] 女 くぼ地, 峡谷.

hon·du·ra [オンドゥラ] 女 1 深さ, 深度. 2 (悲しみなどの)深さ, 強さ, 深刻さ.

Hon·du·ras [オンドゥラス] 固〈国の名〉(中米の共和国の)ホンジュラス [= República de Honduras].

hon·du·re·ño, ña [オンドゥレニョ, ニャ] 形 (中米の)ホンジュラス Honduras の.
— 男女 ホンジュラス人.

ho·nes·ta·men·te [オネスタメンテ] 副 1 正直に, 誠実に. 2 礼儀正しく. 3 公正に. 4 きちんと.

ho·nes·ti·dad [オネスティダス] 女 1 正直, 誠実. 2 礼儀正しさ. 3 公正さ.

ho·nes·to, ta [オネスト, タ] 形 1 正直な, 誠実な. 2 礼儀正しい, 上品な. 3 公正な, 正しい. 4 見苦しくない, きちんとした.

hon·go [オンゴ] 男 1〈植物〉キノコ. 2 山高帽子.

hon·gos [オンゴス] 男複《→ hongo》〈植物分類〉菌類.

ho·nor [オノル] 男 1 自尊心, 体面. 2 名誉, 生まれ, 光栄. 3〈女性〉貞節, 純潔. 4 高い地位, 役職. 5 名声, 評判.
campo del honor 決闘場.
dama de honor 1〈宮廷〉女官. 2〈婚礼〉花嫁に付きそう女性.
en honor a la verdad 真実に誓って.
en honor de... …をたたえて, …に敬意を表して.
hacer honor a... …にふさわしく振る舞う.
hacer los honores a... 1 (招待客)をもてなす. 2 (飲食物)をほめたたえる.
hombre de honor 名誉を重んじる人.
lance de honor 決闘の申し出.
palabra de honor 名誉にかけた約束.
tener el honor de (+不定詞) …するのを光栄に思う.

ho·no·ra·bi·li·dad [オノラビリダス] 女 尊敬に値する資格.

ho·no·ra·ble [オノラブレ] 形 1 尊敬すべき, 尊敬に値する. 2〈敬称〉名誉ある….

ho·no·ra·rio, ria [オノラリオ, リア] 形 1 名誉のある. 2 名誉職の.
cónsul honorario 名誉領事.

ho·no·ra·rios [オノラリオス] 男複《→ honorario》(自由業の弁護士などへの)謝礼金, 報酬.

ho·no·res [オノレス] 男複《→ honor》人をたたえる行事.

ho·no·rí·fi·co, ca [オノリフィコ, カ] 形 名誉を与えてくれる, 名誉の.

ho·no·ris cau·sa [オノリス カウサ] 《つぎの名詞句の一部》
doctor honoris causa 名誉博士.

hon·ra [オンラ] 女 1 体面, 面目. 2 公的な評価, 信望. 3 名声, 評判. 4〈女性〉貞淑(ﾋﾞｶ), 貞潔.
tener a mucha honra …を大きな名誉に思う.

hon·ra·dez [オンラデス] 女 正直, 誠実.

hon·ra·do, da [オンラド, ダ]《過去分詞》→ honrar 尊敬する.
— 形 1 正直な, 誠実な. 2 公正な, 正当な. 3 尊敬された, 名誉を受けた.

hon·rar [オンラル] 他 1 …を尊敬する, うやまう. 2 …に名誉を与える. 3 …にとって名誉[誇り]になる.
— *honrarse* 再 (+con, de, en...) …を光栄に思う.

hon·ras [オンラス] 女複《→ honra》〈宗教〉命日の供養.

hon·ri·lla [オンリジャ] 女 意地, 自尊心.

hon·ro·so, sa [オンロソ, サ] 形 名誉な, 尊敬に値する, 立派な.

hon·ta·nar [オンタナル] 男 泉, 湧水(ﾜﾞｳ)地.

ho·pa·lan·da [オパランダ] 女 (昔の大学生の)派手な大型外套(ｶﾞｲﾄｳ).

ho·ra [オラ] 女 1 1 時間. 2 時刻. 3 時(ﾄﾞｷ), 時期, ころ. 4 死期.
a buena hora [*a buenas horas*] 1 遅すぎて. 2 今さら.
a estas horas 今ごろ, こんな時刻に.
a la hora 1 定刻に. 2 1 時間につき, 時給で.
a todas horas いつも, 四六時中.
a última hora 1 いよいよ最後という時に. 2 夜おそくに.
dar hora a... …に会う時間を指定する.
dar la hora (時計が)時を打つ.
de hora en hora 休みなく, ずっと続けて.
de última hora 最新の. 2 どたん場の.
en hora buena [*en buena hora*] ちょうどよく, 運よく.
¡En hora buena! おめでとう!, よかったね!
en hora mala [*en mala hora*] 折悪しく, 不運にも.
entre horas 1 食間に. 2 定刻外に.
fuera de hora 時間外に.
hacer horas (extras) 時間外勤務をする.
hacerse hora de (+不定詞) …する良い時[タイミング]になる.
hora H [オラ アチェ] 作戦開始時刻.
hora oficial (一国の)標準時.
horas bajas 不活発な時間.
horas extras 時間外勤務時間.
horas muertas 無駄な時間.
hora(s) punta ラッシュアワー.
hora suprema 臨終.
horas y horas 何時間も.
hora tonta ぼけっとしている時間.
no ver la hora de... …を待ちこがれる.
pedir hora a... …に会う約束をしてもらう.
poner en hora (+時計) …を正しい時刻に合わせる.
por horas 1 時々刻々と. 2 時間給で.
sonar la hora de... …の時が来る.
tener hora a... …と会う約束がある.
tener las horas contadas 死期がせまっている.
tener muchas horas de vuelo 経験豊富である.

ho·ra·dar [オラダル] 他 …に穴をあける.

ho·ra·rio¹ [オラリオ] 男 1 時間表, 時刻表. 2 時間割.

ho·ra·rio², ria [—, リア] 形 時間の, 時刻の.

ho·ras [オラス] 女複 1〈宗教〉(聖務日課を記した)時祷(ﾄﾞｳ)書 [= libro de horas]. 2 聖務日課 [= horas canónicas].

hor·ca [オルカ] 女 1 絞首台. 2〈道具〉さすまた, 熊手. 3〈造園〉又木. 4 首かせ.

hor·ca·ja·das [オルカハダス] 女複《つぎの副詞句の一部》
a horcajadas またがって, 馬乗りになって.

hor·cha·ta [オルチャタ] 女 (カヤツリグサで作る

昔の清涼飲料水の)オルチャタ.
hor·cha·te·rí·a [オルチャテリア] 囡 オルチャタ horchata の売店.
hor·da [オルダ] 囡 1 (集合的に)未開の農牧民. 2 統制のない群衆. 3 遊牧の軍隊.
ho·ri·zon·tal [オリソンタる] 形 水平の, 地平線の.
ho·ri·zon·ta·li·dad [オリソンタリダッス] 囡 水平性.
ho·ri·zon·te [オリソンテ] 男 1 水平線, 地平線. 2 (見込みなどの)限界, 範囲.
hor·ma [オルマ] 囡 (帽子や靴の)型.
encontrar la horma de su zapato ライバルに出会う.
hor·mi·ga [オルミガ] 囡 〈昆虫〉アリ[蟻].
ser una hormiga [hormiguita] せっせと働く倹約家である.
hor·mi·gón [オルミゴン] 男 コンクリート.
hormigón armado 鉄筋コンクリート.
hor·mi·go·ne·ra [オルミゴネラ] 囡 コンクリートミキサー.
hor·mi·gue·ar [オルミゲアル] 自 1 (体の一部が)ちくちくする. 2 (群れが)うごめく.
hor·mi·gue·o [オルミゲオ] 男 1 (体の一部が)ちくちくすること. 2 (群れの)ざわめき.
hor·mi·gue·ro [オルミゲロ] 男 1 蟻(ぁり)の巣. 2 蟻の群れ. 3 (群衆の)うごめいている所.
hor·mi·gui·llo [オルミギじょ] 男 (体の)むずむず.
hor·mo·na [オルモナ] 囡 〈生理学〉ホルモン.
hor·mo·nal [オルモナる] 形 ホルモンの.
hor·na·ci·na [オルナシナ] 囡 壁龕(へきがん), ニッチ.
hor·na·da [オルナダ] 囡 1 (パン焼きなどの)ひと窯(かま)分. 2 (集合的に)同期生.
hor·na·zo [オルナソ] 男 (焼く前に具を入れた)おやつパン.
hor·ne·ar [オルネアル] 他 (パン)を焼く.
hor·ni·llo [オルニじょ] 男 小型の炉, こんろ.
hor·no [オルノ] 男 1 炉, 窯(かま). 2 かまど, 天火, オーブン. 3 パン製造[販売]所. 4 とても暑い場所.
alto horno 高炉.
horno crematorio 火葬炉.
no estar el horno para bollos いまはその時ではない.
Hor·nos [オルノス] 固 (南米最南端の)ホーン岬.
ho·rós·co·po [オロスコポ] 男 星占い.
hor·que·ta [オルケタ] 囡 (木の枝の)また.
hor·qui·lla [オルキじゃ] 囡 1 ヘアピン. 2 さすまた, 熊手. 3 (自転車などの)フォーク.
ho·rren·do, da [オレンド, ダ] 形 1 恐ろしい. 2 とても醜い. 3 とても大きな, すごい.
hó·rre·o [オレオ] 男 (スペイン北部の)高床式穀物倉庫.
ho·rri·bi·lí·si·mo, ma [オリビリシモ, マ] 形《絶対最上級語→ horrible》とてもこわい.

ho·rri·ble [オリブれ] 形 1 恐ろしい. 2 とても醜い, とても不快な. 3 とても大きな, すごい.
ho·rri·ble·men·te [オリブれメンテ] 副 恐ろしく, ひどく.
ho·rri·pi·la·ción [オリピらシオン] 囡 (恐怖による)鳥肌.
ho·rri·pi·lan·te [オリピらンテ] 形 恐ろしい, 鳥肌の立つような.
ho·rri·pi·lar [オリピらル] 他 …をぞっとさせる.
— *horripilar·se* 再 ぞっとする, 鳥肌が立つ.
ho·rrí·so·no, na [オリソノ, ナ] 形 (音声が)ぞっとさせる, 恐ろしい.
ho·rror [オロル] 男 1 (強い)恐怖感, 恐ろしさ. 2 嫌悪, 不快感. 3 ぞっとさせるもの[こと]. 4 うんざりさせるもの[こと].
horrores とても, 大変に.
un horror 副 とても, ひどく.
un horror de… 大量の…, 大変な….
ho·rro·ri·zar [オロリサル] 他《活 39 gozar》…をこわがらせる, ぞっとさせる.
— *horrorizar·se* 再 ぞっとする.
ho·rro·ro·sa·men·te [オロロサメンテ] 副 恐ろしく, ものすごく, ひどく.
ho·rro·ro·so, sa [オロロソ, サ] 形 1 恐ろしい, こわい. 2 ひどい. 3 とても醜い. 4 実に大きな.
hor·ta·li·za [オルタりサ] 囡 (一種の)野菜.
hor·te·la·no, na [オルテらノ, ナ] 形 1 野菜畑の. 2 果樹園の.
— 男 〈人〉園芸農家.
hor·ten·se [オルテンセ] 形 1 野菜畑の. 2 果樹園の.
hor·ten·sia [オルテンシア] 囡 〈植物〉アジサイ.
Hor·ten·sia [オルテンシア] 固 〈女性の名〉オルテンシア.
hor·te·ra [オルテラ] 形《男女同形》俗っぽい, 下品な.
— 男 囡 趣味の悪い人間[もの].
hor·te·ra·da [オルテラダ] 囡 趣味の悪いもの[こと].
hor·tí·co·la [オルティコら] 形《男女同形》1 園芸の. 2 野菜栽培の.
hor·ti·cul·tor, to·ra [オルティクるトル, トラ] 男 囡 1 園芸家. 2 野菜農家.
hor·ti·cul·tu·ra [オルティクるトゥラ] 囡 1 園芸. 2 野菜栽培.
ho·san·na [オサンナ] 男 〈宗教〉(枝の主日に歌う)神の賛歌.
hos·co, ca [オスコ, カ] 形 1 無愛想な, とっつきにくい. 2 陰気な, 陰鬱(いんうつ)な.
hos·pe·da·je [オスペダへ] 男 1 宿泊. 2 宿泊料.
hos·pe·dar [オスペダル] 他 …を宿泊させる, とめる.
— *hospedar·se* 再 宿泊する, とまる.
hos·pe·de·rí·a [オスペデリア] 囡 1 旅館, 宿屋. 2 (教団の)宿泊所.
hos·pe·de·ro, ra [オスペデロ, ラ] 男 囡 宿屋

活 は活用形　複 は複数形　男 は男性名詞　女 は女性名詞　固 は固有名詞　代 は代名詞　自 は自動詞

の主人.

hos·pi·cia·no, na [オスピシアノ, ナ] 男女 (孤児院や救貧院に)収容されたもの.

hos·pi·cio [オスピシオ] 男 **1** 孤児院. **2** (巡礼や貧者の)救貧院.

hos·pi·tal [オスピタル] 男 病院.
hospital clínico 臨床実習病院.
hospital de (primera) sangre 野戦病院.

hos·pi·ta·la·rio, ria [オスピタラリオ, リア] 形 **1** (外来者などを)あたたかく迎え入れる. **2** ⟨場所⟩ 居心地のよい. **3** 病院の.

hos·pi·ta·li·dad [オスピタリダス] 女 (外来者などへの)あたたかい歓迎, 歓待.

hos·pi·ta·li·za·ción [オスピタリさシオン] 女 入院.

hos·pi·ta·li·zar [オスピタリさル] 他 ⟪活 39 gozar⟫ …を入院させる.

hos·que·dad [オスケダス] 女 **1** 無愛想. **2** 陰気, 陰鬱(うつ).

hos·tal [オスタル] 男 簡易旅館, オスタル.

hos·te·le·rí·a [オステレリア] 女 (宿泊施設の)サービス業務.

hos·te·le·ro, ra [オステレロ, ラ] 形 宿泊サービスの.
— 男女 簡易旅館 hostal の主人.

hos·te·rí·a [オステリア] 女 旅館, 宿屋.

hos·tia [オスティア] 女 **1** ⟨宗教⟩ (聖体のパンの)聖餅(せいへい). **2** ⟨菓子⟩ ウエハース.
¡Ay, la hostia! うわあ!, どうして!
dar [pegar] una hostia a... …をぶんなぐる.
darse una hostia con... …にぶつかる.
de la hostia **1** ひどい, とてつもない. **2** とても良い.
echando hostias 大急ぎで, あわてて.
estar de mala hostia 機嫌が悪い.
¡Hostias! おやまあ!, どうして!
ser la hostia ひどい, 我慢の限界を越える.
tener mala hostia おこりっぽい, 性格が悪い.

hos·tiar [オスティアル] 他 ⟪活 17 cambiar⟫ …をぶんなぐる.

hos·ti·ga·mien·to [オスティガミエント] 男 **1** (馬などの)鞭(むち)打ち. **2** 執拗ないじめ.

hos·ti·gar [オスティガル] 他 ⟪活 47 llegar⟫ **1** (馬などに)鞭(むち)を当てる. **2** …をしつこくいじめる.

hos·til [オスティル] 形 敵意ある, 敵対する.

hos·ti·li·dad [オスティリダス] 女 **1** 敵意, 敵対意識. **2** 戦闘行為[=hostilidades].
romper las hostilidades 攻撃を開始する.

ho·tel [オテル] 男 **1** ホテル. **2** (庭の広い)一戸建て住宅[=hotelito].
hotel residencia (台所つきの)長期滞在者用ホテル.

ho·te·le·ro, ra [オテレロ, ラ] 形 ホテルの.
— 男女 ホテル経営者.

ho·ten·to·te, ta [オテントテ, タ] 形 (アフリカ南西部の先住民の)ホッテントットの.

Huel·va

— 男女 ホッテントット人.

hoy [オイ] 副 **1** 今日(きょう), 本日. **2** 現在では, 今日(こんにち)では.
— 男 今日(きょう), 現代, 現在.
de hoy a [para] mañana すぐに, まもなく.
de hoy en adelante 今日からは.
hoy (en) día 今日(こんにち)では, 現在.
hoy por hoy 今のところは, 当分は.
por hoy 今日のところは.

ho·ya [オヤ] 女 **1** (地面の)大きな穴. **2** 墓穴. **3** 盆地.

ho·yo [オヨ] 男 **1** (地面の)穴, くぼみ. **2** 墓穴. **3** ⟨ゴルフ⟩ ホール. **4** ⟨顔⟩ あばた.
hacer un hoyo ⟨ゴルフ⟩ ボールをホールに入れる.

ho·yue·lo [オユエロ] 男 ⟨顔⟩ えくぼ.

hoz [オす] 女 ⟪複 hoces⟫ **1** (半円形の)鎌(かま). **2** 峡谷, 深い谷間.

ho·zar [オさル] 他 ⟪活 39 gozar⟫ (ブタなどが)(地面を)鼻面(はなづら)で掘る.

hub- 活 → haber ⟪助動詞・無人称動詞⟫ ⟪活 40⟫.

hu·cha [ウチャ] 女 貯金箱.

hue·co[1] [ウエコ] 男 **1** くぼみ, へこみ. **2** (大木などの)うろ, 空洞. **3** 空いた場所. **4** 空いた時間.

hue·co[2]**, ca** [—, カ] 形 **1** 空洞になった, がらんどうの. **2** (言葉などが)中身のない, 意味のない. **3** うぬぼれた, 尊大な. **4** ⟨音声⟩ うつろに響く, こもった. **5** ふわふわの, ふかふかの. **6** だぶだぶの, ぶかぶかの.
hacer (un) hueco (ひとりのために) **1** 席をつめる. **2** 時間を工面する.
sonar a hueco うつろに響く.

hue·co·gra·ba·do [ウエコグラバド] 男 グラビア印刷.

huel- 活 → oler におう ⟪活 55⟫.

huel·ga [ウエルガ] 女 ⟨労働⟩ ストライキ, 同盟罷業.
declararse en huelga スト突入を宣言する.
huelga de brazos caídos 職場占拠, 座り込みスト.
huelga de celo 順法ストライキ.
huelga de hambre ハンガーストライキ.
huelga general ゼネスト.
huelga patronal ロックアウト.
huelga revolucionaria 反政府ストライキ.
romper la huelga スト破りをする.

huel·guis·ta [ウエルギスタ] 男女 スト参加者.

huel·guís·ti·co, ca [ウエルギスティコ, カ] 形 ストの, ストライキの.

hue·lla [ウエじゃ] 女 **1** 跡, 足跡, わだち. **2** 跡形(あとかた), 形跡. **3** 深く長い印象, 痕跡(こんせき).
dejar huellas en... …に足跡を残す.
perder las huellas de... …の跡を見失う.
seguir las huellas de... **1** …の跡を追う. **2** …を手本にする.

Huel·va [ウエルバ] 固 ⟨都市の名⟩ (スペイン南

他 は他動詞　再 は再帰動詞　形 は形容詞　副 は副詞　前 は前置詞　接 は接続詞　間 は間投詞

huel·ve·ño, ña

西部の)ウエルバ.
huel·ve·ño, ña [ウェルベニョ, ニャ] 形 (スペインの都市の)ウエルバ Huelva の.
── 男 女 ウエルバの人.
huér·fa·no, na [ウェルふァノ, ナ] 形 1 保護者のいない, 孤児の. 2 (+de...) …の欠けた.
── 男 女 孤児, みなしご.
hue·ro, ra [ウェロ, ラ] 形 1 〈卵〉無精の. 2 中身のない, 中空の.
huer·ta [ウェルタ] 女 《→ huerto》 1 野菜畑. 2 果樹園. 3 灌漑(ﾊﾞｲ)農地.
huer·ta·no, na [ウェルタノ, ナ] 形 1 灌漑農地の住人. 2〈人〉園芸農家.
huer·to [ウェルト] 男 《huerta より狭い》 1 果樹園. 2 野菜畑.
llevar a... al huerto 1 …をあざむく. 2 …と性的関係を持つ.
Hues·ca [ウェスカ] 固 〈県・県都の名〉(スペイン北東部の)ウエスカ.
hue·so [ウェソ] 男 1〖解剖学〗骨. 2 (果物の)芯(ﾆ), 種. 3 点の厳しい先生. 4 厄介事, 骨の折れる仕事. 5 扱いにくい人間. 6 薄黄色[= color hueso].
aceituna sin hueso 種(ﾊﾞ)抜きオリーブ.
calado [empapado] hasta los huesos ずぶぬれの.
dar con sus huesos en... 1 …に居つく. 2 …に倒れる.
dar [pinchar] en hueso もくろみがはずれる.
en carne y hueso 生の(ｽﾞ)の.
en los huesos やせ細った.
hueso de santo 〈菓子〉細長いマサパン.
hueso duro de roer 扱いにくい事[人].
la sin hueso 舌, ベろ.
tener los huesos duros 1 したたかである. 2 年を取りすぎている.
tener los huesos moldidos 疲れはてている.
hue·sos [ウェソス] 男 複 《→ hueso》 1 遺骨. 2 自身の体.
hués·ped, pe·da [ウエスぺス, ベダ] 男 女 1 宿泊客, 下宿人. 2 (宿泊施設の)主人.
hues·te [ウェステ] 女 1 軍勢. 2 同調者, 同志 [= huestes].
hue·su·do, da [ウェスド, ダ] 形 骨ばった, 骨太の.
hue·vas [ウェバス] 女 複 (1腹の)魚卵.
hue·ve·ra[1] [ウェベラ] 女 1〈食卓〉卵立て. 2〈運搬〉卵ケース.
hue·ve·rí·a [ウエべリア] 女 卵屋, 卵店.
hue·ve·ro, ra[2] [ウエベロ, ー] 男 女 卵業者.
hue·vo [ウェボ] 男 1 卵, 鶏卵. 2 卵形. 3 卵細胞. 4 卵料理. 4 睾丸(ｺｳ)[= huevos].
a huevo 最良の状態で.
costar un huevo とても高くつく.
hasta los huevos うんざりした.
huevo batido メレンゲ.

huevo de Colón (仕掛けは簡単な)コロンブスの卵.
huevo de pascua 〈チョコレート〉イースターの卵.
huevo de zurcir (靴下などのための)卵型かがり台.
huevo duro [cocido] ゆで卵.
huevo estrellado 目玉焼き.
huevo frito 揚げ卵.
huevo hilado (飾り用の)ひも状にした卵焼き.
huevo huero 無精卵.
huevo pasado por agua [huevo tibio] 半熟卵.
huevos al plato (オーブン料理の)卵焼き.
huevos revueltos いり卵, スクランブルエッグ.
importar a... un huevo …にはどうでもいいことだ.
parecer·se como un huevo a una castaña 似ても似つかない, 全然似ていない.
pisando huevos 〈歩き方〉そっと, 慎重に.
por huevos なんとしても, 無理にも.
salir a... de los huevos …にその気がある.
tener los huevos la cosa むちゃくちゃな話である.
tocar a... los huevos …を立腹させる.
un huevo 副 ひどく, とても.
hue·vón, vo·na [ウェボン, ボナ] 形 のろま な, なまけ者の.
── 男 女 なまけ者, のろま.
hu·go·no·te, ta [ウゴノテ, タ] 形 〖宗教〗(プロテスタントの)ユグノーの.
── 男 女 〈人〉ユグノー.
hui·da[1] [ウイダ] 女 1 逃走, 脱出. 2 矢のような時の流れ.
hui·di·zo, za [ウイディソ, サ] 形 逃げ腰の, 逃げやすい.
hui·do, da[2] [ウイド, ー] 《過去分詞》→ huir 逃げる.
── 形 1 逃亡した. 2 臆病(ﾋﾞｮｳ)な.
huir [ウイル] 自 《活 43》 1 (+de...) …から逃げる, 逃亡する. 2 (+de...) …を避ける. 3 (時間が)早く過ぎる.
── 他 …を避ける.
hu·le [ウれ] 男 防水布, 防水シーツ.
hu·lla [ウじゃ] 女 石炭.
hu·lle·ro, ra [ウじェロ, ラ] 形 石炭の.
hu·ma·na·men·te [ウマナメンテ] 副 1 人間らしく, 2 人人情味あふれて.
hu·ma·ni·dad [ウマニダス] 女 1 人類. 2 人性, 人情味. 3 肥満体.
hu·ma·ni·da·des [ウマニダデス] 女 複 《→ humanidad》 1 人文学. 2 (古代ギリシア・ローマの)古典研究.
hu·ma·nis·mo [ウマニスモ] 男 1 人道主義, ヒューマニズム. 2 人文学.
hu·ma·nis·ta [ウマニスタ] 形 《男女同形》

hu·ma·nís·ti·co, ca [ウマニスティコ, カ] 形 1 ヒューマニズムの. 2 人文学の.
hu·ma·ni·ta·rio, ria [ウマニタリオ, リア] 形 1 博愛主義の. 2 人道主義の.
— 男 女 1 博愛主義者. 2 人道主義者.
hu·ma·ni·ta·ris·mo [ウマニタリスモ] 男 1 博愛主義. 2 人道主義.
hu·ma·ni·za·ción [ウマニさしオン] 女 人間性の実現.
hu·ma·ni·zar [ウマニさル] 他《活 39 gozar》…を人間的なものにする.
hu·ma·no¹ [ウマノ] 男 人間, 人(♀).
hu·ma·no², na [-, ナ] 形 1 人間の, 人の. 2 人間味のある, 人間らしい, 人道的な. 3 人情味のある.
hu·ma·noi·de [ウマノイデ] 形 《男女同形》人の形をした, 人型の.
— 男 女 人型ロボット, 人に似た生物.
hu·ma·ra·da [ウマラダ] 女《= humareda》大量の煙.
hu·ma·zo [ウマソ] 男 たちこめた煙.
Hum·ber·to [ウンベルト] 固《男性の名》ウンベルト.
hu·me·an·te [ウメアンテ] 形 煙[湯気]が立っている.
hu·me·ar [ウメアル] 自 1 煙を出す. 2 湯気を立てる.
hu·mec·tan·te [ウメクタンテ] 形 加湿する, しめらせる.
hu·me·dad [ウメダス] 女 1 水気. 2 湿気. 3 湿度.
hu·me·de·cer [ウメデセル] 他《活 4 agradecer》…をしめらせる, うるおす.
hú·me·do, da [ウメド, ダ] 形 1 しめった, 湿気のある. 2 雨の多い.
hu·me·ral [ウメラル] 形 上腕骨の.
— 男《宗教》(司祭などの)肩衣(ﾅﾅ).
hú·me·ro [ウメロ] 男《解剖学》上腕骨.
hu·mi·di·fi·ca·dor [ウミディふィカドル] 男 加湿機.
hu·mi·di·fi·car [ウミディふィカル] 他《活 73 sacar》…に湿気を加える.
hu·mil·dad [ウミルダス] 女 1 謙虚な, つつましさ. 2 下賎(ﾎﾟ)さ, 卑賎.
 con (toda) humildad つつしんで.
 humildad de garabato 口先だけの謙虚さ.
hu·mil·de [ウミルデ] 形 1 謙虚な, つつましい. 2 身分の低い, 下賤(ｾﾞﾝ)な. 3 卑屈な, いやしい.
hu·mil·de·men·te [ウミルデメンテ] 副 1 つつましく, 控えめに. 2 へりくだって.
hu·mi·lla·ción [ウミジャしオン] 女 はずかしめ, 屈辱, 侮辱.
hu·mi·lla·de·ro [ウミジャデロ] 男 (村の入り口などにある)十字架の聖所.

hu·no, na

hu·mi·llan·te [ウミジャンテ] 形 屈辱的な, 侮辱の.
hu·mi·llar [ウミジャル] 他 1 …に屈辱を与える, …をはずかしめる. 2 (頭など)を(服従の意味で)さげる, 曲げる.
— 自 (闘牛が)頭をさげて警戒する.
— **humillar·se** 再 へりくだる, 屈服する.
hu·mo [ウモ] 男 1 煙. 2 湯気, 蒸気.
 a humo de pajas 軽々しく.
 bajar a… los humos …の鼻をへし折る.
 cortina de humo 煙幕.
 echar humo 1 煙を吐く. 2 ひどく怒っている.
 hacer humo …を冷たくあしらう.
 hacer·se humo 消える.
 ir·se todo en humo すべてが水の泡になる.
 subir·se a… los humos …が高慢になる.
 tener (muchos) humos 高慢である.
hu·mor [ウモル] 男 1 機嫌, 気分. 2 ユーモア, 機知, ウィット. 3 体液.
 buen humor 上機嫌.
 humor ácueo [acuoso] (眼球の)眼房水.
 humor negro ブラックユーモア.
 humor vítreo (眼球の)硝子体(とん).
 mal humor 機嫌の悪さ.
 seguir a… el humor …の機嫌を取る.
hu·mo·ra·da¹ [ウモラダ] 女 しゃれ, ジョーク.
hu·mo·ra·do, da² [ウモラド, —]《つぎの形容詞句の一部》
 bien humorado 機嫌の良い.
 mal humorado 機嫌の悪い.
hu·mo·ris·mo [ウモリスモ] 男 1 ユーモア. 2 ユーモアのある演技.
hu·mo·ris·ta [ウモリスタ] 男 女 1 ユーモアの演技者, コメディアン. 2 ユーモアのセンスのある人.
hu·mo·rís·ti·co, ca [ウモリスティコ, カ] 形 ユーモアのある, こっけいな.
hu·mos [ウモス] 男 複《→ humo》高慢, うぬぼれ, 思いあがり.
hu·mus [ウムス] 男《単複同形》腐葉土.
hun·di·do, da [ウンディド, ダ]《過去分詞》→ hundir 沈める.
— 形 1 沈んだ. 2 くぼんだ, へこんだ.
hun·di·mien·to [ウンディミエント] 男 1 沈没, 陥没. 2 意気消沈. 3 失敗, 倒産. 4 崩壊, 破滅.
hun·dir [ウンディル] 他 1 …を沈める. 2 …を意気消沈させる. 3 …を打ちのめす, 行き詰まらせる. 4 …をくずす, たおす. 5 …を失敗させる, 倒産させる. 6 …をへこませる.
— **hundir·se** 再 1 沈む. 2 意気消沈する. 3 くずれる, たおれる. 4 失敗する, 倒産する. 5 へこむ.
hún·ga·ro, ra [ウンガロ, ラ] 形 (国の)ハンガリー Hungría の.
— 男 女 ハンガリー人.
Hun·grí·a [ウングリア] 固《国の名》(ヨーロッパ中部の)ハンガリー.
hu·no, na [ウノ, ナ] 形 フン族の.

hu·ra·cán

— 男 女 〈人〉フン族.
hu·ra·cán [ウラカン] 男 1 ハリケーン. 2 大風.
hu·ra·ca·na·do, da [ウラカナド, ダ] 形 ハリケーンの(ような).
hu·ra·ño, ña [ウラニョ, ニャ] 形 人がきらいな.
— 男 女 〈人〉人ぎらい.
hur·gar [ウルガル] 他《活 47 llegar》1 …をつつく, ほじくる. 2 …をかき回す. 3 …をかぎ回る.
— 自 かぎ回る.
— **hurgar·se** 再 (+en...) …をほじくる, つつく.
hu·rí [ウリ] 女〈イスラム教〉天国の美人, 天女.
hu·rón, ro·na [ウロン, ロナ] 男 女 1〈動物〉ケナガイタチ, (ケナガイタチが家畜化した)フェレット. 2 探しだすのが得意な人. 3〈人〉人嫌い.
hu·ro·ne·ar [ウロネアル] 自 1 フェレットでの狩をする. 2 人のことをかぎ回る.
hu·rra [ウラ] 間 うわあ!, ばんざい!
hur·ta·di·llas [ウルタディジャス]《つぎの副詞句の一部》
a hurtadillas こっそりと, ひそかに.
hur·tar [ウルタル] 他 1 …をだまし取る, 盗む. 2 …をかくす. 3 …をかすめ取る.
— **hurtar·se** 再 1 (+a...) …から逃れる. 2 かくれる.
hur·to [ウルト] 男 1 盗み出し, ちょろまかし. 2 盗品.
hu·sar [ウサル] 男 (昔の)ハンガリーの軽騎兵.
hus·me·ar [ウスメアル] 他 1 …をかぎ回る. 2 …を詮索(☆)する.
hu·so [ウソ] 男 紡錘(☆), スピンドル, 錘(☆).
huso horario (地球上の)同一標準時帯.
huy [ウイ] 間 おやまあ!, すごい!, いやだわ!
huy- 活 → huir 逃げる《活 43》.

活 は活用形　複 は複数形　男 は男性名詞　女 は女性名詞　固 は固有名詞　代 は代名詞　自 は自動詞

I i

I 《ローマ数字》1／II 2, IV 4.
I, i [イ] 囡《アルファベットの第9番の文字》イ.
　i griega 〈文字 Y, y の名〉イグリエガ[＝ギリシア語のイ].
i [イ] 囡〈文字 I, i の名〉イ.
　i latina 〈文字 I, i の名〉イラティナ[＝ラテン語のイ].
iba (-) 活 → ir 行く《活 44》.
I·be·ria [イベリア] 個 1《半島の名》(スペインのある)イベリア. 2 (古代の)イベリア地方.
i·bé·ri·co, ca [イベリコ, カ] 形 (半島の)イベリアの.
i·be·ro¹ [イベロ] 男《＝íbero》イベリア語.
i·be·ro², ra [ー, ラ] 形《＝íbero, ra》古代イベリアの.
I·be·ro·a·mé·ri·ca [イベロアメリカ] 個 (イベリア半島のスペイン・ポルトガル系の)イベロアメリカ.
I·be·ro·a·me·ri·ca·no, na [イベロアメリカノ, ナ] 形 イベロアメリカの.
i·bi·cen·co, ca [イビセンコ, カ] 形 イビサ島 Ibiza の.
　— 男 囡 イビサ島の人.
i·bid. [イビデン] 副《略語》ibídem 同書に.
i·bí·dem [イビデン]《ラテン語》同書に, 同書に, 同節に.
i·bis [イビス] 男《単複同形》〈鳥〉トキ.
I·bi·za [イビさ] 個《島の名》(バレアレス諸島の)イビサ.
ice·berg [イせベルう] 男《複》icebergs 氷山.
i·co·no [イコノ] 男 1 (ビザンチン風の)聖画像, イコン. 2 (象徴記号の)アイコン.
i·co·no·clas·ta [イコノクらスタ] 形《男女同形》1 聖像破壊の. 2 因習打破の.
　— 男 囡 1 聖像破壊主義者. 2 因習打破主義者.
i·co·no·gra·fí·a [イコノグらフィア] 囡 図像学.
i·co·sa·e·dro [イコサエドロ] 男《数学》20面体.
ic·te·ri·cia [イクテリしア] 囡《医学》黄疸(おうだん).
ic·tió·fa·go, ga [イクティオふァゴ, ガ] 形 魚を主食にする.
　— 男 囡 魚食性の動物[人].
ic·tio·lo·gí·a [イクティオロヒア] 囡 魚類学.
id → ir 行く《活 44》.
íd. [イデン] 副《略語》ídem 同上.
i·da¹ [イダ] 囡〈→ ido〉1 行くこと. 2 行き.
　billete de ida y vuelta 往復切符.
　idas y venidas 往来, 行き来.
i·de·a [イデア] 囡 1 おおよその考え, 漠然とした知識. 2 考え, アイデア, 着想. 3 意図, もくろみ. 4 計画, 構想. 5 見解, 意見. 6 理念, 信念, 確信.
　¡Buena idea! (それは)良い考えだ!
　dar a... una idea ...にある考えを思いつかせる.
　hacerse a la idea de... ...を(いやいや)認める.
　idea de bombero 乱暴な考え, むちゃな思いつき.
　idea fija 固定観念.
　mala idea 悪意.
　¡Ni idea! 全然わからない!
　no tener (ni) idea 全然なにも知らない.
　ocurrírsele a... una idea ...に考えがひらめく.
　tener [llevar] idea de (＋不定詞) ...するつもりである.
i·de·al [イデアる] 形 1 理想的な, おあつらえ向きの. 2 観念的な, 想像上の.
　— 男 1 理想, 典型. 2 主義主張.
i·de·a·lis·mo [イデアリスモ] 男 1 現実の美化, 理想化. 2 理想主義. 3〈哲学〉観念論, 唯心論.
i·de·a·lis·ta [イデアリスタ] 形《男女同形》1 理想主義の. 2〈哲学〉観念論の.
　— 男 囡 1 理想主義者. 2 観念論者.
i·de·a·li·za·ción [イデアりさしオン] 囡 理想化.
i·de·a·li·zar [イデアりさル] 他《活 39 gozar》...を美化する, 理想化する.
i·de·ar [イデアル] 他 1 (考えなどを)生み出す, 組み立てる. 2 (計画などを)考案する, 工夫する.
i·de·a·rio [イデアリオ] 男 理念, 思想.
í·dem [イデン] 副《ラテン語》同上, 上記と同じで.
i·dén·ti·co, ca [イデンティコ, カ] 形 1 おなじ, 同一の. 2 (＋a...) ...によく似た.
i·den·ti·dad [イデンティダッ] 囡 1 個体識別の諸特徴, 身元, 素性. 3 同一性. 4 高度な類似性. 5〈数学〉恒等式.
　carné [tarjeta] de identidad 身分証明書.
i·den·ti·fi·ca·ble [イデンティふィカブれ] 形 1 (身元)確認可能な, 識別できる.
i·den·ti·fi·ca·ción [イデンティふィカしオン] 囡 1 同一視, 同定. 2 識別, 鑑定. 3 身元確認, 身分証明.
i·den·ti·fi·car [イデンティふィカル] 他《活 73 sacar》1 ...を(＋con...) ...と同一視する, 同定する. 2 ...を識別する, 特定する. 3 (身元などを)確認する.

他 は他動詞　再 は再帰動詞　形 は形容詞　副 は副詞　前 は前置詞　接 は接続詞　間 は間投詞

— identificarse 再 1 (証明書などで自分の身分を証明する. 2 (+con...) …と一体になる, …に賛成する.

i·de·o·gra·fí·a [イデオグラふぃア] 女 符号表意法.

i·de·o·gra·ma [イデオグラマ] 男 表意文字.

i·de·o·lo·gí·a [イデオろヒア] 女 イデオロギー, 観念体系.

i·de·o·ló·gi·co, ca [イデオろヒコ, カ] 形 イデオロギーの.

i·de·ó·lo·go, ga [イデオろゴ, ガ] 男女 観念論者, 空論家, イデオローグ.

i·dí·li·co, ca [イディりコ, カ] 形 心地よい, のどかな.

i·di·lio [イディりオ] 男 1 ロマンチックな恋愛関係. 2 田園詩, 牧歌.

i·dio·lec·to [イディオれクト] 男〈言語学〉個人言語.

i·dio·ma [イディオマ] 男 1 国語, 地方語, 民族語. 2 (使われるものとしての) 言語.

i·dio·má·ti·co, ca [イディオマティコ, カ] 形 1〈語法〉慣用的な. 2〈特定言語〉特有の, 独特の語.

i·dio·sin·cra·sia [イディオシンクラシア] 女 1 (個人や集団の) 特異な気質, 特質. 2 特異体質.
idiosincrasia de un pueblo 国民性.

i·dio·sin·crá·si·co, ca [イディオシンクラシコ, カ] 形 特有の, 特異な.

i·dio·ta [イディオタ] 形〈男女同形〉ばかな, 無知な.
— 男女 ばか者, あほう.

i·dio·tez [イディオテす] 女《複 idioteces》ばかげた言動, たわごと, 愚行.

i·dio·tis·mo [イディオティスモ] 男 1 熟語, 成句, 慣用表現. 2 愚劣さ, 無知.

i·do, da² [イド, ―]《過去分詞》→ ir 行く.
— 形 思考能力が弱った, 放心した, うわの空の.

i·dó·la·tra [イドらトラ] 形〈男女同形〉偶像崇拝の.
— 男女 偶像崇拝者.

i·do·la·trar [イドらトラル] 他 1 (偶像を) 崇拝する. 2 …を偶像視する. 3 …を溺愛(できあい)する.

i·do·la·trí·a [イドらトリア] 女 1 偶像崇拝. 2 偶像視. 3 溺愛(できあい).

í·do·lo [イドろ] 男 1 (崇拝の対象の) 偶像. 2 崇拝の対象, アイドル.

i·dó·ne·o, a [イドネオ, ア] 形 (+para...) …に格好な, 適した.

idos 活 → irse 立ち去る (命令形 id+再帰代名詞 os)《複 44》.

i. e. [イド エスト]《略語》《ラテン語》id est すなわち.

i·gle·sia [イグれシア] 女 1〈集団〉(キリスト教の) 教会. 2 (キリスト教の) 宗派. 3 (集合的に) キリスト教徒, (建物) (キリスト教の) 教会堂.
Iglesia Anglicana 英国国教会.

Iglesia Católica カトリック教会.
iglesia militante 〈キリスト教〉地上の信者.
Iglesia Ortodoxa ギリシア正教会.
iglesia purgante 〈キリスト教〉煉獄(れんごく)の信者.
iglesia triunfante 〈キリスト教〉天国の信者.

i·glú [イグる] 男 1 (エスキモーの氷の家の) イグルー.

Ig·na·cio [イグナセオ] 固〈男性の名〉イグナシオ.

íg·ne·o, a [イグネオ, ア] 形 1 火の, 火のような. 2〈地質学〉火成の／ *roca ígnea* 火成岩.

ig·ni·ción [イグニせオン] 女 点火, 発火.

ig·ní·fu·go, ga [イグニふゴ, ガ] 形 耐火性の.

ig·no·mi·nia [イグノミニア] 女 不面目, 不名誉.

ig·no·mi·nio·so, sa [イグノミニオソ, サ] 形 不面目な, 不名誉な.

ig·no·ran·cia [イグノランせア] 女 1 無教養, 無学. 2 無知, 情報の欠如.
estar en la ignorancia de... …を知らずにいる.

ig·no·ran·te [イグノランテ] 形 1 教養のない, 無学な. 2 無知な, 事情を知らない. 3 (+de...) …を知らない.
— 男女 1 無学な人間. 2 無知な人間.

ig·no·rar [イグノラル] 他 1 …を知らない. 2 …を無視する, 黙殺する.

ig·no·to, ta [イグノト, タ] 形 未知の, 未発見の.

i·gual [イグアる] 形 1 おなじ, 同一の. 2 (+que...) …によく似た, …と同様の. 3 (+a...) …に等しい. 4 一様な, 一定の. 5〈土地〉平坦(へいたん)な, たいらな. 6 (身分などが) 同等な, 対等な.
— 男女 同等の人, 同僚, 同輩.
— 男 1 おなじもの [こと]. 2〈数学〉等号, イコール.
— 副 1 (+que...) …と同様に, おなじように. 2 たぶん, おそらく.
al igual que... …と同様に.
a partes iguales 等分に.
dar igual a... …にとってどちらでもいい.
dar igual que (+接続法) …であってもかまわない.
de igual a igual 対等に.
¡Es igual! 1 たいしたことはない. 2 どちらでもよい.
igual de (+形容詞) おなじように….
igual que... …とおなじく.
por igual おなじ程度に, 均等に.
...sin igual 比類のない, この上ない….

i·gua·la·ción [イグアらせオン] 女 1 同等化. 2 均等化. 3 平等化, 対等化.

i·gua·la·da¹ [イグアらダ] 女〈スポーツ〉同点.

i·gua·la·do, da² [イグアらド, ―]《過去分詞》→ igualar 等しくする.

i·gua·lar [イグアらル] 他 1 …を等しくする, 均一

活 は活用形 複 は複数形 男 は男性名詞 女 は女性名詞 固 は固有名詞 代 は代名詞 自 は自動詞

にする. 2 …に匹敵する. 3 (地面などを)平らにする, ならす. 4 …を対等に扱う.
— 自 1 〈スポーツ〉(2者が) (+a+点数) …の同点になる. 2 (+a, con…) …と同様である.
— igualarse 再 1 平らになる, 均等になる. 2 (+a…) …と等しくなる.

i·gual·dad [イグアルダス] 女 1 平等, 対等. 2 一定, 均等. 3 平坦(%). 4〈数学〉等式.

i·gua·li·ta·rio, ria [イグアリタリオ, リア] 形 公平な, 平等主義の.

i·gual·men·te [イグアルメンテ] 副 1 おなじく, 同様に. 2 均等に. 3 対等に, 平等に.

i·gua·na [イグアナ] 女〈動物〉(大トカゲの)イグアナ.

i·gua·no·don·te [イグアノドンテ] 男 (草食恐竜の)イグアノドン.

IHS 《略語》《ラテン語》Iesus, Hominum Salvator 人類の救い主イエス.

i·ja·da [イハダ] 女 脇腹, 横腹.

i·la·ción [イらシオン] 女 1 (論理の)一貫性, 連関. 2 推論, 推理.

i·le·gal [イれガル] 形 不法の, 違法の, 非合法の.

i·le·ga·li·dad [イれガリダス] 女 1 違法, 不合法. 2 違法行為.

i·le·gi·ble [イれヒブれ] 形 1 読めない, 判読困難な. 2 読むに耐えない.

i·le·gí·ti·mo, ma [イれヒティモ, マ] 形 1 非合法な, 不法の. 2 私生の, 庶出(%)の.

í·le·on [イれオン] 男〈解剖学〉回腸.

i·ler·den·se [イれルデンセ] 形 (スペインの都市の)レリダ Lérida の.
— 男女 レリダの人.

i·le·so, sa [イれソ, サ] 形 (人や動物が)無傷の, 無事な.

i·le·tra·do, da [イれトラド, ダ] 形 無学の, 文盲の.
— 男女 無学の人, 文盲.

i·lí·ci·ta·men·te [イリシタメンテ] 副 1 法を犯して. 2 道義に反して.

i·lí·ci·to, ta [イリシト, タ] 形 1 不法な, 違法な. 2 非道徳的な, 不倫の.

i·li·ci·tud [イリシトゥス] 女 1 不法, 不正. 2 不義, 不倫.

i·li·mi·ta·do, da [イリミタド, ダ] 形 無限の, 際限のない.

ilion [イオン] 男〈解剖学〉腸骨.

i·ló·gi·co, ca [イろヒコ, カ] 形 非論理的な, 不合理な.

i·lu·mi·na·ción [イるミナシオン] 女 1 照明, イルミネーション. 2 明かり, 明るさ. 3 照明法. 4 啓発, 啓蒙(%). 5〈宗教〉啓示, 天啓.

i·lu·mi·na·do, da [イるミナド, ダ] 《過去分詞》→ iluminar 照らす.
— 形 1 照らされた, ライトアップされた. 2 啓発された. 3〈宗教〉啓示を受けた.

i·lu·mi·nar [イるミナル] 他 1 …を照らす, ライトアップする. 2 …を照明で飾る. 3 …に彩色する. 4 …を明らかにする, わかるように説明する. 5 …を啓発する, 啓蒙(%)する.
— iluminarse 再 1 (場所などが)灯がともる. 2 明るくなる, はっきりする. 3 (顔などが)輝く.

i·lu·sión [イるシオン] 女 1 幻覚, 幻影, 錯覚. 2 (夢のような)期待, 希望. 3 喜び, 満足.
hacer ilusión a… …を喜ばせる, うれしがらせる.
hacerse ilusiones 幻想を抱く.
hacerse la ilusión de… …という夢を抱く.
ilusión óptica 錯視.
¡Qué ilusión(+不定詞)*!* (…するなんて)なんてうれしいことだ!

i·lu·sio·na·do, da [イるシオナド, ダ]《過去分詞》→ ilusionar 期待させる.
— 形 期待している, 喜んでいる.

i·lu·sio·nar [イるシオナル] 他 1 …を期待させる, …に夢を抱かせる. 2 …を喜ばせる, 満足させる.
— ilusionarse 再 1 (+con…) …に期待を抱く. 2 喜ぶ, 満足する.

i·lu·sio·nis·mo [イるシオニスモ] 男 手品, 奇術.

i·lu·sio·nis·ta [イるシオニスタ] 男女 手品師, 奇術師.

i·lu·so, sa [イるソ, サ] 形 1 だまされやすい. 2 不可能なことにあこがれる.
— 男女 1 だまされやすい人. 2 空想家, 夢想家.

i·lu·so·rio, ria [イるソリオ, リア] 形 1 人をだまし, 欺きの. 2 架空の. 3 価値のない.

i·lus·tra·ción [イるストラシオン] 女 1 (集合的に)図解, イラスト. 2 (個々の)挿絵(%), 図版. 3 例証, 解明. 4 (18世紀ヨーロッパの)啓蒙(%)主義 [= Ilustración].

i·lus·tra·do, da [イるストラド, ダ]《過去分詞》→ ilustrar する.
— 形 1 図解された, 挿絵(%)入りの. 2 例証の, 解明された. 3 啓蒙(%)主義の.

i·lus·tra·dor, do·ra [イるストラドル, ドラ] 男女 挿絵(%)画家, イラストレーター.

i·lus·trar [イるストラル] 他 1 …を図解する, …に挿絵(%)を入れる. 2 …を例証する, 解明する. 3 (人)を教育する, 啓発する.
— ilustrarse 再 知識を得る, わかるようになる.

i·lus·tra·ti·vo, va [イるストラティボ, バ] 形 例証となる, 明解に示す.

i·lus·tre [イるストレ] 形 1 出自のよい, 名門の. 2 有名な, 高名な. 3〈敬称〉…殿, 様 / (el) *ilustre presidente* 議長殿.

i·lus·trí·si·mo, ma [イるストリシモ, マ] 形《絶対最上級》→ ilustre 1 とても有名な 2〈敬称〉(高官に) → 閣下. 3〈敬称〉(司教に) …猊下(%) / Su [Vuestra] *Ilustrísima* (司教に対して)猊下.

i·ma·gen [イマヘン] 女《複》imágenes 1 (聖者などの)画像, 肖像. 2 イメージ, 心証, 印象. 3 (比喩的な)表現手段. 4〈物理学〉映像.

i·ma·gi·na·ción [イマヒナシオン] 女 1 想像力,

空想力. 2 妄想, 空想. 3 創造力, 創作能力.

i·ma·gi·nar [イマヒナル] 他 1 …を想像する, 思い描く. 2 …を推測する, 考えつく.
— **imaginarse** 再 想像する, 推測する.
¡Imagínate! [¡Imagínese!] 考えてみてごらん.
Me lo imagino. 私もそう思う.

i·ma·gi·na·rio, ria [イマヒナリオ, リア] 形 架空の, 想像上の.

i·ma·gi·na·ti·va¹ [イマヒナティバ] 女 想像力.

i·ma·gi·na·ti·vo, va² [イマヒナティボ, −] 形 想像力の豊かな, 創作能力のある.

i·ma·gi·ne·rí·a [イマヒネリア] 女 聖像作成技法.

i·mán [イマン] 男 1 磁石. 2 (人の)魅力, 人を引きつける力. 3《イスラム教》導師, イマーム.

i·ma·na·ción [イマナシオン] 女 磁化.

i·ma·nar [イマナル] 他 …を磁化する.
— **imanarse** 再 磁気を帯びる.

im·bé·cil [インベシル] 形 1 ばかな, おろかな. 2《心理学》痴愚(ちぐ)の.
— 男 女 1 ばか者, おろか者. 2《心理学》(中等度の)精神遅滞者, 痴愚(ちぐ)の人.

im·be·ci·li·dad [インベシリダス] 女 1 浅はかさ, 愚行. 2《心理学》痴愚(ちぐ).

im·ber·be [インベルベ] 形 まだひげの生えていない.
— 男 ひげのない若者.

im·bo·rra·ble [インボラブレ] 形 消せない, 忘れられない.

im·bri·car [インブリカル] 他《活 73 sacar》…をうろこ状に重ねる.
— **imbricarse** 再 1 重なりあう. 2 強くからみ合う.

im·buir [インブイル] 他《活 43 huir》(考えなど)を(+a…) …に吹きこむ.
— **imbuirse** 再 (+de+考え方など) …をしっかり身につける, …にかぶれる.

i·mi·ta·ble [イミタブレ] 形 模倣できる.

i·mi·ta·ción [イミタシオン] 女 1 まね, 模倣. 2 模造品, にせ物, イミテーション.
a imitación de… …をまねて.
imitación de… …のまね, 模造.

i·mi·ta·dor, do·ra [イミタドル, ドラ] 男 女 模倣者.

i·mi·ta·mo·nas [イミタモナス] 形《= imitamonos》《男女同形, 単複同形》なんでもまねする人間.

i·mi·tar [イミタル] 他 …をまねる, 模倣する.
— 自 (+a…) …に似る.

i·mi·ta·ti·vo, va [イミタティボ, バ] 形 模倣の, 模造の.

im·pa·cien·cia [インパシエンシア] 女 短気, 性急.

im·pa·cien·tar [インパシエンタル] 他 …をいらいらさせる, じらす.

— **impacientarse** 再 (+con, de…で)いらいらする, …に我慢できなくなる.

im·pa·cien·te [インパシエンテ] 形 1 短気な, 性急な. 2 (+por+不定詞) …したくてたまらない. 3 いらいらしている, 落ち着きのない.

im·pa·cien·te·men·te [インパシエンテメンテ] 副 いらいらして, 性急に.

im·pac·tar [インパクタル] 他 …に衝撃を与える.
— 自 (+en…) …に激突する.

im·pac·to [インパクト] 男 1 激突, 衝突. 2 激突の跡, 弾痕(だんこん). 3 衝撃, インパクト.

im·pa·ga·do, da [インパガド, ダ] 形 未払いの.

im·pa·la [インパら] 男《動物》(アフリカのウシ科の)インパラ.

im·pal·pa·ble [インパるパブレ] 形 微細な, 触知できないほどの.

im·par [インパル] 形 奇数の.
— 男 奇数[= número impar].

im·par·cial [インパルシアる] 形 公平な, 公明正大な.

im·par·cia·li·dad [インパルシアリダス] 女 公明正大, 不偏不党.

im·par·tir [インパルティル] 他 (知識など)をさずける, 与える.

im·pa·si·bi·li·dad [インパシビリダス] 女 無感動, 平静.

im·pa·si·ble [インパシブレ] 形 無感動の, 平然とした.

im·pa·vi·dez [インパビデス] 女 冷静, 沈着.

im·pá·vi·do, da [インパビド, ダ] 形 冷静な, 沈着な.

im·pe·ca·ble [インペカブレ] 形 欠点のない.

im·pe·di·do, da [インペディド, ダ] 形《過去分詞》→ impedir 妨げる.
— 形 1 妨げられた. 2 肢体不自由な.
— 男 女 身体障害者.

im·pe·di·men·to [インペディメント] 男 妨害, 障害.

im·pe·dir [インペディル] 他《活 56 pedir》…を妨げる, 妨害する.

im·pe·ler [インペレル] 他 …を推進する, うながす.

im·pe·ne·tra·ble [インペネトラブレ] 形 1 はいりこめない. 2 不可解な.

im·pe·ni·ten·te [インペニテンテ] 形 悔い改めない, 頑迷な.

im·pen·sa·da·men·te [インペンサダメンテ] 副 思いがけなく, 意外にも.

im·pen·sa·do, da [インペンサド, ダ] 形 意外な, 予期しない.

im·pe·pi·na·ble [インペピナブレ] 形 議論の余地のない, 確かな.

im·pe·ran·te [インペランテ] 形 優勢な, 支配的な.

im·pe·rar [インペラル] 自 優勢である, 支配的である.

im·pe·ra·ti·va·men·te [インペラティバメンテ]

活 は活用形　複 は複数形　男 は男性名詞　女 は女性名詞　固 は固有名詞　代 は代名詞　自 は自動詞

im·pe·ra·ti·vo¹ [インペラティボ] 男 《文法》命令法, 命令形.

im·pe·ra·ti·vo², **va** [—, バ] 形 命令的な, 有無を言わせぬ.

im·per·cep·ti·ble [インペルセプティブれ] 形 知覚できないほどの, ごくわずかな.

im·per·di·ble [インペルディブれ] 男 安全ピン.

im·per·do·na·ble [インペルドナブれ] 形 許しがたい.

im·pe·re·ce·de·ro, ra [インペレセデロ, ラ] 不滅の, 永遠の.

im·per·fec·ción [インペルふェクしオン] 女 1 不完全. 2 (小さな) 欠点, 欠陥.

im·per·fec·to, ta [インペルふェクト, タ] 形 1 不完全な. 2《文法》(時制の) 未完了の.
pretérito imperfecto〈時制〉未完了過去 [= 線過去, 不完了過去].

im·pe·rial [インペリアる] 形 皇帝の, 帝国の.

im·pe·ria·lis·mo [インペリアリスモ] 男 帝国主義.

im·pe·ria·lis·ta [インペリアリスタ] 形《男女同形》帝国主義者の.
— 男 女 帝国主義者.

im·pe·ri·cia [インペリしア] 女 経験不足, 未熟.

im·pe·rio [インペリオ] 男 1 皇帝の支配. 2 帝国. 3 皇帝の統治期間. 4 帝政時代. 5 帝国領. 6 権威による支配, 絶対支配.

im·pe·rio·so, sa [インペリオソ, サ] 形 1 絶対的な, 緊急の. 2 横柄な, 専横な.

im·per·me·a·bi·li·dad [インペルメアビリダす] 女 防水性.

im·per·me·a·bi·li·zar [インペルメアビリさル] 他《活 39 gozar》…を防水加工する.

im·per·me·a·ble [インペルメアブれ] 形 防水の.
— 男 レインコート.

im·per·so·nal [インペルソナる] 形 1 個性のない, 平凡な. 2 個人を意識しない, 全員に向けての. 3《文法》(主語のわからない) 無人称の, 非人称の.
verbo impersonal〈文法〉(主語なしの3人称単数形で使用される) 無人称動詞.

im·per·té·rri·to, ta [インペルテリト, タ] 形 物に動じない, 冷静な.

im·per·ti·nen·cia [インペルティネンしア] 女 横柄さ, 無礼.

im·per·ti·nen·te [インペルティネンテ] 形 ずうずうしい, 無礼な.

im·per·ti·nen·tes [インペルティネンテス] 男 複《→ impertinente》柄付き眼鏡(gán).

im·per·tur·ba·ble [インペルトゥルバブれ] 形 感情を表さない, 冷静な.

ím·pe·tu [インペトゥ] 男 力, 勢い.

im·pe·tuo·sa·men·te [インペトゥオサメンテ] 副 1 はげしく. 2 衝動的に.

im·pe·tuo·si·dad [インペトゥオシダす] 女 はげしさ, 意気込み.

im·pe·tuo·so, sa [インペトゥオソ, サ] 形 1 はげしい, 猛烈な. 2 衝動的な, 性急な.
— 男 女 せっかちな人.

impid- 活 → impedir 妨げる《活 56》.

im·pí·o, a [インピオ, ア] 形 不信心な, 不敬な.

im·pla·ca·ble [インプらカブれ] 形 容赦(ばあ)のない, 冷酷な.

im·plan·ta·ción [インプらンタしオン] 女 1 導入, 設置. 2《医学》移植.

im·plan·tar [インプらンタル] 他 1 …を導入する, 作動させる. 2《医学》…を移植する.

im·ple·men·to [インプれメント] 男 1 道具 [= implementos]. 2《文法》直接補語.

im·pli·ca·ción [インプリカしオン] 女 1 含意, 言外の意味. 2 (犯罪などへの) 連座, かかわり合い. 3 間接的影響, 帰結.

im·pli·car [インプリカル] 他《活 73 sacar》1 …を含意する, 意味する. 2 …を結果的にともなう.
— *implicarse* 再 (+en...) …に巻き込まれる, かかわり合いになる.

im·plí·ci·ta·men·te [インプリしタメンテ] 副 暗黙に.

im·plí·ci·to, ta [インプリしト, タ] 形 言外の, 暗黙の.

impliqu- 活 → implicar 含意する《活 73》.

im·plo·ra·ción [インプロラしオン] 女 哀願, 嘆願.

im·plo·ran·te [インプロランテ] 形 哀願する, 嘆願する.

im·plo·rar [インプロラル] 他 …を哀願する, 嘆願する.

im·plo·si·va¹ [インプロシバ] 女《音声学》(音節末部の子音である) 内破音.

im·plo·si·vo, va² [インプロシボ, —] 形《音声学》内破(音)の.

im·po·lu·to, ta [インポるト, タ] 形 汚染されていない, きれいなままの.

im·pon·de·ra·ble [インポンデラブれ] 形 計測不可能な, 説明しきれない.

im·po·nen·te [インポネンテ] 形 1 堂々たる, 威圧するような. 2 圧倒的な, 恐いほどの.

im·po·ner [インポネル] 他《活 61 poner》1 …を強要する, 強制する. 2 …を課す, 負担させる. 3 …を威圧する, 畏怖(ば)させる. 4 (名前)を付ける. 5 …を付与する, 与える. 6 …を (+en...) …に預ける, 貯金する.
— *imponerse* 再 1 押しつけられる, 強いられる. 2 …を (+a...) …に課す. 3 (+a...) …を威圧する, 心服させる. 4 優位に立つ.

impong- 活 → imponer 強要する《活 61》.

im·po·pu·lar [インポプらル] 形 人気(ビボ)のない, 評判の悪い.

im·por·ta·ción [インポルタしオン] 女 1 輸入. 2 (集合的に) 輸入品, 舶来の品.

im·por·ta·dor, do·ra [インポルタドル, ドラ] 形 輸入の.

他 は他動詞 再 は再帰動詞 形 は形容詞 副 は副詞 前 は前置詞 接 は接続詞 間 は間投詞

— 男女 輸入業者.

im·por·tan·cia [インポルタンレア] 女 1 重要性, 価値, 意義. 2〈人〉高い地位, 社会的影響力.

dar importancia a... …を重視する.

darse importancia 自分を優秀だと思いこむ, いばる.

de (gran) importancia (とても)重要な.

no tener la menor importancia なんの価値もない.

im·por·tan·te [インポルタンテ] 形 1 重要な, 大切な. 2 (社会的に)影響力のある, 有力な. 3 大量の, 大規模な.

empresa importante 大企業.

Lo importante es que (+接続法) 大切なのは…である.

im·por·tar [インポルタル] 自 1 (物事が) (+a...) …にとって重要である. 2 (+a...) …にとって迷惑である, かかわる. 3 (+a...) …にとって迷惑である. — 他 1 …を輸入する. 2 (+金額) …の値段である. 3 …を意味する, 要求する.

A ti, ¿qué te importa? ほっといてくれ.

Lo que importa es que (+接続法) 大切なのは…だ.

No importa. 問題ありませんよ.

no importar a... un pepino [un higo, un pimiento, un pito] …には少しも問題でない.

im·por·te [インポルテ] 男 代金, 金額, 総額.

im·por·tu·na·ción [インポルトゥナレオン] 女 くどい要求, つきまとい.

im·por·tu·nar [インポルトゥナル] 他 …をしつこく悩ませる.

im·por·tu·no, na [インポルトゥノ, ナ] 形 1 しつこい, くどい. 2 場違いの, 折の悪い.

im·po·si·bi·li·dad [インポシビリダス] 女 1 可能性の欠如. 2 身体的限界, 身体障害.

im·po·si·bi·li·ta·do, da [インポシビリタド, ダ]《過去分詞》→ imposibilitar 不可能にする.
— 形 1 不可能になった, 不自由になった. 2 (+de+肢体) …が不自由な.

im·po·si·bi·li·tar [インポシビリタル] 他 1 …を不可能にする. 2 (肢体など)を不自由にする.
— **imposibilitarse** 再 (手や足が)不自由になる.

im·po·si·ble [インポシブれ] 形 1 不可能な, とても困難な. 2 我慢できない, 耐えがたい. 3 手に負えない, どうにもならない.
— 男 不可能なこと.

hacer lo imposible 最善を尽くす.

parecer imposible (+que+接続法) (…なんて)うそのようだ.

im·po·si·ción [インポシオン] 女 1 課税, 過料. 2 強制, 強要. 3 (口座への)入金, 預金. 4 (勲章などの)授与.

im·pos·ta [インポスタ] 女〈建築〉(アーチの)迫元(はん).

im·pos·tar [インポスタル] 他 (声)を安定させる.

im·pos·tor, to·ra [インポストル, トラ] 形 にせの, かたりの.
— 男女 にせ者, かたり, 詐欺師.

im·po·ten·cia [インポテンレア] 女 1 無力, 無能. 2 性的不能, インポテンツ.

im·po·ten·te [インポテンテ] 形 1 無力な, 無能な. 2 性的不能の, インポの.
— 男 性的不能者.

im·prac·ti·ca·ble [インプラクティカブれ] 形 1 実行不可能な. 2〈道路〉通行できない. 3〈舞台〉〈窓や戸口が〉開閉できない.

im·pre·ca·ción [インプレカレオン] 女 呪(のろ)い.

im·pre·car [インプレカル] 他《活 73 sacar》…を呪(のろ)う.

im·pre·ci·sión [インプレレオン] 女 曖昧(あいまい)さ, 不正確さ.

im·pre·ci·so, sa [インプレレソ, サ] 形 曖昧(あいまい)な, 不正確な.

im·preg·nar [インプレグナル] 他 1 …に(+con...) …をたっぷりしみ込ませる. 2 …をぬらす.
— **impregnarse** 再 (+de...) …を吸い込む, 吸収する.

im·pren·ta [インプレンタ] 女 1 印刷, 印刷術. 2 印刷所.

prueba de imprenta 校正刷り.

im·pres·cin·di·ble [インプレスレンディブれ] 形 不可欠な, 絶対に必要な.

im·pre·sen·ta·ble [インプレセンタブれ] 形 人前に出られない, 見苦しい.

im·pre·sión [インプレレオン] 女 1 印象. 2 感想, 意見. 3 印刷, 印刷物, プリント. 4 押印, 捺印(なついん). 5 (印刷文字の)質, 書体.

dar a... la impresión de que~ …に〜の印象を与える.

tener la impresión de (que...) …の印象を受ける.

im·pre·sio·na·ble [インプレレオナブれ] 形 感受性の強い, 感動しやすい.

im·pre·sio·na·do, da [インプレレオナド, ダ]《過去分詞》→ impresionar 印象づける.
— 形 (+con, de... に)感動した, 印象づけられた.

im·pre·sio·nan·te [インプレレオナンテ] 形 印象的な, 驚くほどの.

im·pre·sio·nar [インプレレオナル] 他 1 …に印象づける, …を感動させる. 2 …を録音する, 録画する.
— **impresionarse** 再 1 (+de, con...) …に感動する, 驚く. 2 (フィルムなどが)感光する.

im·pre·sio·nis·mo [インプレレオニスモ] 男 〈芸術〉印象主義. 2 印象主義的技法.

im·pre·sio·nis·ta [インプレレオニスタ] 形《男女同形》〈芸術〉印象主義の, 印象派の.
— 男女 印象派の芸術家[作家].

im·pre·so[1] [インプレソ] 男 印刷物.

im·pre·so², sa [—, サ]《過去分詞》→ imprimir 印刷する.
— 形 印刷された, プリントの.
im·pre·so·ra¹ [インプレソラ] 女〈コンピュータ—〉プリンター.
im·pre·sor, so·ra² [インプレソル, —] 男女 印刷工, 印刷業者.
im·pre·vi·si·ble [インプレビシブレ] 形 予知できない, 不測の.
im·pre·vi·sión [インプレビシオン] 女 予測不能.
im·pre·vi·sor, so·ra [インプレビソル, ソラ] 形 先見の明のない, 軽率な.
im·pre·vis·to¹ [インプレビスト] 男 不測の事態.
im·pre·vis·to², ta [—, タ] 形 不測の, 思いがけない.
im·pri·mir [インプリミル] 他 1 …を印刷する, プリントする. 2 …を製本する. 3 (特徴などを)与える, 印象づける. 4 …を心に植えつける, 教え込む.
im·pro·ba·ble [インプロバブレ] 形 ありそうにない, 起こりそうもない.
ím·pro·bo, ba [インプロボ, バ]〈努力〉過重な, 軽率の.
im·pro·ce·den·te [インプロセデンテ] 形 1 違法な. 2 不適切な.
im·pro·duc·ti·vo, va [インプロドゥクティボ, バ] 形 非生産的な, 不毛の.
im·pron·ta [インプロンタ] 女 跡形, 刻印.
im·pro·pe·rio [インプロペリオ] 男 悪口, 雑言(ぞうごん).
im·pro·pia·men·te [インプロピアメンテ] 副 不適切に.
im·pro·pie·dad [インプロピエダス] 女 (言葉づかいの)不適切, 誤用.
im·pro·pio, pia [インプロピオ, ピア] 形 (+de, en...) …には似つかわしくない, 不適切な.
im·pro·rro·ga·ble [インプロrロガブレ] 形 延期のできない.
im·pro·vi·sa·ción [インプロビサシオン] 女 即席の対応, 即興.
im·pro·vi·sa·do, da [インプロビサド, ダ]《過去分詞》→ improvisar 間に合わせて作る.
— 形 即席の, 即興の, 間に合わせの.
im·pro·vi·sar [インプロビサル] 他 1 …を間に合わせて作る. 2 …を急ごしらえする.
im·pro·vi·so, sa [インプロビソ, サ] 形 不意の, 意外な.
de improviso 出し抜けに, 突然.
im·pru·den·cia [インプルデンシア] 女 1 不用意, 軽率. 2 不謹慎, 無分別.
im·pru·den·te [インプルデンテ] 形 1 不用意な. 2 分別に欠ける.
— 男女 1 軽率な人間. 2 無分別な人間.
im·pru·den·te·men·te [インプルデンテメンテ] 副 1 うかつにも. 2 ふまじめにも.
im·pú·ber [インプベル] 形 未成年の.
— 男女 未成年者.

im·pu·di·cia [インプディシア] 女 1 恥知らず. 2 不作法.
im·pú·di·co, ca [インプディコ, カ] 形 1 恥知らずな. 2 無礼な.
im·pu·dor [インプドル] 男 恥知らず, 厚顔無恥.
im·pues·to¹ [インプエスト] 男 税金, 税.
artículos sin impuestos 免税品.
impuesto de lujo 奢侈(しゃし)税.
impuesto revolucionario (テロ集団が強要する)革命税.
impuesto sobre el valor añadido (スペインの)付加価値税[=IVA].
impuesto sobre la renta 所得税.
im·pues·to², ta [—, タ]《過去分詞》→ imponer 強要する.
— 形 1 強制された, 課された. 2 (+de, en...) …にくわしい, 通じている.
im·pug·na·ción [インプグナシオン] 女 1 反論, 反駁(はんばく). 2 異議申し立て.
im·pug·nar [インプグナル] 他 1 …に反論する. 2 …に異議をとなえる.
im·pul·sar [インプルサル] 他 1 …を押し進める. 2 …をうながす.
im·pul·si·va·men·te [インプルシバメンテ] 副 衝動的に.
im·pul·si·vo, va [インプルシボ, バ] 形 衝動的な, 直情的な.
im·pul·so [インプルソ] 男 1 衝動, はずみ. 2 推進力.
im·pul·sor, so·ra [インプルソル, ソラ] 形 推進する.
— 男女 推進者.
im·pu·ne [インプネ] 形 罰せられない.
im·pu·ni·dad [インプニダス] 女 処罰の免除.
im·pu·re·za [インプレサ] 女 1 不純物. 2 不純.
im·pu·ro, ra [インプロ, ラ] 形 不純な.
impus- → imponer 強要する〈活 61〉.
im·pu·ta·ción [インプタシオン] 女 (罪や責任を)負わせること.
im·pu·tar [インプタル] 他 (罪や責任)を(+a...) …に負わせる.
i·na·bor·da·ble [イナボルダブレ] 形 接近しにくい.
i·na·ca·ba·ble [イナカバブレ] 形 はてしない, ずっと続く.
i·na·ca·ba·do, da [イナカバド, ダ] 形 未完成の.
i·nac·ce·si·ble [イナクセシブレ] 形 1 近づきがたい. 2 親しみにくい.
i·nac·ción [イナクシオン] 女 活動停止, 不活発.
i·na·cen·tua·do, da [イナセントゥアド, ダ] 形〈文法〉アクセントのかからない, 無強勢の.
i·na·cep·ta·ble [イナセプタブレ] 形 承諾できない, 受け入れがたい.
i·nac·ti·vo, va [イナクティボ, バ] 形 不活発な, 動かない.

他 は他動詞 再 は再帰動詞 形 は形容詞 副 は副詞 前 は前置詞 接 は接続詞 間 は間投詞

i·na·dap·ta·do, da [イナダプタド, ダ] 形 (+ a...) ...に適応しない, なじまない.

i·na·de·cua·do, da [イナデクアド, ダ] 形 (+ para...) ...に不適切な.

i·nad·mi·si·ble [イナドミシブレ] 形 容認できない, 受け入れがたい.

i·nad·ver·ten·cia [イナドベルテンシア] 女 怠慢, 不注意.

i·nad·ver·ti·do, da [イナドベルティド, ダ] 形 1 人目につかない. 2 ⟨対象⟩ぼんやりした.

i·na·go·ta·ble [イナゴタブレ] 形 尽きることのない.

i·na·guan·ta·ble [イナグアンタブレ] 形 我慢できない.

i·na·lám·bri·co, ca [イナランブリコ, カ] 形 — 形 無線の.

in al·bis [イナルビス] ⟨ラテン語⟩ (dejar, estar, quedar-se+) なにも知らない, 白紙状態の.

i·nal·can·za·ble [イナルカンさブレ] 形 1 到達できない. 2 理解できない.

i·na·lie·na·ble [イナリエナブレ] 形 ⟨法律⟩譲渡できない.

i·nal·te·ra·ble [イナルテラブレ] 形 不変性の, 安定した.

i·na·mo·vi·ble [イナモビブレ] 形 動かせない.

i·na·ne [イナネ] 形 無価値の, むだな.

i·na·ni·ción [イナニシオン] 女 衰弱, 栄養失調.

i·na·ni·ma·do, da [イナニマド, ダ] 形 無生物の.

i·ná·ni·me [イナニメ] 形 生命のない.

i·na·pe·la·ble [イナペラブレ] 形 上告できない.

i·na·pe·ten·cia [イナペテンシア] 女 食欲不振.

i·na·pe·ten·te [イナペテンテ] 形 食欲のない.

i·na·pla·za·ble [イナプラさブレ] 形 延期のきかない.

i·na·pre·cia·ble [イナプレシアブレ] 形 1 非常に価値のある. 2 取るに足りない.

i·nar·mó·ni·co, ca [イナルモニコ, カ] 形 調和のない, 不和の.

i·nar·ti·cu·la·do, da [イナルティクらド, ダ] 形 1 不明瞭な発音の. 2 ⟨動物⟩無関節の.

i·na·se·qui·ble [イナセキブレ] 形 近づきがたい, 達成できない.

i·na·ta·ca·ble [イナタカブレ] 形 難攻不落の.

i·nau·di·to, ta [イナウディト, タ] 形 前代未聞の, 信じがたい, 驚くばかりの.

i·nau·gu·ra·ción [イナウグラシオン] 女 1 開会式, 落成式. 2 開店, 開業.

i·nau·gu·ral [イナウグラる] 形 開会の, 開店の.

i·nau·gu·rar [イナウグラる] 他 1 ...を(式によって)開会する, 開始する. 2 ...を開業する, 開店する.
— inaugurar-se 再 1 開会する. 2 開業する.

in·ca [インカ] 形 ⟨男女同形⟩ (南米の)インカの, インカ帝国の.
— 男 女 インカ族の人.

in·cai·co, ca [インカイコ, カ] 形 (南米の)インカ族の, インカの.

in·cal·cu·la·ble [インカるクラブレ] 形 数えきれない.

in·ca·li·fi·ca·ble [インカりふィカブレ] 形 評価のできない.

in·can·des·cen·te [インカンデスセンテ] 形 白熱の.

in·can·sa·ble [インカンサブレ] 形 疲れを知らない.

in·ca·pa·ces [インカパセス] 形 複 ⟨→ inca-paz⟩ できない.

in·ca·pa·ci·dad [インカパシダス] 女 無能, 無力.

in·ca·pa·ci·ta·do, da [インカパシタド, ダ] ⟨過去分詞⟩ → incapacitar 無力にする.
— 形 無能力な, 資格のない.

in·ca·pa·ci·tar [インカパシタる] 他 1 ...を無力にする. 2 ...を資格がないと宣言する.

in·ca·paz [インカパす] 形 ⟨複 incapaces⟩ 1 (+de+不定詞) ...ができない. 2 不適格な. 3 無力の.

in·cau·ta·ción [インカウタシオン] 女 ⟨法律⟩押収, 差し押え.

in·cau·tar·se [インカウタルセ] 再 (当局)(+ de...) ...を差し押える, 押収する.

in·cau·to, ta [インカウト, タ] 形 1 不用意な, 軽率な. 2 お人よしの, だまされやすい.

in·cen·diar [インセンディアる] 他 ⟨活 17 cam-biar⟩ ...を火事にする, ...に火をつける.
— incendiar-se 再 火事になる.

in·cen·dia·rio, ria [インセンディアリオ, リア] 形 1 火事になる. 2 放火の.
— 男 女 ⟨人⟩ 火付け, 放火犯人.

in·cen·dio [インセンディオ] 男 火災, 火事.

in·cen·sa·rio [インセンサリオ] 男 ⟨宗教⟩ 香炉.

in·cen·ti·var [インセンティバる] 他 1 ...にやる気を起こさせる. 2 ...を奨励する.

in·cen·ti·vo¹ [インセンティボ] 男 1 (やる気の)動機付け, 誘因. 2 (活動の)奨励, 刺激.

in·cen·ti·vo², va [ー, バ] 形 1 やる気を起こさせる. 2 (仕事への)刺激になる.

in·cer·ti·dum·bre [インセルティドゥンブレ] 女 疑念, 不確定性.

in·ce·san·te [インセサンテ] 形 1 絶え間のない. 2 頻繁な, 繰り返される.

in·ces·to [インセスト] 男 近親相姦(そうかん).

in·ces·tuo·so, sa [インセストゥオソ, サ] 形 近親相姦(そうかん)の.

in·ci·den·cia [インシデンシア] 女 1 (副次的な)出来事. 2 ⟨統計⟩事例の割合. 3 (現象の)影響, 反響.
por incidencia 偶発的に, たまたま.

in·ci·den·tal [インシデンタる] 形 副次的な, 主要でない.

in·ci·den·te [インシデンテ] 男 1 (副次的な)事件, 出来事. 2 いさかい, いがみあい.

in·ci·dir [インシディル] 自 1 (+en+過失など) …に陥る, …をおかす. 2 (+en…) …を強調する. 3 (+en…) …に影響を及ぼす. 4 (物が) (+en…) …に当たる.

in·cien·so [インシエンソ] 男 〈宗教〉(樹脂の)乳香.

in·cier·to, ta [インシエルト, タ] 形 1 不確かな, はっきりしない. 2 未知の, 得体の知れない.

in·ci·ne·ra·ción [インシネラシオン] 女 1 火葬. 2 焼却.

in·ci·ne·ra·dor, do·ra [インシネラドル, ドラ] 男女 1 火葬炉. 2 焼却炉.

in·ci·ne·rar [インシネラル] 他 1 …を火葬にする. 2 …を焼却する.

in·ci·pien·te [インシピエンテ] 形 始まりかけている.

in·ci·sión [インシシオン] 女 切り込み, 切り口.

in·ci·si·vo[1] [インシシボ] 男 〈解剖学〉門歯.

in·ci·si·vo[2]**, va** [—, バ] 形 切断用の, 鋭利な.

in·ci·so [インシソ] 男 1 余談, 脱線した話. 2 〈文〉挿入句.

in·ci·ta·ción [インシタシオン] 女 (+a…への)教唆(きょうさ), 扇動.

in·ci·tan·te [インシタンテ] 形 刺激する, 扇動的な.

in·ci·tar [インシタル] 他 …を扇動する, けしかける.

in·ci·vil [インシビる] 形 公徳心に欠けた.

in·cle·men·cia [インクれメンシア] 女 1 悪天候. 2 冷酷さ.

in·cle·men·te [インクれメンテ] 形 1 〈天候〉厳しい. 2 無慈悲な.

in·cli·na·ción [インクりナシオン] 女 1 かたむき, 傾斜. 2 (+a, hacia…) …への傾向, 性向. 3 (+por…) …への好み, 愛好. 4 お辞儀, 会釈.

in·cli·na·do, da [インクりナド, ダ] 《過去分詞》 → inclinar かたむける.
— 形 1 かたむいた. 2 (+a…) …への傾向がある.

in·cli·nar [インクりナル] 他 1 …をかたむける, 傾斜させる. 2 …をかがめる, 曲げる. 3 …を(+a+不定詞) …する気にさせる, …に仕向ける.
— **inclinar·se** 再 1 かたむく, かしぐ. 2 かがむ, 会釈する. 3 (+a+不定詞) …する気になる, しがちである. 4 (+por…) …の好み, 愛好する, …のほうを選ぶ. 5 (+a…) …に近い.

ín·cli·to, ta [インクりト, タ] 形 高名な, 有名な.

in·clui·do, da [インクるイド, ダ] 《過去分詞》 → incluir 含む.
— 形 含まれた／precio todo *incluido* すべて込みの料金.

in·cluir [インクるイル] 他 《活 43 huir》 1 …を (+en…) …に含む, 含める. 2 …を(自身の中に)含む, 包含する. 3 …を(+en…) …に同封する.

in·clu·sa [インクるサ] 女 孤児院.

in·clu·se·ro, ra [インクるセロ, ラ] 形 孤児院育ちの.
— 男女 (孤児院で育った)孤児.

in·clu·sión [インクるシオン] 女 包含, 封入.

in·clu·si·ve [インクるシベ] 副 …を含んで／Estaré en ésa del 5 al 10, ambos *inclusive*. 5日から10日まで両日を含めて貴地に滞在するつもりです. hasta el día 15 *inclusive* 15日の終りまで.

in·clu·si·vo, va [インクるシボ, バ] 形 包括的な, すべて込みの.

in·clu·so [インクるソ] 副 1 …さえも, …ですら. 2 さらに.

incluy- 活 → incluir 含む《活 43》.

in·co·ar [インコアル] 他 …を始める.

in·co·a·ti·vo, va [インコアティボ, バ] 形 1 開始の, 始まりの. 2 〈文法〉(動詞の意味が)起動(相)の.

in·cóg·ni·ta[1] [インコグニタ] 女 未知数.

in·cóg·ni·to, ta[2] [インコグニト, —] 形 未知の, 不明の.
de incógnito 身分を隠して, お忍びで.

in·cog·nos·ci·ble [インコグノスシブれ] 形 知ることができない, 認識できない.

in·co·he·ren·cia [インコエレンシア] 女 一貫性のないこと, 支離滅裂.

in·co·he·ren·te [インコエレンテ] 形 一貫性のない, 筋道の立たない.

in·co·lo·ro, ra [インコろロ, ラ] 形 色のない, 無色の.

in·có·lu·me [インコるメ] 形 無事な, 無傷の.

in·com·bus·ti·ble [インコンブスティブれ] 形 1 不燃性の, 耐火性の. 2 〈人〉耐え抜いている.

in·co·mi·ble [インコミブれ] 形 1 ひどい味の, 食べられない.

in·co·mo·dar [インコモダル] 他 1 …を不快にする, …の居心地を悪くする. 2 …を怒らせる.
— **incomodar·se** 再 1 むずむずしく感じる. 2 立腹する.

in·co·mo·di·dad [インコモディダス] 女 1 不便, 不都合. 2 居心地の悪さ. 3 不快, 腹立ち.

in·co·mo·do [インコモド] 男 不快, 居心地の悪さ.

in·có·mo·do, da [インコモド, ダ] 形 1 不快な, 居心地の悪い. 2 不便な.

in·com·pa·ra·ble [インコンパラブれ] 形 1 くらべられない. 2 比類のない, 無類の.

in·com·pa·ti·bi·li·dad [インコンパティビりダス] 女 1 非両立性. 2 〈公職〉兼職不能.

in·com·pa·ti·ble [インコンパティブれ] 形 1 両立しない, 相いれない. 2 〈公職〉兼務できない.

in·com·pe·ten·cia [インコンペテンシア] 女 1 無能, 不適格. 2 〈法律〉権限外, 管轄違い.

in·com·pe·ten·te [インコンペテンテ] 形 1 無能な, 適性に欠けた. 2 〈法律〉権限のない.

in·com·ple·to, ta [インコンプれト, タ] 形 不完

全な.

in·com·pren·di·do, da [インコンプレンディド, ダ] 〈人〉正しく理解されていない.
— 男 女 適切に評価されない人.

in·com·pren·si·ble [インコンプレンシブれ] 形 理解できない, 不可解な.

in·com·pren·sión [インコンプレンシオン] 女 無理解, ものわかりの悪さ.

in·com·pren·si·vo, va [インコンプレンシボ, バ] 形 理解のない, ものわかりの悪い.

in·co·mu·ni·ca·ción [インコムニカシオン] 女 1 話し合い〔交通, 通信〕の欠如. 2〈法律〉接見禁止.

in·co·mu·ni·car [インコムニカル] 他 活 73 sacar) 1 …を孤立させる, 隔離する. 2〈法律〉…を接見禁止にする.
— **incomunicarse** 再 1 孤立する. 2 世間との交渉を断つ, 隠遁(いんとん)する.

in·con·ce·bi·ble [インコンセビブれ] 形 1 思いもよらない, 想像できない. 2 とんでもない, 信じがたい.

in·con·ci·lia·ble [インコンシリアブれ] 形 1 和解のできない. 2 (+con...) …と調和しない, 相いれない.

in·con·clu·so, sa [インコンクるソ, サ] 形 未完成の, 終わっていない.

in·con·di·cio·nal [インコンディシオナる] 形 1 無条件の, 絶対的な. 2 全面的に支持する. 3 (+con...) …に忠実な.
— 男 女 全面的な支持者.

in·co·ne·xo, xa [インコネクソ, クサ] 形 1 つながり〔関連〕のない. 2 まとまり〔一貫性〕のない.

in·con·fe·sa·ble [インコンふェサブれ] 形 (恥ずかしくて)口に出せない.

in·con·fe·so, sa [インコンふェソ, サ] 形 (容疑者が)白状しない.

in·con·for·mi·dad [インコンふォルミダス] 女 《= inconformismo 男》(状況に対する)不満足な態度.

in·con·fun·di·ble [インコンふンディブれ] 形 まぎらわしくない, 間違いようのない.

in·con·gruen·cia [インコングルエンシア] 女 1 不一致, 不整合. 2 ちぐはぐ, でたらめ.

in·con·gruen·te [インコングルエンテ] 形 1 一貫性のない, ちぐはぐな. 2 (+con...) …と一致しない, 適合しない.

in·con·men·su·ra·ble [インコンメンスラブれ] 形 1 計測できない, はかり知れない. 2 巨大な, けた違いの.

in·con·mo·vi·ble [インコンモビブれ] 形 1 ゆるぎない, 安定した, 堅固な. 2 動揺しない.

in·cons·cien·cia [インコンスシエンシア] 女 1 無分別, 無自覚. 2 意識不明, 失神.

in·cons·cien·te [インコンスシエンテ] 形 1 自覚のない, 無責任な. 2 (+de...) …に気づかない, …を意識していない. 3 意識のない, 人事不省(じんじふせい)の.
— 男 女 1 無自覚な人間. 2 気絶した人.
— 男〈心理学〉(抑圧による)無意識化.

in·cons·cien·te·men·te [インコンスシエンテメンテ] 副 無意識に, なにげなく.

in·con·se·cuen·cia [インコンセクエンシア] 女 1 論理性の欠如, 自己矛盾. 2 ちぐはぐ, でたらめ.

in·con·se·cuen·te [インコンセクエンテ] 形 1 つじつまの合わない, 一貫性のない. 2 (+con...) …と矛盾する, 相反する. 3 無定見な, でたらめな.

in·con·si·de·ra·do, da [インコンシデラド, ダ] 形 無分別な, 軽率な.

in·con·sis·ten·te [インコンシステンテ] 形 1 もろい, ねばりのない. 2 あやふやな, 説得力のない.

in·con·so·la·ble [インコンソらブれ] 形 慰めようのない.

in·cons·tan·cia [インコンスタンシア] 女 気まぐれ, 移り気.

in·cons·tan·te [インコンスタンテ] 形 気まぐれな, 気が変わりやすい.
— 男 女 移り気な人間.

in·cons·ti·tu·cio·nal [インコンスティトゥシオナる] 形 憲法違反の, 違憲の.

in·con·ta·ble [インコンタブれ] 形 1 無数の, 数えきれない. 2 話せない, 言うべきでない.

in·con·ta·mi·na·do, da [インコンタミナド, ダ] 形 汚染されていない.

in·con·te·ni·ble [インコンテニブれ] 形 こらえきれない, 抑止できない.

in·con·tes·ta·ble [インコンテスタブれ] 形 反論の余地のない, 明白に論証される.

in·con·ti·nen·cia [インコンティネンシア] 女〈医学〉失禁. 2 自制できない状態.

in·con·ti·nen·te [インコンティネンテ] 形 我慢できない, 抑制のきかない.

in·con·tro·la·ble [インコントろらブれ] 形 制御できない, コントロールできない.

in·con·tro·ver·ti·ble [インコントろベルティブれ] 形 議論の余地のない, 明白な.

in·con·ve·nien·cia [インコンベニエンシア] 女 1 不都合, 不便. 2 (言動の)不適切さ, 下品さ.

in·con·ve·nien·te [インコンベニエンテ] 形 1 不都合な, 不便な. 2 不適切な, ふさわしくない.
— 男 1 困難, 障害, 支障. 2 不利益, 損害, 迷惑.

in·cor·diar [インコルディアル] 他 活 17 cambiar) …を困らせる, …に迷惑をかける.

in·cor·dio [インコルディオ] 男 迷惑, 面倒.

in·cor·po·ra·ción [インコルポラシオン] 女 合体, 合併. 2 身を起こすこと. 3 頭を上げること. 4 就業, 仕事の開始.

in·cor·po·ra·do, da [インコルポラド, ダ] 《過去分詞》 → incorporar 合体する.
— 形 1 合体〔合併〕した, 組み込まれた. 2 上体を起こした.

in·cor·po·rar [インコルポラル] 他 1 …を (+a, en...) …に合体させる, 合併する, 組み込む. 2 (頭や上体)を起こす, 上げる. 3 …の上体を起こ

— **incorporarse** 再 1（+a...）…に合体する，参加する．2 上体を起こす．3 頭を持ち上げる．4（+a...）…の仕事［職務］につく．

in·cor·pó·re·o, a [インコルポレオ, ア] 形 1 形のない，中身のない．2 実体のない．

in·co·rrec·ción [インコレクレオン] 女 1 間違い，欠点．2 不正確．3 無礼，無作法．4 不適切．

in·co·rrec·to, ta [インコレクト, タ] 形 1 正しくない，不正確な．2 不適切な，無礼な．

in·co·rre·gi·ble [インコレヒブレ] 形 1 修正できない，なおせない．2（習慣などを）矯正する気のない，わがままな．

in·co·rrup·ti·ble [インコルプティブレ] 形 1 腐敗しない，2 堕落しない，買収されない．

in·co·rrup·to, ta [インコルプト, タ] 形 1 腐敗していない．2 買収されていない，清廉(ホメシ)な．

in·cre·du·li·dad [インクレドゥリダス] 女 1 疑い深いこと，信じることへの抵抗．2 不信心，信仰心の欠如．

in·cré·du·lo, la [インクレドゥロ, ラ] 形 1 容易に信じない，疑い深い．2 信仰心のない．

in·cre·í·ble [インクレイブレ] 形 信じられない，信じがたい，とてつもない．

in·cre·men·tar [インクレメンタル] 他 …をふやす，増大させる，大きくする．

— **incrementarse** 再 ふえる，大きくなる．

in·cre·men·to [インクレメント] 男 1 増加，増大．2 拡大．3 向上，上昇．4 発展，進展．5 増強，強化．

in·cre·pa·ción [インクレパレオン] 女 1 叱責，強い非難．

in·cre·par [インクレパル] 他 …をひどくしかる，強く非難する．

in·cri·mi·nar [インクリミナル] 他 …を有罪とする，告発する．

in·cruen·to, ta [インクルエント, タ] 形 流血を見ない，無血の．

in·crus·ta·ción [インクルスタレオン] 女 1（固い表面への）埋め込み，象眼．2 はめ込み．3 はめ込まれたもの．

in·crus·tar [インクルスタル] 他 1 …を（+en+固い表面）…に埋め込む．2 …を（+en...）…にはめ込む．

— **incrustarse** 再 1（+en...）…に刻み込まれる．2（+en...）…にくい込む．

in·cu·ba·ción [インクバレオン] 女 1 抱卵，孵化(ホ)．2《医学》潜伏．3（社会運動などの）潜行．

in·cu·ba·do·ra [インクバドラ] 女 1 孵卵(ラ)器．2 保育器．

in·cu·bar [インクバル] 他 1（卵）を孵化(ホ)させる，かえす．2（病気）に潜在的にかかっている．

— **incubarse** 再 1（病気が）潜伏する．2（社会運動などが）潜行して進む．

ín·cu·bo [インクボ] 形〈悪魔〉男の姿で女と交わる．

— 男（眠っている女性と交わる悪魔の）夢魔．

in·cues·tio·na·ble [インクエスティオナブレ] 形 疑問の余地のない，明白な．

in·cul·ca·ción [インクルカレオン] 女（考えなどの）たたき込み，刻み込み．

in·cul·car [インクルカル] 他《活 73 sacar》（思想など）をたたき込む，刻み込む．

in·cul·pa·bi·li·dad [インクルパビリダス] 女 無罪．

in·cul·pa·ble [インクルパブレ] 形 無罪の．

in·cul·pa·ción [インクルパレオン] 女 告発，起訴．

in·cul·par [インクルパル] 他 …を（+de...）…の容疑で告発［起訴］する．

in·cul·ti·va·ble [インクルティバブレ] 形 耕作不可能な．

in·cul·to, ta [インクルト, タ] 形 1 耕作されていない．2 無教養の，教養のない．

— 男女 教養のない人間．

in·cul·tu·ra [インクルトゥラ] 女 無教養，無学．

in·cum·ben·cia [インクンベンレア] 女 義務，職務．

in·cum·bir [インクンビル] 自（仕事などが）（+a...）の責任である，…にかかっている．

in·cum·pli·mien·to [インクンプリミエント] 男 1 不履行．2 違反．

in·cum·plir [インクンプリル] 他 1（義務など）を果たさない．2 …に違反する．

in·cu·na·ble [インクナブレ] 形〈印刷本〉（活字印刷の発明から 16 世紀初頭までの）揺籃(ホシ)期の．

— 男 揺籃期本，インキュナブラ．

in·cu·ra·ble [インクラブレ] 形 不治の．

in·cu·ria [インクリア] 女 不注意，怠慢．

in·cu·rrir [インクリル] 自（+en+犯罪など）…を犯す．

in·cur·sión [インクルレオン] 女 1（軍隊の）攻，侵略．2（異分野などへの）侵入．

in·da·ga·ción [インダガレオン] 女 調査，研究．

in·da·gar [インダガル] 他《活 47 llegar》…を調査する，研究する．

indagu- → indagar 調査する《活 47》．

in·de·bi·da·men·te [インデビダメンテ] 副 1 不適切に．2 不当に．

in·de·bi·do, da [インデビド, ダ] 形 1 不適切な，ふさわしくない．2 不当な，不法の．

in·de·cen·cia [インデレセンレア] 女 俗悪，下品．

in·de·cen·te [インデレセンテ] 形 俗悪な，下品な．

in·de·ci·ble [インデレシブレ] 形 言葉では表現できないほどの．

in·de·ci·sión [インデレシオン] 女 優柔不断，不決断．

in·de·ci·so, sa [インデレシソ, サ] 形 決断力のない．

— 男女 優柔不断な人．

in·de·co·ro·so, sa [インデコロソ, サ] 形 不

作法な. 2 下品な.
in·de·fec·ti·ble [インデふェクティブれ] 形 お定まりの, お決まりの.
in·de·fen·sión [インデふェンシオン] 女 無防備.
in·de·fen·so, sa [インデふェンソ, サ] 形 無防備の.
in·de·fi·ni·ble [インデふィニブれ] 形 定義のしようのない, 名状しがたい.
in·de·fi·ni·da·men·te [インデふィニダメンテ] 副 1 不明確に, あいまいに. 2 無期限に.
in·de·fi·ni·do¹ [インデふィニド] 男 1〈文法〉完了過去 [=点過去]. 2〈文法〉不定代名詞.
in·de·fi·ni·do², da [—, ダ] 形 1 限定のない, 不特定の. 2〈文法〉不定の.
in·de·le·ble [インデれブれ] 形 消せない, 忘れられない.
in·de·li·ca·de·za [インデリカデさ] 女 無神経, 粗野, 不作法.
in·de·li·ca·do, da [インデリカド, ダ] 形 無神経な, 不作法な.
in·dem·ne [インデムネ] 形 けがのない, 無傷の.
in·dem·ni·za·ción [インデムニさシオン] 女 1 賠償, 補償. 2 賠償[補償]金.
in·dem·ni·zar [インデムニさル] 他《活 39 gozar》(人)に(+por...) ...の補償[弁償]をする.
in·de·mos·tra·ble [インデモストラブれ] 形 立証されきない.
in·de·pen·den·cia [インデペンデンしア] 女 1 独立, 自立. 2 自主. 3 自治.
con independencia de... ...にかかわりなく.
in·de·pen·den·tis·mo [インデペンデンティスモ] 男 独立運動, 独立主義.
in·de·pen·den·tis·ta [インデペンデンティスタ] 形《男女同形》独立運動の.
— 男女 独立主義者.
in·de·pen·dien·te [インデペンディエンテ] 形 1 独立の, 自立した. 2 自由に振る舞う, 自立心のある. 3 (+de...) ...にかかわりない, ...と無関係の.
— 男女 1 自立した人. 2 無党派の人.
— 副 独りで, 独立して.
in·de·pen·dien·te·men·te [インデペンディエンテメンテ] 副 (+de...) ...とは別個に, ...と関係なく.
in·de·pen·di·zar [インデペンディさル] 他《活 39 gozar》...を独立させる, 自由にさせる.
— *independizarse* 再 (+de...) ...から独立する, 自立する.
in·des·ci·fra·ble [インデスしふラブれ] 形 解読できない, 不可解な.
in·des·crip·ti·ble [インデスクリプティブれ] 形 名状しがたい, 言い表せない.
in·de·se·a·ble [インデセアブれ] 形 好ましくない, 望ましくない.
in·des·truc·ti·ble [インデストルクティブれ] 形 不滅の, 永遠の.
in·de·ter·mi·na·ción [インデテルミナシオン] 女

1 不確定. 2 優柔不断.
in·de·ter·mi·na·do, da [インデテルミナド, ダ] 形 1 不定の, 不確実の. 2 ぼやけた. 3 決断力のない.
pronombre indeterminado 不定代名詞.
in·de·xa·ción [インデクサシオン] 女〈コンピューター〉インデックスの作成.
In·dia [インディア] 固〈国の名〉(南アジアの)インド.
in·dia·no, na [インディアノ, ナ] 形 1 西インド諸島の. 2 新大陸成り金の.
— 男女〈人〉新大陸帰りの成り金.
In·dias [インディアス] 固 1 西インド諸島. 2 (中南米の)インディアス, 新大陸.
in·di·ca·ción [インディカシオン] 女 1 示唆, ほのめかし. 2 指図, 指摘. 3 表示, 標識. 4 処方箋(╛).
in·di·ca·do, da [インディカド, ダ] 《過去分詞》→ indicar 指示する.
— 形 1 指示された, すすめられた. 2 都合のよい, 適した.
in·di·ca·dor¹ [インディカドル] 男 1 指示器, 標識. 3 (路線などの)指示板, 案内板.
in·di·ca·dor², do·ra [—, ドラ] 形 指示する, 表示する.
in·di·car [インディカル] 他《活 73 sacar》1 ...を指示する, 指し示す. 2 (医者が) ...を処方する. 3 (+que+接続法) ...するようにすすめる, ...を示唆する.
in·di·ca·ti·vo¹ [インディカティボ] 男〈文法〉直説法 [= modo indicativo].
in·di·ca·ti·vo², va [—, バ] 形 1 指示する, 表示する. 2〈文法〉直説法の.
ín·di·ce [インディせ] 男 1 指示するもの, 指針, 指標. 2 目次, 索引, インデックス. 3〈手〉人さし指. 4 指数, 率.
in·di·cio [インディしオ] 男 1 徴候, しるし. 2 少量, 微量. 3 痕跡(ミミ), 手がかり.
ín·di·co, ca [インディコ, カ] 形 (アジアの国の)インドの India の.
in·di·fe·ren·cia [インディふェレンしア] 女 1 冷淡. 2 無関心. 3 無価値.
in·di·fe·ren·cia·do, da [インディふェレンしアド, ダ] 形 違いのない.
in·di·fe·ren·te [インディふェレンテ] 形 1 (+a...) ...に関心のない, 冷淡な. 2 どうでもよい, 取るに足らない.
in·dí·ge·na [インディヘナ] 形《男女同形》先住の, 原産の.
— 男女 先住民, 土地の人.
in·di·gen·cia [インディヘンしア] 女 窮乏, 貧窮.
in·di·ge·nis·mo [インディヘニスモ] 男 (ラテンアメリカの)1 先住民研究. 2 先住民擁護運動. 3〈言語学〉先住民語系要素.
in·di·ge·nis·ta [インディヘニスタ] 形《男女同形》(ラテンアメリカの)1 先住民研究の. 2 先住民

in·di·gen·te [インディヘンテ] 形 生活に困った, 貧窮した.
— 男女 生活困窮者.

in·di·ges·tar·se [インディヘスタルセ] 再 1 (食べ物が) (+a...) …に消化不良を起こさせる. 2 (+a...) …に不快感を与える, いやがらせる.

in·di·ges·tión [インディヘスティオン] 女 消化不良, 胃のもたれ.

in·di·ges·to, ta [インディヘスト, タ] 形 消化に悪い, 消化されにくい.

in·dig·na·ción [インディグナシオン] 女 (無礼なことへの)憤慨, いきどおり.

in·dig·nan·te [インディグナンテ] 形 腹立たしい, けしからん.

in·dig·nar [インディグナル] 他 …を憤慨させる, 激怒させる.
— indignar·se 再 (+con, por... に)憤慨する.

in·dig·no, na [インディグノ, ナ] 形 1 (+de...) …にふさわしくない, …に値しない. 2 卑しむべき, 下劣な.

ín·di·go [インディゴ] 男 〖染料〗インジゴ, インド藍(ぁぃ).

in·dio, dia [インディオ, ディア] 形 1 (南アジアの)インドの. 2 (アメリカの)先住民の, インディオの, インディアンの.
— 男女 1 インド人. 2 インディオ, インディアン.
hacer el indio おどける, ふざける.

indiqu- → indicar 指示する 〖活 73〗.

in·di·rec·ta¹ [インディレクタ] 女 暗示, ほのめかし.

in·di·rec·ta·men·te [インディレクタメンテ] 副 間接的に, それとなく.

in·di·rec·to, ta² [インディレクト, —] 形 1 間接的な. 2 遠回しの.
complemento indirecto 〈文法〉間接補語, 間接目的語.
estilo indirecto (*libre*) 〈文法〉(自由)間接話法.

in·dis·ci·pli·na·do, da [インディスシプリナド, ダ] 形 規律を守らない.
— 男女 従順でない者.

in·dis·cre·ción [インディスクレシオン] 女 1 無分別, 軽率. 2 不謹慎, ぶしつけ.

in·dis·cre·to, ta [インディスクレト, タ] 形 1 分別のない, 軽率な. 2 ふまじめ, ぶしつけな.

in·dis·cri·mi·na·da·men·te [インディスクリミナダメンテ] 副 無差別に, 手当たりしだいに.

in·dis·cri·mi·na·do, da [インディスクリミナド, ダ] 形 差別[区別]のない.

in·dis·cul·pa·ble [インディスクルパブれ] 形 許しがたい, 弁解の余地のない.

in·dis·cu·ti·ble [インディスクティブれ] 形 議論の余地のない, 文句なしの.

in·dis·cu·ti·ble·men·te [インディスクティブれメンテ] 副 明らかに, 文句なしに.

in·di·so·lu·ble [インディソるブれ] 形 1 溶解[分解]できない. 2 解消できない, 固い.

in·dis·pen·sa·ble [インディスペンサブれ] 形 欠かせない, 必要不可欠の, 必須(ひっす)の.

indispondr- 活 → indisponer 敵対させる 〖活 61〗.

in·dis·po·ner [インディスポネル] 他 〖活 61 po-ner〗 1 …を(+con, contra...) …に敵対させる. 2 …と仲たがいさせる. 3 …を病気にする, …の体調をくずさせる.

indispong- 活 → indisponer 敵対させる 〖活 61〗.

in·dis·po·si·ción [インディスポシシオン] 女 体の不調, 軽い病気.

in·dis·pues·to, ta [インディスプエスト, タ] 〖過去分詞〗→ indisponer 敵対させる.
— 形 1 体調が悪い. 2 (+con, contra...) …と仲たがいしている.

indispus- 活 → indisponer 敵対させる 〖活 61〗.

in·dis·tin·ta·men·te [インディスティンタメンテ] 副 1 不明瞭に, あいまいに. 2 区別なしに.

in·dis·tin·to, ta [インディスティント, タ] 形 1 あいまいな, ぼんやりした. 2 区別のない. 3 どちらでもよい, おなじことになる.

in·di·vi·dual [インディビドゥアる] 形 1 個人の, 個々の. 2 ひとり用の. 3 個人的な, 私的な.
— 男 〈スポーツ〉個人戦.
derechos individuales (基本的人権の)個人の権利.
habitación individual (ホテルなどの)シングルルーム, 個室.
individual caballeros [*damas*] (テニスなどの)男子[女子]シングルス.
un asunto individual 私事, プライバシー.

in·di·vi·dua·li·dad [インディビドゥアリダ𝑠] 女 個性, パーソナリティー.

in·di·vi·dua·lis·mo [インディビドゥアリスモ] 男 1 個人主義. 2 利己主義.

in·di·vi·dua·lis·ta [インディビドゥアリスタ] 形 《男女同形》 1 個人主義の. 2 利己主義の.
— 男女 1 個人主義者. 2 利己主義者.

in·di·vi·dua·li·zar [インディビドゥアりサル] 他 〖活 39 gozar〗 1 …を個々に扱う. 2 …の個性をはっきりさせる.

in·di·vi·dual·men·te [インディビドゥアるメンテ] 副 1 個々に, それぞれ. 2 個人的に, 私的に.

in·di·vi·duo¹ [インディビドゥオ] 男 1 個人. 2 (組織の)一員, 会員. 3 (種(しゅ)に)属する)個体.

in·di·vi·duo², dua [—, ドゥア] 男女 1 ある人, よそ者. 2 奴(ゃっ), あいつ.

in·di·vi·si·ble [インディビシブれ] 形 不可分の, 分

in·doc·to, ta

割できない.

in·doc·to, ta [インドクト, タ] 形 教養のない.
― 男 女 無学な人間.

in·do·cu·men·ta·do, da [インドクメンタド, ダ] 形 1 身分証明書を持っていない. 2 名の知れない, 記録にない.
― 男 女 身分証明書の不携帯者.

in·do·eu·ro·pe·o[1] [インドエウロペオ] 男〈言語学〉印欧祖語.

in·do·eu·ro·pe·o[2]**, a** [―, ア] 形〈言語学〉1 インドヨーロッパ諸語の, 印欧語族の. 2 印欧祖語の.

ín·do·le [インドれ] 女 1 気質, 性分. 2 性格, 質.

in·do·len·cia [インドれンシア] 女 怠惰, 不精.

in·do·len·te [インドれンテ] 形 怠惰な, 不精な.
― 男 女 不精者, なまけ者.

in·do·lo·ro, ra [インドろロ, ラ] 形 無痛の.

in·do·ma·ble [インドマブれ] 形 1 手に負えない, 御しがたい. 2 調教できない.

in·dó·mi·to, ta [インドミト, タ] 形 1 調教されていない, 野生の. 2 手に負えない, 従順でない.

in·do·ne·sio, sia [インドネシオ, シア] 形〈アジアの国の〉インドネシア Indonesia の.
― 男 女 インドネシア人.

in·du·bi·ta·ble [インドゥビタブれ] 形 疑問の余地もない.

in·duc·ción [インドゥクシオン] 女 1 誘引, 誘導. 2〈電気〉誘導, 感応. 3〈論理〉帰納法.

in·du·cir [インドゥシル] 他《活 20 conducir》1 …を（+a...）…に仕向ける, 導く. 2〈結論などを〉帰納的に導き出す, 帰納する, 推論する.

in·duc·tan·cia [インドゥクタンシア] 女〈電気〉誘導係数, インダクタンス.

in·duc·ti·va·men·te [インドゥクティバメンテ] 副〈論理〉帰納的に.

in·duc·ti·vo, va [インドゥクティボ, バ] 形〈論理〉帰納的な.

in·duc·tor, to·ra [インドゥクトル, トラ] 形 そそのかす, けしかける. 教唆（きょうさ）する.
― 男 女〈犯罪の〉教唆者.

in·du·da·ble [インドゥダブれ] 形 疑う余地のない, まぎれもない.

in·du·da·ble·men·te [インドゥダブれメンテ] 副 まぎれもなく, 明白に.

induj- 活 → inducir 仕向ける《活 20》.

in·dul·gen·cia [インドゥるヘンシア] 女 1 寛容, 寛大. 2〈宗教〉免償.

in·dul·gen·te [インドゥるヘンテ] 形（+con, para, para con... …に対して）寛大な, 寛容な.

in·dul·tar [インドゥるタル] 他 1（人）を許す. 2（人）の（+de+罰など）…を軽減する, 免除する.

in·dul·to [インドゥると] 男（罰などの）赦免（しゃめん）, 減免.

in·du·men·ta·ria [インドゥメンタリア] 女（集合的に）衣類, 衣服.

in·dus·tria [インドゥストリア] 女 1 産業, 工業. 2 工場, 製造会社. 3 実業界, 産業界. 4 巧みさ, 巧知.

industria automovilística [*automotriz*] 自動車産業.

industria informática 情報産業.

industria ligera 軽工業.

industria pesada 重工業.

in·dus·trial [インドゥストリアる] 形 産業の, 工業の, 企業の.
― 男 女 1 製造業者, 工場主. 2 企業家, 実業家.

complejo industrial 工業コンビナート.

en cantidades industriales 大量に, 多数の.

in·dus·tria·lis·mo [インドゥストリアリスモ] 男 産業[工業]優先策.

in·dus·tria·li·za·ción [インドゥストリアりさしオン] 女 産業化, 工業化.

in·dus·tria·li·za·do, da [インドゥストリアりさド, ダ]《過去分詞》→ industrializar 産業化する.
― 形 産業化した, 工業化した.

in·dus·tria·li·zar [インドゥストリアリさル] 他《活 39 gozar》…を産業化する, 工業化する.

in·dus·trio·so, sa [インドゥストリオソ, サ] 形（産業界で）よく働く, 勤勉な.

induzc- → inducir 仕向ける《活 20》.

i·né·di·to, ta [イネディト, タ] 形 1〈作家〉発表作品のない. 2 知られていない, 新しい. 3〈著作〉未発表の, 未刊の.

i·ne·fa·ble [イネふァブれ] 形 言い表しようのない, 言語に絶する.

i·ne·fi·ca·cia [イネふィカシア] 女 効果のなさ, 非能率.

i·ne·fi·caz [イネふィカす] 形（期待通りの）効果の上がらない.

i·ne·fi·cien·te [イネふィシエンテ] 形 効果の少ない, 効率の悪い.

i·ne·luc·ta·ble [イネるクタブれ] 形 避けられない, 逃げられない.

i·ne·lu·di·ble [イネるディブれ] 形 回避できない, 避けられない.

i·ne·na·rra·ble [イネナラブれ] 形 言語に絶する, 名状しがたい.

i·nep·ti·tud [イネプティトゥス] 女 能力のなさ, 適格性の欠如.

i·nep·to, ta [イネプト, タ] 形 不適格な, 能力のない.
― 男 女 不適格者, 役立たず.

i·ne·quí·vo·co, ca [イネキボコ, カ] 形 まぎれもない, 明白な.

i·ner·cia [イネルシア] 女 1 惰性, 現状維持. 2〈物理学〉慣性.

i·ner·me [イネルメ] 形 武器を持たない, 無防備の.

i·ner·te [イネルテ] 形 1 生命のない, 動かない. 2〈化学〉不活性の. 3〈環境〉生命の存在できない.

I·nés [イネス] 固〈女性の名〉イネス.
i·nes·cru·ta·ble [イネスクルタブれ] 形 不可解な, 解釈のできない.
i·nes·pe·ra·da·men·te [イネスペラダメンテ] 副 1 不意に, 突然に. 2 予想外に.
i·nes·pe·ra·do, da [イネスペラド, ダ] 形 1 思いがけない, 突然の. 2 意外な, 予想外の.
i·nes·ta·bi·li·dad [イネスタビリダス] 女 不安定, 変わりやすさ.
i·nes·ta·ble [イネスタブれ] 形 不安定な, 変わりやすい.
i·nes·ti·ma·ble [イネスティマブれ] 形 評価しようのないほどの, 計り知れない.
i·ne·vi·ta·ble [イネビタブれ] 形 避けられない, 不可避の.
i·ne·xac·ti·tud [イネクサクティトゥス] 女 1 不正確, 不精確. 2 間違い, 誤り.
i·ne·xac·to, ta [イネクサクト, タ] 形 1 不正確な, 不精確な. 2 間違いの, 本当でない.
i·nex·cu·sa·ble [イネスクサブれ] 形 弁解の余地のない, 許しがたい.
i·ne·xis·ten·te [イネクシステンテ] 形 1 存在しない, ありもしない. 2 あっても役に立たない.
i·ne·xo·ra·ble [イネクソラブれ] 形 1 無情な, 容赦のない. 2 確実に進罪ある.
i·nex·per·to, ta [イネスペルト, タ] 形 経験のない, 未熟な.
i·nex·pli·ca·ble [イネスプリカブれ] 形 説明のしようのない, 不可解な.
i·nex·plo·ra·do, da [イネスプろラド, ダ] 形 人跡未踏の, 探検されていない.
i·nex·pre·sa·ble [イネスプレサブれ] 形 筆舌に尽くしがたい, 名状しがたい.
i·nex·pre·si·vo, va [イネスプれシボ, バ] 形 1 うまく表現できない, 表現力の低い. 2 無表情の.
i·nex·pug·na·ble [イネスプグナブれ] 形 征服しにくい, 難攻不落の.
i·nex·tin·gui·ble [イネスティンギブれ] 形 消しがたい, 消せない.
in ex·tre·mis [イネクストレミス] 副《ラテン語》1 臨終に. 2 危急に際して.
i·nex·tri·ca·ble [イネストリカブれ] 形 1 全容をつかみにくい, 解きにくい. 2 こみ入った, 解きほぐせない.
in·fa·li·bi·li·dad [インふァリビリダス] 女 絶対的な確実性, 無謬(びゅう)性.
in·fa·li·ble [インふァリブれ] 形 1 間違うことのない, 決して誤らない. 2 (方法などが) 確実な, 失敗例のない.
in·fa·man·te [インふァマンテ] 形 (+para...) ...の名誉を傷つける, ...を中傷するような.
in·fa·mar [インふァマル] 他 ...の名誉を傷つける, ...を中傷する.
in·fa·ma·to·rio, ria [インふァマトリオ, リア] 形 名誉毀損(きそん)の, 中傷的な.
in·fa·me [インふァメ] 形 1 恥ずべき, 下劣な. 2 劣悪な, ひどく悪い.
in·fa·mia [インふァミア] 女 1 不名誉, 汚名, 恥辱. 2 恥ずべき言動.
in·fan·cia [インふァンしア] 女 1 幼年期, 幼時. 2 (集合的に) 子供.
  jardín de infancia 幼稚園.
in·fan·do, da [インふァンド, ダ] 形 口にすべきでない.
in·fan·ta [インふァンタ] 女 1 (スペインなどの王位継承権のない) 王女, 皇女. 2 (7 歳未満の) 幼女.
in·fan·te [インふァンテ] 男 1 (スペインなどの王位継承権のない) 王子, 皇子. 2 (7 歳未満の) 幼児, 男児. 3〈兵士〉歩兵. 4《中世》(王位を継承する) 王子, 皇太子.
in·fan·te·rí·a [インふァンテリア] 女〈軍隊〉歩兵隊.
  infantería de marina 海兵隊.
in·fan·ti·ci·da [インふァンティしダ] 形《男女同形》幼児殺しの, 嬰児(えいじ)殺しの.
  ― 男女〈人〉幼児殺し, 嬰児殺し.
in·fan·ti·ci·dio [インふァンティしディオ] 男〈事件〉幼児殺し, 嬰児(えいじ)殺し.
in·fan·til [インふァンティる] 形 1 子供の, 幼児の. 2 子供らしい, 純真な.
in·fan·ti·lis·mo [インふァンティリスモ] 男 幼児性.
in·fan·zón, zo·na [インふァンそン, そナ] 男女《中世》(下級貴族の) 郷士(ごうし).
in·far·to [インふァルト] 男〈医学〉梗塞(こうそく).
  infarto de miocardio 心筋梗塞.
in·fa·ti·ga·ble [インふァティガブれ] 形 疲れを知らない, 根気のよい.
in·fa·tuar [インふァトゥアル] 他〈活 1 actuar〉...をうぬぼれさせる.
  ― *infatuar-se* 再 うぬぼれる, 思いあがる.
in·faus·to, ta [インふァウスト, タ] 形〈出来事〉不幸な, 不運な.
in·fec·ción [インふェクしオン] 女 1〈医学〉伝染, 感染. 2 伝染病, 感染症.
in·fec·cio·so, sa [インふェクしオソ, サ] 形 伝染の, 感染させる.
in·fec·tar [インふェクタル] 他 (病気を)(+a...) ...に感染させる.
  ― *infectar-se* 再 (傷などが) 化膿(かのう)する.
in·fec·to, ta [インふェクト, タ] 形 1 感染した, 化膿(かのう)した. 2 くさった, 腐敗した.
in·fe·cun·di·dad [インふェクンディダス] 女 1 (土地の) 不毛. 2 不妊.
in·fe·cun·do, da [インふェクンド, ダ] 形 1 (土地が) 不毛の, やせた. 2 妊娠しない, 不妊の.
in·fe·li·ces [インふェリせス] 形複《→ feliz》不幸な.
in·fe·li·ci·dad [インふェりしダス] 女 不幸, 不運.
in·fe·liz [インふェりす] 形《複 infelices》1 不幸な, 不運な. 2 善良な, 人のよい.
in·fe·ren·cia [インふェレンしア] 女 推理, 推論.

in·fe·rior [インふぇリオル] 形 1 (上下のあるものの)下の, 下部の. 2 (+a...) …より劣った, …より少ない, …より低い. 3〈生物〉下等の, 劣の. 4〈人〉目下の, 従属している.
— 男 女 平社員, 部下, 下級者.

in·fe·rio·ri·dad [インふぇリオリダス] 女 1 下位, 下級. 2 劣等, 低級.
complejo de inferioridad 〈心理学〉劣等感.

in·fe·rir [インふぇリル] 他《活 77 sentir》1 (見解などを)(+de...) …から推論する, 判断する. 2 (苦痛などを)(+a...) …に与える.

in·fer·nal [インふぇルナル] 形 1 地獄の, 地獄のような. 2 極悪の, ひどい, 我慢ならない.

in·fes·ta·ción [インふぇスタしオン] 女 1 (人や動植物の)大量の侵入, はびこり, 大量発生. 2 (土地の)荒廃. 3 汚染, 腐敗.

in·fes·tar [インふぇスタル] 他 1 (場所に)大量に入る, はびこる, むらがる. 2 (場所に)侵入する, …を荒らす. 3 …を汚染する, 腐敗させる. 4 …を(+de+ごみなど) …でいっぱいにする.

in·fi·cio·nar [インふぃしオナル] 他 1 …に病気をうつす. 2 …を堕落させる, …に悪影響を与える.

in·fi·de·li·dad [インふぃデリダぅ] 女 1 不忠, 不実. 2 不貞, 不義. 3 不正確. 4 不信仰, 未信仰.

in·fi·den·cia [インふぃデンしア] 女 1 不忠, 不実. 2 裏切り, 背信行為.

in·fiel [インふぃエる] 形 1 (+a...) …に忠実でない, 誠実でない. 2 不貞な. 3 不正確な. 4 (正しい宗教を)信仰しない.
— 男 女 未信仰者, 異教徒.

infier- 活 → inferir 推論する《活 77》.

in·fier·ni·llo [インふぃエルニじょ] 男 (携帯用)こんろ.

in·fier·no [インふぃエルノ] 男 1 地獄. 2 死者の国, 冥土(めいど). 3 混乱状態. 4 殴り合いの場.
¡Al infierno con...! …などくたくらえ!, …などくたばれ!
al quinto infierno 遠隔の地へ.
en el quinto infierno ずいぶん遠い所に.
ir·se al infierno (事が)失敗する, だめになる.
mandar... al infierno …を拒絶する, …との関係を断つ.
penas de infierno 地獄の責め苦.
¡Vete [;Que se vaya] al infierno! お前など[あいつなど]くたばれ!, 消えてなくなれ!

in·fi·jo [インふぃホ] 男 〈文法〉(語中に挿入する)接中辞.

in·fil·tra·ción [インふぃるトラしオン] 女 1 (ひそかな)侵入, 潜入. 2 浸入, 浸透.

in·fil·tra·do, da [インふぃるトラド, ダ]《過去分詞》→ infiltrar しみ込ませる.
— 形 1 浸透した. 2 潜入した.
— 男 女 (刑事ারの)潜入者.

in·fil·trar [インふぃるトラル] 他 1 (液体)を(+en...) …にしみ込ませる. 2 (思想などを)(+en, entre...) …に吹き込む, 浸透させる. 3 …を(+en...) …に潜入させる.
— **infiltrar·se** 再 1 しみ込む. 2 浸透する. 3 潜入する.

ín·fi·mo, ma [インふィモ, マ] 形《絶対最上級語→ malo, la ; bajo, ja》1 とても悪い. 2 とても低い.

in·fi·ni·dad [インふィニダぅ] 女 無数, 無限.

in·fi·ni·ta·men·te [インふィニタメンテ] 副 1 無限に. 2 きわめて, とても.

in·fi·ni·te·si·mal [インふィニテシマる] 形 〈数学〉微小の, 限りなくゼロに近い.

in·fi·ni·ti·vo [インふぃニティボ] 男 〈文法〉不定詞.

in·fi·ni·to [インふィニト] 男 1〈数学〉(記号の ∞)無限大. 2 はるかに遠い所.
— 副 無限に, とても, 非常に.

in·fi·ni·to, ta [—, タ] 形 1 無限の, はてしない. 2 無数の, 数限りない.

infir- 活 → inferir 推論する《活 77》.

in·fla·ción [インふらしオン] 女 〈経済〉インフレ, インフレーション, 物価水準の上昇.

in·fla·cio·na·rio, ria [インふらしオナリオ, リア] 形《=inflacionista》〈経済〉インフレの.

in·fla·cio·nis·mo [インふらしオニスモ] 男 〈経済〉インフレ傾向.

in·fla·ma·ble [インふらマブれ] 形 燃えやすい, 引火性の.

in·fla·ma·ción [インふらマしオン] 女 1〈医学〉炎症. 2 引火, 燃焼.

in·fla·mar [インふらマル] 他 1 …を燃え上がらせる. 2 (人を)興奮させる, あおり立てる.
— **inflamar·se** 再 1 燃え上がる. 2 (体の一部が)炎症を起こす.

in·fla·ma·to·rio, ria [インふらマトリオ, リア] 形 〈医学〉1 炎症の, 炎症になる. 2 炎症に伴う.

in·flar [インふらル] 他 1 …を(気体や液体で)ふくらませる. 2 …を誇張する. 3 …をうんざりさせる, 立腹させる.
— **inflar·se** 再 1 (+a+不定詞) …をやりすぎる. 2 ふくらむ. 3 得意になる, 鼻を高くする.

in·fle·xi·ble [インふれクシブれ] 形 1 曲がらない. 2 安易に妥協しない, 他人に迎合しない.

in·fle·xión [インふれクシオン] 女 1 屈曲. 2 (声などの)抑揚, トーンの変化. 3〈文法〉屈折, 語尾変化.

in·fli·gir [インふリヒル] 他《活 27 dirigir》(罰などを)(+a+人) …に科す, 与える.

in·flo·res·cen·cia [インふロレスせンしア] 女 〈植物〉花序.

in·fluen·cia [インふるエンしア] 女 1 効果, 影響, 感化. 2 影響力, コネ. 3 効力, 勢力, 権力.

in·fluen·ciar [インふるエンしアル] 他《活 17 cambiar》…に影響を与える, …を感化する.

in·fluir [インふるイル] 自《活 43 huir》1 (+en, sobre...) …に影響を及ぼす, 作用する. 2

活 は活用形 複 は複数形 男 は男性名詞 女 は女性名詞 固 は固有名詞 代 は代名詞 自 は自動詞

in·flu·jo [インふルホ] 男 影響, 効果, 感化.
influy- 活 → influir 影響を及ぼす(活 43).
in·flu·yen·te [インふるイェンテ] 形 1 影響力のある. 2 勢力[権力]のある.
in·for·ma·ción [インふォルマしオン] 女 1 情報, 消息. 2 情報伝達, 報道, ニュース. 3 (情報の)発信, 受信. 4 案内所, 案内係, 受付.
a título de información 参考までに.
ciencia de la información 情報科学.
información deportiva スポーツニュース.
información genética 遺伝情報.
información meteorológica 天気予報.
información sumaria 略式裁判手続き.
oficina [centro] de información turística 観光案内所.
preguntar en información 案内所でたずねる.
in·for·ma·do, da [インふォルマド, ダ] 《過去分詞》→ informar 知らせる.
— 形 1 よく知っている, 事情にくわしい. 2 身元の確かな.
in·for·ma·dor, do·ra [インふォルマドル, ドラ] 形 情報提供の.
— 男女 情報提供者, 密告者.
in·for·mal [インふォルマる] 形 1 非公式の. 2 略式の, 変則的な. 3 当てにならない, いいかげんな.
in·for·ma·li·dad [インふォルマリダっ] 女 1 非公式, 略式. 2 だらしなさ.
in·for·man·te [インふォルマンテ] 形 情報を提供する.
— 男女 資料提供者, インフォーマント.
in·for·mar [インふォルマル] 他 1 …に(+de, sobre…) …を知らせる, 報告する. 2 …を形づける, 形成する. 3 (権威が) …について意見を述べる.
— 自 (権威が) (+de, sobre…) …について意見を述べる.
— *informarse* 再 (+de, sobre…) 1 …について照会する, 調べる. 2 …を知る.
in·for·má·ti·ca[1] [インふォルマティカ] 女 (コンピューター処理の)情報科学.
in·for·má·ti·co, ca[2] [インふォルマティコ, —] 形 情報科学の, 情報処理の.
— 男女 情報科学研究者.
in·for·ma·ti·vo[1] [インふォルマティボ] 男 ニュース番組.
in·for·ma·ti·vo[2]**, va** [—, バ] 形 情報提供の.
boletín informativo (学会などの)会報, 通信.
in·for·ma·ti·za·ción [インふォルマティさしオン] 女 情報処理化.
in·for·ma·ti·zar [インふォルマティさル] 他 《活 39 gozar》…を情報処理化する.
in·for·me [インふォルメ] 形 形のはっきりしない,

形になっていない.
— 男 1 情報, 消息 [= informes]. 2 報告, 報告書, 調査書, 調書.
in·for·tu·na·do, da [インふォルトゥナド, ダ] 形 不幸な, 不運な.
in·for·tu·nio [インふォルトゥニオ] 男 1 不幸, 不運. 2 逆境.
in·frac·ción [インふラクしオン] 女 違反, 不履行.
in·frac·tor, to·ra [インふラクトル, トラ] 形 履行しない.
— 男女 違反者.
in·fra·es·truc·tu·ra [インふラエストルクトゥラ] 女 1 (組織の)下部構造, インフラ. 2 《建築》基礎構造.
in fra·gan·ti [インふラガンティ] 副 《ラテン語》《= infraganti》現行犯で.
in·fra·hu·ma·no, na [インふラウマノ, ナ] 形 人間以下の, 非人間的な.
in·fran·que·a·ble [インふランケアブれ] 形 1 克服困難な. 2 通過できない.
in·fra·rro·jo, ja [インふラロˆホ, ハ] 形 赤外線の.
in·fras·cri·to, ta [インふラスクリト, タ] 形 下記の, 下に署名している.
— 男女 (書面の)下の署名者.
in·fre·cuen·te [インふレクエンテ] 形 まれな.
in·frin·gir [インふリンヒル] 他 《活 27 dirigir》(法など)に違反する.
in·fruc·tuo·so, sa [インふルクトゥオソ, サ] 形 (期待された)結果の出ない, 無益な.
ín·fu·las [インふら] 女複 自負, うぬぼれ.
darse [tener] (muchas) ínfulas (とても)気取る.
in·fun·da·do, da [インふンダド, ダ] 形 事実無根の, 根拠のない.
in·fun·dio [インふンディオ] 男 うそ, デマ.
in·fun·dir [インふンディル] 他 1 …を(+en…) …に吹き込む, 抱かせる. 2 (神が) …を(+a…) …に注入する.
in·fu·sión [インふシオン] 女 1 煎(せん)じ出し. 2 煎じ薬. 3《飲み物》(紅茶などの)煎じ茶.
in·fu·so, sa [インふソ, サ] 形 神からさずかった, 天賦(てんぷ)の.
in·ge·niar [インヘニアル] 他 《活 17 cambiar》…を工夫する, 考え出す.
ingeniarse las para (+不定詞) …する方法を見つけ出す, 工夫して …する.
in·ge·nie·rí·a [インヘニエリア] 女 工学, エンジニアリング.
ingeniería genética 遺伝子工学.
in·ge·nie·ro, ra [インヘニエロ, ラ] 男女 エンジニア, 技師.
ingeniero agrónomo 農業技師.
ingeniero civil 土木技師.
ingeniero técnico (中級技術課程修了の)技

手.

in·ge·nio [インヘニオ] 男 1 創造力, 創意. 2 (技術系の)創意, 発明, 工夫. 3 機知, 才覚.

in·ge·nio·so, sa [インヘニオソ, サ] 形 1 創意に富んだ. 2 才覚のある, 機知のある.

in·gé·ni·to, ta [インヘニト, タ] 形 生まれつきの.

in·gen·te [インヘンテ] 形 巨大な.

in·ge·nua·men·te [インヘヌアメンテ] 副 無邪気に.

in·ge·nui·dad [インヘヌイダス] 女 純真, 無邪気.

in·ge·nuo, nua [インヘヌオ, ヌア] 形 純真な, 無邪気な.

in·ge·rir [インヘリル] 他《活 77 sentir》(食物)を摂取する, 飲み込む.

in·ges·tión [インヘスティオン] 女 (食物などの)嚥下(えん), 摂取.

ingier-, ingir- → ingerir 摂取する《活 77》.

In·gla·te·rra [イングらテラ] 固《国の名》イギリス, 英国.

in·gle [イングれ] 女 〈解剖学〉(股(また)のつけ根の)鼠蹊(そけい)部.

in·glés[1] [イングれス] 男 英語.

in·glés[2], **gle·sa** [―, グれサ] 形 イギリスInglaterra の, 英国の.
— 男女 イギリス人, 英国人.
a la inglesa 英国風の, イギリス流に.

in·go·ber·na·ble [インゴベルナブれ] 形 1 統治不能の, 手に負えない.

in·gra·ti·tud [イングラティトゥス] 女〈行為〉恩知らず, 忘恩.

in·gra·to, ta [イングラト, タ] 形 1 (+con, para con...) ...の恩を忘れた. 2 不愉快な. 3 報いの少ない, やりがいのない.

in·gra·vi·dez [イングラビデス] 女 1 無重力状態. 2 軽さ, 軽やかさ.

in·grá·vi·do, da [イングラビド, ダ] 形 1 無重力の, 重さのない. 2 軽やかな, 軽い.

in·gre·dien·te [イングレディエンテ] 男 1 成分, 構成要素. 2 特徴的材料.

in·gre·sar [イングレサル] 自 1 (+en, a...) ...に入る, 入会する, 加入する. 2 (+en, a...) ...に入学する. 3 (+en...) ...に入院する.
— 他 1 (金)を払い込む, 預金する. 2 (金)の入金を受ける, ...を振り込まれる. 3 ...を(+en...) ...に入院させる.

in·gre·so [イングレソ] 男 1 入会, 加入. 2 入学. 3 入金, 預金. 4 入院.
examen de ingreso 入学試験.
ingreso en el hospital 入院.

in·gre·sos [イングレソス] 男複《→ ingreso》(定期的な)収入, 所得.

in·gui·nal [イングイナる] 形〈解剖学〉鼠蹊(そけい)部の.

in·há·bil [イナビる] 形 1 業務を行わない, 執務時間外の. 2 (+para...) ...の能力のない, ...に適しない. 3 不器用な, へたな.

in·ha·bi·li·dad [イナビリダス] 女 1 無能力, 不適格さ. 2 不器用.

in·ha·bi·li·tar [イナビリタル] 他 ...を(+para...) ...の不適格者であるとする, ...の能力がないと判定する.

in·ha·bi·ta·ble [イナビタブれ] 形 人の住めない, 住みにくい.

in·ha·bi·ta·do, da [イナビタド, ダ] 形 人の住んでいない, 無人の.

in·ha·la·ción [イナらシオン] 女〈医療〉吸入.

in·ha·la·dor [イナらドル] 男〈医学〉吸入器.

in·ha·lar [イナらル] 他〈医療〉...を吸入する.

in·he·ren·te [イネレンテ] 形 (+a...) ...に特有の, 本来備わっている.

in·hi·bi·ción [イニビシオン] 女 1 抑制, 抑止. 2 (活動・干渉の)禁止. 3〈医学〉(器官の)活動停止.

in·hi·bir [イニビル] 他 1 (活動など)を抑止する, 抑制する. 2〈医学〉(器官の活動)を止める, 弱める.
— **inhibirse** 再 (+de, en...) ...のことで控えめになる, 自制する.

in·hos·pi·ta·la·rio, ria [イノスピタらリオ, リア] 形 (よそ者に対して)冷たい, 無愛想な.

in·hós·pi·to, ta [イノスピト, タ] 形 住みにくい, 殺伐(さつばつ)とした.

in·hu·ma·ción [イヌマシオン] 女 埋葬.

in·hu·ma·no, na [イヌマノ, ナ] 形 非人間的な, 冷酷な.

in·hu·mar [イヌマル] 他 ...を埋葬する.

INI [イニ] 男《略語》Instituto Nacional de Industria スペイン産業公社.

i·ni·cia·ción [イニシアシオン] 女 1 開始. 2〈学習〉入門, 手引き, 基礎編. 3 加入儀式. 4 通過儀礼.

i·ni·cia·do, da [イニシアド, ダ] 《過去分詞》→ iniciar 始める.
— 形 1 開始した, 始まった. 2 (秘密の行動などを)実践している.
— 男女 (秘密組織などの)入会者, 参加者.

i·ni·cia·dor, do·ra [イニシアドル, ドラ] 形 初めての, 先駆的な.
— 男女 創始者, 草分け, 先駆者.

i·ni·cial [イニシアる] 形 初めの, 初期の.
— 女 頭文字, イニシャル.

i·ni·cial·men·te [イニシアるメンテ] 副 初期に, 当初は.

i·ni·ciar [イニシアル] 他 1 ...を始める, 開始する. 2 (人)に(+en...) ...の手ほどきをする. 3 (人)を(+en...) ...に(秘密に)加入させる.
— **iniciarse** 再 1 始まる. 2 (+en...) ...を習い始める.

i·ni·cia·ti·va [イニシアティバ] 女 1 主導, 主唱.

活 は活用形 複 は複数形 男 は男性名詞 女 は女性名詞 固 は固有名詞 代 は代名詞 自 は自動詞

in·mo·lar

2 主導権, イニシアチブ. 3 自発性, 創意工夫の才能.
persona de mucha iniciativa 進取の気性に富んだ人.
tomar la iniciativa 主導権を握る.

i·ni·cio [イニしオ] 男 始まり, 開始.
i·ni·cuo, cua [イニクオ, クア] 形 1 不正な, 不公平な. 2 陰険な, 邪悪な.
i·ni·gua·la·ble [イニグアらブれ] 形 比類のない, 卓越した.
i·ni·ma·gi·na·ble [イニマヒナブれ] 形 想像を絶する, 思いもよらない.
i·ni·mi·ta·ble [イニミタブれ] 形 まねのできない, 独特の.
i·nin·te·li·gi·ble [イニンテリヒブれ] 形 判読できない, 難解な.
i·nin·te·rrum·pi·do, da [イニンテるンピド, ダ] 形 連続した, 途切れない.
i·ni·qui·dad [イニキダド] 女 1 大きな不正, ひどい不公平. 2 非道, 残酷.
in·je·ren·cia [インヘレンしア] 女 干渉, 介入.
in·je·rir·se [インヘリルセ] 再 《活 77 sentir》 (+en...) …に干渉する, 口出しする.
in·jer·tar [インヘルタル] 他 1 〈…を〉(+en…) …に接(つ)ぎ木する. 2 〈医学〉〈皮膚を〉(+en…) …に移植する.
in·jer·to [インヘルト] 男 1 〈作業〉接(つ)ぎ木. 2 〈樹木〉接ぎ木. 3 〈接ぎ木に使う〉接ぎ穂. 4 〈医学〉〈皮膚の〉移植.
in·ju·ria [インフリア] 女 侮辱.
in·ju·riar [インフリアル] 他 …を侮辱する.
in·ju·rio·so, sa [インフリオソ, サ] 形 侮辱的な, 無礼な.
in·jus·ti·cia [インフスティしア] 女 1 不正, 不当, 不公平. 2 不正行為.
in·jus·ti·fi·ca·ble [インフスティふぃカブれ] 形 弁解の余地のない, 正当化できない.
in·jus·ti·fi·ca·do, da [インフスティふぃカド, ダ] 形 正当でない, 不当な.
in·jus·to, ta [インフスト, タ] 形 1 不正な, 不法な. 2 不公平な, 公正でない.
In·ma·cu·la·da [インマクらダ] 固 〈女性の名〉 インマクラダ.
in·ma·cu·la·do, da [インマクらド, ダ] 形 1 汚れていない, 純潔な. 2 傷のない, 完璧な.
in·ma·du·ro, ra [インマドゥロ, ラ] 形 未熟な.
in·ma·nen·cia [インマネンしア] 女 内在, 本来的な存在.
in·ma·nen·te [インマネンテ] 形 (+a…) …に内在的な, 本来備わっている.
in·ma·te·rial [インマテリアる] 形 1 非物質的な, 霊的な. 2 無形の, 実体のない.
in·me·dia·cio·nes [インメディアしオネス] 女複 近郊, 郊外.
in·me·dia·ta·men·te [インメディアタメンテ] 副 1 ただちに. 2 直接に.

in·me·dia·tez [インメディアテす] 女 1 緊迫性. 2 直接性.
in·me·dia·to, ta [インメディアト, タ] 形 1 さし迫った, 即時の. 2 (+a…) …のすぐそばの, …に隣接する.
de inmediato ただちに, 即刻.
la inmediata 即時の対応.
in·me·jo·ra·ble [インメホラブれ] 形 申し分のない, 最高の.
in·me·mo·rial [インメモリアる] 形 遠い昔の.
in·men·sa·men·te [インメンサメンテ] 副 1 果てしなく, 無限に. 2 非常に, すごく.
in·men·si·dad [インメンシダド] 女 1 無限の広がり. 2 大量, 無数.
in·men·so, sa [インメンソ, サ] 形 1 計り知れない, 広大な. 2 巨大な.
in·me·re·ci·da·men·te [インメレしダメンテ] 副 1 過分に, 不相応に. 2 不当に.
in·me·re·ci·do, da [インメレしド, ダ] 形 1 過分な, 不相応な. 2 不当な.
in·mer·sión [インメルシオン] 女 1 水没, 潜水. 2 〈語学学習〉現地研修. 3 〈天文学〉〈天体の〉潜入.
in·mer·so, sa [インメルソ, サ] 形 1 (+en+水中など) …に沈み込んだ, もぐった. 2 (+en…) …に没頭した. 3 (+en…) …にはまり込んだ, おちいった.
in·mi·gra·ción [インミグラしオン] 女 1 〈他国からの〉移住, 移入. 2 〈集合的に〉〈他国からの〉移民.
in·mi·gran·te [インミグランテ] 男女 〈他国からの〉移住者, 移民.
in·mi·grar [インミグラル] 自 (+en+他国) …へ移住する.
in·mi·gra·to·rio, ria [インミグラトリオ, リア] 形 〈他国への〉移住の, 移民の.
in·mi·nen·cia [インミネンしア] 女 〈危険などの〉接近, 緊迫.
in·mi·nen·te [インミネンテ] 形 〈危険などが〉さし迫った, いまにも起こりそうな.
in·mis·cuir·se [インミスクイルセ] 再 《活 43 huir》(+en…) …に口出しする, …に干渉する.
in·mo·bi·lia·ria¹ [インモビリアリア] 女 不動産会社.
in·mo·bi·lia·rio, ria² [インモビリアリオ, —] 形 不動産の.
agente inmobiliario 不動産業者.
in·mo·de·ra·do, da [インモデラド, ダ] 形 節度のない, 度はずれた.
in·mo·des·to, ta [インモデスト, タ] 形 慎みのない, 厚かましい.
in·mo·la·ción [インモらしオン] 女 1 〈宗教〉〈いけえを捧げる〉供犠. 2 〈行為〉犠牲.
in·mo·lar [インモらル] 他 1 〈いけにえ〉を(+a…) …に捧げる. 2 …を(+a…) …の犠牲にする.
— **inmolar·se** 再 (+por…) …の犠牲になる.

他 は他動詞　再 は再帰動詞　形 は形容詞　副 は副詞　前 は前置詞　接 は接続詞　間 は間投詞

in·mo·ral [インモラる] 形 1 不道徳な. 2 いかがわしい.

in·mo·ra·li·dad [インモラリダず] 女 1 不道徳. 2 猥褻(なっ).

in·mor·tal [インモルタる] 形 不滅の, 不朽の, 不死の.

in·mor·ta·li·dad [インモルタリダず] 女 不滅, 不朽, 不死.

in·mor·ta·li·zar [インモルタリさル] 他《活 39 gozar》…を永遠のものにする, 不滅[不朽]にする.
— **inmortalizar·se** 再 不滅[不朽]になる.

in·mo·ti·va·do, da [インモティバド, ダ] 形 1 動機の不明な. 2 理由のない.

in·mó·vil [インモビる] 形 固定された, 動かない.

in·mo·vi·li·dad [インモビリダず] 女 不動, 静止, 固定.

in·mo·vi·lis·mo [インモビリスモ] 男《主義》現状維持.

in·mo·vi·lis·ta [インモビリスタ] 形《男女同形》現状維持を主張する.
— 男 女《人》現状維持派.

in·mo·vi·li·za·ción [インモビりさオン] 女 固定化.

in·mo·vi·li·zar [インモビリさル] 他《活 39 gozar》…を動かなくする, 固定する.

in·mue·ble [インムエブれ] 形 不動産の.
— 男〈行政〉建物, 建造物, 家屋.
bienes inmuebles 不動産.

in·mun·di·cia [インムンディしア] 女 1 きたなさ, 汚れ. 2 ごみ, 汚物.

in·mun·do, da [インムンド, ダ] 形 1 とても汚れた, きたない. 2 とても不純な, いやらしい.

in·mu·ne [インムネ] 形 1〈医学〉(+a...) …に対して免疫のある. 2 (義務免除の)特権のある. 3 (+a...) …に左右されない, 動じない.

in·mu·ni·dad [インムニダず] 女 1〈医学〉免疫. 2 (政治家などの)特権.

in·mu·ni·ta·rio, ria [インムニタリオ, リア] 形〈医学〉免疫の.

in·mu·ni·zar [インムニさル] 他《活 39 gozar》〈医学〉…に(+contra...) …に対する免疫をつける.
— **inmunizar·se** 再 (+contra...) …に対して免疫になる.

in·mu·no·de·fi·cien·cia [インムノデふぃしエンしア] 女〈医学〉免疫不全.
síndrome de inmunodeficiencia adquirida (SIDA)後天性免疫不全症候群, エイズ [= 英語 AIDS].

in·mu·no·lo·gí·a [インムノろヒア] 女 免疫学.

in·mu·ta·ble [インムタブれ] 形 1 不変の. 2 動じない, 平然とした.

in·mu·tar·se [インムタルセ] 再 動揺する.

in·na·to, ta [インナト, タ] 形 生得の, 先天的な.

in·ne·ce·sa·rio, ria [インネセサリオ, リア] 形 不必要な, 無用の.

in·ne·ga·ble [インネガブれ] 形 否定しがたい.

in·ne·ga·ble·men·te [インネガブれメンテ] 副 (+形容詞) 明らかに.

in·no·ble [インノブれ] 形 1 下品な, 下劣な. 2 卑劣な, 不実な.

in·no·va·ción [インノバしオン] 女 革新, 刷新.

in·no·va·dor, do·ra [インノバドル, ドラ] 形 革新的な, 刷新する.
— 男 女 革新者.

in·no·var [インノバル] 他 …を革新[刷新]する.

in·nu·me·ra·ble [インヌメラブれ] 形 数えきれない, 無数の.

i·nob·ser·van·cia [イノブセルバンしア] 女 遵守(じゅん)しないこと, 違反.

i·no·cen·cia [イノセンしア] 女 1 無邪気, 純朴(ぼく). 2 無実, 無罪.

I·no·cen·cio [イノセンしオ]〈男性の名〉イノセンシオ.

i·no·cen·ta·da [イノセンタダ] 女 (12月28日の「幼な子殉教者の日」に楽しむ)無邪気なうそ.

i·no·cen·te [イノセンテ] 形 1 罪のない, たわいのない. 2 無実[無罪]の, 潔白な. 3 無邪気な, 単純な.

i·no·cui·dad [イノクイダず] 女 無害.

i·no·cu·la·ción [イノクらしオン] 女〈医学〉接種.

i·no·cu·lar [イノクらル] 他 1〈医学〉…を(+a...) …に接種する. 2 …を体内に侵入させる. 3 (悪知恵等)を吹き込む.
— **inocular·se** 再 接種を受ける.

i·no·cuo, cua [イノクオ, クア] 形 無害の.

i·no·do·ro¹ [イノドロ] 男 水洗便所.

i·no·do·ro², **ra** [—, ラ] 形 におい[臭]いのない.

i·no·fen·si·vo, va [イノふぇンシボ, バ] 形 1 無害の. 2 邪魔にならない.

i·nol·vi·da·ble [イノるビダブれ] 形 忘れられない.

i·no·pe·ran·te [イノペランテ] 形 効果のない.

i·no·pia [イノピア] 女 貧困.
estar en la inopia ほうっている.

i·no·pi·na·do, da [イノピナド, ダ] 形 思いがけない, 不意の.

i·no·por·tu·no, na [イノポルトゥノ, ナ] 形 都合の悪い, あいにくの.

i·nor·gá·ni·co, ca [イノルガニコ, カ] 形 無生物の.
química inorgánica 無機化学.

i·no·xi·da·ble [イノクシダブれ] 形 錆(さ)びない, ステンレスの.

in·que·bran·ta·ble [インケブランタブれ] 形 1 こわれない. 2 ゆるぎない.

in·quie·tan·te [インキエタンテ] 形 気をもませる.

in·quie·tar [インキエタル] 他 …の気をもませる, …を不安にさせる.
— **inquietar·se** 再 (+por...) …で不安になる.

in·quie·to, ta [インキエト, タ] 形 1 落ち着かない, そわそわした. 2 気がかりな, 心配な. 3 なにか始めたがっている.

in·quie·tud [インキエトゥス] 女 1 心配, 不安. 2 (芸術面の)野心, やる気.

in·qui·li·na·to [インキリナト] 男 賃貸料, 賃借料.

in·qui·li·no, na [インキリノ, ナ] 男女 借地人, 借家人.

in·qui·na [インキナ] 女 反感, 嫌悪.

in·qui·rir [インキリル] 他 《活 3 adquirir》 …を調査する, 調査する.

in·qui·si·ción [インキシシオン] 女 1 (昔の)異端審問, 宗教裁判. 2 取り調べ, 尋問(にん).

in·qui·si·dor[1] [インキシドル] 男 (昔の)異端審問官.

in·qui·si·dor[2], **dora** [—, ドラ] 形 調査する, 詮索(けん)する.
— 男女 調査官.

in·qui·si·ti·vo, va [インキシティボ, バ] 形 詮索(けん)の.

in·qui·si·to·rial [インキシトリアル] 形 (昔の)宗教裁判の, 異端審問の.

in·ri [インリ] 男《略語》(十字架のキリストの銘の) Iesus Nazarenus Rex Iudaeorum ユダヤの王, ナザレのイエス.

para más inri 一層悪いことには.

in·sa·cia·ble [インサシアブレ] 形 飽(あ)くことのない.

in·sa·lu·bre [インサルブレ] 形 健康によくない.

in·sa·no, na [インサノ, ナ] 形 健康によくない.

in·sa·tis·fac·to·rio, ria [インサティスふぁクトリオ, リア] 形 (物事が)不満足な.

in·sa·tis·fe·cho, cha [インサティスふぇチョ, チャ] 形 (人が)不満足な.

ins·cri·bir [インスクリビル] 他 1 (人名)を(一覧表に)記載する, 登録する. 2 (コンクールなどに) (+a+人) …の参加申し込みをする. 3 (金属などに) …を刻む, 彫りつける. 4 …を登記する, 記録する. 5 《数学》…を(+en…) …に内接させて描く.
— **inscribirse** 再 1 (自分の名を) (+en+一覧表) …に記載する. 2 (+dentro de, en…) …に含まれる.

ins·crip·ción [インスクリプシオン] 女 1 (一覧表などへの)記載, 登録. 2 参加申し込み. 3 銘, 碑文.

ins·cri·to, ta [インスクリト, タ] 《過去分詞》→ inscribir 記載する.
— 形 1 記載された, 登記された. 2 刻み込まれた.

in·sec·ti·ci·da [インセクティシダ] 形 男女同形 〈物質〉昆虫を殺す.
— 男 殺虫剤.

in·sec·tí·vo·ro, ra [インセクティボロ, ラ] 形 〈動物・植物〉昆虫を食べる, 食虫性の.

in·sec·tí·vo·ros [インセクティボロス] 男複 〈→ insectívoro〉〈分類〉食虫動物類.

in·sec·to [インセクト] 男 昆虫.

in·se·gu·ri·dad [インセグリダ] 女 1 不確実, 不安定. 2 疑い, 不安. 3 不十分な治安, 危険性.

in·se·gu·ro, ra [インセグロ, ラ] 形 1 確かでない, 不安定な. 2 不安な, 心もとない. 3 治安の悪い, 安全でない.

in·se·mi·na·ción [インセミナシオン] 女 授精.
inseminación artificial 人工授精.

in·se·mi·nar [インセミナル] 他 …を受精させる.

in·sen·sa·tez [インセンサテす] 女 無分別, 非常識.

in·sen·sa·to, ta [インセンサト, タ] 形 分別のない, むちゃな.

in·sen·si·bi·li·zar [インセンシビリさル] 他 《活 39 gozar》 1 (感覚)を麻痺(ひ)させる. 2 …に麻酔をかける.
— **insensibilizarse** 再 麻痺する.

in·sen·si·ble [インセンシブレ] 形 1 (+a…) …に鈍感な, 無感覚な. 2 かすかな, わずかな.

in·sen·si·ble·men·te [インセンシブレメンテ] 副 気づかれないほどに, かすかに.

in·se·pa·ra·ble [インセパラブレ] 形 1 不可分の, 切っても切れない. 2 (+de…) …から切り離せない.

in·ser·ción [インセルシオン] 女 1 挿入(にゅう), 差し込み, はめ込み. 2 (新聞などへの)掲載. 3 (筋肉の骨への)付着.

in·ser·tar [インセルタル] 他 1 …を(+en…) …に挿入する, 差し込む. 2 …を掲載する.
— **insertarse** 再 1 (弾丸などが) (+en…) …にくい込む. 2 (肉が) (+en+骨) …に付着する.

in·ser·to, ta [インセルト, タ] 形 挿入(にゅう)された, 差し込まれた.

in·ser·vi·ble [インセルビブレ] 形 役に立たない, 使えない.

in·si·dia [インシディア] 女 わな, 計略.

in·si·dio·so, sa [インシディオソ, サ] 形 険悪な, 悪意のこもった.

in·sig·ne [インシグネ] 形 有名な, 著名な, 名高い.

in·sig·nia [インシグニア] 女 1 記章, バッジ. 2 象徴. 3 旗.

in·sig·ni·fi·can·cia [インシグニふぃカンシア] 女 1 わずか, 少量. 2 つまらなさ, ささいなこと.

in·sig·ni·fi·can·te [インシグニふぃカンテ] 形 1 わずかな. 2 つまらない, 取るに足りない.

in·sin·ce·ro, ra [インシンセロ, ラ] 形 誠意のない, ふまじめな.

in·si·nua·ción [インシヌアシオン] 女 1 ほのめかし, 暗示. 2 思わせ振り.

in·si·nuan·te [インシヌアンテ] 形 1 暗示的な, ほのめかしの. 2 思わせ振りな.

in·si·nuar [インシヌアル] 他 《活 1 actuar》 …をほのめかす, 暗示する.
— **insinuarse** 再 (+a, con…) …にそれとなく

in·si·pi·dez

言い寄る, …の気を引く.
in·si·pi·dez [インシピデス] 囡 **1** 味のなさ, まずさ. **2** 味気なさ, つまらなさ.
in·sí·pi·do, da [インシピド, ダ] 形 **1** 味のない, まずい. **2** 味気ない, 退屈な.
— 男 囡 面白味のない人.
in·sis·ten·cia [インシステンシア] 囡 固執, しつこさ.
in·sis·ten·te [インシステンテ] 形 しつこい, 執拗(とぅ)な.
in·sis·ten·te·men·te [インシステンテメンテ] 副 しつこく, 何度も.
in·sis·tir [インシスティル] 自 **1** (+en...) …に固執する. **2** (+en, sobre...) …を強調する, 強く言う.
in si·tu [インシトゥ] その場所で, 現場で.
in·so·bor·na·ble [インソボルナブれ] 形 買収されない, 賄賂(ゎぃろ)を受けつけない.
in·so·cia·bi·li·dad [インソシアビリダス] 囡 非社交性.
in·so·cia·ble [インソシアブれ] 形 人づき合いの嫌いな, 交際を避けたがる.
in·so·la·ción [インソらシオン] 囡 **1** 日射病. **2** 日照時間.
in·so·len·cia [インソれンシア] 囡 **1** 横柄(ぉぅへぃ), 傲慢(ごぅまん). **2** 無礼な言葉. **3** 横柄な態度.
in·so·len·te [インソれンテ] 形 横柄(ぉぅへぃ)な, 無礼な.
— 男 囡 尊大な人間.
in·só·li·to, ta [インソリト, タ] 形 珍しい, まれな, 異例の.
in·so·lu·ble [インソるブれ] 形 **1** 溶けない. **2** 解決できない.
in·sol·ven·cia [インソるベンシア] 囡〈商業〉支払い不能, 破産状態.
in·sol·ven·te [インソるベンテ] 形 弁済不能の.
— 男 囡 破産者.
in·som·ne [インソムネ] 形 眠れない, 不眠の.
in·som·nio [インソムニオ] 男〈医学〉不眠症.
in·son·da·ble [インソンダブれ] 形 深く調べられない, 底の知れない.
in·so·no·ri·dad [インソノリダス] 囡 防音性.
in·so·no·ri·za·ción [インソノリさシオン] 囡 **1** 防音化. **2** 消音化.
in·so·no·ri·zar [インソノリさル] 他《活 39 gozar》**1** (場所)を防音する. **2** (機械など)の音を小さくする, …を消音する.
in·so·por·ta·ble [インソポルタブれ] 形 耐えがたい, 我慢できない.
in·sos·la·ya·ble [インソスらヤブれ] 形 避けがたい, やむを得ない.
in·sos·pe·cha·ble [インソスペチャブれ] 形 思いがけない, 予想外の.
in·sos·te·ni·ble [インソステニブれ] 形 **1** 支持しにくい. **2** 維持の困難な.
ins·pec·ción [インスペクシオン] 囡 **1** 検査, 検

証. **2** 検査担当職. **3** 検査所.
ins·pec·cio·nar [インスペクシオナル] 他 …を検査する, 検証する.
ins·pec·tor, to·ra [インスペクトル, トラ] 男 囡 検査官, 視察官.
inspector de policía 警部.
ins·pi·ra·ción [インスピラシオン] 囡 **1** 吸気. **2** (創作への)刺激, 示唆. **3** ひらめき, 霊感, インスピレーション. **4** 妙案, 着想.
ins·pi·ra·do, da [インスピラド, ダ] 《過去分詞》→ inspirar 吸い込む.
— 形 **1** 霊感を受けた. **2** ひらめいた, いい着想の.
ins·pi·ra·dor, do·ra [インスピラドル, ドラ] 形 ひらめき[着想]を与える.
— 男 囡 ひらめきを刺激する人[もの].
ins·pi·rar [インスピラル] 他 **1** (空気など)を吸い込む. **2** (感情など)を起こさせる. **3** …に(創作への)インスピレーション[ひらめき]を与える.
— **inspirar·se** 再 (+en...) …に住みつく.
ins·tan·cia [インスタンシア] 囡 **1** 請願, 請求. **2** 請願書. **3**〈法律〉審級.
a instancia [*instancias*] *de* (+人) …の要請によって.
de primera instancia〈法律〉一審の.
en última instancia 最後には, いざとなれば.
ins·tan·tá·ne·a[1] [インスタンタネア] 囡 スナップ写真.
ins·tan·tá·ne·a·men·te [インスタンタネアメンテ] 副 すぐに, 即座に.
ins·tan·tá·ne·o, a[2] [インスタンタネオ, -] 形 **1** 即席の, 即時の. **2** 瞬間に消える, 瞬間的な.
ins·tan·te [インスタンテ] 男 瞬間, 瞬時.
(*a*) *cada instante* しばしば, しょっちゅう.
al instante すぐに.
en aquel instante その時, あの時.
en un instante 瞬時に, たちどころに.
por instantes 絶えず.
por un instante 一瞬.
ins·tar [インスタル] 他 …をせかす, 切望する.
— 自《3 人称単数形》(+que+接続法) (que 以下のこと)を要する.
ins·tau·ra·ción [インスタウラシオン] 囡 **1** 設置, 設立. **2** 制定.
ins·tau·rar [インスタウラル] 他 **1** …を設置[設立]する. **2** …を制定する.
ins·ti·ga·ción [インスティガシオン] 囡 扇動, 教唆(きょぅさ).
ins·ti·gar [インスティガル] 他《活 47 llegar》…に(+a...) …をそそのかす, けしかける.

囲 は活用形 複 は複数形 男 は男性名詞 囡 は女性名詞 圓 は固有名詞 代 は代名詞 自 は自動詞

ins·tin·ti·va·men·te [インスティンティバメンテ] 副 本能的に, 直感的に.

ins·tin·ti·vo, va [インスティンティボ, バ] 形 本能的な, 直感的な.

ins·tin·to [インスティント] 男 1 本能. 2 直感.

ins·ti·tu·ción [インスティトゥシオン] 女 1 創設, 設立. 2 施設. 3 (公的な)機関, 団体. 4 社会制度, 機構.
ser una institución (人が)長く名声を保つ.

ins·ti·tu·cio·nal [インスティトゥシオナル] 形 制度上の, 機構の.

ins·ti·tu·cio·na·li·za·ción [インスティトゥシオナリさシオン] 女 制度化, 機構化.

ins·ti·tu·cio·na·li·zar [インスティトゥシオナリさル] 他 《活 39 gozar》 …を制度にする, 機構化する.

ins·ti·tuir [インスティトゥイル] 他 《活 43 huir》 1 (公共施設など)を設立する. 2 …を制定する.

ins·ti·tu·to [インスティトゥト] 男 1 中学校. 2 協会, 学院, 研究所. 3 サービス機関. 4 (軍隊や宗教の)団体.
Instituto Cervantes (スペイン文化・スペイン語の普及を目指す公的機関の)セルバンテス協会.
instituto de belleza 美容院.

ins·ti·tu·triz [インスティトゥトリす] 女 (昔の)(女性の)家庭教師.

instituy- → instituir 設立する《活 43》.

ins·truc·ción [インストルクシオン] 女 1 教育, 指導. 2 教養, 学識. 3 《軍隊》教練. 4 《法律》予審.
instrucción militar 軍事教練.

ins·truc·cio·nes [インストルクシオネス] 女複 《→ instrucción》 1 (商品などの)使用法, 説明書. 2 指図, 指令.

ins·truc·ti·vo, va [インストルクティボ, バ] 形 教育的な, 教訓的な.

ins·truc·tor, to·ra [インストルクトル, トラ] 女 1 教員, 教育担当者. 2 《スポーツ》 インストラクター.

ins·trui·do, da [インストルイド, ダ] 《過去分詞》 → instruir 教育する. — 形 1 教育を受けた. 2 訓練された.

ins·truir [インストルイル] 他 《活 43 huir》 1 …を教育する, 指導する. 2 …を指示する, 指図する. 3 …に(+en, sobre...) …について教える. 4 〈軍隊〉…を教練する. 5 〈法律〉…を予審する.

ins·tru·men·ta·ción [インストルメンタシオン] 女 1 楽器編成. 2 管弦楽法. 3 作業計画, 実施プラン.

ins·tru·men·tal [インストルメンタる] 形 1 楽器の. 2 道具としての. — 男 1 (集合的に)楽器. 2 (装置の)器械, 機械.

ins·tru·men·tar [インストルメンタル] 他 …を楽器用に編曲する.

ins·tru·men·tis·ta [インストルメンティスタ] 女 1 楽器演奏者. 2 楽器製作者.

ins·tru·men·to [インストルメント] 男 1 道具, 器具. 2 計器. 3 手段, 手立て. 4 楽器.

instruy- → instruir 教育する《活 43》.

in·su·bor·di·na·ción [インスボルディナシオン] 女 不服従, 反抗.

in·su·bor·di·nar [インスボルディナル] 他 …を反抗的にさせる, 不服従にする.
— insubordinar·se 再 反抗する, 反発する.

in·subs·tan·cial [インスブスタンしアる] 形 実体のない, 中身のとぼしい.

in·su·fi·cien·cia [インスふぃシエンシア] 女 1 不十分, 不足. 2 〈医学〉機能不全.

in·su·fi·cien·te [インスふぃシエンテ] 形 不十分な, 不足している.
— 男 (学校の成績評価で)不合格, 不可.

in·su·flar [インスふらル] 他 1 〈医学〉(気体などを)吹き入れて治療する. 2 (刺激などを)伝える, 吹き込む.

in·su·fri·ble [インスふリブれ] 形 耐えがたい, 我慢できない.

ín·su·la [インスら] 女 島.

in·su·lar [インスらル] 形 島の.
— 男女 〈人〉島民.

in·su·li·na [インスリナ] 女 〈医学〉インシュリン.

in·sul·so, sa [インスるソ, サ] 形 1 味のない, まずい. 2 味気ない, 面白みのない.
— 男女 つまらない人.

in·sul·tan·te [インスるタンテ] 形 侮辱的な, 無礼な.

in·sul·tar [インスるタル] 他 …を侮辱する, ばかにする.

in·sul·to [インスると] 男 侮辱的な言葉.

in·su·mi·sión [インスミシオン] 女 1 不従順. 2 (兵役などへの)不服従.

in·su·mi·so, sa [インスミソ, サ] 形 従順でない, 反抗的な.
— 男女 (社会的義務への)不服従者.

in·su·pe·ra·ble [インスペラブれ] 形 この上ない, 最高の.

in·sur·gen·te [インスルヘンテ] 形 反乱を起こした.
— 男女 反徒, 暴徒.

in·su·rrec·ción [インスレクシオン] 女 反乱, 暴動.

in·su·rrec·cio·nar·se [インスレクシオナルセ] 再 (+contra...) …に対して反乱を起こす.

in·su·rrec·to, ta [インスレクト, タ] 形 反乱を起こした, 蜂起した.
— 男女 反乱者, 暴徒.

in·sus·ti·tui·ble [インススティトゥイブれ] 形 かけがえのない, 代替不可能な.

in·ta·cha·ble [インタチャブれ] 形 申し分のない, 非の打ちどころのない.

in·tac·to, ta [インタクト, タ] 形 1 さわらないまま, 手つかずの. 2 手を加えていない, 元のままの. 3 無傷の, 無事な.

in·tan·gi·ble [インタンヒブレ] 形 1 触れられない，不可触の．2 触れてはならない．

in·te·gra·ción [インテグラシオン] 女 1 (全体の) 形成，構成．2 組み込み，統合，一体化．3 〈コンピューター〉 集積回路．

in·te·gral [インテグラル] 形 1 (全体がそろった) 完全な，総合的な．2 〈数学〉 積分の．
— 女 〈数学〉 積分．
arroz integral 玄米．
educación integral 全人教育．
pan integral 全粒粉のパン．

in·te·gran·te [インテグランテ] 形 1 全体の一部になる．2 不可欠な要素となる．

in·te·grar [インテグラル] 他 1 …の全体を構成する．2 (人)を (+en+全体) …に組み入れる，統合する．3 …を補完する，完全にする．
— *integrarse* 再 (人が) (+en…) …に同化する．

in·te·gri·dad [インテグリダス] 女 1 完全無欠，全体．2 正直，誠実．

in·te·gris·mo [インテグリスモ] 男 完全伝統主義．

in·te·gris·ta [インテグリスタ] 形 《男女同形》 伝統を厳しく守る．
— 男女 完全伝統主義者．

ín·te·gro, gra [インテグロ, グラ] 形 1 全部そろった，完全な．2 正直な，誠実な．

in·te·lec·ti·vo, va [インテレクティボ, バ] 形 知性の，知力の．

in·te·lec·to [インテレクト] 男 知性，知力．

in·te·lec·tual [インテレクトゥアル] 形 1 知性の，知的な．2 頭脳労働に従事する．
— 男女 知的労働者，知識人，インテリ．

in·te·lec·tua·li·dad [インテレクトゥアリダス] 女 (集合的に) 知識人，インテリ．

in·te·li·gen·cia [インテリヘンシア] 女 1 知能，知力，知性．2 巧みさ，上手さ．
inteligencia artificial 人工知能．
servicio de inteligencia (国の) 情報部．

in·te·li·gen·te [インテリヘンテ] 形 1 知性的な，知的な．2 かしこい，頭の良い，知能の高い．3 コンピューター化された．
— 男女 利口な人，頭の良い人．
edificio inteligente インテリジェントビル．

in·te·li·gi·ble [インテリヒブレ] 形 わかりやすい．

in·tem·pe·rie [インテンペリエ] 女 天候不順．
a la intemperie 戸外で，野天で．

in·tem·pes·ti·vo, va [インテンペスティボ, バ] 形 時機をのがした，折の悪い，場違いな．

in·tem·po·ral [インテンポラル] 形 1 時を選ばない，非時間的な．2 時を超えた，永遠に価値を失わない．

in·ten·ción [インテンシオン] 女 1 意図，意向．2 (人をだます) 悪意，底意．
buena [mala] intención 善意[悪意]．
con intención わざと，故意に．
de primera intención 最初に．
segunda [doble] intención 下心(したごころ)，底意(そこい)．

in·ten·cio·na·da·men·te [インテンシオナダメンテ] 副 わざと，故意に．

in·ten·cio·na·do, da [インテンシオナド, ダ] 形 1 故意の．2 ある意図がかくされた．

in·ten·cio·nal [インテンシオナル] 形 意図的な．

in·ten·cio·na·li·dad [インテンシオナリダス] 女 具体的な意図，作意．

in·ten·den·cia [インテンデンシア] 女 1 〈軍隊〉 兵站(へいたん)部，補給部隊．2 (補給などの) 監督，指揮．3 〈行政〉 監督職，管理職．4 監督局，管理局．5 (18世紀の中南米の地方行政制度の) インテンデンシア．

in·ten·den·te[1] [インテンデンテ] 男 1 〈軍隊〉 (行政部門の) 長官．2 (18世紀の中南米の) 地方行政長官，インテンデンテ．

in·ten·den·te[2]**, ta** [—, タ] 男女 1 〈軍隊〉 兵站(へいたん)部の軍人．2 〈行政〉 監督官，管理官．3 (組織の) 補給担当者．

in·ten·sa·men·te [インテンサメンテ] 副 強く，激しく．

in·ten·si·dad [インテンシダス] 女 1 激しさ，力強さ．2 熱烈，熱心．3 電気量，電流．4 (音の) 強度．

in·ten·si·fi·ca·ción [インテンシフィカシオン] 女 強化，増強．

in·ten·si·fi·car [インテンシフィカル] 他 《活 73 sacar》 …を強める，強化する，増強する．
— *intensificarse* 再 強まる，激しくなる．

in·ten·si·vo, va [インテンシボ, バ] 形 1 強めるための，強化する．2 集中的な，集約的な．3 〈文法〉 強意の，強調の．

in·ten·so, sa [インテンソ, サ] 形 1 力強い，激しい，強烈な．2 集約された，集中した．3 熱心な，熱した．

in·ten·tar [インテンタル] 他 1 (+不定詞) …しようと試みる[企てる]．2 …を試みる，ためしてみる．

in·ten·to [インテント] 男 1 試み，企て．2 意図，意志．

in·ten·to·na [インテントナ] 女 無謀な企て．

in·te·rac·ción [インテラクシオン] 女 相互作用．

in·te·ra·me·ri·ca·no, na [インテラメリカノ, ナ] 形 (南北の) アメリカ大陸間の．

in·ter·ca·la·ción [インテルカラシオン] 女 (一連の同類のものの間への) 差し込み，はさみ込み．

in·ter·ca·lar [インテルカラル] 他 …を (+en, entre…) …の間にはさみ込む，差し込む．

in·ter·cam·bia·ble [インテルカンビアブレ] 形 互換性のある，取り替え可能な．

in·ter·cam·biar [インテルカンビアル] 他 《活 17 cambiar》 …を互いに交換する．
— *intercambiarse* 再 …を取り交わす．

in·ter·cam·bio [インテルカンビオ] 男 1 交換，交代．2 交流 / *intercambio cultural* entre

Japón y España 日西文化交流.

in·ter·ce·der [インテルセデル] 自 (+por...) …のことを(+ante...)にとりなす.

in·ter·cep·ción [インテルセプシオン] 女 1 (途中での)妨害, 横取り. 2 遮断(ホャ<). 3 〈スポーツ〉インターセプト, カット.

in·ter·cep·tar [インテルセプタル] 他 1 …を途中で止める[横取りする]. 2 …を遮断(ホャ<)する. 3 〈スポーツ〉(ボール)をインターセプトする, カットする.

in·ter·ce·sión [インテルセシオン] 女 仲裁, 調停, とりなし.

in·ter·ce·sor, so·ra [インテルセソル, ソラ] 形 調停の, とりなしの.
— 男女 仲裁者, 調停者.

in·ter·con·ti·nen·tal [インテルコンティネンタル] 形 大陸間の／*misil balístico intercontinental* 大陸間弾道ミサイル.

in·ter·cos·tal [インテルコスタル] 形 〈解剖学〉肋間(ネェ<)の.

in·ter·den·tal [インテルデンタル] 形 〈音声学〉歯音間の.
— 女 〈音声学〉(ce, ci の子音などの)歯音間音.

in·ter·de·pen·den·cia [インテルデペンデンシア] 女 相互依存.

in·ter·dis·ci·pli·na·rio, ria [インテルディスシプリナリオ, リア] 形 〈研究〉複数の専門分野にかかわる, 学際的な.

in·te·rés [インテレス] 男 1 利益, 得(ミ). 2 有用性, 価値, 意義. 3 興味, 関心. 4 利子, 利息.
interés público 公益.
tener interés en [por]... …に関心がある.
tipo [tasa] de interés 利率.

in·te·re·sa·do, da [インテレサド, ダ] 《過去分詞》→ interesar 関心を持たせる.
— 形 1 (+en, por...) …に関心のある, 興味を持った. 2 打算的な, 利にさとい.
— 男女 1 関心のある人. 2 関係者, 当事者. 3 打算的な人間.

in·te·re·san·te [インテレサンテ] 形 1 (物事が)興味深い, 面白い. 2 (人が)魅力的な, 印象的な.
(estar) en estado interesante 妊娠している).
hacer·se el [la] interesante 人目を引こうとする.

in·te·re·san·tí·si·mo, ma [インテレサンティシモ, マ] 形 《絶対最上級語→ interesante》 とても興味深い.

in·te·re·sar [インテレサル] 他 1 (人)を(+en...) …に関心を持たせる, 興味を起こさせる. 2 (事物や人が) …(+a+人) …の関心を引く／*Pepe le interesa mucho la política.* ペペは政治にとても興味がある. *Este autor me interesa.* 私はこの作家に関心がある.
3 …を(+en...) …に参加させる, かかわらせる.
4 …を傷つける, …に損傷を与える.

— 自 関心的になる, 注意を引く／*Ese asunto no interesa nada.* その件はまったく関係ない.
— **interesar·se** 再 1 (+por...) …に関心[興味]を持つ, …に引かれる. 2 (+por+人) …への関心を示す, …の様子をたずねる.

in·te·re·ses [インテレセス] 男複 (→ interés) 1 財産. 2 (個人的な)都合.

in·ter·fec·to, ta [インテルフェクト, タ] 形 〈法律〉(犯罪で)殺された, 殺害された.
— 男女 1 〈法律〉(殺人事件の)被害者, 犠牲者. 2 話題の当人.

in·ter·fe·ren·cia [インテルフェレンシア] 女 1 妨害, 阻害. 2 (電波などの)混信, 妨害. 3 〈物理学〉(電波などの)干渉. 4 〈スポーツ〉インターフェア.

in·ter·fe·rir [インテルフェリル] 他 〈活〉77 sentir》 1 …を(故意に)妨害する, 阻害する. 2 …に割り込む, 干渉する.
— 自 (+en...) …に干渉する.
— **interferir·se** 再 (+en...) …を妨げる, …に割り込む.

in·ter·fo·no [インテルフォノ] 男 屋内電話, インターホン.

ín·te·rin [インテリン] 男 1 〈時間〉合間(ホェ<). 2 (役職の)代行期間.
en el ínterin その間に, とかくするうちに.

in·te·ri·ni·dad [インテリニダ] 女 1 代行, 代理. 2 代行[代理]期間. 3 〈公務員〉(無資格者の)暫定的就業, 暫定的就業期間.

in·te·ri·no, na [インテリノ, ナ] 形 代行の, 代理の.
— 男女 1 代行者, 代理人. 2 〈公務員〉(無資格の)暫定的就業者.

in·te·rior [インテリオル] 形 1 内部の, 内側の. 2 内面的な, 精神的な, 内心の. 3 地域限定の, 国内の. 4 内陸部の, 奥地の. 5 〈家屋〉奥まった, 奥の.
— 男 1 内部, 内側. 2 内面, 内心. 3 国内. 4 〈国〉内陸部, 中央部. 5 奥まった部屋. 6 〈スポーツ〉インサイドフォワード.
decoración del interior [de interiores] 室内装飾.
Ministerio del Interior 内務省.
patio interior 中庭.
producto interior bruto 国内総生産, PIB.
ropa interior 下着.
vida interior 精神生活.

in·te·rio·res [インテリオレス] 男複 (→ interior) 1 〈映像〉セット撮影のシーン. 2 内心, 心の内.

in·te·rio·ri·dad [インテリオリダ] 女 1 内部, 内面, 内奥(ホィ<). 2 私事, 内部事情[= interioridades].

in·te·rio·ris·mo [インテリオリスモ] 男 〈技術〉インテリア, 室内装飾.

in·te·rio·ri·zar [インテリオリサル] 他 〈活〉39

gozar》1(感情など)を内に秘める, 内在化する. 2(信仰など)になじむ, …をよく消化する.

in·te·rior·men·te [インテリオルメンテ] 副 内心では, ひそかに.

in·ter·jec·ción [インテルヘクシオン] 女〈文法〉間投詞.

in·ter·jec·ti·vo, va [インテルヘクティボ, バ] 形〈文法〉1 間投詞の. 2 間投詞になる.

in·ter·lo·cu·tor, to·ra [インテルロクトル, トラ] 男女 話し相手, 対話者.

in·ter·me·dia·rio, ria [インテルメディアリオ, リア] 形 1 仲介の, 仲裁の. 2〈商業〉中間の, 中継の.
— 男女 1 仲裁者, 仲介人. 2 仲買人, 取次業者.

in·ter·me·dio[1] [インテルメディオ] 男 1 (ふたつの出来事の)間の時間, 合間(ぁぃま). 2〈劇場〉幕間(まく).

in·ter·me·dio[2]**, dia** [—, ディア] 形 1 中間の. 2 中程度の.
curso intermedio (学習の)中級コース.

in·ter·mi·na·ble [インテルミナブれ] 形 果てしない, いつまでも続く.

in·ter·mi·ten·cia [インテルミテンシア] 女 間欠, 断続.
con intermitencia 断続的に, 間欠的に.

in·ter·mi·ten·te [インテルミテンテ] 形 断続する, 間欠性の.
— 男〈自動車〉ウィンカー.

in·ter·na·cio·nal [インテルナシオナる] 形 1 国家間の, 国際的な. 2〈スポーツ〉国際試合出場の.
— 男女〈スポーツ〉(国の)代表選手.
congreso internacional 国際会議.
la Internacional 1 国際労働者同盟. 2 (革命歌の)インターナショナル.

in·ter·na·cio·na·lis·mo [インテルナシオナリスモ] 男 (主権国家の協調を重んじる)国際主義.

in·ter·na·cio·na·li·zar [インテルナシオナリサル] 他〈活 39 gozar〉…を国際的にする.
— *internacionalizar-se* 再 国際化する.

in·ter·na·cio·nal·men·te [インテルナシオナるメンテ] 副 国際的に.

in·ter·na·da[1] [インテルナダ] 女〈スポーツ〉(球技での)相手陣内への速攻.

in·ter·na·do[1] [インテルナド] 男 1 寄宿制度, 全寮制. 2 寄宿舎, 寮. 3 (集合的に)寄宿生, 寮生.

in·ter·na·do[2]**, da**[2]《過去分詞》→ internar 収容する.
— 形 1 収容された. 2 拘留された.

in·ter·nar [インテルナル] 他 1 …を(+en+場所) …に収容する, …のなかに入れる. 2 …を(+en…) …に拘留する, 入院させる.

— *internar·se* 再 1 (+en…) …に深く入り込む. 2 (+en…) …を深く究明する.

in·ter·nis·ta [インテルニスタ] 形《男女同形》内科の.
— 男女 内科医.

in·ter·no, na [インテルノ, ナ] 形 1 内面にある, 内部の/*llamadas de caracter interno* (ホテルなどの)内線電話. 2 内心の, 精神的な. 3 国内の, 特定地域内の. 4 (学生などが)寄宿の, 寮生活の. 5〈医者〉インターンの.
— 男女 1 寄宿生, 寮生. 2〈医者〉インターン. 3 服役囚.
medicina interna 内科.

in·ter·pe·la·ción [インテルぺらシオン] 女 1 (公式の)説明の要求, 尋問. 2〈議会〉動議.

in·ter·pe·lar [インテルぺらル] 他 1 …を尋問する, …に説明を(公的に)求める. 2〈議会〉…に動議を出す.

in·ter·po·la·ción [インテルぽらシオン] 女 (他人の文章への)加筆.

in·ter·po·lar [インテルぽらル] 他 (語句)を(+en+他人の文章) …に加筆する.

in·ter·po·ner [インテルポネル] 他《活 61 poner》1 …を(+entre…) …(の間に入れる). 2 …を介在させる. 3〈法律〉(再審理などを)請求する.
— *interponer·se* 再 1 (+entre…) …の間に入る(置かれる), 介在する. 2 (+en…) …に介入する, 干渉する.

interpong- 活 → interponer 間に置く《活 61》.

in·ter·po·si·ción [インテルポシシオン] 女 1 間に置かれること. 2 介在, 介入. 3〈法律〉請求.

in·ter·pre·ta·ción [インテルプレタシオン] 女 1 解説, 説明. 2 (個性的な)解釈. 3 演技, 演出. 4 演奏. 5〈仕事〉通訳.

in·ter·pre·tar [インテルプレタル] 他 1 …を解説する. 2 …を解釈する, 読み取る. 3 (役)を演じる. 4 …を演奏する. 5 …を通訳する.

in·ter·pre·ta·ti·vo, va [インテルプレタティボ, バ] 形 1 解釈上の. 2 解説の. 3 演技の.

in·tér·pre·te [インテルプレテ] 男女 1 解釈者. 2 役者, 俳優. 3 演奏家. 4 歌手. 5〈人〉通訳.

in·ter·pues·to, ta [インテルプエスト, タ]《過去分詞》→ interponer 間に置く.
— 形 間に置かれた, 介在している.

interpus- 活 → interponer 間に置く《活 61》.

in·ter·reg·no [インテレグノ] 男 1 (君主の)空位期間. 2 (政治の)空白期間.

in·te·rro·ga·ción [インテロガシオン] 女 1 質問, 審問. 2〈文法〉疑問(文), (¿…? の)疑問符.

in·te·rro·gan·te [インテロガンテ] 形 問いかけの, 疑問の.

- 男 (ときに 女) 1 問題点, 疑問点. 2《文法》(¿...?の) 疑問符.

in·te·rro·gar [インテロガル] 他《活 47 llegar》…に質問する, 審問する, 尋問する.

in·te·rro·ga·ti·vo, va [インテロガティボ, バ] 形 疑問の, 問い正すような.
oración interrogativa《文法》疑問文.

in·te·rro·ga·to·rio [インテロガトリオ] 男 1 審問, 尋問. 2 (集合的に) 質問事項.

in·te·rrum·pir [インテルンピル] 他 1 (行為など) を妨げる, じゃまする. 2 …を中断する, 中止する. 3 (人) の話の腰を折る / interrumpirse 再 1 (事が) 中断する. 2 話すのをやめる.

in·te·rrup·ción [インテルプシオン] 女 中断, 中止.

in·te·rrup·tor [インテルプトル] 男《電気》スイッチ.

in·ter·sec·ción [インテルセクシオン] 女 1《数学》交点, 交線. 2 交差, 交差点.

in·ters·ti·cio [インテルスティシオ] 男 すき間, 裂け目.

in·te·rur·ba·no, na [インテルルバノ, ナ] 形 都市間の, 都市を結ぶ / poner una conferencia *interurbana* 市外電話をかける.

in·ter·va·lo [インテルバロ] 男 1 (時間や空間の) へだたり, 間隔. 2 (度合の) 幅. 3《音楽》音程.
a intervalos 間をおいて.
a intervalos de (+距離) …置きに.
en el intervalo de (+時間) …の間に.

in·ter·ven·ción [インテルベンシオン] 女 1 参加, 関与. 2 介入, 干渉. 3 (当局による) 監視, 検査. 4 (当局の) 盗聴. 5 会計検査局, 監査局. 6 選挙管理事務所. 7 手術. 8 (密輸品などの) 押収.
intervención militar 軍事介入.
intervención política 内政干渉.

in·ter·ven·cio·nis·mo [インテルベンシオニスモ] 男《経済》干渉政策主義. 2《外交》内政干渉主義.

intervendr-, interveng- 活 → intervenir 参加する《活 85》.

in·ter·ve·nir [インテルベニル] 自《活 85 venir》1 (+en…) …に参加する, 関係する. 2 (+en…) …に干渉する, 介入する. 3 (+en…) …を仲裁する.
— 他 1 (当局が) …を監視する, 検査する. 2 (当局が) …を盗聴する. 3 …を手術する. 4 …を押収する.

in·ter·ven·tor, to·ra [インテルベントル, トラ] 男 女 1 検査官, 監査官. 2 選挙管理人. 3 検札係.

intervien-, intervin- 活 → intervenir 参加する《活 85》.

in·ter·viú [インテルビウ] 女 (ときに 男) (記者などの) 会見, インタビュー.

in·ter·vo·cá·li·co, ca [インテルボカリコ, カ] 形《音声学》母音間の.

in·tes·ta·do, da [インテスタド, ダ] 形 遺言を残さない.
— 男 女 無遺言死亡者.

in·tes·ti·nal [インテスティナル] 形 腸の.

in·tes·ti·no[1] [インテスティノ] 男《解剖学》腸.
intestino ciego 盲腸.
intestino delgado 小腸.
intestino grueso 大腸.

in·tes·ti·no[2], **na** [—, ナ] 形 1 内部の, うちわの. 2 国内の.

in·ti [インティ] 男《通貨単位》(ペルーの) インティ.

in·ti·ma·ción [インティマシオン] 女 通告.

ín·ti·ma·men·te [インティマメンテ] 副 1 親しく, 親密に. 2 内心で, ひそかに.

in·ti·mar [インティマル] 自 (+con…) …と親しくなる.
— 他 …に ((+a) +que+接続法) …するように通告する.

in·ti·mi·da·ción [インティミダシオン] 女 おどし, 威嚇(いかく).

in·ti·mi·dad [インティミダス] 女 1 親密さ, 懇意. 2 私生活, プライバシー. 3 くつろぎ.

in·ti·mi·da·des [インティミダデス] 女 複 (→ intimidad) 1 私事, 内々の事. 2 外性器, 恥部.

in·ti·mi·dar [インティミダル] 他 1 …をおどす. 2 …をこわがらせる.

in·ti·mis·mo [インティミスモ] 男《芸術》(個人の内面や私生活に注目する) 内面主義.

in·ti·mis·ta [インティミスタ] 形《男女同形》《芸術》内面派の.
— 男 女 内面派の作家[画家].

ín·ti·mo, ma [インティモ, マ] 形 1 親しい, 親密な. 2 内心の, 心の奥の.
— 男 女 親友, 信頼できる相手.

in·ti·tu·lar [インティトゥラル] 他 …に題名[名称]をつける.

in·to·le·ra·ble [イントレラブレ] 形 耐えがたい, 許しがたい.

in·to·le·ran·cia [イントレランシア] 女 1 不寛容, 偏狭. 2《医学》(器官の) 過敏性.

in·to·le·ran·te [イントレランテ] 形 1 (+ (para) con…) …に対して寛容でない. 2 偏狭な.
— 男 女 狭量な人.

in·to·xi·ca·ción [イントクシカシオン] 女 中毒.

in·to·xi·ca·do, da [イントクシカド, ダ]《過去分詞》→ intoxicar 中毒を起こさせる.
— 形 中毒した.
— 男 女 中毒患者.

in·to·xi·car [イントクシカル] 他《活 73 sacar》…に中毒を起こさせる.
— *intoxicarse* 中毒にかかる.

in·tra·dós [イントラドス] 男《建築》(アーチなど

の)内輪(うち).

in·tra·du·ci·ble [イントラドゥシブれ] 形 翻訳不可能な.

in·tra·mus·cu·lar [イントラムスクラル] 形 〈医学〉筋肉内の.

in·tran·qui·li·dad [イントランキリダス] 女 不安, 心配.

in·tran·qui·li·zar [イントランキリサル] 他 《活 39 gozar》…を不安にさせる, 心配させる.
— **intranquilizar-se** 再 不安になる, 心配する.

in·tran·qui·lo, la [イントランキろ, ら] 形 1 落ち着かない. 2 (+con, de…) …を心配する.

in·trans·fe·ri·ble [イントランスふぇリぶれ] 形 譲渡不能の.

in·tran·si·gen·te [イントランシヘンテ] 形 非妥協的な, 頑固な.

in·tran·si·ta·ble [イントランシタブれ] 形 通行止めの, 通れない.

in·tran·si·ti·vo[1] [イントランシティボ] 男 〈文法〉自動詞.

in·tran·si·ti·vo[2], **va** [—, バ] 形 〈文法〉自動詞の.
oración intransitiva 自動詞文.
verbo intransitivo 自動詞.

in·tras·cen·den·te [イントラスセンデンテ] 形 重要でない, ささいな.

in·tra·ta·ble [イントラタブれ] 形 1 つきあいにくい. 2 扱いにくい.

in·tra·ve·no·so, sa [イントラベノソ, サ] 形 〈医学〉静脈内の.

in·tre·pi·dez [イントレピデす] 女 《複 intre-pideces》大胆さ, 勇猛.

in·tré·pi·do, da [イントレピド, ダ] 形 大胆な, 勇敢な.

in·tri·ga [イントリガ] 女 1 陰謀, 計略. 2 紛糾, 錯綜(さくそう). 3 (小説などの)筋立て, プロット. 4 強い関心.

in·tri·gan·te [イントリガンテ] 形 1 陰謀をたくらむ, 策略の. 2 好奇心をそそる.
— 男女 陰謀家, 策士.

in·tri·gar [イントリガル] 自 《活 47 llegar》陰謀をくわだてる, 策をめぐらす.
— 他 …の好奇心をそそる, 関心を引く.

in·trin·ca·do, da [イントリンカド, ダ] 過去分詞] → intrincar もつれさせる.
— 形 もつれた, 込み入った.

in·trin·car [イントリンカル] 他 《活 73 sacar》…をもつれさせる, 紛糾させる.

in·trín·gu·lis [イントリングリス] 男 《単複同形》1 困難さ. 2 真意, 底意(そこい).

in·trín·se·co, ca [イントリンセコ, カ] 形 固有の, 本来備わっている, 内在的な.

in·tro·duc·ción [イントロドゥクシオン] 女 1 導入, 差し込み. 2 (+en…) (の)紹介, 加入. 3 (新しいもの)の出現. 4 入門書, 説明書. 5 序文, 序論.

in·tro·du·cir [イントロドゥしル] 他 《活 20 con-

ducir》1 …を (+en…) …に導入する, 入れる. 2 (人)を (+en…) …に招き入れる, 案内する. 3 (人)を (+en…) …に紹介する, 送り込む. 4 (新しいもの)を出現させる, 使用に供する, 紹介する.
— **introducir-se** 再 1 (+en+社交界など) …に参入する, デビューする. 2 (+en…) …に入る, 入り込む.

in·tro·duc·tor, to·ra [イントロドゥクトル, トラ] 形 導入の, 序文の.
— 男女 導入者, 案内役.

introduj-, introduzc- → introducir 導入する《活 20》.

in·tro·mi·sión [イントロミシオン] 女 (部外者の)干渉, 口出し.

in·tros·pec·ción [イントロスペクしオン] 女 内省.

in·tros·pec·ti·vo, va [イントロスペクティボ, バ] 形 内省的な, 自省の.

in·tro·ver·sión [イントロベルシオン] 女 内向性.

in·tro·ver·ti·do, da [イントロベルティド, ダ] 形 内向的な.
— 男女 内向型の人.

in·tru·so, sa [イントルソ, サ] 形 侵入してきた, 押し入った.
— 男女 侵入者, 乱入者.

in·tu·ba·ción [イントゥバシオン] 女 〈医学〉挿管.

in·tu·bar [イントゥバル] 他 〈医学〉…に管を挿入する.

in·tui·ción [イントゥイしオン] 女 1 直観. 2 予感.

in·tuir [イントゥイル] 他 《活 43 huir》1 …を直観する, 見抜く. 2 …を予感する.

in·tui·ti·va·men·te [イントゥイティバメンテ] 副 直観的に.

in·tui·ti·vo, va [イントゥイティボ, バ] 形 直観的な, 直観力のある.

intuy- 活 → intuir 直観する《活 43》.

i·nun·da·ción [イヌンダしオン] 女 1 洪水, 大水(おおみず). 2 浸水, 冠水. 3 (物の)氾濫(はんらん).

i·nun·da·do, da [イヌンダド, ダ] 過去分詞] → inundar 水びたしにする.
— 形 1 水びたしの, 冠水した. 2 (+de…) …でいっぱいの.

i·nun·dar [イヌンダル] 他 1 …を水びたしにする, 冠水させる. 2 (場所)をいっぱいにする. 3 (+con, de…) …で充満させる.
— **inundar-se** 再 1 水びたしになる. 2 (+con, de…) …であふれる.

i·nur·ba·no, na [イヌルバノ, ナ] 形 洗練されていない, 不作法な.

i·nu·si·ta·do, da [イヌシタド, ダ] 形 普通には起こらない.

i·nú·til [イヌティる] 形 1 無益な, むだな. 2 不自由な, 役に立ちにくい.

i·nu·ti·li·dad [イヌティリダす] 女 1 無益. 2 役に

立たないこと.

i·nu·ti·li·zar [イヌティリサル] 他 《活 39 gozar》…を役に立たなくする.

i·nú·til·men·te [イヌティルメンテ] 副 むだに, むなしく.

in·va·dir [インバディル] 他 1 …を侵略する, …に攻め込む. 2 …に侵入する. 3 (感情などが)…を襲う. 4 …をいっぱいにする.

in·va·li·dar [インバリダル] 他 …を無効にする.

in·va·li·dez [インバリデス] 女 《複 invalideces》身体的障害.

in·vá·li·do, da [インバリド, ダ] 形 身体障害の, 肢体不自由な.
— 男女 身体障害者.

in·va·ria·bi·li·dad [インバリアビリダス] 女 不変性.

in·va·ria·ble [インバリアブれ] 形 不変の.

in·va·ria·ble·men·te [インバリアブれメンテ] 副 変わることなく.

in·va·sión [インバシオン] 女 1 侵入, 侵略. 2 侵害. 3 氾濫(はんらん), 蔓延(まんえん).

in·va·sor, so·ra [インバソル, ソラ] 形 侵入する, 侵略の.
— 男女 侵入者, 侵略者.

in·vec·ti·va [インベクティバ] 女 《+contra...》…への激しい非難[批判].

in·ven·ci·ble [インベンシブれ] 形 打ち破られない, 不敗の.
Armada Invencible (16世紀末スペインの)無敵艦隊.

in·ven·ción [インベンシオン] 女 1 発明, 考案. 2 発明品. 3 でっち上げ, 捏造(ねつぞう). 4 作り事, 作り話.

in·ven·tar [インベンタル] 他 1 …を発明[考案]する. 2 …をでっち上げる.
— **inventar·se** 再 を勝手にでっち上げる.

in·ven·ta·riar [インベンタリアル] 他 …の目録を作成する.

in·ven·ta·rio [インベンタリオ] 男 1 (商品などの)在庫一覧表, 目録. 2 棚卸し.

in·ven·ti·va¹ [インベンティバ] 女 創造力, 発明の才.

in·ven·ti·vo, va² [インベンティボ, —] 形 発明の, 創意に富んだ.

in·ven·to [インベント] 男 発明品.

in·ven·tor, to·ra [インベントル, トラ] 形 発明した, 発明にかかわる.
— 男女 発明家, 発明者, 考案者.

in·ver·na·de·ro [インベルナデロ] 男 1 温室. 2 冬期用牧草地. 3 避寒地.

in·ver·nal [インベルナル] 形 冬の.

in·ver·nar [インベルナル] 自〈動物〉冬眠する. 2〈人〉《+en...》…で冬を過ごす.

in·ve·ro·sí·mil [インベロシミる] 形 ありそうもない.

in·ver·sión [インベルシオン] 女 1〈商業〉投資, 出資. 2 倒置, あべこべ, 逆転. 3 時間をかけること.

in·ver·sio·nis·ta [インベルシオニスタ] 男女〈商業〉投資家, 出資者.

in·ver·so, sa [インベルソ, サ] 形 逆の, 転倒した, あべこべの.
a la inversa 反対に.
a la inversa de... …とは逆に.

in·ver·sor, so·ra [インベルソル, ソラ] 形〈商業〉投資の.
— 男女 投資家.

in·ver·te·bra·do, da [インベルテブラド, ダ] 形 脊椎(せきつい)のない.

in·ver·te·bra·dos [インベルテブラドス] 男 複〈分類〉無脊椎(せきつい)動物.

in·ver·ti·do [インベルティド] 形 (男性が)同性愛の.
— 男 (男性の)同性愛者.

in·ver·tir [インベルティル] 他 《活 77 sentir》…を逆にする, さかさにする, 転倒させる. 2 …を投資する. 3 (時間)を《+en...》にかける.

in·ves·ti·du·ra [インベスティドゥラ] 女 叙任.

in·ves·ti·ga·ción [インベスティガシオン] 女 1 調査, 取り調べ. 2 研究活動.

in·ves·ti·ga·dor, do·ra [インベスティガドル, ドラ] 形 1 調査の. 2 研究の.
— 男女 1 調査担当者. 2 研究者.

in·ves·ti·gar [インベスティガル] 他 《活 47 llegar》1 …を調査する. 2 …を(深く)研究する.

in·ves·tir [インベスティル] 他 《活 56 pedir》…を《+con, de...》…に任命する.

in·ve·te·ra·do, da [インベテラド, ダ] 形 (習慣など)とても根の深い, しつこい.

in·via·ble [インビアブれ] 形 存続[実現]の可能性のない.

in·vic·to, ta [インビクト, タ] 形 負けていない, 無敵の.
— 男女 不敗の勝者.

in·vi·den·te [インビデンテ] 形 盲目の.
— 男女 盲人.

in·vier·no [インビエルノ] 男《季節》冬.

inviert- 活 → invertir 逆にする《活 77》.

in·vio·la·ble [インビオらブれ] 形 不可侵の.

invirt- 活 → invertir 逆にする《活 77》.

in·vi·si·ble [インビシブれ] 形 目に見えない.

invist- 活 → investir 任命する《活 56》.

in·vi·ta·ción [インビタシオン] 女 1 招待, まねき. 2 おごり. 3《+a...》…へのさそい. 4 招待状.

in·vi·ta·do, da [インビタド, ダ]《過去分詞》→ invitar まねく.
— 形 1 招待された. 2 うながされた.
— 男女 招待客, 客人.

in·vi·tar [インビタル] 他 1 …を《+a...》にまねく, 招待する. 2 …に《+a...》をおごる. 3 …に《+a+不定詞[que+接続法]》…するようにたのむ, うながす.
— 自 1 みんなの飲食代を払う, おごる. 2 (物事が)

in·vo·ca·ción

（＋a＋不定詞）…する気にさせる.

in·vo·ca·ción [インボカシオン] 囡 1（神への）祈り，祈願. 2（論拠としての）引用，援用. 3 祈りの言葉，呪文（じゅ）.

in·vo·car [インボカル] 他《活 73 sacar》1（神の助けなどを）祈り求める. 2（権威のあるもの）を援用する，引き合いに出す.

in·vo·lu·ción [インボるシオン] 囡 退行，逆行，後退.

in·vo·lu·cio·nar [インボるシオナル] 自 退行する，逆行する，後退する.

in·vo·lu·cra·do, da [インボるクラド, ダ]《過去分詞》→ involucrar 巻き込む.
— 形（＋en...）に巻き込まれた，かかわった.

in·vo·lu·crar [インボるクラル] 他 …を（＋en...）…に巻き込む，…の巻き添えにする.
— **involucrar·se** 再（＋en...）に巻き込まれる，動じない.

in·vo·lun·ta·ria·men·te [インボるンタリアメンテ] 副 1 不本意ながら，心ならずも. 2 無意識に.

in·vo·lun·ta·rio, ria [インボるンタリオ, リア] 形 1 不本意の，その気のない. 2 無意識の，なにげない.

in·vo·lu·ti·vo, va [インボるティボ, バ] 形 退行性の，逆行する.

invoqu- → invocar 祈り求める《活 73》.

in·vul·ne·ra·ble [インブるネラブれ] 形 1 不死身の，傷つけられはしない. 2（＋a...）に屈しない，動じない.

in·yec·ción [インイェクシオン] 囡 1 注射，注入. 2 注射液，注入剤. 3 刺激剤，カンフル.
motor de inyección 噴射式エンジン.

in·yec·ta·ble [インイェクタブれ] 形〈薬剤〉注射できる，注射用の.

in·yec·tar [インイェクタル] 他 1 …を（＋a...）…に注射する，注入する. 2 …を（＋a...）…に（刺激剤として）投入する，提供する.

in·yec·tor [インイェクトル] 男 1 注射器. 2 注入器. 3 噴射装置.

ion [イオン] 男〈化学〉イオン.

io·ni·zar [イオニサル] 他《活 39 gozar》〈化学〉をイオン化する.

io·nos·fe·ra [イオノスふェラ] 囡 電離層.

ip·so fac·to [イプソふぁクト] 副 1 その事実によって. 2 ただちに，すぐさま.

ir [イル] 自《活 44》1 行く.
2（機械などが）動く，作動する.
3 進行する，展開する.
4〈数量〉差がある／*Del tres al ocho van cinco.* 3 引く 3 は 5.
5（要件などが）予定通り進む.
6（主語）の番である.
7（時が）過ぎる.
8（＋現在分詞）…しつつある，…になりつつある.
9（形容詞・副詞）…の状態になっている.
10（＋a...）へ行く，向かう.
11（＋a＋学校など）…へ通う.
12（＋a＋不定詞）① …しに行く. ② …しようとしている. ③ …するつもりだ.
13（＋a＋名詞）…の状態になる，…に達する.
14《3 人称単数形》（＋a...）① …に適している，…に似合う. ② …にとって重要である.
15（道が）（＋a...）…に通じている，達する.
16（＋a, en, por...）…に存在する，ある.
17（＋con...）① …で身を飾る. ② …に対応する，…と関係する. ③ …の味方［ファン］である，…を支持する. ④ …とうまく合う. ⑤（ゲームで）…の賭けを受け付ける.
18（＋de＋行為・様子）…である，…になる.
19（＋de, sobre...）（本などが）…を扱っている，…についてである.
20（＋desde～ hasta～）（空間が）…から～までのびている.
21（＋detrás de, por...）への傾向がある，に引かれる.
22（＋en...）（物事が）…にかかっている，…次第である.
23（＋para＋職業名）…になるために学んでいる.
24（＋para＋年齢）…歳になろうとしている.
25（＋por...）① …を取りに行く，呼びに行く. ② …のことを言う.

— **ir·se** 再《主語なしの 3 人称単数形で使用》（一般的に）人が行く.
2 その場を離れる，立ち去る.
3（＋de...）① …から離れる. ② …から身を引く. ③ …をやめる.
4 消え去る，無くなる.
5 死ぬ，亡くなる.
6（お金などが）使われる，消費される.
7 もれる，こぼれる.
8 放屁（ほう）する.
9（＋a...＋体の一部）…の～がすべる／*Se le fueron* los pies. 彼は足をすべらせた.
A eso voy [iba]. そこなんだ，言いたかったのは.
¿Cómo te [le] va? お元気ですか.
dejar·se ir 衝動に身をまかす.
¡Dónde va a parar!（大きな違いを認めて）もちろん！
el no va más 最良のもの［こと］.
ir adelante うまくやっている，成功している.
ir a por... …を取りに行く，呼びに行く.
ir bien [mal] うまく進む［うまく進まない］.
ir bien a... 1 …には好都合だ. 2 …のためにうまくいく.
ir contra [en contra de]... …に反している.
ir dado [dada] 思い違いをしている.
ir de flor en flor つぎつぎに相手［目的］を変える.
ir de mal en peor だんだん悪くなる.
ir lejos 1 遠くへ行く. 2 極端な状況になる.

i·rre·me·dia·ble

ir·se a... la lengua …の口がすべる.
ir·se abajo くずれ落ちる.
ir·se de este mundo 亡くなる.
ir y (＋動詞) まさに…する, …してしまう／Ahora *va y se pone* a llover. まさにいま降り出した.
no ir (＋a…) **ni venir** (＋a…) …には関心がない, どうでもいい.
no vamos [vayamos] a (＋不定詞) …しないでおきましょう.
no vaya a ser que (＋接続法) …するといけないので.
¡Que te [le] vaya bien! ではお元気で!
¡Qué va! そんなばかな!, 冗談じゃないよ!
sin ir más lejos 手近なところで, 早い話が.
un [el] ir y venir 出入り, 行き来.
¡Vamos! 1 さあ行きましょう! 2 さあさあ! 3 ええっと., ええては! 4 おやおや!
vamos a (＋不定詞) 1 私たちは…するところ[つもり]です. 2 さあ…しましょう!
¡Vamos a ver! 1 どれどれ! 2 さあ, ねえ!
¡Vaya! 1 あれ, まあ! 2 まさか!, ばかな! 3 まあまあ元気を出して! 4 (＋名詞) なんという…なんだ!
¡Vaya con…! …には驚きだ!
¡Vaya con Dios! (出発する人に)お元気で!
¡Vete! 出ていけ!

i·ra [イラ] 女 激怒, いきどおり.
i·rá (-) 活 → ir 行く《活 44》.
i·ra·cun·dia [イラクンディア] 女 1 怒りっぽい傾向, 短気. 2 激怒, 憤慨.
i·ra·cun·do, da [イラクンド, ダ] 形 1 怒り狂った. 2 怒りっぽい, 短気な.
i·ra·ní [イラニ] 形 (複 iraníes, iranís) (南西アジアの国の)イラン Irán の.
— 男 女 イラン人.
i·ra·quí [イラキ] 形 (南西アジアの国の)イラク Irak [Iraq]の.
— 男 女 イラク人.
i·ras·ci·ble [イラスシブレ] 形 すぐに怒る, 短気な.
iré (-) 活 → ir 行く《活 44》.
I·re·ne [イレネ] 固 《女性の名》イレネ.
ir·gu- [イルグ] = erguir 立てる《活 35》.
iría (-) 活 → ir 行く《活 44》.
i·ri·dio [イリディオ] 男 《化学》イリジウム.
i·ris [イリス] 男 1 虹(にじ) [= arco iris]. 2 《眼球》虹彩(こうさい).
i·ri·sa·do, da [イリサド, ダ] 形 虹(にじ)色の, 虹のように光る.
i·ri·sar [イリサル] 自 虹(にじ)色に光る.
ir·lan·dés, de·sa [イルランデス, デサ] 形 (アイルランド島南部の国の)アイルランド Irlanda の.
— 男 女 アイルランド人.
i·ro·ní·a [イロニア] 女 1 皮肉, 風刺. 2 皮肉っぽい口調. 3 意外な成り行き. 4《修辞学》反語法, アイロニー.
i·ró·ni·ca·men·te [イロニカメンテ] 副 1 皮肉にも. 2 皮肉っぽく.
i·ró·ni·co, ca [イロニコ, カ] 形 1 皮肉の, 風刺の. 2 皮肉っぽい. 3《修辞学》反語の.
i·ro·ni·zar [イロニサル] 他《活 39 gozar》…を皮肉る, からかう.
— 自 (＋sobre…) …を皮肉る.
i·rra·cio·nal [イラシオナル] 形 1 理性的な, 分別の欠けた. 2 不合理な, ばかげた.
i·rra·cio·na·lis·mo [イラシオナリスモ] 男 1《哲学》非合理主義. 2 不条理な振る舞い.
i·rra·dia·ción [イラディアシオン] 女 1 (エネルギーの)放射. 2 発光, 照射, 放熱. 2 (思想などの)伝播(でんぱ), 波及.
i·rra·diar [イラディアル] 他 1 (エネルギー)を放射する, 発散させる. 2 (思想や感情)を伝える, 広める.
— irradiar·se 再 (思想などが)広まる.
i·rre·al [イレアル] 形 非現実的な.
i·rre·a·li·za·ble [イレアリさブレ] 形 実現不可能な.
i·rre·ba·ti·ble [イレバティブレ] 形 論破できない.
i·rre·con·ci·lia·ble [イレコンシリアブレ] 形 和解不可の, 両立できない.
i·rre·cu·pe·ra·ble [イレクペラブレ] 形 回復不可の, 取り戻せない.
i·rre·cu·sa·ble [イレクサブレ] 形 拒絶できない.
i·rre·den·tis·mo [イレデンティスモ] 男 民族統一主義.
i·rre·duc·ti·ble [イレドゥクティブレ] 形 減少不可の.
i·rre·em·pla·za·ble [イレエンプラさブレ] 形 取りかえのきかない, かけがえのない.
i·rre·fle·xión [イレふれクシオン] 女 無分別, 軽率.
i·rre·fle·xi·va·men·te [イレふれクシバメンテ] 副 反省しないで, 無分別に.
i·rre·fle·xi·vo, va [イレふれクシボ, バ] 形 反省しない, 無分別な.
i·rre·fre·na·ble [イレフレナブレ] 形 抑制できない, ブレーキのきかない.
i·rre·fu·ta·ble [イレふタブレ] 形 反論できない.
i·rre·gu·lar [イレグルル] 形 1 不規則な, 変則的な. 2 ほとんど起こったことのない. 3 規律に欠ける, だらしない.
i·rre·gu·la·ri·dad [イレグらリダス] 女 1 不規則, 変則. 2 不正, 不正行為.
i·rre·gu·lar·men·te [イレグルルメンテ] 副 1 不規則に, 変則的に. 2 だらしなく.
i·rre·le·van·te [イレれバンテ] 形 重要でない, 無関係な.
i·rre·li·gio·so, sa [イレリヒオソ, サ] 形 宗教心のない, 不信心な.
— 男 女 無宗教者.
i·rre·me·dia·ble [イレメディアブレ] 形 回復不可能な, 直しようのない, 打つ手のない.

i·rre·mi·si·ble [イレミシブレ] 形 許しがたい.
i·rre·nun·cia·ble [イレヌンシアブレ] 形 放棄できない.
i·rre·pa·ra·ble [イレパラブレ] 形 直せない, 修繕できない.
i·rre·pro·cha·ble [イレプロチャブレ] 形 非の打ちどころのない, 申し分のない.
i·rre·sis·ti·ble [イレシスティブレ] 形 1 抗しがたい. 2 魅力的な.
i·rre·so·lu·ble [イレソるブレ] 形 解決できない.
i·rre·so·lu·ción [イレソるシオン] 女 1 解決不能. 2 優柔不断.
i·rre·so·lu·to, ta [イレソるト, タ] 形 決断力のない.
i·rres·pi·ra·ble [イレスピラブレ] 形 呼吸できない.
i·rres·pon·sa·bi·li·dad [イレスポンサビリダッ] 女 無責任.
i·rres·pon·sa·ble [イレスポンサブレ] 形 無責任な.
i·rre·ve·ren·cia [イレベレンシア] 女 不敬, 無礼.
i·rre·ve·ren·te [イレベレンテ] 形 無礼な, 不敬な.
i·rre·ver·si·ble [イレベルシブレ] 形 元に戻せない, 取り消せない.
i·rre·vo·ca·ble [イレボカブレ] 形 取り消し不能の.
i·rri·ga·ción [イリガシオン] 女 1 灌漑(熯). 2〈血液〉循環. 3〈肛門からの〉注入. 4〈肛門からの〉注入液.
i·rri·gar [イリガル] 他〈活 47 llegar〉1…に水をやる, …を灌漑する. 2〈医学〉…に血液を送り込む. 3〈医学〉…に肛門から液を注入する.
i·rri·sión [イリシオン] 女 嘲笑の的, 物笑いの種(な).
i·rri·so·rio, ria [イリソリオ, リア] 形 1 笑いをさそう. 2〈金額〉スズメの涙の, わずかな.
i·rri·ta·bi·li·dad [イリタビリダッ] 女 短気, 怒りっぽさ.
i·rri·ta·ble [イリタブレ] 形 すぐに怒る, 短気な.
i·rri·ta·ción [イリタシオン] 女 1 怒り, いらだち, 立腹. 2〈医学〉炎症.
i·rri·ta·do, da [イリタド, ダ] 《過去分詞》→ irritar 怒らせる.
— 形 1 いらだった, 怒った. 2 炎症を起こした.
i·rri·tan·te [イリタンテ] 形 人をいらだたせる.
i·rri·tar [イリタル] 他 1…をいらだたせる, 怒らせる. 2…に炎症を起こさせる.
i·rrom·pi·ble [イロンピブレ] 形 破れない, こわれない, 割れない.
i·rrum·pir [イルンピル] 自 1 (+en...) …に押し入る, 突入する. 2 (+en...) …に急に出現する.
i·rrup·ción [イルプシオン] 女 1 突入, 急襲. 2 急な出現.

I·saac [イサアク] 固〈男性の名〉イサアク.
I·sa·bel [イサべる] 固〈女性の名〉イサベル.
i·sa·be·li·no, na [イサベリノ, ナ] 形 (何人かの)イサベル女王の.
I·si·do·ro [イシドロ] 固〈男性の名〉イシドロ.
I·si·dro [イシドロ] 固〈男性の名〉イシドロ. (マドリードの守護聖人の)聖イシドロ.
is·la [イスら] 女 1 島. 2 孤立した場所.
is·lam [イスらム] 男 1 イスラム教, 回教. 2 (集合的に) イスラム教徒, イスラム教国.
is·lá·mi·co, ca [イスらミコ, カ] 形 イスラム教の.
is·la·mis·mo [イスらミスモ] 男 イスラム教, 回教.
is·la·mi·ta [イスらミタ] 形《男女同形》イスラム教の.
— 男 女 イスラム教徒.
is·lan·dés, de·sa [イスらンデス, デサ] 形 (北大西洋の国の)アイスランド Islandia の.
— 男 女 アイスランド人.
is·le·ño, ña [イスれニョ, ニャ] 形 島の.
— 男 女 島の住人, 島民.
is·le·ta [イスれタ] 女 1 小島. 2〈車道〉緑地帯, 分離帯.
is·lo·te [イスろテ] 男 1 小島. 2 (水面に出ている)大岩.
is·mo [イスモ] 男 主義, 学説.
i·so·ba·ra [イソバラ] 女〈気象〉等圧線.
i·sós·ce·les [イソスせれス] 形〈単複同形, 男女同形〉〈数学〉二等辺の.
i·so·tér·mi·co, ca [イソテルミコ, カ] 形 等温を保つ.
i·so·ter·mo, ma [イソテルモ, マ] 形 (ほかのもの)の[所]と)等温の.
línea isoterma〈気象〉等温線.
i·só·to·po [イソトポ] 男〈化学〉同位体, アイソトープ.
is·quión [イスキオン] 男《= isquion》〈解剖学〉座骨.
is·ra·e·lí [イスラエリ] 形 (南西アジアの国の)イスラエル Israel の.
— 男 女 イスラエル人.
is·ra·e·li·ta [イスラエリタ] 形 1 ユダヤ教の. 2 古代イスラエルの, ヘブライの.
— 男 女 1 ユダヤ教徒. 2 古代イスラエル人, ヘブライ人.
ist·me·ño, ña [イストメニョ, ニャ] 形 地峡の.
— 男 女 地峡の住人.
ist·mo [イストモ] 男 地峡.
Istmo de Panamá パナマ地峡.
I·ta·lia [イタりア] 固〈国の名〉イタリア.
i·ta·lia·nis·mo [イタりアニスモ] 男〈言語学〉イタリア語系要素.
i·ta·lia·no¹ [イタりアノ] 男 イタリア語.
i·ta·lia·no², na [—, ナ] 形 イタリア Italia の.

— 男女 イタリア人.

i·tá·li·ca[1] [イタリカ] 女 〈印刷〉イタリック体.

i·tá·li·co, ca[2] [イタリコ, —] 形 1 (古代)イタリアの. 2 〈印刷〉イタリック体の.

í·ta·lo, la [イタロ, ら] 形 イタリアの.
— 男女 イタリア人.

í·tem [イテン] 男 《複 ítems》項目, 条項.
— 副 同様に, おなじく.

i·te·ra·ti·vo, va [イテラティボ, バ] 形 〈文法〉反復の, 反復相の.
verbo iterativo (繰り返す意味の)反復動詞.

i·ti·ne·ran·te [イティネランテ] 形 移動する, 巡回の.
exposición itinerante 巡回展示会.

i·ti·ne·ra·rio [イティネラリオ] 男 1 旅程, 旅行計画. 2 道順, ルート.

IVA [イバ] 男 《略語》Impuesto sobre el valor añadido(スペインの)付加価値税.

i·zar [イサル] 他 《活 39 gozar》(旗など)をあげる, 掲げる.

iz·quier·da[1] [イスキエルダ] 女 1 左手. 2 左, 左側, 左方. 3 〈政治〉左翼, 左派.
a la izquierda (de...) (…の)左側に, 左手に.
escribir con la izquierda 左手で書く.
extrema izquierda 〈政治〉極左.
ser un cero a la izquierda (人が)なんの力もない.

iz·quier·dis·mo [イスキエルディスモ] 男 〈政治〉左翼思想.

iz·quier·dis·ta [イスキエルディスタ] 形 《男女同形》〈政治〉左翼(思想)の.
— 男女 左翼主義者, 左派の人.

iz·quier·do, da[2] [イスキエルド, —] 形 1 左の, 左側の, 左手の. 2 左利きの.
a mano izquierda 左のほうへ, 左手に.
levantarse con el pie izquierdo 〈迷信〉(左足で起きたので)一日中ついていない.
mano izquierda 手腕, 処理能力.

J j

J, j [ホタ] 女《アルファベットの第10番の文字》ホタ.

ja·ba·lí [ハバリ] 男 (複 jabalíes, jabalís)〈動物〉イノシシ.

ja·ba·li·na [ハバリナ] 女 1〈動物〉雌イノシシ. 2〈スポーツ〉(槍(や)投げの)槍.

ja·ba·to¹ [ハバト] 男〈動物〉子イノシシ.

ja·ba·to², ta [-, タ] 形 勇敢な, 大胆な.
— 男 女 勇敢な若者, 大胆な者.

já·be·ga [ハベガ] 女 1 (jabeque より小さな)小型漁船. 2 地引き網.

ja·be·que [ハベケ] 男 3本マストの小型帆船, ジーベック.

ja·bón [ハボン] 男 石けん/jabón de olor 化粧石けん.
dar jabón a... …をおだてる.
dar un jabón a... …をひどく叱る.

ja·bo·na·du·ra [ハボナドゥラ] 女 石けんで洗うこと.

ja·bo·na·du·ras [ハボナドゥラス] 女複(→jabonadura) 石けんの泡立ち, 石けん水.

ja·bo·nar [ハボナル] 他 1 …を石けんで洗う. 2 …を叱る, とがめる.

ja·bon·ci·llo [ハボンシジョ] 男 1 化粧石けん, 洗顔石けん. 2 (裁縫用の)チャコ.

ja·bo·ne·ra¹ [ハボネラ] 女 石けん箱, 石けん入れ.

ja·bo·ne·ro, ra² [ハボネロ, -] 形 1 石けんの. 2 (牛の色)黄白色の.
— 男 女 石けん業者.

ja·bo·no·so, sa [ハボノソ, サ] 形 1 石けんのような. 2 石けんのついた.

ja·ca [ハカ] 女 1 小型の馬, ポニー. 2 雌馬.

Ja·ca [ハカ] 固〈スペイン北部の都市の名〉ハカ.

ja·cal [ハカル] 男 堀っ建て小屋, 小屋.

ja·ca·ran·do·so, sa [ハカランドソ, サ] 形 優雅な, 陽気な, さっそうとした.

ja·cin·to [ハシント] 男〈植物〉ヒヤシンス.

Ja·cin·to [ハシント] 固〈男性の名〉ハシント.

ja·co [ハコ] 男 みすぼらしい馬, 駄馬.

ja·co·be·o, a [ハコベオ, ア] 形〈宗教〉使徒ヤコブ Santiago の.

ja·co·bi·nis·mo [ハコビニスモ] 男〈世界史〉(フランス革命の)ジャコバン主義.

ja·co·bi·no, na [ハコビノ, ナ] 形〈世界史〉ジャコバン党の.
— 男 女〈世界史〉ジャコバン党員.

Ja·co·bo [ハコボ] 固〈男性の名〉ハコボ.

jac·tan·cia [ハクタンシア] 女 自慢, うぬぼれ.

jac·tan·cio·so, sa [ハクタンシオソ, サ] 形 自慢げな, うぬぼれた.

jac·tar·se [ハクタルセ] 再 (+de...)…を自慢する.

ja·cu·la·to·ria [ハクラトリア] 女〈宗教〉短い祈り, 射禱(とう).

ja·de [ハデ] 男〈鉱物〉翡翠(ひすい).

ja·de·an·te [ハデアンテ] 形 あえいでいる, 息の荒い.

ja·de·ar [ハデアル] 自 あえぐ, 息を切らす.

ja·de·o [ハデオ] 男 あえぎ, 息切れ.

Ja·én [ハエン] 固〈都市の名〉(スペイン南部の)ハエン.

ja·e·nés, ne·sa [ハエネス, ネサ] 形 (スペインの都市の)ハエン Jaen の.
— 男 女 ハエンの人.

ja·ez [ハエす] 男 (複 jaeces) 1 (馬などの)飾り, たてがみ飾り. 2 (軽蔑的に, 人の)種類, タイプ.

ja·guar [ハグアル] 男〈動物〉ジャガー.

jai a·lai [ハイアライ] 男〈球技〉ハイアライ, ペロタ.

Jai·me [ハイメ] 固〈男性の名〉ハイメ.

ja, ja, ja [ハハハ] 間 (笑い声の)ハッハッハ, ホホホ.

ja·lar [ハラル] 他 1 …をがつがつ食べる. 2 …を引く.
— 自 走る, 行ってしまう.
— *jalarse* 酔っ払う.

jal·be·gar [ハルベガル] 他 (活 47 llegar) …にしっくいを塗る, …を白くする.

jal·be·gue [ハルベゲ] 男 1 壁のしっくい. 2 しっくい.

ja·le·a [ハレア] 女 ゼリー菓子.
jalea real ローヤルゼリー.

ja·le·ar [ハレアル] 他 1 (人)をはやし立てる. 2 (犬)をけしかける.

ja·le·o [ハレオ] 男 1 大騒ぎ, 騒動, 混乱/armar jaleo 大騒ぎをする. 2 (スペインの踊りの)ハレオ.

ja·lón [ハロン] 男 1 (人生などの)節目(ふしめ), 画期的な出来事. 2 (測量用の)ポール, 標尺. 3 ひと引き.

ja·lo·nar [ハロナル] 他 1 (地点など)を標尺(ポール)で示す. 2 …の節目(ふしめ)となる.

Ja·mai·ca [ハマイカ] 固〈島国の名〉(カリブ海の) ジャマイカ.

活 は活用形 複 は複数形 男 は男性名詞 女 は女性名詞 固 は固有名詞 代 は代名詞 自 は自動詞

ja·mai·ca·no, na [ハマイカノ, ナ] 形 ジャマイカ Jamaica の.
— 男 女 ジャマイカ人.

ja·mar [ハマル] 他 〈俗語〉食べる.

ja·más [ハマス] 副 **1** 決して…ない, かつて…ない. **2** (疑問文で)今までに, かつて.
  jamás de los jamases (否定の強調)決して…ない.
  nunca jamás (否定の強調)決して…ない.
  para siempre jamás いつまでも…ない, 絶対に…ない.

jam·ba [ハンバ] 女 〈建築〉(戸・窓などの)抱き, わき柱.

ja·mel·go [ハメルゴ] 男 やせ馬, 駄馬.

ja·món [ハモン] 男 **1** 〈料理〉ハム. **2** 〈豚〉もも肉.
  estar jamón (人が)魅力的である.
  jamón en dulce (白ワインで煮た)冷食用ハム.
  jamón serrano ハム, セラノハム.
  jamón york ヨークハム.
  ¡Y un jamón! (拒絶の表現)ごめんだね.

ja·mo·na [ハモナ] 形 《女性形のみ》中年太りした.
— 女 中年太りの女性.

Ja·pón [ハポン] 固 〈国名〉日本.

ja·po·nés[1] [ハポネス] 男 日本語.

ja·po·nés[2]**, ne·sa** [—, ネサ] 形 日本の, 日本人の, 日本語の.
— 男 女 日本人.

ja·po·no·lo·gí·a [ハポノロヒア] 女 日本研究, 日本学.

ja·po·nó·lo·go, ga [ハポノロゴ, ガ] 男 女 日本研究者, 日本学者.

ja·que [ハケ] 男 〈チェス〉王手, チェック.
  dar jaque (チェスでキングに)王手をかける.
  jaque mate (チェスで)チェックメイト, 詰め.
  poner [tener, traer] en jaque a... …をおびやかす.

ja·que·ca [ハケカ] 女 **1** 〈医学〉偏頭痛(ずつう). **2** 厄介ごと.

ja·ra [ハラ] 女 〈植物〉シスタス, コジアオイ.

ja·ra·be [ハラベ] 男 **1** シロップ／*jarabe para la tos* 咳(せき)止めシロップ. **2** 甘ったるい飲み物.
  dar jarabe a... …にお世辞を言う.
  jarabe de palo こらしめのひっぱたき.
  jarabe de pico 口先だけの約束.
  jarabe tapatío 〈民族舞踊〉メキシカン・ハットダンス.

ja·ra·na [ハラナ] 女 **1** ばか騒ぎ. **2** けんか, 口論.

ja·ra·ne·ro, ra [ハラネロ, ラ] 形 ばか騒ぎの好きな.

jar·cha [ハルチャ] 女 〈詩学〉(中世スペインでアラビア語の詩に含まれた短い叙情詩の)ハルチャ.

jar·cias [ハルシアス] 女 **1** (船の)索具一式. **2** 漁具一式. **3** 寄せ集めの山.

jar·dín [ハルディン] 男 庭, 庭園.
  jardín botánico 植物園.
  jardín de infancia 幼稚園.

jar·di·ne·ra[1] [ハルディネラ] 女 植木鉢, プランター, 植木台.
  a la jardinera 温野菜を添えた(肉料理など).

jar·di·ne·rí·a [ハルディネリア] 女 園芸, 造園, 造園術.

jar·di·ne·ro, ra[2] [ハルディネロ, —] 男 女 庭師, 植木職人, 園芸家.

ja·re·ta [ハレタ] 女 〈服飾〉ひも通し, 折り返し, ピンタック.

ja·re·tón [ハレトン] 男 (シーツなどの)幅広の折り返し.

ja·rra [ハラ] 女 (取っつき広口の)壺(つぼ), 水差し, (ビールの)ジョッキ.
  de [en] jarras 両手を腰に当てて.

ja·rre·ar [ハレアル] 自 《主語なしの3人称単数形で使用》どしゃ降りの雨が降る.

ja·rre·te·ra [ハレテラ] 女 (留め金つきの)ガーター, 靴下留め.

ja·rro [ハロ] 男 (取ってひとつの広口の)壺(つぼ), 水差し, (ビールの)ジョッキ.
  echar un jarro de agua fría a... …を急に失望させる, 出し抜けにがっかりさせる.
  llover a jarros どしゃ降りの雨になる.

ja·rrón [ハロン] 男 (背の高い)飾り壺(つぼ), 花瓶(かびん).

jas·pe [ハスペ] 男 〈鉱物〉碧玉(へきぎょく).

jas·pe·a·do, da [ハスペアド, ダ] 過去分詞 → jaspear 縞(しま)模様の.
— 形 (大理石に似た)縞(しま)模様の.

jas·pe·ar [ハスペアル] 他 …を(大理石に似た)縞(しま)模様にする.

Jau·ja [ハウハ] 固 桃源郷, 楽園.

jau·la [ハウラ] 女 **1** 鳥かご, 檻(おり). **2** 牢(ろう), 牢獄. **3** (荷造り用の)木枠.

jau·rí·a [ハウリア] 女 (集合的に)猟犬.

Ja·vier [ハビエル] 固 〈男性の名〉ハビエル. **2** (16世紀に来日したスペインの宣教師の)ザビエル[= Francisco Javier].

jaz·mín [ハスミン] 男 〈植物〉ジャスミン.

J.C. [ヘスクリスト] 固 〈略語〉Jesucristo イエス・キリスト.

jeans [ジンス] 男 複 〈服装〉ジーンズ.

jeep [ジプ] 男 〈車両〉ジープ.

je·fa [へふぁ] 女 〈→ jefe〉(職場の女性の)長, 上司.

je·fa·tu·ra [へふぁトゥラ] 女 **1** 上司の職. **2** 本部, 役所.

je·fe [へふぇ] 男 《→ jefa》**1** (職場などの)長, 上司, ボス. **2** 親分, 頭(かしら), リーダー, 支配人.

je, je [へ, へ] 間 (笑い声)ヘヘ, ホッホッ.

je·jén [へヘン] 男 〈昆虫〉カ〈蚊〉, ブユ.

jen·gi·bre [ヘンヒブレ] 男 〈植物〉ショウガ, ジンジャー.

je·que [ヘケ] 男 (イスラム教国の)領主, 首長, 族長.

je·rar·ca [ヘラルカ] 男 女 (組織の)幹部, (教団の)高僧.

je·rar·quí·a [ヘラルキア] 女 1 階級制, 序列. 2 階級, 等級. 3 〈一人〉幹部, 高僧.

je·rár·qui·co, ca [ヘラルキコ, カ] 形 階級制の, 序列の, 序列的な.

je·rar·qui·zar [ヘラルキサル] 他 [活 37 gozar] …を序列化する, 等級づける.

je·rez [ヘレス] 男 (複 jereces) (白ワインの)シェリー酒.

Je·rez de la Fron·te·ra [ヘレス デ ラ フロンテラ] 固 〈都市の名〉(シェリー酒で有名なスペイン南部の)ヘレス・デ・ラ・フロンテラ.

je·re·za·no, na [ヘレサノ, ナ] 形 ヘレス・デ・ラ・フロンテラ Jerez de la Frontera の.
— 男 女 ヘレス・デ・ラ・フロンテラの人.

jer·ga [ヘルガ] 女 (おもに職域の)隠語, 仲間言葉, 集団語.

jer·gón [ヘルゴン] 男 わら布団.

je·ri·be·ques [ヘリベケス] 男複 しかめっ面, ウインク.

je·ri·gon·za [ヘリゴンサ] 女 訳のわからない言葉.

je·rin·ga [ヘリンガ] 女 1 〈医学〉注射器, (浣腸(かんちょう)などの)注入器. 2 (腸詰めを作るときなどの)注入器.

je·rin·gar [ヘリンガル] 他 [活 47 llegar] …を困らせる, 悩ませる, 怒らせる.

je·rin·gui·lla [ヘリンギじゃ] 女 〈医学〉注射器.

je·ro·glí·fi·co[1] [ヘログリフィコ] 男 1 象形文字, ヒエログリフ. 2 〈遊戯〉判じ物, 判じ絵. 3 理解不能のもの[こと].

je·ro·glí·fi·co[2]**, ca** [-, カ] 形 象形文字の, 象形文字のような.

Je·ró·ni·mo [ヘロニモ] 固 〈男性の名〉ヘロニモ.

je·ró·ni·mo, ma [ヘロニモ, マ] 形 (カトリック教会の)ヒエロニムス修道会の.

jer·sey [ヘルセイ] 男 (複 jerséis, jerseyes) 〈衣服〉セーター.

Je·ru·sa·lén [ヘルサレン] 固 〈都市の名〉(イスラエルの首都の)エルサレム.

Je·su·cris·to [ヘスクリスト] 固 〈人名〉イエス・キリスト.

je·sui·ta [ヘスイタ] 男 女 偽善者.
— 男 (カトリック教会のひとつの)イエズス会士.
— 形 〈男女同形〉1 イエズス会の. 2 偽善的な, ずるがしこい.

je·suí·ti·co, ca [ヘスイティコ, カ] 形 1 イエズス会の. 2 偽善的な, ずるがしこい.

Je·sús [ヘスス] 固 1 〈人名〉イエス, イエス・キリスト/Compañía de Jesús (カトリック教の)イエズス会. 2 〈男性の名〉ヘスス.
— 間 1 (驚きなどで)おやおや!, あれまあ! 2 (くしゃみをした人に向かって)お大事に!.
 en un decir Jesús あっという間に.

jet [ジェト] 男 〈航空機〉ジェットエンジン, ジェット機.
— 女 《= jet set》ジェット族(事業に成功してジェット機で世界の遊び場を回る人たち).

je·ta [ヘタ] 女 1 形 厚かましい, 恥知らずの.
— 男 女 形 厚かましい人.
— 女 1 顔. 2 厚かましさ. 3 (豚の)鼻づら.

J.H.S. (略記) 〈ラテン語〉Jesus Hominum Salvator 救世主イエス.

jí·ba·ro, ra [ヒバロ, ラ] 形 1 (南米先住民の)ヒバロ族. 2 農民, 田舎者.

jí·bia [ヒビア] 女 〈軟体動物〉イカ, コウイカ.

jí·ca·ra [ヒカラ] 女 1 (ココア用の)カップ. 2 (ヒョウタン製の)容器.

ji·jo·na [ヒホナ] 女 〈菓子〉(トゥロン turrón の一種の)ヒホナ.

jil·gue·ro [ヒルゲロ] 男 〈鳥〉ヒワ, ゴシキヒワ.

ji·ne·ta [ヒネタ] 女 1 女性の騎手 [= amazona]. 2 あぶみを短くする乗馬方法. 3 〈動物〉(ジャコウネコ科の)ジェネット.

ji·ne·te [ヒネテ] 男 騎手, 騎兵, 馬術師.

ji·piar [ヒピアル] 自 [活 34 enviar] 1 しゃっくりをする. 2 うめくように歌う.
— 他 …を見る.

ji·pi·ja·pa [ヒピハパ] 男 〈服飾〉パナマ帽.

ji·pí·o [ヒピオ] 男 (フラメンコの歌ではやしに入れる)嘆き声.

ji·ra [ヒラ] 女 1 野外の食事, ピクニック. 2 周遊旅行. 3 細長い布切れ.

ji·ra·fa [ヒラふぁ] 女 〈動物〉キリン.

ji·rón [ヒロン] 男 1 布切れ, ほろ切れ. 2 ほんの一部分.

jo [ホ] 間 (意外さなどの)ええ!, そう!, まあ!

Jo·a·quín [ホアキン] 固 〈男性の名〉ホアキン.

jo·ckey [ジョケイ] 男 (競馬の)騎手, ジョッキー.

jo·co·si·dad [ホコシダッ] 女 1 ひょうきんさ, こっけいさ. 2 冗談, おどけ.

jo·co·so, sa [ホコソ, サ] 形 ひょうきんな, こっけいな.

jo·cun·do, da [ホクンド, ダ] 形 1 快活な, 陽気な. 2 (物事が)楽しい.

jo·da [ホダ] 女 面倒, やっかい事, はた迷惑.
— 間 → joder 困らせる.

jo·der [ホデル] 他 …を困らせる, 悩ませる.
— 自 性交する.
— **joder·se** 自 だめになる.
— 間 (驚き, 不快などの)なんてこった!, ちくしょう!, やれやれ!

jo·di·do, da [ホディド, ダ] 《過去分詞》→ joder 困らせる.
— 形 1 くだらない. 2 やっかいな, 面倒な. 3 だめになった.

jo·fai·na [ホふぁイナ] 女 洗面器.

jol·go·rio [ホルゴリオ] 男 お祭り騒ぎ, どんちゃん騒ぎ.

jo·lí·nes [ホリネス] 間 《= jolín》(驚き, 不快さを表わす)あれ!, ちくしょうめ!, くそ!

jon·do [ホンド]《つぎの名詞句の一部》
cante jondo (アンダルシア民謡の)カンテホンド.
jó·ni·co, ca [ホニコ, カ] 形 1〈建築〉イオニア式の. 2 イオニアの.
Jor·da·nia [ホルダニア] 固〈国名〉ヨルダン.
jor·da·no, na [ホルダノ, ナ] 形 ヨルダンの.
— 男女 ヨルダン人.
Jor·ge [ホルヘ] 固〈男性の名〉ホルヘ.
jor·na·da [ホルナダ] 女 1 1日[1週間]の労働時間. 2 1日分の行程. 3 (スペイン古典劇の)ひと幕, 段.
jor·nal [ホルナる] 男 1 1日分の賃金, 日当. 2 1日分の仕事.
jor·na·le·ro, ra [ホルナれロ, ラ] 男女〈農作業の〉日雇い労働者.
jo·ro·ba [ホロバ] 女 1〈背中の〉こぶ. 2 わずらわしさ.
jo·ro·ba·do, da [ホロバド, ダ]《過去分詞》→ jorobar 困らせる.
— 形 1 迷惑な, うんざりさせる. 2 背中にこぶのある, 猫背の.
— 男女 背中にこぶのある人, 猫背の人, せむし.
jo·ro·bar [ホロバル] 他 …を困らせる, 悩ませる.
— **jorobarse** 再 うんざりする.
Jo·sé [ホセ] 固〈男性の名〉ホセ.《San+》(聖書の) 聖ヨセフ.
Jo·se·fa [ホセふぁ] 固〈女性の名〉ホセファ.
Jo·se·fi·na [ホセふィナ] 固〈女性の名〉ホセフィナ.
jo·se·fi·no, na [ホセふィノ, ナ] 形 1 (コスタリカの首都)サンホセ San José の. 2 聖ヨセフ修道会の.
— 男女 サンホセの人.
jo·ta [ホタ] 女 1〈文字 J, j の名〉ホタ. 2 (否定文で)わずかなもの/*no entender ni jota* 全然わからない. 3 (スペインの民族舞踊の)ホタ.
jo·ven [ホベン] 形 (複 *jóvenes*) 1 若い, 若々しい. 2 若年の, 未熟な.
— 男女 若者, 青年, 娘.
jo·ven·ci·to, ta [ホベンすィト, タ] 形 とても若い, まだ若い.
— 男女 少年, 少女, 感じのいい青年[娘].
jo·vial [ホビアる] 形 快活な, 陽気な.
jo·via·li·dad [ホビアリダず] 女 快活さ, 陽気さ.
jo·ya [ホヤ] 女 1 宝石, 宝飾品. 2 貴重なもの, 第1級品.
jo·yel [ホイェる] 男 小型宝飾品.
jo·ye·rí·a [ホイェリア] 女 1 宝石店, 宝飾店. 2 宝飾加工技術の. 3〈営業〉宝飾商.
jo·ye·ro[1] [ホイェロ] 男 宝石箱.
jo·ye·ro[2], **ra** [—, ラ] 男女〈人〉宝石商. 2 宝石職人.
Juan [フアン] 固 1〈男性の名〉フアン, ホアン.《don+》ドンフアン, 女たらし. 3《San Juan Evangelista》使徒聖ヨハネ. 4《+Carlos》(スペイン国王の)フアンカルロス1世.

Jua·na [フアナ] 固〈女性の名〉フアナ, ホアナ.
jua·ne·te [フアネテ] 男〈医学〉(足の親指の)腱膜瘤(けんまくりゅう).
Juan·ra [フアンラ] 固〈男性の名〉フアンラ[= Juan Ramón].
ju·bi·la·ción [フびラすィオン] 女 1 引退, 退職, 定年退職. 2 年金, 恩給.
ju·bi·la·do, da [フびラド, ダ]《過去分詞》→ jubilar 退職させる.
— 形 退職している, 年金生活の.
— 男女 退職者, 年金生活者.
ju·bi·lar [フびラル] 他 1 …を退職させる. 2 …を廃棄処分にする.
— *jubilarse* 再 退職する, 年金生活に入る.
— 形〈宗教〉聖年の.
ju·bi·le·o [フびレオ] 男〈宗教〉1 (ユダヤ教の)ヨベルの年. 2 (カトリック教の)聖年.
jú·bi·lo [フびロ] 男 (そとに表わされる)大喜び, 歓喜.
ju·bi·lo·sa·men·te [フびロソサメンテ] 副 大喜びして, 歓喜の表情で.
ju·bi·lo·so, sa [フびロソ, サ] 形 大喜びの, 歓喜に満ちた.
ju·bón [フボン] 男〈服装〉(昔の体に密着した)胴衣, ダブレット.
ju·dai·co, ca [フダイコ, カ] 形 ユダヤの, ユダヤ人の.
ju·da·ís·mo [フダイスモ] 男〈宗教〉ユダヤ教, ユダヤ主義.
ju·dai·zan·te [フダイすィンテ] 形 ユダヤ風の.
— 男女 ユダヤ教徒.
ju·das [フダス] 男《単複同形》1 裏切り者, 反逆者. 2 (聖週間に焼かれる)わら人形.
ju·de·o·con·ver·so, sa [フデオコンベルソ, サ] 形 (昔の)ユダヤ教から改宗したキリスト教徒.
ju·de·o·cris·tia·no, na [フデオクリスティアノ, ナ] 形 ユダヤ教とキリスト教の慣習の.
ju·de·o·es·pa·ñol[1] [フデオエスパニョる] 男〈言語〉ユダヤ系スペイン語.
ju·de·o·es·pa·ñol[2], **ño·la** [—, ニョラ] 形 (15世紀末スペインから追放された)スペイン系ユダヤ人の.
— 男女 スペイン系ユダヤ人.
ju·de·rí·a [フデリア] 女 (昔の)ユダヤ人街, ゲットー.
ju·dí·a[1] [フディア] 女〈豆〉インゲンマメ.
judía blanca シロインゲン.
judía verde サヤインゲン.
ju·dia·da [フディアダ] 女 卑劣な行為, 不正な行為.
ju·di·ca·tu·ra [フディカトゥラ] 女〈法律〉1 裁判官の職. 2 (集合的に1国の)裁判官.
ju·di·cial [フディしアる] 形〈法律〉裁判の, 裁判官の, 司法の.
ju·dí·o, a[2] [フディオ, ア] 形 1 ユダヤの, ユダヤ人

の, ユダヤ教徒の. 2 けちな, 強欲な.
― 男 女 1 ユダヤ人, ユダヤ教徒. 2 けち, 強欲な人.

ju·do [ジュド] 男 《スポーツ》柔道.
jueces [フエセス] 男複 《→ juez》裁判官.
jueg- 活 → jugar 遊ぶ《活 45》.
jue·go [フエゴ] 男 1 遊び, ゲーム, 娯楽. 2 賭事(かけごと), ギャンブル. 3 (スポーツなどの)試合, 競技, プレー. 4 (セットなどの)1 セット, 一式, ひとそろい. 5 競技場, 運動場. 6 (トランプ遊びなどでの)持ち札. 7 (機械の部品の間の)ゆとり, 遊び. 8 (物事を成しとげるときの)巧妙さ, 手腕.
dar juego a... …に騒ぎを引き起こす.
de juego ふまじめな, 遊びの.
entrar en juego 影響する, 関係する.
estar en juego 危機にある.
fuera de juego 除外された, かかわりのない.
hacer el juego a... …を手助けする.
hacer juego con... …とぴったり合う.
ir a juego con... …とよく合う.
juego de manos 手品.
juego de niños 子供の遊び, たわいのないこと.
juego limpio スポーツマンのフェアプレー.
Juegos Olímpicos オリンピック.
poner... en juego 1 …を賭ける. 2 …を利用する.

juer·ga [フエルガ] 女 お祭り騒ぎ, どんちゃん騒ぎ.
correrse una juerga ばか騒ぎをする.
juer·guis·ta [フエルギスタ] 形 《男女同形》お祭り騒ぎの好きな.
― 男 女 ばか騒ぎの好きな人.
jue·ves [フエベス] 男《単複同形》木曜日.
estar en medio como el jueves 〈人〉じゃまをする.
no ser nada del otro jueves 別段たいしたものではない.
juez [フエス] 男 女 《複 jueces》《女 = jueza》1 判事, 裁判官. 2 (スポーツの)審判. 3 (コンクールの)審査員.
juez de instrucción 予審判事.
juez de silla (テニスの)主審.
ju·ga·da [フガダ] 女 1 (スポーツなどの)1 回のゲーム, ひと勝負. 2 悪だくみ, きたない手口.
ju·ga·dor, do·ra [フガドル, ドラ] 男 女 1 (プロスポーツの)選手, プレーヤー. 2 賭博(とばく)師, ギャンブラー.
― 形 1 遊び好きの. 2 スポーツ好きの. 3 賭け事の好きな.
ju·gar [フガル] 自《活 45》1 遊ぶ. 2 〈スポーツ (+a...) 〉をする/*jugar* al tenis テニスをする. 3 賭(か)け事をする. 4 (+con...) …をちゃかす, もてあそぶ. 5 (+con...) …と調和する, 合う. 6 (+en...) …にかかわる, 関与する.
― 他 1 (スポーツやゲーム)をする/*jugar* tenis テニスをする. 2 (金銭など)を賭(か)ける. 3 (役割など)を果たす.
― *jugarse* 再 1 …を危険にさらす, 賭(か)ける. 2 (賭(か)けたもの)をすべて失う.
jugar fuerte 大きな賭(か)けをする.
jugar·la a... …を計略的にだます.
jugar limpio 公正なプレーをする, フェアプレーをする.
jugar sucio きたないプレーをする.
jugar una mala pasada a... …にひどい悪さをする.
jugar·se el todo por el todo 一か八かの賭(か)けをする.

ju·ga·rre·ta [フガレタ] 女 1 悪ふざけ. 2 悪意のある行為.
ju·glar [フグラル] 男 (昔の)遍歴芸人, 大道芸人.
ju·gla·res·co, ca [フグラレスコ, カ] 形 (昔の)遍歴芸人の, 大道芸人の.
ju·gla·rí·a [フグラリア] 女 (昔の)遍歴芸人の職/*mester de juglaría* 遍歴芸人文芸.
ju·go [フゴ] 男 1 ジュース. 2《料理》肉汁, グレービー. 3《解剖》体液, 分泌液. 4 中身, 実質.
sacar el jugo a... …を利用しつくす.
ju·go·si·dad [フゴシダス] 女 1 水気の多いこと. 2 実質の豊かさ, 中身の充実.
ju·go·so, sa [フゴソ, サ] 形 1 水気の多い. 2 内容豊富な.
jugu- 活 → jugar 遊ぶ《活 45》.
ju·gue·te [フゲテ] 男 1 おもちゃ, 玩具(がんぐ). 2《演劇》寸劇.
ju·gue·te·ar [フゲテアル] 自 (+con...) …をおもちゃにする, …で気をまぎらわす.
ju·gue·te·o [フゲテオ] 男 ちょっとした遊び, たわむれ.
― 活 → juguetear おもちゃにする.
ju·gue·te·rí·a [フゲテリア] 女 おもちゃ屋, 玩具(がんぐ)店.
ju·gue·tón, to·na [フゲトン, トナ] 形 遊び好きな, ふざけ好きの, よくじゃれる.
jui·cio [フイしオ] 男 1 判断, 評価, 見解. 2 理性, 分別, 良識. 3 裁判, 審判.
a juicio de... …の考えでは/*a mi juicio* 私の考えでは.
beber a... el juicio …に理性を失わせる.
beber·se el juicio 正気を失う.
estar en su sano juicio まったく正気である.
juicio final (キリスト教の)最後の審判.
perder el juicio 理性を失う, 気が狂う.
sin juicio 分別のない, 正気でない.
volver en su juicio 正気にもどる.
jui·cio·so, sa [フイしオソ, サ] 形 分別のある, 賢明な.
ju·le·pe [フレペ] 男 1 (トランプ遊びの)フレペ. 2 必死の努力. 3 (薬用の)シロップ入り水薬.
Ju·lia [フリア] 固《女性の名》フリア.
Ju·lián [フリアン] 固《男性の名》フリアン.
Ju·lia·na [フリアナ] 固《女性の名》フリアナ.

活 は活用形　複 は複数形　男 は男性名詞　女 は女性名詞　固 は固有名詞　代 は代名詞　自 は自動詞

Ju·lio [フリオ] 固 〈男性の名〉フリオ.
ju·lio [フリオ] 男 1〈月の名〉7月. 2〈電気エネルギーの単位〉ジュール.
ju·men·to, ta [フメント, タ] 男女〈動物〉ロバ.
ju·me·ra [フメラ] 女 酔っ払うこと, 深酔い.
jun·cal [フンカル] 形 1 しなやかな, さっそうとした. 2〈植物〉イグサの.
— 男〈植物〉イグサの群生地.
jun·cia [フンシア] 女〈植物〉カヤツリグサ.
jun·co [フンコ] 男 1〈植物〉イグサ. 2 (中国の平底帆船の) ジャンク.
jun·gla [フングら] 女 ジャングル, 密林.
ju·nio [フニオ] 男〈月の名〉6月.
jú·nior [ジュニオル] 形 1 (同一家族の同名の2人のうちの) 年下の, ジュニアの. 2〈スポーツ〉(18〜21才の) ジュニア級の.
— 男女〈スポーツ〉ジュニア級選手.
jun·que·ra [フンケラ] 女〈植物〉イグサ. 2〈植物〉イグサの群生地.
jun·qui·llo [フンきジょ] 男〈植物〉キズイセン.
jun·ta[1] [フンタ] 女 1 会合, 会議. 2 評議会, 委員会. 3 接合部分, 継ぎ目. 4 継ぎ手, ジョイント.
junta administrativa 役員会.
junta directiva 重役会.
junta general 総会.
junta militar 軍事評議会.
jun·ta·men·te [フンタメンテ] 副 いっしょに, 同時に.
jun·tar [フンタル] 他 1 …をまとめる, 合わせる. 2 …をつなぐ, 接合する. 3 …を寄せ集める, 集める.
— **juntar·se** 再 1 いっしょになる, 合流する. 2 同棲(どうせい)する.
jun·to[1] [フント] 副 1 (+a...) …のそばに, 近くに. 2 (+con...) …と同時に, 同時に.
aquí junto この近くで, この近くに.
jun·to, ta[2] 形 1 いっしょになった, 集まった. 2 隣りあった.
— 活 → juntar 合わせる.
en junto まとめて, 全部で.
por junto 全部で, 大量に.
jun·tu·ra [フントゥラ] 女 1 接合部分, 継ぎ目. 2 継ぎ手, ジョイント.
Jú·pi·ter [フピテル] 固 1 (ローマ神話の) ジュピター. 2〈天体〉木星.
ju·ra [フラ] 女 1 誓い, 宣誓(せんせい). 2 宣誓式.
— 活 → jurar 誓う.
ju·ra·do[1] [フラド] 男 1 陪審員, 陪審員団. 2 審査員, 審査員, 審査員団.
ju·ra·do, da[2] [—, ダ]《過去分詞》→ jurar 誓う.
— 形 誓った, 宣誓(せんせい)した.
ju·ra·men·tar [フラメンタル] 他 …を誓わせる, 宣誓(せんせい)させる.
— **juramentar·se** 再 誓い合う.
ju·ra·men·to [フラメント] 男 1 誓い, 誓いの言葉, 誓約(せんやく). 2 ののしり, 悪態.
ju·rar [フラル] 他 1 …を誓う, 宣誓(せんせい)する. 2 …を断言する.
— 自 ののしる, 悪態をつく.
ju·rá·si·co[1] [フラシコ] 男〈地質学〉ジュラ紀.
ju·rá·si·co, ca[2] [—, カ] 形〈地質学〉ジュラ紀の.
ju·rí·di·co, ca [フリディコ, カ] 形 法律上の, 司法上の.
persona jurídica 法人.
ju·ris·con·sul·to, ta [フリスコンスルト, タ] 男女 法学者, 法律の専門家.
ju·ris·dic·ción [フリスディクシオン] 女 1 司法権. 2 支配権. 3 権限, 管轄(かんかつ).
ju·ris·dic·cio·nal [フリスディクシオナる] 形 1 司法権の. 2 管轄(かんかつ)区域の.
ju·ris·pe·ri·to, ta [フリスペリト, タ] 男女 法律の専門家.
ju·ris·pru·den·cia [フリスプルデンシア] 女 1 法学, 法律学. 2 判例集. 3 判例研究.
ju·ris·ta [フリスタ] 男女 法学者, 法律家.
jus·ta[1] [フスタ] 女《→ justo[2]》1 (昔の) 馬上試合. 2 (文芸などの) コンクール.
jus·ta·men·te [フスタメンテ] 副 1 ちょうど, 過不足なく. 2 正しく, 公正に.
jus·ti·cia [フスティシア] 女 1 公正, 正義, 裁き, 裁判. 3 司法当局, 法廷.
administrar justicia 裁判を行う.
hacer justicia a... …を公正に扱う.
Ministerio de Justicia 司法省.
ser de justicia 公正である.
tomar·se la justicia por su mano 私的な裁きを行う.
jus·ti·cie·ro, ra [フスティシエロ, ラ] 形 (裁きの) 厳正な, 公明正大な, 公平な.
jus·ti·fi·ca·ble [フスティふィカブれ] 形 正当化できる, 弁明できる.
jus·ti·fi·ca·ción [フスティふィカシオン] 女 正当化, 弁明, 申し開き.
jus·ti·fi·ca·do, da [フスティふィカド, ダ]《過去分詞》→ justificar 正当化する.
— 形 正当な, もっともな.
jus·ti·fi·can·te [フスティふィカンテ] 男 証明書, 証拠物件.
— 形 証明してくれる, 正当化する.
jus·ti·fi·car [フスティふィカル] 他《活 73 sacar》1 …を正当化する, 正しいものとする. 2 …を証明する, 裏付ける.
— **justificar·se** 再 弁明する, 釈明する.
jus·ti·fi·ca·ti·vo, va [フスティふィカティボ, バ] 形 証拠となる, 正当化のための.
justifiqu— 活 → justificar 正当化する.
jus·ti·pre·ciar [フスティプレシアル] 他《活 17 cambiar》…を厳密に評価する, 厳密に見積もる.
jus·ti·pre·cio [フスティプレシオ] 男 厳密な評

価, 厳密な見積もり.
jus·to[1] [フスト] 副 ちょうど, まさしく.
jus·to[2], **ta**[2] 形 1 公正な, 正しい. 2 ちょうどの, 正確な. 3 信仰のあつい.
— 男 女 1 公正な人, 品行方正な人. 2 篤信(とくしん)家.
Jus·to [フスト] 固 〈男性の名〉 フスト.
ju·ve·nil [フベニる] 形 1 青年の, 青春の, 若々しい. 2 〈スポーツ〉(年令別でジュニア級の下の, 15〜18才の)少年組の.
— 男 女 少年組選手.
ju·ven·tud [フベントゥス] 女 1 青春時代, 青年期. 2 若さ, 若々しさ. 3 (集合的に)青年, 若人(わこうど).

juz·ga·do[1] [フスガド] 男 1 裁判所, 法廷. 2 単一裁判官法廷. 3 単一裁判官管轄区. 4 (集合的に)裁判官.
juz·ga·do[2], **da** [—, ダ]《過去分詞》→ juzgar 裁く.
— 形 裁かれた, 判決のくだった.
juz·ga·mun·dos [フスガムンドス] 男 女 《単複同形》〈人〉うわさ好き, 陰口屋.
juz·gar [フスガル] 他 《活 47 llegar》 1 …を裁く, 裁判にかける. 2 …を判断する. 3 (+que…) …であると思う.
 a juzgar por… …から判断すると.
juzgu- 活 → juzgar 裁く《活 47》.

活 は活用形　複 は複数形　男 は男性名詞　女 は女性名詞　固 は固有名詞　代 は代名詞　自 は自動詞

K k

K, k [カ] 女《アルファベットの第11番の文字》カ.
ka [カ] 女《文字K, kの名》カ.
Kái·ser [カイセル] 男 (ドイツ, オーストリアの皇帝の) カイゼル.
ka·ki [カキ] 《=caqui》 1 カーキ色. 2《植物》カキ[柿].
— 形《男女同形》カーキ色の.
kan·tia·no, na [カンティアノ, ナ] 形 (哲学者) カント kant の.
ká·ra·te [カラテ] 男《=karate》〈スポーツ〉空手.
ka·yac [カヤク] 男《=kayak》 1 (エスキモーの小舟の) カヤック. 2〈スポーツ〉カヤック競技.
kg《略語》kilogramo キログラム.
ki·lo [キロ] 男《複 kilos》 1 キログラム／diez euros el *kilo* (値段が) 1キロ10ユーロ. 2 百万ペセタ.
ki·lo·ca·lo·rí·a [キロカロリア] 女《略語 kcal》〈物理学〉キロカロリー.
ki·lo·ci·clo [キロシクロ] 男《略語 kc》〈電気〉キロサイクル.
ki·lo·grá·me·tro [キログラメトロ] 男《略語 kgm》〈物理学〉キログラムメートル.
ki·lo·gra·mo [キログラモ] 男《略語 kg》キログラム.
ki·lo·her·cio [キロエルシオ] 男《略語 kHz》〈周波数単位〉キロヘルツ.
ki·lo·li·tro [キロリトロ] 男《略語 kl》キロリットル.
ki·lo·me·tra·je [キロメトラヘ] 男 1 走行キロ数. 2 キロメートル測定.
ki·lo·mé·tri·co[1] [キロメトリコ] 男 (スペインの鉄道の) 周遊券.
ki·lo·mé·tri·co[2]**, ca** [—, カ] 形 1 キロメートルの, キロメートル測定の. 2 とても長い.
ki·ló·me·tro [キロメトロ] 男《略語 km》キロメートル.
ki·lo·tón [キロトン] 男《略語 kt》〈爆発力の単位〉キロトン.
ki·lo·va·tio [キロバティオ] 男《略語 kW》〈電気〉キロワット.
ki·lo·vol·tio [キロボルティオ] 男《略語 kV》〈電気〉キロボルト.
kín·der [キンデル] 男《=kindergarten》幼稚園[=jardín de infancia].
kios·co [キオスコ] 男 (街頭の) 売店, キオスク[=quiosco].
ki·wi [キビ] 男《=quivi》 1〈植物〉(果物の) キーウィフルーツ. 2〈鳥〉(ニュージーランドの) キーウィ.
km《略語》kilómetro キロメートル.
K.O. [カオ] 《略語=knock out [ノカウト]》男〈スポーツ〉ノックアウト.
koi·né [コイネ] 女 1 古代ギリシアの共通口語. 2 地域共通口語.
ku·wai·tí [クバイティ] 形 (西アジアの国の) クウェート Kuwait の.
— 男 女 クウェート人.
kV《略語》〈電気〉kilovoltio キロボルト.
kW《略語》〈電気〉kilovatio キロワット.

L l

L 《ローマ数字》50 / LXIII 63.
L, l [エレ] 囡《アルファベットの第 12 番の文字》エレ.
la [ら] 代《直接目的語の人称代名詞, 3 人称女性単数形》《複 las》1 彼女を, (物の女性単数形の) それを. 2 (話し相手の女性の) あなたを. 3 (間接目的語になって) 彼女に, あなたに [→ lafsmo].
— 《定冠詞, 女性単数形》[→ el].
a la (+地名形容詞) …風に / *a la japonesa* 日本風に.
la·be·rín·ti·co, ca [らベリンティコ, カ] 形 迷宮の, 迷宮のような, 込みいった.
la·be·rin·to [らベリント] 男 1 迷宮, 迷路. 2 紛(まぎ)れ, もつれ. 3〈解剖学〉内耳迷路.
la·bia [らビア] 囡 おしゃべり, 多弁.
la·bia·da [らビアダ] 囡〈植物学〉(花が唇形の) シソ科植物.
la·bial [らビアる] 形 1 唇の, 唇形の / *lápiz labial* 口紅. 2〈音声学〉唇(し)音の.
— 囡〈音声学〉(b などの) 唇子音.
la·bi·hen·di·do, da [らビエンディド, ダ] 形 三つ口の, 兎唇(としん)の.
lá·bil [らビる] 形 1 すべりやすい. 2 こわれやすい. 3〈化学〉不安定な.
la·bio [らビオ] 男 1 唇. 2 唇形の開口部. 3〈解剖学〉陰唇.
labio leporino 兎唇(としん).
la·bio·den·tal [らビオデンタる] 形〈音声学〉唇歯(しんし)音の.
— 囡〈音声学〉(f などの) 唇歯音.
la·bios [らビオス] 男複 [→ labio] (話す意味での) 口.
cerrar los labios 口をつぐむ, 黙る.
de labios afuera 口先だけの.
estar pendiente de los labios de… …の話に熱心に聞き入る.
hablar con el corazón en los labios ざっくばらんに話す.
morder·se los labios 言いたい[笑いたい]のを我慢する.
no despegar los labios 口を開かない, 黙っている.
sellar los labios a… …を黙らせる.
la·bor [らボル] 囡 1 仕事, 労働. 2〈農業〉農事, 耕作. 3 (編み物や縫い物の) 手仕事, 手芸.
no estar por la labor 快く引き受けない.

la·bo·ra·ble [らボラブれ] 形 1 仕事をしてもいい / *días laborables* 就業日, ウィークデー. 2 (土地) 耕作可能な.
la·bo·ral [らボラる] 形 労働の / *instituto laboral* 職業学校.
la·bo·ra·lis·ta [らボラリスタ] 形《男女同形》労働法関係の, 労働法専門の.
— 男 囡 労働法専門の弁護士.
la·bo·rar [らボラる] 他 (畑など) を耕す.
— 自 働く, 骨を折る.
la·bo·ra·to·rio [らボラトリオ] 男 実験室, 試験場, 研究所 / *laboratorio de idiomas* LL 教室[=ランゲージ・ラボラトリー].
la·bo·res [らボレス] 囡複 [→ labor] 家事.
sus labores (女性が職業欄に書く) 無職, 専業主婦, 家事手伝い.
la·bo·rio·si·dad [らボリオシダッ] 囡 1 仕事の熱心さ, 勤勉. 2 仕事の複雑さ, 困難さ.
la·bo·rio·so, sa [らボリオソ, サ] 形 1 勤勉な, 仕事好きの. 2 手間のかかる, 骨の折れる.
la·bo·ris·mo [らボリスモ] 男〈政治〉(英国の) 労働党の主義.
la·bo·ris·ta [らボリスタ] 形《男女同形》〈政治〉(英国の) 労働党の.
— 男 囡 労働党員.
la·bra·do [らブラド] 男 1 細工. 2 (模様の) 浮き出し加工.
la·bra·dor, do·ra [らブラドル, ドラ] 男 囡 自作農, 農民.
la·bran·tío¹ [らブランティオ] 男 耕作地.
la·bran·tío², a [らブ— ティオ, ア] 形 耕作用の.
la·bran·za [らブランサ] 囡 1 耕作. 2 耕地.
la·brar [らブラる] 他 1 …に細工を施す, 彫刻する. 2 (土地) を耕す, すき返す. 3 …を引き起こす.
— labrar·se 再 …の種をまく, 基礎を築く.
la·brie·go, ga [らブリエゴ, ガ] 男 囡 農民, 小作農.
la·ca [らカ] 囡 1 ラッカー, うるし[漆]. 2 漆器(しっき). 3 ヘアスプレー.
laca de uñas マニキュア用エナメル.
la·ca·yo [らカヨ] 男 1 (昔の) 従僕, 下男. 2〈人〉ごますり, お追従(ついしょう)者.
la·ce·ran·te [らセランテ] 形 1 傷つける. 2 (痛みが) 激しい.
la·ce·rar [らセラる] 他 1 …を傷つける, 痛める. 2 …を辱める, 汚す.
la·ce·rí·a [らセリア] 囡 (ししゅうの) リボン模様.
la·ce·ro, ra [らセロ, ラ] 男 囡 1〈人〉投げ縄

使い. 2 密猟者. 3〈市役所〉野犬捕獲職員.

la·cio, cia [ラシオ, シア] 形 1〈髪〉直毛の, くせのない. 2 しぼんだ, しなびた. 3 弱々しい, 軟弱な.

la·cón [ラコン] 男〈料理〉豚の肩肉.

la·có·ni·co, ca [ラコニコ, カ] 形 1 簡潔な, 口数の少ない. 2〈人〉簡潔な文を書く.

la·co·nis·mo [ラコニスモ] 男 1 文章の簡潔さ. 2 口数の少なさ.

la·cra [ラクラ] 女 1 (病気や傷の)跡. 2 欠点, 汚点.

la·crar [ラクラル] 他 1 …をろう[蠟]で封印する. 2 (健康や利益)を害する.

la·cre [ラクレ] 男 (手紙などを閉じるための)封ろう[蠟].

la·cri·mal [ラクリマル] 形 涙の.

la·cri·mó·ge·no, na [ラクリモヘノ, ナ] 形 1 (ガスが)涙を出させる/gases *lacrimógenos* 催涙ガス. 2 (小説などが)情に訴える, お涙ちょうだいの.

la·cri·mo·so, sa [ラクリモソ, サ] 形 1 涙ぐんでいる. 2 涙を誘う. 3 涙をさそう.

lac·tan·cia [ラクタンシア] 女 1 授乳. 2 授乳期. 3 授乳方法.
lactancia materna 母乳.

lac·tan·te [ラクタンテ] 男 女 乳児, 乳飲み子.
— 形 授乳期の.

lac·te·a·do, da [ラクテアド, ダ] 形 ミルクを入れた, 牛乳を混ぜた.

lác·te·o, a [ラクテオ, ア] 形 乳の, 牛乳の, ミルクの.

lác·ti·co, ca [ラクティコ, カ] 形〈化学〉乳汁の/*ácido láctico* 乳酸.

lac·to·sa [ラクトサ] 女〈化学〉ラクトース, 乳糖.

la·cus·tre [ラクストレ] 形 湖の, 湖水の, 湖畔の.

la·de·a·do, da [ラデアド, ダ] 形《過去分詞》← *ladear* 傾ける.
— 形 傾いた, 片寄った.

la·de·ar [ラデアル] 他 1 …を傾ける, ねじ曲げる. 2 …を迂回する.
— 自 1 山腹を進む. わき道にそれる.
— *ladearse* 再 傾く.

la·de·ra [ラデラ] 女 山の傾斜面, 山腹.

la·di·lla [ラディジャ] 女〈昆虫〉ケジラミ.

la·di·no¹ [ラディノ] 男〈言語〉1 ユダヤ系スペイン語, ラディノ語. 2 (アルプス山地の)レトロマン語.

la·di·no², na [—, ナ] 形 1 ずる賢い, 抜けめのない. 2〈言語学〉(中世でアラビア語から見たり)スペイン語の. 3〈言語学〉レトロマン語の. 4 (中南米で)スペイン語を使える(先住民).

la·do [ラド] 男 1 わき腹. 2 立体空間の側面, 面, がわ[側]. 3 そば, わき. 4 スペース, 場所. 5 (問題などの)一面, 側面. 6 方法, 道. 7 血筋, 血統. 8〈数学〉辺.
a ambos lados 両側に.
al lado そばに, 横に.
al lado de… …のそばに, わきに, 横に.
al otro lado 反対側に, 向こう側に.
a todos lados いたるところで.
a uno y otro lado 両側に.
cada cosa por su lado ばらばらに, 雑然と.
dar de lado a… …を無視する, 敬遠する.
dejar… a un lado …をのけ者にする, 無視する.
de lado 横向きに, 横から
de lado al lado 手前から反対側まで, 向こう側で.
de medio lado 斜めに.
de un lado…, de otro ~ 一方で …そして他方で~.
de un lado para otro 休みなく, あちこちへ.
echarse a un lado (自分が避けて)道をあける.
estar del lado de… …の味方である.
ir de lado やり方を間違えている.
ir por su lado 自分勝手なやり方をする.
mirar de lado a… …を見くだす.
ponerse del lado de… …の味方になる.
por otro lado 他方.
por todos lados いたるところ, どこにでも.
por un lado 一方で.

la·dra·dor, do·ra [ラドラドル, ドラ] 形 よく吠える, さかんに吠える.

la·drar [ラドラル] 自 1 (犬が)吠える. 2 どなる, がみがみ言う. 3 脅迫する, おそれさせる.
(悪口などを)浴びせる.

la·dri·do [ラドリド] 男 1 ほえ声. 2 どなり声.

la·dri·lla·zo [ラドリジャそ] 男 れんがによる殴りつけ.

la·dri·llo [ラドリジョ] 男 1 れんが[煉瓦]. 2 タイル.

la·drón¹ [ラドロン] 男 1〈電気〉(三つ股などの)分岐ソケット. 2 (水路などの)取水口.

la·drón², dro·na [—, ドロナ] 男 女 泥棒, 盗人.
— 形 盗みをする, 泥棒の.

la·dron·zue·lo, la [ラドロンすエろ, ら] 男 女〈人〉こそ泥, 万引き.

la·gar [ラガル] 男 1 (ブドウやオリーブの)圧搾所. 2 圧搾機, 圧搾桶(樽).

la·gar·ti·ja [ラガルティハ] 女 1〈動物〉(小型の)トカゲ. 2 (運動の)腕立て伏せ.

la·gar·to, ta [ラガルト, タ] 男 女〈動物〉トカゲ. 2 悪人, ならず者.
— 形 腹黒い, ずる賢い.
¡*Lagarto, lagarto*! (悪魔除けのまじないで)くわばら, くわばら!

la·go [ラゴ] 男 湖, 湖沼.

lá·gri·ma [ラグリマ] 女 1 涙. 2 (酒の)1 滴.
lágrima de David〈植物〉ジュズダマ.
llorar a lágrima viva おいおい泣く.

la·gri·mal [ラグリマル] 形 涙を分泌する.

他 は他動詞　再 は再帰動詞　形 は形容詞　副 は副詞　前 は前置詞　接 は接続詞　間 は間投詞

glándula lagrimal 涙腺(%).
— 男 めがしら[目頭].

lá·gri·mas [ラグリマス] 女 複 《→ lágrima》 1 涙. 2 悲しみ, 苦しみ.

llorar lágrimas de cocodrilo うそ泣きする, 空涙を流す.

llorar lágrimas de sangre つらい思いをする, 後悔する.

saltar·se a… las lágrimas 涙をうかべる.

ser el paño de lágrimas de… …の慰め役になる.

la·gri·me·ar [ラグリメアル] 自 1 涙を出す. 2 すぐに泣く, 涙もろい.

la·gri·mo·so, sa [ラグリモソ, サ] 形 1 (目が)うるんでいる. 2 涙目の. 3 お涙ちょうだいの, 涙を誘う.

la·gu·na [ラグナ] 女 1 小さな湖, かた[潟], 潟湖(%?) 2 空白部分, とぎれ, 空隙(%?). 3 (印刷などの)脱落, 欠落.

lai·ca·do [ライカド] 男 1 〈宗教〉 在俗状態. 2 〈宗教〉(集合的に)平信徒, 在家(ざ?).

lai·cis·mo [ライシスモ] 男 〈政治〉 1 世俗主義. 2 政教分離主義.

lai·co, ca [ライコ, カ] 形 世俗の, 宗教から独立した.
— 男女 平信徒, 在家(ざ?).

la·ís·mo [ライスモ] 男 〈文法〉(女性名詞の代名詞間接目的語として le, les のかわりに la, las を使う)ラ代用法, ライスモ.

la·ja [ラハ] 女 石の薄板, 薄く平たい石.

la·ma [ラマ] 男 〈宗教〉ラマ僧.
— 女 1 軟泥, 泥砂. 2 (ブラインドなどの)金属板.

la·ma·ís·mo [ラマイスモ] 男 〈宗教〉(チベットの)ラマ教.

lamb·da [ランブダ] 女 (ギリシア文字の)ラムダ[Λ, λ].

la·mé [ラメ] 男 〈織物〉(金糸・銀糸を含んだ)ラメ.

la·me·cu·los [ラメクロス] 男 《単複同形》〈人〉ごますり, おべっか使い.

la·men·ta·ble [ラメンタブレ] 形 1 哀れな, 痛ましい, 無残な. 2 嘆かわしい, 悲しむべき.

la·men·ta·ble·men·te [ラメンタブレメンテ] 副 1 痛ましくも. 2 悲しいことに.

la·men·ta·ción [ラメンタシオン] 女 1 嘆き, 悲嘆. 2 不平, 不満, 愚痴.

la·men·tar [ラメンタル] 他 1 …を残念に思う, 嘆く, …を気の毒に思う.
— lamentarse 再 (+de, por…) …について不平を言う, 愚痴をこぼす, 嘆き悲しむ.

la·men·to [ラメント] 男 嘆き, 悲嘆.
— 活 → lamentar 残念に思う.

la·mer [ラメル] 他 1 …を(舌で)なめる. 2 …をそっと触れる, やさしくなでる.

la·me·tón [ラメトン] 男 強いひとなめ.
a lametones ぺろぺろと.

la·mi·do, da [ラミド, ダ] 《過去分詞》 → lamer なめる.
— 形 1 やせすぎの. 2 めかし込んだ. 3 すり切れた.

la·mi·na [ラミナ] 女 1 薄板, 金属板. 2 さし絵, 図版. 3 (人や動物の)全体像, 姿, 外見.

la·mi·na·do [ラミナド] 男 1 (金属の)圧延工程. 2 薄片, 金属箔(?).

la·mi·na·ción [ラミナシオン] 女 1 (金属の)圧延, 薄板への加工. 2 箔(?)の押しつけ.

la·mi·nar [ラミナル] 他 1 (金属などを)圧延する, 薄板にする. 2 …に薄板を張りつける, 箔(?)を押す.
— 形 1 薄板状の. 2 薄片を積み重ねた.

lám·pa·ra [ランパラ] 女 1 ランプ. 2 明かり, 電灯. 3 〈電気〉真空管. 4 油のしみ, 油染み.

lam·pa·ri·lla [ランパリジャ] 女 1 小型ランプ. 2 (祭壇などに使う)浮かし灯明, 常夜灯. 3 灯明台.

lam·pa·rón [ランパロン] 男 1 大型ランプ. 2 油のしみ, 油汚れ.

lam·pi·ño, ña [ランピニョ, ニャ] 形 1 ひげ[髭]の生えていない. 2 毛の薄い. 3 〈植物学〉無毛の.

lam·pis·ta [ランピスタ] 男 1 ランプ職人. 2 〈人〉水道屋, 配管工.

la·na [ラナ] 女 1 羊毛, ウール, 毛糸. 2 毛織物.

cardar a… la lana …をこっぴどく叱る.

ir por lana y volver trasquilado ミイラ取りがミイラになる.

la·nar [ラナル] 形 〈家畜〉毛の採れる.
ganado lanar 綿羊.

la·nas [ラナス] 女 複 《→ lana》ぼさぼさの長髪.

lanc- → lanzar 投げる《活 39 gozar》.

lan·ce [ランセ] 男 1 投げ. 2 重大な出来事, 事件. 2 難局, 苦境. 3 けんか, 口論. 3 (トランプなどの決めの)一手. 4 〈闘牛〉(カパで牛をあしらう)ランセ.

de lance 格安の, 中古の.

lance de fortuna 偶発, 偶発事件.

lance de honor 決闘.

lan·ce·o·la·do, da [ランセオラド, ダ] 形 〈植物学〉披針(%?)形の.

lan·ce·ro [ランセロ] 男 1 槍(%?)兵, 槍騎兵. 2 槍(%?)を作る職人.

lan·ce·ta [ランセタ] 女 〈医学〉(手術用メスで両刃の)ランセット.

lan·cha [ランチャ] 女 1 小型船, ランチ. 2 釣り舟, ボート. 3 板石, 平石.

lan·ci·nan·te [ランシナンテ] 形 〈痛み〉刺すような, うずくような.

lan·ci·nar [ランシナル] 他 …を突き刺す, 刺し通す.

lan·da [ランダ] 女 荒野, 荒れ野, 荒蕪(??)地.

lan·dó [ランド] 男 (幌(&)つき四輪の)ランドー馬車.

la·ne·ro, ra [ラネロ, ラ] 形 羊毛の, 毛織物の, ウールの.
— 男女 毛織物業者.

lan·gos·ta [ランゴスタ] 囡 1〈動物〉イセエビ, ロブスター. 2〈昆虫〉イナゴ, バッタ.

lan·gos·ti·no [ランゴスティノ] 男〈動物〉クルマエビ, テナガエビ.

lan·gui·de·cer [ランギデセル] 自〈活 4 agradecer〉弱る, やつれる, 無力になる.

lan·gui·dez [ランギデス] 囡〈複 languideces〉衰弱, けだるさ, 無気力.

lán·gui·do, da [ランギド, ダ] 形 衰弱した, やつれた, 無気力な.

la·ni·lla [ラニジャ] 囡 1〈毛織物の〉けば. 2 薄手の毛織物.

la·no·li·na [ラノリナ] 囡 羊毛脂, ラノリン.

la·nu·do, da [ラヌド, ダ] 形 毛の多い, ふさふさした毛の.

lan·za [ランサ] 囡 1 槍(やり). 2〈馬車の〉梶棒(かじぼう). 3〈ホースの〉ノズル, 筒先.
a punta de lanza 厳しく.
con la lanza en ristre 準備のできた, 身構えて.
medir lanzas con… …と決闘する, 論争する.
romper una lanza por… …を擁護する, 支援する.
ser una buena lanza やり手である.

lan·za·co·he·tes [ランサコエテス] 男《単複同形》〈兵器〉ロケット砲, ロケットランチャー.

lan·za·da[1] [ランサダ] 囡 1 槍(やり)のひと突き. 2 槍傷.

lan·za·de·ra [ランサデラ] 囡 1〈織り機の〉シャトル, 杼(ひ). 2 スペースシャトル.

lan·za·do, da[2] [ランサド, ー] 形 1 迅速な, すばやい. 2 果敢な, 決然とした.
— 男囡 果敢な人, 勇敢な人.

lan·za·dor, do·ra [ランサドル, ドラ] 男囡 1〈スポーツ〉投擲選手. 2〈野球〉ピッチャー.
lanzadora de jabalina 女性槍(やり)投げ選手.

lan·za·gra·na·das [ランサグラナダス] 男《単複同形》〈兵器〉擲弾(てきだん)発射筒.

lan·za·lla·mas [ランサジャマス] 男《単複同形》〈兵器〉火炎放射器.

lan·za·mien·to [ランサミエント] 男 1 投げること, 投擲. 2 投下, 打ち上げ, 発射. 3 新発売広告. 4〈スポーツ〉投擲種目.
lanzamiento de disco 円盤投げ.

lan·za·mi·si·les [ランサミシレス] 男《単複同形》〈兵器〉ミサイル発射台.

lan·za·pla·tos [ランサプラトス] 男《単複同形》〈スポーツ〉クレー射撃発射機.

lan·zar [ランサル] 他〈活 39 gozar〉1 …を投げる, ほうり投げる. 2 …を投下する, 打ち上げる, 発射する. 3〈声や音を〉出す, 投げつける. 4〈新製品などを〉大々的に宣伝する.
— **lanzar·se** 再 1 突然(+a+不定詞)…し始める. 2 (+a, contra, sobre…)…に襲いかかる, 飛びかかる. 3 (+a…)…に突進する, 飛びこむ.

la·ña [ラニャ] 囡 留め金, 留めピン, 締め具.

la·pa [ラパ] 囡 1〈液体表面の〉薄皮. 2〈貝〉カサガイ. 3 しつこい人. 4〈植物〉ゴボウ.
pegarse como una lapa くっついて離れない.

La Paz [ラパス] 固〈都市の名〉(ボリビアの首都の)ラパス.

la·pi·ce·ra [ラピセラ] 囡 1 ボールペン. 2 シャープペンシル.

la·pi·ce·ro [ラピセロ] 男 1 鉛筆. 2 シャープペンシル. 3 ボールペン.

lá·pi·da [ラピダ] 囡 石碑, 墓碑.

la·pi·da·ción [ラピダシオン] 囡 投石による死刑.

la·pi·dar [ラピダル] 他 …を投石で処刑する.

la·pi·da·rio[1] [ラピダリオ] 男 宝石解説書.

la·pi·da·rio[2]**, ria** [ー, リア] 形 1〈文句〉碑銘にふさわしい. 2 宝石の.
— 男囡 1 宝石職人. 2 宝石商.

la·pis·lá·zu·li [ラピスラスリ] 男〈鉱石〉ラピスラズリ, 青金石.

lá·piz [ラピス] 男《複 lápices》1 鉛筆. 2 鉛筆状のもの.
lápiz de labios リップスティック, 口紅.
lápiz óptico (コンピューターの)ライトペン.

La Pla·ta [ラプラタ] 固〈河の名〉(南米南部の)ラプラタ[→ Plata].

la·po [ラポ] 男 1 (吐きだす)つば[唾]. 2 殴打(おうだ), 平手打ち.

lap·so [ラプソ] 男 1 (一定期間の)経過, 流れ. 2 失敗, 間違い.

lap·sus [ラプスス] 男《単複同形》間違い, 誤り.
lapsus linguae 言い間違い.

la·que·a·do [ラケアド] 男 ラッカー塗装, 漆(うるし)塗り.

la·que·ar [ラケアル] 他 …にラッカーを塗る, 漆(うるし)を塗る.

lar [ラル] 男 (台所の)かまど.

la·res [ラレス] 男複〈→ lar〉1 (ローマ神話で)家の守護神のラール. 2 家, 家庭.

lar·ga[1] [ラルガ] 囡 1〈→ largo[2]〉2〈ヘッドライトの〉ハイビーム. 2〈闘牛〉(カポテで牛をあしらう)ラルガ.

lar·ga·men·te [ラルガメンテ] 副 1 長々と, くどくどと. 2 気前よく, たっぷりと.

lar·gar [ラルガル] 他〈活 47 llegar〉1 …を長くする. 2 (殴りつける)与える, くらわす. 3 …を解雇する, 追い出す. 4〈海事〉〈綱などを〉徐々にゆるめる.
— ぺらぺらとしゃべる, まくしたてる.
— **largar·se** 再 1 立ち去る, 逃げる. 2 (+a+不定詞)…し始める.

lar·go[1] [ラルゴ] 男 1 長さ, 丈(たけ). 2 (布地の一定の長さの)巾(はば). 3〈スポーツ〉(競争での)体ひとつの長さ. 4〈音楽〉(ゆっくりしたテンポの)ラルゴ.
— 副 1 長々と, しつこく. 2 遠くに.

他 は他動詞 再 は再帰動詞 形 は形容詞 副 は副詞 前 は前置詞 接 は接続詞 間 は間投詞

— 間 出ていけ！
lar·go², ga² 形 1 長い, 長く続く. 2 たっぷりの, 十分な. 3 気前のよい. 4 抜けめのない, 利口な.
— 男 → largar だらだらとしゃべる.
a la larga 時がたって, 結局は.
a lo largo 縦に.
a lo largo de... 1 (一定時間)の間. 2 …に沿って.
a lo largo y a lo ancho de... …の至るところに.
a lo más largo 多くて, せいぜい.
cuan largo + ser 思いっきり体を伸ばして.
dar largas a... …をぐずぐず引き延ばす.
de largo ずっと以前から, 昔から.
de largo a largo 端から端まで.
ir para largo だらだら長引く, 手間取る.
largo de lengua 長話の.
largo de manos 手の早い, 手癖の悪い.
largo y tendido 長々と, ゆったりと.
llevar·se largo a... …にまさっている.
pasar de largo 素通りする.
poner·se largo 1 ロングドレスを着る. 2 社交界にデビューする.
por largo 詳しく.
tirar de largo 1 浪費する. 2 高く見積る.

lar·go·me·tra·je [ラルゴメトラヘ] 男 (1 時間以上の)長編映画.
lar·gue·ro [ラルゲロ] 男 1〈木工〉横木, 梁(はり). 2 (サッカーなどのゴールポストの)クロスバー.
lar·gue·za [ラルゲサ] 女 1 長さ. 2 寛大さ, 気前のよさ.
lar·gui·ru·cho, cha [ラルギルチョ, チャ] 形 (背の)ひょろ長い, のっぽの.
lar·gu·ra [ラルグラ] 女 長さ, (衣服などの)丈(たけ).
la·rin·ge [ラリンヘ] 女 〈解剖学〉喉頭(こうとう).
la·rín·ge·o, a [ラリンヘオ, ア] 形 〈解剖学〉喉頭(こうとう)の.
la·rin·gi·tis [ラリンヒティス] 女 〈単複同形〉〈医学〉喉頭(こうとう)炎.
la·rin·go·lo·gí·a [ラリンゴロヒア] 女 〈医学〉喉頭(こうとう)病学.
lar·va [ラルバ] 女 〈動物学〉幼虫, 幼生.
lar·va·do, da [ラルバド, ダ] 形 潜在している, 表面に現われない.
las [ラス] 代 《直接目的語の人称代名詞で, 3 人称女性複数形, アクセントなし》1 彼女たちを, (物の女性複数形の)それらを. 2 (複数の女性の話し相手の)あなたがたを. 3 (間接目的語になって)彼女たちに, あなたがたに[→ laísmo].
— 《定冠詞, 女性複数形》[→ el].
la·sa·ña [ラサニャ] 女 (イタリア料理の)ラザーニャ.
las·ca [ラスカ] 女 石の薄片.
las·ci·via [ラスビア] 女 好色, わいせつ[猥褻], 淫乱(いんらん).

las·ci·vo, va [ラスビボ, バ] 形 好色な, みだらな.
lá·ser [ラセル] 男 〈物理学〉レーザー.
la·si·tud [ラシトゥス] 女 ひどい疲れ, 倦怠(けんたい), 無気力.
la·so, sa [ラソ, サ] 形 1 疲れている, 無気力な. 2〈髪〉まっすぐな, ちぢれていない.
Las Pal·mas de Gran Ca·na·ria [ラスパルマス デ グランカナリア] 固 〈都市の名〉(スペイン領カナリア諸島の)ラスパルマス・デ・グランカナリア.
lás·ti·ma [ラスティマ] 女 1 哀れみ, 同情. 2 残念さ, 遺憾(いかん).
dar lástima a... …に同情心を起こさせる.
hecho una lástima みじめな状態の, だめになった.
¡Lástima! [¡Qué lástima!] 残念だ！, まったく残念だ！

las·ti·mar [ラスティマル] 他 …を(肉体的・精神的に)傷つける, 害する.
— lastimar·se 再 傷つく, けがをする.
las·ti·me·ro, ra [ラスティメロ, ラ] 形 悲しそうな, 痛々しい.
las·ti·mo·so, sa [ラスティモソ, サ] 形 1 悲しそうな, 痛々しい. 2 無残な, 悲惨な.
las·tra [ラストラ] 女 平らな小石.
las·trar [ラストラル] 他 1 (安定させるために船)にバラスト[底荷]を積む, (気球)にバラストを積こむ. 2 (仕事などを)妨げる.
las·tre [ラストレ] 男 1 (船の)バラスト, 底荷/ *barco en lastre* 空荷の船. 2 (気球の)重り, バラスト. 3 妨げ, 重荷. 4 備え, 蓄えつき, 分別.
la·ta [ラタ] 女 1 缶, 缶詰. 2 ブリキ缶, ブリキ板. 3 うんざりする話, 面倒なこと. 4 お金.
barrio de las latas スラム街.
como sardinas en latas すし詰めになって.
dar la lata a... …をうんざりさせる.
estar en la lata 一文無しである.
no tener ni una lata 一文無しである.
¡Qué lata! うんざりだ！
¡Vaya una lata! うんざりだ！

la·ta·men·te [ラタメンテ] 副 広い意味では.
la·ten·cia [ラテンシア] 女 (病気の)潜伏期間.
la·ten·te [ラテンテ] 形 潜在的な, 潜伏している.
la·te·ral [ラテラル] 形 1 側面の, わきの. 2 傍系の, 二次的な. 3〈音声学〉側音の.
— 男 1 側面, わき. 2 (サッカーなどの)ウィング.
— 女 〈音声学〉(l や ll の)側音.
lá·tex [ラテクス] 男 〈単複同形〉(ゴムの木などの)樹液, ラテックス.
la·ti·do [ラティド] 男 動悸(どうき), 鼓動, 脈拍.
la·ti·fun·dio [ラティフンディオ] 男 1 大土地所有. 2 大農園, 大牧場.
la·ti·fun·dis·mo [ラティフンディスモ] 男 大土地所有制.
la·ti·fun·dis·ta [ラティフンディスタ] 形 《男女同形》大土地所有(制)の.

— 男 女 大土地所有者, 大農園主.

la·ti·ga·zo [ラティガソ] 男 1 むちのひと打ち, むち打ち. 2 むちの唸る音. 3 激痛. 4 人を傷つける言葉. 5 (酒の) ひと口, ひと飲み.

lá·ti·go [ラティゴ] 男 1 むち[鞭]. 2 革ひも.
usar el látigo con… …に厳しくする.

la·ti·gui·llo [ラティギジョ] 男 1 短いむち. 2 ぐせ, 決まり文句.

la·tín [ラティン] 男 ラテン語.
latín clásico 古典ラテン語.
latín vulgar 俗ラテン語.
saber (mucho) latín 賢い, 抜けめがない.

la·ti·na·jo [ラティナホ] 男 1 (気取って使う)ラテン語表現. 2 ラテン語もどきの語句.

la·ti·ni·dad [ラティニダス] 女 1 ラテン語系文化. 2 ラテン語系文化圏.

la·ti·nis·mo [ラティニスモ] 男 (ラテン語以外の言語で使われる)ラテン語表現, ラテン語系要素.

la·ti·nis·ta [ラティニスタ] 男女 ラテン語学者, ラテン文学研究者.
— 形 《男女同形》 ラテン語系の.

la·ti·ni·za·ción [ラティニさしオン] 女 1 ラテン語化. 2 ラテン語文化の普及.

la·ti·ni·zar [ラティニさル] 他 《活 39 gozar》1 …をラテン語にする. 2 …をラテン語文化的にする.

la·ti·no, na [ラティノ, ナ] 形 1 〈言語学〉 ラテン語の, ラテン語系の. 2 ラテン民族の, ラテンアメリカの. 3 ローマカトリックの. 5 (古代ローマの地方の)ラティウム Lacio の.
— 男 女 1 ラテン語系の人, ラテン人. 2 ラテンアメリカ人. 3 古代ローマ人.

La·ti·no·a·mé·ri·ca [ラティノアメリカ] 固 ラテンアメリカ, 中南米.

la·ti·no·a·me·ri·ca·no, na [ラティノアメリカノ, ナ] 形 ラテンアメリカの, 中南米の.
— 男 女 ラテンアメリカ人.

la·tir [ラティル] 自 1 (心臓が)脈打つ, どきどきする, 鼓動する. 2 (犬が)ほえる. 3 潜在する.

la·ti·tud [ラティトゥス] 女 1 (地図の)緯度. 2 (土地の)広さ.

la·ti·tu·des [ラティトゥデス] 女複 《→ latitud》 (赤道から等距離にある)地帯, 地方.

la·to, ta [ラト, タ] 形 1 広大な, 広々とした. 2 〈解釈〉広義の.

la·tón [ラトン] 男 〈金属〉 真鍮(しんちゅう), 黄銅.

la·to·so, sa [ラトソ, サ] 形 うるさい, 厄介な, いらいらさせる.

la·tro·ci·nio [ラトロニニオ] 男 (公益をねらう)窃盗, 詐欺.

la·úd [ラウス] 男 1 〈楽器〉 リュート. 2 (昔の地中海の)小型帆船.

lau·da·ble [ラウダブレ] 形 賛美に価する, 賛美すべき.

láu·da·no [ラウダノ] 男 (昔の鎮痛薬の)アヘンチンキ.

lau·da·to·ria¹ [ラウダトリア] 女 賛辞.

lau·da·to·rio, ria² [ラウダトリオ, —] 形 賞賛の, 賞賛のための.

lau·des [ラウデス] 女複 (カトリックの)賛課.

lau·do [ラウド] 男 〈法律〉 仲裁裁判決, 裁定.

Lau·ra [ラウラ] 固 〈女性の名〉 ラウラ.

lau·re·a·do, da [ラウレアド, ダ] 形 1 月桂冠(げっけいかん)を授与された, 名誉を与えられた. 2 〈軍隊〉 サンフェルナンド十字勲章を受けた.
— 男 女 1 名誉を受けた人, 受賞者. 2 〈軍隊〉 サンフェルナンド十字勲章受章者.

lau·rel [ラウレル] 男 1 〈植物〉 ゲッケイジュ[月桂樹]. 2 〈香辛料〉 ベイリーフ, ローリエ.

lau·re·les [ラウレレス] 男複 《→ laurel》 1 月桂冠. 2 名誉, 栄誉.
dormir·se en los laureles 過去の栄光に慢心する.

lau·ré·o·la [ラウレオら] 女 《= laureola》月桂冠(げっけいかん).

la·va [らバ] 女 〈地学〉 溶岩.
— 自 lavar を見よ.

la·va·ble [らバブれ] 形 洗える, 洗濯可能な.

la·va·bo [らバボ] 男 1 洗面器, 洗面台. 2 洗面所, 化粧室, トイレ.

la·va·co·ches [らバコチェス] 男 女 《単複同形》〈人〉 (修理工場などの)洗車係.

la·va·de·ro [らバデロ] 男 1 洗濯場, 洗濯室. 2 洗鉱場.

la·va·do [らバド] 男 1 洗濯. 2 浄化, 洗浄.

la·va·do·ra [らバドラ] 女 洗濯機.

la·va·fru·tas [らバフルタス] 男 《単複同形》(食卓で果物を洗うための)果物用ボール, フィンガーボール.

la·va·ma·nos [らバマノス] 男 《単複同形》 1 (食卓の)フィンガーボール. 2 洗面台, 洗面器.

la·van·da [らバンダ] 女 1 〈植物〉 ラベンダー. 2 〈香水〉 ラベンダー.

la·van·de·rí·a [らバンデリア] 女 クリーニング店, 洗濯屋.

la·van·de·ro, ra [らバンデロ, ラ] 男 女 〈人〉 洗濯屋.

la·va·pla·tos [らバプらトス] 男 《単複同形》自動皿洗い機, 自動食器洗い機.
— 男 女 《単複同形》〈人〉 皿洗い係.

la·var [らバル] 他 1 …を洗う, 洗濯する. 2 (名誉などを)挽回(ばんかい)する. 3 (心などを)浄化する. 4 (絵を)淡く彩色する.
— 自 (衣類が)洗濯がきく.
— **lavar·se** 再 1 (自分の)体を洗う. 2 (+体の部分) (自分の手や足を)洗う / *lavar·se la cara* 顔を洗う.

la·va·ti·va [らバティバ] 女 1 〈薬〉 浣腸液. 2 浣腸器.

la·va·to·rio [らバトリオ] 男 1 洗濯, 洗浄. 2 (カトリックの)洗足式. 3 洗面台, 洗面所.

la·va·va·ji·llas [ラババヒジャス] 【男】《単複同形》自動皿洗い機.

la·vo·te·ar [ロボテアル] 【他】…をさっと洗う, おおまかに洗う.
— **lavotearse** 【再】(自分の)体をざっと洗う.

la·vo·te·o [ロボテオ] 【男】素早い洗浄, おおまかな洗浄.
— 【活】 → lavotear さっと洗う.

la·xan·te [ラクサンテ] 【形】〈薬〉下剤の, 便通用の.
— 【男】〈薬〉下剤, 通じ薬.

la·xar [ラクサル] 【他】1 …をゆるめる, 弛緩(しかん)させる. 2 (腸)に通じをつける.
— **laxarse** 【再】通じ薬を飲む.

la·xi·tud [ラクシトゥス] 【女】1 ゆるみ, たるみ, 弛緩した雰囲気.

la·xo, xa [ラクソ, クサ] 【形】ゆるんだ, たるんだ. 2 だらけた.

la·za·da [ラサダ] 【女】蝶結び, 飾り結び.

la·zar [ラサル] 【他】《活 39 gozar》…を投げ縄で捕らえる.

la·za·re·to [ラサレト] 【男】1 隔離病棟, 検疫所. 2 ハンセン病病院.

la·za·ri·llo [ラサリジョ] 【男】1〈人〉盲人の手引き. 2 盲導犬.

Lá·za·ro [ラサロ] 【固】〈男性の名〉ラサロ.

lá·za·ro [ラサロ] 【男】〈人〉乞食(こじき), 物もらい.

la·zo [ラソ] 【男】1 (ひもの)結び, 結び目. 2 蝶結び, 飾り結び. 3 投げ縄. 4 蝶ネクタイ. 5 絆(きずな), 結びつき. 6 わな, 計略.
cazar a lazo a... …を話に引きこむ.
caer en el lazo わなにはまる, だまされる.
echar el lazo a... …をとりこにする.
tender un lazo a... …にわなを仕掛ける.

Ldo., Lda. [リセンシアド, リセンシアダ]《略語》licenciado, da 学士.

le [レ]《間接目的語の人称代名詞で, 3人称単数形, アクセントなし》 (複) les 《+lo, los, la, las のときは se になる》1 彼に, 彼らに, 彼女に, 彼女ら, (物の単数形の)それに, それらに. 2 (話し相手の)あなたに, あなたがたに. 3 (スペインでは直接目的語の人称代名詞 lo のかわりで)(男性の)あなたを, 彼を[→ leísmo].

le·al [レアル] 【形】誠実な, 忠実な.
— 【男】1 支持者. 2 忠臣.

le·al·men·te [レアルメンテ] 【副】忠実に, 誠実に.

le·al·tad [レアルタス] 【女】誠実, 忠誠, 忠実.

Le·an·dro [レアンドロ] 【固】〈男性の名〉レアンドロ.

le·be·che [レベチェ] 【男】(地中海沿岸部に吹く)南東の風.

le·bra·to [レブラト] 【男】〈動物〉子ウサギ.

le·brel [レブレル] 【男】〈犬〉グレーハウンド, ハウンド犬.
— 【形】〈犬〉ハウンド種の.

le·bri·llo [レブリジョ] 【男】(陶器の)洗い鉢.

lec·ción [レクシオン] 【女】1 授業, 講義, レッスン.

2 (教科書の)課, 課業. 3 教訓, 戒め.
dar la lección (生徒が先生の前で)授業内容を発表する.
dar lecciones de... …の授業をする.
dar una lección a... …に教訓を与える, 模範例を示す.
tomar la lección a... …に授業内容を復唱させる.

le·cha·da [レチャダ] 【女】〈建築〉しっくい, 石灰水.

le·chal [レチャル] 【形】〈動物〉授乳期の.
— 【男】1 離乳していない動物. 2 離乳前の子羊.

le·che [レチェ] 【女】1 ミルク, 牛乳, 乳. 2 (果物やナッツの)乳液, 乳剤, (化粧品の)乳液. 3 わずらわしいこと, むかつくこと. 4 殴りつけ, パンチ.
darse una leche びっくりする.
dar una leche a... …を殴りつける.
de leche 〈動物〉授乳期の.
en leche 〈果物〉未熟な.
estar de mala leche 機嫌が悪い.
hermano [hermana] de leche 乳兄弟[姉妹].
¡Leche! ちくしょう!, くそ!
leche condensada コンデンスミルク, 練乳.
leche de paloma (ハトの)あがり, 練乳.
leche desnatada スキムミルク, 脱脂乳.
leche entera (脂肪分を含んでいる)全乳.
leche frita 〈菓子〉(一種の)ミルクせんべい.
leche merengada (飲み物)ミルクセーキ.
mala leche 1 不機嫌. 2 悪意.
mamar... en la leche 乳児期に…を身につける.
¡Me cago en la leche! ちくしょうめ!
pegar una leche a... …を殴りつける.
ser la leche 1 我慢できない. 2 かなりなものだ.
tener mala leche 意地が悪い.

le·che·ra[1] [レチェラ] 【女】1 ミルクびん, ミルク缶.
— 【形】〈雌の動物〉乳用の / *vaca lechera* 乳牛.

le·che·rí·a [レチェリア] 【女】牛乳店, 乳製品販売店.

le·che·ro, ra[2] [レチェロ, -ラ] 【形】牛乳の, 乳の.
— 【男】【女】1 牛乳配達人, 牛乳売り. 2 酪農家.

le·cho [レチョ] 【男】1 寝台, ベッド. 2 (家畜の)寝場所. 3 河床, 水底.

le·chón[1] [レチョン] 【男】(授乳期の)子ブタ.

le·chón[2], **cho·na** [-, チョナ] 【男】【女】〈動物〉雄ブタ, 雌ブタ.

le·cho·sa[1] [レチョサ] 【女】〈果実〉パパイヤ.

le·cho·so, sa[2] [レチョソ, -サ] 【形】1 乳のような, 乳状の. 2〈植物〉乳液を出す.

le·chu·ga [レチュガ] 【女】〈野菜〉レタス, サニーレタス, チシャ.
como una lechuga 〈人〉いきいきとした.
lechuga repollada (日本で一般的なキャベツ型のレタスの)タマヂシャ.
más fresco que una lechuga じつに厚かまし

活 は活用形 複 は複数形 男 は男性名詞 女 は女性名詞 固 は固有名詞 代 は代名詞 自 は自動詞

い.

le·chu·gui·no, na [レチギノ, ナ] 男女 気取った若者, おしゃれな青年[娘].

le·chu·za¹ [レチュサ] 女 〈鳥〉フクロウ.

le·chu·zo, za² [レチュソ, ―] 形 薄のろの.
— 男〈人〉ばか, 薄のろ.

lec·ti·vo, va [レクティボ, バ] 形 〈期間〉授業がある, 授業に充てられた.

lec·tor¹ [レクトル] 男 〈コンピューター〉読み取り機.
  lector óptico 光学式読み取り機.

lec·tor², **to·ra** [―, トラ] 形 1 読書の. 2 読書家の.
— 男女 1 読者, 読書家. 2 (大学などの) 外国人語学講師. 3 (原稿の出版の可否を判断する) 出版顧問.

lec·to·ra·do [レクトラド] 男 外国人語学講師の職.

lec·tu·ra [レクトゥラ] 女 1 読書. 2 読み物, 必読書. 3 読解, 講読. 4 解読. 5 朗読. 6 〈コンピューター〉読み取り.

le·er [レエル] 他《活 46》1 …を読む, 読み取る. 2 …を解読する, 解釈する. 3 …を朗読する. 4 〈コンピューターが〉…を読み取る.
— 自 読書する, 読む.

le·ga·ción [レガシオン] 女 1 (大使などの) 外交使節の任務. 2 外交使節団. 3 公使館.

le·ga·do [レガド] 男 1 遺産. 2 使節, 特使.

le·ga·jo [レガホ] 男 (分類した) 書類の束.

le·gal [レガル] 形 1 法的な, 法律上の. 2 合法的な, 法にかなう. 3 誠実な, 忠実な. 4 信用のおける.

le·ga·li·dad [レガリダス] 女 1 (一国の) 法体系. 2 合法性, 適法性.

le·ga·lis·ta [レガリスタ] 男女 法律優先主義者.

le·ga·li·za·ción [レガリサシオン] 女 1 合法化. 2 (文書に関する) 公的証明.

le·ga·li·zar [レガリサル] 他《活 39 gozar》1 …を合法化する. 2 (文書) を正式のものと認める.

le·gal·men·te [レガルメンテ] 副 1 合法的に, 法に基づいて. 2 忠実に, 誠実に.

lé·ga·mo [レガモ] 男 (水底の) 泥, 軟泥, ローム.

le·ga·ña [レガニャ] 女 目やに.

le·ga·ño·so, sa [レガニョソ, サ] 形 目やにの目立った.
— 男女 目やにの多い人.

le·gar [レガル] 他《活 47 llegar》1〈法律〉…を遺言で(+a…) …に譲る, 遺贈する. 2 …を後世に伝える. 3 …を使節として派遣する.

le·ga·ta·rio, ria [レガタリオ, リア] 男女 〈法律〉遺産受取人, 受遺者.

le·gen·da·rio¹ [レヘンダリオ] 男 1 伝説集. 2 聖人伝.

le·gen·da·rio², **ria** [―, リア] 形 1 伝説の, 伝説的な. 2 (有名で) 伝説になった.

le·gi·ble [レヒブレ] 形 読みやすい, 判読しやすい.

le·gión [レヒオン] 女 1 特殊部隊. 2 (古代ローマの) 軍団, レギオン. 3 (人や動物の) 群れ, 群衆.

le·gio·na·rio¹ [レヒオナリオ] 男 (古代ローマの) 軍団兵, レギオン兵士.

le·gio·na·rio², **ria** [―, リア] 形 (古代ローマの) 軍団の, レギオンの.

le·gis·la·ción [レヒスらシオン] 女 1 (一国や一分野の, 集合的な) 法, 法律. 2 法学, 法律学. 3 法律の制定, 立法.

le·gis·lar [レヒスらル] 自 法律を制定する.

le·gis·la·ti·vo, va [レヒスらティボ, バ] 形 1 法律の. 2 立法の, 立法府の.

le·gis·la·tu·ra [レヒスらトゥラ] 女 1 立法期間, 立法議会の会期. 2 立法府, 立法議会.

le·gi·ti·ma·ción [レヒティマしオン] 女 1 合法性の認定. 2 (書類などの) 真正性の証明. 3 権限の付与. 4 (子供の) 認知.

le·gi·ti·mar [レヒティマル] 他 1 …を合法と認める. 2 (書類など) を本物であると証明する. 3 …に権限を与える. 4 〈子供〉を認知する.

le·gi·ti·mi·dad [レヒティミダス] 女 1 合法性, 適法性. 2 正当性. 3 (書類などの) 真正性. 4 (子供の) 嫡出性.

le·gí·ti·mo, ma [レヒティモ, マ] 形 1 合法的な, 適法の. 2 正当な. 3 本物の, 真正の. 4 (子供が) 嫡出の(ちゃくしゅつの).

le·go, ga [レゴ, ガ] 形 1 (+en…) …のことに無知な. 2〈宗教〉聖職者でない, 俗人の, 一般信徒の.
— 男女 1 (+en…) …の門外漢. 2 平信徒, 俗人.

le·grar [レグラル] 他 〈医学〉(骨などの組織を) 削る, 削り取る.

le·gua [レグア] 女 〈長さの単位〉(5km なかばの) レグア.
  a la legua 遠くからはっきりと.
  a cien leguas 遠くからはっきりと.

le·gu·le·yo, ya [レグレヨ, ヤ] 男女 にせの法律家, もぐりの弁護士.

le·gum·bre [レグンブレ] 女 1 (総称的な) 豆, 豆類. 2 (総称的な) 野菜.

le·gu·mi·no·sas [レグミノサス] 女複 〈分類〉マメ科植物.

le·gu·mi·no·so, sa [レグミノソ, サ] 形 〈植物〉マメ科の.

le·í·da¹ [レイダ] 女 読書, 読むこと.

le·í·do, da² [レイド, ―] 《過去分詞》→ leer 読む.
— 形 1 博学な, 本をよく読んでいる. 2 よく読まれている.

le·ís·mo [レイスモ] 男 〈文法〉(男性の直接目的語の代名詞として le, les を使う) レ用法, レイスモ.

leit·mo·tiv [レイトモティブ] 男 〈芸術〉ライトモチーフ, 主題, 中心思想.

他 は他動詞　再 は再帰動詞　形 は形容詞　副 は副詞　前 は前置詞　接 は接続詞　間 は間投詞

le·ja·na·men·te [レハナメンテ] 副 1 遠く離れて. 2 はるか昔に.

le·ja·ní·a [レハニア] 女 1 遠方, 遠景. 2 距離, へだたり.

le·ja·no, na [レハノ, ナ] 形 1 遠く離れた, 彼方の. 2《親族》遠縁(遠)の, 仮名(だ).
　Lejano Oriente〈地名〉極東.

le·jí·a [レヒア] 女 漂白剤.

le·jos [レホス] 副 1 遠くに, 遠くへて. 2 (+ de...) …から遠く離れて.
　a lo lejos 遠い所で, 彼方に.
　de lejos 遠方の, 遠くから.
　desde lejos 遠くから.
　lejos de (+不定詞) …するどころか.
　lejos de eso それどころか.
　ir lejos 前途有望である.
　llegar lejos (将来)偉くなる, 出世する.
　llevar... demasiado lejos …をやりすぎる, 度を越す.
　¡Ni de lejos! とんでもない!
　sin ir más lejos 早い話が, 言うまでもないが.

le·lo, la [レロ, ラ] 形〈人〉ぼかっとした, にぶい, 愚鈍な.
　— 男 女〈人〉薄のろ, ぼけ.

le·ma [レマ] 男 1 標語, モットー. 2 (紋章の)銘. 3 (演説の)主題. 4 (小説の)題辞. 5 (辞書の)見出し語. 6 (審査作品につける)仮名(きか).

lem·pi·ra [レンピラ] 男《通貨単位》(ホンジュラスの)レンピラ.

len·ce·rí·a [レンセリア] 女 1 婦人用下着類, ランジェリー. 2 リンネル製品. 3 ランジェリー売り場. 4 リンネル衣料品店.

len·gua [レングア] 女 1 舌, 舌状のもの. 2 言語, 国語. 3 言い回し, 言葉.
　andar en lenguas うわさになる.
　atar la lengua a... …を黙らせる, 口止めする.
　buscar la lengua a... …に言いがかりをつける, けんかを売る.
　calentar·se a... la lengua …がまくしたてる.
　comer lengua よくしゃべる.
　con la lengua afuera へとへとになって.
　dar(le) a la lengua よくしゃべる.
　echar la lengua へとへとになる.
　en su media lengua 舌足らずに, かたことで.
　escapar·se a... la lengua …の口がすべる.
　hacer·se lenguas de... …をほめちぎる.
　ir·se a... la lengua …が口をすべらせる.
　ir·se de la lengua 言いすぎる.
　largo de lengua うわさ好きの.
　lengua de estropajo 舌足らずな話し方.
　lengua de gato〈菓子〉ラングドシャ.
　lengua de trapo 舌足らずな話し方.
　lengua de víbora [viperina] 毒舌.
　lengua madre 祖語.
　lengua materna [natural] 母語.
　lengua muerta 死語.
　lengua viva 現用語.
　ligero de lengua 口が軽い.
　malas lenguas 1 毒舌家連中. 2 人の悪口.
　morder·se la lengua 口をつぐむ, 言い淀む.
　no tener pelos en la lengua ずけずけ言う.
　pegar·se a... la lengua al paladar …が黙りこむ.
　sacar la lengua a... …をからかう.
　segunda lengua (母語の次の) 第 2 習得語.
　soltar la lengua うっかり口をすべらせる.
　suelto de lengua 口が軽い.
　tener... en la punta de la lengua …をうっかり言いそうになる.
　tener la lengua (muy) larga おしゃべりである.
　tener mala lengua 口が悪い.
　tener mucha lengua よくしゃべる.
　tirar de la lengua a... …の口を割らせる.
　trabar·se la lengua a... …の舌がもつれる, …が口ごもる.
　traer en lenguas a... …をあげつらう, 批判する.
　venir·se a... a la lengua …が思いつく, 思い出す.

len·gua·do [レングアド] 男〈魚〉シタビラメ.

len·gua·je [レングアヘ] 男 1 言語運用能力. 2 言語, 言葉. 3 専門用語, 術語. 4 話し方, 言葉づかい, 言い回し. 5 (自然言語以外の)伝達手段, 記号体系. 6〈コンピューター〉記号言語.

len·gua·raz [レングアラス] 形《複 lenguaraces》よくしゃべる, 口の悪い.
　— 男 女〈人〉おしゃべり, 口の悪い人.

len·güe·ta [レングエタ] 女 1 (管楽器の)リード. 2 (靴の)舌皮. 3 舌状のもの.

len·güe·ta·da [レングエタダ] 女《= lengüetazo》(舌先で)なめること, (舌先での)ひとなめ.

le·ni·dad [レニダス] 女 寛容さ, おうようさ.

le·ni·fi·car [レニふィカル] 他《活 73 sacar》(痛みなど)を和らげる, 軽くする.

le·ni·nis·mo [レニニスモ] 男〈政治〉レーニン Lenin 主義.

le·ni·ti·vo [レニティボ] 形〈医学〉鎮痛剤, 緩和剤.

le·no·ci·nio [レノθィニオ] 男 売春の斡旋(幾).

len·ta·men·te [レンタメンテ] 副 ゆっくり, のろのろと.

len·te [レンテ] 女 レンズ, ルーペ.

len·te·ja [レンテハ] 女〈植物〉レンズマメ, ヒラマメ.

len·te·jue·la [レンテフエら] 女〈衣装〉スパンコール.

len·tes [レンテス] 男複《→ lente》眼鏡(幾).

len·ti·cu·lar [レンティクラル] 形 (豆の)ヒラマメの形の, レンズ状の.
　— 男〈解剖学〉レンズ状骨.

len·ti·lla [レンティじゃ] 女 コンタクトレンズ.

活 は活用形　複 は複数形　男 は男性名詞　女 は女性名詞　固 は固有名詞　代 は代名詞　自 は自動詞

len·tis·co [レンティスコ] 男 〈植物〉ニュウコウジュ[乳香樹].

len·ti·tud [レンティトゥス] 女 遅さ,のろさ.

len·to¹ [レント] 副 ゆっくりと,のろのろと.
— 副 〈音楽〉レント.

len·to², **ta** [—, タ] 形 1 遅い,ゆっくりした,のろい. 2 (火力などの)弱い.

le·ña [レニャ] 女 1 まき,たきぎ[薪]. 2 こらしめ,殴りつけ.
dar leña 〈スポーツ〉乱暴なプレーをする.
dar leña a… …を殴る.
echar [añadir] leña al fuego 火に油をそそぐ,あおる.
llevar leña al monte 無駄なことをする.

le·ña·dor, do·ra [レニャドル, ドラ] 男女 1 きこり. 2 たきぎ売り.

le·ña·zo [レニャソ] 男 1 棒での殴りつけ. 2 (自動車などの)衝突.

le·ñe [レニェ] 間 ちくしょう!,くそ!

le·ñe·ro, ra [レニェロ, ラ] 男女 薪(*)置き場.

le·ño [レニョ] 男 1 丸太,丸木. 2 木材. 3 〈人〉とんま,薄のろ. 4 うっかりしても,我慢できないこと.
dormir como un leño ぐっすり眠る.

le·ño·so, sa [レニョソ, サ] 形 〈植物〉木質の.

Le·o [オレ] 固 〈星座の名〉獅子(*)座.

le·o [レオ] 形 〈男女同形〉獅子(*)座生まれの.
— 男女 〈人〉獅子座生まれ.

le·ón [レオン] 男 1〈動物〉ライオン, 雄ライオン. 2〈人〉勇者. 3〈動物〉ピューマ.
arrojar a… al foso de leones …を窮地に追いこむ.
diente de león 〈植物〉タンポポ.
león marino 〈動物〉アシカ.
llevarse la parte del león いいところを一人占めにする.
ponerse como un león 激怒する.

Le·ón [レオン] 固 〈都市の名,地方の旧称〉(スペイン北西部の)レオン.

le·o·na [レオナ] 女 1〈動物〉雌ライオン. 2 気の強い女性.

le·o·na·do, da [レオナド, ダ] 形 (ライオンの毛並のような)黄褐色の.

Le·o·nar·do [レオナルド] 固 〈男性の名〉レオナルド.

le·o·ne·ra [レオネラ] 女 1 ライオンのおり[檻]. 2 ちらかし放題の家[部屋].

le·o·nés¹ [レオネス] 男 〈言語〉レオン方言, レオン語.

le·o·nés², **ne·sa** [—, ネサ] 形 1 レオン Leónの. 2 (昔の)レオン王国の.
— 男女 レオンの人.

le·o·ni·no, na [レオニノ, ナ] 形 1 ライオンの, ライオンのような. 2 (契約などが)不公平な,一方的な.

Le·o·nor [レオノル] 固 〈女性の名〉レオノル.

le·o·par·do [レオパルド] 男 〈動物〉ヒョウ[豹].

Le·o·pol·do [レオポルド] 固 〈男子の名〉レオポルド.

le·o·tar·do [レオタルド] 男 〈衣服〉レオタード.

Le·pan·to [レパント] 固 〈都市の名〉(16世紀の後半の, スペイン軍などがトルコ軍との海戦で有名な, ギリシア西部の港湾都市の)レパント.

le·po·ri·no, na [レポリノ, ナ] 形 〈動物〉ウサギの/*labio leporino* 〈医学〉兔唇(と).

le·pra [レプラ] 女 〈医学〉ハンセン病, 癩病(*).

le·pro·se·rí·a [レプロセリア] 女 〈医学〉ハンセン病療養所.

le·pro·so, sa [レプロソ, サ] 形 〈医学〉ハンセン病の.
— 男女 〈医学〉ハンセン病患者.

ler·do, da [レルド, ダ] 形 〈人〉のろい, にぶい, 鈍感な.

Lé·ri·da [レリダ] 固 〈都市の名〉(スペイン北東部の)レリダ.

le·ri·da·no, na [レリダノ, ナ] 形 レリダ Léridaの.
— 男女 レリダの人.

les [レス] 代 《間接目的語の人称代名詞で, 3人称複数形》《アクセントなし》《+lo, los, la, las のときは se となる》1 彼らに, 彼女らに, 彼らから, 彼女らから, (物の)それらに. 2 (複数の話し相手の)あなたがたに, あなたがたから. 3 (スペインでは直接目的語の人称代名詞 los のかわりで) (男性の)あなたがたを, 彼らを[→ leísmo].

les·bia·na¹ [レスビアナ] 女 〈人〉レスビアン, 女性の同性愛者.

les·bia·nis·mo [レスビアニスモ] 男 〈概念〉レスビアン, 女性の同性愛.

les·bia·na, na² [レスビアノ, —] 形 レスビアンの, 女性の同性愛の.

le·sión [レシオン] 女 1 けが, 傷, 損傷. 2 損害.

le·sio·na·do, da [レシオナド, ダ] 《過去分詞》→ *lesionar* 負傷する.
— 形 1 負傷した, けがをした. 2 損害を受けた.

le·sio·nar [レシオナル] 他 1…を負傷させる, …にけがを負わす. 2…に損害を与える.
— *lesionarse* 再 けがをする.

le·si·vo, va [レシボ, バ] 形 1 けがをさせるような, 2 損害を与えかねない.

le·so, sa [レソ, サ] 形 〈法律〉侮辱された, 侵害された/*crimen de lesa patria* 反逆罪.

le·tal [レタル] 形 致命的な, 致死の.

le·ta·ní·a [レタニア] 女 1 〈宗教〉連禱(*). 2 長い列拳, くどい話.

le·tár·gi·co, ca [レタルヒコ, カ] 形 〈医学〉昏睡(*)状態の.

le·tar·go [レタルゴ] 男 1〈医学〉昏睡(*). 2 催眠. 3 〈動物の〉冬眠. 4 無気力.

le·tra [レトラ] 女 1 文字, 字, 字体. 2 活字. 3

le·tra·do, da

歌詞. 4 文字通りの意味. 5〈商業〉手形, 為替(かわせ)手形[= letra de cambio／girar una *letra* 手形を振り出す, protestar una *letra* 手形の支払いを拒絶する.

a la letra 文字通りに.
al pie de la letra 文字通りに.
atar·se a la letra 文字通りにこだわる.
de su puño y letra 手書きで.
letra cursiva [itálica, bastardilla]〈活字〉イタリック体.
letra de imprenta（印刷のような）手書き大文字.
letra de molde 印刷文字.
letra doble（ch, ll, rrのような1音対応の）複文字.
letra historiada 飾り大文字.
letra mayúscula [versal] 大文字.
letra minúscula 小文字.
letra muerta〈法律〉死文, 空文.
letra negrita [negrilla]〈活字〉ゴチック体.
letra por letra 一字一句残さず, 完全に.
letra redonda [redondilla]〈活字〉ローマン体.
letra versalita〈活字〉スモールキャピタル体.
tener letra menuda ずる賢い.

le·tra·do, da [れトラド, ダ]　形 1 学問のある, 博識な. 2 学者ぶった.
　── 男女 弁護士, 法律家.

le·tras [れトラス]　女複〈→ letra〉1 人文科学, 文学, 文芸. 2 学識, 教養. 3 書き付け, 短信.
con todas sus letras（略字や数字でなく）すべて文字で.
cuatro letras 短い文章.
Letras Sagradas [Divinas] 聖書.

le·tre·ro [れトレロ]　男 1 ポスター, 貼り紙. 2 掲示板, 看板. 3 ラベル, レッテル.

le·tri·lla [れトリじゃ]　女〈詩法〉（各連末にリフレインのついた短詩行の）レトリジャ.

le·tri·na [れトリナ]　女 1（野営地などの）簡易便所. 2きたない物, 汚れた場所.

leu·ce·mia [れウセミア]　女〈医学〉白血病.

leu·cé·mi·co, ca [れウセミコ, カ]　形〈医学〉白血病の.
　── 男女 白血病患者.

leu·co·ci·to [れウコシト]　男〈医学〉白血球.

le·va [れバ]　女 1（義務兵役などへの）召集, 徴用. 2（船の）出港, 出帆. 3〈機械〉カム.

le·va·di·zo, za [れバディそ, さ]　形 上げ下げできる／*puente levadizo* はね橋.

le·va·du·ra [れバドゥラ]　女 酵母, イースト, パン種(だね).

le·van·ta·mien·to [れバンタミエント]　男 1 持ち上げること. 2 反乱, 暴動, 蜂起(ほうき). 3 建設. 4 解除. 5〈地理学〉隆起.
levantamiento del cadáver〈法律〉（事故のあとの）死体搬送, 遺体移送.

le·van·tar [れバンタル]　他 1 …を起こす, 立てる, 持ち上げる, 高める, 上げる. 2 …を取り上げる, はずす, 取り除く. 3 …を建設する, 建てる. 4 …を引き起こす, もたらす. 5 …を蜂起(ほうき)させる, 決起させる. 6 …を解除する. 7〈軍隊〉…を召集する. 8（書類）を作成する. 9（トランプ）を切る. 10 …を盗む.
　──自（雲が）切れる.
　── **levantar·se** 再 1 立ち上がる, 立つ. 2 起床する, 起きる. 3（＋con...）…を奪う. 4（会議が）終る. 5（風や波が）起こる, 出はじめる.
levantar cabeza（病後で）元気になる.
levantar la voz 声を荒げる.
levantar·se el estómago a... …て吐きそうになる.

le·van·te [れバンテ]　男 1〈方位〉東, 東方. 2 東風.

Le·van·te [れバンテ]　固〈地方の名〉1（イベリア半島東部の）レバンテ. 2（地中海東部の）レバント.

le·van·ti·no, na [れバンティノ, ナ]　形 1（イベリア半島の）レバンテ地方の. 2（地中海の）レバント地方の.

le·van·tis·co, ca [れバンティスコ, カ]　形 反抗的な, 反逆的な.

le·var [れバル]　他（いかり[錨]）を揚(あ)げる.

le·ve [れべ]　形 1 軽い. 2 些細(ささい)な. 3 ゆるやかな.

le·ve·dad [れベダス]　女 1 軽さ. 2 些細(ささい)さ. 3 ゆるやかさ.

le·ve·men·te [れベメンテ]　副 1 軽く. 2 かすかに. 3 ゆるやかに.

le·vi·ta [れビタ]　女〈衣装〉フロックコート.

le·vi·ta·ción [れビタしオン]　女（超常現象の）空中浮揚.

le·xe·ma [れクセマ]　男〈言語学〉語彙(ごい)素.

le·xi·ca·li·zar [れクシカりさル]　他 1〈言語学〉…を単一語化する. 2〈修辞学〉（特殊な転義）を一般的にする.
　── **lexicalizar·se** 再 1〈言語学〉単一語化する. 2〈修辞学〉（特殊な表現が）一般化する.

lé·xi·co¹ [れクシコ]　男〈言語学〉（集合的な）語彙(ごい), 用語集, 辞書.

lé·xi·co², ca [一, カ]　形 語彙(ごい)の.

le·xi·co·gra·fí·a [れクシコグらふィア]　女 辞書編集法, 語彙(ごい)研究.

le·xi·co·grá·fi·co, ca [れクシコグらふィコ, カ]　形 辞書編集法の, 語彙(ごい)研究の.

le·xi·có·gra·fo, fa [れクシコグらふォ, ふァ]　男女 辞書編集者.

le·xi·co·lo·gí·a [れクシコロヒア]　女〈言語学〉語彙(ごい)論.

le·xi·co·ló·gi·co, ca [れクシコロヒコ, カ]　形〈言語学〉語彙(ごい)論の.

le·xi·có·lo·go, ga [れクシコロゴ, ガ]　男女 語彙(ごい)論研究者.

le·xi·cón [レクシコン] 男 (古い言語などの)語彙(ごい)集, 辞書.

ley [レイ] 女 1 法則, 原則. 2 法, 法律. 3 規則, 規定, 規格. 4〈宗教〉戒律, 律法.
con todas las de la ley れっきとした, 本物の.
de buena ley 純粋な法, 本物の.
dictar sus propias leyes 勝手なことをする.
en buena ley 正当に, 正しく.
la ley del embudo (相手によって変わる)不公平な規則.
ser de ley 正しい, 正当である.

ley- → leer 読む《活 46》.

le·yen·da [レイエンダ] 女 1 伝説, 説話, 言い伝え. 2 伝説的存在. 3 (メダルなどの)刻銘. 4 (図版などの)説明文.
leyenda áurea (古い聖人伝集の)黄金伝説.
leyenda negra (中南米征服の残虐性を強調する)黒い伝説.

lez·na [レスナ] 女 (革などに穴を開ける)突き錐(きり), 千枚通し.

lí·a [リア] 女 (荷造り用などの)荒縄, ロープ.
— → liar くくる.

lia·do, da [リアド, ダ]《過去分詞》→ liar くくる.
— 形 1 多忙な. 2 こんがらかった.

lia·na [リアナ] 女 (熱帯林の)つる植物.

liar [リアル] 他《活 34 enviar》 1 …をくくる, しばる. 2 …を包む, くるむ. 3 …を巻く, 丸める. 4 …を丸めこむ, 巻きこむ. 5 …をごちゃごちゃにする, もつれさせる.
— **liar·se** 再 1 (a+不定詞) …を勢いよく始める. 2 (+a…) …を使って投げ合う. 3 (+con…) …と情交を結ぶ, 不倫関係になる. 4 (+en…) …にくるまる. 5 紛糾する, もめる.
liar·la 1 悪事を行う. 2 事を複雑にする.
liar·se a golpes [palos] con… …と殴り合いを始める.
liar·se·las 1 あわてて逃げる. 2 死ぬ.

li·ba·ción [リバシオン] 女 1 (昆虫による花汁の)吸い取り. 2 (酒の)試飲. 3 (古代の)献酒式.

li·ba·nés, ne·sa [リバネス, ネサ] 形 レバノンの.
— 男 女 レバノン人.

Lí·ba·no [リバノ] 固〈国の名〉(西アジアの)レバノン.

li·bar [リバル] 他 1 (昆虫が果汁など)を吸う. 2 (酒)を試飲する. 3 (古代神官が儀式でワイン)を飲む.

li·be·lo [リベロ] 男 中傷文書, 怪文書.

li·bé·lu·la [リベルラ] 女〈昆虫〉トンボ.

li·be·ra·ción [リベラシオン] 女 1 解放, 釈放, 免除. 2 (不動産の)課税免除.

li·be·ra·do, da [リベラド, ダ]《過去分詞》→ liberar 解放する.
— 形 1 解放された. 2 免除された. 3 (職員で)専従の.
— 男 女 (組織の)専従職員.

Li·bra

li·be·ral [リベラル] 形 1 (+con…) …に寛大な, 気前のいい. 2 (職業などの)自由な, 自由業の. 3 自由主義的な, 進歩的な.
artes liberales (中世ヨーロッパの)自由七科目[→ arte].

li·be·ra·li·dad [リベラリダス] 女 寛大さ, 気前のよさ.

li·be·ra·lis·mo [リベラリスモ] 男 自由主義, リベラリズム.

li·be·ra·li·za·ción [リベラリサシオン] 女 自由化.

li·be·ra·li·zar [リベラリサル] 他《活 39 gozar》…を自由化する, 自由にする.
— **liberalizar·se** 再 自由になる.

li·be·rar [リベラル] 他 1 …を解放する, 自由にする. 2 …に (+de…) …を解除する, 免除する.

li·be·ria·no, na [リベリアノ, ナ] 形 (アフリカ西部の国の)リベリア Liberia の.
— 男 女 リベリア人.

li·bé·rri·mo, ma [リベリモ, マ] 形《絶対最上級語》<libre》非常に自由な.

li·ber·tad [リベルタス] 女 1 自由, 解放, 釈放. 2 気安さ, 親しみ. 3 なれなれしさ.
dar libertad a… *para* (+不定詞) …にする許可を与える.
libertad bajo palabra (捕虜の)宣誓釈放.
libertad condicional 〈法律〉保護観察処分.
libertad provisional 〈法律〉仮釈放.
tener plena libertad para (+不定詞) まったく自由に…できる.
tomar·se la libertad de (+不定詞) 勝手ながら…させてもらう.

li·ber·ta·dor, do·ra [リベルタドル, ドラ] 形 自由にする, 解放する.
— 男 女 解放者.

li·ber·tar [リベルタル] 他 1 …を自由にする, 解放する. 2 …に (+de…) …を免除してやる.

li·ber·ta·rio, ria [リベルタリオ, リア] 形 絶対自由主義の, 無政府主義の.
— 男 女 絶対自由主義者, 無政府主義者.

li·ber·ti·na·je [リベルティナヘ] 男 1 自由奔放(ほんぽう), 不品行. 2 不信心, 放蕩(ほうとう).

li·ber·ti·no, na [リベルティノ, ナ] 形 品行の悪い, 放蕩の.
— 男 女 道楽者, 放蕩者.

li·ber·to, ta [リベルト, タ] 男 女 解放奴隷 (奴隷でなくなった)自由民.

li·bi·di·no·so, sa [リビディノソ, サ] 形 好色な, みだらな.

li·bi·do [リビド] 男〈心理学〉性的衝動, リビドー.

li·bio, bia [リビオ, ビア] 形 (アフリカ中北部の国の)リビア Libia の.
— 男 女 リビア人.

Li·bra [リブラ] 固〈星座の名〉天秤(てんびん)座.

他 は他動詞 再 は再帰動詞 形 は形容詞 副 は副詞 前 は前置詞 接 は接続詞 間 は間投詞

li·bra [リブラ] 囡 1〈通貨〉ポンド. 2〈重量〉ポンド. 3 (スペインの古い重量単位である) リブラ.
— 形 〈男女同形〉天秤(ﾃﾝﾋﾞﾝ)座生まれの.
— 男女 〈人〉天秤座生まれ.
entrar pocos en libra 数が少ない, 稀である.

li·bra·do, da [リブラド, ダ] 〈過去分詞〉→ librar 解放する.
— 形 解放された.
— 男女 〈商業〉(手形の)名宛人.

li·bra·dor, do·ra [リブラドル, ドラ] 形 解放する, 自由にする.
— 男女 1 解放者. 2〈商業〉(手形の)振出人.

li·bra·mien·to [リブラミエント] 男 1〈商業〉支払い命令, (手形の)振り出し. 2 解放, 釈放.

li·bran·za [リブランサ] 囡 〈商業〉支払い命令書, 為替手形.

li·brar [リブラル] 他 1 …を(+de…)…から解放する. 2〈法律〉(判決)を言い渡す, (法令)を公布する. 3〈商業〉(手形や小切手)を振り出す. 4 (戦い)を開始する.
— 自 (労働者が)休みをとる.
— **li·brar·se** 再 (+de…)…を免れる, …から自由になる.

li·bre [リブレ] 形 1 自由な, 束縛のない. 2 (+para+不定詞) 自由に…できる. 3 (+de…) …を免除された, …が(席などが)空いた. 5 (時間が)ひまな. 6 無料の, ただの. 7〈競技〉自由種目の, 自由形の. 8 (翻訳で)意訳の.
— 自 librar 解放する.
al aire libre 戸外で, 野外で.
por libre 好きなように, 自由に.

li·bre·a [リブレア] 囡 (召使などの)制服.

li·bre·cam·bio [リブレカンビオ] 男 〈経済〉自由貿易.

li·bre·cam·bis·mo [リブレカンビスモ] 男 自由貿易主義, 自由貿易政策.

li·bre·men·te [リブレメンテ] 副 自由に.

li·bre·pen·sa·dor, do·ra [リブレペンサドル, ドラ] 形 自由思想の.
— 男女 自由思想家.

li·bre·pen·sa·mien·to [リブレペンサミエント] 男 自由思想.

li·bre·rí·a [リブレリア] 囡 1 書店, 本屋. 2 書棚, 書架.

li·bre·ro, ra [リブレロ, ラ] 男女 〈人〉本屋, 書店員, 書店主.

li·bres·co, ca [リブレスコ, カ] 形 1 書物の, 本に関する. 2〈知識〉書物だけから得た.

li·bre·ta [リブレタ] 囡 1 手帳, メモ帳. 2 通帳/*libreta de banco* 預金通帳. 3 (重量約1ポンドの)丸パン.

li·bre·to [リブレト] 男 (歌劇などの)台本.

li·bri·llo [リブリジョ] 男 1 小型の本. 2 (小型の本のように綴(ﾄ)じた)巻きタバコ用の紙.

li·bro [リブロ] 男 1 本, 書物. 2 専門書. 3 (分冊著作の)巻, 編. 4〈商業〉(小切手などの)台帳, 帳簿. 5 (歌劇などの)台本. 6 (反芻(ﾊﾝｽｳ)類動物の)第3胃.
— 自 → librar 解放する.
ahorcar [colgar] los libros 学業を放棄する.
hablar como un libro 1 もの知り顔に話す. 2 正確に話す.
libro de caballerías 騎士道物語.
libro de cabecera 愛読書, 座右(ｻﾞﾕｳ)の書.
libro de contabilidad 会計簿.
libro de familia 戸籍簿.
libro de horas (キリスト教の)時禱(ｼﾞﾄｳ)書.
libro de música 楽譜.
libro de oro 芳名帳, 記名帳.
libro de texto 教科書, テキスト.
libro escolar 成績通知表.
libro talonario 小切手帳.

li·can·tro·pí·a [リカントロピア] 囡 〈人〉(妄想の)狼への変身.

li·cen·cia [リセンシア] 囡 1 免許, 許可. 2 一時的休暇. 3 許可証, 免許証. 4 過度の自由, 放縦(ﾎｳｼﾞｭｳ). 5 学士号, 学位. 6 (かつて書物につけられた)出版許可.
licencia absoluta 〈軍隊〉除隊許可.
licencia de conducir 運転免許証.
licencia poética 〈文法〉韻文用破格格構文.
tomar·se la licencia de… 許可なく…をする.

li·cen·cia·do, da [リセンシアド, ダ] 《過去分詞》→ licenciar 除隊させる.
— 形 1 学士号を受けた. 2〈軍隊〉除隊した. 3 免許を持つ.
— 男女 1 (+en…)…の学士. 2 除隊兵.

li·cen·ciar [リセンシアル] 他《活 17 cambiar》1〈軍隊〉…を除隊させる. 2 …に(+en…)…の学位を与える.
— **li·cen·ciar·se** 再 (+en…)…の学位を取得する.

li·cen·cia·tu·ra [リセンシアトゥラ] 囡 1 (大学の)専門課程. 2 学士号/*conseguir la licenciatura en filosofía y letras* 文学士号を取得する. 3 学位授与式.

li·cen·cio·so, sa [リセンシオソ, サ] 形 ふしだらな, 自堕落な.

li·ce·o [リセオ] 男 1 文化団体, 文芸同好会. 2 中学校, 高等学校.

li·ci·ta·ción [リシタシオン] 囡 〈商業〉入札, 競売/*licitación pública* 公開入札.

li·ci·tar [リシタル] 他 〈商業〉(競売で特定金額)を提示する.

lí·ci·to, ta [リシト, タ] 形 合法的な, 正当の.

li·ci·tud [リシトゥ] 囡 合法性, 正当性.

li·cor [リコル] 男 蒸留酒, リキュール.

li·co·re·ra [リコレラ] 囡 1 (特製の瓶(ﾋﾞﾝ)とグラスの)リキュールセット. 2 洋酒キャビネット.

li·cua·ción [リクアシオン] 囡 1 (果実などの)液

li·mi·te

体化, ジュースにすること. 2《化学》液化, 融解.

li·cua·do [リクアド] 男 (ジューサーで作った)ジュース.

li·cua·do·ra [リクアドラ] 女 (家電製品の)ジューサー.

li·cuar [リクアル] 他《活 1 actuar》1 (果実など)を液体にする, ジュースにする. 2《化学》…を液化する, 融解する.

— **licuar·se** 再《化学》液化する, 融解する.

lid [リド] 女 (昔の)合戦, 戦闘.

lí·der [リデル] 男 女 1 リーダー, 指導者. 2 (評価段階の)トップの人. 3 トップ企業.

li·de·raz·go [リデラスゴ] 男 リーダーシップ, 指導力, 統率力.

li·des [リデス] 女 複《→ lid》活動, 業務.

li·dia [リディア] 女 1 (技法の総体としての)闘牛. 2 闘争.

— 活 → lidiar 闘う.

Li·dia [リディア] 固《女性の名》リディア.

li·diar [リディアル] 他《活 17 cambiar》(牛)を闘牛の相手にする.

— 自 (+con…) …と闘う, 争う.

lie·bre [リエブレ] 女 1《動物》ノウサギ[野兎]. 2 臆病(者). 3《スポーツ》ペースメーカー.

correr como una liebre すばしこく走る.
dar gato por liebre 似たものて人をだます.
levantar la liebre 秘密をあばく.

lien·dre [リエンドレ] 女 (シラミなどの)卵.

lien·zo [リエンソ] 男 1《絵画》キャンバス, 画布. 2 キャンバスの絵. 3 (麻や木綿の)布.

li·ga [リガ] 女 1 ガーター, 靴下留め. 2 連盟, 同盟, リーグ. 3《スポーツ》リーグ戦. 4 鳥もち.

— 活 → ligar 拘束する.

hacer buena liga con… …と仲がよい.
hacer mala liga con… …と仲が悪い.

li·ga·do¹ [リガド] 男 1《正書法》続け字. 2《音楽》(楽譜の記号の)スラー. 3《印刷》合字.

li·ga·do², **da** [—, ダ]《過去分詞》→ ligar 拘束する.

— 形 1 拘束された. 2 (+a…) …と結ばれた.

li·ga·du·ra [リガドゥラ] 女 1 くくりつけ, しばること. 2 ひも, 帯. 3 拘束, 束縛. 4《音楽》レガート.

li·ga·men·to [リガメント] 男《解剖学》靭帯.

li·gar [リガル] 他《活 47 llegar》1 …を拘束する. 2 …を結びつける, 結合する, 関連づける. 3《冶金》…を合金にする.

— 自 1 (+con+異性) …をひっかける, ハントする. 2《トランプ》いい札がそろう.

— **ligar·se** 再 1 結びつく. 2 拘束される.

ligar·se·la (子供の遊びで)鬼になる.

li·ga·zón [リガソン] 女 密接な関連, 結びつき.

li·ge·ra·men·te [リヘラメンテ] 副 1 軽く, かすかに. 2 軽率に.

li·ge·re·za [リヘレサ] 女 1 軽さ. 2 軽快さ. 3 軽

率さ, 軽薄さ.

li·ge·ro, **ra** [リヘロ, ラ] 形 1 軽い. 2 気軽な. 3 軽快な. 4 あっさりした. 5 軽率な, むら気な. 6 (内容が)薄い.

a la ligera 軽々しく, 軽率に.
de ligera 軽率に.
ser ligero de cascos 浅薄である.

li·gón, **go·na** [リゴン, ゴナ] 形 プレーボーイの, プレーガールの.

— 男 女 女たらし, 男好き.

ligu- 活 → ligar 拘束する.

li·gue [リゲ] 男 1 (異性との)ハントによる結びつき. 2 ハントの相手.

li·güe·ro¹ [リゲロ] 男《服飾》ガーターベルト.

li·güe·ro², **ra** [—, ラ] 形《スポーツ》リーグの, リーグ戦の.

li·ja [リハ] 女 1 紙やすり, サンドペーパー. 2《魚》トラザメ.

li·ja·do·ra [リハドラ] 女 研磨機.

li·jar [リハル] 他 …を紙やすりで磨く.

li·la [リラ] 形《男女同形》1 薄紫色の, ライラック色の. 2 ばかな, 単純な.

— 女《植物》(花)リラ, ライラック.

— 男 薄紫色, ライラック色.

li·ma [リマ] 女 1 (鋼鉄の)やすり. 2 やすりがけ, やすり仕上げ. 3《文学》(原稿などの)仕上げ, 推敲. 4《植物》ライム, レモン類.

Li·ma [リマ] 固《都市の名》(ペルーの首都の)リマ.

li·ma·du·ra [リマドゥラ] 女 1 やすりがけ, やすり仕上げ.

li·mar [リマル] 他 1 …にやすりをかける. 2 (原稿などを)仕上げる, 推敲する. 3 (欠点など)を矯正する.

limar asperezas 事を丸くおさめる.
limar diferencias 意見を調整する.

lim·bo [リンボ] 男 1 (キリスト教の)地獄の辺境. 2《植物学》葉身, 葉辺.

estar en el limbo ぼんやりしている.

li·me·ño, **ña** [リメニョ, ニャ] 形 (ペルーの)リマLimaの.

— 男 女 リマの人.

li·me·ro [リメロ] 男《樹木》ライム.

li·mi·ta·ción [リミタシオン] 女 1 制限, 限定. 2 限度.

li·mi·ta·do, **da** [リミタド, ダ]《過去分詞》→ limitar 限定する.

— 形 1 限定された. 2 わずかな. 3 知的障害のある.

li·mi·tar [リミタル] 他 1 …を限定する, …を境界を定める. 2 …を制限する, …の限度を定める.

— 自 (+con…) …と境界を接する.

— **limitar·se** 再 (+a…) …に限る, とどめる.

lí·mi·te [リミテ] 男 1 境界線. 2 限度, 限界.

fecha límite 締め切り日.
situación límite 極限状況.
Todo tiene sus límites. ものには限度がある.

velocidad límite 最高速度.
li·mí·tro·fe [リミトロフェ] 形 (+con, de...) ...と隣接する.
li·mo [リモ] 男 〖地質学〗泥土, ローム.
li·món [リモン] 男 〈樹木・果実〉レモン.
li·mo·na·da [リモナダ] 女 〈飲料〉レモネード.
li·mo·nar [リモナル] 男 レモン畑.
li·mo·ne·ro¹ [リモネロ] 男 〈樹木〉レモン.
li·mo·ne·ro², **ra** [ー, ラ] 形 レモンの.
— 男 女 〈人〉レモン売り.
li·mos·na [リモスナ] 女 1 施し物, お恵み. 2 わずかな礼金, なみだ金(金).
li·mos·ne·ar [リモスネアル] 自 物乞いをする.
li·mos·ne·ro, ra [リモスネロ, ラ] 形 よく施しをする, 慈悲深い.
— 男 女 〈人〉物乞い.
lim·pia·bo·tas [リンピアボタス] 男 女 〈単複同形〉〈人〉靴磨き.
lim·pia·cris·ta·les [リンピアクリスタレス] 男 〈単複同形〉1 窓掃除器. 2 窓掃除人.
lim·pia·dor¹ [リンピアドル] 男 掃除機.
lim·pia·dor², **do·ra** [ー, ドラ] 形 掃除する.
— 男 女 清掃作業員.
lim·pia·men·te [リンピアメンテ] 副 1 きれいに. 2 手際よく. 3 公正に.
lim·pia·pa·ra·bri·sas [リンピアパラブリサス] 男 〈単複同形〉(自動車のフロントガラスの)ワイパー.
lim·pia·pi·pas [リンピアピパス] 男 〈単複同形〉(タバコの)パイプクリーナー.
lim·piar [リンピアル] 他 〖活 17 cambiar〗1 ...を掃除する, きれいにする. 2 ...から(+de...)を取りのぞく, 一掃する. 3 ...に(+de...)の罪を清める. 4 ...を一文なしにする. 5 ...を(+a...) ...からだます取り.
— 自 きれいになる.
— *limpiar·se* 再 (自分の体)をきれいにする/ *limpiar·se los dientes* 歯を磨く.
limpiar en seco... ...をドライクリーニングする.
limpiar·se de fiebre 熱が下がる.
lím·pi·do, da [リンピド, ダ] 形 澄みきった, 透明な.
lim·pie·za [リンピエサ] 女 1 清潔さ, きれいなこと. 2 掃除, 洗濯. 3 (金品の)巻き上げ. 4 手際のよさ, 巧妙さ. 5 〈スポーツ〉フェアプレー.
limpieza de corazón 誠実さ, 高潔さ.
limpieza de sangre (昔の純粋なキリスト教徒としての)血の純潔さ.
limpieza en seco ドライクリーニング.
operación de limpieza 〖軍事〗掃討作戦.
lim·pio¹ [リンピオ] 副 公正に.
lim·pio², **pia** [ー, ピア] 形 1 きれいな, 汚れのない. 2 清潔な, きれい好きな. 3 混じり気のない, 純粋な. 4 一文なしの. 5 (値段などが)正味の, 実質の. 6 何も知らない, 白紙状態の. 7 (+de...) ...のない. 8 〈スポーツ〉フェアな, 公正な, 見事な.

a... limpio (強調) ...で/*a grito limpio* 大声で.
a cuerpo limpio 1 素手で. 2 オーバーなしで.
dejar limpio a... ...を無一文にする.
en limpio 1 正味で, 手取りで. 2 清書して.
pasar a limpio... ...を清書する.
sacar en limpio... ...を具体的に理解する.
li·mu·si·na [リムシナ] 女 1 (自動車の)リムジン. 2 リムジンバス.
li·na·je [リナヘ] 男 1 血統, 家柄. 2 (集合的に)名門, 貴族. 3 種類, タイプ.
li·na·ju·do, da [リナフド, ダ] 形 名門の, 家柄のよい.
li·na·za [リナサ] 女 亜麻仁(ぁ)/*aceite de linaza* 亜麻仁油.
lin·ce [リンセ] 男 〈動物〉オオヤマネコ.
— 形 鋭い目の, 油断のならない.
— 男 女 鋭い人, 切れ者.
ojos de lince (目や頭の)鋭さ.
lin·cha·mien·to [リンチャミエント] 男 私刑, リンチ.
lin·char [リンチャル] 他 ...を私的に制裁する, リンチにかける.
lin·dan·te [リンダンテ] 形 (+con, a... ...に)隣接している.
lin·dar [リンダル] 自 1 (+con...) ...と接している. 2 (+con...) ...とほとんど変わらない.
lin·de [リンデ] 男 女 1 境界, 境界線. 2 限界, 限度.
lin·de·ros [リンデロス] 男 複 境界, 限界.
lin·de·za [リンデサ] 女 1 美しさ, 愛らしさ. 2 ほめ言葉. 3 毒のあるほめ言葉.
lin·do, da [リンド, ダ] 形 1 美しい, 愛らしい, かわいい. 2 すばらしい, 見事な.
de lo lindo 大いに, とても.
lí·ne·a [リネア] 女 1 線, 描線. 2 境界線, ライン. 3 (書き物の)行. 4 〈スポーツ〉ライン. 5 行列, 列. 6 (輸送機関の)路線, 航路. 7 家系, 血統. 8 (体などの)輪郭, 紡状, スタイル. 9 方針, 路線. 10 (電気や電話の)線. 11 (テレビの)走査線. 12 等級, クラス. 13 (商品の)ライン. 14 (軍隊の)前線, 戦線.
autobús de línea 長距離路線バス.
de primera línea 一流の.
en líneas generales おおよそ, 大筋において.
en toda la línea 完全に, あらゆる点で.
guardar la línea (体の)スタイルを保つ.
leer entre líneas 行間を読む.
línea caliente テレホンセックス用の電話.
línea de flotación (船の)喫水線.
línea delantera (サッカーなどの)フォワード.
línea de saque (テニスの)サービスライン.
línea equinoccial 赤道.
línea quebrada (グラフの)折れ線.
línea recta [*colateral*] (血統の)直系[傍系].
trazar una línea 線を引く.

li·ne·al [リネアる] 形 線の, 線状の.
li·ne·a·mien·to [リネアミエント] 男 輪郭, 体形.
lin·fa [リンふぁ] 女〈解剖学〉(体液の)リンパ.
lin·fá·ti·co, ca [リンふぁティコ, カ] 形〈解剖学〉リンパの, リンパ体質の.
lin·go·ta·zo [リンゴタソ] 男 (アルコール飲料の)ひと飲み, 一杯.
lin·go·te [リンゴテ] 男 (金属の)インゴット, 延べ棒.
lin·gual [リングアる] 形 舌の, べろの.
lin·güis·ta [リングイスタ] 共 言語学者.
lin·güís·ti·ca¹ [リングイスティカ] 女 言語学.
lin·güís·ti·co, ca² [リングイスティコ, -] 形 1 言語の. 2 言語学の.
li·ni·men·to [リニメント] 男〈医薬〉(外傷用の)塗布剤.
li·no [リノ] 男 1〈植物〉アマ[亜麻]. 2 亜麻布, リンネル, リネン.
li·nó·le·o [リノれオ] 男 リノリウム.
li·no·ti·pia [リノティピア] 女〈印刷〉ライノタイプ.
lin·ter·na [リンテルナ] 女 1 角灯, カンテラ, ランタン. 2 懐中電灯. 3〈建築〉明かり採り.
lí·o [リオ] 男 1 混乱, 紛糾. 2 ごちゃ混ぜ. 3 (衣類などの)一包み. 4 うそ, 虚言. 5 不倫の関係, 浮気.
— 画 → liar くくる.
armar un lío 騒ぎを起こす.
hacerse un lío 混乱する.
meterse en un lío 面倒なことに巻き込まれる.
tener un lío con… …と不倫関係にある.
lio·fi·li·za·ción [リオふぃりサしオン] 女 (食品などの)フリーズドライ製法.
lio·fi·li·zar [リオふぃりサル] 他《活 39 gozar》(食品以下)を凍結乾燥する.
lio·so, sa [リオソ, サ] 形 1 こんがらがった, もつれた. 2 陰口好きの, もめごとの好きな.
— 男 女〈人〉陰口屋.
li·po·ti·mia [リポティミア] 女〈医学〉卒倒, 気絶.
li·quen [リケン] 男〈植物〉地衣類.
lí·qui·da¹ [リキダ] 女〈音声学〉(lやrの)流音.
li·qui·da·ción [リキダしオン] 女 1〈商業〉清算, 弁済. 2 バーゲンセール. 3 (資産の)現金化. 4 退職金. 5 抹殺(まっさつ).
li·qui·dar [リキダル] 他 1 …を解決する, 終結する. 2 …を清算する, 弁済する. 3 …を使いきる. 4 …を殺す, 消す. 5 (在庫品)をバーゲンセールに出す.
li·qui·dez [リキデす] 女 (資産などの)流動性, 換金性.
lí·qui·do¹ [リキド] 男 1 液体. 2〈商業〉決算高, 純益, 純所得.
lí·qui·do², da² [リキド, ダ] 形 1〈商業〉(勘定などの)正

味の. 2〈音声学〉流音の. 3 液体の, 流動性のある. 4〈商業〉決算した.
li·ra [リラ] 女 1〈通貨単位〉(イタリアなどの)リラ. 2 (昔のU字型竪琴(たてごと)の)リラ. 3〈詩法〉(韻律の)リラ.
lí·ri·ca¹ [リリカ] 女 抒情詩.
lí·ri·co, ca² [リリコ, -] 形 1 抒情詩の, 抒情的な. 2〈作曲〉歌劇形式の.
li·rio [リリオ] 男〈植物〉アヤメ.
lirio de los valles スズラン.
li·ris·mo [リリスモ] 男 抒情性, リリシズム.
li·rón [リロン] 男 1〈動物〉ヤマネ. 2〈人〉眠たがり屋, よく眠る人.
lis [リス] 女〈植物〉アヤメ, ユリ.
li·sa·men·te [リサメンテ] 副 なめらかに, 飾り気なく.
Lis·bo·a [リスボア] 固〈都市の名〉(ポルトガルの首都の)リスボン.
lis·bo·e·ta [リスボエタ] 形〈男女同形〉《= lisbonense》リスボン Lisboa の.
— 男 女 リスボン子.
li·sia·do, da [リシアド, ダ]《過去分詞》→ lisiar 傷つける.
— 形 体に障害のある.
— 男 女 身体障害者.
li·siar [リシアル] 他《活 17 cambiar》(人)を傷つける, 不具にする.
— lisiarse 再 不具になる.
li·so, sa [リソ, サ] 形 1 なめらかな, 平らな. 2 飾り気のない, シンプルな, 単色の. 3 (髪が)ちぢれていない, 直毛の.
liso y llano 平易な, ありのままの.
li·son·ja [リソンハ] 女 へつらい, へつらい.
li·son·je·ar [リソンヘアル] 他 …にへつらう, おもねる.
li·son·je·ro, ra [リソンヘロ, ラ] 形 1 満足させる, 喜ばせる. 2 へつらいの, おもねる.
— 男 女〈人〉おべっか使い.
lis·ta¹ [リスタ] 女 1 目録, リスト, 一覧表. 2 (布地などの)縞(しま), 縞模様, ストライプ. 3 (布や紙の)細片, テープ. 4〈料理〉メニュー[= lista de comidas].
lista civil (国家予算のなかの)王室費.
lista de boda (結婚祝いの)希望贈り物リスト.
lista de correos 局留め郵便.
lista grande (宝くじの)当選番号表.
lista negra ブラックリスト.
pasar lista a… …の出欠をとる.
lis·ta·do, da [リスタド, ダ] 形 縞(しま)のある, 縞模様の.
lis·tín [リスティン] 男 1 簡単なリスト. 2 電話番号簿.
lis·to, ta² [リスト, -] 形 1 かしこい, 利口な, 利発な/ser *listo* かしこい. 2 用意のできた/estar *listo* 支度ができている. 3 器用な, 機敏な/ser *listo para…* …に巧みである.

lis·tón

echar·se·las de listo 知ったか振りをする.
¡Estamos listos! これは困った！
estar [ir] listo si... もし…なら大間違いだ.
pasar·se de listo 知ったか振りをして失敗する.

lis·tón [リストン] 男 1 (建具などの装飾の)割(ぐ)り形. 2 細長い板. 3 〈スポーツ〉(高飛びなどの)バー.
poner el listón muy alto 能力以上のものを要求する.

li·su·ra [リスラ] 女 1 なめらかさ. 2 率直さ.

li·te·ra [リテラ] 女 1 二段ベッド. 2 (寝台車などの簡易)寝台. 3 (昔の箱型の)輿(こし).

li·te·ral [リテラル] 形 文字どおりの, 逐語(ちくご)的な.

li·te·ral·men·te [リテラるメンテ] 副 文字どおりに, 逐語(ちくご)訳で.

li·te·ra·rio, ria [リテラリオ, リア] 形 文学の, 文学的な.

li·te·ra·to, ta [リテラト, タ] 男女 作家, 文学者.

li·te·ra·tu·ra [リテラトゥラ] 女 1 文学. 2 (集合的に)文学作品. 3 文学研究. 4 (集合的に)文献.
hacer literatura 空論を並べたてる.

li·ti·gan·te [リティガンテ] 形 〈法律〉係争中の.

li·ti·gar [リティガル] 自 〈活 47 llegar〉 1 〈法律〉(+contra...) …に対して訴訟を起こす. 2 (+sobre...) …について論争する.

li·ti·gio [リティヒオ] 男 1 〈法律〉訴訟. 2 論争, あらそい.

li·to·gra·fí·a [リトグラふぃア] 女 1 石版印刷. 2 リトグラフ, 石版画. 3 石版印刷工場.

li·to·grá·fi·co, ca [リトグラふぃコ, カ] 形 石版印刷の, リトグラフの.

li·to·ral [リトラル] 形 沿岸の, 沿海の.
— 男 沿岸地方.

li·tos·fe·ra [リトスふェラ] 女 〈地質学〉岩石圏.

li·to·te [リトテ] 男 〈修辞学〉緩叙法.

li·tro [リトロ] 男 〈容積単位〉リットル.

li·tua·no, na [リトゥアノ, ナ] 形 (北欧の国の)リトアニア Lituania の.
— 男女 リトアニア人.

li·tur·gia [リトゥルヒア] 女 〈宗教〉典礼, 礼拝式.

li·túr·gi·co, ca [リトゥルヒコ, カ] 形 典礼の, 礼拝の.

li·via·na·men·te [リビアナメンテ] 副 軽々しく, 気まぐれに.

li·vian·dad [リビアンダッ] 女 1 軽いこと, 軽さ. 2 気まぐれ, 移り気. 3 軽薄さ. 4 浅薄な言葉, 浅はかな行為.

li·via·no, na [リビアノ, ナ] 形 1 軽い, ささいな. 2 気まぐれな. 3 軽薄な.

li·vi·dez [リビデす] 女 1 (顔色の)蒼白(そうはく), 真

lí·vi·do, da [リビド, ダ] 形 (顔色が)蒼白(そうはく)な, 真っ青な.

li·za [リさ] 女 1 〈騎士の〉闘技場. 2 対決, 闘争.

ll [エじェ] 《ひとつの子音を表わす複文字》エジェ.

lla·ga [じゃガ] 女 1 傷, 潰瘍(かいよう). 2 痛手, 苦悩. 3 〈聖人の体にできる〉聖痕.
poner el dedo en la llaga 要点をつく.

lla·gar [じゃガル] 他 〈活 47 llegar〉 …を傷つける, …に潰瘍(かいよう)を起こさせる.

lla·ma [じゃマ] 女 1 炎, 火炎. 2 (情熱の)炎. 3 〈動物〉(アンデスの)リャマ, ラマ.
llama auxiliar (点火用の)補助バーナー.
en llamas 炎を燃やして.

lla·ma·da¹ [じゃマダ] 女 1 呼びかけ, 呼び声. 2 〈電話〉呼び出し, 通話. 3 (文章で使う * などの)参照記号. 4 魅力. 5 〈軍隊〉集合ラッパ. 6 (訪問者の)ノック, ベル.
hacer una llamada a... …に電話をかける.
llamada a cobro revertido (電話の)コレクトコール.
llamada internacional 国際電話.

lla·ma·do¹ [じゃマド] 男 1 呼ぶこと, 呼び声. 2 (電話の)呼び出し.

lla·ma·do, da² 《過去分詞》→ llamar 呼ぶ.
— 形 (+...) …と呼ばれる, いわゆる….

lla·ma·dor [じゃマドル] 男 1 (ドアの)ノッカー. (ベルの)押しボタン.

lla·ma·mien·to [じゃマミエント] 男 1 召集. 2 呼びかけ. 3 訴え.

lla·mar [じゃマル] 他 1 …を呼ぶ, …に声をかける.
2 …に電話をかける.
3 …を呼び寄せる, 召集する.
4 …を〜と呼ぶ, 〜と名づける／*La llaman Santa.* 彼女はサンタと呼ばれている.
5 (関心などを)引きつける, (人を)魅了する／*llamar la atención a...* …の注意を引く.
— 自 1 (ノックや呼び鈴で)訪問を知らせる／*llamar a la puerta* (入り口で誰かが)呼ぶ.
2 電話をかける.
— **llamar·se** 再 …という名前である／*¿Cómo te llamas?—Me llamo Elena.* 「君は何という名前？」「エレナよ」
llamar a... de tú …に親しく接する.
llamar a... de usted …に他人行儀で接する.
lo que se llama... いわゆる…, …といわれるもの.
¿Quién llama? (電話などで)どちらさまですか？

lla·ma·ra·da [じゃマラダ] 女 1 (ぱっと上がってすぐ消える)瞬間の炎, 火柱. 2 赤面. 3 (感情の)ほとばしり, 噴出.

lla·ma·ti·vo, va [じゃマティボ, バ] 形 派手な, 人目を引く, どぎつい.

lla·me·an·te [じゃメアンテ] 形 1 火炎を上げて

活 は活用形　複 は複数形　男 は男性名詞　女 は女性名詞　固 は固有名詞　代 は代名詞　自 は自動詞

燃える. 2 燃えるような.
lla·me·ar [ジャメアル] 自 火炎を上げる, 燃えさかる.
lla·na[1] [ジャナ] 女《→ llano[2]》(左官の)てこ.
 dar de llana (壁などを)てこで平らにする.
lla·na·men·te [ジャナメンテ] 副 気さくに, 気取らず, 平易に.
lla·ne·ar [ジャネアル] 自 平地を歩く, 平地を走る.
lla·ne·ro, ra [ジャネロ, ラ] 男女 平原の住人.
lla·ne·za [ジャネさ] 女 1 気さくさ, 純朴(じゅんぼく)さ. 2 (様式の)素朴さ, 平易さ.
lla·no[1] [ジャノ] 男 平原, 平野.
lla·no[2], **na**[2] 形 1 平らな, 平坦な. 2 (表現の)平易な, 飾り気のない. 3 自然な, 素朴な. 4 一般大衆の, 平民の. 5 わかりやすい, 平明な. 6《文法》最後から2番目の音節にアクセントのある[= grave].
 a la llana 1 わかりやすく. 2 気どらずに.
 de llano あからさまに, 率直に.
Lla·nos [ジャノス] 固《los+》〈地方の名〉(コロンビアとベネズエラの間に広がる平原の)ジャノス.
llan·ta [ジャンタ] 女 1 (車輪の)リム, 輪金. 2 タイヤ.
llan·te·ra [ジャンテラ] 女《= llantina》大泣き, 泣きじゃくり.
llan·to [ジャント] 男 泣くこと, 泣きわめき.
lla·nu·ra [ジャヌラ] 女 1 平地, 平野. 2 平坦さ.
lla·ve [ジャべ] 女 1 鍵(かぎ).
 2〈工具〉スパナ, レンチ.
 3 (電気の)スイッチ, (ガスの)栓, (水道の)蛇口.
 4 (管楽器の)弁, キー.
 5 レスリングなどの)技, 決まり手.
 6《記号》中かっこ(｛｝), 角カッコ(［］).
 7 手がかり, 秘訣(ひけつ), 鍵, キーポイント.
 ama de llaves 家政婦, ハウスキーパー.
 bajo llave しっかり鍵(かぎ)をかけて.
 bajo siete llaves 厳重に保管して.
 cerrar con siete llaves 厳重に保管する.
 echar la llave 鍵をかける.
 llave de contacto (自動車の)イグニッションキー.
 llave de paso (水道などの)コック.
 ...llave en mano 新築の…／*pisos llave en mano* 新築マンション.
 llave falsa 盗作の合い鍵.
 llave inglesa 自在スパナ.
 llave maestra マスターキー.
lla·ve·ro [ジャべロ] 男 キーホルダー.
lla·vín [ジャビン] 男 小さな鍵.
lle·ga·da[1] [ジェガダ] 女 1 到着, 到来. 2〈スポーツ〉(競走の)ゴール.
lle·ga·do, da[2] [ジェガド, ー]《過去分詞》→ llegar 到着する.
 ― 形 到着した, 着いた.
 ― 男女 到着した人.

lle·var

lle·gar [ジェガル] 自《活 47》1 (+a...) …に到着する, 着く.
 2 到来する, やってくる.
 3 (+a...) …に達する, 届く.
 4 十分にある, 足りる.
 5 (+a...) …を手に入れる, 獲得する.
 6 (+a+不定詞) …することになる, うまく…する.
 ― 他 …を(+a...) …に近寄せる, 立てかける.
 ― **llegar·se** 再 1 (+a...) …に立ち寄る, …を訪ねていく.
 2 (+a...) …に近づく.
 ¡Hasta ahí [allí] podríamos [podíamos] llegar! それはやりすぎだ！
 llegar a ser... (職業などで) …になる.
 llegar lejos 成功する, 出世する.
llegu- 活 → llegar 到着する《活 47》.
lle·nar [ジェナル] 他 1 …を(+de...) …で満たす, いっぱいにする. 2 (空間等)を埋める, 占める. 3 …を十分に満足させる. 4 (空欄などに)書きこむ, 記入する. 5 (条件など)を満たす, 満足させる.
 ― 自 (月)が満月になる.
 ― **llenar·se** 再 (+de...) …でいっぱいになる, 満腹になる.
lle·ní·si·mo, ma [ジェニシモ, マ] 形《絶対最上級語》→ lleno[2], na》あふれんばかりの, 超満員の.
lle·no[1] [ジェノ] 男 (観客などの)満員, 満席.
lle·no[2], **na** [ー, ナ] 形 1 (+de...) …でいっぱいの, 満員の. 2 小太りの, ふっくらした. 3 満腹の.
 ― 男 → llenar 満たすこと.
 a manos llenas ふんだんに, おしみなく.
 de lleno 完全に, いっぱいに, もろに.
lle·va·de·ro, ra [ジェバデロ, ラ] 形 1 (事が)耐えられる, 我慢できる. 2 (物が)使用に耐える.
lle·var [ジェバル] 他 1 …を運ぶ, 連れていく.
 2 …を導く, 案内する.
 3 …を身につける, 持ち運ぶ.
 4 …を所有する, 持つ, 含む.
 5 …を手あらく切り取る, 引きちぎる／*La segadora le llevó el brazo.* 彼は刈り取り機に腕を引きちぎられた.
 6 …を我慢する, …に耐える.
 7 …をもたらす, 引き起こす.
 8 (時間)を使う, 過ごす, 暮らす.
 9 (仕事として) …を担当する, 管理する.
 10 (乗り物)を運転する, 操縦する.
 11 (調子など)を保つ.
 12 …を上手に扱う, うまくあしらう.
 13 (料金)を請求する, 取る.
 14 (数量の比較で) (+a...) …より…だけ多い／*Mi padre lleva tres años a mi madre.* 父は母より3歳年上である.
 15 (方針などで) …を進む, 維持する.
 16 (他動詞の過去分詞と共に) …をすでに〜してある／*Llevo contadas 20 mariposas.* もう20種のチョウを集めているよ.

llo·rar

17 (計算で数字を)次の桁に繰り上げる.
— 自 **1** (道などが) (+a...) …に通じる, 至る.
2 (+現在分詞) …し続けている.
— **llevar·se** 再 **1** …を(身につけて)持っていく, 持ち去る.
2 …を連れていく.
3 …を手に入れる, 獲得する.
4 (苦痛などを)受ける, 経験する.
5 流行する, はやっている.
6 (数人が) (+bien) うまくつきあっている.
7 (+bien など) (つつがなく)暮らす.

llevar adelante... …を獲得する, 実現する, 推進する.
llevar las de ganar [perder] 有利な[不利な]状況にある.
llevar·se a matar (数人が)険悪な関係にある.
llevar·se bien [mal] con... …と仲がよい[悪い].
llevar·se por delante... …を引きずる, 轢(ひ)く, 殺す.
no llevar·las todas consigo 疑い[危惧]を持つ.
para llevar 〈料理〉持ち帰り用の.

llo·rar [じょラル] 自 泣く, 涙を流す.
— 他 **1** …を嘆き悲しむ. **2** (逆境などを)泣いて訴える.

llo·re·ra [じょレラ] 女 大泣き, おいおい泣き続けること.
llo·ri·ca [じょリカ] 男女 〈人〉泣き虫.
llo·ri·que·ar [じょリケアル] 自 しくしくと泣く, すすり泣く.
llo·ri·que·o [じょリケオ] 男 すすり泣き.
— 活 → lloriquear しくしくと泣く.
llo·ro [じょロ] 男 **1** 泣くこと, 涙を出すこと. **2** 嘆き. **3** 泣き落とし.
— 活 → llorar 泣く.
llo·rón, ro·na [じょロン, ロナ] 形 **1** 泣くことの. **2** 泣き虫の.
— 男女 〈人〉泣き虫.
sauce llorón 〈植物〉シダレヤナギ.
llo·ro·so, sa [じょロソ, サ] 形 **1** 泣きはらした. **2** 泣きだしそうな. **3** 涙をさそう.
llo·ver [じょベル] 自 《活 50 mover》**1** 《主語なしの 3 人称単数形で使用》雨が降る. **2** 雨のように降る. **3** わんさと集まる.
— **llover·se** 再 (天井などが)雨漏りする.

como llovido 不意に, 出し抜けに.
como quien oye llover 聞き流して, なにも気にとめず.
haber llovido mucho 長い時間がたった.
llover sobre mojado **1** 不運が重なる. **2** 厄介事の繰り返しになる.

llo·viz·na [じょビスナ] 女 小雨, 霧雨.
llo·viz·nar [じょビスナル] 自 《主語なしの 3 人称単数形で使用》霧雨が降る.
llo·viz·no·so, sa [じょビすノソ, サ] 形 霧雨がよく降る.
lluev- 活 → llover 雨が降る《活 50》.
llu·via [じゅビア] 女 **1** 雨. **2** 雨降り. **3** 多量, 大量／*una lluvia de regalos* たくさんの贈り物.
llu·vio·so, sa [じゅビオソ, サ] 形 雨の多い, 多雨の.

lo [ろ] 代 《直接目的語の人称代名詞で, 3 人称男性単数形《アクセントなし》複 los》**1** 彼を, (物の男性単数形の)それを.
2 (話し相手の男性の)あなたを.
3 (間接目的語になって)彼に, それに[→loísmo].
— 代 《直接目的語の人称代名詞で中性形》**1** (前に出たことを指して)それを／*Juan está ahí.* —*¡Ya! No lo sabía.*「ファンはあそこにいるよ」「そう, 知らなかったよ」
2 (前に出た形容詞・形容句を指して, 動詞 ser, estar, parecer などと共に)そう／*Juan parece importante, pero no lo es.* ファンは自分が大物だと思っているが, そうではない.
— 《定冠詞の中性形》**1** (+形容詞) …なこと, …なもの／*lo blanco* 白いこと, 白いもの.
2 (+所有形容詞) …のもの, のこと／*lo suyo* 彼のもの, 彼のこと.
3 (+過去分詞) …したこと, …されたこと／*lo leído* 読まれたこと, 読まれたこと.
4 (+空間的位置を示す形容詞) …のところ／*lo alto de la torre* 塔の高いところ.
5 (+de+名詞) …のこと／*lo de María* マリアのこと.
6 (+比較級語) 一番…のこと[もの], 一層…のこと[もの]／*lo mejor* 一番良いこと, 一層良いこと.

lo+形容詞・副詞+que... どんなに …であるか／*Ya sé lo rápido que corres.* 君がどんなに早く走るか, もう知っているよ.
lo que **1** (後ろの文を指して) …のこと／*No entiendo lo que me dices.* 君の言っていることがわからない.
2 (前の文を指して)そしてそのことは／*El niño cantó bien, lo que le agradó mucho a su madre.* その子は上手に歌ったので, 母親はとても喜んだ.

lo·a [ろア] 女 **1** 賞賛, ほめたたえ. **2** (スペイン古典劇で序幕となる)寸劇. **3** (短い)頌詩(しょう).
lo·a·ble [ろアブレ] 形 賞賛すべき.
lo·ar [ろアル] 他 …を賞賛する.
lo·ba [ろバ] 女 〈→ lobo〉〈動物〉雌オオカミ.
lo·ba·ni·llo [ろバにじょ] 男 **1** 〈医学〉皮脂腺腫(しゅ). **2** (樹皮の)こぶ.
lo·ba·to [ろバト] 男 〈動物〉オオカミの子.
lo·bez·no [ろベすノ] 男 **1** 〈動物〉オオカミの子. **2** (動物)小型のオオカミ.
lo·bo [ろボ] 男 **1** 〈動物〉オオカミ. **2** 〈動物〉キツネ, コヨーテ.

活 は活用形　複 は複数形　男 は男性名詞　女 は女性名詞　固 は固有名詞　代 は代名詞　自 は自動詞

como boca de lobo 真っ暗な.
lobo acuático 〈動物〉カワウソ.
lobo de mar 老練な船乗り[水夫].
lobo marino 〈動物〉アザラシ.
lobos de la misma camada 同じ考えの人たち, 同類.
¡Menos lobos! それは大げさだ！
meter·se en la boca del lobo 進んで危険に身をさらす.
ser un lobo con piel de oveja 偽善者である.
ver las orejas al lobo 危険に気づく.

ló·bre·go, ga [ロブレゴ, ガ] 形 1 暗い, 陰気な. 2 悲しい, みじめな.

lo·bre·guez [ロブレゲす] 女 1 暗さ, 陰気. 2 (森などの) 深い暗闇 (炎).

lo·bu·la·do, da [ロブらド, ダ] 形 1 小葉の形の. 2 小葉に分かれた.

ló·bu·lo [ロブろ] 男 1〈植物〉(葉の切れこみでできた) 小葉. 2〈解剖学〉葉(よう)／*lóbulo del hígado* 肝葉, *lóbulo de la oreja* 耳たぶ.

lo·bu·no, na [ロブノ, ナ] 形 〈動物〉オオカミの, オオカミのような.

lo·ca[1] [ロカ] 女 《→ loco》〈男性〉女性になりきったホモ.

lo·cal [ロカる] 形 1 その土地の, 地元の, 地方の. 2 局地的な, 局部の.
— 男 (建物のなかで店舗などに使われる) 場所, 部屋.

lo·ca·li·dad [ロカリダす] 女 1 町, 村. 2 座席, 観客席. 3 座席券, 入場券.

lo·ca·lis·mo [ロカリスモ] 男 1 郷土愛. 2 (言葉の) 地方色, なまり.

lo·ca·lis·ta [ロカリスタ] 形《男女同形》1 (言葉の) 地方のなまりのある. 2 (芸術表現で) 郷土色好みの. 3 郷土愛的な.
— 男 女 郷土色愛好者, 地方主義者.

lo·ca·li·za·ción [ロカりさシオン] 女 1 場所の特定, 所在の確認. 2 局地化, 局部化.

lo·ca·li·zar [ロカリさル] 他《活 39 gozar》1 …の所在を特定する, 位置を確認する. 2 …を (+a, en…) …に局地化する, 局限する.
— localizar·se 再 (+en…) …に位置する.

lo·ca·men·te [ロカメンテ] 副 狂ったように, むやみやたらに.

lo·ca·tis [ロカティス] 形《単複同形》気のふれた, 分別のない.
— 男 女 気のふれた人.

lo·ca·ti·vo [ロカティボ] 形 〈文法〉所格, 位置格.

lo·ción [ロシオン] 女 1 化粧水, ローション. 2 (患部の) 洗浄, マッサージ.

lo·co, ca[2] [ロコ, —] 形 1 気が狂った, 頭のおかしい. 2 分別のない, 軽率な. 3 とても大きな, 並はずれた. 4 せわしない, 多忙な. 5 (機械などの) うまく動かない. 6 (+de…) …で狂ったように興奮した／*estar loco de contento* 大満足している. 7 (+con, por…) …に夢中になった.
— 男 狂人.
a lo loco 1 狂ったように. 2 思いつきで.
a tontas y a loncas でたらめに.
hacer el loco ばか騒ぎをして楽しむ.
hacer·se el loco とぼける.
ni loco 決して (…ない).
¡No seas loco! ばかなこと言うな!
volver loco a… 1 …を困らせる. 2 …を狂喜させる.
volver·se loco 気が狂う.

lo·co·mo·ción [ロコモシオン] 女 1 移動, 輸送. 2〈生物学〉移動能力.

lo·co·mo·tor, to·ra[1] [ロコモトル, トラ] 形 移動の, 運動の.

lo·co·mo·to·ra[2] 女 〈鉄道〉機関車.

lo·co·mo·triz [ロコモトリす] 形《女性形》《複 locomotrices》移動の, 運動の.

lo·co·mó·vil [ロコモビる] 形 移動式の.
— 男 移動式蒸気機関車.

lo·cua·ci·dad [ロクアシダす] 女 おしゃべり, 多弁.

lo·cuaz [ロクアす] 形《複 locuaces》よくしゃべる, 多弁な.

lo·cu·ción [ロクシオン] 女 〈文法〉熟語, 成句, 慣用句.

lo·cu·ra [ロクラ] 女 1 狂気, 精神錯乱. 2 狂気の言動. 3 夢中, 熱狂.
con locura 狂ったように, 猛烈に.
de locura 異常な, 並はずれた.
gastar una locura 大金を使う.

lo·cu·tor, to·ra [ロクトル, トラ] 男 女 アナウンサー, ニュースキャスター.

lo·cu·to·rio [ロクトリオ] 男 1 (刑務所の) 面会室. 2 電話ボックス. 3 (ラジオの) 放送スタジオ.

lo·da·zal [ロダさる] 男《= lodazar》泥だらけの土地.

lo·do [ロド] 男 1 泥, ぬかるみ. 2 悪評, 不名誉.
cubrir… de lodo …に泥をぬる.

lo·ga·rit·mo [ロガリトモ] 男 〈数学〉対数.

lo·gia [ロヒア] 女 〈フリーメーソン〉1 集会. 2 集会所.

ló·gi·ca[1] [ロヒカ] 女《→ lógico》1 論理学. 2 道理, 論理性, 常識.

ló·gi·ca·men·te [ロヒカメンテ] 副 必然的に, 当然.

ló·gi·co, ca[2] [ロヒコ, —] 形 1 論理的な, 当然の. 2 論理学の.
— 男 女 論理学者.

lo·gís·ti·ca[1] [ロヒスティカ] 女 1〈軍事〉(物資の補給などに関する) 兵站 (へいたん) 学. 2 記号論理学.

lo·gís·ti·co, ca[2] [ロヒスティコ, —] 形 1〈軍事〉兵站 (へいたん) 学の. 2 記号論理学の.

lo·go·ti·po [ロゴティポ] 男 (商標などの) ロゴ, ロ

ゴタイプ.

lo·gra·do, da [ログラド, ダ]《過去分詞》→ lograr 獲得する.
— 形 よくできた, 成功した.

lo·grar [ログラル] 他 1 …を獲得する, 手に入れる. 2 …を達成する, なしとげる. 3 (+不定詞 [que+接続法]) …なんとか…する.
— lograrse 再 うまくいく, 完成する.

lo·gre·ro, ra [ログレロ, ラ] 男女〈人〉高利貸し.

lo·gro [ログロ] 男 1 達成, 獲得. 2 成功, 完成.

lo·gro·ñés, ñe·sa [ログロニェス, ニェサ] 形 (都市名) Logroño の.
— 男女 ログロニョの人.

Lo·gro·ño [ログロニョ] 固〈都市の名〉(スペイン中北部の) ログロニョ.

lo·ís·mo [ロイスモ] 男〈文法〉(男性名詞の代名詞間接目的語として le, les のかわりに lo, los を使う) ロ代用法, ロイスモ.

Lo·la [ロラ] 固〈女性の名〉(Dolores の愛称の) ロラ.

Lo·li·ta [ロリタ] 固〈女性の名〉(Lola の愛称の) ロリタ.

lo·ma [ロマ] 女 小山, 丘.

lom·bar·da [ロンバルダ] 女 1〈植物〉赤キャベツ. 2〈武器〉(昔の)石弓.

lom·briz [ロンブリす] 女《複 lombrices》1〈動物〉ミミズ. 2 (寄生虫の) 回虫.
lombriz intestinal 回虫.
lombriz solitaria サナダムシ.

lo·mo [ロモ] 男 1 (四つ足動物の) 背. 2 (豚などの) 背肉, ロース. 3 〈人の〉腰. 4 (本の) 背. 5 (刃物の) 峰(ね).
a lomos de... …の背に乗って, …に積んで.
de tomo y lomo とてつもない, 巨大な.
doblar el lomo 1 懸命に働く. 2 屈服する.
pasar la mano a... por el lomo …をおだてる.
sacudir el lomo a... …をぶったたく.

lo·na [ロナ] 女 1 テント, シート, カンバス. 2 (ボクシングなどの)マット.

lon·cha [ロンチャ] 女 (ハムなどの)薄切り, スライス.

lon·che [ロンチェ] 男 昼食, 軽食.

lon·che·rí·a [ロンチェリア] 女 軽食堂.

lon·di·nen·se [ロンディネンセ] 形 ロンドンの.
— 男女 ロンドンの人.

Lon·dres [ロンドレス] 固〈都市の名〉(イギリスの首都の) ロンドン.

lon·ga·ni·za [ロンガニさ] 女 (一種の細長い) ソーセージ.

lon·ge·vi·dad [ロンヘビダッ] 女 長生き, 長寿.

lon·ge·vo, va [ロンヘボ, バ] 形 長寿の, 長命な.

lon·gi·tud [ロンヒトゥッ] 女 1 (横に対する) 縦. 2〈地理〉経線, 経度. 3 (距離の) 長さ/ *longitud* de onda 波長.

lon·gi·tu·di·nal [ロンヒトゥディナル] 形 1 縦の. 2 経線の.

lon·ja [ロンハ] 女 1 (ハムなどの)薄切り, スライス. 2 (穀物などの) 商品取引所.

lon·ta·nan·za [ロンタナンさ] 女 (絵画の) 遠景, 背景.

lo·or [ロオル] 男 1 賞賛, 称揚. 2 賛辞.

lo·que·ro, ra [ロケロ, ラ] 男女 (精神病院の) 看護人, 看護婦.

lord [ロル] 男《複 lores》(イギリスの敬称の) 卿(きょう).

Lo·ren·zo [ロレンそ] 固〈男性の名〉ロレンソ.

lo·res [ロレス] 男複《→ lord》(イギリスの) 貴族.

lo·ri·ga [ロリガ] 女〈武具〉(鋼鉄片でできた昔の) よろい.

lo·ro[1] [ロロ] 男 1〈鳥〉オウム, インコ. 2 醜い人. 3〈人〉おしゃべり. 4 ラジオ, ラジカセ.
al loro (話し相手の注意を引く表現で) ねえねえ, あのね.
estar al loro de... …を知っている.

lo·ro[2], **ra** [—, ラ] 形 こげ茶色の, 黒ずんだ.

los [ロス] 代《直接目的語の人称代名詞, 3人称男性複数形》《アクセントなし》1 彼らを, (物の男性複数形の) それらを.
2 (2番目の複数の話し相手の) あなたがたを.
3 (間接目的語になって) 彼らに, それらに [→ loísmo].
—《定冠詞, 男性複数形》[→ el]. 1 (+姓) …さん一家/ *los* Fernández フェルナンデス一家. 2 (+敬語+姓) …さん夫妻/ *los* Sres. Fernández フェルナンデス夫妻.

lo·sa [ロサ] 女 1 板石, 平石. 2 苦痛の種(たね).

lo·se·ta [ロセタ] 女 1 小型の敷石. 2 床用タイル.

lo·te [ロテ] 男 1 (商品などの) ひと山, ひと組, ロット. 2 (分割したものの) 一部分, 一区画.
darse [pegarse] el lote (恋人たちが) 抱きしめあう.

lo·te·rí·a [ロテリア] 女 1 宝くじ, 富くじ. 2 (宝くじなどの) 券, 札. 3 (行為の) 運まかせ.
caer [tocar] a... la lotería 1 …に宝くじが当たる. 2 …が好運に恵まれる.
lotería primitiva (国営の) 富くじ.

lo·te·ro, ra [ロテロ, ラ] 男女〈人〉(売店の) 宝くじ売り.

lo·to [ロト] 男〈植物〉スイレン.

lo·za [ロさ] 女 1 陶土. 2 陶磁器.

lo·se·ta [ロセタ] (本来は lozanía) 女 1 活力, 生気. 2〈植物〉の繁茂.

lo·za·no, na [ロさノ, ナ] 形 1 活力のある, 生気に満ちた. 2〈植物〉青々と茂った.

Ltda. [リミタダ]《略語》limitada 有限責任の.

lu·bi·na [ルビナ] 女〈魚〉スズキ.

lu·bri·ca·ción [るブリカしオン] 女 (モーターなど

lu·bri·can·te [るブリカンテ] 形 なめらかにする.
— 男 潤滑油, 潤滑剤.
lu·bri·car [るブリカル] 他《活 73 sacar》1 …をすべりやすくする. 2《機械》に注油する.
lú·bri·co, ca [るブリコ, カ] 形 1 みだらな, 扇情的な. 2 すべりやすい.
Lu·cas [るカス] 固《男性の名》ルカス.
lu·cen·se [るセンセ] 形《都市の》ルゴ Lugo の.
— 男女 ルゴの人.
lu·cer·na [るセルナ] 女 1（高い所にある）明かり取り, 天窓. 2 シャンデリア.
lu·ce·ro [るセロ] 男 1 明星, 金星. 2 目, ひとみ. 3（動物の）額(ひたい)の星印.
lucero del alba [de la mañana] 明けの明星.
lucero de la tarde 宵(よい)の明星.
lu·ces [るセス] 女複《→ luz》知性, 明晰(めいせき).
lu·cha [るチャ] 女 1 戦い, 闘争. 2（思想などの）対決, 論争.
lucha grecorromana 〈レスリング〉グレコローマン.
lucha libre 〈レスリング〉フリースタイル, プロレス.
lu·cha·dor, do·ra [るチャドル, ドラ] 男女〈スポーツ〉格闘技の選手, レスラー.
lu·char [るチャル] 自 1 (+con, contra...) …と(+por...) …のために戦う, 争う. 2 (+por+不定詞[para]...) …のために努力する.
Lu·cí·a [るシア] 固《女性の名》ルシア.
lu·ci·dez [るシデス] 女 明晰(めいせき).
lu·ci·do, da [るシド, ダ]《過去分詞》→ lucir おだやかに光る.
— 男 1 おだやかな光. 2 明快さ.
lu·cien·te [るシエンテ] 形 おだやかに光る, 光を放つ.
lu·ciér·na·ga [るシエルナガ] 女〈昆虫〉ホタル.
lu·ci·fer [るシふェル] 男 1 明けの明星. 2 悪魔, 悪人.
lu·cí·fe·ro¹ [るシふェロ] 男 明けの明星.
lu·cí·fe·ro², ra [—, ラ] 形 光を放つ.
lu·cio [るシオ] 男〈魚〉カワカマス.
lu·cir [るシル] 自 1 おだやかに光る, 光を放つ. 3（努力などが）相応の結果を出す, むくわれる. 4（優秀さで）目立つ, 抜きんでている.
— 他 1 …を目立たせる, 誇示する. 2（壁などを）白く塗る.
— **lu·cir·se** 再 1 着飾る. 2 抜きんでる, 優秀さが目立つ.
lu·crar·se [るクラルセ] 再 (+con, por...) …で利益を得る, 得(とく)する.
lu·cra·ti·vo, va [るクラティボ, バ] 形 もうけのある, 利益が多い.
lu·cro [るクロ] 男 もうけ, 利得.
luc·tuo·so, sa [るクトゥオソ, サ] 形 痛ましい, 悲惨な.
lu·cu·bra·ción [るクブラシオン] 女 1 研鑽(けん). 2 労作.
lu·cu·brar [るクブラル] 自 夜を徹して研究する.
lu·di·brio [るディブリオ] 男 あざけり, 嘲笑(ちょうしょう).
lú·di·co, ca [るディコ, カ] 形《= lúdrico, ca》1 遊びの. 2 暇な.
lue·go [るエゴ] 副 1 あとで, のちに, つぎに. 2 すぐに, 急いで.
— 接《アクセントなし》それゆえ, だから.
de luego a luego 大急ぎで.
desde luego 1 もちろん. 2 すぐに.
Hasta luego.（挨拶で）またあとで.
luego de+不定詞 …してから.
luego luego すぐに.
luego que …するとすぐに.
luen·go, ga [るエンゴ, ガ] 形 長い.
lu·gar [るガル] 男 1（占めるべき）場所, ところ, 座席. 2（占めている）場所, 位置. 3 村, 小さな町. 4 よい機会, 時機. 5 順位, 地位.
dar lugar a... …を引き起こす, …に口実を与える.
dejar a... en mal lugar …の顔をつぶす, 信用を落とす.
en lugar de... 1 …の代わりに. 2 …の立場なら.
en primer lugar まず第一に.
en último lugar 最後に.
estar fuera de lugar 不適切である, 場違いである.
hacer lugar 場所を空ける.
lugar común 決まり文句, 陳腐な表現.
No ha lugar.《法律》却下（された）.
no haber lugar a [para]... …の余地はない.
poner las cosas en su lugar 事態を収拾する.
sin lugar a dudas 明白に.
tener lugar 起こる, 開催される.
lu·ga·re·ño, ña [るガレニョ, ニャ] 形 村の, 田舎(いなか)の.
lu·gar·te·nien·te [るガルテニエンテ] 男女 職務代行者, 代理人.
Lu·go [るゴ] 固《県・都市の名》（スペイン北西部の）ルゴ.
lú·gu·bre [るグブレ] 形 1 悲痛な, 陰うつな. 2 葬儀の.
Luis [るイス] 固《男性の名》ルイス.
Lui·sa [るイサ] 固《女性の名》ルイサ.
lui·sa [るイサ] 女 コウスイボク.
lu·jo [るホ] 男 1 ぜいたく, 奢侈(しゃし). 2 ぜいたく品. 3 余裕. 4 豊富, 多量.
con todo lujo de... …をこと細かに.
darse el lujo de... …というぜいたくをする.
de lujo デラックスな, 豪華な.
un lujo asiático ぜいたくな, 身の程知らず.
lu·jo·so, sa [るホソ, サ] 形 ぜいたくな, 豪華な.
lu·ju·ria [るフリア] 女 好色, 淫乱(いんらん).

lu·ju·rian·te [るフリアンテ] 形 1 淫乱(いらん)な. 2 (植物が)青々と繁った.

lu·ju·rio·so, sa [るフリオソ, サ] 形 淫乱(いらん)な, 好色な.
— 男女 好色家.

lum·ba·go [るンバゴ] 男〈病気〉腰痛.

lum·bar [るンバル] 形 腰の, 腰部の.

lum·bre [るンブレ] 女 1 (暖炉やたばこの)火. 2 焚き付け.

lum·bre·ra [るンブレラ] 女 (知識や知恵で)光っている人, 第一人者.

lu·mi·na·ria [るミナリア] 女 1 (街路などの)イルミネーション. 2 (教会の)灯明.

lu·mi·nis·cen·cia [るミニスセンレア] 女 冷光.

lu·mi·nis·cen·te [るミニスセンテ] 形 冷光の.

lu·mi·no·si·dad [るミノシダス] 女 1 光輝度, 光度.

lu·mi·no·so, sa [るミノソ, サ] 形 1 発光する, 光る. 2 採光のよい. 3 明解な, 卓抜な. 4 快活な, 生き生きした.

lu·mi·no·tec·nia [るミノテクニア] 女 照明技術, 照明工学.

lu·na [るナ] 女 1〈天体〉月. 2 月光, 月明かり. 3 (陰暦のひと月である)太陰月. 4 (ガラスの部分の)鏡. 5 (ショーウィンドーなどの)ガラス. 6 (色々な惑星の)衛星.
a la luna de Valencia 望みがかなわずに.
estar en la luna ぼんやりしている.
ladrar a la Luna 無駄にわめく.
luna creciente 上弦の月.
luna de miel 1 新婚時代. 2 新婚旅行.
luna llena 満月.
luna menguante 下弦の月.
luna nueva 新月.
media luna 1 三日月形, 半月形. 2 (イスラム(圏)の象徴の)半月.
pedir la Luna かなえられないことを望む.
vivir en la luna ぼんやりしている.

lu·na·ción [るナレオン] 女 (陰暦のひと月の)太陰月.

lu·nar [るナル] 形〈天体〉月の, 太陰の.
— 男 1 ほくろ. 2 水玉(模様).

lu·ná·ti·co, ca [るナティコ, カ] 形 1 発作的に気が変になる, 精神異常の. 2 ばかげた.
— 男女 精神異常者.

lunch [るンチ] 男 軽食, 昼食.

lu·nes [るネス] 男〈単複同形〉月曜日.
cada lunes y cada martes 月々に, 頻繁に.

lu·ne·ta [るネタ] 女〈自動車〉リアウインドー.
luneta térmica 〈自動車〉(熱線入りリアウインドーの)デフロスター, デフォッガー.

lun·far·do [るンふぁルド] 男〈言語学〉(ブエノスアイレスの隠語である)ルンファルド.

lu·pa [るパ] 女 拡大鏡, 虫めがね, ルーペ.
con lupa 慎重に, 細かく.

lu·pa·nar [るパナル] 男 売春宿.

Lu·pe [るペ] 固〈女性の名〉(Guadalupe の愛称の)ルペ.

lú·pu·lo [るプロ] 男〈植物〉ホップ.

Lu·si·ta·nia [るシタニア] 固〈州の名〉(ローマ時代のスペイン南西部の)ルシタニア.

lu·si·ta·nis·mo [るシタニスモ] 男〈言語学〉(スペイン語のなかの)ポルトガル語系要素.

lu·si·ta·no, na [るシタノ, ナ] 形 1 (ローマ時代の)ルシタニアの. 2 ポルトガルの.
— 男女 1 ルシタニア人. 2 ポルトガル人.

lu·so, sa [るソ, サ] 形 ポルトガルの.
— 男女 ポルトガル人.

lus·tra·bo·tas [るストラボタス] 男女〈単複同形〉〈人〉靴磨き.

lus·trar [るストラル] 他 (靴などを)磨く.

lus·tre [るストレ] 男 1 光沢, つや. 2 光輝, 光彩. 3 名声, 栄光.
— 活 → lustrar 磨く.

lus·tro [るストロ] 男 5年, 5年間.
— 活 → lustrar 磨く.

lus·tro·so, sa [るストロソ, サ] 形 1 光沢のある, つやのある. 2 血色のいい.

lu·te·ra·nis·mo [るテラニスモ] 男〈宗教〉ルタ ー Lutero 主義.

lu·te·ra·no, na [るテラノ, ナ] 形〈宗教〉ルタ ー Lutero 派の.
— 男女〈宗教〉ルター主義者.

lu·to [るト] 男 1 喪(も), 服喪. 2 喪章, 喪服. 3 喪中. 4 哀悼(あいとう).

lux [るクス] 男〈複 luxes〉〈照度の単位〉ルックス.

lu·xa·ción [るクサレオン] 女〈医学〉脱臼(だっきゅう).

luz [るす] 女〈複 luces〉1 光, 光線, 日光. 2 明かり, 灯火. 3 電灯, ライト, 照明. 4 電気, 電気代. 5 模範, 手本. 6 解明, ヒント. 7〈建物〉明かり採り, 天窓. 8 (窓などの)内径.
a la luz de... …に照らして, …を考慮して.
a la luz del día 白日のもとに, 堂々と.
a media luz 薄明かりで.
a toda luz [todas luces] あきらかに.
dar a luz 出産する.
luz cenital 採光された明かり.
luz corta [de cruce] 〈自動車〉ロービーム.
luz de carretera [larga] 〈自動車〉ハイビーム.
luz de posición 〈自動車〉サイドマーカー.
luz natural 自然光, 日光.
luz roja 赤信号, 危険信号.
luz verde 青信号, ゴーサイン.
sacar a la luz 公表する, 公にする.
salir a luz 公になる, 公表される.
ver la luz 生まれる.

Luz [るす] 固〈女性の名〉ルス.

luzc- → lucir おだやかに光る《活 48》.

活 は活用形 複 は複数形 男 は男性名詞 女 は女性名詞 固 は固有名詞 代 は代名詞 自 は自動詞

M m

M 《ローマ数字》1000 ／ MCMXCIX 1999.

M, m [エメ] 囡《アルファベットの第13番の文字》エメ.

m. 《略語》**1** metro メートル. **2**〈文法〉masculino 男性. **3**〈時間〉minuto 分.

M.ª [マリア] 《略語》María (女性の名の)マリア.

ma·ca [マカ] 囡 **1** (果物などの)いたみ. **2** 傷, 汚れ, しみ.

ma·ca·bro, bra [マカブロ, ブラ] 厖 死にまつわる, 不気味な／*danza macabra* 死神の舞踏.

ma·ca·co, ca [マカコ, カ] 囲囡 **1**〈サル〉マカク. **2**〈大人〉ちび, 弱虫. **3**〈子供〉坊や, おちびちゃん.

ma·ca·dán [マカダン] 囲 (砕石舗装の)マカダム道路.

ma·ca·na [マカナ] 囡 **1** 棍棒(訟). **2** 冗談, でたらめ. **3** (傷物商品の)売れ残り.

ma·ca·nu·do, da [マカヌド, ダ] 厖 驚くほどよい, すばらしい.

ma·ca·rra [マカラ] 厖《男女同形》**1** 俗っぽい, 悪趣味の. **2** 生意気な.
— 囲囡 趣味の悪い人.
— 囲 (春婦にたかる)ぽん引き.

ma·ca·rro·nes [マカロネス] 囲褄《単数形は macarrón》**1** マカロニ. **2** (電線などの)プラスチック外装.

ma·ca·rró·ni·co, ca [マカロ'ニコ, カ] 厖〈言語〉不正確な.

ma·car·se [マカルセ] 国《活 73 sacar》(果物が傷で)いたみだす.

ma·ce·do·nia¹ [マセドニア] 囡 (デザートの)フルーツサラダ.

ma·ce·do·nio, nia² [マセドニオ, —] 厖 (古代の王国の)マケドニア Macedonia の.
— 囲囡 マケドニア人.

ma·ce·ra·ción [マセラシオン] 囡 (たたいたり液体に浸して)柔らかくすること.

ma·ce·rar [マセラル] 囮 …を(たたいたり液体に浸して)柔らかくする.

ma·ce·ta [マセタ] 囡 植木鉢.

ma·ce·te·ro [マセテロ] 囲 **1** (植木鉢を入れる)飾り容器. **2** 植木鉢.

ma·cha·can·te [マチャカンテ] 囲 5 ペセタ硬貨.

ma·cha·car [マチャカル] 囮《活 73 sacar》**1** …をたたきつぶす, くだく. **2** …を粉砕する, 打ち負かす. **3** …を根気よく勉強する. **4** (特定の話題など)にこだわる. **5** …をへとへとに疲れさせる.
— 国 **1** 根気よく勉強する. **2** しつこくこだわる.

ma·cha·cón, co·na [マチャコン, コナ] 厖〈人〉しつこい, くどい.

ma·cha·co·ne·rí·a [マチャコネリア] 囡〈人〉しつこさ, くどさ.

ma·cha·da [マチャダ] 囡 快挙, 勇敢な行為.

ma·cha·mar·ti·llo [マチャマルティジョ] 《つぎの副詞句の一部》
a machamartillo しっかりと, がっちりと.

machaqu- 圃 → machacar たたきつぶす《活 73》.

ma·cha·que [マチャケ] 囲《= machaqueo》**1** たたきつぶすこと. **2** (話題などへの)こだわり. **3** 粉砕, 打ちのめし. **4** 疲労こんぱい.

ma·che·ta·zo [マチェタソ] 囲 マチェテ machete での切りつけ.

ma·che·te [マチェテ] 囲 **1** (片刃で幅広の山刀の)マチェテ. **2**〈武器〉小刀, 脇差.

ma·chi·hem·brar [マチエンブラル] 囮〈木工〉…をさねはぎ継ぎにする.

ma·chis·mo [マチスモ] 囲 男性優位主義, マチスモ.

ma·chis·ta [マチスタ] 厖《男女同形》マチスモの, 男尊女卑の.
— 囲 男性優位主義者.

ma·cho [マチョ] 厖《男女同形》**1** 男らしい, 男性的な. **2** 雄の.
— 囲 **1**〈動物〉雄(‡). **2** 雄花, 雄株. **3** (はめ込み装置の)凸型部. **4** 雄ねじ. **5** プラグ, 差し込み.
apretarse [*atarse*] *los machos* (難局に直面して)覚悟を決める.
macho cabrío 雄ヤギ, 好色な男.
parar los machos a〈+人〉…を押さえつける.

ma·chón [マチョン] 囲〈建築〉控え柱.

ma·cho·ta¹ [マチョタ] 囡 **1** 男まさりの女. **2** 男装の女.

ma·cho·te, ta² [マチョテ, —] 厖 勇敢な.
— 囲囡 勇敢な人.

ma·chu·car [マチュカル] 囮《活 73 sacar》…をたたきつぶす[= machacar].

Ma·chu Pic·chu [マチュ ピチュ] 個《遺跡の名》(ペルー南部のインカの)マチュ ピチュ.

ma·ci·len·to, ta [マシレント, タ] 厖 やせ細った, やつれた, 青白い.

ma·ci·llo [マシジョ] 囲 (ピアノの)ハンマー.

ma·ci·zo¹ [マシソ] 囲 **1** (岩山の)山塊. **2** (庭園の)植え込み, 茂み. **3** (一区画の)壁面.

ma·ci·zo², za [マシソ, サ] 厖 **1**〈人〉がっちりした, 固太(窈)りの. **2** めっきでない, 中身のつまった／

ma·cra·mé

medalla de plata *maciza* 銀製のメダル. 3 性的魅力のある体形の.
― 男 セックスアピールのある人, グラマーな女性.

ma·cra·mé [マクラメ] 男 〈手芸〉(編み物の)マクラメ.

ma·cro·bió·ti·ca[1] [マクロビオテカ] 女 1 自然食, 長寿食. 2 食事での長寿法.

ma·cro·bió·ti·co, ca[2] [マクロビオティコ, ー] 形 自然食の, 長寿食の.

ma·cro·ce·fa·lo, la [マクロせふぁろ, ら] 形 1 〈医学〉大頭症の. 2 頭の大きい.

ma·cro·cos·mo [マクロコスモ] 男 《= macrocosmos》大宇宙.

ma·cro·e·co·no·mí·a [マクロエコノミア] 女 マクロ経済学.

ma·cros·có·pi·co, ca [マクロスコピコ, カ] 形 肉眼で見える.

má·cu·la [マクら] 女 1 しみ, 斑点(はん). 2 汚れ. 3 (太陽の)黒点.

ma·cu·to [マクト] 男 (兵隊用の)リュック, はいのう.

ma·da·ma [マダマ] 女 1 (売春宿の)おかみ[女将]. 2 (皮肉で)奥様, マダム.

ma·dei·ra [マデイラ] 男 (マデイラ諸島産の)マデイラ・ワイン.

ma·de·ja [マデハ] 女 〈糸〉かせ[枠], かせ糸.
― 男 女 怠け者, ぐうたら.

ma·de·ra [マデラ] 女 1 (樹木の)木質. 2 材木, 木材. 3 〈人〉素質, 才能. 4 (オーケストラの)木管楽器部[= maderas].

de madera 木製の, 木造の.
madera blanca マツ材, モミ材.
madera contrachapada 合板, ベニヤ板.
madera de construcción 建築用材.
madera en rollo 丸太.
tocar madera (迷信で, 災いを避けるために木材に触れるという習慣から出た表現)くわばらをとなえる.

ma·de·ra·ble [マデラブれ] 形 材木として利用できる／*bosque maderable* 用材林.

ma·de·re·ro, ra [マデレロ, ラ] 形 木材の, 製材の.

ma·de·ro [マデロ] 男 1 木材, 建材. 2 (スペインの)警官.

ma·do·na [マドナ] 女 (聖母マリア像の)マドンナ.

ma·dras·tra [マドラストラ] 女 1 まま母, 継母. 2 (我が子を虐待する)無慈悲な母親.

ma·dra·za [マドラさ] 女 (我が子に)やさしい母親.

ma·dre [マドレ] 女 1 母親. 2 原因, 起源. 3 (修道女に対する敬称の)マザー. 4 (誰にもやさしい)おばさん. 5 河床.

casa madre 本部, 本店.
de puta madre 1 いかした, ごきげんな. 2 最高に.
la madre del cordero 本当の理由.
¡La madre que me [te, le...] parió! こん

ちくしょう!
madre de leche 乳母.
¡Madre mía! (驚きなどで)わぁ!, 何てこった!
madre patria 母国, 本国.
madre política 義母.
madre soltera 未婚の母.
¡Mi madre! おやまあ! [=¡Madre mía!].
sacar de madre a... …を怒らせてしまう.
salir·se de madre 限度を越える.

ma·dre·ñas [マドレニャス] 女 複 木靴.

ma·dre·per·la [マドレペルら] 女 真珠貝.

ma·dré·po·ra [マドレポラ] 女 〈動物〉イシサンゴ.

ma·dre·sel·va [マドレセルバ] 女 〈植物〉スイカズラ.

Ma·drid [マドリス] 固 〈都市の名〉(スペインの首都の)マドリード, マドリッド.

ma·dri·gal [マドリがる] 男 1 〈文学〉(抒情短詩の)マドリガル. 2 〈音楽〉(無伴奏で多声歌曲の)マドリガル.

ma·dri·gue·ra [マドリゲラ] 女 1 (小動物の)巣穴. 2 (盗賊などの)巣窟(くっ).

ma·dri·le·ño, ña [マドリれニョ, ニャ] 形 マドリード Madrid の.
― 男 女 マドリードの人.

ma·dri·na [マドリナ] 女 1 〈宗教〉代母, 教母. 2 〈女性〉(結婚式での)新郎の付添人. 3 〈女性〉(行事などの)主役, 後援者.

ma·dro·ño [マドロニョ] 男 〈植物〉ヤマモモ.

ma·dru·ga·da [マドルガダ] 女 1 夜明け, 明け方. 2 (真夜中以降の)深夜.

ma·dru·ga·dor, do·ra [マドルガドル, ドラ] 形 1 (習慣的に)早起きの. 2 開始直後の.
― 男 女 〈人〉早起き.

ma·dru·gar [マドルガル] 自 《活 47 llegar》 1 早起きする. 2 人に先んじる. 3 (サッカーのゴールなど)開始直後に起こる.

ma·dru·gón [マドルゴン] 男 〈行為〉早起き.
dar·se un madrugón とても朝早く起きる.

ma·du·ra·ción [マドゥラしオン] 女 完成, 成熟, 円熟.

ma·du·rar [マドゥラル] 他 1 …を仕上げる, 完成する. 2 (果物)を成熟させる. 3 (計画など)を熟考する.
― 自 成熟する, 円熟する.

ma·du·rez [マドゥレす] 女 1 円熟, 成熟. 2 壮年期, 分別盛り.

ma·du·ro, ra [マドゥロ, ラ] 形 1 (果物が)熟した, うれた. 2 中年の, 壮年の. 3 円熟した, 分別盛りの. 4 (計画などが)熟考された.
― 活 → madurar 仕上げる.

ma·es·tra[1] [マエストラ] 女 《→ maestro[2]》 1 女性教諭, 先生. 2 女学校, 女子校. 3 (教師の)妻.

ma·es·tran·za [マエストランさ] 女 1 兵器工場, 工廠. 2 兵器工場労働者.

ma·es·tre [マエストレ] 男 騎士団長.

maestre de campo (昔の)連隊長.

ma·es·trí·a [マエストリア] 囡 1 巧みさ, 名人芸. 2 (大学院の)修士課程, 修士の称号. 3 (専門職の)技能職, 技能士の資格.

ma·es·tro¹ [マエストロ] 男 1 男性教諭, 先生. 2 (技能職の)親方, 師匠. 3 大芸術家, 巨匠, 名人. 4 ⟨動物⟩ 闘牛士.

ma·es·tro², **tra**² 形 1 主要な, 中心になる／vigas *maestras*(建築構造の)大梁(<small>はり</small>), llave *maestra* マスターキー.
2 すぐれた／*obra maestra* 傑作.
3 訓練された／*perro maestro* 調教ずみの犬.

ma·fia [マふィア] 囡 1 マフィア, 犯罪秘密結社, 暴力団. 2 非合法秘密組織.

ma·fio·so, sa [マふィオソ, サ] 形 1 マフィアの. 2 秘密組織の.
— 男囡 1 (マフィアや暴力団の)団員, 組員. 2 (秘密結社の)社員.

ma·ga·cín [マガシン] 男 ⟨＝magazine⟩ 1 イラスト入り情報誌. 2 (テレビやラジオの)番組案内.

Ma·ga·lla·nes [マガじゃネス] 固 ⟨航海者の名⟩ (16世紀初頭に太平洋を横断した)マゼラン. *Estrecho de Magallanes* マゼラン海峡.

Mag·da·le·na [マグダレナ] 固 ⟨女性の名⟩ マグダレナ.

mag·da·le·na [マグダレナ] 囡 1 (スポンジケーキの)マドレーヌ. 2 ⟨宗教⟩ (自分の罪を悔悟(<small>ぎ</small>)した女性.

ma·gia [マヒア] 囡 1 魔法, 呪術(<small>じゅ</small>). 2 魔術. 3 魔力, 魅力.
como por arte de magia 魔法のように.
magia blanca [*natural*] 白魔術, まじない.
magia negra 黒魔術, 妖術(<small>よう</small>).

ma·giar [マヒアル] 形 ⟨男女同形⟩ (ハンガリーに住む)マジャール人の.
— 男囡 マジャール人.

má·gi·co, ca [マヒコ, カ] 形 1 魔術の, 魔法の. 2 魅惑的な, 不思議な.

ma·gín [マヒン] 男 空想, 想像.

ma·gis·te·rio [マヒステリオ] 男 1 教職. 2 教職課程, 教育, 教化. 4 (集団としての)教諭.

ma·gis·tra·do¹ [マヒストラド] 男 (昔の)執政官, 行政官.

ma·gis·tra·do², **da** [—, ダ] 男囡 1 司法官. 2 行政官.

ma·gis·tral [マヒストラル] 形 1 見事な, すぐれた, 名手の. 2 教職者としての.

ma·gis·tra·tu·ra [マヒストラトゥラ] 囡 1 司法官職, 行政官職. 2 (集団としての)司法官, 行政官. 3 (司法・行政の)官職の任期.
llevar a magistratura a... (労働争議で)…を告訴する.

mag·ma [マグマ] 男 ⟨地質学⟩ マグマ.

mag·na·ni·mi·dad [マグナニミダス] 囡 寛容, 寛大.

mag·ná·ni·mo, ma [マグナニモ, マ] 形 寛大な, 度量の広い.

mag·na·te [マグナテ] 男囡 (財界の)大物, 実力者.

mag·ne·sio [マグネシオ] 男 ⟨化学⟩ マグネシウム.

mag·né·ti·co, ca [マグネティコ, カ] 形 磁気の, 磁石の／*atracción magnética* 磁力.

mag·ne·tis·mo [マグネティスモ] 男 1 磁力, 磁気. 2 ⟨人⟩ 吸引力, 魅力.

mag·ne·ti·ta [マグネティタ] 囡 ⟨鉱物⟩ 磁鉄鉱.

mag·ne·ti·zar [マグネティさル] 他 ⟨活 39 gozar⟩ 1 …を磁化する. 2 (人を)引きつける, 魅了する.

mag·ne·to [マグネト] 囡 磁石発電機.

mag·ne·to·fón [マグネトふォン] 男 ⟨＝magnetófono⟩ テープレコーダー.

mag·ne·to·fó·ni·co, ca [マグネトふォニコ, カ] 形 テープレコーダーの／*cinta magnetofónica* 録音テープ.

mag·ni·ci·da [マグニしダ] 形 ⟨男女同形⟩ (要人の)暗殺の.
— 男囡 (要人の)暗殺者, 刺客.

mag·ni·ci·dio [マグニしディオ] 男 要人暗殺.

mag·ni·fi·car [マグニふィカル] 他 ⟨活 73 sacar⟩ …をほめそやす, 持ち上げる.

mag·ni·fi·cen·cia [マグニふィせンしア] 囡 1 壮麗, 壮大. 2 寛大さ.

mag·ní·fi·co, ca [マグニふィコ, カ] 形 1 壮麗な, 壮大な. 2 すばらしい, 立派な.

Mag·ní·fi·co, ca [マグニふィコ, カ] 形 (学長への敬称で) …殿／*el Magnífico* señor Rector 学長殿.

mag·ni·tud [マグニトゥス] 囡 1 大きさ. 2 重要性. 3 規模の大きさ. 4 (地震の)マグニチュード.

mag·no, na [マグノ, ナ] 形 大きな, 偉大な.

mag·no·lia [マグノリア] 囡 ⟨植物⟩ モクレン.

ma·go, ga [マゴ, ガ] 男囡 1 魔法使い, 魔術師. 2 エキスパート, 達人.

Ma·gos [マゴス] 固 ⟨*los tres Reyes*＋⟩ ⟨聖書⟩ (Melchor, Gaspar, Baltasar の)東方の三博士.
el día de los Reyes Magos (子供に贈り物をする1月6日の)主顕公現の祝日.

ma·gre·ar [マグレアル] 他 (性的目的で) …を愛撫する.

ma·gre·bí [マグレビ] 形 ⟨男女同形⟩ (アフリカ北西部の地方の)マグレブ Magreb の.
— 男囡 マグレブ人.

ma·gro, gra [マグロ, グラ] 形 (食肉で)脂身の少ない, 赤身の.

ma·guey [マゲイ] 男 ⟨植物⟩ リュウゼツラン[竜舌蘭].

ma·gu·lla·du·ra [マグじゃドゥラ] 囡 ⟨＝magullamiento⟩ 打撲傷, 打ち身.

ma·gu·llar [マグじゃル] 他 (体の一部に)打撲

他 は他動詞 再 は再帰動詞 形 は形容詞 副 は副詞 前 は前置詞 接 は接続詞 間 は間投詞

傷をつける.

Ma·ho·ma [マオマ] 固 (7世紀にイスラム教を開いた) マホメット.

ma·ho·me·ta·no, na [マオメタノ, ナ] 形 1 マホメットの. 2 イスラム教の.
— 男 女 イスラム教徒, 回教徒.

ma·ho·me·tis·mo [マオメティスモ] 男 イスラム教, 回教.

ma·ho·ne·sa [マオネサ] 女 マヨネーズ [=mayonesa].

mai·ce·na [マイセナ] 女 トウモロコシ粉.

Mai·te [マイテ] 固 (María Teresa の愛称の) マイテ.

mai·ti·nes [マイティネス] 男 複 〈宗教〉 朝課.

ma·íz [マイス] 男 (複 maíces) 〈植物〉 トウモロコシ.
rosetas de maíz ポップコーン [= palomita].

mai·zal [マイさる] 男 トウモロコシ畑.

ma·ja·da [マハダ] 女 牧舎, 家畜小屋.

ma·ja·de·rí·a [マハデリア] 女 愚行, たわごと.

ma·ja·de·ro, ra [マハデロ, ラ] 形 ばかな, 間抜けな.
— 男 女 〈人〉 ばか, 間抜け.

ma·jar [マハる] 他 (木の実など) をすりつぶす.

ma·ja·re·ta [マハレタ] 形 頭のおかしい.
— 男 女 頭の狂った人.

ma·jes·tad [マヘスタス] 女 威厳, 荘厳.

Ma·jes·tad [マヘスタス] 女 (王・女王などへの敬称で) 陛下/ *Sus Majestades los Reyes de España* スペイン国王両陛下.

ma·jes·tuo·si·dad [マヘストゥオシダス] 女 1 威厳. 2 壮大さ.

ma·jes·tuo·so, sa [マヘストゥオソ, サ] 形 1 威厳のある. 2 壮大な.

ma·jo, ja [マホ, ハ] 形 1 しゃれた, 粋(いき)な. 2 感じのよい.
— 男 女 (近代マドリードの) しゃれ者, マホ, マハ.

ma·jue·lo [マフエろ] 男 〈植物〉 セイヨウサンザシ.

mal [まる] 形 《+男性単数名詞》《→ malo, la》 悪い.
— 副 1 気分が悪く, 病気で. 2 不正に, 悪く. 3 不快で. 4 間違って, へたに. 5 不十分に, ほとんど…ない/ *Te oigo mal.* (電話などで) 君の言うことがほとんど聞こえない.
— 男 1 不正, 悪, 悪事. 2 病気. 3 不健全, 害悪. 4 不幸, 不運. 5 不都合な点.
caer mal a… …の期待はずれになる.
dar mal a… …を困らせる.
dar·se mal a… …にとって苦手である.
estar a mal con… …に腹を立てている, 敵対している.
estar mal de salud 体の調子が良くない.
hacer mal en (+不定詞) …するのは間違いだ.
(*ir*) *de mal en peor* 一層悪く (なる).
mal de la piedra (石の) 風化.
mal de mar 船酔い.

mal de montaña [*las alturas*] 高山病.
mal de ojo (迷信で, 視線で害を与えるという) 悪魔の目, 凶眼, 邪視.
mal francés 〈性病の〉 梅毒.
mal que (+接続法) …ではあっても.
mal que bien 何とかして.
mal que pese a… …の意に反して, いやいやでも.
menos mal (*que…*) (…で) 少しは助かった, 少しはましだ.
salir mal (事が) 失敗になる.
tener a mal… …をとがめる.
tomar a mal… …を悪意にとる.

ma·la·ba·res [マらバレス] 形 《つぎの名詞句の一部》
juegos malabares 曲芸.

ma·la·ba·ris·mo [マらバリスモ] 男 1 曲芸. 2 曲芸的な技(わざ).

ma·la·ba·ris·ta [マらバリスタ] 男 女 曲芸師.

ma·la·con·se·ja·do, da [マらコンセハド, ダ] 形 分別の足りない, 軽率な.

ma·la·cos·tum·bra·do, da [マらコストゥンブラド, ダ] 形 甘やかされた, しつけの悪い.

Má·la·ga [マらガ] 固 〈県・県都の名〉 (スペイン南部の) マラガ.

má·la·ga [マらガ] 男 (マラガ特産の) マラガ・ワイン.

ma·la·gra·de·ci·do, da [マらグラデしド, ダ] 形 恩知らずな.

ma·la·gue·ña[1] [マらゲニャ] 女 (マラガ地方のフラメンコの) マラゲーニャ.

ma·la·gue·ño, ña[2] [マらゲニョ, —] 形 (スペイン南部の) マラガ Málaga の.
— 男 女 マラガの人.

ma·la·men·te [マらメンテ] 副 1 悪く, へたに. 2 不十分に.

ma·lan·dan·te [マらンダンテ] 形 不幸な, 不運な.

ma·lan·drín, dri·na [マらンドリン, ドリナ] 形 邪悪な, 悪意のある.
— 男 女 悪人, 悪党.

ma·la·pa·ta [マらパタ] 男 女 不運な人.
— 女 不運.

ma·la·qui·ta [マらキタ] 女 〈鉱物〉 マラカイト, 孔雀(くじゃく)石.

ma·la·ria [マらリア] 女 〈病気〉 マラリア.

ma·la·sio, sia [マらシオ, シア] 形 マレーシア Malasia の.
— 男 女 マレーシア人.

ma·la·som·bra [マらソンブラ] 男 女 1 小うるさい人. 2〈人〉へま, どじ.

ma·la·ven·tu·ra [マらベントゥラ] 女 不運, 不幸.

ma·la·yo, ya [マらヨ, ヤ] 形 (東南アジアの) 1 マレーシア Malasia の. 2 マレー半島の.
— 男 女 1 マレーシア人. 2 マレー人.

活 は活用形　複 は複数形　男 は男性名詞　女 は女性名詞　固 は固有名詞　代 は代名詞　自 は自動詞

mal·ba·ra·tar [マルバラタル] 他 （所有物など）を投げ売りする, 浪費する.

mal·ca·ra·do, da [マルカラド, ダ] 形 仏頂面(ぶっちょうづら)の, 渋面(じゅうめん)の.

mal·co·mer [マルコメル] 自 粗末な食事をする, 飢えない程度の食事をする.

mal·con·ten·to, ta [マルコンテント, タ] 形 不満な, 不服の.

mal·cri·a·do, da [マルクリアド, ダ] 《過去分詞》→ malcriar 甘やかす.
— 形 礼儀をわきまえない, しつけの悪い.
— 男女 無作法者, 甘えん坊.

mal·cri·ar [マルクリアル] 他 《活 34 enviar》（子供）を甘やかして育てる.

mal·dad [マルダス] 女 1 悪意, 邪悪. 2 悪事, 不善.

mal·de·cir [マルデシル] 他 《活 62 predecir》 1 …をのろう. 2 …をののしる.
— 自 (+de...) …を中傷する, 非難する.

mal·di·cien·te [マルディシエンテ] 形 中傷しがちな, よく悪口を言う.
— 男女〈人〉中傷家, 悪口屋.

mal·di·ción [マルディシオン] 女 1 のろい. 2 中傷, 悪口. 3 たたり, ばち. 4 (間投詞的に)だめだ!, そんなばかな!

mal·di·to, ta [マルディト, タ] 《過去分詞》→ maldecir のろう.
— 形 1 いまいましい, 腹立たしい. 2 悪意のある, 邪悪な. 3 のろわれた, ばちが当たった. 4 (+定冠詞＋名詞)全然 …ない／*Maldita* la gana que tengo de comer. 私は全然食欲がない.
— 男女〈人〉意地悪.
¡Maldita sea! なんてこった!, ちくしょう!

ma·le·a·bi·li·dad [マレアビリダス] 女 1〈金属〉展性. 2〈人〉従順.

ma·le·a·ble [マレアブレ] 形 1〈金属〉展性のある 2〈人〉従順な.

ma·le·an·te [マレアンテ] 形 無法な, 無頼な.
— 男女 ならず者, 無頼漢.

ma·le·ar [マレアル] 他 1 …を堕落させる. 2 …をそこなう, 台無しにする.
— **malear·se** 堕落する.

ma·le·cón [マレコン] 男 1 (線路などの)路盤, 土手. 2 堤防. 3 防波堤.

ma·le·di·cen·cia [マレディセンシア] 女 中傷, 悪口.

ma·le·du·ca·do, da [マレドゥカド, ダ] 形 無作法な, 無礼な.
— 男女 無作法者, 無礼者.

ma·le·fi·cio [マレふぃシオ] 男 1 のろい. 2 (のろいによる)わざわい, 害.

ma·lé·fi·co, ca [マレふぃコ, カ] 形 1 のろいの, 妖術(ようじゅつ)使いの. 2 わざわいをもたらす, 害になる.

ma·len·ten·di·do [マレンテンディド] 男 誤解, 誤認.

ma·les·tar [マレスタル] 男 居心地の悪さ, 不快感.

ma·le·ta [マレタ] 女 スーツケース.
— 男女〈スポーツ〉へまな選手, どじ.

ma·le·te·ro [マレテロ] 男 1〈自動車〉トランク. 2〈住居〉スーツケース置き場. 3 (駅の)ポーター, 赤帽.

ma·le·ti·lla [マレティじゃ] 男 闘牛士志望の若者.

ma·le·tín [マレティン] 男 1 アタッシュケース. 2 小型スーツケース.

ma·le·vo·len·cia [マレボレンシア] 女 悪意, 害意.

ma·lé·vo·lo, la [マレボロ, ラ] 形 悪意のある, 害意のある.

ma·le·za [マレさ] 女 (集合的に)(畑の)雑草.

mal·for·ma·ción [マルふォルマシオン] 女 (先天的)奇形.

mal·gas·ta·dor, do·ra [マルガスタドル, ドラ] 形 男女 浪費家.

mal·gas·tar [マルガスタル] 他 …を浪費する, 無駄にする.

mal·ha·bla·do, da [マラブラド, ダ] 形 口ぎたない, 下品な言葉を使う.
— 男女 口ぎたない人.

mal·ha·da·do, da [マラダド, ダ] 形 運の悪い, つきの悪い.
— 男女 つきのない人.

mal·he·chor, cho·ra [マレチョル, チョラ] 男 女 (常習的な)犯罪者.

mal·he·rir [マレリル] 他 《活 77 sentir》…に重傷を負わせる.

mal·hu·mor [マルモル] 男 不機嫌／estar de *malhumor* 機嫌が悪い.

mal·hu·mo·ra·do, da [マルモラド, ダ] 形 不機嫌な, 気難しい.

ma·li·cia [マリシア] 女 1 悪意, 邪心. 2 とぼけ顔, ポーカーフェース. 3 抜け目なさ, 悪賢さ.
— 活 → maliciar 邪推する.

ma·li·ciar [マリシアル] 他 《活 17 cambiar》…を邪推する.
— **maliciar·se** 勘ぐる, 邪推する.

ma·li·cio·so, sa [マリシオソ, サ] 形 1 意地の悪い, 悪意のある. 2 猜疑心(さいぎしん)のある, 邪推する.
— 男女 邪推しがちな人.

ma·lig·ni·dad [マリグニダス] 女 1 邪悪, 性悪. 2 邪推. 3〈病気〉悪性.

ma·lig·no, na [マリグノ, ナ] 形 1 性悪な, 邪悪な. 2〈病気〉悪性の. 3 邪悪な人.
el maligno 悪魔.

ma·lin·ten·cio·na·do, da [マリンテンシオナド, ダ] 形 悪意のある, 意地悪な.

ma·lí·si·mo, ma [マリシモ, マ] 形 《絶対最上級語→ malo, la》とても悪い.

ma·lla [マじゃ] 女 1〈服地〉メッシュ, ニット. 2〈軍装〉鎖かたびらの生地／cota de *mallas* 鎖

Ma·llor·ca

かたびら. 3 〈スポーツ〉レオタード, タイツ [= mallas].

Ma·llor·ca [マジョルカ] 固 〈島の名〉(地中海のスペイン領の)マジョルカ島.

ma·llor·quín, qui·na [マジョルキン, キナ] 形 (地中海の島の)マジョルカ Mallorca の.
— 男女 マジョルカ人.

mal·ma·ri·da·da [マルマリダダ] 女 結婚運の悪い女性.
— 形 〈女性〉不幸な結婚をした.

mal·me·ter [マルメテル] 他 …を (+con…) …と仲たがいさせる.

mal·mi·ra·do, da [マルミラド, ダ] 形 憎まれている, 悪く思われている.

ma·lo, la [マロ, ラ] 形 1 劣った, 粗悪な. 2 都合の悪い, 不適当な. 3 害になる, 邪悪な. 4 意地悪な, 不親切な. 5 病気の. 6 (食物などが)腐敗した. 7 困難な/una herida *mala* de curar 治りにくいけが. 8 不運な, 不吉な. 9 腕白な, いたずらな. 10 (間投詞的に)だめだ!, いやだ!.

de malas 1 不機嫌な. 2 調子の悪い.

(*estar*) *a malas* (+con…) (…に)敵対して, 仲たがいして(いる).

estar mala (女性が)生理中である.

Lo malo es que… 悪いことには …だ.

poner·se mala (女性が)生理が始まる.

poner·se malo 病気になる, 不愉快になる.

por las malas 1 仕方なしに. 2 力ずくで.

ser malo con… …が苦手である.

ma·lo·gra·do, da [マログラド, ダ] 《過去分詞》→ malograr 見逃す.
— 形 1 無駄になった. 2 若死にした.

ma·lo·grar [マログラル] 他 (機会などを)見逃す, 逃にする.
— **malograr·se** 再 1 失敗する, 無駄になる. 2 若死にする. 3 頓挫(ざ)する.

ma·lo·lien·te [マロリエンテ] 形 悪臭を放つ, くさい.

mal·pa·ra·do, da [マルパラド, ダ] 形 ひどい目にあった.

mal·par·to [マルパルト] 男 〈医学〉流産.

mal·pen·sa·do, da [マルペンサド, ダ] 形 ひねくれた, 疑い深い.
— 男女 疑い深い人.

mal·que·da [マルケダ] 男女 約束を守らない人, 無責任な人間.

mal·que·rer [マルケレル] 他 《活 64 querer》…を毛嫌いする, …に敵意を抱く.

mal·quis·tar [マルキスタル] 他 …を (+con…) …と仲たがいさせる.

mal·quis·to, ta [マルキスト, タ] 形 (人に)嫌われた, いやがられる.

mal·sa·no, na [マルサノ, ナ] 形 体に悪い, 不健全な.

mal·so·nan·te [マルソナンテ] 形 〈言葉〉下品な.

mal·ta [マルタ] 女 1 (ビール醸造用の)麦芽(ばが), モルト. 2 (コーヒーの代用の)大麦粉.

mal·tés, te·sa [マルテス, テサ] 形 (地中海の共和国の島)マルタ Malta の.
— 男女 マルタ人.

mal·tra·er [マルトラエル] 他 《活 81 traer》…を手荒く扱う.

llevar [*traer*] *a… a maltraer* …を困らせ続ける.

mal·tra·tar [マルトラタル] 他 …を虐待する.

maltratar de obra a… …に暴力をふるう.

maltratar de palabra a… …を侮辱する.

mal·tra·to [マルトラト] 男 虐待.
— 活 → maltratar 虐待する.

mal·tre·cho, cha [マルトレチョ, チャ] 形 ひどい目にあわされた, 虐待された.

mal·tu·sia·nis·mo [マルトゥシアニスモ] 男 〈政治経済〉マルサス Malthus 主義.

ma·lu·cho, cha [マルチョ, チャ] 形 少し体が不調の, 少し気分が悪い.

mal·va [マルバ] 女 〈植物〉アオイ.
— 形 《男女同形》薄紫色の, ふじ色の.
— 男 薄紫色, ふじ色.

mal·va·do, da [マルバド, ダ] 形 〈人〉極悪の.
— 男女 極悪人.

mal·va·sí·a [マルバシア] 女 1 (ギリシア系の甘いブドウの)マルバシア. 2 マルバシア・ワイン.

mal·va·vis·co [マルバビスコ] 男 〈植物〉ウスベニタチアオイ.

mal·ven·der [マルベンデル] 他 …を安売りする.

mal·ver·sa·ción [マルベルサシオン] 女 (公金などの)横領, 使い込み.

malversación de fondos 公金横領.

mal·ver·sar [マルベルサル] 他 (公金などを)横領する, 使い込む.

Mal·vi·nas [マルビナス] 固 〈諸島の名〉(マゼラン海峡東方の)マルビナス, フォークランド.

mal·vi·vir [マルビビル] 自 貧しい生活を送る.

ma·ma [ママ] 女 1 〈解剖学〉乳房. 2 お母ちゃん, ママ.

ma·má [ママ] 女 《複 mamás》お母ちゃん, お母さん, ママ, 母親.

ma·ma·da[1] [ママダ] 女 乳を吸うこと.

ma·ma·do, da[2] [ママド, —] 形 酔っている.

ma·ma·gran·de [ママグランデ] 女 祖母, おばあさん.

ma·mar [ママル] 自 乳を吸う/dar de *mamar a…* …に授乳する.
— 他 1 (母乳)を吸う. 2 …を幼児期に体得する.
— **mamar·se** 再 酔っ払う.

ma·ma·rra·cha·da [ママラチャダ] 女 がらくた, くだらないこと.

ma·ma·rra·cho [ママラチョ] 男 1 くだらない人間, ろくでなし. 2 できそこない.

mam·bo [マンボ] 男 〈音楽・ダンス〉マンボ.

ma·me·lu·co [マメルコ] 男 (エジプトの親衛隊)

活は活用形 複は複数形 男は男性名詞 女は女性名詞 固は固有名詞 代は代名詞 自は自動詞

ma·mey [マメイ] 男〈高木・果実〉(熱帯アメリカ産の)マミー.

ma·mí·fe·ro, ra [マミふぇロ, ラ] 形〈動物〉哺乳(ほにゅう)類の.

ma·mí·fe·ros [マミふぇロス] 男〈複〉哺乳類.

ma·món, mo·na [マモン, モナ] 形 1 まだ授乳期の. 2 間抜けな, どじな.
— 男女〈人〉間抜け, どじ.

ma·mo·tre·to [マモトレト] 男 1 ばかでかい本. 2 大型ごみ.

mam·pa·ra [マンパラ] 女〈家具〉間仕切り, ついたて.

mam·po·rro [マンポロ] 男 (手による軽い)なぐりつけ.

mam·pos·te·rí·a [マンポステリア] 女〈建築〉粗石積み.

mam·pues·to [マンプエスト] 男 粗石, 原石.

ma·mut [マムト] 男〈動物〉マンモス.

ma·ná [マナ] 男〈聖書〉(神に与えられた食物の)マナ.

ma·na·da [マナダ] 女 1〈動物〉群れ. 2 群衆.

ma·na·ger [マナイェル] 男女 マネージャー.

Ma·na·gua [マナグア] 固〈都市の名〉(ニカラグアの首都の)マナグア.

ma·nan·tial [マナンティアる] 形〈水〉湧(わ)き出る.
— 男 泉, 湧き水.

ma·nar [マナる] 自 (+de...) …から湧(わ)き出る, あふれ出る.

ma·na·tí [マナティ] 男〈動物〉(海牛の)マナティー.

ma·na·zas [マナさス] 男女〈単複同形〉不器用者.

man·car [マンカル] 他〈活 73 sacar〉(手や腕)を不具にする.
— mancarse 再 手[腕]が不具になる.

man·ce·ba [マンセバ] 女 1 娘. 2 情婦, 内縁の妻.

man·ce·bí·a [マンセビア] 女 (昔の)売春宿.

man·ce·bo [マンセボ] 男 1 (独身男性の)青年. 2〈男〉店員見習い.

man·cha [マンチャ] 女 1 汚れ, しみ. 2 あざ. 3 汚点, 不名誉. 4 (太陽の)黒点.
— 活 → manchar 汚す.

Man·cha [マンチャ] 固〈La+〉〈地方の名〉(スペイン中南部の)ラ・マンチャ.

man·char [マンチャル] 他 1 …を (+con, de...) …で汚す, しみをつける. 2 (名誉など)をけがす. 3 (液体)を(別の液体を2·3滴加えて)変色させる.
— mancharse 再 1 (+con, de...) …で汚れる. 2 (自分の体に)あざを作る. 3 体面をけがす.

man·che·go, ga [マンチェゴ, ガ] 形〈地方の〉ラ・マンチャ La Mancha の.
— 男女 ラ・マンチャの人.

man·ci·lla [マンシじゃ] 女 不名誉, 汚点.

man·ci·llar [マンシじゃル] 他 (名誉など)をけがす, 傷つける.

man·co, ca [マンコ, カ] 形 1 不完全な, 欠陥のある. 2 腕[手]の不自由な.
— 男女 腕[手]の不自由な人.

man·co·mu·nar [マンコムナル] 他 1 …を連合させる, 結合する. 2〈法律〉…を連帯責任者であるとする.
— mancomunarse 再 連合する, 結合する.

man·co·mu·ni·dad [マンコムニダス] 女 1 連合, 連帯. 2 連合体, 連邦.

man·da·do¹ [マンダド] 男 1 (個人への)委任事項, 委託業務. 2 用命, 指令.

man·da·do², da [—, ダ] 〈過去分詞〉→ mandar 命令する.
— 形 1 命令を受けた. 2 発送された.
— 男女〈人〉使い, 使い走り.

man·da·más [マンダマス] 男女〈複 mandamases〉ボス, お偉いさん.
— 形〈男女同形〉命令する立場の, お偉い.

man·da·mien·to [マンダミエント] 男 1〈宗教〉(十戒のそれぞれの)戒律, おきて. 2〈法律〉令状. 3 用命, 指令.
los diez mandamientos (モーゼの)十戒.

man·dan·gas [マンダンガス] 女〈複〉ばかげたこと, ばか話.

man·dan·te [マンダンテ] 男女〈法律〉委託者, 委任者.

man·dar [マンダル] 他 1 (+不定詞[+que+接続法])…を命じる, 命令する.
2 …を注文する.
3 …を指揮する, 支配する.
4 …を送る, 発送する.
5 …を派遣する, 差し向ける.
6 (場所など)を見おろす.
7 …を(+por...) …を呼びに行かせる, 取りにやる.
8 (馬など)を制御する.
— 自 命令を下す, 支配する.
— mandarse 再 1 (部屋が) (+con...) …と通じている. 2 (+por...) …を勝手に通る.
Lo que usted mande. なんなりと御用命ください.
mandar a... con~ …を~のところに行かせる.
¿Mande? もう一度おっしゃいませんか?

man·da·rín [マンダリン] 男 1 (中国などの昔の)官僚. 2 標準中国語. 3 大物, ボス.

man·da·ri·na [マンダリナ] 女〈果物〉ミカン, マンダリン(ミカン).

man·da·ta·rio, ria [マンダタリオ, リア] 男女 1 (大統領などの)統治者, 閣僚. 2〈法律〉受託者, 受任者.

man·da·to [マンダト] 男 1 命令, 指令, 指図. 2〈政治〉委任, 代理権. 3 (閣僚などの)任期, 在任期間.

man·dí·bu·la [マンディブら] 囡 1〈解剖学〉あご[顎]. 2 下顎骨(ぜつ). 3〈動物〉あご, くちばし.
reír a mandíbula batiente 大笑いする, 高笑いする.

man·dil [マンディる] 男 前掛け, エプロン.

man·din·ga [マンディンガ] 男 悪魔, お化け.

man·dio·ca [マンディオカ] 囡〈植物〉(熱帯産で重要な食糧資源の)キャッサバ.

man·do [マンド] 男 1 命令権, 指揮権. 2 (集合的に)幹部, 司令部, 首脳陣[= mandos]. 3 制御装置.
mando a distancia 遠隔操作, リモコン.

man·do·ble [マンドブれ] 男 1 殴打(ホラ), 平手打ち. 2〈剣の〉諸手(ヒぇ)打ち. 3 大刀.

man·do·li·na [マンドリナ] 囡〈楽器〉マンドリン.

man·dón, do·na [マンドン, ドナ] 形 いばり散らす, 人使いの荒い.
— 男 いばり散らす人.

man·drá·go·ra [マンドラゴラ] 囡〈薬用植物〉マンドラゴ.

man·dril [マンドリる] 男 1〈動物〉(オナガザルの)マンドリル. 2 (旋盤の)心棒.

man·du·car [マンドゥカル] 他《活 73 sacar》…を食べる, くらう.
— 自 食事をする, 食べる.

ma·ne·ci·lla [マネしじゃ] 囡 (時計や計器の)針.

ma·ne·ja·ble [マネハブれ] 形 扱いやすい.

ma·ne·jar [マネハル] 他 1 …を(手で)扱う, あやつる. 2 …を運営する, 管理する. 3 (人など)をうまく使う.
— *manejarse* 再 1 体をのびのびと動かす. 2 うまくやってゆく.
manejarse las うまく処理する, 切り抜ける.

ma·ne·jo [マネホ] 男 1 (手による)使用, 取り扱い. 2 運営, やりくり. 3 策略, 小細工[= manejos].

ma·ne·ra [マネラ] 囡 1 様式, 方法, 仕方, やり方. 2 手法, 作風.
a la manera de… …式に, …風に.
a manera de… (あたかも)…のように.
a mi manera de ver 私の考えでは.
a su manera 自分の好きなように.
de cualquier manera 1 ぞんざいに, 雑に. 2 いずれにせよ.
de esta [esa] manera こ[そ]ういうことなら.
de igual manera おなじように.
de manera (形容詞(副詞になって)…に.
…de manera que~ 1 (+直説法) …なので~. 2 (+接続法) ~するように….
de ninguna manera どうあっても, (…ない).
de otra manera 1 やり方を変えて. 2 もしそうでなければ.
de tal manera que… そういうことなので…, するほどに.

de todas maneras どういうことになっても.
de una manera o de otra とにかく.
en cierta manera 考え方によれば, ある程度は.
en gran manera おおいに, とても.
no haber manera (+de+不定詞) (…するには)打つ手がない.
sobre manera とても[= en gran manera].

ma·ne·ras [マネラス] 囡 覆 (→ manera) 1 態度, 物腰. 2 行儀.

man·ga [マンガ] 囡 1 そで[袖], スリーブ/*manga corta* 半袖, *manga larga* 長袖. 2 筒状のもの, ホース, 排水管, 通気筒. 3 (コーヒーなどの)フィルター, ろか器. 4 (クリームなどの)絞り出し器. 5〈スポーツ〉試合, 1回戦. 6 (船の)最大幅.
en mangas de camisa ワイシャツ姿で.
estar [andar] manga por hombro ちらかっている.
hacer mangas y capirotes 自分勝手にやる.
manga de agua (俗) スコール.
manga raglán [ranglan] ラグラン袖.
sacarse… de la manga …をでっちあげる, …の話をする.
subirse las mangas 腕まくりをする.
tener… en la manga …を隠し持っている.
tener (la) manga ancha para… …に寛大である.

man·ga·ne·so [マンガネソ] 男〈化学〉マンガン.

man·gan·te [マンガンテ] 男女〈人〉恥知らず, うそつき.

man·gar [マンガル] 他《活 47 llegar》…をくすねる, 盗む.

man·glar [マングらル] 男〈樹林〉マングローブ, 紅樹林.

man·gle [マングれ] 男 (ヒルギ科などの熱帯海岸湿地の樹木の総称で)マングローブの木.

man·go [マンゴ] 男 1 取っ手, 握り, ハンドル, 柄(ホ). 2〈樹木・果実〉マンゴー.
— 話 → mangar くすねる.

man·go·ne·ar [マンゴネアル] 自 (+ en…) …にしゃしゃりでる, お節介をする.
— 他 …を取り仕切る, …に指図する.

man·go·ne·o [マンゴネオ] 男 お節介.

man·gos·ta [マンゴスタ] 囡〈動物〉マングース.

man·gue·ra [マンゲラ] 囡 1 (水をまく)ホース. 2 換気筒.

man·gui·to [マンギト] 男 1〈服飾〉(防寒用の)マフ. 2 (事務用の)腕貫(ゐき).

ma·ní [マニ] 男〈覆 manises〉〈植物〉落花生, ピーナッツ[= cacahuete].

ma·ní·a [マニア] 囡 1 偏執, 偏愛, 熱中. 2 妄想, 奇癖. 3 (+ a…) …への反感, 毛嫌い.

ma·nia·co, ca [マニアコ, カ] 形《= maníaco, ca》〈人〉偏執狂, 妄想患者.

ma·nia·tar [マニアタル] 他 …の手をしばる.

ma·niá·ti·co, ca [マニアティコ, カ] 形 1 偏執

活 は活用形 覆 は複数形 男 は男性名詞 囡 は女性名詞 圓 は固有名詞 代 は代名詞 自 は自動詞

的な, 熱狂的な, マニアの. 2 奇癖の, 風変りな.
— 男女 1 偏執狂, マニア. 2 奇人, 変人.
ma·ni·co·mio [マニコミオ] 男 精神病院.
ma·ni·cu·ra[マニクラ] 女 マニキュア.
ma·ni·cu·ro, ra[2][マニクロ, ー] 男女 マニキュア師.

ma·ni·do, da [マニド, ダ] 形 1 ありふれた, 陳腐な. 2 (肉や魚が)くさりかけた.
ma·nie·ris·mo [マニエリスモ] 男《美術》(16世紀ヨーロッパの)マニエリスム.
ma·nie·ris·ta [マニエリスタ] 形《男女同形》《美術》マニエリスムの.
— 男女 マニエリスムの芸術家.
ma·ni·fes·ta·ción [マニふぇスタしオン] 女 1 (思想などの)表明, 明示. 2 デモ, 示威行動. 3 デモ隊.
ma·ni·fes·tan·te [マニふぇスタンテ] 男女 デモ参加者.
ma·ni·fes·tar [マニふぇスタル] 他《活 57 pensar》1 …を表明する, 発表する. 2 …を明らかにする, 明示する.
— manifestar·se 再 1 明らかになる, 現れる. 2 示威行動をする, デモに参加する.
manifiest- → manifestar 表明する《活 57》.
ma·ni·fies·to[1][マニふぃエスト] 男 声明文, 宣言書.
ma·ni·fies·to[2]**, ta** [ー, タ] 形 1 明白な. 2 公表された, 表明された.
— 活 → manifestar 表明する.
poner... de manifiesto …を明白にする.
ma·ni·gua [マニグア] 女 茂み, やぶ.
ma·ni·ja [マニは] 女 1 (ドアなどの)取っ手, ノブ. 2 (道具類の)取っ手, 握り.
ma·ni·lar·go, ga [マニらルゴ, ガ] 形 1 手の長い. 2 太っ腹な. 3 盗癖のある.
ma·ni·lla [マニじゃ] 女 1 手かせ, 手錠. 2 (時計の)針.
ma·ni·llar [マニじゃル] 男 (二輪車の)ハンドル.
ma·nio·bra [マニオブラ] 女 1 操縦, 運転. 2 策略. 3 軍事演習[= maniobras].
ma·nio·brar [マニオブラル] 自 操作する, 操縦する, 運転する.
ma·ni·pu·la·ción [マニプらしオン] 女 1 曲解, 悪用. 2 取り扱い, 処理. 3 操作.
ma·ni·pu·lar [マニプるル] 他 1 …を悪用する, ごまかして利用する. 2 …を取り扱う, 処理する. 3 …を操作する.
ma·ni·que·ís·mo [マニケイスモ] 男 1《宗教》(3 世紀ペルシアの)マニ教. 2 善悪二元論.
ma·ni·queo, a [マニケオ, ア] 形 1《宗教》マニ教の. 2 善悪二元論の.
— 男女 マニ教徒.
ma·ni·quí [マニキ] 男女《複 maniquíes, maniquís》1 ファッションモデル. 2 身なりのいい人. 3 主体性のない人.
— 男 マネキン人形.
ma·ni·rro·to, ta [マニロト, タ] 形 浪費する.
— 男女 浪費家.
ma·ni·ta[1][マニタ] 女 小さな手.
dar una manita a... …に手を貸す.
hacer manitas (恋人たちが)手でいちゃつく.
ma·ni·tas [マニタス] 男女《単複同形》《→ manita》手先の器用な人.
ma·ni·to, ta[2][マニト, ー] 男女 友人, 仲間, 相棒 [= hermanito, ta].
ma·ni·ve·la [マニベら] 女《機械》クランク.
man·jar [マンハル] 男 料理, ごちそう.
ma·no [マノ] 女 1 (人や動物の)手.
2 前脚.
3 (食肉) 脚.
4《位置》側, 手／estar a *mano* izquierda 左手にある.
5 手腕, 腕前.
6 影響力, 権力, 支配力.
7 介入, 参加／En esta preparación se nota la *mano* de un experto. この準備には専門家が加わっているようだ.
8 手助け.
9 (ペンキなどの)ひと塗り.
10 (仕事の)ひと動作.
11 乳棒.
12 (卓上ゲームの)ひと勝負.
13 (サッカーなどの)ハンドリング.
14 人手, 働き手 [= manos].
abrir la mano 手ごころを加える.
alzar la mano a... …をおどす. 2 …に手を上げる.
a mano 1 手で. 2 近くに.
a mano armada 武装した, 武器を使って.
a manos de... …の働きで, …のせいで.
a manos llenas 1 豊富に.
atar las manos a... …を身動きできなくする.
bajo mano ひそかに, かくれて.
caer se a... de las manos …の手に負えない, …をうんざりさせる.
cambiar de manos 所有者が変わる.
cargar la mano en... …でやりすぎる, 行きすぎる.
con la mano en el corazón 誠実に, 率直に.
con las manos cruzadas 手をこまねいて.
con las manos en la mesa 現行犯で, 行為の最中に.
con las manos vacías むなしく, 何の成果もなく.
con una mano detrás y otra delante 手ぶらで, 無一文で.
dar la mano a... …に握手を求める.
dar·se las manos (二人が)仲直りする.
de la mano 手をつないで.
de mano (重さ・大きさが)手で運べる.

de mano en mano 人から人へ.
de primera mano 1 新品の. 2 直接の.
de segunda mano 中古の.
echar mano a... ...をつかむ, 手に取る.
echar mano de... ...を利用する, 使う.
echar una [la] mano a... ...に手を貸す.
en buenas manos 確かな人のところに.
en mano 手渡しで, 直接に.
en manos de... ...の管理下に, ...の責任で.
estar en la mano de... ...にゆだねられている.
estrechar la mano a... ...に握手を求める.
frotar·se las manos 1 大喜びする. 2 ほくそえむ.
ganar por la mano a... ...に先手を打つ, ...を出し抜く.
ir·se de (entre) las manos a... ...の手から逃げる.
ir·se la mano a... ...の手がすべる, ...がやりすぎる.
lavar·se las manos 1 (自分の)手を洗う. 2 (事件などから)手を引く.
levantar la mano... 1 ...をおどす. 2 ...に手を上げる.
llegar a las manos なぐり合いになる.
llegar a mis [nuestras] manos 私[たち]の手元に届く.
llevar·se las manos a la cabeza びっくりする.
mano a mano 1 一緒に, 力を合わせて. 2 男 二者の協力.
mano de obra (集合的に)人手, 労働力.
mano derecha (補佐役の意味の)右腕.
mano de santo 特効薬, 妙薬.
mano dura [de hierro] 厳格さ, きびしさ.
mano izquierda (難問解決の)腕, 巧妙さ.
¡Manos a la obra! (仕事で)さあ, やろう!
mano sobre mano 何もしないで, 働かずに.
meter mano a... 1 ...の体をいじくる. 2 ...に対処する, 取り組む.
pedir la mano de (+女性) ...との結婚を申し込む.
poner la mano encima a... ...をなぐる.
poner la mano en el fuego por... ...を保証する.
tener la mano larga 〈暴力〉手が早い.
tener las manos limpias 罪がない, 無実である.
tener [traer]... *entre manos* ...を企てる, ...に従事する.
tender la [una] mano a... ...を助ける, 援助する.

ma·no·jo [マノホ] 男 1 (長い物の)ひと束, ひとつかみ. 2 群衆, 一団.
a manojos 大量に, ふんだんに.
estar hecho un manojo de nervios ひどく神経質になっている.

Ma·no·la [マノら] 固〈女性の名〉(Manuela の愛称の)マノラ.
Ma·no·li [マノり] 固〈女性の名〉(Manuela の愛称の)マノリ.
Ma·no·lo [マノろ] 固〈男性の名〉(Manuel の愛称の)マノロ.
ma·no·lo, la [マノろ, ら] 男 女 (マドリードの)下町っ子.
ma·nó·me·tro [マノメトロ] 男 圧力計, マノメーター.
ma·no·pla [マノプら] 女 1 (手袋の)ミトン. 2 〈武具〉(よろいの)こて.
ma·no·se·ar [マノセアル] 他 1 ...を手でいじる. 2 (ある事)にこだわる, ...を何度も問題にする.
ma·no·se·o [マノセオ] 男 1 やたらにさわること. 2 (ある事)へのこだわり.
ma·no·ta·da [マノタダ] 女 ＝manotazo
ma·no·ta·zo [マノタソ] 男 平手打ち, びんた.
ma·no·te·ar [マノテアル] 自 (話すときなどに)大きく手を動かす.
man·sal·va [マンサるバ]《つぎの副詞句の一部》
a mansalva 1 無事に, 安全に. 2 大量に.
man·se·dum·bre [マンセドゥンブレ] 女 1 おとなしさ, すなおさ. 2 のどかさ, おだやかさ.
man·sión [マンシオン] 女 1 大邸宅, 豪邸. 2 滞在, 逗留(ﾘｭｳ).
man·so¹ [マンソ] 男 (飼い慣らされていない家畜のなかの)先導役.
man·so², sa [−, サ] 形 1 おとなしい, すなおな. 2 のどかな, おだやかな.
man·su·rrón, rro·na [マンスロン, ロナ] 形 おとなしすぎる.
man·ta [マンタ] 女 1 毛布. 2 殴打(ﾀﾞ), なぐりつけ. 3〈魚〉(巨大なエイの)マンタ.
— 男 女〈人〉へたくそ, 役立たず.
a manta 大量に.
liar·se la manta a la cabeza 無謀な決心をする.
tirar de la manta 秘密をあばく.
man·te·ar [マンテアル] 他 (人)を毛布で胴上げする.
man·te·ca [マンテカ] 女 1 (豚などの)脂肪, ラード. 2 バター, 乳脂. 3 (種子の)脂肪分／*manteca de cacao* カカオバター.
ser como manteca 1 とても柔らかい. 2 とても従順だ.
tener buenas mantecas よく太っている.
man·te·ca·da [マンテカダ] 女 (小型の)バター入り菓子パン.
man·te·ca·do [マンテカド] 男 1 ラード入りケーキ. 2 アイスクリーム.
man·te·co·so, sa [マンテコソ, サ] 形 1 バター付きの, バターのような. 2 油っこい.
man·tel [マンテる] 男 テーブルクロス.
man·te·le·ría [マンテれリア] 女 (テーブルクロスとナプキンの)食卓用リネン・セット.

man·te·le·ta [マンテレタ] 女 〈服飾〉（女性用の）肩かけ，ケープ．

mantén 活 → mantener たもつ《活 80》．

mantendr- 活 → mantener たもつ《活 80》．

man·te·ner [マンテネル] 他《活 80 tener》1 …をもつ，維持する，保持する．2 …を続ける，持続する．3 …をささえる．4 （意見などを）固持する，固守する．5 （約束などを）守る．6 …を扶養する，やしなう，飼育する．

— **mantener·se** 再 1 持ちこたえる．2 (+con, de...) …で生活する，生計を立てる．3 (+形容詞·副詞) …のままでいる，状態を保つ．

mantener... a distancia …を敬遠する．
mantener... al día …を最新のものにしておく．
mantener·se en sus trece 自分の立場を守る．

manteng- 活 → mantener たもつ《活 80》．

man·te·ni·do, da [マンテニド, ダ] 《過去分詞》→ mantener たもつ《活 80》.
— 形 やしなわれている．
— 男女 情夫，つばめ，情婦，囲い者．

man·te·ni·mien·to [マンテニミエント] 男 1 維持，保持．2 持続，固持．3 扶養，飼育．4 食品，食料．5 食費，生活費．

man·te·o [マンテオ] 男 1 （聖職者が使う）長マント．2 毛布による胴上げ．

man·te·que·ra [マンテケラ] 女 （食卓用）バター入れ．

man·te·que·rí·a [マンテケリア] 女 1 （乳製品などを売る）食料品店．2 バター製造工場．

mantien- 活 → mantener たもつ《活 80》．

man·ti·lla [マンティジャ] 女 1 （女性が頭部からかぶるショールの）マンティジャ．2 （乳児用の）おくるみ．

estar en mantillas 1 始まった段階にある．2 （問題の件について）まだほとんど知らない．

man·ti·llo [マンティジョ] 男 1 腐葉土．2 堆肥(ﾋﾞ)．

man·tis [マンティス] 女 《単複同形》〈昆虫〉カマキリ．

man·to [マント] 男 1 〈服飾〉マント．2 〈地質学〉マントル．3 （マントのように）おおっている物／el negro *manto* de la noche 夜の帳(ﾄﾞ)．

man·tón [マントン] 男 〈服飾〉マント，肩掛け．

mantón de Manila （絹の刺繍(ﾄﾞゅう)入りの）東洋風ショール．

mantuv- 活 → mantener たもつ《活 80》．

ma·nual [マヌアル] 形 1 手を使う，手作業の．2 わかりやすい，手軽な．
— 男 手引書，マニュアル，便覧．

ma·nua·li·dad [マヌアリダ] 女 手仕事．

ma·nual·men·te [マヌアルメンテ] 副 手を使って．

ma·nu·brio [マヌブリオ] 男 〈機械〉クランク，ハンドル．

Ma·nuel [マヌエル] 固 《男性の名》マヌエル．

Ma·nue·la [マヌエラ] 固 《女性の名》マヌエラ．

ma·nu·fac·tu·ra [マヌふぁクトゥラ] 女 1 手工業製品．2 製造所，工場．

ma·nu·fac·tu·rar [マヌふぁクトゥラル] 他 …を製造する，製作する．

ma·nu·fac·tu·re·ro, ra [マヌふぁクトゥレロ, ラ] 形 製造の，製作の．

ma·nu·mi·sión [マヌミシオン] 女 （奴隷の）解放．

ma·nu·mi·so, sa [マヌミソ, サ] 形 〈奴隷〉解放された．

ma·nu·mi·tir [マヌミティル] 他 （奴隷を）解放する．

ma·nus·cri·to[1] [マヌスクリト] 男 1 手稿本，写本．2 （手書き）原稿．

ma·nus·cri·to[2]**, ta** [-, タ] 形 手書きの．

ma·nu·ten·ción [マヌテンシオン] 女 扶養．

man·za·na [マンサナ] 女 1 〈果実〉リンゴ．2 （市街地の）一区画，ブロック．

manzana de Adán 〈解剖学〉のどぼとけ．
manzana de la discordia 不和の種(ﾀﾈ)．
sano como una manzana きわめて健康な．

man·za·nar [マンサナル] 男 リンゴ畑．

man·za·ni·lla [マンサニジャ] 女 1 〈植物〉カミツレ，カモミール．2 カミツレ茶．3 （南スペイン産の辛口シェリーの）マンサニジャ．

man·za·no [マンサノ] 男 〈樹木〉リンゴ．

ma·ña[1] [マニャ] 女 1 巧みさ，器用さ．2 ずる賢さ，抜け目のなさ．

dar·se maña とても巧みである．

ma·ña·na [マニャナ] 副 1 あした，明日／No hay clase *mañana*．あした授業はない．2 将来に（は）．3 （間投詞的に）まさか！
— 女 午前，朝／por la *mañana* 午前中に．
— 男 未来，将来．

de la noche a la mañana ひと晩で，急に．
de mañana 朝早く．
de mañana en... días 明日から…日以内に．
¡Hasta mañana! 〈挨拶〉ではまた明日．
Mañana será otro día. 〈ことわざ〉明日の風が吹く．
pasado mañana あさって，明後日．
tomar la mañana 朝の食前酒を飲む．

ma·ña·ne·ro, ra [マニャネロ, ラ] 形 1 朝起きの．2 早朝の．

ma·ña·ni·ta [マニャニタ] 女 1 （女性がねまきの上にはおる）朝上着．2 早朝．

ma·ña·ni·tas [マニャニタス] 女複 《→ mañanita》（誕生日の早朝に歌う歌の）マニャニタス．

ma·ño, ña[2] [マニョ, -] 形 アラゴン生まれの．
— 男女 アラゴン人．

ma·ño·so, sa [マニョソ, サ] 形 手先が器用な．

ma·o·ís·mo [マオイスモ] 男 〈政治〉毛沢東 Mao Tse-tung 主義．

ma·pa [マパ] 男 地図．

他 は他動詞　再 は再帰動詞　形 は形容詞　副 は副詞　前 は前置詞　接 は接続詞　間 は間投詞

ma·pa·che

borrar del mapa... …を消滅させる、排除する.
desaparecer del mapa (この世などから)姿を消す.
mapa del tiempo 天気図.
mapa mudo 白地図.

ma·pa·che [マパチェ] 男 〈動物〉アライグマ.
ma·pa·mun·di [マパムンディ] 男 世界地図.
ma·pu·che [マプチェ] 形 (南米南部の)アラウコ族の、マプチェ族の.
— 男女 アラウコ人、マプチェ族の人.
— 男 アラウコ語、マプチェ語.

ma·que·ta [マケタ] 女 1 模型. 2〈印刷〉束(②)見本.
ma·quia·vé·li·co, ca [マキアベリコ, カ] 形 1 マキャベリズムの. 2 策略を使う、計略的な.
ma·quia·ve·lis·mo [マキアベリスモ] 男〈思想〉(マキャベリ Maquiavelo の)マキャベリズム.
ma·qui·lla·je [マキじゃへ] 男 1 化粧、メーキャップ. 2 化粧品.
ma·qui·llar [マキじゃル] 他 …に化粧する、メーキャップをする. 2 …を粉飾する.
— maquillarse 再 (自分が)化粧する、メーキャップする.

má·qui·na [マキナ] 女 1 機械、機械装置. 2 機関車. 3 機構、機関、仕組み. 4 自動販売機. 5 エンジン、モーター. 6 カメラ.
a toda máquina 全速力で.
escribir a máquina タイプで打つ.
máquina de coser ミシン.
máquina de escribir タイプライター.
máquina de vapor 蒸気機関.
(máquina) tragaperras スロットマシン.

ma·qui·na·ción [マキナしオン] 女 陰謀、策略.
ma·qui·nal [マキナル] 形 機械的な、習慣的な.
ma·qui·nal·men·te [マキナルメンテ] 副 機械的に、無意識に.
ma·qui·nar [マキナル] 他 …をたくらむ.
ma·qui·na·ria [マキナリア] 女 1 機械設備. 2 (集合的に)機械.
ma·qui·ni·lla [マキニじゃ] 女 安全かみそり.
maquinilla eléctrica 電気かみそり、シェーバー.
ma·qui·nis·ta [マキニスタ] 男女 1〈鉄道〉機関士. 2 機械運転者.
ma·qui·ni·zar [マキニさル] 他《活 39 go-zar》…を機械化する.
ma·quis [マキス] 男《単複同形》(反政府の)地下運動員.
— 男 (レジスタンスなどの)地下運動組織.

mar [マル] 男女 1 海、海洋. 2 海域. 3 内海、大きな湖. 4 (月面の)海. 5 大波、うねり.
alta mar 沖合、外洋.
a mares 大量に.
estar hecho un mar de lágrimas 泣きじゃくる.
hablar de la mar 夢のようなことを話す.
hacerse a la mar (船が)出港する、出帆する.

la [un] mar de... たくさんの…, 非常な….
mar arbolada (波が6メートル以上の)荒海.
mar de fondo 1 (波の)うねり. 2 潜在的な不安.
mar gruesa (6メートル以下の波の)荒海.
mar montañosa (波が9メートル以上の)荒海.
mar picada 高波の海.
mar rizada さざ波の海.

Mar [マル] 固〈女性の名〉(Marimar の愛称の)マル.
ma·ra·bú [マラブ] 男〈鳥〉ハゲコウ.
ma·ra·bun·ta [マラブンタ] 女 1 アリ[蟻]の大群の移動. 2 騒ぎたてる群衆.
Ma·ra·cai·bo [マラカイボ] 固〈湖・市の名〉(ベネズエラの)マラカイボ.
ma·ra·cas [マラカス] 女複〈楽器〉マラカス.
ma·ra·ña [マラニャ] 女 1 (髪や糸の)もつれ. 2 (事物の)もつれ、からまり. 3 やぶ、茂み.
ma·ra·ñón [マラニョン] 男〈植物〉カシューノキ.
ma·ras·mo [マラスモ] 男 1 中止、中断. 2〈医学〉消耗症.
ma·ra·tón [マラトン] 男女 1 耐久競技. 2〈スポーツ〉マラソン.
ma·ra·to·nia·no, na [マラトニアノ, ナ] 形 1 マラソンの. 2 (交渉や討論が)長時間におよぶ.
ma·ra·ve·dí [マラベディ] 男《複 maravedíes, maravedís》〈通貨単位〉(中世スペインの)マラベディ.
ma·ra·vi·lla [マラビじゃ] 女 1 驚異、驚嘆. 2 賞賛、賛美. 3〈料理〉粒型のパスタ. 4〈植物〉オシロイバナ.
— 活 → maravillar 感心させる.
a las mil maravillas とてもよく, 見事に.
decir [contar] maravillas de... …をほめすぎる, 絶讃する.
de maravilla 見事に, うまく合致して.
hacer maravillas 見事な腕前を見せる.
ma·ra·vi·llar [マラビじゃル] 他 …を感心させる, 驚嘆させる, びっくりさせる.
— maravillarse 再 (+con, de...) …に驚く, びっくりする, 感心する.
ma·ra·vi·llo·sa·men·te [マラビじょサメンテ] 副 見事に, すばらしく.
ma·ra·vi·llo·so, sa [マラビじょソ, サ] 形 見事な, すばらしい, 驚くべき.
Mar·be·lla [マルベじゃ] 固〈保養地の名〉(スペイン南部の)マルベジャ.
mar·be·te [マルベテ] 男〈商品〉ラベル.
mar·ca [マルカ] 女 1 印, 目印, マーク. 2〈商品〉商標, 銘柄. 3 跡(②), 痕跡(①). 4 特徴, スタイル. 5〈スポーツ〉最高記録, レコード.
— 活 → marcar 印をつける.
de marca mayor 異常な, すごい.
mar·ca·da·men·te [マルカダメンテ] 副 目立って, 著しく.

mar·ca·do, da [マルカド, ダ] 《過去分詞》→ marcar 印をつける.
— 形 1 目立った, 顕著な. 2《言語学》有標の.

mar·ca·dor [マルカドル] 男《スポーツ》得点表示板, スコアボード.

Mar·ca His·pá·ni·ca [マルカ イスパニカ] 固〈領土の名〉(中世の)イスパニア辺境領.

mar·ca·je [マルカヘ] 男《スポーツ》マークすること.

mar·ca·pa·sos [マルカパソス] 男《単複同形》《医学》ペースメーカー.

mar·car [マルカル] 他《活》73 sacar》1 …に(+con…) …で印をつける. 2 …に傷をつける. 3 …に(精神的な)跡を残す, 痕跡(㾗)をとどめる. 4 (特定の数値)を表示する, 指す, 示す. 5 …を示す, 意味する, 表わる. 6 …を強調する, 目立たせる. 7 (髪型)をセットする. 8《スポーツ》(相手)をマークする.
— 自 1 印をつける. 2《スポーツ》得点をあげる. 3 (電話番号などを)回す, 押す.
— marcarse 再 1《スポーツ》得点をあげる. 2 …と言う.

Mar·ce·la [マルセラ] 固〈女性の名〉マルセラ.
Mar·ce·li·no [マルセリノ] 固〈男性の名〉マルセリノ.
Mar·ce·lo [マルセロ] 固〈男性の名〉マルセロ.

mar·cha [マルチャ] 女 1 出発. 2 進行, 進展, 発展. 3 精力, 活力. 4 (雰囲気の)盛り上がり, にぎわい. 5 行進, 行軍. 6 行進曲, マーチ. 7 (自動車などの)運転, 運行. 8《スポーツ》競歩. 9〈自動車〉ギア.
— 活 → marchar 歩く.
a marchas forzadas 急いで, 強行軍で.
coger la marcha de… …の扱い方のこつをのみこむ.
dar marcha atrás 1 (車を)バックさせる. 2 (計画などを)後退させる.
en marcha 進行中の.
¡En marcha!〈号令〉前へ進め!
llevar buena marcha (事が)順調に進む.
marcha directa〈自動車〉トップギア.
marcha nupcial 結婚行進曲.
Marcha Real〈国歌の名〉(スペインの)マルチャ・レアル.
poner… en marcha …を始動させる.
ponerse en marcha 発進する.
sobre la marcha 進行中に, その場で.

mar·cha·mo [マルチャモ] 男 (製品の)検査済みマーク.

mar·chan·te [マルチャンテ] 男 女 (美術品などの)商人.

mar·char [マルチャル] 自 1 歩く, 進む. 2 出発する. 3 進展する, 発展する. 4〈機械〉動く, 働く. 5〈軍隊〉行進する, 進軍する.
— marcharse 再 (その場を離れて)行ってしまう.

mar·chi·tar [マルチタル] 他 1 (草花)をしおれさせる. 2 …をやつれさせる.
— marchitarse 再 1 (草花が)しおれる. 2 やつれる.

mar·chi·to, ta [マルチト, タ] 形 1 (草花が)しおれた. 2 やつれた.

mar·cho·so, sa [マルチョソ, サ] 形 陽気な, ひょうきんな.

mar·cial [マルシアル] 形 1 軍隊の. 2 軍人らしい/*artes marciales* 武術.

mar·cia·li·dad [マルシアリダス] 女 軍人気質, 武張った様子.

mar·cia·no, na [マルシアノ, ナ] 形 火星の.
— 男 女 火星人.

mar·co [マルコ] 男 1 枠(わく), 額縁, 窓枠, フレーム. 2 背景の状況, 環境. 3 枠組み, 範囲, 限界. 4〈通貨単位〉(ドイツなどの)マルク. 5《スポーツ》ゴールポスト.

Mar·co [マルコ] 固〈男性の名〉マルコ.
Mar·cos [マルコス] 固〈男性の名〉マルコス.

ma·re·a [マレア] 女 1 潮(しお), 潮流. 2 大量, 多数.
marea alta 高潮, 満潮.
marea baja 干潮.
marea creciente 上げ潮.
marea menguante 引き潮.
marea negra 海上に流出した重油.
marea roja 赤潮.

ma·re·a·do, da [マレアド, ダ] 《過去分詞》→ marear 悩ませる.
— 形 1 気分が悪くなった. 2 (乗物に)酔った. 3 めまいがする.

ma·re·an·te [マレアンテ] 形 1 気分を悪くさせる. 2〈乗り物〉酔わせるような. 3 うんざりさせる, うっとうしい.

ma·re·ar [マレアル] 他 1 …を悩ませる, 困らせる. 2 (乗り物が)…を酔わせる. 3 …をむかつかせる, うんざりさせる.
— marearse 再 1 乗り物酔いになる, 気分が悪くなる. 2 めまいがする.

ma·re·ja·da [マレハダ] 女 大波, うねり.

ma·re·mag·no [マレマグノ] 男 混乱した大量のもの.

ma·re·mo·to [マレモト] 男 海底地震.

ma·ren·go [マレンゴ]《つぎの名詞句の一部》
gris marengo 濃い灰色.

ma·re·o [マレオ] 男 1 めまい, むかつき, 吐き気, 乗り物酔い. 2 (わずらわしさによる)疲れ, だるさ.
— 活 → marear 悩ませる.

mar·fil [マルふィる] 男 1 象牙(ぞうげ). 2〈品物〉象牙細工. 3 象牙色.

mar·ga·ri·na [マルガリナ] 女〈料理〉マーガリン.

mar·ga·ri·ta [マルガリタ] 女 1〈植物〉マーガレット, ヒナギク. 2〈貝〉タカラガイ. 3 真珠.

Mar·ga·ri·ta [マルガリタ] 固〈女性の名〉マル

mar·gen

ガリタ.

mar·gen [マルヘン] 〖男〗〖複〗márgenes) 1 (ページなどの)余白, 欄外. 2 余裕, ゆとり, 余地. 3 機会, チャンス. 4〈商業〉利ざや, マージン. 5 許容範囲. 6 へり, 端, 縁.
— 〖女〗川岸.
al margen (de...) (…の)欄外に, はなれて.

mar·gi·na·ción [マルヒナシオン] 〖女〗 1 無視, 差別扱い. 2 除外.

mar·gi·na·do, da [マルヒナド, ダ] 《過去分詞》→ marginar 無視する.
— 〖形〗 除外された, 差別された.
— 〖男〗 1 部外者, 疎外された者. 2 (社会の)落伍者, 落ちこぼれ. 3 アウトサイダー.

mar·gi·nal [マルヒナル] 〖形〗 1 二次的な, 周辺的な. 2 へりの, 縁(ふち)の, 末端の. 3 社会的に孤立した, 疎外された. 4 アウトサイダーの, 部外者の.

mar·gi·nar [マルヒナル] 〖他〗 1 …を無視する, 除外する, 疎外する. 2 …を劣等視する. 3 …に余白を残す. 4 …に傍注をつける, 余白に書き込む.

Ma·ri [マリ] 〖固〗〈女性の名〉(María の愛称の).

Ma·rí·a [マリア] 〖固〗 1〈女性の名〉マリア. 2〈宗教〉(イエスの母の)マリア, 聖母マリア[= Santa María].

ma·rí·a [マリア] 〖女〗 1〈麻薬〉マリファナ. 2〈学校〉楽に単位の取れる科目. 3 単純素朴な女性. 4 丸型ビスケット.

ma·ria·chi [マリアチ] 〖男〗〈= mariachis〉〈楽団・音楽〉(メキシコの)マリアッチ.

Ma·rí·a de Gua·da·lu·pe [マリア デ グァダルペ] 〖固〗〈聖女の名〉(メキシコの守護聖人の)グァダルペのマリア.

Ma·rí·a del Car·men [マリア デル カルメン] 〖固〗〈女性の名〉マリアデルカルメン.

Ma·rí·a del Mar [マリア デル マル] 〖固〗〈女性の名〉マリアデルマル.

Ma·rí·a del Sol [マリア デル ソル] 〖固〗〈女性の名〉マリアデルソル.

Ma·ria·na [マリアナ] 〖固〗〈女性の名〉マリアナ.

ma·ria·nis·mo [マリアニスモ] 〖男〗〈宗教〉聖母マリア崇拝.

Ma·ria·no [マリアノ] 〖固〗〈男性の名〉マリアノ.

ma·ria·no, na [マリアノ, ナ] 〖形〗〈宗教〉聖母マリアの, 聖母マリア崇拝の.

Ma·ri·bel [マリベル] 〖固〗〈女性の名〉(María Isabel の愛称の)マリベル.

ma·ri·ca [マリカ] 〖男〗 1 女性的な男. 2 ホモ, 同性愛の男.
— 〖女〗〈鳥〉カササギ.

Ma·ri Car·men [マリ カルメン] 〖固〗〈女性の名〉(María del Carmen の愛称の)マリカルメン.

Ma·ri·cas·ta·ña [マリカスタニャ] 〖固〗《つぎの形容詞句の一部》
de Maricastaña 大昔の.

ma·ri·cón [マリコン] 〖男〗 ホモ, 同性愛の男.

ma·ri·co·na·da [マリコナダ] 〖女〗 1 ホモ独特のしぐさ[言動]. 2 卑劣な行為. 3 愚行.

ma·ri·co·ne·ra [マリコネラ] 〖女〗 男性用ハンドバッグ.

ma·ri·co·ne·rí·a [マリコネリア] 〖女〗 ホモ特有の言動.

ma·ri·da·je [マリダヘ] 〖男〗 1 連係, 連携. 2 結婚生活, 夫婦関係.

ma·ri·do [マリド] 〖男〗 夫(おっと).

ma·ri·hua·na [マリワナ] 〖女〗〈= mariguana〉 1〈麻薬〉マリファナ, 大麻. 2〈植物〉アサ[麻].

ma·ri·ma·cho [マリマチョ] 〖男〗〖女〗 男まさりの女.

ma·ri·man·dón, do·na [マリマンドン, ドナ] 〖形〗 口やかましい, 横柄な.
— 〖男〗〖女〗 口うるさい人.

Ma·ri·mar [マリマル] 〖固〗〈女性の名〉(María del Mar の愛称の)マリマル.

ma·rim·ba [マリンバ] 〖女〗〈楽器〉マリンバ.

ma·ri·mo·re·na [マリモレナ] 〖女〗 はでな口げんか, 騒動.

ma·ri·na¹ [マリナ] 〖女〗《→ marino²》 1〈兵員〉海軍. 2 (一国全体の)船舶. 3 沿岸部, 海岸地帯. 4〈美術〉海洋画.
marina de guerra（集合的に）軍艦.
marina mercante（一国全体の）商船.

ma·ri·ne·rí·a [マリネリア] 〖女〗 1 (集合的に)乗組員, 水夫. 2 (集合的に)水兵, 海兵. 3 船員の仕事.

ma·ri·ne·ro¹ [マリネロ] 〖男〗 1 船乗り, 水夫. 2 水夫, 海兵.

ma·ri·ne·ro², ra [—, ラ] 〖形〗 1 水夫の, 船乗りの. 2 水夫の, 海兵の. 3〈船舶〉操船しやすい, 扱いやすい. 4 海辺の, 沿岸部の. 5 セーラー服の.
a la marinera 1 船員風に, 水夫のように. 2〈料理〉タマネギ・ソースを使った.

ma·ri·no¹ [マリノ] 〖男〗 1 水兵, 海兵. 2 船員, 水夫, 船乗り.

ma·ri·no², na² 〖形〗 海の, 海洋の.

Ma·rio [マリオ] 〖固〗〈男性の名〉マリオ.

ma·rio·lo·gí·a [マリオロヒア] 〖女〗 聖母マリア研究.

ma·rio·ne·ta [マリオネタ] 〖女〗 1〈人形〉マリオネット, 操り人形. 2〈人〉操り人形, 人の言いなりになる人.

ma·ri·po·sa [マリポサ] 〖女〗 1〈昆虫〉チョウ[蝶]. 2 浮かし灯明. 3〈水泳〉バタフライ. 4 蝶ナット. 5 同性愛の男, ホモ.

ma·ri·po·se·ar [マリポセアル] 〖自〗 1 移り気である, 気まぐれである. 2 (+a…) …のあたりにつきまとう. 3 (いやらしく)女っぽい仕草(しぐさ)をする.

ma·ri·qui·ta [マリキタ] 〖女〗 1〈昆虫〉テントウムシ. 2 同性愛の男. 3 女っぽい男.

Ma·ri·qui·ta [マリキタ] 〖固〗〈女性の名〉(María の愛称の)マリキタ.

Ma·ri·sa [マリサ] 〖固〗〈女性の名〉(María Luisa の愛称の)マリサ.

〖活〗は活用形 〖複〗は複数形 〖男〗は男性名詞 〖女〗は女性名詞 〖固〗は固有名詞 〖代〗は代名詞 〖自〗は自動詞

ma·ri·sa·bi·di·lla [マリサビディジャ] 囡 知ったかぶりをする女.

ma·ris·ca·da [マリスカダ] 囡 〈魚以外のエビや貝の〉海産物料理.

ma·ris·cal [マリスカル] 男 〈軍隊〉元帥(衔).

ma·ris·car [マリスカル] 他 〈活 73 sacar〉 〈漁〉(エビや貝)を取る, 捕らえる.

ma·ris·co [マリスコ] 男 〈魚以外のエビや貝の〉海産物.

ma·ris·ma [マリスマ] 囡 (海面より低い)塩性沼沢地.

Ma·ri·sol [マリソル] 固 《女性の名》(María de la Soledad の愛称の)マリソル.

ma·ris·que·rí·a [マリスケリア] 囡 海産物料理店.

ma·ris·ta [マリスタ] 形 《男女同形》〈宗教〉(マリア崇拝の)マリスト会の.
— 男 マリスト会士.

ma·ri·tal [マリタる] 形 結婚の, 夫婦の.

ma·rí·ti·mo, ma [マリティモ, マ] 形 1 海の, 海上の. 2 海事の.
ciudad marítima 臨海都市.
correo marítimo 〈郵便〉船便.
derecho marítimo 海法.
seguro marítimo 海上保険.

mar·jal [マルハる] 男 沼沢地, 低湿地.

mar·ke·ting [マルケティン] 男 市場調査, マーケティング.

mar·mi·ta [マルミタ] 囡 1 ふた付き鍋(氦). 2 圧力鍋.

már·mol [マルモる] 男 1 大理石. 2 大理石像.

mar·mo·li·llo [マルモリジョ] 男 〈人〉間抜け, 薄のろ.

mar·mo·lis·ta [マルモリスタ] 男 1 大理石職人. 2 大理石業者.

mar·mó·re·o, a [マルモレオ, ア] 形 大理石の, 大理石のような.

mar·mo·ta [マルモタ] 囡 1 〈動物〉マーモット. 2 〈人〉眠たがり屋, 寝坊.

ma·ro·ma [マロマ] 囡 太い綱, 太綱, 索(氖).

ma·ro·mo [マロモ] 男 (名前を伏せて)某氏, 彼氏.

marqu- 活 → marcar 印をつける《活 73》.

mar·qués [マルケス] 男 侯爵.

mar·que·sa [マルケサ] 囡 1 女侯爵. 2 侯爵夫人.

mar·que·sa·do [マルケサド] 男 1 侯爵の身分. 2 侯爵領.

mar·que·si·na [マルケシナ] 囡 (入り口などの)ひさし, 張り出し屋根.

mar·que·te·rí·a [マルケテリア] 囡 1 〈技法〉寄せ木細工, 指物(岟)工芸. 2 〈工芸品〉寄せ木細工, 指物工芸品.

ma·rra·jo¹ [マラホ] 男 〈魚〉アオザメ.

ma·rra·jo², ja [—, ハ] 形 (人や闘牛が)手ごわい, 悪賢い.

ma·rra·na·da [マラナダ] 囡 1 汚れたもの. 2 出来の悪いもの. 3 きたない手口, 卑劣な手段.

ma·rra·no, na [マラノ, ナ] 形 1 うす汚れた, きたならしい. 2 下品な, 野卑な.
— 男 囡 1 〈動物〉ブタ [豚]. 2 うす汚れた人. 3 卑劣な人間.
joder la marrana ひどく不愉快にさせる.

ma·rrar [マラる] 他 …をしくじる.
— 自 失敗する, 間違える.

ma·rras [マラス] 《つぎの形容詞句の一部》
de marras よく知られた, 例の.

ma·rras·qui·no [マラスキノ] 男 (サクランボのリキュールの)マラスキノ.

ma·rro [マロ] 男 1 陣取り遊び. 2 石投げ遊び.

ma·rrón [マロン] 形 〈色彩〉栗色の, 茶色の.
— 男 1 栗色, 茶色. 2 いやな仕事, 厄介事.
meter un marrón a… …をこらしめる.

ma·rro·quí [マロキ] 形 《男女同形》(北アフリカの国の)モロッコ Marruecos の.
— 男 囡 モロッコ人.

ma·rro·qui·ne·rí·a [マロキネリア] 囡 1 皮革加工業. 2 皮革製品. 3 皮革製品店.

Ma·rrue·cos [マルエコス] 固 〈国の名〉(アフリカ北西部の王国の)モロッコ.

ma·rru·lle·rí·a [マルジェリア] 囡 巧妙な罠(氖), いかさま.

ma·rru·lle·ro, ra [マルジェロ, ラ] 形 いかさまの, 巧妙な手口の.
— 男 囡 〈人〉いかさま師.

Mar·se·lla [マルセジャ] 固 〈都市の名〉(フランス南東部の)マルセーユ.

mar·se·llés, lle·sa [マルセジェス, ジェサ] 形 (フランス南東部の)マルセーユ Marsella の.
— 男 囡 マルセーユの人.
La Marsellesa (フランスの国歌の)ラマルセイエーズ.

mar·so·pa [マルソパ] 囡 《= marsopla》〈動物〉ネズミイルカ.

mar·su·pial [マルスピアる] 男 (カンガルーなどの)有袋目動物.

mar·ta [マルタ] 囡 〈動物〉テン.

Mar·ta [マルタ] 固 〈女性の名〉マルタ.

mar·tes [マルテス] 男 〈単複同形〉火曜日.
el martes (y) trece (縁起の悪い)13 日の火曜日.

mar·ti·lla·zo [マルティジャソ] 男 槌(氖)による強打.

mar·ti·lle·ar [マルティジェアる] 他 1 …を槌(氖)で強打する. 2 …を休みなくたたく. 3 …を繰り返す. 4 …を苦しめる, さいなむ.

mar·ti·lle·o [マルティジェオ] 男 (槌(氖)などで)繰り返したたくこと.
— 活 → martillear 槌(氖)で強打する.

mar·ti·llo [マルティジョ] 男 1 槌(氖), ハンマー. 2 〈解剖学〉(中耳の槌骨(氖))つち骨. 3 〈スポーツ〉(投げる)ハンマー. 4 (ピアノなどの)ハンマー. 5 (銃の

撃鉄.

Mar·tín [マルティン] 固 〈男性の名〉マルティン.
mar·ti·ne·te [マルティネテ] 男 1 (ピアノなどの)ハンマー. 2 (フラメンコの歌唱法の)マルティネテ.
mar·tin·ga·la [マルティンガら] 女 1 策略, たくらみ. 2 厄介事.
mar·tín pes·ca·dor [マルティン ペスカドル] 男 〈鳥〉カワセミ.
már·tir [マルティル] 男女 1 〈宗教〉殉教者. 2 受難者, 犠牲者.
hacerse el mártir 犠牲者ぶって仕事をする.
mar·ti·rio [マルティリオ] 男 〈宗教〉殉教, 殉死. 2 つらい仕事, 苦難.
mar·ti·ri·zar [マルティリさル] 他 〈活〉39 gozar〉1 〈宗教〉…を迫害する, 殉教させる. 2 …を苦しめる, さいなむ.
mar·ti·ro·lo·gio [マルティロロヒオ] 男 〈宗教〉殉教者名簿.
Ma·ru·ja [マルハ] 固 〈女性の名〉マルハ.
mar·xis·mo [マルクシスモ] 男 〈思想〉マルクスMarx主義.
mar·xis·ta [マルクシスタ] 形《男女同形》マルクス主義の.
— 男女 マルクス主義者.
mar·zo [マルそ] 男 (月名の)3月.
mas [マス] 接《アクセントなし》しかし.
más [マス] 形《形容詞 mucho の比較級語》《単複同形, 男女同形》1 さらに多くの, 一層多くの.
2 (+que…) …より多くの.
3 これ以上の, それ以上の, それ以外の.
— 副《副詞 mucho の比較級語》1 さらに多く, 一層多く.
2 (+que…) …より多く, もっと.
3 (+形容詞·副詞+que〜) 〜よりもっと…に, 一層….
4 (+de+数量) …以上.
5 (+… que〜) 〜よりむしろ….
6 (定冠詞·所有形容詞+) (+de〜) 〜のなかで一番 …/el alumno *más* alegre de la clase クラスで一番陽気な生徒.
7 そのうえ, さらに.
8 とても, 非常に.
— 代 1 さらに多くのもの, これ以上, それ以外.
2 (los·las+) …の多く, 大部分.
— 男 (記号の)プラス.
— 接《アクセントなし》…たす 〜/Tres *más* cinco son ocho. 3たす5は8.
a cuál más いずれ劣らずの.
a lo más せいぜい, 多くて.
a más その上に, さらに.
a más (+不定詞) できるだけ …して.
a más no poder 可能な限り, 大量に.
a más y mejor さかんに, 十分に.
cuando más せいぜい, 多くて.
cuanto más…, (tanto) más… 〜すればする

ほど〜.
de más 余分に, 余計に.
de más en más だんだん, ますます.
el más y el menos 損得, 長所と短所.
el que más y el que menos だれでも, 皆.
es más それどころではない, さらには.
estar de más… …は余計なことである.
hasta no más [*hasta más no poder*] このうえなく.
lo más (+形容詞) 1 とても…. 2 一番 …なこと[ところ].
lo más (+形容詞·副詞+) *posible* [*que poder*] できるだけ …な·に.
lo más antes できるだけ早く.
lo más posible [*que poder*] できるだけ.
lo más tarde おそくとも.
más bien むしろ.
más bien… que… …よりもむしろ ….
más de la cuenta ありうるより多く.
más o menos だいたい, 多かれ少なかれ.
más y más ますます.
ni más ni menos まさに.
no más… 1 …だけ, 単に …. 2 …するとすぐ.
no más de (+数量) せいぜい …, わずか ….
no(…) más que 〜だけ, 〜しか ….
por lo más せいぜい, 多くて.
por más que… どんなに …でも.
por más… que〜 どんなに …に 〜でも.
¿Qué más da? そんなことはどうでもいいよ.
¡Qué… más…! なんと 〜な…!
quien más quien menos だれでも.
…sin más …だけ.
sin más (ni más) 急に, わけもわからずに.
(sobre) poco más o menos およそ, ほぼ.
sus más y sus menos 難点, 複雑さ.
todo lo más 1 せいぜい. 2 おそくとも.
y lo que es más さらに, そのうえに.
¿Y qué más? だからどうだと言うんだ?

ma·sa [マサ] 女 1 かたまり[塊], 集まり. 2 大衆, 民衆, 庶民[=masas]. 3 (パンなどの)こね粉, 生地(き). 4 総量, 総体. 5 〈物理学〉質量.
comunicación de masas マスコミ.
con las manos en la masa 現行犯で.
en masa 1 まとめて, 全体で. 2 一団となって. 3 大量の, 大規模な.
masa atómica 原子質量.
masa específica (単位としての)質量.
la gran masa 大部分, 大多数.
ma·sa·crar [マサクラル] 他 …を大量虐殺する.
ma·sa·cre [マサクレ] 男 大虐殺.
— 活 → masacrar 大量に虐殺する.
ma·sa·je [マサへ] 男 マッサージ.
ma·sa·je·ar [マサへアル] 他 …をマッサージする.
ma·sa·jis·ta [マサヒスタ] 男女 マッサージ師.
mas·car [マスカル] 他 〈活 73 sacar〉1 …をかむ, よくかむ. 2 …をぶつぶつ言う.

活 は活用形　複 は複数形　男 は男性名詞　女 は女性名詞　固 は固有名詞　代 は代名詞　自 は自動詞

más·ca·ra [マスカラ] 女 1 仮面, マスク. 2 防毒マスク. 3 仮装, 変装. 4 変装した人. 5 そぶり.
máscara antigás ガスマスク.
quitar la máscara a… …の正体をあばく.
quitarse la máscara 正体を現す.

mas·ca·ra·da [マスカラダ] 女 1 仮装大会, 仮装舞踏会. 2 まやかし, 見せかけ.

mas·ca·ri·lla [マスカリじゃ] 女 1 (鼻と口をおおう)マスク. 2 酸素マスク. 3 (美顔用の)パック.

mas·ca·rón [マスカロン] 男〈建築〉(装飾用の)怪人面.
mascarón de proa 〈船舶〉船首像.

mas·co·ta [マスコタ] 女 1 マスコット. 2 お守り. 3 ペット.

mas·cu·li·ni·dad [マスクリニダス] 女 男らしさ.

mas·cu·li·no¹ [マスクリノ] 男〈文法〉男性, 男性形.

mas·cu·li·no², na [―, ナ] 形 1 男性の, 男の. 2 雄(ホ)の, 雄性の. 3〈文法〉男性の, 男性形の.

mas·cu·llar [マスクじゃル] 他 …をぶつぶつ言う.

ma·sí·a [マスィア] 女〈農地に囲まれた〉農家.

ma·si·fi·car [マシふィカル] 他〈活 73 sacar〉1 (人々)を群集化する. 2 …を大衆並みにする. 3 …を人でいっぱいにする.

ma·si·lla [マスィじゃ] 女 (窓ガラスの固定や穴ふさぎに使う)パテ.

ma·si·vo, va [マスィボ, バ] 形 1 大勢の集まる, 大集団の. 2 大量に扱う, 多量の.

ma·són, so·na [マソン, ソナ] 男女 フリーメーソンの会員.

ma·so·ne·rí·a [マソネリア] 女〈国際的秘密結社の〉フリーメーソン.

ma·só·ni·co, ca [マソニコ, カ] 形 フリーメーソンの.

ma·so·quis·mo [マソキスモ] 男 マゾヒズム, 被虐性愛.

ma·so·quis·ta [マソキスタ] 形 マゾヒズムの.
― 男女 マゾヒスト, マゾ, 被虐性愛者.

mas·tec·to·mí·a [マステクトミア] 女〈医学〉(手術の)乳房切除.

mas·ti·ca·ción [マスティカしオン] 女 かむこと, 咀嚼(そしゃく).

mas·ti·car [マスティカル] 他〈活 73 sacar〉1 (食物など)をかむ, 咀嚼(そしゃく)する. 2 …について考えをめぐらせる.

más·til [マスティる] 男 1〈帆船〉マスト, 帆柱. 2 支柱. 3〈弦楽器〉さお.

mas·tín [マスティン] 男 (大型番犬の)マスチフ.

mas·ti·tis [マスティティス] 女〈単複同形〉〈医学〉乳腺炎.

mas·to·don·te [マストドンテ] 男 1〈古生物〉マストドンテ. 2 大きな人間. 3 巨大なもの.

mas·tuer·zo [マストゥエルそ] 男 1〈植物〉コショウソウ[胡椒草]. 2〈男〉頑固な間抜け.

mas·tur·ba·ción [マストゥルバしオン] 女 マスタベーション, 自慰, オナニー.

mas·tur·bar [マストゥルバル] 他 (他人)に手淫(しゅいん)をする.
― **masturbarse** 再 自慰をする.

ma·ta [マタ] 女 1 低木, 灌木(かんぼく). 2 (野菜や草花の)背の低い植物.
― 活 matar 殺す.

ma·ta·ca·ba·llo [マタカバじょ] 男〈つぎの副詞句の一部〉
a matacaballo とてもゆっくりと.

ma·ta·cán [マタカン] 男〈建築〉(城壁の)石落とし.

ma·ta·chín [マタチン] 男 1 畜殺業者. 2〈男〉けんか好き.

ma·ta·de·ro [マタデロ] 男 畜殺場.

ma·ta·dor, do·ra [マタドル, ドラ] 形 趣味の悪い, みにくい.
― 男女〈闘牛〉(主役の)マタドール.

ma·ta·du·ra [マタドゥラ] 女 1 (馬などの)鞍(くら)ずれ. 2 かすり傷. 3 老人染み.

ma·ta·la·hú·ga [マタらウガ] 女〈= matalahúva〉〈植物〉アニス, ウイキョウ.

ma·ta·mo·ros [マタモロス] 男〈単複同形〉空威張り屋.

ma·ta·mos·cas [マタモスカス] 男〈単複同形〉1 ハエ取り液. 2 ハエたたき.

ma·tan·za [マタンさ] 女 1 大虐殺, 殺戮(さつりく). 2 豚の畜殺作業. 3 (11 月の)豚の畜殺時期. 4 (集合的に)豚肉製品.

ma·tar [マタル] 他 1 …を殺す, 殺害する, 畜殺する. 2 (時間)をつぶす. 3 (空腹や渇き)をいやす, まぎらす. 4 (色など)を弱める, 消す. 5 …を疲れさせる, ひどく苦しめる. 6 …を強く望ませる. 7 (火などを消す. 8 (切手)に消印を押す. 9〈木工〉(角(かど)など)を落とす.
― **matarse** 再 1 自殺する. 2 (事故などで)死ぬ. 3 死ぬほど働く.
estar [llevarse] a matar (con…) (…と)敵対関係にある.
matar las callando うわべだけつくろう.
matarse a (+不定詞) 死ぬほど…する.
¡Que me maten si…! …なら死んでもいいよ!

ma·ta·ri·fe [マタりふェ] 男 畜殺業者, 畜殺人.

ma·ta·rra·tas [マタラタス] 男〈単複同形〉1 (毒薬の)猫いらず. 2 粗悪な安酒.

ma·ta·sa·nos [マタサノス] 男〈単複同形〉やぶ医者, にせ医者.

ma·ta·se·llos [マタセじょス] 男〈単複同形〉1 (切手の)消印. 2 消印スタンプ.

ma·ta·sue·gras [マタスエグラス] 男〈単複同形〉(吹くと伸びて音を出す)紙へび.

ma·te [マテ] 形〈色彩〉つや消しの.
― 男 1〈バスケットボール〉ダンクショット. 2 (テニスなどの)スマッシュ. 3〈チェス〉チェックメイト, 王手[= jaque mate]. 4〈植物〉マテチャノキ. 5〈飲料〉マテ茶.

ma·te·má·ti·ca[1]

— 活 → matar 殺す.

ma·te·má·ti·ca[1] [マテマティカ] 女 数学[= matemáticas 複].

ma·te·má·ti·ca·men·te [マテマティカメンテ] 副 1 数学的に. 2 精密に.

ma·te·má·ti·co, ca[2] [マテマティコ, —] 形 1 数学の. 2 正確な, 精確な.

— 男女 数学者.

Ma·te·o [マテオ] 固〈男性の名〉マテオ.

ma·te·ria [マテリア] 女 1 物質, 物体. 2 材料, 素材. 3 題材, 問題. 4 教科, 科目.

en materia de... …に関して言えば.

entrar en materia (話の)本題に入る.

materia gris〈解剖学〉(脳の)灰白質.

materia prima 原料.

ma·te·rial [マテリアる] 形 1 物質の, 物質的な. 2 肉体の, 物的な. 3 具体的な, 実質的な.

— 男 1 (集合的に)材料, 素材. 2 (集合的に)用具, 器具, 機材一式. 3 (情報源の)資料.

ma·te·ria·li·dad [マテリアリダス] 女 1 実体, 実質. 2 具体性, 物質性. 3 表面, 外観.

ma·te·ria·lis·mo [マテリアリスモ] 男 1〈哲学〉唯物論. 2 物質主義.

materialismo histórico 史的唯物論.

ma·te·ria·lis·ta [マテリアリスタ] 形《男女同形》1 唯物論の. 2 物質主義の.

— 男女 1 唯物論者. 2 物質主義者.

ma·te·ria·li·za·ción [マテリアリさシオン] 女 1 具体化, 実現. 2 物化, 有形化. 3 物質主義化.

ma·te·ria·li·zar [マテリアリさる] 他《39 gozar》1 …を実現する, 具体化する. 2 …を物質化する.

— materializarse 再 1 実現する. 2 (+en...) …に具体化する. 3 物質主義者になる.

ma·te·rial·men·te [マテリアるメンテ] 副 1 物質的に. 2 実質的に, 具体的に. 3 物理的に. 4 文字通り, 実際に.

ma·ter·nal [マテルナる] 形 母の, 母親らしい, 母性の.

ma·ter·ni·dad [マテルニダス] 女 1 母親らしさ, 母性. 2 産科病院.

ma·ter·ni·zar [マテルニさる] 他《39 gozar》1 …を母親として扱う. 2 (牛乳などに)母乳成分を補う.

ma·ter·no, na [マテルノ, ナ] 形 1 母親の, 母親らしい. 2〈血縁〉母方の, 母系の.

Ma·tí·as [マティアス] 固〈男性の名〉マティアス.

ma·ti·ces [マティせス] 男《複→ matiz》色合い.

Ma·til·de [マティるデ] 固〈女性の名〉マティルデ.

ma·ti·nal [マティナる] 形 朝の.

ma·ti·né [マティネ] 女 (劇場などの)昼興行, マチネー.

ma·tiz [マティす] 男 1 色合い, 色調. 2 意味合い, ニュアンス, あや.

ma·ti·za·ción [マティさシオン] 女 1 色調, 配色. 2 微妙な変化の付与.

ma·ti·zar [マティさる] 他《39 gozar》1 (色)を配する. 2 …に(+con, de...) …の色合いをつける. 3 …に微妙な変化を加える.

ma·to·jo [マトホ] 男 (よく茂った)低木, 雑木.

ma·tón[1] [マトン] 男〈人〉ボディーガード, 用心棒.

ma·tón[2]**, to·na** [—, トナ] 形 1 腕力の自慢をする. 2 けんか好きな.

ma·to·rral [マトラる] 男 低木の茂み, やぶ.

ma·tra·ca [マトラカ] 女 1〈玩具(がん)〉(がらがらと音を出す)マトラカ. 2 しつこさ, こだわり.

— 男女 しつこい人.

dar la matraca a... …にしつこく言い張る.

ma·traz [マトラす] 男《複 matraces》〈化学〉長首のフラスコ.

ma·triar·ca·do [マトリアルカド] 男 母系家族制, 母権制.

ma·triar·cal [マトリアルかる] 形 母系家族制の.

ma·trí·cu·la [マトリクら] 女 1 登録. 2 入学手続き. 3 登録簿, 登録簿. 4 (集合的に)登録者. 5 授業料. 6〈車〉ナンバープレート.

derechos de matrícula 登録料.

matrícula de honor 特待生資格.

ma·tri·cu·la·ción [マトリクらシオン] 女 1 登録. 2 入学手続き.

ma·tri·cu·lar [マトリクるる] 他 …を登録する.

— matricularse 再 1 (自分を)登録する. 2 (+en...) …に入学[受講]手続きをする.

ma·tri·mo·nial [マトリモニアる] 形 夫婦の, 婚姻の.

ma·tri·mo·nio [マトリモニオ] 男 1 結婚, 婚姻. 2 婚礼, 結婚式. 3 夫婦.

cama de matrimonio ダブルベッド.

consumar el matrimonio (婚礼のあとで)床入りする.

contraer matrimonio con... …と婚姻を結ぶ.

matrimonio civil 民事婚.

matrimonio de conveniencia [de interés] 打算的な結婚.

matrimonio religioso [eclesiástico] 教会結婚.

ma·tri·ten·se [マトリテンセ] 形 マドリードMadridの.

ma·triz [マトリす] 女《複 matrices》1〈解剖学〉子宮. 2 母胎. 3 鋳型(いがた), 金型. 4〈印刷〉(活字の)字母, 母型. 5 (小切手帳などの)控え. 6〈数学〉行列, マトリックス.

ma·tro·na [マトロナ] 女 1 助産婦, 産婆. 2 (古代ローマなどの)上流家庭の母親. 3 (威厳のある)年配の女性.

ma·tu·sa·lén [マトゥサれン] 男 年老いた男.

ma·tu·te [マトゥテ] 男 密輸入.
de matute 1 こっそりと. 2 非合法的に. 3 密輸の.
ma·tu·ti·no, na [マトゥティノ, ナ] 形 1 朝の, 早朝の. 2 午前中に行われる.
mau·la [マウラ] 共 (古くて役立たずの)がらくた.
— 男女〈人〉役立たず, なまけ者.
mau·llar [マウリャル] 自 [覆 11 aunar] (猫が)ニャーニャー鳴く.
mau·lli·do [マウジド] 男 猫の鳴き声.
mau·ri·ta·no, na [マウリタノ, ナ] 形 (アフリカ北西部の共和国)モーリタニア Mauritania の.
— 男女 モーリタニア人.
Mau·ro [マウロ] 固 〈男性の名〉マウロ.
máu·ser [マウセル] 男〈銃器〉モーゼル銃.
mau·so·le·o [マウソレオ] 男 (壮大な墓の)霊廟(れいびょう).
máx. [マクス]《略語》 máximo 最大の.
ma·xi·lar [マクシラル] 形〈解剖学〉顎(あご)の.
— 男〈解剖学〉顎骨(がっこつ).
má·xi·ma[1] [マクシマ] 女 1 格言, 金言. 2 規律, 理念, 原則. 3 信条, 処生訓. 4 最高気温.
má·xi·me [マクシメ] 副 まして, ことに.
má·xi·mo[1] [マクシモ] 男〈= máximum〉最大限, 最高度, 極限.
como máximo 1 せいぜい, 多くて. 2 おそくとも.
hacer el máximo 全力を尽くす.
máximo común divisor〈数学〉最大公約数.
má·xi·mo[2], **ma**[2] 形《絶対最上級語→ grande》最大の, 最高の, 最大限の.
ma·ya [マヤ] 形〈男女同形〉(中米の)マヤ族の.
— 男 マヤ語.
— 女 5月祭の歌.
— 男女 マヤ族の人, マヤ人.
ma·yal [マヤル] 男 1 (大きな石臼(いしうす)を回す)引き棒. 2 (穀物の実をたたき落とす)殻竿(からざお).
ma·yar [マヤル] 自 (猫が)鳴く.
ma·yes·tá·ti·co, ca [マイェスタティコ, カ] 形 1 国王らしい. 2 威厳のある.
ma·yi·do [マイド] 男 猫の鳴き声.
ma·yo [マヨ] 男 1 (年の 5 番目の) 5 月. 2 5 月柱, メイポール.
como (el) agua de mayo タイミングよく, 折りよく.
ma·yó·li·ca [マヨリカ] 女〈陶器〉(スペインやアラブの)マジョリカ焼き.
ma·yo·ne·sa [マヨネサ] 女〈料理〉マヨネーズ.
ma·yor [マヨル] 形《grande の比較級語》《男女同形》1 さらに大きい, 一層大きな. 2 (+que...) …より大きな. 3 (+que...) …より年長の, とし上の. 4 成人した, 大人(おとな)の. 5 上位の, 上級の. 6〈音楽〉長調の. 7 (定冠詞・所有形容詞+)最大の, 最年長の.
— 男女 1 大人, 成人. 2 年長者.

— 男〈軍隊〉司令官.
al (por) mayor〈商業〉卸売りの, 卸値で.
arte mayor〈詩型〉(9 音節以上の)長句詩.
colegio mayor 学生寮.
estado mayor〈軍隊〉参謀本部.
ir [pasar] a mayores 深刻な事態になる.
la mayor parte de… 大部分の….
mayor que〈読み方〉(数学の記号の)＞.
ser mayor de edad 成人[大人]である.
ma·yo·ral [マヨラル] 男 1 人夫頭, 牧童頭.
ma·yo·raz·go [マヨラスゴ] 男 1 長子相続制度. 2 (相続権のある)長子, 長男. 3 長子の相続財産.
ma·yor·do·mo, ma [マヨルドモ, マ] 男女 (男女の)執事.
ma·yo·res [マヨレス] 男複〈→ mayor〉祖先, 先祖.
ma·yo·rí·a [マヨリア] 女 1 大多数, 大部分. 2〈投票〉多数, 過半数.
decisión por mayoría 多数決.
en la mayoría de los casos たいていは.
la mayoría de las veces たいていは.
mayoría absoluta 絶対多数.
mayoría de edad (スペインでは 18 才の)成年.
mayoría relativa [simple] 相対[単純]多数.
mayoría silenciosa (政治的発言をしない国民の)声なき大多数.
ma·yo·ris·ta [マヨリスタ] 形《男女同形》〈商店〉卸売りの, 問屋筋の.
— 男女〈人〉卸売商, 問屋業者.
ma·yo·ri·ta·rio, ria [マヨリタリオ, リア] 形 1 多数派の. 2 (政党などの)最多数票獲得の.
ma·yor·men·te [マヨルメンテ] 副 1 おもに, もっぱら. 2 とりわけ.
ma·yús·cu·la[1] [マユスクラ] 女 大文字.
ma·yús·cu·lo, la[2] [マユスクロ, ー] 形 1 とても大きな. 2 普通より大きな.
letra mayúscula 大文字.
ma·za [マサ] 女 1〈武器〉(昔の, 頭部に突起のついた)棍棒(こんぼう). 2 大槌(おおづち), かけや. 3 (太鼓などの)ばち. 4〈体操用具〉インディアンクラブ, 棍棒.
ma·za·co·te [マサコテ] 男 1〈料理などで〉かたく固まったもの. 2〈芸術作品〉ぶかっこうで重いだけのもの.
ma·za·pán [マサパン] 男〈菓子〉(アーモンド粉を使った)マジパン.
ma·za·zo [マサソ] 男 1 槌(つち)の一撃. 2 精神的ショック.
maz·de·ís·mo [マスデイスモ] 男〈宗教〉(古代ペルシアの)ゾロアスター教, 拝火教.
maz·mo·rra [マスモラ] 女 地下牢, 土牢.
ma·zo [マソ] 男 1 木槌(きづち). 2 束(たば), 束ねたもの. 3 (乳鉢用の)すりこ木.
ma·zor·ca [マソルカ] 女 (トウモロコシなどの穀粒の詰まった)穂.

ma·zur·ca [マスルカ] 女 〈音楽〉(ポーランドの) マズルカ.

me [メ] 代 《人称代名詞の1人称単数形》《アクセントなし》《男女同形》1《直接目的語》私を. 2《間接目的語》私に, 私から. 3《再帰代名詞の目的語》私自身を, 私自身に.

me·a·da [メアダ] 女 1《液体》尿, 小便, おしっこ. 2 小便の跡.

me·a·de·ro [メアデロ] 男 (小便用の)トイレ.

me·an·dro [メアンドロ] 男 (河や道の)蛇行, 曲がりくねり.

me·ar [メアル] 自 小便をする.
— 他 (小便として)…を出す.
— **mear·se** 再 小便をする, おしっこをする.
mearse (de risa) 笑いころげる.

me·a·to [メアト] 男 〈解剖学〉管, 導管.
meato urinario 尿管.

Me·ca [メカ] 固 《La+》〈都市の名〉(サウジアラビアの)メッカ.
de la Ceca a la Meca あちらこちらと.

me·ca [メカ] 女 (活動の)中心地.

me·ca·chis [メカチス] 間 しまった!, くそ!

me·cá·ni·ca¹ [メカニカ] 女 1 機械学. 2〈機械〉装置, 仕掛け, 仕組み.

me·cá·ni·ca·men·te [メカニカメンテ] 副 機械的に.

me·ca·ni·cis·mo [メカニシスモ] 男 1〈哲学〉機械主義. 2 機械的解釈.

me·cá·ni·co, ca² [メカニコ, −] 形 1 機械の, 力学の, 機械による. 2 無意識的な.
— 男女 機械工, 整備士.

me·ca·nis·mo [メカニスモ] 男 1 (集合的に)機械. 2 機械装置, 仕掛け, メカニズム. 3 機構, 仕組み.

me·ca·ni·za·ción [メカニさシオン] 女 機械化.

me·ca·ni·zar [メカニさル] 他 《活 39 gozar》…を機械化する.

me·ca·no [メカノ] 男 〈玩具〉(組み立てブロックの)メカノ.

me·ca·no·gra·fí·a [メカノグラふィア] 女 タイプライター運用法.

me·ca·no·gra·fiar [メカノグラふィアル] 他 《活 34 enviar》…をタイプライターで打つ.

me·ca·nó·gra·fo, fa [メカノグラふォ, ふァ] 男女 タイピスト.

me·ce·do·ra [メせドラ] 女 揺り椅子, ロッキングチェアー.

me·ce·nas [メせナス] 男女《単複同形》(文化活動への)後援企業, 後援者.

me·ce·naz·go [メせナすゴ] 男 (文化活動への)後援, 後援, メセナ.

me·cer [メせル] 他 《活 84 vencer》1 …をゆり動かす. 2 (液体)をかき混ぜる.

me·cha [メチャ] 女 1 (ろうそくなどの)灯心, 芯. 2〈爆発物の〉導火線. 3 (髪の)ひと房.
aguantar mecha あきらめて耐える.

a toda mecha 全速力で.

me·char [メチャル] 他 (料理の肉)にベーコンを差し込む.

me·che·ro [メチェロ] 男 1 (タバコの)ライター. 2 (ガスやランプの)火口(ほ.), バーナー.
mechero (de) Bunsen (実験室用の)ブンゼンバーナー.

me·chón [メチョン] 男 (髪や毛の)ひと房.

me·da·lla [メダジャ] 女 メダル, 賞牌(しょう.), 勲章.
— 男女 〈スポーツ〉(3 位までの)入賞者.

me·da·lle·ro [メダジェロ] 男 〈スポーツ〉メダル獲得数順位表.

me·da·llis·ta [メダジスタ] 男女 〈スポーツ〉入賞者, チャンピオン.

me·da·llón [メダジョン] 男 1〈建築〉円形浮き彫り装飾. 2 (装身具の)ロケット. 3〈料理〉(肉や魚の)輪切り. 4 大型メダル.

me·dia¹ [メディア] 女 《→ medio²》1 30 分, 半時間／*Son las tres y media.* 3 時半です. 2〈数値〉平均. 3〈スポーツ〉ハーフバック, 中衛《→ línea media》.
media aritmética 算術平均.
media geométrica 相乗平均, 幾何平均.

me·dia·ción [メディアさィオン] 女 仲介, 仲裁, 調停.

me·dia·do, da [メディアド, ダ] 《過去分詞》 mediar 介在する.
— 形 半分の, なかばの, 半分になった.
a mediados de... …の中頃に, 中旬に.

me·dia·dor, do·ra [メディアドル, ドラ] 形 仲介の, 仲裁の.
— 男女 仲介者, 仲裁人.

me·dia·lu·na [メディアルナ] 女 1 三日月形のもの. 2〈パン〉クロワッサン. 3〈イスラム〉半月.

me·dia·na¹ [メディアナ] 女 1 (三角形の)中線. 2 (幹線道路の)中央分離帯.

me·dia·na·men·te [メディアナメンテ] 副 ほどほどに, まずまず.

me·dia·ne·ro, ra [メディアネロ, ラ] 形 境界にある.
pared medianera 境界壁.

me·dia·ní·a [メディアニア] 女 1 (生活の)中流. 2 (能力的に)平凡な人, 目立たない人.

me·dia·no, na² [メディアノ, −] 形 1 中ぐらいの, 平均的な. 2 平凡な, なみの, つまらない.

me·dia·no·che [メディアノチェ] 女 1 真夜中, 午前 0 時. 2 (小型でハンバーガー用の)丸パン.
a medianoche 真夜中に.

me·dian·te [メディアンテ] 前《アクセントなし》…を通して, …によって.

me·diar [メディアル] 自 《活 17 cambiar》1 (時などが)介在する. 2 (+entre...)…のあいだにある. 3 取りなす, あいだに入る. 4 (+en...)…に介入する.

me·dias [メディアス] 女複《→ media¹·²》

(女性用の)長靴下, ストッキング. 2 (長めの)靴下, ソックス.

a medias 1 均等割りで. 2 半分ずつ. 3 全部ではなくて, 中途半端に.

entre medias なかに混ざって.

medias pantalón パンティーストッキング.

me·dia·ti·za·ción [メディアティサシオン] 囡 干渉, 間接的支配.

me·dia·ti·zar [メディアティサル] 他《活 39 gozar》…に干渉する, …を間接的に支配する.

me·dia·to, ta [メディアト, タ] 形〈事物〉(あいだに第3者的なものをはさんで)接近している, 間接的な.

me·di·ca·ción [メディカシオン] 囡 1 薬物療法, 投薬. 2 (集合的に) (特定の病気の)医薬品.

me·di·ca·men·to [メディカメント] 男 医薬, 薬剤.

me·di·ca·men·to·so, sa [メディカメントソ, サ] 形 薬剤になる, 薬用の.

me·di·car [メディカル] 他《活 73 sacar》…に投薬する, 薬を飲ませる.
— *medicarse* 薬を飲む.

me·di·ci·na [メディシナ] 囡 1 医学, 医療. 2 医薬, 薬剤, 薬飲ませる.

medicina interna 内科学.

medicina legal 法医学.

me·di·ci·nal [メディシナル] 形 薬効のある, 薬用の.

me·di·ci·nar [メディシナル] 他 …に投薬する.
— *medicinarse* 薬を飲む.

mé·di·co, ca [メディコ, カ] 形 医学の, 医者の, 医薬の.
— 男囡 医者, 医師.

médico de cabecera かかりつけの医者, 家庭医, 主治医.

médico forense 法医学者.

médico residente 研修医.

me·di·da [メディダ] 囡 1 測定, 計量. 2 測定値, 寸法. 3 尺度, ني度, 方法, 4 法律》韻律. 5 程度, 割合. 6 節度, 中庸, 適度.

a (la) medida 寸法に合わせて, オーダーメイドで.

a (la) medida de… 1 …に相応の, ぴったりの. 2 …に比例して.

a medida que… …するにつれて.

con medida 節度を守って, つつしみ深く.

en cierta medida 1 ある程度は. 2 なんとかして.

en gran medida 大量に, たくさん.

sin medida 度を越して, つつしみなく.

me·di·das [メディダス] 囡複《→ medida》 1 対策, 措置. 2 手段.

me·di·dor [メディドル] 男 測定器.

me·die·val [メディエバル] 形 中世の, 中世風の.

me·die·va·lis·mo [メディエバリスモ] 男 (集合的に) 中世的特徴. 2 中世研究.

me·die·va·lis·ta [メディエバリスタ] 男囡 中世研究者.

me·die·vo [メディエボ] 男 中世.

Me·di·na [メディナ] 圊〈都市の名〉(サウジアラビアの)メディナ, メジナ.

me·di·na [メディナ] 囡 (イスラム系都市の)旧市街.

me·dio[1] [メディオ] 男 1 中央, 真んなか. 2 半分, 半数. 3 (活動の)範囲, 社会, サークル. 4 環境.
— 副 中途半端に, なかば, いくぶん.

a medio (＋不定詞) …する途中で, なかばで.

de medio a medio 完全に.

de por medio 中間に, 介在して.

en medio de… 1 …の最中に. 2 …の真んなかに.

en medio de todo それにもかかわらず.

estar [encontrarse] en su medio 1 居心地がよい. 2 本領を発揮する.

medio ambiente 環境.

por (en) medio 1 乱雑に. 2 半分に. 3 やりかけで. 4 じゃまをして.

por medio de… 1 …を仲介にして. 2 …のあいだ [真んなか] を通って.

quitar de en medio a (＋人)(じゃま者を)殺す.

quitar·se de en medio 手を引く, 立ち去る.

me·dio[2], **dia**[2] 形 1 半分の, 半数の. 2 中間の, なかばの. 3 平均的な, 平凡な, 並の. 4 かなりの, 大部分の. 5〈スポーツ〉ハーフバックの.
— 活 → mediar 介在する.

clase media 中流階級.

Edad Media 中世.

enseñanza media 中等教育.

línea media 1 センターライン. 2〈スポーツ〉ハーフライン.

media lengua 舌たらずな話し方.

término medio 平均値.

me·dio·am·bien·tal [メディオアンビエンタル] 形 環境の.

me·dio·cre [メディオクレ] 形 1 月並みの, 平凡な. 2 知性の低い, 凡庸な.

me·dio·cri·dad [メディオクリダス] 囡 月並み, 凡庸.

me·dio·dí·a [メディオディア] 男 1 真昼, 正午. 2〈方角〉南.

a [al] mediodía 正午に.

al mediodía 南の方角に.

me·dio·e·vo [メディオエボ] 男 中世.

me·dio·pen·sio·nis·ta [メディオペンシオニスタ] 男囡 (昼の)給食付きの通学生.
— 《男女同形》(通学生が)昼食付きの.

me·dios [メディオス] 男複《→ medio[1,2]》 1 手段, 方策, 方法. 2 資産, 資力, 財産. 3〈闘牛〉(3等分した闘技場の)中央部.

poner todos los medios para… …のためにあらゆる方策を使う.

me·dir [メディル] 他《活 56 pedir》 1 …を測る, 量る, 計る. 2 …を見積もる, 判定する, 比較考

他 は他動詞 再 は再帰動詞 形 は形容詞 副 は副詞 前 は前置詞 接 は接続詞 間 は間投詞

me·di·ta·bun·do, da

察する. 3 …を控えめにする. 4 (詩行)の韻律を調べる.
— 自 寸法が…である/La mesa *mide* un metro de ancho por dos de largo. テーブルは幅1メートルに長さが2メートルである.
medir·se 再 1 (+con...) …と(+en+技量など) (…と)競う. 2 控えめにする, 自制する.
medir a... de arriba abajo [*con la mirada*] …をじろじろと見る.

me·di·ta·bun·do, da [メディタブンド, ダ] 形 考えこんだ, 沈思黙考の.

me·di·ta·ción [メディタしオン] 女 熟考, 瞑想(めいそう), 沈思黙考.

me·di·tar [メディタル] 自 (+en, sobre...) …について熟考する, 瞑想(めいそう)する.
— 他 …について深く考える.

me·di·ta·ti·vo, va [メディタティボ, バ] 形 瞑想(めいそう)の, 熟考の.

Me·di·te·rrá·ne·o [メディテラネオ] 固 《Mar+》(南ヨーロッパに接する)地中海.

me·di·te·rrá·ne·o, a [メディテラネオ, ア] 形 地中海の.

mé·dium [メディウン] 男女 《単複同形》霊媒(れいばい), 巫女(みこ), 口寄せ.

me·drar [メドラル] 自 1 出世する, 成功する. 2 (動植物が)生長する, 成長する.

me·dro [メドロ] 男 成長, 改善, 進歩.

me·dro·so, sa [メドロソ, サ] 形 臆病な, こわがりの.
— 男女 臆病者, こわがり.

mé·du·la [メドゥら] 女 1〈解剖学〉骨髄(こつずい). 2〈植物〉髄. 3 神髄, 最重要事項.
hasta la médula 骨の髄まで, 非常に強く.
médula espinal 脊髄(せきずい).

me·du·lar [メドゥらル] 形 骨髄の, 髄の.

me·du·sa [メドゥサ] 女〈動物〉(海の)クラゲ.

me·fis·to·fé·li·co, ca [メふぃストふぇリコ, カ] 形 (ゲーテの『ファウスト』の悪魔メフィストフェレスの)悪魔的な.

me·ga·fo·ní·a [メガふォニア] 女 1 音響技術. 2 (集合的に)音響装置.

me·gá·fo·no [メガふォノ] 男 メガホン, 拡声器.

me·ga·li·to [メガリト] 男 (先史時代の)巨石建造物.

me·ga·lo·ma·ní·a [メガロマニア] 女 (病的な)誇大妄想.

me·ga·ló·ma·no, na [メガロマノ, ナ] 形 誇大妄想の.
— 男女 誇大妄想患者.

me·ga·ló·po·lis [メガロポリス] 女 巨帯都市, メガロポリス.

me·ga·tón [メガトン] 男 《複 megatones》〈爆発力の単位〉(核爆発の)メガトン.

me·ji·ca·nis·mo [メヒカニスモ] 男 メキシコ特有の語法.

me·ji·ca·no, na [メヒカノ, ナ] 形 メキシコMéjico の.
— 男女 メキシコ人.

Mé·ji·co [メヒコ] 固 《→ México》〈国の名〉メキシコ.

me·ji·lla [メヒじゃ] 女 頬(ほお) [= mejillas].

me·ji·llón [メヒじょン] 男 《複 mejillones》〈貝〉ムールガイ.

me·jor [メホル] 形 《bueno, na の比較級》《男女同形》 1 一層よい. 2 (+que...) …よりもよい. 3 (定冠詞・所有形容詞+) (最上級になり)一番よい, もっともよい.
— 副《bien の比較級》 1 一層よく, もっとよく. 2 もっと上手に, 一層うまく. 3 (+que...) …よりよく, より上手に. 4 むしろ.
a lo mejor たぶん, おそらく.
en el mejor de los casos よくてもせいぜい.
lo mejor 最良のもの, 最善のこと.
lo mejor posible できるだけ上手に.
¡Mejor! それはいい!
mejor o peor よかれ悪しかれ.
mejor que mejor 一層結構だ.
ser mejor que (+接続法) …するほうがいい.
tanto mejor なおさらい.

me·jo·ra [メホラ] 女 1 改良, 改善. 2 進歩, 前進, 増大.
— 活 → mejorar 改良する.

me·jo·ra·ble [メホラブれ] 形 改良の余地のある, 改善できる.

me·jo·ra·mien·to [メホラミエント] 男 改良, 改善.

me·jo·ra·na [メホラナ] 女〈植物〉(葉が香味料になる)マージョラム, マヨラナ.

me·jo·rar [メホラル] 他 1 …を改良する, 改善する. 2 …を回復させる.
— 自 1 (+de...) …がよくなる. 2 上達する. 3 回復する.
— **mejorar·se** 再 1 よくなる. 2 回復する.
mejorando lo presente (だれかをほめるとき, 聞き手を持ち上げて)みなさんほどではありませんが.

me·jo·rí·a [メホリア] 女 1 (病気などの)回復. 2 改良, 改善.

me·jun·je [メフンヘ] 男 (飲料や化粧品の)あやしげな混ぜ物.

me·la·do, da [メラド, ダ] 形 蜂蜜色の.

me·lan·co·lí·a [メランコリア] 女 憂鬱(ゆううつ), メランコリー.

me·lan·có·li·co, ca [メランコリコ, カ] 形 憂鬱(ゆううつ)な, 気が滅入った.

me·la·ni·na [メラニナ] 女 (黒色の色素の)メラニン.

me·la·no·ma [メラノマ] 男 (腫瘍(しゅよう)の)悪性黒色腫, メラノーマ.

me·la·za [メらさ] 女 (製糖過程でできる)糖蜜(とうみつ).

mel·co·cha [メるコチャ] 女 (糖蜜(とうみつ)のキャンディーの)タフィー.

活 は活用形 複 は複数形 男 は男性名詞 女 は女性名詞 固 は固有名詞 代 は代名詞 自 は自動詞

me·le·na [メレナ] 囡 **1** 長髪. **2** (ライオンの)たてがみ.
soltarse la melena 決然として行動する.

me·le·nas [メレナス] 囡複 《→ melena》 ぼさぼさの乱れ髪.

me·le·nu·do, da [メレヌド, ダ] 形 ふさふさした長髪の.

me·li·flui·dad [メリふルイダス] 囡 (話し方などの)過度のやさしさ, 甘美さ.

me·lí·fluo, flua [メリふルオ, ふルア] 形 (話し方などが)甘美な, とてもやさしい.

me·lin·dres [メリンドレス] 男複 **1** わざとらしい気取り. **2** 変な気取り.
— 男囡 《単複同形》 **1** とても気取った人. **2** とてもきちょうめんな人.

me·lin·dro·so, sa [メリンドロソ, サ] 形 変にやさしい, 上品ぶった.

me·li·sa [メリサ] 囡 〈植物〉セイヨウヤマハッカ.

me·lla [メジャ] 囡 **1** (刃物の)欠けめ, 刃こぼれ. **2** (抜けた歯のあとなどの)すき間, 穴.
hacer mella (+en...) …に影響を与える. **2** (+a+人) …の(気分などを)害する.

me·lla·do, da [メジャド, ダ] 《過去分詞》→ mellar 欠く.
— 形 **1** 刃のこぼれた. **2** 歯の抜けた.

me·llar [メジャル] 他 **1** (刃など)を欠く. **2** (気持ちなど)を傷つける, そこなう.

me·lli·zo, za [メジェ, さ] 形 二卵性双生児の.
— 男囡 二卵性双生児.

me·lo·co·tón [メロコトン] 男 **1** 〈樹木・果実〉モモ[桃]. **2** 酒の酔い, 酩酊.

me·lo·co·to·ne·ro [メロコトネロ] 男 〈樹木〉モモ[桃].

me·lo·dí·a [メロディア] 囡 **1** 〈音楽〉メロディー, 旋律. **2** 美しい旋律, こころよい調べ.

me·ló·di·co, ca [メロディコ, カ] 形 〈音楽〉メロディーの, 旋律的な.

me·lo·dio·so, sa [メロディオソ, サ] 形 旋律の美しい, 音楽的な.

me·lo·dra·ma [メロドラマ] 男 メロドラマ, 通俗劇.

me·lo·dra·má·ti·co, ca [メロドラマティコ, カ] 形 メロドラマ風の, 芝居がかった.

me·lo·ma·ní·a [メロマニア] 囡 音楽狂い.

me·ló·ma·no, na [メロマノ, ナ] 形 異常に音楽の好きな.
— 男囡 〈人〉音楽狂, 音楽好き.

me·lón¹ [メロン] 男 **1** 〈植物〉メロン. **2** 〈人〉(髪の少ない)大きな頭.

me·lón², lo·na [—, ロナ] 男囡 ばか, 能なし, 間抜け.

me·lo·nar [メロナル] 男 メロン畑.

me·lo·ne·ro, ra [メロネロ, ラ] 男囡 **1** メロン栽培者. **2** メロン売り.

me·lo·pe·a [メロペア] 囡 **1** 酒の酔い. **2** 単調な反復の歌. **3** よく繰り返す不満[ぐち].

me·lo·si·dad [メロシダス] 囡 (しぐさの)甘ったるさ.

me·lo·so, sa [メロソ, サ] 形 **1** (しぐさが)甘ったるい, ななよした. **2** 蜂蜜(はつ)のような.

mem·bra·na [メンブラナ] 囡 〈生物学〉膜, 膜組織. **2** (皮革などの)薄膜.
membrana celular 細胞膜.
membrana mucosa 粘膜.

mem·bra·no·so, sa [メンブラノソ, サ] 形 膜状の, 膜質の.

mem·bre·te [メンブレテ] 男 (便箋(びん)の上部に印刷されている)レターヘッド.

mem·bri·lle·ro [メンブリジェロ] 男 〈樹木〉マルメロ, カリン.

mem·bri·llo [メンブリジョ] 男 **1** 〈樹木・果実〉マルメロ, カリン. **2** 〈菓子〉マルメロ・ゼリー.

mem·bru·do, da [メンブルド, ダ] 形 筋肉の発達した, 筋骨りゅうりゅうの.

me·mez [メメす] 囡 **1** 単純さ, 無分別. **2** おろかな言動. **3** たわごと, 取るに足らない小事.

me·mo, ma [メモ, マ] 形 単純な, おろかな.
— 男囡 おろか者, 間抜け.

me·mo·ra·ble [メモラブれ] 形 記憶すべき, 忘れがたい.

me·mo·rán·dum [メモランドゥン] 男 《複 memoranda》《= memorando, 複 memorandos》 **1** 覚え書き, メモ, 備忘録. **2** メモ帳, 手帳.

me·mo·rar [メモラル] 他 …を記憶する.

me·mo·ria [メモリア] 囡 **1** 記憶力, 暗記力. **2** 記憶, 思い出. **3** 報告書, レポート. **4** 論文, 研究報告. **5** 〈コンピューター〉記憶装置, メモリー.
a la [en] memoria de… …をしのんで, …の記念に.
aprender… de memoria …を暗記する.
de memoria 暗記して, そらで.
hacer memoria de… …を思い出す.
memoria anual 年次報告書, 年報.
memoria de elefante 驚異的な記憶力.
saber… de memoria …を暗記している.
traer (+a+人) *… a la memoria* (〜に)…を思い出させる.
venir (+a+人) *a la memoria* …の記憶によみがえる.

me·mo·rial [メモリアる] 男 請願書, 嘆願書.

me·mo·rias [メモリアス] 囡複 《→ memoria》回顧録, 回想録, 手記.

me·mo·rís·ti·co, ca [メモリスティコ, カ] 形 暗記主義の, 暗記中心の.

me·mo·ri·za·ción [メモリさしオン] 囡 記憶ること, 暗記.

me·mo·ri·zar [メモリさル] 他 《活 39 gozar》 …を記憶する, 暗記する.

me·na [メナ] 囡 〈鉱業〉原鉱, 鉱石.

me·na·je [メナヘ] 男 (集合的に)家具, 調度.

Men·chu [メンチュ] 固 《女性の名》((María del) Carmen の愛称の))メンチュ.

他 は他動詞 再 は再帰動詞 形 は形容詞 副 は副詞 前 は前置詞 接 は接続詞 間 は間投詞

men·ción [メンシオン] 女 言及, 指摘.
hacer mención de... ...に言及する.
mención honorífica (選外)佳作.
ser digno de mención 言及する価値がある.

men·cio·nar [メンシオナル] 他 ...に言及する, ...を指摘する.

men·da [メンダ] 男 1 (3人称扱いで, 定冠詞などをつけて)この私, 私自身. 2 (un+)だれか, ある人.

men·da·ci·dad [メンダシダッ] 女 1 ごまかし, うそ. 2 虚言癖.

men·daz [メンダス] 形 (複 mendaces) 1 うその混じった. 2 よくうそをつく.
— 男女〈人〉うそつき.

men·de·lis·mo [メンデリスモ] 男 メンデル Mendel の遺伝学説.

men·di·can·te [メンディカンテ] 形 1〈修道士〉托鉢の. 2 物乞いの生活の.

men·di·ci·dad [メンディシダッ] 女 1〈行為〉物乞い. 2 物乞いの生活.

men·di·gar [メンディガル] 他《活 47 llegar》1 (ほどこしなどを)乞う. 2 ...をたのみ込む, しつこく求める.

men·di·go, ga [メンディゴ, ガ] 男女〈人〉物乞い, こじき[乞食].

men·dru·go [メンドルゴ] 男 1〈人〉薄のろ, ばか. 2 固くなったパン.

me·ne·ar [メネアル] 他 1 ...を揺らす, 動かす. 2 ...をむしかえす.
— *menearse* 再 1 急いで動く. 2 肩や腰を振って歩く.
de no te menees とても大きな, すごい.

me·ne·o [メネオ] 男 1 動き, 揺れ. 2 なぐりつけ, 殴打(ぎつ).
— 活 → menear 揺らす.

me·nes·ter [メネステル] 男 用事, 仕事, 職[= menesteres].
haber menester (de...) (...を)必要とする.
ser menester que (+接続法) ...することが必要である.

me·nes·te·res [メネステレス] 男《→ menester》(必要な)道具類.

me·nes·te·ro·so, sa [メネステロソ, サ] 形 ひどく貧乏な.
— 男女 ひどい貧乏人.

me·nes·tra [メネストラ] 女 (野菜中心の)煮込み料理.

me·nes·tral, tra·la [メネストラる, トラら] 男女 職人, 細工職人, 職工.

Men·ga·no, na [メンガノ, ナ] 男女 (Fulano, na と共にある)人, またある人.

men·gua [メングア] 女 減少, 縮小.
— 活 → menguar 減少する.
en mengua de... ...をそこなって.
sin mengua 完全な, 欠けているところのない.

men·guan·te [メングアンテ] 形 1 減少していく, 縮小する. 2 (月が)下弦の.

men·guar [メングアル] 自 1 減少する, 縮小する. 2 (月が)欠ける. 3 (編み物で)目を減らす.
— 他 1 ...を減少させる, 縮小する. 2 ...を少なくする, 低くする, 軽くする.

men·hir [メニる] 男〈考古学〉(巨石記念物の)メンヒル.

me·ni·na [メニナ] 女 (スペイン宮廷で女王・王女に仕える)女官, 女中.

me·nin·ge [メニンへ] 女〈解剖学〉髄膜.

me·nin·gi·tis [メニンヒティス] 女《単複同形》〈医学〉髄膜炎.

me·ni·no [メニノ] 男 (スペイン宮廷の)小姓(じょう), 近侍(きん).

me·nis·co [メニスコ] 男〈解剖学〉(半月形の)関節間軟骨.

me·no·pau·sia [メノパウシア] 女 1〈医学〉閉経. 2 閉経期, 更年期.

me·nor [メノる] 形《pequeño の比較級》《男女同形》1 さらに小さい, さらに少ない. 2 (+ que...) ...より小さい, ...より少ない. 3 (定冠詞・所有形容詞+)(最上級で)一番小さい, 最少の, 一番若い. 4 一層若い, 年下の. 5 年少の, 未成年の. 6 主要でない, 二次的な. 7〈音楽〉短調の.
— 男女 1 年少者. 2 未成年者.
al por menor〈商業〉小売りで. 2 くわしく.
arte menor〈詩型〉(8音節までの)短句詩.
menor que〈読み方〉(数学の記号の)<.
órdenes menores 男複〈宗教〉下級叙階.
por menor くわしく.

Me·nor·ca [メノるカ] 固 (島の名)(バレアレス諸島のなかの)メノルカ.

me·nor·quín, qui·na [メノるキン, キナ] 形 メノルカ島 Menorca の.
— 男女 メノルカ島の人.

me·nos [メノス] 形《形容詞 poco の比較級》《男女同形, 単複同形》1 もっと少ない, もっと小さい.
2 (+que...) ...より少ない, ...より小さい, ...ほどではない / *Hoy hace menos frío que ayer.* 今日は昨日ほど寒くない.
— 副《副詞 poco の比較級》1 もっと少なく.
2 (+que...) ...より少なく, ...ほどではなく / *Javier trabaja menos que Pedro.* ハビエルはペドロほど仕事をしない.
3 (定冠詞・所有形容詞+)(最上級で)一番少なく / *el alumno menos alegre de la clase* クラスで一番元気のない生徒.
4 (+de+数量) ...以下 / *a menos de cien pesetas* 百ペセタ以下で.
5〈時刻〉...分前 / *las cinco menos cuarto* 5時15分前.
— 代 (los+) ほんの少数.
— 男 (記号の)マイナス.
— 前《アクセントなし》...以外, ...を除いて.
— 接《アクセントなし》... 引く ~ / Cinco

活 は活用形 複 は複数形 男 は男性名詞 女 は女性名詞 固 は固有名詞 代 は代名詞 自 は自動詞

menos tres son dos. 5引く3は2.
al menos ＝por lo menos 少なくとも.
a lo menos ＝por lo menos 少なくとも.
a lo menos que (＋接続法) …する限りでは.
a menos que (＋接続法) …するのでなければ.
cuando menos ＝por lo menos 少なくとも.
cuanto menos…, (tanto) (＋比較級表現) …するのが少ないほど, 一層 〜だ.
de menos 1 予想より少ない. 2 不足分の.
echar de menos… …の[い]ないのを寂しく思う.
en menos 一層少なく.
en menos de nada たちまち, すぐに.
hacer menos a (＋人) …を無視する.
hacerse menos 卑下する.
ir a menos (地位などが) 下がる, 落ちぶれる.
lo menos ＝por lo menos 少なくとも.
lo menos (＋形容詞・副詞＋) *posible* できるだけ少なく [低く…].
menos mal (que…) (…なら) まだましだ.
nada menos que… (驚きを表現して) なんと….
ni más ni menos 1 まさに…. 2 ちょうどよく.
ni mucho menos (否定を強めて) とんでもない, それどころか.
no menos de (＋数量) …もの, …ほども.
no menos que… …ほどの, …以上.
no poder menos de (＋不定詞) …しないわけにはいかない.
no ser para menos 1 無理もないことだ. 2 すごいものだ.
por lo menos 少なくとも.
¿Qué menos? せめてそれぐらいは (必要だ).
ser lo de menos ささいなことだ, 問題に足りない.
tener a menos …をばかにする, 軽視する.
venir a menos ＝ir a menos.

me·nos·ca·bar [メノスカバル] 他 1 …を小さくする, 少なくする. 2 (評判などを) そこなう, 害する.
me·nos·ca·bo [メノスカボ] 男 1 減少. 2 (信用などの) 低下. 3 損傷.
— 自 → menoscabar 小さくする.
con menoscabo de… …を犠牲にして.
me·nos·pre·cia·ble [メノスプレシアブレ] 形 取るに足りない, たいしたことのない.
me·nos·pre·ciar [メノスプレシアル] 他《活 17 cambiar》 1 …を過小評価する, あなどる, みくびる. 2 …を無視する, ないがしろにする.
me·nos·pre·cio [メノスプレシオ] 男 1 軽視, 軽蔑, みくびり. 2 無視.
men·sa·je [メンサヘ] 男 1 伝言, ことづけ, メッセージ. 2 (芸術作品が訴えかける) 思想, ねらい, メッセージ. 3 記号化した情報.
men·sa·je·rí·a [メンサヘリア] 女 1 配達業, 運送業. 2 運送会社.
men·sa·je·ro, ra [メンサヘロ, ラ] 形 1 使いの, 伝言をはこぶ. 2 配達の.
— 男 女 1 使者, 伝令, メッセンジャー. 2 配達業者.
paloma mensajera 伝書バト.
mens·trua·ción [メンストルアシオン] 女〈医学〉月経, 生理.
mens·trual [メンストルアる] 形〈医学〉月経の.
dolores menstruales 生理痛.
mens·truar [メンストルアル] 自《活 1 actuar》〈医学〉月経 [生理] がある.
men·sual [メンスアる] 形 1 毎月の, 月 1 回の. 2 ひと月続く, 1 か月間の.
men·sua·li·dad [メンスアリダス] 女 1 毎月分の支払い金. 2 月給.
men·su·ra·ble [メンスラブレ] 形 測定のできる.
men·ta [メンタ] 女 1〈植物〉ハッカ. 2 ハッカ酒. 3 ハッカ茶.
men·ta·do, da [メンタド, ダ] 《過去分詞》→ mentar 言及する.
— 形 1 前記の, 前述の. 2〈人〉よく知られた, 有名な.
men·tal [メンタる] 形 心の, 精神の.
cálculo mental 暗算.
edad mental 精神年齢.
trabajo mental 頭脳労働.
men·ta·li·dad [メンタリダス] 女 (物の) 考え方, 心的傾向, メンタリティー.
men·ta·li·zar [メンタリサル] 他《活 39 gozar》 …に (＋de…) …について気づかせる.
— *mentalizarse* 再 自覚する.
men·tal·men·te [メンタるメンテ] 副 1 心の中で, 2 精神的に.
men·tar [メンタル] 他《活 57 pensar》 …に言及する, …の名前をあげる.
men·te [メンテ] 女 1 知力, 知能. 2 考え, 想像, 意図.
irse (＋a＋人) *de la mente* …の頭からすっかり抜ける.
tener… en (la) mente …を意図する.
tener la mente en blanco なにも思い出せない.
traer (＋a＋人) *a la mente* 〜 …に 〜を思い出させる.
venir (＋a＋人) *a la mente* …の心に浮かぶ.
men·te·ca·to, ta [メンテカト, タ] 形 ばかな, 頭の悪い.
— 男 女 ばか者, おろか者.
men·ti·de·ro [メンティデロ] 男 世間話をする場所.
men·tir [メンティル] 自《活 77 sentir》うそをつく, あざむく.
mentir más que hablar 大うそつきである.
men·ti·ra [メンティラ] 女 うそ, いつわり.
coger a (＋人) *en mentira* …のうそを見抜く.
mentira como una casa 真っ赤なうそ.
mentira piadosa (相手のためを思ってつく) やむを得ないうそ.
parece mentira (＋que＋接続法) (…なんて)

まるでうそのようだ.

men·ti·ri·ji·llas [メンティリヒジョス] 《つぎの副詞句の一部》

de mentirijillas 冗談で, 遊びで.

men·ti·ro·so, sa [メンティロソ, サ] 形 1 うその, いつわりの. 2〈人〉よくうそをつく.
— 男 女〈人〉うそつき.

men·tís [メンティス] 男《単複同形》反論, 打ち消し.

men·tol [メントル] 男〈化学〉メントール, ハッカ脳.

men·tón [メントン] 男 顎先(^{あごさき}).

men·tor, to·ra [メントル, トラ] 男 女 助言者, 指導者, 案内者.

me·nú [メヌ] 男《複 menús》1 定食. 2 献立表, メニュー.

menú de degustación セット料理.
menú del día 日替り定食.

me·nu·da¹ [メヌダ] 女《→ menudo》小銭.

me·nu·da·men·te [メヌダメンテ] 副 こまごまと, こと細かに.

me·nu·de·ar [メヌデアル] 他 1 …を何度も繰り返す. 2 …を細かに話す.
— 自 しばしば起こる.

me·nu·den·cia [メヌデンシア] 女 つまらないもの, 細事(^{さいじ}), 些事(^{さじ}).

me·nu·de·o [メヌデオ] 男〈商業〉小売り.
— 活 → menudear 何度も繰り返す.

me·nu·di·llos [メヌディジョス] 男 複 (鶏などの)臓物(^{ぞうもつ}).

me·nu·do, da² [メヌド, -] 形 1 小さい, 細い, こまかい. 2 くだらない, ささいな. 3 (+名詞) すごい, ひどい.

a la menuda [*por menuda*] 1 詳細に. 2 小売りで.
a menudo しばしば.
gente menuda 子供たち.
moneda menuda 小銭.

me·nu·dos [メヌドス] 男 複《→ menudo》(牛などの)くず肉, 臓物(^{ぞうもつ}).

me·ñi·que [メニケ] 形〈指〉一番小さな.
— 男 小指.

me·o·llo [メオジョ] 男 核心, 神髄.

me·ón, o·na [メオン, オナ] 形 よく小便をする.
— 男 女 小便の近い人.

me·que·tre·fe [メケトレふェ] 男 1〈人〉お節介, でしゃばり. 2 弱々しい人間.

mer·ca·chi·fle [メルカちふれ] 男 女 1〈人〉小間物(^{こまもの})売り, 雑貨商. 2 拝金主義者.

mer·ca·der, de·ra [メルカデル, デラ] 男 女 商人, 販売員.

mer·ca·de·rí·a [メルカデリア] 女 商品.

mer·ca·di·llo [メルカディジョ] 男 (縁日などに出る)屋台店の市場(^{いちば}), 青空市場.

mer·ca·do [メルカド] 男 1 市場(^{いちば}), 市(^{いち}). 2 取引, 売買. 3 市場(^{しじょう}), 販路, マーケット.

estudio de mercados 市場調査, マーケティングリサーチ.
Mercado Común Europeo 欧州共同市場.
mercado de cambios 為替市場.
mercado de valores 証券市場.
mercado negro 闇市(^{やみいち}).

mer·ca·do·tec·nia [メルカドテクニア] 女 マーケティング, 販売企画活動.

mer·can·cí·a [メルカンシア] 女 商品.

mer·can·cí·as [メルカンシアス] 男《→ mercancía》《単複同形》貨物列車.

mer·can·te [メルカンテ] 形 海運業の.
— 男 商船[= buque mercante].

mer·can·til [メルカンティル] 形 1 商業の. 2 商品の. 3 商人の.

mer·can·ti·lis·mo [メルカンティリスモ] 男〈経済〉重商主義.

mer·can·ti·lis·ta [メルカンティリスタ] 形《男女同形》〈経済〉重商主義の.
— 男 女 重商主義者.

mer·car [メルカル] 他《活 73 sacar》…を買う.

mer·ced [メルセス] 女 1 恩恵, 好意. 2 報酬, つぐない. 3 慈悲, なさけ.

a merced de …の意のままに.
merced a …のおかげで.
vuestra merced (古い敬語で)貴殿, あなた.

mer·ce·da·rio, ria [メルセダリオ, リア] 形 (修道会の)メルセス会 Merced の.
— 男 女 メルセス会修道士[修道女].

Mer·ce·des [メルセデス] 固〈女性の名〉メルセデス.

mer·ce·na·rio, ria [メルセナリオ, リア] 形 1〈兵士〉金でやとわれた. 2 金だけで働く.
— 男 女 1 傭兵(^{ようへい}). 2 やとわれ労働者.

mer·ce·rí·a [メルセリア] 女 1 手芸用品店, 小間物屋. 2 (集合的に)手芸用品, 小間物.

Mer·che [メルチェ] 固〈女性の名〉(Mercedes の愛称の)メルチェ.

Mer·co·sur [メルコスル] 男《略語》Mercado Común del Sur (アルゼンチン, ブラジル, ウルグアイ, パラグアイの)南米南部共同市場.

Mer·cu·rio [メルクリオ] 固 1〈神の名〉(ローマ神話の)マーキュリー. 2〈天体の名〉水星.

mer·cu·rio [メルクリオ] 男〈化学〉水銀.

me·re·ce·dor, do·ra [メレセドル, ドラ] 形 (+de...) …を受けるに値する, …にふさわしい.

me·re·cer [メレセル] 他《活 4 agradecer》1 …を受けるに値する. 2 (+que+接続法) …されるのにふさわしい.
— 自 がんばる.
— *merecerse* 再 …を受ける価値がある.

estar en la edad de merecer 結婚適齢期である.
merecer la pena (+不定詞) …する価値がある.

me·re·ci·da·men·te [メレシダメンテ] 副 当然のこととして.

me·re·ci·do¹ [メレシド] 男 当然の罰, ばち.

me·re·ci·do², **da** [—, ダ] 《過去分詞》→ merecer 受けるに値する.
— 形 受けるに値する, 当然の.

me·re·ci·mien·to [メレシミエント] 男 1 報い, ばち. 2 功徳(どく), 功績.

me·ren·dar [メレンダル] 自《57 pensar》おやつを食べる, 軽食をとる.
— 他 おやつに …を食べる.
— **merendar·se** 再 1 (+a…) …に勝つ, …を負かす. 2 すぐに無くなる, すぐに終わる.

me·ren·de·ro [メレンデロ] 男 (屋外の)軽食堂.

me·ren·do·la [メレンドら] 女《= merendona》(お祝い用の)スナックパーティー.

me·ren·gar [メレンガル] 他 …を困らせる, 害する.

me·ren·gue [メレンゲ] 男 1〈菓子〉(卵白で作る)メレンゲ. 2 虚弱な人間. 3 (カリブ系の音楽・踊りの)メレンゲ.

me·re·triz [メレトりす] 女《複 meretrices》売春婦.

merezc- 活 → merecer 受けるに値する《活 4》.

Mé·ri·da [メリダ] 固〈都市の名〉(スペイン南西部の)メリダ.

me·ri·dia·no¹ [メリディアノ] 男 1〈天体〉子午線. 2〈地理〉子午線, 経線.

me·ri·dia·no², **na** [—, ナ] 形 1 とても明るい, 光っている. 2 真昼の, 正午の.
verdad meridiana 明白な事実.

me·ri·dio·nal [メリディオナる] 形 南の, 南部の.
— 男 女 南部の人.

meriend- 活 → merendar おやつを食べる《活 57》.

me·rien·da [メリエンダ] 女 おやつ, 軽食.
merienda de negros 混乱状態.

me·ri·no, **na** [メリノ, ナ] 形〈羊〉メリノ種の.
— 男 女 メリノ種のヒツジ.

mé·ri·to [メリト] 男 1 功績, 手柄. 2 長所, とりえ. 3 (評価すべき)価値.
de mérito 価値の高い, 傑出した.
hacer méritos para… …を求めて努力する.

me·ri·to·rio, **ria** [メリトリオ, リア] 形 称賛に値する, 称賛すべき.
— 男 女 (無給の)研修生.

mer·lu·za¹ [メルるさ] 女 1〈魚〉(タラ科の)メルルーサ. 2 酒の酔い, 酩酊(めい).

mer·lu·zo, **za**² [メルるそ, さ] 形 間抜けな.
— 男 女〈人〉間抜け, ばか.

mer·ma [メルマ] 女 減少, 低下, 縮小.

mer·mar [メルマル] 自 弱まる, 低下する.
— 他 …をへらす, 縮小する.
— **mermar·se** 再 弱まる, 低下する.

mer·me·la·da [メルメらダ] 女〈料理〉マーマレード, ジャム.

me·ro¹ [メロ] 男〈魚〉(マハタ属の白身の)メロ.

me·ro², **ra** [—, ラ] 形 単なる, ほんの.

me·ro·de·ar [メロデアル] 自 うろつき回る.

me·ro·de·o [メロデオ] 男 うろつくこと, 徘徊(はいかい).

me·ro·vin·gio, **gia** [メロビンヒオ, ヒア] 形 (フランク王国の)メロビング朝の.

mes [メス] 男《複 meses》1〈暦の〉月, ひと月. 2 1か月, ひと月間. 3 毎月の支払い金, 月給. 4 (el+)月経, 生理.
el mes corriente [que corre] 今月.
el mes pasado 先月.
el mes próximo [que viene] 来月.
el pasado mes de (+月名) 去る …月.

me·sa [メサ] 女 1 机, テーブル, 食卓. 2 料理, 食べ物, 食事. 3 (会議の)執行部. 4 (テーブルに)着席している人たち. 5〈地理〉卓状台地.
¡A la mesa! さあさあ, 食事ですよ!
a mesa puesta 安楽に, 出費もなく.
bendecir la mesa 食前の祈りをする.
estar a mesa y mantel en casa de… …の家に居候(いそうろう)する.
levantar [alzar] la mesa 1 食卓を片付ける. 2 閉会する.
levantar·se de la mesa 食卓を離れる.
mesa camarera (料理を運ぶ)ワゴン.
mesa camilla (火鉢の入る)丸テーブル.
mesa de armonía (弦楽器の)共鳴板.
mesa de noche ナイトテーブル.
mesa de operaciones 手術台.
mesa de tenis 卓球台.
mesa electoral 選挙管理委員会.
mesa redonda 1 円卓. 2 円卓会議.
mesa revuelta ごちゃまぜ, 混乱状態.
poner la mesa 食卓の用意をする.
quitar la mesa 食卓を片付ける.
sentar·se a la mesa 食卓につく.
servir a la mesa 給仕をする.
tener mesa franca en casa de… …の家に気楽に食事に呼ばれる.
vino de mesa テーブルワイン.

me·sa·na [メサナ] 女〈帆船〉ミズンマスト.

me·sar [メサル] 他 (髪やひげを)かきむしる.
— **mesar·se** 再 (自分の髪やひげ)をかきむしる.

mes·co·lan·za [メスコらンさ] 女 妙なごた混ぜ.

me·sen·te·rio [メセンテリオ]男〈解剖学〉腸間膜.

me·se·ta [メセタ] 女〈地理〉高原台地, メセタ.

me·siá·ni·co, **ca** [メシアニコ, カ] 形〈宗教〉メシア[救世主]の.

me·sia·nis·mo [メシアニスモ] 男〈宗教〉メシア[救世主]思想.

Me·sí·as [メシアス] 固〈宗教〉メシア, 救世主.

me·si·lla [メシじェ] 女 ナイトテーブル.

me·si·ta [メシタ] 女 小机, 小型のテーブル.

他 は他動詞 再 は再帰動詞 形 は形容詞 副 は副詞 前 は前置詞 接 は接続詞 間 は間投詞

mes·na·da [メスナダ] 〖女〗 1 (昔の王などの)親衛隊. 2 (集合的に)支持者, 党派.

Me·so·a·mé·ri·ca [メソアメリカ] 〖固〗〈地域の名〉(メキシコ・中米古代文明圏の)メソアメリカ.

me·so·car·pio [メソカルピオ] 〖男〗〈植物〉中果皮.

me·so·cra·cia [メソクラシア] 〖女〗1 中産階級主導の政府. 2 中産階級.

me·so·crá·ti·co, ca [メソクラティコ, カ] 〖形〗中産階級の.

me·so·lí·ti·co, ca [メソリティコ, カ] 〖形〗中石器時代の.

me·són [メソン] 〖男〗 1 (民芸風の装飾の)居酒屋, メソン. 2 (昔の)宿屋.

me·so·ne·ro, ra [メソネロ, ラ] 〖男〗〖女〗居酒屋[メソン]mesónの主人.

me·so·po·tá·mi·co, ca [メソポタミコ, カ] 〖形〗(西アジアの地域の)メソポタミア Mesopotamia の.
 ― 〖男〗〖女〗メソポタミアの人.

me·so·zoi·co, ca [メソソイコ, カ] 〖形〗〈地質学〉中生代の.

mes·ter [メステル] 〖男〗職, 技芸.
mester de clerecía (中世の)教養派俗語文芸.
mester de juglaría (中世の)遍歴芸人の文芸.

mes·ti·za·je [メスティさへ] 〖男〗混血.

mes·ti·zo, za [メスティそ, さ] 〖形〗1 混血の. 2 (白人とアメリカ先住民の間で生まれた)メスティソの.
 ― 〖男〗〖女〗1 混血児. 2 メスティソ.

me·su·ra [メスラ] 〖女〗節度, 慎重さ, 冷静さ.

me·ta [メタ] 〖女〗1〈スポーツ〉ゴール, 決勝点. 2 目標, 目的.
 ― 〖男〗〈スポーツ〉ゴールキーパー.

me·ta·bó·li·co, ca [メタボリコ, カ] 〖形〗〈生理学〉代謝の.

me·ta·bo·lis·mo [メタボリスモ] 〖男〗〈生理学〉代謝.

me·ta·car·po [メタカルポ] 〖男〗〈解剖学〉(手のひらの骨の)中手(ちゅうしゅ)骨.

me·ta·fí·si·ca¹ [メタふぃシカ] 〖女〗1 形而上(けいじじょう)学. 2 抽象的の論議.

me·ta·fí·si·ca, ca² [メタふぃシコ, -] 〖形〗1 形而上(けいじじょう)学の, 形而上の. 2 ひどく観念的な, 理解に苦しむ.
 ― 〖男〗〖女〗形而上学者.

me·ta·fo·ní·a [メタふぉニア] 〖女〗〈音声学〉音色変化.

me·tá·fo·ra [メタふォラ] 〖女〗〈修辞学〉隠喩(いんゆ), 暗喩, メタファー.

me·ta·fó·ri·co, ca [メタふォリコ, カ] 〖形〗隠喩(いんゆ)の, 隠喩的な.

me·tal [メタる] 〖男〗1 金属. 2〈楽団〉(集合的に)金管楽器.

el vil metal お金.
metal ligero 軽金属.
metal noble (precioso) 貴金属.
metal pesado 重金属.

me·ta·len·gua·je [メタれングアへ] 〖男〗〈言語学〉(言語の)記述用言語, メタ言語.

me·tá·li·co, ca [メタリコ, カ] 〖形〗金属の, 金属性の.
en metálico (支払いを)現金で.

me·ta·li·za·do, da [メタりさド, ダ] 〖形〗〈色彩〉メタリックな.

me·ta·loi·de [メタろイデ] 〖男〗〈化学〉メタロイド, 半金属.

me·ta·lur·gia [メタるルヒア] 〖女〗1 冶金(やきん), 冶金学. 2 製錬業.

me·ta·lúr·gi·co, ca [メタるルヒコ, カ] 〖形〗冶金(やきん)の, 冶金学の.
 ― 〖男〗〖女〗冶金技術者, 冶金学者.

me·ta·mór·fi·co, ca [メタモルふぃコ, カ] 〖形〗〈地質学〉変成の.

me·ta·mor·fis·mo [メタモルふぃスモ] 〖男〗〈地質学〉(集合的に)変成作用.

me·ta·mor·fo·sis [メタモルふォシス] 〖女〗〈単複同形〉1〈生物学〉変態, 脱皮. 2 変身, 変容.

me·ta·no [メタノ] 〖男〗〈化学〉メタン.

me·ta·nol [メタノる] 〖男〗〈化学〉メタノール.

me·ta·plas·mo [メタプらスモ] 〖男〗〈言語学〉語音変異.

me·tás·ta·sis [メタスタシス] 〖女〗〈単複同形〉〈医学〉(癌(がん)などの)転移.

me·ta·tar·so [メタタルソ] 〖男〗〈解剖学〉(足の中程の骨の)中足(ちゅうそく)骨.

me·tá·te·sis [メタテシス] 〖女〗〈単複同形〉〈音声学〉音位転換.

me·te·du·ra [メテドゥラ] 〖女〗(物を)入れる作業.
metedura de pata しくじり, へま.

me·tem·psi·co·sis [メテンプシコシス] 〖女〗〈単複同形〉〈宗教〉(霊魂の)輪廻(りんね), 転生.

me·te·ó·ri·co, ca [メテオリコ, カ] 〖形〗1 気象上の, 大気の. 2 はかなく速い.

me·te·o·ri·to [メテオリト] 〖男〗〈天文学〉隕石(いんせき).

me·te·o·ro [メテオロ] 〖男〗〈=meteóro〉(雨や風の)気象現象.

me·te·o·ro·lo·gí·a [メテオロろヒア] 〖女〗気象学.

me·te·o·ro·ló·gi·co, ca [メテオロろヒコ, カ] 〖形〗気象の, 気象学上の.
el parte meteorológico 天気予報.

me·te·o·ró·lo·go, ga [メテオロろゴ, ガ] 〖男〗〖女〗気象学者.

me·te·pa·tas [メテパタス] 〖男〗〖女〗〈単複同形〉〈人〉おっちょこちょい.

me·ter [メテル] 〖他〗1 …を(+en…) …のなかに入れる, しまう, 詰める.
 2 (お金などを)(+en+口座など) …に預金する,

投資する.
3 (人)を(+en...) …に押し込める, 巻き込む.
4 (感情や厄介事)を(+a...) …に押しつける, 引き起こす.
5 (器具など)を思い切って使う[動かす].
6 (衣服)の寸法を詰める.
7 …を納得させる.
8 (平手打ちなど)を食らわせる.
— **meter·se** 再 1 (+en...) …に入る, 入り込む.
2 (+職業など) …になる, (+a, de+職業など) …になる.
3 (自分のもの)を(+en...) …に入れる, つっこむ.
4 かくれる, 姿を消す.
5 (+a+不定詞) でしゃばって …し始める.
6 (+con...) …に余計なことをする, …のじゃまをする.
7 (+en...) …に首をつっ込む, 口出しする.
8 (+en...) …に巻き込まれる.
9 (+en...) …に夢中になる.
a todo meter 全速力で.
meter·se a (+人) *en la cabeza* …の頭にこびりつく.
meter·se donde no lo [le] llaman でしゃばる.
meter·se en sí mismo (自分のことだけに)没頭する.
meter·se en todo なにごとにでも口を出す.
meter·se por medio 1 仲介する. 2 じゃまをする.

me·ti·cón, co·na [メティコン, コナ] 形 お節介な, でしゃばりな.
— 男 女 〈人〉お節介, でしゃばり.
me·ti·cu·lo·si·dad [メティクろシダス] 女 1 細心さ. 2 綿密性, 緻密(ち)さ.
me·ti·cu·lo·so, sa [メティクろソ, サ] 形 1 細心な. 2 綿密な, 緻密(ち)な.
me·ti·do[1] [メティド] 男 〈服飾〉縫い込み.
me·ti·do[2]**, da** [—, ダ] 〈過去分詞〉→ **meter** なかに入る.
— 形 1 (+en...) …でいっぱいの. 2 (+con...) …とかかわりのある. 3 (+en...) …に没頭した.
— 男 女 (仕事の)はかどり, 推進, はずみ. 2 なぐりつけ, 殴打.
me·tó·di·co, ca [メトディコ, カ] 形 1 几帳面(き)な, きちんとした. 2 組織だった, 順序正しい, 整然とした.
me·to·dis·mo [メトディスモ] 男 〈宗教〉(プロテスタント教会の)メソジスト派.
mé·to·do [メトド] 男 1 やり方, 方法. 2 手引き, 教則本. 3 手法, 手順. 4 科学的方法.
me·to·do·lo·gí·a [メトドロヒア] 女 1 教授法. 2 方法論.
me·to·do·ló·gi·co, ca [メトドロヒコ, カ] 形 方法論の, 方法論上の.
me·to·men·to·do [メトメントド] 形 〈男女同形〉お節介の, でしゃばりの.
— 男 女 〈人〉お節介, でしゃばり.
me·to·ni·mia [メトニミア] 女 〈修辞学〉(比喩の一種の)換喩(喩).
me·to·ní·mi·co, ca [メトニミコ, カ] 形 〈修辞学〉換喩(喩)の.
me·tra·je [メトらへ] 男 〈映画〉フィルムの長さ.
me·tra·lla [メトらじゃ] 女 〈銃器〉散弾.
me·tra·lle·ta [メトらジェタ] 女 自動小銃, 軽機関銃.
mé·tri·ca[1] [メトリカ] 女 韻律論.
mé·tri·co, ca[2] [メトリコ, カ] 形 1〈計測単位〉メートルの. 2〈詩法〉韻律の.
me·tro [メトロ] 男 1〈計測単位〉メートル. (メートル尺)の定規, 物指し, 巻き尺. 3 地下鉄. 4 〈詩法〉韻律.
me·tró·no·mo [メトロノモ] 男 〈音楽〉メトロノーム.
me·tró·po·li [メトロポリ] 女 《= 単複同形の metrópolis》 1 首都, 大都市. 2 (植民地の)宗主(そ)国, 本国. 3〈宗教〉首都大司教座.
me·tro·po·li·ta·no[1] [メトロポリタノ] 男 1 地下鉄 [= metro]. 2〈宗教〉首都大司教.
me·tro·po·li·ta·no[2]**, na** [—, ナ] 形 1 首都の, 大都市の. 2 宗主(そ)国の, 本国の.
me·xi·ca·nis·mo [メヒカニスモ] 男 メキシコ特有の語法.
me·xi·ca·no, na [メヒカノ, ナ] 形 メキシコの.
— 男 女 メキシコ人.
Mé·xi·co [メヒコ] 固 《メキシコではjではなくxを使う》〈国の名〉(北米南部の)メキシコ連邦共和国 [= Estados Unidos Mexicanos].
me·za (-) 活 → mecer ゆり動かす (活 84).
mez·cal [メすカる] 男 〈蒸留酒〉(リュウゼツランで作る)メスカル.
mez·cla [メすクら] 女 1 混合, 混合物. 2 (映像などの)ミキシング. 3 混紡織物.
mez·cla·do·ra [メすクらドラ] 女 〈機械〉ミキサー.
mez·clar [メすクらる] 他 1 …をまぜる, 混合する. 2 …を(+con...) …とまぜ合わせる. 3 …をごちゃまぜにする. 3 (人)を(+en...) …に巻きこむ.
— **mezclar·se** 再 1 (人などが)(+con...) …とまじり合う, いっしょになる. 2 (+en...) …に口を出す, 介入する.
mez·cli·lla [メすクリじゃ] 女 (薄手の)混紡織物.
mez·co·lan·za [メすコらンさ] 女 ごたまぜ, 寄せ集め.
mez·quin·dad [メすキンダス] 女 1 けち, さもしさ. 2 卑劣な行為. 3 いやしい発言.
mez·qui·no, na [メすキノ, ナ] 形 1 けちな, あさましい. 2 いやしい, 下品な. 3 みじめな, みすぼらしい.
— 男 女 1〈人〉けち. 2 下品な人間. 3 貧乏人.

mez·qui·ta [メスキタ] 女 (イスラム教寺院の)モスク, メスキタ.

mi [ミ] 形《所有形容詞》《複 mis》《アクセントなし》(話し手自身を指して)私の/*mi* casa 私の家.
— 男 [S]〈音階〉ミ.

mí [ミ] 代《人称代名詞》《前置詞+》《→ conmigo》《男女同形》(話し手自身を指して)私/para *mí* 私のために.
¡A *mí*! 助けてくれ!
para *mí* 私の考えでは.
por *mí* 私としては.
por *mí* mismo 1 私ひとりで. 2 私自身のために.

mia·ja [ミアハ] 女《= migaja》1 パンくず. 2 わずかなもの.

mias·mas [ミアスマス] 男複 (腐敗物が発する)毒気, 悪臭.

miau [ミアウ] 男 1 (ネコの鳴き声の)ニャオ. 2 (驚いて)おやまあ!

mi·ca [ミカ] 女 1〈鉱物〉雲母(うんも). 2〈動物〉(雌の)オナガザル.

mic·ción [ミクシオン] 女 排尿, 放尿.

mi·ce·lio [ミセリオ] 男〈植物〉菌糸体.

mi·cé·ni·co, ca [ミセニコ, カ] 形 (古代ギリシアの)ミケーネ [ミュケナイ] Micenas の.
— 男女 ミケーネ人.

mi·che·lín [ミチェリン] 男 (腹部の)ぜい肉.

mi·chi·no, na [ミチノ, ナ] 男女〈動物〉ネコ.

mi·co [ミコ] 男 1〈動物〉(雄の)オナガザル. 2 小男, 小女. 3 (かわいい男・女の)子供. 4 みにくい人間》おどおど, しこめ.
dar el mico 予想を裏切る.
estar con le mico al hombro 機嫌が悪い.
volver·se mico とても手間どる.

mi·co·lo·gí·a [ミコロヒア] 女〈植物学〉菌学.

mi·co·sis [ミコシス] 女〈医学〉真菌症.

mi·cra [ミクラ] 女〈計測単位〉ミクロン.

mi·cro [ミクロ] 男 1 マイクロフォン. 2 マイクロバス.

mi·cro·bio [ミクロビオ] 男 細菌, 微生物.

mi·cro·bio·lo·gí·a [ミクロビオロヒア] 女 微生物学, 細菌学.

mi·cro·bio·ló·gi·co, ca [ミクロビオロヒコ, カ] 形 微生物学の, 細菌学の.

mi·cro·bús [ミクロブス] 男 マイクロバス.

mi·cro·cé·fa·lo, la [ミクロセふァろ, ら] 形 頭の小さい.
— 男女〈医学〉小脳症の人.

mi·cro·cos·mo [ミクロコスモ] 男《= 単複同形の microcosmos》〈哲学〉(小宇宙としての)人間.

mi·cro·e·co·no·mí·a [ミクロエコノミア] 女 ミクロ経済学.

mi·cro·e·lec·tró·ni·ca [ミクロエれクトロニカ] 女 マイクロエレクトロニクス.

mi·cro·fil·mar [ミクロふぃるマル] 他 …をマイクロフィルムに撮(と)る.

mi·cro·fil·me [ミクロふぃるメ] 男《= microfilm》マイクロフィルム.

mi·cró·fo·no [ミクロふォノ] 男 マイクロフォン, マイク.

mi·cró·me·tro [ミクロメトロ] 男 (測微計の)マイクロメーター.

mi·crón [ミクロン] 男《=女 micra》ミクロン.

mi·cro·on·da [ミクロオンダ] 女 マイクロ波.

mi·cro·on·das [ミクロオンダス] 男《→ micro-onda》《単複同形》(調理用の)電子レンジ[= horno microondas].

mi·cro·or·de·na·dor [ミクロオルデナドル] 男 マイクロコンピューター.

mi·cro·or·ga·nis·mo [ミクロオルガニスモ] 男 微生物.

mi·cros·có·pi·co, ca [ミクロスコピコ, カ] 形 1 顕微鏡の. 2 ごく小さな.

mi·cros·co·pio [ミクロスコピオ] 男 顕微鏡.

mi·cro·sur·co [ミクロスルコ] 男 LP レコード.

mid- → medir 測る《活 56》.

mie·di·ca [ミエディカ] 形《男女同形》こわがりの, 臆病な.
— 男女〈人〉こわがり, 臆病者.

mie·do [ミエド] 男 1 おそれ, おびえ, 恐怖. 2 心配, 不安.
cagar·se de miedo ひどくおびえる.
dar miedo a… …をこわがらせる.
de miedo 1 すごい, とてもいい. 2 すごく, とてもよく/pasar·lo *de miedo* とても楽しい時を過ごす.
miedo cerval 大きな恐怖.
morir·se de miedo こわくて死にそうである.
¡No tenga [tengas] miedo! (否定の強調で)絶対にね!
por miedo a… …をおそれて.
por miedo de que (+接続法) …するといけないので.
tener miedo a… …がこわい.
tener miedo de que (+接続法) …ではないかと心配する.

mie·do·so, sa [ミエドソ, サ] 形 こわがりの, 臆病な.
— 男女〈人〉こわがり, 臆病者.

miel [ミエる] 女 蜂蜜(はちみつ).
dejar a… con la miel en los labios …が楽しむ直前に取り上げる.
hacer·se de miel con… …に対して気持ちよくふるまう.
luna de miel ハネムーン.
miel sobre hojuelas なおさら結構なこと.
ser todo miel とてもやさしい.

mie·li·na [ミエリナ] 女〈解剖学〉(神経線維の)ミエリン.

miem·bro [ミエンブロ] 男 1 (肉体の)手, 足/cuatro *miembros* 四肢. 2 陰茎, ペニス. 3 会員,

成員，メンバー．**4** 部分，一部，構成要素．**5** 〈数学〉（等式の）辺．

mient- 活 → mentir うそをつく《活 77》．

mien·tes [ミエンテス] 活複《単複同形 は mien-te》考え，頭の中，心の内．
— 活 → mentir うそをつく《活 77》．
caer en (las) mientes 気がつく，思い出す．
¡Ni por mientes! そんなはずはない！
parar mientes en... …のことを考える．
pasar·se a... por las mientes ...の頭の中に浮かぶ．

mien·to [ミエント] 間 (→ *mentir*)（自分の言ったことを訂正するときに）いや違った！，もとい！

mien·tras [ミエントラス] 副 そうこうするうちに，その間に [= mientras tanto]．
— 接《アクセントなし》**1** …している間（は）．
2（+接続法）（未来のことで）…している限り．
3〈対 比〉一方で／Pon la mesa *mientras* yo preparo la comida. 私は食事を作るから，君は食卓の用意をしなさい．
mientras（+比較級）*..., (tanto)*（+比較級）～．…すればするほど～．
...mientras que ～（反意的に）…だがしかし～．

miér·co·les [ミエルコれス] 男《単複同形》水曜日．

mier·da [ミエルダ] 囡 **1** 糞（ポ҈＋）．**2** 汚れ，きたなさ．**3** くだらないもの，くず．**4** 酒の酔い．**5**（間投詞的に）くそっ！，くそったれ！
¡A la mierda! ばかな！，くそ！
hecho una mierda **1** くたくたに疲れて．**2** がたがたになって．
ir·se a la mierda だめになる，失敗する．
mandar... a la mierda …を強く拒絶する．
¡Vete a la mierda! ばかなことを言うな！
¡(y) una mierda! いやだね！

mies [ミエス] 囡《複 *mieses*》**1**（実った）穀物，穀類．**2**（穀類の）収穫期．

mie·ses [ミエセス] 囡（→ *mies*）穀物畑．

mi·ga [ミガ] 囡 **1**（パン）やわらかい部分．**2** パンのかけら，パンくず．**3**（大切な）中身．
hacer buenas [malas] migas（何人かが）互いにうまくやっている［うまくやれない］．
hacer migas... **1** …をばらばらにする．**2**（+a+人）…をくたくたにする．
ni una miga（否定の強調で）少しも（…ない）．

mi·ga·ja [ミガハ] 囡《= miaja》**1** パンのかけら，パンくず．**2** わずかなもの．

mi·gar [ミガル] 他 **1**（パン）を小さくちぎる．**2**（飲み物）にパンのかけらを入れる．

mi·gas [ミガス] 囡復（→ *miga*）《料理》（炒(ⁱ̈)めたパンくずがベースの）ミガス．

mi·gra·ción [ミグラすィオン] 囡 **1** 人口移動，移住．**2**（鳥）の渡り．**3**（魚）の回遊．

mi·gra·ña [ミグラニャ] 囡 偏頭痛．

mi·grar [ミグラル] 自 **1**（人や鳥が）移動する．**2**

（魚が）回遊する．

mi·gra·to·rio, ria [ミグラトリオ, リア] 形 移動の，移住性の，回遊性の．
aves migratorias 渡り鳥．

Mi·guel [ミゲる] 固〈男性の名〉ミゲル．

mih·rab [ミラブ] 男《イスラム教寺院》（メッカの方向を示す壁面のくぼみの）ミフラーブ．

mi·jo [ミホ] 男《穀物》キビ．

mil [ミる] 囡 **1,000** 番目のもの．
— 形〈男女同形〉**1** 1,000 の．**2** 1,000 番目の／tres *mil* casas 3 千軒の家．
— 男 **1**（数字としての）1,000, M. **2** 1,000 のもの／varios *miles* de libros 数千冊の本．
a miles とてもたくさん．
a las mil y quinientas とても遅い時刻に．
(miles y) miles de... 何千もの…．

mi·la·gre·rí·a [ミらグレリア] 囡 **1** 奇跡を信じる傾向．**2** 奇跡の話．

mi·la·gre·ro, ra [ミらグレロ, ラ] 形 **1**〈人〉奇跡を信じる．**2** 奇跡をもたらす．

mi·la·gro [ミらグロ] 男 **1** 奇跡．**2** 驚異，不思議なこと．
de milagro 奇跡的に．
hacer milagros 奇跡的なことをする．

mi·la·gro·sa·men·te [ミらグロさメンテ] 副 奇跡的に，驚異的に．

mi·la·gro·so, sa [ミらグロソ, サ] 形 **1** 奇跡的な．**2** 驚異的な，不思議な．**3** 奇跡をもたらす．

Mi·lán [ミらン] 固〈都市の名〉（イタリア北部の）ミラノ．

mi·la·nés, ne·sa [ミらネス, ネサ] 形（イタリアの）ミラノの，Milán の．
— 男囡 ミラノの人．
a la milanesa《料理》カツレツ風の．

mi·la·no [ミらノ] 男〈鳥〉トビ．

mi·le·na·rio¹ [ミれナリオ] 男 **1** 1,000 年間．**2** 千年祭．

mi·le·na·rio², ria [—, リア] 形 **1** 1,000 の．**2** 千年ほど続いている．

mi·le·nio [ミれニオ] 男 千年間．

mi·lé·si·mo¹ [ミれシモ] 男 1,000 分の 1．

mi·lé·si·mo², ma [—, マ] 形《序数詞》**1** 1,000 番目の．**2** 1,000 分の 1 の．
— 男囡 1,000 番目のもの．

mil·ho·jas [ミろハス] 男《単複同形》（パイ菓子の）ミルフィユ．
— 囡《植物》ノコギリソウ．

mi·li [ミリ] 囡《= milicia》兵役 [= servicio militar]．

mi·liar [ミリアル] 形（距離の）マイル milla の．

mi·li·bar [ミリバル] 男《気圧の単位》ミリバール．

mi·li·cia [ミリすィア] 囡 **1** 兵法，兵学．**2** 兵役，軍務．**3**（集合的に）軍隊．

mi·li·cia·no, na [ミリすィアノ, ナ] 男囡〈軍隊〉民兵，市民兵．

他 は他動詞 再 は再帰動詞 形 は形容詞 副 は副詞 前 は前置詞 接 は接続詞 間 は間投詞

mi·li·gra·mo [ミリグラモ] 男 《計測単位》ミリグラム.

mi·li·li·tro [ミリリトロ] 男 《計測単位》ミリリットル.

mi·li·me·tra·do, da [ミリメトラド, ダ] 形 (用紙が)ミリの目盛りのついた.

mi·lí·me·tro [ミリメトロ] 男 《計測単位》ミリメートル.

mi·li·tan·te [ミリタンテ] 形 活動する, たたかう.
— 男女 活動家, 闘士.

mi·li·tar [ミリタル] 形 軍の, 軍人の.
— 男女 軍人.
— 自 1 (+en...) …で軍務につく, 兵役につく. 2 (+en+組織など) …で活動する, たたかう.

mi·li·ta·ris·mo [ミリタリスモ] 男 1 軍国主義. 2 軍人支配体制.

mi·li·ta·ris·ta [ミリタリスタ] 形《男女同形》軍国主義の, 軍人支配の.
— 男女 軍国主義者.

mi·li·ta·ri·za·ción [ミリタリさしオン] 女 軍国化, 軍備化.

mi·li·ta·ri·zar [ミリタリさル] 他《活 39 gozar》…を軍国化する, …に軍備をほどこす.

mi·li·tron·che [ミリトロンチェ] 男《= militroncho》兵士, 兵卒.

mi·lla [ミじゃ] 女 1 (陸上の距離の)マイル. 2 (海上の距離の)海里.

mi·llar [ミじゃル] 男 1,000 の単位のもの/varios *millares* de personas 何千もの人.
a millares 何千もの, 何千となく.

mi·llón [ミじょン] 代《数詞》《複 millones》100 万.
— 男 1 (記号として) 1,000,000.
2 百万のもの/(直後に名詞がくるときは+de+名詞) dos *millones* de pesetas 2 百万ペセタ, dos *millones* cien mil pesetas 210 万ペセタ.
a millones 何百万も, とても多く.
millones de... 何百万もの…, 非常に多くの…. *¡Un millón de gracias!* ほんとうにありがとう!

mi·llo·na·da [ミじょナダ] 女 大量, 大金.

mi·llo·na·rio, ria [ミじょナリオ, リア] 形 1 大金が動く. 2 大金持ちの.
— 男女 百万長者, 大金持ち.

mi·llo·né·si·mo[1] [ミじょネシモ] 形 百万分の1.

mi·llo·né·si·mo[2]**, ma** [一, マ] 形《序数詞》1 100 万番目の. 2 100 万分の 1 の.
— 男女 100 万番目のもの.

mi·lon·ga [ミろンガ] 女 1 (ラプラタ地方の音楽と踊りの)ミロンガ. 2 うそ.

mi·lord [ミろル] 男《複 milores》《スペイン》(イギリス貴族に対して)閣下.

mil·ra·yas [ミルラやス] 男《単複同形》ほそ縞の詰まった布地.

mi·mar [ミマル] 他 1 …をもてなす, あやす. 2 (子供など)を甘やかす, かわいがる. 3 (物など)を大切に扱う.

mim·bre [ミンブレ] 男 女 1《植物》ヤナギ. 2 (かごなどに編む)ヤナギの若枝.

mim·bre·ar [ミンブレアル] 自 (ヤナギの枝のように)しなやかに揺れる.

mim·bre·ra [ミンブレラ] 女 1《植物》(一種の)ヤナギ[= mimbre]. 2 ヤナギの林.

mi·me·o·gra·fí·a [ミメオグラふぃア] 女 1 謄写, 謄写板印刷. 2 謄写印刷物.

mí·me·sis [ミメシス] 女《= mímesis》《単複同形》1 (芸術における模写の)ミメシス. 2 (からかうための)人まね, 口まね.

mi·mé·ti·co, ca [ミメティコ, カ] 形 1 擬態の. 2 模倣の.

mi·me·tis·mo [ミメティスモ] 男 1《生物学》擬態. 2 模倣, まね.

mí·mi·ca[1] [ミミカ] 女 (芸としての)身ぶり手ぶり, ジェスチャー, パントマイム.

mí·mi·co, ca[2] [ミミコ, 一] 形 パントマイムの, 身ぶり手ぶりの.

mi·mo [ミモ] 男 1 もてなし, 甘やかし. 2 甘え. 3 細心の注意. 4《演劇》パントマイム.
— 男女 パントマイム俳優.
— 熟 → mimar もてなす.

mi·mo·sa[1] [ミモサ] 女《高木》ミモザ.

mi·mo·so, sa[2] [ミモソ, 一] 形 1 甘ったれた, 甘える. 2 甘やかす.

mi·na [ミナ] 女 1 鉱床, 鉱脈. 2 (鉱石の)採掘. 3 鉱山. 4 豊かな供給源, 宝庫. 5 (鉛筆の)芯(ん). 6《軍隊》地雷, 機雷/*campo de minas* 地雷原.

mi·nar [ミナル] 他 1 …に地雷を敷設(ふ)する. 2 …を徐々に弱める, むしばむ. 3 …に坑道を掘る.

mi·na·re·te [ミナレテ] 男 (イスラム教院の)高塔, ミナレット.

mi·ne·ral [ミネらル] 形 鉱物の, 鉱物性の.
— 男 鉱物, 鉱石.

mi·ne·ra·lo·gí·a [ミネらロヒア] 女 鉱物学.

mi·ne·rí·a [ミネリア] 女 1 鉱業. 2 (集合的に)鉱山労働者. 3 (集合的に)鉱山.

mi·ne·ro, ra [ミネロ, ラ] 形 鉱業の, 鉱山の.
— 男女 鉱山労働者, 鉱夫, 坑内員.

mi·ne·ro·me·di·ci·nal [ミネロメディしナル] 形《水》薬効のある無機塩類を含んだ.

mi·ner·va [ミネルバ] 女 1 (小型の)ミネルバ印刷機. 2 知恵, 知識.

min·ga [ミンガ] 女 1 ペニス, 陰茎. 2 (村の)共同作業.

min·gi·to·rio [ミンヒトリオ] 男 (小便用の)公衆便所.

mi·ni [ミニ] 男 (1 リットルの)ジョッキ, グラス.
— 女 ミニスカート.

mi·niar [ミニアル] 他《活 17 cambiar》…に細密画を描く.

mi·nia·tu·ra [ミニアトゥラ] 女 1 細密画, ミニチュール. 2 細密画法. 3 小型の模型, ミニチュア.

mi·nia·tu·ris·ta [ミニアトゥリスタ] 男女 細密

画家.
mi·ni·fal·da [ミニふぁるダ] 囡 ミニスカート.
mi·ni·fun·dio [ミニふンディオ] 男 小規模農地.
mi·ni·fun·dis·mo [ミニふンディスモ] 男 小規模農地制.
mi·ni·fun·dis·ta [ミニふンディスタ] 形《男女同形》小規模農地の. ― 男女 小規模農地の所有者.
mi·ni·mi·zar [ミニミさル] 他《活 39 gozar》1 …を縮小する. 2 …を過小評価する.
mí·ni·mo[1] [ミニモ] 男《限度》最小, 最少, 最低.
mí·ni·mo[2], **ma** [―, マ] 形《絶対最上級語 → pequeño, ña》最小の, 最少の, 最低の.
al mínimo 最小限に.
a lo más mínimo = al mínimo.
como mínimo 少なくとも, せめて.
lo más mínimo（否定表現で）少しも（…ない）.
mí·ni·mum [ミニムン] 男 最小限, 最低.
mi·ni·no, na [ミニノ, ナ] 男《動物》ネコ.
mi·nio [ミニオ] 男《顔料》（赤色粉末の）鉛丹（えん）.
mi·nis·te·rial [ミニステリある] 形 1 省の, 大臣の, 内閣の. 2 与党の, 政府側の.
mi·nis·te·rio [ミニステリオ] 男 1 中央官庁, 省. 2 省の建物. 3 大臣の職. 4 大臣の任期. 5（聖職者などの）崇高な職務.
mi·nis·tra·ble [ミニストラブれ] 形 大臣候補の.
mi·nis·tro, tra [ミニストロ, トラ] 男女 1 大臣, 閣僚. 2 公使. 3 神のしもべ, 聖職者.
primer ministro 首相, 総理大臣.
mi·no·rí·a [ミノリア] 囡 1 少数派, 少数党. 2 少数民族, マイノリティー. 3《時期》未成年［= minoría de edad］.
mi·no·ris·ta [ミノリスタ] 形《男女同形》小売り(業)の. ― 男女 小売り業者.
mi·no·ri·ta·rio, ria [ミノリタリオ, リア] 形 少数派の.
mint- 語 → mentir うそをつく《活 77》.
mi·nu·cia [ミヌシア] 囡 1 つまらないもの, 細事(さい). 2 わずかな量.
mi·nu·cio·sa·men·te [ミヌレオサメンテ] 副 詳細に, 細部にこだわって.
mi·nu·cio·si·dad [ミヌレオシダス] 囡 1 細部へのこだわり. 2 詳細.
mi·nu·cio·so, sa [ミヌレオソ, サ] 形 1 詳細な. 2 細部に注意した.
mi·nué [ミヌエ] 男（舞踏曲の）メヌエット.
mi·nús·cu·la[1] [ミヌスクら] 囡 小文字.
mi·nús·cu·lo, la[2] [ミヌスクろ, ら] 形 1 非常に小さい. 2 取るに足りない. 3 小文字の.
mi·nus·va·lí·a [ミヌスバリア] 囡 価値の減少, 価格の下落.
mi·nus·va·li·dez [ミヌスバリデす] 囡 心身障害による能力の限界.
mi·nus·vá·li·do, da [ミヌスバリド, ダ] 形（人）心身障害のある. ― 男女 心身障害者.
mi·nus·va·lo·rar [ミヌスバロラル] 他 …を過少評価する.
mi·nu·ta [ミヌタ] 囡 1（弁護士などの）料金請求書. 2（契約書などの）下書き, 草稿.
mi·nu·te·ro [ミヌテロ] 男《時計》分針, 長針.
mi·nu·to [ミヌト] 男 1《時間単位》分（ふん）. 2《角度の単位》分.
un minuto 少しの間, ちょっとの間.
Mi·ño [ミニョ] 固《el》《川の名》（スペイン北西部の）ミニョ.
mí·o, a [ミオ, ア] 形《所有形容詞》《複 míos, mías》（話し手自身を指す）1（名詞＋）…の／*un amigo mío* 私の友人. 2（主語の補語になると）私のもの／*Esta casa es mía.* これは私の家です.
― 代《所有代名詞》（定冠詞＋）私のもの.
¡Ésta es la mía! さあ（私の）チャンスだ！
los míos 私の家族, 私の部下.
mio·car·dio [ミオカルディオ] 男《解剖》（心臓の）心筋.
mio·pe [ミオペ] 形 1 近視の. 2 近視眼的な.
― 男女 1 近視の人. 2 視野の狭い人.
mio·pí·a [ミオピア] 囡 1《医学》近視, 近眼. 2《思考》視野の狭さ.
MIR, mir [ミル] 男女《略語》《単複同形》Médico Interno Residente（スペインの）研修医, インターン.
― 男 研修医試験.
mi·ra [ミラ] 囡 1（銃などの）照準器, 照星, 照門. 2 目標, ねらい, 意向.
― 間（→ mirar）（親しい相手に）ほら！, ねえ！
con miras a …をねらって, …するために.
estar a la mira de… …を警戒している.
mira telescópica 望遠鏡式照準器.
mi·ra·bel [ミラべる] 男《植物》ヒマワリ.
mi·ra·da[1] [ミラダ] 囡 1 視野, 注視. 2 一見, 一瞥(いち). 3 目つき, 見方.
clavar [fijar] la mirada en… …を注視する.
echar [lanzar] una mirada a… …をちらっと見る.
levantar la mirada 目をあげる.
mirada fija 凝視.
tener la mirada perdida うつろな目をしている.
mi·ra·do, da[2] [ミラド, ―] 《過去分詞》→ mirar 目を向ける.
― 形 慎重な, 注意深い.
bien [mal] mirado 良く［悪く］見られた.
bien mirado よく考えてみれば.
mi·ra·dor [ミラドル] 男 1 張り出し窓, 出窓. 2（ガラス張りの）バルコニー. 3 展望台, 見晴らし台.
mi·ra·gua·no [ミラグアノ] 男 1《植物》バンヤ

ノキ, カポックノキ. 2 (クッションの詰め物などにする) ガポック.

mi·ra·mien·to [ミラミエント] 男 1 気づかい, 思いやり. 2 気がね, 遠慮. 3 敬意.

mi·rar [ミラル] 他 1 …に目を向ける, …を見る.
2 …を確かめる, 調べてみる.
3 …に気をつける, …をよく考える.
── 自 1 視線を向ける, 見る.
2 (物が) (+a...) …に面している, 向いている.
3 (+por...) …に気を配る, 注意する.
── mirarse 再 1 自分の姿を見る／*mirarse en el* [*al*] *espejo* 姿を鏡に映す.
2 互いに見つめあう.
3 よく考える.

de mírame y no me toque もろい, こわれやすい.

¡Mira! [¡Mire!] 1 (相手の注意を引いて)ねえ, ほら. 2 (驚いて)おやまあ!

mirándolo bien よく考えてみると.

¡Mira que...! 1 …だとはねえ! 2 …なんだよ!

¡Mira que si (+直説法[接続法過去])! もしかすると…かもしれない!

¡Mira quién habla! (君はそう言うが)人ごとではないよ!

mirar bien [*mal*] *a* (+人) …を良く[悪く]思う.

mirar de (+不定詞) …することを目指す.

mirar... por encima …にざっと目を通す.

¡Mira [*Mire usted*] *por dónde!* (驚いたことを言う前に)なんとまあ(あなた)!

si bien se mira よく考えてみれば.

mi·ra·sol [ミラソル] 男 〈植物〉ヒマワリ.

mi·re [ミレ] 間 (usted に対して)ほら!, ねえ!

mi·rí·a·da [ミリアダ] 女 大量, 無数.

mi·ri·lla [ミリジャ] 女 1 (扉などの)のぞき穴. 2 (カメラなどの)ファインダー.

mi·ri·ña·que [ミリニャケ] 男 (スカートを広げるための)クリノリン.

mir·lo [ミルロ] 男 〈鳥〉クロウタドリ.

un mirlo blanco 例外中の例外, 非常な珍品.

mi·rón, ro·na [ミロン, ロナ] 形 1 野次馬の, 興味津々(しんしん)の. 2 (参加しないで) 見ているだけの.
── 男 女 1 物見高い人, 好奇心の強い人. 2 傍観者.

mi·rra [ミラ] 女 〈樹脂〉ミルラ, 没薬(もつやく).

mir·to [ミルト] 男 〈植物〉ギンバイカ.

mi·sa [ミサ] 女 1 (カトリックの)ミサ. 2〈音楽〉ミサ曲.

cantar misa (助祭などが)初ミサを行う.

como si dicen misa 他人の反応を全然気にしないで.

decir misa ミサを行う.

estar como en misa しんと静まりかえっている.

ir a misa 1 ミサに行く. 2 (物事が)確実である.

misa de campaña (軍隊などの)野外ミサ.

misa del gallo (クリスマスイブの)深夜ミサ.

misas gregorianas (埋葬後の)グレゴリオミサ.

no saber de la misa la mitad [*media*] 事情をほとんど知らない.

oír misa ミサに出席する.

ser de misa y olla (聖職者が)無知である.

mi·sa·can·ta·no [ミサカンタノ] 男 初ミサを行う聖職者.

mi·sal [ミサル] 男 〈宗教〉ミサ典書, 祈禱(きとう)書.

mi·san·tro·pí·a [ミサントロピア] 女 〈性格〉人間嫌い.

mi·sán·tro·po, pa [ミサントロポ, パ] 男 女 〈人〉人間嫌い.

mis·ce·lá·ne·a¹ [ミスセラネア] 女 1 ごたまぜ, 寄せ集め. 2 作品集. 3 雑録.

mis·ce·lá·ne·o, a² [ミスセラネオ, —] 形 寄せ集めの.

mi·se·ra·ble [ミセラブレ] 形 1 不幸な, 不運な. 2 貧弱な, みすぼらしい, みじめな. 3 卑劣な, よこしまな. 4 けちな, 欲の深い.
── 男 1 悪党, 卑劣な人間. 2〈人〉けち, 欲しい人間.

mi·se·re·re [ミセレレ] 男 1〈宗教〉(詩編の)ミゼレーレ. 2 ミゼレーレの楽曲.

mi·se·ria [ミセリア] 女 1 極貧, 悲惨. 2 不幸, 不運. 3 苦難. 4 取るに足りないこと, わずかなもの. 5 けち, 欲深.

mi·se·ri·cor·dia [ミセリコルディア] 女 1 慈悲, あわれみ. 2 (この慈悲の聖歌隊席のうしろについている突出部の)慈悲の支え.

mi·se·ri·cor·dio·so, sa [ミセリコルディオソ, サ] 形 慈悲深い, 情け深い.
── 男 女 慈悲深い人.

mí·se·ro, ra [ミセロ, ラ] 形 1 つまらない, わずかな. 2 不幸な, みじめな. 3 けちな, 欲の深い.
── 男 女 〈人〉けち.

mi·sé·rri·mo, ma [ミセリモ, マ] 形 《絶対最上級語→mísero, ra》とてもみじめな.

mi·siá [ミシア] 女 (呼びかけ語で)奥様!

mi·sil [ミシル] 男 《＝mísil》〈武器〉ミサイル, 誘導弾.

mi·sión [ミシオン] 女 1 使命, 任務. 2 義務, 本分. 3 使節. 4 使節団, 派遣団. 5 布教区, 伝道先. 6 伝道所, 伝道館.

mi·sio·ne·ro, ra [ミシオネロ, ラ] 形 布教の, 伝道の.
── 男 女 伝道師, 宣教師.

mi·si·va [ミシバ] 女 信書, 手紙.

mis·ma·men·te [ミスマメンテ] 副 まさに, ちょうど.

mis·mí·si·mo, ma [ミスミシモ, マ] 形 《絶対最上級語→mismo², ma》まさにその.

mis·mo¹ [ミスモ] 副 まさに, ちょうど.

ahora mismo いますぐ, 今日中に.

aquí mismo ちょうどここで.

así mismo そのように.

mis·mo², ma [—, マ] 形 1 おなじ, 同一の.

2 (+que...) …とおなじ.
3 とてもよく似た, おなじ種類の.
4 《名詞+》…自身, まさにその./ellos *mismos* 彼ら自身.
5 (+名詞) まさに…, …さえ, …すら/este *mismo* libro まさにこの本, この本さえ.
6 (文書で) 上記の, 前述の.
— 代 《定冠詞+》 1 おなじ人[物・事].
2 まさにその人[物・事].
al mismo tiempo 同時に.
a mí [*ti*, *sí*] *mismo* 自分自身に[を].
dar lo mismo (+a+人) (…には)どちらでもよい.
el que viste y calze 本人そのもの.
estar [*quedar*] *en las mismas* 少しも進歩しない.
lo mismo おなじこと[もの].
lo mismo que... …とおなじように.
lo mismo si... que si 〜 …でも〜でも.
por lo mismo そのために, その理由で.
por mí [*ti*, *sí*] *mismo* 自分自身で, 独力で.
mi·so·gi·nia [ミソヒニア] 女 〈性格〉女嫌い.
mi·só·gi·no, na [ミソヒノ, ナ] 形 女嫌いの.
— 男, 女 女嫌いの人[物・事].
mi·so·ne·ís·ta [ミソネイスタ] 形 《男女同形》新しいものの嫌いな.
— 男, 女 新しいものが嫌いな人.
miss [ミス] 女 《複 mises》(女性美コンテスト)の優勝者, ミス.
mis·te·la [ミステラ] 女 〈飲料〉(ブドウ液にアルコールを混ぜた)ミステラ.
mís·ter [ミステル] 男 1 (男性美コンテストの)優勝者, ミスター. 2 〈サッカー〉トレーナー, コーチ.
mis·te·rio [ミステリオ] 男 1 秘密, かくし事. 2 神秘, なぞ, 不可解なこと. 3 〈宗教〉神秘的教義. 4 〈宗教〉(キリストの生涯の出来事の)奥儀. 5 〈宗教〉(中世の)神秘劇.
mis·te·rio·sa·men·te [ミステリオサメンテ] 副 ひそかに, 不可解に.
mis·te·rio·so, sa [ミステリオソ, サ] 形 不可解な, 不思議な, 神秘的な, なぞのような.
mís·ti·ca [ミスティカ] 女 1 神秘神学. 2 神秘主義. 3 神秘主義文学.
mis·ti·cis·mo [ミスティシスモ] 男 1 神秘主義. 2 神秘主義信仰.
mís·ti·co, ca[2] [ミスティコ, —] 形 1 神秘主義の. 2 神秘主義信仰の.
— 男, 女 神秘主義者.
mis·ti·fi·ca·ción [ミスティふぃカしオン] 女 (事実の)歪曲 (わいきょく), 曲解.
mis·ti·fi·car [ミスティふぃカル] 他 《活 73 sacar》(事実)をゆがめる, 歪曲 (わいきょく) する, 曲解する.
mis·tral [ミストラル] 男 (フランスの地中海沿岸に吹く寒い北西風の)ミストラル.
mi·tad [ミタ] 女 1 半分, 半数. 2 中間, 中間地点.
a mitad de... …の中間点に, 中間で.
en mitad de... 1 …の真ん中で. 2 …の途中で. 3 …の最中に.
la mitad y otro tanto (不明の数量を示す)いくらか.
mi cara mitad 私のつれあい[夫, 妻].
mitad... mitad 〜 1 半分は…半分は〜. 2 …と〜が半分ずつ.
mitad y mitad 1 半分ずつ. 2 中ぐらいの, 並の.
por la mitad 真ん中で.
mí·ti·co, ca [ミティコ, カ] 形 神話的, 架空の.
mi·ti·fi·ca·ción [ミティふぃカしオン] 女 1 神話化, 伝説化. 2 過剰評価.
mi·ti·fi·car [ミティふぃカル] 他 《活 73 sacar》1 …を神話化する, 伝説化する. 2 …を過剰に評価する.
mi·ti·ga·ción [ミティガしオン] 女 緩和, 軽減.
mi·ti·ga·dor, do·ra [ミティガドル, ドラ] 形 緩和する, 軽減する.
mi·ti·gar [ミティガル] 他 《活 47 llegar》…をやわらげる, 緩和する, 軽減する.
— *mitigarse* 再 やわらぐ, おだやかになる.
mi·tin [ミティン] 男 《複 mítines》(政治的演説の)集会.
mi·to [ミト] 男 1 神話. 2 伝説. 3 作り話, 架空の物語.
mi·to·con·dria [ミトコンドリア] 女 〈生物学〉(真核細胞内にある)ミトコンドリア.
mi·to·lo·gía [ミトロヒア] 女 1 (集合的に)神話, 伝説. 2 神話学.
mi·to·ló·gi·co, ca [ミトろヒコ, カ] 形 神話の, 神話研究の.
mi·to·ma·ní·a [ミトマニア] 女 〈医学〉虚言症.
mi·tón [ミトン] 男 指出し手袋.
mi·tra [ミトラ] 女 1 〈宗教〉(司教がかぶる)ミトラ, 司教冠. 2 司教の位.
mix·ti·lí·ne·o, a [ミスティリネオ, ア] 形 〈幾何学〉直線と曲線でできている.
mix·to[1] [ミスト] 男 (発火具の)マッチ.
mix·to[2]**, ta** [—, タ] 形 1 まぜ合わさった, 混成の. 2 男女混合の, 共学の.
mix·tu·ra [ミストゥラ] 女 混合, 混合物.
mne·mo·tec·nia [ネモテクニア] 女 《= mnemotécnica》記憶術.
mne·mo·téc·ni·co, ca [ネモテクニコ, カ] 形 1 記憶術の. 2 記憶を助ける.
mo·ai [モアイ] 男 (イースター島の)モアイ像.
mo·a·ré [モアレ] 男 〈織物〉(木目模様の表れる)モアレ.
mo·a·xa·ja [モアシャハ] 女 (中世スペインのアラビア語詩型でハルジャを含む)ムアッシャハ.
mo·bi·lia·rio[1] [モビリアリオ] 男 (特定用途の)家具類.
mo·bi·lia·rio[2]**, ria** [—, リア] 形 動産の.

mo·ca [モカ] 男 〈コーヒー〉モカ.
mo·cá·ra·be [モカラベ] 男 〈建築〉(イスラム系の)鐘乳(しょう)石飾り.
mo·ca·si·nes [モカシネス] 男複 (北米インデアンの軽い靴の)モカシン.
mo·ce·dad [モセダス] 女 青春時代, 青年期.
mo·ce·rí·o [モセリオ] 男 (集合的に)若い人(たち), 青年男女.
mo·ce·tón, to·na [モセトン, トナ] 男女 体格のいい若者.
mo·cha·les [モチャレス] 形 《男女同形, 単複同形》頭のおかしい, 正気でない.
mo·chi·la [モチラ] 女 1 リュックサック, バックパック. 2 〈軍隊〉背(せ)のう.
mo·cho, cha [モチョ, チャ] 形 先がとがっていない, 先端がない.
mo·chue·lo [モチュエロ] 男 1 〈鳥〉フクロウ. 2 厄介事, 面倒.
mo·ción [モシオン] 女 (議会などでの)動議, 発議.
moción de censura (内閣)不信任案.
mo·co [モコ] 男 1 鼻くそ, 鼻水[＝mocos]. 2 (ろうそくの)溶けたろう. 3 酒の酔い.
caer·se a (+人) los mocos …も鼻水が出ている.
llorar a moco tendido 泣きわめく.
moco de pavo (七面鳥の)肉垂(にくすい).
no ser moco de pavo 軽々しくはない, かなりのものだ.
tirar·se el moco 大物ぶる, ほらをふく.
mo·co·so, sa [モコソ, サ] 形 1 鼻がつまった. 2 ませた, 小生意気な.
— 男女 ませた子供.
mo·da [モダ] 女 1 流行, ファッション. 2 (集合的に)流行の品々.
a la moda＝de moda.
de moda 流行の, はやりの.
de última moda 最新流行の.
pasado de moda 流行おくれの.
pasar(se) de moda 流行おくれになる.
poner·se a la moda 流行に乗る.
poner·se de moda 流行になる.
mo·dal [モダル] 形 1 様式の. 2 〈文法〉叙法の, 様態の.
mo·da·les [モダネス] 男複 《→ modal》行儀, マナー.
mo·da·li·dad [モダリダス] 女 1 様式, 様態. 2 〈文法〉叙法性.
mo·de·la·do [モデラド] 男 1 彫塑(ちょうそ), 塑像(そぞう)作り. 2 塑像.
mo·de·lar [モデラル] 他 1 …を像の形にする, 塑像(そぞう)にする. 2 …の像を(+en...) …で作る. 3 (性格などを)形成する, 作り上げる.
mo·dé·li·co, ca [モデリコ, カ] 形 模範となる, 手本の.
mo·de·lis·ta [モデリスタ] 男女 服飾デザイナー.
mo·de·lo [モデロ] 男 1 ひな型, 原型. 2 手本, 模範／*escuela modelo* モデル校. 3 模型. 4 (有名デザイナーの作品の)高級服. 5 (自動車などの)モデル, 様式, 型(かた).
— 男女 1 ファッションモデル. 2 (画家の)モデル.
mo·de·ra·ción [モデラシオン] 女 1 緩和, 軽減. 2 節度, ひかえめ, 中庸.
mo·de·ra·da·men·te [モデラダメンテ] 副 ひかえめに, 適度に.
mo·de·ra·do, da [モデラド, ダ] 《過去分詞》→ moderar 調節する.
— 形 1 適度な, 中ぐらいの, 手ごろな. 2 穏健な, 中庸の.
mo·de·ra·dor, dora [モデラドル, ドラ] 男女 司会者, 議事進行役.
mo·de·rar [モデラル] 他 1 …を調節する, 加減する. 2 (討論会などを)司会する.
— *moderar·se* 再 (+en...) …のことで自制する, ひかえめに振る舞う.
mo·de·ra·to [モデラト] 男 〈音楽〉モデラート.
mo·der·ni·dad [モデルニダス] 女 1 現代性. 2 (集合的に)現代的な人々.
mo·der·nis·mo [モデルニスモ] 男 1 モダン好み, 過度な近代化. 2 〈芸術〉モデルニスモ, 近代主義. 3 〈文学〉(スペイン文化圏の)モデルニスモ.
mo·der·nis·ta [モデルニスタ] 形 《男女同形》1 近代主義の. 2 〈文学〉モデルニスモの.
— 男女 近代主義者.
mo·der·ni·za·ción [モデルニさシオン] 女 近代化, 現代化.
mo·der·ni·zar [モデルニさル] 他 《活 39 gozar》…を近代化する, 現代風にする.
mo·der·no, na [モデルノ, ナ] 形 1 現代の. 2 最新の, 現代的な, モダンな. 3 (歴史区分の)近代の.
mo·des·ta·men·te [モデスタメンテ] 副 ひかえめに, 地味に, しとやかに.
mo·des·tia [モデスティア] 女 1 つつしみ, 謙虚, ひかえめ. 2 質素, 地味. 3 (女性の)しとやかさ, 上品さ.
mo·des·to, ta [モデスト, タ] 形 1 謙虚な, ひかえめな, つつしみ深い. 2 質素な, 地味な. 3 (女性が)上品な, しとやかな.
mó·di·co, ca [モディコ, カ] 形 (値段が)手ごろな, 安い.
mo·di·fi·ca·ble [モディふィカブレ] 形 修正可能な, 変更できる.
mo·di·fi·ca·ción [モディふィカシオン] 女 1 修正, 変更. 2 〈文法〉修飾.
mo·di·fi·ca·dor, dora [モディふィカドル, ドラ] 男 〈文法〉修飾語, 修飾語句, 修飾節.
mo·di·fi·car [モディふィカル] 他 《活 73 sacar》1 …を修正する, 変更する. 2 〈文法〉…を修飾する.
— *modificar·se* 再 変わる, 別人[別物]になる.
mo·di·fi·qu- 活 → modificar 修正する《

mo·dis·mo [モディスモ] 男 1 熟語, 慣用句. 2 慣用語法.

mo·dis·to, ta [モディスト, タ] 男女 1 婦人服洋裁師, ドレスメーカー. 2 服装デザイナー, ファッションデザイナー.

mo·do [モド] 男 1 方法, やり方, 仕方. 2 流儀, 手法, 様式. 3〈文法〉(動詞の)法. 4 行儀, 礼儀, 振る舞い[= modos].
a modo de... 1 …(であるか)のように. 2 …風に.
al modo de... …のやり方で.
a su modo 自己流で.
de cualquier modo 1 いずれにせよ. 2 適当に.
de este modo このようにして.
de modo (+形容詞) …のように／*de modo adecuado*[= adecuadamente]適切に.
...de modo que ～ 1〈結果〉(～+直説法) …だから～. 2〈目的〉(～+接続法) ～するように.
de ningún modo (否定表現で)決して(…ない).
de otro modo さもなければ.
...de tal modo que ～ あまり…なので～.
de todos modos とにかく, いずれにせよ.
de un modo o de otro 1 どうにかして. 2 いずれにせよ.
en cierto modo ある程度は, 場合によっては.
en modo alguno (動詞の前に置かれて否定表現になり)決して …ない.
modo de articulación 〈音声学〉調音方法.
modo de ser 性格, あり方.
modo imperativo 〈文法〉命令法.
modo indicativo 〈文法〉直説法.
modo subjuntivo 〈文法〉接続法.
sobre modo ひどく, 大いに.

mo·do·rra [モドラ] 女 1 ひどい眠気, 睡魔. 2 寝ぼけ.

mo·do·so, sa [モドソ, サ] 形 しつけの良い, おとなしい.

mo·du·la·ción [モドゥラシオン] 女 1 (声などの)抑揚. 2 (ラジオなどの)変調.

mo·du·la·do, da [モドゥラド, ダ] 《過去分詞》→ modular 抑揚をつける.
— 形 1 (声などが)抑揚のきいた. 2 (周波数などが)調整された.

mo·du·lar [モドゥラル] 他 1 (声などに)抑揚をつける. 2 (周波数などを)調整する.
— 形 1 モジュールの. 2 ユニット式の.

mó·du·lo [モドゥロ] 男 1 (基準寸法としての)モジュール. 2 (家具などの)ユニット. 3 (大きな組織の)各パート, モジュール.

mo·fa [モふァ] 女 あざけり, 愚弄(ぐろう).
hacer mofa de... …をばかにする.

mo·far·se [モふァルセ] 再 (+de...) …をばかにする, あざける.

mo·fe·ta [モふェタ] 女 〈動物〉スカンク.

mo·fle·te [モふれテ] 男 ふっくらした頬(ほお).

mo·fle·tu·do, da [モふれトゥド, ダ] 形 頬(ほお)のふっくらした.

mo·go·llón [モゴジョン] 男 1 雑然とした大量のもの. 2 人垣, 大混雑の人.
— 副 大いに, たいへん.
de mogollón ただで, 無料で.

mo·go·te [モゴテ] 男 丸みのある小山.

mo·hín [モイン] 男 しかめっ面.

mo·hí·no, na [モイノ, ナ] 形 悲しそうな, 不機嫌な.

mo·ho [モオ] 男 かび.
oler a moho かびくさい.

mo·ho·so, sa [モオソ, サ] 形 かびだらけの, かびの生えた.

Moi·sés [モイセス] 固 1〈男性の名〉モイセス. 2〈聖書〉(古代イスラエルの)モーゼ.

moi·sés [モイセス] 男《単複同形》(赤ん坊を運ぶ)手さげ籠(かご).

mo·ja·do, da [モハド, ダ] 《過去分詞》→ mojar ぬらす.
— 形 ぬれた, しめった.
espalda mojada 男女 (メキシコから米国への)不法入国者.

mo·ja·ma [モハマ] 女 〈食物〉(塩からい)マグロの生(き)干し.

mo·jar [モハル] 他 1 …をぬらす, しめらせる. 2 (パンなど)を(+en...) …に浸(ひた)す, つける. 3 …を(酒を出す)パーティーで祝う. 4 (シーツなど)を(寝小便で)ぬらす.
— **mojar·se** 再 1 ぬれる. 2 (+en...) …にかかわる, 関係する.

mo·ja·rra [モハラ] 女 〈魚〉アフリカチヌ.

mo·je [モへ] 男 (料理用ソースの)モヘ.

mo·ji·cón [モヒコン] 男 1 (小型の)スポンジケーキ. 2 (顔への)なぐりつけ.

mo·ji·gan·ga [モヒガンガ] 女 1〈演劇〉茶番. 2 あざけり, あざ笑い.

mo·ji·ga·te·rí·a [モヒガテリア] 女 1 異常な道徳家ぶり. 2〈行為〉見えすいた猫かぶり.

mo·ji·ga·to, ta [モヒガト, タ] 形 1 道徳家ぶる. 2 猫かぶりの.
— 男女 1 わざとらしい道徳家. 2〈人〉見えすいた猫かぶり.

mo·jo [モホ] 男 (カナリア諸島の料理用ソースの)モホ.

mo·jón [モホン] 男 道標, 境界石.

mo·lar [モラル] 形 臼歯(きゅうし)の.
— 男 臼歯.
— 自 (a +人) …にとって楽しい[好きな]ものである.

mol·de [モるデ] 男 型, 枠, 鋳型(いがた).

mol·de·a·do [モるデアド] 男 1 (型による)成形. 2〈頭髪〉パーマネント.

mol·de·ar [モるデアル] 他 1 …の型を取る. 2 …を成形する, 型に入れて作る. 3 (性格などを)型に

mol·du·ra

はめる. 4 〈髪〉を形づくる.

mol·du·ra [モルドゥラ] 囡 1 (建具などの装飾の) 刳り形(ぐり). 2 額縁.

mo·le [モレ] 男 1 巨大なもの. 2 巨体.

mo·lé·cu·la [モレクラ] 囡 〈化学〉分子.

mo·le·cu·lar [モレクラル] 形 〈化学〉分子の.

mo·ler [モレル] 他 〈活 50 mover〉 1 …を粉に挽(ひ)く. 2 …をいじめる, 痛めつける. 3 …をひどく疲れさせる. 4 …をうんざりさせる.

mo·les·tar [モレスタル] 他 1 …を悩ます, じゃまする. 2 …をむっとさせる, 不快に思わせる. 3 …をからかう. 4 〈男性が〉〈女性に〉ちょっかいを出す.
— molestar·se 再 1 (+en+不定詞) …を心配する, 気にする. 2 (+en+不定詞) わざわざ…する[してくれる]. 3 立腹する, 不快に思う.
¡No se moleste (usted) *!* どうぞお構いなく!

mo·les·tia [モレスティア] 囡 1 迷惑, 厄介, 面倒. 2 厄介事, わずらわしいもの. 3 軽い痛み, 不快感[=molestias]. 4 労力, 手間.
tomar·se la molestia de (+不定詞) わざわざ…する[してくれる].

mo·les·to, ta [モレスト, タ] 形 1 面倒な, 厄介な, 迷惑な. 2 不愉快な, いやな, 不慣れな.
— molestar 悩ます.

mo·li·cie [モリしエ] 囡 〈生活上の〉ぜいたく.

mo·li·do, da [モリド, ダ] 《過去分詞》→ moler 粉に挽(ひ)く.
— 形 1 粉になった. 2 とても疲れた. 3 痛めつけられた.

mo·lien·da [モリエンダ] 囡 〈麦などを〉粉に挽(ひ)くこと, 製粉.

mo·li·ne·ro, ra [モリネロ, ラ] 男 囡 〈人〉粉挽(ひ)き, 粉屋, 製粉業者.

mo·li·ne·te [モリネテ] 男 1 換気扇. 2 (改札口などで1名ずつ通過させるための) 回転式バー. 3 〈玩具(がんぐ)〉風車(かざぐるま).

mo·li·ni·llo [モリニじょ] 男 1 粉挽(ひ)き器. 2 〈玩具(がんぐ)〉風車(かざぐるま).
molinillo de café コーヒーミル.

mo·li·no [モリノ] 男 1 粉挽(こなひ)き装置, 製粉機. 2 粉挽き場, 製粉所.
molino de agua 水車小屋.
molino de viento 風車小屋.

mo·lla [モじゃ] 囡 1〈食肉〉(脂肪分の少ない) 赤身. 2 切り身 [=mollas].

mo·lle·ja [モじェハ] 囡 1 〈鳥類の〉砂嚢(さのう). 2 〈子牛などの〉胸腺(きょう).

mo·lle·ra [モじェラ] 囡 1 〈人間の〉頭頂部. 2 知能, 知力.

mo·lón, lo·na [モロン, ロナ] 形 楽しい, 愉快な.

mo·lus·co [モルスコ] 男 軟体動物.

mo·men·tá·ne·a·men·te [モメンタネアメンテ] 副 1 瞬間に, たちどころに. 2 しばらくは, 一時的に.

mo·men·tá·ne·o, a [モメンタネオ, ア] 形 1 一瞬の, つかの間の. 2 当座の, 一時的な.

mo·men·ti·to [モメンティト] 男 〈時間〉ほんのちょっと.

mo·men·to [モメント] 男 1 瞬間, 瞬時. 2 時期, 時間[=momentos]. 3 〈特定の〉時代. 4 現代, 今日. 5 好機, 時機, チャンス.
(a) cada momento 頻繁に, ひっきりなしに.
a cualquier momento いつ何時でも.
al momento ただちに, 即座に.
del momento 現在の, 最近の.
de momento 1 当座は, さしあたり. 2 一時的な, 一過性の.
de un momento a otro すぐにも, 間もなく.
en el momento actual 現在, 目下.
en el momento menos pensado 思わぬ時に, 急に.
en este momento 1 たったいま. 2 現在, いま.
en estos momentos 現在.
en un momento たちまち.
en un [*el*] *primer momento* 初期に, 最初に.
por el momento 当座は, さしあたり.
por momentos だんだん, 刻々と.
¡Un momento! ちょっと待って!

mo·mia [モミア] 囡 1 ミイラ. 2 (ミイラのように) やせ細った人.

mo·mi·fi·ca·ción [モミふィカシオン] 囡 ミイラ化.

mo·mi·fi·car [モミふィカル] 他 〈活 73 sacar〉〈死体〉をミイラにする.

mo·na [モナ] 囡 1 〈→ mono²〉酒の酔い. 2 〈闘牛〉(ピカドールの) 右脚の防具. 3 (チョコレート人形がついた復活祭のケーキの) モナ[= mona de Pascua].
dormir la mona 酔って寝てしまう.

mo·na·cal [モナカル] 形 修道士の, 修道女の.

mo·na·ca·to [モナカト] 男 1 修道士の身分 [境遇]. 2 修道院制度.

Mó·na·co [モナコ] 固 〈公国の名〉(南ヨーロッパの) モナコ.

mo·na·da [モナダ] 囡 1 猿の仕草(しぐさ). 2 幼児の仕草[かわいらしさ]. 3 ばかげた仕草. 4 へつらい, おべっか. 5 かわいらしいもの, おいしいもの.

mo·na·gui·llo [モナギじょ] 男 〈宗教〉(司教を手伝う少年の) 侍者.

mo·nar·ca [モナルカ] 男 (男性であれ女性であれ, 最高権力者という意味での) 君主.

mo·nar·quí·a [モナルキア] 囡 1 君主制, 君主政治. 2 君主国. 3 君主制時代.
monarquía absoluta 絶対君主制.
monarquía constitucional 立憲君主制.
monarquía parlamentaria 議会君主制.

mo·nár·qui·co, ca [モナルキコ, カ] 形 1 君主の. 2 君主制の. 3 君主制を支持する.
— 男 囡 君主制主義者.

mo·nar·quis·mo [モナルキスモ] 男 君主制主義.

活 は活用形　複 は複数形　男 は男性名詞　囡 は女性名詞　固 は固有名詞　代 は代名詞　自 は自動詞

mo·nas·te·rio [モナステリオ] 男 (へんぴな土地にある大規模な) 修道院, 大修道院.

mo·nás·ti·co, ca [モナスティコ, カ] 形 1 (大修道院の) 修道士 [女] の. 2 修道院の.

mon·da¹ [モンダ] 女 1 (果実の) 皮 [殻(%), さや] をむくこと. 2 むいた皮 [殻, さや] [=mondas].
ser la monda 1 とても愉快だ. 2 すごい, 並はずれている.

mon·da·dien·tes [モンダディエンテス] 男《単複同形》つま楊子(ヒょ).

mon·da·du·ra [モンダドゥラ] 女 (果実の) むいた皮 [殻(%)] [さや].

mon·dar [モンダル] 他 (果実の) 皮をむく, 殻(%) [さや] をはがす.
— *mondarse* 再 大笑いする, 笑いころげる.

mon·do, da² [モンド, ー] 形 1 正味の, 混ぜ物なしの. 2 丸坊主の. 3 文無しの.
— 副 もったいぶって, 気取って.
mondo y lirondo 1 正味の, 純粋の, あるがままの. 2 …だけで.

mon·don·go [モンドンゴ] 男 (豚などの) 内臓, 臓物(ぞ).

mo·ne·da [モネダ] 女 1 通貨, 貨幣. 2 コイン, 硬貨.
moneda corriente 通貨, 法貨.
moneda divisionaria [*fraccionaria*] 補助貨幣.
moneda suelta 小銭.
pagar a… con [*en*] *la misma moneda* …に仕返しをする.
papel moneda 紙幣.
ser moneda corriente よくあることだ.

mo·ne·de·ro [モネデロ] 男 小銭入れ, 財布.

mo·ne·gas·co, ca [モネガスコ, カ] 形 モナコ (公国) Mónaco の.
— 男 女 モナコ人.

mo·ne·ma [モネマ] 男《言語学》記号素.

mo·ne·ría [モネリア] 女 1 猿の仕草(ピ). 2 子供の (かわいい) 仕草. 3 へつらい, おだて. 4 雑用, つまらないこと. 5 かわいいもの.

mo·ne·ta·rio, ria [モネタリオ, リア] 形 通貨の, 貨幣の/*crisis monetaria* 通貨危機.

mon·gol¹ [モンゴル] 男 モンゴル語.

mon·gol², **go·la** [—, ゴラ] 形《アジア北東部の共和国の》モンゴル Mongolia の.
— 男 女 モンゴル人.

mon·gó·li·co, ca [モンゴリコ, カ] 形 1 (アジアの国の) モンゴルの. 2《医学》ダウン症候群の.
— 男 女 ダウン症候群患者.
mancha mongólica 蒙古斑(ば).

mon·go·lis·mo [モンゴリスモ] 男《医学》ダウン症候群.

mon·go·loi·de [モンゴロイデ] 形 黄色人種の, モンゴロイドの.
— 男 女 黄色人種.

Mó·ni·ca [モニカ] 固《女性の名》モニカ.

mo·ni·ca·co, ca [モニカコ, カ] 男 女 1 つまらない人間. 2 子供, こびと [小人].

mo·ni·ción [モニシオン] 女 1《儀式》式事説明. 2 忠告.

mo·ni·go·te [モニゴテ] 男 1 人形, 不細工(ぶ) な人. 2 (大げさな) でくの坊, 間抜け.

mo·ni·po·dio [モニポディオ] 男 非合法活動組織.

mo·nís [モニス] 男 お金 [=monises].

mo·ní·si·mo, ma [モニシモ, マ] 形《絶対最上級語》→ mono² とてもかわいい.

mo·nis·mo [モニスモ] 男《哲学》一元論.

mo·nis·ta [モニスタ] 男 女《哲学》一元論者.
— 形《男女同形》一元論の.

mo·ni·tor¹ [モニトル] 男 (放送や情報通信の) モニター.

mo·ni·tor², **to·ra** [—, トラ] 男 女 (スポーツなどの) コーチ, 指導員.

mon·ja [モンハ] 女 修道女, 尼僧.

mon·je [モンヘ] 男 修道士, 僧.

mon·jil [モンヒる] 形 修道女の.

mo·no¹ [モノ] 男 1《衣服》つなぎ, オーバーオール. 2 (麻薬などの) 禁断症状. 3 (習慣になったものへの) 強い欲求.

mo·no², **na**² かわいい, 愛らしい.
— 男 女 1《動物》サル, 雄猿, 雌猿. 2 (大人のまねをする) ませた少年 [少女]. 3 (毛深くて) みにくい人.
corrido como una mona (恥じて) 赤面している.
el último mono (集団で) 一番だめな人間.
estar de monos (恋人同士が) いがみあっている.
mandar a (+人) *a freír monas* …を荒々しく拒絶する.
tener monos en la cara (じろじろ見られたときに言う) 顔に墨 (ど) でもついている.
¡Vete a freír monas! さっさと消えろ!, だめだ!

mo·no·ca·me·ral [モノカメラる] 形《政治》一院制の.

mo·no·ca·rril [モノカリる] 形《鉄道》単一軌道の.
— 男 モノレール.

mo·no·ci·clo [モノシクロ] 男《自転車》一輪車.

mo·no·co·lor [モノコロル] 形《男女同形》1《色彩》単色の. 2《政府》単一政党の.

mo·no·cor·de [モノコルデ] 形 1《音楽》同一音調を繰り返す. 2 単調な, 一本調子の.

mo·no·co·ti·le·dó·ne·as [モノコティれドネアス] 女《分類》単子葉植物.

mo·no·cro·mo, ma [モノクロモ, マ] 形《色彩》単色の.

mo·no·cu·lar [モノクらル] 形《装置》単眼の.

mo·nó·cu·lo [モノクろ] 男 単眼鏡.

mo·no·cul·ti·vo [モノクるティボ] 男《農業》

単一栽培，モノカルチャー．

mo·nó·di·co, ca [モノディコ, カ] 形〈歌唱法〉無伴奏独唱の．

mo·no·fá·si·co, ca [モノふァシコ, カ] 形〈電気〉単相の．

mo·no·ga·mia [モノガミア] 女 1一夫一婦制，単婚制．2(男性が一度しか結婚しない)一回婚制．

mo·nó·ga·mo, ma [モノガモ, マ] 形 1単婚制の．2〈動物〉一雌一雄の．3〈男性〉妻をひとりしか持たない．

mo·no·gra·fí·a [モノグラふィア] 女 (単一テーマの専門論文の)モノグラフ．

mo·no·grá·fi·co, ca [モノグラふィコ, カ] 形 モノグラフの．

mo·no·lin·güe [モノリングエ] 形 単一言語使用の．

mo·no·lí·ti·co, ca [モノリティコ, カ] 形 1〈彫刻〉モノリスの．2一枚岩でできている．

mo·no·li·to [モノリト] 男〈彫刻〉(単一石柱で作る碑などの)モノリス．

mo·no·lo·gar [モノロガル] 自 [活 47 llegar] 1〈演劇〉独白する．2ひとりごとを言う．

mo·nó·lo·go [モノロゴ] 男 1〈演劇〉モノローグ，独白．2ひとりごと．
monólogo interior〈文学〉(1人称表現の)内的独白．

mo·no·ma·ní·a [モノマニア] 女〈心理学〉偏執狂．

mo·no·mio [モノミオ] 男〈数学〉単項式．

mo·no·pa·tín [モノパティン] 男〈遊具〉スケートボード．

mo·no·pé·ta·lo, la [モノペタロ, ラ] 形〈植物学〉1(花冠が)合弁の．2(花弁が)単弁の．

mo·no·pla·no [モノプラノ] 男〈飛行機〉単葉機．

mo·no·po·lio [モノポリオ] 男 1独占(権)，専売(権)．2専有，独占的行使．

mo·no·po·li·za·ción [モノポリさしオン] 女 1独占化，独占権の獲得．2専有化，ひとり占め．

mo·no·po·li·zar [モノポリさル] 他 [活 39 gozar] 1…を独占する，専売する．2…の独占権を得る．3…を専有する，ひとり占めにする．

mo·no·rra·íl [モノらイル] 形〈鉄道〉単一軌道の．
— 男 モノレール．

mo·no·rri·mo, ma [モノりモ, マ] 形〈詩法〉単一韻の．

mo·no·sa·bio [モノサビオ] 男〈闘牛〉(ピカドールの)助手の少年，作業方(がた)．
— 男 女 (大人の話に口出しをする)ませた子供．

mo·no·sa·cá·ri·do [モノサカリド] 男〈化学〉単糖類．

mo·no·sé·pa·lo, la [モノセパロ, ラ] 形〈植物学〉単一萼片(がくへん)の．

mo·no·sí·la·bo¹ [モノシラボ] 男〈文法〉単音節語．

mo·no·sí·la·bo², ba [—, バ] 形〈文法〉1音節の，単音節の．

mo·no·te·ís·mo [モノテイスモ] 男〈宗教〉一神教．

mo·no·te·ís·ta [モノテイスタ] 形〈男女同形〉〈宗教〉一神教の．
— 男 女 一神教信者．

mo·no·ti·pia [モノティピア] 女 モノタイプ印刷．

mo·no·to·ní·a [モノトニア] 女 1(声などの)一本調子．2単調さ，平板さ．

mo·nó·to·no, na [モノトノ, ナ] 形 1(声などが)一本調子の．2単調な，平板な．

mo·no·va·len·te [モノバレンテ] 形〈化学〉一価の．

mon·se·ñor [モンセニョル] 男 (高位聖職者への敬称の)猊下(げいか)．

mon·ser·ga [モンセルガ] 女 1くどい説明，意味不明の長話．2退屈な行事．

mons·truo [モンストルオ] 男 1怪物，化け物．2すごいこと，けたはずれなもの，巨大なもの．3醜悪(しゅうあく)な人間[物]．4極悪非道な人間．5(特定分野の)傑物(けつぶつ)，達人．

mons·truo·si·dad [モンストルオシダッ] 女 1奇怪さ．2醜悪さ．3残虐性．4おそろしいこと，ひどい言動．

mons·truo·so, sa [モンストルオソ, サ] 形 1巨大な．2とてもみにくい．3並はずれた，すごい．4おそろしい，いまわしい．5残虐な，非道な．

mon·ta [モンタ] 女 1重要性，価値．2乗馬，乗馬の方法．3(馬などの)交尾．

mon·ta·car·gas [モンタカルガス] 男〈単複同形〉貨物用エレベーター．

mon·ta·do¹ [モンタド] 男〈パン〉(朝食用などの)，量が半分のボカディジョ *bocadillo*．

mon·ta·do², da [—, ダ] 〈過去分詞〉→ montar 乗る．
— 形 1騎乗の，馬に乗った．2組み立てられた，据(す)えられた．3(+con…) …を備えつけた．

mon·ta·dor¹ [モンタドル] 男 (乗馬用の)踏み台．

mon·ta·dor², do·ra [—, ドラ] 男 女 1〈工場〉組み立て工．2〈映画〉フィルム編集者．

mon·ta·je [モンタヘ] 男 1(機械などの)据(す)え付け，組み立て．2〈映画〉フィルム編集．3〈演劇〉舞台設定，演出．4(情報の)改ざん．5(写真の)合成，モンタージュ．

mon·ta·no, na [モンタノ, ナ] 形 山の．

mon·tan·te [モンタンテ] 男 1総額，合計額．2(部屋の)入口の上の窓．

mon·ta·ña [モンタニャ] 女 1山，山岳．2山地，山岳地帯．3多量，山積みのもの．4障害，困難，難問．
cadena de montañas 山脈，連峰．
de montaña 登山用の．
hacer una montaña de un grano de

arena なんでもないことを大げさに言う.
montaña rusa ジェットコースター.

mon·ta·ñe·ro, ra [モンタニェロ, ラ] 形 山の. ─ 男 女 登山家.

mon·ta·nés, ñe·sa [モンタニェス, ニェサ] 形 1 山の, 山地の. 2 山地に住んでいる. ─ 男 女 山の住人.

mon·ta·ñis·mo [モンタニスモ] 男 〈スポーツ〉登山.

mon·ta·ño·so, sa [モンタニョソ, サ] 形 山地の, 山の多い.

mon·tar [モンタル] 他 1 …に乗る.
2 …を(+en...)…に乗せる.
3 …を組織する, …の任務につく.
4 …を据え付ける, …を据(*)え付ける.
5 (住空間)に家具を備えつける.
6 (仕事場などを)設置する.
7 (宝石類)を(+en...)…にはめ込む.
8 (卵白など)を泡立てる.
9 (銃)の撃鉄を起こす
10 …を上演する, 演出する.
11〈映画〉(フィルム)を編集する.
12〈雄が交尾のために雌〉にかかる.
─ 自 1 (+a, en...)…に乗る, 乗り込む.
2 騎馬で進む.
3 (+en+特別な感情)…に狂う／*montar en cólera* 激怒する.
4 重要である.
5 (金額などが) (+a...)…に達する, なる.
6 (+sobre...)…に重なる.
─ *montar·se* 再 (+en...)…に乗る.
bota de montar 乗馬靴.
estar montado en el dólar 金持ちになっている.
montar a[en] pelo 裸馬に乗る.
montar·se·lo 都合をつける.
silla de montar 鞍.
tanto monta 同等である, おなじ値段である.

mon·ta·raz [モンタラす] 形 《複 montaraces》1 山地に住んでいる, 山家(**)育ちの. 2 粗野な, 野生的な.

mon·te [モンテ] 男 1 山, 山岳. 2 山地, 山林.
echar[se] al monte (ゲリラなどが)山に逃げこむ.
el Monte... …山／*el Monte Fuji* 富士山.
los Montes... …山脈／*los Montes Pirineos* ピレネー山脈.
monte alto 1 高木林. 2 高木類.
monte bajo 1 低木林. 2 低木類.
monte de piedad 公設質屋.
monte de Venus 1 (女性の恥骨の)ビーナスの丘, 恥丘(**). 2 (手のひらの親指の付け根の)ふくらみ.

Mon·te Blan·co [モンテ ブらンコ] 固 〈山の名〉(アルプスの)モンブラン.

mon·te·pí·o [モンテピオ] 男 1 共済組合費, 互助基金. 2 共済年金. 3 共済組合, 互助会.

mon·te·ra[1] [モンテラ] 女 (闘牛士の帽子の)モンテラ.

mon·te·rí·a [モンテリア] 女 (イノシシなどの大物の)狩猟.

mon·te·ro, ra[2] [モンテロ, ─] 男 女 山の猟師.

mon·tés [モンテス] 形《男女同形》山地に生息する.

mon·te·vi·de·a·no, na [モンテビデアノ, ナ] 形 (ウルグアイの)モンテビデオ Montevideo の. ─ 男 女 モンテビデオの人.

Mon·te·vi·de·o [モンテビデオ] 固 〈都市の名〉(ウルグアイの首都の)モンテビデオ.

mon·tí·cu·lo [モンティクロ] 男 (石などを積みあげた)小山.

mon·ti·lla [モンティじゃ] 男 (スペイン・コルドバ県の Montilla 産の上質ワインの)モンティジャ.

mon·to [モント] 男 総額, 合計額.

mon·tón [モントン] 男 1 山積み. 2 多量, 大量.
a montones 大量に.
del montón 並の, 平凡な.

mon·tuo·so, sa [モントゥオソ, サ] 形 山の多い.

mon·tu·ra [モントゥラ] 女 1 (馬などの)乗用動物. 2 荷物を運ぶ動物. 3 (鞍などの)馬具. 4 (眼鏡の)フレーム, 枠. 5 (宝石の)台座.

mo·nu·men·tal [モヌメンタる] 形 1 記念碑の, 記念塔の. 2 巨大な, 重い, 立派な.

mo·nu·men·to [モヌメント] 男 1 記念碑, 記念塔. 2 記念碑的建造物. 3 〈芸術〉記念すべき作品. 4 〈教会〉(聖体を安置する)仮祭壇.

mon·zón [モンそン] 男 〈気象〉モンスーン, 季節風.

mon·zó·ni·co, ca [モンそニコ, カ] 形 〈気象〉モンスーンの.

mo·ña [モニャ] 女 1 (頭髪の)リボン飾り. 2 酒の酔い.

mo·ño [モニョ] 男 1 (頭髪の)シニョン, おだんご. 2 〈鳥〉冠羽.
agarrar·se [tirar·se] del moño (女性同士が)つかみ合いのけんかをする.
estar hasta el moño de... …にうんざりしている.
poner·se a... en el moño (+不定詞) …が～しようという気になる.
poner·se moños うぬぼれる.

mo·que·ar [モケアる] 自 鼻水を出す.

mo·que·o [モケオ] 男 (よく出る)鼻水.

mo·que·ro [モケロ] 男 鼻水用のハンカチ.

mo·que·ta [モケタ] 女 〈織物〉モケット織り.

mo·qui·llo [モキじょ] 男 〈獣医学〉(犬などの)ジステンパー.

mor [モル] 《つぎの前置詞句の一部》
por mor de... …ゆえに, …のために.

mo·ra[1] [モラ] 女 (→ moro[2]) 1 (キイチゴやクワ

他 は他動詞　再 は再帰動詞　形 は形容詞　副 は副詞　前 は前置詞　接 は接続詞　間 は間投詞

mo·ra·da¹

の)実. 2〈法律〉(支払いの)遅延, 延滞.

mo·ra·da¹ [モラダ] 囡 住居, すみか.

mo·ra·do¹ [モラド] 厖 1 暗紫色の. 2〈殴打(ホ)ぎ)でできる)青あざ.

mo·ra·do², da² 暗紫色の.
pasar·las moradas 困難な状態にいる.
poner·se morado de... ...を存分に味わう.

mo·ra·dor, do·ra [モラドル, ドラ] 男囡 居住者, 滞在者.

mo·ra·du·ra [モラドゥラ] 囡 (殴打(ホ)ぎ)によってできる)青あざ.

mo·ral [モラル] 厖 1 道徳の, 道徳的な, 倫理の. 2 品行方正な, 良い. 3 精神的な, 心の.
─ 囡 1 倫理学, 道徳論. 2 道徳, 倫理, モラル. 3 気力, 士気, 自信.
─ 男〈樹木〉クワ〔桑〕.

mo·ra·le·ja [モラレハ] 囡 (教育的読み物の)教訓.

mo·ra·li·dad [モラリダス] 囡 1 道徳性, 倫理性. 2 品行.

mo·ra·li·na [モラリナ] 囡 浅薄な道徳性.

mo·ra·lis·ta [モラリスタ] 男囡 道徳家, 倫理学者.

mo·ra·li·zar [モラリサル] 他《活 39 gozar》 1 ...に道徳を教える. 2 ...を教化する, ...に説教する.

mo·ral·men·te [モラルメンテ] 副 1 道徳的に, 道義上. 2 精神的に.

mo·rar [モラル] 自 居住する, 滞在する.

mo·ra·tón [モラトン] 男 (なぐられてできる)青あざ.

mo·ra·to·ria [モラトリア] 囡 支払いの猶予(よう), モラトリアム.

mor·bi·dez [モルビデス] 囡 (女体などの)やわらかさ, なめらかさ.

mór·bi·do, da [モルビド, ダ] 厖 1 やわらかい, なめらかな. 2 病気になっている.

mor·bi·li·dad [モルビリダス] 囡 (一定地域の)罹病(りびょう)率.

mor·bo [モルボ] 男 1 病気, 疾病. 2 不健全な興味. 3 不快なもの[不善なもの]の魅力.

mor·bo·si·dad [モルボシダス] 囡 1 不快なもの[不善なもの]への好み. 2 (集合的に)衛生状態から起きる病気.

mor·bo·so, sa [モルボソ, サ] 厖 1 病気の, 病的な. 2 不快なもの[不善なもの]に引かれる.

mor·ci·lla [モルシじゃ] 囡 1〈豚の血で作るソーセージの〉モルシジャ. 2〈演劇〉アドリブ. 3 不格好なもの.
¡Que te den morcillas! くたばってしまえ!

mor·ci·llo [モルシじょ] 男〈食肉〉もも肉.

mor·da·ci·dad [モルダシダス] 囡 (皮肉などの)敵意のこもった辛辣(しんらつ)さ.

mor·daz [モルダス] 厖 (皮肉・批評的)敵意を含んで辛辣(しんらつ)な.

mor·da·za [モルダサ] 囡 猿ぐつわ.

mor·de·du·ra [モルデドゥラ] 囡 かみつき, かみ傷.

mor·der [モルデル] 他《活 50 mover》1 ...をかむ, かじる, ...にかみつく. 2 (愛情表現で)...を軽くかむ.
─ 自 激怒する, かんかんに怒る.

mor·di·do, da [モルディド, ダ]《過去分詞》→ morder かむ.
─ 厖 1 かまれた. 2 欠けた, すり減った.

mor·dien·te [モルディエンテ] 男〈染料を定着させる〉媒染剤.

mor·dis·co [モルディスコ] 男 1 ひとかじり. 2〈分量〉ひとかじり分. 3 (取引での)儲(もう)け分.

mor·dis·que·ar [モルディスケアル] 他 ...を少しずつかじる.

mo·re·na¹ [モレナ] 囡〈魚〉ウツボ.

mo·re·nez [モレネス] 囡 暗褐色, 褐色.

mo·re·no, na² [モレノ, −] 厖 1 (肌が)褐色の, 浅黒い. 2 (髪が)暗褐色の. 3 (人が)黒人の.
─ 男囡 1 (肌や髪が)黒っぽい人. 2 日焼けした人. 3 黒人.

mo·re·ra [モレラ] 囡〈樹木〉クワ〔桑〕.

mo·re·rí·a [モレリア] 囡 (昔のモーロ人)街.

mo·re·tón [モレトン] 男 (打ち身などの)青あざ.

mor·fe·ma [モルふぇマ] 男〈言語学〉形態素.

mor·fi·na [モルふィナ] 囡〈化学〉モルヒネ.

mor·fi·nó·ma·no, na [モルふィノマノ, ナ] 厖 モルヒネ中毒の.
─ 男囡 モルヒネ中毒患者.

mor·fo·lo·gí·a [モルふぉロヒア] 囡 1〈言語学〉形態論. 2〈生物学〉形態学.

mor·fo·ló·gi·co, ca [モルふぉロヒコ, カ] 厖 1〈言語学〉形態論の. 2〈生物学〉形態学の.

mor·fo·sin·ta·xis [モルふぉシンタクシス] 囡〈言語学〉形態統語論.

mor·ga·ná·ti·co, ca [モルガナティコ, カ] 厖 (一方が王家の貴賤(きせん)の)結婚の.

mor·gue [モルゲ] 囡 死体安置所.

mo·ri·bun·do, da [モリブンド, ダ] 厖 死にかけている, 瀕死(ひんし)の.
─ 男囡 死にかけている人.

mo·ri·ge·rar [モリヘラル] 他 (感情など)をおさえる, 抑制する.
── morigerar·se 囷 (感情などが)静まっていく.

mo·rir [モリル] 自《活 49》1 死ぬ, 死亡する. 2 消滅する, 無くなる, 終る. 3 尽きる.
── morir·se 囷 死ぬ.
morir de... (原因)で死ぬ.
morir(se) de... ...で死にそうである.
morir(se) por... ...がほしくてたまらない.
morir(se) por (+不定詞) ...したくてたまらない.
¡Que me muera si...! なら死んでもいいよ!

mo·ris·co, ca [モリスコ, カ] 厖 (中世のキリスト教系スペインに住んでいた)回教徒の, モーロ人

の. 2 (近世スペインに住んでいた)改宗モーロ人の, モリスコの.
— 男女 改宗モーロ人, モリスコ.
mo·ris·que·ta [モリスケタ] 女 しかめっ面.
mor·la·co [モルラコ] 男 〈牛〉大型の闘牛.
mor·món, mo·na [モルモン, モナ] 形 モルモン教の.
— 男女 モルモン教徒.
mor·mo·nis·mo [モルモニスモ] 男 モルモン教.
mo·ro[1] [モロ] 男 嫉妬(しっと)深い男.
mo·ro[2], **ra**[2] [モロ] 形 1 北アフリカの. 2 中世スペインの回教徒の. 3 イスラム教徒の.
— 男女 1 モーロ人. 2 回教徒, イスラム教徒.
— 自 → morar 居住する.
Hay moros en la costa. 近くに危険人物がいる.
mo·ro·si·dad [モロシダス] 女 1 期限遵守(じゅんしゅ)のだらしなさ. 2 (仕事などの)遅さ, 緩慢.
mo·ro·so, sa [モロソ, サ] 形 1 支払いにルーズな, 滞納の. 2 のろい, ぐずな.
— 男女 1 滞納者. 2 〈人〉ぐず.
mo·rral [モラジャ] 女 1 (猟師用の)獲物袋. 2 背負い袋.
mo·rra·lla [モラジャ] 女 がらくた, くず.
mo·rre·ar [モレアル] 自 長々と接吻する.
mo·rre·na [モレナ] 女 (氷河の)堆石(たいせき), モレーン.
mo·rre·o [モレオ] 男 長い接吻.
mo·rri·llo [モリジョ] 男 (牛などの後頭部の)首肉.
mo·rri·ña [モリニャ] 女 ホームシック, 郷愁.
mo·rrión [モリオン] 男 〈武具〉(ひさし付きのかぶとの)モリオン.
mo·rro [モロ] 男 1 (豚などの)鼻. 2 唇. 3 前面の突出部. 4 厚顔.
a morro らっぱ飲みで.
estar de morros 1 怒っている. 2 すねている.
poner morros しかめっ面をする.
tener (mucho) morro 厚かましい.
torcer el morro = poner morros.
mo·rro·co·tu·do, da [モロコトゥド, ダ] 形 1 巨大な, すごい. 2 とても重要な. 3 とても難しい.
mo·rrón [モロン] 男 激突, 殴打(おうだ).
mor·sa [モルサ] 女 〈動物〉セイウチ.
mor·ta·de·la [モルタデラ] 女 (太いソーセージの)モルタデラ.
mor·ta·ja [モルタハ] 女 (死者に着せる)経かたびら[帷子], 死に装束(しょうぞく).
mor·tal [モルタる] 形 1 死ぬ運命の, 死すべき. 2 致命的な, 命にかかわる. 3 死体のような. 4 耐えがたい, うんざりさせる. 5 人の死を願うような. 6 とても強い. 7 決定的な.
— 男女 人, 人間.
mor·ta·li·dad [モルタリダス] 女 1 死ぬべき運命. 2 死亡率.
mor·tal·men·te [モルタるメンテ] 副 1 致命的に. 2 死ぬほど.

mor·tan·dad [モルタンダス] 女 大量の死者.
mor·te·ci·no, na [モルテシノ, ナ] 形 消えそうな, 弱々しい.
mor·te·ro [モルテロ] 男 1 (ニンニクなどをすりつぶす)乳鉢. 2 〈武器〉臼砲(きゅうほう). 3 〈建築〉モルタル.
mor·tí·fe·ro, ra [モルティふェロ, ラ] 形 致命的な.
mor·ti·fi·ca·ción [モルティふィカシオン] 女 1 苦痛, 屈辱. 2 〈宗教〉苦行. 3 苦痛の種(たね).
mor·ti·fi·car [モルティふィカル] 他 《活用 73 sacar》1 …に苦痛を与える, …を悩ませる. 2 〈宗教〉(苦行のために体の一部)を痛めつける.
— mortificarse 再 1 苦痛を味わう. 2 自分を苦しめる.
mor·tuo·rio, ria [モルトゥオリオ, リア] 形 1 死者の. 2 葬儀の.
mo·ru·no, na [モルノ, ナ] 形 1 北アフリカの. 2 モーロ人の.
mo·sai·co [モサイコ] 男 〈美術〉モザイク. 2 寄せ集め.
mos·ca [モスカ] 女 1 〈昆虫〉ハエ[蠅]. 2 (下唇の下の)ひげ. 3 お金.
aflojar [soltar] la mosca (うながされて)金を出す.
andar [estar] mosca 1 用心深い. 2 機嫌が悪い.
estar con la mosca en [detrás de] la oreja 警戒している, 疑っている.
mosca artificial 〈釣り〉毛鉤(けばり), フライ.
mosca [mosquita] muerta 腹黒いお人好し, 猫かぶり.
mosca tsé-tsé 〈昆虫〉(熱帯の)ツェツェバエ.
peso mosca 〈ボクシング〉フライ級.
por si las moscas もしかして, 万一のために.
¿Qué mosca te [le, os] ha picado? (急に態度を変えた人に向かって)どうしたの?
mos·car·da [モスカルダ] 女 〈昆虫〉クロバエ.
mos·car·dón [モスカルドン] 男 1 〈昆虫〉ウマバエ, ウシバエ. 2 〈昆虫〉クロバエ. 3 しつこくつきまとう人間.
mos·ca·tel [モスカテる] 形 〈ブドウ〉マスカット種の.
— 男 マスカットブドウ.
— 男 1 マスカットワイン[= vino moscatel]. 2 マスカットブドウ園.
mos·cón [モスコン] 男 1 〈昆虫〉ウマバエ, アブ. 2 (女性に言い寄る)うるさい男.
mos·co·vi·ta [モスコビタ] 形 《男女同形》(ロシアの)モスクワ Moscú の.
— 男女 モスクワの人.
Mos·cú [モスク] 固 〈都市の名〉(ロシア共和国の首都の)モスクワ.
mos·que·ar [モスケアル] 他 1 …を疑わせる. 2 …を怒らせる.

— **mosquear·se** 再 1 疑いを抱く. 2 立腹する.

mos·que·o [モスケオ] 男 1 疑い, 不信感. 2 軽い立腹.

mos·que·te [モスケテ] 男 〈武器〉(昔の大口径の)マスケット銃.

mos·que·te·ro [モスケテロ] 男 マスケット銃兵[銃士].

mos·que·tón [モスケトン] 男 1〈武器〉(大口径の)短銃. 2 (岩登り用の留め環の)カラビナ.

mos·qui·te·ro, ra [モスキテロ, ラ] 男女 1 蚊帳(や). 2 網戸.

mos·qui·to [モスキト] 男 〈昆虫〉カ[蚊].

mos·ta·ce·ra [モスタセラ] 女 (食卓用の)からし入れ.

mos·ta·cho [モスタチョ] 男 濃い口ひげ.

mos·ta·za [モスタさ] 女 1〈植物〉カラシ. 2〈料理〉マスタード, 洋がらし.

mos·to [モスト] 男 (ワインにする)ブドウの果汁.

mos·tra·dor [モストラドル] 男 (商店内の)カウンター, 陳列台.

mos·trar [モストラル] 他 《活 22 contar》1 …を見せる, 示す. 2 …を理解させる. 3 …を教える, 説明する. 4 (感情など)を表す, 表明する.

— **mostrar·se** 再 1 姿を見せる, 出席する. 2 (+形容詞, 副詞, 名詞) …の態度を示す, に見える.

mos·tren·co, ca [モストレンコ, カ] 形 1 頭の弱い, 無知な. 2 よく太った, 身重のある.

— 男 女 1 〈人〉間抜け, 薄のろ. 2 〈人〉でぶ, 太っちょ.

mo·ta [モタ] 女 1 小さな破片, ちり. 2 小さな水玉の模様[汚れ].

mo·te [モテ] 男 1 あだ名, 愛称. 2 (昔の紋章などの)標語, モットー.

mo·te·jar [モテハル] 他 …に(+de…) …というあだ名をつける.

mo·tel [モテル] 男 (自動車旅行者用の)モーテル.

mo·tín [モティン] 男 暴動, 騒乱, 反乱.

mo·ti·va·ción [モティバしオン] 女 1 動機づけ, やる気. 2 動機, 理由, 誘因, 刺激.

mo·ti·var [モティバル] 他 1 …の動機[理由]になる. 2 …にやる気を起こさせる.

mo·ti·vo [モティボ] 男 1 動機, 理由, 誘因. 2 〈美術〉モチーフ, 主題.

— 活 → motivar 動機になる.

con motivo de… 1 …のために. 2 …の機会に.
dar a… motivo(s) para~ …に ~の口実を与える.

mo·to [モト] 女 オートバイ, 単車.
estar como una moto 1 狂っている. 2 いらいらしている.

mo·to·ca·rro [モトカロ] 男 オート三輪(車).

mo·to·ci·cle·ta [モトしクレタ] 女 オートバイ, 単車.

mo·to·ci·clis·mo [モトしクリスモ] 男 オートバイレース.

mo·to·ci·clis·ta [モトしクリスタ] 男女 1 オートバイ乗り, ライダー. 2 オートバイレーサー.

mo·to·cross [モトクロス] 男 モトクロス.

mo·to·náu·ti·ca [モトナウティカ] 女 モーターボートレース.

mo·to·na·ve [モトナベ] 女 (大型の)モーターボート.

mo·to·ne·ta [モトネタ] 女 モーター付き車椅子(ネェホ).

mo·tor¹ [モトル] 男 1 エンジン, モーター, 発動機. 2 原動力, 推進力.
motor de explosión 内燃機関.
motor de reacción ジェットエンジン.
motor Diesel ディーゼルエンジン.

mo·tor², to·ra¹ [—, トラ] 形 1 (神経などが)運動を伝える. 2 発動の, 起動の. 3 原動力となる.

mo·to·ra² [モトラ] 女 モーターボート.

mo·to·ris·mo [モトリスモ] 男 オートレース.

mo·to·ris·ta [モトリスタ] 男女 1 オートバイ乗り, ライダー. 2〈警官〉白バイ.

mo·to·ri·zar [モトリさル] 他 《活 39 gozar》1 …にモーターをつける. 2 …を機械化する.

— **motorizar·se** 再 車を持つ.

mo·to·ro·la [モトロら] 女 自動車電話.

mo·tri·ci·dad [モトリしダs] 女 1 運動能力. 2 (神経の)運動伝達機能.

mo·triz [モトりs] 形 《motor 形の女性形》《複 motrices》発動の, 起動の.
fuerza motriz 原動力.

mo·tu pro·prio [モトゥ プロプリオ] 副 自発的に.

mousse [ムス] 女 1〈菓子〉ムース. 2〈化粧品〉ムース.

mou·ton [ムトン] 男 (羊の毛皮の)ムートン.

mo·ve·di·zo, za [モベディそ, さ] 形 動きやすい, 不安定な.
arenas movedizas 流砂.

mo·ver [モベル] 他 《活 50》1 …を動かす, 移動する. 2 …をゆらす, ゆする. 3 …の気持ちを動かす. 4 …を動かして(+a…) …に向かわせる. 5 …を引き起こす, …の原因となる. 6 (事件など)を有利に処理しようとする.

— 自 (+a+感情) …の気持ちを生じさせる.

— **mover·se** 再 1 動く, 移動する. 2 急ぐ. 3 うまく行動する, 努力する.

mo·vi·ble [モビブれ] 形 動かせる, 移動可能な.

mo·vi·da¹ [モビダ] 女 1 ざわめめいた活気, 歓楽の雰囲気. 2 ざわめき, 喧噪(ネェん).

mo·vi·do, da² [モビド, —] 《過去分詞》 → mover の過去分詞.

— 形 1 動きの多い, 落ちつかない. 2 (写真などが)ぶれた, ピンぼけの.

mó·vil [モビる] 形 《男女同形》動かせる, 移動可能な.

— 男 1 動機, 理由. 2 携帯電話. 3 (装飾品の)モビール. 4〈物理学〉運動物体.

mo·vi·li·dad [モビリダs] 女 1 可動性. 2 移動能力.

mo·vi·li·za·ción [モビリさしオン] 囡 **1** 動員. **2**《軍隊》(除隊兵士などの)再召集.

mo·vi·li·zar [モビリさル] 他《活 39 gozar》**1** …を動員する. **2**《軍隊》(除隊兵士など)を再び召集する.

── movilizar·se 再 (人の集団が)活動を始める.

mo·vi·mien·to [モビミエント] 男 **1** 移動. **2** (体の)動き. **3** (移動のための)運動, 動き. **4** (人や物の)往来, 雑踏, 交通. **5** 動乱, 決起. **6** (政治や宗教の)運動. **7**《天体の》運行. **8** 変化, 変動. **9** (人の活動の)展開, 動静. **10** (残高や値段の)動き. **11**《音楽》テンポ, 進行. **12**《音楽》楽章.

estar en movimiento 活動中である.
movimiento de la población 人口動態.
movimiento militar 軍の反乱.
movimiento obrero 労働運動.
movimiento sísmico 地震(活動).
poner… en movimiento …を始動する.
poner·se en movimiento 動き始める.

mo·vio·la [モビオら] 囡《映画》(フィルム編集用映写装置の)ムービーオーラ.

mo·zal·be·te [モさルベテ] 男 おさない若者.

mo·za·ra·be [モさラベ] 男《中世スペインの回教国に住んでいたキリスト教徒の》モサラベ.
── 形 **1** モサラベの. **2**《建築》モサラベ様式の.
── 男 (スペイン語の方言の)モサラベ語.

mo·zo[1] [モそ] 男 **1**《人》下働き, 召し使い. **2** 下男. **3** 給仕, ボーイ. **3**《駅の》ポーター. **4** (兵役に)徴集された青年.

mo·zo[2], za [ー, さ] 形 **1** 若い. **2** 青年の. **3** 未婚の.
── 男 青年, 若者, 娘.

mo·zue·lo, la [モそエろ, ら] 男囡 若者, 娘.

mu [ム] 間《擬音語》(牛の鳴き声の)モー.
no decir ni mu (人が)うんともすんとも言わない.

mu·ca·mo, ma [ムカモ, マ] 男囡 召し使い, 下男, 下女, お手伝いさん.

mu·ce·ta [ムせタ] 囡 (高位聖職者が着る)小型ケープ.

mu·cha·cha[1] [ムチャチャ] 囡 女中, お手伝いさん.

mu·cha·cha·da [ムチャチャダ] 囡 **1** 若者ことば, 子供っぽい行為, 児戯(きぎ). **3** 一群の若者[子供].

mu·cha·cho, cha[2] [ムチャチョ, ー] 男囡 若者, 少年, 坊や, 少女.

mu·che·dum·bre [ムチェドゥンブレ] 囡 **1** 群衆, 人込み. **2** 群れ, 多数.

mu·chí·si·mo[1] [ムチシモ] 副 とても, 非常に.

mu·chí·si·mo[2], ma [ー, マ] 形《絶対最上級語→ mucho, cha 形》とても多くの.
¡Muchísimas gracias! 本当にどうもありがとう.

mu·cho[1] [ムチョ] 副 **1** とても, 非常に, 大変. **2** 多く. **3**〈時間〉長く. **4** (比較級語の前で)ずっと, はるかに.
── 代《不定代名詞》たくさんの事[物, 時間].

mu·cho[2], cha [ー, チャ] 形 **1** 多くの, たくさんの. **2** 大変な, すごい. **3**〈時間〉長い.
como mucho せいぜい, 多くても.
con mucho はるかに, 断然.
¡Con mucho gusto! よろこんで(いたします)!
¡Muchas gracias! どうもありがとう!
¡Mucho gusto! (紹介されて)どうぞよろしく!
¡Mucho, Mucho! その通りですよ!
Mucho sería [es] que (+接続法) きっと[やはり]…だろう.
muy mucho とても, 大変.
ni con mucho とても及ばないが.
ni mucho menos 決して…ない, それどころではない.
no ser para mucho 大したことではない.
por mucho que (+接続法) どんなに…でも.
ser mucho 大変なものだ.
si no es mucho pedir もしお願いできたらのことですが.
tener… en mucho …を大いに評価する.

mu·chos [ムチョス] 代《→ mucho[2]》《不定代名詞》多くの人.

mu·cí·la·go [ムしらゴ] 男《植物性の》粘液.

mu·co·sa[1] [ムコサ] 囡《解剖学》粘膜.

mu·co·si·dad [ムコシダッ] 囡 粘液.

mu·co·so, sa[2] [ムコソ, ー] 形 **1** 鼻水のような. **2** 粘液の, 粘液を分泌する.

mu·da[1] [ムダ] 囡《→ mudo》**1** (集合的に, 着替えの)下着. **2** (生物の)脱皮, (羽毛の生え変わり). **3** 脱皮の時期, 生え変わりの時期.

mu·da·ble [ムダブレ] 形 変わりやすい, 不安定な.

mu·dan·za [ムダンさ] 囡 **1** 変化, 変形. **2** 転居, 引っ越し. **3** 心変わり, 移り気.

mu·dar [ムダル] 他 **1** …を変える, 変化させる. **2** (生物が羽毛や皮)を変える. **3** (態度や声や歯)を変える. **4** …を配置替えする, 移動する.
── 自 **1** (生物が) (+de+羽毛や皮) …を変える. **2** (人が) (+de+態度, 声, 歯など) …を変える. **3** (+de+様子や場所) …を変える.
── mudar·se 再 **1** (+a…) …へ引っ越す, 場所を変える. **2** (+de…) …を着替える.
mudar de opinión 意見を変える.
mudar de piel 脱皮する.
mudar de voz 声変わりする.
mudar(se) de casa 転居する.
mudar·se de ropa 着替えをする.

mu·dé·jar [ムデハル] 男《中世スペインのキリスト教徒勢力圏に住んでいた回教徒の》ムデハル.
── **1** ムデハルの. **2**《建築》ムデハル様式の.

mu·dez [ムデす] 囡 **1** 口のきけないこと, 唖(おし). **2** 無言, 沈黙.

mu·do, da[2] [ムド, ー] 形 **1** 口のきけない, おしの.

mue·ble

2 無言の. 3 無声の. 4 音のしない. 5 〈文字〉発音されない, 無音の.
— 男 女 おし, 啞者(ぁしゃ).
— 活 → mudar 変える.

mue·ble [ムエブレ] 男 家具, 調度.
mueble bar 酒類キャビネット付きの家具.

mue·ca [ムエカ] 女 おどけ顔.

muel- 活 → moler 粉に挽(ひ)く《活 50》.

mue·la [ムエラ] 女 1 奥歯, 臼歯(きゅうし). 2 (ひき臼(うす)の) 上石.
estar que echa las muelas 激怒している.
muela cordal (歯の) 親知らず.
muela del juicio = muela cordal.
muela picada 虫歯.
muela postiza 義歯.
No hay ni para una muela. 食べる物が何もない.
reír·se las muelas 大笑いする.

mue·lle [ムエジェ] 形 〈生活が〉楽な, 気楽な.
— 男 1 ばね, ぜんまい, スプリング. 2 波止場, 埠頭(ふとう). 3 〈駅〉貨物積みプラットホーム.

muer- 活 → morir 死ぬ《活 49》.

muerd- 活 → morder 嚙む《活 50》.

muér·da·go [ムエルダゴ] 男 〈植物〉ヤドリギ.

muer·do [ムエルド] 男 1 嚙むこと. 2 〈分量〉ひと口.

muer·mo [ムエルモ] 男 1 退屈な気分, ねぼけ顔. 2 退屈なもの[人]. 3 (馬の伝染病の) 鼻疽(びそ).

muer·te [ムエルテ] 女 1 死, 死亡. 2 死に神. 3 殺人, 殺害. 4 破滅, 破壊, 終焉(しゅうえん).
a muerte 1 〈対決〉死を賭(と)した. 2 死ぬほどに.
a vida o muerte 生死にかかわる.
dar muerte a... ...を殺す.
de mala muerte 価値のない, みすぼらしい.
de muerte (驚きなどが) ひどい, はげしい.
estar a las puertas de la muerte 死にかけている.
muerte dulce 楽な死.
muerte natural 自然死.
muerte súbita 1 突然死. 2 〈スポーツ〉(同点決勝方式の) サドンデス.
muerte violenta 横死(おうし).

muer·to[1] [ムエルト] 男 1 じゃま物, 障害物. 2 厄介な仕事.

muer·to[2]**, ta** [—, タ] 〈過去分詞〉→ morir 死ぬ.
— 形 1 死んだ. 2 死んだような, 活動しない. 3 ひどく疲れた. 4 (+de+名詞) ひどく...している, ...で死にそうな. 5 (+por...) ...がほしくてたまらない.
— 男 女 死者, 死人, 死体.
caer muerto 死ぬ.
echar a... el muerto de~ ~の責任を...に押しつける.
hacer el muerto (泳ぐときに) 水面にあお向けに浮く.
hacer·se el muerto 死んだふりをする.
horas muertas むだな時間.
muerto de hambre 空腹で死にそうな.
no tener dónde caer·se muerto ひどく貧しい.
punto muerto 1 (交渉などの) 行き詰まり. 2 (車のギアの) ニュートラル.
un muerto de hambre ひどく貧しい人.

muer·tos [ムエルトス] 男 複 〈→ muerto[2]〉(親族や友人の) 故人.

mues·ca [ムエスカ] 女 1 (印になる) 切り込み, 切り目. 2 〈木工〉ほぞ穴.

muestr- 活 → mostrar 見せる《活 22》.

mues·tra [ムエストラ] 女 1 見本, サンプル, 標本. 2 商品見本, 試供品. 3 手本, 模範. 4 証明, あかし. 5 実例. 6 (工業製品の) 見本市. 7 (猟犬が獲物を見つけたしぐさ).
— 活 → mostrar 見せる.
dar muestras de... ...の様子を示す.
hacer una muestra 例を示す.
Para muestra basta un botón. 証拠はひとつで十分だ.

mues·tra·rio [ムエストラリオ] 男 見本帳, 見本集.

mues·tre·o [ムエストレオ] 男 (標本抽出の) サンプリング.

muev- 活 → mover 動かす《活 50》.

mu·flón [ムフロン] 男 〈動物〉(野生の羊の) ムフロン.

mu·gi·do [ムヒド] 男 牛の鳴き声.

mu·gir [ムヒル] 自 《活 27 dirigir》(牛が) 鳴く.

mu·gre [ムグレ] 女 (脂肪性の) 汚れ, 垢(あか).

mu·grien·to, ta [ムグリエント, タ] 形 垢(あか)で汚れた, 垢だらけの.

mu·jer [ムヘル] 女 1 女, 女性. 2 成人女性, 一人前の女. 3 妻. 4 愛人, めかけ.
de mujer a mujer (女性同士が) 対等に, ざっくばらんに.
¡Mujer! (親しい女性への呼び掛けで) ねえ, 君!
mujer de la calle [*de la vida, pública*] 売春婦.
mujer fatal 悪女, 妖婦(ようふ).
mujer objeto ただの観賞用の女.
muy mujer とても女性的な女性.
ser mujer 初潮を見た女である.
tomar a... por mujer (男性が) ...を妻に迎える.

mu·je·rie·go[1] [ムヘリエゴ] 男 〈男〉女好き, 女たらし.

mu·je·rie·go[2]**, ga** [—, ガ] 形 女好きの, 女たらしの.

mu·je·ril [ムヘリル] 形 女性の, 女らしい.

mu·je·río [ムヘリオ] 男 女性の集まり[集団].

mú·jol [ムホル] 男 〈魚〉ボラ.

mu·la·dar [ムラダル] 男 1 掃きだめ. 2 いかがわし

い場所.

mu·la·dí [ムらディ] 男 (中世スペインでイスラム教に改宗したキリスト教徒の)ムラディー.
— 形 《男女同形》 ムラディーの.

mu·lar [ムらル] 形 《動物》 ラバの.

mu·la·to, ta [ムらト, タ] 男 女 (白人と黒人の混血児の)ムラト.
— 形 ムラトの.

mu·le·ta [ムれタ] 女 1 松葉杖(ﾂ). 2 (闘牛士が使う赤い布の)ムレタ.

mu·le·ti·lla [ムれティじゃ] 女 (会話での)口ぐせの押入句.

mu·le·tón [ムれトン] 男 (シーツやテーブルクロスの下敷きにする)厚手の布地.

mu·li·llas [ムりじゃス] 女複 《闘牛》 (死んだ牛を運び出す)ラバ隊.

mu·lli·do¹ [ムじド] 男 (クッションなどの)詰め物.

mu·lli·do², da [—, ダ] 《過去分詞》 → mullir やわらかくふくらませる.
— 形 ふわふわの, ふかふかの.

mu·llir [ムじル] 他 《活 51》 1 …をやわらかくくらませる. 2 (土)を掘り起こしてほぐす.

mu·lo, la [ム口, ら] 男 女 1 《人》 丈夫な, 頑健な. 2 《人》 強情な, 頑固(ぐん)な.
— 男 女 1 丈夫な人. 2 頑固者. 3 ラバ, 雄ラバ, 雌ラバ.

mul·ta [ムるタ] 女 1 罰金. 2 違反切符.
poner a... una multa de〜 …に〜の罰金を科す.

mul·tar [ムるタル] 他 …に罰金を科す.

mul·ti·co·lor [ムるティコろル] 形 《男女同形》 多色の.

mul·ti·co·pis·ta [ムるティコピスタ] 女 複写機, コピー機.

mul·ti·for·me [ムるティふぉルメ] 形 多様な形の.

mul·ti·gra·do [ムるティグらド] 形 《男女同形, 単複同形》 〈燃料オイル〉 マルチグレードの.

mul·ti·me·dia [ムるティメディア] 男 《情報》 マルチメディア.

mul·ti·mi·llo·na·rio, ria [ムるティミじょナリオ, リア] 形 億万長者の.
— 男 女 大金持ち.

mul·ti·na·cio·nal [ムるティナしオナる] 形 〈企業〉 多国籍の.
— 女 多国籍企業.

múl·ti·ple [ムるティプれ] 形 多様な, 多重の.

mul·ti·pli·ca·ción [ムるティプりカしオン] 女 1 《数学》 掛け算, 乗法. 2 増加, 増大, 増殖.

mul·ti·pli·ca·dor¹ [ムるティプりカドル] 男 《数学》 乗数.

mul·ti·pli·ca·dor², do·ra [—. ドラ] 形 1 《数学》 掛け算の, 乗法の. 2 増大させる, 倍増させる.

mul·ti·pli·can·do [ムるティプりカンド] 男 《数学》 被乗数.

mul·ti·pli·car [ムるティプりカル] 他 《活 73 sacar》 1 …を何倍にも増やす. 2 《数学》 …に (+por...) を掛ける.
— *multiplicar·se* 再 1 繁殖する. 2 懸命に努力する.
tabla de multiplicar 〈数学〉 九九の表.

mul·ti·pli·ca·ti·vo, va [ムるティプりカティボ, バ] 形 1 増加する. 2 《数学》 乗法の.

mul·ti·pli·ci·dad [ムるティプりしダス] 女 1 多数, 大量. 2 多様性.

multipliqu- 活 → multiplicar 何倍にも増やす 《活 73》.

múl·ti·plo [ムるティプろ] 男 《数学》 倍数.
mínimo común múltiplo 最小公倍数.

mul·ti·tud [ムるティトゥス] 女 1 群集, 大衆. 2 (動物や物の)多数.

mul·ti·tu·di·na·rio, ria [ムるティトゥディナリオ, リア] 形 1 大衆の, 群衆の. 2 多数の, 大勢(ﾂ)の.

mun·da·nal [ムンダナる] 形 《= mundano, na》 1 世間の, この世の. 2 上流社会の.

mun·dial [ムンディアる] 形 世界的な, 世界中の.
— 男 世界選手権試合.

mun·di·llo [ムンディじょ] 男 1 同一階層の人々. 2 同業者集団. 3 同好の人たち.
mundillo literario 文壇, 文学界.
mundillo médico 医学界.

mun·do [ムンド] 男 1 世界. 2 …の世界, …の社会. 3 地球. 4 人類, 世界の人々. 5 世間, 世の中. 6 世間の人々. 7 人生経験. 8 俗界, 浮世, この世, 現世. 9 大量, 大勢の人々. 10 山積みのもの.
caer·se a... el mundo encima …が(難題を前にして)しょげかえる, 落胆する.
de mundo 世間慣れした.
desde que el mundo es mundo 太古の昔からずっと.
echar [traer] (a)... el mundo …を出産する.
el gran mundo 上流社会.
el mundo es un pañuelo 世間は狭い[= よくお会いしますね].
el otro mundo あの世.
en el [al] fin del mundo 世界のはてに.
entrar en el mundo 社交界にデビューする.
hacer un mundo de... …を過大評価する, 大げさに扱う.
hundir·se a... el mundo …に大惨事が起こる, …が破滅する.
lejos del mundo 俗世間から離れて.
medio mundo たくさんの人々.
meter·se en su mundo 自分の世界にこもる.
no ser el fin del mundo (事は)案ずるほど難しくない.
no ser nada del otro mundo (物事が)珍

しくない，よくあることだ．
otros mundos (地球以外の)ほかの星．
poner·se el mundo por montera 人の意見を無視して危険をおかす．
por nada del mundo [(*ni*) *por todo el oro del mundo*] どんなことがあっても(…しない)．
reír·se del mundo 世間をばかにする．
tener (*mucho*) *mundo* [*ser de mundo*] 人生経験が豊富である，世なれている．
tercer mundo 第三世界．
todo el mundo みな(皆)，すべての人々，誰でも．
valer un mundo 大きな価値がある．
venir al mundo 生まれてくる．
venir·se a... el mundo encima ＝caer·se a... el mundo encima．
ver [*correr*] *mundo* 違った土地を旅する．
vivir en otro mundo 世の中のことを気にしない，浮世離れしている．

mun·do·lo·gí·a [ムンドロヒア] 女 処世術, 世知(ぢ), 世故(ぜ).
mu·ni·ción [ムニしオン] 女 1 (集合的に)軍需物資. 2 弾薬.
mu·ni·ci·pal [ムニしパる] 形 地方自治体の, 都市の.
— 男女 (地方自治体の)警官, 巡査.
mu·ni·ci·pa·li·dad [ムニしパリダッ] 女 1 地方自治体. 2 市当局, 市役所.
mu·ni·ci·pio [ムニしピオ] 男 1 (自治体としての)市, 町, 村. 2 地方自治体. 3 市当局, 市役所. 4 町村の役場. 5 (集合的に)市民, 町村の住民.
mu·ñe·ca [ムニェカ] 女 1 女の人形. 2 かわいい女の子. 3 手首.
mu·ñe·co [ムニェコ] 男 1 男の人形. 2 かわいい男の子. 3 軟弱な男.
mu·ñei·ra [ムニェイラ] 女 (スペイン・ガリシア地方の民謡の)ムニェイラ.
mu·ñe·que·ra [ムニェケラ] 女 手首用のサポーター, リストバンド.
mu·ñir [ムニる] 他 (活 51 mullir) …を巧妙に操作する, …に非合法に工作する.
mu·ñón [ムニョン] 男 1 (切断された四肢の)付け根. 2 萎縮(ﾞｼｭ)したままの四肢[手足].
mura- → morir 死ぬ《活 49》.
mu·ral [ムらる] 形 壁面用の.
— 男 壁画.
mu·ra·lla [ムらじゃ] 女 1 城壁, 市壁. 2 (障害となるものの)壁.
Mur·cia [ムルしア] 固 〈自治州/州都の名〉(スペイン南東部の)ムルシア.
mur·cia·no, na [ムルしアノ, ナ] 形 (スペインの)ムルシア Murcia の.
— 男女 ムルシアの人.
mur·cié·la·go [ムルしエらゴ] 男 〈動物〉コウモリ.
mur·ga [ムルガ] 女 流しの楽隊.

dar (*la*) *murga a...* …をうんざりさせる.
muri- → morir 死ぬ《活 49》.
mur·mu·llo [ムルムジョ] 男 1 つぶやき, ささやき. 2 (川の)せせらぎ. 3 かすかな音.
mur·mu·ra·ción [ムルムラしオン] 女 陰口, 中傷.
mur·mu·ra·dor, do·ra [ムルムラドル, ドラ] 男女 1 〈人〉陰口屋. 2 不平分子.
mur·mu·rar [ムルムラる] 自 1 (+*de...*) …の悪口を言う, …を中傷する. 2 ささやく, つぶやく. 3 不平を言う. 4 かすかな音を立てる.
— 他 …をぶつぶつ言う.
— *murmurar·se* 再 うわさされる, うわさとして広まる.
murmurar entre dientes くちごもる.
mu·ro [ムロ] 男 1 壁, 塀, 石垣. 2 城壁. 3 障壁.
mu·rria[1] [ムリア] 女 わびしさ.
mu·rrio, rria[2] [ムリオ, -] 形 わびしい, もの悲しい.
mus [ムス] 男 (トランプ遊びの)ムス.
mu·sa [ムサ] 女 1〈ギリシャ神話〉(学問・芸術の女神の)ミューズ, ムーサ. 2 創作上の霊感.
mu·sa·ra·ña [ムサラニャ] 女 〈動物〉トガリネズミ.
mirar a las musarañas [*pensar en las musarañas*] ぼんやり別のことを考えている.
mus·cu·la·ción [ムスクらしオン] 女 筋力トレーニング.
mus·cu·lar [ムスクらル] 形 筋肉の.
mus·cu·la·tu·ra [ムスクらトゥラ] 女 1 (集合的に)筋肉. 2 発達した筋肉.
mús·cu·lo [ムスクろ] 男 〈解剖学〉(個々の)筋組織, 筋肉.
hacer músculos 筋肉をつける.
mus·cu·lo·so, sa [ムスクろソ, サ] 形 1 筋肉の, 筋組織の. 2 筋肉隆々の.
mu·se·li·na [ムセリナ] 女 〈布地〉モスリン.
mu·se·o [ムセオ] 男 1 美術館. 2 博物館. 3 展示場.
mu·se·o·lo·gí·a [ムセオろヒア] 女 博物館学.
mu·se·ro·la [ムセロら] 女 〈馬具〉鼻革(ﾊﾅ).
mus·go [ムスゴ] 男 〈植物〉コケ[苔].
mú·si·ca[1] [ムシカ] 女 (→ *músico*) 1 音楽. 2 楽曲, 曲. 3 楽団, バンド. 4 騒音, 雑音.
escribir música 作曲する.
ir·se con la música a otra parte さっさと消え去る.
música celestial 1 天上の調べ. 2 聞く気にならない言葉[話].
música de cámara 室内楽.
música de fondo バックグランドミュージック, BGM.
música enlatada (上演舞台で流す)録音音楽.
música instrumental 器楽.
música ligera 軽音楽.

活 は活用形　複 は複数形　男 は男性名詞　女 は女性名詞　固 は固有名詞　代 は代名詞　自 は自動詞

música ratonera 三流音楽.
música vocal 声楽.
mu·si·cal [ムシカル] 形 1 音楽の. 2 耳に心地よい, 音楽的な.
— 男 (映画・舞台の)ミュージカル.
mu·si·ca·li·dad [ムシカリダス] 女 音楽性.
mu·si·car [ムシカル] 他 1 …に曲をつける. 2 (特定テーマ)の作曲をする.
mú·si·co, ca[2] [ムシコ, —] 形 音楽の.
— 男 女 音楽家.
mu·si·co·lo·gí·a [ムシコロヒア] 女 音楽学.
mu·si·có·ma·no, na [ムシコマノ, ナ] 男 女 〈人〉音楽狂, 音楽マニア.
mu·si·que·ro [ムシケロ] 男 楽譜棚.
mu·si·qui·lla [ムシキジャ] 女 1 話す調子. 2 なまり[訛り]. 3 単純な音楽.
mu·si·tar [ムシタル] 自 他 [...を]つぶやく, ささやく.
mus·le·ra [ムスレラ] 女〈スポーツ〉テービング.
mus·lo [ムスロ] 男 1〈解剖学〉もも[腿], 大腿(だいたい). 2〈鳥肉〉もも肉.
mus·tio, tia [ムスティオ, ティア] 形 1〈植物〉しぼんだ, しおれた. 2 わびしい, 憂鬱(ゆううつ)な.
mu·sul·mán, ma·na [ムスルマン, マナ] 形 イスラム教の, 回教の.
— 男 女 イスラム教徒, 回教徒.
mu·ta·bi·li·dad [ムタビリダス] 女 変わりやすさ.
mu·ta·ble [ムタブレ] 形 変わりやすい.
mu·ta·ción [ムタシオン] 女 1 (急な)変化, 変質, 変形. 2〈生物学〉突然変異.
mu·tan·te [ムタンテ] 形〈生物学〉突然変異の.
— 男 突然変異体.
mu·tar [ムタル] 他.〈生物学〉…に突然変異を起こさせる.
— **mutar·se** 再 変わる, 変様する.
mu·ti·la·ción [ムティらシオン] 女 1 (手足などの)切断. 2 削除, カット.
mu·ti·la·do, da [ムティらド, ダ] 《過去分詞》→ mutilar 切断した.
— 形 1 切断された. 2 削除された.
— 男 女 (手足などの)体の一部を失った人, 身体障害者.
mu·ti·lar [ムティらル] 他 1 (手足などの体の一部)を切断する. 2 …(の一部)を削除する, カットする.
mu·tis [ムティス] 男〈演劇〉退場.
hacer mutis por el foro 静かに立ち去る.
mu·tis·mo [ムティスモ] 男 沈黙, 無言.
mu·tua·li·dad [ムトゥアリダス] 女 1 共済組合, 互助会. 2 共済制度, 相互依存関係.
mu·tua·lis·ta [ムトゥアリスタ] 形《男女同形》共済組合の, 互助会の.
— 男 女 共済組合員, 互助会員.
mu·tua·men·te [ムトゥアメンテ] 副 お互いに, 相互に.
mu·tuo, tua [ムトゥオ, トゥア] 形 お互いの, 相互の.
muy [ムイ] 副 1 (+形容詞, 副詞)非常に, とても, 大変.
2 (+de+名詞)とても … な[に]/*muy de noche* とても夜遅くに.
3 (定冠詞+muy+名詞)とても … な人[動物]/*el muy ladrón* たいへんな泥棒.
por muy (+形容詞, 副詞+) *que* (+接続法) どんなに …であっても.
(*ser*) *muy de* (+名詞) 1 とても…が好き(だ), 2 じつに…らしい.

N n

N 《略語》norte (方位の)北.
N, n [エネ] 囡《アルファベットの第 14 番目の文字》エネ.
na·bo [ナボ] 男 1《植物》カブ[蕪], カブラ. 2 陰茎, ペニス.
ná·car [ナカル] 男 (貝の内側の)真珠層.
na·ca·ra·do, da [ナカラド, ダ] 形 真珠のような, 螺鈿(らでん)をちりばめた.
na·ca·ri·no, na [ナカリノ, ナ] 形 真珠層の.
na·cer [ナセル] 値 (活 52) 1 生まれる, 誕生する.
2 芽を出す, 発芽する.
3 (髪などが)はえる.
4 (天体が水平線上に)姿を見せる, 出る, 昇る.
5 (川などが)(+en...) …に発する, 始まる.
6 (事件などが)起こる, 起こる.
7 (+para) …のために生まれる.
8 (+a+活動) …を始める／*nacer* a la literatura 文学活動を始める.
— **nacer·se** 再 (勝手に)芽を出す.
nacer de pie 幸運に恵まれる.
no he nacido ayer 私はそれほど初(うぶ)ではない.
volver a nacer (危機から)生還する.
Na·cha [ナチャ] 固《女性の名》(Ignacia の愛称の)ナチャ.
Na·cho [ナチョ] 固《男性の名》(Ignacio の愛称の)ナチョ.
na·ci·do, da [ナシド, ダ]《過去分詞》→ nacer 生まれる.
— 形 生まれた.
— 男囡 人, 人間.
bien nacido, da 1 形 しつけの良い. 2 男囡 気品のある人.
mal nacido, da 1 形 しつけの悪い. 2 男囡 下品な人.
recien nacido, da 1 形 生まれたての. 2 男囡 新生児.
na·cien·te [ナシエンテ] 形 生まれつつある.
— 男 (方位の)東.
na·ci·mien·to [ナシミエント] 男 1 誕生, 出生. 2 始まり, 開始, 出現. 3 水源. 4 (キリスト誕生の場を表現する人形飾りの)ベレン.
dar nacimiento a... …を生み出す.
de nacimiento 1 生まれながらの. 2 けたはずれの, 大変な.
na·ción [ナシオン] 囡 1 (政治体制としての)国, 国家. 2 (領域としての)国土. 3 国民. 4 民族.

na·cio·nal [ナシオナル] 形 1 国の, 国家の. 2 国民の, 民族の. 3 国内の, 全国的な. 4 (スペイン内戦時の)国民軍の.
— 男 国民軍兵士.
biblioteca nacional 国立図書館.
de producción nacional 国産の.
pensión nacional 国民年金.
vuelos nacionales 〈航空便〉国内線の便.
na·cio·na·li·dad [ナシオナリダ] 囡 1 国籍. 2 国民性.
na·cio·na·lis·mo [ナシオナリスモ] 男 1 国家主義. 2 民族主義.
na·cio·na·lis·ta [ナシオナリスタ] 形《男女同形》1 国家主義の. 2 民族主義の.
— 男囡 1 国家主義者. 2 民族主義者.
na·cio·na·li·za·ción [ナシオナリさシオン] 囡 1 帰化. 2 国有化, 国営化.
na·cio·na·li·zar [ナシオナリさル] 他 (活 39 *gozar*) 1 …に国籍を与え, …を帰化させる. 2 …を国有にする, 国営にする.
— **nacionalizar·se** 再 1 帰化する. 2 (+国名の形容詞) …に帰化する.
na·cio·nal·so·cia·lis·mo [ナシオナルソシアリスモ] 男 国家社会主義.
na·da [ナダ] 代《否定の不定代名詞》《動詞の前に置かれると否定の no は不要》1 なにも(…ない), 少しも(…ない).
2 なんでもないこと.
3 (話をつなぐときに)ところで, ええと.
4 (相手の釈明に対して)わかりました, いいですよ.
5 (相手の申し出について)それはいただけません.
— 囡 無, ゼロ.
— 副 全然…ない, 少しも…ない.
— 値 = *nadar* 泳ぐ.
a cada nada いつも変わらず.
¡Ahí es nada! 大したものだ！
antes de nada まず第一に, なによりもまず.
casi nada ほとんど(…ない).
como si nada なんでもないかのように, 平然と.
con nada わずかのことで.
(...) de nada 1 なんでもない(…). 2〈返答〉どういたしまして, なんでもないことですよ.
dentro de nada 今すぐに.
estar en nada (+*de*+不定詞 [+*que*+接続法]) もう少しで…するところだ.
nada de... 少しも….
¡Nada de eso! とんでもない！, それは無関係だ！
nada de nada 全然(…ない).

活 は活用形 複 は複数形 男 は男性名詞 囡 は女性名詞 固 は固有名詞 代 は代名詞 値 は自動詞

...nada más それだけだ.
nada más (+不定詞) …するとすぐに.
...nada menos まさしく….
nada menos que... 1 …ほども. 2 まさに….
ni nada まったく(…ない).
no ser nada 1 大したこと[人]ではない. 2〈反語〉大したもの[人]だ.
no tener nada que ver con... …とは関係がない.
(…) *para nada* 1 少しも(…ない). 2 無駄に.
Peor es nada. ないよりまし.
por menos de nada まったくなんでもないことで.
por nada 1 なんでもないことで. 2 絶対に(…ない).
por nada del mundo 決して(…ない).
un nada ちょっとしたこと, つまらないこと.
...y como si nada. それで無駄に….

na·da·dor, do·ra [ナダドル, ドラ] 男女 泳ぐ人, 水泳選手.
na·dar [ナダル] 自 1 泳ぐ, 水泳する. 2 浮かぶ, ただよう. 3 (+en...) …でいっぱいである.
nadar entre dos aguas (二者の相手の間で)どっちつかずの態度を取る.
nadar y guardar la ropa 自分の手を汚さずに得をする.
na·de·rí·a [ナデリア] 女 つまらないもの, ささいなこと.
na·die [ナディエ] 代《否定の不定代名詞》《男女同形》《→ alguien》1〈人〉だれも …ない／*Aquí no hay nadie.* ここにはだれもいない. *Nadie lo sabe.* だれもそれを知らない.
2 つまらない者.
...más que nadie だれよりも多く….
no ser nadie 1 つまらぬ者だ. 2〈反語〉たいした人.
ser un don nadie 取るに足らない者だ.
tierra de nadie 無人の地.
na·di·ta [ナディタ] 代 なんでもないこと.
na·do [ナド]《つぎの副詞句の一部》
a nado 泳いで.
— 国 → nadar 泳ぐ.
naf·ta [ナフタ] 女〈化学〉ナフサ.
naf·ta·li·na [ナフタリナ] 女〈化学〉ナフタリン.
na·hua [ナワ] 形《男女同形》(メキシコ・中米の)ナワ族の.
— 男女 ナワ族の人, ナワ人.
ná·huatl [ナワトル] 男 ナワ語, ナワトル語.
naif [ナイフ] 男 民俗芸術運動.
nai·lon [ナイロン] 男〈繊維〉ナイロン.
nai·pe [ナイペ] 男〈カード〉(スペインの)トランプ.
nal·ga [ナルガ] 女 尻(しり), 臀部(でんぶ)[= nalgas].
caer·se de nalgas 尻餅(しりもち)をつく.
na·na [ナナ] 女 子守り唄.
na·nay [ナナイ] 間 だめだ!, とんでもない!
Na·no [ナノ] 男〈男性の名〉(Fernando の愛称の)ナノ.
nan·sa [ナンサ] 女 (かご状の漁具の)筌(うえ, せ).
na·o [ナオ] 女 船.
na·pa [ナパ] 女 (羊や山羊の)なめし皮.
na·pia [ナピア] 女 鼻.
Na·po·le·ón [ナポレオン] 固 (19 世紀初頭のフランスの皇帝の)ナポレオン.
na·po·le·ó·ni·co, ca [ナポれオニコ, カ] 形 ナポレオン Napoleón の.
Ná·po·les [ナポれス] 固〈都市の名〉(南イタリアの)ナポリ.
na·po·li·ta·no, na [ナポリタノ, ナ] 形 (イタリアの都市の)ナポリ Nápoles の.
— 男女 ナポリの人.
na·ran·ja [ナランハ] 女 1〈果物〉オレンジ. 2〈飲料〉オレンジエード.
— 男 オレンジ色.
— 形《男女同形》オレンジ色の.
media naranja (夫とか妻の)伴侶(はんりょ).
¡Naranjas (de la China)! まさか!, とんでもない!
na·ran·ja·da[1] [ナランハダ] 女〈飲料〉オレンジエード.
na·ran·ja·do, da[2] [ナランハド, ―] 形 オレンジ色の.
na·ran·jal [ナランはる] 男 オレンジ畑.
na·ran·je·ro, ra [ナランヘロ, ラ] 形 オレンジの.
— 男女 オレンジ栽培[販売]業者.
na·ran·jo [ナランホ] 男〈果物〉オレンジ.
nar·ci·sis·mo [ナルシシスモ] 男 ナルシシズム, 自己愛.
nar·ci·sis·ta [ナルシシスタ] 形《男女同形》ナルシシストの, 自己陶酔型の.
— 男女 ナルシシスト, ナルシスト.
nar·ci·so [ナルしソ] 男 1〈植物〉スイセン[水仙]. 2 ナルシシスト.
nar·co [ナルコ] 男女 (大口の)麻薬商人, 麻薬密輸業者.
nar·co·sis [ナルコシス] 女〈単複同形〉〈医学〉麻酔状態.
nar·có·ti·co[1] [ナルコティコ] 男 麻酔薬.
nar·có·ti·co, ca[2] [―, カ] 形 麻酔作用のある.
nar·co·tis·mo [ナルコティスモ] 男 1 麻酔作用. 2 麻酔状態.
nar·co·tra·fi·can·te [ナルコトラふぃカンテ] 男女 (大口の)麻薬商人, 麻薬密輸業者.
nar·co·trá·fi·co [ナルコトラふぃコ] 男 (大口の)麻薬取引.
nar·do [ナルド] 男〈香草〉チューベローズ, 月下香(げっかこう).
nar·gui·le [ナルぎれ] 男 水煙管(みずぎせる).
na·ri·ces [ナリせス] 女複《→ nariz》鼻.
— 間 ばかばかしい!, まさか!
na·ri·gón [ナリゴン] 男 大きな鼻.

na·ri·gu·do, da [ナリグド, ダ] 形 鼻の大きな.
— 男女 大鼻の人.

na·riz [ナリす] 女 《複 narices》 1〈人〉鼻. 2 (脊椎動物などの). 3 嗅覚(きゅうかく). 4 船首, 機首. 5 (道具などの)先端部分.

asomar las narices (詮索するために)姿を見せる.
caer·se de narices つんのめる, 顔から倒れる.
dar a... con la puerta en las narices …を門前払いにする.
dar a... en la nariz 〜 …に〜の疑いを与える, …に〜の気がする.
dar a... en las narices …をいらいらさせる.
dar·se de narices con... …とぶつかる.
dejar a... con un palmo de narices …をだます.
de las narices 不愉快な.
de (tres pares de) narices とても大きな, かなりの.
en las narices de... …の目の前で, …のいる所で.
estar hasta las narices de... …にうんざりしている.
hinchar·se a... las narices …がひどく立腹する.
meter las narices en... …に口を出す, 首をつっこむ.
nariz aguileña わし鼻.
nariz griega ギリシア鼻.
nariz perfilada (鼻筋の通った)形の良い鼻.
no tener [haber] más narices ほかに打つ手がない.
no ver más allá de sus narices 目先のことしかわからない.
pasar [restregar] a... por las narices 〜 …に〜を当てこする.
por narices 力ずくで, 無理やり.
salir a... de las narices …にその気を起こさせる.
sonar·se la nariz 鼻をかむ.
tener narices (物事が)驚きだ, 聞いたこともない.
tocar a... las narices …を怒らせる, 立腹させる.
tocar·se las narices さぼる, ぼけっとする.

na·ri·zo·tas [ナリそタス] 男女 《単複同形》 鼻の大きな男[女].

na·rra·ción [ナřáオン] 女 1 語り, 叙述, ナレーション. 2〈文学〉物語, 語り物, 説話.

na·rra·dor, do·ra [ナřドる, ドラ] 男女 語り手, ナレーター.

na·rrar [ナřャる] 他 …を物語る, 話す.

na·rra·ti·va¹ [ナřャティバ] 女〈文学〉(ジャンルとしての)説話, 小説, 物語.

na·rra·ti·vo, va² [ナřャティボ, —] 形 語りの, 物語風の, 叙述の.

nár·tex [ナるテクス] 男〈教会建築〉拝廊, ナルテックス.

nar·val [ナるバる] 男〈動物〉(海の)イッカク.

na·sa [ナサ] 女 1 (かご状の漁具の)筌(うえ, せん). 2 (魚を入れるかごの)びく.

na·sal [ナサる] 形 1 鼻の. 2〈音声学〉鼻音(びおん).
— 女〈音声学〉(m, nなどの)鼻音.

na·sa·li·za·ción [ナサりさシオン] 女〈音声学〉鼻音(びおん)化.

na·sa·li·zar [ナサりサる] 他《活 39 gozar》 1 …を鼻音(びおん)に発音する. 2 …を鼻音化する.

na·ta¹ [ナタ] 女《→ nato》 1 生クリーム, 乳脂. 2 (ミルクの表面にできる)乳皮. 3 最良のもの.
la flor y nata (de la sociedad) (社交界の)有名人たち.

na·ta·ción [ナタシオン] 女 水泳, 泳ぎ.
natación sincronizada シンクロナイズドスイミング.

na·tal [ナタる] 形 1 出生の. 2 生地の.

Na·ta·lia [ナタアリア] 固〈女性の名〉ナタリア.

na·ta·li·cio [ナタりシオ] 男〈行政〉誕生日.

na·ta·li·dad [ナタりダス] 女 出生(率).
control de natalidad 産児制限.

na·ta·to·rio, ria [ナタトリオ, リア] 形 泳ぎのための.

na·ti·llas [ナティジャス] 女複〈菓子〉カスタード.

na·ti·vi·dad [ナティビダス] 女 (キリストや聖母マリアの)降誕.

na·ti·vo, va [ナティボ, バ] 形 1 生地の, 出身地の. 2 その土地の, 土着の.
— 男女 土地の人, 先住民, 現地人.

na·to, ta² [ナト, —] 形 生まれつきの, 天性の, 先天的な.

na·tu·ra [ナトゥラ] 女 自然, 本性.
contra natura 1 自然律に反して. 2 人倫に反して.

na·tu·ral [ナトゥラる] 形 1 自然の, 天然の. 2 自然界の, 自然に関する. 3 自然のままの, 加工されていない. 4 ありのままの, ごく自然な. 5 当然の, あたり前の. 6 自然発生的な. 7 (音が)本位の, ナチュラルな. 8 (+de...) …生まれの, …出身の.
— 男女 土地の人, 現地の住人.
— 男 1 性格, 気性, 気質. 2〈闘牛〉(ムレタの)基本的なパセ.
al natural 自然のままで[に], 加工しないで.
ciencias naturales 自然科学.
como es natural 当然のことながら.
de tamaño natural 等身大の.
hijo natural 私生児.
pintar [copiar] del natural 写生する.

na·tu·ra·le·za [ナトゥラれさ] 女 1 自然, 自然界, 天然. 2 性格, 本性. 3 性質, 種類. 4 自然の力, 生命力, 体力.
carta de naturaleza 帰化証明書.

活 は活用形 複 は複数形 男 は男性名詞 女 は女性名詞 固 は固有名詞 代 は代名詞 自 は自動詞

naturaleza muerta 静物画.
por naturaleza 本来, 生来, 生まれつき(の).

na·tu·ra·li·dad [ナトゥラリダス] 女 自然さ, 当然さ.

na·tu·ra·lis·mo [ナトゥラリスモ] 男〈哲学・芸術〉自然主義.

na·tu·ra·lis·ta [ナトゥラリスタ] 形《男女同形》〈哲学・芸術〉自然主義の.
— 男女 自然主義者. 2 自然科学者, 博物学者.

na·tu·ra·li·za·ción [ナトゥラリさしオン] 女 帰化.

na·tu·ra·li·zar [ナトゥラリさル] 他《活 39 gozar》…を帰化させる.
— **naturalizar·se** 再 帰化する／*La chica se naturalizó española.* 娘はスペインに帰化した.

na·tu·ral·men·te [ナトゥらルメンテ] 副 1 もちろん, 当然. 2 自然に, ひとりでに. 3 生まれつき, 気質として. 4 自然の力に従って.

na·tu·ris·mo [ナトゥリスモ] 男 (自然食などの)自然生活主義, 自然療法.

na·tu·ris·ta [ナトゥリスタ] 形《男女同形》自然生活主義の, 自然療法の.
— 男女 自然主義者.

nau·fra·gar [ナウふラガル] 自《活 47 llegar》1 (船が)難破する. 2 (事業などが)失敗する, 頓挫(とんざ)する.

nau·fra·gio [ナウふラヒオ] 男 1 難破. 2 災難, 惨事. 3 (事業などの)失敗, 破産.

náu·fra·go, ga [ナウふラゴ, ガ] 男女 (難破船に乗っていた)遭難者, 漂流者.

náu·se·as [ナウセアス] 女複 1 吐き気, むかつき. 2 嫌悪感, 不快感.

nau·se·a·bun·do, da [ナウセアブンド, ダ] 形 むかつくような, 吐き気を催させる, 気分を悪くさせる.

nau·ta [ナウタ] 男 水夫, 船乗り.

náu·ti·ca[1] [ナウティカ] 女 航海術, 操船術.

náu·ti·co, ca[2] [ナウティコ, —] 形 航海の, 水上の.

náu·ti·cos [ナウティコス] 男複《→ náutico》〈革靴〉(ゴム底の)モカシン.

na·va [ナバ] 女 (山間の)平地.

na·va·ja[1] [ナバハ] 女 1 (折り畳み式の)ナイフ. 2 西洋かみそり. 3〈貝〉マテガイ.

na·va·ja·zo [ナバハそ] 男 ナイフでの切りつけ.

na·va·je·ro, ra [ナバヘロ, ラ] 男女 ナイフを持った犯罪者.

na·va·jo, ja[2] [ナバホ, —] 形 (北米の先住民族の)ナバホ族の.
— 男女 ナバホ族の人.

na·val [ナバる] 形 1 船の. 2 航海の.

Na·va·rra [ナバら] 固〈地方・自治州の名〉(スペイン北部の)ナバラ.

na·va·rro, rra [ナバロ, ら] 形 (スペイン北部の)ナバラ Navarra の.
— 男女 ナバラの人.

na·ve [ナベ] 女 1 (甲板のある)船, 船舶. 2 飛行船, 宇宙船. 3 (教会などで左右に信徒用の席が並んでいる)身廊(しんろう). 4 (平屋の倉庫などの)建物.
Nave de san Pedro カトリック教会.
nave espacial 宇宙船.
nave nodriza 船を積みこんだ船.
quemar las naves 背水の陣をしく.

na·ve·ga·bi·li·dad [ナベガビリダス] 女 (川などの)航行の可能性.

na·ve·ga·ble [ナベガブれ] 形 (川などが)航行できる.

na·ve·ga·ción [ナベガしオン] 女 1 航行. 2 航海, 船旅. 3 航法, 航海術.
navegación aérea 航空.
navegación costera 沿岸航海.
navegación de altura 遠洋航海.
navegación fluvial 河川航行.

na·ve·gan·te [ナベガンテ] 形 よく航海する.
— 男女 航海者, 船乗り.

na·ve·gar [ナベガル] 自《活 47 llegar》1 航海する. 2 航行する. 3 操船する.

Na·vi·dad [ナビダス] 女 クリスマス, キリスト降誕祭《=Navidades》.
árbol de Navidad クリスマスツリー.
tarjeta de Navidad 《= christmas》クリスマスカード.

na·vi·de·ño, ña [ナビデニョ, ニャ] 形 クリスマスの.

na·vie·ro, ra [ナビエロ, ラ] 形 1 船舶の. 2 海運の.
— 男女 船主, 船舶所有者.
empresa naviera 宇宙船, 海運会社.

na·ví·o [ナビオ] 男 大型船, 船舶, 軍艦.

ná·ya·de [ナヤデ] 女〈神話〉(泉や川の精の)ナイアス.

na·za·re·no [ナさレノ] 男 (聖週間の行列の)悔悛の行者.

na·za·rí [ナさリ] 形《= nazarita》《男女同形》(グラナダ王国の最後の)ナスル朝の.
— 男女 ナスル朝の人.

nazc- ← nacer 生まれる《活 52》.

Naz·ca [ナすカ] 固〈都市の名〉(ペルー南部の)ナスカ.

na·zi [ナし] 形〈ドイツ〉ナチ党の.
— 男女 ナチ党員.

na·zis·mo [ナレスモ] 男〈ドイツ〉国家社会主義, ナチズム.

N. B. [ノタベネ] 《略語》〈ラテン語〉nota bene 注記, 注.

ne·bli·na [ネブリナ] 女 (薄い)霧, もや, かすみ.

ne·bu·li·za·dor [ネブリさドル] 男 噴霧器, スプレー.

ne·bu·lo·sa[1] [ネブろサ] 女〈天体〉星雲.

ne·bu·lo·si·dad [ネブろシダス] 女 曇り空, 曇り.

ne·bu·lo·so, sa[2] [ネブろソ, —] 形 1 霧[もや]

のかかった. 2 曖昧(<ruby>曖昧<rt>あいまい</rt></ruby>)な, わかりにくい.
ne·ce·dad [ネセダス] 囡 1 ばかな言動, たわごと, 愚行. 2 愚鈍, 無知, ばか.
ne·ce·sa·ria·men·te [ネセサリアメンテ] 副 1 仕方なしに, 必要にかられて. 2 (否定表現で)必ずしも(…ない).
ne·ce·sa·rio, ria [ネセサリオ, リア] 形 1 必要な, 不可欠な. 2 必然的な, やむをえない. 3 必須(<ruby>必須<rt>ひっす</rt></ruby>)の, 強制的な.
ne·ce·ser [ネセセル] 男 (洗面道具などの)小物入れ, ケース.
ne·ce·si·dad [ネセシダス] 囡 1 必要性. 2 不可欠のもの[こと], 必需品. 3 (あらがいたい)衝動. 4 窮乏, 貧乏. 5 苦境, 難局. 6 用便, 排泄(<ruby>排泄<rt>はいせつ</rt></ruby>) [= necesidades].
de primera necesidad 必要不可欠な.
en caso de necesidad 緊急の場合には, やむをえない時は.
hacer sus necesidades 用便をする, トイレに行く.
por necesidad やむをえず, 必然的に.
tener necesidad de… …する必要がある.
ne·ce·si·ta·do, da [ネセシタド, ダ] 《過去分詞》→ necesitar 必要とする.
— 形 1 必要とされている, 必要な. 2 (+de…) …を必要としている. 3 貧乏な, 困窮している.
— 男 囡 貧者, 生活困窮者.
ne·ce·si·tar [ネセシタル] 他 …を必要とする, 要する.
— 圓 (+de…) …を必要とする.
se necesita (…) 1 (…することが)必要だ. 2 (間投詞的に)そんなばかな !
ne·cio, cia [ネシオ, シア] 形 1 ばかな言動の, おろかな. 2 高慢な. 3 筋の通らない.
nê·co·ra [ネコラ] 囡 (海産の大きめの)カニ.
ne·cro·fa·gia [ネクロふァヒア] 囡 死肉食.
ne·cró·fa·go, ga [ネクロふァゴ, ガ] 形 死肉を食べる.
ne·cro·fi·lia [ネクロふィリア] 囡 屍姦(<ruby>屍姦<rt>しかん</rt></ruby>).
ne·cró·fi·lo, la [ネクロふィろ, ら] 形 屍姦(<ruby>屍姦<rt>しかん</rt></ruby>)の.
ne·cro·lo·gí·a [ネクロろヒア] 囡 1 死亡広告. 2 故人の略歴.
ne·cro·ló·gi·co, ca [ネクロろヒコ, カ] 形 1 故人略歴の. 2 死亡記事の.
ne·cró·po·lis [ネクロポろス] 囡 《単複同形》(古代都市の)巨大墓地.
ne·cro·sis [ネクロシス] 囡 《単複同形》《医学》壊死(<ruby>壊死<rt>えし</rt></ruby>).
néc·tar [ネクタル] 男 1 花の蜜. 2 おいしい飲み物.
nec·ta·ri·na [ネクタリナ] 囡 (桃の)ネクタリン.
ne·er·lan·dés[1] [ネエルらンデス] 男 オランダ語.
ne·er·lan·dés[2], **de·sa** [—, デサ] 形 (国の)オランダ Holanda の.
— 男 囡 オランダ人.

ne·fan·do, da [ネふァンド, ダ] 形 (道徳的に)いまわしい.
ne·fas·to, ta [ネふァスト, タ] 形 1 不吉な. 2 不幸な. 3 最悪の.
ne·frí·ti·co, ca [ネふリティコ, カ] 形 1 腎臓の. 2 腎炎の.
ne·fri·tis [ネふリティス] 囡 《単複同形》《医学》腎炎.
ne·ga·ción [ネガシオン] 囡 1 否定, 打ち消し. 2 拒否, 拒絶. 3 禁止, 妨害. 4 《文法》否定語.
ne·ga·do, da [ネガド, ダ] 《過去分詞》→ negar 否定する.
— 形 1 否定された. 2 (+para…) …の能力のない, …に不向きな.
ne·gar [ネガル] 他《活 53》1 …を否定する, 打ち消す. 2 …を拒否[拒絶]する. 3 …を禁止する, 妨害する.
— *negarse* 再 (+a…) …をこばむ, 拒否する.
negarse a sí mismo (神に仕えるために)自分を殺す.
negarse en redondo a… …をきっぱりと拒絶する.
ne·ga·ti·va[1] [ネガティバ] 囡 1 拒絶, 拒否. 2 否定, 否認.
ne·ga·ti·va·men·te [ネガティバメンテ] 副 1 否定的に, 打ち消して. 2 消極的に.
ne·ga·ti·vo[1] [ネガティボ] 男 〈写真〉 ネガ, 陰画.
ne·ga·ti·vo[2], **va**[2] 形 1 否定的な, 反対の. 2 消極的な. 3 《医学》(検査が)陰性の. 4 《数学》マイナスの, 負の. 5 《電気》陰の, 負の.
ne·gli·gé [ネグリジェ] 男 〈衣類〉 ネグリジェ.
ne·gli·gen·cia [ネグリヘンシア] 囡 1 不注意. 2 怠慢, だらしなさ. 3 無関心, 無頓着(<ruby>無頓着<rt>むとんちゃく</rt></ruby>).
ne·gli·gen·te [ネグリヘンテ] 形 1 不注意な. 2 だらしない, 怠慢な. 3 頓着(<ruby>頓着<rt>とんちゃく</rt></ruby>)しない.
— 男 囡 1 不注意な人. 2 だらしのない者. 3 無頓着な人間.
ne·go·cia·ble [ネゴシアぶれ] 形 1 交渉の余地のある. 2 〈証券類〉 売買可能な.
ne·go·cia·ción [ネゴシアシオン] 囡 1 〈行為〉売買, 取引. 2 商談. 3 交渉, 折衝.
ne·go·cia·do [ネゴシアド] 男 1 (行政組織の)局, 部, 課. 2 不正取引.
ne·go·cia·dor, do·ra [ネゴシアドル, ドラ] 囡 交渉担当者, 協議員.
ne·go·cian·te [ネゴシアンテ] 形 1 商売上手な. 2 もうけ主義の.
— 男 囡 1 商人, 実業家. 2 商売人. 3 もうけ主義者.
ne·go·ciar [ネゴシアル] 他《活 17 cambiar》1 …を取り決める, 協定する. 2 〈証券類〉を譲渡する.
— 圓 1 (+con, en…) …を商(<ruby>商<rt>あきな</rt></ruby>)う, …の商売をする. 2 (+con…) …と交渉する, 協議する.
ne·go·cio [ネゴシオ] 男 1 業務, 営業. 2 商売,

ne·gra¹ [ネグラ]〖音楽〗4分音符.
ne·gre·ar [ネグレアル] 自 1 色が黒くなる. 2 暗くなる.
ne·gre·ro, ra [ネグレロ, ラ] 男女 形 1(昔の)黒人奴隷商人. 2 人使いの荒い上司.
ne·gri·lla [ネグリじゃ] 女〖印刷〗肉太活字, ボールド体.
ne·gri·ta [ネグリタ] 女〖印刷〗肉太活字.
ne·gro¹ [ネグロ] 男 黒色.
ne·gro², gra² [ネグロ, グラ] 形 1 黒い, 黒色の. 2 暗い, 暗くなった. 3 よく日焼けした. 4 とても汚れた. 5 悲しい, 不運な. 6 腹を立てた. 7 黒人種の. 8(小説などが)悲観的な, 暗い. 9〖宗教〗悪魔を祭る. 10 炭色の, 墨色の. 11〖タバコ〗ネグロの.
— 男女 黒人.
　humor negro グラックユーモア.
　leyenda negra 黒い伝説.
　mercado negro 闇市(場), ブラックマーケット.
　negro de humo 1 油煙. 2 カーボンブラック.
　negro de la uña 爪のあか.
　oveja negra 変り種(だね).
　pasar las negras 苦しい状況にある.
　pasar·se [estar] negro (物事が)実現困難になる.
　tener la negra 運が悪い.
　trabajar como un negro 一所懸命に働く.
　ver·se las negras para… …するのに苦労する.
ne·groi·de [ネグロイデ] 形 黒人種の.
ne·gru·ra [ネグルラ] 女《= negror 男》黒さ, 暗黒.
ne·gruz·co, ca [ネグルすこ, カ] 形 黒みがかった, 黒っぽい, 黒ずんだ.
neis [ネイス] 男〖単複同形〗〖鉱石〗片麻岩.
Nely [ネリ] 固〖女性の名〗(Manuela の愛称の)ネリ.
ne·mo·ro·so, sa [ネモロソ, サ] 形 森の.
ne·mo·tec·nia [ネモテクニア] 女 記憶術.
ne·mo·téc·ni·co, ca [ネモテクニコ, カ] 形 記憶術の.
ne·ne, na [ネネ, ナ] 男女 1 赤ん坊, 赤ちゃん. 2(定冠詞をつけて3人称扱いにして, 自分を指しての)この子. 3〈呼びかけ〉(恋人同志などが)ねえ, 君, あなた.
ne·nú·far [ネヌふァル] 男〖植物〗スイレン[睡蓮].
ne·o·ce·lan·dés, de·sa [ネオせランデス, デサ] 形(国の)ニュージーランド Nueva Zelanda の.
— 男女 ニュージーランド人.
ne·o·cla·si·cis·mo [ネオクらシしスモ] 男 (18世紀ヨーロッパの文芸思潮の)新古典主義.
ne·o·clá·si·co, ca [ネオクらシコ, カ] 形 新古典主義の neoclasicismo の.
— 男女 新古典主義者.
ne·o·co·lo·nia·lis·mo [ネオコロニアリスモ] 男 (経済的支配の)新植民地主義.
ne·ó·fi·to, ta [ネオふィト, タ] 男女 (教団などへの)新加入者, 新参者, 新入り.
ne·ó·ge·no [ネオヘノ] 男〖地質学〗新第三紀.
ne·o·la·ti·no, na [ネオらティノ, ナ] 形〖言語学〗ロマンス語の.
ne·o·lí·ti·co¹ [ネオリティコ] 男〖考古学〗新石器時代の.
ne·o·lí·ti·co², ca [—, カ] 形 新石器時代の.
ne·o·lo·gis·mo [ネオろヒスモ] 男 1 新語, 新造語. 2 新語法. 3 新語趣味.
ne·ón [ネオン] 男〖化学〗ネオン.
ne·o·na·to, ta [ネオナト, タ] 男女 新生児.
ne·o·pla·to·nis·mo [ネオプらトニスモ] 男〖哲学〗新プラトン主義.
ne·o·rrea·lis·mo [ネオレアリスモ] 男〖映画〗ネオレアリスモ.
ne·o·yor·qui·no, na [ネオヨルキノ, ナ] 形 (都市の)ニューヨーク Nueva York の.
— 男女 ニューヨークの人.
ne·o·ze·lan·dés, de·sa [ネせランデス, デサ] 形(国の)ニュージーランド Nueva Zelanda の.
— 男女 ニュージーランド人.
ne·pa·lés, le·sa [ネパれス, れサ] 形(国の)ネパール Nepal の.
— 男女 ネパール人.
ne·pen·te [ネペンテ] 男〖植物〗(昆虫を捕食するウツボカズラ科の)ネペンテス.
ne·po·tis·mo [ネポティスモ] 男 閥族(ばつぞく)主義, 縁者びいき.
Nep·tu·no [ネプトゥノ] 固〖神話〗(ローマの海神の)ネプチューン.
ne·rei·da [ネレイダ] 女〖神話〗(古代ギリシア・ローマの)人魚.
ne·rón [ネロン] 男 残忍な男.
ner·va·do, da [ネルバド, ダ] 形 1 神経のある. 2 葉脈のある. 3〖昆虫〗翅脈(しみゃく)のある.
ner·va·du·ra [ネルバドゥラ] 女《= nervatura》1〖建築〗(肋材の)リブ. 2(集合的に)葉脈, 翅脈(しみゃく).
ner·via·ción [ネルビアぃオン] 女 1(全体の)葉脈. 2(全体の)翅脈(しみゃく).
ner·vio [ネルビオ] 男 1 神経, 神経組織. 2(食肉などの)筋(じ), 腱(じ). 3〖植物〗葉脈. 4〖昆虫〗翅脈(しみゃく). 5〖建築〗リブ. 6〖書籍〗とじ糸. 7 気力, 活力.
　atacar a *los nervios* …をいら立たせる.
　estar de los nervios 1 神経を病んでいる. 2 いらいらしている.
　perder los nervios 平常心を失う.
　poner los nervios de punta a… …をいら立たせる.

ner·vios

ser puro nervio とても活動的である.
ser un puro nervio いらいらしている.
tener los nervios de punta とてもいらついている.

ner·vios [ネルビオス] 男複《→ nervio》1 興奮状態. 2 精神的な安定, 落ち着き.
ner·vio·sa·men·te [ネルビオサメンテ] 副 いらいらして, 神経質そうに.
ner·vio·si·dad [ネルビオシダス] 女 いらだち, 神経質な状態.
ner·vio·sis·mo [ネルビオシスモ] 男 いらだち, 神経質な状態.
ner·vio·so, sa [ネルビオソ, サ] 形 1 神経質な. 2 いらいらした. 3 興奮しやすい.
ne·ta·men·te [ネタメンテ] 副 1 はっきりと. 2 正味で.
ne·to, ta [ネト, タ] 形 1 はっきりした, 純粋な. 2 正味の, 割引しなしの.
neu·má·ti·co[1] [ネウマティコ] 男《車輪》タイヤ.
neu·má·ti·co[2]**, ca** [—, カ] 形 空気の, 気体の.
neu·mo·ní·a [ネウモニア] 女〈医学〉肺炎.
neu·mo·tó·rax [ネウモトラクス] 男《単複同形》〈医学〉気胸.
neu·ra [ネウラ] 形《男女同形》1 神経質な. 2 興奮した.
— 女 1 病的熱中. 2 興奮状態.
neu·ral·gia [ネウラルヒア] 女〈医学〉神経痛.
neu·rál·gi·co, ca [ネウラるヒコ, カ] 形〈医学〉神経痛の.
neu·ras·te·nia [ネウラステニア] 女〈医学〉神経衰弱.
neu·ras·té·ni·co, ca [ネウラステニコ, カ] 形〈医学〉神経衰弱の.
— 男 女 神経衰弱の患者.
neu·ri·tis [ネウリティス] 女《単複同形》〈医学〉神経炎.
neu·ro·ci·ru·gí·a [ネウロしルヒア] 女 神経外科.
neu·ro·lo·gí·a [ネウロロヒア] 女 神経内科.
neu·ro·ló·gi·co, ca [ネウロロヒコ, カ] 形 神経内科の.
neu·ró·lo·go, ga [ネウロロゴ, ガ] 男 女 神経内科医.
neu·ro·na [ネウロナ] 女〈神経単位〉ニューロン.
neu·ro·sis [ネウロシス] 女《単複同形》〈医学〉ノイローゼ, 神経症.
neu·ró·ti·co, ca [ネウロティコ, カ] 形〈医学〉神経症の.
— 男 女 ノイローゼ患者.
neu·ro·ve·ge·ta·ti·vo, va [ネウロベヘタティボ, バ] 形 交感神経の.
neu·tral [ネウトラる] 形 1 中立の. 2 中立国の.
neu·tra·li·dad [ネウトラリダス] 女 1 中立. 2 (国の)中立性.
neu·tra·lis·mo [ネウトラリスモ] 男 中立主義.
neu·tra·lis·ta [ネウトラリスタ] 形《男女同形》中立主義の.
— 男 女 中立主義者.
neu·tra·li·za·ción [ネウトラりさしオン] 女 1 中和. 2 中立化. 3 相殺($_{そうさい}$), 帳消し.
neu·tra·li·zar [ネウトラりさル] 他《活 39 gozar》1 ···を中和する. 2 ···を中立的にする. 3〈スポーツ〉···を無効にする.
— **neutralizar·se** 再 1 中和する. 2 中立化する. 3 無効になる.
neu·tro[1] [ネウトロ] 男〈文法〉中性.
neu·tro[2]**, tra** [—, トラ] 形 1 中性の. 2 平静な, 落ち着いた. 3 中和した, 中性の. 4〈電気〉中性の. 5〈文法〉中性の.
neu·trón [ネウトロン] 男〈物理学〉中性子, ニュートロン.
ne·va·da[1] [ネバダ] 女 1 降雪. 2 積雪, つもった雪.
ne·va·do, da[2] [ネバド, —]《過去分詞》 nevar 雪が降る.
— 形 雪におおわれた, 雪のつもった.
ne·var [ネバル] 自《活 57 pensar》《主語なしの 3 人称単数形で使用》雪が降る.
— 他 (白いものを振りかけて) ···を白くする.
ne·ve·ra [ネベラ] 女 1 冷蔵庫. 2 (箱型の)クーラー, アイスボックス. 3 とても寒い場所.
ne·ve·ro [ネベロ] 男 雪渓($_{せっけい}$).
ne·vis·ca [ネビスカ] 女〈気象〉小雪.
new·ton [ニウトン] 男《力の大きさの単位》ニュートン.
ne·xo [ネクソ] 男 1 関連, つながり, 関係. 2〈文法〉連結辞.
ni [ニ] 接《アクセントなし》《否定表現での接続詞》···もまた ∼ない／*Nunca he estado en España ni en México.* 私はスペインにもメキシコにも行ったことがない.
— 副 [ニ]《否定の強調》···さえ ∼ない／*No tienes ni idea de química.* 君は化学のことを想像さえできないよ.
¡Ni idea! まったくわからないよ！
...ni nada ···なんかも (∼ない).
ni... ni∼ ···も ∼も (ない).
ni que ＋接続法過去》···でもないのに.
∼ ni siquiera... ···さえも (∼ない).
sin... ni∼ ···も ∼もなしに.
Ni·ca·ra·gua [ニカラグア] 固《国の名》(中米の共和国の)ニカラグア [= República de Nicaragua].
ni·ca·ra·güen·se [ニカラグエンセ] 形 (国の)ニカラグア Nicaragua の.
— 男 女 ニカラグア人.
ni·ca·ra·güe·ño, ña [ニカラグエニョ, ニャ] 形 (国の)ニカラグア Nicaragua の.
— 男 女 ニカラグア人.

活 は活用形 複 は複数形 男 は男性名詞 女 は女性名詞 固 は固有名詞 代 は代名詞 自 は自動詞

ni·cho [ニチョ] 男 1 (壁面に作られたくぼみの)壁(べき)がん. 2〈墓所〉(棺を安置する)壁の穴.
Ni·co·lás [ニコらス] 固〈男性の名〉ニコラス.
ni·co·ti·na [ニコティナ] 女〈化学〉ニコチン.
ni·co·ti·nis·mo [ニコティニスモ] 男〈医学〉ニコチン中毒.
ni·da·da [ニダダ] 女〈鳥〉(巣のなかにある)一度に生んだ卵[雛(ひな)].
ni·dal [ニダる] 男 (ニワトリなどの)卵を生む場所.
ni·di·fi·car [ニディふぃカル] 自〈活 73 sacar〉〈鳥〉巣を作る.
ni·do [ニド] 男 1 (鳥などの)巣. 2 巣穴. 3 ねぐら, 住居. 4 (悪人の)巣窟(そうくつ). 5 隠し場所. 6 拠点. 7〈病院〉新生児室.

caer·se de un nido うぶである, 世間を知らない.

cama nido (引き出し式の) 2段ベッド.

mesa nido (引き出し式の) 2段テーブル.

nido de abeja 1 蜂の巣, ハニカム. 2〈技術〉ハニカム構造. 3〈手芸〉ハニカムステッチ.

nido de ametralladoras 〈軍隊〉機関銃座.

nido de amor 〈人〉愛の巣.

nido de víboras 悪人の巣窟(そうくつ).

nie·bla [ニエブら] 女 1 霧, もや, かすみ. 2 曖昧(あいまい)さ, 混沌(こんとん)状態.
nieg- 活 → negar 否定する〈活 53〉.
nie·tas·tro, tra [ニエタストロ, トラ] 男女 継子(まま)の子, 義理の孫.
nie·to, ta [ニエト, タ] 男女 孫.
niev- 活 → nevar 雪が降る〈活 57〉.
nie·ve [ニエベ] 女 1 雪. 2 積雪. 3〈麻薬〉コカイン.

— 活 → nevar 雪が降る.

agua nieve みぞれ.

copo de nieve 雪片.

muñeco de nieve 雪だるま.

nie·ves [ニエベス] 女複〈→ nieve〉降雪.
Nie·ves [ニエベス] 固〈女性の名〉ニエベス.
NIF [ニふ] 男〈略語〉Número de identificación fiscal (スペインの) 納税者番号.
ni·gé·rri·mo, ma [ニヘリモ, マ] 形〈絶対最上級語〉→ negro, ra〉真っ黒い.
ni·gro·man·cia [ニグロマンしア] 女〈= nigromancía〉黒魔術.
ni·gro·man·te [ニグロマンテ] 男女 黒魔術師.
ni·gro·mán·ti·co, ca [ニグロマンティコ, カ] 形 黒魔術の.

— 男女 黒魔術師.

ni·hi·lis·mo [ニイリスモ] 男〈哲学〉ニヒリズム, 虚無主義.
ni·hi·lis·ta [ニイリスタ] 形〈男女同形〉ニヒリズムの, 虚無主義の.

— 男女 ニヒリスト, 虚無主義者.

Ni·lo [ニろ] 固〈el+〉〈川の名〉(アフリカ北東部の)ナイル.

ni·lón [ニろン] 男 ナイロン.
nim·bo [ニンボ] 男 1 後光, 光輪. 2〈気象〉乱雲, 雨雲.
nim·bo·es·tra·to [ニンボエストラト] 男〈気象〉乱層雲.
ni·mie·dad [ニミエダス] 女 1 ささいなこと. 2 つまらなさ.
ni·mio, mia [ニミオ, ミア] 形 つまらない, ささい.
nin·fa [ニンふぁ] 女 1〈神話〉ニンフ, 妖精(ようせい). 2〈昆虫〉幼虫. 3 若い娘, 乙女.
nin·fó·ma·na [ニンふぉマナ] 女〈医学〉女子色情症患者.
nin·fo·ma·ní·a [ニンふぉマニア] 女〈医学〉女子色情症, ニンフォマニア.
nin·gún [ニングン] 形〈→ ninguno, na〉
nin·gu·no, na [ニングノ, ナ] 形〈否定の不定形容詞〉〈男性単数名詞の前では ningún〉ひとつの…も(ない), ひとりの…も(ない)／Allí no había *ningún* coche. そこには一台の車もなかった. *Ninguna* persona quiso ayudarme. だれも私を助けようとしてくれなかった.

— 代〈否定の不定代名詞〉(特定集団のなかの) ひとつも(…ない), ひとりも(…ない)／Aunque invitó a varios amigos, no vino *ninguno*. 何人かの友だちを招待したが, ひとりも来なかった.

ni·ña¹ [ニニャ] 女〈→ niño¹,²〉 1 女の子, 少女. 2 うぶな女, 子供っぽい女. 3 (娘への呼びかけで)ねえ, 君. 4 瞳(ひとみ).
ni·ña·to, ta [ニニャト, タ] 形 若くてうぶな.

— 男女 生意気な若者[娘], 青二才.

ni·ñe·rí·a [ニニェリア] 女 1 子供っぽい言動, 子供じみた発言, 児戯(じぎ). 2 たわいのないこと, ささいなこと.
ni·ñe·ro, ra [ニニェロ, ラ] 形 子供好きな.

— 男女 1 子供の世話係, 子守り. 2 保母, 保育士.

ni·ñez [ニニェす] 女 幼年時代, 子供のころ.
ni·ño¹ [ニニョ] 男〈→ niña¹,²〉 1 男の子, 少年. 2 うぶな男, 子供っぽい男. 3 (青年への呼びかけで)ねえ, 君.

de niño 子供のころは.

niño bonito お気に入りの子.

niño burbuja 保育器に入った子.

niño pera (良家の)やんちゃな子.

niño probeta 人工授精児.

…ni qué niño muerto …なんてとんでもない.

Ni·ño [ニニョ] 固 1 幼児イエス[= Niño Jesús]. 2〈El+〉(ペルー沖の海水温が上昇する)エルニニョ現象.
niño², ña² 形 1 幼い. 2 うぶな. 3 子供っぽい.
ni·pón, po·na [ニポン, ポナ] 形 日本の.
ní·quel [ニケる] 男〈化学〉ニッケル.
ni·que·la·do [ニケらド] 男 ニッケルめっき.
ni·que·lar [ニケらル] 他 …にニッケルめっきをする.
ni·qui [ニキ] 男 (半袖の)ポロシャツ.

nir·va·na [ニルバナ] 男 1 〈仏教〉涅槃(ねはん). 2 静穏(せい).
estar en el nirvana 愉悦(ゆえつ)の境地にいる.

nís·ca·lo [ニスカロ] 男 〈食用キノコの〉チチタケ.

nís·pe·ro [ニスペロ] 男 〈樹木・果実〉セイヨウカリン, ビワ.

ni·ti·dez [ニティデス] 女 1 純粋さ, 透明性. 2 鮮明さ.

ní·ti·do, da [ニティド, ダ] 形 1 澄みきった, 透明な. 2 鮮明な.

ni·tra·to [ニトラト] 男 〈化学〉硝酸塩.
nitrato de Chile 〈鉱石〉チリ硝石.

ní·tri·co, ca [ニトリコ, カ] 形 〈化学〉窒素の.
ácido nítrico 硝酸.

ni·tro·ge·na·do, da [ニトロヘナド, ダ] 形 〈化学〉窒素を含む.
fertilizante nitrogenado 窒素肥料.

ni·tró·ge·no [ニトロヘノ] 男 〈化学〉窒素.

ni·tro·gli·ce·ri·na [ニトログリせリナ] 女 〈化学〉ニトログリセリン.

ni·tro·so, sa [ニトロソ, サ] 形 〈化学〉亜硝酸の.

ni·vel [ニべル] 男 1 (液体表面の)高さ, 水位. 2 (生活や文化の)水準, レベル. 3 水平面. 4 水準器.
a nivel 水平な(に), おなじ高さに(の).
al nivel de… …の高さに.
a nivel de… …に従って.
curva(s) de nivel 〈地図〉等高線.
nivel de vida 生活水準.
(…metros sobre) el nivel del mar 海抜(…メートル).
paso a nivel 〈鉄道〉踏切.

ni·ve·la·ción [ニべラしオン] 女 1 水平化, 均(きん)し. 2 均等化, 均一化.

ni·ve·lar [ニべラル] 他 1 …を平らにする, 均(なら)す. 2 …を均等[平均]にする. 3 …をおなじ高さにする. 4 …を水準器で計る.
— *nivelar·se* 再 1 平らになる. 2 均等になる. 3 おなじ水準になる.

ní·ve·o, a [ニべオ, ア] 形 雪の, 雪のような.

NN. UU. [エネ ウニダス] 《略語》Naciones Unidas 国際連合.

no [ノ] 副 1〈否定の返事〉いいえ, いや(違います).
2〈否定疑問文への否定の返事〉はい, そうです.
3〈文を否定する副詞〉…でない, …しない／ Yo *no* voy. 私は行きません.
4〈＋名詞・形容詞〉非…, 不…／ un pacto de *no* agresión 不可侵条約.
5〈付加疑問〉…ではないですか／ Mañana vienes también, ¿*no*? 明日も来るのでしょ？
6〈虚辞的用法〉Más vale morir que *no* rendirse. 降伏するより死ぬほうがいい. No voy hasta que *no* me llamen. 私は呼ばれるまで行かない.

— 男 否定, 否認, 拒絶.
a no ser que (＋接続法) …でなければ.
¡A que no! まさか！, そんなばかな！
¿A que no (…)? きっと(…)ですか？
¡Cómo no! もちろん！, よろこんで！
no bien… …するとすぐ.
no es que (＋接続法) …というわけではない.
¡No hay de qué! どういたしまして！
no hay para [por] qué… …する理由はない.
…no más …だけ.
no más… …は十分だ, …はもうやめてくれ.
no menos de… …ほども.
no sea que (＋接続法) …するといけないので.
no…sino… 1 …ではなくて〜だ. 2 ただ〜だけ…だ.
no + todo(s)… すべてが …だとは限らない[→ todo(s) + no…].
si no,… もしそうでなければ….
todo(s) + no… すべてが…ない.

No., Nº., nº. [ヌメロ] 《略語》Número…第…番.

No·bel [ノべル, ノベル] 男 ノーベル賞[＝ premio Nobel].

no·bi·lia·rio, ria [ノビリアリオ, リア] 形 貴族の.

no·bi·lí·si·mo, ma [ノビリシモ, マ] 形 〈絶対最上級語＜ noble〉とても高貴な.

no·ble [ノブレ] 形 1 貴族の. 2 高貴な, 気高い. 3 立派な, 高級な, 上質の. 4〈動物〉(人に)従順な. 5 貴重な.
— 男 女 〈人〉貴族.

no·ble·men·te [ノブレメンテ] 副 気高く, 高貴に.

no·ble·za [ノブレさ] 女 1 (社会集団の)貴族. 2 貴族階級. 3 高潔, 崇高さ. 4 忠誠. 5 家系の高さ, 高貴さ.

no·che [ノチェ] 女 1 夜, 夜間. 2 就寝時間. 3 暗闇, 夜陰.
al caer la noche 夜になって.
ayer noche 昨夜.
¡Buenas noches! こんばんは！, おやすみ！
cerrar la noche 夜が更ける.
(de día y) de noche (昼には, そして)夜には.
de la noche a la mañana すぐに, たちまち.
hacer noche 夜を過ごす.
hacer·se de noche 夜になる.
la noche de los tiempos 大昔の時代.
media noche 真夜中.
Noche Buena 〈夜〉クリスマスイブ.
noche cerrada 1 真夜中に. 2 真っ暗な夜に.
noche de perros 1 天気の悪い夜. 2 いやな夜.
noche toledana (不安などで)眠れぬ夜.
Noche Vieja 〈夜〉大みそか.
noche y día いつも, 昼も夜も.
pasar buena noche 夜ぐっすり眠る.
pasar la noche en blanco [claro] 夜を一

No·che·bue·na [ノチェブエナ] 女 〈夜〉 クリスマスイブ.

no·che·ci·ta [ノチェシタ] 女 夜, 夕方.

no·cher·nie·go, ga [ノチェルニエゴ, ガ] 形 夜の生活を楽しむ.
— 男 〈人〉 深夜族.

No·che·vie·ja [ノチェビエハ] 女 〈夜〉 大みそか.

no·ción [ノシオン] 女 1 概念. 2 意識. 3 基本的知識.

no·cio·nal [ノシオナる] 形 観念上の, 概念上の.

no·ci·vi·dad [ノシビダ(ド)] 女 有害性, 有毒性.

no·ci·vo, va [ノシボ, バ] 形 有毒な, 有害な.

noc·tam·bu·lis·mo [ノクタンブリスモ] 男 1 夜型の生活スタイル. 2 夜遊びの癖.

noc·tám·bu·lo, la [ノクタンブろ, ら] 形 1 夜に活動する. 2 夜遊びが好きな.
— 男 女 夜型の生活の人.

noc·tur·ni·dad [ノクトゥルニダ(ド)] 女 1 夜である状態. 2 〈犯罪〉 夜間による加重情状.

noc·tur·no¹ [ノクトゥルノ] 男 〈音楽〉 ノクターン, 夜想曲.

noc·tur·no², na [—, ナ] 形 1 夜の, 夜間の. 2 夜間に起こる. 3 〈動物〉 夜行性の. 4 〈植物〉 夜だけ開花する.

no·do [ノド] 男 1 〈天文学〉 交点. 2 〈医学〉 結節. 3 (フランコ時代の義務的だ) ニュース映画.

no·dri·za [ノドりさ] 女 1 乳母. 2 (運搬車の) 給油タンク.

nó·du·lo [ノドゥろ] 男 〈医学〉 小結節.

No·é [ノエ] 固 〈聖書〉 ノア.

No·el [ノえる] 固 《Papá+》〈宗教〉 サンタクロース.

no·gal [ノがる] 男 〈樹木〉 クルミ.

no·ga·li·na [ノガリナ] 女 (クルミの殻から作る) クルミ染料.

no·gue·ral [ノゲらる] 男 クルミの林.

nó·ma·da [ノマダ] 形 〈男女同形〉 遊牧民の.
— 男 女 1 遊牧民. 2 〈人・動物〉 放浪者.

no·ma·dis·mo [ノマディスモ] 男 1 遊牧生活. 2 放浪生活.

nom·bra·dí·a [ノンブラディア] 女 〈人〉 名声, 評判.

nom·bra·do, da [ノンブラド, ダ] 《過去分詞》→ nombrar 指名する.
— 形 1 指名された. 2 有名な, 評判の. 3 前述の.

nom·bra·mien·to [ノンブラミエント] 男 1 指名, 任命. 2 辞令.

nom·brar [ノンブラる] 他 1 …を (+ 名詞) …に指名する, 2 …の名前をあげる, …を名指す. 3 …の名を (たたえて) 呼ぶ.

nom·bre [ノンブレ] 男 1 名, 名前, 名称. 2 タイトル, 題名. 3 名声, 評判. 4 〈文法〉 名詞.

a nombre de… 1 …の名前で. 2 …宛てに. 3 …の住所に.

dar su nombre a… 1 …に名を名のる. 2 …を子として認知する.

(…) de nombre 1 名目だけの. … 2 名前は…の. 3 名前で (知っている). 4 有名な.

en (el) nombre de… …の名において, …を代表して.

llamar las cosas por su nombre 率直にものを言う.

nombre abstracto 〈文法〉 抽象名詞.

nombre animado 〈文法〉 有生名詞.

nombre apelativo [común, genérico] 〈文法〉 種名, 総称.

nombre colectivo 〈文法〉 集合名詞.

nombre comercial 商号, 社名.

nombre concreto 〈文法〉 具象名詞.

nombre contable [discontinuo] 〈文法〉 可算名詞.

nombre de guerra (敵にさとられないような) 戦時名.

nombre de pila 〈宗教〉 洗礼名.

nombre de religión 〈宗教〉 修道名.

nombre inanimado 〈文法〉 無生名詞.

nombre incontable [continuo] 〈文法〉 不可算名詞.

nombre propio 〈文法〉 固有名詞.

no tener nombre 言いようがない, お話にならない.

por el nombre 名指しで.

por mal nombre あだ名で.

responder al nombre (ペットなどが) 自分の名を呼ばれて反応する.

sin nombre 取るに足りない, 名づけようのない.

no·men·clá·tor [ノメンクらトる] 男 《= nomenclador》 (人名や地名の) 一覧表.

no·men·cla·tu·ra [ノメンクらトゥラ] 女 (集合的に) 専門用語, 学術用語, 術語.

no·me·ol·vi·des [ノメオるビデス] 女 《単複同形》〈植物〉 ワスレナグサ.
— 男 (ネーム板を含んだ鎖の) 腕輪, ブレスレット.

nó·mi·na [ノミナ] 女 1 名簿, 目録. 2 正社員名簿. 3 賃金台帳. 4 給料, 俸給.

no·mi·na·ción [ノミナシオン] 女 (受賞候補としての) 作品の推薦, ノミネーション.

no·mi·nal [ノミナる] 形 1 名前の, 名前を使う. 2 名目上の, 名前だけの, 額面の. 3 〈文法〉 名詞的な.

no·mi·na·lis·mo [ノミナリスモ] 男 〈哲学〉 唯名論.

no·mi·na·lis·ta [ノミナリスタ] 形 〈男女同形〉 唯名論の.
— 男 女 唯名論者.

no·mi·na·li·za·ción [ノミナりさオン] 女 〈文法〉 名詞化.

no·mi·na·li·zar [ノミナリさル] 他 《活 39 gozar》〈文法〉…を名詞にする.
— **nominalizar·se** 再 名詞になる.

no·mi·nar [ノミナル] 他 (芸術作品など)を(受賞候補者として)推薦する, ノミネートする.

no·mi·na·ti·vo[1] [ノミナティボ] 男 〈文法〉主格.

no·mi·na·ti·vo, va[2] [—, バ] 形 1〈商業〉記名式の. 2〈文法〉主格の.

no·mo [ノモ] 男 《= gnomo》(童話などの)小人(＾).

non [ノン] 形 奇数の.
— 男 奇数.
de non (二人・ふたつの組の)相手がいない, 片方の.

no·na[1] [ノナ] 女 《→ nono》 1〈古代ローマ〉(昼間の時間の4区分の)第4時間帯. 2〈カトリック〉(夕方の祈りの)九時課.

no·na·da [ノナダ] 女 つまらないもの[こと].

no·na·ge·na·rio, ria [ノナヘナリオ, リア] 形 90歳代の.
— 男 女 90歳代の人.

no·na·gé·si·mo[1] [ノナヘシモ] 男 90分の1.

no·na·gé·si·mo, ma[2] [—, マ] 形 《序数詞》1 90番目の. 2 90分の1の.
— 男 女 90番目のもの.

no·na·to, ta [ノナト, タ] 形 帝王切開で生まれた.

no·nes [ノネス] 間 だめだ!, いやだ!
decir (que) nones だめだ[いやだ]と言う.

no·no, na[2] [ノノ, —] 形 《序数詞》1 9番目の. 2 9分の1の.

no·pal [ノパル] 男 〈植物〉ウチワサボテン.

no·que·ar [ノケアル] 他 〈ボクシング〉…をノックアウトする.

nor·des·te [ノルデステ] 男 1〈方位〉北東. 2 北東の風.

nór·di·co, ca [ノルディコ, カ] 形 1 北の, 北方の. 2 北欧の, スカンジナビアの.
— 男 女 スカンジナビアの人.

nor·dis·ta [ノルディスタ] 形 《男女同形》(米国の南北戦争の)北軍側の.
— 男 女 北軍側の人.

no·res·te [ノレステ] 男 1〈方位〉北東. 2 北東の風.

no·ria [ノリア] 女 1 (馬を使う)水くみ装置. 2 井戸. 3〈遊園地〉水車型観覧車.

nor·ma [ノルマ] 女 1 規則, 規律. 2 (法的)標準, 規格. 3〈言語学〉(語法の)規範.

nor·mal [ノルまる] 形 1 正常な, 普通の. 2 当然の, 規定通りの. 3〈数学〉他と垂直にまじわる.
— 女 1〈数学〉法線, 法平面. 2 (昔の)師範学校.

nor·ma·li·dad [ノルまりダス] 女 正常, 常態.

nor·ma·li·za·ción [ノルまりさしオン] 女 1 規格化, 標準化. 2 正常化.

nor·ma·li·zar [ノルまりさル] 他 《活 39 gozar》1 …を標準化する, 規格にそろえる. 2 …を正常にする.
— **normalizar·se** 再 1 標準的になる. 2 正常になる, もとに戻る.

nor·mal·men·te [ノルまるメンテ] 副 1 いつものように, 平常に. 2 普通は, 通常は. 3 予定通りに, 無事に.

nor·man·do, da [ノルマンド, ダ] 形 1〈民族〉ノルマン人の. 2 (フランスの地方の)ノルマンディーの = Normandía の.
— 男 女 1〈民族〉ノルマン人. 2 ノルマンディーの人.

nor·ma·ti·va[1] [ノルマティバ] 女 (集合的に)規準, 規則.

nor·ma·ti·vo, va[2] [ノルマティボ, —] 形 規準の, 規範的な.
gramática normativa 規範文法.

no·ro·es·te [ノロエステ] 男 1〈方位〉北西. 2 北西の風.

nor·te [ノルテ] 男 1〈方位〉北. 2 北部, 北方. 3 北風. 4 目標, 指針. 5 手引き, 案内. 6 北極星.
al norte de... …の北方に.
norte magnético 北磁極.
perder el norte (ショックで)方向を見失う.

nor·te·a·fri·ca·no, na [ノルテアふりカノ, ナ] 形 北アフリカの.
— 男 女 北アフリカの人.

Nor·te·a·mé·ri·ca [ノルテアメリカ] 固 《大陸名》北アメリカ, 北米.

nor·te·a·me·ri·ca·no, na [ノルテアメリカノ, ナ] 形 1 北米の. 2 アメリカ合衆国の, 米国の.
— 男 女 1 北米人. 2 米国人.

nor·te·ño, ña [ノルテニョ, ニャ] 形 北の, 北部の.
— 男 女 北部の人.

no·rue·go, ga [ノルエゴ, ガ] 形 (国の)ノルウェー Noruega の.
— 男 女 ノルウェー人.

nos [ノス] 代 《アクセントなし》《1人称複数形の目的格の人称代名詞》《男女同形》1〈直接目的語〉私たちを.
2〈間接目的語〉私たちに, 私たちのために, 私たちから.
3〈再帰代名詞〉(私たちが)自分たちを, 自分たちに.
4 (国王などが自分を指して)我(ゎれ), 余(ょ), 朕(ちん).

no·so·tros, tras [ノソトロス, トラス] 代 《1人称複数形の主格の人称代名詞》1〈主語〉私たちは[が], 我々は[が].
2 (前置詞のうしろで)私たち, 我々.
3 (自分の団体を指して)弊社, 当組織.
entre nosotros 内密の[ここだけの]話だが.
para nosotros mismos 私たちの間だけで.

nos・tal・gia [ノスタルヒア] 女 郷愁, ノスタルジー.

nos・tál・gi・co, ca [ノスタルヒコ, カ] 形 郷愁の, ノスタルジックな.

nos・ti・cis・mo [ノスティシスモ] 男 《= gnosticismo》〈宗教〉グノーシス主義.

no・ta [ノタ] 女 1 メモ, 覚え書き. 2 短信. 3 短いノート. 4〈文章〉注, 注記, 注解, 注釈. 5 (試験の)点数, 評点. 6 上位の成績. 7〈音楽〉音符, (ドレミなどの)音(がく). 8 様子, 雰囲気, 特徴. 9 伝票, 勘定書.
 dar la nota 注意を引く, 人目につく.
 ...de mala nota 評判の良くない, 下品な.
 ...de nota 有名な, 上等な.
 nota dominante (音階の)第5音, 基調.
 tomar (buena) nota de... …に(よく)留意する.
 tomar notas de... …のノート[メモ]をとる.

no・ta・bi・li・dad [ノタビリダッ] 女 1 目立った重要性, 顕著さ. 2 重要人物, 名士.

no・ta・bi・lí・si・mo, ma [ノタビリシモ, マ] 形 《絶対最上級語→ notable》とても目立った.

no・ta・ble [ノタブれ] 形 1 目立った, 卓越した. 2 注目すべき. 3 著名な.
 ― 男 (3段階評価の)良(りょう).

no・ta・ble・men・te [ノタブれメンテ] 副 1 著しく, 顕著に. 2 十分に.

no・ta・bles [ノタブれス] 男複 《→ notable》(集合的に)有力者, 名士.

no・ta・ción [ノタシオン] 女 1 (音符などの記号体系の)表記法. 2 注記, 注釈.

no・tar [ノタる] 他 1 …に気づく, …を認める. 2 …を感じとる.
 ― *notar・se* 再 1 (自分が…だと)感じる. 2 目立つ, 気づかれる, 認められる.
 hacer notar... …を指摘する, 強調する.
 hacerse notar (変に)目立つ.

no・ta・rí・a [ノタリア] 女 1 公証人の仕事. 2 公証人事務所.

no・ta・ria・do [ノタリアド] 男 1 公証人の職. 2 (集合的に)公証人.

no・ta・rial [ノタリアる] 形 1 公証人の. 2 公証人が作成した.

no・ta・rio, ria [ノタリオ, リア] 男女 1 公証人. 2 (時代背景などの)証人, 代弁者.

no・ti・cia [ノティシア] 女 1 知らせ, 消息, 情報. 2 事件, ニュース, 出来事.

no・ti・cia・rio [ノティシアリオ] 男 ニュース番組.

no・ti・cias [ノティシアス] 女複 《→ noticia》〈番組〉(テレビやラジオの)ニュース.

no・ti・cie・ro [ノティシエロ] 男 (テレビなどの)番組表, プログラム.

no・ti・ción [ノティシオン] 男 ビッグニュース.

no・ti・fi・ca・ción [ノティふぃカシオン] 女 1 (公的な)通知, 通告. 2 通告書, 通達書.

no・ti・fi・car [ノティふぃカる] 他 《話 73 sacar》 1 …を(公的に)通告する. 2 (事件など)を知らせる.

no・to・rie・dad [ノトリエダッ] 女 1 名声, 評価. 2 明白さ, 確かさ.

no・to・rio, ria [ノトリオ, リア] 形 1 明白な, 確かな. 2 よく知られた, 周知の. 3 評判の良い, 有名な.

no・va [ノバ] 女〈天体〉新星.

no・va・ta・da [ノバタダ] 女 1 (新入生や新兵への)悪ふざけ, いびり. 2 新入りのへま.

no・va・to, ta [ノバト, タ] 男女 新入り, 新米(しんまい).

no・ve・cen・tis・mo [ノベセンティスモ] 男〈文芸思潮〉(20世紀第1三半期のスペインの)900年代主義.

no・ve・cien・tos[1] [ノベスィエントス] 男 1〈数字〉900, CM. 2 900のもの.

no・ve・cien・tos[2]**, tas** [―, タス] 男女 900番目のもの.
 ― 形 1 900の. 2 900番目の.

no・ve・dad [ノベダッ] 女 1 目新しさ. 2 新しさ. 3 新しいもの, 新製品[= novedades]. 4 変化, 変わったこと. 5 (最新の)ニュース, 事件, 出来事. 6 めずらしさ, 新奇.
 sin novedad 1 無事に. 2 変化なく. 3 異常なし.

no・ve・do・so, sa [ノベドソ, サ] 形 目新しい, 新奇な.

no・vel [ノべる] 形〈人〉未熟な, 新米(しんまい)の.
 ― 男女 新入り, 未熟者.

no・ve・la [ノべら] 女 1〈作品〉小説. 2〈文学ジャンル〉小説. 3 (人生の)小説的経験. 4 フィクション, 虚構, 作り話. 5〈番組〉(小説の)ドラマ.
 novela bizantina (近世初頭の)恋愛冒険小説.
 novela de caballerías 騎士道小説.
 novela de tesis 思想小説.
 novela epistolar 書簡体小説.
 novela negra (社会批判的)推理小説.
 novela pastoril (近世の)牧人小説.
 novela picaresca (近世の)ピカレスク小説.
 novela policíaca 推理小説.
 novela rosa (甘い)恋愛小説.
 novela sentimental (近世の)悲恋小説.

no・ve・lar [ノベらる] 他 …を小説に仕上げる.
 ― 自 1 小説を書く. 2 作り話[うそ]を書く.

no・ve・le・rí・a [ノベれリア] 女 夢想, 作り話, ファンタジー.

no・ve・le・ro, ra [ノベれロ, ラ] 形 1 小説好きな. 2 夢想癖のある.
 ― 男女 1〈人〉小説好き. 2 夢想家.

no・ve・les・co, ca [ノベれスコ, カ] 形 小説の, 小説のような.

no・ve・lis・ta [ノベリスタ] 男女 小説家, 作家.

no·ve·lís·ti·ca[1] [ノベリスティカ] 女 1 小説研究. 2 (集合的に) 小説.

no·ve·lís·ti·co, ca[2] [ノベリスティコ, −] 形 小説の.

no·ve·lón [ノベロン] 男 1 長いだけの通俗小説. 2 本物の小説.

no·ve·na[1] [ノベナ] 女 1 〈宗教〉9 日間の祈り. 2 (死者にささげる) 数日間の祈り.

no·ve·no[1] [ノベノ] 男 9 分の 1.

no·ve·no[2]**, na**[2] 形 《序数詞》1 9 番目の. 2 9 分の 1 の.
— 男 9 番目のもの.

no·ven·ta [ノベンタ] 男 1 〈数字〉90, XC. 2 90 のもの.
— 形 《男女同形》1 90 の. 2 90 番目の.
— 男 女 90 番目のもの.

no·ven·ta·vo[1] [ノベンタボ] 男 90 分の 1.

no·ven·ta·vo[2]**, va** [−, バ] 形 《分数詞》1 90 分の 1 の. 2 90 番目の.

no·ven·ta·yo·chis·ta [ノベンタヨチスタ] 形 〈文学〉「98 年の世代」Generación del 98 の.
— 男 女 「98 年の世代」の作家[思想家].

no·ven·tón, to·na [ノベントン, トナ] 形 90 歳代の.
— 男 女 90 歳代の人.

no·via [ノビア] 女 〈→ novio〉1 〈女〉恋人. 2 〈女〉フィアンセ, 婚約者. 3 新婦, 新妻(_____).

echar·se novia (男性の) 恋人ができる.

quedar·se compuesto y sin novia 1 (男性が) 結婚したくても相手がいない. 2 望みのものが手に入らない.

no·viaz·go [ノビアスゴ] 男 婚約, 婚約時代.

no·vi·ci·a·do [ノビシアド] 男 〈宗教〉1 修練期間. 2 修練院. 3 (集合的に) 修練者.

no·vi·cio, cia [ノビシオ, シア] 形 1 新入りの, 新参の. 2 (+en...) …に未熟な.
— 男 女 1 初心者, 新人. 2 〈宗教〉修練者.

no·viem·bre [ノビエンブレ] 〈月名〉11 月.

no·vi·lla·da [ノビジャダ] 女 1 (若牛の闘牛の) ノビジャダ. 2 若牛の群れ.

no·vi·lle·ro, ra [ノビジェロ, ラ] 男 女 1 見習い闘牛士. 2 (学校などを) よくサボる生徒.

no·vi·llo, lla [ノビジョ, ジャ] 男 女 (2 歳から 3 歳までの) 若牛.

hacer novillos (学校などを) サボる.

no·vi·lu·nio [ノビルニオ] 男 〈天体〉新月.

no·vio [ノビオ] 男 〈→ novia〉1 〈男〉恋人. 2 〈男〉フィアンセ, 婚約者. 3 新郎, 新婦の男.

echar·se novio (女性の) 恋人ができる.

quedar·se compuesta y sin novio (女性が) 1 結婚したくても恋人がいない. 2 望んだものが手に入らない.

¡Vivan los novios! 新郎新婦ばんざい!

no·ví·si·mo, ma [ノビシモ, マ] 形 《絶対最上級詞 → nuevo, va》とても新しい.

nu·ba·rrón [ヌバロン] 男 1 (空に広がった) 厚い黒雲. 2 厄介事, 災難.

nu·be [ヌベ] 女 1 〈気象〉雲. 2 雲のようなもの. 3 大量, 大群. 4 〈眼球〉(角膜にできる) 白っぽい染(_)み. 5 (一時的にかかる) かげり, かすみ, くもり/*una nube de tristeza* 悲しみのかげり.

como caído de las nubes 急に, 思いがけなく.

en las nubes 1 うわの空で, ぼんやりと. 2 現実離れして.

estar [poner·se] por las nubes (物が) とても高価である.

nube de langostas イナゴの大群.

nube de polvo 土煙, 砂煙.

nube de verano 1 夕立ち雲. 2 一時的な怒り.

poner... en [por, sobre] las nubes …をほめちぎる.

nú·bil [ヌビル] 形 婚期に入った, 年ごろの.

nu·bla·do[1] [ヌブラド] 男 嵐を呼ぶ黒雲.

nu·bla·do[2]**, da** [−, ダ] 《過去分詞》→ nublar 雲でおおう.
— 形 曇っている.

nu·blar [ヌブラル] 他 1 …を雲でおおう. 2 …を曇らせる.
— **nublar·se** 再 1 《主語なしの 3 人称単数形で使用》空が曇る. 2 (目などが) 曇る.

nu·bo·si·dad [ヌボシダス] 女 曇り空.

nu·bo·so, sa [ヌボソ, サ] 形 雲の多い, 曇った.

nu·ca [ヌカ] 女 うなじ, えりくび, 首筋.

nu·cle·ar [ヌクレアル] 形 1 核の. 2 原子核の. 3 原子力の.

armas nucleares 核兵器.

central nuclear 原子力発電所.

nu·cle·a·ri·zar [ヌクレアリサル] 他 《活 39 gozar》(国などを) (発電で) 核エネルギー化する.

nú·cle·o [ヌクレオ] 男 1 中心, 核. 2 核心, 中核. 3 〈生物学〉細胞核. 4 〈物理学〉原子核. 5 〈天体〉核, 中心部分. 6 〈言語学〉(シンタグマの) 核. 7 住宅団地.

nu·cle·o·lo [ヌクレオロ] 男 《= nucléolo》〈生物学〉(細胞核の) 核小体, 仁(_).

nu·di·llo [ヌディジョ] 男 指関節 (の外側).

nu·dis·mo [ヌディスモ] 男 裸体主義.

nu·dis·ta [ヌディスタ] 形 《男女同形》裸体主義の.
— 男 女 裸体主義者, ヌーディスト.

nu·do [ヌド] 男 1 結び目. 2 合流点, 接合点. 3 きずな, つながり, 親密な関係. 4 最大の難点, 疑問の核心. 5 (小説などの) 筋の錯綜(____), からみ. 6 〈植物〉(幹の) 節(_), こぶ. 7 〈航海〉ノット. 8 (胸などの) つかえ.

con un nudo en la garganta 喉(_)を詰まらせて.

nudo gordiano 難題 [ゴルディアスの結び目].

nu·do·si·dad [ヌドシダス] 女 1 こぶ. 2 〈医学〉結節.

nu·do·so, sa [ヌドソ, サ] 形 節(_)の多い, こぶだらけの.

nue・ra [ヌエラ] 囡 嫁[＝息子の妻].
nues・tro, tra [ヌエストロ, トラ] 形《名詞の前ではアクセントなし》《1人称複数の所有形容詞》〈複〉 nuestros, nuestras》（名詞の前にもうしろにも置かれて）私たちの, 我々の／la casa *nuestra*, *nuestra* casa 私たちの家.
— 代《定冠詞を伴った所有代名詞》私たちのもの／vuestro padre y el *nuestro* 君たちの父親と私たちの(父親). vuestras hijas y las *nuestras* 君たちの娘たちと我々の(娘たち).
(ésta) es la nuestra (我々の)チャンスだ.
lo nuestro 私たちのこと[もの].
los nuestros (私たちの)家族, 仲間, 味方.
una [alguna, otra] de las nuestras (私たちの)いつものやり方.
¡Ya es nuestro! やったぞ！

nue・va[1] [ヌエバ] 囡《→ nuevo》ニュース, 知らせ.

Nue・va Es・pa・ña [ヌエバ エスパニャ] 固〈副王領の名〉（植民地時代のメキシコの）ヌエバ・エスパニャ.

Nue・va Gra・na・da [ヌエバ グラナダ] 固〈副王領の名〉（植民地時代のコロンビアやベネズエラの）ヌエバ・グラナダ.

nue・va・men・te [ヌエバメンテ] 副 1 新たに, 再度. 2 最近.

Nue・va York [ヌエバ ヨルク] 固〈都市の名〉（米国の）ニューヨーク.

Nue・va Ze・lan・dia [ヌエバ せランディア] 固〈国の名〉ニュージーランド.

nue・ve [ヌエベ] 形 1《数字》9, Ⅸ. 2 9のもの, ここの つ.
— 形 男女同形》1 9の, ここのつの. 2 9 番目の.
— 男 9 番目のもの.
las nueve〈時刻〉9 時.

nue・vo, va[2] [ヌエボ, ー] 形 1（おもに名詞のうしろや）新しい, 新品の. 2（おもに名詞の前で）新たな, 今度の. 3 目新しい, はじめて聞く. 4 これまでとは違う. 5〈農作物〉（収穫したばかりの）新…. 6 元気を回復した. 7 新入りの, 新参の. 8 始めたばかりの.
— 男女 1 新参者, 新入り. 2 初心者, 新米(殻).
de nuevas 1 寝耳に水の, 驚きの. 2 はじめて.
de nuevo 再び, 新たに.
hacer・se de nuevas (何かを知って)驚いた振りをする.
lo nuevo 新しいもの[こと].
¿Qué hay de nuevo?〈挨拶〉調子はどうですか？

Nue・vo Mé・xi・co [ヌエボ メヒコ] 固〈州の名〉（米国西部の）ニューメキシコ.

nuez [ヌエす] 囡《複》nueces》1〈実〉クルミ. 2 堅果, ナッツ. 3〈解剖学〉のどぼとけ.
nuez moscada [nuez de especia]〈香料〉ナツメグ.
rebanar la nuez a… …の喉(ല്)をかっ切る.

nu・li・dad [ヌリダス] 囡 1（法的に）無効. 2 無能. 3 無能な人間, 役立たず.

nu・lo, la [ヌろ, ら] 形 1 価値のない, 力のない. 2（法的に）無効の. 3 無能な, 役に立たない. 4〈ボクシング〉引き分けの. 5 ゼロの.

núm. [ヌメロ]《略語》número 第…, …番目.

nu・man・ti・no, na [ヌマンティノ, ナ] 形 1 (スペイン中北部の昔の町の)ヌマンシア Numancia の. 2 勇敢な, 意志の固い.
— 男女 ヌマンシア人.

nu・men [ヌメン] 男 (文芸的)霊感.

nu・me・ra・ble [ヌメラブれ] 形 数えられる.

nu・me・ra・ción [ヌメラしオン] 囡 1 数えあげ. 2 番地, 番号. 3 数え方, 計算法.
numeración arábiga アラビア数字の記数法.
numeración decimal 十進法.
numeración romana ローマ数字の記数法.

nu・me・ra・dor [ヌメラドル] 男《数学》分子.

nu・me・ral [ヌメラる] 形 数の.
— 男《文法》数詞.

nu・me・rar [ヌメラる] 他 1 …を数える. 2 …に(数字の)番号をつける.

nu・me・ra・rio, ria [ヌメラリオ, リア] 形〈人〉専任の, 正規の.
— 男女 専任教員, 正社員, 正会員.

nu・mé・ri・co, ca [ヌメリコ, カ] 形 数の, 数字の.

nú・me・ro [ヌメロ] 男 1 数, 数値. 2 数字. 3 数量, 人数, 個数. 4〈興行〉出し物, 演目. 5 サイズ, 型／*¿Qué número calzas?* 君の靴などのサイズ？ 6（定期刊行物の）号. 7（警察などの）平警官, 平隊員. 8〈文法〉数(ξ). 9（くじの）番号札. 10（順番などの）番号.
de número（雇用などの）正規の／*miembro de número* 正会員.
el [la] número uno 第1人者, ナンバーワン.
en número de… …の数で.
en números redondos 概数で.
en números rojos〈収支〉赤字で.
hacer números（計画などの）可能性を計算する.
montar el número はでに人目を引く.
número arábigo (1, 2, 3, ...の)アラビア数字.
número atómico〈物理学〉原子番号.
número cardinal 基数.
número entero 整数.
número extraordinario（雑誌などの）特別号.
número fraccionario [quebrado] 分数.
número impar [non] 奇数.
número ordinal 序数.
número par 偶数.
número romano (Ⅰ, Ⅱ, Ⅲ ... の)ローマ数字.
números atrasados (雑誌などの)バックナンバー.
número singular [plural]〈文法〉単数[複数].

...sin número 無数の…, 大量の….
un buen número de... かなりの数の….

nu·me·ro·so, sa [ヌメロソ, サ] 形 多数の, たくさんの.

nu·mis·má·ti·ca[1] [ヌミスマティカ] 女 古銭学.

nu·mis·má·ti·co, ca[2] [ヌミスマティコ, ー] 形 古銭学の.
— 男 女 古銭研究者.

nun·ca [ヌンカ] 副《否定語》**1** 決して…ない, 一度も…ない／*Nunca fumo nunca.* 私は絶対タバコを吸わない. **2**（反語的な疑問文で）これまでに, 一度でも／¿*Has estado nunca en un restaurante tan elegante?* こんな優雅なレストランに一度でも来たことあるか？

casi nunca ほとんど…ない.
¡Hasta nunca!（二度と会わない相手に）さようなら！
más que nunca これまでになかったほど.
nunca jamás 絶対に…ない.
nunca más もう二度と…ない.

nun·cia·tu·ra [ヌンシアトゥラ] 女〈宗教〉**1** 教皇大使の職. **2** 教皇大使館.

nun·cio [ヌンシオ] 男〈宗教〉教皇大使.

nup·cial [ヌプシアる] 形 結婚式の, 婚礼の.

nup·cia·li·dad [ヌプシアリダス] 女 婚姻率.

nup·cias [ヌプシアス] 女複 結婚式, 婚礼.

nu·ta·ción [ヌタシオン] 女（地球の自転軸の）章動(しょう).

nu·tria [ヌトリア] 女〈動物〉カワウソ.
nutria marina〈動物〉ラッコ.

nu·tri·ción [ヌトリシオン] 女 **1**〈作用〉栄養. **2** 栄養(物)摂取.

nu·tri·do, da [ヌトリド, ダ] 《過去分詞》→ nutrir 栄養を与える.
— 形 **1** 豊富な, 大量の. **2**（+de...）…でいっぱいの. **3** 栄養の良い.

nu·trir [ヌトリル] 他 **1** …に栄養[食物]を与える. **2** …を養う, 育てる. **3** …を活気づける, 助長する. **4** …に（+de...）…を供給する. **5**（場所や物）をいっぱいにする.
— *nutrirse* 再 **1**（+de...）…から栄養を取る. **2**（+de...）…によって活気づく. **3** …を（+de...）…から補充する. **4**（+de...）…でいっぱいになる.

nu·tri·ti·vo, va [ヌトリティボ, バ] 形 栄養になる.

Ñ ñ

Ñ, ñ [エニェ] 囡《アルファベットの第15番の文字》エニェ.
ñam [ニャン] 間 (おいしい物にかぶりつくときの)がぶっ, ぱくっ.
ña·me [ニャメ] 男〈植物〉ヤマイモ.
ñan·dú [ニャンドゥ] 男《複 ñandúes, ñandús》〈鳥〉(南米に分布する)レア, アメリカダチョウ.
ña·pa [ニャパ] 囡 チップ, おまけ.
ña·to, ta [ニャト, タ] 形 鼻の低い.
ñi·qui·ña·que [ニキニャケ] 男 くず, がらくた.
ño·ñe·rí·a [ニョニェリア] 囡 1 味気ないこと. 2 面白味のない言葉.
ño·ñez [ニョニェス] 囡 1 味気なさ. 2 面白味のなさ. 3 つまらなさ. 4 臆病.
ño·ño, ña [ニョニョ, ニャ] 形 1 味気ない. 2 面白味のない. 3〈人〉おろおろしている, びくついた. 4 なにかとうるさい, 神経質すぎる.
ño·qui [ニョキ] 男〈料理〉(小麦粉で作る)ニョッキ.
ñu [ニュ] 男〈動物〉(アフリカに分布する)ヌー, ウシカモシカ.

O o

O 《略語》 oeste (方位の)西.

O, o [オ] 囡 《アルファベットの第 16 番の文字》オ.

no saber hacer la o con un canuto はなはだしく無知である.

o・a・sis [オア*シス] ⇒ o・a・sis.

o [オ] 囡 《文字 O, o の名》オ.

o [オ] 接 《アクセントなし》《o-, ho- の単語の前では u になる》1 または, あるいは, …か〜.
2 (説明の言いかえで) つまり, すなわち.
3 (命令文に続いて) …さもないと〜, そうしなければ〜.

o bien, … または…, あるいは….
…, o mejor dicho, 〜 つまり〜, あるいはむしろ〜.
o…, o 〜 (二者択一で) …か, または〜か.
…, o sea, 〜 …すなわち〜.
…, o si no, 〜 …, そうでないのなら〜.

o・a・sis [オア*シス] 男《単複同形》1 (砂漠の)オアシス. 2 安らぎの場.

o・a・xa・que・ño, ña [オアハケニョ, ニャ] 形 (メキシコ南部の州・州都の)オアハカ Oaxaca の.
— 男 囡 オアハカの人.

ob・ce・ca・ción [オブセカシオン] 囡 頑迷.

ob・ce・car [オブセカル] 他《活 73 sacar》…の理性を失わせる.
— obcecarse 再 頑迷になる, かたくなになる.

ob. cit. [オブラ シタダ]《略語》Obra citada 上掲書.

o・be・de・cer [オベデセル] 他《活 4 agradecer》
1 …に従う, …の言うことを聞く. 2 (法など)を守る, 遵守する.
— 自 1 (+a…) …に従う, …の言うことを聞く. 2 言うことを聞く. 3 (+a…) …に原因がある, …のせいである.

obedezc- → obedecer 従う《活 4》.

o・be・dien・cia [オベディエンシア] 囡 1 (命令などの)服従, 遵守(学). 2 服従, 従順.

o・be・dien・te [オベディエンテ] 形 従順な, すなおな, 聞き分けのよい.

o・be・lis・co [オベリスコ] 男 (記念碑の)オベリスク, 方尖柱(芳芝).

o・ber・tu・ra [オベルトゥラ] 囡 《音楽》 序曲.

o・be・si・dad [オベシダッ] 囡 太りすぎ, 肥満.

o・be・so, sa [オベソ, サ] 形 太りすぎの, 肥満の.
— 男 囡 肥満体の人.

ó・bi・ce [オビセ] 男 邪魔, 障害.

no ser óbice para… …の妨げにならない.

o・bis・pa・do [オビスパド] 男《宗教》1 司教職.
2 司教区. 3 司教館.

o・bis・po [オビスポ] 男《カトリック》司教.

ó・bi・to [オビト] 男 死亡, 逝去(学).

o・bi・tua・rio [オビトゥアリオ] 男 1 (教会の)死者名簿, 過去帳. 2 (新聞などの)死亡広告.

ob・je・ción [オブヘシオン] 囡 異議, 異論.

objeción de conciencia (兵役などの)良心的忌避(学).

ob・je・tar [オブヘタル] 他 (+que…) …という反論を表明する.
— 自 1 反論する, 異議をとなえる. 2 忌避(学)の態度をとる.

ob・je・ti・va・ción [オブヘティバシオン] 囡 客観化.

ob・je・ti・var [オブヘティバル] 他 …を客観的に考える.

ob・je・ti・vi・dad [オブヘティビダッ] 囡 客観性.

ob・je・ti・vo¹ [オブヘティボ] 男 1 目的, 目標. 2 《光学》対物レンズ. 3 《射撃》標的.

ob・je・ti・vo², va [—, バ] 形 1 客観的な, 公平な. 2 《哲学》実在の. 3 目的の, 対象の.

ob・je・to [オブヘト] 男 1 物体, もの, 事物. 2 主題, テーマ. 3 対象, 対象物. 4 《哲学》客体. 5 目的, 目標. 6 《文法》目的語.

al [con (el)] objeto de que (+接続法) …する目的で.
hacer… objeto de 〜 …を〜の対象にする.
no tener objeto (+que+接続法) (しても)意味がない.
objeto directo 直接目的語[= 直接補語].
objeto indirecto 間接目的語[= 間接補語].
tener por objeto (+不定詞) …することを目的にする.

ob・je・tor, to・ra [オブヘトル, トラ] 男 囡 反対者.

objetor de conciencia (兵役などの)良心的忌避(学)者.

o・bla・ción [オブラシオン] 囡 (神への) 1 奉納. 2 献身.

o・bla・to, ta [オブラト, タ] 男 囡 《宗教》献身修道会士[修道女].

o・ble・a [オブレア] 囡 1 オブラート. 2 (菓子やケーキの底に敷く)せんべい.

o・bli・cui・dad [オブリクイダッ] 囡 傾斜.

o・bli・cuo, cua [オブリクオ, クア] 形 1 ななめの, 傾斜した. 2 《数学》斜線の. 3 《解剖学》(筋肉が)ななめの／*músculos oblicuos* 斜筋. 4 《言語学》斜格の.

活 は活用形 複 は複数形 男 は男性名詞 囡 は女性名詞 固 は固有名詞 代 は代名詞 自 は自動詞

o·bli·ga·ción [オブリガシオン] 女 1 義務. 2 責務, 責任. 3 〈商業〉債券.

o·bli·ga·do, da [オブリガド, ダ] 《過去分詞》→ obligar 義務づける.
— 形 義務的な, 強制的な.
estar [*ver·se*] *obligado a* (+不定詞) …しなくてはならない, …する義務がある.

o·bli·gar [オブリガル] 他 《活 47 llegar》1 …を(+a+不定詞[que+接続法])…するように義務づける. 2 …に対して強制力を及ぼしている. 3 …に無理強いする, 無理に言うことを聞かせる.
— *obligarse* 再 (+a+不定詞) …する義務を負う.

o·bli·ga·to·rie·dad [オブリガトリエダス] 女 1 義務. 2 強制, 義務づけ.

o·bli·ga·to·rio, ria [オブリガトリオ, リア] 形 1 義務の, 義務的な. 2 強制的な, 必須(ス)の.

obli·gu- → obligar 義務づける (活 47).

o·bli·te·ra·ción [オブリテラシオン] 女 〈医学〉閉塞(ス).

o·bli·te·rar [オブリテラル] 他 〈医学〉を閉塞(ス)させる.
— *obliterarse* 再 閉塞する.

o·blon·go, ga [オブロンゴ, ガ] 形 横長の, 楕円(ダス)形の.

ob·nu·bi·la·ción [オブヌビラシオン] 女 1 意識の混濁. 2 眩(ヒ)して, 陶酔.

ob·nu·bi·lar [オブヌビラル] 他 1 (判断力など)を弱らせる, 曇らせる. 2 …を眩惑(ス)する, 魅了する.

o·bo·e [オボエ] 男 〈楽器〉オーボエ.
— 男女 オーボエ奏者.

ó·bo·lo [オボロ] 男 1 小額の寄付金.

o·bra [オブラ] 女 1 (芸術や文芸の)作品, 著作. 2 土木工事, 改修工事. 3 仕事, 作業. 4 (全集的な)著書. 5 (宗教的な)力, 能力, 業(ス). 6 道徳的行為[事業]. 7 仕事量, 労働.
— 活 → obrar 振る舞う.
de obra 行為によって.
en obras 工事中の.
mano de obra 1 (集合的に)労働者, 労働力. 2 労賃.
¡Manos a la obra! さあ, 仕事開始!
obra de caridad 慈善事業[行為].
obra de mano 手仕事, 細工物.
obra literaria 文学作品.
obra muerta 〈船舶〉乾舷(ス).
obra negra 〈建造物〉構造.
obras públicas 公共事業.
por obra (*y gracia*) *de*… …のせいで, …のおかげで.
ser obra de (+人) …のせいである.

o·bra·dor [オブラドル] 男 (手仕事の)作業場, 仕事場.

o·brar [オブラル] 自 1 振る舞う, 行動する. 2 (薬

などが)効く, 働く, 作用する. 3 (+en…) …に存在する, ある. 4 排便する.
— 他 1 …を実行する, 行う. 2 …を生み出す, もたらす.
obrar en poder [*en manos*] *de*… …の手元にある.

o·bre·ris·mo [オブレリスモ] 男 〈政治〉労働運動.

o·bre·ro, ra [オブレロ, ラ] 形 労働者の.
— 男女 労働者.

obs·ce·ni·dad [オブスセニダス] 女 1 猥褻(ワイセ). 2 猥褻行為.

obs·ce·no, na [オブスセノ, ナ] 形 猥褻(ワイセ)な, 卑猥な.

obs·cu·ran·tis·mo [オブスクランティスモ] 男 《→= oscurantismo》反啓蒙(ケイモウ)主義.

obs·cu·ran·tis·ta [オブスクランティスタ] 男女 形 《→= oscurantista》反啓蒙(ケイモウ)主義者.

obs·cu·re·cer [オブスクレセル] 他 《活 4》《→= oscurecer》…を暗くする.

obs·cu·ri·dad [オブスクリダス] 女 《→= oscuridad》暗さ.

obs·cu·ro, ra [オブスクロ, ラ] 形 《→= oscuro, ra》暗い.

ob·se·quiar [オブセキアル] 他 《活 17 cambiar》1 …に(+con…)…を贈る, 贈呈する. 2 …を(+con…)で歓待する, もてなす.

ob·se·quio [オブセキオ] 男 1 贈り物, プレゼント. 2 歓待, もてなし.
en obsequio de [*a*] … …に敬意を表して.

ob·se·quio·si·dad [オブセキオシダス] 女 1 歓待, 親切心. 2 へつらい, おもねり.

ob·se·quio·so, sa [オブセキオソ, サ] 形 1 親切な, もてなしの. 2 へつらいの.

ob·ser·va·ción [オブセルバシオン] 女 1 観察, 観測. 2 精密検査. 3 (法などの)遵守(ジュン). 4 反論, 批判. 5 (文書につける)注記, 所見.

ob·ser·va·dor, do·ra [オブセルバドル, ドラ] 形 観察の, 観察力のある.
— 男女 1 観察者, 観測者. 2 オブザーバー. 3 立会人.

ob·ser·van·cia [オブセルバンシア] 女 (社会的義務の)正確な遂行, 遵守(ジュン).

ob·ser·var [オブセルバル] 他 1 …を観察する, 観測する. 2 …を精密検査する. 3 …に気づく. 4 …を指摘する. 5 (+que…)…という意見を述べる, …であると評する. 6 …を注視する. 7 …を遵守(ジュン)する.
— *observarse* 再 自身を観察する.

ob·ser·va·to·rio [オブセルバトリオ] 男 1 観察所, 測候所. 2 天文台.

ob·se·sión [オブセシオン] 女 強迫観念, 妄想.

ob·se·sio·nar [オブセシオナル] 他 (妄想などが)…に取りつく, つきまとう.
— *obsesionarse* 再 (+con, por+妄想など)…に取りつかれる.

ob·se·si·vo, va [オブセシボ, バ] 形 1 強迫観念の, 強迫的な. 2 (妄想などに)取りつかれやすい.

ob·se·so, sa [オブセソ, サ] 形 強迫観念に取りつかれている.
— 男 女 妄想に悩む人.

ob·si·dia·na [オブシディアナ] 女 〈鉱物〉黒曜石.

ob·so·le·to, ta [オブソレト, タ] 形 時代遅れの, 使われなくなった, すたれた.

obs·ta·cu·li·zar [オブスタクリサル] 他 [活 39 gozar] …をさまたげる, 妨害する.

obs·tá·cu·lo [オブスタクロ] 男 1 障害, 妨害. 2 障害物.
carrera de obstáculos 〈スポーツ〉(ハードルなどの)障害物競争.

obs·tan·te [オブスタンテ] 〈つぎの成句の一部〉
no obstante しかしながら, とはいえ.
no obstante… (前置詞的に) …にもかかわらず.
no obstante que… (接続詞的に) …であるにもかかわらず.

obs·tar [オブスタル] 自 邪魔になる, 妨げになる.

obs·te·tri·cia [オブステトリシア] 女 〈医学〉産科, 産科学.

obs·ti·na·ción [オブスティナシオン] 女 頑迷, 強情.

obs·ti·na·da·men·te [オブスティナダメンテ] 副 1 かたくなに. 2 執念深く.

obs·ti·na·do, da [オブスティナド, ダ] 《過去分詞》 → obstinar-se 強情を張る.
— 形 1 かたくなな, 頑迷な. 2 執拗(☆ɔ)な, ねばり強い.

obs·ti·nar·se [オブスティナルセ] 再 1 強情を張る, 意地になる. 2 (+en+不定詞)…に固執する, ねばり強く…する.

obs·truc·ción [オブストルクシオン] 女 1 (通路などの)遮断, 閉鎖, 閉塞(½<). 2 邪魔, 妨害.

obs·truir [オブストルイル] 他 《活 43 huir》 1 (通路など)を遮断する, 閉鎖する. 2 …を邪魔する, 妨害する.
— *obstruir-se* ふさがる, 詰まる.

obtén → obtener 獲得する《活 80》.

ob·ten·ción [オブテンシオン] 女 1 獲得, 取得. 2 創作, 創出. 3 抽出. 4 採掘.

obtendr- → obtener 獲得する《活 80》.

ob·te·ner [オブテネル] 他 《活 80 tener》 1 …を獲得する, 手に入れる. 2 …を達成する. 3 (新製品など)を創出する. 4 …を抽出する, 取り出す.

obteng- 活 → obtener 獲得する《活 80》.

obtien- 活 → obtener 獲得する《活 80》.

ob·tu·ra·dor [オブトゥラドル] 男 1 栓(ξ), ふさぐ物. 2 〈写真機〉シャッター.

ob·tu·rar [オブトゥラル] 他 …をふさぐ.

ob·tu·so, sa [オブトゥソ, サ] 形 1 (先が)丸い. 2〈人〉鈍感な, にぶい.

obtuv- 活 → obtener 獲得する《活 80》.

o·bús [オブス] 男 1〈兵器〉曲射砲. 2 砲弾.

ob·via·men·te [オブビアメンテ] 副 1 明らかに. 2 わかりやすく.

ob·viar [オブビアル] 他 1 (障害)を避ける, 無視する. 2 (周知のこと)を言わないでおく.

ob·vio, via [オブビオ, ビア] 形 1 明白な. 2 わかりやすい.

oc [オク] 《つぎの名詞句の一部》
lengua de oc (南フランスの)オック語.

o·ca [オカ] 女 1〈鳥〉ガチョウ. 2〈遊戯〉すごろく.

o·ca·pi [オカピ] 男 [= okapi] 〈動物〉(キリン科の)オカピ.

o·ca·ri·na [オカリナ] 女 〈楽器〉オカリナ.

o·ca·sión [オカシオン] 女 1 チャンス, 好機. 2 機会, 場合, 時.
aprovechar la [una] ocasión 機会を利用する.
con ocasión de… …の機会に, …の折を利用して.
dar ocasión a… …に口実[動機]を与える.
de ocasión 〈商品〉バーゲンの, 特売の.
en ocasiones 時々, 折にふれて.
perder la [una] ocasión 時機を失する.

o·ca·sio·nal [オカシオナル] 形 1 偶然の, 偶発的な. 2 臨時の, その時だけの.

o·ca·sio·nal·men·te [オカシオナルメンテ] 副 1 偶然に, たまたま. 2 臨時に, 一時的に.

o·ca·sio·nar [オカシオナル] 他 …を引き起こす, …の原因となる.

o·ca·so [オカソ] 男 1 日[月]の入り, 日没. 2 衰退, 没落.

oc·ci·den·tal [オクシデンタル] 形 1 西の, 西方の. 2 西欧の, 西洋の, 西側の.
— 男 女 西洋人, 西欧人.

oc·ci·den·te [オクシデンテ] 男 西, 西方, 西部.

Oc·ci·den·te [オクシデンテ] 〈諸国の名〉西欧, 西洋, 西側諸国.

oc·ci·pi·tal [オクシピタル] 男 〈解剖学〉後頭骨.

oc·ci·pu·cio [オクシプシオ] 男 〈解剖学〉後頭部.

oc·ci·so, sa [オクシソ, サ] 形 殺害された.
— 男 女 〈暴力の〉殺人の被害者.

oc·ci·ta·no¹ [オクシタノ] 男 (南仏の)プロバンス語, オック語.

oc·ci·ta·no², na [—, ナ] 形 (南仏の旧地方名の)オクシタニア Occitania の.
— 男 女 オクシタニア人.

OCDE [オセデエ] 女 《略語》Organización de Cooperación y Desarrollo Económico 経済協力開発機構[= 英語 OECD].

O·ce·a·ní·a [オセアニア] 〈諸国の名〉大洋州, 大洋洲.

o·ce·á·ni·co, ca [オセアニコ, カ] 形 1 大洋の, 海洋の. 2 オセアニアの.
clima oceánico 海洋性気候.

o·cé·a·no [オセアノ] 男 1 大洋, 海洋. 2 大量,

活 は活用形 複 は複数形 男 は男性名詞 女 は女性名詞 固 は固有名詞 代 は代名詞 自 は自動詞

広大.

o·ce·a·no·gra·fí·a [オセアノグラふぃア] 囡 海洋学.

o·ce·a·no·grá·fi·co, ca [オセアノグラふぃコ, カ] 形 海洋学の.

o·ce·a·nó·gra·fo, fa [オセアノグラふぉ, ふぁ] 男囡 海洋学者.

o·ce·lo [オセろ] 男 1 〈昆虫〉単眼. 2 〈昆虫や鳥の翅〔羽〕の〉目玉模様.

o·ce·lo·te [オセロテ] 男 〈動物〉(大山猫の) オセロット.

o·cha·vo [オチャボ] 男 〈スペインの昔の〉銅貨.
no tener(*ni*)*un ochavo* 文無しである.

o·chen·ta [オチェンタ] 男 1 〈数字〉80, LXXX. 2 80 ochot.
— 形《男女同形》1 80 の. 2 80 番目の.
— 男 80 番目のもの.

o·chen·ta·vo¹ [オチェンタボ] 男 80 分の 1.

o·chen·ta·vo², va [一, バ] 形《分数詞》80 分の 1 の.

o·chen·tón, to·na [オチェントン, トナ] 形 80 歳代の.
— 男囡 80 歳代の人.

o·cho [オチョ] 男 1 〈数字〉8, VIII. 2 8 のもの, やっつ.
— 形《男女同形》1 8 の, やっつの. 2 8 番目の.
— 男囡 8 番目のもの.
dar a… igual ocho que ochenta …にとってはどうでもいいことである.
las ocho〈時刻〉8 時.
unos ocho días 約 1 週間.

o·cho·cien·tos¹ [オチョシエントス] 男 1 〈数字〉800, DCCC. 2 800 のもの.

o·cho·cien·tos², tas [一, タス] 男囡 800 番目のもの.
— 形 1 800 の. 2 800 番目の.

o·cio [オしオ] 男 暇, 仕事休み.

o·cio·si·dad [オしオシダッ] 囡 暇な状態, 無為.

o·cio·so, sa [オしオソ, サ] 形 1 暇な, 仕事のない. 2 使われていない, 遊んでいる. 3 〈人〉ぶらぶらしている, 仕事をしていない.

o·cluir [オクるイル] 他〔活 43 huir〕〈医学〉(導管)を閉じる, 閉塞(ぐそく)させる.
— *ocluirse* 〔導管が〕閉塞する.

o·clu·sión [オクるシオン] 囡 1 〈医学〉(導管の) 閉塞(ぐそく). 2 〈音声学〉閉鎖.

o·clu·si·va¹ [オクるシバ] 囡 〈音声学〉(p などの) 閉鎖音.

oclusivo, va² [オクるシボ, 一] 形 1 〈医学〉閉塞(ぐそく)させる. 2 〈音声学〉閉鎖(音)の.

o·cre [オクレ] 形 黄土(どう)色の.
— 男 1 黄土, オークル. 2 黄土色.

oc·ta·e·dro [オクタエドロ] 男 〈数学〉八面体.

oc·ta·go·nal [オクタゴナる] 形 〈数学〉八角形の.

oc·tá·go·no [オクタゴノ] 男 〈数学〉八角形.

o·cul·tis·ta

oc·ta·na·je [オクタナヘ] 男 〈ガソリン〉オクタン価.

oc·ta·no [オクタノ] 男 〈化学〉オクタン.

oc·ta·va¹ [オクタバ] 囡 1 〈詩行〉8 行詩. 2 〈音楽〉オクターブ. 3 〈宗教〉八日祭.
octava real〔*rima*〕(ABABABCC の韻の) 11 音節 8 行詩.

oc·ta·vi·lla [オクタビじゃ] 囡 1 〈印刷〉八つ折り判. 2 〈政治宣伝用の〉ビラ, パンフレット. 3 〈詩型〉(1 行 8 音節以下の) 8 行詩.

Oc·ta·vio [オクタビオ] 固 〈男性の名〉オクタビオ.

oc·ta·vo¹ [オクタボ] 男 8 分の 1.

oc·ta·vo², va² [オクタボ, バ] 形 《序数詞》1 8 番目の. 2 8 分の 1 の.
— 男囡 8 番目のもの.
octavos de final 〈スポーツ〉ベスト 16 による 8 試合.

oc·te·to [オクテト] 男 1 〈音楽〉八重奏, 八重唱. 2 〈音楽〉八重奏〔八重唱〕団.

oc·to·ge·na·rio, ria [オクトヘナリオ, リア] 形 80 歳代の.
— 男囡 80 代の人.

oc·to·gé·si·mo¹ [オクトヘシモ] 男 80 分の 1.

oc·to·gé·si·mo², ma [一, マ] 形 《序数詞》1 80 番目の. 2 80 分の 1 の.

oc·to·go·nal [オクトゴナる] 形 〈数学〉八角形の.

oc·tó·go·no [オクトゴノ] 男 〈数学〉八角形.

oc·tó·po·dos [オクトポドス] 男複〈タコなどの〉八腕(はちわん)目動物.

oc·to·si·lá·bi·co, ca [オクトシらビコ, カ] 形 8 音節の.

oc·to·sí·la·bo¹ [オクトシらボ] 男 〈詩行〉8 音節句.

oc·to·sí·la·bo², ba [一, バ] 形 〈詩行〉8 音節の.

oc·tu·bre [オクトゥブレ] 男 〈月の名〉10 月.

óc·tu·ple [オクトゥプれ] 形《= óctuplo, pla》8 倍の.

OCU [オク] 囡 《略語》Organización de Consumidores y Usuarios (スペインの) 消費者連盟.

o·cu·lar [オクらル] 形 1 目の. 2 視覚の.
— 男 接眼レンズ, 接眼鏡.

o·cu·lis·ta [オクリスタ] 男囡 眼科医.

o·cul·ta·ción [オクるタしオン] 囡 かくすこと, 隠蔽(いんぺい).

o·cul·ta·men·te [オクるタメンテ] 副 1 こっそりと, かくれて. 2 神秘的に.

o·cul·tar [オクるタル] 他 1 …をかくす, おおう. 2 …を言わないでおく, 黙秘する.

o·cul·tis·mo [オクるティスモ] 男 神秘学, オカルティズム.

o·cul·tis·ta [オクるティスタ] 形《男女同形》神

秘密の, オカルトの.
o·cul·to, ta [オクルト, タ] 形 1 かくれた, かくされた. 2 神秘の.
o·cu·pa [オクパ] 男女 (廃屋の)不法居住者.
o·cu·pa·ción [オクパシオン] 女 1 職業, 職, 仕事. 2 職務, 職責. 3 (場所や時間の)占有, 占拠. 4 占領.
o·cu·pa·cio·nal [オクパシオナル] 形 1 職業の. 2 (病気などが)職業上の.
o·cu·pa·do, da [オクパド, ダ] 《過去分詞》→ ocupar 占める.
— 形 1 占められた, 使用中の. 2〈電話〉話し中の. 3 忙しい, 多忙な.
o·cu·pan·te [オクパンテ] 形 占有する, 占拠する.
— 男女 1 占有者, 占拠者. 2 占領軍兵士.
fuerzas ocupantes 占領軍.
o·cu·par [オクパル] 他 1 (場所などを)占める, 占有[占拠]する. 2〈物〉を使う, 使用する. 3 …を占領する. 4 …に居住する, 入居する. 5 (地位や職)に就く. 5 (人)に職を与える, 仕事を提供する.
— **ocuparse** 再 1 (+de...) …に従事する, 専念する. 2 (+de...) …の世話をする. 3 (+de...) …について述べる, …を扱う.
o·cu·rren·cia [オクレンシア] 女 1 思いつき, アイデア. 2 機知に富んだ言動.
o·cu·rren·te [オクレンテ] 形 1〈人〉独創的な考えをする, アイデアマンの. 2 機知に富んだ.
o·cu·rrir [オクリル] 自 起こる, 発生する.
— **ocurrirse** 再 1 (考えなどが) (+a...) …に思い浮かぶ, …が思いつく / *Se me ha ocurrido una idea.* いい考えがひらめいた.
o·da [オダ] 女 頌詩(じゅ).
o·da·lis·ca [オダリスカ] 女 (昔のトルコの後宮の)女奴隷, オダリスク.
o·de·ón [オデオン] 男 1 音楽室. 2 オペラ劇場.
o·diar [オディアル] 他《活用 17 cambiar》…を憎む, ひどく嫌う.
o·dio [オディオ] 男 憎悪, 嫌悪.
por odio a [*hacia*]... …への憎しみのために.
sentir odio por... …をとてもきらいになる.
o·dio·so, sa [オディオソ, サ] 形 憎らしい, いまいましい.
o·di·se·a [オディセア] 女 冒険旅行.
o·don·to·lo·gí·a [オドントロヒア] 女〈医学〉歯科.
o·don·to·ló·gi·co, ca [オドントロヒコ, カ] 形 歯科の.
o·don·tó·lo·go, ga [オドントロゴ, ガ] 男女 歯科医.
o·do·rí·fe·ro, ra [オドリフェロ, ラ] 形 いい香りの, 芳香性の.
o·dre [オドレ] 男 (ワインや油を入れる)皮袋.
OEA [オエア] 《略記》Organización de los Estados Americanos 米州機構[= 英語 OAS].

o·es·te [オエステ] 男 1〈方位〉西, 西方. 2 西部. 3 西風.
película del oeste 西部劇.
o·fen·der [オフェンデル] 他 1 …を侮辱する, 傷つける. 2 …に気を悪くさせる, 不快感を与える.
— **ofenderse** 再 (+con, por...) …で気を悪くする, 腹を立てる.
o·fen·di·do, da [オフェンディド, ダ] 《過去分詞》→ ofender 侮辱する.
— 形 不快になった, 立腹した.
o·fen·sa [オフェンサ] 女 1 侮辱, 無礼. 2 不快感.
o·fen·si·va¹ [オフェンシバ] 女 1〈軍事〉攻撃, 襲撃. 2 積極的な行動, 攻勢.
o·fen·si·vo, va² [オフェンシボ, —] 形 1 侮辱的な, 無礼な, 不快な. 2 攻撃用の, 攻勢の.
o·fen·sor, so·ra [オフェンソル, ソラ] 形 人を傷つける, 侮辱的な, 無礼な.
— 男女 侮辱する人, 無礼な人間.
o·fe·ren·te [オフェレンテ] 形〈神に〉奉納する, 提供する.
— 男女 奉納者.
o·fer·ta [オフェルタ] 女 1 申し出, 提案. 2 (特価販売などの)提供, オファー. 3 特売品. 4〈商業〉(商品やサービスの)供給.
o·fer·tar [オフェルタル] 他 1 …を特価販売する. 2 …を売り込む, 提供する.
o·fer·to·rio [オフェルトリオ] 男 (ミサのパンとぶどう酒の)奉献.
off [オフ]《つぎの成句の一部》
en off (台詞(ゼ゚)などが)舞台裏での.
off the record [オフ デ レコル] オフレコで.
office [オフィス] 男 配膳室.
off·set [オフセト] 男 1〈印刷〉オフセット. 2 オフセット印刷機.
o·fi·cial [オフィシアル] 形 1 公式の, 政府筋の. 2 公立の. 3〈学生〉国立校の.
— 男 1〈男性〉事務職員. 2〈男性〉公務員. 3〈軍隊〉将校, 士官. 4 (親方職見習いの男性の)職人.
o·fi·cia·la [オフィシアら] 女 1〈女性〉事務職員. 2〈女性〉公務員. 3 (親方職見習いの女性の)職人.
o·fi·cia·lí·a [オフィシアリア] 女 1〈軍隊〉将校の地位. 2 事務職員の身分. 3 公務員の職. 4 (親方職見習い中の)職人の資格.
o·fi·cia·li·dad [オフィシアリダス] 女 公的資格, 公的性格.
o·fi·cial·men·te [オフィシアルメンテ] 副 公的に, 公式に.
o·fi·cian·te [オフィシアンテ] 男〈僧侶〉(ミサなどの)司式者.
o·fi·ciar [オフィシアル] 他 (ミサなどを)司式する. …の役を務める.
o·fi·ci·na [オフィシナ] 女 1 事務所, オフィス. 2 役所, 営業所.

o·fi·ci·nis·ta [オふぃシニスタ] 男 女 事務員.
o·fi·cio [オふぃシオ] 男 1 (手仕事などの)職, 仕事. 2 機能, 役目, 職務. 3 (行政上の)公文書. 4 《宗教》(聖週間などの)祭式.
buenos oficios (便宜をはかる)仲介, 尽力.
de oficio 1《弁護士》国選の. 2《訴訟手続き》法にもとづく, 公的な.
gajes del oficio 仕事のつらさ[わずらわしさ].
oficio de difuntos 死者聖務, 死者の祭式.
oficio divino 聖務日課.
Santo Oficio (昔の)異端審問所.
ser del oficio 売春をする.
sin oficio ni beneficio 仕事のない, 無職の.
o·fi·cio·si·dad [オふぃシオシダス] 女 (情報などの)公的性格の欠如.
o·fi·cio·so, sa [オふぃシオソ, サ] 形 (情報などが)非公式の.
o·fi·dios [オふぃディオス] 男複 ヘビ類の動物.
o·fi·má·ti·ca [オふぃマティカ] 女 1 OA, オフィスオートメーション. 2 OA 機器.
o·fiu·ra [オふぃウラ] 女《動物》クモヒトデ.
o·fre·cer [オふレセル] 他《活 4 agradecer》1 …を提供する, 提出する. 2 …を申し出る, 与える約束をする. 3 …を見せる, 示す. 4 …を開催する, 催す. 5 (神に)ささげる, 奉納する. 6 (金額)の値を(+por...)…につける.
— **ofrecer·se** 再 1 身をささげる. 2 (+a+不定詞)…するのを申し出る. 3 (+a+人)(物事が)…にほしいと思わせる. 4 (+a+人)…に起こる, 生じる. 5 提示される.
ofrecerse en sacrificio みずから犠牲になる.
o·fre·ci·mien·to [オふレシミエント] 男 1 申し出, 提案, 提供. 2 (実行)の約束. 3 奉納.
o·fren·da [オふレンダ] 女 (感謝などの)ささげ物, 供物, 寄進.
o·fren·dar [オふレンダル] 他 …を(+ a, para ...)…にささげる, 寄進する.
ofrezc- → ofrecer 提供する《活 4》.
of·tal·mí·a [オふタるミア] 女《= oftalmia》《医学》眼炎.
of·tál·mi·co, ca [オふタるミコ, カ] 形《医学》1 眼の, 眼炎の. 2 眼科の.
of·tal·mo·lo·gí·a [オふタるモろヒア] 女 眼科学.
of·tal·mo·ló·gi·co, ca [オふタるモろヒコ, カ] 形 眼科の.
of·tal·mó·lo·go, ga [オふタるモろゴ, ガ] 男 女 眼科医.
of·tal·mos·co·pio [オふタるモスコピオ] 男 検眼鏡.
OIT [オイテ] 女《略語》Organización Internacional del Trabajo 国際労働機関[= 英語 ILO].
o·jal [オハる] 男《服飾》ボタン穴.
o·ja·lá [オハら] 間 どうか…であるように!/
¡Ojalá (que) seas muy feliz! 君がとても幸せになりますように!

〈人〉残忍な悪党.
oh [オ] 間 (感嘆して)おお!, ああ!
oh·mio [オミオ] 男《= ohm》〈電気抵抗の単位〉(記号 Ω の)オーム.
oí (-) 活 → oír 聞く《活 54》.
o·í·das [オイダス]《つぎの副詞句の一部》
de oídas 人から聞いて.
o·í·do¹ [オイド] 男 1 聴覚, 聴力. 2 (聴覚器官の)耳. 3 耳の奥. 4 音感.
abrir el oído [los oídos] 聞き耳を立てる, 注意して聞く.
al oído (小声で)耳もとで.
dar [prestar] oídos a... …に耳を貸す, …を信用する.
de oído (音楽の学習を)耳だけで, 聞き覚えで.
duro de oído 耳が少し遠い.
entrar a... por un oído y salir por el otro …には言っても効果がない, …には馬耳東風だ.
llegar a oídos de... …の耳に入る.
oído externo [interno, medio]〈解剖学〉外耳[内耳, 中耳].
regalar el oído [los oídos] a... …にお世辞を言う, …をおだてる.
ser todo [toda] oídos 熱心に聞く.
tener buen oído 音感が良い.
zumbar a... los oídos (都合の悪いことを言われて) …の耳が痛い.
o·í·do², **da** [—, ダ]《過去分詞》→ oír 聞く.
oi·dor [オイドル] 男 (スペインの昔の司法官吏の)聴訴官.
oig- 活 → oír 聞く《活 54》.
oi·ga [オイガ] 間《← oír》1 (電話をかけて)もしもし! 2 (話しかけて)すいません!, あのね!
o·íl [オイる]《つぎの名詞句の一部》
lengua de oíl (中世の北フランスの)オイル語.
o·ír [オイる] 他《活 54》1 (音声)を聞く, …が聞こえる, 耳に入る. 2 …を聞き入れる, 聞き届ける. 3 …に耳を貸す. 4 (裁判官が)(双方の言い分など)を聞き取る.
— 自 (人が)耳が聞こえる.
— **oír·se** 再 (音声が)聞こえる, 聞き取れる.
como quien oye llover 聞き流して.
¡Dios te [le] oiga! そうなるといいのだが!
Las paredes oyen. 壁に耳あり.
¿Me oyes [oye usted]? 1 私の声が聞こえますか? 2 わかりましたか?
oír campanas y no saber dónde 半端な事情しか知らない.

他 は他動詞 再 は再帰動詞 形 は形容詞 副 は副詞 前 は前置詞 接 は接続詞 間 は間投詞

o·je·a·da [オヘアダ] 囡 ちらっと見ること, 一瞥(ぶ).

o·je·a·dor, do·ra [オヘアドル, ドラ] 男囡 (狩りの) 勢子(せ).

o·je·ar [オヘアル] 他 1 …をちらっと見る, ざっと見る. 2〈狩り〉〈獲物〉を追いたてる.

o·jén [オヘン] 男 (スペインのマラガ産の) アニス酒.

o·je·o [オヘオ] 男〈狩り〉〈獲物〉の追い立て.

o·je·ra [オヘラ] 囡 (目の下の) 隈(くま).

o·je·ri·za [オヘリサ] 囡 悪意, 敵意.

o·je·ro·so, sa [オヘロソ, サ] 形 目に隈(くま)のできた.

o·je·te [オヘテ] 男 1 (ズックなどの) ひも穴. 2 尻(しり)の穴.

o·jí·me·tro [オヒメトロ] 男 暗算能力.
a ojímetro 概算で, 目分量で.

o·ji·va [オヒバ] 囡〈建築〉1 対角線リブ. 2 尖頭(せんとう)アーチ.

o·ji·val [オヒバル] 形 尖頭(せんとう)形の.

o·jo [オホ] 男 1 (視覚器官の) 目, 眼. 2 目つき, 視線. 3 注意, 警戒. 4 穴. 5 (抜け道の) 穴. 6〈道具〉(使うために) 指を入れる部分. 7 鍵穴(かぎあな). 8 (チーズなどの) ガス穴. 9 丸い模様〔汚れ〕. 10 (橋桁(はしげた)の) 径間(けいかん). 11 (平地に湧き出る) 泉. 12 (台風などの) 中心, 目. 13 (スープに浮いた) 油の玉.
— 間 (+con…) (…に) 注意してください！

abrir los ojos 警戒する, 注意する.
abrir los ojos a (+人) …を物事がわかるようにしてやる.
aguar·se los ojos 涙を浮かべる.
a los ojos de (+人) …の見る所では, …によれば.
andar [*ir*] *con ojo* [*con cien ojos*] とても用心している.
a ojo (*de buen cubero*) 目分量で.
a ojos cerrados [*con los ojos cerrados*] 1 あと先を考えないで, やみくもに. 2 確信して, 迷うことなく.
a ojos vistas 目に見えて, 明らかに.
banco de ojos (眼球提供の) アイバンク.
cerrar los ojos 1 目をつぶる. 2 眠る. 3 なにも知りたがらない. 4 死ぬ. 5 がむしゃらに突進する.
comer con los ojos (料理を) 目で見て, 食べられないほど取る.
comer(se)… con los ojos …を情熱的に見る, ほれぼれと見る.
con diez [*cien*] *ojos* よくよく用心して.
con los ojos fuera de las órbitas かっと目を見開いて.
cuatro ojos (めがねの人をばかにして) 四つ目人間.
dar un ojo de la cara por… …が欲しくてたまらない.
¡Dichosos los ojos! やあ久しぶり！, 会えてうれしいよ！

echar el ojo a… …を欲しそうに見る.
echar un ojo a… …をちらちら見る〔見張る〕.
en los ojos de… …の目の前で.
entrar a (+人) *por el ojo derecho* [*izquierdo*] …が歓迎される〔嫌われる〕.
entrar por los ojos 見てくれがいい.
entrar a… *por los ojos* …を外見で引きつける.
en un abrir (*y cerrar*) *de ojos* またたく間に, 一瞬で.
estar hasta los ojos あきあきしている.
hablar con los ojos 目の表情が豊かである.
ir·se (+人) *los ojos tras*… (人が) をとても欲しそうに見る.
mal de ojo 邪眼 [→ mal].
meter a (+人) *por los ojos* …の良さを (人に) 納得させる.
mirar a… *con buenos ojos* [*malos ojos*] …を歓迎する〔嫌う〕.
mirar a los ojos de… …を〜の目で見る.
mirar a… *con otros ojos* …の評価を変える, …を見直す.
no pegar ojo (人が) 眠れない.
no quitar ojo a… …から目が離せない.
no tener ojos en la cara 明らかなことに気づかない.
no tener ojos más que para… …だけをかまう, …に専念する.
ojo a la funerala [*virulé*] (なぐられて) 青あざのできた目.
¡Ojo al parche! 気をつけろ！, 用心しなさい！
ojo avisor 警戒して, 用心して.
ojo clínico 眼力, 洞察力.
ojo compuesto〈昆虫〉複眼.
ojo de aguja 針の目〔耳〕.
ojo de buey (船の側面の小さい) 丸窓.
ojo de gallo [*pollo*] うおのめ, たこ.
ojo de gato 猫目石, キャッツアイ.
ojo del culo 尻(しり)の穴.
ojo del huracán 1 台風の目. 2 争点.
ojo de perdiz 網目模様のある布地.
ojo mágico〈電気〉マジックアイ.
ojos como platos 見開いた目.
ojos de besugo [*sapo*] 飛び出た目, 出目(でめ).
ojos de carnero [*cordero*] *degollado* [*moribundo*] 悲しそうな目.
ojos rasgados 切れ長の目.
parecer·se en el blanco de los ojos (ふたりが) 似ても似つかない.
picar el ojo a… …にウィンクする.
poner los ojos en… …を選ぶ, …を気に入る.
poner los ojos en blanco (感嘆して) 白目をむく.
saltar a los ojos 明白である, 目立つ.
saltar a (+人) *a los ojos* (気持ちなどが)

…の顔に出る.
saltar un ojo a… …の目を突いてけがさせる.
ser el ojo [ojito] derecho de… …のお気に入りだ.
ser todo [toda] ojos とても注意深く見る.
tener a (十人) entre ojos [sobre ojo] …を嫌っている.
tener buen ojo para… …によく目がきく.
tener los ojos puestos en… 1 …を欲しがっている, …に目をつける. 2 …に目をかける.
tener ojos para… …だけに注目する[目をかける].
torcer los ojos 横目で見る.
un ojo de la cara 大金(たいきん).
volver los ojos a… …に目を向ける, 関心を抱く.

o·ka·pi [オカピ] 男 〈動物〉(赤道アフリカにいるキリン科・夜行性の)オカピ.

o·la [オら] 女 1 波, 波浪. 2 (大気の気圧の)波. 3 殺到, 続出. 4 (群衆の激しい動き, うねり.
ola de calor [de frío] 熱波 [寒波].

o·le [オれ] 間 《= olé》 いいぞ!, やった!それいけ!, がんばれ!

o·le·á·ce·as [オれアセアス] 女 複 〈分類〉モクセイ科植物.

o·le·a·da [オれアダ] 女 1 (大波の)うねり. 2 殺到, 続出. 3 (群衆の)激しい動き.

o·le·a·gi·no·so, sa [オれアヒノソ, サ] 形 1 油を含む, 油性の. 2 (油のように)ねっとりした.

o·le·a·je [オれアへ] 男 (打ち寄せる)大波.

o·lei·cul·tu·ra [オれイクるトゥラ] 女 オリーブ栽培.

o·le·í·fe·ro, ra [オれイふェロ, ラ] 形 〈植物〉油脂を含んだ.

ó·le·o [オれオ] 男 1 油絵の具. 2 油絵. 3 〈宗教〉聖油.
pintar al óleo 油絵を描く.

o·le·o·duc·to [オれオドゥクト] 男 石油輸送管路, パイプライン.

o·le·o·so, sa [オれオソ, サ] 形 1 油を含んだ, 油性の. 2 どろっとした.

o·ler [オれル] 他 活 55 1 …のにおいをかぐ. 2 …をかぎ回る, 詮索(せんさく)する. 3 …をかぎつける, …に気づく.
— 自 1 におう. 2 (+a…) …のにおいがする. 3 (+a…) …の感じがする, …くさい. 4 においをかぎ分ける力がある, 鼻がいい.
— *oler·se* 再 1 (人が) …のような気がする, …と感じられる. 2 …を察知する, …に気づく.
no oler bien [oler mal] 1 いやなにおいだ. 2 なんとなくあやしい.
oler a chamusquina きなくさい感じだ, どうもあやしい.
oler bien いい香りがする.
oler que apesta ひどい悪臭を放つ.

ol·fa·te·ar [オるふァテアル] 他 1 …のにおいをしきりにかぐ. 2 …をかぎ回る, 詮索(せんさく)する. 3 (動物が) …を追跡する.
— 自 (+en…) …をかぎ回る.
— *olfatear·se* 再 しきりににおいをかぐ.

ol·fa·ti·vo, va [オるふァティボ, バ] 形 嗅覚(きゅうかく)の.

ol·fa·to [オるふァト] 男 1 (五感の)嗅覚(きゅうかく). 2 勘, 直感.

Ol·ga [オるガ] 固 〈女性の名〉オルガ.

o·li·gar·ca [オリガルカ] 男 女 寡頭(かとう)制支配者のひとり.

o·li·gar·quí·a [オリガルキア] 女 1 寡頭(かとう)制. 2 寡頭制政治体制. 3 少数支配者集団.

o·li·gár·qui·co, ca [オリガルキコ, カ] 形 寡頭(かとう)制の.

o·li·gis·to [オリヒスト] 男 〈鉱物〉赤鉄鉱.

o·li·go·ce·no [オリゴセノ] 男 〈地質学〉〈新生代古第三紀の〉漸新世.

o·li·go·e·le·men·to [オリゴエれメント] 男 〈生物学〉微量元素.

o·li·go·fre·nia [オリゴふレニア] 女 〈医学〉精神薄弱.

o·li·go·fré·ni·co, ca [オリゴふレニコ, カ] 形 〈医学〉精神薄弱の.
— 男 女 精神薄弱者.

O·lim·pia [オリンピア] 固 〈都市の名〉ギリシア南部の古代遺跡のオリンピア.

o·lim·pí·a·da [オリンピアダ] 女 《= olimpiada》 1 オリンピック競技大会. 2 (古代ギリシアの)オリンピア競技祭.

o·lím·pi·co, ca [オリンピコ, カ] 形 1 オリンピック大会の. 2 (古代ギリシアで神々が住んでいた)オリンポス山の.
— 男 女 オリンピック参加選手.

o·lim·pis·mo [オリンピスモ] 男 オリンピック精神, オリンピック運動.

o·lis·que·ar [オリスケアル] 他 1 …のにおいをくんくんとかぐ. 2 …をかぎ回る, 詮索(せんさく)する.
— 自 (+en…) …を詮索する.

o·li·va [オリバ] 女 〈果実〉オリーブ.

o·li·vá·ce·o, a [オリバセオ, ア] 形 オリーブ色の.

o·li·var [オリバル] 男 オリーブ園.

o·li·va·re·ro, ra [オリバレロ, ラ] 形 オリーブ栽培の.
— 男 女 オリーブ栽培者.

o·li·vi·cul·tu·ra [オリビクるトゥラ] 女 オリーブ栽培.

o·li·vo [オリボ] 男 〈樹木〉オリーブ.

o·lla [オじゃ] 女 1 鍋(なべ), 深鍋. 2 煮込み料理.
olla de grillos 喧噪(けんそう)の場.
olla exprés [de presión] 圧力鍋.
olla podrida (肉のほかにハムなども入った)ごった煮料理.

ol·ma [オるマ] 女 〈大木〉ニレ.

ol·me·da [オるメダ] 女 《= olmedo 男》ニレの林.

他 は他動詞　再 は再帰動詞　形 は形容詞　副 は副詞　前 は前置詞　接 は接続詞　間 は間投詞

ol·mo [オルモ] 男 〈樹木〉ニレ.

o·ló·gra·fo, fa [オログラふぉ, ふぁ] 形 〈書類〉自筆の.

o·lor [オロル] 男 におい, 香り.
al olor de... …に引かれて, つられて.
en olor de multitudes 群衆に迎えられて.
en olor de santidad 聖衆をたたえられて.
olor a... …のにおい[香り].

o·lo·ro·so¹ [オロロソ] 男 〈ワイン〉芳醇(ほうじゅん)シェリー, オロロソ.

o·lo·ro·so², **sa** [—, サ] 形 いい香りの, かぐわしい.

OLP [オエレペ] 女 《略語》Organización de la Liberación de Palestina パレスチナ解放機構[= 英語 PLO].

ol·vi·da·di·zo, za [オルビダディぞ, さ] 形 〈人〉忘れっぽい.

ol·vi·dar [オルビダル] 他 1 …を忘れてしまう, 思い出せない. 2 (+不定詞) …し忘れる. 3 …への興味を失う. 4 (悪事など)を忘れてやる. 5 …を(+en...)…に置き忘れる.
— *olvidar·se* 再 (+de...) …を忘れる.

ol·vi·do [オルビド] 男 1 忘れること, 忘却. 2 情愛[関心]の喪失. 3 失念, 忘れること.
caer en el olvido 忘れられてしまう.
dar [echar]... al olvido [en el olvido] …を忘れる.
por olvido うっかりして.

om·bli·go [オンブリゴ] 男 1 〈解剖学〉へそ. 2 中心/*creer·se el ombligo del mundo* 自分が世界の中心だと信じ込む.

om·bli·gue·ro [オンブリゲロ] 男 (へその緒が取れるまでの新生児の)腹帯.

om·bú [オンブ] 男 〈樹木〉(大木になる南米の)オンブー.

o·me·ga [オメガ] 女 (ギリシア文字で Ω, ω の)オメガ.

o·me·ya [オメヤ] 形 〈男女同形〉(イスラム王国の)ウマイヤ朝の.
— 男 女 ウマイヤ朝の回教徒.

O·me·yas [オメヤス] 固 《王国の名》(イスラム教の)ウマイヤ朝.

o·mi·no·so, sa [オミノソ, サ] 形 嫌悪すべき, いまわしい.

o·mi·si·ble [オミシブレ] 形 省略可能な.

o·mi·sión [オミシオン] 女 1 省略. 2 手ぬかり, 手落ち. 3 怠慢.

o·mi·so, sa [オミソ, サ] 形 1 省略した. 2 手抜きの.
hacer caso omiso (de...) (…を)無視する.

o·mi·tir [オミティル] 他 1 …を省略する. 2 …を言い忘れる. 3 …し忘れる.

óm·ni·bus [オムニブス] 男 《単複同形》乗り合いバス.

om·ní·mo·do, da [オムニモド, ダ] 形 包括的な.

om·ni·po·ten·cia [オムニポテンスィア] 女 全能.

om·ni·po·ten·te [オムニポテンテ] 形 全能の.
Dios omnipotente 全能の神.

om·ni·pre·sen·cia [オムニプレセンスィア] 女 遍在.

om·ni·pre·sen·te [オムニプレセンテ] 形 遍在する, どこにでもいる.

om·ni·sa·pien·te [オムニサピエンテ] 形 1 (神のように)全知の. 2 博識の.

om·nis·cien·cia [オムニスィエンスィア] 女 全知.

om·nis·cien·te [オムニスィエンテ] 形 全知の.

om·ní·vo·ro, ra [オムニボロ, ラ] 形 〈動物〉雑食性の.
— 男 女 雑食動物.

o·mo·pla·to [オモプらト] 男 《= omóplato》〈解剖学〉肩甲骨.

OMS [オムス] 女 《略語》Organización Mundial de la Salud 世界保健機構[= 英語 WHO].

o·na·nis·mo [オナニスモ] 男 1 自慰, オナニー. 2 (避妊のための外射精の)不完全性交.

o·na·nis·ta [オナニスタ] 男 《男女同形》自慰の.

on·ce [オンセ] 形 1 〈数字〉XI, XI. 2 11 のもの. 3 〈サッカー〉イレブン.
— 男 女 11 番目のもの.
— 《男女同形》1 11 の. 2 11 番目の.
las once 1 〈時刻〉11 時. 2 おやつ, 軽食[= las onces].

ONCE [オンセ] 女 《略語》Organización Nacional de Ciegos de España スペイン盲人協会.

on·ce·a·vo¹ [オンセアボ] 男 11 分の 1.

on·ce·a·vo², **va** [—, バ] 形 11 分の 1 の.

on·co·gén [オンコヘン] 男 (腫瘍(しゅよう)に関係する)がん遺伝子.

on·co·lo·gí·a [オンコロヒア] 女 〈医学〉腫瘍(しゅよう)学.

on·co·ló·gi·co, ca [オンコロヒコ, カ] 形 〈医学〉腫瘍(しゅよう)の.

on·da [オンダ] 女 1 波. 2 波形.
captar [coger] (la) onda de... …の意味をつかむ.
estar en la misma onda (ふたりが)同趣味[同意見]である.
estar en la onda 最新事情に通じている.
onda corta [larga] 短波[長波].
onda media [normal] 中波.
onda sonora 音波.
onda ultrasonora 超音波.

on·de·ar [オンデアル] 自 旗が翻つ, うねる.

on·di·na [オンディナ] 女 〈神話〉(北欧の水の精の)オンディーヌ.

on·du·la·ción [オンドゥらスィオン] 女 波動, 波立ち.

on·du·la·do, da [オンドゥらド, ダ] 《過去分詞》

→ ondular 波立つ.
— 形 波打った, 波形の.
on·du·lan·te [オンドゥランテ] 形 波打っている, 波形をしている.
on·du·lar [オンドゥラル] 他 …を波打たせる.
— 自 波立つ, 波形を描く.
on·du·la·to·rio, ria [オンドゥラトリオ, リア] 形 波状に広がる, 波動の.
o·ne·ro·so, sa [オネロソ, サ] 形 1 わずらわしい, 面倒な. 2 お金のかかる, 負担になる.
ONG [オエネ] 女 《略語》Organización No Gubernamental 非政府組織[= 英語 NGO].
ó·ni·ce [オニセ] 男 《鉱物》縞瑪瑙(しまめのう), オニックス.
o·ní·ri·co, ca [オニリコ, カ] 形 夢の.
o·ni·ro·man·cia [オニロマンシア] 女 夢占い.
ó·nix [オニクス] 男 《単複同形》《鉱物》オニックス[= ónice].
o·no·man·cia [オノマンシア] 女 姓名判断.
o·no·más·ti·ca[1] [オノマスティカ] 女 1 霊名の祝日. 2 固有名詞研究.
o·no·más·ti·co, ca[2] [オノマスティコ, —] 形 固有名詞の.
o·no·ma·to·pe·ya [オノマトペヤ] 女 擬音語, 擬声語.
o·no·ma·to·pé·yi·co, ca [オノマトペイコ, カ] 形 擬音(語)の, 擬声(語)の.
on·to·lo·gí·a [オントロヒア] 女 〈哲学〉存在論.
on·to·ló·gi·co, ca [オントロヒコ, カ] 形 〈哲学〉存在論の, 存在論的な.
ONU [オヌ] 女 《略語》Organización de las Naciones Unidas 国際連合, 国連[= 英語 UN, UNO].
o·nu·ben·se [オヌベンセ] 形 〈スペイン南西部の都市の〉ウエルバ Huelva の.
— 男女 ウエルバの人.
on·za [オンサ] 女 1〈重量の単位〉(28.35g 相当の)オンス. 2 (昔のスペインの)1 オンス金貨[= onza de oro]. 3 〈動物〉ユキヒョウ.
onza de chocolate (8 片つなぎの板チョコの)1 片.
o·os·fe·ra [オオスフェラ] 女 〈植物学〉卵球.
o·pa·ci·dad [オパシダス] 女 1 不透明性. 2 つやのない状態.
o·pa·co, ca [オパコ, カ] 形 1 不透明な. 2 つやのない.
o·pa·li·no, na [オパリノ, ナ] 形 1 オパールの. 2 オパール色の. 3 乳白ガラス製の.
ó·pa·lo [オパロ] 男 〈鉱物〉オパール.
op·ción [オプシオン] 女 1 選択の自由. 2 選択されたもの[こと], 選択肢. 3 (+a...) (…への)選択権, 取得の権利.
op·cio·nal [オプシオナル] 形 自由選択の, 任意の.
op. cit. 《略語》(ラテン語の) opere citato 前

掲書[= obra citada].
o·pen [オペン] 男 〈スポーツ〉オープンゲーム.
OPEP [オペプ] 女 《略語》Organización de los Países Exportadores de Petróleo 石油輸出国機構[= 英語 OPEC].
ó·pe·ra [オペラ] 女 1 歌劇, オペラ. 2 オペラ劇場.
o·pe·ra·ción [オペラシオン] 女 1 作業, 実行, 操作. 2 〈医学〉手術. 3 〈軍事〉作戦, 作戦行動. 4 〈数学〉演算. 5 犯行, 犯罪計画. 6 〈商業〉売買, 取引.
o·pe·ra·dor[1] [オペラドル] 男 〈数学〉演算子.
o·pe·ra·dor[2], **do·ra** [オペラドル, ラ] 男女 1 (撮影関係の)技師. 2 (機械関係の)操作係, 取扱技術者. 3 〈電話〉交換手. 4 〈手術〉執刀医.
o·pe·ra pri·ma [オペラ プリマ] 女 《イタリア語系》〈芸術〉処女作.
o·pe·rar [オペラル] 他 1 …を手術する. 2 …をもたらす, 引き起こす. 3 …を操作する.
— 自 1 (医者が)手術をする. 2 演算をする. 3 (薬などが)作用する, 効く. 4 犯行を重ねる. 5 行動する, 作業をする. 6 営業する, 商取引をする.
— *operarse* 再 1 (+de...) …の手術を受ける. 2 生じる, 起こる.
o·pe·ra·rio, ria [オペラリオ, リア] 男女 工員, 作業員.
o·pe·ra·ti·vi·dad [オペラティビダス] 女 1 (高い)作業能率. 2 (高い)作戦能力.
o·pe·ra·ti·vo, va [オペラティボ, バ] 形 効果的な, 作用する.
o·pe·ra·to·rio, ria [オペラトリオ, リア] 形 〈医学〉手術の.
o·pér·cu·lo [オペルクロ] 男 1 (サザエなどの)蓋(ふた). 2〈魚〉えら蓋.
o·pe·re·ta [オペレタ] 女 軽歌劇, オペレッタ.
o·pe·rís·ti·co, ca [オペリスティコ, カ] 形 オペラ[歌劇]の.
o·piá·ce·o, a [オピアセオ, ア] 形 阿片(あへん)の, 阿片を含んだ.
o·pi·na·ble [オピナブレ] 形 議論の余地のある, 意見の分かれる.
o·pi·nar [オピナル] 他 …という意見を持つ.
— 自 (+de, sobre...) …について意見を述べる.
o·pi·nión [オピニオン] 女 1 意見, 考え. 2 (個人に関する)評価, 評判.
en opinión de... の意見[考え]では.
gozar de buena opinión (人が)評判が良い.
opinión pública 世論.
o·pio [オピオ] 男 阿片(あへん).
o·pí·pa·ro, ra [オピパロ, ラ] 形 〈食事〉豪華な.
opón 活 → oponer 対置する《活 61》.
opondr- 活 → oponer 対置する《活 61》.
o·po·nen·te [オポネンテ] 形 〈人〉反対する.
— 男女 反対者, 対立する相手.
o·po·ner [オポネル] 他 《活 61 poner》. 1 …を

opong-

(+a, contra...) ...に対立する. 2 (反対意見)を述べる.
— **oponerse** 再 (+a...) 1 ...に反対である, ...と対立する. 2 ...の逆である, 正反対である. 3 ...の反対側にある, ...の正面にある.

opong- 活 → oponer 対置する《活 61》.

o·por·to [オポルト] 男 〈ぶどう酒〉ポートワイン.

o·por·tu·na·men·te [ナポルトゥナメンテ] 副 1 都合よく. 2 適切に. 3 臨機応変に.

o·por·tu·ni·dad [オポルトゥニダッ] 女 1 機会, 好機. 2 好都合, 時宜(ぎ). 3 バーゲン, 特売 [= oportunidades].

o·por·tu·nis·mo [オポルトゥニスモ] 男 日和見(ひよりみ)主義, ご都合主義.

o·por·tu·nis·ta [オポルトゥニスタ] 形《男女同形》ご都合主義の.
— 男 女 ご都合主義者, 日和見(ひよりみ)主義者.

o·por·tu·no, na [オポルトゥノ, ナ] 形 1 適切な, ふさわしい. 2 好都合な, 時宜(ぎ)を得た. 3 利発な, 臨機応変の.

o·po·si·ción [オポシシオン] 女 1 対置, 向かい合わせ. 2 対立, 対抗, 反目. 3 採用試験, 選抜試験 [= oposiciones]. 4〈政治〉野党, 反対派.

o·po·si·tar [オポシタル] 自 (+a...) ...の採用試験を受ける.

o·po·si·tor, to·ra [オポシトル, トラ] 男 女 1 (採用試験の)受験者. 2 反対者.

o·pre·sión [オプレシオン] 女 1 重苦しさ, 圧迫感. 2 権利の制限, 抑圧.

o·pre·si·vo, va [オプレシボ, バ] 形 1 重苦しい, 息苦しい. 2 抑圧的な.

o·pre·sor, so·ra [オプレソル, ソラ] 形 抑圧する, 圧制の.
— 男 女 圧制者, 抑圧者.

o·pri·mi·do, da [オプリミド, ダ] 過去分詞 → oprimir 抑えつける.
— 形 抑圧された, 圧迫された.
— 男 女 抑圧された人, 被抑圧者.

o·pri·mir [オプリミル] 他 1 ...を押えつける. 2 (人)を抑圧する, ...の権利を制限する.

o·pro·bio [オプロビオ] 男 恥, 不名誉.

op·tar [オプタル] 自 1 (+por+不定詞など) ...を選ぶ. 2 (+a...) ...を得ようと望む, ...に志願する.

op·ta·ti·vo[1] [オプタティボ] 男〈文法〉希求法.

op·ta·ti·vo[2], **va** [—, バ] 形 1 自由選択の, 任意の. 2 願望の, 希求の.

óp·ti·ca[1] [オプティカ] 女 1〈物理学〉光学. 2 光学技術. 3 眼鏡店, 光学機器販売店. 4 視点, 観点.

óp·ti·co, ca[2] [オプティコ, —] 形 1 光学の, 光学系の. 2 視力の, 視覚の.
— 男 女 1〈人〉眼鏡屋, 光学機器販売業者. 2 光学機器製造業者.

op·ti·mis·mo [オプティミスモ] 男 楽観主義, 楽天主義.

op·ti·mis·ta [オプティミスタ] 形《男女同形》楽天的な, 楽観主義の.
— 男 女 楽天主義者, 楽天家, 楽観主義者.

op·ti·mi·za·ción [オプティミサシオン] 女《= optimación》1 最良化. 2 最大利用.

op·ti·mi·zar [オプティミサル] 他《活 39 gozar》《= optimar》1 ...をできるだけ良くする. 2 ...を最大限に利用する.

óp·ti·mo, ma [オプティモ, マ] 形《絶対最上級語》bueno, na》最良の, 最善の.

o·pues·to, ta [オプエスト, タ] 過去分詞 → oponer 対置する.
— 形 1 反対の, 対決している. 2 反対側の, 正面にある. 3 正反対の, 逆の. 4〈植物〉〈葉などが〉対生の.

o·pu·len·cia [オプレンシア] 女 1 豊富, 豊かさ. 2 裕福さ.

o·pu·len·to, ta [オプレント, タ] 形 1 豊かな, 豊富な. 2 裕福な.

o·pus [オプス] 男《単複同形》〈音楽〉(番号付きの)作品.

opus- 活 → oponer 対置する《活 61》.

o·pús·cu·lo [オプスクロ] 男 (研究や文学の)小品, 小論文.

Opus Dei [オプス デイ] 固 (カトリックの新しい宗教団体の)オプスデイ.

o·que·dad [オケダッ] 女 1 (固いものにできた)空洞, うろ. 2 (論述の)内容のなさ.

o·ra [オラ] 接 (並置して) ...したり, また ...したり / *Ora presta atención, ora se entretiene, y así nunca aprenderá.* 集中したり遊んでいたりでは, いつまでたっても上手にならない.

o·ra·ción [オラシオン] 女 1 祈り, 祈禱(きとう). 2〈文法〉文, 節.
oración completiva 〈文法〉補文.
oración compuesta 〈文法〉複文.
oración enunciativa 〈文法〉平叙文.
oración principal 〈文法〉主文, 主節.
oración simple 〈文法〉単文.
oración subordinada 〈文法〉従属節.

o·ra·cio·nal [オラシオナる] 形〈文法〉文の, 節の.

o·rá·cu·lo [オラクロ] 男 1 神のお告げ, 神託, 託宣. 2 (像や象徴のある)託宣所.

o·ra·dor, do·ra [オラドル, ドラ] 男 女 1 説教師, 雄弁家. 2 演説者, 講演者.

o·ral [オラる] 形 1 口述の, 口頭の. 2 口の, 口による.

o·ran·gu·tán [オラングタン] 男〈動物〉オランウータン.

o·ran·te [オランテ] 形 祈っている.

o·rar [オラル] 自 (+por...) (...のために)祈る.

o·ra·te [オラテ] 男 女 狂人.

o·ra·to·ria[1] [オラトリア] 女 1 雄弁術. 2〈文学ジャンル〉演説調の作品.

o·ra·to·rio[1] [オラトリオ] 男 1 祈禱(きとう)室, 小

活 は活用形 複 は複数形 男 は男性名詞 女 は女性名詞 固 は固有名詞 代 は代名詞 自 は自動詞

礼拝堂. 2 〈音楽〉オラトリオ, 聖譚(たん)曲.
o·ra·to·rio², ria² [形] 雄弁の, 演説の.
or·be [オルベ] [男] 1 世界, 宇宙. 2 天体, 天球.
ór·bi·ta [オルビタ] [女] 1 〈天体などの〉軌道. 2 〈解剖学〉眼窩(がん). 3 (影響の及ぶ)範囲, 領域.
or·bi·tal [オルビタル] [形] 1 〈天体の〉軌道の. 2 〈解剖学〉眼窩(がん)の.
or·ca [オルカ] [女] 〈動物〉シャチ.
or·co [オルコ] [男] 〈古代ローマの〉死者の国.
ór·da·go [オルダゴ] [男] 〈トランプのムス mus〉持ち金全部の賭け.
  de órdago すばらしい, 豪華な.
or·den [オルデン] [男] 1 〈配置の〉順序, 順番. 2 整理, 整頓(とん). 3 秩序, 規律. 4 〈宗教〉序階の秘跡. 5 種類, 等級, 序列. 6 〈建築〉様式, オーダー. 7 〈生物学〉(分類の)目(もく). 8 (昔の)社会階層. 9 〈数学〉次数. 10 〈軍隊〉隊形.
  — [女] 1 命令, 指図. 2 修道会. 3 (昔の)騎士団. 4 〈宗教〉叙階, 品級. 5 注文, 注文書. 6 賦位.
  ¡A la orden! 1 〈軍隊〉(命令を受けて)はい!, 了解! 2 いらっしゃいませ!
  ¡A sus órdenes! 1 了解! 2 どうぞよろしく! 3 いらっしゃいませ!
  del orden de (+数値) およそ…, 約….
  de orden 保守派の.
  de primer orden 第1級の.
  (el) orden del día 議事日程.
  (el) orden social 社会秩序.
  en orden 整然と.
  en orden a… 1 …のために. 2 …に関して.
  estar a la orden del día 1 はやっている, 流行している. 2 日常的である, よくあることだ.
  llamar a… al orden 1 …に注意を与える. 2 …に静粛を求める.
  orden corintio 〈建築〉コリント式.
  orden dórico 〈建築〉ドーリア式.
  orden jónico 〈建築〉イオニア式.
  orden público 治安.
  poder… en orden …を整頓する.
  por orden 順序良く.
  por orden de… 1 …の順番に. 2 …の命令で.
  sin orden ni concierto でたらめに.
or·de·na·ción [オルデナシオン] [女] 1 順序立て, 配列, 配置. 2 命令. 3 (司祭の)叙階.
or·de·na·da¹ [オルデナダ] [女] 〈数学〉縦[Y]座標.
or·de·na·do, da² [オルデナド, ―] 〈過去分詞〉→ ordenar (とともった)
  — [形] 1 ととのった, 整然とした. 2 きちんとした.
or·de·na·dor [オルデナドル] [男] コンピューター.
  ordenador personal パソコン.
or·de·na·mien·to [オルデナミエント] [男] 1 法令, 条令. 2 規則, 規定.
or·de·nan·za [オルデナンサ] [男][女] (雑務の)事務員.

— [男] 〈軍隊〉当番兵.
— [女] 条例, 法規[= ordenanzas].
or·de·nar [オルデナル] [他] 1 …をととのえる, 整理する. 2 …を配置する, 配列する. 3 …を命令する, 指示する. 4 〈宗教〉…を叙階する.
  — *ordenar·se* [再] 〈宗教〉(+de…)(…に)叙階される.
or·de·ña·do·ra [オルデニャドラ] [女] 搾乳(にゅう)機.
or·de·ñar [オルデニャル] [他] 〈牛など〉の乳をしぼる, …を搾乳(にゅう)する.
or·de·ño [オルデニョ] [男] 搾乳(にゅう).
or·di·nal [オルディナル] [形] 順序を示す.
  — [男] 〈数字〉序数[= número ordinal].
or·di·na·ria·men·te [オルディナリアメンテ] [副] 1 いつもは, 通常. 2 下品にも, 不作法にも.
or·di·na·riez [オルディナリエス] [女] 《複 ordinarieces》 1 不作法, 下品, 粗野. 2 卑俗な言葉[行為].
or·di·na·rio, ria [オルディナリオ, リア] [形] 1 普通の, 日常の. 2 平凡な, 並みの, ありふれた. 3 〈法廷〉(軍事ではなくて)通常の. 4 〈郵便〉普通の. 5 〈人〉下品な, がさつな, 粗野な.
  — [男][女] 下品な人物.
  de ordinario 1 いつもは, ふだん. 2 しばしば.
or·do·ví·ci·co [オルドビシコ] [男] 〈地質時代の〉オルドビス紀.
o·re·ar [オレアル] [他] 1 …を外気にさらす. 2 (部屋などを)換気する.
  — *orear·se* [再] 〈人〉そとの空気を吸う.
o·ré·ga·no [オレガノ] [男] 〈植物〉オレガノ, ハナハッカ.
o·re·ja [オレハ] [女] 1 (集音器となる部分の)耳, 耳殻(かく). 2 (品物についている)耳状のもの.
  agachar [bajar] las orejas (議論などで)引きさがる, 降参する.
  aguzar las orejas 耳をすます.
  aplastar [planchar] la oreja 寝る, 眠る.
  calentar a… las orejas …を罰する, 仕置きする.
  con las orejas caídas [gachas] しょんぼりと, 落胆して.
  de oreja a oreja 口を左右に大きく開いて.
  enseñar la oreja 本性を現す.
  estar con [tener] la mosca detrás de la oreja なにかを疑っている.
  mojar a… la oreja …に挑戦する.
  oreja marina [de mar] 〈貝〉アワビ.
  orejas de soplillo 突き出した耳.
  pabellón de la oreja 耳殻.
  ser un oreja 耳の大きなやつ[人]だ.
  sillón de orejas ヘッドレスト付きの肘(ひじ)掛け椅子.
  tirar a… de las orejas 1 〈祝福〉…の耳を引っぱってやる. 2 …をこらしめる, 仕置きする.
  ver las orejas al lobo 危険に気づく, 危険に

陥る.
ver·se a ... la oreja …の意図がわかる.

o·re·je·ras [オレヘラス] 女複〈防寒具〉耳当て.

o·re·jón [オレホン] 男 1 耳の大きな人. 2 (桃などの) 乾燥果実.

o·re·ju·do, da [オレフド, ダ] 形 耳の大きな, 耳の長い.
— 男女 耳の大きな人.

o·ren·sa·no, na [オレンサノ, ナ] 形 (スペインの都市の) オレンセ Orense の.
— 男女 オレンセの人.

O·ren·se [オレンセ] 固〈都市の名〉(スペイン北西部の) オレンセ.

o·re·o [オレオ] 男 1 外気にさらすこと. 2 換気. 3 外気にあたること.
dar·se un oreo そとに出て新鮮な空気を吸う.

or·fa·na·to [オルファナト] 男 孤児院.
or·fan·dad [オルファンダス] 女 孤児の境遇.
or·fe·bre [オルフェブレ] 男 金銀細工師.
or·fe·bre·rí·a [オルフェブレリア] 女〈技術〉金銀細工.
or·fe·ón [オルフェオン] 男 合唱団.
or·gan·dí [オルガンディ] 男〈綿布〉(光沢と張りのある) オーガンディー.
organic- → organizar 組織する《活 39》.
or·gá·ni·co, ca [オルガニコ, カ] 形 1 有機体の, 生物の. 2 (動植物の) 器官の. 3〈化学〉有機の. 4 有機的な, 調和のとれた.
or·ga·ni·gra·ma [オルガニグラマ] 男 組織図, 機構図, フローチャート.
or·ga·ni·lle·ro, ra [オルガニジェロ, ラ] 男女〈人〉手回しオルガン弾き.
or·ga·ni·llo [オルガニジョ] 男〈楽器〉手回しオルガン.
or·ga·nis·mo [オルガニスモ] 男 1 有機体. 2 生物. 3 組織, 機関, 機構.
organismo humano 人体.
or·ga·nis·ta [オルガニスタ] 男女 オルガン奏者.
or·ga·ni·za·ción [オルガニサシオン] 女 1 組織化, 編成, 構成. 2 企画, 立案. 3 団体, 機関. 4 (動植物の) 有機的組織.
or·ga·ni·za·do, da [オルガニサド, ダ] 《過去分詞》→ organizar 組織する.
— 形 1 組織された, 系統だった. 2〈人〉きちんとした, 計画性のある.
or·ga·ni·za·dor, do·ra [オルガニサドル, ドラ] 形 組織する.
— 男女 組織者, 主催者, まとめ役.
or·ga·ni·zar [オルガニサル] 他《活 39 gozar》1 …を組織化する, 編成する. 2 …を取りまとめる, 体系的に整理する. 3 …を企画する, 準備する. 4 …を引き起こす, 巻き起こす.
— **organizar·se** 再 1 (人々が) 集まる. 2 (人が) 計画的な生活をする, 自身を律する. 3 (事が) 起こる, 発生する.

ór·ga·no [オルガノ] 男 1 (動植物の) 器官, 臓器. 2〈楽器〉オルガン, バイオルガン. 3 (機械などの) 装置. 4 機構, 組織, 機関.
órgano consultivo 諮問機関.
órganos sexuales 生殖器.
or·gas·mo [オルガスモ] 男〈性行為での〉絶頂感, オルガスムス.
or·gí·a [オルヒア] 女 1 乱痴気(きち)騒ぎ, 乱交パーティー. 2 際限のない欲望の充足, 極道(ごく).
or·giás·ti·co, ca [オルヒアスティコ, カ] 形 1 乱痴気(きち)騒ぎの. 2 欲望の充足に満足しない.
or·gu·llo [オルグジョ] 男 1 うぬぼれ, 傲慢(ごう). 2 自尊心, 誇り. 3 自負, 矜持(きょう).
or·gu·llo·sa·men·te [オルグジョサメンテ] 副 誇らしげに, 自慢そうに.
or·gu·llo·so, sa [オルグジョソ, サ] 形 1 高慢な, プライドの高い. 2 (+de...) …を自慢する, …に得意になった. 3 (+de...) …を誇りに思う.
o·rien·ta·ción [オリエンタシオン] 女 1〈方位〉向き方向, 方角. 2〈方角〉位置, 向き. 3 方向づけ, 指導, オリエンテーション. 4 傾向, 動向. 5 方角 [位置] の認識能力.
o·rien·tal [オリエンタル] 形 1 東の, 東方の. 2 東洋の, 近東の.
— 男女 東洋人, 近東の人.
o·rien·ta·lis·mo [オリエンタリスモ] 男 1 東洋学, 東洋研究. 2 東洋趣味.
o·rien·ta·lis·ta [オリエンタリスタ] 《男女同形》1 東洋研究の. 2 東洋趣味の.
— 男女 東洋学者.
o·rien·tar [オリエンタル] 他 1 …を (+a, hacia+特定方位) …に位置づける, …向きにする. 2 …を方向づける, 指導する, …に助言する. 3 …を (+a, hacia...) …の方向に進める.
— **orientar·se** 再 1 (+sobre+進路) …の知識を得る. 2 (+a, hacia...) …の方向に進む. 3 (+en...) …で自分の位置 [方角] を知る.
o·rien·te [オリエンテ] 男 1〈方位〉東, 東方. 2〈真珠〉光沢. 3 フリーメーソン支部.
O·rien·te [オリエンテ] 固 1〈方位〉東, 東方. 2 東洋. 3 近東諸国.
Extremo [Lejano] Oriente 極東.
Imperio Romano de Oriente 東ローマ帝国.
Oriente Medio 中東.
Oriente Próximo [Cercano Oriente] 近東.
o·ri·fi·ce [オリフィセ] 男 金細工師.
o·ri·fi·cio [オリフィシオ] 男 1 穴, 開口部.
orificio de bala 弾痕.
orificios de la nariz〈解剖学〉鼻孔.
o·ri·gen [オリヘン] 男 1 起源, 始まり. 2 由来, 出所. 3 発生源. 4 原因. 5 生まれ, 素性. 6 原産地. 7〈数学〉〈座標の〉原点.
certificado de origen 原産地証明書.
dar origen a ... …を引き起こす.
de origen 1 もともとの. 2 出身地として (は).

o·ri·gi·nal [オリヒナル] 形 1 最初の, 原始の. 2 珍奇な, 奇抜な. 3 独創的な, 独特の. 4〈芸術作品〉作者自身の手になる. 5〈文書〉原本の, 原典の.
— 男 1 (作者の)オリジナル作品. 2 原本, 原典. 3 (印刷所に渡される)最終原稿. 4 (複製用の)もとになる作品, 原画, 原版.

o·ri·gi·na·li·dad [オリヒナリダッ] 女 1 独創性, 目新しさ. 2 奇抜さ, 奇行, 奇妙な言辞.

o·ri·gi·nal·men·te [オリヒナルメンテ] 副 1 最初は, 本来は. 2 独創的に. 3 風変わりに.

o·ri·gi·nar [オリヒナル] 他 …を引き起こす, もたらす.
— **originar·se** 始まる, 起こる, 生じる.

o·ri·gi·na·rio, ria [オリヒナリオ, リア] 形 1 (+de...) …出身の. 2 (+de...) …原産の, …産の. 3 hじめての, もともとの.

o·ri·lla [オリじャ] 女 1 岸, 岸辺, 海岸. 2 沿岸地帯.

o·ri·llo [オリじょ] 男 〈織物〉緑(ふち), 耳.

o·rín [オリン] 男 1 鉄錆(さび). 2 尿 [= orines].

o·ri·na [オリナ] 女 尿, 小便.

o·ri·nal [オリナル] 男 1 おまる, 携帯便器. 2 尿器, 溺瓶(しびん).

o·ri·nar [オリナル] 自 小便する, 放尿する.
— 他 …を(尿道から)排出する.
— **orinar·se** 小便をもらす, (尿を)失禁する.

O·ri·no·co [オリノコ] 固 《el+》〈川の名〉〈ベネズエラの〉オリノコ.

o·riun·do, da [オリウンド, ダ] 形 1 (+de...) …生まれの, 出身の. 2 (+de...) …原産の.

or·la [オルら] 女 1 (布地や用紙の)縁飾り, 縁取り. 2 (卒業などの)記念写真の額.

or·lar [オルらル] 他 …に縁飾りをつける.

or·na·men·ta·ción [オルナメンタレオン] 女 1 飾りつけ, 装飾. 2 (集合的に)装飾品.

or·na·men·tal [オルナメンタル] 形 1 装飾的な. 2 (役に立たない)飾りだけの.

or·na·men·tar [オルナメンタル] 他 …を飾りたてる, 装飾する.

or·na·men·to [オルナメント] 男 飾り, 装飾品.

or·na·men·tos [オルナメントス] 男複 《→ ornamento》(僧侶の)祭服.

or·nar [オルナル] 他 1 …を飾りたてる. 2 …の飾りになる.

or·na·to [オルナト] 男 飾り, 装飾品.

or·ni·to·lo·gí·a [オルニトロヒア] 女 鳥類学.

or·ni·to·ló·gi·co, ca [オルニトロヒコ, カ] 形 鳥類学の.

or·ni·tó·lo·go, ga [オルニトロゴ, ガ] 男女 鳥類学者.

or·ni·to·rrin·co [オルニトリンコ] 男 (原始的な哺乳(ほにゅう)類の)カモノハシ.

o·ro [オロ] 男 1 金(きん), 黄金. 2 (集合的に)金の装飾品. 3 金メダル. 4 富, お金. 5〈スペイントランプ〉金貨の札. 6 黄金色.

baño de oro 金めっき.
como oro en paño とても大切にして.
de oro 1 とびきり上等の, 最良の. 2 黄金時代の.
el oro y el moro （提供される)すごいもの[こと].
estar a precio de oro （値段が)とても高い.
hacer·se de oro 大金持ちになる.
oro batido 金箔(ぱく).
oro de ley 純金.
oro del que cagó el moro くだらないもの.
oro negro 石油.
pan de oro 金箔(ぱく).
Siglo de Oro 〈スペイン〉(16～17世紀の文芸の)黄金時代.

o·ro·gé·ne·sis [オロヘネシス] 女《単複同形》〈地質学〉造山運動.

o·ro·ge·nia [オロヘニア] 女 1 山岳形成学. 2 (集合的に)造山作用.

o·ro·gé·ni·co, ca [オロヘニコ, カ] 形 造山作用の.

o·ro·gra·fí·a [オログラふぃア] 女 1 山岳学. 2 起伏を構成する山々.

o·ro·grá·fi·co, ca [オログラふぃコ, カ] 形 山岳学の.

o·ron·do, da [オロンド, ダ] 形 1 ふとった, ふくらんだ. 2 自慢げな, うぬぼれた.

o·ro·pel [オロぺル] 男 (金(きん)に似せた)真鍮(しんちゅう)の箔(はく).

o·ro·pén·do·la [オロペンドら] 女〈鳥〉コウライウグイス.

or·ques·ta [オルケスタ] 女 1 管弦楽団, オーケストラ. 2〈劇場〉オーケストラボックス.
orquesta de cámara 室内管弦楽団.
orquesta sinfónica 交響楽団.

or·ques·ta·ción [オルケスタレオン] 女 1 管弦楽法. 2 管弦楽用の作曲 [編曲].

or·ques·tal [オルケスタル] 形 1 管弦楽の. 2 管弦楽団[オーケストラ]の.

or·ques·tar [オルケスタル] 他 1 …を管弦楽に作曲 [編曲] する. 2 (活動など)を組織する, 指揮する.

or·ques·ti·na [オルケスティナ] 女 (ダンス曲などの)小楽団.

or·qui·dá·ce·as [オルキダセアス] 女複〈分類〉ラン科植物.

or·quí·de·a¹ [オルキデア] 女〈植物〉ラン.

or·quí·de·o, a² [オルキデオ, ―] 形〈植物〉ラン科の.

Or·te·ga y Gas·set [オルテガ イ ガセト] 固 (20世紀前半のスペインの哲学者の)オルテガ・イ・ガセ [= José+].

or·ti·ga [オルティガ] 女〈植物〉イラクサ.

or·to [オルト] 男 天体の出現, 日の出, 月の出.

or·to·cen·tro [オルトセントロ] 男〈三角形〉垂心.

or·to·don·cia [オルトドンレア] 女 1 歯列矯正

他 は他動詞 再 は再帰動詞 形 は形容詞 副 は副詞 前 は前置詞 接 は接続詞 間 は間投詞

(きょう)学. 2〈治療〉歯列矯正.
or·to·do·xia [オルトドクシア] 囡 1（教理の）正統性. 2〈カトリック〉正統信仰. 3 ギリシア正教会.
or·to·do·xo, xa [オルトドクソ, クサ] 形 1 ギリシア正教の. 2（学理などの）正統派の. 3〈カトリック〉正統（信仰）の.
— 男 囡 1〈人〉正統派. 2 ギリシア正教徒.
or·to·e·dro [オルトエドロ] 男 直角プリズム.
or·to·fo·ní·a [オルトふぉニア] 囡 発音矯正.
or·to·gé·ne·sis [オルトヘネシス] 囡〈単複同形〉〈生物学〉定向進化.
or·to·gra·fí·a [オルトグラふぃア] 囡 1 正字法, 正書法. 2 正しい綴（つづ）り.
or·to·grá·fi·co, ca [オルトグラふぃコ, カ] 形 1 正書法（正字法）の. 2 正しいスペルの.
or·to·lo·gí·a [オルトロヒア] 囡（正しい発音を定めた）正音法.
or·to·ló·gi·co, ca [オルトろヒコ, カ] 形 正音法の.
or·to·pe·dia [オルトペディア] 囡〈技術〉整形外科.
or·to·pé·di·co, ca [オルトペディコ, カ] 形 整形外科の.
  pierna ortopédica 義足, 義肢.
o·ru·ga [オルガ] 囡 1〈昆虫〉イモムシ, 毛虫, 青虫. 2（ブルドーザーなどの）キャタピラー, 無限軌道.
o·ru·jo [オルホ] 男 1（オリーブなどの）しぼりかす. 2（しぼりかすで作る焼酎）オルホ.
or·va·llo [オルバじょ] 男 霧雨, こぬか雨.
or·za [オルさ] 囡（蜂蜜などを貯蔵する）長めの壺（つぼ）.
or·zue·lo [オルすエロ] 男〈病気〉（まぶたにできる）ものもらい, 麦粒腫（ばくりゅうしゅ）.
os [オス] 代〈アクセントなし〉〈親しい複数の話し相手を指す 2 人称複数の人称代名詞〉《男女同形》1〈直接目的語〉君たちを, お前たちを, あなたたちを.
  2〈間接目的語〉君たちに, お前たちに, あなたたちに.
  3〈再帰代名詞の 2 人称複数形〉¿Ya *os vais*? (← ir·se) 君たち, もう行ってしまうの？ Senta*os*. (← sentar·se) 君たち, 座りなさい. Id*os*. (← ir·se) 君たち, 行きなさい.
o·sa [オサ] 囡 (→ oso)〈動物〉雌のクマ.
  ¡*Anda la osa*! うわぁすごい！, びっくりした！
o·sa·dí·a [オサディア] 囡 1 大胆, 果敢. 2 無謀. 3 厚顔, 無恥.
o·sa·do, da [オサド, ダ]〈過去分詞〉→ osar あえてする.
  — 形 1 大胆な. 2 向こう見ずの. 3 ずうずうしい.
o·sa·men·ta [オサメンタ] 囡 1（集合的に）骨. 2 骨格.
o·sar [オサル] 自（+不定詞）あえて …する, …を敢行する.

o·sa·rio [オサリオ] 男 1 納骨堂. 2 骨の埋まっている所.
Ós·car [オスカル] 固〈男性の名〉オスカル.
os·car [オスカル]《英語系》（映画の）アカデミー賞, オスカー.
os·cen·se [オスセンセ] 形（スペインの都市の）ウエスカ Huesca の.
  — 男 囡 ウエスカの人.
os·ci·la·ción [オスしらシオン] 囡 1（水平方向の）揺れ. 2 変動, ためらい, 動揺.
os·ci·lan·te [オスしらンテ] 形 1 揺れ動く. 2 不安定な, 変動する. 2 動揺する.
os·ci·lar [オスしらル] 自 1（水平方向に）揺れる. 2 変動する. 3 ためらう.
os·ci·la·to·rio, ria [オスしらトリオ, リア] 形〈物理学〉振動の.
os·ci·ló·gra·fo [オスしろグラふぉ] 男 振動記録計, オシログラフ.
os·ci·lo·gra·ma [オスしろグラマ] 男（振動を記録した）オシログラム.
os·ci·los·co·pio [オスしろスコピオ] 男 オシロスコープ, 陰極線オシログラフ.
os·co¹ [オスコ] 男 オスク語.
os·co², ca [-, カ] 形（中部イタリア先住民の）オスク人の.
  — 男 囡 オスク人.
ós·cu·lo [オスクロ] 男 接吻（せっぷん）.
os·cu·ran·tis·mo [オスクランティスモ] 男〈政治〉反啓蒙（けいもう）主義.
os·cu·ran·tis·ta [オスクランティスタ] 形《男女同形》反啓蒙主義の.
  — 男 囡 反啓蒙主義者.
os·cu·re·cer [オスクレせル] 他 1 …を暗くする, 曇らせる. 2（価値）を低くする, …の影を薄くする. 3 …をわかりにくくする, 曖昧（あいまい）にする, 混乱させる. 4（絵や写真）に陰をつける.
  — 自〈主語なしの 3 人称単数形で使用〉暗くなる, 日が暮れる.
  — **oscurecer·se** 再（空などが）曇る, 暗くなる.
os·cu·re·ci·mien·to [オスクレせミエント] 男 1 暗くなること, 陰り. 2（評価や価値の）下落, 陰り. 3 曖昧さ, わかりにくさ.
os·cu·ri·dad [オスクリダ] 囡 1 暗さ, 暗闇（くらやみ）. 2 暗がり, 暗い所. 3 不明瞭, 曖昧（あいまい）さ. 4 情報不足, 不案内. 5 世に知られていないこと, 無名. 6（社会階層の）低さ, 卑賤（ひせん）.
os·cu·ro, ra [オスクロ, ラ] 形 1 暗い, 闇の. 2 曇った, 薄暗い. 3 黒っぽい, 暗色の. 4（家系などが）低い, 卑しい. 5 不明瞭な, わかりにくい. 6 不安定な, 見込みの薄い, 不確かな.
  a oscuras 1 暗闇（くらやみ）で. 2 知らされずに. 3 知らずに.
ó·se·o, a [オセオ, ア] 形 1 骨の. 2 骨質の.
o·se·ra [オセラ] 囡 クマの巣〔巣穴〕.
o·sez·no [オセずノ] 男〈動物〉子グマ.
o·si·fi·ca·ción [オシふぃカシオン] 囡〈生物学〉

活 は活用形　複 は複数形　男 は男性名詞　囡 は女性名詞　固 は固有名詞　代 は代名詞　自 は自動詞

o·si·fi·car·se [オシふィカルセ] 再《活 73 sacar》〈生物学〉骨化する.

os·mo·sis [オスモシス]〈=ósmosis〉《単複同形》1〈物理学〉浸透. 2 相互影響.

o·so [オソ] 男〈動物〉クマ, 雄のクマ.
hacer el oso(人が)ふざける.
oso hormiguero〈動物〉アリクイ.
oso marino〈動物〉オットセイ.
oso panda〈動物〉パンダ.
oso pardo〈動物〉ヒグマ.

os·te·íc·tios [オステイクティオス] 男複〈分類〉硬質魚綱の.

os·ten·si·ble [オステンシブれ] 形 明白な.

os·ten·si·vo, va [オステンシボ, バ] 形 あらわな, あからさまな.

os·ten·ta·ción [オステンタしオン] 女 1 見せびらかし, 誇示. 2 虚栄, みえ. 3 (目に見える)富裕さ.

os·ten·tar [オステンタる] 他 1 …を見せびらかす, 誇示する. 2 …を示す, 与える. 3 (地位)につく. 4 (資格)を持つ.

os·ten·to·sa·men·te [オステントサメンテ] 副 1 わざわしく, これ見よがしに. 2 きらびやかに.

os·ten·to·so, sa [オステントソ, サ] 形 1 人目を引く, わざとらしい. 2 豪華な, きらびやかな.

os·te·o·lo·gí·a [オステオろヒア] 女〈医学〉骨学.

os·te·o·pa·tí·a [オステオパティア] 女 1 骨の病気, 骨障害. 2 整骨治療法.

os·te·o·po·ro·sis [オステオポロシス] 女《単複同形》骨粗鬆(しょう)症.

os·tra [オストラ] 女〈貝〉カキ.
aburrir·se como una ostra ひどく退屈する.

os·tra·cis·mo [オストラしスモ] 男 (個人的な)孤立主義.

os·tras [オストラス] 間《→ ostra》1 うわぁ!, すごい! 2 なんてことだ!

os·tri·cul·tu·ra [オストリクるトゥラ] 女 カキの養殖.

os·tro·go·do, da [オストロゴド, ダ] 形 (ゲルマン系の)東ゴート族の.
— 男女 東ゴート人.

o·tal·gia [オタるヒア] 女 耳の痛み, 耳痛.

OTAN [オタン] 女《略語》Organización del Tratado del Atlántico Norte 北大西洋条約機構 [= 英語 NATO].

o·te·ar [オテアる] 他 1 …を見おろす.

o·te·ro [オテロ] 男 小山, 丘.

OTI [オティ] 女《略語》Organización de Televisiones Iberoamericanas イベロアメリカ・テレビ放送機構.

o·ti·tis [オティティス] 女《単複同形》〈医学〉耳炎.

o·to·lo·gí·a [オトろヒア] 女〈医学〉耳科学.

o·to·mán [オトマン] 男〈織物〉(壁掛けなどにする)オットマン.

o·to·ma·no, na [オトマノ, ナ] 形 1 (国の)トルコ Turquía の. 2 オスマントルコの.
— 男女 (オスマン)トルコ人.

o·to·ña·da [オトニャダ] 女 秋季.

o·to·ñal [オトニャる] 形 1 秋の. 2 初老の.

o·to·ñar [オトニャる] 自 1 (+en…)…で秋を過ごす. 2〈植物〉秋に育つ.

o·to·ño [オトニョ] 男 1〈季節〉秋. 2 初老期.

o·tor·ga·mien·to [オトるガミエント] 男 1 (賞などの)授与. 2 (法などの)取り決め, 作成. 3 (権限などの)許可, 承諾.

o·tor·gar [オトるガる] 他《活 47 llegar》1 …を授与する, 与える. 2 (法などを)取り決める, 作成する. 3 (権限などを)許諾(きょ)する.

o·to·rri·no·la·rin·go·lo·gí·a [オトリノらリンゴろヒア] 女 耳鼻咽喉(いんこう)科学.

o·to·rri·no·la·rin·gó·lo·go, ga [オトリノらリンゴろゴ, ガ] 男女 耳鼻咽喉(いんこう)科医.

o·tra[1] [オトラ] 間 1 アンコール!, もう一度! 2 そんなばかな!

o·tro, tra[2] [オトロ, ー] 形《不定形容詞》1 ほかの, 別の.
2 違った, 異なった.
3 (よく似た)第二の／*Quiere ser otro Velázquez.* 彼はベラスケスのようになりたがっている.
4 (定冠詞+) (ふたつのうちの)もうひとつの, もう片方の.
5 (定冠詞+) (複数形で)それ以外の, その他の.
6 (+…+que …) …とは違った[別の]…
— 代《不定代名詞》1 ほかのもの, 別のもの.
2 もうひとつ, もうひとり.
3 (定冠詞+) もう一方のもの, その他のもの.
al otro día [mes] つぎの日に, 翌日[翌月].
de otro modo 1 別のやり方で. 2 さもなければ.
el otro día 先日.
el otro mundo あの世, 天国.
entre otras (cosas) なかでも, とりわけ.
¡Hasta otra! (別れるときに)ではまた!
la otra mañana [tarde, noche] この間の朝[昼, 晩].
no ser otro [otra] que… にほかならない, まさに…である.
otra vez もう一度.
otro día (将来)またいつか.
otro que tal (baila) (否定的に)似たような者.
otro tanto 1 おなじ(ような)こと. 2 同量.
por otro lado 一方, 他方.

o·tro·ra [オトロラ] 副 昔は, かつては.

o·tro·sí [オトロシ] 副 そのうえ, さらに.
— 男〈法律文〉追加嘆願事項.

OUA [オウア] 女《略語》Organización para la Unidad Africana アフリカ統一機構.

out [アウト] 男女共用《単複同形》《estar +》1 流行にうとい. 2 事情を知らない.

他 は他動詞　再 は再帰動詞　形 は形容詞　副 は副詞　前 は前置詞　接 は接続詞　間 は間投詞

o·va·ción [オバシオン] 女 喝采(ネミミ), 大歓迎.
o·va·cio·nar [オバシオナル] 他 …に喝采(ネミミ)する, …を大歓迎する.
o·val [オバル] 形 《= ovalado, da 形》.
o·va·la·do, da [オバらド, ダ] 《過去分詞》→ ovalar 卵形にする.
— 形 楕円(ダん)形の, 卵形の.
o·va·lar [オバらル] 他 …を卵形[楕円(ダん)形]にする.
ó·va·lo [オバろ] 男 卵形, 楕円(ダん)形.
o·vá·ri·co, ca [オバリコ, カ] 形 1 〈解剖学〉卵巣の. 2 〈植物学〉子房の.
o·va·rio [オバリオ] 男 1 〈解剖学〉卵巣. 2 〈植物学〉(花の)子房.
o·vas [オバス] 女複 〈魚〉腹子(ᵇˀ).
o·ve·ja [オベハ] 女 1 〈動物〉ヒツジ[羊]. 2 《→ carnero》雌ヒツジ.
oveja negra [descarriada] 厄介者, はみだし者.
o·ve·je·ro, ra [オベヘロ, ラ] 形 羊飼いの.
— 男 女 羊飼い.
o·ve·rol [オベろル] 男 作業着, オーバーオール.
o·ve·ten·se [オベテンセ] 形 〈スペインの都市の〉オビエド Oviedo の.
— 男 女 オビエドの人.
ó·vi·dos [オビドス] 男複 〈分類〉〈ウシ科の〉ヒツジ類.
o·vi·duc·to [オビドゥクト] 男 〈解剖学〉卵管.
O·vie·do [オビエド] 固 〈県・県都の名〉(北スペインの)オビエド.
o·vi·llar [オビジャル] 他 …を糸玉にする.
— *ovillarse* 再 1 丸い玉(のよう)になる. 2 体を丸める.
o·vi·llo [オビジョ] 男 1 (毛糸などの)玉. 2 丸く玉になったもの.
o·vi·no, na [オビノ, ナ] 形 〈家畜〉毛用種の, ヒツジ類の.
o·ví·pa·ro, ra [オビパロ, ラ] 形 〈動物〉卵生の.
— 男 女 卵生動物.
ovni [オブニ] 男 《略語》objeto volador no identificado ユーフォ, 未確認飛行物体[= 英語 UFO].
o·vo·vi·ví·pa·ro, ra [オボビビパロ, ラ] 形 〈動物〉卵胎生の.
— 男 女 卵胎生動物.
o·vu·la·ción [オブらシオン] 女 〈生理学〉排卵.
o·vu·lar [オブらル] 形 〈生物学〉卵子の.
— 自 〈生理学〉排卵する.
ó·vu·lo [オブろ] 男 1 〈生物学〉卵子, 卵細胞. 2 〈植物学〉胚珠(ﾊﾟぃ). 3 〈医学〉(卵形の)膣(ﾁﾂ)挿入薬.
ox [オクス] 間 (ニワトリなどを追うときの)しっ, しっ!
o·xi·da·ble [オクシダブれ] 形 酸化する, さびやすい.
o·xi·da·ción [オクシダシオン] 女 1 〈化学〉酸化. 2 さびること.
o·xi·dan·te [オクシダンテ] 形 酸化させる.
— 男 酸化剤, オキシダント.
o·xi·dar [オクシダル] 他 1 〈化学〉…を酸化させる. 2 …をさびさせる. 3 …をさびつかせる, うまく動かなくする.
— *oxidarse* 再 1 〈化学〉酸化する. 2 さびつく.
ó·xi·do [オクシド] 男 1 〈化学〉酸化物. 2 さび[錆].
o·xi·ge·na·ción [オクシヘナシオン] 女 酸素の増量.
o·xi·ge·na·do, da [オクシヘナド, ダ] 《過去分詞》→ oxigenar 酸素の量をふやす.
— 形 1 酸素を含む. 2 〈髪〉脱色した.
o·xi·ge·nar [オクシヘナル] 他 …の酸素の量をふやす, …に酸素を供給する.
— *oxigenarse* 再 (人が)そとの空気を吸う.
o·xí·ge·no [オクシヘノ] 男 1 〈化学〉酸素. 2 新鮮な空気.
o·xí·to·no, na [オクシトノ, ナ] 形 (単語や詩行が)最後の音節にアクセントのある.
ox·te [オステ] 間 だめだ!, いやだ!
sin decir oxte ni moxte ひと言もしゃべらずに, うんともすんとも言わないで..
oy- 活 → oír 聞く《活 54》.
o·ye [オイェ] 間 《← oír 聞く》ねぇ!, ちょっと!
o·yen·te [オイェンテ] 形 聞き手の.
— 男 女 1 聞き手, 話し相手. 2 聴講生. 3 聴衆. 4 (ラジオなどの)聴取者.
o·zo·no [オソノ] 男 〈化学〉オゾン.
o·zo·nos·fe·ra [オソノスふェラ] 女 (大気圏の)オゾン層.

P p

P, p [ペ] 女 《アルファベットの第17番の文字》ペ.

pa·be·llón [パベジョン] 男 1 分館, 別棟. 2 (博覧会などの)パビリオン, (個別の)会場. 3 (管楽器などの)らっぱ状の開口部, 朝顔. 4 国旗. 5 〈商船〉船籍.
dejar alto el pabellón (人が働きにより)国威を発揚(はつよう)する.
pabellón de caza 狩猟小屋.
pabellón de infecciosos 隔離病棟.
pabellón de la oreja 〈解剖学〉耳殻(じかく).
quedar alto el pabellón (国民の働きにより)国威が高まる.

pa·bi·lo [パビロ] 男 《=pábilo》(ろうそくなどの)灯心, 芯(しん).

Pa·blo [パブロ] 固 〈男性の名〉パブロ.

pá·bu·lo [パブロ] 男 (考えなどを)助長するもの.
dar pábulo a... …を引き起こす, 助長する.

Pa·ca [パカ] 固 〈女性の名〉(Francisca の愛称の)パカ.

pa·ca·to, ta [パカト, タ] 形 1 とても控えめな. 2 (神経質で)すぐに腹を立てる.
— 男 女 1 内気すぎる人. 2 小うるさい人.

pa·cen·se [パセンセ] 形 (スペインの都市の)バダホス Badajoz の.
— 男 女 バダホスの人.

pa·cer [パセル] 自 (家畜が)牧草を食べる, 草をはむ.
— 他 (家畜に)牧草を与える.

pa·ces [パセス] 女 複 《→paz》平和, 和解.

pa·chá [パチャ] 男 複 pachás, pachaes》(昔のトルコの高官の)パシャ.
vivir como un pachá 優雅な生活をする.

pa·chan·ga [パチャンガ] 女 お祭り騒ぎ.

pa·chan·gue·ro, ra [パチャンゲロ, ラ] 形 〈音楽〉単純で騒々しい.

pa·cha·rán [パチャラン] 男 〈リキュール〉(スペインのナバラ地方のリンボクの実の)パチャラン.

pa·chón, cho·na [パチョン, チョナ] 形 1 〈犬〉バセット種の. 2 〈人〉落ち着いた.
— 男 女 1 バセット犬. 2 寡黙(かもく)で静かな人.

pa·cho·rra [パチョラ] 女 冷静, 沈着.

pa·chu·cho, cha [パチュチョ, チャ] 形 1 〈果物〉熟れすぎた. 2 〈人〉ふさぎ込んだ, 体の具合の悪そうな.

pa·chu·lí [パチュリ] 男 複 pachulíes, pachulís》〈香水〉(東南アジア産の同名の多年草からとる)パチョリ.

pa·cien·cia [パシエンシア] 女 1 忍耐, 辛抱, 我慢. 2 根気. 3 (待つときの)冷静さ, 悠長(ゆうちょう)さ. 4 (上部が盛りあがった)小型クッキー. 5 (間投詞的に)辛抱ですよ!, あわてなさい!
acabar con la paciencia de... (くどい行為で) …を怒らせてしまう.
paciencia y barajar (間投詞的に)辛抱が肝心!

pa·cien·te [パシエンテ] 形 1 忍耐強い. 2 根気のある. 3 受身の.
— 男 〈治療〉患者.
— 男 〈文法〉(受身表現の)被動作主.

pa·cien·te·men·te [パシエンテメンテ] 副 1 我慢強く, 辛抱強く. 2 根気よく. 3 気長に.

pa·ci·fi·ca·ción [パシフィカシオン] 女 1 平定, 鎮圧. 2 和平工作, 仲裁.

pa·ci·fi·ca·dor, do·ra [パシフィカドル, ドラ] 形 和平の, 平定の.
— 男 女 1 平定者. 2 調停者, 仲裁者.

pa·ci·fi·car [パシフィカル] 他 《活 73 sacar》1 …を平定する, …に平和をもたらす. 2 …を和解させる.

pa·cí·fi·co, ca [パシフィコ, カ] 形 1 平和な. 2 おだやかな, 平静な.

Pa·cí·fi·co [パシフィコ] 固 《el+》太平洋[= Océano Pacífico].

pa·ci·fis·mo [パシフィスモ] 男 平和主義, 反戦論.

pa·ci·fis·ta [パシフィスタ] 形 〈男女同形〉平和主義の.
— 男 女 平和主義者, 非戦論者.

Pa·co [パコ] 固 〈男性の名〉(Francisco の愛称の)パコ.

pa·co·ti·lla [パコティジャ] 女 (船員が運ぶ)船賃無料の商品.
de pacotilla 低級な, つまらない.

pac·tar [パクタル] 他 …を取り決める, 合意する.

pac·to [パクト] 男 1 合意, 約束. 2 契約, 協定, 条約.

pa·de·cer [パデセル] 他 《活 4 agradecer》1 (苦しいことなどを)こうむる, 受ける. 2 (苦しみなどに)耐える, …をしのぶ. 3 (病気)にかかる, …をわずらう.
— 自 1 苦しむ, 悩む. 2 (+de+体の一部) …の病気である, …をわずらう. 3 (機械などが)だめになる.

pa·de·ci·mien·to [パデシミエント] 男 (害や病気の)苦しみ, 苦痛.

他 は他動詞 再 は再帰動詞 形 は形容詞 副 は副詞 前 は前置詞 接 は接続詞 間 は間投詞

padezc- [活] → padecer こうむる《活 4》.
pa·dras·tro [パドラストロ] [男] 1 継父, ままちち. 2 (指先の) さかむけ.
pa·dra·zo [パドラソ] [男] やさしい父親.
pa·dre [パドレ] [男] 1 父, 父親. 2 男性. 3 (家族や親族の) 長, 年長. 4 種(☆)つけ用の家畜, 種馬, 種牛. 5〈宗教〉神父. 6 創始者, 生みの親, 開祖.
— [形] とても大きな, すごい.
de padre y muy señor mío 大へんな, すごい.
no entender… ni su padre だれにも …がわからない.
padre de familia 家長.
padre de la patria 1 建国の父, 国父. 2 (政界の) 長老.
Padre Eterno〈宗教〉天の父, 神.
padre nuestro〈宗教〉主の祈り.
padre político 義父.
Padre Santo[*padre de la Iglesia*]〈宗教〉(初期教会の) 教父.
pa·dre·nues·tro [パドレヌエストロ] [男]〈宗教〉主の祈り, 主禱(と🈩).
pa·dres [パドレス] [男][複]《→ padre》1 両親. 2 (祖父母を含む) 祖先, 先祖. 3 (共同体などの) 長老たち.
pa·dri·naz·go [パドリナスゴ] [男] 1〈宗教〉代父の役, 庇護, 支援.
pa·dri·no [パドリノ] [男] 1 (洗礼立会人の父親役の) 教父, 名親(☆₃), 代父. 2 (公的行事での) 付き添い人. 3 保護者, 後援者, パトロン.
pa·dri·nos [パドリノス] [男][複]《→ padrino》1 (洗礼式の) 教父母, 代父母. 2 (後援者などの) 影響力.
pa·drón [パドロン] [男] (市や町などの単位の) 住民名簿.
pa·e·lla [パエジャ] [女] 1〈料理〉(米を魚介類と炊きこんだ) パエジャ, パエーリャ. 2 パエジャ鍋(🈨).
paella mixta 肉入りパエジャ.
pa·e·lle·ra [パエジェラ] [女] (平底の) パエジャ鍋(🈨).
paf [パふ] [間] (ものがぶつかる音の) パン, ドスン, バタン.
pág. [パヒナ] [女]《略語》página (本などの) ページ.
pa·ga [パガ] [女] 1 給料, 給金. 2 (子供の) 小遣い銭(🈨).
día de paga 給料日.
paga extra [*extraordinaria*] ボーナス.
pa·ga·de·ro, ra [パガデロ, ラ] [形] 支払うべき.
pagadero a la vista 一覧払いの.
pagadero al portador 持参人払いの.
pagadero a plazos 分割払いの.
pa·ga·do, da [パガド, ダ]《過去分詞》→ pagar 支払う.
— [形] 1 支払われた. 2 むくわれた. 3 (+con…) …に満足している. 4 (+de…) …に得意になった.

pagado de sí mismo うぬぼれた, 思いあがった.
pa·ga·dor, do·ra [パガドル, ドラ] [形] 支払いの.
— [男][女] 1 (借金などの) 支払い人. 2 支払い担当者, 経理係.
pa·ga·du·rí·a [パガドゥリア] [女] 会計課, 経理部.
pa·ga·ni·ni [パガニニ] [男][女] (グループのなかでいつも) 金を払う役の者.
pa·ga·nis·mo [パガニスモ] [男] 異教.
pa·ga·no, na [パガノ, ナ] [形] 1 異教の. 2 洗礼を受けていない. 3 (人の) 金を払わされる.
— [男][女] 1 異教徒. 2 洗礼を受けていない者. 3〈人〉おごり役.
pa·gar [パガル] [他]《活 47 llegar》1 …を支払う. 2 …を(+a+人) …の代りに支払ってやる, …を出資する. 3 …にむくいる, 応(え)える. 4 …の代価を払う, むくいか金をはらう. 5 …をつぐなう.
— [自] 1 支払いをする. 2 代価を払う.
— pagar·se [再] 1 (+de…) …を自慢する. 2 (+con…) …で満足する.
pagar justos por pecadores (一部の者のせいで) 全員がとばっちりを受ける.
pagar la しかるべきむくいを受ける.
pagar·las (*todas juntas*) = pagar·la.
pagar los platos [*vidrios*] *rotos* 不当な代価を払う.
pa·ga·ré [パガレ] [男]〈商業〉約束手形.
pagu- [活] → pagar 支払う.
pá·gi·na [パヒナ] [女] 1 (本などの) ページ, 頁. 2 ページの内容. 3 (人生などの) 特別な出来事. 4 特別な一時期.
pa·gi·na·ción [パヒナレオン] [女] ページ付け.
pa·gi·nar [パヒナル] [他] …にページ番号[ノンブル]をつける, …を丁付(🈨)けする.
pa·go [パゴ] [男] 1 支払い, 払い込み. 2 支払い金. 3 満足. 4 むくい, 返報, 報酬. 5 つぐない, 代価. 6 村, 町, 地方.
día de pago 支払い日.
en pago (*de*…) (…の) 代償として.
pago adelantado 前金払い, 前払い金.
pago al contado [*en metálico*] 現金払い.
pa·go·da [パゴダ] [女] 仏塔, パゴダ.
pagu- [活] → pagar 支払う《活 47》.
pai·pay [パイパイ] [男][複] *paipáis*》(シュロの葉などでできた) うちわ.
pai·ro [パイロ] [男]〈船〉帆を上げたままの停泊.
estar [*quedar·se*] *al pairo*〈人〉様子を見る, 時機をうかがう.
pa·ís [パイス] [男] 1 国, 国土, 地方. 2 独立国, 国家.
país desarrollado 先進国.
país en vías de desarrollo 発展途上国.
país natal 故国, 生国(🈳).
país subdesarrollado 低開発国.
pai·sa·je [パイサヘ] [男] 1 景色, 風景. 2 風景画.

[活] は活用形 [複] は複数形 [男] は男性名詞 [女] は女性名詞 [固] は固有名詞 [代] は代名詞 [自] は自動詞

pai·sa·jis·ta [パイサヒスタ] 形《男女同形》風景画の.
— 男女 風景画家.

pai·sa·jís·ti·co, ca [パイサヒスティコ, カ] 形 風景の, 景色の.

pai·sa·no, na [パイサノ, ナ] 形 同郷の.
— 男女 1 同郷人, 同国人. 2 農民, いなかの人. 3 (軍人でない)民間人.
de paisano (軍人が)平服で, 平服の.

Pa·í·ses Ba·jos [パイセス バホス] 固《国の名》オランダ.

Pa·ís Vas·co [パイス バスコ] 固《自治州の名》(スペイン北部の)バイスバスコ.

pa·ja [パハ] 女 1 (麦などの茎の)わら. 2 (集合的に)わら. 3 ストロー. 4 むだなもの, 不要な部分.
hacer·se una paja (男が)自慰をする.
meter paja (文章や話に)むだなことを含める.
por un quitame allá esas pajas ささいなことが原因で.

pa·jar [パハル] 男 わら置き場.

pá·ja·ra [パハラ] 女 1 ずる賢い女. 2《スポーツ》(競輪などで起こる)急な脱力現象. 3 小鳥の雌.

pa·ja·re·ra[1] [パハレラ] 女 小鳥小屋.

pa·ja·re·rí·a [パハレリア] 女《店》小鳥屋.

pa·ja·re·ro, ra[2] [パハレロ, ー] 形 1 小鳥の. 2《人》陽気な, 冗談好きな. 3 (絵などが)けばけばしい色の.
— 男女《人》小鳥屋.

pa·ja·ri·ta [パハリタ] 女 1 蝶(ちょう)ネクタイ. 2 (折り紙)小鳥. 3《鳥》セキレイ[= pajarita de las nieves].

pa·ja·ri·to [パハリト] 男 小鳥.
comer como un pajarito《人》わずかしか食べない.
quedar·se como un pajarito 苦しまずに静かに死ぬ.

pá·ja·ro [パハロ] 男 1 小鳥. 2 飛ぶ鳥. 3 ずる賢い男.
matar dos pájaros de un tiro 一石二鳥を実現する.
pájaro bobo〈海鳥〉ペンギン.
pájaro carpintero〈鳥〉キツツキ.
pájaro de cuenta 勘定高い人間.
pájaro mosca〈鳥〉ハチドリ.
tener pájaros en la cabeza 頭がおかしい.

pa·ja·rra·co [パハラコ] 男 1 大きな怪鳥. 2 ずる賢い悪人.

pa·je [パヘ] 男 (昔の)小姓(こしょう), 従者.

pa·ji·zo, za [パヒそ, さ] 形 1 麦わら色の. 2 麦わらでできた.

pa·jo·le·ro, ra [パホレロ, ラ] 形 1 (+名詞)つまらない, くだらない. 2 腹立たしい, いまいましい.

pa·kis·ta·ní [パキスタニ] 形《= paquistaní》(南アジアの国)パキスタン Pakistán の.
— 男女 パキスタン人.

pa·la [パラ] 女 1 シャベル, スコップ. 2《スポーツ》(板状の)ラケット. 3 板状の部分. 4 へら状の器具. 5 (上の)前歯.
pala de panadero (パン焼き用の)長柄の木へら.
pala mecánica パワーショベル.

pa·la·bra [パラブラ] 女 1 単語, 語. 2 言葉, 発言. 3 言語能力, 雄弁に話す力. 4 発話能力. 5 約束, 言質(げんち). 6 発言の許可, 発言権. 7 (間投詞的に)約束します！
a medias palabras〈発言〉中途半端に.
buenas palabras 聞こえのいい言葉, 甘言(かんげん).
cumplir a... su palabra 約束を果たす.
dar a... su palabra …に約束する.
de palabra 1 口頭での, 口頭で. 2 口約束で.
dejar a... con la palabra en la boca 1 …の発言をじゃまする. 2 …に耳を貸さない.
dirigir la palabra a... …に話しかける.
empeñar la palabra a... …に言質を与える, 誓う.
en cuatro [dos] palabras 1 手短かに. 2 結論として.
en otras palabras 言いかえれば.
en una palabra 要するに, とどのつまり.
faltar a... las palabras …は気持ちをうまく言い表せない.
faltar a su palabra 約束を破る.
hombre de palabra 約束を守る人.
juego de palabras 言葉遊び, しゃれ.
medias palabras 半端な言い方, ほのめかし.
medir las palabras 慎重に話す.
no... ni (media) palabra まったく …ない.
no... (ni) una palabra ひとことも …ない.
no tener más que una palabra 言ったことは必ず守る.
no tener palabra 信頼できない.
palabra clave キーワード.
palabra de honor 1 確約. 2 (間投詞的に)誓います！
palabra por palabra ひとことずつ(正確に).
palabras mayores 1 重大発言. 2 ののしり, 暴言.
pedir la palabra 発言の許可を求める.
quitar a... la palabra de la boca …の言いたいことを先回りして言う.
ser de pocas palabras ほとんど口をきかない, 無口だ.
tener la palabra 発言の順番に当たる, 発言する.
tener unas palabras (con...) 1 (ふたりが)口論する. 2 (…と)言い争う.
tomar a... la palabra …から言質を取る.
tomar [coger] la palabra 1 (会合で)発言を始める. 2 (ひとりが)長々としゃべる.
tratar a... mal de palabra …をののしる.
última palabra 最終結論, 決断.

pa·la·bras [パラブラス] 女複《→ palabra》1

pa·la·bre·rí·a

口先だけの発言. 2 きつい言葉.

pa·la·bre·rí·a [パラブレリア] 囡 中身のないむだ話.

pa·la·bre·ro, ra [パラブレロ, ラ] 形 話好きの, 多弁な.
— 男 囡 〈人〉おしゃべり.

pa·la·bri·ta [パラブリタ] 囡 1 ちょっとした言葉. 2 含みのある発言.

pa·la·bro·ta [パラブロタ] 囡 下品な言葉.

pa·la·ce·te [パラセテ] 男 宮殿のような館(やかた), 邸宅.

pa·la·cie·go, ga [パラスィエゴ, ガ] 形 宮殿の, 宮廷の.

pa·la·cio [パラスィオ] 男 1 宮殿, 大邸宅. 2 (公共の) 大建造物.
Palacio de Comunicaciones 〈マドリード〉中央郵便局.
Palacio de Congresos 国会議事堂, 大会議場.
Palacio de Deportes 大競技場.
Palacio de Justicia 裁判所.
Palacio de Moncloa 〈スペイン〉首相官邸.
palacio episcopal 司教館.
palacio municipal 市庁舎.
placio real 王宮.

pa·la·dar [パラダル] 男 1〈解剖学〉口蓋(こうがい). 2 味覚. 3 鑑賞力, センス.

pa·la·de·ar [パラデアル] 他 1 (飲食物を) ゆっくり味わう, 賞味する. 2 (芸術作品などを) 鑑賞する, 味わう, 楽しむ.

pa·la·de·o [パラデオ] 男 賞味, 鑑賞.

pa·la·dín [パラディン] 男 1 (他者の名誉のために闘う) 勇猛な騎士. 2 守護者, 擁護者.

pa·la·di·no, na [パラディノ, ナ] 形 明解な, 明白な.

pa·la·fi·to [パラフィト] 男 水上家屋.

pa·la·frén [パラフレン] 男 (昔の) 婦人用乗用馬.

pa·lan·ca [パランカ] 囡 1 (物をこじ上げる棒の) てこ. 2 (棒状の) ハンドル, レバー. 3〈水泳〉飛び板. 4 コネ, つて, 縁故.

pa·lan·ga·na [パランガナ] 囡 《=palancana》洗面器, かなだらい.

pa·lan·gre [パラングレ] 男〈漁業〉はえなわ.

pa·lan·gre·ro [パラングレロ] 男 はえなわ漁船.

pa·lan·que·ta [パランケタ] 囡〈道具〉(扉などをこじ開ける) かなてこ, バール.

pa·lan·quín [パランキン] 男 (貴人をのせる) こし [輿].

pa·la·tal [パラタル] 形 1〈解剖学〉口蓋(こうがい)の. 2〈音声学〉硬口蓋の.
— 囡〈音声学〉(ch などの) 硬口蓋音.

pa·la·ta·li·zar [パラタリサル] 他〈活 39 gozar〉…を硬口蓋音にする.

pa·la·ti·no, na [パラティノ, ナ] 形 1〈解剖学〉口蓋(こうがい)の. 2 宮殿の, 宮廷の.

pal·co [パルコ] 男 1〈劇場〉ボックス席. 2 (行進などのために組み立てる) 見物席.
palco de platea 1 階下ボックス席.
palco escénico 舞台.

Pa·len·cia [パレンスィア] 固〈県・県都の名〉(スペイン北西部の) パレンシア.

pa·len·que [パレンケ] 男 1 柵(さく), 丸太の囲い. 2 柵で囲んだ場所.

pa·len·ti·no, na [パレンティノ, ナ] 形 (スペインの県・県都の) パレンシア Palencia の.
— 男 囡 パレンシアの人.

pa·le·o·ce·no [パレオセノ] 男〈地質時代〉暁(ぎょう)新世.

pa·le·o·gra·fí·a [パレオグラふィア] 囡 古文書学.

pa·le·o·grá·fi·co, ca [パレオグラふィコ, カ] 形 古文書学の.

pa·le·ó·gra·fo, fa [パレオグラふォ, ふァ] 男 囡 古文書学者.

pa·le·o·lí·ti·co¹ [パレオリティコ] 男 旧石器時代.

pa·le·o·lí·ti·co², **ca** [—, カ] 形 旧石器時代の.

pa·le·on·to·gra·fí·a [パレオントグラふィア] 囡 記述古生物学.

pa·le·on·to·grá·fi·co, ca [パレオントグラふィコ, カ] 形 記述古生物学の.

pa·le·on·to·lo·gí·a [パレオントロヒア] 囡 古生物学.

pa·le·on·to·ló·gi·co, ca [パレオントロヒコ, カ] 形 古生物学の.

pa·le·on·tó·lo·go, ga [パレオントロゴ, ガ] 男 囡 古生物学者.

pa·le·o·zoi·co¹ [パレオソイコ] 男〈地質学〉古生代.

pa·le·o·zoi·co², **ca** [—, カ] 形 古生代の.

Pa·les·ti·na [パレスティナ] 固〈地方の名〉(イスラエルを中心とする) パレスチナ.

pa·les·ti·no, na [パレスティノ, ナ] 形 (イスラエルを含む地方の) パレスチナ Palestina の.
— 男 囡 パレスチナ人.

pa·les·tra [パレストラ] 囡 1 (古代の) 闘技場. 2 (実習のための) 弁論会場.
salir [*saltar*] *a la palestra* 1 討論に加わる. 2 万人に知られる.

pa·le·ta¹ [パレタ] 囡 1 小型のシャベル. 2 (絵の具の) パレット. 3 (画家の) 色使い. 4 (左官が使うこて. 5〈卓球〉ラケット. 6 柄つき小皿. 7〈水車〉水受け板. 8 (プロペラやスクリューの) 羽根. 9 (フォークリフト用の) 運搬台, パレット.

pa·le·ta·da [パレタダ] 囡 1 田舎(いなか)者の振る舞い. 2〈分量〉シャベル [こて] の一杯分.

pa·le·ti·lla [パレティジャ] 囡 1〈解剖学〉肩甲骨. 2〈料理〉肩肉.

pa·le·to, ta² [パレト, —] 形 田舎(いなか)者の, 粗野な.

― 男女 田舎者.
pa·liar [パリアル] 他《活 17 cambiar》(苦痛など)を和らげる, 軽くする.
pa·lia·ti·vo[1] [パリアティボ] 男 (痛みの)緩和薬.
pa·lia·ti·vo[2], **va** [―, バ] 形 (苦痛などを)和らげる.
pa·li·de·cer [パリデセル] 自《活 4 agradecer》1 青ざめる, 血の気を失う. 2 (名声などが)薄れる, 衰える, 弱まる.
pa·li·dez [パリデス] 女 1 顔色の悪さ, 蒼白(ミミ). 2 あせた色.
pá·li·do, da [パリド, ダ] 形 1 顔色が悪い, 青ざめた. 2 (色や光が)薄い, 淡い.
pa·li·lle·ro [パリジェロ] 男 楊枝(タ)入れ.
pa·li·llo [パリジョ] 男 1 楊枝(タ). 2 (太鼓などの)ばち. 3 (レースの)編み棒. 4 やせ細った人.
pa·li·llos [パリジョス] 男複《→ palillo》〈食事〉箸(ジ).
pa·lín·dro·mo [パリンドロモ] 男 (逆に読んでも同音になる)回文(弦).
pa·lio [パリオ] 男 (棒で支える)移動天蓋(ジシ).
recibir a... bajo palio …を盛大にもてなす.
pa·li·que [パリケ] 男 楽しい雑談.
pa·li·tro·que [パリトロケ] 男 切れ端.
pa·li·za [パリサ] 女 1 なぐりつけ, 殴打(ミシ). 2 ぼろ負け. 3 つらい仕事.
dar la paliza (a...) (…を)うんざりさせる.
darse la paliza 1 懸命に働く. 2 〈恋人たちが〉いちゃいちゃする.
ser un paliza [palizas] うっとうしい人間だ.
pal·ma [パルマ] 女 1 手のひら. 2〈植物〉シュロ, ヤシ. 3 ヤシ[シュロ]の葉.
conocer... como la palma de la mano …を知りぬいている, 熟知している.
ganar [llevarse] la palma 抜きんでる, 他を引き離す.
llevar [tener] a (+人) en palmas …を大切に扱う.
palma de la mano 手のひら.
pal·ma·da [パルマダ] 女 1 (相手の肩などを親しく)ぽんとたたくこと. 2 手をたたく音.
dar palmadas 手をたたく, 拍手する.
darse una palmada en la frente (なにかを思いついて自分の)額(於)をぽんとたたく.
Pal·ma de Ma·llor·ca [パルマ デ マジョルカ] 固〈都市の名〉(バレアレス県都の)パルマデマジョルカ.
pal·ma·di·ta [パルマディタ] 女 手で[軽く]たたくこと.
pal·mar [パルマル] 男 ヤシ[シュロ]林.
― 他 (+la)死ぬ.
pal·ma·rés [パルマレス] 男 1 選抜選手名簿. 2〈スポーツ〉経歴, 成績書.
pal·ma·rio, ria [パルマリオ, リア] 形 明白な.
pal·mas [パルマス] 女複《→ palma》拍手, 手拍子.

batir [dar] (las) palmas 1 拍手する. 2 手拍子を取る. 3 手を打って抗議する.
tocar las palmas 手拍子を取る.
Pal·mas [パルマス] 固《Las+》〈県・県都の名〉(カナリア諸島の)ラスパルマス[都市名=Las Palmas de Gran Canaria].
pal·ma·to·ria [パルマトリア] 女 (柄つきの)皿型ろうそく立て.
pal·me·a·do, da [パルメアド, ダ] 形 1〈動物〉水かきのある. 2〈植物〉手のひら型の.
pal·me·ar [パルメアル] 自 拍手する.
― 他 …を平手でたたく.
pal·men·se [パルメンセ] 形 (カナリア諸島の都市の)ラスパルマス Las Palmas の.
― 男女 ラスパルマスの人.
pal·me·o [パルメオ] 男 手拍子.
pal·me·ra[1] [パルメラ] 女 1〈樹木〉ヤシ. 2〈菓子〉ハート型のパイ.
pal·me·ro, ra[2] [パルメロ, ―] 形 (カナリア諸島の島の)ラパルマ La Palma の.
― 男女 1 ラパルマの人. 2 (フラメンコの)手拍子を打つ人. 3 ヤシ園の世話人.
pal·me·sa·no, na [パルメサノ, ナ] 形 (バレアレス諸島の都市の)パルマデマジョルカ Palma de Mallorca の.
― 男女 パルマデマジョルカの人.
pal·me·ta [パルメタ] 女 (罰として生徒の手を打つ)木のへら.
pal·mí·pe·das [パルミペダス] 女複《分類》(水鳥の)游禽(ミシ)類.
pal·mí·pe·do, da [パルミペド, ダ] 形〈鳥〉水かきのある.
pal·mi·tas [パルミタス] 《つぎの動詞句の一部》
llevar [tener] a (+人) en palmitas …を喜ばせる, もてなす.
pal·mi·to [パルミト] 男 1〈植物〉パルメットヤシ. 2〈食品〉パルメットヤシの芯(ミ). 3 (女性の)すらっとした姿.
pal·mo [パルモ] 男 1〈長さの単位〉(約20センチの)パルモ. 2 (土地の)わずかな場所. 3〈遊戯〉コイン投げ.
con un palmo de lengua (fuera) へとへとになって.
dejar a... con un palmo de narices …をがっかりさせる.
crecer a palmos 急に大きくなる, 急成長する.
no adelantar [no ganar] un palmo de terreno (人が仕事や計画で)ほとんど前進しない.
palmo a palmo 1 くまなく, くわしく. 2 ゆっくりと, じわじわと.
palmo de tierra (猫の額(沈)ほどの)狭い土地.
quedar con un palmo [dos palmos] de narices (期待がはずれて)がっかりする.
pal·mo·te·ar [パルモテアル] 自 拍手する.
pa·lo [パロ] 男 1 棒, 丸太. 2 棒での一撃. 3 つら

pa·lo·ma

い経験. 4 木材. 5〈帆船〉帆柱, マスト. 6〈トランプ〉(4種類の札のそれぞれの)ひと組. 7〈文字〉縦線. 8〈スポーツ〉(棒状の道具の)バット, クラブ, スティック. 9 細い棒のようなもの.
a palo seco そのものだけで, つけ合せなしに.
dar palos de ciego めちゃくちゃに行う.
dar un palo a… …に高い料金をふっかける.
echar a palos a (+人) de~ …を~からつまみ出す.
matar a… a palos …を棒でたたき殺す.
no dar un palo al agua なける, さぼる.
palo dulce〈植物〉カンゾウの根.
palo mayor〈帆船〉メーンマスト.
pata de palo (木の)義足.
¡Que cada palo aguante su vela! 各自が役目を果たすように!

pa·lo·ma [パロマ] 囡 1 ハト〈鳩〉, 雌ハト. 2〈女性〉おとなしい人.
paloma de la paz (オリーブの小枝をくわえたシンボルの)平和のハト.
paloma mensajera 伝書バト.
paloma torcaz〈鳥〉モリバト.

Pa·lo·ma [パロマ] 圄〈女性の名〉パロマ.

pa·lo·mar [パロマル] 團 ハト小屋.
alborotar el palomar 人々を大混乱させる.

pa·lo·me·ta [パロメタ] 囡〈魚〉シマガツオ.

pa·lo·mi·lla [パロミリャ] 囡 1 (留めねじの)蝶ナット. 2 (三角形の)棚受け.

pa·lo·mi·no [パロミノ] 團 1〈鳥〉子バト. 2 (下着についた)便の汚れ.

pa·lo·mi·ta [パロミタ] 囡 1〈菓子〉ポップコーン. 2 (アニス酒入り飲料の)パロミタ. 3 (ゴールキーパーの)ファインセーブ.

pa·lo·mo [パロモ] 團 1〈鳥〉雄ハト. 2〈鳥〉モリバト. 3〈男性〉お人よし.
palomo ladrón よその雌バトをつれてくる雄バト.

pa·lo·te [パロテ] 團 (字を習う子供の書く)線.

pal·pa·ble [パルパブレ] 形 1 手で触れることので きる. 2 はっきり気づかれる.

pal·pa·ción [パルパシオン] 囡 1 触知. 2〈医学〉触診.

pal·par [パルパル] 他 1 …をさわって調べる. 2 … を(手で触れられるほどはっきりと)感じ取る.

pal·pi·ta·ción [パルピタシオン] 囡 1 心拍, 鼓動, 拍動[=*palpitaciones*]. 2 動悸(ど). 3 (体の一部の)不規則な動き.

pal·pi·tan·te [パルピタンテ] 形 1 今日的な, 生々しい. 2〈灯火〉明滅する. 3〈心臓〉鼓動する, どきどきする.

pal·pi·tar [パルピタル] 自 1〈心臓〉鼓動する[拍動する]. 2 (心臓が)どきどきする. 3 (体の一部が)ひくひく動く. 4 (感情が)(+en…)…に強くあらわれる.

pál·pi·to [パルピト] 團 虫の知らせ, 予感.
tener un pálpito [dar a… un palpito] (…が)予感する.

pa·lú·di·co, ca [パルディコ, カ] 形〈医学〉マラリアの.
— 團囡 マラリア患者.

pa·lu·dis·mo [パルディスモ] 團〈医学〉マラリア.

pa·lur·do, da [パルルド, ダ] 形 教養のない, がさつな.
— 團囡 (礼儀を知らない)田舎(いなか)者.

pa·lus·tre [パルストレ] 形 沼地の, 湖沼の.

pa·me·la [パメラ] 囡〈女性用〉麦わら帽子.

Pa·me·la [パメラ] 圄〈女性の名〉パメラ.

pa·me·ma [パメマ] 囡 1 たわごと. 2 わざとらしい配慮.

pam·pa [パンパ] 囡 (南米の大草原の)パンパ.

pám·pa·no [パンパノ] 團 (ブドウの)新芽.

pam·pe·ro, ra [パンペロ, ラ] 形 (南米の大草原の)パンパの.
— 團囡 パンパの人.

pam·pli·na [パンプリナ] 囡 ばかげたこと／*Déjate de pamplinas.* たわごとはやめろ.

Pam·plo·na [パンプロナ] 圄〈都市の名〉(北東スペインのナバラ *Navarra* 県の)パンプロナ.

pam·plo·nés, ne·sa [パンプロネス, ネサ] 形 (スペインの)パンプロナ *Pamplona* の.
— 團囡 パンプロナの人.

pam·plo·ni·ca [パンプロニカ] 形〈男女同形〉(スペインの)パンプロナ *Pamplona* の.
— 團囡 パンプロナの人.

pan [パン] 團 1〈食品〉パン. 2 (パン)生地(き). 3 (食べ物の)塊. 4 (日々の)食糧, 食べ物. 5 (貴金属の)箔(). 6 小麦.
a pan y agua 絶食状態で.
Con su pan se lo coma. (人のことだ)勝手にすればいい.
Contigo pan y cebolla. あなたとなら貧乏暮しでもいい.
Dame pan y llámame tonto. 得になれば, なんと言われてもいい.
llamar al pan, pan y al vino, vino 物事をはっきり言う.
más bueno que el pan とてもすぐれている[善良だ].
más largo que un día sin pan〈時間〉いやになるほど長い.
pan ácimo [ázimo] 種なしパン.
pan candeal 白パン.
pan de azúcar (山形の)固形砂糖.
pan de barra バゲット, フランスパン.
pan de molde 食パン.
pan de oro 金箔.
pan de Viena ミルクパン.
pan eucarístico〈宗教〉聖餅(せいへい).
pan integral 全粒パン.
pan rallado パン粉.
pan tostado トーストパン.
pan y quesillo アカシアの花.

ser el pan (nuestro) de cada día よくあることだ.
ser pan comido やりやすい, 手に入れやすい.
ser un pedazo [trozo, cacho] de pan (人が)とても善良だ[←ひと切れのパンだ].

pa·na [パナ] 囡〈布地〉コールテン, コーデュロイ.

pa·na·ce·a [パナセア] 囡 万能薬.

pa·na·ché [パナチェ] 男〈料理〉(野菜を煮込んだ)パナチェ.

pa·na·de·rí·a [パナデリア] 囡 1〈店〉パン屋. 2 パン工場.

pa·na·de·ro, ra [パナデロ, ラ] 男囡〈人〉パン屋.

pa·na·di·zo [パナディソ] 男〈医学〉瘭疽(ひょうそ).

pa·nal [パナル] 男 蜂の巣.

Pa·na·má [パナマ] 男〈国・都市の名〉(中米の)パナマ[= República de Panamá, Ciudad de Panamá].

pa·na·má [パナマ] 男 1〈布地〉パナマクロス. 2 パナマ帽.

pa·na·me·ño, ña [パナメニョ, ニャ] 形 (中米の国の)パナマ Panamá の.
— 男囡 パナマ人.

Pa·na·me·ri·ca·na [パナメリカナ] 固《La Carretera +》(南北アメリカを縦断する)パンアメリカンハイウエー.

pa·na·me·ri·ca·nis·mo [パナメリカニスモ] 男〈政治思想〉汎(はん)アメリカ主義.

pa·na·me·ri·ca·no, na [パナメリカノ, ナ] 形 全アメリカの.

pa·na·vi·sión [パナビシオン] 囡〈映画〉パナビジョン.

pan·car·ta [パンカルタ] 囡 プラカード, 大型ポスター.

pan·ce·ta [パンセタ] 囡〈食肉〉豚の腹肉.

pan·chi·to [パンチト] 男〈つまみ〉ピーナッツ.

pan·cho, cha [パンチョ, チャ] 形 平静な, 落ち着いた.

Pan·cho [パンチョ] 固〈男性の名〉(Francisco の愛称の)パンチョ.

pán·cre·as [パンクレアス] 男〈単複同形〉〈解剖学〉膵臓(すいぞう).

pan·cre·á·ti·co, ca [パンクレアティコ, カ] 形〈解剖学〉膵臓(すいぞう)の.

pan·da [パンダ] 男〈動物〉パンダ[= oso panda].
— 囡 1 遊び仲間. 2 徒党, 不良仲間.

pan·de·ar [パンデアル] 自 (板などが)たわむ, 反(そ)る.
— pandearse 再 たわむ, 反る.

pan·de·mó·nium [パンデモニウン] 男 1 大混乱. 2 喧噪(けんそう)の場.

pan·de·re·ta [パンデレタ] 囡〈楽器〉小型タンバリン.

pan·de·ro [パンデロ] 男 1〈楽器〉タンバリン. 2 お尻, おけつ.

pan·di·lla [パンディジャ] 囡 1 遊び仲間. 2 徒党, 不良グループ.

pa·ne·ci·llo [パネシジョ] 男 (一食分の)小型のパン.

pa·ne·gí·ri·co¹ [パネヒリコ] 男〈文章〉賛辞.

pa·ne·gí·ri·co², ca [—, カ] 形 称賛の.

pa·nel [パネル] 男 1 (表面の)一区画. 2〈建材〉パネル, ボード, 羽目板. 3 (枠入りの)掲示板. 4 配電板, パネル. 5 (集合的に)(公開討論会の)発言者.

pa·ne·ra¹ [パネラ] 囡 (食卓用の)パンかご.

pa·ne·ro¹ [パネロ] 男 (売り物の)パンかご.

pa·ne·ro², ra² 形 パンの好きな.

pán·fi·lo, la [パンふィろ, ら] 形 1 ばかな, 単純な. 2 のろまな.
— 男囡 1 お人よし. 2 のろま.

pan·fle·ta·rio, ria [パンふれタリオ, リア] 形 1 政治宣伝式の. 2 中傷文書の.

pan·fle·to [パンふれト] 男 1 (政治宣伝の)パンフレット. 2 中傷文書, 怪文書.

pan·ger·ma·nis·mo [パンヘルマニスモ] 男〈政治思想〉汎(はん)ゲルマン主義, 全ドイツ主義.

pa·nia·gua·do, da [パニアグアド, ダ] 男囡 (有力者の)お気に入り.

pá·ni·co [パニコ] 男 (集団の)大きな恐怖, パニック, 恐慌.

pa·ni·fi·ca·do·ra [パニふィカドラ] 囡 パン製造販売店.

pa·no·ja [パノハ] 囡《= panocha》1 (トウモロコシなどの)穂軸. 2〈植物学〉円錐(えんすい)花序.

pa·no·li [パノリ] 形 ばかな, 間抜けな.
— 男囡 ばか, 間抜け.

pa·no·plia [パノプリア] 囡 武具一式.

pa·no·ra·ma [パノラマ] 男 1 全景, パノラマ. 2 全貌(ぜんぼう), 展望.

pa·no·rá·mi·ca¹ [パノラミカ] 囡 パノラマ写真.

pa·no·rá·mi·co, ca² [パノラミコ, —] 形 1 全景の, パノラマの. 2 展望のよい, 見通しのきく.

pan·qué [パンケ] 男〈菓子〉パンケーキ.

pan·ta·grué·li·co, ca [パンタグルエリコ, カ] 形〈料理〉大量の.

pan·ta·lla [パンタジャ] 囡 1 (ランプなどの)シェード, 笠(かさ). 2〈映画〉スクリーン. 3 (テレビなどの)画面. 4 映画界. 5 テレビ放送の世界. 6 (悪事への注意をそらすための)隠れみの.
la pequeña pantalla テレビ画面.
llevar ... a la pantalla …を映画化する.
pantalla de humo (人の注意をそらすための)煙幕用の情報.
pantalla electrónica 〈コンピューター〉ディスプレー装置.

pan·ta·lón [パンタロン] 男〈衣服〉ズボン, スラックス.
falda pantalón キュロットスカート.
pantalón bombacho [bávaro] ニッカーボッカー.

pantalón corto 半ズボン.
pantalón vaquero [tejano] ジーパン.

pan·ta·lo·nes [パンタロネス] 男複 《→ pantalón》1 ズボン. 2 男性, 男.
bajar-se los pantalones (人が)屈辱的に譲歩する.
llevar pantalones ズボンをはいている.
llevar los pantalones (女性が家庭などで)実権を握る.

pan·ta·no [パンタノ] 男 1 貯水池, ダム. 2 沼, 泥沼.

pan·ta·no·so, sa [パンタノソ, サ] 形 沼地の, 沼沢の多い.

pan·te·ís·mo [パンテイスモ] 男 汎神(はん)論.

pan·te·ís·ta [パンテイスタ] 形 《男女同形》汎神(はん)論の.
— 男女 汎神論者.

pan·te·ís·ti·co, ca [パンテイスティコ, カ] 形 汎神論の.

pan·te·ón [パンテオン] 男 (ギリシア・ローマの)万神殿, パンテオン.

pan·te·ra [パンテラ] 女 〈動物〉ヒョウ.

pan·to·crá·tor [パントクラトル] 男 〈絵画〉(ビザンチンの)キリストの座像.

pan·tó·gra·fo [パントグラふぉ] 男 (電車などの)パンタグラフ.

pan·to·mi·ma [パントミマ] 女 1 無言劇, パントマイム. 2 見せかけ, ポーズ.

pan·to·rri·lla [パントリじゃ] 女 〈脚部〉ふくらはぎ.

pan·tu·flas [パントうふらス] 女複 室内ばき, スリッパ.

pan·za [パンき] 女 1 太鼓腹, 出っ腹. 2 《反芻(はんすう)動物》第一胃, こぶ胃. 3 (容器の)ふくらんだ部分.
panza de burra 一面の曇り空.

pan·za·da [パンさダ] 女 1 (仕事の)やりすぎ. 2 腹部への一撃.

pan·zu·do, da [パンすド, ダ] 形 腹部の出っぱった.

pa·ñal [パニャる] 男 おしめ, おむつ.
estar en pañales 未熟な状態にある.

pa·ñe·rí·a [パニェリア] 女 1 〈店〉布地屋. 2 (集合的に)服地, 布地.

pa·ñi·to [パニト] 男 テーブルクロス.

pa·ño [パニョ] 男 1 毛織物, ウール. 2 ふきん, ぞうきん. 3 服地, 布地.
conocer el paño 事情に通じている.
en paños menores 下着のままで, 裸同然の姿で.
paño de lágrimas 心を打ち明けられる相手.
paños calientes その場をしのぐなだめの言葉[行為].
ser del mismo paño que… …と似たりよったりだ.

pa·ño·le·ta [パニョれタ] 女 〈女性用〉三角形のショール.

pa·ñue·lo [パニュエろ] 男 1 ハンカチ. 2 スカーフ, ショール.

pa·pa [パパ] 女 ジャガイモ.
— 男 お父ちゃん.
no saber [entender] ni papa なんにもわからない.

Pa·pa [パパ] 男 〈宗教〉ローマ法皇, 教皇.

pa·pá [パパ] 男 《複 papás》お父ちゃん, パパ.

pa·pa·da [パパダ] 女 1 二重顎(あご). 2 (動物の)肉垂れ.

pa·pá·do [パパド] 男 1 教皇の権威. 2 教皇の在位期間.

pa·pa·ga·yo [パパガヨ] 男 〈鳥〉オウム, インコ.

pa·pal [パパる] 形 教皇の.
— 男 ジャガイモ畑.

pa·pa·mos·cas [パパモスカス] 男 《単複同形》1 〈鳥〉ヒタキ. 2 〈人〉お人よし.

pa·pa·mó·vil [パパモビる] 男 (教皇の)パレード用自動車.

pa·pa·na·tas [パパナタス] 男 《単複同形》〈人〉お人よし.

pa·par [パパる] 他 (食べ物を)飲み込む.

pa·pa·raz·zi [パパラチ] 男複 盗み撮りの写真家たち.

pa·pa·rru·cha [パパルチャ] 女 《= paparruchada》たわけたこと, くだらないこと.

pa·pas [パパス] 女複 《→ papa》おもゆ, おかゆ.

pa·pás [パパス] 男複 《→ papá》両親.

pa·pa·ya [パパヤ] 女 〈果物〉パパイヤ.

pa·pa·yo [パパヨ] 男 〈樹木〉パパイヤ.

pa·pe·ar [パペアる] 自 (人が)食べる.

pa·pel [パペる] 男 《複 papeles》1 紙, 紙片, 用紙. 2 役割, 役目. 3 〈演劇〉役柄, キャスト. 4 〈商業〉紙幣, 証券.
hacer buen [mal] papel 十分に[不十分に]活躍する.
papel biblia インディアペーパー.
papel carbón カーボン紙.
papel cebolla オニオンスキン紙.
papel celo セロハンテープ.
papel celofán セロファン紙.
papel charol 包装用色紙.
papel cuché アート紙.
papel de aluminio [estaño, plata] 〈包装用〉アルミホイル.
papel de calco 敷き写し用紙.
papel de Estado 国債.
papel de estraza ハトロン紙.
papel de fumar (タバコの)巻き紙.
papel de pagos al Estado 収入印紙.
papel de seda 薄葉紙.
papel guarro (水彩画用の)画用紙.
papel higiénico トイレットペーパー.
papel maché 紙粘土用の紙.
papel mojado 効力のない書類, 反故(ほご).

papel pintado 色紙.
papel satinado 光沢紙.
papel secante 吸い取り紙.
papel vegetal トレーシングペーパー.
perder los papeles (興奮して)我を忘れる.
sobre el papel 理論上は, 机の上では.

pa·pe·la [パペラ] 女 身分証明書.

pa·pe·le·o [パペレオ] 男 (集合的に)書類手続き.

pa·pe·le·ra[1] [パペレラ] 女 紙くずかご.

pa·pe·le·rí·a [パペレリア] 女 文房具店.

pa·pe·le·ro, ra[2] [パペレロ, -ラ] 形 紙の, 紙関係の.

pa·pe·les [パペレス] 男複 《→ papel》 1 書類, 文書. 2 新聞.

pa·pe·le·ta [パペレタ] 女 1 (公的な)伝達カード, 票札, 通知書. 2 難題, 厄介事.

pa·pe·li·llo [パペリリョ] 男 薬包紙.

pa·pe·li·na [パペリナ] 女 (麻薬)一包分.

pa·pe·lón [パペロン] 男 ぶさまな振る舞い.

pa·pe·lo·rio [パペロリオ] 男 書類の山.

pa·pe·lo·te [パペロテ] 男 1 紙くず並みの書類. 2 故紙.

pa·pe·o [パペオ] 男 食事.

pa·pe·ras [パペラス] 女複 おたふく風邪, 流行性耳下腺炎.

pa·pi [パピ] 男 お父ちゃん, パパ.

pa·pi·la [パピラ] 女 1 (粘膜上の)乳頭突起, 舌乳頭. 2 《植物》乳頭毛.

pa·pi·lla [パピリャ] 女 1 (離乳食などの)おかゆ. 2 《X線撮影》バリウム.

pa·pi·lo·ma [パピロマ] 男 《医学》乳頭腫(しゅ).

pa·pión [パピオン] 男 《動物》ヒヒ.

pa·pi·ro [パピロ] 男 1 《植物》パピルス. 2 パピルス紙. 3 パピルス文書.

pa·pi·ro·fle·xia [パピロふれクシア] 女 折り紙細工法.

pa·pis·ta [パピスタ] 形 《男女同形》教皇主義の.
— 男 女 教皇主義者.
ser más papista que el papa 1 当事者よりも熱心である. 2 物事の処理に熱心である.

pa·po [パポ] 男 1 《動物》喉(のど). 2 《鳥類》肉垂れ. 3 図々しさ, 厚顔(こうがん).

pa·que·bo·te [パケボテ] 男 《= paquebot》(人も乗る)郵便船.

pa·que·te [パケテ] 男 1 小包, 包み, パック. 2 (オートバイなどの)同乗者. 3 罰, 罰金. 4 ひとくくり, ひとまとめ, ひと束. 5 (ズボンに見える男性器の)もりあがり.
meter un paquete a... …を罰する.
paquete postal 郵便小包.
paquete turístico パック旅行.

pa·qui·der·mo [パキデルモ] 男 (ゾウなどの)厚皮動物.

pa·quis·ta·ní [パキスタニ] 形 《男女同形》

(南アジアの国の)パキスタン Paquistán の.
— 男 女 パキスタン人.

Pa·qui·ta [パキタ] 固 《女性の名》(Paca の愛称の)パキタ.

Pa·qui·to [パキト] 固 《男性の名》(Paco の愛称の)パキト.

par [パル] 形 1 よく似た, 同等の. 2 (器官などが)対(つい)になった. 3 偶数の.
— 男 1 偶数. 2 2 個組みのもの, 1 対, 1 足. 3 ふたつほどのもの. 4 《ゴルフ》パー. 5 (昔の)名誉称号.
a la par いっしょに, 同時に.
a (la) par de... …のそばに.
a la par que... …すると同時に.
a pares 1 ふたつ[ふたり]ずつ. 2 たくさん.
de par en par いっぱいに開いて.
ir a la par (利益などを)山分けにする.
(jugar) a pares y nones 偶数・奇数の当てっこで(遊ぶ).
no tener par (人の能力が)抜きん出ている.
sin par 比べる相手のいないほど, 比類ない.
un par de... 2・3 の, ふたつほどの….

pa·ra [パラ] 前 《アクセントなし》1 《目的・用途》…のために／*para ti* 君のために, *para hacerlo* するために.
2 《対象》…にとって／*una carta para ti* 君あての手紙, *para mí* 私にとって.
3 《方向》…のほうへ, …に向かって／*tren para Sevilla* セビジャ行きの列車.
4 (+時期)…までには／*para Semana Santa* 聖週間までには, *para mañana* 明日までに.
5 (+期間)…のあいだ／*para un mes* ひと月間.
6 《基準》…にしては／*para su edad* 彼の年にしては.
dar a... para~ …に ~ を買う金を与える.
estar para (+不定詞) すぐに…しようとしている.
no ser para tanto そこまですることでもない.
para con... …にとって, …に対して.
para que (+接続法) …するために.
¿para qué...? なんのために…か?
para siempre いつまでも.
...que para toda... 多くの…, ひどい….
ser para (+不定詞) …するに価する.

pa·ra·bién [パラビエン] 男 祝福, 祝辞.
dar los parabienes a... …に祝辞を述べる.

pa·rá·bo·la [パラボら] 女 1 (教育的な)たとえ話, 寓話(ぐうわ). 2 《数学》放物線.

pa·ra·bó·li·ca[1] [パラボリカ] 女 パラボラアンテナ.

pa·ra·bó·li·co, ca[2] [パラボリコ, -カ] 形 1 寓話(ぐうわ)の. 2 放物線状の.

pa·ra·bri·sas [パラブリサス] 男 《単複同形》《自動車》フロントガラス, 前面風防ガラス.

pa·ra·caí·das [パラカイダス] 男 《単複同形》パラシュート, 落下傘.
salto en paracaídas パラシュートでの降下.

pa·ra·cai·dis·mo [パラカイディスモ] 男 〈スポーツ〉スカイダイビング.

pa·ra·cai·dis·ta [パラカイディスタ] 形《男女同形》スカイダイビングの, パラシュート降下の.
— 男 女 〈スポーツ〉スカイダイバー.

pa·ra·cho·ques [パラチョケス] 男《単複同形》〈自動車〉バンパー, 緩衝装置.

pa·ra·da¹ [パラダ] 女 〈→ parado〉1 停止, 休止, 中止. 2 停留, 滞在. 3 停留所, 停車場. 4 立ち寄る場所. 5 軍事パレード.
hacer (una) parada ひと休みする, 止まる.
parada discrecional〈路線バス〉(客の求めで止まる)臨時停留所.
parada nupcial(繁殖期の動物の)求愛行動.
Parada solicitada(バスの車内表示で)「つぎ止まります」

pa·ra·de·ro [パラデロ] 男 所在, 居場所.

pa·ra·dig·ma [パラディグマ] 男 1 模範, 手本, パラダイム. 2《言語学》範列. 3《言語学》語形変化体系[系列]の.

pa·ra·dig·má·ti·co, ca [パラディグマティコ, カ] 形 1 模範となる, パラダイムの. 2《言語学》範列の. 3《言語学》語形変化体系[系列]の.

pa·ra·di·sia·co, ca [パラディシアコ, カ] 形 〈= paradisíaco, ca〉天国の, 天国のような.

pa·ra·do, da² [パラド, —] 〈過去分詞〉→ parar 止まる.
— 形 1 止まった, 停止した. 2 休業中の. 3 失業中の. 4 小心な, 軟弱な. 5 (足で)立っている.
— 男 女 失業者.
salir bien [mal] parado (+de, en...) 1 (…で)成功[失敗]する. 2 (…で)運のよい[悪い]結果になる.

pa·ra·do·ja [パラドハ] 女 1 (非常識で)奇妙な事柄. 2 矛盾. 3《修辞学》逆説, パラドックス.

pa·ra·dó·ji·co, ca [パラドヒコ, カ] 形 1 常識に反する. 2 矛盾した, 逆説的な.

pa·ra·dor [パラドル] 男 1 (スペインの史的建造物のなかにある)国営観光ホテル [= parador nacional de turismo].

pa·ra·es·ta·tal [パラエスタタる] 形 半官半民の.

pa·ra·fer·na·les [パラふェルナれス] 形複〈法律〉妻に所有権のある.
bienes parafernales(妻に処分権のある)婚資外財産.

pa·ra·fer·na·lia [パラふェルナリア] 女 (儀式などを)きらびやかで[荘厳]にするもの.

pa·ra·fi·na [パラふィナ] 女 〈化学〉パラフィン.

pa·ra·fra·se·ar [パラふラセアる] 他 …を言い換える, 書き換える, …を別の言い方で示す.

pa·rá·fra·sis [パラふラシス] 女《単複同形》1 言い換え, 書き換え, パラフレーズ. 2 説明的解釈.

pa·ra·frás·ti·co, ca [パラふラスティコ, カ] 形 言い換えの, 書き換えの.

pa·ra·go·ge [パラゴヘ] 女 〈言語学〉(clip → clipe などの, おもに母音による)語末音添加.

pa·ra·gó·gi·co, ca [パラゴヒコ, カ] 形〈言語現象〉語末音添加の.

pa·ra·guas [パラグアス] 男《単複同形》傘(かさ), 雨傘.

Pa·ra·guay [パラグアイ] 固 〈国の名〉(南米の)パラグアイ [= República del Paraguay].

pa·ra·gua·ya¹ [パラグアヤ] 女 〈果物〉モモ.

pa·ra·gua·yo, ya² [パラグアヨ, —] 形 (南米の国の)パラグアイの Paraguay の.
— 男 女 パラグアイ人.

pa·ra·güe·ro¹ [パラグエロ] 男 傘(かさ)立て.

pa·ra·güe·ro², **ra** [—, ラ] 男 女 傘(かさ)なおし職人.

pa·ra·í·so [パライソ] 男 1 天国, 楽園. 2 〈宗教〉エデンの園.

pa·ra·je [パラヘ] 男 (遠く孤立した)場所, 土地.

pa·ra·le·la¹ [パラれら] 女 平行線.

pa·ra·le·la·men·te [パラれらメンテ] 副 1 平行して. 2 同時に, 同時進行で.

pa·ra·le·le·pí·pe·do [パラれれピペド] 男 〈数学〉平行六面体.

pa·ra·le·lis·mo [パラれリスモ] 男 1《現象》平行, 並列. 2 相関関係, 対応. 3《文学表現》並行法.

pa·ra·le·lo¹ [パラれろ] 男 1 対比, 対照. 2 匹敵するもの. 3〈地理学〉緯線.

pa·ra·le·lo, la² [パラれろ, ら] 形 1 類似の, 匹敵する, 対比的な. 2 平行する, 並行の.
barras paralelas〈スポーツ〉平行棒.
correr paralelo a ... …に並行して走る.

pa·ra·le·lo·gra·mo [パラれろグラモ] 男 〈数学〉平行四辺形.

pa·ra·lim·pia·da [パラリンピアダ] 女 〈スポーツ〉(脊椎障害者の)パラリンピック.

pa·ra·lím·pi·co, ca [パラリンピコ, カ] 形 〈スポーツ〉パラリンピックの.
juegos paralímpicos パラリンピック競技.

pa·rá·li·sis [パラリシス] 女《単複同形》〈医学〉麻痺(まひ), 不随. 2 麻痺状態, 停滞.

pa·ra·lí·ti·co, ca [パラリティコ, カ] 形〈医学〉麻痺(まひ)の, 不随の.
— 男 女 麻痺患者.

pa·ra·li·za·ción [パラリさしオン] 女 1 中断, 停滞. 2〈変化〉麻痺(まひ), 無力化.

pa·ra·li·zan·te [パラリさンテ] 形 麻痺(まひ)させる, 停滞させる.

pa·ra·li·zar [パラリさる] 他〈活 39 gozar〉1 …を麻痺(まひ)させる. 2 …を動けなくする. 3 …を停滞[中断]させる.
— *paralizar-se* 再 1 (自分の体の一部が)麻痺する. 2 (進行中のものが)停滞[中断]する.

pa·ra·me·cio [パラメしオ] 男 〈原生動物〉ゾウリムシ.

活 は活用形 複 は複数形 男 は男性名詞 女 は女性名詞 固 は固有名詞 代 は代名詞 自 は自動詞

pa·ra·men·to [パラメント] 男 1〈装飾〉掛け布，おおい．2（ひとつひとつの）壁面．

pa·rá·me·tro [パラメトロ] 男〈数学〉パラメーター，媒介(ばいかい)変数．

pa·ra·mi·li·tar [パラミリタル] 形〈民間組織〉軍隊式の．

pá·ra·mo [パラモ] 男 1 不毛の高原．2〈アンデス高地〉（イネ科植物の草原の）パラモ．

Pa·ra·ná [パラナ] 固《el+》〈川の名〉（南米の南東部でラプラタ川に合流する）パラナ．

pa·ran·gón [パランゴン] 男 1 類似点．2 比較，対比．

pa·ran·go·nar [パランゴナル] 他 1 …を(+con…)…と比較する，対比する．2〈印刷〉（活字）をまっすぐに並べる．

pa·ra·nin·fo [パラニンふぉ] 男〈大学〉講堂．

pa·ra·noi·a [パラノイア] 女〈医学〉偏執病，妄想症，パラノイア．

pa·ra·noi·co, ca [パラノイコ, カ] 形〈医学〉妄想症の．
— 男 女 妄想症患者，パラノイア患者．

pa·ra·nor·mal [パラノルまル] 形 合理的説明のできない．
fenómenos paranormales 超常現象．

pa·ra·o·lim·pia·da [パラオリンピアダ] 女〈スポーツ〉パラリンピック．

pa·ra·pen·te [パラペンテ] 男〈スポーツ〉ハンググライダー．

pa·ra·pe·tar [パラペタル] 他 …を手すり壁で保護する．
— **parapetarse** 再 (+detrás de, tras…) …にかくれて身を守る．

pa·ra·pe·to [パラペト] 男 1〈建築〉手すり壁，胸壁，パラペット．2〈軍隊〉（射撃用の）胸墻(きょうしょう)．

pa·ra·ple·jí·a [パラプれヒア]《=paraplejia》〈医学〉下半身不随．

pa·ra·plé·ji·co, ca [パラプれヒコ, カ] 形〈医学〉下半身不随の．
— 男 女 下半身不随患者．

pa·ra·psi·co·lo·gí·a [パラプシコろヒア] 女《=parasicología》超心理学．

pa·ra·psi·có·lo·go, ga [パラプシコろゴ, ガ] 男 女 超心理学者．

pa·rar [パラル] 自 1 止まる，停止する．2（変化して）結果が(+en…)…になる，…に終わる．3 (+en…)…に滞在する，泊まる．4 ストに入る．
— 他 1 …を止める，中断させる．2 …を阻止する，さえぎる．3〈スポーツ〉（ボール）をカットする．4〈闘牛〉（牛）の攻撃をにぶらせる．5 …を立たせる．
— **pararse** 再 1 立ち止まる，停止する．2 立ちあがる．
¿Dónde va a parar! (ふたつを比べて）なんという違いのあることか．
¿Dónde vamos [iremos] a parar (+con…)! (…のことで）一体どうなってしまうのだろうか．
ir [venir] a parar 1（走ったあとで）止まる．2（+a…）…に属することになる．
ir [venir] a parar en… …になってしまう．
parar de (+不定詞) …するのをやめる．
parar mientes en… …のことを考える．
pararse a (+不定詞) 立ち止まって…する．
pararse a pensar… …についてじっくり考える．
sin parar 絶え間なく，休まずに．

pa·ra·rra·yos [パラらヨス] 男《単複同形》避雷針．

pa·ra·sín·te·sis [パラシンテシス] 女《単複同形》〈語形成〉合成語の派生．

pa·ra·sin·té·ti·co, ca [パラシンテティコ, カ] 形〈語形成〉合成と派生が同時に起こる．

pa·ra·si·ta·rio, ria [パラシタリオ, リア] 形 寄生虫の．

pa·ra·si·tis·mo [パラシティスモ] 男〈生物学〉寄生．

pa·rá·si·to, ta [パラシト, タ] 形 寄生の．
— 男 女 1 寄生生物．2〈人〉居候(いそうろう)．

pa·ra·sol [パラソル] 男 パラソル，日傘(ひがさ)．

pa·ra·ta·xis [パラタクシス] 女《単複同形》〈文法〉（接続詞なしの）並列関係．

pa·ra·ti·foi·de·a [パラティふぉイデア] 女〈病気〉パラチフス．

par·ca[1] [パルカ] 女《→parco》死去．

par·ce·la [パルせら] 女 1〈土地〉一区画．2 一部分．

par·ce·la·ción [パルせらしオン] 女〈土地〉区分．

par·ce·lar [パルせラル] 他（土地）を区分する．

par·ce·la·rio, ria [パルせラリオ, リア] 形 土地区分の．

par·che [パルチェ] 男 1〈布切れ〉継(つ)ぎ．2 当座の修理．3 場違いの付け足し．4 太鼓(たいこ)の皮．

par·che·ar [パルチェアル] 他 …に継(つ)ぎを当てる．

par·chís [パルチス] 男 すごろく遊び．

par·cial [パルしアル] 形 1 一部の，部分的な．2 不完全な，不十分な．3 不公平な，かたよりのある．
— 男 1〈学科〉平常試験，小テスト．2〈ゲーム〉途中経過．

par·cia·li·dad [パルしアリダス] 女 1〈審判〉不公平，えこひいき．2 局部性，部分的性格．

par·cial·men·te [パルしアるメンテ] 副 1 部分的に．2 えこひいきをして，不公平に．

par·co, ca[2] [パルコ, —] 形 1 (+en…)…に乏しい，控えめな．2 控えめな，つましい．

par·diez [パルディエす] 間 おやまあ！，いやはや！

par·di·llo[1] [パルディジョ] 男〈鳥〉ムネアカヒワ．

par·di·llo[2] **, lla** [—, ジャ] 形 だまされやすい．
— 男 女〈人〉お人よし．

par·do, da [パルド, ダ] 形 1 土気色の，褐色の．2〈空〉どんより曇った．

par·dus·co, ca [パルドゥスコ, カ] 形 褐色がか

他 は他動詞　再 は再帰動詞　形 は形容詞　副 は副詞　前 は前置詞　接 は接続詞　間 は間投詞

った.

pa·re·a·do[1] [パレアド] 男 〈韻律〉同韻二行詩連.

pa·re·a·do[2], da [—, ダ] 形 〈詩行〉同韻他行と対(ﾂｲ)になった.

pa·re·cer [パレセル] 自《活 4 agradecer》1 (主格補語を伴って) …に見える, 思える／Este coche parece nuevo. この車は新車のようだ.
2 (三人称単数形で) (+que...) …のようだ／Me parece que... 私には…と思える.
3 (+que...) …しそうだ／Parece que va a llover. 雨が降りそうだ.
— 男 1 考え, 意見, 判断. 2 見てくれ, 外見.
— **parecer·se** 再 1 (複数のものが) 似ている.
2 (+a...) …に似ている.

al parecer [*a lo que parece, según parece*] 見たところ, 一見すると.
a mi parecer 私が思うに, 私の考えでは.
aunque no lo parezca 一見そのようではないが.
Parece que quiere (+不定詞) …する様子だ.
parecer bien [*mal*] *a* (+人) …には良いと[良くないと]思える.
¿Qué le [*les*] *parece* (+不定詞 [+*que*+直説法1人称複数形])*?* …するというのは, いかがでしょうか.
si te [*le*] *parece* もしよろしければ.

pa·re·ci·do[1] [パレシド] 男 類似点.
pa·re·ci·do[2], da [—, ダ] 《過去分詞》→ parecer 見える.
— 形 1 おなじような, 類似の. 2 (+a de, en...) …に似ている, そっくりな.
...*bien* [*mal*] *parecido* (顔だちが)よい[悪い].

pa·red [パレ] 女 1 壁, 内壁, 外壁. 2 壁面, 側面. 3 〈山〉絶壁.
caer·se a... las paredes …が仕事に圧倒されている.
entre cuatro paredes 八方ふさがりで.
Las paredes oyen. 壁に耳あり.
pared maestra 主壁.
pared mediana 共有壁.
poner a... contra la pared …に決断をせまる.
subir·se por las paredes 頭にきている, かんかんだ.

pa·re·dón [パレドン] 男 銃殺処刑場の背面.
pa·re·ja[1] [パレハ] 女 1 二人組み, カップル. 2 (対(ﾂｲ)の)相手, パートナー. 3 ふたつ組み. 4 伴侶.
por parejas ふたり[ふたり]組みで.
vivir en pareja 同棲生活を送る.

pa·re·jo, ja[2] [パレホ, —] 形 1 同様の, 似たような. 2 むらのない, 均一の.

pa·re·mio·lo·gí·a [パレミオロヒア] 女 ことわざ学.

pa·ren·te·la [パレンテラ] 女 (集合的に) 親戚,

親類.

pa·ren·tes·co [パレンテスコ] 男 1 親戚関係. 2 (ふたつの)つながり, 関係.

pa·rén·te·sis [パレンテシス] 男 《単複同形》1 〈文章〉括弧(ｶｯｺ). 2 挿入句. 3 中断, 小休止.
abrir [*cerrar*] *un paréntesis* 括弧を開く[閉じる].
entre paréntesis ついでに, ちなみに.

pa·ren·té·ti·co, ca [パレンテティコ, カ] 形 1 括弧(ｶｯｺ)の. 2 挿入句の.

pa·re·o [パレオ] 男 〈女性用〉腰布.

parezc- → parecer 見える《活 4).

pa·ria [パリア] 男女 〈インド〉最下層民. 2 被差別民.

pa·ri·da [パリダ] 女 たわごと.

pa·ri·dad [パリダス] 女 1 同等, 同格. 2 同一性, 類似性. 3 通貨価値, レート.

pa·rien·te, ta [パリエンテ, タ] 男女 1 親戚, 親類. 2つきあい.

pa·rie·tal [パリエタル] 男 〈解剖学〉頭頂骨.

pa·ri·hue·las [パリウエラス] 女複 担架.

pa·ri·pé [パリペ] 男 虚構.
hacer el paripé de... …の振りをする.

pa·rir [パリル] 他 1 …を産む. 2 …を産出する.
— 自 出産する.

Pa·rís [パリス] 固 〈都市の名〉(フランスの首都の)パリ.

pa·ri·sien·se [パリシエンセ] 形 (フランスの)パリの.
— 男女 パリの人, パリっ子.

pa·ri·sí·la·bo, ba [パリシラボ, バ] 形 偶数音節の.

pa·ri·si·no, na [パリシノ, ナ] 形 (フランスの)パリの.
— 男女 パリの人.

pa·ri·ta·rio, ria [パリタリオ, リア] 形 〈組織〉代表者同数の.

pa·ri·to·rio [パリトリオ] 男 〈病院〉分娩室.

par·ka [パルカ] 女 〈衣服〉パーカ.

par·king [パルキン] 男 駐車場.

pár·kin·son [パルキンソン] 男 パーキンソン病.

par·la·men·tar [パルラメンタル] 自 (複数の人間が)話し合いに入る, 談判する.

par·la·men·ta·rio, ria [パルラメンタリオ, リア] 形 国会の, 議会の.
— 男女 国会議員.

par·la·men·ta·ris·mo [パルラメンタリスモ] 男 議会主義.

par·la·men·to [パルラメント] 男 1 議会, 国会. 2 国会議事堂. 3 〈演劇〉長い独白(ﾓﾉﾛｰｸﾞ). 4 交渉, 談判.

par·lan·chín, chi·na [パルランチン, チナ] 形 話し好きの.
— 男女 〈人〉おしゃべり, 話し好き.

par·lar [パルラル] 自 1 よくしゃべる. 2 (鳥が)人まねをする.

par・lo・te・ar [パルロテアル] 自 おしゃべりをする.

par・lo・te・o [パルロテオ] 男 おしゃべり.

par・me・sa・no [パルメサノ] 男 〈チーズ〉パルメザン.

par・na・so [パルナソ] 男 詩人たち, 詩壇.

par・né [パルネ] 男 銭(ぜに), お宝.

pa・ro [パロ] 男 1 停止, 休止. 2 操業停止, 休業. 3 失業. 4〈集合的に〉失業者. 5 失業手当て.

pa・ro・dia [パロディア] 女 風刺的改作, もじり, パロディー.

pa・ro・diar [パロディアル] 他 1 …を皮肉っぽく真似る, 茶化す. 2 (有名な作品などを)もじる, パロディにする.

pa・ró・di・co, ca [パロディコ, カ] 形 もじりの, パロディー風の.

pa・ró・ni・mo¹ [パロニモ] 男〈言語学〉同源語, 類形語, 類音語.

pa・ró・ni・mo, ma [-, マ] 形〈言語学〉同一語源の, 語形の似た, 発音の似ている.

pa・ro・xis・mo [パロクスモ] 男 1 感情の激高. 2〈病気〉急激な悪化[発作].

pa・ro・xís・ti・co, ca [パロクシスティコ, カ] 形 (発作などが)急にひどくなる.

pa・ro・xí・to・no, na [パロクシトノ, ナ] 形〈単語・詩行〉うしろから 2 番目の音節にアクセントがある.

par・pa・de・ar [パルパデアル] 自 1 まばたきする. 2 (灯火が)明滅する, ちかちかする.

par・pa・de・o [パルパデオ] 男 1 まばたき. 2〈灯火〉明滅, ちらつき.

pár・pa・do [パルパド] 男〈目〉まぶた.

par・que [パルケ] 男 1 公園, 遊園地. 2 (消防自動車などの)公共用の機材. 3 公共機材の置き場.4〈幼児用〉ベビーサークル.

parque automovilístico (一国などの)自動車保有台数.

parque de atracciones 遊園地.

parque de bomberos 消防署.

parque de coches 駐車場.

parque móvil (集合的に)(公的機関の)公用車.

parque nacional 国立公園.

parque natural 自然保護地帯.

parque zoológico 動物園.

par・qué [パルケ] 男〈床面〉寄せ木張り.

par・que・a・de・ro [パルケアデロ] 男 駐車場.

par・que・ar [パルケアル] 他 …を駐車する.

par・que・dad [パルケダス] 女 節約, 倹約.

par・quí・me・tro [パルキメトロ] 男 パーキングメーター.

pa・rra [パラ] 女 ブドウの木.

subirse a la parra 1 えらそうにする, うぬぼれる. 2 厚かましくなる. 3 かんかんに怒る.

pa・rra・fa・da [パラふァダ] 女 じっくりした話し合い.

pá・rra・fo [パラふォ] 男 段落, パラグラフ, 一節.

pa・rral [パラる] 男 棚状になったブドウの木.

pa・rran・da [パランダ] 女 梯子(はし)酒の大騒ぎ.

pa・rran・de・ar [パランデアル] 自 梯子(はし)酒で騒ぎまわる.

pa・rri・ci・da [パリしダ] 形《男女同形》(親などの)尊属殺人の.
— 男女 尊属殺人者.

pa・rri・ci・dio [パリしディオ] 男 尊属殺人.

pa・rri・lla [パリじゃ] 女 1〈料理〉焼き網, グリル. 2 焼き肉レストラン.

parrilla de salida 〈自動車レース〉スタート地点.

pa・rri・lla・da [パリじゃダ] 女 網み焼き料理, バーベキュー.

pá・rro・co [パロコ] 男 教区司祭.

pa・rro・quia [パロキア] 女 1〈宗教〉教区. 2 教区教会. 3 (集合的に)教区信者.

pa・rro・quial [パロキアる] 形〈宗教〉教区の.

pa・rro・quia・no, na [パロキアノ, ナ] 形 (同一)教区の.
— 男女 1 (同一)教区信者. 2 顧客, 常connection.

par・si・mo・nia [パルシモニア] 女 落ち着き, 平静.

par・si・mo・nio・so, sa [パルシモニオソ, サ] 形 1 落ち着いた, 平静な. 2 ゆっくりとした.

par・te [パルテ] 女 1 一部, 部分. 2 分け前, 割り分, 配当. 3 場所, 地域, 方面. 4 一方, 側, 一面. 5〈法律〉当事者. 6 視点, 側面.
— 男 1 報告, 報告書. 2〈報道〉ニュース.

a partes iguales 〈分割〉均等に.

dar parte de… (a…) (…に) …について報告する.

de… a esta parte …以来, 今日まで.

de parte de… 1 …の名のもとで. 2 …の命令で. 3 …の側からの. 4 …の味方の.

en gran parte 大部分で.

en parte 部分的に, ある程度は.

en salva sea la parte お尻に[で].

formar parte de… …の一部分で.

hacer las partes de… …を分割する.

la buena parte de… …の大部分.

la parte del león 〈分前〉最良の部分.

no ir a ninguna parte 重要性がない, 取るに足りない.

parte(s) de la oración 文構成要素, 品詞.

partes pudendas 〈人体〉恥部.

por mi parte 私としては.

por parte de… …の側の[で].

por partes 少しずつ, 徐々に.

por todas partes いたる所に.

por una parte… por otra parte~ 一方で…, 他方で~.

tomar parte en… …に参加する.

(un) parte médico 医者の報告.

par・te・luz [パルテるす] 男 (窓などの)縦仕切り.

par·te·naire [パルテネル] 男 女 パートナー.
par·te·ra [パルテラ] 女 助産婦, 産婆(諸).
par·te·ro [パルテロ] 男 〈男性〉助産係.
par·te·rre [パルテレ] 男 花壇, 植え込み.
par·ti·ción [パルティシオン] 女 1 分割, 分配. 2 (分割されたものの)一部分.
par·ti·ci·pa·ción [パルティシパシオン] 女 1 (活動への)参加, 関与. 2 割り当て, 分担部分. 3 〈宝くじ〉(10 分の 1 の)分券. 4 通知, 案内状.
par·ti·ci·pan·te [パルティシパンテ] 形 参加する.
— 男 女 参加者, 出場者.
par·ti·ci·par [パルティシパル] 自 1 (+en+活動) …に参加する, 加わる. 2 (+de…) …の一部を受け取る, 配分を受ける. 3 (+de…) …を共有する.
— 他 …を(+a…) …に通知する, 知らせる.
par·ti·ci·pa·ti·vo, va [パルティシパティボ, バ] 形 (行事に)よく参加する.
par·ti·ci·pe [パルティシペ] 形 関係する, 参加している.
— 男 女 関係者, 参加者.
hacer partícipe a… de～ ～について …に知らせる.
par·ti·ci·pio [パルティシピオ] 男 〈文法〉分詞.
participio absoluto 〈分詞構文の〉過去分詞.
participio activo [*de presente*] (-nte 語尾の)能動分詞.
participio pasado [*pasivo*] (-do 語尾の)過去分詞.
par·ti·cu·la [パルティクら] 女 1 つぶ, 小片. 2 〈文法〉小辞.
partícula elemental 〈物理学〉素粒子.
par·ti·cu·lar [パルティクらル] 形 1 独自の, 独特の, 特有の. 2 特別な, 格別の, 並はずれた. 3 個別の, 個人的な, 特定の. 4 個人の, 私的の.
— 男 女 個人, 私人, 一般人.
— 男 事柄, 問題点.
de particular 特別の, とくに目立った.
en particular 1 具体的には. 2 別にして, 特別に.
sin otro particular 1 〈手紙〉要件のみ(にて, 失礼します). 2 (+que…) …だけの目的で.
par·ti·cu·la·ri·dad [パルティクらりダス] 女 1 個性的特徴, 独自性. 2 詳細, 細部分[= particularidades].
par·ti·cu·la·ri·za·ción [パルティクらりさシオン] 女 1 特徴付け, 個性化, 個別化. 2 状況説明, 具体的説明.
par·ti·cu·la·ri·zar [パルティクらりさル] 他 〈活 39 gozar〉1 …を具体的に述べる. 2 …を個性的なものにする, 個別化する. 3 …を特別扱いする.
— 自 個別に言及する.
— *particularizar·se* 再 (+por…) …の点で特徴がある, きわ立っている.
par·ti·cu·lar·men·te [パルティクらルメンテ] 副

1 とくに, とりわけ. 2 個別に, 個々に.
par·ti·da[1] [パルティダ] 女 1 出発, 出立. 2 〈商品〉1 回の積送分, 1 回の取引き分. 3 〈勘定書〉(商品)項目, 品目. 4 (出生記録などの)記入項目. 5 (戸籍などの)証明書. 6 (制服姿の人の)一団, 一隊. 7 〈ゲーム〉ひと試合, ひと勝負, 一局.
par·ti·da·rio, ria [パルティダリオ, リア] 形 (+de…) …に賛成している, …の味方の.
— 男 女 賛成者, 味方.
par·ti·dis·mo [パルティディスモ] 男 1 〈政治〉一党派優先主義. 2 えこひいき.
par·ti·dis·ta [パルティディスタ] 形 《男女同形》1 一党派を優先する. 2 えこひいきする.
— 男 女 1 一党派優先主義者. 2 偏愛する人.
par·ti·do[1] [パルティド] 男 1 党派, 一党, 政党. 2 〈スポーツ〉ゲーム, 試合. 3 得(%), 利, 利益. 4 〈スポーツ〉チーム.
partido amistoso 親善試合.
partido judicial 〈裁判所〉管轄区.
sacar partido de… …から利益を引き出す.
ser un buen partido 良縁の結婚相手である.
tomar partido 1 (どれかひとつに)決定する. 2 (+por…) …に味方する.
par·ti·do[2]**, da**[2] 〈過去分詞〉→ partir 分けられる.
— 形 1 分けられた, 分割された. 2 気前のよい.
par·tir [パルティル] 他 1 …を(+en…) …に分ける, 分割する. 2 …を切り割る, 裂く. 3 …を折る, 割る. 4 …を(+entre…) …に分配する. 5 …を悩ませる.
— 自 1 出発する, 発(%)つ. 2 (+de…) …に発する, …から始まる.
— *partir·se* 再 1 割れる, 裂ける, 折れる. 2 出発する. 3 (+con…) …で大笑いする.
a partir de… 1 …以来, 以降. 2 …にもとづいて.
partir a (+人) *la cara* [*la boca, los dientes*] …をぶんなぐる.
partir a (+人) *el alma* [*el corazón*] …を大いに悲しませる.
partir a (+人) *por el eje* [*por la mitad*] …に大損害を与える.
partir·se de risa 笑いころげる.
par·ti·sa·no, na [パルティサノ, ナ] 男 女 (民間の)ゲリラ兵, パルチザン.
par·ti·ti·vo, va [パルティティボ, バ] 形 1 〈文法〉部分表示の. 2 〈数詞〉分数の.
par·ti·tu·ra [パルティトゥラ] 女 〈音楽〉楽譜.
par·to [パルト] 男 1 出産, 分娩. 2 (知的創造物の)産出. 3 知的創造物.
el parto de los montes 大々的な予告に反するみじめな成果.
parto prematuro 早産.
parto sin dolor 無痛分娩.
par·tu·rien·ta [パルトゥリエンタ] 形 〈女性〉臨月の, 産後の.

par·va [バルバ] 女 (脱穀前に並べられた)麦束.
par·vu·la·rio [バルブラリオ] 男 幼稚園.
pár·vu·lo, la [バルブロ, ら] 男女 幼児.
pa·sa¹ [パサ] 女 (→ paso²) 干しブドウ.
pa·sa·ble [パサブレ] 形 1 まずまずの. 2 十分な.
pa·sa·ca·lle [パサカじぇ] 男 〈音楽〉(軽快な舞曲の)パッサカリア.
pa·sa·da¹ [パサダ] 女 (→ pasado²) 1 (物の表面を)はわすこと. 2〈工程〉仕上げ. 3 アイロンのひとかけ. 4 (場所間の)移動, 通行. 5 (飛行機の)通過. 6 仮縫い, (一時しのぎの)かがり. 7 すぐれた行い.
  dar pasada a... …を大目に見る.
  de pasada 1 軽く, ざっと. 2 ついでに.
  jugar a (+人) una mala pasada …を意識的に邪魔する.
pa·sa·de·ra¹ [パサデラ] 女 (池などの)飛び石.
pa·sa·de·ro, ra² [パサデロ, ー] 形 まずまずの.
pa·sa·di·zo [パサディそ] 男 抜け道.
pa·sa·do¹ [パサド] 男 1 過去, 過去のこと. 2〈文法〉過去(時制).
pa·sa·do², da²《過去分詞》→ pasar 移す.
  ―形 1 過去の, 以前の. 2 過ぎ去った, すんだ. 3 盛りを過ぎた, くさりかけている. 4 使い古された. 5〈食肉〉火の通った. 6〈時制〉過去の.
  el mes [el año] pasado 先月[去年].
  huevo pasado por agua 半熟のゆで卵.
  (la carne) medio pasada ミディアムに焼いた(肉).
  la semana pasada 先週.
  pasado mañana 明後日, あさって.
pa·sa·dor [パサドル] 男 1 (太めの)ヘアピン. 2 ネクタイピン, 3 〈錠〉かんぬき.
pa·sa·je [パサへ] 男 1 (場所間の)移動, 通行. 2 (飛行機や船の)運賃, 旅費. 3 乗車券, 切符, チケット. 4 (集合的に)(船や飛行機の)乗客. 5 (道路をつなぐ)路地, 通路. 6 (小説や曲の)一節. 7 (島の回りの)狭い水路, 瀬戸.
pa·sa·je·ro, ra [パサヘロ, ラ] 形 1 一過性の, 一時的な. 2〈鳥〉渡りの／*ave pasajero* 渡り鳥.
  ―男女 乗客, 旅客.
pa·sa·ma·ne·rí·a [パサマネリア] 女 〈服飾〉飾りひも.
pa·sa·ma·nos [パサマノス] 男《単複同形》手すり.
pa·sa·mon·ta·ñas [パサモンタニャス] 男《単複同形》防寒帽, 目出し帽.
pa·san·te [パサンテ] 形 通過する.
  ―男女〈弁護士〉見習い, 実習生.
pa·sa·por·te [パサポルテ] 男 旅券, パスポート.
pa·sa·pu·rés [パサプレス] 男《単複同形》〈台所〉裏ごし器.
pa·sar [パサル] 他 1 …を(+de…)…から(+a…)…へ移す.

2 …を(+a…)…に入らせる, 案内する.
3 (本の頁など)をめくる, 線(⁽ᵅ⁾)る.
4 …を横切る, 横断する, 渡る.
5 (試験などに)合格する, 受かる.
6 …を手渡す, 使わせてやる.
7 (病気など)にかかる, …を経験する.
8 (液体などを)こす, 濾過(⁽ᵅ⁾)する.
9 …を飲み込む.
10 …を(+a…)…から受け入れる, 大目に見る.
11 〈スポーツ〉(ボール)をパスする.
12 (商品)を不法に持ち込む, 密輸入する.
13 (情報)を(+a…)…に届かせる.
14 (病気)を(+a…)…に移す, 伝染させる.
15 (映画など)を映写する.
16 (時間)を過ごす.
17 (電話)を(+a…)…につなぐ.
  ―自 1 移動する.
2 (時間が)経過する, 過ぎる.
3 (事が)起こる.
4 (事物が)耐える, もつ.
5〈ゲーム〉パスする.
6 (+a…) ①…に入る. ②続いて…に取りかかる.
7 (+de…) ①…を超過する, 越える. ②…の手から (+a…)…に移る. ③…を相手にしない.
8 (+por…) ①…を通る, 通過する. ②…に立ち寄る. ③…を経験する. ④…として通っている, …と見なされている.
9 (+sin…) …なしでやりくりする.
  ―**pasar·se** 再 1 (+por…) …に立ち寄る.
2 (+de…) …から (+a…) …へ移動する.
3 (時間などが)経過する, 過ぎる.
4 (時間) を過ごす.
5 (+a+反対側) …へ転向する, 主義をかえる.
6 (食べ物が)くさる, いたむ.
7 一線を越える, やりすぎる.
8 (+a+人) …がど忘れする.
9 (溶器が)もれる.
10 しおれる, だめになる.
11 我慢する, やりくりする.
  Lo que pasa es que... 実は…なんですよ.
  no pasar a (+人) (食べ物が) …の喉(⁽ᵅ⁾)を通らない.
  pasar a (+不定詞) つぎに…し始める.
  pasar adelante 先へ進む, 前進する.
  pasar de castaño oscuro (物事が)ひどすぎる.
  pasar de largo 立ち止まらない, 通過する.
  pasar·lo bien [mal] 楽しい[つらい]時を過ごす.
  pasar por alto... 1 …を言い忘れる. 2 …を見落とす.
  pasar por encima de... …を無視して行動する.
  pasar·se el peine (自分の)髪をすく.
  pasar·se·lo (en grande) (すばらしい)時を過

他 は他動詞 再 は再帰動詞 形 は形容詞 副 は副詞 前 は前置詞 接 は接続詞 間 は間投詞

ごす.

pase lo que pase なにが起ころうとも，いずれにせよ．

¿Qué pasa (contigo)? 1 やあ元気？ 2 どうしたの？

pa·sa·re·la [パサレラ] 囡 1 （横断）歩道橋．2 （ファッションショーなどの）張り出し舞台．

pas·cal [パスカル] 男 〈圧力の単位〉パスカル．

pas·cua [パスクア] 囡 1 復活祭，イースター [= Pascua]．2 降誕祭，クリスマス [= Pascuas]．3 〈ユダヤ教〉過越(すぎこし)の祝い．

de Pascuas a Ramos ごくまれに，たまに．

estar como unas pascuas （人が）とても楽しそうである．

¡Felices Pascuas! クリスマスおめでとう！

hacer la pascua a... …を不愉快にさせる，困らせる．

...y ¡santas pascuas! （仕方がない）それでいいのだ．

Pas·cua [パスクア] 圄 〈島の名〉（巨石像モアイのある南太平洋の）イースター島．

pas·cual [パスクアル] 形 1 復活祭の．2 クリスマスの．3 過越(すぎこし)の祝いの．

Pas·cual [パスクアル] 圄 〈男性の名〉パスクアル．

pa·se [パセ] 男 1 入場許可証，通行券．2 （地位や場所の）変更，移動．3 ファッションショー．4 上演，上映．5 〈スポーツ〉パス，送球．6 〈闘牛〉（牛の突進をムレタでかわす）パセ．7 〈手品師〉手さばき．

pa·se·an·te [パセアンテ] 形 通りをぶらつく．
— 男囡 散歩する人．

pa·se·ar [パセアル] 圁 1 ぶらつく．2 散歩する．3 （馬が）ゆっくり歩く．
— 他 1 …を散歩に連れだす．2 …をあちこち持って歩く．
— *pasearse* 再 1 ぶらつく．2 散歩する．

pa·se·í·llo [パセイジョ] 男 〈闘牛〉入場行進．

pa·se·o [パセオ] 男 1 散歩，散策．2 遊歩道，散歩道．3 （遊歩道も並走する）大通り．4 ひと歩きの距離．

dar el paseo a (+人) …を町はずれに連れだして殺す．

mandar a paseo... …をきっぱり拒絶する．

paseo marítimo （散歩用の）海岸通り．

pa·se·ri·for·mes [パセリフォルメス] 男複 〈分類〉燕雀(えんじゃく)目の鳥．

pa·si·llo [パシジョ] 男 1 （建物内部の）通路，廊下．2 （人垣の間の）通路．

pa·sión [パシオン] 囡 1 情熱，激情．2 熱中，熱狂．3 熱中しているもの．4 キリストの受難 [= Pasión]．5 キリスト受難曲．

pa·sio·nal [パシオナル] 形 情熱の，熱愛の．

pa·sio·na·ria [パシオナリア] 囡 〈植物〉トケイソウ [時計草]．

pa·si·va¹ [パシバ] 囡 〈文法〉受動態．

pasiva refleja 再帰受動文．

pa·si·vi·dad [パシビダス] 囡 消極的姿勢，受動性．

pa·si·vo¹ [パシボ] 男 （集合的に）債務．

pa·si·vo², va² [パシボ, バ] 形 1 消極的な，人のいいなりの．2 姿勢が受け身の，受動的な．3 〈文法〉受動(態)の，受け身の．

pas·ma [パスマ] 囡 サツ [= 警察]．

pas·ma·do, da [パスマド, ダ] 〈過去分詞〉→ pasmar 急に冷やす．
— 形 1 こごえている．2 呆然(ぼうぜん)とした，あっけにとられた．

pas·mar [パスマル] 他 1 …を急に冷やす．2 …を呆然(ぼうぜん)とさせる．
— *pasmarse* 再 1 急に冷える，こおる．2 （+ de...）で びっくりする，…に呆然とする．

pas·ma·ro·te [パスマロテ] 男 〈人〉間抜けですのろ．

pas·mo [パスモ] 男 1 驚き，仰天，呆然(ぼうぜん)．2 〈病気〉凍傷．

pas·mo·so, sa [パスモソ, サ] 形 呆然(ぼうぜん)とさせるほどの，驚くべき．

pa·so¹ [パソ] 男 1 （歩行の）一歩．2 歩幅，ひと足．3 歩調，歩き方．4 横断，交差．5 通行，通過．6 通路，通り道．7 足音．8 足跡．9 〈ダンス〉ステップ．10 峠．11 海峡．12 （時の）経過，流れ．13 （一時的な）滞在，立ち寄り．14 （重要な）出来事，事件．15 進歩，前進．16 〈聖週間〉受難のキリスト像．17 受難のキリスト像を担いで行進する受難のキリスト像．18 幕間(まくあい)劇．19 （電話料金などの）度数．20 〈衣類〉縫い目，ステッチ．
— 副 静かに，ゆっくりと．
— 圊 （人込みで）すみません，通してください！
— 圄 → pasar 移す．

abrir paso a... …に道をあけてやる．

abrir·se paso 1 人込みをかきわけて進む．2 昇進する，成功する．

a cada paso 1 いつも．2 どこに行っても．

a este [ese] paso この進み具合では［その調子なら］．

al paso que (+直説法) …するにつれて，…するとき．

a paso de tortuga ゆっくりと，じっくりと．

a pasos agigantados 迅速に．

apretar el paso （だんだん）歩調を早める．

a un paso [dos pasos, cuatro pasos] すぐ近くに．

caer a... al paso …の通る道にある．

coger [pillar] de paso a... …の行く先の近くにある．

dar el primer paso [los primeros pasos] 行動を開始する．

dar paso a... …を開始する，引き起こす．

dar un paso （必要な処置を講ずる，行動を起

こす.
dejar [ceder] el paso a... …に道をゆずる.
de paso 1 ついでに. 2 軽く, ざっと. 3 ほんのひと時.
estar en un mal paso 苦しい状況にある.
llevar buen paso (人が)軽快に進む.
marcar el paso 歩調を合わせて進む.
paso a nivel〈鉄道〉踏切.
paso de cebra 横断歩道.
paso del Ecuador〈学生生活を半分すごした学生の折り返しの祝い, 記念旅行.
paso por paso 少しずつ, ていねいに.
salir al paso 1 (情報を)否定する. 2 (+de...)…の機先を制する. …をはばむ.
salir del paso 一時しのぎをする.
seguir los pasos a... …を見張る.
seguir los pasos de... …の仕方を真似る, …を手本にする.
un paso adelante [atrás] 一歩前進[一歩後退].

pa·so², sa² [バソ, サ]〈果物〉乾燥させた, 干した.
pa·so·do·ble [バソドブレ]男〈闘牛〉(入場行進曲の)パソドブレ.
pa·sos [バソス]男複〈→ paso¹〉1 手続き, 処置. 2〈バスケットボール〉トラベリング.
pa·so·ta [バソタ]形〈男女同形〉1 無頓着な(ぶ). 2 白けた.
— 男女 1 無頓着な人. 2 白けた人間.
pa·so·tis·mo [バソティスモ]男 白け.
pas·par·tú [バスパルトゥ]男 (絵と額縁(ぶ)の間に入れる)飾り枠(ぶ).
pas·quín [バスキン]男 風刺ビラ, 落書.
pas·ta [バスタ]女 1 練(ね)り物, ペースト. 2 パン・パイ・麺類(めん)の生地(き). 3〈マカロニなどの麺類の〉パスタ. 4 クッキー, パイ. 5〈装丁〉皮表紙. 6 お金. 7 性格.
libro en pasta 装丁本.
pasta dentífrica [de dientes] 練り歯磨き.
pasta de papel 製紙用パルプ.
pasta gansa 大量のお金, 大金.
soltar [aflojar] la pasta 財布のひもをゆるめる, お金を出す.

pas·tar [バスタル]自 (家畜が)草を食(は)む.
— 他〈家畜に〉牧草を食べさせる.
pas·tel [バステル]男 1 (小型の)ケーキ, パイ. 2〈絵の具〉パステル. 3 パステル画法. 4 パステル画. 5 闇取引, 陰謀.
(dibujos) al pastel パステル画の(デッサン).
pastel de carne ミートパイ.
pastel de manzana アップルパイ.
pas·te·le·rí·a [バステレリア]女 1〈店〉ケーキ屋. 2 (集合的に)ケーキ, パイ. 3 ケーキ製造法.
pas·te·le·ro, ra [バステレロ, ラ]形 ケーキ(製造)の.
— 男女 1〈人〉ケーキ屋. 2 ケーキ職人.
pas·te·ri·za·ción [バステリサシオン]女〈= pasteurización〉〈食品加工〉低温殺菌.

pas·te·ri·zar [バステリサル]他《活 39 gozar》〈= pasteurizar〉(食品)を低温殺菌する.
pas·ti·che [バスティチェ]男 1〈芸術〉模倣, 模作. 2 (模倣を組み合わせられた)パスティーシュ.
pas·ti·lla [バスティジャ]女 1〈薬〉錠剤. 2 ドロップ, トローチ. 3 (石けんなどの)ひとかたまり.
a toda pastilla 全速力で, 大急ぎで.
pastilla de chocolate チョコレートのひとかけら.
pas·ti·zal [バスティさる]男 牧草地.
pas·to [バスト]男 1 牧草. 2 牧草地. 3 あおりたてるもの, 餌食(えじき), 糧(かて). 4 芝生(しば).
a todo pasto 大量に, 際限なく.
dar pasto a... …を活気づける.
pas·tor¹ [バストル]男〈宗教〉(司教などの)牧者, 牧師.
pas·tor², to·ra [—, トラ]男女〈人〉羊飼い.
pastor alemán〈犬〉シェパード.
perro pastor 牧羊犬.
pas·to·ral [バストらル]形 1 牧歌的な, 羊飼いの. 2〈宗教〉牧者の.
— 女 田園詩, 牧歌曲.
pas·to·re·ar [バストレアル]他 1 (家畜)を牧場で見張る. 2 …を見張る, 待ち伏せする.
pas·to·re·o [バストレオ]男 (牧場での)飼育, 放牧.
pas·to·ril [バストりル]形〈文学〉牧歌の.
pas·to·so, sa [バストソ, サ]形 1 (スープなどが)具の多い. 2 (パン生地(き)のように)よぶよした. 3 (口が)ねばねばした.
pa·ta [バタ]女 1〈動物〉足, 脚. 2〈人〉脚. 3〈家具〉脚. 4〈鳥〉(雌の)カモ, アヒル. 5〈女性〉間抜けの, のろま.
a cuatro patas 四つんばいになって.
a la pata coja 片足をあげて, けんけんで.
a la pata la llana 平静に, 自然な雰囲気で.
a pata 歩いて, 足で.
estirar la pata 死ぬ.
mala pata 不運, つきの悪さ.
meter la pata ピントはずれなことをする[言う].
pata de gallo 1 昼尻のしわ, 鳥の足跡. 2〈布地模様〉千鳥格子.
patas arriba 1 逆さまに. 2 ちらかして.
poner a (+人) de patas en la calle …をつまみ出す, ほうり出す.
pa·ta·da [バタダ]女 足げり.
a patadas 1 あまるほど. 2 乱暴に.
dar cien patadas a... …をうんざりさせる.
dar la patada a... …を解雇する, 追い出す.
dar una patada a... *en*~ …の〜をける.
en dos patadas やすやすと, 簡単に.
pa·ta·gón, go·na [バタゴン, ゴナ]形〈南米の地方の〉パタゴニア Patagonia の.
— 男女 パタゴニアの人.
Pa·ta·go·nia [バタゴニア]固〈地方の名〉(南

米南部の)パタゴニア.

pa·ta·le·ar [パタレアル] 自 1 足をばたばたさせる. 2 足を踏み鳴らす, 地団駄(じだんだ)踏む.

pa·ta·le·o [パタレオ] 男 1 足をばたつかせること. 2 地団駄(じだんだ).

pa·ta·le·ta [パタレタ] 女 〈怒り〉かんしゃく.

pa·tán [パタン] 形 〈男性〉粗野な.
— 男 1 無骨な男. 2 田舎(いなか)者.

pa·ta·plún [パタプルン] 間 ドスン!, バタン!, ガタン!

pa·ta·ta [パタタ] 女 ジャガイモ.
ni patata (否定文で) 全然, なにも (…ない).
patata dulce サツマイモ.

pa·ta·tal [パタタル] 男 ジャガイモ畑.

pa·ta·tán [パタタン] 〈つぎの副詞句の一部〉
que (si) patatín, que (si) patatán あれこれと.

pa·ta·tús [パタトゥス] 男 《単複同形》失神, 卒倒.

pa·té [パテ] 男 〈料理〉パテ.

pa·te·ar [パテアル] 他 1 …を足げりにする. 2 (場所)を歩き回る.
— 自 1 (抗議して)足を踏み鳴らす. 2 歩き回る.

pa·te·na [パテナ] 女 〈宗教〉聖体皿.

pa·ten·tar [パテンタル] 他 1 …の特許権を得る. 2 …の特許権を与える.

pa·ten·te [パテンテ] 形 明白な.
— 女 1 証明書, 許可証. 2 特許権, 特許証.
patente de corso (他の人には許されない)特別免許.

pa·ten·ti·zar [パテンティサル] 他 《活 39 gozar》…を明白にする.

pa·te·o [パテオ] 男 〈抗議〉足を踏み鳴らすこと.

pa·te·ra [パテラ] 女 平底ボート.

pa·ter·nal [パテルナる] 形 父の, 父親らしい.

pa·ter·na·lis·mo [パテルナリスモ] 男 家父長主義.

pa·ter·na·lis·ta [パテルナリスタ] 形 〈男女同形〉家父長主義の.
— 男 女 家父長主義者.

pa·ter·ni·dad [パテルニダッ] 女 1 父親としての立場. 2 父性.

pa·ter·no, na [パテルノ, ナ] 形 父親の, 親の.

pa·ter·nós·ter [パテルノステル] 男 《単複同形》〈宗教〉主の祈り.

pa·té·ti·co, ca [パテティコ, カ] 形 悲惨な, 痛ましい.

pa·te·tis·mo [パテティスモ] 男 悲惨さ, 悲愴.

pa·ti·bu·la·rio, ria [パティブラリオ, リア] 形 1 処刑台の. 2 身の毛もよだつ, 恐ろしい.

pa·tí·bu·lo [パティブろ] 男 処刑台, 絞首台.

pa·ti·di·fu·so, sa [パティディフソ, サ] 形 たまげた, 驚き入った.

pa·ti·lla [パティじゃ] 女 1 もみあげ. 2 〈眼鏡〉つる.

pa·tín [パティン] 男 1 スケート靴/ *comprar unos patines* スケート靴を買う. 2 〈乗り物〉(子供が片足でけって走る)スクーター. 3 水上自転車.

pá·ti·na [パティナ] 女 1 (古くなって起こる)色あせ. 2 古色.

pa·ti·na·dor, do·ra [パティナドル, ドラ] 男 女 スケートをする人, スケーター.

pa·ti·na·je [パティナへ] 男 〈スポーツ〉スケート.
patinaje sobre hielo アイススケート.
patinaje sobre ruedas ローラースケート.

pa·ti·nar [パティナル] 自 1 〈スポーツ〉スケートをする. 2 スリップする. 3 間違える, へまをする.

pa·ti·na·zo [パティナソ] 男 1 すべること, スリップ. 2 間違い, へま.

pa·ti·ne·te [パティネテ] 男 〈乗り物〉(子供が片足をけって走る)スクーター.

pa·tio [パティオ] 男 〈建築〉中庭, パティオ.
cómo está el patio 1 (雰囲気の)ぴりぴりした空気. 2 間 なんてとげとげしい.
patio de butacas 〈劇場〉(1階席の)平土間.

pa·ti·ti·e·so, sa [パティティエソ, サ] 形 1 足が動かない, 足のすくんだ. 2 目を見張るような, 瞠若(どうじゃく)すべき.

pa·ti·zam·bo, ba [パティサンボ, バ] 形 エックス脚 [X脚] の.
— 男 女 X脚の人.

pa·to [パト] 男 1 〈鳥〉アヒル, カモ. 2 〈男性〉間抜け, のろま.
pagar el pato ぬれぎぬを着る.

pa·to·cha·da [パトチャダ] 女 でたらめ, へま.

pa·tó·ge·no, na [パトヘノ, ナ] 形 発病させる.

pa·to·lo·gí·a [パトロヒア] 女 病理学.

pa·to·ló·gi·co, ca [パトロヒコ, カ] 形 1 発病を示す. 2 病理学の.

pa·to·so, sa [パトソ, サ] 形 1 のろまな, 不器用な. 2 へまなくせに目立ちたがる.
— 男 女 1 へまな人間. 2 不器用者.

pa·tra·ña [パトラニャ] 女 真っ赤なうそ.

pa·tria[1] [パトリア] 女 〈→ patrio〉 1 祖国, 母国. 2 生地, 故郷.
hacer patria 1 祖国に貢献する. 2 ひとり楽しむ.
patria celestial 天国.
patria chica 生まれ故郷.

pa·triar·ca [パトリアルカ] 男 1 〈宗教〉族長. 2 〈ギリシア正教〉総主教. 3 長老, 古老.
vivir como un patriarca 長老然として生活する.

pa·triar·ca·do [パトリアルカド] 男 1 〈宗教〉総主教の職[教区, 任期]. 2 家父長制.

pa·triar·cal [パトリアルカる] 形 1 〈宗教〉族長の. 2 家父長制の. 3 〈宗教〉総主教の.

Pa·tri·cia [パトリシア] 固 〈女性の名〉パトリシア.

Pa·tri·cio [パトリシオ] 固 〈男性の名〉パトリシオ.

pa·tri·cio, cia [パトリシオ, シア] 形 1 〈古代ローマ〉貴族の. 2 特権階級の.

— 男 〈古代ローマ〉貴族.

pa·tri·mo·nial [パトリモニアる] 形 〈財産〉世襲の.

pa·tri·mo·nio [パトリモニオ] 男 1 (集合的に)財産, 資産. 2 世襲財産. 3 史的遺産.
Patrimonio de la Humanidad (ユネスコの)世界文化遺産.

pa·trio, tria² [パトリオ, —] 形 1 祖国の, 母国の. 2 生地の, 故郷の.

pa·trio·ta [パトリオタ] 形《男女同形》愛国の, 愛国的な.
— 男女 愛国者.

pa·trió·ti·co, ca [パトリオティコ, カ] 形 愛国者の.

pa·trio·tis·mo [パトリオティスモ] 男 愛国心.

pa·tro·ci·nar [パトロしナる] 他 1 …を後援する. 2 …のスポンサーになる.

pa·tro·ci·nio [パトロしニオ] 男 後援, 協賛.

pa·trón¹ [パトロン] 男 1〈商船・漁船〉船長. 2 見本, 型(%), 型紙, パターン. 3〈計器〉原器.
(*estar*) *cortados por el mismo patrón* (ふたつ[ふたり]が)とてもよく似て(いる).
patrón oro 金本位制.

pa·trón², tro·na [—, トロナ] 男女 1 雇い主, 雇用者. 2 親方, 主人. 3〈宿屋〉主人, おかみ[女将]. 4 守護聖人. 5 後援者, 保護者, スポンサー.

pa·tro·nal [パトロナる] 形 1 雇用者の, 経営者の. 2 守護聖人の. 3 後援者の.
— 女 (地区の)祭り. (地区)の祭り.

pa·tro·na·to [パトロナト] 男 1 (公益事業の)協会, 財団. 2 (公共機関の)理事会, 役員会. 3 経営者団体, 雇用者連合.

pa·tro·naz·go [パトロナすゴ] 男 1 (後援者の)実力. 2 (聖人の)守護, 保護.

pa·tro·ní·mi·co¹ [パトロニミコ] 男 (Ramiro → Ramírez のように)父親の名に由来する姓.

pa·tro·ní·mi·co², ca [—, カ] 形 1〈古代社会〉(人名で, 父の名になっている)名跡(%%)の. 2〈姓〉父親の名に由来する.

pa·tro·no [パトロノ] 男 1 雇用者. 2 親方, ボス. 3 守護聖人. 4 後援者, スポンサー.

pa·tru·lla [パトるじゃ] 女 1 パトロール, 巡視, 警備. 2 巡視隊, パトロール隊. 3 (特別の目的を持つ人々の)一団, 一隊. 4 巡視船隊. 5 哨戒飛行部隊.
coche patrulla パトカー.
patrulla de rescate 救助隊.

pa·tru·llar [パトるじゃる] 自 (+*en, por*…) …をパトロール[巡回]する.
— 他 (地区)を[に]巡回[巡視]する.

pa·tru·lle·ro, ra [パトるじぇロ, ラ] 形 巡視の, パトロールの.
— 男女 巡視船.

pa·tu·cos [パトゥコス] 男複 1〈乳児〉ニットの靴下. 2 (寝るときに着用する)保温用靴下.

pa·tu·le·a [パトゥれア] 女 騒がしい一団.

Pau·la [パウラ] 固 〈女性の名〉パウラ.

pau·la·ti·na·men·te [パウらティナメンテ] 副 ゆっくりと, 徐々に.

pau·la·ti·no, na [パウらティノ, ナ] 形 ゆっくりとした, 漸進(%)的な.

Pau·li·na [パウリナ] 固 〈女性の名〉パウリナ.

Pau·li·no [パウリノ] 固 〈男性の名〉パウリノ.

Pau·lo [パウろ] 固 〈男性の名〉パウロ.

pau·pe·ris·mo [パウペリスモ] 男 大量の貧民.

pau·pér·ri·mo, ma [パウペリモ, マ] 形《絶対最上級語→ pobre》とても貧しい.

pau·sa [パウサ] 女 1 小休止, ひと休み. 2 のろさ, 遅滞. 3〈音声学・音楽〉休止.

pau·sa·do¹ [パウサド] 副 ゆっくりと.

pau·sa·do², da [—, ダ] 形 ゆっくりした, のんびりした.

pau·ta [パウタ] 女 1 手本, 模範. 2〈ノート類〉罫線(%%).

pa·va¹ [パバ] 女 (→ pavo¹,²)〈鳥〉(雌の)シチメンチョウ.
pelar la pava (恋人のふたりが)愛をささやく.

pa·va·na [パバナ] 女 (近世ヨーロッパの宮廷舞踊の)パバーヌ.

pa·vés [パベス] 男 1 (田舎(%%)道の)簡易舗装. 2〈武具〉大盾.

pa·ve·sa [パベサ] 女 火の粉, 火花.

pa·ví·a [パビア] 女〈品種〉(桃の)パビア.

pa·vi·men·ta·ción [パビメンタしオン] 女 1〈作業〉舗装. 2 舗装面.

pa·vi·men·tar [パビメンタる] 他 …を舗装する.

pa·vi·men·to [パビメント] 男 1 (路面などの)舗装. 2 舗装材料.

pa·vi·so·so, sa [パビソソ, サ] 形 気の弱い, 内気な.

pa·vo¹ [パボ] 男 1〈鳥〉シチメンチョウ. 2 (5ペセタ相当の)ドゥロ硬貨. 3 気弱(%)の, 内気.
edad del pavo 思春期.
pavo real〈鳥〉クジャク.
subir·se a (+*un*) *el pavo* …が顔を赤らめる.
tener pavo 内気である.

pa·vo², va² 形 気の弱い, 内気な.
— 男女 内気な人.

pa·vón [パボン] 男 1〈昆虫〉クジャクチョウ. 2〈鉄製品〉酸化被膜.

pa·vo·ne·ar·se [パボネアルセ] 再 (+*de*…) …をひけらかす, ひどく誇示する.

pa·vor [パボル] 男 大きな恐怖.

pa·vo·ro·so, sa [パボロソ, サ] 形 とても恐ろしい.

pa·ya·dor [パヤドル] 男 (南米のガウチョの)吟遊詩人.

pa·ya·sa·da [パヤサダ] 女 1 道化, おどけ. 2 茶番劇, 悪ふざけ.

pa·ya·so¹ [パヤソ] 男〈サーカス〉道化師, ピエロ.

他 は他動詞 再 は再帰動詞 形 は形容詞 副 は副詞 前 は前置詞 接 は接続詞 間 は間投詞

pa·ya·so², sa [パ―, サ] 形 1 人を笑わせるのが上手な. 2 悪ふざけの.
— 男 女 ひょうきん者, おどけ者.

pa·yés, yesa [パイェス, イェサ] 男 女 (カタルニア地方やバレアレス諸島の)農民.

pa·yo, ya [パヨ, ヤ] 形 (ジプシー側から見て)非ジプシーの.
— 男 女 ジプシーでない者.

paz [パす] 女 (複 paces) 1 平和, 平時. 2 講和条約. 3 平安, 平穏, 安らぎ. 4 (人々の)和合, なごやかさ. 5 《ミサ》親睦(ಓಲು)の儀式.
aquí paz y después gloria 一件落着.
dejar a (+人) *en paz* …をそっとしておく.
descansar [reposar] en paz 亡くなる, 死亡する.
estar [quedar] en paz 1 貸し借りがなくなる. 2 借りを返す.
firmar la paz 講和条約に調印する.
hacer las paces (con...) (…と)和解する.
ir en paz その場を離れる, 別れる.
poner paz entre... …を和解させる.
Que en paz descanse. 安らかに眠れ.
... y en paz. …で, それでおしまい.

Paz [パす] 固 《La+》《都市の名》(ボリビアの首都の)ラパス.

paz·gua·te·rí·a [パすグアテリア] 女 無邪気な騒ぎ立て.

paz·gua·to, ta [パすグアト, タ] 形 単純に感激する.
— 男 女 無邪気に騒ぎ立てる人.

pa·zo [パそ] 男 (ガリシア地方の)旧家の屋敷.

PCE [ペせ] 男 《略語》Partido Comunista de España スペイン共産党.

pche [プス] 間 《=pchs》1 (冷淡さを込めて)ふん!, ばかな! 2 ねえ君!, ちょっと!

P. D. [ペデ] 《ポスダタ》《略語》posdata 追伸.

pe [ペ] 女 《文字 P, p の名》ペ.
de pe a pa 始めから終りまで.

p. e., p. ej. [ポルエヘンプロ] 《略語》por ejemplo たとえば.

pe·a·je [ペアへ] 男 1 (道路などの)通行料. 2 料金所.
autopista de peaje 有料道路.

pe·a·na [ペアナ] 女 (像などの)台座.

pe·a·tón, to·na [ペアトン, トナ] 男 女 歩行者.
paso de peatones 横断歩道.

pe·a·to·nal [ペアトナル] 形 歩行者の.

pe·ca [ペカ] 女 (顔の)そばかす.

pe·ca·do [ペカド] 男 1 《宗教》罪, あやまち. 2 《宗教》罪を犯した状態. 3 もったいないこと, 罰当たり.
(人名+) *de mis pecados* しようのない….
... de pecado 1 《食べ物》とてもおいしい…. 2 …てもすてきな….
pagar (por) sus pecados 過去の報いを受ける.
pecado mortal 大罪.
pecado nefando 男色.
pecado original 原罪.
pecado venial 小罪.

pe·ca·dor, do·ra¹ [ペカドル, ドラ] 形 《宗教》罪を犯しやすい.
— 男 女 《宗教》罪人(??), 罪を犯しやすい人.

pe·ca·do·ra² 女 売春婦.

pe·ca·mi·no·so, sa [ペカミノソ, サ] 形 《宗教》罪の, 罪人(??)の.

pe·car [ペカル] 自 (活 73 sacar) 1 《宗教》罪を犯す, 神の教えにそむく. 2 間違いをする. 3 (+de...) …の傾向が強すぎる.

pe·ca·rí [ペカリ] 男 《動物》(イノシシに似た)ペッカリー.

pe·ce·ra [ペせラ] 女 (魚を飼うガラスの)水槽.

pe·ces [ペせス] 男 (複) pez の複数. 魚類.

pe·char [ペチャル] 自 1 (+con...) …を引き受ける. 2 《中世》税を納める.

pe·che·ra [ペチェラ] 女 1 《衣服》胸の部分. 2 《女性》胸部.

pe·chi·na [ペチナ] 女 1 《建築》(円屋根の)穹隅(きゅう). 2 (ホタテガイの)貝殻.

pe·cho [ペチョ] 男 1 胸, 胸部. 2 乳房. 3 肺, 呼吸器. 4 (内面の)心, 胸のうち. 5 気力, 勇気. 6 《中世》租税.
abrir su pecho a... …に胸のうちを語る.
a pecho descubierto 1 武器を持たずに. 2 誠実に.
dar el pecho a... …に母乳を与える.
partir·se el pecho por... …のために努力する.
sacar pecho 胸を張る.
tomar el pecho 母乳を飲む.
tomar(se) ... a pecho [a pechos] 1 …に深い関心を示す. 2 …を真剣に受けとる. 3 …で気を悪くする.

pe·chu·ga [ペチュガ] 女 1 《鳥》胸部. 2 《人》胸, 乳房.

pe·chu·go·na [ペチュゴナ] 形 《女性》胸の大きな.
— 女 胸の豊かな女性.

pe·cí·o·lo [ペしオロ] 男 《=peciolo》《植物》葉柄.

pé·co·ra [ペコラ] 女 1 売春婦. 2 足の悪臭.
una mala pécora 性悪(しょうわる)女.

pe·co·so, sa [ペコソ, サ] 形 そばかすのある.
— 男 女 そばかすの多い人.

pec·to·ral [ペクトラル] 形 1 胸の, 胸部の. 2 呼吸器の.
— 男 1 咳(せき)止め薬. 2 《聖職者》胸掛け用十字架.

pe·cua·rio, ria [ペクアリオ, リア] 形 家畜の.

pe·cu·liar [ペクリアル] 形 1 独特の, 独得の, 固有の. 2 奇妙な, 珍しい.

活 は活用形 複 は複数形 男 は男性名詞 女 は女性名詞 固 は固有名詞 代 は代名詞 自 は自動詞

pe·cu·lia·ri·dad [ペクリアリダス] 囡 特性, 独自性.

pe·cu·liar·men·te [ペクリアルメンテ] 副 **1** 独特に, 特別に. **2** 一風変って, 珍しくも.

pe·cu·lio [ペクリオ] 男 持ち金, 財産.

pe·cu·nia·rio, ria [ペクニアリオ, リア] 形 金銭の, 現金の.

pe·da·go·gí·a [ペダゴヒア] 囡 **1** 教育学, 教授法. **2** 教育能力, 教える才能.

pe·da·gó·gi·co, ca [ペダゴヒコ, カ] 形 **1** 教育学の. **2** 教育的な, 教えるのに役立つ.

pe·da·go·go, ga [ペダゴゴ, ガ] 男 囡 **1** 教育者, 教員. **2** 教育学者.

pe·dal [ペダる] 男 **1** (自転車や楽器の)ペダル, 踏み板. **2** 酒の酔い.

pe·da·la·da [ペダらダ] 囡 ペダルの踏み込み.

pe·da·le·ar [ペダれアル] 自 ペダルを踏み込む.

pe·da·le·o [ペダれオ] 男 ペダルを踏む動作.

pe·da·ní·a [ペダニア] 囡 小さな町.

pe·dan·te [ペダンテ] 形 学者ぶった.
― 男 囡 学者ぶった人間.

pe·dan·te·rí·a [ペダンテリア] 囡 学者ぶること.

pe·da·zo [ペダそ] 男 小片, ひと切れ.
  a pedazos ばらばらに.
  caer·se a pedazos **1** とても古くなっている. **2** くたくたに疲れる.
  estar hecho pedazos **1** 気落ちしている. **2** 疲れきっている.
  hacer·se pedazos **1** 粉々にこわれる. **2** 身を粉にして努力する.
  pedazo de alcornoque [*de animal*] 圃 このばか者!
  ser un pedazo de pan (人が)とても善良である.

pe·de·ras·ta [ペデラスタ] 男 〈少年相手の〉男色者.

pe·de·ras·tia [ペデラスティア] 囡 〈少年相手の〉男色.

pe·der·nal [ペデルナる] 男 **1** 火石石. **2** とても固いもの.

pe·des·tal [ペデスタる] 男 **1** (像などの)台座. **2** 踏み台, 足がかり.
  en un pedestal とても高く評価して.

pe·des·tre [ペデストレ] 形 **1**〈スポーツ競争〉足を使った, 徒歩の. **2** 俗っぽい, 下品な. **3** ありふれた, 平凡な.

pe·dia·tra [ペディアトラ] 男 囡 小児科医.

pe·dia·trí·a [ペディアトリア] 囡 〈医学〉小児科.

pe·dí·cu·lo [ペディクろ] 男 〈植物〉(葉や花の)柄.

pe·di·cu·ro, ra [ペディクロ, ラ] 男 囡 (たこやひょうそなどを治療する)足の治療医.

pe·di·da [ペディダ] 囡 (女性への)求婚.

pe·di·do [ペディド] 男 〈商業〉**1** 注文. **2** 注文書. **3** 注文品.

pe·di·grí [ペディグリ] 男 〈動物〉血統, 血統書.

pe·di·güe·ño, ña [ペディグエニョ, ニャ] 形 しつこく要求する.
― 男 囡 要求のしつこい人.

pe·dir [ペディル] 他〈活56〉**1** …を求める, 要求する.
  2 (+por+商品) …に(値段)をつける.
  3 …をほしがる.
  4 …を必要とする.
  5 (+a…) …に(+que+接続法) …してくれたのむ, 要請する.
  6 …を注文する, 発注する.
― 自 (お金などの)物を乞う.

pe·do [ペド] 男 **1** おなら, 屁(へ). **2** 酒の酔い. **3** 〈麻薬〉恍惚(こうこつ)状態.

pe·do·rre·ar [ペドレアル] 自 おならを繰り返す.

pe·do·rre·o [ペドレオ] 男 おならの連発.

pe·do·rre·ra [ペドレラ] 囡 大きなおならの連発.

pe·do·rre·ta [ペドレタ] 囡 (口で出す)おならの音.

pe·do·rro, rra [ペドロ, ラ] 形 **1** よく放屁(ほう)する. **2** 〈人〉どじで不愉快な.
― 男 囡 よく放屁する人.

pe·dra·da [ペドラダ] 囡 **1** 投石. **2** 投石による打撃. **3** 投石の傷跡.

pe·dre·a [ペドレア] 囡 **1**〈宝くじ〉(集合的に)小額の当選金. **2** 投石合戦. **3**〈気象〉ひょう[あられ]の落下.

pe·dre·gal [ペドレがる] 男 石だらけの土地, 石原.

pe·dre·go·so, sa [ペドレゴソ, サ] 形 〈土地〉石の多い.

pe·dre·rí·a [ペドレリア] 囡 (集合的に)宝石.

pe·dris·co [ペドリスコ] 男 〈気象〉(降りそそぐ)大粒のひょう[あられ].

Pe·dro [ペドロ] 固 〈男性の名〉ペドロ.

pe·drus·co [ペドルスコ] 男 大きな岩石.

pe·dún·cu·lo [ペドゥンクろ] 男 **1**〈植物〉花柄(へい), 葉柄. **2**〈動物〉(腕足類などの)肉茎.

pe·er·se [ペエルセ] 再 屁(へ)をこく.

pe·ga [ペガ] 囡 **1** (意外な)障害, 難事. **2** 難問. **3** 接着剤.
  …de pega 偽(にせ)の, うその ….

pe·ga·da[1] [ペガダ] 囡 〈スポーツ〉シュート力, パンチ力.

pe·ga·di·zo, za [ペガディそ, さ] 形 覚えやすい.

pe·ga·do, da[2] [ペガド, ―] 〈過去分詞〉→ pegar 貼りつける.
― 形 **1** くっついた, 貼りついた. **2** とても驚いた, びっくりした.
  estar pegado en… …の知識が少ない, …に弱い.

pe·ga·jo·so, sa [ペガホソ, サ] 形 **1** くっつきやすい, 粘着性の. **2** (情愛表現で)べたべたした, しつこい.

pe·ga·men·to [ペガメント] 男 接着剤, 糊(%).
pe·gar [ペガル] 他 《活 47 llegar》 1 …を(+en, sobre…) …に貼りつける.
2 …を(+a…) …にくっつける.
3 …を(+a…) …に縫いつける, しばりつける.
4 (特別な感情)を(+a…) …に起こさせる/ *pegar* un susto a su padre 父親をびっくりさせる.
5 (特別な行為)をする, 引き起こす.
6 (病気や癖)を(+a…) …にうつす, 感染させる.
7 (打撃・殴打(%))を(+a…) …に与える, 食らわす.
8 …をなぐる, ぶつ.
— 自 1 (+con…) …と調和する, 合う.
2 (+a…) …のそばに[近くに]ある.
3 (光・灯火が) (+contra, en…) …に当たる, 届く.
4 (詩句が)韻を踏む.
5 流行する, はやっている.
6 (+contra…) …にぶつかる.
— **pegar·se** 再 1 なぐり合う.
2 (+contra…) …にぶつかる.
3 くっつく, 貼りつく.
4 (料理が)焦げつく.
5 (人が) (+a…) …にまとわりつく.
6 (+a+人) …の記憶によく残る, …にすぐに覚えられる.
¡dale que te pego! (第三者の話のなかで)よくがんばって, 必死になって.
no pegar ojo 一睡もしない.
pegar fuego a… …に火をつける.
pegar fuerte 大成功する.
pegar·la a… 1 …をだます, からかう. 2 …に誠実でない.
pegar·le fuerte a… …に夢中になる.
pegar·se·la ひっくりかえる, 事故にあう.

pe·ga·ti·na [ペガティナ] 女 ワッペン, ステッカー.
pe·go [ペゴ] 男 《つぎの動詞句の一部》
dar el pego らしく見せる, 人の目をごまかす.
pe·gón, go·na [ペゴン, ゴナ] 形 〈子供〉 すぐに手を出す.
— 男 女 すぐに手を出す子.
pe·go·te [ペゴテ] 男 1 どろどろしたもの. 2 べたべたしたもの. 3 出来そこない. 4 〈芸術作品〉 (不自然な)付け足し. 5 みっともない継ぎ当て. 6 うそ. 7 まつわりつく人間.
pegu- 活 → pegar 貼りつける 《活 47》.
pei·na·do[1] [ペイナド] 男 1 髪型, ヘアスタイル. 2 整髪. 3 しらみつぶしの捜査.
pei·na·do[2], **da** [—, ダ] 《過去分詞》 → peinar 髪をとかす.
— 形 1 髪をとかした. 2 〈男性〉 (女性的に)めかしこんだ.
pei·na·dor[1] [ペイナドル] 男 整髪用ケープ.
pei·na·dor[2], **do·ra** [—, ドラ] 男 女 理容師, 美容師.

pei·nar [ペイナル] 他 1 …の髪をとかす. 2 (場所)をしらみつぶしに捜査する.
— 自 (自分の)髪をとかす, 整髪する.
peinar canas 年老いている, 老(%)けている.
pei·ne [ペイネ] 男 櫛(%).
pei·ne·ta [ペイネタ] 女 飾り櫛(%).
pe·je [ペヘ] 男 1 魚. 2 〈人〉 恥知らず.
pe·ji·gue·ra[1] [ペヒゲラ] 女 面倒, 厄介.
pe·ji·gue·ro, ra[2] [ペヒゲロ, —] 形 面倒くさい.
— 男 女 厄介な人間.
Pe·kín [ペキン] 固 《都市の名》 (中国の)ペキン[北京].
pe·la [ペラ] 女 《通貨》 ペセタ.
pe·la·di·lla [ペラディジャ] 女 〈菓子〉糖衣アーモンド.
pe·la·do[1] [ペラド] 男 1 〈作業〉 皮むき. 2 散髪.
pe·la·do[2], **da** [—, ダ] 《過去分詞》 → pelar 散髪する.
— 形 1 毛のない, はげた. 2 〈数字〉 1 の位のない, 端数のない. 3 〈土地〉 草木のない, 丸裸の. 4 〈樹木〉 枝や葉のない. 5 〈成績〉 ぎりぎりの, 余裕のない. 6 一文無しの.
— 男 女 〈人〉 一文無し.
pe·la·du·ra [ペラドゥラ] 女 1 〈作業〉 皮むき. 2 〈果物〉 むいた皮.
pe·la·ga·tos [ペラガトス] 男 女 《単複同形》 つまらない人間, うだつの上がらない者.
pe·lá·gi·co, ca [ペらヒコ, カ] 形 1 遠洋の, 外洋の. 2 深海の.
pe·la·je [ペらヘ] 男 1 〈動物〉 体毛, 毛. 2 外見, 見せかけ.
pe·lam·bre [ペらンブレ] 男 女 1 もじゃもじゃの髪. 2 〈動物〉 毛を刈った皮.
pe·lam·bre·ra [ペらンブレラ] 女 1 もじゃもじゃの髪. 2 濃い体毛.
pe·la·nas [ペらナス] 男 《単複同形》 取るに足りない人間.
pe·lan·dus·ca [ペらンドゥスカ] 女 売春婦.
pe·lar [ペらル] 他 1 …を散髪する. 2 …の毛を刈る. 3 …の毛をむしる. 4 (木や果物の)皮をむく. 5 …の皮をむく. 6 (お金などを) (+a…) …からだまし取る, うばい取る. 7 …を批判する, こきおろす.
— **pelar·se** 再 1 (自分が)散髪する. 2 皮がむける. 3 髪が抜け落ちる.
pelar·se de frío ひどく寒く感じる, こごえる.
pelar·se·las (人が)やり方が早い[力強い].
…que pela (寒暖) ひどい….
ser duro de pelar 扱いにくい, 頑固である.
pel·da·ño [ペルダニョ] 男 〈階段〉 段, ステップ.
pe·le·a [ペレア] 女 1 争い, けんか, 口論. 2 奮闘, 努力.
pe·le·ar [ペレアル] 自 1 (複数のものが)争う, けんかする, 口論する. 2 (+por…) …を求めて奮闘[努力]する.
— **pelear·se** 再 1 (+con…) …と (+por…

pe·le·le [ペれれ] 男 1 〈人〉あやつり人形. 2 わら人形, ぼろぎれ人形.

pe·le·ón, o·na [ペれオン, オナ] 形 1 けんか早い. 2〈ワイン〉まずい, 安手の.
— 男女 けんか早い人.

pe·le·te·rí·a [ペれテリア] 女 1 毛皮店, 皮革製品商店. 2 皮革加工業, 毛皮商.

pe·le·te·ro, ra [ペれテロ, ラ] 形 1 毛皮商の. 2 皮革加工業の.
— 男女 1 毛皮商人. 2 皮革加工業者.

pe·lia·gu·do, da [ペリアグド, ダ] 形 理解が困難な, 込みいった.

pe·lí·ca·no [ペリカノ] 男《= pelicano》〈鳥〉ペリカン.

pe·lí·cu·la [ペリクら] 女 1 映画. 2 (写真などの)フィルム. 3 薄い膜.
¡allá películas! (忠告を聞かないのなら)もう知らないよ!, 勝手にしなさい!
de película 夢のような…, すごい.

pe·li·cu·le·ro, ra [ペリクれロ, ラ] 形 1 夢想家の. 2 映画好きの.
— 男女 1 映画好き.

pe·li·cu·lón [ペリクろン] 男 すばらしい映画.

pe·li·grar [ペリグラル] 自 危険な状態にある.

pe·li·gro [ペリグロ] 男 1 危険, 危機. 2 危険物. 3 危険なこと. 4 危険人物.

pe·li·gro·si·dad [ペリグロシダ ̋] 女 危険性.

pe·li·gro·so, sa [ペリグロソ, サ] 形 危険な, あぶない.

pe·li·llo [ペリじょ] 男 わずかな気掛かり.
(echar) pelillos a la mar (複数者が)仲なおり(する).

pe·li·rro·jo, ja [ペリ リ̍ ロ̈ ホ, ハ] 形 髪の赤い.
— 男女 赤毛の人.

pe·lla [ペじゃ] 女 1〈野菜〉(カリフラワーなどの)結球. 2 丸いかたまり.
hacer pellas (学校などを)さぼる.

pe·lle·ja [ペじェハ] 女 1 獣皮. 2 たちの悪い女.

pe·lle·jo [ペじェホ] 男 1〈人間〉皮膚(の). 2 獣皮. 3 (ワインなどを入れる)皮袋. 4〈果物〉薄い皮. 5〈el+〉命(の), 生命.
estar [hallarse] en el pellejo de… (人が)…という境遇[立場]にある.
jugar·se [arriesgar] el pellejo 命をかける.
no caber en el pellejo 大満足する.
quedar·se en el pellejo やせ細る.
quitar el pellejo a… …を批判する, こきおろす.

pe·lli·za [ペじさ] 女 毛皮のコート.

pe·lliz·car [ペじすカル] 他〈活 73 sacar〉1 …をつねる. 2 …を少しつまむ.

pe·lliz·co [ペじすコ] 男 1 ひとつねり. 2 ひとつまみ.
un buen pellizco 大金(たいきん).

---

pel·ma [ペるマ] 形《男女同形》面倒な, 退屈な.
— 男女 退屈なもの.
dar la pelma a… (おなじ話で)…をうんざりさせる.

pel·ma·zo, za [ペるマそ, さ] 形 1〈人〉退屈な, うんざりさせる. 2 (仕事の)おそい, のろまな.
— 男女 1 面倒な人間. 2〈人〉のろま.

pe·lo [ペろ] 男 1 毛, 髪, 頭髪. 2 体毛. 3 陰毛. 4〈繊維〉毛. 5〈動物〉毛, 毛並み, 毛色. 6 わずかな量. 7〈果物〉(桃などの)毛. 8〈工具〉糸.
al pelo 望み通りに, 折よく.
a pelo 1 (馬などに乗るとき)鞍(くら)なしで. 2 助けなしに, 独力で.
caer·se el pelo a… 1 …の髪が抜ける. 2 …につけが回ってくる[報いが現れる].
con pelos y señales くわしく.
dar para el pelo a… …をしかる, 罰する.
…de medio pelo 取るに足りない….
…de pelo en pecho 勇敢な ….
estar hasta (la punta de) los pelos うんざりしている.
no tener pelos en la lengua 遠慮なく言う, 歯に衣(きぬ)着せない.
no tener un pelo de tonto 頭がいい.
no tocar (ni) un pelo de la ropa a… …に少しも害を与えない.
no ver el pelo a… …の姿を見かけない.
pelo de camello ラクダの毛.
pelo de rata 細くて少ない髪.
poner los pelos de punta a… 1 …をぞっとさせる. 2 …に強い印象を与える.
poner·se a… los pelos de punta …が(恐怖で)ふるえあがる.
por los pelos [por un pelo] 最後になって, ぎりぎりのところで.
soltar·se el pelo 一大決心をする, 一か八かの勝負をする.
tirar·se de los pelos (チャンスを失って)後悔する.
tomar el pelo a… …をからかう, ばかにする.
traer… por los pelos (話に無関係なこと)を話題に出す.
venir a… al pelo …に好都合である.

pe·lón, lo·na [ペろン, ろナ] 形 髪の少ない.
— 男女 髪のうすい人.

pe·lo·ta [ペろタ] 女 1 (はずむ)ボール, 玉, 球. 2 ボール遊び. 3〈スポーツ〉(バスク系の)ハイアライ.
— 形《男女同形》〈人〉よくごまをする.
— 男女〈人〉ごますり, おべっか使い.
dejar a… en pelota 1 …を裸でほうり出す. 2 (公的な場で)…を立ち往生させる.
devolver la pelota a… …に応える, 報いる.
en pelotas [en pelota picada, en pelota viva] 裸で.

他 は他動詞 再 は再帰動詞 形 は形容詞 副 は副詞 前 は前置詞 接 は接続詞 間 は間投詞

estar hasta las pelotas de... …にうんざりしている.
hacer la pelota a... …にごまをする, へつらう.
pasar·se la pelota 責任をほかに振る.
pelota vasca 〈スポーツ〉ハイアライ.
quedar·se en pelotas 1 裸になる. 2 困った立場に立つ.
tocar·se las pelotas さぼる, なまける.

pe·lo·ta·ri [ペロタリ] 男女 ハイアライの選手.

pe·lo·tas [ペロタス] 女複 〈→ pelota〉 きんたま[金玉].

pe·lo·ta·zo [ペロタソ] 男 1 ボールでの一撃. 2〈酒〉ひと飲み, いっぱい.

pe·lo·te·ar [ペロテアル] 自 ボール遊びをする.
— *pelotearse* 再 …を責任回避し合う.

pe·lo·te·o [ペロテオ] 男 1 ボール遊び. 2 ごますり, へつらい.

pe·lo·te·ra [ペロテラ] 女 ひどいけんか.

pe·lo·ti·lla [ペロティじゃ] 女 1 毛球. 2 鼻くそ.
hacer la pelotilla a... …におべっかを使う.

pe·lo·ti·lle·ro, ra [ペロティじェロ, ラ] 形 おべっか使いの, ごまをする.
— 男女 〈人〉ごますり.

pe·lo·tón [ペロトン] 男 1 大きなボール. 2 群衆, 人の群れ. 3〈軍隊〉分隊, 小隊.

pe·lu·ca [ペルカ] 女〈髪〉かつら.

pe·lu·che [ペルチェ] 男 1〈織物〉プラッシュ, フラシ天. 2〈玩具(がん)〉(毛足の長いビロードの)ぬいぐるみ.

pe·lu·do, da [ペルド, ダ] 形 毛深い, 髪の多い.

pe·lu·que·rí·a [ペルケリア] 女 1 理髪店, 床屋(ξ²). 2 美容院. 3 整髪技術.

pe·lu·que·ro, ra [ペルケロ, ラ] 男女 1 理髪師, 床屋(ξ²). 2 美容師.

pe·lu·quín [ペルキン] 男 1 ヘアピース. 2 (18世紀の)男性用かつら.
ni hablar del peluquín (人が提案を拒絶して言う)とんでもない.

pe·lu·sa [ペルサ] 女 1 (顔などの)うぶ毛. 2〈果物〉(桃などの)毛. 3〈繊維の〉毛, けば. 4 (子供の)ねたみ, うらやみ. 5 (ほこりの)かたまり.

pe·lu·so [ペルソ] 男 新兵, 補充兵.

pel·vis [ペルビス] 女《単複同形》〈解剖学〉骨盤.

pe·na [ペナ] 女 1 罰, 刑罰. 2 悲しみ, 悲痛, 苦悩. 3 残念, 遺憾(ぃん). 4 労苦, 骨折り, 苦労. 5 内気, 恥じらい.
a duras penas かろうじて, やっとのことで.
ahogar las penas (酒などで)うさを晴らす.
bajo pena de... …の罰を条件として.
dar pena a (+人) …にとって残念だ.
de pena 1 とてもひどい, へたな. 2 とてもひどく.
Es una pena (+不定詞[+*que*+接続法]) …とは残念なことだ.
hecho una pena 心身共に苦しい.
merecer [*valer*] *la pena* (*de*) (+不定詞 [+*que*+接続法]) …する価値がある.

pena capital 死刑.
¡Qué pena (+不定詞[+*que*+接続法])*!* (…とは)なんと残念なことか!, かわいそうに!
sin pena ni gloria 良くも悪くもなく, 平々凡々と.
so pena de... 1 …の罰を条件にして. 2 (+*que*+接続法) …でなければ.

pe·na·cho [ペナチョ] 男 1〈鳥〉(頭頂の)冠羽. 2 (頭部の)羽飾り.

pe·na·do, da [ペナド, ダ] 《過去分詞》→ penar 罰する.
— 形 1 嘆き悲しむ, あわれな. 2 困難な.
— 男女 囚人, 受刑者.

pe·nal [ペナる] 形 1 罰の. 2 刑法の/*código penal* 刑法典.
— 男 刑務所.

penalic- 活 → penalizar 罰する《活 39》.

pe·na·li·dad [ペナりダド] 女 難事, 苦労.

pe·na·lis·ta [ペナリスタ] 男女 刑法学者.

pe·na·li·za·ción [ペナりさしオン] 女 処罰.

pe·na·li·zar [ペナりさル] 他《活 39 *gozar*》…を罰する, 処罰する.

pe·nal·ti [ペナるティ] 男《＝ penalty》〈スポーツ〉ペナルティー.
casar·se de penalti 妊娠によって結婚する.

pe·nar [ペナル] 他 …を罰する.
— 自 (+*con*...) …のことで苦労する.
penar por... …を熱望する.

pen·ca [ペンカ] 女〈植物〉1 (サボテンなどの)厚い葉. 2〈ムチ〉主幹.

pen·co [ペンコ] 男 やせ馬.

pen·de·jo, ja [ペンデホ, ハ] 男女 ふしだらな人間.

pen·den·cia [ペンデンしア] 女 争い, けんか.

pen·den·cie·ro, ra [ペンデンしエロ, ラ] 形 けんか好きの.
— 男女 〈人〉けんか好き.

pen·der [ペンデル] 自 1 (+*de*...) …にぶらさがる. 2 (+*sobre*...) …にのしかかる.

pen·dien·te [ペンディエンテ] 形 1 未解決の, 未決の. 2 (+*de*...) …から垂(た)れさがっている. 3 (+*de*...) …を待っている. 4 (+*de*...) …を気にしている, …に注意している.
— 男 イヤリング.
— 女 1 傾斜地, 坂. 2 傾斜, 勾配(ぶ).

pén·do·la [ペンドラ] 女 1 振り子. 2〈吊橋(ぶ²)〉吊り材.

pen·dón [ペンドン] 男 1 旗章(うょう). 2 旗, ペナント. 3 ふしだらな人間. 4 身もちの悪い人.

pen·du·lar [ペンドゥらル] 形 振り子の.

pén·du·lo [ペンドゥろ] 男 振り子.

pe·ne [ペネ] 男 陰茎, ペニス, 男根.

pe·ne·tra·ble [ペネトラブれ] 形 1 入りこめる, 貫通できる. 2 理解できる, 解明できる.

pe·ne·tra·ción [ペネトラしオン] 女 1 侵入, 浸透, 貫通. 2 洞察力, 理解力. 3 突入, 侵攻.

pe·ne·tran·te [ペネトランテ] 形 1 貫通するほど

の, 深く入り込む. 2 (音などが)高い, 鋭い. 3 洞察力のある, 鋭い.

pe·ne·trar [ペネトラル] 自 1 (+en...) …に入り込む, 浸透する. 2 (+en...) …を見抜く, 理解する. 3 (+en...) …を貫通する.
— 他 1 …に侵入する, 浸透する. 2 …を見抜く, よくわかるようにする. 3 …にしみ込む, しみ通る.
— **penetrar·se** 再 (+de...) …を深く理解する.

pe·ni·bé·ti·co, ca [ペニベティコ, カ] 形 (南スペインの)ペニベティカ山系 Cordillera Penibética の.

pe·ni·ci·li·na [ペニシリナ] 女 〈医薬〉ペニシリン.

pe·nín·su·la [ペニンスラ] 女 半島.
la Península Ibérica イベリア半島.

pe·nin·su·lar [ペニンスラル] 形 半島の.
— 男女 (イベリア)半島の人.

pe·ni·que [ペニケ] 男 〈通貨単位〉(英国の)ペニー.

pe·ni·ten·cia [ペニテンシア] 女 1 〈宗教〉悔悛(かいしゅん), 許しの秘跡. 2 〈宗教〉贖罪(しょくざい), 苦行. 3 いやなこと, 苦行.

pe·ni·ten·cia·rí·a [ペニテンシアリア] 女 刑務所, 監獄.

pe·ni·ten·cia·rio, ria [ペニテンシアリオ, リア] 形 刑務所の.

pe·ni·ten·te [ペニテンテ] 男女 1 〈宗教〉悔悛(かいしゅん)者. 2 告解者. 3 (行事の)苦行者.

pe·no·so, sa [ペノソ, サ] 形 1 いたましい, 悲痛な. 2 骨の折れる, つらい.

pen·sa·do, da [ペンサド, ダ] 《過去分詞》 → pensar 考える.
— 形 考えられた.
bien pensado よく考えられた.
de pensado 故意に, わざと.
mal pensado 浅い考えの, 悪いほうに考えた.

pen·sa·dor, do·ra [ペンサドル, ドラ] 男女 思想家, 思索家.

pen·sa·mien·to [ペンサミエント] 男 1 思考力, 考える能力. 2 考え, 意見, 見解. 3 格言, 金言. 4 思想, 思潮. 5〈草花〉パンジー, サンシキスミレ.

pen·sar [ペンサル] 他 57 1 …を考える, 思う. 2 …を検討する, 熟考する. 3 …を決める, …することにする. 4 …するつもりである. 5 …を考察する, 計画する. 6 (+que...) …という意見を持つ.
— 自 (+en, sobre...) について考える, 検討する.
cuando menos lo [se] piense 思いがけない時に.
dar a... que pensar …に考える切っかけを与える.
dar en pensar... …を思い込む.
ni pensar·lo 考えるまでもない, とんでもない.
pensar mal 悪いほうに考える.
sin (parar·se a) pensar 無意識に, 思いがけず.

pen·sa·ti·vo, va [ペンサティボ, バ] 形 思いに沈んだ, 考えこんでいる.

pen·sión [ペンシオン] 女 1 年金, 恩給. 2 簡易ホテル, 下宿屋, ペンション. 3 (簡易ホテルなどの)宿泊代, 下宿代. 4 奨学金, 助成金. 5 (不動産などによる)定期的収入.
media pensión 1 (朝昼か朝晩の)2 食付き宿泊制度. 2 (学校の)昼食付き授業料制度.
pensión completa 3 食付き宿泊制度.
pensión de retiro 退職年金.
pensión vitalicia 終身年金.

pen·sio·na·do¹ [ペンシオナド] 男 寄宿学校.

pen·sio·na·do², da [—, ダ] 《過去分詞》 → pensionar 奨学金を与える.
— 形 1 奨学金を受けている.
— 男女 1 奨学生. 2 年金受給者.

pen·sio·nar [ペンシオナル] 他 …に奨学金[年金]を与える.

pen·sio·nis·ta [ペンシオニスタ] 男女 1 年金受給者, 奨学生. 2 下宿生活者, 下宿生. 3 寄宿生.

pen·tá·go·no [ペンタゴノ] 男 五角形.
el Pentágono アメリカ国防総省, ペンタゴン.

pen·ta·gra·ma [ペンタグラマ] 男 〈音楽〉五線譜.

pen·ta·sí·la·bo, ba [ペンタシラボ, バ] 形 5 音節の.

pen·tat·lón [ペンタトロン] 男 〈スポーツ〉五種競技.

Pen·te·cos·tés [ペンテコステス] 男 〈宗教〉聖霊降臨祭.

pe·núl·ti·mo, ma [ペヌルティモ, マ] 形 最後から 2 番目の.
— 男女 最後から 2 番目のもの.

pe·num·bra [ペヌンブラ] 女 薄暗がり.

pe·nu·ria [ペヌリア] 女 1 〈必需品の〉不足, 欠乏.

pe·ña [ペニャ] 女 1 岩, 岩石. 2 岩山. 3 (友だちの)グループ, 仲間. 4 同好会, サークル.

pe·ñas·co [ペニャスコ] 男 大岩.

pe·ña·zo [ペニャソ] 男 退屈なもの.

pe·ñón [ペニョン] 男 岩山.
el Peñón de Gibraltar (スペイン南端の)ジブラルタルの岩山.

pe·ón [ペオン] 男 1 日雇い労働者, 人夫. 2 〈人〉下働き, 見習い. 3 〈チェス〉ポーン, 歩(ふ). 4 (ドミノなどの)駒. 5 (昔の)歩兵. 6 (仕事に使える人や資金の)手持ち.
peón caminero 道路工夫(こうふ).
peón de brega 闘牛士補佐.

pe·o·na·da [ペオナダ] 女 (日雇い農夫などの)1 日の仕事量.

pe·on·za [ペオンサ] 女 〈遊具〉独楽(こま).

pe·or [ペオル] 形 《malo, mala の比較級語》 1 一層わるい. 2 (+que...) …より悪い. 3 (定冠詞・所有形容詞+) 最も悪い.
— 副 《mal の比較級》 1 一層わるく, もっと悪

く. 2 (+que...) …より悪く.
cada vez peor だんだん悪く.
poner·se en lo peor 最悪の事態を覚悟する.
peor que peor 事態は一層わるくなって.
tanto peor はるかに悪い[悪く].

Pe·pa [ペパ] 圓 〈女性の名〉(Josefa の愛称の)ペパ.

Pe·pe [ペペ] 圓 〈男性の名〉(José の愛称の)ペペ.

pe·pi·ni·llo [ペピニジョ] 男 (ピクルス用の)小型のキュウリ.

pe·pi·no [ペピノ] 男 〈野菜〉キュウリ.
no importa a (+人) *un pepino* …には少しも構わない.
no valer un pepino なんの値打ちもない.

pe·pi·ta [ペピタ] 女 1 (メロンなどの)種(た). 2 (金などの)天然の)金属塊.

Pe·pi·ta [ペピタ] 圓 〈女性の名〉(Pepa の愛称の)ペピタ.

pe·pi·to [ペピト] 男 1 (焼き肉入りサンドイッチの)ペピト. 2 クリームパン.

Pe·pi·to [ペピト] 圓 〈男性の名〉(Pepe の愛称の)ペピト.

pe·pi·to·ria [ペピトリア] 女 〈料理〉(チキンなどの)卵黄ソース煮込み.

pe·pla [ペプラ] 女 最低[最悪]のもの.

pe·po·na [ペポナ] 女 (厚紙の)大型人形.

pep·si·na [ペプシナ] 女 〈酵素〉ペプシン.

pe·que [ペケ] 男 女 子供[= pequeño, ña].

pe·que·ña·men·te [ペケニャメンテ] 副 わずかに.

pe·que·ñez [ペケニェス] 女 《複 pequeñeces》1 小型, 2 わずかなこと. 3 取るに足りないもの.

pe·que·ñi·to, ta [ペケニト, タ] ちっちゃい.

pe·que·ño, ña [ペケニョ, ニャ] 形 1 小さな. 2 背の低い. 3 取るに足りない, わずかな. 4 年少の, おさない.
— 男 女 年少者, 子供.
de pequeño 子供のころ.
...en pequeño 小型の….
la pequeña pantalla テレビの画面.
pequeña empresa 小企業.

Pe·quín [ペキン] 圓 〈都市の名〉(中国の)ペキン[北京].

pe·qui·nés, ne·sa [ペキネス, ネサ] 形 (中国の)ペキン Pequín の.
— 男 女 ペキンの人.

per cá·pi·ta [ペル カピタ] 副 ひとり当たり.

pe·ra [ペラ] 女 1 〈果物〉西洋ナシ[梨]. 2 (西洋梨型の)スポイト. 3 〈電灯〉(ひもの先についた西洋梨型の)スイッチ. 4 (下顎(た)の)やぎひげ.
— 形 〈男女同形〉(人が)おしゃれな, きざな, 気取った.
— 男 女 1 きざな人間. 2 〈人〉おしゃれ.
pedir peras al olmo 無い物ねだりをする.
pera de agua 水気の多い西洋梨.

poner a (+人) *las peras a cuarto* …をきつく叱(た)る.
ser la pera 1 ひどいものだ. 2 驚いたものだ.
ser una pera en dulce (人が)とても出来がいい.

pe·ral [ペラル] 男 〈樹木〉西洋ナシ.

pe·ral·tar [ペラルタル] 他 1 (アーチなど)を高くする. 2 (線路などの)外側を高くする.

pe·ral·te [ペラルテ] 男 1 〈アーチ〉迫高(紫ジ). 2 〈鉄道〉片勾配(芸だい).

per·cal [ペルカル] 男 (衣物の)綿布.
conocer el percal 事情に通じている.

per·can·ce [ペルカンセ] 男 不測の事件.

per·ca·tar·se [ペルカタルセ] 再 (+de...) …に気づく.

per·ce·be [ペルセベ] 男 1 〈貝〉(エボシガイに似て食用になる)ペルセベ. 2 〈人〉どじ, 間抜け.

per·cep·ción [ペルセプシオン] 女 1 受け取り, 受給. 2 知覚, 認知. 3 認識, 理解.

per·cep·ti·ble [ペルセプティブレ] 形 1 知覚できる. 2 認識可能な. 3 受け取れる.

per·cep·ti·vo, va [ペルセプティボ, バ] 形 知覚の.

per·cha [ペルチャ] 女 1 ハンガー. 2 洋服掛け. 3 スマートな体形. 4 止まり木.
tener buena percha (人が)スタイルがいい.

per·che·ro [ペルチェロ] 男 洋服掛け.

per·che·rón, ro·na [ペルチェロン, ロナ] 形 〈馬〉ペルシュロン種の.
— 男 女 〈馬〉ペルシュロン.

per·ci·bir [ペルシビル] 他 1 …を知覚する, …に気づく. 2 (お金)を受領する. 3 …を理解[認識]する.

per·cu·sión [ペルクシオン] 女 1 連続的打撃, 打ち続け. 2 (集合的に)打楽器.

per·cu·sor [ペルクソル] 男 (= percutor) 〈銃〉撃鉄.

per·de·dor, do·ra [ペルデドル, ドラ] 形 失敗する, 負ける.
— 男 女 敗者, 負けたほう.

per·der [ペルデル] 他 [活 58] 1 …を失う, なくす. 2 …をやめる. 3 …を見失う. 4 …に死なれる. 5 …をむだにする, 浪費する. 6 (機会)を逃がす. 7 …に乗り遅れる. 8 …をだめにする. 9 (容器が) …を漏(も)らす. 10 (試合)に負ける.
— 自 1 (容器が)漏れる. 2 (+en...) …で負ける. 3 だめになる, 質を落とす. 4 損をする.
— perder·se 再 1 (道に)迷う, 迷子になる. 2 なくなる, 消える. 3 (+con...) …を失念する. 4 堕落する, だめになる. 5 (物事が)見えなくなる, 聞こえなくなる. 6 むだになる, 使われずに終る.
echar·se a perder だめになる, くさる.
no haber·se a (+人) *perdido nada en*~ …が〜に居る理由がない.
¡Piérdete! さっさと消えろ!
tener buen [mal] perder 負け振りがいい[悪

い]．

per·di·ción [ペルディシオン] 囡 1 (身の)破滅．2 大損失，大損失．3 大損害の原因．4 永遠の罰．

per·di·da [ペルディダ] 囡《→ perdido》売春婦．

pér·di·da [ペルディダ] 囡 1 紛失，喪失，なくすこと．2 損失，損害．3 損金．4 消費，むだ遣い．
no tener pérdida (道が)難なく見つけられる．

per·di·da·men·te [ペルディダメンテ] 副 1 心底から，ぞっこん．2 むだに．

per·di·do, da[2] [ペルディド，―]《過去分詞》→ perder 失う．
— 形 1 失った，なくした．2 道に迷った．3 だめになった，堕落した．4 (+por...) …に夢中になった．5 (形容詞的に)ひどい ／Eres tonto *perdido*. 君はまったくばかだ．6 手の打ちようのない．
— 男囡 ならず者，やくざ者．

per·di·gón [ペルディゴン] 男 1 (鉛の)散弾．2〈ひな鳥〉ヤマウズラ．3 〈話すときに飛ばす〉つばき．

per·di·go·na·da [ペルディゴナダ] 囡 散弾の傷．

per·di·gue·ro, ra [ペルディゲロ，ラ] 形囡〈犬〉ポインター．

per·diz [ペルディス] 囡《複 perdices》〈鳥〉ヤマウズラ，シャコ．

per·dón [ペルドン] 男 許し．
con perdón 失礼ながら．
¡Perdón! すみません！，ごめんなさい！

per·do·na·ble [ペルドナブレ] 形 許せる．

per·do·nar [ペルドナル] 他 1 …を許す．2 …を免除する．3 (チャンスなど)をのがす．

per·do·na·vi·das [ペルドナビダス] 男囡《単複同形》〈人〉空いばり，強がり．

per·du·la·rio, ria [ペルドゥらリオ，リア] 形 (悪癖が)なおしようのない．

per·du·ra·ble [ペルドゥらブレ] 形 1 長く続く，永遠の．2 長持ちする，耐久性のある．

per·du·rar [ペルドゥらル] 自 長く続く．

pe·re·ce·de·ro, ra [ペレセデロ，ラ] 形 一時的な，長くもたない．

pe·re·cer [ペレセル] 自《活 4 agradecer》1 死亡する，死滅する．2 消滅する，だめになる．

pe·re·gri·na·ción [ペレグリナシオン] 囡《= peregrinaje 男》1 巡礼(の旅)．2 遍歴，巡歴．3 東奔西走(とうほんせいそう)．

pe·re·gri·nar [ペレグリナル] 自 1 巡礼する．2 (+por...) …を遍歴する．3 (+por...) …のために東奔西走(とうほんせいそう)する．

pe·re·gri·no, na [ペレグリノ，ナ] 形 1 風変わりな，理屈の通らない．2 巡礼の．3 〈鳥〉渡りの．

pe·re·jil [ペレヒる] 男〈野菜〉パセリ．

pe·ren·den·gue [ペレンデンゲ] 男 安物の飾り．

pe·ren·ga·no, na [ペレンガノ，ナ] 某氏(ぼう)，だれそれ．

pe·ren·ne [ペレンネ] 形 1 休みない，永遠の．2〈植物〉多年生の．

pe·ren·ni·fo·lio, lia [ペレンニふォりオ，リア]

形〈樹木〉常緑の．

pe·ren·to·rie·dad [ペレントリエダス] 囡 緊急性．

pe·ren·to·rio, ria [ペレントリオ，リア] 形 1 緊急の．2 最終的な，終局的な．

pe·re·za [ペレさ] 囡 1 怠惰(たいだ)，不精．2 のろま，にぶさ．

perezc- 活 → perecer 死亡する《活 4》．

pe·re·zo·so[1] [ペレモソ] 男〈動物〉ナマケモノ．

pe·re·zo·so[2], **sa** [―，サ] 形 1 怠惰(たいだ)な，なまける．2 のろの．
— 男囡〈人〉なまけ者．

per·fec·ción [ペルふェクシオン] 囡 1 完成，完了．2 完璧(かんぺき)．3 完全なもの．
a la perfección 完全に，完璧に．

per·fec·cio·na·mien·to
[ペルふェクシオナミエント] 男 1 仕上げ，完全性．2 改良，改善．

per·fec·cio·nar [ペルふェクシオナル] 他 1 …を完成させる，完全にする．2 …を仕上げる，完璧(かんぺき)にする．

per·fec·cio·nis·mo [ペルふェクシオニスモ] 男 完全主義．

per·fec·cio·nis·ta [ペルふェクシオニスタ] 形 《男女同形》完全主義の．
— 男囡 完全主義者．

per·fec·ta·men·te [ペルふェクタメンテ] 副 1 完全に，全体に．2《間投詞的に》結構ですよ！，了解！

per·fec·ti·vo, va [ペルふェクティボ，バ] 形〈言語学〉完了相の．

per·fec·to[1] [ペルふェクト] 形〈文法〉(時制の)完了過去の，点過去の．

per·fec·to[2], **ta** [―，タ] 形 1 完全な，完璧(かんぺき)な．2 最高度の，申し分のない．3〈文法〉(時制の)完了の，完了時の．

per·fi·dia [ペルふィディア] 囡 不忠，裏切り．

pér·fi·do, da [ペルふィド，ダ] 形 不忠の，裏切りの．

per·fil [ペルふィる] 男 1 横顔，プロフィール．2 輪郭，外形．3 いろいろな特徴．4 断面図．5 さりげない表現．
de perfil 横から，側面の．
perfil griego (鼻の高い)ギリシア風の横顔．

per·fi·la·do, da [ペルふィらド，ダ]《過去分詞》
→ perfilar 輪郭をえがく．
— 形 1 鼻がいい形の．2〈顔〉すっきりして細長い．3 出来のいい，上首尾の．

per·fi·lar [ペルふィらル] 他 1 …の輪郭をえがく．2 …を仕上げる．
— 再 *perfilar-se* 再 1 (自分の…)を化粧する．2 (計画などが)具体的になってくる．

per·fo·ra·ción [ペルふォらシオン] 囡 1 穴をあけること．2 (胃などの)穿孔(せんこう)．

per·fo·ra·do·ra [ペルふォらドラ] 囡 穴あけ器，穿孔(せんこう)機，パンチ．

他 は他動詞 再 は再帰動詞 形 は形容詞 副 は副詞 前 は前置詞 接 は接続詞 間 は間投詞

per·fo·rar [ペルフォラル] 他 1 …に穴をあける. 2 …を貫通する.

per·fu·ma·dor [ペルフマドル] 男 香水スプレー.

per·fu·mar [ペルフマル] 他 …に香りをつける.
― 自 いい香りを放つ.
― perfumarse 再 (自分に)香水をつける.

per·fu·me [ペルフメ] 男 1 香水, 香料. 2 芳香, よい香り.

per·fu·me·rí·a [ペルフメリア] 女 1 香水店. 2 香料製造業, 香料業界.

per·fu·mis·ta [ペルフミスタ] 男女 香水の専門家.

per·ga·mi·no [ペルガミノ] 男 1 (記録用の)羊皮紙. 2 羊皮紙の文書.

per·ge·ñar [ペルヘニル] 他 (計画など)を大まかに描く, 下書きする.

pér·go·la [ペルゴら] 女 パーゴラ, 緑廊(ろう).

pe·rian·tio [ペリアンティオ] 男 〈植物〉花被(ひ).

pe·ri·car·dio [ペリカルディオ] 男 〈解剖学〉心膜.

pe·ri·car·pio [ペリカルピオ] 男 〈植物〉果皮(ひ).

pe·ri·cia [ペリシア] 女 熟練の技.

pe·ri·cial [ペリシアる] 形 専門家の.

pe·ri·co [ペリコ] 男 1 〈鳥〉インコ. 2 便器.

Pe·ri·co [ペリコ] 固 〈男性の名〉(Pedro の愛称の)ペリコ.

pe·ri·fe·ria [ペリふェリア] 女 1 周辺部, 外辺. 2 郊外, 近郊.

pe·ri·fé·ri·co, ca [ペリふェリコ, カ] 形 周辺部の.

pe·ri·fo·llo [ペリふォじょ] 男 〈服飾〉むだな飾り.

pe·ri·fra·se·ar [ペリふラセアル] 自 遠回しに言う.

pe·rí·fra·sis [ペリふラシス] 女 〈単複同形〉〈修辞学〉迂言(うげん)法.
perifrasis verbal 迂言的動詞句.

pe·ri·frás·ti·co, ca [ペリふラスティコ, カ] 形 迂言(うげん)表現の.

pe·ri·lla [ペリじゃ] 女 1 〈顔〉やぎひげ. 2 鞍(くら)の背面.
de perilla(s) 絶好の, おあつらえ向きの.

pe·rí·me·tro [ペリメトロ] 男 (表面の)周囲.

pe·rin·do·la [ペリンドら] 女 (指で回す)小型の独楽(こま).

pe·ri·né [ペリネ] 男 《= perineo》〈解剖学〉会険(かいけん).

pe·rió·di·ca·men·te [ペリオディカメンテ] 副 定期的に, 周期的に.

pe·rio·di·ci·dad [ペリオディシダス] 女 周期性, 定期性.

pe·rió·di·co¹ [ペリオディコ] 男 1 新聞. 2 定期刊行物.

pe·rió·di·co², ca [─, カ] 形 1 定期的な, 周期的な. 2 〈数学〉循環の.

pe·rio·dis·mo [ペリオディスモ] 男 1 ジャーナリズム. 2 新聞学.

pe·rio·dis·ta [ペリオディスタ] 男女 新聞記者, ジャーナリスト.

pe·rio·dís·ti·co, ca [ペリオディスティコ, カ] 形 新聞の, 雑読の, ジャーナリズムの.

pe·rí·o·do [ペリオド] 男 《= periodo》1 期間, (一定の)時期. 2 〈医学〉月経. 3 周期. 4 〈文法〉多節文.

pe·rios·tio [ペリオスティオ] 男 〈解剖学〉骨膜.

pe·ri·pa·té·ti·co, ca [ペリパテティコ, カ] 形 1 〈哲学〉(アリストテレスの)逍遥(しょうよう)学派の. 2 (言うことが)こっけいな, 奇抜な.

pe·ri·pe·cia [ペリペシア] 女 1 急転回, どんでん返し. 2 不測の事態.

pe·ri·plo [ペリプろ] 男 1 (数ヶ国を回る)一周旅行. 2 〈船旅〉世界一周旅行.

pe·ri·pues·to, ta [ペリプエスト, タ] 形 めかしこんだ.

pe·ri·que·te [ペリケテ] 男 短時間.
en un periquete たちまち, すぐに.

pe·ri·qui·to, ta [ペリキト, タ] 男女 1 〈鳥〉小型インコ. 2 子供, 幼児.

pe·ris·co·pio [ペリスコピオ] 男 潜望鏡.

pe·ri·so·dác·ti·los [ペリソダクティろス] 男複 〈分類〉(動物)の奇蹄類.

pe·ris·ta [ペリスタ] 男女 〈人〉(盗品をあきなう)故買(こばい)屋.

pe·ris·tál·ti·co, ca [ペリスタるティコ, カ] 形 〈腸〉蠕動(ぜんどう)の.

pe·ri·ta·je [ペリタヘ] 男 《= peritación 女》専門家の調査.

pe·ri·tar [ペリタル] 他 (専門家が) …を評価する, 鑑定する.

pe·ri·to, ta [ペリト, タ] 形 〈人〉(+en...) …の専門の, …に通じている.
― 男女 1 専門家, 熟練者, 技師. 2 〈法律〉鑑定人.
perito agrícola 農業技師.
perito mercantil 〈資格〉計理士.

pe·ri·to·ne·o [ペリトネオ] 男 〈解剖学〉腹膜.

pe·ri·to·ni·tis [ペリトニティス] 女 〈単複同形〉〈医学〉腹膜炎.

per·ju·di·car [ペルフディカル] 他 《活 73 sa-car》…に害を与える, …を傷つける.

per·ju·di·cial [ペルフディシアる] 形 有害な.

per·jui·cio [ペルフイシオ] 男 害, 損害.
sin perjuicio de... [+*que*+接続法] …は別として.

per·ju·rar [ペルフラル] 自 1 偽証する. 2 何度も誓う.

per·ju·rio [ペルフリオ] 男 1 偽証. 2 誓いの不履行.

per·ju·ro, ra [ペルフロ, ラ] 形 1 偽証した. 2 誓いを被った.

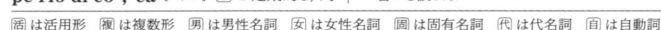

— 男女 1 偽証者. 2 誓いを破った者.

per·la [ペルラ] 女 1 真珠, パール. 2 すぐれたもの, 価値の高いもの.
de perlas 1 すばらしく. 2 タイミングよく.
perla cultivada 養殖真珠.
venir [ir] a (＋人) *de perlas* …にとって好都合だ.

per·la·do, da [ペルラド, ダ] 形 1 真珠のような. 2 真珠をちりばめた.

per·lé [ペルレ] 男〈糸〉(ししゅう用の)パールコットン.

per·ma·ne·cer [ペルマネセル] 自《活 4 agradecer》1 (ある状態)にとどまる, …のままでいる. 2 (＋en…) …に滞在する, とどまる.

per·ma·nen·cia [ペルマネンシア] 女 1 不変, 維持. 2 滞在, 在住.

per·ma·nen·te [ペルマネンテ] 形 1 不変の, 長く続く. 2 常設の, 常任の.
— 女〈整髪〉パーマネント.

per·ma·nen·te·men·te [ペルマネンテメンテ] 副 いつまでも, 常時.

permanezc- 活 → permanecer とどまる《活 4》.

per·man·ga·na·to [ペルマンガナト] 男〈化学〉過マンガン酸塩.

per·me·a·bi·li·dad [ペルメアビリダス] 女 透過性, 透水性.

per·me·a·ble [ペルメアブれ] 形 1 透過性の, 透水性の. 2 人の意見[感情]に染まりやすい.

pér·mi·co, ca [ペルミコ, カ] 形〈地質学〉ペルム紀の.

per·mi·si·ble [ペルミシブれ] 形 許されうる.

per·mi·si·vi·dad [ペルミシビダス] 女 過度の忍耐.

per·mi·si·vo, va [ペルミシボ, バ] 形 容認する, 寛大な.

per·mi·so [ペルミソ] 男 1 許可, 認可. 2 許可証. 3 (公認の)休暇.
¡Con permiso! 失礼ですが…!, すいません…!
permiso de conducción 運転免許証.

per·mi·tir [ペルミティル] 他 1 …を許可する, 容認する. 2 (＋不定詞[＋que＋接続法])…することを(＋a…)…に許す. 3 …を可能にする.
— **permitirse** 再 1 許される. 2 あえて…する. 3〈敬語〉失礼ながら(＋不定詞)…させてもらう／*Me permito* recordarle a usted que… 失礼ながら…の件御承知おきください.

per·mu·ta [ペルムタ] 女 交換, 交代.

per·mu·ta·ción [ペルムタしオン] 女 1 交換, 交代. 2〈数学〉順列.

per·mu·tar [ペルムタル] 他 1 (ふたつのもの)を入れかえる, 交代させる. 2 …を(＋con…)と取りかえる, 交代させる.

per·ne·ar [ペルネアル] 自 足をばたつかせる.

per·ne·ra [ペルネラ] 女〈ズボン〉脚の部分.

per·ni·cio·so, sa [ペルニしオソ, サ] 形 1 悪性の. 2 とても有害な.

per·nil [ペルニる] 男 (豚などの)腿(もも).

per·nio [ペルニオ] 男 蝶番(ちょうつがい).

per·no [ペルノ] 男〈ねじ〉ボルト.

per·noc·tar [ペルノクタル] 自 (＋en…)…に宿泊する.

pe·ro¹ [ペロ] 接《アクセントなし》1〈逆接〉しかし, ではあるが. 2〈強調〉(文頭)でもまあ, それにしても….
¡Pero bueno! そんなばかな! 2 だめだよ!
pero que muy (＋形容詞・副詞)まったくもって, じつに.
pero si (＋直説法) 1 ほんとうに[じつに]…なんだ. 2 でも…なんだから.

pe·ro² [ペロ] 男 1 反対, 異議. 2 不都合, 難点. 3 梨型のリンゴ.
poner peros a… …に難癖(なんくせ)をつける.

pe·ro·gru·lla·da [ペログるじゃダ] 女 自明の理, 周知の事実.

Pe·ro·gru·llo [ペログるじょ]《つぎの動詞句の一部》
(*ser*) *una verdad de Perogrullo* 言うまでもないことだ.

pe·rol [ペロる] 男 (丸底の)深鍋(ふかなべ).

pe·ro·la [ペロら] 女 (丸底の小型の)深鍋(ふかなべ).

pe·ro·né [ペロネ] 男〈解剖学〉(下腿(かたい)の外側にある)腓骨(ひこつ).

pe·ro·nis·ta [ペロニスタ] 形《男女同形》(アルゼンチンの政治家だった)ペロン Perón を支持する, ペロン派の.
— 男女 ペロン主義者.

pe·ro·rar [ペロラル] 自 演説をぶつ, 長広舌(ちょうこうぜつ)を振るう.

pe·ro·ra·ta [ペロラタ] 女 (はた迷惑な)演説, 長広舌(ちょうこうぜつ).

per·pen·di·cu·lar [ペルペンディクラル] 形 (＋a…)…と直角に交わる, …に垂直の.
— 女 垂線.

per·pen·di·cu·la·ri·dad [ペルペンディクらリダス] 女 垂直性, 直立状態.

per·pen·di·cu·lar·men·te [ペルペンディクらルメンテ] 副 1 垂直に, 直角に. 2 直立して.

per·pe·trar [ペルペトラル] 他 (重大な過失・犯罪など)を犯す.

per·pe·tua·ción [ペルペトゥアしオン] 女 永久化, 長期保存, 永続.

per·pe·tua·men·te [ペルペトゥアメンテ] 副 永久に, 永続的に.

per·pe·tuar [ペルペトゥアル] 他《活 1 actuar》…を永続させる, 永久的なものにする.

per·pe·tui·dad [ペルペトゥイダス] 女 永続性, 不滅性.

per·pe·tuo, tua [ペルペトゥオ, トゥア] 形 1 永続的な, 永久の. 2 終身の.
cadena perpetua 終身刑.

他 は他動詞 再 は再帰動詞 形 は形容詞 副 は副詞 前 は前置詞 接 は接続詞 間 は間投詞

cargo perpetuo 終身雇用の職.

per·ple·ji·dad [ペルプレヒダス] 囡 当惑, 困惑.

per·ple·jo, ja [ペルプレホ, ハ] 形 困惑した, 途方に暮れた.

pe·rra¹ [ペラ] 囡 〈→ perro²〉 1 雌イヌ[犬]. 2〈子供〉泣きわめき, だだ. 3 異常な欲望, (ほしくて)たまらない気持ち. 4 お金, 富 [= perras]. 5〈女性〉ろくでなし, くだらない女, いやしい女.

dos [*tres, cuatro*] *perras* わずかな金.

no tener una perra 一文無しである.

¡Para ti la perra gorda! わかったよ!, 君の言うとおりだ!

perra chica (昔の)小銭, 小額硬貨.

perra gorda (昔の)10センティモ貨.

pe·rre·ra [ペレラ] 囡 1 犬小屋. 2 野犬収容車.

pe·rre·rí·a [ペレリア] 囡 1 卑劣な手, いかさま. 2 犬の群れ.

pe·rri·to [ペリト] 男 小犬.

perrito caliente 〈食べ物〉ホットドッグ.

pe·rro¹ [ペロ] 男 1 犬, 雄イス. 2 人間のろくでなし, くだらない男, いやしい男. 3 忠実な部下.

¡A otro perro con ese hueso! (そんな話は)私はごめんだ!.

atar los perros con longaniza (単純な思い込みで, ほかの土地でも)楽な生活をしてる.

como el perro y el gato 犬猿の仲の.

echar [*soltar*] *los perros a...* …に小言をいう.

perro chato 〈犬〉ブルドッグ.

perro chino 〈犬〉ベキニーズ.

perro de aguas [*de lanas*] 〈犬〉プードル.

perro de caza 狩犬.

perro de compañía ペット犬.

perro de guardia 番犬.

perro del hortelano 〈人〉けち, しまり屋.

perro de muestra 〈狩犬〉(獲物の)指示犬.

perro de pastor 牧羊犬.

perro de rastro 〈犬〉追跡犬.

perro faldero 1 愛玩(玩)犬. 2 言いなりの人.

perro lazarillo 盲導犬.

perro lebrel 〈犬〉ホイペット.

perro policía 警察犬.

perro salchicha 〈犬〉ダックスフント.

perro viejo 1 老練な人.

pe·rro², rra² 形 とても悪い, ひどい.

de perros とてもひどい.

pe·rru·na¹ [ペルナ] 囡 犬用ビスケット.

pe·rru·no, na² [ペルノ, ー] 形 犬の.

per·sa [ペルサ] 《男女同形》(西アジアの国の)ペルシア Persia の.

— 男 囡 ペルシア人.

— 男 ペルシア語.

per·se·cu·ción [ペルセクシオン] 囡 1 追跡. 2 迫害, 虐待. 3 (法的手段での悪の)根絶の試み. 4 追求.

per·se·cu·to·rio, ria [ペルセクトリオ, リア] 形 1 追跡の, 追求の. 2 いやがらせの, 迫害の.

per·se·gui·dor, do·ra [ペルセギドル, ドラ] 形 1 追跡する, 追求する. 2 迫害する.

— 男 囡 1 追跡者. 2 迫害者.

per·se·guir [ペルセギル] 他 《活 76 seguir》 1 …を追跡する. 2 …を追害する, …にいやがらせをする. 3 …を追求する. 4 …につきまとう. 5 …を法的手段で始末する.

per·se·ve·ran·cia [ペルセベランシア] 囡 根気, 粘り強さ.

per·se·ve·ran·te [ペルセベランテ] 形 粘り強い, 根気のよい.

per·se·ve·rar [ペルセベラル] 自 1 (+en...) …を根気よく続ける. 2 (+hasta+不定詞) …するまで粘り続ける.

Per·sia [ペルシア] 固 〈国の名〉(西アジアのイランの旧称の)ペルシア.

per·sia·na [ペルシアナ] 囡 (板すだれの)ブラインド, 日よけ.

per·sia·ne·ro, ra [ペルシアネロ, ラ] 男 囡 [= persianista] ブラインド業者, ブラインド修理人.

persig- → perseguir 追跡する《活 76》.

per·sig·nar·se [ペルシグナルセ] 再 十字を切る.

per·sis·ten·cia [ペルシステンシア] 囡 1 固執, 頑固. 2 持続, 存続.

per·sis·ten·te [ペルシステンテ] 形 1 頑固な, しつこい. 2 長続きする.

per·sis·tir [ペルシスティル] 自 1 (+en...) …に固執する. 2 長続きする, 存続する.

per·so·na [ペルソナ] 囡 1 (ひとりひとりの)人, 個人. 2 (名前のわからない)人, ある人. 3 (ひとかどの)人, 人物. 4〈文法〉人称. 5〈宗教〉位格, ペルソナ.

de persona a persona 1対1で, さし(向かい)で.

en la persona de... …の代理で.

en persona 1 本人が. 2 (人が)じかに, 自分で.

...en persona (人の)実物の, …, …そのもの.

persona física 〈法律〉個人, 人格.

persona grata [*non grata*] 〈国際関係〉好ましい[好ましくない]人物.

persona jurídica [*social*] 法人.

por persona ひとり当たり.

primera [*segunda*] *persona* 〈文法〉(第1)[2]人称.

ser muy persona 理解のある人である.

tercera persona 1〈文法〉(第)3人称. 2 第三者.

per·so·na·je [ペルソナヘ] 男 1 (ひとかどの)人物, 名士. 2 (小説などの)登場人物.

per·so·nal [ペルソナる] 形 1 人の, 個人の. 2 人的な, 私的な, 一身上の. 3 本人の, 自身による. 4〈文法〉人称の.

— 男 1 (集合的に)従業員, 社員, 職員, 人員. 2 (組織全体の)労働力. 3 (集合的に)人々.

— 女 〈バスケットボール〉パーソナルファウル.
cambio de personal 人事(移動).
gastos de personal 人件費.
gastos personales 個人的な出費.
efectos personales 身の回り品.
ordenador personal 〈コンピューター〉パソコン.
pronombre personal 〈文法〉人称代名詞.

personalic- 活 → personalizar 個性的にする《活 39》.

per·so·na·li·dad [ペルソナリダス] 女 1 (個人の)性格, 人柄, 人格. 2 個性, パーソナリティー. 3 著名人, 名士.
tener personalidad 個性的である.

per·so·na·lis·mo [ペルソナリスモ] 男 1 個人崇拝. 2 (組織での)個人的突出. 3 人格主義.

per·so·na·li·zar [ペルソナリさル] 他《活 39 gozar》1 …を個性的にする. 2 …を個人的な好みに合わせる. 3 〈文法〉(無人称動詞)を人称動詞として使う.
— 自 名指しで発言する.

per·so·nal·men·te [ペルソナるメンテ] 副 1 本人自身で, みずから. 2 個人的に.

per·so·nar·se [ペルソナルセ] 再 本人が出むく, 出頭する.

per·so·ni·fi·ca·ción [ペルソニふぃカすィオン] 女 1 人格化, 擬人化. 2 体現, 化身. 3 《修辞学》擬人法.

per·so·ni·fi·car [ペルソニふぃカル] 他《活 73 sacar》1 …を人格化する, 擬人化する. 2 …を具現[体現]する.

pers·pec·ti·va [ペルスペクティバ] 女 1 遠近法, 遠近透視画法. 2 眺望, 遠景. 3 展望, 見通し. 4 視点, 見地. 5 全体像.

pers·pi·ca·cia [ペルスピカすィア] 女 洞察力, 眼力.

pers·pi·caz [ペルスピカす] 形《複 perspicaces》1 洞察力のある. 2 〈視力〉遠くまで見える.

per·sua·dir [ペルスアディル] 他 …を(+ para…)…するように説得する. 2 …を(+de…)について納得させる.
— persuadirse 再 (+de…)…を納得する.

per·sua·sión [ペルスアズィオン] 女 説得力.

per·sua·si·vo, va [ペルスアスィボ, バ] 形 説得力のある.

per·te·ne·cer [ペルテネせル] 自《活 4 agradecer》1 (+a…)…に属する, …の所有物である. 2 (+a…)…の一部である.

per·te·ne·cien·te [ペルテネすィエンテ] 形 (+a…)…に属する, …の一部である.

per·te·nen·cia [ペルテネンすィア] 女 1 所有, 所属. 2 (+a…)…への組み入れ. 3 所有物, 所持品, 付属物.

pertenezc- 活 → pertenecer 属する《活 4》.

pér·ti·ga [ペルティガ] 女 1 竿(さお), 長い棒. 2 〈スポーツ〉(棒高跳びの)ボール.

per·ti·na·cia [ペルティナすィア] 女 頑固, 強情.

per·ti·naz [ペルティナす] 形《複 pertinaces》1 しつこい, 執拗(しつよう)な. 2 長続きする.

per·ti·nen·cia [ペルティネンすィア] 女 適切さ, 妥当性.

per·ti·nen·te [ペルティネンテ] 形 1 (+a…)…に関係する, 関連の. 2 適切な, 当を得た.

per·tre·char [ペルトレチャル] 他 1 (軍隊に)武器などを供給する. 2 …に(+con, de…)…を供給[補給]する.
— pertrecharse 再 (+con, de…)…を(自分に)補給する, 調達する.

per·tre·chos [ペルトレチョス] 男複 1 軍隊弾薬. 2 装備, 用具一式.

per·tur·ba·ción [ペルトゥルバすィオン] 女 1 騒乱, 妨害行為. 2 (精神の)変調, 動揺, 錯乱(さくらん).

per·tur·ba·do, da [ペルトゥルバド, ダ]《過去分詞》→ perturbar 混乱させる.
— 形 混乱した.
— 男 女 精神錯乱(さくらん)者.

per·tur·ba·dor, do·ra [ペルトゥルバドル, ドラ] 男 女 (社会秩序などの)攪乱(かくらん)者, 妨害活動家.

per·tur·bar [ペルトゥルバル] 他 1 …を混乱させる, 妨害する. 2 …を不安にさせる, 動転させる. 3 …の気をおかしくさせる, 錯乱(さくらん)させる.
— perturbarse 再 1 動転する. 2 気がおかしくなる.

Pe·rú [ペル] 固 〈国の名〉(南米の共和国の)ペルー[= República del Perú].

pe·rua·no, na [ペルアノ, ナ] 形 (南米の)ペルーの, Perú の.
— 男 女 ペルー人.

per·ver·si·dad [ペルベルスィダス] 女 邪悪, 凶悪.

per·ver·sión [ペルベルスィオン] 女 1 不道徳行為. 2 非行. 3 (人心の)腐敗, 堕落.

per·ver·so, sa [ペルベルソ, サ] 形 邪悪な, 凶悪な.
— 男 女 邪悪な人間, 悪党.

per·ver·tir [ペルベルティル] 他《活 77 sentir》…を堕落させる, 非行に走らせる.
— pervertirse 再 堕落する, 非行に走る.

per·vi·ven·cia [ペルビベンすィア] 女 存続.

per·vi·vir [ペルビビル] 自 存続する, 生き残っていく.

pe·sa [ペサ] 女 1 (秤(はかり)の)分銅, 重(おも)り. 2 〈時計〉重り. 3 〈スポーツ〉亜鈴(あれい), バーベル [= pesas]. 4 台秤(だいばかり).

pe·sa·car·tas [ペサカルタス] 男《単複同形》手紙秤(ばかり).

pe·sa·da·men·te [ペサダメンテ] 副 1 しつこく, くどくどと. 2 重そうに. 3 のろのろと.

pe·sa·dez [ペサデす] 女《複 pesadeces》1 のろさ, 鈍重さ. 2 わずらわしいこと, 骨の折れる仕事.

pe·sa·di·lla

3 退屈なこと, うんざりさせること. 4（胃などの）もたれた気分, 重い気分.

pe·sa·di·lla [ペサディジャ] 囡 1 悪夢. 2 心配事, 心痛.

pe·sa·do, da [ペサド, ダ]《過去分詞》→ pesar 重さがある.
— 形 1 とても重い. 2 気の抜けない, 骨の折れる. 3 うんざりさせる, 退屈な. 4 うっとうしい, いらいらさせる. 5〈眠り〉深い. 6 のろい, 鈍重な. 7 面白みのない. 8 しつこい, くどい.
— 男 1 しつこい人間. 2 退屈な人間.

pe·sa·dum·bre [ペサドゥンブレ] 囡 1 悲嘆, 苦悩. 2 不快, 重苦しさ. 3 悲しみの種（ﾀﾈ）.

pé·sa·me [ペサメ] 男 お悔やみ, 弔問（ちょう）.
dar el pésame a... …にお悔やみを言う.
mi más sentido pésame 私の心からのお悔やみ.

pe·sar [ペサル] 自 1 …の重さがある／*Este niño ya pesa diez kilos.* この子はもう 10 キロある. 2 重い, 重たい. 3 (+en...) …に影響を及ぼす. 4 …に悲しく思わせる, 残念がらせる.
— 他 1 …の重さをはかる. 2 …を吟味する.
— 男 1 悲しみ, 心痛. 2 苦痛の種（ﾀﾈ）. 3 残念, 後悔.
a mi [tu, su] pesar 私の[君の, 彼の]意に反して.
a pesar de... …にもかかわらず.
a pesar de los pesares なにがなんでも.
a pesar de todo なにがあっても.
mal que le [te] pese 彼が[君が]いやだと言っても.
pese a... …にもかかわらず.
pese a quien pese どんなことがあっても.

pe·sa·ro·so, sa [ペサロソ, サ] 形 1 (+de, por+完了不定詞) …したことを後悔している. 2 心を痛めている.

pes·ca [ペスカ] 囡 1 漁, 魚釣り. 2 漁業. 3〈獲物〉(集合的に) 魚.
pesca de altura 遠洋漁業.
pesca de arrastre 引き網漁.
pesca de bajura 沿岸漁業.
...y toda la pesca …などなど.

pes·ca·da [ペスカダ] 囡〈魚〉メルルーサ.

pes·ca·de·rí·a [ペスカデリア] 囡〈店〉魚屋.

pes·ca·de·ro, ra [ペスカデロ, ラ] 男 囡〈人〉魚屋.

pes·ca·di·lla [ペスカディジャ] 囡〈幼魚〉メルルーサ.

pes·ca·do [ペスカド] 男〈食用〉(死んでいる) 魚, 魚肉.
pescado azul 青魚（あおざかな）.
pescado blanco 白身の魚.

pes·ca·dor, do·ra [ペスカドル, ドラ] 男 囡 漁師, 釣り人, 漁夫.

pes·can·te [ペスカンテ] 男〈馬車〉御者台.

pes·car [ペスカル] 他《活 73 sacar》1〈魚〉を釣る, とる.
2 …を（水中から）引きあげる.
3〈病気〉にかかる.
4〈望んでいたもの〉を手に入れる.
5 …が(+現在分詞) …しているところを見つける／*El profesor me pescó copiando.* 先生は私がカンニングしているのを見つけた.
6〈人〉をうまくつかまえる.
7 …を知ろうとする, 見やぶろうとする.
— 自 釣りをする.

pes·co·zón [ペスコソン] 男（首筋や頭への）一撃.

pes·cue·zo [ペスクエソ] 男（人や動物の）首, 首筋.
retorcer el pescuezo a (+人)（脅（おど）し文句で）…を殺す.

pe·se [ペセ] 活 → pesar 重さがある.
pese a... …にもかかわらず.

pe·se·bre [ペセブレ] 男 1〈家畜〉まぐさ桶（おけ）.
2（キリスト誕生の場面の）人形飾り.

pe·se·ta [ペセタ] 囡〈通貨単位〉(スペインの) ペセタ.
cambiar la peseta 吐く, もどす.
estar sin una peseta [no tener una peseta] 一文無しである.
mirar la peseta お金を使わないようにする.

pe·se·te·ro, ra [ペセテロ, ラ] 形 金を出しおしみする, 金にこだわる.
— 男 囡〈人〉けち, しみったれ.

pe·si·mis·mo [ペシミスモ] 男 悲観主義.

pe·si·mis·ta [ペシミスタ] 形〈男女同形〉悲観的な, 物事を悪い方に考える.
— 男 囡 悲観主義者, ペシミスト.

pé·si·mo, ma [ペシモ, マ] 形《絶対最上級語 → malo, la》とても悪い.

pe·so [ペソ] 男 1 重さ, 重量, 重力. 2 体重, ウエート. 3 重いもの. 4 秤（はかり）. 5〈通貨単位〉(メキシコやコロンビアなどの) ペソ. 6〈スポーツ〉砲丸. 7 影響力, 勢力. 8 義務, 負担, 重荷. 9 心配, 心痛, 苦しさ.
caer por su (propio) peso 自明なことである.
... de peso 1 重要な…. 2 決定的な….
lanzamiento de peso〈スポーツ〉砲丸投げ.
levantamiento de peso〈スポーツ〉ウエートリフティング, 重量挙げ.
llevar ... en peso ひとりで…を取り仕切る.
peso atómico〈化学〉原子量.
peso bruto 総重量.
peso específico〈物理学〉比重.
peso gallo〈ボクシング〉バンタム級.
peso ligero〈ボクシング〉ライト級.
peso molecular〈化学〉分子量.
peso mosca〈ボクシング〉フライ級.
peso neto 正味重量.
peso pesado〈ボクシング〉ヘビー級.
peso pluma〈ボクシング〉フェザー級.

活 は活用形 複 は複数形 男 は男性名詞 囡 は女性名詞 固 は固有名詞 代 は代名詞 自 は自動詞

quitar a (+人) *un peso de encima* …をほっとさせる.
quitar-se un peso de encima ほっとする.
valer su peso en oro 貴重なものである.

pes·pun·te [ペスプンテ] 男 〈裁縫〉返し縫い〈活〉い, バックステッチ.

pesqu- 活 → pescar 釣る〈活 73〉.

pes·que·rí·a [ペスケリア] 女 1 釣り場, 漁場. 2 漁場, 水産業.

pes·que·ro[1] [ペスケロ] 男 漁船, 釣り船.

pes·que·ro[2], **ra** [—, ラ] 形 1 魚釣りの, 漁業の. 2〈ズボン〉つんつるてんの.

pes·qui·sa [ペスキサ] 女 調査, 捜索.

pes·ta·ña [ペスタニャ] 女 1〈目〉まつげ. 2 縁(ふち), へり. 3 鍔折り.
no mover pestaña じっと注目する.
quemar-se las pestañas (目を使って)必死に仕事する.

pes·ta·ñe·ar [ペスタニェアル] 自 まばたきする.
sin pestañear 1 注意を集中させて. 2 平然として.

pes·ta·ñe·o [ペスタニェオ] 男 まばたき.

pes·te [ペステ] 女 1 ペスト, 黒死病. 2 疫病, 伝染病. 3 悪臭. 4 有害物, 害悪のもと. 5 わずらわしいもの, 厄介なもの.
decir [contar, echar] pestes de ... …の悪口を言う.

pes·ti·ci·da [ペスティシダ] 男 駆除剤, 農薬.

pes·tí·fe·ro, ra [ペスティふェロ, ラ] 形 1 伝染病の, 悪疫の. 2 悪臭のする.

pes·ti·len·cia [ペスティレンしア] 女 1 疫病, 伝染病. 2 悪臭.

pes·ti·len·te [ペスティレンテ] 形 悪臭のする.

pes·ti·llo [ペスティじょ] 男 1〈戸締まり〉掛け金. 2〈錠〉舌.

pes·ti·ño [ペスティニョ] 男 1 (蜂蜜をかけた揚げ菓子の)ペスティニョ. 2 うっとうしいもの. 3 退屈なもの.

pe·ta·ca [ペタカ] 女 1〈タバコ〉葉巻き入れ, シガレットケース. 2 (ウィスキーなどを入れる平たい)ポケット瓶(びん).
hacer la petaca 〈いたずら〉ベッドシーツをふたつ折りにして足を伸ばせないようにする.

pé·ta·lo [ペタロ] 男 〈植物〉花弁, 花びら.

pe·tan·ca [ペタンカ] 女 〈遊戯〉(金属球を投げて競う)ペタンク.

pe·tar·do [ペタルド] 男 1〈火薬〉爆竹. 2 退屈なもの, うんざりするもの. 3 麻薬入りタバコ.

pe·ta·te [ペタテ] 男 1 (兵士たちの丸型の)私物荷物. 2〈旅行者〉身の回り品.
liar el petate 荷物をまとめる.

pe·te·ne·ra [ペテネラ] 女 〈フラメンコ〉(荘重な調子の歌の)ペテネラ.
salir por peteneras 話題に無関係なことを発言する.

pe·ti·ción [ペティおン] 女 1 要請, 依頼. 2 申請書, 要望書.
a petición de ... …の要請により.
petición de mano (男性の親が恋人の親に申し出る)結婚許可の依頼.

pe·ti·me·tre, tra [ペティメトレ, トラ] 男 女 〈人〉(流行を追いかける)おしゃれ.

pe·ti·rro·jo [ペティロホ] 男〈鳥〉ロビン, ヨーロッパコマドリ.

pe·ti·sú [ペティス] 男 (クリーム入りの)揚げ菓子.

pe·to [ペト] 男 1〈武具〉胸当て, 胴. 2〈服飾〉胸飾り, 胸当て. 3〈闘牛〉(ピカドールの馬の側面を保護するような幕状の)防御具.

pé·tre·o, a [ペトレオ, ア] 形 石の, 岩の, 石[岩]のような.

pe·tri·fi·ca·do, da [ペトリふィカド, ダ] 《過去分詞》→ petrificar 石化する.
— 形 1 石のようになった. 2 硬直した, 呆然(ぼうぜん)とした.

pe·tri·fi·car [ペトリふィカル] 他 《活 73 sa-car》1 …を石化する, 石のように硬くする. 2 (人)を硬直させる, 呆然とさせる.
— petrificar-se 再 1 石のようになる. 2 呆然とする.

pe·tro·dó·lar [ペトロドラル] 男 〈経済〉オイルダラー.

pe·tro·gli·fo [ペトログリふォ] 男 〈遺物〉(有史前の)岩面陰刻.

pe·tró·le·o [ペトロれオ] 男 石油.
petróleo crudo 原油.
refinería de petróleo 精油所.

pe·tro·le·ro[1] [ペトロれロ] 男 石油タンカー.

pe·tro·le·ro[2], **ra** [—, ラ] 形 石油の.

pe·tro·lí·fe·ro, ra [ペトロリふェロ, ラ] 形 石油を含む, 石油を埋蔵する.
yacimiento petrolífero 〈地中〉油層.

pe·tro·quí·mi·ca[1] [ペトロキミカ] 女 石油化学.

pe·tro·quí·mi·co, ca[2] [ペトロキミコ, —] 形 石油化学の.

pe·tu·lan·cia [ペトゥランしア] 女 (優位の人間の)異常な尊大さ.

pe·tu·lan·te [ペトゥランテ] 形 (上に立つ者が)いやに横柄(おうへい)な.
— 男 女 異常に尊大な人間.

pe·tu·nia [ペトゥニア] 女 〈草花〉ペチュニア, ツクバネアサガオ.

pe·yo·ra·ti·vo, va [ペヨラティボ, バ] 形 軽蔑(けいべつ)的な, ばかにした, 否定的な.

pez [ペす] 男 〈複 peces〉(泳いでいる)魚.
— 女 (防水などに使う黒い)ピッチ.
como pez en el agua 水を得た魚のように(いきいきと).
estar pez (*en* ...) (…については)なにも知らない.
pez de colores キンギョ[金魚].
pez espada 〈魚〉メカジキ.
pez globo 〈魚〉フグ.

pez gordo 〈人〉大物, 有力者.
pez luna 〈魚〉マンボウ.
pez martillo 〈魚〉シュモクザメ.
pez sierra 〈魚〉ノコギリザメ.
pez volante [*volador*] 〈魚〉トビウオ.
reírse de los peces de colores (物事について)気にしない, 甘く考えている.

pe·zón [ペソン] 男 乳首(ﾁｸﾋﾞ), 乳頭.
pe·zu·ña [ペスニャ] 女 1〈動物〉蹄(ﾋﾟｽﾞﾒ). 2〈人〉足, 手.
pf [プフ] 間 あーっ!, やれやれ!
pi [ピ] 男 1〈文字の名〉(ギリシア文字のΠ, πの) パイ, ピー. 2〈数学〉円周率, パイ.
pia·do·so, sa [ピアドソ, サ] 形 1 情け深い, 慈悲深い. 2 信心深い, 敬虔(ｹｲｹﾝ)な.
pia·ní·si·mo [ピアニシモ] 副〈音楽〉ピアニッシモ, きわめて弱く.
pia·nis·ta [ピアニスタ] 男女 ピアニスト.
pia·no [ピアノ] 男〈楽器〉ピアノ.
— 副〈音楽〉弱く.
pia·no·la [ピアノラ] 女〈楽器〉自動ピアノ.
piar [ピアル] 自 〈活 34 enviar〉 1 (小鳥が)ピーピー[ピヨピヨ]鳴く. 2〈人〉しゃべる.
piar·las ぶつぶつ文句を言う.
pia·ra [ピアラ] 女 豚の群れ.
pias·tra [ピアストラ] 女〈通貨単位〉(エジプトなどの)ピアストル.
PIB [ペベ] 男《略語》Producto Interior Bruto(スペインの)国内総生産[=英語 GDP].
pi·be, be [ピベ, ベ] 男女 子供.
pi·ca [ピカ] 女 1 (昔の)槍. 2〈闘牛〉(ピカドールの)槍.
pi·ca·cho [ピカチョ] 男 (とがった)山頂.
pi·ca·de·ro [ピカデロ] 男 1 乗馬学校, 馬場. 2 売春宿.
pi·ca·di·llo [ピカディジョ] 男 1 (豚肉の)細切れ. 2 ひき肉料理.
estar hecho picadillo (人が)くたくたになっている.
pi·ca·do, da [ピカド, ダ] 《過去分詞》→ picar 刺す.
— 形 1 刺された. 2 穴のあいた. 3 虫食いの.
en picado 急降下して, まっさかさまに.
pi·ca·dor[1] [ピカドル] 男〈闘牛〉ピカドール, 槍方(ﾔﾘｶﾀ).
pi·ca·dor[2]**, do·ra**[1] [—, ドラ] 男女 1 (馬の)調教師. 2 (石をけずる)鉱山作業員.
pi·ca·do·ra [ピカドラ] 女 ひき肉機.
pi·ca·du·ra [ピカドゥラ] 女 1〈歯〉虫歯の穴. 2〈昆虫〉刺すこと. 3〈動物〉かむこと. 4 刻みタバコ.
pi·ca·jo·so, sa [ピカホソ, サ] 形《= picajón, jona》怒りっぽい, 短気な.
pi·can·te [ピカンテ] 形 1 少しエッチな. 2 ぴりっと辛い.
— 男 1 香辛料, 胡椒(ｺｼｮｳ). 2 から味.

pi·ca·pi·ca [ピカピカ] 男 鼻につんとくる物.
pi·ca·plei·tos [ピカプレイトス] 男〈単複同形〉1 訴訟好きな人. 2 三流の弁護士.
pi·ca·por·te [ピカポルテ] 男 1 (ドアなどの)掛け金. 2 ドアノッカー.
pi·car [ピカル] 他〈活 73 sacar〉1 (虫が)…を刺す. 2 (蛇などが)…をかむ. 3 (魚が)…にかぶりつく. 4 (人が)…にひっかかる. 5 (鳥が)…をつつく, つばむ. 6 …をこま切れにする. 7 …をくだく. 8 (馬)に拍車をかける. 9 (馬)を調教する. 10〈闘牛〉(ピカドールが) (牛)に槍(ﾔﾘ)を突きたてる. 11 (切符)にパンチを入れる. 12 …に穴をあける. 13 (品物)を(使うことで)疲労させる. 14 …を腐食させる. 15 (歯)を虫歯にする. 16 (特定の音)を出す. 17 …をそそのかす. 18 (石)をこつこつけずる.
— 自 1 (魚が)えさをつつく, 《+en+わな》にはまる. 3 《+de…》…をつついて食べる. 4 (太陽が)照りつける. 5 ぴりぴりする味がする. 6 《+en+仕事》…を試してみる. 7 (飛行機が)急降下する.
— *picar·se* 再 1 敵をあおる. 2 (服が)虫食いになる. 3 (食べ物が)だめになる. 4 (歯が)虫歯になる. 5 怒る, いらいらする. 6 酸化する. 7 (ワインが)すっぱくなる. 8 (海が)荒れる. 9 (自分に)麻薬を注射する.
picar (muy) alto 手の届かないものを求める.
picar·se de … …を気取る.
pi·car·dí·a [ピカルディア] 女 1 詐欺, ぺてん. 2 ずるさ. 3 卑猥(ﾋﾜｲ), みだら. 4〈子供〉いたずら, 悪ふざけ.
pi·car·dí·as [ピカルディアス] 男《→ picardía》〈単複同形〉(シースルーで短い)ネグリジェ.
pi·ca·res·ca[1] [ピカレスカ] 女 1 ピカレスク小説, 悪漢小説. 2 やくざな生活, 無頼の人生. 3 悪だくみ, 悪さ.
pi·ca·res·co, ca[2] [ピカレスコ, —] 形 1 悪党の, やくざな. 2〈小説〉ピカレスクの, 悪漢の.
pí·ca·ro, ra [ピカロ, ラ] 形 1 悪賢い, ずるい. 2 悪党の, 無頼の. 3 いたずらな.
— 男女 1 ずるい人間, 詐欺師. 2 無頼漢, ならず者. 3 いたずらっ子.
Pi·cas·so [ピカソ] 固〈画家の名〉(スペインの)ピカソ [= Pablo Picasso].
pi·ca·tos·te [ピカトステ] 男〈小型〉揚げパン.
pi·ca·zón [ピカソン] 女 むずがゆさ.
pi·cha [ピチャ] 女〈俗〉ペニス, ちんぽ.
pi·chi [ピチ] 男 (女学生などの)ジャンパースカート.
pi·chi·chi [ピチチ] 男〈サッカー〉(スペインの)最多得点賞[者].
pi·chón[1] [ピチョン] 男 子鳩[ﾊﾄ].
pi·chón[2]**, cho·na** [—, チョナ] 男女〈呼称〉(男女間で)かわいい人.
pic·nic [ピクニク] 男 ピクニック, 遠足.
píc·ni·co, ca [ピクニコ, カ] 形 背の低い太った.
— 男女 短軀(ﾀﾝｸ)肥満型の人.
pi·co [ピコ] 男 1〈鳥〉くちばし. 2 出っ張り, 飛び

出た先端. 3〈道具〉つるはし. 4〈山頂, 峰. 5 峰のとがった山. 6（超過した）少量, 少し. 7 三角のおむつ. 8〈人〉口, 雄弁. 9〈麻薬〉（注射の）1 回分.
cerrar el pico だまる.
dar·le al pico しゃべりまくる.
dar·se el pico（ふたりが）キスをする.
de picos pardos どんちゃん騒ぎして.
hincar el pico 死ぬ, くたばる.
pico de oro 1 雄弁な人. 2 能弁.
salir a（＋人）**por un pico** …に大きな出費となる.
un pico かなりの金額, 大金.
…y pico〈超過分〉…と少し.
pi·cón [ピコン] 男 粉炭(ﾌﾝ).
pi·cor [ピコル] 男 1 かゆみ. 2〈味覚〉辛(ｶﾗ)み.
pi·co·ta [ピコタ] 囡 1 (大粒の) サクランボ. 2 (昔の罪人の首の) さらし柱. 3〈人〉鼻.
pi·co·ta·zo [ピコタソ] 男 1 (くちばしの) ひとつつき. 2 (蛇などの) ひとかみ. 3 (虫の) ひと刺し.
pi·co·te·ar [ピコテアル] 他 1〈鳥〉…をついばむ. 2〈人〉(食べ物) をつまむ.
— 自〈食事〉軽くつまむ.
pic·to·gra·ma [ピクトグラマ] 男 絵文字.
pic·tó·ri·co, ca [ピクトリコ, カ] 形 絵の, 絵画的な.
pi·cu·do, da [ピクド, ダ] 形 とがた[尖]った.
pid- 圏 a pedir から (圏 56).
pí·do·la [ピドラ] 囡 馬跳びの遊び.
pie [ピエ] 男 1〈人〉(足首から下の) 足, 足部. 2〈靴下〉足の部分. 3〈動物〉足, 脚. 4〈家具などの〉脚, 台. 5〈植物〉茎, 軸. 6〈韻文〉脚(ｷｬｸ). 7〈演劇〉(自分の直前の台詞(ｾﾘﾌ) の) 末部. 8〈書類〉末尾. 9〈長さの単位〉(約 30 センチの) フィート. 10 (物の) 末部, 足部. 11 (写真などの) キャプション, 説明文.
a los pies de… …に仕えて.
al pie de… 1 …のそばに, 近くに. 2 …のふもとに. 3 ほぼ…, 約….
al pie de la letra 文字通りに, 言われた通りに.
al pie del cañón 義務を果たして, 律義(ﾘﾁｷﾞ)に.
a pie 歩いて, 徒歩で.
a pies juntillas 1 足をそろえて. 2 ふんばって. 3 少しも疑わないで.
arrastrar·se a los pies de… …に屈服する.
buscar (le) cinco [tres] pies al gato わざと困難[もめごと] を求める.
caer de pie 運がよい, ついている.
cojear del mismo pie (que…) (…と) おなじ欠点を持つ.
con buen [mal] pie 運よく[運わるく].
con el pie derecho 1 運よく. 2 的確に.
con el pie izquierdo 1 運わるく. 2 まずい仕方で.
con los pies 頭を使わないで.

pie·dra

con los pies por delante 死んで, 殺されて.
con pies de plomo ゆっくりと, 注意深く.
con un pie en… 1 …の近くに. 2 もう…に片足をつっこんで.
dar pie a… …を引き起こす, …に口実を与える.
de a pie 徒歩の.
de (los) pies a (la) cabeza 1 体全体に. 2 完全に. 3 用意万端ととのえて.
de pie 立って, 起立して.
en pie 1 立って. 2 (ベッドから) 起き出して.
en pie de guerra 対決の覚悟をして.
en pie de igualdad 対等に, 互角に.
hacer pie (水の底に) 足をつけて立つ.
levantar·se con el pie izquierdo 一日中ついていない.
nacer de pie とても運がよい, ついている.
no dar pie con bola ひとつも正解がない, へまばかりする.
no tener pies ni cabeza 意味がない, 意味が不明だ.
no tener·se en [de] pie へとへとに疲れている.
parar los pies a（＋人）…の動き[つけあがり] をおさえる.
pie cavo (べた足でない普通の) 鉤足(ｶｷﾞｱｼ).
pie de atleta〈足〉水虫.
pie de imprenta〈書籍〉(本の) 出版データー, 奥付けけ.
pie plano 扁平足, べた足.
pie quebrado〈詩句〉(長い詩句に混じった 5 音節までの) 短句.
poner los pies en… …へ行く.
poner pies en polvorosa 走り去る, 逃げる.
saber de qué pie cojea (＋〈主語〉) (人が) …の弱点をつかんでいる.
sacar los pies del plato 急に大胆になる.
salir por pies 逃げ出す.
ser pies y manos de（＋人）(人が) …に必要とされている.
sin pies ni cabeza 意味不明の, 意味のない.
tener los pies sobre la tierra 足が地についている, 現実的な人である.
pie·dad [ピエダス] 囡 1 あわれみ, 慈悲心, 同情. 2 信心. 3〈美術〉(キリストの遺体を抱いた聖母マリアの図像の) ピエタ.
Pie·dad [ピエダス] 固〈女性の名〉ピエダー.
pie·dra [ピエドラ] 囡 1 石, 小石, 石ころ. 2〈建築〉石材. 3〈医学〉結石. 4〈ライター〉石. 5〈気象〉ひょう, あられ.
ablandar las piedras 人のあわれみをさそう.
a (un) tiro de piedra ごく近くに.
Menos da una piedra. なにも無いよりましだ.
no dejar piedra sobre piedra (de…) (…を) 破壊しつくす.
no quedar piedra sobre piedra (建物や町が) 完全に破壊する.
pasar por la piedra 1 規律に従う. 2 (＋a

他 は他動詞　再 は再帰動詞　形 は形容詞　副 は副詞　前 は前置詞　接 は接続詞　間 は間投詞

piedra angular 1 (壁の接合部を補強する)隅石(　). 2 礎石, いしずえ.
piedra de afilar 砥石(　).
piedra de chispa 火打ち石.
piedra de escándalo スキャンダルの原因.
piedra de molino (風車の石臼(　)の)上臼.
piedra de toque 試金石.
piedra falsa にせの宝石.
piedra filosofal 〈錬金術〉賢者の石.
piedra imán 天然磁石.
piedra pómez 軽石(　).
piedra preciosa 宝石.
quedarse de piedra あっけにとられる.
tirar piedras y esconder la mano 人にいい顔をしながら陰で卑劣なことをする.
tirar piedras contra el [su] propio tejado 自分に不利になることをする.
piel [ピエル] 囡 1 肌, 皮膚(　), 皮. 2 毛皮. 3 (やわらかい)なめし皮. 4 皮革製品, 毛皮製品. 5 (果物や芋(　)などの)皮, 外皮.
dejarse la piel en... 頑張って…に精を出す.
piel de gallina 〈人〉鳥肌.
piel roja 男(北アメリカの)インデアン.
ponerse a (+人) la piel de gallina …に鳥肌がたつ.
quitar [sacar] la piel a tiras a (+人) …をこっぴどく批判する.
salvar la piel 1 死をまぬがれる. 2 苦境を脱する.
ser (de) la piel del diablo 〈子供〉腕白[やんちゃ]である.
piélago [ピエラゴ] 男 海.
piens- 活 → pensar 考える《活 57》.
pienso [ピエンソ] 男〈家畜〉飼料, かいば.
pierd- 活 → perder 失う《活 58》.
pierna [ピエルナ] 囡 1〈人〉(足首より上の)脚(　). 2 脚部. 3〈食肉〉脚部.
a pierna suelta [tendida] のんびりと, くつろいで.
cruzar las piernas 足を組む.
dormir a pierna suelta [tendida] ぐっすりと眠る.
estirar las piernas (座ったあとで)足を伸ばす.
por piernas 走って. 2 (仕事ús)不調で.
pieza [ピエサ] 囡 1 ひと切れ, 一部分. 2〈機械〉部品. 3 当て布. 4〈布地〉一反. 5 (ひとつひとつの)獲物. 6 (チェスなどの)駒(　). 7 (ひと幕物の)脚本. 8〈音楽〉一曲. 9〈家屋〉ひと部屋. 10〈家具〉一点, 一品.
pieza de artillería 〈武器〉火砲.
quedarse de una pieza 啞然(　)とする.
pífano [ピふぁノ] 男(高音部の)フルート.
pifia [ピふィア] 囡 間違い, へま, どじ.
pigmentación [ピグメンタシオン] 囡 色素沈着.

pigmentar [ピグメンタル] 他 1 …に着色する. 2 …に色素を沈着させる.
pigmento [ピグメント] 男 1 色素. 2 顔料.
pigmeo, a [ピグメオ, ア] 形 ピグミーの.
— 男 〈アフリカの小人族の〉ピグミー.
pijada [ピハダ] 囡 ばかげたこと.
pijama [ピハマ] 男〈衣服〉パジャマ.
pijería [ピヘリア] 囡 きざなあしらい.
pijerío [ピヘリオ] 男 (集合的に)軽薄な者.
pijo[1] [ピホ] 男〈男根〉ちんぽ.
pijo[2]**, ja** [—, ハ] 形 軽薄な.
— 男 囡 軽薄な人間.
un pijo ほとんど(…ない).
pijotería [ピホテリア] 囡 ばかげたこと.
pijotero, ra [ピホテロ, ラ] 形 期待はずれの.
pila [ピら] 囡 1 水盤. 2〈台所〉流し, シンク. 3 (積み重なった)山, 山積み. 4 乾電池, 蓄電池, バッテリー.
nombre de pila 〈宗教〉洗礼名.
pila atómica 〈発電〉原子炉.
pila bautismal 〈宗教〉洗礼盤.
pila de fregar 〈台所〉流し.
pila de lavar 〈家庭〉洗濯場.
una pila de... 大量の…, たくさんの….
pilar [ピラル] 男 1〈建築〉支柱, 標柱. 2 土台, ささえ. 3〈人〉大黒柱, 中心人物.
Pilar [ピラル] 固〈女性の名〉ピラル.
pilastra [ピらストラ] 囡〈建築〉柱形(　).
píldora [ピるドラ] 囡 1 丸薬. 2 経口避妊薬.
dorar la píldora a (+人) 悪い知らせを…にやんわり言う.
tragarse la píldora うそを信じこむ.
Pili [ピり] 固〈女性の名〉(Pilar の愛称の)ピリ.
pilífero, ra [ピりふぇロ, ラ] 形〈植物〉多毛の.
pillaje [ピじゃへ] 男〈軍隊〉略奪.
pillar [ピじゃル] 他 1 …をつかまえる. 2 (車が)…をひく. 3 …を挟む. 4〈人〉を(+en+場所・状態)…で見つける. 5 (人)を(不意をついて)見つける, 現場で取り押える. 6 …を手に入れる. 7 (病気)にかかる. 8 …を理解する, ものにする. 9 …をすすむ, 強奪する.
— 自 位置する, ある／*Tu casa me pilla demasiado lejos.* 君の家は遠すぎるんだ.
— **pillarse** 再 (自分の体の一部)を挟む.
pillería [ピじェリア] 囡〈子供〉いたずら, 悪ふざけ.
pillo, lla [ピじょ, じゃ] 形 いたずらな.
— 男 囡 いたずらっ子, 手に負えない子供.
pilón [ピろン] 男 1 (噴水を囲む)石の水盤. 2 大量, 山積み.
píloro [ピろロ] 男〈解剖学〉幽門.
piloso, sa [ピろソ, サ] 形 毛の, 毛のある.
pilotaje [ピろタへ] 男 1 操縦, 運転. 2 水先案内. 3 操縦法. 4 水先案内料.

活 は活用形 複 は複数形 男 は男性名詞 囡 は女性名詞 固 は固有名詞 代 は代名詞 自 は自動詞

pi·lo·tar [ピロタル] 他 1〈飛行機〉を操縦する. 2〈大型船舶〉を水先案内する. 3〈車〉を運転する.

pi·lo·te [ピロテ] 男〈建築〉(基礎工事で埋める)杭(ぐい), パイル.

pi·lo·to [ピロト] 男女 1 操縦士, パイロット. 2 運転手. 3 水先案内人.
— 男 1〈自動車〉テールランプ. 2 パイロットランプ, 表示灯. 3 (名詞のうしろで形容詞的に)モデル, 基本型／piso *piloto* モデルルーム.
piloto automático 自動操縦装置.
piloto de pruebas テストドライバー.

pil·tra [ピルトラ] 女 ベッド, 寝台.

pil·tra·fa [ピルトラふぁ] 女 だめなもの, くず.

pi·men·te·ro [ピメンテロ] 男 1〈樹木〉コショウ. 2 (卓上の)コショウひき, ペッパーミル.

pi·men·tón [ピメントン] 男〈香辛料〉パプリカ.

pi·mien·ta [ピミエンタ] 女〈実・香辛料〉コショウ[胡椒].

pi·mien·to [ピミエント] 男 1〈野菜〉ピーマン. 2〈香辛料〉トウガラシ. 3〈香辛料〉パプリカ.
pimiento morrón 大型赤ピーマン.
poner·se como un pimiento 赤面する.
¡Y un pimiento! (提案を拒否して)だめだ!

pim·pan·te [ピンパンテ] 形 さっそうとした, 得意そうな.

pim·pi·ne·la [ピンピネら] 女〈薬草〉ワレモコウ.

pim·plar [ピンプらル] 他〈酒類〉をがぶ飲みする.

pim·po·llo [ピンポじょ] 男 1 若木, 若枝. 2 元気な若者. 3 若々しい人.

pin [ピン] 男《複 pins》記念バッジ, (ピン付きの)記章.

pi·na·cle [ピナクれ] 男〈トランプ〉ピナクレ.

pi·na·co·te·ca [ピナコテカ] 女 絵画展示場, 画廊.

pi·ná·cu·lo [ピナクろ] 男〈建築〉飾り尖塔(せんとう), ピナクル.

pi·nar [ピナル] 男 松林.

pin·cel [ピンせる] 男 1〈絵画〉筆, 刷毛(はけ). 2 画風, 筆致.

pin·ce·la·da [ピンせらダ] 女 1〈絵画〉ひと塗り. 2 凝縮(ぎょうしゅく)した表現. 3 筆致, タッチ.

pin·cha·dis·cos [ピンチャディスコス] 男女《単複同形》ディスクジョッキー.

pin·char [ピンチャル] 他 1 …を刺す. 2 …に注射する. 3 …を刺し止める. 4 …を元気づける, はげます. 5 …を怒らせる, 困らせる. 6〈レコード〉をかける. 7 …を盗聴する, 盗み見る.
— 自 1 (人が)(自分の車を)パンクさせる. 2 失敗する, 大損する, 大きなミスをする.
— pinchar·se 再 1 (自分の体の一部)を刺す. 2 (自分に)注射する. 3 (に)麻薬をうつ.
ni pinchar ni cortar (en…) (…に)かかわりがない.

pin·cha·ú·vas [ピンチャウバス] 男《単複同形》だらしない人間, 役立たず.

pin·cha·zo [ピンチャそ] 男 1 ひと刺し, ひと突き. 2 刺し傷, 刺し跡. 3〈タイヤ〉パンク. 4 注射. 5 刺すような痛み. 6 盗聴.

pin·che [ピンチェ] 男女 (料理人の)助手.

pin·chi·to [ピンチト] 男 (楊枝(ようじ)に刺した)つまみ.

pin·cho [ピンチョ] 男 1〈動植物の〉とげ, 針. 2 (先のとがった)刺し棒. 3 (楊枝(ようじ)に刺した)つまみ.
pincho moruno〈料理〉肉の串(くし)焼き.

pin·don·ga [ピンドンガ] 女 ふしだらな女.

pin·ga·jo [ピンガホ] 男 1 (古着から破れてたれさがった)ほろぎれ. 2 ほろ, ほろぼろのもの.

pin·gar [ピンガル] 自 1 しずくをたらす.
poner pingando a（＋人）…のことをひどく悪く言う.

pin·go [ピンゴ] 男 1 (古着から破れてたれさがった)ぼろぎれ. 2 ふしだらな人間.
poner a（＋人）*como un pingo* …の悪口を言う.
salir [estar, ir] de pingo(s) 遊びほうける.
vestir con unos pingos (女性が)安物の服を着る.

ping-pong [ピンポン] 男〈スポーツ〉ピンポン, 卓球.

pin·güe [ピングエ] 形 豊富な, 豊かな.

pin·güi·no [ピングイノ] 男〈鳥〉ペンギン.

pi·ni·tos [ピニトス] 男複 1〈幼児〉よちよち歩き. 2 (研究や専門職の)第一歩.

pin·ní·pe·dos [ピンニペドス] 男複〈分類〉(アザラシなどの)ひれ足類動物.

pi·no [ピノ] 男〈樹木〉マツ[松].
en el quinto pino とても遠くに.
hacer el pino さか立ちをする.
hacer los primeros pinos 1 (幼児が)よちよち歩きを始める. 2 (専門家が仕事の)第一歩を踏み出す.

pin·rel [ピンレる] 男〈人〉足.

pin·sa·po [ピンサポ] 男〈樹木〉スペインモミ.

pin·ta [ピンタ] 女 1 斑点, 斑紋. 2〈トランプ〉ゲーム開始の札. 3 外見, 外観. 4〈体積の単位〉(イギリス系の 0.57 リットル相当の)パイント.

pin·ta·da¹ [ピンタダ] 女 (社会的な)落書.

pin·ta·do, da² [ピンタド, —]〈過去分詞〉→ pintar 描く.
— 形 1 描かれた. 2 彩色した, 化粧した. 3（＋a…）…にそっくりな, よく似た.
el más pintado [la más pintada]（＋para…）(…に)最適の人.
venir a（＋人）*que ni pintado*（para〜）…にとって(〜のために)おあつらえ向きの.

pin·ta·la·bios [ピンタらビオス] 男《単複同形》〈化粧品〉口紅.

pin·ta·mo·nas [ピンタモナス] 男女《単複同形》1 へたな画家. 2 くだらない人間.

pin·tar [ピンタル] 他 1 …を描く, …の絵をかく.

pin·ta·rra·je·ar

2 …を(+de+色)…色に塗る[ペンキを塗る]. 3 …を描写する, 書きあらわす.
— 自 1 (ペンなどが)書ける. 2〈トランプ〉〈札が〉勝ちを示す. 3 (人が)(+en…)で重要である. 4 (果物が)色づく.
— **pintar·se** 再 1 (果物が)色づく. 2 (人が)化粧する.
pintar·se (las) solo para… …するのが上手だ.

pin·ta·rra·je·ar [ピンタラヘアル] 他 …に書きなぐる, 塗りたくる.
— **pintarrajear·se** 再 厚化粧をする.

pin·ta·rra·jo [ピンタラホ] 男 へたな絵.
pin·ta·rro·ja [ピンタロハ] 女〈魚〉トラザメ.
pin·ta·ú·ñas [ピンタウニャス] 男〈単複同形〉〈化粧品〉(マニキュアの)ネイルエナメル.
pin·ti·pa·ra·do, da [ピンティパラド, ダ] 形 (+para…)…に最適の, 好都合な.
pin·tor, to·ra [ピントル, トラ] 男女 1 画家, 絵書き. 2〈人〉ペンキ屋.
pintor de brocha gorda 〈人〉ペンキ屋.
pin·to·res·co, ca [ピントレスコ, カ] 形 1 絵のように美しい. 2 奇抜な, 個性的な.
pin·tu·ra [ピントゥラ] 女 1 絵の描き方, 画法. 2 絵, 絵画. 3 絵の具. 4 ペンキ, 塗料.
no poder ver a (+人) *ni en pintura* …の顔も見たくない.
pintura al fresco フレスコ画(法).
pintura al óleo 油絵(画法).
pintura al temple テンペラ画(材).
pin·tu·re·ro, ra [ピントゥレロ, ラ] 形 1 上品ぶった. 2 おしゃれな.
— 男女 1 気取り屋. 2 おしゃれ.
pin·za [ピンサ] 女 1 挟むもの. 2 洗濯挟み, 鉗子(かん), ピンセット, 毛抜き, ペンチ[= pinzas]. 3 (カニなどの)はさみ. 4〈服飾〉ダーツ.
coger… con pinzas 1 (汚れ物)をつまみあげる. 2 (こわれ物)を慎重に扱う.
pin·za·mien·to [ピンサミエント] 男 (刺すような痛みを伴う器官や神経の)圧迫, 圧迫痛.
pin·zón [ピンソン] 男〈鳥〉アトリ.
pi·ña [ピニャ] 女 1〈植物・果実〉パイナップル. 2 松かさ, 松ぼっくり. 3 固く詰まったもの. 4 群衆, 群集.
pi·ña·ta [ピニャタ] 女 菓子の薬玉(くすだま).
pi·ño [ピニョ] 男〈人〉歯.
pi·ñón [ピニョン] 男 1 松の実. 2〈機械〉ピニオン, 小歯車.
estar a partir un piñón (複数の人が)とても仲がよい.
pí·o¹ [ピオ] 男 (鳥の鳴き声の)ピヨピヨ, ピイピイ.
no decir ni pío なんにも言わない.
pí·o², a [—, ア] 形 信心深い, 情け深い.
pio·jo [ピオホ] 男〈昆虫〉シラミ.
pio·jo·so, sa [ピオホソ, サ] 形 1 シラミのたかった. 2 みすぼらしい, あさましい.

pio·let [ピオレト] 男〈登山〉ピッケル.
pio·ne·ro, ra [ピオネロ, ラ] 男女 1 開拓者, 先駆者, パイオニア.
pio·rre·a [ピオレア] 女 歯槽膿漏(のうろう).
pi·pa [ピパ] 女 1〈タバコ〉パイプ. 2 (ヒマワリやスイカなどの)種(たね). 3 ピストル, はじき.
pasar·se lo pipa とても楽しい時を過ごす.
pi·per·mín [ピペルミン] 男〈酒〉ペパーミント.
pi·pe·ro, ra [ピペロ, ラ] 男女 (街角でヒマワリの種(たね)やキャラメルを売る)菓子売り.
pi·pe·ta [ピペタ] 女 (ガラスの)ピペット.
pi·pí [ピピ] 男 おしっこ.
hacer pipí おしっこをする.
pi·pio·lo, la [ピピオロ, ラ] 男女 1 初心者, 新人, 新米. 2 若造, 小僧.
pi·po [ピポ] 男 (ミカンなどの)種(たね).
piqu- 活 → picar 刺す〈巻 73〉.
pi·que [ピケ] 男 1 敵意, うらみ. 2 競争心, ライバル意識. 3 自尊心.
ir·se a pique 1 (船が)沈没する. 2 失敗に終る.
pi·qué [ピケ] 男 ピケ, 畝織り, ピケ.
pi·que·ta [ピケタ] 女 1 つるはし, ピッケル. 2 杭(くい), ペグ.
pi·que·te [ピケテ] 男 1〈ストライキ〉ピケ. 2〈軍隊〉(特別任務の)小隊.
pi·ra [ピラ] 女 (火葬用の)たき火.
pi·ra·do, da [ピラド, ダ]〈過去分詞〉→ pirar·se 気が狂う.
— 形 頭が変になった, 頭の悪い.
pi·ra·gua [ピラグア] 女 1 (カヌーより大きい)丸木舟. 2 (競槽用ボートの)シェル.
pi·ra·güis·mo [ピラグイスモ] 男〈スポーツ〉(カヤックやシェルも使う)カヌー競技.
pi·ra·güis·ta [ピラグイスタ] 男女 カヌー競技者.
pi·ra·mi·dal [ピラミダル] 形 ピラミッド型の.
pi·rá·mi·de [ピラミデ] 女 1 ピラミッド. 2 ピラミッド型のもの.
pi·ra·ña [ピラニャ] 女〈魚〉ピラニア.
pi·rar·se [ピラルセ] 再 1 気が狂う, 理性を失う. 2 (+de…)…から姿を消す, さぼる.
pi·ra·ta [ピラタ] 形 1〈男女同形〉1 海賊の, 海賊行為の, 不法な. 3 著作権侵害の.
— 男女 1 海賊. 2 剽窃(ひょうせつ)者, 著作権侵害者.
pi·ra·te·ar [ピラテアル] 自 1 海賊行為をする. 2 著作権を侵害する.
— 他 …を剽窃(ひょうせつ)する.
pi·ra·te·rí·a [ピラテリア] 女 1 海賊行為. 2 略奪. 3 剽窃(ひょうせつ).
pi·re·nai·co, ca [ピレナイコ, カ] 形 ピレネー山脈 Pirineos の.
pí·rex [ピレックス] 男〈単複同形〉(耐熱強化ガラスの)パイレックス.
Pi·ri·ne·os [ピリネオス] 固〈los+〉ピレネー山脈.

活 は活用形　複 は複数形　男 は男性名詞　女 は女性名詞　固 は固有名詞　代 は代名詞　自 は自動詞

pi·ri·pi [ピリピ] 形 軽く酔った.
pi·ri·ta [ピリタ] 女〈鉱物〉黄鉄鉱.
pi·ro·gra·ba·do [ピログラバド] 男 焼き絵(技法).
pi·ro·ma·ní·a [ピロマニア] 女〈医学〉放火癖.
pi·ró·ma·no, na [ピロマノ, ナ] 形 放火癖のある.
— 男 女 放火犯人.
pi·ro·pe·ar [ピロペアル] 他 …にはやし言葉を投げかける.
pi·ro·po [ピロポ] 男 (女性の外観の魅力に対して男性が投げかける)はやし言葉, ほめ言葉／decir [echar] *piropos* a(＋女性) …をはやす.
pi·ro·tec·nia [ピロテクニア] 女 花火製法.
pi·ro·téc·ni·co, ca [ピロテクニコ, カ] 形 花火造りの.
— 男 女 花火製造業者, 花火師.
pi·ro·xe·na [ピロクセナ] 女〈＝piroxeno 男〉〈鉱物〉輝石《》.
pi·rrar [ピラル] 自 (＋a＋人) …の大好きなものである.
▶ pirrar·se 再 (＋por…) …が大好きだ, …するのが夢である.
pi·rue·ta [ピルエタ] 女 1 (バレエなどの)つま先旋回, 空中旋回. 2 (子供たちの)跳ね回り. 3 言い逃れ, (身の)かわし.
pi·ru·la [ピルラ] 女 きたない手[やり口].
pi·ru·le·ta [ピルレタ] 女 ぺろぺろキャンディー.
pi·ru·lí [ピルリ] 男〈複 pirulís〉(松かさ型の)棒付きキャンディー.
pis [ピス] 男 おしっこ.
hacer pis おしっこをする.
pi·sa·da [ピサダ] 女 1 (足の)踏みつけ, 踏みおろし, 踏みこみ. 2 足跡.
pi·sa·pa·pe·les [ピサパペレス] 男〈単複同形〉文鎮《》, 紙押さえ.
pi·sar [ピサル] 自 歩く, 歩行する.
— 他 1 …を踏む, 踏みつける. 2〈音楽〉〈弦や鍵盤〉を押さえる. 3 …におおいかぶさる. 4 (人)を踏みにじる, 粗末に扱う. 5 …を訪ねる, …に姿を見せる. 6 …を(＋a＋人)…より先に行う. 7 (鳥が)…と番(ぃ)う. 8 (規則などを)踏みにじる.
pi·sa·ver·de [ピサベルデ] 男 おしゃれな男.
pis·cí·co·la [ピスシコら] 形〈男女同形〉養殖の.
pis·ci·cul·tu·ra [ピスシクるトゥラ] 女 1 養殖. 2 養殖技術.
pis·ci·fac·to·rí·a [ピスシふぁクトリア] 女 養殖場.
pis·ci·na [ピスシナ] 女〈水泳〉プール.
Pis·cis [ピスシス] 固 (星座の)魚座.
pis·cis [ピスシス] 形〈単複同形〉魚座生まれの.
— 男 女〈人〉魚座生まれ.
pis·co·la·bis [ピスコらビス] 男〈単複同形〉(つまみ物だけの)軽食.
pi·so [ピソ] 男 1 床(%), 床面, 地面. 2 (建物の)階. 3〈集合住宅〉1 軒分のスペース, マンション. 4 靴底. 5 (段や層を重ねたものの)1 段, 1 層.
— 活 → pisar 歩く, 踏む.
autobús de dos pisos 二階建てバス.
piso bajo (日本風に数えた1階の)事務所階.
primer piso (日本風には2階に当たる)1階.
pi·so·te·ar [ピソテアル] 他 1 …を踏みつぶす, 踏みしだく. 2 …を踏みにじる.
pi·so·tón [ピソトン] 男 (人の足などへの)踏みつけ.
pis·pa·jo [ピスパホ] 男 はしこい子供.
pis·ta [ピスタ] 女 1 (人や動物の)跡, 痕跡(詫), 足跡. 2 形跡, 手がかり. 3〈スポーツ〉トラック, コース, コート. 4 (踊りの)フロア. 5 滑走路. 6 (臨時の)自動車道. 7 (サーカスなどの)リング, 舞台.
seguir la pista de … …の跡を追う.
pis·ta·cho [ピスタチョ] 男 (木の実) ピスタチオ.
pis·ti·lo [ピスティろ] 男〈花〉めしべ.
pis·to [ピスト] 男 1〈料理〉(野菜煮込みの)ピスト. 2 ごた混ぜ話.
dar·se pisto (＋con…) (…を)自慢する, うぬぼれる.
pis·to·la [ピストら] 女 1 ピストル, 拳銃. 2 (拳銃型の)スプレー. 3 (棒状のパンの)バゲット.
pis·to·le·ra[1] [ピストれラ] 女〈拳銃〉ホルスター.
pis·to·le·ro, ra[2] [ピストれロ, ー] 男 女 ピストル強盗.
pis·to·le·ta·zo [ピストれタそ] 男〈拳銃〉発射.
pis·tón [ピストン] 男 1〈機械〉ピストン. 2〈管楽器〉ピストン. 3〈銃〉雷管.
pis·to·nu·do, da [ピストヌド, ダ] 形 とてもいい, すごい, 上等の.
pi·ta [ピタ] 女 1 リュウゼツラン[竜舌蘭]. 2 竜舌蘭繊維の糸.
— 間 (ニワトリに)来い来い!
pi·ta·da [ピタダ] 女 1 非難の口笛. 2〈音〉警笛, クラクション.
pi·ta·gó·ri·co, ca [ピタゴリコ, カ] 形 (哲学者の)ピタゴラス Pitágoras の.
pi·tan·za [ピタンさ] 女 いつもの食事, 常食.
pi·tar [ピタル] 自 1 笛を吹く. 2 笛を鳴らす. 3 うまくいく. 4〈スポーツ〉審判になる.
— 他 1〈スポーツ〉(審判が)…に笛で警告[合図]する. 2 …を口笛で非難する. 3 (タバコ)を吸う.
pi·te·cán·tro·po [ピテカントロポ] 男〈人類学〉ピテカントロプス, 直立猿人.
pi·ti·do [ピティド] 男 1 (笛や警笛の)音. 2 (鋭い音の)連続音.
pi·ti·lle·ra [ピティじェラ] 女〈紙巻タバコ〉シガレットケース.
pi·ti·llo [ピティじョ] 男 (紙巻き)タバコ.
pi·ti·mi·ní [ピティミニ] 男 (花の小さい)バラ.
…de pitiminí 小さな…, つまらない….

pi·to

pi·to [ピト] 男 1 呼び子, 笛. 2 警笛, 汽笛, クラクション. 3 きいきい声. 4 指をはじく音. 5 (紙巻き)タバコ. 6 《男根》ちんぽ.
(no) importar a (+人) *un pito* …にとってどうでもいい.
no valer un pito なんの価値もない.
por pitos o por flautas あれこれの理由で.
tomar a (+人) *por el pito del sereno* …を無視して, ばかにする.

pi·tón¹ [ピトン] 男 1 ニシキヘビ[錦蛇]. 2 〈動物〉生えかけの角(⁽ᵘ⁾), 角の先. 3 〈闘牛〉角.

pi·to·ni·sa [ピトニサ] 女 巫女(⁽ᵐⁱᵏᵒ⁾), 女予言者.

pi·to·rre·ar·se [ピトレアルセ] 再 (+*de* …) …を笑い物にする, からかう.

pi·to·rre·o [ピトレオ] 男 からかい, 冗談.

pi·to·rro [ピトロ] 男 〈容器〉そそぎ口.

pi·to·te [ピトテ] 男 大騒ぎ.

pi·tu·fo, fa [ピトゥふォ, ふァ] 男女 子供, おちびちゃん.

pi·tui·ta·ria¹ [ピトゥイタリア] 女 〈医学〉(鼻の)粘膜.

pi·tui·ta·rio, ria² [ピトゥイタリオ, -] 形 (鼻の)粘液の.

pi·tu·so, sa [ピトゥソ, サ] 男女 あどけない子供.

pí·vot [ピボト] 男女 (バスケットボールなどの)中心選手.

pi·vo·tan·te [ピボタンテ] 形 〈植物〉主根の.

pi·vo·tar [ピボタル] 自 1 軸のうえで旋回する. 2 〈スポーツ〉片足を軸にして回転する.

pi·vo·te [ピボテ] 男 1 (先が円錐状の)旋回軸, ピボット. 2 (道路などの)進入防止用の杭(⁽ᵏᵘⁱ⁾).

pi·ya·ma [ピヤマ] 男 パジャマ.

pi·za·rra [ピさラ] 女 1 黒板. 2 石板, スレート.

Pi·za·rro [ピさロ] 固 〈コンキスタドールの名〉(16世紀前半にインカ帝国を征服した)ピサロ[= Francisco Pizarro].

piz·ca [ピすカ] 女 少量, ひとつまみ.
…ni pizca 少しも(…ない).

piz·pi·re·ta [ピすピレタ] 形 (女性が)若々しい, 魅力のある.

pi·zza [ピツァ] 女 〈料理〉ピザ.

pi·zze·rí·a [ピツェリア] 女 ピザ専門店.

pi·zzi·ca·to [ピツィカト] 男 〈弦楽器〉(弦を弓の代わりに指ではじく)ピッチカート.

pla·ca [プらカ] 女 1 薄板. 2 表示板, プレート, 表札. 3 (警官などの)バッジ. 4 〈写真〉感光板. 5 被膜. 6 〈地質学〉プレート.
placa conmemorativa 記念プレート.
placa de matrícula 〈車〉ナンバープレート.

pla·ca·je [プらカヘ] 男 〈ラグビー〉タックル.

pla·car [プらカル] 他 〈活 73 sacar〉〈ラグビー〉 …をタックルする.

plá·ce·me [プらセメ] 男 お祝い, 祝辞.
enviar a (+人) *mis plácemes por* ~ …に～の祝いを言う.

pla·cen·ta [プらセンタ] 女 〈解剖学〉胎盤.

pla·cen·ta·rio, ria [プらセンタリオ, リア] 形 1 胎盤の. 2 〈動物〉胎生の.

pla·cen·ta·rios [プらセンタリオス] 男複 《→ placentario》〈分類〉胎生動物.

pla·cen·te·ro, ra [プらセンテロ, ラ] 形 楽しくなる, 気分のいい, 愉快な.

pla·cer [プらセル] 男 1 愉快, 喜び. 2 満足, 楽しみ. 3 気晴らし, 娯楽.
— 自 〈活 59〉(+*a*+人) …に喜びを与える.

pla·ci·dez [プらしデす] 女 おだやかさ.

plá·ci·do, da [プらしド, ダ] 形 1 おだやかな, 静かな. 2 楽しくさせる, 愉快な.

Plá·ci·do [プらしド] 固 〈男性の名〉プラシド.

pla·fón [プらふォン] 男 〈天井の〉蛍光灯.

pla·ga [プらガ] 女 1 (特定地域の)惨事, 災害. 2 (生物の)異常発生. 3 〈植物の〉大繁殖. 4 (迷惑な)大群衆.

pla·gar·se [プらガルセ] 再 〈活 47 llegar〉(+*de*+好ましくないもの) …でいっぱいになる.

pla·giar [プらヒアル] 他 〈活 17 cambiar〉(芸術作品)を(+*a* …) …から盗用する, 盗作する.

pla·gio [プらヒオ] 男 盗作, 剽窃(⁽ʰʸᵒᵘˢᵉᵗˢᵘ⁾).

plan [プらン] 男 1 計画, 予定, プラン. 2 案, 構想, 計画表. 3 食餌(⁽ʲⁱ⁾)療法, ダイエット. 4 態度, やり方. 5 (一時的な)愛人関係, (ゆきずりの)情事. 6 (浮気相手の)愛人.
a todo plan ぜいたくに, 盛大に.
en plan de … …のつもりで, …の姿勢で.
hacer plan a (+人) …に好都合がよい.
no ser plan 役に立たない, 気に入らない.
seguir un plan de ataque 新しい仕事を組織する / 〈軍隊〉組織だった攻撃をする.

pla·na¹ [プらナ] 女 《→ plano²》 1 (紙の)面. 2 (雑誌などの)ページ, 頁. 3 習字, 書き方練習.
a toda plana 1ページ全面を使って.
corregir [*enmendar*] *la plana a* (+人) …に(仕事上の)欠点を指摘してやる.
plana mayor 〈人〉(集合的に)幹部, 管理職.

plan·cha [プらンチャ] 女 1 〈道具〉アイロン. 2 板金, 平たい金属板. 3 (集合的に)アイロンがけの衣類. 4 アイロンがけ. 5 みっともない失敗, へま, どじ. 6 〈料理〉鉄板. 7 (空中での)水平姿勢. 8 〈印刷〉組み版.
— 活 → planchar アイロンをかける.
…a la plancha 〈料理〉…の鉄板焼き.

plan·cha·do¹ [プらンチャド] 男 〈作業〉アイロンがけ.

plan·cha·do², **da** [-, ダ] 〈過去分詞〉→ planchar アイロンをかける.
— 形 アイロンのかかった.
dejar planchado a (+人) …を物が言えないほど驚かす.
estar planchado 一文無しである.

plan·cha·dor, do·ra [プらンチャドル, ドラ] 男

女 〈人〉アイロン係り.

plan·char [プランチャル] 他 1 …にアイロンをかける. 2 …を打ちのめす. 3 …をぺしゃんこにする.

plan·cha·zo [プランチャぞ] 男 どじ, へま.
dar·se unos planchazos 〈水泳〉(飛び込みで)腹を打つ.

planc·ton [プランクトン] 男 〈水中の〉プランクトン, 浮遊生物.

pla·ne·a·dor [プラネアドル] 男 〈航空機〉グライダー.

pla·ne·a·do·ra [プラネアドラ] 女 船外機付き高速艇.

pla·ne·ar [プラネアル] 他 1 …を計画する, 立案する. 2 (+不定詞) …しようと思う, …を予定する.
— 自 (飛行機や鳥が)滑空(がっくう)する.

pla·ne·ta [プラネタ] 男 〈天体〉惑星.

pla·ne·ta·rio[プラネタリオ] 男 プラネタリウム.

pla·ne·ta·rio[2], **ria** [—, リア] 形 1 惑星の. 2 この世の. 3 世界的な.

pla·ni·cie [プラニスィエ] 女 大平原.

pla·ni·fi·ca·ción [プラニふィカスィオン] 女 立案, 計画化.
planificación familiar 家族計画.

pla·ni·fi·car [プラニふィカル] 他〈活 73 sacar〉…を立案する, 計画する.

pla·ni·lla [プラニジャ] 女 (役所への)申込書, 申請書.

pla·nis·fe·rio [プラニスふェリオ] 男 1 (地球の)平面球体図. 2 星座表.

pla·no[1] [プラノ] 男 1 市街地図, 町の地図. 2 平面図. 3 見取り図, 設計図, 青写真. 4〈映像〉ショット. 5 平面, 面. 6 局面, 側面. 7 (段階)の面.
caer de plano 大の字に倒れる.
de plano はっきりと, 全面的に, 完全に.
estar en primer plano 前面に出ている, 目立っている.
levantar un plano (設計などの)図面を引く.
medio plano 〈絵画〉(前景と背景の)中間の景色.
primer [último] plano 〈絵画〉前景[背景].

pla·no[2], **na**[2] 形 平らな, 平面の.

plan·ta [プランタ] 女 1 植物, 草木. 2 足の裏. 3〈建物〉階, フロア. 4 平面図, 見取り図. 5〈人〉外見, 容姿. 6 工場施設, プラント, 機械設備一式. 7〈建築〉基礎構造.
de nueva planta 1 新築で. 2 ゼロから.
planta anual 一年生植物.
planta baja (日本の1階に当たる)グランドフロア.
planta herbácea 草本植物.
planta perenne 多年生植物.
planta trepadora つる植物.
primera planta (日本の2階に当たる)1階.

plan·ta·ción [プランタスィオン] 女 1 大農園, プランテーション. 2 (大農園の)栽培作物.

plan·ta·do, da [プランタド, ダ] 《過去分詞》→ plantar 植える.
— 形 1 植えられた. 2 樹立された, 確立した.
bien plantado 体格[容姿]のいい.

plan·tar [プランタル] 他 1 (植物)を植える, …の種(たね)をまく. 2 (土地)に(+de+植物)…を植える. 3 (杭(くい)など)を打ち込む. 4 …を据えつける, 設置する. 5 (感情表現)を加える, 与える, くらわす. 6 (人)を(+en…)…に置きざりにする, おらせる. 7 (物)を(+en…)…に放置する. 8 (人)と別れ, 関係を断つ.
— **plantar·se** 再 1 しっかりと立つ. 2 (+en…)…に身を置く, 位置する. 3 (+en…)…に(短時間で)着く. 4 決心を固める. 5〈トランプ〉手持ちの札だけでいい.

plan·te [プランテ] 男 (集団の)抗議.

plan·te·a·mien·to [プランテアミエント] 男 1 (問題などの)立て方, 立案. 2 (問題の)提起, 評価, 判定.

plan·te·ar [プランテアル] 他 1 (問題など)を立案する. 2 (問題など)を提案する, 提起する. 3 (対策など)を出す. 4 (問題など)を引き起こす.
— **plantear·se** 再 1 (問題などが)生じる, 起こる. 2 …を考え始める.

plan·tel [プランテる] 男 1 (特定分野の)人間集団. 2〈栽培〉苗床(なえどこ).

plan·ti·fi·car [プランティふィカル] 他〈活 73 sacar〉1 (感情表現)を加える, 与える, くらわす. 2 (人)を(+en+いやがる場所)…に置きざりにする, おらせる. 3 (物)を(+en+へんな場所)…に放置する.
— **plantificar·se** 再 (+en…)…に(短時間で)着く.

plan·tí·gra·do, da [プランティグラド, ダ] 形 (四足動物が)蹠行(しょこう)性の.

plan·ti·lla [プランティジャ] 女 1〈靴〉中敷き. 2 (形をなぞるための)手本, ひな形. 3 (集合的に)従業員, 職員. 4〈スポーツ〉(チームの)全選手.

plan·tí·o [プランティオ] 男 (野菜を)植えたばかりの畑.

plan·tón [プラントン] 男 苗木(なえぎ).
dar (un) plantón a… …を待たせる, …との会う約束を破る.

pla·ñi·de·ra[1] [プラニデラ] 女〈葬儀〉泣き女.

pla·ñi·de·ro, ra[2] [プラニデロ, —] 形 よく泣く, 嘆き悲しむ.

pla·ñi·do [プラニド] 男 嘆き, すすり泣き.

pla·ñir [プラニル] 自〈活 51 mullir〉嘆き悲しむ, すすり泣く.

pla·que·ta [プラケタ] 女 1〈血液〉血小板. 2〈建築〉化粧タイル.

plas·ma [プらスマ] 男〈血液〉血漿(けっしょう).

plas·ma·ción [プらスマスィオン] 女 (思想などの)実現, 表現.

plas·mar [プらスマル] 他 …を形にする.

plas·ta [プラスタ] 形《男女同形》〈人〉いやな, うっとうしい.
— 男 女 わずらわしい人間.
— 女 1 どろどろしたもの. 2 ひしがれたもの. 3 糞.

plas·te·li·na [プラステリナ] 女《=plastilina》(子供の工作用の)塑性(きょうせい)粘土.

plás·ti·ca[1] [プラスティカ] 女 造形美術.

plas·ti·ci·dad [プラスティシダ] 女 1 可塑(かそ)性, 柔軟性. 2 (言語表現の)簡潔明瞭さ.

plás·ti·co[1] [プラスティコ] 男 合成樹脂, プラスチック.

plás·ti·co[2], **ca**[2] 形 1 形を変えられる, 可塑(かそ)性の. 2 (言語表現の)簡潔明瞭な. 3 造形美術の. 4 プラスチック製の.

plas·ti·fi·ca·ción [プラスティふィカシオン] 女 〈行為〉〈書類の〉プラスチックコート.

plas·ti·fi·car [プラスティふィカル] 他《活 73 sacar》(身分証など)をプラスチックでコーティングする.

pla·ta [プラタ] 女 1〈鉱物〉銀. 2 銀製品. 3 お金, 財産. 4 (二等賞の)銀メダル.
hablar en plata 率直に話す, 簡潔に言う.

Pla·ta [プラタ] 固《La+》〈都市の名〉(アルゼンチンの)ラプラタ.

pla·ta·for·ma [プラタふォルマ] 女 1 演壇, 舞台. 2〈団体交渉〉代表団. 3 足がかり, きっかけ. 4 (バスなどの)乗降口, デッキ. 5 無蓋(むがい)貨車. 6 (政党などの)綱領.
plataforma continental〈海底〉大陸棚.
plataforma de lanzamiento (ロケットなどの)発射台.
plataforma espacial 宇宙ステーション.
plataforma móvil 動く歩道.
plataforma petrolífera 海底油田掘削施設.

pla·ta·nal [プラタナル] 男《=platanar》バナナ農園, バナナ園.

pla·ta·ne·ro, ra [プラタネロ, ラ] 形 バナナの.
— 男 女〈木〉バナナ.

plá·ta·no [プラタノ] 男 1〈木・果物〉バナナ. 2〈街路樹〉プラタナス.

pla·te·a [プラテア] 女〈劇場〉平土間席.

pla·te·a·do, da [プラテアド, ダ] 《過去分詞》→platear 銀めっきする.
— 形 1 銀めっきの. 2 銀色の.

pla·te·ar [プラテアル] 他 …を銀めっきする.

pla·te·res·co, ca [プラテレスコ, カ] 形〈建築〉(16世紀スペインの)プラテレスコ様式の.

pla·te·ro[1] [プラテロ] 男 銀細工師.

pla·te·ro[2], **ra** [一, ラ] 形〈ロバ〉銀白色の.

plá·ti·ca [プラティカ] 女 1 おしゃべり, 会話. 2〈宗教〉短い説教.

pla·ti·car [プラティカル] 自《活 73 sacar》おしゃべりする.

pla·ti·llo [プラティジョ] 男 1 小皿. 2 受け皿. 3 皿状のもの.
platillo volante [*volador*] 空飛ぶ円盤.

pla·ti·llos [プラティジョス] 男《→ platillo》〈楽器〉シンバル.

pla·ti·na [プラティナ] 女 1〈顕微鏡〉載物台. 2 (ラジカセなどの)カセット入れ.

pla·ti·no [プラティノ] 男 プラチナ, 白金.

pla·to [プラト] 男 1〈食器〉皿. 2 (ひと皿の)料理, 一品. 3 (一般的に)皿. 4 食事, 料理. 5 〈射撃〉〈標的の〉クレー. 6 (レコードプレーヤーの)ターンテーブル.
comer en un mismo plato (何人かが)とても仲がいい.
no haber roto un plato しくじりをしたことがない.
no ser plato de gusto de... …の好みではない.
pagar los platos rotos 他人の尻ぬぐいをする.
plato combinado 盛り合わせ定食.
plato del día 日替わり定食.
plato fuerte メーンディッシュ.
plato hondo 深皿.
plato llano 平皿.
ser plato de segunda mano 二番せんじになる.

pla·tó [プラト] 男〈撮影〉セット.

pla·tó·ni·co, ca [プラトニコ, カ] 形 1 プラトン Platón 哲学の. 2〈恋愛〉プラトニックな.

plau·si·ble [プラウシブレ] 形 1 称賛すべき, ほめられる. 2 容認できる, もっともな.

pla·ya [プラヤ] 女 浜, 海岸, 浜辺.

pla·ye·ras [プラジェラス] 女 ゴムぞうり.

pla·ye·ro, ra [プラジェロ, ラ] 形〈衣類〉(浜辺の)ビーチ用の.

pla·za [プラサ] 女 1 広場. 2 市場(いちば). 3 座席, スペース. 4 職, ポスト. 5 砦(とりで), 要塞.
hacer la plaza 日々の買い物をする.
plaza de armas 練兵場.
plaza de toros 闘牛場.
plaza mayor 中央広場.

plazo- 活 → placer 喜びを与える《活 59》.

pla·zo [プラそ] 男 1 期間. 2 (支払いの)期限, 期日. 3 (分割払いの)1 回分.

pla·zo·le·ta [プラそレタ] 女 小広場.

ple·a·mar [プレアマル] 女 満潮, 高潮時.

ple·be [プレベ] 女 (集合的に)庶民, 平民.

ple·be·yo, ya [プレベヨ, ヤ] 形 一般大衆の.
— 男 女 庶民, 平民.

ple·bis·ci·to [プレビスシト] 男 国民[住民]投票.

plec·tro [プレクトロ] 男〈弦楽器〉つめ, ピック.

ple·ga·ble [プレガブレ] 形 折り畳み式の.

ple·ga·mien·to [プレガミエント] 男 (地層の)褶曲(しゅうきょく).

ple·gar [プレガル] 他《活 53 negar》…を折り畳む, 折り重ねる.
— *plegar·se* 再《+a...》…に屈服する.

ple·ga·ria [プレガリア] 女〈宗教〉祈り, 願い.

pleis·to·ce·no [プレイストセノ] 男 〈地質学〉更新世.

plei·te·ar [プレイテアル] 自 (+con, contra…) …を訴える, …に訴訟を起こす.

plei·te·sí·a [プレイテシア] 女 敬意の表現.

plei·to [プレイト] 男 訴訟.
 poner (un) pleito a … …を訴える.

ple·na·men·te [プレナメンテ] 副 全面的に, 完全に.

ple·na·rio, ria [プレナリオ, リア] 形 (会合が)全員そろった.

ple·ni·lu·nio [プレニるニオ] 男 〈天体〉満月.

ple·ni·po·ten·cia [プレニポテンしア] 女 全権.

ple·ni·po·ten·cia·rio, ria [プレニポテンしアリオ, リア] 形 全権を委任された, 全権の.
 ― 男女 全権委員, 全権使節.

ple·ni·tud [プレニトゥふ] 女 1 全盛期, 絶頂. 2 充実, 豊富.

ple·no¹ [プレノ] 男 1 総会, 全体会議. 2 (トトカルチョで)全部の当たり.

ple·no², na [―, ナ] 形 1 十分な, いっぱいの. 2 最中の, ただなかの.
 de pleno 完全に, いっぱいに.
 en pleno 全体の, 全員で.

ple·o·nas·mo [プレオナスモ] 男 〈修辞学〉冗語法, (別の語による)重複表現.

ple·o·nás·ti·co, ca [プレオナスティコ, カ] 形 冗語法の, 重複表現の.

ple·sio·sau·ro [プレシオサウロ] 男 〈古生物〉首長(ﾘｭ)竜.

plé·to·ra [プレトラ] 女 1 〈医学〉多血症. 2 過多, 過剰.

ple·tó·ri·co, ca [プレトリコ, カ] 形 (+de う れしい気持ち) …でいっぱいになって.

pleu·ra [プレウラ] 女 〈解剖学〉肋膜.

pleu·re·sí·a [プレウレシア] 女 肋膜炎.

ple·xi·glás [プレクシグらス] 男 《単複同形》(合成樹脂の)強化ガラス.

ple·xo [プレクソ] 男 〈解剖学〉叢(ﾂｳ).

plé·ya·de [プレヤデ] 女 (一時期の)文人たち.

pli·ca [プリカ] 女 (開封期日が指定されている)封印書簡.

plieg- 活 → plegar 折り畳む 《活 53》.

plie·go [プリエゴ] 男 1 ふた折りの紙. 2 (folio の倍の)大判の用紙, 全紙. 3 封印意見書.

plie·gue [プリエゲ] 男 1 ひだ, 折り目. 2 〈地質学〉褶曲(ﾕｳ).

plin·to [プリント] 男 1 (柱の)台座. 2 〈体操〉跳び箱.

plio·ce·no [プリオセノ] 男 〈地質学〉鮮新世.

pli·sar [プリサル] 他 (布地に)折り目をつける.

plo·ma·da [プロマダ] 女 1 〈計測〉(垂直線を決める)下げ振り. 2 (水深を測る)測鉛.

plo·me·ro [プロメロ] 男 〈水道〉配管工.

plo·mi·zo, za [プロミそ, さ] 形 鉛色の.

plo·mo [プロモ] 男 1 〈金属〉鉛. 2 (鉛の)おもり. 3 〈銃砲〉弾丸. 4 うっとうしいこと, 退屈なもの.
 andar [ir] con pies de plomo 慎重に事を運ぶ.
 a plomo 垂直に, 真下に.
 caer a plomo (人が)ばったり倒れる.

plo·mos [プロモス] 男複 《→ plomo》〈電気〉ヒューズ./ *fundír·se los plomos* ヒューズが飛ぶ.

plu·ma [プるマ] 女 1 〈鳥〉羽, 羽毛. 2 ペン, 羽ペン, 万年筆[= pluma estilográfica]. 3 文筆活動. 4 文体, 作風. 5 男の女っぽさ.
 dejar correr la pluma 筆まかせで書く.
 peso pluma 〈ボクシング〉フェザー級.

plu·ma·je [プるマヘ] 男 (集合的に)羽毛.

plu·mas [プるマス] 女複 《→ pluma》《単複同形》(羽毛の)ダウンジャケット.

plu·ma·zo [プるマそ] 男 1 抹消のひと筆.
 de un plumazo さっと, 有無を言わさず.

plúm·be·o, a [プるンベオ, ア] 形 1 鉛の. 2 鉛のように重い, うっとうしい.

plu·me·ro [プるメロ] 男 1 羽ばたき. 2 羽飾り.
 ver·se a (+人) *el plumero* …の真意がばれる.

plu·mier [プるミエル] 男 筆箱, ペン皿.

plu·mí·fe·ro [プるミふェロ] 男 〈羽毛〉ダウンジャケット.

plu·mi·lla [プるミじゃ] 女 ペン先.

plu·mín [プるミン] 男 〈万年筆〉ペン先.

plu·món [プるモン] 男 綿毛.

plu·mo·so, sa [プるモソ, サ] 形 羽の多い.

plu·ral [プるラる] 形 複数の.
 ― 男 1 複数. 2 〈文法〉複数形[= forma plural].
 plural de modestia 〈文法〉謙譲の 1 人称複数形.
 plural mayestático 〈文法〉君主の 1 人称複数形.

plu·ra·li·dad [プるラリダふ] 女 1 複数性. 2 多数, 大量.

plu·ra·lis·mo [プるラリスモ] 男 多元論.

plu·ra·lis·ta [プるラリスタ] 形 《男女同形》多元論の.
 ― 男女 多元論者.

plu·ra·li·zar [プるラリさル] 自 《活 39 gozar》(個体の特徴を)一般化して扱う.

plu·ri·ce·lu·lar [プるリせるラル] 形 多細胞の.

plu·ri·em·ple·a·do, da [プるリエンプれアド, ダ] 形 複数の職業にたずさわる.
 ― 男女 兼業者.

plu·ri·em·ple·o [プるリエンプれオ] 男 兼業.

plu·ri·lin·güe [プるリリングエ] 形 複数言語の.

plu·ri·par·ti·dis·mo [プるリパルティディスモ] 男 〈政治〉多党制.

plus [プるス] 男 〈給与〉手当.

plus·cuam·per·fec·to

[プルスクアンペルフェクト] 男 〈文法〉（時制の）過去完了［大過去］.

plus·mar·ca [プルスマルカ] 女 〈スポーツ〉新記録.

plus·mar·quis·ta [プルスマルキスタ] 男 女 〈スポーツ〉記録保持者.

plus·va·lí·a [プルスバリア] 女 1 (不動産などの)値上がり. 2 キャピタルゲイン. 3 (不動産売買の)差額にかかる税金.

plu·to·cra·cia [プルトクラレア] 女 1 金権政治. 2 金権支配.

plu·tó·ni·co, ca [プルトニコ, カ] 形 〈岩石〉深成の.

plu·to·nio [プルトニオ] 男 〈化学〉プルトニウム.

plu·vial [プルビアル] 形 雨の.

plu·vio·me·trí·a [プルビオメトリア] 女 〈気象学〉雨量測定研究.

plu·vió·me·tro [プルビオメトロ] 男 雨量計.

plu·vio·si·dad [プルビオシダス] 女 雨量.

plu·vio·so, sa [プルビオソ, サ] 形 多雨の.

plza. [プラサ] 女 《略語》plaza 広場.

PM [ペエメ] 女 《略語》Policía Militar 憲兵 [= 英語 MP].

PNB [ペエネベ] 男 《略語》producto nacional bruto 国民総生産［= 英語 GNP］.

P° [パセオ] 男 《略語》Paseo 大通り.

P.O. [ポル オルデン] 男 《略語》por orden 〈商業〉注文により, 指示により.

po·bla·cho [ポブラチョ] 男 寒村.

po·bla·ción [ポブラレオン] 女 1 人口, 住民. 2 〈生物〉個体数, 個体群. 3 市, 町, 村.
densidad de población 人口密度.
población activa 労働人口.
población de derecho 定住民数.
población flotante 浮動人口.

po·bla·do[1] [ポブラド] 男 村落, 集落, 町, 都市.

po·bla·do[2]**, da** [—, ダ] 《過去分詞》→ poblar 住まわせる.
— 形 1 (人が)住んでいる. 2 草木の生えている. 3 (+de…) …の多い.

po·bla·dor, do·ra [ポブラドル, ドラ] 男 女 1 住民. 2 入植者, 開拓者.

po·bla·mien·to [ポブラミエント] 男 定住化.

po·blar [ポブラル] 他 《活 22 contar》1 (場所)に(a+人) …を住まわせる. 2 (場所)に(+de…)…を植える, 生息させる. 3 …に住む, 住みつく. 4 …をいっぱいにする. 5 …に集落を作る, 入植する.
— 自 (+en…)…に村[町]を作る.
— **poblar·se** 再 (+de+人・植物・生物)で いっぱいになる.

po·bre [ポブレ] 形 1 貧しい, 貧乏な. 2 (+en…)…のとぼしい, 不十分な. 3 (+名詞) あわれな, 不幸な. 4 みすぼらしい, 貧相な.
— 男 女 1 貧乏人, 貧しい人. 2 かわいそうな人, 不幸な人. 3 物乞い, 乞食（ｶﾞﾝ）.

¡*Pobre de mí*! ああ情けない!
¡*Pobre de ti* [*él*]! (君が[彼が])かわいそうに!

po·bre·ci·llo, lla [ポブレシリョ, ジャ] 形 かわいそうな.

po·bre·ci·to, ta [ポブレレト, タ] 形 かわいそうな.

po·bre·men·te [ポブレメンテ] 副 1 貧しく. 2 不幸に, かわいそうに. 3 貧相に, 貧弱に.

po·bre·za [ポブレサ] 女 1 貧しさ, 貧乏. 2 不足, 欠乏. 3 貧相, 貧弱.

po·ce·ro [ポセロ] 男 1 井戸掘り業者. 2 下水道清掃業者.

po·cha[1] [ポチャ] 女 (若い)白インゲンマメ.

po·cho, cha[2] [ポチョ, —] 形 1 (食べものが)くさった. 2 (人)が体をこわしている.

po·cho·la·da [ポチョラダ] 女 かわいらしいもの.

po·cho·lo, la [ポチョろ, ら] 形 かわいらしい.

po·cil·ga [ポルルガ] 女 1 豚小屋. 2 不潔な場所.

po·ci·llo [ポルリョ] 男 陶器のコップ.

pó·ci·ma [ポルマ] 女 1 飲み薬. 2 まずい飲み物.

po·ción [ポルオン] 女 魔法の水薬.

po·co[1] [ポコ] 代 《不定代名詞》(un+)少し(のもの).
— 副 1 少ししか(…ない). 2 (時間)ちょっと, 少し. 3 (+副詞)(…より)少し〜.

po·co[2]**, ca** [ポコ, カ] 形 わずかの, ほんの少しの.
a poco (+*de*+不定詞)(…して)すぐに.
a poco que (+接続法) 少し〜すれば.
como hay pocos すばらしい, 優秀な.
como poco 少なくとも.
dentro de poco すぐに.
faltar poco para… もうすぐ…だ.
hace poco さっき, 少し前.
poca cosa ささいなこと.
poco a poco 少しずつ, ゆっくり.
poco más o menos およそ, だいたい.
por poco (過去のことを現在形の動詞と共に使って)んでのところで(…するところだった).
tener a (+人) *en poco* …を軽んじる.
unos pocos 少しの人たち.
unos pocos [*unas pocas*] (+名詞) いくつかの.
un poco (+形容詞・副詞) 少し(は)….
un poco de… 少しの, 少量の….

po·da [ポダ] 女 1 〈樹木〉剪定（ｾﾝﾃｲ）. 2 剪定期.

po·da·de·ra [ポダデラ] 女 剪定（ｾﾝﾃｲ）ばさみ.

po·dar [ポダル] 他 …の枝を刈りそろえる, …を剪定（ｾﾝﾃｲ）する.

po·den·co, ca [ポデンコ, カ] 男 女 猟犬.

po·der [ポデル] 他 《助動詞》《活 60》(+不定詞) 1 〈能力〉…できる. 2 〈権利・義務〉…できる, してもよい.
— 《無人称動詞》(3 人称単数形の主語なしで) 1 (+不定詞) …するかもしれない. 2 (+*que*+接続法) …するかもしれない.

活 は活用形　複 は複数形　男 は男性名詞　女 は女性名詞　固 は固有名詞　代 は代名詞　自 は自動詞

— 自 1 可能である. 2 (+a...) ...に勝つ.
— 男 1 能力, 力. 2 権力, 支配力. 3 勢力, 影響力. 4 効力. 5 権限. 6 所有, 手の内. 7 強国, 大国.

a [hasta] más no poder 最大限に, 全力で.
a poder de... ...の力によって.
de poder (+不定詞) もし...できるなら.
de poder a poder 対等に, 互角に.
de poder ser もしできれば.
en poder de... ...の資格で. 2 ...の支配下で.
no poder con... 1 ...にはかなわない. 2 ...を我慢できない.
no poder más 1 くたくたに疲れている. 2 (+de...) (...には)お手あげだ, 我慢できない.
no poder menos de [que] (+不定詞) (que) ...せずにはおられない, ...せざるをえない.
no poder ni ver... ...にはうんざりだ.
plenos poderes 全権.
poder absoluto 絶対権力.
poder adquisitivo 購買力.
poder ejecutivo 行政権.
poderes fácticos 〈政治〉圧力団体.
poder judicial 司法権.
poder legislativo 立法権.
por poder [poderes] 代理人として, 代理人によって.
Puede ser. そうかもしれない.
¿Se puede? 入っても[...しても]いいですか?

po·de·rí·o [ポデリオ] 男 1 権力, 影響力. 2 実力, 勢力.
po·de·ro·so, sa [ポデロソ, サ] 形 1 強力な, 力のある, 能力の高い. 2 影響力のある. 3 効果的な. 4 富力のある, 財力のある.
— 男 女 1 有力者. 2 資産家.
po·dio [ポディオ] 男 1 表彰台. 2 (列柱の土台の)基壇.
po·do·lo·gí·a [ポドロヒア] 女 足病学.
po·dó·lo·go, ga [ポドロゴ, ガ] 男 女 足病学者.
po·dó·me·tro [ポドメトロ] 男 万歩計.
podr- 活 → poder できる《活 60》.
po·dre·dum·bre [ポドレドゥンブレ] 女 1 腐敗. 2 くさったもの. 3 堕落, 退廃.
po·dri·do, da [ポドリド, ダ] 《過去分詞》 → pudrir くさらせる.
— 形 くさった.
estar podrido de... ...をくさるほど持っている.
po·drir [ポドリル] 他 《活用しない》 pudrir.
po·e·ma [ポエマ] 男 1 〈作品〉詩, 韻文作品. 2 へんなもの, 珍奇なもの.
poema en prosa 散文詩.
poema en verso 韻文詩.
poema sinfónico 〈音楽〉交響詩.
ser todo un poema まったく珍しいものである.
po·e·ma·rio [ポエマリオ] 男 詩集.
po·e·sí·a [ポエシア] 女 1 〈言語表現〉詩, 詩歌.

2 作詩法. 3 〈ジャンル〉詩, 韻文. 4 抒情詩. 5 詩情, 詩的な特質.
po·e·ta [ポエタ] 男 〈男性〉詩人.
po·e·tas·tro [ポエタストロ] 男 〈男性〉へぼ詩人.
po·é·ti·ca¹ [ポエティカ] 女 1 詩学. 2 作詩法.
po·é·ti·co, ca² [ポエティコ, —] 形 1 詩の. 2 詩的な.
po·e·ti·sa [ポエティサ] 女 女流詩人.
po·e·ti·zar [ポエティサル] 他 《活 39 gozar》 ...を詩にする, 詩的にする.
po·gro·mo [ポグロモ] 男 集団虐殺.
poin·ter [ポインテル] 男 〈犬〉ポインター.
po·la·co¹ [ポラコ] 男 ポーランド語.
po·la·co², ca [—, カ] 形 (欧州の国の)ポーランド Polonia の.
— 男 女 ポーランド人.
po·lai·na [ポライナ] 女 〈衣類〉ゲートル.
po·lar [ポラル] 形 〈地球〉極地の.
po·la·ri·dad [ポラリダス] 女 極性, 両極性.
po·la·ri·zar [ポラリサル] 他 《活 39 gozar》 1 ...に極性を与える. 2 (注意など)を集中させる. 3 ...をかたよらせる.
— polarizarse 再 1 極性を帯びる. 2 (注意などが) (+en...) ...に集中する.
pol·ca [ポルカ] 女 1 (曲や舞踊の)ポルカ.
pól·der [ポルデル] 男 (低い)干拓地.
po·le·a [ポレア] 女 滑車, ベルト車.
po·lé·mi·ca¹ [ポレミカ] 女 論争, 論戦.
po·lé·mi·co, ca² [ポレミコ, —] 形 論争の, 争点の.
po·le·mi·zar [ポレミサル] 自 《活 39 gozar》 論争する, 論議する.
po·len [ポレン] 男 〈植物〉花粉.
po·le·o [ポレオ] 男 〈植物〉ハッカ.
po·li [ポリ] 男 女 警察官, ポリさん.
po·lia·mi·da [ポリアミダ] 女 〈高分子化合物〉 (ナイロンなどの)ポリアミド.
po·li·chi·ne·la [ポリチネラ] 男 道化役者.
po·li·cí·a [ポリシア] 女 警察.
— 男 女 警官.
policía gubernativa 政治警察.
policía judicial 司法警察.
policía militar 憲兵.
policía municipal 市警察.
policía nacional 治安警察.
policía secreta 私服警官, 刑事.
po·li·cí·a·co, ca [ポリシアコ, カ] 形 《= policiaco, ca》 1 警察の, 警官の. 2 〈小説〉探偵の, 推理の.
po·li·cial [ポリシアル] 形 警察の, 警官の.
po·li·clí·ni·ca [ポリクリニカ] 女 〈私立〉総合病院.
po·li·cro·mí·a [ポリクロミア] 女 多色(性).
po·li·cro·mo, ma [ポリクロモ, マ] 形 多色の.
po·li·de·por·ti·vo [ポリデポルティボ] 男 1 総

他 は他動詞 再 は再帰動詞 形 は形容詞 副 は副詞 前 は前置詞 接 は接続詞 間 は間投詞

po·lie·dro

合運動場. 2 スポーツセンター.

po·lie·dro [ポリエドロ] 男 多面体.

po·liés·ter [ポリエステル] 男〈化学〉ポリエステル.

po·li·fa·cé·ti·co, ca [ポリふぁセティコ, カ] 形 多才な, 多芸の.

po·li·fá·si·co, ca [ポリふぁシコ, カ] 形〈物理学〉多相の.

po·li·fo·ní·a [ポリふぉニア] 女 多声音楽, ポリフォニー.

po·li·fó·ni·co, ca [ポリふぉニコ, カ] 形 多声音楽の.

po·li·ga·mia [ポリガミア] 女 一夫多妻（制）.

po·lí·ga·mo¹ [ポリガモ] 男 多妻の男性.

po·lí·ga·mo², **ma** [—, マ] 形 1 一夫多妻の. 2 多数の多婚性の. 3〈植物〉雌雄混株の.

po·lí·glo·to, ta [ポリグロト, タ] 形 (= poligloto, ta) 多言語使用の.
— 男 女 多言語使用者.

po·lí·go·no [ポリゴノ] 男 1 多角形. 2〈都市計画〉平地の単一目的の地域.
polígono de tiro 射撃実験場.
polígono industrial 工業団地.
polígono regular 正多角形.

po·li·lla [ポリジャ] 女 1〈昆虫〉ガ[蛾]. 2 ガの幼虫. 3 (なにかを)むしばむもの.

po·li·me·ri·za·ción [ポリメリさしオン] 女〈化学〉重合.

po·li·mor·fo, fa [ポリモルふォ, ふぁ] 形 多形の.

po·li·ne·sio, sia [ポリネシオ, シア] 形〈太平洋の地域の〉ポリネシア Polinesia の.
— 男 女 ポリネシア人.

po·li·ni·za·ción [ポリニさしオン] 女〈作用〉(植物の) 受粉.

po·li·ni·zar [ポリニさル] 他〈活 39 gozar〉(昆虫などが)(花)に受粉させる.

po·li·no·mio [ポリノミオ] 男〈数学〉多項式.

po·lio [ポリオ] 女〈医学〉ポリオ.

po·lio·mie·lí·ti·co, ca [ポリオミエリティコ, カ] 形〈医学〉ポリオの, 小児麻痺の.
— 男 女 ポリオ患者.

po·lio·mie·li·tis [ポリオミエリティス] 女〈単複同形〉〈医学〉ポリオ, 小児麻痺.

pó·li·po [ポリポ] 男 1〈腔腸（こうちょう）動物〉ポリプ. 2〈医学〉ポリープ.

po·lis [ポリス] 女〈単複同形〉〈古代ギリシア〉都市国家, ポリス.

po·li·se·mia [ポリセミア] 女〈言語学〉多義（性）.

po·li·sé·mi·co, ca [ポリセミコ, カ] 形〈単語〉多義の.

po·li·sí·la·bo, ba [ポリシらボ, バ] 形〈単語〉多音節の.

po·li·sín·de·ton [ポリシンデトン] 男〈修辞学〉(接続詞をよく使う)連辞畳用（じょうよう）.

po·li·són [ポリソン] 男〈服飾〉(女性がスカートのうしろに入れた)腰当て.

po·li·téc·ni·co, ca [ポリテクニコ, カ] 形〈学校〉理工科系の.

po·li·te·ís·mo [ポリテイスモ] 男 多神教.

po·li·te·ís·ta [ポリテイスタ] 形〈男女同形〉1 多神論の. 2 多神教の.
— 男 女 1 多神論者. 2 多神教の信者.

po·lí·ti·ca¹ [ポリティカ] 女 1 政治, 政治学, 政治学説[理論]. 2 政治活動. 3 政策. 4 やり方, 行動様式.

po·lí·ti·cas·tro, tra [ポリティカストロ, トラ] 男 女 (程度の低い)政治屋.

po·lí·ti·co, ca² [ポリティコ, —] 形 1 政治の, 政治学の. 2〈親類〉結婚による, 義理の. 3 政治活動にたずさわる. 4 礼儀正しい. 5 社交的な.
— 男 女 政治家.

po·li·ti·que·ar [ポリティケアル] 自 1 政治にちょっかいを出す. 2 政治談義にふける.

po·li·ti·zar [ポリティさル] 他〈活 39 gozar〉1 …を政治的な問題にする, 政治にこじつける. 2 …に政治の意識を植えつける.

po·liu·re·ta·no [ポリウレタノ] 男〈高分子化合物〉(マットなどの)ポリウレタン.

po·li·va·len·te [ポリバれンテ] 形〈化学〉多価の.

po·li·vi·ni·lo [ポリビニろ] 男〈高分子化合物〉(ビニロンなどの)ポリビニール.

pó·li·za [ポリさ] 女 1 (保険などの)証券, 証書. 2 印紙, 証紙.

po·li·zón [ポリそン] 男 密航者.

po·li·zon·te [ポリそンテ] 男 警官, ポリさん, おまわり.

po·lla [ポジャ] 女 1〈雌〉若鶏. 2〈陰茎〉ちんぽ.

po·lla·da [ポジャダ] 女 (一度の産卵から生まれた)ひとかえりの雛（ひな）.

po·llas·te [ポジャステ] 男 大人ぶった男の子.

po·lle·rí·a [ポジェリア] 女 鳥肉鶏卵店.

po·lle·ro, ra [ポジェロ, ラ] 男 女 養鶏業者.

po·lli·no, na [ポジノ, ナ] 形〈人〉ばかな, 粗暴な.
— 男 女 1〈人〉ばか, 間抜け. 2〈動物〉ロバ.

po·llo [ポジョ] 男 1〈雄〉(鶏の)雛鳥（ひなどり）. 2 若鶏, 鶏肉, チキン. 3 若者, 大きな子 (= pollito).

po·llue·lo [ポジュエろ] 男 ひなどり.

po·lo [ポろ] 男 1 (地球などの)極, 極地. 2 (球体の)極. 3 電極, 磁極. 4 注目の的（まと）, 焦点. 5 アイスキャンデー. 6〈スポーツ〉ポロ. 7 (スペイン) ポロ.
de polo a polo すごく離れて, 両極端に.
polo de desarrollo 産業開発地域.
polo magnético 磁極.
polo norte [sur] 北極[南極].
polo opuesto 対極, 正反対.
polo positivo [negativo] 〈電気〉陽極[陰極].

po·lo·lo [ポろろ] 男 1〈子供服〉ニッカーズ型半

ズボン. 2〈婦人服〉ズボン型下着.
po·lo·ne·sa [ポロネサ]〔女〕〈舞曲〉ポロネーズ.
pol·trón, tro·na[1] [ポるトロン, トロナ]〔形〕なまけた.
— 〔男女〕なまけ者.
pol·tro·na[2]〔女〕安楽椅子.
pol·tro·ne·ría [ポるトロネりア]〔女〕怠惰, なまけ癖, さぼり癖.
po·lu·ción [ポるシオン]〔女〕1 (大気や水の)汚染. 2〈医学〉不随意の射精, 遺精.
po·lu·cio·nar [ポるシオナル]〔他〕(環境)を汚染する.
pol·va·re·da [ポるバレダ]〔女〕1 土煙, 砂ぼこり. 2 スキャンダル, 大騒ぎ.
pol·ve·ra [ポるベラ]〔女〕〈化粧品〉パウダーケース, コンパクト.
pol·vo [ポるボ]〔男〕1 ほこり, 砂ぼこり. 2 粉, 粉末, 粉状のもの. 3 性交, セックス.
echar un polvo セックスする.
...en polvo 粉末の….
estar hecho polvo くたくたに疲れている.
hacer a... morder el polvo …を屈服させる.
hacer polvo... 1 …を粉にする. 2 …をだめにする. 3 (+a...) …を疲れさせる.
...limpio de polvo y paja ネットの, 正味の….
sacudir el polvo a... …をなぐりつける.
pól·vo·ra [ポるボラ]〔女〕1 火薬. 2 (集合的に)花火.
pol·vo·rien·to, ta [ポるボリエント, タ]〔形〕ほこりっぽい, ほこりだらけの.
pol·vo·ri·lla [ポるボリじゃ]〔男〕直情的な人, 活発な人, 落ち着きのない人.
pol·vo·rín [ポるボリン]〔男〕1 火薬庫. 2〈銃〉火薬. 3 爆発寸前の状態の所.
pol·vo·rón [ポるボロン]〔男〕〈菓子〉(ボーロ風のクリスマス用の)ポルボロン.
pol·vo·ro·so, sa [ポるボロソ, サ]〔形〕ほこりっぽい.
pol·vos [ポるボス]〔男複〕《→ polvo》〈化粧品〉パウダー, おしろい[白粉].
dar·se [poner·se] polvos en... (自分の)…におしろいを塗る.
po·ma·da [ポマダ]〔女〕〈化粧品〉クリーム.
po·me·lo [ポメロ]〔男〕〈果物〉グレープフルーツ.
po·mo [ポモ]〔男〕1 (ドアなどの球状の)ノブ, 握り, 取っ手. 2〈刀〉柄頭(つかがしら).
pom·pa [ポンパ]〔女〕1 華麗な行列[儀式]. 2 壮麗, 華麗. 3 虚飾, 誇示, 見栄. 4 (ガムなどの)風船. 5 シャボン玉.
pompas de jabón シャボン玉.
pompas fúnebres 1 葬儀. 2 葬儀社.
pom·pi [ポンピ]〔男〕《= pompis》お尻(しり).
pom·pón [ポンポン]〔男〕(玉房飾りの)ポンポン.
pom·po·si·dad [ポンポシダ]〔女〕1 豪華さ, 壮麗. 2 飾りすぎ, 飾りの多さ.
pom·po·so, sa [ポンポソ, サ]〔形〕1 壮麗な, 豪華な. 2〈言語表現〉飾りすぎの, もったいぶった.
pó·mu·lo [ポムロ]〔男〕頬骨(ほおぼね), 頬.
pon〔活〕→ poner 置く〈活 61〉.
pon·che [ポンチェ]〔男〕〈飲み物〉ポンチ, パンチ.
pon·cho [ポンチョ]〔男〕〈外套(がいとう)〉ポンチョ.
pon·de·ra·ción [ポンデラシオン]〔女〕1 熟慮, 吟味. 2 (過大な)称賛, 賛辞. 3 釣り合い.
pon·de·ra·do, da [ポンデラド, ダ]〈過去分詞〉→ ponderar じっくり考える.
— 〔形〕1 慎重な, 巧妙な.
pon·de·rar [ポンデラル]〔他〕1 …をじっくり考える, よく吟味する. 2 …を過大に称賛する, 誇張する. 3 …の平衡を保つ.
— 〔自〕1 称賛する. 2 誇張の, 大げさな.
pon·de·ra·ti·vo, va [ポンデラティボ, バ]〔形〕称賛の. 2 誇張の, 大げさな.
pondr-〔活〕→ poner 置く〈活 61〉.
po·ne·de·ro[1] [ポネデロ]〔男〕産卵場, 巣.
po·ne·de·ro[2]**, ra**[—, ラ]〔形〕1 産卵の. 2 よく卵を産む.
po·ne·dor, do·ra [ポネドル, ドラ]〔形〕1 産卵用の. 2 産卵期の.
po·nen·cia [ポネンシア]〔女〕〈学会〉(口頭の)発表論文.
po·nen·te [ポネンテ]〔形〕研究発表をする.
— 〔男女〕(学会での口頭の)研究発表者.
po·ner [ポネル]〔他〕〈活 61〉1 …を (+en...) …に置く.
2 …を (+de...) …の状態にする.
3 (機械など)を動かす, …のスイッチを入れる.
4 …を (+en...) …に書き込む, 記述する.
5 (通信・連絡)を (+a...) …に送る, 届ける.
6 (名前)を (+a...) …につける.
7 …を示す, 提示する.
8 (+que...) …と考える.
9 (業務・営業)を開始する.
10 (芸術作品など)を演じる, 上映する, 放送する.
11 …を (+a+太陽光)に…にさらす, かける.
12 …を (+en...) …にそそぐ, 当てる.
13 …の を付け加える.
14 (食卓など)を準備する.
15 (+a+人) …の評価をする, (+bien[mal]) …をほめる[けなす].
16 …を起こす, 提出する.
17 (罰金など)を (+a...) …に課す.
18 …を (+como, por...) …として使う, 利用する.
19 …を (+de...) …だと考える, 見なす.
20 …を (+a...) …に賭(か)ける.
21 …を供出する, 提供する.
22 (店員が客に) …を給仕する /¿Qué le *pongo*? 何をさしあげましょうか.
23 …の (+重量) …の体重を増やす.
24 (卵)を産む.
25 …を (+a...) …に着せる, はおらせる.
26 …を (+a...) …の仕事に就かせる.
27〈電話〉…を (+con...) …につなぐ.

〔他〕は他動詞 〔再〕は再帰動詞 〔形〕は形容詞 〔副〕は副詞 〔前〕は前置詞 〔接〕は接続詞 〔間〕は間投詞

— 自 卵を産む.

— po·ner·se 再 1 …を着る, はおる.

2 (+de...) …の仕事に就く.

3 (+a+不定詞) …し始める.

4 …(の状態)になる.

5 (太陽や月が)沈む.

6 (+en...) …に(+en+時間) …で着する, 通知する.

7 (+a, en...) …に位置する.

8 (+con...) …と対比する, 対決する.

9 (+con...) …に専念する.

10 電話に出る.

poner a caldo a... …を非難する, 悪く言う.

poner a cien a... …をいらいらさせる.

poner de manifiesto... …を明らかにする.

poner en escena... …を上演する.

poner en evidencia a... …の欠点を指摘する.

poner en hora (+時計) …を正しい時刻に合わす.

poner·se a bien con... …と仲よくする.

pong- 活 → poner 置く《活 61》.

po·ni [ポニ] 男 《= póney [ポニ]》〈馬〉(小型の)ポニー.

po·nien·te [ポニエンテ] 男 〈方位〉西, 西方.

Pon·te·ve·dra [ポンテベドラ] 固 〈都市の名〉(スペイン北西部の)ポンテベドラ.

pon·te·ve·drés, dre·sa [ポンテベドレス, ドレサ] 形 (スペインの都市の)ポンテベドラ Pontevedra の.

— 男 女 ポンテベドラの人.

pon·ti·fi·ca·do [ポンティフィカド] 男 教皇の職[任期].

pon·ti·fi·cal [ポンティフィカル] 形 1 教皇の. 2 大司教の, 司教の.

pon·ti·fi·car [ポンティフィカル] 自 《活 73 sacar》 1 (教皇・大司教が)ミサを執行する. 2 自明のことだとばかりに意見を述べる.

pon·tí·fi·ce [ポンティフィセ] 男 1〈宗教〉教皇. 2 大司教. 3 司教.

pon·ti·fi·cio, cia [ポンティフィシオ, シア] 形 教皇の.

pon·tón [ポントン] 男 1 浮き橋. 2 丸木橋, 板橋. 3 浮き桟橋(だ). 4 台船.

pon·zo·ña [ポンソニャ] 女 1 毒物, 毒. 2 有害物, 害悪.

pon·zo·ño·so, sa [ポンソニョソ, サ] 形 有毒の, 有害な.

pop [ポプ] 形 《男女同形》〈音楽〉ポップの.

— 男《単複同形》ポップミュージック.

po·pa [ポパ] 女 船尾, とも.

po·pe [ポペ] 男 1〈ギリシア正教〉司祭. 2 有力者, 大物.

po·pe·lín [ポペリン] 男《= popelina 女》〈布地〉ポプリン.

po·pu·la·che·ro, ra [ポプラチェロ, ラ] 形 大衆の.

po·pu·la·cho [ポプラチョ] 男 大衆, 庶民.

po·pu·lar [ポプラル] 形 1 大衆の. 2 庶民的な, 通俗的な. 3 国民の, 人民の. 4 (一般大衆に)人気のある, 評判の.

po·pu·la·ri·dad [ポプラリダス] 女 人気, 評判.

po·pu·la·ri·za·ción [ポプラリさシオン] 女 大衆化, 通俗化.

po·pu·la·ri·zar [ポプラリさル] 他 《活 39 gozar》 1 …を大衆的にする, 通俗化する. 2 …の人気を高める.

po·pu·lar·men·te [ポプラルメンテ] 副 1 (国民に)広く, 一般的に. 2 庶民的に, 通俗的に.

po·pu·lis·mo [ポプリスモ] 男 〈政治〉人民主義.

po·pu·lis·ta [ポプリスタ] 形《男女同形》〈政治〉人民主義の.

— 男 女 人民主義者.

po·pu·lo·so, sa [ポプロソ, サ] 形 人口の多い.

po·pu·rrí [ポプリ] 男 1〈音楽〉メドレー. 2 断片の寄せ集め, ごたまぜ.

po·que·dad [ポケダス] 女 1 小心, 臆病(^{おく}). 2 くだらないもの. 3 乏しさ. 4 少量.

pó·quer [ポケル] 男 〈トランプ〉ポーカー.

po·quí·si·mo, ma [ポキシモ, マ] 形 《絶対最上級形→ poco, ca》とても少ない.

po·qui·tín [ポキティン] 副 ほんの少し.

po·qui·to¹ [ポキト] 副 ほんの少し(だけ).

— 男 ほんの少し, 少量.

po·qui·to², ta [—, タ] 形 ほんの少しの.

por¹ [ポル] 前 《アクセントなし》 1〈通過点〉…を通って/ir a Bilbao *por* Burgos ブルゴス経由でビルバオに行く.

2〈場所〉…あたり/*por* aquí このあたりでは.

3〈時期〉…の頃に/Nos veremos *por* Navidad. クリスマスの頃に会いましょう.

4〈具体的な位置〉…を[で]/coger una taza *por* el asa コップを取っ手でつかむ.

5〈手段・道具〉…で, …を使って/hablar *por* teléfono 電話で話す.

6〈理由〉…によって/¿*Por* qué? なぜ?

7〈目的〉…のために/*por* hacerlo そうするために.

8〈配分〉…あたり/a cien pesetas *por* kilo 1キロ100ペセタで.

9〈割合〉…につき/diez *por* ciento 10%.

10〈対比〉…というのなら/Médico *por* médico, prefiero el mío. 医者なら, 主治医がいいよ.

11〈分離〉…ずつ/contar los secretos uno *por* uno 秘密をひとつずつ話す.

12〈行為者〉…によって/Esta novela fue escrito *por* Cervantes. この小説はセルバンテスによって書かれた.

13〈支持〉…の味方で/Estoy *por* la paz. 私は平和を支持する.

14〈話題〉…については/*Por* mí, no hay problemas. 私のことなら, 問題はない.

15 〈資格・条件〉…として/Te lo digo *por* amigo. 私は君に友だちとしてそう言うのだ. **16** 〈代理〉…の代りに/¿Te vas *por* mí? 私の代りに行ってくれるか? **17** 〈交換〉…と引きかえに/vender un piso *por* diez millones 1千万でマンションを売る. **18** 〈移動の動詞+〉…を求めて/ir *por* agua 水を取りに行く. **19** (+不定詞)まだ…されていない/una tarea *por* hacer まだやっていない仕事. **20** 〈掛け算〉…かける〜/Dos *por* tres, seis. 2·3が6.
a por… (移動の動詞+) …を取りに, 探しに.
estar por (+不定詞) …するところである.
¿Por? なぜ?
…por ciento [*cien*] 〈百分率〉(男性単数形扱い) …%.
por entre… …の間を通って.
por eso それゆえ.
por (+形容詞・副詞) *que*… 1〜ではあるが. 2 どんなに…でも.
por si (*acaso*) (+直説法) …ではないかと思って.
si no es [*fuera*] *por*… もし…がなければ.

por[2] [ポル] 男 〈読み方〉(掛け算の記号の)×.
por·ce·la·na [ポルセらナ] 女 磁器.
por·cen·ta·je [ポルセンタヘ] 男 百分率, パーセンテージ.
por·che [ポルチェ] 男 ポーチ, 張り出し玄関.
por·ci·no, na [ポルシノ, ナ] 形 豚の.
por·ción [ポルシオン] 女 1 1 回分, ひと皿分, 一部. 2 分け前, 割り当て.
por·dio·se·ar [ポルディオセアル] 自 物を乞う.
por·dio·se·ro, ra [ポルディオセロ, ラ] 形 物乞いの.
── 男 女 〈人〉乞食(こじき), 物乞い.
por·fí·a [ポルふィア] 女 1 長い論争, くどい口論. 2 頑固, 執拗(しつよう). 3 粘り強さ, 根気.
por·fia·do, da [ポルふィアド, ダ] 〈過去分詞〉→ porfiar くどくど口論する.
── 形 粘り強い, 頑固な.
por·fiar [ポルふィアル] 自 〈活 34 enviar〉 1 くどくど口論する. 2 執拗(しつよう)に粘る. 3 (+*en*…) …に固執する.
por·me·nor [ポルメノル] 男 1 詳細. 2 細部[= pormenores].
por·me·no·ri·zar [ポルメノリサル] 他〈活 39 gozar〉…を詳しく述べる.
por·no [ポルノ] 形《単複同形, 男女同形》ポルノの.
── 男 ポルノグラフィー.
por·no·gra·fí·a [ポルノぐらふィア] 女 ポルノグラフィー, ポルノ.
por·no·grá·fi·co, ca [ポルノぐらふィコ, カ] 形 ポルノの.
po·ro [ポロ] 男 1 毛穴. 2 気孔.

po·ro·si·dad [ポロシダス] 女 有孔性.
po·ro·so, sa [ポロソ, サ] 形 気孔のある.
po·ro·to [ポロト] 男 〈豆〉インゲンマメ.
por·que [ポルケ] 接《アクセントなし》1 なぜなら…だから, …なので. 2 (+接続法) …するために.
por·qué [ポルケ] 男 理由, わけ.
por qué [ポルケ] 副〈疑問副詞〉なぜ…?, どうして…?
por·que·rí·a [ポルケリア] 女 1 汚物, きたないもの. 2 こわれたもの, ぼんこつ. 3 卑劣なこと, きたないやり方. 4 がらくた, くず. 5〈食べ物〉げてもの, 栄養のないもの.
por·que·ri·za [ポルケリさ] 女 豚小屋.
po·rra [ポラ] 女 1 根棒(こんぼう). 2 警棒. 3〈道具〉げんのう. 4〈食品〉(太くて長い揚げパンの)ポラ. 5〈遊戯〉(賭(か)けの)ポラ.
ir·se a la porra (仕事などが)だめになる.
mandar… a la porra …を拒絶する.
¡Porras! ばかな!, だめだ!
po·rra·da [ポラダ] 女 多数, 大量.
po·rra·zo [ポラそ] 男 1 (棒での)一撃. 2 衝突, ぶち当たり.
po·rre·ta [ポレタ] 女〈野菜〉リーキの葉.
en porreta [*porretas*] 裸っぽで.
po·rri·llo [ポリじょ] 〈つぎの副詞句の一部〉
a porrillo 大量に.
po·rro [ポロ] 男 麻薬入りタバコ.
po·rrón [ポロン] 男〈容器〉(細長い吸い口のガラス製の)ポロン.
por·ta·a·vio·nes [ポルタアビオネス] 男《単複同形》空母, 航空母艦.
por·ta·da [ポルタダ] 女 1〈本〉表紙, タイトルページ. 2〈新聞〉第一面. 3 正面玄関. 4 玄関の装飾.
por·ta·di·lla [ポルタディじゃ] 女〈本〉タイトルページの前の1枚.
por·ta·dor, do·ra [ポルタドル, ドラ] 男 女 1 (証券などの)正式の所有者. 2 保菌者.
al portador (小切手などが)持参人払いの.
por·ta·e·qui·pa·je [ポルタエキパヘ] 男《= portaequipajes》1〈自動車〉トランク. 2〈自動車〉ラック, 荷台.
por·ta·fo·lio [ポルタふォりオ] 男《= portafolios》書類かばん.
por·tal [ポルタる] 男 1〈建物〉玄関ホール, ロビー. 2 (クリスマスの人形飾りのなかの)馬小屋.
por·ta·lám·pa·ras [ポルタらンパラス] 男《単複同形》〈電気〉ソケット.
por·ta·li·bros [ポルタリブロス] 男《単複同形》ブックバンド.
por·ta·lón [ポルタろン] 男〈宮殿〉表門(おもてもん).
por·ta·mi·nas [ポルタミナス] 男《単複同形》シャープペンシル.
por·ta·mo·ne·das [ポルタモネダス] 男《単複同形》小銭入れ, がま口.
por·tan·te [ポルタンテ] 男〈馬術〉側対歩.

coger [*tomar*] *el portante* 急に退出する, 逃げだす.

por·tar [ポルタル] 他 1 …を運ぶ, 持ってくる. 2 《狩猟》(犬が)(獲物)を持ってくる.
— **portar·se** 再 1 振る舞う. 2 (他人の)期待に応える.
portar·se bien [*mal*] 行儀がいい[悪い].

por·ta·rro·llo [ポルタロジョ] 男 《= porta-rrollos》(紙やアルミのロールの)ロール掛け.

por·tá·til [ポルタティる] 形 ポータブルの.

por·ta·voz [ポルタボス] 男 代弁者, スポークスマン.

por·taz·go [ポルタすゴ] 男 (昔の家畜などの)通行料.

por·ta·zo [ポルタそ] 男 1 (ドアが閉まるときの)バタンという音. 2 (ドアの)乱暴な閉め方.

por·te [ポルテ] 男 1 (立派な)外観, 外見. 2 品質, 等級. 3 (定額料金による)運送.

por·te·ar [ポルテアル] 他 …を(定額料金で)運送する.

por·ten·to [ポルテント] 男 1 珍奇なもの, 驚異. 2 驚異的な人, 天才.

por·ten·to·so, sa [ポルテントソ, サ] 形 珍奇な, 驚異的な.

por·te·ño, ña [ポルテニョ, ニャ] 形 (アルゼンチンの首都の)ブエノスアイレスの.
— 男 女 ブエノスアイレスの人.

por·te·rí·a [ポルテリア] 女 1 守衛室, 門番所. 2 守衛の住居. 3 (サッカーなどの)ゴール.

por·te·ro, ra [ポルテロ, ラ] 男 女 1 守衛, 門衛. 2 (スポーツ) ゴールキーパー.
portero automático [*eléctrico*] (インターホン付きのドアの)自動開閉装置.

por·te·zue·la [ポルテすエラ] 女 〈乗り物〉ドア.

por·ti·ca·do, da [ポルティカド, ダ] 形 (玄関前に)柱廊のある.

pór·ti·co [ポルティコ] 男 1 (玄関前の)柱廊. 2 (広場のまわりなどにある)歩廊.

por·ti·llo [ポルティジョ] 男 〈城壁〉通路.

por·tua·rio, ria [ポルトゥアリオ, リア] 形 港の.

Por·tu·gal [ポルトゥガる] 固 《国の名》(西ヨーロッパの)ポルトガル.

por·tu·gués[1] [ポルトゥゲス] 男 ポルトガル語.

por·tu·gués[2], **gue·sa** [—, ゲサ] 形 《ヨーロッパの国の》ポルトガル Portugal の.
— 男 女 ポルトガル人.

por·tu·gue·sis·mo [ポルトゥゲシスモ] 男 《言語学》ポルトガル語系要素.

por·ve·nir [ポルベニル] 男 1 未来, 将来. 2 前途, 将来性.

pos [ポス] 《つぎの前置詞句の一部》
en pos de … …のうしろに, あとに.

po·sa·da [ポサダ] 女 1 旅館, 宿屋, はたご. 2 宿泊所, 避難所.

po·sa·de·ras [ポサデラス] 女複 お尻(⌢).
dar con sus posaderas en el suelo 尻もち

をつく.

po·sa·de·ro, ra [ポサデロ, ラ] 男 女 旅館の主人, 女将(⌢).

po·sar [ポサル] 他 1 …を(+sobre…) …の上に置く. 2 (視線などを)(+en…) …にとどめる. 3 (荷物)を(休むために)おろす.
— 自 (モデルなどが)ポーズをとる.
— **posar·se** 再 1 (鳥などが) (+en…) …に止まる. 2 (飛行機が)着陸する. 3 (水の汚れなどが)沈殿する.

po·sa·va·sos [ポサバソス] 男 《単複同形》〈コップ〉コースター.

pos·da·ta [ポスダタ] 女 《→ P. D.》〈手紙〉追伸.

po·se [ポセ] 女 1 姿勢, ポーズ. 2 気取り, もったいらしさ.

po·se·e·dor, do·ra [ポセエドル, ドラ] 男 女 所有者.

po·se·er [ポセエル] 他 《活 46 leer》 1 …を所有する, 持っている. 2 (男性が)(+a+女性)…と性関係をもつ.

po·se·í·do, da [ポセイド, ダ] 《過去分詞》 → poseer 所有する.
— 形 (+de+霊など) …に取りつかれた.

po·se·sión [ポセシオン] 女 1 所有, 所持. 2 所有物, 資産[= posesiones]. 3 (霊などの)取りつき.
tomar posesión 1 公務に就く. 2 (+de…) …を入手する.

po·se·sio·nar·se [ポセシオナルセ] 再 1 公務に就く. 2 (+de+資産など) …を入手する.

po·se·si·vo[1] [ポセシボ] 男 《文法》所有詞.

po·se·si·vo[2], **va** [—, バ] 形 1 独占欲の強い, 所有の意識が強い. 2 《文法》所有の.

po·se·so, sa [ポセソ, サ] 形 (霊などに)取りつかれた.
— 男 女 (霊などに)取りつかれた人.

posey- 活 → poseer 所有する《活 46》.

pos·gra·do [ポスグラド] 男 《課程》大学院.

pos·gue·rra [ポスゲラ] 女 《時期》戦後.

po·si·bi·li·dad [ポシビリダス] 女 1 可能性, 実現の見込み. 2 適性, 能力. 3 余力, 資力.

po·si·bi·li·tar [ポシビリタル] 他 …を可能にする.

po·si·ble [ポシブれ] 形 1 可能な, 起こりうる. 2 実行できる, 入手可能な.
dentro de lo posible できる限りに.
de ser posible 可能ならば.
hacer todo lo posible あらゆる手を尽くす.
lo antes posible できるだけ早く.
lo más (+形容詞·副詞) *posible* できるだけ.
ser posible que (+接続法) …かもしれない.

po·si·ble·men·te [ポシブれメンテ] 副 おそらく, あるいは.

po·si·bles [ポシブれス] 男複 《→ posible》資力, 経済力, 資産.

活 は活用形 複 は複数形 男 は男性名詞 女 は女性名詞 固 は固有名詞 代 は代名詞 自 は自動詞

po·si·ción [ポシシオン] 囡 **1** 姿勢, 構え. **2** 位置, 所在地. **3** 社会的地位, 身分. **4** 考え方, 見解. **5** 立場, 状況. **6**《軍隊》陣地.

po·si·ti·va·men·te [ポシティバメンテ] 副 **1** 肯定的に, 確信をもって. **2** 積極的に. **3** 現実的に.

po·si·ti·var [ポシティバル] 他《写真》**1**（ネガ）を現像する. **2**（ネガ）を焼きつける.

po·si·ti·vis·mo [ポシティビスモ] 男 実証主義.

po·si·ti·vis·ta [ポシティビスタ] 形《男女同形》実証主義の.
— 男女 実証主義者.

po·si·ti·vo¹ [ポシティボ] 男《写真》陽画, ポジ.

po·si·ti·vo², **va** [—, バ] 形 **1** 肯定的の, 肯定的な. **2** 有用な, 実用的な. **3** 確かな, 疑う余地のない, 本当の. **4** 積極的な, 前向きの. **5**《医学》（検査結果が）陽性の. **6** 実際的な, 現実的な. **7**《数学》正の, プラスの. **8**《電気》陽の, 正の. **9**《写真》陽画の. **10**《文法》（比較級のもの）原級の.

po·so [ポソ] 男 **1** 沈殿物, おり. **2**（精神的な）傷痕（<ruby>痕<rt>あと</rt></ruby>）.

po·so·lo·gí·a [ポソロヒア] 囡 薬量学.

pospón, **pospondr-** 活 → poner 遅らせる《活 61》.

pos·po·ner [ポスポネル] 他《活 61 poner》**1** …を遅らせる. **2** …を（＋a...) …のあとに置く.

pospong- 活 → posponer 遅らせる《活 61》.

pos·po·si·ción [ポスポシシオン] 囡 **1** 延期. **2** うしろに置くこと, 後置.

pos·pues·to, **ta** [ポスプエスト, タ]《過去分詞》→ posponer 遅らせる.
— 形 後置された.

pospus- 活 → posponer 遅らせる《活 61》.

pos·ta¹ [ポスタ] 囡 **1**（通信の馬の）駅舎, 宿駅. **2**《銃》大粒の散弾.

pos·tal [ポスタる] 形 郵便の.
— 囡 絵葉書の名声.

pos·te [ポステ] 男 **1** 柱, 支柱. **2**《スポーツ》ゴールポスト.

pós·ter [ポステル] 男 ポスター.

pos·ter·ga·ción [ポステルガシオン] 囡 **1** 延期, あと回し. **2** 軽視, 過小評価.

pos·ter·gar [ポステルガル] 他《活 47 llegar》**1** …を遅らせる, あと回しにする. **2** …を軽視する.

pos·te·ri·dad [ポステリダス] 囡 **1** 子孫, 後裔（<ruby>裔<rt>えい</rt></ruby>). **2** 死後の名声.

pos·te·rior [ポステリオル] 形 **1**（＋a...）…よりあとの. **2**（＋de...）…の後ろの. **3** 後部の.

pos·te·rio·ri [ポステリオリ]《つぎの成句の語》
a posteriori 帰納的に, 経験的に.

pos·te·rio·ri·dad [ポステリオリダス] 囡《未来での》あとの立場.
con posterioridad あとになって.

pos·te·rior·men·te [ポステリオルメンテ] 副 あとになって.

post·gue·rra [ポストゲラ] 囡《時期》戦後.

pos·ti·go [ポスティゴ] 男 よろい戸, シャッター.

pos·ti·lla [ポスティじゃ] 囡（傷の）かさぶた.

pos·tín [ポスティン] 男 ぜいたくな気取り.
de postín ぜいたくな.

pos·ti·zo¹ [ポスティソ] 男 ヘアピース, 入れ毛.

pos·ti·zo², **za** [—, さ] 形 **1** にせの, 模造の. **2** 着脱自由の.
manga postiza〈事務用具〉腕貫（<ruby>貫<rt>ぬき</rt></ruby>）.

pos·tor, **to·ra** [ポストル, トラ] 男女 競売参加者, 入札者.

pos·tra·ción [ポストラシオン] 囡 衰弱.

pos·trar [ポストラル] 他 …を衰弱させる.
— *postrarse* 衰弱する.

pos·tre [ポストレ] 男《食事》デザート.
a la postre 最後に, 結局.

pos·trer [ポストレル] 形《← postrero＋男性単数名詞》最後の.

pos·tre·ro, **ra** [ポストレロ, ラ] 形 最後の.

pos·tri·me·rí·a [ポストリメリア] 囡 臨終, 最期（<ruby>期<rt>ご</rt></ruby>).

pos·tu·la·ción [ポストゥらシオン] 囡 募金.

pos·tu·la·do [ポストゥらド] 男 **1**《論理学》公理. **2**《数学》公準. **3** 前提条件.

pos·tu·lan·te [ポストゥらンテ] 男女 募金者.

pos·tu·lar [ポストゥらル] 他 **1**（寄付）をつのる. **2**（主義など）を守る.
— 自 募金する.

pós·tu·mo, **ma** [ポストゥモ, マ] 形 **1**〈本〉著者の没後に出版された. **2**〈子〉父の死後に生まれた.

pos·tu·ra [ポストゥラ] 囡 **1** 姿勢, 体勢, 構え. **2** 立場, 状況, 位置. **3**〈入札〉付け値.

post·ver·bal [ポスベルバる] 形 動詞から派生した.

po·ta·ble [ポタブれ] 形 **1** 飲用の. **2** まずまずの, 受け入れ可能な.

po·ta·je [ポタヘ] 男 **1**〈スープ〉ポタージュ. **2** 寄せ集め.

po·ta·sa [ポタサ] 囡《化学》カリ.

po·ta·sio [ポタシオ] 男《化学》カリウム.

po·te [ポテ] 男 **1**〈容器〉マグ（カップ). **2**〈料理〉（煮物用の）かなえ. **3**《料理》(野菜煮込みの) ポテ.
darse pote 気取る, すます.

po·ten·cia [ポテンシア] 囡 **1** 能力, 力. **2** 潜在力. **3** 強国, 大国. **4** 権力, 権勢. **5**《物理学》動力, 出力, 馬力. **6**《数学》累乗／*elevar dos a la tercera potencia* 2 を 3 乗する. **7**（男性の）性的能力.
en potencia 潜在能力のある, 力のある.

po·ten·cia·ción [ポテンシアシオン] 囡（能力）の開発, 増強.

po·ten·cial [ポテンシアる] 形 **1** 潜在する, 可能性のある. **2** 動力の.
— 男 **1** 潜在能力, 潜在力. **2**《物理学》ポテンシャル. **3**《文法》（過去未来時制の）可能法.

po·ten·cia·li·dad [ポテンシアりダス] 囡 潜在能

po·ten·ciar [ポテンシアル] 他《活 17 cambiar》(能力)を開発する、増強する.

po·ten·ta·do, da [ポテンタド, ダ] 男女 富豪, 有力者.

po·ten·te [ポテンテ] 形 1 力のある, 有力な. 2 強力な. 3 巨大な. 4 (男性が)性的能力のある.

po·tes·tad [ポテスタス] 女 支配力, 権限, 権力.
patria potestad〈法律〉親権.

po·tes·ta·ti·vo, va [ポテスタティボ, バ] 形 任意の.

po·tin·gue [ポティンゲ] 男 1 まずい飲み物[食べ物]. 2〈化粧品〉クリーム.

po·ti·to [ポティト] 男 (瓶(%)詰めの)離乳食, ベビーフード.

po·to [ポト] 男〈観葉植物〉ポトス.

Po·to·sí [ポトシ] 固〈都市の名〉(銀山のあるボリビア南西部の)ポトシ.

po·to·sí [ポトシ] 男 巨大な富.

po·tra[ポトラ] 女 幸運.

po·tra·da [ポトラダ] 女 子馬の群れ.

po·tran·co, ca [ポトランコ, カ] 男女 (3才未満の)子馬.

po·tro¹ [ポトロ] 男 1〈スポーツ〉(用具の)跳馬. 2 拷問台.

po·tro², tra² 男女 (歯の生えかわる4歳半ごろまでの)子馬.

po·yo [ポヨ] 男 石のベンチ.

po·za [ポサ] 女 1 水たまり. 2〈川〉ふち, とろ.

po·zo [ポソ] 男 1 井戸. 2〈鉱山〉立て坑.
pozo negro 汚水ため.
pozo petrolífero [de petróleo] 油田.
pozo sin fondo (限度のない)底無し.
ser un pozo de... (人が)…を豊富に持っている.

PP [ペペ] 男〈略語〉Partido Popular (スペインの国民党).

prác·ti·ca¹ [プラクティカ] 女 1 実行, 実施. 2 (身につけた)技能, 経験. 3 習慣, 慣例. 4 (理論などの)適用, 実践. 5 実習, 訓練. 6 練習, けいこ.

prac·ti·ca·ble [プラクティカブレ] 形 1〈道路〉通行が容易な. 2 実行可能な. 3〈舞台〉(ドアなどが)実際に使用できる.

prác·ti·ca·men·te [プラクティカメンテ] 副 1 実質的に, 実際上は. 2 ほとんど, ほんの少しで.

prac·ti·can·te [プラクティカンテ] 形 1 実行している. 2〈人〉(宗教の)規律を守っている.
— 男女 1 実行者, 実践者. 2 (注射専門の)看護士.

prac·ti·car [プラクティカル] 他〈活 73 sacar〉1 …を(習慣的に)行う, 実践する. 2 (専門的なこと)を実行する, 実施する. 3 …を練習する, 実習する.
— 自 1 練習をする, けいこする, 実習する. 2 (宗教的規律)の実践をする.

prác·ti·co¹ [プラクティコ] 男 1 水先案内人. 2 水先案内されている船.

prác·ti·co², ca² 形 1 実行の, 実習の, 練習の. 2 実用的な, 役に立つ, 便利な. 3 経験を積んだ, 熟練の. 4 (人が)現実的な, 実際的な. 5 実質的な, 実際上の.

practiqu- 活 → practicar 行う《活 73》.

pra·de·ra [プラデラ] 女 1 大牧草地. 2 草原.

pra·do [プラド] 男 1 牧草地, 牧場. 2 (草原での)ハイキング場.

Pra·do [プラド] 固《el+》(マドリードの)プラド美術館[= Museo del Prado].

prag·má·ti·ca¹ [プラグマティカ, —] 女〈言語学〉語用論.

prag·má·ti·co, ca² [プラグマティコ, —] 形 1 実用主義の, 実利的な. 2〈言語学〉語用論の.
— 男女 実利的な人.

prag·ma·tis·mo [プラグマティスモ] 男 プラグマティズム, 実用主義.

prag·ma·tis·ta [プラグマティスタ] 形《男女同形》1〈言語学〉語用論の. 2 プラグマティズムの.
— 男女 実用主義者.

pra·li·né [プラリネ] 男 クリーム入りチョコレート.

pra·xis [プラクシス] 女《単複同形》(理論に対する)実践.

pre·ám·bu·lo [プレアンブロ] 男 前置き.

pre·ben·da [プレベンダ] 女 1 有暁の聖職. 2 実入りのいい仕事. 3 棚ぼた式の利益[優遇].

pre·bos·te [プレボステ] 男 1 団長さん, 会長さん. 2 おえらいさん, うるさ型. 3 組合長, 組織委員長.

pre·cám·bri·co [プレカンブリコ] 男〈地質学〉先カンブリア時代, 太古代.

pre·ca·rie·dad [プレカリエダス] 女 1 資金の欠乏状態. 2 不安定, 長続きしない状態.

pre·ca·rio, ria [プレカリオ, リア] 形 1 資金の足りない. 2 不安定な, 長続きしない.

pre·cau·ción [プレカウシオン] 女 用心, 予防策.

pre·cau·to·rio, ria [プレカウトリオ, リア] 形 予防策になる, 用心のための.

pre·ca·ver [プレカベル] 他 …を用心[予防]する.
— **precaverse** 再 (+contra, de...)…の予防策を講じる.

pre·ca·vi·da·men·te [プレカビダメンテ] 副 用心して.

pre·ca·vi·do, da [プレカビド, ダ] 〈過去分詞〉→ precaver 用心する.
— 形 1 用心深い, 慎重な. 2 備えのいい.

pre·ce·den·cia [プレセデンシア] 女〈状態〉先行.

pre·ce·den·te [プレセデンテ] 形 1 先行の. 2 (+a...)…以前の.
— 男 先例, 前例.

pre·ce·der [プレセデル] 自 1 (+a...)…より先にある. 2 (+a...)…に先行する. 3 (+a...) …より(+en...)で優位を占める.

pre·cep·tis·ta [プレセプティスタ] 形《男女同

活 は活用形 複 は複数形 男 は男性名詞 女 は女性名詞 固 は固有名詞 代 は代名詞 自 は自動詞

形》規律を重視する.
— 男 女 規律を尊重する人, 規律にくわしい人.

pre·cep·ti·va¹ [プレセプティバ] 女 《集合的に》規律, 規範.

pre·cep·ti·vo, va² [プレセプティボ, ー] 形 義務的な, 規律に定められた.

pre·cep·to [プレセプト] 男 規律, 決まり.

pre·cep·tor, to·ra [プレセプトル, トラ] 男 女 家庭教師.

pre·cep·tuar [プレセプトゥアル] 他 《活 1 actuar》…を規定する.

pre·ces [プレセス] 女複 祈願の言葉.

pre·cia·do, da [プレシアド, ダ] 形 貴重な.

pre·ciar·se [プレシアルセ] 再 1 うぬぼれる. 2 (+ de...)…を自慢する, 鼻にかける.

pre·cin·tar [プレシンタル] 他 …を封印する.

pre·cin·to [プレシント] 男 1《シール》封印. 2《行為》封印.

pre·cio [プレシオ] 男 1 値段, 価格. 2 代償.
a cualquier precio どんな代価を払っても.
al precio de ... …を犠牲にして.
a precio de coste 安く, 原価で.
a precio de oro 高い値段で.
no tener precio とても貴重である.
poner precio a... …に値段をつける.
precio al contado 現金価格.
precio de fábrica 工場渡し価格.
precio de venta al público 小売価格.
precio fijo 定価.
subida de precios 物価の上昇.

pre·cio·si·dad [プレシオシダス] 女 1 貴重さ, 価値の高さ. 2 美しさ, かわいらしさ.

pre·cio·sis·mo [プレシオシスモ] 男 《文体》洗練の重視.

pre·cio·sis·ta [プレシオシスタ] 形 《男女同形》《文体》ひどく洗練された.
— 男 女 洗練重視の芸術家[作家].

pre·cio·so, sa [プレシオソ, サ] 形 1 貴重な, 高価な. 2 美しい, かわいらしい.

pre·cio·su·ra [プレシオスラ] 女 かわいいもの.

pre·ci·pi·cio [プレシピシオ] 男 断崖, がけ, 絶壁.

pre·ci·pi·ta·ción [プレシピタシオン] 女 1 墜落, 落下, 降下. 2 突発, 急な展開. 3 性急, 大あわて. 4《雨》降水. 5《化学》沈殿.

pre·ci·pi·ta·da·men·te [プレシピタダメンテ] 副 大あわてで, 大急ぎで.

pre·ci·pi·ta·do¹ [プレシピタド] 男 《化学》沈殿物.

pre·ci·pi·ta·do², **da** [ー, ダ] 《過去分詞》→ precipitar 急がせた.
— 形 大急ぎの, あわてふためいた.

pre·ci·pi·tar [プレシピタル] 他 1 …を急がせる, 早める. 2 …を落下させる. 3《化学》…を沈殿させる.
— 自《化学》沈殿する.

— **precipitar·se** 再 1 (人が) 墜落[転落]する. 2 (予想より早く) 急に起こる. 3 (+a+不定詞) 急いで…する, あわてて…を行う. 4 (人が) (+a...) …へ急行する.

pre·ci·sa·men·te [プレシサメンテ] 副 1 まさに, ちょうど. 2 正確に, はっきりと. 3 本当に, 実際に. 4 必然的に.

pre·ci·sar [プレシサル] 他 1 …を詳しく記述する. 2 …を必要とする.
— 自 1 詳しく言う. 2 (+de...) …を必要とする.

pre·ci·sión [プレシシオン] 女 1 正確さ, 精確さ. 2《言語表現》的確さ.
de precisión（機械などが）精密な.

pre·ci·so, sa [プレシソ, サ] 形 1 必要な, 不可欠な. 2 正確な, 精確な. 3《言語表現》的確な. 4 はっきりと目立つ.

pre·cla·ro, ra [プレクラロ, ラ] 形 著名な, 名の高い.

pre·co·ces [プレコセス] 形複 《→ precoz》早熟な.

pre·co·ci·dad [プレコシダス] 女 1 早熟. 2 通常より早いこと.

pre·co·ci·na·do, da [プレコシナド, ダ] 形 レトルト食品の.

pre·co·lom·bi·no, na [プレコロンビノ, ナ] 形 《歴史》（アメリカの歴史の）先コロンブス期の.

pre·con·ce·bi·do, da [プレコンセビド, ダ] 《過去分詞》→ preconcebir 予想する.
— 形 予想された, 前もって気づいた.

pre·con·ce·bir [プレコンセビル] 他 …を予想する, あらかじめ考える.

pre·co·ni·zar [プレコニサル] 他 《活 39 gozar》…を（公的に）支持する, 擁護する.

pre·coz [プレコス] 形 《複 precoces》1 早熟な. 2 いつもより早い.

pre·cur·sor, so·ra [プレクルソル, ソラ] 形 先行する, 前兆の.
— 男 女 先駆者, 先覚者.

pre·da·to·rio, ria [プレダトリオ, リア] 形 《動物》捕食(性)の.

pre·de·ce·sor, so·ra [プレデセソル, ソラ] 男 女 1 前任者, 先輩. 2 先祖.

pre·de·cir [プレデシル] 他 《活 62》…を予言[予告, 予報]する.

pre·des·ti·na·ción [プレデスティナシオン] 女 （神が決めた）運命, 宿命.

pre·des·ti·na·do, da [プレデスティナド, ダ] 《過去分詞》→ predestinar 運命を定める.
— 形 (+a...) …に運命づけられた.

pre·des·ti·nar [プレデスティナル] 他 （神が）（信者の）運命を定める.

pre·de·ter·mi·nar [プレデテルミナル] 他 …をあらかじめ決める.

pré·di·ca [プレディカ] 女 《宗教》説教.

pre·di·ca·ción [プレディカシオン] 女 1《内容》（宗教上の）説教, 講話. 2《行為》説教. 3 布教,

伝道, 伝播.
pre·di·ca·do [プレディカド] 男 〈文法〉述部.
predicado nominal 名詞的述部.
predicado verbal 動詞的述部.
pre·di·ca·dor [プレディカドル] 男 1 伝道師, 牧師. 2〈昆虫〉カマキリ.
pre·di·ca·men·to [プレディカメント] 男 1 名声, 影響力.
pre·di·car [プレディカル] 他《活 73 sacar》1 (教え)を説教する. 2 …を布教する. 3 …を非難する. 4 …を説いて聞かせる. 5 …を公表する.
— 自 1 説教をする. 2 布教をする. 3 (+contra...) …を非難する. 4〈文法〉(単語に)主部について述べる.
pre·di·ca·ti·vo[1] [プレディカティボ] 男 〈文法〉叙述補部.
pre·di·ca·ti·vo[2], **va** [—, バ] 形 〈文法〉述部の, 叙述の.
pre·dic·ción [プレディクシオン] 女 予言, 予告, 予報.
pre·di·cho, cha [プレディチョ, チャ] 《過去分詞》→ predecir 予告する.
— 形 予告[予言, 予報]された.
predig- 活 → predecir 予言する《活 62》.
predij- 活 → predecir 予言する《活 62》.
pre·di·lec·ción [プレディレクシオン] 女 ひいき, 特別な好み.
pre·di·lec·to, ta [プレディレクト, タ] 形 お気に入りの.
pre·dio [プレディオ] 男 地所, 不動産.
prediqu- 活 → predicar 説教する《活 73》.
pre·dis·po·ner [プレディスポネル] 他《活 61 poner》1 (人)を(+a...) …のほうに仕向ける. 2 …を(+contra...) …に敵対させる. 3 …をあらかじめ用意する.
— predisponerse 再 (賛成・反対の)態度を決める.
pre·dis·po·si·ción [プレディスポシシオン] 女 (+a...) (…への)傾向.
pre·dis·pues·to, ta [プレディスプエスト, タ] 《過去分詞》→ predisponer 仕向ける.
— 形 1 思い込みのある. 2 (+a+病気) …にかかりやすい.
predispus- 活 → predisponer 仕向ける《活 61》.
pre·do·mi·nan·te [プレドミナンテ] 形 支配的な, 優勢な.
pre·do·mi·nar [プレドミナル] 自 1 (+en...) …で優勢である, 支配的である. 2 (+sobre...) …より力がある, まさっている.
pre·do·mi·nio [プレドミニオ] 男 1 優勢, 優越, 影響力, 支配力. 3 (数量的)相対的な多さ.
pre·e·mi·nen·cia [プレエミネンシア] 女 優位, 卓越.
pre·e·mi·nen·te [プレエミネンテ] 形 優位の, 卓越した, 上位の.

pre·es·co·lar [プレエスコラル] 形 就学前の.
— 男 〈期間〉就学前.
pre·es·ta·ble·ci·do, da [プレエスタブレシド, ダ] 形 あらかじめ設定された.
pre·e·xis·ten·te [プレエクシステンテ] 形 前から存在している, 先在の.
pre·e·xis·tir [プレエクシスティル] 自 以前から存在する, 先在する.
pre·fa·bri·ca·do, da [プレファブリカド, ダ] 形 〈建築〉プレハブの.
pre·fa·cio [プレファシオ] 男 〈本〉はしがき, 序文.
pre·fec·to [プレフェクト] 男 1〈古代ローマ〉長官, 司令官. 2〈宗教〉(聖省の)長官.
pre·fe·ren·cia [プレフェレンシア] 女 1 優位, 優先権. 2 ひいき, 特別な好み, 偏愛.
pre·fe·ren·te [プレフェレンテ] 形 1 優先の, 特別待遇の. 2 (座席などの)上座の, 特等の.
pre·fe·ren·te·men·te [プレフェレンテメンテ] 副 1 優先的に, 好みによって. 2 とくに, 主として.
pre·fe·ri·ble [プレフェリブレ] 形 (+a...) (…より)好ましい, 望ましい.
pre·fe·ri·ble·men·te [プレフェリブレメンテ] 副 むしろ, どちらかといえば.
pre·fe·ri·do, da [プレフェリド, ダ] 《過去分詞》→ preferir 好む.
— 形 好みの, 気に入った.
pre·fe·rir [プレフェリル] 他《活 77 sentir》(+a...) …より…を好む, 選ぶ.
prefier- 活 → preferir 好む《活 77》.
pre·fi·ja·ción [プレフィハシオン] 女 〈言語学〉接頭辞による新語形成.
pre·fi·jar [プレフィハル] 他 1〈言語学〉…に接頭辞を付加する. 2 …を前もって決める.
pre·fi·jo[1] [プレフィホ] 男 1〈電話〉市外局番, 国番号. 2〈言語学〉接頭辞.
pre·fi·jo[2], **ja** [—, ハ] 形 〈言語学〉(形態素が)接頭の.
prefir- 活 → preferir 好む《活 77》.
pre·gón [プレゴン] 男 1〈役人〉(街頭での)口頭告知, 触れ口上. 2〈祝祭〉開会宣言. 3〈物売り〉売り声, 触れ口.
pre·go·nar [プレゴナル] 他 1〈物売り〉(商品)の名を触れ回る. 2〈役人〉…を(街頭で)大声で告知する. 3 (秘密)を言いふらす. 4 (人の長所)をほめて回る.
pre·go·ne·ro, ra [プレゴネロ, ラ] 男女 1 触れ口上の役人. 2〈祝祭〉開会宣言者. 3 触れて回る人.
pre·gun·ta [プレグンタ] 女 問い, 質問, (試験の)設問.
hacer [responder] una pregunta 質問をする[に答える].
pre·gun·tar [プレグンタル] 他 …を(+a...) …にたずねる, 質問する, 問う.
— 自 (+a+人) …のことをたずねる.

— **preguntar·se** 再 …を自問する.
pre·gun·tón, to·na [プレグントン, トナ] 形 ⟨人⟩ よく質問する.
— 男 ⟨人⟩ 質問好き.
pre·his·to·ria [プレイストリア] 女 1 先史時代. 2 先史学, 先史考古学.
pre·his·tó·ri·co, ca [プレイストリコ, カ] 形 1 有史以前の, 先史時代の. 2 とても古い, 年代物の.
pre·in·cai·co, ca [プレインカイコ, カ] 形 ⟨南米⟩ 先インカ期の.
pre·jui·cio [プレフイシオ] 男 先入観, 偏見.
pre·juz·gar [プレフスガル] 他 [活 47 llegar⟩ 1 …について予断する. 2 …を早合点する.
pre·la·ción [プレラシオン] 女 ⟨順位の⟩ 優先.
pre·la·do [プレラド] 男 高位聖職者, 高僧.
pre·la·tu·ra [プレラトゥラ] 女 高僧の地位.
pre·li·mi·nar [プレリミナル] 形 1 予備の, 前段階の, 前置きの.
— 男 1 予備的行為. 2 序文, 前置き.
pre·lu·diar [プレルディアル] 他 ⟨活 17 cambiar⟩ …を予告する, …の前兆となる.
pre·lu·dio [プレルディオ] 男 1 前兆, 予告するもの. 2 ⟨音楽⟩ 序曲, 前奏曲.
pre·ma·má [プレママ] 形 ⟨男女同形, 単複同形⟩ 妊婦の.
pre·ma·tu·ra·men·te [プレマトゥラメンテ] 副 早まって, 時期尚早に.
pre·ma·tu·ro, ra [プレマトゥロ, ラ] 形 1 早まった, 早めの, 時期尚早な. 2 ⟨新生児⟩ 未熟の.
— 男 1 未熟児, 早産(ざん)児.
parto prematuro 早産.
pre·me·di·ta·ción [プレメディタシオン] 女 1 もって計画すること. 2 ⟨法律⟩ 故意, 予謀.
pre·me·di·tar [プレメディタル] 他 …を前もって熟考する.
pre·mia·do, da [プレミアド, ダ] ⟨過去分詞⟩ → premiar 賞を与える.
— 形 受賞した.
— 男 入賞者, 受賞者.
pre·miar [プレミアル] 他 1 ⟨人⟩に賞を与える. 2 …に賞として(+con…) …を与える.
pre·mio [プレミオ] 男 1 賞, 賞品, 賞金. 2 褒美(び).
gran premio グランプリ.
premio Cervantes ⟨スペイン⟩ セルバンテス文学賞.
premio extraordinario 大賞, グランプリ.
premio gordo (宝くじなどの)一等賞.
premio Nobel 1 ノーベル賞. 2 男 女 ノーベル賞受賞者.
pre·mio·si·dad [プレミオシダス] 女 不器用, 愚鈍さ.
pre·mio·so, sa [プレミオソ, サ] 形 のろまの, 不器用な.
pre·mi·sa [プレミサ] 女 1 ⟨論理学⟩ 前提. 2 論拠, 前提(条件).
pre·mo·lar [プレモラル] 男 小臼歯(ぎゅう).
pre·mo·ni·ción [プレモニシオン] 女 予感, 虫の知らせ.
pre·mo·ni·to·rio, ria [プレモニトリオ, リア] 形 (+de…) …を予告するような, 予感させる.
pre·mu·ra [プレムラ] 女 大急ぎ, 至急.
pre·na·tal [プレナタル] 形 出産前の.
pren·da [プレンダ] 女 1 衣類, 衣服. 2 ⟨商業⟩ 担保, 抵当. 3 証拠, あかし. 4 ⟨人⟩ 資質, 美点 [= prendas]. 5 かわいい人, とても好きなもの.
en prenda (de…) (…の)あかし[証拠]として.
no doler a (+人) *prendas* 1 …が忠実に義務を果たす. 2 …が一所懸命に努力する.
no soltar prenda (問いに)答えない.
prendas de cama 寝具, 寝装品.
pren·dar [プレンダル] 他 …を魅了する.
— **prendar·se** 再 (+de…) …に魅了される.
pren·das [プレンダス] 女 複 (→ prenda) (子供の遊びの)罰金ゲーム.
pren·der [プレンデル] 他 1 …をつかむ, とらえる. 2 …を逮捕する. 3 …を(+en…) …に留める, つける. 4 (火や灯火)をつける.
— 自 1 (植物が)根づく, 根を張る. 2 燃える, 火がつく. 3 (意見などが) (+en…) …に受け入れられる, 支持される.
— **prender·se** 再 1 焼け落ちる, 燃え尽きる. 2 (+en…) …に引っかかる, からみつく.
pren·di·do¹ [プレンディド] 男 (ブローチで留める)胸飾り, 髪飾り.
pren·di·do², da [—, ダ] ⟨過去分詞⟩ → prender つかむ.
— 形 1 閉じた, 引っかかった. 2 (+de…) …に心をうばわれた, 夢中になった.
pren·di·mien·to [プレンディミエント] 男 逮捕.
pren·sa [プレンサ] 女 1 圧搾(さく)機, プレス. 2 印刷所. 3 出版物, 印刷物. 4 ⟨総称⟩ 新聞. 5 出版界, ジャーナリズム. 6 報道関係者, 記者団.
agencia de prensa 通信社.
en prensa 印刷中の.
prensa amarilla 低俗出版物.
rueda de prensa 記者会見.
tener buena [*mala*] *prensa* 評判がいい[悪い].
pren·sa·do [プレンサド] 男 圧搾(さく).
pren·sar [プレンサル] 他 …を圧搾(さく)する.
pren·sil [プレンシる] 形 物をつかむことのできる, 物をつかむための.
pren·sor, so·ra [プレンソル, ソラ] 形 ⟨鳥類⟩ 対趾足(たいしそく)の.
pre·ña·do, da [プレニャド, ダ] ⟨過去分詞⟩ → preñar 妊娠させる.
— 形 1 (動物が)妊娠した. 2 (+de…) …をはらんだ.
pre·ñar [プレニャル] 他 1 ⟨動物⟩ …を妊娠させる. 2 …を(+de…) …でいっぱいにする.

pre·ñez [プレニェス] 女 妊娠.

pre·o·cu·pa·ción [プレオクパシオン] 女 1 不安, 心配. 2 心配の種(な).

pre·o·cu·pa·do, da [プレオクパド, ダ]《過去分詞》→ preocupar 心配させる.
— 形 (+de, por... …を)心配している, 不安で.

pre·o·cu·par [プレオクパル] 他 …を心配させる, 気をもませる. 2 …にとって大切である.
— **preocuparse** 再 1 (+de...) …のことを気にかける. 2 (+por...) …のことを心配する.

prep. [プレポシシオン] 女《略語》preposición 前置詞.

pre·pa·ra·ción [プレパラシオン] 女 1 準備, 用意. 2 下準備. 3〈スポーツ〉練習, 調整. 4 試験準備. 5 学識, 習得知識, 命検体.

pre·pa·ra·do¹ [プレパラド] 男 調合剤.

pre·pa·ra·do², da [—, ダ]《過去分詞》→ preparar 準備させる.
— 形 1 準備された, 用意できた. 2 (+para...) …の用意の整った.

pre·pa·ra·dor, do·ra [プレパラドル, ドラ] 男女 1 (選択試験のために)学生に試験準備をさせる人. 2〈スポーツ〉トレーナー.

pre·pa·rar [プレパラル] 他 1 …を準備する, 用意する. 2 (学生)に試験準備をさせる. 3〈スポーツ〉…を訓練する, コーチする. 4 …に準備させる, 覚悟をさせる. 5 (学科)の予習をする. 6 (食事)を支度(½^と)する, 調理する.
— **prepararse** 再 1 準備する, 用意する. 2 まさに起こうとしている.

pre·pa·ra·ti·vo [プレパラティボ] 男 1 用意のこと, 支度(½^と). 2 準備の品.

pre·pa·ra·to·rio, ria [プレパラトリオ, リア] 形 用意の, 準備の.

pre·pon·de·ran·cia [プレポンデランシア] 女 1 優勢, 優位. 2 過重, 過多.

pre·pon·de·ran·te [プレポンデランテ] 形 支配的な, 優勢な, 圧倒的な.

pre·pon·de·rar [プレポンデラル] 自 1 優勢である, 支配的である. 2 重さで勝(½)る.

pre·po·si·ción [プレポシシオン] 女〈文法〉前置詞.

pre·po·si·cio·nal [プレポシシオナル] 形 1 前置詞の, 前置詞としての. 2 前置詞を伴う.

pre·po·si·ti·vo, va [プレポシティボ, バ] 形 前置詞となる, 前置詞的な.

pre·po·ten·cia [プレポテンシア] 女 優勢な力.

pre·po·ten·te [プレポテンテ] 形 権勢を誇る.

pre·pu·cio [プレプシオ] 男〈陰茎〉包皮.

pre·rro·ga·ti·va [プレロガティバ] 女 1 特権, 特典. 2〈国家〉主権(のひとつひとつ).

pre·sa¹ [プレサ] 女《→ preso》1 獲物, えじき. 2 捕獲物, 戦利品. 3 ダム, 水門, 堰(½き). 4 (ダムなどでできた)貯水池, 用水路.

aves de presa 猛禽類.

hacer presa en... 1 (火が) …につく. 2 (感情などが) …に根づく.

ser presa de... …に苦しむ.

pre·sa·giar [プレサヒアル] 他 …を予告する, …の前兆となる.

pre·sa·gio [プレサヒオ] 男 1 まえ触れ, 前兆. 2 予言, 占い.

pres·bi·cia [プレスビシア] 女 老眼, 老視.

pres·bi·te·ria·nis·mo [プレスビテリアニスモ] 男 (プロテスタントの一派の)長老教会主義.

pres·bi·te·ria·no, na [プレスビテリアノ, ナ] 形 長老教会(派)の.
— 男女 長老教会の信者.

pres·bi·te·rio [プレスビテリオ] 男〈教会〉内陣.

pres·bí·te·ro [プレスビテロ] 男〈キリスト教〉司祭.

pres·cin·di·ble [プレスシンディブレ] 形 無くてもいい, 排除可能な.

pres·cin·dir [プレスシンディル] 自 1 (+de...) …を使わないようにする, …をやめる. 2 (+de...) …を当てにしない, …なしですませる. 3 (+de...) …を無視する, 引き合いに出さない.

pres·ci·bir [プレスシビル] 他 1 (薬などを)(+a...) …に処方する. 2 (法律などが) …を命じる.
— 自 (法律や責任が)時効になる.

pres·crip·ción [プレスクリプシオン] 女 1 命令, 指令. 2 処方. 3 時効.

pres·cri·to, ta [プレスクリト, タ]《過去分詞》→ prescribir 処方する.
— 形 1 指定された, 命じられた. 2 時効となった.

pre·sen·cia [プレセンシア] 女 1 出席, 立ち会い, 参加. 2 存在, 現存. 3 外見, 見てくれ, 体裁. 4 目の前, 面前.

en [a] presencia de... …の目の前で.

hacer acto de presencia 出席する, 臨席する.

presencia de ánimo (事にのぞんでの)冷静, 沈着.

pre·sen·cial [プレセンシアル] 形 居あわせた.

testigo presencial 目撃者.

pre·sen·ciar [プレセンシアル] 他 1 …に出席する. 2 …を目撃する. 3 …に立ち合う.

pre·sen·ta·ble [プレセンタブレ] 形 見苦しくない, 人に見られても恥ずかしくない.

pre·sen·ta·ción [プレセンタシオン] 女 1 展示, 公開, 陳列. 2 外見, 見てくれ. 3 紹介, 披露. 4 提出, 提示. 5 (適任者の)提案, 推薦(½^ん). 6 立候補, 志願.

carta de presentación 紹介状, 推薦状.

pre·sen·ta·dor, do·ra [プレセンタドル, ドラ] 男女 1 司会者. 2〈番組〉キャスター.

pre·sen·tar [プレセンタル] 他 1 …を紹介する, 展示する. 2 (様子)を見せる, 示す. 3 …を提示する, 提出する. 4 …を司会する. 5 (番組)のキャスターになる. 6 …を表明する, 下す. 7 …を推薦(½^ん)する.
— **presentarse** 再 1 (+a...) …に立候補する, 志願する. 2 自己紹介する. 3 急に起こる. 4 (+

a...)...に出席する, 出頭する. 5 出現する, 姿を見せる. 6 ...の様子である, ...に見える. 7 上演される, 放映される.

pre·sen·te [プレセンテ] 形 1 居あわせている, (そこに)居る[ある], 出席している. 2 現在の, 只今(ただいま)の, 目下の. 3 (いま問題になっている)この, 当.... 4 〈文法〉現在(時制)の.
— 男 女 出席者.
— 男 1 〈時〉現在, 只今, いま. 2 〈文法〉(時制などの)現在. 3 贈り物.
— 女 〈手紙〉《la+》本状, この手紙.
— 間 (客の返事で)はい!
al presente 目下のところ, いまは.
...aquí presente (その場にいる第三者を指して)ここにおられる....
hacer a (+人) *presente* ~ ...に~を言う, 思い出させる.
mejorando lo presente (第三者をほめるとき)あなたのことは申すまでもなく.
por el presente さしあたり, 当座は.
presente de indicativo [*subjuntivo*] 〈時制〉直説法現在[接続法現在].
tener presente... ...をおぼえておく, 考慮に入れる.

pre·sen·ti·mien·to [プレセンティミエント] 男 1 虫の知らせ, 予感. 2 勘.

pre·sen·tir [プレセンティル] 他 活 77 sentir (+que+直説法) ...するような気がする.

pre·ser·va·ción [プレセルバシオン] 女 防護, 保護.

pre·ser·var [プレセルバル] 他 ...を(+de...) ...から防護する.
— **preservarse** 再 (+de...) ...から身を守る.

pre·ser·va·ti·vo [プレセルバティボ] 男 〈避妊具〉コンドーム.

pre·si·den·cia [プレシデンシア] 女 1 大統領の地位[任期]. 2 社長[議長・総長]の職[任期]. 3 大統領府. 4 社長(など)の執務室. 5 (集合的に)主宰者.

pre·si·den·cial [プレシデンシアル] 形 1 大統領の. 2 議長[社長・総長]の.

pre·si·den·cia·lis·mo [プレシデンシアリスモ] 男 大統領制.

pre·si·den·ta[1] [プレシデンタ] 女 大統領夫人.

pre·si·den·ta, ta[2] [プレシデンテ, タ] 男 女 1 大統領. 2 社長[議長, 総長]. 3 統括者, 主宰者.

pre·si·dia·rio, ria [プレシディアリオ, リア] 男 女 囚人, 服役囚.

pre·si·dio [プレシディオ] 男 1 刑務所, 監獄. 2 懲役(ちょうえき).

pre·si·dir [プレシディル] 他 1 ...を統括する, 主宰する, 取りしきる. 2 ...の議長[長]となる. 3 ...の目立つ位置を占める. 4 ...の目立つ特徴となる.

presient- 活 → presentir 気がする《活 77》.

pre·si·lla [プレシジャ] 女 〈服飾〉ループ.

presint- 活 → presentir 気がする《活 77》.

pre·sin·to·ní·a [プレシントニア] 女 (ラジオなどの)周波数記憶装置.

pre·sión [プレシオン] 女 1 圧迫, 押すこと. 2 圧力. 3 (強制的)影響力.
a presión 圧力をかけて, 強く押して.
presión arterial [*sanguínea*] 血圧.
presión atmosférica 〈気象〉気圧.
presión de aire 〈タイヤ〉空気圧.
presión social (個人への)社会的圧力.

pre·sio·nar [プレシオナル] 他 1 ...をおさえる, ...に圧力をかける. 2 ...を強制する.

pre·so, sa[2] [プレソ, -] 形 1 拘束された, 服役中の. 2 (+de+感情など) ...にとらえられた.
— 男 女 囚人, 捕虜.

pres·ta·ción [プレスタシオン] 女 1 奉仕, 援助. 2 貢献, 寄与. 3 奉仕活動[作業].

pres·ta·do [プレスタド] 〈つぎの副詞句の一部〉
de prestado 1 借りて, 借り物で. 2 臨時に, 一時的に.

pres·ta·mis·ta [プレスタミスタ] 男 女 〈人〉金貸し, 高利貸し, 質屋.

prés·ta·mo [プレスタモ] 男 1 貸与, 貸し付け. 2 貸付金, 貸借物. 3 ローン, 借金. 4 〈言語学〉借用語, 借用要素.

pres·tan·cia [プレスタンシア] 女 見ばえ, 風格.

pres·tar [プレスタル] 他 1 ...を(+a...) ...に貸す, 貸してやる. 2 (援助など)を与える. 3 (魅力などを)(+a...) ...に加える, そえる.
— **prestarse** 再 1 (+a+不定詞) ...すると申し出る. 2 (+a...) ...に同意する. 3 (+a...) ...を引き起こす, ...に口実を与える.

pres·te [プレステ] 男 (助祭と共にミサを行った昔の)司祭.

pres·te·za [プレステサ] 女 敏速, 機敏.

pres·ti·di·gi·ta·ción [プレスティディヒタシオン] 女 手品, マジック, 奇術.

pres·ti·di·gi·ta·dor, do·ra [プレスティディヒタドル, ドラ] 男 女 手品師, 奇術師.

pres·ti·gio [プレスティヒオ] 男 1 名声, 評判, 信望. 2 影響力.

pres·ti·gio·so, sa [プレスティヒオソ, サ] 形 1 評判の, 有名な. 2 信望のある.

pres·to[1] [プレスト] 男 〈音楽〉プレストの楽節.
— 副 1 〈音楽〉(きわめて早い)プレストで. 2 すぐに, 迅速に.

pres·to, ta[2] [-, タ] 形 1 用意のできている. 2 迅速な, すばやい.

pre·su·mi·do, da [プレスミド, ダ] 《過去分詞》
→ presumir 想定する.
— 形 1 うぬぼれた, 気取った. 2 めかしこんだ.

pre·su·mir [プレスミル] 他 ...を想定する.
— 自 1 (+de...) ...だとうぬぼれる. 2 めかしこむ.

pre·sun·ción [プレスンシオン] 女 1 うぬぼれ, 気取り. 2 疑い, 推測. 3 〈法律〉推定.

pre·sun·to, ta [プレスント, タ] 形 1 推定上の.

他 は他動詞 再 は再帰動詞 形 は形容詞 副 は副詞 前 は前置詞 接 は接続詞 間 は間投詞

2 容疑のある.

pre·sun·tuo·si·dad [プレスントゥオシダス] 囡 うぬぼれ, 気取り.

pre·sun·tuo·so, sa [プレスントゥオソ, サ] 形 うぬぼれた, 生意気な.
— 男 囡 うぬぼれた人間.

presupon-, presupondr- 活 → presuponer 想定する《活 61》.

pre·su·po·ner [プレスポネル] 他《活 61 poner》1 …を想定する, 前もって確信する. 2 …を前提とする. 3 …の予算を立てる.

pre·su·po·si·ción [プレスポシシオン] 囡 1 仮定, 想定. 2 前提.

pre·su·pues·tar [プレスプエスタル] 他 …の予算を立てる, …を見積もる.

pre·su·pues·ta·rio, ria [プレスプエスタリオ, リア] 形 予算の, 見積もりの.

pre·su·pues·to[1] [プレスプエスト] 男 1 予算, 見積もり. 2 (…の)仮定, 想定.

pre·su·pues·to[2]**, ta** [—, タ] 《過去分詞》→ presuponer
— 形 1 予想された, 前提となる. 2 見積もられた.

presupus- 活 → presuponer 想定する《活 61》.

pre·su·ra [プレスラ] 囡 1 機敏, 迅速. 2 苦悩, 圧迫.

pre·su·ro·so, sa [プレスロソ, サ] 形 機敏な, 迅速な.

prêt-à-por·ter [プレタポルテ] 男 高級既製服, プレタポルテ.

pre·ten·cio·so, sa [プレテンシオソ, サ] 形 うぬぼれた, 自信過剰の.

pre·ten·der [プレテンデル] 他 1 …をねらう, 切望する. 2 …を信じ込ます. 3 (男性が)(女性に)求婚する. 4 (+不定詞) …しようとする, …を試みる.

pre·ten·di·do, da [プレテンディド, ダ]《過去分詞》→ pretender ねらう.
— 形 強く望まれた.

pre·ten·dien·te [プレテンディエンテ] 男 (女性への)求愛者, 求婚者.

pre·ten·sión [プレテンシオン] 囡 1 意図, 目的. 2 切望, 熱望. 3 (信じている)権利.

pre·té·ri·to[1] [プレテリト] 男 〈文法〉(時制の)過去.
pretérito anterior 直前過去.
pretérito imperfecto 未完了過去, 線過去.
pretérito indefinido [*perfecto simple*] 完了過去, 点過去.
pretérito perfecto 現在完了.
pretérito pluscuamperfecto 過去完了, 大過去.

pre·té·ri·to[2]**, ta** [—, タ] 形 1 過ぎ去った, 起こってしまった. 2 〈文法〉過去(時制)の.

pre·tex·to [プレテクスト] 男 言い訳, 口実.
bajo ningún pretexto どうあっても(…ない).
so pretexto de … …の口実で.

pre·til [プレティル] 男 欄干(らんかん), 手すり.

pre·ti·na [プレティナ] 囡 〈服飾〉ベルト.

pre·tor [プレトル] 男 〈古代ローマ〉法務官.

pre·to·ria·no [プレトリアノ] 形 〈古代ローマ〉近衛兵.

pre·to·rio [プレトリオ] 男 〈古代ローマ〉法務官宮殿.

preu [プレウ] 男 《略語》preuniversitario(スペインの旧制度の)大学進学課程.

pre·va·le·cer [プレバレセル] 自 《活 4 agradecer》1 (+entre…) …で支配的である. 2 (+sobre…) …に対して優位を占める. 3 生きのびる, 存続する.

pre·va·ri·ca·ción [プレバリカシオン] 囡 汚職, 背任.

pre·va·ri·car [プレバリカル] 自 汚職をする, 背任行為をする.

prevé(s) 活 → prever 予測する《活 86》.

prevén 活 1 → prevenir 警告する《活 85》, 2 → prever 予測する《活 86》.

pre·ven·ción [プレベンシオン] 囡 1 予防, 防止. 2 準備, 事前の用意. 3 偏見, (良くない)先入観. 4 警告, 注意.

prevendr- 活 → prevenir 警告する《活 85》.

pre·ve·ni·do, da [プレベニド, ダ]《過去分詞》→ prevenir 警告する.
— 形 1 警戒している, 慎重な. 2 準備できた.

pre·ve·nir [プレベニル] 他《活 85 venir》1 …を(+a…) …に警告する, 注意する. 2 …を予防する, 防止する. 3 …を予見する, 予知する. 4 (+a+人) …に(+contra…) …に不利な考えを吹きこむ. 5 …を用意する, …の用意をする.
— 自 (+contra…) …を予防する.
— **prevenir·se** 再 1 (+contra…) …を防ぐ. 2 (+para…) …の準備をする, …の用意をする.

pre·ven·ti·vo, va [プレベンティボ, バ] 形 予防の.

pre·ver [プレベル] 他《活 86 ver》《活用形が prevé のように語末に強勢があるときは, アクセント記号をつけること》1 …を予測する, 予知する. 2 (必要なものの)を前もって用意する.

pre·via·men·te [プレビアメンテ] 副 前もって.

previen- 活 → prevenir 警告する《活 85》.

previn- 活 → prevenir 警告する《活 85》.

pre·vio[1] [プレビオ] 男 〈映画・テレビ〉プリレコ, プレスコ.

pre·vio[2]**, via** [—, ビア] 形 1 事前の, 以前の. 2 (前置詞的に名詞の前で) …をしたあとで/ …*previa entrega de* 〜 〜を手渡したあとで…

pre·vi·si·ble [プレビシブレ] 形 予見できる, 予測可能な.

pre·vi·sión [プレビシオン] 囡 1 予測, 予知. 2 (必要なものの)事前の用意, 準備.

pre·vi·sor, so·ra [プレビソル, ソラ] 形 1 用意周到な, 準備のいい. 2 予測する, 先見の明のある.

— 男 女 1 用意周到な人. 2 先を見通せる人.
pre·vis·to, ta [プレビスト, タ] 《過去分詞》→ prever の過去分詞.
— 形 予測された, 予測通りの, 当然の.
prez [プレす] 男 女 栄誉, 栄光.
prie·to, ta [プリエト, タ] 形 1 ぴったりの, 狭い. 2〈筋肉などが〉引き締まった.
pri·ma[1] [プリマ] 女 《→ primo》1 賞金, 奨励金, ボーナス. 2 保険料. 3〈宗教〉朝課. 4〈楽器〉最高音弦.
pri·ma·cí·a [プリマしア] 女 1 優位, 優先権. 2〈宗教〉首座大司教の職.
pri·ma·do [プリマド] 男〈宗教〉首座大司教.
pri·ma don·na [プリマ ドナ] 女〈オペラ〉プリマドンナ.
pri·mar [プリマル] 他 1 …を重要視する, 優先する. 2 …に(+con+報賞) …を与える.
— 自 《+sobre…》…より位置にある.
pri·ma·ria[1] [プリマリア] 女 初等教育, 小学校.
pri·ma·rio, ria[2] [プリマリオ, —] 形 1 第一の, 主要な. 2 基礎の, 初歩の. 3 原初の, 原始の. 4〈地質学〉古生代の. 5〈性格〉前向きの.
pri·ma·te [プリマテ] 形〈動物〉霊長類の.
pri·ma·tes [プリマテス] 男〈分類〉霊長類.
pri·ma·ve·ra [プリマベラ] 女 1〈季節〉春. 2 人生の春, 青春. 3 盛装期. 4(青年男女の年齢の)1年.
— 形〈男女同形〉〈人〉単純な, だまされやすい.
— 男 女〈人〉お人好し.
pri·ma·ve·ral [プリマベうる] 形〈季節〉春の.
pri·mer [プリメル] 形《語尾脱落形 → primero[2], ra[2]》最初の.
pri·me·ra[1] [プリメら] 女《→ primero[2]》1〈ギア〉(第一速度の)ロー.
pri·me·ra·men·te [プリメらメンテ] 副 1 第一に, まず. 2 最初に, 前もって.
pri·me·ri·zo, za [プリメリそ, さ] 形 はじめての.
— 男 女 初心者.
pri·me·ro[1] [プリメろ] 副 1 第一に, まず. 2 むしろ, その前に.
— 月 (月はじめの)ついたち.
pri·me·ro, ra[2] [プリメろ, —] 形《序数詞》《男性単数名詞の前で primer》1 第一の, 一番目の. 2 最初の, 初等の. 3 主な. 4 優秀な, 一流の.
— 男 女 1 第一のもの. 2 優勝者, 第一人者.
a la primera 第1回めで.
a las primeras 第一に, いきなり.
a primera hora 1 朝早く. 2 午後一番に.
a primeros de… …のはじめに, 初期に.
de buenas a primeras いきなり, 出し抜けに.
…de primera 一流の, 第一級の, すぐれた.
de primero 最初は.
no ser el primero (que…) 1(主語のものだけでなく)みんなも(…)している. 2 たいしたこと(もの)でもない.

pri·mi·cia [プリミしア] 女 1 最初の成果. 2 最新情報, スクープ. 3〈収穫物〉初物(はつもの)[= primicias].
pri·mi·ge·nio, nia [プリミヘニオ, ニア] 形 本来の, 以前の.
pri·mí·pa·ra [プリミパラ] 形〈動物の雌〉初産(しょざん)の.
pri·mi·ti·va[1] [プリミティバ] 女《→ primitivo》(国営の)富くじ.
pri·mi·ti·va·men·te [プリミティバメンテ] 副 1 原始的に. 2 幼稚に. 3 原始時代に, 大昔は.
pri·mi·ti·vis·mo [プリミティビスモ] 男 1〈状態〉原始. 2 未開. 3 原始芸術.
pri·mi·ti·vo, va[2] [プリミティボ, —] 形 1 原始の, 原初の, 最初の. 2 原始の, 原始的な. 3 幼稚な. 4〈文法〉(派生していない)基語の, 原級の. 5 原始芸術の.
— 男 女 1 未開人, 原始人. 2 原始芸術家.
pri·mo, ma[2] [プリモ, —] 形 お人好しの.
— 男 女 1 いとこ〔従兄弟・従姉妹〕. 2〈人〉お人好し.
hacer el primo 1(むだなことをして)ばかをみる. 2 だまされやすい.
pri·mo·gé·ni·to, ta [プリモヘニト, タ] 形 長子の.
— 男 女 長男, 長女.
pri·mo·ge·ni·tu·ra [プリモヘニトゥら] 女 長子の身分[権利].
pri·mor [プリモル] 男 1(仕事の)繊細さ, 巧みさ, 精巧さ. 2 精巧な物〔作品〕. 3 抜群の人, すぐれもの.
pri·mor·dial [プリモルディアる] 形 1 基礎的な, 基本的な. 2 とても重要な.
pri·mo·ro·so, sa [プリモろソ, サ] 形 1 精巧な, 繊細な. 2 とても重要な.
prí·mu·la [プリムら] 女〈植物〉サクラソウ.
prin·ceps [プリンセプス] 形〈単複同形〉〈書籍〉初版本.
prin·ce·sa [プリンセサ] 女 1 王女. 2 妃殿下, 皇太子妃. 3 王族の女子.
prin·ci·pa·do [プリンシパド] 男 1 君主〔大公〕の位. 2 公国.
prin·ci·pal [プリンシパる] 形 1 主要な, おもな. 2 本質的な, 基本の. 3〈建物〉(日本の2階にあたる)1階の.
— 男 女 1〈建物〉1階[= piso principal]. 2〈劇場〉2階正面席. 3 中心人物, 代表責任者.
— 男〈文法〉主節, 主節.
oración [cláusula] principal 〈文法〉主文, 主節.
prin·ci·pal·men·te [プリンシパるメンテ] 副 主として, おもに.
prín·ci·pe [プリンシペ] 男 1 王子, 皇太子. 2 王族の男子. 3 君主, 大公.
— 女 初版本.
príncipe azul (若い女性の)理想の男性.

他 は他動詞　再 は再帰動詞　形 は形容詞　副 は副詞　前 は前置詞　接 は接続詞　間 は間投詞

prin·ci·pes·co, ca

príncipe consorte 女王の配偶者.
Príncipe de Asturias スペイン皇太子.
Príncipe de Gales イギリス皇太子.
príncipe de Gales〈織物〉グレンチェック.
príncipe de las tinieblas 悪魔.
príncipe heredero 王位を継承する王子, 皇太子.

prin·ci·pes·co, ca [プリンペスコ, カ] 形 1 王女の, 王子の. 2 王族のような, 豪華な.

prin·ci·pian·ta [プリンピアンタ] 女〈女性〉初心者.

prin·ci·pian·te [プリンピアンテ] 形 始めたばかりの.
— 男 女 初心者, 駆け出し.

prin·ci·piar [プリンピアル] 他《活 17 cambiar》…を始める.
— 自 始まる.

prin·ci·pio [プリンピオ] 男 1 初期, 第一段階. 2 始まり, 最初. 3 起源, 原因. 4 原理, 原則. 5 基礎知識, 初歩 [= principios]. 6 行動原理, 主義 [= principios]. 7〈化学〉構成要素, 成分.

al principio 最初に, はじめには.
a principios de…のはじめに, 初頭に.
dar principio a…を始める.
(人) *de principios* 道義 [原則] を守る…
en principio 原則として, 大筋では.
en un principio 最初は, 最初は, そもそも.
por principios 主義として.
sin principios 節操のない.

prin·ga·da [プリンガダ] 女〈料理〉(肉汁にひたしたパンの)プリンガダ.

prin·ga·do, da² [プリンガド, ―] 〈過去分詞〉→ pringar 食べすぎた.
— 形 1 (脂などで) べたべたの. 2 だまされやすい. 3 じっと我慢する.
— 男 女〈人〉お人好し. 2 忍耐強い人.

prin·gar [プリンガル] 他《活 47 llegar》1 …を (+de+脂など) …でべたべたにする, 汚す. 2 …を (+en+悪事) …に引き入れる. 3 (食べ物)を (+de+肉汁など) …につける.
— 自 1 (+de+肉汁など) …をかける. 2 (+por…) …の尻(¹)ぬぐいをする. 3 懸命に働く.
— *pringarse* 再 1 (+de+脂など) …でべたべたになる, 汚れる. 2 (+en+悪事) …にかかわりあう. 3 (+en…) …で不当な利益を得る.
pringarla 1 死ぬ, くたばる. 2 どじをふむ, しくじる.

prin·go·so, sa [プリンゴソ, サ] 形 (脂などで) べたべたの, べたべたに汚れた.

prin·gue [プリング] 男 女 1 脂(¹), 肉汁. 2 脂汚れ, べたつく汚れ.

prior, prio·ra [プリオル, プリオラ] 男 女〈宗教〉1 修道院長. 2 (大修道院の) 副修道院長.

pri·o·ri
a priori 先験的に, 演繹(¹⁾³)的に.

pri·o·ri·dad [プリオリダズ] 女 1 第一義的なこと, 優先事項. 2 優先権. 3 上位, 優位.

pri·o·ri·ta·rio, ria [プリオリタリオ, リア] 形 1 優先する, 優先権のある. 2 上位の, 優位の.

pri·sa [プリサ] 女 1 迅速さ, 急なこと. 2 急ぐこと.
a prisa [*de prisa*] 急いで.
a toda prisa 大急ぎで.
correr prisa (事が) 急を要する.
dar·se prisa (人が) 急ぐ.
de prisa y corriendo 1 大急ぎで. 2 やみくもに.
meter prisa a (+人) …を急がせる, せかす.
tener (mucha) prisa (とても) 急いでいる.

pri·sión [プリシオン] 女 1 刑務所, 監獄. 2〈刑罰〉禁固, 投獄. 3 (心や体の) 束縛, 負担となるもの.
prisión mayor (6 年〜12 年の) 長期禁固刑.
prisión menor (6 ヶ月〜6 年の) 短期禁固刑.
prisión preventiva (未決囚の) 勾留(¹⁾³).

pri·sio·ne·ro, ra [プリシオネロ, ラ] 形 1 自由をうばわれた. 2 (+de…) …のとりこになった.
— 男 女 1 捕虜, 人質(ƒ⁾¹). 2 囚人. 3 (情熱などの) とりこ.

pris·ma [プリスマ] 男 1〈数学〉柱体. 2〈光学〉プリズム. 3 視点, 見通し.

pris·má·ti·co, ca [プリスマティコ, カ] 形 柱体の.

pris·má·ti·cos [プリスマティコス] 男複《→ prismático》プリズム双眼鏡.

prís·ti·no, na [プリスティノ, ナ] 形 もとの, 本来の.

pri·va·ci·dad [プリバシダズ] 女 プライバシー.

pri·va·ción [プリバシオン] 女 1 喪失, 剥奪(²). 2 不足, 欠乏, 不自由.

pri·va·da·men·te [プリバダメンテ] 副 非公式に.

pri·va·do¹ [プリバド] 男 腹心の部下, 側近.

pri·va·do, da² [―, ダ]〈過去分詞〉→ privar うばう.
— 形 1 私的な, プライベートな. 2 個人的な, 非公式の. 3 私立の, 民営の, 私有の. 4 (+de…) …の欠けた, …の無い.
asuntos privados 私事.
en privado 私的に, 打ち解けて.
vida privada 私生活.

pri·van·za [プリバンサ] 女 恩顧, 寵愛(ちょう²¹).

pri·var [プリバル] 他 1…から (+de…) …をうばう, 取り上げる. 2…に (+de+不定詞) …するのを妨げる. 3…を (+de+地位など) …から引き離す.
— 自 1 (品物が) (+a+人) …の気に入る. 2 流行する, はやる. 3 酒を飲む.
— *privarse* 再 1 意識を失う, 失神する. 2 (+de…) …をやめる, 使わないでおく. 3 (+por…) …を切望する.

pri·va·ti·vo, va [プリバティボ, バ] 形 1 (+de…) …をうばう, 取り上げる. 2 (+de…) …に

特有の, 固有の. 3〈文法〉欠如を示す.
oposición privativa〈音韻論〉欠如的対立.
pri·va·ti·za·ción [プリバティさしオン] 女〈企業〉民営化.
pri·va·ti·zar [プリバティさル] 他《活 39 gozar》1 (企業など)を民営化する. 2 …を私物化する.
pri·vi·le·gia·do, da [プリビれヒアド, ダ] 形 1 卓抜した, 比類ない. 2 特権を与えられた.
— 男女 特権を持つ人.
pri·vi·le·gio [プリビれヒオ] 男 特権, 特典.
pro [プロ] 男 1 得(とく), 利点, 利益. 2 賛成.
— 前《アクセントなし》(+無冠詞名詞) …に賛同する, 有利な.
en pro de… …に味方[賛成]して, …のために.
hombre de pro ひとかどの人物, 有為(ゆうい)の士.
los pros y los contras 利点と難点, 損得.
pro·a [プロア] 女 船首, へさき.
pro·ba·bi·li·dad [プロバビりダス] 女 1 (起こる)可能性, 蓋然(がいぜん)性. 2〈数学〉確率.
pro·ba·ble [プロバブれ] 形 1 起こりそうな, 可能性の高い. 2 本当らしい. 3 証明可能な.
pro·ba·ble·men·te [プロバブれメンテ] 副 たぶん, おそらく.
pro·ba·do, da [プロバド, ダ]《過去分詞》→ probar 証明する.
— 形 1 立証済みの. 2 明白な事実の.
pro·ba·dor [プロバドル] 男〈洋服店〉試着室.
pro·bar [プロバル] 他《活 22 contar》1 …を証明する, 立証する. 2 (人)を(適性などの点で)試験する, ためす, 調べる. 3 (飲食物)をためす, …を試飲[試食]する. 4 (衣服)を試着する.
— 自 1 (+a+不定詞) …してみる. 2 (+a…) …に有益である.
— **probar·se** 再 (衣服)を試着する.
no probar… …を食べない, 飲まない.
pro·be·ta [プロベタ] 女〈化学〉試験管.
pro·bi·dad [プロビダス] 女 誠実, 高潔.
pro·ble·ma [プロブれマ] 男 1 (解答を出すべき)問題, 課題. 2 難問, 困った状態. 3 (障害となる)諸問題. 4 (頭を痛める)問題, 悩みの種(たね).
pro·ble·má·ti·ca[1] [プロブれマティカ] 女 諸問題.
pro·ble·má·ti·co, ca[2] [プロブれマティコ, ―] 形 1 問題のある, 疑わしい, 不確かな. 2 問題を起こしそうな.
pro·bo, ba [プロボ, バ] 形 誠実な, 高潔な.
pro·bós·ci·de [プロボスしデ] 女 1〈動物〉(ゾウなどの)長い鼻, 吻(ふん). 2〈昆虫〉(口器の)吻.
pro·ca·ci·dad [プロカしダス] 女 破廉恥, みだら.
pro·caz [プロカす] 形 恥知らずな, みだらな.
pro·ce·den·cia [プロせデンしア] 女 1 起源, 出身. 2 出発地, 出所. 3 発端, 源(みなもと).
pro·ce·den·te [プロせデンテ] 形 (+de…) …出身の, …に由来する, …から生じる, …発の.
pro·ce·der [プロせデル] 自 1 (+de…) …に由来する, …の出身である, …から生じる. 2 振る舞う, 行動する. 3 (+a…) …に取りかかる. 4 (物事が)適切である, 正しい. 5 (+contra…) …を相手に訴訟を起こす. 6 (事が)続く, 進行する.
— 男 態度, 振る舞い, やり方.
pro·ce·di·mien·to [プロせディミエント] 男 1 手続き, 手順, 処理方法, やり方. 2〈手続き〉訴訟.
pro·ce·lo·so, sa [プロせろソ, サ] 形 荒天な, 時化(しけ)の.
pró·cer [プロセル] 男 貴人, 名士.
pro·ce·sa·do, da [プロせサド, ダ]《過去分詞》→ procesar 求刑する.
— 形 1 告訴された. 2 処理された.
— 男女〈人〉被告.
pro·ce·sa·dor [プロせサドル] 男〈コンピューター〉1 処理装置, プロセッサー. 2 処理プログラム.
pro·ce·sal [プロせサる] 形 訴訟の.
pro·ce·sa·mien·to [プロせサミエント] 男 1〈コンピューター〉処理. 2 起訴, 告発. 3〈産業〉処理, 加工.
pro·ce·sar [プロせサル] 他 1 (裁判官が) …に求刑する. 2 …を起訴する. 3〈コンピューター〉…を処理する. 3〈産業〉…を処理[加工]する.
pro·ce·sión [プロせシオン] 女 (祝祭行事での人の)行進, 行列.
la procesión va [***anda***] ***por dentro*** 内心おだやかでない.
pro·ce·sio·na·ria [プレせシオナリア] 女〈昆虫〉(樹木の害虫で, 行列して移動する毛虫の)ギョウレツケムシ.
pro·ce·so [プロせソ] 男 1 過程, 経過, プロセス. 2 連続する行為. 3 裁判.
pro·cla·ma [プロクらマ] 女 1〈軍隊〉訓示, 訓令. 2〈政治〉声明. 3 公布, 告示.
pro·cla·ma·ción [プロクらマしオン] 女 1 公布, 布告. 2 声明. 3 即位式, 就任式.
pro·cla·mar [プロクらマル] 他 1 …を宣言する, 公表する. 2 …を布告[公布]する. 3 …をあらわにする, 示す. 4 …を ～に就任[即位]させる／La *proclamaron* reina de las fiestas. 人々は彼女を祭りの女王に就任させた[＝彼女は祭りの女王に選ばれた].
— **proclamar·se** 再 1 …に就任する, 即位する. 2 (自分が) …であると宣言する.
pro·clí·ti·co[1] [プロクりティコ] 男〈文法〉(定冠詞などのように, アクセントなしで後続名詞と一体となる)後接語.
pro·clí·ti·co[2], **ca** [―, カ] 形〈文法〉後接の.
pro·cli·ve [プロクりベ] 形 (+a+良くないこと) …への傾向がある, …しやすい.
pro·cli·vi·dad [プロクりビダス] 女 (+a+否定的なこと) …への傾向, 性癖.
pro·cón·sul [プロコンスる] 男〈古代ローマ〉属州総督.
pro·cre·a·ción [プロクレアしオン] 女 (動物の)

P

pro·cre·ar

繁殖.

pro·cre·ar [プロクレアル] 他 …を(繁殖のために)出産する.

pro·cu·ra·dor, do·ra [プロクラドル, ドラ] 男女 (訴訟などの)代理人.

pro·cu·ra·du·rí·a [プロクラドゥリア] 女 1 (訴訟などの)代理人の職. 2 代理人事務所.

pro·cu·rar [プロクラル] 他 1 (+不定詞[+que+接続法]) …するよう努力する. 2 …を(+a+...) …に都合してやる, 提供する.
— procurarse 再 …を手に入れる, 工面する.

pro·di·ga·li·dad [プロディガリダス] 女 1 散財, 浪費. 2 豊かな量.

pro·di·gar [プロディガル] 他 1 (自分のものを)気前よく与える, 十分に提供する. 2 …を散財[浪費]する. 3 …をさかんにほめる.
— prodigarse 再 (+en, por...) …にさかんに姿を見せる.

pro·di·gio [プロディヒオ] 男 不可思議, 驚異.

pro·di·gio·so, sa [プロディヒオソ, サ] 形 不可思議な, 驚異の, 天才的な.

pró·di·go, ga [プロディゴ, ガ] 形 1 豊かな, 大量に産する. 2 気前のいい, 物おしみしない. 3 浪費する, 散財する.

pro·duc·ción [プロドゥクしオン] 女 1 (天然資源や作物の)産出. 2 生産, 製造. 3 (知的作品の)制作. 4 (芸術作品への)出資. 5 (知的作品や芸術の)作品. 6 (石炭などの)産出物. 7 生産物, 製品.

pro·du·cir [プロドゥしル] 他《活 20 conducir》1 (大地や植物が) …を産出する. 2 …を産出する. 3 …を生産[製造]する. 4 (特別な感情などを)(+a+...) …に与える, 起こさせる. 5 (作品)を制作する, 創出する, 作り上げる. 6 (芸術作品)に資金援助をする. 7 (利益など)を生み出す.
— 自 利益を生み出す.
— producirse 再 1 産出する, 生産される. 2 (事が)起こる.

pro·duc·ti·vi·dad [プロドゥクティビダス] 女 1 産出力. 2 生産力. 3 生産性. 4《経済》利益率.

pro·duc·ti·vo, va [プロドゥクティボ, バ] 形 1 生産力のある, 産出力のある. 2 生産的な, 実りの多い, 有益な. 3 利益のよい.

pro·duc·to [プロドゥクト] 男 1 産物, 製品. 2 作品. 3 成果, 結果. 4 利益, もうけ. 5《数学》積／El *producto* de multiplicar 4 por 3 es 12. 4 かける 3 の答は 12 である.

pro·duc·tor, to·ra[1] [プロドゥクトル, トラ] 形 産出する, 生産する.
— 男女 1 生産者. 2《芸術作品》プロデューサー, 制作者.

pro·duc·to·ra[2] 女《芸術作品》制作会社, プロダクション.

produj- 活 → producir 産出する《活 20》.

produzc- 活 → producir 産出する《活 20》.

pro·e·mio [プロエミオ] 男 序文, 緒言(ば).

pro·e·za [プロエさ] 女 偉業, いさお[功].

prof. [プロフェソル] 男《略語》profesor(個人名の前につけて) …先生.

pro·fa·na·ción [プロふぁナしオン] 女 冒瀆(ぼう).

pro·fa·nar [プロふぁナル] 他 …を冒瀆(ぼう)する.

pro·fa·no, na [プロふぁノ, ナ] 形 1 (神聖でない)世俗の, 俗界の. 2 不敬な, 冒瀆(ぼう)的な. 3 (+en...) (…の)門外漢の, 素人(ろうと)の.
— 男女 (+en...) (…の)門外漢, 素人.

pro·fe·cí·a [プロふぇしア] 女 1 (遠くのものを見通す)神通力. 2 (神通力による)預言, お告げ. 3 預言. 4 予測, 見通し.

pro·fe·rir [プロふぇリル] 他《活 77 sentir》…を声高(高)に言う.

pro·fe·sar [プロふぇサル] 他 1 …を信仰する. 2 (特別な感情を)(+a+...) …に対して抱く. 3 …を職業とする.
— 自《宗教》修道誓願を立てる.

pro·fe·sión [プロふぇシオン] 女 1 職業, 専門職. 2《宗教》誓願式. 3《宗教》告白.

pro·fe·sio·nal [プロふぇシオナル] 形 1 職業の, 職業上の. 2 本職の, プロの. 3 専門家の.
— 男女《人》プロ, 本職, 専門家.

pro·fe·sio·na·li·dad [プロふぇシオナリダス] 女 専門家[プロ]のプライド, プロとしての矜持(きょう).

pro·fe·sio·na·lis·mo [プロふぇシオナリスモ] 男《スポーツ》プロ意識.

pro·fe·sio·na·li·zar [プロふぇシオナリさル] 他《活 39 gozar》(特定の活動)を専門職にする.
— profesionalizarse 再 専門家になる.

pro·fe·sor, so·ra [プロふぇソル, ソラ] 男女 1 教員, 教授, 先生. 2《音楽家》交響楽団員.

pro·fe·so·ra·do [プロふぇソラド] 男 1 教員職, 教授職. 2 (集合的に)教員, 教授陣.

pro·fe·ta [プロふぇタ] 男 1 予言者. 2 預言者.

pro·fé·ti·co, ca [プロふぇティコ, カ] 形 1 予言の, 予言者の. 2 預言の, 預言者の.

pro·fe·ti·sa [プロふぇティサ] 女《女性》1 予言者. 2 預言者.

pro·fe·ti·zar [プロふぇティさル] 他《活 39 gozar》1 …を予言する. 2 …を預言する.

profier- 活 → proferir 声高に言う《活 77》.

pro·fi·lác·ti·ca[1] [プロふぃらクティカ] 女 (病気の)予防法.

pro·fi·lác·ti·co[1] [プロふぃらクティコ] 男 コンドーム.

pro·fi·lác·ti·co[2]**, ca**[2]《医学》予防の.

pro·fi·la·xis [プロふぃらクシス] 女《単複同形》(病気の)予防法.

profir- 活 → proferir 声高に言う《活 77》.

pró·fu·go[1] [プロふゴ] 男 (逃亡した)兵役忌避者.

pró·fu·go[2]**, ga** [—, ガ] 形 逃げた.
— 男女 逃亡者.

活 は活用形　複 は複数形　男 は男性名詞　女 は女性名詞　固 は固有名詞　代 は代名詞　自 は自動詞

pro·fun·da·men·te [プロフンダメンテ] 副 大いに, 深く, 強く.

pro·fun·di·dad [プロフンディダス] 女 1 (眠りなどの)深さ, 大きさ. 2 深い所, 深部. 3 奥深さ. 4 底の深さ. 5 (感情などの)深さ, 強さ. 6 (思考などの)深さ, 深遠.
en profundidad 完全に, 厳密に.
profundidad de campo 〈光学〉被写界深度.

pro·fun·di·zar [プロフンディサル] 他 《活 39 gozar》 1 …を深くする. 2 (事柄を)深く調べる, 精査する. 3 …をきわめる.
— 自 1 深くなる. 2 (+en...) …をきわめる.

pro·fun·do, da [プロフンド, ダ] 形 1 (眠りなどが)深い. 2 (奥行きの)深い, 深さのある. 3 深く入り込んだ. 4 深遠な, 深奥な. 5 〈音〉低くて重々しい.

pro·fu·sión [プロフシオン] 女 豊富さ, 大量.

pro·fu·so, sa [プロフソ, サ] 形 豊富な, 大量の.

pro·ge·nie [プロエニエ] 女 1 (集合的に)子孫. 2 家系, 血統.

pro·ge·ni·tor, to·ra [プロヘニトル, トラ] 男 女 先祖, (関係者などの)一覧表.

pro·ge·ni·to·res [プロヘニトレス] 男 複 (→ progenitor) 両親.

pro·ges·te·ro·na [プロヘステロナ] 女 黄体ホルモン.

pro·gra·ma [プログラマ] 男 1 プログラム, (行事などの)スケジュール, (関係者などの)一覧表. 2 (予告される)計画, 予定. 3 予定表, 計画表. 4 〈放送〉番組, 番組表. 5 (機械操作の)タイマーの項目. 6 〈コンピューター〉プログラム.

pro·gra·ma·ción [プログラマシオン] 女 1 プログラム編成. 2 〈放送〉(集合的に)番組. 3 〈機械〉作動手順の設定. 4 〈コンピューター〉プログラミング.

pro·gra·ma·dor[1] [プログラマドル] 男 (機械などの作動手順を指示する)タイマー.

pro·gra·ma·dor[2]**, do·ra** [—, ドラ] 男 女 〈コンピューター〉プログラマー.

pro·gra·mar [プログラマル] 他 1 …の計画を立てる, 予定表を作る. 2 (機械などの)タイマーをセットする. 3 〈放送〉の番組を編成する. 4 〈コンピューター〉…のプログラムを作る.

pro·gra·má·ti·co, ca [プログラマティコ, カ] 形 予定表プログラムの.

pro·gre [プログレ] 形 革新系の.
— 男 女 進歩主義者.

pro·gre·sar [プログレサル] 自 1 (+en...) …で進歩する, 上達する. 2 (+hacia...) …の方へ進行する, 前進する.

pro·gre·sión [プログレシオン] 女 1 進歩, 向上. 2 前進, 進行. 3 〈数学〉数列.

pro·gre·sis·mo [プログレシスモ] 男 進歩主義, 革新思想.

pro·gre·sis·ta [プログレシスタ] 形 《男女同形》進歩的な, 革新思想の.
— 男 女 進歩主義者, 革新主義者.

pro·gre·si·vo, va [プログレシボ, バ] 形 1 進歩的な, 前進的な. 2 累進的な. 3 〈文法〉(意味が)進行の.

pro·gre·so [プログレソ] 男 1 進歩, 発展. 2 改善, 完成. 3 前進, 進行.

pro·hi·bi·ción [プロイビシオン] 女 禁止.

pro·hi·bi·do, da [プロイビド, ダ] 《過去分詞》→ prohibir 禁止する.
— 形 禁止された, 禁制の.

pro·hi·bir [プロイビル] 他 《活 63》(+不定詞 [+que+接続法])...を禁止する, 禁じる.

pro·hi·bi·ti·vo, va [プロイビティボ, バ] 形 (値段が)とても高い, 高すぎる.

pro·hi·ja·mien·to [プロイハミエント] 男 養子縁組.

pro·hi·jar [プロイハル] 他 《活 6 aislar》 1 …を養子にする. 2 (他人の考えを)自分のものとする, 取り入れる.

pro·hom·bre [プロオンブレ] 男 〈人〉大家(たいか), 権威.

pró·ji·mo[1] [プロヒモ] 男 他人, 隣人.

pró·ji·mo[2]**, ma** [—, マ] 男 (素性も不明な)ある男[女], やから, 手合い, やつ.

pro·le [プロレ] 女 1 (自分の)子供たち, 子孫. 2 同類の人の群れ.

pro·le·gó·me·no [プロレゴメノ] 男 1 序論, 序説 [= prolegómenos]. 2 くどい前置き.

pro·le·ta·ria·do [プロレタリアド] 男 無産階級, プロレタリアート.

pro·le·ta·rio, ria [プロレタリオ, リア] 形 無産階級の.
— 男 女 無産階級の人, プロレタリア.

pro·li·fe·ra·ción [プロリフェラシオン] 女 増殖.

pro·li·fe·ran·te [プロリフェランテ] 形 増殖する.

pro·li·fe·rar [プロリフェラル] 自 増殖する.

pro·lí·fi·co, ca [プロリフィコ, カ] 形 1 多産の, 結実の多い. 2 〈芸術家〉多作の.

pro·li·ji·dad [プロリヒダス] 女 (説明などの)くどさ, 冗漫.

pro·li·jo, ja [プロリホ, ハ] 形 (説明などが)くどい, 冗漫な.

pro·lo·gar [プロロガル] 他 《活 47 llegar》(本)に序文を書く.

pró·lo·go [プロロゴ] 男 1 〈本〉序文, プロローグ. 2 前置き, 前口上.

pro·lon·ga·ción [プロロンガシオン] 女 1 延長, 延期. 2 延長部分, 延期期間.

pro·lon·ga·do, da [プロロンガド, ダ] 《過去分詞》→ prolongar 延長する.
— 形 1 延長された, 延長の. 2 延期された, 長引いた.

pro·lon·gar [プロロンガル] 他 《活 47 llegar》

…を延長する, 延期する.
— **prolongar·se** 再 長くなる, 長引く.

pro·me·diar [プロメディアル] 他 1 …を平均する, …の平均値を出す. 3 …を 2 等分する.
— 自 (ある期間が) 中途になる.

pro·me·dio [プロメディオ] 男 平均(値).
como [*en*] *promedio* 平均すると, 平均で.

pro·me·sa [プロメサ] 女 1 約束. 2 契約, 誓い. 3 有望なもの[人]. 4 (+de...) …を約束するもの.

pro·me·te·dor, do·ra [プロメテドル, ドラ] 形 有望な, 見込みのある.

pro·me·ter [プロメテル] 他 1 …を約束する. 2 …をうけ合う, 保証する. 3 …(の実行)を誓う, 宣誓する. 4 …の見込みがある.
— 自 有望である, 見込みがある.
— **prometer·se** 再 1 婚約する. 2 …を確信する.
prometer·se·las (*muy*) *felices* 夢のような期待を抱く.

pro·me·ti·do, da [プロメティド, ダ] 《過去分詞》→ prometer 約束する.
— 形 (結婚などを)約束した, 誓った.
— 男 女 婚約者, フィアンセ.

pro·mi·nen·cia [プロミネンシア] 女 1 隆起, 突起. 2 傑出, 卓越.

pro·mi·nen·te [プロミネンテ] 形 1 盛り上がった, 突き出た. 2 卓越した, 際立った.

pro·mis·cui·dad [プロミスクイダス] 女 1 乱交の生活形態. 2 ごたまぜ, 混交.

pro·mis·cuo, cua [プロミスクオ, クア] 形 1 乱交の, ごたまぜの, 乱雑な.

pro·mo·ción [プロモシオン] 女 1 促進, 助長. 2 昇進, 昇格. 3 推進, 奨励. 4 (集合的に)同期生, 同期入社社員. 5 〈スポーツ〉昇格試合.

pro·mo·cio·nar [プロモシオナル] 他 1 …を促進する, 奨励する. 2 …を昇進[昇格]させる. 3 …を売り込む, 宣伝する. 4 …を引き起こす, 喚起する.
— **promocionar·se** 再 昇進[昇格]する.

pro·mon·to·rio [プロモントリオ] 男 丘, 岬.

pro·mo·tor, to·ra [プロモトル, トラ] 形 促進[推進]する.
— 男 女 1 発起人, 推進者. 2 興行主, プロモーター.

pro·mo·ver [プロモベル] 他 《活 50 mover》 1 …を促進する, 助長する. 2 …を昇進[昇格]させる. 3 …を引き起こす, 喚起する.

promuev- 活 → promover 促進する《活 50》.

pro·mul·ga·ción [プロムるガシオン] 女 (法令の)発布.

pro·mul·gar [プロムるガル] 他 《活 47 llegar》 1 (法令など)を発布[公布]する. 2 …を宣言する.

pro·nom·bre [プロノンブれ] 男 〈文法〉代名詞.
pronombre demostrativo 指示代名詞.
pronombre indefinido 不定代名詞.
pronombre personal 人称代名詞.
pronombre posesivo 所有代名詞.
pronombre relativo 関係代名詞.

pro·no·mi·nal [プロノミナル] 形 〈文法〉代名詞の.

pro·nos·ti·car [プロノスティカル] 他 《活 73 sacar》…を予報する, 予告する.

pro·nós·ti·co [プロノスティコ] 男 1 予報, 予告. 2 きざし, 前兆. 3 〈医学〉予後.

pron·ti·tud [プロンティトゥス] 女 迅速, 機敏.

pron·to¹ [プロント] 男 1 急な思いつき, 不意の衝動. 2 〈病気〉発作.
— 副 1 すばやく, 迅速に. 2 早めに, (予定より)早く.
— 間 急いで!, 早く!

pron·to², **ta** [—, タ] 形 1 用意のできている. 2 即座の, 3 早めの, 早い, 速い.
al pronto 最初は, はじめて見たときには.
de pronto 突然, いきなり.
¡Hasta pronto! ではまたあとで!
lo más pronto posible できるだけ早く.
más pronto o más tarde 遅かれ早かれ.
por de pronto [*por lo pronto*] 当座は, さしあたり.
tan pronto como... (未来なら接続法で) …するとすぐ.
tan pronto... como ~ …するかと思うと~する.

pron·tua·rio [プロントゥアリオ] 男 手引き書, マニュアル, ハンドブック.

pro·nun·cia·ción [プロヌンシアシオン] 女 1 発音. 2 発音法. 3 (聴衆の前での)演説, 発声. 4 (賛否の)態度の表明, 宣言. 5 〈法律〉宣告, 言い渡し.

pro·nun·cia·do, da [プロヌンシアド, ダ] 《過去分詞》→ pronunciar 発音する.
— 形 1 発音された, 述べられた. 2 目につきやすい, すぐにわかる.

pro·nun·cia·mien·to [プロヌンシアミエント] 男 1 (軍の)反乱, クーデター. 2 〈法律〉宣告, 言い渡し.

pro·nun·ciar [プロヌンシアル] 他 《活 17 cambiar》 1 …を発音する. 2 …を大声で言う[話す]. 3 (判決)を言い渡す, 宣告する. 4 …を識別する, 目立たせる.
— 自 発音する, 発話する.
— **pronunciar·se** 再 1 (賛否について)言明する, 態度を表明する. 2 (軍人が)反乱を起こす, 蜂起(ほうき)する.

pro·pa·ga·ción [プロパガシオン] 女 1 伝播(でんぱ), 普及, 流布. 2 繁殖, 増殖.

pro·pa·ga·dor, do·ra [プロパガドル, ドラ] 形 伝播(でんぱ)の, 普及させる. 2 繁殖させる.
— 男 女 普及者.

pro·pa·gan·da [プロパガンダ] 女 1 宣伝, 広告, コマーシャル. 2 宣伝ビラ, ちらし, ポスター.

pro·pa·gan·dís·ti·co, ca [プロパガンディスティコ, カ] 形 宣伝の, 広告の.

pro·pa·gar [プロパガル] 他《活 47 llegar》1 …を広める, 普及させる, 宣伝する. 2 …を繁殖[増殖]させる.
— **propagarse** 再 1 普及する, 広まる. 2 繁殖[増殖]する.

pro·pa·lar [プロパラル] 他 (秘密)をもらす, 暴露する.

pro·pa·no [プロパノ] 男〈化学〉プロパン.

pro·pa·ro·xí·to·no, na [プロパロクシトノ, ナ] 形〈文法〉(単語が)終りから3番目の音節にアクセントのある.

pro·pa·sar [プロパサル] 他 …の度を越える.
— **propasarse** 再 1 やりすぎる, 度を越す. 2 (男性が)(+con+女性) …に無礼な振る舞いをする.

pro·pen·der [プロペンデル] 自 (+a...) …への傾向がある.

pro·pen·sión [プロペンシオン] 女 (+a...) (…への)傾向, 性癖.

pro·pen·so, sa [プロペンソ, サ] 形 (+a...) …しがちな, …の傾向がある.

pro·pia·men·te [プロピアメンテ] 副 1 まさに, ふさわしく. 2 本来的には, 厳密には.

pro·pi·ciar [プロピシアル] 他《活 17 cambiar》1 …を容易にする, 手助けする. 2 (好意などを)得る.

pro·pi·cia·to·rio, ria [プロピシアトリオ, リア] 形 (神を)なだめるための.

pro·pi·cio, cia [プロピシオ, シア] 形 (+para...) (…に)好都合な, 適した.

pro·pie·dad [プロピエダ] 女 1 所有権. 2 所有物, 所有地. 3 特性, 特質. 4 (意味の)的確さ, 適切さ.
...de propiedad privada 私有の….
...en propiedad 個人が所有する….
propiedad horizontal (マンションなどの)共同保有権.
propiedad industrial 工業所有権.
propiedad intelectual 知的所有権.
propiedad particular 私有財産.
tener la cátedra en propiedad (教員が)正教授である.

pro·pie·ta·rio, ria [プロピエタリオ, リア] 形 1 所有者の, 持ち主の. 2 終身職の. 3 事業主の.
— 男女 1 所有者, 持ち主. 2 地主, 家主. 3 事業主.

pro·pi·na [プロピナ] 女 チップ, 心づけ.
de propina 1 さらに. 2 ただで.

pro·pi·nar [プロピナル] 他 1 (一撃)を与える, 食らわす. 2 (苦痛)を与える.

pro·pio, pia [プロピオ, ピア] 形 1 自分自身の, 当人の, 本人の. 2 (+de ...) 特有の, 独特の. 3 ほかならぬ, 当の. 4 (+名詞) …自身, 自体. 5 本物の, 天然の. 6 (意味などが)本来の, ふさわしい. 7 適切な, 相応の, ふさわしい.
nombre propio 〈文法〉固有名詞.

propón, propondr- 活 → proponer 提案する《61》.

pro·po·ner [プロポネル] 他《活 61 poner》1 …を提案する, 申し出る. 2 (人)を(+para ...) …に推薦する. 3 (解答すべき問題)を出す.
— **proponerse** 再 1 (+不定詞) …する決心をする. 2 (+que+接続法) …するようにもくろむ.

propong- 活 → proponer 提案する《61》.

pro·por·ción [プロポルシオン] 女 1 割合, 比率, 比例. 2 釣り合い, 均整, 調和.
a proporción de que ... …するに従って.
en proporción con ... …に比例して.

pro·por·cio·na·do, da [プロポルシオナド, ダ]《過去分詞》→ proporcionar 供給する.
— 形 1 釣り合った, 均整のとれた. 2 ふさわしい, 相応の.

pro·por·cio·nal [プロポルシオナル] 形 比例の, 比例する.

pro·por·cio·nar [プロポルシオナル] 他 1 …を供給する, 与える. 2 …を(+a ...) …に釣り合わせる. 3 (感情)を(+a ...) …に引き起こさせる.

pro·por·cio·nes [プロポルシオネス] 女複《→ proporción》1 規模, 大きさ. 2 重大さ, 重要さ.

pro·po·si·ción [プロポシシオン] 女 1 提案, 案. 2 推薦. 3 提案, 申し出. 4〈論理学・数学〉命題, 定理. 5〈文法〉節, 文.

pro·pó·si·to [プロポシト] 男 1 意図, 意志. 2 目的, 動機.
a propósito 1 さて, ところで. 2 故意に, わざと. 3 (目的に)かなった, ちょうどよい.
a propósito de ... …に関して(は).
de propósito わざわざ.
fuera de propósito 的はずれの, 場違いの, タイミングの悪い.

pro·pues·ta¹ [プロプエスタ] 女 1 提案, 計画, 案. 2 (人の)紹介, 推薦.
a propuesta de ... …の提案によって.

pro·pues·to, ta² [プロプエスト, -]《過去分詞》→ proponer 提案する.
— 形 1 提案された. 2〈人〉推薦された.

pro·pug·na·ción [プロプグナシオン] 女 支持, 擁護.

pro·pug·nar [プロプグナル] 他 …を支持[擁護]する.

pro·pul·sar [プロプルサル] 他 …を前進させる, 推進[促進]する.

pro·pul·sión [プロプルシオン] 女 推進, 促進.
propulsión a chorro ジェット推進.

pro·pul·sor, so·ra [プロプルソル, ソラ] 形 推進の.
— 男女 推進者.

propus- 活 → proponer 提案する《61》.

pro·rra·ta [プロラタ] 女 1 分け前. 2 分担金.
a prorrateo 案分して, 割り勘で.

pro·rra·te·o [プロラテオ] 男 割り当て.

pró·rro·ga [プロロガ] 女 1 延期, 引き延ばし.

2 〈スポーツ〉延長時間. 3 徴兵猶予(ゆう).

pro·rro·ga·ble [プロロガブレ] 形 延長可能な,猶予(ゆう)できる.

pro·rro·gar [プロロガル] 他《活 47 llegar》…を延長する, 引き延ばす.

pro·rrum·pir [プロルンピル] 自 (+en+声や音) …を突き出す.

pro·sa [プロサ] 女 1 散文, 散文体. 2 むだ話, 無意味な説明. 3 俗っぽい一面.

pro·sai·co, ca [プロサイコ, カ] 形 1 散文(体)の. 2 ありふれた, 夢のない.

pro·sa·ís·mo [プロサイスモ] 男 1 月並, 平凡. 2 〈韻文の〉散文的性格, 凡庸さ.

pro·sa·pia [プロサピア] 女 〈高貴な〉家系, 血筋.

pros·ce·nio [プロスセニオ] 男 〈劇場〉プロセニアム, 前舞台.

pros·cri·bir [プロスクリビル] 他 1 …を国外追放にする. 2 〈慣習など〉を禁止する. 3 …を(+de…) …から排除する.

pros·crip·ción [プロスクリプセオン] 女 1 国外追放. 2 〈慣習などの〉禁止. 3 排除.

pros·cri·to, ta [プロスクリト, タ] 〈過去分詞〉→ proscribir 国外追放にする.
— 形 1 国外追放された. 2 〈慣習などが〉禁止された. 3 排除された.

pro·se·cu·ción [プロセクセオン] 女 継続, 続行.

pro·se·guir [プロセギル] 他《活 76 seguir》〈始めているもの〉を続行[継続]する.
— 自 1 (+con…) …を長く続く. 2 長く続く.

pro·se·li·tis·mo [プロセリティスモ] 男 熱心な勧誘.

pro·se·li·tis·ta [プロセリティスタ] 形《男女同形》勧誘の熱心な.
— 男女 熱心な勧誘者.

pro·sé·li·to [プロセリト] 男 熱心な信奉者.

pro·si·fi·car [プロシフィカル] 他《活 73 sacar》…を散文(体)に書く.

prosig- → proseguir 続行する《活 76》.

pro·sis·ta [プロシスタ] 男女 散文作家.

pro·sís·ti·co, ca [プロシスティコ, カ] 形 散文(調)の.

pro·so·dia [プロソディア] 女 1 〈文法〉音韻論. 2 韻律論.

pro·só·di·co, ca [プロソディコ, カ] 形 1 音韻論の. 2 韻律論の.

pro·so·po·pe·ya [プロソポペヤ] 女 1 〈修辞学〉擬人法. 2 もったい, 仰々しさ.

pros·pec·ción [プロスペクセオン] 女 1 〈鉱業〉試掘, 探鉱. 2 〈商業〉市場調査.

pros·pec·ti·va¹ [プロスペクティバ] 女 未来学.

pros·pec·ti·vo, va² [プロスペクティボ, —] 形 未来のことの.

pros·pec·to [プロスペクト] 男 1 〈薬などに入っている〉説明書き. 2 宣伝ビラ, ちらし.

pros·pe·rar [プロスペラル] 自 1 繁栄する, うまくいく. 2 〈事が〉成功する.

pros·pe·ri·dad [プロスペリダス] 女 1 繁栄, 繁盛(じょう). 2 恵まれた状態, 順調な境遇.

prós·pe·ro, ra [プロスペロ, ラ] 形 1 繁栄している, 順調な. 2 日ごとに豊かになる.

prós·ta·ta [プロスタタ] 女 〈解剖学〉前立腺.

pros·ter·nar·se [プロステルナルセ] 再 (敬意を表して)ひざまずく, 平伏する.

pros·tí·bu·lo [プロスティブロ] 男 売春宿.

pros·ti·tu·ción [プロスティトゥセオン] 女 売春.

pros·ti·tuir [プロスティトゥイル] 他《活 43 huir》 1 …に売春させる. 2 〈人など〉を卑劣なものにする.
— prostituirse 再 1 売春する. 2 身をけがす.

pros·ti·tu·ta [プロスティトゥタ] 女 売春婦, 娼婦(しょう).

pros·ti·tu·to [プロスティトゥト] 男 金で体を売る男, 男娼(しょう).

pro·ta·go·nis·mo [プロタゴニスモ] 男 1 主役の立場. 2 主役願望.

pro·ta·go·nis·ta [プロタゴニスタ] 男女 1 主役, 主人公. 2 中心人物.

pro·ta·go·ni·zar [プロタゴニサル] 他《活 39 gozar》 1 …の主役になる. 2 〈出来事〉の中心になる.

pró·ta·sis [プロタシス] 女《単複同形》〈文法〉条件節.

pro·tec·ción [プロテクセオン] 女 1 防衛, 保護. 2 防護物. 3 保護者.

pro·tec·cio·nis·mo [プロテクセオニスモ] 男 保護貿易主義.

pro·tec·cio·nis·ta [プロテクセオニスタ] 形《男女同形》保護貿易主義の.
— 男女 保護貿易主義者.

pro·tec·tor¹ [プロテクトル] 男 〈スポーツ〉プロテクター, 保護物.

pro·tec·tor², to·ra [—, トラ] 形 保護する.
— 男女 保護者, パトロン.

pro·tec·to·ra·do [プロテクトラド] 男 保護国.

pro·te·ger [プロテヘル] 他《活 19 coger》 1 …を保護する, 庇護(ひご)する. 2 …を支持[支援]する.

pro·te·gi·do, da [プロテヒド, ダ] 〈過去分詞〉→ proteger 保護する.
— 形 保護された, 守られた.
— 男女 1 被保護者. 2 援助されている者.

pro·tei·co, ca [プロテイコ, カ] 形 〈化学〉たん白質の.

pro·te·í·na [プロテイナ] 女 〈化学〉たん白質.

protej- → proteger 保護する《活 19》.

pro·té·si·co, ca [プロテシコ, カ] 形 〈医学〉人工装具の.
— 男女 人工装具製作技師.

pró·te·sis [プロテシス] 女《単複同形》 1 〈医学〉〈義足などの〉人工装具. 2 〈医学〉補綴(ほてつ)術. 3 〈言語学〉語頭音添加.

pro·tes·ta [プロテスタ] 囡 抗議.
pro·tes·tan·te [プロテスタンテ] 形 〈宗教〉新教徒の.
— 男 囡 新教徒, プロテスタント.
pro·tes·tan·tis·mo [プロテスタンティスモ] 男 1 〈キリスト教〉新教, プロテスタンティズム. 2 (集合的に) 新教徒.
pro·tes·tar [プロテスタル] 自 1 抗議する, 異議を申し立てる. 2 (+contra...) …への苦情を述べる.
— 他 〈商業〉(手形)の拒絶証書を作成する.
pro·tes·to [プロテスト] 男 〈商業〉拒絶証書.
pro·tes·tón, to·na [プロテストン, トナ] 形 抗議の多い.
— 男 囡 (なにごとにでも) よく抗議する人.
pro·to·co·la·rio, ria [プロトコらりオ, リア] 形 1 儀礼の, 典礼の. 2 (慣例通りの) 正式な, 儀礼的な.
pro·to·co·lo [プロトコろ] 男 1 〈外交〉儀礼, 典礼. 2 〈外交〉議定書.
jefe de protocolo 儀典長.
pro·to·his·to·ria [プロトイストリア] 囡 〈考古学〉(先史時代と歴史時代の間の) 原史時代.
pro·tón [プロトン] 男 〈物理学〉陽子, プロトン.
pro·to·plas·ma [プロトプらスマ] 男 〈生物学〉原形質.
pro·to·tí·pi·co, ca [プロトティピコ, カ] 形 典型的な.
pro·to·ti·po [プロトティポ] 男 1 原型, プロトタイプ. 2 典型, 亀鑑.
pro·to·zo·o [プロトモオ] 男 原生動物.
pro·trác·til [プロトラクティる] 形 (動物の舌が) 伸縮自在の.
pro·tu·be·ran·cia [プロトゥベランシア] 囡 (丸みのある) 隆起, 突起.
pro·tu·be·ran·te [プロトゥベランテ] 形 (普通より) 突き出た, 隆起している.
pro·ve·cho [プロベチョ] 男 1 もうけ, 利益. 2 成果, よき結果. 3 ためになること, 益(える), 得(お). 4 上達, 向上.
¡Buen provecho! (食事を) お楽しみください!
de provecho (人が) 有益な, 役に立つ.
en provecho de... …に有利なように, …のために.
en provecho propio 自分に都合よく.
sacar provecho de... …を利用する, …から利益を得る.
pro·ve·cho·so, sa [プロベチョソ, サ] 形 1 役に立つ, 有益な. 2 もうかる, 利益の多い.
pro·vec·to, ta [プロベクト, タ] 形 古い, 時を経た.
pro·ve·e·dor, do·ra [プロベエドル, ドラ] 形 供給の, 調達の.
— 男 囡 〈人・企業〉供給者, 調達者.
pro·ve·er [プロベエル] 他 〈活 46 leer〉 1 …に (+de...) …を供給[調達]する. 2 …に (+de...) …を用意[準備]する. 3 …を処理[解決]する. 4 (職場のポスト)を埋める, 占める. 5 〈裁判〉(裁定)を申し渡す, くだす.
— **proveer·se** 再 (+de...) …を入手する, 用意する.
provendr-, proveng- 活 → provenir 由来する 《活 85》.
pro·ve·nien·cia [プロベニエンシア] 囡 由来, 起源.
pro·ve·nien·te [プロベニエンテ] 形 (+de...) …に由来する, …から生ずる, 生まれた.
pro·ve·nir [プロベニル] 自 〈活 85 venir〉 (+de...) …に由来する, …から生ずる, 生まれる.
Pro·ven·za [プロベンさ] 固 〈地方の名〉(南東フランスの) プロバンス.
pro·ven·zal [プロベンさる] 形 プロバンスの.
— 男 囡 (南東フランスの) プロバンスの人.
— 男 プロバンス語.
pro·ver·bial [プロベルビアる] 形 1 ことわざ[諺] の, 格言的な. 2 よく知られた.
pro·ver·bio [プロベルビオ] 男 ことわざ, 格言.
provey- 活 → proveer 供給する 《活 46》.
pro·vi·den·cia [プロビデンシア] 囡 1 (神の) 摂理, 神意. 2 〈法律〉裁定, 判決.
pro·vi·den·cial [プロビデンシアる] 形 1 神の摂理の. 2 〈出来事〉願ってもない, 幸運な.
pro·vi·den·te [プロビデンテ] 形 分別のある, 慎重な.
pró·vi·do, da [プロビド, ダ] 形 恵み深い, 気前よく与える人.
provien- 活 → provenir 由来する 《活 85》.
provin- 活 → provenir 由来する 《活 85》.
pro·vin·cia [プロビンシア] 囡 1 県, 州. 2 〈古代ローマ〉属州. 3 〈宗教〉教会管区.
pro·vin·cial[1] [プロビンシアる] 形 1 県の, 州の. 2 田舎(いなか)の, 地方の.
pro·vin·cial[2]**, cia·la** [—, シアら] 男 囡 〈宗教〉教会管区長.
pro·vin·cia·nis·mo [プロビンシアニスモ] 男 偏狭な郷土愛, 頑固な地方主義.
pro·vin·cia·no, na [プロビンシアノ, ナ] 形 1 県の, 州の. 2 田舎(いなか)っぽい, ださい. 3 頑固な郷土主義の.
pro·vin·cias [プロビンシアス] 囡 複 《→ provincia》(集合的に) いなか町, (首都に対して) 地方.
pro·vi·sión [プロビシオン] 囡 1 たくわえ, 食糧 [= provisiones]. 2 供給, 支給. 3 調達, 準備. 4 手続き, 処理, 解決. 5 (職務などの) 割り当て, 配分. 6 〈裁判〉裁定, 判決.
pro·vi·sio·nal [プロビシオナる] 形 臨時の, 仮の.
pro·vi·so·rio, ria [プロビソリオ, リア] 形 臨時の, 仮の.
pro·vis·to, ta [プロビスト, タ] 《過去分詞》 → proveer 供給する.

pro·vo·ca·ción

— 形 (+de...) …を備えた.
pro·vo·ca·ción [プロボカシオン] 女 1 挑発, 扇動. 2 挑発的行為.
pro·vo·ca·dor, do·ra [プロボカドル, ドラ] 形 挑発的な, 刺激的な, けしかけるような.
— 男 女 挑発者, 扇動者.
pro·vo·car [プロボカル] 他《活 73 sacar》1 …を挑発する, そそのかす. 2 …を怒らせる. 3 …を(性的に)挑発する. 4 …を引き起こす, もたらす.
pro·vo·ca·ti·vo, va [プロボカティボ, バ] 形 挑発的な.
pro·xe·ne·ta [プロクセネタ] 男 女 売春斡旋(ホミ)人, ぽん引き.
pró·xi·ma·men·te [プロクシマメンテ] 副 1 まもなく, やすぐに. 2 ほぼ, だいたい.
pro·xi·mi·dad [プロクシミダッ] 女 1 近さ, 近接. 2 近所, 付近 [= proximidades].
pró·xi·mo, ma [プロクシモ, マ] 形 1 (+a...)(…に)近い, すぐの. 2 今度の, すぐの次の.
— 男 女 つぎのもの.
(*el mes*) *próximo pasado* すぐ前の(先月).
pro·yec·ción [プロイェクシオン] 女 1 発射, 放射. 2 普及, 反響. 3 計画の作成. 4 上映, 映写. 5 投射, 射影. 6《数学》投影(図).
pro·yec·tar [プロイェクタル] 他 1 …を発射[放射]する. 2 …を計画する, もくろむ. 3 …を設計する, 製図する. 4 …を射影[投射]する. 5 …を上映[映写]する. 6 (感情などを)(+en...)…に反映させる. 7《数学》…を投影する.
pro·yec·til [プロイェクティル] 男 発射体, ミサイル.
pro·yec·tis·ta [プロイェクティスタ] 男 女 1 立案者, 計画作成者. 2 設計者.
pro·yec·to [プロイェクト] 男 1 計画, 企画. 2 構想, 案. 3 設計(図). 4 草案, 見積もり.
proyecto de la vida 生活設計.
proyecto de ley 法案.
pro·yec·tor [プロイェクトル] 男 1 映写機. 2 投光器, サーチライト.
pru·den·cia [プルデンシア] 女 1 分別, 思慮. 2 用心, 慎重.
pru·den·cial [プルデンシアル] 形 1 分別のある. 2 用心深い. 3 ほぼばかりの, 手頃な.
pru·den·te [プルデンテ] 形 慎重に行動する, 控えめな.
pru·den·te·men·te [プルデンテメンテ] 副 慎重に, 控えめに.
prueb- 活 → probar 証明する《活 22》.
prue·ba [プルエバ] 女 1 (機能の)テスト, 試験. 2 立証, 証明. 3 証拠, 証拠品. 4 こころみ, ためし. 5 あかし. 6 試用, 試着, 試運転. 7 (学校の)試験, テスト. 8 試練. 9《医学》検査. 10 試食, 試飲. 11 試験見本, 検査材料. 12《スポーツ》競技, 仕合試合, 試技[トライアル]. 13《数学》検算. 14《版画》試し刷り. 15《印刷》校正刷り.
— 活 → probar 証明する.
a prueba 試験的に, ためしに.

a prueba de... …に耐えられる.
a prueba de bombas 最大限に丈夫な.
a toda prueba なににでも耐えられる.
de prueba ためしに.
en prueba de... …のあかし[証拠]として.
poner [*someter*] ... *a prueba* …をためす.
prueba de fuego 最大の試練.
pru·na [プルナ] 女〈果実〉プラム, 西洋すもも.
pru·no [プルノ] 男〈樹木〉プラム, 西洋すもも.
pru·ri·to [プルリト] 男 1《医学》かゆみ. 2 (完成への)強い願望.
pru·sia·no, na [プルシアノ, ナ] 形 (昔のドイツの)プロシア[プロイセン] Prusia の.
— 男 女 プロイセン人.
P. S. [ポスダタ]《略語》(ラテン語の) post scriptum〈手紙〉追伸 [= posdata].
psch [プス] 間 1 (軽蔑的に)ふん! 2 ねえ, 君!
psi·co·a·ná·li·sis [シコアナリシス] 男 精神分析(学).
psi·co·a·na·lis·ta [シコアナリスタ] 男 女 精神分析医.
psi·co·a·na·lí·ti·co, ca [シコアナリティコ, カ] 形 精神分析の.
psi·co·a·na·li·zar [シコアナリサル] 他《活 39 gozar》…を精神分析する.
psi·co·dé·li·co, ca [シコデリコ, カ] 形 幻覚的な, サイケ調の, けばけばしい.
psi·co·lo·gí·a [シコロヒア] 女 1 心理学. 2 心理状態, 心理.
psi·co·ló·gi·co, ca [シコロヒコ, カ] 形 1 精神的な, 心理的な. 2 心理学上の.
psi·có·lo·go, ga [シコロゴ, ガ] 男 女 心理学者.
psi·có·pa·ta [シコパタ] 男 女 精神病質患者.
psi·co·pa·tí·a [シコパティア] 女 精神病質.
psi·co·sis [シコシス] 女《単複同形》精神病.
psi·co·so·má·ti·co, ca [シコソマティコ, カ] 形 心身の, 心身相関の.
psi·co·te·ra·pia [シコテラピア] 女 心理[精神]療法.
psi·que [シケ] 女 魂, 心.
psi·quia·tra [シキアトラ] 男 女 精神科医.
psi·quia·trí·a [シキアトリア] 女 精神医学.
psi·quiá·tri·co¹ [シキアトリコ] 男 精神病院.
psi·quiá·tri·co², ca [—, カ] 形 精神医学の.
psí·qui·co, ca [シキコ, カ] 形 精神の, 心の.
PSOE [ペソエ]《略語》Partido Socialista Obrero Español スペイン社会労働党.
pso·ria·sis [ソリアシス] 女《単複同形》〈皮膚(ミ)病〉乾癬(ミン).
pta., ptas. [ペセタ, 複 ペセタス]《略語》peseta, 複 pesetas (スペインの通貨単位の)ペセタ.
pte·ro·dác·ti·lo [テロダクティロ] 男〈古生物〉翼竜.

活 は活用形　複 は複数形　男 は男性名詞　女 は女性名詞　固 は固有名詞　代 は代名詞　自 は自動詞

pú·a [プア] 囡 **1** とげ, 針. **2** (櫛(<し>)などの)歯. **3** 〈弦楽器〉ピック.

pub [パブ] 圐 居酒屋, パブ.

pú·ber [プベル] 形 思春期の, 年頃の.
— 圐囡 年頃の青年[娘].

pu·ber·tad [プベルタ(ッ)] 囡 思春期, 年頃.

pu·bis [プビス] 圐《単複同形》**1** 恥部. **2** 恥骨.

pu·bli·ca·ble [プブリカブレ] 形 公表できる.

pu·bli·ca·ción [プブリカしオン] 囡 **1** 公表, 発表. **2** 公開, 出版, 発刊. **3** 出版物, 刊行物.

pu·bli·car [プブリカル] 他《活 73 sacar》**1** (情報)を発表する, 公表する. **2** (秘密)を公開する, 公にする. **3** …を出版する, 刊行する.

pu·bli·ci·dad [プブリしダ(ッ)] 囡 **1** 広範な流布, 周知. **2** 広報活動[技術]. **3** 広告, 宣伝.

pu·bli·cis·ta [プブリしスタ] 共 広告代理業者.

pu·bli·ci·ta·rio, ria [プブリしタリオ, リア] 形 広告の, 宣伝の.

pú·bli·co, ca [プブリコ, カ] 形 **1** 周知の, よく知られた. **2** 民衆の, 大衆の. **3** 国の, 公共の, 公務の. **4** (人が)有名になった.
dar al público... …を発表[出版]する.
en público 公然と, 公開の場で.
el gran público 一般大衆.
hacer público... …を公表[公開]する.

pú·bli·cos [プブリコス] 圐 (→ *público*) **1** 民衆, 人々. **2** 観衆, 聴衆. **3** ファン層, 読者層.

publiqu- 活 → *publicar* 広める《活 73》.

pu·che·ra·zo [プチェラそ] 圐 〈選挙〉不正行為.

pu·che·ro [プチェロ] 圐 **1** 鍋(<なべ>). **2** ベそ, 泣き出しそうな顔. **3** 鍋料理, 煮込み.
hacer pucheros 泣きべそをかく.

pud- 活 → *poder* …できる《活 60》.

pu·den·do, da [プデンド, ダ] 形 恥ずかしい.

pu·di·bun·dez [プディブンデす] 囡 (性にかかわる)恥ずかしさ.

pu·di·bun·do, da [プディブンド, ダ] 形 はにかんだ, 変に恥ずかしがる.

pú·di·co, ca [プディコ, カ] 形 (性にかかわる)恥を知っている, つつましい.

pu·dien·te [プディエンテ] 形 裕富な, 資産家の.
— 圐囡 〈人〉お金持ち, 資産家.

pudier- 活 → *poder* …できる《活 60》.

pu·dín [プディン] 圐 〈菓子・料理〉プディング.

pu·dor [プドル] 圐 **1** (性にかかわる)恥じらい, 羞恥(<しゅうち>). **2** 慎み, 節度.

pu·do·ro·so, sa [プドロソ, サ] 形 **1** はにかみ屋の. **2** 慎みのある.

pu·dri·de·ro [プドリデロ] 圐 (埋葬前の)遺体安置所.

pu·drir [プドリル] 他 **1** …をくさらせる, 腐敗させる. **2** …を堕落させる. **3** …を不愉快にさせる, いらだたせる.
— *pudrirse* 再 **1** くさる, 腐敗する. **2** いらいらする.

¡Ojalá [Así] te pudras! くたばってしまえ!

puebl- → *poblar* 住まわせる《活 22》.

pue·ble·ci·to [プエブレしト] 圐 小さな村, 寒村.

pue·ble·ri·no, na [プエブれリノ, ナ] 形 **1** 片田舎(<いなか>)の, 村の. **2** 田舎者の, 山だしの.

pue·blo [プエブロ] 圐 **1** 町, 田舎(<いなか>)町. **2** 村. **3** 国民, 人民. **4** 民族. **5** (独立した)国. **6** 大衆, 民衆, 庶民.

pued- → *poder* …できる《活 60》.

puen·te [プエンテ] 圐 **1** 橋. **2** (飛石連休の間の平日を休みにする)つなぎの休日. **3** 〈歯科〉ブリッジ. **4** 〈船舶〉船橋, ブリッジ, 甲板, デッキ. **5** 〈眼鏡(<めがね>)〉ブリッジ. **6** 〈弦楽器〉柱(<じ>), 駒(<こま>). **7** 〈電気〉ショート, 短絡. **8** 〈レスリングなどの〉ブリッジ. **9** (離れたものに連絡をとる)つなぎ役, 橋渡し, 仲立ち.
día puente (飛石連休の)間の平日.
hacer puente (飛石連休の)間の平日を休みにする.
puente aéreo **1** 〈航空便〉シャトル便. **2** 〈飛行場〉シャトル便ゲート.
puente colgante つり橋.
puente giratorio 旋開橋(<せんかいきょう>).
puente levadizo はね橋.
tender un puente a... …に橋渡しをする.

puen·te·ar [プエンテアル] 他 **1** 〈電気〉…をショートさせる, 短絡する. **2** (上層部に接するために)(直接の上司)を飛び越える.

puer·co, ca [プエルコ, カ] 形 **1** きたない, 不潔な. **2** やり方のきたない, 卑劣な.
— 圐囡 **1** 〈動物〉ブタ[豚]. **2** 不潔な人間. **3** 卑劣な人間.
puerco espín [espino] 〈動物〉ヤマアラシ.

pue·ri·cul·tor, to·ra [プエリるトル, トラ] 圐囡 育児専門家.

pue·ri·cul·tu·ra [プエリクるトゥラ] 囡 育児学.

pue·ril [プエリる] 形 **1** 子供の, 子供っぽい. **2** たわいない, 小さな.

pue·ri·li·dad [プエリリダ(ッ)] 囡 **1** 子供らしさ. **2** たわごと, 瑣事(<さじ>).

pue·rro [プエロ] 圐 〈野菜〉セイヨウネギ, リーキ.

puer·ta [プエルタ] 囡 **1** 出入り口, 戸口. **2** 門, 入口. **3** ドア, 戸, 扉. **4** (中世都市の)市門, 城門. **5** 関門, 門戸, (…への)道. **6** (サッカーなどの)ゴール.
abrir la puerta a... …を容易にする.
a las puertas de... …のすぐそばに, 間際(<まぎわ>)に.
a puerta cerrada こっそりと, 内輪で.
coche de dos puertas ツードアの車.
coger [tomar] la puerta さっさと出ていく.
dar a... *con la puerta en las narices* ...を門前払いする.
de puerta a puerta (運送サービスで)戸口から戸口へ.

Puer·ta del Sol

de puertas adentro 私生活では, 私的に.
de puertas afuera 公然と, 公衆の面前で.
estar [quedar] en puertas 1 すぐ近くに来ている. 2 (+de+不定詞)もう少しで…できる.
ir de puerta en puerta 戸別訪問する.
la puerta de la fama 名声に続く道.
llamar a la puerta (訪問者が)ドアをたたく, 呼び鈴を鳴らす.
por la puerta grande 勝ち誇って, 堂々と.
puerta corredera 引き戸.
puerta de servicio 通用門, 従業員出入り口.
puerta escusada [excusada] 隠し戸.
puerta giratoria 回転ドア.
puerta trasera 裏口.
vivir puerta con puerta (二人が)すぐ近くに住んでいる.

Puer·ta del Sol [プエルタ デル ソル] 固 〈広場〉(マドリードの都心の)プエルタデルソル.

puer·to [プエルト] 男 1 港. 2 港町, 港市(し̇). 3 港湾地区, 波止場. 4 峠. 5 峠の頂(い̇̇̇). 6 避難所. 7 庇護者(しゃ).
llegar a buen puerto (困難を経て)目的を達成する.
puerto deportivo (ヨットなどの)ハーバー.
puerto fluvial [marítimo] 河港 [海港].
puerto franco 自由港, 自由貿易港.

Puer·to Ri·co [プエルト リコ] 固 〈島の名〉(西インド諸島にある米国の自由連合州の)プエルトリコ.

puer·to·rri·que·ño, ña [プエルトリケニョ, ニャ] 形 (カリブ海の)プエルトリコ Puerto Rico の.
— 男女 プエルトリコ人.

pues [プエス] 接 〈アクセントなし〉1 〈理由〉…だから, というのも／No se veía nada bien, *pues* se había hecho de noche. 夜になっていたので何もよく見えなかった.
2 〈結果〉そうならば, それなら／Tú no sabes nada, *pues* cállate. 君は何も知らないのだから, 黙っていろ.
3 〈強調〉(文頭で) …なのだ／*Pues* claro. もちろんそうだ.
4 〈条件〉…ということなら／*Pues* no te lo han pedido, no te preocupes. 君は(それを)頼まれていないのなら, 心配することないよ.
así pues だから, それで.
¿Pues? なぜ?
¡Pues qué! だからそうなんだ!
pues bien 1 さて, ところで. 2 わかった, よろしい.
pues que... …なので, なぜなら….

pues·ta[^1] [プエスタ] 女 1 (ある状態に)置くこと, すえ付け, 設置. 2 用意, 支度(た̇̇). 3 (天体の)沈み込み. 4 〈鳥〉産卵. 5 (産んだ)卵. 6 賭金(か̇̇).
puesta a punto (機械装置の)調整.
puesta de largo (娘の社交界への)デビュー式.
puesta del sol 日没.
puesta en escena (脚本などの)上演, 上映.
puesta en marcha 〈自動車〉スターター.
puesta en servicio 業務開始.

pues·to[^1] [プエスト] 男 1 (占めている)場所, 位置, 席. 2 持ち場, 部署. 3 売店, スタンド, 露店. 4 職, 仕事. 5 地位, ポスト. 6 (警備隊などの)駐屯地.

pues·to[^2], **ta**[^2] 〈過去分詞〉→ poner 置く.
— 形 1 置かれた, 設けられた. 2 着ている, 身につけている.
bien puesto con... …を着て身なりよく.
estar puesto en (+学科など) …の知識が豊富である.
puesto que... 接 1 (文頭で) …であるからには. 2 (主文のあとで)というのも ….
tener... puesto …を着ている.

puf [プフ] 男 〈椅子〉スツール.
— 間 やれやれ!, ふうっ!

pu·fo [プフォ] 男 ごまかし.
meter pufo a... …をだます.

pú·gil [プヒル] 男 1 〈古代ローマ〉拳闘(け̇̇)士. 2 〈スポーツ〉ボクサー.

pu·gi·la·to [プヒラト] 男 1 激論の応酬. 2 格闘.

pug·na [プグナ] 女 1 対立, 敵対. 2 抗争, けんか.

pug·nar [プグナル] 自 1 争う, 闘う. 2 (+por+不定詞) …しようと必死になる.

pu·ja [プハ] 女 1 〈競売〉せり合い. 2 (+por...) …を求める)苦闘.

pu·jan·te [プハンテ] 形 活力のある, 強壮な.

pu·jan·za [プハンサ] 女 精力, 活力.

pu·jar [プハル] 自 1 (+por+不定詞) …しようと必死になる. 2 〈競売〉せり合う.

pu·jos [プホス] 男複 1 〈医学〉しぶり腹. 2 (押えがたい)欲求. 3 (+de...) …気取り.

pul·cri·tud [プルクリトゥ] 女 1 清潔さ, こぎれいさ. 2 丹精, 入念.

pul·cro, cra [プルクロ, クラ] 形 1 こざっぱりした, 清潔な. 2 丹念な.

pul·ga [プルガ] 女 1 〈昆虫〉ノミ[蚤]. 2 (丸パンの)ボカディジョ.
buscar las pulgas a... を挑発する, 困らせる.
sacudir·se las pulgas 仕事[責任]を回避する.
tener malas pulgas 性格が悪い, 気難しい.

pul·ga·da [プルガダ] 女 〈長さの単位〉(親指幅の約 2.5 センチの)インチ.

pul·gar [プルガル] 男 親指.

pul·gón [プルゴン] 男 〈昆虫〉アブラムシ.

pul·go·so, sa [プルゴソ, サ] 形 ノミだらけの.

pul·gui·llas [プルギジャス] 男女 《単複同形》 怒りっぽい人, かんしゃく持ち.

pu·li·do[^1] [プリド] 男 研磨, つや出し.

pu·li·do[^2], **da** [—, ダ] 〈過去分詞〉→ pulir

活 は活用形　複 は複数形　男 は男性名詞　女 は女性名詞　固 は固有名詞　代 は代名詞　自 は自動詞

磨く.
— 形 1 すべすべした, 光沢のある. 2 上品な, 洗練された. 3 完成された, 仕上がりのいい.

pu·li·men·tar [プリメンタル] 他 …を磨く, …のつやを出す.

pu·li·men·to [プリメント] 男 研磨, つや出し.

pu·lir [プリル] 他 1 …を磨く, …のつやを出す. 2 …に磨きをかける. 3 …を(教育して)洗練させる. 4 …を(+a+人) …から奪い取る. 5 …を浪費する.
— *pulir·se* 再 1 あか抜けする. 2 …を浪費する.

pu·lla [プジャ] 女 あざけり.
tirar [*lanzar*] *pullas a*... …に当てこすりを言う.

pul·món [プルモン] 男 肺, 肺臓.
pulmón artificial [*de acero*] (人工呼吸用の)鉄の肺.
pulmón del equipo (チームの)立役者.

pul·mo·na·dos [プルモナドス] 男複 《分類》(軟体動物のカタツムリなどの)有肺類.

pul·mo·nar [プルモナル] 形 肺の.

pul·mo·nes [プルモネス] 男複 《→ pulmón》1 声量. 2 《スポーツ》持久力.

pul·mo·ní·a [プルモニア] 女 《医学》肺炎.

pul·pa [プルパ] 女 1《果物》果肉. 2《木材》パルプ. 3《植物》髄(ずい).

pul·pe·jo [プルペホ] 男 (耳たぶや指の腹の)肉質部分.

pul·pe·rí·a [プルペリア] 女 食料雑貨店.

púl·pi·to [プルピト] 男 《教会》説教壇.

pul·po [プルポ] 男 1《動物》タコ[蛸]. 2(荷物を固定するための)伸縮ロープ. 3(女性の体を)よくさわる男.

pul·que [プルケ] 男 (竜舌蘭から作る酒の)プルケ.

pul·qué·rri·mo, ma [プルケリモ, マ] 形 《絶対最上級語》← pulcro, cra》とても清潔な.

pul·sa·ción [プルサシオン] 女 1 (指先での)タッチ. 2 脈拍.

pul·sa·dor [プルサドル] 男 ブザー, 押しボタン.

pul·sar [プルサル] 他 1 (押しボタンなど)を押す. 2 (弦や鍵盤の楽器)を鳴らす. 3 (意見など)を打診する.

púl·sar [プルサル] 男 (自転する)中性子星, パルサー.

pul·se·ra [プルセラ] 女 1 ブレスレット, 腕輪. 2 《腕時計》バンド.
reloj de pulsera 腕時計.

pul·so [プルソ] 男 1 脈拍, 脈. 2 (脈を取る部分の)手首. 3 手先の器用さ. 4 慎重さ, 細心さ. 5 (二者間の)拮抗(きっこう).
a pulso 1 腕に力を込めて. 2 自力で.
echar un pulso (*con*...) (…と)腕相撲(うでずもう)をする.
pulso irregular [*arrítmico*] 不整脈.
pulso sentado [*normal*] 整脈.
tomar el pulso 1 (+a...) …の脈を取る. 2

(+*de*...) …の様子を打診する.

pu·lu·lar [プルラル] 自 群がる, はびこる.

pul·ve·ri·za·ción [プルベリサシオン] 女 1 粉砕, 粉末化. 2 霧状にすること. 3 (敵などの)粉砕.

pul·ve·ri·za·dor [プルベリサドル] 男 噴霧器, スプレー.

pul·ve·ri·zar [プルベリサル] 他《活 39 gozar》1 …を粉[粉末]にする. 2 …を噴霧器でぬらす. 3 (敵など)を粉砕する, 撃破する.
— *pulverizar·se* 再 1 粉末になる. 2 霧状になる.

pum [プン] 間 (擬声音の)バン！, ガン！
...*ni pum* (否定表現で)全然(…ない).

pu·ma [プマ] 男 《動物》ピューマ.

pu·na [プナ] 女 (アンデスの高山植生の)プナ.

pun·ción [プンセオン] 女 《医学》穿刺(せんし).

pun·do·nor [プンドノル] 男 自尊心, 矜持(きょうじ), プライド.

pu·ni·ble [プニブレ] 形 罰を受けるべき.

pu·ni·ción [プニシオン] 女 処罰.

pú·ni·co, ca [プニコ, カ] 形 (北アフリカの古代の)カルタゴ Cartago の.
— 男 古代カルタゴ人.
Guerras Púnicas (紀元前に3回続いたローマとカルタゴの)ポエニ戦争.

pu·ni·ti·vo, va [プニティボ, バ] 形 罰の, 処罰の.

punk [パンク] 男 《音楽》パンク.

pun·ta [プンタ] 女 1 (とがった)先, 先端. 2 剣先, 矢尻. 3 少量, 少し. 4 (小さい)釘(くぎ). 5 (攻撃の)尖兵(せんぺい).
acabar [*terminar*] *en punta* 不意に終る.
a punta de lanza 厳格に.
a punta (*de*) *pala* 大量に.
de punta まっすぐな, つっ立った.
de punta a punta 初めから終りまで, はしからしまで.
de punta en blanco 着飾って.
en la otra punta ずっと先に.
estar de punta (二者が)仲たがいしている.
por la otra punta 正反対に.
sacar punta a... 1 …をとがらせる. 2 …を悪意にとる.
tener (＋言いたいこと) *en la punta de la lengua* …が口に出かかっている.

pun·ta·da [プンタダ] 女 1 (針の)ひと縫い, ひと目. 2 縫い目の間隔. 3 縫い目の糸. 4 刺すような痛み.
tirar una puntada [*puntadas*] *a*... …に当てこすりを言う.

pun·tal [プンタル] 男 1 つっかい棒, 支柱. 2 支え, よりどころ.

pun·ta·pié [プンタピエ] 男 (足の)ひとけり.
a puntapiés 手荒に.

pun·tas [プンタス] 女複 《→ punta》《バレー》トーシューズ.

pun·ta·zo [プンタそ] 男 1 刺し傷. 2 (牛の角で

…の)突き傷. 3 憎まれ口.

pun·te·ar [プンテアル] 他 1 〈絵画〉…を点描する. 2 …に点[印]をつける. 3 〈弦楽器〉をつま弾く. 4 …を検算[点検]する.

pun·te·o [プンテオ] 男 1 点描画. 2 (ギターなどの)つま弾き. 3 検算, 点検.

pun·te·ra[1] [プンテラ] 女 (靴などの)つま先.

pun·te·rí·a [プンテリア] 女 1 ねらい, 照準. 2 射撃の腕.

pun·te·ro[1] [プンテロ] 男 (黒板や地図の問題点を指す)棒.

pun·te·ro[2], **ra**[2] 形 先進の, ずば抜けた.

pun·tia·gu·do, da [プンティアグド, ダ] 形 先のとがった.

pun·ti·lla [プンティジャ] 女 1〈服飾〉レースの縁飾り. 2 (家畜を解体する短剣の)プンティジャ.

 dar la puntilla a……の息の根を止める, …にとどめを刺す.

 de puntillas つま先立ちで.

pun·ti·llo·so, sa [プンティジョソ, サ] 形 1 怒りっぽい. 2 口やかましい, 神経質な.

pun·to [プント] 男 1 点, (点の)印. 2 縫い目, ステッチ, 編み目. 3〈衣類〉ほつれ, 伝線, 穴. 4〈編み物〉ニット. 5 ペン先. 6〈トランプ〉札の点数. 7〈さいころ〉目. 8〈成績評価〉点数. 9 地点, 場所. 10 時点, 時機. 11 事柄, 問題点, 論点, 項目. 12 指圧点, 状況, 事態. 13〈正書法〉終止符, 句点, ピリオド. 19 (適切な言動を指す)ポイント. 20 ほろ酔い. 21 刺すような痛み.

 al punto すぐに, 即座に.

 a punto 1 定刻に, ぴったり. 2 用意ができて.

 a punto de caramelo 完全にととのえて.

 de todo punto 残らず, 完全に.

 dos puntos (：の記号の)コロン.

 …en punto〈時刻〉ちょうど….

 (estar) a punto de (+不定詞) まさに…しようとしている.

 estar en su punto ちょうどできあがっている.

 ganar [perder] puntos 名声を得る[失う].

 hacer punto 編み物をする.

 hasta cierto punto ある程度まで.

 labores de punto ニット製品, 編み物.

 no perder punto 慎重に事に当たる.

 poner los puntos sobre las íes (不明な点を)はっきりさせる, 明確にする.

 punto cardinal (東西南北の)方位.

 punto de apoyo (てこなどの)支点.

 punto débil [flaco] 弱点, 短所.

 punto de congelación 凝固点, 氷点.

 punto de mira 〈銃砲〉照準点.

 punto de nieve〈温度〉(卵の白身の)凝固点.

 punto de partida 出発点.

 punto de referencia 重要な情報.

 punto de vista 観点, 視点.

 ¡Punto en boca! だれも言うな!

 punto filipino 卑劣な人間.

 punto final 終止符, 終り.

 punto fuerte 美点, 長所.

 punto menos que (+形容詞) ほとんど….

 punto muerto 1〈ギア〉ニュートラル. 2 (物事の)行き詰まり, 中断.

 punto negro 1 (不都合な)問題点. 2〈交通〉難所, 渋滞地点. 3〈皮膚〉汚れた毛穴.

 punto por punto 詳細に, 細大(さいだい)もらさず.

 puntos suspensivos (…や…の)省略記号, 三点リーダー.

 punto y aparte 改行, 行変え.

 punto y coma (；の記号の)セミコロン.

 punto y seguido (ピリオドの次の文に付記する指示の)改行なし.

pun·tua·ción [プントゥアシオン] 女 1 句読(くとう)点をつけること. 2〈成績〉点数評価.

pun·tual [プントゥアル] 形 1 (到着の)時間を守る, 時間通りの. 2 時間厳守の. 3 正確な, 精確な, 詳細な. 4 一点だけの, 一面に限った.

 ─ 副 時間通りに.

pun·tua·li·dad [プントゥアリダッ] 女 時間を守ること.

 puntualidad inglesa 時間厳守.

pun·tua·li·za·ción [プントゥアリさシオン] 女 適切な説明[解明].

pun·tua·li·zar [プントゥアリさル] 他《活 39 gozar》1 …を詳述する, 解明・説明する. 2 (発言などに)適切な説明を加える, コメントを加える.

pun·tual·men·te [プントゥアるメンテ] 副 1 時間通りに. 2 詳細に. 3 時によって.

pun·tuar [プントゥアル] 他《活 1 actuar》1 …に句読(くとう)点をつける. 2 …を点数評価する.

 ─ 自 1 点数評価をする. 2 得点する. 3 (試合などが)得点[成績]の対象となる.

pun·za·da [プンさダ] 女 (一過性の)鋭い痛み.

pun·zan·te [プンさンテ] 形 1 とがった. 2 刺すような. 3 痛烈な, 辛辣(しんらつ)な.

pun·zar [プンさル] 他《活 39 gozar》…を刺す, 傷つける.

 ─ 自 (とがった物が)刺さることがある, 刺さる.

pun·zón [プンそン] 男 (金属彫刻の)たがね.

pu·ña·do [プニャド] 男 1〈量〉ひと握り. 2 (多いはずのものの)少量, 少し.

pu·ñal [プニャる] 男 短剣, 短刀.

pu·ña·la·da [プニャらダ] 女 1 (短刀での)刺し傷. 2 (突然の)不幸, 痛手.

 coser a… a puñaladas …をめった突きにする.

 puñalada trapera だまし打ち.

pu·ñe·ta [プニェタ] 女 1 厄介なもの[こと]. 2 つまらないもの[こと].

 hacer la puñeta a… …をうんざりさせる.

 ir·se a hacer puñetas (事業などが)失敗に終る.

活 は活用形 複 は複数形 男 は男性名詞 女 は女性名詞 固 は固有名詞 代 は代名詞 自 は自動詞

mandar a hacer puñetas a... ...と冷たく別れる.

¡Puñeta(s)! おやまあ!, ちくしょう!

pu・ñe・ta・zo [プニェタソ] 男 げんこつの一撃, パンチ.

dar・se (de) puñetazos なぐり合う.

pu・ñe・te・ro, ra [プニェテロ, ラ] 形 1 難しい, 込み入った. 2 いまいましい, いやな. 3 悪意のある.
— 男女 1 いまいましい奴[こと]. 2 卑劣な人間.

pu・ño [プニョ] 男 1 げんこつ, 握りこぶし. 2 袖口(そでぐち). 3 握り, 取っ手.

comer・se los puños (子供が握りこぶしを口元にもってきて)空腹の仕草をする.

como un puño 1 こぶし大の. 2 (空間が)狭苦しい.

de puño y letra de... ...の自筆の, ...の直筆で.

por sus puños 自力で, 独力で.

tener... en un puño ...を思い通りに扱う.

(verdades) como puños まったくの(真実).

pu・pa [プパ] 女 1 (唇の回りにできる)熱の花. 2 〈幼児語〉(体の)痛み. 3 〈昆虫〉蛹(さなぎ).

hacer・se pupa (子供が)痛い痛いになる.

ser un pupas (人が)とても運が悪い.

pu・pi・la¹ [プピラ] 女 〈眼球〉瞳(ひとみ), 瞳孔(どうこう).

pu・pi・la・je [プピラヘ] 男 (契約での)駐車.

pu・pi・lo, la² [プピロ, ―] 男女 1 (後見人から見た)孤児. 2 (教師から見た)生徒, 教え子. 3 (トレーナーから見た)運動選手.

pu・pi・tre [プピトレ] 男 〈学校〉勉強机.

Pu・ra [プラ] 固 〈女性の名〉(Purificación の愛称の)プラ.

pu・ra・men・te [プラメンテ] 副 1 純粋に, 混じり気なしに. 2 単に, ただ....

pu・ra・san・gre [プラサングレ] 形 サラブレッドの.
— 男 〈馬〉サラブレッド.

pu・ré [プレ] 男 〈料理〉ピューレ.

estar hecho puré (人が)くたくたになっている.

pu・re・za [プレサ] 女 1 純粋, 混じり気のなさ. 2 欠点のなさ. 3 純潔, 処女性. 4 うぶ[初心].

pureza de sangre (先祖にキリスト教徒しかいない)血の純潔.

pur・ga [プルガ] 女 1 〈薬〉下剤. 2 〈病気〉下痢. 3 汚物の清掃[排除]. 4 〈政治〉追放, 粛清, パージ.

pur・ga・ción [プルガシオン] 女 1 便通. 2 淋病(りんびょう)[= purgaciones].

pur・gan・te [プルガンテ] 男 〈薬〉下剤.

pur・gar [プルガル] 他 活 47 llegar〉1 ...を浄化する, 掃除する. 2 (罰)を受ける. 3 (人)に下剤をかける.
— *purgar・se* 再 下剤を飲む.

pur・ga・to・rio [プルガトリオ] 男 1 〈宗教〉煉獄(れんごく). 2 苦しみの場所. 3 苦しみ, 苦難.

Pu・ri [プリ] 固 〈女性の名〉(Purificación の愛称の)プリ.

pu・ri・dad [プリダス] 女 清らかさ.

en puridad 平明に.

pu・ri・fi・ca・ción [プリフィカシオン] 女 浄化, 純化.

Pu・ri・fi・ca・ción [プリフィカシオン] 固 1 〈宗教〉(2月2日の)聖母マリアの清めの祝日. 2 〈女性の名〉プリフィカシオン.

pu・ri・fi・car [プリフィカル] 他 活 73 sacar〉...を純化[浄化]する.
— *purificar・se* 再 純粋になる, 清浄になる.

Pu・rí・si・ma [プリシマ] 固 〈宗教〉(12月8日がお祭りの)聖母マリアの無原罪の御宿り.

pu・ris・mo [プリスモ] 男 (国語などの)純粋主義.

pu・ris・ta [プリスタ] 形 《男女同形》純粋主義の.
— 男女 純粋主義者.

pu・ri・ta・nis・mo [プリタニスモ] 男 〈宗教〉清教徒精神.

pu・ri・ta・no, na [プリタノ, ナ] 形 〈宗教〉清教徒の.
— 男女 清教徒, ピューリタン.

pu・ro¹ [プロ] 男 1 〈タバコ〉葉巻き. 2 罰則.

pu・ro, ra [―, ―] 形 1 純粋な, 混じり気なしの. 2 欠点のない. 3 生粋(きっすい)の, 純然たる. 4 単なる, 明らかな. 5 純潔な, 清純な.

púr・pu・ra [プルプラ] 形 《男女同形》赤紫色の.
— 男 赤紫色.

pur・pú・re・o, a [プルプレオ, ア] 形 赤紫色の.

pur・pu・ri・na [プルプリナ] 女 (赤色染料の)プルプリン.

pu・rru・sal・da [プルサルダ] 女 《料理》(バスク地方の, リーキなどの煮込みの)プルサルダ.

pu・ru・len・to, ta [プルレント, タ] 形 化膿(かのう)した.

pus [プス] 男 〈医学〉膿(うみ).

pus- 活 → poner 置く 活 61〉.

pu・si・lá・ni・me [プシラニメ] 形 小心な, 臆病な.
— 男女 〈人〉いくじなし.

pu・si・la・ni・mi・dad [プシラニミダス] 女 小心, 臆病.

pús・tu・la [プストゥラ] 女 〈医学〉膿疱(のうほう).

pu・ta¹ [プタ] 女 《→ puto²》売春婦, 娼婦(しょうふ).

¡Hijo de puta! この野郎!

pu・ta・da [プタダ] 女 1 いやがらせ. 2 厄介事, 面倒.

pu・ta・ñe・ro [プタニェロ] 形 〈男〉売春婦をよく買う.

pu・ta・ti・vo, va [プタティボ, バ] 形 (父と子が父子だと)推定される, 推定上の.

pu・te・ar [プテアル] 他 ...をうんざりさせる, 不快にする.

pu・te・ro [プテロ] 形 〈男〉売春婦をよく買う.

pu·ti·club [プティクるブ] 男 売春宿.
pu·to¹ [プト] 男 〈男〉 ホモ, 男娼(だんしょう).
pu·to², ta² 形 難しい, 厄介な.
pu·tre·fac·ción [プトレふぁクしオン] 女 腐敗(物).
pu·tre·fac·to, ta [プトレふぁクト, タ] 形 くさった, 腐敗した.
pú·tri·do, da [プトリド, ダ] 形 くさった.

pu·ya [プヤ] 女 1 (家畜用の突き棒の)鋼鉄の先端. 2 当てこすり, 皮肉.
pu·ya·zo [プヤそ] 男 (鋼鉄の先端のついた突き棒での)突き傷.
puzz·le [プすれ] 男 パズル.
PVP [ペウベペ] 男 《略語》Precio de Venta al Público(スペインの)小売価格.

Q q

Q, q [ク] 囡《アルファベットの第18番の文字》ク.

Q. B. S. M. [ケベサスマノ] 《略語》que besa su mano(文語調の書簡の結語で)敬具[←貴殿の御手に接物する者].

q. e. p. d. [ケエンパスデスカンセ] 《略語》que en paz descanse 安らかに眠れ[→故…].

quark [クワルク] 男〈物理学〉(素粒子の)クォーク.

quá·sar [クワサル] 男〈天文学〉(準星の)クエーサー.

que [ケ] 腰《アクセントなし》**1**〈従属文を名詞的に導く接続詞〉①(+直説法)Creo *que* Pedro lo sabe. ペドロはそれを知っていると思う. Es cierto *que* Pedro lo sabe. ペドロがそれを知っているのは確かだ. ②(+接続法)No creo *que* Pedro lo sepa. ペドロがそれを知っているとは思わない. Quiero *que* Pedro lo sepa. ペドロにそれを知ってほしい. Es bueno *que* Pedro lo sepa. ペドロがそれを知っているのは良いことだ.
2〈文頭に置く用法〉(+直説法)①〈確認〉¿*Que* lo dices tú? 君がそう言うということか. ②〈強調で〉¡*Que* está allí! あそこにいるって! ¡*Que* sí! もちろん賛成! ¡*Que* no! もちろん違う!
3〈文頭に置く用法〉(+接続法)①〈間接命令〉¡*Que* Pedro venga pronto! ペドロにすぐに来させなさい! ②〈命令の強調〉¡*Que* vengas pronto! 早く来いと言うのに! ③〈願望〉¡*Que* Pedro venga pronto! ペドロが早く来ればいいのに! ¡*Que* esté usted muy bien! お元気でお過ごしください! ④〈譲歩〉*Que* vaya María, el resultado será el mismo. マリアが行ってもマリアが来ても, 結果は同じだろう. ⑤〈限定〉*que* yo sepa 私の知る限りでは.
4〈いろいろな意味の接続詞〉① …だから／Hoy no salgo, *que* llueve. 今日は雨降りだから出かけない. ②(+接続法) …するために／Cierra la puerta, *que* no entre nadie. だれも入ってこないように戸を閉めなさい. ③ …そして～／Tiemblo porque tengo frío, *que* no miedo. こわいからでなくて寒いからふるえているんだ. ④ …さもないと～／Cállate, *que* te pego. だまれ, さもなくなぐるぞ. ⑤ …なので～／Hablaste tan bajito *que* no te entendimos nada. 君はとても小さな声で話したから何もわからなかった.
5〈比較の相手を導く用法〉① …よりも～／Carmen come más *que* yo. カルメンは私よりよく食べる. ② …と(くらべて) ～／Tengo la misma opinión *que* tú. 私は君と同意見だ.
6〈行為を強調する用法〉(直説法現在の3人称形で) …してばかりいる／Estuvimos toda la noche bebe *que* bebe. 私たちはひと晩中飲みに飲んだ.

— 代《人や事物の先行詞を受ける関係代名詞》
1〈制限的用法〉(+直説法) …である～／La señora *que* te saludó es mi madre. 君にあいさつした婦人は私の母です. la muchacha *que* ayer 私が昨日会った女の子. el día *que* la vi 私が彼女に会った日.
2〈制限的用法〉(+接続法)(先行詞の指すものが不明で) …であるような～／Usted puede tomar la bebida *que* más le guste. 一番お好きな飲み物をお取りください.
3〈説明的用法〉(+直説法) …だが～／Pedro, *que* es español, habla muy bien el japonés. ペドロはスペイン人だが, 日本語をとても上手に話す.
4〈前置詞を伴う用法〉《先行詞は人以外》《前置詞は para, por, si 以外》el libro con *que* estudié 私が勉強した本, el problema de *que* hablamos ayer 昨日話し合った問題, la casa en *que* nací 私が生まれた家.
5(+不定詞) …するべき／cosas *que* hacer すること. No tengo nada *que* hacer. 私は何もすることがない. Le dieron de comer. 彼は食べ物をもらった.
6〈定冠詞 el, la, los, las+の用法〉《先行詞の性数に従って定冠詞が決まる》①(先行詞のある場合)Compré un libro, *el que* me gustó mucho. 私は一冊の本を買ったが, それはとても気に入った. el libro a *la que* te referiste 君が話していた本. ②(先行詞がない独立用法)*El que* no entra a nadar, no se ahoga en la mar. 泳ぎに入らない人は海でおぼれない. *Los que* quieran verla, levanten la mano. それを見たい人は手を上げなさい.
7〈定冠詞 lo+の用法〉①(前文を受けて)そのこと／Hablé con ella, *lo que* no creía nadie. 私は彼女と話したのだが, だれもそれを信じなかった. ②(独立用法で) …のこと／No entiendo *lo que* me dices. 君の言うことがわからない. ③(lo+形容詞・副詞+que…) どんなに …か／Todo el mundo sabe *lo* bien *que* baila ella. 彼女のりがどんなにうまいか, だれも知っている. ④(接続

囮 は他動詞 囲 は再帰動詞 形 は形容詞 副 は副詞 前 は前置詞 腰 は接続詞 間 は間投詞

qué

法の動詞+lo que+おなじ動詞)sea *lo que* sea いずれにせよ, pase *lo que* pase なにが起ころうと. ***A que*** (+直説法)絶対に…だ. ***¿A que***(+直説法)?たしかに…だろう. ***¿A que sí?*** そうなんだね! ***¡Claro que sí!*** もちろんそうだよ! ***el que*** (+直説法)…ということ. ***el que más y el que menos*** だれでも, 皆. ***Es que*** (+直説法)…ということなんです, 実は…なんです.

qué [ケ] 代《疑問代名詞》なに, どんなもの[こと]/*¿Qué* quieres? なにがほしいの?
— 形《疑問形容詞》どんな/*¿Qué* hora es? なんですか?
— 間 なんと…/*¡Qué* guapa estás! 今日はなんてきれいなの!/*¡Qué* cansado estoy! ああ, なんて疲れたんだろう?!
el que dirán ひとのうわさ.
no sé qué… なんとかいう….
por qué… なぜ….
qué de… とても多くの….
¿Qué tal? お元気ですか?, どうなっているの?
¡Qué va! とんでもない!
¿Y a mí qué? それが私,とどうかかわるの?
¿Y qué? それでどうだと言うの?

que·bra·da[1] [ケブラダ] 女 山峡, 峡谷.
que·bra·de·ro [ケブラデロ] 男《つぎの名詞句の一部》
quebradero de cabeza 悩みの種(たね).
que·bra·di·zo, za [ケブラディソ, サ] 形 1 もろい, こわれやすい. 2 病弱な, 虚弱な.
que·bra·do[1] [ケブラド] 男《数学》分数.
que·bra·do[2]**, da**[2] 《過去分詞》→ quebrar こわす.
— 形 1 こわれた. 2 (地面で)でこぼこの.
que·bran·ta·hue·sos [ケブランタウエソス] 男《単複同形》《鳥》ヒゲワシ.
que·bran·ta·mien·to [ケブランタミエント] 男 1 違法, 違反. 2 (体力の)低下, 疲労.
que·bran·tar [ケブランタル] 他 1 (約束や規定)を破る, 犯す. 2 (健康などを)害する, 弱らせる. 3 …をこわれやすくする, くだく, こわす. 4 (聖域などに)乱入する. 5 …をこじ開ける.
que·bran·to [ケブラント] 男 1 大きな損害. 2 悲嘆, 苦悩. 3 違法, 違反. 4 (体力などの)低下, 衰弱.
que·brar [ケブラル] 他《活 57 pensar》1 …をこわす, こわして, 割る. 2 …をさえぎる, 中断させる. 3 …を折る, 曲げる, ゆがめる.
— 自 1 こわれる. 2 (取引などが)だめになる, 失敗する. 3 倒産する, 破産する. 4 弱る.
— **quebrar·se** 再 1 こわれる, 折れる. 2 とぎれる. 3 《医学》ヘルニアにかかる.
que·chua [ケチュア] 形《男女同形》ケチュア族の.
— 男 女 ケチュア族の人.
— 男 ケチュア語.
que·da[1] [ケダ] 女《→ quedo[2]》外出禁止.
toque de queda 夜間外出禁止の時刻の鐘.
que·dar [ケダル] 自 1 (人が) (+en…) …にとどまる, 居残る.
2 …のままになる, …の状態である.
3 (全体の一部が)残る, 残っている.
4 (人が結果として) …になる.
5 (するべき対象として)残る, 残っている.
6 (物事が) (+con+べつの物事) …になる, …となる.
7 (+en…) …することに決める, …に同意する.
8 (複数の人が) … 会う約束をする/*Hemos quedado* el domingo a las diez en la cafetería. 私たちは日曜日の10時に喫茶店で会うことにした.
9 (時間や距離が)残っている/*Quedan* una semana para las vacaciones. あと1週間で休暇だ. *Quedan* cinco km hasta Burgos. ブルゴスまであと5キロだ.
10 …にある, 存在する.
— **quedar·se** 再 1 (人が) (+en…) …にとどまる, 滞在する.
2 …のままになる, …の状態である.
3 (+con…) …を自分のものにする, もらっておく.
4 (+con…) …をおぼえる, 記憶する.
5 (人が)死ぬ.
6 (+con…) …をからかう, だます.
¿En qué quedamos? どうしようか?
por mí que no quede [***que por mí no quede***] 私には異存がないからね.
quedar atrás 1 おくれている. 2 過ぎ去っている. 3 終っている.
quedar bien 1 (人が)良く思われる. 2 (+a…) …によく似合う.
quedar mal 1 (人が)悪い印象を与える. 2 (+a…) …に似合わない.
quedar·se con (+言いたいこと) …を言わないでおく.
quedar·se en el sitio 即死する.
quedar·se en tierra 移動の足がなくなる.
quedar·se frío [***helado***] 1 寒く感じる. 2 ショックを受ける.
quedar·se sin… …がなくなる, 切れる.
quedar·se tan ancho 落ち着きをはらっている, 平然としている.
que·do[1] [ケド] 副 小声で.
que·do[2]**, da**[2] 形 静かな, 落ち着いた.
que·ha·cer [ケアセル] 男 すること, 用事, 仕事 [= quehaceres].
quei·ma·da [ケイマダ] 女《飲料》(焼酎(しょうちゅう)のオルホ orujo で作るホットカクテルの)ケイマダ.
que·ja [ケハ] 女 1 うめき声, 嘆き. 2 不平, 不満, ぐち.
que·jar·se [ケハルセ] 再 1 うめき声を上げる, なげく. 2 (+de, por…) …の不平を言う. 3 (+

|活| は活用形 |複| は複数形 |男| は男性名詞 |女| は女性名詞 |固| は固有名詞 |代| は代名詞 |自| は自動詞

que·ji·ca [ケヒカ] 形《男女同形》不平の多い, ぐちっぽい.
— 男女 ぐちっぽい人間.
que·ji·co·so, sa [ケヒコソ, サ] 形 不平不満の多い, ぐちっぽい.
que·ji·do [ケヒド] 男 うめき声, 嘆き.
que·ji·go [ケヒゴ] 男〈大木〉(一種の)ナシ.
que·jo·so, sa [ケホソ, サ] 形 (+de, por...)…に不満のある, 不服な.
que·jum·bro·so, sa [ケフンブロソ, サ] 形 1 ぐちの多い. 2 悲しげな, 嘆きの.
que·lo·nios [ケロニオス] 男複《分類》カメ目(፥)の動物.
que·ma [ケマ] 女 1 燃焼, 焼却. 2 火事, 火災. *huir de la quema* 危険[災難]を避ける.
que·ma·de·ro [ケマデロ] 男 焼却場.
que·ma·do¹ [ケマド] 男 焼けたもの, 焦げた部分.
que·ma·do², da [—, ダ] 《過去分詞》→ quemar 燃やす.
— 形 1 燃える, 燃えた, 焦げた. 2 (+con...)…にうんざりした.
— 男女 火傷(%)した人.
que·ma·dor [ケマドル] 男 バーナー.
que·ma·du·ra [ケマドゥラ] 女 火傷(%).
quemadura de tercer grado (一番ひどい)三度熱傷.
que·mar [ケマル] 他 1 …を燃やす, 焼く. 2 …を焦がす. 3 …を火傷(%)させる. 4 …を日焼けさせる. 5 〈植物〉を傷める, 枯らす. 6 …をひどく疲れさせる, くたくたにする. 7 …のやる気をなくさせる. 7 …を浪費する, むやみに使う. 8 …をだめにする, 傷める.
— 自 1 燃える, 焼ける. 2 焦げる. 3 とても熱い, 非常に暑い. 4 からくてひりひりさせる.
— **que·mar·se** 再 1 燃える, 焼ける. 2 焦げる. 3 火傷(%)する. 4 日焼けする. 5 疲れはてる. 6 (正解などに)とても近い, あと一歩である
que·ma·rro·pa [ケマロパ] 《つぎの副詞句の一部》
a quemarropa 1〈射撃〉至近距離で. 2 あけすけに, 単刀直入に.
que·ma·zón [ケマソン] 女 1 灼熱(ᢔ%), 炎暑. 2 不快感. 3 居心地の悪さ.
que·na [ケナ] 女〈楽器〉(アンデスの)ケーナ.
quep- 活 → caber 入りうる《活 15》.
que·pis [ケピス] 男《単複同形》(帽子)(筒型軍帽の)ケピ.
que·ra·ti·na [ケラティナ] 女〈生物学〉ケラチン, 角質.
que·re·lla [ケレジャ] 女 1 訴え, 告訴. 2 争い, 不和.
que·re·llan·te [ケレジャンテ] 形 訴える.
— 男女 告訴人, 原告.
que·re·llar·se [ケレジャルセ] 再 (+contra...)…を訴える, 告訴する.

que·ren·cia [ケレンシア] 女 1 帰巣(∰)本能, 帰巣性, 回帰性. 2 (闘牛場で牛が好みの場所に戻る癖の)ケレンシア.
que·rer [ケレル] 男 愛, 愛情.
— 他《活 64》1 …を欲しがる, 望む.
2 …を愛する, …に恋する, …が好きだ.
3 (+不定詞)…をする, したい.
4 (+que+接続法) …してほしい, してもらいたい.
5 (疑問文で)…してくださいませんか.
6 …を(+por...)…(の代名詞)で)要求する.
7 (物が)…を要求する, 必要とする.
8 (+不定詞)…しそうだ/Parece que *quiere* llover. いまにも降り出しそうだ.
— **que·rer·se** 再 愛しあう.
como quien no quiere la cosa 関心なさそうに.
como quiera que... 1 (+直説法)…であるからには. 2 (+接続法)いかに…しても.
cuando quiera que (+接続法) …のときはいつも.
donde quiera que (+接続法) どこで…しようとも.
¡Por lo que más quiera(s)! どうかお願いです!
¡Qué más quiere(s)! 仕方がないよ!
¡Qué más quisiera yo [quisieras tú]! それは無理だよ!
(que) quiera(s) que no その気があろうがなかろうが.
querer a... *como a las niñas de los ojos* …を溺愛(ಜ̃)する.
querer bien a... …に好意を持つ.
querer decir... …を意味する, …を主張する.
Querer es poder. やる気があればできる.
querer mal a... …に反感を抱く.
queriendo わざと, 故意に.
que si quieres 1 できそうにもないが. 2 間 なぜができないんだ, なぜできないんだ!
quiérase que no いや応なく.
sin querer うっかりと, 不注意で.
que·ri·do, da [ケリド, ダ] 《過去分詞》→ querer 欲しがる.
— 形 1 いとしい, 愛する…. 2 (手紙の冒頭で)親愛なる….
— 男女 愛人, 情人.
—(ごく親しい相手に)ねえ!, きみ!, あなた!
quer·mes [ケルメス] 男《単複同形》〈昆虫〉エンジムシ.
quer·més [ケルメス] 女 野外慈善パーティー.
que·ro·se·no [ケロセノ] 男 灯油, ケロシン.
querr- 活 → querer 欲しがる《活 64》.
que·ru·bín [ケルビン] 男 1〈キリスト教〉智天使, ケルビム. 2 (天使のように)かわいい子供.
que·se·ra¹ [ケセラ] 女 (卓上用の)チーズ入れ.
que·se·rí·a [ケセリア] 女 チーズ店.
que·se·ro, ra² [ケセロ, ラ] 形 1 チーズの. 2 チ

que·si·to [ケシト] 男 (クリームチーズをひと切れずつ包装した)おつまみチーズ.

que·so [ケソ] 男 1 チーズ. 2 〈人〉足 [= quesos]

dar·la a… con queso …をだます，からかう.
queso de bola 円形チーズ.
queso de Burgos (軟質の)ブルゴスチーズ.
queso manchego (硬質の)マンチェチーズ.
queso parmesano (超硬質の)パルメザンチーズ.
queso rallado 粉チーズ.

que·tzal [ケツァル] 男 1〈鳥〉(熱帯アメリカ産の)ケツァル. 2〈通貨単位〉(グアテマラの)ケツァル.

Que·ve·do [ケベド] 固 〈文人の名〉(16・17世紀スペインの)ケベド [= Francisco de +].

que·ve·dos [ケベドス] 男複 鼻眼鏡(§s).

quia [キア] 間 いやだ!，だめだ!.

quian·ti [キャンティ] 男 〈イタリア製ワインの〉キャンティ.

qui·ché [キチェ] 形 (グアテマラの先住民の)キチェ族の.
— 男女 キチェ族の人.

qui·cio [キシオ] 男 (開いた窓や戸の)壁との間のすきま.
(estar) fuera de quicio 逆上して(いる).
sacar… de quicio …を曲解する.
sacar a… de quicio …を逆上させる.

Qui·co [キコ] 固 〈男性の名〉(Enrique の愛称の)キコ.

quid [キド] 男 要点，核心.

quiebr- 活 → quebrar こわす 活 57).

quie·bra [キエブラ] 女 1〈商業〉破産，倒産. 2 損失，失墜，破綻(%). 3 破損，亀裂(%).

quie·bro [キエブロ] 男 1 〔腰を使う〕身のかわし. 2〈音楽〉(装飾音の)トリル.
hacer un quiebro 身をかわす.

quien [キエン] 代 《先行詞が人の関係代名詞》《アクセントなし》《複 quienes》《制限的用法》…する(人) / *la chica con quien quieres* 君が好きな女の子. *el chico con quien quiero hablar* 私が話をしたい男の子.

2《説明的用法》(その人は) …だが / *Su madre, quien es española, habla muy bien el japonés.* 彼の母親はスペイン人だが，日本語を話すのがとても上手だ.

3《独立的用法》(先行詞を含んでいて) …する人 / *Eres tú quien llegó primero.* 一番に着いたのは君だ. *Aquí no hay quien te entienda.* ここには君のことがわかる人はひとりもいない.

4 (+不定詞) …すべき(人) / *Tiene muchos amigos a quienes consultar.* 彼には相談する友だちがたくさんいる.

5《接続法の動詞をつないで》だれが …しようとも / *Venga quien venga, lo haré.* だれが来ようと，私はそうするつもりだ. *sea quien sea* だれであろうと.

como quien (+直説法) まるで …であるかのように.
como quien dice, すなわち，要するに.
no ser quien para (+不定詞) …するには向きでろうと.
quien más, quien menos, だれでも，全員.

quién [キエン] 代 《人をたずねる疑問代名詞》《複 quiénes》 1 だれ，どなた /¿Quién ha venido contigo? 君と一緒に来たのはどなたですか. *Dime con quién has venido.* 君がだれと一緒に来たのか言ってください.

2 (+不定詞) だれに …すべきか / *No sabía a quién preguntar.* だれにたずねたらいいのか，わからなかった.

— 間 〈反語的用法〉(+接続法過去) いったいだれが / ¡Quién pudiera hacerlo! そんなこと，だれができようか! [= 私ができればいいのになあ].
¿Con quién (hablo)? [¿De parte de quién?]〈電話〉どちらさまでしょうか?
¿Quién sabe? さあ，どうでしょうか?

quie·nes·quie·ra [キエネスキエラ] 代 複 (→ quienquiera)

quien·quie·ra [キエンキエラ] 代 …する人ならだれでも / *quienquiera que sea* だれであろうと.

quier- 活 → querer 欲しがる 活 64).

quie·tis·mo [キエティスモ] 男 〈宗教〉(神秘思想の)静寂主義.

quie·to, ta [キエト, タ] 形 1 動かない，じっとした. 2 平静な，おだやかな.

quie·tud [キエトゥド] 女 1 静止，不動. 2 平穏，おだやかさ.

qui·ja·da [キハダ] 女 (大型動物の)顎(%).

qui·jo·ta·da [キホタダ] 女 ドンキホーテ的言動.

Qui·jo·te [キホテ] 固 〈Don+〉(セルバンテスの小説の主人公で，非現実的な理想主義者の)ドンキホーテ.

qui·jo·te [キホテ] 形 〈男女同形〉ドンキホーテ的な.
— 男 1 ドンキホーテ的な男. 2〈武具〉腿(%)当て.

qui·jo·te·rí·a [キホテリア] 女 ドンキホーテ的なやり方.

qui·jo·tes·co, ca [キホテスコ, カ] 形 ドンキホーテ的な.

qui·jo·tis·mo [キホティスモ] 男 ドンキホーテ的性格.

qui·la·te [キラテ] 男 1〈純度の単位〉(金の) …金. 2〈重量の単位〉(宝石の)カラット.

qui·lla [キジャ] 女 1〈船〉竜骨，キール. 2〈鳥〉竜骨突起.

qui·lo [キロ] 男 1 キログラム. 2〈生理学〉(乳白色のリンパ液の)乳糜(%).
sudar el quilo 悪戦苦闘する.

quim·bam·bas [キンバンバス] 女複 遠い所.

qui·me·ra [キメラ] 女 1〈神話〉(体の半分が

活 は活用形　複 は複数形　男 は男性名詞　女 は女性名詞　固 は固有名詞　代 は代名詞　自 は自動詞

ライオンで火を吐く)キマイラ. **2** ばかげた空想.

qui·mé·ri·co, ca [キメリコ, カ] 形 空想的な, 非現実的な.

quí·mi·ca[1] [キミカ] 女 **1** 化学. **2** 〈食べ物〉人工的なもの.

quí·mi·co, ca[2] [キミコ, カ] 形 化学の, 化学的な.
— 男 女 化学者.

qui·mio·te·ra·pia [キミオテラピア] 女 化学療法.

qui·mo [キモ] 男 〈生理学〉(胃の消化でできる)漿汁(じゅう)糜粥(びじゅく).

qui·na [キナ] 女 〈樹皮〉キナ.
 ser más malo que la quina とてもひどい[悪い].
 tragar quina (不快なことを)我慢する.

quin·ca·lla [キンカじゃ] 女 (金属性の)がらくた, 金物雑貨.

quin·ce [キンセ] 男 **1** 〈数字〉15, XV. **2** 15のもの.
— 形 《男女同形》**1** 15の. **2** 15番目の.
— 男 15番目のもの.
 unos quince días 約2週間.

quin·cea·ñe·ro, ra [キンセアニェロ, ラ] 形 15歳前後の.
— 男 女 十代半ばの若者[娘].

quin·ce·a·vo[1] [キンセアボ] 男 15分の1.

quin·ce·a·vo[2], **va** [—, バ] 形 15分の1の.

quin·ce·na [キンセナ] 女 15日間, 2週間, 半月.

quin·ce·nal [キンセナル] 形 **1** 15日ごとに1回の, 隔週の. **2** 15日間続く, 2週間の.

quin·cua·ge·na·rio, ria [キンクアヘナリオ, リア] 形 **1** 50の単位でできている. **2** 50歳代の.
— 男 女 50歳代の人.

quin·cua·gé·si·mo[1] [キンクアヘシモ] 男 《序数詞》50分の1.

quin·cua·gé·si·mo[2], **ma** [—, マ] 形 《序数詞》**1** 50番目の. **2** 50分の1の.
— 男 女 50番目のもの.

qui·nie·la [キニエら] 女 **1** (サッカーなどの)プロスポーツくじ, キニエラ, トトカルチョ. **2** キニエラ応募用紙.

qui·nie·lis·ta [キニエリスタ] 男 女 キニエラ quiniela の応募者.

qui·nie·lís·ti·co, ca [キニエリスティコ, カ] 形 プロスポーツくじの, キニエラ quiniela の.

qui·nien·tos[1] [キニエントス] 男 **1** 〈数字〉500, D. **2** 500のもの.

qui·nien·tos[2], **tas** [—, タス] 男 女 500 番の.
— 形 **1** 500の. **2** 500番目の.

qui·ni·na [キニナ] 女 〈医薬〉キニーネ.

qui·no [キノ] 男 **1** 〈樹木〉(樹皮がキナになる)キナノキ. **2** 〈樹皮〉(キニーネの原料の)キナ.

quin·qué [キンケ] 男 《複 quinqués》石油ランプ.

quin·que·nal [キンケナル] 形 **1** 5年間続く. **2** 5年に1度の, 5年ごとの.

quin·que·nio [キンケニオ] 男 **1** (期間) 5年. **2** (勤続5年ごとの)定期昇給.

quin·qui [キンキ] 男 〈人〉(特異な生活様式で社会的に孤立している少数派の)キンキ.

quin·ta[1] [キンタ] 女 《→ quinto[2]》**1** (集合的に) (同一年に兵役につく)補充兵. **2** (集合的に)おない年の者. **3** 別荘. **4** 〈自動車〉トップギア. **5** 〈音楽〉5度音程.

quin·ta·e·sen·cia [キンタエセンレア] 女 精髄, エキス.

quin·tal [キンタる] 男 〈重量の単位〉(46 キロ相当の)キンタル.
 quintal métrico (100 キロ相当の)メートル法キンタル.

quin·tar [キンタる] 他 〈くじ〉…を5個のなかからひとつ選ぶ.

quin·te·to [キンテト] 男 **1** 5 個[5人]組みのもの. **2** 〈音楽〉クインテット, 五重奏団[曲]. **3** 五重奏曲[唱曲]. **4** 〈詩型〉(9音節以上の5行詩の)キンテト.

quin·ti·lla [キンティじゃ] 女 〈詩型〉(8音節5行詩の)キンティジャ.

quin·ti·lli·zos, zas [キンティじぞス, ス] 形 《複》五つ子の.
— 男 女 五つ子.

quin·to[1] [キント] 男 《序数詞》**1** 5分の1. **2** (くじで兵役に当たった)補充兵.

quin·to[2], **ta**[2] 形 《序数詞》**1** 5番目の. **2** 5分の1の.
— 男 女 5番目のもの.

quín·tu·ple [キントゥプれ] 男 〈数量〉5倍.
— 形 5倍の.

quin·tu·pli·ca·ción [キントゥプリカしオン] 女 5倍[5重]にすること.

quin·tu·pli·car [キントゥプリカる] 他 《活 73 sacar》…を5倍[5重]にする.

quín·tu·plo[1] [キントゥプろ] 男 5倍, 5重.

quín·tu·plo[2], **pla** [—, プら] 形 5倍[5重]の.

quios·co [キオスコ] 男 **1** (駅などの)売店, キオスク. **2** (公園などの)東屋(あずまや).

quios·que·ro, ra [キオスケロ, ラ] 男 女 キオスク[売店]の所有者[責任者].

Qui·que [キケ] 固 〈男性の名〉(Enrique の愛称の)キケ.

qui·qui [キキ] 男 〈髪型〉(ヤシノキ型の)ひっつめ.

qui·qui·ri·quí [キキリキ] 男 《複 quiquiriquís》(雄鶏(おすの)の鳴き声の)コケコッコー.

qui·ró·fa·no [キろふぁノ] 男 手術室.

qui·ro·man·cia [キロマンしア] 女 《= quiromancía》手相占い.

qui·ro·mán·ti·co, ca [キロマンティコ, カ] 形 手相占いの.
— 男 女 手相占い師, 手相見.

qui·ro·ma·sa·je [キロマサヘ] 男 指圧マッサージ.

qui·róp·te·ros [キロプテロス] 男 複 〈分類〉（コウモリなどの）翼手目(?)の動物.

qui·rúr·gi·co, ca [キルルヒコ, カ] 形 外科の.

quis- 活 → querer 欲しがる《活 64》.

qui·si·co·sa [キシコサ] 女 1 なぞなぞ, 判じ物. 2 妙なもの[こと].

quis·que [キスケ] 男《= quisqui》《つぎの名詞句の一部》
cada quisque [*todo quisque*] 各自, めいめい.

quis·qui·lla [キスキジャ] 女 〈動物〉小エビ.

quis·qui·llo·so, sa [キスキジョソ, サ] 形 1 小うるさい. 2 すぐに気を悪くする.
— 男 女 1 小うるさい人間. 2 怒りっぽい人間.

quis·te [キステ] 男 〈医学〉嚢腫(ºぅ).

qui·ta·es·mal·te [キタエスマルテ] 男 （マニキュアの）除光液.

qui·ta·man·chas [キタマンチャス] 男《単複同形》薬品〉しみ抜き.

qui·ta·mie·dos [キタミエドス] 男《単複同形》ガードレール.

qui·ta·nie·ves [キタニエベス] 女《単複同形》ラッセル車, 除雪車.

qui·ta·pe·nas [キタペナス] 男《単複同形》〈飲料〉リキュール.

qui·ta·pe·sa·res [キタペサレス] 男《単複同形》気晴らし, うさ晴らし.

qui·tar [キタル] 他 1 …を(+de…) …から取り除く.
2 …を(+a…) …から取り上げる, うばい取る.
3 （意志などを）(+a…) …から取りのける, …に無くさせる.
4 …を除去する, 消し去る.
5 …を(+a…) …に禁じる.
6 (+que+接続法) …するのをさまたげる, …の障害になる.
— **quitar·se** 再 1 （身につけているもの）を脱ぐ, はずす.
2 (+de…) …から離れる, …を立ち去る.
3 (+de…) …(するの)をやめる.
4 取り去られる, 消える.
de quita y pon 取りはずしのできる.
¿Quién quita? さあ, どうでしょうか, おそらく.
¡Quita (allá)! だめだ!, やめておきなさい!
quitando… …以外は, …を除いて.
quitar de en medio [*de encima*] (+障害など) …を取り除く.
quitar… de la cabeza …をあきらめる.
quitar… de las manos （多くの人が）…に関心を示す.
quitar·se de en medio 1 姿を消す, いなくなる. 2 自殺する.
sin quitar ni poner (nada) （伝言などが）ありのままの.

qui·ta·sol [キタソル] 男 日傘(ஜゕ), パラソル.

qui·te [キテ] 男 〈闘牛〉（牛の気をそらす）キテ.
estar al quite 人に手を貸す用意がある.
ir [*salir*] *al quite* すぐに助け船を出す.

qui·te·ño, ña [キテニョ, ニャ] 形 （エクアドルの首都の）キト Quito の.
— 男 女 キトの人.

qui·ti·na [キティナ] 女 〈化学〉（多糖類の）キチン.

qui·ti·no·so, sa [キティノソ, サ] 形 〈化学〉キチンを含んだ, キチン質の.

Qui·to [キト] 固 〈都市の名〉（南米エクアドルの首都の）キト.

qui·vi [キビ] 男《= kiwi》〈鳥〉キウイ.

qui·zá [キさ] 副《= quizás》おそらく, たぶん／
Quizá venga. 彼はひょっとしたら来るかもしれない.
Quizá vendrá. 彼はおそらく来るでしょう.

quó·rum [クオルン] 男《単複同形》1 （会議成立の）定足数. 2 （議決のための）最低賛成者数.

R r

R, r [エレ] 囡 《アルファベットの第19番の文字》エレ.

ra·ba·di·lla [ラバディジャ] 囡 1〈解剖学〉尾骨. 2〈鳥〉(尾羽の付け根の)尾端骨. 3〈牛〉尻(¹)肉.

ra·ba·ne·ro, ra [ラバネロ, ラ] 形 下品な, 卑俗な.
— 男囡 下劣な人間, 下種(⁾).

ra·ba·ni·llo [ラバニジョ] 男〈植物〉(野生種の)ダイコン.

rá·ba·no [ラバノ] 男〈野菜〉ハツカダイコン, ラディッシュ.
importar a... un rábano …には全然問題でない.
tomar [coger] el rábano por las hojas ころっと取り違える.
¡Un rábano! だめだ!, おことわりだ!

ra·bel [ラベル] 男〈弦楽器〉(リュートに似た古楽器の)ラベル.

ra·bí [ラビ] 男 (ユダヤの律法学者の)ラビ.

ra·bia [ラビア] 囡 1 狂犬病, 恐水症. 2 激怒, 憤慨. 3 嫌悪, 反感.
coger [tener, tomar] rabia a (+人) …を憎む, 大いに嫌う.
con rabia (否定的なことで)ひどく.
dar rabia …を恐らせる.
¡Qué rabia! くそっ!, なんて腹立たしい!

ra·biar [ラビアル] 自 1 (+a, contra…) …に激怒する. 2 (+de…) …でひどく苦しむ. 3 (+por…) …を切望する. 4 度が過ぎてひどい.
a rabiar 過度に, ひどく.
estar a rabiar con… …と敵対している.

ra·bie·ta [ラビエタ] 囡 (一過性の)激怒, かんしゃく.

ra·bi·llo [ラビジョ] 男 1〈植物〉葉柄(¹⁾), 花柄. 2 尻尾(⁾)のような先端.
mirar con [por] el rabillo del ojo 横目でそっと見る.
rabillo del ojo 目尻(⁾).

ra·bí·ni·co, ca [ラビニコ, カ] 形 (ユダヤの律法学者の)ラビの.

ra·bi·no [ラビノ] 男 (ユダヤの律法学者の)ラビ.

ra·bio·sa·men·te [ラビオサメンテ] 副 1 激怒して, かんかんになって. 2 ひどく, 猛烈に.

ra·bio·so, sa [ラビオソ, サ] 形 1 激怒した, かんかんに怒った. 2 ひどい, 猛烈な. 3 狂犬病にかかった.
— 男囡 狂犬病患者.

ra·bo [ラボ] 男 1 尾, 尻尾(⁾). 2 尻尾のようなもの. 3 葉柄(¹⁾), 花柄. 4 男根.

ra·bón, bo·na [ラボン, ボナ] 形 尻尾(⁾)の短い, 尻尾のない.

ra·ca·ne·ar [ラカネアル] 自 ずるく立ち回る.

ra·ca·ne·o [ラカネオ] 男《= racanería 囡》 1 けちをすること. 2 できるだけさぼること.

rá·ca·no, na [ラカノ, ナ] 形 1 けちな. 2 さぼりの, 怠け者の.
— 男囡 1〈人〉けち. 2 怠け者.

ra·cha [ラチャ] 囡 1 つかの間, わずかの時間. 2 突風.

ra·che·a·do, da [ラチェアド, ダ] 形 突風まじりの.

ra·cial [ラシアル] 形 人種の, 民族の.

ra·ci·mo [ラシモ] 男 1 ブドウの房. 2 ブドウの房状のもの. 3〈植物〉花房.

ra·cio·ci·nar [ラシオシナル] 自 推論する, 推理する.

ra·cio·ci·nio [ラシオシニオ] 男 1 理性, 思考力. 2 推論, 推理.

ra·ción [ラシオン] 囡 1〈食べ物〉ひと皿分, ひとつまみ. 2〈食べ物〉1人前, ひとり分. 3 適量, 予定量.

ra·cio·nal [ラシオナル] 形 1 理性の, 理性的な. 2 合理的な, もっともな. 3 理性のそなわった.
— 男囡 理性的な人間.
animales [seres] racionales 複 人間.

ra·cio·na·li·dad [ラシオナリダッ] 囡 合理性.

ra·cio·na·lis·mo [ラシオナリスモ] 男 1〈哲学〉理性主義. 2 合理主義.

ra·cio·na·lis·ta [ラシオナリスタ] 形《男女同形》1〈哲学〉理性主義の. 2 合理主義の.
— 男囡 1 理性主義者. 2 合理主義者.

ra·cio·na·li·za·ción [ラシオナリサシオン] 囡 1 理性の尊重. 2 合理化.

ra·cio·na·li·zar [ラシオナリサル] 他 1 …を理性のせいにする. 2 …を合理的にする.

ra·cio·na·mien·to [ラシオナミエント] 男 1〈制度〉配給. 2 (食べ物などの)制限, 節制.

ra·cio·nar [ラシオナル] 他 1 …を配給制にする. 2 (食べ物などを)節制する.

ra·cis·mo [ラシスモ] 男 1 人種差別. 2 人種主義.

ra·cis·ta [ラシスタ] 形《男女同形》1 人種差別の. 2 人種主義の.
— 男囡 人種差別主義者.

ra·da [ラダ] 囡 (船の停泊に適した)入り江, 湾.

他 は他動詞 再 は再帰動詞 形 は形容詞 副 は副詞 前 は前置詞 接 は接続詞 間 は間投詞

ra·dar [ラダル] 男 レーダー, 電波探知機.

ra·dia·ción [ラディアしオン] 女 1 (エネルギーの)発散, 放射. 2 伝播, 流布. 3 (医療などでの)放射線利用. 4〈物理学〉放射エネルギー, 放射量.

ra·diac·ti·vi·dad [ラデアクティビダス] 女〈物理学〉放射能.

ra·diac·ti·vo, va [ラディアクティボ, バ] 形〈物理学〉放射性の, 放射能のある.

ra·dia·do, da [ラディアド, ダ]《過去分詞》→ radiar ラジオ放送する.
— 形 1 ラジオで放送された[される]. 2 放射状の. 3〈生物学〉(体制が)放射相称(ゆうしょう)の.

ra·dia·dor [ラディアドル] 男 1〈自動車〉ラジエーター. 2 輻射(ふくしゃ)暖房器. 3 電気暖房器.

ra·dial [ラディアる] 形 1 放射状の. 2 半径の.
neumáticos radiales〈自動車〉ラジアルタイヤ(複).

ra·dián [ラディアン] 男〈平面角の単位〉ラジアン.

ra·dian·te [ラディアンテ] 形 1 光り輝く. 2 喜びに輝く. 3 放射の, 輻射(ふくしゃ)の.

ra·diar [ラディアル] 他 1 …をラジオ放送する. 2 …を放射線治療する. 3 (光や熱)を放射する.

ra·di·cal [ラディカる] 形 1〈植物〉根の, 根生の. 2 根本的な, 基礎的な, 抜本的な. 3 きっぱりした, 妥協のない. 4〈言語学〉語根の, 語基の. 5 急進的な, 過激な, ラジカルな.
— 男 女 急進論者, 急進派支持者.
— 男 1〈言語学〉語根, 語基. 2〈数学〉(記号 √ の)ルート, 根号. 3〈化学〉基.

ra·di·ca·lis·mo [ラディカリスモ] 男 1 急進主義, 過激論. 2 非妥協性, 強情.

ra·di·ca·li·zar [ラディカリさル] 他《活 39 gozar》1 …を急進的にする. 2 …を非妥協的にする.
— *radicalizar·se* 再 1 過激になる. 2 強情になる.

ra·di·cal·men·te [ラディカるメンテ] 副 1 根本的に, 抜本的に. 2 過激に, 急進的に. 3 頑固一徹に.

ra·di·car [ラディカル] 自《活 73 sacar》1 (+en...) …に原因[論拠]がある. 2 根づく, 根を張る. 3 (+en+場所) …にある, いる.
— *radicar·se* 再 (+en...) …に定住する, 住みつく.

ra·dio [ラディオ] 男 1 半径. 2 特定半径の領域[範囲]. 3〈車輪〉スポーク. 4〈解剖学〉(前腕の)機骨(きこつ). 5〈化学〉ラジウム. 6 ラジオ(受信機).
— 女 1 電波利用. 2 ラジオ放送. 3〈受信機〉ラジオ. 4 無線通信. 5 無線通信機.
(*el*) *radio de acción* 1 行動半径. 2 勢力範囲.
(*el*) *radio de giro*〈自動車〉最小回転半径.
(*la*) *radio macuto* (未確認の)うわさ.
(*la*) *radio pirata* 海賊放送局.
poner [*apagar*] *la radio* ラジオをつける[消す].

ra·dio·a·fi·cio·na·do, da [ラディオあふいシオナド, ダ] 男 女 アマチュア無線家.

ra·dio·ca·se·te [ラディオカセテ] 男 ラジカセ.

ra·dio·di·fu·sión [ラディオディふシオン] 女〈放送〉ラジオ放送.

ra·dio·fó·ni·co, ca [ラディオふォニコ, カ] 形 1 無線通信の. 2 ラジオ放送の.

ra·dio·gra·fí·a [ラディオグラふィア] 女 1 X 線撮影技術. 2 レントゲン写真.

ra·dio·grá·fi·co, ca [ラディオグラふィコ, カ] 形 レントゲン写真の.

ra·dio·lo·gí·a [ラディオろヒア] 女 放射線医学.

ra·dio·ló·gi·co, ca [ラディオろヒコ, カ] 形 放射線医学の.

ra·dió·lo·go, ga [ラディオろゴ, ガ] 男 女 放射線医師.

ra·dio·no·ve·la [ラディオノべら] 女 連続ラジオ小説.

ra·dio·rre·cep·tor [ラディオレせプトル] 男 ラジオ受信機.

ra·dios·co·pia [ラディオスコピア] 女 X 線検査.

ra·dio ta·xi, ra·dio·ta·xi [ラディオタクシ] 男 無線タクシー.

ra·dio·te·lé·fo·no [ラディオテれふォノ] 男 無線電話.

ra·dio·te·le·vi·sión [ラディオテれビシオン] 女 ラジオ・テレビ放送(局).

ra·dio·te·ra·pia [ラディオテラピア] 女 放射線療法.

ra·dio·yen·te [ラディオイエンテ] 男 女 ラジオ聴取者.

ra·dón [ラドン] 男〈化学〉ラドン.

RAE [ラエ] 女《略語》Real Academia Española スペイン王立アカデミー.

ra·er [ラエル]《活 65》1 …を削る, こそげる. 2 (服など)をすり減らす. 3〈計量〉(穀物などの)表面をならす. 4 (悪いもの)を根こそぎにする, 撲滅(ぼくめつ)する.

Ra·fa [ラふぁ] 固〈男性の名〉(Rafael の愛称の)ラファ.

Ra·fa·el [ラふぁエる] 固〈男性の名〉ラファエル.

rá·fa·ga [ラふぁガ] 女 1 一陣の風. 2 閃光(せんこう), 一瞬の光. 3 (自動発射銃の)飛び出す弾丸.

ra·fia [ラふィア] 女 (バッグなどにする)ラフィアヤシ[椰子]の繊維.

ra·gú [ラグ] 男 (ガリシア地方の肉煮込み料理の)ラグー.

ra·í·ces [ライセス] 女 複《→ raíz》根.

ra·í·do, da [ライド, ダ]《過去分詞》→ raer 削る.
— 形 (布地が)すり切れた, よれよれの.

raig- 活 → raer 削る《活 65》.
rai·gam·bre [ラィガンブレ] 女 1〈植物〉からみえた根. 2 深く根づいた様子. 3（ある土地に）何世代も住んでいる家系.
ra·íl [ライル] 男 1〈鉄道〉レール, 線路. 2（引き戸などの）レール.
Rai·mun·do [ライムンド] 固〈男性の名〉ライムンド.
ra·íz [ライす] 女《複 raíces》1〈植物〉根. 2 原因, 根源. 3（物事などの）根, 発生源. 4〈言語学〉語根. 5〈歯〉根. 6〈数学〉根. 7 出身, 由来.
　a raíz de... 1 …が原因で, …によって. 2 …の直後に.
　de raíz 根こそぎにして, 完全に.
　echar raíces 1 定住する, 住みつく. 2 根づく, 根を張る.
　raíz cuadrada〈数学〉平方根.
　raíz cúbica〈数学〉立方根.
ra·ja [ラは] 女 1 裂け目, 切れ目. 2（果物などの）切れ目.
ra·já [ラは] 男《複 rajáes, rajás》（インドの王侯の称号の）ラージャ.
ra·jar [ラはル] 他 1 …を切り分ける, 割る. 2 …を（刃物で）切りつける.
　— 自 しゃべりまくる.
　— **rajar·se** 再 1 割れる, ひびが入る. 2（土壇場になって）やめる, しりごみする.
ra·ja·ta·bla [ラはタブら] 《つぎの副詞句の一部》
　a rajatabla 厳密に, きちんと.
ra·le·a [ラれア] 女 種類, 部類.
ra·len·tí [ラれンティ] 男〈エンジン〉低速回転, アイドリング.
ra·len·ti·zar [ラれンティさル] 他 …をスローモーションにする, 減速させる.
ra·lla·dor [ラじゃドル] 男〈台所用品〉おろし金（がね）.
ra·lla·du·ra [ラじゃドゥラ] 女（集合的に）すりおろしたもの.
ra·llar [ラじゃル] 他 …を（おろし金（がね）で）すりおろす.
ra·llo [ラじょ] 男〈台所用品〉おろし金（がね）.
ra·lo, la [ラろ, ら] 形 まばらな, すき間のある.
ra·ma [ラマ] 女 1（木から伸びている）枝. 2〈家系〉分家, 筋. 3 支流, 支脈, 支派. 4（学問中の下位の）分野, 分科.
　andar·se por las ramas 枝葉末節にこだわる, なかなか本題に入らない.
　de rama en rama 対象をつぎつぎに変えて.
　en rama なまの, 未加工した.
ra·ma·dán [ラマダン] 男（イスラム暦第9月で断食月の）ラマダーン.
ra·ma·je [ラマへ] 男（集合的に）（木から伸びている）枝, 枝葉.
ra·mal [ラマル] 男 支線, 支道.

ra·ma·la·zo [ラマらそ] 男 1 急な思いつき, 発作的行動. 2（痛みや感情の）発作. 3 わざとらしさ.
ram·bla [ランブら] 女（中央に遊歩道のある）大通り.
Ram·blas [ランブらス] 固〈通りの名〉（バルセロナの）ランブラス通り.
ra·me·ra [ラメラ] 女 売春婦.
ra·mi·fi·ca·ción [ラミふぃカすィオン] 女 1（枝分かれによる）拡散, 伝播（ぱん）. 2（出来事の）結果, 顛末（てんまつ）. 3 分枝, 枝分かれ.
ra·mi·fi·car·se [ラミふぃカルセ] 再《活 73 sacar》枝分かれする, 分枝する.
ra·mi·lle·te [ラミじぇテ] 男 1（花や草の）小さな束. 2（選りすぐった）上等なものの集まり. 3 選集.
Ra·mi·ro [ラミロ] 固〈男性の名〉ラミロ.
ra·mo [ラモ] 男 1 花束. 2（木から切り離した）枝. 3（学問などの下位の）分野, 分科.
Ra·món [ラモン] 固〈男性の名〉ラモン.
ra·mo·so, sa [ラモソ, サ] 形 枝の多い.
ram·pa [ランパ] 女 1 傾斜路, 坂道. 2〈高速道路〉ランプ.
ram·plón, plo·na [ランプろン, プろナ] 形 1 俗っぽい, ありふれた. 2 ごく単純な.
ram·plo·ne·rí·a [ランプろネリア] 女 1 低俗, 通俗. 2 ひどい単純さ. 3 俗っぽい言い方〔行為〕.
ram·po·llo [ランポじょ] 男（さし木用の）さし穂.
ra·na [ラナ] 女〈動物〉カエル. 2（コインなどを開けた口に投げ入れる）カエル人形遊び. 3〈ベビー服〉（脚を出すワンピースの）カエル型の服.
　cuando las ranas críen pelo 決して（…ない）（←カエルに毛が生える）.
　hombre rana 潜水夫, フロッグマン.
　nadar a rana 平泳ぎをする.
　rana marina (pescadora)〈魚〉アンコウ.
　salir rana（事が）当てがはずれる, 予想通りにすすまない.
ran·che·ra[1] [ランチェラ] 女 1〈中南米音楽〉（陽気な）ランチェラ. 2〈自動車〉ステーションワゴン.
ran·che·rí·a [ランチェリア] 女 1（堀立て小屋の）集落. 2（軍隊などの大人数用食事の）調理場.
ran·che·ro, ra[2] [ランチェロ, —] 男 女（中南米の）牧場労働者.
ran·cho [ランチョ] 男 1（中南米の）牧場. 2（軍隊などの大人数用の食事.
ran·cio, cia [ランしオ, しア] 形 1（飲食物が古くなって）味が濃い, においがきつい. 2 とても古い, 古くさい. 3〈人〉愛想のない, そっけない.
　de rancio abolengo 旧家の出身の.
ran·da [ランダ] 女 レース飾り.
ran·go [ランゴ] 男 1 階級, 階層. 2 地位, ランク.
ra·nun·cu·lá·ce·as [ラヌンクらせアス] 女 複

他 は他動詞　再 は再帰動詞　形 は形容詞　副 は副詞　前 は前置詞　接 は接続詞　間 は間投詞

〈分類〉キンポウゲ科の植物.

ra·nu·ra [ラヌラ] 囡 1 (固いものの表面の)切れ目, 裂け目. 2 (自動販売機などの)コイン投入口. 3〈コンピュータ〉フロッピー挿入口.

ra·pa·ces [ラパセス] 囡|複 〈分類〉(鳥の)猛禽(きん)類.

ra·pa·pol·vo [ラパポルボ] 男 きつい叱(し)りつけ.
 echar a... un rapapolvo …に大目玉をくらわせる.

ra·par [ラパル] 他 1 …のひげをそる. 2 …の毛[髪]を刈り上げる.
 — rapar·se 再 1 (自分の)ひげをそる. 2 (自分の髪を)刈り上げにする.

ra·paz¹ [ラパす] 形 《複 rapaces》1〈鳥〉捕食性の. 2〈人〉盗癖のある.
 — 囡〈鳥〉猛禽(きん).

ra·paz², **pa·za** [—, さ/パさ] 男囡 子供, 若者.

ra·pe [ラペ] 男 1〈魚〉アンコウ. 2 雑な散髪. 3 (ひげの)ひと当たり.

ra·pé [ラペ] 男 嗅(か)ぎタバコ.

rá·pi·da·men·te [ラピダメンテ] 副 1 すばやく, 敏速に. 2 ざっと, 浅く.

ra·pi·dez [ラピデす] 囡 迅速(じん), 敏速.
 con (mucha) rapidez (とても)速く.

rá·pi·do¹ [ラピド] 男 1 急流. 2 急行列車.
 — 副 速く, 急いで.

rá·pi·do², **da** [—, ダ] 形 1 すばやい, 敏速な. 2〈行為〉表面的な, 浅い.

ra·pi·ña [ラピニャ] 囡 強盗, 強奪.
 ave de rapiña 猛禽(きん).

ra·po·sa [ラポサ] 囡 1〈動物〉雌ギツネ. 2 ずる賢い女.

ra·po·se·ar [ラポセアル] 自 (キツネのように)ずる賢く立ち回る.

ra·po·so [ラポソ] 男 1〈動物〉雄ギツネ. 2 ずる賢い男.

rap·so·da [ラプソダ] 男囡 1 吟唱者. 2 詩人.

rap·so·dia [ラプソディア] 囡 〈音楽〉狂想曲, ラプソディー.

rap·tar [ラプタル] 他 …を誘拐(ゆう)する.

rap·to [ラプト] 男 1 誘拐(ゆう), かどわかし. 2 (感情の)激発, 発作. 3 恍惚(こう), 有頂天.

rap·tor, **to·ra** [ラプトル, トラ] 男囡 誘拐(ゆう)者.

Ra·quel [ラケル] 固〈女性の名〉ラケル.

ra·que·ta [ラケタ] 囡 1〈スポーツ〉ラケット. 2 (雪道用の)かんじき. 3〈高速道路〉方向転換用の迂回路.

ra·quis [ラキス] 男《単複同形》1〈解剖学〉脊柱(せき), 脊椎(せき). 2〈羽〉羽柄(うへい). 3〈植物〉花軸(か), 葉軸.

ra·quí·ti·co, **ca** [ラキティコ, カ] 形 1〈人〉ひ弱な, やせ細った. 2 わずかな, 微弱な. 3〈医学〉くる病の.
 — 男囡 くる病患者.

ra·qui·tis·mo [ラキティスモ] 男〈医学〉くる病.

ra·ra·men·te [ララメンテ] 副 1 まれに, 珍しくも. 2 奇妙にも, 不思議なことに.

ra·re·za [ラレさ] 囡 1 まれなこと. 2 珍しいもの. 3 風変わりな発言[行為].

ra·rí·si·mo, **ma** [ラリシモ, マ] 形《絶対最上級詞→ raro, ra》とても珍しい.

ra·ro, **ra** [ラロ, ラ] 形 1 まれな, 珍しい, 希少な. 2 奇妙な, 不思議な, 風変わりな.

ras [ラス] 男 (複数のものが)おなじ高さであること.
 al ras 1 (まわりと)おなじ高さに. 2 すれすれに.
 a ras de... …とおなじ高さに.

ra·san·te [ラサンテ] 形 地表[表面]すれすれの.
 — 囡 (道路の)勾配(こう), 傾斜.

ra·sar [ラサル] 他 1 (升(ます)の表面など)を平らにする. 2 …に軽く接触する, …をかすめる.

ras·ca [ラスカ] 囡 ひどい寒さ.

ras·ca·cie·los [ラスカシエロス] 男《単複同形》超高層ビル, 摩天楼.

ras·ca·do [ラスカド] 男〈行為〉(古いペンキなどの)かき落とし.

ras·ca·dor [ラスカドル] 男 1 ひっかく道具. 2〈道具〉孫の手.

ras·car [ラスカル] 他《活 73 sacar》1 …をひっかく. 2 …をこそげる. 3 (弦楽器)を調子はずれに弾く.
 — 自 1 (タオルなどが)ごわごわする. 2 ざらざらする. 3 (酒)が口を刺す.
 — rascar·se 再 (自分の体の一部)をかく.
 rascarse el bolsillo 大金を使う, 散財する.
 rascarse la barriga 無為に徒食の日を送る.

ras·ca·tri·pas [ラスカトリパス] 男囡《単複同形》(弦楽器の)へたな弾き手.

ra·se·ro [ラセロ] 男 (升(ます)で量るときの)升かき.
 por el mismo rasero まったく平等に.

ras·ga·do, **da** [ラスガド, ダ] 《過去分詞》→ rasgar 裂く.
 — 形 1 引き裂かれた. 2〈目〉切れ長の.

ras·gar [ラスガル] 他《活 47 llegar》1 …を裂く, 引き裂く. 2 (弦楽器)をかき鳴らす.
 — rasgar·se 再 裂ける, やぶれる.

ras·go [ラスゴ] 男 1 (書いた字の)線, 筆跡. 2 顔つき, 顔だち[= rasgos]. 3 特徴, 特色.
 a grandes rasgos 概略的に, 大まかに.
 rasgo distintivo 〈言語学〉弁別素性, 示差的特徴.

ras·gón [ラスゴン] 男 (布地などの)裂け目, やぶれ.

ras·gue·ar [ラスグエアル] 他 1 (ギターなど)をかき鳴らす. 2 …を走り書きする.

ras·gu·ñar [ラスグニャル] 他 …をひっかく, …にひっかき傷をつける.

ras·gu·ño [ラスグニョ] 男 (皮膚(ひ)の)ひっか

き傷.
ra·so[1] [ラソ] 男 〈織物〉しゅす, サテン.
ra·so[2], **sa** [-, サ] 形 1 平らな. 2 なめらかな. 3 肩書きのない, 平の. 4 雲ひとつない, 快晴の. 5 すり切り一杯の. 6 地面すれすれの.
 al raso 屋外で, 野外で.
 campo raso 平原.
 cielo raso 日本晴れ.
 soldado raso 兵卒.
 tabla rasa (油絵用の)画板.
 vuelo raso 超低空飛行.
ras·pa [ラスパ] 女 〈魚〉背骨.
ras·pa·do [ラスパド] 男 1 けずり落とし. 2 ひっかき傷. 3 〈医学〉搔爬(そうは). 4 〈医学〉(検体を得るための, 骨などの)けずり取り.
ras·pa·du·ra [ラスパドゥラ] 女 1 けずり落とし. 2 (集合的に)けずり落とされたごみ. 3 ひっかき傷, すり傷.
ras·par [ラスパル] 他 1 …をこすり取る, こそげる. 2 …をひっかく, …にひっかき傷をつける.
 ── 自 1 (タオルなどが)ごわごわする. 2 ざらざらする. 3 (酒が)舌を刺す.
ras·pón [ラスポン] 男 《= rasponazo》ひっかき傷, すり傷.
ras·po·so, sa [ラスポソ, サ] 形 ごわごわした, ざらざらした, がさがさした.
ras·tra [ラストラ] 女 (重い物をのせて引きずるための)布地, 箱.
 a la rastra [*a rastras*] 1 強引に, 力ずくで. 2 いやいやながら, しぶしぶ. 3 引きずって. 4 〈進行〉這(は)って.
ras·tre·a·dor, do·ra [ラストレアドル, ドラ] 男女 追跡者.
ras·tre·ar [ラストレアル] 他 1 …の跡をつける, …を追跡する. 2 …を調査する. 3 (海などの)底をあさる.
 ── 自 1 レーキ[熊手]を使う. 2 超低空飛行をする.
ras·tre·o [ラストレオ] 男 1 追跡. 2 水底の探索.
ras·tre·ro, ra [ラストレロ, ラ] 形 1 地を這(は)う, 這って進む. 2 低俗な, 卑屈な, さもしい.
 tallo rastrero 〈植物〉匍匐(ほふく)茎.
ras·tri·llar [ラストリジャル] 他 1 …をレーキ[熊手]でかき集める. 2 …をレーキできれいにする.
ras·tri·llo [ラストリジョ] 男 〈農具〉レーキ, 熊手.
ras·tro [ラストロ] 男 1 跡, 形跡, 痕跡(こんせき). 2 足跡.
Ras·tro [ラストロ] 固 《el+》(マドリードの)蚤(のみ)の市(いち).
ras·tro·jo [ラストロホ] 男 (麦などの)刈り株.
ra·su·rar [ラスラル] 他 …のひげをそる.
 ── *rasurarse* 再 (自分の)ひげをそる.
ra·ta [ラタ] 女 1 〈動物〉(大型の)ネズミ. 2 いやしい人間. 3 〈雌〉ハツカネズミ.
 ── 男女 けちな人間, ずるい人間.

rata de alcantarilla ドブネズミ.
ra·ta·plán [ラタプラン] 男 〈太鼓の音〉ドンドン.
ra·te·rí·a [ラテリア] 女 1 (こそ泥の)けちな盗み. 2 けち, しみったれ.
ra·te·ro, ra [ラテロ, ラ] 男女 こそ泥.
ra·ti·ci·da [ラティシダ] 男 猫いらず, 殺鼠(さっそ)剤.
ra·ti·fi·ca·ción [ラティふぃカシオン] 女 認証, 批准.
ra·ti·fi·car [ラティふぃカル] 他 《活 73 sacar》…を認証する, 批准する.
 ── *ratificarse* 再 (+en...) …を承認する.
ra·ti·to [ラティト] 男 わずかな時間.
ra·to [ラト] 男 短時間, しばらくの間.
 a cada rato 絶えず, しきりに.
 a [*en los*] *ratos perdidos* (仕事の)あいた時間に.
 al poco rato (*de*...) (…の)すぐあとで.
 a ratos ときどき.
 de rato en rato ときどき.
 hay [*tiene*] *para rato* まだかなり時間がある.
 pasar el rato 時間つぶしをする.
 un (*buen*) *rato* [*un rato largo*] とても, かなり.
ra·tón [ラトン] 男 1 (小型の)ネズミ, ハツカネズミ. 2 〈コンピューター〉マウス.
 ratón almizclero ジャコウネコ.
 ratón casero イエネズミ.
 ratón de biblioteca 〈人〉本の虫.
 ratón de campo ノネズミ.
ra·to·na [ラトナ] 女 〈雌〉ハツカネズミ.
ra·to·ne·ra [ラトネラ] 女 1 ネズミ捕り. 2 ネズミの巣穴. 3 わな, 計略. 4 狭い部屋[家].
ra·to·ne·ro, ra[2] [ラトネロ, ─] 形 1 (小型の)ネズミの. 2 〈動物〉ネズミを捕食する. 3 できそこないの, 低級な.
rau·dal [ラウダる] 男 1 激流, 奔流(ほんりゅう). 2 (物事の)洪水, あふれるもの.
 a raudales 大量に, 豊富に.
rau·do, da [ラウド, ダ] 形 速い, 急ぎの.
Ra·úl [ラウる] 固 〈男性の名〉ラウル.
ra·vio·lis [ラビオリス] 男 〈単複同形〉(イタリア系パスタ料理の)ラビオリ.
ra·ya [ラヤ] 女 1 線, 筋. 2 縞, 境界, 限界. 3 (髪の)分け目. 4 (ズボンなどの)折り目. 5 ('―'の)ダッシュ記号. 6 〈麻薬〉(一服の)粉末コカイン. 7 〈魚〉エイ. 8 〈銃器〉(銃身の)線条.
 a raya はめをはずさないように, 抑制して.
 a rayas 縞(しま)模様の, ストライプの.
 hacerse la raya 頭髪を分ける.
 las tres en raya (盤を使う)三駒遊び.
 leer las rayas de la mano 手相を見る.
 pasar [*se*] *de la raya* 限度を越える, やりすぎる.
ra·ya·do[1] [ラヤド] 男 1 罫線(けいせん). 2 縞柄(しまがら), ストライプ.

ra·ya·do², da [一, ダ]《過去分詞》→ rayar 線を引く.
— 形 1 罫線(ﾘｾﾝ)の入った. 2 縞(ｼﾏ)模様の.

ra·ya·no, na [ﾗﾔﾉ, ﾅ] 形 (+con...) …に近い, …に似ている.

ra·yar [ﾗﾔﾙ] 他 1 …に線を引く. 2 …を線で消す. 3 …にかき傷をつける.
— 自 1 (物事が) (+en...) …にとても近い, …と紙一重の.
— **rayar·se** 再 (なめらかな表面が) かき傷がつく.
rayar el alba [*el sol, el día, la luz*] 夜が明ける.

ra·yo [ﾗﾖ] 男 1 稲妻, 雷光. 2 光線. 3 放射線. 4 利発[鋭敏]な人. 5 仕事のすばやい人. 6 突然の不幸. 7《車輪》スポーク.
a rayos (味やにおいが) ひどく悪い.
echar rayos 激怒している.
¡Mal rayo te [le] parta! お前[あいつ] なんか死んでしまえ![くたばってしまえ]!
¡Que te [le] parta un rayo! = *¡Mal rayo te [le] parta!*
rayos X [ｴｷｽ] エックス線.
rayos gamma 〈電磁波〉ガンマ線.
rayos infrarrojos 赤外線.
rayos ultravioletas [*uva*] 紫外線.
un rayo de luz 1 一条の光. 2 思いつき, ひらめき.

ra·yón [ﾗﾖﾝ] 男 〈繊維〉レーヨン.

ra·yue·la [ﾗﾕｴﾗ] 女 石けり遊び.

ra·za [ﾗｻ] 女 1 人種, 種族, 民族. 2〈動物〉血統, 品種.
de raza 〈動物〉血統のよい, 血統書つきの.
raza amarilla [*mongoloide*] 黄色人種, モンゴロイド.
raza blanca [*caucásica*] 白色人種, コーカソイド.
raza humana 人類.
raza negra [*negroide*] 黒色人種, ニグロイド.

ra·zia [ﾗｼｱ] 女 1〈警察〉一斉検挙. 2〈軍隊〉奇襲攻撃.

ra·zón [ﾗｿﾝ] 女 1 理性, 分別, 判断力. 2 理由, わけ. 3 原因, 動機. 4 理屈, 道理, 正当性. 5 (理由などの) 説明. 6〈数学〉比率, 比例.
a razón de... …の割合で.
asistir a... la razón …の言うことに道理がある.
atender a razones 相手の理屈に耳を貸す.
con razón 正当な理由があって.
dar la razón a... …の正当性を認める.
dar razón de... …について知らせる.
entrar en razón 道理を理解する.
perder la razón 理性を失う, 気が狂う.
poner·se en razón 折り合いをつける, 妥協する.
quitar la razón a... …の間違いを証明する.
razón de Estado 国是(ｺｸｾﾞ).
razón de ser 存在理由, 存在価値.
razón directa 正比例.

razón inversa 反比例.
razón social 社名, 商号.
tener razón (人が) 正しい, 道理がある.
uso de razón 分別, ものごころ.

ra·zo·na·ble [ﾗｿﾅﾌﾞﾚ] 形 1 理屈に合った, 道理のある. 2 十分な, 妥当な.

ra·zo·na·ble·men·te [ﾗｿﾅﾌﾞﾚﾒﾝﾃ] 副 1 道理をわきまえて, 理性的に. 2 (+形容詞・副詞) かなり, ほどよく.

ra·zo·na·do, da [ﾗｿﾅﾄﾞ, ﾀﾞ] 《過去分詞》→ razonar 推論する.
— 形 論拠のある, 筋の通った.

ra·zo·na·mien·to [ﾗｿﾅﾐｴﾝﾄ] 男 1 推論, 論考. 2 論証. 3 論拠.

ra·zo·nar [ﾗｿﾅﾙ] 自 1 推論する, 思考を重ねる. 2 理由[根拠] を示す.
— 他 …の理由を説明する, …を論証する.

re [ﾚ] 〈音階〉レ.

re·ac·ción [ﾚｱｸｼｵﾝ] 女 1 反応, 反響. 2 反発, 反動. 3〈化学〉反応, 反作用. 4 (反動による) 正常化. 5〈相場〉反騰(ﾊﾝﾄｳ), 反落. 6 (活動の) 再開, 再出発.

re·ac·cio·nar [ﾚｱｸｼｵﾅﾙ] 自 1 (+a...) …に反応する. 2 正常化する, 正気に戻る. 3〈化学〉(+con...) …と反応する.

re·ac·cio·na·rio, ria [ﾚｱｸｼｵﾅﾘｵ, ﾘｱ] 形 〈政治〉反動的な.
— 男 女 反動的な人.

re·a·cio, cia [ﾚｱｼｵ, ｼｱ] 形 (+a...) …をいやがる, …に抵抗を示す.

re·ac·ti·var [ﾚｱｸﾃｨﾊﾞﾙ] 他 1 …を再び活動させる. 2 …を一層活発にする.
— **reactivar·se** 再 再活性化する.

re·ac·ti·vo¹ [ﾚｱｸﾃｨﾎﾞ] 男 〈化学〉試薬.

re·ac·ti·vo², va [一, ﾊﾞ] 形 1 反応の. 2 反動の, 反作用の.

re·ac·tor [ﾚｱｸﾄﾙ] 男 1 ジェットエンジン. 2 ジェット機. 3 (化学反応や核反応のための) 炉.
reactor nuclear 原子炉.

re·a·dap·tar [ﾚｱﾀﾞﾌﾟﾀﾙ] 他 …を (+a...) …に再び適応させる.

re·a·fir·mar·se [ﾚｱﾌｨﾙﾏﾙｾ] 再 (+en...) …を再確認する.

re·a·jus·tar [ﾚｱﾌｽﾀﾙ] 他 …を再調整する.

re·a·jus·te [ﾚｱﾌｽﾃ] 男 再調整.

re·al [ﾚｱﾙ] 形 1 実在の, 現実の. 2 本当の, 実際の. 3 王の, 王室の. 4 王家の, 王立の.
— 男 1 (昔の) レアル硬貨. 2〈軍隊〉陣地, 陣営.
(*no*)... *ni un real* 1 銭の値打ちも (…ない).
por cuatro reales わずかなお金で.
Real Cédula [*real decreto*] 勅令.

realc- 活 → realzar きわ立たせる《活 39》.

re·al·ce [ﾚｱﾙｾ] 男 1 きわ立たせ, 重要さ. 2 浮き彫り, 光彩.

re·a·len·go, ga [ﾚｱﾚﾝｺﾞ, ｶﾞ] 形 〈領土〉(昔の) 王家の, 王直属の.

活 は活用形 複 は複数形 男 は男性名詞 女 は女性名詞 固 は固有名詞 代 は代名詞 自 は自動詞

re·a·le·za [レアれさ] 女 1 王位, 王権. 2 王家, 王族.

realic- 活 → realizar 実現する《活 39》.

re·a·li·dad [レアりダッス] 女 1 実在, 現実性. 2 現実, 真実. 3 事実, 実態. 本当は.
en realidad 実際は. 本当は.
realidad virtual 仮想現実.

re·a·lis·mo [レアりスモ] 男 1《芸術》写実主義, リアリズム. 2 現実主義.
realismo mágico（20世紀中頃の中南米の）魔術的写実主義.

re·a·lis·ta [レアりスタ] 形《男女同形》1 写実主義の. 2 現実主義の.
— 男 女 1《芸術》写実主義の作家. 2 現実主義者.

re·a·li·za·ble [レアりさブれ] 形 達成できる, 実現可能な.

re·a·li·za·ción [レアりさしオン] 女 1 実現, 実行, 遂行. 2（映画などの）製作. 3 達成感, 成就の満足感.

re·a·li·za·dor, do·ra [レアりさドル, ドラ] 男 女（映画などの）製作者, 監督.

re·a·li·zar [レアりさル] 他《活 39 gozar》1 …を実現する, 実行する. 2（映画など）を制作する, 監督する.
— *realizarse* 再 1（意図などが）達成される, 現実のものとなる. 2 達成感を味わう, 実現に満足する.

re·al·men·te [レアるメンテ] 副 1 実際に, 現実に. 2 本当に.

re·al·qui·lar [レアるキらル] 他 …をまた貸しする, また借りする.

re·al·zar [レアるさル] 他《活 39 gozar》…をきわ立たせる, 目立たせる.

re·a·ni·mar [レアニマル] 他 1 …を活性化する. 2 …の息を吹きかえらせる, 蘇生(そせい)させる. 3 …を励ます, 元気づける.
— *reanimarse* 再 1 活性化する. 2 蘇生する. 3 元気になる.

re·a·nu·da·ción [レアヌダしオン] 女 再開.

re·a·nu·dar [レアヌダル] 他 …を再開する.

re·a·pa·re·cer [レアパれセル] 自《活 4 a-gradecer》再登場する, カムバックする.

re·a·per·tu·ra [レアペルトゥラ] 女 再開.

re·ar·mar [レアルマル] 他 …を再軍備させる.
— *rearmarse* 再（国が）再軍備する.

re·ar·me [レアルメ] 男 再軍備.

re·a·ta [レアタ] 女 1（家畜をつなぐ）綱, 家畜の列.

re·a·vi·var [レアビバル] 他 …を活気づける, あおる.
— *reavivarse* 再 活性化する, 元気づく.

re·ba·ja [レバハ] 女（値段などの）引き下げ, 割引き.

re·ba·jas [レバハス] 女複《→ rebaja》バーゲンセール, 特売.

re·ba·ja·do, da [レバハド, ダ]《過去分詞》→ rebajar 引き下げる.
— 形 1 下落した, 下がった. 2 値下げされた. 3 弱まった, やわらいだ. 4 卑下された, ばかにされた.

re·ba·jar [レバハル] 他 1（値段など）を引き下げる. 2 …を値引きする. 3 …を弱める, やわらげる. 4（人）を卑下する, 卑下する.

re·ba·na·da [レバナダ] 女〈1 枚〉（パンなどの）薄切り, スライス.

re·ba·nar [レバナル] 他 1 …を薄切りにする. 2 …を切断する.

re·ba·ñar [レバニャル] 他 …の残りまで利用する.
rebañar el plato 皿の料理を平らげる.

re·ba·ño [レバニョ] 男 1（羊などの）家畜の群れ. 2（服従する）人の群れ.

re·ba·sar [レバサル] 他 1 …を越える, 超過する. 2 …を引き離して進む.

re·ba·tir [レバティル] 他 …に反論する, 論駁(ろんばく)する.

re·ba·to [レバト] 男 警報.
tocar a rebato 急を告げる.

Re·be·ca [レベカ] 固〈女性の名〉レベカ.

re·be·ca [レベカ] 女 カーディガン.

re·be·co [レベコ] 男〈動物〉（カモシカに似た）シャモア.

re·be·lar·se [レベらルセ] 再 1（+contra…）…に対して反乱を起こす. 2（+contra…）…に真っこうから反対する.

re·bel·de [レベるデ] 形 1 反抗的な, 手に負えない. 2 反乱の, 反逆の.
— 男 女 反逆者, 謀反(むほん)人.

re·bel·dí·a [レベるディア] 女 1（しつけなどへの）反抗, 不服従. 2《法律》出廷拒否.
declarar a… en rebeldía …を欠席裁判する.

re·be·lión [レベりオン] 女 1 反乱, 反逆. 2（大衆の）暴動, 蜂起(ほうき).

re·blan·de·cer [レブらンデセル] 他《活 4 a-gradecer》…を柔らかくする, 軟化させる.
— *reblandecerse* 再 柔らかくなる.

re·blan·de·ci·mien·to [レブらンデしミエント] 男 軟化, 柔らかくすること.

re·bo·bi·na·do [レボビナド] 男（テープやフィルムの）巻き戻し, 巻き取り.

re·bo·bi·nar [レボビナル] 他（テープやフィルム）を巻き戻す, 巻き取る.

re·bo·llo [レボじょ] 男《植物》（ブナ科の低木の）レボジョ.

re·bor·de [レボルデ] 男（皿などの, 突き出た）縁(ふち)飾り.

re·bo·san·te [レボサンテ] 形 あふれている.

re·bo·sar [レボサル] 自 1（液体が）（+de… …から）あふれ出る. 2（器が）あふれる.
— 他 …をいっぱい持っている.

re·bo·tar [レボタル] 自 はね返る.
— 他 …を怒らせる.

他 は他動詞 再 は再帰動詞 形 は形容詞 副 は副詞 前 は前置詞 接 は接続詞 間 は間投詞

— **rebotar·se** 再 腹を立てる.
re·bo·te [レボテ] 男 1 はね返り. 2 〈スポーツ〉リバウンド. 3 不快, 立腹.
de rebote 1 はね返って, はずみだあとで. 2 結果として.
re·bo·te·ar [レボテアル] 自 〈スポーツ〉リバウンドボールを取る.
re·bo·ti·ca [レボティカ] 女 (薬局などの店の)奥の小部屋.
re·bo·zar [レボサル] 他《活 39 gozar》1〈揚げ物料理〉…に衣をつける. 2 …を(+de…) …でくるむ, おおう. 3 …を(+de…) …で汚す.
— **rebozar·se** 再 (+de… …で)汚れる.
re·bo·zo [レボソ] 男 《服飾》ベール.
sin rebozo 1 包み隠さず, 率直に. 2 公然と.
re·bu·fo [レブフォ] 男 1 (銃口のまわりに起こる発砲の)衝撃波. 2 (走行物体のうしろから起こる)空気のうず.
re·bu·jo [レブホ] 男 (雑に)くるんだ包み.
re·bu·llir·se [レブジルセ] 再《活 51 mullir》動きだす.
re·bus·ca·do, da [レブスカド, ダ] 《過去分詞》→ rebuscar 念入りに探す.
— 形 凝(き)った, 不自然な.
re·bus·car [レブスカル] 他《活 73 sacar》1 …を念入りに探す. 2 …を拾い集める.
— 自 (+en…) …をあさる.
re·buz·nar [レブスナル] 自 (ロバが)鳴く.
re·buz·no [レブスノ] 男 ロバの鳴き声.
re·ca·bar [レカバル] 他 …を求めて頼み込む.
re·ca·de·ro, ra [レカデロ, ラ] 男 女 〈人〉走り使い, 使い走り, メッセンジャー.
re·ca·do [レカド] 男 1 伝言, ことづて. 2 用事, 用たし. 3 (日々の)買い物.
re·ca·er [レカエル] 自《活 16 caer》1 (治りかけた)病気に再びかかる. 2 (+en+悪習など)を再開する. 3 (+en, sobre…)…に落ち着く, 当たる, (アクセントが)かかる.
re·ca·í·da [レカイダ] 女 1 (病気の)ぶり返し, 再発. 2 (悪習などへの)逆戻り.
recaig- 活 → recaer 病気に再びかかる《活 16》.
re·ca·lar [レカラル] 他 …を徐々にぬらす.
— 自 1 (+en…)…に停泊する. 2 (+en…)…に姿を現す.
— **recalar·se** 再 徐々にぬれる.
re·cal·car [レカルカル] 他《活 73 sacar》…を強調する, 力説する.
re·cal·ci·tran·te [レカルシトランテ] 形 強情な, 頑固な, 頭の固い.
re·ca·len·ta·mien·to [レカレンタミエント] 男 1 再加熱. 2 過熱, オーバーヒート.
re·ca·len·tar [レカレンタル] 他 1 …をあたため直す, 再加熱する. 2 …を過熱させる.
re·cá·ma·ra [レカマラ] 女 1 衣装部屋, 納戸(なんど). 2 (銃器の)薬室. 3 胸の内, 腹の底.

re·cam·biar [レカンビアル] 他《活 17 cambiar》(部品など)を取り換える, 交換する.
re·cam·bio [レカンビオ] 男 1 (部品などの)取り換え, 交換. 2 交換用の部品, スペア.
re·ca·pa·ci·tar [レカパシタル] 自 (+sobre+自身のおこない)…を深く反省する.
re·ca·pi·tu·la·ción [レカピトゥらシオン] 女 (最終的な)要約, 総括, まとめ.
re·ca·pi·tu·lar [レカピトゥらル] 他 …を(最後に)総括する, まとめる.
re·car·ga·do, da [レカルガド, ダ] 《過去分詞》→ recargar 積みすぎる
— 形 1 荷を積みすぎた. 2 凝(こ)りすぎた. 3 飾りすぎの.
re·car·gar [レカルガル] 他《活 47 llegar》1 …に(+de…)…を積みすぎる, 過度に詰め込む. 2 …に再び積み込む, 再び詰め込む. 3 …に再充填(じゅうてん)[再充電]する, …を飾りすぎる.
re·car·go [レカルゴ] 男 追徴金.
re·ca·ta·do, da [レカタド, ダ] 《過去分詞》→ recatar 秘匿(ひとく)する.
— 形 1 包み隠された. 2 用心深い, 慎重な. 3 つつしみ深い, 謙虚な.
re·ca·tar [レカタル] 他 …を秘匿(ひとく)する, こっそりとかくす.
— **recatar·se** 再 1 (+de…)…から身を隠す. 2 つとめて謙虚に振る舞う, 遠慮する.
re·ca·to [レカト] 男 1 用心, 慎重さ. 2 謙虚, つつしみ.
re·cau·chu·ta·do [レカウチュタド] 男 (古タイヤなどの)再生, 更生.
re·cau·chu·tar [レカウチュタル] 他 (古タイヤなど)を更生[再生]する.
re·cau·da·ción [レカウダシオン] 女 1 徴収, 取り立て, 集金. 2 徴収額, 取り立て金.
re·cau·da·dor, do·ra [レカウダドル, ドラ] 女 1 取り立て人, 集金人. 2 徴税者, 収税吏.
re·cau·dar [レカウダル] 他 (税金など)を取り立てる, 徴収する.
re·cau·do [レカウド] 男 用心.
a buen recaudo 十分安全な場所に.
recay- 活 → recaer 病気に再びかかる《活 16》.
recé, rece(-) 活 → rezar 祈る《活 39》.
re·ce·lar [レセらル] 他 (+que…)…ではないかと疑う, …のような気がする.
— 自 (+de…)…を疑う, 信用しない.
re·ce·lo [レセろ] 男 不信, 疑惑, 疑念.
re·ce·lo·so, sa [レセろソ, サ] 形 疑い深い, 信用しない.
re·cen·sión [レセンシオン] 女 (短い)書評, 寸評.
re·cen·tal [レセンタル] 形 (羊などが)乳離れしていない.
re·cep·ción [レセプシオン] 女 1 (ホテルなどの)受付, フロント. 2 歓迎会, レセプション. 3 (電波

の)受信. 4 接待, 応対. 5 (人の)受け入れ, 入会の受け付け. 6 (力などの)受けとめ. 7 受理, 認可.
re·cep·cio·nis·ta [レセプシオニスタ] 男女 受付係, フロント係.
re·cep·tá·cu·lo [レセプタクロ] 男 容器.
re·cep·ti·vi·dad [レセプティビダッ] 女 受容能力.
re·cep·ti·vo, va [レセプティボ, バ] 形 1 感化されやすい. 2 受容性のある.
re·cep·tor¹ [レセプトル] 男 1 受信機, 受像機. 2 受話器. 3 <言語学> (メッセージの)受信人, 受け手.
re·cep·tor², to·ra [レセプトル, トラ] 形 受け入れる, 受け手の.
— 男 受取人, 受け手.
re·ce·sión [レセシオン] 女 1 <経済> (一時的な)不景気. 2 後退, 低下, 減少.
re·ce·si·vo, va [レセシボ, バ] 形 1 <経済> 不況に向かう. 2 <生物学> 劣性の.
re·ce·so [レセソ] 男 1 分離, 遠ざかり. 2 休止, 休憩, 中断.
re·ce·ta [レセタ] 女 1 <医学> 処方箋(せん). 2 作り方, 調理法, レシピ. 3 手順, やり方.
re·ce·tar [レセタル] 他 (医者が)(薬)を(+a+人)…に処方する.
re·ce·ta·rio [レセタリオ] 男 (集合的に)1 処方箋(せん). 2 調理法, レシピ, 作り方.
rechac- 活 → rechazar 断る (活 39).
re·cha·zar [レチャサル] 他 (活 39 gozar) 1 …を断る, 拒絶する, 拒否する. 2 …を追い払う, 撃退する. 3 …をはね返す, はじき返す.
re·cha·zo [レチャソ] 男 1 拒絶, 拒否. 2 否認, 否定. 3 <医学> 拒否反応.
re·chi·fla [レチフラ] 女 ブーイング, 野次.
re·chi·nar [レチナル] 自 きしむ, きしる.
re·chis·tar [レチスタル] 自 抗議する, 文句を言う.
re·chon·cho, cha [レチョンチョ, チャ] 形 ずんぐりした.
re·chu·pe·te [レチュペテ] 《つぎの成句の一部》
de rechupete すばらしい, とてもよい, とてもよく.
re·ci·bí [レシビ] 男 (署名の上に記入する書式の)受領, 領収.
re·ci·bi·dor [レシビドル] 男 応接間.
re·ci·bi·mien·to [レシビミエント] 男 応接, 応対, もてなし.
re·ci·bir [レシビル] 他 1 …を受け取る, もらう.
2 …をこうむる, 受ける.
3 (訪問者)を接待する, …に応対する.
4 (人)を迎える, もてなす.
5 (人)を迎えに行く.
6 …の入会を認める, 受け入れる.
7 (力など)を受けとめる.
8 …を認める, 受理する.
9 …を受容する, 受け付ける.
10 <闘牛> (牛)をとどめの構えで待つ.

re·ci·bo [レシボ] 男 1 受領書, 領収書. 2 受領, 受取り.
acusar recibo de… …の受領を通知する.
acuse de recibo 受領通知.
(否定+) *ser de recibo* (仕事などが)受け入れられない.
re·ci·cla·do¹ [レシクラド] 男 再生処理, リサイクル.
re·ci·cla·do², da [—, ダ] 《過去分詞》 reciclar 再生処理する.
— 形 再生処理された, リサイクルの.
re·ci·cla·je [レシクラヘ] 男 《= reciclamiento》再生処理, 再生加工, リサイクル.
re·ci·clar [レシクラル] 他 1 …を再生処理する, 再生加工する. 2 (専門職の人)を再教育する.
re·cién [レシエン] 副 (+過去分詞) …したばかりの／*un niño recién nacido* 生まれたばかりの子, 新生児.
re·cien·te [レシエンテ] 形 1 真新しい, 新鮮な, できたての. 2 最近の, 最近起こった.
re·cien·te·men·te [レシエンテメンテ] 副 近ごろ, 最近(は).
re·cin·to [レシント] 男 1 境界内部, 囲い地. 2 境内, 構内／*recinto de la feria de muestras* 見本市会場.
re·cio¹ [レシオ] 副 1 激しく, ひどく. 2 力強く, たくましく.
re·cio², cia [—, シア] 形 1 力強い, たくましい. 2 厳しい. 3 激しい, ひどい.
re·ci·pien·da·rio, ria [レシピエンダリオ, リア] 男女 (入会式で迎えられる)新会員.
re·ci·pien·te [レシピエンテ] 男 容器, 器(うつわ).
re·ci·pro·ca·men·te [レシプロカメンテ] 副 1 相互に. 2 互恵的に.
re·ci·pro·ci·dad [レシプロシダッ] 女 1 相互依存関係. 2 <経済> 互恵主義. 3 <文法> 相互性.
re·cí·pro·co, ca [レシプロコ, カ] 形 1 相互の, たがいの. 2 互恵的な. 3 <文法> 相互性の.
re·ci·ta·ción [レシタシオン] 女 1 朗読, 朗詠(ろうえい). 2 暗誦.
re·ci·ta·do [レシタド] 男 1 朗読, 朗誦(ろうしょう). 2 <音楽> 叙唱用の詩[作品].
re·ci·tal [レシタル] 男 1 リサイタル, 独唱会, 独奏会. 2 朗誦(ろうしょう)会.
re·ci·tar [レシタル] 他 …を朗読する, 朗誦(ろうしょう)する.
re·cla·ma·ción [レクラマシオン] 女 1 抗議, 苦情, クレーム. 2 (権利としての)要求, 請求.
re·cla·mar [レクラマル] 他 1 …を(権利として)要求する, 請求する. 2 …を呼びつける, 召喚する. 3 …を必要とする, 求める. 4 (鳥)を鳥笛でおびよせる.
— 自 (+contra…) …に抗議する, 苦情を言う.
re·cla·mo [レクラモ] 男 1 (鳥などの)おとり. 2 鳥笛. 3 (同類の鳥を呼ぶ)鳥の鳴き声. 4 さそい,

re·cli·na·ble [レクリナブれ] 形 (椅子の背などが)リクライニングの.

re·cli·nar [レクリナル] 他 …を(+contra, en, sobre…) …にもたせかける.
— **reclinar·se** 再 (+contra, en, sobre…) …にもたれかかる, 寄りかかる.

re·cli·na·to·rio [レクリナトリオ] 男 折禱(き)台.

re·cluir [レクるイル] 他 《活 43 huir》 …を(+en…) …に閉じ込める.
— **recluir·se** 再 (+en…) …に閉じ込もる.

re·clu·sión [レクるシオン] 女 1 閉じ込もること, 隠遁(いん). 2 監禁, 幽閉. 3 合庫.

re·clu·so, sa [レクるソ, サ] 形 投獄された.
— 男 女 囚人.

re·clu·ta [レクるタ] 男 (兵役で軍隊に入る)新兵.

re·clu·ta·mien·to [レクるタミエント] 男 1 徴兵. 2 (一般的な)募集, 徴集.

re·clu·tar [レクるタル] 他 1 …を徴兵する. 2 …を募集する.

re·co·brar [レコブラル] 他 …を取り戻す, 回復する.
— **recobrar·se** 再 1 (病気から)回復する. 2 意識を取り戻す. 3 (+de+損失) …を取り戻す.

re·co·cer [レコせル] 他 《活 18 cocer》 1 …を調理し直す. 2 …を煮すぎる, 焼きすぎる.
— **recocer·se** 再 1 (料理が)調理しすぎになる. 2 内心で立腹する.

re·co·chi·ne·ar·se [レコチネアルセ] 再 (+de…) …をあざける, こばかにする.

re·co·chi·neo [レコチネオ] 男 あざけり.

re·co·do [レコド] 男 曲がり角.

re·co·ge·dor [レコヘドル] 男 〈器具〉ちり取り.

re·co·ge·pe·lo·tas [レコヘペロタス] 男 女 〈単複同形〉〈テニス〉ボールパーソン, ボール拾い.

re·co·ger [レコヘル] 他 《活 19 coger》 1 …を片づける, しまう. 2 …を拾い上げる, 拾う. 3 …を集める, 採集する. 4 …を迎えに行く, 取りに行く. 5 …を収容する, 引き取る. 6 …を収集する. 7 …をたたむ, 取り込む. 8 (服など)を詰める.
— **recoger·se** 再 1 (休むために)家[ねぐら]に帰る. 2 (+en…) …に引きこもる. 3 (自分の髪)を束ねる. 4 (スカートなど)をたくし上げる.

re·co·gi·da[1] [レコヒダ] 女 1 収集, 回収. 2 収穫, 取り入れ. 3 (寝室に)引きあげること.

re·co·gi·do[1] [レコヒド] 男 (紙や布の)詰められた部分.
recogido de pelo 髪の束ねた部分.

re·co·gi·do[2]**, da**[2] 《過去分詞》→ recoger 片づける.
— 形 1 引きこもった, 隠遁(いん)した. 2 〈場所〉居心地のよい, 快適な. 3 たたみ込んだ, 束ねられた. 4 収集された, 回収された. 5 (服などが)詰められた. 6 〈髪〉束ねられた.

re·co·gi·mien·to [レコヒミエント] 男 1 没頭, 没入. 2 (精神の)集中.

recoj- 活 → recoger 片づける《活 19》.

re·co·lec·ción [レコれクシオン] 女 1 (農作物の)取り入れ, 収穫期. 2 収穫期. 3 収穫物. 4 回収, 収集.

re·co·lec·tar [レコれクタル] 他 1 (農作物)を取り入れる, 収穫する. 2 …を収集する, 回収する.

re·co·lec·tor, to·ra [レコれクトル, トラ] 男 女 1 (農作物の)収穫者, 取り入れ作業員. 2 収集者, 回収者.

re·co·le·to, ta [レコれト, タ] 形 1 〈場所〉閑静な, 人気(け)のない. 2 〈宗教者〉厳しい隠遁(いん)生活の.

re·co·men·da·ble [レコメンダブれ] 形 推薦できる, 勧められる.

re·co·men·da·ción [レコメンダシオン] 女 1 忠告, 助言. 2 推薦, 推挙, 口利き.

re·co·men·dar [レコメンダル] 他 《活 57 pensar》 1 …を忠告[助言]する. 2 (+que+接続法) …するように忠告[助言]する. 3 …を推薦[推挙]する.

recomiend- 活 → recomendar 忠告する《活 57》.

re·com·pen·sa [レコンペンサ] 女 報酬, 褒美(び).

re·com·pen·sar [レコンペンサル] 他 1 (功績)に(+con…)で報いる, …の褒美を与える. 2 (人)に(+por+功績) …によって(+con…) …の褒美を与える.

recompondr- 活 → recomponer 修理する《活 61》.

re·com·po·ner [レコンポネル] 他 《活 61 poner》 …を修理する, 修復する.

recompong- 活 → recomponer 修理する《活 61》.

re·com·pra [レコンプラ] 女 〈商業〉(自分が販売した商品の)買い戻し, 下取り.

re·com·pues·to, ta [レコンプエスト, タ] 《過去分詞》→ recomponer 修理する.
— 形 修理された.

recompus- 活 → recomponer 修理する《活 61》.

re·con·cen·trar [レコンセントラル] 他 1 …を濃縮する. 2 (感情など)を(+en…) …に集中させる.
— **reconcentrar·se** 再 1 (感情などが)高まる. 2 (+en…) …に専念する.

re·con·ci·lia·ción [レコンシりアシオン] 女 和解, 仲直り.

re·con·ci·liar [レコンシりアル] 他 (二者)を仲直りさせる, 和解させる.
— **reconciliar·se** 再 1 (二者が)和解する. 2 (+con…) …と仲直りする.

活 は活用形　複 は複数形　男 は男性名詞　女 は女性名詞　固 は固有名詞　代 は代名詞　自 は自動詞

re·con·co·mer [レコンコメル] 他 (人)を不快にする，いらいらさせる．
— **reconcomerse** 再 (+de+ねたみなど) …で(内心で)苦しむ．

re·con·co·mio [レコンコミオ] 男 内心の苦しみ．

re·cón·di·to, ta [レコンディト, タ] 形 奥深く秘められた，隠された．

re·con·fir·ma·ción [レコンふぃルマしオン] 女 (予約などの)再確認．

re·con·fir·mar [レコンふぃルマル] 他 …を再確認する．

re·con·for·tan·te [レコンふォルタンテ] 形 元気づける，強壮の．

re·con·for·tar [レコンふォルタル] 他 (人)を元気づける，…に活力を与える．

re·co·no·cer [レコノせル] 他《活 21 conocer》1 …の姿を見る，見分ける，見てわかる．2 …をよく調べる，点検する．3 (事実)を認める，認定する．4 …を診察する，診断する．5《法律》…を認知する．
— **reconocerse** 再 1 (事物が) (+por...) …によってそれとわかる，識別できる．2 (自分が) …であると認める．3 (+en+他人) …に自分の類似点を見出す．

re·co·no·ci·ble [レコノすぃぶれ] 形 識別可能な．

re·co·no·ci·do, da [レコノすぃド, ダ]《過去分詞》→ reconocer 識別する．
— 形 1 識別された．2 認知された，承認された．3 明らかな．4 (+por...) …を感謝している．

re·co·no·ci·mien·to [レコノすぃミエント] 男 1 識別．2 調査，点検．3 認識，認定．4 診察，診断．5《法律》認知．6 謝意，感謝の気持ち．

reconozc- → reconocer 識別する《活 21》．

re·con·quis·ta [レコンキスタ] 女 1 再征服，奪回．2 (中世スペインの8—15世紀の)国土回復運動，レコンキスタ [= la Reconquista].

re·con·quis·tar [レコンキスタル] 他 …を再征服する，奪還する．

re·con·si·de·rar [レコンシデラル] 他 …を考え直す．

re·cons·ti·tu·ción [レコンスティトゥすぃオン] 女 1 再現，復元．2〈医学〉(組織)の再生，強化．

re·cons·ti·tu·yen·te [レコンスティトゥイエンテ] 男〈薬〉強壮剤．

re·cons·truc·ción [レコンストルクすぃオン] 女 1 再建，復興．2 再構成，改造．3 再現．

re·cons·truir [レコンストルイル] 他《活 43 huir》1 …を再建[復興]する．2 …を復元[再構成]する．3 (事件現場などを)再現する．

re·con·tar [レコンタル] 他《活 22 contar》1 …を数える．2 …を数え直す．

re·con·ve·nir [レコンベニル] 他《活 85 venir》(人)を(+por...) …のことでやさしく叱(しか)る．

re·con·ver·sión [レコンベルシオン] 女 (企業などの)近代化のための再編成．

re·con·ver·tir [レコンベルティル] 他 (企業など)を再編成して近代化する．

re·co·pi·la·ción [レコピらすぃオン] 女 1 収集．2 編集．

re·co·pi·lar [レコピラル] 他 1 …を集めて整理する．2 …を編集する．

re·cór·cho·lis [レコルチョリス] 間 1 はてな!，あれ，変だ!2 おやまあ!，うわぁ!

ré·cord [レコル] 男《複 récords》(スポーツなどの)(最高)記録．
batir el récord (これまでの)記録を破る．
en un tiempo récord 記録的な短時間で．
establecer un récord 新記録を樹立する．

re·cor·dar [レコルダル] 他《活 22 contar》1 …を思い出す．2 …をおぼえている，記憶している．3 …を記憶する，おぼえる．4 …を(+a+人) …に思い出させる．5 (事物が) …を思い出させる．
— 自 1 思い出す．2 おぼえている．3 (事物が) (+a...) …を思い出させる．

re·cor·da·to·rio [レコルダトリオ] 男 1 (再確認のための)通知，連絡．2 (宗教行事などの)記念カード．

re·co·rrer [レコレル] 他 1 …をめぐ[巡]る，めぐり歩く．2 …を巡回する，調べまわる．3 …にざっと目を通す．

re·co·rri·do [レコリド] 男 1 めぐり歩き，踏破．2 巡回，ひとまわり．3 (予定された)行程，道のり．4 走行[運行]区間．

re·cor·ta·ble [レコルタブれ] 男 切り抜き絵．

re·cor·ta·do, da [レコルタド, ダ]《過去分詞》→ recortar 切り取る．
— 形 1 切り取られた，切り抜きの．2 (縁(ふち)が)ぎざぎざの，のこぎり状の．

re·cor·tar [レコルタル] 他 1 (余分なものなど)を切り取る．2 …を切り抜く．3 …を小さくする，減らす．4 …の輪郭を示す．
— **recortarse** 再 (+en...) …に輪郭を浮きあがらせる．

re·cor·te [レコルテ] 男 1 (余分なものの)切り取り，切除．2 切り抜き，切り取ったもの．3 減少，削減．4 縮小，短縮．

re·co·ser [レコセル] 他 1 …に重ね縫いをする．2 …をぬう．

re·cos·tar [レコスタル] 他《活 22 contar》…を(+en, sobre...) …にもたせかける．
— **recostarse** 再 (+en, sobre...) …にもたれる，寄りかかる．

re·co·ve·co [レコベコ] 男 1 奥まった所，隠れる場所．2 (くねくね曲がっているものの)曲がった所，カーブする所．3 (話し方や生き方の)わかりにくい所 [= recovecos].

re·cre·a·ción [レクレアすぃオン] 女 1 再生，再現．2 娯楽，レクリエーション．

re·cre·ar [レクレアル] 他 1 (雰囲気など)を再

他 は他動詞 再 は再帰動詞 形 は形容詞 副 は副詞 前 は前置詞 接 は接続詞 間 は間投詞

re·cre·a·ti·vo, va

生[再現]する. 2 (人)を楽しませる, 愉快にさせる.
— **recrearse** 再 (+con, en...) …で気晴らしをする, …を楽しむ.

re·cre·a·ti·vo, va [レクレアティボ, バ] 形 気晴らしになる, 楽しませてくれる.

re·cre·o [レクレオ] 男 1 気晴らし, 娯楽, 楽しみ. 2 (学校の)休み時間. 3 娯楽施設.

re·criar [レクリアル] 他 (家畜)を飼育する.

re·cri·mi·na·ción [レクリミナレオン] 女 (振る舞いに対する)非難, 批判.

re·cri·mi·nar [レクリミナル] 他 1 …を(por+行為など)…のことで非難する. 2 …を(+que...)…のことで非難する.
— **recriminarse** 再 互いに非難しあう.

re·cru·de·cer·se [レクルデセルセ] 再《活》4 agradecer〉(悪いことが)(良くなると思っていたのに)悪化する.

re·cru·de·ci·mien·to [レクルデシミエント] 男 (良くないことの)悪化, 再発.

rec·ta¹ [レクタ] 女《→ recto²》直線, 直線部分.

rec·tal [レクタル] 形《解剖学》直腸の.

rec·tan·gu·lar [レクタングらル] 形 1 長方形の. 2 直角の, 直交する.

rec·tán·gu·lo¹ [レクタングロ] 男 長方形.

rec·tán·gu·lo², la [—, ら] 形 直角の.

rec·ti·fi·ca·ción [レクティふィカしオン] 女 1 訂正, 修正. 2 (器具などの)調整.

rec·ti·fi·ca·dor [レクティふィカドル] 男《電気》整流器.

rec·ti·fi·car [レクティふィカル] 他《活 73 sacar〉1 …を訂正する, 修正する. 2 …を改める, 正す. 3 …を矯正する. 4 (器具など)を調整する. 5 …をまっすぐにする. 6《電気》…を整流する.
— **rectificarse** 再 1 態度を改める. 2 自分の発言を訂正する.

rec·ti·lí·ne·o, a [レクティリネオ, ア] 形 1 直線の, まっすぐな. 2 (態度などが)まっすぐな, 一本気な.

rec·ti·tud [レクティトゥス] 女 1 (性格の)一本気さ. 2 公正さ. 3 まっすぐなこと.
con rectitud まっすぐに.

rec·to¹ [レクト] 男《解剖学》直腸.

rec·to², ta² [レクト, タ] 形 1 まっすぐな, 直線の. 2 垂直の, 直立の. 3 直進する, 直行の. 4 一本気な. 5 公正な, 私欲のない. 6 (意味の)本来の, 文字通りの. 7 正直な, まじめな.
ángulo recto 直角.
línea recta 直線.
todo recto 副 まっすぐに.

rec·tor, to·ra [レクトル, トラ] 形《人》統括する.
— 男 女 1 学長, 総長. 2 院長, 校長. 3 指導者.

rec·to·ra·do [レクトラド] 男 1 学長職, 院長職. 2 学長[院長]の任期. 3 学長室, 院長室.

rec·to·rí·a [レクトリア] 女 1 学長室. 2 大学本部. 3 司教館.

re·cua [レクア] 女 1 (荷役用の)家畜の群れ. 2 (連続性のある)人の集団, 一群のもの.

re·cua·dro [レクアドロ] 男 1 四角い囲み. 2 (記事などの)囲み.

re·cu·bier·to, ta [レクビエルト, タ]《過去分詞》→ recubrir おおう.
— 形 おおわれた.

re·cu·brir [レクブリル] 他 1 …を(+con...)…でおおう. 2 …を再びおおう.

recuent- 活 → recontar 数える《活 22》.

re·cuen·to [レクエント] 男 (確認のために)数えること, 勘定.

recuerd- 活 → recordar 思い出す《活 22》.

re·cuer·do [レクエルド] 男 1 思い出, 記憶. 2 思い出の品, 記念品. 3 土産(みやげ), 土産物.

re·cuer·dos [レクエルドス] 間《→ recuerdo》〈挨拶〉…からのよろしく!
dar a... recuerdos …によろしくと伝える.
¡Recuerdos a...! …によろしく!

recuest- 活 → recostar もたせかける《活 22》.

re·cu·lar [レクらル] 自 1 後退する, あとずさりする. 2 譲歩する, 姿勢を改める.

re·cu·pe·ra·ble [レクペラブれ] 形 1 回復可能な. 2 復帰できる. 3《労働》(休んだ時間で)ほかの日に埋め合わせる.

re·cu·pe·ra·ción [レクペラしオン] 女 1 奪回, 取り戻し. 2 再生, 再利用. 3《学科》追試験などによる合格. 4 (意識などの)回復. 5 正常化, 立ちなおり.

re·cu·pe·rar [レクペラル] 他 1 …を取り戻す. 2 …を再利用する. 3《学科》に改めて合格する. 4《労働》(休んだ時間)を埋め合わせる.
— **recuperarse** 再 1 回復する. 2 正常になる.

re·cu·rrir [レクリル] 自 1 (+a...) …にすがる. 2《法律》上訴する.

re·cur·so [レクルソ] 男 1 手段, 方策. 2《法律》上訴.
recurso de apelación《法律》上告, 控訴, 抗告.
recurso de casación 最高裁判所への上告.

re·cur·sos [レクルソス] 男複《→ recurso》1 資産, 財源. 2 資源.

re·cu·sar [レクサル] 他 1 …を拒否[拒絶]する. 2《法律》(裁判官など)を忌避する.

red [レス] 女 1 網, ネット. 2 わな, 計略. 3 網状の組織.
caer en la red わなにかかる.
red de carreteras 幹線道路網.
red de espionaje スパイ網.
red de supermercados スーパーマーケットのチェーン.
red de venta 販売網.
red emisora de televisión テレビのネットワーク.

活 は活用形 複 は複数形 男 は男性名詞 女 は女性名詞 固 は固有名詞 代 は代名詞 自 は自動詞

red telefónica 電話網.
red vascular 〈解剖学〉血管系.
re·dac·ción [レダクシオン] 囡 1 (文書の)作成. 2〈学習〉作文. 3 編集室[局]. 4 (編集者の集まりとしての)編集部.
re·dac·tar [レダクタル] 他 1 …を文章で表現する, 作文する. 2 …を編集する.
re·dac·tor, to·ra [レダクトル, トラ] 形 〈人〉編集担当の.
— 男 囡 1 文書作成者, 執筆者. 2 記者, 著者. 3 編集者.
re·da·da [レダダ] 囡 1 一斉検挙, 一網打尽. 2 〈漁〉(投網(なげ)の)網打ち.
re·da·ños [レダニョス] 男優 勇気, 覚悟.
re·de·ci·lla [レデシジャ] 囡 1 ヘアネット. 2〈反芻(はんすう)動物〉第二胃, 蜂の巣.
re·de·dor [レデドル] 《つぎの前置詞句の一部》
al [en] rededor de… …の周囲に.
re·den·ción [レデンシオン] 囡 1 (義務や痛みからの)解放. 2 (奴隷などの)身請け, 救出, 解放.
re·den·tor, to·ra [レデントル, トラ] 形 (罪などを)あがなう. 2 (義務や苦痛から)解放してやる.
— 男 囡 解放者, 救い主.
re·di·cho, cha [レディチョ, チャ] 形 〈人〉言葉を選んで気取って話す.
re·diez [レディエス] 間 あれ!, おやおや!
re·dil [レディル] 男 〈家畜〉囲い場.
re·di·mir [レディミル] 他 (人)を(+de+罰や苦しみ) …から解放する, 救い出す.
re·diós [レディオス] 間 くそ!, ばかな!
ré·di·to [レディト] 男 利子, 利息.
re·di·tuar [レディトゥアル] 他〈活 1 actuar〉(資金など)が利益を生む.
re·di·vi·vo, va [レディビボ, バ] 形 生き返った.
re·do·blar [レドブラル] 他 1 …を増やす, 二倍にする. 2 …をふたつ折りにする.
— 圁 太鼓を連打する.
— **redoblar·se** 再 二倍になる.
re·do·ble [レドブレ] 男 1 (太鼓などの)連打. 2 倍増. 3 ふたつ折り.
re·do·ma [レドマ] 囡 〈化学〉フラスコ.
re·do·ma·do, da [レドマド, ダ] 形 (否定的な意味の名詞と共に)まったくの, どうしようもない.
re·don·da¹ [レドンダ] 囡 1 〈音楽〉全音符. 2 〈活字〉ローマン体.
re·don·de·a·do, da [レドンデアド, ダ] 《過去分詞》→ redondear 丸くする.
— 形 丸みをおびた, ほぼ球形の.
re·don·de·ar [レドンデアル] 他 1 …を丸くする, 球状にする. 2 …を完成[完了]する. 3 (数値)の端数を切り捨てる[切り上げる], …を切りのいいものにする.
re·don·del [レドンデル] 男 1 丸, 円. 2〈闘牛〉砂場, 闘技場.
re·don·dez [レドンデス] 囡 丸み, 球状.
re·don·di·lla [レドンディジャ] 囡 1〈詩型〉(ABBAの脚韻の4行詩の)レドンディジャ. 2〈活字〉丸みのある書体.
re·don·do¹ [レドンド] 男〈食肉〉(牛などの円筒形の)腿(もも)肉.
re·don·do², da² [レドンド, ダ] 形 1 丸い, 球形の, 円筒形の. 2 完成した, 完全な. 3 きっぱりとした, 明確な. 4 〈数値〉端数のない. 5〈活字〉通常の.
caer redondo ばったり倒れる.
(en… kilómetros) a la redonda (…キロ四方の)周囲に.
en números redondos 概数で.
en redondo 1 一回転して. 2 きっぱりと.
mesa redonda 1 丸テーブル. 2 円卓会議.
re·duc·ción [レドゥクシオン] 囡 1 減少, 縮小, 削減. 2 鎮圧, 平定. 3〈数学〉換算, 約分. 4〈自動車〉低速ギヤヘの変換.5〈化学〉還元. 6〈医学〉復位, 整復. 7 (植民地時代に聖職者が先住民教化用に作った村の)レドゥクシオン.
reducción al absurdo 〈論理学〉(間接証明の)帰謬(きびゅう)法.
re·du·ci·do, da [レドゥシド, ダ] 《過去分詞》→ reducir へらす.
— 形 1 へらされた, 削減された, 縮小された. 2 わずかな, 少量の. 3 狭い, 小さな.
re·du·cir [レドゥシル] 他《活 20 conducir》1 …をへらす, 削減する, 縮小する. 2 …を(+a+小さなもの) …に変える, 変換する. 3 …を(+a…) …に限定する, 簡約する. 4 …を鎮圧[制圧]する, 服従させる. 5〈数学〉…を換算する, 約分する. 6〈化学〉…を還元する. 7〈医学〉(ずれた部分)を整復する, 復位させる.
— 圁 〈自動車〉ギヤを低速に切り換える.
— **reducir·se** 再 1 へる, 小さくなる, 弱まる. 2 価値が下がる. 3 (+a…) …になる, 帰着する. 4 (+a…) …だけにする, …に限定する.
reducir a… al silencio …を完全に黙らせる.
re·duc·to [レドゥクト] 男 1 (消えゆくものをわずかに残す集団や場所の)生き残り, 最後の砦(とりで). 2 要塞.
reduj-〈活〉→ reducir へらす〈活 20〉.
re·dun·dan·cia [レドゥンダンシア] 囡 1 (言葉などの)余分な繰り返し, 重複. 2 過剰, 過多, 冗長.
re·dun·dan·te [レドゥンダンテ] 形 重複した, 余分な, 冗長な.
re·dun·dar [レドゥンダル] 圁 結果として(+en+利害)…になる.
redundar en beneficio de… …の利益となる.
redundar en perjuicio de… …の損害となる.
re·du·pli·ca·ción [レドゥプリカシオン] 囡 1 増大, 倍増. 2〈修辞学〉重複表現法.
re·du·pli·car [レドゥプリカル] 他《活 73 sacar》1 …を増大する, 強化する. 2 …を二倍にする.

— **re·du·pli·car·se** 再 1 増大[強化]する. 2 倍増する.

reduzc- 活 → reducir へらす《活 20》.
re·e·di·ción [レエディシオン] 女 再版, 重版.
re·e·di·tar [レエディタル] 他 …を再版[重版]する.
re·e·du·car [レエドゥカル] 他《活 73 sacar》(体の障害部位の) 機能回復訓練を(+a+人) …に施す.
re·e·lec·ción [レエレクシオン] 女 再選.
re·e·le·gi·ble [レエレヒブレ] 形 再選可能な.
re·e·le·gir [レエレヒル] 他《活 23 corregir》…を再選する.
reelij- 活 → reelegir 再選する《活 23》.
re·em·bol·sar [レエンボルサル] 他 (代金)を払い戻す, 返済する.
re·em·bol·so [レエンボルソ] 男 1 払い戻し, 返済. 2 (配達商品の)引き取り代金.
contra reembolso 着払いで.
re·em·pla·zar [レエンプラサル] 他《活 39 gozar》1 …を(+con, por…)と取り替える. 2 (+en…) …の役割で(+a+人) …の後任[代理]になる.
re·em·pla·zo [レエンプラソ] 男 1 代替, 交代. 2 (兵役の)補充時期. 3 (集合的に)補充兵.
re·en·car·na·ción [レエンカルナシオン] 女 (別の肉体への)霊魂の再生, 再受肉.
re·en·car·nar·se [レエンカルナルセ] 再 (霊魂が)ふたたび受肉する.
re·en·gan·char·se [レエンガンチャルセ] 再 1 (兵役期間終了後に)再入隊する. 2 (おなじことを)もう一度する.
re·en·gan·che [レエンガンチェ] 男 1 (兵役後の職業軍人としての)再入隊. 2 (おなじことの)再度の実行.
re·fac·ción [レファクシオン] 女 疲労回復の食事, 軽食, スナック.
re·fa·jo [レファホ] 男 (防寒用の)フレアスカート.
re·fec·to·rio [レフェクトリオ] 男 (修道院などの)食堂.
re·fe·ren·cia [レフェレンシア] 女 1 (間接的な)指摘, 言及. 2 関連づけ, 参照の指示. 3 関連情報, 関連報告. 4 典拠, よりどころ. 5 参考文献, 参考情報. 6 (個人や信用の)調査書, 紹介状[= referencias]. 7 照会, 照会先.
con referencia a… …に関連して.
hacer (una) referencia a… …に言及する.
por referencias 情報によれば.
punto de referencia 重要情報.
referencias bancarias (特定企業に関する) 1 信用照会先銀行. 2 取引銀行による信用調査書.
re·fe·ren·do [レフェレンド] 男《= referéndum》国民投票, 人民投票, レファレンダム.
re·fe·ren·te [レフェレンテ] 形 (+a…) …に関する.
— 男〈言語学〉(語の)指示対象, 指示物.
re·fe·ri·do, da [レフェリド, ダ]《過去分詞》→ referir 語る.
— 形 前述の.
re·fe·rir [レフェリル] 他《活 77 sentir》1 …を語る, 記述する. 2 …を(+a…) …に関連づける.
— **referirse** 再 1 (+a…) …に言及する. 2 (+a…) …に関連する, 関係がある.
refier- 活 → referir 語る《活 77》.
re·fi·lón [レフィロン] (つぎの副詞句の一部)
de refilón 1 ななめに, はすかいに. 2 ざっと, 軽く.
re·fi·na·do¹ [レフィナド] 男 精製, 精錬.
re·fi·na·do², da [—, ダ]《過去分詞》→ refinar 精製する.
— 形 1 精製[精錬]された. 2 洗練された, 上品な. 3 とても巧妙な, 手の込んだ.
re·fi·na·mien·to [レフィナミエント] 男 1 洗練. 2 入念, 丹精. 3 細心の配慮[工夫].
re·fi·nar [レフィナル] 他 1 …を精製する, 精錬する. 2 …を上品にする, 洗練する. 3 …を完全なものにする.
— **refinarse** 再 1 純化する. 2 洗練される, 上品になる.
re·fi·ne·rí·a [レフィネリア] 女 精製所, 精錬所.
re·fi·no [レフィノ] 男 精製, 精錬.
refir- 活 → referir 語る《活 77》.
re·flec·tar [レフレクタル] 他〈物理学〉…を反射する, 反射させる.
— 自 反射する.
re·flec·tor¹ [レフレクトル] 男 1 反射装置, 反射板. 2 サーチライト.
re·flec·tor², to·ra [—, トラ] 形 反射させる.
re·fle·jar [レフレハル] 他 1 …を反射する. 2 …を反響させる. 3 …を映し出す. 4 …を反映する, 見せる, 示す.
— **reflejarse** 再 1 反射する. 2 (+en…) …に反映する, 映る. 3 (患部の痛みが) (+en+別の部位) …に感じられる.
re·fle·jo¹ [レフレホ] 男 1 (光の)反射, 反射光. 2 映った姿[像], 投影. 3 反映, 反映. 4 (神経の)反射.
re·fle·jo², ja [—, ハ] 形 1 (神経の)反射の. 2 反射した, 反射された. 3〈痛み〉(患部とは)違う部位に感じられる.
movimiento reflejo 反射的動作.
pasiva refleja〈文法〉再帰受動文.
re·fle·jos [レフレホス] 男複《→ reflejo¹》反射神経, 運動神経.
re·fle·xión [レフレクシオン] 女 1 熟考, 考察. 2 反省, 自省. 3 忠告, 意見. 4〈物理学〉反射.
re·fle·xio·nar [レフレクシオナル] 自 (+ sobre…) …について熟考する, ゆっくり考える.
— 他 …について考察する.

活 は活用形 複 は複数形 男 は男性名詞 女 は女性名詞 固 は固有名詞 代 は代名詞 自 は自動詞

re·fle·xi·vo, va [レふれクシボ, バ] 形 1 思慮深い, よく考えて行動する. 2《文法》再帰の.

re·fluir [レふルイル] 自《活 43 huir》(液体が)逆流する.

re·flu·jo [レふルホ] 男《海》引き潮.

re·o·ci·lar·se [レふぉシらルセ] 再 (+con+悪いことや不幸)…を楽しむ, 喜ぶ.

re·fo·res·ta·ción [レふぉレスタしオン] 女 再植林.

re·fo·res·tar [レふぉレスタル] 他 …にふたたび植林する.

re·for·ma [レふォルマ] 女 1 改善, 改革, 改正. 2 改装, 改修. 3 宗教改革[= Reforma].
— 活 → reformar 改善する.

re·for·mar [レふぉルマル] 他 1 …を改善する, 改革する. 2 …を改修する, リフォームする. 3 (人)を矯正する, 改めさせる.
— **reformar·se** 再 改心する.

re·for·ma·to·rio [レふぉルマトリオ] 男 少年院, 教護院.

re·for·mis·mo [レふぉルミスモ] 男 改革主義.

re·for·mis·ta [レふぉルミスタ] 形《男女同形》改革派の, 革新運動の.
— 男女 改革主義者.

re·for·zar [レふぉルさル] 他《活 38 forzar》1 …を補強する, もっと強くする. 2 …を増強する, もっとふやす. 3《写真》(ネガ)を補力(ﾘｮｸ)する.

re·frac·ción [レふラクしオン] 女 (光の)屈折.

re·frac·tar [レふラクタル] 他 (光線)を屈折させる.

re·frac·ta·rio[1] [レふラクタリオ] 男 (レンガなどの)耐熱材, 耐火材.

re·frac·ta·rio[2]**, ria** [—, リア] 形 1 耐熱性の, 耐火性の. 2 (+a...)…に反対の, …を受けつけない.

re·frán [レふラン] 男 ことわざ[諺].

re·fra·ne·ro [レふラネロ] 男 ことわざ集.

re·fre·gar [レふレガル] 他《活 53 negar》1 …をこする. 2 …にいやなことをくり返し言う.

re·fre·ír [レふレイル] 他《活 67 reír》〈料理〉1 …を揚げなおす. 2 …を揚げすぎる.

re·fre·nar [レふレナル] 他 …を制御する.

re·fren·dar [レふレンダル] 他 1 (文書)を承認する. 2 …を再確認する.

re·fren·do [レふレンド] 男 1 承認. 2 再確認.

re·fres·can·te [レふレスカンテ] 形 さわやかな.

re·fres·car [レふレスカル] 他《活 73 sacar》1 (飲み物)を涼しくする, さわやかにする. 2 (知識など)をよみがえらせる. 3 …の記憶を新たにする.
— 自 1 涼しくなる. 2 暑さが取れる. 3 冷たい飲み物で暑さをしのぐ. 4 元気を取り戻す.
— **refrescar·se** 再 [= 自].

re·fres·co [レふレスコ] 男 (アルコールを含まない)冷たい飲み物, 清涼飲料水.

refresqu- → refrescar 涼しくする《活 73》.

re·frie·ga [レふリエガ] 女 小ぜり合い.

re·fri·ge·ra·ción [レふリヘラしオン] 女 1 冷却, 冷房. 2 冷房装置.

re·fri·ge·ra·dor, do·ra [レふリヘラドル, ドラ] 男 冷蔵庫.

re·fri·ge·ran·te [レふリヘランテ] 形 冷却する.
— 男 1 冷却装置. 2 冷却剤.

re·fri·ge·rar [レふリヘラル] 他 1 …を冷却する, 冷凍する. 2 …を冷蔵する.
— **refrigerar·se** 再 1 涼しくなる. 2 つめたくなる.

re·fri·ge·rio [レふリヘリオ] 男 (元気を取り戻すための)軽い食事.

re·fri·to[1] [レふリト] 男 1 (揚げ物入りの)野菜ソース. 2〈作品〉焼き直し, (ごたまぜの)改作.

re·fri·to[2]**, ta** [—, タ]《過去分詞》→ refreír 揚げなおす.
— 形〈料理〉1 揚げなおした. 2 揚げすぎの.

refuerc- → reforzar 補強する《活 38》.

refuerz- → reforzar 補強する《活 38》.

re·fuer·zo [レふエルそ] 男 1 補強, 強化. 2 増強. 3 補強材. 4 (補習などの)補強手段. 5 増援部隊, 援軍. 6〈写真〉(ネガの)補力(ﾘｮｸ).

re·fu·gia·do, da [レふヒアド, ダ]《過去分詞》→ refugiar 庇護(ﾋｺﾞ)する.
— 形 1 避難した. 2 亡命した.
— 男女 1 避難者. 2 難民, 亡命者.

re·fu·giar [レふヒアル] 他《活 17 cambiar》…を庇護(ﾋｺﾞ)する, かくまう.
— **refugiar·se** 再 (+de...)…から(+bajo, en...)…に避難する, 逃れる, 亡命する.

re·fu·gio [レふヒオ] 男 1 庇護(ﾋｺﾞ), 保護. 2 避難所. 3 隠れ家. 4 心の支え, 逃げ場.

re·ful·gen·te [レふルヘンテ] 形 光り輝く.

re·ful·gir [レふルヒル] 自《活 27 dirigir》光り輝く, きらめく.

re·fun·di·ción [レふンディしオン] 女 1 統合, 合併, 併合. 2〈作品〉改作, 改訂版.

re·fun·dir [レふンディル] 他 1 …を合併する, 統合[併合]する. 2 (文芸作品など)を改作[改訂]する.

re·fun·fu·ñar [レふンふニャル] 自 ぶやく, ぶつぶつ言う, ぐちる.

re·fu·ta·ble [レふタブれ] 形 反論できる.

re·fu·ta·ción [レふタしオン] 女 反論, 論駁(ﾊﾞｸ).

re·fu·tar [レふタル] 他 …に反論する, …を論破する.

re·ga·de·ra [レガデラ] 女〈道具〉じょうろ.
estar como una regadera 気が狂っている.

re·ga·dí·o [レガディオ] 男 灌漑農地, 水田.

re·ga·la·do, da [レガらド, ダ] 《過去分詞》→ regalar 贈る.
— 形 1 贈られた. 2 快適な, 楽しい. 3 とても安い, 捨て値の.

re·ga·lar [レガらル] 他 1 …を贈る, プレゼントする, あげる. 2 …を(+con...)…で楽しませる. 3 …

re·ga·lí·a

をとても安く売る. 4 …をうれしがらせる, 喜ばせる.
— **regalar-se** 再 (+con...) …を楽しむ.

re·ga·lí·a [レガリア] 女 (国王などの)特権.

re·ga·liz [レガリス] 男 (複 regalices)〈植物〉(根に甘みのある)カンゾウ [甘草].

re·ga·lo [レガロ] 男 1 贈り物, プレゼント. 2 (目・耳・舌を)楽しませるもの. 3 快適, 安楽. 4 お買い得品.

re·ga·ña·dien·tes [レガニャディエンテス]《つぎの副詞句の一部》
a regañadientes いやいや(ながら).

re·ga·ñar [レガニャル] 他 …を(+por...) …のことで叱[しか]る, さとす.
— 自 1 口論しあう, 言い争う. 2 (+con...) …と口論する, 仲たがいする. 3 ぶつぶつ言う, ぼやく.

re·ga·ñi·na [レガニニャ] 女《= regaño 男》1 叱責, さとし. 2 口論, 仲たがい. 3 ぐち, ぼやき.

re·gar [レガル] 他〈活 53 negar〉1 …に水をまく, 水をかける. 2 …を灌漑[かんがい]する. 3 (河川が) …を通る. 4 (動脈が) …に血液を送りこむ. 5 …に(+con, de...) …をまき散らす, ばらまく.

re·ga·ta [レガタ] 女 (ボートなどの競漕[きょうそう]の)レガッタ.

re·ga·te [レガテ] 男 身をかわす動作.

re·ga·te·ar [レガテアル] 他 1 (値段を)値切る. 2 …をけちる, 惜[お]しむ. 3 …をかわす.
— 自 1 値切りの交渉をする. 2 身をかわす. 3 レガタの競漕[きょうそう]をする.

re·ga·te·o [レガテオ] 男 値切りの交渉.

re·ga·to [レガト] 男 小川, 細い水路.

re·ga·zo [レガソ] 男 1 ひざ [膝]. 2 安らげる場所.

re·gen·cia [レヘンシア] 女 1 摂政[せっしょう]政治. 2 摂政期間. 3 支配, 取り締まり.

re·ge·ne·ra·ción [レヘネラシオン] 女 1 再生, 復興. 2〈生物学〉再生機構. 3 更正, 改心.

re·ge·ne·rar [レヘネラル] 他 1 …を再生 [更正]する. 2 …を更正 [改心]させる.
— **regenerarse** 再 1 再生 [更生]する. 2 更正 [改心]する.

re·gen·ta [レヘンタ] 女 1 摂政[せっしょう]夫人. 2〈女性〉支配人. 3 支配人の妻.

re·gen·tar [レヘンタル] 他 1 …を経営する, 支配する. 2 (役職などを)臨時に代行する.

re·gen·te [レヘンテ] 男 1〈人〉摂政[せっしょう]. 2 支配人, 経営者.

reg·gae [レゲ] 男 (ジャマイカ系のポピュラー音楽の)レゲエ.

re·gi·ci·da [レヒシダ] 形《男女同形》国王殺害の, 皇后[こうごう] [皇太子]殺害の.
— 男女 国王 [皇后, 皇太子]の殺害者.

re·gi·dor, do·ra [レヒドル, ドラ] 男女 1 統治者, 支配者. 2〈演劇〉助監督. 3 (市会などの)評議員.

ré·gi·men [レヒメン] 男 (複 regímenes) 1 制度, 規則. 2 食餌[しょくじ]療法, ダイエット. 3 政体, 政治体制. 4 (習慣的な)決まり, 習慣. 5〈言語学〉(別の語の支配を受ける)被制辞. 6〈言語学〉動詞が要求する前置詞.

re·gi·mien·to [レヒミエント] 男 1〈軍隊〉連隊. 2〈人〉多めの集団.

re·gio, gia [レヒオ, ヒア] 形 1 王の, 王家の. 2 偉大, 壮麗な.

re·gión [レヒオン] 女 1 地方, 地域. 2 軍管区, 軍区. 3〈解剖学〉部, 部位.

re·gio·nal [レヒオナル] 形 地方の, 地域の.

re·gio·na·lis·mo [レヒオナリスモ] 男 1 地方分権主義. 2 郷土愛. 3〈言語学〉地方語系要素.

re·gio·na·lis·ta [レヒオナリスタ] 形《男女同形》地方分権主義の, 地方主義の.
— 男女 地方主義者.

re·gir [レヒル] 他〈活 23 corregir〉1 …を支配する, 統治する. 2〈文法〉(他の語を)支配する, 要求する.
— 自 1 (規則などが)有効である. 2〈人〉気持ちがしっかりしている. 3 (機械などが)正常に機能する.

re·gis·tra·dor, do·ra [レヒストラドル, ドラ] 形 1 記録係の. 2 登記係の.
— 男女 1 検査員. 2 登記係官.

re·gis·trar [レヒストラル] 他 1 …を検査する, 調べる. 2 …を登記する. 3 …を記載する, 収録する. 4 …を録音 [録画]する.
— **registrarse** 再 1 記名する, 記帳する. 2 記録される, 起こる.

re·gis·tro [レヒストロ] 男 1 詳しい検査, 捜査. 2 登記, 登録. 3 登記所. 4 登記簿. 5 記録, 記録事項. 6〈言語学〉社会層別の言語様態, 言語レジスター. 7〈音楽〉声域, 音域. 8〈コンピュータ〉一時的な記憶装置.
tocar todos los registros あらゆる手を打つ.

re·gla [レグラ] 女 1 定規, 物差し. 2 規定, 規則, ルール. 3〈宗教〉方法, やり方. 4〈女性〉生理, 月経.
en regla 1 ふさわしい, 正規の. 2 型通りに.
las cuatro reglas 1〈算数〉(加減乗除の)四則. 2 基本的な法則, 原則.
por regla general いつもは, 普通なら.
regla de oro 肝心な規則 [決まり].
regla de tres〈数学〉三数法, 比例算.

re·gla·je [レグラへ] 男〈機械〉(部品の)調整, 点検.

re·gla·men·ta·ción [レグラメンタシオン] 女 (集合的に)規則, 規定.

re·gla·men·tar [レグラメンタル] 他 …を規定する, 規制する.

re·gla·men·ta·rio, ria [レグラメンタリオ, リア] 形 1 規則の. 2 規定通りの, 正規の.

re·gla·men·to [レグラメント] 男 1 規定, 規則. 2〈法律〉法則, 条例.

re·glar [レグラル] 他 1 …を規定する, 規制する. 2 〈機械〉…を調整する, 整備する. 3 …に直線を引く.

re·go·ci·jar [レゴシハル] 他 …をうれしがらせる, 大いに喜ばせる.
— **regocijar·se** 再 (+con, de, por…) …で大喜びする.

re·go·ci·jo [レゴシホ] 男 大満足, 大喜び.

re·go·de·ar·se [レゴデアルセ] 再 1 大いに喜ぶ. 2 他人の不幸を喜ぶ.

re·go·de·o [レゴデオ] 男 1 大満足, 大喜び. 2 他人の不幸を喜ぶこと. 3 楽しみ.

re·gol·dar [レゴルダル] 自《活 22 contar》げっぷをする, おくびを出す.

re·gor·de·te, ta [レゴルデテ, タ] 形 小さくて太った.

re·gre·sar [レグレサル] 自 (+a+出発点) …に戻る, 帰る.

re·gre·sión [レグレシオン] 女 後退, 退行.

re·gre·si·vo, va [レグレシボ, バ] 形 後退の, 逆行する.

re·gre·so [レグレソ] 男 (出発点への)帰着, 帰宅, 帰国.

regué- → regar 水をまく《活 53》.

re·güel·do [レグエルド] 男 げっぷ, おくび.

re·gue·ra [レゲラ] 女 灌漑(敷)用水路.

re·gue·ro [レゲロ] 男 1 (液体がしたたってできた)ひと筋の跡. 2 細い流れ. 3 灌漑(敷)用水路.
como un reguero de pólvora あっという間に.
un reguero de sangre ひと筋の血痕(㿂).

re·gu·la·ción [レグラシオン] 女 1 規制, 統制. 2 調節, 調整.

re·gu·la·do, da [レグラド, ダ]《過去分詞》→ regular 規制する.
— 形 1 規制された. 2 規則的な. 3 調節された.

re·gu·la·dor¹ [レグラドル] 男 1 調整器, レギュレーター. 2 〈機械〉調節つまみ.

re·gu·la·dor², do·ra [—, ドラ] 形 1 規制[統制]する. 2 調節[調整]する.

re·gu·lar [レグラル] 形 1 一定の, 規則的な, 規則正しい. 2 整然とした, 規則に合った. 3 定例の, 規定通りの. 4 普通の, 平均的な. 5 (平均より下の)まあまあの, まずまずの. 6 〈文法〉規則変化の. 7 〈数学〉等辺の, 等角の. 8 〈軍隊〉正規の. 9 〈宗教〉修道会に属する.
— 他 1 …を規制[統制]する. 2 …を調節[調整]する.
— 副 中ぐらいに[で], 良くもなく.
ejército regular 正規軍.
poliedro regular 〈数学〉正多面体.
por lo regular 普段は, いつもは.
tamaño regular 〈衣類〉Mサイズ.
verbos regulares 〈文法〉規則動詞.
vuelos regulares 〈飛行機〉定期便.

regularic- 活 → regularizar 正常化する

《活 39》.

re·gu·la·ri·dad [レグラリダス] 女 1 規則正しさ, 規律正しさ. 2 正規, 正常.

re·gu·la·ri·za·ción [レグラリサシオン] 女 正常化, 規定に合わすこと.

re·gu·la·ri·zar [レグラリサル] 他《活 39 gozar》…を正常化する, 規定に合わす.

re·gu·lar·men·te [レグラルメンテ] 副 1 規則正しく. 2 まずまずで, 良くもなく. 3 普段は, いつもは.

re·gus·to [レグスト] 男 1 (飲食物の)あと味. 2 (事が終わったあとの)余韻. 3 (思い出などの)味. 4 風趣, 味わい.

re·ha·bi·li·ta·ción [レアビリタシオン] 女 1 〈医学〉リハビリ(テーション), 社会復帰. 2 復権, 復職, 回復 3 再建, 復興.

re·ha·bi·li·tar [レアビリタル] 他 1 …を社会復帰させる. 2 …を(+en+もとの地位など)…に復帰させる. 3 …を再建[復興]する.
— **rehabilitar·se** 再 1 社会復帰する. 2 (地位などを)回復する. 3 もとの姿になる.

re·ha·cer [レアセル] 他《活 41 hacer》1 …を作り直す, やり直す. 2 …を修復する, 修理する.
— **rehacer·se** 再 1 (元気や健康を)回復する. 2 平常心を取り戻す.

rehag- 活 → rehacer 作り直す《活 41》.

re·he·cho, cha [レエチョ, チャ]《過去分詞》→ rehacer 作り直す.
— 形 1 作り直された. 2 がっしりした, 健康な. 3 立ち直った, 平静な.

re·hén [レエン] 男 ⦅女⦆ 人質(ﾋ).

rehic- 活 → rehacer 作り直す《活 41》.

re·hi·la·mien·to [レイラミエント] 男〈音声学〉(摩擦音子音の発音で, ときに二次的調音として加わる)うなり音.

re·hi·lar [レイラル] 自 1 (矢などが)うなりながら飛ぶ. 2 〈音声学〉(摩擦音子音を)うなり音と共に発音する.

re·hi·le·te [レイレテ] 男 1 (ダーツ競技の)投げ矢, ダート. 2 〈闘牛〉(飾り槍(㓐)の)バンデリジャ. 3 (バドミントンの)羽根球, シャトルコック.

re·ho·gar [レオガル] 他《活 47 llegar》〈料理〉…をソテーにする.

re·huir [レウイル] 他《活 43 huir》1 …を避ける, 拒絶する. 2 (人)を敬遠する.

re·hu·sar [レウサル] 他《活 66》…をことわる, こばむ.

rehuy- 活 → rehuir 避ける《活 43》.

re·im·por·tar [レインポルタル] 他 …を逆輸入[再輸入]する.

re·im·pre·sión [レインプレシオン] 女 〈出版〉再版, 増刷.

re·im·pre·so, sa [レインプレソ, サ]《過去分詞》→ reimprimir 再版する.
— 形 再版の, 増刷の.

re·im·pri·mir [レインプリミル] 他 〈出版〉…

を再版する, 増刷する.

rei·na [レイナ] 囡 1 女王, 女帝. 2 王妃. 3 (祭りなどの)女王. 4〈チェス〉クイーン. 5〈昆虫〉(ハチなどの)女王.
— 間 (親しい女性に対して)ねえ, きみ!
— 活 → reinar 統治する.
abeja reina 女王バチ.
la reina Sofía (現スペイン王室の)ソフィア王妃.

rei·na·do [レイナド] 男 1 (王などの)統治期間, 治世. 2 全盛期.

rei·nar [レイナル] 圁 1 (王などが)統治する, 君臨する. 2 勢力をふるう, 支配的である.

rein·ci·den·cia [レインシデンシア] 囡 1 再度の過失. 2 再犯.

rein·ci·den·te [レインシデンテ] 形 (過失や犯罪の)二度目の, 常習の.
— 男女 再犯者, 常習犯.

rein·ci·dir [レインシディル] 圁 (+en＋過失や犯罪) …を繰り返す.

rein·cor·po·ra·ción [レインコルポラシオン] 囡 1 再併合, 再編入. 2 復帰.

rein·cor·po·rar [レインコルポラル] 他 1 …を(+a…)…に再併合[再編入]させる. 2 …を(+a…)…に復帰させる.
— reincorporar·se 再 1 (+a…)…に再び合体[編入]する. 2 (+a…)…に復帰する.

rei·ne·ta [レイネタ] 囡 (香りのよい青リンゴの)レネット.

rein·gre·sar [レイングレサル] 他 1 (金額)を(+en…) …に再び入金する.
— 圁 (+en…)…に復帰する, 再加入する.

rei·no [レイノ] 男 1 王国. 2 (活動の)世界, 分野, 領域. 3〈生物分類〉…界.
— 活 → reinar 統治する.
reino animal〈生物分類〉動物界.
Reino de España スペイン王国.
reino de la imaginación 想像の世界.
reino de los cielos〈宗教〉天国.
Reino Unido 固 (イギリスの)連合王国.
reino vegetal〈生物分類〉植物界.

rein·ser·ción [レインセルシオン] 囡 (受刑者などの)就労能力を開発する)授産.

rein·ser·tar [レインセルタル] 他 (社会から疎外された人)の就労能力を開発[する].
— reinsertar·se 再 社会に再適応する.

rein·te·gra·ble [レインテグラブれ] 形 払い戻しが可能な. 2 復帰可能な.

rein·te·grar [レインテグラル] 他 1 …を払い戻す. 2 …を(+a…)…に復帰させる.
— reintegrar·se 再 (+a…)…に復帰する.

rein·te·gro [レインテグロ] 男 1 払い戻し. 2 (仕事などへの)復帰. 3〈宝くじ〉(代金と同額の)残念賞.

re·ír [レイル] 圁《活 67》1 笑う. 2 (事物が)楽しそうに見える.

— 他 …を聞いて笑う, 見て笑う.
— reír·se 再 1 笑う. 2 (+con…)…で笑う. 3 (+de…)…を笑う. 4 (+de…)…をあざ笑う, 5 ほころびる, だめになる.
reír(se) a carcajadas [*a mandíbula batiente*] 大笑いする.

rei·te·ra·ción [レイテラシオン] 囡 反復, 繰り返し.

rei·te·ra·da·men·te [レイテラダメンテ] 副 何度も, 繰り返して.

rei·te·ra·do, da [レイテラド, ダ]《過去分詞》→ reiterar 反復する.
— 形 繰り返される, いつまでも続く.

rei·te·rar [レイテラル] 他 …を反復する, 繰り返す.
— reiterar·se 再 (+en…)…を繰り返して言う[行う].
Me reitero de usted su seguro servidor. 〈手紙〉敬具.

rei·te·ra·ti·vo, va [レイテラティボ, バ] 形 1 繰り返しの多い, 繰り返しの. 2〈文法〉反復相の.

rei·vin·di·ca·ción [レイビンディカシオン] 囡 1 (権利としての)要求, 主張. 2 (権利などの)回復, 復権. 3 (出来事が)張本人[主]であることの主張.

rei·vin·di·car [レイビンディカル] 他《活 73 sacar》1 …を(権利として)要求する, 主張する. 2 (権利や名誉)を回復する. 3 (出来事)の当事者であると主張する.

re·ja [レハ] 囡 1 鉄格子, 格子. 2〈農具〉鋤(^{すき})の刃.
entre rejas [*tras las rejas*] 牢屋(ろう)のなかで[に].

re·je·rí·a [レヘリア] 囡 1 (鉄)格子の設置. 2 (建造物の全体の)格子, 鉄格子.

re·ji·lla [レヒじゃ] 囡 1 (のぞき窓などの)金網. 2 格子窓. 3 (物をかくす)飾り格子, グリル. 3 (籐(^{とう})椅子などの)網み目. 4 (列車などの)網棚. 5 〈料理〉焼き網, グリル.

re·jón [レホン] 男〈闘牛〉騎馬闘牛の手槍(^{やり}).

re·jo·ne·a·dor, do·ra [レホネアドル, ドラ] 男 囡 騎馬闘牛士.

re·jo·ne·ar [レホネアル] 圁 騎馬闘牛をする.
— 他 1〈闘牛〉(牛)を騎馬で相手にする. 2 (騎馬闘牛士が)(牛)に手槍(^{やり})の先端を刺し残す.

re·jo·ne·o [レホネオ] 男 1 騎馬闘牛. 2〈闘牛〉手槍(^{やり})の操作.

re·ju·ve·ne·cer [レフベネセル] 他《活 4 a-gradecer》1 (人や組織)を若返らせる. 2 …を近代化する.
— 圁 (人が)若返る.
— rejuvenecer·se 再 (人が)若返る.

re·la·ción [レらシオン] 囡 1 関係, 関連. 2 交際, 交流. 3 一覧表, 目録, リスト. 4 物語, 話. 5 報告, 陳述. 6〈数学〉比例, 比率.
con relación a… [*en relación con…*] …に関して. 2 …とくらべて. 3 …と関係して.

hacer relación a... ...に言及する.
hacer una relación（*de*...）（…について）話をする.
poner・se en relación con... …と連絡をとる, 関係する.
relaciones públicas 1 広報活動, PR. 2《単複同形》広報担当者.

re・la・cio・na・do, da [レラシオナド, ダ]《過去分詞》→ relacionar 関連づける.
— 形 1 関係のある, コネのある. 2 (+a, con...) …に関する／*todo lo relacionado a*... …に関することすべて.

re・la・cio・nar [レラシオナル] 他 1 …を(+con...) …と関連づける, 関係づける. 2 …について陳述する, 報告する, 話す. 3 …を一覧表[リスト]にする.
— *relacionar・se* 再 1 人づき合いをする. 2 (+con...) …と関係する, 関連がある, コネがある.

re・la・cio・nes [レラシオネス] 女 複《→ relación》1 恋愛関係, 肉体関係. 2 (関係のある)有力者筋, コネ(クション).

re・la・ja・ción [レラハシオン] 女 1 ゆるみ, 弛緩(きん). 2 くつろぎ, リラックス. 3 緩和, 軽減.

re・la・ja・do, da [レラハド, ダ]《過去分詞》→ relajar ゆるめる.
— 形 1 ゆるんだ. 2 くつろいだ. 3 軽減した. 4《発音》弱まった, 弛緩した(きん).

re・la・ja・mien・to [レラハミエント] 男 1 ゆるみ, 弛緩(きん). 2 緩和, 軽減.

re・la・jan・te [レラハンテ] 形 ゆるくする, 楽にさせる.

re・la・jar [レラハル] 他 1 …をゆるめる. 2 …をくつろがせる. 3 …をゆるくする.
— *relajar・se* 再 1 ゆるくなる, 楽になる. 2 くつろぐ, リラックスする, 楽にする.

re・la・jo [レラホ] 男 1 だらしなさ, ふまじめさ. 2 (規律などの)ゆるみ, 乱れ. 3 ひと休み, 息抜き.

re・la・mer・se [レラメルセ] 再 1 舌なめずりする. 2 ほくそえむ, 悦に入る.

re・la・mi・do, da [レラミド, ダ] 形 気取った, 過度にめかしこんだ.

re・lám・pa・go [レランパゴ] 男 1 稲妻, 稲光, 雷光. 2 すばやいもの[こと], 電光石火. 3 閃光(せん), きらめき.
cierre relámpago ファスナー.
como un relámpago 稲妻のように早く.

re・lam・pa・gue・ar [レランパゲアル] 自《主語なしの3人称単数形で使用》稲妻が光る. 2 ぴかっと光る, きらめく.

re・lam・pa・gue・o [レランパゲオ] 男 1 稲妻の出現. 2 きらめき.

re・la・tar [レラタル] 他 1 …を物語る, 話して聞かせる. 2 …を陳述する.

re・la・ti・va・men・te [レラティバメンテ] 副 1 割合に, 比較的. 2 相対的に.

re・la・ti・vi・dad [レラティビダス] 女 1 相対性,

相関性. 2《物理学》相対性理論.

re・la・ti・vis・mo [レラティビスモ] 男 相対主義.

re・la・ti・vo[1] [レラティボ] 男《文法》関係詞.

re・la・ti・vo[2]**, va** [—, バ] 形 1 (+a...) …に関連した, 関係する. 2 相対的な, 比較上の. 3 ある程度の, ちょっとした. 4《文法》関係(表示)の.
lo relativo a... …に関することで.
pronombre relativo《文法》関係代名詞.
superlativo relativo《文法》関係最上級.

re・la・to [レラト] 男 1 物語. 2 (+de...) (…に関する)報告, 話.

re・la・tor, to・ra [レラトル, トラ] 男 1 語り手, ナレーター. 2 解説者.

re・lax [レラクス] 男 リラックス.

re・le・er [レレエル] 他《活 46 leer》…を読みなおす, 再読する.

re・le・ga・ción [レレガシオン] 女 1 あと回し. 2 格下げ.

re・le・gar [レレガル] 他《活 47 llegar》1 …をあと回しにする. 2 …を格下げにする.

re・len・te [レレンテ] 男 夜霧, 湿った夜気.

re・le・van・cia [レレバンシア] 女 1 重要性. 2 卓越, 傑出.

re・le・van・te [レレバンテ] 形 1 重要な, 意味深い. 2 傑出した, 抜きん出た.

re・le・var [レレバル] 他 1 (+a+人) …と交替する, …の代役をする. 2 …を (+de...) …から解放する. 3 …に (+de...) …を免除する.
— *relevar・se* 再 (ふたりが) (en...) …を交替して行う.

re・le・vo [レレボ] 男 1 (人の)交替. 2 代役, 交替要員.

re・le・vos [レレボス] 男 複《→ relevo》《スポーツ》リレー競技.

re・li・ca・rio [レリカリオ] 男 1《宗教》聖遺物箱. 2《装身具》ロケット.

re・lie・ve [レリエベ] 男 1 浮き彫り, レリーフ. 2 (土地の)起伏. 3 顕著, 重要性, 高い評価.
alto [*bajo*] *relieve*《美術》高[浅]浮き彫り.
dar relieve a... …を引き立てる.
mapa en relieve 立体地図, 模型地図.
poner... *en relieve* …を目立たせる, 強調する.

re・li・gión [レリヒオン] 女 1 宗教, 信仰. 2 宗教活動. 3《生活信条》信念. 4 修道会, 教団.
entrar en religión 修道院に入る.

re・li・gio・sa・men・te [レリヒオサメンテ] 副 1 敬虔(けん)に, 信心深く. 2 宗教上は. 3 (義務の履行が)きっちりと, 律儀(ぎ)に.

re・li・gio・si・dad [レリヒオシダス] 女 1 宗教心, 信仰心. 2 宗教性. 3 律義(ぎ)さ, きちょうめん[几帳面]

re・li・gio・so, sa [レリヒオソ, サ] 形 1 信心深い, 敬虔(けん)な. 2 宗教の, 宗教上の, 信仰の. 3 (義務の履行が)きっちりとした, 律儀(ぎ)な. 4 修道会に入っている.

他 は他動詞 再 は再帰動詞 形 は形容詞 副 は副詞 前 は前置詞 接 は接続詞 間 は間投詞

re·lim·pio, pia

— 男 女 1 修道士, 修道女. 2 宗教家.
re·lim·pio, pia [レリンピオ, ピア] 形 1 とてもきれいな. 2 きれい好きな.
re·lin·char [レリンチャル] 自《馬が》いななく.
re·lin·cho [レリンチョ] 男 いななき.
re·li·quia [レリキア] 女 1《宗教》聖遺物. 2 大切な遺品, 形見, 思い出の品.
re·lla·no [レジャノ] 男 1《階段》踊り場. 2《土地》(斜面にある)平地, 台地.
re·lle·nar [レジェナル] 他 1 …を再度いっぱいにする. 2 …に (+de...) …を詰める. 3 …を (+con...) …でいっぱいにする, 詰まった物にする. 4 (用紙) に書き込む, 記入する.
re·lle·no¹ [レジェノ] 男 1 (容器の) 詰め込み作業. 2 (料理などの) 詰め物. 3 (詰め物の) 中身. 4 (話の) 余談. 5 (記事の) 埋め草.
de relleno (話や記事の) 付け足しの.
re·lle·no², na [—, ナ] 形 1 いっぱい詰まった. 2 (+de...) …を詰め込んだ. 3 (用紙などが) 記入された. 4《人》丸々太った.
re·loj [レろス] 男 時計.
adelantar·se [atrasar·se] el reloj 時計が進む[遅れる].
contra reloj 1 とても速く, 短時間に. 2《スポーツ》女 タイムレース.
ir [marchar] como un reloj 正確に[規則正しく] 動く.
reloj de cuco [cucú] 鳩《時計.
reloj de pared 柱時計, 掛け時計.
reloj de pulsera 腕時計.
reloj de sol 日時計.
reloj parlante (ラジオなどの) 時報.
reloj registrador [de marcar] タイムレコーダー.
ser un reloj《人》時間を厳守する.
re·lo·je·rí·a [レろヘリア] 女 1 時計製造技術, 時計作り. 2《店》時計屋.
bomba de relojería 時限爆弾.
de relojería 時計仕掛けの.
re·lo·je·ro, ra [レろヘロ, ラ] 男 女 1《人》時計屋. 2 時計職人.
re·lu·cien·te [レるシエンテ] 形 光り輝く.
re·lu·cir [レるシル] 自《活 48 lucir》1 光り輝く, きらめく. 2 目立つ, 異彩を放つ. 3 (+por su...) …によって際立っている.
sacar a relucir... …を唐突に話題に出す.
salir a relucir 突然話題になる.
re·luc·tan·cia [レるクタンしア] 女《物理学》磁気抵抗.
re·lum·brar [レるンブラル] 自 光り輝く.
re·ma·char [レマチャル] 他 1 (打った釘 (½)) をさらに打ちつける. 2 …にリベット [鋲 (ば½)] を打ち込む. 3 …をよく教える, 力説する.
re·ma·che [レマチェ] 男 (金属板をつなぐ) 鋲 (び½), リベット.
re·ma·nen·te [レマネンテ] 男 1 残りもの, 残余. 2 残金, 残高.
re·man·gar [レマンガル] 他《活 47 llegar》(袖 (¾) や裾 (¾)) をまくり上げる, 折り返す.
— **remangar·se** 1 (シャツ) を腕まくりする. 2 (自分のスカートなど) をまくり上げる.
re·man·sar·se [レマンサルセ] 再《流れが》よどむ, ゆるくなる.
re·man·so [レマンソ] 男《流れの》よどみ.
remanso de paz 静かな場所.
re·mar [レマル] 自 船をこぐ.
re·mar·car [レマルカル] 他《活 73 sacar》…を何度も指摘する, 力説する.
re·ma·ta·da·men·te [レマタダメンテ] 副 (悪い傾向が) ひどく, まったく, じつに.
re·ma·ta·do, da [レマタド, ダ]《過去分詞》→ rematar 終える.
— 形 1 終了した. 2 (悪い傾向が) ひどい, まったくの, どうしようもない.
re·ma·tan·te [レマタンテ] 男 女《競売》落札者.
re·ma·tar [レマタル] 他 1 …を終える, 完了する. 2 (死にかけのもの) にとどめを刺す. 3 (だめになりかけているもの) を完全にだめにする, 息の根を止める. 4 …を使いはたす, 使いきる. 5 (縫い物) に糸止めをする.
— 自 1 先端が (+en...) …になっている. 2《スポーツ》(最後の場面で) 勝負を決める.
re·ma·te [レマテ] 男 1 終了, 完了. 2 とどめ, 決定的な打撃. 3 先端, 端 (½). 4《スポーツ》(勝負を決める) ゴール, シュート. 5《裁縫》糸止め. 6《商業》在庫処分セール. 7 競売.
de remate (悪い傾向が) まったくの, 救いようのない.
para [como] remate (悪いことが) さらにそのうえ, とどめとして.
rem·bol·sar [レンボるサル] 他《→=reembolsar》払い戻す.
rem·bol·so [レンボるソ] 男《→=reembolso》払い戻し.
re·me·cer [レメせル] 他《活 84 vencer》…を (前後に) 揺する.
re·me·dal [レメダル] 他 …を模倣する, まねる.
re·me·dia·ble [レメディアブれ] 形 1 治療できる. 2 打つ手のある. 3 回避できる. 4 救済できる.
re·me·diar [レメディアル] 他《活 17 cambiar》1 …を治す, 治療する. 2 …に対処する, 手を打つ. 3 (悪いこと) を起こらないようにする, 避ける. 4 …に手を貸す, …を救済する.
re·me·dio [レメディオ] 男 1 対策, 手段. 2 治療法, 薬. 3 修正, 訂正. 4 助け, 救済の手.
no haber [tener] más [otro] remedio (+que...) (…以外に) 打つ手がない, 仕方がない.
no tener remedio つける薬がない, なおしようがない.
poner remedio a... …に手を打つ, …を改める.
¡Qué remedio! もうだめだ!, 仕方ない!

remedio casero 1 民間療法, 民間薬. 2 生活の知恵.
ser peor el remedio que la enfermedad 問題よりもその対策のほうが害が大きい.
sin remedio 打つ手もなく, どうすることもできず.

re·me·mo·rar [レメモラル] 他 …を思い出す.

re·men·da·do, da [レメンダド, ダ] 《過去分詞》→ remendar つくろう.
— 形 1〈衣類〉継(つ)ぎの当たった. 2 修繕された.

re·men·dar [レメンダル] 他《活 57 pensar》1 …をつくろう, …に継(つ)ぎを当てる. 2 …を修繕する.

re·men·dón, do·na [レメンドン, ドナ] 形 修理専門の.
— 男/女〈人〉靴の修理屋.

re·me·ro, ra [レメロ, ラ] 男/女 舟のこぎ手.

re·me·sa [レメサ] 女 1 送付, 発送. 2 送付物. 送金.

re·me·ter [レメテル] 他 1 …をもっと奥に入れる. 2 …を押し込む.

remiend- 差出人, 発信人, 送り主.
→ remendar つくろう《活 57》.

re·mien·do [レミエンド] 男 1 当て布, 継(つ)ぎ切れ. 2 継ぎ当て. 3 修繕, 修理. 4 補修.

re·mil·ga·do, da [レミルガド, ダ] 形 1 気取った, 上品ぶった. 2 神経質そうな.

re·mil·go [レミルゴ] 男 1 気取り, 上品ぶること. 2 気難しさ, 口やかましさ.

re·mi·nis·cen·cia [レミニスセンシア] 女 1 漠然とした記憶, 淡い思い出. 2 (受けた)影響. 3 似たところ.

re·mi·ra·do, da [レミラド, ダ] 《過去分詞》→ remirar 見なおす.
— 形 1 見なおした. 2 注意深い, 慎重な.

re·mi·rar [レミラル] 他 1 …を見なおす, もう一度見てみる. 2 …をよく見る, 検分する.

re·mi·sión [レミシオン] 女 1 送ること, 発送, 転送. 2 (痛みなどの)軽減, 鎮静. 3 参照, 参照事項. 4 赦免(しゃめん), 免除.
sin remisión かならず, 間違いなく.
sin remisión de causa 義務的に, かならず.

re·mi·so, sa [レミソ, サ] 形 (+a+不定詞) …したくなさそうな, いやいやながらの.

re·mi·te [レミテ] 男 差出人の住所氏名.

re·mi·ten·te [レミテンテ] 形 発信の, 発送の.
— 男/女 差出人, 発信人, 送り主.

re·mi·ti·do [レミティド] 男〈新聞〉三行広告.

re·mi·tir [レミティル] 他 1 …を発送する, 送る. 2〈論文〉…を参照させる. 3 (+a...) 〈仕事など〉を(+a...) …に回す, 振る. 4 〈罪など〉を許す, 免除する.
— 自 1 (力などが)弱まる. 2 (痛みなどが)軽くなる, おさまる.
— *remitirse* 再 (+a...) …を当てにする, …に身をゆだねる.

re·mo [レモ] 男 1〈船〉オール, かい[櫂], ろ[櫓]. 2〈スポーツ〉(ボートの)漕艇(そうてい).

a remo ボートをこいで.

re·mo·de·lar [レモデラル] 他 1〈建築〉…の形を変える. 2 …を改造する, 組み替える.

re·mo·jar [レモハル] 他 1 …を(水などに)ひたす, つける. 2 …をずぶぬれにする.
— *remojarse* 再 1 (水などに)ひたる. 2 ずぶぬれになる, 水びたしになる.

re·mo·jo [レモホ] 男 (水などに)つかること.
a [*en*] *remojo* (ある時間)水につかって.

re·mo·jón [レモホン] 男 ずぶぬれ.
dar·se un remojón (*en la piscina*) (プールで)ひと泳ぎする.

re·mo·la·cha [レモラチャ] 女〈植物〉サトウダイコン[砂糖大根], ビート.

re·mol·ca·dor [レモルカドル] 男 引き船, タグボート.

re·mol·car [レモルカル] 他《活 73 sacar》1 …を牽引(けんいん)する. 2 …を曳航(えいこう)する.

re·mo·li·no [レモリノ] 男 1 渦(うず), 渦巻き. 2 逆毛(さかげ), 毛並みの乱れた髪. 3 (まとまりのない)群衆, 烏合(うごう)の衆.

re·mo·lón, lo·na [レモロン, ロナ] 形 怠惰な.
— 男/女 なまけ者.
hacer·se el remolón サボる, なまける.

re·mo·lo·ne·ar [レモロネアル] 自 なまける.
— *remolonearse* 再 サボる, なまける.

re·mol·que [レモルケ] 男 1 牽引(けんいん). 2 曳航(えいこう). 2〈車両〉トレーラー, 付属車.
a remolque 1 牽引[曳航]して. 2 人の言いなりに. 3 (+de...) …の言いなりに.

re·mon·ta [レモンタ] 女 (集合的に)軍馬.

re·mon·tar [レモンタル] 他 1 …を登る. 2 (流れ)をさかのぼる. 3 〈鳥など〉を飛ばす, 乗り越える. 4 …を空中に上げる. 5 (地位など)を高くする.
— *remontarse* 再 1 空高く上がる, そびえ立つ. 2 (+a...) …まで時代をさかのぼる. 3 (+a+過去の時代) …の頃のものである. 4 (数量が) (+a...) …に達する, 届く.

re·mon·te [レモンテ] 男 1〈スキー場〉リフト. 2 登ること. 3 さかのぼり, 遡行(そこう). 4 克服.

re·mo·que·te [レモケテ] 男 あだ名, 愛称.

ré·mo·ra [レモラ] 女 1〈魚〉コバンザメ. 2 妨害, じゃま.

re·mor·der [レモルデル] 他《活 87 volver》(+a+人) …を不安にさせる, 悩ませる.

re·mor·di·mien·to [レモルディミエント] 男 (過去の行為に関する)不安, 後悔, 悔恨の情.

re·mo·ta·men·te [レモタメンテ] 副 1 遠く離れた所で. 2 はるかな昔[未来]に. 3 かすかに, ぼんやりと.

re·mo·to, ta [レモト, タ] 形 1 遠く離れた. 2 遠い昔の, はるか未来の. 3 起こりそうにない, ありそうにない. 4 わずかな, かすかな.
control remoto リモートコントロール.

re·mo·ver [レモベル] 他《活 50 mover》1 …をかき回す. 2 …をとりのぞく. 3 (物)を移動させ

re·mo·zar

る. 4 (忘れたこと)を呼び起こす, ほじくり返す. 5 …を(別の職場に)移動させる.
— 自 (+en...) …を詳しく調べる, 詮索(***けん***)する.
— **remover·se** 再 動揺する, 動き回る.
remover·se en la cama 何度も寝返りを打つ.

re·mo·zar [レモサル] 他 《活 39 gozar》…を新しい姿にする, 一新する.

rem·pla·zar [レンプラサル] 他 《活 39 gozar》(→=reemplazar) 取り替える.

rem·pla·zo [レンプラソ] 男 (→=reemplazo) 代替.

re·mu·dar [レムダル] 他 …を取り替える.

remuev- 活 → remover かき回す《活 50》.

re·mu·ne·ra·ción [レムネラシオン] 女 報酬, 謝礼.

re·mu·ne·rar [レムネラル] 他 1 (仕事の)報酬を(+a...) …に与える. 2 (人)に報酬を与える. 3 (仕事が)(人)に報酬をもたらす.

re·na·cen·tis·ta [レナセンティスタ] 形 《男女同形》ルネッサンスの, 文芸復興の.
— 男女 ルネッサンス研究者.

re·na·cer [レナセル] 自 《活 52 nacer》1 生まれ変わる. 2 復活する, 再生する.

re·na·ci·mien·to [レナシミエント] 男 1 文芸復興, ルネッサンス[=Renacimiento]. 2 復活, 再生.

re·na·cua·jo [レナクアホ] 男 1 (カエルの)オタマジャクシ. 2 (かわいい)子供, おちびさん.

re·nal [レナル] 形 《解剖学》腎臓(***じん***)の.

renazc- 活 → renacer 生まれ変わる《活 52》.

ren·ci·lla [レンシじゃ] 女 いさかい.

ren·cor [レンコル] 男 恨み, 遺恨.

ren·co·ro·so, sa [レンコロソ, サ] 形 恨みを持った.
— 男女 恨みっぽい人間.

ren·di·ción [レンディシオン] 女 降伏, 屈服.

ren·di·do, da [レンディド, ダ] 《過去分詞》→ rendir 打ち負かす.
— 形 1 降伏した, 屈服した. 2 心服した. 3 従順な, すなおな. 4 疲れきった, くたくたの.

ren·di·ja [レンディハ] 女 すき間, 割れ目, ひび.

ren·di·mien·to [レンディミエント] 男 1 利益, 利潤. 2 効率, 作業能率. 3 生産性, 生産高. 4 過度のもてなし, 過剰サービス.

ren·dir [レンディル] 他 《活 56 pedir》1 …を打ち負かす, 降伏させる. 2 …を屈服させる, (精神的に)負かす. 3 ((信仰や敬意)をささげる, 表明する. 4 …を譲る, 明け渡す. 5 …を疲れさせる. 6 〈兵士〉(銃や旗)をささげて敬礼する. 7 (利益など)をもたらす, 産する.
— 自 1 利益をもたらす, もうかる. 2 (機械などが)効率がいい, 能率的である.
— **rendir·se** 再 1 (+a...) …に屈服する, 負けを認める. 2 あきらめる, 降参する.

re·ne·ga·do, da [レネガド, ダ] 《過去分詞》

→ renegar しきりに否定する.
— 形 1 信仰をすてた, 棄教した. 2 (キリスト教からイスラム教に)改宗した. 3 不平の多い.
— 男女 1 棄教者. 2 改宗者, 背教者.

re·ne·gar [レネガル] 他 《活 53 negar》1 …をしきりに否定する. 2 …をひどく嫌う.
— 自 1 (+de+信仰など) …を否定する. 2 (+de+人) …と縁を切る, 絶交する. 3 ぶつぶつ文句を言う.

re·ne·gri·do, da [レネグリド, ダ] 形 黒くなった.

Ren·fe [レンふェ] 女 《略語》Red Nacional de los Ferrocarriles Españoles スペイン国営鉄道.

ren·glón [レングロン] 男 1 〈文章〉行. 2 項目, 条項. 3 品目.
a renglón seguido すぐに, すぐあとに.
unos renglónes 短い文章, 短信.

renieg- 活 → renegar しきりに否定する《活 53》.

re·no [レノ] 男 〈動物〉トナカイ.

re·nom·bra·do, da [レノンブラド, ダ] 形 有名な.

re·nom·bre [レノンブレ] 男 名声, 評判.

re·no·va·ble [レノバブれ] 形 1 更新可能な. 2 再開できる.

re·no·va·ción [レノバシオン] 女 1 (新しいものとの)取り替え, 改新. 2 更新. 3 再開. 4 改装, 改築.

re·no·var [レノバル] 他 《活 22 contar》1 …を新しくする, 新しいものにする. 2 …に新たな力を与える. 3 …を更新する. 4 …を再開する. 5 …を現代風にする, …を改装[改築]する.
— **renovar·se** 再 1 新しくなる. 2 再開する.

ren·que·ar [レンケアル] 自 1 つらそうに歩く. 2 かろうじて生きる[動く].

ren·ta [レンタ] 女 1 (定期的な)所得, 収入. 2 金利収入. 3 賃貸収入. 4 (支払うべき)賃借料, 家賃, 地代. 5 年金, 恩給.
impuesto sobre la renta 所得税.
renta anual 年収.
renta nacional 国民所得.
renta per cápita ひとり当たりの収入, 平均所得.
renta vitalicia 終身年金, 終身手当て.
vivir de las rentas 年金[金利]で生活する.

ren·ta·bi·li·dad [レンタビりダス] 女 収益性.

ren·ta·bi·li·zar [レンタビりサル] 他 《活 39 gozar》…を収益の出るものにする.

ren·ta·ble [レンタブれ] 形 収益のある, もうけの出る.

ren·tar [レンタル] 他 …に(定期的)収益をもたらす.
— 自 (定期的)収益を上げる, もうかる.

ren·tis·ta [レンティスタ] 男女 金利[年金]生活者.

活 は活用形 複 は複数形 男 は男性名詞 女 は女性名詞 固 は固有名詞 代 は代名詞 自 は自動詞

re·nuen·cia [レヌエンシア] 女 (+a...) (…へ)の)不承知, 抵抗, 反対.

re·nuen·te [レヌエンテ] 形 (+a...) …を承知しない, …に抵抗[反対]する.

renuev- 活 → renovar 新しくする《活 22》.

re·nue·vo [レヌエボ] 男 新芽, 若枝.

re·nun·cia [レヌンシア] 女 1 (+a...) (…の) (自発的)放棄, 辞任. 2 辞表. 3 (+a...) (…の)断念, あきらめ.

re·nun·cia·ción [レヌンシアシオン] 女 (自発的)放棄, 断念.

re·nun·ciar [レヌンシアル] 自 1 (+a...) …を(自発的に)放棄する. 2 (+a+地位など) …を辞任[辞職]する. 3 (+a...) …を断念する, やめる.

re·nun·cio [レヌンシオ] 男 (見破られた)うそ. *pillar a... en un renuncio* …のうそを現場で見破る.

re·ñi·de·ro [レニデロ] 男 闘鶏場.

re·ñi·do, da [レニド, ダ] 《過去分詞》→ reñir 叱(しか)る.
— 形 1 仲たがいしている. 2 (競争などの)接戦の. 3 (+con...) …と合わない, 両立しない.

re·ñir [レニル] 他 《活 68》1 …を(+por...) …のことで)叱(しか)る, …に強く言い聞かせる. 2 (闘いなど)を引き起こす.
— 自 1 (ふたりが)けんかする, 口論する. 2 (+con...) …と仲たがいする.

re·o [レオ] 男女 1 被告人, 容疑者. 2 罪人, 犯人.
reo de muerte 死刑囚.

re·o·ca [レオカ] 《つぎの動詞句の一部》
ser la reoca 並はずれている, とてもすごい.

re·o·jo [レオホ] 《つぎの副詞句の一部》
de rejo 横目で.

re·or·ga·ni·za·ción [レオルガニさシオン] 女 再編成, 改組.

re·or·ga·ni·zar [レオルガニさル] 他 《活 39 gozar》 …を再編成[改組]する.

re·ós·ta·to [レオスタト] 男 〈電気〉加減抵抗器.

re·pám·pa·nos [レパンパノス] 間 おやまあ!, そんなばかな!

re·pa·no·cha [レパノチャ] 《つぎの動詞句の一部》
ser la repanocha 並はずれている, すごい.

re·pan·ti·gar·se [レパンティガルセ] 再 《=re-panchigar·se》《活 47 llegar》 ゆったりと座る.

re·pa·ra·ble [レパラブレ] 形 修理できる.

re·pa·ra·ción [レパラシオン] 女 1 修理, 修繕. 2 (+por...) (…に対する)補償, 賠償, つぐない.

re·pa·ra·dor, do·ra [レパラドル, ドラ] 形 1 元気を回復させる, リフレッシュさせる. 2 つぐないの, 補償[賠償]の. 3 修理用の, 修繕する.
— 男 女 1 修理工. 2 修理用品.

re·pa·rar [レパラル] 他 1 …を修理[修繕]する. 2 …をつぐなう, 補償[賠償]する. 3 (元気などを)取り戻す, 回復する.
— 自 1 (+en...) …を実行する前に考える. 2 (+en...) …に気づく, 注目する.

re·pa·ro [レパロ] 男 1 反対意見, 異議. 2 ためらい, 逡巡(しゅんじゅん).

re·par·ti·dor, do·ra [レパルティドル, ドラ] 男 (商品の)配達人.

re·par·ti·mien·to [レパルティミエント] 男 1 分配, 配分. 2 分担金.

re·par·tir [レパルティル] 他 1 …をくばる, 分配する. 2 …を(+entre...) …に割り当てる, 配分する. 3 …を配達する. 4 …を (+por+ものの表面) …に均等に広げる[伸ばす], まんべんなく分配する.

re·par·to [レパルト] 男 1 分配, 配分. 2 割り振り, 割り当て. 3 配達. 4 (ある表面での)均等な分配. 5 〈演劇〉配役, キャスト. 6 配役表.

re·pa·sar [レパサル] 他 1 (できた作品)を見直す, 点検する. 2 …を復習する, おさらいする. 3 (学課)を説明し直す. 4 …をざっと調べる, …に目を通す. 5 (服)を縫い直す, リフォームする. 6 (道具など)を(…)で行き来させる.
— 自 〈人〉(+por...) …を行ったり来たりする.

re·pa·so [レパソ] 男 1 見直し, 点検. 2 復習, おさらい. 3 (学習の)補習, 再説明. 4 簡単なチェック. 5 (服の)縫い直し, リフォーム.

re·pa·te·ar [レパテアル] 他 …をうんざりさせる, 怒らせる.

re·pa·tria·ción [レパトリアシオン] 女 (本国への)送還, 帰国.

re·pa·triar [レパトリアル] 他 《活 12 auxiliar》 …を本国に送還する, 帰国させる.
— **repatriar·se** 再 帰国する.

re·pe·cho [レペチョ] 男 短い急坂.

re·pe·lar [レペラル] 他 1 (人)を丸坊主にする. 2 (動物の毛)を刈り取ってしまう. 3 …を少し切り分ける.

re·pe·len·te [レペレンテ] 形 1 いやな, むかむかさせる. 2 物知りを気取った.
— 男 虫よけ.

re·pe·ler [レペレル] 他 1 …をはねつける, 追い返す. 2 …を不快にする, …に嫌悪感を与える. 3 …を拒絶either, はね返す.
— **repeler·se** 再 1 はねつけ合う. 2 仲たがいする.

re·pe·lo [レペロ] 男 1 (木などの)ささくれ, とげ. 2 (爪の)伸びた部分. 3 (指先の)さかむけ. 4 嫌悪感, いや気.

re·pe·lón [レペロン] 男 髪を引っぱること.

re·pe·lús [レペルス] 男 《=repeluzno》1 身ぶるい, 戦慄(せんりつ). 2 嫌悪.

re·pen·te [レペンテ] 男 衝動.
de repente 急に, 突然.

re·pen·ti·na·men·te [レペンティナメンテ] 副 不意に, 突然.

re·pen·ti·no, na [レペンティノ, ナ] 形 突然の, 不意の, 出し抜けの.

re·pen·ti·zar [レペンティさル] 自 《活 39 gozar 即興で演じる.

re·per·cu·sión [レペルクシオン] 女 1 (事後に起こる)作用, 影響. 2 反響, 反映.

re·per·cu·tir [レペルクティル] 自 1 (+en+そのあとのこと) …に影響を与える, 力を及ぼす. 2 (+en…) …に反響する, 反映する.

re·per·to·rio [レペルトリオ] 男 1 上演種目, レパートリー. 2 (文献などの)一覧表, 目録. 3 収集品, 類集.

re·pes·ca [レペスカ] 女 再試験, 追試.

re·pes·car [レペスカル] 他 1 …を改めて合格にする. 2 …を改めて認める.

re·pe·ti·ción [レペティシオン] 女 1 反復, 繰り返し. 2 〈修辞学〉反復法.
de repetición 〈機械〉自動反復の.
rifle de repetición 自動小銃.

re·pe·ti·da·men·te [レペティダメンテ] 副 繰り返して, 何度も, たびたび.

re·pe·ti·dor¹ [レペティドル] 男 〈電波〉中継装置.

re·pe·ti·dor², **do·ra** [—, ドラ] 形 反復する, 繰り返しをする.
— 男 女 再履習学生.

re·pe·tir [レペティル] 他《活 56 pedir》1 …を反復する, 繰り返す. 2 〈食事〉…をおかわりする. 3 …を繰り返して口に出す. 4 〈学生〉…を再び履習する.
— 自 1 再履習する. 2 味がよみがえる. 3 おかわりする. 4 もう一度言う. 5 もう一度起こる.
— **repetirse** 再 1 繰り返す, 反復する. 2 (作家などが)同一様式[型式]を繰り返す.
¡Que se repita! アンコール!, もう一度!

re·pe·ti·ti·vo, va [レペティティボ, バ] 形 よく繰り返される, よく使われる.

re·pi·car [レピカル] 他《活 73 sacar》(鐘など)を調子よく打ち鳴らす.
— 自 (鐘などが)楽しげに鳴り響く.

re·pi·pi [レピピ] 形 大人びた.
— 共 〈子供〉ませた.

re·pi·que [レピケ] 男 (鐘などの)楽しげな響き.

re·pi·que·te·ar [レピケテアル] 他 (鐘などを)強く打ち鳴らす.
— 自 1 (鐘などが)激しく鳴る. 2 (かたかた, ことことと)音をたてる.

re·pi·que·te·o [レピケテオ] 男 1 (鐘などの)激しい連打. 2 かたかた[ことこと]という音.

re·pi·sa [レピサ] 女 (壁の)棚.

repit- → repetir 反復する《活 56》.

re·plan·tar [レプランタル] 他 1 …を植えなおす. 2 …を植え替える, 移植する.

re·plan·te·ar [レプランテアル] 他 1 …を再提案する. 2 (設計図などを)地面に移し描く.

re·ple·gar [レプレガル] 他《活 53 negar》1 …を何度も折る, 折り重ねる. 2 (兵隊)をきちんと退却させる.
— **replegarse** 再 1 〈軍隊〉整然と撤退する. 2 自分のことだけに専念する.

re·ple·to, ta [レプれト, タ] 形 1 いっぱいの, 満腹の. 2 (+de…) …がぎっしり詰まった.

ré·pli·ca [レプリカ] 女 1 抗弁, 口答え. 2 複製品, レプリカ.

re·pli·car [レプリカル] 自《活 73 sacar》口答えする, 言い返す.
— 他 (+que…) …と抗弁[反論]する.

replieg- → replegar 何度も折る《活 53》.

re·plie·gue [レプリエゲ] 男 1 (表面にできた)しわ. 2 〈軍隊〉整然とした撤退.

re·po·bla·ción [レポブらシオン] 女 1 再植民, 再入植. 2 植林.

re·po·blar [レポブらル] 他《活 22 contar》1 …に再植民する. 2 …に植林する.

re·po·llo [レポジョ] 男 〈野菜〉キャベツ.

repón 活 → reponer 戻す《活 61》.

repondr- → reponer 戻す《活 61》.

re·po·ner [レポネル] 他《活 61 poner》1 …を(+en+もとの位置・状態)…に戻す, 置き直す, 復職させる. 2 …を取り戻す, 回復する. 3 …を再上演する, 再演する. 4《完了過去などで使用》(+que…) …と言い返す, 抗弁する.
— **reponerse** 再 1 (+de…から)回復する, もとに戻る. 2 平静になる, 落ち着く.

repong- → reponer 戻す《活 61》.

re·por·ta·je [レポルタヘ] 男 報道記事, 報道番組, 記録映画, ルポルタージュ.

re·por·tar [レポルタル] 他 1 …を結果としてもたらす, 生みだす. 2 …を抑制する, 静める. 3 …を報道する.
— **reportarse** 再 気を静める, 落ち着く.

re·por·te [レポルテ] 男 ニュース報道.

re·por·te·ro, ra [レポルテロ, ラ] 男 女 報道記者, ニュース解説者, レポーター.

re·po·sa·do, da [レポサド, ダ] 《過去分詞》→ reposar ひと休みする.
— 形 1 くつろいだ. 2 落ち着いた, おだやかな.

re·po·sar [レポサル] 自 1 ひと休みする, 休憩する. 2 横になる. 3 埋葬されている. 4 (+en, sobre…) …にもたれかかる. 5 じっとしている.
— 他 1 …を(+en, sobre…)…にもたせかける.
— **reposarse** 再 1 (液体が)澄(す)む. 2 (ワインやパン生地が)寝かされる.

re·po·si·ción [レポシシオン] 女 1 (もとの場所への)返還, 復帰, 復職. 2 (欠けているものの)補充, 回復. 3 再演, 再上演. 4 (新品との)取り替え.

re·po·so [レポソ] 男 1 休憩, ひと休み. 2 平静, 平穏. 3 停止, 静止. 4 永眠.

re·pos·tar [レポスタル] 他 (燃料や食糧などを)補給する.
— 自 (燃料や食糧を)補給する.

re·pos·te·rí·a [レポステリア] 女 1 菓子[ケーキ]製造業. 2 菓子類, ケーキ類. 3 〈店〉菓子屋, ケーキ屋.

re·pos·te·ro, ra [レポステロ, ラ] 男女 菓子[ケーキ]職人.

re·pren·der [レプレンデル] 他 …を(+por...)…のことで叱(しか)る, とがめる.

re·pren·si·ble [レプレンシブレ] 形 しか[叱]られて当然の, 非難されるべき.

re·pren·sión [レプレンシオン] 女 叱責(しっせき), 非難.

re·pre·sa [レプレサ] 女 1 ダム. 2 貯水場, 貯水池.

re·pre·sa·lia [レプレサリア] 女 1 報復, 復讐(ふくしゅう). 2 (国家間の)報復措置.

re·pre·sen·ta·ción [レプレセンタシオン] 女 1 (象徴的な)表現, 描写. 2 (現実の代りに)表示するもの, 意味されるもの, 象徴. 3 代理, 代表. 4 代理人, 代表者. 5 代表団. 6 上演, 公演. 7 演目, 出し物. 8 販売代理業務. 9 販売代理店. 10 〈人〉権威, 影響力.

re·pre·sen·tan·te [レプレセンタンテ] 男女 1 代理人, 代表者. 2 販売代理業者. 3 (芸能人たちなどの)エージェント, 代理契約業者.

re·pre·sen·tar [レプレセンタル] 他 1 …を(象徴的に)表現する, 描写する. 2 …を意味する, 象徴する. 3 …の代理をする. 4 …を代表する. 5 …を上演[公演]する. 6 …を演じる. 7 (+年齢)…に見える. 8 …を(説明的に)表現する, 描写する. 9 …の価値がある, …に相当する.
— 自 (+para...) …にとって大切[重要]である.
— **representarse** 再 …を想像する, 思い描く.

re·pre·sen·ta·ti·vi·dad [レプレセンタティビダス] 女 1 代表である事実, 代表能力. 2 代表的存在.

re·pre·sen·ta·ti·vo, va [レプレセンタティボ, バ] 形 1 代表となる, 代表のある. 2 代表的な, 典型的な.

re·pre·sión [レプレシオン] 女 1 抑制, 抑止. 2 制圧, 鎮圧.

re·pre·si·vo, va [レプレシボ, バ] 形 抑圧的な.

re·pre·sor, so·ra [レプレソル, ソラ] 形 抑圧[弾圧]する.

re·pri·men·da [レプリメンダ] 女 叱責(しっせき).

re·pri·mir [レプリミル] 他 1 …を抑制する. 2 …を鎮圧[制圧]する.

re·prise [レプリス] 男 《フランス語系語》〈自動車〉加速性能.

re·pro·ba·ción [レプロバシオン] 女 1 否定的評価. 2 批判.

re·pro·bar [レプロバル] 他 《活 22 contar》 1 …を批判する, とがめる. 2 …を否定的に評価する.

ré·pro·bo, ba [レプロボ, バ] 形 邪悪な.
— 男女 〖宗教〗 地獄行きの者.

re·pro·cha·ble [レプロチャブレ] 形 非難されるべき.

re·pro·char [レプロチャル] 他 1 (行為)を非難する, とがめる. 2 (人)を(+por... のことで)非難する, 責める.
— **reprocharse** 再 自分を責める.

re·pro·che [レプロチェ] 男 非難, とがめ.

re·pro·duc·ción [レプロドゥクシオン] 女 1 生殖, 繁殖. 2 再生, 再現. 3 複製, コピー.

re·pro·du·cir [レプロドゥシル] 他 《活 20 conducir》 1 …を再生する, 再現する. 2 …を複写する, コピーする. 3 …を複製する.
— **reproducirse** 再 1 ふたたび起こる, 再発する. 2 繁殖する.

re·pro·duc·tor, to·ra [レプロドゥクトル, トラ] 形 1 再生[再現]させる. 2 生殖の.
— 男女 1 再現者. 2 再生装置. 3 〈家畜〉種畜(しゅちく).

reproduj-, reproduzc- 活 → reproducir 再生する 《活 20》.

reprueb- 活 → reprobar 批判する 《活 22》.

rep·tar [レプタル] 自 はって進む.

rep·til [レプティル] 形 爬虫(はちゅう)類の.
— 男 (ヘビなどの)爬虫類の動物.

rep·ti·les [レプティレス] 男複 《→ reptil》〈分類〉爬虫(はちゅう)類.

re·pú·bli·ca [レプブリカ] 女 1 共和制, 共和政体. 2 共和国. 3 共和制国家.

república literaria [de las Letras] (一国・一時代の)文壇(ぶんだん).

re·pu·bli·ca·nis·mo [レプブリカニスモ] 男 〈主義〉共和制.

re·pu·bli·ca·no, na [レプブリカノ, ナ] 形 1 共和制の. 2 共和国の. 3 共和党の.
— 男女 1 共和制支持者. 2 共和党員.

re·pu·diar [レプディアル] 他 《活 17 cambiar》 (妻)を正式に離縁する.

re·pues·to[1] [レプエスト] 男 1 交換部品, スペアパーツ. 2 〈もの〉備蓄, 予備.

de repuesto 予備の.

re·pues·to[2], **ta** [-, タ] 《過去分詞》 → reponer 戻す.
— 形 1 もとに戻された. 2 (健康などを)回復した. 3 (+de...)…から回復した. 4 交換された.

re·pug·nan·cia [レプグナンシア] 女 1 (胃などの)不快感, むかつき. 2 嫌悪, 反感. 3 拒絶, 反発.

re·pug·nan·te [レプグナンテ] 形 1 不快にさせる. 2 反感を抱かせる. 3 大きらいな.

re·pug·nar [レプグナル] 自 (+a...) …を不快にさせる, 嫌悪させる.
— **repugnarse** 再 反感し合う, 矛盾する.

re·pu·ja·do [レプハド] 男 〈作品・加工〉(金属板などの)打ち出し細工.

re·pu·jar [レプハル] 他 …に打ち出し加工をほどこす.

re·pu·lir [レプリル] 他 1 …を磨きなおす. 2 …を磨きあげる, 推敲(すいこう)する.
— **repulirse** 再 めかしこむ.

re·pul·sa [レプルサ] 女 1 拒絶, 拒否. 2 軽蔑. 3 強い非難, 糾弾(きゅうだん).

re·pul·sión [レプるシオン] 囡 1 嫌悪感, むかつき. 2 反感, 反発. 3 非難, さげすみ.

re·pul·si·vo, va [レプるシボ, バ] 形 おぞましい, 反吐(ﾍﾄ)の出そうな.

repus- 活 → reponer 戻す《活 61》.

re·pu·ta·ción [レプタシオン] 囡 1 評判, 世評. 2 名声, 好評.

re·pu·ta·do, da [レプタド, ダ] 《過去分詞》→ reputar 評価する.
— 形 評価の高い, 評判の.

re·pu·tar [レプタる] 他 …を(+como, de…)…と評価する, 見なす.

re·que·brar [レケブラる] 他 《活 57 pensar》…をほめそやす, …にお世辞を言う.

re·que·mar [レケマる] 他 1 …を焼きなおす. 2 …を焦がす. 3 (口のなか)をひりひりさせる. 4 (植物)を枯らす. 5 …をじらす.
— **requemar·se** 再 1 焦げる. 2 焼けるような感じを受ける. 3 (植物が)枯れる. 4 (+por+不定詞) …したくてじりじりする.

re·que·ri·mien·to [レケリミエント] 男 1 要請, 依頼, 要求. 2 通告, 勧告.

re·que·rir [レケリる] 他 《活 77 sentir》 1 …を要求する, 求める. 2 …を要請[要望]する. 3 …を命じる, 通告する.
requerer de amores a… を口説く, …に求愛する.

re·que·són [レケソン] 男 〈料理〉(牛乳を凝固させた)カード.

re·que·té [レケテ] 男 (19 世紀スペインの)保守派義勇兵.

re·que·te·bién [レケテビエン] 副 とてもよく, すばらしく, 見事に.

re·que·te·bue·no, na [レケテブエノ, ナ] 形 とてもいい, すばらしい.

re·quie·bro [レキエブロ] 男 お世辞, ほめ言葉, 口説き文句.

ré·quiem [レキエン] 男 1 死者のための祈り. 2 〈音楽〉鎮魂ミサ曲, レクイエム.

requier- 活 → requerir 要求する《活 77》.

requir- 活 → requerir 要求する《活 77》.

re·qui·sa [レキサ] 囡 徴用, 徴発.

re·qui·sar [レキサる] 他 …を徴発[徴用]する.

re·qui·si·to [レキシト] 男 必要条件, 要件.

res [レス] 囡 1 四足動物. 2 〈助数詞〉

re·sa·bia·do, da [レサビアド, ダ] 《過去分詞》→ resabiar·se 悪い癖がつく.
— 形 1 悪ずれした. 2 悪い癖のついた. 3 〈闘牛〉(牛)が悪賢い.

re·sa·biar·se [レサビアるセ] 再 悪い癖がつく.

re·sa·bio [レサビオ] 男 1 悪習, 悪癖. 2 いやな後味(ｱﾄｱｼﾞ).

re·sa·ca [レサカ] 囡 1〈海岸〉引き波. 2 二日酔い.

re·sa·la·do, da [レサらド, ダ] 形 粋(ｲｷ)な, 気の利いた.

re·sal·tar [レサるタる] 自 目立つ, 抜きんでる, きわ立つ.

re·sal·to [レサると] 男 《=resalte》突出部, 張り出し.

re·sar·cir [レサるシる] 他 《活 89 zurcir》(人)に(+de…) …のつぐないを(+con…) …する/*El vecino me resarció del daño con una importante suma de dinero.* 隣人は私にその損害を大金でつぐなった.

res·ba·la·di·zo, za [レスばらディソ, サ] 形 すべりやすい, スリップしやすい.

res·ba·lar [レスばらる] 自 1 すべる, スリップする. 2 間違いを犯す, 失敗する. 3 (表面が)すべりやすい. 4 つたい落ちる. 5 (+a+人) …の関心を引かない, 耳に入らない.
— **resbalar·se** 再 すべる.

res·ba·lón [レスばロン] 男 1 すべり. 2 スリップ. 3 間違い, 失敗.
dar un resbalón すべって転ぶ.

res·ca·tar [レスカタる] 他 1 (人質など)を(力や身の代金)で救い出す. 2 (見捨てられたもの)を(+de…) …から救う. 3 …を救出する.

res·ca·te [レスカテ] 男 1 (人質などの)奪回. 2 身の代金(の額). 3 救出, 救助. 4〈遊戯〉人質ゲーム.

res·cin·dir [レスシンディる] 他 (契約など)を無効にする, 取り消す.

res·ci·sión [レスシシオン] 囡 (契約などの)取り消し, 破棄.

res·col·do [レスコるド] 男 1 (感情の)名残り, 余韻. 2 (灰のなかの)おき, おき火.

re·se·car [レセカる] 他 1 …をよく乾かす. 2〈医学〉…を摘出する.
— **resecar·se** 再 からからに乾く.

re·sec·ción [レセクシオン] 囡 〈医学〉摘出, 切除.

re·se·co, ca [レセコ, カ] 形 1 よく乾いた, ひからびた. 2 やせこけた.

re·sen·ti·do, da [レセンティド, ダ] 《過去分詞》→ resentir·se 痛みを感じる.
— 形 1 うらんでいる. 2 ひがんでいる.
— 男囡 ひがみっぽい人間.

re·sen·ti·mien·to [レセンティミエント] 男 1 うらみ, 遺恨(ｲｺﾝ). 2 ひがみ.

re·sen·tir·se [レセンティるセ] 再 《活 77 sentir》 1 (+de+古傷など) …の痛みを感じる. 2 衰弱する, 弱り始める. 3 (+de, por…) …をうらむ, うらめしく思う, ひがむ.

re·se·ña [レセニャ] 囡 1 書評, 寸評. 2 短信. 3 あらまし, 概要.

re·se·ña·dor, do·ra [レセニャドる, ドラ] 男囡 書評家.

re·se·ñar [レセニャる] 他 1 …を書評する, 寸評する. 2 …を簡単に述べる.

re·ser·va [レセるバ] 男囡 〈スポーツ〉補欠選手.

― 男 (3年以上熟成させた)古酒, 熟成ワイン.
― 女 1 たくわえ, 備蓄. 2 ストック, 貯蔵品. 3 予約, 指定. 4 つつしみ, 遠慮, 慎重. 5 不信, 他人行儀, よそよそしさ. 6《軍隊》予備軍, 予備兵, 保留条件. 8 (先住民たちの)特別保留地, 指定居住地. 9 (動植物の)保護区, 禁猟区. 10《商業》準備金, 積立金[=reservas]. 11 (体内の)備蓄物質[=reservas].

a reserva de... 1 …を条件にして. 2 …以外なら.

billete de reserva 座席指定券.

hacer reserva de... …を予約する.

reserva mental (誓うときなどの)心中保留.

reserva nacional 国立公園.

sin reservas 1 遠慮なく, ずけずけと. 2 保留条件なしに, 無条件で.

re·ser·va·do¹ [レセルバド] 男 (レストランなどの)個室, 貸し切り部屋.

re·ser·va·do², **da** [—, ダ] 《過去分詞》→ reservar 残しておく.

― 形 1 残しておいた, 予備の. 2 予約済みの. 3 部外秘の, 機密の. 4 控えめの, 慎重な.

re·ser·var [レセルバル] 他 1 …を(使わずに)残しておく. 2 …を予約する. 3 …を保留する, 差し控える.

― **reservar·se** 再 1 …を(自分のために)残しておく. 2 (自分の余力や行動を)(+para...)まで残しておく, しないでおく.

res·fria·do¹ [レスフリアド] 男《病気》風邪.

coger un resfriado 風邪を引く.

res·fria·do², **da** [—, ダ] 《過去分詞》→ resfriar·se 風邪を引く.

― 形 風邪を引いた.

res·friar·se [レスフリアルセ] 再 風邪を引く.

res·guar·dar [レスグアルダル] 他 …を(+de...)…から保護[防護]する.

― **resguardar·se** 再 (+de...) …から身を守る.

res·guar·do [レスグアルド] 男 1 (送金などの)証明書, 受領証. 2 保証するもの. 3 保護するもの.

re·si·den·cia [レシデンしア] 女 1 住居, 居住地. 2 居住, 在住. 3 屋敷, 邸宅. 4 寮, 宿舎. 5 長期滞在用ホテル. 6 養護施設, 療養所.

re·si·den·cial [レシデンしアル] 形 (高級)住宅地の.

re·si·den·te [レシデンテ] 形 1 (医者などの)住み込みの. 2 居住する, 在住の.

― 男女 1 住み込み職員[店員]. 2 居住者, 在住者.

médico residente (住み込みの)研修医, インターン.

re·si·dir [レシディル] 自 1 (+en...)…に在住する, 住む. 2 (魅力などが)(+en...)…にある, 存在する.

re·si·dual [レシドゥアル] 形 残りかすの.

re·si·duo [レシドゥオ] 男 残りかす, 余り.

resient- 活 → resentir·se 痛みを感じる《活 77》.

re·sig·na·ción [レシグナしオン] 女 あきらめ, 忍従.

re·sig·na·da·men·te [レシグナダメンテ] 副 あきらめて, 耐えしのびつつ.

re·sig·nar·se [レシグナルセ] 再 1 (+a...)…に忍従する. 2 (+a+不定詞) あきらめて…する, …に甘んじる.

re·si·na [レシナ] 女 樹脂.

re·sis·ten·cia [レシステンしア] 女 1 抵抗. 2 反抗, 反対. 3 抵抗力, 耐久力. 4《電気》抵抗器.

re·sis·ten·te [レシステンテ] 形 1 抵抗する. 2 抵抗力のある. 3 耐久力[持久力]のある.

re·sis·tir [レシスティル] 自 1 耐える, 持ちこたえる. 2 (+a...)…を我慢する, …に耐え忍ぶ.

― 他 1 …に耐える. 2 …を我慢する. 3 (感情など)を制御する.

― **resistir·se** 再 1 (衝動などを)抑える. 2 (+a+不定詞)…することに強く抵抗する. 3 (+a...)…に抵抗する, 反抗する. 4 (+a+人) …にとって手に負えないものとなる.

res·ma [レスマ] 女《紙の取引単位》(500枚の) 1 連.

re·sol [レソル] 男 1 太陽光線, 日光. 2 (陽光の)照りつけ.

re·so·lí [レソリ] 男《=resoli》(焼酎(しょうちゅう)の)カクテルの一種.

re·so·llar [レソジャル] 自《活 22 contar》荒い息をする.

re·so·lu·ción [レソルしオン] 女 1 決断, 決心. 2 解決, 解明. 3 決断力, 気力, 気合. 4 (公的な)裁定, 決定.

re·so·lu·ti·vo, **va** [レソルティボ, バ] 形 1 早期解決の. 2 解明に役立つ.

re·so·lu·to, **ta** [レソルト, タ] 形 決心の固い.

re·sol·ver [レソルベル] 他《活 87 volver》1 (+不定詞)…することを決心する, …することを決意する. 2 …を解決する, 解明する. 3 …を実行する. 4 …の解決方法を見つける.

― **resolver·se** 再 1 (+a+不定詞)…する決心をする. 2 (問題などが)解決する. 3 (+en+簡単なこと)…になる, 変わる.

re·so·na·dor [レソナドル] 男 共鳴器.

re·so·nan·cia [レソナンしア] 女 1 共鳴. 2 反響音. 3 反響, 評判, 名声.

re·so·nan·te [レソナンテ] 形 1 共鳴する. 2 反響する. 3 評判の.

re·so·nar [レソナル] 自《活 22 contar》1 よく響く, 鳴り響く. 2 反響する, 共鳴する. 3 (声などが耳に)よみがえる, また聞こえる.

re·so·plar [レソプラル] 自 あえぐ, 息を切らす.

re·so·pli·do [レソプリド] 男 あえぎ, 息切れ.

re·sor·te [レソルテ] 男 1 ばね, ぜんまい, スプリング. 2 方策, 手段.

resorte espiral コイルスプリング.

tocar todos los resortes posibles (para...) (…のための)あらゆる可能な手を打つ.
res·pal·dar [レスパルダル] 他 1 …を支援[後援]する. 2 …を保証する. 3〈商業〉…を裏書きする.
res·pal·do [レスパルド] 男 1〈椅子〉背もたれ. 2 支援, 後援, あと押し. 3 保証, 裏付け. 4〈商業〉裏書き.
res·pec·tar [レスペクタル] 自《3 人称で使用》かかわる, 関係する.
en [por] lo que respecta a... …については, 関しては.
res·pec·ti·va·men·te [レスペクティバメンテ] 副 それぞれ, おのおの [各々].
res·pec·ti·vo, va [レスペクティボ, バ] 形 それぞれの, 各自の, 各個の／*Los alumnos me entregaron sus respectivos trabajos.* 生徒は各自の宿題を私に手渡した.
res·pec·to [レスペクト] 男 関連.
al respecto それに[これに]関して[=a este respecto].
con respecto a... …に関して.
respecto a [de]... …に関して.
res·pe·ta·ble [レスペタブレ] 形 1 尊敬に価する. 2（社会的に）きちんとした, 立派な. 3 かなり大きな, 相当の量の.
el respetable 男（集合的に）観客, 観客, 見物人.
res·pe·tar [レスペタル] 他 1 …を尊重する, 尊敬する. 2 …を遵守(じゅん)する, 守る. 3（事物）を保存する, 大切にする.
res·pe·to [レスペト] 男 1 敬意, 尊敬, 尊重. 2 重視, 遵守(じゅん). 3 恐怖, おそれ.
campar por sus respetos 遠慮なく振る舞う.
de respeto 予備の.
faltar al respeto a... …に失礼なことをする.
guardar el respeto a... …をうやまう.
presentar sus respetos a... …によろしくと伝える.
res·pe·tuo·sa·men·te [レスペトゥオサメンテ] 副 1 つつしんで. 2〈手紙〉敬具.
res·pe·tuo·so, sa [レスペトゥオソ, サ] 形 1（+con...）…に敬意を抱く, …を尊重する. 2 丁重な, うやうやしい.
rés·pi·ce [レスピせ] 男 1 つっけんどんな返答. 2 きびしい小言.
res·pin·gar [レスピンガル] 自《活 47 llegar》1（スカートなどが）裾(す)がはね上がる. 2（動物・人）いやがって体を揺り動かす.
res·pin·go [レスピンゴ] 男 びくっとする動作.
res·pin·gón, go·na [レスピンゴン, ゴナ] 形 1（鼻などが）上を向いている. 2〈衣服〉裾(す)がはね上がった.
res·pi·ra·ción [レスピラシオン] 女 1 呼吸, 息(い). 2 風通し, 通気.
respiración artificial （仮死状態の者への）人工呼吸.
respiración asistida （人工呼吸器を使った）人工呼吸.
sin respiración 1 ぎょっと驚いて, 息をのんで. 2 息ができないほど疲れて.
res·pi·ra·de·ro [レスピラデロ] 男 通気孔.
res·pi·rar [レスピラル] 自 1 呼吸する, 息をする. 2 ひと息入れる, ほっとする. 3〈人〉（否定表現で）話す, 口をきく. 4 息がある, 生きている. 5（部屋などが）空気を入れ換える. 6《主語なしの 3 人称単数形で使用》（大気が）涼しくなる.
— 他 1 …を吸い込む, 呼吸する. 2 …を示す, 見せる.
no dejar (ni) respirar a... …に息づくひまも与えない.
no poder respirar 1 疲れきっている. 2 多忙をきわめる.
sin respirar 1 休む間もなく. 2 気持ちを集中して.
res·pi·ra·to·rio, ria [レスピラトリオ, リア] 形 呼吸の, 呼吸のための.
aparato respiratorio〈解剖学〉呼吸器官.
res·pi·ro [レスピロ] 男 1 休憩, ひと休み, ひと息. 2 安堵(あん), 安心.
res·plan·de·cer [レスプランデセル] 自《活 4 agradecer》1 光る, 光芒(ぼう)を放つ. 2（顔が）幸せそうに輝く. 3〈人〉[秀]でる, 異彩を放つ.
res·plan·de·cien·te [レスプランデシエンテ] 形 1 輝く, 輝くばかりの. 2 傑出した, ひい[秀]でた.
res·plan·dor [レスプランドル] 男 光輝, 光彩, 光沢.
res·pon·der [レスポンデル] 他 1 …に答える. 2 …に返事をする. 3 …に対処する.
— 自 1（+a...）…に答える. 2（+a...）…に返事をする, 返事を出す. 3（+a...）…に対処する, 対応する. 4（+a...）…に応じる. 5 成果を出す, 利を生む. 6（+de...）…の責めを負う, 責任をとる. 7（+de...）…を保証する.
res·pon·dón, do·na [レスポンドン, ドナ] 形 口答えの多い, 生意気な口をきく.
res·pon·sa·bi·li·dad [レスポンサビリダッ] 女 1 責任. 2 義務, 責務. 3 義務の履行, 責務の遂行.
res·pon·sa·bi·li·zar [レスポンサビリさル] 他（+a...）…に（+de...）…の責任を取らせる.
— **responsabilizar·se** 再（+de...）…の責任を取る, …を責任ちおう責任を負う.
res·pon·sa·ble [レスポンサブレ] 形 1 責任感のある, 責務に忠実な. 2（+de...）…の責任がある, 責任を取るべき. 3（+de...）…の罪のある, …を犯した.
— 男 女 責任者.
res·pon·so [レスポンソ] 男 1〈宗教〉死者の魂を救う祈り. 2 非難, 叱責(しっ).
res·pues·ta [レスプエスタ] 女 1 答え, 応答. 2 返事, 回答, 応答. 3 手応え, 成果.
res·que·bra·ja·di·zo, za [レスケブラハディそ, さ] 形 ひびの入りやすい.

活 は活用形　複 は複数形　男 は男性名詞　女 は女性名詞　固 は固有名詞　代 は代名詞　自 は自動詞

res·que·bra·ja·du·ra [レスケブラハドゥラ] 女 (わずかな) ひび, 割れ目, 亀裂(きれつ).

res·que·bra·ja·mien·to [レスケブラハミエント] 男 (わずかに) ひびが入ること.

res·que·bra·jar·se [レスケブラハルセ] 再 (わずかに) ひびが入る.

res·que·mor [レスケモル] 男 気がかり, 気うつ.

res·qui·cio [レスキキオ] 男 1 (戸などの) すき間. 2 わずかな可能性.

res·ta [レスタ] 女 1 引き算. 2 引き算の答え/ *La resta* de 4 menos 2 es 2. 4 引く 2 は 2.

res·ta·ble·cer [レスタブレセル] 他 《活 4 a-gradecer》 …を復旧する, 再興する, 再開する.
— **restablecerse** 再 (痛みなどから) 回復する.

res·ta·ble·ci·do, da [レスタブレシド, ダ] 《過去分詞》 → restablecer 復旧する.
— 形 (痛みなどから) 回復している.

res·ta·ble·ci·mien·to [レスタブレシミエント] 男 1 復旧, 再興, 再開. 2 痛手からの回復.

restablezc- 活 → restablecer 復旧する《活 4》.

res·ta·llar [レスタジャル] 自 (鞭(むち)などが) 鳴る.

res·ta·lli·do [レスタジド] 男 (鞭(むち)などが) 鳴る音.

res·tan·te [レスタンテ] 形 残っている.
— 男 残り, 残りかす, 余り.

res·ta·ñar [レスタニャル] 他 1 (傷) を止血する. 2 (苦しみなど) を軽くする, いやす.
— **restañarse** 再 (苦しみなどが) いえる, 軽くなる.

res·tar [レスタル] 他 1 …を (+a…) から減らす. 2 〈算数〉 …を (+de…) …から引く.
— 自 1 残っている. 2 〈スポーツ〉 返球 [リターン] する.

res·tau·ra·ción [レスタウラシオン] 女 1 復興, 復元. 2 (政権の) 再興, 復古. 3 復旧, 回復.

res·tau·ra·dor, do·ra [レスタウラドル, ドラ] 男 女 1 (芸術作品の) 修復技師. 2 再興者.

res·tau·ran·te [レスタウランテ] 男 レストラン, 西洋料理店.

res·tau·rar [レスタウラル] 他 1 …を復興する, 復元する. 2 …を復旧する, もとに戻す. 3 (政権) を再興 [復古] させる. 4 (体力など) を食事で回復する.

res·ti·tu·ción [レスティトゥシオン] 女 1 返却, 返還, 返済. 2 復旧, 修復, 復元.

res·ti·tuir [レスティトゥイル] 他 《活 43 huir》 1 …を返却 [返還] する. 2 …を (+a+人) …に取り戻させる, 回復させる. 3 …を復元する.

res·to [レスト] 男 1 残り, 余り. 2 引き算 残り. 3 割り算 余り. 4 〈スポーツ〉 返球, リターン.
echar el resto 1 全力を尽くす. 2 あらゆる手を打つ.

res·tos [レストス] 男 複 〈→ resto〉 1 廃墟(はいきょ), 遺跡. 2 遺体, 死骸(しがい). [=restos mortales]. 3 食べ残し, 残飯.

res·tre·gar [レストレガル] 他 《活 53 negar》 1 …をこする. 2 …に当てこすりを言う.
— **restregarse** 再 (自分の体) を (+ contra…) …にこすりつける.

res·tric·ción [レストリクシオン] 女 1 制限, 制約. 2 (供給の) 制限 [=restricciones].

res·tric·ti·vo, va [レストリクティボ, バ] 形 規制の, 限定的な, 制約的な.

res·trin·gen·te [レストリンヘンテ] 形 制限する, 規制する, 限定する.

res·trin·gir [レストリンヒル] 他 《活 27 dirigir》 …を制限 [規制] する, 限定する.
— **restringirse** 再 減少する, 限定される.

re·su·ci·ta·do, da [レスシタド, ダ] 《過去分詞》 → resucitar 生き返る.
— 形 生き返った, 蘇生(そせい)した.
— 男 女 生き返った人.

re·su·ci·tar [レスシタル] 自 生き返る, 蘇生(そせい)する.
— 他 1 …を生き返らせる. 2 …をよみがえらせる, 復活させる. 3 …を元気にする.

re·su·dar [レスダル] 自 汗ばむ.

resuell- 活 → resollar 荒い息をする《活 22》.

re·sue·llo [レスエジョ] 男 荒い息.

re·suel·ta·men·te [レスエるタメンテ] 副 決然と, 果敢に.

re·suel·to, ta [レスエるト, タ] 《過去分詞》 → resolver 決心する.
— 形 1 断固とした, 決然とした. 2 解決された. 3 (+a+不定詞) …をする決心がついた.

resuelv- 活 → resolver 決心をする《活 87》.

resuen- 活 → resonar 鳴り響く《活 19》.

re·sul·ta·do [レスルタド] 男 1 結果, 成果. 2 〈数学〉 答え, 解答. 3 分析結果. 4 〈競技〉 成績. 5 結末.
dar (buen) resultado いい結果を出す.
sin resultado 徒労に終った.

re·sul·tan·te [レスるタンテ] 形 1 (+de…) …の結果として生じる. 2 〈物理学〉 合成の.
— 女 〈物理学〉 合力(ごうりょく).

re·sul·tar [レスるタル] 自 1 (+de…) …の結果として生じる.
2 (+形容詞・副詞) ① 結果として …になる. ② …という特徴がある.
3 (+en…) …という結果になる.
4 よい結果になる, 好ましいことになる.
5 〈3 人称単数形で使用〉 (+que…) …ということになる.

re·sul·tas [レスるタス] 女 複 結果.
de resultas (de…) (…の) 結果として.

re·sul·tón, to·na [レスるトン, トナ] 形 魅力的な, 好ましい.

re·su·men [レスメン] 男 《複》 resúmenes 要約, 概要, レジュメ.
en resumen 要するに, つまり.

他 は他動詞 再 は再帰動詞 形 は形容詞 副 は副詞 前 は前置詞 接 は接続詞 間 は間投詞

re·su·mi·da·men·te [レスミダメンテ] 副 要約すれば,要するに.

re·su·mi·do, da [レスミド, ダ] 《過去分詞》 → resumir 含む《活 80》.
— 形 要約された,概要の.

re·su·mir [レスミル] 他 …を要約する.
— resumirse 再 結果として(+en+小さいもの)…になる.

re·sur·gi·mien·to [レスルヒミエント] 男 1 再起,復活. 2 再生,再現.

re·sur·gir [レスルヒル] 自《活 27 dirigir》 1 復活する,立ち直る. 2 再生する. 3 (+de…) …からよみがえる.

re·su·rrec·ción [レスレクレオン] 女 1 復活,よみがえり. 2 再興,再生.

Re·su·rrec·ción [レスレクレオン] 固 1〈宗教〉キリストの復活. 2〈女性の名〉レスレクシオン.

re·ta·blo [レタブロ] 男 1〈建築〉祭壇背後の飾り壁. 2 (集合的に)祭壇画. 3〈宗教画. 4 人形劇の舞台.

re·ta·co, ca [レタコ, カ] 形 太って背の低い.
— 男 太って背の低い人,ずんぐりした人.

re·ta·guar·dia [レタグアルディア] 女〈軍隊などの〉後衛.

re·ta·hí·la [レタイラ] 女 ひと続き.
una retahíla de… 一連の…,…の行列.

re·tal [レタル] 男 (布地などの)切れ端.

re·ta·ma [レタマ] 女〈植物〉レダマ,エニシダ.

re·tar [レタル] 他 1 …に挑戦する. 2 …と(+a…) …で対決する.

re·tar·da·do, da [レタルダド, ダ] 《過去分詞》 → retardar 遅らせる.
— 形 (動きが)遅れた,だんだんおそくなる.

re·tar·dar [レタルダル] 他 1 (動きを)遅らせる. 2 (実行)を遅らせる.
— retardarse 再 1 (動きが)遅れる,おそくなる. 2 (実行)が遅れる.

re·ta·zo [レタソ] 男 1 (布地などの)大きめの切れ端「余り]. 2 断片.

re·te·bién [レテビエン] 副 とてもよく,すごく上手に.

re·tel [レテル] 男〈漁〉袋網.

re·tem·blar [レテンブラル] 自《活 57 pensar》ぶるぶる[がたがた]震える.

re·tén [レテン] 男 1〈人〉(出動準備ができている)一隊. 2 (集合的に)予備品.
— 活 → retener 含む《活 80》.

re·ten·ción [レテンシオン] 女 1 渋滞,停滞. 2 (給料の)天引き. 3〈医学〉鬱滞. 4 引きとめ,保留. 5 記憶にとどめること.

retendr- 活 → retener 含む《活 80》.

re·te·ner [レテネル] 他《活 80 tener》 1 …を含む,包含(ほう)する. 2 …を持ち続ける,引きとめる. 3 …を記憶にとどめる,忘れないでおく. 4 (感情)をこらえる,抑える. 5 (流れ)をじゃまする,妨害する. 6 (金額)を天引きする,差し引く. 7 (当局が) (相手の受け取る給料などを)差し押える.
— retenerse 再 1 自制する,我慢する. 2 (才能など)を隠しておく.

reteng- 活 → retener 含む《活 80》.

re·ten·ti·va[1] [レテンティバ] 女 記憶力.

re·ten·ti·vo, va[2] [レテンティボ, ー] 形 とどめる力のある.

re·ti·cen·cia [レティセンシア] 女 1 ためらい,遠慮. 2 あてこすり,皮肉.

re·ti·cen·te [レティセンテ] 形 1 あてこすりの,皮肉な. 2 ためらいがちな.

re·ti·cu·lar [レティクラル] 形 網状の.

re·tí·cu·lo [レティクロ] 男 1〈植物〉網状組織. 2〈反芻(はんすう)動物〉第二胃,蜂の巣.

retien- 活 → retener 含む《活 80》.

re·ti·na [レティナ] 女〈眼球〉網膜.

re·tin·tín [レティンティン] 男 いやみ,皮肉.

re·tin·to, ta [レティント, タ] 形〈動物〉暗褐色の,栃毛(とちげ)の栗毛の.

re·ti·ra·da[1] [レティラダ] 女 1 退場,離脱. 2 除去,撤去. 3 引退,退職. 4〈軍隊〉(整然とした)退却,撤退. 5 回収.

re·ti·ra·do, da[2] [レティラド, ー] 《過去分詞》 → retirar 取り除く.
— 形 1 人里離れた,とても遠くの. 2 引退した,退職した. 3〈軍人〉退役の.
— 男/女 1 引退[退職]者. 2 退役軍人.

re·ti·rar [レティラル] 他 1 …を(+de…) …から取り除く,処分する,引き出す. 2 …を退職[引退]させる. 3 …を(+de…) …から退場させる. 4 (前の発言)を撤回する,取り消す. 5 (援助などを)打ちきる,中止する.
— retirarse 再 1 (+de…) …から離れる,身を引く. 2 退職[引退]する. 3 (+de…) …から退場する,退出する,退席する. 4 隠居する. 5 寝に行く,ベッドに入る. 6 帰宅する. 7〈軍隊〉整然と退却[撤退]する.

re·ti·ro [レティロ] 男 1 休職. 2 人里離れた所. 3 退職,引退. 4 引退生活,隠居. 5 退職年金,恩給.

re·to [レト] 男 挑戦.

re·to·car [レトカル] 他《活 73 sacar》 1 …を手直しする. 2 …に仕上げを施す.

re·to·mar [レトマル] 他 …を再開する,(中断のあとで)続ける.

re·to·ñar [レトニャル] 自 1 (植物が)再び芽を出す. 2 (事物が)よみがえる.

re·to·ño [レトニョ] 男 1 新芽,若枝. 2 幼い息子[娘].

retoqu- 活 → retocar 仕上げを施す《活 73》.

re·to·que [レトケ] 男 1 仕上げ. 2 手直し.

re·tor·cer [レトルセル] 他《活 18 cocer》 1 …を絞る,よじる. 2 …を曲解する.
— retorcerse 再 身をよじる.

re·tor·ci·do, da [レトルシド, ダ] 《過去分詞》 → retorcer 絞る.

活 は活用形 複 は複数形 男 は男性名詞 女 は女性名詞 固 は固有名詞 代 は代名詞 自 は自動詞

— 形 1 よじれた, 絞られた. 2 ひねくれた. 3 腹黒い. 4〈言葉遣いが〉わかりにくい, 込み入った.
— 男 女 1 ひねくれ者. 2 腹黒い人間.

re·tor·ci·mien·to [レトルシミエント] 男 1 ねじれ, よじれ. 2 腹黒さ. 3 ひねくれ.

re·tó·ri·ca[1] [レトリカ] 女 1 修辞学, レトリック. 2〈言葉〉飾りすぎた表現.

re·tó·ri·co, ca[2] [レトリコ, —] 形 1 修辞学の, 修辞の. 2〈言語表現〉飾りすぎの.

re·tor·na·ble [レトルナブレ] 形〈容器〉(瓶(びん)のように, 引き取って) 再利用できる.

re·tor·nar [レトルナル] 他 …を返却する.
— 自 (+a…) …へ戻る, 帰る.

re·tor·no [レトルノ] 男 1 返却. 2 帰着, 帰宅, 帰国.

re·tor·te·ro [レトルテロ] 男 ひと回り.
al retortero (家の中などが) ひっくり返った.
traer a (+人) *al retortero* …をむだに働かせる.

re·tor·ti·jón [レトルティホン] 男〈腹痛〉差し込み.

re·to·zar [レトサル] 自《活 39 gozar》1 はしゃぎ回る. 2〈恋人たちが〉いちゃつく.

re·trac·ción [レトラクシオン] 女 1 (体の一部)の収縮. 2 断念. 3 引退. 4 退却. 5〈医学〉退縮.

re·trac·ta·ción [レトラクタシオン] 女 (前言の) 取り消し, 撤回.

re·trac·tar·se [レトラクタルセ] 再 (+de+前言) …を取り消す, 撤回する.

re·trác·til [レトラクティル] 形 引っ込められる.

re·tra·er [レトラエル] 他《活 81 traer》1 (体の一部) を引っ込める. 2 …を思いとどまらせる, 断念させる.
— *retraerse* 再 1 (+de+不定詞) …するのを思いとどまる. 2 (+de…) …から身を引く, 引退する. 3 (+a…) …まで退却する.

re·tra·í·do, da [レトライド, ダ]《過去分詞》→ retraer 引っ込める.
— 形 1 引きこもった, 引退した. 2 内気な.

retraig- → retraer 引っ込める《活 81》.

re·trai·mien·to [レトライミエント] 男 1 引っ込める動作. 2 内気, 引っ込み思案.

retraj- → retraer 引っ込める《活 81》.

re·trans·mi·sión [レトランスミシオン] 女 1 中継放送. 2 再放送.

re·trans·mi·tir [レトランスミティル] 他〈放送〉1 …を中継する. 2 …を再放送する.

re·tra·sa·do, da [レトラサド, ダ]《過去分詞》→ retrasar.
— 形 1 遅れている. 2 発育不良の. 3 知恵遅れの.
— 男 女 知恵遅れの人.

re·tra·sar [レトラサル] 自 1 (時計が) 遅れる. 2 進行がおそい.
— 他 1 …を遅らせる. 2 …を延期する.
— *retrasarse* 再 1 遅れる. 2 おそくなる.

re·tra·so [レトラソ] 男 1 遅れ, 遅延, 遅刻. 2 延期. 3 未発達, 未開発.
llegar con (+時間) *de retraso* …遅れで着く.
llevar un retraso de (+時間) (列車などが) …遅れている.

re·tra·tar [レトラタル] 他 1 …の肖像画を描く. 2 …を写真に撮る. 3 …を忠実に描く.
— *retratarse* 再 1 写真を撮ってもらう. 2 肖像画を描いてもらう.

re·tra·tis·ta [レトラティスタ] 男 女 1 肖像画家. 2 人物写真家.

re·tra·to [レトラト] 男 1 肖像画. 2 肖像写真, ポートレート. 3 肖像画法. 4 人物描写. 5 そっくりなもの.
retrato robot モンタージュ, 似顔絵.
ser el vivo retrato de…〈人〉…の生き写しである.

re·tre·ta [レトレタ] 女〈軍隊〉常営らっぱ.

re·tre·te [レトレテ] 男 1 便器. 2 便所, トイレ.

re·tri·bu·ción [レトリブシオン] 女 報酬.
retribución al trabajo 仕事への謝礼.

re·tri·buir [レトリブイル] 他《活 43 huir》(労働など) に報酬を払う, 謝礼する.

re·tri·bu·ti·vo, va [レトリブティボ, バ] 形 報酬のある.

re·tro [レトロ] 形《男女同形》復古調の, レトロな.

re·tro·ac·ti·vi·dad [レトロアクティビダス] 女〈法律〉遡及(そきゅう)性.

re·tro·ac·ti·vo, va [レトロアクティボ, バ] 形〈法律〉遡及(そきゅう)性のある.
efectos retroactivos 遡及効.

re·tro·ce·der [レトロセデル] 自 1 後退する. 2 (+en…) …のことで引きさがる. 3 (+ante…) …にひるむ, しりごみする.

re·tro·ce·so [レトロセソ] 男 1 後退, あと戻り. 2〈病気〉ぶり返し, 悪化. 3〈銃砲〉反動.

re·tró·gra·do, da [レトログラド, ダ] 形 1〈思想〉反動的な, 古くさい. 2 後退する.
— 男 女 反動的な人.

re·tro·pro·pul·sión [レトロプロプルシオン] 女 ジェット推進, 逆噴射.

re·tros·pec·ción [レトロスペクシオン] 女 回想, 回顧.

re·tros·pec·ti·vo, va [レトロスペクティボ, バ] 形 過去に言及する, 回顧の.

re·tro·tra·er [レトロトラエル] 他《活 81 traer》…を(+a+過去の時点)…に戻す.
— *retrotraerse* 再 (+a+過去の時点)…にさかのぼる.

re·tro·vi·sor [レトロビソル] 男〈自動車〉サイドミラー, バックミラー.

re·truéca·no [レトルエカノ] 男〈修辞学〉(2語を入れかえた対句(ついく)を使う) 対照法.

retuerc-, retuerz- 活 → retorcer 絞る

re·tum·ban·te [レトゥンバンテ] 形 1 響きわたる, とどろく. 2 大げさな.

re·tum·bar [レトゥンバル] 自 鳴りわたる.

retuv- 活 → retener 含む《活80》.

re·ú·ma [レウマ] 男女《= reuma》〈病気〉リューマチ.

reu·má·ti·co, ca [レウマティコ, カ] 形〈病気〉リューマチの, リューマチにかかった.
— 男女 リューマチ患者.

reu·ma·tis·mo [レウマティスモ] 男〈病気〉リューマチ.

reu·nión [レウニオン] 女 1 集会, 集まり. 2 会合, 会議. 3 (集合的に) 会合の参加者.

reu·nir [レウニル] 他《活69》1 …を集める. 2 (条件など) をあわせ持つ. 3 …を再び集める [いっしょにする].
— **reunirse** 再 1 集まる. 2 (+con...) …と会う, いっしょになる. 3 復縁する.

re·vá·li·da [レバリダ] 女 学位認定試験.

re·va·li·da·ción [レバリダれオン] 女 1 認定, 承認. 2 (資格の) 再取得.

re·va·li·dar [レバリダル] 他 1 …を認定 [承認]する. 2 (資格を) 再取得する.

re·va·lo·ri·za·ción [レバロりさしオン] 女 1 高騰(ミミ). 2 再評価.

re·va·lo·ri·zar [レバロりさル] 他《活39 gozar》1 …の価値を引き上げる. 2 …を再評価する.

re·va·lua·ción [レバルアしオン] 女 1 (通貨) 切り上げ. 2 再評価.

re·va·luar [レバルアル] 他《活1 actuar》1 (通貨を) 切り上げる. 2 …を再評価する.

re·van·cha [レバンチャ] 女 仕返し, 報復.

re·ve·la·ción [レベラしオン] 女 1 暴露, 露見. 2 (ひらめいた) 直観, 直覚. 3 意外な新人. 4 意外な新事実. 5〈宗教〉啓示, 天啓.

re·ve·la·do [レベらド]〈写真〉現像.

re·ve·la·dor, do·ra [レベらドル, ドラ] 形 (隠れたものを) 明らかにする, 暴露する.

re·ve·lar [レベらル] 他 1 (隠れた物事を) 明らかにする, あばく. 2 …を見せる, 示す. 3〈写真〉…を現像する. 4 …であることを示す.
— **revelarse** 再 1 (神が) (+a...) に啓示を与える. 2 (物事が) …であることがわかる.

re·ven·de·dor, do·ra [レベンデドル, ドラ] 男女 1 転売者. 2 小売業.

re·ven·der [レベンデル] 他 …を転売する.

revendr- 活 → revenir-se しける《活85》.

reveng- 活 → revenir-se しける《活85》.

re·ve·nir·se [レベニルセ] 再《活85 venir》1 (固いたべ物が) しける, やわらかくなる. 2 酸味を帯びる.

re·ven·ta [レベンタ] 女 1 転売. 2〈集団〉だふ屋.

re·ven·tar [レベンタル] 他《活57 pensar》1 …を破裂させる. 2 …を爆破する. 3 (馬などを乗)りつぶす. 4 (人を) 酷使する. 5 …を台無しにする, だめにする.
— 自 1 破裂する, 爆発する. 2 こわれる. 3 (馬などが) くたくたになる. 4 (人が) へばる. 5 (波が) くだけて泡になる. 6 こわれる, だめになる. 7 (+porが不定詞) …したがる. 8 (気持ちが) 爆発する. 9 突然だめになる. 10 (+de+気持ちなど) …を見せる, 示す. 11 …を怒らせる. 12 満腹になる. 13 (+de...) …でいっぱいになる. 14 激しい死に方をする, くたばる.
— **reventarse** 再 1 破裂[爆発]する. 2 こわれる, つぶれる. 3 (馬などが) へばる.

re·ven·tón[1] [レベントン] 男 1 破裂. 2 頑張り.

re·ven·tón[2], **to·na** [—, トナ] 形 破裂しそうな.

re·ver·be·ra·ción [レベルベラしオン] 女 1 反射, 照り返し. 2 残響, 反響.

re·ver·be·rar [レベルベラル] 自 (+en...) …で反射する. 2 (光を受けて) ぎらぎら光る. 3 (音が) 残響を伴う.

re·ver·be·ro [レベルベロ] 男 反射, 反響.

re·ver·de·cer [レベルデセル] 自《活4 agradecer》1 再び緑になる. 2 (気持ちが) よみがえる.

re·ve·ren·cia [レベレンシア] 女 1 お辞儀, 敬礼. 2 深い敬意, 畏敬(ミミ).

re·ve·ren·ciar [レベレンシアル] 他《活17 cambiar》…を畏敬(ミミ)する, うやまう.

re·ve·ren·dí·si·mo, ma [レベレンディシモ, マ] 形《絶対最上級型 → reverendo, da》〈高位聖職者への敬称〉猊下(ミミ).

re·ve·ren·do, da [レベレンド, ダ] 形 1〈聖職者への敬称〉…師, …様.
— 男女 修道院長.

re·ve·ren·te [レベレンテ] 形 うやうやしい.

re·ver·si·ble [レベルシブれ] 形 1 もとに戻せる. 2〈布地〉両面使用の, リバーシブルの.

re·ver·sión [レベルシオン] 女 1 もとに戻ること. 2 (状態や財産の) 復帰.

re·ver·so [レベルソ] 男 1 (コインなどの) 裏面. 2 背面, 裏側.

re·ver·tir [レベルティル] 自《活77 sentir》1 結果として (+en...) …となる. 2 もとの状態になる. 3 (財産が) (+a+その所有者) …に復帰する.

re·vés [レベス] 男 1 裏側, 背面. 2 手の甲での一撃. 3 逆境, (人生の) 難目. 4〈スポーツ〉バックハンドストローク.

al revés 逆に, 反対に, あべこべに.

al revés de ... …とは反対に.

del revés 裏返しに, 上下逆に, 前後逆に.

re·ves·ti·mien·to [レベスティミエント] 男 1 外装. 2 上張り, コーティング. 3 外装材, コーティング材.

re·ves·tir [レベスティル] 他《活56 pedir》1 …に上張りする, コーティングする. 2 …の様子である. 3 〈言語表現〉…を (+de...) で飾る.
— **revestirse** 再 1 (+de...) …を身につける. 2

re·vie·jo, ja [レビエホ, ハ] 形 とても老いた.
revien- 活 → revenir-se しける《活 85》.
revient- 活 → reventar 破裂させる《活 57》.
revin- 活 → revenir-se しける《活 85》.
re·vi·sar [レビサル] 他 1 …を詳しく調べる, 点検する. 2 …を再検討する.
re·vi·sión [レビシオン] 女 1 精査, 点検. 2 再調査, 再検討. 3 校正, 校訂.
re·vi·sio·nis·mo [レビシオニスモ] 男 修正主義.
re·vi·sio·nis·ta [レビシオニスタ] 男女 修正主義者.
re·vi·sor, so·ra [レビソル, ソラ] 形 検閲の, 校訂の.
— 男女 1 検閲者, 校訂者. 2 検札係.
revist- 活 → revestir 上張りする《活 56》.
re·vis·ta [レビスタ] 女 1 雑誌, 定期刊行物. 2 検閲, 点検. 3 演劇レビュー.
re·vis·te·ro [レビステロ] 男 マガジンラック.
re·vi·ta·li·za·ción [レビタリサシオン] 女 活性化.
re·vi·ta·li·zar [レビタリサル] 他《活 39 gozar》 1 …を一層活発にする. 2 …に活力を与える.
re·vi·vi·fi·car [レビビふぃカル] 他《活 73 sacar》 1 …を活性化する. 2 …をよみがえらせる.
re·vi·vir [レビビル] 自 1 生き返る. 2 生気を取り戻す. 3 復活する, よみがえる.
— 他 …を思い出す.
re·vo·ca·ble [レボカブれ] 形 取り消し可能の.
re·vo·ca·ción [レボカシオン] 女 1 取り消し. 2 (外壁の)塗り直し.
re·vo·car [レボカル] 他《活 73 sacar》 1 …を取り消す. 2 (外壁の)塗り直しをする.
re·vo·co [レボコ] 男 1 (外壁の)塗り直し. 2 しっくい.
re·vol·car [レボるカル] 他《活 82 trocar》 1 …を地面に倒して踏みつける. 2 …をひっくり返す. 3 (試験)に落第する. 4 (議論などで) …をやりこめる.
— **revolcar-se** 再 1 地面をころげ回る. 2 (恋人たちが)みだらにいちゃつく.
re·vol·cón [レボるコン] 男 1 ころげ回り. 2 (みだらな)抱擁. 3 楽勝.
re·vo·lo·te·ar [レボロテアル] 自 (鳥などが)飛び回る.
re·vo·lo·te·o [レボロテオ] 男 (鳥や人の)飛び回り.
revolqu- 活 → revolcar 地面に倒して踏みつける《活 82》.
re·vol·ti·jo [レボるティホ] 男《= revoltillo》 1 ごた混ぜ. 2 (物の)未整理の山.
re·vol·to·so, sa [レボるトソ, サ] 形 やんちゃな.
— 男女 やんちゃ者.
re·vo·lu·ción [レボるシオン] 女 1 革命. 2 改新, 大改革. 3 騒乱, 蜂起. 4〈機械〉回転(数).
re·vo·lu·cio·nar [レボるシオナル] 他 1 …に革命を引き起こす. 2 …を変革する. 3 …を大騒ぎさせる. 4 (機械)を回転させる.
re·vo·lu·cio·na·rio, ria [レボるシオナリオ, リア] 形 1 革命の, 革命的な. 2 革命支持派の. 3 革新的な.
— 男女 革命派の人, 革命支持者.
re·vol·ver [レボるベル] 他《活 87 volver》 1 …を回転させる. 2 …を憤慨させる. 3 …に不快感を与える. 4 …についてじっくり考える. 5 …をかき混ぜる, ひっかき回す. 6 …をむしし返る.
— 自 1 ごちゃ混ぜになる. 2 (+en…) …をむしし返す.
— **revolver-se** 再 1 身もだえする. 2 体勢をたて直す. 3 (+contra…) …に立ち向かう. 4 (天候が)荒れる.
re·vól·ver [レボるベル] 男 (弾倉の)回転式拳銃, レボルバー.
revoqu- 活 → revocar 取り消す《73》.
re·vo·que [レボケ] 男 1 (外壁の)塗り直し. 2 しっくい.
re·vue·lo [レブエろ] 男 動揺, 大騒ぎ.
revuelqu- 活 → revolcar 地面に倒して踏みつける《活 82》.
re·vuel·ta[1] [レブエるタ] 女 1 騒乱. 2〈道路〉カーブの標識.
re·vuel·to[1] [レブエるト] 男〈料理〉(具の入ったり)卵.
re·vuel·to[2]**, ta**[2] 《過去分詞》 → revolver 回転させる.
— 形 1 ごた混ぜになった. 2 もつれた. 3 動揺した. 4 (天候)荒れた.
revuelv- 活 → revolver 回転させる《87》.
re·vul·si·vo[1] [レブるシボ] 男〈医薬〉誘導剤.
re·vul·si·vo[2]**, va** [-, バ] 形 誘発の.
rey [レイ] 男 1 王, 国王, 君主. 2 (チェスなどの)王, キング. 3 王者.
re·yer·ta [レイエるタ] 女 論争, けんか.
re·yes [レイエス] 男複《← rey》 1 国王夫妻. 2 キリストの公現日の祝日, 公現日.
Reyes Magos (1月6日の)キリストの公現日.
re·ye·zue·lo [レイエスエろ] 男 1 小国の王. 2 キクイタダキ.
re·za·gar·se [レさガルセ] 再《活 47 llegar》遅れる, 遅れてしまう.
re·zar [レさル] 他《活 39 gozar》 1 (祈り)を祈る. 2 …と書かれてある.
— 自 (+por, para…) …のために祈る.
rezar con (+人) …とかかわる, 関係がある.
re·zo [レそ] 男 祈り.
re·zon·gar [レそンガル] 自《活 47 llegar》ぼやく, ぶつぶつ不平を言う.
re·zu·mar [レすマル] 他 …をしみ出させる.
— 自 しみ出る, にじみ出る.
— **rezumar-se** 再 にじみ出る.
rí·a [リア] 女 入り江.

他 は他動詞 再 は再帰動詞 形 は形容詞 副 は副詞 前 は前置詞 接 は接続詞 間 は間投詞

ría(-) 活 → reír 笑う《活 67》.
ria・chue・lo [リアチュエロ] 男 小川.
ria・da [リアダ] 女 洪水, 大水(祭力).
ri・ba・zo [リバソ] 男 土手, 堤.
ri・bei・ro [リベイロ] 男〈ワイン〉(ガリシア地方の)リベイロ.
ri・be・ra [リベラ] 女 1 河岸, 沿岸. 2 沿岸地域.
ri・be・re・ño, ña [リベレニョ, ニャ] 形 沿岸部の.
— 男 女 沿岸の住民.
ri・be・te [リベテ] 男〈衣服〉縁(ホ)飾り.
ri・be・tes [リベテス] 男複〈→ ribete〉気味, 傾向, 気候.
ri・be・te・ar [リベテアル] 他 …の縁(ホ)を飾る.
ri・bo・so・ma [リボソマ] 男〈細胞〉リボソーム.
ri・ca・cho, cha [リカチョ, チャ] 形 成金の.
ri・ca・men・te [リカメンテ] 副 1 好むままに. 2 裕福に, ぜいたくに.
Ri・car・do [リカルド] 固〈男性の名〉リカルド.
rice(-), ricé 活 → rizar カールする《活 39》.
ri・ci・no [リシノ] 男〈植物〉トウゴマ.
ri・co, ca [リコ, カ] 形 1 金持ちの, 裕福な. 2 おいしい, うまい. 3 (+en...) …が豊富な, 豊かな. 4 感じのいい, 愛らしい. 5 高価な, 豪華な.
— 男 女 1 金持ち. 2〈呼び掛け〉ねえ, きみ.
ric・tus [リクトゥス] 男〈単複同形〉顔の様子.
ri・cu・ra [リクラ] 女 1 おいしいもの. 2 かわいい者.
ri・di・cu・lez [リディクれス] 女 (複 ridiculeces) 1 くだらないこと. 2 ささいなこと.
ri・di・cu・li・zar [リディクリさル] 他《活 39 gozar》…をあざ笑う, 笑いものにする.
ri・dí・cu・lo[1] [リディクろ] 男〈人〉笑いもの.
en ridículo 笑いものになった.
ri・dí・cu・lo[2], **la** [リディクろ, ら] 形 1 おかしな, ばかげた. 2 いもない, 取るに足りない.
ríe(-) 活 → reír 笑う《活 67》.
rieg- 活 → regar 水をまく《活 53》.
rie・go [リエゴ] 男 1 水まき. 2 灌漑(祭). 3 散水用水.
riego sanguíneo 血液循環.
riel [リエる] 男 (鉄道などの)レール.
rie・lar [リエらル] 自 きらきら光る.
rien・da [リエンダ] 女 (馬などの)手綱(怎).
a rienda suelta まったく自由に, 好きなように.
dar rienda suelta a... …に好きにさせる.
rien・das [リエンダス] 女複《→ rienda》統制, 制 御, 支配.
riendo 活 → reír 笑う《活 67》.
rien・te [リエンテ] 形 にこやかな.
rier- 活 → reír 笑う《活 67》.
ries・go [リエスゴ] 男 1 冒険. 2 危険.
a todo riesgo〈保険〉全災害の.
correr el riesgo de... …の危険をおかす.
ri・fa [リふァ] 女 1 福引き. 2 福引き会場.
ri・far [リふァル] 他 …を福引きにかける.
— **rifar・se** 再 (+a...) …を奪い合う.

ri・fle [リふれ] 男 ライフル銃.
rig- 活 → regir 支配する《活 23》.
ri・gi・dez [リヒデす] 女 1 硬さ, 硬直. 2 厳格, きびしさ. 3 頑固.
rí・gi・do, da [リヒド, ダ] 形 1 硬い, 硬直した. 2 きびしい, 厳格な. 3 頑固な.
ri・gor [リゴル] 男 1 (過度な)きびしさ, 厳格さ. 2 正確さ, 精確さ. 3 (気候などの)きびしさ, 過酷さ.
de rigor (慣習として)不可欠の, しかるべき.
en rigor 厳密に言えば, 実際には.
ri・go・ris・mo [リゴリスモ] 男 厳格主義.
ri・go・ris・ta [リゴリスタ] 男 女 厳格主義者.
ri・gu・ro・sa・men・te [リグロサメンテ] 副 1 とてもきびしく, 断固として. 2 正確に, 厳密に.
ri・gu・ro・so, sa [リグロソ, サ] 形 1 とてもきびしい, 厳格な. 2 正確な, 精確な. 3 過酷な, 耐えがたい.
rij- 活 → regir 支配する《活 23》.
ri・ja [リハ]
ri・jo・so, sa [リホソ, サ] 形 好色な.
ri・lar・se [リらルセ] 再 あきらめる.
ri・ma [リマ] 女 1 韻, 脚韻. 2 押韻. 3 韻文[= rimas].
octava rima (ABABABCC 型の韻の)八行詩型.
rima asonante (強勢音節のあとの母音だけを合わす)類韻.
rima consonante (強勢音節のあとの母音と子音を合わす)同音韻.
sexta rima (ABABCC 型の韻の)六行詩型.
ri・mar [リマル] 自 1 韻文を作る. 2 (単語が) (+con と別の単語) …と韻を踏む.
rim・bom・ban・te [リンボンバンテ] 形 1 派手な, けばけばしい. 2 よく響く.
rí・mel [リメる] 男〈化粧品〉マスカラ.
ri・me・ro [リメロ] 男 (積みあげた)山.
rin・cón [リンコン] 男 1 隅(ホ). 2 片隅, 狭い場所. 3 (自宅の意味の)拙宅, むさくるしい家. 4 (人里離れた)秘密の場所.
rin・co・na・da [リンコナダ] 女 (建物にはさまれた)片隅(怎), 街角.
rin・co・ne・ra [リンコネラ] 女 (三角形の)コーナー家具.
rind- 活 → rendir 打ち負かす《活 56》.
rin・go・rran・go [リンゴランゴ] 男 不要な飾り.
ri・ni・tis [リニティス] 女〈単複同形〉〈医学〉鼻炎.
ri・no・ce・ron・te [リノセロンテ] 男〈動物〉サイ.
ri・no・lo・gí・a [リノろヒア] 女〈医学〉鼻科学.
riñ- 活 → reñir しかる《活 59》.
ri・ña [リニャ] 女 けんか, 口論.
ri・ñón [リニョン] 男〈解剖学〉腎臓(祭).
costar [valer] un riñón 大金がかかる, 高価である.

活 は活用形　複 は複数形　男 は男性名詞　女 は女性名詞　固 は固有名詞　代 は代名詞　自 は自動詞

ri·ñón artificial 人工腎臓.
tener bien cubierto el riñón 大金持ちだ.
ri·ño·na·da [リニョナダ] 囡 腎臓(㧦)の煮込み料理.
ri·ño·ne·ra [リニョネラ] 囡 1 (腰を保護する)腹巻き, コルセット. 2 ウエストバッグ[ポーチ].
ri·ño·nes [リニョネス] 男複 《→ riñón》 1 腰, 腰部. 2 胆力, 度胸.
rí·o [リオ] 男 1 川, 河. 2 大量の流れ.
a río revuelto 混乱に乗じて.
— 活 → reír 笑う.
rió 活 → reír 笑う《活 67》.
Río de Ja·nei·ro [リオ デ ハネイロ] 固 〈都市の名〉(ブラジル南東部の)リオデジャネイロ.
Río de la Pla·ta [リオ デ ラ プらタ] 固 〈南米南部の〉ラプラタ川.
Río Gran·de [リオ グランデ] 固 〈川の名〉(メキシコ北部の国境の)リオグランデ[= Río Bravo].
Rio·ja [リオハ] 固 《La+》〈地方・自治州の名〉(スペイン北部の)リオハ, ラリオハ.
rio·ja [リオハ] 男 (リオハ地方産の)リオハワイン.
rio·ja·no, na [リオハノ, ナ] 形 〈スペインの地方の〉La Rioja の.
— 男囡 リオハの人.
rio·pla·ten·se [リオプらテンセ] 形 〈南米の〉ラプラタ川流域の, ラプラタ地方の.
— 男囡 ラプラタ地方の人.
rios·tra [リオストラ] 囡 〈建築〉方杖(㧦).
ri·pio [リピオ] 男 〈詩作〉(押韻用の)冗語.
no perder ripio ひと言も聞きもらさない.
ri·que·za [リケサ] 囡 1 富, 財産. 2 資産. 3 資源. 4 豊富, 豊かさ.
ri·quí·si·mo, ma [リキシモ, マ] 形《絶対最上級形→ rico, ca》とても豊かな.
ri·sa [リサ] 囡 1 笑い. 2 笑い声. 3 笑いをさそうもの, お笑い種(㧦).
comer·se la risa 笑いをかみ殺す.
de risa 1 こっけいな, おかしい. 2 信じられない.
caer·se [mear·se, mondar·se, morir·se, partir·se, tronchar·se] de risa 大笑いする.
muerto de risa 1 とても愉快な. 2 〈使われずに〉忘れられている.
risa de conejo 作り笑い.
tomar·a risa …をばかにする, 一笑に付す.
ris·co [リスコ] 男 けわしい岩山.
ri·si·ble [リシブル] 形 笑いをさそう, こっけいな.
ri·si·ta [リシタ] 囡 含み笑い, 忍び笑い.
ri·so·ta·da [リソタダ] 囡 大笑い, 高笑い, ばか笑い.
ris·tra [リストラ] 囡 1 (タマネギやニンニクの)数珠(㧦)つなぎ. 2 一連のもの.
ris·tre [リストレ] 男 〈武具〉(よろいの右胸にあって槍(㧦)を支える)槍受け.
(道具+) en ristre …を構えて, 手にして.

ri·sue·ño, ña [リスエニョ, ニャ] 形 1 にこにこした, にこやかな. 2 有望な, 期待できる.
Ri·ta [リタ] 固 〈女性の名〉リタ.
rít·mi·co, ca [リトミコ, カ] 形 リズミカルな.
rit·mo [リトモ] 男 1 リズム, 律動. 2 韻律. 3 ペース, テンポ.
ri·to [リト] 男 1 祭式, 典礼. 2 儀式. 3 慣習, ならわし.
ri·tual [リトゥアる] 形 1 祭式の. 2 儀式の. 3 慣習的な.
— 男 祭礼定式集, 典礼書.
ser de ritual しきたりになっている.
ri·tua·lis·mo [リトゥアリスモ] 男 1 典礼主義, 儀式主義. 2 形式偏重主義.
ri·tua·lis·ta [リトゥアリスタ] 男囡 1 典礼[儀式]主義者. 2 極端な形式主義者. 3 典礼研究家.
ri·val [リバる] 男囡 ライバルの.
ri·va·li·dad [リバリダス] 囡 競争心, 敵意.
ri·va·li·zar [リバリサる] 自《活 39 gozar》 1 (+en...) …のことで (+con...) と張り合う. 2 (+por...) …を取り合う, 奪い合う. 3 〈複数のものが〉(+en+長所) …では互角である.
ri·ve·ra [リベラ] 囡 1 小川, 小渓流. 2 河床.
ri·za·do, da [リサド, ダ] 《過去分詞》 → rizar カールした.
— 1 カールした, 巻き毛の. 2 〈海〉(表面が)波立った.
ri·za·dor [リサドる] 男 〈髪〉カーラー.
ri·zar [リサる] 他《活 39 gozar》 1 〈髪〉をカールする, 巻き毛にする. 2 〈風が〉〈海〉にさざ波を立てる. 3 〈紙や布〉をしわがたにする.
— *rizar·se* 再 1 〈髪〉がカールする. 2 〈海〉がさざ波を立てる.
ri·zo [リソ] 男 〈髪〉カール, 巻き毛. 2 宙返り飛行. 3 さざ波.
rizar el rizo 問題を一層困難にする.
ri·zo·ma [リソマ] 男 〈植物〉根茎.
RNE [エレネエ] 《略語》 Radio Nacional de España スペイン国営ラジオ(局).
ro·a·no, na [ロアノ, ナ] 形 〈馬〉葦毛(㧦)の.
ró·ba·lo [ロバろ] 男 〈魚〉スズキ.
ro·bar [ロバる] 他 1 …を (+a...) から奪う, 強奪する. 2 〈時間など〉を (+a...) …から取り上げる. 3 〈ゲーム〉〈札〉を取る. 4 〈地理学〉を浸食する.
Ro·ber·to [ロベるト] 固 〈男性の名〉ロベルト.
ro·ble [ロブれ] 男 1 〈樹木〉(カシワ, カシ, ナラなど, ブナ科の大木の総称の)オーク. 2 オーク材. 3 頑健な人.
ro·ble·dal [ロブれダる] 男 オーク林.
ro·blón [ロブろン] 男 (金属板用の釘(㧦)の)鋲(㧦), リベット.
ro·bo [ロボ] 男 1 〈行為〉強盗, 強奪. 2 盗品. 3 暴利のむさぼり.

他 は他動詞　再 は再帰動詞　形 は形容詞　副 は副詞　前 は前置詞　接 は接続詞　間 は間投詞

ro・bot [ロボト] 男《複 robots》1 ロボット. 2 〈人〉操り人形.

ro・bó・ti・ca [ロボティカ] 女 ロボット工学.

ro・bo・ti・zar [ロボティサル] 他《活 39 gozar》…をロボット化する.

ro・bus・te・cer [ロブステセル] 他《活 4 agradecer》…を頑健にする，頑丈にする.
— **robustecerse** 再 たくましくなる.

ro・bus・te・ci・mien・to [ロブステレミエント] 男 1 補強. 2 鍛錬.

ro・bus・tez [ロブステス] 女 たくましさ，強固.

ro・bus・to, ta [ロブスト, タ] 形 1 たくましい，頑健な. 2 頑丈な，強固な.

ro・ca [ロカ] 女 1 岩，岩石. 2 岩山，岩壁. 3 強固なもの.

ro・cam・bo・les・co, ca [ロカンボれスコ, カ] 形 奇想天外な，うそのような.

ro・ce [ろセ] 男 1 摩擦，こすりつけ. 2 こすりつけた跡. 3 頻繁な付き合い，もめごと.

rocé (-) 活 → rozar こする《活 39》.

ro・cia・da[1] [ろシアダ] 女《水などを》まくこと.

ro・cia・do, da[2] [ろシアド, -] 《過去分詞》→ rociar まく.
— 形 1 水をまかれた. 2 露のできた.

ro・ciar [ろシアル] 他《活 34 enviar》1 …に(+con...) …をまく，振りかける. 2 〈料理〉に(+con...) …の飲み物をそえる.

ro・cín [ろシン] 男 駄馬，やせ馬.

ro・ci・nan・te [ろシナンテ] 男 老いぼれ馬.

ro・cí・o [ろシオ] 男 露(露).

Ro・cí・o [ろシオ] 固 〈女性の名〉ロシオ.

ro・co・có [ろココ] 形《男女同形》〈芸術様式〉(18世紀ヨーロッパの)ロココの.
— 男 ロココ様式.

ro・co・so, sa [ろコソ, サ] 形 岩だらけの.

ro・da・ba・llo [ろダバじょ] 男 〈魚〉カレイ.

ro・da・da[1] [ろダダ] 女 車輪の跡，わだち.

ro・da・do, da[2] [ろダド, -] 《過去分詞》→ rodar ころがる.
— 形 1 ころがって丸くなった，すべすべの. 2 車の，自動車の. 3 すべるように出てくる.

venir rodado うまくいく，とんとん拍子に進む.

ro・da・ja [ろダハ] 女 〈食べ物〉輪切り.

ro・da・je [ろダヘ] 男 1 〈映画〉撮影. 2 〈自動車〉試運転，ならし運転. 3 (事前の)調整，演習.

ro・da・mien・to [ろダミエント] 男 〈機械〉ベアリング，軸受け.

ro・da・pié [ろダピエ] 男 〈建築〉(壁の)腰板(笠), 幅木(笠).

ro・dar [ろダル] 自《活 22 contar》1 ころがる，ころがっていく. 2 ころがり落ちる. 3 (車輪で)走る，進む. 4 回転する. 5 動き回る. 6 (+por...) …を動き回る，歩き回る. 7 うまく進行する.
— 他 1 〈映画〉…を撮影する. 2 〈映画〉…に出演する. 3 …をころがす. 4 〈自動車〉を試運転［ならし運転］する.

andar [*ir*] *rodando* あちこち移り歩く.
echar a rodar... …を台無しにする，だめにする.

ro・de・ar [ろデアル] 他 1 …を(+con...) …で包む，囲む. 2 …に(+con...) …を巻きつける. 3 …を取り囲む. 4 …を避ける，よけて進む. 5 …を迂回(ポ)する. 6 …に(+de...) …を提供する.
— 自 1 遠回りする. 2 (+por...) …を迂回する.
— **rodearse** 再 (+de...) …に囲まれる.

ro・de・o [ろデオ] 男 1 回り道，遠回り. 2 まわりくどい言い方[= rodeos]. 3 〈馬術競技の〉ロデオ. 4 取り囲むこと. 5 ひとめぐり.

ro・de・ra [ろデラ] 女 車輪の跡，わだち.

ro・de・te [ろデテ] 男 1 (三つ編みの)巻き上げ髪. 2 (物を頭にのせて運ぶときの)頭当て.

ro・di・lla [ろディじゃ] 女 1 膝(ご)，膝小僧，膝頭(ご). 2 (台所で使う)ふきん.

de rodillas 1 ひざまずいて. 2 つつしんで.
doblar [*hincar*] *la rodilla* 1 片膝を地面につける. 2 恭順(ぎょ)の意を表する.

ro・di・lle・ra [ろディじェラ] 女 1 〈ズボン〉膝(ご)当て. 2 〈ズボン〉膝の傷み. 3 膝のサポーター，膝当て.

ro・di・llo [ろディじょ] 男 1 〈台所用品〉麺棒(笠), 延べ棒. 2 〈機械〉ローラー. 3 (重い物を移動するときに使う)ころ[転].

pintar a rodillo ローラーで塗装する.

ro・do・den・dro [ろドデンドろ] 男 〈植物〉シャクナゲ.

Ro・dol・fo [ろドるふォ] 固 〈男性の名〉ロドルフォ.

Ro・dri・go [ろドリゴ] 固 〈男性の名〉ロドリゴ.

ro・dri・gón [ろドリゴン] 男 〈園芸〉添え木，支柱.

ro・drí・guez [ろドリゲス] 男《単複同形》留守番亭主.

estar [*quedarse*] *de rodríguez* (既婚男性が)留守番をしている.

ro・e・dor, do・ra [ろエドル, ドラ] 形 1 (物を)かじる. 2 (リスやネズミなどの)齧歯(ネン)類の.

ro・e・do・res [ろエドレス] 男複《→ roedor》〈分類〉齧歯(ネン)類動物.

ro・er [ろエル] 他《活 70》1 …をかじる，かみくだく. 2 …を(表面から少しずつ)かじり取る，けずり取る. 3 …をむしばむ，侵食する. 4 …を悩ませる，痛めつける.

hueso duro de roer 扱いにくい人［問題］.

ro・gar [ろガル] 他《活 71》1 …を願う，頼む. 2 (+que+接続法) …してくれるように頼む. 3 (+a+神など) …に(+por...) …のことを祈る，祈願する.

hacerse (*de*) *rogar* 頼まれないと動かない，もったい振る.

ro・ga・ti・va [ろガティバ] 女 (雨乞いなどの)集団祈願.

ro・í・do, da [ろイド, ダ] 《過去分詞》→ roer かじる.
— 形 1 かじられた. 2 むしばまれた，侵食された. 3 と

ほしい,わずかな.
ro·jez [ロヘス] 囡 赤み, 赤さ.
ro·ji·zo, za [ロヒソ, サ] 形 赤らんだ.
ro·jo[1] [ロホ] 男 赤色, 赤.
ro·jo[2]**, ja** [—, ハ] 形 1 赤い, 赤色の/El semáforo está *rojo*. 信号が赤になっている. 2 左翼思想の.
— 男囡 共産主義者, 赤化した人.
al rojo vivo 1 (鉄などが)赤熱(セッカ)した. 2 (議論などが)白熱した.
poner rojo a... …に恥をかかせる.
poner·se rojo 赤面する, 赤くなる.
rol [ロる] 男 役目, 役割.
ro·lli·zo, za [ロじそ, さ] 形 よく肥えた, ぽっちゃりした.
ro·llo [ロじょ] 男 1 円筒形のもの, ロール. 2 巻いたもの. 3 うんざりさせるもの[人]. 4 やり方, 生き様(ま). 5 感傷的な事柄.
Ro·ma [ロマ] 圄 〈都市の名〉(イタリアの首都の)ローマ.
Ro·mán [ロマン] 圄 〈男性の名〉ロマン.
ro·ma·na[1] [ロマナ] 囡 〔→ romano〕竿秤(さおばかり).
ro·man·ce [ロマンセ] 形 〈言語〉(口語)(俗)ラテン語から派生した)ロマンス系の.
— 男 1 (スペイン語などの)ロマンス語. 2 (スペインの中世以降の物語詩型の)ロマンセ. 3 (一過性の)恋愛関係, 物語.
hablar en romance わかりやすく話す.
venir a... con romances ばか話で…を楽しませる.
ro·man·ce·ro [ロマンセロ] 男 〈文学〉ロマンセ(作品)集.
ro·man·che [ロマンチェ] 男 (スイスの公用語のひとつ)ロマンシュ語.
ro·ma·ni·co[1] [ロマニコ] 男 〈芸術〉ロマネスク様式.
ro·má·ni·co[2]**, ca** [—, カ] 形 1 〈芸術〉ロマネスク様式の. 2〈言語〉ロマンス系の.
ro·ma·nis·ta [ロマニスタ] 共 1 ローマ法学者. 2 ロマンス語研究者.
ro·ma·ni·za·ción [ロマニさしオン] 囡 ローマ化.
ro·ma·ni·zar [ロマニさル] 他 〈活 39 gozar〉…を(文明の点で)ローマ化する.
— *romanizar·se* ローマの文明を採用する.
ro·ma·no, na[2] [ロマノ, —] 形 1 ローマ Roma の. 2 ローマ帝国の. 3 カトリック教会の.
— 男囡 1 ローマの人. 2 古代ローマ人.
a la romana 〈料理〉フライにした[して].
ro·man·ti·cis·mo [ロマンティしスモ] 男 1〈思潮〉ロマン主義, ロマン派, ロマンチシズム. 2 (ロマンチックな)感傷主義.
ro·mán·ti·co, ca [ロマンティコ, カ] 形 1 ロマン主義の, ロマンチックの.
— 男囡 1 ロマン主義者, ロマン派の人. 2 ロマンチックな人, 夢想家.

ro·man·za [ロマンさ] 囡 〈音楽〉(甘美な小楽曲の)ロマンス.
rom·bo [ロンボ] 男 菱形(ひしがた), 斜方形.
rom·bo·e·dro [ロンボエドロ] 男 斜方六面体.
rom·boi·de [ロンボイデ] 男 長斜方形.
Ro·me·o [ロメオ] 圄 〈男性の名〉ロメオ.
ro·me·rí·a [ロメリア] 囡 1 巡礼の旅. 2 (村の)巡礼祭.
ro·me·ro[1] [ロメロ] 男 〈植物〉ローズマリー.
ro·me·ro[2]**, ra** [—, ラ] 男囡 1〈人〉巡礼. 2 (村の)巡礼祭の参加者.
ro·mo, ma [ロモ, マ] 形 1 先が丸くなった. 2 (知的に)にぶい, 鈍感な. 3 低いだんご鼻の.
rom·pe·ca·be·zas [ロンペカベさス] 男 《単複同形》1 ジグソーパズル. 2 難題, 難問.
rom·pe·hie·los [ロンペイエロス] 男 《単複同形》砕氷船.
rom·pe·o·las [ロンペオらス] 男 《単複同形》防波堤.
rom·per [ロンペル] 他 1 …を割る, くだく. 2 …をやぶる, 裂く. 3 …をこわす, 破壊する. 4 …を中断させる, 断つ. 5 (約束など)をやぶる.
— 自 1 約束を取り消す. 2 (+con...) …と縁を切る, 絶交する. 3 (+por...) …をやりはじまる, 開始される. 4 (+a+不定詞) 急に…し始める. 5 (波が)くだける. 6 大成功する. 7 (花が)開く, ほころぶ. 8 (太陽や月が)顔を出す.
— *romper·se* 1 割れる, くだける. 2 やぶれる, 裂ける. 3 だめになる, こわれる. 4 中断する. 5 (約束などが)やぶられる.
al romper el día 夜が明けると.
de rompe y rasga 胆力のある, 度胸のいい.
romper a... la cara [*la boca, los dientes*] …をなぐる.
romper los zapatos [*la ropa*] 靴をはきつぶす[服を着古す].
rom·pien·te [ロンピエンテ] 男 岩礁(がんしょう).
rom·pi·mien·to [ロンピミエント] 男 1 破壊, 破損. 2 ひび割れ, 亀裂(きれつ). 3 破綻(はたん), 断絶.
ron [ロン] 男 ラム酒.
ron·car [ロンカル] 自 《活 73 sacar》いびきをかく.
ron·ce·ar [ロンセアル] 自 だらける.
Ron·ces·va·lles [ロンセスバジェス] 圄 〈村の名〉(ピレネー山中の古戦場の)ロンセスバジェス.
ron·cha [ロンチャ] 囡 吹き出もの, 発疹.
ron·co, ca [ロンコ, カ] 形 1 しわがれ声の. 2 (声や音が)かすれた.
ron·da [ロンダ] 囡 1 巡回, 見回り, パトロール. 2 夜回り, 夜間パトロール. 3 (歌い歩く若者たちの)夜の集いの) ロンダ. 4 夜の集い. 5 (都市の)環状道路. 6 (ゲーム)一巡, ひとめぐり. 7 (飲食費)全員にひとわたりする分. 8 (交渉の)ラウンド.
ron·da·lla [ロンダじゃ] 囡 ロンダ ronda の楽団.
ron·dar [ロンダル] 他 1 …を夜回りする, 夜間パトロールする. 2 (娘)を(その家の回りを何度も訪れ

て)くどく. 3 …の回りをうろつく. 4 (人)の気を引こうとする.
— 自 1 夜回りをする. 2 夜に町を歩く. 3 ロンダ ronda に加わる. 4 (考えなどが) (+a...) …の頭につきまとう.

ron·dó [ロンド] 男 〈音楽〉回旋曲, ロンド.
ron·dón [ロンドン] 男 〈つぎの副詞句の一部〉
de rondón 出し抜けに, 断りなしに.
ronqu- 活 → roncar いびきをかく 活 73).
ron·que·ar [ロンケアル] 自 しわがれた声で話す.
ron·que·ra [ロンケラ] 女 声のかすれ.
ron·qui·do [ロンキド] 男 いびき.
ron·ro·ne·ar [ロンロネアル] 自 (猫が)喉(のど)をごろごろ鳴らす.
ron·ro·ne·o [ロンロネオ] 男 (猫が)喉(のど)を鳴らすこと.
ron·zal [ロンさる] 男 (牛馬の)端綱(はづな).
ron·zar [ロンさル] 他 《活 39 gozar》…をかみくだく.
ro·ña [ロニャ] 男女〈人〉けち, 欲ふか.
— 女 1 しつこい汚れ, あか. 2 錆(さび). 3〈性格〉けち.
ro·ñi·ca [ロニカ] 男女〈人〉けち.
ro·ño·se·rí·a [ロニョセリア] 女〈性格〉けち, しみったれ, 欲ふか.
ro·ño·so, sa [ロニョソ, サ] 形 1 欲の深い, けち. 2 汚れのついた, 錆(さび)た.
ro·pa [ロパ] 女 衣服, 服, 着物.
a quema ropa 1 出し抜けに. 2 至近距離から.
Hay ropa tendida. だれかが聞いてる.
nadar y guardar la ropa 巧妙に得をする.
no tocar a... la ropa …に手出しをしない.
ropa blanca (シーツやタオルなどの)家庭用布地製品.
ropa de cama 寝装品, 寝具.
ropa hecha 既製服.
ropa interior 下着.
ropa vieja 〈料理〉くず肉煮込み.
tentar·se la ropa 事前によく考える.
ro·pa·je [ロパヘ] 男 1 礼服, 晴れ着. 2 (集合的に)衣類, 衣料品.
ro·pa·ve·je·ro, ra [ロパベヘロ, ラ] 男女〈人〉古着屋.
ro·pe·ro[1] [ロペロ] 男 1 洋服だんす, 衣装戸棚. 2 衣装部屋.
ro·pe·ro, ra[2] [一, ラ] 男女 1 既製服業者. 2 (ホテルなどの)クローク係.
ro·que [ロケ] 形 しわがれこんだ.
— 男 〈チェス〉(城の駒の)ルーク.
Ro·que [ロケ] 固〈男性の名〉ロケ.
ro·que·fort [ロケふォル] 男 (羊の乳を使った青かびチーズの)ロックフォール.
ro·que·ño, ña [ロケニョ, ニャ] 形 岩だらけの.
ro·que·ro, ra [ロケロ, ラ] 形〈音楽〉ロック の.
— 男女 1 ロックのファン. 2 ロック歌手[演奏者].

ro·que·te [ロケテ] 男 〈司祭の〉短い白衣.
ro·ro·ro [ロロロ] 間 (子供を寝かしつけるときの)ねんねんよ!
ro·rro [ロロ] 男 赤ん坊.
ros [ロス] 男 〈歩兵〉筒型軍帽.
ro·sa [ロサ] 形〈男女同形, 単複同形〉バラ色の, ピンク色の.
— 女 1〈花〉バラ. 2 バラの花の形のもの.
— 男 バラ色, ピンク色.
como las propias rosas とてもくつろいで, 安楽に.
como una rosa 1 健康的な, みずみずしい. 2 完全に.
novela rosa 甘い恋愛小説.
rosa del azafrán サフランの花.
rosa de los vientos [*rosa náutica*] 〈航海〉風配図, ウインドローズ.
Ro·sa [ロサ] 固〈女性の名〉ロサ.
ro·sá·ce·as [ロサセアス, ア] 女複〈分類〉バラ科植物.
ro·sá·ce·o, a [ロサセオ, ア] 形 1 バラ色の, バラ色がかった. 2〈植物〉バラ科の.
ro·sa·do[1] [ロサド] 男〈ワイン〉ロゼ.
ro·sa·do[2]**, da** [一, ダ] 形 バラ色の, ピンク系の.
ro·sal [ロさル] 男 〈木〉バラ.
ro·sa·le·da [ロされダ] 女 バラ園.
Ro·sa·lí·a [ロサリア] 固〈女性の名〉ロサリア.
Ro·sa·lin·da [ロサリンダ] 固〈女性の名〉ロサリンダ.
Ro·sa·na [ロサナ] 固〈女性の名〉ロサナ[= Rosa Ana].
ro·sa·rio [ロサリオ] 男 1〈カトリック〉(数珠(じゅず)の)ロザリオ. 2 ロザリオの祈り. 3 数珠つなぎ(のもの), 一連のもの.
acabar como el rosario de la aurora まずい終り方する.
Ro·sa·rio [ロサリオ] 固〈女性の名〉ロサリオ.
ros·bif [ロスビふ] 男 〈料理〉ローストビーフ.
ros·ca [ロスカ] 女 1 ドーナツ型, リング状のもの. 2 ねじ, ねじ山.
hacer la rosca a... …にごまをする.
no comer·se una rosca 望みがかなわない.
pasar·se de rosca やりすぎる, 度が過ぎる.
pasar·se una rosca 使い物にならなくなる.
ros·car [ロスカル] 他 《活 73 sacar》…にねじ山をつける.
ros·co [ロスコ] 男 1 (ドーナツ型の)丸パン, 丸型ケーキ. 2〈点数〉ゼロ/*Me han puesto un rosco en el examen.* 私は試験で零点になった.
ros·cón [ロスコン] 男 (ドーナツ型の)大型丸パン, 大きな丸型ケーキ.
ro·se·ta [ロセタ] 女 1 (頬(ほお)の)紅潮. 2 (じょうろの)散水口. 3 ポップコーン [= rosetas].
ro·se·tón [ロセトン] 男 1〈建築〉バラ窓. 2 (天井の)バラ形飾り.
ros·qui·lla [ロスキじゃ] 女 〈菓子〉ドーナツ.

活 は活用形 複 は複数形 男 は男性名詞 女 は女性名詞 固 は固有名詞 代 は代名詞 自 は自動詞

ros·tro [ロストロ] 男 1 顔, 顔面. 2 厚かましさ, 厚顔.
 tener mucho rostro とても厚かましい.
 tener un rostro que se lo pisa まったくずうずうしい.
ro·ta·ción [ロタシオン] 女 1 回転, 旋回. 2 交替, 輪番.
ro·tar [ロタル] 自 1 回転する. 2 (仕事を)輪番で引き受ける.
ro·ta·ti·va¹ [ロタティバ] 女 〈印刷〉輪転機.
ro·ta·ti·vo¹ [ロタティボ] 男 新聞.
ro·ta·ti·vo², **va**² 形 輪転機印刷の.
ro·ta·to·rio, ria [ロタトリオ, リア] 形 1 回転する. 2 自転の.
ro·to¹ [ロト] 男 (布地の)穴, 傷.
ro·to², **ta** [―, タ] 《過去分詞》→ *romper* 割る.
　― 形 1 割れた. 2 こわれた. 3 やぶれた. 4 破滅した. 5 みすぼらしい. 6 とても疲れた, くたくたの.
ro·ton·da [ロトンダ] 女 1 円形広場. 2 円形の建物.
ro·tor [ロトル] 男 〈機械〉回転部分, ローター.
ró·tu·la [ロトゥら] 女 〈解剖学〉ひざがしら[膝頭], 膝蓋骨(しつがい).
ro·tu·la·ción [ロトゥらシオン] 女 1 表示板作成. 2 レタリング. 3 表題作成.
ro·tu·la·dor [ロトゥらドル] 男 (ペンの一種の)マーカー.
ro·tu·lar [ロトゥらル] 他 …を表示する, 書き込む.
ró·tu·lo [ロトゥろ] 男 1 表示板, 看板. 2 ラベル, レッテル. 3 表題, 見出し.
ro·tun·da·men·te [ロトゥンダメンテ] 副 きっぱりと, 決然と.
ro·tun·do, da [ロトゥンド, ダ] 形 1 きっぱりした, 無条件の. 2〈言語表現〉明解な. 3〈人〉丸々と太った.
ro·tu·ra [ロトゥら] 女 1 破損, 破壊, 切断. 2 裂け目, 割れ目, ひび. 3 決裂, 断絶.
ro·tu·rar [ロトゥらル] 他 …を開墾する.
roy- 活 → *roer* かじる《活 70》.
ro·za [ロさ] 女 (配線[配管]の)壁の溝.
ro·za·du·ra [ロさドゥら] 女 1 すり傷. 2 こすった跡.
ro·za·gan·te [ロさガンテ] 形 1 誇りやかな, 満足そうな. 2 すこやかな, 潑剌(はつ)とした.
ro·za·mien·to [ロさミエント] 男 摩擦, こすること.
ro·zar [ロさル] 他 《活 39 gozar》1 …をこする, かする. 2 …に近い, すれすれである. 3 …をすり減らす. 4 …を(+con…)…で汚す, ひっかく. 5 (畑の)草取りをする.
　― 自 1 (+en…)…にさわる, すれる. 2 (+con…)…と(+con…)…とつき合う, 交際する.
　― **rozar·se** 再 1 …をすりむく. 2 すり減る, 摩耗(もう)する. 3 (+con…)…とつき合う, 交際する.

Rte. [レミテンテ] 男 女 《略語》*remitente* 差出人, 発信人.
RTVE [ラディオテれビシオン エスパニョら] 女 《略語》Radiotelevisión Española スペイン国営放送(局).
rú·a [るア] 女 街路, 通り.
rua·na [るアナ] 女 (かぶり毛布の)ルアナ.
ru·bé·o·la [るベお6ら] 女 〈病気〉三日ばしか, 風疹(しん).
ru·bí [るビ] 男 《複 rubíes, rubís》〈鉱物〉ルビー, 紅玉(ぎょく).
ru·bia¹ [るビア] 女 〈通貨〉(スペインの)ペセタ.
ru·bia·les [るビアれス] 形 《男女同形, 単複同形》金髪の, ブロンドの.
　― 男 女 金髪の人.
ru·bi·cun·do, da [るビクンド, ダ] 形 赤ら顔の.
ru·bio¹ [るビオ] 男 1〈タバコ〉(薄茶色の葉の)ルビオ. 2〈魚〉ホウボウ.
ru·bio², **bia**² 形 1 金髪の, ブロンドの. 2〈タバコ〉ルビオの.
　― 男 女 金髪の人.
 rubio platino あざやかな金髪の.
ru·blo [るブろ] 男 〈通貨単位〉(ロシア連邦の)ルーブル.
ru·bor [るボル] 男 1 あざやかな赤色, 真紅. 2 赤面, 恥ずかしさ.
ru·bo·ri·zar [るボリさル] 他 《活 39 gozar》…を赤面させる.
　― **ruborizar·se** 再 赤面する.
rú·bri·ca [るブリカ] 女 (署名につける)飾り書き, 花押(かおう).
ru·bri·car [るブリカル] 他 《活 73 sacar》1 (署名に)飾り書きを入れる, 花押(かおう)をしるす. 2 …を証言する, 追認する.
ru·cio, cia [るしオ, しア] 形 (馬などの)灰白色の.
　― 男 女 (ロバなどの)灰白色の動物.
ru·da¹ [るダ] 女 《→ *rudo*》〈植物〉ヘンルーダ.
ru·da·men·te [るダメンテ] 副 ぶしつけに, 無礼にも.
ru·de·za [るデさ] 女 1 むざつさ, ぶしつけ, 無作法. 2 (気候などの)厳しさ. 3 ざらつき.
ru·di·men·ta·rio, ria [るディメンタリオ, リア] 形 1 発育不全の, 未発達の. 2 初歩の, 基礎の.
ru·di·men·to [るディメント] 男 (器官の)発育不全の部分.
ru·di·men·tos [るディメントス] 男 複 《→ *rudimento*》基礎知識, 基本, 初歩.
ru·do, da² [るド, ―] 形 1 ぶしつけな, 無作法な. 2 (気候などの)厳しい, 耐えがたい. 3 ざらざらした, ごわごわの.
rue·ca [るエカ] 女 糸巻き棒.
rued- 活 → *rodar* ころがる《活 22》.
rue·da [るエダ] 女 1 車輪. 2 輪状の形のもの. 3 車

座(ざ). 4.〈ひと切れの〉輪切り.
barco de ruedas 外輪船.
chupar rueda 他人の努力を利用する.
comulgar con ruedas de molino 1 なんでも信じてしまう. 2 侮辱に耐える.
(*ir*) *sobre ruedas* 問題なく, とてもうまく(いく).
patines de ruedas〈靴〉ローラースケート.
rueda de la fortuna 1〈ゲーム〉ルーレット. 2 連続する不測の事態, 運命の輪.
rueda de molino〈粉ひき場の〉石臼(いしうす).
rueda dentada 歯車.
rueda de prensa 記者会見.
rueda de presos〈犯人探しの〉面(めん)通し.

rue·do [ルエド]〖男〗1〈闘牛場〉砂場, アレナ. 2 円く囲うもの. 3〈人などの〉輪.

rueg- 〖活〗→ rogar 願う〈活 71〉.

rue·go [ルエゴ]〖男〗懇願, 願い, 要請.
acceder a los ruegos de... …の要望を受け入れる.
a ruego de... …の願いによって.

ru·fián [ルふィアン]〖男〗ならず者, ごろつき.

ru·gi·do [ルヒド]〖男〗1〈ライオンなどの〉うなり声. 2 叫び声, どなり声. 3〈風などの〉うなり, とどろき. 4〈腸の〉ごろごろと鳴る音.

ru·gir [ルヒル]〖自〗〖活 27 dirigir〗1〈ライオンなどが〉うなる, ほえる. 2〈風などが〉うなる. 3 叫ぶ, どなる. 4〈腸が〉鳴る.

ru·go·si·dad [ルゴシダッ]〖女〗1〈表面の〉しわしわ. 2 ざらつき. 3 でこぼこ.

ru·go·so, sa [ルゴソ, サ]〖形〗1 しわの多い. 2 ざらざらした. 3 凸凹の, でこぼこの.

ru·i·bar·bo [ルイバルボ]〖男〗〈薬草〉ダイオウ[大黄].

ru·i·do [ルイド]〖男〗1 騒音, 雑音. 2 大騒ぎ, 混乱.

ru·i·do·sa·men·te [ルイドサメンテ]〖副〗さわがしく, ざわざわと.

ru·i·do·so, sa [ルイドソ, サ]〖形〗やかましい, さわしい.

ruin [ルイン]〖形〗《男女同形》1 卑しい, 下品な, 卑劣な. 2 けちな, しみたれた.

ru·i·na [ルイナ]〖女〗1 崩壊, 破滅. 2 破滅の原因. 3 没落, 破産. 4 廃人, おちぶれた人.

ru·i·nas [ルイナス]〖女〗《複》〈→ ruina〉廃墟, 遺跡.

ru·in·dad [ルインダッ]〖女〗1 下劣さ, さもしさ. 2 卑劣な行為.

ru·i·no·so, sa [ルイノソ, サ]〖形〗1 崩壊しそうな, こわれかかった. 2 破滅的な.

ru·i·se·ñor [ルイセニョル]〖男〗〈鳥〉ナイチンゲール, サヨナキドリ[小夜鳴き鳥].

ruj-〖活〗→ rugir うなる〈活 27〉.

ru·lar [ルらル]〖自〗作動[機能]する.

ru·le·ta [ルれタ]〖女〗1〈ゲーム〉ルーレット. 2 ルーレット盤.
ruleta rusa〈賭(かけ)〉ロシアンルーレット.

ru·lo [ルロ]〖男〗〈毛髪をカールさせる〉カーラー.

Ru·ma·nia [ルマニア]〖固〗〈国の名〉(ヨーロッパ南東部の)ルーマニア.

ru·ma·no¹ [ルマノ]〖男〗ルーマニア語.

ru·ma·no², na [ー, ナ]〖形〗(ヨーロッパの国の)ルーマニア Rumania の.
— 〖男女〗ルーマニア人.

rum·ba [ルンバ]〖女〗〈音楽〉ルンバ.

rum·bo [ルンボ]〖男〗1 起こり方, 進み方. 2 進路, 針路. 3 寛大さ. 4 ぜいたく.
con rumbo sur [*al puerto*] 南に[港に]向かって.
poner rumbo norte 北に針路をとる.

rum·bo·so, sa [ルンボソ, サ]〖形〗1 寛大な, 気前のよい. 2 ぜいたくな, 豪華な.

ru·men [ルメン]〖男〗〈反芻動物〉第一胃, 瘤(こぶ)胃.

ru·mian·te [ルミアンテ]〖形〗〈動物〉反芻(はんすう)する, 反芻動物の.

ru·mian·tes [ルミアンテス]〖男〗《複》〈→ rumiante〉〈分類〉反芻(はんすう)するうわさ話, 流言.

ru·miar [ルミアル]〖他〗〖活 17 cambiar〗1〈ウシなどが〉〈食べた物を〉反芻(はんすう)する. 2 …について じっくり考える, …を熟考する.

ru·mor [ルモル]〖男〗1 うわさ, 風聞(ふうぶん), 風評. 2 ざわめき, 話し声. 3 低い連続音.

ru·mo·re·ar·se [ルモレアルセ]〖再〗《3 人称で使用》うわさにされる, ささやかれる.

run·rún [ルンルン]〖男〗1 話し声, ざわめき. 2〈モーターなどの〉かすれた連続音. 3 うわさ話, 流言.

ru·pes·tre [ルペストレ]〖形〗岩に描かれた.
pinturas rupestres 洞窟(どうくつ)画.

ru·pia [ルピア]〖女〗1〈通貨単位〉(インドなどの)ルピー. 2〈通貨〉(スペインの)ペセタ.

rup·tu·ra [ルプトゥラ]〖女〗絶交, 決裂.

ru·ral [ルらル]〖形〗農村の, 田舎(いなか)の, 非都会部の.

Ru·sia [ルシア]〖固〗〈国の名〉(共和国の)ロシア.

ru·so¹ [ルソ]〖男〗ロシア語.

ru·so², sa [ー, サ]〖形〗ロシア Rusia の.
— 〖男女〗ロシア人.

rus·ti·ci·dad [ルスティシダッ]〖女〗1 田舎(いなか)風, 田舎くささ. 2 粗野, がさつき.

rús·ti·co, ca [ルスティコ, カ]〖形〗1 田舎(いなか)の, 田舎じみた, 田舎風の. 2 粗野な, がさつな.
en rústica〈本〉ペーパーバックの.

ru·ta [ルタ]〖女〗1 道順, ルート, 道程. 2 手順, 進め方.

ru·ti·lan·te [ルティらンテ]〖形〗きらきら輝く, きらめく.

ru·ti·lar [ルティらル]〖自〗光り輝く.

ru·ti·na [ルティナ]〖女〗1 習慣的な仕事[行為], いつもの決まり. 2〈コンピューター〉ルーチン.

ru·ti·na·rio, ria [ルティナリオ, リア]〖形〗1 決まりきった, いつも通りの. 2〈人〉習慣的にしか動かない, 決まった生活をする.

S s

S 《略語》 sur (方位の) 南.
S, s [エセ] 囡 《アルファベットの第 20 番の文字》 エセ.
s líquida (語頭で子音に後続されるときの) 流音の s.
S.A. 1 《略語》 Sociedad Anónima 株式会社. 2 [ス アルテサ] 《略語》 Su Alteza 殿下.
sá·ba·do [サバド] 男 (週日の) 土曜日.
el sábado (文中で) 副 土曜日には.
los sábados (文中で) 副 毎週土曜日に.
sa·ba·na [サバナ] 囡 〈地理学〉 (熱帯の) 大草原, サバンナ.
sá·ba·na [サバナ] 囡 (ベッドの) シーツ, 敷布.
pegar·se a... las sábanas …が寝坊する.
sábana bajera 敷布.
sábana encimera 上掛けシーツ.
Sábana Santa (キリストの遺体を包んだ) 聖骸(がい)布.
sa·ban·di·ja [サバンディハ] 囡 1 虫. 2 〈人〉 虫けら, うじ虫.
sa·ba·ñón [サバニョン] 男 霜焼け.
sa·bá·ti·co, ca [サバティコ, カ] 形 土曜日の.
año sabático 1 〈宗教〉 (7 年目ごとに大地を休耕する) 安息の年. 2 (大学教員の 7 年ごとの研究休暇の) サバティカルイヤー.
sa·be·dor, do·ra [サベドル, ドラ] 形 (+ de...) …をよく知っている, …に通じている.
sa·be·lo·to·do [サベロトド] 男囡 知ったかぶりをする者.
sa·ber [サベル] 他 《活 72》 1 …を知る, 知っている. 2 …を理解できる, …がわかる. 3 (+不定詞) (技能的に) できる. 4 (+不定詞) …の仕方を知っている. 5 …のことをよく知っている.
— 自 1 (+de...) …のことをよく知っている. 2 (+de...) …の事情に通じている. 3 抜け目がない. 4 (+a...) …の味がする.
— 男 知識.
— **saber·se** 再 知られている.
A saber si... …のことはわからない.
..., cualquiera sabe (si...) (…のことは) だれにもわからない.
hacer a (+人) *saber* 〜 …に〜を知らせる.
no saber a qué carta quedar·se 優柔不断である.
no saber cuántas son cinco まったく無知である.
no saber de la misa la mitad [la media] 事情に暗い.
no saber dónde meter·se とても恥ずかしく思う.
no saber por dónde se anda [se pesca] 大いに当惑している.
...no sé cuantos [... no sé qué (...)] なんとか言う….
para que lo sepas [lo sepa usted] 参考までに言いますが.
¡Qué sé yo! [¡Yo qué sé!] 私の知ったことか!
que yo sepa [sepamos] 私の [私たちの] 知る限りでは.
¡Quién sabe! [¿Quién sabe?] さあ, どうでしょうか.
quién sabe si... …のことはわからない.
saber a (+人) *a cuerno quemado* (物事が) …を大いに不快にさせる.
saber a gloria 1 とてもおいしい. 2 とても愉快である.
saber... al dedillo …を熟知している.
saber a poco a (+人) …には不十分である.
saber bien (味が) うまい.
saber bien a (+人) …に良い印象を与える.
saber... de memoria …を暗記している.
saber dónde le aprieta el zapato 状況をよく理解している.
saber lo que es bueno 身骨にしみる, 罰を受ける.
saber mal (味が) まずい.
saber mal a (+人) …に悪い印象を与える.
saber·se·las todas 老練である, 利巧である.
según mi [nuestro] leal saber y entender 私の [私たちの] 知っている限りでは.
¿Se puede saber (...)? (…を) 教えてもらえませんか.
¡Tú qué sabes! [¡Usted qué sabe!] 君の [あなたの] 知ったことか!
vete a saber [vaya usted a saber]... 1 得体(たい)の知れない…. 2 なんのことだかわからない….
sa·bi·di·llo, lla [サビディジョ, ジャ] 形 知ったかぶりをする.
— 男囡 利巧ぶる人.
sa·bi·do, da [サビド, ダ] 《過去分詞》 → saber ido.
— 形 1 よく知られた. 2 物知りの. 3 利発な.
sa·bi·du·rí·a [サビドゥリア] 囡 1 学識, 深い知

他 は他動詞 再 は再帰動詞 形 は形容詞 副 は副詞 前 は前置詞 接 は接続詞 間 は間投詞

sa·bien·das

識. 2 知恵, 賢明さ. 3 分別, 思慮.

sa·bien·das [サビエンダス] 《つぎの成句の一部》
a sabiendas 故意に, わざと.

sa·bi·hon·do, da [サビオンド, ダ] 形《= sabiondo, da》知ったかぶりをする, 利巧ぶる.
— 男 女 学者ぶる人間.

sa·bi·na [サビナ] 女〈低木〉ビャクシン.

sa·bio, bia [サビオ, ビア] 形 1 かしこい, 賢明な. 2 学識のある, 博学な. 3 分別のある, 思慮深い. 4〈動物〉よく仕込まれた.
— 男 女 1 博学な人. 2 賢人, 哲人. 3 思慮深い人.

sa·bla·zo [サブらそ] 男 1 (お金の)無心, たかり. 2 サーベルでの一撃.

sa·ble [サブれ] 男〈刀剣〉サーベル.

sa·ble·ar [サブれアル] 自《a+人》…に金を無心する[たかる].

sa·bor [サボル] 男 1 味, 風味. 2 おもむき, 味わい. 3 さと味.
dejar mal sabor de boca a...…ににがいあと味を残す.

sa·bor·ci·llo [サボルしじょ] 男 わずかな味.

sa·bo·re·ar [サボレアル] 他 1 …の味をみる, …を味わう. 2 …を満喫させる, ゆっくり楽しむ[味わう].

sa·bo·ta·je [サボタヘ] 男 1 (闘争相手への)破壊行為, 妨害活動. 2 意図的な怠業(ぎょう), サボタージュ.

sa·bo·te·ar [サボテアル] 他 …を妨害する.

sabr- → saber 知る《活 72》.

sa·bro·so, sa [サブロソ, サ] 形 1 (味が)おいしい, うまい. 2 塩味のする. 3 たっぷりの, かなりの. 4 面白い, 味のある.

sa·bue·so, sa [サブエソ, サ] 形〈犬〉(嗅覚(きゅう)の優れた)ブラッドハウンド種の.
— 男 女 1 ブラッドハウンド犬. 2 調査能力の優れた人, 3 優秀な探偵[刑事].

sa·ca [サカ] 女 (縦長の布製の)大きな袋.
saca de correos (郵便物を輸送するときの)郵袋(たい).

sa·ca·bo·ca·do [サカボカド] 男《= sacabocados(単数同形)》穴あけ器, パンチ.

sa·ca·cor·chos [サカコルチョス] 男《単複同形》(コルク栓の)栓抜き.
sacar...*a*(+人)*con sacacorchos* …を〜から何とかして聞き出す.

sa·ca·cuar·tos [サカクアルトス] 男《単複同形》1 (お金がかかっただけの)役に立たない物. 2 (入場券だけの価値のない)つまらぬ見世物.
— 男 女 (お金の)無心の強い人間, いかさま師, ペテン師.

sa·ca·di·ne·ros [サカディネロス] 男《単複同形》《→= sacacuartos》(お金がかかっただけで)役に立たない物.

sa·ca·man·te·cas [サカマンテカス] 男 女《単複同形》(子供をおどすための架空の)腹裂き男[女].

sa·ca·mue·las [サカムエらス] 男 女《単複同形》1 (へたな)歯医者. 2〈人〉おしゃべり.

sa·ca·pun·tas [サカプンタス] 男《単複同形》鉛筆削り.

sa·car [サカル] 他《活 73》1 …を(+de...)…から連れ出す.
2 …を(+por...)…から外に出す.
3 …を(+de...)…から取り出す.
4 …を得る, 手に入れる.
5 …を克服する.
6 (賞など)を獲得する.
7 (答えなど)を引き出す.
8 (入場券など)を買う.
9 …を(+de...)…から救い出す, 助け出す.
10 (製品など)を生み出し, 生産する.
11 (貨幣など)を流通させる.
12 …をあばく.
13 (写真)を撮る / *sacar fotos de*... …を写真に写す.
14 …を(テレビなどに)出演させる / *sacar a*... *por la tele* …をテレビに出させる.
15 (ゲームで札など)を出す.
16 (染(し)みなど)を抜き取る.
17 …を(+a+...)…より〜だけ追い越す.
18〈スポーツ〉(ボール)を飛ばす.
— 自 1〈テニス〉サーブする.
2〈サッカー〉キックオフする.
— *sacarse* 再 1 (手続きして)…を手に入れる / *sacarse dinero* (自分で)金を工面する.
2 取り出される, 引き出される.
3 (写真)を撮ってもらう.
sacar a... *a bailar* …にダンスの相手になってもらう.
sacar adelante a... 1 …を養育する. 2 …を成功させる.
sacar... *a la luz* 1 …を出版する. 2 …を公表する.
sacar de sí a... …を激怒させる.
sacar... *en claro* [*en limpio*] ついに…をはっきり理解する.
sacarse... *de la manga* 出まかせに…を口にする.

sa·ca·ri·na [サカリナ] 女 (人工甘味料の)サッカリン.

sa·cer·do·cio [サセルドシオ] 男 1 聖職者の身分. 2 聖職.

sa·cer·do·tal [サセルドタル] 形 聖職者の.

sa·cer·do·te [サセルドテ] 男 1 聖職者, 僧. 2 司祭.
mujer sacerdote 尼僧.

sa·cer·do·ti·sa [サセルドティサ] 女 尼僧, 女司祭.

sa·ciar [サしアル] 他 …を十分満足させる.
— *saciarse* 再《+con...》…で十分満足する.

sa·cie·dad [サしエダス] 女 大満足, 堪能.

sa·co [サコ] 男 1 (大きな)袋. 2〈量〉ひと袋分.

3〈解剖学〉(袋状の)…嚢(のう). 4 略奪. 5 (ゆったりした)コート. 6 背広, ジャケット.
— 活 → sacar 連れ出す.

a saco ふんだんに.

caer en saco roto むだになる.

entrar a saco en… …で略奪行為をする.

no echar… en saco roto …を忘れないでおく.

saco de dormir 寝袋.

saco lacrimal 〈解剖学〉涙嚢(のう).

saco terreno 土嚢(のう), 砂袋.

tener a… en el saco …を納得させている.

un saco de… 1 …のひと袋. 2 …でいっぱいの物[人].

sa・cra・li・zar [サクラリサル] 他〈活 39 gozar〉…を神聖なものとする.

sa・cra・men・tal [サクラメンタル] 形〈宗教〉秘跡の.

sa・cra・men・to [サクラメント] 男〈宗教〉秘跡, 礼典, サクラメント.

administrar [recibir] un sacramento 秘跡を授ける[受ける].

Santísimo Sacramento 聖体.

últimos sacramentos (臨終に授ける)終油の秘跡.

sa・cra・tí・si・mo, ma [サクラティシモ, マ] 形《絶対最上級語》= sagrado, da》とても神聖な.

sa・cri・fi・ca・do, da [サクリフィカド, ダ] 形《過去分詞》→ sacrificar 犠牲にする.
— 形 1 犠牲になった. 2 献身的な.

sa・cri・fi・car [サクリフィカル] 他 動〈活 73 sacar〉1 …を(+para, por…) …のために犠牲にする[あきらめる]. 2 …を(+a…) …にささげる. 3 …をいけにえにする.
— sacrificarse 再 (+por…) …の犠牲になる, …に身をささげる.

sa・cri・fi・cio [サクリフィシオ] 男 1 犠牲, 犠牲的行為. 2 いけにえ. 3 供犠(くぎ). 4〈宗教〉ミサ.

sacrificio humano 人身御供(ごくう).

sacrifiqu- → sacrificar 犠牲にする《活 73》.

sa・cri・le・gio [サクリれヒオ] 男 冒瀆(ぼうとく).

sa・crí・le・go, ga [サクリれゴ, ガ] 形 神聖なものをけがす, 冒瀆(ぼうとく)の.
— 男・女 冒瀆者.

sa・cris・tán [サクリスタン] 男〈教会〉聖具室係.

sa・cris・ta・na [サクリスタナ] 女 1 聖具室係の妻. 2 修道女〉教会係.

sa・cris・tí・a [サクリスティア] 女〈教会〉聖具室.

sa・cro[1] [サクロ] 男〈解剖学〉仙骨.

sa・cro[2], [ク, ラ] 形 神聖な.

sa・cro・san・to, ta [サクロサント, タ] 形 きわめて神聖な.

sa・cu・di・da [サクティダ] 女 1 (急な)横揺れ, 揺さぶり. 2 強い印象, 動転, ショック.

sa・cu・dir [サクディル] 他 1 …を揺さぶる, 揺り動かす. 2 …をなぐる, たたく. 3 …を動揺させる, 動転させる. 4 …をはたく. 5 …を払いのける, 振り払う. 6 …を追い払う.
— sacudirse 再 1 …をはたく. 2 …を払いのける. 3 …を追い払う. 4 (+de…) …から逃れる.

sá・di・co, ca [サディコ, カ] 形 サディズムの.
— 男・女 サディスト, サド.

sa・dis・mo [サディスモ] 男 1 サディズム, 加虐性愛. 2 残虐好み, 加虐趣味.

sa・do・ma・so・quis・mo [サドマソキスモ] 男 サドマゾ, SM.

sa・e・ta [サエタ] 女 1〈武器〉矢. 2〈時計〉針. 3〈歌〉(聖週間に歌われるフラメンコの)サエタ.

sa・e・te・ra [サエテラ] 女〈城壁〉矢狭間(はざま).

sa・fa・ri [サファリ] 男 1 猛獣狩り, サファリ. 2 遠征旅行. 3 サファリパーク.

sa・ga [サガ] 女 1 系譜小説. 2 名家, 名門. 3 (北欧の英雄伝説である)サガ.

sa・ga・ces [サガセス] 形（複）→ sagaz 明敏な.

sa・ga・ci・dad [サガしダｄ] 女 明敏さ, 洞察力.

sa・gaz [サガす] 形（複 sagaces）1 明敏な, 洞察力のある. 2〈犬〉嗅覚(きゅうかく)の鋭い.

Sa・gi・ta・rio [サヒタリオ] 固〈星座の〉射手座.

sa・gi・ta・rio [サヒタリオ] 形〈男女同形〉射手座生まれの.
— 男・女〈人〉射手座生まれ.

sa・gra・do, da [サグラド, ダ] 形 1 神聖な, ささげられた. 2 とうとい, 不可侵の.

sa・gra・rio [サグラリオ] 男〈教会〉至聖所.

Sá・ha・ra [サアラ, サハラ] 固《=Sahara》〈砂漠の名〉(北アフリカの)サハラ.

sa・ha・ra・ui [サアラウイ, サハラウイ] 形 (旧スペイン領の)西サハラの.
— 男・女 西サハラの人.

sa・ha・ria・na[1] [サアリアナ] 女〈上着〉サファリジャケット.

sa・ha・ria・no, na[2] [サアリアノ(サハリアノ), ー] 形 サハラ砂漠の.

sa・hu・mar [サウマル] 他《活 11 aunar》…に香をたきこめる.

sa・hu・me・rio [サウメリオ] 男 1 香をたくこと. 2 香煙. 3 香, 香具.

sa・ín [サイン] 男〈動物〉脂肪.

sai・ne・te [サイネテ] 男 1 〈幕間(まくあい)劇〉サイネテ. 2〈喜劇〉(大衆物の)サイネテ.

sa・jar [サハル] 他〈医学〉(はれ物)を切開する.

sa・jón, jo・na [サホン, ホナ] 形 1〈民族〉(ゲルマン系の)サクソンの. 2〈地方〉(ドイツの)ザクセンの.
— 男・女 1 サクソン人. 2 ザクセン人.

sa・ke [サケ] 男 日本酒.

sal [さル] 女 1 塩, 食塩. 2 機知, しゃれた味. 3 軽み, 屈託のなさ. 4〈化学〉塩(えん).
— 活 → salir 出かける.

la sal de la vida (こまごまとした楽しみなどの)

sa·la

人生の薬味, 生活の息抜き.
sal común 食塩.
sal gema 岩塩.
sal gorda 1大粒の塩. 2下品なユーモア.
sal marina〈塩田の〉海塩.
sal y pimienta〈話などの〉辛口の妙味.

sa·la 1[サラ]囡 1広間, ホール, 大きな部屋. 2〈住宅〉居間[= sala de estar]. 3観客, 聴衆.
sala de clase 教室.
sala de espera 待合室.
sala de fiestas ナイトクラブ, ディスコ.
sala de juegos ゲームセンター.
sala de justicia 法廷.

sa·la·bre [サラブレ] 男〈漁〉たも網.
sa·la·cot [サラコト] 男〈植物の髄で作った日よけ帽の〉ソラトピー.
sa·la·de·ro [サラデロ] 男〈肉や魚の〉塩漬け加工場.
sa·la·do, da [サラド, ダ]〈過去分詞〉→ salar塩漬けにする.
—形 1塩からい. 2〈食物〉塩漬けの. 3機知に富んだ, 気のきいた.
Sa·la·man·ca [サラマンカ] 圃〈県・都市の名〉〈西スペインの〉サラマンカ.
sa·la·man·dra [サラマンドラ] 囡 1〈動物〉サンショウウオ. 2〈無煙炭を使う〉石炭ストーブ. 3〈火のなかにすむ伝説上のトカゲの〉サラマンダー.
sa·la·man·qués, que·sa 1[サラマンケス, ケサ] 形〈スペインの県・都市の〉サラマンカ Salamanca の.
—男囡 サラマンカの人.
sa·la·man·que·sa 2 囡〈動物〉ヤモリ.
sa·la·mi [サラミ] 男〈ソーセージ〉サラミ.
sa·lar [サラル] 他 1〈食物加工〉…を塩漬けにする. 2〈料理〉…に塩を加える.
sa·la·rial [サラリアル] 形 給料の, 賃金の.
sa·la·rio [サラリオ] 男〈おもに肉体労働者の〉給料, 賃金, サラリー.
pagar [*cobrar*] *el salario* 賃金を支払う [受け取る].
salario base 基本給.
salario mínimo〈公的に決められた〉最低賃金.
sa·la·zón [サラソン] 囡 1〈食物の〉塩漬け加工. 2〈肉や魚の〉塩漬け食品.
sal·chi·cha [サルチチャ] 囡〈細長いソーセージの〉サルチチャ.
sal·chi·che·rí·a [サルチチェリア] 囡〈細長い〉ソーセージ専門店.
sal·chi·chón [サルチチョン] 男〈ソーセージ〉〈サラミ風で大型の〉サルチチョン.
sal·dar [サルダル] 他 1〈賃金など〉を清算する. 2〈口座勘定など〉を決算する. 3〈物事〉に決着をつける.
sal·do [サルド] 男 1〈勘定の〉残高, 差額. 2 残尻. 3〈在庫処分の〉安売り商品. 4〈在庫処分の〉大安売り, バーゲンセール.

saldr- 活 → salir 出かける《活 74》.
sa·le·di·zo [サレディソ] 男〈建築〉張り出し.
sa·le·ro [サレロ] 男 1〈食卓などの〉塩入れ. 2明るい魅力, 魅惑的(きょう). 3利発な面白さ.
sa·le·ro·so, sa [サレロソ, サ] 形 1愛嬌(きょう)のある. 2利発で面白い.
—男囡 1愛嬌のある人. 2利発で面白い人.
sa·les [サレス] 囡複《→ sal》1気付け薬. 2浴用剤[= sales de baño].
sa·le·sia·no, na [サレシアノ, ナ] 形〈カトリック修道会の〉サレジオ会の.
—男囡 サレジオ会員.
salg- 活 → salir 出かける《活 74》.
sa·li·da 1[サリダ] 囡 1そとに出ること, 外出, 退場. 2出発, 発車. 3出口. 4スタートライン. 5〈活動などの〉結末, 結果. 6出現, 登場, 顔を見せること. 7打開策, 解決法. 8機知, ウィット. 9口実, 言いのがれ. 10売り出し, 発売. 11発行, 刊行. 12売れゆき, 販売の可能性. 13〈簿記〉借方への記入. 14出費, 支出. 15〈機械〉排出口, 排出部. 16〈コンピューター〉アウトプット.
de salida まず始めに.
salida de baño〈衣類〉バスローブ.
salida de emergencia 非常口.
salida de tono 場違いな発言.
salida falsa〈陸上競技・競泳〉フライング.
sa·li·das [サリダス] 囡複《→ salida¹》〈学科に対する将来の〉求人の度合い, 就職の可能性.
sa·li·do, da 2[サリド, ―]〈過去分詞〉→ salir出かける.
—形 1〈体の一部が〉出っ張った, 突き出した. 2〈雌〉発情している. 3〈人〉性欲の強い.
sa·lien·te [サリエンテ] 形 1出っ張った, 突き出た. 2抜きん出た, 際立った.
—男 突出部分, 張り出し, 出っ張り.
sa·li·na 1[サリナ] 囡 1岩塩鉱山. 2塩田.
sa·li·ni·dad [サリニダス] 囡 塩分, 塩け.
sa·li·no, na 2[サリノ, ―] 形 塩分を含んだ.
sa·lir [サリル] 自《活 74》1出かける, 外出する.
2(+de...) …から退出する, 脱退する.
3(+de...) …からあふれ出る, はずれる.
4出発する, 発車する.
5(+de...) …のそとに出る.
6(+con...) …と付き合う, 交際する.
7(+de+苦境) …を脱する, 克服する.
8出現する, 姿を見せる.
9〈汚れなどが〉消える.
10(+en...) 〈本などに〉出る, 〈テレビなどに〉出演する, 〈写真などに〉うつる.
11突出する, 張り出す.
12〈定期刊行物が〉出る, 発売される.
13〈製品などが〉(+de...) …から生まれる, できる.
14(+a, por+金額) …かかる.
15〈結果的に〉…になる.

活は活用形 複は複数形 男は男性名詞 囡は女性名詞 圃は固有名詞 代は代名詞 自は自動詞

16 〈計算〉答えが出る.
17 (+a+人) …に合う, 似合う.
18 選出される, えらばれる.
19 〈ゲーム〉(+con…) …を出して開始する.
20 (通りなどが) (+a…) …に出る, 続いている.
21 (+a…) …に似ている.
22 (+con…) …を出し抜けに言う.
23 (+por…) …の味方に加わる.
24 (+de…) …の役で出演する, 登場する.
— **salir·se** 再 1 もれる, しみ出す.
2 あふれ出る.
3 (+de…) …を脱退する, やめる.
4 (+de…) …からそれる, はずれる, 逸脱する.

a lo que salga [*salga lo que salga*] 1 思いつくままに. 2 事の流れるままに.
salir adelante [*a flote*] 苦境を乗り切る.
salir a escena (舞台などに) 登場する.
salir bien [*mal*] うまくいく, 成功する[失敗する].
salir caro a (+人) …にとって高くつく.
salir ganando [*perdiendo*] (…して) 得をする[損をする].
salir·se con la suya 我(が)を通す, 反対を押しきる.

sa·li·tre [サリトレ] 男 1〈化学〉硝石. 2 (壁などに浮く) 塩化.
sa·li·va [サリバ] 女 つば, 唾液(だえき).
gastar saliva 話していて徒労に終る.
tragar saliva だまって耐える.
sa·li·val [サリバル] 形 唾液(だえき)の.
sa·li·var [サリバル] 自 よだれを出す.
sa·li·va·zo [サリバそ] 男 (べっと吐いた) つば.
sal·man·ti·no, na [サルマンティノ, ナ] 形 (スペインの県・都市の) サラマンカ Salamanca の.
— 男 女 サラマンカの人.
sal·mer [サルメル] 男〈建築〉(アーチの) せり持ち台石.
sal·mo [サルモ] 男 聖歌, 賛美歌.
sal·mo·dia [サルモディア] 女 1 賛美歌の曲[音楽]. 2 退屈な歌い方. 3 くどくどしい調子.
sal·mo·diar [サルモディアル] 自 賛美歌を歌う.
— 他 …を単調に歌う.
sal·món [サルモン] 男 1〈魚〉サケ, サーモン. 2〈色彩〉サーモンピンク.
sal·mo·ne·lla [サルモネらー] 女 サルモネラ菌.
sal·mo·ne·lo·sis [サルモネろシス] 女〈単複同形〉サルモネラ菌中毒.
sal·mo·ne·te [サルモネテ] 男〈魚〉ヒメジ.
Sal·mos [サルモス] 固〈*los*+〉〈聖書〉(旧約の) 詩篇.
sal·mue·ra [サルムエラ] 女 塩水.
sa·lo·bre [サろブレ] 形 塩分を含んだ.
sa·lo·ma [サろマ] 女 (集団労働で調子を合わすための) かけ声, はやし歌.
sa·lo·mó·ni·co, ca [サろモニコ, カ] 形 1〈聖書〉(賢人の) ソロモン Salomón の. 2〈判決〉

大岡裁(ざ)きの.
columna salomónica〈建築〉らせん形円柱.
sa·lón [サろン] 男 1 大広間, ホール, 集会場. 2 客間, 応接間. 3 談話室, サロン. 4 店舗, パーラー. 5 展示会, 展示会場.
de salón 1 軽薄な. 2 社交用の.
salón del automóvil モーターショー.
salón de belleza 美容院.
salón de fiestas ナイトクラブ.
salón de té 喫茶室.
sa·lon·ci·llo [サろンシじょ] 男 小広間.
sal·pi·ca·de·ro [サルピカデロ] 男〈自動車〉ダッシュボード, 計器盤.
sal·pi·ca·du·ra [サルピカドゥラ] 女 1 (液体の) はね, はね返し. 2 はねの汚れ.
sal·pi·car [サルピカル] 他《活 73 sacar》1 …に (+de…) …をはねかける, まき散らす. 2 …を (+de…) …のはねで汚す. 3 …に (+de, con…) …をちりばめる. 4 …にとぎれとぎれを食わす.
sal·pi·cón [サルピコン] 男〈冷たい料理〉(肉とか魚のサラダ風の) サルピコン.
sal·pi·men·tar [サルピメンタル] 他《活 57 pensar》〈料理〉…に塩こしょうする.
sal·sa [サルサ] 女 1〈料理〉ソース, ドレッシング. 2 グレービー. 3 味をそえるもの/ *salsa de la vida* 人生の楽しみ事. 4〈音楽〉(アフロ・ラテン系の) サルサ.
en su propia salsa 1 水を得た魚(うお)のように元気に. 2 自分好みの状況で.
salsa de soja しょうゆ.
salsa inglesa ウスターソース.
salsa picante トウガラシソース.
sal·se·ra[1] [サルセラ] 女〈食器〉ソース入れ.
sal·se·ro, ra[2] [サルセロ, —] 形〈音楽〉サルサの.
sal·ta·dor[1] [サルタドル] 男 (縄とびの) ロープ.
sal·ta·dor[2], **do·ra** [—, ドラ] 男 女 跳躍運動選手.
sal·ta·mon·tes [サルタモンテス] 男〈単複同形〉〈昆虫〉バッタ, イナゴ.
sal·tar [サルタル] 自 1 飛びあがる. 2 飛びおりる, 飛びこむ. 3 飛び起きる. 4 (+sobre…) …に飛びかかる. 5 飛びはねる, 飛び出る. 6 割れる, ひびが入る. 7 (+a…) …に姿を見せる, 走り出る. 8 急に失職する. 9 急に怒りだす. 10 (+con…) …を急に言いだす. 11 急に思い浮かぶ. 12 急に出てくる.
— 他 1 …を飛びこえる. 2 (故意などで) …を読み飛ばし, 言い忘れる. 3 …を吹き飛ばす, 爆破する.
— **saltar·se** 再 1 ばらばらになる, はずれる. 2 (規則など) を無視する, 見落とす. 3 …を読み飛ばす, 言い忘れる.
andar [*estar*] *a la que salta* 好機を待ち構えている.
hacer saltar a (+人) 1 …を解雇する. 2 …を怒らせる.
saltar a la vista [*a los ojos*] 明白である.

sal·ta·rín, ri·na

saltar por los aires [en pedazos] 爆発する.
saltar·se (＋規則など) *a la torera* …を無視する, 気にしない.
saltar·se las lágrimas a… …が涙ぐむ.

sal·ta·rín, ri·na [サるタリン, リナ] 形 1 落ち着きのない, そわそわする. 2 飛びはねる.
— 男 女 1 落ち着きのない人. 2 ダンサー.

sal·te·a·dor, do·ra [サるテアドる, ドラ] 男 女 〈賊〉追いはぎ.

sal·te·ar [サるテアる] 他 1 …を追いはぎる. 2 …を断続的に行う. 3〈料理〉…を軽くいためる, ソテーにする.

sal·te·rio [サるテリオ] 男 〈弦楽器〉(チターに似た古代の)プサルテリウム.

sal·tim·ban·qui [サるティンバンキ] 男 女 〈大道芸の〉軽業(ﾎぁゎざ)師, 曲芸師.

sal·to [サると] 男 1 跳躍, 飛びあがり. 2 飛びおり, 飛びこみ. 3 脱落, 欠落, 読み落とし, 書き忘れ. 4 飛躍, 急激な変化. 5 断崖(だんがい), 絶壁. 6 滝 [＝ salto de agua]. 7〈スポーツ〉跳躍競技, ジャンプ, 飛びこみ.

a salto de mata 1 ひそかに逃げて. 2 行き当たりばったりに. 3 偶然の機会を利用して.
a saltos 1 飛びはねて. 2 抜かして, 見逃がして.
dar saltos 飛びはねる.
salto atrás あと戻り, 逆行.
salto de altura 〈陸上競技〉走り高跳び.
salto de cama 〈衣類〉ネグリジェ.
salto del ángel 〈水泳〉前飛び伸び型飛びこみ.
salto mortal とんぼ返り, 宙返り.
triple salto 〈陸上競技〉三段跳び.

sal·tón, to·na [サるトン, トナ] 形 (目や歯が)突き出た.

ojos saltones 出目(でめ).

sa·lu·bre [サるブレ] 形 体によい, 健康的な.

sa·lu·bri·dad [サるブリダ] 女 健康なこと.

sa·lud [サる] 女 1 健康, 健康状態, 体の調子. 2 健全な状態, 正常運行.
— 間 1 乾杯! 2 (くしゃみをした人に)お大事に! 3 (＋a…) …が幸せに!
casa de salud 神経科医院.
curar·se en salud 事前に手を打つ.
estar bien de salud 元気である.
salud de hierro 元気いっぱいの健康.

sa·lu·da·ble [サるダブレ] 形 1 体によい, 健康的な. 2 健全な, 有益な.

sa·lu·dar [サるダる] 他 1 …に挨拶(ぁぃさつ)する. 2 …を歓迎する, 歓待する. 3〈軍人〉…に敬礼する. 4 …に便りを送る / *Salúdala de mi parte.* 彼女によろしくお伝え下さい.
— *saludar·se* 再 挨拶し合う.
no saludar a (＋人) …に敵意を抱いている.

sa·lu·do [サるド] 男 1 挨拶(ぁぃさつ). 2 お辞儀, 敬礼. 3 挨拶の言葉.
— 囲 → saludar 挨拶する.
Con un cordial saludo, (手紙の末部で)敬具.
Saludos a… (別れるときに) …によろしく!

sa·lu·ta·ción [サるタしオン] 女 挨拶(ぁぃさつ), 会釈(ぇしゃく).

sal·va¹ [サるバ] 女 《→salvo》〈軍隊〉祝砲 [＝salvas].
gastar la pólvora en salvas むだなことに大いに努力する.
salva de aplausos 満場の拍手喝采(かっさい).

sal·va·ble [サるバブれ] 形 救済可能な.

sal·va·ción [サるバしオン] 女 1 救出, 救助. 2 救い, 救済. 3〈宗教〉罪からの解放. 4 損失の防止.
tabla de salvación 頼みの綱.

sal·va·do [サるバド] 男 〈穀物〉もみがら, ふすま.

sal·va·dor, do·ra [サるバドる, ドラ] 形 救助の.
— 男 女 救助者, 救済者.

Sal·va·dor [サるバドる] 固 1〈el＋〉救世主 (イエスキリスト). 2〈El＋〉(中米の国の)エルサルバドル [＝República de El Salvador]. 3〈男性の名〉

sal·va·do·re·ño, ña [サるバドれニョ, ニャ] 形 (中米の国の)エルサルバドル El Salvador の.
— 男 女 エルサルバドル人.

sal·va·guar·da [サるバグアるダ] 女 保護, 庇護(ひご).

sal·va·guar·dar [サるバグアるダる] 他 …を守る, 保護する.

sal·va·guar·dia [サるバグアるディア] 女 保護, 庇護(ひご).

sal·va·ja·da [サるバハダ] 女 1 蛮行. 2 乱暴な言葉.

sal·va·je [サるバへ] 形 1〈動物・植物〉野生の, 自生の. 2〈土地〉未開の, 未開拓の. 3 手に負えない, 止めようのない. 4 野蛮な, 乱暴な. 5 教養のない, 粗野な. 6 残忍な, 凶暴な.
— 男 女 1 野蛮な人, 未開人. 2 粗野な人間, 不作法者. 3 残忍な人間.

sal·va·jis·mo [サるバヒスモ] 男 1 蛮行. 2 野蛮性, 残忍さ.

sal·va·man·te·les [サるバマンテれス] 男〈単複同形〉テーブルマット, 鍋(なべ)敷き.

sal·va·men·to [サるバメント] 男 1 救助, 救出. 2 救済. 3 損失の防止.

sal·var [サるバる] 他 1 …を (＋de…) …から救う. 2 …を克服する, 乗り越える. 3 …を飛び越える. 4 (書類の訂正などに)有効であるという注を入れる. 5 …を損壊から守る. 6 (かなりの距離を)進む, 走破する. 7 …を例外扱いにする, 除外する.
— **salvar·se** 再 1 救われる, 助かる, 生き残る. 2〈宗教〉救済される. 3 (否定的なことから)例外扱いにされる, まぬがれる.

sal·va·vi·das [サるバビダス] 男 〈単複同形〉

囲 は活用形 複 は複数形 男 は男性名詞 女 は女性名詞 固 は固有名詞 代 は代名詞 自 は自動詞

救命具, 浮き輪.
bote salvavidas 救命ボート.
chaleco salvavidas 救命胴衣.

sal·ve [サルベ] 女 〈宗教〉聖母への祈り. 2 聖母へ祈る歌.
— 間 〈挨拶(あいさつ)〉《古式の》あいや!「き.

sal·ve·dad [サルベダッ] 女 例外条項, ただし書
con la salvedad de... ...を条件にして. 2 ...以外は.

sal·via [サルビア] 女 〈植物〉サルビア.

sal·vo·con·duc·to [サルボコンドゥクト] 男 1 安全通行証. 2 特別許可証.

sal·vo, va² [サルボ, —] 形 無事な.
a salvo 無事に, 無傷で.
en salva sea la parte (尻(しり)などを指して) 某所に.
sano y salvo (形容詞句だが文中では) 無事に.

sam·ba [サンバ] 女 〈音楽〉(ブラジル系の)サンバ.

sam·be·ni·to [サンベニト] 男 悪評, 悪名.
colgar [poner] a (十人) el sambenito de~ ...に~の悪評をたてる.

sa·mo·var [サモバル] 男 (ロシア風の湯わかし器の)サモワール.

sam·pán [サンパン] 男 (東南アジアの平底帆船の)サンパン.

Sa·muel [サムエル] 固 〈男性の名〉サムエル.

San [サン] 形 《アクセントなし》《→ santo》聖... / *San Juan* 聖ヨハネ.

sa·na·lo·to·do [サナろトド] 男 万能薬.

sa·na·men·te [サナメンテ] 副 1 健康的に, 健全に. 2 故障もなく. 3 誠実に.

sa·nar [サナル] 他 ...を治療する, いやす.
— 自 (病人が)回復する.

sa·na·to·rio [サナトリオ] 男 療養所, サナトリウム.

San Ber·nar·do [サン ベルナルド] 男 《*perro* 十》〈犬〉セントバーナード.

San·cho [サンチョ] 固 〈男性の名〉サンチョ.

san·ción [サンシオン] 女 1 (公的な)承認, 許可. 2 批准, 裁可. 3 制裁, 処罰.

san·cio·nar [サンシオナル] 他 1 ...を(公的に)承認する, 許可する. 2 ...を批准する, 裁可する. 3 ...に制裁を加える, ...を処罰する.

san·co·char [サンコチャル] 他 〈料理〉...をゆでる.

san·co·cho [サンコチョ] 男 〈料理〉(肉やバナナやイモ類を入れた煮込みの)サンコチョ.

san·da·lia [サンダリア] 女 〈履物(はきもの)〉サンダル.

sán·da·lo [サンダろ] 男 1 〈樹木〉ビャクダン[白檀]. 2 (香料などにする)白檀油.

san·dez [サンデス] 女 《複 *sandeces*》 1 無知, 愚鈍. 2 間抜けな発言.

san·dí·a [サンディア] 女 〈植物・果物〉スイカ.

san·di·nis·mo [サンディニスモ] 男 (ニカラグア民族解放思想の)サンディニズム.

san·dio, dia [サンディオ, ディア] 形 愚鈍な.
— 男・女 ばか者, 間抜け.

Sandra [サンドラ] 固 〈女性の名〉サンドラ.

san·dun·ga [サンドゥンガ] 女 1 愛嬌(あいきょう), 魅力. 2 機知, 才知.

sánd·wich [サングイチ] 男 《複 *sándwiches*》〈料理〉サンドイッチ.

sa·ne·a·do, da [サネアド, ダ] 《過去分詞》 → *sanear* 修繕する.
— 形 1 立ち直った, 安定した. 2 排水された.

sa·ne·a·mien·to [サネアミエント] 男 1 修繕, 修理. 2 改良, 安定化. 3 排水, 水はけ. 4 排水設備, 排水処理.

sa·ne·ar [サネアル] 他 1 ...を修繕する. 2 ...を改良する, 安定させる. 3 (土地などに)排水処理をほどこす.

san·fer·mi·nes [サンふェルミネス] 男複 (7月にパンプロナで開かれる牛追いの)サンフェルミン祭.

San Fran·cis·co [サン ふランシスコ] 固 〈都市の名〉(米国西海岸の)サンフランシスコ.

san·gra·de·ra [サングラデラ] 女 1 放水路. 2 水門. 3 (外科用メスの)ランセット.

san·gra·do [サングラド] 男 〈印刷〉(文頭の)字下がり.

san·gran·te [サングランテ] 形 出血している.

san·grar [サングラル] 自 1 出血する. 2 (損害などが)痛むになる.
— 他 1 〈治療〉...から血を抜き取る, 瀉血(しゃけつ)する. 2 (液体を)抜き取る. 3 (樹脂)を採取する. 4 (金銭など)をしぼり取る, かすめ取る. 5 〈印刷〉(行など)を字下がりにする.

san·gre [サングレ] 女 1 血, 血液. 2 血統, 家柄, 血筋. 3 流血, 殺傷.
a sangre fría 冷静に, 意識的に.
a sangre y fuego 冷酷無残に, 容赦(ようしゃ)なく.
arder [bullir, hervir] a... la sangre 1 ...かっとなって逆上する. 2 ...の血がたぎる, ...に若さがみなぎっている.
chupar la sangre a... ...から(金などを)しぼり取る, ...にたかりつける.
correr la sangre 流血を見る, 死人が出る.
dar su sangre por... ...に命をささげる.
de sangre caliente [fría] 〈動物〉温血の[冷血の].
encender [quemar] a... la sangre ...が激怒する.
hacerse mala sangre くやしがる.
hacerse sangre (傷をして)血を出す.
llevar [tener]... en la sangre 生まれつき...を持っている.
mala sangre 意地悪な性格.
no llegar la sangre al río 大事には至らない.
no tener sangre en las venas 1 異常に冷静である. 2 冷血漢である.

pedir sangre 仕返しをする必要がある.
sangre arterial [roja] 動脈血.
sangre azul 〖家系〗貴族.
sangre fría 冷静さ, 落ち着き.
sangre venosa [negra] 静脈血.
subír-se a... la sangre a la cabeza …が冷静さを失う, 逆上する.
sudar sangre 大いに努力する.
tener la sangre caliente 血の気が多い.
tener sangre de horchata とても冷静である.

san·grí·a [サングリア] 囡 1 大量出血. 2 〖治療〗血抜き, 瀉血(しゃけつ). 3 (ひそかな少量ずつの)盗難, くすね取り. 4 〖清涼飲料水〗(赤ワインを果物などで割った)サングリア. 5 〖印刷〗(行頭の)字下げ.

san·grien·to, ta [サングリエント, タ] 形 1 血の流れる, 流血の. 2 血で汚れた, 血の混じった. 3 残虐な, 侮辱的な.

san·gui·jue·la [サングイフエら] 囡 1〖環形動物〗ヒル[蛭]. 2 人にたかって生活する人間.

san·gui·na·ria[1] [サンギナリア] 囡〖鉱物〗血石(けっせき).

san·gui·na·rio, ria[2] [サンギナリオ, ―] 形 血に飢えた, 流血の好きな.

san·guí·ne·o, a [サンギネオ, ア] 形 1 血の, 血液の. 2 血を含む. 3 多血質の.

san·gui·no·len·to, ta [サンギノれント, タ] 形 1 血で汚れた, 血の混じった. 2 (目が)充血した, 血走った.

sa·ni·dad [サニダッ] 囡 1 (集合的に)公衆衛生活動, 公衆衛生. 2 健康状態.

sa·ni·ta·rio, ria [サニタリオ, リア] 形 (公衆)衛生の.
— 男囡 1 保健職員. 2 衛生兵.

sa·ni·ta·rios [サニタリオス] 男 複 〖→ sanitario〗(トイレなどの)衛生設備.

san·ja·co·bo [サンハコボ] 男〖料理〗(チーズをはさんだ薄肉のカツレツの)サンハコボ.

San Jo·sé [サン ホセ] 固〖都市の名〗(コスタリカの首都の)サンホセ.

San Juan [サン フアン] 固〖都市の名〗(プエルトリコの首都の)サンフアン.

san·jua·na·da [サンフアナダ] 囡 (6月24日の)聖ヨハネの村祭り.

San Ma·ri·no [サン マリノ] 固〖国の名〗(イタリア半島北東部の小共和国の)サンマリノ.

San Mar·tín [サン マルティン] 固 1〖軍人の名〗(南米南部の独立を指導した)サンマルティン [= José]. 2〖聖人の名〗(祝日が11月11日の)聖マルティヌス[→ sanmartín].

san·mar·tín [サンマルティン] 男 (11月11日前後の)豚の畜殺時期.
llegar [venir] a (+人) *su sanmartín* …にもいずれ苦しい時が来る.

sa·no, na [サノ, ナ] 形 1 健康な, 元気な. 2 健康的な, 体によい. 3 健全な. 4 故障のない, 無傷の. 5 誠実な, 堅実な.
cortar... por lo sano …をきっぱりと片付ける.
sano y salvo (形容詞句だが文中で)無事に.

San Sal·va·dor [サン サルバドル] 固〖都市の名〗(エルサルバドルの首都の)サンサルバドル.

sáns·cri·to [サンスクリト] 男〖言語〗(古代インドの)サンスクリット, 梵語.

san·se·a·ca·bó [サンセアカボ] 《つぎの成句の一部》
... y sanseacabó. …, これでおしまい.

San Se·bas·tián [サン セバスティアン] 固〖都市の名〗(スペイン北部の県ギプスコア Guipúzcoa の県都の)サンセバスティアン.

san·són [サンソン] 男 (聖書に出てくるサムソン Sansón に似た)怪力の男.

san·ta[1] [サンタ] 形〖→ santo[2]〗聖なる….

san·ta·bár·ba·ra [サンタバルバラ] 囡〖軍艦〗弾薬庫.

San·ta Cruz de Te·ne·ri·fe [サンタ クルス デ テネりふぇ] 固〖都市の名〗(カナリア諸島のテネリフェ島の)サンタクルスデテネリフェ.

San·ta Fe de Bo·go·tá [サンタ ふぇ デ ボゴタ] 固 〖= Santafé de Bogotá〗〖都市の名〗(南米コロンビア国の首都の)サンタフェデボゴタ.

san·ta·fe·re·ño, ña [サンタふぇレニョ, ニャ] 形 (南米の国コロンビアの首都の)サンタフェデボゴタ Santa Fe de Bogotá の.
— 男囡 サンタフェデボゴタの人.

san·ta·men·te [サンタメンテ] 副 1 清らかに. 2 聖人らしく.

San·tan·der [サンタンデル] 固〖県・県都の名〗(スペイン北部の)サンタンデル.

san·tan·de·ri·no, na [サンタンデリノ, ナ] 形 (北スペインの都市の)サンタンデル Santander の.
— 男囡 サンタンデルの人.

san·ta te·re·sa [サンタテレサ] 囡〖昆虫〗カマキリ.

san·te·rí·a [サンテリア] 囡 見せつけの信仰.

san·te·ro, ra [サンテロ, ラ] 形 聖像崇拝の.
— 男囡 聖像祈祷(きとう)師.

San·tia·go [サンティアゴ] 固 1〖聖人の名〗聖ヤコブ. 2〖男性の名〗

San·tia·go de Com·pos·te·la [サンティアゴ デ コンポステラ] 固〖都市の名〗(スペイン北西部の聖地の)サンティアゴデコンポステラ.

San·tia·go de Chi·le [サンティアゴ デ チれ] 固〖都市の名〗(南米チリの首都の)サンティアゴデチレ.

san·tia·gués, gue·sa [サンティアゲス, ゲサ] 形 (スペインの都市の)サンティアゴデコンポステラ Santiago de Compostela の.
— 男囡 サンティアゴデコンポステラの人.

san·tia·gui·no, na [サンティアギノ, ナ] 形 (南米の国チリの首都の)サンティアゴ Santiago の.
— 男囡 (チリの)サンティアゴの人.

san·tia·mén [サンティアメン] 《つぎの副詞句の一部》
　en un santiamén あっという間に, 即座に.

san·ti·dad [サンティダス] 囡 聖性, 神聖さ.

San·ti·dad [サンティダス] 固 《su+》 (ローマ教皇を指して) 聖下.

san·ti·fi·ca·ción [サンティふぃカしオン] 囡 1 〈宗教〉列聖. 2 聖別, 聖化.

san·ti·fi·car [サンティふぃカル] 他 《活 73 sacar》 1 …を聖人の位に列する, 列聖する. 2 …を神聖なものにする, 聖別する. 3 (聖なるもの)をあがめる.

san·ti·guar [サンティグアル] 他 《活 14 averiguar》 …に十字を切る.
　— **santiguar·se** 再 1 十字を切る. 2 (+ ante…) …にびっくりする, むっとする.

san·tí·si·mo, ma [サンティシモ, マ] 形 《絶対最上級 → santo², ta²》 とても神聖な.
　el Santísimo Padre ローマ教皇.

san·to¹ [サント] 男 1 (洗礼名の聖人の祝日である) 霊名の祝日.

san·to², ta² 形 《Do-, To- 以外の男性聖人名の前では san》 1 神聖な, 聖なる. 2 (+聖人名) 聖…. 3 神に身をささげた, 神にささげられた. 4 聖人のような, 手本になる. 5 (否定的に強調して) まったくの…／*todo el santo día* その日丸一日.
　— 男囡 1 聖人, 聖者, 聖女. 2 聖人のような人. 3 聖人像. 4 聖人の日, 霊名の祝日.
　¿a qué santo…? [*¿a santo de qué…?*] 一体なぜ….
　comer·se los santos とても信心深い.
　el día de Todos los Santos 〈宗教〉 (11月1日の) 万聖節.
　Espíritu Santo 〈宗教〉聖霊.
　ir·se a… el santo al cielo …がすっかり忘れてしまう.
　llegar y besar el santo ほしいものをすぐ手に入れる.
　no ser santo de mi [*tu, su*] *devoción* 私の[君の, 彼の]きらいな人である.
　por todos los santos 本当にお願いだから.
　quedar·se para vestir santos (女性が) 独身のままでいる.
　santo y seña 男 合い言葉.
　Semana Santa 〈宗教〉聖週間.

San·to Do·min·go [サント ドミンゴ] 固 《都市の名》(ドミニカ共和国の首都の)サントドミンゴ.

san·tón [サントン] 男 1 (キリスト教以外の)隠者. 2 実力者, 大家(たいか).

san·to·ral [サントラル] 男 〈書物〉1 聖人伝. 2 聖人の祝日表.

san·tua·rio [サントゥアリオ] 男 1 聖堂, 至聖所. 2 聖地, 聖なる場所, 重要な所. 3 避難場所.

san·tu·rrón, rro·na [サントゥロン, ロナ] 形 信心家ぶった.

— 男囡 にせの信心家.

sa·ña [サニャ] 囡 1 悪心, 残忍さ. 2 激怒, 憤慨.

sa·ñu·do, da [サニュド, ダ] 形 1 悪心を抱いた, 残忍な. 2 激怒した.

Sao Pau·lo [サオ パウろ] 固 《都市の名》(ブラジル南部の)サンパウロ.

sa·pien·cia [サピエンしア] 囡 知恵, 学識.

sa·po [サポ] 男 〈動物〉ヒキガエル, ガマ.
　soltar sapos y culebras 悪態をつく, 罵倒(ばとう)する.

saqu- → sacar 連れ出す《活 73》.

sa·que [サケ] 男 1〈スポーツ〉サーブ, キックオフ. 2〈スポーツ〉サービスライン. 3 大食いの能力.
　saque de banda 〈スポーツ〉スローイン.
　saque de esquina 〈スポーツ〉コーナーキック.
　saque de puerta (ゴールキーパーの) ゴールキック.

sa·que·ar [サケアル] 他 1 (町など)で略奪行為をする, …を荒らしまわる. 2 …から根こそぎ盗み出す, …をからっぽにする.

sa·que·o [サケオ] 男 1 略奪, 強奪. 2 ごっそり持っていく行為.

Sa·ra [サら] 固 《女性の名》サラ.

sa·ram·pión [サランピオン] 男 〈医学〉はしか, 麻疹(ましん).

sa·rao [サらオ] 男 1 (歌と踊りの)夜会. 2 大混乱.

sa·ra·pe [サらペ] 男 (かぶり毛布の)サラベ.

sa·ra·sa [サらサ] 囡 女っぽい男, ホモ.

sar·cas·mo [サルカスモ] 男 あざけり, いやみ.

sar·cás·ti·ca·men·te [サルカスティカメンテ] 副 あざけって, いやみぽく.

sar·cás·ti·co, ca [サルカスティコ, カ] 形 あざけりの, いやみの.

sar·có·fa·go [サルコふぁゴ] 男 石棺.

sar·co·ma [サルコマ] 男 〈医学〉肉腫(にくしゅ).

sar·da·na [サルダナ] 囡 〈音楽〉(カタルニア地方の円舞曲の)サルダナ.

sar·di·na [サルディナ] 囡 〈魚〉イワシ.
　como sardinas en lata (缶詰めのイワシのように)すし詰めになって.

sar·di·ne·ro, ra [サルディネロ, ラ] 形 〈魚〉イワシの.
　— 男囡 イワシ売り.

sar·di·ne·ta [サルディネタ] 囡 1〈魚〉小イワシ. 2 (指2本で打つ)しっぺ.

sar·do¹ [サルド] 男 サルデーニャ語.

sar·do², da [—, ダ] 形 (地中海のイタリア領の島の)サルデーニャ Cerdeña の.
　— 男囡 サルデーニャ人.

sar·dó·ni·co, ca [サルドニコ, カ] 形 あざけりの.

sar·ga [サルガ] 囡 〈布地〉サージ.

sar·gen·to¹ [サルヘント] 男 〈軍隊〉軍曹.

sar·gen·to², ta [—, タ] 男囡 横柄な人, いばりちらす人.

sar·gen·to·na [サルヘントナ] 囡 命令好きな女

他 は他動詞　再 は再帰動詞　形 は形容詞　副 は副詞　前 は前置詞　接 は接続詞　間 は間投詞

性.

sa·ri [サリ] 男 〈服飾〉(インド女性の)サリー.

sar·men·to·so, sa [サルメントソ, サ] 形 ブドウのつるのような.

sar·mien·to [サルミエント] 男 ブドウのつる.

sar·na [サルナ] 女 〈皮膚病〉疥癬(かいせん).

sar·no·so, sa [サルノソ, サ] 形 疥癬(かいせん)にかかった.
— 男 女 疥癬患者.

sar·pu·lli·do [サルプジド] 男 〈医学〉発疹(ほっしん).

sa·rra·ce·no, na [サラセノ, ナ] 形 サラセンの.
— 男 女 サラセン人, 回教徒.

sa·rro [サロ] 男 1〈医学〉歯石. 2〈歯学〉舌ごけ. 3 水あか.

sar·ta [サルタ] 女 1 (ひもに通した) 数珠(じゅず)つなぎのもの. 2 ひと続き, 一連.

sar·tén [サルテン] 女 〈料理〉フライパン.
tener la sartén por el mango 決定権を握る, 牛耳る.

sas·tre, tra [サストレ, トラ] 男 女〈人〉(紳士服の)仕立て屋, テーラー.

sas·tre·rí·a [サストレリア] 女 1 (紳士服の)洋服店. 2 (紳士服の)仕立て職.

Sa·ta·nás [サタナス] 固 [= Satán] 悪魔の王, 魔王, サタン.

sa·tá·ni·co, ca [サタニコ, カ] 形 1 魔王の, サタンのような. 2 サタン信仰の.

sa·ta·nis·mo [サタニスモ] 男 1 サタン信仰. 2 悪魔的行為.

sa·té·li·te [サテリテ] 男 1〈天体〉衛星. 2 衛星国[= nación satélite]. 3 衛星都市[= ciudad satélite].
satélite artificial 人工衛星.

sa·tén [サテン] 男 〈布地〉サテン.

sa·ti·na·do [サティナド] 男 (紙・布地の)つや出し.

sa·ti·nar [サティナル] 他 (紙や布)につや出しをする.

sá·ti·ra [サティラ] 女 風刺, 風刺文.

sa·tí·ri·co, ca [サティリコ, カ] 形 風刺の.
— 男 女 風刺作家, 風刺詩人.

sa·ti·ri·zar [サティリサル] 他《活 39 gozar》…を風刺する.

sá·ti·ro [サティロ] 男 1〈神話〉(半人半獣神の)サテュロス. 2 助平な男.

sa·tis·fac·ción [サティスふぁクション] 女 1 満足, 満足感. 2 達成感, 充足感. 3 (善行への)報賞. 4 つぐない, 謝罪.

sa·tis·fa·cer [サティスふぁセル] 他《活 75》1 …を満足させる. 2 (欲望などを)達成する, 充足させる. 3 (借金を)完済する. 4 (問題などを)解決する, 解消する. 5 (条件などを)満たす, クリアする. 6 …をつぐなう. 7 …を納得させる. 8 …に賞賛を与える.
— *satisfacerse* 再 1 (+con...)…で満足する. 2 (+de...)…の恨みを晴らす, 報復をする.

sa·tis·fa·cien·te [サティスふぁシエンテ] 形 申し分のない, 十分な.

sa·tis·fac·to·ria·men·te [サティスふぁクトリアメンテ] 副 申し分なく, 納得できるほどに.

sa·tis·fac·to·rio, ria [サティスふぁクトリオ, リア] 形 1 (物事が)申し分のない, 満足のいく, 見事な. 2 好ましい, 適切な.

satisfag-, satisfaz → satisfacer 満足させる《活 75》.

sa·tis·fe·cho, cha [サティスふぇチョ, チャ] 《過去分詞》→ satisfacer 満足させる.
— 形 (人が)満足した, 満ちたりた.

satisfic- 活 → satisfacer 満足させる《活 75》.

sa·tu·ra·ción [サトゥラシオン] 女 1 満足感, 充足感. 2 手いっぱいの状態. 3 充満, 飽満. 4〈化学〉飽和状態.

sa·tu·ra·do, da [サトゥラド, ダ] 《過去分詞》→ saturar 満腹させる.
— 形 1 満腹の. 2 (+de...)…でいっぱいの. 3 液体を十分含んだ.

sa·tu·rar [サトゥラル] 他 1 …を満腹にさせる. 2 …を(+de...)…でいっぱいにする. 3 (液体が)…に十分しみ込む. 4〈化学〉(溶液などを)飽和状態にする.
— *saturarse* 再 1 (+de...)…で満腹する. 2 (+de...)…でいっぱいになる.

sa·tur·nis·mo [サトゥルニスモ] 男 〈病気〉鉛(なまり)中毒.

Sa·tur·no [サトゥルノ] 固 1〈神話〉(農耕神の)サトゥルヌス. 2〈天体〉土星.

sau·ce [サウセ] 男 〈樹木〉ヤナギ.
sauce llorón シダレヤナギ.

sa·ú·co [サウコ] 男 〈樹木〉ニワトコ.

sau·da·de [サウダデ] 女 ノスタルジー, 郷愁, 望郷心.

sau·di·ta [サウディタ] 形《男女同形》(国の)サウジアラビア Arabia Saudí の.
— 男 女 サウジアラビア人.

sau·na [サウナ] 女 サウナ風呂(ぶろ).

sau·rio, ria [サウリオ, リア] 形 〈動物〉トカゲ類の.

sau·rios [サウリオス] 男 複[→ saurio]〈分類〉トカゲ類動物.

sa·via [サビア] 女 1〈植物〉樹液. 2 元気のもと, 活力源.

sa·xo·fón [サクソふォン] 男 [= saxófono]〈楽器〉サキソホン.

sa·ya [サヤ] 女 〈服飾〉スカート.

sa·yal [サヤる] 男 〈布地〉粗(あら)い毛織物.

sa·yo [サヨ] 男 (ボタンのない長衣の)チュニック.
hacer de su capa un sayo 好きに振る舞う.

sa·zón [サソン] 女 1 円熟, 成熟. 2〈料理〉味, 風味. 3 好機, チャンス.

活 は活用形 複 は複数形 男 は男性名詞 女 は女性名詞 固 は固有名詞 代 は代名詞 自 は自動詞

a la sazón そのとき, その当時.
estar en sazón (果物などが)旬(しゅん)である.
sa·zo·nar [サソナル] 他 〈料理〉…に味つけする.
—**sazonar·se** 再 成熟する, 旬(しゅん)になる.
scout [エスカウト] 男女 ボーイスカウト, ガールスカウト.
S.E. [スエセせんレィア] 《略語》Su Excelencia (敬語の)閣下.
se [セ] 代《アクセントなし》《3人称の間接目的の人称代名詞 le, les の変化形》《le·les は3人称の直接目的の人称代名詞 lo·los·la·las の前で se になる》彼(ら)に, 彼女(ら)に, あなた(たち)に.
—代《3人称の再帰代名詞》《単複同形》1 (3人称の主語が)自分を, 自分に. 2 (事物を指す主語が)…される. 3 (複数の主語が)…し合う.たがいに…する. 4 (主語なしの3人称単数形動詞と共に)ひとは…, 一般に….
Aquí se come bien. ここは食べ物がいい.
Aquí se vive bien. ここの暮らしはいい.
Se dice que… …だそうだ, …と言われている.
Se llama… 彼[彼女, あなた]の名前は…です.
Se trata de… (問題は) …のことです.
sé [セ] 活 1 → saber 知る《活 72》. 2 → ser …である《活 78》.
sea(-) 活 → ser …である《活 78》.
o sea (que)… すなわち….
sea lo que sea いずれにせよ, とにかく.
SEAT [セアト] 女《略語》Sociedad Española de Automóviles de Turismo スペイン乗用車株式会社.
se·bá·ce·o, a [セバせオ, ア] 形 〈解剖学〉皮脂の.
Se·bas·tián [セバスティアン] 固〈男性の名〉セバスティアン[→ San Sebastián].
se·bo [セボ] 男 1 獣脂. 2 脂肪. 3〈解剖学〉(皮膚に出る分泌物の)皮脂.
se·bo·rre·a [セボレア] 女〈医学〉(皮脂が多すぎる)脂漏(ろう).
se·bo·so, sa [セボソ, サ] 形 脂肪の多い.
se·ca[1] [セカ] 女〈→ seco〉早魃(ばつ).
se·ca·de·ro [セカデロ] 男 乾燥場.
se·ca·do [セカド] 男 乾燥させること.
se·ca·dor, do·ra [セカドル, ドラ] 男女 乾燥機, ドライヤー.
se·ca·men·te [セカメンテ] 副 冷淡に, 不親切に.
se·ca·no [セカノ] 男 (水を引かない)乾燥畑.
se·can·te [セカンテ] 形 乾燥させる.
—男 (塗料の)乾性油.
—女〈三角関数〉セカント.
se·car [セカル] 他《活 73 sacar》1 …を乾かす, 乾燥させる, 干す. 2 (植物)を枯らす, しおれさせる. 3 …をふく, ぬぐう. 4 …を干上がらせる. 5〈スポーツ〉(相手)の力をそぐ.
—**secar·se** 再 1 (川などが)干上がる. 2 乾燥する, 乾く. 3 (植物が)枯れる, しおれる. 4 (想像力などが)弱くなる. 5 (傷口が)なおる, かさぶたになる. 6 (人が)ひどくやせる, やせ細る.

sec·ción [セクシオン] 女 1 (全体を分割したあとの)一部, 部分. 2 (組織の)部門, セクション, 部, 課. 3 (文章の)段落, 節, 項. 4 断面図. 5〈数学〉切断, 分割. 6 切断面. 7〈軍隊〉小隊.
sec·cio·nar [セクシオナル] 他 …を分割する, 切断する, 区分する.
se·ce·sión [セせシオン] 女 (民衆や領土の一部の)分離, 離脱.
se·ce·sio·nis·mo [セせシオニスモ] 男 分離独立主義.
se·co, ca[2] [セコ, —] 形 1 乾いた, 干からびた. 2 乾燥した, 雨の降らない. 3〈植物〉枯れた, 枯れ果てた. 4 (皮膚や髪が)かさかさの, 脂気のない. 5〈音〉乾いた, 固い. 6〈酒類〉辛口の. 7 冷淡な, 不親切な. 8 やせ細った, やせこけた. 9 即死の. 10 のどからからの. 11 とても驚いた, たまげた.
—活 → secar 乾かす.
a secas なにも加えずに, それだけで.
dique seco〈船舶〉乾ドック.
en seco 唐突に, 不意に.
flores secas ドライフラワー.
limpieza en seco ドライクリーニング.
tos seca 空咳(ぜき).
se·co·ya [セコヤ] 女〈巨木〉セコイヤ.
se·cre·ción [セクレシオン] 女〈生理学〉1 分泌(ぴつ). 2 分泌物.
se·cre·ta·men·te [セクレタメンテ] 副 ひそかに, そっと.
se·cre·tar [セクレタル] 他〈生理学〉…を分泌(ぴつ)する.
se·cre·ta·ria [セクレタリア] 女 1 女性事務員[事務官]. 2 女性秘書. 3 女性書記官.
se·cre·ta·rí·a [セクレタリア] 女 1 事務職. 2 秘書職. 3 事務局. 4 秘書課. 5 書記局. 6 (政府)省, 局.
se·cre·ta·ria·do [セクレタリアド] 男 1 事務職, 秘書課, 書記局. 2 事務職, 秘書職. 3 秘書学.
se·cre·ta·rio [セクレタリオ] 男 1 男性事務員[事務官]. 2 男性秘書. 3 男性書記官.
secretario general 事務局長, 幹事長.
se·cre·te·ar [セクレテアル] 自 ささやき合う.
se·cre·to[1] [セクレト, タ] 形 1 秘密の, 機密の. 2 未知の事柄, 神秘の. 3 秘訣(けつ), こつ.
en secreto ひそかに, 秘密裏に.
secreto a voces 公然の秘密.
secreto de confesión〈宗教〉告解の秘密.
secreto profesional 職業上の秘密.
se·cre·to[2]**, ta** [—, タ] 形 1 秘密の, 内密の, 機密の. 2 神秘的な, 不思議な.
se·cre·tor, to·ra [セクレトル, トラ] 形〈生理学〉分泌(ぴつ)の.
sec·ta [セクタ] 女 1 分派, セクト, 学派, 党派, 宗派. 2 異端派.

sec·ta·rio, ria [セクタリオ, リア] 形 **1** 党派の, セクトの. **2** 党派色の強い, 排他的な.
— 男 女 **1** 党派の構成員. **2** 派閥主義者.

sec·ta·ris·mo [セクタリスモ] 男 セクト主義, 派閥主義.

sec·tor [セクトル] 男 **1** 〈集合体の一部である〉分野, 部門, 領域. **2** 〈都市などの一部である〉地区, 区域. **3** 分派, 党派. **4** 〈数学〉扇形.
sector marginado 貧困階層.
sector primario [secundario, terciario] 第1次[第2次, 第3次]産業部門.
sector privado [público] 〈経済学〉民間[公共]部門.

sec·to·rial [セクトリアル] 形 **1** 一部門の, 単独分野の. **2** 〈数学〉扇形の.

se·cuaz [セクアす] 形 女《複 secuaces》**1** 追従者, 子分, 手下. **2** 信奉者.

se·cue·la [セクエら] 女 **1** （良くない）結果, 帰結. **2** 後遺症.

se·cuen·cia [セクエンレア] 女 **1** 〈映像〉一連の場面, シークエンス. **2** 連続体, ひと続き. **3** 〈文法〉（特定の）語連続. **4** 〈数学〉数列.

se·cues·tra·dor, do·ra [セクエストラドル, ドラ] 男 女 **1** 誘拐（%）犯. **2** 乗っ取り犯.

se·cues·trar [セクエストラル] 他 **1** …を誘拐（%）する, かどわかす. **2** 〈飛行機や船〉を乗っ取る.

se·cues·tro [セクエストロ] 男 **1** 誘拐（%）. **2** （輸送機関の）乗っ取り, ハイジャック, シージャック.

se·cu·lar [セクらル] 形 **1** 世俗の, 俗界の. **3** 100年続く. **4** 数世紀続く, 何百年もの.

se·cu·la·ri·za·ción [セクらりさレオン] 女 **1** 世俗化. **2** 還俗（(%)）. **3** 在俗への変更.

se·cu·la·ri·zar [セクらリさル] 他 《活 39 gozar》**1** …を世俗化する. **2** …に在俗を許す. **3** …を還俗（(%)）させる.
— secularizar·se 再 **1** 還俗する. **2** 宗教色を薄める.

se·cun·dar [セクンダル] 他 …を支援する.

se·cun·da·rio, ria [セクンダリオ, リア] 形 **1** 2番目の. **2** 二次的な, 副次的な. **3** 〈教育〉中等の. **4** 〈地質学〉中生代の.

se·cuo·ya [セクオヤ] 女 〈巨木〉セコイア.

sed [セд] 女 **1** のどの渇（(%)）き. **2** 渇望, 切望.
— 活 → ser …である《活 78》.

se·da [セダ] 女 **1** 生糸, 絹糸. **2** 絹織物.
como la (una) seda 問題なく, スムーズに.
de seda なめらかな, すべすべした.
gusano de seda カイコ〔蚕〕.
seda artificial 人絹, レーヨン.

se·dal [セダル] 男 釣り糸, てぐす.

se·dan·te [セダンテ] 男 〈薬〉鎮静剤.

se·dar [セダル] 他 …に鎮静剤を与える.

se·de [セデ] 女 **1** 本部, 本庁, 本局. **2** 〈宗教〉司教区, 司教座.

se·den·ta·rio, ria [セデンタリオ, リア] 形 **1** （生活に）動きのない, 座りがちな. **2** 定住性の.

se·den·te [セデンテ] 形 座った姿勢の.

se·de·rí·a [セデリア] 女 **1** 絹製品専門店. **2** 絹織物業. **3** （集合的に）絹製品.

se·di·ción [セディしオン] 女 蜂起, 暴動.

se·di·cio·so, sa [セディしオソ, サ] 形 （暴動へ）民衆をあおる.
— 男 女 暴動の扇動者.

se·dien·to, ta [セディエント, タ] 形 **1** のどの渇（(%)）いた. **2** （+de...）…を渇望〔切望〕している.

se·di·men·ta·ción [セディメンタしオン] 女 **1** 堆積（%）, 沈殿. **2** 堆積作用.

se·di·men·ta·rio, ria [セディメンタリオ, リア] 形 **1** 堆積（%）の, 沈殿の. **2** 沈殿物でできた.

se·di·men·tar·se [セディメンタルセ] 再 **1** 堆積（%）する, 沈殿する.

se·di·men·to [セディメント] 男 堆積（%）物, 沈殿物.

se·do·so, sa [セドソ, サ] 形 絹のような, すべすべした.

se·duc·ción [セドゥクしオン] 女 **1** 魅惑. **2** 誘惑.

se·du·cir [セドゥしル] 他 《活 20 conducir》**1** …を魅了する, うっとりさせる. **2** …を誘惑する, たぶらかす.

se·duc·tor, to·ra [セドゥクトル, トラ] 形 **1** 魅惑的な. **2** たぶらかしの, 誘惑の.
— 男 女 **1** 魅惑的な人. **2** 誘惑者, 女たらし.

seduj- 活 → seducir 魅了する《活 20》.

seduzc- 活 → seducir 魅了する《活 20》.

se·far·dí [セふぁルディ] 形 《男女同形》《複 sefardíes, sefardís》（1492年にスペインから追放されたユダヤ人の子孫の）スペイン系ユダヤ人の.
— 男 女 スペイン系ユダヤ人, セファルディ.
— 男 （彼らのスペイン語の）セファルディ語.

se·far·di·ta [セふぁルディタ] 形 《男女同形》スペイン系ユダヤ人の.
— 男 女 スペイン系ユダヤ人, セファルディ.

se·ga·dor, do·ra¹ [セガドル, ドラ] 男 女 （麦の）刈り取り人夫.

se·ga·do·ra² 女 （麦の）刈り取り機.

se·gar [セガル] 他 《活 53 negar》**1** （麦など）を刈り取る. **2** （突き出たもの）を切り取る. **3** …を中断させる, 挫折（(%)）させる.
— 自 刈り取りをする.

se·glar [セグラル] 形 **1** 世俗の, 俗界の. **2** 〈宗教家〉僧籍のない.
— 男 女 熱心な信者, 一般信徒.

seg·men·ta·ción [セグメンタしオン] 女 分割, 区分.

seg·men·tar [セグメンタル] 他 …を分割[区分]する.

seg·men·to [セグメント] 男 **1** （分割された）部分, 切片. **2** 〈数学〉線分. **3** （円・球の）弓形. **4** 〈動物〉体節, 環節.

Se·go·via [セゴビア] 固 〈県・県都の名〉（中部

スペイン)のセゴビア.
se·go·via·no, na [セゴビアノ, ナ] 形 セゴビア Segovia の. — 男女 (スペイン中央部の)セゴビアの人.
se·gre·ga·ción [セグレガシオン] 女 1 (住民の)分離, 隔離. 2 〈生理学〉分泌(%).
segregación racial 〈政策〉人種隔離.
se·gre·ga·cio·nis·mo [セグレガシオニスモ] 男 人種隔離主義〈政策〉, アパルトヘイト.
se·gre·ga·cio·nis·ta [セグレガシオニスタ] 形 《男女同形》人種隔離主義の. — 男女 人種隔離主義者の.
se·gre·gar [セグレガル] 他 活 47 llegar] 1 (住民)を分離する, 隔離する. 2 〈生理学〉…を分泌(%)する.
se·gue·ta [セゲタ] 女 〈鋸(%)〉糸のこ, ジグソー.
se·gui·da[1] [セギダ] 女 連続.
de seguida 続いて, 続けて.
en seguida ただちに, すぐに.
se·gui·da·men·te [セギダメンテ] 副 1 引き続き, 直後に. 2 連続して, 続けて.
se·gui·di·lla [セギディじゃ] 女 1 〈音楽・舞踊〉(軽快なスペインの)セギディジャ. 2 〈詩型〉(一連が短詩4行で ABCB 型の)セギディジャ.
se·gui·do, da[2] [セギド, ー] 《過去分詞》→ seguir 従う. — 形 1 連続した, とぎれない. 2 直線上にある, まっすぐの.
se·gui·dor, do·ra [セギドル, ドラ] 男女 1 後継者, 信奉者, 支持者. 2 愛好者, ファン.
se·gui·mien·to [セギミエント] 男 1 追跡, 迫害. 2 (厳密な)経過観察. 3 連続, 継続.
se·guir [セギル] 他 活 76] 1 …に従う, ついていく.
2 …を追う, 追跡する, 尾行する.
3 …を目で追う.
4 …の勉強を続ける.
5 …をつけて見る [観察する].
6 …を理解する, 納得する.
7 …を愛好する, 支持する.
8 (指図などに)従う, …を守る.
9 …の言いなりになる, …に流される.
10 …を継続する, 続行する.
11 (コースなど)を取って進む, たどる.
— 自 1 あとに続く.
2 進み続ける, 継続する.
3 (+形容詞・副詞) …のままである, …の状態を続ける.
4 (+現在分詞) …し続ける.
5 (+hasta...) …まで広がっている, …に至る.
— seguir·se 再 1 続いて起こる.
2 (+de...) …から推論できる.
3 (+de...) …の結果として生じる, …に由来する.
¡A seguir bien! (別れの挨拶(%))でお元気で!
como sigue [*siguen*] 以下のように.
seguir adelante con... …を根気よく続ける.
seguir en sus trece 自分の考えにこだわり続ける.

se·gún[1] [セグン] 前 《アクセントなし》1 …に従って, …のとおりに / *según* la ley 法に従って.
2 …によれば / *según* el jefe 主任(の言うところ)によれば.
3 …に応じて, …しだいで / *según* las circunstancias 状況に応じて.
4 …するにつれて / *Según* vayas avanzando, te irán surgiendo más problemas. 君が進むにつれて, 問題がもっと出てくるだろう.
— 接 1 …するとおりに.
2 …するのによれば.
3 …するのに応じて.
según que... …に従って.
según y como... 接 …のとおりに.
según y cómo (+接続法) …しだいで.
según y conforme 1 副 場合によっては. 2 (+接続法) …しだいで.
se·gún[2] [セグン] 副 状況 [場合] によって.
se·gun·da[1] [セグンダ] 女 〈変速装置〉第二速, セカンドギア.
se·gun·das [セグンダス] 女複 《→ segundo[2]》 言animalsに別の真意, 下心(%).
se·gun·de·ro [セグンデロ] 男 〈時計〉秒針.
se·gun·do[1] [セグンド] 男 1 〈時間〉秒. 2 少しの間. 3 〈階級〉次席, 補佐.
— 副 第二に, つぎに.
en un segundo ただちに, 即座に.
se·gun·do[2], **da** [セグンド, ダ] 形 《序数詞》1 第二の, 二番目の. 2 次席の, 補佐の.
— 男女 1 二番目のもの. 2 二番目の人, 二番手.
de segunda 二流の.
de segunda mano 1 中古の. 2 焼き直しの.
segunda intención 本心, 真意.
se·gun·dón, do·na [セグンドン, ドナ] 男女 1 次男, 次女. 2 〈人〉万年二番手.
se·gu·ra·men·te [セグラメンテ] 副 1 確実に, しっかりと. 2 多分, おそらく. 3 安全に.
se·gu·ri·dad [セグリダス] 女 1 安全, 無事. 2 確実性, 確信. 3 安心, 保証. 4 保障, 防護.
cinturón de seguridad 安全ベルト.
con (*toda*) *seguridad* 確かに, 間違いなく, きっと.
de seguridad 安全のための.
para mayor seguridad 念のため.
seguridad social 社会保障.
válvula de seguridad 安全弁.
se·gu·ro[1] [セグロ] 男 1 保険. 2 安全装置. 3 健康保険.
— 副 1 おそらく, 多分. 2 確かに, きっと.
se·gu·ro[2], **ra** [ー, ラ] 形 1 安全な, 危険のない. 2 確かな, しっかりした. 3 (+de...) …を確信

他 は他動詞 再 は再帰動詞 形 は形容詞 副 は副詞 前 は前置詞 接 は接続詞 間 は間投詞

した，…に自信のある．4 信頼できる．
a buen seguro [*de seguro*] 確かに，きっと．
prima de seguro 保険料，掛け金(⁽ᵏ⁾)．
seguro de vida 生命保険．
sobre seguro 危険をおかさず，安全第一に．
tener por seguro… …を確信している．

seis [セイス] 形 1〈数字〉6，VI．2 6のもの，むっつ．
—形〈男女同形〉1 6の，むっつの．2 6 番目の．
—形 6 番目のもの．
las seis〈時刻〉6 時．

seis·cien·tos¹ [セイスミエントス] 男〈数字〉600，DC．2 600のもの．

seis·cien·tos², **tas** [—，タス] 男女 600 番目のもの．
—形 1 600 の，2 600 番目の．

se·ís·mo [セイスモ] 男 地震．

se·lec·ción [セレクミオン] 女 1 選抜，選定．2〈スポーツ〉選抜チーム．

se·lec·cio·na·dor, do·ra [セレクミオナドル，ドラ] 男女 選定者，選手選考委員．

se·lec·cio·nar [セレクミオナル] 他 …を選定[選抜]する．

se·lec·ti·vi·dad [セレクティビダス] 女 1 選択性．2(集合的に)選抜試験．

se·lec·ti·vo, va [セレクティボ, バ] 形 1 選抜の，選考の．2 選択度の高い．

se·lec·to, ta [セレクト, タ] 形 選(⁽ᵉ⁾)り抜きの，精選された．

se·lec·tor [セレクトル] 男 選別器，セレクター．

Se·le·ne [セレネ] 固〈月の女神〉セレネ．

se·le·ni·ta [セレニタ] 男女 月世界の住人．

se·llar [セジャル] 他 1 …に印を押す，捺印(⁽ʷ⁾)する．2 …をしっかり閉じる．3(条約などを)確固としたものにする．

se·llo [セジョ] 男 1 切手，印紙，証紙．2 印章，印鑑．3〈道具〉スタンプ．4(押された)印(⁽ˡ⁾)，スタンプ，検印，消印．5 イニシャル入りの指輪．6(特定機関の封印判の)シール．7 特徴，個性．

seltz [セルす] 男 炭酸水．

sel·va [セルバ] 女 1 ジャングル，密林．2 無法地帯．

sel·vá·ti·co, ca [セルバティコ, カ] 形 密林の．

se·má·fo·ro [セマふォロ] 男 1 信号機．2 交通信号．

se·ma·na [セマナ] 女 週，一週間．
entre semana 週日に，平日に．
fin de semana 1 週末．2(⁽¹⁾) 小型スーツケース．
¿Qué día (de la semana) es hoy? 今日は何曜日ですか．
Semana Santa〈宗教〉(復活祭直前の一週間の)聖週間．

se·ma·nal [セマナる] 形 1 毎週の，週1回の，週刊の．2 一週間続く，週単位の．

se·ma·nal·men·te [セマナるメンテ] 副 1 週に一度．2 週単位で．

se·ma·na·rio [セマナリオ] 男 週刊誌，週報．

se·mán·ti·ca¹ [セマンティカ] 女〈言語学〉意味論．

se·mán·ti·co, ca² [セマンティコ, —] 形〈言語学〉1 意味の，語義の．2 意味論の．

se·man·tis·ta [セマンティスタ] 男女 意味論研究者．

se·ma·sio·lo·gí·a [セマシオろヒア] 女〈言語学〉(意味論の一分野の)通時語義論．

sem·blan·te [センブらンテ] 男 顔の表情，顔つき．

sem·blan·za [センブらんさ] 女 略歴，略伝．

sem·bra·do [センブらド] 男 種をまいた畑．

sem·bra·dor, do·ra [センブらドル, ドラ] 男女 種まき人夫．

sem·brar [センブらル] 他〈活 57 pensar〉1(種)を(+en…)にまく．2(場所)に(+con, de…)…を種散らす，ばらまく．3(争いなど)を引き起こす，…の種をまく．4 …の下準備をしておく．

se·me·jan·te [セメハンテ] 形 1 よく似た，類似の．2 その手の，同類の．
—形 ほかの人，隣人［= semejantes］．

se·me·jan·za [セメハンさ] 女 1(集合的に)類似点．2〈修辞学〉直喩(⁽⁻⁾)．

se·me·jar [セメハル] 自 …に似ている．
— *semejarse* 再 1 互いに似ている．2 (+a…) …に似ている．

se·men [セメン] 男〈生理学〉精液．

se·men·tal [セメンタる] 形〈家畜〉繁殖用の．
—男 種畜(⁽ᵏ⁾)．

se·men·te·ra [セメンテラ] 女 1 種まき．2(種をまいた)畑．3(種が生む)収穫．4 種まきの時期，播種(⁽¹⁾)期．

se·mes·tral [セメストらる] 形 1 半年に1回の，年2回の，26カ月続く，半年ごとの．

se·mes·tre [セメストレ] 男 1 半年，6カ月．2(1年2学期制の)1学期．

se·mi·cir·cu·lar [セミしルクらル] 形 半円の．

se·mi·cír·cu·lo [セミしルクろ] 男 半円形．

se·mi·cir·cun·fe·ren·cia [セミしルクンふぇレンしア] 女〈数学〉半円周．

se·mi·con·duc·tor [セミコンドゥクトル] 男〈電気〉半導体．

se·mi·con·so·nan·te [セミコンソナンテ] 形〈音声学〉(二重母音の前半の弱母音である)半子音．

se·mi·cor·che·a [セミコルチェア] 女〈音楽〉16 分音符．

se·mi·diós, dio·sa [セミディオス, ディオサ] 男女〈神話〉半神半人．

se·mi·fi·nal [セミふィナる] 女〈競技〉準決勝．

se·mi·fi·na·lis·ta [セミふィナリスタ] 形〈男女同形〉準決勝の．
—男女 準決勝戦出場者．

se·mi·fu·sa [セミふサ] 女〈音楽〉64 分音符．

活 は活用形　複 は複数形　男 は男性名詞　女 は女性名詞　固 は固有名詞　代 は代名詞　自 は自動詞

se·mi·lla [セミじゃ] 囡 **1** 種(な), 種子. **2** 原因, もと.

se·mi·lle·ro [セミじェロ] 男 **1**〈農業〉苗床(祭). **2** 発生源, 温床.

se·mi·nal [セミナる] 形〈生理学〉精液の.

se·mi·na·rio [セミナリオ] 男 **1** 神学校. **2**〈授業形態〉セミナー, ゼミナール, 演習. **3** セミナー室, 演習室. **4**〈中学校〉科目別職員室. **5**〈中学校〉(集合的に)科目別職員.

se·mi·na·ris·ta [セミナリスタ] 男 神学校の生徒, 神学生.
— 共 セミナー[演習]の学生.

se·mi·ní·fe·ro, ra [セミニふェロ, ラ] 形〈生理学〉輸精の.

se·mio·lo·gí·a [セミオロヒア] 囡 記号学.

se·mió·ti·ca [セミオティカ] 囡 記号学.

se·mi·rrec·ta [セミレクタ] 囡〈数学〉半直線.

se·mi·ta [セミタ] 形〈男女同形〉セム族の.
— 男 **1** セム族の人. **2** ユダヤ人.

se·mí·ti·co, ca [セミティコ, カ] 形 **1** セム族系の. **2** セム語族の.

se·mi·to·no [セミトノ] 男〈音楽〉半音.

se·mi·vo·cal [セミボカる] 囡〈音声学〉(二重母音の後半の弱母音である)半母音.

sé·mo·la [セモら] 囡〈パスタ〉(スープ用の)小粒の浮き実.

sem·pi·ter·no, na [センピテルノ, ナ] 形 **1** 永遠の. **2** いつもの.

se·na·do [セナド] 男 **1** 上院. **2** 上院議事堂. **3** (古代ローマの)元老(院(祭)院.

se·na·dor[1] [セナドル] 男 (古代ローマの)元老(院(祭)院議員.

se·na·dor[2]**, do·ra** [—, ドラ] 男囡 上院議員.

sen·ci·lla·men·te [センしじゃメンテ] 副 **1** 質素に, 簡素に. **2** やすやすと, 簡単に. **3** 平易に, わかりやすく. **4** 素朴に, 無邪気に. **5** 単に…だけ.

sen·ci·llez [センしじェす] 囡 **1** 質素, 簡素. **2** 簡単, 容易. **3** 平易, 平明. **4** 素朴, 無邪気. **5** 単純さ.

sen·ci·llo, lla [センしじょ, じゃ] 形 **1** 質素な, 簡素な. **2** やりやすい, 簡単な. **3** 平易な, わかりやすい. **4** 素朴な, 無邪気な. **5**〈切符〉片道の. **6** 単なる, ただの.

sen·da [センダ] 囡《= sendero 男》**1** 小道. **2** 方法, 手段.

sen·de·ris·mo [センデリスモ] 男 (山歩きの)トレッキング.

sen·dos, das [センドス, ダス] 形複 それぞれの, めいめいの.

se·nec·tud [セネクトゥス] 囡 老年期, 老境.

se·ne·ga·lés, le·sa [セネガれス, れサ] 形 〈西アフリカの国の〉セネガル Senegal の.
— 男囡 セネガル人.

se·nil [セニる] 形 老年の, 老境の.

se·ni·li·dad [セニリダス] 囡 老衰, 老化現象.

sé·nior [セニオル] 形〈男女同形〉**1** (同一家族内の同名の二人のうちの)年長のほうの. **2**〈スポーツ〉(19 才以上の)シニアクラスの.
— 男囡〈スポーツ〉シニアの選手.

se·no [セノ] 男 **1** くぼみ, 空洞. **2** 胸, 胸部. **3** 胸元, 懐(き). **4**(女性の)乳房. **5**〈解剖学〉子宮, 胎内. **6** 内奥, 奥まったところ. **7**〈三角関数〉サイン, 正弦. **8**〈解剖学〉(骨の)洞(ど).

sen·sa·ción [センサしオン] 囡 **1** 感覚, 知覚. **2** 感動, 興奮, センセーション. **3** 予感, 胸騒ぎ. **4** 感じ, 気持ち.

sen·sa·cio·nal [センサしオナる] 形 **1** センセーショナルな, 大評判の. **2** 人騒がせな. **3** すごい, とてもいい.
— 副 とてもよく, すばらしく.

sen·sa·cio·na·lis·mo [センサしオナリスモ] 男 扇情主義.

sen·sa·cio·na·lis·ta [センサしオナリスタ] 形 〈男女同形〉扇情主義的な.
— 男囡 扇情主義者.

sen·sa·tez [センサテす] 囡 思慮深さ, 分別, 良識.

sen·sa·to, ta [センサト, タ] 形 思慮深い, 分別のある, 良識ある.

sen·si·bi·li·dad [センシビリダス] 囡 **1** 感受性, 感じやすさ. **2** 感覚, 知覚. **3** 思いやり. **4** (機器などの)感度, 精度. **5**〈フィルム〉感光度.

sen·si·bi·li·za·ción [センシビリさしオン] 囡 **1** 敏感になること. **2** (+contra...)(…への)感性を高めること.

sen·si·bi·li·zar [センシビリさル] 他《活 39 gozar》**1** …を敏感にする. **2** …の感性を高めてやる. **3**(フィルム)の感光性を与える.
— **sensibilizar·se** (+a...) …に敏感[過敏]になる.

sen·si·ble [センシブれ] 形 **1** 感覚[知覚]のある. **2** 感受性の強い, 敏感な. **3** 知覚可能な, 感じとれる. **4** 顕著な, 明白な. **5** 高感度の, 精度の高い.

sen·si·ble·men·te [センシブれメンテ] 副 **1** 痛々しく, 悲痛な思いで. **2** 顕著に, 目立って.

sen·si·ble·rí·a [センシブれリア] 囡 (わざとらしい)涙ぐましさ, 感傷趣味.

sen·si·ti·vo, va [センシティボ, バ] 形 **1** 感覚の, 感じとれる. **2** 感性の高い. **3** 感覚を刺激する.

sen·sor [センソル] 男 感知装置, センサー.

sen·so·rial [センソリアる] 形 感覚[知覚]の.

sen·sual [センスアる] 形 **1** 官能的な, 肉感的な. **2** 享楽(款)的な.

sen·sua·li·dad [センスアリダス] 囡 **1** 官能性. **2** 享楽(款)的傾向.

sen·ta·da[1] [センタダ] 囡 **1**(抗議のための)座り込み. **2** 座っている時間.
de una sentada 一気に, ひと息に.

sen·ta·do, da[2] [センタド, —]《過去分詞》→ sentar 座らせる.
— 形 **1** 座った, 腰かけた. **2** 思慮深い, 慎重な, 分

sen·tar

別のある.
dar... por sentado …を当然のこととする.
dejar... sentado …をきちんと固めておく, はっきりさせておく.

sen·tar [センタル] 他《活 57 pensar》**1** …を座らせる, 着席させる.
2 …(の基礎)を据える[固める].
3 …を平らにする. **4** …を書きとめる.
— 自 **1** (食べ物が) (+a+人) …に合う, 消化しやすい.
2 (+a+人) …に似合う, ふさわしい.
3 (+a+人) …に好都合である.
4 (+a+人) …に(良く・悪く)思われる.
5 (物が)しっかりと座る.
6 (変化のあとで)落ち着く.
— **sentar·se** 再 **1** 着席する, 座る.
2 (変化のあとで)落ち着く, 沈静する.
sentar a (+人) *como un tiro* **1** …に全然似合わない. **2** まったく…の気に入らない.
sentar a (+人) *en el banquillo de los acusados* …を正式に告訴する.
sentar bien [*mal*] *a* (+人) **1** (食べ物が)…にとってこなれが良い[悪い]. **2** …に似合う[似合わない]. **3** …の気に入る[気に入らない].
sentar·se a la mesa 食卓につく.

sen·ten·cia [センテンレア] 女 **1**《法律》判決, 裁定. **2** 裁決, 判定, 決定. **3** 名言, 格言, 金言.

sen·ten·ciar [センテンレアル] 他《活 17 cambiar》**1** …に (+a...) …の判決を下す/ *sentenciar* a muerte を死刑に処する. **2** …を裁定する, 非難する. **3** (名言など)を口にする, 言う.

sen·ten·cio·so, sa [センテンレオソ, サ] 形 **1** 名言となる, 格言的な. **2** もったいぶった.

sen·ti·da·men·te [センティダメンテ] 副 **1** 心の底から, 衷心(ﾁｭｳｼﾝ)から. **2** 本当に悲しそうに.

sen·ti·do[1] [センティド] 男 **1** 感覚, 知覚. **2** 感性, センス. **3** 分別, 判断力. **4** 正気, 意識. **5** 意義, 目的, 存在理由. **6** (独特の)判断の仕方, 見方. **7** (言葉の)意味. **8** (対向する二方向のうちの一方の)方向.
buen sentido **1** 良いセンス. **2** 良識, 常識.
calle de sentido único 一方通行の道路.
con los cinco sentidos 最大の注意を払って.
costar un sentido とても高価である.
de doble sentido 両義の, 裏の意味のある.
de sentido común あたりまえの, しかるべき.
en todos los sentidos あらゆる意味で.
hacer a... perder el sentido …を夢中にさせる, 失神させる.
perder el sentido 失神する.
poner los cinco sentidos (*en*...) (…に)全神経を集中する.
sentido común 常識.
sentido de la orientación 方向感覚.
sexto sentido 第六感.

sin sentido **1** (行為などが)意味のない. **2** 失神した. **3** 思慮の浅い, 無分別な.

sen·ti·do[2], **da** [—, ダ]《過去分詞》→ sentir 感じる.
— 形 **1** 心からの, 気持ちのこもった. **2** 感じやすい, 怒りっぽい. **3** 悲しい, 残念な.

sen·ti·men·tal [センティメンタル] 形 **1** 感傷的な, センチメンタルな. **2** 感情を表現している. **3** 情にもろい, 涙もろい.
— 男 女 涙もろい人.

sen·ti·men·ta·lis·mo [センティメンタリスモ] 男 **1** 感傷趣味. **2** 感じやすい性質.

sen·ti·mien·to [センティミエント] 男 **1** 感情, 気持ち. **2** 心持ち, 気分. **3** 自覚, 意識. **4** 心痛, 悲嘆.

sen·tir [センティル] 他《活 77》**1** …を感じる, 感じとる, …に気づく. **2** …を聞きとる. **3** (空腹などを)意識する. **4** (感覚的なことを)経験する. **5** …を残念に思う, くやむ. **6** (熱意など)を味わう, 感得する. **7** …を思いつく, 考える. **8** (+que...) (+直説法)…するような気がする, (+接続法)…を残念に思う..
— 自 感覚がある.
— 男 **1** 意見, 考え. **2** 感情, 気持ち.
— **sentir·se** 再 **1** (体調が) …のように感じる. **2** (自分を) …であると思いこむ[感じる]. **3** (+de+体の一部) …の痛みを感じる.
dejar·se sentir 感じとられる.
Lo siento (*mucho*). **1** (本当に)すみません. **2** (誠に)残念です. **3** …にお気の毒です.
sin sentir **1** それと気づかず, 意味もわからずに. **2** 一気に, あっという間に.

se·nye·ra [セニェラ] 女 (カタルニア自治州の旗の)セニェラ.

se·ña [セニャ] 女 **1** 印(ﾚﾙｼ), 目印, 特徴. **2** 合図, 手まね, 身ぶり. **3** 合い言葉.
para [*por*] *más señas* さらに詳しく言えば.

se·ñal [セニャル] 女 **1** 印(ﾚﾙｼ), 目印, (識別用の)マーク. **2** 標識, 標示, 印. **3** 傷跡, 痕跡(ｺﾝｾｷ). **4** 徴候, きざし. **5** 象徴, 記号, 符号. **6** 合図, 信号, 手まね, 身ぶり. **7** 手付け金, 前払い金. **8** (電話などの)信号音.
en señal de... …の印として, 証拠として.
¡Ni señal! (存在しない意味で)影も形もない.
señal de la Cruz (二本指で切る)十字.
señal de tráfico [*circulación*] (交通信号の赤か青か黄の)信号.

se·ña·la·da·men·te [セニャらダメンテ] 副 **1** 特別に. **2** 顕著に, 明らかに.

se·ña·la·do, da [セニャらド, ダ]《過去分詞》→ señalar 指示する.
— 形 **1** 指示された. **2** 印のついた, マークのある. **3** はっきりした, 顕著な. **4** 特別な, 格別な. **5** 有名な, 重要な.

se·ña·la·mien·to [セニャらミエント] 男 **1** 指定, 指示. **2**《裁判》日取りの指定.

活 は活用形　複 は複数形　男 は男性名詞　女 は女性名詞　固 は固有名詞　代 は代名詞　自 は自動詞

se·ña·lar [セニャラル] 他 1 …を指し示す. 2 …に印をつける. 3 …を示す, 指摘する. 4 …を(決めて)指定する. 5 …を際立たせる, 目立たせる. 6 …に傷跡をつける. 7 …の汚名となる.
— **señalar·se** 再 目立つ, 目立つ.

se·ña·li·za·ción [セニャリさシオン] 女 1 交通標識の設置. 2 交通標識体系[全体].

se·ña·li·zar [セニャリさル] 他《活 39 gozar》(道路などに)Señalizarを設置する.

se·ñas [セニャス] 女複《→ seña》1 身体的特徴. 2 住所, 所(ところ)番地.

se·ñor[1] [セニョル] 男 1〈敬称〉(成人男性の名字につけて) …氏, …さん/el señor Gómez ゴメス氏, ¡Señor Gómez! ゴメスさん!
2 領主, 主人.
3 成人男性.
4〈呼びかけ〉(成人男性に対して)/Sí, señor. はい, そうです. ¡Señor! ちょっとすみません!, もし, もし! Muy señor nuestro [mío]: (手紙で)拝啓.

Se·ñor [セニョル] 男〈宗教〉主(しゅ), 神, イエス・キリスト.

se·ñor[2], **ño·ra**[1] [—, ニョラ] 形 (+名詞)とてつもない, 大変な.

se·ño·ra[2] [セニョラ] 女 1〈敬称〉(既婚婦人の名字につけて) …夫人, …さん/la señora Gómez ゴメス夫人, ¡Señora Gómez! ゴメスさん!
2 奥様, 奥さん, 妻.
3〈既婚〉婦人, 年配の女性.
4〈呼びかけ〉(既婚の女性に対して)Sí, señora. はい, そうです. ¡Señora! あの, もし! Muy señora nuestra [mía]: (手紙で)拝啓.

se·ño·re·ar [セニョレアル] 他 …を支配[統治]する.
— **señorear·se** 再 (+de…) …をわが物にする.

se·ño·res [セニョレス] 男複《→ señor》夫妻/los señores de Álvarez アルバレス夫妻.

se·ño·rí·a [セニョリア] 女 1〈敬称〉(高位の人に)閣下, 奥様. 2 (国会議員などの)高位の人.

se·ño·rial [セニョリアル] 形 1 領主の, 君主の. 2 威厳のある, 堂々とした.

se·ño·río [セニョリオ] 男 1 封建領主の権力, 領主権. 2 領地. 3 支配権. 4 威厳, 風格, 品性.

se·ño·ri·ta [セニョリタ] 女 1〈敬称〉(未婚女性の名字につけて) …さん/la señorita Gómez ゴメスさん, ¡Señorita Gómez! ゴメスさん!
2 お嬢さん.
3 未婚の女性, 若い女性.
4〈呼びかけ〉(未婚女性に対して)Sí, señorita. はい, そうです. ¡Señorita! お嬢さん.

se·ño·ri·to [セニョリト] 男 1〈敬称〉(上流階級の青年男子の名字につけて) …さん/el señorito Gómez ゴメスさん, ¡Señorito Gómez! ゴメスさん!
2 お坊ちゃん.
3〈呼びかけ〉(上流階級の青年男子に対して)Sí, señorito. はい, そうです. ¡Señorito! お坊ちゃん!

se·ñue·lo [セニュエロ] 男 (鳥を狩る)おとり.

se·o [セオ] 男 大聖堂.

sepa(-) 活 ← saber 知る《話 72》.

sé·pa·lo [セパロ] 男〈花〉萼片(がくへん).

se·pa·ra·ble [セパラブレ] 形 分離可能な.

se·pa·ra·ción [セパラシオン] 女 1 分離, 分裂. 2 間隔, へだたり. 3 別居.
separación de bienes (夫婦間の)財産の分離.

se·pa·ra·da·men·te [セパラダメンテ] 副 別々に, 個々に.

se·pa·ra·do, da [セパラド, ダ]《過去分詞》→ separar 分ける.
— 形 1 分けられた. 2 (+de…) …から切り離された. 3 別居した.
— 男 女 別居中の男性[女性].
por separado 1 別々に, 分けて. 2 別便で.

se·pa·rar [セパラル] 他 1 (+de…) …から分ける, 切り離す. 2 …を引き離す. 3 …を別にする. 4 …を区別する, 分けて考える.
— **separar·se** 再 1 (互いに)別居する. 2 (+de…) …と別居する. 3 (政治的に)分離する. 4 (+de…) …から離れる, 離別する.

se·pa·ra·ta [セパラタ] 女 (雑誌論文の)抜き刷り.

se·pa·ra·tis·mo [セパラティスモ] 男 分離独立主義.

se·pa·ra·tis·ta [セパラティスタ] 形《男女同形》分離(独立)主義の.
— 男 女 分離独立主義者.

se·pe·lio [セペリオ] 男 埋葬の儀式.

se·pia [セピア] 男 (黒茶色の)セピア色.
—女〈動物〉(海の)コウイカ[甲いか].

sep·ten·trión [セプテントリオン] 男 1〈方位〉北. 2 北風.

sep·ten·trio·nal [セプテントリオナル] 形 1 北の. 2 北風の.

sep·ti·ce·mia [セプティセミア] 女〈医学〉敗血症.

sép·ti·co, ca [セプティコ, カ] 形〈医学〉敗血症の.

sep·tiem·bre [セプティエンブレ] 男〈月名〉9月.

sép·ti·ma[1] [セプティマ] 女〈音程〉7度.

sép·ti·mo[1] [セプティモ] 男〈音程〉7度の.

sép·ti·mo[2], **ma**[2] 形《序数詞》1 7番目の, 第7の. 2 7分の1の.
— 男 7番目のもの.

sep·tua·ge·na·rio, ria [セプトゥアヘナリオ, リア] 形 70歳代の.
— 男 女 70歳代の人.

sep·tua·gé·si·mo[1] [セプトゥアヘシモ] 男 70分の1.

他 は他動詞 再 は再帰動詞 形 は形容詞 副 は副詞 前 は前置詞 接 は接続詞 間 は間投詞

sep·tua·gé·si·mo², ma [一, マ] 形《序数詞》1 70番目の, 第70番の. 2 70分の1の.
— 男 女 70番目のもの.

sép·tu·plo¹ [セプトゥプロ] 男 7倍.

sép·tu·plo², pla [一, プら] 形 7倍の, 7重の.

se·pul·cral [セプるクラる] 形 墓の.

se·pul·cro [セプるクロ] 男 1 墓, 墳墓. 2《祭壇》聖遺物安置場所.

se·pul·tar [セプるタる] 他 1 …を埋葬する. 2 …を隠蔽(%)する, すっかり隠す. 3 …を忘れ去る, ほうむり去る.
— sepultar·se 再 (+en…) …に埋没する, 没入する.

se·pul·tu·ra [セプるトゥラ] 女 1 埋葬. 2 墓地. 3 墓穴.
cavar su propia sepultura 墓穴(は?)を掘る.
cristiana sepultura 教会葬.
dar sepultura a… …を埋葬する.

se·pul·tu·re·ro, ra [セプるトゥレロ, ラ] 男 女 墓掘り人夫.

sequ- 活 → secar 乾かす《73》.

se·que·dad [セケダス] 女 1 乾燥, ひからびた状態. 2 冷淡さ, 無愛想.

se·quí·a [セキア] 女 早魃(なく), 日照り.

sé·qui·to [セキト] 男 1 (集合的に)随行員, 従者, お供. 2 余波, 付随的現象.

ser [セる] 自《活 78》《主語と補語を結ぶつなぎ動詞》1〈性質や属性について〉…である/*Paco es inteligente.* パコは賢い. *Carmen es médica.* カルメンは医者です.
2〈存在〉…にある/*los filósofos que han sido en la Historia* この歴史に現われた哲人たち.
3〈開催〉行われる/¿*Cuándo* [*Dónde*] *es la fiesta?* パーティーはいつ[どこで]行われますか.
4〈発生〉起こる/¿*Cómo fue tu aventura?* 君の冒険はどんなだった?
5〈計算の結果〉…になる/*Dos y dos son cuatro.* 2たす2は4.
6〈曜日〉…である/*Hoy es viernes.*
7〈値段〉…である/*La entrada son mil pesetas.* 入場券は千ペセタです.
8 (+con…)①…に賛成である/*Soy con usted.* 私はあなたと同意見です. ②…に同伴する/*Soy con usted.* あなたに御一緒しますよ.
9 (+de…)①〈所有〉…のものである/*Este coche es de María.* この車はマリアのです. ②〈所属〉…の人である/*Carlos es del Partido Liberal.* カルロスは自由党員です. ③〈出身〉…の出身である/*Paco es de Málaga.* パコはマラガ出身です. ④〈材料〉…でできている/*La mesa es de piedra.* その机は石でできている. ⑤〈味方〉…の側です/*Soy de Pepe.* 私はペペの味方だ. ⑥(+不定詞)…するべきである/*Eso es de ver.* それは一考に値する.
10 (+para…)①…用である/*Este cuchillo es para cortar pan.* このナイフはパンを切るものです. ②…に向いている/*Aquella chica no es para ti.* あの娘は君に向いていない. ③…宛てである/*Esta carta es para ti.* この手紙は君宛てだ.
11 (主語なしの3人称で使用)①(+que…)…ということです/*Es que tengo hambre.* 実は私, 空腹なんです. ②〈時〉…です/*Ya es tarde.* もうおそい. ③〈時刻〉…です/*Son las nueve.* 9時です.
12〈受身〉(+過去分詞)…される/*Esta novela fue escrita por Cervantes.* この小説はセルバンテスによって書かれた.
— 男 1 存在物. 2 人間. 3 本質, 本性. 4 生命, 存在.
a [de] no ser por… …がなければ.
a no ser que (+接続法) もし…でなければ.
a poder ser できることなら.
¿*Cómo es que…?* どういうわけで…なのか?
¡*Cómo ha de ser!* 仕方ないよ!
como sea なんとかして.
con ser …であるにしても.
Érase una vez… [*Érase que se era…*]《おとぎ話の始めに》昔々あるところに…がありました.
Eso es. そのとおり.
es que… 実は…なんです.
el ser humano 人間.
el Ser Supremo 神, 絶対的存在.
lo que sea なんであっても.
no sea que (+接続法) …にならないように.
o sea (que) …すなわち….
…que no sea ~ …以外の….
razón de ser 存在理由.
¡*Sea!* よろしい!, わかった!
sea… sea~ …であれ ~であれ.
sea como sea 1 何とかして. 2 なんとしても.
sea lo que sea いずれにせよ, とにかく.
siendo así そういうことなので.
si no es que… …ということでなければ.
un sí es no es 1 副 ほんの少し, いくらか. 2 (はっきり言えないことの)あれ, それ.

se·ra [セラ] 女 (土などを運んだ昔の)大かご.

será(-) 活 → ser …である《78》.

se·rá·fi·co, ca [セラふぃコ, カ] 形 1《宗教》熾天使(くて?)の. 2 変にやさしい. 3 天使のような, あどけない.

se·ra·fín [セラふぃン] 男 1《宗教》(翼のある天使の)熾天使(くて?), セラビム. 2 天使のような子供.

seré(-) 活 → ser …である《78》.

se·re·na·men·te [セレナメンテ] 副 おだやかに.

se·re·nar [セレナる] 他 (人)を静める, なだめる.
— serenar·se 再 1 (人が)落ち着く, 冷静になる. 2 静まる.

se·re·na·ta [セレナタ] 女 1《音楽》セレナード, 小夜曲(く?). 2 しつこい要求[雑音].

活 は活用形 複 は複数形 男 は男性名詞 女 は女性名詞 固 は固有名詞 代 は代名詞 自 は自動詞

se·re·ni·dad [セレニダッ] 囡 平静, 冷静.
se·re·ní·si·mo, ma [セレニシモ, マ] 形《絶対最上級語→ sereno, na》〈敬称〉(王子, 王女に対して) …殿下, …様.
se·re·no¹ [セレノ] 男〈人〉(昔の)夜警, セレノ.
se·re·no², na [-, ナ] 形 1 晴れわたった. 2 平静な, 冷静な. 3 酔いからさめた, しらふの.
al sereno 夜間に戸外で.
Ser·gio [セルヒオ] 固〈男性の個人名〉セルヒオ.
se·ría (-) 活 → ser い ~である 活 78).
se·rial [セリアる] 男〈番組〉(小説の)連続物.
se·ria·men·te [セリアメンテ] 副 1 まじめに, 本気で. 2 重大に, ひどく.
se·ri·ci·cul·tu·ra [セリシクるトゥラ] 囡《= sericultura》養蚕(さん)業.
se·rie [セリエ] 囡 1 一連のもの[人], ひと続き. 2〈放送〉〈小説の〉連続物. 3 (切手などの)ひと組, シリーズ. 4 (共通点のある)いくつかのもの, 何人かの人. 5〈スポーツ〉予選.
fabricación en serie 大量生産.
fuera de serie ずば抜けた, 抜群の.
se·rie·dad [セリエダッ] 囡 1 真剣さ, 本気. 2 厳粛, 冷厳. 3 重大さ.
se·rio, ria [セリオ, リア] 形 1 まじめな, 真剣な, 本気の. 2 厳粛な, 冷厳な. 3 重大な, 憂慮すべき.
en serio 本気で, まじめに.
ser·món [セルモン] 男 説教, 教訓.
ser·mo·ne·ar [セルモネアる] 他 説教する.
— 自 説教をする.
se·ro·lo·gí·a [セロろヒア] 囡〈医学〉血清学.
se·rón [セロン] 男 (荷駄用の)大かご.
ser·pen·te·ar [セルペンテアる] 自 蛇行する.
ser·pen·tín [セルペンティン] 男 (蒸留器の)蛇管.
ser·pen·ti·na¹ [セルペンティナ] 囡 1 (紙の)投げテープ. 2〈鉱物〉蛇紋岩.
ser·pen·ti·no, na² [セルペンティノ, -ナ] 形 蛇行する.
ser·pien·te [セルピエンテ] 囡ヘビ[蛇].
serpiente de anteojos インドコブラ.
serpiente de cascabel ガラガラヘビ.
serpiente de coral サンゴヘビ.
serpiente pitón ニシキヘビ.
se·rra·llo [セラじょ] 男 ハーレム.
se·rra·ní·a [セラニア] 囡 山岳地帯.
se·rra·ni·lla [セラニじゃ] 囡〈詩歌〉(騎士と山家(さんか)娘の恋歌の)セラニジャ.
se·rra·no, na [セラノ, ナ] 形 1 (肉体などが)健康的な, 美しい. 2 山間の, 山岳地方の.
— 男 囡 山国の人, 山家(さんか)育ち.
jamón serrano (生ハムの)ハモンセラノ.
se·rrar [セラる] 他 (活 57 pensar) …をのこぎりで挽(ひ)く.
se·rre·rí·a [セレリア] 囡 製材所.
se·rrín [セリン] 男 おがくず, ひきくず.
se·rru·cho [セルチョ] 男 (取っ手のほうの幅が広くなっている)手挽(びき)のこぎり.

ser·ven·te·sio [セルベンテシオ] 男 (ABAB 型の韻を踏んだ長句 4 行詩の)セルベンテシオ.
ser·vi·cial [セルビシアる] 形 1 (店員などが)サービスのいい, 対応がまめな. 2 世話好きな.
ser·vi·cio [セルビシオ] 男 1 役に立つこと, 有用. 2 有益, 有効. 3 (客への)サービス, 世話, 給仕. 4 サービス料. 5 配達, 配送. 6 (電力などの)供給. 7 (主人に)仕えること, 奉公. 8 勤務, 就業. 9 (公益の)サービス機関, 公共事業. 10 (交通機関の)運行, 便. 11 奉公人, 使用人. 12 (食器などの)セット, 一式. 13 トイレ, お手洗い. 14〈スポーツ〉サーブ, サービス. 15 尽力, 骨折り, 貢献.
coche de servicio (バス・救急車などの)公共サービス用車両.
entrar [salir] de servicio 就業する[勤務を終える].
estación de servicio (車の)サービスステーション.
estar al servicio de (+人) …の用に供されている.
estar de servicio 勤務中である.
hacer el servicio 兵役を果たす.
hacer un servicio flaco a… (それと知らずに) …に迷惑をかけてしまう.
hoja de servicios 職歴書.
morir en acto de servicio 殉職する.
servicio activo (仕事の)現役.
servicio al domicilio 宅配サービス.
servicio de inteligencia 諜報(ちょうほう)機関.
servicio de mesa 食器セット.
servicio discrecional (企業の)顧客サービス.
servicio doméstico (集合的に)使用人, 召し使い.
servicio incluido サービス料込み.
servicio médico 医療サービス業務[施設].
servicio militar 兵役, 軍務.
servicio nocturno 夜勤.
servicio postventa アフターサービス.
servicio secreto 秘密情報機関.
servicio social 社会福祉.
servicios públicos 公共サービス.
zona de servicio (家の)家事用スペース.
ser·vi·dor, do·ra [セルビドル, ドラ] 男 囡 1 使用人, 召し使い. 2 (機械の)操作担当者. 3〈軍隊〉砲兵. 4 (話し手が自分を指して)私, 手前/ *Un servidor se va a dormir.* 私はもう休みます.
¡Servidor! 1 (人にたずねられて)私です. 2 (店員が)いらっしゃいませ! [= ¡Servidor de usted!].
Su seguro servidor, (手紙で)敬具.
ser·vi·dum·bre [セルビドゥンブレ] 囡 1 (集合的に)使用人, 召し使い. 2 奴隷の身分. 3 拘束, 束縛.
ser·vil [セルビる] 形 1 奴隷の, 召し使いの. 2〈仕事〉いやしい, 下賤(げせん)な. 3 卑屈な.

他 は他動詞　再 は再帰動詞　形 は形容詞　副 は副詞　前 は前置詞　接 は接続詞　間 は間投詞

ser·vi·lis·mo [セルビリスモ] 男 1 奴隷的状態. 2 奴隷根性, 卑屈さ.

ser·vi·lle·ta [セルビジェタ] 女 (食卓用)ナプキン.

ser·vi·lle·te·ro [セルビジェテロ] 男 (食卓用ナプキンにかけておく)ナプキンリング.

ser·vir [セルビル] 他 [活 56 pedir] 1 …に仕える, 奉公する. 2 …に奉仕する. 3 …に給仕する. 4 (店員が客)に応対する. 5 (飲食物を)(+a…) …に出す, さしあげる. 6 …の手助けをする, 役に立つ.
 ― 自 1 (+en…) …で奉公する, 仕事をする. 2 (+a…) …のために опыта, 働く, 役に立つ. 3 (+de…) …として働く, 役に立つ. 4 間に合う, 役立つ. 5 給仕する, 飲食物を出す. 6 (+para…) …のためになる, 役に立つ. 7 〈スポーツ〉 サーブする.
 ― **servir·se** 再 1 (飲食物を)自分で取る/ *Sírvase, por favor.* どうぞ御自由にお取りください. 2 (+de…) …を利用する, 使用する.
ir servido 望みをかなえられない.
no servir de nada なんの役にも立たない.
Para servirle. (人に本人であるかどうかをたずねられて)私です, どうぞよろしく.
¿Se sirve? 1 これでいいですか. 2 使えますか.
Sírvase [Sírvanse] (+不定詞) (usted, ustedes に対して)どうぞ…してください.

sé·sa·mo [セサモ] 男《植物》ゴマ.

se·se·ar [セセアル] 自 (ce, ci の c や z の発音が s と同じである)S 音法をする.

se·sen·ta [セセンタ] 男 1〈数字〉60, LX. 2 60 のもの.
 ― 形《男女同形》1 60 の, 2 60 番目の.
 ― 男女 60 番目のもの.

se·sen·ta·vo¹ [セセンタボ] 男 60 分の 1.

se·sen·ta·vo², va [―, バ] 形 60 分の 1 の.

se·sen·tón, to·na [セセントン, トナ] 形 60 歳代の.
 ― 男女 60 歳代の人.

se·se·o [セセオ] 男 (ce, ci の c や z の発音が s と同じである)S 音法.

se·se·ra [セセラ] 女 1 知力, 頭脳. 2 (人間の)頭.

ses·ga·da·men·te [セスガダメンテ] 副 1 はすかいに, ななめに. 2 作為的に.

ses·ga·do, da [セスガド, ダ] 《過去分詞》→ sesgar ななめにする.
 ― 形 1 はすかいに切られた. 2 ななめの. 3 作為的な. 4 片寄った. 5 ごく主観的な.

ses·gar [セスガル] 他 [活 47 llegar] …をななめに切る.

ses·go [セスゴ] 男 1 斜面. 2 (物事の望ましくない)成り行き, 進行方向.

se·sión [セシオン] 女 1 会議, 会合. 2 (上映・上演の)…の部, セッション. 3〈活動〉継続時間[期間].
abrir [levantar] la sesión 開会[閉会]する.
sesión continua 〈映画〉(入れ替えなしの)連続上映.
sesión de tarde [de noche] (映画や演劇の)昼の部[夜の部].
sesión plenaria 総会, 本会議.

se·so [セソ] 男 1《解剖学》脳髄. 2 《食肉》(羊などの)脳みそ. 3 知力, 分別, 頭脳 [= sesos].
devanar·se [calentar·se] los sesos 熟考する.
perder el seso 分別を失う.
sorber el seso a (+人) …に強い影響力を持つ.
tener a (+人) *sorbido el seso* …を思い通りに動かす.

ses·te·ar [セステアル] 自 昼寝する.

se·su·do, da [セスド, ダ] 形 1 分別のある, 慎重な. 2 頭の切れる, 賢い.

set [セト] 男 [複 sets] 1〈スポーツ〉(試合の)セット. 2 (ひとそろいの)セット.

se·ta [セタ] 女 《傘の形の》キノコ.

se·te·cien·tos¹ [セテシエントス] 男 1〈数字〉700, DCC. 2 700 のもの.

se·te·cien·tos², tas [―, タス] 男女 700 番目のもの.
 ― 形 1 700 の, 2 700 番目の.

se·ten·ta [セテンタ] 男 1〈数字〉70, LXX. 2 70 のもの.
 ― 形《男女同形》1 70 の, 2 70 番目の.
 ― 男女 70 番目のもの.

se·ten·ta·vo¹ [セテンタボ] 男 70 分の 1.

se·ten·ta·vo², va [―, バ] 形 70 分の 1 の.

se·ten·tón, to·na [セテントン, トナ] 形 70 歳代の.
 ― 男女 70 歳代の人.

se·tiem·bre [セティエンブレ] 男 9 月.

sé·ti·mo, ma [セティモ, マ] 形《序数詞》1 7 番目の. 2 7 分の 1 の.
 ― 男女 7 番目のもの.

se·to [セト] 男 垣, 垣根.

set·ter [セテル] 男〈猟犬〉セッター.

seu·dó·ni·mo [セウドニモ] 男 筆名, ペンネーム.

seu·dó·po·do [セウドポド] 男 (アメーバ類などの)仮足, 偽足.

Se·úl [セウル] 固〈都市の名〉(大韓民国の首都の)ソウル.

se·ve·ra·men·te [セベラメンテ] 副 1 厳しく, 過酷に. 2 厳格に. 3 厳格に.

se·ve·ri·dad [セベリダス] 女 1 厳しさ, 過酷さ. 2 厳格さ. 3 いかめしさ.

se·ve·ro, ra [セベロ, ラ] 形 1 厳しい, 過酷な. 2 厳格な. 3 いかめしい.

se·vi·cia [セビシア] 女 極度な残酷さ.

Se·vi·lla [セビジャ] 固〈県・都県の名〉(南西スペインの)セビリア.

se·vi·lla·nas [セビジャナス] 女複 (セビリアの民

活 は活用形 複 は複数形 男 は男性名詞 女 は女性名詞 固 は固有名詞 代 は代名詞 自 は自動詞

族舞踊の)セビジャナス.

se·vi·lla·no, na [セビジャノ, ナ] 形 (スペイン南西部の)セビリア Sevilla の.
— 男 女 セビリアの人.

se·xa·ppeal [セクサピる] 男 性的魅力.

se·xa·ge·na·rio, ria [セクサヘナリオ, リア] 形 60歳代の.
— 男 女 60歳代の人.

se·xa·ge·si·mal [セクサヘシマる] 形 60進法の.

se·xa·gé·si·mo¹ [セクサヘシモ] 形 60分の1.

se·xa·gé·si·mo², ma [-, マ] 形 160番目の. 2 60分の1.
— 男 女 60番目のもの.

se·xe·nio [セクセニオ] 男《期間》6年間.

se·xis·mo [セクシスモ] 男 男女差別.

se·xis·ta [セクシスタ] 形《男女同形》男女差別の.
— 男 女 男女差別主義者.

se·xo [セクソ] 男 1 性, 性別. 2 外部生殖器, 外性器. 3 セックス, 性行為.
sexo débil 女性.
sexo fuerte 男性.

se·xo·lo·gí·a [セクソろヒア] 女 性科学.

se·xó·lo·go, ga [セクソろゴ, ガ] 男 女 性科学者.

sex·ta¹ [セスタ] 女《→ sexto²》《宗教》(聖務日課の)六時課.

sex·tan·te [セスタンテ] 男《航海》六分儀.

sex·te·to [セステト] 男 1 六重奏団, 六重唱団. 2 六重奏[唱]曲. 3《詩型》(1連が長句六行詩の)セステト.

sex·ti·lla [セスティじゃ] 女《詩型》(1連が短句六行詩の)セスティジャ.

sex·to¹ [セスト] 形 6分の1.

sex·to², ta² [セスト, タ] 形 1 6番目の. 2 6分の1.
— 男 女 6番目のもの.

sex·tú·pu·lo¹ [セストゥプろ] 男 6倍のもの.

sex·tú·pu·lo², la [-, ら] 形 6倍の, 6重の.

se·xua·do, da [セクスアド, ダ] 形 生殖器のある.

se·xual [セクスアる] 形 性の, 性的な.
acoso sexual セクハラ, 性的いやがらせ.
acto sexual 性行為.
relaciones sexuales 性的関係.

se·xua·li·dad [セクスアりダド] 女 1 (集合的に)性的特徴, 性徴. 2 性欲. 3 性行為.

se·xual·men·te [セクスアるメンテ] 副 性的に.

si [シ]《アクセントなし》1《条件》もし …ならば. ①《単純な仮定》(+直説法)／*Saldré esta tarde si no llueve.* 雨が降らなければ夕方出かけるつもりだ. ②《現在・未来の事実に反する仮定》(+接続法過去)／*Yo no saldría si lloviera ahora.* いま雨なら出かけないでしょう. ③《過去の事実に反する仮定》(+接続法過去完了)／*Yo no habría salido si entonces no me hubieras llamado.* もしあのとき君が電話してこなかったら, 私は出かけなかったでしょう.
2《間接疑問》…かどうか／*No sé si va a venir.* 彼が来るのかどうか, わからない.
3《強調》…ということ(だ)／*Fíjate si es tonto que lo cree.* そうだと思っている彼の間抜けさをごらん. *Pero si no lo sé.* そんなこと, 知らないって.
4《反意》…なのに, …ですのに, …であっても／*¿Por qué no lo haces ahora si ayer me dijiste que sí?* 昨日はするって言ったのに, なぜ今しないの.
5《願望》…ならいいのだ／*¡Si pudieras venir conmigo!* 君がいっしょに来られたらいいのになぁ!
6《疑惑》(疑問文で) …ならどうしよう／*¿Si me habrán entendido mal?* もしかして誤解されたのではなかろうか.

como si … (+接続法過去) まるで…であるかのように／*Gritó como si lo estuvieran matando.* 彼は殺されでもいるかのように叫んだ.
2 (+接続法過去完了) まるで…したかのように／*Ella está gritando como si hubiera visto un fantasma.* 彼女はまるでお化けでも見たかのように叫んでいる.

por si (acaso) … ひょっとして …かもしれないから.

si acaso … 万一 …ならば.

si bien …ではあるが, …とはいえ.

si no, もしそうでなければ.

si … si 〜(相関的に)…であるのか 〜であるのか, …であるし〜である／*Si voy te quejas, si no voy se queja ella.* 私が行けば君がこねるし, 行かなきゃ彼女がこねる.

si [シ] 男《複》sis《音階》シ.

sí [シ] 副 1 (返事の)はい, ええ. 2 (文の意味を受けて)そう, そうである. 3《強調》確かに, 本当に.
— 男《複》sfes 肯定の返事. 2 同意, 承諾.
— 代《3人称が主語の文で主語と同じものを指し, 前置詞と共に使われる再帰代名詞》彼(ら)自身, 彼女(ら)自身, あなた(がた)自身, それ(ら)自体／*Paco habla siempre de sí mismo.* パコはいつも自分のことについて話す.

¡A que sí! 1 (確認して)そうですね! 2 (強い肯定で)そうですとも!

¡Claro que sí! もちろんそうです!

contestar sí o no はっきり返事をする.

dar de sí (衣類などが)伸びる.

de por sí [*de sí, en sí*] もともと, それ自体で.

en sí 正気の, 平静な.

entre sí 1 お互いに. 2 内心で, 腹のなかで.

¡Eso sí que no! (強く否定して)ちがう!, だめだ!

fuera de sí 我を忘れて, 激怒して.

para sí mismo 1 心のなかで. 2 自分自身に.

porque sí (理由はなく)そうしたいから.

por sí mismo 自力で, 人に頼らず.

por sí o por no 念のために.

por sí solo [sola] 1 自然に, それ自体で. 2 独力で.

pues sí que... (怒りを込めて) 当然 …するのだ!
ser dueño de sí mismo いつも冷静である.
sí que... 副 本当に…だ.
un sí es no es 1 ほんの少し. 2 (はっきり言えないことを指して) あれ, あのこと, それ.

sia·més, me·sa [シアメス, メサ] 形 (タイ国の旧名の) シャム Siam の.
— 男 女 1 シャム人. 2 シャム猫.

sia·me·ses [シアメセス] 男 複 シャム双生児 [= hermanos siameses].

si·ba·ri·ta [シバリタ] 形《男女同形》ぜいたく好みの.
— 男 女 ぜいたくな趣味の人.

si·be·ria·no, na [シベリアノ, ナ] 形 (ロシア共和国中・東部の地方の) シベリア Siberia の.
— 男 女 シベリアの人.

si·bi·la [シビラ] 女 (古代ギリシア・ローマの) 女子言者, 巫女(ミ).

si·bi·lan·te [シビランテ] 形 〈音声学〉歯擦(ニ)音の.
— 女 (s などの発音の) 歯擦音.

si·bi·li·no, na [シビリノ, ナ] 形 1 色々な意味をもつ. 2 神秘的な. 3 女予言者の, 巫女(ミ)の.

sic [シク] 副 (引用した原文に [sic] の形で挿入し) 原文のまま.

si·ca·rio [シカリオ] 男 1 プロの暗殺者, 殺し屋. 2 手下, 子分.

Si·ci·lia [シシリア] 固〈島の名〉(南イタリアの) シチリア, シシリー.

si·ci·lia·no, na [シシリアノ, ナ] 形 シチリアの.
— 男 女 シチリアの人.

si·co·a·ná·li·sis [シコアナリシス] 男〈単複同形〉精神分析.

si·co·a·na·lis·ta [シコアナリスタ] 男 女 精神分析学者.

si·co·dé·li·co, ca [シコデリコ, カ] 形 サイケデリックな.

si·co·lo·gí·a [シコロヒア] 女 1 心理学. 2 心理状態.

si·co·ló·gi·co, ca [シコロヒコ, カ] 形 1 心理的な. 2 心理学の, 心理学的な.

si·có·lo·go, ga [シコロゴ, ガ] 男 女 心理学者.

si·có·pa·ta [シコパタ] 男 女 精神病質患者.

si·co·pa·tí·a [シコパティア] 女 精神病質.

si·co·sis [シコシス] 女〈単複同形〉精神病.

SIDA, sida [シダ] 男〈略語〉Síndrome de inmunodeficiencia adquirida 後天性免疫不全症候群, エイズ [= 英語 AIDS].

si·de·car [シデカル] 男〈車〉サイドカー.

si·de·ral [シデラる] 形 星の, 恒星の.

si·de·rur·gia [シデルルヒア] 女〈技術〉製鉄.

si·de·rúr·gi·co, ca [シデルルヒコ, カ] 形 製鉄の.

si·do [シド]《過去分詞》→ ser …である.

si·do·so, sa [シドソ, サ] 形 エイズ SIDA の.

— 男 女 エイズ患者.

si·dra [シドラ] 女 りんご酒, シードル.

si·dre·rí·a [シドレリア] 女 りんご酒店.

sieg- → segar 刈り取る《活 53》.

sie·ga [シエガ] 女 1 (麦などの) 刈り取り, 刈り入れ. 2 刈り入れ時, 収穫期. 3 (刈り取った) 収穫物.

siembr- → sembrar まく《活 57》.

siem·bra [シエンブラ] 女 1 種まき. 2 種をまく時期, 播種(ᵇᵘ)期.

siem·pre [シエンプレ] 副 1 いつも, 常に. 2 どんな場合にも. 3 しばしば. 4 (肯定を強めて) それはもう, 問題なく. 5〈部分否定〉(否定形+) いつも(…だとは限らない).
desde siempre かなり前から.
(...) de siempre 1 いつもの. 2 昔からの.
hasta siempre (別れるとき, 積極的に)ではまたね!
para siempre 死ぬまで, 生涯.
por siempre (jamás) 永久に.
siempre que... 1 …するときはいつも. 2 (+接続法) もし …するならば.
siempre y cuando (+接続法) もし …ならば.

siem·pre·vi·va [シエンプレビバ] 女 (切り花が長持ちする植物の総称で, たとえば)ムギワラギク.

sien [シエン] 女〈解剖学〉こめかみ.

siendo《現在分詞》→ ser …である.

sient- 1 → sentar 座らせる《活 57》. 2 → sentir 感じる《活 77》.

sier·pe [シエルペ] 女 ヘビ [蛇].

sie·rra [シエラ] 女 1〈工具〉のこぎり. 2 山脈, 連山.

sier·vo, va [シエルボ, バ] 男 女 1 (封建時代の) 農奴. 2 奴隷.

sí·es [シエス] 男 複〈→ sf 男〉同意.

sies·ta [シエスタ] 女 昼寝.
echar una siesta 昼寝をする.

sie·te [シエテ] 形 1〈数字〉7, Ⅶ. 2 7のものとなつ.
— 形《男女同形》1 7 の, ななつの. 2 7 番目の.
— 男 女 7 番目のもの.
las siete〈時刻〉7 時.
las siete y media〈カード遊び〉7.5 ゲーム.

sie·te·me·si·no, na [シエテメシノ, ナ] 形 7 か月で生まれた.
— 男 女 未熟児.

sí·fi·lis [シふィリス] 女《単複同形》〈性病〉梅毒.

si·fi·lí·ti·co, ca [シふィリティコ, カ] 形 梅毒の.
— 男 女 梅毒患者.

si·fón [シふォン] 男 1 サイフォン. 2 炭酸水.

siga (-) 活 → seguir 従う《活 76》.

si·gi·lo [シヒロ] 男 秘密の扱い.

si·gi·lo·so, sa [シヒロソ, サ] 形 秘密の方法の.

si·gla [シグラ] 女 (頭文字など)略語.

si·glo [シグロ] 男 1 世紀, 百年間. 2 (なにかの特

活 は活用形 複 は複数形 男 は男性名詞 女 は女性名詞 固 は固有名詞 代 は代名詞 自 は自動詞

徴のある)時代. 3 長期間. 4 現世, この世.
en [por] los siglos de los siglos 永遠に.
Siglo de Oro (スペイン文学の 16—17 世紀の) 黄金世紀.

sig·ma [シグマ] 囡 (ギリシア文字Σ, σの)シグマ.

sig·nar [シグナル] 他 1 …に印(゚゙)をつける. 2 …に署名する. 3 …に十字を切る.
— *signarse* 再 (自分に)十字を切る.

sig·na·ta·rio, ria [シグナタリオ, リア] 形〈人〉調印する, 調印した.
— 男 囡 調印者, 署名人.

sig·na·tu·ra [シグナトゥラ] 囡 1 調印, 署名. 2 (書類や本の)分類番号, 整理記号.

sig·ni·fi·ca·ción [シグニふぃカしオン] 囡 1 (言葉などの)意味, 語義. 2 重要性, 価値.

sig·ni·fi·ca·do¹ [シグニふぃカド] 男 1 意味, 意義. 2〈言語学〉記号内容, 所記.

sig·ni·fi·ca·do², da [—, ダ] 〈過去分詞〉
→ *significar* 意味する.
— 形 1 意味された. 2 有名な, 著名な. 3 重要な.

sig·ni·fi·can·te [シグニふぃカンテ] 形 重要な, 意味のある.
— 男〈言語学〉表現記号, 能記.

sig·ni·fi·car [シグニふぃカル] 《活 73 *sacar*》他 1 …を意味する. 2 …の意味を表す. 3 …に等しい. 4 (自分の意見)を表明する.
— 自 重要である.
— *significarse* 再 1 (自分の性向などを)表明する, 気づかせる. 2 有名になる, 際立つ.

sig·ni·fi·ca·ti·va·men·te [シグニふぃカティバメンテ] 副 1 意味ありげに, 意味深長に. 2 意味の点で.

sig·ni·fi·ca·ti·vo, va [シグニふぃカティボ, バ] 形 1 意味ありげな, 意味深長な. 2 意義のある, 重要な.

signifiqu- 活 → *significar* 意味する《活 73》.

sig·no [シグノ] 男 1 印(゚゙), 記号, 符号. 2 きざし, 兆候. 3 身ぶり. 4〈占星術〉…座. 5 運命, 宿命.
signo de puntuación 句読点.
signo lingüístico 言語記号.

sigu- 活 → *seguir* 従う《活 76》.

si·guien·te [シギエンテ] 形 1 つぎの, 後続の. 2 以下の, つぎのような.
— 男 囡 1 後続の人々[もの]. 2 つぎのもの[人].

sí·la·ba [シらバ] 囡〈言語学〉音節, シラブル.
sílaba abierta [libre] (母音で終る)開音節.
sílaba aguda [tónica] (アクセントのかかる)強勢音節.
sílaba átona (アクセントのかからない)弱勢音節.
sílaba cerrada [trabada] (子音で終る)閉音節.

si·la·ba·ción [シらバしオン] 囡 (発音や表記で単語を音節に分ける)分節.

si·la·be·ar [シらベアル] 他 …を音節ごとに発音する.

si·la·be·o [シらベオ] 男 (単語を音節に分けた)分節発音.

si·lá·bi·co, ca [シらビコ, カ] 形 音節の.

sil·bar [シるバル] 自 1 口笛を吹く. 2 うなりをあげる. 3 (口笛で)非難する, やじる.
— 他 1 …を(口笛で)やじる, 非難する. 2 (音楽)を口笛でなぞる.

sil·ba·to [シるバト] 男〈笛〉呼子.

sil·bi·do [シるビド] 男 1 口笛. 2 するどい うなり.

si·len·cia·dor [シれンしアドル] 男 1 消音装置. 2 サイレンサー. 3 マフラー.

si·len·ciar [シれンしアル] 他 1 …を口にしない, 公表しない. 2 …を黙らせる, 静かにさせる.

si·len·cio [シれンしオ] 男 1 沈黙, 無言. 2 静けさ, 静寂. 3 (間投詞的に)静かに!, 静粛! 4〈音楽〉休止(符).
en silencio 1 黙って, 静かに. 2 不平を言わないで.
imponer silencio a … 1 …を黙らせる. 2 …に沈黙を強いる.
romper silencio 沈黙を破る.
silencio administrativo (行政当局による)黙殺.

si·len·cio·sa·men·te [シれンしオサメンテ] 副 1 だまって, 物も言わずに. 2 音もせず, 静かに.

si·len·cio·so, sa [シれンしオソ, サ] 形 1 無口な, 無言の. 2 音のしない, 静かな.

si·lep·sis [シれプシス] 囡〈文法〉(性・数の一致が意味的に起こる現象の)シレプシス. 2〈修辞学〉兼用法.

sí·lex [シれクス] 男〈単複同形〉(石器時代に利器の材料になった)珪岩.

síl·fi·de [シるふぃデ] 囡 すらっとした美女.

si·li·ca·to [シリカト] 男〈化学〉珪酸(炓)塩.

sí·li·ce [シリせ] 囡〈化学〉二酸化珪素(炓).

si·lí·ce·o, a [シリせオ, ア] 形〈化学〉珪素(炓)を含む.

si·lí·ci·co, ca [シリしコ, カ] 形 二酸化珪素(炓)の.

si·li·cio [シリしオ] 男〈化学〉珪素(炓).

si·li·co·na [シリコナ] 囡〈化学〉シリコン.

si·li·co·sis [シリコシス] 囡〈単複同形〉〈病理〉珪肺症.

si·lla [シじゃ] 囡 椅子(゚゙).
silla de montar 〈乗馬〉鞍(゚゙).
silla de ruedas 車椅子.
silla de tijera (布張りの)折りたたみ椅子.
silla eléctrica 〈処刑〉電気椅子.

si·llar [シじゃル] 男〈建築〉切り石.

si·lle·rí·a [シじぇリア] 囡 1 (集合的に)椅子(゚゙)類. 2 椅子製作所[販売店]. 3 切り石建築.

si·lle·ta [シじぇタ] 囡 小型の椅子(゚゙).

si·llín [シじン] 男 1 (自転車などの)サドル. 2 軽装の鞍(゚゙).

si·llón [シじょン] 男 肘(゚゙)かけ椅子(゚゙).

他 は他動詞 再 は再帰動詞 形 は形容詞 副 は副詞 前 は前置詞 接 は接続詞 間 は間投詞

si·lo

si·lo [シロ] 男 〈農業〉(貯蔵塔の)サイロ.
si·lo·gis·mo [シロヒスモ] 男 〈哲学〉三段論法.
si·lue·ta [シルエタ] 女 輪郭, 影絵, シルエット.
si·lú·ri·co [シルリコ] 形 〈地質学〉(古生代の)シルル紀.
sil·va [シルバ] 女 〈詩型〉(同音韻の7音節と11音節の詩句を自由に組み合わせた)シルバ.
sil·ves·tre [シルベストレ] 形 1 野生の, 自生の. 2 自然のままの, 未開の.
sil·vi·cul·tu·ra [シルビクルトゥラ] 女 1 植林, 造林. 2 林学(学).
si·ma [シマ] 女 (大地の)深い大穴.
sim·bio·sis [シンビオシス] 女 〈単複同形〉〈生物学〉共生.
sim·bó·li·ca·men·te [シンボリカメンテ] 副 象徴的に.
sim·bó·li·co, ca [シンボリコ, カ] 形 1 象徴の, 象徴的な. 2 記号の, 符号の.
sim·bo·lis·mo [シンボリスモ] 男 1 記号体系. 2 象徴的意味. 3 〈芸術〉象徴主義.
sim·bo·lis·ta [シンボリスタ] 形 〈男女同形〉1 〈芸術〉象徴主義の, 象徴派の. 2 記号を使用する.
— 男 女 1 象徴主義者. 2 記号使用者.
sim·bo·li·za·ción [シンボリさオン] 女 象徴化, 記号化.
sim·bo·li·zar [シンボリさル] 他 《活 39 go-zar》1 …を象徴する. 2 …を記号で表す.
sím·bo·lo [シンボロ] 男 1 象徴, シンボル. 2 記号, 符号.
sim·bo·lo·gí·a [シンボロヒア] 女 1 象徴体系. 2 象徴学.
si·me·trí·a [シメトリア] 女 (上下・左右などの)対称, 均整, 調和.
si·mé·tri·ca·men·te [シメトリカメンテ] 副 1 対称的に. 2 釣り合いよく.
si·mé·tri·co, ca [シメトリコ, カ] 形 1 対称の, 均整の. 2 均整のとれた, 釣り合った.
si·mien·te [シミエンテ] 女 1 〈植物〉種(ﾞ), 種子. 2 (物事の)原因, もと, 種.
si·mies·co, ca [シミエスコ, カ] 形 類人猿のような.
sí·mil [シミル] 男 1 〈修辞学〉直喩(ﾞ). 2 比較, 対比. 3 類似, 相似.
si·mi·lar [シミらル] 形 (+a...) 1 …に似た. 2 …と同類の.
si·mi·li·tud [シミリトゥス] 女 (+entre... y 〜) (…と〜の間の)類似, 相似.
si·mio, mia [シミオ, ミア] 男 女 類人猿.
si·món [シモン] 男 (昔の)辻(ﾞ)馬車.
Si·món [シモン] 固 〈男性の名〉シモン.
sim·pa·tí·a [シンパティア] 女 1 好感, 好意, 親愛の情. 2 愛着, 共感. 3 (振る舞いなどの)魅力, 感じの良さ.
sentir simpatía por [hacia]... …に好感を抱く.
tener (mucha) simpatía a... …に(強い)好意を持つ.
simpatic- 活 → simpatizar 好意を抱く《活 39》.
sim·pá·ti·co, ca [シンパティコ, カ] 形 1 感じのいい, 好感のもてる. 2 (+con...) …に親切な, 好意的な.
— 男 女 感じのいい人.
sim·pa·ti·zan·te [シンパティさンテ] 形 (思想などに)共鳴する, 同調する.
— 男 女 共鳴者, 同調者, シンパ.
sim·pa·ti·zar [シンパティさル] 自 《活 39 go-zar》1 (+con...) …に好意を抱く, …と気が合う. 2 (複数の者が)(互いに)気が合う, 共感し合う, 共鳴し合う.
sim·ple [シンプレ] 形 1 単一の, 単なる. 2 単純な, 簡単な, 平易な. 3 〈文法〉(時制などが)単一の. 4 無邪気な, お人よしの, 無知な. 5 簡素な, 素朴な.
— 男 女 〈人〉お人よし, 単純な人.
con un [una] simple... 単に…だけで(十分に).
tiempo simple 〈文法〉単純時制.
sim·ple·men·te [シンプレメンテ] 副 1 ただ単に. 2 単純に, 簡単に. 3 無邪気に. 4 簡素に.
sim·ple·za [シンプレさ] 女 1 ばかなこと[もの], 無意味なこと[もの]. 2 愚直さ, 頭の弱さ.
sim·pli·ci·dad [シンプリしダス] 女 1 単純さ, 平易さ. 2 無邪気さ, 純真さ. 3 簡素さ, 素朴さ.
sim·pli·fi·ca·ción [シンプリふぃカしオン] 女 1 単純化, 簡略化. 2 簡素化.
sim·pli·fi·car [シンプリふぃカル] 他 《活 73 sacar》1 …を単純[簡略]にする. 2 …を簡素にする.
sim·plis·ta [シンプリスタ] 形 〈男女同形〉単純化の, 単純にしがちな.
— 男 女 単純化傾向の人, ごく単純に考える人.
sim·po·sio [シンポシオ] 男 (学問的な)討論会, シンポジウム.
si·mu·la·ción [シムらしオン] 女 1 見せかけ. 2 仮病. 3 シミュレーション, 模擬実験.
si·mu·la·cro [シムらクロ] 男 1 見せかけ, 振り. 2 偽装.
si·mu·la·do, da [シムらド, ダ] 〈過去分詞〉→ simular 振りをする.
— 形 1 見せかけの. 2 偽装の.
si·mu·la·dor [シムらドル] 男 模擬実験装置, シミュレーター.
si·mu·lar [シムらル] 他 …の振りをする, …のように見せかける.
si·mul·tá·ne·a·men·te [シムるタネアメンテ] 副 同時に.
si·mul·ta·ne·ar [シムるタネアル] 他 1 (ふたつのこと)を同時に行う. 2 …を(+con...)と同時に行う.

活 は活用形　複 は複数形　男 は男性名詞　女 は女性名詞　固 は固有名詞　代 は代名詞　自 は自動詞

si·mul·ta·nei·dad [シムるタネイダス] 囡 同時性, 同時に行われること.

si·mul·tá·ne·o, a [シムるタネオ, ア] 形 同時の, 同時に起こる.
traducción simultánea 同時通訳.

si·mún [シムン] 男 (サハラ砂漠などに吹く熱風の)シムン.

sin [シン] 前 《アクセントなし》 1 …なしに, なしの. 2 (+不定詞) …しないで. 3 …を含まないで, …のほかに. 4 《軽い条件》 …がなければ.
no sin… …がないわけでもなく.
no sin que antes… …してからようやく.
sin embargo 1 副 しかしながら. 2 接 それにもかかわらず….
sin más ni más なんの理由もなく.
sin que (+接続法) …することなしに.

si·na·go·ga [シナゴガ] 囡 ユダヤ教会堂, シナゴーグ.

si·na·le·fa [シナれふぁ] 囡 (音節末と音節頭部の同一母音がひとつに発音される)母音融合.

si·na·pis·mo [シナピスモ] 男 《湿布剤》 芥子泥(<ru>ぷい</ru>).

sin·ce·ra·men·te [シンセラメンテ] 副 心から, 率直に.

sin·ce·rar·se [シンセラるセ] 再 1 (+con…) …に誠意をもって接する. 2 (+ante…) …にすべてを告白する.

sin·ce·ri·dad [シンセリダス] 囡 誠実さ, 正直.

sin·ce·ro, ra [シンセロ, ラ] 形 誠実な, 正直な, 本心からの.

sín·co·pa [シンコパ] 囡 〈文法〉 語中音消失.

sín·co·pe [シンコペ] 男 〈医学〉 (失神につながる)心肺機能の一時停止/*Le dio un síncope y se desmayó.* 彼は心肺機能が一時停止し, 失神した.

sin·cré·ti·co, ca [シンクレティコ, カ] 形 1 混合主義の. 2 混合の, 習合の. 3 〈文法〉 機能重複の.
morfema sincrético (動詞の変化語尾 -mos が 1 人称性と複数性を同時に示すような)機能重複形態素.

sin·cre·tis·mo [シンクレティスモ] 男 1 (諸説の)混合主義. 2 混合, 習合. 3 〈文法〉 機能重複性.

sin·cro·ní·a [シンクロニア] 囡 1 同時性, 共時(きょう)性. 2 〈言語学〉 共時態, 共時態研究.

sin·cró·ni·co, ca [シンクロニコ, カ] 形 1 同時発生の, 共時(きょう)性の. 2 〈言語学〉 共時態の.

sin·cro·nis·mo [シンクロニスモ] 男 同時発生性.

sin·cro·ni·za·ción [シンクロニさシオン] 囡 同時化, 同調.

sin·cro·ni·zar [シンクロニさる] 他 《活 39 gozar》 1 (複数の行為)を同時に行う, 同調させる. 2 …を (+con…) …の動きに同調させる.

sin·di·ca·do, da [シンディカド, ダ] 《過去分詞》 → sindicar 組合に加入させる.
— 形 労働組合に加入している.
— 男女 労働組合員.

sin·di·cal [シンディカる] 形 労働組合の.

sin·di·ca·lis·mo [シンディカリスモ] 男 労働組合制度, 労働組合活動.

sin·di·ca·lis·ta [シンディカリスタ] 形 《男女同形》 労働組合活動の.
— 男女 労働組合活動家, 労働組合主義者.

sin·di·car [シンディカる] 他 《活 73 sacar》 (労働者)を組合に加入させる, 組合に組織する.
— *sindicarse* 再 1 労働組合を結成する. 2 労働組合に加入する.

sin·di·ca·to [シンディカト] 男 1 労働組合. 2 企業組合, シンジケート.

sín·dro·me [シンドロメ] 男 1 〈医学〉 症候群, シンドローム. 2 (一連の)徴候.
síndrome de abstinencia 禁断症状.
síndrome de Down ダウン症候群.
síndrome de Estocolmo (誘拐(<ru>ゆうかい</ru>)された者が誘拐犯の思想や行動に共鳴する心理状態の)ストックホルム症候群.
síndrome de inmunodeficiencia adquirida 後天性免疫不全症候群, エイズ.

si·néc·do·que [シネクドケ] 囡 〈修辞学〉 提喩(<ru>ていゆ</ru>)法.

si·ne·cu·ra [シネクラ] 囡 楽な仕事.

sine die [シネ ディエ] 副 無期限に.

si·né·re·sis [シネレシス] 囡 〈単複同形〉 1 〈音声学〉 (2 音節の隣接母音が二重母音になる)単音節化現象. 2 〈韻律〉 (破格の)母音融合.

si·nes·te·sia [シネステシア] 囡 〈心理学〉 共感覚.

sin·fín [シンふぃン] 男 無限, 無数.
un sinfín de… 数えきれないほどの….

sin·fo·ní·a [シンふォニア] 囡 1 〈音楽〉 交響曲, シンフォニー. 2 調和, ハーモニー.

sin·fó·ni·ca[1] [シンふォニカ] 囡 交響楽団.

sin·fó·ni·co, ca[2] [シンふォニコ, -] 形 交響曲の, シンフォニーの.

Sin·ga·pur [シンガプる] 男 〈国・首都の名〉 (東南アジアの)シンガポール.

sin·gla·du·ra [シングらドゥラ] 囡 1 〈航海〉 24時間の航程. 2 進路, 針路.

sin·gle [シングる] 男 1 〈レコード盤〉 シングル. 2 〈スポーツ〉 シングルス.

sin·gu·lar [シングらる] 形 1 並はずれた, とくにすぐれた. 2 奇妙な, 風変りな. 3 ただひとつの, 単一の, ひとりの. 4 〈文法〉 単数の.
— 男 〈文法〉 (語形の)単数.
en singular 1 とくに, とりわけ. 2 〈文法〉 単数形で.

singularic- → singularizar 目立たせる 《活 39》.

sin·gu·la·ri·dad [シングらリダス] 囡 1 単一性,

sin·gu·la·ri·zar

単独. 2 特異性. 3《文法》単数性.

sin·gu·la·ri·zar [シングらリさル] 他《活 39 gozar》1 …を目立たせる. 2 …を特別扱いする. 3《文法》(単語)を単数形で使う.

— **singularizar·se** 再 1 目立つ. 2 特例になる.

sin·gu·lar·men·te [シングらルメンテ] 副 1 とくに, とりわけ. 2 単独で. 3 奇妙に, 風変わりに.

si·nies·tra [シニエストラ] 女 左手.

si·nies·tra·do, da [シニエストラド, ダ] 形 損害をこうむった, 災難に見舞われた.

— 男女 (災害などの)犠牲者, 被災者.

si·nies·tro[1] [シニエストロ] 男 災難, 災害.

si·nies·tro[2]**, tra**[2] 形 1 不吉な, 縁起の悪い. 2 邪悪な, 悪意のある. 3 左の, 左側の.

sin·nú·me·ro [シンヌメロ] 男 大量, 無数.

un sinnúmero de… 数えきれないほどの….

si·no[1] [シノ] 接《アクセントなし》1 (否定文+) …ではなくて 〜／*No me gusta carne, sino pescado.* 私は肉ではなくて魚が好きだ. *No lo veía, sino que lo miraba.* 彼はそれを見ていたのではなく, そのほうを向いていただけだ.

2 (否定語+) …だけ 〜／*No espero sino que me creas.* 私は君に信じてもらいたいだけだ.

3 (否定語+) …以外は (〜ない) ／*Nadie vendrá sino usted.* あなた以外はだれも来ません.

no sólo… sino (también) 〜 …だけでなく 〜もまた.

si·no[2] [シノ] 男 運命, 宿命.

sí·no·do [シノド] 男 1 司教会議. 2 宗教会議.

si·no·lo·gí·a [シろㇿヒア] 女 中国研究.

si·no·ni·mia [シノニミア] 女 同義性, 類義性.

si·nó·ni·mo[1] [シノニモ] 男 同義語, 類義語.

si·nó·ni·mo[2]**, ma** [—, マ] 形《言語学》同義の, 類義の.

si·nop·sis [シノプシス] 女《単複同形》概要, 梗概(さん).

si·nóp·ti·co, ca [シノプティコ, カ] 形 概要の, 要約の.

si·no·via [シノビア] 女 (関節の)滑液.

si·no·vial [シノビアる] 形 1《解剖学》滑液膜の. 2 滑液の.

sin·ra·zón [シンラそン] 女 1 不合理な行為. 2 不正行為.

sin·sa·bor [シンサボㇽ] 男 つらさ, 不愉快, 不安 [= sinsabores].

sin·sen·ti·do [シンセンティド] 男 ばかげたこと.

sinta- 活 → sentir 感じる《77》.

sin·tác·ti·co, ca [シンタクティコ, カ] 形《言語学》統語論の.

sin·tag·ma [シンタグマ] 男《言語学》連辞, 句.

sin·tag·má·ti·co, ca [シンタグマティコ, カ] 形《言語学》連辞の, 連辞的な.

sin·ta·sol [シンタソる] 男 (プラスチック製の床張り材の)シンタソル.

sin·ta·xis [シンタクシス] 女《単複同形》《言語学》統語論, 構文論, シンタックス.

sín·te·sis [シンテシス] 女《単複同形》1 統合, 総合. 2 総括, 要約. 3《化学・生物》合成.

en síntesis 要約すれば.

sin·té·ti·ca·men·te [シンテティカメンテ] 副 1 統合すると, 総合的に. 2 総括的に.

sin·té·ti·co, ca [シンテティコ, カ] 形 1 統合の, 総合的な. 2 総括的な. 3 合成の, 人造の.

sin·te·ti·za·dor [シンテティさドㇽ] 男《音楽》シンセサイザー.

sin·te·ti·zar [シンテティさㇽ] 他《活 39 gozar》1 …を統合する, 総合する. 2 …を合成する.

sintie- 活 → sentir 感じる《77》.

sin·to·ís·mo [シントイスモ] 男《日本》神道.

sin·to·ís·ta [シントイスタ] 形《男女同形》《日本》神道の.

— 男女 神道の信者.

sín·to·ma [シントマ] 男 1《医学》(病気の)徴候, 症状. 2 前兆, きざし.

sin·to·má·ti·co, ca [シントマティコ, カ] 形 1《医学》徴候の, 症状の. 2 きざしの, 前兆の.

sin·to·ma·to·lo·gí·a [シントマトㇿヒア] 女《医学》(集合的に) 症状.

sin·to·ní·a [シントニア] 女 1《電波》同調. 2《放送》(番組の)テーマ音楽. 3 調和, 十分な相互理解.

sintonic- 活 → sintonizar 同調させる《39》.

sin·to·ni·za·ción [シントニさシオン] 女《電波》同調.

sin·to·ni·za·dor [シントニさドㇽ] 男《受信機》チューナー.

sin·to·ni·zar [シントニさㇽ] 他《活 39 gozar》《電波》…を同調させる, …の周波数を合わす.

— 自 1 (+con+放送局) …に周波数を合わす. 2 (+con…) …と意見が合う, 話が合う.

si·nuo·so, sa [シヌオソ, サ] 形 1 曲がりくねった. 2 波を打っている. 3 本心[真意]のわかりにくい.

si·nu·si·tis [シヌシティス] 女《単複同形》《医学》副鼻腔(氵)炎.

sin·ver·güen·za [シンベㇽグエンさ] 形《男女同形》1 恥知らずな, 厚かましい. 2 破廉恥な, ならずもの.

— 男女 1《人》恥知らず. 2 よた者, ならず者.

sio·nis·mo [シオニスモ] 男 (ユダヤ人の民族運動の)シオニズム, シオン主義.

sio·nis·ta [シオニスタ] 形《男女同形》(ユダヤ民族運動の)シオニズムの.

— 男女 シオン主義者.

sioux [シウクス] 形《単複同形, 男女同形》(北米先住民の)スー族の.

— 男女 スー族の人.

si·quia·tra [シキアトラ] 男女 精神病医.

si·quia·trí·a [シキアトリア] 女 精神医学.

sí·qui·co, ca [シキコ, カ] 形 精神の, 心的な.

si·quie·ra[1] [シキエラ] 副 1 (否定語+) …さえ

活 は活用形 複 は複数形 男 は男性名詞 女 は女性名詞 固 は固有名詞 代 は代名詞 自 は自動詞

(…ない), …すら(…ない)／*Ese niño no sabe ni siquiera sumar.* あの子は足し算さえできない. **2** 少なくとも, せめて／*Me gustaría tener siquiera dos.* せめてふたつもあればうれしいのだが.
tan siquiera 少なくとも.

si·quie·ra² [シキエラ] 接《アクセントなし》(+接続法) たとえ…でも／*Empieza tú, siquiera sea por una vez.* 一度だけでもいいから始めてくれよ.
siquiera…, siquiera ～ …にせよ ～にせよ.

Si·re·na [シレナ] 固《神話》(半人半鳥[半魚]の)海の精のセイレン.

si·re·na [シレナ] 女 (警報などの)サイレン.

Si·ria [シリア] 固《国の名》《西アジアの》シリア.

si·ri·mi·ri [シリミリ] 男 霧雨, こぬか雨.

si·rio, ria [シリオ, リア] 形 シリア Siria の.
— 男 女 シリア人.

sir·la [シルら] 女 ジャックナイフ.

si·ro·co [シロコ] 男 (北アフリカから吹きあがる熱風の)シロッコ.

si·ro·pe [シロペ] 男《液体》シロップ.

sir·ta·ki [シルタキ] 男 (ギリシアの民族舞踊の)シルターキ.

sirv- 活 → servir 仕える《活 56》.

sir·vien·ta [シルビエンタ] 女 お手伝いさん, メード, 使用人.

sir·vien·te [シルビエンテ] 形 (人に)仕える.
— 男 召し使い, 下男, 使用人.

si·sa [シサ] 女《衣服》(袖(そで)つけの)ダーツ.

si·sal [シサる] 男《繊維》サイザル麻.

si·sar [シサル] 他 **1** (小銭)をちょろまかす. **2** (衣服)の袖(そで)ぐりを大きくする.

si·se·ar [シセアル] 他 (人)をシッシッと言って呼ぶ.
— 自 シッシッという声で不満を示す.

si·se·o [シセオ] 男 シッシッという声.

sís·mi·co, ca [シスミコ, カ] 形 地震の.

sis·mo [シスモ] 男 地震.

sis·mó·gra·fo [シスモグラふォ] 男 地震計.

sis·mo·lo·gí·a [シスモロヒア] 女 地震学.

sis·te·ma [システマ] 男 **1** 組織, システム. **2** 制度, 体制. **3** 体系. **4** 系統. **5** 方式, 手順. **6** 装置, システム. **7**《地理》山系.
por sistema いつも決まって.
sistema cegesimal CGS 単位系.
sistema de alarma 警報装置.
sistema decimal 十進法.
sistema fonológico《言語学》音韻体系.
sistema métrico (decimal) メートル法.
sistema nervioso 神経系統.
sistema operativo《コンピューター》オペレーティングシステム.
sistema periódico《化学》周期表.
sistema político 政治機構.
sistema solar 太陽系.

sis·te·má·ti·ca·men·te [システマティカメンテ] 副 **1** 体系的に, 系統だって. **2** 判で押したように.

sis·te·má·ti·co, ca [システマティコ, カ] 形 **1** 体系的な, 系統だった. **2**〈人〉型にはまった, 判で押したような行動をする.

sis·te·ma·ti·za·ción [システマティさしオン] 女 体系化, 組織化.

sis·te·ma·ti·zar [システマティさル] 他《活 39 gozar》…を体系的にする, 組織的にする.

sís·to·le [システれ] 女《心臓》収縮.

si·tial [シティアる] 男《儀式》貴賓(ひん)席.

si·tiar [シティアル] 他 **1** …を包囲する, 攻囲する. **2**…を(+en…) …に追い詰める.

si·tio [シティオ] 男 **1** 場所, 場. **2** 空間, 余地. **3** 居場所. **4** 適所. **5**《攻撃》包囲, 攻囲.
dejar a… en el sitio …を即死させる.
levantar el sitio 包囲を解く.
poner a… en su sitio …に分をわきまえさせる.
ponerse en su sitio 威儀を正す.
quedarse en el sitio 即死する.
real sitio [sitio real] (休息用の)王室御用邸.

si·to, ta [シト, タ] 形 (+en…) …にある, 置かれた.

si·tua·ción [シトゥアしオン] 女 **1** 状況, 情勢. **2** 身分, 地位, 立場. **3** 位置, 場所.

si·tua·do, da [シトゥアド, ダ] 形《過去分詞》→ situar 位置づける.
— 形 **1** 位置した. **2** (bien, mal+) 境遇が(良い, 悪い).

si·tuar [シトゥアル] 他《活 1 actuar》**1** …を位置づける, 置く. **2** …を(+en…) …に配置する. **3** …の位置を決める.
— *situarse* **1** (+en…) …に位置を占める, 位置する. **2** 身を立てる, 良い地位につく.

skay [エスカイ] 男《家具》合成皮革.

sketch [エスケチ] 男 寸劇, 小劇.

S.L. [エセエれ] 女《略語》Sociedad Limitada 有限会社.

S.M. [エセエメ] 女《略語》Su Majestad 国王陛下.

smash [エスマシ] 男《テニス》スマッシュ.

smog [エスモグ] 男《大気》スモッグ.

s/n. [シンヌメロ] 《略語》sin número《住所》番地なし.

snif [エスニふ] 間 (漫画で泣き声の)しくしく.

so¹ [ソ] 前《アクセントなし》…のもとに, …の下で.
so capa de… [*so color de…*, *so pretexto de…*] …を口実にして.
so pena de… **1** …でなければ. **2** …の罰を受けて.

so² [ソ] 副 (+形容詞) (軽蔑(けいべつ)的に)この …者!／*so tonto, so tonta* このばかめ!
— 間 (馬などを止めるときの)どうどう!

so·a·sar [ソアサル] 他《食材》をあぶ[焙]る.

so·ba [ソバ] 女 なぐりつけ.

so·ba·co [ソバコ] 男 腋(わき)の下.

so·ba·do[1] [ソバド] 男 〈パン〉バターロール.

so·ba·do[2], **da** [―, ダ] 《過去分詞》→ sobar いじくる.
— 形 1 使い古された. 2 月なみな, ありふれた.

so·ba·que·ra [ソバケラ] 女 〈衣服〉袖(そで)ぐり, アームホール.

so·ba·qui·na [ソバキナ] 女 (腋(わき)の下の)わきが.

so·bar [ソバル] 他 1 …をいじくる. 2 …をこねる.

so·be·ra·na·men·te [ソベラナメンテ] 副 1 最高権力者にふさわしく. 2 非常に, 見事に. 3 強烈に, 大量に.

so·be·ra·ní·a [ソベラニア] 女 1 至上権, 主権. 2 統治権, 支配権. 3 独立, 自治. 4 最上質, 至上.

so·be·ra·no, na [ソベラノ, ナ] 形 1 至上権を持った. 2 〈国〉独立の, 自治権のある. 3 至上の, 最高の. 4 とても大きな, 激しい.
— 男 女 国王, 君主, 女王.

so·ber·bia[1] [ソベルビア] 女 尊大, 傲慢(ごうまん).

so·ber·bio, bia[2] [ソベルビオ, ―] 形 1 高慢な, 尊大な. 2 偉大な, 立派な, 壮大な.

so·be·te·ar [ソベテアル] 他 1 …をいじくりまわす. 2 …をこねくりまわす.

so·bón, bo·na [ソボン, ボナ] 形 さわりたがる.
— 男 女 さわりたがる人.

so·bor·nar [ソボルナル] 他 …に賄賂(わいろ)を贈る, …を買収する.

so·bor·no [ソボルノ] 男 1 賄賂(わいろ). 2 買収.

so·bra [ソブラ] 女 余剰, 過剰.
de sobra 十分に, 余分に.
estar de sobra 余計である, 必要でない.

so·bra·da·men·te [ソブラダメンテ] 副 十分に, あまるほど.

so·bra·do[1] [ソブラド] 男 屋根裏部屋.

so·bra·do[2], **da** [―, ダ] 《過去分詞》→ sobrar あまる.
— 形 1 十分な, たっぷりの. 2 (+de...)…に恵まれた. 3 裕福な.

so·bran·te [ソブランテ] 形 あまっている, 余分な.
— 男 あまり, 残り.

so·brar [ソブラル] 自 1 あまる, 十分にある. 2 〈食べ物などが〉残る. 3 余計である, 不必要である.

so·bras [ソブラス] 女複 〈→ sobra〉 1 余分, 残り. 2 がらくた, くず. 3 食べ残し, 残飯.

so·bra·sa·da [ソブラサダ] 女 (マジョルカ島特産のソーセージの)ソブラサダ.

so·bre[1] [ソブレ] 男 1 封筒. 2 (薬などの)袋. 3 ベッド.

sobre[2] [ソブレ] 前 《アクセントなし》1 …の上に, 上で. 2 …以上に. 3 …の上方に, 上位に. 4 …について, 関して. 5 …に加えて, さらに. 6 〈場所〉…の近くに. 7 (+数値)約…, およそ. 8 〈付加〉…に加えて. 9 …について, 関して. 10 …を担保にして. 11 …以外に, …は別にして.
dar sobre... …に面している.

...*sobre*... …を繰り返して.
sobre todo とくに.

so·bre·a·li·men·tar [ソブレアリメンタル] 他 …に食べ物[えさ]を与えすぎる.

so·bre·car·ga [ソブレカルガ] 女 積みすぎ.

so·bre·car·gar [ソブレカルガル] 他 《活 47 llegar》 1 …に(+con...)…を積みすぎる. 2 …を(+con...)で飾りすぎる. 3 …に負担をかけぎる.

so·bre·car·go [ソブレカルゴ] 男 1 〈商船〉〈人〉(貨物の積み方を見張る)上乗り.
— 男 女 〈旅客機〉パーサー.

so·bre·ce·ja [ソブレセハ] 女 (まゆの上の)額.

so·bre·co·ger [ソブレコヘル] 他 《活 19 coger》 1 …を驚かせる. 2 …をおびやかす.

so·bre·co·gi·do, da [ソブレコヒド, ダ] 《過去分詞》→ sobrecoger 驚かせる.
— 形 1 驚いた. 2 おびえた.

so·bre·cu·bier·ta [ソブレクビエルタ] 女 (外側の)カバー.

so·bre·di·cho, cha [ソブレディチョ, チャ] 形 前述[上述]の.

so·bre·do·sis [ソブレドシス] 女 《単複同形》(薬などの)飲みすぎ, 服用過多.

so·bre·en·ten·der [ソブレエンテンデル] 他 《活 58 perder》 …をそれとなく了解する.

so·bre·ex·ci·tar [ソブレエスレタル] 他 …を過度に興奮させる.

so·bre·hi·la·do [ソブレイラド] 男 〈裁縫〉へりかがり.

so·bre·hi·lar [ソブレイラル] 他 《活 6 aislar》〈裁縫〉…のへりをかがる.

so·bre·hu·ma·no, na [ソブレウマノ, ナ] 形 超人的な.

so·bre·lle·var [ソブレジェバル] 他 …をがまんする, …に耐える.

so·bre·ma·ne·ra [ソブレマネラ] 副 きわめて, 極度な.

so·bre·me·sa [ソブレメサ] 女 食後の団らん.

so·bre·na·dar [ソブレナダル] 自 浮かぶ.

so·bre·na·tu·ral [ソブレナトゥラル] 形 超自然的な.

so·bre·nom·bre [ソブレノンブレ] 男 あだ名.

so·bren·ten·der [ソブレンテンデル] 他 …をそれとなく了解する.

so·bre·pa·sar [ソブレパサル] 他 …を越える.

so·bre·pe·lliz [ソブレペじす] 女 (司祭の)短い白衣.

so·bre·pe·so [ソブレペソ] 男 超過分の重量.

so·bre·po·ner·se [ソブレポネルセ] 再 《活 61 poner》(+a...)…に打ち勝つ, …を克服する.

so·bre·pre·cio [ソブレプレオ] 男 〈料金〉上乗せ, 割増し.

so·bre·pues·to, ta [ソブレプエスト, タ] 《過去分詞》→ sobreponer 打ち勝つ.
— 形 積み重なった.

so·bre·pu·jar [ソブレプハル] 他 …を(+en…)…の点でしのぐ, まさる.

sobrepus- 活 → sobreponerse 打ち勝つ《活 61》.

so·bre·ro [ソブレロ] 男〈闘牛〉予備の牛.

sobresalg- 活 sobresalir 傑出する《活 74》.

so·bre·sa·lien·te [ソブレサリエンテ] 形 傑出した, とても目立った.
— 男〈学業成績〉優.

so·bre·sa·lir [ソブレサリル] 自《活 74 salir》傑出する, よく目立つ.

so·bre·sal·tar [ソブレサルタル] 他 …をびっくりさせる.
— **sobresaltarse** 再 びっくりする.

so·bre·sal·to [ソブレサルト] 男 ぎょっとすること.

so·bres·drú·ju·lo, la [ソブレスドルフロ, ラ] 形〈文法〉(単語が)終りから4番目の音節にアクセントがある.

so·bre·se·er [ソブレセエル] 他《活 46 leer》(判決など)を出すのをやめる.

so·bre·suel·do [ソブレスエルド] 男〈給与〉特別手当て.

so·bre·to·do [ソブレトド] 男〈服飾〉コート.

so·bre·ve·nir [ソブレベニル] 自《活 85 venir》不意に起こる, 突発する.

sobrevin- 活 → sobrevenir 不意に起こる《活 85》.

so·bre·vi·vien·te [ソブレビビエンテ] 形 生き残りの.
— 男女 生存者, 生き残り.

so·bre·vi·vir [ソブレビビル] 自 1 生き残る. 2 生きながらえる.

so·bre·vo·lar [ソブレボラル] 他 …の上を飛ぶ.

so·brie·dad [ソブリエダス] 女 1 控えめ, 節度. 2 簡素, 簡潔.

so·bri·na [ソブリナ] 女 姪(゚).

so·bri·no [ソブリノ] 男 甥(゚).

so·brio, bria [ソブリオ, ブリア] 形 1 控えめな, 節度をわきまえた. 2 簡素な, 簡潔な.

so·cai·re [ソカイレ] 男 風よけ.
al socaire de... …に守られて.

so·ca·li·ña [ソカリニャ] 女 口のうまさ.

so·ca·rrar [ソカラル] 他 …をあぶる.

so·ca·rrón, rro·na [ソカロン, ロナ] 形 1 人をからかう. 2 とぼけの.
— 男女 1 よくからかう人. 2 うまくとぼける人.

so·ca·rro·na·men·te [ソカロナメンテ] 副 1 人をからかって. 2 すっとぼけて.

so·ca·rro·ne·rí·a [ソカロネリア] 女 1 人をからかう態度. 2 とぼけ.

so·ca·var [ソカバル] 他 1 …の下を掘る. 2 …を弱らせる.

so·ca·vón [ソカボン] 男 沈下, 陥没.

so·chan·tre [ソチャントレ] 男〈宗教〉聖歌隊長.

so·cia·bi·li·dad [ソシアビリダス] 女 社交性.

so·cia·ble [ソシアブレ] 形 社交的な.

so·cial [ソシアる] 形 1 社会の, 社会的な. 2 会社の, 社員の. 3〈昆虫〉社会生活を営む, 群居性の.

so·cial·de·mo·cra·cia [ソシアるデモクラシア] 女 社会民主主義.

socialic- → socializar 国有化する《活 39》.

so·cia·lis·mo [ソシアりスモ] 男 社会主義.

so·cia·lis·ta [ソシアりスタ] 形《男女同形》社会主義の.
— 男女 社会主義者.

so·cia·li·za·ción [ソシアりサシオン] 女 国有化.

so·cia·li·zar [ソシアりサル] 他《活 39 gozar》…を国有化する.

so·cial·men·te [ソシアるメンテ] 副 社会的に.

so·cie·dad [ソシエダス] 女 1 社会, (人間的の)共同体. 2 世間. 3 協会, 組合, 団体. 4 会社, 商会. 5 社交界, 上流社会.
alta sociedad 上流社会.
sociedad anónima 株式会社.
sociedad cooperativa 協同組合.
sociedad de consumo 消費社会.
sociedad (de responsabilidad) limitada 有限会社.
sociedad mercantil 商事会社, 商社.

so·cio, cia [ソシオ, シア] 男女 1 会員, メンバー. 2 共同出資者. 3 仲間.

so·cio·cul·tu·ral [ソシオクるトゥラる] 形 社会文化的な.

so·cio·lin·güís·ti·ca [ソシオリングイスティカ] 女 社会言語学.

so·cio·lo·gí·a [ソシオロヒア] 女 社会学.

so·cio·ló·gi·co, ca [ソシオろヒコ, カ] 形 社会学上の.

so·ció·lo·go, ga [ソシオろゴ, ガ] 男女 社会学者.

so·co·rrer [ソコレル] 他 …を救出する.

so·co·rri·do, da [ソコリド, ダ] 《過去分詞》
→ socorrer 救出する.
— 形 1 助けとなる. 2 色々な役に立つ.

so·co·rris·mo [ソコリスモ] 男 応急手当て.

so·co·rris·ta [ソコリスタ] 男女 救急隊員.

so·co·rro [ソコロ] 男 救助, 救出.

so·crá·ti·co, ca [ソクラティコ, カ] 形〈ギリシア〉(の)ソクラテス Sócrates の.

so·da [ソダ] 女〈飲料〉ソーダ水.

só·di·co, ca [ソディコ, カ] 形〈化学〉ナトリウムの.
cloruro sódico 塩化ナトリウム, 食塩.

so·dio [ソディオ] 男〈化学〉ナトリウム.
cloruro de sodio 塩化ナトリウム, 食塩.

so·do·mí·a [ソドミア] 女 男色, 肛門(も)性交.

so·do·mi·ta [ソドミタ] 男 男色者.
— 形《男女同形》男色の.

so·do·mi·zar [ソドミサル] 他《活 39 gozar》

他 は他動詞　再 は再帰動詞　形 は形容詞　副 は副詞　前 は前置詞　接 は接続詞　間 は間投詞

(男が)〈男〉に性交を強いる.
so·e·ces [ソエセス] 形複《→ soez》下品な.
so·ez [ソエす] 形 下品な, 野卑な.
so·fá [ソふァ] 男《複 sofás》長椅子(ゲ), ソファー.
　sofá cama ソファーベッド.
so·fión [ソふィオン] 男 1《怒りを含んだ》乱暴な返事. 2《火山》(高温ガスなどの)噴出.
so·fis·ma [ソふィスマ] 男 こじつけ, 詭弁(ダシ).
so·fis·ta [ソふィスタ] 形《男女同形》詭弁(ダシ)の, こじつけの.
　— 男女 ソフィスト, 詭弁家.
so·fis·ti·ca·ción [ソふィスティカシオン] 女 1 過度の洗練, 気取りすぎ. 2 (装置などの)複雑さ.
so·fis·ti·ca·do, da [ソふィスティカド, ダ]《過去分詞》→ sofisticar 不自然に洗練する.
　— 形 1 過度に洗練された, 気取った. 2 複雑精巧な.
so·fis·ti·car [ソふィスティカル] 他《活 73 sacar》1 …を不自然に洗練する. 2 …を複雑精巧にする.
so·fo·can·te [ソふォカンテ] 形 (暑さなどの)息苦しいほどの, 重苦しい.
so·fo·car [ソふォカル] 他《活 73 sacar》1 (暑さなど)…を息苦しくさせる. 2 …の進展を妨げる. 3 …を赤面させる. 4 …を重苦しい気分にさせる, 悩ませる.
　— *sofocar·se* 再 1 (暑さなどで)息苦しくなる, 息が詰まる. 2 赤面する, 恥ずかしい思いをする. 3 怒りだす. 4 息切れする.
so·fo·co [ソふォコ] 男 1 息苦しさ, 窒息. 2 恥ずかしさ, 赤面. 3 怒り, ひどい不快感. 4《女性》(更年期の)暑苦しさ, ほてり.
sof·re·ír [ソふレイル] 他《活 67 reír》《料理》…を軽くいためる[揚げる].
so·fre·nar [ソふレナル] 他 1 (馬)を手綱で引き止める. 2 (自分の感情)を抑制する.
so·fri·to¹ [ソふリト] 男《料理》(肉などにそえる)野菜ソース.
so·fri·to², ta [—, タ]《過去分詞》→ sofreír 軽くいためた[揚げた].
　— 形 さっといためた[揚げた].
so·ga [ソガ] 女 荒縄, 綱(ミ).
sois → ser …である《活 78》.
so·ja [ソハ] 女《植物》ダイズ[大豆].
so·juz·gar [ソフすガル] 他《活 47 llegar》…を暴力で支配する, 征服する.
sol [ソる] 男 1 太陽. 2 陽光, 日光, 日差し. 3 (子供などを指して)とても良いもの/¡Qné *sol* de niño! なんてかわいい子でしょう! 4《音階》ソ. 5《通貨単位》(ペルーの昔の)ソル. 6《闘牛場》(安い)日向(ひなた).
　arrimar·se al sol que más calienta 頼りになる人にへつらう.
　de sol a sol 日の出から日の入りまで.
　no dejar a (+人) *ni a sol ni a sombra*
…に四六時中つきまとう.
　picar [*pegar*] *el sol* 陽光が強い.
　sol de justicia 灼熱(ネント)の太陽.
　sol naciente 朝日, 旭日(ひつ).
　sol poniente 落日, 入り日.
　sol y sombra 男 (アニスとブランディーをベースにした)アニス・ブランディー・カクテル.
Sol [ソる] 固《女性の名》(Soledad の愛称の)ソル.
so·la¹ [ソら] 形《→ solo²》《女性》ひとりだけの.
so·la·men·te [ソらメンテ] 副 …だけ, 単に….
　no solamente… sino (también) 〜 …だけでなく 〜 も.
　solamente que… 1 (+直説法) しかし …. 2 (+接続法) …さえすれば.
so·la·na [ソらナ] 女 1 日向(ひなた). 2《家屋》サンルーム.
so·la·ne·ra [ソらネラ] 女 1 強すぎる日射し. 2 日向(ひなた). 3 日射病.
so·la·no [ソらノ] 男 1 東風. 2 熱風.
so·la·pa [ソらパ] 女 1《衣服》(折り返し式の)襟(ミ). 2 (ブックカバーなどの)折り返し部分, 袖(ソ).
so·la·pa·da·men·te [ソらパダメンテ] 副 意図を秘めて, 腹黒くとぼけて.
so·la·pa·do, da [ソらパド, ダ]《過去分詞》→ solapar おおう.
　— 形 ある意図を秘めた, 腹黒い.
so·la·par [ソらパル] 他 1 …をおおう. 2 (意図など)を隠す.
　— 自《洋服》前の重なりがいい.
　— *solapar·se* 再 1 重なり合う. 2 (+con…) …と重なる, 一致する.
so·lar [ソらル] 形 1 太陽の. 2 日光をさえぎる, 日焼け止めの. 3 太陽エネルギーの.
　— 男 1 敷地, 宅地. 2 名門, 旧家.
so·la·rie·go, ga [ソらリエゴ, ガ] 形 旧家の, 名門の.
so·la·rio [ソらリオ] 男《= solarium》日光浴場, サンルーム.
so·laz [ソらす] 男 気晴らし, 休養, 慰安.
so·la·zar [ソらさル] 他《活 39 gozar》…を楽しませる, なぐさめる.
　— *solazar·se* 再 気晴らしをする, 休養する.
sol·da·da [ソるダダ] 女《兵士などへの》給料.
sol·da·des·co, ca [ソるダデスコ, カ] 形 1 兵士[兵卒]の. 2 軍人の.
sol·da·do [ソるダド] 男 1 兵士, 兵卒. 2 軍人. 3 (思想を守る)戦士, 闘士.
　soldado mujer [*femenino*] 女性軍人.
　soldado raso 一兵卒, 二等兵.
sol·da·dor [ソるダドル] 男 1《溶接》はんだごて. 2《作業員》溶接工.
sol·da·du·ra [ソるダドゥラ] 女 1 溶接, はんだ付け. 2 接合. 3 溶接棒, はんだ. 4 溶接[接合]部分.

| 活 は活用形 | 複 は複数形 | 男 は男性名詞 | 女 は女性名詞 | 固 は固有名詞 | 代 は代名詞 | 自 は自動詞 |

sol·dar [ソルダル] 他《活 22 contar》…を溶接する, 接合する, はんだ付けする.
— **soldar·se** 再 (複数のものが)接合する.
so·le·á [ソレア] 女《複 soleares》〈歌謡・舞踊〉(フラメンコの)ソレアー.
so·le·a·do, da [ソレアド, ダ]《過去分詞》→ solear 日光に当てる.
— 形 晴れわたった.
so·le·ar [ソレアル] 他 …を日光に当てる.
— **solear·se** 再 日に当たる.
so·le·cis·mo [ソレシスモ] 男〈文法〉誤用.
so·le·dad [ソレダッ] 女 1 孤独, 孤立. 2 孤独感, さみしさ. 3 無人の場所.
So·le·dad [ソレダッ] 固《女性の名》ソレダー.
so·lem·ne [ソレㇺネ] 形 1 重要な, 重大な. 2 厳粛な, 荘厳な. 3 (約束などが)重々しい, 正式な. 4〈皮肉〉ごたいそうな, もったいぶった.
so·lem·ne·men·te [ソレㇺネメンテ] 副 おごそかに, 厳粛に.
so·lem·ni·dad [ソレㇺニダッ] 女 1 重大さ, 重要性. 2 厳粛, 荘厳. 3 (約束などの)重々しさ, 正式性.
so·lem·ni·zar [ソレㇺニサル] 他《活 39 gozar》1 …を厳粛に行う. 2 …を荘厳な雰囲気にする.
so·ler [ソレル] 自《未完了時制で使用》《活 50 mover》(+不定詞) 1 (習慣的に)よく…する. 2 (いつものことで)…であることが多い.
so·le·ra [ソレラ] 女 1 由緒, 伝統. 2〈ワイン〉古さ. 3 (ひき臼(ஜ)の)下の石.
casa de solera 旧家.
establecimiento de solera 老舗(しにせ).
vino de solera 年代物のワイン.
so·le·van·tar [ソレバンタル] 他 …を押し上げる.
sol·fe·ar [ソルフェアル] 他 …を(ドレミの)音階名で歌う.
sol·fe·o [ソルフェオ] 男〈音楽教育〉(ドレミによる)階名唱法, ソルフェージュ.
so·li·ci·ta·do, da [ソリシタド, ダ]《過去分詞》→ solicitar 要請する.
— 形 要望の強い, 人気の高い.
so·lí·ci·ta·men·te [ソリシタメンテ] 副 気をつかって, かいがいしく.
so·li·ci·tan·te [ソリシタンテ] 形 要請する.
— 男女 1 要請者. 2 応募者.
so·li·ci·tar [ソリシタル] 他 1 …を(手続きを踏んで)要請する, 申請する. 2 …に応募する, …に出向く. 3 …に交際[同伴・就労]を求める. 4 …に求愛する.
so·lí·ci·to, ta [ソリシト, タ] 形 1 かいがいしい, 気働きのある. 2 (+con...) …に親切に応対する, …によく従う.
so·li·ci·tud [ソリシトゥッ] 女 1 要請, 申請. 2 応募, 志願. 3 申し込み書, 申請書類, 願書. 4 かいがいしさ, 気配り, 思いやり.

só·lo

so·li·da·men·te [ソリダメンテ] 副 固く, ゆるぎなく.
so·li·da·ri·dad [ソリダリダッ] 女 団結, 連帯.
por solidaridad con... …と連帯して.
so·li·da·rio, ria [ソリダリオ, リア] 形 1 連帯[団結]した. 2 (+con, de...) …と連帯した, …に共鳴する, …を支持する.
so·li·da·ri·zar [ソリダリサル] 他《活 39 gozar》…を連帯[団結]させる.
— **solidarizar·se** 再 (+con...) …と連帯する.
so·li·dez [ソリデス] 女 1 固さ, 堅固さ. 2 ゆるぎなさ, 安定性.
so·li·di·fi·ca·ción [ソリディふぃカしオン] 女 凝固, 凝結.
so·li·di·fi·car [ソリディふぃカル] 他《活 73 sacar》…を凝固[凝結]させる.
— **solidificar·se** 再 凝固[凝結]する.
só·li·do[1] [ソリド] 男 1 固体, 固形. 2 立方体.
só·li·do[2], **da** [―, ダ] 形 1 固体の, 固形の. 2 固い, 堅い, 頑丈な. 3 ゆるぎない, 安定した.
so·li·lo·quio [ソリロキオ] 男 1 ひとり言. 2〈演劇〉独白, モノローグ.
so·lis·ta [ソリスタ] 男女〈音楽〉独唱者, 独奏者, ソリスト.
so·li·ta·ria[1] [ソリタリア] 女〈寄生虫〉条虫, サナダムシ.
so·li·ta·rio[1] [ソリタリオ] 男 1〈トランプ〉ひとり遊び. 2〈宝飾〉(ひとつはめの)大型ダイヤ.
so·li·ta·rio[2], **ria**[2] 形 1 人気(ひとけ)のない, 無人の. 2 孤独な, ひとりきりの.
— 男女 ひとりでいる人, 孤立した人.
so·li·to, ta [ソリト, タ] 形 たったひとりの.
so·li·vian·tar [ソリビアンタル] 他 1 (集団)を挑発する, 扇動する. 2 (人)をいらいらさせる, 動揺させる.
so·llo·zar [ソジョサル] 自《活 39 gozar》すすり泣く, むせび泣く.
so·llo·zo [ソジョそ] 男 すすり泣き, 嗚咽(おえつ).
so·lo[1] [ソロ] 男 1〈音楽〉独唱, 独奏. 2 独奏曲, 独奏曲. 3〈舞踏〉ソロ.
— 副 (→ sólo) ただ …だけ.
so·lo[2], **la**[2] 形 1 唯一の, ただひとつの, ただひとりの. 2 ひとりの, 自分(たち)だけの. 3 孤独な, 身寄りのない. 4〈音楽〉独奏の, 独唱の.
a solas ひとりだけで, 2 自分たちだけで.
café solo ブラックコーヒー.
quedar·se solo ずば抜けている.
só·lo [ソロ] 副《副詞であることがはっきりしていれば solo とも書く》ただ …だけ, 単に.
con sólo (+不定詞) …しさえすれば.
con sólo que (+接続法) …しさえすれば.
no sólo... sino (también) ~ …だけでなく~も.
sólo con (+不定詞) …しさえすれば.
sólo con que (+接続法) …しさえすれば.
sólo que (+直説法) ただし…, しかし….

他 は他動詞　再 は再帰動詞　形 は形容詞　副 は副詞　前 は前置詞　接 は接続詞　間 は間投詞

so·lo·mi·llo

tan sólo ただ …だけ.
so·lo·mi·llo [ソロミジョ] 男 〈食肉〉ヒレ肉.
sols·ti·cio [ソルスティシオ] 男 〈太陽〉至(し).
solsticio de invierno 冬至(とうじ).
solsticio de verano 夏至(げし).
sol·tar [ソルタル] 他 [活 22 contar] 1 …をほどく, とき放つ. 2 …を解放する, 自由にする. 3 …を(内部から)出す, もらす. 4 …を巻き戻す. 5 …をゆるめる, 楽にする. 6 (お金)を出す. 7 (一撃)を放つ. 8 (声など)を出す. 9 (不都合なこと)を口に出す. 10 …を手放す, あきらめる.
— **soltar·se** 再 1 自由になる, 解放される. 2 (+a+不定詞) …し始める. 3 (+con…) …が上手になる. 4 大胆になる. 5 下痢をする, 腹をくだす.
no soltar prenda 秘密をもらさない.
soltar la lengua 余計なことをしゃべる.
sol·te·rí·a [ソルテリア] 女 〈状態〉独身.
sol·te·ro, ra [ソルテロ, ラ] 形 独身の, 未婚の.
— 男 女 独身者, ひとり者.
sol·te·rón, ro·na [ソルテロン, ロナ] 形 婚期を過ぎても独身の.
— 男 女 婚期を過ぎた独身者, オールドミス.
sol·tu·ra [ソルトゥラ] 女 1 機敏, 敏捷(びんしょう)さ. 2 うまさ, 巧みさ. 3 下痢.
so·lu·ble [ソルブレ] 形 1 溶ける, 溶解性の. 2 解決できる.
so·lu·ción [ソルシオン] 女 1 (疑問などの)解明, 解決. 2 解決策. 3〈数学〉解答. 4 溶解. 5 溶液.
solución de continuidad 不連続, 中断.
so·lu·cio·na·ble [ソルシオナブレ] 形 解決可能な.
so·lu·cio·nar [ソルシオナル] 他 1 …を解決する, 解明する. 2 …に解答を出す.
sol·ven·cia [ソルベンシア] 女 1 (社会的義務の)遂行能力. 2 (債務の)支払い能力.
sol·ven·tar [ソルベンタル] 他 1 (問題など)を処理する, 解決する. 2 (負債)を返済する, 清算する.
sol·ven·te [ソルベンテ] 形 1 支払い能力の高い. 2 有能な, 信用に値する.
so·ma·lí [ソマリ] 形 《男女同形》《アフリカ北東部の国の》ソマリア Somalia の.
— 男 女 ソマリア人.
so·man·ta [ソマンタ] 女 なぐりつけ.
so·ma·tén [ソマテン] 男 〈カタルニア地方〉(昔の民間の)警察団.
so·ma·to·lo·gí·a [ソマトロヒア] 女 〈医学〉生体学.
som·bra [ソンブラ] 女 1 陰. 2 暗がり, 物陰. 3 影, 人影. 4 (絵などの)陰影, 陰の部分 [= sombras]. 5 暗闇(くらやみ) [= sombras]. 6〈闘牛場〉日陰席. 7 (電波などの)届かない地域. 8 漠たる記憶. 9 亡霊, 幽霊. 10 影のようにつきまとう人. 11 隠れた場所. 12 事情をうといこと, 無知. 13 未知［未解決］の部分 [= sombras]. 14 不完全, 欠陥. 15 かすかな様子.

a la sombra 牢獄で, 刑務所に入って.
a la sombra de… 1 …の陰で. 2 …の庇護(ひご)のもとに.
buena sombra 1 幸運. 2 親切.
hacer sombra a… …を目立たなくする, かすませる.
mala sombra 1 不吉, 不運. 2 悪意.
…ni por sombra 少しも…ない.
no ser ni sombra de lo que era (悪くなってしまって)見る影もない.
sol y sombra 〈闘牛場〉すぐに日陰になる席.
sombra de ojos 〈化粧品〉アイシャドー.
sombras chinescas〈演劇〉影絵.
som·bra·jo [ソンブラホ] 男 日よけ.
som·bre·ar [ソンブレアル] 他 1 (絵など)に陰影をつける. 2 …に影を落とす.
som·bre·re·ra[1] [ソンブレレラ] 女 帽子箱.
som·bre·re·rí·a [ソンブレレリア] 女 帽子店.
som·bre·re·ro, ra[2] [ソンブレレロ, -ラ] 男 女 〈人〉帽子屋, 帽子職人.
som·bre·re·te [ソンブレレテ] 男 (煙突やキノコの)笠(かさ).
som·bre·ro [ソンブレロ] 男 〈→ gorra「(野球帽などの)ひさしのある帽子」, gorro「つばもひさしもない帽子」〉1 (つばのある)帽子. 2 (煙突やキノコの)笠(かさ). 3〈説教台〉天蓋(てんがい).
quitar·se el sombrero 1 帽子をぬぐ. 2 (+ ante…) …に深い敬意を表する.
poner·se el sombrero 帽子をかぶる.
sombrero cordobés (つばが水平の)コルドバ帽.
sombrero de copa シルクハット.
sombrero de tres picos 三角帽子.
sombrero flexible ソフト帽.
sombrero hongo 山高帽.
sombrero tirolés チロリアンハット.
som·bri·lla [ソンブリじゃ] 女 パラソル, 日傘(ひがさ).
som·brí·o, a [ソンブリオ, ア] 形 1 (場所などが)陰気な, 薄暗い. 2 (様子が)陰鬱(いんうつ)な, 悲しそうな.
so·me·ro, ra [ソメロ, ラ] 形 1 (水深などが)浅い. 2 表面的な, 軽度の, 簡素な.
so·me·ter [ソメテル] 他 1 …を服従させる, 屈服させる. 2 …を(+a+人) …に示して意見を求める. 3 …を(+a+検査など) …にかける.
— **someter·se** 再 1 (+a…) …に降伏する, 服従する. 2 (+a+規定など) …に従う.
so·me·ti·mien·to [ソメティミエント] 男 1 降伏, 服従. 2 (+a+検査など) …を受けること.
so·mier [ソミエル] 男 〈ベッド〉マットレス台.
som·ní·fe·ro[1] [ソムニふェロ] 男 睡眠薬.
som·ní·fe·ro, a[2] [ソムニふェロ, ア] 形 催眠性の.
som·no·len·cia [ソムノレンシア] 女 眠気(ねむけ), (眠いときの)けだるさ.
som·no·lien·to, ta [ソムノリエント, タ] 形 眠い, (眠くて)けだるい.

活 は活用形　複 は複数形　男 は男性名詞　女 は女性名詞　固 は固有名詞　代 は代名詞　自 は自動詞

so·mor·mu·jo [ソモルムホ] 男 〈水鳥〉カイツブリ.

somos 活 → ser …である《活 78》.

son [ソン] 男 1 音楽などの快い音. 2 やり方, 流儀. 3 〈舞踊〉(キューバの) ソン.
——活 → ser …である《活 78》.
al son de... …に合わせて.
¿A son de qué? [¿A qué son?] 一体なんの理由で?
bailar al son que (le) tocan 人の言いなりになる.
en son de... …の調子で, …風に.
sin ton ni son なんの根拠もなしに, 理由なしに.

so·na·do, da [ソナド, ダ] 《過去分詞》→ sonar 音を出す.
——形 1 音を立てた. 2 有名な, 評判の. 3 気がふれた, ちょっとおかしい.

so·na·jas [ソナハス] 女複 1 タンバリンの鈴. 2〈楽器〉(タンバリンの鈴に似た) ソナハ.

so·na·je·ro [ソナヘロ] 男 〈玩具(がん)〉がらがら.

so·nam·bu·lis·mo [ソナンブリスモ] 男 夢遊病.

so·nám·bu·lo, la [ソナンブロ, ラ] 形 夢遊病の.
——男 女 夢遊病患者.

so·nar [ソナル] 自《活 22 contar》1 音を出す, 鳴る. 2 (文字が) 音を持つ. 3 (+a+人) …に覚えがある. 4 (+a...) …のように聞こえる. 5 引用されている, 聞いたおぼえがある. 6 (+por...) …でうわさされる.
——他 1 (時計などが) (時) を告げる. 2 …を鳴らす. 3 …の鼻をかんでやる.
—— **sonarse** 再 1 鼻をかむ. 2 うわさされる.
lo que sea sonará いまにわかるよ.
Me suena esa cara. あの顔には見おぼえがある.
tal [así] como suena 文字通りに, お聞きの通り.

so·na·ta [ソナタ] 女 〈音楽〉ソナタ, 奏鳴曲.

so·na·ti·na [ソナティナ] 女 〈音楽〉ソナチネ.

son·da [ソンダ] 女 1 〈医学〉ゾンデ, 消息子. 2 水深測量装置, 測鉛(えん). 3 探測機, 探査機.
globo sonda (気象観測用の) ラジオゾンデ.
sonda espacial [astronáutica] 宇宙探査機.

son·dar [ソンダル] 他 1 〈医学〉…をゾンデで検査する. 2 (湖などの) 深さをさぐる. 3 …を探査する.

son·de·ar [ソンデアル] 他 1 …の水深を測る. 2 …をさぐる. 3 (人の意見など) をさぐる.

son·de·o [ソンデオ] 男 1 測深. 2 地質調査. 3 (世論などの) 調査.

so·ne·to [ソネト] 男 〈詩型〉(14 行の定型抒情詩の) ソネット.

so·ni·do [ソニド] 男 1 音(おと). 2 音響. 3 〈音声学〉音.

so·ni·que·te [ソニケテ] 男 1 耳ざわりな反復音. 2 単調なイントネーション.

so·no·ri·dad [ソノリダス] 女 1 響き, 反響. 2 響きの良さ.

so·no·ri·za·ción [ソノリサシオン] 女 1〈映画〉(フィルムの) 音入れ. 2 音響装置の設置.

so·no·ri·zar [ソノリサル] 他《活 39 gozar》1 〈映画〉(フィルム) に音入れをする. 2 (場所) に音響装置をつける. 3 〈音声学〉…を有声音にする.

so·no·ro, ra [ソノロ, ラ] 形 1 音の出る, 音のする. 2 響きの良い, よく響く. 3 よく響きわたる. 4 〈音声学〉有声の.
banda sonora 〈映画〉サウンドトラック.
cine sonoro 発声映画, トーキー.
onda sonora 音波.

so·no·to·ne [ソノトネ] 男 補聴器.

son·re·ír [ソンレイル] 自《活 67 refr》1 ほほえむ. 2 (+a...) …にほほえみかける.

sonri-, sonrí- → sonreír ほほえむ《活 67》.

son·rien·te [ソンリエンテ] 形 ほほえんでいる.

son·ri·sa [ソンリサ] 女 ほほえみ, 微笑.

son·ro·jar [ソンロハル] 他 …を赤面させる.
—— **sonrojarse** 再 赤面する.

son·ro·jo [ソンロホ] 男 赤面, 恥ずかしがること.

son·ro·sa·do, da [ソンロサド, ダ] 《過去分詞》→ sonrosar 赤くする.
——形 1 赤くなった. 2 赤面した.

son·ro·sar [ソンロサル] 他 …を赤くする.

son·sa·car [ソンサカル] 他《活 73 sacar》…を聞きだす, 探り出す.

son·so·ne·te [ソンソネテ] 男 1 耳ざわりな反復音. 2 単調なイントネーション.

so·ña·dor, do·ra [ソニャドル, ドラ] 形 夢を見る, 夢想家の.
——男 女 夢想家.

so·ñar [ソニャル] 自《活 22 contar》1 (+con...) …の夢を見る. 2 (+con...) …を夢想する. 3 (+con...) …を切望する.
——他 1 …の夢を見る. 2 …を夢想する. 3 …を切望する.

so·ña·rre·ra [ソニャレラ] 女 睡魔.

so·ño·lien·to, ta [ソニョリエント, タ] 形 1 眠気をさそう. 2 眠そうな, 眠たげな.

so·pa [ソパ] 女 1 〈料理〉スープ, 汁. 2 スープ漬けのパン切れ [= sopas]. 3 スープの具.
a la sopa boba 他人の世話になって.
dar sopas con honda a... …に優位を見せつける.
estar [quedar·se] sopa 1 眠ってしまう. 2 酔っぱらう.
hasta en la sopa あらゆる所に.
hecho una sopa [como una sopa] ずぶぬれになって.
sopa boba (振る舞いの) ただ出しスープ.
sopa juliana 千切り野菜のスープ.

so·pa·po [ソパポ] 男 〈あごへの〉パンチ.

so·pe·ra¹ [ソペラ] 女 〈給仕〉スープ用ボール.
so·pe·ro, ra² [ソペロ, ー] 形 1 スープ用の. 2 〈人〉スープ好きの.
so·pe·sar [ソペサル] 他 1 …を手で重さを測る. 2 …の損得を考える.
so·pe·tón [ソペトン] 《つぎの副詞句の一部》
de sopetón 突然に, だし抜けに.
so·pi·cal·do [ソピカルド] 男 水っぽいスープ.
so·pla [ソプラ] 間 おやまあ！, あれ！
— 活 → soplar 吹く.
so·pla·do [ソプラド] 男 〈ガラス製品〉吹き込み成形.
so·pla·mo·cos [ソプラモコス] 男 《単複同形》(鼻づらへの)なぐりつけ.
so·plar [ソプラル] 他 1 …を吹く. 2 …に吹きつける. 3 …を吹きはらう. 4 …を吹いてふくらます. 5 (ガラス)を吹き込み成形する. 6 …をたれ込む, 告げ口する. 7 …をかすめ取る, かっぱらう. 8 〈チェッカー〉(相手が見のがした駒)を取りあげる. 9 …をさりげなく教える.
— 自 1 (風が)吹く. 2 息をはく. 3 風を送る. 4 飲みすぎる. 5 こっそりうちあける.
— *soplar·se* 再 1 (自分の体)に息を吹きかける. 2 飲みすぎる.
so·ple·te [ソプレテ] 男 《溶接》ブローランプ.
so·pli·do [ソプリド] 男 ひと吹き.
so·plo [ソプロ] 男 1 ひと吹き. 2 わずかな風. 3 密告.
— 活 → soplar 吹く.
so·plón, plo·na [ソプロン, プロナ] 形 密告者の.
— 男 女 〈人〉密告屋, たれ込み屋.
so·pon·cio [ソポンシオ] 男 1 めまい, 失神. 2 一時的な体調不良. 3 小所見.
so·por [ソポル] 男 ひどい眠気.
so·po·rí·fe·ro, ra [ソポリふェロ, ラ] 形 眠くなるほど退屈な.
so·por·ta·ble [ソポルタブレ] 形 我慢できる.
so·por·ta·les [ソポルタレス] 男 複 アーケード.
so·por·tar [ソポルタル] 他 1 (重いもの)を支える. 2 …を我慢する, …に耐える.
so·por·te [ソポルテ] 男 支え, 支柱.
so·pra·no [ソプラノ] 男 《楽》ソプラノ歌手.
Sor [ソル] 女 〈敬称〉(修道女の名につけて)シスター….
sor·ber [ソルベル] 他 1 …を吸い込む, 吸う. 2 …をすすり込む.
sor·be·te [ソルベテ] 男 (氷菓子の)シャーベット.
sor·bo [ソルボ] 男 1 ひと飲み, ひとすすり. 2 (液体の)少量.
sor·de·ra [ソルデラ] 女 難聴.
sór·di·do, da [ソルディド, ダ] 形 1 粗末な, こぎたない. 2 不潔な, みだらな.
sor·di·na [ソルディナ] 女 〈音楽〉弱音器.
sor·do, da [ソルド, ダ] 形 1 耳の遠い, 耳が不自由な 2 〈音〉低音の, 聴きとりにくい. 3 (+ a…)…に耳をかさない. 4 《音声学》無声の. 5 音の静かな.
— 男 女 耳の不自由な人.
a la sorda [*a lo sordo*] ひそかに.
sordo como una tapia [*más sordo que una tapia*] まったく耳の聞こえない.
sor·do·mu·dez [ソルドムデす] 女 聾唖(ろうあ).
sor·do·mu·do, da [ソルドムド, ダ] 形 耳も聞こえず話もできない.
— 男 女 聾唖(ろうあ)者.
So·ria [ソリア] 固 〈県・県都の名〉(スペイン中北部の)ソリア.
so·ria·no, na [ソリアノ, ナ] 形 (スペインの)ソリア Soria の.
— 男 女 ソリアの人.
so·ria·sis [ソリアシス] 女 《単複同形》《医学》乾癬(かんせん).
sor·na [ソルナ] 女 皮肉, いやみ.
so·ro·char·se [ソロチャルセ] 再 高山病にかかる.
so·ro·che [ソロチェ] 男 高山病.
sor·pren·den·te [ソルプレンデンテ] 形 驚くべき.
sor·pren·den·te·men·te [ソルプレンデンテメンテ] 副 驚いたことに, 意外にも.
sor·pren·der [ソルプレンデル] 他 1 …を驚かす, びっくりさせる. 2 …に不意に起こる, …の不意をおそう. 3 (隠れていたもの)を見つける.
— *sorprender·se* 再 (+de…に)驚く.
sor·pren·di·do, da [ソルプレンディド, ダ] 《過去分詞》 → sorprender 驚かす.
— 形 1 驚いている. 2 見とがめられた.
sor·pre·sa [ソルプレサ] 女 1 驚き. 2 意外なこと, びっくりするもの(贈り物).
por sorpresa 不意に, 意表をついて.
sor·pre·si·vo, va [ソルプレシボ, バ] 形 1 不意の, 意外な. 2 驚くべき.
sor·te·ar [ソルテアル] 他 1 …をくじで決める. 2 (危険など)をかわす.
sor·te·o [ソルテオ] 男 1 くじ, くじ引き. 2 (危険などの)巧みな回避.
sor·ti·ja [ソルティハ] 女 〈装飾〉指輪.
sor·ti·le·gio [ソルティれヒオ] 男 1 魔法, 魔術. 2 (魔術による)占い.
S. O. S., SOS [エセオエセ, ソス] 男 1 遭難信号, エスオーエス. 2 救助要請.
so·sa¹ [ソサ] 女 《→ soso》〈化学〉炭酸ナトリウム, ソーダ.
sosa cáustica 苛性(かせい)ソーダ.
so·sai·na [ソサイナ] 形 《男女同形》〈人〉面白みのない, つまらない.
— 男 女 つまらない人間.
so·se·ga·do, da [ソセガド, ダ] 《過去分詞》 → sosegar 静める.
— 形 1 落ち着いた, おだやかな. 2 休養の.
so·se·gar [ソセガル] 他 《活 53 negar》…を静める, 落ち着かせる.
— 自 休息する.

— sose·gar·se 再 1 休息する. 2 静まる, 落ち着く.

sosegu- 活 → sosegar 静める《活 53》.

so·se·ras [ソセラス] 形《男女同形, 単複同形》〈人〉面白みのない, やぼな.
— 男女 やぼな人間.

so·se·rí·a [ソセリア] 女 1 味気なさ. 2 やぼさ, 味気ないこと.

sosieg- 活 → sosegar 静める《活 53》.

so·sie·go [ソシエゴ] 男 平静, 落ち着き.

sos·la·yar [ソスラヤル] 他 …を巧みに避ける, かわす.

sos·la·yo [ソスラヨ]《つぎの副詞句の一部》
de soslayo 1 ななめに, はすかいに. 2 横向きで. 3 表面的に, ざっと.

so·so, sa² [ソソ, —] 形 1 塩気の薄い. 2 味のない, まずい. 3 面白みのない, つまらない.
— 男女 つまらない, 陰気な人間.

sos·pe·cha [ソスペチャ] 女 疑い, 疑惑.
tener la sospecha de... …であると疑う.

sos·pe·char [ソスペチャル] 他 1 …を (あるのではと) 疑う. 2 (+que+直説法) …ではないかと思う.
— 自 (+de...) …に嫌疑をかける.

sos·pe·cho·sa·men·te [ソスペチョサメンテ] 副 1 あやしいことに. 2 疑わしい様子で.

sos·pe·cho·so, sa [ソスペチョソ, サ] 形 1 あやしげな, 不審な. 2 嫌疑のかかった, 疑われている.
— 男女 容疑者.

sos·tén [ソステン] 男 1 支柱, 支え. 2〈下着〉ブラジャー.
— 活 → sostener 支える《活 80》.

sostendr- 活 → sostener 支える《活 80》.

sos·te·ner [ソステネル] 他《活 80 tener》1 …を支える. 2 〈意見など〉を主張する, 堅持する. 3 …を支持する, 支援する. 4 …を扶養(ふよう)する, やしなう. 5 …を励ます, 力づける. 6 …を続行する, 休まず続ける.
— *sostener·se* 再 1 しっかり立つ, 自分の体を支える. 2 …のままでいる, 状態を保つ. 3 (+con, de...) …で暮らしを立てる, 生活を続ける. 4 体を持たせる.

sosteng- 活 → sostener 支える《活 80》.

sos·te·ni·do, da [ソステニド, ダ]《過去分詞》→ sostener 支える.
— 形 1 支えられた. 2 とぎれない, 持続する. 3〈音階〉半音高い.

sos·te·ni·mien·to [ソステニミエント] 男 1 支え, 支持. 2 持続, 保持. 3 扶養(ふよう).

sostien- 活 → sostener 支える《活 80》.

sostuv- 活 → sostener 支える《活 80》.

so·ta [ソタ] 女〈スペイン・トランプ〉(10 の数字の) ジャック.

so·ta·ban·co [ソタバンコ] 男 屋根裏部屋.

so·ta·na [ソタナ] 女 (聖職者の長い平服の) スータン.

só·ta·no [ソタノ] 男 地下室, 地階.

so·ta·ven·to [ソタベント] 男〈船舶〉風下(かざしも).

so·te·rra·do, da [ソテラド, ダ]《過去分詞》→ soterrar 埋める.
— 形 1 埋まった. 2 隠された, 秘められた.

so·te·rrar [ソテラル] 他《活 57 pensar》1 …を埋める. 2 …を隠す. 3 …をまったく忘れる.

sotierr- 活 → soterrar 埋める《活 57》.

so·to [ソト] 男 1 (岸辺の) 林. 2 木立ち, 茂み.

so·vié·ti·co, ca [ソビエティコ, カ] 形 ソビエト連邦 Unión Soviética の.
— 男女 ソ連人, ソビエト人.

soy 活 → ser …である《活 78》.

spon·sor [エスポンソル] 男 スポンサー.

sport [エスポル] 男《単複同形, 男女同形》〈衣類〉カジュアルの, ラフな.
de sport スポーティーな.

spot [エスポト] 男〈テレビ〉スポット広告.

spray [エスプライ] 男 スプレー.

sprint [エスプリン] 男〈スポーツ〉スプリント, 短距離レース.

sprin·ter [エスプリンテル] 男女〈スポーツ〉スプリンター, 短距離選手.

squash [エスクアス] 男〈スポーツ〉スカッシュ.

Sr. [セニョル]《略語》señor (男性への敬称で) …様, …氏, …殿.

Sra. [セニョラ]《略語》señora (既婚女性への敬称で) …様, …夫人.

Sras. [セニョラス]《略語》señoras [Sra. の複数形].

Sres. [セニョレス]《略語》señores [Sr. の複数形] 1 …夫妻. 2 …様, …殿. 3 (相手の組織への敬称で) …御中.

Srta. [セニョリタ]《略語》señorita (未婚女性への敬称で) …様.

S. S. [セグロ セルビドル]《略語》seguro servidor (個人が出す手紙の結語の) 敬具.

Ss. Ss. [セグロス セルビドレス]《略語》seguros servidores (組織から出す手紙の結語の) 敬具.

Sta. [サンタ]《略語》santa (女性の聖人への敬称で) 聖….

stand [エスタン] 男 売店, スタンド.

stan·dard [エスタンダル] 男 標準, スタンダード.

star·ter [エスタルテル] 男〈エンジン〉スターター.

sta·tu quo [エスタトゥ クオ] 男 現状.

sta·tus [エスタトゥス] 男 地位, 身分.

Sto. [サント]《略語》santo (男性の聖人への敬称で) 聖….

stock [エストク] 男 在庫, ストック.

stop [エストプ] 男 1〈交通標識〉止まれ, 停止. 2〈電報〉文末.

stress [エストレス] 男〈生体機能〉ストレス.

strip-tease [エストリプティス] 男 ストリップショー.

su [ス] 形 3 人称の所有形容詞の前置形《所有者については単複同形》《所有物が複数形なら

sus《アクセントなし》《→後置形 suyo, ya》1 彼(ら)の, 彼女(ら)の, あなた(がた)の, それ(ら)の/*su* casa (de ellos) 彼らの家, Carmen y *sus* padres カルメンと彼女の両親.
2 (推測の意味の動詞とともに) およそ/*Ese coche debe de costar sus cinco millones de pesetas.* あの車は5百万ペセタほどするだろう.
3〈通信文〉貴組織の, 貴社の.

sua·ji·li [スアヒリ] 男 (東アフリカの) スワヒリ語.

sua·ve [スアベ] 形 1 柔らかい, なめらかな, 手ざわりのよい. 2 耳に快い, 静かな. 3 おとなしい, 従順な. 4 まろやかな. 5 おだやかな. 6 容易な, 楽な.

sua·ve·men·te [スアベメンテ] 副 1 やさしく, そっと. 2 なめらかに. 3 おだやかに.

sua·vi·dad [スアビダス] 女 1 柔らかさ, なめらかさ, 手ざわりのよさ. 2 まろやかさ. 3 おだやかさ. 4 従順. 5 心地よさ.

sua·vi·zan·te [スアビサンテ] 男〈洗濯〉柔軟仕上げ剤.

sua·vi·zar [スアビサル] 他《活 39 gozar》1 …をやわらげる, 柔軟にする. 2 …をなめらかにする, すべすべにする. 3 …をやわらげる, おだやかにする.

sub·al·ter·no, na [スバルテルノ, ナ] 形 1 (地位などの) 下の, 下位の. 2 単純作業の.
— 男女 部下, 下役(はやく).

su·ba·rren·dar [スバレンダル] 他《活 57 pensar》…をまた貸し [また借り] する.

su·ba·rrien·do [スバリエンド] 男 また貸し, また借り.

su·bas·ta [スバスタ] 女 1 競売, オークション. 2 入札.
pública subasta 公売.

su·bas·tar [スバスタル] 他 1 …を競売にかける. 2 …の入札を行う.

sub·co·mi·sión [スブコミシオン] 女 小委員会, 部会.

sub·cons·cien·cia [スブコンスιエンιア] 女 潜在意識.

sub·cons·cien·te [スブコンスιエンテ] 形 意識下の, 潜在意識の.
— 男 潜在意識.

sub·cu·tá·ne·o, a [スブクタネオ, ア] 形 皮下の, 皮下で入れる.

sub·de·sa·rro·lla·do, da [スブデサロジャド, ダ] 形 低開発の, 後進の.

sub·de·sa·rro·llo [スブデサロジョ] 男 低開発, 後進性.

sub·di·rec·tor, to·ra [スブディレクトル, トラ] 男女 副支配人, 副社長, 次長, 助監督, 副校長.

súb·di·to, ta [スブディト, タ] 形 服従する, 仕える.
— 男女 1 臣下, 家来. 2 国民, 公民.

sub·di·vi·dir [スブディビディル] 他 …をさらに分割する.
— subdividirse ふたたび細分される.

sub·di·vi·sión [スブディビシオン] 女 再分割.

su·bem·ple·o [スベンプレオ] 男 不完全雇用.

su·bes·ti·mar [スベスティマル] 他 …を過小評価する, みくびる.

sub·fa·mi·lia [スブふぁミリア] 女〈生物分類〉亜科.

sub·fu·sil [スブふシル] 男 自動小銃.

su·bi·da¹ [スビダ] 女 1 上昇, 登ること. 2 (量や強さの) 上昇, 増大, 拡大. 3 昇進, 昇格.

su·bi·do, da² [スビド, —]《過去分詞》→ subir 登る.
— 形 1 高価な, 値の張る. 2 (色などが) きつい, 濃い.
ser [*estar*] *subido de tono* (話などが) きわどい.

sub·ín·di·ce [スビンディセ] 男 (分類用の) 右下つき数字.

su·bir [スビル] 他 1 …を登る, 昇る, あがる/*subir la escalera* 階段をあがる.
2 …をあげる, 高い所に置く.
3 …を起こす, 立てる.
4 …を引きあげる.
5 …を (+a...) …に乗せる, はこびあげる.
6 …を値上げする.
7 …を昇進させる, 昇格させる.
8 (音程・音量を) あげる.
— 自 1 (値段や温度が) 高くなる, あがる.
2 (a+高い所) …へ登る, あがる.
3 昇進 [昇格] する.
4 (量が) 増す.
5 (音程や音量が) あがる.
6 (金額が) (+a...) …に達する.
7 (+a...) …に乗りこむ.
— subir·se 再 1 (+a...) …に乗りこむ, 乗る.
2 (+a...) …に登る, 昇る, あがる.
3 (酒が) よく回る.
4 (地位が) (+a...) …を増長させる, 天狗(てんぐ)にする.
5 (人が) (+a+人) …を無視する.
subir al trono 王位につく.
subir·se a (+人) *a la cabeza* 1 (酒が) …で酔わせる. 2 (地位や財産が) …を増長させる.
subir·se la sangre a (+人) *a la cabeza* (血が立って) …が激怒する.

sú·bi·ta·men·te [スビタメンテ] 副 出し抜けに, 突然.

sú·bi·to, ta [スビト, タ] 形 不意の, 出し抜けの.
de súbito 急に, 突然.

sub·je·fe [スブふぇ] 男 1 副主任, 補佐. 2 副長官, 副司令官.

sub·je·ti·vi·dad [スブヘティビダス] 女 主観的性格, 主観性.

sub·je·ti·vis·mo [スブヘティビスモ] 男 主観主義, 主観主義的判断.

sub·je·ti·vo, va [スブヘティボ, バ] 形 1 主観の, 主観的な. 2 私的な, 自分なりの, 個人的な.

sub·jun·ti·vo¹ [スブフンティボ] 男 〈文法〉（動詞活用の）接続法.

sub·jun·ti·vo², **va** [-, バ] 形 〈文法〉（動詞活用の）接続法の.

su·ble·va·ción [スブれバシオン] 女 暴動, 動乱.

su·ble·var [スブれバル] 他 1 …を蜂起(ﾎﾞ)させる, …に反乱を起こさせる. 2 …を怒らせる.
— **sublevarse** 再 1 反乱を起こす. 2 怒る, 腹を立てる.

su·bli·ma·ción [スブりマシオン] 女 1 称揚, 称賛. 2〈化学〉昇華.

su·bli·mar [スブりマル] 他 …を称揚[称賛]する.

su·bli·me [スブりメ] 形 偉大な, 崇高な.

su·bli·mi·nal [スブりミナル] 形 潜在意識に働きかける, サブリミナルの.

sub·ma·ri·nis·mo [スブマリニスモ] 男 海底開発.

sub·ma·ri·nis·ta [スブマリニスタ] 形《男女同形》1 海底開発の. 2 潜水の.
— 男女 潜水作業員, 潜水夫, ダイバー.

sub·ma·ri·no¹ [スブマリノ] 男 潜水艦.

sub·ma·ri·no², **na** [-, ナ] 形 海中の, 海底の.

sub·múl·ti·plo [スブムるティプロ] 男〈数学〉約数.

sub·nor·mal [スブノルマる] 形〈医学〉知恵遅れの.
— 男女 知恵遅れの人.

sub·nor·ma·li·dad [スブノルマリダス] 女〈医学〉知恵遅れ.

su·bo·fi·cial [スボふぃシアる] 男〈軍隊〉下士官.

su·bor·di·na·ción [スボルディナシオン] 女 1 服従, 従属. 2〈文法関係〉従属.

su·bor·di·na·do, da [スボルディナド, ダ]《過去分詞》→ subordinar 従属させる.
— 形 服従した, 従属した.
— 男女 部下, 配下.

su·bor·di·nan·te [スボルディナンテ] 形〈文法〉主節, 主文.

su·bor·di·nar [スボルディナル] 他 …を（+a…）…に服従させる, 従属させる.
— **subordinarse** 再（+a…）…に服従[従属]する.

sub·pro·duc·to [スブプロドゥクト] 男 副産物.

sub·ra·ya·do¹ [スブラヤド] 男 下線部.

sub·ra·ya·do², **da** [-, ダ]《過去分詞》→ subrayar 下線を引く.
— 形 下線部分の.

sub·ra·yar [スブラヤル] 他 1 …に下線を引く. 2 …を強調する.

sub·sa·nar [スブサナル] 他 …を改める, つぐなう.

subs·cri·bir [スブスクリビル] 他《→= suscribir》署名する.

subs·crip·ción [スブスクリプシオン] 女《→= suscripción》定期購読の予約.

subs·crip·to, ta [スブスクリプト, タ] 形《→= suscrito, ta》署名された.

subs·crip·tor, to·ra [スブスクリプトル, トラ] 男女《→= suscriptor, tora》購読者.

subs·cri·to, ta [スブスクリト, タ]《過去分詞》→ = suscrito, ta.

sub·se·cre·ta·rio, ria [スブセクレタリオ, リア] 男女（事務）次官.

sub·si·dia·ria·men·te [スブシディアリアメンテ] 副 補助的に.

sub·si·dia·rio, ria [スブシディアリオ, リア] 形 1 補助的な. 2 補完的な. 3 助成金による.

sub·si·dio [スブシディオ] 男 補助金, 助成金.

sub·sis·ten·cia [スブシステンシア] 女 生活, 生計.

sub·sis·ten·te [スブシステンテ] 形 ずっと生きていく, 存続する.

sub·sis·tir [スブシスティル] 自 1 生き続ける. 2 存続してゆく.

subs·tan·cia [スブスタンシア] 女《→= sustancia》物質.

subs·tan·cial [スブスタンシアる] 形《→= sustancial》実在する.

subs·tan·cio·so, sa [スブスタンシオソ, サ] 形《→= sustancioso, sa》内容のある.

subs·tan·ti·va·ción [スブスタンティバシオン] 女《→= sustantivación》名詞化.

subs·tan·ti·vo [スブスタンティボ] 男《→= sustantivo》名詞, 実詞.

subs·ti·tu·ción [スブスティトゥシオン] 女《→= sustitución》代用.

subs·ti·tui·ble [スブスティトゥイブれ] 形《→= sustituible》代替できる.

subs·ti·tuir [スブスティトゥイル] 他《→= sustituir》とり替える.

subs·ti·tu·ti·vo, va [スブスティトゥティボ, バ] 形《→= sustitutivo, va》代用となる.

subs·ti·tu·to, ta [スブスティトゥト, タ] 男女《→= sustituto, ta》代理人.

subs·trac·ción [スブストラクシオン] 女《→= sustracción》控除.

subs·tra·en·do [スブストラエンド] 男《→= sustraendo》減数.

subs·tra·er [スブストラエル] 他《→= sustraer》…を減じる.

subs·tra·to [スブストラト] 男《→= sustrato》（地層や言語の）基層.

sub·sue·lo [スブスエロ] 男〈地質学〉下層土.

sub·te·nien·te [スブテニエンテ] 男〈軍隊〉准尉(ﾞｨ).

sub·ter·fu·gio [スブテルふヒオ] 男 逃げ口上, 言いわけ.

sub·te·rrá·ne·o¹ [スブテラネオ] 男 地下室, 地下.

sub·te·rrá·ne·o², **a** [-, ア] 形 地下の.

sub·ti·tu·lar [スブティトゥラる] 他 1（小説など）

他 は他動詞 再 は再帰動詞 形 は形容詞 副 は副詞 前 は前置詞 接 は接続詞 間 は間投詞

sub·tí·tu·lo

にサブタイトル[副題]をつける. 2〈映画〉…に字幕を入れる.

sub·tí·tu·lo [スブティトゥロ] 男 1 副題, サブタイトル. 2 字幕, スーパー.

sub·tro·pi·cal [スブトロピカル] 形 亜熱帯の.

su·bur·ba·no¹ [スブルバノ] 男 郊外電車.

su·bur·ba·no², na [—, ナ] 形 郊外の, 町はずれの.

su·bur·bial [スブルビアル] 形 1 郊外の, 町の近郊の. 2 スラム街の.

su·bur·bio [スブルビオ] 男 1 郊外, 町の近郊. 2 (町のそとの)スラム地域.

sub·ven·ción [スブベンシオン] 女 (公的な)助成金, 補助, 援助.

sub·ven·cio·nar [スブベンシオナル] 他 …に助成金を出す.

sub·ver·sión [スブベルシオン] 女 1 (秩序などの)破壊, 妨害. 2〈政治〉破壊活動.

sub·ver·si·vo, va [スブベルシボ, バ] 形 1 (公序に対して)破壊的な. 2 反体制的な.

sub·ya·cen·te [スブヤセンテ] 形 下にある, 潜在的な.

sub·ya·cer [スブヤセル] 自 《活 88 yacer》 (+tras...) …のうしろに[下に]かくれている.

sub·yu·ga·ción [スブユガシオン] 女 1 強制的支配, 征服. 2 (精神的な)制御, 鎮静.

sub·yu·gar [スブユガル] 他 《活 47 llegar》 1 …を征服する, 服従させる. 2 (音楽などが)(人)をなだめる, 鎮静する.

suc·ción [スクシオン] 女 吸い出し, 吸入.

suc·cio·nar [スクシオナル] 他 1 …を吸う, 吸い出す. 2 …を吸い込む, 吸入する.

su·ce·dá·ne·o¹ [スセダネオ] 男 1 代用品. まがい物, にせもの.

su·ce·dá·ne·o², a [—, ア] 形〈品物〉代用の.

su·ce·der [スセデル] 自 1 (自然に)起こる, 生じる. 2 (+a...) …に続いて起こる. 3 (+a+仕事など) …を継承する, 引き受ける. 4 (+a...) …を相続する.

su·ce·di·do¹ [スセディド] 男 出来事, 事件.

su·ce·di·do², da [—, ダ] 過去分詞 → suceder 起こる.
— 形 起こった.

su·ce·sión [スセシオン] 女 1 連続, 一連のもの. 2 継承, 相続. 3 (集合的に)後継者, 子孫.

su·ce·si·va·men·te [スセシバメンテ] 副 連続して, つぎつぎに.

su·ce·si·vo, va [スセシボ, バ] 形 1 連続した, 相つぐ. 2 つぎに続く, 後続の.

en lo sucesivo 以後は, 今後は.

su·ce·so [スセソ] 男 (大事な)出来事, 異常事態.

en los sucesos del periódico 新聞の社会面に.

su·ce·sor, so·ra [スセソル, ソラ] 形〈人〉相

続の, 継承の.
— 男 女 継承者, 相続人, 後継者.

su·ce·so·rio, ria [スセソリオ, リア] 形 相続に関する, 継承の.

su·cie·dad [スシエダス] 女 1 汚れ, 汚物. 2 不純, 下劣. 3 反則, 不正行為.

su·cin·to, ta [スシント, タ] 形 簡潔な.

su·cio¹ [スシオ] 副 不正に, 反則して.

su·cio², cia [—, シア] 形 1 汚れた, きたない. 2 汚れやすい. 3〈人〉不潔な, きたならしい. 4 汚れを出す, きたなくする. 5 卑劣な, 反則の, 不正の. 6〈色彩〉くすんだ.

en sucio 下書きとして.

jugar sucio きたない[反則の]手を使う.

Su·cre [スクレ] 固〈都市の名〉(ボリビアの憲法上の首都の)スクレ.

su·cre [スクレ] 男〈通貨単位〉(エクアドルの)スクレ.

su·cu·len·cia [スクレンシア] 女 1 栄養満点. 2 美味.

su·cu·len·to, ta [スクレント, タ] 形 1 栄養豊富な. 2 おいしい, 美味な.

su·cum·bir [スクンビル] 自 1 (軍隊などが) (+a...) …に屈服する, 降伏する. 2〈人が〉(+a...) …に負ける, 抵抗することをやめる. 3 死ぬ, 没する. 4 (制度などが)消滅する.

su·cur·sal [スクルサル] 形 支店の.
— 女 支店, 支社, 出張所.

su·da·ca [スダカ] 男 女 南米の者.

su·da·de·ra [スダデラ] 女 1 さかんな汗, 大汗. 2〈スポーツ〉ジャージー.

su·da·fri·ca·no, na [スダふリカノ, ナ] 形 1 アフリカ南部の. 2 南アフリカ共和国 República Sudafricana の.
— 男 女 1 アフリカ南部の人. 2 南アフリカ共和国の人.

Su·da·mé·ri·ca [スダメリカ] 固 南米, 南アメリカ.

su·da·me·ri·ca·no, na [スダメリカノ, ナ] 形 南米の.
— 男 女 南米人, 南アメリカの人.

su·da·nés, ne·sa [スダネス, ネサ] 形 (アフリカ北東部の国の)スーダン Sudán の.
— 男 女 スーダン人.

su·dar [スダル] 自 1 汗をかく, 汗ばむ. 2 (汗をかいて)努力する, 額(☆)に汗する.
— 他 1 (人)に汗をかかせる. 2 (物)を汗でぬらす. 3 …を努力して得る.

su·da·rio [スダリオ] 男 死体をおおう布.

su·des·te [スデステ] 男 1〈方位〉南東. 2 南東の風.

su·dis·ta [スディスタ] 形《男女同形》(米国の南北戦争の)南軍の, 南部側の.
— 男 女 南部側の人.

su·do·es·te [スドエステ] 男 1〈方位〉南西. 2 南西の風.

su·dor [スドル] 男 **1** 汗, 発汗. **2** 大変な苦労［努力］［= sudores］.
 con el sudor de mi [tu, su] frente 私が［君が, 彼が］頑張って, 額(ひたい)に汗して.
 sudor frío 冷や汗.
su·do·ra·ción [スドラシオン] 女 発汗.
su·do·rí·fi·co [スドリふィコ] 男《医学》発汗剤.
su·do·rí·pa·ro, ra [スドリパロ, ラ] 形 発汗の.
 glándula sudorípara《解剖学》汗腺(かんせん).
su·do·ro·so, sa [スドロソ, サ] 形 汗だくの.
Sue·cia [スエシア] 固《国の名》(北ヨーロッパの)スウェーデン.
sue·co¹ [スエコ] 男 スウェーデン語.
sue·co², ca [一, カ] 形 (北ヨーロッパの国の)スウェーデン Suecia の.
 ― 男女 スウェーデン人.
sue·gra [スエグラ] 女 しゅうとめ(姑), 義母.
sue·gro [スエグロ] 男 しゅうと(舅), 義父.
suel- 活 → soler よく…する《活 50》.
sue·la [スエら] 女 **1** 靴底. **2** なめし革.
 de siete suelas とてつもない, 大変な.
 medias suelas (修理用の前半分の)靴底.
 no llegar a (＋人) *a la suela del zapato* (人が)…の足元にも及ばない.
suel·do [スエるド] 男 給料, 賃金.
sue·lo [スエロ] 男 **1** 地面, 地表. **2**（植物の育つ）土地, 田地. **3**（歩道の）路面. **4** 床(ゆか).
 ― 活 → soler よく…する《活 50》.
 besar el suelo うつぶせに倒れる.
 besar el suelo por donde... pisar …を称賛する.
 dar consigo [con los huesos] en el suelo ひっくり返る.
 dar en el suelo con (＋計画など) …をだめにする.
 por el suelo [por los suelos] **1** とても安く. **2** 最悪の状態で.
 venir(se) al suelo だめになる.
suelt- 活 → soltar ほどく《活 22》.
suel·to¹ [スエるト] 男 小銭.
suel·to², ta [一, タ] 形 **1** ゆるい, ゆったりした. **2** 自由な, 放たれた. **3** ばらばらの, ばらの. **4** 下痢ぎみの. **5** 上手な, 腕のよい. **6** 小銭の.
 dar suelta a... …を自由にさせる.
suen- 活 → sonar 音を出す《活 22》.
sueñ- 活 → soñar 夢を見る《活 22》.
sue·ño [スエニョ] 男 **1** 睡眠, 眠り. **2**（睡眠中に見る)夢. **3** 眠気. **4**（あこがれの)夢, 理想.
 ― 活 → soñar 夢を見る《活 22》.
 conciliar el sueño 寝つく.
 descabezar un sueño（ベッドに入らないで）うたた寝する.
 entre sueños 半分眠ったままで.
 ni en sueños 決して(…ない).
 perder el sueño por... …のことで不安になる.
 quitar a (＋人) *el sueño* **1** …の眠気をさます. **2** …を大いに心配させる.
 sueño dorado 最大の望み.
 sueño eterno 死.
 tener sueño 眠たい.
sue·ro [スエロ] 男 **1** 乳清(にゅうせい), ホエー. **2**〈血液〉血清.
suer·te [スエルテ] 女 **1** 運命, 宿命. **2** 運, 幸運. **3** 有利な状況. **4** 成り行き. **5** 種類, 部類. **6**〈闘牛〉(それぞれの)段階の技(わざ). **7** やり方, 仕方.
 ¡Buena suerte! 幸運を祈りますよ!
 caer [tocar] a (＋人) *en suerte* …にくじで当たる.
 correr la suerte de... …の危険をおかす.
 de tal suerte que... **1**（＋接続法）…するように. **2**（＋直説法）したがって….
 echar... a suertes …をくじで決める.
 por suerte 運よく.
 probar suerte con... …で運だめしをする.
sues·te [スエステ] 男〈水夫〉防水帽.
sué·ter [スエテル] 男〈衣服〉セーター.
sue·vo, va [スエボ, バ] 形 スエビ族の.
 ― 男女（ゲルマン系の）スエビ族の人.
su·fi·cien·cia [スふィシエンシア] 女 **1** 適性, 十分な能力. **2** 自信過剰, うぬぼれ.
su·fi·cien·te [スふィシエンテ] 形 **1** 十分な. **2** 適合した. **3** うぬぼれた.
 ― 男《成績評価》可.
 ― 副 十分に.
 lo suficiente para... …に適したもの[こと].
su·fi·cien·te·men·te [スふィシエンテメンテ] 副 十分に.
su·fi·ja·ción [スふィハシオン] 女 接尾辞による語形成.
su·fi·jo¹ [スふィホ] 男《文法》接尾辞.
su·fi·jo², ja [一, ハ] 形《文法》接尾辞の.
su·fis·mo [スふィスモ] 男（イスラム系の神秘主義の）スーフィズム.
su·fra·gar [スふラガル] 他 活 47 llegar》…の費用を負担する, …をまかなう.
su·fra·gio [スふラヒオ] 男 **1** 選挙制度. **2**〈選挙〉票, 投票. **3**（団体への）経済的援助.
su·fra·gis·mo [スふラヒスモ] 男 婦人参政権運動.
su·fra·gis·ta [スふラヒスタ] 形《男女同形》婦人参政権論の.
 ― 男女 婦人参政権論者.
su·fri·do, da [スふリド, ダ] 《過去分詞》 sufrir こうむる.
 ― 形 **1** 我慢強い. **2**（色などが）汚れの目立たない. **3**（名詞＋）こうむった….
su·fri·mien·to [スふリミエント] 男 苦しみ, 悲しみ.
su·frir [スふリル] 他 **1**（害など)をこうむる, 受ける. **2** …を我慢する, …に耐える. **3** …を支える, 持

他 は他動詞 再 は再帰動詞 形 は形容詞 副 は副詞 前 は前置詞 接 は接続詞 間 は間投詞

su·ge·ren·cia

ちこたえる.
— 自 1 苦痛を味わう. 2 (+de...) …に苦しむ. 3 (+de+患部) …をわずらう.

su·ge·ren·cia [スヘレンしア] 囡 1 ほのめかし, 暗示. 2 助言, 提案.

su·ge·ren·te [スヘレンテ] 形 暗示的な, 提案の.

su·ge·rir [スヘリル] 他《活 77 sentir》1 (+que+接続法) …を(+a...) …に提案する, 助言する. 2 …をほのめかす, 暗示する. 3 …を(+a...) …に思い出させる, 連想させる.

su·ges·tión [スヘスティオン] 囡 暗示, 示唆(½).

su·ges·tio·na·ble [スヘスティオナブレ] 形 暗示にかかりやすい.

su·ges·tio·nar [スヘスティオナル] 他 1 …に影響を及ぼす, 感化する. 2 …を暗示にかける.
— **sugestionar·se** 再 暗示にかかる.

su·ges·ti·vo, va [スヘスティボ, バ] 形 1 暗示的な, 示唆(½)に富む. 2 魅力的な.

sugier- 活 → sugerir 提案する《活 77》.
sugir- 活 → sugerir 提案する《活 77》.

sui·ci·da [スイしダ] 形《男女同形》1 自殺の. 2 自殺行為の. 3〈人〉自殺する.
— 男囡 自殺者, 自殺志願者.

sui·ci·dar·se [スイしダルセ] 再 自殺する.
sui·ci·dio [スイしディオ] 男〈行為〉自殺.

suite [スイト] 囡 1〈音楽〉組曲. 2〈ホテル〉スイートルーム.

Sui·za [スイさ] 圄〈国の名〉スイス.
sui·zo, za [スイそ, さ] 男囡 スイス人.
— 形 スイスの Suiza の.

su·je·ción [スヘしオン] 囡 1 押しつけること, 拘束. 2 押しになるもの.

su·je·ta·dor[1] [スヘタドル] 男〈下着〉ブラジャー.

su·je·ta·dor[2]**, do·ra** [—, ドラ] 形 押しつける, 留める, くくる.

su·je·ta·pa·pe·les [スヘタパペレス] 男《単複同形》紙挟み, クリップ.

su·je·tar [スヘタル] 他 1 …をつかまえる. 2 …を押しつける, 固定する. 3 …を束縛する, 従わせる.
— **sujetar·se** 再 1 (+a...) …に従う, 合わす 2 (+a...) …にしがみつく. 3 (+a...) …に服従する. 4 (+自分のもの) …を押さえる, 支える.

su·je·to[1] [スヘト] 男 1〈身元不明の〉人物, やつ. 2〈文法〉主語. 3 主題, テーマ. 4〈哲学〉(唯一の理性的存在である)主体[= 人間].
sujeto agente 能動文の主語.
sujeto paciente 受動文の主語.

su·je·to[2]**, ta** [—, タ] 形 1 固定された, 留められた. 2 (+a...) …に拘束された, 従わなくてはならない. 3 (+a...) …を受けなければならない, 必要とする.
— 活 → sujetar つかまえる.

sul·fa·mi·da [スるふぁミダ] 囡〈化学療法〉サルファ剤.

sul·fa·to [スるふぁト] 男〈化学〉硫酸塩.

sul·fi·to [スるふぃト] 男〈化学〉亜硫酸塩.

sul·fu·rar [スるふラル] 他 1〈化学〉…を硫化する. 2 …を激怒させる.

sul·fú·ri·co, ca [スるふリコ, カ] 形《→ azufre》〈化学〉硫黄(½)の.
ácido sulfúrico 硫酸.

sul·fu·ro [スるふロ] 男〈化学〉硫化物.

sul·fu·ro·so, sa [スるふロソ, サ] 形〈化学〉硫黄(½)質の.
agua sulfurosa 硫黄水.

sul·tán [スるタン] 男〈イスラム教国の君主の〉スルタン.

sul·ta·na [スるタナ] 囡 スルタンの妻.

su·ma [スマ] 囡 1〈数学〉足し算, 加算. 2 和, 合計. 3 総額. 4 要約, 大意. 5 全書, 大全.
en suma 要するに.

su·ma·men·te [スマメンテ] 副 非常に, とても.

su·man·do [スマンド] 男〈足し算〉項, 小計.

su·mar [スマル] 他 1 …を加算する, 足す. 2 (和が) …になる. 3 …をいっしょにする. 4 合計…になる.
— **sumar·se** 再 1 いっしょになる. 2 (+a...) …に加わる, 合流する.
(*un*) *suma y sigue* 1〈帳簿〉(次頁への)繰り越し. 2 連続中の事態.

su·ma·rio[1] [スマリオ] 男 1〈裁判〉予審. 2 要約, 概略.

su·ma·rio[2]**, ria** [—, リア] 形 1〈裁判〉略式の. 2 要約された, 簡潔な.

su·ma·rí·si·mo, ma [スマリシモ, マ] 形〈裁判〉略式の.

su·mer·gi·ble [スメルヒブレ] 形 1 沈むことできる. 2 沈水可能な.
— 男 潜水艦.

su·mer·gir [スメルヒル] 他《活 27 dirigir》…を沈める.
— **sumergir·se** 再 1 沈みこむ. 2 (+en...) …に没頭する.

su·me·rio, ria [スメリオ, リア] 形〈古代メソポタミアの王国の〉シュメールSumeria の.
— 男囡 シュメール人.

sumerj- 活 → sumergir 沈める《活 27》.

su·mer·sión [スメルシオン] 囡 1 水没, 潜水. 2 没頭, 熱中.

su·mi·de·ro [スミデロ] 男 排水孔[溝].

su·mi·nis·tra·dor, do·ra [スミニストラドル, ドラ] 形 供給する, 供給の.
— 男囡 供給者, 提供者.

su·mi·nis·trar [スミニストラル] 他 …を供給[提供]する.

su·mi·nis·tro [スミニストロ] 男 1 供給, 提供. 2 供給品, 支給物.

su·mir [スミル] 他 1 …を沈める, 埋める. 2 … (+en...) …に至らしめる, おとしめる.
— **sumir·se** 再 1 沈む, 埋まる. 2 (+en...) …に落ち込む. 3 (+en...) …に熱中する, 没頭する.

su·mi·sión [スミシオン] 囡 1 服従. 2 従順.
su·mi·so, sa [スミソ, サ] 囮 従順な.
súm·mum [スンムン]《el+》最高, 絶頂.
su·mo[1] [スモ] 男 相撲(ᵗᵘ).
su·mo[2]**, ma** [—, マ] 囮 1 至高の, 最高の. 2 とても大きな, 巨大な.
 a lo sumo 1 せいぜい, 多くても, 高くても. 2 おそらく.
 de sumo すっかり.
 en sumo grado 極度に.
sun·tua·rio, ria [スントゥアリオ, リア] 囮 ぜいたくな.
sun·tuo·si·dad [スントゥオシダス] 囡 豪華, ぜいたく.
sun·tuo·so, sa [スントゥオソ, サ] 囮 ぜいたくな, 豪華な.
supe 囲 → saber 知る《囲 72》.
su·pe·di·ta·ción [スペディタシオン] 囡 1 従属, 服従. 2 履行の条件.
su·pe·di·tar [スペディタル] 他 …を(+a…)…に従属[服従]させる.
 — **supeditarse** 再 (+a…) …に従う.
sú·per [スペル] 囮 とてもよい, 優秀な.
 — 男 スーパーマーケット.
 — 男 ハイオクタンガソリン.
 — 副 とてもすばらしく.
su·pe·ra·ble [スペラブレ] 囮 克服可能な.
su·pe·ra·bun·dan·te [スペラブンダンテ] 囮 多すぎる.
su·pe·ra·ción [スペラシオン] 囡 1 限界の打破. 2 克服, 克己. 3 (自己の)向上, 完成.
su·pe·rar [スペラル] 他 1 …を(+en…) …でしのぐ, 勝つ. 2 …を克服する. 3 …を越える, 上回る.
 — **superarse** 再 (+en…) …で一層よくなる.
su·pe·rá·vit [スペラビト] 男《単複同形》1《商業》黒字, 余剰金. 2 十二分の量.
su·per·che·rí·a [スペルチェリア] 囡 1 (なにかを求めるときの)巧妙な手口, ごまかし. 2 迷信.
su·per·con·duc·ti·vi·dad [スペルコンドゥクティビダス]《物理学》超伝導.
su·per·do·ta·do, da [スペルドタド, ダ] 囮 すぐれた才能のある.
 — 男 囡 天才.
su·pe·res·tra·to [スペレストラト] 男 1 上層. 2 上層言語.
su·pe·res·truc·tu·ra [スペレストルクトゥラ] 囡 1 上部構造. 2 上部組織.
su·per·fi·cial [スペルふぃしアル] 囮 1 表面の, 表層の. 2 表面的な, うわべの.
su·per·fi·cial·men·te [スペルふぃしアルメンテ] 副 表面上, うわべだけ.
su·per·fi·cie [スペルふぃしエ] 囡 1 表面, 外面, 表層. 2〈土地〉面積. 3 (空間の)面. 4 外見, うわべ.
 de superficie〈運送〉水上[陸路]の.
 salir a la superficie (隠れていたものが)姿を見せる.

su·per·fluo, flua [スペルふるオ, ふるア] 囮 余分な, あまった.
su·per·hom·bre [スペロンブレ] 男 スーパーマン.
su·per·in·ten·den·cia [スペリンテンデンしア] 囡 1 監督の職. 2 監督事務所.
su·per·in·ten·den·te [スペリンテンデンテ] 男 囡〈人〉監督.
su·pe·rior[1] [スペリオル] 男 上司, 上役.
 — 囮 1 一層高い. 2 (+a…) …の上位の, より上級の. 3 高等な. 4 (+a…) …よりすぐれた, 優秀な. 5 上位の.
su·pe·rior[2]**, rio·ra** [—, リオラ] 男 囡 修道院長.
su·pe·rio·ri·dad [スペリオリダス] 囡 1 優秀性. 2 優位, 上位. 3 優越感. 4 (集合的に)上層部(の人々).
su·per·la·ti·vo[1] [スペルラティボ] 男〈文法〉最上級, 最上級語.
 superlativo absoluto 絶対最上級.
 superlativo relativo 相対最上級.
su·per·la·ti·vo[2]**, va** [—, バ] 囮 1 最上の, 最高の. 2 最大の. 3〈文法〉最上級の.
su·per·mer·ca·do [スペルメルカド] 男〈商店〉スーパー(マーケット).
su·per·po·bla·ción [スペルポブラしオン] 囡 人口過剰.
su·per·po·bla·do, da [スペルポブラド, ダ] 囮 人口過密の.
superpondr- 囲 → superponer 重ねて置く《囲 61》.
su·per·po·ner [スペルポネル] 他《囲 61 poner》1 …を(+a…) …の上に重ねて置く. 2 …を(+a…) …より重視する.
 — **superponerse** 再 1 (+a…) …に重なる. 2 (+a…) …に優先する.
su·per·po·si·ción [スペルポシしオン] 囡 1 重ね置くこと. 2 優先, 重視.
su·per·po·ten·cia [スペルポテンしア] 囡 超大国.
su·per·pro·duc·ción [スペルプロドゥクしオン] 囡 1 過剰生産. 2《映画》超大作.
su·per·pues·to, ta [スペルプエスト, タ]《過去分詞》→ superponer 重ねて置く.
 — **se** 再 1 重ね合わせる. 2 優先される.
superpus- 囲 → superponer 重ねて置く《囲 61》.
su·per·só·ni·co, ca [スペルソニコ, カ] 囮 超音速の.
su·pers·ti·ción [スペルスティしオン] 囡 迷信.
su·pers·ti·cio·so, sa [スペルスティしオソ, サ] 囮 1 迷信の. 2〈人〉迷信深い.
 — 男 囡 迷信家.
su·per·va·lo·rar [スペルバロラル] 他 …を過大評価する, 買いかぶる.
 — **supervalorarse** 再 うぬぼれる.

su·per·vi·sar [スペルビサル] 他 （作業など）を監督する, チェックする.

su·per·vi·sión [スペルビシオン] 女 （作業などの）監督, チェック.

su·per·vi·sor, so·ra [スペルビソル, ソラ] 形 （作業などの）監督の.
— 男 女 〈人〉 監督.

su·per·vi·ven·cia [スペルビベンシア] 女 1 生存, 生き残り. 2 存続, 残存.

su·per·vi·vien·te [スペルビビエンテ] 形 生存[残存]している.
— 男 女 生存者.

supi- 活 → saber 知る《活 72》.

su·pi·no, na [スピノ, ナ] 形 1 あおむけになった. 2（誤りなどが）極度の, 法外な.

su·plan·ta·ción [スプランタシオン] 女 （不当な）人間の交替.

su·plan·tar [スプランタル] 他 （不当に）（+a+人）…の代りになる.

su·ple·men·ta·rio, ria [スプレメンタリオ, リア] 形 補充用の, 補足の.

su·ple·men·to [スプレメント] 男 1 補充, 補足. 2（定期刊行物の）付録, 別冊特集. 3〈文法〉（動詞にかかる）前置詞句補語. 4 割り増し, 追加料金.

su·plen·cia [スプレンシア] 女〈行為〉代理, 代行.

su·plen·te [スプレンテ] 形 代理の.
— 男 女 〈人〉代理, 代行, 代員.

su·ple·to·rio¹ [スプレトリオ] 男 （親子電話の）子機.

su·ple·to·rio, ria² [—, リア] 形 1 補足の, 追加の. 2（親子電話の）子機の.

sú·pli·ca [スプリカ] 女 嘆願, 哀願.

su·pli·can·te [スプリカンテ] 形 切に願う, 哀願する.
— 男 女 嘆願者, 哀願する人.

su·pli·car [スプリカル] 他《活 73 sacar》1 …を嘆願[哀願]する. 2（+que+接続法）…するように切に願う.

su·pli·cio [スプリシオ] 男 1 苦痛, 苦悩. 2 拷問（ごうもん）, 責め苦. 3 極刑の一種.

supliqu- 活 → suplicar 嘆願する《活 73》.

su·plir [スプリル] 他 1 …を（+con, por…）でおぎなう. 2（+a+人）…の代りになる, …を代行する.

supo 活 → saber 知る《活 72》.

su·pón 活 → suponer 仮定する《活 61》.

supondr- 活 → suponer 仮定する《活 61》.

su·po·ner [スポネル] 他《活 61 poner》1 …を仮定する, 想定する. 2 …を推測する, 推定する. 3 …を意味する.
ser de suponer 当然である.

supong- 活 → suponer 仮定する《活 61》.

su·po·si·ción [スポシシオン] 女 仮定, 推測.

su·po·si·to·rio [スポシトリオ] 男 座薬.

su·pra·na·cio·nal [スプラナシオナル] 形 超国家的な.

su·pra·rre·nal [スプラレナル] 形〈解剖学〉副腎の.

su·pra·sen·si·ble [スプラセンシブレ] 形 高感度の.

su·pre·ma·cí·a [スプレマシア] 女 最高位, 至高.

su·pre·mo, ma [スプレモ, マ] 形 最高の, 至高の.
Tribunal Supremo 最高裁判所.

su·pre·sión [スプレシオン] 女 1 省略, 廃止. 2 消滅.

su·pri·mir [スプリミル] 他 …を省略[廃止]する.

su·pues·to¹ [スプエスト] 男 仮定, 推測.
dar por supuesto que... …を当然だとする.
por supuesto もちろん, 当然.

su·pues·to, ta² [—, タ] 《過去分詞》→ suponer 仮定する.
— 形 1 仮定の, 想像上の. 2 にせの, 見せかけの.
supuesto que... 1（+直説法）…のときには. 2（+接続法）…ということなら.

su·pu·ra·ción [スプラシオン] 女 化膿（かのう）.

su·pu·rar [スプラル] 自 化膿（かのう）する.

supus- 活 → suponer 仮定する《活 61》.

sur [スル] 男 1 方位》南. 2 南部. 3 南風.

su·ra·fri·ca·no, na [スラふリカノ, ナ] 形 南アフリカの.
— 男 女 南アフリカの人.

su·ra·me·ri·ca·no, na [スラメリカノ, ナ] 形 南アメリカの.
— 男 女 南米の人.

sur·car [スルカル] 他《活 73 sacar》1（水域など）を切って進む. 2（畑）にうねを作る.

sur·co [スルコ] 男 1〈畑〉うね. 2（顔などのしわ. 3（レコードなどの）溝.

su·re·ño, ña [スレニョ, ニャ] 形 南の, 南部の.
— 男 女 南部の人.

su·res·te [スレステ] 男 《→= sudeste》南東.

sur·fis·ta [スルふィスタ] 男 女 サーフィン競技者.

sur·gi·mien·to [スルヒミエント] 男 登場, 発生.

sur·gir [スルヒル] 自《活 27 dirigir》1（水などが）わき出る. 2 きわだつ, そびえたつ. 3 出現する, 発生する.

surj- 活 → surgir わき出る《活 27》.

su·ro·es·te [スロエステ] 男 《→= sudoeste》南西.

su·rre·a·lis·mo [スレアリスモ] 男〈芸術〉シュールレアリスム, 超現実主義.

su·rre·a·lis·ta [スレアリスタ] 形《男女同形》〈芸術〉超現実主義の.
— 男 女 超現実主義者.

sur·ti·do¹ [スルティド] 男 品ぞろえ, 在庫.

sur·ti·do², da [—, ダ]《過去分詞》→ surtir 供給する.
— 形 1 供給された. 2 品ぞろえの十分な.

sur·ti·dor¹ [スルティドル] 男 1 (ガソリンの)給油機. 2 噴水.

sur·ti·dor², do·ra [—, ドラ] 男 女 供給者.

sur·tir [スルティル] 他 …に (+de…) …を供給する, 調達する.
— 自 (液体が)噴出する.
— *surtirse* 再 (+de…) …を仕入れる.
surtir efecto 効果がある, きく.

sus [スス] 形 複《所有形容詞》《→ su》彼(ら)の.

Su·sa·na [スサナ] 固〈女性の名〉スサナ.

sus·cep·ti·bi·li·dad [ススセプティビリダス] 女 1 怒りっぽさ. 2 感じやすさ.

sus·cep·ti·ble [ススセプティブれ] 形 1 怒りっぽい. 2 感じやすい.

sus·ci·tar [ススィタル] 他 …を引き起こす.

sus·cri·bir [ススクリビル] 他 1 …に署名する. 2 …を支持する, 承認する. 3 (株式など)を購入する. 4 …の購読契約をする.
— *suscribirse* 再 (+a…) …の購読契約をする.

sus·crip·ción [ススクリプスィオン] 女 定期購読の予約, 予約の申し込み.

sus·crip·to, ta [ススクリプト, タ] 形《→ = suscrito, ta》署名した.

sus·crip·tor, to·ra [ススクリプトル, トラ] 男 女《→ = suscriptor, tora》購読者.

sus·cri·to, ta [ススクリト, タ]《過去分詞》→ suscribir 署名する.
— 形 署名した, 署名された.
— 男 女 署名者.

sus·cri·tor, to·ra [ススクリトル, トラ] 男 女 購読者, 申し込み者.

su·so·di·cho, cha [ススィチョ, チャ] 形 上記の, 前述の.
— 男 女 上記の者.

sus·pen·der [ススペンデル] 他 1 …をつるす, ぶらさげる. 2 …を中断する, 一時停止させる. 3 …を休職にさせる. 4 …を仰天させる, 感嘆させる. 5 …を落第させる.
— 自 (+en+科目) …で落第する.
— *suspenderse* 再 中断する, 一時停止する.

sus·pen·se [ススペンセ] 男 サスペンス／*Esta película tiene mucho suspense.* この映画は見ていてとてもはらはらする.

sus·pen·sión [ススペンスィオン] 女 1 中断, 一時停止. 2 (自動車などの)懸架装置, サスペンション. 3 (粒子などの)浮遊. 4〈化学〉懸濁液. 5 つるすこと. 6 仰天, 驚嘆.
en suspensión 浮遊状態で.
suspensión de garantías (社会不安による)憲法上の権利の停止.
suspensión de pagos 支払い停止.

sus·pen·so¹ [ススペンソ] 男〈成績評価〉不可.
en suspenso 1 未決(状態)の. 2 中断[中止]された.

sus·pen·so², sa [—, サ] 形 1〈成績評価〉不可の, 落第の. 2〈状態〉どうしていいのかわからない, 唖然(ぁぜん)とした.

sus·pen·so·res [ススペンソレス] 男 複 ズボンつり, サスペンダー.

sus·pi·ca·cia [ススピカスィア] 女 うたぐりやすさ, 猜疑(さいぎ)心.

sus·pi·caz [ススピカス] 形 複 suspicaces うたぐりやすい, 人を信用しない.
— 男 女 うたぐりやすい人間.

sus·pi·rar [ススピラル] 自 1 ため息をつく, 嘆息する. 2 (+por…) …を熱望する.

sus·pi·ro [ススピロ] 男 1 ため息, 嘆息. 2 少しの時間, つかの間. 3 ほとんど気づかれないもの [こと].
dar [exhalar] el último suspiro 息を引き取る.

sus·tan·cia [ススタンスィア] 女 1 物質, 物体. 2 本質, 実体. 3 中身, 実質.

sus·tan·cial [ススタンスィアれ] 形 1 実存する, 実質の. 2 本質的な, 基本的な. 3 根本的な, 重要な.

sus·tan·cio·so, sa [ススタンスィオソ, サ] 形 1 内容のある, 中身の濃い. 2 栄養豊富な.

sus·tan·ti·va·ción [ススタンティバスィオン] 女〈言語学〉名詞化, 実詞化.

sus·tan·ti·var [ススタンティバル] 他〈言語学〉…を名詞化[実詞化]する.

sus·tan·ti·vo¹ [ススタンティボ] 男〈言語学〉名詞, 実詞.

sus·tan·ti·vo², va [—, バ] 形 1 本質的な. 2 実質的な. 3〈言語学〉名詞の, 実詞の.

sus·ten·ta·ble [ススタンタブれ] 形 支援可能な.

sus·ten·ta·ción [ススタンタスィオン] 女 (理論的な)支援, 支持.

sus·ten·tar [ススタンタル] 他 1 …を支える. 2 …を扶養する, やしなう. 3 (意見など)を (+en…) …にのっとって支持する, 主張する. 4 …を支援する.
— *sustentarse* 再 1 (+en…) …に論拠を置く. 2 存続する.

sus·ten·to [ススタント] 男 1 生活の糧(かて). 2 支え, 支持.

sus·ti·tu·ción [ススティトゥスィオン] 女〈行為〉代用, 代行.

sus·ti·tui·ble [ススティトゥイブれ] 形 代替可能な.

sus·ti·tuir [ススティトゥイル] 他《活 43 huir》…を (+por…) …と取り替える.

sus·ti·tu·ti·vo¹ [ススティトゥティボ] 男 代用物, 代理人.

sus·ti·tu·ti·vo², va [—, バ] 形 代用となる, 代理の.

sus·ti·tu·to, ta [ススティトゥト, タ] 形〈人〉代理の.

sustituy-

— 男女 1 代理人. 2 補欠.
sustituy- 活 → sustituir 取り替える《活 43》.
sus·to [スト] 男 (はっとする) 驚き, どきっとする反応.
sus·trac·ción [ススㇳラクスィオン] 女 1 控除, 差し引き. 2 (財産などの) 横領, 盗み取り. 3 〈算数〉引き算.
sus·tra·en·do [ススㇳラエンド] 男 〈数学〉減数.
sus·tra·er [ススㇳラエル] 他《活 81 traer》1 (他人の財産など) を横領する, 盗む. 2 …から (+de…) …を取り去る. 3 …を (+a…) …から引く.
— **sustraer·se** 再 (+de+義務など) …から身を引く, …を回避する.
sustraig- 活 → sustraer 横領する《活 81》.
sustraj- 活 → sustraer 横領する《活 81》.
sus·tra·to [ススㇳラト] 男 1 〈言語学〉基層. 2 〈地質学〉下層土.
su·su·rran·te [ススランテ] 形 ささやくような, つぶやきの.
su·su·rrar [ススラル] 自 1 ささやく, つぶやく. 2 (川が) さらさら流れる. 3 (風が) そよそよ吹く.
su·su·rro [ススロ] 男 1 ささやき, つぶやき. 2 (川の) せせらぎ. 3 (風の) そよぎ気配.
su·til [スティル] 形 1 微妙な, デリケートな. 2 絶妙な, 明敏な. 3 薄い, か細い.
su·ti·le·za [スティれさ] 女 1 (行為の) 絶妙さ, 明敏さ. 2 微妙さ, デリケートさ.

su·ti·li·zar [スティリさル] 他《活 39 gozar》(意見など) を絶妙に表現する.
su·tu·ra [ストゥラ] 女 1 〈外科〉縫合 (ﾎｳ). 2 縫合糸.
su·tu·rar [ストゥラル] 他 〈外科〉…をぬい合わす.
su·yo, ya [スヨ, ヤ] 形《3 人称の所有形容詞の後置形》《所有物が複数形なら suyos, suyas》《→前置形 su》1 彼 (ら) の, 彼女 (ら) の, あなた (がた) の.
2 (所有物の性・数に合った定冠詞を伴って) 彼 (ら) のもの, 彼女 (ら) のもの, あなた (がた) のもの.
aguantar lo suyo (人が) 我慢する.
andar [ir] a lo suyo (人が) 自分のことだけにかまける.
de suyo それ自体で.
hacer suyo (+人の意見など) …に賛同する.
la suya (ある人の) チャンス.
lo suyo 1 (人の) らしいもの [こと]. 2 (人の) 自分自身のこと [もの].
los suyos (人の) 身内, 味方, 部下.
muy suyo [suya] とてもそれらしい.
salir·se con la suya (人が) 思い通りに成しとげる.
ser lo suyo (人の) するべきことである.
ser muy suyo (人が) 自己流を通す.
tener suyo (物事が) それなりに困難である.
una [alguna, otra] de las suyas (否定的な意味で) (人の) 独特のやり方, いつもの手.

活 は活用形　複 は複数形　男 は男性名詞　女 は女性名詞　固 は固有名詞　代 は代名詞　自 は自動詞

T t

T, t [テ] 女《アルファベットの第 21 番の文字》テ.

ta·ba [タバ] 女 1 (かかとの)距骨(ぎこつ). 2 〈遊戯〉距骨投げ.

ta·ba·cal [タバカる] 男 タバコ畑.

ta·ba·ca·le·ro, ra [タバカれロ, ラ] 形 タバコの.
— 男女 1 タバコ栽培業者. 2 タバコ業者.

ta·ba·co [タバコ] 男 1 〈植物〉タバコ. 2 〈製品〉タバコ.
  tabaco negro (黒っぽい葉の)黒タバコ.
  tabaco picado 刻みタバコ.
  tabaco rubio (褐色の葉の)黄タバコ.

tá·ba·no [タバノ] 男 〈昆虫〉アブ.

ta·ba·que·ra¹ [タバケラ] 女 タバコ入れ.

ta·ba·que·ro, ra² [タバケロ, ―] 形 タバコ業の.
— 男女 タバコ業者.

ta·ba·quis·mo [タバキスモ] 男 タバコ中毒.

ta·bar·do [タバルド] 男 1 (農民が使っていた厚手の)長マント. 2 袖(そで)なしマント.

ta·ba·rra [タバラ] 女 厄介, 面倒.

ta·bas·co [タバスコ] 男 〈料理〉タバスコ.

ta·ber·na [タベルナ] 女 居酒屋, 飯屋(めしや).

ta·ber·na·rio, ria [タベルナリオ, リア] 形 1 居酒屋の. 2 下品な, はすっぱな.

ta·ber·ne·ro, ra [タベルネロ, ラ] 男女 居酒屋の主人 [女将(おかみ)].

ta·bi·ca [タビカ] 女 〈階段〉けこみ板.

ta·bi·car [タビカル] 他 [活 73 sacar] …を板でふさぐ.

ta·bi·que [タビケ] 女 仕切り, 仕切り壁.

ta·bla [タブら] 女 1 (木や金属などの)板. 2 板絵(が). 3 表, 一覧表. 4〈服飾〉幅広プリーツ.
  a raja tabla 断固として, 決然と.
  hacer tabla rasa de… 1 …を取り除く. 2 …を無視する.
  tabla de planchar アイロン台.
  tabla de salvación 最後の頼み.
  tabla pitagórica [de multiplicar] 〈算数〉九九の表.
  tabla rasa (油絵用の)画板.

ta·bla·do [タブらド] 男 (舞台にもなる板張りの)一段高い床(ゆか).

ta·bla·o [タブらオ] 男 1 〈フラメンコ〉舞台. 2 (フラメンコを見せるナイトクラブの)タブラオ.

ta·blas [タブらス] 女複 〈→ tabla〉 1 〈ゲーム〉引き分け. 2〈演劇〉舞台. 3 (講演などの)経験, 慣れ. 4 〈闘牛場〉防壁 (の周囲).
  quedar en tablas (ゲームが)引き分けになる.
  subir a [pisar] las tablas 舞台を踏む.
  Tablas de la Ley (モーゼの十戒の)律法の石板.
  tener (muchas) tablas 場数(ばかず)を踏んでいる, 慣れている.

ta·ble·a·do, da [タブれアド, ダ] 《過去分詞》→ tablear 板にする.
— 形 1 板状になった. 2 ひだのついた.
  falda tableada プリーツスカート.

ta·ble·ar [タブれアル] 他 1 …を板にする. 2 (服地)にひだをつける.

ta·ble·ro [タブれロ] 男 1 (大判の)板, ボード. 2 天板(てんばん), 甲板(こうはん). 3 (チェスなどの)盤. 4 表示板, 掲示板.

ta·ble·ta [タブれタ] 女 1 (板チョコなどの)小さな板状のもの. 2〈薬〉錠剤.

ta·bli·lla [タブりじゃ] 女 1 小型の板. 2〈古代ローマ〉(学習用の)書字板.

ta·blón [タブろン] 男 1 厚手の板, 大きな板. 2 酒の酔い.
  tablón de anuncios 掲示板.

ta·bú [タブ] 男《複 tabúes, tabús》タブー, 禁忌(きんき).

ta·bu·co [タブコ] 男 小屋, 小部屋.

ta·bu·la·dor [タブらドル] 男 (タイプライターなどの位取り用キーの)タブ.

ta·bu·lar [タブらル] 他 …を表にする.

ta·bu·re·te [タブれテ] 男 1 (肘(ひじ)も背もない)椅子(いす), 腰掛け. 2 (バーなどの)丸椅子.

ta·ca·da [タカダ] 女 〈ビリヤード〉ひと突き.
  de una tacada 一度だけで, 一気に.

ta·ca·ñe·rí·a [タカニェリア] 女 けち, 貪欲(どんよく).

ta·ca·ño, ña [タカニョ, ニャ] 形 けちな, 貪欲(どんよく)な, しみったれた.
— 男女 〈人〉けち, しみったれ.

ta·ca·tá [タカタ] 男《= tacataca》(幼児用の)歩行器.

ta·cha [タチャ] 女 欠点, 欠陥, きず.

ta·cha·du·ra [タチャドゥラ] 女 (書かれたものに線を引いて)消すこと, 抹消.

ta·char [タチャル] 他 1 (書かれたもの)を線を引いて消す. 2 …を(+de+欠点)…だと決めつける, 非難する.

ta·chón [タチョン] 男 (書かれたものを)消した線.

ta·cho·nar [タチョナル] 他 …を鋲(びょう)で飾る.

ta·chue·la [タチュエら] 女 飾り鋲(びょう).

tá·ci·ta·men·te [タしタメンテ] 副 無言のうちに, それとなく.

tá·ci·to, ta [タしト, タ] 形 無言の, 暗黙の.

ta·ci·tur·no, na [タしトゥルノ, ナ] 形 **1** 無口な, 物静かな. **2** 寂しげな.

ta·co [タコ] 男 **1** 栓(ऐ), 詰め物. **2** 〈ビリヤード〉キュー, 突き棒. **3** (はぎ取り式の)メモ帳, 日めくり(カレンダー), (回数券などの)ひとつづり. **4** (チーズやハムの角切りの)ひと切れ. **5** 混乱, 当惑. **6** (積み上げたものの)ひと山. **7** 靴底のスパイク.
 hacer·se un taco con… …で当惑する, …がわからなくなる.

ta·có·me·tro [タコメトロ] 男 〈自動車〉タコメーター, 回転速度計.

ta·cón [タコン] 男 〈靴〉かかと, ヒール.

ta·co·na·zo [タコナソ] 男 (靴の)かかとでの打ちつけ, ひとけり.

ta·co·ne·ar [タコネアル] 自 かかとで床を踏み鳴らす.

ta·co·ne·o [タコネオ] 男 (かかとによる床の)踏み鳴らし.

ta·cos [タコス] 男 複 (→ taco) **1** (人の)年齢, …歳. **2** 悪たれ口, きたない言葉. **3** 〈料理〉(トルティヤ tortilla で肉などを挟んだ)タコス.

tác·ti·ca[1] [タクティカ] 女 **1** 実行計画, 方策. **2** 〈軍隊〉作戦, 戦術.

tác·ti·co[1] [タクティコ] 男 戦術家, 軍師.

tác·ti·co[2], **ca**[2] 形 戦術の, 作戦の.

tác·til [タクティる] 形 触覚の.
 sensación táctil 触感.

tac·to [タクト] 男 **1** 触覚. **2** 触感. **3** ひと触れ. **4** 機転, 如才なさ. **5** 〈医学〉内診.

ta·fe·tán [タふェタン] 男 (平織りの)タフタ.

ta·fi·le·te [タふぃれテ] 男 モロッコ革.

ta·ga·lo[1] [タガろ] 男 タガログ語.

ta·ga·lo[2], **la** [—, ら] 形 (フィリピンの)タガログ族の.
 — 男 女 タガログ族の人.

ta·ho·na [タオナ] 女 〈店〉パン屋.

ta·húr [タウル] 男 **1** ばくち打ち, 博徒(ピ). **2** いかさま師.

tai·fa [タイふぁ] 女 (スペインの回教王国が分裂してできた)小王国, タイファ.

tai·ga [タイガ] 女 (亜寒帯針葉樹林の)タイガ.

Tai·lan·dés, de·sa [タイらンデス, デサ] 形 (アジアの国の)タイ Tailandia の.
 — 男 女 タイ人.

Tai·lan·dia [タイらンディア] 固 〈国の名〉(東南アジアの王国の)タイ.

tai·ma·do, da [タイマド, ダ] 形 抜けめのない, ずる賢い.

ta·í·no[1] [タイノ] 男 (アラワク語族の)タイノ語.

ta·í·no[2], **na** [—, ナ] 形 (西インド諸島の絶滅した)タイノ族の.
 — 男 女 タイノ族の人.

tai·ta [タイタ] 男 お父さん.

ta·ja·da [タハダ] 女 **1** (肉などの)ひと切れ. **2** 得(␂)な部分. **3** 酒の酔い.
 sacar tajada de… …で得をする.

ta·ja·de·ra [タハデラ] 女 (半月型の)包丁.

ta·ja·mar [タハマル] 男 **1** (船首の)水切り. **2** (橋脚の)水切り.

ta·jan·te [タハンテ] 形 **1** きっぱりした, 妥協を許さない. **2** 明確な, 明解な.

ta·jar [タハル] 他 …を切り分ける.

ta·jo [タホ] 男 **1** (深い)切り傷, 切断. **2** 絶壁, 断崖(緞). **3** 仕事.

Ta·jo [タホ] 固 〈el+〉〈川の名〉(スペイン中央部からポルトガルに流れている)タホ[テジョ].

tal [タる] 形 **1** (程度や質が)そのような, そんな, こんな, 同様の. **2** (特定のものを指さないで)しかじかの, これこれの. **3** とても大きな, ひどい.
 — 代 **1** そのような, そんなもの, そういうこと. **2** ある人. **3** (不定冠詞+)ある男, ある女.
 — 副 **1** そのように. **2** 〈強調〉(sí, no+)まったく/*Sí tal.* その通り!
 como si tal cosa **1** わけなく, やすやすと. **2** 平然と.
 …*como tal* そのようなものとしての ….
 con tal de (+不定詞) …という条件で.
 con tal (de) que (+接続法) …という条件で.
 que si tal que si cual (他人の言ったぐちなどを指して)なんやかや, あれこれ.
 ¿Qué tal? **1** 〈挨拶〉やあ元気？どうだい？ **2** どのように …？
 tal como… **1** …とおなじで, …のままに. **2** たとえば ….
 tal cual **1** そのように, こんなふうに. **2** 平然と, なにも変わらず. **3** だれかれか.
 tal cual…, así~ …するように, そのように ~.
 tal o cual (不特定の)ある人, だれかれ.
 tal para cual 似たりよったりの人, 同類(の人).
 tal… que~ **1** あまり …なので~. **2** ~ほどの ….
 tal vez おそらく, たぶん.
 tal y como …のとおりに.
 tal y cual [*tal*] (不特定の事柄の)あれやこれや(の), これこれ(の).
 un [*una*] *tal* (+人名) …とかいう人.
 una tal 売春婦.
 …*y tal y cual* …などなど, …その他もろもろ.

ta·la [タら] 女 〈樹木〉伐採.

ta·la·bar·te·ro, ra [タらバルテロ, ラ] 男 女 革帯(誰)職人, 革具(ᭉ)職人.

ta·la·dra·do·ra [タらドラドラ] 女 〈工具〉(穴をあける)ドリル.

ta·la·drar [タらドラル] 他 **1** …に(ドリルなどで)穴をあける. **2** (耳)にさわる音を出す.

ta·la·dro [タらドロ] 男 **1** 〈工具〉(錐(␀)の)ドリル, 錐. **2** (錐であけた)穴.

tá·la·mo [タらモ] 男 **1** (夫婦用の)ベッド, 寝床. **2** 〈脳〉視床.

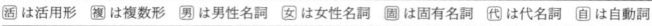

tálamo nupcial 初夜の床.
ta·lan·te [タランテ] 男 機嫌, 気分.
ta·lar [タらル] 他〈衣服〉かかとまで届く. ― 他〈木〉を伐採する.
ta·la·yo·te [タらヨテ] 男〈バレアレス諸島〉(巨石時代の)石塔遺跡.
tal·co [タるコ] 男 1 滑石(ポǎ), タルク. 2〈化粧〉タルカムパウダー.
ta·le·ga [タれガ] 女 (浅い広口の)袋.
ta·le·go [タれゴ] 男 1 (穀物の運搬などに使う細長の)袋. 2 牢屋, 刑務所. 3〈紙幣〉千ペセタ札.
ta·le·gui·lla [タれギじゃ] 女〈闘牛士〉ズボン.
ta·len·to [タれント] 男 1 (芸術活動や知的活動の)才能, 能力, 天分. 2 知的[芸術的]才能の持ち主. 3〈通貨単位〉(古代ギリシアなどの)タラント.
tal·go [タるゴ] 男〈鉄道〉(スペインの特殊連結型の軽量車種の)タルゴ[← Tren Articulado Ligero Goicoechea Oriol].
ta·lión [タりオン] 男 (目には目を式の)同罪の刑, 同害復讐(衫ぅ)法.
ta·lis·mán [タリスマン] 男 お守り, 護符.
ta·lla [タじゃ] 女 1〈作品〉(木彫やなどの)彫刻. 2 背丈, 身長. 3〈衣服〉サイズ. 4 能力, 才能. 5〈宝石〉カット.
dar la talla 1 能力を備えている, 適性がある. 2 (入隊用の)身長の基準を満たす.
ta·lla·do [タじゃド] 男 1〈作業〉彫刻, 木彫り. 2〈宝石〉カット.
ta·llar [タじゃル] 他 1 …を彫刻する, 彫る. 2 …を(+en…)…に刻みつける. 3 …の身長を測る.
ta·lla·rín [タじゃりン] 男 1 (きしめん風パスタの)タリアテッレ. 2 (ラーメン, うどん, きしめんなど)のめん類.
ta·lle [タじぇ] 男 1 腰, ウエスト. 2〈衣服〉腰回り. 3〈仕立て〉首から腰までのサイズ.
talle de avispa くびれた腰.
ta·ller [タじェル] 男 1 工房, 作業場, アトリエ, スタジオ. 2〈自動車〉修理工場. 3 セミナー, 研究集会, ワークショップ.
ta·llo [タじョ] 男〈植物〉茎.
ta·llu·do, da [タじゅド, ダ] 形〈人〉もう若くはない, 大人の.
tal·men·te [タるメンテ] 副 まさにそのように.
ta·lo [タろ] 男〈植物〉葉状体.
ta·lo·fi·tas [タろふィタス] 女複〈分類〉葉状植物.
ta·lón [タろン] 男 1〈足〉かかと. 2 (靴や靴下の)かかと. 3 クーポン券, 受領証. 4 小切手.
pisar los talones a… …のすぐあとをつける.
talón de Aquiles アキレス腱, 弱点.
ta·lo·na·rio [タろナりオ] 男 1 クーポン帳, 受領証帳. 2 小切手帳.
ta·lud [タるド] 男 1 傾斜, 勾配(ぷ).
ta·mal [タマる] 男 (バナナの葉でトウモロコシ粉や肉片などを包んだ蒸し料理の)タマル.

ta·ma·ño[1] [タマニョ] 男 大きさ, サイズ.
ta·ma·ño[2], **ña** [―, ニャ] 形 おなじくらい大きな, または大きな[小さい].
ta·ma·rin·do [タマりンド] 男〈樹木・実〉(熱帯産の)タマリンド.
tam·ba·le·an·te [タンバれアンテ] 形 ふらついた.
tam·ba·le·ar·se [タンバれアルセ] 再 ふらつく, よろめく.
tam·ba·le·o [タンバれオ] 男 ふらつき, よろめき.
tam·bién [タンビエン] 副 1 (肯定的に) …もまた(…である). 2 そのうえ(…である).
no sólo…, sino (que) también～ …だけでなく～もまた.
tam·bo [タンボ] 男 宿屋.
tam·bor [タンボる] 男 1 太鼓, ドラム. 2 太鼓型のもの. 3〈回転式拳銃〉弾倉. 4 ドラム[太鼓]奏者, 鼓手. 5 (洗濯機などの)ドラム.
tam·bo·ril [タンボりる] 男 小太鼓.
tam·bo·ri·le·ar [タンボりれアル] 自 1 (小)太鼓をたたく. 2 指でとんとんと拍子を取る.
tam·bo·ri·le·ro, ra [タンボりれロ, ラ] 男女 (小)太鼓奏者, 鼓手.
tam·bo·rra·da [タンボらダ] 女 鼓手のパレード.
ta·miz [タミす] 男〈複〉 *tamices*) 1 (粒を選別する)篩(ãǎ). 2 選抜試験.
ta·mi·zar [タミさル] 他 1 …を篩(ãǎ)にかける. 2 (光や色)を薄くする. 3 …を選抜[選別]する.
ta·mo [タモ] 男 綿ぼこり, 毛くず.
tám·pax [タンパクス] 男 (生理用)タンポン.
tam·po·co [タンポコ] 副 1 (否定的に) …もまた(…ない). 2 (否定表現を受けて)そのうえ(…もない).
tam·pón [タンポン] 男 1〈印章〉スタンプ台. 2〈医学〉止血栓, タンポン.
tam·tan [タンタン] 男 (筒形太鼓の)トムトム.
tan [タン] 副《副詞 *tanto* の語尾脱落形》《→ *tanto*[1]》 そんなに, こんなに, あんなに.
ni tan siquiera (否定表現に続いて) …さえもない.
¡Qué (+名詞) tan (+形容詞)! なんて … なーなんだろう!
tan… como～ ～とおなじほど …な.
tan pronto como… …するとすぐに, するやいなや.
tan… que～ とても …なので ～.
tan siquiera… せめて …ぐらい, 少なくとも ….
tan sólo ただ …ない.
ta·na·to·rio [タナトりオ] 男 葬儀場, 斎場.
tan·da [タンダ] 女 1 一連のもの, ひとまとまり. 2 順番, 交替.
tán·dem [タンデン] 男 1 (ふたり以上が前後に乗る)タンデム自転車. 2〈人〉ペア, コンビ.
tan·ga [タンガ] 女〈水着〉超ビキニ.
tan·gen·cial [タンヘンしアる] 形 1〈数学〉正接の, 接線の. 2〈事柄〉部分的な, 表面的な.

tan·gen·te [タンヘンテ] 形 〈数学〉接した.
— 女 〈数学〉1 接線. 2 正接, タンジェント.

tan·gi·ble [タンヒブレ] 形 1 触知できる, 触れられる. 2 確実な, 具体的な.

tan·go [タンゴ] 男 〈音楽・舞踊〉タンゴ.

ta·ni·no [タニノ] 男 〈化学〉タンニン.

tan·que [タンケ] 男 1 戦車, タンク. 2 (ガスや石油の)タンク, 水槽. 3 〈自動車〉タンクローリー. 4 〈船〉タンカー. 5 (ビールの)大ジョッキ.

tan·tán [タンタン] 男 1 (太鼓などの音の)ドンドン. 2 (鐘の音の)ガーンガーン.

tan·te·a·dor¹ [タンテアドル] 男 〈スポーツ〉得点表示板, スコアボード.
— 男 得点記録係, スコアラー.

tan·te·a·dor², **do·ra** [-, ドラ] 男 女 〈スポーツ〉得点記録係, スコアラー.

tan·te·ar [タンテアル] 他 1 …を見積もる, 目分量で測る. 2 …を事前に調べる[検討する]. 3 …をさぐる, おし測る. 4 〈絵画〉…を素描する. 5 〈スポーツ〉…の得点を記録する.
— 自 1 得点の記録をする. 2 手さぐりで進む.

tan·te·o [タンテオ] 男 1 見積もり, 概算. 2 (事前の)検討, ためし. 3 さぐり, 推測. 4 素描, 下絵. 5 〈スポーツ〉得点.

tan·to¹ [タント] 副 《形容詞・副詞の前では tan》 1 それほど, そんなに. 2 (+比較級語)かえって, なおさら.
— 代 〈数量・程度〉それほど(のもの).
— 男 1 〈数量・程度〉(un+)いくらか, 少々. 2 〈スポーツ〉得点.

tan·to², **ta** [-, タ] 形 1 (それほどに)多くの, たくさんの. 2 〈数量・程度〉いくらかの, 若干の.

a las tantas とても遅くに.
algún tanto いくらか, 多少.
al tanto おなじ値段で, 同額で.
al tanto de… 1 …を知って. 2 …の世話をして.
apuntarse un tanto (a su favor) 有利な立場にたつ, 点をかせぐ.
cuanto más… tanto más~ …すればするほど~.
de tanto (+不定詞) あまり…する[した]ので.
en [*entre*] *tanto* そうこうするうちに, その間に.
en tanto que (+接続法) …する限り, …する間は.
en tanto que (+直説法) 1 …するまで. 2 一方で…
en tanto que (+名詞) …として(は).
hasta las tantas とても遅くまで.
hasta tanto (*que*) *no* (+接続法) …するまでは.
mientras tanto そうこうするうちに, 他方で.
ni tanto así ほとんど(…ない).
ni tanto ni tan calvo ほどほどに.
otro tanto おなじ数量[程度]のもの.
otros tantos (+名詞) 同数の….
por (*lo*) *tanto* それゆえ, したがって.
por tantos y cuantos あれやこれやで.
¡Tanto bueno (*por aquí*)*!* 〈歓迎〉ようこそ!
tanto… como~ 1 ~とおなじほど…. 2 …も~も.
tanto… cuanto~ ~ほど(の) ….
tanto es así que~ あまり…なので~.
tanto más… cuanto más~ ~すればするほど….
tanto mejor なおさらよい.
tanto por ciento 何パーセント(か).
tanto por cuanto とんとんで, 同額で.
…tanto… (*que*)~ あまり…なので~.
tanto si… como si~ …であっても~であっても(結果は同じことである).
tanto… tanto~ …すればそれだけ~.
¡Tanto tiempo (*sin vernos*)*!* 〈挨拶〉ひさしぶりだね!
uno de tantos 多くのなかのひとつ[ひとり].
un tanto いくらか, 多少.
un tanto así それと同程度(に).
¡Y tanto! そのとおりだよ!
(数量+) *y tantos* …といくらか.
…y tantos más …とその他もろもろ.

tan·tris·mo [タントリスモ] 男 タントラ仏教.

ta·ñer [タニェル] 他 〈活 79〉 (弦楽器・打楽器)をひく, 演奏する.

ta·ñi·do [タニド] 男 (弦楽器・打楽器・鐘の)鳴る音.

ta·o·ís·mo [タオイスモ] 男 道教.

ta·o·ís·ta [タオイスタ] 形 〈男女同形〉道教の.
— 男 女 道教の信者, 道士.

ta·pa [タパ] 女 1 蓋(ふた), 栓(せん), キャップ. 2 (かかとの)靴底. 3 〈本〉表紙. 4 (酒の)つまみ[= tapas].
tapa de los sesos 脳天.

ta·pa·bo·ca [タパボカ] 男 〈服飾〉マフラー.

ta·pa·cu·bos [タパクボス] 男 《単複同形》〈タイヤ〉ホイールキャップ.

ta·pa·de·ra [タパデラ] 女 1 蓋(ふた), おおい. 2 かくすもの, かくれ蓑(みの).

ta·pa·di·llo [タパディジョ] 男 (女性が)ベールで顔をかくす習慣.
de tapadillo かくれて, こっそりと.

ta·pa·do [タパド] 男 (女性や子供の)コート.

ta·pa·jun·tas [タパフンタス] 男 《単複同形》(窓枠などと壁の間の)詰め物.

ta·par [タパル] 他 1 …をおおいかくす. 2 …に(+ con)…を着ける. 3 (穴など)をふさぐ, …に栓(せん)をする. 4 …を(+con)…でおおう. 5 …をかくまう, 見られないようにする.
— *tapar·se* 再 1 (自分の体の一部)をかくす. 2 (+con) …で身をくるむ, …にくるまる.

ta·pa·rra·bo [タパラボ] 男 〈=taparrabos〉〈衣類〉ふんどし, 下帯 [= tapas].

ta·pe·te [タペテ] 男 テーブルクロス.

ta·pia [タピア] 女 (れんがなどの)壁, 土壁, 土塀.

como una tapia [*más sordo que una tapia*] 耳が遠い.

ta·piar [タピアル] 他《活 17 cambiar》1 …に土壁をめぐらす, …を土塀で囲む. 2 …を土塀でふさぐ.

ta·pi·ce·rí·a [タピセリア] 女 1 タペストリー工房. 2 (集合的に) タペストリー, つづれ織り. 3 タペストリー技法.

ta·pi·ce·ro, ra [タピセロ, ラ] 男女 タペストリー職人.

ta·pio·ca [タピオカ] 女 (キャッサバ casabe の根からとる澱粉(でん)の) タピオカ.

ta·pir [タピル] 男〈動物〉バク[獏].

ta·piz [タピス] 男《複 tapices》(壁掛けの)タペストリー, つづれ織り.

ta·pi·za·do [タピサド] 男 1〈作業〉布張り. 2 (家具などに)張られた布.

ta·pi·zar [タピサル] 他《活 39 gozar》1 (家具など)に布張りする. 2 (壁)にタペストリーを掛ける.

ta·pón [タポン] 男 1 栓(せん). 2 障害, じゃまもの. 3〈医学〉タンポン, 止血栓. 4 (たまった) 耳あか. 5 バスケットボール インターセプト. 6 ずんぐりした人.

ta·po·nar [タポナル] 他 1 (穴など)をふさぐ, …に栓(せん)をする. 2 …をじゃまする. 3〈医学〉…に止血栓を詰める.

ta·po·na·zo [タポナソ] 男 (炭酸飲料の瓶の抜け飛んだ)栓(せん)の一撃[音].

ta·pu·jo [タプホ] 男 かくし立て, 空とぼけ.

ta·qui·car·dia [タキカルディア] 女〈医学〉(脈拍数が異常に多い) 頻脈.

ta·qui·gra·fí·a [タキグラフィア] 女〈技術〉速記.

ta·qui·gra·fiar [タキグラフィアル] 他《活 34 enviar》…を速記する.

ta·quí·gra·fo, fa [タキグラフォ, ファ] 男女 速記士, 速記者.

ta·qui·lla [タキリャ] 女 1 (切符の)売り場, 窓口. 2 ロッカー. 3 (入場切符の)売上高.

ta·qui·lle·ro, ra [タキリェロ, ラ] 形〈興行〉大当たりの, 人気の高い.
— 男女 切符売り.

ta·qui·llón [タキリョン] 男 (応接間などに置く背の低い)飾り棚.

ta·qui·me·ca·no·gra·fí·a [タキメカノグラフィア] 女〈技術〉速記タイプ.

ta·qui·me·ca·nó·gra·fo, fa [タキメカノグラフォ, ファ] 男女 速記タイピスト.

ta·quí·me·tro [タキメトロ] 男〈測量〉タキメーター, 視距儀.

ta·ra [タラ] 女 1〈人〉(心身の重度の)障害. 2 欠点, きず. 3〈計量〉風袋(ふうたい), 車体重量.

ta·ra·ce·a [タラセア] 女 寄せ木細工.

ta·ra·do, da [タラド, ダ] 形 1 ひどい欠点のある. 2 欠点のある, きずもの.
— 男女 1 重度の心身障害者. 2 あほう, ばか.

ta·ram·ba·na [タランバナ] 形《男女同形》分別のない, 頭のおかしい.
— 男女 無分別な人.

ta·ran·te·la [タランテラ] 女〈音楽・舞踊〉(ナポリの)タランテラ.

ta·rán·tu·la [タラントゥラ] 女 (毒蜘蛛(どく)の)タランチュラ.

ta·rar [タラル] 他 …の風袋(ふうたい)を測る.

ta·ra·re·ar [タラレアル] 他 …を鼻歌で歌う.

ta·ra·re·o [タラレオ] 男 鼻歌.

ta·ras·ca·da [タラスカダ] 女 1 ひどくかみつくこと. 2 強く引っかくこと. 3 つっけんどんな返事.

tar·dan·za [タルダンサ] 女 遅れ, 手間取り.

tar·dar [タルダル] 自 (+en+不定詞) …するのに時間がかかる/*tardar dos horas en llegar* 着くのに 2 時間かかる.
2 遅くなる, 時がかかる, 手間取る.

a más tardar 遅くとも.

tar·de [タルデ] 女 午後, 夕方.
— 副 1 (朝や夜の)遅くに. 2 遅れて.

al caer [*a la caída de*] *la tarde* 夕暮れ時に.

¡Buenas tardes! 午後・夕方にこんにちは!

de tarde en tarde 稀にきたとき, まれに.

lo más tarde 遅くとも.

más tarde (なにかの) あとで.

por la tarde 午後に.

que para luego es tarde 手遅れにならないうちに.

tarde, mal y nunca (仕事が)遅れて出来も悪く.

tarde o temprano 遅かれ早かれ.

tar·dí·a·men·te [タルディアメンテ] 副 遅まきながら.

tar·dí·o, a [タルディオ, ア] 形 1 遅まきの, 遅れた. 2〈植物〉奥手の.

tar·do, da [タルド, ダ] 形 ゆっくりとした.

tar·dón, do·na [タルドン, ドナ] 形 のろまの.
— 男女〈人〉のろま, とんま, ぐず.

ta·re·a [タレア] 女 1 仕事, 業務. 2 宿題, 課題.

ta·ri·fa [タリファ] 女 1 定価, (規定の)料金. 2 料金表, 定価表.

ta·ri·far [タリファル] 他 …に定価をつける.
— 自 (+con...) …と仲たがいする.

ta·ri·ma [タリマ] 女 台, 壇.

tar·je·ta [タルヘタ] 女 1 名刺. 2 カード. 3 葉書. 4 (カード型の)証明書. 5〈スポーツ〉(反則指示)のカード.

tarjeta amarilla〈スポーツ〉イエローカード.

tarjeta de crédito クレジットカード.

tarjeta de identidad 身分証明書.

tarjeta de visita 名刺.

tarjeta navideña クリスマスカード.

tarjeta postal 絵葉書.

tarjeta roja〈スポーツ〉レッドカード.

tarjeta telefónica テレホンカード.
tar·je·te·ro [タルヘテロ] 男 名刺整理帳.
ta·rot [タロト] 男 (占いカードの)タロット.
ta·rra [タラ] 女 年寄り.
ta·rra·co·nen·se [タラコネンセ] 形 (北東スペインの)タラゴナ Tarragona の.
— 男女 タラゴナ人.
Ta·rra·go·na [タラゴナ] 固〈県·郡都の名〉(スペイン北東部の)タラゴナ.
ta·rri·na [タリナ] 女 (小型の)壺.
ta·rro [タロ] 男 1 (胴長の)壺(ᵘ). 2 (考える)頭.
  comer el tarro a... …の考え方を支配する.
  comer·se el tarro 考えに没頭する.
tar·so [タルソ] 男 1〖解剖学〗足根(ミミミ)骨. 2 (鳥の細い)脚の部分.
tar·ta [タルタ] 女 (デコレーション)ケーキ.
tar·ta·ja [タルタハ] 形《男女同形》どもった.
— 男女 どもり, 吃音(ミミミ)症の人.
tar·ta·le·ta [タルタレタ] 女〈菓子〉タルト.
tar·ta·mu·de·ar [タルタムデアル] 自 どもる.
tar·ta·mu·dez [タルタムデす] 女〈話し方〉どもり, 吃音(ミミミ).
tar·ta·mu·do, da [タルタムド, ダ] 形 どもった.
— 男女 どもり, 吃音症の人.
tar·tán [タルタン] 男〈スポーツ〉(合成ゴムの全天候走路の)タータン.
tar·ta·na [タルタナ] 女 1 幌(ᵏ)つき2輪馬車. 2〈自動車〉ぽんこつ.
tár·ta·ro¹ [タルタロ] 男 1 地獄. 2 (ワインの発酵槽に沈殿する)酒石.
tár·ta·ro², **ra** [ー, ラ] 男女 形 タタール人.
  a la tártara〈肉料理〉タルタル風の.
  salsa tártara〈料理〉タルタルソース.
tar·te·ra [タルテラ] 女 (密封できる)弁当箱.
tar·te·sio, sia [タルテシオ, シア] 形 (古代のアンダルシア西部の)タルテシデ Tartéside 地方の.
— 男女 タルテシデ人.
ta·ru·go [タルゴ] 男 1 (焚き木になる)木片, 木切れ. 2バカ, 間抜け.
ta·rum·ba [タルンバ] 形《男女同形》当惑した, 面くらった.
ta·sa [タサ] 女 1 (使用代などの)料金. 2 割合, 比率, レート. 3 (価格の)公的な決定, 査定. 4 制限, 限定.
ta·sa·ción [タサしオン] 女 (価値の)査定.
ta·sa·dor, do·ra [タサドル, ドラ] 男女 鑑定士, 査定の専門家.
ta·sa·jo [タサホ] 男〈食肉〉干し肉.
ta·sar [タサル] 他 1 …を(公的に)査定する, 評価する. 2 …の(使用を)を(+a+人) …に制限する.
tas·ca [タスカ] 女 居酒屋, 飯屋(ᵏ).
ta·ta [タタ] 女 1〈兄弟〉おねえちゃん. 2 お手伝いさん, ばあや.
ta·ta·ra·bue·lo, la [タタラブエロ, ラ] 男女 (曾(ᵏ)祖父母の親の)高祖父, 高祖母.

ta·ta·ra·nie·to, ta [タタラニエト, タ] 男女 (ひ孫の子の)やしゃご[玄孫].
ta·te [タテ] 間 そうか!, わかった!
ta·to [タト] 男〈兄弟〉おにいちゃん.
ta·tua·je [タトゥアヘ] 男 入れ墨.
ta·tuar [タトゥアル] 他《活1 actuar》…に入れ墨をする.
— *tatuar·se* 再 (自分の体)に入れ墨をする.
tau·ma·tur·gia [タウマトゥルヒア] 女 神通力.
tau·ma·tur·go, ga [タウマトゥルゴ, ガ] 男女 奇跡を起こせる人.
tau·ri·no, na [タウリノ, ナ] 形 闘牛の, 雄牛の.
Tau·ro [タウロ] 固 (星座の)牡牛(ᵘᵘ)座.
tau·ro [タウロ] 形《男女同形》牡牛(ᵘᵘ)座生まれの.
— 男女〈人〉牡牛座生まれ.
tau·ró·ma·co, ca [タウロマコ, カ] 形 闘牛にくわしい.
tau·ro·ma·quia [タウロマキア] 女 1 闘牛技法. 2 闘牛指南書.
tau·to·lo·gí·a [タウトロヒア] 女〈修辞学〉トートロジー, 同語反復.
tau·to·ló·gi·co, ca [タウトロヒコ, カ] 形〈修辞学〉同語反復の.
ta·xa·ti·vo, va [タクサティボ, バ] 形 反論できない, 厳密に従うべき.
ta·xi [タクシ] 男 タクシー.
  coger [*tomar*] *un taxi* タクシーをつかまえる.
ta·xi·der·mia [タクシデルミア] 女 剥製(ᵏᵏ)法.
ta·xi·der·mis·ta [タクシデルミスタ] 男女 剥製(ᵏᵏ)師.
ta·xí·me·tro [タクシメトロ] 男〈タクシー〉メーター, 料金表示器.
ta·xis·ta [タクシスタ] 男女 タクシー運転手.
ta·xo·no·mí·a [タクソノミア] 女 1 分類学, 分類法. 2 (科学的な)分類.
ta·xo·nó·mi·co, ca [タクソノミコ, カ] 形 分類法の.
tay·lo·ris·mo [タイロリスモ] 男 (科学的な労務管理方式の)テーラーシステム.
ta·za [タさ] 女 1 カップ, (取っ手つきの)茶碗(ᵏᵏ). 2 便器.
ta·zón [タそン] 男〈食器〉ボール, 大型コップ.
te¹ [テ] 代《アクセントなし》2 人称単数の目的語の代名詞》《男女同形》1 (直接補語で)君を, おまえを.
  2 (間接補語で)君に, おまえに/ *Te digo que vengas.* 私は君に来いと言っているのだ.
  3 (再帰代名詞で) (君ぬ)自分を, 自分に.
te² [テ] 女〈文字 T, t の名〉テ.
té [テ] 男 1〈木·葉·飲料〉茶. 2 ティーパーティー, 茶話会.
te·a [テア] 女 たいまつ[松明].
te·a·tral [テアトラる] 形 1 劇場の, 演劇の. 2 芝居がかった, 気取った.

活 は活用形 複 は複数形 男 は男性名詞 女 は女性名詞 固 は固有名詞 代 は代名詞 自 は自動詞

te·tra·li·dad [テアトラリダス] 女 1 演劇性. 2 (芝居がかった) 気取り, 誇張.

te·a·tra·li·zar [テアトラリさル] 他 《活 39 gozar》 1 …を脚本にする. 2 …を上演する.

te·a·tral·men·te [テアトラるメンテ] 副 1 演劇的に見て. 2 芝居がかって, 誇張して.

te·a·tre·ro, ra [テアトレロ, ラ] 形 1 演劇ファンの. 2 芝居がかった.
— 男 女 1 演劇ファン[マニア]. 2 大げさな人.

te·a·tro [テアトロ] 男 1 演劇, 芝居. 2 (集合的に) 演劇作品, 脚本. 3 劇場, 芝居小屋. 4 芝居がかった言動.

te·ba·no, na [テバノ, ナ] 形 (古代ギリシアの都市の) テーベ Tebas の.
— 男 女 テーベの人.

te·be·o [テベオ] 男 (子供向けの) 漫画雑誌.

te·ca [テカ] 女 〈樹木〉 チーク.

te·cha·do [テチャド] 男 1 屋根. 2 天井.

te·char [テチャる] 他 …に屋根をふく.

te·cho [テチョ] 男 1 屋根. 2 天井. 3 泊まる所, 家. 4 最高高度.

te·chum·bre [テチュンブレ] 女 屋根組み.

te·cla [テクら] 女 (楽器などの) キー, 鍵(${}^{ぎ}_{ん}$).
tocar las teclas 1 キーを打つ. 2 方策を講ずる.

te·cla·do [テクらド] 男 鍵盤(${}^{けん}_{ばん}$), キーボード.

te·cle·ar [テクれアル] 自 キーをたたく.
— 他 …をタイプで打つ.

te·clis·ta [テクリスタ] 男 女 鍵(${}^{ぎ}_{ん}$) 楽器奏者.

téc·ni·ca¹ [テクニカ] 女 1 手法, 技法, 技(${}^{わ}_{ざ}$), テクニック. 2 技術, 工学. 3 方法.

téc·ni·ca·men·te [テクニカメンテ] 副 1 技術的に. 2 専門用語で.

tec·ni·cis·mo [テクニシスモ] 男 専門用語, 術語.

téc·ni·co, ca² [テクニコ, —] 形 1 技術的な, 技術上の. 2 専門の.
— 男 女 1 技術者. 2 専門家. 3 〈競技〉 トレーナー.

tec·ni·co·lor [テクニコろル] 男 〈映画〉 テクニカラー.

tec·ni·fi·car [テクニふぃカル] 他 《活 73 sacar》 1 …を技術的に向上させる. 2 …に近代的な技術を導入する.

tec·no·cra·cia [テクノクラしア] 女 1 技術万能主義, テクノクラシー. 2 専門行政技術者集団.

tec·nó·cra·ta [テクノクラタ] 男 女 専門技術者, テクノクラート.

tec·no·lo·gí·a [テクノロヒア] 女 1 科学技術, テクノロジー. 2 (集合的に) 専門用語, 術語.

tec·no·ló·gi·co, ca [テクノロヒコ, カ] 形 科学技術の.

tec·nó·lo·go, ga [テクノロゴ, ガ] 男 女 科学技術者.

tec·tó·ni·ca¹ [テクトニカ] 女 構造地質学.

tec·tó·ni·co, ca² [テクトニコ, —] 形 〈地質学〉 構造の.

te·déum [テデウン] 男 〈カトリック〉 (神に感謝する歌の) テデウム.

te·dio [テディオ] 男 ひどい退屈.

te·dio·so, sa [テディオソ, サ] 形 とても退屈な.

te·flón [テふロン] 男 (フライパンなどに使う) テフロン.

Te·gu·ci·gal·pa [テグしガるパ] 固 〈都市の名〉 (ホンジュラスの首都の) テグシガルパ.

te·gu·men·to [テグメント] 男 1 〈動物〉 外皮. 2 〈植物〉 外被.

te·í·na [テイナ] 女 〈茶〉 カフェイン.

te·ís·mo [テイスモ] 男 有神論.

te·ís·ta [テイスタ] 形 〈男女同形〉 有神論の.
— 男 女 有神論者.

te·ja [テハ] 女 1 屋根瓦(^{かわら}). 2 (聖職者の) つば広帽子.
— 男 赤茶色.
a toca teja 現金払いで.

te·ja·di·llo [テハディじょ] 男 (瓦(^{かわら}) ぶきの) ひさし, 片面の屋根.

te·ja·do [テハド] 男 (瓦(^{かわら}) ぶきの) 屋根.
empezar la casa por el tejado 物事を第一歩から行わない.
tirar piedras a [contra] su propio tejado 自業自得になる.

te·ja·no, na [テハノ, ナ] 形 1 〈衣服〉 ジーンズの. 2 (米国の) テキサス Tejas の.
— 男 女 テキサス人.

te·ja·nos [テハノス] 男 複 〔→ tejano〕 〈ズボン〉 ジーパン.

te·jar [テハる] 他 …に瓦(^{かわら}) をふく.
— 男 瓦[レンガ]工場.

te·je·dor¹ [テヘドル] 男 〈昆虫〉 アメンボ.

te·je·dor², do·ra [—, ドラ] 男 女 〈人〉 織工.

te·je·ma·ne·je [テヘマネヘ] 男 1 大忙がし, (仕事の) 大車輪. 2 たくらみ, 小細工.

te·jer [テヘル] 他 1 …を織る. 2 …を編む. 3 (クモなどが) 〈巣〉 を張る. 4 〈計画など〉 を思いめぐらす. 5 …の準備に精を出す. 6 〈悪事〉 をたくらむ.
— 自 編み物をする.
tejer y destejer 一進一退する.

te·ji·do [テヒド] 男 1 織物, 布地, 編み物. 2 〈生物学〉 組織.
tejido de punto 〈生地〉 ニット.

te·jo [テホ] 男 1 〈樹木〉 イチイ. 2 (石けり遊びの) 小石, 瓦(^{かわら}) のかけら. 3 石けり遊び.

te·jón [テホン] 男 〈動物〉 アナグマ.

te·jue·lo [テフエろ] 男 (書名などを書いて本の背に貼る) ラベル.

te·la [てら] 女 1 布地, 布, 生地(${}^{き}_{じ}$). 2 〈解剖学〉 膜, 皮膜. 3 (画布の) カンバス. 4 (画布の) 油絵. 5 お金, 大金. 6 事柄, 用件.
— 副 とっても, ひどく.
haber tela que cortar 問題が多い.
poner… en tela de juicio …を疑う.

他 は他動詞　再 は再帰動詞　形 は形容詞　副 は副詞　前 は前置詞　接 は接続詞　間 は間投詞

te·lar

quedar en tela de juicio 疑わしい.
ser [tener] tela (marinera) 1 肝心である. 2 難しい.
tela asfaltica (アスファルトの)防水布.
tela de araña クモの巣.
tela metálica (目の詰まった)金網.

te·lar [テラル] 男 1 織機. 2 織物工場[= telares]. 3〈舞台〉天井部.

te·la·ra·ña [テラニャ] 女 クモの巣.
mirar las telarañas ぼけっとしている.
tener telarañas en los ojos 1 目がかすむ[くもる]. 2 まともな判断ができない.

te·le [テれ] 女 テレビ.

te·le·ca·bi·na [テれカビナ] 女 ロープウェー.

te·le·co·mu·ni·ca·ción [テれコムニカシオン] 女 遠隔通信.

te·le·dia·rio [テれディアリオ] 男 テレビニュース.

te·le·di·ri·gi·do, da [テれディリヒド, ダ] (過去分詞) → teledirigir 遠隔操作の.
— 形 遠隔操作の, リモートコントロールの.

te·le·di·ri·gir [テれディリヒル] 他《活 27 dirigir》…を遠隔操作する, 無線誘導する.

te·le·fé·ri·co [テれフェリコ] 男 ロープウェー.

te·le·film [テれふィるム] 男《= telefilme》テレビ映画.

te·le·fo·na·zo [テれふォナソ] 男 電話をかけること.

te·le·fo·ne·ar [テれふォネアル] 他 1 …に電話する. 2 …を電話で知らせる.
— 自 電話をする.

te·le·fo·ní·a [テれふォニア] 女〈通信〉電話.

te·le·fó·ni·co, ca [テれふォニコ, カ] 形 電話の.
cabina telefónica 電話ボックス.
central telefónica 電話局.
guía telefónica 電話帳.
tarjeta telefónica テレホンカード.

te·le·fo·ni·llo [テれふォニじょ] 男 インターホン.

te·le·fo·nis·ta [テれふォニスタ] 男女〈電話〉交換手, オペレーター.

te·lé·fo·no [テれふォノ] 男 1 電話. 2 電話機. 3 電話番号.
llamar a... por teléfono …に電話をかける.
teléfono móvil [celular] 携帯電話.

te·le·fo·to·gra·fí·a [テれふォトグラふィア] 女 電送写真.

te·le·gra·fí·a [テれグラふィア] 女 電信.

te·le·gra·fiar [テれグラふィアル] 他《活 34 enviar》…を電報で知らせる.
— 自 (+a...) …に電報を打つ.

te·le·grá·fi·co, ca [テれグラふィコ, カ] 形 電信の, 電報の.

te·le·gra·fis·ta [テれグラふィスタ] 男女 無線技士, 電信士.

te·lé·gra·fo [テれグラふォ] 男 1 電信機. 2〈装置〉電信.

te·le·gra·ma [テれグラマ] 男 電報.

te·le·le [テれれ] 男 失神, 発作.

te·le·má·ti·ca [テれマティカ] 女 (コンピューターによる遠隔通信技術の)テレマティックス.

te·le·me·trí·a [テれメトリア] 女 遠隔測定法.

te·lé·me·tro [テれメトロ] 男 距離計.

te·le·no·ve·la [テれノベら] 女 連続テレビ小説.

te·le·ob·je·ti·vo [テれオブヘティボ] 男〈写真〉望遠レンズ.

te·le·ós·te·os [テれオステオス] 男複〈分類〉硬骨魚類.

te·le·pa·tí·a [テれパティア] 女 テレパシー, 霊的交感, 精神感応.

te·le·pá·ti·co, ca [テれパティコ, カ] 形 テレパシーの.

te·le·ra [テれラ] 女〈万力(総)〉横木.

te·le·rru·ta [テれルタ] 女〈電話〉道路情報.

te·les·có·pi·co, ca [テれスコピコ, カ] 形 1 望遠鏡の. 2 望遠鏡でしか見えない. 3 (アンテナなどが)伸縮自在の.

te·les·co·pio [テれスコピオ] 男 望遠鏡.

te·le·si·lla [テれシじゃ] 女〈スキー場〉(椅子式の)リフト.

te·les·pec·ta·dor, do·ra [テれスペクタドル, ドラ] 男女 テレビ視聴者.

te·les·quí [テれスキ] 男〈複 telesquís〉〈スキー場〉Tバーリフト.

te·le·tex·to [テれテスト] 男〈テレビ〉文字情報.

te·le·ti·po [テれティポ] 男〈電信機〉テレプリンター, テレタイプ.

te·le·vi·den·te [テれビデンテ] 男女 テレビ視聴者.

te·le·vi·sar [テれビサル] 他〈テレビ〉…を放送する.

te·le·vi·sión [テれビシオン] 女 1〈放送手段〉テレビ. 2〈受像機〉テレビ. 3 テレビ局.

te·le·vi·si·vo, va [テれビシボ, バ] 形 1 テレビの. 2〈放送内容〉テレビ向きの.

te·le·vi·sor [テれビソル] 男〈受像機〉テレビ.

té·lex [テれクス] 男〈単複同形〉(テレプリンターで通信するための)テレックス, 加入電信.

te·lón [テろン] 男〈舞台〉幕.
telón de fondo [foro] (舞台中の)奥の垂れ幕.

te·lo·ne·ro, ra [テろネロ, ラ] 形〈演劇〉前座の.
— 男女 前座の役者.

te·lú·ri·co, ca [テるリコ, カ] 形〈地質学〉地球の.

te·ma [テマ] 男 1〈論議〉主題, テーマ. 2 課題, 設問. 3〈音楽〉主旋律, テーマ. 4〈言語学〉語幹. 5 歌, 曲.

te·ma·rio [テマリオ] 男 (集合的に)課題, 議題.

te·má·ti·ca[1] [テマティカ] 女 (集合的に)主題, テーマ.

te·má·ti·co, ca² [テマティコ, —] 形 1 主題の, テーマの. 2《文法》語幹の.

tem·bla·de·ra [テンブラデラ] 囡 激しい震え.

tem·blar [テンブラル] 自 (活 57 pensar) 1 (+de...) …で震える. 2 おののく, びくびくする.

dejar... temblando 1 …を使いつくす. 2 …をおののかす.

quedar temblando 1 すっかり無くなる. 2 おののく.

tem·ble·que [テンブレケ] 男 体の震え.

tem·ble·que·ar [テンブレケアル] 自 (人や動物が) 震える.

tem·blor [テンブロル] 男 震え, 振動.

temblor de tierra 地震.

tem·blo·ro·so, sa [テンブロロソ, サ] 形 ぶるぶる震える.

te·mer [テメル] 他 1 …を恐れる, こわがる. 2 (+que+直説法) (悪いことが) 起きるように思う. 3 (+que+接続法) …ではないかと心配する.
— 自 (+por...) …のことを心配する.
— **temerse** 再 …を心配する, 危惧する.

te·me·ra·rio, ria [テメラリオ, リア] 形 1 軽率な, 根拠のない. 2 無鉄砲な, 向こう見ずな.

te·me·ri·dad [テメリダ] 囡 無鉄砲, 無謀.

te·me·ro·so, sa [テメロソ, サ] 形 1 恐ろしい, 危惧(き)すべき. 2 心配性の, 臆病な. 3 (+de...) …におびえた, …をこわがる.

te·mi·ble [テミブレ] 形 恐るべき.

te·mor [テモル] 男 1 恐れ, 恐怖. 2 気がかり, 心配, 危惧(き).

por temor a [de]... …を恐れて.

temor de Dios 神に対する畏怖(ふ).

tém·pa·no [テンパノ] 男 1 (張っている) 氷. 2 (固いものの) 薄板.

como un témpano とても冷たい, 寒々とした.

tém·pe·ra [テンペラ] 囡 テンペラ画.

tem·pe·ra·men·tal [テンペラメンタル] 形 気性の, 気質の. 2 気性の激しい, 気分の変わりやすい.

tem·pe·ra·men·to [テンペラメント] 男 1 気性, 気質. 2 気性の激しさ. 3 旺盛(おう)な活力.

tem·pe·rar [テンペラル] 他 …を静める, 鎮静させる.

tem·pe·ra·tu·ra [テンペラトゥラ] 囡 温度, 気温, 体温.

tem·pes·tad [テンペスタ] 囡 1 時化(しけ). 2 嵐, 悪天候. 3 (賛成・反対の) 大騒ぎ. 4 (感情の) 激発, 激昂(こう).

tem·pes·tuo·so, sa [テンペストゥオソ, サ] 形 1 時化(しけ)の. 2 嵐の. 3 激情の. 4 激しい.

tem·pla·do, da [テンプラド, ダ]《過去分詞》 → templar やわらげる.
— 形 1 やわらいだ. 2 寒くも暑くもない, 適温の. 3 控えめの, 節度のある. 4 度胸のある, 肝のすわった.

tem·plan·za [テンプランサ] 囡 (飲食の) 節度, 控えめ.

tem·plar [テンプラル] 他 1 …をやわらげる, 静める. 2 …を適温にする. 3 (金属などに) 焼きを入れる. 4 (楽器) を調律する, チューニングする.
— **templar·se** 再 1 やわらぐ. 2 適温になる. 3 自制する.

tem·pla·rio [テンプラリオ] 男 テンプル騎士団員.

tem·ple [テンプレ] 男 1 豪胆, 沈着な勇気. 2《音楽》調律, 調弦. 3 (金属などの) 焼き入れ. 4 テンペラ画. 5 気性, 気分.

Tem·ple [テンプレ] 固 (12 世紀設立の) テンプル騎士団, 聖堂騎士団.

tem·ple·te [テンプレテ] 男 1 (公園などの) あずま屋. 2 お堂, 小礼拝堂.

tem·plo [テンプロ] 男 1 寺院, 神殿. 2 聖堂, 礼拝堂. 3 公会堂. 4 殿堂.

tem·po [テンポ] 男《進度》テンポ.

tem·po·ra·da [テンポラダ] 囡 1 期間. 2 季節, 時期. 3 (活動の) シーズン.

de temporada 1 一定期間だけの, 一時的な. 2 旬(しゅん)の.

temporada alta (観光などの) シーズン, 最盛期.

temporada baja シーズンオフ.

temporada de (las) lluvias 雨季, 梅雨(ゆ).

tem·po·ral [テンポラル] 形 1 時間(帯)の. 2 一時的な. 3 はかない. 4 時を表現する. 5《文法》時制の. 6 この世の, 現世の, 世俗の. 7 こめかみの.
— 男 1《解剖学》側頭骨. 2 暴風雨, 嵐.

tem·po·ra·li·dad [テンポラリダ] 囡 1 一時的性格. 2 世俗性. 3 はかなさ.

tem·po·ral·men·te [テンポラルメンテ] 副 一時的に.

tem·po·re·ro, ra [テンポレロ, ラ] 形 臨時雇いの.
— 男囡〈人〉臨時雇い, 季節労働者.

tem·po·ri·za·dor [テンポリサドル] 男 時限装置.

tem·pra·ne·ro, ra [テンプラネロ, ラ] 形 1 時期より早い. 2〈作物〉早生(わせ)の. 3 早起きの.
— 男囡〈人〉早起きの.

tem·pra·no¹ [テンプラノ] 副 1 (一定期間の) 初めに. 2 朝早く. 3 (夜の) 早い時間の. 4 予定より早く.
— 男 早生(わせ)の作物.

tem·pra·no², na [—, ナ] 形 1 (いつもより) 早い, 早めの. 2〈作物〉早生(わせ)の.

ten 活 → tener 持つ (活 80).

tener un ten con ten 用心する.

te·na·ci·dad [テナシダ] 囡 断固たる姿勢, 粘り強さ.

te·na·ci·llas [テナシジャス] 囡〈理容〉ヘアアイロン.

te·naz [テナス] 形《tenaces》1 断固たる, 粘り強い. 2 頑固な, 強情な. 3 (汚れなどが) 取れに

くい, しつこい.
te·na·zas [テナサス] 女複 1〈工具〉やっとこ, ペンチ. 2〈暖炉〉火ばさみ. 3〈カニなどの〉はさみ.
te·naz·men·te [テナサメンテ] 副 1 断固として, 粘り強く. 2 頑固に. 3 しつこく.
ten·ca [テンカ] 女〈魚〉(コイに似た)テンチ.
ten·de·de·ro [テンデデロ] 男 物干し場[綱].
ten·den·cia [テンデンシア] 女 1 (+a... …への)傾向, 性向. 2 動向, 趨勢(ᵗⁱⁱ).
ten·den·cio·so, sa [テンデンシオソ, サ] 形 (判断などが)公正でない, 偏向した.
ten·den·te [テンデンテ] 形 (+a...) …への傾向のある, …に向かう.
ten·der [テンデル] 他《活 58 perder》1 …を広げる. 2 (…を接触かべく)伸ばす. 3 …を横たえる. 4 (洗濯物など)をつるす, 干す.
— 自 1 (+a+不定詞) …しがちである. 2 (+a...) …の傾向のある, …に向かう.
— **ten·der·se** 再 横になる, 寝そべる.
ten·de·re·te [テンデレテ] 男 露店, 屋台.
ten·de·ro, ra [テンデロ, ラ] 男女 (食料品店などの)店主, 店員.
ten·di·do¹ [テンディド] 男 1 (ケーブルなどの)敷設(ₜ̇ᵗ). 2 〈集合的で〉ケーブル. 3〈闘牛場〉(防壁に続く屋根なしの)スタンド席.
ten·di·do², da [-, ダ]〈過去分詞〉→ tender 広げる.
— 形 1 広がった. 2 伸ばされた. 3 (洗濯物が)つるされた, 干されている. 4 横になった. 5 (一撃が)とても強い.
ten·dien·te [テンディエンテ] 形 (+a...) …への傾向のある, …を目指した.
ten·di·ni·tis [テンディニティス] 女〈単複同形〉〈医学〉腱炎(ˀˢ̇).
ten·dón [テンドン] 男〈解剖学〉腱(ʰ̇).
tendón de Aquiles アキレス腱.
tendr- 活 → tener 持つ〈活 80〉.
te·ne·bris·mo [テネブリスモ] 男 明暗対比画法.
te·ne·bris·ta [テネブリスタ] 形〈男女同形〉〈絵画〉明暗の対比を強調する.
— 男 明暗対比画法の画家.
te·ne·bro·si·dad [テネブロシダス] 女 暗闇(ᵏᵏ).
te·ne·bro·so, sa [テネブロソ, サ] 形 1 暗い, 暗闇(ᵏᵏ)の. 2 陰気な, 陰険な.
te·ne·dor¹ [テネドル] 男 1〈食器〉フォーク. 2 (レストランの格付けマークの)フォーク.
te·ne·dor², do·ra [-, ドラ] 男女 1 所有者, 所持者. 2〈商業〉(手形などの)持参人.
te·ne·du·rí·a [テネドゥリア] 女〈商業〉簿記担当の職.
te·nen·cia [テネンシア] 女 1 (現実の)所有, 所持. 2 代理人[助役]の地位.
te·ner [テネル] 他〈活 80〉1 …を持つ, 所有する.

2 …を含む.
3 …を(特質として)備える.
4 (人)を(+como, de...) …として使う.
5 …を示す, 見せる.
6 …をつかむ, 支える.
7 …を保持する.
8 …を迎え入れる, 受け入れる.
9 …を受け取る, もらう.
10 (影響力などを)を(+en...) …に対して持つ.
11 (時)を過ごす.
12 (会など)を開く, 行う.
13 (子供)を産む.
14 …を(+por...) …とみなす, 思う, 判断する.
— 《助動詞的用法》1 (+que+不定詞) …しなくてはならない, …する必要がある／*Tengo que hacerlo.* 私はそれをしなくてはならない.
2 (+過去分詞+直接目的語) …してしまっている／*Tengo escritas dos cartas.* 私は手紙を2通書いている.
— 自 1 お金を持っている.
2 (+de...) …に似たところがある／*Tiene mucho de su abuelo.* 彼はおじいさんにそっくりだ.
— **tener·se** 再 1 (ある状態)にとどまる, いる／*Tente quieto.* じっとしていなさい.
2 (自分を)持ちこたえる.
3 (自分を) (+en, por...) …だと評価する／*tenerse en mucho* えらそうにする.
4 (自分を) (+a...) …に合わせる.
¡Ahí (lo) tienes! 言った通りだろう！
Aquí tiene [tienes]... (物を手渡しで)さあ, …をどうぞ.
(Conque) ¿ésas tienes? なんだって?, ばかな！
no tenerlas todas consigo (+*de que*+接続法) (…ではないかと)疑う気持ちがある.
no tener más que (+不定詞) …さえすればよい.
no tener nada que ver con... とはなにも関係ない.
tener a bien (+不定詞) …してくださる.
tener algo [mucho] que (+不定詞) …することが少し[多く]ある.
tener ángel (人が)感じがいい, 親切である.
tener ante sí... …を受け取っている.
tener buen [mal] perder 負けっぷりがいい[悪い].
tener calor (人が)暑い.
tener dolor de... …が痛む.
tener encima (+苦労など) …を背負っている.
tener... en mucho [poco] …を尊重する[軽く扱う].
tener frío (人が)寒い.
tener hambre 空腹である.
tener·la tomada con (+人) …を目のかたきにする.
tener lo suyo 自分なりの仕事がある.

tener lugar 開催される.
tener para sí que... (自分では) …と思う.
tener por seguro que... …することを確信している.
tener presente... …を忘れないでいる.
tener prisa 急いでいる.
tener que ver con... …と関係がある.
tenerse firme しっかりと立つ.
tener sueño 眠たい.
tener vergüenza はずかしい.

Te·ne·ri·fe [テネリフェ] 固 〈島の名〉(カナリア諸島で最大の島の)テネリフェ.
teng- 活 → tener 持つ〈活 80〉.
te·nia [テニア] 女 《寄生虫》サナダムシ.
te·nien·ta [テニエンタ] 女 1 〈女性〉代理人, 助役. 2 中尉の妻.
te·nien·te [テニエンテ] 形 耳の遠い.
— 男 1 〈軍隊〉中尉. 2 助役, 代理人.
teniente coronel 中佐.
teniente de navío 〈海軍〉大尉.
teniente general 〈陸軍・空軍〉中将.
te·nis [テニス] 男 《単複同形》テニス.
— 男複 運動靴.
jugar al tenis テニスをする.
tenis de mesa 卓球, ピンポン.
te·nis·ta [テニスタ] 男女 テニス競技者[選手].
te·nís·ti·co, ca [テニスティコ, カ] 形 テニスの.
te·nor [テノル] 男 1 〈歌手〉テノール. 2 (文書の)趣旨, 内容.
a tenor de... …に従って, …を考慮して.
te·no·rio [テノリオ] 男 〉女たらし.
ten·sar [テンサル] 他 (綱などを)張る.
ten·sión [テンシオン] 女 1 (対立の)緊張状態. 2 (綱などの)緊張, 伸長. 3 (精神的)緊張. 4 電圧.
tensión arterial 血圧.
tensión internacional 国際的緊張状態.
tensión nerviosa 神経性ストレス.
tensión superficial 《物理学》表面張力.
ten·so, sa [テンソ, サ] 形 1 (ひもなどが)張っている, 緊張した. 2 (気持ちなどが)張りつめた. 3 (対立で)緊迫した.
ten·sor[1] [テンソル] 男 1 (綱などの)引き締め装置, 引っ張る器具. 2 《筋肉》張筋.
ten·sor[2]**, so·ra** [—, ソラ] 形 張力の, 張りの.
ten·ta·ción [テンタシオン] 女 誘惑.
ten·tá·cu·lo [テンタクロ] 男 《動物》触手, (タコなどの)足.
ten·ta·de·ro [テンタデロ] 男 〈牧場〉(闘牛の)検査場.
ten·ta·dor, do·ra [テンタドル, ドラ] 形 魅惑するような, 魅力的な.
ten·tar [テンタル] 他 《活 57 pensar》1 (調べるために) さわる, 触れる. 2 …を誘惑する, そそのかす. 3 (闘牛用の子牛)の適性を調べる.
ten·ta·ti·va[1] [テンタティバ] 女 1 くわだて, 試み,

ためし. 2 《法律》未遂行為.
ten·ta·ti·vo, va[2] [テンタティボ, —] 形 試験的な.
ten·tem·pié [テンテンピエ] 男 軽食, つまみ.
ten·te·tie·so [テンテティエソ] 男 〈玩具(がん)〉起き上がり小法師(ぼ).
te·nue [テヌエ] 形 薄い, あわい.
te·ñi·do [テニド] 男 染色.
te·ñir [テニル] 他 《活 68 reñir》1 …を(+ de...) …に染める. 2 (文章などに)(+ de...) …の色合いを加える. 3 〈絵画〉(色)を地味にする.
te·o·cra·cia [テオクラシア] 女 神権政治.
Te·o·do·ra [テオドラ] 固 〈女性の名〉テオドラ.
Te·o·do·ro [テオドロ] 固 〈男性の名〉テオドロ.
te·o·go·ní·a [テオゴニア] 女 〈多神教〉神統記.
te·o·lo·gal [テオロガル] 形 神学(上)の.
te·o·lo·gí·a [テオロヒア] 女 神学.
teología de la liberación (南米に起こった)解放の神学.
te·o·ló·gi·co, ca [テオロヒコ, カ] 形 神学(上)の.
te·ó·lo·go, ga [テオロゴ, ガ] 男女 神学者.
te·o·re·ma [テオレマ] 男 《数学》定理.
te·o·rí·a [テオリア] 女 1 理論, 学説. 2 (集合的に)法則. 3 説, 仮説.
en teoría 理論上は, 理屈では.
poner una teoría en práctica 理論を実践する.
te·ó·ri·ca·men·te [テオリカメンテ] 副 理論的に(は).
te·ó·ri·co, ca [テオリコ, カ] 形 理論の, 理論的な.
— 男女 1 理論家. 2 理屈を言うだけの人.
te·o·ri·zar [テオリサル] 他 《活 39 gozar》1 (現象)を理論で説明する. 2 (物事)を一般化して扱う, 抽象的に考える.
— 自 1 (実践なしに)理屈だけを述べる. 2 理論を立てる.
te·pe [テペ] 男 (雑草の根の多い地表を角柱型に切り取った)土壁材料のテペ.
te·qui·la [テキラ] 男 〈メキシコの地酒〉のテキーラ.
TER [テル] 男 《略語》Tren Español Rápido (スペインの特急列車の)テル.
te·ra·peu·ta [テラペウタ] 男女 治療専門医, 臨床医.
te·ra·péu·ti·ca[1] [テラペウティカ] 女 治療法, 臨床医学.
te·ra·péu·ti·co, ca[2] [テラペウティコ, —] 形 治療の, 治療法の, 臨床医学の.
te·ra·pia [テラピア] 女 治療, 治療法.
ter·cer [テルセル] 形 《語尾脱落形》《→ tercero³》3番目の.
ter·ce·ra[1] [テルセラ] 女 1 〈ギア〉(第三速度の)サード. 2 〈音程〉3度音.
ter·cer·mun·dis·mo [テルセルムンディスモ] 男

第三世界的特徴.

ter·cer·mun·dis·ta [テルセルムンディスタ] 形《男女同形》第三世界的な.

ter·ce·ro[1] [テルセロ] 男 1 第三者. 2 3 分の 1.

ter·ce·ro[2], **ra** 形《序数詞》《男性単数名詞の前で tercer》1 3 番目の, 第 3 の. 2 3 分の 1 の. 3 仲介の.
— 男 女 1 3 番目のもの. 2 仲介者.

ter·ce·to [テルセト] 男 1 (12 音節以上の詩句の) 3 行詩. 2 三重奏, 三重唱.

ter·cia[1] [テルシア] 女《→ tercio[2]》《カトリック》三時課.

ter·cia·do, da [テルシアド, ダ]《過去分詞》→ terciar 仲裁に入る.
— 形 1 中ぐらいの. 2 ななめにして背負った. 3 (3 分の 1 ほどに) 減った.

ter·cia·na [テルシアナ] 女《病気》三日熱.

ter·ciar [テルシアル] 自《活 17 cambiar》1 仲裁に入る. 2 (+en...) …に加わる, 参加する.
— 他 …をななめに置く.
— **terciar·se** 再 1 …を背負う. 2 (機会などが) 生じる.

ter·cia·rio, ria [テルシアリオ, リア] 形 1 3 番目の, 第三の. 2《地質学》第三紀の.

ter·cio[1] [テルシオ] 男 1 3 分の 1. 2 (昔の) 歩兵連隊. 3《闘牛》(3 部に分かれているそれぞれの) 場. 4 (闘牛場) (3 種類に分かれているそれぞれの) 闘技区域. 5《ビール》(3 分の 1 リットル入りのジョッキの) テルシオ.

ter·cio[2], **cia**[2] 形 3 番目の.

ter·cio·pe·lo [テルシオペロ] 男《布地》ビロード, ベルベット.

ter·cio·per·so·nal [テルシオペルソナル] 形《文法》(動詞が) 3 人称単数 (だけ) の活用の.

ter·co, ca [テルコ, カ] 形 頑固な, わからずやの, 強情な.

Te·re [テレ] 固《女性の名》(Teresa の愛称の) テレ.

Te·re·sa [テレサ] 固《女性の名》テレサ.

te·re·sia·na[1] [テレシアナ] 女 カルメル会修道女.

te·re·sia·no, na[2] [テレシアノ, —] 形 1 聖テレサ Santa Teresa de Jesús の. 2《宗教》カルメル会の.

ter·gal [テルガる] 男《布地》(ポリエステルの) テルガル.

ter·gi·ver·sa·ción [テルヒベルサシオン] 女 曲解, 歪曲.

ter·gi·ver·sar [テルヒベルサル] 他 …を曲解する, 歪曲する.

ter·mal [テルマる] 形 温泉の.

ter·mas [テルマス] 女《単複同形》1 温泉. 2 (古代ローマの) 公衆浴場.

ter·mes [テルメス] 男《単複同形》《昆虫》シロアリ.

tér·mi·co, ca [テルミコ, カ] 形 1 熱の, 温度の. 2 保温の.

ter·mi·na·ción [テルミナシオン] 女 1 終了, 終止. 2 結末, 結果. 3《文法》活用語尾.

ter·mi·nal [テルミナる] 形 1 終わりの, 終点の. 2 《病気》末期 (症状) の.
— 男 電極, 端子.
— 女 1《交通機関》ターミナル, 終着駅. 2《コンピューター》端末装置.

ter·mi·nan·te [テルミナンテ] 形 1 最終的な, 決定的な. 2 断固とした.

ter·mi·nan·te·men·te [テルミナンテメンテ] 副 断固として, 決定的に.

ter·mi·nar [テルミナル] 他 1 …を終える, 仕上げる. 2 …を使ってしまう.
— 自 1 (物事が) 終わる, すむ. 2 (+con...) …を終える. 3 最後 [先端] が (+en...) …になる. 4 (+de+不定詞) …し終える. 5 最後は (+por+不定詞) …することになる.
— **terminar·se** 再 1 (使われて) なくなる, 尽きる. 2 終わる.
dar... por terminado …を終わったものとする.
para terminar 終わるにあたって.
terminar bien [*mal*] 1 (物事が) いい [悪い] 結果になる. 2 (人が) 仲がよく [悪く] なる.
terminar con (+人) …との交際をやめる, …と絶交する.

ter·mi·nis·ta [テルミニスタ] 男 女 話し方がきざな人.

tér·mi·no [テルミノ] 男 1 終わり, 終結. 2 末端, はし, 最終的な場所, 終点. 3 (時間帯の) 最後, 最終. 4 期限, 時間枠. 5 境界線. 6 ことば, 語, 用語. 7 目標, 目的, 到達点. 8 (人が置かれた) 状況, 局面. 9《文法》(関連する) 辞項, 関連要素. 10《数学》(分数などの) 項. 11《舞台》景／*primer término* 前景. 12 順位, 位置.
en otros términos 言いかえると.
en primer término まず第一に.
en términos generales 一般的に言えば.
en último término 最後の手段として, やむをえない場合には.
poner término a... …を (力を尽くして) 終わらせる.
por término medio 平均すると, 平均して.
término medio 平均 (値).
término municipal (単一行政区画の) 市域.

ter·mi·no·lo·gí·a [テルミノろヒア] 女 (集合的に) 専門用語, 術語.

ter·mi·no·ló·gi·co, ca [テルミノろヒコ, カ] 形 術語の, 専門用語の.

tér·mi·nos [テルミノス] 男 複《→ término》条項, 条件.

ter·mi·ta [テルミタ] 女《昆虫》シロアリ.

ter·mi·te·ro [テルミテロ] 男 シロアリの巣.

ter·mo [テルモ] 男 魔法瓶(びん).

ter·mo·di·ná·mi·ca[1] [テルモディナミカ] 女 熱力学.

ter·mo·di·ná·mi·co, ca² [テルモディナミコ, —] 形 熱力学の.

ter·mo·e·lec·tri·ci·dad [テルモエれれクトリシダス] 女 〈物理学〉熱電気.

ter·mó·me·tro [テルモメトロ] 男 体温計, 温度計.

ter·mo·nu·cle·ar [テルモヌクれアル] 形 熱核反応の.

ter·mo·plás·ti·co [テルモプらスティコ] 男 可塑(ゕ)性の. 男 可塑性物質.

ter·mos·fe·ra [テルモスふェら] 女 〈大気〉熱圏.

ter·mos·ta·to [テルモスタト] 男 サーモスタット, 自動温度調節器.

ter·na [テルナ] 女 3人組, みつ組.

ter·na·rio, ria [テルナリオ, リア] 形 三部構成の, みつ組の.

ter·ne·ra¹ [テルネら] 女 〈食肉〉子牛の肉.

ter·ne·ro, ra² [テルネロ, —] 男女 (雄と雌の)子牛.

ter·ne·za [テルネさ] 女 甘い言葉.

ter·ni·lla [テルニじゃ] 女 (鼻などの)軟骨.

ter·no [テルノ] 男 〈背広〉三つぞろい.

ter·nu·ra [テルヌら] 女 優しさ, 愛情.

ter·que·dad [テルケダス] 女 強情, 頑固.

te·rra·co·ta [テらコタ] 女 1 素焼きの土器, テラコッタ.

te·rra·do [テらド] 男 (屋上の)平屋根.

te·rra·mi·ci·na [テらミしナ] 女 〈抗生物質〉テラマイシン.

te·rra·no·va [テらノバ] 男 ニューファンドランド犬.

te·rra·plén [テらプれン] 男 土手, 盛り土.

te·rrá·que·o, a [テらケオ, ア] 形 水陸の, 地球の.

te·rra·rio [テらリオ] 男 陸生小動物飼育室.

te·rra·te·nien·te [テらテニエンテ] 男女 大地主, 大土地(農地)所有者.

te·rra·za [テらさ] 女 1 テラス, ベランダ. 2 (岩壁にある)テラス. 3 屋上.

te·rra·zo [テらそ] 男 人造大理石, テラゾー.

te·rre·mo·to [テれモト] 男 地震.

te·rre·nal [テれナる] 形 地上の, この世の.

te·rre·no¹ [テれノ] 男 1 土地, 地所. 2 分野, 領域. 3 場, 場面. 4 〈地質学〉地層.

allanar [preparar] el terreno a... …のために根回しする, 下準備をする.

...del terreno その土地(特有)の….

estar en su propio terreno 有利な[得意な]位置に立つ.

ganar [perder] terreno 有利[不利]になる.

llevar a su terreno (a)... …を自分の土俵に引き込む.

saber el terreno que pisa 事情に通じている.

sobre el terreno 実地で, その場で.

tantear el terreno さぐりを入れる.

terreno abonado 温床, 有利な状況.

terreno de juego 〈スポーツ〉グランド, コート.

te·rre·no², na [—, ナ] 形 この世の, 現世の.

té·rre·o, a [テれオ, ア] 形 土の(ような).

te·rres·tre [テれストレ] 形 1 地球の. 2 地上の, 陸上の. 3 現世の, この世の.

te·rri·ble [テリブれ] 形 1 恐ろしい. 2 耐えがたい. 3 ひどい, すごい.

te·rri·ble·men·te [テリブれメンテ] 副 ひどく, すごく.

te·rrí·co·la [テリこら] 形 《男女同形》陸に住む, 陸生の.
— 男女 陸生動物.

te·rrier [テリエル] 男 〈猟犬〉テリア.

te·rri·to·rial [テリトリアる] 形 1 領土の. 2 管轄区域の, 3 領域の.

aguas territoriales 領海.

te·rri·to·rio [テリトリオ] 男 1 領域, 国土. 2 得意な領域[分野]. 3 管轄区域, 受持ち地区. 4 〈動物〉縄張り.

te·rrón [テロン] 男 1 土くれ, 土のかたまり. 2 (砂糖などの)かたまり.

te·rror [テロル] 男 恐怖, テロル.

el terror 恐怖の的(ƒ).

te·rro·rí·fi·co, ca [テロリふぃコ, カ] 形 1 恐ろしい, こわくなる. 2 ひどい, 激しい.

te·rro·ris·mo [テロリスモ] 男 1 恐怖政治, テロリズム. 2 テロ行為.

te·rro·ris·ta [テロリスタ] 形 《男女同形》1 恐怖政治の. 2 テロの.
— 男女 1 テロリスト. 2 恐怖政治主義者.

te·rro·so, sa [テロソ, サ] 形 土の(ような).

te·rru·ño [テルニョ] 男 1 狭い土地. 2 生地, 故郷.

ter·sar [テルサル] 他 …をなめらかにする.

ter·so, sa [テルソ, サ] 形 1 なめらかな. 2 きれいな, 光っている.

ter·su·ra [テルスら] 女 1 なめらかさ. 2 きれいさ, 光沢, つや.

ter·tu·lia [テルトゥリア] 女 (常連の)集まり, つどい, 寄り合い.

ter·tu·lia·no, na [テルトゥリアノ, ナ] 男女 (集まりの)常連.

Te·ruel [テルエる] 固 〈県・県都の名〉(北東スペインの)テルエル.

te·sar [テサル] 他 (帆など)をぴんと張る.

te·sau·ro [テサウロ] 男 〈索引の〉シソーラス.

te·se·la [テセら] 女 (モザイク用の大理石などの)小片.

te·si·na [テシナ] 女 小論文, 卒業論文.

te·sis [テシス] 女 《単複同形》1 論文, 学位論文. 2 見解, 論点.

te·si·tu·ra [テシトゥら] 女 1 〈音楽〉(特徴的な)音域, 声域. 2 気分, 精神状態. 3 状況.

te·so [テソ] 男 台状の岡.

te·són [テソン] 男 強い気構え, 決意, 根気.

te·so·re·rí·a [テソレリア] 女 1 会計課, 経理部. 2 公庫, 財務局.

te·so·re·ro, ra [テソレロ, ラ] 男女 1 会計係, 経理担当者. 2 収入役, 財務官.

te·so·ro [テソロ] 男 1 宝, 財宝, 埋蔵金. 2 国庫. 3 至宝, 宝庫. 4 大辞典, 宝典. 5《呼び掛け》ねえ, あなた!, 君!
tesoro público 1 (国家の)通貨行政機関. 2 国庫.

test [テス] 男 試験, テスト, 検査.

tes·ta [テスタ] 女 (人や動物の)頭, 額.
testa coronada 王, 君主.

tes·ta·do, da [テスタド, ダ] 《過去分詞》→ testar 遺言を作成する.
— 形 1 遺言を残した. 2 遺言に定められた.

tes·ta·dor, do·ra [テスタドル, ドラ] 男女 遺言者.

tes·ta·fe·rro [テスタふぇロ] 男〈法律〉名義人.

tes·ta·men·ta·rio, ria [テスタメンタリオ, リア] 形 遺言の.

tes·ta·men·to [テスタメント] 男 1 遺言, 遺言状. 2 異常に長い書き物.
Antiguo [Viejo] Testamento 旧約聖書.
Nuevo Testamento 新約聖書.

tes·tar [テスタル] 自 遺言を作成する.

tes·ta·ra·zo [テスタラそ] 男 頭をぶつけること, 頭突き.

tes·ta·ru·dez [テスタルです] 女 頑固, 強情.

tes·ta·ru·do, da [テスタルド, ダ] 形 頑固な, 強情な, わからず屋の.

tes·ti·cu·lar [テスティクラル] 形〈解剖学〉睾丸の.

tes·tí·cu·lo [テスティクロ] 男〈解剖学〉睾丸.

tes·ti·fi·ca·ción [テスティふぃカしオン] 女 1 証言. 2 証拠. 3 立証.

tes·ti·fi·car [テスティふぃカル] 他《活 73 sacar》1 …を証言する. 2 …を立証, 証明する.

tes·ti·go [テスティゴ] 男女 1〈法律〉証人. 2 目撃者, 立会人.
— 男 1 証拠, あかし. 2 しるし, 目印. 3〈リレー競技の〉バトン.
Dios es testigo de que... …であることを宣誓します.
testigo de cargo 検察側証人.
testigo de descargo 弁護側証人.
testigo de Jehová (宗派の)エホバの証人の信者.
testigo ocular [presencial] 目撃者.

tes·ti·mo·nial [テスティモニアる] 形〈法律〉証拠となる, 証拠の.

tes·ti·mo·niar [テスティモニアル] 他 1 …を証言する. 2 …の証明[証拠]になる. 3 …を表明する.

tes·ti·mo·nio [テスティモニオ] 男 1 証言. 2 証明, 立証. 3 証拠.

levantar falsos testimonios 中傷する.

tes·tos·te·ro·na [テストステロナ] 女〈雄性ホルモンの〉テストステロン.

tes·tuz [テストゥす] 男 (複 testuces)(動物の)額, 首筋.

te·ta [テタ] 女 乳房, おっぱい.
de teta 授乳期の.

te·tá·ni·co, ca [テタニコ, カ] 形〈医学〉破傷風の.

té·ta·no [テタノ] 男《= tétanos》〈医学〉破傷風.

te·te·ra [テテラ] 女 ティーポット.

te·ti·lla [テティじゃ] 女 (男・雄の)乳首.

te·ti·na [テティナ] 女 (哺乳瓶の)乳首.

te·to·na [テトナ] 女 乳房の大きな女性.

te·tra·e·dro [テトラエドロ] 男〈数学〉四面体.

te·tra·go·nal [テトラゴナる] 形〈数学〉四角形の, 四辺形の.

te·trá·go·no [テトラゴノ] 男〈数学〉四角形, 四辺形.

te·trá·po·do, da [テトラポド, ダ] 形〈動物〉四足の.

te·trá·po·dos [テトラポドス] 男複〈分類〉四足動物.

te·tra·sí·la·bo, ba [テトラしラボ, バ] 形 4 音節の.

te·tra·va·len·te [テトラバれンテ] 形〈化学〉4価の.

té·tri·co, ca [テトリコ, カ] 形 (死にまつわる)悲しい, 陰気な.

te·tu·da [テトゥダ] 形〈女性〉大きな乳房の.

teu·tón, to·na [テウトン, トナ] 形 1 (ゲルマン系の)チュートン族の. 2 ドイツの.
— 男女 1 チュートン族の人. 2 ドイツ人.

teu·tó·ni·co, ca [テウトニコ, カ] 形 チュートン族の.

Te·xas [テハス] 固《発音に注意》〈州の名〉(米国南部の)テキサス.

tex·til [テスティる] 形 繊維の, 織物の.

tex·to [テスト] 男 1 本文, 原文. 2 教科書, テキスト.

tex·tual [テストゥアる] 形 1 原文の, 本文の. 2 ことば通りの, 文字通りの.

tex·tual·men·te [テストゥアるメンテ] 副 原文通りに, 文字通りに.

tex·tu·ra [テストゥラ] 女 1 織り方, 織り地. 2 構成, 構造. 3 さわり心地, 手ざわり.

tez [テす] 女 顔色, 顔の肌.

ti [ティ] 代《2人称単数の人称代名詞で, 前置詞のうしろで使われる形》男女同形 君, おまえ.
Hoy por ti, mañana por mí. おたがいさまよ.
para ti 君の考えでは.
para ti mismo (読んだり見たりを)君だけがわかるように.
por ti 君としては.

活 は活用形 複 は複数形 男 は男性名詞 女 は女性名詞 固 は固有名詞 代 は代名詞 自 は自動詞

por ti mismo 1 君が自力で. 2 君が自分から.
¿Y a ti qué (si...)? (…だからって)君には関係ないだろう.

tí·a [ティア] 囡 1 おば［叔母, 伯母］. 2 (年配の女性を親しく呼んで)おばさん. 3 (女性を軽蔑して)女.
Cuéntaselo a tu tía. (そんなこと)だれが信じるものか.
No hay tu tía. 難しいね, お手あげですよ.
tía abuela 大おば.
tía buena 立派な体格の女性.
tía segunda 両親のいとこ［従姉妹］.

tia·ra [ティアラ] 囡 1 おば(教皇のかぶる)三重宝冠. 2 (古代ペルシヤなどの)宝冠.

tia·rrón, rro·na [ティアロン, ロナ] 男囡 強い男[大男].

ti·be·rio [ティベリオ] 男 大騒ぎ, 混乱.

ti·be·ta·no, na [ティベタノ, ナ] 形 (中国南西部の)チベット Tíbet の. ― 男囡 チベット人.

ti·bia¹ [ティビア] 囡 〈解剖学〉脛骨(ぼねい).

ti·bia·men·te [ティアメンテ] 副 1 なまぬるく. 2 さめた様子で.

ti·bie·za [ティビエサ] 囡 なまぬるさ.

ti·bio, bia² [ティビオ, ー] 形 1 なまぬるい. 2 熱意のない, さめた.
poner tibio a (+人) …のことを悪く言う.
poner·se tibio de... …にうんざりする.

ti·bu·rón [ティブロン] 男 1〈魚〉サメ, フカ. 2 野心家.

tic [ティク] 男 (圏 tics) 〈医学〉(顔面などの筋に起こる)チック症.

tic·tac [ティクタク] 男 (時計の音の)チクタク.

tiembl- → temblar 震える《圏 57》.

tiem·po [ティエンポ] 男 1 時間, 時. 2 期間, 間. 3 時期, 時代［= tiempos］. 4 機会, 好機, 時機. 5 暇(ひま), 余暇. 6〈スポーツ〉ハーフタイム. 7 季節, 時節. 8 天気, 天候. 9 年齢, (物の)古さ. 10〈文法〉時制. 11〈音楽〉テンポ. 12〈エンジン〉サイクル.
al mismo tiempo [*a un tiempo*] 同時に, 一度に.
al poco tiempo 間もなく.
a tiempo 間に合って, 遅れないで.
a tiempo completo 〈就業〉フルタイムで.
a tiempo parcial 〈就業〉パートタイムで.
con el tiempo 時がたつにつれて.
con tiempo 前もって, あらかじめ.
dar tiempo a (+人) …に時間の余裕を与える.
dar tiempo al tiempo 時機を待つ.
dejar... al tiempo …の解決を時にゆだねる.
...del tiempo 1〈飲み物〉常温の. 2〈果物〉旬(しゅん)の.
de tiempo en tiempo ときどき.
de un tiempo a esta parte この間から.
en mis [*tus, sus*] *tiempos* 私の［君の, 彼の］若い頃には.
faltar tiempo a (+人) *para* (+不定詞) …をすぐに［急いで］…する.
fuera de tiempo 時期はずれに.
hacer tiempo (+現在分詞) …しながらくつろぐ.
hace tiempo ずっと前から.
matar el tiempo 時間つぶしをする.
perder (*el*) *tiempo* 時間をむだにする.
sin perder tiempo [*sin pérdida de tiempo*] ただちに.
tiempo compuesto 〈文法〉複合時制.
tiempo muerto 〈スポーツ〉(中断の)タイム.
tiempo simple 〈文法〉単純時制.
tomar·se tiempo 時間をかける.
un tiempo かつては.

tien- 活 → tener 持つ《圏 80》.

tiend- 活 → tender 広げる《圏 58》.

tien·da [ティエンダ] 囡 1 商店, 小売店, 店舗. 2 テント, 天幕.
tienda de campaña キャンプ用テント.

tient- 活 → tentar さわる《圏 57》.

tien·ta [ティエンタ] 囡 (闘牛用の)子牛の選定.
a tientas 1 当て推量で. 2 手さぐりしながら.

tien·to [ティエント] 男 1 手さぐり, 手ざわり. 2 (人の)扱いのうまさ［巧妙さ］.
dar un tiento a... …をひと口飲む［食べる］.

tier·na·men·te [ティエルナメンテ] 副 優しく, そっと.

tier·no, na [ティエルノ, ナ] 形 1 やわらかい. 2 親切な, やさしい. 3 幼い, 若い.

tie·rra [ティエラ] 囡 1 大地, 陸地, 陸. 2 農地, 耕地, 畑. 3 領土, 地域. 4 生地, 故郷.
a ras de tierra 地面すれすれに.
besar la tierra うつむきに倒れる.
besar la tierra que pisa 心から感謝する.
caer por tierra 倒れる, だめになる.
dar en tierra con... …を倒す, だめにする.
dar tierra a... …を埋葬する.
...de la tierra 国産の, その土地に産する….
echar... por tierra …を倒す, やっつける.
echar tierra a [*sobre*]*...* …について口をつぐむ, …を消す.
la Tierra 地球.
poner tierra en [*por*] *medio* 姿を消す, 逃げ出す.
por tierra 陸送で.
quedar·se en tierra 1 乗り遅れる. 2 旅行を断念する.
tener los pies en la tierra 現実主義である.
tierra adentro 内陸部に［へ］.
tierra de labor 耕地.
tierra de nadie 中立地帯.
tierra firme 1 大陸. 2 陸地.
Tierra Santa 〈宗教〉聖地.
tierras raras 〈化学〉希土類化物.

tomar tierra 1 上陸する, 接岸する. 2 着陸する.
¡Trágame tierra! (恥ずかしくて)穴があったら入りたい!
tragar·se la tierra a (+人) …が姿を消す.
Tie·rra del Fue·go [ティエラ デル フエゴ] 固 〈島の名〉(南米最南端の)フエゴ島.
tie·so, sa [ティエソ, サ] 形 1 固い, こわばった. 2 緊張した, ぴんと張った. 3 尊大な, 横柄な. 4 とても寒い, 冷えた. 5 即死の.
dejar tieso a (+人) 1 …を即死させる. 2 …をびっくりさせる.
quedar·se tieso 1 即死する. 2 びっくり仰天する.
ties·to [ティエスト] 男 1 植木鉢. 2 (鉢植えの)植木.
regar [mear] fuera del tiesto 見当はずれなことをする.
ti·foi·de·a¹ [ティフォイデア] 女 〈医学〉腸チフス.
ti·foi·de·o, a² [ティフォイデオ, ―] 形 〈医学〉チフスの, 腸チフスの.
ti·fón [ティフォン] 男 台風.
ti·fus [ティフス] 男 〈医学〉チフス.
ti·gre [ティグレ] 男 1 〈動物〉トラ [虎]. 2 (店などの)トイレ. 3 〈動物〉ジャガー.
ti·gre·sa [ティグレサ] 女 1 雌トラ. 2 (性的に)奔放(なぎ)な女.
ti·je·ra [ティヘラ] 女 はさみ [鋏] [= tijeras].
de tijera (折りたたみ式の)はさみ形の.
meter la tijera en … …をすっぱりと切る. 2 …を非難する.
ti·je·re·ta [ティヘレタ] 女 1 小さなはさみ. 2 〈昆虫〉ハサミムシ.
ti·je·re·ta·zo [ティヘレタソ] 男 (はさみによる)思い切りのいい切断.
ti·je·re·te·ar [ティヘレテアル] 他 …をはさみで切る.
ti·la [ティラ] 女 1 〈植物〉シナノキ tilo の花. 2 シナノキの花の茶.
til·dar [ティルダル] 他 1 (人)を(+de…)で あると非難する. 2 (文字)にアクセント記号をつける.
til·de [ティルデ] 女 1 アクセント記号. 2 (エニェ ñ の)波形記号.
ti·lín [ティリン] 男 (鈴の音の)リンリン.
hacer tilín a … …に気に入る.
ti·lo [ティロ] 男 〈樹木〉シナノキ.
ti·ma·lo [ティマロ] 男 〈魚〉ヒマスス.
ti·mar [ティマル] 他 1 …をだまし取る. 2 (人)を(+con…) …の取り引きでだます.
— timar·se 再 (+con…) …に色目をつかう.
tim·ba [ティンバ] 女 賭(ゕ)けゲーム.
tim·bal [ティンバル] 男 〈楽器〉ティンパニー.
tim·bra·do, da [ティンブラド, ダ] 〈過去分詞〉 → timbrar 印紙をはる.
— 形 1 印紙のはられた. 2 〈便箋(びん)〉レターヘッドのある. 3 〈声などが〉響きのいい.
tim·brar [ティンブラル] 他 …に印紙 [証紙, 切手]をはる.

tim·bra·zo [ティンブラソ] 男 強いベルの音.
tim·bre [ティンブレ] 男 1 ベル, 呼び鈴(ゟ). 2 (楽器や声の)音色, 音質. 3 印紙, 証紙, 切手.
tí·mi·da·men·te [ティミダメンテ] 副 1 びくびくしながら, おずおずと. 2 わずかに.
ti·mi·dez [ティミデス] 女 小心, 内気.
tí·mi·do, da [ティミド, ダ] 形 1 内気な, 小心な. 2 わずかな.
— 男女 内気な人.
ti·mo [ティモ] 男 1 (商売上の)詐欺, ペてん. 2 〈解剖学〉胸腺(ぎう).
ti·món [ティモン] 男 1 〈船舶〉舵. 2 〈飛行機〉方向舵. 3 (船の)舵柄(ぶじ). 4 〈行為〉舵取り, 指揮.
ti·mo·nel [ティモネル] 男 〈人〉操舵手(セっだ), 舵(カ)取り.
ti·mo·ra·to, ta [ティモラト, タ] 形 1 恥ずかしがりの, 内気な. 2 不道徳なことをおそれる.
tím·pa·no [ティンパノ] 男 1 〈解剖学〉鼓膜. 2 〈建築〉(建物の)正面の三角面. 3 〈楽器〉(ガラスの棒をキ木琴状にならべた)ティンパノ.
ti·na [ティナ] 女 1 〈容器〉大がめ. 2 桶(鈷). 3 たらい, 浴槽.
ti·na·ja [ティナハ] 女 〈容器〉大がめ.
tin·ción [ティンシオン] 女 染色.
ti·ner·fe·ño, ña [ティネルフェニョ, ニャ] 形 (カナリア諸島の)テネリフェ Tenerife の.
— 男女 テネリフェ島の人.
tin·gla·do [ティングラド] 男 1 たくらみ, 陰謀. 2 (大騒ぎの)混乱状態, 混乱. 3 雑然とした積み上げ.
ti·nie·blas [ティニエブラス] 女複 1 暗闇(な), 闇. 2 ひどい無知. 5 五里霧中.
ti·no [ティノ] 男 1 勘の良さ, 狙(セ)いの確かさ. 2 理性, 分別. 3 常識.
tin·ta¹ [ティンタ] 女 (→ tinto²) 1 インク. 2 (イカなどの)墨.
cargar [recargar] las tintas 大げさに言う.
correr ríos de tinta sobre … …が多くの書き物のネタになる.
medias tintas 曖昧(悉ご)な言動.
saber … de gran [buena] tinta …について確かな情報を得ている.
sudar tinta 大いに努力する.
tinta china (文具の)墨.
tinta simpática あぶり出しのインク.
tin·tar [ティンタル] 他 …を染める.
tin·te [ティンテ] 男 1 (特定の色の)染料. 2 染色. 3 クリーニング店. 4 見せかけ, 見てくれ.
tin·te·ro [ティンテロ] 男 1 インク瓶(♂), インクスタンド. 2 〈印刷〉インク溝.
tin·tín [ティンティン] 男 (コップなどの触れ合う音の)チンチン.
tin·ti·ne·ar [ティンティネアル] 自 〈= tintinar〉 チンチンという音を出す.
tin·ti·ne·o [ティンティネオ] 男 (鈴などの)チンチ

tin·to¹ [ティント] 男 赤ワイン.

tin·to², **ta**² 形 赤黒い.

tin·to·re·o, a [ティントレオ, ア] 形 〈草木〉染色用の.

tin·to·re·rí·a [ティントレリア] 女 1 染色店. 2 クリーニング店.

tin·to·re·ro, ra [ティントレロ, ラ] 男 女 1 染色業者, 2 クリーニング業者[店員].

tin·to·rro [ティントロ] 男 (安物の)ブドウ酒.

tin·tu·ra [ティントゥラ] 女 1 染料. 2 染色.

tiñ- 活 → teñir 染める《活 68》.

ti·ña [ティニャ] 女 〈皮膚(ょ)病〉たむし.

ti·ño·so, sa [ティニョソ, サ] 形 1 たむしにかかった. 2 みじめな, 貧乏な.
— 男 女 1 たむしの患者. 2 けちな人.

tí·o [ティオ] 男 1 おじ[伯父, 叔父]. 2 大おじ. 3 (年配の男性を親しくよんで)おじさん. 4 (男性を軽蔑していう)あいつ, あの男. 5 ある男, ある男性.
tener un tío en América (急に金持ちになった人を皮肉って)アメリカ[中南米]に親戚がいる.
tío abuelo 大おじ.
tío bueno 立派な体格の男性.
tío segundo 両親のいとこ[従兄弟].

tí·os [ティオス] 男複 (→ tío) おじ夫婦.

tio·vi·vo [ティオビボ] 男 〈遊園地〉回転木馬, メリーゴーラウンド.

ti·pe·jo, ja [ティペホ, ハ] 男 女 《= tiparraco, ca》くだらない人間.

ti·pi [ティピ] 男 (インデアンの)テント.

tí·pi·ca·men·te [ティピカメンテ] 副 1 典型的に. 2 独特なものとして.

tí·pi·co, ca [ティピコ, カ] 形 1 典型的な, 代表的な. 2 独特の, 独特の.

ti·pi·fi·ca·ción [ティピふィカしオン] 女 1 型[規範]への適用. 2 典型, 代表.

ti·pi·fi·car [ティピふィカル] 他 《活 73 sacar》 1 …を特定の型[規範]に当てはめる. 2 …を代表する, …の典型である.

ti·pis·mo [ティピスモ] 男 1 典型的特徴. 2 地方色, 郷土色.

ti·ple [ティプれ] 男 1 〈声域〉ソプラノ. 2 (小型の高音ギターの)ティプレ. 3 (サルダナで使う高音オーボエの)ティプレ.
— 男 女 ソプラノ歌手.

ti·po¹ [ティポ] 男 1 型, タイプ, 定型. 2 様式, 種類. 3 典型, ひな形, 見本. 4 〈人〉外見, 体型, 姿. 5 やつ, あいつ, こいつ. 6 割合, レート, 率. 7 〈分類〉(動植物の)門. 8《印刷》活字.
jugar·se el tipo (a...) (…に)命がけでする.
mantener el tipo (危険を前にして)平然と構える.
tipo de cambio 為替レート.
tipo de interés 利率.

ti·po², **pa** [一, パ] 男 女 (ある)人, 者.

ti·po·gra·fí·a [ティポグラふィア] 女 〈技術〉活版印刷.

ti·po·grá·fi·co, ca [ティポグラふィコ, カ] 形 活版印刷の.

ti·pó·gra·fo, fa [ティポグラふォ, ふァ] 男 女 〈人〉植字工.

ti·po·lo·gí·a [ティポロヒア] 女 類型論, 類型学, タイポロジー.

tí·pu·la [ティプら] 女 〈昆虫〉ガガンボ.

tí·quet [ティケト] 男 《= tique》《複 tíquets》 1 切符. 2 伝票.

ti·quis·mi·quis [ティキスミキス] 形 《男女同形, 単複同形》 心配性の, とてもデリケートな.
— 男 苦労性の人.
— 男複 不要な気遣い.

ti·ra [ティラ] 女 1 (革などの)細長い紐(%). 2 (新聞などの)続きもの漫画.
hacer tiras… 1 …をずたずたに裂く. 2 (+a…) …を殺す.
la tira de(+複数名詞)とても多くの, 大量の….
quitar [sacar] la piel a tiras a(+人)…をこきおろす.

ti·ra·bu·zón [ティラブソン] 男 (髪の)ロール, 巻き毛.

ti·ra·chi·nas [ティラチナス] 男 《単複同形》 (小石を飛ばすゴムの)ぱちんこ.

ti·ra·da¹ [ティラダ] 女 1 長い距離. 2 かなりの時間. 3 投げる行為. 4 一連のもの, ひと続き. 5《ゲーム》(さいころの)ひと振り. 6 印刷. 7 発行部数. 8 売春婦.
de [en] una tirada 一気に, ひと息に.

ti·ra·do, da² [ティラド, 一] 形 1 とても安い. 2 とても簡単な, やりやすい. 3 打つ手なしの, 見捨てられた.

ti·ra·dor¹ [ティラドル] 男 1 (引き出しなどの)取っ手, 引き手. 2 (鐘などを鳴らす)引き綱, ひも[紐]. 3 (小石を飛ばすゴムの)ぱちんこ.

ti·ra·dor², **do·ra** [一, ドラ] 男 女 (銃や弓の上手な)射手.

ti·ra·go·mas [ティラゴマス] 男 《単複同形》 (小石を飛ばすゴムの)ぱちんこ.

ti·ra·lí·ne·as [ティラリネアス] 男 《単複同形》 《製図》からす口.

ti·ra·ní·a [ティラニア] 女 1 専制政治, 圧政. 2 圧制, 横暴.

ti·ra·ni·ci·dio [ティラニしイディオ] 男 暴君殺害.

ti·rá·ni·co, ca [ティラニコ, カ] 形 1 圧政の. 2 圧制的な, 横暴な.

ti·ra·ni·zar [ティラニさル] 他 《活 39 gozar》 1 …を専制君主として支配する. 2 …を圧制する.

ti·ra·no, na [ティラノ, ナ] 形 1 専制的な, 圧政の. 2 圧制的な, 横暴な.
— 男 女 1 専制君主. 2 暴君, 圧制者.

ti·ra·no·sau·ro [ティラノサウロ] 男 〈恐竜〉ティラノサウルス.

ti·ran·te [ティランテ] 形 1 ぴんと張った, 緊張し

た. 2 緊迫した, 険悪な.
― 男 1 ズボンつり. 2 (スカートの)つり紐(ひも). 3 (物を支える金属の)ビーム.

ti·ran·tez [ティランテス] 女 1 ぴんと張った状態, 張る力. 2 緊張状態, 緊迫.

tirar [ティラル] 他 1 …を投げる, ほうる.
2 …を放つ, 手放す.
3 …を捨てる, ほかす.
4 …をむだに使う, 浪費する.
5 …をひっくり返す, 倒す.
6 …を(試験などで)落とす.
7 (写真)を撮る, 写す.
8 …を印刷する.
9 (線など)を引く.
10 (危害)を加える, 与える.
11 …を発砲する, 撃つ.
12 〈スポーツ〉(ボールなど)を投げる, キックする.
13 …を伸ばす, 引っ張る.
14 (ドアなど)を手前に引く.
― 自 1 (+de...) …を痛めつける.
2 発砲する, 射撃する.
3 〈スポーツ〉シュートする.
4 (+de...) …を引っ張る.
5 (+a+人) …の興味をそそる, …をよろこばせる.
6 (衣服)が (+a+人) …のところがきつい.
7 (+de+道具・武器) …を取り出す, 手にする.
8 (+a+武器) …をうまく扱う.
9 (機械類)がうまく作動する.
10 (物事が)うまく運ぶ[進む].
11 (煙突などが)空気を吸いこむ.
12 なんとか暮らせる.
13 (道など)進む, 曲がる.
14 (+para...) …に引かれる, 向いている.
15 (+a...) …への傾向がある, …がっている.
16 (+a+人) …に似ている.
17 (+de...) …を活気づける.
18 (+de...) …を引きつける.
― **tirar·se** 再 1 (+a...) …に飛びこむ, 飛びかかる.
2 (+en...) …に横たわる, 寝そべる.
3 (+現在分詞) …しながら時を過ごす.
4 (+en...) …で時を過ごす.
5 (+a+人) …と性的関係を続ける.

a todo tirar せいぜい, 多くても, 長くて.
ir tirando 変わりがない, まあまあである.
tirando por (lo) bajo 少なくとも.
¡Tira (adelante)! 1 急げ! 2 がんばれ!
tirar a matar 1 撃ち殺す. 2 悪だくみをする.
tirar de [por] largo 1 むやみに使う. 2 外見から見積もる.
un tira y afloja (交渉での)かけ引き.

ti·ri·lla [ティリジャ] 女 〈シャツ〉台襟(だいえり).

ti·ri·ta [ティリタ] 女 バンドエイド, キズバンド.

ti·ri·tar [ティリタル] 自 (+de+寒さなど) で震える.
estar [quedar] tiritando 無くなる, だめになる.

ti·ri·to·na [ティリトナ] 女 震え, 悪寒(おかん).

ti·ro [ティロ] 男 1 発射, 射撃, 発砲. 2 投げること, ほうり投げ. 3 〈スポーツ〉射撃. 4 引っ張ること, 牽引(けんいん). 5 (組になった)引き馬. 6 (煙突の空気の)吸いこみ口. 7 (馬車などの)引き革. 8 〈スポーツ〉シュート, ショット.

a tiro 手の届くところに, 間近に.
a tiro hecho はっきりした意図で.
a (un) tiro de piedra (de...) (…の)すぐ近くに.
de tiros largos 着飾って.
ni a tiros 決して(…ない).
no ir por ahí los tiros (言ったことが)的(まと)はずれである.
salir el tiro por la culata 予想がはずれる.
sentar [caer] a... como un tiro 1 (服などが)…に似合わない. 2 (食事などが)…に合わない.
tiro al blanco 〈スポーツ〉射撃.
tiro al plato クレー射撃.
tiro de gracia (銃) とどめの一発.
tiro libre 〈バスケットボール〉フリースロー.

ti·roi·de·o, a [ティロイデオ, ア] 形 甲状腺の.
ti·roi·des [ティロイデス] 男 《単複同形》〈解剖学〉甲状腺.
ti·ro·lés, le·sa [ティロレス, レサ] 形 (アルプスの)チロル Tirol の.
― 男 女 チロル地方の人.

ti·rón [ティロン] 男 1 乱暴に引くこと. 2 急な加速, スパート. 3 (人を)引きつける力, 魅力. 4 (筋肉の)ひきつり, 痙攣(けいれん). 5 〈盗難〉ひったくり.
de un tirón 一気に, ひと息に.

ti·ro·te·ar [ティロテアル] 他 …を銃撃する, …に何度も発砲する.
― **tirotear·se** 撃ち合う.

ti·ro·te·o [ティロテオ] 男 銃撃, 一連の発砲.
ti·rria [ティリア] 女 嫌悪, 憎悪.
ti·sa·na [ティサナ] 女 煎(せん)じ薬.
tí·si·co, ca [ティシコ, カ] 形 肺結核の.
― 男 女 肺結核患者.
ti·sis [ティシス] 女 《単複同形》〈医学〉肺結核.
ti·sú [ティス] 男 《複 tisúes, tisús》〈織物〉(金糸・銀糸の入った)ラメ.
ti·su·lar [ティスラル] 形 〈生物学〉繊維の.
ti·ta [ティタ] 女 おばちゃん.
ti·tán [ティタン] 男 1〈神話〉(怪力巨人の)タイタン. 2 怪力の持ち主, 超人.
ti·tá·ni·co, ca [ティタニコ, カ] 形 1 並はずれた大きさの. 2 超人的な.
ti·ta·nio [ティタニオ] 男 〈化学〉チタン.
tí·te·re [ティテレ] 男 あやつり人形.
― 男 女 1〈人〉あやつり人形, 人の言いなりになる人間. 2 軽薄尊大な人間.
no dejar títere con cabeza 1 むちゃくちゃに

こわす. 2 関係者全員を非難する.
no quedar títere con cabeza 1 むちゃくちゃにこわれる. 2 関係者全員が非難される.

ti·ti [ティティ] 男女 (呼びかけで) 君(ﾀﾝ)!, あんた!

ti·tí [ティティ] 男 (複 titíes, titís) 〈動物〉(南米産の)ティティモンキー.

Ti·ti·ca·ca [ティティカカ] 固 〈湖の名〉(ペルーとボリビアにまたがる)ティティカカ.

ti·ti·lar [ティティラル] 自 1 (灯火などが)またたく, まばたく. 2 こまかく震える.

ti·ti·ri·tar [ティティリタル] 自 (+de+寒さなど) …で震える.

ti·ti·ri·te·ro, ra [ティティリテロ, ラ] 男女 1 〈人〉(人形芝居の)人形使い. 2 (綱渡りの)曲芸師.

ti·to [ティト] 男 おじちゃん.

ti·tu·be·an·te [ティトゥベアンテ] 形 ためらっている.

ti·tu·be·ar [ティトゥベアル] 自 1 ためらう, 躊躇(ﾁｭｳﾁｮ)する. 2 口ごもる, 言いよどむ. 3 ふらつく, よろめく.

ti·tu·be·o [ティトゥベオ] 男 1 ためらい, 躊躇(ﾁｭｳﾁｮ). 2 口ごもり. 3 ふらつき.

ti·tu·la·ción [ティトゥらシオン] 女 学位の取得.

ti·tu·la·do, da [ティトゥらド, ダ] 〈過去分詞〉→ titular-se 学位を得る.
— 形 1 (+en…) …の学位[資格]のある. 2 題名のついた.
— 男女 1 学位取得者. 2 有資格者.

ti·tu·lar [ティトゥらル] 形 1 資格によって仕事をしている, 正規の. 2 〈スポーツ〉レギュラーの.
— 男女 1 資格所有者. 2 正規の所有者, 名義人.
— 男 (新聞などの)見出し[= titulares].
— 他 に題名をつける.
— titular-se 再 1 (+en…) …の学位を得る. 2 …という題名である.
profesor titular 正教授, 正教員.

ti·tu·li·llo [ティトゥリじょ] 男 (本のページの上部にある)欄外見出し.

ti·tu·li·tis [ティトゥリティス] 女 《単複同形》学歴偏重, 資格偏重.

tí·tu·lo [ティトゥろ] 男 1 表題, 題名, タイトル. 2 資格, 資格, 称号. 3 学位, 免状, 免許. 4 爵位. 5 証書, 証券. 6 (法令などの)編, 章.
a título de… 1 …の資格で. 2 …の名目で.
título de propiedad 不動産権利証書.
título público 国債.

ti·za [ティサ] 女 〈黒板〉チョーク.

tiz·nar [ティスナル] 他 1 …をすす(など)で汚す. 2 …の名誉を傷つける.
— tiznar-se 再 1 (自分の体の一部)をすすで汚す. 2 (+con…) …でうす汚れる.

tiz·ne [ティスネ] 男女 すす(煤).

tiz·nón [ティスノン] 男 すすの汚れ.

ti·zo [ティソ] 男 燃えさし.

ti·zón [ティソン] 男 1 燃えさし. 2 〈れんが〉(接合面の)小口.
a tizón (れんがなどを) 小口積みにして.

TLC [テエルセ] 男 《略語》Tratado de Libre Comercio de América del Norte 北米自由貿易協定 [= 英語 NAFTA].

to·a·lla [トアじゃ] 女 タオル.
tirar [arrojar] la toalla (試合などを)なげる, 放棄する.
toalla de manos ハンドタオル, 手ふき.
toalla higiénica 生理用ナプキン.

to·a·lle·ro [トアじェロ] 男 タオル掛け.

to·ba [トバ] 女 1 (人指し指か中指を親指にかけて強くはじく)爪(ﾂﾒ)はじき. 2 〈地質学〉凝灰岩. 3 〈タバコ〉吸いがら.

to·bi·lle·ra¹ [トビじェラ] 女 くるぶし用のサポーター.

to·bi·lle·ro, ra² [トビじェロ, —] 形 〈衣類〉くるぶしまで届く.

to·bi·llo [トビじょ] 男 〈足首〉くるぶし.

to·bo·gán [トボガン] 男 1 滑り台. 2 (競技用)のトボガン, リュージュ. 3 トボガン競技コース.

to·ca [トカ] 女 (修道女用の)ずきん.

to·ca·dis·cos [トカディスコス] 男 《単複同形》〈レコード〉プレーヤー, 蓄音機.

to·ca·do¹ [トカド] 男 1 髪型. 2 髪飾り, かぶりもの.

to·ca·do², da [—, ダ] 〈過去分詞〉→ tocar さわる.
— 形 1 気が少し変な. 2 (病気や傷で)少しおかしい. 3 (果物などが)いたみかけた. 4 (+con…) …をかぶっている.

to·ca·dor [トカドル] 男 1 鏡台, 化粧台. 2 化粧室.
jabón de tocador 化粧石けん.

to·can·te [トカンテ] 形 1 さわる, 触れる. 2 (+a…) …に関する.
en lo tocante a… …に関しては.

to·car [トカル] 他 《活 73 sacar》 1 …にさわる, 触れる.
2 …に接触する.
3 …に (+con…) …でさわる.
4 …を動かす.
5 (楽器)をかなでる, 演奏する.
6 (曲)を演奏する.
7 …に手を加える, …を変える.
8 (事柄)に触れる, 言及する.
9 (ベルなど)を鳴らす.
10 …の心を動かす, …を感動させる.
11 …に寄港する.
12 (結果)を受ける, こうむる.
— 自 1 (+不定詞) …することが (+a+人) …の義務である／*A ti te toca decidir.* 君が決めなくてはいけない.
2 (+不定詞) …することが (+a+人) …の番で

to·ca·ta

ある.
3 (くじなどが) (+a+人) …に当たる.
4 ほとんど(+en...) …同然である.
5 (鐘などが) 鳴る.
6 (+a...) …にかかわる.
— **tocar·se** 再 **1** 触れあっている.
2 (自分の体の一部の)をさわる.
3 (+con...) …をかぶる.
en [por] lo que toca a... …に関しては.
tocar a (+人) *en la herida* …の弱点に触れる.
tocar... de cerca …を体験する.

to·ca·ta [トカタ] 男 〈レコード〉プレーヤー.
— 女 (鍵盤楽曲の)トッカータ.

to·ca·te·ja [トカテハ] 女 《つぎの副詞句の一部》
a tocateja 全額現金で.

to·ca·yo, ya [トカヨ, ヤ] 男 女 同名の人.

to·cho, cha [トチョ, チャ] 形 **1** 少し間抜けな. **2** 〈作品〉大部(ぶ)の, 退屈な.

to·ci·no [トシノ] 男 〈食肉〉(豚などの塩漬けが多い)脂身.
tocino entreverado 三枚肉, ばら肉.
tocino de cielo 〈菓子〉カスタードプリン.

to·co·lo·gí·a [トコロヒア] 女 〈医学〉産科学.

to·có·lo·go, ga [トコロゴ, ガ] 男 女 産科専門医.

to·co·mo·cho [トコモチョ] 男 〈詐欺〉にせ当たりくじ売り.

to·cón¹ [トコン] 男 〈樹木〉切り株.

to·cón², co·na [—, コナ] 形 〈人〉いじくり遊ぶ.
— 男 女 いじくり遊ぶ人.

to·da·ví·a [トダビア] 副 **1** まだ, いまだに. **2** それでもなお, しかしながら. **3** (+比較級語)なおさら, 一層, ずっと.

to·di·to, ta [トディト, タ] 形 まったくの.

to·do¹ [トド] 男 全部, 全体.
— 代 すべて, あらゆるもの, なんでも.
— 副 完全に, まったく, 完全な.

to·do², da [—, ダ] 形 **1** (+限定詞+複数名詞)すべての, 全部の, あらゆる/*todas* las noches 毎夜, *todos* los días 毎日.
2 (+限定詞+単数名詞)…の全体/*toda* la mañana 午前中いっぱい, *todo* el día 一日中.
3 (+無冠詞+単数名詞)あらゆる…, どの…/*a todo* correr 全速力で.
4 〈強調〉まったくの, 完全な/*toda* una mujer 成人の女らしい女性.
5 (+代名詞)すべての/*todos* nosotros 私たち全員.
a todo esto [a todas estas] その間に.
ante todo なによりもまず, 第一に.
así y todo それにもかかわらず.
con todo (y con eso) しかしながら, とはいえ.
del todo 端から端まで, すっかり.
después de todo 結局, つまるところ.
de todas todas 確実に, 正確に.
de todo en todo 完全に.
jugarse el todo por el todo ぎりぎりの危険をおかす.
por todo lo alto 盛大に, 豪華に.
ser todo uno **1** まったく同時である. **2** まったくおなじである.
sobre todo なかでも, とりわけ.
toda vez que... …であるからには.
todo el mundo **1** だれでも, みな, 全員. **2** 世界中.
todo lo (+形容詞・副詞) できるかぎり …な[に].
todo lo más 多くて, せいぜい.
todo lo posible できるかぎりのこと.
Todo puede ser. そうかもしれない.
todo puede ser que (+接続法) せいぜい …だろう.
...y todo …さえも, …までも.

To·do·po·de·ro·so [トドポデロソ] 固 *(el+)* (全能の)神.

to·do·po·de·ro·so, sa [トドポデロソ, サ] 形 全能の, 絶大な権力を持つ, 万能の.

to·dos, das [トドス, ダス] 代 複 (→ todo², da) すべての人々.

to·do·te·rre·no [トドテレノ] 男 **1** 四輪駆動車, ジープ. **2** マウンテンバイク, オフロードバイク. **3** 万能のもの[人].

to·fe [トフェ] 男 (ミルクコーヒーキャラメルの)トッフィー.

to·ga [トガ] 女 **1** 法服, ガウン. **2** 〈古代ローマ〉(マント風の)トガ.

to·ga·do, da [トガド, ダ] 形 〈司法官〉法服をまとった.
— 男 女 (法服の)司法官.

toi·lette [トゥアレト] 女 トイレ, 便所.

to·kio·ta [トキオタ] 形 〈男女同形〉(日本の)東京 Tokio, Tokyo の.
— 男 女 東京の人.

to·jo [トホ] 男 〈植物〉ハリエニシダ.

tol·do [トルド] 男 日よけ, 天幕.

to·le [トレ] 男 喧騒(ᵏᵘ).

to·le·da·no, na [トレダノ, ナ] 形 トレド Toledo の.
— 男 女 トレドの人.

To·le·do [トレド] 固 〈県・県都の名〉(スペイン中部の)トレド.

to·le·ra·ble [トレラブレ] 形 我慢できる, 許容範囲内の.

to·le·ra·do, da [トレラド, ダ] 《過去分詞》→ tolerar こらえる.
— 形 (映画などが子供も見られる)一般向きの.

to·le·ran·cia [トレランシア] 女 **1** 寛容, 寛大. **2** 耐久力, 忍耐. **3** 許容(誤差).

to·le·ran·te [トレランテ] 形 **1** 寛容な, 寛大な. **2** 耐えられる, 忍耐力のある.

to·le·rar [トレラル] 他 **1** …をこらえる, 我慢する.

2 …を持ちこたえる, …に耐える. 3 …を許容する.
to·lon·dro [トロンドロ] 男 (打ち身の)こぶ.
tol·te·ca [トルテカ] 形《男女同形》トルテカ族の.
— 男 女 (古代メキシコの)トルテカ族の人.
tol·va [トルバ] 女 1 じょうご型の容器. 2 (石炭などを貯蔵する)ホッパー.
to·ma [トマ] 女 1 占領, 征服. 2 (薬などの)一服, 一回分. 3 服用, 摂取. 4 蛇口, 出水口. 5〈電気〉コンセント, 差し込み. 6〈ガス〉元栓(もと). 7 撮影. 8 引き受け, 就任, 獲得.
— 間 1 (物を手渡しながら)さあ！, どうぞ！ 2 まさか！, くだらん！ 3 なるほど！, わかった！ 4 それみろ！, 言ったとおりだろう！
— 活 → tomar 手に取る.
a toma y daca 平凡なやりとりで, 持ちつ持たれつ.
toma de conciencia 自覚, 認識.
toma de mando 指揮権の掌握.
toma de tierra〈電気〉アース.
to·ma·do, da [トマド, ダ]《過去分詞》→ tomar 手に取る.
— 形〈声〉しゃがれた, かすれた.
to·ma·hawk [トマホク] 男 (北米インデアンの斧(おの)の)トマホーク.
to·mar [トマル] 他 1 …を手に取る, つかむ.
2 …を受け取る, 獲得する.
3 (乗り物)に乗る, …を使う.
4 (やり方)を採用する, …に従う.
5 (決定)を取り入れる.
6 (従業員など)を採用する, 雇う.
7 …を借りる, 手に入れる.
8 (仕事)を引き受ける.
9 (名前)を採用する, もらう.
10 (何人かが) (場所)を占める, 占有する.
11 …を(+por…) …と見なす, …だと考える.
12 (写真)を撮る.
13 …を記録する, 書きとめる, 録音する.
14 …を選択する, 選ぶ.
15 (温度などのデータ)を計る.
16 (動物の雄が) (雌)にかかる, …と交尾する.
17 …を飲む, 食べる.
18 (道)を行く, 進む.
— 自 1 (+por+道) …を行く, 進む.
2 (+a+方角) …へ曲がる.
3 酒を飲む.
— **tomar·se** 再 1 (声が)かすれる.
2 …を飲む, 飲みほす.
3 …を食べる, 食べつくす.
4 …を取得する.
5 (態度など)を取る.
6 …を解釈する.
7 自分が(+por…)であると考える.
ser de armas tomar (人が)きつい性格である.
tener·la tomada con… …に反対である, …をきらう.

tomar a bien [mal]… …を善意に[悪意に]解釈する.
tomar·la con… 1 …に反感を抱く. 2 …にこだわる.
tomar pie de… …を口実に使う.
tomar… por~ 1 …を～だと見なす. 2 …を～と間違える.
tomar(se) a pecho… 1 …を懸命に行う. 2 …を真剣に受け取る.
¡Tómate ésa! ざまあみろ！, いい気味だ！
To·más [トマス] 固《男性の名》トマス.
to·ma·ta·da [トマタダ] 女〈料理〉トマトサラダ.
to·ma·tal [トマタル] 男 トマト畑.
to·ma·te [トマテ] 男 1〈野菜〉トマト. 2〈靴下〉(破れた)穴. 3 混乱状態.
poner·se como un tomate (恥ずかしさで)真っ赤になる.
to·ma·te·ra [トマテラ] 女〈多年草〉トマト.
to·ma·vis·tas [トマビスタス] 男《単複同形》8 ミリカメラ.
tóm·bo·la [トンボラ] 女 1 (慈善目的の)富くじ. 2 富くじ会場.
to·mi·llo [トミジョ] 男〈香草〉タイム.
to·mo [トモ] 男 (書物の)巻(かん), 分冊.
— 活 → tomar 手に取る.
de tomo y lomo 相当の, 重要な.
ton [トン]《つぎの副詞句の一部》
sin ton ni son 理由もなく.
to·na·da [トナダ] 女 1 歌詞. 2 曲.
to·na·di·lla [トナディジャ] 女〈歌曲〉(アンダルシアの民謡風の)トナディジャ.
to·na·di·lle·ro, ra [トナディジェロ, ラ] 男 女 (歌曲の)トナディジャの作曲家[歌手].
to·nal [トナル] 形〈音楽〉音調の.
to·na·li·dad [トナリダス] 女 1〈音楽〉調性. 2 (文の)音調, イントネーション.
to·nel [トネル] 男 1 樽(たる). 2 肥満の人.
to·ne·la·da [トネラダ] 女〈重量単位〉トン.
to·ne·la·je [トネラヘ] 男 積載量.
to·ne·le·ro, ra [トネレロ, ラ] 男 女 樽(たる)職人.
ton·ga·da [トンガダ] 女 (層に積み上げられたもののひとつの)層.
ton·go [トンゴ] 男〈スポーツ〉八百長.
tó·ni·ca¹ [トニカ] 女 1〈飲料水〉トニック. 2〈言語学〉強勢母音[音節]. 3 一般的傾向. 4〈音楽〉主音.
tó·ni·co¹ [トニコ] 男 1〈薬〉強壮剤. 2〈整髪〉トニックローション.
tó·ni·co², ca² 形 1〈母音・音節〉アクセント[強勢]のかかった. 2 元気づける, 強壮にする. 3〈音楽〉主音の.
to·ni·fi·ca·ción [トニふぃカしオン] 女 (器官の)増強, 強化.
to·ni·fi·can·te [トニふぃカンテ] 形 元気づける,

強壮にする.
to·ni·fi·car [トニふぃカル] 他《活 73 sacar》(器官などを)強壮にする, 強化する.
to·ni·llo [トニじょ] 男 話す調子, 口調.
to·no [トノ] 男 1《音の》調子, 音調. 2 口調, 語調. 3《表現の》独特の様子, 様相. 4 音の強さ. 5 色合い, 色調. 6《音楽》全音, 長2度. 7《器官》正常な活力. 8《電話などの通信を知らせたり》ツー音.
a tono con... ...と調和した, 合った.
dar·se tono 実力ある振りをする, いばる.
de buen [mal] tono 上品な[下品]なやり方の.
fuera de tono 場違いの, 不適切な.
salida de tono〈言動〉場違い, 不適切.
subido de tono いやらしい, 少しみだらな.
subir de tono (討論などが)激しくなる.
tono mayor [menor]〈音楽〉長調[短調].
ton·su·ra [トンスラ] 女《宗教》剃髪(ﾃｲﾊﾂ).
ton·ta·da [トンタダ] 女 ばかげたこと.
ton·tai·na [トンタイナ] 形《男女同形》〈人〉ばかな, あほうな.
— 男 女〈人〉ばか, あほう.
ton·te·ar [トンテアル] 自 1 ばかなことをする[言う]. 2 いちゃつく.
ton·te·rí·a [トンテリア] 女 1 ばかげたこと. 2 愚かさ. 3 つまらないこと.
ton·ti·llo, lla [トンティじょ, じゃ] 男 女 おばかさん.
ton·to, ta [トント, タ] 形 1 ばかな, あほうな. 2 理由のない. 3 むだな, 意味のない. 4 うっとうしい, くどい. 5 お人よしの.
— 男 女 1〈人〉ばか, あほう. 2 わずらわしい人間.
a lo tonto 知らないうちに.
a tontas y a locas でたらめに, 思いつきで.
hacer el tonto ばかなことをする.
hacer·se el tonto 気づかない振りをする.
tonto de capirote [del bote, de remate, perdido] どうしようもないばか.
ton·to·rrón, rro·na [トントロン, ロナ] 形 大ばかの, どあほうの.
— 男 女 どうしようもないばか.
ton·tu·ra [トントゥラ] 女 ばかなこと.
To·ña [トニャ] 固《女性の名》(Antonia の愛称の)トニャ.
To·ño [トニョ] 固《男性の名》(Antonio の愛称の)トニョ.
top [トプ] 男《服飾》タンクトップ.
to·pa·cio [トパしオ] 男《宝石》トパーズ.
to·par [トパル] 自 1 (物が) (+con...) ...にぶつかる. 2 (牛などが) (+contra...) ...を角で突く. 3 (+con...) ...に出くわす.
— topar·se 再 1 (+con...) ...に出くわす. 2 ぶつかりあう.
to·pe [トペ] 男 1 限界, 極限. 2 (緩衝(ｶﾝｼｮｳ)装置の)バンパー. 3 (動きをおさえる)止め具.

a tope [al tope] 1 可能な限り, 限度いっぱいに. 2 いっぱいになった.
hasta el tope [los topes] 1 行けるところまで. 2 いっぱいになった.
to·pe·ra [トペラ] 女 モグラの穴.
to·pe·ta·zo [トペタそ] 男《= topetón》衝突, ぶち当たり, 鉢合わせ.
tó·pi·co¹ [トピコ] 男 1 (ありふれた)話題. 2 決まり文句.
tó·pi·co², **ca** [—, カ] 形 1 (考えなどが)ありふれた, 平凡な. 2《薬》外用の.
top·less [トプれス] 男 1《服装》トップレス. 2 トップレスバー.
to·po [トポ] 男 1《動物》モグラ. 2 視力の弱い人. 3 (組織に潜入した)密偵, スパイ. 4《布地》水玉模様.
to·po·gra·fí·a [トポグラふぃア] 女 1 地形学. 2 地形, 地勢.
to·po·grá·fi·co, ca [トポグラふぃコ, カ] 形 地形学の.
to·pó·gra·fo, fa [トポグラふぉ, ふぁ] 男 女 地形学者.
to·po·lo·gí·a [トポロヒア] 女 位相幾何学.
to·po·ni·mia [トポニミア] 女 1 地名学. 2 (集合的に)地名.
to·po·ní·mi·co, ca [トポニミコ, カ] 形 地名の.
to·pó·ni·mo [トポニモ] 男 (個別の)地名.
toqu- 活 → tocar さわる《活 73》.
to·que [トケ] 男 1 接触, さわること. 2 (鐘や楽器の)音. 3 注意, 警告. 4 特徴, 詳細. 5 (筆の)タッチ, 一筆.
dar un toque a... ...に知らせる.
piedra de toque 試金石.
toque de atención 警告.
toque de diana《軍隊》起床ラッパ.
toque de difuntos とむらいの鐘.
toque de queda 夜間外出禁止令.
to·que·te·ar [トケテアル] 他 ...をいじくる.
to·qui·lla [トキじゃ] 女《服飾》ショール.
to·rá·ci·co, ca [トラしコ, カ] 形《解剖学》胸部の.
tó·rax [トラクス] 男《単複同形》《解剖学》胸部, 胸.
tor·be·lli·no [トルベじノ] 男 1 たつ巻, つむじ風. 2 (一時的な)出来事の山. 3 落ち着きのない人.
tor·ce·du·ra [トルせドゥラ] 女 1 よじり, ねじれ. 2 捻挫(ﾈﾝｻﾞ). 3 方向転換.
tor·cer [トルセル] 他《活 18 cocer》1 ...をねじる, 曲げる. 2 ...の方向を変えさせる. 3 ...の意見を変えさせる. 4 (顔など)をゆがめる. 5 ...を曲解する, ねじ曲げる.
— torcer·se 再 1 (計画などが)だめになる, 失敗する. 2 よじれる, ねじれる, 曲がる. 3 (自分の足な

活 は活用形 複 は複数形 男 は男性名詞 女 は女性名詞 固 は固有名詞 代 は代名詞 自 は自動詞

ど)をくじく. 4 非行に走る. 5 意見を変える.
tor·ci·da[1] [トルシダ] 囡〈ランプ〉灯心.
tor·ci·do, da[2] [トルシド, —]《過去分詞》→ torcer ねじる.
— 形 1 ねじれた, 曲がった. 2 ひねくれた.
tor·ci·mien·to [トルシミエント] 男 1 よじれ, ねじれ. 2 捻挫(ざ).
tór·cu·lo [トルクロ] 男〈版画〉プレス.
tor·do[1] [トルド] 男〈鳥〉ツグミ.
tor·do, da[2] [トルド, —ダ]形〈馬〉葦毛(あしげ)の.
to·re·ar [トレアル] 他 1〈闘牛〉(牛)をあしらう, 仕留める. 2 …を避ける, かわす. 3 …を(うそで)喜ばせておく. 4 …をばかにする, からかう.
— 自 闘牛をする.
to·re·o [トレオ] 男 1〈技術〉闘牛. 2 からかい, あしらい.
to·re·ra[1] [トレラ] 囡〈服飾〉ボレロ.
to·re·ro, ra[2] [トレロ, —] 形 闘牛の.
— 男囡 闘牛士.
to·ril [トリル] 男〈闘牛場〉牛の囲い場.
tor·men·ta [トルメンタ] 囡 1 嵐, 暴風雨. 2 (感情の)激高. 3 突然の噴出. 4 逆境, 苦境.
tor·men·to [トルメント] 男 1 拷問(ごう). 2 苦悩, 苦痛. 3 苦痛の種(たね).
tor·men·to·so, sa [トルメントソ, サ] 形 1 暴風雨の, 嵐の. 2 波乱に富んだ, 嵐のような.
tor·na [トルナ] 囡 帰ること.
volver(*se*) *las tornas* 事態が一変する.
tor·na·do [トルナド] 男 (竜巻の)トルネード.
tor·nar [トルナル] 他 …を変える.
— 自 1 (+a...) …へ戻る, 帰る. 2 (+a+不定詞) 再び…する.
— tornar·se 再 (性格などが) 変わる.
tor·na·sol [トルナソル] 男 玉虫色.
tor·na·so·la·do, da [トルナソラド, ダ] 形 玉虫色になる[光る].
tor·ne·a·do[1] [トルネアド] 男 ろくろ加工.
tor·ne·a·do, da[2] [—, ダ]《過去分詞》→ tornear ろくろで加工する.
— 形 1 ろくろで加工された. 2 いい曲線の.
tor·ne·ar [トルネアル] 他 1 …をろくろ[旋盤]で加工する. 2 (体形など)の曲線をよくする.
tor·ne·o [トルネオ] 男 1 (昔の)馬上槍(やり)試合. 2〈スポーツ〉トーナメント.
tor·ne·ro, ra [トルネロ, ラ] 男囡 施盤工, ろくろ細工師.
tor·ni·llo [トルニジョ] 男 ねじ, ねじくぎ, ボルト, ビス.
apretar a (+人) *los tornillos* …に喝(かつ)を入れる, 強制する.
faltar a (+人) *un tornillo* …の頭のねじがたりない, 頭が少しおかしい.
tener flojos los tornillos 頭のねじがゆるんでいる.
tor·ni·que·te [トルニケテ] 男 1 止血帯. 2 (出札口などで十字形の腕木で一人ずつ通す)回転式

バー.
tor·no [トルノ] 男 1 ろくろ, 旋風. 2 巻き上げ機, ウインチ. 3 電動歯ブラシ. 4 (修道院で外部との直接接触を避けるための)回転式受付台. 5 (一人ずつ通すための)回転式ドア.
en torno a… 1 …の周りに. 2 …に関して. 3〈数量〉約, …ぐらい.
to·ro [トロ] 男 1 雄ウシ[牛]. 2 たくましい男.
coger el toro por los cuernos 果敢に挑戦する.
pillar el toro a (+人) …にとって時間切れになる.
plaza de toros 闘牛場.
toro de fuego (牛の形の)仕掛け花火(の台).
toro de lidia 闘牛用の牛.
to·ron·ja [トロンハ] 囡〈果物〉グレープフルーツ.
to·ron·jo [トロンホ] 男〈樹木〉グレープフルーツ.
to·ros [トロス] 男複〈→ toro〉〈興行〉闘牛.
tor·pe [トルペ] 形 1 のろい, 不器用な. 2 ばかな, 頭ののにぶい. 3 場違いな.
tor·pe·de·ar [トルペデアル] 他 1 …を魚雷攻撃する. 2 (提案など)を粉砕する.
tor·pe·de·ro [トルペデロ] 男 魚雷艇.
tor·pe·do [トルペド] 男 1 魚雷. 2〈魚〉シビレエイ.
tor·pe·men·te [トルペメンテ] 副 ぎこちなく, 不器用に.
tor·pe·za [トルペさ] 囡 1 のろま, 不器用. 2 へま, どじ. 3 不都合, 不適切.
to·rrar [トラル] 他 …を焦がす.
to·rre [トレ] 囡 1 塔, タワー, やぐら. 2 高層ビル. 3〈チェス〉ルーク. 4 鉄塔.
torre de Babel 1 バベルの塔. 2 (各人が言いたい放題の)混乱の場.
torre de control 〈空港〉コントロールタワー, 管制塔.
torre de marfil 象牙の塔.
to·rre·fac·to, ta [トレフォクト, タ] 形 火にあぶった, 炒(い)った.
to·rren·cial [トレンしアル] 形 激流の(ような).
to·rren·te [トレンテ] 男 1 激流, 急流. 2 殺到.
to·rren·te·ra [トレンテラ] 囡 (急流の)水路.
to·rre·ón [トレオン] 男 (防衛の)大塔.
to·rre·ta [トレタ] 囡 1 小塔. 2 砲台.
to·rrez·no [トレすノ] 男〈料理〉(豚の)脂身の揚げもの.
tó·rri·do, da [トリド, ダ] 形 とても暑い.
to·rri·ja [トリハ] 囡〈料理〉フレンチトースト.
tor·sión [トルシオン] 囡 ねじれ, よじれ.
tor·so [トルソ] 男 1〈人間〉胴体. 2〈彫像〉(胴体だけの)トルソ.
tor·ta [トルタ] 囡 1 ケーキ, トルタ, パイ. 2 平手打ち. 3 強い殴打(だ), ぶち当たり.
costar a (+人) *la torta un pan* …と高くつく.
…ni torta なにも(…ない).

no tener ni media torta 体力がない.
torta de huevos (ジャガイモ入りの玉子焼きの) トルティジャ.

tor·ta·da [トルタダ] 囡 (小型の) ミートパイ.

tor·ta·zo [トルタソ] 男 1 平手打ち, びんた. 2 衝突, ぶち当たり.

tor·tel [トルテる] 男《菓子》クリームパイ.

tor·tí·co·lis [トルティコリス] 囡《単複同形》(寝違えなどによる) 首の痛み.

tor·ti·lla [トルティじゃ] 囡 1 卵焼き. 2 (トウモロコシ粉をせんべい状にした) トルティヤ.

dar la vuelta [***volver·se***] ***la tortilla*** 事態が一変する.

hacer·se (***una***) ***tortilla*** べしゃんこになる, つぶれる.

hacer... tortilla …をつぶす, べしゃんこにする.

tortilla española [***de patatas***] (ジャガイモ入りの) スペイン風オムレツ, トルティジャ.

tortilla (***a la***) ***francesa*** (フランス風の) プレーンオムレツ.

tortilla paisana 野菜入りオムレツ.

tor·ti·lle·ra [トルティじェラ] 囡〈女性〉レズビアン.

tor·ti·ta [トルティタ] 囡 パンケーキ.

tor·to·li·to [トルトリト] 男〈男性〉恋のとりこ.
los (***dos***) ***tortolitos*** 恋人同士, カップル.

tór·to·lo, la [トルトろ, ら] 男囡 1〈鳥〉キジバト.

tor·tu·ga [トルトゥガ] 囡 1〈動物〉カメ[亀]. 2 ゆっくり進むもの.

a paso de tortuga のろのろと.

tor·tuo·si·dad [トルトゥオシダ] 囡 曲折.

tor·tuo·so, sa [トルトゥオソ, サ] 形 1 曲がりくねった, ねじれた. 2 意図の不明な.

tor·tu·ra [トルトゥラ] 囡 1 拷問(ごう). 2 (長びく) 苦痛, 責め苦.

tor·tu·rar [トルトゥラる] 他 …を拷問(ごう)にかける, ひどく苦しめる.
— **torturarse** 再 ひどく苦しむ.

tor·vo, va [トルボ, バ] 形 (視線などが) 恐ろしい, けわしい, 残忍な.

torz- 活 → torcer ねじる《活 18》.

tor·zal [トルさる] 男 絹のより糸.

tos [トス] 男 咳(せき).
tos ferina〈医学〉百日咳.
tos perruna 激しい咳.
tos seca から咳.

tos·co, ca [トスコ, カ] 形 1 雑な, 粗雑な, 粗末な. 2 粗野な, がさつな. 3 教養のない, 無作法な.

to·ser [トセる] 自 咳をする.
toser a (+人) …に張り合う, 反論する.

tos·que·dad [トスケダ] 囡 1 粗雑, 粗野. 2 無作法, 無教養.

tos·ta·da [トスタダ] 囡〈パン〉トースト.
oler·se la tostada (人が) 危険を察知する.

tos·ta·de·ro [トスタデロ] 男 1 (コーヒー豆などの) 焙煎(ばい)器. 2 とても暑い所.

tos·ta·do¹ [トスタド] 男 1 炒(い)ること, 焙煎(ばいせん). 2 こんがり焼くこと.

tos·ta·do², da²《過去分詞》→ tostar こんがり焼く.
— 形 1 こんがり焼けた. 2〈色彩〉濃いめの.

tos·ta·dor [トスタドル] 男〈パン〉トースター.

tos·tar [トスタる] 他《活 22 contar》 1 …をこんがり焼く, トーストする. 2 …を炒(い)る, あぶる. 3 (太陽が) …の肌を焼く. 4 …を熱する.
— **tostar·se** 再 1 こんがり焼ける. 2 日焼けする. 3 (人が) とても暑く感じる.

tos·tón [トストン] 男 1 わずらわしいもの, うんざりさせるもの. 2 (スープなどに入れるパンの) クルトン.

to·tal [トタる] 形 1 全体の, 全部の. 2 完全な, 全体的な. 3 すばらしい.
— 男 1 合計, 総額. 2 全部, 全体.
— 副 1 結局, つまり. 2 実際は, じつは.
en total 1 合計すると, 全部で. 2 結局, つまり.
guerra total 全面戦争, 総力戦.
Total, que... つまり, 結局 ….

to·ta·li·dad [トタリダス] 囡 全部, 全員.

to·ta·li·ta·rio, ria [トタリタリオ, リア] 形 1 全部の, 全体的の. 2〈政治〉全体主義の.

to·ta·li·ta·ris·mo [トタリタリスモ] 男〈政治〉全体主義.

to·ta·li·ta·ris·ta [トタリタリスタ] 形《男女同形》〈政治〉全体主義の.
— 男囡 全体主義者.

to·ta·li·zar [トタリさる] 他《活 39 gozar》(+数量) (人が) 合計 …を得る.
— **totalizar·se** 再 (+en+数量) 合計 … になる.

to·tal·men·te [トタるメンテ] 副 全面的に, まったく.

tó·tem [トテン] 男《複 tótems, tótemes》 1 (部族のシンボルになる自然物の) トーテム. 2 トーテムポール.

to·té·mi·co, ca [トテミコ, カ] 形 トーテムの.

to·te·mis·mo [トテミスモ] 男 (トーテムを崇拝する) トーテミズム.

tour [トゥる] 男 (周遊) 旅行, ツアー.
tour de force [トゥる デ ふォルス] 実力の誇示, 力の見せどころ.
tour operador〈旅行〉団体旅行企画会社.

tour·née [トゥルネ] 囡〈興行〉巡業, ツアー.

to·xi·ci·dad [トクシシダ] 囡 毒性.

tó·xi·co, ca [トクシコ, カ] 形 有毒な.

to·xi·co·lo·gí·a [トクシコろヒア] 囡 毒物学.

to·xi·co·ló·gi·co, ca [トクシコろヒコ, カ] 形 毒物学の.

to·xi·co·ma·ní·a [トクシコマニア] 囡 麻薬中毒.

to·xi·có·ma·no, na [トクシコマノ, ナ] 形 麻薬中毒の.
— 男囡 麻薬中毒患者.

to·xi·na [トクシナ] 囡 毒素.

to·zu·dez [トすデす] 囡《複 tozudeces》強情, 頑固.

to·zu·do, da [トすド, ダ] 形 強情な, 頑固な.

tra·ba [トラバ] 囡 障害, さまたげ.

tra·ba·do, da [トラバド, ダ]《過去分詞》→ trabar 強くつかむ.
— 形 1 強くつかまれた. 2 (馬などが)つながれた, 足かせをはめられた. 3 たくましい. 4 (話などが)首尾一貫した, つながりのある.

tra·ba·ja·do, da [トラバハド, ダ]《過去分詞》→ trabajar 働く.
— 形 1 疲れきった, つらそうな. 2 念入りに仕上げられた, 磨きあげられた.

tra·ba·ja·dor, do·ra [トラバハドル, ドラ] 形 よく働く, 働き者の.
— 男 囡 労働者, 作業員, 工員.

tra·ba·jar [トラバハル] 自 1 働く, 仕事する.
2 (+de, como...) …として働く, …の仕事をする.
3 (機械などが)機能する.
4 (+con...) …と取引関係にある.
5 (畑などが)作物をよく育てる.
6 (事物が)有効に作用する.
7 (+en+不定詞) …しようと努力する.
8 (sobre...) …を研究する.
9 (板などが)そる, ひずむ.
— 他 1 (畑)を耕す.
2 …を(仕事として)細工する, 造形する.
3 …の仕事にたずさわる, …の商売をする.
4 …に精を出す, …を処理する.
5 …を研究する, …の勉強をする.
6 (体の一部)を鍛える.
— **trabajarse** 再 1 …に取り組む, 従事する.
2 (+a+人) …に取り入る.

tra·ba·ji·llo [トラバヒじョ] 男 つまらない仕事.

tra·ba·jo [トラバホ] 男 1 仕事, 労働, 作業. 2 職, 働き口. 3 仕事場, 職場. 4 研究成果, 論文, 作品. 5 研究, 勉強. 6 学習, 練習. 7 耕作. 8 苦労, 苦心, 努力.

costar trabajo 手間がかかる, 骨が折れる.
día de trabajo 平日, 就業日.
estar sin trabajo 失業中である.
sin trabajo 1 職なく, たやすく. 2 失業中で.
tomar·se el trabajo de (+不定詞) …するという厄介なことを引き受ける.
trabajo de campo 実地調査, フィールドワーク.
trabajo de chinos 根気のいる仕事.
trabajo de equipo 共同作業, チームワーク.
trabajo en el campo 農作業, 畑仕事.
trabajo estacional 季節労働.
trabajos forzosos [forzados] 強制労働.
trabajos manuales [de manos] 手工芸品.

tra·ba·jo·sa·men·te [トラバホサメンテ] 副 1 骨を折って, 難儀して. 2 やっとのことで. 3 せっせと.

tra·ba·jo·so, sa [トラバホソ, サ] 形 骨の折れる, 難儀な, 厄介な.

tra·ba·len·guas [トラバれングアス] 男《単複同形》早口ことば.

tra·bar [トラバル] 他 1 …を強くつかむ. 2 (いくつかのもの)を関連づける, 結ぶ, つなぐ. 3 (事物が)…を妨げる, 邪魔する. 4 …のねばりを強くする. 5 …を(+con...) …を使って固定する. 6 (数名の人が) (話などを)始める.
— **trabar·se** 再 1 ねばりが強くなる. 2 (体の一部)が動かなくなる. 3 しどろもどろに話す. 4 論争する, あらそう.

trabar·se a (+人) *la lengua* …の舌がもつれる.

tra·ba·zón [トラバそン] 囡 1 接合, 連結. 2 結合, 関連. 3 つなぎ方, 一貫性.

tra·bi·lla [トラビじャ] 囡 1 (ズボンなどの)ベルト通し. 2 (上着を引っ掛けるために上着のえりの内側についている)えりづり. 3 (足の裏にかけてズボンを留める)ストラップ.

tra·bu·car [トラブカル] 他《活 73 sacar》(言葉)を間違って書く[発音する].

tra·bu·co [トラブコ] 男 (昔の)らっぱ銃.

trac- → trazar 線を引く《活 39》.

tra·ca [トラカ] 囡〈火薬〉爆竹.

trac·ción [トラクしオン] 囡 引くこと, 牽引(けんいん).

tra·ce·rí·a [トラせリア] 囡〈建築〉(壁面の, 幾何学模様の)狭間(はざま)飾り.

tra·co·ma [トラコマ] 男〈眼病〉トラコーマ.

trac·to [トラクト] 男〈解剖学〉管.

trac·tor¹ [トラクトル] 男 トラクター, 牽引(けんいん)車.

trac·tor², to·ra [—, トラ] 形 牽引(けんいん)する.
ruedas tractoras 駆動輪.

tra·di·ción [トラディしオン] 囡 1 伝統, 慣習. 2 伝統行事, 習わし. 3 伝説, 伝承.

tra·di·cio·nal [トラディしオナる] 形 伝統の, 伝統的な, 慣例的な.

tra·di·cio·na·lis·mo [トラディしオナリスモ] 男 伝統主義.

tra·di·cio·na·lis·ta [トラディしオナリスタ] 形《男女同形》伝統主義の.
— 男 囡 伝統主義者.

tra·di·cio·nal·men·te [トラディしオナるメンテ] 副 伝統的に.

tra·duc·ción [トラドゥクしオン] 囡 1 翻訳. 2 翻訳文, 翻訳書. 3〈作業〉通訳. 4 (テキストの)解説, 解釈.

traducción automática 自動翻訳.
traducción directa (外国語から訳者の)母語への翻訳.
traducción inversa (訳者の母語から)外国語への翻訳.
traducción libre 意訳.
traducción literal 直訳, 逐語(ちくご)訳.
traducción simultánea 同時通訳.

tra·du·ci·ble [トラドゥしブれ] 形 翻訳可能な.

tra·du·cir

tra·du·cir [トラドゥスィル] 他《活 20 conducir》 1 …を(de... a 〜 …語から〜語に)翻訳する, 訳す. 2 …を通訳する. 3 …を解説[説明]する. 4 …を(+en+別のもの)…に変える.
— **traducir-se** 再 1 翻訳される. 2 (+en...) …になる, 変わる.

tra·duc·tor, to·ra [トラドゥクトル, トラ] 男 女 1 訳者, 翻訳者. 2〈人〉通訳.
— 形 1 翻訳の. 2 通訳する.

traduj- 活 → traducir 翻訳する《活 20》.

traduzc- 活 → traducir 翻訳する《活 20》.

tra·er [トラエル] 他《活 81》1 …を持ってくる, 連れてくる, 運んでくる.
2 …を引き起こす, もたらす.
3 …を(+形容詞)…にする.
4 …を着ている, 身につけている.
5 (特別な感情)を経験する.
6 (出版物が)…を記載する, の記事をのせる.
— **traer-se** 再 1 …を持ってくる.
2 …をひそかに計画する, たくらむ.

traer... a la memoria 1 …を思い出す. 2 …を(+a+人) …に思い出させる.
traer al fresco a (+人) …には気にならない.
traer a mal traer a (+人) …を困らせる.
traer consigo... …をもたらす.
traer cuenta a …にとって有利である.
traer de cabeza a (+人) …の頭痛の種である.
traer·la floja a (+人) …には問題にならない.
traer·se bien [mal] 身なりがいい[悪い].
traer·se entre manos... …を計画している, たくらむ.
traer·se·las 厄介である, とても難しい.
traer sin cuidado a (+人) …には問題ではない.

trá·fa·go [トラふァゴ] 男 雑踏, あわただしい動き.

tra·fi·can·te [トラふィカンテ] 男 女 密売人, (もぐりの)取引業者.

tra·fi·car [トラふィカル] 自《活 73 sacar》1 (+con, en...) …を密売する, 闇(で)で取引する. 2 (+con+人の誠意など) …を悪用する.

trá·fi·co [トラふィコ] 男 1 交通, 人通り, 往来. 2 取引, 交易. 3 密売.
tráfico de influencias 背任行為.

trafiqu- 活 → traficar 密売する《活 73》.

tra·ga·bo·las [トラガボらス] 男《単複同形》 (ボールを投げ入れる遊びの)大口の人形.

tra·ga·can·to [トラガカント] 男〈樹木〉トラガカントゴム.

tra·ga·de·ras [トラガデらス] 女《複》1 信じやすさ, お人よし. 2 忍耐強さ. 3 喉(のど).

tra·ga·de·ro [トラガデロ] 男 吸い込み口.

tra·gal·da·bas [トラガるダバス] 男 女《単複同形》大食家, 大ぐらい.

tra·ga·le·guas [トラガれグアス] 男 女《単複同形》健脚の持ち主, よく歩ける人.

tra·ga·luz [トラガるす] 男《複 tragaluces》 天窓, 採光窓.

tra·ga·pe·rras [トラガペラス] 女《単複同形》 〈ゲーム〉スロットマシン.

tra·gar [トラガル] 他《活 47 llegar》1 …を飲み込む, ぱくぱく食べる. 2 …をうのみにする, 信じ込む. 3 …を我慢して受け入れる. 4 …を消費する, よく使う.
— 自 1 飲み込む. 2 (交渉などで)折れる.
— **tragar-se** 再 [=他].

no tragar (a)... 1 …を受け入れない. 2 …に我慢できない.
tragar saliva だまって耐える.
tragar·se lo dicho [las palabras] 前言を取り消す.

tra·ga·sa·bles [トラガサブれス] 男 女《単複同形》サーベル飲みの軽業(かるわざ)師.

tra·ge·dia [トラヘディア] 女 1〈演劇〉悲劇. 2〈文学〉悲劇作品. 3〈ジャンル〉悲劇. 4 悲劇的事件, 悲劇的事態.

trá·gi·ca·men·te [トラヒカメンテ] 副 悲劇的に, 悲劇なことに.

trá·gi·co, ca [トラヒコ, カ] 形 1 悲劇の. 2 悲劇的な, 悲惨な, 痛ましい. 3〈俳優〉悲劇を演じる. 4〈作家〉悲劇を書く.
— 男 女 悲劇作家.

tra·gi·co·me·dia [トラヒコメディア] 女〈演劇〉悲喜劇.

tra·gi·có·mi·co, ca [トラヒコミコ, カ] 形 悲喜劇の.

tra·go [トラゴ] 男 1〈飲み物の量〉ひと口, ひと飲み. 2 酒. 3 不運, 逆境.

tra·gón, go·na [トラゴン, ゴナ] 形 がつがつ食べる.
— 男 女 大食家, 大ぐらい.

tragu- 活 → tragar 飲み込む《活 47》.

trai·ción [トライスィオン] 女〈行為〉裏切り, 背信.
a traición 卑劣に, だまし討ちで.

trai·cio·nar [トライスィオナル] 他 1 …を裏切る. 2 …の失敗の原因となる. 3 …にそむく.

trai·cio·ne·ro, ra [トライスィオネロ, ラ] 形 裏切りの.
— 男 女 裏切り者.

traí·da[1] [トライダ] 女 (持ってくる) 持参.

traí·do, da[2] [トライド, -] 《過去分詞》→ traer 持ってくる.
— 形 1 持ってこられた, 持参の. 2 使い古された.

trai·dor, do·ra [トライドル, ドラ] 形 1 裏切りの. 2〈動物〉忠実でない. 3 悪意を秘めた.
— 男 女 裏切り者.

traig- 活 → traer 持ってくる《活 81》.

trái·ler [トライれル] 男《複 tráilers》1〈車〉トレーラー. 2〈映画〉予告編.

tra·í·lla [トライじゃ] 女 1 (犬をつなぐ)革ひも. 2

(革ひもでつながれた)犬たち.

tra·í·na [トライナ] 囡 〈漁〉底引き網.

trai·ne·ra [トライネラ] 囡 1 底引き網漁船, トロール船. 2〈レガッタ〉ボート.

traj- 活 → traer 持ってくる《活 81》.

tra·je [トラヘ] 男 1 スーツ, 背広, 三つ揃い. 2 ドレス(一式).

— 活 → traer 持ってくる.

traje de baño 水着.
traje de calle 外出着.
traje de casa 普段着, カジュアルウェア.
traje de chaqueta (スカートの)婦人用スーツ.
traje de ceremonia 礼服, フォーマルスーツ.
traje de cuarte 〈軍人〉平服.
traje de domingo 晴れ着.
traje de luces 闘牛服.
traje de noche イブニングドレス.
traje pantalón (ズボンの)婦人用スーツ.
traje regional 郷土色のある衣装.
traje sastre (紳士服スタイルの)婦人用スーツ.

tra·je·a·do, da [トラヘアド, ダ] 《過去分詞》
→ trajear スーツを着せる.

— 形 (bien [mal]+) 身なりのよい[悪い].

tra·je·ar [トラヘアル] 他 …にスーツ[ドレス]を着せる.

— trajearse 再 盛装する.

tra·jín [トラヒン] 男 1 大忙し, てんやわんや.

tra·ji·nar [トラヒナル] 自 忙しく立ち回る.

tra·lla [トジャ] 囡 先が房の鞭(ぢ).

dar tralla a… …を酷評する.

tra·lla·zo [トラジャそ] 男 1 (先が房の)鞭(ぢ)の打ちつけ. 2 殴打(ぢ).

tra·ma [トラマ] 囡 1〈織物〉横糸. 2 (仕事などの)組立て, 結構. 3 (小説などの)筋, 筋立て. 4 陰謀.

tra·mar [トラマル] 他 1 …をたくらむ. 2 …を織る. 3 (厄介事)を処理する.

tra·mi·ta·ción [トラミタしオン] 囡 手続きの実行.

tra·mi·tar [トラミタル] 他 …の手続きをする.

trá·mi·te [トラミテ] 男 1 (ひとつひとつの)手続き. 2 (法的・行政上の)処理.

tra·mo [トラモ] 男 1 区間. 2 (踊り場までの)一連の)階段. 3 (授業期間などの)区分.

tra·mon·ta·na [トラモンタナ] 囡 北風.

tra·mo·ya [トラモヤ] 囡 1〈舞台装置〉機械仕掛け. 2 からくり, わな, ぺてん.

tra·mo·yis·ta [トラモイスタ] 男囡〈人〉(舞台の)道具方.

tram·pa [トランパ] 囡 1〈狩猟〉わな. 2 策略, わな, 計略. 3 いかさま. 4 (申告などの)虚偽. 5 (床や天井の)はね上げ戸.

tram·pe·ar [トランペアル] 自 1 借金を重ねて生活する. 2 やりくりして細々と暮らす.

tram·pe·ro, ra [トランペロ, ラ] 男囡 わなを使う猟師.

tram·pi·lla [トランピじゃ] 囡 (床や天井の)はね上げ戸.

tram·po·lín [トランポリン] 男 1〈水泳〉飛び板. 2 跳躍台. 3〈スキー〉ジャンプ台. 4〈スポーツ〉トランポリン. 5 (出世のための)踏み台.

tram·po·so, sa [トランポソ, サ] 形 わなになる, いかさまの, まやかしの.

— 男囡 いかさま師, ぺてん師.

tran·ca [トランカ] 囡 1 丈夫な棒. 2 (戸の)かんぬき. 3 酒の酔い.

a trancas y barrancas 四苦八苦して.

tran·car [トランカル] 他《活 73 sacar》(戸など)にかんぬきを掛ける.

tran·ca·zo [トランカそ] 男 1〈風邪〉流感. 2 殴打(ぢ).

tran·ce [トランせ] 男 1 決定的な時. 2 危機. 3〈精神状態〉神がかり.

tran·co [トランコ] 男〈歩行〉大股(ぢ).

tran·qui·la·men·te [トランキらメンテ] 副 おだやかに, 静かに.

tran·qui·li·dad [トランキリダス] 囡 1 平穏, 静けさ. 2 平静, 平安, おだやかさ.

tran·qui·li·za·dor, do·ra [トランキリさドル, ドラ] 形 落ち着きを与える, 安心させる.

tran·qui·li·zan·te [トランキリさンテ] 形 静める.

— 男 鎮静剤, トランキライザー.

tran·qui·li·zar [トランキリさル] 他《活 39 gozar》…を落ち着かせる, 静める.

— tranquilizarse 再 落ち着く, 静まる.

tran·qui·llo [トランキじょ] 男 やり方, こつ.

tran·qui·lo, la [トランキろ, ら] 形 1 静かな, 平静な. 2 おだやかな, 落ち着いた.

tran·sac·ción [トランサクしオン] 囡 1 協定, 協約. 2 売買契約, 取引.

tran·sa·me·ri·ca·no, na [トランサメリカノ, ナ] 形 アメリカ大陸横断の.

tran·san·di·no, na [トランサンディノ, ナ] 形 アンデス山脈横断の.

tran·sat·lán·ti·co, ca [トランサトらンティコ, カ] 形〈交通・交易〉大西洋(横断)の.

trans·bor·da·dor [トランスボルダドル] 男〈船舶〉フェリー, 連絡船.

trans·bor·dar [トランスボルダル] 他 (鉄道などで)…を積みかえる.

— transbordarse 再 乗りかえる.

trans·bor·do [トランスボルド] 男 積みかえ, 乗りかえ.

trans·cen·den·cia [トランスせンデンしア] 囡《→= trascendencia》重要性.

trans·cen·den·tal [トランスせンデンタる] 形《→= trascendental》とても重要な.

trans·cen·der [トランスせンデル] 自他《→= trascender》人に知られだす, 超える.

trans·cri·bir

trans·cri·bir [トランスクリビル] 他 1 …を表記しなおす, 書きかえる. 2 …を書きうつす.

trans·crip·ción [トランスクリプシオン] 女 1 書きかえ. 2 筆写, 転写, 写し. 3 写し, コピー.

trans·cri·to, ta [トランスクリト, タ]《過去分詞》→ transcribir 表記しなおす.
— 男 書きうつされた, 転写された.

trans·cul·tu·ra·ción [トランスクルトゥラシオン] 女 文化の移植.

trans·cu·rrir [トランスクリル] 自 (時が)経過する.

trans·cur·so [トランスクルソ] 男 (時の)経過.

tran·se·ún·te [トランセウンテ] 形 1 通過する. 2 一時滞在の.
— 男女 1 通行人. 2 短期滞在者.

tran·se·xual [トランセクスアル] 形 性転換の.
— 男女 性転換者.

trans·fe·ren·cia [トランスふェレンシア] 女 1 移動, 移転. 2 (口座間の)送金, 振り込み. 3 譲渡.

trans·fe·rir [トランスふェリル] 他《活 77 sentir》1 …を移動させる. 2 …を譲渡する. 3 …を(口座に)振り込む, 送金する.

transfier- 活 → transferir 移動させる《活 77》.

trans·fi·gu·ra·ción [トランスふィグラシオン] 女 変形, 変容.

trans·fi·gu·rar [トランスふィグラル] 他 …を変形[変容]させる.
— **transfigurar·se** 再 形を変える, 姿を変える.

transfir- 活 → transferir 移動させる《活 77》.

trans·fi·xión [トランスふィクシオン] 女 (槍(ﾔﾘ)などの)貫通.

trans·for·ma·ción [トランスふォルマシオン] 女 1 変形, 変質. 2 変化, 変換. 3〈ラグビー〉コンバート.

trans·for·ma·cio·nal [トランスふォルマシオナル] 形〈言語学〉変形の.

trans·for·ma·dor[1] [トランスふォルマドル] 男〈電気〉変圧器, トランス.

trans·for·ma·dor[2]**, do·ra** [—, ドラ] 形 変形させる.

trans·for·mar [トランスふォルマル] 他 1 …を変える. 2 …を(+en...) …に変える.
— 自〈ラグビー〉コンバートする.

trans·for·mis·mo [トランスふォルミスモ] 男 1 生物変移説. 2〈芸〉早変わり.

trans·for·mis·ta [トランスふォルミスタ] 男女 1 生物変移論者. 2 早変わり芸人.

tráns·fu·ga [トランスふガ] 男女 1 逃亡者, 脱走兵. 2 転向者, 変節漢.

trans·fun·dir [トランスふンディル] 他 1 …を注入する. 2 …を輸血する.

trans·fu·sión [トランスふシオン] 女 輸血.

trans·gre·dir [トランスグレディル] 他《活用語尾に i がつく形だけを使用》(法律などに)違反する.

trans·gre·sión [トランスグレシオン] 女 違反.

trans·gre·sor, so·ra [トランスグレソル, ソラ] 形 違反の.
— 男女 違反者.

tran·si·be·ria·no, na [トランシベリアノ, ナ] 形 シベリア横断の.

tran·si·ción [トランシシオン] 女 推移, 移行.

tran·si·do, da [トランシド, ダ] 形 (+de...) …で苦しんで, …で疲れはてて.

tran·si·gen·cia [トランシヘンシア] 女 妥協, 譲歩.

tran·si·gen·te [トランシヘンテ] 形 妥協的な.

tran·si·gir [トランシヒル] 自《活 27 dirigir》1 (反対意見などに)折れる. 2 (+con...) …に妥協する, 譲歩する.

tran·sis·tor [トランシストル] 男 1〈電気〉トランジスター. 2 トランジスタラジオ.

tran·si·ta·ble [トランシタブレ] 形 通行可能な.

tran·si·tar [トランシタル] 自 1 通行する. 2 (+por...) …を通る.

tran·si·ti·vi·dad [トランシティビダス] 女〈文法〉(動詞の)他動性.

tran·si·ti·vo, va [トランシティボ, バ] 形〈動詞〉他動(詞)の.

trán·si·to [トランシト] 男 1 通行, 交通. 2 往来, 行き来. 3 滞在, 立ち寄り.
de tránsito 臨時に, 途中で, 立ち寄りの.
en tránsito〈飛行機〉乗り換えの, トランジットの.

tran·si·to·rie·dad [トランシトリエダス] 女 1 (一時的行為の)時間, 期間. 2 はかなさ.

tran·si·to·rio, ria [トランシトリオ, リア] 形 1 一時的な, 暫定的な. 2 はかない, いずれ滅びる.

trans·la·ción [トランスらシオン] 女《→＝ traslación》移動.

trans·lú·ci·do, da [トランスるシド, ダ] 形 半透明の.

trans·lu·cir [トランスるシル] 他《→＝ traslucir》示す.

trans·me·di·te·rrá·ne·o, a [トランスメディテラネオ, ア] 形〈交通・交易〉地中海(横断)の.

trans·mi·gra·ción [トランスミグラシオン] 女〈霊魂〉(死後の)乗り移り.

trans·mi·grar [トランスミグラル] 自 (霊魂が)(+a...) …に乗り移る.

trans·mi·si·ble [トランスミシブレ] 形 1 伝達可能な. 2 伝染性の. 3 譲渡できる.

trans·mi·sión [トランスミシオン] 女 1 委譲, 譲渡. 2 放送, 中継. 3 送信, 伝達. 4〈病気〉伝染, 感染. 5〈機械〉動力伝導装置, トランスミッション, 変速機.

trans·mi·sor[1] [トランスミソル] 男 送信機, 送話器.

trans·mi·sor[2]**, so·ra** [—, ソラ] 形 送信の,

放送する, 伝達の.
trans·mi·tir [トランスミティル] 他 **1** …を伝える, 伝達する. **2** …を放送する, 中継する. **3** …を送信する. **4** (病気などを)うつす, 感染させる. **5** …を委譲する, 譲渡する. **6** (動き)を伝える, 伝動する, 伝導する.
trans·mu·ta·ción [トランスムタシオン] 女 変形, 変質.
trans·mu·tar [トランスムタル] 他 …を(+en…)…に変える.
— **transmutarse** 再 (+en…)…に変わる.
trans·pa·cí·fi·co, ca [トランスパシふぃコ, カ] 形〈交通・交易〉太平洋(横断)の.
trans·pa·ren·cia [トランスパレンシア] 女 **1** 透明, 透明性[度]. **2** 自明, 明白さ. **3** (情報などの)公開, ガラス張り. **4**〈写真〉スライド. **5**〈映画〉スクリーンプロセス.
trans·pa·ren·tar [トランスパレンタル] 他 **1** …を透かして見せる. **2** …をうかがわせる, …という様子を見せる.
— 自 透明である.
— **transparentarse** 再 **1** 透けて見える. **2** 透明である. **3** (感情などが)表情に出る, 見抜かれる. **4** (が)とてもやせる.
trans·pa·ren·te [トランスパレンテ] 形 **1** 透明な. **2** 透けて見える. **3** 自明な, 明白な. **4** (情報などが)ガラス張りの.
trans·pi·ra·ción [トランスピラシオン] 女 発汗.
trans·pi·rar [トランスピラル] 自 汗をかく.
trans·pi·re·nai·co, ca [トランスピレナイコ, カ] 形 **1** ピレネー山脈の向こう側の. **2** ピレネー山脈横断の.
transpondr- → transponer 越える《活 61》.
trans·po·ner [トランスポネル] 他《活 61 poner》**1** …を越える. **2** …を当惑させる, …に作用する.
— **transponerse** 再 **1** 当惑する. **2** (太陽が)かくれる, 沈む. **3** うとうとする, まどろむ.
transpong- 活 → transponer 越える《活 61》.
trans·por·ta·dor[1] [トランスポルタドル] 男 分度器.
trans·por·ta·dor[2], **do·ra** [—, ドラ] 形 運送の.
— 男女 運送(業)者, 輸送(業)者.
cinta transportadora ベルトコンベアー.
trans·por·tar [トランスポルタル] 他 **1** …を運ぶ, 運搬する. **2**〈音楽〉…を移調する. **3** …を(+a…)…へじゅなう, …を思い出させる. **4** …を喜ばす, うれしがらせる.
— **transportarse** 再 うれしくなる, 喜ぶ.
trans·por·te [トランスポルテ] 男 **1** 運送, 運搬, 輸送. **2** 輸送機関, 交通機関.
trans·por·tis·ta [トランスポルティスタ] 男女 運送業者.

trans·po·si·ción [トランスポシシオン] 女 **1** 移動, 移送. **2**〈音楽〉移調. **3**〈文法〉語順変更.
trans·pues·to, ta [トランスプエスト, タ]《過去分詞》→ transponer 越える.
— 形 うとうとした.
transpus- 活 → transponer 越える《活 61》.
trans·va·sar [トランスバサル] 他 (液体)を(+a…)…に移し替える.
trans·va·se [トランスバセ] 男 **1** (液体の)移しかえ. **2**〈工事〉(河川の)水路の変更.
trans·ver·sal [トランスベルサル] 形 **1** 横切っている, 横断する. **2** 本筋からはずれた, 脇にはずれる.
tran·ví·a [トランビア] 男 路面電車, 市電.
trá·pa·la [トラパら] 女 **1** 喧騒(ⓗ_ぅ), 大騒ぎ. **2** うそ, 作り話.
— 男女〈人〉**1** おしゃべり. **2** うそつき.
tra·pa·ties·ta [トラパティエスタ] 女 派手なけんか.
tra·pe·cio [トラペシオ] 男 **1** 空中ぶらんこ. **2**〈数学〉台形. **3**〈解剖学〉(背中の)僧帽筋. **4** (手首の)菱形(ᵣ_ょぅ)骨.
tra·pe·cis·ta [トラペシスタ] 男女〈人〉空中ブランコ乗り.
tra·pe·rí·a [トラペリア] 女 古着屋, 古道具屋.
tra·pe·ro, ra [トラペろ, ラ] 男女〈人〉くず屋.
tra·pe·zoi·dal [トラペソイダる] 形 不等辺四辺形の.
tra·pe·zoi·de [トラペソイデ] 男 不等辺四辺形.
tra·pi·che [トラピチェ] 男 **1** (オリーブなどの)圧搾(ᵃ_ぅ)機. **2** たくらみ.
tra·pi·che·ar [トラピチェアル] 自 もぐりで(+con…)…の小売りをする.
tra·pi·che·o [トラピチェオ] 男 もぐりの小売り.
tra·pi·llo [トラピじょ] 男 ぼろ切れ.
de trapillo 普段着で.
tra·pí·o [トラピオ] 男〈闘牛の牛〉りりしさ.
tra·pi·son·da [トラピソンダ] 女 大騒ぎ, けんか.
tra·po [トラポ] 男 **1** ぼろ切れ. **2** ぞうきん, ふきん. **3**〈闘牛〉カパ, ムレタ.
a todo trapo 大急ぎで.
como un trapo **1** しょげて, うなだれて. **2** 疲れきった. **3** 趣味の悪い服を着て.
lavar los trapos sucios 意見を調整しあう.
lengua de trapo 口ごもり.
sacar (a relucir) los trapos sucios 悪口を言いふらす.
tratar a (+人) como un trapo sucio [viejo] …を邪険に扱う.
trá·que·a [トラケア] 女〈動物〉気管.
tra·que·o·to·mí·a [トラケオトミア] 女〈医学〉(手術の)気管切開.
tra·que·te·ar [トラケテアル] 自 (独特の)音をたてて動く.
tra·que·te·o [トラケテオ] 男 (独特の)音をたて

他 は他動詞 再 は再帰動詞 形 は形容詞 副 は副詞 前 は前置詞 接 は接続詞 間 は間投詞

tras [トラス] 前 《アクセントなし》 1 …のうしろで[に]. 2 …のあとで[に]. 3 …の向こう側に. 4 …を追いかけて. 5 …(である)うえに／*Tras que hace frío, abre la ventana.* 寒いのに、そのうえ彼は窓を開ける.

tra·san·di·no, na [トラサンディノ, ナ] 形 アンデス山脈横断の.

tra·sat·lán·ti·co, ca [トラサトらンティコ, カ] 形 《交通・交易》大西洋(横断)の.

tras·bor·da·dor [トラスボルダドル] 男 《→= transbordador》 連絡船.

tras·bor·dar [トラスボルダル] 他 《→= transbordar》 …を積みかえる.

tras·bor·do [トラスボルド] 男 《→= transbordo》乗りかえ.

tras·cen·den·cia [トラスセンデンしア] 女 重要性.

tras·cen·den·tal [トラスセンデンタる] 形 とても重要な.

tras·cen·der [トラスセンデル] 自 《活 58 perder》 1 (秘密などが)人に知られだす. 2 (+a...) …に影響を及ぼす. 3 (+de+限界) …を越える. ― 他 1 …を越える. 2 …を理解するに至る.

tras·cor·dar·se [トラスコルダルセ] 再 《活 22 contar》 (+de...) …の記憶があやふやになる.

tras·cri·bir [トラスクリビル] 他 《→= transcribir》 …を書きかえる.

tras·crip·ción [トラスクリプしオン] 女 《→= transcripción》 書きかえ.

tras·cri·to, ta [トラスクリト, タ] 形 《→= transcrito, ta》 書き写された.

tras·cu·rrir [トラスクりル] 自 《→= transcurrir》 (時が)経過する.

tras·cur·so [トラスクルソ] 男 《→= transcurso》 (時の)経過.

tras·dós [トラスドス] 男 《建築》(アーチなどの)外輪 (がい).

tra·se·gar [トラセガル] 他 《活 53 negar》 1 (物の)場所をかえる. 2 (液体)を移しかえる. 3 (酒類)を飲みすぎる.

tra·se·ro¹ [トラセロ] 男 尻 (しり).

tra·se·ro², ra [―, ら] 形 うしろの, 後部の.

tras·fe·ren·cia [トラスふェれンしア] 女 《→= transferencia》 移動.

tras·fe·rir [トラスふェりル] 他 《→= transferir》 …を移動させる.

tras·fi·gu·ra·ción [トラスふィグラしオン] 女 変形, 変容.

tras·fi·gu·rar [トラスふィグラル] 他 《→= transfigurar》 …を変形させる.

tras·fi·xión [トラスふィクしオン] 女 貫通.

tras·fon·do [トラスふォンド] 男 1 奥に隠されたもの. 2 底意 (そこい), 下心 (したごころ).

tras·for·ma·ción [トラスふォルマしオン] 女 《→= transformación》 変形, 変化.

tras·for·ma·cio·nal [トラスふォルマしオナる] 形 《言語学》変形の.

tras·for·ma·dor¹ [トラスふォルマドル] 男 変圧器.

tras·for·ma·dor², do·ra [―, ドラ] 形 変形させる.

tras·for·mar [トラスふォルマル] 他 《→= transformar》 変える.

tras·for·mis·mo [トラスふォルミスモ] 男 《→= trasformismo》 《芸》 早変わり.

tras·for·mis·ta [トラスふォルミスタ] 男 女 《→= transformista》 早変わり芸人.

trás·fu·ga [トラスふガ] 男 女 《→= tránsfuga》 逃亡者.

tras·fun·dir [トラスふンディル] 他 《→= transfundir》 …を注入する.

tras·fu·sión [トラスふしオン] 女 輸血.

tras·gre·dir [トラスグれディル] 他 《→= transgredir》 …に違反する.

tras·gre·sión [トラスグれしオン] 女 違反.

tras·gre·sor, so·ra [トラスグれソル, ソラ] 形 違反の. ― 男 女 違反者.

tras·hu·man·cia [トラスマンしア] 女 〈家畜〉(季節ごとの)移牧.

tras·hu·man·te [トラスマンテ] 形 〈家畜〉移牧の.

tras·hu·mar [トラスマル] 自 〈家畜〉移牧で飼育する.

tra·sie·go [トラシエゴ] 男 1 (液体などの)移しかえ. 2 あわただしい動き[住来].

tras·la·ción [トラスらしオン] 女 1 (天体などの)移動, 運行. 2 〈地球〉公転.

tras·la·dar [トラスらダル] 他 1 …を移動させる, 移す. 2 〈職場〉(人)を配置換えする. 3 …の開催日時を変える, を延期する. 4 …を翻訳する. 5 〈行政〉…を通告する. 6 〈法律〉…を複写する. ― **trasladar·se** 再 (+a...) …へ転居する, 引っ越す.

trasladarse de casa 転居[転宅]する.

tras·la·do [トラスらド] 男 1 …の移動, 配置換え. 2 〈職場〉配置転換, 転属. 3 〈法律〉複写, 写し. 4 〈行政〉通告, 届け. 5 (開催日時の)変更.

tras·la·ti·cio, cia [トラスらティしオ, しア] 形 〈意味〉比喩的な, 転義の.

tras·lú·ci·do, da [トラスるしド, ダ] 形 半透明の.

tras·lu·cir [トラスるしル] 他 《活 48 lucir》 1 (事物が) …を示す, 表す. 2 (人が) …をほのめかす. ― **traslucir·se** 再 1 透けて見える. 2 〈感情などが〉表れる, ほの見える, うかがえる.

tras·luz [トラスるす] 男 間接光.

al trasluz 光に透かして.

tras·ma·llo [トラスマじョ] 男 〈漁網〉三枚網.

tras·ma·no [トラスマノ] 男 〈ゲーム〉二番手.

a trasmano 1 手の届かない所に. 2 へんぴな所に.

tras·me·di·te·rrá·ne·o, a [トラスメディテラネオ, ア] 形〈交通・交易〉地中海(横断)の.

tras·mi·gra·ción [トラスミグラシオン] 女〈霊魂〉(死後の)乗り移り.

tras·mi·grar [トラスミグラル] 自 (霊魂が)(+a...)…に乗り移る.

tras·mi·si·ble [トラスミシブれ] 形《→=transmisible》伝達可能な.

tras·mi·sión [トラスミシオン] 女《→=transmisión》委譲.

tras·mi·sor[1] [トラスミソル] 男 送信機.

tras·mi·sor[2], **so·ra** [-, ソラ] 形 伝達の, 送信の.

tras·mi·tir [トラスミティル] 他《→=transmitir》…を伝達する.

tras·mun·do [トラスムンド] 男 1 死後の世界, あの世. 2 空想の世界, おとぎの国.

tras·mu·ta·ción [トラスムタシオン] 女 変形, 変質.

tras·mu·tar [トラスムタル] 他《→=transmutar》…を変える.

tras·no·cha·do, da [トラスノチャド, ダ]《過去分詞》→ trasnochar 夜ふかしする.
— 形 1 古くさい, 流行遅れの. 2 ありふれた.

tras·no·char [トラスノチャル] 自 夜ふかしする.

tras·pa·cí·fi·co, ca [トラスパしふぃコ, カ] 形〈交通・交易〉太平洋(横断)の.

tras·pa·pe·lar [トラスパペらル] 他 (書類)を紛失する, どこかに置き忘れる.

tras·pa·ren·cia [トラスパレンしア] 女《→=transparencia》透明.

tras·pa·ren·tar [トラスパレンタル] 他自《→=transparentar》透かして見せる, 透明である.

tras·pa·ren·te [トラスパレンテ] 形《→=transparente》.

tras·pa·sar [トラスパサル] 他 1 …を貫通する, 突き通る. 2 …を横断する, 横切る. 3 (人が)(限界)を越えて進む. 4 …に苦痛を与える. 5 …に違反する. 6 …を譲渡する, 引き渡す. 7 (物)を運ぶ, 移す. 8 …を再び通る.
Se traspasa este local. (看板などで)この地所譲ります.

tras·pa·so [トラスパソ] 男 1 配置換え, 移転, 移籍. 2 譲渡. 3 譲渡物件. 4 横断, 通過.

tras·pié [トラスピエ] 男 1 つまずき, (歩行中の)すべり. 2 失敗, しくじり.

tras·pi·ra·ción [トラスピラシオン] 女 発汗.

tras·pi·rar [トラスピラル] 自 汗をかく.

tras·pi·re·nai·co, ca [トラスピレナイコ, カ] 形 ピレネー山脈の向こう側の, ピレネー山脈横断の.

tras·plan·tar [トラスプらンタル] 他 1 (植物)を移植する. 2 (臓器)を移植する. 3 (制度や考え)を導入し, 移植する.
— **trasplantar·se** 再 (一国の制度や思想が)(+a+他国)…へ導入される.

tras·plan·te [トラスプらンテ] 男 1 (植物や臓器の)移植. 2 (制度などの)導入, 移入.

tras·po·ner [トラスポネル] 他《→=transponer》…を越える.

tras·por·ta·dor[1] [トラスポルタドル] 男 分度器.

tras·por·ta·dor[2], **do·ra** [-, ドラ] 形 男 女《=transportador**[2]**, dora》運送の.

tras·por·tar [トラスポルタル] 他《→=transportar》…を運ぶ.

tras·por·te [トラスポルテ] 男《→=transporte》運送.

tras·por·tis·ta [トラスポルティスタ] 男 女 運送業者.

tras·po·si·ción [トラスポシシオン] 女《→=transposición》移動.

tras·pues·to, ta [トラスプエスト, タ] 形《→=transpuesto, ta》うとうとした.

tras·pun·te [トラスプンテ] 男〈演劇〉1 (俳優の)呼び出し係. 2 プロンプター.

tras·qui·lar [トラスキらル] 他 1 (動物)の毛を刈り取る. 2 …の髪を虎(とら)刈りにする.

tras·qui·lón [トラスキろン] 男 虎(とら)刈り.

tras·ta·da [トラスタダ] 女 いたずら.

tras·ta·zo [トラスタそ] 男 強打.
dar·se un trastazo contra… …にぶつかる.

tras·te [トラステ] 男 1〈弦楽器〉フレット. 2 トらくた.
dar al traste con… …をだめにする.
ir·se al traste (物事が)だめになる.

tras·te·ar [トラステアル] 自 1 配置換えをする. 2 いたずらする.
— 他 1 (弦楽器)にフレットを取りつける. 2 (弦楽器)の弦を押さえる. 3 …をうまくあしらう. 4〈闘牛〉(牛)をムレタであしらう.

tras·te·ro [トラステロ] 男 物置部屋, 納戸(なんど).

tras·tien·da [トラスティエンダ] 女 1〈店〉奥の部屋. 2 ずるさ, すっとぼけ.

tras·to [トラスト] 男 1 (使いものにならない)古い家具. 2 がらくた. 3 かさばる物. 4 いたずらっ子. 5〈人〉役立たず.
tirar los trastos a… …をくどき落とす.
tirar·se los trastos a la cabeza 言い争う, ののしり合う.

tras·to·car [トラストカル] 他《活 73 sacar》…を置きかえる, 入れかえる.
— **trastocar·se** 再 頭がおかしくなる, 気がふれる.

tras·tor·nar [トラストルナル] 他 1 …をひどく悩ませる. 2 …を不安にさせる. 3 …を配置換えする. 4 …を夢中にさせる, ほれこませる. 5 …の気をふれさせる, …を狂わせる.
— **trastornar·se** 再 気がふれる.

tras·tor·no [トラストルノ] 男 1 迷惑, 厄介事. 2 異常, 異変. 3 (体の)不調, 病気. 4 混乱, 動揺.

tras·tos [トラストス] 男複 《→ trasto》(仕事の) 道具一式.

tras·tro·car [トラストロカル] 他 《活 82 trocar》…を取り違える, 入れかえる.

tra·su·dar [トラスダル] 自 冷や汗をかく.

tra·sun·to [トラスント] 男 生き写し, 模写.

tras·va·sar [トラスバサル] 他 《＝transvasar》…を移しかえる.

tras·va·se [トラスバセ] 男 《→＝transvase》移しかえ.

tras·ver·sal [トラスベルサル] 形 《→＝transversal》横断する.

tra·ta [トラタ] 女 人身売買.
trata de blancas (白人の)婦女売買.

tra·ta·ble [トラタブレ] 形 1 扱うことのできる. 2 扱いやすい. 3 人当たりのよい, 愛想のいい.

tra·ta·dis·ta [トラタディスタ] 男女 専門書の著者, 論文執筆者.

tra·ta·do [トラタド] 男 1 専門書, 学術書, 論文. 2 (国家間の)取り決め, 条約. 3 (国家間の)協定書, 条約文書.

tra·ta·mien·to [トラタミエント] 男 1 (人の)待遇, 扱い, もてなし. 2 待遇表現, 敬語. 3 処理方法, 加工技術. 4 〖医学〗処置, 治療法.

tra·tan·te [トラタンテ] 男女 仲買人.

tra·tar [トラタル] 他 1 …を扱う. 2 …をもてなす, 待遇する. 3 …を(+de…)…として扱う. 4 …を処理する. 5 …を治療する. 6 …を論じる, 検討する.
— 自 1 (+con…)…に接する, …と付き合う. 2 (+de, sobre…)…を論じる, 問題にする. 3 (+con…)…を扱う. 4 (+de+不定詞) …しようと努力する. 5 (+con, en…)…の商売をする, 取り引きをする.
— **tratar·se** 再 1 (+con…)…と付き合う. 2 《主語なしの3人称単数形で使用》(+de…)問題は…についてである, 話は…のことだ.
tratar a… de tú …を親称で呼びかける, …と親称で話す.

tra·to [トラト] 男 1 扱い, 待遇. 2 扱い方. 3 交際, 付き合い. 4 (個人間の)協定, 取り決め.
trato carnal 肉体関係.

trau·ma [トラウマ] 男 1 心的外傷, トラウマ. 2 (長く続く)精神的ショック. 3 外傷.

trau·má·ti·co, ca [トラウマティコ, カ] 形 1 外傷の. 2 心的外傷の, 精神的ショックを引き起こす.

trau·ma·tis·mo [トラウマティスモ] 男 〖医学〗外傷.

trau·ma·ti·zar [トラウマティサル] 他 《活 39 gozar》1 …に外傷を与える. 2 …の心を傷つける.

trau·ma·to·lo·gí·a [トラウマトロヒア] 女 外傷学.

trau·ma·tó·lo·go, ga [トラウマトロゴ, ガ] 男女 外傷専門医.

tra·ve·lling [トラベリン] 男 《＝travelín》〈映画〉(台車の)ドリーによる移動撮影.

tra·vés [トラベス] 男 1 傾斜. 2 ねじれ.
a través de… 1 …を横切って, …を通して. 2 …の間から, …越しに. 3 …を介して, 通じて.
dar al través con (+事物) …をだめにする.
de través ななめに, 横向きに.

tra·ve·sa·ño [トラベサニョ] 男 1 横木, 梁(はり). 2 〈スポーツ〉(ゴールの)クロスバー.

tra·ve·sí·a [トラベシア] 女 1 (大通りをつなぐ)横道, 間道. 2 横断航海, 横断飛行. 3 (街道の)集落通過部分.

tra·ves·tí [トラベスティ] 男女 《＝travesti》1 男装の女性. 2 女装の男性.

tra·ves·ti·do, da [トラベスティド, ダ] 形 異性の服装をした.

tra·ve·su·ra [トラベスラ] 女 いたずら, 悪さ.

tra·vie·sa¹ [トラビエサ] 女 〈鉄道〉枕木.

tra·vie·so, sa² [トラビエソ, −] 形 いたずらな.

tra·yec·to [トラジェクト] 男 1 行程, 道のり. 2 (行程の)進行, 走行.

tra·yec·to·ria [トライェクトリア] 女 1 軌道, 軌跡. 2 (活動の)発展経路, 進行方向.

tra·za [トラサ] 女 1 外見, 様子. 2 跡, 跡形. 3 設計図, 構想. 4 素質, 才能.

tra·za·do¹ [トラサド] 男 1 設計図, 設計. 2 〈道路〉コース, ルート. 3 線描.

tra·za·do², da [−, ダ] 《過去分詞》→ trazar 線を引く.
— 形 1 線で描かれた. 2 設計された.
bien [*mal*] *trazado* 見かけのよい[悪い].

tra·za·dor, do·ra [トラサドル, ドラ] 形 1 線で描く. 2 設計する.
— 男女 設計者.

tra·zar [トラサル] 他 《活 39 gozar》1 …の線を引く, 線を描く. 2 …を線で描く. 3 …を設計する. 4 …を(言葉で)描写する.

tra·zo [トラソ] 男 1 (描かれた)線, 描線. 2 (輪郭の)線.

tré·be·des [トレベデス] 女複 〈台所〉(かまどに使う)五徳(ごとく).

tre·be·jos [トレベホス] 男複 道具類.

tré·bol [トレボる] 男 1 〖植物〗クローバー. 2 〈トランプ〉(札の)クラブ.

tre·ce [トレセ] 男 1 〈数字〉13, XIII. 2 13 のもの.
— 形 《男女同形》1 13 の. 2 13 番目の.
— 男女 13 番目のもの.
mantener [*seguir*] *en sus trece* 自分の意見に固執する.

tre·ce·a·vo¹ [トレセアボ] 男 13分の1.

tre·ce·a·vo², va [−, バ] 形 13分の1の.

tre·cho [トレチョ] 男 1 距離. 2 時間.
a trechos 間隔を置いて, 間を置いて.
de trecho en trecho ところどころで, ときどき.

tre·gua [トレグア] 女 1 休戦, 停戦. 2 中断, 休憩(きゅうけい).

trein·ta [トレインタ] 男 1 〈数字〉30, XXX. 2

30のもの.
― 形 《男女同形》1 30の. 2 30番目の.
― 男 30番目のもの.
trein·ta·ñe·ro, ra [トレインタニェロ, ラ] 形 30歳代の.
― 男女 30歳代の人.
trein·ta·vo[1] [トレインタボ] 男 30分の1.
trein·ta·vo[2]**, va** [―, バ] 30分の1の.
trein·te·na [トレインテナ] 女 〈ひと組〉30, 30個, 30人.
tre·me·bun·do, da [トレメブンド, ダ] 形 恐ろしい, すごい, 負えない.
tre·me·dal [トレメダル] 男 沼地, 湿地.
tre·men·da·men·te [トレメンダメンテ] 副 途方もなく, ひどく, すごく.
tre·men·dis·mo [トレメンディスモ] 男 〈芸術思潮〉(現実の生々しい面を強調する)トレメンディスモ.
tre·men·do, da [トレメンド, ダ] 形 1 恐ろしい, こわい. 2 途方もない, 巨大な, 並はずれた, すごい. 3 〈子供〉暴れん坊の.
tomar·se... a la tremenda …を大げさに考える.
tre·men·ti·na [トレメンティナ] 女 〈化学〉(マツ科植物の精油の)ターベンタイン.
tre·me·si·no, na [トレメシノ, ナ] 形 3か月の.
tré·mu·lo, la [トレムロ, ラ] 形 震える, 揺れる.
tren [トレン] 男 1 列車, 電車, 汽車. 2 (連動する)機械装置. 3 豪勢, ぜいたく.
a todo tren 1 豪華に, ぜいたくに. 2 全速力で.
estar como un tren (人が)とても魅力的だ.
para parar un tren 大量に, すごく.
perder el último tren 1 最終列車に乗り遅れる. 2 最後のチャンスをのがす.
subir·se al tren 1 列車に乗りこむ. 2 他人の仕事に便乗する.
tren correo 〈列車〉各駅停車.
tren de alta velocidad (時速200キロ以上の)超高速列車.
tren de aterrizaje 〈飛行機〉着陸装置.
tren de cercanías 郊外電車.
tren de lavado 〈サービスステーション〉洗車装置.
tren directo (目的の駅まで停車しない)直行列車.
tren expreso [*exprés*] 急行列車.
tren rápido 特急列車.
tre·na [トレナ] 女 刑務所.
tren·ca [トレンカ] 女 〈服飾〉ダッフルコート.
tren·ci·lla [トレンしジャ] 女 組紐(ひも).
tren·za [トレンさ] 女 1 〈髪〉三つ編み. 2 三つ編み型のパン.
tren·za·do [トレンさド] 男 1 〈髪〉三つ編み. 2 〈バレエ〉(空中で足を交差させる)アントルシャ.
tren·zar [トレンさル] 他 〈活 39 gozar〉…を三つ編みにする.

― 自 〈バレエ〉アントルシャをする.
tre·pa [トレパ] 女 1 はい登り, よじ登り. 2 (切り取り用の)ミシン目.
― 男女 トップに立ちたがる人.
tre·pa·dor, do·ra [トレパドル, ドラ] 形 はい登る.
tre·pa·na·ción [トレパナしオン] 女 〈外科〉(頭蓋骨などの)穿孔(せんこう).
tre·pa·nar [トレパナル] 他 〈外科〉(頭蓋骨などを)穿孔(せんこう)する.
tré·pa·no [トレパノ] 男 〈外科〉穿孔(せんこう)機.
tre·par [トレパル] 自 はい登る, よじ登る, はい登る.
tre·pi·dan·te [トレピダンテ] 形 1 テンポの速い, 力強い. 2 震える, ゆれる.
tre·pi·dar [トレピダル] 自 震える, 揺れる.
tres [トレス] 男 1 〈数字〉3, III. 2 3のもの, みっつ.
―《男女同形》1 3の, みっつの. 2 3番目の.
― 男女 3番目のもの.
como tres y dos son cinco 間違いなく.
de tres al cuarto 粗悪な, ほとんど価値のない.
las tres 〈時刻〉3時.
ni a la de tres 絶対に (…ない).
tres·cien·tos[1] [トレスしエントス] 男 1 〈数字〉300, CCC. 2 300のもの.
tres·cien·tos[2]**, tas** [―. タス] 男女 300番目のもの.
― 形 1 300の. 2 300番目の.
tre·si·llo [トレシジョ] 男 1 3人掛けソファー. 2 〈ソファー〉3点セット. 3 〈音楽〉3連音符. 4 〈トランプ〉3人遊び.
tre·ta [トレタ] 女 だまし, ずる.
trí·a·da [トリアダ] 女 三つ組み.
trial [トリアル] 男 〈オートバイレース〉トライアル.
trian·gu·lar [トリアングラル] 形 三角の.
― 他 …を三角形にする, …を三角測量する.
trián·gu·lo [トリアングロ] 男 1 三角形. 2 〈楽器〉トライアングル.
triángulo acutángulo 鋭角三角形.
triángulo amoroso (恋の)三角関係.
triángulo equilátero 正三角形.
triángulo escaleno 不等辺三角形.
triángulo obtusángulo 鈍角三角形.
triá·si·co, ca [トリアシコ, カ] 形 〈地質学〉三畳紀の.
triat·lón [トリアトロン] 男 〈スポーツ〉トライアスロン.
tri·bal [トリバル] 形 部族の.
tri·ba·lis·mo [トリバリスモ] 男 部族社会.
tri·bu [トリブ] 女 1 部族, 種族. 2 一族郎党, 一家. 3 〈生物分類〉連(れん).
tri·bu·la·ción [トリブらしオン] 女 1 苦難, 逆境. 2 苦悩, 心労.
tri·bu·na [トリブナ] 女 1 演壇. 2 論壇. 3 特別観覧席.
tri·bu·nal [トリブナル] 男 1 (集合的に)裁判

tri·bu·no

官. 2 裁判所, 法廷. 3 (集合的に)審査員, 評議員.
Tribunal de Cuentas 会計検査院.
tribunal superior 上級裁判所.
Tribunal Supremo 最高裁判所.

tri·bu·no [トリブノ] 男 〈古代ローマ〉護民官.
tri·bu·tan·te [トリブタンテ] 形 納税の.
— 男女 納税者.
tri·bu·tar [トリブタル] 他 1 (敬意など)を捧げる. 2 (税金など)を納める.
tri·bu·ta·rio, ria [トリブタリオ, リア] 形 1 納税の, 税金の. 2〈川〉支流の.
— 男女 納税者.
tri·bu·to [トリブト] 男 1 税金, 租税. 2〈封建時代〉貢ぎ物, 年貢(ねんぐ). 3 感謝のしるし. 4 代償, 代価.
tri·cen·té·si·mo¹ [トリセンテシモ] 男 300 分の 1.
tri·cen·té·si·mo², ma [—, マ] 形 1 300 分の 1 の. 2 300 番目の.
— 男女 300 番目のもの.
trí·ceps [トリセプス] 男《単複同形》〈解剖学〉三頭筋.
tri·ce·ra·tops [トリセラトプス] 男《単複同形》〈恐竜〉トリケラトプス.
tri·ci·clo [トリシクロ] 男〈遊具〉三輪車.
tri·cli·nio [トリクリニオ] 男〈古代ギリシア・ローマ〉食事用寝台.
tri·co·lor [トリコロル] 形 三色の.
tri·cor·nio [トリコルニオ] 男 1 三角帽子. 2〈スペイン〉治安警察隊員.
tri·cot [トリコト] 男〈布地〉トリコット.
tri·co·tar [トリコタル] 自 編み物をする.
tri·co·to·sa [トリコトサ] 女 編み機.
tri·cús·pi·de [トリクスピデ] 女〈心臓〉三尖(せん)弁.
tri·den·te [トリデンテ] 男〈道具〉三つ叉(また).
tri·di·men·sio·nal [トリディメンシオナル] 形 立体の, 三次元の.
trie·dro, dra [トリエドロ, ドラ] 形 三面体の.
trie·nal [トリエナル] 形 1 3 年間の. 2 3 年ごとの.
trie·nio [トリエニオ] 男 1 3 年間. 2 3 年ごとの昇給.
tri·fá·si·co, ca [トリふァシコ, カ] 形〈電気〉三相の.
tri·fo·lia·do, da [トリふォリアド, ダ] 形〈草木〉三つ葉の.
tri·ful·ca [トリふルカ] 女 大げんか.
tri·gal [トリガる] 男 小麦畑.
tri·gé·mi·no [トリヘミノ] 男〈解剖学〉三叉(さ)神経.
tri·gé·si·mo¹ [トリヘシモ] 男 30 分の 1.
tri·gé·si·mo², ma [—, マ] 形 1 30 番目の. 2 30 分の 1 の.
— 男女 30 番目のもの.

tri·gli·fo [トリグリふォ] 男〈建築〉(ドーリア式の柱頭の上の)縦三条の飾り柱.
tri·go [トリゴ] 男〈穀物〉コムギ[小麦].
no ser trigo limpio (人が)見かけほど誠実でない.
trigo candeal (上質の)パンコムギ.
trigo marzal [*tremés, tremesino*] (春にまく)春小麦.
trigo otoñal (秋にまく)冬小麦.
tri·go·no·me·trí·a [トリゴノメトリア] 女〈数学〉三角法.
tri·gue·ño, ña [トリゲニョ, ニャ] 形 小麦色の.
tri·gue·ro, ra [トリゲロ, ラ] 形 1 小麦の. 2 小麦畑に育つ.
tri·les [トリれス] 男複 (街頭で行う)三択賭博(とばく).
tri·lin·güe [トリリングエ] 形 3 ヶ国語(使用)の.
tri·li·ta [トリリタ] 女〈火薬〉(TNT の)トリニトロトルエン.
tri·lla [トリじゃ] 女〈農作業〉脱穀(期).
tri·lla·do, da [トリじゃド, ダ] 《過去分詞》trillar 脱穀する.
— 形 1 脱穀された. 2 ありふれた. 3 簡単にできる.
tri·lla·do·ra [トリじゃドラ] 女 脱穀機.
tri·llar [トリじゃル] 他 1〈農業〉…を脱穀する. 2 (課題)をしつこく扱う.
tri·lli·zo, za [トリじそ, さ] 男 三つ子の.
— 男女 三つ子.
tri·llo [トリじょ] 男 (昔の)脱穀装置.
tri·lo·bi·tes [トリろビテス] 男《単複同形》〈化石動物〉三葉虫.
tri·lo·gí·a [トリろヒア] 女〈作品〉三部作.
tri·mem·bre [トリメンブレ] 形 三部構成の.
tri·men·sual [トリメンスアる] 形 月に三度の.
tri·mes·tral [トリメストラる] 形 1 3 ヶ月間の. 2 3 ヶ月に一度の.
tri·mes·tral·men·te [トリメストラるメンテ] 副 3 ヶ月に一度, 3 ヶ月ごとに.
tri·mes·tre [トリメストレ] 男 3 ヶ月間.
tri·mo·tor [トリモトル] 男〈飛行機〉三発機.
tri·nar [トリナル] 自 1 (小鳥が)さえずる, 歌う. 2〈声楽〉トリルで歌う.
estar que trina (人が)ぷりぷりしている.
trin·ca [トリンカ] 女 1 三つ組み. 2 (昔の大学教員採用試験での)3 候補者の論争.
trin·car [トリンカル] 他《活 73 sacar》1 …を盗む. 2 (犯罪者)をつかまえる. 3 …を現行犯でとらえる. 4 (酒類)を飲む.
— 自 酒を飲む.
trin·char [トリンチャル] 他 (料理)を(給仕するために)切り分ける.
trin·che·ra [トリンチェラ] 女 1〈戦場〉塹壕(ざんごう). 2〈服飾〉トレンチコート.
trin·che·ro [トリンチェロ] 男 1〈食卓〉(配膳(はいぜん)用の)サイドテーブル, ワゴン.
tri·ne·o [トリネオ] 男〈雪・氷〉そり.

活 は活用形 複 は複数形 男 は男性名詞 女 は女性名詞 固 は固有名詞 代 は代名詞 自 は自動詞

Tri·ni [トリニ] 固 〈女性の名〉(Trinidad の愛称の) トリニ.

tri·ni·dad [トリニダス] 女 〈宗教〉(神とキリストと聖霊の) 三位(ざん)一体.

Tri·ni·dad [トリニダス] 固 〈女性の名〉トリニダ.

tri·ni·ta·ria[1] [トリニタリア] 女 〈草花〉パンジー, サンシキスミレ.

tri·ni·ta·rio, ria[2] [トリニタリオ, ―] 聖三位(ざん)一体修道会の.
― 男 女 聖三位一体会の修道士 [修道女].

tri·ni·tro·to·lue·no [トリニトロトるエノ] 男 〈火薬〉(TNT の) トリニトロトルエン.

tri·no[1] [トリノ] 男 〈鳥〉さえずり.

tri·no[2], **na** [―, ナ] 形 〈宗教〉三位(ざん)一体の.

trin·que·te [トリンケテ] 男 〈帆船〉フォースル.

trí·o [トリオ] 男 1 三つ組み. 2 三重奏団. 3 三重奏曲.

tri·pa [トリパ] 女 1 腸, はらわた, 内臓. 2 腹, 出っ腹.
echar las tripas 吐く.
hacer de tripas corazón 我慢する.
¿qué tripa se le ha roto a (+人)? (呼び出されて, こんな時に) 一体どうしたのだ?
revolver a (+人) *las tripas* (物事が) …にとって耐えられない.
tener [echar] tripa 出っ腹になる.

tri·pa·no·so·ma [トリパノソマ] 男 〈寄生虫〉トリパノソーマ.

tri·par·ti·to, ta [トリパルティト, タ] 形 三部構成の.

tri·pas [トリパス] 女 複 〈→ tripa〉中身.

tri·pe·ar [トリペアル] 自 大食する.

tri·pe·ro, ra [トリペロ, ラ] 男 女 〈人〉大食らい.

tri·pi [トリピ] 男 〈麻薬〉LSD.

tri·ple [トリプれ] 形 1 3 倍の. 2 3 重の.
― 男 1 3 倍. 2 3 重. 3 〈バスケットボール〉3 点シュート.

tri·pli·ca·ción [トリプリカセオン] 女 3 重 [3 倍] にすること.

tri·pli·ca·do [トリプリカド] 男 第三の写し.
por triplicado 正副 3 通にして.

tri·pli·car [トリプリカル] 他 《活 73 sacar》1 …を 3 重にする. 2 …を 3 倍にする. 3 …を 3 部作成する.
― triplicar·se 3 倍になる.

trí·po·de [トリポデ] 男 (カメラなどの) 三脚.

tri·pón, po·na [トリポン, ポナ] 形 腹の出た.

típ·ti·co [トリプティコ] 男 1 三枚仕上げの祭壇画. 2 (本などの) 三部作.

trip·ton·go [トリプトンゴ] 男 〈音声学〉(-iai-, -uai- などの) 三重母音.

tri·pu·do, da [トリプド, ダ] 形 腹の出た.

tri·pu·la·ción [トリプらセオン] 女 (集合的に) 乗務員, 乗組員.

tri·pu·lan·te [トリプらンテ] 男 女 (一人ひとりの) 乗務員, 乗組員.

tri·pu·lar [トリプらル] 他 1 (飛行機などに) 乗務員として乗る. 2 (飛行機や船を) 操縦する.

tri·qui·na [トリキナ] 女 〈寄生虫〉センモウチュウ [旋毛虫].

tri·qui·no·sis [トリキノシス] 女 《単複同形》旋毛 (虫) 虫病.

tri·qui·ñue·la [トリキニュエら] 女 巧妙な手口.

tri·qui·tra·que [トリキトラケ] 男 (ガタガタと) 連続して鳴る音.

tri·rre·me [トリレメ] 男 (昔の) 片側三列櫂(かい) のガレー船.

tris [トリス] 男 わずかなもの.
estar en un tris de (+不定詞) もう少しで…しそうである.
por un tris わずかな差で.
un tris ほんのわずかなもの.

tri·sar [トリサル] 自 (ツバメなどが) さえずる.

tris·car [トリスカル] 自 《活 73 sacar》(よろこんで) はね回る.

tri·se·ma·nal [トリセマナる] 形 1 週に三度の. 2 三週間に一度の.

tri·sí·la·bo, ba [トリシらボ, バ] 形 3 音節の.

tris·te [トリステ] 形 1 悲しい. 2 あわれな, 悲しそうな. 3 不幸な, 不運な. 4 痛ぐらい, 耐えられそうにない. 5 不十分な, 貧弱な. 6 残念な, くやしい. 7 ふさぎ込んだ, 陰気な.

tris·te·men·te [トリステメンテ] 副 1 悲しげに, 悲しんで. 2 さみしそうに, あわれっぽく.

tris·te·za [トリステさ] 女 1 悲しさ, 悲しみ. 2 さみしさ, わびしさ.

tris·tón, to·na [トリストン, トナ] 形 もの悲しそうな.

tri·tón [トリトン] 男 1 〈動物〉イモリ. 2 〈神話〉(半人半魚の) トリトン.

tri·tu·ra·dor, do·ra[1] [トリトゥラドル, ドラ] 形 粉砕する.

tri·tu·ra·do·ra[2] 女 粉砕機.

tri·tu·rar [トリトゥラル] 他 1 …を粉砕する. 2 …にこまかく反論する.

triun·fa·dor, do·ra [トリウンふァドル, ドラ] 形 勝った.
― 男 女 勝利者, 勝者.

triun·fal [トリウンふァる] 形 1 勝利の. 2 勝ち誇った, 完勝の.

triun·fa·lis·mo [トリウンふァリスモ] 男 自信過剰.

triun·fa·lis·ta [トリウンふァリスタ] 形 《男女同形》自信過剰の.
― 男 女 自信過剰の人間.

triun·fal·men·te [トリウンふァるメンテ] 副 意気揚々(ようよう) と, 勝ち誇って.

triun·fan·te [トリウンふァンテ] 形 1 勝利を得た. 2 勝利を意味する.

triun·far [トリウンふァル] 自 1 勝つ, 勝利者になる. 2 成功する.

triun·fo [トリウンふォ] 男 1 勝利, 優勝. 2 成功, 申し分のない成果. 3 〈トランプ〉勝ち札. 4 優勝トロフィー.
arco de triunfo 凱旋(がいせん)門.
costar a (+人) un triunfo (物事が) …に努力を強いる.
en triunfo 喚声につつまれて.
tener todos los triunfos en la mano 勝利の鍵を握っている.

triun·vi·ra·to [トリウンビラト] 男 1 〈古代ローマ〉三頭政治. 2 (実権を握る) 三人組.

tri·va·len·te [トリバレンテ] 形 1 3種の価値のある. 2 〈化学〉3価の.

tri·vial [トリビアル] 形 1 ありふれた, 陳腐(ちんぷ)な. 2 つまらない, ささいな.

tri·via·li·dad [トリビアリダッ] 女 1 陳腐(ちんぷ)さ, 月なみ. 2 ありふれたもの[こと].

tri·via·li·zar [トリビアリさル] 他 活 39 gozar 〉を軽視する, いいかげんにする.

tri·vio [トリビオ] 男 〔= trivium〕 (中世ヨーロッパの大学の) 自由3学科[= gramática 文法, lógica 論理学, retórica 修辞学].

tri·za [トリさ] 女 切れ端, かけら.
hacer trizas… 1 …を粉々にする, ずたずたにする. 2 (+a+人) …をひどくやっつける, こきおろす.
hacer·se trizas 1 粉々[ずたずた]になる. 2 (人が) 傷だらけになる, まいってしまう.

tro·ca·do, da [トロカド, ダ] 《過去分詞》→ trocar 変える.
— 形 1 (+en...) …に変わった. 2 取り替えられた.

tro·car [トロカル] 他 活 82 1 …を(+en...) …に変える, 変化させる. 2 …を(+por...) …と交換する. 3 …を(+con...) …と入れ替える, 取り替える. 4 …を取り違える.
— *trocar·se* 再 (+en...) …に変わる.

tro·ce·ar [トロセアル] 他 (全体) を切り分ける.

tro·cha [トロチャ] 女 1 (茂みのなかの) 細道. 2 近道, 間道, 抜け道.

tro·che [トロチェ] 〈つぎの副詞句の一部〉
a troche y moche でたらめに, 思いつきで.

tro·fe·o [トロふェオ] 男 1 優勝賞品, 優勝記念品. 2 トロフィー, 賞牌(しょうはい).

tro·glo·di·ta [トログロディタ] 形 《男女同形》 1 穴居の. 2 粗暴な. 3 考え方の古い.
— 男 女 1 穴居生活者. 2 粗暴[粗野]な人間. 3 昔気質(かたぎ)の人.

troi·ca [トロイカ] 女 〔= troika〕 (ロシアの3頭立て馬そりの) トロイカ.

tro·la [トロら] 女 うそ, 作り話.

tro·le [トロれ] 男 1 (電車の屋根の) 集電器. 2 トロリーバス.

tro·le·bús [トロれブス] 男 トロリーバス.

tro·le·ro, ra [トロれロ, ラ] 形 よくうそをつく.
— 男 女 〈人〉うそつき.

trom·ba [トロンバ] 女 1 (海上の) 竜巻. 2 (短時間に生じる) 大量のもの.
en tromba 急激に, どっと.
tromba de agua 〈雨〉どしゃ降り.

trom·bo [トロンボ] 男 〈医学〉血栓(けっせん).

trom·bo·fle·bi·tis [トロンボふれビティス] 女 《単複同形》〈医学〉血栓(けっせん)性静脈炎.

trom·bón [トロンボン] 男 (楽器の) トロンボーン.
— 男 女 トロンボーン奏者.

trom·bo·sis [トロンボシス] 女 《単複同形》〈医学〉血栓(けっせん)症.

trom·pa [トロンパ] 女 1 〈楽器〉ホルン. 2 (ゾウなどの) 長い鼻. 3 〈解剖学〉管(くだ). 4 〈昆虫〉吻(ふん). 5 酒の酔い. 6 独楽(こま).
— 男 女 ホルン奏者.
trompa de Eustaquio (中耳の) エウスタキオ管.
trompa de Falopio (卵巣の) 卵管, らっぱ管.

trom·pa·zo [トロンパそ] 男 殴打(おうだ), 強打.

trom·be·ta [トロンベタ] 女 1 〈楽器〉トランペット. 2 らっぱ.
— 男 女 1 トランペット奏者. 2 〈軍隊〉らっぱ手.

trom·pe·ta·zo [トロンペタそ] 男 (トランペットなどの) 調子はずれの音.

trom·pe·ti·lla [トロンペティじゃ] 女 (昔の) らっぱ形補聴器.

trom·pe·tis·ta [トロンペティスタ] 男 女 トランペット奏者.

trom·pi·car [トロンピカル] 他 《活 73 sacar》 (人) を突き倒す, 突き飛ばす.
— 自 よろめく, つまずく.

trom·pi·cón [トロンピコン] 男 (歩行の) よろめき, つまずき.

trom·po [トロンポ] 男 1 独楽(こま). 2 〈自動車〉スリップによる回転.

tro·na·do, da [トロナド, ダ] 《過去分詞》→ tronar 雷が鳴る.
— 形 1 少し頭がおかしい. 2 疲れきった.

tro·nar [トロナル] 自 《活 22 contar》 1 〈主語なしの3人称単数形で使用〉雷が鳴る. 2 (大砲などが) 轟音(ごうおん)を発する, とどろく. 3 (+ contra...) …をどなりつける.

tron·char [トロンチャル] 他 1 (木) をへし折る. 2 …を妨害する, 中断する.
— *tronchar·se* 再 1 (木などが) 折れる, 倒れる. 2 (計画などが) 挫折する. 3 大笑いする, 笑いころげる.

tron·cho [トロンチョ] 男 〈野菜〉芯(しん).

tron·co [トロンコ] 男 1 〈木〉幹. 2 〈動物〉胴. 3 本体, 中心部. 4 (共通の) 祖先, 源(みなもと). 5 友だち, 仲間.
como un tronco ぐっすり (眠った).
¿Qué pasa, tronco? よう, どうした?

tro·ne·ra [トロネラ] 女 1 (城壁などの) 銃眼. 2 小窓, 明かり取り. 3 〈ビリヤード〉ポケット.

活 は活用形 複 は複数形 男 は男性名詞 女 は女性名詞 固 は固有名詞 代 は代名詞 自 は自動詞

tro·ní·o [トロニオ] 男 派手な金遣い.

tro·no [トロノ] 男 1 王座, 玉座. 2 王位, 王権.

tro·pa [トロパ] 女 1 群集, (人の)集団. 2 〈軍隊〉下士官. 3 (集団の)軍人.

tro·pas [トロパス] 女複 (→ tropa) 軍隊, 軍団.

tro·pel [トロペル] 男 1 ばらばらの群集. 2 乱雑に積まれたもの.

en tropel 1 大量に, 大勢で. 2 急にばらばらと.

tro·pe·lí·a [トロペリア] 女 横暴, 無法.

tro·pe·zar [トロペサル] 自 《活 32 empezar》 1 (+con...) …につまずく. 2 (+con...) …に出くわす, ぶつかる. 3 (+en...) …で間違いをする. 4 (+con...) …と言い争う.
— **tropezar-se** 再 1 (二者が)たまたま出会う. 2 (+con...) …と出くわす, ぶつかる.

tro·pe·zón [トロペソン] 男 1 つまずき. 2 〈食材〉(ハムなどの)具 [= tropezones].

a tropezones 苦労して, どうやらこうやら.

tro·pi·cal [トロピカる] 形 熱帯の.

trô·pi·co [トロピコ] 男 1 〈地理学〉回帰線. 2 (南北両回帰線の間の)熱帯地方 [= trópicos].

tropiec- 活 → tropezar つまずく《活 32》.

tropiez- 活 → tropezar つまずく《活 32》.

tro·pie·zo [トロピエソ] 男 1 つまずき. 2 (性的関係などの)失策, しくじり. 3 障害, 難点. 4 言い争い, けんか.

tro·pis·mo [トロピスモ] 男 1 〈植物〉屈性. 2 〈動物〉向性.

tro·po [トロポ] 男 比喩, 転義.

tro·pos·fe·ra [トロポスフェラ] 女 〈大気層〉対流圏.

troqu- 活 → trocar 変える《活 82》.

tro·quel [トロケる] 男 (メダルなどの)金型(かた).

tro·ta·con·ven·tos [トロタコンベントス] 女 《単複同形》(男女の仲立ちをする)取り持ち婆(ばば).

tro·ta·mun·dos [トロタムンドス] 男女 《単複同形》〈人〉旅行好き.

tro·tar [トロタル] 自 1 (馬が)速歩(はやあし)[トロット]で進む. 2 (人が)早足で歩き回る.

tro·te [トロテ] 男 1 〈馬術〉速歩(はやあし), トロット. 2 〈仕事〉急ぎ物, 疲れる仕事. 3 頻繁な使用.

al trote 1 〈馬〉速歩で. 2 足早に, 大急ぎで.

de [para] todo trote 普段に使う.

no estar para muchos trotes 存分には働けない, 安心して使えない.

tro·tón, to·na [トロトン, トナ] 形 〈馬〉速歩(はやあし)用の.

troupe [トルプ] 女 一座, 劇団.

tro·va·dor¹ [トロバドル] 男 〈中世〉吟遊詩人.

tro·va·dor², do·ra [—, ドラ] 男女 詩人.

tro·va·do·res·co, ca [トロバドレスコ, カ] 形 吟遊詩人の.

tro·var [トロバル] 自 詩[歌]を作る.

tro·ya·no, na [トロヤノ, ナ] 形 〈小アジアの古代都市の〉トロイ Troya の.
— 男女 トロイ人.

tro·zo [トロソ] 男 一部, 断片.

tru·ca·je [トルカヘ] 男 (集合的に)トリック.

tru·car [トルカル] 他 《活 73 sacar》 1 …を改造する. 2 …をごまかして作る.

tru·cha [トルチャ] 女 〈魚〉マス.

tru·co [トルコ] 男 1 トリック, ごまかし. 2 いかさま, いんちき. 3 〈仕事や芸事の〉こつ[骨], 要領.

tru·cu·len·cia [トルクれンシア] 女 残酷さ.

tru·cu·len·to, ta [トルクれント, タ] 形 (事物が)残酷な, 身の毛もよだつ, ぞっとする.

truen- 活 → tronar 雷が鳴る《活 22》.

true·no [トルエノ] 男 1 雷, 雷鳴. 2 轟音(ごうおん), 大音響.

true·que [トルエケ] 男 1 交換, 取り替え. 2 (別な物への)変化, 変更.

tru·fa [トルふァ] 女 1 〈食用キノコ〉トリュフ. 2 チョコレートクリーム. 3 〈菓子〉チョコボール.

tru·far [トルふァル] 他 1 〈料理〉…にトリュフを詰める. 2 〈話〉にうそを混ぜる.

tru·hán, ha·na [トルアン, アナ] 男女 1 〈人〉恥知らず, かたり. 2 ひょうきん者, おどけ者.

tru·llo [トルじょ] 男 むしる [= trillo].

trun·car [トルンカル] 他 《活 73 sacar》 1 (端のほうなど)を切り取る. 2 …を中途でやめる.

tru·que [トルケ] 男 〈遊戯〉トリック.

tse-tsé [ツェ ツェ] 女 〈昆虫〉ツェツェバエ.

tu [トゥ] 形 《アクセントなし》《2 人称単数の所有形容詞》《男女同形》《複 tus》《名詞の前に置かれる語形》君の, おまえの, あなたの / *tu libro* 君の本, *tus alumnas* 君の女性の教え子たち.

tú [トゥ] 代 《2 人称単数の主格人称代名詞》《男女同形》君は[が], おまえは[が], あなたは[が], あなたは[が] / *Tú eres amable.* 君は親切だ.

de tú a tú 対等に, 親しそうに.

hablar [llamar, tratar] de tú a... …に親称で話しかける.

tu·ba [トゥバ] 女 〈楽器〉チューバ.

tu·ber·cu·li·na [トゥベルクリナ] 女 〈医学〉ツベルクリン.

tu·bér·cu·lo [トゥベルクロ] 男 1 〈植物〉(ジャガイモなどの)塊茎. 2 〈医学〉結核結節.

tu·ber·cu·lo·sis [トゥベルクろシス] 女 《単複同形》〈病気〉結核.

tu·ber·cu·lo·so, sa [トゥベルクろソ, サ] 形 結核性の.
— 男女 結核患者.

tu·be·rí·a [トゥベリア] 女 (ガス・水道の)管.

tu·be·ro·so, sa [トゥベロソ, サ] 形 かさのある, ふくらみのある.

tu·bo [トゥボ] 男 1 筒, 管, パイプ. 2 〈容器〉(絵の具などの)チューブ.

pasar por el tubo 耐える, 我慢する.

tu·bu·lar

por un tubo 大量に.
tubo de agua 水道管.
tubo de escape 排気管.
tubo de pintura チューブ入り絵の具.
tu·bu·lar [トゥブラル] 形 管の, 筒状の.
tu·cán [トゥカン] 男 〈鳥〉オオハシ.
tu·des·co, ca [トゥデスコ, カ] 形 ドイツの.
— 男 女 ドイツ人.
tuerc- 活 → torcer ねじる《活 18》.
tuer·ca [トゥエルカ] 女 留めねじ, ナット.
tuer·to, ta [トゥエルト, タ] 形 片目の見えない.
— 男 女 片目の人.
tuerz- 活 → torcer ねじる《活 18》.
tuest- 活 → tostar こんがり焼く《活 22》.
tues·te [トゥエステ] 男 こんがり焼くこと.
tué·ta·no [トゥエタノ] 男 1〈解剖学〉骨髄 (ずい). 2〈植物〉髄, 芯(しん).
hasta los tuétanos 骨の髄まで, 徹底して.
tu·fa·ra·da [トゥふァラダ] 女 突然の悪臭.
tu·fo [トゥふォ] 男 1 悪臭, いやなにおい. 2 (悪いことの)気配.
tu·gu·rio [トゥグリオ] 男 1 あやしげな小屋. 2 みすぼらしい小部屋.
tul [トゥる] 男 〈布地〉チュール.
tu·li·pa [トゥリパ] 女 〈ランプ〉チューリップ型のほや.
tu·li·pán [トゥリパン] 男 〈植物〉チューリップ.
tu·lli·do, da [トゥリド, ダ] 形 体の不自由な.
— 男 女 身体障害者.
tum·ba [トゥンバ] 女 墓, 墓穴.
a tumba abierta 1 全速力で. 2 やみくもに.
ser una tumba (人が)秘密をよく守る.
tum·bar [トゥンバル] 他 1 …を倒す. 2 …を殺す, 仕留める. 3 …を失神させる. 4 …を落ます. 5 …を横にする.
— **tumbar·se** 再 (寝るために)横になる, 横たわる.
tum·bo [トゥンボ] 男 ゆれ, 動揺.
dar tumbos 1 ゆり動く. 2 難儀する.
tum·bo·na [トゥンボナ] 女 〈椅子(いす)〉デッキチェア.
tu·me·fac·ción [トゥメふァクしオン] 女 〈医学〉むくみ, 腫(は)れ.
tu·me·fac·to, ta [トゥメふァクト, タ] 形 むくんだ, 腫(は)れあがった.
tu·mor [トゥモル] 男 〈医学〉腫瘍 (ようよう).
tú·mu·lo [トゥムロ] 男 1 (地上部分の)墓, 墳墓. 2 (墓の)塚, 古墳. 3 (葬儀のときの)棺台 (がんだい).
tu·mul·to [トゥムるト] 男 騒乱, 暴動.
tu·mul·tuo·so, sa [トゥムるトゥオソ, サ] 形 騒然とした, 暴動になりそうな.
tu·na[1] [トゥナ] 女 《→ tuno》(学生の伝統的な音楽隊の)トゥナ.
tu·nan·te, ta [トゥナンテ] 形 ずる賢い.
— 男 女 ずるく立ち回る人間.
tun·da [トゥンダ] 女 なぐりつけ.

tun·dra [トゥンドラ] 女 〈地理学〉(ロシアなどの)ツンドラ, 凍原.
tú·nel [トゥネる] 男 1 トンネル. 2 地下道. 3 苦境.
tungs·te·no [トゥングステノ] 男 〈化学〉タングステン.
tú·ni·ca [トゥニカ] 女 1〈衣服〉(古代ギリシア・ローマの)チュニック. 2 皮膜, 外皮.
tu·no[1] [トゥノ] 男 トゥナ tuna のメンバー.
tu·no[2], **na**[2] 恥知らずの, やんちゃな.
tun·tún [トゥントゥン] 男 《つぎの副詞句の一部》
al (buen) tuntún いいかげんに, わけもしらずに.
tu·pé [トゥペ] 男 (はねた)前髪.
tu·pi·do, da [トゥピド, ダ] 《過去分詞》→ tupir 密にする.
— 形 1 目が詰まった. 2 密集した. 3 茂った.
tu·pí-gua·ra·ní [トゥピグアラニ] 男 (南米の語族の)トゥピ・グアラニー語.
tu·pir [トゥピル] 他 …を密にする, 詰め込む.
— **tupir·se** 再 1 目が詰まる. 2 密になる.
tur·ba [トゥルバ] 女 1 群集物の波. 2 泥炭(だん), ピート.
tur·ba·ción [トゥルバしオン] 女 1(状態や進行の)混乱, 中断. 2 当惑, 動転.
tur·ba·do, da [トゥルバド, ダ] 《過去分詞》→ turbar かき乱す.
— 形 取り乱した, 動転した.
tur·ba·mul·ta [トゥルバムるタ] 女 やじ馬, 烏合(ごう)の衆.
tur·ban·te [トゥルバンテ] 男 〈服飾〉(頭に巻く)ターバン.
tur·bar [トゥルバル] 他 1 …をかき乱す, 混乱させる. 2 (静けさ)を破る. 3 …を当惑[動転]させる.
— **turbar·se** 再 1 調子を乱す, 乱れる. 2 (静けさ)がなくなる. 3 当惑[動転]する.
tur·bi·na [トゥルビナ] 女 〈機械〉タービン.
tur·bio, bia [トゥルビオ, ビア] 形 1 にごった, 不透明の. 2 怪しげな, うさん臭い. 3 かすんだ, ぼやけた.
tur·bión [トゥルビオン] 男 1〈雨〉スコール. 2 雨のように降りかかるもの.
un turbión de problemas 次々に起こる問題.
tur·bo [トゥルボ] 形 《男女同形》〈自動車〉ターボエンジンの.
tur·bo·com·pre·sor [トゥルボコンプレソル] 男 〈機械〉ターボコンプレッサー.
tur·bo·rre·ac·tor [トゥルボレアクトル] 男 〈航空用エンジン〉ターボジェット.
tur·bu·len·cia [トゥルブれンしア] 女 1〈流体〉乱流, 不規則な流れ. 2〈気象〉乱気流.
tur·bu·len·to, ta [トゥルブれント, タ] 形 1〈液体〉にごって流れる. 2 混濁 (だく)した, 乱れた. 3〈人〉混乱を引き起こす.
— 男 女 悶着(もんちゃく)を起こす人.
tur·co[1] [トゥルコ] 男 トルコ語.

活 は活用形 複 は複数形 男 は男性名詞 女 は女性名詞 固 は固有名詞 代 は代名詞 自 は自動詞

tur·co², ca [―, カ] 形 (国の)トルコ Turquía の.
― 男女 トルコ人.

tur·gen·te [トゥルヘンテ] 形 はれあがった, ふくれた.

tu·ris·mo [トゥリスモ] 男 1 観光旅行. 2 (集合的に)観光客. 3 観光事業. 4 (数人乗りの)自家用車.

tu·ris·ta [トゥリスタ] 男女 観光旅行者, 観光客.

tu·rís·ti·co, ca [トゥリスティコ, カ] 形 観光の.
viaje turístico 観光旅行.

tur·ma·li·na [トゥルマリナ] 女 〈鉱物〉 電気石(でんきせき), トルマリン.

túr·mix [トゥルミクス] 女 〈単複同形〉 (家庭用)ミキサー.

tur·nar·se [トゥルナルセ] 再 交替で担当する.
turnarse al volante 交替で運転する.

tur·no [トゥルノ] 男 1 順番, 番. 2 (交替勤務の)班(はん).
de turno 1 当番の. 2 周知の.
por turnos 交替制で.
turno de noche (交替制の)夜勤.

tu·ro·len·se [トゥロレンセ] 形 (スペイン北東部の都市の)テルエル Teruel の.
― 男女 テルエルの人.

tu·rón [トゥロン] 男 〈動物〉 ケナガイタチ.

tur·que·sa [トゥルケサ] 女 〈宝石〉 トルコ石.
― (青緑色の)ターコイズブルー.
― 形 〈男女同形〉 ターコイズブルーの.

Tur·quí·a [トゥルキア] 固 〈国の名〉 トルコ.

tu·rrón [トゥロン] 男 〈菓子〉 (クリスマス用のアーモンドヌガーの)トゥロン.

tu·ru·la·to, ta [トゥルラト, タ] 形 仰天(ぎょうてん)した, 呆然(ぼうぜん)とした.

tu·ru·rú [トゥルル] 間 あほな!, めっそうもない!, だめだ!

tus [トゥス] 間 《= tuso》(犬を呼ぶときの)さあ, おいで!
― 形 複 《→ tu》君の.

tu·te [トゥテ] 男 1 (スペイントランプのゲームの)トゥテ. 2 懸命の努力, つらい仕事.

tu·te·ar [トゥテアル] 他 (相手)を親称(tú)で呼ぶ.
― tutearse 親称で呼びあう.

tu·te·la [トゥテラ] 女 1〈権限〉 後見. 2 保護, 庇護(ひご). 3〈研究〉 指導.

tu·te·lar [トゥテラル] 形 1〈法律〉 後見人の, 後見の. 2 保護する.
― 他 1 …の後見人となる. 2〈研究・学習〉(人・学生)を担当する, 指導する.

tu·te·o [トゥテオ] 男 (話し相手に tú を使う)親称待遇, 親称法.

tu·ti·fru·ti [トゥティフルティ] 女 〈デザート〉 フルーツカクテル.

tu·ti·plén [トゥティプレン] 〈つぎの副詞句の一部〉
a tutiplén 豊富に, たっぷり.

tu·tor, to·ra [トゥトル, トラ] 男女 1〈法律〉 後見人, 保護者. 2〈教員〉 担任, 指導担当者.

tu·to·rí·a [トゥトリア] 女 1 後見人の権限[職務]. 2〈教員〉(生徒の)担任, (研究の)指導.

tu·tú [トゥトゥ] 男 〈スカート〉 (バレリーナの)チュチュ.

tuv- 活 → tener 持つ《活 80》.

tu·yo, ya [トゥヨ, ヤ] 形 《2人称単数の所有形容詞》《複 tuyos, tuyas》1 (名詞＋)君の, おまえの, あなたの/*aquella casa tuya* あの君の家.
2 (主語の補語)君の(もの), おまえの(もの)/*Este lápiz es tuyo.* この鉛筆は君のです.
― 代 《2人称単数の所有代名詞》《定冠詞つき》 君の(もの), おまえの(もの), あなたのもの/*Esta casa es más grande que la tuya.* この家は君のより大きい.
(Esta) es la tuya. 君の番だよ.
los tuyos 君の家族[仲間, 味方].
lo tuyo 1 君らしいこと[点]. 2 君の仕事. 3 君のもの.

TV [テベ] 女 《略語》 televisión テレビ.

TVE [テレビシオン エスパニョラ] 女 《略語》 Televisión Española スペイン国営テレビ局.

twist [トゥイス] 男 〈ダンス〉 ツイスト.

U u

U, u [ウ] 女《アルファベットの第22番の文字》ウ.
u [ウ] 女〈文字 U, u の名〉ウ.
u [ウ] 接《接続詞 o の特別な形》《アクセントなし》《o は o-, ho- で始まる単語の前では u になる》…または….
u·bi·ca·ción [ウビカシオン] 女 位置.
u·bi·car [ウビカル] 他[活 73 sacar] …を置く, 位置づける.
— **ubicarse** 再 (+en...)…に位置する.
u·bi·cui·dad [ウビクイダス] 女 遍在(性).
u·bi·cuo, cua [ウビクオ, クア] 形 (同時に)どこにもある, 遍在する.
u·bre [ウブレ] 女 (牛などの)乳房.
UCI [ウシ] 女《略語》Unidad de cuidados intensivos《病院》集中治療室.
u·cra·nio, nia [ウクラニオ, ニア] 形 (東欧の国の)ウクライナ Ucrania の.
— 男 女 ウクライナ人.
Ud. [ウステ] 代《略語》《3人称単数の人称代名詞》usted あなた.
Uds. [ウステデス] 代《略語》《3人称複数の人称代名詞》ustedes あなたがた.
UE [ウニオン エウロペア] 女《略語》Unión Europea ヨーロッパ連合[= 英語 EU].
uf [ウフ] 間 やれやれ!, ああいやだ!
u·fa·nar·se [ウファナルセ] 再 (+de, con...) …を自慢する.
u·fa·no, na [ウファノ, ナ] 形 1 (+con, de...) …に満足して. 2 得意になった, 自慢げな.
UGT [ウヘテ] 女《略語》Unión General de Trabajadores (スペインの)労働総同盟.
u·jier [ウヒエル] 男 1 (宮殿などの)門衛, 警備員. 2《法廷》廷吏.
u·ke·le·le [ウケレレ] 男《楽器》ウクレレ.
úl·ce·ra [ウルセラ] 女《医学》潰瘍(かいよう).
ul·ce·rar [ウルセラル] 他 …に潰瘍(かいよう)を生じさせる.
— **ulcerarse** 再 潰瘍になる.
ul·te·rior [ウルテリオル] 形 1 あとの, 後続の. 2 遠方の, むこうの.
ul·te·rior·men·te [ウルテリオルメンテ] 副 あとで, あとになって.
ul·ti·ma·ción [ウルティマシオン] 女 終了, 完了.
úl·ti·ma·men·te [ウルティマメンテ] 副 1 最近, このごろ. 2 最後に, 終わるにあたって.
ul·ti·mar [ウルティマル] 他 …を終える.
ul·ti·má·tum [ウルティマトゥン] 男《単複同形》

1 最終的な提案[条件]. 2 最後通牒(つうちょう).
úl·ti·mo, ma [ウルティモ, マ] 形 1 最近の, 最新の. 2 一番離れた, さいはての. 3 最終の, 究極の, 最期の. 4 決定的な, 最終的な. 5 終局的な. 6 最後に残った, 最後の. 7 最悪の, 最も価値のない.
— 男 女 最後の人[物].
a la última 最新流行で.
a lo último de... …の終局にあって.
en último caso 最悪の場合には.
estar en las últimas 死にかけている, 消えかかっている.
por último 最後に, 結局.
ser lo último 1 最新のものである. 2 最悪である.
ul·tra [ウルトラ] 形《男女同形》極端な, 過激な.
— 男 女 1 過激論者. 2 極右派(の人).
ul·tra·co·rrec·ción [ウルトラコレクシオン] 女 過度矯正(きょうせい), 過剰修正.
ul·tra·jan·te [ウルトラハンテ] 形 無礼な, 侮辱する.
ul·tra·jar [ウルトラハル] 他 …をひどく侮辱する, とても不快にさせる.
ul·tra·je [ウルトラヘ] 男 侮辱, 無礼.
ul·tra·li·ge·ro [ウルトラリヘロ] 男 超軽量飛行機.
ul·tra·mar [ウルトラマル] 男 海外領土.
ul·tra·ma·ri·no, na [ウルトラマリノ, ナ] 形 海外領土の.
ul·tra·ma·ri·nos [ウルトラマリノス] 男〈→ ultramarino〉《単複同形》食料品店[= tienda de ultramarinos].
— 複 (日もちのする)食料品.
ul·tra·mo·der·no, na [ウルトラモデルノ, ナ] 形 超モダンの.
ul·tran·za [ウルトランサ] 女《つぎの副詞句の一部》
a ultranza 1 決然と, 障害をものともせず. 2 確信して.
ul·tra·só·ni·co, ca [ウルトラソニコ, カ] 形 超音波の.
ul·tra·so·ni·do [ウルトラソニド] 男 超音波.
ul·tra·tum·ba [ウルトラトゥンバ] 女 あの世.
ul·tra·vio·le·ta [ウルトラビオレタ] 形《男女同形》紫外線の.
— 男 紫外線.
u·lu·lar [ウルラル] 自 うなる, ほえる.
um·be·la [ウンベラ] 女《植物》散形花序.
um·bi·li·cal [ウンビリカル] 形 (腹部の)へその.
um·bral [ウンブラル] 男 1 (入り口などの)敷居.

2（事の）入り口, 始まり.

um·brí·a[1] [ウンブリア] 囡 日陰の土地.

um·brí·o, a[2] [ウンブリオ, −] 形 日陰の.

um·bro·so, sa [ウンブロソ, サ] 形 日陰になった.

un, u·na[1] [ウン, ウナ] 《不定冠詞》《複 unos, unas》《アクセントのある a, ha で始まる女性単数名詞の直前では un にもなる》《→ uno², na²》**1**（+聞き手にとって特定できない名詞）ひとつの, ある／*una* casa ある（1軒の）家.
2（ある種類のなかの1例として）…というもの／*un* estudiante 学生というもの.
3 ひとつの立派な, 申し分のない／Paco es *un* hombre. パコは本当の男だ.
4（+固有名詞）…のような人［もの］／*un* Picasso ピカソのような（絵の上手な）人.

U·na·mu·no [ウナム] 《人名》（スペインの19〜20世紀の思想家の）ウナムノ［= Miguel de Unamuno］.

u·ná·ni·me [ウナニメ] 形 （意見が）全員一致の, 満場一致の.

u·ná·ni·me·men·te [ウナニメメンテ] 副 異論なしに, 満場一致で.

u·na·ni·mi·dad [ウナニミダス] 囡 全員の合意, 満場一致.

u·nas[1] [ウナス] 《不定冠詞》《女性複数形》《→ unos, nas²》.

un·ción [ウンシオン] 囡 **1** 〈宗教〉（秘跡の）終油. **2**（精神の）集中, 熱中. **3**（油薬などの）塗布.

un·cir [ウンスル] 他 《活 89 zurcir》（荷車を引く家畜）に（+a+荷車）…をつける.

un·dé·ci·mo[1] [ウンデシモ] 男 11 分の1.

un·dé·ci·mo[2], **ma** [−, マ] 形 **1** 11 番目の. **2** 11 分の1.
— 男囡 11 番目のもの.

UNED [ウネス] 囡 《略語》 Universidad Nacional de Educación a Distancia（スペインの）通信教育大学.

UNESCO [ウネスコ] 囡 《略語》 ユネスコ, 国連教育科学文化機関［← 英語 United Nations Educational, Scientific and Cultural Organization］.

un·gir [ウンヒル] 他 《活 27 dirigir》**1**（体の一部）に（+con+油薬など）…を塗る. **2** 〈宗教〉（人）を塗油で聖別する.
— **ungirse** 再 （自分の体に）（+con+ローションなど）…を塗る.

un·güen·to [ウングエント] 男 塗り薬, 軟膏(ニッ).

un·gu·la·dos [ウングラドス] 男複 〈分類〉（ウマなどの）有蹄(ミい)類動物.

ú·ni·ca·men·te [ウニカメンテ] 副 ただ単に, もっぱら.

u·ni·ca·me·ral [ウニカメラル] 形 〈議会〉一院制の.

u·ni·ce·lu·lar [ウニセるラル] 形 〈生物〉単細胞の.

ú·ni·co, ca [ウニコ, カ] 形 **1** 特有の, ユニークな, 珍しい. **2** 唯一の, ただひとつの.
— 男囡 ただひとりの人.

u·ni·co·lor [ウニコろル] 形 単色の.

u·ni·cor·nio [ウニコルニオ] 男 〈動物〉（伝説上の）一角獣, ユニコーン.

u·ni·dad [ウニダス] 囡 **1** 統一性, 一体性. **2**（まとまりのある）1個, ひとつ. **3** まとまり, 一貫性. **4** 単位. **5**（構成要素としての）単位. **6** 〈数学〉（数の）1. **7** 〈機械〉（まとまりのある）装置, ユニット. **8**（病院や工場の）…部門, …室. **9** 〈軍隊〉部隊.
unidad de cuidados intensivos [*unidad de vigilancia intensiva*] 〈病院〉集中治療室.

u·ni·di·rec·cio·nal [ウニディレクシオナル] 形 一方向の.

u·ni·do, da [ウニド, ダ] 《過去分詞》 → unir 結びつける.
— 形 **1** 結合した. **2** 気の合った.

u·ni·fi·ca·ción [ウニふィカシオン] 囡 統合, 統一.

u·ni·fi·ca·dor, do·ra [ウニふィカドル, ドラ] 形 統合する, まとめ役の.
— 男囡 〈人〉 まとめ役, 統合者.

u·ni·fi·car [ウニふィカル] 他 《活 73 sacar》**1**（複数のもの）を統合する, ひとつにする. **2**（複数のもの）を均一にする, 一律にする.
— **unificarse** 再 **1** ひとつになる. **2** 均一化する.

unifiqu- → unificar 統合する《活 73》.

u·ni·for·ma·ción [ウニふォルマシオン] 囡 **1** 均一化, 画一化. **2** 標準化.

u·ni·for·mar [ウニふォルマル] 他 **1**（複数のもの）を一様にする, 規格に合わせる. **2** …に制服を着せる.
— **uniformarse** 再 画一的になる.

u·ni·for·me [ウニふォルメ] 形 **1** 一様な, 均一の, 画一的な. **2** 同質の, 等質の.
— 男 制服, ユニフォーム.

u·ni·for·mi·dad [ウニふォルミダス] 囡 **1** 画一性, 一様さ. **2** 等質性, 同質性.

u·ni·for·mi·zar [ウニふォルミスカル] 他 《活 39 gozar》（複数のもの）を一様にする.
— **uniformizarse** 再 一様になる, 標準化する.

u·ni·gé·ni·to, ta [ウニヘニト, タ] 形 ひとりっ子の.
— 男囡 ひとりっ子.

u·ni·la·te·ral [ウニらテラル] 形 片側だけの.

u·nión [ウニオン] 囡 **1** 統合, 結合, 合体. **2** 結びつき, 団結. **3** 組合, 協会, 同盟, 連合. **4** 〈機械〉接合, 連結.

U·nión Eu·ro·pe·a [ウニオン エウロペア] 固 〈統合地域の名〉ヨーロッパ連合, 欧州連合.

U·nión So·vié·ti·ca [ウニオン ソビエティカ] 固 〈国の名〉（旧）ソビエト連邦.

u·ní·pe·de [ウニペデ] 形 一本足の.

u·ni·per·so·nal [ウニペルソナる] 形 1 ひとりだけの. 2《文法》(動詞で3人称単数形でしか使われない) 単人称の.

u·nir [ウニる] 他 1 (複数の要素) を結びつける, つなぎ合わす. 2 …のきずなを強める. 3 (ふたり) を結びつける, 結婚させる. 4 (傷口) を閉じる. 5 …を混ぜてひとつにする.
— 自 混じりあう.
— **unir·se** 再 1 結合する, 団結する. 2 合意する. 3 (ふたりが) 結婚する.

u·ni·sex [ウニセクス] 形〈男女同形, 単複同形〉〈衣類〉男女共用の, ユニセックスの.

u·ni·se·xual [ウニセクスアる] 形〈生物〉単性の.

u·ní·so·no, na [ウニソノ, ナ] 形 同音の.
al unísono ひとつになって, 調和して.

u·ni·ta·rio, ria [ウニタりオ, りア] 形 1 1 単位の, 1個の. 2 単一の. 3 統一の, 統合志向の.
precio unitario 単価.

u·ni·ta·ris·mo [ウニタりスモ] 男 1〈政治〉統一主義, 統合主義. 2〈宗教〉ユニテリアン派の教義.

u·ni·ver·sal [ウニベルサる] 形 1 宇宙の, 万物の. 2 全世界的な, 万国の. 3 普遍的な, 全般的な. 4 遍在的な.
— 男〈言語学〉(言語の) 普遍的特性.

u·ni·ver·sa·li·dad [ウニベルサリダス] 女 1 普遍性. 2 世界的な知名度.

u·ni·ver·sa·lis·mo [ウニベルサりスモ] 男 全世界的性格.

u·ni·ver·sa·li·zar [ウニベルサりサる] 他《活 39 gozar》…を普遍的なものにする, 一般化する.

u·ni·ver·sal·men·te [ウニベルサるメンテ] 副 全世界的に, あまねく.

u·ni·ver·si·dad [ウニベルシダス] 女 1〈高等教育機関〉大学. 2〈施設〉大学. 3 (集合的に) 大学の関係者.

u·ni·ver·si·ta·rio, ria [ウニベルシタりオ, りア] 形 1 大学の. 2 大学で学ぶ.
— 男女 1 大学生. 2 大学卒業者.

u·ni·ver·so [ウニベルソ] 男 1 宇宙, 万物. 2 (特定の活動の) 世界, 領域. 3〈統計〉母集団.

u·ní·vo·co, ca [ウニボコ, カ] 形〈意味〉一義の.

u·no[1] [ウノ] 男〈数字〉1, Ⅰ.

u·no[2]**, na**[2] [ウノ, ナ] 形〈男性単数名詞の前では un〉1 ひとつの, ひとりの.
2 1番目の, 第一の.
— 男女〈不定代名詞〉1 ある (ひとつの) もの, ある人.
2 (一般的な) 人, (話し手が暗に自分を指して) [自分は] よく働く. *Aquí uno trabaja mucho.* ここでは人は [自分は] よく働く.
3 1番目のもの.
a una 一度に, 同時に.
cada uno [una] (人や物の) それぞれ.
de una 1 1回で, さっさと.
de uno en uno ひとり [ひとつ] ずつ.
la una〈時刻〉1時.
lo uno... lo otro～ ひとつには …で, またひとつには ～.
ni uno ni otro ひとつも (…ない).
no dar una へばしかかる.
ser todo uno 1 同時に起こる. 2 おなじものである.
una de (+複数名詞) たくさんの ….
una de dos いずれか一方.
una y otra vez 何度も.
uno mismo [una misma] 自分自身.
uno por uno ひとり [ひとつ] ずつ.
uno que otro... いくつかの …, 何人かの ….
unos cuantos... [unas cuantas...] いくつかの, 何人かの ….
uno tras otro つぎつぎに.

u·nos, nas[2] [ウノス, ナス]《不定冠詞》1 (+複数名詞) いくつかの, 何人かの. 2 (+数詞) 約 …, およそ ….
— 代《不定代名詞》複 いくつかのもの, 何人かの.

un·tar [ウンタる] 他 1 …に (+con+バターなど) …を塗る. 2 …を買収する.
— **untar·se** 再 1 (自分の体) を (+con+油など) …で汚す. 2 私腹を肥やす.

un·to [ウント] 男 1 油脂, 油. 2 脂身(あぶらみ). 3 (買収のための) 鼻薬, 賄賂(わいろ).

un·tuo·si·dad [ウントゥオシダス] 女 1 油性. 2 (べたべたした) しつこさ.

un·tuo·so, sa [ウントゥオソ, サ] 形 1 油性の, 油っこい. 2 べたべたとしつこい.

u·ña [ウニャ] 女 1 爪(つめ), ひづめ [蹄]. 2 爪状のもの. 3〈道具〉(開閉などの手掛かりになる) 切り込み, 穴.
a uña de caballo 全速力で.
afilar·se las uñas 1 爪をとぐ. 2 知恵をしぼる.
con uñas y dientes 全力を尽くして.
enseñar [mostrar, sacar] las uñas a... …をおどかす, …に攻撃的になる.
estar de uñas (+con...) (…に) 敵意を抱いている.
largo de uñas 手癖の悪い.
ser uña y carne (何人かが) とても仲がよい.

u·ñe·ro [ウニェロ] 男〈病気〉ひょうそ.

u·pa [ウパ] 間〈幼児語〉だっこ!
a upa だっこして.

u·par [ウパる] 他 (子供など) をだきあげる.

u·pe·ri·zar [ウペりサる] 他《活 39 gozar》《= uperisar》…を加熱殺菌する.

u·ra·li·ta [ウラリタ] 女 アスベスト系建材.

u·ra·nio [ウラニオ] 男〈化学〉ウラン.

ur·ba·ni·dad [ウルバニダス] 女 (都会的な) 洗練, あか抜け.

ur·ba·nis·mo [ウルバニスモ] 男〈開発〉都市計画.

活 は活用形　複 は複数形　男 は男性名詞　女 は女性名詞　固 は固有名詞　代 は代名詞　自 は自動詞

ur·ba·nis·ta [ウルバニスタ] 形《男女同形》都市計画の, 都市化の.
— 男女 都市計画専門家.

ur·ba·nís·ti·co, ca [ウルバニスティコ, カ] 形 都市計画の.

ur·ba·ni·za·ción [ウルバにさしオン] 女 1 都市化, 宅地開発. 2 新興住宅地, 分譲住宅地.

ur·ba·ni·zar [ウルバにさル] 他《活 39 gozar》(土地)を宅地に開発する.

ur·ba·no, na [ウルバノ, ナ] 形 都市の, 都会の.

ur·be [ウルベ] 女 主要都市.

ur·dim·bre [ウルディンブレ] 女 1〈布地〉縦糸. 2 たくらみ, 計略.

ur·dir [ウルディル] 他 …をたくらむ.

u·rea [ウレア] 女〈化学〉尿素.

u·re·mia [ウレミア] 女〈医学〉尿毒症.

u·ré·ter [ウレテル] 男〈解剖学〉尿管.

u·re·tra [ウレトラ] 女〈解剖学〉尿道.

u·re·tri·tis [ウレトリティス] 女《単複同形》〈医学〉尿道炎.

ur·gen·cia [ウルヘンしア] 女 1 緊急, 切迫. 2 緊急事態. 3 応急措置.

ur·gen·cias [ウルヘンしアス] 女複《→ urgencia》〈病院〉応急[救急]治療室.

ur·gen·te [ウルヘンテ] 形 1 緊急の, 切迫した. 2〈郵便〉速達の.

ur·gen·te·men·te [ウルヘンテメンテ] 副 緊急に, 急いで.

ur·gir [ウルヒル] 自《活 27 dirigir》1 急を要する, 切迫する. 2 (法律が)強制する.

ú·ri·co, ca [ウリコ, カ] 形 尿の.

u·ri·na·rio[1] [ウリナリオ] 男 (公衆)便所.

u·ri·na·rio[2]**, ria** [—, リア] 形 尿の, 小便の.

urj- 活 → urgir 急を要する《活 27》.

ur·na [ウルナ] 女 1 投票箱. 2 ガラスケース. 3 金庫. 4 骨壺.

u·ro·ga·llo [ウロガじョ] 男〈鳥〉オオライチョウ.

u·ro·lo·gí·a [ウロロヒア] 女〈医学〉泌尿器科.

u·ró·lo·go, ga [ウロロゴ, ガ] 男女 泌尿器科専門医.

u·rra·ca [ウラカ] 女〈鳥〉カササギ.

Úr·su·la [ウルスら] 固《女性の名》ウルスラ.

URSS [ウルス] 固《略語》Unión de Repúblicas Socialistas Soviéticas (旧)ソビエト社会主義共和国連邦〔ソ連〕.

ur·ti·can·te [ウルティカンテ] 形 ひりひりする.

ur·ti·ca·ria [ウルティカリア] 女〈病気〉じんましん.

U·ru·guay [ウルグアイ] 固 1〈国の名〉(南米の共和国)ウルグアイ〔= República Oriental del Uruguay〕. 2〈el+〉ウルグアイ川.

u·ru·gua·yo, ya [ウルグアヨ, ヤ] 形 (南米の国の)ウルグアイ Uruguay の.
— 男女 ウルグアイ人.

u·sa·do, da [ウサド, ダ]《過去分詞》→ usar 使う.
— 形 1 使われる, ありふれた. 2 中古の, よく使われ

た. 3 使い古された, くたびれた.

u·san·za [ウサンさ] 女 使用, やり方.

u·sar [ウサル] 他 1 …を使う, 使用する. 2 …を消費する. 3 …をよく使う. 4 (十不定詞) よく…する.
— 自 (+de…) …を利用する, 使う.
— **usar·se** 再 よく使われる.

u·sí·a [ウシア] 代《敬語》貴殿, 貴女.

u·so [ウソ] 男 1 使用, 利用. 2 消費, 常用. 3 習慣, 慣習. 4 用途, 使用目的.

…al uso 常用の, よく使われている.

al uso de… …にならって, …式に.

en uso de… …を利用して, 使って.

estar en buen uso よく使いこまれている.

estar en uso よく使われている.

fuera de uso もう使われていない.

hacer uso de… …を使う, 利用する.

instrucciones de uso 使用説明書.

ser de uso 使われている, 流行である.

uso de razón 物心, 判断力, 分別.

us·ted [ウステ] 代《敬語》《親しくない話し相手を指す 3 人称単数の人称代名詞》《=略語 Ud., Vd.》《主語と前置詞のうしろでの形》あなた.

tratar a… de usted …を敬称で呼ぶ.

us·te·des [ウステデス] 代《敬語》《親しくない話し相手を指す 3 人称複数の人称代名詞》《=略語 Uds., Vds.》《主語と前置詞のうしろでの形》あなたがた. 2 君たち, おまえたち.

u·sual [ウスアる] 形 いつも使う, 常用の, 普段の.

u·sual·men·te [ウスアるメンテ] 副 いつもは, 普段は.

u·sua·rio, ria [ウスアリオ, リア] 形 (+de…) …をよく使う.
— 男女 利用者, よく使う人.

u·su·fruc·to [ウスふルクト] 男〈法律〉用益権.

u·su·ra [ウスら] 女〈営業〉高利貸し.

u·su·re·ro, ra [ウスレロ, ラ] 男女 1〈人〉高利貸し. 2 暴利をむさぼる人間.

u·sur·pa·ción [ウスルパしオン] 女 1 横領, 不正使用. 2 横領物.

u·sur·pa·dor, do·ra [ウスルパドル, ドラ] 形 横領をする.
— 男女 横領者, 不正使用者.

u·sur·par [ウスルパル] 他 1 …を横領する. 2 (権利など)を侵害する.

u·ten·si·lio [ウテンシリオ] 男 1 (常用の)用具, 器具. 2 (仕事の)道具.

u·te·ri·no, na [ウテリノ, ナ] 形〈解剖学〉子宮の.

ú·te·ro [ウテロ] 男〈解剖学〉子宮.

ú·til [ウティる] 形 1 役に立つ, 便利な. 2 有用な, 有益な.

u·ti·le·rí·a [ウティレリア] 女 道具類.

u·ti·le·ro, ra [ウティレロ, ラ] 男女〈劇場〉〈人〉道具方.

ú·ti·les [ウティれス] 男複《→ útil》道具類.

utilic-

utilic- 活 → utilizar 利用する《活 39》.
u·ti·li·dad [ウティリダス] 女 **1** 有用性, 有益性, 効用. **2** 実益, 収益, 利.
u·ti·li·ta·rio, ria [ウティリタリオ, リア] 形 **1** 利益優先の. **2** 実用本位の.
u·ti·li·ta·ris·mo [ウティリタリスモ] 男 実利[功利]主義.
u·ti·li·ta·ris·ta [ウティリタリスタ] 形《男女同形》巧利主義の.
— 男 女 巧利主義者.
u·ti·li·za·ble [ウティリサブレ] 形 **1** 利用できる. **2** 利益をあげる.
u·ti·li·za·ción [ウティリサシオン] 女 利用, 活用.
u·ti·li·zar [ウティリサル] 他《活 39 gozar》… を利用する, 活用する, 使用する.
u·ti·lla·je [ウティジャヘ] 男 道具類.
u·to·pí·a [ウトピア] 女 ユートピア, 理想郷.
u·tó·pi·co, ca [ウトピコ, カ] 形 理想郷の.
— 男 女 夢想家, ユートピア主義者.
u·to·pis·ta [ウトピスタ] 男 女 夢想家, 空想家.

u·va [ウバ] 女〈果実〉ブドウ.
de uvas a brevas ときたま.
mala uva **1** 性格の悪さ. **2** 機嫌の悪さ. **3** 悪意.
uva moscatel マスカットブドウ.
uvas pasas 干しブドウ.
u·ve [ウベ] 女〈文字 V, v の名〉ウベ.
uve doble〈文字 W, w の名〉ウベドブレ.
u·ve·ro, ra [ウベロ, ラ] 形 ブドウの.
— 男 女〈人〉ブドウ売り.
UVI [ウビ] 女《略語》Unidad de Vigilancia Intensiva〈病院〉集中治療室.
ú·vu·la [ウブら] 女〈解剖学〉口蓋垂(こうがい), のどひこ.
u·vu·lar [ウブラル] 形 口蓋垂(こうがい)の.
— 女〈音声学〉口蓋垂音.
u·xo·ri·ci·da [ウクソリシダ] 形《男女同形》(男が)妻殺しの.
— 男〈人〉妻殺し(の犯人).
u·xo·ri·ci·dio [ウクソリシディオ] 男〈法律〉〈行為〉妻殺し.
uy [ウイ] 間 **1** いたっ! **2** あれまあ!, うそっ!

V v

V 《ローマ数字》5 ／ VII 7.

V, v [ウベ] 囡 《アルファベットの第 23 番の文字》ウベ.

V. [ウステス] 代 《略語》usted〈人称代名詞〉あなた.

v. [ボルティオ] 男 《略語》voltio〈電圧〉ボルト.

va 活 → ir 行く《活 44》.

V.A. [ブエストラ アテサ] 代 《略語》vuestra alteza〈敬語〉殿下.

va·ca [バカ] 囡 1 雌ウシ〈牛〉. 2 牛肉, ビーフ. 3 牛革, 牛皮.

(*tiempo de*) *las vacas gordas* [*flacas*] 好景気[不景気](の時期).

vaca marina〈動物〉(海牛の)マナティー.

va·ca·ción [バカシオン] 囡 (抽象的な)休暇.

va·ca·cio·nal [バカシオナル] 形 休暇の.

va·ca·cio·nes [バカシオネス] 囡複《→ vacación》(具体的な)休暇, バカンス.

va·can·te [バカンテ] 形 1〈職場〉欠員の. 2 空席の, あきの.
— 囡 1 欠員. 2 (病院のベッドなどの)あき.

va·car [バカル] 自《活 73 sacar》(職が)空席になる, 欠員になる.

va·cia·do [バシアド] 男 1 型入りの形成, 鋳造(ちゅうぞう). 2 (型で作った)模型, 鋳像.

va·ciar [バシアル] 他《活 34 enviar》1 …を空(から)にする, あける. 2 …の中身を抜く. 3 (液体を+en...)…に移す, そそぐ. 4 …を型に入れて作る. 5 …をくりぬく, 中をあける. 6 …を(文書から)抜き出す. 7 (刃物)を研ぐ.
— **vaciar·se** 再 1 空になる. 2 全力を出しきる. 3 (秘密などを)全部はき出す, ぶちまける.

va·ci·la·ción [バシラシオン] 囡 1 (不安定な)揺れ, ぐらつき. 2 ためらい, 躊躇(ちゅうちょ).

va·ci·lan·te [バシランテ] 形 1 ぐらつく, 不安定な. 2 ためらいがちな, 迷いのある.

va·ci·lar [バシラル] 自《活 47 llegar》1 ぐらぐら揺れる, よろめく. 2 (+en...)…でためらう, 迷う. 3 (+entre... y ~)…と~の間にある, どっちつかずである. 4 (物事が)目立つ. 5 (+con+人)…をからかってだます, かつぐ. 6 (+con+物)…に人目を引く.

va·ci·le [バシレ] 男 (人をかつぐ)冗談.

va·ci·lón, lo·na [バシロン, ロナ] 形 1 かっこいい, すてきな. 2 冗談の多い.
— 男 囡〈人〉冗談好き.

va·ci·o¹ [バシオ] 男 1 断続的. 2 深い割れ目, 深淵. 2 欠員, あき. 3 空しさ, 空虚感. 4 欠落, 不在. 5〈物理学〉真空.

al vacío〈包装〉真空パックの.

caer en el vacío 無視される, 反応がない.

de vacío 1 成果なく. 2 荷物を積まないで, からで.

hacer el vacío a…を無視する, 相手にしない.

va·ci·o², a [—, ア] 形 1 空(から)の, 中身のない. 2 (ふさがるべきものが)あいている, あきのある. 3 人気(にんき)の少ない, すいている. 4 内容のない, 空疎(くうそ)な, むなしい.

va·cui·dad [バクイダス] 囡 中身のないこと, 空虚, むなしさ.

va·cu·na¹ [バクナ] 囡〈医学〉ワクチン.

va·cu·na·ción [バクナシオン] 囡 ワクチン注射.

vacunación contra la difteria ジフテリア予防接種.

va·cu·nar [バクナル] 他 …にワクチンを注射[投与]する, 種痘をする.
— **vacunar·se** 再 (+contra...)…の予防注射をする.

va·cu·no, na² [バクノ, —] 形 ウシ〈牛〉の.

va·cuo, cua [バクオ, クア] 形 中身のない, 空疎(くうそ)な.

va·de·ar [バデアル] 他 1 (河など)を歩いて渡る. 2 (困難)を乗り越える, 克服する.
— **vadear·se** 再 適切に対応する.

va·de·mé·cum [バデメクン] 男 便覧, 手引き書.

va·do [バド] 男 1〈川〉浅瀬. 2〈歩道〉(低くなった)車の出入り口.

va·ga·bun·de·ar [バガブンデアル] 自 1 ぶらぶら歩く. 2 放浪生活をする, さすらう.

va·ga·bun·de·o [バガブンデオ] 男 1 ぶらぶら歩き. 2 放浪生活, さすらい.

va·ga·bun·do, da [バガブンド, ダ] 形 放浪の, 流浪の.
— 男 囡 放浪者, 無宿者.

va·ga·men·te [バガメンテ] 副 ぼんやりと.

va·gan·cia [バガンシア] 囡 怠惰, なまけ癖.

va·gan·te [バガンテ] 形 放浪の, さすらいの.

va·gar [バガル] 自《活 47 llegar》1 放浪する, さすらう. 2 ぶらぶら歩く, さまよう.
— 男 1 自由時間, 余暇. 2 緩慢, のんびりさ.

va·gi·do [バヒド] 男〈新生児〉泣き声.

va·gi·na [バヒナ] 囡〈解剖学〉膣(ちつ).

va·gi·nal [バヒナル] 形 膣(ちつ)の.

va·go, ga [バゴ, ガ] 形 1 ぼんやりした, 曖昧(あいまい)な, 不明瞭な. 2〈目〉視力の弱い. 3 怠惰な, ものぐさな.

va·gón

— 男 女 なまけ者, 無精者.

va·gón [バゴン] 男 〈鉄道〉車両.
vagón de mercancías 貨車.
vagón de primera [segunda] 1 [2]等車.
vagón-restaurante 食堂車.

va·go·ne·ta [バゴネタ] 女 トロッコ.

vagu- 活 → vagar 放浪する《活 47》.

va·gua·da [バグアダ] 女 谷底, 谷間.

va·gue·ar [バゲアル] 自 さぼる, なまける.

va·gue·dad [バゲダッ] 女 不明瞭さ, 曖昧(ｱｲﾏｲ)さ.

va·gue·rí·a [バゲリア] 女 怠慢.

va·hí·do [バイド] 男 軽い失神, めまい.

va·ho [バオ] 男 湯気, 蒸気.

vai·na [バイナ] 女 1 〈豆などの〉さや, から. 2 〈刀剣〉さや. 3 つまらないこと, 瑣事.

vai·ni·ca [バイニカ] 女 〈服飾〉ヘムステッチ.

vai·ni·lla [バイニジャ] 女 〈多年草〉バニラ.

vais 活 → ir 行く《活 44》.

vai·vén [バイベン] 男 1 往復運動, 行き来. 2 変動, 浮沈.

va·ji·lla [バヒジャ] 女 《集合的に》食器.

val 活 → valer 価値がある《活 83》.

val·de·pe·ñas [バルデペニャス] 男 《単複同形》 (スペイン中央部のワインの)バルデペニャス.

valdr- 活 → valer 価値がある《活 83》.

va·le [バレ] 間 わかった!, 了解!
— 男 1 引換券. 2 受領証.
— 活 → valer 価値がある《活 83》.

va·le·de·ro, ra [バレデロ, ラ] 形 1 (+para…) …の価値のある. 2 (+hasta…) …まで有効な.

va·le·dor, do·ra [バレドル, ドラ] 男 女 保護者, 後見人.

va·len·cia [バレンしア] 女 1〈化学〉原子価. 2〈言語学〉(動詞などの)結合価, 語価.

Va·len·cia [バレンしア] 固〈県・県都・自治州の名〉(スペイン東部の)バレンシア.

va·len·cia·no[1] [バレンしアノ] 男 (カタルニア語系の)バレンシア語.

va·len·cia·no[2], **na** [—, ナ] 形 (スペインの) バレンシア Valencia の.
— 男 女 バレンシアの人.

va·len·tí·a [バレンティア] 女 勇気, 決断力.

Va·len·tín [バレンティン] 固〈男性の名〉バレンティン.

Va·len·tí·na [バレンティナ] 固〈女性の名〉バレンティナ.

va·len·tón, to·na [バレントン, トナ] 形 強がりの.
— 男 女 強がりを言う人間.

va·len·to·na·da [バレントナダ] 女 1 強がり. 2 力自慢.

va·ler [バレル] 男 価値, 有用性.
— 他 《活 83》1 …の価値がある.
2 …の値段である／*El billete vale 200 ptas.* 切符は200ペセタである.

3 …を引き起こす, …の原因となる.
4 (神などが) …を守護する.
5 …に相当する, 等しい.
— 自 1 価値がある, 役に立つ.
2 有能である.
3 (+para…) …に適している, …の能力がある.
4 使える, 役立つ.
5 有効である, 通用する.
6 (+por…) …の価値がある, …に相当する.

— **va·ler·se** 再 1 (+de…) …を利用する, 使う.
2 自活する, ひとりでやっていく.

hacerse valer 1 自分の考えを通したがる. 2 地位が高い.

hacer valer … を行使する, 役立たせる.

más vale… (que…) 〈…〉 (…より) …のほうがよい.

no valer con… …には役に立たない.

no valer para nada なんの役にも立たない.

¡Que Dios me valga! [*¡Válgame el cielo!*] 神様, お守りください!

valer la pena (de) (+不定詞) …する価値がある.

valer un potosí とても価値が高い.

¡Válgame Dios! おやおや!, これは驚いた!

va·le·ria·na [バレリアナ] 女〈多年草〉(薬草の)カノコソウ.

va·le·ro·sa·men·te [バレロサメンテ] 副 勇敢に.

va·le·ro·so, sa [バレロソ, サ] 形 勇敢な.

valg- 活 → valer 価値がある《活 83》.

va·lí·a [バリア] 女 1 価値, 値打ち. 2 (評価すべき)能力.

va·li·da·ción [バリダしオン] 女 効力の(公的な)確認.

va·li·dez [バリデす] 女 1 有効性, 正当性, 合法性. 2 能力, 適性.

va·li·do [バリド] 男 (王・高官の)寵臣(ちょうしん), お気に入り.

vá·li·do, da [バリド, ダ] 形 有効な, 正当な, 合法的な.

va·lien·te [バリエンテ] 形 1 勇敢な, 勇気のある. 2 強がりの. 3 (+名詞) (皮肉で)たいした, なかなかの.
— 男 女 1 勇者, 勇敢な人. 2 強がる人間.

va·lien·te·men·te [バリエンテメンテ] 副 勇敢に.

va·li·ja [バリハ] 女 1 スーツケース, 旅行かばん. 2 (配達用の)郵便かばん. 3 (配達用かばんのなかの)郵便物.
valija diplomática 1 (外交官用の検閲なしの)外交郵袋. 2 外交文書.

va·li·mien·to [バリミエント] 男 援助, 保護.

va·lio·so, sa [バリオソ, サ] 形 1 高価な, 貴重な. 2 有益な, 大いに役立つ.

va·lla [バジャ] 女 1 柵(さく), 囲い, 垣, 塀(へい). 2 広告板. 3〈スポーツ〉障害物, ハードル.

va·lla·do [バジャド] 男 囲い, 柵(さく).

活 は活用形 複 は複数形 男 は男性名詞 女 は女性名詞 固 は固有名詞 代 は代名詞 自 は自動詞

Va·lla·do·lid [バジャドリス] 固 〈県・県都の名〉(スペイン北西部の)バジャドリー.

va·llar [バジャル] 他 …に囲いをする.

va·lle [バジェ] 男 **1** 谷, 渓谷(^{けい}). **2** (山と山の間にある)平原. **3** 盆地, 流域. **4** (波などの)谷間, 谷底.

valle de lágrimas (つらい)浮き世.

va·lli·so·le·ta·no, na [バジソレタノ, ナ] 形 (スペインの)バジャドリー Valladolid の.
— 男 女 バジャドリーの人.

va·lor [バロル] 男 **1** 価値, 値打ち. **2** 価格, 値段. **3** 有効性, 効力. **4** (行為や言葉の)意味, 意義, 重要性. **5** 度胸, 勇気. **6** 厚かましさ, 恥知らず. **7** 交換価値. **8** 〈数学〉(変数に与えられる)数値. **9** 〈音楽〉(音符の)長さ. **10** 〈言語学〉(音声の弁別機能のある)特徴, 価値.

armar·se de valor 勇気をふるい起こす.
…de valor 高価な, 貴重な.
mercado de valores 証券市場.
por valor de… …の価格で.
valor adquisitivo 貨幣価値.
valor absoluto 〈数学〉絶対値.
valor alimenticio 栄養価.
valor añadido 付加価値.
valores inmuebles 不動産.
valor nominal 〈証券〉額面価値.

va·lo·ra·ción [バロラシオン] 女 **1** 見積もり, 査定. **2** 評価. **3** 価値の増大, 値上がり.

va·lo·rar [バロラル] 他 **1** …を見積もる, 査定する. **2** …を評価する, …の真価を認める. **3** …の価値を高める, 価格を上げる. **4** …を考慮に入れる.

va·lo·res [バロレス] 男複 《→ valor》 **1** 倫理[社会]規範. **2** 有価証券.

va·lo·ri·za·ción [バロリさしオン] 女 **1** 見積もり. **2** 評価. **3** 価値の増大.

va·lo·ri·zar [バロリさル] 他 〈活 39 gozar〉 **1** …を見積もる. **2** …を評価する. **3** …の価値を高める.

vals [バルス] 男 〈音楽〉ワルツ.

va·lua·ción [バルアシオン] 女 評価.

va·luar [バルアル] 他 〈活 1 actuar〉 …を評価する.

val·va [バルバ] 女 **1** 〈二枚貝〉貝殻. **2** 〈植物〉さや.

vál·vu·la [バルブら] 女 **1** 〈機械〉バルブ, 弁. **2** 〈解剖学〉(心臓などの)弁.

válvula de escape **1** 〈機械〉排気弁. **2** 息抜き, 気晴らし.
válvula de seguridad 〈機械〉安全弁.
válvula mitral [*bicúspide*] 〈心臓〉二尖弁.
válvula tricúspide 〈心臓〉三尖弁.

va·mos [バモス] 間 さあさあ!, いくぞ!
— 活 → ir 〈活 44〉.

vam·pi·re·sa [バンピレサ] 女 妖婦(^{よう}), バンプ.

vam·pi·ro [バンピロ] 男 **1** 〈動物〉吸血コウモリ. **2** 吸血鬼.

van 活 → ir 行く〈活 44〉.

va·na·glo·ria [バナグろリア] 女 うぬぼれ, 慢心.

va·na·glo·riar·se [バナグろリアルセ] 再 〈活 17 cambiar〉 《+de…》 …を自慢する, 鼻にかける.

va·na·men·te [バナメンテ] 副 **1** むだに, むなしく. **2** うぬぼれて, 自慢して.

van·dá·li·co, ca [バンダリコ, カ] 形 **1** バンダル族の. **2** 野蛮な.

van·da·lis·mo [バンダリスモ] 男 蛮行, 破壊.

ván·da·lo, la [バンダろ, ら] 形 バンダル族の.
— 男 女 **1** (ゲルマン系の)バンダル族の人. **2** (乱暴な)野蛮人.

van·guar·dia [バングアルディア] 女 **1** 〈軍隊〉前衛. **2** (芸術・思想運動の)前衛.

a la vanguardia de… …の最先端の.

van·guar·dis·mo [バングアルディスモ] 男 (芸術・文学の)前衛主義, アバンギャルド.

van·guar·dis·ta [バングアルディスタ] 形 《男女同形》アバンギャルドの, 前衛派の.
— 男 女 前衛派の芸術家.

va·ni·dad [バニダス] 女 虚栄心, 見え.

va·ni·do·so, sa [バニドソ, サ] 形 虚栄の, 見えっ張りの.
— 男 女 〈人〉見えっ張り.

va·ni·lo·cuen·cia [バニロクエンしア] 女 無意味な長話.

va·no¹ [バノ] 男 (壁にある窓などの)開口部.

va·no², **na** [-, ナ] 形 **1** 無益な, 無駄な. **2** 空疎(^{くう})な, 根拠のない. **3** 中身のない, むなしい. **4** ひとりよがりの, 自己満足の.

en vano むなしく／*Me esforcé en vano.* 努力したが無駄だった.

va·por [バポル] 男 **1** 蒸気, 水蒸気. **2** 蒸気船.

al vapor 〈料理〉蒸しものの.
a todo vapor 全速力で.

va·po·ri·za·ción [バポリさシオン] 女 蒸発, 気化.

va·po·ri·za·dor [バポリさドル] 男 **1** 噴霧器. **2** 蒸気発生装置.

va·po·ri·zar [バポリさル] 他 **1** …を気化させる. **2** …を噴霧する, スプレーする.

va·po·ro·so, sa [バポろソ, サ] 形 〈布地〉薄くて軽い.

va·pu·le·ar [バプレアル] 他 **1** …をたたく, なぐる. **2** …を激しく揺り動かす.

va·pu·le·o [バプレオ] 男 **1** (何回もの)なぐりつけ. **2** 揺り動かし.

va·que·rí·a [バケリア] 女 酪農場.

va·que·ro¹ [バケロ] 男 〈ズボン〉ジーパン.

va·que·ro², **ra** [-, ら] 形 **1** 〈布地〉ジーンズの. **2** カウボーイ風の.
— 男 女 **1** 牧童, カウボーイ.

va·qui·lla [バキジャ] 女 (1歳半から2歳の)子牛.

va·ra [バラ] 女 1 (細長い)棒. 2 (機能の象徴の)杖(ショッ). 3 〈長さの単位〉(84 センチ弱の)バラ. 4 花のついた茎.
tener vara alta en... …で権力を持つ.

va·ra·de·ro [バラデロ] 男 〈船舶〉乾ドック.

va·ra·do, da [バラド, ダ] 《過去分詞》→ varar 浜に引き上げる.
— 形 1 〈船〉浜に引き上げられた. 2 〈船〉座礁した.

va·rar [バラル] 他 〈船〉を浜に引き上げる.
— 自 〈船が〉座礁する.

va·re·ar [バレアル] 他 1 (オリーブの実など)を棒でたたき落とす. 2 …を棒でたたく. 3 〈家畜〉を棒で痛めつける.

va·ri·a·bi·li·dad [バリアビリダス] 女 1 変更の可能性. 2 不安定性.

va·ria·ble [バリアブレ] 形 1 変わりやすい, 不安定な. 2 変えうる, 可変性の.
— 女 〈数学〉変数.

va·ria·ción [バリアシオン] 女 1 変化, 変動. 2 多様性. 3 〈音楽〉変奏曲.

va·ria·do, da [バリアド, ダ] 《過去分詞》→ variar 変える.
— 形 多様な, 雑多な.

va·ria·men·te [バリアメンテ] 副 多様に, 様々に.

va·rian·te [バリアンテ] 女 1 変種, 異種, バリアント. 2 違い, 差異. 3 〈トトカルチョ〉(引き分け記号の)X, (遠征チームの勝ちの)2. 4 〈街道〉枝道, 横道.

va·riar [バリアル] 他 《活 34 enviar》 1 …を変える, 別のものにする. 2 …を多種多様にする, …に変化をつける.
— 自 1 変わる. 2 (+de...) …を変える. 3 (+de...) …と別のものになる.

va·ri·ce [バリセ] 女 〈医学〉静脈瘤(リュゥ*).

va·ri·ce·la [バリセラ] 女 〈医学〉水痘.

va·ri·co·so, sa [バリコソ, サ] 形 〈医学〉静脈瘤の.

va·rie·dad [バリエダス] 女 1 多様性, 多種多様. 2 (多くの)種類, 品種. 3 〈分類〉種, 変種.

va·rie·da·des [バリエダデス] 女複 《→ variedad》〈ショー〉バラエティー.

va·ri·lla [バリジャ] 女 1 (扇などの)骨. 2 (コルセットなどの)芯(ン).

va·ri·lla·je [バリじゃへ] 男 (集合的に)(傘などの)骨.

va·rio, ria [バリオ, リア] 形 1 様々な, 種々の. 2 いくつかの. 3 変わりやすい.

va·rio·pin·to, ta [バリオピント, タ] 形 混成の, 多様な, 多様な.

va·rios [バリオス] 代 《不定代名詞》《→vario, ria》いくつかのもの, 数人.
— 男 〈分類項目〉その他, 雑(ツ).

va·ri·ta [バリタ] 女 短い棒.
varita mágica 魔法の杖(ツェ).

va·riz [バリス] 女 〈医学〉静脈瘤(リュゥ*).

va·rón [バロン] 男 男性, 男子.

va·ro·nil [バロニる] 形 1 男性の. 2 男らしい, 男性的な.

Var·so·via [バルソビア] 固 〈都市の名〉(ポーランドの首都の)ワルシャワ.

vas 活 → ir 行く《活 44》.

va·sa·lla·je [バサじゃへ] 男 1 〈封建時代〉臣従. 2 (家臣の義務の)貢ぎ物. 3 従属, 服従.

va·sa·llo, lla [バサじょ, じゃ] 形 臣下の.
— 男 女 1 〈封建時代〉家臣, 臣下. 2 だまって服従する人. 3 臣民, 国民.

va·sar [バサル] 男 (壁の)食器棚.

vas·co¹ [バスコ] 男 バスク語.

vas·co², ca [-, カ] 形 1 (自治州の)バスク País Vasco の. 2 バスク地方の.
— 男 女 バスク人.

vas·co·fran·cés, ce·sa [バスコフランセス, セサ] 形 フランス系バスク地方の.
— 男 女 フランス系バスク人.

vas·cón, co·na [バスコン, コナ] 形 (イベリア半島の古代の地方の)バスコニア Vasconia の.
— 男 女 バスコニア人.

vas·con·ga·do, da [バスコンガド, ダ] 形 (自治州の)バスク País Vasco の.
— 男 女 バスク人.

vas·cuen·ce [バスクエンセ] 形 バスク語の.
— 男 バスク語.

vas·cu·lar [バスクらル] 形 〈生物学〉導管の, 脈管の.

va·sec·to·mí·a [バセクトミア] 女 〈手術〉精管切除, パイプカット.

va·se·li·na [バセリナ] 女 1 〈化学〉ワセリン. 2 分別, 節度. 3 〈スポーツ〉ループシュート.

va·si·ja [バシハ] 女 (小型の)容器, 壺(ツェ).

va·si·to [バシト] 男 小型のコップ.

va·so [バソ] 男 1 コップ, グラス. 2 容器, 鉢(ハチ). 3 〈動物〉脈管. 4 〈植物〉導管.

va·so·cons·truc·ción [バソコンストルクシオン] 女 〈医学〉血管収縮.

va·so·di·la·ta·ción [バソディらタシオン] 女 〈医学〉血管拡張.

vás·ta·go [バスタゴ] 男 1 若芽, 若枝. 2 (自分の)子供, 子孫. 3 〈機械〉連接棒, 軸.

vas·te·dad [バステダス] 女 広大さ, 巨大さ.

vas·to, ta [バスト, タ] 形 (空間的に)広大な, 巨大な, 果てしない.

va·te [バテ] 男 詩聖.

vá·ter [バテル] 男 1 水洗便器. 2 便所, トイレ.

Va·ti·ca·no [バティカノ] 固 1 〈市国の名〉バチカン[= Ciudad del Vaticano]. 2 ローマ教皇庁.

va·ti·ca·no, na [バティカノ, ナ] 形 1 バチカン市国の. 2 ローマ法王の. 3 ローマ教皇庁の.

va·ti·ci·nar [バティシナル] 他 …を予言する.

va·ti·ci·nio [バティシニオ] 男 予言, 予見.

活 は活用形 複 は複数形 男 は男性名詞 女 は女性名詞 固 は固有名詞 代 は代名詞 自 は自動詞

va·tio [バティオ] 男 〈電力〉ワット.
va·ya [バヤ] 間 《→ ir》おやまあ!, なんてこった!, ちくしょう!
vaya (-) 活 → ir 行く《活 44》.
Vd. [ウステズ] 代 《略語》usted あなた.
Vds. [ウステデス] 代 《略語》ustedes あなたがた.
V. E. [ブエストラ エスせレンシア] 《略語》《敬語の》 Vuestra Excelencia 閣下.
ve [ベ] 男 〈文字 V, v の名〉ベ[=uve].
— 活 **1** → ver 見る《活 86》. **2** → ir 行く《活 44》.
vea (-) 活 → ver 見る《活 86》.
vé·a·se [ベアセ] 動 《複》véanse(+複数名詞)《→ ver·se》《+単数名詞》…を参照されよ.
ve·ces [ベセス] 女複 《→ vez》回, 度.
ve·ci·nal [ベシナル] 形 **1** 近所の, 近隣の. **2** 人の, 住民の. **3** 市[町・村]の.
ve·cin·dad [ベシンダッ] 女 **1** 近所, 付近. **2**《集合的に》住人, 住民, 隣人. **3** 隣接, 接近, 類似.
  casa de vecindad 共同住宅, アパート.
  política de buena vecindad 善隣政策.
ve·cin·da·rio [ベシンダリオ] 男 《集合的に》住民, 住人.
ve·ci·no, na [ベシノ, ナ] 形 **1** 近所の, 隣の. **2** よく似た, 類似の.
— 男女 **1** 隣人, 近所の人. **2** 住民, 居住者.
vec·tor [ベクトル] 男 〈物理学〉ベクトル.
vec·to·rial [ベクトリアる] 形 ベクトルの.
ve·da [ベダ] 女 **1** 法による禁止. **2** 禁猟期, 禁漁期.
ve·da·do [ベダド] 男 《(法的な)》禁止区域.
  vedado de caza 禁猟区[=coto].
ve·dar [ベダル] 他 **1** 〈法律〉…を禁止する. **2** …をはばむ, 妨害する.
ve·dette [ベデト] 女 **1**(ショーの)主役女性タレント. **2** 注目を集める人.
ve·di·ja [ベディハ] 女(からまった毛や髪の)玉.
ve·e·dor [ベエドル] 男(昔の)視察官.
ve·ga [ベガ] 女(川のある)沃野(ǎく).
ve·ge·ta·ción [ベヘタシオン] 女(ある地域・気候帯の)植物群, 植生.
ve·ge·ta·cio·nes [ベヘタシオネス] 女複 《→ vegetación》〈医学〉アデノイド, 扁桃の増殖性肥大症.
ve·ge·tal [ベヘタる] 形 植物の, 植物性の.
— 男 《存在としての》植物.
ve·ge·tar [ベヘタル] 自 **1**(植物が)成長する. **2** 無為に過ごす. **3** 閑居する.
ve·ge·ta·ria·nis·mo [ベヘタリアニスモ] 男 菜食主義.
ve·ge·ta·ria·no, na [ベヘタリアノ, ナ] 形 菜食主義の.
— 男女 菜食主義者, ベジタリアン.
ve·ge·ta·ti·vo, va [ベヘタティボ, バ] 形 **1** 生長力のある. **2** 〈生物学〉意志なしに成長する, 植物性の, 自律神経の.

ve·he·men·cia [ベエメンシア] 女 激情, 激烈さ.
ve·he·men·te [ベエメンテ] 形 **1** 熱烈な, 熱心な. **2** 激烈な, 熱情的な.
ve·he·men·te·men·te [ベエメンテメンテ] 副 激しく, 激烈に.
ve·hí·cu·lo [ベイクろ] 男 **1** 運搬手段, 自動車. **2** 伝達手段, 媒介物.
veía (-) 活 → ver 見る《活 86》.
vein·ta·vo[1] [ベインタボ] 男 20 分の 1.
vein·ta·vo[2]**, va** [-, バ] 形 20 分の 1 の.
vein·te [ベインテ] 男 **1** 〈数字〉20, XX. **2** 20 のもの.
— 形 《男女同形》**1** 20 の. **2** 20 番目の.
— 男女 20 番目のもの.
vein·te·a·vo[1] [ベインテアボ] 男 20 分の 1.
vein·te·a·vo[2]**, va** [-, バ] 形 20 分の 1 の.
vein·te·na [ベインテナ] 女 20 個, 20 個組.
vein·ti·cin·co [ベインティシンコ] 男女 25 番目のもの.
— 男 **1** 〈数字〉25, XXV. **2** 25 のもの.
— 形 《男女同形》**1** 25 の. **2** 25 番目の.
vein·ti·cua·tro [ベインティクアトロ] 男女 24 番目のもの.
— 男 **1** 〈数字〉24, XXIV. **2** 24 のもの.
— 形 《男女同形》**1** 24 の. **2** 24 番目の.
vein·ti·dós [ベインティドス] 男女 22 番目のもの.
— 男 **1** 〈数字〉22, XXII. **2** 22 のもの.
— 形 《男女同形》**1** 22 の. **2** 22 番目の.
vein·ti·nue·ve [ベインティヌエべ] 男女 29 番目のもの.
— 男 **1** 〈数字〉29, XXIX. **2** 29 のもの.
— 形 《男女同形》**1** 29 の. **2** 29 番目の.
vein·tio·cho [ベインティオチョ] 男女 28 番目のもの.
— 男 **1** 〈数字〉28, XXVIII. **2** 28 のもの.
— 形 《男女同形》**1** 28 の. **2** 28 番目の.
vein·ti·séis [ベインティセイス] 男女 26 番目のもの.
— 男 **1** 〈数字〉26, XXVI. **2** 26 のもの.
— 形 《男女同形》**1** 26 の. **2** 26 番目の.
vein·ti·sie·te [ベインティシエテ] 男女 27 番目のもの.
— 男 **1** 〈数字〉27, XXVII. **2** 27 のもの.
— 形 《男女同形》**1** 27 の. **2** 27 番目の.
vein·ti·tan·tos, tas [ベインティタントス, タス] 形 20 といくつかの.
— 代 20 といくつかのもの.
vein·ti·trés [ベインティトレス] 男女 23 番目のもの.
— 男 **1** 〈数字〉23, XXIII. **2** 23 のもの.
— 形 《男女同形》**1** 23 の. **2** 23 番目の.
vein·tiún [ベインティウン] 形 《+男性複数名詞》**1** 21 の. **2** 21 番目の.
vein·ti·u·no[1] [ベインティウノ] 男 **1** 〈数字〉21, XXI. **2** 21 のもの.

他 は他動詞 再 は再帰動詞 形 は形容詞 副 は副詞 前 は前置詞 接 は接続詞 間 は間投詞

vein·tiu·no², na [ー, ナ] 男 21番目のもの.
— 形 (→ veintiún) 1 21の. 2 21番目の.

veis 活 → ver 見る《活 86》.

ve·ja·ción [ベハシオン] 女 《= vejamen 男》虐待, いじめ.

ve·jar [ベハル] 他 …を虐待する.

ve·ja·to·rio, ria [ベハトリオ, リア] 形 屈辱的な.

ve·jes·to·rio [ベヘストリオ] 男 〈人〉老いぼれ.

ve·je·te [ベヘテ] 男 (演劇などで)おどけた老人.

ve·jez [ベヘス] 女 1 老齢, 老年. 2 老い, 老いぼれ. 3 老齢期, 晩年.

ve·ji·ga [ベヒガ] 女 〈解剖学〉膀胱(ぼうこう).

ve·la [ベら] 女 1 ろうそく. 2 〈船〉帆. 3 〈スポーツ〉セーリング, 帆走. 4 寝ずの番, 徹夜.
a dos velas すっかんぴんで, 一文なしで.
alzar una vela 2 姿を消す.
a toda vela 1 満帆で. 2 全速力で.
barco de vela 帆船.
en vela 眠らないで.
más derecho que una vela 従順に.
no dar a ... la vela en este entierro …に口出しを許さない.
recoger velas 1 後退する, 降参する. 2 前言をひっこめる.
vela latina (三角の)ラテンスル.
vela mayor 〈帆船〉主帆, メインスル.

ve·la·ción [ベらシオン] 女 〈宗教〉(新郎新婦の)祝福の儀式.

ve·la·da [ベダ] 女 1 夜の会合, 夜会, 夜のパーティー. 2 夜間興行.

ve·la·dor [ベらドル] 男 (一本脚の)丸テーブル.

ve·la·men [ベらメン] 男 (集合的に)帆.

ve·lar [ベらル] 形 〈音声学〉軟口蓋(がい)の.
— 女 (cu の子音などの)軟口蓋音.
— 自 1 徹夜する. 2 (+por...) …に気を配る. 3 〈宗教〉(順番に)お勤めをする.
— 他 1 …を徹夜で看病する. 2 …の通夜をする. 3 〈写真〉…を曇らせる. 4 …を内に秘める. 5 …を凝視する. 6 …をベールでおおう.
— *velar·se* 再 1 ベールをかぶる. 2 〈写真〉かぶる.

ve·la·ri·zar [ベらリさル] 他 《活 39 gozar》〈音声学〉…を軟口蓋(がい)音にする.

ve·las [ベらス] 女複 (→ vela) たれている鼻水.

ve·la·to·rio [ベらトリオ] 男 1 通夜. 2 通夜の場.

Ve·láz·quez [ベらすケス] 固 〈画家の名〉(17世紀スペインの)ベラスケス.

ve·lei·dad [ベレイダス] 女 移り気, 気まぐれ.

ve·lei·do·so, sa [ベレイドソ, サ] 形 気の変りやすい.

ve·le·ro¹ [ベレロ] 男 帆船, ヨット.

ve·le·ro², ra [ー, ラ] 形 帆走の.

ve·le·ta [ベレタ] 形 気まぐれな人.
— 女 風見鶏, 風向計.

ve·llo [ベじょ] 男 1 (うすい)体毛. 2 (果物などの)綿毛.

ve·llón [ベじょン] 男 1 (刈り取った)1頭分の羊毛. 2 (羊の)毛皮. 3 羊毛の房. 4 (硬貨にした)銅と銀の合金. 5 (昔の)銅貨.

ve·llo·si·dad [ベじょシダス] 女 毛深さ.

ve·llo·so, sa [ベじょソ, サ] 形 体毛のある.

ve·llu·do, da [ベじゅド, ダ] 形 毛深い.

ve·lo [ベろ] 男 1 ベール, かぶりもの. 2 視力をにぶらせるもの.
correr [echar] un (tupido) velo sobre... …を秘密にしておく, 黙殺する.
tomar el velo 修道女になる.
velo de paladar 〈解剖学〉軟口蓋(がい).

ve·lo·ci·dad [ベろシダス] 女 1 速度, 速力. 2 ギア, 変速装置.
a toda [máxima] velocidad 全速力で.
velocidad de crucero 巡航速度.
velocidad directa 〈ギア〉トップ.

ve·lo·cí·me·tro [ベろシメトロ] 男 速度計.

ve·lo·cí·pe·do [ベろシペド] 男 initial自転車.

ve·lo·cis·ta [ベろシスタ] 男女 〈運動選手〉スプリンター, 短距離走者.

ve·ló·dro·mo [ベろドロモ] 男 競輪場. 「き.

ve·lo·mo·tor [ベろモトル] 男 〈自転車〉原付

ve·lo·rio [ベろリオ] 男 1 〈修道女〉誓願式. 2 〈農事〉打上げの夜会.

ve·loz [ベろす] 形 軽快な, すばやい.

ve·loz·men·te [ベろすメンテ] 副 すばやく.

vemos 活 → ver 見る《活 86》.

ven 活 1 → venir 来る《活 85》. 2 → ver 見る《活 86》.

ve·na [ベナ] 女 1 〈血管〉静脈. 2 素質, 才能. 3 地層, 鉱脈. 4 水脈. 5 (目立った)帯模様.
dar a ... la vena …に考えが浮かぶ.
estar en vena やる気になっている.
vena cava 大静脈.
vena porta 門脈.
vena safena 伏在静脈.
vena subclavia 鎖骨下静脈.
vena yugular 頸(けい)静脈.

ve·na·blo [ベナブろ] 男 投げ槍(やり).

ve·na·da¹ [ベナダ] 女 (狂気の)発作.

ve·na·do¹ [ベナド] 男 〈動物〉シカ[鹿].

ve·na·do², da² [ベナド, ダ] 形 気のふれた.

Ve·nan·cio [ベナンシオ] 固 〈男性の名〉ベナンシオ.

ve·na·to·rio, ria [ベナトリオ, リア] 形 〈狩猟〉大物猟の.

ven·ce·de·ro, ra [ベンセデロ, ラ] 形 期限つきの.

ven·ce·dor, do·ra [ベンセドル, ドラ] 形 勝利者の.
— 男女 勝利者.

ven·ce·jo [ベンセホ] 男 〈鳥〉アマツバメ.

ven·cer [ベンセル] 他《活 84》1 …を負かす,

…に勝つ. 2 …を(+en...) …でしのぐ. 3 (物事が)…を威圧する, 支配する. 4 (感情などを)抑える, 抑制する. 5 (困難などを)克服する, 乗り越える. 6 (重みが) …を押し曲げる, だめにする.
— 自 1 満期になる, 期限が切れる. 2 (契約が履行によって)終了する. 3 勝利する, 勝つ.
— vencer·se 再 1 (重みで)曲がる, たわむ. 2 自制する.

ven·ci·do, da [ベンシド, ダ] 《過去分詞》→ vencer 負かす.
— 形 1 負かされた, 負けた. 2 満期になった, 期限が切れた.
— 男 女 敗者.
A la tercera va la vencida. 三度目の正直.
ir de vencida (悪い状態が)山を越す.

ven·ci·mien·to [ベンシミエント] 男 1 満期, 支払い期日. 2 期限切れ. 3 (重みによる)たわみ, 変形. 4 勝利, 克服.

ven·da [ベンダ] 女 包帯.
— → 1 vender 売る. 2 vendar 包帯を巻く.
venda de los ojos (真実を見えなくする)目かくし.

ven·da·je [ベンダヘ] 女 1 包帯の巻きつけ. 2 (巻きつけられた)包帯.

ven·dar [ベンダル] 他 …に包帯を巻く.

ven·da·val [ベンダバル] 男 強風, 烈風.

ven·de·dor, do·ra [ベンデドル, ドラ] 形 販売の.
— 男 女 販売員, 店員, 売り子.

ven·der [ベンデル] 他 1 …を売る, 販売する. 2 (売るべきでないものを)売り渡す. 3 (仲間などを)裏切る.
— vender·se 再 1 売られる, 売れる. 2 買収される. 3 (自分の言動で)本心を悟られる.

ven·di·ble [ベンディブレ] 形 売り物になる.

ven·di·mia [ベンディミア] 女 1 ブドウの収穫(取り入れ). 2 ブドウの収穫期.

ven·di·miar [ベンディミアル] 自 《活 17 cambiar》 ブドウを収穫する.
— 他 (ブドウを)収穫する.

vendr- → venir 来る 《活 85》.

Ve·ne·cia [ベネシア] 固 〈都市の名〉(イタリア北東部の)ベネチア, ベニス.

ve·ne·cia·no, na [ベネシアノ, ナ] 形 ベニスの.
— 男 女 (イタリアの)ベニス Venecia の人.

ve·ne·no [ベネノ] 男 1 毒物, 毒. 2 有毒なもの, 有害なもの. 3 (発言などが含む)毒.

ve·ne·no·so, sa [ベネノソ, サ] 形 1 有毒の, 毒を含んでいる. 2 (言葉で)人を傷つける.

ve·ne·ra [ベネラ] 女〈貝殻〉ホタテガイ.

ve·ne·ra·ble [ベネラブレ] 形 敬うべき.
— 男 女 〈宗教〉尊者.

ve·ne·ra·ción [ベネラシオン] 女 1 (権威などへの)尊敬. 2 崇拝, 信仰.

ve·ne·rar [ベネラル] 他 1 (権威などを)敬う, 尊ぶ. 2 …を崇拝する.

ve·né·re·o, a [ベネレオ, ア] 形 性病の.

ve·ne·ro [ベネロ] 男 1 泉. 2 (物を豊富に生みだす)源泉. 3 鉱床, 鉱脈.

ve·ne·zo·la·no, na [ベネそらノ, ナ] 形 ベネズエラ Venezuela の.
— 男 女 ベネズエラ人.

Ve·ne·zue·la [ベネスエラ] 固 〈国の名〉(南米北部の)ベネズエラ [= República de Venezuela].

ven·ga [ベンガ] 間 《→ venir》 1 そんなばかな!, だめだ! 2 さあさあ!, 早く!

venga(-) 活 1 → venir 来る 《活 85》. 2 → vengar 復讐(ふくしゅう)をする 《47》.

ven·ga·dor, do·ra [ベンガドル, ドラ] 男 女 復讐(ふくしゅう)者.

ven·gan·za [ベンガンさ] 女 復讐(ふくしゅう), 報復.

ven·gar [ベンガル] 他 《活 47 llegar》 …の復讐(ふくしゅう)をする, 仕返しをする / *Vengó la muerte de su padre.* 彼は父親のかたきを打った.
— vengar·se 再 (+de+人) …に仕返しをする.

ven·ga·ti·vo, va [ベンガティボ, バ] 形 復讐(ふくしゅう)の, 報復の, 仕返しとしての.

vengo 活 1 → venir 来る 《活 85》. 2 → vengar 復讐(ふくしゅう)する 《活 47》.

vengu- → vengar 復讐(ふくしゅう)する 《活 47》.

ve·nia [ベニア] 女 (公的な)許可, 免許.

ve·nial [ベニアる] 形 (違反が)軽微な, 許してもいい.

ve·ni·da [ベニダ] 女 1 来訪. 2 到着, 到来. 3 帰着. 4 〈川〉(急な)増水.

ve·ni·de·ro, ra [ベニデロ, ラ] 形 来たるべき, 後続の, 将来の.

ve·nir [ベニル] 自 《活 85》 1 来る, やって来る.
2 到着する, 届く
3 近づく, 到来する
4 (人に)生じる, 起こる
5 (考えなどが)心に浮かぶ
6 (+a...) …に合う, 似合う
7 (+a...) 再び…に取りかかる
8 (+a...) …に適している, 好都合である
9 (+ante...) …の前に出頭する
10 (+con+ばかなこと) …を言い出す
11 (+con...) …を伴ってくる, 引き連れる
12 (+de...) …の出身である, 産である
13 (+de...) …から(人に)伝わる, 来る
14 (+en...) …に書かれている, 出ている
15 (+en+感情・認識) …を持つようになる
16 (+sobre...) …に落ちてくる
17 (+現在分詞) …し続けている
18 (+過去分詞) …されてている
— venir·se 再 (+de...) …から(滞在するために)やって来る.
¿*A qué viene...*? …は何のためなの?
en lo (que) por venir 今後は, 将来は.

他 は他動詞 再 は再帰動詞 形 は形容詞 副 は副詞 前 は前置詞 接 は接続詞 間 は間投詞

¡Venga! まさか!, さあさあ!

venga lo que viniera [***venga***] なにがあっても.

venir a (+不定詞) …するようになる.

venir a menos 落ちぶれる.

venir ancho a (+人) …には手にあまる, 荷が重すぎる.

venir a ser… になるに至る.

venir a tener (+同じもの) (ふたりが) …で似かよう.

venir bien a (+人) …に似合う, 都合がいい.

venir de (+不定詞) …してきたところである.

venir de primera [***rodado***] たなぼた式に手に入る, 予定外に得をする.

venir en (+不定詞) …することに決める.

venir en conocimiento de… …を知ることになる.

venir en deseo de (+不定詞) …したくなる.

venir mal a (+人) …に似合わない, 不都合である.

venirse abajo [***a tierra***] くずれ落ちる, だめになる.

ve·no·so, sa [ベノソ, サ] 形 1 静脈の. 2 静脈のよく見える.

ven·ta [ベンタ] 女 1 販売, 売却. 2 売上げ高, 販売額. 3 はたご, 宿屋.

ven·ta·ja [ベンタハ] 女 1 優位, 優勢. 2 利点, 強み. 3 有利, 好都合. 4《競争》ハンディ.

sacar a… ***una ventaja de***~ …に ~の差をつける.

ven·ta·jo·so, sa [ベンタホソ, サ] 形 有利な.

ven·ta·na [ベンタナ] 女 1 窓. 2 鼻孔.

echar [***tirar***]… ***por la ventana*** …をむだにする, 浪費する.

ventana de guillotina 上げ下げ式の窓.

ventana saladiza 出窓.

ven·ta·nal [ベンタナる] 男 大窓.

ven·ta·ni·lla [ベンタニじゃ] 女 1 (銀行などの) 窓口. 2《乗り物》窓. 3 (封筒などの) 開口部.

ven·ta·ni·llo [ベンタニじょ] 男 (ドアなどの) 小窓.

ven·ta·no [ベンタノ] 男 小さな窓.

ven·ta·rrón [ベンタロン] 男 強風, 暴風.

ven·te·ar [ベンテアる] 自《主語なしの3人称単数形で使用》風が吹く. 2 (動物が) 鼻をうごめかす.

— 他 1 (動物が) …をかぎ分ける. 2 …を詮索する, かぎ回る.

— ***ventearse*** 再 (気分転換で) 外気に当たる.

ven·te·ro, ra [ベンテロ, ラ] 男女 宿屋の[女] 主人.

ven·ti·la·ción [ベンティらシオン] 女 1 通風, 換気. 2 換気孔.

conducto de ventilación 通風筒, ダクト.

ven·ti·la·dor [ベンティらドル] 男 扇風機, 換気扇.

ven·ti·lar [ベンティらル] 他 1 …を換気する, …に外気を入れる. 2 …を外気にさらす, ほす. 3 …の解決策を (+***con***…) …と相談する. 4 …を公表する. 5 …を殺す. 6 …をがぶ飲みする, むさぼり食う.

— ***ventilarse*** 再 1 (+***a***+人) …とセックスする. 2 …をさっさと片付ける. 3 (場所が) 換気される. 4 外気にさらされる. 5 …を殺す. 6 …を一気に飲む[食べる].

ven·tis·ca [ベンティスカ] 女 1 吹雪(ふぶき). 2 強風, 烈風.

ven·tis·car [ベンティスカル] 自《活 73 sacar》《主語なしの3人称単数形で使用》1 吹雪(ふぶ)く. 2 風で雪が舞いあがる.

ven·tis·que·ro [ベンティスケロ] 男《山岳》1 強風にさらされる場所. 2 残雪のある場所.

ven·to·le·ra [ベントれラ] 女 1 突風. 2 突飛な決心, 奇妙な思いつき.

dar a (+人) ***la ventolera*** (+***de***+不定詞) …が (…することを) 急に思いつく.

ven·to·rri·llo [ベントリじょ] 男 1 安宿. 2 郊外の食堂. 3 屋台, 露店.

ven·to·rro [ベントロ] 男 安宿, 木賃宿.

ven·to·sa¹ [ベントサ] 女 吸盤.

ven·to·se·ar [ベントセアル] 自 放屁(ほうひ)する.

ven·to·si·dad [ベントシダス] 女 (腸内の) ガス.

expulsarse una ventosidad おならを出す.

ven·to·so, sa² [ベントソ, サ] 形 風の強い.

ven·tral [ベントラる] 形 腹の, 腹部の.

ven·tri·cu·lar [ベントリクらル] 形《心臓》心室の.

ven·trí·cu·lo [ベントリクろ] 男 1《心臓》心室. 2《動物》(四室の反芻(はんすう)) 胃の一室.

ven·trí·lo·cuo, cua [ベントリろクオ, クア] 形 腹話術の.

— 男女 腹話術師.

ven·tri·lo·quia [ベントリろキア] 女 腹話術.

ven·tu·ra [ベントゥラ] 女 1 幸福 (感). 2 幸運. 3 運, 運命.

a la (***buena***) ***ventura*** 目当てもなく, 成り行きまかせで.

buena ventura 好運.

mala ventura 不運.

por ventura おそらく, ひょっとして.

probar ventura (+***con***…) (…で) 運だめしをする.

ven·tu·ro·so, sa [ベントゥロソ, サ] 形 幸せな, 幸福な.

Ve·nus [ベヌス] 固《神話》(愛と美の女神の) ビーナス.

ve·nus [ベヌス] 女《単複同形》1 美女, 美人. 2 (先史時代の) 婦人像.

venz- 活 → **vencer** 負かす《活 84》.

veo 活 → **ver** 見る《活 86》.

ver [ベル] 他《活 86》1 …を (自然に) 見る, 目にする.

2 (直接目的語の**a**+人) …に会う, 面会する.

3 …を(注意して)見る.
4 …を理解する.
5 …を知っている.
6 …を調べる, 検討する.
7 (劇など)を見に行く.
8 …を予感する.
9 (課題)を扱う.
10 …を診察する.
11 (場所)の…の舞台になる.
12 (人や物)を(+形容詞・副詞)…のように見る, 考える.
13 …を想像する, 心に思い描く.
14 …を目撃する.
— 自 1 目が見える.
2 〈トランプ〉同額を賭ける.
3 (+de+不定詞) …しようとする.
— 男 1 考え方, 意見, 見解. 2 容姿, 外見. 3 視力, 視覚.

ver·se 再 1 (+en…) …(の状態に)ある, いる.
2 (+形容詞・副詞) …の状態である.
3 (事物が)見える, 見られる.
4 …をすっかり見てしまう.
5 (複数の人が)会う, 交際する.
6 (+con…) …に会う, …と付きあう.
7 自分の姿を見る[思い描く].
8 …が認められる, わかる.

a mi modo de ver 私の考えでは.
¡A más ver! じゃあ, また!
¡A ver! 1 さて!, どれどれ! 2 ねえ, いいかい! 3 そうだ!, もちろん!
a ver si… 1 …かもしれない, …かなあ. 2 …だといいのだが, …しようとするんだが. (命令) …してみようぜんだ!.
dar·se [*dejar·se*] *a ver* 姿を見せる.
dejar·se ver 姿が見える.
echar de ver …に気づく.
echar·se de ver 目立つ.
estar viendo [*por ver*] *que*… …かもしれない.
Habrá que ver… …は疑わしい.
¡Habráse visto…! …なんてことがあるか!
¡Hay que ver…! …には驚いた!, …なんて信じられない!
Lo estaba viendo. そんなことではないかと思っていたよ.
mirar a ver… …をよく検討する.
no poder ver a (+人) …など顔も見たくない.
no tener nada que ver con… …とは無関係である.
¡No veas [*vea*] *cómo…!* まったく…なんだから.
¡Para que veas [*vea*]*!* それ見ろ!, わかったか!
por lo que veo [*por lo visto*] 見たところ.
…que no veo [*ves, ve*] …とてもひどい, 大変な….
…que no veo [*ves, ve*] …(自分の空腹や眠気が)とてもひどい.

Se ve que… …がうかがえる, わかる.
tener (*algo*) *que ver con*… …と関係がある.
¡Vamos a ver! さあ, どうかな!, どれどれ!
véase (+単数名詞) [*véanse* (+複数名詞)] …を参照されよ.
¡Verás! ¡Verá usted! 実はこうなんですよ!
Ver es creer. 百聞は一見にしかず.
ver·las venir 相手の意図を見抜く.
ver·se la con… …と対決する.
ver·se·las y desear·se·las para… …のために大いに努力する.
ver·se obligado a (+不定詞) …しなくてはならない.
Ya (*lo*) *veo.* わかった, なるほど.
(*Ya*) *veremos*… 1 …を約束する. 2 …だろうかなあ.
¡Ya ves! ¡Ya ve usted! ほらね!

ver- 活 → ver 活
ve·ra [ベラ] 女 1 川岸. 2 路肩.
a la vera de… …のそばに.
ve·ra·ci·dad [ベラシダス] 女 1 真実性, うその無いこと. 2 誠実, 正直.
ve·ra·na·da [ベラナダ] 女 〈放牧〉夏期.
ve·ran·da [ベランダ] 女 ベランダ.
ve·ra·ne·an·te [ベラネアンテ] 男女 避暑客.
ve·ra·ne·ar [ベラネアル] 自 避暑をする.
ve·ra·ne·o [ベラネオ] 男 避暑, 夏休み.
ve·ra·nie·go, ga [ベラニエゴ, ガ] 形 夏の.
ve·ra·ni·llo [ベラニジョ] 男 (晩秋・初冬の)小春日和.
ve·ra·no [ベラノ] 男 1 夏. 2 〈南米北部〉乾期.
ve·ras [ベラス] 女複 真実, 本気.
de veras 1 本当に, 実際に. 2 本気で, 心から.
ve·raz [ベラス] 形 (複 *veraces*) 1 信用できる, 本当の. 2 正直な.
ver·bal [ベルバル] 形 1 言葉の, 言葉を使う. 2 口頭での. 3 〈文法〉動詞の.
ver·bal·men·te [ベルバルメンテ] 副 言葉で, 口頭で.
ver·be·na [ベルベナ] 女 1 (野外での)前夜祭. 2 〈多年草〉クマツヅラ.
ver·bi·gra·cia [ベルビグラシア] 副 たとえば.
ver·bo [ベルボ] 男 1 〈文法〉動詞. 2 言葉, ことば.
verbo auxiliar 助動詞.
verbo intransitivo 自動詞.
verbo pronominal 代名動詞.
verbo reflexivo 再帰動詞.
verbo transitivo 他動詞.
verbo unipersonal 単人称動詞.
ver·bo·rre·a [ベルボレア] 女 多弁, おしゃべり.
ver·bo·si·dad [ベルボシダス] 女 無駄口, 多弁.
ver·bo·so, sa [ベルボソ, サ] 形 (むだな)言葉の多い.
ver·dad [ベルダス] 女 1 事実, 真相. 2 真実, 真理. 3 現実, 実在. 4 本当のこと, 耳の痛い話 [=

verdades].
a decir verdad 本当のことを言えば.
a la verdad 本当のところは.
Bien es verdad que... 本当のところは …だ.
decir a (＋人) *cuatro verdades* …に(本人のために)言いにくいことをはっきり言ってやる.
de verdad 1 本当に. 2 確実に, しっかりと.
en verdad que... 実際のところ …である.
(*La*) *verdad es que*... 本当のところは …だ.
una verdad como un templo 疑う余地のない事実.
..., *¿verdad?* 〈付加疑問〉…, そうじゃないですか？
verdades como puños 明白な事実.
¿Verdad que sí? そうでしょ？

ver·da·de·ra·men·te [ベルダデラメンテ] 副 本当に.

ver·da·de·ro, ra [ベルダデロ, ラ] 形 1 真実の, 本当の. 2 実際の, 本物の.

ver·dal [ベルダる] 形 〈果実〉熟しても青い.

ver·de [ベルデ] 形 1 緑の, 青々とした, 水々しい. 2 緑色の. 3 〈薪(き)〉生木の. 4 〈豆〉(食べるとまだ)青い. 5 〈果物〉未熟の. 6 〈計画〉取りかかったばかりの, 未検討の. 7 〈地域〉緑地帯の. 8 〈人〉未熟な, 新米の. 9 好色な, 助平な. 10 卑猥(ひわい)な, 下品な, みだらな. 11 環境保護派の.
— 男 1 緑. 2 芝生, 若草, 牧草. 3 (木々の)茂み. 4 〈紙幣〉1000 ペセタ札.
— 男女 環境保護主義者, エコロジスト.
chiste verde きわどい笑話.
dar la luz verde ゴーサインを出す.
espacio verde 緑地帯.
poner verde a (＋人) …の悪口を言う.
verde botella 〈色彩〉深緑.
viejo verde 好色な老人.

ver·de·ar [ベルデアる] 自 1 緑色をしている. 2 緑色になる. 3 〈野原が〉緑になる.

ver·de·cer [ベルデセる] 自 〈活 4 agradecer〉(木々や野原が)緑になる.

ver·de·rol [ベルデロる] 男 《＝ verderón》〈鳥〉アオカワラヒワ.

ver·dín [ベルディン] 男 1 〈水草〉アオミドロ. 2 コケ[苔].

ver·di·ne·gro, gra [ベルディネグロ, グラ] 形 暗緑色の.

ver·dor [ベルドる] 男 (よく茂った)緑.

ver·do·so, sa [ベルドソ, サ] 形 緑色がかった.

ver·du·go [ベルドゥゴ] 男 1 死刑執行人. 2 (鼻・口も出る)目出し帽. 3 冷血漢.

ver·du·gón [ベルドゥゴン] 男 (鞭(むち)などで)打たれた跡.

ver·du·gui·llo [ベルドゥギじょ] 男 (闘牛などに使う)細身の剣.

ver·du·le·rí·a [ベルドゥれりア] 女 青果店, 八百屋.

ver·du·le·ro, ra [ベルドゥれロ, ラ] 男女 1 〈人〉八百屋, 青果商. 2 卑劣な人間.

ver·du·ra [ベルドゥラ] 女 1 野菜, 青物. 2 (よく茂った草木の)緑.

ve·re·da [ベレダ] 女 小道, 細道.
meter en vereda a (＋人) …に決まった道を進ませる, 義務を果たさせる.

ve·re·dic·to [ベレディクト] 男 1 (陪審員の)評決. 2 (専門家の)判定, 批評, 意見.

ver·ga [ベルガ] 女 1 〈動物〉陰茎. 2 〈帆船〉帆桁(ほげた). 3 細い棒.

ver·gel [ベルへる] 男 (様々な花や果樹のある)花園.

ver·gon·zo·so, sa [ベルゴンゾソ, サ] 形 1 恥ずべき, 恥ずかしくなる. 2 すぐ恥ずかしがる.
— 男女 〈人〉はにかみ屋.

ver·güen·za [ベルグエンさ] 女 1 はにかみ, 恥じらい. 2 恥ずかしさ. 3 体面を重んじる気持ち, 恥を知る気持ち. 4 恥も恥, 恥, 不面目, 不名誉.
Me da vergüenza... (私は) …が恥ずかしい.
perder la vergüenza 1 恥ずかしくなくなる. 2 面目を失う.
sin vergüenza 恥知らずの.
tener vergüenza 恥を知っている.
vergüenza ajena (他人事を)恥じる気持ち.

ver·güen·zas [ベルグエンさス] 女複 恥部.

ve·ri·cue·tos [ベリクエトス] 男複 1 難路. 2 難点, 手ごずる部分.

ve·rí·di·co, ca [ベリディコ, カ] 形 1 真実性の高い, 信憑(しんぴょう)性のある. 2 正直な, 誠実な.

ve·ri·fi·ca·ción [ベリふィカさィオン] 女 1 検証, 確認. 2 (予告されたことの)遂行, 実行.

ve·ri·fi·ca·dor, do·ra [ベリふィカドル, ドラ] 形 検証の.
— 男女 検査係, 点検係.

ve·ri·fi·car [ベリふィカる] 他 〈活 73 sacar〉 1 〈物事〉の真偽を確かめる, …を検証[照合]する. 3 (予定したこと)を実行する, 遂行する.
— **verificar·se** 再 1 (予告したことが)実行される. 2 (予見したことが)現実になる.

ver·ja [ベルハ] 女 (門などの)鉄格子, 鉄柵(てっさく).

ver·me [ベルメ] 男 〈医学〉回虫.

ver·mú [ベルム] 男 《＝ vermut》(香草入りのワインの)ベルモット.

ver·ná·cu·lo, la [ベルナクロ, ラ] 形 (言語が)その土地の固有の.

Ve·ró·ni·ca [ベロニカ] 固 1 〈女性の名〉ベロニカ. 2 (刑場に向かうキリストの汗をぬぐった聖女の)ベロニカ.

ve·ró·ni·ca [ベロニカ] 女 1 〈多年草〉クワガタソウ, ベロニカ. 2 〈闘牛〉(カパを広げて牛に立ちかう型の)ベロニカ.

ve·ro·sí·mil [ベロシミる] 形 信用できそうな, ありそうな.

ve·ro·si·mi·li·tud [ベロシミリトゥス] 女 本当らしさ.

題 は活用形　圏 は複数形　男 は男性名詞　女 は女性名詞　固 は固有名詞　代 は代名詞　自 は自動詞

ve·ro·sí·mil·men·te [ベロシミるメンテ] 副 1 おそらく. 2 もっともらしく, それらしく.

ve·rru·co [ベラコ] 男 種豚(股).

ve·rra·que·ar [ベラケアル] 自 1 (子供が)泣きじゃくる. 2 忍び声で怒る.

ve·rru·ga [ベルガ] 女 (皮膚(ぷ)の)角質の突起のいぼ.

ver·sa·do, da [ベルサド, ダ] 《過去分詞》→ versar 扱う.
— 形 (+en...) …に精通した, くわしい.

ver·sal [ベルさる] 〈印刷〉大文字.

ver·sa·li·ta [ベルサリタ] 〈印刷〉〈小型の大文字の〉スモールキャピタル.

Ver·sa·lles [ベルサジェス] 固 〈都市の名〉(パリの南西の)ベルサイユ.

ver·sa·lles·co, ca [ベルサジェスコ, カ] 形 ベルサイユの, ベルサイユ(宮殿)風の.

ver·sar [ベルサる] 自 (文章がテーマとして) (+sobre...) …を扱う.

ver·sá·til [ベルサティる] 形 1 (性格などが)移り気な, 気まぐれな. 2 多目的の.

ver·sa·ti·li·dad [ベルサティリダス] 女 1 移り気, 気まぐれ. 2 汎用(営)性.

ver·sí·cu·lo [ベルシクろ] 男 (聖書などの文章の)節.

ver·si·fi·ca·ción [ベルシふぃカしオン] 女 1 作詩, 詩作. 2 (文章の)韻文化.

ver·si·fi·car [ベルシふぃカる] 他《活 73 sacar》(文章を)韻文にする.
— 自 詩を書く, 作詩する.

ver·sión [ベルシオン] 女 1 翻訳版, …語版. 2 解釈法, 説明方法. 3 見方, 見解.

ver·so [ベルソ] 男 1 詩. 2 韻文.
folio verso 裏ページ, 裏面.
hacer versos 作詩する.
verso blanco 無韻詩.
verso de arte mayor 9 音節以上の詩句.
verso de arte menor 8 音節以下の詩句.
verso libre 自由詩.

vér·te·bra [ベルテブラ] 女 〈解剖学〉脊椎(髢).

ver·te·bra·do, da [ベルテブラド, ダ] 形 〈動物〉脊椎(髢)のある.

ver·te·bra·dos [ベルテブラドス] 男複 [→vertebrado] 〈分類〉脊椎(髢)動物.

ver·te·bral [ベルテブラる] 形 〈解剖学〉脊椎(髢)の.

ver·te·brar [ベルテブラル] 他 …を組み立てる.

ver·te·de·ro [ベルテデロ] 男 ごみ捨て場.

ver·ter [ベルテル] 他《活 58 perder》1 …をこぼす. 2 つぐ, 入れる. 3 (+en...) …にそそぐ, 流しこむ. 3 (意見などを)表明する, 述べる. 4 …を翻訳する, 訳す.
— 自 (川が) (+a+本流) …にそそぎこむ, 合流する.
— *verter·se* 再 (液体などが)こぼれる.

ver·ti·cal [ベルティカる] 形 垂直の, 直立の.

ver·ti·ca·li·dad [ベルティカリダス] 女 直立, 垂直性.

ver·ti·cal·men·te [ベルティカるメンテ] 副 垂直に, 縦に.

vér·ti·ce [ベルティセ] 男 1 (線や面が合流する)頂点. 2 (錐体などの)頂点.

ver·ti·do [ベルティド] 男 1 産業廃棄物 [= vertidos], 工場廃水. 2 流出.

ver·tien·te [ベルティエンテ] 女 1 斜面, スロープ. 2 視点, 側面.

ver·ti·gi·no·so, sa [ベルティヒノソ, サ] 形 1 目まいを起こさせる, 目のくらむような. 2 目の回るような, 迅速(牢)な.

vér·ti·go [ベルティゴ] 男 1 目まい, 目のくらみ. 2 (物事の変化の)迅速(牢)さ.

ves 活 → ver 見る 《活 86》.

ve·sí·cu·la [ベシクら] 女 (皮膚(ぷ)の)水ぶくれ, 水疱(骭).

ves·per·ti·no¹ [ベスペルティノ] 男 〈新聞〉夕刊.

ves·per·ti·no², na [—, ナ] 形 夕方の, 晩の.

ves·tí·bu·lo [ベスティブろ] 男 玄関ホール, ロビー.

ves·ti·do¹ [ベスティド] 男 1 服, 上着. 2 〈婦人服〉ワンピース, ドレス.

ves·ti·do², da [—, ダ] 《過去分詞》→ vestir 服を着せる.
— 形 (+de...) …を着ている.
bien [*mal*] *vestido* 身なりのいい [粗末な身なりの].

ves·ti·dor [ベスティドル] 男 更衣室.

ves·ti·du·ra [ベスティドゥラ] 女 1 衣服, 上着類. 2 礼服, 式服, 祭服.
rasgar·se las vestiduras わざとらしく騒ぎたてる.

ves·ti·gio [ベスティヒオ] 男 1 痕跡(炢), 跡, 名残(ご)り. 2 遺跡, 遺物 [= vestigios].

ves·ti·men·ta [ベスティメンタ] 女 衣服, 式服.

ves·tir [ベスティル] 他《56 pedir》1 …に服を着せる. 2 …に服を与える. 3 …に服を仕立ててやる. 4 …を(飾りで)おおう. 5 …を (+de...) …でおおい隠す, ごまかす. 6 …を身につける, 着る.
— 自 1 服を着る. 2 (+de...) …の服を着る. 3 (服装が)見ばえがする, 決まっている. 4 箔(学)をつける.
— *vestir·se* 再 1 服を着る, 身仕度をする. 2 (+de...) …の服を着る 3 (+en+なじみの店) …で服を買う[そろえる].
(衣服) *de vestir* 上品な, よそ行きの.
el mismo que viste y calza 問題の当人.
vestir·se de largo 〈女性〉社交界にデビューする.

ves·tua·rio [ベストゥアリオ] 男 1 (集合的に)衣服. 2 (舞台用の)衣装類. 3 更衣室.

ve·ta [ベタ] 女 1 (独特の)縞(呂), 筋(ぢ). 2 鉱脈.

ve·tar [ベタル] 他 …を拒否する.
vete 活 → ir·se その場を離れる《活 44》.
ve·te·a·do, da [ベテアド, ダ] 形 縞(_{しま})模様の.
ve·te·ra·ní·a [ベテラニア] 女 老練, 熟練.
ve·te·ra·no, na [ベテラノ, ナ] 形 1 経験を積む, 老練な.《軍人》歴戦の, 老兵の.
— 男 女 1 ベテラン, 老練者. 2《軍隊》老兵.
ve·te·ri·na·ria¹ [ベテリナリア] 女 獣医学.
ve·te·ri·na·rio, ria² [ベテリナリオ, —] 形 獣医学の.
— 男 女 獣医.
ve·to [ベト] 男 拒否権.
ve·tus·to, ta [ベトゥスト, タ] 形 とても古い, 古びた, 古色を帯びた.
vez [ベス] 女《複 veces》1（行為を数える）…回, 度. 2（数詞＋）…回目, 度目. 3 順番. 4（複数で比較級語と共に）…倍／A es cinco *veces* mayor que B. A は B の 5 倍だ.
a la vez 一度に, 同時に.
a la vez que… …すると同時に.
alguna vez 1 ときには. 2 かつて, いつか.
algunas veces ときどき.
a su [mi, tu] vez 彼は彼なりに, 私は[君は]私[君]なりに.
a veces ときには, ときどき.
cada vez (＋比較級語）だんだん, ますます.
cada vez que… …するたびに, …する時はいつも.
coger la vez 順を取りに並ぶ.
de una vez 一気に, さっさと.
de vez en cuando [en vez] ときどき, ときおり.
en vez de… …のかわりに.
hacer las veces de… …のかわりをする.
otra vez もう一度.
por una vez 一度だけ（例外的に）.
rara vez めったに（…ない）, まれにしか.
tal vez おそらく, たぶん.
toda vez que… …だから, …なので.
una vez 一度, かつて.
una vez (＋過去分詞) ひとたび…したら.
una vez más もう一度.
una vez que… 1（＋接続法）ひとたび…したら. 2 …のあとで. 3 …なのだから.
v. gr. [ベルビ グラシア] 副《略語》verbi gracia たとえば.
vi 活 → ver 見る《活 86》.
ví·a [ビア] 女 1 道路, 通り, 街道. 2 鉄道, 線路, 軌道. 3（器官の）管. 4 手段, 方策, やり方. 5 車線, 番線.
— [ビア] 前《アクセントなし》…を通って, …を経由して.
dar vía libre a… …を通らせてやる.
en vías de… …の途中の, …の途上の.
por vía de… …の手段で, …によって.
por vía judicial 法的手段で.
vía aérea 空路.
vía crucis 1《宗教》キリストの受難の道行き. 2 長い苦難の道[過程].
vía de agua《船舶》浸水口.
vía marítima 海路.
vía muerta《鉄道》引込み線.
vía normal《鉄道》標準軌間.
vía pública 公道.
vías respiratorias 気管系.
via·bi·li·dad [ビアビリダス] 女 1（実行の）可能性, 実現性. 2 生存の可能性.
via·ble [ビアブレ] 形 1 実行可能な, 実現性のある. 2 生存できる.
via·duc·to [ビアドゥクト] 男 陸橋, 高架橋.
via·jan·te [ビアハンテ] 男 女 セールスマン, 外交員[＝ viajante de comercio].
via·jar [ビアハル] 自 1 (＋por…) …を旅行する. 2（乗り物が）運行する, 航行する. 3 (＋a…) …へ出張する, 移動する.《麻薬》幻覚を楽しむ, トリップする.
via·je [ビアヘ] 男 1 旅, 旅行. 2（乗り物での）移動, 出張. 3 旅程, 行き来, 往復.《麻薬》幻覚状態, トリップ. 5 刃物での急襲.
¡Feliz viaje! [¡Buen viaje!] よいご旅行を!
viaje redondo [de ida y vuelta] 往復.
viaje de negocios 出張.
viaje de novios 新婚旅行.
viaje de placer 物見遊山(_{ゆさん}).
via·je·ro, ra [ビアヘロ, ラ] 形 旅行する, 移動する.
— 男 女 1 旅行者. 2 乗客, 旅客.
aves viajeras 渡り鳥.
cheque de viajero トラベラーズチェック.
vial [ビアル] 形 道路の, 往来の.
— 男 1 並木道. 2（小型の）薬瓶(_{びん}).
vian·das [ビアンダス] 女複（食卓に出された）料理, 食べ物.
vian·dan·te [ビアンダンテ] 男 女 歩行者.
via·rio, ria [ビアリオ, リア] 形 道路の.
viá·ti·co [ビアティコ] 男《宗教》臨終の聖体拝領.
ví·bo·ra [ビボラ] 女 1《蛇》マムシ. 2 腹黒い人間.
vi·bra·ción [ビブラシオン] 女 1 振動, 震動, ふるえ. 2 ふるえ声.
vi·bran·te [ビブランテ] 形 1 震動する, ふるえる. 2《音声学》ふるえ音の, はじき音の, 震音の.
— 女《音声学》(r, rr の) ふるえ音.
vi·brar [ビブラル] 自 1 ふるえる, 振動する. 2 ふるえて聞こえる. 3 感動する.
vi·brá·til [ビブラティル] 形 振動性の.
vi·bra·to·rio, ria [ビブラトリオ, リア] 形 振動する, ふるえる.
vi·ca·rí·a [ビカリア] 女 1 助任司祭の職. 2 助任司祭館.
pasar por la vicaría 結婚する.
vi·ca·rio¹ [ビカリオ] 男《宗教》1 助任司祭. 2 法務担当司祭.

vi·ca·rio², ria [－, リア] 形 代理の.
― 男 女 代理人.

vi·ce·al·mi·ran·te [ビセアルミランテ] 男 海軍中将, 副提督.

vi·ce·cón·sul [ビセコンスル] 男 女 副領事.

vi·ce·nal [ビセナル] 形 20年の, 20年ごとの.

Vi·cen·te [ビセンテ] 固 〈男性の名〉ビセンテ.

vi·ce·pre·si·den·te, ta [ビセプレシデンテ, タ] 男 女 副大統領, 副会長, 副社長, 副総裁.

vi·ce·rrec·tor, to·ra [ビセルレクトル, トラ] 男 女 副学長.

vi·ce·ti·ple [ビセティプレ] 女 〈舞台〉コーラスガール.

vi·ce·ver·sa [ビセベルサ] 副 逆に, 反対に.
..., y viceversa 逆になっても同じ(である).

vi·cia·do, da [ビシアド, ダ] 《過去分詞》→ viciar そこなう.
― 形 1 そこなわれた. 2 無効になった. 3 (空気が)にごった, よどんだ.

vi·ciar [ビシアル] 他 《活 17 cambiar》 1 …をそこなう, だめにする. 2 (人)に悪い癖をつける, 悪learから染まらせる. 3 …の意味を変える, …を歪曲(わいきょく)する. 4 〈法律〉…を無効にしてしまう.
― **viciar·se** 再 1 悪癖に染まる. 2 (物事が)だめになる, こわれる. 3 (物事が)違った意味になる.

vi·cio [ビシオ] 男 1 悪習, 悪癖. 2 不道徳, 悪徳. 3 〈趣味の〉いきすぎ, やりすぎ. 4 たまらなく好きなもの. 5 欠点, 間違い. 6 ゆがみ, ねじれ.
de vicio 1 とてもいい, とてもよく. 2 わけもなく, 用もないのに.

vi·cio·sa·men·te [ビシオサメンテ] 副 1 不正に, 間違って. 2 みだらに, 不道徳にも.

vi·cio·so, sa [ビシオソ, サ] 形 1 不道徳な, みだらな. 2 不正な, 不完全な, 欠点のある.

vi·ci·si·tud [ビシシトゥッ] 女 〈人生の〉浮き沈み, 栄枯盛衰 [= vicisitudes].

víc·ti·ma [ビクティマ] 女 1 被害者, 犠牲者. 2 いけにえ, 犠牲.

Víc·tor [ビクトル] 固 〈男性の名〉ビクトル.

vic·to·ria [ビクトリア] 女 勝利, 優勝.
cantar victoria 勝利を自慢する, 勝ち誇る.

Vic·to·ria [ビクトリア] 固 〈女性の名〉ビクトリア.

vic·to·rio·sa·men·te [ビクトリオサメンテ] 副 勝ち誇って, 意気揚々と.

vic·to·rio·so, sa [ビクトリオソ, サ] 形 1 勝ち誇った, 勝利を得た. 2 勝てそうな.

vi·cu·ña [ビクニャ] 女 〈動物〉ビクーニャ.

vid [ビッ] 女 〈樹木〉ブドウ.

vi·da [ビダ] 女 1 生命, 生命力. 2 生命体. 3 生, 生存. 4 一生, 生涯. 5 存続期間, 寿命, 生き方. 7 生存に必要なもの. 8 活動. 9 自伝, 生涯の出来事. 10 生きがい, 生きる意味. 11 魂の糧. 12 活力, 活気, 活気.
amargar la vida a … …の生活を苦しめる.
a vida o muerte 一か八かの, 死を賭して.
buscar·se la vida 生きる方策を求める.
complicar la vida a … …の生活をややこしくする.
costar la vida a … …の命をうばう.
dar la vida por … …のために命を犠牲にする.
dar mala vida a … …を苦しめる.
dejar·se la vida 1 命を失う. 2 命を賭ける.
de su [mi, tu] vida 彼の[私の, 君の]理想通りの.
(人) *de mi vida* 私の大切な….
de por vida 生涯続く, 一生の.
de toda la vida ずっと以前から, 生涯の.
de vida alegre 1 不道徳な. 2 〈女性〉ふしだらな, 売春する.
echar·se a la vida 〈女性が〉売春する.
en la vida [en mi vida] (文頭で)これまで決して…なかった.
entre la vida y la muerte 瀕死(ひんし)の状態で.
en vida 生存中に.
¡esto es vida! ああ極楽だ!, 大満足!
ganar·se la vida 生計を立てる.
ir a (＋人) la vida en～ …の存続が～にかかっている.
jugar·se la vida 命を危険にさらす.
la otra vida 来世, あの世.
¡Mi vida! [¡Vida mía!] (恋人を指して)ねえ君!, ねえ, あなた!
pasar a mejor vida 1 死ぬ. 2 使い物にならなくなる.
perder la vida 命を失う, 死ぬ.
perdonar la vida a (＋人) …をさげすむ, 軽蔑する.
¿Qué es de tu [su] vida? (久しぶりに会った人に)お元気でしたか?
tener siete vidas (como los gatos) 何度も運よく生きのびる, しぶとい.
vida eterna 死後の生.
vida y milagros 人生の来し方, 履歴.

vi·den·te [ビデンテ] 形 1 目の見える. 2 予知能力のある.
― 男 女 1 視力のある人. 2 予言者, 予見できる人.

vi·de·o [ビデオ] 男 《= vídeo》 1 〈録画〉ビデオ. 2 ビデオ装置.

vi·de·o·cá·ma·ra [ビデオカマラ] 女 ビデオカメラ.

vi·de·o·ca·se·te [ビデオカセテ] 男 《= video-cinta 女》 ビデオカセット, ビデオテープ.

vi·de·o·clip [ビデオクリプ] 男 〈ポップス〉宣伝用ビデオ, ビデオクリップ.

vi·de·o·club [ビデオクルブ] 男 レンタルビデオ店.

vi·de·o·jue·go [ビデオフエゴ] 男 ビデオゲーム.

vi·driar [ビドリアル] 他 《活 17 cambiar》(焼物)にうわ薬をかける.
― **vidriar·se** 再 (目などが)うつろになる.

vi·drie·ra [ビドリエラ] 女 **1** (色ガラスの)ガラス窓, ガラス戸. **2** ショーウインドー.
vi·drio [ビドリオ] 男 **1** ガラス. **2** ガラス製品.
vi·drio·so, sa [ビドリオソ, サ] 形 **1** (ガラスのように)もろい. **2** (目などが)うつろな.
viei·ra [ビエイラ] 女 〈貝〉ホタテガイ.
vie·ja·les [ビエハレス] 男 女 《単複同形》お年寄り, おじいちゃん, おばあちゃん.
vie·je·ci·to, ta [ビエヘシト, タ] 形 お年寄りの.
— 男 女 お年寄り.
vie·ji·to, ta [ビエヒト, タ] 形 お年寄りの.
— 男 女 お年寄り.
vie·jo, ja [ビエホ, ハ] 形 **1** 古い, 古びた. **2** 古くさい, 昔の, 旧式の. **3** 新鮮でない. **4** 使い古された, くたびれた. **5** 年老いた, 老齢の. ‖ ~ *房*.
— 男 女 **1** 老人, 年寄り. **2** 父親, 母親. **3** 夫, 女(店の名+) *de viejo* 中古品を扱う….
librería de viejo 古本屋.
viejo verde 好色な老人.
vien- 活 → venir 来る《活 85》.
Vie·na [ビエナ] 固 〈都市の名〉(オーストリアの)ウィーン.
vie·nés, ne·sa [ビエネス, ネサ] 形 (オーストリアの)ウィーン Viena の.
— 男 女 ウィーンの人.
vien·to [ビエント] 男 **1** 風. **2** 風向き, 形勢. **3** (テントの)張り綱. **4** (集合的に)管楽器.
a los cuatro vientos 四方八方に.
beber los vientos por … …にほれこんでいる.
contra viento y marea 万難を排して, あらゆる障害を乗り切って.
correr malos vientos 状況が悪い.
irse a viento tiento 失敗に終る, だめになる.
llevarse el viento … …が(風と共に)消えてしまう.
mandar a (+人) *con viento fresco* …を追い払う.
¡Vete a tomar viento(s)! さっさと出ていけ!
viento de mil demonios 強風, 烈風.
viento en popa 順風で, 順調に.
vien·tre [ビエントレ] 男 **1** 腹, 腹部. **2** 内臓, 臓物(ホシ). **3** (物の)ふくれた部分.
evacuar [*mover*] *el vientre* 排便する.
hacer de vientre 排便する.
vier- 活 → ver 見る《活 86》.
vier·nes [ビエルネス] 男 《単複同形》金曜日.
viert- 活 → verter こぼす《活 58》.
vies- 活 → ver 見る《活 86》.
viet·na·mi·ta [ビエトナミタ] 形 《男女同形》(アジアの国の)ベトナム Vietnam の.
— 男 女 ベトナム人.
vi·ga [ビガ] 女 〈建築〉梁(ホッ), 桁(ホ).
viga maestra 中心となる梁[桁].
vi·gen·cia [ビヘンシア] 女 有効性, 効力.
vi·gen·te [ビヘンテ] 形 有効な, 現行の.
vi·gé·si·mo[1] [ビヘシモ] 男 20 分の 1.

vi·gé·si·mo[2], **ma** [—, マ] 形 **1** 20 番目の. **2** 20 分の 1 の.
— 男 女 20 番目のもの.
vi·gí·a [ビヒア] 男 女 〈人〉(高い所からの)見張り番.
vi·gi·lan·cia [ビヒランシア] 女 **1** 用心, 注意, 警戒. **2** 見張り, 監視.
vi·gi·lan·te [ビヒランテ] 男 女 警備員.
vi·gi·lar [ビヒラル] 他 …を見張る, 監視する, よく見ている.
vi·gi·lia [ビヒリア] 女 **1** 徹夜の番, 不寝番. **2** 〈宗教〉精進料理, 肉抜き料理. **3** 〈宗教〉前夜祭.
Vi·go [ビゴ] 固 〈都市の名〉(スペイン北西部の港町の)ビゴ.
vi·gor [ビゴル] 男 **1** 活力, 精力, 元気. **2** 生命力. **3** 迫力, 力強さ. **4** (法律や慣習の)有効性, 効力.
actuar con vigor 精力的に行動する.
vi·go·ri·zan·te [ビゴリサンテ] 形 活性化する, 力を与える.
vi·go·ri·zar [ビゴリサル] 他《活 39 gozar》…を強くする, …に活力を与える.
— *vigorizarse* 元気になる, 活気づく.
vi·go·ro·so, sa [ビゴロソ, サ] 形 **1** 精力的な, 活力のある. **2** 力強い, 迫力のある.
vi·hue·la [ビウエラ] 女 〈弦楽器〉ビウエラ.
vi·kin·go, ga [ビキンゴ, ガ] 形 バイキングの.
— 男 女 〈人〉(昔の北欧の)バイキング.
vil [ビル] 形 いやしい, 下劣な.
vi·la·no [ビラノ] 男 〈植物〉冠毛.
vi·le·za [ビレサ] 女 **1** いやしさ, 卑劣さ, 下劣さ. **2** 卑劣な行為[もの].
vi·li·pen·diar [ビリペンディアル] 他《活 17 cambiar》…を侮辱する, さげすむ.
vi·lla [ビジャ] 女 **1** (昔の)都市, 町. **2** (自治権のある)町. **3** 別荘.
la Villa y Corte マドリード市.
vi·llan·ci·co [ビジャンシコ] 男 **1** クリスマスキャロル. **2** (反復句にも使われた)短い俗謡. **3** (短い俗謡で始まる抒情詩の)ビジャンシコ.
vi·lla·ní·a [ビジャニア] 女 **1** いやしい言葉[行為]. **2** (昔の)下層の身分.
vi·lla·no, na [ビジャノ, ナ] 形 **1** 下劣な, いやしい. **2** 野卑な, 無礼な. **3** 平民の.
— 男 女 **1** 卑劣な者. **2** 田舎(。*)者. **3** 平民, 村人.
vi·llo·rrio [ビジョリオ] 男 片田舎(。*).
vil·men·te [ビルメンテ] 副 いやしく, 下劣にも.
vi·lo [ビロ] 《つぎの副詞句の一部》
en vilo **1** 宙ぶらりで, 支えもなく. **2** 落ち着かずに, やきもきして.
vimos 活 → ver 見る《活 86》.
vi·na·gre [ビナグレ] 男 (ワインで作った)酢(*), ワインビネガー.
vi·na·gre·ra [ビナグレラ] 女 (食卓用の)酢

活 は活用形 複 は複数形 男 は男性名詞 女 は女性名詞 固 は固有名詞 代 は代名詞 自 は自動詞

(ｧ)入れ.

vinagreras（オリーブの瓶(ﾋﾞﾝ)も加えた食卓用の）調味料セット.

vi・na・gre・ta [ビナグレタ] 女 （タマネギなども加えた）ビネガーソース.

vi・na・je・ra [ビナヘラ] 女 〈宗教〉（ワインや水を入れてミサで使う）小瓶(ﾋﾞﾝ).
vinajeras（ミサ用の）小瓶のセット.

vi・na・te・ro, ra [ビナテロ, ラ] 形 ワインの.

vi・na・za [ビナサ] 女 安ワイン.

vin・cu・la・ción [ビンクらシオン] 女 （+con …）（…との）関連, つながり.

vin・cu・lar [ビンクらル] 他 1（複数のものを）結びつける. 2 …を（+a …）…に結びつける, 関連づける. 3（物事が）…に義務を負わす, …を拘束(ｿｸ)する.
— *vincularse* 再 結びつく, つながり合う.

vín・cu・lo [ビンクろ] 男 きずな（絆）, 結びつき, つながり.

vin・di・car [ビンディカル] 他 1（不当なこと）の仕返しをする, …に報復する. 2（被害者）を擁護する, 擁護(ｺﾞ)する. 3（自分のもの）を取り返そうとする.

vine, vini- 活 → *venir* 来る 《活 85》.

vi・ní・co・la [ビニコら] 形 〈男女同形〉ワイン醸造の, ワイン作りの.

vi・ni・cul・tor, to・ra [ビニクるトル, トラ] 男 女 ワイン醸造業者.

vi・ni・cul・tu・ra [ビニクるトゥラ] 女 〈技術〉ワイン醸造.

vi・ni・lo [ビニろ] 男 〈化学〉ビニール.

vi・no [ビノ] 男 ワイン, ぶどう酒.
— 活 → *venir* 来る 《活 85》.
bautizar el vino ワインを水で薄める.
tener buen vino 酒を楽しく飲む.
tener mal vino 酒癖が悪い.
vino blanco 白ワイン.
vino clarete（赤色の薄い）クラレットワイン.
vino de la casa（レストランの無名の）ハウスワイン.
vino de mesa テーブルワイン.
vino generoso（年代物の）強いワイン.
vino moscatel マスカットワイン.
vino rosado（ワインの）ロゼ.
vino tinto 赤ワイン.

vi・no・len・to, ta [ビノれント, タ] 形 ワインを飲みすぎる.

v. intr. [ベルボ イントランシティボ] 男 〈略語〉*verbo intransitivo* 自動詞.

vi・ña [ビニャ] 女 ブドウ畑.
De todo hay en la viña del Señor. 世の中には良い人も悪い人もいる.

vi・ña・dor, do・ra [ビニャドル, ドラ] 男 女 ブドウ栽培業者.

vi・ñe・do [ビニェド] 男 （大）ブドウ畑.

vi・ñe・ta [ビニェタ] 女 1（劇画などで書く）囲みの挿絵(ｴ). 2（新聞などの）囲みの漫画.

vio 活 → *ver* 見る 《活 86》.

vio・la [ビオら] 女 〈弦楽器〉ビオラ.

vio・lá・ce・as [ビオらセアス] 女複 〈分類〉スミレ科の植物.

vio・lá・ce・o, a [ビオらセオ, ア] 形 1 すみれ色の. 2〈植物〉スミレ科の.

vio・la・ción [ビオらシオン] 女 1 違反, 不履行. 2 婦女暴行, 強姦. 3 蹂躙(ｼﾞｭｳﾘﾝ), 侵害.

vio・la・do[1] [ビオらド] 形 すみれ色の.

vio・la・do[2], **da** [—, ダ] 過 去 分 詞 → *violar* 違反された.
— 形 1 侵害された, 侵された. 2 すみれ色の.

vio・la・dor, do・ra [ビオらドル, ドラ] 形 1 違反する. 2 暴行する. 3 侵害する.
— 男女 1 違反者. 2 暴行の犯人. 3 侵害者.

vio・lar [ビオらル] 他 1（法律など）に違反する, …を犯す, 破る. 2（女性）を犯す, 強姦する. 3 …を侵害する, 蹂躙(ｼﾞｭｳﾘﾝ)する.

vio・len・cia [ビオれンシア] 女 1 強制, 無理強い. 2 暴行, 乱暴. 3 猛威, 激しさ.

vio・len・ta・men・te [ビオれンタメンテ] 副 1 乱暴に, 荒々しく. 2 猛烈に, 激しく.

vio・len・tar [ビオれンタル] 他 1 …を暴力で服従させる. 2 …に無理強いする, 強制する. 3（物事が）…を呆然(ﾎﾞｳ)とさせる. 4 …を苦しませる, 怒らせる. 5 …に暴力を加える, …を暴行する. 6（ことば）の意味をゆがめる.
— *violentarse* 再 1 自分に無理強いする, 我慢する. 2 呆然とする. 3 怒る, 苦痛を感じる.

vio・len・to, ta [ビオれント, タ] 形 1 乱暴な, 荒々しい. 2 激しい, 猛烈な. 3 怒りっぽい, 激怒する. 4 急激な. 5 気まずい, 気詰まりな.

vio・le・ta [ビオれタ] 女 〈多年草・花〉スミレ.
— 形 〈男女同形〉すみれ色の, 青紫色の.
— 男 すみれ色.

vio・le・te・ra [ビオれテラ] 女 〈女性〉スミレ売り.

vio・le・te・ro [ビオれテロ] 男 〈花瓶〉一輪挿し.

vio・lín [ビオりン] 男 〈楽器〉バイオリン.

vio・li・nis・ta [ビオりニスタ] 男女 バイオリニスト.

vio・lón [ビオろン] 男 〈楽器〉コントラバス.
— 男女 コントラバス奏者.

vio・lon・che・lis・ta [ビオろンチェりスタ] 男女 《= *violoncelista*》チェロ奏者.

vio・lon・che・lo [ビオろンチェろ] 男 《= *violoncelo*》〈楽器〉チェロ.

vip [ビプ] 男 女 〈略語〉（英語の）*Very important person* ビップ, 要人, 重要人物.

vi・pe・ri・no, na [ビペリノ, ナ] 形 1〈蛇〉マムシの. 2（言葉で）人を傷つけたがる.

vi・ra・je [ビラヘ] 男 1 進路変更, 方向転換.

vi・ral [ビラる] 形 ビールスの, ウイルスの.

vi・rar [ビラル] 自 進路を変更する, 方針を変える.
— 他 1（乗り物）の進路を変える. 2〈写真〉…を調色する.

他 は他動詞 再 は再帰動詞 形 は形容詞 副 は副詞 前 は前置詞 接 は接続詞 間 は間投詞

vir·gen [ビルヘン] 形 (複 vírgenes) 1 未使用の, 手つかずの. 2 未加工の, 自然のままの. 3 〈土地〉未開拓の, 耕作されていない. 4 性交経験のない, 処女の, 童貞の.
— 男 女 処女, 童貞.
aceite virgen (オリーブ油の)バージンオイル.
cinta virgen (未使用の)生(き)テープ.
tierra virgen 未開墾地, 処女地.

Vir·gen [ビルヘン] 固 聖母マリア.
¡Virgen santísima! [*¡Santísima Virgen!*] なんとまあ!, なんてことよ!
viva la Virgen 男 女 (無責任で)能天気な人間.

Vir·gi·lio [ビルヒリオ] 固 〈男性の名〉ビルヒリオ.

vir·gi·nal [ビルヒナル] 形 1 処女の, 童貞の. 2 聖母マリアの. 3 純粋な, 無垢(く)の, 純潔な.

Vir·gi·nia [ビルヒニア] 固 1 〈女性の名〉ビルヘニア. 2 (米国の州の)バージニア.

vir·gi·ni·dad [ビルヒニダス] 女 〈状態〉童貞, 処女性.

Vir·go [ビルゴ] 固 〈星座〉乙女座.

vir·go [ビルゴ] 形 〈男女同形〉乙女座生まれの.
— 男 女 〈人〉乙女座生まれ.
— 男 処女膜.

vir·gue·rí·a [ビルゲリア] 女 1 完璧(ぺき)な技(ざ). 2 余計な飾り.

vir·gue·ro, ra [ビルゲロ, ラ] 形 技(ざ)のすぐれた, 腕のいい.
— 男 女 達人, 名手, 名人.

vir·gu·la [ビルグら] 女 《= virgulilla》〈正書法〉(コンマ, アクセント記号, 引用符, ñ のティルデなどの)符号, 付加記号.

ví·ri·co, ca [ビリコ, カ] 形 ビールスの.

vi·ril [ビリル] 形 1 (成人)男性の, 男の. 2 男性的な, 男らしい.
miembro viril 男根, ペニス.

vi·ri·li·dad [ビリリダス] 女 1 男らしさ. 2 男盛り, 壮年期.

vi·ro·lo·gí·a [ビロろヒア] 女 ウイルス学.

vi·ro·te [ビロテ] 男 (矢じり付きの)矢.

vi·rrei·na [ビレイナ] 女 1 女性副王. 2 副王夫人.

vi·rrei·na·to [ビレイナト] 男 1 副王の地位. 2 副王の任期. 3 副王領.

vi·rrey [ビレイ] 男 (スペインで中南米の植民地統治をさせた)副王.

vir·tual [ビルトゥアる] 形 1 潜在的な, 可能性のある. 2 事実上の, 実質上の. 3 仮想の.
imagen virtual〈物理学〉虚像.
realidad virtual〈コンピューター〉バーチャルリアリティー, (感覚の)疑似的体験.

vir·tua·li·dad [ビルトゥアリダス] 女 1 潜在能力, 潜在性. 2 仮想的存在.

vir·tual·men·te [ビルトゥアるメンテ] 副 1 実際上, 事実上は. 2 潜在的に. 3 仮想として.

vir·tud [ビルトゥス] 女 1 徳, 徳性, 美徳, 美点. 2 (作用する)力, 能力, 効力.
en [por] virtud de ... …(の力)によって.
virtud curativa (薬草などの)効能.

vir·tuo·sis·mo [ビルトゥオシスモ] 男 (伎芸・技芸などの)腕の冴え, 妙技.

vir·tuo·so, sa [ビルトゥオソ, サ] 形 1 徳の高い, 有徳の. 2 技(ぎ)の冴えた, 妙技の.
— 男 女 1 有徳の人. 2 (伎芸や技芸の)名手, 達人.

vi·rue·la [ビルエら] 女〈医学〉天然痘, 疱瘡(ほうそう).
picado de viruelas あばたづらの.

vi·ru·lé [ビルれ]《つぎの副詞句の一部》
a la virulé ひどい状態で, だめになって／*tener un ojo a la virulé* 目の回りがあざになっている.

vi·ru·len·cia [ビルれンシア] 女 1 (病気の)悪性. 2 (文章の)悪感, きつい皮肉.

vi·ru·len·to, ta [ビルれント, タ] 形 1 (病気が)悪性の, ウイルス性の. 2 (批評などが)辛辣(しんらつ)な, 悪意のこもった.

vi·rus [ビルス] 男 1〈医学〉ウイルス, ビールス. 2〈コンピューター〉ウイルス[= virus informático].

vi·ru·ta [ビルタ] 女 (木や金属の)削りくず, かんなくず.

vis [ビス] 《つぎの副詞句の一部》
vis a vis 向かいあって.

vi·sa·do [ビサド] 男 《= visa 女》〈旅券〉ビザ, 査証.

vi·sa·je [ビサヘ] 男〈演技〉(こっけいで)大げさな顔の表情.

vi·sar [ビサル] 他 1 (旅券などの書類)に査証する, 裏書きする, ビザを与える. 2〈射撃〉…に照準を合わせる, ねらいをつける.

vís·ce·ra [ビスセラ] 女 (ひとつひとつの)内臓.
vísceras (集合的な)内臓, はらわた.

vis·ce·ral [ビスセラる] 形 1 内臓の. 2 (感情が)根深い. 3 感情をむき出しにする.

vis·co·sa¹ [ビスコサ] 女〈化学〉ビスコース.

vis·co·si·dad [ビスコシダス] 女 1 (液体の)ねばり, 粘着性. 2 ねばつく物質.

vis·co·si·lla [ビスコシじゃ] 女〈繊維〉ビスコース人絹, ビスコスレーヨン.

vis·co·so, sa² [ビスコソ, ー] 形〈液体〉ねばりのある, 粘着性の.

vi·se·ra [ビセラ] 女 1〈帽子〉ひさし, つば, サンバイザー. 2 野球帽. 3〈自動車〉(遮光板の)サンバイザー. 4〈かぶと〉(顔面を保護する)ひさし, 面頬(めんぽお).

vi·si·bi·li·dad [ビシビリダス] 女 目に見えること, 可視性.

vi·si·ble [ビシブれ] 形 1 目に見える, 可視の. 2 明白な, 疑う余地のない.

vi·si·ble·men·te [ビシブれメンテ] 副 明らかに.

vi·si·go·do, da [ビシゴド, ダ] 形 〈ゲルマンの〉西ゴートの.
— 男 女 西ゴート人, 西ゴート族.

vi·si·gó·ti·co, ca [ビシゴティコ, カ] 形 西ゴート族の.

vi·si·llo [ビシジョ] 男 薄手のカーテン.

vi·sión [ビシオン] 女 1 視覚, 視力. 2 知覚, 認知. 3 (先の) 見通し, 展望. 4 見方, 見解. 5 幻 (まぼろし), 幻覚, 幻影. 6 光景, 景色, 情景. 7 奇妙なもの, 不気味なもの.

vi·sio·nar [ビシオナル] 他 (映像) を専門家の目で見る.

vi·sio·na·rio, ria [ビシオナリオ, リア] 形 妄想を信じやすい.
— 男 女 夢想家, 妄想を抱く人.

vi·sir [ビシル] 男 〈回教国〉大臣.

vi·si·ta [ビシタ] 女 1 訪問. 2 訪問客, 来客. 3 見学, 視察. 4 見舞い, 面会. 5 診察, 往診.
— 話 → visitar 訪問する.

vi·si·ta·dor, do·ra [ビシタドル, ドラ] 男 女 1 視察員, 査察官. 2 医薬品セールスマン. 3 〈宗教〉巡察使.

vi·si·tan·te [ビシタンテ] 形 訪問の, 見学の.
— 男 女 訪問者, 見学者, 見舞い客.

vi·si·tar [ビシタル] 他 1 …を訪問する, …に会いにいく. 2 …を見学に行く, 見物に行く. 3 …に通 (かよ) う. 4 …を見舞う. 5 …を往診する. 6 …を診察する. 7 …を視察する, 調べに行く. 8 …に参詣 (さんけい) する, お参りに行く.

vis·lum·brar [ビスルンブラル] 他 1 …をかいま見る, ぼんやりと見る. 2 …をぼんやりと理解する.
— **vislumbrarse** 再 ほのかに見える [わかる].

vis·lum·bre [ビスルンブレ] 女 1 かすかな光 [明かり]. 2 (ありそうだという) 疑い, 勘のはたらき. 3 きざし, 兆候.

vi·sos [ビソス] 男 複 1 様子, 見かけ. 2 光沢, つや.

vi·són [ビソン] 男 1 〈動物〉ミンク. 2 〈製品〉ミンクの毛皮.

vi·sor [ビソル] 男 1 〈カメラ〉ファインダー. 2 (スライドや映画フィルムの) ビューアー.

vís·pe·ra [ビスペラ] 女 1 前日, 前夜.

vís·pe·ras [ビスペラス] 女 複 1 (→ vispera) 直前の時期. 2 〈宗教〉(日没時の祈りの) 晩課.

vist- 話 1 → vestir 服を着せる (活 56). 2 → ver 見る (活 86).

vis·ta¹ [ビスタ] 女 (→ visto) 1 視覚, 視力. 2 視線, まなざし, 目線. 3 目撃, 見ること. 4 ながめること, 見つめること. 5 外見, 様子, 見かけ. 6 確かな把握, 眼力. 7 ながめ, 眺望, 視界. 8 風景画, 風景写真. 9 〈裁判〉審理.

a la vista 1 目の届く所に. 2 明白に. 3 見込みとして, 視野に入れて.

a la vista de … 1 …の目の前で, …のいる所で. 2 …を考慮して. 3 …と比べてみれば.

alzar la vista a … …に助けを求める.

a primera [simple] vista 一見して.

a vista de pájaro 1 ざっと見たところ. 2 〈眺望〉高い所から.

comerse… con la vista …を食い入るように見る.

conocer de vista a (+人) …の顔を見たことがある.

con vistas a … 1 …を意識して. 2 …に備えて.

corto de vista 1 近視の. 2 近視眼的な.

dar [echar] una vista a … …をちらっと見る.

echar la vista a … …を (選んで) 決めている.

echar la vista (encima) a (+人) …のそばに行く, …に近づく.

en cuenta la vista de … …を考慮に入れて.

fijar la vista en … …をじっと見つめる.

hacer la vista gorda 見て見ぬ振りをする.

¡Hasta la vista! また会いましょう!

ir·se la vista a (+人) …の気分が悪くなる, …が目まいをおぼえる.

largo de vista 抜け目のない.

no perder de vista … 1 …をじっと見守る. 2 …を忘れないでおく.

pagadero a la vista (手形などが) 一覧払いの.

pasar la vista por … …にざっと目を通す.

perder la vista (a) … 1 …を見なくてすませる. 2 …を失う.

perder·se de vista 1 見えなくなる. 2 消えてくれる.

poner la vista en … …に目をつける.

punto de vista 観点, 視点.

saltar a la vista すぐ目に入る, 目立つ.

tener… a la vista 1 …を目の前にする. 2 …を心得ておく.

tener buena [mala] vista 目がよい [悪い].

tener mucha vista 1 見てくれがいい, 見ばえがする. 2 目がきく, 先見の明がある.

vista cansada 遠視, 老眼.

vista corta 近視, 近眼.

vista de águila 遠目のきく視力.

vista de lince 鋭い目つき.

vista panorámica 全景のながめ.

volver la vista そっぽを向く.

volver la vista atrás 1 振り向く. 2 過去を振り返る.

vis·ta·zo [ビスタソ] 男 一見, 一瞥 (いちべつ).

echar [dar] un vistazo a … …をちらっと見る.

vis·to, ta² [ビスト, —] 〈過去分詞〉→ ver 見る.
— 形 1 見た, 見られた. 2 よく知られた, 並の. 3 考慮された, 予見された. 4 〈法律〉審理終了の.

…bien [mal] visto (行為などが社会的に) よい [悪い] とされている….

dar el visto bueno a … …を承認する.

Está visto que... …は明らかである.
lo nunca visto かつて見たことのないもの[こと].
por lo visto 見たところ.
visto bueno (書類の署名に付けられる文句の)承認.
visto que... …であるからには, …なので.
visto y no visto あっと言う間に.

vis·to·si·dad [ビストシダス] 囡 派手さ, 華やかさ.

vis·to·so, sa [ビスト, サ] 形 人目を引く, 派手な, 華やかな, カラフルな.

vi·sual [ビスアる] 形 視覚の, 目で見る.
— 囡 視線.

vi·sua·li·dad [ビスアリダス] 囡 見ばえ, 華やかさ.

vi·sua·li·za·ción [ビスアりさしオン] 囡 1 視覚化, 映像化. 2 目で見えるようにすること. 3 心像化.

vi·sua·li·zar [ビスアりさル] 他 〖活 39 gozar〗 1 …を目に見えるようにする. 2 …を映像化する, 視覚化する. 3 …を心に描く.

vi·sual·men·te [ビスアるメンテ] 副 1 視覚によって, 目で見て. 2 視力の点では. 3 イメージ[映像]としては.

vi·tal [ビタる] 形 1 生命の, 命にかかわる. 2 とても重要な, きわめて重大な. 3 〈人〉活力の, 精力旺盛(^{せい})な.

vi·ta·li·cio, cia [ビタリしオ, しア] 形 (職や年金などが)終身の.

vi·ta·li·dad [ビタリダス] 囡 1 活力, 生命力. 2 生気, 元気, バイタリティー.

vi·ta·lis·mo [ビタリスモ] 男 1 活力, 生命力. 2 楽観的な明るさ.

vi·ta·lis·ta [ビタリスタ] 形 《男女同形》〈人〉活気に満ちた, とても元気な.
— 男 囡 元気いっぱいの人.

vi·ta·li·zar [ビタリさル] 他 〖活 39 gozar〗 …を活気づける, …に力を与える.

vi·ta·mi·na [ビタミナ] 囡〈栄養素〉ビタミン.
vitamina C ビタミンC.

vi·ta·mi·na·do, da [ビタミナド, ダ] 形 (食品や薬が)ビタミンを添加された.

vi·ta·mí·ni·co, ca [ビタミニコ, カ] 形 1 ビタミンの. 2 ビタミンを含んでいる.

vi·te·li·no, na [ビテリノ, ナ] 形 卵黄の.

vi·te·lo [ビテロ] 男 卵黄.

vi·tí·co·la [ビティコら] 形 《男女同形》ブドウ栽培の.

vi·ti·cul·tor, to·ra [ビティクるトル, トラ] 男 囡 ブドウ栽培業者.

vi·ti·cul·tu·ra [ビティクるトゥラ] 囡〈技術〉ブドウ栽培.

vi·to [ビト] 男〈民謡〉(早いリズムのアンダルシアの)ビト.

vi·to·la [ビトら] 囡〈葉巻〉(銘柄入りの)帯(^{おび}).

ví·to·res [ビトレス] 男[複] 1 歓呼, 喝采(^{かっさい}). 2 (個人を称賛する)壁の落書き.

vi·to·re·ar [ビトレアル] 他 …に喝采(^{かっさい})する.

Vi·to·ria [ビトリア] 圖〈都市の名〉(北スペインのアラバ Álava 県の県都の)ビトリア.

vi·to·ria·no, na [ビトリアノ, ナ] 形 (北スペインの都市の)ビトリア Vitoria の.
— 男 囡 ビトリアの人.

vi·tral [ビトらる] 男 ステンドグラス.

ví·tre·o, a [ビトレオ, ア] 形 ガラス(状)の.

vi·tri·fi·ca·ción [ビトリふィカしオン] 囡 ガラス化.

vi·tri·fi·car [ビトリふィカル] 他 〖活 73 sacar〗 …をガラス(質)に変える.
— **vitrificarse** 再 ガラス(状)になる.

vi·tri·na [ビトリナ] 囡 (ガラスの)ショーケース, ショーウインドー.

vi·tro·ce·rá·mi·ca [ビトロセラミカ] 囡 ガラスセラミックス, 結晶化ガラス.

vi·tua·llas [ビトゥアジャス] 囡[複] (集団の)食糧.

vi·tu·pe·ra·ble [ビトゥペラブれ] 形 非難されるべき.

vi·tu·pe·ra·ción [ビトゥペラしオン] 囡 批判, 非難.

vi·tu·pe·ran·te [ビトゥペランテ] 形 非難する.

vi·tu·pe·rar [ビトゥペラル] 他 …を非難[批判]する.

vi·tu·pe·rio [ビトゥペリオ] 男 非難, ののしり.

viu·da[1] [ビウダ] 囡 未亡人, やもめ.
viuda negra〈節足動物〉(毒の強い)ゴケグモ.

viu·de·dad [ビウデダス] 囡 1 寡婦(^か)年金. 2 やもめ暮らし.

viu·dez [ビウデす] 囡 やもめ暮らし.

viu·do[1] [ビウド] 男 男やもめ.

viu·do[2], **da**[2] 形 (夫や妻のいない)やもめの.

vi·va[1] [ビバ] 間 《→ vivo[2]》《vivan》《→ vivir》ばんざい!

vi·vac [ビバク] 男 《= vivaque》《複 vivaques》野営, 野営地, ビバーク.
hacer vivac 野営[ビバーク]する.

vi·va·ces [ビバせス] 形[複] 《→ vivaz》鋭敏な.

vi·va·ci·dad [ビバしダス] 囡 1 (頭の回転の速さ, 鋭敏, 明敏. 2 はつらつとした様子, 生気.

vi·va·la·vir·gen [ビバらビルヘン] 男 囡 (無責任で)能天気な人間.

vi·va·les [ビバれス] 男 囡《単複同形》(自分のために何でも利用する)ずるい人間.

vi·va·men·te [ビバメンテ] 副 1 生き生きと, 活発に. 2 まざまざと.

vi·va·que [ビバケ] 男 《→ = vivac》ビバーク.

vi·va·que·ar [ビバケアル] 自 野営[ビバーク]する, 野宿する.

vi·va·ra·cho, cha [ビバラチョ, チャ] 形 陽気な, 活発な, とても元気な.

vi·vaz [ビバす] 形 1 鋭敏な, 明敏な. 2 敏速な, 機敏な. 3 活発な, 精力的な. 4 (色などの)力強い,

鮮明な. 5〈植物〉多年生の.
vi·ven·cia [ビベンシア] 囡 体験, 個人的経験.
vi·ven·cial [ビベンシアる] 形 体験の.
ví·ve·res [ビベレス] 男複 食糧, 兵糧(ひょう).
vi·ve·ro [ビベロ] 男 1〈農業〉苗床(なえ), 苗木畑. 2 養殖場, いけす.
vi·ve·za [ビベサ] 囡 1 機敏, 敏捷(びんしょう)さ. 2 興奮, 熱情. 3 鋭敏, 明敏. 4 (色彩などの)鮮明さ, 鮮烈さ.
ví·vi·do, da [ビビド, ダ] 《過去分詞》→ vivir 生きる.
ví·vi·do, da [ビビド, ダ] 形 1 生き生きした, 鮮明な. 2 生気に満ちた, 元気な.
vi·vi·dor, do·ra [ビビドル, ドラ] 形 1 人生を楽しむ, 気楽な. 2 世なれた, 世故(せこ)にたけた.
— 男 囡 1 のんきな者, 極楽とんぼ. 2 世なれた人.
vi·vien·da [ビビエンダ] 囡 住居, 住まい.
vi·vien·te [ビビエンテ] 形 生きている.
— 共 生者(せいじゃ), 生存者.
vi·vi·fi·can·te [ビビふぃカンテ] 形 活気づける.
vi·vi·fi·car [ビビふぃカる] 他 1 …を活気づける. 2 …を生かしてやる.
vi·ví·pa·ro, ra [ビビパロ, ラ] 形〈動物〉胎生の.
— 男 囡 胎生動物.
vi·vir [ビビる] 自 1 生きる, 生きている. 2 生活してゆく, 暮らす. 3 住む, 人生を送る. 4 (記憶などが)残る. 5 (+de...) …で生計を立てる. 6 (思想などが)存続する, 影響を与え続ける. 7 人生を楽しむ, 楽しい人生を送る.
— 他 …を体験する, …を生きる.
dejar vivir a... …を自由に生活させてやる.
de mal vivir 身持ちの悪い…
no dejar vivir a... …をしつこく悩ませる.
no vivir (+de...) (…で)生きた心地がしない.
saber vivir 人生の生き方を心得ている.
¡Viva...! …ばんざい!
vivir bien よい生活をしている.
¡Vivir para ver! これは驚いた!
vi·vi·sec·ción [ビビセクしオン] 囡 生体解剖.
vi·vo¹ [ビボ] 男〈服飾〉縁飾り.
vi·vo², va² 形 1 生きている. 2 強い, 強烈な. 3 (知的に)鋭い, しっかりした. 4 (習慣などが)強く生き残っている. 5 (記憶に)生き生きと残っている. 6 軽快な, 活発な. 7 生き生きとした, 表現力のある, 説得力のある. 8 利口な, 目はしのきく, 利発な.
— 男 囡 利口[利発な]人.
— 副 → vivir 3.
en vivo 1 生きたままで. 2 その本人で. 3〈放送〉生(なま)中継で.
lo vivo 1 核心, 肝心な点. 2 痛いところ.
vivo [vivito] *y coleando* (予想に反して)生きている.
vi·vos [ビボス] 男複 《→ vivo²》(集合的に)生存者, 生者(せいじゃ).

viz·caí·no, na [ビスカイノ, ナ] 形 (北スペインの)県のビスカヤ Vizcaya の.
— 男 囡 ビスカヤの人.
Viz·ca·ya [ビスカヤ] 圄 (県の名)(ビルバオ Bilbao が県都の北スペインの)ビスカヤ.
viz·con·de [ビスコンデ] 男 子爵.
viz·con·de·sa [ビスコンデサ] 囡 1 女(にょ)子爵. 2 子爵夫人.
V. M. [ブエストラ マヘスタス]《略語》《敬語》Vuestra Majestad (国王)陛下.
vo·ca·blo [ボカブロ] 男 単語, 語, 言葉.
vo·ca·bu·la·rio [ボカブラリオ] 男 1 (共通性のある単語を集めた)単語集, 語彙(ごい). 2 語彙集, (特定専門分野の)用語辞典.
vo·ca·ción [ボカしオン] 囡 1 適性, 素質, 天分. 2 (聖職への)神の啓示.
vo·ca·cio·nal [ボカしオナる] 形 天性の, 天職の.
vo·cal [ボカる] 形 1 声の, 音声の. 2 口頭の, 口述の.
— 男 囡 幹部会員, 理事.
— 囡〈音声学〉母音, 母音字.
vocal abierta (a, e, o の)開母音.
vocal cerrada (i, u などの)閉母音.
vo·cá·li·co, ca [ボカリコ, カ] 形〈音声学〉母音の.
vo·ca·lis·mo [ボカリスモ] 男〈音声学〉母音体系.
vo·ca·lis·ta [ボカリスタ] 男 囡 (楽団の)歌手.
vo·ca·li·za·ción [ボカリさしオン] 囡 1 (正しい)発音, 発声. 2〈音声学〉(子音の)母音化.
vo·ca·li·zar [ボカリさる] 他《活 39 gozar》1 …を正しく発音する. 2〈音声学〉…を母音化する.
— 自 1 正しく発音する. 2 発声練習をする.
— **vocalizar·se** 再 (子音が)母音になる.
vo·ca·ti·vo¹ [ボカティボ] 男〈文法〉呼格.
vo·ca·ti·vo², va [—, バ] 形〈文法〉呼格の.
vo·ce·a·dor, do·ra [ボセアドル, ドラ] 形 大声を出す.
— 男 囡 声の大きな人.
vo·ce·ar [ボセアる] 自 大声を出す, どなる.
— 他 1 …を大声で知らせる. 2 …を大声で呼ぶ. 3 (大勢が) …に歓呼する. 4 (秘密などを)もらす, 公表する. 5 (目などが) …を雄弁に物語る.
vo·ce·ras [ボセラス] 共 《単複同形》(余計なことを)ぺらぺらしゃべる人間.
vo·ce·río [ボセリオ] 男 (集合的に)叫び声.
vo·ce·ro, ra [ボセロ, ラ] 男 囡 代弁者.
vo·ces [ボセス] 囡複 《→ voz》声.
vo·ci·fe·rar [ボしふぇラる] 自 どなる, がなる.
vo·cin·gle·ro, ra [ボしングれロ, ラ] 形 1 大声で話す. 2 (意味のないことを)よくしゃべる.
— 男 囡 1 話し声の大きな人. 2 無駄口の多い人.
vo·de·vil [ボデビる] 男 寄席演芸的ショー, ボードビル.

vod·ka

vod·ka [ボスカ] 男 女 〈酒〉ウォッカ.
vol. [ボルメン] 男 《略語》《複 vols.》volumen (書籍の)巻, 冊.
vo·la·da[1] [ボラダ] 女 ひと飛び.
vo·la·de·ro, ra [ボラデロ, ラ] 形 1 飛ぶことのできる. 2 はかない, すぐに消える.
vo·la·di·to, ta [ボラディト, タ] 形 〈印刷〉(文字が)上付きの.
vo·la·di·zo[1] [ボラディソ] 男 (壁の)張り出し.
vo·la·di·zo[2]**, za** [—, さ] 形 〈建築〉張り出した, 突き出した.
vo·la·do, da[2] [ボラド, —] 形 1 〈建築〉張り出した, 突き出した. 2 そわそわした, 急いでいる. 3 〈麻薬〉らりっている.
vo·la·dor[1] [ボラドル] 男 1 〈魚〉トビウオ. 2 〈軟体動物〉ヤリイカ. 3 ロケット花火.
vo·la·dor[2]**, do·ra** [—, ドラ] 形 飛ぶ, 飛べる.
vo·la·du·ra [ボラドゥラ] 女 爆破.
vo·lan·das [ボランダス] 女 《つぎの副詞句の一部》
en volandas 宙に浮いて, 空中で.
vo·lan·de·ro, ra [ボランデロ, ラ] 形 1 空中にいる. 2 ぶら下がっている.
vo·lan·ta·zo [ボランタソ] 男 急ハンドル.
dar un volantazo 急ハンドルを切る.
vo·lan·te [ボランテ] 形 1 移動する, 移動式の. 2 飛ぶことのできる.
— 男 1 〈自動車〉ハンドル. 2 〈服飾〉フリル, ひだ飾り. 3 メモ, 覚え書き. 4 ちらし, 刷り.
vo·lan·tín [ボランティン] 男 《複数の鉤(?<)をつけた)釣針の仕掛け.
vo·la·pié [ボラピエ] 男 〈闘牛〉(とどめを刺す型の)ボラピエ.
vo·lar [ボラル] 自 《活 22 contar》1 飛ぶ. 2 (飛行機に乗って)飛ぶ. 3 飛行する. 4 さっと消える, 消えてなくなる. 5 飛んで行く. 6 (+a+不定詞)急いで…する. 7 (うわさなどが)すぐに広まる. 8 (時が)矢のように過ぎる. 9 (子供が)(親の家を)飛び立つ.
— 他 …を爆破する, 吹き飛ばす.
— **volar·se** 再 (紙などが)風で舞い上がる.
vo·la·te·rí·a [ボラテリア] 女 〈猟〉タカ狩り.
vo·lá·til [ボラティル] 形 1 気化しやすい. 2 不安定な, 変わりやすい.
vo·la·ti·li·zar [ボラティリサル] 他 《活 39 gozar》…を気化する.
— **volatilizar·se** 再 1 気化する. 2 すぐに姿を消す.
vo·la·tín [ボラティン] 男 軽業(がる), 曲芸.
vo·la·ti·ne·ro, ra [ボラティネロ, ラ] 男 女 軽業(がる)師, 曲芸師.
vol·cán [ボルカン] 男 1 火山. 2 (感情の)爆発, 激情.
vol·cá·ni·co, ca [ボルカニコ, カ] 形 火山の.
vol·car [ボルカル] 他 《活 82 trocar》1 …をひっくり返す, 倒す. 2 (容器の中身)をぶちまける.
— 自 転覆(ぶく)する, ひっくり返る.
— **volcar·se** 再 1 ひっくり返る. 2 こぼれ散る. 3 (+con…)…を喜ぶのに全力を尽くす. 4 (+en…)…に全力を集中する.
vo·le·a [ボレア] 女 〈球技〉ボレー.
vo·le·ar [ボレアル] 他 1 〈ボール〉をボレーする. 2 〈農業〉〈種〉をまく.
vo·lei·bol [ボレイボル] 男 〈スポーツ〉バレーボール.
vo·le·o [ボレオ] 男 〈球技〉ボレー.
a voleo いいかげんに, 適当に.
vo·li·ti·vo, va [ボリティボ, バ] 形 〈文法〉意志の.
vol·que·te [ボルケテ] 男 ダンプカー.
vol·ta·je [ボルタヘ] 男 電圧.
vol·te·ar [ボルテアル] 他 1 …を回転させる. 2 …をひっくり返す. 3 〈鐘〉を(回転させて)鳴らす. 4 (物事が)(ほかの物の状態)を変える.
— 自 方向を変える.
vol·te·re·ta [ボルテレタ] 女 宙返り.
vol·tí·me·tro [ボルティメトロ] 男 電圧計.
vol·tio [ボルティオ] 男 〈電圧の単位〉ボルト.
vo·lu·ble [ボルブレ] 形 1 よく変わる, 不安定な. 2 〈植物〉つる性の.
vo·lu·men [ボルメン] 男 《複 volúmenes》1 〈書籍〉巻, 冊. 2 量, かさ, ボリューム. 3 体積, 容積. 4 大きさ. 5 音量, 声量.
vo·lu·mi·no·so, sa [ボルミノソ, サ] 形 1 分厚い. 2 かさ高い, かさばった. 3 大きな.
vo·lun·tad [ボルンタド] 女 1 意志. 2 意志の力. 3 望み, 意図, 意向. 4 決意, 決心.
a voluntad 思うままに. 2 たっぷりと.
a su voluntad 自分の好きなように.
buena voluntad 1 善意, 好意. 2 その気, やる気.
contra su voluntad 自分の意に反して.
de (buena) voluntad 好奇から, 好んで.
ganar la voluntad de… …の好意を得る.
hacer su santa voluntad 自分の好きなようにやる.
mala voluntad 悪意.
por voluntad de… …の意志によって.
tener mucha [poca] voluntad やる気満々である [ほとんどやる気がない].
última voluntad 遺言.
vo·lun·ta·ria·do [ボルンタリアド] 男 1 ボランティア団体. 2 〈軍隊〉志願による入隊.
vo·lun·ta·ria·men·te [ボルンタリアメンテ] 副 自発的に, 自分から, 進んで.
vo·lun·ta·rie·dad [ボルンタリエダス] 女 1 自由意志, 自発性. 2 気ままの望み.
vo·lun·ta·rio, ria [ボルンタリオ, リア] 形 1 自発的な, 自由意志による. 3 志願して加わった.
— 男 女 1 〈人〉ボランティア. 2 志願者.
vo·lun·ta·rio·so, sa [ボルンタリオソ, サ] 形 するべきことをする意志のある, 熱意のある.
vo·lup·tuo·sa·men·te [ボルプトゥオサメンテ]

活 は活用形　複 は複数形　男 は男性名詞　女 は女性名詞　固 は固有名詞　代 は代名詞　自 は自動詞

vo·lup·tuo·si·dad [ボルプトゥオシダス] 女 (官能的な)満足, 快楽.

vo·lup·tuo·so, sa [ボルプトゥオソ, サ] 形 1 官能的な, なまめかしい. 2 官能の喜びを求める, 享楽的な.
— 男 女 快楽にふける人.

vo·lu·ta [ボルタ] 女 1〈建〉渦巻き. 2 渦巻き型の装飾.

vol·ver [ボルベル] 自《活 87》1 (+a...) …に戻る, 帰る. 2 (物事が)再び来る. 3 (+a+不定詞) 再び…する.
— 他 1 …をひっくり返す, 裏返す. 2〈衣類〉を裏向きにする. 3 (ページ)をめくる. 4 …の向き[方向]を変える. 5 …を(+形容詞) …に変える. 6 …を返却する, (もとの場所に)戻す.
— **volver·se** 再 1 (途中から)戻る. 2 (+a...) …に方向を変える. 3 振り向く, ふりかえる. 4 (+形容詞または主格補語) …に変わる, なる. 5 ひっくり返る, 一回転する.

volver a nacer 九死に一生(いっしょう)を得る.
volver en sí 正気に返る, 意識を取り戻す.
volver·se atrás 1 引き返す. 2 約束を破る. 3 (+de+約束) …を破る.
volver sobre sí やり方を反省して修正する.

vó·mer [ボメル] 男 (鼻の)鋤骨(じょこつ).

vo·mi·tar [ボミタル] 他 1 …を吐(は)く, 戻す. 2 …をひるがえして汚す. 3 …を吐き出す. 4 (悪口)を(+contra...) …に浴びせる.
— 自 吐く, 上げる.

vo·mi·ti·vo[1] [ボミティボ] 男〈薬〉吐剤(ざい).

vo·mi·ti·vo[2]**, va** [—, バ] 形 1 吐(は)き気をもようさせる. 2 むかむかさせる.

vó·mi·to [ボミト] 男 1 嘔吐(おうと), 吐(は)くこと. 2 吐いたもの, 吐物, へど.

vo·mi·to·na [ボミトナ] 女 激しい嘔吐(おうと).

vo·mi·to·rio [ボミトリオ] 男 (入場者の)出口, 吐き出し口.

vo·ra·ces [ボラセス] 形複〈→ voraz〉食欲旺盛(おうせい)な.

vo·ra·ci·dad [ボラシダス] 女 1 大食, 暴食. 2 猛烈, 猛威.

vo·rá·gi·ne [ボラヒネ] 女 1 渦(うず), 渦巻き. 2 激情, 感情の混乱. 3 めまぐるしさ.

vo·raz [ボラす] 形《複 voraces》1 食欲旺盛(おうせい)な, がつがつ食べる, 大食の. 2 (火などが)猛烈な, 激しい.

vos [ボス] 代《2人称単数の人称代名詞》《男女同形》1〈主語〉君, おまえ, あんた/¿Vos lo tenés? 君はそれを持っているか. 2 (前置詞+) 君, おまえ, あんた/con vos 君と共に. 3〈古語〉あなた様, 貴殿.

vo·se·ar [ボセアル] 他 (+a...) …に vos で話しかける.
— **vosear·se** 再 vos で話しあう.

vo·se·o [ボセオ] 男 (vos を使用する)古風親称

待遇, ボス法.

vo·so·tros, tras [ボソトロス, トラス] 代《2人称複数の人称代名詞》1〈主語〉君たち, おまえたち, あんたたち/¿Lo tenéis vosotros? 君たちはそれを持っているか. 2 (前置詞+) 君たち, おまえたち, あんたたち/con vosotros 君たちと共に.

vo·ta·ción [ボタシオン] 女 1 投票, 票決. 2 (集合的に)票, 投票数.

vo·tan·te [ボタンテ] 男 女 投票者, 選挙人.

vo·tar [ボタル] 他 1 …に投票する. 2 …を投票で決める, 票決する.
— 自 (+por) …に投票する.

vo·to [ボト] 男 1〈選出〉(参加者の)意見, 投票. 2〈選挙〉票. 3 投票権, 選挙権. 4〈宗教〉誓願, ちかい. 5 (神への)願い, 願いごと.
Con mis mejores votos de felicidad,(手紙の結びで)どうぞお幸せに!
hacer votos por... …への願いを表明する.
¡Voto a...*!* ばかな!, なぜだ![← votar].
voto de calidad (投票で同数のとき2人分に数えられる)長老の票.
voto de confianza 1 (決定権を与える)信任, 代理権. 2 信任投票.
voto nominal 記名投票.
voto secreto 無記名投票.

vox po·pu·li [ボクス ポプリ] 形 世間の常識の.

voy 活 → ir 行く《活 44》.

voz [ボす] 女《複 voces》1 声, 音声. 2 (声の)音質, 声量. 3 叫び声. 4 歌手, 音楽家, 声楽家. 5 単語, 言葉. 6 発言権. 7 意見, うわさ. 8 (意見としての)声. 9〈文法〉態.
a media voz 低い声で, 小声で.
a una voz 異口(いく)同音に.
a voces 大声で, 叫んで.
correr la voz (人が)うわさを広める.
dar voces 叫ぶ.
de viva voz 口頭で, 言葉で.
en voz alta 1 大声で. 2 聞いたままに.
en voz baja 小声で.
levantar [alzar] la voz 声を高める[荒らげる].
llevar la voz cantante 責任者になる, 取りしきる.
no tener (ni) voz ni voto 発言権がない.
tener la voz tomada 声がかすれている.
voz activa〈文法〉能動態.
voz de mando 命令, 指令.
voz pasiva〈文法〉受動態.
voz pública 世論.

v. tr. [ベルボ トランシティボ] 男《略語》verbo transitivo である.

vu·dú [ブドゥ] 男〈宗教〉ブードゥー教.

vue·cen·cia [ブエセンしア] 女《敬語》閣下.

vuel- 活 → volar 飛ぶ《活 22》.

vuelc- 活 → volcar ひっくり返す《活 82》.

vuel·co [ブエルコ] 男 1 転倒, 転覆. 2 急変, 急転回.
dar a (+人) *un vuelco el corazón* …の胸がどきっとする.

vue·lo [ブエロ] 男 1 飛行, 飛ぶこと. 2 空の旅, 飛行機での旅行. 3 飛行経路, 航路. 4〈飛行機〉便, フライト. 5 (スカートなどの)フレア. 6〈建築〉張り出し, 突出部.
al vuelo 1 大急ぎで. 2 空中で. 3 たまたま.
cortar los vuelos a (+人) …に我慢を教える.
de altos [*muchos*] *vuelos* とても大事な, とても大きな.
de [*en*] *un vuelo* すぐに, 急いで.
levantar [*alzar, emprender*] *el vuelo* 1 (飛行機が)飛び立つ. 2 (人が)その場を離れる, 巣立つ.
tomar vuelo (事業などが)大きく育つ, 重要になる.
vuelo sin motor (グライダーなどの)滑空飛行.

vuelqu- 活 → volcar ひっくり返す《活 82》.

vuel·ta[1] [ブエルタ] 女《→ vuelto》1 回転. 2 ひと回り, 一巡. 3 曲がり角, カーブ. 4 帰ること, 帰還, 復帰. 5 つり銭, お釣り. 6 裏面, 裏側. 7〈スポーツ〉一周レース. 8 (順番に行われる)回. 9〈衣服〉折り返し. 10〈編み物〉(編み目の)列, 段. 11〈詩歌〉リフレイン, 繰り返し句.
a la vuelta de… 1 …を曲がった所に. 2 (時)が過ぎたら. 3 …の帰りで.
a la vuelta de la esquina すぐ近くに.
andar a vueltas いがみ合う.
a vuelta de correo (急いで)返信で.
buscar a (+人) *las vueltas* …のあら探しをする.
dar cien vueltas a… 1 …をしのぐ, …に勝る. 2 …のことを何度も考える.
dar a… vueltas la cabeza …が目まいを覚える.
dar la vuelta a… 1 …をひっくり返す. 2 …を一周する. 3 …を裏返しにする. 4 …を回す.
dar(*se*) *una vuelta* 1〈散歩〉ひと回りする. 2 (+*por*…)…に立ち寄る. 3 (+*por*…)…を巡回する.
dar vueltas 1 (なにかを探し求めて)歩きまわる. 2 回転する.
dar vueltas a… …についてよく考える.
estar de vuelta 帰ってきている, 戻っている.
estar de vuelta de… …のことはよく知っている.
¡Hasta la vuelta! (また帰ってくる人に)行ってらっしゃい!
media vuelta 反転, 半回転.
no tener vuelta de hoja (物事が)疑問の余地がない.
poner a (+人) *de vuelta y media* 1 …に悪態をつく. 2 …の悪口を言う.
vuelta de campana (一回転の)とんぼ返り.

vuel·to, ta[2] [ブエルト, —]《過去分詞》→ volver 戻る.
— 形 1 ひっくり返った, さかさまの. 2 裏返しの. 3 そっぽを向いた.

vuelv- → volver 戻る《活 87》.

vues·tro, tra [ブエストロ, トラ] 形《2人称複数の所有形容詞》《複 vuestros, ras》君たちの, おまえたちの, あんたたちの.
— 代《2人称複数の所有代名詞》《定冠詞+》君たちのもの, おまえたちのもの, あんたたちのもの.
la vuestra 君たちのチャンス.
lo vuestro 君たちのもの.
los vuestros 君たちの家族[仲間, 味方].

vul·ca·ni·zar [ブルカニセル] 他《活 39 go-zar》(生ゴム)に加硫する.

vul·ca·no·lo·gí·a [ブルカノロヒア] 女 火山学.

vul·gar [ブルガル] 形 1 ありふれた, 普通の, 並の. 2 一般的な, 専門的でない. 3 平俗な, 大衆的な. 4 俗悪な, 品のない.
latín vulgar (口語ラテン語を指す)俗ラテン語.
nombre vulgar (一般的な)俗称.

vul·ga·ri·dad [ブルガリダス] 女 1 ありふれたこと[もの]. 2 俗悪なこと[もの].

vul·ga·ris·mo [ブルガリスモ] 男〈言語学〉俗語的要素.

vul·ga·ri·za·ción [ブルガリサセオン] 女 大衆化, 俗化.

vul·ga·ri·zar [ブルガリサル] 他《活 39 go-zar》1 …を俗化する. 2 (専門的な事柄)をわかりやすくする. 3 …を一般的にする, 普及させる.
— *vulgarizar·se* 再 1 俗化する. 2 普及する.

vul·gar·men·te [ブルガルメンテ] 副 1 一般的に, 俗に. 2 下品に, 俗っぽく.

Vul·ga·ta [ブルガタ] 女《la+》(5世紀のラテン語訳の)ウルガタ聖書.

vul·go [ブルゴ] 男 一般大衆, 庶民.

vul·ne·ra·ble [ブルネラブレ] 形 (+*a*…に)傷つけられやすい.

vul·ne·ra·ción [ブルネラセオン] 女 1 傷つけること. 2 違反.

vul·ne·rar [ブルネラル] 他 1 (法など)に違反する. 2 …を傷つける.

vul·pi·no, na [ブルピノ, ナ] 形 キツネ[狐]の.

vul·va [ブルバ] 女〈解剖学〉陰門.

W w

W, w [ウベドブれ] 女 《アルファベットの第 24 番の文字》ウベドブレ.

Wa·shing·ton [ワシントン] 固 〈都市の名〉(アメリカ合衆国の首都の)ワシントン.

wa·ter [バテル] 男 トイレ.

wa·ter·po·lo [バテルポろ] 男 〈スポーツ〉水球.

watt [バト] 男 〈電力の単位〉ワット.

wau [グアウ] 男 女 〈言語学〉(二重母音のなかの[u]音の)ワウ.

wé·ber [ベベル] 男 〈磁束の単位〉ウェーバ.

wes·tern [ウエステルン] 男 〈映画〉西部劇.

whis·ke·rí·a [グイスケリア] 女 (女性のサービスがある)バー.

whis·ky [グイスキ] 男 〈酒〉ウイスキー.

wind·surf [グインスルふ] 男 〈スポーツ〉ウインドサーフィン.

wol·fra·mio [ボるふラミオ] 男 《= wolfram》〈化学〉タングステン.

他 は他動詞　再 は再帰動詞　形 は形容詞　副 は副詞　前 は前置詞　接 は接続詞　間 は間投詞

X x

X《ローマ数字》10／XXII 22.

X, x [エキス] 囡 **1**《アルファベットの第 25 番の文字》エキス. **2** 未知のもの.

xe·no·fi·lia [セノふィリア] 囡〈傾向〉外国人好き.

xe·nó·fi·lo, la [セノふィろ, ら] 形 外国人を好む.
— 男囡〈人〉外国人好き.

xe·no·fo·bia [セノフォビア] 囡〈傾向〉外国人嫌い.

xe·nó·fo·bo, ba [セノふォボ, バ] 形 外国人を嫌う.
— 男囡〈人〉外国人嫌い.

xe·ro·co·pia [セロコピア] 囡 ゼロックスコピー.

xe·ro·co·piar [セロコピアル] 他《活 17 cambiar》…をゼロックスコピーする.

xe·ró·fi·lo, la [セロふィろ, ら] 形《= xerófito, ta》〈生物〉好乾性の.

xe·rof·tal·mia [セロふタるミア] 囡《= xeroftalmía》〈病気〉眼球乾燥症.

xe·ro·gra·fí·a [セログラふィア] 囡 **1** 乾式複写. **2** ゼロックスコピー.

xe·ro·gra·fiar [セログラふィアル] 他《活 34 enviar》…をゼロックスコピーする.

xi·foi·des [シふォイデス] 男《単複同形》〈解剖学〉剣状突起.

xi·ló·fa·go, ga [シろふぁゴ, ガ] 形〈昆虫〉(樹木の)木部を食べる.

xi·lo·fo·nis·ta [シろフォニスタ] 男囡 木琴奏者.

xi·ló·fo·no [シろふォノ] 男 木琴, シロホン.

xi·lo·gra·fí·a [シログラふィア] 囡 **1**〈技術〉木版. **2** 木版印刷.

xi·ló·gra·fo, fa [シログラふぉ, ふぁ] 男囡 木版家, 木版業者.

xi·lo·pro·tec·tor, to·ra [シろプロテクトル, トラ] 形 (塗料などが)木材保護の.

Y y

Y, y [イグリエガ] 囡《アルファベットの第26番の文字》イグリエガ.
y [イ] 接《アクセントなし》《i, hi で始まる単語の前では e》**1**〈文法上対等のものを接続して〉…と—, …そして ~/Pepe y María ペペとマリア, Francia e Italia フランスとイタリア. **2** それから, だから. **3**〈命令文+〉…, そうすれば~. **4**〈文頭で〉それで….
　…*y eso que* ~ …なのに….
ya [ヤ] 副 **1**〈完了〉もう, すでに. **2**〈現在〉すぐ. **3**〈未来〉やがて, いずれ. **4** やっと, ようやく.
　— 間 **1**〈同意〉わかった!, そうだね! **2** 思い出した!**3** ほんと!
　¡*Ya estar* (+現在分詞) すぐに …しなさい!
　Ya lo creo. そうですとも.
　ya no [no ya]... sino ~ …だけでなく ~も.
　…, *ya que* ~ ~であるからには….
　ya... ya ~ …であったり ~であったり.
yac [ヤク] 男〈動物〉(ウシ科の)ヤク.
ya·ca·ré [ヤカレ] 男〈動物〉(小型の)ワニ.
ya·cen·te [ヤセンテ] 形 横になっている.
ya·cer [ヤセル] 自〈活 88〉**1** (+en...) …に横になる, 横たわる. **2** (死者が) (+en...) …に眠っている.
yach·ting [ヤティン] 男 ヨット競技.
ya·ci·ja [ヤレハ] 囡 **1** 粗末なベッド[寝床]. **2** 墓, 墓穴.
ya·ci·mien·to [ヤレミエント] 男 **1** 鉱床, 鉱脈. **2** 遺跡.
yag- 活 → yacer 横たわる《活 88》.
ya·guar [ヤグアル] 男〈動物〉ジャガー.
yam·bo [ヤンボ] 男〈樹木〉フトモモ.
yang [ヤン] 男〈易学〉陽.
yan·qui [ヤンキ] 形 ヤンキーの, アメリカの, 北米人の.
　— 男 囡 ヤンキー, アメリカ人.
yan·tar [ヤンタル] 自 食事をする.
yar·da [ヤルダ] 囡〈長さの単位〉ヤード.
ya·te [ヤテ] 男〈船〉(大型の)ヨット.
ya·yo, ya [ヤヨ, ヤ] 男 囡 祖父, 祖母.
yaz [ヤす] 男〈音楽〉ジャズ.
yaz- 活 → yacer 横たわる《活 88》.
ye [イェ] 囡〈文字 Y, y の別名〉イェ.
ye·dra [イェドラ] 囡〈植物〉ツタ.
ye·gua [イェグア] 囡 雌馬.
ye·gua·da [イェグアダ] 囡 馬の群れ.
ye·ís·mo [イェイスモ] 男〈言語学〉(子音の ll を y の音で発音する)Y 音化現象, Y 音化発音.
ye·ís·ta [イェイスタ] 形〈男女同形〉(子音の

ll を) Y 音で発音する.
　— 男 Y 音化発音者.
yel·mo [イェルモ] 男 (騎士の)かぶと.
ye·ma [イェマ] 囡 **1**〈卵〉黄身(<small>み</small>), 卵黄. **2** (卵黄菓子の)イェマ. **3**〈植物〉芽, つぼみ. **2** 指の腹.
yen [イェン] 男〈複 yenes〉〈通貨単位〉(日本の)円.
yen·do 活 → ir 行く《活 44》.
yer·ba [イェルバ] 囡〈→ = hierba〉草.
yerg- 活 → erguir 立てる《活 35》.
yer·mar [イェルマル] 他 (畑を)荒れさせる.
yer·mo[1] [イェルモ] 男 無人の地, 荒野.
yer·mo, ma [イェルモ, マ] 形 **1**〈土地〉人の住んでいない. **2**〈畑〉荒れた.
yer·no [イェルノ] 男 婿(<small>むこ</small>), (自分の)娘の夫.
ye·ro [イェロ] 男〈植物〉(実を飼料にするマメ科の)イェロ.
yerr- 活 → errar 間違える《活 36》.
ye·rro [イェロ] 男 **1** 間違い, 誤り. **2** 過失, 違反.
yer·to, ta [イェルト, タ] 形 こわばった, 硬直した.
yes·ca [イェスカ] 囡 **1**〈点火〉(火花の火を移すための)火口(<small>ほくち</small>). **2** 燃えやすいもの. **3** (感情を)あおるもの.
ye·se·rí·a [イェセリア] 囡 石膏(<small>せっこう</small>)工場.
ye·se·ro, ra [イェセロ, ラ] 形 石膏(<small>せっこう</small>)の.
　— 男 囡 石膏業者.
ye·so [イェソ] 男 **1** 石膏(<small>せっこう</small>), しっくい. **2**〈芸術〉石膏像.
ye·ta [イェタ] 囡 不運, 不幸.
ye·ti [イェティ] 男 (ヒマラヤの)雪男.
ye-yé [イェイェ] 形〈音楽〉(60 年代のポップスの)イエイエの.
　— 男 囡 イエイエの音楽家.
ye·yu·no [イェユノ] 男〈解剖学〉空腸.
yi·ddish [イディス] 男 (ドイツ系ヘブライ語の)イディッシュ語.
yin [イン] 男〈易学〉陰.
yo [ヨ] 代《1 人称単数の主語人称代名詞》わたし[私]は, 僕は/*Yo soy japonés.* 私は日本人です.
　— 男〈哲学〉自我, エゴ.
　Yo que tú [usted, él, ella], (+過去未来)もし私が君[あなた, 彼, 彼女]なら(…だろう).
yod [ヨス] 囡〈言語学〉(二重母音のなかの[i]音の)ヨド.
yo·da·do, da [ヨダド, ダ] 形〈言語学〉ヨド yod を含む.

他 は他動詞　再 は再帰動詞　形 は形容詞　副 は副詞　前 は前置詞　接 は接続詞　間 は間投詞

yo·do [ヨド] 男 〈化学〉ヨード, ヨウ素.

yo·do·for·mo [ヨドふォルモ] 男 〈消毒薬〉ヨードホルム.

yo·ga [ヨガ] 女 〈宗教的実践法〉ヨーガ, ヨガ.

yo·gui [ヨギ] 男女 ヨーガの行者.

yo·gur [ヨグル] 男 〈食品〉ヨーグルト.

yo·gur·te·ra [ヨグルテラ] 女 〈家庭電化製品〉ヨーグルトメーカー.

yo·la [ヨら] 女 〈帆船〉(一本マストでオールも使う雑用船の)ジョリーボート, ヨール.

Yo·lan·da [ヨらンダ] 固 〈女性の名〉ヨランダ.

yon·qui [ヨンキ] 男女 麻薬常用者.

yo·yó [ヨヨ] 男 〈玩具〉ヨーヨー.

yu·ca [ユカ] 女 1 〈植物〉(観賞用の)ユッカ. 2 〈植物〉(根が食用になる)キャッサバ, ユカ芋.

Yu·ca·tán [ユカタン] 固 〈州の名〉(メキシコの)ユカタン.
Península de Yucatán ユカタン半島.

yu·ca·te·co, ca [ユカテコ, カ] 形 (メキシコの)ユカタン半島の.
— 男女 ユカタン半島の人.

yu·do [ユド] 男 柔道.

yu·do·ca [ユドカ] 男女 柔道選手.

yu·go [ユゴ] 男 1 (牛馬をつなぐ)くびき. 2 重圧, 束縛.

yu·gos·la·vo, va [ユゴスらボ, バ] 形 (中央ヨーロッパの)ユーゴスラビア Yugoslavia の.
— 男女 ユーゴスラビア人.

yu·gu·lar [ユグるル] 女 〈解剖学〉頸静脈.

yun·que [ユンケ] 男 1 〈作業台〉金敷. 2 〈解剖学〉(耳の)きぬた骨.

yun·ta [ユンタ] 女 (くびきでつながれた)2頭の牛[馬].

yun·te·ro [ユンテロ] 男 (2頭立ての牛を使う)耕作農夫.

yu·ppie [ユピ] 男女 (学歴があって高収入の都会の若者の)ヤッピー.

yu·si·vo, va [ユシボ, バ] 形 〈言語学〉(接続法による)命令表現の.

yu·te [ユテ] 男 1 〈植物〉黄麻, ジュート. 2 黄麻布.

yux·ta·po·ner [ユスタポネル] 他 《活 61 poner》…を並置する, 並列にならべる.

yux·ta·po·si·ción [ユスタポシしオン] 女 並置, 並列.

yux·ta·pues·to, ta [ユスタプエスト, タ] 《過去分詞》→ yuxtaponer 並置する.
— 形 並置された.

yu·yo [ユヨ] 男 草, 雑草.

Z z

Z, z [セタ] 女 《アルファベットの第 27 番の文字》セタ.
za·ca·te [サカテ] 男 牧草.
za·fa·do, da [サふァド, ダ] 《過去分詞》→ zafarse 逃げる.
— 形 厚かましい, ずうずうしい.
za·fa·rran·cho [さふァランチョ] 男 1 (甲板での)準備. 2《軍隊》大掃除. 3 口論, けんか.
za·far·se [さふァルセ] 再 (+de ...) …から逃げる, 解放される.
za·fie·dad [さふィエダス] 女 粗野, 粗暴.
za·fio, fia [さふィオ, ふィア] 形 粗野[粗暴]な.
za·fi·ro [さふィロ] 男 〈宝石〉サファイア.
za·fra [さふラ] 女 1〈鉱山〉石くず. 2 (サトウキビからの)砂糖の製造.
za·ga [さガ] 女 1〈スポーツ〉守備陣. 2 後部.
a la zaga うしろに.
no ir (a+人) a la zaga …にひけをとらない.
za·gal, ga·la [さガる, ガら] 男 女 1〈青年・娘〉羊飼い. 2 若者, 青年, 娘.
za·guán [さグアン] 男 玄関.
za·gue·ro[1] [さゲロ] 男〈スポーツ〉後衛.
za·gue·ro[2]**, ra** [—, ラ] 男〈スポーツ選手〉守備, バック.
za·ha·re·ño, ña [さアレニョ, ニャ] 形 1〈野鳥〉餌(え)づけしにくい. 2〈人〉愛想の悪い, つきあいにくい.
za·he·rir [さエリル] 他 《活 77 sentir》…を(言葉や行為で)傷つける.
za·ho·nes [さオネス] 男 複〈乗馬・作業用の革の〉オーバーズボン.
za·ho·rí [さオリ] 男《複》zahoríes, zahorís〉(透視力のある, 水脈などの)占い師.
za·húr·da [さウルダ] 女 豚小屋.
zai·no, na [サイノ, ナ] 形 1〈牛〉黒一色の. 2〈馬〉全身が栃(とち)色の栗毛の.
zai·re·ño, ña [サイレニョ, ニャ] 形〈中央アフリカの〉ザイール Zaire の.
— 男 女 ザイール人.
za·la·me·rí·a [さらメリア] 女 お世辞, おだて.
za·la·me·ro, ra [さらメロ, ラ] 形 お世辞のうまい, よくおべっかを言う.
za·le·ma [さレマ] 女 1 お世辞. 2 うやうやしいおじぎ[辞儀].
za·ma·rra [さマラ] 女 (表や裏打ちが)毛皮のジャケット.
za·ma·rro [さマロ] 男 毛皮のジャケット.
zam·bo, ba [サンボ, バ] 形 1 X 脚の. 2 (アメリカ先住民と黒人の)混血の, サンボの.
— 男 女 1 X 脚の人[動物]. 2 (黒人系の混血児の)サンボ.
zam·bom·ba [サンボンバ] 女〈楽器〉(太い筒の片面に皮を張り, そこに刺した棒を上下に動かして音を出す)サンボンバ.
— 間 おやまあ!, すごい!
zam·bom·ba·zo [サンボンバソ] 男 1 (大砲などの)炸裂(さ)音, 大音響. 2〈スポーツ〉強烈なシュート.
zam·bra [サンブラ] 女 1 (騒々しいジプシーの祭の)サンブラ. 2 どんちゃん騒ぎ.
zam·bu·lli·da [サンブジダ] 女〈水泳〉飛び込み.
zam·bu·llir [サンブジル] 他 《活 51 mullir》…を(水中に)投げ込む, 突き落とす.
— **zambullirse** 再 1 (水中に)飛び込む. 2 (+en ...) …に没入する. 3 (+entre ...) …にまぎれ込む.
za·mo·ra·no, na [さモラノ, ナ] 形〈スペインの〉サモラ Zamora の.
— 男 女 サモラの人.
zam·pa·bo·llos [サンパボジョス] 男 女《単複同形》大食漢, おおぐらい.
zam·par [サンパル] 他 1 …をがつがつ食べる, ごくごく飲む. 2 …を(+a ...) …に投げつける.
— **zamparse** 再 …をがつがつ食べる, ごくごく飲む.
zam·pón, po·na [サンポン, ポナ] 形 おおぐらいの.
— 男 女 大食漢.
zam·po·ña [サンポニャ] 女〈楽器〉(連管笛の)サンポニャ.
za·na·ho·ria [さナオリア] 女〈野菜〉ニンジン.
zan·ca [サンカ] 女 1〈鳥〉長い脚. 2 (人や動物の)細長い足[脚].
zan·ca·da [サンカダ] 女〈歩行〉大股(ま).
zan·ca·di·lla [サンカディジャ] 女 1 (相手を倒す)足かけ. 2 妨害, さまたげ.
zan·ca·di·lle·ar [サンカディジェアル] 他 1 …に(倒そうとして)足をかける. 2 …を妨害する.
zan·ca·jo [サンカホ] 男 かかと, きびす.
zan·cos [サンコス] 男 複〈遊具〉竹馬.
zan·cu·das [サンクダス] 女 複〈分類〉(鳥の)渉禽(しょうきん)類.
zan·cu·do[1] [サンクド] 男〈昆虫〉カ[蚊].

zan·cu·do², da [—, ダ] 形 脚[足]の長い.
zan·ga·na·da [サンガナダ] 女 ふさわしくない言動.
zan·ga·ne·ar [サンガネアル] 自 なまける.
zán·ga·no¹ [サンガノ] 男 雄ミツバチ.
zán·ga·no², na [—, ナ] 男女 なまけ者.
zan·go·lo·te·ar [サンゴロテアル] 他 …を揺さぶる.
—自 (人が)ぶらぶらする.
zan·ja [サンハ] 女 (土地の長い)掘り返し, 溝.
zan·jar [サンハル] 他 (事態など)を切り抜ける, 解決する.
zan·qui·lar·go, ga [サンキラルゴ, ガ] 形 脚[足]の長い.
za·pa [サパ] 女 1 (地面や地下道の)掘削, 掘り返し. 2 妨害工作.
za·pa·dor [サパドル] 男 〈軍隊〉工兵.
za·pa·llo [サパジョ] 男 〈植物〉ヒョウタン, カボチャ.
za·pa·pi·co [サパピコ] 男 〈道具〉つるはし.
za·pa·ta [サパタ] 女 〈制動〉ブレーキシュー, 輪止め.
za·pa·ta·zo [サパタソ] 男 1 靴での蹴(け)りつけ[一撃]. 2 衝突, 転倒.
za·pa·te·a·do [サパテアド] 男 〈踊り〉(靴を踏み鳴らす)サパテアド.
za·pa·te·ar [サパテアル] 自 1 靴を踏み鳴らす. 2 サパテアド zapateado で踊る.
za·pa·te·rí·a [サパテリア] 女 1 〈店〉靴屋. 製靴(せい)業.
za·pa·te·ro¹ [サパテロ] 男 1 〈家具〉げた箱. 2 〈昆虫〉アメンボ.
za·pa·te·ro², ra [—, ラ] 形 1 靴の, はき物の. 2 〈料理〉生煮えの, かたい.
—男女 〈人〉靴屋, 靴職人.
za·pa·te·ta [サパテタ] 女 (飛びあがって靴を打ち鳴らしたり手で反対側の足を打つ, 喜びのゼスチャーの)サパテタ.
za·pa·ties·ta [サパティエスタ] 女 けんか騒ぎ.
za·pa·ti·llas [サパティジャス] 女複 1 〈靴〉部屋ばき, スリッパ. 2 バレーシューズ. 3 ズック靴.
za·pa·ti·lla·zo [サパティジャソ] 男 スリッパでの一撃.
za·pa·to [サパト] 男 靴, 短靴[= zapatos]. *saber dónde le aprieta el zapato* (人が)状況をよく理解している.
za·pe [サペ] 間 1 (猫を追うときの)シーッ! 2 あれまあ!, うわぁ!
za·po·te [サポテ] 男 〈樹木〉チューインガムノキ, サポジラ.
za·pping [サピン] 男 〈テレビ〉(リモコンによる)頻繁なチャンネル変更.
za·que [サケ] 男 (酒や油の)小型の革袋.
za·qui·za·mí [サキサミ] 男複 zaquizamíes) 1 屋根裏部屋. 2 きたない部屋.
zar [サル] 男 (ロシア皇帝の)ツァー.

za·ra·ban·da [サラバンダ] 女 1 〈舞曲〉(スペインのサラバンダ. 2 大騒ぎ.
za·ra·ga·ta [サラガタ] 女 けんか, ひと騒ぎ.
Za·ra·go·za [サラゴサ] 固 〈県・県名の名〉(スペイン北東部の)サラゴサ.
za·ra·go·za·no, na [サラゴサノ, ナ] 形 (スペインの)サラゴサ Zaragoza の.
—男女 サラゴサの人.
za·ra·güe·lles [サラグエジェス] 男複 1 〈民族衣装〉(男性用のゆったりした)半ズボン. 2 だぶだぶのズボン.
za·ran·da [サランダ] 女 1 〈器具〉ふるい[篩]. 2 〈調理〉こし器.
za·ran·da·jas [サランダハス] 男複 くだらないこと[もの], 些事(さじ).
za·ran·de·ar [サランデアル] 他 …を揺り動かす.
za·ran·de·o [サランデオ] 男 揺れ, 揺すぶり.
za·ra·za [サラサ] 女 〈布地〉更紗(さらさ).
zar·ci·llo [サルシジョ] 男 1 〈耳飾り〉イヤリング. 2 〈植物〉巻きひげ.
zar·co, ca [サルコ, カ] 形 (水や目などが)青い, 空色の.
za·ri·güe·ya [サリグエヤ] 女 〈動物〉フクロネズミ, オポッサム.
za·ri·na [サリナ] 女 (帝政ロシアの)皇后, 女帝.
za·ris·mo [サリスモ] 男 (ロシアの)帝政.
zar·pa [サルパ] 女 1 〈動物〉(爪(つめ)の生えた)手, 足. 2 〈人〉手.
zar·par [サルパル] 自 〈船舶〉出港する.
zar·pa·zo [サルパソ] 男 〈動物〉爪(つめ)の一撃.
za·rra·pas·tro·so, sa [サラパストロソ, サ] 形 むさくるしい, 薄汚れた.
—男女 みすぼらしい姿の人.
zar·za [サルサ] 女 〈低木〉キイチゴ.
zar·zal [サルサル] 男 キイチゴの茂み.
zar·za·mo·ra [サルサモラ] 女 〈実〉キイチゴ.
zar·za·pa·rri·lla [サルサパリジャ] 女 1 〈低木〉サルトリイバラ. 2 サルトリイバラのジュース.
zar·zue·la [サルサエラ] 女 1 〈歌劇〉(スペインのオペレッタ)サルスエラ. 2 〈料理〉(魚介類を盛り合わせた)サルスエラ.
zas [サス] 間 〈擬音語〉ドスン!, バタン!, バッ!, サッ!
zas·can·dil [サスカンディル] 男 1 あわて者. 2 いたずらっ子.
zas·can·di·le·ar [サスカンディレアル] 自 1 そわそわ動き回る. 2 いたずらをして回る.
ze·da [セダ] 女 〈文字 Z, z の別名〉セダ.
ze·di·lla [セディジャ] 女 〈文字 Ç, ç の名〉セディジャ, セディーユ.
zé·jel [せヘル] 男 〈詩型〉(スペイン中世のアラビア文学の)ザジェル.
zen [セン] 男 〈宗教〉禅.
ze·nit [セニト] 男 〈→= cenit〉頂点.
ze·pe·lín [セペリン] 男 〈飛行船.
ze·ta [セタ] 女 〈文字 Z, z の名〉セタ.

zeug·ma [セウマ] 男 〈修辞法〉（連続する短文に使われるはずの同一語を，最初の文にだけ入れる）くびき語法．

zi·go·to [シゴト] 男 〈生物学〉接合子．

zi·gu·rat [シグラト] 男 （古代オリエントのピラミッド型寺院の）ジッグラト．

zig·zag [シグザグ] ジグザグ型，稲妻型．

zig·za·gue·ar [シグサゲアル] 自 ジグザグ型に進む．

zig·za·gue·o [シグサゲオ] 男 ジグザグ行進．

zinc [シンク] 男 〈化学〉アエン［亜鉛］．

zi·pi·za·pe [シピサペ] 男 大騒ぎ．

zir·cón [シルコン] 男 〈鉱石〉ジルコン．

zis zas [シス サス] 間 〈擬音語〉ガンガン！，バンバン！

zó·ca·lo [ソカロ] 男 〈壁〉台石，台座．

zo·co [ソコ] 男 （アラブ系諸国の）市場，スーク．

zo·dia·cal [ソディアカル] 形 〈天体〉黄道帯の．

zo·dí·a·co [ソディアコ] (= zodiaco) 1 〈天体〉黄道帯．2（占星術の星座の）（黄道帯の）十二宮．

zom·bi [ソンビ] 形 《男女同形》（頭が）はっきりしない，ぼんやりした．
— 男 （生き返った死体の）ゾンビ．

zo·na [ソナ] 女 1 地帯，地域，地区．2〈地理〉…帯．
zona fronteriza 国境地帯．

zo·nal [ソナル] 形 地帯の．

zon·zo, za [ソンソ, サ] 形 面白くない．

zo·o [ソオ] 男 動物園．

zo·o·fi·lia [ソオフィリア] 女 動物性愛．

zo·o·lo·gí·a [ソオロヒア] 女 動物学．

zo·o·ló·gi·co[1] [ソオロヒコ] 男 動物園．

zo·o·ló·gi·co, ca[2] [—, カ] 形 動物学(上)の．

zo·ó·lo·go, ga [ソオロゴ, ガ] 男 女 動物学者．

zoom [スん] 男 〈対物レンズ〉ズーム．

zo·o·tec·nia [ソオテクニア] 女 畜産学．

zo·o·téc·ni·co, ca [ソオテクニコ, カ] 形 畜産学の．
— 男 女 畜産学者．

zo·pen·co, ca [ソペンコ, カ] 形 〈人〉間抜けな．
— 男 女 〈人〉間抜け，とんま．

zo·pi·lo·te [ソピロテ] 男 〈鳥〉コンドル．

zo·que·te [ソケテ] 男 〈人〉鈍い，愚鈍な．
— 〈人〉間抜けで，とんま．

zor·ci·co [ソルシコ] 男 〈民謡〉（バスク地方の）ソルシコ．

zo·ro·as·tris·mo [ソロアストリスモ] 男 〈宗教〉ゾロアスター教，拝火教．

zo·rra[1] [ソラ] 女 1〈動物〉キツネ．2 売春婦．
no tener ni zorra (de...) （…に）なにも知らない．

zo·rre·ra [ソレラ] 女 1 キツネの巣穴．2 煙だらけの部屋．

zo·rre·rí·a [ソレリア] 女 （キツネのような）狡猾（こう）さ，ずるさ．

zo·rri·llo [ソリジョ] 男 〈動物〉スカンク．

zo·rro[1] [ソロ] 男 1 雄ギツネ．2 キツネの毛皮．
hecho unos zorros 最悪の状態で．
zorro ártico キタキツネ．

zo·rro[2]**, rra**[2] [ソロ, ラ] 形 ずるい，抜け目のない．
— 男 （キツネのように）ずるい人間．

zor·zal [ソルサル] 男 〈鳥〉ツグミ．

zo·tal [ソタル] 男 （家畜用の）殺虫剤．

zo·te [ソテ] 形 頭の鈍い，ばかな．
— 男 ばか者．

zo·zo·bra [ソソブラ] 女 1〈船〉沈没．2（事業などの）失敗，挫折（ざ）．3 不安，気掛かり．

zo·zo·brar [ソソブラル] 自 1（船が）沈没する．2（企てなどが）失敗する．

zue·cos [スエコス] 男複 1 木靴，サボ．2〈靴〉（底が固くてかかとのない）つっかけ．

zu·lo [スロ] 男 （物の）隠れ家．

zu·lú [スル] 形 《男女同形》《複 zulúes, zulús》（南アフリカの）ズールー族の．
— 男 女 ズールー族の人．

zu·ma·que [スマケ] 男 〈植物〉ウルシ．

zum·ba [スンバ] 女 1（軽い）からかい，ひやかし．2（家畜の群れの先導のためにつける）大鈴．

zum·ba·do, da [スンバド, ダ] → zumbar うなる．
— 形 頭の変な，気の狂った．

zum·ba·dor [スンバドル] 男 ブザー．

zum·bar [スンバル] 自 （モーターや蚊が）うなる，うなる音を出す．
— 他 1（人を）なぐる，たたく．2…をからかう，ひやかす．
— **zumbar·se** 再 （+de...) …をからかう．
ir [salir] zumbando 急いで出かける．

zum·bi·do [スンビド] 男 うなり，うなり声．

zum·bón, bo·na [スンボン, ボナ] 形 からかうのが好きな，茶目っ気のある．
— 男 女 〈人〉陽気にからかう人，お茶目．

zu·mo [スモ] 男 ジュース．
sacar el zumo a... …からうまい汁を吸う．

zun·cho [スンチョ] 男 （補強・固定に使う丸い）帯金（おびがね），たが．

zur·ci·do [スルシド] 男 （布地の）つくろい．

zur·cir [スルシル] 他 活 89（布地の穴など）をつくろう．
que te [lo] zurzan 君のことは［そんなことは］好きにすればいい，どうでもいい．

zur·da[1] [スルダ] 女 左手，左足．

zur·da·zo [スルダソ] 男 左手［左足］の一撃．

zur·do, da[2] [スルド, —] 左利きの．
— 男 女 〈人〉左利きの人．

zu·re·ar [スレアル] 自 （鳩）クークー鳴く．

zu·ri·to, ta [スリト, タ] 形 〈鳩〉野生の．

zu·ro [スロ] 男 〈トウモロコシ〉（実を取り去ったあとの）穂軸，芯（しん）．

zu·rra [すラ] 女 (お仕置きの)なぐりつけ.
zu·rrar [すラル] 他 …を(こらしめに)なぐる, …に罰を加える.
zu·rras·pa [すラスパ] 女 (下着の)便の汚れ.
zu·rria·ga·zo [すリアガそ] 男 (こらしめの)鞭(ξ)打ち.
zu·rria·go [すリアゴ] 男 (こらしめの)鞭(ξ).
zu·rrón [すロン] 男 (羊飼いや猟師が食糧や獲物を入れる)大型の皮袋.
zu·ru·llo [すルじょ] 男 **1** (柔らかい物の一部の)固まり. **2** (ひからびた)うんこ, 大便.
zurz- 活 → zurcir つくろう《活 89》.
zu·ta·no, na [すタノ, ナ] 男女 (fulano や mengano と共に使われ, 不特定の人を指し)なにがし, だれそれ.

付　　録

1. 和西インデックス　…………771

2. 発音の解説　……………………841

3. 規則動詞の活用表　…………845

4. 不規則動詞の活用表　………852

1. 和西インデックス

Léxico japonés-español

このインデックスは，日本語の基礎的な単語に対応する基本的なスペイン語の一覧表である．約6千の見出し語と約8千の関連語を用意した．スペイン語の使い方へのヒントであるので，手がかりとなるスペイン語について，その使い方を辞典の本文で調べていただきたい．以下の点を参考にされたい．

1 動詞は不定詞の形が出ている．再帰動詞には再帰代名詞が ·se の形でついている．
2 名詞・形容詞は原則的に男性単数形が出ているが，頻繁に複数形で使われるものには複数語尾がついている．
3 長音は母音を繰り返すものとして扱うので，たとえば「コース」(こおす) は「こえる」の次に出ている．
4 原則として，見出し語(太い平仮名・カタカナ)の次に具体的な日本語の漢字などを細い字で出し，それに相当するスペイン語の単語を記載した．[＝　] は同義の見出し語を示す．
5 具体的な日本語のなかの「〜」は見出し語を指す．
6 ひとつの日本語に対して複数のスペイン語が出ているときは，それぞれの意味を本文で確認して使うこと．訳語のなかで大きく意味の違うものは；で区別されている．
7 カッコの [ ] には選択できるもの，( ) には補足の語句，〈 〉には意味のヒントが示されている．

あ

アーチ arco.
アーモンド almendra.
あい 愛 amor, cariño. 〜する amar, querer.
あいかわらず 相変わらず como siempre, sin novedad.
あいさつ 挨拶 saludo. 〜する saludar.
あいず 合図 seña, señal.
アイスクリーム helado.
あいそ 愛想 simpático, amable. 〜が悪い antipático.
あいた 空いた desocupado, libre.
あいだ …の間 en…, por…, mientras…, durante…; entre…
あいぶ 愛撫する acariciar.
あいまい 曖昧な ambiguo, vago.
アイロン plancha. 〜をかける planchar.
あう[1] 会う ver, encontrar, encontrar·se.
あう[2] 合う adaptar·se, venir bien, ajustar, acertar.
あお 青 [い] azul, verde. (顔色が) 青い pálido.
あか 赤 [い] rojo.
あかり 明かり luz. 〜をつける [消す] encender [apagar] la luz.
あがる 上がる subir, alzar·se.
あかるい 明るい claro; alegre. 明るく claramente; alegremente. 明るさ claridad.
あかんぼう 赤ん坊 bebé, nene.
あき 秋 otoño.
あきらか 明らかな claro, evidente. 〜にする aclarar. 〜になる aclarar·se.
あきらめる 諦める resignar·se.
あきる 飽きる cansar·se, aburrir·se. 飽きた cansado, aburrido.
あく[1] 開く abrir[se]. 開いている abierto.
あく[2] 悪 mal.
あくしゅ 握手 apretón de manos. …と〜する estrechar la mano a…
アクセサリー accesorios.
アクセント acento.
あくび bostezo. 〜をする bostezar.
あくま 悪魔 diablo, demonio.
あくむ 悪夢 pesadilla.
あける[1] 開ける abrir.
あける[2] 空ける vaciar.
あける[3] 夜が明ける amanecer.
あげる[1] 上げる alzar, subir, levantar.
あげる[2] 揚げる freír. 揚げた frito.
あげる[3] (式を) 挙げる celebrar.
あご 顎 mandíbula. 〜ひげ barba.
あさ 朝 (la) mañana.
あさい 浅い poco profundo, superficial.
あさって 明後日 pasado mañana.
あし 足 pie. 脚 pierna; pata. 〜の不自由な cojo.
あじ 味 sabor, gusto. 〜をわう saborear. …の〜がする saber a…
アジア Asia. 〜の [人] asiático.
あした 明日 mañana.
あずける 預ける dejar, depositar.
あせ 汗 sudor. 〜をかく sudar.
あそこ 〜に [で] allí, allá.
あそぶ 遊ぶ jugar. 遊び juego.
あたえる 与える dar.
あたたかい 暖かい templado.
あたためる 暖める calentar.
あたま 頭 cabeza. 〜がいい listo. 〜が悪い tonto.
あたらしい 新しい nuevo;

あたり¹ …あたりに alrededor de..., por...
あたり² …当たり por...
あたる 当たる acertar; tocar; chocar.
あちら［あっち］ ～に［で］ allí, allá.
あつい¹ 厚い grueso.
あつい² 熱い caliente. 熱さ calor.
あつい³ 暑い caluroso, cálido; hacer calor. 暑さ calor.
あつかう 扱う tratar, manejar. 扱い tratamiento, trato.
あつかましい 厚かましい descarado, sin vergüenza. 厚かましさ cara dura.
あつめる 集める reunir, recoger, juntar. 集まる reunirse, agruparse, juntarse.
あて 宛名 dirección, señas. 宛先 destinatario.
あてにする …をあてにする contar con...
あてる 当てる acertar, adivinar; aplicar, dedicar.
あと¹ 後で después, luego, más tarde; dentro de... ～の posterior. ～に残す dejar.
あと² 跡 huella, señal.
あな 穴 agujero, hoyo, hueco.
アナウンサー locutor.
アナウンス anuncio. ～する anunciar.
あなた usted; le, la, lo; su, suyo. ～がたに ustedes; les, los, las; su, suyo. (親しい) あなた、あんた tú; te; ti; tu, tuyo.
あに 兄 hermano (mayor).
アニメ dibujos animados.
あね 姉 hermana (mayor).
あの aquel, ese.
アパート apartamento, piso.
アヒル pato.
あびる 浴びる bañarse; ducharse.
あぶない 危ない peligroso.
あぶら 油 aceite; óleo; grasa.
アフリカ África. ～の［人］ africano.
あふれる rebosar, inundarse.
あまい 甘い dulce.

アマゾン ～川 el Amazonas.
アマチュアの［人］ aficionado.
あまやかす mimar.
あまり 余りにも demasiado.
あまる 余る sobrar.
あみ 網 red.
あむ 編む tejer. 編み物 labores de punto. 編み物をする hacer punto.
あめ¹ 雨 lluvia. ～が降る llover.
あめ² 飴 caramelo.
アメリカ América. ～合衆国 Estados Unidos de América, EE. UU. ～の［人］ americano; norteamericano; sudamericano.
あやまち 過ち error, equivocación, falta, fallo.
あやまる¹ 誤る errar, equivocarse.
あやまる² 謝る pedir perdón, disculparse.
あらい 荒い bruto, violento; tosco.
あらう 洗う lavar, lavarse.
あらし 嵐 tormenta, tempestad.
あらそう 争う pelear, reñir, discutir; competir. 争い disputa, pelea, riña.
あらためる 改める enmendar, corregir; cambiar.
アラビア Arabia. ～の［人・言語］ árabe.
あらゆる todo.
あらわす 表わす señalar, mostrar; expresar, describir, representar.
あらわれる 現れる aparecer, surgir.
アリ 蟻 hormiga.
ありうる posible.
ありがとう！ ¡Gracias!, ¡Muchas gracias!
ある¹ 有る estar, haber (hay); encontrarse, verse.
ある² ある… cierto..., un..., algún... ～人 alguien, uno.
あるいは o, o bien.
あるく 歩く andar, caminar.
アルコール alcohol.
アルゼンチン Argentina. ～の［人］ argentino.
アルバイト trabajo provisional.
アルバム álbum.

アルファベット alfabeto.
アルミニウム aluminio.
あれ aquél, aquello.
アレルギー alergia. ～（体質）の［人］ alérgico.
あわ 泡 espuma, burbuja.
あわせる 合わせる ajustar; adaptar; juntar, unir.
あわてる precipitarse.
あわれ 哀れな pobre, miserable.
あん 案 plan, proyecto; idea.
あんき 暗記 aprender de memoria, memorizar.
アンケート encuesta.
あんごう 暗号 cifra, clave.
アンコール ¡Otra!, ¡Otra vez!
あんさつ 暗殺 asesinato. ～する asesinar. ～者 asesino.
あんじ 暗示する insinuar, aludir.
あんしょう 暗唱する recitar, declamar.
あんしん 安心 tranquilidad. ～する tranquilizarse.
あんぜん 安全 seguridad. ～な seguro.
アンダーライン subrayado. ～を引く subrayar.
アンダルシア Andalucía. ～の［人］ andaluz.
あんてい 安定 estabilidad, firmeza. ～した estable.
アンデス山脈 los Andes.
あんな tal, semejante.
あんない 案内［者・書］ guía. ～する guiar. ～所 oficina de información［de turismo］.
あんらく 安楽 comodidad; bienestar. ～な cómodo, confortable, holgado. ～椅子 butaca, sillón. ～死 eutanasia.

い

い 胃 estómago.
いい bueno.
いいえ no.
イースター Pascua de Resurrección.
いいまわし 言い回し giro, expresión.
いいわけ 言い訳 disculpa, excusa, pretexto.

いいん¹ 委員 miembro de un comité. 〜会 comité, comisión.
いいん² 医院 clínica.
いう 言う decir.
いえ 家 casa, piso; hogar.
いか …以下 menos de…
イカ calamar, chipirón.
いがい¹ …以外に excepto…, menos…
いがい² 意外な inesperado, sorprendente.
いかが cómo, qué tal.
いがく 医学 medicina. 〜の médico.
いかり 怒り enojo, ira, cólera, rabia.
いき¹ 息 respiración. 〜をする respirar.
いき² 行 ida. …〜 para…, con destino a…
いぎ 意義 sentido, significación.
いぎ 異議 objeción. 〜をとなえる objetar, oponer·se.
いきいき 生き生きした vivo, vital.
いきおい 勢い fuerza, ímpetu, vitalidad.
いきな 粋な elegante.
いきのこる 生き残る sobrevivir.
いきもの 生き物 ser vivo, animal.
イギリス Inglaterra. 〜の[人・言語] inglés.
いきる 生きる vivir.
いく 行く ir; ir·se, marchar·se.
いくつ いくつ? cuántos. 〜かの unos, algunos, varios.
いくら cuánto. 〜か algo, alguno. 〜ですか。¿Cuánto es [vale・cuesta]?
いけ 池 estanque.
いけない malo. …しなければ〜 deber…, tener que…
いけん 意見 opinión, parecer, idea.
いご (今より)以後 desde ahora, de aquí en adelante. …以後 a partir de…, después de…
いこう 移行 transición, traslado. 〜する trasladar·se, pasar.
いさましい 勇ましい valiente, valeroso, bravo.

いさん 遺産 herencia. 〜相続人 heredero. 文化〜 patrimonio (cultural).
いし¹ 石 piedra.
いし² 意志, 意思 voluntad, intención.
いじ 維持 mantenimiento, conservación. 〜する mantener, conservar.
いしき 意識 conciencia, conocimiento, sentido. 〜する tener conciencia. 〜を失う perder el sentido.
いじめる maltratar.
いしゃ 医者 médico, doctor.
いじゅう 移住 emigración, inmigración. 〜する emigrar, inmigrar.
いじょう¹ 異常 anomalía. 〜な anormal, extraordinario.
いじょう² …以上 más de…, superior a…
いじわる 意地悪 malicia, maldad. 〜な malo, malicioso.
いす 椅子 silla.
イスパノアメリカ Hispanoamérica. 〜の[人] hispanoamericano.
いずみ 泉 fuente, manantial.
イスラム 〜教 islam. 〜教徒 musulmán.
いずれ(そのうち) un día de estos, otro día.
いせき 遺跡 ruinas, restos.
いぜん 以前 antes, antiguamente. 〜の anterior, previo.
いそがしい 忙しい ocupado, atareado.
いそぐ 急ぐ dar·se prisa, apresurar·se.
いた 板 tabla, plancha.
いたい¹ 痛い doloroso. 痛む tener dolor, doler. 痛み dolor.
いたい² 遺体 restos, cadáver.
いたずら travesura. 〜な travieso.
いためる 痛める lastimar·se.
いためる² 炒める freír.
イタリア Italia. 〜の[人・言語] italiano.
いち¹ 一 uno. 〜番 primero, el primer lugar; número uno.
いち² 位置 posición, situa-

ción. 〜する situar·se, poner·se.
いち³ 市 mercado, feria; mercadillo.
いちいん 一員 miembro, socio.
いちおう 一応 por el momento, por ahora; provisionalmente.
いちがつ 1月 enero.
イチゴ 苺 fresa.
イチジク 無花果 higo, breva.
いちじてき 一時的な temporal, provisional.
いちど 一度 una vez.
いちにち 一日 un día. 〜中 todo el día.
いちば 市場 mercado, plaza.
いちぶ 一部 (una) parte.
いつ 何時 cuándo. 〜から desde cuándo. 〜でも siempre, cuando quiera.
いつか algún día, un día.
いっさくじつ 一昨日 anteayer.
いっしょ 一緒 juntos. …と〜に con…, junto con… 〜にする juntar.
いっしょう 一生 toda la vida.
いっしょうけんめい 一生懸命に mucho, con ahínco.
いっそう 一層 aún más, todavía (más).
いっち 一致 acuerdo, concordancia; coincidencia. 〜する acordar, concordar, coincidir.
いってい 一定の determinado, cierto; constante, fijo. 〜して constantemente.
いっぱい いっぱいの lleno. 一杯の… un vaso [una taza] de… 〜いっぱいにする llenar. 〜になる llenar·se.
いっぱん 一般的な general. 〜に generalmente, en general.
いっぽう 一方 un lado; una parte. 〜通行 sentido único. 〜では por un lado, mientras.
いつも siempre.
いつわ 逸話 anécdota.
いでん 遺伝 herencia.
いと¹ 糸 hilo.
いと² 意図 intención, propósito, idea. 〜する pretender. 〜的に

いどう 移動 traslado. 〜する trasladar·se, mudar·se.
いとこ 従兄弟 primo. 従姉妹 prima.
いない¹ …以内 en menos de
いない² 居ない ausente. 居なくなる desaparecer.
いなか 田舎 campo. 〜の [人] campesino, rústico.
イヌ 犬 perro.
イネ 稲 arroz.
イノシシ 猪 jabalí.
いのち 命 vida. 〜を救う salvar la vida.
いのり 祈り oración. 祈る rezar, orar.
いはん 違反 violación, infracción. 〜する violar.
いびき ronquido. 〜をかく roncar.
いふく 衣服 ropa.
いま¹ 今 ahora, en este momento.
いま² 居間 sala [de estar].
いみ 意味 sentido, significado. 〜する significar, querer decir.
いみん 移民 emigración, inmigración; emigrante, inmigrante.
いも 芋 patata, batata.
いもうと 妹 hermana (menor).
いや ＜返事＞ no.
いやな 嫌な desagradable, molesto.
イヤホーン auricular.
イヤリング pendientes, aretes.
いよいよ por fin; cada vez (+ 比較級語).
いらい¹ …以来 desde…, a partir de…
いらい² 依頼 petición, ruego. 〜する rogar, pedir.
いらっしゃい! ¡Ven!, ¡Venga!; ¡Bienvenido!
いりぐち 入口 entrada.
いる¹ 要る necesitar, precisar.
いる² 居る estar, ver·se; haber (hay).
いるい 衣類 ropas.
いれる 入れる meter, poner, introducir; admitir.
いろ 色 color.
いろいろ 色々な varios, diferentes, distintos, diversos.
いわ 岩 roca.
いわい 祝い felicitación. 祝う felicitar, celebrar.
イワシ sardina.
いん 韻 rima.
いんき 陰気な lúgubre.
インキ [インク] tinta.
いんさつ 印刷 [所] imprenta. 〜する imprimir. 〜物 impreso.
いんしょう 印象 impresión. 〜的な impresionante.
いんたい 引退 retirada. 〜する retirar·se, jubilar·se.
インタビュー entrevista. 〜する entrevistar.
いんちき engaño, fraude.
インテリ intelectual.
インド〈国〉India. 〜の [人] indio, hindú.
インドネシア〈国〉Indonesia. 〜の [人・言語] indonesio.
インフレ inflación.
いんぶん 韻文 verso.
いんよう 引用 cita. 〜する citar.

う

ウイークデー día laborable.
ウイスキー whisky.
ウール lana.
うえ¹ …の上に en…, sobre…, encima de… 〜に [で] encima, arriba. 〜の〈優秀〉superior.
うえ² 飢え hambre. 飢えた hambriento. 〜る tener hambre.
うえきばち 植木鉢 maceta.
ウエスト〈腰〉cintura.
うえる 植える plantar.
うがい 〜をする hacer gárgaras.
うかぶ 浮かぶ flotar; ocurrir·se.
うかる (試験に) 受かる pasar, aprobar·se.
うけいれる 受け入れる acoger, aceptar.
うけつぐ 受け継ぐ heredar, suceder.
うけつけ 受付 recepción. 受け付ける aceptar, admitir.
うけとる 受け取る recibir; cobrar.
うける 受ける recibir, obtener; tomar; sufrir, padecer.
うごかす 動かす correr, mover; manejar, conducir. 動く andar, mover·se, funcionar. 動き movimiento.
ウサギ 兎 conejo; liebre.
ウシ 牛 buey; toro; vaca; ternero. 〜小屋 establo.
うしなう 失う perder.
うしろ 後ろ (に) atrás, detrás. …の〜に detrás de… 〜の trasero, posterior.
うすい 薄い delgado, fino; claro.
うそ 嘘 mentira. 〜をつく mentir. 〜つきの mentiroso.
うた 歌 canción, canto. 歌う cantar.
うたがい 疑い duda, sospecha. 疑わしい dudoso, sospechoso. 〜深い receloso. 疑う dudar, sospechar.
うち¹ 家 casa; hogar.
うち² 内 interior. …の〜で entre…
うちあける 打ち明ける confesar, revelar.
うちき 内気な tímido.
うちけす 打ち消す negar.
うちゅう 宇宙 universo; espacio. 〜の universal, espacial. 〜飛行士 astronauta.
うつ¹ 打つ batir, golpear; dar.
うつ² 撃つ disparar, tirar.
うっかり por descuido.
うつくしい 美しい hermoso, bonito, bello.
うつす¹ 写す copiar, transcribir. 写真を〜 sacar una foto, fotografiar. 写し copia. (写真に) 写る salir.
うつす² 移す trasladar, mover; contagiar. 移る trasladar·se, pasar.
うつす³ 映す proyectar.
うったえる 訴える acusar; quejar·se.
うっとりした encantado.
うで 腕 brazo. 〜輪 pulsera. 〜の良い hábil, diestro. 〜の悪い torpe.

ウナギ 鰻 anguila; angula.
うなずく asentir (con la cabeza).
うなる 唸る gruñir, gemir.
うぬぼれ 自惚れ jactancia, orgullo, vanidad. 〜する jactar·se. 〜た vanidoso, orgulloso, presumido.
うばう 奪う robar, apoderar·se.
うま 馬 caballo; yegua; potro. 〜小屋 cuadra.
うまい bueno; rico; hábil. うまく bien.
うまれ 生まれ nacimiento, origen. 〜る nacer. 〜つき de nacimiento, por naturaleza.
うみ 海 mar; océano. 〜の marítimo.
うむ 産む dar a luz, parir; producir, dar.
うめく gemir. うめき (声) gemido.
うめる 埋める enterrar.
うやまう 敬う respetar.
うよく 右翼 derechista.
うら 裏 revés, dorso.
うらぎり 裏切り traición. 〜者 traidor. 裏切る traicionar.
うらなう 占う adivinar. 占い adivinación.
うらみ 恨み rencor, resentimiento. 恨む resentir·se, guardar rencor.
うらやむ envidiar. うらやましい envidioso.
うる 売る vender. 売れる vender·se. 売り切れる agotar·se.
ウルグアイ 〈国〉 Uruguay. 〜の [人] uruguayo.
うるさい ruidoso; pesado, molesto.
うれしい 嬉しい contento, satisfecho, feliz; alegrar·se.
うわぎ 上着 chaqueta, saco.
うわさ 噂 rumor, fama.
うん 運 suerte, fortuna.
うんえい 運営する dirigir, administrar.
うんが 運河 canal.
うんざりする aburrir·se, cansar·se. 〜した harto.
うんそう 運送 transporte. 〜する transportar.

うんてん 運転 manejo, conducción. 〜する manejar, conducir. 〜手 conductor, chófer. 〜免許証 carné (de conducir).
うんどう 運動 ejercicio, deporte; campaña. 〜場 campo de deporte. 〜選手 atleta.
うんめい 運命 destino, suerte.

え

え¹ 柄 mango, asa.
え² 絵 pintura, cuadro, dibujo.
えいえん 永遠 eterno.
えいが 映画 película, cine. 〜館 cine.
えいきゅう 永久 eterno, perpetuo. 〜に para siempre, eternamente.
えいきょう 影響 influencia, influjo. 〜する influir.
えいぎょう 営業 negocio, comercio.
えいご 英語 inglés.
えいこう 栄光 gloria. 〜ある glorioso.
えいせい¹ 衛生 higiene, sanidad. 〜的な higiénico, sanitario.
えいせい² 衛星 satélite.
えいゆう 英雄 héroe, heroína. 〜的な heroico.
えいよう 栄養 nutrición, alimentación. 〜のある alimenticio, nutritivo.
えがく 描く describir, dibujar, pintar.
えき 駅 estación.
えきたい 液体 líquido.
エクアドル 〈国〉 Ecuador. 〜の [人] ecuatoriano.
えさ 餌 ceba. 〜をやる cebar.
エスカレーター escalera móvil [automática].
えだ 枝 rama, ramo.
エネルギー energía.
エビ 海老 langosta; langostino; gamba; camarón.
エプロン delantal.
えもの 獲物 caza; pesca.
えらい 偉い importante, grande.
えらぶ 選ぶ elegir, escoger,

seleccionar.
えり 襟 cuello.
エリート élite, persona selecta.
える 得る ganar, obtener, lograr, conseguir.
エルサルバドル 〈国〉 El Salvador. 〜の [人] salvadoreño.
エレベーター ascensor, elevador.
エロ obscenidad. 〜の obsceno.
えん 円 círculo.
えん² 〈通貨〉 円 yen.
えんかい 宴会 banquete.
えんき 延期 prórroga, aplazamiento. 〜する aplazar.
えんぎ 演技 representación, interpretación, actuación. 〜する actuar, representar, interpretar.
えんげい 園芸 jardinería.
えんげき 演劇 teatro; comedia.
えんじょ 援助 ayuda, subvención. 〜する ayudar.
えんじる 演じる desempeñar; representar.
エンジン motor.
えんぜつ 演説 discurso. 〜する pronunciar [dar] un discurso.
えんそう 演奏 interpretación. 〜する interpretar. 〜会 concierto.
えんそく 遠足 excursión.
えんちょう 延長 prolongación; extensión. 〜する prolongar.
エンドウマメ guisante.
えんとつ 煙突 chimenea.
えんばん 円盤 disco.
えんぴつ 鉛筆 lápiz.
えんりょ 遠慮 reserva, discreción. 〜なく sin reservas, francamente.

お

お 尾 cola; rabo.
オアシス oasis.
おい 甥 sobrino.
おいしい sabroso, rico, delicioso, exquisito.
おう¹ 追う perseguir, seguir.

おう² 負う deber, cargar.
おう³ 王 rey. 〜妃 reina. 〜子 príncipe. 〜女 princesa. 〜国 reino. 〜冠 [〜位] corona. 〜宮 palacio real, alcázar. 〜[立]の real.
おうえん 応援 apoyo, ayuda. 〜する apoyar, ayudar.
おうぎ 扇 abanico.
オウシ 雄牛 toro; buey.
おうだん 横断 cruce, travesía. 〜する cruzar, atravesar. 〜歩道 paso de peatones.
おうふく 往復 ida y vuelta.
おうぼ 応募 participación; suscripción. 〜する participar; suscribir·se.
オウム〈鳥〉 loro, papagayo.
おうよう 応用 aplicación. 〜する aplicar.
おえる 終える acabar, terminar; cumplir.
おおい¹ 被い cubierta; envoltura. 被う cubrir.
おおい² 多い mucho, abundante, numeroso.
オオカミ 狼 lobo.
おおきい 大きい grande, gigante, gigantesco; extenso.
おおきくなる 大きくなる engrandecer·se, agrandar·se.
おおきさ 大きさ tamaño; volumen; magnitud.
オーケー〈返事〉 muy bien; de acuerdo; vale.
おおげさな exagerado.
オーケストラ orquesta.
オーストラリア〈国〉 Australia. 〜の[人] australiano.
おおどおり 大通り avenida, calle mayor.
オートバイ moto, motocicleta.
オーバー〈衣類〉 abrigo.
オーブン horno.
オオムギ 大麦 cebada.
おおもじ 大文字 [letra] mayúscula.
おおやけ 公の público, oficial.
おおよそ más o menos, aproximadamente.
おか 丘 [岡] colina, cerro, loma.
おかあさん mamá, madre.
おかげ …のお陰で gracias a…, debido a…
おかしい gracioso, divertido, cómico; extraño, raro.
おかす¹ 犯す cometer, violar; pecar.
おかす² 侵す invadir.
おかす³ 冒す arriesgar·se.
おがわ 小川 arroyo, riachuelo.
おき 沖 alta mar.
おきあがる 起き上がる levantar·se.
おぎなう 補う complementar.
おきる 起きる levantar·se; despertar(se); pasar.
おきわすれる 置き忘れる dejar olvidado.
おく¹ 置く poner, colocar, situar; dejar.
おく² 奥 fondo; interior.
おくさん 奥さん señora.
おくじょう 屋上 azotea, terraza.
おくびょう 臆病な[者] cobarde, tímido.
おくゆき 奥行 fondo.
おくりじょう 送り状 factura. 見積り〜 factura proforma.
おくる¹ 贈る regalar, obsequiar. 贈り物 regalo, obsequio.
おくる² 送る enviar, mandar, remitir; acompañar.
おくれる 遅れる llegar tarde; atrasar·se, retrasar·se.
おこす 起こす despertar, levantar; causar, producir.
おこなう 行う hacer, realizar, llevar a cabo, efectuar; celebrar.
おこる¹ 怒る enfadar·se, enojar·se. 怒らせる enfadar, enojar. 怒った enfadado, enojado, cabreado.
おこる² 起こる ocurrir, acontecer, pasar, suceder.
おごる 奢る invitar.
おさえる 押さえる sujetar; contener; controlar.
おさまる 治まる calmar·se, cesar; poner·se en paz.
おさめる¹ 納める pagar, abonar; poner, meter, guardar.
おさめる² 治める gobernar, dominar, reinar.
おじ 叔父 [伯父] tío.
おしい lamentable; ser lástima.
おじいさん abuelo; anciano, viejo.
おしえる 教える enseñar, explicar; decir, mostrar.
おじぎ お辞儀 reverencia, saludo. 〜する saludar.
おじさん señor; tío.
おしゃべり charla; charlatán, hablador. 〜する charlar.
おしゃれ お洒落 elegante, chulo.
おじょうさん お嬢さん señorita.
おしょく 汚職 corrupción.
おす¹ 雄 macho.
おす² 押す empujar, apretar.
おせじ お世辞 cumplidos, lisonja.
おせっかい お節介な entremetido.
おせん 汚染 contaminación, polución. 〜する contaminar, polucionar.
おそい 遅い lento, despacio; tarde.
おそう 襲う atacar, asaltar.
おそらく 恐らく a lo mejor, tal vez, quizás, probablemente.
おそれ 恐れ miedo, temor; peligro. 〜する temer, atemorizar·se. 〜ている miedoso.
おそろしい 恐ろしい terrible, horrible, tremendo.
おだやか 穏やかな calmado, sereno.
おちついた 落ち着いた calmado, tranquilo, quieto.
おちつく 落ち着く calmar·se, tranquilizar·se.
おちる 落ちる caer[se].
おっと 夫 marido, esposo.
おてん 汚点 mancha.
おと 音 sonido; ruido.
おとうさん 父さん papá, padre.
おとうと 弟 hermano (menor).
おとぎばなし おとぎ話 cuento (de hadas).
おとこ 男 hombre, varón. 〜の masculino, varonil. 〜の子 chico, muchacho, mozo.
おとす 落とす hacer caer; dejar caer.
おどす amenazar.
おとずれる 訪れる visitar.

おとった 劣った inferior; peor.
おととい anteayer.
おととし hace dos años.
おとな 大人 adulto, mayor.
おとない manso, dócil; quieto.
おどり 踊り baile, danza. 踊る bailar.
おとろえる 衰える debilitar·se, decaer.
おどろく 驚く sorprender·se, asustar·se; admirar·se. ～べき sorprendente, maravilloso, extraordinario. 驚き susto, sorpresa; admiración.
おなか vientre, barriga.
おなじ 同じ igual, mismo. 私には～ことだ。 Me da igual., Me da lo mismo.
おに 鬼 diablo, demonio.
おの 斧 hacha.
おのおの 各々の… cada…
おば 叔母［伯母］ tía.
おばあさん abuela; anciana, vieja.
おばさん tía; señora.
おはよう! ¡Buenos días!
おび 帯 banda, cinturón; faja.
おびえる 怯える asustar·se, espantar·se.
おぼえる 覚える aprender. 覚えている recordar, acordar·se.
おぼれる 溺れる ahogar·se.
おまえ tú; tu, tuyo; te; ti. ～といっしょに contigo. ～たち vosotros; vuestro; os.
おまもり お守り talismán.
おみやげ recuerdo.
おめでとう! ¡Felicidades!; ¡Enhorabuena!
おもい 重い pesado; grave.
おもいきって …する atrever·se.
おもいだす 思い出す recordar, acordar·se.
おもいで 思い出 recuerdo.
おもう 思う creer, pensar, considerar, suponer. ～さ 重さ peso. ～が …である pesar …
おもしろい 面白い interesante; gracioso, divertido, entretenido.
おもちゃ juguete.
おもて 表 cara, superficie. ～で fuera.

おもに¹ 主に principalmente.
おもに² 重荷 carga pesada.
おや 親 padre, madre; padres.
おやすみ! ¡Buenas noches!
おやつ merienda. ～を食べる merendar.
おやゆび 親指 (dedo) pulgar.
およぐ 泳ぐ nadar, bañar·se.
およそ más o menos, aproximadamente, como.
および y.
およぶ 及ぶ alcanzar, llegar.
オリーブ aceituna, oliva; olivo.
おりもの 織物 tejido, tela.
おりる 降りる bajar, descender.
オリンピック Olimpiada, Juegos Olímpicos.
おる¹ 折る doblar, plegar; quebrar, romper. 折れる quebrar·se, romper·se.
おる² 織る tejer.
オルガン órgano.
オルゴール caja de música.
オレンジ naranja; naranjo.
おろかな 愚かな tonto, bobo, estúpido.
おろす 降ろす bajar.
おわり 終わり fin, final, término; conclusión.
おわる 終わる acabar, terminar; concluir.
おんがく 音楽 música. ～の musical. ～会 concierto. ～家 músico.
おんけん 穏健な moderado.
おんせい 音声 voz, sonido. ～学 fonética. ～[学]の fonético.
おんせつ 音節 sílaba.
おんせん 温泉 aguas termales.
おんど 温度 temperatura. ～計 termómetro.
オンドリ gallina.
おんな 女 mujer. ～の femenino, mujeril. ～の子 chica, muchacha, moza.

か

か 課 lección; sección.
カ 蚊 mosquito.
カーテン cortina.
カード tarjeta, ficha.
カーニバル carnaval.

カーネーション clavel.
カーブ curva.
カール 〈髪〉 rizo.
カイ 貝 almeja; concha.
かい¹ 会 reunión, asamblea; fiesta.
かい² 階 piso, planta.
かい³ 回〈度数〉 vez.
がい 害 daño, mal. ～する hacer daño, dañar.
かいいん 会員 miembro, socio.
かいが 絵画 pintura; cuadro.
がいか 外貨 divisas.
かいかい 開会 apertura, inauguración.
かいがい 海外 extranjero, ultramar.
かいかく 改革 reforma, renovación. ～する reformar, renovar.
かいかつ 快活な alegre, jovial.
かいがん 海岸 costa, playa.
かいぎ 会議 junta, reunión; conferencia; congreso.
かいきゅう 階級 clase, categoría; capa.
かいきょう 海峡 estrecho, canal.
がいく 街区〈ブロック〉 manzana, cuadra.
かいぐん 海軍 marina, armada, fuerzas navales.
かいけい 会計 cuenta; contabilidad.
かいけつ 解決 resolución, solución, arreglo. ～する resolver, solucionar, arreglar.
かいけん 会見 entrevista. ～する entrevistar[se].
かいこ 解雇 despido. ～する despedir.
かいごう 会合 reunión, asamblea.
がいこう 外交 diplomacia. ～上の [～官] diplomático.
がいこく 外国 [～の・～人] extranjero. ～語 lengua extranjera.
がいこつ 骸骨 esqueleto.
かいさい 開催 celebración. ～する celebrar.
かいさん 解散 disolución; levantamiento. ～する disolver.
かいし 開始 comienzo,

principio. ～する empezar, comenzar, iniciar.
がいして 概して generalmente, ordinariamente.
かいしゃ 会社 compañía, empresa, sociedad.
かいしゃく 解釈 interpretación. ～する interpretar.
がいしゅつ 外出する salir.
かいじょう 会場 lugar (de reunión).
かいすいよく 海水浴をする bañarse en el mar.
かいすう 回数 número de veces, frecuencia.
かいせい 改正 enmienda, revisión, modificación. ～する enmendar, revisar, modificar; corregir.
かいせつ 解説 explicación; comentario. ～する explicar; comentar. ～者 comentarista.
かいぜん 改善 mejora, mejoramiento. ～する mejorar.
かいそう¹ 回想 recuerdo. ～する recordar. ～録 recuerdos, memorias.
かいそう² 海草 alga.
かいぞう 改造 reconstrucción. ～する reconstruir.
かいたく 開拓 explotación. ～する explotar.
かいだん¹ 会談 conferencia; conversación. ～する conversar.
かいだん² 階段 escalera.
ガイダンス orientación, guía.
かいちょう 会長 presidente.
かいてい 改訂 revisión. ～する revisar.
かいてき 快適さ comodidad. ～な cómodo, confortable, agradable.
かいてん 回転 giro, vuelta. ～する girar, dar vueltas.
ガイド guía. ～する guiar.
かいとう¹ 解答 solución. ～する solucionar.
かいとう² 回答 respuesta, contestación. ～する responder, contestar.
がいとう¹ 該当する corresponder.
がいとう² 外套 abrigo.
がいとう³ 街灯 farol.
かいどく 解読 descifre. ～する descifrar.

がいねん 概念 concepto, noción.
かいはつ 開発 explotación. ～する explotar.
かいひ 会費 cuota.
がいぶ 外部 exterior. ～の externo, ajeno, forastero.
かいふく 回復 recuperación, mejoría. ～する recuperarse, mejorar.
かいほう¹ 解放 liberación. ～する liberar.
かいほう² 介抱する cuidar, atender.
かいほう³ 開放する abrir, dejar abierto.
がいむしょう 外務省 Ministerio de Asuntos Exteriores.
かいもの 買物 compra. ～をする hacer compras. ～に行く ir de compras.
かいやく 解約 anulación. ～する anular.
かいよう 潰瘍 úlcera.
かいらく 快楽 placer, goce.
かいりょう 改良 mejora. ～する mejorar.
かいわ 会話 conversación. ～する charlar; conversar.
かう¹ 買う comprar.
かう² 飼う criar, tener.
カウンター mostrador.
かえす 返す devolver.
かえる¹ 変える cambiar, alterar, modificar; convertir.
かえる² 帰る regresar, volver. 帰り regreso, vuelta.
かえる³ 代える cambiar, sustituir.
カエル 蛙 rana; sapo.
かお 顔 cara, rostro. ～つき semblante.
かおり 香 perfume, aroma, olor.
がか 画家 pintor.
かかく 価格 precio.
かがく¹ 科学 ciencia. ～の [～者] científico. ～技術 tecnología.
かがく² 化学 química. ～の [～者] químico.
かかせない 欠かせない indispensable.
かかと 踵 talón; tacón.
かがみ 鏡 espejo.
かがむ agacharse; encorvar-

se.
かがやく 輝く brillar, lucir. 輝き brillo, lustre. 輝かしい brillante, reluciente.
かかり 係 (の者) encargado.
かかる costar; tardar; coger, padecer.
かかわらず …にも～ a pesar de…, pese a…
かかわる 関わる relacionar-se, asociar-se.
カキ 牡蛎 ostra.
カキ¹ 柿 caqui.
かぎ¹ 鍵 llave; clave.
かぎ² 鈎 gancho.
かきとめ 書留 [郵便] correo certificado.
かきとめる 書き留める apuntar, anotar.
かきとり 書き取り dictado.
かきね 垣根 cerca, cercado.
かきまぜる かき混ぜる remover, mezclar, batir.
かぎりない 限りない infinito, sin fin.
かぎる 限る limitar[se], restringir-se.
かく¹ 書く escribir. 書かれた [物] escrito.
かく² 角 ángulo.
かく³ 核 núcleo. ～の nuclear.
かく⁴ 掻く rascar[se].
かぐ¹ 嗅ぐ oler, husmear.
かぐ² 家具 mueble.
がく 額 cuadro, marco; cantidad, suma.
がくい 学位 título académico, grado; doctorado.
がくいん 学院 instituto, academia.
かくう 架空の imaginario, fantástico.
かくげん 格言 proverbio.
かくご 覚悟 decisión, disposición, resignación.
かくじ 各自 cada, cada cual.
がくし 学士 licenciado.
がくしき 学識のある docto, culto, erudito.
かくじつ 確実な cierto; seguro. ～にする asegurar. ～性 seguridad; certeza.
がくしゃ 学者 estudioso, investigador.
がくしゅう 学習 aprendizaje, estudio. ～する aprender,

estudiar.
がくじゅつ 学術 ciencias y artes.
かくしん 確信 convicción. 〜する convencer·se. 〜している seguro, convencido.
かくしん 革新 renovación, reforma. 〜する renovar, reformar.
かくす 隠す esconder, ocultar; disimular.
がくせい 学生 estudiante.
かくだい 拡大 ampliación; aumento. 〜する ampliar; aumentar.
かくちょう 拡張 expansión, ensanchamiento. 〜する extender, ensanchar.
がくちょう 学長 rector.
かくてい 確定 determinación. 〜する determinar.
カクテル cóctel.
かくど 角度 ángulo.
かくとく 獲得 consecución, adquisición. 〜する conseguir, adquirir.
かくにん 確認 confirmación, comprobación. 〜する confirmar, comprobar.
がくねん 学年 año académico, curso escolar.
がくひ 学費 gastos de estudios.
がくぶ 学部 facultad.
かくほ 確保 reserva; aseguramiento. 〜する reservar; asegurar.
かくめい 革命 revolución. 〜的 revolucionario.
がくもん 学問 estudio, ciencia. 〜的 científico. 〜のある docto, sabio.
かくりつ¹ 確立 establecimiento. 〜する establecer.
かくりつ² 確率 probabilidad. 〜の高い probable.
がくれき 学歴 carrera académica, estudios cursados.
かくれる 隠れる esconder·se, ocultar·se.
かけ 賭け apuesta. 〜をする apostar, jugar.
かげ 陰・影 sombra.
がけ 崖 precipicio.
かけい 家計 economía doméstica.
かげき¹ 過激な radical, extre-

mo.
かげき² 歌劇 ópera.
かけつける 駆けつける acudir.
かけら pedazo, trozo.
かける¹ 掛ける colgar; cubrir; multiplicar.
かける² 欠ける faltar, carecer.
かこ 過去[の] pasado. 〜時制 pretérito.
かご¹ 籠 cesta, canasta.
かご² 籠 jaula.
かこい 囲い cerca. 囲う cercar. 囲む rodear.
かこう 加工する elaborar.
かさ 傘 paraguas; parasol, sombrilla.
かさい 火災 incendio.
かさねる 重ねる amontonar; sobreponer. 重なる amontonar·se; apilar·se; sobreponer·se.
かさばる abultar.
かざり 飾り adorno. 〜の decorativo.
かざる 飾る adornar[se], decorar.
かざん 火山 volcán.
かし¹ 菓子 dulce; golosina; pastel, torta.
かし² 華氏の Fahrenheit.
カシ 樫 roble.
かじ¹ 火事 incendio, fuego.
かじ² 家事 quehaceres domésticos.
かじ³ 舵 timón.
かしこい 賢い listo, inteligente.
かしつ 過失 error, falta, equivocación.
かじつ 果実 fruta; fruto.
かしつけ 貸し付け préstamo, crédito.
かしゅ 歌手 cantante, cantor, cantador.
かじゅえん 果樹園 huerta.
かしらもじ 頭文字[letra] inicial.
かじる roer, morder.
かす¹ 貸す prestar; alquilar.
かす² 課す imponer.
かず 数 número; cifra. 〜の numeral.
ガス gas.
かすかな 微かな ligero, débil, vago.
カスタネット castañuelas.
カスティリア〈地方〉Castilla.

〜の[人・言語]castellano.
カステラ bizcocho.
かすみ 霞 neblina, bruma, niebla.
かぜ 風 viento, aire, brisa.
かぜ 風邪 resfriado, catarro, gripe. 〜をひく resfriar·se.
かせい 火星 Marte.
かせき 化石 fósil.
かせぐ 稼ぐ ganar.
かせつ 仮説 hipótesis.
カセット cassette, casete.
かぞえる 数える contar, enumerar, calcular.
かそく 加速する acelerar.
かぞく 家族 familia. 〜の familiar.
ガソリン gasolina. 〜スタンド gasolinera.
かた¹ 型 tipo, modelo, forma, estilo.
かた² 肩 hombro.
かたい 固い duro, sólido; firme.
かたがき 肩書き título.
かたち 形 forma, figura. 〜の formal. 〜を作る formar.
かたづける 片付ける arreglar, ordenar.
カタツムリ caracol.
かたな 刀 espada.
かたまり masa; bloque; trozo.
かたまる 固まる agrupar·se; solidificar·se, consolidar·se.
かたむける 傾ける inclinar. 傾き inclinación.
かたる 語る contar, relatar, narrar.
カタルニア〈地方〉Cataluña. 〜の[人・言語]catalán.
カタログ catálogo.
かち 価値 valor. 〜のある valioso, precioso. 〜がある valer.
かちく 家畜 ganado, bestias.
かつ 勝つ ganar; vencer.
カツオ 鰹 bonito.
がっか¹ 学科 departamento.
がっか² 学課 lección; clase.
がっかり desanimar·se, desilusionar·se.
かっき 活気 vivacidad, vigor. 〜のある animado, vivo. 〜づける animar.
がっき¹ 学期 semestre; tri-

mestre.
がっき² 楽器 instrumento musical.
がっきゅう 学級 clase.
かっこ 括弧 paréntesis.
かっこう 格好 forma, figura; apariencia, aspecto.
がっこう 学校 escuela, colegio, instituto, academia. 〜の escolar.
がっしょう 合唱 coro.
かっしょく 褐色の pardo; moreno.
がっしりした robusto, fuerte.
かっそうろ 滑走路 pista.
かつて antes, una vez. 〜(…ない) nunca, jamás.
かつどう 活動 actividad. 〜的な activo.
かっぱつ 活発な activo, enérgico.
カップ taza; copa.
カップル pareja.
がっぺい 合併する unir[se], fusionar[se].
かつよう 活用 utilización; conjugación. 〜する utilizar, aprovechar.
かつら〈頭髪〉 peluca.
かつりょく 活力 vitalidad, fuerza, vigor.
かてい¹ 家庭 hogar, familia, casa. 〜の familiar, hogareño, doméstico.
かてい² 仮定 suposición, supuesto; hipótesis. 〜する suponer. 〜の supuesto; hipotético.
かてい³ 過程 proceso.
かてい⁴ 課程 curso.
かど¹ 角 esquina; rincón.
かど² 過度 exceso. 〜の excesivo, demasiado.
…かどうか si…
カトリック catolicismo. 〜の[教徒] católico.
かなう 叶う cumplir·se.
かなしい 悲しい triste, afligido. 悲しみ tristeza, pesar, pena. 悲しむ sentir; afligir·se, lamentar·se.
かなづち 金槌 martillo.
かなもの 金物 ferretería.
かならず 必ず sin falta, ciertamente, seguramente; siempre. 〜しも…ない no…siempre [necesariamen-

te].
かなり considerablemente, notablemente, bastante.
カナリア〈諸島〉 (Islas) Canarias. 〜の[人] canario.
カニ 蟹 cangrejo.
かにゅう 加入 ingreso, entrada; inscripción. 〜する ingresar, entrar; inscribir·se. 〜者 miembro, socio.
かね¹ お金 dinero, plata, fondo; moneda.
かね² 鐘 campana; campanilla.
かねもち 金持ちの[人] rico.
かのう 可能な posible, capaz. 〜性 posibilidad.
かのじょ 彼女 ella; le; la; su, suyo; novia. 〜たち ellas; les; las; su, suyo.
カバ〈動物〉 hipopótamo.
かばう proteger, amparar.
かばん 鞄 cartera, bolsa.
かはんすう 過半数 mayoría.
かびん 花瓶 florero.
かぶ 株 tocón, cepa; acción.
カブ 蕪 nabo.
かぶと 兜 casco, yelmo.
かぶる cubrir·se; poner·se.
かべ 壁 pared; muro.
かへい 貨幣 moneda. 〜の monetario.
カボチャ 南瓜 calabaza.
かまう cuidar; molestar·se; meter·se.
がまん 我慢 paciencia, aguante. 〜強い paciente, resistente. 〜する aguantar, tolerar.
かみ¹ 神 dios. 〜の divino.
かみ² 紙 papel.
かみ³ 髪 cabello, pelo.
かみそり navaja (de afeitar).
かみなり 雷 trueno. 〜が鳴る tronar.
かむ 噛む masticar, morder.
カメ 亀 tortuga; galápago.
カメラ cámara.
かめん 仮面 máscara.
…かもしれない puede (que)…, a lo mejor…, quizás…
かもつ 貨物 carga; mercancía.
カモメ 鴎 gaviota.
かやく 火薬 pólvora.
かゆい〈動詞〉 picar.

かよう 通う ir (generalmente); frecuentar.
かようび 火曜日 martes.
…から desde…, de…, a partir de…
から¹ 空の vacío, vacante. 〜にする vaciar.
から² 殻 cáscara.
カラー¹〈襟〉 cuello.
カラー²〈色〉 color.
からい 辛い picante; salado; seco.
からかう burlar·se.
カラカス〈都市〉 Caracas. 〜の[人] caraqueño.
からし 辛子 mostaza.
からす 枯らす secar.
カラス cuervo.
ガラス cristal, vidrio.
からだ 体 cuerpo. 〜の físico, corporal.
かり 狩り caza. 〜をする cazar.
かり² 仮の provisional, temporal.
ガリシア〈地方〉 Galicia. 〜の [人・言語] gallego.
かりちん 借り賃 alquiler.
カリブ〈海〉 (Mar) Caribe. 〜の caribe.
かりる 借りる pedir prestado; alquilar.
かる 刈る segar; cortar.
かるい 軽い ligero, leve, liviano.
かれ 彼 él; lo; le; su, suyo; novio. 〜ら ellos; los; les; su, suyo.
ガレージ garaje.
かれる 枯れる secar·se. 〜た seco.
カレンダー calendario.
がろう 画廊 galería.
かろうじて difícilmente, apenas.
かわ¹ 川・河 río; arroyo, riachuelo.
かわ² 皮・革 cuero; piel.
がわ 側 lado, parte.
かわいい 可愛い precioso, bonito, lindo.
かわいがる mimar, amar.
かわいそうな pobre, miserable, infeliz.
かわかす 乾かす secar. 乾く secar·se. 乾いた seco. 乾き sed, sequedad.

かわせ 為替 cambio, giro. 〜手形 letra de cambio.
かわら 瓦 teja.
かわり 代わり sustitutivo, sustituto. …の〜に en lugar de…, en vez de…, por…
かわる 代わる sustituir, reemplazar.
かわる 変わる cambiar, convertir·se.
かん¹ 缶 lata, bote. 〜詰 conserva. 〜切り abrelatas.
かん² 巻 volumen, tomo.
かん³ 棺 ataúd.
がん 癌 cáncer.
がんか 眼科 oftalmología. 〜医 oculista.
かんがえ 考え pensamiento, idea; opinión. 〜る pensar, considerar, meditar.
かんかく¹ 間隔 espacio; intervalo.
かんかく² 感覚 sentido; sensibilidad.
かんき 換気 ventilación. 〜する airear, ventilar.
かんきゃく 観客 espectador.
かんきょう 環境 (medio) ambiente.
かんけい 関係 relación, conexión. 〜のある relacionado, relativo, correspondiente. 〜がある relacionar·se. 〜を持つ tener relaciones. 〜者 interesado.
かんげい 歓迎 bienvenida, buena acogida. 〜する dar la bienvenida. 〜会 recepción, fiesta de bienvenida.
かんげき 感激 emoción. 〜する emocionar·se. 〜的な emocionante.
かんご 看護 cuidar, asistir, atender. 〜婦 enfermera.
がんこ 頑固 obstinado, terco. 〜者 cabezota, cabeza dura.
かんこう 観光 turismo. 〜の turístico. 〜案内書 guía turística. 〜案内所 oficina de turismo. 〜客 turista.
かんさつ 観察 observación. 〜する observar.
かんし 監視 vigilancia. 〜する vigilar.

かんじ¹ 感じ impresión. 〜やすい sensible, delicado. 〜のいい simpático. 〜の悪い antipático.
かんじ² 漢字 carácter chino.
かんして 〜に関して referente a…, acerca de…, sobre…, de…
かんしゃ 感謝 gratitud, agradecimiento. 〜する agradecer. 〜している agradecido.
かんじゃ 患者 paciente, enfermo.
かんしゅう 観衆 público.
かんしゅう 慣習 costumbre, tradición.
かんしょう 干渉 intervención. 〜する intervenir, interponer·se.
かんしょう 感傷 sentimentalismo. 〜的な sentimental.
かんしょう 鑑賞する apreciar.
かんじょう 感情 sentimiento. 〜的な sentimental, emocional.
かんじょう 勘定 cuenta; pago. 〜書 nota.
がんじょう 頑丈な fuerte, robusto, sólido.
かんじる 感じる sentir, notar.
かんしん¹ 感心する admirar.
かんしん² 関心 interés. 〜がある interesar·se, tener interés.
かんせい 完成 acabamiento, terminación, conclusión. 〜する acabar, terminar, perfeccionar, cumplir, llevar a cabo.
かんぜい 関税 derechos de aduana, arancel. 〜の arancelario.
かんせつ¹ 間接の indirecto.
かんせつ² 関節 articulación.
かんせん 感染 contagio, infección. 〜する contagiar·se.
かんぜん 完全な perfecto; entero, completo, total. 〜に perfectamente; completamente. 〜にする perfeccionar.
かんそう¹ 乾燥 sequedad. 〜した seco. 〜させる secar.
かんそう² 感想 impresión.
かんぞう 肝臓 hígado.
かんそく 観測 observación. 〜する observar.
かんだい 寛大な generoso,

indulgente. 〜に generosamente.
かんたん 簡単な simple, sencillo; fácil; breve. 〜に sencillamente.
かんちょう 官庁 oficina gubernamental.
かんちょう 干潮 marea baja.
かんづめ 缶詰 conserva.
かんてん 観点 punto de vista.
かんどう 感動 emoción, impresión. 〜する emocionar, impresionar. 〜する emocionar·se, conmover·se. 〜的な emocionante, conmovedor.
かんとく 監督 dirección, vigilancia; director, inspector, vigilante. 〜する dirigir, vigilar, inspeccionar.
かんねん 観念 idea, noción, concepto.
カンパ donación; colecta.
かんぱい 乾杯 brindis. 〜する brindar. 〜! ¡Salud!
がんばる 頑張る hacer esfuerzos, esforzar·se. 頑張れ! ¡Ánimo!
かんばん 看板 letrero, anuncio.
かんびょう 看病 asistencia, cuidado. 〜する asistir, cuidar.
かんぺき 完璧な perfecto.
がんぼう 願望 deseo, ansia, anhelo.
かんむり 冠 corona.
かんゆう 勧誘 invitación. 〜する invitar.
かんり 管理 administración, dirección, control. 〜する administrar, dirigir. 〜人 portero. 〜者 administrador, director, gerente.
かんりょう 完了する acabar, terminar.
かんれん 関連 relación.
かんわ 緩和する moderar, aliviar, mitigar.

き

き¹ 木 árbol; madera.
き² 気がある querer, tener ganas de… 〜があう llevar·se

ギア 〈変速〉 cambio.
きあつ 気圧 presión atmosférica.
きいろ 黄色 [の] amarillo.
キーワード palabra clave.
ぎいん 議員 diputado; senador.
きえる 消える desaparecer; apagarse; extinguirse.
きおく 記憶 memoria, recuerdo. 〜する recordar.
きおん 気温 temperatura.
きか 幾何 [学] geometría.
きか² 帰化する naturalizarse.
きかい¹ 機会 oportunidad, ocasión.
きかい² 機械 máquina. 〜の mecánico. 〜装置 mecanismo.
きがい 危害 daño. 〜を加える dañar, perjudicar.
ぎかい 議会 asamblea, parlamento.
きかく 企画 plan, proyecto, planificación.
きかん¹ 期間 período, plazo, término; tiempo.
きかん² 器官 órgano.
きかん³ 機関 organismo, organización; máquina, motor. 〜車 locomotora. 〜銃 ametralladora.
きき 危機 crisis, momento crítico.
ききめ 効き目 efecto, eficacia.
ききゅう 気球 balón, globo.
きぎょう 企業 empresa. 〜家 empresario.
ぎきょうだい 義兄弟 cuñado.
ききん 飢饉 escasez de víveres.
キク 菊 crisantemo.
きく¹ 聞く oír; escuchar; preguntar.
きく² 効く tener efecto.
きぐ 器具 instrumento, utensilio, aparato.
きげき 喜劇 comedia. 〜的な [の] cómico.
きけん 危険 peligro, riesgo. 〜な peligroso, arriesgado. 〜をおかす arriesgarse.
きげん¹ 紀元 era. 〜前… antes de Jesucristo. 〜後… …después de Jesucristo.
きげん² 期限 plazo, término; vencimiento.
きげん³ 起源 origen, principio.
きげん⁴ 機嫌 humor. 〜がいい [わるい] estar de buen [mal] humor.
きこう 気候 clima, tiempo.
きごう 記号 signo, señal, marca; símbolo.
きこえる 聞こえる oír[se].
きこん 既婚の casado.
きし¹ 岸 costa, playa, orilla, ribera.
きし² 騎士 caballero.
きじ 記事 artículo, crónica, columna.
ぎし 技師 ingeniero, técnico.
ぎしき 儀式 ceremonia, acto; rito.
きしつ 気質 temperamento.
きじつ 期日 fecha; plazo.
きしゃ¹ 汽車 tren.
きしゃ² 記者 periodista, cronista; corresponsal. 〜会見 rueda de prensa.
きしゅ 騎手 jinete.
きじゅつ 記述 descripción. 〜する describir.
ぎじゅつ 技術 técnica, arte, tecnología. 〜の técnico. 〜者 técnico, ingeniero.
きじゅん 基準 norma, criterio; patrón.
きしょう 気象 fenómenos atmosféricos. 〜学 meteorología.
キス 接吻. 〜をする besar, dar un beso.
きず 傷 herida. 〜つける herir, dañar, lastimar.
きすう¹ 奇数 número impar.
きすう² 基数 número cardinal.
きずく 築く construir, edificar.
きせい 規制 reglamentación. 〜する regular, controlar.
ぎせい 犠牲 sacrificio. 〜者 víctima. 〜にする sacrificar.
きせいふく 既製服 traje de confección.
きせき 奇跡 milagro, maravilla. 〜的な milagroso, maravilloso.
きせつ 季節 estación, temporada, tiempo.
きぜつ 気絶する desmayarse.
きせる 着せる vestir, poner.
きせん 汽船 vapor.
ぎぜん 偽善 hipocresía. 〜的な [人] hipócrita.
きそ 基礎 base, fundamento, cimiento. 〜的な básico, fundamental, elemental. 〜を置く basar.
きそ² 起訴する acusar.
きそう 競う competir.
きそく 規則 regla, reglamento. 〜正しい regular, arreglado.
きぞく 貴族 aristocracia, nobleza; noble, aristócrata. 〜的な aristocrático.
きた 北 norte. 〜の norteño.
ギター guitarra. 〜をひく tocar la guitarra. 〜奏者 guitarrista.
きたい¹ 気体 gas. 〜の gaseoso.
きたい² 期待 esperanza, expectativa. 〜する esperar.
きたえる 鍛える fortificar.
きたない 汚い sucio, feo.
きち¹ 基地 base.
きち² 機知 ingenio, gracia.
きちがい 気違い [の] loco, demente.
きちょう¹ 貴重な precioso, valioso.
きちょう² 機長 capitán.
ぎちょう 議長 presidente.
きちょうめん 几帳面な puntual, exacto, escrupuloso.
きちんと ordenadamente.
きつい duro, penoso; apretado, estrecho.
きづく 気付く darse cuenta, notar, advertir, enterarse.
きっさてん 喫茶店 café, cafetería.

きって 切手 sello, estampilla. ～収集 filatelia.

きっと sin falta, sin duda, con seguridad, seguramente, ciertamente.

キツネ 狐 zorra; zorro.

きっぷ 切符 billete, entrada, boleto.

きてい 規定 reglamento. ～する reglamentar, prescribir.

キト〈都市〉Quito. ～の［人］quiteño.

きどう 軌道 vía; órbita.

きどった 気取った afectado, presumido.

きにいる 気に入る gustar, agradar.

きにゅう 記入 apunte, anotación. ～する apuntar, anotar, rellenar.

きぬ 絹 seda.

きねん 記念 conmemoración, recuerdo. ～日 aniversario. ～建築物 monumento. ～品 recuerdo.

きのう¹ 昨日 ayer. ～の朝 ayer por la mañana.

きのう² 機能 función. ～的な funcional. ～する funcionar.

キノコ hongo, seta.

きのどく 気の毒な pobre, lastimoso.

きばらし 気晴し diversión, distracción, recreación.

きはん 規範 norma.

きびしい 厳しい severo, riguroso, estricto; duro.

きふ 寄付 donación; contribución. ～する donar; contribuir.

きぶん 気分 humor, estado de ánimo. ～がいい［悪い］sentir・se bien［mal］.

きぼ 規模 escala, dimensión, envergadura.

きぼう 希望 esperanza, deseo. ～する esperar, desear.

きほん 基本 base, principio, fundamento. ～的な básico, fundamental, elemental, principal.

きまえ 気前のいい generoso.

きまぐれ 気紛れ capricho. ～な caprichoso.

きまる 決まる decidir・se, fijar・se, determinar・se. 決まった fijo, determinado. 決まり regla; decisión; costumbre.

きみ 君 tú; te; ti; tu, tuyo. ～といっしょに contigo. ～たち vosotros; vuestro; os.

きみょう 奇妙な extraño, raro, curioso, extravagante.

ぎむ 義務 deber, obligación. ～的な obligatorio.

きめる 決める decidir, fijar, determinar, elegir.

きもち 気持 sentimiento; sensación. ～のよい cómodo, agradable, grato, confortable. ～のわるい desagradable, repugnante.

きもの 着物 vestido, ropa, traje.

ぎもん 疑問 duda. ～詞 interrogativo. ～符 signo de interrogación.

きゃく 客 invitado, huésped; visitante, visita; cliente, clientela; pasajero, viajero.

ぎゃく 逆の contrario, opuesto; inverso. ～に al revés; al contrario.

ぎゃくさつ 虐殺 matanza, asesinato cruel. ～する matar cruelmente.

ぎゃくせつ 逆説 paradoja. ～的な paradójico.

ぎゃくたい 虐待する maltratar.

きゃくま 客間 salón, sala de visitas.

きゃっかん 客観的な objetivo.

キャプテン capitán, jefe.

キャベツ col, repollo.

キャンセル anulación, cancelación. ～する cancelar, anular.

キャンデー caramelo, dulces.

キャンパス campus, recinto universitario.

キャンプ camping, campamento.

ギャンブル juego.

キャンペーン campaña.

きゅう¹ 9 nueve. 90 noventa. 900 novecientos. ～番目の［～分の1］noveno.

きゅう² 急な repentino, urgente; inesperado. ～に de repente, súbitamente.

きゅうか 休暇 vacaciones.

きゅうきゅうしゃ 救急車 ambulancia.

きゅうくつな 窮屈な apretado, estrecho, incómodo.

きゅうけい 休憩 descanso, reposo; intermedio. ～する descansar, reposar.

きゅうこう 急行［列車］(tren) expreso, (tren) rápido.

きゅうし 休止 pausa.

きゅうじ 給仕 servicio; camarero. ～する servir.

きゅうじつ 休日 día de descanso; día feriado, fiesta, día festivo.

きゅうしゅう 吸収する absorber, chupar.

きゅうじょ 救助 socorro, rescate, salvación. ～する socorrer, salvar.

きゅうせい 急性の agudo.

きゅうせん 休戦 tregua.

きゅうでん 宮殿 palacio; palacio real.

ぎゅうにく 牛肉 carne de vaca.

ぎゅうにゅう 牛乳 leche (de vaca).

キューバ〈国〉Cuba. ～の［人］cubano.

きゅうひ 給費 beca. ～生 becario.

きゅうよう¹ 急用 asunto urgente.

きゅうよう² 休養 reposo. ～する reposar.

キュウリ 胡瓜 pepino.

きゅうりょう 給料 salario, sueldo.

きょう 今日 hoy.

きよう 器用な hábil, diestro, habilidoso.

ぎょう 行 línea; renglón.

きょうい 驚異 maravilla. ～的な maravilloso.

きょういく 教育 educación, instrucción, enseñanza. ～する educar, instruir, enseñar. ～学 pedagogía. ～者 educador, pedagogo.

きょうかが 教科書 asignatura. ～書 libro de texto, manual.

きょうか² 強化 refuerzo. ～する reforzar.

きょうかい¹ 教会 iglesia, catedral.

きょうかい² 境界 límite, linde,

confines.
きょうかい¹ 協会 asociación, sociedad.
きょうき 狂気 locura.
きょうぎ¹ 競技 juego, competición, concurso. 〜場 estadio, campo (de deportes). 〜者 jugador.
きょうぎ² 教義 doctrina.
ぎょうぎ 行儀 comportamiento, conducta. 〜がいい[悪い] [bien] [mal] educado; portar·se bien [mal].
きょうきゅう 供給 suministro, abastecimiento. 〜する suministrar, abastecer, proveer.
きょうくん 教訓 lección; moraleja.
きょうさん 共産主義 comunismo. 〜の[者] comunista.
きょうし 教師 maestro, profesor, instructor.
ぎょうじ 行事 evento, acto.
きょうしつ 教室 clase, aula.
きょうじゅ 教授 enseñanza, instrucción; profesor; catedrático.
きょうせい 強制する imponer, obligar, forzar. 〜的な obligatorio.
ぎょうせい 行政 administración. 〜の administrativo.
きょうそう¹ 競争 competencia, competición. 〜相手 rival, competidor. 〜する competir. 〜の competitivo.
きょうそう² 競走 carrera.
きょうぞん 共存 coexistencia. 〜する coexistir.
きょうだい 兄弟 hermano; hermana.
きょうちょう¹ 強調 énfasis. 〜する enfatizar, acentuar.
きょうちょう² 協調 conciliación. 〜的な conciliador.
きょうつう 共通の común, general.
きょうてい 協定 convenio, acuerdo, trato, pacto. 〜する convenir, acordar.
きょうどう 共同[協同] cooperación, colaboración. 〜体 comunidad. 〜する cooperar, colaborar. 〜の cooperativo. 〜組合 cooperativa.

きょうはく 脅迫 amenaza. 〜する amenazar.
きょうふ 恐怖 terror, horror, espanto, pavor.
きょうみ 興味 interés. 〜のある interesante; interesado. 〜を引く interesar.
きょうよう 教養 cultura. 〜のある culto, instruido. 〜のない inculto.
きょうりょく¹ 協力 colaboración, cooperación. 〜する colaborar, cooperar. 〜的な cooperativo.
きょうりょく² 強力な poderoso, fuerte, potente.
ぎょうれつ 行列 desfile, procesión; cola, fila. 〜する desfilar, hacer cola.
きょうわ 共和国 república.
きょか 許可 permiso, licencia, autorización. 〜する permitir, autorizar, admitir. 〜書 licencia, permiso.
ぎょかいるい 魚介類 mariscos.
ぎょぎょう 漁業 pesca, industria pesquera.
きょく 曲 melodía; música; pieza (musical).
きょくげい 曲芸 malabarismo. 〜師 malabarista, acróbata.
きょくげん 極限 último límite.
きょくせん 曲線 curva.
きょくたん 極端な extremado, extremoso, extremo; radical.
きょくとう 極東 Extremo Oriente.
きょじゅう 居住 residencia. 〜する habitar, residir.
きょじん 巨人 gigante.
きょだい 巨大な gigantesco, enorme, colosal.
きょねん 去年 el año pasado.
きょひ 拒否 rechazo, rechazamiento, negativa. 〜する rechazar, rehusar, negar.
きよらかな 清らかな limpio, puro, claro.
きょり 距離 distancia.
きらう 嫌う odiar, detestar, aborrecer.
きらく 気楽な despreocupado.
きり 霧 niebla, neblina, bruma.
ぎり 義理 deuda, obligación.

きりがない interminable, sin límite.
ギリシア〈国〉Grecia. 〜の[人・言語] griego.
キリスト Cristo, Jesucristo. 〜教 cristianismo. 〜の[信者] cristiano.
きりつ 規律 disciplina; orden.
キリン jirafa.
きる¹ 切る cortar, tajar, tallar; separar, partir.
きる² 着る vestir·se, poner·se.
きれいな hermoso, bonito, lindo, bello; limpio.
きれる 切れる cortar; vencer, caducar.
キロ kilómetro; kilogramo, kilo.
きろく 記録 archivo, documento, anotación, registro, acta; marca, récord. 〜する anotar, registrar; marcar.
ぎろん 議論 discusión, debate. 〜する discutir, debatir.
きん 金 oro. 〜色の dorado.
ぎん 銀 plata. 〜色の plateado.
きんいつ 均一な uniforme.
きんえん 禁煙する dejar de fumar. 〜! ¡Prohibido fumar! 〜席 asiento no fumador.
ぎんが 銀河 Camino de Santiago.
きんがく 金額 cantidad, importe; suma.
きんきゅう 緊急 urgencia, emergencia. 〜の urgente, apremiante.
きんこ 金庫 caja fuerte; caja de ahorro.
ぎんこう 銀行 banco. 〜の bancario. 〜業 banca.
きんし¹ 禁止 prohibición. 〜する prohibir.
きんし² 近視 miopia, vista corta. 〜の miope.
きんじょ 近所 vecindad. 〜の[人] vecino.
きんせい 金星 Venus.
きんぞく 金属 metal. 〜の metálico.
きんだい 近代の moderno. 〜化する modernizar[se].
きんちょう 緊張 tensión, nerviosismo. 〜した tenso,

nervioso.
きんにく 筋肉 músculo. 〜々の musculoso.
きんぱつ 金髪の[人] rubio.
きんべん 勤勉な diligente, aplicado, trabajador.
きんむ 勤務 trabajo, servicio. 〜する trabajar. 〜時間 horas de trabajo.
きんゆう 金融 financiación, finanzas. 〜の financiero.
きんようび 金曜日 viernes.
きんよく 禁欲的な estoico, mortificante.

く

く¹ 9 nueve.
く² 句 frase; verso.
ぐあい 具合 estado, condición.
グアテマラ〈国〉 Guatemala. 〜の[人] guatemalteco.
くいき 区域 zona, área, región.
クイズ adivinanza.
くいる 悔いる arrepentir·se.
くうかん 空間 espacio; vacío. 〜の espacial.
くうき 空気 aire, atmósfera. 〜の aéreo.
くうきょ 空虚な vacío, vano.
くうぐん 空軍 fuerzas aéreas, aviación.
くうこう 空港 aeropuerto, aeródromo.
ぐうすう 偶数 número par. 〜の par.
ぐうぜん 偶然 casualidad, azar. 〜の casual, eventual, fortuito, accidental. 〜に por casualidad, por ventura.
くうそう 空想 imaginación, fantasía. 〜する imaginar·se. 〜的な imaginario, fabuloso.
くうちゅう 空中 aire.
クーデター golpe de Estado.
くうはく 空白 blanco; margen.
くうふく 空腹 hambre. 〜であるtener hambre.
クーラー aireacondicionador; refrigerador.
くがつ 9月 septiembre.

くき 茎 tallo, tronco, caña.
くぎ 釘 clavo. 〜で打ちつける clavar.
くさ 草 hierba, yerba.
くさい 臭い oler mal; de mal olor, maloliente.
くさり 鎖 cadena.
くさる 腐る pudrir·se, corromper·se, pasar·se, estropear·se. 腐った podrido, corrompido, pasado, estropeado.
くし¹ 櫛 peine, peina.
くし² 串 〈料理〉 broqueta.
くじ sorteo, lotería, rifa.
クジャク 孔雀 pavo real.
くしゃみ estornudo. 〜する estornudar.
クジラ 鯨 ballena.
くしん 苦心 esfuerzos, afanes.
くず 屑 basuras, residuos, restos, desechos.
くすり 薬 medicina, medicamento. 〜屋 farmacia.
くずれる 崩れる derrumbar·se, destruir·se, arruinar·se.
くせ 癖 costumbre, hábito, manía, vicio.
くそ 糞 mierda, estiércol.
くだ 管 tubo.
ぐたいてき 具体的な concreto. 〜に concretamente. 〜にする concretar.
くだく 砕く quebrar, quebrantar; moler; romper.
くだもの 果物 fruta. 〜店 frutería.
くだる 下る bajar, ir abajo, descender.
くち 口 boca. 〜に出す decir. 〜をきく hablar.
ぐち 愚痴 queja, refunfuño.
くちばし pico.
くちひげ 口髭 bigote, mostacho.
くちびる 唇 labio(s).
くちぶえ 口笛 silbido. 〜を吹く silbar.
くちべに 口紅 barra de labios, carmín. 〜を塗る pintar·se los labios.
くつ 靴 zapatos, botas, botines. 〜をはく poner·se los zapatos, calzar·se. 〜をぬぐ quitar·se los zapatos, descalzar·se. 〜屋 zapatero;

zapatería.
くつう 苦痛 dolor, pena, angustia.
くつした 靴下 calcetines; medias.
くつじょく 屈辱 humillación. 〜を与える humillar.
クッション cojín, almohadilla.
くっつく adherir·se, pegar·se; adhesivo.
くとうてん 句読点 signos de puntuación.
くに 国 país, pueblo, estado, nación, patria.
くばる 配る distribuir, repartir.
くび 首 cuello; nuca. 〜飾り collar.
くふう 工夫する inventar, planear.
くべつ 区別 distinción, diferenciación. 〜する distinguir, diferenciar.
クマ 熊 oso.
くみ 組 pareja, par; juego, clase, grupo, equipo.
くみあい 組合 sindicato, corporación, cooperativa. 〜員 miembro, asociado.
くみあげる 汲み上げる sacar, extraer.
くみあわせ 組み合わせ combinación, surtido. 〜る combinar, agrupar; oponer.
くみたて 組み立て composición, montaje, ensamblaje. 〜る componer, montar.
クモ 蜘蛛 araña.
くも 雲 nube.
くもり 曇った nublado. 曇る nublar·se. 曇り nubosidad.
くやしがる 悔しがる lamentar·se.
くらい 暗い oscuro. 暗さ oscuridad. 暗くする oscurecer.
くらい² 位 grado, categoría, rango.
くらし 暮らし vida. 暮らす vivir·se. 〜を立てる ganar·se la vida.
クラス clase.
グラス vaso, copa.
グラナダ 〈都市〉 Granada. 〜の[人] granadino.
クラブ club.
グラフ gráfico, gráfica.

くらべる 比べる comparar.
グラム gramo.
グランド campo, cancha; terreno.
クリ 栗 castaña; castaño.
クリーニング店 tintorería, lavandería.
クリーム crema, nata.
くりかえす 繰り返す repetir, reiterar. 繰り返し repetición, reiteración.
クリスマス Navidad. 〜おめでとう！ ¡Feliz Navidad! 〜カード christmas, tarjeta de Navidad.
くる 来る venir, llegar.
くるう 狂う enloquecer·se, volver·se loco; estropear·se. 狂った loco; estropeado.
グループ grupo.
くるしむ 苦しむ sufrir, padecer. 苦しめる molestar, afligir, atormentar; torturar. 苦しい penoso, doloroso; duro. 苦しさ aflicción, amargura, sufrimiento, pena.
くるま 車 coche, automóvil, vehículo.
クルミ nuez; nogal.
グレープフルーツ toronja, pomelo.
クレジット crédito. 〜カード tarjeta de crédito.
くれる¹ 暮れる atardecer, anochecer, oscurecer.
くれる² (与えて) くれる dar, regalar.
くろ 黒い negro; oscuro; moreno.
くろう 苦労 trabajo, esfuerzo; pena, sufrimiento. 〜する hacer esfuerzos, tener dificultades. 〜して con dificultades; penosamente.
くわえる 加える añadir, incluir, agregar.
くわしい 詳しい detallado, minucioso.
くわだてる 企てる emprender; proyectar, planear; tratar.
くんしゅ 君主 monarca.
ぐんしゅう 群衆 muchedumbre, masas.
ぐんしゅく 軍縮 desarme. 〜する desarmar·se.
ぐんじん 軍人 militar.
ぐんたい 軍隊 tropa, ejército, fuerzas. 〜の militar.
ぐんび 軍備 armamento.
くんれん 訓練 ejercicio, entrenamiento, disciplina, instrucción. 〜する ejercitar, entrenar, disciplinar, instruir.

け

け 毛 pelo, cabello, vello.
けい 刑 castigo, pena.
けいえい 経営 manejo, administración, dirección. 〜する administrar, manejar, dirigir. 〜者 administrador, director, gerente; patrono, dueño.
けいか 経過 paso, curso, transcurso, proceso; desarrollo. 〜する pasar, transcurrir.
けいかい 警戒 alarma, precaución. 〜する tomar precaución, alarmar·se.
けいかく 計画 plan, proyecto, programa. 〜する planear, proyectar, programar.
けいかん 警官 policía, agente, guardia.
けいけん 経験 experiencia, experimento, práctica. 〜する experimentar.
けいこう 傾向 tendencia, inclinación. 〜がある tender.
けいこうとう 蛍光灯 fluorescente.
けいこく 警告 advertencia. 〜する advertir.
けいざい 経済 economía. 〜的な económico.
けいさつ 警察 policía. 〜署 comisaría. 〜署長 comisario.
けいさん 計算 cuenta, cálculo, cómputo. 〜する contar, calcular; computar. 〜機 calculadora; computadora.
けいじ¹ 掲示 anuncio, aviso; cartel, letrero. 〜板 cartelera. 〜する anunciar, avisar.
けいじ 刑事 detective, agente.
けいしき 形式 estilo, forma, fórmula; formalidades. 〜的な formal, formulario.
けいしゃ 傾斜 inclinación, declive. 〜する inclinar·se, declinar. 〜した inclinado, oblicuo.
けいじゅつ 芸術 arte. 〜的な artístico. 〜家 artista.
けいしょく 軽食 merienda, colación.
けいせい 形成 formación. 〜する formar.
けいぞく 継続 continuación, prolongación, renovación. 〜する continuar, prolongar, renovar.
けいたい 携帯用の portátil. 〜する llevar.
けいと 毛糸 hilo de lana.
けいば 競馬 carrera de caballos. 〜場 hipódromo.
けいはく 軽薄な frívolo, superficial, ligero.
けいべつ 軽蔑 desdén, menosprecio, desprecio. 〜する desdeñar, desdeñar, menospreciar. 〜的な desdeñoso, despreciativo.
けいほう¹ 警報 alarma.
けいほう² 刑法 derecho penal, código penal.
けいむしょ 刑務所 cárcel, prisión.
けいやく 契約 contrato. 〜する contratar.
けいゆ …経由で vía…, pasando por…
けいようし 形容詞 adjetivo.
ケーキ pastel, tarta.
ケーブル cable.
ゲーム juego, partida.
けが 怪我 herida, lesión. 〜する herir·se, lastimar·se. 〜している〔人〕herido.
げか 外科 cirugía. 〜の quirúrgico. 〜医 cirujano.
けがわ 毛皮 piel, pellejo.
げき 劇 drama, teatro. 〜的な dramático. 〜場 teatro.
けさ 今朝 esta mañana.
けしき 景色 paisaje, vista.
けしゴム goma (de borrar).
げしゃ 下車する apear·se, bajar[se].
げしゅく 下宿 vivir como pensionista. 〜人 pensio-

nista.
げじゅん …の下旬に a fines de…
けしょう 化粧 maquillaje. 〜する maquillar·se, pintar·se. 〜室 tocador, cuarto de aseo.
けす 消す apagar, extinguir; borrar.
げすい 下水 (設備) alcantarillado.
けずる 削る raspar; tachar.
けだもの 獣 bestia.
けちな tacaño, avaro, mezquino, vil.
けつあつ 血圧 presión arterial [de la sangre].
けついん 欠員 vacante.
けつえき 血液 sangre. 〜の sanguíneo.
けっか 結果 resultado, efecto, consecuencia. 〜は…である resultar…
けっかく 結核 tuberculosis. 〜の [患者] tuberculoso, tísico.
けっかん 欠陥 defecto. 〜のある defectuoso.
げっきゅう 月給 sueldo mensual.
けっきょく 結局 por fin, en fin, finalmente.
けっこう 結構な bueno, magnífico, excelente.
けつごう 結合 combinación, unión, ligazón. 〜する unir [se], ligar[se], combinar [se].
けっこん 結婚 casamiento, matrimonio. 〜式 boda[s], nupcias. 〜する casar·se. 〜している [人] casado.
けっさく 傑作 obra maestra.
けっさん 決算 balance; cierre de libros.
けっして 決して…ない nunca, jamás.
けっしょう 結晶 cristal.
けっしょうせん 決勝戦 final.
げっしょく 月食 eclipse lunar.
けっしん 決心 decisión, resolución. 〜する decidir[se], resolver·se.
けっせき 欠席 ausencia, falta. 〜する faltar, no asitir, ausentar·se. 〜者 ausente.
けってい 決定 decisión, fijación, determinación. 〜する decidir, fijar, determinar. 〜的な decisivo, definitivo.
けってん 欠点 defecto, falta, tacha; punto débil. 〜のある defectuoso. 〜のない perfecto, entero, irreprochable, sin tacha.
げっぷ 月賦販売 venta a plazos.
けつぼう 欠乏 escasez, falta, carencia. 〜する faltar, escasear, carecer.
げつようび 月曜日 lunes.
けつろん 結論 conclusión. 〜する concluir. 〜を出す establecer una conclusión.
げひん 下品な vulgar, de mal gusto, grosero.
けむし 毛虫 oruga, gusano.
けむり 煙 humo. 〜をはく echar humo.
げり 下痢 diarrea.
ゲリラ guerrilla; guerrillero.
ける 蹴る dar un puntapié, patear, dar coces.
けれども pero, sin embargo, no obstante, con todo (eso); aunque.
けわしい severo, muy serio; empinado, dificultoso.
けん[1] 券 billete, boleto.
けん[2] 県 provincia, prefectura.
けん[3] 剣 espada, estoque.
げん 弦 cuerda.
けんい 権威 autoridad, prestigio. 〜のある autorizado, prestigioso.
げんいん 原因 causa, motivo. 〜となる causar, originar, ocasionar.
げんえき 現役である estar en servicio actual.
けんえつ 検閲 censura.
けんお 嫌悪 asco, repugnancia.
けんか 喧嘩 riña, querella, pelea. 〜する reñir, pelear.
げんかい 限界 límite.
けんがく 見学 visita. 〜する visitar.
げんかく 厳格な severo, riguroso, estricto, duro.
げんかん 玄関 puerta, portal, entrada, zaguán; vestíbulo.
げんき 元気な animado, alegre, jovial, fuerte.
けんきゅう 研究 estudio, investigación. 〜する estudiar, investigar. 〜室 estudio, despacho; laboratorio. 〜所 instituto.
げんきゅう 言及 referencia, alusión. 〜する referir·se, aludir.
げんきん 現金 dinero contante, efectivo. 〜で en efectivo, al contado.
げんご 言語 lengua, idioma, habla, lenguaje.
けんこう 健康 salud. 〜な sano, saludable. 〜診断 reconocimiento médico.
げんこう 原稿 manuscrito, borrador.
けんさ 検査 examen, prueba, revisión, inspección. 〜する examinar, probar, revisar, inspeccionar.
げんざい 現在 actualidad, momento actual. 〜の actual, presente.
げんし[1] 原子 átomo. 〜の atómico. 〜力 energía nuclear. 〜炉 reactor.
げんし[2] 原始の primitivo.
けんしき 見識 juicio, discernimiento.
げんじつ 現実 actualidad, realidad. 〜の actual, real. 〜的な realista. 〜に en realidad, realmente.
げんしょう[1] 現象 fenómeno.
げんしょう[2] 減少 disminución, reducción. 〜する disminuir·se, reducir·se.
けんせつ 建設 construcción. 〜する construir, edificar.
けんぜん 健全な sano.
げんそ 元素 elemento.
げんそう 幻想 fantasía, ilusión. 〜の fantástico.
げんぞう〈写真〉現像 revelado. 〜する revelar.
げんそく 原則 principio, norma. 〜として en principio.
けんそん 謙遜 modestia, humildad.
げんだい 現代の moderno, contemporáneo.
けんちく 建築 construcción,

edificación, arquitectura. ～する construir, edificar. ～家 arquitecto.

げんてい 限定する limitar, restringir.

げんど 限度 límite.

けんとう 検討する examinar, estudiar, investigar.

げんばく 原爆 bomba atómica.

けんびきょう 顕微鏡 microscopio.

けんぶつ 見物 visita. ～する visitar.

げんぶん 原文 texto, original.

けんぽう 憲法 constitución. ～の constitucional.

げんぽん 原本 original.

げんみつ 厳密な estricto, riguroso.

けんめい 賢明な prudente, sensato, juicioso.

げんめつ 幻滅 desilusión. ～する desilusionar·se.

けんり 権利 derecho.

げんり 原理 principio.

げんりょう 原料 materia prima.

けんりょく 権力 poder, autoridad.

げんろん 言論 expresión, palabra.

こ

こ 子 hijo; niño.

ご¹ 5 cinco. 50 cincuenta. 500 quinientos. ～番目の [～分の1] quinto.

ご² 語 palabra, vocablo, voz, término; lengua, idioma.

こい¹ 濃い denso, espeso; oscuro; fuerte.

こい² 恋 amor. ～人 novio, amante. ～をする enamorar·se. ～する amar, querer. ～をしている enamorado.

こい³ 故意に intencionadamente, con intención, deliberadamente.

コイ 鯉 carpa.

ごい 語彙 vocablo; vocabulario, léxico.

こうい¹ 行為 acto, acción, conducta; comportamiento.

こうい² 好意 buena voluntad, bondad, favor, simpatía. ～的な simpático, favorable, amable.

ごうい 合意 acuerdo, conformidad. ～する acordar, convenir.

こううん 幸運 fortuna, buena suerte, dicha. ～な afortunado, dichoso.

こうえい 光栄 gloria, honor.

こうえん¹ 公園 parque.

こうえん² 公演 representación. ～する representar.

こうえん³ 講演 conferencia, discurso. ～する dar una conferencia.

こうか¹ 効果 efecto, eficacia. ～的な efectivo, eficaz, activo.

こうか² 高価な caro, valioso, costoso.

こうか³ 硬貨 moneda.

ごうか 豪華な lujoso, magnífico. ～さ lujo, suntuosidad.

こうかい¹ 後悔 arrepentimiento. ～する arrepentir·se.

こうかい² 公開の abierto al público. ～する abrir al público.

こうかい³ 航海 navegación, viaje por mar. ～する navegar.

こうがい 公害 polución, contaminación ambiental.

こうがい 郊外 afueras, cercanías, suburbio.

こうがく¹ 工学 tecnología, ingeniería.

こうがく² 光学 óptica.

ごうかく 合格 aprobación, admisión, éxito. ～する aprobar, tener buen éxito. ～した aprobado.

こうかん¹ 交換 cambio, intercambio. ～する cambiar, intercambiar. 電話～手 telefonista. 電話～台 centralita.

こうかん² 好感 simpatía.

こうがん こう丸 testículo.

こうき¹ 好機 oportunidad, buena ocasión.

こうき² 後期 segundo semestre.

こうき³ 高貴な noble.

こうぎ¹ 抗議 protesta, reclamación. ～する protestar, reclamar.

こうぎ² 講義 lectura, lección. ～する dar clase.

こうきあつ 高気圧 alta presión atmosférica.

こうきしん 好奇心 curiosidad. ～の強い curioso.

こうきゅう 高級な de alta categoría, lujoso.

こうきょう 公共の público. ～事業 obras públicas.

こうぎょう¹ 工業 industria. ～の industrial.

こうぎょう² 鉱業 minería.

こうくう 航空 aviación. ～の aéreo. ～便 correo aéreo. ～機 avión, aeroplano.

こうけい 光景 escena, espectáculo; vista.

こうげい 工芸 artesanía.

ごうけい 合計 suma, total. ～する sumar, totalizar.

こうげき 攻撃 ataque, asalto. ～する atacar, asaltar.

こうけん 貢献 contribución, aportación. ～する contribuir.

こうげん 高原 meseta, altiplanicie.

こうご¹ 口語 lenguaje coloquial; habla.

こうご² 交互に alternativamente.

こうこう 高校 colegio, instituto (de enseñanza secundaria superior).

こうごう 皇后 emperatriz.

こうこがく 考古学 arqueología.

こうこく 広告 anuncio, publicidad, propaganda. ～する anunciar, hacer publicidad.

こうさ 交差点 cruce. ～する cruzar·se.

こうざ¹ 講座 curso; clase.

こうざ² 口座 cuenta.

こうさい 交際 relaciones, trato. ～する tener amistad [relaciones], tratar.

こうざん 鉱山 mina. ～の [～労働者] minero.

こうし 講師 lector, conferenciante.

こうじ 工事 construcción, obra. 〜中である estar de obra; estar en construcción.

こうしき 公式の oficial, formal.

こうじつ 口実 pretexto, excusa, disculpa.

こうしゃく¹ 公爵 duque; duquesa.

こうしゃく² 侯爵 marqués; marquesa.

こうしゅう 公衆の público.

こうしょう 交渉 negociación. 〜する negociar.

こうじょう¹ 工場 fábrica, planta; taller.

こうじょう² 向上する progresar, adelantar, mejorar.

ごうじょう 強情な terco, obstinado.

こうしん 行進 marcha, desfile. 〜する marchar en fila, desfilar. 〜曲 marcha.

こうしん² 更新 renovación, reanudación. 〜する renovar, reanudar.

こうすい 香水 perfume.

こうずい 洪水 inundación, diluvio.

こうせい¹ 構成 composición, constitución. 〜する componer, constituir.

こうせい² 公正な justo, equitativo, imparcial.

こうせいぶっしつ 抗生物質 antibiótico.

こうせき 功績 mérito, contribución.

こうせん 光線 rayo, luz.

こうそう 構想 idea, plan, proyecto.

こうぞう 構造 estructura, mecanismo. 〜主義 estructuralismo.

こうそくどうろ 高速道路 autopista.

こうたい 交代 [交替] する reemplazar, sustituir, alternar. 〜で alternativamente, por turnos.

こうたい² 後退する retirar·se, retroceder.

こうだい 広大な inmenso, extenso, vasto.

こうちゃ 紅茶 té.

こうちょう 校長 rector, director.

こうつう 交通 tráfico, circulación, comunicación. 〜渋滞 embotellamiento, atasco. 〜機関 medios de comunicación. 〜事故 accidente de tráfico.

こうてい 肯定 afirmación, aseveración. 〜する afirmar, aseverar. 〜的な afirmativo, positivo.

こうてい² 皇帝 emperador; emperatriz. 〜的 imperial.

こうてい³ 公定の oficial.

こうど 高度 altitud, altura.

こうとう³ 高等な superior, alto, avanzado. 〜学校 colegio, instituto (de enseñanza secundaria superior).

こうとう⁴ 口頭の oral, verbal. 〜諮問 examen oral.

こうどう¹ 行動 acción, conducta, comportamiento. 〜する comportar·se, actuar. 〜的な activo. 〜範囲 radio de acción.

こうどう² 講堂 paraninfo; salón de actos.

こうにん 公認 autorización. 〜の autorizado.

コウノトリ〈鳥〉cigüeña.

こうば 工場 fábrica, taller.

こうばい 勾配 inclinación, pendiente.

こうはん¹ 広範な amplio, extenso, inmenso.

こうはん² 公判 audiencia pública.

こうひょう 公表 publicación, anuncio. 〜する publicar, anunciar.

こうふく¹ 幸福 felicidad, bienestar, dicha. 〜な feliz, dichoso. 〜に felizmente.

こうふく² 降伏 rendición. 〜する rendir·se.

こうぶつ 鉱物 [の] mineral.

こうふん 興奮 exaltación. 〜する exaltar·se, excitar·se.

こうへい 公平な imparcial, justo, equitativo.

こうほ 候補 (者) candidato, candidata, aspirante.

ごうほう 合法的な legal, legítimo.

こうまん 高慢な orgulloso, altivo, soberbio, arrogante.

こうむいん 公務員 funcionario (público).

こうもん 肛門 ano.

こうむる 被る sufrir, padecer.

ごうり 合理的な razonable, racional.

こうりつ 公立の público.

こうりゅう 交流 (電気) corriente alterna. 文化〜 intercambio cultural.

こうりょ 考慮 consideración. 〜する considerar, tener en cuenta.

こうりょく 効力 efecto, eficacia; validez, vigor, vigencia; virtud.

こうろん 口論 riña. 〜する reñir.

こえ 声 voz. 大〜で en voz alta. 小〜で en voz baja.

こえる 越える pasar, atravesar, exceder, sobrepasar.

コース curso, recorrido; ruta, calle.

コーチ entrenador; entrenamiento. 〜する entrenar.

コート abrigo, gabardina, impermeable; pista, cancha.

コーヒー café. ブラック〜 café solo.

コーラス coro.

コーラン〈聖書〉Corán.

こおり 氷 hielo. 〜が張る helar.

こおる 凍る helar·se, congelar·se. 凍った helado.

ゴール meta; gol; portería.

ごかい 誤解 malentendido, mal entendimiento, equívoco. 〜する equivocar, entender mal.

ごがく 語学 aprendizaje lingüístico. 〜の lingüístico. 言語学 lingüística, filología.

ごがつ 5月 mayo.

こぎって 小切手 cheque. 〜帳 talonario de cheques.

ゴキブリ cucaracha.

こきゅう 呼吸 respiración, respiro, aliento. 〜する respirar, alentar.

こきょう 故郷 pueblo, patria (chica), tierra natal.

こぐ 漕ぐ remar.
こくご 国語 idioma; lengua nacional; japonés.
こくさい 国際的な internacional. 〜会議 congreso internacional.
こくさん 国産の de fabricación doméstica. 〜品 productos nacionales [domésticos].
こくせき 国籍 nacionalidad.
こくてつ 国鉄 ferrocarriles nacionales. 〈スペイン〉 RENFE, Red Nacional de Ferrocarriles Españoles.
こくど 国土 territorio nacional.
こくどう 国道 carretera nacional.
こくない 国内の interior, nacional, doméstico.
こくはく 告白 confesión, declaración. 〜する confesar, declarar.
こくばん 黒板 pizarra. 〜ふき borrador.
こくふく 克服する vencer, superar.
こくみん 国民 pueblo, nación. 〜の nacional, popular, del pueblo.
こくもつ 穀物 grano[s], cereales.
こくりつ 国立の nacional, estatal, del Estado.
こくれん 国連 ONU, Organización de las Naciones Unidas.
こげる 焦げる quemar·se; tostar·se.
ここ 〜に[で] aquí, acá, en este lugar. 〜まで hasta aquí.
ごご 午後 tarde. 今日の〜 esta tarde. 〜に por la tarde. 〜の… …de la tarde.
ココア cacao; chocolate.
ここちよい 心地よい agradable, ameno, cómodo.
こころ 心 alma, corazón, mente. 〜からの cordial, sincero.
こころみ 試み prueba, ensayo. 試みる probar, ensayar, tratar.
こころよい 快い suave, dulce, agradable.
こし 腰 cintura, caderas. 〜の曲がった encorvado. 〜を掛ける sentar·se.
こじ 孤児 huérfano. 〜院 orfanato.
こじき 乞食 mendigo, pordiosero.
こしつ¹ 固執する insistir, persistir, hacer hincapié.
こしつ² 個室 habitación individual [particular].
ゴシックの gótico.
こしょう 故障 avería. 〜する averiar·se. 〜している averiado.
コショウ pimienta; pimentero.
こじん 個人 individuo, particular. 〜の individual, personal, particular, privado.
こす 超す exceder, superar, pasar.
コスタリカ〈国〉Costa Rica. 〜の[人] costarricense.
コスト costo, coste; gastos.
こする 擦る frotar[se], rozar.
こせい 個性 personalidad, originalidad. 〜的な original, singular.
こせき 戸籍 registro civil.
こぜに 小銭 suelto, vuelta, cambio.
ごぜん 午前 la mañana. 〜に por la mañana. 〜の… …de la mañana.
こたい 固体[の] sólido. 〜になる solidificar·se.
こだい 古代 antigüedad, tiempo antiguo. 〜の arcaico, antiguo.
こたえ 答え respuesta, contestación; solución. 〜る responder, contestar.
こだま eco.
ごちそう ご馳走 buena comida. 〜する invitar a comer.
こちょう 誇張する exagerar, ponderar.
こちら 〜に[で] aquí, acá, en ésta.
こっか¹ 国家 nación, estado. 〜の nacional, estatal, del Estado.
こっか² 国歌 himno nacional.
こっかい 国会 asamblea nacional, Cortes, Dieta, congreso, parlamento.
こっき 国旗 bandera nacional.
こっきょう 国境 frontera.
コック cocinero.
こっけい 滑稽な cómico, ridículo, chistoso.
こっせつ 骨折 fractura (de hueso). 〜する fracturar·se.
こっち 〜に[で] aquí, acá.
こづつみ 小包 paquete, bulto, lío. 郵便〜 paquete postal.
こっとう 骨董品 objetos de arte antiguos. 〜屋 tienda de antigüedades; anticuario.
コップ vaso, copa.
こてい 固定する fijar, asegurar, sujetar. 〜された fijo, fijado, sujeto, firme.
こてん 古典 obra clásica. 〜的な clásico.
こと 事 asunto, hecho, cosa.
ごと 〜に cada…
こどく 孤独 soledad. 〜な solitario, aislado.
ことし 今年 este año, el año en curso.
ことづけ 言付け recado, mensaje.
ことなる 異なる diferenciar·se, diferir; variar. 異なった diferente, distinto.
ことば 言葉 palabra, voz, término, vocablo; habla; idioma, lengua. 〜の infantil, pueril. 〜のころ niñez, infancia.
ことわざ 諺 refrán, proverbio; dicho. 〜の proverbial. 〜集 refranero.
ことわる 断わる rechazar, negar, rehusar; prohibir; advertir.
こな 粉 polvo; harina.
コネ enchufe, palanca.
この este.
このあいだ この間 el otro día, hace unos días.
このごろ この頃 ahora, recientemente, estos días, hoy en día.
このまえ この前の último, pa-

さ

さど, anterior.
このみ 好み gusto, preferencia, afición.
このように こう, de esta manera.
こばむ 拒む rechazar, negar.
ごはん ご飯 arroz (cocido).
コピー copia, fotocopia. 〜をとる sacar copias.
こひつじ 子羊 cordero.
ごひゃく 500 quinientos.
こぶ 瘤 bulto, chichón.
こぶし 拳 puño.
こぼす derramar, verter; quejar-se.
コマーシャル publicidad, anuncio. 〜放送 emisión publicitaria. 〜ベースにのる comerciable.
こまかい 細かい menudo, diminuto, fino, pequeño; detallado; meticuloso.
こまらせる 困らせる molestar, fastidiar, confundir. 困る tener dificultades; apurar-se, estar en apuros. 困った apurado, confuso.
ごみ basura, porquería. 〜箱 basurero.
こむ 混む estar lleno [atestado].
ゴム goma, hule, caucho. 〜バンド [輪] gomita.
コムギ 小麦 trigo. 〜畑 trigal.
コメ 米 arroz.
ごめんなさい! ¡Perdón!, ¡Discúlpeme!; ¡Con permiso!
こもじ 小文字 (letra) minúscula.
こゆう 固有の propio, peculiar.
こゆび 小指 (dedo) peñique.
こよう 雇用 empleo. 〜する emplear.
こよみ 暦 calendario, almanaque.
ごらく 娯楽 recreo, diversión, entretenimiento, ocios, pasatiempo.
こらしめる 懲らしめる castigar.
ごらん! ¡Mira!, ¡Mire!
こりつ 孤立 aislamiento. 〜する aislar-se.
こりる 懲りる escarmentar.
コルク corcho.
コルドバ〈都市〉 Córdoba. 〜の [人] cordobés.
これ éste, esto. 〜ら éstos.
これから ahora (mismo), desde ahora, de aquí en adelante.
コレクトコール llamada a cobro revertido.
ころ …の頃に como…, hacia…, a eso de…; más o menos…; cuando…
ころがる 転がる rodar, dar-se vueltas, caer[se].
ころす 殺す matar, asesinar.
ころぶ 転ぶ caer[se] por el suelo.
コロンビア〈国〉 Colombia. 〜の [人] colombiano.
こわい 恐い horrible, espantoso, terrible; severo. 恐る tener miedo, asustar-se, temer. 恐がらせる espantar, asustar.
こわす 壊す romper, destruir, derrotar, deshacer, dañar. 壊れた roto, dañado. 壊れやすい frágil. 壊れる romper-se.
こんき 根気 paciencia, constancia.
こんきょ 根拠 fundamento, base, cimiento. 〜を置く basar-se, fundar.
コンクール concurso, certamen.
コンクリート hormigón, cemento.
こんけつ 混血の mixto, híbrido. 〜児 mixto, mestizo, mulato.
こんげつ 今月 este mes, el mes corriente.
こんご 今後は (de aquí) en adelante, en el futuro. 〜の futuro, venidero.
こんごう 混合 mezcla. 〜する mezclar.
コンサート concierto.
こんざつ 今雑 aglomeración, congestión, embotellamiento. 〜した aglomerado, congestionado, atestado.
こんしゅう 今週 esta semana. 〜中に dentro de esta semana.
コンセント enchufe.
コンタクトレンズ lentilla, lentes de contacto.
こんだて 献立表 menú, carta.
こんちゅう 昆虫 insecto. 〜学 entomología.
こんど 今度 esta vez, ahora; la próxima vez, dentro de poco.
こんどう 混同 confusión, mezcla. 〜する confundir, mezclar.
コンドーム condón, preservativo.
こんな tal, …como éste. 〜こと tal cosa. 〜ふうに de esta manera.
こんなん 困難 dificultad; apuro; adversidad. 〜な difícil; duro, trabajoso.
こんにち 今日 hoy en día, estos días, en la actualidad. 〜は! ¡Hola!, ¡Buenas!, ¡Buenas días!, ¡Buenas tardes!
コンパス compás.
こんばん 今晩 esta tarde, esta noche. 〜は! ¡Buenas tardes!, ¡Buenas noches!
コンピューター computador, ordenador.
コンプレックス complejo. 劣等感 complejo de inferioridad.
こんぽん 根本 fundamento, base. 〜的な básico, fundamental, radical.
コンマ coma.
こんや 今夜 esta noche.
こんやく 婚約 promesa de matrimonio, compromiso matrimonial. 〜する comprometer-se. 〜者 novio, prometido. 〜時代 noviazgo.
こんらん 混乱 desorden, confusión, alboroto, disturbio. 〜する desordenar-se, confundir-se, turbar-se. 〜した confuso.
こんわく 困惑した perplejo, perturbado. 〜させる perturbar.

さ

さ 差 diferencia; resto, margen. 〜がある diferir; variar.

ざ 座 asiento; puesto.
さあ! ¡Vamos!, ¡Venga!
サーカス circo.
サービス servicio, atención; obsequio, regalo. 〜する atender, prestar servicio; obsequiar, regalar.
さい …歳 …años (de edad).
さいがい 災害 desastre, calamidad; accidente.
さいきん 最近 recientemente, últimamente. 〜の reciente, último.
サイクリング ciclismo. 〜する人 ciclista.
さいご 最後 fin, final. 〜の final, último, postrero. 〜に por último, finalmente; a la cola.
さいこう 最高の supremo, máximo, culminante; (定冠詞+) más alto.
ざいさん 財産 bienes, fortuna, propiedad; patrimonio.
さいじつ 祭日 (día de) fiesta, día festivo.
さいしゅう¹ 最終の último, final. 〜的に finalmente; definitivamente, en definitivo.
さいしゅう² 採集 colección. 〜する coleccionar, recoger.
さいしょ 最初 principio, comienzo. 〜の primero, inicial; original. 〜に primero, en primer lugar, al principio. 〜から desde el principio.
さいしょう 最小の mínimo, (定冠詞+) menor, (定冠詞+) más pequeño.
さいしん 最新の último, (定冠詞+) más moderno.
サイズ tamaño, medida, talla, número.
さいせい 再生する reproducir, rehacer.
さいそく 催促する urgir, apremiar.
さいだい 最大の máximo, (定冠詞+) mayor, (定冠詞+) más grande. 〜限に al máximo.
さいだん 祭壇 altar.
さいちゅう …の最中に en medio de…; en pleno…

さいてい 最低の ínfimo, mínimo, (定冠詞+) más bajo.
さいなん 災難 desgracia, desastre; accidente. 〜の desastroso.
さいのう 才能 talento, don, ingenio; capacidad, habilidad. 〜のある capáz, hábil.
さいばい 栽培 cultivo, cultura. 〜する cultivar.
さいばん 裁判 justicia, juicio; pleito, proceso. 〜官 juez, magistrado. 〜所 tribunal, juzgado.
さいふ 財布 cartera, billetero; portamonedas, monedero.
さいぶ 細部 detalle, pormenor.
さいほう 裁縫 costura. 〜をする coser.
さいよう 採用する emplear, admitir; adoptar, usar.
ざいもく 材木 madera, maderaje.
さいりょう 最良の óptimo, (定冠詞+) mejor.
ざいりょう 材料 materia, material; ingrediente; datos.
サイレン sirena.
さいわい 幸いに felizmente, por suerte, afortunadamente.
サイン firma, autógrafo; seña, señal. 〜する firmar.
さえぎる 遮る impedir, interrumpir, obstruir; interceptar.
さえずる cantar, piar, gorjear.
…さえも hasta…, incluso…, aun…
…さえも (ない) ni siquiera…
さか 坂 [道] cuesta, pendiente. 〜を上る [下る] ir cuesta arriba [abajo].
さかい 境 linde, límite; frontera. 〜を接する lindar, limitar.
さかえる 栄える prosperar, florecer.
さかさ 逆さに a la inversa. 〜の inverso. 〜にする invertir, voltear.
さがしだす 探し出す encontrar, hallar.
さがす 探す buscar. 〜こと búsqueda.

さかな 魚 pez; pescado.
さかのぼる 遡る remontar.
さかや 酒屋 bodega.
さからう 逆らう oponer·se, desobedecer. …に逆らって contra…
さかり 盛り plena floración, sazón; auge; lo mejor.
さがる 下がる bajar; colgar, pender; retroceder; retirar·se.
さかん 盛んに activamente; prósperamente.
さき 先 punta; cabo, extremo, extremidad; futuro, porvenir. 〜の extremo; delantero; previo, anterior; futuro. 〜に en la extremidad; delante, más adelante, más allá; a la cabeza; con anticipación, de antemano; por delante.
さぎ 詐欺 timo, fraude; engaño.
さぎょう 作業 obra, operación, trabajo.
さく¹ 咲く florecer, echar flores.
さく² 柵 barrera, valla; cerca.
さく³ 策 medida, medio; remedio; ardid.
さく⁴ 裂く rajar, rasgar.
さくい 作為 artificio, intención. 〜的な artificioso, intencional.
さくしゃ 作者 autor.
さくじょ 削除 omisión, supresión. 〜する omitir, suprimir.
さくせん 作戦 estrategia, táctica. 〜の estratégico.
さくねん 昨年 el año pasado.
さくばん 昨晩 anoche, esta noche.
さくひん 作品 obra, producción.
さくぶん 作文 composición.
さくもつ 作物 productos del campo; cosecha.
さくら 桜 flor de cerezo; cerezo. サクランボ cereza.
ザクロ granada; granado.
さけ¹ 酒 sake; vino; licor; bebida alcohólica. 〜飲み

さけ 鮭 salmón.

さけび 叫び grito; chillido. 叫ぶ gritar; chillar; exclamar.

さける 避ける evitar, esquivar; huir; eludir. 避けがたい inevitable.

さげる 下げる bajar, rebajar.

ささいな 些細な trivial, insignificante.

ささえ 支え apoyo, soporte, sostén. ～る apoyar, soportar, sostener.

ささげる 捧げる dedicar, consagrar; ofrecer, obsequiar.

ささやく 囁く susurrar, cuchichear, murmurar. 囁き susurro, murmullo, cuchicheo.

さじ cuchara; cucharilla.

さしえ 挿絵 grabado, ilustración. ～入りの ilustrado. ～を入れる ilustrar.

さしこむ 差し込む insertar, meter, introducir; penetrar.

さししめす 指し示す señalar, indicar.

さしず 指図 instrucciones, indicación. ～する dar instrucciones, hacer una indicación.

さしせまる 差し迫る urgir. 差し迫った urgente, apremiante.

さしだす 差し出す ofrecer, presentar. 差出人 remitente.

さす¹ 刺す picar, pinchar, punzar; clavar.

さす² 指す indicar, señalar, apuntar.

さす³ 差す verter, echar; poner.

さすがに como se espera, como se creía.

ざせき 座席 asiento, sitio; localidad.

させる hacer; dejar; obligar.

さそう 誘う invitar, convidar; incitar, provocar, animar. 誘い invitación, convite; incitación, provocación.

サソリ escorpión.

さだめる 定める fijar, establecer, determinar, decidir. 定まった determinado, fijo.

さつ¹ 冊 ejemplar; tomo, volumen.

さつ²〈お金〉札 billete. ～入れ billetera, cartera.

さつえい 撮影 rodaje. ～する filmar, rodar; fotografiar.

さっか 作家 autor, escritor.

サッカー fútbol.

さっかく 錯覚 ilusión.

さっき hace poco [un rato].

さっきょく 作曲 composición musical. ～する componer.

ざっし 雑誌 revista.

さつじん 殺人 asesinato, homicidio, matanza. ～者 asesino, homicida.

さっそく 早速 en seguida, inmediatamente.

サツマイモ 薩摩芋 batata.

さて bueno, pues, entonces; ahora (bien).

さとう 砂糖 azúcar. ～入れ azucarero.

さどう 作動する funcionar, marchar, andar.

さばく¹ 砂漠 desierto.

さばく² 裁く juzgar, sentenciar.

さび 錆 orín; moho. ～つく oxidar·se; poner·se mohoso.

さびしい 寂しい solitario, aislado; triste. (居ないのを) 寂しく思う echar de menos.

サフラン azafrán.

さべつ 差別 discriminación; distinción. ～する discriminar; distinguir, diferenciar.

サボタージュ sabotaje. ～する sabotear.

サボテン cactus, cacto.

サボる fumar·se; hacer novillos.

さま 様 señor, señora, señorita; don, doña.

さまざま 様々な diversos; de toda clase, de todo tipo.

さます¹ 冷ます enfriar. 冷める enfriar·se. 冷めた enfriado [se].

さます² 目を覚ます despertar [se].

さまたげる 妨げる impedir, estorbar, obstaculizar. 妨げ obstáculo, estorbo, impedimento.

さまよう 彷徨う vagar, vagabundear.

さむい 寒い hacer frío; tener frío. 寒がりの[人] friolero. 寒さ frío.

サメ 鮫 tiburón.

ざやく 座薬 supositorio.

さよう 作用 efecto; acción, función. ～する efectuar; actuar, obrar.

さようなら! ¡Adiós!, ¡Hasta la vista!; ¡Hasta luego!

さよく 左翼の[人] izquierdista.

さら 皿 plato; fuente; platillo.

ざらざらした áspero.

サラダ ensalada.

さらに 更に además, también; encima; todavía [aún] más.

サラミ salchichón, salami.

サラリーマン asalariado; empleado, oficinista.

さる 去る apartar·se, marchar·se, ir·se; abandonar; alejar·se; pasar.

サル 猿 mono, mico.

さわぐ 騒ぐ armar algarabía, armar juerga. 騒ぎ jaleo, algarabía; alboroto, disturbio; escándalo. 騒がしい ruidoso, bullicioso.

さわやか 爽やかな fresco, refrescante.

さわる 触る tocar; manosear.

さん¹ 3 tres. 30 treinta. 300 trescientos. ～番目の tercero. ～分の1 tercio, tercero. ～倍の triple.

さん² ～さん señor, señora, señorita; don, doña.

さん³ 酸 [の] ácido.

さんか 参加 participación, asistencia. ～する participar, asistir, tomar parte.

さんかく 三角形 triángulo. ～の triangular. ～定規 escuadra. ～州 delta.

さんがつ 3月 marzo.

さんぎょう 産業 industria. ～の industrial.

ざんぎょう 残業 horas extras [suplementarias].

サンゴ 珊瑚 coral.

さんこう 参考にする consultar. ～データ datos de referencia. ～書 libro de consulta. ～書目 bibliografía.
ざんこく 残酷な cruel. ～さ crueldad.
さんじゅう 三重 triple, triplicado. ～にする triplicar.
さんしょう 参照する consultar, ver.
さんすう 算数 aritmética.
さんせい 賛成 aprobación, consentimiento, conformidad. ～の de acuerdo, conforme. ～する aprobar, consentir; estar de acuerdo.
さんそ 酸素 oxígeno.
サンタクロース Papá Noel.
サンダル sandalia.
さんち 産地 región productora; origen.
サンティアゴ 〈都市〉Santiago. ～の〈人〉santiagués; santiaguino.
サンドイッチ sandwich; bocadillo.
ざんねん 残念 pena, lástima. ～な lamentable. ～に思う sentir, lamentar. ～です Lo siento., Me da pena., Es una lástima.
さんばし 桟橋 muelle.
さんぱつ 散髪する cortar[se] el pelo. ～屋 peluquería, barbería; peluquero, barbero.
さんびか 賛美歌 himno.
さんふじんか 産婦人科 ginecología.
さんぶつ 産物 producto; fruto.
さんぽ 散歩 paseo, vuelta. ～する pasear[se], dar un paseo [una vuelta].
さんみゃく 山脈 sierra, cordillera.

し

し¹ 4 cuatro.
し² 死 muerte.
し³ 市 ciudad, villa.
し⁴ 詩 poesía; poema; verso.
し⁵ 師 maestro.
じ¹ 字 letra, carácter; escritura.
じ² 痔 hemorroides.
しあい 試合 partido; pelea, lucha, combate.
しあわせ 幸せ felicidad, dicha. ～な feliz, dichoso.
シーズン temporada, época.
シーソー balancín.
シーツ sábana.
しいる 強いる exigir, forzar.
しいん 子音 consonante.
じいん 寺院 templo.
じえい 自衛 autodefensa. ～する defender-se. ～隊 Fuerzas de Autodefensa.
ジェスチャー gesto; mímica.
ジェット ～機 avión jet, reactor. ～コースター montaña rusa.
シェリー ～酒 jerez.
しお¹ 塩 sal. ～辛い salado.
しお² 潮 marea. ～が満ちる[ひく] subir [bajar] la marea.
しおれる marchitar-se; secar-se.
シカ 鹿 ciervo, venado.
しか 歯科 odontología. ～医 dentista, odontólogo.
…しか sólo…, nada más que…; no+más que…, no+sino…
しかい¹ 司会する presidir, dirigir. ～者 presentador.
しかい² 市会 concejo (municipal). ～議員 concejal.
しかい³ 視界 vista, visibilidad; campo visual.
しがい 市街 calles. ～地図 plano.
しかく¹ 四角 cuadro. ～形 〔の〕cuadrado.
しかく² 資格 aptitud, capacidad; facultad; requisito; calificación; derecho; título. ～のある capacitado, calificado; competente.
しかく³ 視覚 vista; visión. ～的な visual.
じかく 自覚 conciencia. ～する tener conciencia, ser consciente.
しかし pero. ～ながら sin embargo, no obstante, a pesar de eso, con todo.
じがぞう 自画像 autorretrato.
しかた 仕方 modo, manera; método. ～ない No hay otro remedio.
しがつ 4月 abril.
しかも y, (y) además.
しかる 叱る regañar, reprender, reñir.
じかん 時間 hora, tiempo; rato. (～が)たつ pasar, transcurrir. (～が)かかる tardar[se]. ～割 horario. ～通りに puntualmente.
しき¹ 式 ceremonia; rito.
しき² 四季 cuatro estaciones (del año).
しき³ 指揮 dirección, mando. ～する dirigir, mandar. ～者 director, dirigente. ～棒 varilla, batuta.
じき¹ 時期 tiempo, temporada, época; momento; sazón, estación.
じき² 磁器 porcelana.
じき³ 時機 oportunidad, ocasión.
じぎ 時宜を得た oportuno. ～を失した inoportuno.
じきに 直に pronto, en seguida, inmediatamente; ahora mismo.
しきふ 敷布 sábana.
しきもう 色盲 acromatopsia. ～の ciego para los colores.
しきゅう¹ 至急 urgencia. ～の urgente; inminente. ～に urgentemente, lo más pronto posible.
しきゅう² 支給 pago; asignación; suministro. ～する pagar; asignar; suministrar, proveer.
しきゅう³ 子宮 útero, matriz. ～の uterino. ～外妊娠 embarazo extrauterino.
しきょう 司教 obispo.
じぎょう 事業 empresa, negocio. ～家 empresario, hombre de negocios.
しきん 資金 fondo, capital. ～難 dificultades financieras.
しく 敷く extender; tender; poner.
じく 軸 eje.
しけい 死刑 pena de muerte, pena capital. ～囚 condenado a muerte. ～執行人

verdugo.
しげき 刺激 estímulo, incentivo; excitación. ～する estimular; excitar.
しげる 茂る espesar·se, crecer frondoso [espeso]. 茂み follaje; matorral, maleza; lugar frondoso, espesura.
しけん 試験 examen; prueba, ensayo. ～する examinar; probar, ensayar. ～を受ける examinar·se. ～的に a modo de ensayo.
しげん 資源 recursos (naturales).
じけん 事件 suceso, acontecimiento, asunto, caso; accidente, incidente.
じこ¹ 事故 accidente, incidente; catástrofe, calamidad.
じこ² 自己紹介する presentar·se. ～中心的な egoísta, egocéntrico. ～陶酔 narcisismo. ～嫌悪 odio a sí mismo. ～弁護 justificación de sí mismo.
しこう 思考 pensamiento. ～力 facultad mental.
じこく 時刻 hora. ～表 horario; guía.
じごく 地獄 infierno. ～の infernal.
しごと 仕事 trabajo, tarea, faena, jornada, labor; obra; encargo, oficio; empleo, profesión, ocupación; deber, obligación. ～する trabajar, desempeñar su oficio. ～仲間 colega, compañero. ～の多い atareado, ocupado.
しさい 司祭 sacerdote, cura.
じさつ 自殺 suicidio. ～する suicidar·se, matar·se. ～者 suicida.
しじ¹ 指示 instrucciones; indicación. ～する indicar, instruir.
しじ² 支持 apoyo, sostenimiento. ～する apoyar, sostener, ser partidario, favorecer. ～者 partidario, defensor.
じじつ 事実 hecho; verdad, realidad. ～上は de hecho, en realidad.

ししゃ¹ 死者 muerto.
ししゃ² 支社 sucursal.
ししゃ³ 使者 mensajero, enviado.
じしゃく 磁石 imán; brújula, compás. ～の magnético.
じしゅ¹ 自主的な voluntario, autónomo; independiente.
じしゅ² 自首する entregar·se a la policía.
ししゅう 刺繍 bordado. ～する bordar, labrar.
ししゅつ 支出 gastos.
じしょ 辞書 diccionario.
ししょう 支障 obstáculo, estorbo, impedimento.
しじょう 市場 mercado.
じじょう 事情 circunstancia, situación, razón.
じしょく 辞職 renuncia, resignación. ～する renunciar, resignar.
しじん 詩人 poeta; poetisa.
じしん¹ 自信 confianza en sí mismo. ～がある sentir·se capaz [seguro].
じしん² 地震 terremoto, sismo, temblor (de tierra).
じしん³ 自身の propio, mismo. ～で en persona, personalmente.
しずか 静かな tranquilo, quieto, sosegado; silencioso; pacífico; suave. ～に en calma; tranquilamente. 静けさ silencio, tranquilidad, quietud, sosiego; calma. 静まる tranquilizar·se; apaciguar·se, calmar[se], poner·se en calma.
しずく 雫 gota.
しずむ 沈む hundir·se, sumergir·se, ir·se a pique; poner·se deprimido. 太陽が～ poner·se el sol.
しせい 姿勢 postura, actitud; posición; apariencia, porte.
しせつ¹ 施設 instalación, establecimiento; institución, fundación.
しせつ² 使節 enviado, delegado, misionero. ～団 delegación, misión.
しせん 視線 mirada.
しぜん 自然 naturaleza. ～の natural; espontáneo;

sencillo, llano; silvestre. ～に espontáneamente; por sí mismo, solo.
じぜん 慈善 caridad; beneficencia. ～の benéfico; caritativo. ～家 benefactor.
しそう 思想 pensamiento, idea; ideología. ～家 pensador.
じぞく 持続 duración, continuación. ～する durar, continuar.
しそん 子孫 descendiente; descendencia.
じそんしん 自尊心 amor propio, orgullo. ～の強い orgulloso.
した¹ 下 parte inferior. ～の bajo, de abajo, inferior. ～に abajo, debajo.
した² 舌 lengua. ～がよく回る hablar con fluidez. ～が回らない trabar·se la lengua.
したい 死体 cadáver; restos.
じたい 辞退する rehusar; excusar·se.
じだい 時代 época, era, tiempo[s], siglo.
したがう 従う obedecer; ajustar·se; seguir, acompañar; someter·se a. 従って por eso, por lo tanto, de modo que. …に従って según…, conforme a…; a medida que…
…したがる querer…, desear…, tener ganas de…
したぎ 下着 ropa interior.
したく 支度 preparación, disposición; preparativos. ～する preparar, disponer, arreglar.
じたく 自宅 domicilio.
したしい 親しい familiar, íntimo, amigo.
…したばかりである acabar de…
…したばかりの recién…
…したほうがいい ser mejor…, valer más…
しち 7 siete. 70 setenta.
じち 自治 autonomía. ～の autónomo. ～会 asociación (autónoma).
しちがつ 7月 julio.
シチメンチョウ 七面鳥 pavo.
しちや 質屋 casa de empeños, monte de piedad.

シチュー guisado, estofado.
しちょう 市長 alcalde, alcaldesa.
しちょうそん 市町村 municipio, municipalidad. 〜の municipal.
しつ 質 calidad. 〜のよい de [buena] calidad.
じつ 実に de verdad, verdaderamente, realmente. 〜の verdadero. 〜は …です en realidad…, a decir verdad…; la verdad es que…
しっかく 失格した descalificado, indigno.
しっかりした firme, fuerte, sólido.
しつぎょう 失業 desempleo, paro. 〜者 parado, desempleado.
じつぎょう 実業 industria, comercio, negocio, empresa. 〜家 empresario, industrial, hombre de negocios.
しっくい 漆喰 yeso, estuco.
しっけ 湿気 humedad. 〜のある húmedo.
しつけ 躾 educación. 〜のよい [悪い] bien [mal] educado.
じっけん 実験 experimento, prueba, ensayo. 〜的な experimental. 〜室 laboratorio.
じつげん 実現 realización, ejecución. 〜する realizar [se], llevar a cabo; cumplir[se].
じっこう 実行 práctica, ejecución, realización. 〜する practicar, ejecutar, efectuar, llevar a cabo; realizar, poner en práctica.
じっさい 実際の verdadero, real. 〜的な práctico. 〜は de hecho, en realidad, prácticamente.
じっし 実施する efectuar, llevar a la práctica.
じっしゅう 実習 práctica, ejercicios.
しっしん[1] 失神 desmayo. 〜する desmayar・se.
しっしん[2] 湿疹 eccema.

じっせん 実践 práctica. 〜する practicar. 〜的な práctico.
しっそ 質素な sencillo, modesto, sobrio, austero.
しっている 知っている conocer; saber.
しっと 嫉妬 celos, envidia. 〜する envidiar, tener celos. 〜深い envidioso, celoso.
じっとした quieto, inmóvil.
しつない 室内[の] interior.
しっぱい 失敗 fracaso, fallo. 〜する fracasar, salir mal, fallar; frustrar・se.
じつぶつ 実物 el objeto mismo.
しっぽ 尻尾 cola, rabo.
しつぼう 失望 desilusión, decepción. 〜させる desilusionar, decepcionar.
しつもん 質問 pregunta, interrogación. 〜する preguntar, interrogar.
しつよう 執拗な obstinado, tenaz, persistente.
じつよう 実用 práctica. 〜的な prático, útil.
じつりょく 実力 capacidad; competencia. 〜のある capacitado; competente.
しつれい 失礼 descortesía, falta de educación; insolencia, grosería; indiscreción. 〜な[人] descortés, mal educado; insolente, grosero; indiscreto. 〜! ¡Perdón!; ¡Con permiso!
してい 指定 indicación, señalamiento; designación. 〜する indicar, señalar; designar. 〜席 asiento reservado.
してき[1] 指摘 indicación, señalamiento; advertencia. 〜する indicar, señalar, apuntar; advertir.
してき[2] 私的の privado, particular, personal.
してつ 私鉄 ferrocarril privado.
してん[1] 支店 sucursal.
してん[2] 視点 punto de vista.
じてん 辞典・事典 diccionario.

〜編さん法 lexicografía. 〜編さん者 lexicógrafo. 百科〜 enciclopedia.
じでん 自伝 autobiografía.
じてんしゃ 自転車 bici, bicicleta. 〜で行く ir en bicicleta. 〜競走 [サイクリング] ciclismo. 〜競技者 ciclista.
しどう 指導 dirección, orientación. 〜する dirigir, orientar. 〜者 líder, dirigente.
じどう[1] 自動の automático. 〜的に automáticamente. 〜販売機 expendedor automático. 〜現金支払い機 cajero automático.
じどう[2] 児童 niños.
じどうしゃ 自動車 coche, auto, automóvil, carro. 〜の automovilístico.
…しないで sin…
…しなければならない tener que…, deber…, haber (hay) que…
しなもの 品物 objeto, cosa, mercancía, género, artículo.
シナリオ guión. 〜ライター guionista.
…しにくい difícil de…
しぬ 死ぬ morir, matar・se, fallecer, perecer. 死んだ[人] muerto, difunto. 死すべき mortal. …で死にそうになる morir・se de…
しはい 支配 dominación; dominio. 〜する dominar, mandar; gobernar; regir. 〜的な dominante, predominante. 〜人 gerente.
しばい 芝居 teatro.
じはく 自白 confesión. 〜する confesar.
しばしば muchas veces, a menudo, frecuentemente.
じはつ 自発的な espontáneo; voluntario.
しばふ 芝生 césped.
しはらい 支払い pago. 支払う pagar, abonar.
しばらく 暫く un momento, un rato; por el momento.
しばる 縛る atar, sujetar, amarrar; obligar.
じひ 慈悲 misericordia, compasión. 〜深い misericor-

dioso, compasivo.
じびいんこうか 耳鼻咽喉科 otorrinolaringología.
じびき 字引 léxico, diccionario.
しびれる 痺れる entumecer·se. 足が~ dormir·se un pie.
しぶい 〈味覚〉渋い áspero.
ジプシー 〔の〕gitano.
じぶん 自分 uno mismo. ~の mismo, propio; de sí (mismo).
しへい 紙幣 billete.
しほう 司法 justicia. ~の judicial.
しぼう 脂肪 grasa, sebo. ~の多い grasiento.
しぼむ 萎む marchitar·se; deshinchar·se.
しぼる 絞る exprimir; estrujar.
しほん 資本金 capital, fondos. ~家 capitalista. ~主義 capitalismo.
しま¹ 島 isla; islote.
しま² 縞 rayas; rayado. ~の con rayas, rayado.
しまう 仕舞う devolver; guardar, conservar.
シマウマ 縞馬 cebra.
じまく 字幕 subtítulos.
しまつ 始末する acabar con; arreglar.
しまる 閉まる cerrar[se].
じまん 自慢する jactar·se, enorgullecer·se.
しみ 地味な modesto, austero, sobrio; sencillo.
しみこむ 染み込む penetrar, calar[se], infiltrar·se.
しみん 市民 ciudadano, vecino. ~の civil.
じむ 事務 trabajo de oficina. ~的な práctico; mecánico. ~所 oficina, despacho. ~員 oficinista.
しめい¹ 氏名 nombre y apellido[s].
しめい² 使命 misión.
しめい³ 指名 designación, nombramiento. ~する designar, nombrar.
しめきり (期日の)締め切り plazo. ~期日 fecha límite.
しめす 示す señalar; mostrar, enseñar; presentar.
しめる¹ 占める ocupar.

しめる² 閉める cerrar. ~こと cierre.
しめる³ 締める sujetar, apretar.
しめる⁴ 湿る humedecer·se; mojar·se. 湿った húmedo, mojado.
じめん 地面 suelo, tierra.
しも 霜 escarcha. ~が降りる escarchar.
しや 視野 vista.
ジャーナリスト periodista. ジャーナリズム periodismo.
シャープペンシル lapicero, portaminas.
シャーベット sorbete.
しゃかい 社会 sociedad, mundo. ~の social. ~主義 socialismo. ~学 sociología. ~保険 seguro social. ~面 sección de sucesos.
ジャガイモ patata, papa.
しやくしょ 市役所 ayuntamiento, municipalidad.
じゃぐち 蛇口 grifo, llave.
しゃげき 射撃 tiro, disparo. ~する tirar, disparar.
しゃこ 車庫 garaje.
しゃこう 社交的な sociable. ~界 sociedad, mundo.
しゃしょう 車掌 revisor, cobrador.
しゃしん 写真 foto, fotografía. ~の fotográfico. ~をとる sacar [tomar] una foto. ~機 cámara, máquina fotográica. ~家 fotógrafo.
しゃちょう 社長 presidente.
シャツ camiseta.
しゃっきん 借金 deuda; préstamo; dinero prestado.
シャッター cierre metálico; disparador.
しゃどう 車道 calzada.
しゃぶる chupar[se].
しゃべる hablar, charlar.
シャベル pala.
じゃま 邪魔 obstáculo, estorbo; molestia. ~する molestar, perturbar; estorbar, impedir.
ジャマイカ 〈国〉Jamaica. ~の [人] jamaicano.
ジャム mermelada, confitura.
しゃりょう 車両 vehículo, carruaje; vagón, coche.

しゃりん 車輪 rueda.
しゃれた 洒落た refinado, de buen gusto.
シャワー ducha. ~を浴びる duchar·se.
ジャングル selva, jungla.
ジャンパー cazadora; saltador.
シャンパン champán, champaña.
ジャンプ salto. ~する saltar.
シャンプー champú.
ジャンル género.
しゅう¹ 週 semana. ~[一回]の semanal.
しゅう² 州 provincia, estado.
しゆう 私有の privado.
じゅう¹ 10 diez. ~番目の[~分の1] décimo. ~年 década, diez años.
じゅう² 銃 fusil, escopeta; pistola.
じゆう 自由 libertad. ~な libre, liberal. ~に con libertad, libremente. ~意志での voluntario. ~化する liberalizar. ~主義 liberalismo. ~主義的な [人] liberal. ~席 asiento no reservado.
しゅうい 周囲 contorno, alrededor; cercanías; ambiente, circunstancia. …の~ al rededor de…
じゅうい 獣医 veterinario.
じゅういち 11 once. ~月 noviembre.
しゅうかい 集会 reunión, asamblea, mítin; tertulia.
しゅうかく 収穫 [物] cosecha, vendimia. ~する cosechar.
じゅうがつ 10月 octubre.
しゅうかん¹ 習慣 costumbre, uso; convención; hábito; rutina; vicio. ~的な acostumbrado, habitual, rutinario. ~づける acostumbrar. …する~がある tener la costumbre de…
しゅうかん² 週間 semana.
しゅうかんし 週刊誌 revista semanal, semanario.
しゅうき 周期 ciclo, período. ~的な periódico, cíclico. ~性 periodicidad.
しゅうぎいん 衆議院 Cámara de diputados. ~議員

じゅうきゅう 19 diecinueve.
じゅうきょ 住居 vivienda; domicilio; casa.
しゅうきょう 宗教 religión. ～の［～家］religioso.
じゅうぎょういん 従業員 empleado; personal, plantilla.
しゅうきん 集金する cobrar, recaudar.
しゅうげき 襲撃 asalto, ataque. ～する atacar, asaltar.
じゅうご 15 quince.
しゅうごう 集合 reunión, agrupación; conjunto. ～的 colectivo. ～する reunir-se, agrupar-se. ～場所 lugar de encuentro.
じゅうさつ 銃殺 fusilamiento. ～する fusilar.
じゅうさん 13 trece.
しゅうし¹ 終止 fin, término. ～符 punto (final).
しゅうし² 修士 licenciado. ～課程 licenciatura, maestría. ～論文 tesis de licenciatura. ～号 título de licenciado.
しゅうじ¹ 習字 caligrafía.
しゅうじ² 修辞［学］retórica. ～上の retórico.
じゅうし¹ 14 catorce.
じゅうし² ～を重視する dar importancia a..., hacer mucho caso de...
じゅうじ ～に従事する dedicar-se a..., ocupar-se de...
じゅうじか 十字架 cruz.
じゅうしち 17 diecisiete.
しゅうしゅう 収集 colección. 切手の～ filatelia. ～する coleccionar, unir.
じゅうじゅん 従順 obediente, dócil, sumiso.
じゅうしょ 住所 dirección, señas; domicilio, residencia.
じゅうしょう 重症の grave.
しゅうしょく 就職 colocación. ～する colocar-se, obtener un empleo.
しゅうじん 囚人 prisionero, preso.
ジュース zumo, jugo.
しゅうせい 修正 modificación, enmienda, corrección; retoque. ～する modificar, enmendar, corregir; retocar.
じゅうぞく 従属 dependencia, subordinación. ～する depender, subordinar-se. ～節 cláusula subordinada.
じゅうたい 渋滞 atasco, embotellamiento.
じゅうだい 重大な importante, serio, grave.
じゅうたく 住宅 residencia, vivienda, casa.
しゅうだん 集団 grupo, masa, colectividad. ～の colectivo, agrupado.
じゅうたん〈敷物〉alfombra, tapete.
しゅうちゃく ...に執着する apegar-se (mucho) a...
しゅうちゅう 集中 concentración; centralización. ～する concentrar[se], centralizar. ～コース curso intensivo.
しゅうてん 終点 terminal, término; la última estación.
じゅうてん 重点 punto esencial. ～を置く acentuar, dar prioridad.
しゅうと 舅 suegro.
しゅうどう 修道院 abadía, convento, monasterio. ～士 fraile, monje. ～女 monja, hermana.
じゅうどう 柔道 judo.
しゅうとく 習得 aprendizaje, adquisición. ～する aprender, adquirir.
しゅうとめ 姑 suegra.
じゅうに 12 doce. ～月 diciembre.
しゅうにゅう 収入 ingresos, entrada[s], renta, ganancia.
じゅうはち 18 dieciocho.
しゅうぶん 秋分 equinoccio de otoño.
じゅうぶん 十分な suficiente, bastante. ～に bastante. ～である bastar, ser suficiente.
しゅうへん 周辺 contorno. ～地区 afueras, contornos. ...の～に alrededor de..., en torno a...
しゅうまつ 週末 fin de semana.
じゅうみん 住民 habitante, residente, vecino.
しゅうよう 収容する acoger.
じゅうよう 重要な importante. ～性 importancia. ～である importar.
じゅうらい 従来の tradicional, convencional.
しゅうり 修理 reparación; arreglo. ～する reparar; arreglar.
しゅうりょう 終了 terminación. ～する terminar, acabar; poner fin.
しゅうろく 収録する incluir, reunir; grabar.
じゅうろく 16 dieciséis.
しゅかん 主観的な subjetivo. ～性 subjetividad.
しゅぎ 主義 principio[s]; doctrina. ～として por principio.
じゅぎょう 授業 clase, lección. ～科目 asignatura. ～料 cuota de enseñanza.
しゅくじ 祝辞 felicitación.
しゅくじつ 祝日 día festivo, fiesta.
しゅくじょ 淑女 dama.
しゅくしょう 縮小する reducir, disminuir. ～辞 diminutivo.
じゅくする 熟する madurar. 熟した maduro.
しゅくだい 宿題 deberes, tareas escolares.
しゅくはく 宿泊［施設］alojamiento. ～料金 hospedaje. ～する alojar-se, hospedar-se. ～者 huésped.
しゅくめい 宿命 destino. ～的な fatal.
じゅくれん 熟練 destreza, maestría. ～した diestro, experto, experimentado, perito.
しゅけん 主権 soberanía.
じゅけん 受験する examinar-se.
しゅご 主語 sujeto.
しゅし 趣旨 propósito, intención, objeto, finalidad.
しゅじゅつ 手術 operación. ～する operar[se].
しゅしょう 首相 primer diputado.

じゅしょう 受賞する recibir un premio.
しゅじん 主人 dueño; amo, señor, patrón; marido, esposo.
しゅだい 主題 tema, tópico, asunto; motivo.
しゅだん 手段 medio, medida.
しゅちょう 主張 insistencia; reclamación. 〜する insistir, reclamar.
しゅつえん 出演する actuar, salir, representar un papel, interpretar. 〜者 actor, actriz, intérprete.
しゅっけつ 出血 derrame de sangre, hemorragia. 〜する sangrar.
しゅつげん 出現 apariencia. 〜する aparecer, surgir.
しゅっさん 出産 parto. 〜する dar a luz, parir.
しゅっしん …出身の de…, originario de…; graduado en…
しゅっせ 出世 éxito social, ascenso, promoción. 〜する ascender, subir.
しゅっせい 出生 lugar de nacimiento. 〜率 natalidad.
しゅっせき 出席 asistencia, presencia. …に〜する asistir a…, tomar parte en…, presentar·se en… 〜をとる pasar lista. 〜者 asistente[s], asistencia.
しゅっちょう 出張 viaje de negocios, viaje oficial.
しゅっぱつ 出発 partida, salida. 〜する partir, salir.
しゅっぱん 出版 publicación, edición. 〜する publicar, editar. 〜社 (casa) editorial.
しゅと 首都 capital, metrópoli.
しゅとして 主として principalmente.
しゅび 首尾 resultado, consecuencia. 〜よく con éxito. 一貫した consistente, coherente.
しゅふ 主婦 ama de casa, señora.
しゅみ 趣味 gusto, afición, hobby. …に〜のある aficionado a… 〜のよい… …de buen gusto.
じゅみょう 寿命 vida, duración.
しゅやく 主役 protagonista.
じゅよ 授与する otorgar, entregar, conceder.
しゅよう 主要な principal.
じゅよう 需要 demanda. 〜と供給 demanda y oferta.
しゅりょう 狩猟 caza.
しゅるい 種類 clase, género, tipo, especie; variedad.
シュロ〔植物〕palma.
じゅわき 受話器 auricular.
じゅん 順 [番] turno, orden. 〜に por turno, por orden. 〜位 orden, grado, puesto. 〜序 orden, ordenación.
しゅんかん 瞬間 instante, momento. 〜的な instantáneo, momentáneo.
じゅんかん 循環 circulación, ciclo. 〜する circular.
じゅんきょう 殉教 martirio. 〜者 mártir.
じゅんさ 巡査 policía.
じゅんしん 純真な cándido, inocente. 〜さ candidez, inocencia.
じゅんすい 純粋な puro. 〜に puramente. 〜さ pureza.
じゅんちょう 順調な favorable, satisfactorio.
じゅんのう 順応 adaptación; aclimatación. 〜する adaptar·se; aclimatar·se.
じゅんび 準備 preparación; preparativos. 〜する preparar, disponer. 〜できた listo, preparado.
しゅんぶん 春分 equinoccio de primavera.
じゅんれい 巡礼 peregrinación. 〜者 peregrino.
しょう¹ 章 capítulo.
しょう² 賞 premio, galardón.
しょう³ 省 ministerio.
しょう⁴ 使用 uso, empleo; aplicación. 〜する usar, emplear; aplicar. 〜人 empleado; criado. 〜者 usuario; patrón.
しょう² 私用 asunto personal.
じょう 錠 candado, cerradura.
じょうえい 上映する dar, presentar.
じょうえん 上演 representación. 〜する representar, dar.
しょうか 消化 digestión. 〜する digerir. 〜器 órganos digestivos.
しょうか 消火 extinción del fuego. 〜する extinguir [apagar] el fuego. 〜器 extintor (de incendio).
ショウガ 生姜 jengibre.
しょうかい 紹介 presentación, introducción, recomendación. 〜する presentar, introducir, recomendar. 自己〜 auto-presentar·se. 〜状 carta de presentación [recomendación].
しょうがい¹ 生涯 vida, toda la vida.
しょうがい² 障害 obstáculo, dificultades. 〜者 impedido, minusválido.
しょうがく¹ 小学生 alumno. 〜校 escuela primaria.
しょうがく² 奨学金 beca. 〜生 becario.
しょうがつ 正月 el Año Nuevo; enero.
しょうぎ 将棋 ajedrez japonés.
じょうき 蒸気 vapor.
じょうぎ 定規 regla.
じょうきゃく 乗客 pasajero, viajero.
じょうきゅう 上級の superior.
しょうぎょう 商業 comercio, negocios. 〜の comercial, mercantil.
じょうきょう 状況 circunstancia, situación.
しょうきょく 消極的な negativo, pasivo.
しょうきん 賞金 premio (en moneda).
しょうぐん 将軍 general.
しょうげん 証言 testimonio. 〜する dar testimonio, testimoniar.
じょうけん 条件 condición, circunstancias. 〜付きの condicional.
しょうこ 証拠 testimonio, constancia, evidencia, prueba.

しょうご 正午 mediodía. 〜に a mediodía.
しょうごう 称号 título.
しょうさい 詳細 detalle, pormenores. 〜な detallado, minucioso. 〜に en detalle, detalladamente.
じょうざい 錠剤 pastilla, píldora.
しょうさん 称賛 admiración, alabanza, elogio. 〜する admirar, alabar, elogiar.
じょうじ 常時の permanente.
しょうじき 正直 honradez. 〜な honrado, honesto.
じょうしき 常識 sentido común, buen sentido.
しょうじゅん …の上旬に a principios de…
しょうじょ 少女 muchacha, chica, niña.
しょうじょう 症状 síntoma, señal.
じょうしょう 上昇 subida, ascenso. 〜する subir, ascender.
しょうじる 生じる nacer, surgir, ocurrir, acontecer; producir·se.
しょうしん 昇進 ascenso, promoción. 〜する ascender, subir.
じょうず 上手な bueno, hábil, diestro, ingenioso. 〜に bien, hábilmente.
しょうすう¹ 少数 (集団) minoría. 〜の minoritario.
しょうすう² 小数 decimal.
しょうせつ 小説 novela. 〜的な novelesco. 〜家 novelista.
しょうぞう 肖像 retrato.
しょうそく 消息 noticia[s], nueva.
しょうたい 招待[状] invitación. 〜する invitar, convidar. 〜客 invitado, convidado.
じょうたい 状態 situación, estado, condición.
しょうだく 承諾 consentimiento. 〜する consentir.
じょうだん 冗談 broma, chiste.
しょうち 承知する enterar·se, saber; aprobar, consentir. 〜しました De acuerdo., Vale., Muy bien. ご〜のように como sabe usted.
しょうちょう 象徴 símbolo. 〜的な simbólico. 〜する simbolizar.
しょうてん 商店 tienda, comercio, almacén.
しょうてん² 焦点 foco; punto clave [esencial].
じょうとう 上等な de [buena] calidad.
しょうどく 消毒 desinfección. 〜する desinfectar. 〜液 desinfectante.
しょうとつ 衝突 choque, colisión; encuentro. 〜する chocar[se].
しょうにか 小児科 pediatría. 〜医 pediatra.
しょうにん¹ 承認 aprobación, consentimiento. 〜する aprobar, consentir.
しょうにん² 商人 comerciante.
しょうにん³ 証人 testigo.
じょうねつ 情熱 pasión, fervor. 〜的な apasionado, fervoroso, ferviente, ardiente.
しょうねん 少年 chico, muchacho, niño; joven, mozo.
しょうばい 商売 comercio, negocio, trato.
じょうはつ 蒸発 evaporación. 〜する evaporar·se; desaparecer.
しょうひ 消費 consumo, gasto. 〜する gastar, consumir. 〜者 consumidor.
しょうひん 商品 artículo, mercancía, género.
じょうひん 上品な elegante, noble, refinado. 〜さ elegancia, refinamiento. 〜になる refinar·se, pulir·se.
しょうぶ 勝負 lucha, partido, juego; competición. 〜事 juego.
じょうぶ 丈夫な fuerte, sano.
しょうへき 障壁 barrera.
じょうへき 城壁 muralla.
しょうべん 小便 orina, pipí. 〜する orinar, hacer pipí.
じょうほ 譲歩 concesión. 〜する conceder.
しょうぼう 消防士 bombero. 〜署 cuartel de bomberos. 〜自動車 camión de bomberos.
じょうほう 情報 noticias, información, informe. 〜の informativo. 〜通(ɔ̃)の bien informado. 〜処理 (理論) informática.
しょうみ 正味の neto.
じょうみゃく 静脈 vena.
じょうむいん 乗務員 tripulante.
しょうめい¹ 証明 certificación; demostración, prueba. 〜する certificar; probar, demostrar. 〜書 certificado, tarjeta, carné.
しょうめい² 照明 alumbrado, iluminación. 〜を当てる alumbrar, iluminar.
しょうめつ 消滅 extinción; desaparición. 〜する extinguir·se; desaparecer.
しょうめん 正面 frente; fachada. 〜の frontal. 〜に delante, enfrente. …の〜に en frente de…, delante de…
しょうもう 消耗 desgaste; consumición. 〜する desgastar·se; consumir·se.
じょうやく 条約 tratado, convención, acuerdo; pacto.
しょうゆ 醤油 salsa de soja [soya].
しょうよ 賞与 bonificación, gratificación.
しょうらい 将来 futuro, porvenir. 〜の futuro, venidero.
しょうり 勝利 victoria, triunfo.
じょうりく 上陸 desembarque, desembarco. 〜する desembarcar.
しょうりゃく 省略 omisión; abreviación. 〜する omitir; abreviar.
ショー espectáculo. 〜番組 variedades.
じょおう 女王 reina. 〜蜂 abeja reina.
ショーウインドー escaparate.
ショート〈電気〉cortocircuito.
ショールーム sala de exposición.
しょき 初期 principio, comienzo; primera época. 〜の inicial.
しょき 書記 secretario; escribano. 〜長 secretario general.
じょきょうじゅ 助教授 profesor adjunto.

しょくぎょう 職業 profesión, oficio, trabajo. 〜的な profesional.

しょくじ 食事 comida. 〜をする comer.

しょくたく 食卓 mesa. 〜の用意をする poner la mesa. 〜につく sentar·se a la mesa.

しょくどう 食堂 comedor; restaurante. 〜車 coche comedor, vagón restaurante.

しょくにん 職人 artesano.

しょくば 職場 oficina; puesto de trabajo.

しょくぶつ 植物 planta, vegetal; flora. 〜学 botánica. 〜園 jardín botánico.

しょくみん 植民 colonización; colono. 〜地 colonia. 〜する colonizar.

しょくもつ 食物 alimento, comestibles; comida.

しょくよう 食用の comestible.

しょくよく 食欲 apetito, ganas (de comer).

しょくりょう 食糧 víveres, comestibles.

しょくりょうひんてん 食料品店 tienda de comestibles.

じょげん 助言 consejo, advertencia. 〜する aconsejar, advertir. 〜者 consejero.

じょさんぷ 助産婦 comadre.

じょじ 叙事の narrativo. 〜詩 épica, epopeya.

しょしき 書式 fórmula (fija), modelo. 〜集 formulario.

じょしゅ 助手 asistente, ayudante, auxiliar.

しょじょ 処女 virgen; doncella. 〜性 virginidad.

じょじょ 徐々に poco a poco, gradualmente; lentamente.

じょじょう 抒情 lirismo. 〜詩 lírica. 〜的な lírico.

しょしんしゃ 初心者 principiante, aprendiz.

じょせい¹ 女性 mujer; sexo femenino; dama. 〜的な [の] femenino; afeminado.

じょせい² 助成 [金] subsidio, subvención. 〜する ayudar, subvencionar.

しょち 処置 medida, disposición. 〜する tomar medidas.

しょっき 食器 vajilla (de mesa); cubierto. (食卓に) 〜を並べる poner la mesa. 〜を片付ける quitar la mesa.

ショック choque, golpe.

じょてい 女帝 emperatriz.

しょてん 書店 librería.

しょとう 初等の primario, elemental.

しょとく 所得 ingresos, renta. 〜税 impuesto sobre la renta.

しょばつ 処罰 castigo.

しょぶん 処分 disposición; liquidación. 〜する disponer, liquidar, vender.

じょぶん 序文 prólogo, preámbulo, prefacio.

しょほ 初歩 abecé, elementos, principios, rudimentos. 〜の primario, elemental.

しょほうせん 処方箋 receta; fórmula médica.

しょみん 庶民 pueblo. 〜的な popular.

しょめい 署名 firma. 〜する firmar.

しょゆう 所有 [物·地] posesión, propiedad. 〜者 poseedor, propietario, dueño. 〜する poseer.

しょゆう² 女優 actriz.

しょり 処理 arreglo, despacho. 〜する arreglar, despachar; procesar.

しょるい 書類 documento, papeles, escrito.

じょろん 序論 introducción.

しらが 白髪 cana.

しらせ 知らせ aviso, noticia. 〜る advertir, avisar, comunicar, anunciar, notificar.

シラミ 虱 piojo.

しらべる 調べる investigar, averiguar, examinar, estudiar, mirar.

しられた 知られた conocido.

しり 尻 nalgas, trasero, culo.

しりあい 知り合い conocido, amigo.

しりあう 知り合う conocer·se.

しりぞく 退く retirar·se, retroceder.

しりつ¹ 市立の municipal.

しりつ² 私立の privado.

しりょう 資料 documentos, datos; documentación; material.

しりょく 視力 vista.

シリンダー cilindro.

しる¹ 汁 sopa, consomé; jugo, zumo.

しる² 知る saber, conocer; enterar·se, informar·se; notar.

しるし 印 marca, signo, seña, señal.

しろ¹ 白 [い] blanco. 〜さ blancura.

しろ² 城 castillo, alcázar; fortaleza.

しろうと 素人 amateur, aficionado; extraño.

シロップ jarabe.

しわ 皺 arruga; pliegue. 〜を寄せる arrugar, fruncir.

しん 芯 corazón, hueso; mecha; mina.

しんあい 親愛なる querido.

しんか 進化 evolución. 〜する evolucionar.

しんがく 神学 teología. 〜の teológico. 〜者 teólogo.

じんかく 人格 personalidad.

しんくう 真空 vacío, vacuo.

シングルの individual.

しんけい 神経 nervio. 〜の [〜質な] nervioso. 〜科 neurología.

じんけん 人権 derechos humanos.

しんこう¹ 信仰 creencia, fe, culto; devoción. 〜する creer.

しんこう² 進行 marcha, avance. 〜する marchar, avanzar.

しんごう 信号 semáforo; señal.

じんこう¹ 人口 población, número de habitantes. 〜統計学 demografía.

じんこう² 人工の artificial.

しんこく 申告 declaración. 〜する declarar.

しんさつ 診察 consulta médica; reconocimiento médico. 〜を受ける consultar (al médico).

〜する examinar, ver.
しんし 紳士 caballero.
しんしつ 寝室 alcoba, dormitorio.
しんじつ 真実 verdad; realidad. 〜の verdadero; real.
しんじゃ 信者 creyente, fiel.
じんじゃ 神社 templo sintoísta.
しんじゅ 真珠 perla.
じんしゅ 人種 raza. 〜の racial. 〜差別 discriminación racial.
しんしゅつ 進出 avance, extensión. 〜する avanzar, extender sus actividades.
しんじる 信じる creer; confiar. 信じられない increíble.
しんせい 神聖な sagrado, santo.
じんせい 人生 vida.
しんせき 親戚 pariente[s].
しんせつ 親切 amabilidad, bondad. 〜な amable, simpático; bondadoso.
しんせん 新鮮な fresco. 〜さ frescura.
しんぞう 心臓 corazón. 〜の cardiaco. 〜発作 ataque cardiaco.
じんぞう 腎臓 riñón. 〜の renal.
しんたい 身体 cuerpo. 〜の físico, corporal. 〜強健の robusto.
しんだい 寝台 cama, litera, catre. 〜車 coche cama, coche litera.
しんだん 診断 diagnóstico. 〜書 certificado del médico.
しんちょう 身長 estatura. 〜はどれくらいですか？ ¿Cuánto mide usted?
しんちょう² 慎重な prudente, sensato; cauteloso; atento.
しんで 死んでいる muerto.
しんとう 神道 sintoísmo.
しんどう 振動 temblor, vibración. 〜する temblar, vibrar.
しんねん¹ 信念 creencia, fe, convicción.
しんねん² 新年 año nuevo. 〜おめでとう！ ¡Feliz Año Nuevo!
しんぱい 心配 preocupación, inquietud. 〜する preocuparse, inquietarse.
しんぱん 審判 juicio, arbitraje; juez, árbitro.
しんぴ 神秘 misterio. 〜的な misterioso.
しんぷ¹ 神父 padre.
しんぷ² 新婦 novia.
シンフォニー sinfonía.
じんぶつ 人物 figura, persona, personaje.
しんぶん 新聞 periódico, diario; prensa. 〜記者 periodista.
しんぽ 進歩 progreso, desarrollo, adelanto. 〜する progresar, desarrollarse, adelantar.
しんぼう 辛抱 paciencia. 〜強い paciente. 〜する tener paciencia.
しんみつ 親密な íntimo. 〜さ intimidad.
じんみん 人民 pueblo. 〜の popular.
しんゆう 親友 amigo íntimo, el mejor amigo.
しんよう 信用 crédito; confianza, fe. 〜する creer, confiar.
しんらい 信頼 confianza. 〜する confiar[se].
しんり¹ 心理[学] psicología. 〜的な psicológico. 〜学者 psicólogo.
しんり² 真理 verdad.
しんりゃく 侵略 invasión, agresión. 〜する invadir.
しんりょう 診療所 clínica.
しんりん 森林 selva, bosque. 〜の forestal.
しんるい 親類 pariente[s], parentela; familiar.
じんるい 人類 raza humana, humanidad. 〜の humano. 〜学 antropología.
しんわ 神話 mito, mitología. 〜の mítico, mitológico.

す

す¹ 巣 nido; guarida, madriguera.
す² 酢 vinagre.
ず 図 dibujo; plano, esquema; gráfico; ilustración.
すいえい 水泳 natación. 〜する nadar, bañar·se.
スイカ 西瓜 sandía.
すいこむ 吸い込む aspirar; tragar.
すいじゅん 水準 nivel.
スイス〈国〉 Suiza. 〜の[人] suizo.
すいせい 水星 Mercurio.
スイセン 水仙 narciso.
すいせん 推薦 recomendación. 〜する recomendar.
すいそ 水素 hidrógeno.
すいそく 推測 deducción; inducción; suposición. 〜する deducir; inducir; suponer.
すいぞくかん 水族館 acuario.
すいちょく 垂直な vertical, perpendicular.
スイッチ llave, interruptor; botón.
すいてい 推定 deducción, suposición. 〜する deducir, suponer.
すいどう 水道 acueducto. 〜水 agua corriente. 〜屋 fontanero.
ずいひつ 随筆 ensayo. 〜家 ensayista.
ずいぶん 随分 bastante, mucho, muy, considerablemente.
すいへい¹ 水平の horizontal; nivelado. 〜線 horizonte.
すいへい² 水兵 marinero.
すいみん 睡眠 sueño. 〜薬 somnífero.
すいようび 水曜日 miércoles.
すいり 推理 deducción, conjetura. 〜する deducir. 〜小説 novela policíaca.
すう¹ 吸う chupar; respirar, aspirar; fumar.
すう² 数 número. 数字 número, cifra. 〜詞 numeral.
すうがく 数学 matemáticas. 〜の[〜者] matemático.
ずうずうしい 図々しい fresco, descarado. ずうずうしさ frescura, descaro, desvergüenza.
スーツケース maleta.
スーパーマーケット supermercado.
すうはい 崇拝 adoración; admiración. 〜する adorar; admirar.

スープ sopa, caldo, consomé.
すえ 末 fin, final. ...の～に a fines de...
すえつける 据え付ける instalar, colocar; montar.
スカート falda, saya.
スカーフ pañuelo.
ずがい 頭蓋骨 cráneo.
すがた 姿 figura, imagen. ～を現わす aparecer.
すき 好きな preferido, favorito, aficionado. ～である gustar; querer, amar.
スキー esquí. ～する esquiar. ～ヤー esquiador.
すきま 隙間 rendija, hueco, abertura.
スキャンダル escándalo.
すぎる 過ぎる pasar[se]; transcurrir. 過ぎ去った pasado. ～＝～ demasiado.
すくう 救う salvar, socorrer.
すくない 少ない poco, escaso. 少なくとも por lo menos, a lo menos.
すぐに pronto, en breve; ya, inmediatamente, en seguida; en el acto.
すぐれた 優れた excelente, sobresaliente, superior.
スケート patinaje. ～をする patinar.
スケジュール plan, programa.
スケッチ bosquejo, esbozo.
すごい horrible; tremendo; extraordinario.
すこし 少し un poco, algo. ～ずつ poco a poco. ～の間 un momento.
すごす 過ごす pasar; llevar. 楽しい時を～ pasar·lo bien.
すじ 筋 línea; nervio; fibra; argumento, hilo.
すず 鈴 cascabel, campanilla.
すずしい 涼しい fresco; hacer fresco. 涼しさ frescura.
すすむ 進む avanzar, adelantar; progresar; agravar·se. 進め！¡Adelante!
スズメ 雀 gorrión.
すすめる¹ 進める adelantar, llevar adelante.
すすめる² 勧める aconsejar; recomendar.
すすんで 進んで voluntariamente.

スター estrella.
スタート partida, salida. ～する partir, salir.
スタイル estilo.
スタジアム estadio.
スチュワーデス azafata.
ずつう 頭痛 dolor de cabeza.
すっかり completamente, enteramente, por todo, del todo.
すっぱい 酸っぱい ácido, agrio.
ステーキ bistec.
すでに 既に ya; antes.
すてる 捨てる tirar, echar; dejar, abandonar.
ステレオ estereofonía. ～の estéreo.
ストーブ estufa.
ストッキング medias.
ストライキ huelga.
ストロー paja.
すな 砂 arena.
すなおな 素直な obediente, dócil; apacible.
スナック cafetería.
すなわち o, o sea, es decir.
スパイ espía. ～をする espiar. ～行為 espionaje.
スパイス especia.
スパゲッティ espaguetis.
すばらしい 素晴しい divino, estupendo, magnífico, excelente, maravilloso, admirable.
スピーカー altavoz.
スピーチ discurso.
スピード velocidad, rapidez.
スプーン cuchara.
スプレー pulverizador.
スペイン〈国〉España. ～の［人・言語］español.
スペース espacio, lugar, blanco.
...すべきだ deber...
すべて todo. ～の todo, total, entero. ～の人 todos, todo el mundo.
すべる 滑る deslizar[se]; resbalar[se]; patinar; esquiar.
スポーツマン portavoz.
スポーツ deporte. ～（タイプ）の deportivo. ～マン deportista.
ズボン pantalones; calzones.
スポンサー patrocinador, patrón.

スポンジ esponja.
すまい 住まい domicilio, casa, residencia.
すみ¹ 炭 carbón.
すみ² 隅 rincón; esquina.
すみません Perdón.; Lo siento mucho.; Con permiso.
スミレ violeta.
すむ¹ 住む habitar, vivir, residir.
すむ² 済む terminar, acabar.
すむ³ 澄む aclarar·se, clarificar·se. 澄んだ claro, transparente.
スモモ ciruela; ciruelo.
スライド diapositiva.
すり carterista, ratero; ratería.
すりきれる 擦り切れる desgastar·se. 擦り切れた raído, desgastado.
スリッパ zapatillas; pantuflas.
する 為る hacer. ...～とき cuando...、al... ～やいなや apenas...
ずるい astuto, taimado, tramposo.
すると y, entonces, pues.
するどい 鋭い agudo, puntiagudo; afilado.
ずれる deslizar·se.
スローガン lema, eslogan.
すわる 座る sentar·se, tomar asiento.
すんぽう 寸法 medida, tamaño, número; dimensión.

せ

せ 背 espaldas, dorso, lomos; estatura, talla.
せい¹ 姓 apellido.
せい² 性 sexo; género. ～の sexual.
せい³ ...の～で por causa de... ...の～だ tener culpa.
せい⁴ ...の～で hecho en...
せい⁵ 聖なる sagrado, santo, san. ～人 santo, bendito.
せいい 誠意 sinceridad. ～のある sincero.
せいか 成果 fruto, [buen] resultado.
せいかく¹ 正確な correcto, exacto; puntual.
せいかく² 性格 carácter,

せいかつ 生活 vida. 〜する vivir.
ぜいかん 税関 aduana. 〜の aduanero.
せいき[1] 世紀 siglo. 21世紀 el siglo veintiuno, el siglo XXI.
せいき[2] 正規の regular, formal, legal.
せいき[3] 性器 órganos sexuales.
せいぎ 正義 justicia.
せいきゅう 請求 solicitud, reclamación, demanda. 〜する solicitar, reclamar, demandar. 〜書 nota, factura.
せいぎょ 制御 control. 〜する controlar.
せいきょういん 正教員 profesor titular [numerario].
ぜいきん 税金 impuesto, contribución; derechos.
せいけつ 清潔な limpio, puro. 〜にする limpiar.
せいげん 制限 límite, limitación, restricción. 〜する limitar, restringir.
せいこう 成功 éxito, buen resultado. 〜する tener éxito, resultar bien, lograr, triunfar.
せいざ 星座 constelación.
せいさく[1] 政策 política.
せいさく[2] 制作 fabricación. 〜する fabricar, manufacturar, producir.
せいさん[1] 生産 producción, fabricación. 〜する producir, fabricar. 〜者 productor, fabricante. 〜的な productivo. 〜品 producto, producción.
せいさん[2] 精算 liquidación. 〜する liquidar.
せいじ 政治 política, gobierno. 〜の [〜家] político.
せいしき 正式な formal, oficial, regular.
せいしつ 性質 carácter; naturaleza, cualidad; temperamento; índole.
せいじつ 誠実 sinceridad, honradez, fidelidad; veracidad. 〜な sincero, honrado, fiel, verídico.

せいじゃ 聖者 [聖人] santo.
せいじゅく 成熟 madurez. 〜した maduro.
せいしゅん 青春 juventud.
せいしょ 聖書 Biblia. 〜の bíblico.
せいじょう 正常 normalidad. 〜な normal.
せいしん 精神 espíritu, mente; alma. 〜的な mental, espiritual. 〜異常 trastorno mental. 〜錯乱 delirio. 〜分析 psicoanálisis. 〜科医 siquiatra.
せいじん 成人 [の] adulto, mayor. 〜病 enfermedad[es] de los adultos.
せいせき 成績 calificación, nota; resultado.
せいぞう 製造 producción, fabricación. 〜する producir, fabricar.
せいぞん 生存 supervivencia, existencia. 〜する sobrevivir, existir. 〜者 superviviente. 〜競争 lucha por la vida.
せいだい 盛大な pomposo, próspero; solemne.
ぜいたく 贅沢な lujoso, de lujo, suntuoso.
せいちょう 成長 crecimiento. 〜する crecer, madurar.
せいと 生徒 alumno, escolar, estudiante.
せいど 制度 sistema, régimen; instituciones.
せいとう[1] 正当な legal, legítimo; justo, justificado. 〜性 legalidad, legitimidad. 〜化 justificación.
せいとう[2] 正統な ortodoxo, legítimo.
せいとう[3] 政党 partido político.
せいどう 青銅 bronce.
せいとん 整頓する ordenar, arreglar.
せいねん[1] 生年月日 fecha de nacimiento.
せいねん[2] 青年 joven, mozo, chico, muchacho. 〜期 juventud, adolescencia.
せいねん[3] 成年 mayor, adulto. 未〜 menor.
せいのう 性能 calidad; rendimiento.

せいひん 製品 producto, producción; artículo.
せいふ 政府 gobierno. 〜の gubernamental, estatal.
せいぶ 西部 parte occidental. 〜劇 película del Oeste.
せいふく[1] 制服 uniforme.
せいふく[2] 征服 conquista. 〜する conquistar, dominar, someter. 〜者 conquistador.
せいぶつ 生物 ser vivo. 〜学 biología. 〜学の biológico.
せいぶつ 静物画 bodegón.
せいぶん 成分 componente, ingrediente.
せいほうけい 正方形 cuadrado. 〜の cuadrado, rectangular.
せいみつ 精密 [さ] precisión. 〜な minucioso, preciso.
せいめい 生命 vida. 〜の vital. 〜力 vitalidad.
せいめい 声明 declaración; comunicado. 〜を出す declarar, comunicar.
せいよう 西洋 Occidente. 〜の [人] occidental, europeo.
せいり[1] 生理 [学] fisiología. 〜の fisiológico.
せいり[2] 整理 arreglo, ordenación. 〜する arreglar, ordenar. 〜だんす cómoda.
せいり[3] (女性の)生理 reglas, menstruo. 〜が始まる menstruar. 〜日 días críticos.
せいりつ 成立 establecimiento, formación. 〜する establecerse, formarse, construirse.
せいりょう 清涼飲料水 refresco, bebida refrescante.
せいりょく[1] 精力 energía, vigor. 〜的な enérgico, vigoroso.
せいりょく[2] 勢力 influencia, poder. 〜のある influyente, poderoso.
セーター jersey, suéter.
セールスマン viajante, vendedor.
せおう 背負う llevar a las espaldas.
せかい 世界 mundo, universo. 〜の [〜的な] mundial, global, universal.

せき¹ 咳 tos. ～をする toser.
せき² 席 asiento, sitio, plaza. ～につく sentar・se, tomar asiento.
せきじゅうじ 赤十字 Cruz Roja.
せきたん 石炭 carbón (mineral).
せきつい 脊椎 vértebra.
せきどう 赤道 ecuador. ～の ecuatoriano.
せきにん 責任 responsabilidad, deber, cargo; culpa. ～のある [人] responsable; culpable.
せきゆ 石油 petróleo. ～の petrolero; petrolífero.
せだい 世代 generación.
せっかく ～…なのに a pesar de…, aunque….
せっきょう 説教 sermón, predicación, prédica. ～する predicar.
せっきょく 積極的な positivo, activo; dinámico.
せっきん 接近 acceso, acercamiento, aproximación. ～する acercar・se, aproximar・se.
セックス acto carnal.
せっけい 設計 diseño, plano, proyecto. ～する diseñar, proyectar. ～者 diseñador.
せっけん 石けん jabón.
せっし 摂氏 centígrado.
せっしょく 接触 contacto. ～する poner・se en contacto, tocar, rozar.
せつぞく 接続 conexión; empalme. ～するconectar; empalmar. ～詞 conjunción.
ぜったい 絶対の absoluto. ～に en absoluto, absolutamente.
せっちゃく 接着する adherir. ～剤 adhesivo, pegamento. ～テープ cinta adhesiva.
ぜっちょう 絶頂 cima, cumbre, auge.
セット〔ひと揃い〕juego.
せっとく 説得 convicción, persuasión. ～する convencer, persuadir.
せっぱく 切迫した apremiante, urgente.
せつび 設備 instalación, equipo.

せっぷん 接吻 beso. ～する besar.
ぜつぼう 絶望 desesperación. ～的な desesperante, desesperado. ～する desesperar・se.
せつめい 説明 explicación, comentario. ～する explicar, comentar.
せつやく 節約 ahorro, economía. ～する ahorrar.
せつりつ 設立 establecimiento, fundación. ～する establecer, fundar.
せなか 背中 espaldas.
ぜひ 是非 a toda costa, cueste lo que cueste, pase lo que pase; sin falta.
セビリア〈都市〉Sevilla. ～の [人] sevillano.
せびろ 背広 chaqueta, americana, saco.
せぼね 背骨 espina dorsal.
せまい 狭い estrecho, angosto.
せまる 迫る acercar・se, aproximar・se; exigir, obligar.
セミ 蝉 cigarra, chicharra.
ゼミナール seminario.
せめる 攻める atacar, asaltar.
せめる 責める acosar; acusar.
セメント cemento.
セルフサービス autoservicio.
ゼロ [の] cero.
セロハンテープ (papel) celo.
セロリ〈野菜〉apio.
せろん 世論 opinión pública. ～調査 encuesta de la opinión pública.
せわ 世話 cuidado, atención. ～する cuidar, atender; ocupar・se.
せん¹ 千 mil. なん～という… miles de….
せん² 栓 tapón, corcho; llave. ～抜き abridor, sacacorchos. ～をする tapar. ～を抜く destapar.
せん³ 線 línea, raya, trazo. ～状の lineal. ～を引く trazar; subrayar.
ぜん 善 bien.
せんい 繊維 fibra. ～の多い fibroso.
ぜんき 前期 el primer semestre.

せんきょ 選挙 elección. ～の electoral. ～する elegir.
せんげつ 先月 el mes pasado.
せんげん 宣言 declaración, manifiesto. ～する declarar, manifestar.
せんご 戦後に en la posguerra, después de la guerra.
せんこう 専攻 especialidad. …を～する especializar・se en….
せんこく 宣告 declaración; sentencia. ～する declarar; sentenciar.
ぜんこく 全国 todo el país. ～的な nacional.
せんさい 繊細な delicado, fino; sutil.
せんざい 洗剤 detergente.
せんしつ 船室 camarote, cabina.
せんじつ 先日 el otro día, hace unos días.
ぜんじつ 前日 el día anterior.
せんしゅ 選手 jugador; atleta.
せんしゅう 先週 la semana pasada.
せんじゅつ 戦術 estrategia, táctica. ～的な [～家] estratégico, táctico.
ぜんしん 前進 avance, adelanto. ～する adelantar, avanzar.
せんしんこく 先進国 país desarrollado [avanzado].
せんす 扇子 abanico.
せんせい 先生 profesor, maestro; doctor.
せんせい 専制政治 absolutismo. ～君主 monarca absoluto.
せんぜん 戦前に antes de la guerra.
ぜんぜん 全然 nada; nunca; de ninguna manera.
せんぞ 先祖 antepasado, ascendiente.
せんそう 戦争 guerra.
ぜんたい 全体 todo, totalidad, total, conjunto. ～の todo, total, entero, íntegro.
せんたく¹ 洗濯 lavadura, lavado, limpieza. ～する lavar[se]. ～機 lavadora. ～屋 tintorería, lavandería; tintorero, lavandero.

せんたく² 選択 selección, elección. ～する seleccionar, elegir, escoger.
せんたん 先端 punta, punto.
ぜんちし 前置詞 preposición.
センチメートル centímetro.
せんちょう 船長 capitán.
ぜんちょう 前兆 síntoma, señal.
せんでん 宣伝 propaganda; publicidad, anuncio. ～する propagar, anunciar.
せんとう¹ 先頭 cabeza. …の～に立って a la cabeza de…
せんとう² 戦闘 batalla, combate, lucha. ～機 caza.
せんにんきょういん 専任教員 profesor numerario.
せんねん 専念する dedicar·se.
ぜんぶ¹ 全部 todo, total, totalidad.
ぜんぶ² 前部 parte delantera.
せんぷうき 扇風機 ventilador.
ぜんめつ 全滅させる aniquilar.
せんめん 洗面器 palangana, jofaina. ～台 lavabo.
せんもん 専門 especialidad. ～の especial, profesional. ～家 especialista, experto. ～語 término técnico; terminología.
せんりゃく 戦略 estrategia. ～の estratégico.
せんりょう 占領 ocupación. ～する ocupar.
ぜんりょく 全力を尽くす hacer todo lo posible.
せんれい¹ 洗礼 bautismo. ～を受ける bautizar·se.
せんれい² 先例 precedente.
せんろ 線路 vía, carril, raíl.

そ

そう¹〈返事〉Sí., Así. ～です Así es.
そう² 沿う conformar·se. …に沿って a lo largo de…, conforme a…
そう³ 僧 bonzo.
そう⁴ 層 zona, capa; clase; estrato.
そう⁵ 相 aspecto; rasgo.
ぞう 像 estatua; figura.
ゾウ 象 elefante.
そうい 相違 diferencia; diversidad. ～する diferenciar·se.
そうおん 騒音 ruido.
ぞうか 増加 aumento, crecimiento. ～する aumentar.
そうかい 総会 asamblea general, reunión plenaria.
そうがく 総額 suma, total, cantidad total.
そうがんきょう 双眼鏡 gemelos.
ぞうげ 象牙 marfil.
そうげん 草原 prado.
そうこ 倉庫 almacén, depósito.
そうご 相互の recíproco, mutuo. ～に uno a otro, mutuamente.
そうごう 総合 síntesis. ～的な sintético, general. ～する sintetizar.
そうごん 荘厳な solemne, majestuoso.
そうさ 操作 manejo, maniobra, operación. ～する manejar, operar.
そうさく 捜索 búsqueda. ～す る buscar, indagar.
そうじ 掃除 limpieza; barrido. ～する limpiar; barrer. ～機 aspiradora.
そうしき 葬式 funerales. ～の funeral, fúnebre.
そうじゅう 操縦 conducción. ～する conducir, manejar; dirigir.
そうしょく 装飾 decoración, ornamentación. ～する decorar, adornar.
そうぞう¹ 想像 imaginación. ～力 imaginativa. ～上の imaginario. ～する imaginar.
そうぞう² 創造[物]creación. ～力 fuerza creadora. ～的 な creativo. ～する crear.
そうぞうしい 騒々しい ruidoso, bullicioso.
そうぞく 相続 herencia; sucesión. ～財産 herencia. ～する heredar; suceder. ～人 heredero.
そうたい 相対的な relativo.
ぞうだい 増大 aumento, incremento. ～する aumentar, incrementar·se.
そうだん 相談 consulta. ～する consultar.
そうち 装置 aparato, dispositivo; mecanismo.
そうちょう 総長 rector.
そうとう 相当する corresponder, equivaler.
そうどう 騒動 alboroto, revuelta, motín.
そうにゅう 挿入する insertar, intercalar. ～句 inciso, paréntesis.
そうび 装備 equipo; armamento. ～する equipar·se.
そうべつ 送別会 reunión de despedida.
そうり 総理大臣 primer ministro.
そうりつ 創立 fundación, instauración. ～する fundar, instaurar.
そうりょう 送料 gastos de envío.
そえる 添える acompañar, adjuntar; añadir, agregar.
ソース salsa. ～入れ salsera.
ソーセージ salchicha, salchichón, embutido.
そくしん 促進する acelerar, activar.
ぞくする 属する pertenecer; perteneciente.
そっせき 即席の instantáneo; improvisado.
そくたつ 速達(郵便) correo urgente, entrega inmediata.
そくてい 測定 medida, medición. ～する medir.
そくど 速度 velocidad.
そくめん 側面 lado, costado; flanco. ～の lateral.
そこ¹ 底 fondo; suela.
そこ² そこに[で] ahí; allí, allá.
そこく 祖国 patria. ～の patrio.
そざつ 粗雑な tosco, mal educado.
そし 阻止する obstruir, impedir.
そしき 組織 organización; estructura; sistema. ～す る organizar, formar. ～者 organizador.
そしつ 素質 talento, don.
そして y.
そしょう 訴訟 pleito, litigio.

そぜい 租税 impuesto, tributo.
そそぐ 注ぐ verter, echar; desembocar.
そそのかす 唆す seducir, tentar.
そだつ 育つ crecer; criar·se.
そだてる 育てる criar; cultivar; educar.
そちら ahí. ~では en ésa.
そっき 速記 taquigrafía. ~する taquigrafiar. ~者 taquígrafo.
そつぎょう 卒業 graduación. ~する graduar·se. ~証書 diploma. ~式 ceremonia de graduación. ~生 graduado.
ソックス calcetines.
そっくり tal como; idéntico; enteramente, todo.
そっち ahí.
そっちょく 率直さ franqueza. ~な franco, abierto. ~に 言って francamente.
そっと suavemente, ligeramente; tranquilamente, silenciosamente.
そで 袖 manga. ~の短い de manga corta. ~口 bocamanga, puño.
そと 外で［に］ fuera, afuera, al aire libre. ~の exterior, de fuera.
そなえる 備える preparar·se; prevenir·se; poseer, tener.
その 〈指示〉 ese.
そのあいだ その間に mientras tanto, entretanto.
そのうえ その上に además; encima.
そのうち dentro de poco, pronto; algún día.
そのご その後 luego, después; desde entonces.
そのこと その事 eso, aquello.
そのころ その頃 entonces, por esos días.
そのした その下に abajo.
そのため por eso, por lo tanto.
そのとおり その通りです Eso es., Así es., Efectivamente.
そのとき その時 entonces, en ese momento.
そのような tal, igual, semejante. そのように así, de tal manera.
そば ~に cerca. …の~に al lado de…, junto a…; cerca de…
そふ 祖父 abuelo.
ソファ sofá.
そぼ 祖母 abuela.
そぼく 素朴な sencillo, simple.
そまつ 粗末な simple, humilde, pobre.
そむく 背く contrariar; oponer·se.
そめる 染める teñir, colorear.
そよかぜ そよ風 brisa.
そら 空 cielo. ~の celeste.
そらす 逸らす desviar; eludir.
そる 剃る rasurar, afeitar.
それ 〈指示〉 ése, eso, ello. ~を lo.
それから y, después, luego; desde entonces.
それぞれ cada uno, respectivamente.
それだけ tanto.
それで y, entonces; por eso, por lo tanto.
それでも sin embargo, con todo, a pesar de ello.
それとも o.
それなら entonces.
それほどの tanto, tan.
それまで hasta entonces, hasta ese momento.
それゆえ por eso, así que…
そろえる 揃える completar, reunir, coleccionar; ordenar; igualar.
そん 損 pérdida, perjuicio. ~する perder.
そんがい 損害 daño, perjuicio.
そんけい 尊敬 respeto, estimación, aprecio. ~する respetar, estimar, apreciar.
そんげん 尊厳 dignidad.
そんざい 存在 existencia, ser. ~する existir.
そんちょう 尊重 estima, consideración, respeto. ~する estimar, considerar, respetar.
そんな tal, semejante. ~こと tal cosa. ~に tanto.

た

た¹ 他の otro.
た² 田 arrozal.
ダース docena.
タイ 鯛 besugo.
だい 題 [名] título. ~をつける titular.
たいいく 体育 atletismo, formación física. ~館 gimnasio.
だいいち 第一の primero. ~に primeramente, en primer lugar.
ダイエット dieta, régimen.
たいおう 対応 correspondencia. ~する corresponder. ~した correspondiente.
たいおん 体温 temperatura (del cuerpo). ~計 termómetro.
たいがい 大概 generalmente, por lo común.
だいがく 大学 universidad. ~の universitario. ~生 (estudiante) universitario. ~教授 profesor, catedrático.
たいき 大気 aire, atmósfera. ~汚染 contaminación atmosférica.
だいぎし 代議士 diputado; parlamentario.
だいきゅう 第9の noveno.
だいく 大工 carpintero.
たいぐう 待遇 acogida; trato; servicio; tratamiento.
たいくつ 退屈 aburrimiento, monotonía. ~な aburrido; monótono. ~する aburrir·se.
たいけい 体系 sistema. ~的 sistemático.
たいけん 体験 experiencia. ~する experimentar.
たいこ 太鼓 tambor; bombo.
だいご 第5の quinto.
ダイコン 大根 rábano; nabo.
たいざい 滞在 estancia, permanencia. ~する estar, quedar·se.
たいさく 対策 remedio, medidas.
だいさん 第3の tercero.
たいし 大使 embajador. ~館

embajada.
たいつ 体質 constitución.
たいして¹ …に対して con..., para con..., contra...
たいして² 大して…ない no... mucho.
たいしゅう 大衆 masas, público, pueblo.
たいじゅう 体重 peso (del cuerpo). 〜を計る pesar [se].
だいじゅう 第10の décimo.
たいしょう¹ 対称 simetría. 〜的な simétrico.
たいしょう² 対象 objeto.
たいしょう³ 対照 comparación; contraste. 〜する contrastar. 〜の contrastivo. 〜的な contrastante.
たいしょく 退職 jubilación, retiro. 〜する jubilar·se, retirar·se.
だいじん 大臣 ministro.
ダイズ 大豆 soja, soya.
だいすう 代数 álgebra. 〜の algebraico.
たいせい 体制 régimen.
たいせいよう 大西洋 Océano Atlántico. 〜の atlántico.
たいせき 体積 volumen; capacidad.
たいせつ 大切 importante, precioso, valioso.
たいそう 体操 gimnasia. 〜場 gimnasio. 〜の gimnástico.
だいだ 怠惰 pereza, holgazanería, ociosidad. 〜な [人] perezoso, holgazán.
だいたい 大体 más o menos, aproximadamente.
だいたすう 大多数 la mayoría, la mayor parte.
だいたん 大胆 audacia, atrevimiento, osadía. 〜な audaz, atrevido, osado.
だいち 大地 tierra.
たいてい 大抵 generalmente, en general, por lo común.
たいど 態度 actitud; postura.
たいとう 対等 igual. 〜である igualar.
だいとうりょう 大統領 presidente. 〜の presidencial.

だいどころ 台所 cocina. 〜用品 utensilios de cocina.
だいなし 台無しになる estropear·se.
だいなな 第7の séptimo.
ダイナマイト dinamita.
だいに 第2の segundo.
だいはち 第8の octavo.
タイピスト mecanógrafo.
だいひょう 代表者 representante, delegado. 〜する representar. 〜的な representativo; típico. 〜団 representación, delegación.
タイプ tipo; máquina de escribir.
だいぶ 大分 bastante. 〜前に hace bastante tiempo.
たいふう 台風 tifón.
だいぶぶん 大部分 la mayoría, la mayor parte.
タイプライター máquina de escribir. 〜を打つ escribir a máquina.
たいへいよう 太平洋 Océano Pacífico. 〜の del Pacífico.
たいへん muy, mucho; terriblemente.
たいべん 大便 heces, excremento, cagado, caca. 〜をする evacuar, hacer de vientre, cagar.
たいほ 逮捕 arresto, detención. 〜する arrestar, detener.
たいほう 大砲 cañón.
たいまん 怠慢 negligencia, descuido. 〜な negligente, descuidado.
タイム tiempo. 〜を取る cronometrar.
だいめいし 代名詞 pronombre.
タイヤ neumático; rueda, llanta.
ダイヤモンド diamante.
ダイヤル dial, disco. (ラジオで) 〜を合わす sintonizar.
たいよう¹ 太陽 sol. 〜の solar.
たいよう² 大洋 océano.
だいよん 第4の cuarto.
たいら 平らな llano, plano; liso. 〜にする allanar; nivelar.
だいり 代理人 sustituto, suplente. 〜業者 agente.

〜店 agencia, casa representante. 〜の sustitutivo; interino. 〜をする sustituir, reemplazar.
たいりく 大陸 continente. 〜の continental.
だいりせき 大理石 mármol.
たいりつ 対立 oposición. 〜する oponer·se.
タイル azulejo; baldosa.
だいろく 第6の sexto.
たいわ 対話 diálogo, coloquio.
たえず 絶えず constantemente; siempre; continuamente.
たえる 耐える aguantar, soportar, tolerar. 耐えられない insoportable, inaguantable.
たおす 倒す tumbar; derribar; echar abajo.
タオル toalla.
たおれる 倒れる caer·se, tumbar·se; derribar·se.
タカ 鷹 halcón.
たかい 高い alto; caro. 高くする alzar. 高さ altura, altitud.
たがい 互いの recíproco, mutuo. 〜に uno a otro, recíprocamente.
たがやす 耕す cultivar; arar; labrar.
たから 宝 tesoro, riqueza. 〜くじ lotería.
だから por eso, por consiguiente, por lo tanto, pues; así que; porque.
たき 滝 cascada, salto (de agua).
だきょう 妥協 concesión mutua; transacción. 〜する transigir; conciliar·se. 〜的な transigente; conciliador.
たく 炊く cocer.
だく 抱く abrazar. 〜こと abrazo.
たくさん mucho, abundantemente. 〜の mucho, numeroso, abundante.
タクシー taxi.
たくましい 逞しい robusto, vigoroso, fuerte.
たくみ 巧みな hábil, diestro, ingenioso.
たくわえ 貯え ahorro; reserva,

provisión. 〜る ahorrar; reservar.
タケ 竹 bambú.
…だけ sólo, solamente.
だげき 打撃 golpe; daño.
タコ 蛸 pulpo.
たこ¹ 凧 cometa.
たこ² (手足の) callo.
たしか 確かな seguro, cierto; confiable, fiel; evidente. 〜に seguramente, indudablemente, sin duda.
たしかめる 確かめる asegurar [se], confirmar, comprobar, averiguar.
たしょう 多少 cantidad, suma; algo, un poco.
たす 足す añadir, suplir.〈算数〉…〜más….
だす 出す enviar, mandar; servir; echar fuera, expulsar. 引き〜 sacar, extraer. 差し〜 ofrecer.
たすう 多数の mucho, numeroso.
たすかる 助かる salvar·se.
たすけ 助け ayuda, auxilio, apoyo; socorro. 〜る ayudar, apoyar; socorrer, salvar. 〜あう ayudar·se.
たずねる¹ 尋ねる preguntar, interrogar.
たずねる² 訪ねる visitar.
ただ sólo, solamente; sencillamente. 〜の corriente, ordinario; gratuito; 〜で gratis, de balde.
たたかい 戦い lucha, pelea; guerra; batalla, combate; partido. 戦う luchar, pelear, combatir; jugar.
たたく 叩く pegar, batir, golpear; atacar.
ただしい 正しい justo; exacto, correcto; legal, legítimo, lícito; acertado.
ただちに 直ちに en el acto, en seguida, inmediatamente.
たたむ 畳む plegar, doblar.
ただよう 漂う flotar.
たちあがる 立ち上がる levantar·se, poner·se de pie [en pie].
たちいる 立ち入る entrar. 立入禁止! ¡Prohibido la entrada!
たちさる 立ち去る marchar·se, ir·se.

たちば 立場 posición; situación.
たつ¹ 立つ levantar·se, poner·se de pie [en pie]; partir.
たつ² 経つ pasar, transcurrir.
たつ³ 建つ construir·se, elevar·se, edificar·se.
たつ⁴ 断つ cortar; dejar.
だっかい 脱会する salir, dejar.
たっきゅう 卓球 ping-pong.
たっする 達する llegar; alcanzar.
たっせい 達成する lograr, conseguir.
たった sólo, solamente.
たて 縦 longitud. 〜の vertical.
たてもの 建物 edificio, construcción; arquitectura.
たてる¹ 立てる levantar, erguir.
たてる² 建てる edificar, construir.
だとう 妥当な adecuado, apropiado; conveniente; razonable.
たとえ¹ 〜…であっても aun…; aunque….
たとえ² 例え ejemplo, proverbio; comparación. 〜る comparar. 〜ば por ejemplo, verbigracia.
たな 棚 estante; estantería.
たに 谷 valle.
たにん 他人 otro, ajeno; desconocido, extraño; los otros, los demás.
たね 種 semilla; grano, pipa, pepita. 〜をまく semblar.
たのしい 楽しい alegre, agradable, divertido. 楽しみ placer, gozo; diversión, distracción. 楽しむ gozar, alegrar·se; divertir·se.
たのむ 頼む pedir, suplicar, rogar.
たば 束 haz; paquete.
たばこ tabaco, cigarrillo; cigarro, puro; pitillo. 〜を吸う fumar.
たび 旅 viaje. 〜をする viajar. 〜人 viajero.
たびたび 度々 a menudo, frecuentemente.
たぶん 多分 tal vez, quizá[s], acaso, probablemente, a

lo mejor.
たべもの 食べ物 comida, alimento; comestibles, provisiones; víveres.
たべる 食べる comer, tomar; desayunar; almorzar; cenar; pacer.
たま 玉 [球] bola, pelota, balón; globo.
たまご 卵 huevo; hueva. 〜焼き tortilla. 〜を生む poner.
たましい 魂 alma.
だます 騙す engañar.
たまつき 玉突き billar.
たまに a veces, de vez en cuando; raramente.
タマネギ 玉葱 cebolla.
たまらない insoportable, inaguantable.
たまる 溜まる acumular·se; amontonar·se.
だまる 黙る callar·se. 黙って silenciosamente; sin pedir permiso. 黙った callado, silencioso.
ダム presa, embalse.
ため …の〜に para…, por…; debido a…
だめ 駄目な inservible, inútil; imposible; malo, estropeado, dañado.
ためいき ため息 suspiro. 〜をつく suspirar.
ためす 試す probar, ensayar, tratar.
だめな 駄目な inútil.
ためらい 躊躇. ためらう vacilar, oscilar; dudar.
ためる 溜める acumular, almacenar, ahorrar.
たもつ 保つ mantener, sostener; guardar, conservar.
たやすい 容易い fácil, simple.
たよう 多様な variado, diverso; múltiple.
たより¹ 便り noticia; carta.
たより² …を頼りにする contar con…; confiar en…, tener confianza en…
タラ 鱈 bacalao.
たりる 足りる bastar, ser suficiente. 足りない faltar, hacer falta.
たる 樽 tonel, barril, cuba.
だれ 誰 quién; cualquiera.
だん 段 grado; grada, peldaño, escalón.

だんあつ 弾圧 opresión. ～する oprimir.
たんい 単位 unidad; crédito.
タンカー buque cisterna, petrolero.
だんかい 段階 grado; etapa; fase; escala.
たんき 短気な impaciente.
タンク depósito; tanque, cisterna. ～ローリー camión cisterna.
だんけつ 団結 unión, solidaridad. ～する unirse, juntarse. ～した unido.
たんけん 探検 exploración; expedición. ～する explorar.
たんご 単語 palabra, voz. ～帳 cuaderno de palabras.
タンゴ〈舞踊〉tango.
だんこ 断固として resueltamente, decididamente.
たんこう 炭鉱 mina. ～夫 minero.
だんじき 断食 ayuno. ～する ayunar.
たんじゅん 単純な simple, sencillo; inocente. ～さ simplicidad, sencillez; inocencia.
たんしょ 短所 defecto, tacha.
たんじょう 誕生 nacimiento. ～する nacer. ～日 día de su cumpleaños.
たんす 箪笥 cómoda; armario.
ダンス danza, baile. ～する bailar.
だんせい 男性 hombre; sexo masculino; caballero; varón. ～の [的な] masculino; varonil.
だんたい 団体 grupo, organización. ～の colectivo.
だんだん gradualmente, poco a poco; cada vez (＋比較級語).
たんちょう 単調な monótono. ～さ monotonía.
たんとう¹ 担当 cargo. ～する encargarse.
たんとう² 短刀 puñal, daga.
たんなる 単なる simple.
だんねん 断念する renunciar, desistir.
たんぱくしつ たん白質 proteína.

だんぺん 断片 fragmento; pedazo. ～的な fragmentario, parcial.
たんぼ 田んぼ campo de arroz, arrozal.
だんぼう 暖房 calefacción. ～する calentar.
だんらく 段落 párrafo; apartado.
たんれん 鍛錬 entrenamiento, ejercicio. ～する entrenarse.
だんろ 暖炉 chimenea.

ち

ち 血 sangre. ～が出る sangrar. ～の sanguíneo.
ちあん 治安 orden público; seguridad pública.
ちい 地位 posición, puesto; rango.
ちいき 地域 región, área, zona. ～的な local, regional.
ちいさい 小さい pequeño, chico; trivial; menudo.
チーズ queso.
チーム equipo; grupo, partido.
ちえ 知恵 sabiduría, inteligencia; ingenio. ～のある inteligente, sagaz.
チェス ajedrez.
ちか 地下の subterráneo. ～室 sótano.
ちかい¹ 近い cercano, próximo; inmediato. ～うちに dentro de poco. 近頃 recientemente, últimamente; [en] estos días. 近々 pronto, dentro de poco.
ちかい² 誓い juramento. 誓う jurar.
ちかい³ 地階 sótano.
ちがい 違い diferencia, distinción; divergencia; equivocación. 違った diferente, distinto; equivocado. 違う diferir, diferenciarse.
ちかく 知覚 percepción; sentidos. ～する percibir, sentir.
ちかづく 近づく acercarse,

aproximarse. 近づける acercar, aproximar.
ちかてつ 地下鉄 metro.
ちかみち 近道 atajo. ～をする acortar.
ちから 力 fuerza, vigor; poder, potencia; capacidad. ～強い fuerte, vigoroso; poderoso.
ちきゅう 地球 la Tierra.
ちく 地区 barrio; área, zona.
ちくしょう 畜生 bestia, bruto. ～! ¡Mierda!, ¡Maldito sea!
ちくせき 蓄積 acumulación. ～する acumular.
ちこく 遅刻 retraso. ～する llegar tarde.
ちじ 知事 gobernador.
ちしき 知識 conocimiento, saber, sabiduría. ～人 intelectual.
ちず 地図 mapa, carta; plano; atlas.
ちち¹ 父 padre, papá; suegro. ～親の paterno.
ちち² 乳 leche. ～を吸う mamar.
ちぢむ 縮む encoger[se].
ちちゅうかい 地中海 el Mediterráneo. ～の mediterráneo.
ちつじょ 秩序 orden. ～のある ordenado.
ちっそく 窒息 sofoco, ahogo, asfixia. ～する sofocarse, ahogarse.
チップ〈心付け〉propina.
ちてき 知的な intelectual.
ちのう 知能 inteligencia. ～的な inteligente. ～程度 nivel intelectual.
ちぶさ 乳房 pecho, seno; teta.
チフス tifus.
ちへいせん 地平線 horizonte. ～の horizontal.
ちほう 地方 región, comarca, provincia. ～の local, regional, provincial.
ちめい 致命的な fatal, mortal. ～傷 herida mortal.
ちゃ 茶 té. 茶色 [の] marrón, castaño.
ちゃくりく 着陸 aterrizaje. ～する aterrizar.
チャック cremallera.

ちゃわん 茶碗 taza, tazón.
チャンス oportunidad, buena ocasión.
ちゃんとした formal, juicioso; correcto; ordenado; seguro; debido.
チャンネル canal.
チャンピオン campeón.
ちゅう¹ 注 nota, comentario, observación.
ちゅう² 中ぐらいの mediano. …に在…, durante…, mientras…
ちゅうい 注意 atención. ～する prestar atención; tener cuidado; atender. ～深い atento, cuidadoso. ～! ¡Ojo!, ¡Cuidado!
チューインガム chicle.
ちゅうおう 中央 centro; medio. ～の central.
ちゅうかい 仲介 mediación, intervención. ～する mediar, intervenir. ～者 intermediario.
ちゅうがく 中学校 escuela secundaria.
ちゅうかん 中間 medio. ～の medio, mediano; intermedio.
ちゅうけい 中継 retransmisión. ～する retransmitir.
ちゅうこ 中古の de segunda mano, usado.
ちゅうこく 忠告 consejo, advertencia. ～する aconsejar, advertir.
ちゅうごく 中国〈国〉China. ～の〔人・言語〕chino.
ちゅうさい 仲裁 arbitraje, mediación. ～する arbitrar, mediar.
ちゅうし 中止 suspensión; cese, interrupción. ～する suspender; cesar, interrumpir.
ちゅうじえん 中耳炎 otitis media.
ちゅうじつ 忠実 fidelidad, lealtad. ～な fiel, leal.
ちゅうしゃ 注射 inyección. ～する inyectar. ～器 jeringa.
ちゅうしゃ〔場〕 駐車〔場〕 aparcamiento, estacionamiento. ～する aparcar, estacionar. ～禁止! ¡Prohibido aparcar!
ちゅうしゃく 注釈 comentario, glosas. ～をつける anotar, comentar.
ちゅうじゅん …の中旬に a mediados de…
ちゅうしょう 抽象 abstracción. ～的な abstracto.
ちゅうしょく 昼食 comida, almuerzo. ～をとる comer, almorzar.
ちゅうしん 中心 centro, medio; foco. ～の central, céntrico; principal.
ちゅうせい¹ 中世 Edad Media, Medievo. ～の medieval.
ちゅうせい² 忠誠 lealtad. ～な leal.
ちゅうぜつ (妊娠)中絶 aborto.
ちゅうせん 抽選 sorteo, rifa.
ちゅうだん 中断 interrupción, suspensión. ～する interrumpir, suspender.
ちゅうどく 中毒 intoxicación. ～する intoxicar·se, envenenar·se. ～患者 intoxicado.
ちゅうなんべい 中南米 América Central y del Sur, Latinoamérica. ～の〔人〕latinoamericano.
ちゅうねん 中年 mediana edad; persona medianamente mayor.
チューブ tubo.
ちゅうべい 中米 Centroamérica, América Central. ～の〔人〕centroamericano.
ちゅうもく 注目 atención. ～する atender, prestar atención. ～させる llamar la atención. ～すべき notable.
ちゅうもん 注文 pedido, encargo. ～する pedir, encargar.
ちゅうりつ 中立 neutralidad. ～の neutral. ～化 neutralización.
チューリップ tulipán.
ちょう¹ 腸 intestino, tripa. ～の intestinal.
ちょう² 長 jefe, cabeza.
チョウ 蝶 mariposa.
ちょうか 超過〔分〕 exceso, excedente. ～する exceder, sobrar.
ちょうかく 聴覚 oído.
ちょうこう 兆候 síntoma; indicio, señal.
ちょうこく 彫刻 escultura. ～する esculpir. ～家 escultor.
ちょうさ 調査 investigación; encuesta; censo. ～する investigar, averiguar.
ちょうし 調子 tono, ritmo; estado; condiciones. ～がいい estar bien; funcionar bien.
ちょうしゅう 聴衆 auditorio.
ちょうしょ 長所 mérito, ventaja; cualidad.
ちょうじょ 長女 la hija mayor.
ちょうじょう 頂上 cumbre, cima.
ちょうしょく 朝食 desayuno. ～をとる desayunar, tomar el desayuno.
ちょうせい 調整 control; ajuste; regularización. ～する controlar; ajustar; regularizar.
ちょうせん¹ 挑戦 reto, desafío. ～する retar, desafiar.
ちょうせん² 朝鮮〈国〉Corea del Norte. ～の〔人・言語〕coreano.
ちょうてん 頂点 cumbre, cima; auge.
ちょうど 丁度 justo, justamente, precisamente, exactamente; en punto.
ちょうど 調度 muebles.
ちょうなん 長男 el hijo mayor.
ちょうへい 徴兵 reclutamiento. ～する reclutar, llamar al servicio militar.
ちょうほうけい 長方形 rectángulo. ～の rectangular.
ちょうみりょう 調味料 condimento.
ちょうやく 跳躍 salto, brinco. ～する saltar, brincar.
ちょうわ 調和 armonía. ～する armonizar. ～した armonioso, armónico.
チョーク〈白墨〉tiza.
ちょきん 貯金 ahorro. ～する ahorrar.
ちょくせつ 直接の directo, inmediato.
ちょくめん 直面する enfrentar, hacer frente.
チョコレート chocolate.

ちょさくけん 著作権 derechos de autor.
ちょしゃ 著者 autor.
ちょじょ 著書 su obra.
ちょぞう 貯蔵 conservación, almacenamiento. ～する conservar, almacenar. ～庫 almacén, depósito.
ちょちく 貯蓄 ahorro. ～銀行 caja de ahorros.
ちょっかく 直角 ángulo recto. ～の rectangular.
ちょっかん¹ 直観 intuición. ～の intuitivo. ～する intuir.
ちょっかん² 直感 instinto. ～的な instintivo.
チョッキ chaleco.
ちょっけい¹ 直径 diámetro.
ちょっけい² 直系の directo.
ちょっと un momento, un rato; un poco.
ちらし〈広告〉 prospecto.
チリ〈国〉 Chile. ～の［人］chileno.
ちり¹ 塵 polvo. ～だらけの polvoriento.
ちり² 地理［学］geografía. ～の geográfico.
ちりょう 治療 tratamiento, cura, terapia. ～する tratar, curar; atender. ～費 gastos médicos.
ちる 散る dispersar·se; deshojar; distraer·se.
ちんがし・ちんがり 賃貸し・賃借り［料］alquiler. ～する alquilar.
ちんぎん 賃金 sueldo, paga, salario.
ちんぼつ 沈没する hundir·se, ir·se a pique.
ちんもく 沈黙 silencio. ～する callar·se.
ちんれつ 陳列 exhibición, exposición. ～する exhibir, exponer, mostrar.

つ

つい 対 par, pareja.
ついか 追加 adición, añadidura. ～する añadir. ～の adicional, suplementario.
ついしん 追伸 posdata, P. D.
ついせき 追跡 persecución. ～する perseguir, seguir.
ついたち 一日 el primero (del mes).
ついて …について de…, sobre…, acerca de… ～いく seguir, acompañar.
ついでに a propósito, de paso. …の～ aprovechando…
ついに por fin, al fin.
ついほう 追放 destierro, expulsión. ～する desterrar, expulsar. ～者 desterrado.
ついやす 費やす gastar.
つうか¹ 通貨 moneda. ～の monetario.
つうか² 通過 paso, tránsito. ～する pasar.
つうがく 通学する ir a la escuela.
つうこう 通行 paso, tránsito, circulación. ～する pasar, transitar, circular. ～人 transeúnte. ～証 pase.
つうしょう 通商 comercio. ～の comercial.
つうじる 通じる comunicar[se]; entender.
つうしん 通信［文］comunicación, correspondencia. ～する comunicar, informar. ～社 agencia.
つうち 通知 aviso, anuncio, información, comunicación. ～状 aviso, anuncio. ～する avisar, informar, notificar.
つうやく 通訳 intérprete. ～する interpretar, traducir.
つうよう 通用する ser válido, servible.
つうろ 通路 paso, pasaje.
つえ 杖 bastón.
つかう 使う usar, emplear, utilizar; gastar; servir·se, valer·se.
つかまえる 捕まえる atrapar, coger; arrestar, capturar.
つかむ 掴む asir, coger, agarrar.
つかれ 疲れ fatiga, cansancio. ～る cansar·se, fatigar·se. ～た cansado, fatigado, agotado.
つき 月 luna; mes. ～の lunar; mensual.
つぎ 次の próximo, siguiente. ～に después, luego; a continuación; la próxima vez. 次々に uno tras otro, sucesivamente.
つきあう 付き合う tratar, tener relaciones.
つきあたり 突き当たりに al fondo, al final.
つきそう 付き添う acompañar; escoltar. 付き添い acompañante; escolta.
つきる 尽きる agotar·se, acabar·se.
つく¹ 着く llegar, alcanzar; pegar·se, adherir·se.
つく² 突く empujar; picar, pinchar. 突き通す penetrar, traspasar.
つぐ¹ 継ぐ suceder, heredar.
つぐ² 注ぐ verter, echar.
つくえ 机 mesa, escritorio; pupitre.
つくる 作る hacer; crear; producir, fabricar, elaborar; cultivar.
つける 付ける pegar; añadir; encender. ラジオを～ poner la radio.
つごう 都合のいい conveniente, favorable, ventajoso; oportuno.
つたえる 伝える informar, avisar; conducir, transmitir.
つたわる 伝わる difundir·se, divulgar·se.
つち¹ 土 tierra, barro; suelo.
つち² 槌 martillo.
つつ 筒 tubo; rollo.
つつく 突つく picar; tocar.
つづく 続く continuar; durar; seguir; persistir. 続き continuación. 続ける seguir, continuar.
つつしみ 慎み discreción, prudencia. ～のある discreto, prudente, modesto. 慎む contener·se, abstener·se.
つつむ 包む envolver, empaquetar. 包み paquete.
つづり 綴 ortografía.
つとめ 勤め trabajo, deber, cargo, servicio, oficio. ～る trabajar, servir.
つな 綱 cuerda, soga.
つながり 繋がり enlace, vínculo, relación. 繋がる enlazar·se, vincular·se, conectar·se. 繋ぐ atar, amarrar; unir, conectar.

つねに 常に siempre, de costumbre, usualmente.
つの 角 cuerno; antena. 〜笛 cuerna.
つば 唾 saliva. 〜を吐く escupir.
ツバキ 椿 camelia.
つばさ 翼 ala. 〜のある alado.
ツバメ 燕 golondrina.
つぶ 粒 grano.
つぶやく murmurar, susurrar. つぶやき murmullo, susurro.
つぶれる 潰れる venir·se abajo, hundir·se; aplastar·se.
つぼ 壺 jarro, jarra; cántaro; pote.
つぼみ botón, brote, capullo.
つま 妻 esposa, mujer.
つまずく tropezar.
つまった 詰まった lleno; estancado, atascado; ocupado.
つまむ 摘む pinchar; picar; coger.
つまようじ 爪楊枝 palillo.
つまらない 詰まらない insignificante, trivial; inútil; aburrido; soso. 〜こと tontería.
つまり en fin, al fin y al cabo; en resumen; es decir, o sea, a saber.
つみ 罪 culpa; pecado; crimen. 〜のある culpable. 〜を犯す pecar; cometer.
つむ¹ 積む acumular, amontonar; cargar, embarcar. 積もる acumular·se, amontonar·se.
つむ² 摘む recoger; cosechar.
つめ 爪 uña; garra. 〜切り cortauñas.
つめたい 冷たい frío, helado; indiferente.
つめる 詰める meter; acortar; estrechar; rellenar.
つや 通夜 velatorio, vela. 〜をする velar.
つゆ¹ 梅雨 temporada de lluvias.
つゆ² 露 rocío.
つよい 強い fuerte, vigoroso; poderoso; robusto; valiente; vivo, intenso.
つらい 辛い duro, penoso, amargo; fatigoso.
つらぬく 貫く cumplir, llevar a cabo; penetrar, atravesar.
つり¹ (魚)釣り pesca. 釣る pescar (con caña). 〜人 pescador.
つり² 釣(銭) vuelta, cambio.
つりあい 釣り合い equilibrio; igualdad. 〜のとれた equilibrado, proporcionado; igualado.
ツル 鶴 grulla.
つるす 吊す colgar, suspender.
つるはし 〈道具〉 pico.
つれ 連れ acompañante.
つれて …するに〜 a medida que…, según….
つれていく 連れていく llevar[se]. 連れてくる traer[se].
つわり 悪阻 náuseas (de mujer encinta).

て

て 手 mano. 〜で con la mano, a mano. 〜による manual. 〜に入れる conseguir, obtener. 〜渡す entregar. 〜のひら palma de la mano.
…で a…, con…, de…, en…, por…
であい 出会い encuentro. 出会う encontrar[se].
てあし 手足 pies y manos, miembros.
てあて 手当 gratificación; subsidio; cuidado, curación.
てあらい 手洗い servicio, baño, retrete.
ていあん 提案 propuesta, proposición. 〜する proponer, sugerir.
ていえん 庭園 jardín, parque.
ていか¹ 低下 bajada, baja, caída. 〜する bajar, caer.
ていか² 定価 precio fijo.
ていき 定期的な periódico, regular. 〜券 pase. 〜便 servicio regular. 〜船 barco de línea.
ていぎ 定義 definición. 〜する definir.
ていきあつ 低気圧 baja presión atmosférica.
ていきょう 提供 oferta, ofrecimiento. 〜する ofrecer.
ていけい 提携 cooperación. 〜する cooperar; aliar·se, asociar·se.
ていこう 抵抗 resistencia. 〜する resistir.
ていこく¹ 定刻に a la hora fija.
ていこく² 帝国 imperio. 〜の imperial. 〜主義 imperialismo.
ていし 停止 interrupción, suspensión; parada, detención. 〜する interrumpir, suspender; parar[se], detener[se].
ていじ 呈示 presentación. 〜する presentar, mostrar, enseñar.
ていしゅつ 提出 presentación. 〜する presentar.
ていしょく 定食 menú del día, cubierto.
ディスコ discoteca.
ていせい 訂正 corrección, enmienda. 〜する corregir, enmendar, rectificar.
ていど 程度 grado, nivel, medida.
ていとう 抵当 hipoteca.
ていねい 丁寧な cortés, atento; esmerado, minucioso.
ていぼう 堤防 dique; malecón.
ていりゅうじょ 停留所 parada.
ていれ 手入れ reparación; cuidado.
データー datos.
デート cita. …と〜する tener una cita con…, citar·se con…
テープ cinta; cinta magnetofónica; vídeo.
テーブル mesa. 〜クロス mantel.
テープレコーダー magnetófono, grabadora.
テーマ tema, asunto.
てがかり 手掛かり clave, señal.
でかける 出かける salir, partir, ir.
てがた 〈商業〉手形 letra.
てがみ 手紙 carta, correspondencia. 〜を書く escribir (una carta), dirigir·se.
てがら 手柄 hazaña, proeza.
てき 敵 enemigo, adversario;

てきあがり 出来上がり acabamiento, confección.
てきい 敵意 enemistad, hostilidad. 〜のある hostil.
てきおう 適応 adaptación, acomodación; aclimatación. 〜する adaptar·se, acomodar·se, aclimatar·se.
できごと 出来事 suceso, acontecimiento.
てきせい 適性 aptitud. 〜のある apto, conveniente.
てきせつ 適切な conveniente, adecuado, debido.
てきとう 適当な adecuado, apropiado.
てきどの 適度の moderado, debido.
できもの 出来物 bulto, grano.
てきよう 適用 aplicación. 〜する aplicar.
できる 出来る poder, saber, ser capaz.
テグシガルパ〈都市〉Tegucigalpa.
でぐち 出口 salida.
てくび 手首 muñeca.
デザート postre.
デザイン diseño. 〜する diseñar. デザイナー diseñador; modista.
でし 弟子 discípulo, alumno.
てすうりょう 手数料 comisión, derechos.
テスト examen; prueba, ensayo.
てすり 手すり pasamano, baranda, antepecho.
でたらめ 出鱈目 disparate.
てちょう 手帳 agenda, libreta.
てつ 鉄 hierro, acero. 〜の férreo.
てつがく 哲学 filosofía. 〜的 filosófico. 〜者 filósofo.
デッサン bosquejo, esbozo.
てつだい 手伝い ayuda; ayudante, asistente, auxiliar. 手伝う ayudar, asistir, auxiliar.
てつづき 手続き trámites; procedimiento.
てつどう 鉄道 ferrocarril. 〜の ferroviario.
てっぽう 鉄砲 escopeta, fusil.
てつや 徹夜する trasnochar, velar toda la noche.
…でない no.
テニス tenis. 〜する jugar al tenis.
てにもつ 手荷物 equipaje. 〜一時預かり所 consigna, oficina de equipajes.
てぬぐい 手拭 toalla, paño de manos.
では… bueno…, bien…, entonces….
デパート (grandes) almacenes.
デビュー estreno, debut. 〜する estrenar·se.
てぶくろ 手袋 guantes, mitones.
てほん 手本 modelo, ejemplo.
デマ rumores falsos.
…でも aun…, aunque…; pero, sin embargo.
デモ manifestación.
デモクラシー democracia.
デュエット dúo.
てら 寺 templo.
てらす 照らす iluminar, alumbrar. 照る brillar.
テラス terraza.
デラックスな de lujo, lujoso.
デリケートな delicado, sensible.
でる 出る salir, partir, ir·se, marchar·se; aparecer; asistir, participar.
テレビ televisión; televisor. 〜ドラマ telenovela.
てれる 照れる tener vergüenza.
てん¹ 天 cielo. 〜の celeste, celestial.
てん² 点 punto. 〜を打つ puntear, poner un punto.
てんいん 店員 dependiente.
てんか 点火 ignición. 〜する encender.
てんかい 展開 desarrollo. 〜する desarrollar[se].
てんき 天気 tiempo. 〜がいい［悪い］hacer buen［mal］tiempo. 〜予報 pronóstico del tiempo.
でんき¹ 電気 electricidad; corriente eléctrica; luz eléctrica. 〜の eléctrico. 〜をつける［消す］encender［apagar］la luz. 〜代 luz. 〜屋 tienda de aparatos eléctricos.
でんき² 伝記 biografía.
でんきゅう 電球 bombilla.
てんけい 典型 prototipo, modelo, ejemplo. 〜的な típico, ejemplar.
てんけん 点検 inspección. 〜する inspeccionar, revisar.
てんごく 天国 cielo, paraíso.
でんごん 伝言 recado, mensaje.
てんさい 天才 genio, prodigio. 〜的な genial.
てんし 天使 ángel, serafín.
てんじ¹ 展示 exposición, exhibición. 〜する exponer, exhibir.
てんじ² 点字 braille; letras de puntos.
でんし 電子 electrón. 〜の electrónico. 〜レンジ horno electrónico.
でんしゃ 電車 tren (eléctrico). 市街〜 tranvía. 〜賃 tarifa de tren.
てんじょう 天井 techo.
てんしん 天真爛漫な inocente, cándido.
てんすう 点数 punto, nota. 〜をつける calificar.
でんせつ 伝説 leyenda, tradición. 〜の legendario.
でんせん¹ 伝染 contagio. 〜する contagiar·se. 〜病 epidemia.
でんせん² 電線 cable eléctrico.
てんたい 天体 astro. 〜望遠鏡 telescopio astronómico.
でんたつ 伝達 comunicación, transmisión. 〜する comunicar, transmitir.
でんち 電池 pila, batería.
テント tienda, toldo; pabellón.
でんとう¹ 伝統 tradición. 〜的な tradicional.
でんとう² 電灯 luz eléctrica.
でんどう 伝道 predicación, misión. 〜する predicar. 〜者 predicador, misionero.
てんねん 天然の natural. 〜資源 recursos naturales.
てんのう 天皇 emperador, emperatriz.
でんぱ 電波 onda eléctrica.
てんぼう 展望 panorama, vista panorámica. 〜台 mirador, atalaya.

でんぽう 電報 telegrama, cable.
てんもん 天文学 astronomía. 〜学の astronómico. 〜台 observatorio (astronómico).
てんらんかい 展覧会 exposición, exhibición.
でんりゅう 電流 corriente eléctrica.
でんわ 電話 teléfono. 〜の telefónico. 〜する llamar, telefonear, llamar por teléfono. 〜に出る poner·se al teléfono. 〜を切る colgar el teléfono.

と

と[1] 〈接続詞〉y.
と[2] 戸 puerta.
ど 度 vez; grado, punto.
ドア puerta, portazuela.
といあわせ 問い合わせ solicitud de información.
というのも… ya que…, puesto que…
ドイツ 〈国〉 Alemania. 〜の [人・言語] alemán.
トイレ baño, servicio.
とう[1] 問う preguntar, interrogar. 問い pregunta.
とう[2] 党 partido; pandilla. 〜員 miembro, camarada.
とう[3] 塔 torre, minarete.
どう[1] 胴 cuerpo, tronco.
どう[2] 銅 cobre; bronce. 〜像 estatua de bronce.
どう[3] 〈疑問〉 cómo, qué.
どう[4] 同… mismo…, dicho…
どうい 同意 acuerdo, consentimiento. 〜する poner·se de acuerdo, consentir.
どういたしまして De nada., No hay de qué.
とういつ 統一 unidad, unificación. 〜する unificar; uniformar.
どういつ 同一の mismo, idéntico, igual.
どうか！ ¡Por favor!; ¡Ojalá!
とうき 陶器 cerámica, loza. 〜の cerámico.
とうぎ 討議 discusión, debate. 〜する discutir, debatir.
どうき 動機 motivo; incentivo.
どうぎ 同義語 [の] sinónimo.
とうきゅう 等級 grado, clase, categoría.
とうぎゅう 闘牛 corrida (de toros); toro. 〜士 torero. 〜術 tauromaquia.
とうきょう 東京 Tokio.
とうきょく 当局 autoridades.
どうぐ 道具 instrumento, útiles, herramienta, utensilios.
どうくつ 洞窟 cueva, caverna.
どうけ 道化 bufonada. 〜師 bufón, payaso.
とうけい 統計 estadística. 〜の estadístico.
とうごう 統合 integración. 〜する integrar.
どうさ 動作 movimiento, acción.
とうさん 倒産 quiebra, bancarrota. 〜する quebrar.
とうし 投資 inversión. 〜する invertir.
とうじ 当時 entonces, en esa época, aquellos días.
どうし[1] 動詞 verbo. 〜の verbal.
どうし[2] 同志 camarada, compañero.
どうじ 同時の simultáneo. 〜に al mismo tiempo. 〜に起こる coincidir.
どうじだい 同時代の [人] contemporáneo.
とうじつ 当日 ese día, el mismo día.
どうして por qué, cómo.
どうしても a toda costa; absolutamente; inevitablemente.
どうじょう 同情 simpatía, compasión. 〜する compadecer. 〜的な compasivo, simpatizante.
どうせ de todos modos, después de todo, al fin y al cabo.
とうせい 統制 control. 〜する controlar.
とうせん 当選する ser elegido; lograr el premio. 〜者 elegido; premiado.
とうぜん 当然 naturalmente, necesariamente, inevitablemente. 〜の natural, lógico, evidente.
どうぞ！ ¡Por favor!; ¡Adelante!, ¡Pase!
とうそう[1] 闘争 combate, lucha. 〜する luchar.
とうそう[2] 逃走 huida. 〜する huir.
とうだい 灯台 faro.
どうたい 胴体 cuerpo, tronco.
どうだい ¿Qué tal?, ¿Cómo estás?
とうたつ 到達する alcanzar, llegar.
とうちゃく 到着 llegada. 〜する llegar, arribar.
どうてき 動的な dinámico.
とうとう por fin, al cabo, finalmente.
どうとう 同等の igual, equivalente.
どうどう 堂々と majestuosamente; públicamente. 〜たる majestuoso, imponente.
どうとく 道徳 [の] moral.
どうにか de alguna manera.
どうにゅう 導入 introducción. 〜する introducir.
とうばん 当番 turno (de servicio). 〜である estar de servicio [de turno].
とうひょう 投票 votación; voto. 〜する votar.
どうふう 同封する adjuntar, incluir. 〜の adjunto. 〜された incluido.
どうぶつ 動物 [の] animal. 〜園 zoo, (parque) zoológico.
とうぶん 当分 (の間) por el momento, por ahora.
とうぼう 逃亡 huida, fuga. 〜する huir, fugar·se.
どうほう 同胞 compatriota.
どうみゃく 動脈 arteria. 〜の arterial.
とうめい 透明な transparente, diáfano.
どうめい 同盟 alianza, confederación. 〜する aliar·se. 〜国 países aliados.
どうも！ ¡Muchas gracias!; ¡Perdón!
トウモロコシ maíz.
とうよう 東洋 Oriente. 〜の oriental.
どうよう[1] 同様の igual, semejante; mismo. 〜に

どうよう igualmente, asimismo.
どうよう² 動揺する perturbar·se, estremecer·se.
どうり 道理 razón.
どうりょう 同僚 colega, compañero.
どうりょく 動力 fuerza motriz, motor.
どうろ 道路 camino, carretera, calle.
とうろく 登録 registro, inscripción, matriculación. 〜する registrar, inscribir, matricular.
とうろん 討論 discusión, debate. 〜する discutir, debatir.
どうわ 童話 cuentos infantiles.
とうわく 当惑した turbado, confuso.
とお 10 diez.
とおい 遠い lejano, distante, remoto. 遠くに lejos, a lo lejos, en la lejanía. 遠ざかる alejar·se.
とおす 通す pasar; hacer pasar; dejar pasar.
トースト pan tostado. 〜する tostar.
とおり 通り calle, avenida, paseo.
とおる 通る pasar; cruzar, atravesar.
とかい 都会 ciudad. 〜の urbano.
トカゲ lagarto.
とかす¹ 溶かす disolver; fundir.
とかす² 〔髪〕 peinar[se].
とがった 尖った puntiagudo, agudo.
き 時 tiempo; período; hora; época; ocasión. …の〜に cuando…, en el momento de…
ときどき 時々 de vez en cuando, a veces.
とく¹ 解く solucionar, resolver; desatar.
とく² 得る ganar, sacar provecho de. 〜な provechoso, beneficioso, ventajoso.
とく³ 徳 virtud. 〜の高い virtuoso.
とぐ 研ぐ afilar.

どく 毒 veneno. 〜のある venenoso.
とくい 得意がる estar orgulloso, jactar·se. …が〜だ ser fuerte en…
どくさい 独裁 dictadura. 〜的 autocrático. 〜者 dictador, tirano.
どくしゃ 読者 lector.
どくしょ 読書 lectura.
どくしん 独身の〔者〕 soltero.
どくせん 独占 monopolio, posesión exclusiva. 〜する monopolizar. 〜的な exclusivo.
どくそう 独創的な original. 〜性 originalidad.
とくちょう 特徴 característica, particularidad, rasgo. 〜的な característico, particular.
とくてい 特定する determinar; identificar.
とくてん 得点する ganar.
どくとく 独特の particular, peculiar, típico.
とくに 特に especialmente, sobre todo, en particular.
とくはいん 特派員 enviado especial.
とくべつ 特別の especial, particular; excepcional.
とくめい 匿名の anónimo.
とくゆう 特有の característico, propio, particular, específico.
どくりつ 独立 independencia. 〜した independiente. 〜する independizar·se.
とげ 刺 espina. 〜のある espinoso; punzante.
とけい 時計 reloj. 〜店 relojería. 〜職人 relojero.
とける 溶ける disolver·se; fundir·se. 溶けた disuelto; fundido.
どこ どこで〔に〕 dónde. 〜へ adónde. 〜でも en cualquier lugar. 〜にも(ない) en ninguna parte.
とこや 床屋 barbería, peluquería; barbero, peluquero.
ところ 所 lugar, sitio.
ところが sin embargo; al contrario.
…どころか lejos de…

ところで ahora, ahora bien.
とざん 登山 alpinismo. 〜家 alpinista.
とし¹ 年 año; edad. 〜を取る envejecer[se]. 〜取った anciano, envejecido, viejo. 〜上の〔下の〕 mayor 〔menor〕.
とし² 都市 ciudad. 〜の urbano. 〜計画 urbanismo.
とじこめる 閉じ込める encerrar, confiar. 閉じこもる encerrar·se.
…として como…, de…, por…
…としては para…, por…
としょかん 図書館 biblioteca. 〜員 bibliotecario.
としより 年寄り〔の〕 anciano, viejo.
とじる 閉じる cerrar[se]. 閉じた cerrado.
どだい 土台 base, fundamentos; cimientos.
とだな 戸棚 armario, aparador, estante.
とち 土地 tierra, terreno; finca.
どちゃく 土着の〔人〕 autóctono, aborigen, indígena.
とちゅう 途中で en el camino, a medio camino.
どちら cuál, qué, dónde.
とっきゅう 特急(列車) (tren) rápido, (tren) expreso.
とっきょ 特許 patente. 〜を受けた patentado.
とっけん 特権 privilegio. 〜的な privilegiado.
とっしん 突進する lanzar·se, arrojar·se.
とつぜん 突然 de repente, súbitamente. 〜の repentino, súbito.
とって …に〜 para…
とっておく 取って置く conservar, reservar, guardar.
とても mucho, muy.
とどく 届く alcanzar, llegar; arribar. 届ける enviar, mandar, despachar.
ととのえる 整える arreglar, ordenar, disponer.
とどまる 止まる quedar·se, permanecer; limitar·se.
どなた? ¿quién es?
となり 隣りの〔人〕 vecino.
とにかく de todos modos, de

todas maneras.
どの〈指示〉cuál, qué.
とばく 賭博 juego. 〜をする jugar. 〜場 casino.
トビ 鳶 milano.
とびあがる・とびおりる 飛び上がる・飛び降りる saltar.
とびかかる 飛びかかる arrojar·se, lanzar·se.
とびこえる 飛び越える saltar, franquear.
とびこむ 飛び込む arrojar·se, lanzar·se, echar·se. 飛び込み saltos.
とびだす 飛び出す saltar, lanzar·se.
とびたつ 飛び立つ echar a volar; despegar[se].
とびら 扉 puerta; hoja; portada.
とぶ 飛ぶ volar; planear; saltar, brincar. 〜こと vuelo.
とぼしい 乏しい pobre, carente.
トマト tomate.
とまる¹ 止まる parar[se], detener·se; posar·se. 止める parar, detener; impedir, prohibir; fijar, sujetar.
とまる² 泊まる alojar·se. 泊める alojar, hospedar.
とみ 富 fortuna, riqueza.
ドミニカ〈国〉República Dominicana. 〜の[人] dominicano.
とも¹ …と共に con…; … inclusive.
とも² 友だち amigo; amistad.
ともかく en todo caso, de todos modos.
どようび 土曜日 sábado.
トラ 虎 tigre.
ドライバー conductor, chófer; destornillador.
ドライブ paseo en coche.
ドライヤー secador.
とらえる 捕える coger, agarrar; apresar, capturar.
トラック camión, camioneta; pista.
トラブル problema, dificultad, disgusto.
トランク baúl, maleta; maletero.
トランプ carta, naipe; baraja.
トランペット trompeta.

トリ 鳥 ave, pájaro. 〜籠 jaula.
とりあえず antes de nada; de momento, por ahora.
とりあつかう 取り扱う tratar, manejar. 取り扱い trato, manejo.
とりいれ 取り入れ cosecha, recolección. 〜る cosechar, recolectar.
とりかえる 取り替える cambiar; sustituir, reemplazar. 取り替え cambio, canje; sustitución, reemplazo.
とりかかる 取りかかる empezar, emprender.
とりかこむ 取り囲む rodear, cercar.
とりくむ 取り組む enfrentar·se.
とりけす 取り消す anular, revocar, cancelar. 取り消し anulación, revocación, cancelación.
とりこ 虜 cautivo, prisionero.
とりしまり 取締 control. 取り締まる controlar.
とりだす 取り出す sacar, extraer.
とりつける 取り付ける instalar. 取り付け instalación, colocación.
とりのぞく 取り除く quitar, eliminar.
とりひき 取り引き negocio, negociación, comercio, transacción.
とりもどす 取り戻す recuperar; recobrar.
どりょく 努力 esfuerzo. 〜する esforzar·se, hacer esfuerzos.
とる¹ 取る tomar, coger; robar; sacar; cobrar.
とる² 採る tomar, adoptar.
とる³ 撮る tomar, sacar.
ドル〈通貨〉dólar.
トルコ〈国〉Turquía. 〜の [人・言語] turco.
どれ〈指示〉cuál, qué.
どれい 奴隷 esclavo.
トレーニング entrenamiento. 〜する entrenar·se. トレーナー entrenador.
ドレス vestido.
どれだけ cuánto.
ドレッシング salsa; vinagreta.
トレド〈都市〉Toledo. 〜の

[人] toledano.
どろ 泥 barro, lodo.
どろぼう 泥棒 ladrón; robo, hurto.
トン〈重量〉tonelada; tonelaje.
とんでもない! ¡De ninguna manera!, ¡Qué absurdo!
どんな qué.
トンネル túnel.
トンボ libélula, caballito del diablo.
どんよく 貪欲 avaricia, codicia. 〜な avaro, codicioso.

な

な 名 nombre; apellido.
ない 無い no haber, no tener. …が〜 faltar, carecer. …の〜 sin…
ないか 内科 medicina interna. 〜医 internista.
ないかく 内閣 gobierno, gabinete, ministerio.
ないしょ 内緒 secreto; confidencial.
ないぞう 内臓 vísceras.
ナイフ cuchillo, navaja. ペーパ〜 cortapapeles.
ないぶ 内部 [の] interior.
ないよう 内容 contenido; materia, asunto.
ナイロン nilón.
なお aún, todavía.
なおす 直す corregir, enmendar, rectificar; reparar, arreglar; curar, sanar. 直る corregir·se; reparar·se; curar·se, recuperar·se.
なか¹ …の中に[で] en…, dentro de…, entre…
なか² …と仲がいい[悪い] llevar·se bien [mal] con… 〜直りする reconciliar·se.
ながい 長い largo; duradero. 長さ longitud; duración; extensión. 〜間 por mucho tiempo, dilatadamente.
ながいす 長椅子 sofá; canapé.
ながく 長く por mucho tiempo. 〜する [なる] alargar[se].
ながぐつ 長靴 botas.

ながし 〈台所〉流し fregadero.
ながす 流す verter, echar; derramar.
なかなか bastante, mucho, muy; muy bien.
なかにわ 中庭 patio.
ながびく 長引く durar mucho, alargar·se, prolongar·se.
なかま 仲間 compañero, amigo; socio; colega.
ながめ 眺め vista, panorama. 〜る contemplar, observar, mirar.
ながれ 流れ corriente. 〜る correr, fluir; circular; pasar, transcurrir.
なく¹ 泣く llorar, sollozar. 〜こと llanto. 泣き虫 llorón.
なく² 鳴く cantar; gritar; piar.
なぐさめ 慰め consuelo. 〜る consolar.
なくす 無くす perder; suprimir.
なくなる¹ 無くなる perder·se, desaparecer; acabar, agotar·se.
なくなる² 亡くなる fallecer, morir.
なぐる 殴る golpear, pegar.
なげき 嘆き lamentación, queja, aflicción. 嘆く lamentar, quejar.
なげる 投げる arrojar, tirar, lanzar.
なこうど 仲人 intermediario; mediador.
なさけ 情け caridad; compasión; piedad. 〜ない miserable, desgraciado, lamentable. 〜容赦もなく despiadadamente, cruelmente.
ナシ 梨 pera; peral.
…なしに sin…
ナス 茄子 berenjena.
なぜ なぜ、どうして.
なぜなら porque, pues.
なぞ 謎 enigma, misterio. 〜めいた enigmático, misterioso. 〜〜遊び adivinanza.
なだめる 宥める calmar, apaciguar.
なだれ 雪崩 alud, avalancha.
なつ 夏 verano. 〜の veraniego, estival. 〜休み

vacaciones de verano.
なつかしい 懐かしい inolvidable; nostálgico.
なづける 名付ける nombrar, denominar, llamar; bautizar.
なっとく 納得 convencimiento. 〜させる convencer, persuadir. 〜した convencido.
なでる 撫でる acariciar.
…など etcétera, etc.
なな 7 siete. 70 setenta. 700 setecientos. 〜番目の[〜分の1] séptimo.
ななめ 斜めの oblicuo, inclinado; diagonal.
なに 何? qué. 〜か algo, alguno. 〜も…ない nada. 〜よりも más que nada.
ナプキン servilleta. 生理用〜 compresa.
なべ 鍋 olla, cazuela, cacerola.
なま 生の crudo.
なまえ 名前 nombre; apellido. 〜は…という llamar·se…
なまける 怠ける holgazanear; descuidar. 怠けた[怠け者] perezoso, holgazán.
なまり¹ 鉛 plomo.
なまり² 訛り acento, dejo; dialectalismo, rasgos dialectales.
なみ¹ 波 ola; onda.
なみ² 並の ordinario, común, mediano. 〜はずれた extraordinario.
なみきみち 並木道 avenida; alameda.
なみだ 涙 lágrimas. 〜ぐんだ lacrimoso.
なめらかな 滑らかな liso, suave; corriente. 〜に con fluidez.
なめる lamer, chupar; menospreciar.
なや 納屋 depósito; granero; henil.
なやみ 悩み preocupación, pena, dolor. 悩む sufrir, padecer; atormentar·se.
なら (もし) 〜si… 〜のこと 〜 en cuanto a…
ならう 習う aprender.
ならす (飼い) 馴らす domar, amansar.
ならべる 並べる colocar, poner

en fila; enumerar. 並ぶ hacer cola, poner·se en fila, alinear·se.
なりたつ 成り立つ consistir; componer·se.
なりゆき 成り行き desarrollo, desenvolvimiento; proceso; resultado.
なる¹ …に成る poner·se, hacer·se, ser, volver·se.
なる² 鳴る sonar; tintinear. 鳴らす tocar, sonar, tañer.
なるべく lo más posible. 〜早く cuanto antes, lo más pronto posible.
なるほど en efecto, efectivamente.
なれ¹ 慣れ costumbre. 〜る acostumbrar·se; aclimatar·se; familiarizar·se.
なれ² 馴れ馴れしい demasiado familiar.
なわ 縄 cuerda, soga.
なんきょく 南極 polo sur [antártico]. 〜の antártico.
なんせい 南西 sudoeste.
なんだって! ¡Cómo!, ¡Qué va!
なんでも cualquiera; todo.
なんと qué, cómo.
なんとう 南東 sudeste.
ナンバー número. 〜プレート matrícula.
なんみん 難民 refugiados.

に

に¹ 2 dos. 20 veinte. 200 doscientos. 〜分の1 un medio. 〜番目の segundo. 〜倍 doble.
に² 荷 equipaje, carga. 〜を積む cargar. 〜を降ろす descargar.
…に para…, hacia…, a…; por…
にあう 似合う ir bien, venir bien, sentar.
にいさん 兄さん hermano (mayor).
におい 匂い olor; aroma, perfume, fragancia; hedor. 匂う oler.
にかい 二階 primer piso, primera planta; segundo piso.
にがい 苦い amargo. 苦味

amargura.
にがつ 二月 febrero.
にがて 苦手 debilidad; punto flaco. …が〜だ ser débil en…
ニカラグア〈国〉Nicaragua. 〜の[人]nicaragüense.
にきび grano, espinilla.
にぎやか 賑やかな animado, alegre, jovial. 〜にする animar. 賑わい animación.
にぎる 握る asir, agarrar; apretar. 手を〜 apretar [se] la mano.
にく 肉 carne; cuerpo. 〜屋 carnicería; carnicero.
にくい¹ 憎い abominable, odioso.
にくい² …しにくい difícil de…
にくたい 肉体 cuerpo; carne.
にくむ 憎む odiar, detestar, aborrecer.
にげる 逃げる huir, escapar·se, fugar·se.
にごった 濁った turbio, impuro. 濁る enturbiar·se.
にこにこした sonriente.
にこむ 煮込む guisar.
にし 西 oeste, occidente, poniente. 〜の occidental.
にじ 虹 arco iris.
にじ² 二次的な secundario. …じゅう para…
にじゅう¹ 二重 doble. 〜にする doblar, duplicar.
にじゅう² 20 veinte. 21 veintiuno. 22 veintidós. 23 veintitrés. 24 veinticuatro. 25 veinticinco. 26 veintiséis. 27 veintisiete. 28 veintiocho. 29 veintinueve.
ニシン 鰊 arenque.
ニス〈塗料〉barniz. 〜を塗る barnizar.
にせ 偽 falso, falsificado. 〜物 falsificación, imitación. 〜る imitar.
にちじょう 日常の cotidiano, diario.
にちようび 日曜日 domingo.
にちようひん 日用品 artículos de uso diario.
にっき 日記 diario.
にづくり 荷造り empaque, empaquetamiento. 〜する empacar, empaquetar.

にっこう 日光 rayos del sol, luz.
にっしゃびょう 日射病 insolación.
ばい 二倍[の]doble. 〜にする doblar, duplicar.
にぶい 鈍い embotado; torpe, tonto; sordo.
にほん・にっぽん 日本 Japón. 〜の[人・言語]japonés.
にもつ 荷物 equipaje. 手〜 equipaje de mano.
ニュアンス matiz.
にゅういん 入院する hospitalizar·se.
にゅうかい・にゅうがく 入会・入学 ingreso, entrada. 〜する ingresar, entrar.
ニュージーランド〈国〉Nueva Zelanda. 〜の[人]neocelandés.
にゅうじょう 入場[券]entrada. 〜許可 admisión.
ニュース noticia, nueva; novedad; noticiario.
にゅうよく 入浴する bañar·se.
にょう 尿 orina. 〜の úrico. 〜を出す orinar.
にらむ 睨む fijar·se bien, mirar fijamente.
にる¹ 似る parecer·se. 似ている parecido, semejante.
にる² 煮る cocer, hacer hervir.
にわ 庭 jardín; patio; corral. 〜いじり jardinería.
にわかあめ 俄雨 aguacero, chubasco.
ニワトリ 鶏 gallo; gallina; pollo.
にんき 人気 popularidad. 〜の ある popular, bien acogido.
にんぎょ 人魚 sirena.
にんぎょう 人形 muñeco; títere.
にんげん 人間 hombre, ser humano. 〜の[〜的な]humano. 〜性 humanidad.
にんしき 認識 reconocimiento, comprensión. 〜する reconocer, conocer, comprender.
にんじょう 人情のある humano, compasivo.
にんしん 妊娠 concepción, embarazo. 〜している

embarazada, encinta.
ニンジン 人参 zanahoria.
にんたい 忍耐 paciencia. 〜強 い paciente.
にんてい 認定する comprobar, reconocer.
ニンニク ajo.
にんむ 任務 deber, cargo, oficio; misión; papel.
にんめい 任命 nombramiento, nominación, designación. 〜する nombrar, designar.

ぬ

ぬう 縫う coser. 縫い物 costura. 縫い針 aguja.
ヌード desnudo.
ぬかす 抜かす omitir, pasar por alto; adelantar·se.
ぬく 抜く sacar, arrancar, extraer.
ぬぐ 脱ぐ desnudar·se, quitar·se.
ぬけめ 抜け目のない listo, sagaz, astuto.
ぬける（毛などが）抜ける caer·se.
ぬすみ 盗み hurto, robo. 盗む robar, hurtar.
ぬの 布 tela, tejido, paño.
ぬま 沼 pantano, laguna.
ぬる 塗る untar; pintar.
ぬるい tibio, templado.
ぬれる 濡れる mojar·se, humedecer·se. 濡れた mojado, humedecido.

ね

ね¹ 根 raíz. 〜付く arraigar [se]. 〜強い firmemente arraigado.
ね² 値 precio, valor.
ね? ¿eh?, ¿no?, ¿verdad?
ねうち 値打ち valor. 〜がある valer; merecer. 〜のある valioso, precioso.
ねえさん 姉さん hermana (mayor).
ネガ〈写真〉negativo.
ねがい 願い deseo, gana, afán; ruego, petición. 願う desear; rogar, pedir.
ねかす 寝かす acostar; dormir.

ネギ 葱 cebolleta.
ねぎる 値切る regatear.
ネクタイ corbata.
ネグリジェ camisón.
ネコ 猫 gato, minino.
ねじ 螺子 tornillo; tuerca. 捻る torcer.
ネズミ 鼠 rata; ratón. ～色[の] gris.
ねたみ 妬み celos; envidia. ～深い celoso; envidioso.
ねだん 値段 precio, valor. ～が…である valer…, costar…
ねつ 熱 calor; fiebre; entusiasmo.
ねつい 熱意 ardor, celo, fervor. ～のある ardoroso, fervoroso.
ねっきょう 熱狂 entusiasmo, exaltación. ～的な entusiasta, apasionado, exaltado. ～する entusiasmar·se, apasionar·se.
ネックレス collar, gargantilla.
ねっしん 熱心 afán, ahinco, fervor, entusiasmo. ～な entusiasta, ferviente, apasionado; dirigente, aplicado.
ねっする 熱する calentar.
ねったい 熱帯 trópico(s). ～の tropical.
ねっちゅう 熱中する entusiasmar·se, dedicar·se intensamente.
ねつびょう 熱病 fiebre.
ねどこ 寝床 lecho, cama.
ねばる 粘る ser pegajoso; persistir; quedar·se largo tiempo.
ねびき 値引き descuento. ～する descontar.
ねぼう 寝坊する dormir demasiado, levantar·se tarde.
ねむる 眠る dormir; dormitar. 眠り sueño. 眠たい tener sueño. 眠り込む dormir·se.
ねらい 狙い puntería; objetivo; intención. 狙う apuntar…; intentar, pretender.
ねる¹ 寝る acostar·se; dormir.
ねる² 練る amasar; elaborar, pulir.
ねん 年 año. ～末 fin del año. ～中 todo el año, siempre. ～間の anual.

ねんがじょう 年賀状 tarjeta (de felicitación) del Año Nuevo.
ねんかん 年刊の anual.
ねんきん 年金 pensión; renta. ～生活者 pensionista.
ねんざ 捻挫 torcedura. ～する torcer·se.
ねんど 粘土 arcilla.
ねんりょう 燃料 combustible.
ねんれい 年齢 edad.

の

の 野 campo, llanura. ～の花 flor silvestre.
…の de…
ノイローゼ neurosis. ～の[患者] neurótico.
のう 脳 cerebro, sesos. ～の cerebral.
のうか 農家 familia agrícola; casa de labrador.
のうぎょう 農業 agricultura. ～の agrícola, agrario.
のうじょう 農場 granja, finca agrícola; hacienda.
のうそん 農村 aldea [pueblo] agrícola. ～の rural, rústico.
のうち 農地 campo, terreno agrícola.
のうふ・のうみん 農夫・農民 campesino, labrador, agricultor.
のうやく 農薬 insecticida agrícola; herbicida agrícola.
のうりつ 能率 eficacia, rendimiento. ～のよい eficiente.
のうりょく 能力 capacidad, facultad, aptitud. ～のある capaz, hábil; competente.
ノート cuaderno. ～をとる tomar notas, apuntar.
ノーベル賞 Premio Nobel.
のこぎり 鋸 sierra. ～で切る serrar.
のこす 残す dejar; ahorrar. 残る quedar[se]; sobrar, restar. 残り resto, sobras, restante.
のせる 乗せる poner, colocar; montar, subir.
のぞく¹ 除く excluir, eliminar, omitir, quitar. …を除

いて salvo…, excepto…, menos…
のぞく² 覗く atisbar; aparecer, asomar·se.
のぞみ 望み deseo, anhelo, ansia. 望む desear, anhelar, ansiar. 望ましい deseable, conveniente.
のち 後に después, más tarde; luego.
ノック ～する llamar a la puerta.
…ので puesto que…, ya que…, como…
のど 喉 garganta. ～の渇いた sediento. ～の渇き sed.
ののしる 罵る insultar, jurar.
のはら 野原 campo.
のびる 伸びる extender·se; prolongar·se; alargar·se. 伸ばす alargar; prolongar.
のべる 述べる decir, explicar, describir.
のぼる 上る subir; trepar.
ノミ 蚤 pulga.
のみこむ 飲み込む tragar; entender, comprender.
…のみならず no sólo… (sino también).
のみもの 飲み物 bebida; refresco.
のむ 飲む beber, tomar; aceptar. 飲める bebible, potable.
のり 糊 pasta, engrudo; pegamento, adhesivo.
のりかえ 乗り換え cambio, trasbordo. ～る trasbordar, cambiar.
のりくみ 乗組員 tripulante; tripulación.
のりこえる 乗り越える vencer, superar; salvar.
のりもの 乗物 vehículo. ～酔い mareo.
のる 乗る subir, tomar, coger; montar. 乗り遅れる perder. …に乗って en…
のろい 呪い maldición. 呪う maldecir, hechizar.
のんきな despreocupado.
ノンフィクション obra documental.

は

は¹ 刃 filo, hoja.
は² 葉 hoja.
は³ 歯 diente; muela.
は⁴ 派 partido; escuela.
ば 場 escena.
バー bar.
ばあい 場合 caso. …の〜には en caso de…
パーセント por ciento. パーセンテージ porcentaje.
パーティー fiesta.
パーマ〈髪〉permanente.
はい¹〈返事〉Sí., De acuerdo.
はい² 肺 pulmón. 〜炎 pulmonía.
はい³ 灰 ceniza. 〜色[の] gris. 〜皿 cenicero.
ばい 倍 doble; vez. …より２倍大きい dos veces más grande que…
パイ〈ケーキ〉tarta, pastel.
ハイウエー carretera.
バイオリン violín.
ばいきん ばい菌 bacteria, microbio.
ハイキング excursión.
バイク moto, motocicleta.
はいし 廃止 abolición. 〜する abolir.
ばいしゅん 売春 prostitución. 〜婦 puta, prostituta.
ばいしん 陪審員 jurado.
はいたつ 配達 servicio a domicilio; distribución. 〜する distribuir, repartir.
はいち 配置 colocación, disposición. 〜する colocar, disponer.
ハイチ〈国〉Haitf. 〜の[人] haitiano.
ばいてん 売店 quiosco, puesto.
ばいどく 梅毒 sífilis.
パイナップル piña, ananás.
ハイヒール zapatos de tacón alto.
パイプ tubo; pipa. 〜オルガン órgano.
はいぼく 敗北 derrota.
はいゆう 俳優 actor; actriz.
はいる 入る entrar, ingresar. 入りうる caber. 入り込む penetrar.

はいれつ 配列 disposición. 〜する disponer.
パイロット piloto.
はう 這う arrastrar·se; andar a gatas, gatear.
ハエ 蝿 mosca.
はえる 生える crecer; brotar.
はか 墓 tumba, sepultura. 〜場 cementerio.
ばか 馬鹿な[者] tonto, bobo, idiota, imbécil. 〜らしい absurdo, ridículo. …を〜にする burlar·se de…
はかい 破壊 destrucción. 〜する destruir.
はがき 葉書 tarjeta postal.
はがす 剝がす despegar. 剝がれる despegar·se.
はかせ・はくし 博士 doctor. 〜課程 (curso de) doctorado. 〜号 doctorado. 〜論文 tesis doctoral.
はかり 秤 balanza.
…ばかり unos…, como…, más o menos…, aproximadamente…; sólo…, solamente… …した〜だ acabar de…
はかる 計る medir; pesar.
はく¹ 吐く vomitar; escupir. 吐き気 náuseas.
はく² 履く poner·se, calzar [se]. 履き物 calzado.
はく³ 掃く barrer.
はくがい 迫害 persecución. 〜する perseguir.
ばくげき 爆撃 bombardeo. 〜する bombardear.
はくし 博士 [=はかせ].
はくしき 博識な erudito, sabio.
はくしゃく 伯爵 conde; condesa.
はくしゅ 拍手 aplauso. 〜(喝采)する aplaudir.
はくじょう 白状 confesión. 〜する confesar.
はくじん 白人 blanco.
ばくだん 爆弾 bomba.
ばくはつ 爆発 explosión. 〜する explotar, estallar.
はくぶつかん 博物館 museo.
はくぼく 白墨 tiza.
はくりょく 迫力 vigor, fuerza. 〜のある vigoroso.
はげ 禿げた[人] calvo.
はげしい 激しい violento, fuerte.

バケツ cubo.
はげます 励ます animar, estimular. 励む afanar·se.
はげる 剝げる descolorar·se.
はけん 派遣 envío. 〜する enviar.
はこ 箱 caja.
はこぶ 運ぶ transportar, llevar; traer; marchar.
はさみ 鋏 tijeras.
はさむ 挟む insertar, pillar; intercalar.
はさん 破産 bancarrota, quiebra. 〜する quebrar, arruinar·se.
はし¹ 橋 puente.
はし² 端 cabo, punta, extremo; borde.
はし³ 箸 palillos.
はじ 恥 vergüenza; rubor. 恥ずべき・恥ずかしい vergonzoso. 〜をかく・恥じる avergonzar·se.
はしか 麻疹 sarampión.
はしご 梯子 escalera de mano.
はじまる 始まる empezar, comenzar. 始める comenzar, empezar, iniciar; fundar.
はじめ 初め comienzo, principio. 〜て por vez primera. 〜に primero, en primer lugar. 〜の primero, inicial. 〜まして！Mucho gusto., Encantado.
パジャマ pijama.
ばじゅつ 馬術 equitación.
ばしょ 場所 lugar, local, sitio.
はしら 柱 columna; pilar.
はしる 走る correr.
はず …する〜である deber de…
バス〈乗り物〉autobús.
パス パスする pasar; aprobar·se.
バスケットボール baloncesto.
はずす 外す quitar.
バスト pecho; busto.
パスポート pasaporte.
はずれる 外れる desprender·se; desviar·se.
パセリ perejil.
はた 旗 bandera; estandarte.
はだ 肌 piel; cutis.
バター mantequilla.
はだか 裸の desnudo. 〜になる desnudar·se.

はたけ 畑 campo, huerto.
はだし 裸足の descalzo.
はたす 果たす cumplir, llevar a cabo.
はたらき 働き función; trabajo. 〜口 trabajo, empleo. 働く trabajar; funcionar.
ハチ 蜂 abeja; avispón; avispa.
はち¹ 8 ocho. 80 ochenta. 800 ochocientos. 〜番目の [〜分の1] octavo.
はち² 鉢 tiesto, maceta; tazón.
はちがつ 8月 agosto.
はちみつ 蜂蜜 miel.
ばつ 罰 castigo. 罰する castigar. 罰金 multa.
はついく 発育 crecimiento. 〜する crecer.
はつおん 発音 pronunciación. 〜する pronunciar.
はっきり claramente. 〜した claro, evidente, obvio.
はっけん 発見 descubrimiento. 〜する descubrir.
はつげん 発言 palabras; declaración. 〜する tomar [tener] la palabra; declarar.
はっこう¹ 発行 publicación; emisión. 〜する publicar; emitir.
はっこう² 発酵 fermentación. 〜する [させる] fermentar.
はっしゃ¹ 発車 partida, salida. 〜する partir, salir.
はっしゃ² 発射 lanzamiento; disparo. 〜する lanzar; disparar.
はっせい 発生する ocurrir, acontecer; estallar.
はっそう 発送 despacho, envío. 〜する despachar, enviar, mandar.
はったつ 発達 desarrollo. 〜する desarrollar-se.
はってん 発展 desarrollo, evolución, avance. 〜する desarrollar-se, evolucionar, avanzar.
はつでんしょ 発電所 central.
はっぴゃく 800 ochocientos.
はっぴょう 発表 presentación, anuncio; ponencia. 〜する presentar, anunciar.
はつめい 発明 invención. 〜品 invento. 〜する inventar. 〜者 inventor.
はて 果て término, fin. 〜しない sin fin; inmenso.
はで 派手な vistoso, llamativo.
ハト 鳩 paloma; pichón.
パトカー coche patrulla.
はな¹ 花 flor. 〜屋 florería, florería; florista. 〜束 ramo (de flores). 〜が咲く florecer.
はな² 鼻 nariz. 〜くそ moco. 〜をかむ sonar-se.
はなし 話 conversación, charla; cuento, historia.
はなす¹ 話す hablar, contar, conversar. 話しことば habla.
はなす² 放す soltar; desatar.
はなす³ 離す separar, apartar.
バナナ plátano, banana.
はなび 花火 fuegos artificiales; castillo de fuego.
パナマ〈国〉Panamá. 〜の [人] panameño.
はなむこ 花婿 novio.
はなよめ 花嫁 novia.
はなれる 離れる separar-se, alejar-se. 離れて aparte. 離れた distante, de lejos.
はね 羽 pluma; ala.
ばね resorte; muelle.
ハネムーン luna de miel.
はねる 跳ねる saltar, dar saltos; brincar; salpicar.
パノラマ panorama.
はは 母 madre, mamá; suegra. 〜の materno.
はば 幅 anchura, ancho. 〜の広い ancho, extenso. 〜の狭い estrecho.
はぶく 省く omitir, suprimir.
ブラシ 歯ブラシ cepillo de dientes.
はまべ 浜辺 playa.
はまる encajar; caer.
はみがき 歯磨 pasta dentífrica.
ハム¹〈食料〉jamón.
ハム²〈無線〉radioaficionado.
はめつ 破滅 ruina, perdición. 〜する arruinar-se.
はめる encajar; insertar; engañar.
はやい 速い rápido, veloz. 速く rápidamente, aprisa. 早く pronto; temprano. 速さ velocidad, rapidez.
はやおき 早起きする madrugar. 〜の [人] madrugador.
はやし 林 bosque.
はやめる 早める adelantar. 速める acelerar, precipitar.
はやる 流行る estar [poner-se] de moda.
はら 腹 vientre, barriga. 〜をたてる enfadar-se.
バラ rosa; rosal.
はらい 払い pago. 払う pagar. 〜込む abonar, depositar.
パラグアイ〈国〉Paraguay. 〜の [人] paraguayo.
パラシュート paracaídas.
バラック barraca.
バランス equilibrio.
ばらまく esparcir, derramar.
はり¹ 針 aguja; alfiler; anzuelo.
はり² はり治療 acupuntura.
パリ〈都市〉París. 〜の [人] parisiense.
はりがね 針金 alambre.
はりがみ 貼紙 cartel.
バリケード barricada.
はる¹ 春 primavera. 〜休み vacaciones de primavera.
はる² 貼る pegar.
はる³ 張る tender.
バル bar.
はるかな lejano, remoto.
バルコニー balcón.
バルセロナ〈都市〉Barcelona. 〜の [人] barcelonés.
はれ 晴れ buen tiempo. 〜る despejar-se. 〜ている despejado.
バレー〈舞踊〉ballet.
バレーボール voleibol.
はれつ 破裂 estallido, explosión. 〜する estallar, explotar.
はれる 腫れる hinchar-se. 腫れた hinchado.
ばん¹ 晩 noche.
ばん² 番 número; turno. 〜をする vigilar, guardar.
パン pan.
はんい 範囲 límite; dominio; área, campo.
はんえい¹ 繁栄 prosperidad. 〜する prosperar. 〜している próspero.
はんえい² 反映 reflejo. 〜する reflejar.

はんが 版画 estampa; grabado.
ハンガー percha, colgador.
ハンカチ pañuelo.
はんかん 反感 antipatía; aversión.
はんぎゃく 反逆 rebelión. 〜者 rebelde.
はんきょう 反響 resonancia, eco. 〜する resonar.
パンク pinchazo. タイヤが〜する reventar·se un neumático.
ばんぐみ 番組 programa.
はんけい 半径 radio.
はんけつ 判決 sentencia.
はんこう 反抗 resistencia. 〜する resistir, oponer·se.
ばんごう 番号 número. 〜をつける numerar.
はんこう 犯罪 crimen, delito. 〜の [〜者] criminal, delincuente.
ばんざい 万歳! ¡Viva!
ハンサムな guapo.
はんさよう 反作用 reacción.
パンジー〔草花〕 pensamiento.
はんして …に反して contra…
はんしゃ 反射 reflexión, reflejo. 〜する reflejar.
はんせい 反省 reflexión. 〜する reflexionar.
はんそく 反則 falta; infracción.
はんたい 反対 oposición, objeción; contradicción. 〜の opuesto; contrario. 〜する oponer·se, contradecir.
パンツ pantalón; calzoncillo.
パンティー bragas.
パンティーストッキング medias pantalón.
バンド cinturón; correa; banda.
バンドエイド tirita.
はんとう 半島 península. 〜の peninsular.
はんどう 反動の reaccionario.
はんどうたい 半導体 semiconductor.
はんとし 半年 medio año.
ハンドバック bolso.
ハンドル volante; manubrio; manillar.
はんにん 犯人 culpable; criminal.
はんのう 反応 reacción. 〜する reaccionar; responder.
ハンバーグ hamburguesa.
はんばい 販売 venta. 〜する vender. 〜店 tienda.
パンフレット folleto.
はんぶん 半分 mitad. 〜の medio.
ハンマー martillo.
ハンモック hamaca.
はんらん¹ 反乱 rebelión. 〜を起こす rebelar·se.
はんらん² 氾濫 inundación. 〜する inundar.
はんろんする 反論する contradecir, objetar.

ひ

ひ¹ 日 día; sol.
ひ² 火 fuego, lumbre. 〜をつける encender.
び 美 belleza, hermosura. 〜の estético.
ピアノ piano.
ピーナッツ cacahuete, maní.
ピーマン pimiento.
ビール cerveza.
ひえる 冷える enfriar·se; hacer frío.
ひがい 被害 daño, perjuicio. 〜者 víctima.
ひかえめ 控え目な reservado, modesto, discreto.
ひかえる 控える apuntar, tomar notas; esperar, aguardar; moderar.
ひかく 比較 comparación. 〜する comparar. 〜の comparativo. 〜的に comparativamente, relativamente.
びがく 美学 estética. 〜の [〜者] estético.
ひかげ 日陰 sombra.
ひがし 東 este, oriente. 〜の oriental.
ひかり 光 luz, brillo.
ひかる 光る lucir, brillar.
ひかん 悲観的な [人] pesimista.
ひきうける 引き受ける aceptar; encargar·se.
ひきおこす 引き起こす causar, ocasionar.
ひきざん 引き算 resta.
ひきずる 引きずる arrastrar.
ひきだし 引き出し cajón.
ひきだす 引き出す sacar, extraer.
ひきつける 引き付ける atraer.
ひきとめる 引き止める detener.
ひきぬく 引き抜く sacar, arrancar, extraer.
ひきのばし〈写真〉 引き伸ばし ampliación.
ひきょう 卑怯な [者] cobarde, vil.
ひきわけ 引き分け empate. 〜る empatar.
ひきわたす 引き渡す entregar. 引き渡し entrega.
ひく¹ 引く tirar, arrastrar; trazar, dibujar; consultar; citar.
ひく² 挽く moler.
ひく³ 弾く tocar; tañer.
ひくい 低い bajo. 低くする bajar.
ひぐれ 日暮れ anochecer; crepúsculo.
ひげ 髭 barba; bigote; mostacho. 〜をそる afeitar [se].
ひげき 悲劇 tragedia. 〜的な trágico.
ひこう¹ 非行 delincuencia. 〜の delincuente.
ひこう² 飛行 vuelo. 〜機 avión. 〜場 aeropuerto, aerodromo. 〜士 piloto.
ひこうしき 非公式な informal, no oficial.
ひごうほう 非合法な ilegal, ilícito.
ひざ 膝 rodilla. ひざまずく arrodillar·se.
ビザ visado, visa.
ピザ pizza.
ひさしぶり 久しぶりに después de mucho tiempo. 〜ですね! ¡Cuánto tiempo sin vernos!
ひじ 肘 codo; brazo. 〜掛け椅子 sillón; butaca.
ひじゅう 比重 peso específico.
びじゅつ 美術 bellas artes, arte. 〜館 museo. 〜の artístico.
ひじゅん 批准 ratificación.

ひしょ

〜する ratificar.
ひしょ¹ 秘書 secretario.
ひしょ² 避暑 veraneo. 〜をする veranear.
ひじょう 非常に muy, mucho. 〜時 emergencia. 〜口 salida de emergencia.
びしょう 微笑 sonrisa. 〜する sonreír.
ひじょうしき 非常識な insensato.
びじん 美人 guapa; belleza.
ビスケット galleta.
ヒステリー histeria. 〜の histérico.
ピストル pistola.
びせいぶつ 微生物 microbio.
ひそか 密かに secretamente, en secreto, a escondidas.
ひぞく 卑俗な vulgar, grosero.
ひだ〈折り目〉 pliegue.
ひたい 額 frente.
ひたす 浸す remojar.
ビタミン vitamina.
ひだり 左 izquierda. 〜の izquierdo. 〜利きの[人] zurdo.
ひっかく 引っ掻く rascar, arañar.
ひっかける 引っ掛ける colgar, colocar.
ひっくりかえす ひっくり返す volcar, revolver.
びっくりする asustar·se, sorprender·se.
ひづけ 日付 fecha. 〜を入れる fechar, datar.
ひっこす 引っ越す mudar·se, trasladar·se. 引っ越し mudanza.
ひっこめる 引っ込める retirar, retraer.
ひっし 必死の desesperado.
ヒツジ 羊 oveja; carnero; cordero. 〜飼い pastor.
ひつぜん 必然的な inevitable, necesario.
ひっぱる 引っぱる tirar, estirar.
ヒップ caderas.
ひつよう 必要 necesidad. 〜な necesario, preciso. 〜とする necesitar, precisar, hacer falta.
ひてい 否定 negación. 〜的な negativo. 〜する negar.
ビデオ vídeo.

ひと 人 persona, hombre, uno. 〜の humano. 人々 gente.
ひどい mucho, muy; grave; duro, atroz; cruel; horrible, terrible.
ひとがら 人柄 personalidad, carácter.
ひときれ 一切れ pedazo.
ひとくち 一口 bocado; trago.
ひとくみ 一組 juego; par; serie.
ひとしい 等しい igual, equivalente, idéntico; mismo. 等しくない desigual. 等しく igualmente. 等しくなる igualar·se.
ひとじち 人質 rehén.
ひとつ 一つ uno.
ひとどおり 人通り tráfico.
ひとみ 瞳 pupila.
ひとり 一人で solo, sola.
ひなた 日向 solana. 〜で al sol, en el sitio soleado.
ひなん¹ 非難 reproche, censura. 〜する reprochar, censurar, criticar.
ひなん² 避難[所] refugio. 〜する refugiar·se.
ひにく 皮肉 ironía. 〜な irónico.
ひにょうき 泌尿器 órganos urinarios. 〜科 urología.
ひにん 避妊 impedir la concepción. 〜具 preservativo, anticonceptivo.
ひばな 火花 chispa.
ヒバリ 雲雀 alondra.
ひはん 批判 crítica. 〜する criticar.
びび 日々 cada día, diariamente. 〜の diario, cotidiano.
ひびき 響き resonancia. 響く sonar, resonar.
ひひょう 批評 crítica. 〜家 crítico. 〜する criticar.
ひふ 皮膚 piel.
ビフテキ bistec.
ひま 暇 tiempo (libre), ocio. 〜な ocioso. 〜をつぶす matar el tiempo.
ひみつ 秘密[の] secreto. 〜に en secreto; confidencialmente. 〜にする ocultar.
びみょう 微妙な delicado, sutil.

ひも 紐 cuerda; cordel; cordón.
ひやかす 冷やかす tomar el pelo.
ひゃく 100 ciento, cien. 〜分率 porcentaje.
ひゃくまん 百万 millón.
ひやす 冷やす enfriar.
ひゃっか 百科事典 enciclopedia.
ヒューズ fusible.
ひょう¹ 表 tabla, cuadro; lista.
ひょう² 票 voto. 〜を投じる votar.
ひょう³〈気象〉 granizo. 〜が降る granizar.
ヒョウ 豹 leopardo.
ひよう 費用 gastos; coste, costo.
びょう 秒 segundo.
びよう 美容院 salón de belleza, peluquería. 〜師 peluquero.
びょういん 病院 hospital.
ひょうか 評価 calificación, apreciación, estimación, evaluación. 〜する apreciar, calificar, estimar, evaluar.
ひょうが 氷河 glaciar.
びょうき 病気 enfermedad, mal. 〜の enfermo, malo. 〜になる enfermar.
ひょうげん 表現 expresión, manifestación. 〜する expresar, manifestar. 〜力のある expresivo.
ひょうご 標語 lema.
ひょうこう 標高 altitud.
ひょうざん 氷山 iceberg.
ひょうし¹ 表紙 tapa; cubierta.
ひょうし² 拍子 compás; ritmo.
ひょうじ 表示 indicación. 〜する indicar.
ひょうしき 標識 señal.
びょうしゃ 描写 descripción. 〜する describir.
びょうじゃく 病弱な enfermizo.
ひょうじゅん 標準 norma, criterio, estándar. 〜の normal.
ひょうじょう 表情 expresión. 〜豊かな expresivo.
ひょうだい 表題 título.
びょうどう 平等 igualdad. 〜の igual. 〜にする igualar. 〜に

824

al igual, igualmente.
びょうにん 病人 enfermo.
ひょうばん 評判 fama, reputación. 〜である tener fama.
ひょうめい 表明 manifestación. 〜する manifestar.
ひょうめん 表面 superficie. 〜的な superficial.
ひよく 肥沃な fértil.
ひよけ 日除け toldo; persiana.
ビラ prospecto, cartel, anuncio.
ひらく 開く abrir. 開いた abierto.
ひらたい 平たい plano, llano.
ひらてうち 平手打ち bofetada.
ヒラメ 舌鮃 lenguado.
ひらめく 閃く resplandecer; ocurrir・se.
ひりょう 肥料 abono, fertilizante.
ひる 昼 día; mediodía.
ビル edificio.
ひるね 昼寝 siesta.
ヒレ〈肉〉filete.
ひれい 比例 proporción. …に 〜して en proporción de…
ひろい 広い amplio, ancho, extenso.
ひろう¹ 拾う recoger.
ひろう² 疲労 fatiga, cansancio. 〜する fatigar・se, agotar・se.
ビロード terciopelo.
ひろがる 広がる extender・se, propagar・se. 広がり extensión. 広さ superficie; ancho.
ひろば 広場 plaza.
ひろま 広間 sala, salón.
ひろまる 広まる extender・se, divulgar・se.
びん 瓶 botella, frasco.
ピン 留め〜 alfiler.
ひんい 品位 dignidad.
びんかん 敏感な sensible.
ひんけつ 貧血 anemia.
ひんこん 貧困 pobreza, miseria. 〜な pobre, miserable.
ひんじゃく 貧弱な pobre, escaso.
びんしょう 敏捷な ágil.
ピンセット pinzas.
びんせん 便箋 papel de cartas.
ヒント insinuación, sugerencia.
ピント foco. 〜合わせ enfoque. 〜を合わせる enfocar.
ひんぱん 頻繁な frecuente. 〜に frecuentemente. 〜に姿を見せる frecuentar.
びんぼう 貧乏な pobre, necesitado.
ピンポン ping-pong.

ふ

…ぶ 部 ejemplar; sección, departamento.
ファイル carpeta, archivo.
ファシズム fascismo.
ぶあつい 分厚い grueso, voluminoso.
ファッション moda.
ふあん 不安 inquietud, ansiedad. 〜な inquieto, ansioso.
ファン aficionado.
ふあんてい 不安定な inestable.
ふい 不意の inesperado, imprevisto. 〜に de repente.
フィリピン〈国〉Filipinas. 〜の [人] filipino.
フィルター filtro.
フィルム película, film. ひと巻の〜 un rollo de película.
ふうがわり 風変わりな raro, extraño; original.
ふうい 風位 paisaje.
ふうし 風刺 sátira. 〜的な satírico. 〜する satirizar.
ふうしゃ 風車 molino.
ふうしゅう 風習 costumbre, hábito.
ふうせん 風船 globo.
ふうぞく 風俗 costumbres.
ブーツ botas.
ふうど 風土 clima.
ふうとう 封筒 sobre.
ふうふ 夫婦 matrimonio, esposos.
ブーム auge.
プール piscina.
ふうん 不運 mala suerte, desgracia. 〜な desgraciado, desafortunado.
ふえ 笛 flauta.
ブエノスアイレス〈都市〉Buenos Aires. 〜の [人] porteño.
ふえる 増える aumentar.
プエルトリコ〈国〉Puerto Rico. 〜の [人] puertorriqueño.
フォーク tenedor.
ふかい¹ 深い profundo, hondo. 深さ profundidad. 深める profundizar.
ふかい² 不快な desagradable, molesto; incómodo.
ふかけつ 不可欠な indispensable, imprescindible.
ふかのう 不可能な imposible.
ふかんぜん 不完全な imperfecto.
ぶき 武器 armas.
ふきかえ 吹き替え doblaje.
ふきげん 不機嫌な disgustado, de mal humor.
ふきそく 不規則な irregular.
ふきつ 不吉な siniestro.
ふきゅう 普及 difusión. 〜させる difundir, propagar.
ふきょう 不況 depresión (económica).
ぶきよう 不器用な torpe, inhábil.
ふきん 付近 cercanía, vecindad.
ふく¹ 拭く enjugar, secar; limpiar.
ふく² 吹く soplar; tocar.
ふく³ 服 ropa, traje, vestido. 〜を着る vestir・se, poner・se. 〜を脱ぐ quitar・se.
ふくざつ 複雑な complicado, complejo. 〜にする complicar.
ふくし 副詞 adverbio. 〜の adverbial.
ふくし² 福祉 bienestar.
ふくしゅう¹ 復習 repaso. 〜する repasar.
ふくしゅう² 復讐 venganza. 〜する vengar.
ふくじゅう 服従 obediencia, sumisión. 〜する obedecer.
ふくすう 複数の plural.
ふくせい 複製 reproducción.
ふくそう 服装 traje, vestido, ropa.
ふくつう 腹痛 dolor de vientre.
ふくむ 含む incluir, contener; abarcar, comprender.
ふくらます 膨らます hinchar. 膨れる hinchar・se.
ふくろ 袋 bolsa, saco.
ふけ〈頭髪〉caspa.

ふけいき 不景気 depresión (económica).
ふけつ 不潔な sucio. 〜さ suciedad.
ふける 老ける envejecer-se. 老けた envejecido.
ふこう 不幸 desgracia, desdicha, desventura. 〜な desgraciado, infeliz, desdichado.
ふこうへい 不公平な parcial, injusto.
ふさ 房 racimo.
ブザー zumbador.
ふさい¹ …夫妻 los señores…
ふさい² 負債 deuda, débito.
ふざい 不在 ausencia. 〜の ausente.
ふさぐ 塞ぐ cerrar, tapar; ocupar.
ふざける bromear, burlar-se.
ぶさほう 無作法な descortés, mal educado.
ふさわしい adecuado, propicio, conveniente; digno.
ぶじ 無事に sano y salvo; sin novedad.
ふしぎ 不思議な extraño, raro, misterioso. 〜に思う extrañar-se.
ふじゆう 不自由な incómodo; apurado.
ふじゅうぶん 不十分な insuficiente.
ふじゅん 不純な impuro; inmoral.
ふしょう 負傷 herida. 〜している [〜者] herido. 〜する herir-se.
ぶしょう 不精な perezoso, flojo.
ふしょうじき 不正直な deshonesto.
ぶじょく 侮辱 ofensa, insulto. 〜する ofender, insultar.
ふじん¹ 夫人 señora, esposa.
ふじん² 婦人 señora, mujer. 〜科 ginecología.
ふせい 不正な injusto; ilegal.
ふせいかく 不正確な incorrecto, inexacto.
ふせぐ 防ぐ defender[se], prevenir.
ぶそう 武装 armamento. 〜する armar[se]. 〜した armado.
ふそく 不足 falta, escasez.

〜する faltar, carecer.
ふぞく 付属する pertenecer, depender. 〜品 accesorios.
ぶぞく 部族 tribu.
ふた 蓋 tapa, cubierta. 〜をする tapar.
ふだ 札 tarjeta, etiqueta.
ブタ 豚 cerdo, puerco, cochino.
ぶたい 舞台 escena, escenario.
ふたご 双子 gemelo.
ふたしか 不確かな inseguro, incierto.
ふたたび 再び otra vez, de nuevo. 〜…する volver a…
ふたつ 二つ dos. 〜とも ambos, los dos.
ふたん 負担 carga. 〜する encargar-se.
ふだん 普段の habitual, usual. 〜は habitualmente, de ordinario, normalmente.
ふち 縁 borde; orilla.
ふちゅうい 不注意 descuido.
ふつう 普通の ordinario, mediano, corriente, común.
ぶっか 物価 precios.
ふっかつさい 復活祭 Pascua.
ふつかよい 二日酔いである tener resaca.
ぶつかる dar contra…, chocar; enfrentar-se.
ふっきゅう 復旧 restauración. 〜する restaurar, restablecer.
ぶっきょう 仏教 budismo. 〜の [信者] budista.
ぶつける tirar, arrojar.
ふつごう 不都合 inconveniencia. 〜な [こと] inconveniente.
ぶっし 物資 material; mercancía.
ぶっしつ 物質 materia. 〜的な material.
ぶったい 物体 objeto.
ぶっとう 沸騰する hervir, bullir.
ぶつり 物理 [学] física. 〜的 físico.
ふで 筆 pluma, pincel.
ブティック boutique.
ふてきとう 不適当な inadecuado, impropio.
ふとい 太い grueso, gordo.

ブドウ 葡萄 uva; vid. 〜畑 viña. 〜酒 vino.
ふどうさん 不動産 bienes inmuebles.
ふどうとく 不道徳な inmoral.
ふとうめい 不透明な opaco.
ふともも 太股 muslo.
ふとる 太る engordar. 太った gordo.
ふとん 布団 colchón.
ふね 舟 [船] barco, nave, buque.
ぶひん 部品 repuesto, recambio.
ぶぶん 部分 parte, porción. 〜的な parcial. 〜的に en parte.
ふへい 不平 queja. 〜を言う quejar-se.
ふへん 普遍的な universal.
ふべん 不便な incómodo, inconveniente.
ふぼ 父母 los padres, la madre y la padre.
ふほう 不法な ilegal, ilícito.
ふまん 不満な descontento, insatisfecho; insatisfactorio.
ふみきり 踏切 paso a nivel.
ふむ 踏む pisar.
ふめいよ 不名誉 deshonra. 〜な deshonroso.
ふもう 不毛な estéril.
ふもと …の al pie de…, a la falda de…
ぶもん 部門 sección.
ふやす 増やす aumentar, multiplicar.
ふゆ 冬 invierno. 〜休み vacaciones de invierno.
ふゆかい 不愉快な desagradable, molesto.
ふよう¹ 不要の innecesario.
ふよう² 扶養する mantener.
ぶよう 舞踊 baile, danza.
フライ 〈料理〉 frito.
プライバシー vida privada, intimidad.
フライパン sartén.
プライベートな privado, personal.
ブラインド persiana.
ブラウス blusa.
プラカード pancarta.
ぶらさげる colgar, estar pendiente.
ブラシ cepillo. 〜をかける

cepillar[se].
ブラジャー sostén, sujetador.
ブラジル〈国〉Brasil. 〜の[人] brasileño.
プラス〈加算〉más.
プラスチック plástica. 〜の plástico.
プラタナス〈樹木〉plátano.
プラットホーム andén.
フラメンコ flamenco.
ブランク blanco.
ぶらんこ columpio; trapecio.
フランス〈国〉Francia. 〜の [人・言語] francés.
ブランデー coñac, brandy.
ブランド marca.
ふり[1] 不利 desventaja. 〜な desventajoso, desfavorable.
ふり[2] 振りをする fingir.
ふりこむ (口座などに) 振り込む abonar.
ふりむく 振り向く volver-se.
ふりょう 不良 [者] malo, delincuente.
ふる[1] 振る agitar, sacudir.
ふる[2] (雨が) 降る llover. (雪が) nevar.
ふるい 古い viejo, antiguo, anticuado.
ぶるい 部類 clase.
ふるえる 震える temblar, vibrar; estremecer-se.
ブルジョア[の] burgués.
ふるまい 振る舞い comportamiento, conducta. 振る舞う portar-se, comportar-se.
ぶれい 無礼な descortés, mal educado, insolente.
プレー juego.
ブレーキ freno. 〜をかける frenar.
プレーヤー tocadiscos; jugador.
プレゼント regalo, obsequio.
プレハブの prefabricado.
ふれる 触れる tocar, rozar; referir-se a.
ふろ 風呂 baño.
プロ 〜の[人] profesional, experto.
ブローチ broche.
ふろく 付録 suplemento; apéndice.
プログラム programa.
プロテスタント[の] protestante.
プロペラ hélice.

プロレタリア[の] proletario.
プロローグ prólogo.
ブロンズ bronce.
フロント recepción; recepcionista. 〜ガラス parabrisas.
ふわ 不和 discordia, desacuerdo.
ふん[1] 分 minuto.
ふん[2] 糞 excrementos.
ぶん 文 oración, frase.
ふんいき 雰囲気 ambiente, atmósfera.
ぶん 文化 cultura. 〜の cultural.
ふんがい 憤慨する enfadar-se, indignar-se.
ぶんかい 分解する descomponer; desmontar.
ぶんがく 文学 literatura, letras. 〜の literario. 〜者 literato. 〜部 facultad de filosofía y letras.
ぶんかつ 分割 división, repartimiento. 〜する dividir, repartir.
ぶんけん 文献 bibliografía.
ぶんし 分子 molécula.
ふんしつ 紛失 pérdida, extravío. 〜する perder.
ぶんしょ 文書 documento, escrito, escritura.
ぶんしょう 文章 oración, texto.
ふんすい 噴水 fuente, manantial.
ぶんせき 分析 análisis. 〜する analizar.
ふんそう 紛争 conflicto, contienda.
ぶんたい 文体 estilo.
ぶんつう 文通 correspondencia. 〜する escribir-se.
ぶんぱい 分配 distribución, repartimiento. 〜する distribuir, repartir.
ふんべつ 分別 juicio, discreción, sensatez. 〜のある juicioso, discreto, prudente, sensato.
ぶんぽう 文法[学] gramática. 〜の gramatical. 〜学者 gramático.
ぶんぼうぐ 文房具 efectos de escritorio. 〜店 papelería.
ふんまつ 粉末 polvo.
ぶんみゃく 文脈 contexto.
ぶんめい 文明 civilización.

〜化する civilizar[se].
ぶんや 分野 campo, ramo, sector.
ぶんり 分離 separación. 〜する separar[se].
ぶんりょう 分量 cantidad; peso.
ぶんるい 分類 clasificación. 〜する clasificar.
ぶんれつ 分裂 disgregación. 〜する disgregar-se.

へ

へ 屁 pedo.
…へ a..., para..., hacia...
へい 塀 muro; tapia; cerca.
へいえき 兵役 servicio militar.
へいかい 閉会 clausura. 〜する levantar-se la sesión.
へいき[1] 兵器 arma. 〜庫 arsenal.
へいき[2] 平気で sin temor, con calma.
へいきん 平均[値] promedio, término medio. 〜の medio.
へいこう[1] 平行の paralelo.
へいこう[2] 平衡 equilibrio.
へいさ 閉鎖 cierre. 〜する cerrar.
へいし 兵士 soldado.
へいじつ 平日 día laborable, día de la semana.
へいじょう 平常の habitual, ordinario. 〜通り como de costumbre.
へいせい 平静 calma, tranquilidad.
へいたい 兵隊 soldado; tropas.
へいほう 平方の cuadrado. …平方メートル ...metros cuadrados.
へいぼん 平凡な mediocre, ordinario, vulgar.
へいめん 平面 plano. 〜状の plano, llano.
へいや 平野 llanura, llano.
へいわ 平和 paz. 〜な pacífico, apacible.
ベーコン tocino.
ページ página.
ペースト pasta.
ベール velo.

827

…べきだ deber…, tener que…
へこむ hundir·se. へこんだ hundido, hueco.
ベスト〈服飾〉chaleco.
ペセタ〈通貨〉peseta.
へそ ombligo.
へた 下手な malo, torpe, inhábil, inexperto.
へだたり 隔たり distancia.
ペダル pedal.
ペチコート enaguas.
べつ 別の otro, distinto, diferente. ～にして aparte. 別々に separadamente, individualmente. ～にする apartar.
べっかん 別館 anejo, anexo.
べっきょ 別居 separación.
べっそう 別荘 villa, chalé, casa de campo.
ベッド cama, lecho.
ペニス pene.
ベネズエラ〈国〉Venezuela. ～の〔人〕venezolano.
ヘビ 蛇 culebra, serpiente.
ヘブライ ～の〔人・言語〕hebreo.
へや 部屋 sala, habitación; cuarto, pieza, cámara.
へらす 減らす disminuir, reducir.
ベランダ veranda, terraza.
ヘリコプター helicóptero.
ベル timbre, campanilla.
ベルギー〈国〉Bélgica. ～の〔人〕belga.
ベルト cinturón; correa; cinta.
ヘルメット casco.
ベレー〈帽子〉boina.
へん 変な extraño, raro, peculiar.
ペン pluma; estilográfica.
へんか 変化 cambio, modificación; variedad, variación. ～する cambiar, modificar·se; variar.
べんかい 弁解 disculpa, excusa; justificación. ～する disculpar·se, excusar·se.
ペンキ pintura. ～を塗る pintar. ～屋 pintor.
べんきょう 勉強 estudio, trabajo. ～する estudiar, trabajar. ～家 estudioso.
へんけん 偏見 prejuicio.

べんご 弁護する abogar, defender. ～士 abogado.
へんこう 変更 cambio, alteración; corrección; modificación. ～する cambiar, alterar; corregir; modificar.
へんじ 返事 contestación, respuesta. ～する contestar, responder.
へんしゅう 編集 redacción. ～する redactar. ～者 redactor.
べんじょ 便所 baño, servicio, retrete.
べんしょうほう 弁証法 dialéctica. ～的な dialéctico.
べんぜつ 弁舌 elocuencia. ～さわやかな elocuente.
へんそう¹ 返送 devolución, reexpedición. ～する devolver, reexpedir.
へんそう² 変装 disfraz. ～する disfrazar.
ペンダント colgante.
ベンチ banco.
べんり 便利な conveniente, cómodo, práctico.
べんろん 弁論大会 concurso de oratoria.

ほ

ほ¹ 帆 vela.
ほ² 穂 espiga.
ほいくえん 保育園 jardín de infancia.
ぼいん 母音 vocal. ～の vocálico.
ほう¹ 法 ley, derecho; modo.
ほう² …の〜へ a…, hacia… ～を好む preferir.
ぼう 棒 palo, barra.
ほうい¹ 方位 dirección; rumbo.
ほうい² 包囲 sitio, cerco. ～する sitiar, cercar; envolver.
ぼうえい 防衛 defensa. ～する defender[se], proteger[se].
ぼうえき 貿易 comercio exterior.
ぼうえんきょう 望遠鏡 telescopio.
ほうおう 法皇〔法王〕Papa. ～の pontifical. ～庁

Vaticano.
ぼうがい 妨害する impedir.
ほうがいい ser mejor; preferir.
ほうがく¹ 方角 dirección; orientación.
ほうがく² 法学 ciencia del derecho, jurisprudencia.
ほうき¹〈掃除〉escoba.
ほうき² 放棄 renuncia, abandono. ～する renunciar, abandonar, dejar.
ほうき³ 法規 ley, legramento.
ほうげき 砲撃 bombardeo; cañonazo. ～する bombardear, cañonear.
ほうけん 封建的な feudal. ～制度 feudalismo.
ほうげん 方言 dialecto. ～の dialectal. ～研究 dialectología.
ぼうけん 冒険 aventura. ～する aventurar·se. ～家 aventurero.
ほうこう 方向 dirección, sentido; rumbo.
ぼうこう 暴行 violencia. ～する violar, ultrajar. 婦女〜 violación.
ほうこく 報告 informe, información. ～する informar.
ほうし 奉仕 servicio. ～する servir.
ぼうし 防止する prevenir; impedir.
ぼうし² 帽子 sombrero; gorra; gorro. ～をかぶる〔ぬぐ〕poner·se〔quitar·se〕el sombrero.
ほうしき 方式 método, sistema.
ほうしゃのう 放射能 radiactividad.
ほうしゅう 報酬 recompensa, remuneración. ～の良い〔悪い〕bien〔mal〕pagado.
ほうしん¹ 方針 dirección; línea; principio.
ほうしん² 放心した distraído.
ぼうすい 防水の impermeable.
ほうせき 宝石 joya, piedra preciosa.
ぼうせき 紡績 hilandería.
ぼうぜん 呆然とした atontado.
ほうそう¹ 包装 empaque, embalaje. ～する empacar, empaquetar.
ほうそう² 放送 emisión, difusión, tansmisión. ～する

ほうそく 法則 regla, rey.
ほうたい 包帯 venda. ～をする vendar.
ほうちょう 包丁 cuchillo (de cocina).
ほうちょう 膨張する dilatar·se, hinchar·se.
ほうっておく 放っておく dejar.
ほうてい 法廷 tribunal, justicia.
ほうていしき 方程式 ecuación.
ほうどう 報道 información, noticia. ～する informar, publicar.
ほうび 褒美 recompensa, galardón.
ほうふ 豊富な abundante, rico.
ほうほう 方法 manera, modo, método.
ほうむる 葬る enterrar.
ほうめい 亡命 exilio. ～する exiliar·se. ～者 exiliado.
ほうめん 方面 lado; región; campo.
ほうもん 訪問 visita. ～する visitar. ～客 visitante, visita.
ほうりつ 法律 ley, derecho. ～上の jurídico, legal.
ほうりょく 暴力 violencia. ～的な violento.
ホウレンソウ espinaca.
ほうろう 放浪する vagabundear, vagar. ～者 vagabundo.
ほうをこのむ …のほうを好む preferir.
ほえる 吠える ladrar; aullar; rugir. 吠え声 ladrido; aullido; rugido.
ほお 頬 mejilla.
ボーイ camarero, mozo.
ボート bote; lancha.
ボーナス bonificación, paga extra.
ホーム andén.
ホームシック morriña, añoranza.
ホール salón, vestíbulo.
ボール pelota, balón, bola; bol.
ボールペン boli, bolígrafo.
ほか 他の otro, distinto, diferente. ～に además, aparte.

ほがらか 朗らかな alegre, jovial.
ほきゅう 補給 abastecimiento, suministro. ～する abastecer, suministrar.
ぼく 僕は yo.
ぼくし 牧師 pastor.
ぼくじょう 牧場 granja, prado, pradera; rancho.
ボクシング boxeo. ～をする boxear. ～選手 boxeador.
ほくせい 北西 noroeste.
ぼくちく 牧畜 ganadería. ～業者 ganadero.
ほくとう 北東 nordeste.
ほくろ lunar.
ほけつ 補欠 suplente; sustituto; reserva.
ポケット bolsillo.
ほけん[1] 保健 higiene, sanidad. ～所 oficina de sanidad pública.
ほけん[2] 保険 seguro. ～をかける asegurar. ～料 prima (de seguro). ～金 cantidad asegurada.
ほご 保護 protección, amparo. ～する amparar, proteger.
ほこうしゃ 歩行者 peatón, transeúnte.
ボゴタ〈都市〉 Santafé de Bogotá.
ほこり[1] 埃 polvo, polvoreda.
ほこり[2] 誇り orgullo, arrogancia, dignidad. ～高い orgulloso, arrogante.
ほし 星 estrella, astro, planeta. ～占い horóscopo, astrología. ～占い師 horóscopo, astrólogo.
ほしい 欲しい querer, desear. 欲しがらせる apetecer.
ほしくさ 干草 heno.
ほしゅ 保守的な[人] conservador. ～主義 conservadurismo.
ほしゅう 募集する buscar; reclutar.
ほじょ 補助の auxiliar. ～金 subvención, subsidio. ～する ayudar, subvencionar, subsidiar.
ほしょう[1] 保証[金] garantía. ～する garantizar. ～人 responsable, garante.

ほしょう[2] 保障 seguridad. ～する asegurar.
ほしょう[3] 補償 compensación. ～する compensar.
ほす 干す secar, desecar. 干した seco. 干しブドウ pasa.
ポスター cartel, letrero.
ポスト buzón; puesto, posición.
ほそい 細い delgado, fino; estrecho. 細くなる adelgazar·se.
ほぞん 保存 conservación, preservación. ～食 conserva. ～する conservar, guardar.
ポタージュ (sopa de) crema.
ホタテガイ 帆立貝 concha de peregrino, venera.
ホタル 蛍 luciérnaga, gusano de luz.
ボタン botón.
ぼち 墓地 cementerio.
ほちょう 歩調 paso.
ほっきょく 北極 polo norte [ártico]. ～星 estrella polar.
ホック corchete, corcheta.
ほっさ 発作 ataque. ～を起こす sufrir un ataque.
ほっする 欲する desear, querer.
ホッチキス grapadora; grapas.
ぼっちゃん 坊ちゃん señorito, niño.
ぼっとう 没頭する quedar·se absorto.
ホテル hotel, hostal.
ほどう 歩道 acera. 横断～ paso de peatones.
ほどく 解く desatar, soltar, desanudar.
ほとけ 仏 Buda.
ほとんど casi, apenas.
ほにゅう 哺乳びん biberón. ～類 mamíferos.
ぼにゅう 母乳 leche materna.
ほね 骨 hueso; espina.
ほねぐみ 骨組み armazón, estructura.
ほのお 炎 llama.
ほのめかす insinuar, sugerir, aludir.
ポプラ álamo, chopo.
ほほえむ 微笑む sonreír. 微笑 sonrisa.
ほめる 誉める alabar, elogiar.

ほらあな 洞穴 cueva.
ボランティア voluntario.
ほり 堀 foso, canal.
ボリビア〈国〉Bolivia. ～の[人] boliviano.
ほりょ 捕虜 prisionero, cautivo. ～収容所 campamento de prisioneros.
ほる¹ 掘る cavar, excavar.
ほる² 彫る tallar; labrar; grabar.
ポルトガル〈国〉Portugal. ～の[人・言語] portugués.
ポルノ porno, pornografía.
ホルモン hormona.
ほれる 惚れる enamorar-se. 惚れた[人] enamorado.
ぼろ trapo, harapo.
ほろびる 滅びる extinguir-se, arruinar-se, decaer.
ほん 本 libro; tratado. ～屋 librería; librero.
ぼん 盆 bandeja.
ほんきょ 本拠 sede, centro.
ほんしつ 本質 esencia, sustancia. ～的な esencial, fundamental.
ほんしゃ 本社 oficina principal.
ホンジュラス〈国〉Honduras. ～の[人] hondureño.
ほんせき 本籍 domicilio legal.
ほんだな 本棚 estante; estantería, librería.
ぼんち 盆地 cuenca.
ほんとう 本当の verdadero, real, auténtico, puro. ～のこと verdad. ～に verdaderamente; en serio.
ほんにん 本人 uno mismo; persona en cuestión. ～みずから en persona, personalmente.
ほんの ほんの少し poquito, poco.
ほんのう 本能 instinto. ～的な instintivo.
ポンプ bomba.
ほんぶん 本文 texto.
ボンベ botella.
ほんもの 本物の auténtico, legítimo. ～でない falso.
ほんやく 翻訳 traducción, versión. ～する traducir.
ぼんやりと vagamente. ～した vago; confuso.
ほんらい 本来の originario, original; natural.

ま

マーケット mercado, mercadillo.
マージャン mayón.
マーマレード mermelada.
まいあさ 毎朝 cada mañana, todas las mañanas.
マイクロホン micrófono.
まいそう 埋葬 entierro. ～する enterrar.
まいつき 毎月 mensual.
マイナス menos. ～の negativo.
まいにち 毎日 cada día, todos los días. ～の cotidiano, diario.
マイル milla.
まえ 前の anterior; delantero. ～に antes; delante. ～もって de antemano, previamente.
まえばらい 前払い pago adelantado, adelanto.
まかす 負かす derrotar, vencer.
まかせる 任せる confiar, dejar.
まがる 曲がる doblar[se], girar; encorvar-se. 曲がった encorvado. 曲げる doblar, plegar. 曲がり角 esquina.
まき 薪 leña.
まきこむ 巻き込む enredar.
まきちらす まき散らす derramar, esparcir.
まく¹ 巻く enrollar; liar.
まく² 蒔く semblar.
まく³ 幕 telón; acto.
まくら 枕 almohada.
まくる 捲る levantar; arremangar.
マグロ 鮪 atún.
まける 負ける ser vencido [derrotado], perder. 負け derrota, pérdida.
まご¹ 孫 nieto.
まご² 馬子 arriero.
まさか! ¡No me diga[s]!
まさしく ciertamente, precisamente.
まさつ 摩擦 roce, frotamiento. ～する frotar.
まさに ～…しようとしている estar a punto de…

まさる 勝る superar, exceder.
まざる 混ざる[混じる] mezclar-se. 混ぜる mezclar. 混じった mixto.
まじめ 真面目な serio, formal; sincero. ～に en serio.
まじょ 魔女 bruja.
マス 鱒 trucha.
まず 先ず primero, en primer lugar, antes de nada, ante todo.
まずい〈味覚〉soso.
マスコミ medios de comunicación (en masa).
まずしい 貧しい[人] pobre, humilde.
マスト mástil, palo.
ますます cada vez más; cada vez menos.
また¹ otra vez, de nuevo, nuevamente.
また² 股 muslo, horcajadura.
まだ 未だ todavía, aún.
または 又は o, o bien.
まち 町 ciudad, pueblo, villa.
まちがい 間違い error, equivocación, yerro. 間違える equivocar-se, errar. 間違っている erróneo, equivocado, errado.
まつ 待つ esperar, aguardar.
マツ 松 pino. ～の実 piñón. ～かさ piña.
まつげ 睫 pestaña.
まっすぐ 真直ぐな derecho, recto. ～に derecho, directamente.
まったく 全く completamente, totalmente, del todo; absolutamente.
マッチ fósforo, cerilla.
マットレス colchón.
まつり 祭 fiesta; festival; feria.
…まで a…, hasta… ～に antes de…, para…
まと 的 blanco, meta. ～を得た acertado.
まど 窓 ventana, ventanilla. ～口 ventanilla, taquilla. ～ガラス cristal.
まとまり 纏まり unidad, coherencia. 纏め resumen. 纏める reunir, agrupar; resumir. 纏めて en conjunto; en grueso.

マドリード〈都市〉 Madrid. ~の[人] madrileño.
まどわす 惑わす seducir.
まないた 真な板 tajador.
まなぶ 学ぶ aprender, estudiar.
まにあう 間に合う llegar a tiempo; bastar.
まぬがれる 免れる escapar[se]; eximir·se. 免れている exento.
まね 真似 imitación. ~る imitar; fingir·se.
マネージャー gerente, director.
まねく 招く invitar, convidar; provocar, causar; ocasionar.
まひ 麻痺 parálisis. ~する paralizar·se.
まぶしい deslumbrante, brillante.
まぶた〈目〉 párpado. まばたく parpadear.
マフラー bufanda.
まほう 魔法 magia; brujería, hechicería. ~の mágico. ~瓶 termo.
ママ mamá.
マムシ〈蛇〉 víbora.
マメ 豆 legumbre; guisante; judía, soja.
まもなく 間もなく pronto, dentro de poco, en breve.
まもる 守る defender, proteger, amparar; observar, respetar, cumplir.
まやく 麻薬 droga, narcótico; anestésico. ~患者 drogadicto, toxicómano. ~取り引き narcotráfico. ~密売人 narcotraficante.
まゆ 眉 ceja. ~を書く pintar·se las cejas.
まよう 迷う perder·se, extraviar·se; vacilar, dudar. 迷い vacilación, duda.
まよなか 真夜中 medianoche. ~に a media noche.
マラソン maratón.
まる 丸 círculo. ~い circular, redondo. ~ごと enteramente.
まるで ~…のように como…, como si…
まれ 稀な raro, excepcional, extraordinario. ~に raramente.
まわす 回す girar, dar vueltas, voltear. 回る girar, rodar.
まわり 周り alrededor, contorno. …の~に alrededor de…, en torno a…
まん 万 diez mil.
まんいち 万一 por si acaso.
まんいん 満員の lleno, completo.
まんが 漫画 cómic, tebeo, caricatura; dibujos animados.
まんげつ 満月 luna llena.
マンション piso, apartamento.
まんせい 慢性の crónico.
まんぞく 満足 satisfacción, contento. ~する satisfacer·se, contentar·se. ~な contento, satisfecho; satisfactorio.
まんちょう 満潮 marea alta.
マントルピース repisa de chimenea.
まんなか 真ん中 centro, medio. ~の central, medio.
まんねんひつ 万年筆 estilográfica.
まんぷく 満腹の harto; lleno.

み

み¹ 身 cuerpo. ~を守る defender·se. ~につける llevar; aprender.
み² 実 fruto, grano.
みいだす 見い出す hallar, encontrar.
ミイラ momia.
みえる 見える ver[se], divisar[se]; parecer.
みおくる (人を)見送る despedir.
みかい 未開の[人] primitivo, salvaje.
みかく 味覚 sabor, gusto.
みがく 磨く pulir, esmerar; limpiar.
みかけ 見かけ apariencia.
みかた¹ 見方 punto de vista, manera de ver.
みかた² 味方 partidario, amigo. ~する apoyar.
ミカン mandarina, naranja.
みかん 未完の imperfecto, inacabado.
みき 幹 tronco.
みぎ 右 derecha. ~の derecho, diestro. ~に a la derecha.
みくだす 見下す mirar de arriba a abajo; menospreciar.
みごと 見事な excelente, maravilloso.
みこみ 見込み probabilidad, esperanza. ~のある prometedor.
みこん 未婚の soltero.
ミサ〈宗教〉 misa.
ミサイル misil.
みさき 岬 cabo.
みじかい 短い corto; breve. 短くする acortar.
みじめ 惨めな miserable, desgraciado.
みじゅく 未熟な inmaduro, verde; inexperto.
ミシン máquina de coser.
みず 水 agua. ~をやる regar. ~溜まり charco.
みずうみ 湖 lago.
みずから 自ら personalmente; voluntariamente.
みずぎ 水着 traje de baño, bañador.
みずさし 水差し jarra; jarro.
みすてる 見捨てる abandonar.
みすぼらしい miserable.
みせ 店 tienda, comercio.
みせいねん 未成年 menor, minoría.
みせかけの aparente, falso.
みせる 見せる mostrar, enseñar, presentar; exhibir.
みぞ 溝 surco, zanja. …みたいだ parecer.
みだし 見出し título; titulares.
みたす 満たす llenar; cumplir, satisfacer.
みだす 乱す perturbar, desordenar.
みたところ 見たところ al parecer, por lo visto.
みち 道 camino, calle, vía, paso, ruta.
みちびく 導く conducir, llevar, guiar.
みちる 満ちる llenar·se, crecer.
みつ 蜜 miel; jarabe.

みつける 見付ける encontrar, hallar, buscar.
みっしゅう 密集した apiñado; denso.
みつど 密度 densidad.
みっともない vergonzoso.
ミツバチ 蜜蜂 abeja.
みつめる 見つめる fijar-se, mirar.
みつもり 見積り presupuesto; cálculo aproximado. 見積もる estimar, evaluar.
みつゆ 密輸 contrabando. 〜業者 contrabandista.
みてい 未定の indeterminado.
みとおし 見通し perspectiva; visibilidad.
みとめる 認める admitir, aprobar; reconocer, observar.
みどり 緑[の] verde.
みな[みんな] 皆 todo el mundo, todos; todo.
みなおす 見直す revisar; volver a mirar.
みなす 見なす considerar, tomar.
みなと 港 puerto.
みなみ 南 sur, mediodía. 〜の austral.
みなみアメリカ 南アメリカ América del Sur, Sudamérica. 〜の[人] sudamericano.
みにくい 醜い feo; sucio.
みぬく 見抜く adivinar.
みのがす 見逃す pasar por alto.
みのる 実る dar fruto.
みはり 見張り guardia, vigilante. 見張る vigilar, guardar.
みぶり 身振り gesto, ademán.
みぶるい 身震い temblor. 〜する temblar, estremecer-se.
みぶん 身分 rango, clase, estado. 〜証明書 carné de identidad.
みぼうじん 未亡人 viuda.
みほん 見本 muestra, muestrario; ejemplo.
みまい 見舞い visita. 見舞う visitar.
みまわる 見回る hacer la ronda, rondar; patrullar.
みまん …未満の menos de…
みみ 耳 oreja; oído. 〜が聞こえない oír mal, ser sordo.
〜が遠い duro de oído.
ミミズ lombriz.
ミミズク búho, mochuelo.
みもと 身元 origen.
みゃく 脈 pulso, latido.
みやげ 土産 recuerdo, regalo.
みょう 妙な extraño, raro.
みょうじ 名字 apellido.
みょうにち 明日 mañana.
みらい 未来 futuro, porvenir. 〜の futuro.
ミリメートル milímetro.
みりょく 魅力 encanto, gracia, atracción. 〜的な atractivo, encantador, gracioso.
みる 見る ver; mirar; presenciar; observar; examinar.
ミルク leche.
みわける 見分ける distinguir, reconocer.
みんかん 民間の privado.
みんしゅ 民主主義 democracia. 〜的な democrático. 〜主義者 demócrata.
みんしゅう 民衆 pueblo, público. 〜の popular.
みんぞく¹ 民族 pueblo, raza. 〜の racial; étnico. 〜主義 nacionalismo.
みんぞく² 民俗[学] folclore. 〜の folclórico.
みんよう 民謡 canción popular.
みんわ 民話 cuento popular.

む

む 無 nada; cero. 〜の nulo.
むいしき 無意識 inconsciencia. 〜の inconsciente; involuntario.
むいている 向いている dar; mirar.
むいみ 無意味な inútil, insignificante.
ムード ambiente.
むえき 無益な inútil.
むえき 無害の inofensivo.
むかい 向かいあって cara a cara, frente a frente. 〜に enfrente.
むかう 向かう dirigir-se. 〜に向かって hacia…, para…, a…
むかえ 迎えに行く ir a buscar, ir al encuentro de. 迎える recibir, acoger.
むかし 昔 pasado, época antigua. 〜に antiguamente. 〜の antiguo, pasado, viejo. 〜は antes. 〜なじみ viejo amigo.
むかんしん 無関心 indiferencia, falta de interés. 〜な indiferente.
むき 向き dirección, rumbo.
ムギ 麦 trigo; cebada; avena. 〜わら paja.
むく¹ 向く volver-se; mirar; ser apto.
むく² 剥く pelar; descascarar.
むくいる 報いる recompensar; corresponder; pagar.
むくち 無口な callado, silencioso.
むける 向ける dirigir; apuntar; aplicar; dedicar.
むげん 無限の infinito, ilimitado. 〜に sin fin, infinitamente.
むこ 婿 yerno. 花〜 novio.
むこう¹ 向こうに[で] allí, allá; al otro lado; más allá.
むこう² 無効の nulo, inválido, ineficaz; caducado, expirado. 〜にする anular, invalidar.
むざい 無罪 inocencia. 無罪の inocente.
むし¹ 虫 bicho, gusano, insecto.
むし² 無視する no hacer caso, desatender, ignorar.
むしあつい 蒸し暑い hacer calor sofocante.
むしば 虫歯 diente picado, muela picada.
むしめがね 虫眼鏡 lupa.
むじゃき 無邪気な[人] cándido, ingenuo, inocente.
むじゅん 矛盾 contradicción. 〜した contradictorio. 〜する contradecir.
むじょうけん 無条件の incondicional.
むしろ 寧ろ más bien, antes (bien).
むしんろん 無神論 ateísmo. 〜の[人] ateo.
むすう 無数の innumerable.
むずかしい 難しい difícil, complicado; penoso.

むすこ 息子 hijo.
むすぶ 結ぶ atar, ligar, unir; enlazar; contraer; concertar.
むすめ 娘 hija; chica, muchacha.
むせきにん 無責任な irresponsable; negligente.
むせん 無線で por radio. 〜タクシー radiotaxi.
むだ 無駄 inútil, vano. 〜に使う malgastar, perder. 〜に en vano.
むだん 無断で sin permiso.
むち¹ 鞭 látigo.
むち² 無知 ignorancia. 〜な[人] ignorante.
むちゃ 無茶な extravagante, absurdo, disparatado; arriesgado.
むちゅう 夢中になる entusiasmar·se. 〜の absorto, entusiasmado, loco.
むとんちゃく 無頓着な indiferente.
むない 空しい vano, inútil, vacío.
むね 胸 pecho, seno.
むのう 無能な incapaz, incompetente.
むやみ 無闇に excesivamente; sin reflexión, a la ligera.
むよう 無用の innecesario, inútil.
むら 村 pueblo, aldea. 〜の[人] aldeano.
むらさき 紫色 púrpura. 〜の purpúreo, morado.
むり 無理な imposible; irrazonable; inadmisible. 〜もない comprensible, razonable, excusable; perdonable; natural, lógico.
むりかい 無理解な incomprensivo; terco.
むりょう 無料の gratuito, libre. 〜で gratis, gratuitamente.
むれ 群れ muchedumbre, grupo; enjambre, rebaño, manada, bandada.

め

め¹ 目 ojo; vista. 〜の ocular. 〜に見える visible, sensible.
〜が覚める despertar[se].
〜が覚めている despierto.
〜がいい[悪い] tener buena [mala] vista. 〜が回る marear·se. 〜が見えない ciego. 〜を通す ojear.
め² 芽 brote, yema, botón; germen. 〜を出す brotar.
めい 姪 sobrina.
めいかく 明確な específico, definido.
めいし¹ 名刺 tarjeta (de visita).
めいし² 名詞 nombre, sustantivo.
めいじ 明示された indicado, especificado.
めいしょ 名所 sitio famoso.
めいしん 迷信 superstición. 〜深い[人] supersticioso.
めいじん 名人 experto, perito, maestro.
めいせい 名声 fama, prestigio, renombre, reputación.
めいそう 瞑想 meditación. 〜する meditar.
めいちゅう 命中する acertar, hacer blanco.
めいはく 明白な claro, evidente, manifiesto, obvio, indudable.
めいぶつ 名物 producto especial [famoso, típico].
めいぼ 名簿 lista; registro.
めいめい 銘々の de cada uno, sendos.
めいもん 名門 familia célebre [ilustre, noble].
めいよ 名誉 honor, honra. 〜ある honorable.
めいれい 命令 orden, mandato. 〜する mandar, ordenar.
めいろ 迷路 laberinto.
めいわく 迷惑 molestia, fastidio. 〜な molesto, fastidioso. 〜をかける molestar, fastidiar.
めうえ 目上の人 superior.
メウシ 雌牛 vaca.
メーカー fabricante.
メーキャプ maquillaje. 〜する maquillar·se.
メーター contador; taxímetro.
メーデー fiesta del primero de mayo.
メートル metro.
めかた 目方 peso. 〜を計る pesar. 〜のある pesado.
メカニズム mecanismo.
めがね 眼鏡 gafas, anteojos, lentes.
めがみ 女神 diosa.
メキシコ〈国〉México, Méjico. 〜市 Ciudad de México. 〜の mexicano, mejicano.
めぐむ 恵む dar limosna; favorecer. 恵み bendición; limosna.
めくら 盲[の] ciego. 〜になる perder la vista.
めくる〈頁〉 hojear.
めざす 目指す aspirar, pretender, intentar. …を目指して en dirección a…, rumbo a…
めざまし 目覚まし時計 despertador.
めざめる 目覚める despertar[se].
めし 飯 arroz cocido; comida.
めした 目下の人 inferior.
めじるし 目印 señal, marca.
めす 雌 hembra.
メス〈医学〉bisturí.
めずらしい 珍しい curioso, raro, excepcional.
めだつ 目立つ destacar·se. 目立った destacado, notable, llamativo.
メダル medalla.
めつき 目つき mirada.
メッセージ mensaje.
めったに …ない apenas…; rara vez…
メニュー menú, carta.
めまい 眩暈, mareo.
メモ apunte, nota; memorándum. 〜をとる apuntar, anotar.
めもり 目盛り escala.
メロディー melodía.
メロン melón.
めん 面 rasgo, aspecto; cara; máscara.
めんえき 免疫 inmunidad. 〜になっている inmune.
めんかい 面会 visita; entrevista. 〜する ver; entrevistar[se]. 〜謝絶! ¡Se prohíben visitas!
めんきょ 免許 licencia,

めんじょ permiso.

めんじょ 免除する eximir, dispensar. 〜された exento, franco.

めんじょう 免状 diploma.

メンス menstruo.

めんする …に面する dar a…

めんぜい 免税品 artículo libre de impuestos. 〜にする eximir de impuestos.

めんせき 面積 extensión, superficie.

めんせつ 面接 entrevista. 〜する entrevistar[se]. 〜試験 examen oral.

めんどう 面倒な complicado, difícil; molesto.

メンドリ 雌鶏 gallina.

メンバー miembro, socio.

めんみつ 綿密な minucioso, detallado.

も

も 喪 luto; duelo. 〜に服している estar de luto.

…も también…; tampoco…; tanto… (como…).

もう ya. 〜一度 otra vez, una vez más. 〜少し un poco más. 〜たくさん ¡Basta!

もうける¹ 儲ける ganar, hacer dinero.

もうける² 設ける establecer, preparar.

もうしこむ 申し込む suscribir, inscribir·se, solicitar. 申し込み solicitud.

もうしでる 申し出る ofrecer[se], proponer.

もうちょう 盲腸炎 apendicitis.

もうふ 毛布 manta, cobija.

もうもく 盲目の[人] ciego.

もうれつ 猛烈な violento, furioso, intenso.

もえる 燃える arder, quemar·se, encender·se.

モーター motor.

もくげき 目撃者 testigo. 〜する presenciar, ver.

もくざい 木材 madera.

もくせい 木星 Júpiter.

もくてき 目的 objeto, objetivo, fin.

もくにん 黙認する aprobar tácitamente.

もくひょう 目標 meta, objeto, fin.

もくようび 木曜日 jueves.

モグラ〈動物〉 topo.

もぐる 潜る sumergir·se, bucear, hundir·se.

もくろく 目録 catálogo, lista.

もけい 模型 maqueta; modelo.

もし…なら si.

もじ 文字 letra, carácter; escritura.

もしもし ¡Oiga!, ¡Aló!; ¡Diga!, ¡Dígame!; ¡Hola!

もぞう 模造品 imitación.

もたらす aportar; traer.

もたれる apoyar·se, respaldar·se.

もちあげる 持ち上げる levantar, alzar, elevar.

もちいる 用いる emplear, utilizar, usar; valer·se; adoptar.

もちこむ 持ち込む introducir.

もちぬし 持ち主 dueño, propietario, peseedor.

もちもの 持ち物 objetos personales, equipaje; propiedad.

もちろん 勿論 sí, claro que sí, por supuesto, desde luego, ¡cómo no!

もつ 持つ tener, poseer; llevar; tomar.

もったい 勿体ぶった presumido, pretencioso.

もって 持って行く llevar[se]. 〜来る traer.

もっと más. 〜よい[よく] mejor.

もっとも¹ 尤も sin embargo, no obstante. 〜な razonable; lógico, natural.

もっとも² 最も (定冠詞＋)más.

もっぱら principalmente; casi siempre.

もつれる enredar·se, complicar·se.

もてなす acoger, recibir, agasajar. もてなし acogida, recepción, agasajo.

モデル modelo.

もと¹ 基 base, fundamento.

もと² 元 origen, principio; causa.

もどす 戻す devolver, volver. 戻る regresar, volver, tornar.

もとづく …に基づく basar·se en…, conformar·se con…

もとめる 求める solicitar, pedir, desear; comprar.

もの 物 cosa, objeto, artículo.

ものがたり 物語 historia, cuento, relato. 物語る relatar, contar, narrar.

ものごと 物事 cosas.

ものさし 物差し regla, metro.

ものすごい terrible, horrible, formidable.

ものほし 物干し tendedero.

もはん 模範 ejemplo, modelo. 〜的な ejemplar.

もほう 模倣 imitación, copia. 〜する imitar, copiar.

…もまた también; tampoco.

モミ 樅 abeto.

モミジ 紅葉 hojas rojas; arce.

もめん 木綿 algodón.

もも muslo.

モモ 桃 melocotón, durazno. 〜色[の] rosa.

もや〈気象〉 niebla, neblina, bruma.

もやす 燃やす quemar, encender.

もよう 模様 dibujo.

もよおす 催す celebrar, dar.

もらう 貰う recibir.

もり 森 bosque, selva.

もる 盛る amontonar.

もれる 漏れる escapar·se, ir·se; revelar·se; omitir·se.

もろい 脆い frágil, delicado.

モロッコ〈国〉 Marruecos. 〜の[人] marroquí.

もん 門 puerta.

もんく 文句 frase, dicho. 〜を言う quejar·se, protestar.

もんしょう 紋章 emblema, blasón, escudo.

もんだい 問題 problema, cuestión; asunto, tema. 〜の… en cuestión.

モンテビデオ〈都市〉 Montevideo. 〜の[人] montevideano.

もんぶしょう 文部省 Ministerio de Educación.

や

や 矢 flecha, saeta.
やあ! ¡Hola!, ¿Qué hay?
やおや 八百屋 verdurería; verdurero.
やがて pronto, dentro de poco, en breve.
やかましい 喧しい ruidoso, bullicioso, alborotado. ～! ¡Cállate!, ¡Silencio!
やかん〈湯沸かし〉hervidor, tetera.
ヤギ 山羊 cabra; cabrito.
やきつけ〈写真〉焼き付け impresión.
やきまし 焼き増し copia.
やきゅう 野球 béisbol.
やきん¹ 夜勤 servicio nocturno, turno de noche.
やきん² 冶金学 metalurgia.
やく¹ 焼く quemar, incendiar; asar, tostar.
やく² 役 papel, puesto, oficio, cargo.
やく³ 約… unos…, alrededor de…, como…, más o menos…, aproximadamente…
やくがく 薬学 farmacia.
やくざ golfo, bandido.
やくざいし 薬剤師 farmacéutico.
やくしょ 役所 oficina pública.
やくす 訳す traducir.
やくそく 約束 promesa, compromiso, palabra; cita. ～する prometer, dar su palabra. ～手形 pagaré.
やくにたつ 役に立つ servir; ser útil.
やくみ 薬味 condimento; especia.
やくめ 役目 papel, oficio, deber, cargo.
やくわり 役割 papel, oficio, misión.
やけど 火傷 quemadura. ～する quemar·se.
やける 焼ける quemar·se; tostar·se.
やさい 野菜 verdura; hortaliza.
やさしい¹ 優しい amable, cariñoso; dulce, tierno.
やさしい² 易しい fácil, simple, sencillo.
ヤシ〈樹木〉palma.
やしなう 養う mantener, sostener, criar.
やしん 野心 ambición. ～的な［人］ambicioso.
やすい¹ 安い barato; económico.
やすい² …し易い fácil de…
やすみ 休み vacaciones; ausencia; descanso, reposo; cierre.
やすむ 休む descansar; ausentar·se; tomar las vacaciones; suspender·se; acostar·se.
やせい 野性の salvaje, silvestre.
やせる 痩せる adelgazar·se. 痩せた delgado, adelgazado, flaco.
やちん 家賃 alquiler de casa.
やっかい 厄介な molesto, pesado; dificultoso.
やっきょく 薬局 farmacia.
やっと por fin, al cabo; difícilmente; apenas.
やど 宿 venta, posada, pensión, hostal, hotel. ～す concebir.
やとう¹ 野党 oposición.
やとう² 雇う emplear. 雇い人 empleado. 雇い主 empleador, empresario.
ヤナギ 柳 sauce. シダレ～ sauce llorón.
やね 屋根 tejado, techo.
やはり・やっぱり como se esperaba［creía］.
やばん 野蛮な bárbaro, brutal; primitivo; tosco.
やぶ 薮 maleza, matorral.
やぶる 破る destrozar, quebrantar; romper; rasgar.
やま 山 montaña, monte. ～小屋 cabaña, albergue de montaña.
やみ 闇 tinieblas, oscuridad.
やむ 止む cesar, terminar, parar; dejar; calmar·se.
やむをえず…する no poder menos de…; ver·se obligado a…
やめる¹ 止める terminar, cesar; suspender, interrumpir; dejar; abstener·se, abandonar.
やめる² 辞める dejar, renunciar.
やもめ 寡 viudo.
やや un poco, algo, ligeramente.
やり 槍 lanza; dardo.
やりかた やり方 manera, modo, forma, estilo.
やりすぎの excesivo, demasiado.
やりとげる やり遂げる cumplir, desempeñar.
やる dar, obsequiar; hacer, ejecutar.
やわらかい 柔らかい blando, suave, tierno.
やわらげる 和らげる suavizar, atenuar; aliviar, moderar; calmar.

ゆ

ゆ 湯 agua caliente.
ゆいいつ 唯一の único, solo.
ゆいごん 遺言 testamento.
ゆううつ 憂鬱の melancólico.
ゆうえき 有益な útil, instructivo, valioso.
ゆうえつかん 優越感 complejo de superioridad.
ゆうが 優雅な elegante, refinado.
ゆうかい 誘拐 secuestro. ～する secuestrar.
ゆうがい 有害な dañoso, nocivo, perjudicial; dañino.
ゆうがた 夕方 tarde. ～の de la tarde. ～になる atardecer.
ゆうかん 勇敢な valiente, bravo.
ゆうき 勇気 valentía, valor, bravura. ～づける animar.
ゆうきたい 有機体 organismo. ～の orgánico.
ゆうぐう 優遇する favorecer.
ゆうこう¹ 友好的な amistoso, amigable.
ゆうこう² 有効な eficaz, válido. ～性 validez.
ゆうざい 有罪 culpabilidad. ～の culpable.
ゆうしゅう 優秀な excelente, sobresaliente.

ゆうしょう 優勝 victoria, triunfo. 〜する triunfar. 〜者 vencedor, campeón.
ゆうじょう 友情 amistad.
ゆうしょく 夕食 cena. 〜をとる cenar.
ゆうじん 友人 amigo; amistad.
ユースホステル albergue juvenil.
ゆうせい 優勢な superior, predominante.
ゆうせいしょう 郵政省 Ministerio de Correos y Telecomunicaciones.
ゆうせん 優先的に preferentemente.
ゆうそう 郵送する enviar por correo.
ゆうだい 雄大な grandioso, magnífico.
ゆうだち 夕立 aguacero, chubasco.
ゆうどう 誘導する guiar.
ゆうどく 有毒な tóxico, venenoso.
ゆうのう 有能な competente; eficiente.
ゆうびん 郵便 correo. 〜局 (oficina de) correos. 〜の postal. 〜物 correo, correspondencia. 〜切手 sello. 〜配達人 cartero.
ゆうべ[1] 夕べ atardecer.
ゆうべ[2] 昨夜 anoche.
ゆうべん 雄弁 elocuencia. 〜な elocuente.
ゆうぼう 有望な prometedor.
ゆうめい 有名な famoso, célebre, ilustre, notable.
ユーモア humor; humorismo.
ゆうり 有利 ventaja. 〜な ventajoso, provechoso, beneficioso, favorable.
ゆうりょく 有力な importante, influyente; poderoso.
ゆうれい 幽霊 fantasma.
ゆうわく 誘惑 seducción, tentación. 〜する seducir, tentar.
ゆえ 故に por eso, por lo tanto, consiguientemente. …〜に debido a…, por…, a causa de…; con motivo de…; porque…
ゆか 床 suelo.
ゆかい 愉快な divertido, jovial, alegre.
ゆがめる 歪める torcer; deformar. 歪んだ torcido, deformado.
ゆき[1] 雪 nieve; nevada. 〜が降る nevar.
ゆき[2] 行き ida. 〜には a la ida. 〜と帰り ida y vuelta. 行き先 destino.
ゆきづまる 行き詰まる estancarse.
ゆく 行く ir; dirigir-se; acudir.
ゆげ 湯気 humo, vapor.
ゆけつ 輸血 transfusión de sangre.
ゆしゅつ 輸出 exportación. 〜する exportar.
ゆすり 強請り chantaje. 強請る amenazar, chantajear.
ゆする 揺する mecer; sacudir [se].
ゆずる 譲る ceder, conceder; vender.
ゆそう 輸送 transporte. 〜する transportar.
ゆたか 豊かな rico, abundante; fértil. 〜にする enriquecer.
ゆだねる 委ねる encargar.
ユダヤ 〜の[人] judío.
ゆだん 油断する descuidar-se. 〜して por descuido, inadvertidamente.
ゆっくり lento, lentamente, despacio, poco a poco.
ゆでる 茹でる cocer.
ゆとりのある holgado, desahogado.
ゆにゅう 輸入 importación. 〜する importar.
ゆび 指 dedo. 〜輪 anillo.
ゆみ 弓 arco.
ゆめ 夢 sueño; pesadilla. 〜を見る soñar.
ゆらす 揺らす mecer, balancear. 揺れる temblar, vibrar; oscilar; mecer-se.
ユリ 百合 azucena. 白〜 lirio blanco.
ゆりかご cuna.
ゆるす 許す permitir, perdonar, disculpar.
ゆるむ 緩む aflojar-se. 緩い flojo, suelto.

よ

よ[1] 世 この〜 este mundo. あの〜 el otro mundo.
よ[2] 夜 noche. 〜明け amanecer, alba. 〜が明ける amanecer.
よい[1] 良い bueno, fino, excelente. より〜 mejor.
よい[2] 酔い borrachera; mareo. 酔う emborrachar-se; marear-se. 酔った borracho; mareado.
よう 用 asunto, quehaceres.
ようい 用意 preparación, disposición. 〜する preparar, disponer. 〜ができている listo, preparado, dispuesto.
ようい[2] 容易な fácil, simple, sencillo.
よういく 養育する criar; mantener, sostener.
よういん 要因 factor.
ようき[1] 容器 recipiente.
ようき[2] 陽気な alegre, jovial.
ようぎ 容疑 sospecha. 〜のある[〜者] sospechoso.
ようきゅう 要求 demanda, exigencia, reclamación. 〜する demandar, exigir, reclamar.
ようけん[1] 用件 asunto, negocios.
ようけん[2] 要件 asunto importante; requisito, condiciones.
ようご[1] 用語 término; terminología; lenguaje.
ようご[2] 擁護 protección, amparo, defensa. 〜する proteger, amparar, defender.
ようこそ! ¡Bienvenido!
ようし[1] 用紙 formulario.
ようし[2] 養子 hijo adoptivo.
ようし[3] 要旨 resumen, argumento.
ようじ 幼児 niño, pequeño.
ようじ[2] 用事 algo que hacer, asunto, negocios, quehaceres, diligencias.
ようじ[3] 楊枝 palillo.
ようしき 様式 estilo; formalidades.

ようしょうき 幼少期 infancia, niñez.
ようしょく 養殖する cultivar.
ようじん 用心 precaución; cuidado. 〜する tener cuidado.
ようす 様子 estado, aire; aspecto, apariencia.
ようする 要する necesitar; requerir.
ようするに en resumen; después de todo.
ようせい¹ 養成する instruir, educar, formar.
ようせい² 要請する solicitar, pedir.
ようせい³ 妖精 hada.
ようせき 容積 volumen; capacidad.
ようそ 要素 elemento.
ようだ 〜の〜 parecer.
ようち 幼稚な infantil, inocente, pueril. 〜園 jardín de infancia.
ようてん 要点 punto clave [vital].
ようと 用途 uso; aplicación.
ような 〜の〜 como…
ようび 曜日 día de la semana.
ようふく 洋服 ropa, traje, vestido. 〜屋 sastrería; sastre. 〜たんす armario. 〜掛け percha.
ようぶん 養分 alimento. 〜を与える alimentar, nutrir.
ようやく¹ 要約 resumen. 〜する resumir.
ようやく² por fin, al fin; con mucha dificultad.
ようりょう¹ 要領 tacto, maña, habilidad. 〜がいい hábil, astuto. 〜が悪い torpe.
ようりょう² 容量 cabida; capacidad.
ヨーグルト yogur.
ヨーロッパ Europa. 〜の［人］europeo.
よか 余暇 tiempo libre, ocio.
よかん 予感 presentimiento. 〜する presentir.
よき 予期する esperar, prever.
よきん 預金 ahorro; depósito.
よく¹ 良く bien; frecuentemente; en general. 〜なる mejorar.
よく² 欲が深い avariento, codicioso. 〜のない generoso, desinteresado.
よくしつ 浴室 baño.
よくじつ 翌日（に）al [el] día siguiente.
よくそう 浴槽 bañera.
よけい 余計な excesivo, demasiado, inútil, innecesario. 〜である estar de más, sobrar.
よける 避ける evitar; evadir.
よげん 予言 predicción, profecía. 〜する predecir, profetizar. 〜者 profeta.
よこ 横 ancho; lado, costado. 〜の lateral; horizontal. 〜になる acostar·se, yacer.
よこぎる 横切る atravesar, cruzar.
よこく 予告 aviso, anuncio previo, avance. 〜する avisar (de antemano).
よごす 汚す manchar, ensuciar. 汚れ mancha. 汚れた sucio, manchado.
よさん 予算 presupuesto. 〜の presupuestario.
よしゅう 予習する preparar (la lección).
よす 止す dejar, abandonar.
よせん 予選 eliminatoria, elección previa.
よそう 予想 pronóstico. 〜する pronosticar, adivinar, prever.
よその forastero, ajeno. 〜人 forastero. 〜人の ajeno.
よだれ〈唾液〉baba. 〜が出る hacer·se la boca agua.
よち¹ 予知 previsión. 〜する prever.
よち² 余地 espacio, lugar.
よつかど 四つ角 cruce.
よっきゅう 欲求 deseo, ganas, apetito; demanda; ansia, anhelo.
よって por eso, por lo tanto. …に〜 por…, según…
ヨット balandro, velero; yate.
よっぱらい 酔っ払い borracho.
よてい 予定 programa, plan. 〜する planear, programar.
よとう 与党 partido del gobierno.
よなか 夜中 medianoche. 〜に a media noche.

よのなか 世の中 mundo, sociedad.
よはく 余白 margen, blanco.
よび 予備の de reserva, de repuesto.
よびりん 呼び鈴 timbre. 〜を鳴らす tocar el timbre.
よぶ 呼ぶ llamar; invitar.
よぶん 余分な sobrado, superfluo, sobrante.
よほう 予報 pronóstico.
よぼう 予防 precaución, prevención. 〜する prevenir[se].
よほど bastante, mucho, muy.
よむ 読む leer; adivinar. 〜こと［読み物］lectura.
よめ 嫁 esposa, mujer; nuera. 花〜 novia.
よやく 予約 reserva; suscripción. 〜する reservar, hacer una reserva; suscribir.
よゆう 余裕 tiempo; lugar, sitio; desahogo.
…より desde…; a partir de…; más que…; menos que…
よる¹ 夜 noche. 〜の nocturno. 明日の〜 mañana por la noche. 〜になる anochecer.
よる² 寄る acercar·se, aproximar·se. 立ち〜 pasar por, visitar de paso.
よる³ …に因る deber·se a…; según…
よろいど 鎧戸 persiana.
よろこび 喜び alegría, placer, gozo. 喜ぶ alegrar·se. 喜んで con placer, con mucho gusto, de buena gana.
よろしい！ ¡Bueno!, ¡Bien!, ¡Vale!
よろん 与論 opinión pública, voz popular.
よわい 弱い débil, delicado; flojo, frágil. 弱る debilitar·se, flaquear.
よわせる 酔わせる emborrachar.
よん 4 cuatro, 40 cuarenta. 400 cuatrocientos. 〜番目の［〜分の1］cuarto.

ら

らい… 来月 el mes próximo. 〜週 la semana que viene. 〜年 el año próximo.
らいう 雷雨 tormenta.
ライオン león.
ライター encendedor, mechero; escritor, autor.
らく 楽に fácilmente, sin dificultad; cómodamente, holgadamente.
らくご 落伍する rezagar·se. 〜者 rezagado.
ラクダ camello; dromedario.
らくだい 落第する fracasar en el examen; ser suspendido.
らくたん 落胆する desalentar·se; desanimar·se; desesperar·se.
ラグビー rugby.
ラケット raqueta; pala.
…らしい parecer.
ラジオ radio. 〜カセット radiocasete.
らしんばん 羅針盤 brújula.
らっかん 楽観的な [人] optimista. 〜主義 optimismo.
ラッシュアワー hora[s] punta.
らっぱ〈楽器〉trompeta; trompa.
ラテン 〜の latino. 〜語 latín.
ラテンアメリカ Latinoamérica, América Latina. 〜の[人] latinoamericano.
ラバ〈動物〉mulo.
ラパス〈都市〉La Paz.
ラプラタ〈都市〉La Plata. 〜河 Río de la Plata.
ラベル etiqueta.
らん 欄 columna, sección, página.
ラン 蘭 orquídea.
らんかん 欄干 pasamanos, barandilla, baranda.
らんざつ 乱雑な desordenado.
らんとう 乱闘 lucha [pelea] confusa.
ランプ lámpara, linterna. 〜シェード pantalla.
らんぼう 乱暴な violento, brutal, brusco, rudo.
らんよう 濫用 abuso. 〜する abusar.

り

り 理にかなった razonable, lógico.
りえき 利益 interés; provecho, ganancia, beneficio.
りか 理科 ciencias.
りかい 理解 entendimiento, comprensión. 〜する entender, comprender.
りがい 利害 interés. 〜の一致 coincidencia de intereses.
りがくぶ 理学部 facultad de ciencias.
りきがく 力学 dinámica. 〜の dinámico.
りく 陸 tierra.
りくぐん 陸軍 ejército.
りくじょう 陸上の terrestre. 〜で en tierra. 〜競技 atletismo.
りくつ 理屈 razón, argumento; pretexto.
りこ 利己主義 egoísmo. 〜的な [人] egoísta.
りこう 利口な listo, sagaz, inteligente.
りこん 離婚 divorcio. 〜する divorciar·se, separar·se. 〜者 divorciado.
りさい 罹災者 víctima, damnificado.
リサイクル reciclaje. 〜された reciclado.
リサイタル recital.
りし 利子 interés.
リス〈動物〉ardilla.
リズム ritmo. リズミカルな rítmico.
りせい 理性 razón, raciocinio. 〜的な razonable, racional.
りそう 理想[的な] ideal. 〜主義 idealismo.
りつ 率 tasa, tipo; proporción. 百分〜 porcentaje.
りっこうほ 立候補 candidatura. 〜する presentar su candidatura. 〜者 candidato.
りったい 立体的な tridimensional.
リットル litro.
りっぱ 立派な magnífico, grande, majestuoso.
りっぽう 立法 legislación. 〜権 poder legislativo.
りっぽうたい 立方体 cubo. 〜の cúbico.
リハーサル ensayo.
りはつ 理髪店 peluquería, barbería. 〜師 peluquero, barbero.
リビング 〜ルーム sala de estar. 〜キッチン cocina-sala.
リボン cinta, listón, lazo.
リマ〈都市〉Lima. 〜の[人] limeño.
りゃくご 略語 abreviatura; sigla.
りゃくだつ 略奪する saquear, pillar.
リュウ 竜 dragón.
りゆう 理由 razón, porqué; causa; pretexto.
りゅうがく 留学 estudio en el extranjero. …に〜する [ir a] estudiar en…
りゅうこう 流行 moda. 〜している estar de moda. 〜遅れの pasado de moda. 〜歌 canción popular.
りゅうざん 流産 aborto. 〜する abortar.
りゅうち 留置 detención. 〜する detener.
りゅうつう 流通 circulación; distribución. 〜する circular.
りゅうねん 留年する suspender.
リューマチ reuma. 〜の[患者] reumático.
リュックサック mochila.
りょう¹ 量 cantidad; volumen.
りょう² 寮 residencia; colegio mayor.
りょう³ 漁 pesca, pesquería. 〜をする pescar. 〜の[船] pesquero. 〜師 pescador.
りょう⁴ 猟 caza. 〜をする cazar. 〜師 cazador.
りよう¹ 利用 utilización, uso; aprovechamiento. 〜する hacer uso, utilizar; aprovechar. 〜者 usuario.
りよう² 理容師 peluquero. 〜店 peluquería.
りょういき 領域 territorio, región; campo, especialidad.

りょうかい 了解する reconocer; consentir; entender.
りょうがえ 両替 cambio. 〜する cambiar.
りょうきん 料金 tarifa; importe.
りょうじ 領事 cónsul. 〜館 consulado. 〜の consular.
りょうしゅう 領収書 recibo.
りょうしん¹ 両親 los padres.
りょうしん² 良心 conciencia. 〜的な honrado.
りょうど 領土 territorio, dominio. 〜の territorial.
りょうほう 両方 los dos, ambos.
りょうよう 療養 tratamiento; recuperación. 〜する recuperar·se. 〜所 sanitario.
りょうり 料理 cocina; comida, plato. 〜する cocinar. 〜人 cocinero.
りょうりつ 両立するような compatible.
りょかく 旅客 pasajero, viajero.
りょかん 旅館 posada, venta, fonda, hostal, hotel.
りょこう 旅行 viaje. 〜する viajar, hacer un viaje. 〜者 viajero; turista. 〜かばん maleta, baúl. 〜小切手 cheque de viajero.
りりく 離陸 despegue. 〜する despegar.
リレー 〈競技〉relevos. …メートル〜 …metros relevos.
りれき 履歴書 historia personal, currículum (vitae).
りろん 理論 teoría. 〜的な [人] teórico.
りんかく 輪郭 contorno, perfil; silueta.
リンゴ 林檎 manzana; manzano.
りんじ 臨時の provisional, temporal; extraordinario.
りんじゅう 臨終 momento final.
リンパ 〜腺 glándula linfática.
りんり 倫理 ética, moral. 〜上の ético, moral.

る

るい 類 orden; género; clase.
るいじ 類似 semejanza. 〜の semejante, parecido, análogo.
ルール regla; reglamento.
るす 留守 ausencia. 〜にする ausentar·se. 〜である ausente. 〜番をする guardar la casa. 〜番電話 contestador automático.
ルビー rubí.
ルポルタージュ reportaje.

れ

れい¹ 礼をする saludar, hacer una reverencia; pagar. 〜を言う agradecer, dar gracias.
れい² 例 ejemplo; precedente.
れい³ 零 cero. 〜下…度 … grados bajo cero.
れいがい 例外 excepción. 〜的な excepcional. 〜なく sin excepción.
れいかん 霊感 inspiración.
れいぎ 礼儀 cortesía. 〜正しい cortés, formal. 〜作法 etiqueta.
れいきゃく 冷却 refrigeración. 〜する refrigerar, enfriar.
れいきゅうしゃ 霊柩車 coche fúnebre.
れいせい 冷静な sereno, tranquilo.
れいぞうこ 冷蔵庫 refrigerador, frigorífico, nevera.
れいたん 冷淡な frío, indiferente.
れいだんぼう 冷暖房 acondicionamiento de aire. 〜完備 de aire acondicionado.
れいとう 冷凍する congerar. 〜食品 alimentos congerados. 〜庫 congerador.
れいはい 礼拝堂 capilla.
レインコート impermeable, gabardina.
レース carrera; encaje.
レール riel, carril.
れきし 歴史 [学] historia. 〜的な histórico.
レクリエーション recreo.
レコード disco; récord. 〜プレーヤー tocadiscos.
レジャー ocio, pasatiempo.
レストラン restaurante.
レスリング lucha.
レタス 〈野菜〉lechuga.
れつ 列 línea, fila, cola; columna. 〜に並ぶ esperar en cola.
れっきょ 列挙 enumeración. 〜する enumerar.
れっしゃ 列車 tren.
レッテル etiqueta, rótulo.
れっとう 列島 archipiélago.
レベル nivel. 〜以下である no llegar al nivel.
レポート informe, relación. レポーター reportero, repórter.
レモン limón; limonero.
れんあい 恋愛 amor; romance.
れんが 煉瓦 ladrillo.
れんごう 連合 unión, alianza. 〜する unir·se, aliar·se.
レンジ horno. 電子〜 horno microondas.
れんしゅう 練習 ejercicio, práctica, ensayo. 〜する ejercitar·se, practicar, ensayar·se. 〜問題 ejercicios.
レンズ lente; objetivo. 望遠〜 teleobjetivo. ズーム〜 zoom.
れんそう 連想 asociación (de ideas), evocación.
れんぞく 連続した continuo, sucesivo.
れんたい 連帯 solidaridad. 〜する solidarizar·se.
レンタカー coche de alquiler.
レントゲン 〜写真をとる radiografiar.
れんぽう 連邦 confederación. 〜の federal.
れんめい 連盟 unión, federación.
れんらく 連絡 aviso, información, comunicación. 〜する avisar, informar, comunicar,

ろ

ろ 炉 horno, hogar.
ろう 蠟 cera.
ろうか¹ 廊下 pasillo, corredor.
ろうか² 老化 envejecimiento. ～する envejecer[se].
ろうじん 老人 anciano, viejo.
ろうそく 蠟, candela.
ろうどう 労働 trabajo. ～する trabajar. ～者 trabajador, obrero; jornalero. ～組合 sindicato.
ろうどく 朗読 declamación, recitación. ～する declamar, recitar.
ろうねんき 老年期 vejez.
ろうひ 浪費 derroche, desperdicio. ～する derrochar, desperdiciar, malgastar.
ロープ cuerda; cable.
ローマ〈都市〉Roma. ～の [人] romano. ～字 letras romanas [latinas]. ～数字 número romano.
ローン préstamo.
ろく 6 seis. 60 sesenta. 600 seiscientos. ～番目の [～分の1] sexto.
ろくおん 録音 grabación. ～する grabar. ～機 magnetófono, grabadora.
ろくが 録画 grabación en vídeo.
ろくがつ 6月 junio.
ロケット cohete; medallón.
ろじ 路地 callejuela, callejón.
ロシア〈国〉Rusia. ～の [人・言語] ruso.
ろせん 路線 ruta, línea.
ロッカー armario.
ろっぴゃく 600 seiscientos.
ロバ〈動物〉asno, burro.
ロビー vestíbulo, hall; salón de descanso.
ろんじる 論じる tratar, comentar; discutir; hablar.
ろんせつ 論説 comentario; editorial.
ろんそう 論争 discusión, disputa, polémica. ～する disputar, discutir.
ロンドン〈都市〉Londres. ～の [人] londinense.
ろんぶん 論文 tesina, tesis; artículo, ensayo, trabajo.
ろんり 論理 lógica. ～的な lógico. ～的でない ilógico.

わ

わ 輪 rueda; círculo; anillo.
ワープロ procesador.
ワイシャツ camisa.
わいせつ 猥褻な obsceno, indecente; inmoral.
わいろ 賄賂 soborno, cohecho. ～を使う sobornar.
ワイン vino.
わかい 若い joven, juvenil. 若さ juventud. 若者 joven, muchacho, mozo.
わかい 和解 reconciliación. ～する reconciliar-se, avenir-se.
わかす 沸かす hervir. 沸く hervir, bullir.
わがままな caprichoso, egoísta; mimado.
わかる entender, comprender; dar-se cuenta, enterar-se; ver, saber.
わかれる¹ 別れる separar-se; divorciar-se; despedir-se. 別れ separación; despedida; divorcio.
わかれる² 分かれる dividir-se, partir-se; bifurcar-se. 分かれ目 punto decisivo.
わき 脇 lado; costado; flanco.
わく¹ 枠 marco, cuadro.
わく² 湧く manar; brotar.
わくせい 惑星 planeta.
ワクチン vacuna. ～を注射する vacunar.
わけ 訳 razón, porqué; causa, motivo.
わけまえ 分け前 parte, lote.
わける 分ける dividir, partir; clasificar; distribuir. 分けあう compartir.
わざと con intención, adrede, deliberadamente.
わざわい 災いexpresamente. ～…する molestar-se.
わし 和紙 papel japonés.
ワシ 鷲 águila; aguilucho.
ワシントン〈都市〉Washington.
わずか un poco; sólo, solamente. ～な pequeño, un poco de.
わずらわしい 煩わしい molesto, fastidioso; complicado.
わすれる 忘れる olvidar, olvidar-se; dejar olvidado. ～こと olvido.
ワタ 綿 algodón.
わだい 話題 tópico, tema.
わたし 私 yo; me; mi, mío, mí. ～といっしょに conmigo. ～たち nosotros; nos; nuestro.
わたす 渡す entregar, pasar; dar.
わたる 渡る cruzar, atravesar; pasar.
わな 罠 trampa; cepo.
ワニ 鰐 cocodrilo; caimán.
わびる 詫びる pedir perdón; disculpar-se, excusar-se.
わら 藁 paja.
わらい 笑い risa; sonrisa. 笑う reír[se]; sonreír; reír-se a carcajadas. ～話 chiste, broma.
わりあい 割合 proporción, razón. ～に relativamente. …の～で a razón de…
わりあて 割り当て repartición; asignación; cuota, cupo.
わりかん 割り勘にする pagar a escote.
わりざん 割り算 división.
わりびき 割引 descuento, rebaja. 割り引く descontar, rebajar.
わる 割る romper, quebrar; dividir.
わるい 悪い malo; malvado; injusto. 悪く mal.
わるがしこい 悪賢い astuto, sagaz.
わるくち …の悪口を言う hablar mal de…
わるもの 悪者 malo, malvado, bribón, maleante, golfo.
われめ 割れ目 grieta, raja, hendidura.
われる 割れる romper-se, quebrantar-se; estrellar-se. 割れやすい quebradizo, frágil.
われわれ 我々 nosotros; nos; nuestro.
わん 湾 golfo, bahía.

2. 発音の解説

この辞典ではスペイン語の発音を日本語の仮名で表記する．初級の学習者が使いやすいようにするためである．仮名をスペイン語の発音と正確に対応させることは不可能である．あくまで参考のためにすぎない．以下にスペイン語発音の手掛かりと，その仮名表記の仕組みを簡単に紹介する．

1. アルファベット alfabeto（字母表）

スペイン語は次のような 27 種類の文字を字母として使う．その大文字，小文字そして [ ] のなかにその文字の呼び名を示す．

字母	名称	字母	名称	字母	名称
A, a	[ア]	J, j	[ホタ]	R, r	[エレ]
B, b	[ベ]	K, k	[カ]	S, s	[エセ]
C, c	[せ]	L, l	[エれ]	T, t	[テ]
D, d	[デ]	M, m	[エメ]	U, u	[ウ]
E, e	[エ]	N, n	[エネ]	V, v	[ウベ]
F, f	[エふぇ]	Ñ, ñ	[エニェ]	W, w	[ウベドブれ]
G, g	[へ]	O, o	[オ]	X, x	[エキス]
H, h	[アチェ]	P, p	[ペ]	Y, y	[イグリエガ]
I, i	[イ]	Q, q	[ク]	Z, z	[せタ]

注意：スペイン語の表記では ch, ll, rr という文字も使われる．これらは複文字であり，ふたつの文字を使っているが，発音上はひとつの子音として扱われる．しかし辞典のなかでは 2 文字として扱われるので，これらの子音で始まる単語はそれぞれ，C, L, R の項のなかに含まれている．

2. 母音 vocales

母音には a [ア], e [エ], i [イ], o [オ], u [ウ] の 5 種類の文字がある．

発音は日本語の母音と同じように 5 種類であるが，u は日本語と違って唇を十分に丸めて前に突き出しつつ発音する．

3. 子音 consonantes

1) **b** [ブ] いつでも日本語のバ行の子音に相当．母音に挟まれたときなどは唇に隙間を作って発音される．
2) **c** [す], [ク] ce [せ], ci [し] では，舌先を上下の前歯の間に挟んで発音する．ただし日本語のサの子音に近い発音になるところもある．ce, ci 以外ではカ行の子音と同じ発音．ca [カ], co [コ], cu [ク], claro [**ク**ラロ]．語末での発音は弱いので [ｯ] で示す．また h が後続して ch になると，日本語のチャ行の子音と同じように [チ] と発音される．
3) **d** [ド] 日本語のダ，デ，ドの子音と同じ発音．ただし舌先を上の前歯の裏側に当てるようにする．di, du は [ディ, ドゥ] になる．母音に挟まれたときなどは舌先と前歯の裏側に隙間を作って発音される．語末では発音されないことも多いが，発音されるときには舌先を上の前歯の裏側に当てているので，[ｽ] で示す．
4) **f** [ふ] 下の唇を軽くかんで発音する．日本語のフの子音のように上下の唇をせばめて発音することのないように注意しよう．
5) **g** [フ], [グ] ge [へ], gi [ヒ] では，喉の奥で発音する子音である．日本語のハの子音を強める気持ちで発音する．ただし日本語のハの子音と同じような発音になるところもある．ge, gi 以外ではガ行の子音と同じ発音．ga [ガ], go [ゴ], gu [グ], grande [**グ**ランデ].

母音に挟まれたときなどは口の奥と舌との間に隙間を作って発音される．なおgue [グ], gui [ギ], gua [グァ], guo [グォ]; güe [グェ], güi [グィ]の発音にも注意しよう．

6) **h** 発音されない．
7) **j** [フ] ja, je, ji, jo, ju は [ハ, ヘ, ヒ, ホ, フ] に似た発音になる．ただし ge, gi のときと同じように，喉の奥で発音する子音．日本語のハの子音を強める気持ちで発音する．ただし日本語のハの子音と同じように発音するところもある．語末では発音されないことが多いが，それを [ᵩ] で示す．
8) **k** [ク] カ行の子音と同じ発音．ただしスペイン語のなかの外来語でしか使われない．
9) **l** [る] 日本語のラ行の子音に近いが，舌先を口の上につけたままで発音する．また複文字の ll になると，その発音は [じゅ] になる．これは舌の背中を口に上につけ，舌の両側から息を出して行う発音であるが，その発音ができないうちは，日本語のジャ行の子音を弱めた発音 [じゅ] にしておけばよい．[りゅ] とか [いゅ] に近い発音をすることもある．
10) **m** [ム] マ行の子音と同じ発音．音節末では [ン] になる．
11) **n** [ヌ] ナ行の子音と同じ発音．
12) **ñ** [ニュ] ニャ行の子音と同じ発音．
13) **p** [ブ] パ行の子音と同じ発音．
14) **q** [ク] que [ケ], qui [キ] というつづりで使われる．
15) **r** [ル] 日本語のラ行の子音に近いが，舌先を口の上ではじくようにして発音する．単語の始めにあるときは舌先を数回はじく [ル] の発音になる．また，単語の内部には複文字の rr が現われるが，この発音も [ル] である．
16) **s** [ス] サ, ス, セ, ソの子音と同じ発音でよい．スペインには舌先を口の上に近づけ，舌の背中をくぼませて発音するところもある．この辞典では si の発音は [シ] で表すが，それは [スィ] に近い発音である．
17) **t** [ト] タ, テ, トの子音と似ているが，舌先を上の前歯の裏側に当てて出す発音．ti [ティ], tu [トゥ] に注意．語末では発音されないことが多いが，それを [ₜ] で示す．
18) **v** [ブ] b とまったく同じ発音．だから日本語のバ行の子音の発音でよい．母音に挟まれたときなどは唇に隙間を作って発音される．
19) **w** [ウ] ワ行の子音の発音と同じ．外来語にしか使われない．
20) **x** [クス], [ス] 母音の前や語末では [クス] と発音され，それ以外では [ス] になる．なお，メキシコの国名は México とも Méjico とも書かれるが，発音はどちらも [メヒコ] である．メキシコでは x が使われる．この国名やこの国の地名のいくつかでは，文字 x の発音は例外的に [フ] (j の発音) や [シュ] になることがある．
21) **y** [イ], [ジ] 接続詞の y, 母音の後の y は [イ], その他は日本語のヤ行の子音，あるいは軽く発音されるジの子音に近い．
22) **z** [す] 上下の歯の間に軽く舌先を挟んで発音する．[ズ] にはならない．日本語のサの子音に近い発音をするところもある．

4. 音節 sílabas

日本語の 50 音図はしゃべるときの発音の一番小さい単位を集めたものである．音節とは，スペイン語でそれと同じような働きをする単位のことである．スペイン語を話したり聞いたりするときの発音の基本的な単位である．スペイン語らしい発音をするには，この単位をいつも意識しなければならない．

日本語では仮名のひとつひとつが発音の単位である．そして，そのような単位はスペイン語では音節に相当する．たとえば「高い」の発音は「た・か・い」という 3 単位でなされるが，スペイン語でも，たとえば construcción「建設」という単語は cons·truc·ción [コンス・トルク・レオン] という 3 音節 (3 単位) で発音される．だから，「コンス」，「トルク」，「レオン」をそれぞれ 1 単位として発音できるように練習しよう．

1) 音節の分け方
   a. 音節は母音が中心になる．母音だけか，その前後に子音が加わって音節になる．
   b. 母音と母音の間にあるひとつの子音は，うしろの母音に加わって音を作る．

     casa → ca·sa, todo → to·do
 c. 母音と母音の間に子音がふたつあれば，ひとつずつ前後の母音に加わる．
     canto → can·to, tarde → tar·de
 d. 母音と母音の間に子音がみっつあれば，前のふたつが前の母音に，のこりのひとつが後ろの母音に加わって音節になる．
     constante → cons·tan·te, istmo → ist·mo
2) 母音発音に関する注意
  母音はひとつで音節をひとつ作ることができる．ここで「ひとつ」というのは発音の単位のことである．母音には，文字はふたつでもひとつの発音として扱われる組み合わせがある．それを二重母音という．
 a. 二重母音
   母音の a・e・o は響きがいいので強母音とも呼ばれるが，そうすると i・u は弱母音と呼ばれる．強母音の前後に弱母音が加わると二重母音になる．音節に分けるときには，二重母音はひとつの母音（発音）として扱われる．
    ai, ay, au； ei, ey, eu； oi, oy, ou；
    ia, ya, ua； ie, ye, ue； io, yo, uo.
   また弱母音同士でも二重母音になる．
    iu, yu；ui, uy
 b. 母音の分立
   二重母音を構成している弱母音にアクセントがかかるとき，その弱母音は強母音として扱われるので，独立して別の音節を作ることができる．それを母音の分立と呼ぶ．
    país → pa·ís （しかし paisaje → pai·sa·je）
    día → dí·a （しかし diálogo → diá·lo·go）
 c. 三重母音
   強母音の前後に弱母音が加わると三重母音になる．発音としてはひとつの母音として扱われる．a・e・o の前後に i・u のどちらかが加わった組み合わせである．
    Uruguay → U·ru·guay； estudiáis → es·tu·diáis
3) 子音発音に関する注意
 a. 二重子音
   子音の中にも前後するふたつが，発音ではひとつに扱われるものがある．音節を分けるときにはひとつの子音として扱われる．その組み合わせには pl, pr；bl, br；fl, fr；cl, cr；gl, gr；tr；dr.
    triple → tri·ple （しかし triptongo → trip·ton·go）
    control → con·trol（しかし atleta → at·le·ta）
 b. 特別な子音
   もともと 2 種類の文字で書かれるひとつの子音の ch, ll, rr は複文字であり，音節に分けるときも当然ひとつの子音として扱われる．
    mucho → mu·cho； calle → ca·lle； perro → pe·rro.
4) 音節とつづりの注意
  音節という単位は，発音上の単位であるが，それは文字に注目して伝統的に解釈されている「つづり」の分け方でもある．しかし，文字に注目して分けた音節の単位が，音に注目した発音上の単位（正しい意味での音節）とずれることがある．たとえば examen「試験」は，文字に注目すれば e·xa·men のように分けられるが，音に注目すれば［エク・サ・メン］のように分けられる．また deshacer「こわす」は，文字では des·ha·cer だが，音では［デ・サ・セル］となる．発音練習のときには［ ］のなかのアクセントの音節の単位を優先してほしい．

5. アクセント **acento**
 ほとんどの単語にはアクセントがかかる．アクセントがかかる位置は音節である．この辞典ではアクセントのかかる音節の仮名を赤い太字で表わす．（アクセントのかからない単語には《アクセントなし》の表示をつけておいた．そのような単語は低めのイントネーションで発音するようにしよう．）

1) 母音や子音 n・s で終わる単語は，うしろから 2 番目の音節にアクセントがかかる．
    muchacho → mu·**cha**·cho ; examen → e·**xa**·men ; sintaxis → sin·**ta**·xis.
2) n・s 以外の子音で終わる単語は，最後の音節にアクセントがかかる．
    universidad → u·ni·ver·si·**dad** ; trabajar → tra·ba·**jar**.
3) 上記の 2 種類の規則にはずれる位置の音節にアクセントがかかるときには，その母音にアクセント記号がつけられる．
    anónimo → a·**nó**·ni·mo ; análisis → a·**ná**·li·sis ; país → pa·**ís**.

3. 規則動詞の活用表

　スペイン語の動詞は，変化していない形を不定詞と呼ぶ．　不定詞には単純な形と完了不定詞（haber＋過去分詞）の形がある．不定詞は，基本的には活用しない部分（語幹）と活用する部分（活用語尾）でできている．活用語尾には -ar, -er, -ir の3種類がある．

　動詞は法・時制・人称・数などに従って語形を変えて使われる．その変化を活用という．大部分の動詞は規則的に活用する規則動詞である．すなわち不定詞と同じ語幹で活用語尾だけが一定の変化をする．しかし不規則な活用をする不規則動詞もある．語幹が不定詞のものと違ったり，活用語尾が独特のものになったりする．

　動詞の活用形の特徴を時制に注目して大別すると，一語のままの単純時制と，助動詞の haber の変化形と過去分詞で構成される二語の複合時制に分けられる．

　助動詞の変化形は一定であるから，複合時制の活用形に不規則性はない．不規則動詞とは，単純時制の活用に不規則性のある動詞のことである．

　規則動詞の活用で変化する語形は次のページ以下のようになる．3種類の活用語尾の型を，それぞれ cantar「歌う」, comer「食べる」, vivir「住む」を例にして示す．（不規則動詞の活用は付録4でその型を表にして並べておく．）

注意1： 不定詞に現在分詞と過去分詞の語形を，そして2人称の相手への肯定命令の語形を加えておく．「2 単」は2人称単数の tú への命令形,「2 複」は2人称複数の vosotros への命令形である．

注意2： それぞれの活用形に対応する人称と数の1・2・3は1人称・2人称・3人称を，単・複は単数形と複数形を示す．

A   -ar 動詞

不定詞 cantar「歌う(こと)」, 完了不定詞 haber cantado「歌った(こと)」,
現在分詞 cantando, 過去分詞 cantado, 現在分詞複合形 habiendo cantado,
命令・2 単 canta, 命令・2 複 cantad.

単純時制

直説法

	現在	点過去	線過去	未来	過去未来
1 単	canto	canté	cantaba	cantaré	cantaría
2 単	cantas	cantaste	cantabas	cantarás	cantarías
3 単	canta	cantó	cantaba	cantará	cantaría
1 複	catamos	cantamos	cantábamos	cantaremos	cantaríamos
2 複	cantáis	cantasteis	cantabais	cantaréis	cantaríais
3 複	cantan	cantaron	cantaban	cantarán	cantarían

注意：点過去は完了過去とも，また線過去は未完了過去とも呼ばれる．

接続法

	現在	過去・ra 型	過去・se 型
1 単	cante	cantara	cantase
2 単	cantes	cantaras	cantases
3 単	cante	cantara	cantase
1 複	cantemos	cantáramos	cantásemos
2 複	cantéis	cantarais	cantaseis
3 複	canten	cantaran	cantasen

複合時制

直説法

	現在完了	過去完了	未来完了	過去未来完了
1単	he cantado	había cantado	habré cantado	habría cantado
2単	has cantado	habías cantado	habrás cantado	habrías cantado
3単	ha cantado	había cantado	habrá cantado	habría cantado
1複	hemos cantado	habíamos cantado	habremos cantado	habríamos cantado
2複	habéis cantado	habíais cantado	habréis cantado	habríais cantado
3複	han cantado	habían cantado	habrán cantado	habrían cantado

接続法

	現在完了	過去完了・ra 型	過去完了・se 型
1単	haya cantado	hubiera cantado	hubiese cantado
2単	hayas cantado	hubieras cantado	hubieses cantado
3単	haya cantado	hubiera cantado	hubiese cantado
1複	hayamos cantado	hubiéramos cantado	hubiésemos cantado
2複	hayáis cantado	hubierais cantado	hubieseis cantado
3複	hayan cantado	hubieran cantado	hubiesen cantado

参考：現在はほとんど使われない直説法直前過去，古語の接続法未来・未来完了もある．

	直説法直前過去	接続法未来	接続法未来完了
1単	hube cantado	cantare	hubiere cantado
2単	hubiste cantado	cantares	hubieres cantado
3単	hubo cantado	cantare	hubiere cantado
1複	hubimos cantado	cantáremos	hubiéremos cantado
2複	hubisteis cantado	cantareis	hubiereis cantado
3複	hubieron cantado	cantaren	hubieren cantado

B -er 動詞

不定詞 comer「食べる(こと)」, 完了不定詞 haber comido「食べた(こと)」, 現在分詞 comiendo, 過去分詞 comido, 現在分詞複合形 habiendo comido, 命令・2 単 come, 命令・2 複 comed.

単純時制

直説法

	現在	点過去	線過去	未来	過去未来
1 単	como	comí	comía	comeré	comería
2 単	comes	comiste	comías	comerás	comerías
3 単	come	comió	comía	comerá	comería
1 複	comemos	comimos	comíamos	comeremos	comeríamos
2 複	coméis	comisteis	comíais	comeréis	comeríais
3 複	comen	comieron	comían	comerán	comerían

注意：点過去は完了過去とも，また線過去は未完了過去とも呼ばれる．

接続法

	現在	過去・ra 型	過去・se 型
1 単	coma	comiera	comiese
2 単	comas	comieras	comieses
3 単	coma	comiera	comiese
1 複	comamos	comiéramos	comiésemos
2 複	comáis	comierais	comieseis
3 複	coman	comieran	comiesen

複合時制

直説法

	現在完了	過去完了	未来完了	過去未来完了
1 単	he comido	había comido	habré comido	habría comido
2 単	has comido	habías comido	habrás comido	habrías comido
3 単	ha comido	había comido	habrá comido	habría comido
1 複	hemos comido	habíamos comido	habremos comido	habríamos comido
2 複	habéis comido	habíais comido	habréis comido	habríais comido
3 複	han comido	habían comido	habrán comido	habrían comido

接続法

	現在完了	過去完了・ra 型	過去完了・se 型
1 単	haya comido	hubiera comido	hubiese comido
2 単	hayas comido	hubieras comido	hubieses comido
3 単	haya comido	hubiera comido	hubiese comido
1 複	hayamos comido	hubiéramos comido	hubiésemos comido
2 複	hayáis comido	hubierais comido	hubieseis comido
3 複	hayan comido	hubieran comido	hubiesen comido

参考：現在はほとんど使われない直説法直前過去，古語の接続法未来・未来完了もある．

	直説法直前過去	接続法未来	接続法未来完了
1 単	hube comido	comiere	hubiere comido
2 単	hubiste comido	comieres	hubieres comido
3 単	hubo comido	comiere	hubiere comido
1 複	hubimos comido	comiéremos	hubiéremos comido
2 複	hubisteis comido	comiereis	hubiereis comido
3 複	hubieron comido	comieren	hubieren comido

C -ir 動詞

不定詞 vivir「住む(こと)」, 完了不定詞 haber vivido「住んだ(こと)」,
現在分詞 viviendo, 過去分詞　vivido, 現在分詞複合形 habiendo vivido,
命令・2 単 vive, 命令・2 複 vivid.

単純時制

直説法

	現在	点過去	線過去	未来	過去未来
1 単	vivo	viví	vivía	viviré	viviría
2 単	vives	viviste	vivías	vivirás	vivirías
3 単	vive	vivió	vivía	vivirá	viviría
1 複	vivimos	vivimos	vivíamos	viviremos	viviríamos
2 複	vivís	vivisteis	vivíais	viviréis	viviríais
3 複	viven	vivieron	vivían	vivirán	vivirían

注意：点過去は完了過去とも，また線過去は未完了過去とも呼ばれる．

接続法

	現在	過去・ra 型	過去・se 型
1 単	viva	viviera	viviese
2 単	vivas	vivieras	vivieses
3 単	viva	viviera	viviese
1 複	vivamos	viviéramos	viviésemos
2 複	viváis	vivierais	vivieseis
3 複	vivan	vivieran	viviesen

複合時制

直説法

	現在完了	過去完了	未来完了	過去未来完了
1単	he vivido	había vivido	habré vivido	habría vivido
2単	has vivido	habías vivido	habrás vivido	habrías vivido
3単	ha vivido	había vivido	habrá vivido	habría vivido
1複	hemos vivido	habíamos vivido	habremos vivido	habríamos vivido
2複	habéis vivido	habíais vivido	habréis vivido	habríais vivido
3複	han vivido	habían vivido	habrán vivido	habrían vivido

接続法

	現在完了	過去完了・ra型	過去完了・se型
1単	haya vivido	hubiera vivido	hubiese vivido
2単	hayas vivido	hubieras vivido	hubieses vivido
3単	haya vivido	hubiera vivido	hubiese vivido
1複	hayamos vivido	hubiéramos vivido	hubiésemos vivido
2複	hayáis vivido	hubierais vivido	hubieseis vivido
3複	hayan vivido	hubieran vivido	hubiesen vivido

参考：現在はほとんど使われない直説法直前過去，古語の接続法未来・未来完了もある．

	直説法直前過去	接続法未来	接続法未来完了
1単	hube vivido	viviere	hubiere vivido
2単	hubiste vivido	vivieres	hubieres vivido
3単	hubo vivido	viviere	hubiere vivido
1複	hubimos vivido	viviéremos	hubiéremos vivido
2複	hubisteis vivido	viviereis	hubiereis vivido
3複	hubieron vivido	vivieren	hubieren vivido

4. 不規則動詞の活用表

不規則に活用する動詞の型を，その型に属する動詞をひとつ例に取り上げて示す．型は例の動詞のアルファベット順に並べてある．
注意1：活用形は6段になっているが，それは1人称単数形・2人称単数形・3人称単数形・1人称複数形・2人称複数形・3人称複数形の順に並べてある．
注意2：命令・2単はtúに対する肯定命令形，2複はvosotrosに対する肯定命令形である．
注意3：-uar形・-iar形の活用形のひとつとして，参考までに規則活用の2番・17番を含めた．

	直 説 法		
	現 在	点 過 去	線 過 去
1 actuar 「行動する」 現在分詞 actuando 過去分詞 actuado 命令・2単 actúa 命令・2複 actuad	actúo actúas actúa actuamos actuáis actúan	actué actuaste actuó actuamos actuasteis actuaron	actuaba actuabas actuaba actuábamos actuabais actuaban
2 adecuar 「適合させる」 現在分詞 adecuando 過去分詞 adecuado 命令・2単 adecua 命令・2複 adecuad	adecuo adecuas adecua adecuamos adecuáis adecuan	adecué adecuaste adecuó adecuamos adecuasteis adecuaron	adecuaba adecuabas adecuaba adecuábamos adecuabais adecuaban
3 adquirir 「手に入れる」 現在分詞 adquiriendo 過去分詞 adquirido 命令・2単 adquiere 命令・2複 adquirid	adquiero adquieres adquiere adquirimos adquirís adquieren	adquirí adquiriste adquirió adquirimos adquiristeis adquirieron	adquiría adquirías adquiría adquiríamos adquiríais adquirían
4 agradecer 「感謝する」 現在分詞 agradeciendo 過去分詞 agradecido 命令・2単 agradece 命令・2複 agradeced	agradezco agradeces agradece agradecemos agradecéis agradecen	agradecí agradeciste agradeció agradecimos agradecisteis agradecieron	agradecía agradecías agradecía agradecíamos agradecíais agradecían
5 ahincar 「せきたてる」 現在分詞 ahincando 過去分詞 ahincado 命令・2単 ahínca 命令・2複 ahincad	ahínco ahíncas ahínca ahincamos ahincáis ahíncan	ahinqué ahincaste ahincó ahincamos ahincasteis ahincaron	ahincaba ahincabas ahincaba ahincábamos ahincabais ahincaban

直　説　法			接　続　法	
未　来	過去未来	現　在	過去・ra型	過去・se型
actuaré actuarás actuará actuaremos actuaréis actuarán	actuaría actuarías actuaría actuaríamos actuaríais actuarían	actúe actúes actúe actuemos actuéis actúen	actuara actuaras actuara actuáramos actuarais actuaran	actuase actuases actuase actuásemos actuaseis actuasen
adecuaré adecuarás adecuará adecuaremos adecuaréis adecuarán	adecuaría adecuarías adecuaría adecuaríamos adecuaríais adecuarían	adecue adecues adecue adecuemos adecuéis adecuen	adecuara adecuaras adecuara adecuáramos adecuarais adecuaran	adecuase adecuases adecuase adecuásemos adecuaseis adecuasen
adquiriré adquirirás adquirirá adquiriremos adquiriréis adquirirán	adquiriría adquirirías adquiriría adquiriríamos adquiriríais adquirirían	adquiera adquieras adquiera adquiramos adquiráis adquieran	adquiriera adquirieras adquiriera adquiriéramos adquirierais adquirieran	adquiriese adquirieses adquiriese adquiriésemos adquirieseis adquiriesen
agradeceré agradecerás agradecerá agradeceremos agradeceréis agradecerán	agradecería agradecerías agradecería agradeceríamos agradeceríais agradecerían	agradezca agradezcas agradezca agradezcamos agradezcáis agradezcan	agradeciera agradecieras agradeciera agradeciéramos agradecierais agradecieran	agradeciese agradecieses agradeciese agradeciésemos agradecieseis agradeciesen
ahincaré ahincarás ahincará ahincaremos ahincaréis ahincarán	ahincaría ahincarías ahincaría ahincaríamos ahincaríais ahincarían	ahínque ahínques ahínque ahinquemos ahinquéis ahínquen	ahincara ahincaras ahincara ahincáramos ahincarais ahincaran	ahincase ahincases ahincase ahincásemos ahincaseis ahincasen

| | 直 説 法 |||
	現　　在	点 過 去	線 過 去
6　aislar 「孤立させる」 現在分詞　aislando 過去分詞　aislado 命令・2単　aísla 命令・2複　aislad	aíslo aíslas aísla aislamos aisláis aíslan	aislé aislaste aisló aislamos aislasteis aislaron	aislaba aislabas aislaba aislábamos aislabais aislaban
7　amohinar(se) 「(いらいらする)」 現在分詞　amohinando 過去分詞　amohinado 命令・2単　amohína 命令・2複　amohinad	amohíno amohínas amohína amohinamos amohináis amohínan	amohiné amohinaste amohinó amohinamos amohinasteis amohinaron	amohinaba amohinabas amohinaba amohinábamos amohinabais amohinaban
8　andar 「歩く」 現在分詞　andando 過去分詞　andado 命令・2単　anda 命令・2複　andad	ando andas anda andamos andáis andan	anduve anduviste anduvo anduvimos anduvisteis anduvieron	andaba andabas andaba andábamos andabais andaban
9　argüir 「申し立てる」 現在分詞　arguyendo 過去分詞　argüido 命令・2単　arguye 命令・2複　argüid	arguyo arguyes arguye argüimos argüís arguyen	argüí argüiste arguyó argüimos argüisteis arguyeron	argüía argüías argüía argüíamos argüíais argüían
10　asir 「つかむ」 現在分詞　asiendo 過去分詞　asido 命令・2単　ase 命令・2複　asid	asgo ases ase asimos asís asen	así asiste asió asimos asisteis asieron	asía asías asía asíamos asíais asían
11　aunar 「ひとつにする」 現在分詞　aunando 過去分詞　aunado 命令・2単　aúna 命令・2複　aunad	aúno aúnas aúna<aunamos aunáis aúnan	auné aunaste aunó aunamos aunasteis aunaron	aunaba aunabas aunaba aunábamos aunabais aunaban

直説法		接続法		
未 来	過去未来	現 在	過去・ra型	過去・se型
aislaré aislarás aislará aislaremos aislaréis aislarán	aislaría aislarías aislaría aislaríamos aislaríais aislarían	aísle aísles aísle aislemos aisléis aíslen	aislara aislaras aislara aisláramos aislarais aislaran	aislase aislases aislase aislásemos aislaseis aislasen
amohinaré amohinarás amohinará amohinaremos amohinaréis amohinarán	amohinaría amohinarías amohinaría amohinaríamos amohinaríais amohinarían	amohíne amohínes amohíne amohinemos amohinéis amohínen	amohinara amohinaras amohinara amohináramos amohinarais amohinaran	amohinase amohinases amohinase amohinásemos amohinaseis amohinasen
andaré andarás andará andaremos andaréis andarán	andaría andarías andaría andaríamos andaríais andarían	ande andes ande andemos andéis anden	anduviera anduvieras anduviera anduviéramos anduvierais anduvieran	anduviese anduvieses anduviese anduviésemos anduvieseis anduviesen
argüiré argüirás argüirá argüiremos argüiréis argüirán	argüiría argüirías argüiría argüiríamos argüiríais argüirían	arguya arguyas arguya arguyamos arguyáis arguyan	arguyera arguyeras arguyera arguyéramos arguyerais arguyeran	arguyese arguyeses arguyese arguyésemos arguyeseis arguyesen
asiré asirás asirá asiremos asiréis asirán	asiría asirías asiría asiríamos asiríais asirían	asga asgas asga asgamos asgáis asgan	asiera asieras asiera asiéramos asierais asieran	asiese asieses asiese asiésemos asieseis asiesen
aunaré aunarás aunará aunaremos aunaréis aunarán	aunaría aunarías aunaría aunaríamos aunaríais aunarían	aúne aúnes aúne aunemos aunéis aúnen	aunara aunaras aunara aunáramos aunarais aunaran	aunase aunases aunase aunásemos aunaseis aunasen

	直 説 法		
	現　在	点 過 去	線 過 去
12 auxiliar 「手伝う」 現在分詞　auxiliando 過去分詞　auxiliado 命令・2単　auxilía 　　　　　または 　　　　　auxilia 命令・2複　auxiliad	auxilío auxilías auxilía auxiliamos auxiliáis auxilían または auxilio auxilias auxilia auxiliamos auxiliáis auxilian	auxilié auxiliaste auxilió auxiliamos auxiliasteis auxiliaron	auxiliaba auxiliabas auxiliaba auxiliábamos auxiliabais auxiliaban
13 avergonzar 「恥をかかせる」 現在分詞　avergonzando 過去分詞　avergonzado 命令・2単　avergüenza 命令・2複　avergonzad	avergüenzo avergüenzas avergüenza avergonzamos avergonzáis avergüenzan	avergoncé avergonzaste avergonzó avergonzamos avergonzasteis avergonzaron	avergonzaba avergonzabas avergonzaba avergonzábamos avergonzabais avergonzaban
14 averiguar 「究明する」 現在分詞　averiguando 過去分詞　averiguado 命令・2単　averigua 命令・2複　averiguad	averiguo averiguas averigua averiguamos averiguáis averiguan	averigüé averiguaste averiguó averiguamos averiguasteis averiguaron	averiguaba averiguabas averiguaba averiguábamos averiguabais averiguaban
15 caber 「入りうる」 現在分詞　cabiendo 過去分詞　cabido 命令・2単　cabe 命令・2複　cabed	quepo cabes cabe cabemos cabéis caben	cupe cupiste cupo cupimos cupisteis cupieron	cabía cabías cabía cabíamos cabíais cabían
16 caer 「落ちる」 現在分詞　cayendo 過去分詞　caído 命令・2単　cae 命令・2複　caed	caigo caes cae caemos caéis caen	caí caíste cayó caímos caísteis cayeron	caía caías caía caíamos caíais caían
17 cambiar 「変える」 現在分詞　cambiando 過去分詞　cambiado 命令・2単　cambia 命令・2複　cambiad	cambio cambias cambia cambiamos cambiáis cambian	cambié cambiaste cambió cambiamos cambiasteis cambiaron	cambiaba cambiabas cambiaba cambiábamos cambiabais cambiaban

直　説　法		接　続　法		
未　来	過去未来	現　在	過去・ra型	過去・se型
auxiliaré auxiliarás auxiliará auxiliaremos auxiliaréis auxiliarán	auxiliaría auxiliarías auxiliaría auxiliaríamos auxiliaríais auxiliarían	auxilíe auxilíes auxilíe auxiliemos auxiliéis auxilíen または auxilie auxilies auxilie auxiliemos auxiliéis auxilien	auxiliara auxiliaras auxiliara auxiliáramos auxiliarais auxiliaran	auxiliase auxiliases auxiliase auxiliásemos auxiliaseis auxiliasen
avergonzaré avergonzarás avergonzará avergonzaremos avergonzaréis avergonzarán	avergonzaría avergonzarías avergonzaría avergonzaríamos avergonzaríais avergonzarían	avergüence avergüences avergüence avergoncemos avergoncéis avergüencen	avergonzara avergonzaras avergonzara avergonzáramos avergonzarais avergonzaran	avergonzase avergonzases avergonzase avergonzásemos avergonzaseis avergonzasen
averiguaré averiguarás averiguará averiguaremos averiguaréis averiguarán	averiguaría averiguarías averiguaría averiguaríamos averiguaríais averiguarían	averigüe averigües averigüe averigüemos averigüéis averigüen	averiguara averiguaras averiguara averiguáramos averiguarais averiguaran	averiguase averiguases averiguase averiguásemos averiguaseis averiguasen
cabré cabrás cabrá cabremos cabréis cabrán	cabría cabrías cabría cabríamos cabríais cabrían	quepa quepas quepa quepamos quepáis quepan	cupiera cupieras cupiera cupiéramos cupierais cupieran	cupiese cupieses cupiese cupiésemos cupieseis cupiesen
caeré caerás caerá caeremos caeréis caerán	caería caerías caería caeríamos caeríais caerían	caiga caigas caiga caigamos caigáis caigan	cayera cayeras cayera cayéramos cayerais cayeran	cayese cayeses cayese cayésemos cayeseis cayesen
cambiaré cambiarás cambiará cambiaremos cambiaréis cambiarán	cambiaría cambiarías cambiaría cambiaríamos cambiaríais cambiarían	cambie cambies cambie cambiemos cambiéis cambien	cambiara cambiaras cambiara cambiáramos cambiarais cambiaran	cambiase cambiases cambiase cambiásemos cambiaseis cambiasen

		直 説 法		
		現 在	点 過 去	線 過 去
18 cocer 「ゆでる」 現在分詞　cociendo 過去分詞　cocido 命令・2単　cuece 命令・2複　coced		cuezo cueces cuece cocemos cocéis cuecen	cocí cociste coció cocimos cocisteis cocieron	cocía cocías cocía cocíamos cocíais cocían
19 coger 「つかむ」 現在分詞　cogiendo 過去分詞　cogido 命令・2単　coge 命令・2複　coged		cojo coges coge cogemos cogéis cogen	cogí cogiste cogió cogimos cogisteis cogieron	cogía cogías cogía cogíamos cogíais cogían
20 conducir 「導く」 現在分詞　conduciendo 過去分詞　conducido 命令・2単　conduce 命令・2複　conducid		conduzco conduces conduce conducimos conducís conducen	conduje condujiste condujo condujimos condujisteis condujeron	conducía conducías conducía conducíamos conducíais conducían
21 conocer 「知る」 現在分詞　conociendo 過去分詞　conocido 命令・2単　conoce 命令・2複　conoced		conozco conoces conoce conocemos conocéis conocen	conocí conociste conoció conocimos conocisteis conocieron	conocía conocías conocía conocíamos conocíais conocían
22 contar 「数える」 現在分詞　contando 過去分詞　contado 命令・2単　cuenta 命令・2複　contad		cuento cuentas cuenta contamos contáis cuentan	conté contaste contó contamos contasteis contaron	contaba contabas contaba contábamos contabais contaban
23 corregir 「訂正する」 現在分詞　corrigiendo 過去分詞　corregido 命令・2単　corrige 命令・2複　corregid		corrijo corriges corrige corregimos corregís corrigen	corregí corregiste corrigió corregimos corregisteis corrigieron	corregía corregías corregía corregíamos corregíais corregían
24 dar 「与える」 現在分詞　dando 過去分詞　dado 命令・2単　da 命令・2複　dad		doy das da damos dais dan	di diste dio dimos disteis dieron	daba dabas daba dábamos dabais daban

直 説 法		接 続 法		
未 来	過去未来	現 在	過去・ra型	過去・se型
coceré	cocería	cueza	cociera	cociese
cocerás	cocerías	cuezas	cocieras	cocieses
cocerá	cocería	cueza	cociera	cociese
coceremos	coceríamos	cozamos	cociéramos	cociésemos
coceréis	cocerías	cozáis	cocierais	cocieseis
cocerán	cocerían	cuezan	cocieran	cociesen
cogeré	cogería	coja	cogiera	cogiese
cogerás	cogerías	cojas	cogieras	cogieses
cogerá	cogería	coja	cogiera	cogiese
cogeremos	cogeríamos	cojamos	cogiéramos	cogiésemos
cogeréis	cogeríais	cojáis	cogierais	cogieseis
cogerán	cogerían	cojan	cogieran	cogiesen
conduciré	conduciría	conduzca	condujera	condujese
conducirás	conducirías	conduzcas	condujeras	condujeses
conducirá	conduciría	conduzca	condujera	condujese
conduciremos	conduciríamos	conduzcamos	condujéramos	condujésemos
conduciréis	conduciríais	conduzcáis	condujerais	condujeseis
conducirán	conducirían	conduzcan	condujeran	condujesen
conoceré	conocería	conozca	conociera	conociese
conocerás	conocerías	conozcas	conocieras	conocieses
conocerá	conocería	conozca	conociera	conociese
conoceremos	conoceríamos	conozcamos	conociéramos	conociésemos
conoceréis	conoceríais	conozcáis	conocierais	conocieseis
conocerán	conocerían	conozcan	conocieran	conociesen
contaré	contaría	cuente	contara	contase
contarás	contarías	cuentes	contaras	contases
contará	contaría	cuente	contara	contase
contaremos	contaríamos	contemos	contáramos	contásemos
contaréis	contaríais	contéis	contarais	contaseis
contarán	contarían	cuenten	contaran	contasen
corregiré	corregiría	corrija	corrigiera	corrigiese
corregirás	corregirías	corrijas	corrigieras	corrigieses
corregirá	corregiría	corrija	corrigiera	corrigiese
corregiremos	corregiríamos	corrijamos	corrigiéramos	corrigiésemos
corregiréis	corregiríais	corrijáis	corrigierais	corrigieseis
corregirán	corregirían	corrijan	corrigieran	corrigiesen
daré	daría	dé	diera	diese
darás	darías	des	dieras	dieses
dará	daría	dé	diera	diese
daremos	daríamos	demos	diéramos	diésemos
daréis	daríais	deis	dierais	dieseis
darán	darían	den	dieran	diesen

	直説法		
	現　在	点過去	線過去
25 decir 「言う」 現在分詞　diciendo 過去分詞　dicho 命令・2単　di 命令・2複　decid	digo dices dice decimos decís dicen	dije dijiste dijo dijimos dijisteis dijeron	decía decías decía decíamos decíais decían
26 delinquir 「犯罪をおかす」 現在分詞　delinquiendo 過去分詞　delinquido 命令・2単　delinque 命令・2複　delinquid	delinco delinques delinque delinquimos delinquís delinquen	delinquí delinquiste delinquió delinquimos delinquisteis delinquieron	delinquía delinquías delinquía delinquíamos delinquíais delinquían
27 dirigir 「向ける」 現在分詞　dirigiendo 過去分詞　dirigido 命令・2単　dirige 命令・2複　dirigid	dirijo diriges dirige dirigimos dirigís dirigen	dirigí dirigiste dirigió dirigimos dirigisteis dirigieron	dirigía dirigías dirigía dirigíamos dirigíais dirigían
28 discernir 「見分ける」 現在分詞　discerniendo 過去分詞　discernido 命令・2単　discierne 命令・2複　discernid	discierno disciernes discierne discernimos discernís disciernen	discerní discerniste discernió discernimos discernisteis discernieron	discernía discernías discernía discerníamos discerníais discernían
29 distinguir 「区別する」 現在分詞　distinguiendo 過去分詞　distinguido 命令・2単　distingue 命令・2複　distinguid	distingo distingues distingue distinguimos distinguís distinguen	distinguí distinguiste distinguió distinguimos distinguisteis distinguieron	distinguía distinguías distinguía distinguíamos distinguíais distinguían
30 dormir 「眠る」 現在分詞　durmiendo 過去分詞　dormido 命令・2単　duerme 命令・2複　dormid	duermo duermes duerme dormimos dormís duermen	dormí dormiste durmió dormimos dormisteis durmieron	dormía dormías dormía dormíamos dormíais dormían
31 embaucar 「だます」 現在分詞　embaucando 過去分詞　embaucado 命令・2単　embaúca 命令・2複　embaucad	embaúco embaúcas embaúca embaucamos embaucáis embaúcan	embauqué embaucaste embaucó embaucamos embaucasteis embaucaron	embaucaba embaucabas embaucaba embaucábamos embaucabais embaucaban

直　説　法		接　続　法		
未　来	過去未来	現　在	過去・ra型	過去・se型
diré	diría	diga	dijera	dijese
dirás	dirías	digas	dijeras	dijeses
dirá	diría	diga	dijera	dijese
diremos	diríamos	digamos	dijéramos	dijésemos
diréis	diríais	digáis	dijerais	dijeseis
dirán	dirían	digan	dijeran	dijesen
delinquiré	delinquiría	delinca	delinquiera	delinquiese
delinquirás	delinquirías	delincas	delinquieras	delinquieses
delinquirá	delinquiría	delinca	delinquiera	delinquiese
delinquiremos	delinquiríamos	delincamos	delinquiéramos	delinquiésemos
delinquiréis	delinquiríais	delincáis	delinquierais	delinquieseis
delinquirán	delinquirían	delincan	delinquieran	delinquiesen
dirigiré	dirigiría	dirija	dirigiera	dirigiese
dirigirás	dirigirías	dirijas	dirigieras	dirigieses
dirigirá	dirigiría	dirija	dirigiera	dirigiese
dirigiremos	dirigiríamos	dirijamos	dirigiéramos	dirigiésemos
dirigiréis	dirigiríais	dirijáis	dirigierais	dirigieseis
dirigirán	dirigirían	dirijan	dirigieran	dirigiesen
discerniré	discerniría	discierna	discerniera	discerniese
discernirás	discernirías	disciernas	discernieras	discernieses
discernirá	discerniría	discierna	discerniera	discerniese
discerniremos	discerniríamos	discernamos	discerniéramos	discerniésemos
discerniréis	discerniríais	discernáis	discernierais	discernieseis
discernirán	discernirían	disciernan	discernieran	discerniesen
distinguiré	distinguiría	distinga	distinguiera	distinguiese
distinguirás	distinguirías	distingas	distinguieras	distinguieses
distinguirá	distinguiría	distinga	distinguiera	distinguiese
distinguiremos	distinguiríamos	distingamos	distinguiéramos	distinguiésemos
distinguiréis	distinguiríais	distingáis	distinguierais	distinguieseis
distinguirán	distinguirían	distingan	distinguieran	distinguiesen
dormiré	dormiría	duerma	durmiera	durmiese
dormirás	dormirías	duermas	durmieras	durmieses
dormirá	dormiría	duerma	durmiera	durmiese
dormiremos	dormiríamos	durmamos	durmiéramos	durmiésemos
dormiréis	dormiríais	durmáis	durmierais	durmieseis
dormirán	dormirían	duerman	durmieran	durmiesen
embaucaré	embaucaría	embaúque	embaucara	embaucase
embaucarás	embaucarías	embaúques	embaucaras	embaucases
embaucará	embaucaría	embaúque	embaucara	embaucase
embaucaremos	embaucaríamos	embauquemos	embaucáramos	embaucásemos
embaucaréis	embaucaríais	embauquéis	embaucarais	embaucaseis
embaucarán	embaucarían	embaúquen	embaucaran	embaucasen

		直 説 法		
		現　在	点過去	線過去
32 empezar 「始める」 現在分詞　empezando 過去分詞　empezado 命令・2単　empieza 命令・2複　empezad		empiezo empiezas empieza empezamos empezáis empiezan	empecé empezaste empezó empezamos empezasteis empezaron	empezaba empezabas empezaba empezábamos empezabais empezaban
33 enraizar 「根づく」 現在分詞　enraizando 過去分詞　enraizado 命令・2単　enraíza 命令・2複　enraizad		enraízo enraízas enraíza enraizamos enraizáis enraízan	enraicé enraizaste enraizó enraizamos enraizasteis enraizaron	enraizaba enraizabas enraizaba enraizábamos enraizabais enraizaban
34 enviar 「送る」 現在分詞　enviando 過去分詞　enviado 命令・2単　envía 命令・2複　enviad		envío envías envía enviamos enviáis envían	envié enviaste envió enviamos enviasteis enviaron	enviaba enviabas enviaba enviábamos enviabais enviaban
35 erguir 「立てる」 現在分詞　irguiendo 過去分詞　erguido 命令・2単　irgue 　　　　　または 　　　　　yergue 命令・2複　erguid		irgo irgues irgue erguimos erguís irguen または yergo yergues yergue erguimos erguís yerguen	erguí erguiste irguió erguimos erguisteis irguieron	erguía erguías erguía erguíamos erguíais erguían
36 errar 「間違える」 現在分詞　errando 過去分詞　errado 命令・2単　yerra 命令・2複　errad		yerro yerras yerra erramos erráis yerran	erré erraste erró erramos errasteis erraron	erraba errabas erraba errábamos errabais erraban
37 estar 「…にある」 現在分詞　estando 過去分詞　estado 命令・2単　está 命令・2複　estad		estoy estás está estamos estáis están	estuve estuviste estuvo estuvimos estuvisteis estuvieron	estaba estabas estaba estábamos estabais estaban

直　説　法		接　続　法		
未　　来	過去未来	現　　在	過去・ra型	過去・se型
empezaré	empezaría	empiece	empezara	empezase
empezarás	empezarías	empieces	empezaras	empezases
empezará	empezaría	empiece	empezara	empezase
empezaremos	empezaríamos	empecemos	empezáramos	empezásemos
empezaréis	empezaríais	empecéis	empezarais	empezaseis
empezarán	empezarían	empiecen	empezaran	empezasen
enraizaré	enraizaría	enraíce	enraizara	enraizase
enraizarás	enraizarías	enraíces	enraizaras	enraizases
enraizará	enraizaría	enraíce	enraizara	enraizase
enraizaremos	enraizaríamos	enraicemos	enraizáramos	enraizásemos
enraizaréis	enraizaríais	enraicéis	enraizarais	enraizaseis
enraizarán	enraizarían	enraícen	enraizaran	enraizasen
enviaré	enviaría	envíe	enviara	enviase
enviarás	enviarías	envíes	enviaras	enviases
enviará	enviaría	envíe	enviara	enviase
enviaremos	enviaríamos	enviemos	enviáramos	enviásemos
enviaréis	enviaríais	enviéis	enviarais	enviaseis
enviarán	enviarían	envíen	enviaran	enviasen
erguiré	erguiría	irga	irguiera	irguiese
erguirás	erguirías	irgas	irguieras	irguieses
erguirá	erguiría	irga	irguiera	irguiese
erguiremos	erguiríamos	irgamos	irguiéramos	irguiésemos
erguiréis	erguiríais	irgáis	irguierais	irguieseis
erguirán	erguirían	irgan	irguieran	irguiesen
		または		
		yerga		
		yergas		
		yerga		
		irgamos		
		irgáis		
		yergan		
erraré	erraría	yerre	errara	errase
errarás	errarías	yerres	erraras	errases
errará	erraría	yerre	errara	errase
erraremos	erraríamos	erremos	erráramos	errásemos
erraréis	erraríais	erréis	errarais	erraseis
errarán	errarían	yerren	erraran	errasen
estaré	estaría	esté	estuviera	estuviese
estarás	estarías	estés	estuvieras	estuvieses
estará	estaría	esté	estuviera	estuviese
estaremos	estaríamos	estemos	estuviéramos	estuviésemos
estaréis	estaríais	estéis	estuvierais	estuvieseis
estarán	estarían	estén	estuvieran	estuviesen

		直 説 法		
		現 在	点 過 去	線 過 去
38 forzar 「強いる」 現 在 分 詞 forzando 過 去 分 詞 forzado 命令・2単 fuerza 命令・2複 forzad		fuerzo fuerzas fuerza forzamos forzáis fuerzan	forcé forzaste forzó forzamos forzasteis forzaron	forzaba forzabas forzaba forzábamos forzabais forzaban
39 gozar 「楽しむ」 現 在 分 詞 gozando 過 去 分 詞 gozado 命令・2単 goza 命令・2複 gozad		gozo gozas goza gozamos gozáis gozan	gocé gozaste gozó gozamos gozasteis gozaron	gozaba gozabas gozaba gozábamos gozabais gozaban
40 haber （助動詞） 現 在 分 詞 habiendo 過 去 分 詞 habido		he has ha hemos habéis han	hube hubiste hubo hubimos hubisteis hubieron	había habías había habíamos habíais habían
41 hacer 「作る」 現 在 分 詞 haciendo 過 去 分 詞 hecho 命令・2単 haz 命令・2複 haced		hago haces hace hacemos hacéis hacen	hice hiciste hizo hicimos hicisteis hicieron	hacía hacías hacía hacíamos hacíais hacían
42 henchir 「詰めこむ」 現 在 分 詞 hinchiendo 過 去 分 詞 henchido 命令・2単 hinche 命令・2複 henchid		hincho hinches hinche henchimos henchís hinchen	henchí henchiste hinchó henchimos henchisteis hinchieron	henchía henchías henchía henchíamos henchíais henchían
43 huir 「逃げる」 現 在 分 詞 huyendo 過 去 分 詞 huido 命令・2単 huye 命令・2複 huid		huyo huyes huye huimos huís huyen	huí huiste huyó huimos huisteis huyeron	huía huías huía huíamos huíais huían
44 ir 「行く」 現 在 分 詞 yendo 過 去 分 詞 ido 命令・2単 ve 命令・2複 id		voy vas va vamos vais van	fui fuiste fue fuimos fuisteis fueron	iba ibas iba íbamos ibais iban

直 説 法		接 続 法		
未　来	過去未来	現　在	過去・ra型	過去・se型
forzaré	forzaría	fuerce	forzara	forzase
forzarás	forzarías	fuerces	forzaras	forzases
forzará	forzaría	fuerce	forzara	forzase
forzaremos	forzaríamos	forcemos	forzáramos	forzásemos
forzaréis	forzaríais	forcéis	forzarais	forzaseis
forzarán	forzarían	fuercen	forzaran	forzasen
gozaré	gozaría	goce	gozara	gozase
gozarás	gozarías	goces	gozaras	gozases
gozará	gozaría	goce	gozara	gozase
gozaremos	gozaríamos	gocemos	gozáramos	gozásemos
gozaréis	gozaríais	gocéis	gozarais	gozaseis
gozarán	gozarían	gocen	gozaran	gozasen
habré	habría	haya	hubiera	hubiese
habrás	habrías	hayas	hubieras	hubieses
habrá	habría	haya	hubiera	hubiese
habremos	habríamos	hayamos	hubiéramos	hubiésemos
habréis	habríais	hayáis	hubierais	hubieseis
habrán	habrían	hayan	hubieran	hubiesen
haré	haría	haga	hiciera	hiciese
harás	harías	hagas	hicieras	hicieses
hará	haría	haga	hiciera	hiciese
haremos	haríamos	hagamos	hiciéramos	hiciésemos
haréis	haríais	hagáis	hicierais	hicieseis
harán	harían	hagan	hicieran	hiciesen
henchiré	henchiría	hincha	hinchiera	hinchiese
henchirás	henchirías	hinchas	hinchieras	hinchieses
henchirá	henchiría	hincha	hinchiera	hinchiese
henchiremos	henchiríamos	hinchamos	hinchiéramos	hinchiésemos
henchiréis	henchiríais	hincháis	hinchierais	hinchieseis
henchirán	henchirían	hinchan	hinchieran	hinchiesen
huiré	huiría	huya	huyera	huyese
huirás	huirías	huyas	huyeras	huyeses
huirá	huiría	huya	huyera	huyese
huiremos	huiríamos	huyamos	huyéramos	huyésemos
huiréis	huiríais	huyáis	huyerais	huyeseis
huirán	huirían	huyan	huyeran	huyesen
iré	iría	vaya	fuera	fuese
irás	irías	vayas	fueras	fueses
irá	iría	vaya	fuera	fuese
iremos	iríamos	vayamos	fuéramos	fuésemos
iréis	iríais	vayáis	fuerais	fueseis
irán	irían	vayan	fueran	fuesen

		直 説 法	
	現　　在	点 過 去	線 過 去
45 jugar 「遊ぶ」 現 在 分 詞　jugando 過 去 分 詞　jugado 命 令・2 単　juega 命 令・2 複　jugad	juego juegas juega jugamos jugáis juegan	jugué jugaste jugó jugamos jugasteis jugaron	jugaba jugabas jugaba jugábamos jugabais jugaban
46 leer 「読む」 現 在 分 詞　leyendo 過 去 分 詞　leído 命 令・2 単　lee 命 令・2 複　leed	leo lees lee leemos leéis leen	leí leíste leyó leímos leísteis leyeron	leía leías leía leíamos leíais leían
47 llegar 「到着する」 現 在 分 詞　llegando 過 去 分 詞　llegado 命 令・2 単　llega 命 令・2 複　llegad	llego llegas llega llegamos llegáis llegan	llegué llegaste llegó llegamos llegasteis llegaron	llegaba llegabas llegaba llegábamos llegabais llegaban
48 lucir 「おだやかに光る」 現 在 分 詞　luciendo 過 去 分 詞　lucido 命 令・2 単　luce 命 令・2 複　lucid	luzco luces luce lucimos lucís lucen	lucí luciste lució lucimos lucisteis lucieron	lucía lucías lucía lucíamos lucíais lucían
49 morir 「死ぬ」 現 在 分 詞　muriendo 過 去 分 詞　muerto 命 令・2 単　muere 命 令・2 複　morid	muero mueres muere morimos morís mueren	morí moriste murió morimos moristeis murieron	moría morías moría moríamos moríais morían
50 mover 「動かす」 現 在 分 詞　moviendo 過 去 分 詞　movido 命 令・2 単　mueve 命 令・2 複　moved	muevo mueves mueve movemos movéis mueven	moví moviste movió movimos movisteis movieron	movía movías movía movíamos movíais movían
51 mullir 「やわらかくふくらませる」 現 在 分 詞　mullendo 過 去 分 詞　mullido 命 令・2 単　mulle 命 令・2 複　mullid	mullo mulles mulle mullimos mullís mullen	mullí mulliste mulló mullimos mullisteis mulleron	mullía mullías mullía mullíamos mullíais mullían

直　説　法		接　続　法		
未　来	過去未来	現　在	過去・ra型	過去・se型
jugaré	jugaría	juegue	jugara	jugase
jugarás	jugarías	juegues	jugaras	jugases
jugará	jugaría	juegue	jugara	jugase
jugaremos	jugaríamos	juguemos	jugáramos	jugásemos
jugaréis	jugaríais	juguéis	jugarais	jugaseis
jugarán	jugarían	jueguen	jugaran	jugasen
leeré	leería	lea	leyera	leyese
leerás	leerías	leas	leyeras	leyeses
leerá	leería	lea	leyera	leyese
leeremos	leeríamos	leamos	leyéramos	leyésemos
leeréis	leeríais	leáis	leyerais	leyeseis
leerán	leerían	lean	leyeran	leyesen
llegaré	llegaría	llegue	llegara	llegase
llegarás	llegarías	llegues	llegaras	llegases
llegará	llegaría	llegue	llegara	llegase
llegaremos	llegaríamos	lleguemos	llegáramos	llegásemos
llegaréis	llegaríais	lleguéis	llegarais	llegaseis
llegarán	llegarían	lleguen	llegaran	llegasen
luciré	luciría	luzca	luciera	luciese
lucirás	lucirías	luzcas	lucieras	lucieses
lucirá	luciría	luzca	luciera	luciese
luciremos	luciríamos	luzcamos	luciéramos	luciésemos
luciréis	luciríais	luzcáis	lucierais	lucieseis
lucirán	lucirían	luzcan	lucieran	luciesen
moriré	moriría	muera	muriera	muriese
morirás	morirías	mueras	murieras	murieses
morirá	moriría	muera	muriera	muriese
moriremos	moriríamos	muramos	muriéramos	muriésemos
moriréis	moriríais	muráis	murierais	murieseis
morirán	morirían	mueran	murieran	muriesen
moveré	movería	mueva	moviera	moviese
moverás	moverías	muevas	movieras	movieses
moverá	movería	mueva	moviera	moviese
moveremos	moveríamos	movamos	moviéramos	moviésemos
moveréis	moveríais	mováis	movierais	movieseis
moverán	moverían	muevan	movieran	moviesen
mulliré	mulliría	mulla	mullera	mullese
mullirás	mullirías	mullas	mulleras	mulleses
mullirá	mulliría	mulla	mullera	mullese
mulliremos	mulliríamos	mullamos	mulléramos	mullésemos
mulliréis	mulliríais	mulláis	mullerais	mulleseis
mullirán	mullirían	mullan	mulleran	mullesen

		直 説 法	
	現 在	点 過 去	線 過 去
52 nacer 「生まれる」 現在分詞 naciendo 過去分詞 nacido 命令・2単 nace 命令・2複 naced	nazco naces nace nacemos nacéis nacen	nací naciste nació nacimos nacisteis nacieron	nacía nacías nacía nacíamos nacíais nacían
53 negar 「否定する」 現在分詞 negando 過去分詞 negado 命令・2単 niega 命令・2複 negad	niego niegas niega negamos negáis niegan	negué negaste negó negamos negasteis negaron	negaba negabas negaba negábamos negabais negaban
54 oír 「聞く」 現在分詞 oyendo 過去分詞 oído 命令・2単 oye 命令・2複 oíd	oigo oyes oye oímos oís oyen	oí oíste oyó oímos oísteis oyeron	oía oías oía oíamos oíais oían
55 oler 「においをかぐ」 現在分詞 oliendo 過去分詞 olido 命令・2単 huele 命令・2複 oled	huelo hueles huele olemos oléis huelen	olí oliste olió olimos olisteis olieron	olía olías olía olíamos olíais olían
56 pedir 「求める」 現在分詞 pidiendo 過去分詞 pedido 命令・2単 pide 命令・2複 pedid	pido pides pide pedimos pedís piden	pedí pediste pidió pedimos pedisteis pidieron	pedía pedías pedía pedíamos pedíais pedían
57 pensar 「考える」 現在分詞 pensando 過去分詞 pensado 命令・2単 piensa 命令・2複 pensad	pienso piensas piensa pensamos pensáis piensan	pensé pensaste pensó pensamos pensasteis pensaron	pensaba pensabas pensaba pensábamos pensabais pensaban
58 perder 「失う」 現在分詞 perdiendo 過去分詞 perdido 命令・2単 pierde 命令・2複 perded	pierdo pierdes pierde perdemos perdéis pierden	perdí perdiste perdió perdimos perdisteis perdieron	perdía perdías perdía perdíamos perdíais perdían

直説法		接続法		
未　来	過去未来	現　在	過去・ra型	過去・se型
naceré	nacería	nazca	naciera	naciese
nacerás	nacerías	nazcas	nacieras	nacieses
nacerá	nacería	nazca	naciera	naciese
naceremos	naceríamos	nazcamos	naciéramos	naciésemos
naceréis	naceríais	nazcáis	nacierais	nacieseis
nacerán	nacerían	nazcan	nacieran	naciesen
negaré	negaría	niegue	negara	negase
negarás	negarías	niegues	negaras	negases
negará	negaría	niegue	negara	negase
negaremos	negaríamos	neguemos	negáramos	negásemos
negaréis	negaríais	neguéis	negarais	negaseis
negarán	negarían	nieguen	negaran	negasen
oiré	oiría	oiga	oyera	oyese
oirás	oirías	oigas	oyeras	oyeses
oirá	oiría	oiga	oyera	oyese
oiremos	oiríamos	oigamos	oyéramos	oyésemos
oiréis	oiríais	oigáis	oyerais	oyeseis
oirán	oirían	oigan	oyeran	oyesen
oleré	olería	huela	oliera	oliese
olerás	olerías	huelas	olieras	olieses
olerá	olería	huela	oliera	oliese
oleremos	oleríamos	olamos	oliéramos	oliésemos
oleréis	oleríais	oláis	olierais	olieseis
olerán	olerían	huelan	olieran	oliesen
pediré	pediría	pida	pidiera	pidiese
pedirás	pedirías	pidas	pidieras	pidieses
pedirá	pediría	pida	pidiera	pidiese
pediremos	pediríamos	pidamos	pidiéramos	pidiésemos
pediréis	pediríais	pidáis	pidierais	pidieseis
pedirán	pedirían	pidan	pidieran	pidiesen
pensaré	pensaría	piense	pensara	pensase
pensarás	pensarías	pienses	pensaras	pensases
pensará	pensaría	piense	pensara	pensase
pensaremos	pensaríamos	pensemos	pensáramos	pensásemos
pensaréis	pensaríais	penséis	pensarais	pensaseis
pensarán	pensarían	piensen	pensaran	pensasen
perderé	perdería	pierda	perdiera	perdiese
perderás	perderías	pierdas	perdieras	perdieses
perderá	perdería	pierda	perdiera	perdiese
perderemos	perderíamos	perdamos	perdiéramos	perdiésemos
perderéis	perderíais	perdáis	perdierais	perdieseis
perderán	perderían	pierdan	perdieran	perdiesen

	直 説 法		
	現 在	点 過 去	線 過 去
59 placer 「喜びを与える」 現 在 分 詞　placiendo 過 去 分 詞　placido 命令・2 単　place 命令・2 複　placed	plazco places place placemos placéis placen	plací placiste plació または 　plugo placimos placisteis placieron または 　pluguieron	placía placías placía placíamos placíais placían
60 poder 「…できる」 現 在 分 詞　pudiendo 過 去 分 詞　podido 命令・2 単　puede 命令・2 複　poded	puedo puedes puede podemos podéis pueden	pude pudiste pudo pudimos pudisteis pudieron	podía podías podía podíamos podíais podían
61 poner 「置く」 現 在 分 詞　poniendo 過 去 分 詞　puesto 命令・2 単　pon 命令・2 複　poned	pongo pones pone ponemos ponéis ponen	puse pusiste puso pusimos pusisteis pusieron	ponía ponías ponía poníamos poníais ponían
62 predecir 「予言する」 現 在 分 詞　prediciendo 過 去 分 詞　predicho 命令・2 単　predice 命令・2 複　predecid	predigo predices predice predecimos predecís predicen	predije predijiste predijo predijimos predijisteis predijeron	predecía predecías predecía predecíamos predecíais predecían
63 prohibir 「禁止する」 現 在 分 詞　prohibiendo 過 去 分 詞　prohibido 命令・2 単　prohíbe 命令・2 複　prohibid	prohíbo prohíbes prohíbe prohibimos prohibís prohíben	prohibí prohibiste prohibió prohibimos prohibisteis prohibieron	prohibía prohibías prohibía prohibíamos prohibíais prohibían
64 querer 「欲しがる」 現 在 分 詞　queriendo 過 去 分 詞　querido 命令・2 単　quiere 命令・2 複　quered	quiero quieres quiere queremos queréis quieren	quise quisiste quiso quisimos quisisteis quisieron	quería querías quería queríamos queríais querían

直　説　法		接　続　法		
未　　来	過去未来	現　在	過去・ra型	過去・se型
placeré placerás placerá placeremos placeréis placerán	placería placerías placería placeríamos placeríais placerían	plazca plazcas plazca または 　plega, plegue plazcamos plazcáis plazcan	placiera placieras placiera または 　pluguiera placiéramos placierais placieran	placiese placieses placiese または 　pluguiese placiésemos placieseis placiesen
podré podrás podrá podremos podréis podrán	podría podrías podría podríamos podríais podrían	pueda puedas pueda podamos podáis puedan	pudiera pudieras pudiera pudiéramos pudierais pudieran	pudiese pudieses pudiese pudiésemos pudieseis pudiesen
pondré pondrás pondrá pondremos pondréis pondrán	pondría pondrías pondría pondríamos pondríais pondrían	ponga pongas ponga pongamos pongáis pongan	pusiera pusieras pusiera pusiéramos pusierais pusieran	pusiese pusieses pusiese pusiésemos pusieseis pusiesen
prediciré predicirás predicirá prediciremos prediciréis predicirán	prediciría predicirías prediciría prediciríamos prediciríais predicirían	prediga predigas prediga predigamos predigáis predigan	predijera predijeras predijera predijéramos predijerais predijeran	predijese predijeses predijese predijésemos predijeseis predijesen
prohibiré prohibirás prohibirá prohibiremos prohibiréis prohibirán	prohibiría prohibirías prohibiría prohibiríamos prohibiríais prohibirían	prohíba prohíbas prohíba prohibamos prohibáis prohíban	prohibiera prohibieras prohibiera prohibiéramos prohibierais prohibieran	prohibiese prohibieses prohibiese prohibiésemos prohibieseis prohibiesen
querré querrás querrá querremos querréis querrán	querría querrías querría querríamos querríais querrían	quiera quieras quiera queramos queráis quieran	quisiera quisieras quisiera quisiéramos quisierais quisieran	quisiese quisieses quisiese quisiésemos quisieseis quisiesen

		直 説 法	
	現 在	点過去	線過去
65 raer 「削る」 現在分詞 rayendo 過去分詞 raído 命令・2単 rae 命令・2複 raed	rao または raigo rayo raes rae raemos raéis raen	raí raíste rayó raímos raísteis rayeron	raía raías raía raíamos raíais raían
66 rehusar 「ことわる」 現在分詞 rehusando 過去分詞 rehusado 命令・2単 rehúsa 命令・2複 rehusad	rehúso rehúsas rehúsa rehusamos rehusáis rehúsan	rehusé rehusaste rehusó rehusamos rehusasteis rehusaron	rehusaba rehusabas rehusaba rehusábamos rehusabais rehusaban
67 reír 「笑う」 現在分詞 riendo 過去分詞 reído 命令・2単 ríe 命令・2複 reíd	río ríes ríe reímos reís ríen	reí reíste rió reímos reísteis rieron	reía reías reía reíamos reíais reían
68 reñir 「しかる」 現在分詞 riñendo 過去分詞 reñido 命令・2単 riñe 命令・2複 reñid	riño riñes riñe reñimos reñís riñen	reñí reñiste riñó reñimos reñisteis riñeron	reñía reñías reñía reñíamos reñíais reñían
69 reunir 「集める」 現在分詞 reuniendo 過去分詞 reunido 命令・2単 reúne 命令・2複 reunid	reúno reúnes reúne reunimos reunís reúnen	reuní reuniste reunió reunimos reunisteis reunieron	reunía reunías reunía reuníamos reuníais reunían
70 roer 「かじる」 現在分詞 royendo 過去分詞 roído 命令・2単 roe 命令・2複 roed	roo または roigo royo roes roe roemos roéis roen	roí roíste royó roímos roísteis royeron	roía roías roía roíamos roíais roían

直説法		接続法		
未 来	過去未来	現 在	過去・ra型	過去・se型
raeré	raería	raiga	rayera	rayese
raerás	raerías	raigas	rayeras	rayeses
raerá	raería	raiga	rayera	rayese
raeremos	raeríamos	raigamos	rayéramos	rayésemos
raeréis	raeríais	raigáis	rayerais	rayeseis
raerán	raerían	raigan	rayeran	rayesen
		または		
		raya		
		⋮		
rehusaré	rehusaría	rehúse	rehusara	rehusase
rehusarás	rehusarías	rehúses	rehusaras	rehusases
rehusará	rehusaría	rehúse	rehusara	rehusase
rehusaremos	rehusaríamos	rehusemos	rehusáramos	rehusásemos
rehusaréis	rehusaríais	rehuséis	rehusarais	rehusaseis
rehusarán	rehusarían	rehúsen	rehusaran	rehusasen
reiré	reiría	ría	riera	riese
reirás	reirías	rías	rieras	rieses
reirá	reiría	ría	riera	riese
reiremos	reiríamos	riamos	riéramos	riésemos
reiréis	reiríais	riáis	rierais	rieseis
reirán	reirían	rían	rieran	riesen
reñiré	reñiría	riña	riñera	riñese
reñirás	reñirías	riñas	riñeras	riñeses
reñirá	reñiría	riña	riñera	riñese
reñiremos	reñiríamos	riñamos	riñéramos	riñésemos
reñiréis	reñiríais	riñáis	riñerais	riñeseis
reñirán	reñirían	riñan	riñeran	riñesen
reuniré	reuniría	reúna	reuniera	rueniese
reunirás	reunirías	reúnas	reunieras	ruenieses
reunirá	reuniría	reúna	reuniera	rueniese
reuniremos	reuniríamos	reunamos	reuniéramos	rueniésemos
reuniréis	reuniríais	reunáis	reunierais	ruenieseis
reunirán	reunirían	reúnan	reunieran	rueniesen
roeré	roería	roa	royera	royese
roerás	roerías	roas	royeras	royeses
roerá	roería	roa	royera	royese
roeremos	roeríamos	roamos	royéramos	royésemos
roeréis	roeríais	roáis	royerais	royeseis
roerán	roerían	roan	royeran	royesen
		または		
		roiga		
		⋮		
		または		
		roya		
		⋮		

		直 説 法		
		現　　在	点 過 去	線 過 去
71 rogar 「願う」 現 在 分 詞　rogando 過 去 分 詞　rogado 命 令・2 単　ruega 命 令・2 複　rogad		ruego ruegas ruega rogamos rogáis ruegan	rogué rogaste rogó rogamos rogasteis rogaron	rogaba rogabas rogaba rogábamos rogabais rogaban
72 saber 「知る」 現 在 分 詞　sabiendo 過 去 分 詞　sabido 命 令・2 単　sabe 命 令・2 複　sabed		sé sabes sabe sabemos sabéis saben	supe supiste supo supimos supisteis supieron	sabía sabías sabía sabíamos sabíais sabían
73 sacar 「連れ出す」 現 在 分 詞　sacando 過 去 分 詞　sacado 命 令・2 単　saca 命 令・2 複　sacad		saco sacas saca sacamos sacáis sacan	saqué sacaste sacó sacamos sacasteis sacaron	sacaba sacabas sacaba sacábamos sacabais sacaban
74 salir 「出かける」 現 在 分 詞　saliendo 過 去 分 詞　salido 命 令・2 単　sal 命 令・2 複　salid		salgo sales sale salimos salís salen	salí saliste salió salimos salisteis salieron	salía salías salía salíamos salíais salían
75 satisfacer 「満足させる」 現 在 分 詞　satisfaciendo 過 去 分 詞　satisfecho 命 令・2 単　satisfaz または 　　　　　　　satisface 命 令・2 複　satisfaced		satisfago satisfaces satisface satisfacemos satisfacéis satisfacen	satisfice satisficiste satisfizo satisficimos satisficisteis satisficieron	satisfacía satisfacías satisfacía satisfacíamos satisfacíais satisfacían
76 seguir 「従う」 現 在 分 詞　siguiendo 過 去 分 詞　seguido 命 令・2 単　sigue 命 令・2 複　seguid		sigo sigues sigue seguimos seguís siguen	seguí seguiste siguió seguimos seguisteis siguieron	seguía seguías seguía seguíamos seguíais seguían
77 sentir 「感じる」 現 在 分 詞　sintiendo 過 去 分 詞　sentido 命 令・2 単　siente 命 令・2 複　sentid		siento sientes siente sentimos sentís sienten	sentí sentiste sintió sentimos sentisteis sintieron	sentía sentías sentía sentíamos sentíais sentían

直 説 法		接 続 法		
未 来	過去未来	現 在	過去・ra型	過去・se型
rogaré	rogaría	ruegue	rogara	rogase
rogarás	rogarías	ruegues	rogaras	rogases
rogará	rogaría	ruegue	rogara	rogase
rogaremos	rogaríamos	roguemos	rogáramos	rogásemos
rogaréis	rogaríais	roguéis	rogarais	rogaseis
rogarán	rogarían	rueguen	rogaran	rogasen
sabré	sabría	sepa	supiera	supiese
sabrás	sabrías	sepas	supieras	supieses
sabrá	sabría	sepa	supiera	supiese
sabremos	sabríamos	sepamos	supiéramos	supiésemos
sabréis	sabríais	sepáis	supierais	supieseis
sabrán	sabrían	sepan	supieran	supiesen
sacaré	sacaría	saque	sacara	sacase
sacarás	sacarías	saques	sacaras	sacases
sacará	sacaría	saque	sacara	sacase
sacaremos	sacaríamos	saquemos	sacáramos	sacásemos
sacaréis	sacaríais	saquéis	sacarais	sacaseis
sacarán	sacarían	saquen	sacaran	sacasen
saldré	saldría	salga	saliera	saliese
saldrás	saldrías	salgas	salieras	salieses
saldrá	saldría	salga	saliera	saliese
saldremos	saldríamos	salgamos	saliéramos	saliésemos
saldréis	saldríais	salgáis	salierais	salieseis
saldrán	saldrían	salgan	salieran	saliesen
satisfaré	satisfaría	satisfaga	satisficiera	satisficiese
satisfarás	satisfarías	satisfagas	satisficieras	satisficieses
satisfará	satisfaría	satisfaga	satisficiera	satisficiese
satisfaremos	satisfaríamos	satisfagamos	satisficiéramos	satisficiésemos
satisfaréis	satisfaríais	satisfagáis	satisficierais	satisficieseis
satisfarán	satisfarían	satisfagan	satisficieran	satisficiesen
seguiré	seguiría	siga	siguiera	siguiese
seguirás	seguirías	sigas	siguieras	siguieses
seguirá	seguiría	siga	siguiera	siguiese
seguiremos	seguiríamos	sigamos	siguiéramos	siguiésemos
seguiréis	seguiríais	sigáis	siguierais	siguieseis
seguirán	seguirían	sigan	siguieran	siguiesen
sentiré	sentiría	sienta	sintiera	sintiese
sentirás	sentirías	sientas	sintieras	sintieses
sentirá	sentiría	sienta	sintiera	sintiese
sentiremos	sentiríamos	sintamos	sintiéramos	sintiésemos
sentiréis	sentiríais	sintáis	sintierais	sintieseis
sentirán	sentirían	sientan	sintieran	sintiesen

		直 説 法	
	現　在	点過去	線過去
78 ser 「…である」 現在分詞　siendo 過去分詞　sido 命令・2単　sé 命令・2複　sed	soy eres es somos sois son	fui fuiste fue fuimos fuisteis fueron	era eras era éramos erais eran
79 tañer 「弾(ひ)く」 現在分詞　tañendo 過去分詞　tañido 命令・2単　tañe 命令・2複　tañed	taño tañes tañe tañemos tañéis tañen	tañí tañiste tañó tañimos tañisteis tañeron	tañía tañías tañía tañíamos tañíais tañían
80 tener 「持つ」 現在分詞　teniendo 過去分詞　tenido 命令・2単　ten 命令・2複　tened	tengo tienes tiene tenemos tenéis tienen	tuve tuviste tuvo tuvimos tuvisteis tuvieron	tenía tenías tenía teníamos teníais tenían
81 traer 「持ってくる」 現在分詞　trayendo 過去分詞　traído 命令・2単　trae 命令・2複　traed	traigo traes trae traemos traéis traen	traje trajiste trajo trajimos trajisteis trajeron	traía traías traía traíamos traíais traían
82 trocar 「変える」 現在分詞　trocando 過去分詞　trocado 命令・2単　trueca 命令・2複　trocad	trueco truecas trueca trocamos trocáis truecan	troqué trocaste trocó trocamos trocasteis trocaron	trocaba trocabas trocaba trocábamos trocabais trocaban
83 valer 「価値がある」 現在分詞　valiendo 過去分詞　valido 命令・2単　vale 命令・2複　valed	valgo vales vale valemos valéis valen	valí valiste valió valimos valisteis valieron	valía valías valía valíamos valíais valían
84 vencer 「負かす」 現在分詞　venciendo 過去分詞　vencido 命令・2単　vence 命令・2複　venced	venzo vences vence vencemos vencéis vencen	vencí venciste venció vencimos vencisteis vencieron	vencía vencías vencía vencíamos vencíais vencían

直説法		接続法		
未　来	過去未来	現　在	過去・ra型	過去・se型
seré	sería	sea	fuera	fuese
serás	serías	seas	fueras	fueses
será	sería	sea	fuera	fuese
seremos	seríamos	seamos	fuéramos	fuésemos
seréis	seríais	seáis	fuerais	fueseis
serán	serían	sean	fueran	fuesen
tañeré	tañería	taña	tañera	tañese
tañerás	tañerías	tañas	tañeras	tañeses
tañerá	tañería	taña	tañera	tañese
tañeremos	tañeríamos	tañamos	tañéramos	tañésemos
tañeréis	tañeríais	tañáis	tañerais	tañeseis
tañerán	tañerían	tañan	tañeran	tañesen
tendré	tendría	tenga	tuviera	tuviese
tendrás	tendrías	tengas	tuvieras	tuvieses
tendrá	tendría	tenga	tuviera	tuviese
tendremos	tendríamos	tengamos	tuviéramos	tuviésemos
tendréis	tendríais	tengáis	tuvierais	tuvieseis
tendrán	tendrían	tengan	tuvieran	tuviesen
traeré	traería	traiga	trajera	trajese
traerás	traerías	traigas	trajeras	trajeses
traerá	traería	traiga	trajera	trajese
traeremos	traeríamos	traigamos	trajéramos	trajésemos
traeréis	traeríais	traigáis	trajerais	trajeseis
traerán	traerían	traigan	trajeran	trajesen
trocaré	trocaría	trueque	trocara	trocase
trocarás	trocarías	trueques	trocaras	trocases
trocará	trocaría	trueque	trocara	trocase
trocaremos	trocaríamos	troquemos	trocáramos	trocásemos
trocaréis	trocaríais	troquéis	trocarais	trocaseis
trocarán	trocarían	truequen	trocaran	trocasen
valdré	valdría	valga	valiera	valiese
valdrás	valdrías	valgas	valieras	valieses
valdrá	valdría	valga	valiera	valiese
valdremos	valdríamos	valgamos	valiéramos	valiésemos
valdréis	valdríais	valgáis	valierais	valieseis
valdrán	valdrían	valgan	valieran	valiesen
venceré	vencería	venza	venciera	venciese
vencerás	vencerías	venzas	vencieras	vencieses
vencerá	vencería	venza	venciera	venciese
venceremos	venceríamos	venzamos	venciéramos	venciésemos
venceréis	venceríais	venzáis	vencierais	vencieseis
vencerán	vencerían	venzan	vencieran	venciesen

	直 説 法		
	現　在	点 過 去	線 過 去
85 venir 「来る」 現在分詞　viniendo 過去分詞　venido 命令・2単　ven 命令・2複　venid	vengo vienes viene venimos venís vienen	vine viniste vino vinimos vinisteis vinieron	venía venías venía veníamos veníais venían
86 ver 「見る」 現在分詞　viendo 過去分詞　visto 命令・2単　ve 命令・2複　ved	veo ves ve vemos veis ven	vi viste vio vimos visteis vieron	veía veías veía veíamos veíais veían
87 volver 「戻る」 現在分詞　volviendo 過去分詞　vuelto 命令・2単　vuelve 命令・2複　volved	vuelvo vuelves vuelve volvemos volvéis vuelven	volví volviste volvió volvimos volvisteis volvieron	volvía volvías volvía volvíamos volvíais volvían
88 yacer 「横になる」 現在分詞　yaciendo 過去分詞　yacido 命令・2単　yaz または 　　　　　yace 命令・2複　yaced	yazgo または 　yazco 　yago yaces yace yacemos yacéis yacen	yací yaciste yació yacimos yacisteis yacieron	yacía yacías yacía yacíamos yacíais yacían
89 zurcir 「つくろう」 現在分詞　zurciendo 過去分詞　zurcido 命令・2単　zurce 命令・2複　zurcid	zurzo zurces zurce zurcimos zurcís zurcen	zurcí zurciste zurció zurcimos zurcisteis zurcieron	zurcía zurcías zurcía zurcíamos zurcíais zurcían

直説法		接続法		
未 来	過去未来	現 在	過去・ra型	過去・se型
vendré	vendría	venga	viniera	viniese
vendrás	vendrías	vengas	vinieras	vinieses
vendrá	vendría	venga	viniera	viniese
vendremos	vendríamos	vengamos	viniéramos	viniésemos
vendréis	vendríais	vengáis	vinierais	vinieseis
vendrán	vendrían	vengan	vinieran	viniesen
veré	vería	vea	viera	viese
verás	verías	veas	vieras	vieses
verá	vería	vea	viera	viese
veremos	veríamos	veamos	viéramos	viésemos
veréis	veríais	veáis	vierais	vieseis
verán	verían	vean	vieran	viesen
volveré	volvería	vuelva	volviera	volviese
volverás	volverías	vuelvas	volvieras	volvieses
volverá	volvería	vuelva	volviera	volviese
volveremos	volveríamos	volvamos	volviéramos	volviésemos
volveréis	volveríais	volváis	volvierais	volvieseis
volverán	volverían	vuelvan	volvieran	volviesen
yaceré	yacería	yazga	yaciera	yaciese
yacerás	yacerías	yazgas	yacieras	yacieses
yacerá	yacería	yazga	yaciera	yaciese
yaceremos	yaceríamos	yazgamos	yaciéramos	yaciésemos
yaceréis	yaceríais	yazgáis	yacierais	yacieseis
yacerán	yacerían	yazgan	yacieran	yaciesen
		または		
		yazca		
		⋮		
		または		
		yaga		
		⋮		
zurciré	zurciría	zurza	zurciera	zurciese
zurcirás	zurcirías	zurzas	zurcieras	zurcieses
zurcirá	zurciría	zurza	zurciera	zurciese
zurciremos	zurciríamos	zurzamos	zurciéramos	zurciésemos
zurciréis	zurciríais	zurzáis	zurcierais	zurcieseis
zurcirán	zurcirían	zurzan	zurcieran	zurciesen

目録進呈　落丁本・乱丁本はお取替えいたします。

平成 12 年 4 月 30 日　　© 第 1 版発行
平成 15 年 3 月 30 日　　　　第 15 版発行

簡約スペイン語辞典	編　者　　三好準之助
	発行者　　佐　藤　政　人
	発　行　所
	株式会社　**大 学 書 林**
	東京都文京区小石川 4 丁目 7 番 4 号
	振替口座　　00120-8-43740
	電　話　(03) 3812-6281〜3番
	郵便番号112-0002

ISBN4-475-00095-5　　　　　　　写研・横山印刷・牧製本

大学書林

スペイン語参考書

著者	書名	判型	頁数
宮本博司 著	超入門スペイン語	A5判	168頁
笠井鎭夫 著	スペイン語四週間	B6判	420頁
笠井鎭夫 著	基礎スペイン語	B6判	248頁
長南 実 著	スペイン語への招待	B6判	300頁
宮城 昇 著	スペイン文法入門	B6判	216頁
宮本博司 著	初歩のスペイン語	A5判	280頁
岡田辰雄 著	やさしいスペイン語の作文	B6判	260頁
宮本博司 編	スペイン語常用6000語	B小型	384頁
宮本博司 編	スペイン語分類単語集	新書判	320頁
瓜谷 望・アウロラ・ペルエタ 編	スペイン語会話練習帳	新書判	176頁
水谷 清 著	英語対照スペイン語会話	B6判	172頁
瓜谷良平 著	スペイン語動詞変化表	新書判	140頁
笠井鎭夫 著	スペイン語手紙の書き方	B6判	210頁
土壁重信 著	スペイン語商業通信文	B6判	248頁
神保充美 著	仕事に役立つスペイン語	B6判	198頁
山崎信三・フェリペ・カルバホ 共著	スペイン語ことわざ用法辞典	B6判	278頁
中岡省治 著	中世スペイン語入門	A5判	232頁
出口厚実 著	スペイン語学入門	A5判	200頁
寺崎英樹 著	スペイン語文法の構造	A5判	254頁

―目録進呈―

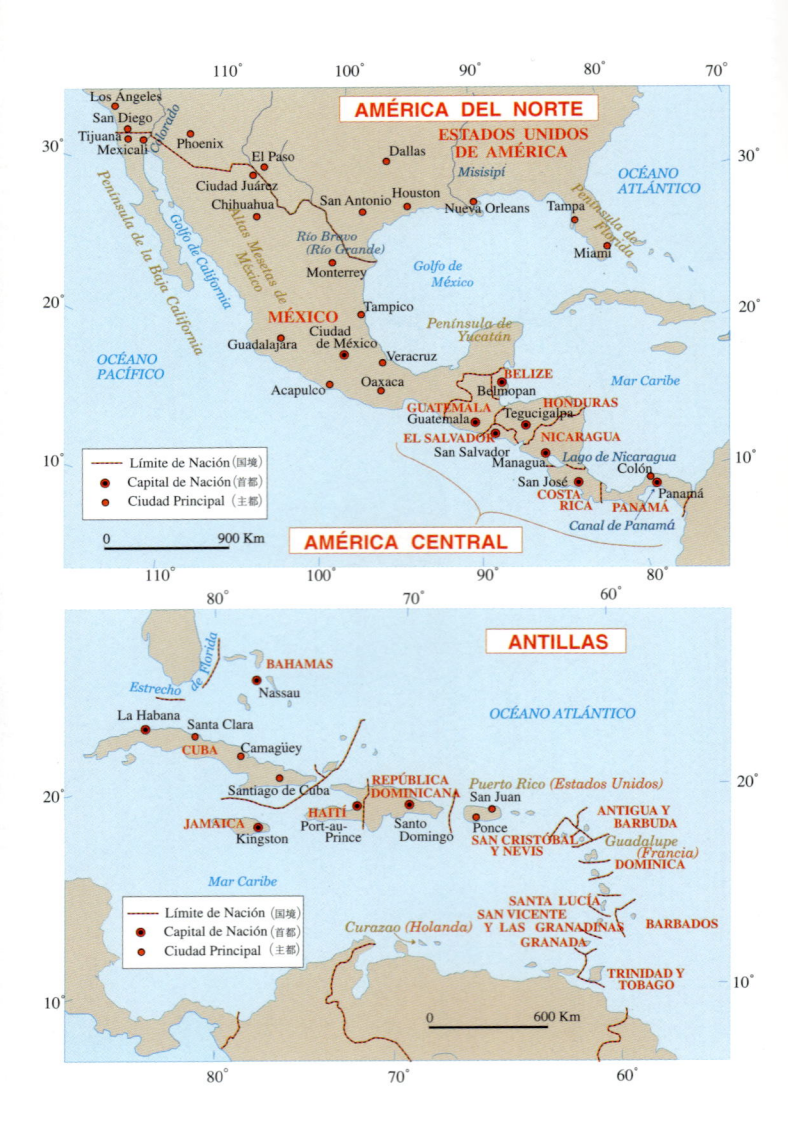

AMÉRICA DEL NORTE

América Central

- Los Ángeles
- San Diego
- Tijuana
- Mexicali
- Phoenix
- El Paso
- Ciudad Juárez
- Chihuahua
- Dallas
- San Antonio
- Houston
- Nueva Orleans
- Tampa
- Miami
- ESTADOS UNIDOS DE AMÉRICA
- Misisipí
- Península de Florida
- OCÉANO ATLÁNTICO
- Península de la Baja California
- Golfo de California
- Altas Mesetas de México
- Río Bravo (Río Grande)
- Monterrey
- Tampico
- Golfo de México
- Península de Yucatán
- MÉXICO
- Guadalajara
- Ciudad de México
- Veracruz
- Acapulco
- Oaxaca
- BELIZE — Belmopan
- GUATEMALA — Guatemala
- HONDURAS — Tegucigalpa
- EL SALVADOR — San Salvador
- NICARAGUA — Managua
- Lago de Nicaragua
- COSTA RICA — San José
- PANAMÁ — Panamá
- Colón
- Canal de Panamá
- Mar Caribe
- OCÉANO PACÍFICO

Límite de Nación (国境)
Capital de Nación (首都)
Ciudad Principal (主都)

0 — 900 Km

ANTILLAS

- Estrecho de Florida
- BAHAMAS — Nassau
- OCÉANO ATLÁNTICO
- La Habana
- Santa Clara
- Camagüey
- CUBA
- Santiago de Cuba
- REPÚBLICA DOMINICANA — Santo Domingo
- HAITÍ — Port-au-Prince
- Puerto Rico (Estados Unidos) — San Juan
- Ponce
- JAMAICA — Kingston
- ANTIGUA Y BARBUDA
- SAN CRISTÓBAL Y NEVIS
- Guadalupe (Francia)
- DOMINICA
- Mar Caribe
- Curazao (Holanda)
- SANTA LUCÍA
- SAN VICENTE Y LAS GRANADINAS
- BARBADOS
- GRANADA
- TRINIDAD Y TOBAGO

Límite de Nación (国境)
Capital de Nación (首都)
Ciudad Principal (主都)

0 — 600 Km